Margraf (Hrsg.): Lehrbuch der Verhaltenstherapie, 2. Auflage
Band 2: Störungen – Glossar

Springer
Berlin
Heidelberg
New York
Barcelona
Hongkong
London
Mailand
Paris
Singapur
Tokio

Jürgen Margraf

(Hrsg.)

Lehrbuch der Verhaltenstherapie

Band 2:
Störungen – Glossar

2., vollständig überarbeitete und erweiterte Auflage

Mit 51 Abbildungen und 31 Tabellen

Springer

Prof. Dr. Jürgen Margraf
Klinische Psychologie und Psychotherapie
Psychologisches Institut der Universität Basel
und Psychiatrische Universitätsklinik Basel
Wilhelm-Klein-Str. 27
CH-4025 Basel

Übersetzer:

Dipl.-Psych. Frank Jacobi
Christoph-Dornier-Stiftung
für Klinische Psychologie, Institut Dresden
Hohe Straße 53
D-01187 Dresden

1. Nachdruck 2003

ISBN 3-540-66440-8 2. Auflage Springer-Verlag Berlin Heidelberg New York
ISBN 3-540-60942-3 1. Auflage Springer-Verlag Berlin Heidelberg New York

Die Deutsche Bibliothek – CIP-Einheitsaufnahme
Lehrbuch der Verhaltenstherapie/Jürgen Margraf (Hrsg.). [Übers.
Frank Jacobi]. – Berlin; Heidelberg; New York; Barcelona;
Hongkong; London; Mailand; Paris; Singapur; Tokio: Springer
    Literaturangaben
    Bd. 2. Störungen. – 2000
    ISBN 3-540-66440-8

Umschlaggestaltung: de'blik, Berlin
Satz: K+V Fotosatz GmbH, Beerfelden
Druck und Weiterverarbeitung: Stürtz AG, Würzburg

26/3111 SM – 5 4 3 2 1 – Gedruckt auf säurefreiem Papier

Vorwort zur 2. Auflage

Im Vorwort zur ersten Auflage des *Lehrbuchs der Verhaltenstherapie* hatte ich bekannt, daß mir dieses Projekt besonders am Herzen liegt. Um so mehr hat mich die positive Aufnahme des Buches bei Lesern und Kritikern gefreut, die sich an einer großen Zahl positiver Buchbesprechungen und an der Notwendigkeit mehrerer Nachdrucke in kurzen Abständen ablesen ließ. Einfache Nachdrucke können jedoch nicht der raschen Weiterentwicklung gerecht werden, die die Verhaltenstherapie noch immer – oder sogar mehr denn je – auszeichnet.

Die Tatsache, daß bereits nach so kurzer Zeit eine erweiterte und aktualisierte Neuauflage erforderlich wurde, kann auch als Beleg für die These von der besonders intensiven Fortentwicklung der Verhaltenstherapie gewertet werden. Die vorliegende zweite Auflage erweitert das Lehrbuch daher um eine ganze Reihe wichtiger Themen, ohne jedoch die nach meiner Meinung bewährte Grundstruktur der ersten Auflage zu verändern. Gleichzeitig wurden die bereits vorhandenen Kapitel wo immer erforderlich ergänzt und aktualisiert.

Ich danke den Autorinnen und Autoren der zweiten Auflage für ihre enorme Arbeit, für die Übernahme auch »schwieriger« Themen und für z.T. zeitraubende Überarbeitungen. Ich danke auch den Lesern und Kritikern, die wertvolle Anregungen für die Neuauflage beisteuerten. Weiterhin bedanke ich mich bei Kerstin Raum von der Universität Dresden und bei den Mitarbeiterinnen des Springer-Verlags. Und schließlich gilt mein ganz besonderer Dank wieder meiner Frau Silvia Schneider für ihre ebenso unermüdliche wie uneigennützige Unterstützung.

Es ist mir ein besonderes Anliegen, daran zu erinnern, daß seit dem Erscheinen der ersten Auflage im Jahre 1996 mit Irmela Florin und Johannes C. Brengelmann zwei Personen verstorben sind, denen die Verhaltenstherapie im deutschsprachigen Raum und darüber hinaus ganz Wesentliches zu verdanken hat. Ihrem Andenken möchte ich die Neuauflage des *Lehrbuches der Verhaltenstherapie* widmen.

Jürgen Margraf
Basel, im Sommer 1999

Vorwort zur 2. Auflage

Vorwort zur 1. Auflage

Lehrbuch der Verhaltenstherapie – warum?

Die Verhaltenstherapie befindet sich in ständiger Weiterentwicklung. Während sich Anfang der 60er Jahre noch mancher fragte, ob denn überhaupt genügend Substanz für eigene Zeitschriften oder Handbücher vorhanden sei, ist heute die Informationsflut kaum noch zu übersehen. Mittlerweile ist die Verhaltenstherapie die am besten abgesicherte Form von Psychotherapie; bei vielen Störungen ist sie die Methode der Wahl. Aber dennoch wird kompetente Verhaltenstherapie noch immer zu selten angeboten, fehlt eine angemessene gesetzliche Regelung psychologischer Psychotherapie und sind Patienten, Fachleute und Administrationen unzureichend informiert. Gleichzeitig erfordert aber die wachsende Bedeutung der Verhaltenstherapie in Versorgung, Ausbildung und Forschung bei immer mehr Menschen einen adäquaten Überblick.

Die Differenziertheit der Verhaltenstherapie stellt hohe theoretische und praktische Ansprüche an diejenigen, die sie ausüben. Ihre kompetente Anwendung setzt daher eine fundierte Ausbildung voraus. Diese muß nicht nur Grundlagenwissen aus der Psychologie und ihren Nachbardisziplinen, sondern auch klinisch-psychologisches Störungs- und Veränderungswissen sowie hinreichend konkrete Anwendungsfertigkeiten vermitteln. Wenngleich kein Lehrbuch alle diese Punkte umfassend abdecken kann, so wird doch die Aufbereitung des Wissensstandes in einem praxisorientierten Lehrbuch einen Beitrag zur besseren Verfügbarkeit leisten, so daß mehr Menschen von den in der verhaltenstherapeutischen Forschung erzielten Fortschritten profitieren können.

Warum in dieser Form?

Da die Verhaltenstherapie heute von keinem Einzelnen mehr im Detail überblickt werden kann, wurde eine Gruppe von Experten aus dem deutschsprachigen und internationalen Raum als Autoren gewonnen. Die der großen Autorenzahl innewohnende Vielfalt kann eine Stärke, aber auch ein Problem darstellen. Durch Vorgabe gemeinsamer Richtlinien und intensive Bearbeitung haben Herausgeber und Verlag versucht zu erreichen, daß sich vor allem die positiven Seiten der Vielfalt auswirken. Der beachtliche Umfang des zweibändigen Lehrbuches geht dabei sowohl auf die große Differenziertheit der Verhaltenstherapie als auch auf den Wunsch zurück, die Beiträge hinreichend konkret für die praktische Umsetzung zu gestalten. Auch wenn dies manchmal schwerer als erwartet war, hoffe ich doch, daß wir uns unserem Anspruch wenigstens angenähert haben. Dabei machte der Umfang auch Einschränkungen notwendig. So wurde der große Bereich der Verhaltensmedizin vollständig ausgeklammert, da hierfür eigene ausführliche Darstellungen vorliegen.

Warum der Begriff »Verhaltenstherapie«?

Die meisten Psychotherapeuten betrachten sich als Eklektiker, und der Wunsch nach einer Überwindung des Schulenstreites und dem Aufbau einer »allgemeinen Psychotherapie« ist weit verbreitet. Warum also nicht ein Lehrbuch der allgemeinen Psychotherapie? Aussagen zu einer allgemeinen Psychotherapie können leicht auf einem so hohen Abstraktionsniveau liegen, daß sie kaum noch konkrete Inhalte aufweisen. Zudem erscheint es mir nicht sinnvoll, eine nur oberflächliche Gemeinsamkeit vorzugeben. Ob die breite psychotherapeutische Grundorientierung, die die Verhaltenstherapie heute ist, einmal mit anderen Ansätzen zu einer »allgemeinen Psychotherapie« zusammenwachsen wird, ist nicht absehbar. Fraglich ist auch, ob der Psychotherapie – anders als anderen Wissenschaften – jemals der große Wurf einer »allgemeinen« Theorie gelingen kann (man denke nur an die Physik). Zum gegenwärtigen Zeitpunkt sind die psychotherapeutischen Grundorientierungen jedenfalls zu unterschiedlich, als daß sie problemlos zusammengeführt werden könnten. Darüber hinaus sind Konkurrenz und gegenseitige Kritik ein wichtiger Entwicklungsantrieb, wie nicht zuletzt die Geschichte der Verhaltenstherapie zeigt.

Als genuin psychologischer Heilkundeansatz könnte die Verhaltenstherapie mit besonderem Recht als psychologische Behandlung oder (in potentiell gesetzeskonformer Sprache) als psychologische Psychotherapie bezeichnet werden. Andererseits hat sich Verhaltenstherapie als Begriff eingebürgert, ist quasi ein »Markenbegriff« geworden, unter dem sich immer mehr Menschen etwas vorstellen können. Der Begriff und die ihm innewohnende Tradition sollte daher nicht leichtfertig aufgegeben werden. Auch eine genauere Festlegung einer bestimmten Ausrichtung (z.B. »kognitive Verhaltenstherapie«) erscheint mir für ein umfassendes Lehrbuch wenig sinnvoll. Verhaltenstherapeutische und kognitive Verfahren sind Teile einer gemeinsamen Grundströmung, deren wichtigste gemeinsame Klammer die Fundierung in der empirischen Psychologie ist. Folgerichtig wird in Studium und postgradualen Ausbildungsgängen zwischen kognitiven und verhaltensorientierten Methoden nicht stärker unterschieden als innerhalb der Gruppe der kognitiven oder der verhaltensorientierten Verfahren. Deshalb wird im vorliegenden Lehrbuch darauf verzichtet, eine neuere oder »modernere« Form begrifflich abzugrenzen. Allerdings muß die Auffassung von Verhaltenstherapie, die dem Lehrbuch zugrundeliegt, explizit kenntlich gemacht werden. Dies geschieht ausführlich in dem einleitenden Kapitel »Grundprinzipien«.

An wen wendet sich das Lehrbuch?

Das Lehrbuch wendet sich vor allem an Studenten, Ausbildungskandidaten, Praktiker und Forscher aus den Bereichen klinische Psychologie, Psychiatrie und Psychotherapie sowie deren Nachbardisziplinen. Darüber hinaus sollen auch Interessenten aus Gesundheits- und Erziehungswesen, Kostenträgern, Verwaltung und Politik angesprochen werden. Die einzelnen Kapitel sollen möglichst auch ohne Bezug auf den Rest des Buches verständlich sein, was natürlich manchmal auf Grenzen stößt. Weiterführende Literaturempfehlungen, ein ausführliches Glossar und ein praktischer Anhang (mit Informationen z.B. zu Fachgesellschaften, Fachzeitschriften etc.) sollen die Nutzbarkeit erhö-

hen. Das Lehrbuch wurde nicht in erster Linie für Patienten und ihre Angehörigen geschrieben. Bücher reichen als Therapie meist nicht aus, sie können aber sehr wohl über Therapie informieren. Solche Informationen können nützliche Entscheidungsgrundlagen sein. Für den knappen Überblick stehen im deutschsprachigen Raum mehrere populärwissenschaftliche Bücher zur Verfügung. Wenn jedoch Umfang, Preis oder Fachsprache nicht abschrecken, spricht auch nichts gegen die Lektüre eines Lehrbuches. Sollte eine Behandlung angebracht sein, wird es in der Regel aber sinnvoll sein, die schriftlichen Informationen noch einmal persönlich mit Therapeut oder Therapeutin zu besprechen.

Aufbau und Gestaltung des Lehrbuches

Das Lehrbuch besteht aus zwei einander ergänzenden Bänden, die in fünf große Bereiche und einen Anhang untergliedert sind. Die Inhaltsbereiche umfassen Grundlagen, Diagnostik, störungsübergreifende Verfahren und Rahmenbedingungen (Band 1) sowie das störungsspezifische Vorgehen (Band 2). Die praktische Arbeit mit dem Lehrbuch soll durch ausführliche Sachwort- und Autorenregister sowie ein umfassendes Glossar erleichtert werden. Die Methoden- und Störungskapitel folgen einheitlichen Gliederungen, die im folgenden Kasten dargestellt sind. Da jede Regel schädlich werden kann, wenn sie zu dogmatisch ausgelegt wird, konnten die Autoren aber im Einzelfall von diesen Vorgaben abweichen.

Aufbau der Verfahrenskapitel

1. Darstellung der Methode
2. Anwendungsbereiche
3. Alternativen und ggf. Fortentwicklungen
4. Literatur
5. Weiterführende Literatur

Aufbau der Störungskapitel

1. Darstellung der Störung
2. Kognitiv-verhaltenstheoretisches Störungskonzept
3. Therapeutisches Vorgehen
4. Fallbeispiel
5. Empirische Belege
6. Literatur
7. Weiterführende Literatur

Zwei Bemerkungen zur Terminologie:

- Es gibt verschiedene Wege, das Problem unangemessener geschlechtsspezifischer Begrifflichkeiten anzugehen. Am wenigsten geeignet erscheinen mir Doppelnennungen, Schrägstrichlösungen oder das große »I«. Sofern die Geschlechtszugehörigkeit keine spezielle Rolle spielt, werden im vorliegenden Lehrbuch Begriffe wie Patient oder Therapeut grundsätzlich geschlechtsneutral verwandt, betreffen also stets beide Geschlechter. Abweichungen von dieser Regel werden explizit vermerkt.

- Dem in der Medizin etablierten Patientenbegriff wurde im Zuge der Kritik am »medizinischen Modell«" vorgeworfen, er drücke ein Abhängigkeitsverhältnis aus und entspreche nicht dem Ideal des aufgeklärten, mündigen Partners in der therapeutischen Beziehung. Als Alternative wurde mancherorts der Klientenbegriff vorgeschlagen, der frei von den genannten Bedeutungen sein sollte. Aufschlußreich ist hier die Wortgeschichte [vgl. Kluge: *Etymologisches Wörterbuch der deutschen Sprache* (22. Aufl.). Berlin: De Gruyter, 1989]. »Patient« bedeutet wortwörtlich »Leidender«. Im 16. Jahrhundert wurde der Begriff aus dem lateinischen »patiens« (duldend, leidend) gebildet, um kranke oder pflegebedürftige Personen zu bezeichnen. Ungefähr zur gleichen Zeit wurde »Klient« ebenfalls aus dem Latein entlehnt (von »cliens«, älter »cluens«). Die wörtliche Bedeutung dieses Begriffes lautet »Höriger« (abgeleitet vom altlateinischen Verb cluere: hören). Klienten waren ursprünglich landlose und unselbständige Personen, die von einem Patron abhängig waren. Dieses Abhängigkeitsverhältnis bedingte zwar gewisse Rechte (z.B. Rechtsschutz durch den Patron), vor allem aber eine Vielzahl von Pflichten. Drei Gründe sprachen demnach für die Verwendung von »Patient« anstelle von »Klient«:
  (1) Die tatsächliche Bedeutung des Begriffs »Klient« widerspricht der erklärten Absicht seiner Einführung.
  (2) Eine bloße terminologische Verschleierung des teilweise realen »Machtgefälles« zwischen Behandelnden und Behandelten ist wenig sinnvoll.
  (3) Der Begriff »Patient« beschreibt adäquat das Leiden hilfesuchender Menschen.

Danksagungen

Ein Lehrbuch wie das vorliegende ist kein Ein-Personen-Projekt, sondern erfordert umfangreiche Unterstützung, die ich hiermit anerkennen und für die ich mich bedanken möchte. Dank gilt in erster Linie meiner Frau Silvia Schneider und meinem Sohn Jonas, die mich lange Zeit über das normale Maß hinaus mit der Arbeit an dem Projekt teilen mußten. Anerkennen möchte ich ganz besonders die vielfältigen fachlichen Ratschläge meiner Frau. Dank und Anerkennung schulde ich auch den Mitarbeitern der Abt. Klinische Psychologie und Psychotherapie an der TU Dresden sowie des Dresdner Institutes der Christoph-Dornier-Stiftung für Klinische Psychologie. Die organisatorische Koordination des Projektes wurde von Kerstin Raum in beeindruckender Weise bewältigt. Frank Jacobi leistete wertvolle Arbeit bei der Übersetzung und Bearbeitung vor allem der englischsprachigen Manuskripte. Klaus Dilcher und Juliane Junge waren als studentische Hilfskräfte eine große Stütze. Heiko Mühler gab kompetente Hilfe bei der zeitraubenden Bearbeitung des Glossars. Sehr herzlich möchte ich mich bei den Autoren der Kapitel bedanken, die manchmal viel Geduld aufbrachten (wegen Anpassungen an das Gesamtkonzept, langwierigen Überarbeitungen oder Zeitverzögerungen durch die unvermeidbaren Nachzügler). Meine Entschuldigung gilt denjenigen, die die Terminvorgaben einhielten, mein zusätzlicher Dank denen, die wegen Krankheiten oder anderer Unwägbarkeiten kurzfristig »einsprangen«. Ihre Geduld ganz besonders unter Beweis gestellt hat Heike Berger, die im Springer-Verlag für die Realisierung des Projektes verantwortlich war. Sie hat das Projekt in jeder Phase seiner langen Entstehung ebenso kompetent wie engagiert unterstützt. Meine dankbare Anerkennung gilt auch Stefanie Zöller und Bernd Stoll vom Springer-Verlag sowie dem sachkundigen Lektorat von Renate Schulz, Simone Ernst, Miriam Geissler und Regine Körkel-Hinkfoth. Alle zusammen haben wir den Patienten zu danken, deren aktive Mitarbeit in der Verhaltenstherapie besonders wichtig ist.

Während mehrerer Jahre wurde der forscherische Teil meiner Beschäftigung mit der Verhaltenstherapie durch Sachbeihilfen und Personalmittel der Deutschen Forschungsgemeinschaft unterstützt (Aktenzeichen Ma 1116/1-1 bis 1-5, Ma 1116/4-1). Dies ermöglichte mir unter anderem den Aufbau einer eigenen Arbeitsgruppe, die während meiner Marburger Zeit zudem von der aktiven, uneigennützigen Förderung durch meine damalige Chefin Irmela Florin und vom Austausch mit den dortigen Kollegen profitierte. Heute bietet mir die TU Dresden ein anregendes Umfeld, wobei der Aufbau der klinischen Psychologie und Psychotherapie der tatkräftigen und entscheidungsstarken Unterstützung durch die Universität viel verdankt. Der Aufbau eigener verhaltenstherapeutischer Ambulanzen in Marburg und Dresden, die Zusammenarbeit mit psychosomatischen, verhaltensmedizinischen und psychiatrischen Kliniken, der ständige Kontakt mit niedergelassenen Kollegen und die regelmäßige Tätigkeit in der psychotherapeutischen Fort- und Weiterbildung gaben ebenfalls wesentliche Impulse, die ihren direkten Niederschlag in Konzeption und Autorenschaft des Lehrbuches fanden. Um den fruchtbaren Austausch fortzusetzen, möchte ich ausdrücklich darum bitten, Rückmeldung oder Vorschläge an meine im Innenumschlag angegebene Anschrift zu schicken.

Das vorliegende Buch ist ein Projekt, das mir besonders am Herzen liegt. Widmen möchte ich es meinem Vater, einem ebenso rationalen wie emotionalen Mann.

Jürgen Margraf
Dresden, im Frühjahr 1996

Inhaltsverzeichnis

Autorenverzeichnis

Angenendt, J., Dr.
Verhaltenstherapie – Ambulanz der Psychiatrischen Universitätsklinik, Abteilung Allgemeine Psychiatrie mit Poliklinik, Universität Freiburg, Hauptstr. 5, 79104 Freiburg

Barlow, D. H., Prof. Dr.
Center for Anxiety at Boston University, 648 Beacon Street, 6th Floor, Boston, MA 02215, USA

Baumann, U., Prof. Dr.
Institut für Psychologie der Universität Salzburg, Abteilung für Klinische Psychologie, Hellbrunnerstr. 34, 5020 Salzburg, Österreich

Birbaumer, N., Prof. Dr.
Institut für Medizinische Psychologie und Verhaltensneurobiologie, Universität Tübingen, Gartenstr. 29, 72074 Tübingen

Bohus, M., Dr.
Klinikum der Albrecht-Ludwigs-Universität für Psychiatrie und Psychosomatik, Hauptstr. 5, 79104 Freiburg

Bootzin, R. R., Ph.D.
Department of Psychology, University of Arizona, Tucson, AZ 85721, USA

Brown, E. J., M. A.
Center for Stress and Anxiety Disorders, State University of New York at Albany, Pine West Plaza-Building 4, Washington Avenue Extension, Albany, NY 12205, USA

Bühringer, G., Dr.
IFT Institut für Therapieforschung, Parzivalstr. 25, 80804 München

Buttner, P.
Atriumhaus, Psychiatrisches Krisenzentrum, Tagesklinik, Bavariaring 11, 80336 München

Caspar, F., Prof. Dr.
Psychologisches Institut der Universität Freiburg, Klinische und Entwicklungspsychologie, Belfortstr. 18, 79085 Freiburg

Dankesreiter, R., Dr.
Psychotherapeutische Praxis, Bismarckallee 38a, 14193 Berlin

de Jong-Meyer, R., Prof. Dr.
Psychologisches Institut 1, Psychologische Diagnostik und Klinische Psychologie, Fachbereich Psychologie der Universität Münster, Fliednerstraße 21, 48149 Münster

Ehlers, A., Prof. Dr.
Department of Psychiatry, University of Oxford, Warneford Hospital, Oxford OX3 7JX, Großbritannien

Ertle, A., Dr.
Department of Psychiatry, University of Oxford, Warneford Hospital, Oxford OX3 7JX, Großbritannien

Fahrenberg, J., Prof. Dr.
Psychologisches Institut der Universität Freiburg, Belfortstr. 18, 79085 Freiburg

Fiedler, P., Prof. Dr.
Psychologisches Institut der Universität Heidelberg, Hauptstr. 47–51, 69117 Heidelberg

Fiegenbaum, W., Prof. Dr.
Christoph-Dornier-Stiftung für Klinische Psychologie, Tibusstr. 7–11, 48143 Münster

Fischer-Klepsch, M., Dr.
Osterstr. 81, 20259 Hamburg

Fliegel, S., Dr.
Zentrum für Psychotherapie der Fakultät für Psychologie, Ruhr-Universität Bochum, 44780 Bochum

Foa, E. B., Ph.D.
Medical College of Pennsylvania and Hahnemann University, Department of Psychiatry, 3200 Henry Avenue, Philadelphia, PA 19129, USA

Frank, B., Dipl.-Psych.
Zentralinstitut für Seelische Gesundheit
Mannheim, Postfach 122120, 68072 Mannheim

Frank, M., Dipl.-Psych.
Christoph-Dornier-Stiftung
für Klinische Psychologie, Institut Marburg,
Ernst-Giller-Str. 20, 35039 Marburg

Glass, C. R., Ph.D.
Department of Psychology,
The Catholic University of America,
Washington, DC 20064, USA

Hahlweg, K., Prof. Dr.
Institut für Psychologie,
Technische Universität Braunschweig,
Spielmannstr. 12a, 38106 Braunschweig

Hand, I., Prof. Dr.
Verhaltenstherapie-Ambulanz an der Klinik für
Psychiatrie und Psychotherapie des Universitäts-
krankenhauses Hamburg Eppendorf,
Martinistr. 52, 20246 Hamburg

Hautzinger, M., Prof. Dr.
Psychologisches Institut,
Abteilung Klinische Psychologie,
Johannes-Gutenberg-Universität Mainz,
Staudingerweg 9, 55099 Mainz

Heimberg, R. G.
Center for Stress and Anxiety Disorders,
State University of New York at Albany, Pine West
Plaza-Building 4, Washington Avenue Extension,
Albany, NY 12205, USA

Hoffmann, N., Dr.
Psychotherapeutische Praxis,
Orber Str. 18, 14193 Berlin

Hohagen, F., PD Dr.
Klinik für Psychiatrie und Psychosomatik,
Abteilung für Psychiatrie und Psychotherapie,
Hauptstr. 5, 79104 Freiburg

Jacobi, C., Dr.
Paracelsus-Roswitha-Klinik 2,
Hildesheimer Str. 6, 37581 Bad Gandersheim

Juster, H. R., Ph. D.
Center for Stress and Anxiety Disorders,
State University of New York at Albany, Pine West
Plaza-Building 4, Washington Avenue Extension,
Albany, NY 12205, USA

Kaiser, A., Dipl.-Psych.
Institut für Psychologie,
Technische Universität Braunschweig,
Spielmannstr. 12a, 38106 Braunschweig

Karlbauer-Helgenberger, F., Dipl.-Psych.
Städtisches Krankenhaus Bogenhausen,
Abteilung für Neuropsychologie, Station 35,
Englschalkinger Str. 77, 81925 München

Kirk, J., Ph. D.
Department of Psychiatry, University of Oxford,
Warneford Hospital, Oxford OX3 7JX,
Großbritannien

Kockott, G., Prof. Dr.
Psychiatrische Klinik und Poliklinik
der Technischen Universität München,
Klinikum rechts der Isar,
Ismaninger Str. 22, 81675 München

Kossow, K.-D., Prof. Dr.
Bundesvorsitzender der Praktischen Ärzte und
Ärzte für Allgemeinmedizin in Deutschland (BPA)
e.V., Am alten Mühlenberg 3, 28832 Achim

Kröner-Herwig, B., Prof. Dr.
Institut für Psychologie, Abteilung für Klinische
Psychologie, Georg-August-Universität Göttingen,
Goslarstr. 14, 37073 Göttingen

Laessle, R. G., PD Dr.
Forschungszentrum für Psychobiologie
und Psychosomatik, Universität Trier, 54286 Trier

Laireiter, A.-R., Dr.
Institut für Psychologie der Universität Salzburg,
Abteilung für Klinische Psychologie,
Hellbrunnerstr. 34, 5020 Salzburg, Österreich

Linden, M., Prof. Dr.
Forschungsgruppe Ambulante Therapie der
Psychiatrischen Klinik der Freien Universität und
Abteilung Verhaltenstherapie und Psychosomatik
der BfA Klinik Seehof, Lichterfelder Allee 55,
14513 Teltow

Lindenmeyer, J., Dr.
Salus Klinik Lindow, Straße nach Gühlen 10,
16835 Lindow

Lutz, R., Dr.
Fachbereich Psychologie, Phillips-Universität
Marburg, Gutenbergstr. 18, 35032 Marburg

Maercker, A., Dr. Dr.
Klinische Psychologie und Psychotherapie,
Technische Universität Dresden, 01062 Dresden

Margraf, J., Prof. Dr.
Klinische Psychologie und Psychotherapie,
Psychologisches Institut der Universität Basel
und Psychiatrische Universitätsklinik Basel,
Wilhelm-Klein-Str. 27, 4025 Basel, Schweiz

Merluzzi, T. V., Ph. D.
Department of Psychology, University of Notre
Dame, Notre Dame, IN 46556, USA

Münchau, N., Dipl.-Psych.
Verhaltenstherapie-Ambulanz an der Klinik für
Psychiatrie und Psychotherapie des Universitäts-
krankenhauses Hamburg Eppendorf,
Martinistr. 52, 20246 Hamburg

Neumer, S., Dipl.-Psych.
Klinische Psychologie und Psychotherapie,
Technische Universität Dresden,
Mommsenstr. 13, 01062 Dresden

Öst, L.-G., Ph. D.
Department of Psychology, Stockholm University,
10691 Stockholm, Schweden

Pauli, P., Dr.
Institut für Medizinische Psychologie
und Verhaltensneurobiologie,
Universität Tübingen,
Gartenstr. 29, 72074 Tübingen

Pfingsten, U., Dr.
Fakultät für Psychologie und Sportwissenschaften,
Universität Bielefeld, Postfach 100131,
33501 Bielefeld

Pirke, K. M., Prof. Dr.
Forschungszentrum für Psychobiologie
und Psychosomatik, Universität Trier, Gebäude D,
Postfach 3825, 54286 Trier

Pudel, V., Prof. Dr.
Georg-August-Universität Göttingen,
Ernährungspsychologische Forschungsstelle,
von-Siebold-Str. 5, 37075 Göttingen

Pulverich, G., RA
Berufsverband Deutscher Psychologen e.V.,
Heilsbachstr. 22, 53123 Bonn

Rau, H., PD Dr.
Christoph-Dornier-Klinik für Psychotherapie,
Tibusstr. 7–11, 48143 Münster

Reinecker, H., Prof. Dr.
Lehrstuhl Klinische Psychologie,
Universität Bamberg, 96045 Bamberg

Revenstorf, D., Prof. Dr.
Psychologisches Institut, Abteilung Klinische und
Physiologische Psychologie, Universität Tübingen,
Gartenstr. 29, 72074 Tübingen

Rief, W., Univ.-Doz. Dr.
Medizinisch-Psychosomatische Klinik Roseneck,
Am Roseneck 6, 83209 Prien am Chiemsee

Rios, P., Dr.
University College and Middlesex School
of Medicine (London), Department of Paediatrics,
Sub-Department of Paediatric Disability at Harper
House, Harper Lane, Radlett, Herts, WD7 7HU,
Großbritannien

Rojahn J., Ph. D.
Department of Psychology and Nisonger Center
for Developmental Disabilities, The Ohio State
University, 1581 Dodd Drive, Columbus,
OH 43210-1296, USA

Rothbaum, B. O., Dr.
Emory University School of Medicine,
1365 Clifton Road, NE, Atlanta, GA 30322, USA

Salkovskis, P. M., Ph. D.
Department of Psychiatry, University of Oxford,
Warneford Hospital, Oxford OX3 7JX,
Großbritannien

Salomon, F., PD Dr.
Klinikum für Anästhesiologie und operative
Intensivmedizin am Klinikum Lippe-Lemgo,
Rintelner Str. 85, 32657 Lemgo

Schaller, S., Dr.
Klinische Psychologie, Psychiatrische Klinik
und Poliklinik der Universität Würzburg,
Füchsleinstr. 15, 97080 Würzburg

Schindler, L., PD Dr.
Lehrstuhl Klinische Psychologie,
Universität Bamberg,
Postfach 1549, 96045 Bamberg

Schmidtke, A., PD Dr.
Klinische Psychologie, Psychiatrische Klinik
und Poliklinik der Universität Würzburg,
Füchsleinstr. 15, 97080 Würzburg

Schneider, S., Dr.
Klinische Psychologie und Psychotherapie,
Psychologisches Institut der Universität Basel
und Psychiatrische Universitätsklinik Basel,
Wilhelm-Klein-Str. 27, 4025 Basel, Schweiz

Schröder, B., Dipl.-Psych.
Christoph-Dornier-Stiftung
für Klinische Psychologie, Institut Braunschweig,
Konstantin-Uhde-Str. 4, 38106 Braunschweig

Strian, F., Prof. Dr.
Max-Planck-Institut für Psychiatrie,
Kraepelinstr. 10, 80804 München

Turowsky, J., Dr.
University at Albany – SUNY, Department
of Psychology, Albany, NY 12222, USA

Tuschen, B., Dr.
Fachbereich Psychologie Phillips-Universität
Marburg, Gutenbergstr. 18, 35032 Marburg

Unland, H., Dipl.-Psych.
Bezirkskrankenhaus, Fachklinik für Psychiatrie
und Neurologie, Universitätsstr. 84,
93042 Regensburg

Vossen, A., Dipl.-Psych.
Max-Planck-Institut für Psychiatrie,
Klinisches Institut, AG Klinische Psychologie,
Kraepelinstr. 2–10, 80804 München

Weber, G., Dr.
Institut für Psychologie der Universität Wien,
Abteilung für Angewandte und Klinische Psycho-
logie, Gölsdorfgasse 3, 1010 Wien, Österreich

Westmeyer, H., Prof. Dr.
Freie Universität Berlin, Fachbereich Erziehungs-
wissenschaften, Psychologie und Sportwissenschaften, Habelschwerdter Allee 45, 14195 Berlin

Wittchen, H.-U., Prof. Dr.
Max-Planck-Institut für Psychiatrie,
Klinisches Institut, AG Klinische Psychologie,
Kraepelinstr. 2–10, 80804 München

Wolke, D., Prof. Dr.
University of Hertfordshire, School of Health &
Human Sciences, Division of Psychology, Hatfield
Campus, College Lane, Hatfield, Herts, AL10-9AB,
Großbritannien

Wurmser, H., Dr.
Forschungszentrum für Psychobiologie
und Psychosomatik, Universität Trier, 54286 Trier

Zimmer, D., Prof. Dr.
Tübinger Akademie für Verhaltenstherapie
(TAVT), Waldhäuserstr. 48, 72076 Tübingen

Zulley, J., PD Dr.
Fachklinik für Psychiatrie und Neurologie,
Bezirkskrankenhaus, Universitätsstr. 84,
93042 Regensburg

KAPITEL 1

Paniksyndrom und Agoraphobie

1

JÜRGEN MARGRAF und SILVIA SCHNEIDER

1.1
Einleitung

Was haben Goethe, Freud und Brecht gemeinsam? Alle drei waren nicht nur erfolgreiche Autoren, sondern litten auch unter Angststörungen, die heutzutage als Paniksyndrom bzw. Agoraphobie diagnostiziert werden würden. Während Goethe seine Panikanfälle und Phobien mit einer frühen Form von »Verhaltenstherapie« bewältigte, versuchte Freud, Angstanfälle und »Reisefieber« mit einer Selbstanalyse in den Griff zu bekommen. Von Brecht sind dagegen keine derartigen Selbstheilungsversuche seiner »herzneurotischen« Ängste bekannt. Die eng verknüpften Störungsbilder des Paniksyndroms und der Agoraphobien betreffen aber nicht nur berühmte Künstler und Wissenschaftler. In der klinischen Praxis machen sie den größten Teil der Angstpatienten aus, die ihrerseits wiederum die häufigste Form psychischer Störungen darstellen. Die Tatsache, daß Anxiolytika die am häufigsten verordneten Psychopharmaka sind, drückt

ebenfalls die große Bedeutung dieser Störungen aus. Beide Beschwerdebilder zeigen langfristig einen ungünstigen Verlauf, bei dem Spontanremissionen nur selten vorkommen. Ohne adäquate professionelle Hilfe führen Paniksyndrom und Agoraphobie in der Regel für Betroffene und Angehörige zu massiven Beeinträchtigungen der Lebensqualität. Derartige Folgeprobleme stellen wiederum selbst eine Belastung dar. So kommt es oft zu einer »Abwärtsspirale«, an deren Ende Depressionen, Alkoholabhängigkeit, Medikamentenmißbrauch und eine stark erhöhte Suizidgefahr stehen können.

Götter, Griechen und Gelehrte: Woher die Begriffe kommen

Die Phänomene, die heutzutage Angststörungen wie den Phobien oder dem Paniksyndrom zugeordnet werden, sind seit dem Altertum bekannt. So ist etwa das Wort »Panik« von dem Namen des altgriechischen Hirtengottes Pan abgeleitet. Pan zeichnete sich durch ein solch häßliches Äußeres aus, daß seine Mutter aufsprang und ihn verließ, als sie sah, was sie in die Welt gesetzt hatte. Trotz seines eher fröhlichen Wesens war er gelegentlich schlecht aufgelegt. Am meisten zürnte er, wenn man ihn im Schlaf störte, sei es nachts oder mittags. Dann neigte er dazu, Menschen ebenso wie Viehherden in plötzlichen Schrecken zu versetzen. Die dergestalt Überraschten flohen in heller Aufregung und viele von ihnen vermieden den Ort des Geschehens fortan. Pan half aber auch den Athenern, als diese von den Persern angegriffen wurden, indem er bei den Angreifern eine »panische« Angst auslöste und sie so in die Flucht schlug. Eine weitere griechische Gottheit mit der besonderen Fähigkeit, Feinde zu erschrecken, war Phobos, der Mythologie zufolge der Zwillingsbruder des Deimos und Sohn des Kriegsgottes Ares und der Aphrodite. Die Namen von Deimos und Phobos können wörtlich mit »Furcht« und »Schrecken« übersetzt werden. Manche Zeitgenossen machten sich die erschreckende Eigenschaft des Phobos zunutze, indem sie sein Abbild auf Rüstungen malten, um Gegner einzuschüchtern. So wurde sein Name zu einem Begriff für ein Ausmaß an Angst und Schrecken, das zur Flucht führt. Obwohl der Gott nicht tatsächlich erschien, kam es dennoch zur Flucht. Dieser Sachverhalt hat zu der Bezeichnung Phobie für unangemessenes Vermeidungsverhalten bzw. übermäßige Angst geführt.

Paniksyndrome und Agoraphobien galten lange Zeit als kaum behandelbar. Dies ist umso bemerkenswerter, als Panikanfälle häufiger als andere psychische Störungen zum Behandlungswunsch führen und typische Paniksymptome zu den häufigsten Vorstellungsgründen in der ärztlichen Praxis gehören. Ein praktisches Problem ist, daß Panikanfälle sich oft hinter einer rein körperlichen Präsentation verbergen und dann häufig falsch diagnostiziert und behandelt werden. Durch die Konsultation zahlreicher Spezialisten sowie aufwendige und z.T. wiederholte differentialdiagnostische Untersuchungen verursachen die Patienten erhebliche Kosten. Dauermedikation und suboptimale Behandlungen verstärken oft die Chronifizierung der Störungen. Es ist somit nicht verwunderlich, daß Paniksyndrom und Agoraphobie ein besonders wichtiges Arbeitsfeld für klinische Psychologie, Psychotherapie, Psychiatrie und ihre Nachbardisziplinen darstellen. Die verschiedenen Disziplinen hatten dabei schon früh eine verwirrende Vielzahl von Fachbegriffen für Störungen entwickelt, die von plötzlicher Angst und Flucht- oder Vermeidungsverhalten gekennzeichnet sind.

Babylon läßt grüßen

Im Laufe von über 100 Jahren wurde eine Vielzahl von diagnostischen Begriffen für die scheinbar unerklärbaren Angstzustände geprägt, die für Paniksyndrome und Agoraphobien typisch sind. Die verwirrende Vielfalt der Bezeichnungen stellte lange Zeit ein Hindernis für einen fachübergreifenden Fortschritt dar. Je nach Spezialisierung des zuerst aufgesuchten Diagnostikers konnten für ein- und dasselbe Problem eher kardiologisch, neurologisch, psychiatrisch oder psychotherapeutisch klingende Diagnosen vergeben werden. Ein Groß-

teil der folgenden Begriffe betrifft jedoch die modernen Störungskonzepte des Paniksyndroms bzw. der Agoraphobien.

Schwerpunkt Angst
- Angstneurose, Angsthysterie, Angstreaktion
- Endogene bzw. somatische Angst
- Phobisches Angst-Depersonalisationssyndrom
- Herzphobie, Herzneurose, Herzhypochondrie
- Vasomotorische Neurose
- Kardiovaskuläre Neurose
- Reizherz, Soldatenherz
- Da Costa-Syndrom
- Chronisches Hyperventilationssyndrom
- Kardiorespiratorisches Syndrom

Schwerpunkt körperliche Symptome
- Neurozirkulatorische Asthenie
- Neurasthenie
- Nervöses Erschöpfungssyndrom
- Neurovegetative Störung
- (Psycho-)vegetative Labilität, Dysregulation
- Vegetative Dystonie
- Psychophysischer Erschöpfungszustand
- Psychophysisches Erschöpfungssyndrom
- Funktionelles kardiovaskuläres Syndrom
- Hyperkinetisches Herzsyndrom

Schwerpunkt Vermeidungsverhalten
- Platzangst, Platzschwindel
- Agoraphobie
- Panphobie
- Polyphobie
- Multiple Situationsphobie
- Topophobie
- Kenophobie
- Straßenfurcht
- Lokomotorische Angst
- Hausfrauensyndrom
- Friseurstuhl-Syndrom
- Anstrengungsphobie

Fazit
Die Diagnose hängt v.a. von der Spezialisierung der Diagnostiker ab!

In den letzten Jahrzehnten schuf die Vereinheitlichung der diagnostischen Begriffe eine Grundlage für neue Fortschritte beim Verständnis und der Behandlung der Störungen. Nach Marks (1987) ist die Entwicklung und systematische Überprüfung von Konfrontationstherapien eine der »größten Erfolgsgeschichten« im Bereich der psychischen

Gesundheit. Angesichts dieser Erfolge wurde zunächst die Behandlung von Panikpatienten ohne phobischem Vermeidungsverhalten vernachlässigt. Die 80er Jahre erbrachten aber auch in diesem Bereich entscheidende Fortschritte mit Hilfe vorwiegend kognitiver Methoden. Beide Gruppen von Ansätzen sollen im vorliegenden Kapitel behandelt werden. Zuvor müssen jedoch die Störungsbilder und die der Behandlung zugrundeliegenden ätiologischen Konzepte dargestellt werden.

1.2
Darstellung der Störungen

1.2.1
Phänomenologie

Paniksyndrom

Auch im Licht neuer Forschungen hat sich Freuds klassische Beschreibung der Angstanfälle als bemerkenswert beständig erwiesen. »Ein solcher Angstanfall besteht entweder einzig aus dem Angstgefühle ohne jede assoziierte Vorstellung oder mit der naheliegenden Deutung der Lebensvernichtung, des ›Schlagtreffens‹, des drohenden Wahnsinns, oder aber dem Angstgefühle ist irgendwelche Parästhesie beigemengt (ähnlich der hysterischen Aura), oder endlich mit der Angstempfindung ist eine Störung irgend einer oder mehrerer Körperfunktionen, der Atmung, Herztätigkeit, der vasomotorischen Innervation, der Drüsentätigkeit verbunden. Aus dieser Kombination hebt der Patient bald das eine, bald das andere Moment besonders hervor, er klagt über ›Herzkrampf‹, ›Atemnot‹, ›Schweißausbruch‹, ›Heißhunger‹ u. dgl., und in seiner Darstellung tritt das Angstgefühl häufig ganz zurück oder wird recht unkenntlich als ein ›Schlechtwerden‹, ›Unbehagen‹ usw. bezeichnet« (Freud, 1895 a, in Gesammelte Werke, Band 1, S. 319, vgl. auch den Fall »Katharina« aus den Studien zur Hysterie). Eine mögliche Erklärung für die Genauigkeit dieser Beschreibungen mag darin liegen, daß Freud selbst an Angstanfällen und agoraphobischen Befürchtungen (wenngleich ohne starkes Vermeidungsverhalten) litt (s. unten).

Die Panikanfälle des Sigmund Freud

Freuds Angstanfälle waren zumindest in dem Jahrzehnt, in dem die oben zitierten Schriften entstanden, sehr ausgeprägt. Nach seinem Bio-

graphen Ernest Jones (1960) bestand Freuds »Neurose« im wesentlichen »in äußerst starken Stimmungsschwankungen«, die sich in Anfällen von »*Todesangst* und *Reisefieber*« äußerten (S. 357, kursiv im Original). Daneben kam es auch zu Depressionen. Freud müsse unter seiner Neurose »schwer gelitten haben, und während jener zehn Jahre erschien ihm das Leben wohl nur für kurze Zeitspannen lebenswert« (Jones, 1960, S. 356). Obwohl er i. allg. eine ausgezeichnete körperliche Gesundheit und insbesondere ein ungewöhnlich gesundes Herz hatte, machte er sich doch große Sorgen um sein Herz und hielt es für wahrscheinlich, daß er an einem Herzschlag sterben würde. Wegen Arrhythmien suchte er ärztliche Hilfe und versuchte auf Anraten seines Freundes Fließ, auf das Rauchen zu verzichten. Dies erwies sich aber nicht als der richtige Weg zur Lösung seines Problems. »Bald nach der Entziehung kamen leidliche Tage ...; da kam plötzlich ein großes Herzelend, größer als je beim Rauchen. Tollste Arrhythmie, beständige Herzspannung – Pressung – Brennung, heißes Laufen in den linken Arm, etwas Dyspnoe von verdächtig organischer Mäßigung, das alles eigentlich in Anfällen, d.h. über zwei zu drei des Tages in continuo erstreckt und dabei ein Druck auf die Stimmung, der sich in Ersatz der gangbaren Beschäftigungsdelirien durch Toten- und Abschiedsmalereien äußerte ... Es ist ja peinlich für einen Medicus, der sich alle Stunden des Tages mit dem Verständnis der Neurosen quält, nicht zu wissen, ob er an einer logischen oder an einer hypochondrischen Verstimmung leidet« (Brief an Fließ vom 19. April 1894, zitiert nach Jones, 1960, S. 361–362).

Freuds Angstanfälle traten zu einer Zeit auf, in der er unter beruflichen und privaten Konflikten litt und viele gute Freunde durch Tod oder auf andere Weise verloren hatte. Phasen intensiver Herzbeschwerden gingen körperliche Belastungen wie schwere Grippeerkrankungen oder Nikotinentzug voraus. Durch »das Periodengesetz« war ihm nur ein Lebensalter von 51 Jahren vorherbestimmt, wobei er es aber für wahrscheinlicher hielt, daß er bereits zwischen 40 und 50 Jahren sterben würde. Sein vierzigster Geburtstag fiel genau in die Mitte des Jahrzehnts seiner schlimmsten Angstbeschwerden. Nachdem sich trotz intensiver Bemühungen (siehe etwa die »nasale« Theorie, der Fließ und er eine Weile anhingen) keine organische Ursache für seine Anfälle finden ließ, suchte Freud sein Heil in der Selbstanalyse. Diese scheint aber auch nach den Vermutungen seines Biographen Ernest Jones nicht völlig erfolgreich gewesen zu sein, da auch nach ihrem Ende noch Beschwerden auftraten. Freud blieb weiterhin auf der Suche nach der Ursache seiner Angstprobleme und meinte beispielsweise zwei Jahre nach der angeblichen Überwindung seiner Reisephobie erneut, den Schlüssel dazu bei einem neuen Fall gefunden zu haben. Später aber wies er dann auf die Grenzen der psychoanalytischen Therapie und die Bedeutung konfrontativer Maßnahmen bei Phobien hin (vgl. Abschn. 1.4.2 weiter unten).

In der modernen Definition des Paniksyndroms sind zeitlich umgrenzte Episoden (»Anfälle«) akuter Angst, die mit den synonymen Begriffen Panikattacken, Panikanfälle oder Angstanfälle bezeichnet werden, das Hauptmerkmal der Störung.

Charakteristisch ist dabei das plötzliche und z.T. als spontan erlebte Einsetzen unangenehmer Symptome. Spontaneität bedeutet hier, daß die Betroffenen die einsetzenden körperlichen Symptome nicht mit externalen Stimuli (z.B. Höhe, Kaufhaus) in Verbindung bringen bzw. daß die Angst sich nicht einer realen Gefahr zuschreiben läßt.

Im Vordergrund der Beschwerden stehen in der Regel körperliche Symptome wie:

- Herzklopfen,
- Herzrasen,
- Atemnot,
- Schwindel,
- Benommenheit,
- Schwitzen,
- Brustschmerzen sowie
- Druck oder Engegefühl in der Brust.

Neben körperlichen Symptomen treten üblicherweise kognitive Symptome auf, die die mögliche Bedeutung dieser somatischen Empfindungen betreffen, z.B. »Angst zu sterben«, »Angst, verrückt zu werden« oder »Angst, die Kontrolle zu verlieren«. Während eines Panikanfalls zeigen die Patienten oft ausgeprägt hilfesuchendes Verhalten: Sie rufen den Notarzt, bitten Angehörige um Hilfe oder nehmen Beruhigungsmittel ein. Tritt der Panikanfall an öffentlichen Orten wie z.B. Supermärkten auf, so versuchen die Patienten meist, diese Orte möglichst schnell zu verlassen und an einen sicheren Platz zu flüchten.

Panik aus der Sicht einer Betroffenen

»Ich war schon so ein bißchen unruhig, mehr nervös als sonst und dann innerhalb von Sekunden, das waren also 30 Sekunden, da wurde das ganz schlimm. Es fing im Kopf an. Ich dachte, der ganze Kopf ist so taub, alles so kribbelig, und dann fing das Herz ganz fürchterlich an zu schlagen und ... ich war schweißgebadet. Und dann fingen die Hände an zu zittern, und dann wurde es so schlimm, daß die Beine so ganz weich wurden, so, so wackelig, so, so ... wie ständig Stromschläge ... und mir wurde kalt und ... ganz schlimm war das. Und dann war dieses Gefühl, daß man nicht richtig dabei ist und sich irgendwie so rundum in Watte gehüllt fühlt, so, man ist zwar da, aber man gehört einfach nicht dazu. Das Ganze dauerte so ungefähr zehn Minuten. Zehn Minuten war das, als das wieder so ganz schlimm war mit Zittern und Schwitzen und... dem Herzklopfen. Und dann war diese schlimme Angst, und ich dachte, was ist jetzt mit dir, was passiert mit dir. Ich dachte nur noch, hoffentlich ist es jetzt gleich wieder vorbei, also das ist ..., das kann man so schlimm wie das ist, gar nicht ausdrücken. Man weiß nicht, stirbst du jetzt oder fällst du einfach nur um, man ist einfach nicht mehr sich selbst. Das Unangenehmste ist dieses Herzklopfen, wo man wirklich denkt, man fällt um, man ... man stirbt« (Schneider & Margraf, 1994, S. 63).

Die z.Z. gültige vierte Auflage des »Diagnostischen und Statistischen Manuals psychischer Störungen« der Amerikanischen Psychiatrischen Gesellschaft (DSM-IV, APA, 1994) legt als zentrales Merkmal für die Diagnose Paniksyndrom das wiederkehrende Auftreten unerwarteter bzw. aus »heiterem Himmel kommender« Panikanfälle fest. Außerdem werden kognitive Symptome, die Interpretationen oder Konsequenzen der Anfälle darstellen sowie bedeutsame Verhaltensänderungen infolge der Anfälle in die Definition des Paniksyndroms mit eingeschlossen. Während eines Anfalls müssen mindestens vier von 13 aufgelisteten körperlichen und kognitiven Symptomen auftreten. Weiterhin fordert das DSM-IV, daß zumindest manchmal die Symptome unerwartet, »aus heiterem Himmel« auftreten und mindestens vier Symptome innerhalb von 10 Minuten einen Gipfel erreichen.

Für die Diagnose eines Paniksyndroms muß im Anschluß an einen Panikanfall über mindestens einen Monat mindestens eines der folgenden Symptome auftreten:

- anhaltende Sorgen über das Auftreten weiterer Panikanfälle,
- Sorgen über die Bedeutung des Anfalls oder seiner Konsequenzen (z.B. die Kontrolle zu verlieren, einen Herzinfarkt erleiden),
- deutliche Verhaltensänderungen infolge der Anfälle.

Tritt neben den Panikanfällen auch Vermeidungsverhalten auf, wird nach dem DSM-IV ein Paniksyndrom mit Agoraphobie diagnostiziert.

Systematische deskriptive Daten zeigen übereinstimmend, daß Herzklopfen/-rasen, Schwindel/Benommenheit und Atemnot die am häufigsten wahrgenommenen Symptome während eines Panikanfalls sind. Die durchschnittliche Dauer eines Panikanfalls beträgt 30 Minuten (mit großer Streubreite). Interessanterweise gibt es eine ausgeprägte retrospektive Verzerrungstendenz: rückblickend schildern die Patienten eher prototypische und besonders schwere Panikanfälle (Gespräch nach einer Woche oder später), bei sofortiger Befunderhebung gleich nach dem Anfall (per standardisiertem Tagebuch) hingegen werden die Panikanfälle mit moderater Intensität und einer begrenzten Anzahl von Symptomen geschildert. Die physiologische Untersuchung von Panikanfällen in der natürlichen Umgebung der Patienten mit Hilfe von tragbaren Meßgeräten relativieren ebenfalls die meist dramatisch anmutenden retrospektiven Aussagen der Patienten (vgl. Margraf, 1990): Während ihrer Panikanfälle zeigen Panikpatienten nur vereinzelt drastische Anstiege in der Herzfrequenz, bei dem größten Teil der Panikanfälle kommt es dagegen lediglich zu einem geringen Anstieg der Herzfrequenz. In der bisher größten untersuchten Stichprobe zeigte sich ein durchschnittlicher Herzfrequenzanstieg von 11 Schlägen pro Minute bei spontanen und 8 Schlägen bei situativen Panikanfällen. Es zeigt sich also eine deutliche Diskrepanz zwischen der geringen tatsächlichen körperlichen Erregung während der Panikanfälle und dem massiven subjektiven Erleben körperlicher Symptome. Dies weist darauf hin, daß körperliche Symptome von Panikpatienten in übermäßiger Weise als bedrohlich bewertet werden. Wichtig ist darüber hinaus, daß auch für sog. »spontane« Panikanfälle Auslö-

ser vorliegen. In den meisten Fällen handelt es sich dabei um körperinterne Reize wie die Wahrnehmung von Herzklopfen oder Atembeschwerden. Seltener stehen auch Gedanken oder Vorstellungsbilder am Anfang eines Panikanfalls (z.B. »Ich könnte an einem Herzinfarkt sterben«).

Agoraphobie

In der Arbeit, in der der Begriff »Agoraphobie« geprägt wurde, schrieb Westphal (1871) über einen seiner drei geschilderten Patienten: »Was ihm Angst mache, davon hat er selbst keine Vorstellung, es ist gleichsam die Angst vor der Angst« (S. 141). Das Angstgefühl trete oft zusammen mit der »Furcht vor dem Irrewerden« auf und verschwinde in Begleitung einer bekannten Person. Ohne Bezug auf Westphal zu nehmen, betonte später auch Freud, daß bei Agoraphobikern oft die Erinnerung an einen Angstanfall anzutreffen sei: »In Wirklichkeit ist das, was der Kranke befürchtet, das Ereignis eines solchen Anfalls unter solchen speziellen Bedingungen, daß er glaubt, ihm nicht entkommen zu können« (Freud, 1895b, in Gesammelte Werke, Band 1, S. 352, Übersetzung der Autoren). Im Laufe der Zeit entwickeln die meisten Patienten mit Panikanfällen Vermeidungsverhalten. Sie beginnen, Orte zu vermeiden, an denen Panikanfälle aufgetreten waren oder an denen im Falle eines Panikanfalls Flucht schwierig oder peinlich wäre. Das Vermeidungsverhalten kann eng umgrenzt sein, kann aber auch in extremen Fällen so stark generalisieren, daß die Betroffenen ohne Begleitung das Haus nicht mehr verlassen können. In seltenen Fällen zeigen die Betroffenen kein offenes Vermeidungsverhalten, sondern ertragen die gefürchteten Situationen unter starker Angst. Das folgende Zitat gibt eine typische Schilderung dieses Beschwerdebildes. Charakteristisch sind dabei das ausgeprägte Vermeidungsverhalten, die massive Beeinträchtigung der Lebensführung, die Furcht zu sterben und die Tatsache, daß allein der Gedanke an phobische Situationen bereits Angst auslöst.

Agoraphobie aus der Sicht einer Betroffenen

»Als meine Ängste am schlimmsten waren, konnte ich mich nur noch in einem Zimmer unserer Wohnung aufhalten. In diesem Zimmer waren alle Dinge, die ich tagtäglich so brauchte. Ganz wichtig war, daß immer ein Telefon in meiner Nähe war, damit ich jederzeit meinen Hausarzt anrufen konnte. Wenn mein Mann tagsüber zur Arbeit ging, kam immer eine Frau zu uns ins Haus, damit ich nicht alleine war. Sie konnte dann meinen Mann oder meinen Arzt anrufen, falls ich 'mal wieder die Panik bekam. Das Zimmer verließ ich nur mit ihr. Aus der Wohnung bin ich zu dieser Zeit überhaupt nur ganz selten raus. Und auch das nur mit meinem Mann. Schon der Gedanke, das Haus zu verlassen, versetzte mich in Panik. Kaufhäuser, Einkaufsstraßen, Restaurants oder Auto- und Zugfahren machten mir wahnsinnige Angst. Sobald ich das Haus verließ, bekam ich Panik. Ich hatte dann ständig Angst, ich könnte jeden Moment umfallen, und kein Arzt ist in der Nähe, der mir helfen könnte. Das ging über mehrere Jahre so. Diese Zeit war schrecklich« (Schneider & Margraf, 1994, S. 63).

Im DSM-IV wird die Vielzahl der Situationen, die diese Patienten meiden bzw. fürchten, unter dem Begriff der Agoraphobie zusammengefaßt. Agoraphobie im Sinne des DSM-IV bezeichnet also nicht nur große, offene Plätze, wie dies vielleicht der griechische Begriff »agora« nahelegen mag, sondern eine Reihe öffentlicher Orte und Menschenansammlungen. Typische Situationen, die von Agoraphobikern vermieden oder nur mit starker Angst ertragen werden, sind

- alleine außer Haus sein,
- in einer Menschenmenge sein,
- in einer Schlange stehen,
- auf einer Brücke sein,
- Fahren mit Bus, Zug oder Auto.

Das Gemeinsame dieser Situationen ist nicht ein bestimmtes Merkmal der Situation an sich, sondern daß im Falle ausgeprägter Angst die Situation nur schwer zu verlassen wäre oder keine Hilfe zur Verfügung stünde oder es sehr peinlich wäre, die Situation zu verlassen. Deshalb werden von Agoraphobikern v.a. Situationen als bedrohlich erlebt, die eine Entfernung von »sicheren« Orten (meist das Zuhause) oder eine Einschränkung ihrer Bewegungsfreiheit bedeuten, in denen sie also subjektiv »in der Falle sitzen«.

Die meisten agoraphobischen Patienten berichten, in Begleitung die gefürchteten Situationen besser ertragen zu können. Auch sog. »Sicherheitssignale« helfen den Patienten, die phobischen Situationen zu bewältigen und die Angst zu reduzieren. Typische Sicherheitssignale sind das Mitsichtragen von Medikamenten, Riechsubstanzen, Entspannungsformeln oder der Telefonnummer des Arztes. Im Falle starker Angst können diese

Dinge benutzt werden, um die Angst zu reduzieren.

Nur eine kleine Gruppe von Agoraphobikern weist keine Panikanfälle in den gefürchteten Situationen auf. Sie ängstigt in den phobischen Situationen nicht das Auftreten eines plötzlichen Panikanfalls, sondern daß sie in einer solchen Situation beispielsweise ohnmächtig werden oder die Kontrolle über die Magen-/Darmtätigkeit verlieren könnten. Im DSM-IV erhält diese Patientengruppe die Diagnose Agoraphobie ohne eine Anamnese von Panikanfällen (in ICD-10: Agoraphobie ohne Panikstörung).

Die Entwicklung der heutigen Klassifikationen

Als eigenständige diagnostische Kategorie wurde das Paniksyndrom erstmals im DSM-III (APA, 1980) eingeführt. Bis dahin wurden Patienten mit Panikanfällen verschiedenen Diagnosen zugeordnet, je nachdem ob starkes Vermeidungsverhalten vorlag (Diagnose: Agoraphobie bzw. Phobie) oder nicht (Diagnose: Angstneurose, galt gleichzeitig auch für das heutige generalisierte Angstsyndrom). Die Agoraphobie wurde im DSM-III danach unterteilt, ob Panikanfälle auftraten oder nicht (Agoraphobie mit und ohne Panikanfällen). Grundlage für die neue Unterscheidung zwischen Panikanfällen und anderen Angstformen waren sog. biologische Modelle des Paniksyndroms, die diese Anfälle als qualitativ besondersartig betrachteten (vgl. Klein, 1980). Aus heutiger Sicht ist diese Modellvorstellung jedoch in vielen Teilen widerlegt (vgl. Margraf & Ehlers, 1990). In der revidierten Auflage von 1987 (DSM-III-R) wurde die Rolle plötzlicher Panikanfälle noch stärker betont. Bei Personen mit Agoraphobie und Panikanfällen wurde das phobische Vermeidungsverhalten den Panikanfällen untergeordnet, da man annahm, daß Panikanfälle als Auslöser für die Ätiologie der Agoraphobie verantwortlich seien. Die Unterordnung der Agoraphobie unter das Paniksyndrom ist jedoch umstritten. In die ICD-10 der WHO wurde lediglich die Abgrenzung des Paniksyndroms vom generalisierten Angstsyndrom übernommen (Dilling et al., 1994). Im Gegensatz zum DSM-IV (APA, 1994) wurde hier jedoch das Paniksyndrom teilweise der Agoraphobie untergeordnet. Ansonsten decken sich die operationalisierten Kriterien im wesentlichen mit denjenigen des DSM-IV, in dem eine Abkehr von der ursprünglich klaren Trennung von Panikanfällen und phobischer Angst erfolgte, da diese aufgrund systematischer Forschung nicht mehr haltbar war.

Da phänomenologisch gleiche Angstanfälle auch im Kontext anderer Angststörungen auftreten, werden im DSM-IV die Kriterien für Panikanfälle separat von den spezifischen Angststörungen (nicht mehr unter dem Paniksyndrom) aufgeführt. Panikanfälle müssen nun nicht immer unerwartet sein, sondern können auch situationsgebunden auftreten. Unerwartete Panikanfälle sind für das Paniksyndrom, situationsgebundene dagegen für spezifische und Sozialphobien charakteristisch. Für das Paniksyndrom werden auch Spezialfälle von sog. situativ vorbereiteten (»situationally predisposed«) Panikanfällen aufgeführt. Diese haben eine größere Wahrscheinlichkeit, bei Konfrontation mit bestimmten situativen Stimuli aufzutreten, müssen dabei aber nicht zwangsläufig ausgelöst werden. Beim Paniksyndrom mit Agoraphobie können die Panikanfälle unerwartet oder situativ vorbereitet sein. Weiterhin wurde ein konkretes Muster von phobischen Situationen festgelegt, das weniger Überschneidungen mit spezifischer oder Sozialphobie zuläßt. Panikanfälle, die ausschließlich in sozialen oder in klar begrenzten Situationen auftreten, sollen grundsätzlich als Teil von Sozialphobien bzw. spezifischen Phobien diagnostiziert werden. Bei der Agoraphobie ohne Paniksyndrom wurde der Ausschluß der Anamnese eines Paniksyndroms abgeschwächt. Hier heißt es statt dessen, daß der Agoraphobie keine Episode des Paniksyndroms vorausgehen darf.

1.2.2
Epidemiologie und Verlauf

■ **Epidemiologie.** Seit 1980, dem Jahr der Einführung der modernen operationalisierten Diagnostik im DSM-III, wurden eine Reihe großer epidemiologischer Studien in Kanada, Deutschland, Italien, Korea, Neuseeland, Puerto Rico, der Schweiz und den USA durchgeführt (Übersicht bei Perkonigg & Wittchen, 1995). Dabei ergaben sich durchweg hohe Prävalenzen für das Paniksyndrom und die Agoraphobie. Schwankungen zwischen den verschiedenen Studien beruhen v.a. auf unterschiedlichen Methoden (z.B. Stichprobenzusammensetzung, Diagnosekriterien, Diagnoseinstrumente etc.).

Insgesamt schwankt die Lebenszeitprävalenz für das Paniksyndrom nach DSM-III-R-Kriterien zwischen 3,2% und 3,6% (Median 3,6%)[1], für die Agoraphobie sogar zwischen 2,1% und 10,9% (Median 5,4%). Einzelne Panikanfälle, ohne daß die vollen Diagnosekriterien erfüllt werden, sind noch deutlich häufiger (je nach Stichprobe und Methode 15–30%). Bei Frauen stellten die Angststörungen die häufigste und bei Männern nach den Abhängigkeitssyndromen die zweithäufigste psychische Erkrankung dar. Frauen sind etwa doppelt so häufig betroffen wie Männer, wobei der Frauenanteil um so größer ist, je stärker die phobische Komponente der Störung ist.

■ **Komorbidität und Störungsbeginn.** Die epidemiologischen Studien zeigen übereinstimmend eine hohe Komorbidität mit anderen Angststörungen sowie Depressionen, somatoformen Störungen und Abhängigkeitsstörungen. Wittchen (1991) fand in einem Längsschnitt über 7 Jahre, daß nur 14,2% der Panikpatienten keine Komorbidität aufwiesen. Bei unbehandeltem Paniksyndrom zeigten 71,4% eine affektive Störung, 28,6% Medikamentenabusus und 50% Alkoholabusus. Im Unterschied zu den meisten anderen Angststörungen, die häufig bereits im Kindes- und Jugendalter beginnen, liegt der Beginn des Paniksyndroms meist im jungen Erwachsenenalter (Mitte Zwanzig). Der Beginn von Agoraphobien (mit und ohne Paniksyndrom) liegt in manchen Studien einige Jahre später, entspricht in anderen aber demjenigen des Paniksyndroms. Die Streuungen sind jedoch sehr groß, und bei Männern gibt es außerdem einen zweiten Gipfel des Erstauftretens von Panikanfällen jenseits des 40. Lebensjahres. Generell kann der erste Panikanfall sowohl in der frühen Kindheit als auch im späten Erwachsenenalter liegen. Eine Reihe von Studien hat mittlerweile Panikanfälle und Agoraphobien auch im Kindes- und Jugendalter belegt. Bezüglich der Geschlechterverteilung, der Symptome und der Komorbidität ist das Paniksyndrom im Kindes- und Jugendalter demjenigen im Erwachsenenalter sehr ähnlich.

---

[1] Legt man die älteren Kriterien des DSM-III zugrunde, so ergeben sich für das Paniksyndrom niedrigere Werte zwischen 1,1% und 2,4% (Median 1,9%). Aus heutiger Sicht sind die Kriterien des DSM-III-R akzeptabler. Bei der Agoraphobie haben die verschiedenen Versionen des DSM keinen so großen Einfluß auf die Ergebnisse. Für Deutschland betragen die Werte 2,4% für das Paniksyndrom und 5,7% für die Agoraphobie (DSM-III).

■ **Verlauf.** Der Verlauf der Störungen ist ungünstig. In einer deutschen Studie zeigten nur 14,3% der Probanden nach sieben Jahren eine Spontanremission (Wittchen, 1991). Häufige Folgeprobleme sind affektive Störungen sowie Alkohol- oder Medikamentenmißbrauch, der meist als fehlgeschlagener Selbstbehandlungsversuch aufgefaßt wird. Generell findet sich eine starke psychosoziale Beeinträchtigung und ein hohes Inanspruchnahmeverhalten in bezug auf das Gesundheitssystem. Kurz vor Beginn des Paniksyndroms wurden gehäuft schwerwiegende Lebensereignisse festgestellt (rund 80% der Patienten), wobei ein Großteil der Patienten mehr als ein Lebensereignis aufweist. Zu den häufigsten Ereignissen gehören Tod oder plötzliche, schwere Erkrankung von nahen Angehörigen oder Freunden, Erkrankung oder akute Gefahr des Patienten, Schwangerschaft und Geburt. Über 90% der ersten Panikanfälle treten an einem öffentlichen Ort auf. Neben Geschlecht, Lebensalter und Lebensereignissen ist der Familienstand als Risikofaktor belegt (häufiger nach Verlusten durch Trennung, Scheidung, Tod). Keine konsistenten Unterschiede fanden sich für die Faktoren Stadt/Land, beruflicher Status und soziale Schicht.

1.2.3
Diagnostik

Die Diagnostik wurde in Band 1 des vorliegenden Lehrbuches ausführlich besprochen. Daher soll hier nur auf Punkte von spezieller Bedeutung für das Paniksyndrom und die Agoraphobie eingegangen werden, die dort noch nicht besprochen wurden.

- *Zentrale Befürchtung:* Panikanfälle und phobische Ängste können auch im Kontext anderer Angststörungen auftreten. Zur differentialdiagnostischen Abgrenzung eignen sich die zentralen Befürchtungen während des Anfalls. Ein Panikanfall im Rahmen von Paniksyndrom und Agoraphobie beinhaltet zumeist die Furcht vor einer unmittelbar drohenden körperlichen oder geistigen Katastrophe; Angstanfälle im Kontext anderer Angststörungen betreffen eher Peinlichkeit/Blamage (Sozialphobie), direkt vom phobischen Objekt ausgehende Gefahren (spezifische Phobie) oder Kontamination/mangelnde Verantwortlichkeit (Zwangssyndrom).
- *Komorbidität:* Bei Komorbidität mit anderen psychischen Störungen (z.B. Depressionen, Abusus) müssen die Abfolge des Auftretens sowie mögliche funktionale Beziehungen der Störungen untereinander abgeklärt werden. Falls Panikanfälle nur in Phasen schwerer Depression auftreten, kann es notwendig sein, zuerst die Depression zu behandeln. Auch andere häufige Komplikationen erfordern manchmal eine direkte Behandlung unabhängig von der Angstproblematik. In diesem Stadium des diagnostischen Prozesses haben sich strukturierte Interviews als hilfreich erwiesen (vgl. Band 1, Kap. 10).
- *Somatische Differentialdiagnose:* Besonders wichtig sind auch die genaue Erhebung der eingenommenen Medikamente (ggf. Liste der handelsüblichen Anxiolytika, Antidepressiva und Betarezeptorenblocker vorlegen; Patienten bitten, die Packungen aller aktuell eingenommenen Medikamente mitzubringen) und eine sorgfältige organische Differentialdiagnose (vgl. Band 1, Kap. 15), da viele der körperlichen Symptome auch durch organische Erkrankungen verursacht sein können. Panikpatienten sind besonders sensitiv gegenüber diesen Symptomen und überschätzen ihre Bedrohlichkeit. Eine ursprünglich organische Verursachung der Symptome muß nicht notwendigerweise einen Ausschluß des Paniksyndroms bedeuten, da dieses auch zusätzlich zu der somatischen Störung vorliegen kann. Die meisten Patienten mit Panikanfällen und Agoraphobien haben bereits zahlreiche organmedizinische Untersuchungen hinter sich, bevor sie verhaltenstherapeutische Hilfe aufsuchen. Falls dies nicht der Fall ist, muß eine adäquate medizinische Untersuchung eingeleitet werden (v.a. Hausarzt!).
- *Problemanalyse:* Vor allem für die individuelle Ausgestaltung der Therapie müssen in einer Problemanalyse die Bedingungen untersucht werden, die die Ängste auslösen, verschlimmern, verringern und aufrechterhalten (vgl. Band 1, Kap. 11). Weitere wichtige Punkte für die individuelle Therapieplanung sind das hilfesuchende Verhalten, bisherige Behandlungsversuche, Bewältigungsstrategien und die Erklärungen des Patienten für sein Problem. Diese Informationen können für ein glaubwürdiges Erklärungsmodell der Ängste des Patienten genutzt werden. Grundsätzlich muß die Rolle der Problemanalyse bei der Behandlung von Paniksyndrom und Agoraphobie aufgrund neuerer Studien überdacht werden (vgl. Schulte, 1995). So zeigte sich, daß bei Agoraphobien ein standardisiertes Konfrontationsprogramm einem auf der Verhaltensanalyse basierenden individuell geplanten Behandlungsprogramm überlegen war. Auf der obersten Entscheidungsebene der Therapieplanung sind da-

her bei Agoraphobien Konfrontationsverfahren unabhängig von dem Ergebnis der Problemanalyse indiziert. Dies bedeutet eine gewisse Abkehr vom traditionellen verhaltenstherapeutischen Vorgehen, bei dem die Therapieplanung ausschließlich auf der Problemanalyse aufbaute.

- *Fragebögen:* Über das Gespräch hinaus können klinische Fragebögen zur effizienten Informationserhebung dienen. Speziell auf Panik und Agoraphobien zugeschnitten sind drei kurze Fragebögen von Chambless und Mitarbeitern, für die inzwischen auch offizielle deutschsprachige Ausgaben mit entsprechenden Normen vorliegen [»Fragebogen zu körperbezogenen Ängsten, Kognitionen und Vermeidung (AKV)«; Ehlers et al., 1993]: Das Mobilitäts-Inventar erfaßt das Ausmaß, in dem 28 agoraphobie-relevante Situationen vermieden werden und zwar in Abhängigkeit davon, ob der Patient allein oder in Begleitung mit der Situation konfrontiert wird. Die beiden anderen Skalen erheben typische katastrophisierende Gedanken während akuter Angstzustände (ACQ, Agoraphobic Cognitions Questionnaire) und die Furcht vor körperlichen Symptomen (BSQ, Body Sensations Questionnaire). Alle drei Fragebögen eignen sich sowohl für die Diagnostik als auch für die Therapieplanung und die Abschätzung des Therapieerfolgs.

- *Tagebücher:* Ein weiteres wichtiges Hilfsmittel zur Erfassung der Ängste sind standardisierte Tagebücher, die die Patienten vom Erstgespräch an bis zum Ende der Therapie führen (ein standardisiertes Angst-Tagebuch ist in Kapitel 12, Band 1, wiedergegeben). Dabei ist es wichtig, nicht nur die Ängste und die sie umgebenden Umstände zu erfassen, sondern auch einen generellen Überblick über die Aktivitäten der Patienten zu gewinnen. Viele Ängste treten im Zusammenhang mit bestimmten Aktivitäten oder Situationen auf, wobei die Betroffenen dies ohne sorgfältige Selbstbeobachtung oft nicht erkennen. Insbesondere beim Vorliegen von agoraphobischem Vermeidungsverhalten sollten Angst-Tagebücher daher durch Aktivitäts-Tagebücher ergänzt werden. Gar mancher Patient erlebt nur deswegen keine Ängste bzw. Panikanfälle mehr, weil er die auslösenden Situationen erfolgreich vermeidet. Diese Vermeidung kann so subtile Formen annehmen, daß sie für Außenstehende nicht mehr als Einschränkung der Lebensführung sichtbar wird und teilweise auch den Betroffenen selbst nicht mehr auffällt, nichtsdestotrotz aber zur Aufrechterhaltung des Problemverhaltens beiträgt.

- *Hyperventilation:* Bei vielen Panikpatienten spielt Hyperventilation eine wichtige Rolle als angstauslösendes oder verstärkendes Moment. Da die Betroffenen jedoch häufig nicht wahrnehmen, daß sie hyperventilieren, empfiehlt sich als diagnostische Maßnahme ein Hyperventilationstest (z.B. zweiminütiges, möglichst tiefes und schnelles Atmen). Obwohl dieser Test i. allg. ungefährlich ist, sollte er erst nach der Abklärung möglicher organischer Komplikationen durchgeführt werden, da beispielsweise bei Epileptikern pathologische EEG-Veränderungen ausgelöst werden können. Das standardisierte Vorgehen ist bei Margraf & Schneider (1990, S. 100ff.) dargestellt.

1.3
Kognitiv-verhaltenstherapeutische Störungskonzepte

Glaubt man nicht an die eingangs zitierten griechischen Götter, so ist die Ursache unangemessener Ängste zunächst unklar. In diesem Abschnitt wird auf die wichtigsten psychologischen Modellvorstellungen zum Paniksyndrom und zur Agoraphobie eingegangen, die der kognitiven Verhaltenstherapie dieser Störungen zugrundeliegen.

1.3.1
Das psychophysiologische Modell des Paniksyndroms

In Reaktion auf die ursprünglich rein »biologischen« Modelle des Paniksyndroms entwickelten verschiedene Forschergruppen psychologische bzw. psychophysiologische oder kognitive Modellvorstellungen. Die gemeinsame zentrale Annahme dieser Ansätze besagt, daß Panikanfälle durch positive Rückkopplung zwischen körperlichen Symptomen, deren Assoziation mit Gefahr und der daraus resultierenden Angstreaktion entstehen. Die Panikreaktion wird in diesen Modellen als eine besonders intensive Form der Angst verstanden und unterscheidet sich nicht qualitativ von anderen Angstreaktionen. Im folgenden soll das psychophysiologische Modell genauer dargestellt werden (vgl. hierzu Ehlers & Margraf, 1989; Margraf & Ehlers, 1989). Abbildung 1.1 zeigt eine graphische Darstellung dieses Modells. Die Linien mit den spitzen Pfeilenden stellen den positiven Rückkopplungskreis dar, der an jeder seiner Komponenten beginnen kann.

Abb. 1.1. Graphische Darstellung des psychophysiologischen Modells. (Mod. nach Ehlers & Margraf, 1989)

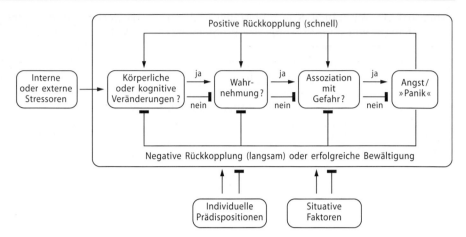

■ **Ein psychophysiologischer Teufelskreis: Der Aufschaukelungsprozeß bei Panikanfällen.** Typischerweise beginnt ein Panikanfall mit einer physiologischen (z.B. Herzklopfen, Schwitzen, Schwindel) oder psychischen (z.B. Gedankenrasen, Konzentrationsprobleme) Veränderung, die Folge sehr unterschiedlicher Ursachen sein können (z.B. Erregung, körperliche Anstrengung, Koffeineinnahme, Hitze etc.). Die Veränderungen müssen von der betreffenden Person wahrgenommen und mit Gefahr assoziiert werden. Auf die wahrgenommene Bedrohung wird mit Angst bzw. Panik reagiert, die zu weiteren physiologischen Veränderungen, körperlichen und/oder kognitiven Symptomen führt. Werden diese Symptome wiederum wahrgenommen und mit Gefahr assoziiert, kommt es zu einer Steigerung der Angst. Dieser Rückkopplungsprozeß, der in der Regel sehr schnell abläuft, kann mehrmals durchlaufen werden.

Eine explizite Trennung von internen Vorgängen und Wahrnehmung ist nötig, da keine Eins-zu-Eins-Zuordnung besteht. Zum Beispiel kann eine Person nach dem Zubettgehen einen beschleunigten Herzschlag allein deshalb empfinden, weil die veränderte Körperposition ihre Herzwahrnehmung verbessert. Die positive Rückkopplung würde in diesem Fall also bei der Wahrnehmung beginnen. Auch der Begriff der Assoziation wurde bewußt gewählt, um der breiten Palette möglicher Mechanismen von interozeptiver Konditionierung bis zu bewußten Interpretationsvorgängen Rechnung zu tragen.

■ **Reduktion der Angst.** Dem psychophysiologischen Modell zufolge kann der Panikanfall auf zwei Arten beendet werden: durch die wahrgenommene Verfügbarkeit von Bewältigungsmöglichkeiten und durch automatisch einsetzende negative Rückkopplungsprozesse (Linie mit stumpfen Pfeil-

enden in Abb. 1.1). Beide Arten wirken auf alle Komponenten des Modells. Beispiele für negative Rückkopplungsprozesse sind Habituation und Ermüdung sowie respiratorischer Reflex bei Hyperventilation. Die wichtigsten Bewältigungsstrategien sind hilfesuchendes und Vermeidungsverhalten. Aber auch Verhaltensweisen wie flaches Atmen, Ablenkung auf externe Reize, Reattribution von Körperempfindungen führen zu einer Angstreduktion. Ein Versagen der Bewältigungsversuche hingegen führt zu einem weiteren Angstanstieg.

■ **Einflußgrößen auf den Aufschaukelungsprozeß.** Auf die Rückkopplungsprozesse können verschiedene angstmodulierende Faktoren einwirken. Eher kurzfristig wirken momentane psychische und physiologische Zustände (z.B. generelles Angstniveau, intensive positive und negative affektive Zustände, körperliche Erschöpfung, Säure-Basen-Gleichgewicht des Blutes, hormonelle Schwankungen etc.) und momentane situative Faktoren (z.B. Hitze, körperliche Aktivität, Veränderung der Körperposition, Rauchen, Einnahme von Koffein, Medikamenten oder Drogen, Anwesenheit von Sicherheitssignalen). Eher längerfristig wirken relativ überdauernde situative Einflüsse (z.B. langanhaltende schwierige Lebenssituationen, belastende Lebensereignisse oder auch Reaktionen anderer, die nahelegen, daß bestimmte Symptome potentiell gefährlich sein können) und individuelle Prädispositionen einer Person, die bereits vor dem ersten Panikanfall bestehen, sich aber auch erst im Verlauf der Störung ausbilden können. Beispiele sind Aufmerksamkeitszuwendungen auf Gefahrenreize und eine bessere Interozeptionsfähigkeit. Zusätzlich kann die Sorge, weitere Panikfälle zu erleben, zu einem tonisch erhöhten Niveau von Angst und Erregung führen. Weiterhin können die individuelle Lerngeschichte oder kognitive Stile die Assoziation körperlicher oder kognitiver Veränderungen mit unmittelbarer Gefahr beeinflussen. Zu den diskutierten physiologischen Dispositionen gehören eine erhöhte Sensitivität der a_2-adrenergen Rezeptoren, der zentralen Chemorezeptoren oder mangelnde körperliche Fitness. Alle diese Einflußgrößen können den Beginn des Aufschaukelungsprozesses begünstigen.

Empirische Belege für das psychophysiologische Modell

Mittlerweile existieren eine Vielzahl von Fragebogen-, Interview- und experimentellen Reaktionszeitstudien, die die zentralen Annahmen der psychologischen Erklärungsansätze belegen (Überblick bei Ehlers & Margraf, 1989; Margraf & Ehlers, 1990; McNally, 1990). So bestätigen standardisierte Interviews, daß Panikanfälle häufig mit der Wahrnehmung körperlicher Empfindungen beginnen. Panikpatienten neigen besonders dazu, Körperempfindungen mit Gefahr zu assoziieren und schätzen zudem die Wahrscheinlichkeit, mit der physiologische Reaktionen Schaden anrichten können, viel höher ein als normale Kontrollpersonen oder Patienten mit anderen Angststörungen. Weitaus häufiger als andere Menschen geben Panikpatienten körperlich bedrohliche Ereignisse als ihre Hauptsorge an. Mit experimentalpsychologischen Methoden konnten unabhängig von Introspektion oder Erinnerung der Patienten automatische kognitive Verarbeitungsprozesse untersucht werden (z.B. modifiziertes Stroop-Paradigma, Contextual Priming etc.). Dabei zeigte sich bei Panikpatienten wiederholt eine selektive Aufmerksamkeitszuwendung auf Reize, die mit körperlichen Gefahren zusammenhängen. Die positive Rückkopplung von wahrgenommenen körperlichen Symptomen und Angstreaktionen konnte mit Hilfe falscher Rückmeldung der Herzfrequenz nachgewiesen werden. Bei Vorspiegelung eines abrupten Anstiegs der Herzfrequenz reagierten nur die Panikpatienten mit einem Anstieg in subjektiver Angst und Aufregung, Herzfrequenz, Blutdruck und elektrodermaler Aktivität. Normale Kontrollpersonen und Patienten, die die Herzfrequenzrückmeldung als falsch erkannt hatten, zeigten diese Reaktion nicht.

Weniger gut geklärt ist die Genese des allerersten Panikanfalls. Familien- und Zwillingsstudien zeigen eine familiäre Häufung, belegen jedoch keine spezifische genetische Transmission des Paniksyndroms. Wahrscheinlich wird eine unspezifische genetische Vulnerabilität für »neurotische« Störungen allgemein weitergegeben, während die Ausformung der spezifischen Störung eher durch Umweltfaktoren geschieht (vgl. Andrews et al., 1990; Kendler et al., 1987, 1992). In einer jüngst fertiggestellten Untersuchungsreihe zur Rolle psychologischer Prädispositionen fanden wir, daß Kinder von Panikpatienten gemeinsame kognitive Merkmale mit ihren Eltern aufweisen (Schneider, 1995). Kinder von Panikpatienten bewerten panikrelevante Symptome als bedrohlicher und zeigen eine stärkere Aufmerksamkeitszuwendung auf panikrelevante Reize als Kinder von Tierphobikern und Kinder von Eltern ohne Anamnese psychischer Störungen. Auf ein Modell, das einen schweren Panikanfall berichtet, reagierten nur Kinder von Panikpatienten mit einem Anstieg panikrelevanter Interpretationen mehrdeutiger Kurzgeschichten.

Die Hyperventilationstheorie des Paniksyndroms

Die Ähnlichkeit der Symptome ließ verschiedene Autoren (z.B. Lum, 1981; Ley, 1987) vermuten, daß Hyperventilation die hauptsächliche Ursache für Panikanfälle sei. Sie nahmen an, daß chronisch hyperventilierende Personen vulnerabel für Panikanfälle seien. Chronische Hyperventilation könne durch überdauernde Ängstlichkeit infolge von belastenden Lebensereignissen oder ständiges Mundatmen entstehen (etwa bei Nebenhöhlenentzündungen, Schnupfen oder Polypen). Vor dem Hintergrund chronischer Hyperventilation lösten dann schon belanglose alltägliche Ereignisse akute Hyperventilation aus, die wiederum körperliche Symptome und damit einen Panikanfall hervorriefen. Die zentralen Annahmen dieser Theorie konnten jedoch durch systematische Forschung nicht belegt werden. So treten weder chronische noch akute Hyperventilation regelmäßig bei Panikanfällen auf. Eine wichtige Rolle spielen dagegen kognitive Faktoren: Verschiedene Studien zeigen, daß bei Hyperventilation subjektive und physiologische Angstreaktionen durch entsprechende Instruktionen erzeugt bzw. beseitigt werden können. Entsprechend der Vorhersage des psychophysiologischen Modells reagieren Panikpatienten nur dann mit Angst auf Hyperventilation, wenn sie durch eine entsprechende Erwartung veranlaßt werden, die auftretenden Symptome mit körperlicher Gefahr in Verbindung zu bringen (Übersicht bei Margraf, 1993). Hyperventilation ist heute weniger als ätiologische Theorie und mehr als therapeutischer Ansatzpunkt von Bedeutung. Sie kann genutzt werden, um bei Panikpatienten die gefürchteten körperlichen Symptome zu produzieren. Eine solche Demonstration harmloser physiologischer Mechanismen als Ursache bedrohlicher Symptome hilft bei der Reattribution der Symptome. Zudem kann durch wiederholtes Hyperventilieren eine Habituation der Angstreaktion erreicht werden.

1.3.2
Das kognitiv-verhaltenstherapeutische Konzept der Agoraphobie

Der einflußreichste lerntheoretische Ansatz zur Ätiologie der Phobien war lange Zeit die sogenannte Zwei-Faktoren-Theorie Mowrers (1960). Bei den beiden Faktoren handelt es sich um die klassische und die operante Konditionierung. Mowrer nahm an, daß bei Phobien ursprünglich neutrale Reize aufgrund traumatischer Ereignisse mit einem zentralen motivationalen Angstzustand assoziiert (klassische Konditionierung) und die darauf folgende Vermeidung dieser Reize durch den Abbau dieses unangenehmen Zustands verstärkt werden (operante Konditionierung).

Obwohl diese Theorie im Einklang mit vielen tierexperimentellen Befunden steht, ist sie als Erklärung für klinische Phobien nicht ausreichend. So kann sich ein großer Teil der Phobiker nicht an traumatische Ereignisse zu Beginn der Störung erinnern (wenn man nicht die ja erst zu erklärende Angst als traumatische Erfahrung akzeptiert). Auch wenn Personen ihr Verhalten nicht immer korrekt mit den relevanten Reizen in Bezug setzen, widerspricht dies der Hypothese der einfachen klassischen Konditionierung phobischer Ängste. Es ist allerdings möglich, wenn nicht sogar wahrscheinlich, daß bei Phobikern vergleichsweise harmlose Erfahrungen traumatisch verarbeitet worden sind. Auch die Übertragbarkeit der tierexperimentellen Befunde zur Zwei-Faktoren-Theorie auf den Menschen ist zweifelhaft, v.a. da die meisten Versuche, Phobien bei Menschen zu konditionieren, scheiterten. So konnte die klassische Studie zum »kleinen Albert« (Watson & Rayner, 1920) von anderen Autoren nicht repliziert

werden (z.B. Bregman, 1934; English, 1929; Valentine, 1930).

Gut »vorbereitet«:
das Erlernen phobischer Reaktionen

Die Annahme der klassischen Konditionierung phobischer Reaktionen stößt auf das Problem der mangelnden »Äquipotentialität« potentiell phobischer Reize. Tatsächlich tauchen nicht alle Reize mit gleicher Wahrscheinlichkeit als phobische Objekte auf. Im Gegenteil, die auslösenden Reize für agoraphobische Ängste zeigen eine charakteristische und über verschiedene Kulturen hinweg stabile Verteilung, die weder der Häufigkeit dieser Reize im täglichen Leben noch der Wahrscheinlichkeit unangenehmer (traumatischer) Erfahrungen entspricht. Äquipotentialität im Sinne gleich wahrscheinlicher Angstauslösung ist also nicht gegeben. Seligman (1971) nahm daher an, daß bestimmte Reiz-Reaktions-Verbindungen leichter gelernt werden, weil sie biologisch »vorbereitet« (»prepared«) sind. Laborexperimente und die Verteilung klinischer Phobien sprechen für diese Annahme.

Ein klinisches Beispiel für die Entwicklung einer »vorbereiteten« Phobie gibt Marks (1987): Ein Kind spielt im Sandkasten, das Auto der Eltern ist etwa 40 Meter entfernt geparkt. Plötzlich sieht es eine kleine Schlange, die sich in zwei Meter Entfernung am Sandkasten vorbei bewegt. Das Kind erschreckt sich, rennt zum Auto, schlägt die Tür zu und klemmt sich dabei sehr schmerzhaft die Hand ein. In der Folge entwickelt das Kind eine ausgeprägte Phobie, jedoch nicht vor Autotüren, sondern vor Schlangen.

Aus der Erkenntnis heraus, daß die Zwei-Faktoren-Theorie in ihrer ursprünglichen Form nicht ausreicht, formulierten Goldstein & Chambless (1978) eine »Reanalyse« zur Ätiologie der Agoraphobie. Sie unterschieden zwei Formen der Agoraphobie: eine »einfache« und eine »komplexe« Agoraphobie. Für die seltenere »einfache« Agoraphobie nehmen sie an, daß die Patienten die phobische Situation an sich fürchten. Als Auslöser der Phobie lassen sich bei diesen Patienten in der Regel traumatische Erfahrungen mit der gefürchteten Situation finden. Bei der weitaus häufigeren

»komplexen« Form der Agoraphobie hingegen fürchten die Patienten v.a. die Konsequenzen der Angst. Im Unterschied zu der ersten Gruppe zeichnen sich diese Patienten also durch die »Angst vor der Angst« aus. Diese Neigung, körperliche Empfindungen als einen Hinweis auf Bedrohung oder Krankheit zu bewerten und in der Folge darauf ängstlich zu reagieren, wurde später von anderen Autoren auch als »Angstsensitivität« (Reiss & McNally, 1985) beschrieben. Diese Aussage stellt heute eine zentrale Annahme für das Verständnis des Zusammenhangs von Panikanfällen und Agoraphobien dar (vgl. den Abschnitt zum psychophysiologischen Modell des Paniksyndroms).

Weiterhin wiesen Goldstein & Chambless (1978) bereits frühzeitig auf die Rolle interozeptiven Konditionierens hin: Hierdurch würden körperliche Empfindungen wie schneller Herzschlag zu konditionierten Reizen für Panikanfälle, an die wiederum externe Situationen durch Konditionierung höherer Ordnung gekoppelt werden könnten (vgl. allerdings McNally, 1990, zu den konzeptuellen Problemen einer interozeptiven Konditionierung).

Die empirische Forschung hat die besondere Bedeutung des Konzeptes der »Angst vor der Angst« bei Agoraphobikern inzwischen gut bestätigt. Weniger gut schnitten die Annahmen von Goldstein & Chambless (1978) zu spezifischen Prädispositionen und Auslösern ab. Zwar können Faktoren wie allgemeine Ängstlichkeit, Selbstunsicherheit, Abhängigkeit und die Unfähigkeit, die Auslöser unangenehmer Emotionen adäquat zu identifizieren, prädisponierend wirken. Für die Mehrzahl der Patienten konnte jedoch keiner dieser Faktoren nachgewiesen werden. Auch die Annahme, daß die Störung in vorwiegend interpersonellen Konfliktsituationen (z.B. Wunsch nach Auszug aus der elterlichen Wohnung) ausgelöst würde, hat sich im Durchschnitt nicht bewahrheitet. Trotz der genannten Probleme ist die ursprüngliche Zwei-Faktoren-Theorie mitsamt ihren Weiterentwicklungen jedoch noch immer als Erklärungsmodell für die Ableitung konfrontativer Interventionsmethoden von großer Bedeutung für die Agoraphobiebehandlung (vgl. Abschn. 1.4.2).

1.4
Therapeutisches Vorgehen

Beim konkreten therapeutischen Vorgehen muß berücksichtigt werden, ob die Panikanfälle, das agoraphobische Vermeidungsverhalten oder andere Beschwerden im Vordergrund stehen.

- Das im folgenden Abschnitt 1.4.1 vorgestellte kognitiv-verhaltenstherapeutische Behandlungsprogramm eignet sich am besten für Angstpatienten mit plötzlich auftretenden Panikanfällen, bei denen das Vermeidungsverhalten von sekundärer Bedeutung ist. Bei Patienten mit starkem agoraphobischem Vermeidungsverhalten, die möglicherweise aufgrund erfolgreicher Vermeidung überhaupt keine aktuellen Panikanfälle mehr erleiden, ist hingegen die Konfrontationsbehandlung, wie sie in Abschn. 1.4.2 vorgestellt wird, die Methode der Wahl. Zeigen Patienten sowohl plötzliche Panikanfälle als auch agoraphobisches Vermeidungsverhalten, ist eine Kombination der beiden Behandlungsansätze möglich. Begonnen werden sollte dabei mit dem Beschwerdenkomplex, der schwerer ausgeprägt ist oder bei dem schneller ein Erfolgserlebnis zu erwarten ist.
- Bei Patienten, bei denen Angst und Depression gleichzeitig auftreten, ist zunächst die zeitliche Abfolge der beiden Beschwerdenkomplexe abzuklären. Ist die Depression eine Folgeerscheinung der Angst, so sollte zunächst die Angstsymptomatik behandelt werden. In mehreren Studien konnte übereinstimmend gezeigt werden, daß mit der Reduktion der Angstsymptomatik eine Verbesserung der Depression einhergeht. Tritt hingegen die Angst immer nur in depressiven Phasen auf, empfiehlt sich zunächst eine Depressionsbehandlung (mit evtl. anschließender Angstbehandlung).
- Falls Patienten mehrere psychische Störungen gleichzeitig aufweisen, sollte mit dem Beschwerdenkomplex begonnen werden, der für den Patienten am meisten beeinträchtigend ist. Liegen jedoch mehrere gleich schwere psychische Störungen vor, bietet es sich an, zunächst mit der Angstbehandlung zu beginnen, da sie hohe Erfolgsaussichten in vergleichsweise kurzer Zeit bietet. Im Anschluß an eine erfolgreiche Angstbehandlung können dann weitere Probleme des Patienten auf dieser Basis meist um so besser angegangen werden.

1.4.1
Behandlung von Panikanfällen

Die direkte Behandlung von Panikanfällen steht erst seit kurzem im Mittelpunkt des Interesses. Bis vor wenigen Jahren beschäftigte sich die Verhaltenstherapie v.a. mit Phobien und Zwängen.

Selbst bei Agoraphobikern wurden Panikanfälle kaum beachtet. Eine Ursache dafür lag sicher an dem Mangel an erfolgversprechenden Behandlungsansätzen. In den letzten zehn Jahren wurden jedoch von verschiedenen Autoren sehr gute Erfolge mit der gezielten Behandlung von Panikfällen berichtet.

Die meisten Ansätze kombinieren die Konfrontation mit internen Reizen (besonders körperlichen Symptomen) mit der Vermittlung von Strategien zur Bewältigung von Angst und körperlichen Symptomen und kognitiven Methoden, die auf eine veränderte Interpretation der ursprünglich als bedrohlich erlebten Angstsymptome abzielen.

Diese Verfahren wurden hauptsächlich für Patienten mit Paniksyndrom ohne phobisches Vermeidungsverhalten entwickelt, sind jedoch auch sinnvoll in der Behandlung agoraphobischer Patienten mit »spontanen« Panikanfällen, da Rückfälle bei Agoraphobikern häufig dem Auftreten von einem oder mehreren erneuten Panikanfällen zu folgen scheinen.

Als Beispiel für das konkrete Vorgehen wird im folgenden das von uns entwickelte kognitiv-verhaltenstherapeutische Behandlungsprogramm für Panikanfälle (Margraf & Schneider, 1990) dargestellt. Die Effektivität dieses Programms wurde im Rahmen eines von der Deutschen Forschungsgemeinschaft unterstützten Projektes überprüft. Die Behandlungen erstrecken sich über 15 Sitzungen von je ca. 50 Minuten Länge. Selbstverständlich muß der im folgenden dargestellte typische Ablauf der Behandlung an den konkreten Einzelfall angepaßt werden. Auch die Angaben zur Anzahl der Sitzungen oder deren Dauer sind als Hinweise zu verstehen, die in der Praxis einer erheblichen Streuung unterliegen. Es werden nur Einzeltherapien durchgeführt. Die ersten 10 Sitzungen finden zweimal wöchentlich statt, die letzten fünf Sitzungen einmal wöchentlich. Alle Sitzungen werden auf Tonband aufgenommen, und die Patienten erhalten die Aufgabe, diese Bänder zu Hause anzuhören. Alle dabei auftretenden Fragen und Zweifel werden dann in der folgenden Sitzung bearbeitet, was zur Auflösung von Mißverständnissen beiträgt und die Therapie erheblich effektiver gestaltet.

Die Therapie besteht aus den Komponenten

- Informationsvermittlung,
- kognitive Therapie und
- Konfrontation mit angstauslösenden Reizen.

Grundprinzip der Therapie ist es, nicht nur die Angst der Patienten zu reduzieren, sondern ihnen Fertigkeiten und Strategien zu vermitteln, die sie auch ohne Therapeuten selbständig einsetzen können.

Vermittlung eines Erklärungsmodells

Grundlage der Behandlung bildet die Vermittlung eines glaubwürdigen Erklärungsmodells für die Panikanfälle. Dies trägt zur Wirksamkeit und Akzeptanz der therapeutischen Maßnahmen, zur Generalisierung des Therapieerfolgs und zur Prophylaxe von Rückfällen bei. Eine weitere wichtige Funktion des Erklärungsmodells liegt in der Bereitstellung einer Alternative zu der Befürchtung vieler Patienten, an einer (unerkannten) schweren körperlichen oder psychischen Krankheit zu leiden. Viele Patienten reagieren auf das Erklärungs-

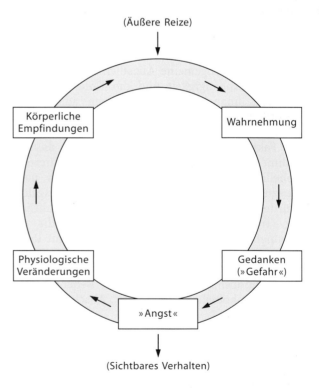

Abb. 1.2. Der »Teufelskreis« bei Angstanfällen. Dargestellt ist der typische Aufschaukelungsprozeß, der während Panikanfällen auftritt und der für den raschen Angstanstieg verantwortlich ist. (Nach Margraf & Schneider, 1990)

Abb. 1.3. Teufelskreis für Frau B, ein individualisiertes Kreisschema für einen konkreten Einzelfall

modell mit Erleichterung, da sie endlich eine Erklärung für ihre Symptome bekommen. Bisher wurde ihnen in der Regel vermittelt, daß sie gesund seien und es keinen Grund für ihre Beschwerden gäbe. Grundlage des Erklärungsmodells ist das oben besprochene psychophysiologische Modell. Die vereinfachte Version davon, die wir in der Therapie verwenden, ist in Abb. 1.2 in allgemeiner Form dargestellt. Sowohl »spontan« auftretende Anfälle als auch starke Angstreaktionen in phobischen Situationen werden als Ergebnis eines »Teufelskreises« aus den individuell relevanten körperlichen Symptomen (z.B. Herzrasen, Schwindel), Kognitionen (z.B. »Ich könnte verrückt werden«) und Verhaltensweisen (z.B. Hyperventilation) dargestellt.

Bei der Vermittlung des Erklärungsmodells müssen die individuellen Erklärungsschemata der Patienten berücksichtigt werden. Die Aussagen der Therapeuten sollten auf die individuellen Symptome, Verhaltensweisen und Befürchtungen zugeschnitten sein. Es wird eine möglichst einfache Sprache gewählt. Grundsätzlich muß das Erklärungsmodell für den Patienten plausibel sein, im Einklang mit möglichst vielen seiner wichtigen Überzeugungen stehen (auch nicht durch seine Erfahrungen falsifiziert werden) und eine Heilungsperspektive eröffnen (vgl. Kap. 21, Band 1). Durch gezielte Fragen werden die Patienten dazu angeleitet, den »Teufelskreis« bei ihren Panikanfällen anhand ihrer individuellen körperlichen Symptome (z.B. Herzrasen, Schwitzen), Gedanken (z.B. »Ich könnte verrückt werden«) und Verhaltensweisen (z.B. Hyperventilation) zu entdecken.

»Geleitetes Entdecken«: In unserer Erfahrung hat es sich als sehr bedeutsam erwiesen, den Teufelskreis nicht in einer Art »Frontalunterricht« zu vermitteln, sondern mit Hilfe gezielter Fragen den

Patienten das Modell selbst entdecken zu lassen. Durch systematisches Nachfragen sollen dem Patienten neue Sichtweisen vermittelt werden. Wichtig ist, ihm dabei nicht zu widersprechen, sondern Alternativmodelle anzubieten (Konjunktiv!).

Ein solches individuell erarbeitetes Teufelskreismodell ist in Abb. 1.3 wiedergegeben. Die Technik des geleiteten Entdeckens wird in dem folgenden kurzen Therapieausschnitt dargestellt (Schneider & Margraf, 1994, S. 83–84).

T: *»Womit hat Ihr letzter Angstanfall angefangen?«*
P: *»Als erstes habe ich so eine Benommenheit im Kopf wahrgenommen, und dann fing auch schon sofort mein Herz an zu klopfen.«*
T: *»Was ging Ihnen dabei durch den Kopf?«*
P: *»Ich dachte sofort, oh Gott, jetzt fängt es wieder an, und ich habe auch sofort gemerkt, wie sich mir die Kehle zuschnürte.«*
T: *»Wie ging es dann weiter? Was haben Sie noch an Symptomen gespürt, was kam dazu?«*
P: *»Also mein Herz klopfte immer stärker, und dann fing wieder diese Beklemmung in der Brust an. Wenn die da ist, dann weiß ich, daß es wieder ganz schlimm wird.«*
T: *»Was haben Sie denn dann gedacht, als es so schlimm war, was ging Ihnen da durch den Kopf?«*
P: *»Ich dachte nur, bloß raus hier, sonst passiert was Furchtbares?«*
T: *»Was hätte denn passieren können?«*
P: *»Ich hatte Angst, daß ich umfallen würde, weil mein Herz das nicht mehr aushält. Ich hatte Angst, ich sterbe! Ich bin dann auch sofort aus dem Kaufhaus raus. Draußen ging es mir dann auch bald besser.«*
T: *»Ich möchte das, was Sie gerade beschrieben haben, noch einmal kurz zusammenfassen, um zu sehen, ob ich Sie auch richtig verstanden habe ...«*

Das Teufelskreismodell wird dann sowohl auf »spontan« auftretende Anfälle als auch auf übermäßige Angstreaktionen in angstauslösenden Situationen angewendet. Die Patienten werden darauf hingewiesen, daß der gemeinsame Nenner für ihre Probleme die »Angst vor der Angst« sei. Ihre Deutung der Symptome als Hinweise auf eine körperliche Bedrohung sei zwar verständlich, würde jedoch eine Verschlimmerung der Symptome und damit der Angst bewirken. Um sicherzustellen, daß die Prinzipien der Behandlung richtig verstanden werden, wird das vermittelte Wissen durch Rückfragen und Rollenspiele nachgeprüft. Weiterhin werden den Patienten schriftliche Ausarbeitungen der Informationen mit nach Hause gegeben. Der hier geschilderte Prozeß kann sich ggf. auch über mehrere Therapiesitzungen erstrekken. Auf keinen Fall sollte der Patient sich gedrängt fühlen, der Meinung des Therapeuten zuzustimmen. Zweifel sollten daher ausführlich und ohne vorgefaßte Meinung besprochen werden. Hilfreich ist oft die Hausaufgabe, bei den nächsten Angstanfällen doch einmal gezielt auf die besprochenen Zusammenhänge zu achten und die Beobachtungen dann in der Therapie durchzusprechen. Für den optimalen Erfolg ist es neben dem »geleiteten Entdecken« auch wichtig, das Entdecken möglicher Zusammenhänge möglichst von deren Veränderung zu trennen. Andernfalls überfordert man häufig den Patienten oder ruft durch den inhärenten Widerstand gegen Veränderung vorzeitig unnötige Probleme hervor.

Häufige Probleme:

- Mangelnde Auseinandersetzung des Patienten mit dem psychologischen Erklärungsmodell.
- Patienten »überreden« statt »überzeugen« wollen.
- »Therapeutischer Overkill«: Patienten argumentativ in die Enge treiben, »Kreuzverhör«.

Korrektur der Fehlinterpretationen körperlicher Symptome

Aus dem Erklärungsmodell werden die weiteren Behandlungsschritte abgeleitet. Der Patient muß verstehen, daß seine Probleme v.a. durch die Fehlinterpretation körperlicher Empfindungen oder anderer Angstsymptome als Zeichen drohender Gefahr aufrechterhalten werden. Die folgende Tabelle 1.1 gibt Beispiele für die typischen Fehlinterpretationen von Panikpatienten.

Diese Fehlinterpretationen müssen verändert werden. Dazu wird ein allgemeines Korrekturschema angewendet, das aus den folgenden acht Schritten besteht:

1. Identifikation der Fehlinterpretation.
2. Einschätzung des Ausmaßes, in dem die Patienten von der Fehlinterpretation überzeugt sind (»Überzeugungsrating« auf einer Skala von 0% bis 100%), getrennt für den Zeit-

Tabelle 1.1. Typische Fehlinterpretationen von Panikpatienten. (Nach Margraf & Schneider, 1990)

Symptome	Gedanken/Interpretation
Palpitationen Herzrasen Brustschmerzen Schwitzen Atembeschwerden	Ich bekomme einen Herzinfarkt
Schwindel Schwächegefühle Benommenheit Visuelle Symptome Zittern, Blässe	Ich werde in Ohnmacht fallen Ich habe einen Hirntumor Ich bekomme einen Schlaganfall
Atemnot Würgegefühl Kloß im Hals	Ich ersticke
Kribbeln im Körper	Ich werde gelähmt, bin schwer krank
Derealisations- und Depersonalisationsgefühle	Ich verliere die Kontrolle über mich
Rasende Gedanken Konzentrationsstörungen	Ich werde verrückt
Alle intensiven Angstsymptome	Diese Angst bringt mich um

punkt während eines Panikanfalls und außerhalb eines Panikanfalls.
3. Sammeln aller Daten, die für die Fehlinterpretation sprechen.
4. Sammeln aller Daten, die gegen die Fehlinterpretation sprechen (diesen Schritt erst einleiten, wenn wirklich alle Argumente für die Fehlinterpretation vorliegen).
5. Erstellen einer alternativen Erklärung (hier wird das geleitete Entdecken aufgegeben, mögliche Überleitung: »*Wir haben jetzt sowohl Argumente dafür als auch dagegen. Ihre bisherige Annahme kann nur die eine Seite erklären, wir brauchen aber eine Erklärung für alles*«).
6. Sammeln aller Daten, die für die alternative Erklärung sprechen (hierfür evtl. auch noch einmal die Daten aus den Schritten 3 und 4 durchgehen).
7. Überzeugungsrating für die Fehlinterpretation.
8. Überzeugungsrating für die alternative Erklärung.

Dieser Teil der Therapie ist neben der Vermittlung des Erklärungsmodells zentral für die Reduktion der Panikanfälle, gleichzeitig aber erfahrungsgemäß besonders schwierig. Eine große Bedeutung kommt den Argumentationsstrategien der Therapeuten zu. Es bedarf rhetorischen Geschicks und Einfühlungsvermögens, die Fehlinterpretationen der Patienten zu diskutieren, ohne den Patienten überreden zu wollen (vgl. hierzu Margraf & Schneider, 1992). Dabei sind die folgenden Punkte wichtig:

- immer wieder die Sichtweise des Patienten aufgreifen (statt ständig eine neue Perspektive zu »verkaufen«),
- jegliche Fragen und Zweifel aktiv ermutigen und ausgiebig besprechen,
- Entscheidungskonflikte aufbauen (Extrempositionen!),
- und v.a. Geduld (den Patienten nicht drängen)!

Das Einhalten der Reihenfolge des in dem obigen »Korrekturschema« dargestellten Vorgehens dient der Minderung von Widerstand, da der Patient erst ausführlich über seine Befürchtung sprechen kann (Schritt 3), bevor Gegenargumente (Schritt 4) erörtert werden (vgl. Kap. 18, Band 1). Das folgende Beispiel soll einen Eindruck vermitteln, wie etwa die Schritte 3 und 4 des Korrekturschemas durchgeführt werden können.

> T: »Ich möchte jetzt gemeinsam mit Ihnen alle Gründe sammeln, die dafür sprechen, daß Sie während eines Anfalls einen Herzinfarkt bekommen könnten. Wichtig ist hierbei, daß Sie wirklich alle Gründe nennen, die Ihnen dabei durch den Kopf gehen, auch wenn sie Ihnen jetzt außerhalb des Anfalls als wenig wahrscheinlich erscheinen. Anschließend wollen wir uns das alles noch einmal genauer anschauen.«
>
> P: »Also, ich kann mir nicht vorstellen, daß so ein starkes Herzklopfen einfach nur Angst ist. Und wenn es Angst ist, müssen doch so massive Symptome auf die Dauer für mein Herz schädlich sein.«
>
> T: »Was gibt es noch für Gründe, die für Ihre Befürchtung sprechen?«
>
> P: »Ja und dann denke ich natürlich, daß ich ja erblich belastet bin. Mein Vater ist mit 54 Jahren an Herzinfarkt gestorben. Das kam aus heiterem Himmel. Er war vorher nie krank.«
>
> T: »Was spricht noch für Ihre Befürchtung?«
>
> P: »Hhm ..., mehr fällt mir im Moment nicht ein.«
>
> T: »Gut, Sie können ja zu Hause noch einmal überlegen, ob Ihnen vielleicht noch etwas dazu einfällt. Ich möchte dann jetzt mit Ihnen überlegen, ob es Ihrer Meinung nach auch Hinweise gibt, die gegen Ihre Befürchtung sprechen, daß die Symptome während eines Angstanfalls Hinweise auf einen Herzinfarkt sind?«

> P: »Tja, ich zweifle ja selbst immer wieder daran, aber, wenn die Symptome da sind, kommen sofort wieder die Gedanken an einen Herzinfarkt. Wenn ich allerdings jetzt hier bei Ihnen in der Therapie sitze, denke ich selber manchmal, du hast schon so viele Anfälle gehabt, die noch nie in einem Herzinfarkt geendet haben. Und auch alle anschließenden medizinischen Untersuchungen haben ja nie irgendeinen Hinweis auf eine Herzerkrankung gegeben. Mein Arzt sagt immer, ich sei völlig gesund.«
>
> T: »Gibt es noch irgendwelche Beobachtungen, die Sie manchmal an Ihrer Befürchtung zweifeln lassen?«
>
> P: »Na ja, das ist mir manchmal schon peinlich. Aber bis auf das erste Mal ist es jetzt immer so, sobald ich einen Arzt angerufen habe und ich weiß, er ist unterwegs, merke ich schon, wie die Symptome nachlassen. Bis der Arzt dann da ist, ist meistens schon alles vorbei.«

Die Korrektur der Fehlinterpretationen darf erst dann beendet werden, wenn alle wichtigen Fehlinterpretationen des Patienten besprochen wurden. In der Regel sind dies jedoch nicht mehr als drei. Es sollten nie mehrere Fehlinterpretationen gleichzeitig behandelt werden, sondern immer nur eine, um möglichst konkret und effektiv die Argumente für und gegen die Fehlinterpretation zu formulieren. Darüber hinaus erfordern manche Probleme eine besondere Argumentationsstrategie und Fachwissen. Im folgenden wird ein Beispiel für eine besonders häufige Furcht gegeben.

Angst vor der Ohnmacht

Generell benötigen die Therapeuten medizinisches Wissen bezüglich der typischen Krankheitsbefürchtungen der Patienten. Fürchtet etwa ein Patient, während eines Panikanfalls ohnmächtig zu werden, so muß zunächst durch detaillierte Exploration geklärt werden, ob die Patienten überhaupt schon einmal ohnmächtig geworden sind. Falls ja (nur bei einer Minderheit der Patienten), müssen die Umstände der Ohnmacht besprochen werden. Wichtig ist dabei, daß die Ohnmacht entweder ganz ohne Angst erfolgte oder die Angst erst im Anschluß an die Ohnmacht auftrat. Daran anschließend werden die Patienten darüber informiert, daß für eine Ohnmacht ein Abfall des Blutdrucks und der Herzfrequenz notwendig ist, daß diese Parameter aber während ihrer Ängste ansteigen, wodurch eine Ohnmacht nicht mehr, sondern weniger wahrscheinlich wird. Wären zuvor nicht mögliche frühere Ohnmachten besprochen worden, so bestünde die Gefahr, daß der Patient die Informationen des Therapeuten über die Ohnmacht anzweifelt und implizit davon ausgeht, er sei durch starke Angst ohnmächtig geworden.

Verhaltensexperimente

Ein wichtiges Hilfsmittel bei der Korrektur der Fehlinterpretationen stellen sog. »Verhaltensexperimente« dar. Sie dienen dazu, die Fehlinterpretationen des Patienten und die in der Therapie erarbeiteten Erklärungsalternativen im Hinblick auf ihren Wahrheitsgehalt zu überprüfen. Befürchtet etwa ein Patient, in einem Kaufhaus in Ohnmacht zu fallen, so kann dies durch einen Besuch im Kaufhaus überprüft werden. Weitere sinnvolle Verhaltensexperimente sind je nach den Symptomen und Befürchtungen der Patienten etwa körperliche Belastung (»Zu viel Symptome schaden meinem Herzen«), Hyperventilation (»Der Schwindel führt zur Ohnmacht«) oder Vorstellungsübungen (»Durch die Symptome werde ich verrückt«). Verhaltensexperimente erleichtern oft die Korrektur der Fehlinterpretationen, da die Patienten nicht nur im sokratischen Dialog das Pro und Contra ihrer Befürchtungen diskutieren, sondern durch gezieltes Handeln erleben, daß ihre Befürchtungen unangemessen sind.

Neben der Überprüfung der Fehlinterpretationen können die Verhaltensexperimente auch der Konfrontation mit den gefürchteten Symptomen dienen. Ähnlich wie bei der Konfrontationsbehandlung im Rahmen von Phobien werden die Patienten systematisch den angstauslösenden Reizen ausgesetzt. Im Unterschied zu den Phobien handelt es sich aber hier nicht um externale Reize, sondern um internale Reize wie etwa Herzklopfen, Schwindel, Atemnot. Falls beispielsweise aus der diagnostischen Phase Hinweise auf Hyperventilation vorliegen, führen die Patienten wiederholt Hyperventilationsübungen durch und achten dabei auf körperliche Symptome, Kognitionen und Angstniveau. Im Laufe der Zeit werden die somatischen Symptome als weniger gefährlich erlebt und das Angstniveau sinkt.

Starkes Herzklopfen oder -rasen ist das häufigste Symptom von Panikanfällen, und viele Patienten befürchten dementsprechend eine Herzerkrankung (»Herzneurose«). Durch körperliche Bela-

stung wie Treppensteigen, Kniebeugen oder Laufen lassen sich rasch Pulsanstiege in einer Größenordnung herstellen, die deutlich über den bei Panikanfällen üblicherweise auftretenden Anstiegen liegen. Da die meisten Patienten in einem schlechten Trainingszustand sind (Taylor et al., 1987), reagieren sie stark auf diese Übungen. Auch die Konfrontation der Patienten mit ihrem eigenen EKG kann hilfreich sein. Andere Möglichkeiten, Patienten mit ihren Angstsymptomen zu konfrontieren, sind vielfältig und müssen an die individuelle Symptomatik des Patienten angepaßt werden.

Weitere wichtige Verhaltensexperimente beinhalten den Versuch, »ganz normal« zu denken, fühlen, atmen etc., um auf diese Weise zu demonstrieren, daß eine übermäßige Beschäftigung mit sich selbst bzw. der Frage, ob man noch normal sei (normal denke, fühle, atme, aussehe etc.) verunsichert und sogar das Empfinden abnormer Zustände hervorbringen kann. Auch der Versuch, aktiv nicht an bestimmte Dinge zu denken, ist häufig bedeutsam. Er zeigt dem Patienten, daß dies um so weniger funktioniert, je stärker er es versucht bzw. je wichtiger der zu unterdrückende Gedanke für ihn ist (z.B. »Ich könnte verrückt werden«, »Ich könnte sterben«). In der Tat verstärkt der Versuch der aktiven Gedankenunterdrückung in der Regel den zu unterdrückenden Gedanken noch. Die Konsequenz aus dieser Übung lautet daher, auch unangenehme oder erschreckende Gedanken als Teil des normalen Bewußtseinsstroms zu akzeptieren und zuzulassen – um so eher verschwinden sie dann wieder.

Rückfallprophylaxe

Eine explizite Rückfallprophylaxe ist besonders wichtig, da das Paniksyndrom oft einen stark fluktuierenden Verlauf zeigt, in dem Perioden sehr häufiger Anfälle mit anfallsfreien Phasen abwechseln können. Rückfällen wird durch eine Reihe von Maßnahmen entgegengewirkt:

- Zunächst wird in der Therapie der Aspekt des Lernens von Fertigkeiten betont. Die Patienten sollen die erworbenen Strategien selbständig außerhalb der Therapiesituation einsetzen können. Dies dient auch einer besseren Generalisierung der Therapieeffekte.
- Zweitens werden den Patienten Rückschläge bzw. Fluktuationen im Angstniveau »vorhergesagt«, die aber nicht als Katastrophe empfunden werden sollten. Der Rückschlag sollte nicht als Alles-oder-Nichts-Phänomen bewertet werden (»Ein Angstanfall und die Behandlung war umsonst«). Den Patienten wird der Unterschied

zwischen Rückschlägen (überwindbare temporäre Schwierigkeiten) und vollständigen Rückfällen erläutert. Zur Erklärung der möglichen Rückschläge dient ein Diathese-Streß-Modell. Dieses soll die Patienten gleichzeitig zur Reduktion von Stressoren und Konflikten in ihrem Alltag motivieren.

- Drittens dienen auch die Hausaufgaben in möglichst vielen verschiedenen, realistischen und für die Patienten praktisch relevanten Situationen zur Generalisierung und zur Verhütung von Rückfällen.
- Viertens ermöglichen die Therapeuten den Patienten besonders gegen Ende der Therapie eigene Entscheidungen bzw. Eigenverantwortung in der Therapieplanung.
- Weiterhin wird die Selbstverstärkung der Patienten betont und bei den verschiedenen Therapieaufgaben geübt.
- Und schließlich werden am Ende der Therapie noch einmal gemeinsam mit dem Patienten alle früheren Fehlinterpretationen durchgegangen und geprüft, ob noch Zweifel an den in der Therapie erarbeiteten Alternativerklärungen bestehen.

■ **Wunsch nach 100% Sicherheit.** Viele Patienten suchen etwas, was sie nicht finden können: 100%ige Sicherheit (»Ich werde niemals einen Herzinfarkt bekommen«, »nicht vor X Jahren sterben« etc.).

- Der Wunsch ist nachvollziehbar.
- Zur Veränderung: ad absurdum führen. Konsequent zu Ende denken lassen oder Kosten-Nutzen-Rechnung anstellen.

Weder 100% noch 0% sind angemessen. Es ist eine individuelle Entscheidung, für wieviel Sicherheit man welchen Aufwand treiben möchte. Eins ist aber klar: Egal wie hoch der Aufwand ist, 100% Sicherheit gibt es nicht!

1.4.2
Behandlung von Agoraphobien

Das Grundprinzip der heute üblichen Behandlung von phobischem Vermeidungsverhalten, die Konfrontation mit angstauslösenden Situationen (»Exposure«), war schon vor der Beschäftigung der Fachwissenschaften mit diesem Thema bekannt. Im folgenden Kasten »JWG« beschreibt ein berühmter Agoraphobiker, wie er sich selbst durch Konfrontation heilte – vor 225 Jahren! Auch in der Fachliteratur tauchen konfrontative Methoden schon früh auf. Beispielsweise empfahl Oppenheim bereits 1911 in seinem »Lehrbuch der Nervenkrankheiten«, mit den agoraphobischen Patienten zusammen die gefürchteten Plätze zu überqueren. Aus der gleichen Zeit kommt im Kasten »SF« auch ein weiterer prominenter Befürworter konfrontativer Maßnahmen bei Phobien zu Wort.

»JWG«: Selbstheilung eines Agoraphobikers

In einem Werk mit dem bemerkenswerten Titel »Dichtung und Wahrheit« beschreibt ein prominenter Agoraphobiker seine Selbstheilung. Die angewandte Methode kann als früher Vorläufer der heutzutage in der Verhaltenstherapie so wichtigen Konfrontationstherapie angesehen werden. »Ein starker Schall war mir zuwider, krankhafte Gegenstände erregten mir Ekel und Abscheu. Besonders aber ängstigte mich ein Schwindel, der mich jedesmal befiel, wenn ich von einer Höhe herunterblickte. Allen diesen Mängeln suchte ich abzuhelfen, und zwar, weil ich keine Zeit verlieren wollte, auf eine etwas heftige Weise. Abends beim Zapfenstreich ging ich neben der Menge Trommeln her, deren gewaltsame Wirbel und Schläge das Herz im Busen hätten zersprengen mögen. Ich erstieg ganz allein den höchsten Gipfel des Münsterturms und saß in dem sogenannten Hals, unter dem Knopf oder der Krone, wie mans nennt, wohl eine Viertelstunde lang, bis ich es wagte, wieder heraus in die freie Luft zu treten, wo man auf einer Platte, die kaum eine Elle ins Gevierte haben wird, ohne sich sonderlich anhalten zu können, stehend das unendliche Land vor sich sieht, indessen die nächsten Umgebungen und Zieraten die Kirche und alles, worauf und worüber man steht, verbergen. Es ist völlig, als wenn man sich auf einer Montgolfiere in die Luft erhoben sähe. Dergleichen Angst und Qual wiederholte ich so oft, bis der Eindruck mir ganz gleichgültig ward, und ich habe nachher bei Bergreisen und geologischen Studien, bei großen Bauten, wo ich mit den Zimmerleuten um die Wette über die freilegenden Balken und über die Gesimse des Gebäudes herlief, ja in Rom, wo man eben dergleiche Wagstücke ausüben muß, um bedeutende Kunstwerke näher zu sehen, von jenen Vorübungen großen Vorteil gezogen. Die Anatomie war mir auch deshalb doppelt wert, weil sie mich den widerwärtigsten Anblick ertragen lehrte, indem sie meine Wißbegierde befriedigte. Und so besuchte ich das

Klinikum des ältern Doktor Ehrmann sowie die Lektionen der Entbindungskunst seines Sohnes, in der doppelten Absicht, alle Zustände kennenzulernen und mich von aller Apprehension gegen widerwärtige Dinge zu befreien. Ich habe es auch wirklich darin so weit gebracht, daß nichts dergleichen mich jemals wieder aus der Fassung setzen konnte. Aber nicht allein gegen diese sinnlichen Eindrücke, sondern auch gegen die Anfechtungen der Einbildungskraft suchte ich mich zu stählen. Die ahndungs- und schauervollen Eindrücke der Finsternis, der Kirchhöfe, einsamer Örter, nächtlicher Kirchen und Kapellen, und was hiermit verwandt sein mag, wußte ich mir ebenfalls gleichgültig zu machen; und auch darin brachte ich es so weit, daß mir Tag und Nacht und jedes Lokal völlig gleich war, ja daß, als in später Zeit mich die Lust ankam, wieder einmal in solcher Umgebung die angenehmen Schauer der Jugend zu fühlen, ich diese mir kaum durch die seltsamsten und fürchterlichsten Bilder, die ich hervorrief, wieder einigermaßen erzwingen konnte« (J.W. Goethe: »Dichtung und Wahrheit«, zweiter Teil, neuntes Buch. Frankfurt: Insel, 1970, S. 337–338). Das Werk wurde 1811–1813 verfaßt. Der zitierte Teil betrifft die Zeit um 1770, als Goethe in Straßburg studierte. Zwei Jahre zuvor hatte er wegen eines gefährlichen Lungenleidens vorübergehend in sein Elternhaus zurückkehren müssen.

»SF«: Ein prominenter Befürworter der Konfrontationstherapie

Auf die Bedeutung konfrontativer Maßnahmen und die Grenzen der psychoanalytischen Therapie bei Phobien hat auch Freud persönlich hingewiesen. In »Wege der Psychoanalytischen Therapie« aus dem Jahr 1917 schrieb er dazu folgendes: »Unsere Technik ist an der Behandlung der Hysterie erwachsen und noch immer auf diese Affektion eingerichtet. Aber schon die Phobien nötigen uns, über unser bisheriges Verhalten hinauszugehen. Man wird kaum einer Phobie Herr, wenn man abwartet, bis sich der Kranke durch die Analyse bewegen läßt, sie aufzugeben. Er bringt dann niemals jenes Material in die Analyse, das zur überzeugenden Lösung der Phobie unentbehrlich ist. Man muß anders vorgehen. Nehmen Sie das Beispiel eines Agoraphoben; es gibt zwei Klassen von solchen, eine leichtere und eine schwerere. Die ersteren haben zwar jedesmal unter Angst zu leiden, wenn sie allein auf die Straße gehen, aber sie haben darum das Alleingehen noch nicht aufgegeben; die anderen schützen sich vor der Angst, indem sie auf das Alleingehen verzichten. Bei diesen letzteren hat man nur dann Erfolg, wenn man sie durch den Einfluß der Analyse bewegen kann, sich wieder wie Phobiker ersten Grades zu benehmen, also auf die Straße zu gehen und während dieses Versuches mit der Angst zu kämpfen. Man bringt es also zunächst dahin, die Phobie so weit zu ermäßigen, und erst wenn dies durch die Forderung des Arztes erreicht ist, wird der Kranke jener Einfälle und Erinnerungen habhaft, welche die Lösung der Phobie ermöglichen« (in Gesammelte Werke, Band 12, S. 191).

In den letzten 20 Jahren wurde die Konfrontationsbehandlung systematisiert und empirisch überprüft (Übersicht bei Marks, 1987). Dabei erwies sich Konfrontation in vivo bei phobischem Vermeidungsverhalten als die Methode der Wahl. Während über die Grundprinzipien der Konfrontationsbehandlung weitgehend Einigkeit besteht, sind jedoch unterschiedliche Vorgehensweisen gebräuchlich (vgl. Kap. 21, Band 1).

- So stufen viele Programme die zu bewältigenden Situationen nach der Schwierigkeit ab (graduelles Vorgehen). Die Patienten üben dann schrittweise, ihren Aktionsradius auszudehnen.
- Nach den Ergebnissen einiger Katamnesestudien und der Grundlagenforschung an Tiermodellen ist jedoch *Reizüberflutung* zumindest bei schweren Phobien langfristig wirksamer. Bei der Reizüberflutung beginnt die Therapie gleich mit Situationen, die mit hoher Wahrscheinlichkeit starke Angst auslösen werden. Mehrere Stunden Konfrontation täglich an aufeinanderfolgenden Tagen (massierte Übung) scheint die schnellsten und stabilsten Erfolge zu bewirken. Die für die massierte Reizüberflutung nötige Behandlungsdauer schwankt zwischen ca. 5 und 10 Tagen, je nach Dauer der einzelnen Sitzungen.
- Weiterhin unterscheiden sich die einzelnen Ansätze nach der Häufigkeit des Therapeutenkontakts. So kann nach Instruktion durch den Therapeuten z.B. ein Großteil der Übungen allein oder mit Unterstützung des Partners durchgeführt werden. In jüngster Zeit gibt es

auch erfolgreiche Versuche, die Patienten mit Hilfe schriftlicher Manuale die Konfrontation ganz allein durchführen zu lassen (Ghosh & Marks, 1987).

Im folgenden wird das Vorgehen bei der massierten Reizkonfrontation besprochen, die meist die optimale Therapiemöglichkeit darstellt. Dabei beginnen wir mit der kognitiven Vorbereitung des Patienten, die für die Durchführung der Therapie von zentraler Bedeutung ist (vgl. hierzu Fiegenbaum et al., 1992 sowie Kap. 21, Band 1).

Kognitive Vorbereitung

Anhand von Beispielen aus der Anamnese wird den Patienten ein Erklärungsmodell für die Angstproblematik vermittelt, aus dem das therapeutische Vorgehen abgeleitet wird. Grundlage bildet die Zwei-Faktoren-Theorie der Angst, ggf. erweitert um Angaben zu Sicherheitssignalen, Prädispositionen und »Preparedness«. Diese Theorien werden auf die individuellen Symptome, Verhaltensweisen, Befürchtungen und »naiven« Erklärungsschemata der Patienten zugeschnitten. Dem Patienten muß deutlich werden, daß das Vermeidungsverhalten zentral für die Aufrechterhaltung seiner Ängste ist und diese letztendlich stabilisiert. Ähnlich wie bei der Vermittlung des Teufelskreismodells ist es auch hier entscheidend, die eigenen Erfahrungen der Patienten bei der Erarbeitung des Modells zu integrieren. Als sehr hilfreich haben sich die in Abb. 1.4 aufgeführten Verlaufskurven für Angst in phobischen Situationen erwiesen.

Neben der Vermittlung des Erklärungsmodells werden dem Patienten in dieser Phase der Therapie die Informationen über die konkrete Durchführung der massierten Reizkonfrontation in seinem individuellen Fall gegeben. An dieser Stelle muß betont werden, daß der Therapeut Fluchttendenzen des Patienten während der Reizkonfrontation nicht unterstützen, sondern verhindern wird. Dem Patienten wird erläutert, daß ein Unterstützen von Fluchtverhalten durch den Therapeuten einem Kunstfehler gleichkäme. Der Patient würde dadurch sozusagen mit der Zustimmung des Therapeuten das gleiche Problemverhalten zeigen, das zuvor zu der Ausbildung der agoraphobischen Ängste geführt habe. Dies könnte möglicherweise sein bisheriges agoraphobisches Verhalten weiter verstärken.

Nachdem das Erklärungsmodell dargestellt und die Fragen und Zweifel des Patienten bezüglich des Modells geklärt wurden, folgt eine Bedenkzeit über mehrere Tage, in der der Patient sich für oder gegen die Behandlung entscheiden soll. Um diese schwere Entscheidung zu ermöglichen, muß

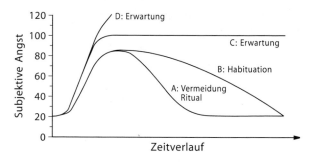

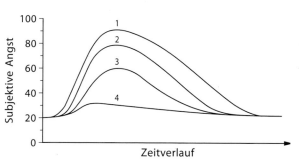

Abb. 1.4. Graphische Darstellung des Verlaufes von Angst bzw. Erregung bei der Konfrontation mit Angstreizen. Der erste Teil der Abbildung zeigt Verlaufskurven ohne therapeutische Intervention. Typisch ist der rasche Anstieg mit einem langsameren Abfallen der Angst. Ohne Behandlung zeigen die Patienten in der Regel Vermeidungsverhalten (Kurve A: Vermeidung) und erreichen so nicht den Punkt, an dem die Kurve von allein abfällt (Kurve B: Habituation). Die Kurven C und D zeigen vom Patienten befürchtete Verläufe mit einer scheinbar »unendlich« anhaltenden (C) oder immer weiter ansteigenden (D) Angst, die erst durch eine als imminent wahrgenommene Katastrophe (z.B. Tod durch Herzstillstand) beendet werden könnte. Der zweite Teil der Abbildung zeigt die Verlaufskurven bei therapeutischer Konfrontation: Dabei machen die Patienten die Erfahrung, daß Angst von allein abnimmt (»habituiert«), wobei die Kurve bei wiederholter Konfrontation (1. bis 4. Durchgang) immer weiter abflacht

für den Patienten zuvor das Modell verständlich und überzeugend vermittelt worden sein. Auch wenn Patienten sofort in die Behandlung einwilligen wollen, werden sie noch einmal gebeten, über mehrere Tage ihre Entscheidung zu überdenken. Dieses Vorgehen erlaubt eine *Maximierung der Therapiemotivation* des Patienten, die für die Durchführung der eigentlichen Konfrontationsbehandlung notwendig ist.

Massierte Reizkonfrontation

Die eigentliche Phase der massierten Reizkonfrontation wird am besten an 5–10 aufeinanderfolgenden Tagen durchgeführt. Dabei werden täglich über die Dauer von 6 bis 8 Stunden angstbesetzte Situationen des Patienten aufgesucht. Die Situationen für die Konfrontation in vivo werden zuvor sehr konkret und detailliert zusammen mit den Patienten geplant. Dabei muß jeweils genügend Zeit für die einzelnen Situationen vorgesehen werden. Im folgenden wird exemplarisch das Programm für zwei Tage einer massierten Reizkonfrontation bei einem Patienten unserer Ambulanz gezeigt.

Erster Tag
- Autofahrt zu einem einsam gelegenen Turm im Wald,
- Turmbesteigung,
- Spaziergang im Wald,
- Autofahrt zu einer großen Waschanlage: Patient fährt 5mal alleine mit dem Auto durch die Waschanlage,
- Zugfahrt von Dresden nach Berlin,
- Mahlzeit im Zugrestaurant,
- Ankunft Berlin, Bahnhof Zoo. Weiterfahrt nach vorgegebener Route mit U-Bahn,
- Abendessen in überfülltem Restaurant,
- Besuch der Abendvorstellung im Friedrichsstadtpalast, Berlin,
- Taxifahrt allein zum Hotel und
- Übernachtung allein im Hotel.

Zweiter Tag
- Im Hotel: Besuch der Sauna und der Sonnenbank,
- Bummel über den Kurfürstendamm, Aufsuchen von Kaufhäusern,
- Mittagessen in der Feinschmeckerabteilung des Kaufhauses KaDeWe,
- Stadtrundfahrt mit einem Doppeldeckerbus (Patient sitzt im oberen Deck ganz vorne),
- U-Bahnfahrt mit Umsteigen in Bus und S-Bahn,
- Abendessen in überfüllter Kneipe,
- Zugfahrt nach Dresden und
- Übernachtung allein in kleinem, einsam gelegenem Hotel.

Die Patienten werden instruiert, so lange in den einzelnen Situationen zu bleiben, bis die Angst »von selbst« geringer wird, ohne zu versuchen, die Angst zu unterdrücken oder sich abzulenken. Die Begleitung durch die Therapeutin sollte so bald wie möglich ausgeschlichen werden. Die Patienten werden für die Durchführung der Konfrontationsübungen (nicht aber für Angstfreiheit) verstärkt und zur Selbstverstärkung angehalten. Sobald der Therapeut sicher ist, daß der Patient kein Flucht- und Vermeidungsverhalten mehr zeigen wird, sollte der Patient in Absprache mit dem Therapeuten alleine phobische Situationen aufsu-

chen. In dieser Phase finden noch häufig Patient-Therapeut-Kontakte statt, um möglicherweise aufgetretene Probleme frühzeitig zu bearbeiten. Diese *Selbstkontrollphase* gewährleistet, daß der Patient auch nach der Therapie die gelernten Fertigkeiten alleine anwenden kann. Zum Abschluß der Therapie wird noch einmal betont, daß es in der Therapie um die Vermittlung von Fertigkeiten geht, die selbständig auch bei wieder auftretenden Ängsten eingesetzt werden können, um Rückfällen vorzubeugen.

1.5
Fallbeispiel

■ **Krankheitsgeschichte.** Der Patient war ein 45jähriger Steuerberater, der sich nach einer langjährigen Krankheitskarriere in einer solchen Sackgasse befand, daß er nicht mehr weiter wußte. Zuvor hatte er eine bemerkenswerte Karriere als »Herzneurotiker« hinter sich gebracht. Vor Beginn seiner Krankheit hatte Herr K. sich ein selbständiges Steuerbüro in einer wohlhabenden Randlage einer Metropole aufgebaut, mit dem er ein erhebliches Einkommen erzielte. Er war etwa Mitte dreißig, als er das erste Mal »Herzanfälle« bekam, die sich später als typische Panikanfälle herausstellten. Zunächst jedoch konnte ihm niemand sagen, an was er litt. Alle körperlichen Befunde waren unauffällig (einschließlich Belastungs-EKG und schließlich Herzkatheter), und seine Ärzte versicherten ihm immer wieder, »ihm fehle nichts«. Die Anfälle mit massivem Herzklopfen, Atemnot, Beklemmungsgefühlen und Stichen in der Brust verschwanden jedoch nicht, sondern verstärkten sich noch. Sein »stressiges« Leben als höchst erfolgreicher Selbständiger mit einer ganzen Reihe Mitarbeiter legte Herrn K. nahe, daß er tatsächlich an einer unerkannten Herzkrankheit (»Manager-Krankheit«) leide. Nachdem sein Hausarzt ihm immer dringender eine psychotherapeutische Behandlung empfahl, unternahm Herr K. mehrere Anläufe (u.a. autogenes Training, mehrjährige psychoanalytische Therapie, zwei Aufenthalte in psychosomatischen Fachkliniken). Wenngleich er diese Erfahrungen nicht als nutzlos empfand, hatten sie jedoch keinen Einfluß auf seine Anfälle und die Sorgen, die er sich darüber machte.

Da beschloß Herr K., die Dinge in die eigene Hand zu nehmen. Er kaufte sich ein Haus, das direkt gegenüber demjenigen lag, in dem sein Hausarzt wohnte und praktizierte. So fühlte er sich sicherer, da »im Falle eines Falles« professionelle Hilfe nun ganz nahe war. Er konnte sogar noch Tennis spielen, jedoch nur mit seinem Arzt. Wenn allerdings der Arzt am Wochenende oder an manchen Abenden fort war, die Fenster des Hauses dunkel blieben, sein Auto nicht zu sehen war oder ähnliches, dann überkam Herrn K. sofort wieder die Panik. Schließlich wußte er sich nicht anders zu helfen und ließ sich zum Krankenpfleger umschulen. Dabei nahm er einen erheblichen Einkommensverlust in Kauf, worüber seine Frau nicht gerade begeistert war. Zunächst half ihm das Gefühl, nun ständig in der Nähe ärztlicher Hilfe zu sein. Als jedoch klar wurde, daß er selbst in der Klinik nicht immer direkt neben einem Arzt arbeiten würde, begann die Unsicherheit wieder. In dieser Situation meldete er sich bei uns und fragte, was er denn nun tun sollte (»die ersten Minuten sind entscheidend für das Überleben, aber ich kann doch nicht ständig auf der Intensivstation sein«).

■ **Verhaltenstherapeutische Behandlung.** Die Behandlung setzte zunächst daran an, daß er bisher keine Erklärung für seine Symptomatik bekommen hatte. Immer hatte es nur geheißen, er sei doch gesund, was wolle er mehr. Wir sagten ihm, daß seine Symptome real seien und es nun darum ginge festzustellen, was sie bedeuteten. Gemeinsam erarbeiteten wir ein Teufelskreismodell, das auch seine zunehmende interozeptive Wahrnehmungsfähigkeit beinhaltete. Durch ständige Konzentration auf sein Körperinneres verfügte Herr K. über eine außerordentlich sensible Herzwahrnehmung, was ein Vergleich mit seinem EKG mittels des mentalen Trackings nach Schandry auch objektiv belegte. Besonders beunruhigend empfand er jedoch nicht die Unregelmäßigkeiten des Herzschlags, die seine Anfälle auslösten, sondern die Stiche in der Brust, die bei schweren Attacken auftraten. Mittels eines Verhaltenstests konnten wir Herrn K. zeigen, daß solche Stiche auch durch ein unangepaßtes Atemmuster entstehen können, bei dem der Patient immer wieder tief einatmete, aber nicht vollständig ausatmete. Bereits nach weniger als einer Minute dieses Atemmusters verursachte die Überdehnung der Muskeln zwischen den Rippen massiv stechende Schmerzen, die der Patient v.a. auf der linken Seite lokalisierte. Diese für den Patienten zunächst extrem angstauslösende Erfahrung brachte den Umschwung. Die Tatsache, daß nach all diesen Jahren eine völlig harmlose, unmittelbar nachvollziehbare Erklärung für sein schlimmstes Symptom gefunden worden war, ermutigte ihn, sein Vermeidungsverhalten rasch aufzugeben und wei-

tere neue Erfahrungen zu machen. Nun war er auch offen für unsere Versuche, alle seine Befürchtungen und Fehlinterpretationen ausführlich zu besprechen.

Eine weitere wichtige Erkenntnis war danach noch, daß der Patient während seiner gesamten Krankheit etwas gesucht hatte, wovon er gleichzeitig wußte, daß es das nicht gab – nämlich hundertprozentige Sicherheit. Jeder Arztbesuch sollte dazu dienen, die Versicherung zu bekommen, daß er nicht an einer Herzkrankheit sterben könne. Die Beruhigung hielt jedoch jedesmal nur kurz an, da er eigentlich wußte, daß niemand, auch der beste Arzt nicht, das Überleben auch nur der nächsten fünf Minuten wirklich hundertprozentig garantieren kann. Dieser Tatsache hatte er jedoch nicht ins Auge blicken wollen, weil er fürchtete, dann »vor lauter Angst« zu sterben. Er machte sich also stets mehr oder minder sofort wieder auf die Suche nach der nächsten Sicherheitsgarantie. Erst als wir ihn in sehr deutlichen Worten damit konfrontierten, daß seine Suche aussichtslos war und er möglicherweise schon im nächsten Moment tot umfallen könnte (trotz bis dahin bester Gesundheit wohlgemerkt, »natürlich ist dies sehr unwahrscheinlich, aber eben nicht völlig ausgeschlossen!«), stellte er sich dem Problem erstmals ohne subtile kognitive Vermeidung. Er brach in Tränen aus, die zunächst der vermeintlichen Gefahr galten, sich dann aber rasch um »verlorene Jahre« drehten, die er mit seiner vergeblichen Suche vertan zu haben meinte.

Im weiteren Verlauf der Behandlung führte der Patient einige für ihn bis dahin unvorstellbare Aufgaben durch (z.B. Saunabesuche, längere Waldspaziergänge ohne jede Begleitung und ohne sein Funktelefon), bevor er nach einer 3 Sitzungen umfassenden Rückfallprophylaxe als im wesentlichen geheilt entlassen werden konnte. Bis zur Katamnese nach einem Jahr hatte er bereits eine ganze Reihe von Aktivitäten wieder aufgegriffen, auf die er zuvor aus Angst jahrelang verzichtet hatte. Der Gewinn an Lebensqualität stabilisierte ihn zusätzlich, und er war guten Mutes, evtl. wiederkehrenden Herzängsten und Vermeidungstendenzen aktiv begegnen zu können. (Die Ausbildung zum Krankenpfleger brach er übrigens ab und kehrte in seinen alten Beruf zurück.) Er hatte sich mit »99,9%« Sicherheit abgefunden.

1.6
Empirische Überprüfung

■ **Effizienzstudien zur Behandlung von Agoraphobien.** Nach fast drei Jahrzehnten systematischer Forschung ist die Effektivität von Konfrontationsverfahren in der Therapie von Angststörungen und insbesondere Agoraphobien klar belegt (Übersichten bei Clum, 1989; Margraf & Schneider, 1990; Chambless & Gillis, 1993; Clum et al., 1993; Clark, 1994; Emmelkamp, 1994; Grawe et al., 1994; Hollon & Beck, 1994). Wie die monumentale Literaturauswertung von Grawe et al. (1994) eindrucksvoll zeigt, wurden Konfrontationsverfahren besonders häufig untersucht (62 Studien), wobei die methodische Qualität der Studien auf jedem erfaßten Index deutlich besser war als der Durchschnitt aller analysierten 897 Therapiestudien. Zudem erhoben rund 80% aller Studien Katamnesedaten. Die Ergebnisse der Studien zur massierten Konfrontation zeigen konsistent sehr starke Wirkungen auf die Hauptsymptomatik (wie Ängste und Vermeidungsverhalten), aber auch auf individuell definierte andere Zielsymptome, allgemeines Wohlbefinden sowie Arbeit und Freizeit (was bei anderen Therapieformen kaum je der Fall ist), seltener dagegen positive Effekte auf Persönlichkeitsmaße oder Symptome anderer Störungen (sofern überhaupt erhoben). In keiner einzigen Studie wurden bedeutsame Verschlechterungen festgestellt. Das Auftreten neuer Symptome (»Symptomverschiebung«) ist nach erfolgreichen Konfrontationstherapien nicht häufiger als in der Allgemeinbevölkerung.

> Insgesamt weist die massierte Konfrontation in vivo bessere und umfassendere Wirkungen auf als graduierte bzw. In-sensu-Konfrontation oder systematische Desensibilisierung.

Auch die anderen eingangs erwähnten metaanalytischen und impressionistischen Literaturauswertungen ergaben übereinstimmend das gleiche Bild. Darüber hinaus umfaßten die Katamnesestudien für Konfrontationstherapien bei Agoraphobikern Zeiträume von 4 bis zu 9 Jahren nach Therapieende. Dabei waren einmal erzielte Erfolge auch über lange Zeiträume im Durchschnitt stabil, Rückfälle dagegen selten.

Das größte Problem der massierten Reizkonfrontation könnte die Akzeptanz sein. In verschiedenen Studien lehnen 10% (Deutschland) oder sogar 20–25% (USA) der Patienten die Therapie ab, während bei graduellem Vorgehen die Ableh-

nungsquote geringer zu sein scheint. Im Gegensatz zur allgemeinen Wirksamkeit kognitiv-verhaltenstherapeutischer Behandlungen ist die Frage nach den wirksamen Komponenten der verschiedenen Therapieprogramme nicht ausreichend geklärt. Ebenso wenig ergebnisträchtig verlief bisher die Suche nach Prädiktoren des Therapieerfolgs. Weder Patientenmerkmale (soziodemographische, Persönlichkeits- oder Störungsvariablen) noch Therapeutenvariablen zeigten einen konsistenten Zusammenhang. Noch den besten Zusammenhang zeigt das Ausmaß der Veränderung typischer agoraphobischer Kognitionen bzw. der Angst vor körperlichen Symptomen (Chambless & Gillis, 1993).

> Für die von uns oben vorgestellte massierte Reizkonfrontation liegen Erfolgsdaten einer langfristigen Katamnese vor (Fiegenbaum, 1988). Von 104 so behandelten Agoraphobikern gaben selbst fünf Jahre nach Therapieende noch 78% an, völlig beschwerdefrei zu sein. Zusätzlich wurde ein Verhaltenstest durchgeführt, bei dem die Patienten gebeten wurden, alleine für eine individuell festgelegte Zeit in der für sie ehemals schwierigsten phobischen Situation zu verbleiben. Hierzu waren 80% der behandelten Patienten in der Lage. Bei der graduierten Behandlung waren die langfristigen Erfolge erheblich geringer.

Mit Grawe et al. (1994) können die Ergebnisse wie folgt zusammengefaßt werden: »Die massierte Reizkonfrontation muß nach dieser Faktenlage als ein außerordentlich wirksames Verfahren zur Reduktion von Ängsten und Zwängen angesehen werden« (S. 338–339). »Während Agoraphobien und Zwänge noch vor dreißig Jahren zu den schwer behandelbaren Störungen zählten und Patienten mit diesen Störungen in großer Zahl die psychiatrischen Kliniken bevölkerten, hat sich dieses Bild heute dramatisch gewandelt. Patienten mit solchen Störungen haben heute eine eher günstige Prognose, und dies ist fast gänzlich den Reizkonfrontationstherapien zu verdanken ... Man kann jedoch ohne Übertreibung feststellen, daß die Reizkonfrontationsverfahren sich inzwischen immer mehr als die Methode der Wahl zur Behandlung von Zwängen und agoraphobischen Störungen erwiesen haben« (S. 343).

■ **Effizienzstudien zur Behandlung von Panikanfällen.** Therapiestudien zur Behandlung von Panikanfällen liegen erst in jüngerer Zeit vor (vgl.

die oben zitierten Übersichten). Die ersten Veröffentlichungen betrafen meist Einzelfallstudien oder unkontrollierte Studien an kleinen Stichproben, erst später kamen kontrollierte Studien hinzu. Die Patienten in diesen Studien erfüllten in der Regel die DSM-III-Kriterien für die Diagnose Paniksyndrom, teilweise auch für Agoraphobie mit Panikanfällen. Die Dauer der Behandlungen lag meist bei etwa 15 Sitzungen, schwankte jedoch stark. Die Ergebnisse sind ungewöhnlich konsistent: In allen Studien wurden deutliche und stabile Verbesserungen oder vollständige Remissionen erzielt. Meist kam es zu zusätzlichen Besserungen in der Katamnese, zumindest jedoch blieben die zum Ende der Therapie erzielten Fortschritte bestehen. Bei der großen Mehrheit der Patienten konnten Panikanfälle langfristig völlig beseitigt werden. Metaanalysen zeigen i. allg. größere Effektstärken für das beschriebene kognitiv-behaviorale Vorgehen als bei anderen psychologischen oder pharmakologischen (v.a. trizyklische Antidepressiva und hochpotente Benzodiazepine) Therapien (vgl. auch Wilkinson et al., 1991). Gegenüber den pharmakologischen Ansätzen zeigten sich v.a. weniger Therapieabbrecher (insbesondere im Vergleich zu Antidepressiva) und geringere Rückfallquoten.

Für das in Abschn. 1.4.1 dargestellte Vorgehen liegen mittlerweile mehrere kontrollierte Therapiestudien vor. So verglichen Barlow et al. (1989) die Effektivität der gezielten kognitiv-behavioralen Behandlung des Paniksyndroms mit progressiver Muskelrelaxation und einer Kombination beider Verfahren sowie einer Warteliste-Kontrollgruppe. Die kognitiv-behaviorale Therapie war klar überlegen und konnte durch eine zusätzliche Entspannungskomponente nicht weiter verbessert werden. In beiden Gruppen waren fast 80% der Patienten bei Therapieende völlig frei von Panikanfällen. Für die Entspannungsgruppe lag dieser Wert unter 40% und unterschied sich nicht signifikant von der Wartelisten-Kontrollgruppe. 24 Monate nach Therapieende waren 81,3% der kognitiv-behavioral behandelten Patienten panikanfallsfrei (kombinierte Behandlung: 42,9%, progressive Muskelrelaxation: 35,7%). Margraf et al. (1993) faßten vier bisher unveröffentlichte neue kognitiv-verhaltenstherapeutische Behandlungsstudien zusammen, die an unterschiedlichen Zentren in USA, England und Deutschland durchgeführt wurden. In allen Studien wurde übereinstimmend gefunden, daß die Behandlung ca. 80% der behandelten Patienten panikanfallsfrei machte und zu substantiellen Verbesserungen in allgemeiner Ängstlichkeit, panikrelevanten Kognitionen, Depression und phobischem Vermeidungsverhalten führte. Darüber hinaus erwiesen sich die erzielten Therapieerfolge in sämtlichen Katamnesen (Dauer: zwei bzw. drei Jahre) als stabil.

Angesichts der eindeutigen Befundlage sind die Ergebnisse zur tatsächlichen Versorgung besonders bedrückend. Immer wieder muß festgestellt werden, daß viele Patienten und leider auch professionelle Kräfte des Gesundheitswesens nicht genügend über diese effektiven Behandlungsmethoden informiert sind. In den USA fanden Taylor et al. (1989), daß von 794 Patienten mit Panikanfällen (mit und ohne Agoraphobie) nur 4% eine verhaltenstherapeutische Behandlung erhalten hatten. Nur bei 2,6% der Patienten mit Vermeidungsverhalten war eine Konfrontationstherapie durchgeführt worden. Wir mußten ähnliche Zahlen in einer noch unveröffentlichten Studie an fast 400 Patienten in Deutschland registrieren. Die an klinischen Stichproben gewonnenen Ergebnisse werden unterstützt von einer repräsentativen Bevölkerungserhebung an rund 3000 Personen in Ost- und Westdeutschland. Hier fanden wir, daß von den 40% aller Personen mit Angststörungen, die überhaupt eine Behandlung erhalten hatten, nur etwa jeder Hundertste eine Verhaltenstherapie (egal welcher Art) bekommen hatte (Margraf & Poldrack, zur Veröffentlichung eingereicht). Diese Befunde zeigen, daß nicht nur die Entwicklung immer besserer Therapieverfahren, sondern auch die Verbreitung der bereits verfügbaren Methoden für die angemessene Behandlung von Paniksyndromen und Agoraphobien dringend erforderlich ist.

Zusammenfassung

Paniksyndrom und Agoraphobien sind ebenso häufige und wie schwere Störungen. Neben der Entwicklung der Konfrontationstherapien hat vor allem die zunehmende Berücksichtigung von Panikanfällen seit den achtziger Jahren zu wesentlichen Fortschritten in Theorie und Therapie dieser Störungen geführt. Bei Patienten mit sog. »spontanen« Panikanfällen fungieren körperinterne Reize als Angstauslöser. Inzwischen liegen für diese Patienten kognitive Behandlungsprogramme vor, die gezielt an den störungsspezifischen Fehlinterpretationen ansetzen. Heute sind kognitiv-verhaltenstherapeutische Behandlungen die Methode der Wahl für Paniksyndrom und Agoraphobien, wo sie bei ca. 80% der behandelten Patienten zu stabilen Erfolgen führen. Das Kapitel schildert zunächst das Erscheinungsbild der Störungen und die ätiologischen Modelle, die den Behandlungen zugrundeliegen. Danach wird das konkrete Vorgehen bei der Behandlung von Panikanfällen und Agoraphobien dargestellt, bevor die Befunde zur empirischen Überprüfung kurz zusammengefaßt werden. Diese zeigen übereinstimmend, daß die massierte Reizkonfrontation bei Agoraphobien und kognitiv-behaviorale Programme bei Paniksyndromen sich als außerordentlich wirksam erwiesen haben.

Literatur

American Psychiatric Association (1980). *Diagnostic and statistical manual of mental disorders* (3rd ed., DSM-III). Washington/DC: American Psychiatric Press.

American Psychiatric Association (1987). *Diagnostic and statistical manual of mental disorders* (3rd ed.-Revised, DSM-III-R). Washington/DC: American Psychiatric Press.

American Psychiatric Association (1994). *Diagnostic and statistical manual of mental disorders* (DSM-IV). Washington/DC: American Psychiatric Association.

Andrews, G., Stewart, G., Allen, R. & Henderson, A. S. (1990). The genetics of six neurotic disorders: A twin study. *Journal of Affective Disorders, 19,* 23–29.

Barlow, D. H., Craske, M. G., Cerny, J. A. & Klosko, J. S. (1989). Behavioral treatment of panic disorder. *Behavior Therapy, 20,* 261–282.

Bartling, G., Echelmeyer, L., Engberding, M. & Krause, R. (1992). *Problemanalyse im therapeutischen Prozeß. Leitfaden für die Praxis* (3. Aufl.). Stuttgart: Kohlhammer.

Bartling, G., Fiegenbaum, W. & Krause, R. (1980). *Reizüberflutung. Theorie und Praxis.* Stuttgart: Kohlhammer.

Bregman, E. O. (1934). An attempt to modify the emotional attitudes of infants by the conditioned response technique. *Journal of Genetic Psychology, 45,* 169–198.

Chambless, D. L. & Gillis, M. M. (1993). Cognitive therapy of anxiety disorders. *Journal of Consulting and Clinical Psychology, 61,* 248–260.

Clark, D. M. (1994). Cognitive therapy for panic disorder. In B. E. Wolfe & J. D. Maser (Eds.), *Treatment of panic disorder: A consensus development conference.* Washington/DC: American Psychiatric Press.

Clum, G. A. (1989). Psychological interventions vs. drugs in the treatment of panic. *Behavior Therapy, 20,* 429–457.

Clum, G. A., Clum, G. A. & Surls, R. (1993). A meta-analysis of treatments for panic disorder. *Journal of Consulting and Clinical Psychology, 61,* 317–326.

Dilling, H., Mombour, W., Schmidt, M. H. & Schulte-Markwort, E. (Eds.) (1994). *Internationale Klassifikation psychischer Störungen, ICD-10 Kapitel V (F), Forschungskriterien.* Bern: Huber.

Ehlers, A. & Margraf, J. (1989). The psychophysiological model of panic attacks. In P. M. G. Emmelkamp, W. T. A. M. Everaerd, F. Kraaimaat & M. J. M. van Son (Hrsg.), *Fresh Perspectives on Anxiety Disorders.* Amsterdam: Swets & Zeitlinger.

Ehlers, A., Margraf, J. & Chambless, D. (Eds.) (1993). *Fragebogen zu körperbezogenen Ängsten, Kognitionen und Vermeidung (AKV).* Weinheim: Beltz Test Gesellschaft.

Emmelkamp, P. M. G. (1994). Behavior therapy with adults. In A. E. Bergin & S. L. Garfield (Eds.), *Handbook of psychotherapy and behavior change* (4th ed.). New York: Wiley.

English, H. B. (1929). Three cases of the »conditioned fear response«. *Journal of Abnormal and Social Psychology, 24,* 221–225.

Fiegenbaum, W. (1988). Long-term efficacy of ungraded versus graded massed exposure in agoraphobics. In I. Hand & H. U. Wittchen (Hrsg.), *Panic and Phobias 2* (S. 83–88). Berlin: Springer.

Fiegenbaum, W., Freitag, M. & Frank, B. (1992). Kognitive Vorbereitung auf Reizkonfrontationstherapien. In J. Margraf & J. C. Brengelmann (Hrsg.), *Die Therapeut-Patient-Beziehung in der Verhaltenstherapie.* München: Gerhard Röttger.

Freud, S. (1947–1952). *Gesammelte Werke.* London: Imago.

Goethe, J. W. (1970). *Dichtung und Wahrheit.* Frankfurt: Insel.

Goldstein, A. J. & Chambless, D. L. (1978). A reanalysis of agoraphobia. *Behavior Therapy, 9,* 47–59.

Ghosh, A. & Marks, I. (1987). Self-directed exposure for agoraphobia: A controlled trial. *Behavior Therapy, 18,* 3–16.

Grawe, K. Donati, R. & Bernauer, F. (1994). *Psychotherapie im Wandel. Von der Konfession zur Profession.* Göttingen: Hogrefe.

Hollon, S. & Beck, A. T. (1994). Cognitive and cognitive-behavioral therapies. In A. E. Bergin & S. L. Garfield (Eds.), *Handbook of psychotherapy and behavior change* (4th ed.). New York: Wiley.

Jones, E. (1960). *Das Leben und Werk von Sigmund Freud,* Bd 1. Bern: Huber.

Kendler, K. S., Heath, A. C., Martin, N. G. & Eaves, L. J. (1987). Symptoms of anxiety and symptoms of depression. Same genes, different environments? *Archives of General Psychiatry, 44,* 451–457.

Kendler, K. S., Neale, M. C., Kessler, R. C., Heath, A. C. & Eaves, L. J. (1992). The genetic epidemiology of phobias in women. The relationship of agoraphobia, social phobia, situational phobia and simple phobia. *Archives of General Psychiatry, 49,* 273–281.

Klein, D. F. (1980). Anxiety reconceptualized. *Comprehensive Psychiatry, 21,* 411–427.

Ley, R. (1987). Panic disorder: A hyperventilation interpretation. In L. Michelson & M. Ascher (Hrsg.), *Cognitive-Behavioral Assessment and Treatment of Anxiety Disorders.* New York: Guilford.

Lum, C. L. (1981). Hyperventilation and anxiety state. Editorial. *Journal of the Royal Society of Medicine, 74,* 1–4.

Margraf, J. (1990). Ambulatory psychophysiological monitoring of panic attacks. *Journal of Psychophysiology, 4,* 321–330.

Margraf, J. (1993). Hyperventilation and panic disorder: a psychophysiological connection. *Advances in Behaviour Research and Therapy, 15,* 49–74.

Margraf, J. & Ehlers, A. (1989). Etiological models of panic – psychophysiological and cognitive aspects. In R. Baker (Ed.), *Panic Disorder: Research and Therapy.* London: Wiley.

Margraf, J. & Ehlers, A. (1990). Biological models of panic disorder and agoraphobia: Theory and evidence. In G. D. Burrows, M. Roth & R. Noyes (Eds.), *Handbook of anxiety. Vol. 3: The neurobiology of anxiety.* Amsterdam: Elsevier.

Margraf, J. & Schneider, S. (1990). *Panik. Angstanfälle und ihre Behandlung* (2. Aufl.). Berlin: Springer.

Margraf, J. & Schneider, S. (1992). Therapeutische Beziehung und Therapieerfolg bei Angststörungen. In J. Margraf & J. C. Brengelmann (Hrsg.), *Die Therapeut-Patient-Beziehung in der Verhaltenstherapie.* München: Gerhard Röttger.

Margraf, J., Barlow, D. H., Clark, D. M. & Telch, M. J. (1993). Psychological treatment of panic: work in progress on outcome, active ingredients, and follow-up. *Behaviour Research and Therapy, 31,* 1–8.

Marks, I. M. (1987). *Fears, Phobias, and Rituals.* New York: Oxford University.

McNally, R. J. (1990). Psychological approaches to panic disorder: a review. *Psychological Bulletin, 108,* 403–419.

Mowrer, O. H. (1960). *Learning Theory and Behavior.* New York: Wiley.

Perkonigg, A. & Wittchen, H. U. (1995). Epidemiologie von Angststörungen. In S. Kasper & H.-J. Möller (Hrsg.), *Angst und Panikerkrankungen.* Jena: Gustav Fischer.

Reiss, S. & McNally, R. J. (1985). Expectancy model of fear. In S. Reiss & R. R. Bootzin (Eds.), *Theoretical Issues in Behavior Therapy* (S. 107–121). New York: Academic Press.

Schneider, S. (1995). *Psychologische Transmission des Paniksyndroms.* Donauwörth: Auer.

Schneider, S., Margraf, J. (1994). Kognitive Verhaltenstherapie bei Angstanfällen und Agoraphobien. In M. Hautzinger (Hrsg.), *Kognitive Verhaltenstherapie bei psychiatrischen Erkrankungen.* München: Quintessenz.

Schulte, D. (1995). *Therapieplanung.* Göttingen: Hogrefe.

Seligman, M. E. P. (1971). Phobias and preparedness. *Behavior Therapy, 2,* 307–320.

Taylor, C. B., King, R., Ehlers, A., Margraf, J., Clark, D., Hayward, C., Roth, W. T. & Agras, S. (1987). Treadmill exercise test and ambulatory measures in panic attacks. *American Journal of Cardiology, 60,* 48J–52J.

Taylor, C. B., King, R. J., Margraf, J., Ehlers, A., Telch, M. J., Roth, W. T. & Agras, W. S. (1989). Use of medication and in vivo exposure in volunteers for panic disorder research. *American Journal of Psychiatry, 146,* 1423–1426.

Valentine, C. W. (1930). The innate bases of fear. *Journal of Genetic Psychology, 37,* 394–420.

Watson, J. B. & Rayner, P. (1920). Conditioned emotional reactions. *Journal of Experimental Psychology, 2,* 1–14.

Westphal, C. (1871). Die Agoraphobie. Eine neuropathische Erscheinung. *Archiv für Psychiatrie und Nervenkrankheiten, 3,* 138–161.

Wilkinson, G., Balestrieri, M., Ruggeri, M. & Bellantuono, C. (1991). Meta-analysis of double-blind placebo-controlled trials of antidepressants and benzodiazepins for patients with panic disorders. *Psychological Medicine, 21,* 991–998.

Wittchen, H. U. (1991). Der Langzeitverlauf unbehandelter Angststörungen: Wie häufig sind Spontanremissionen? *Verhaltenstherapie, 1,* 273–282.

Weiterführende Literatur

Bartling, G., Fiegenbaum, W. & Krause, R. (1980). *Reizüberflutung, Theorie und Praxis.* Stuttgart: Kohlhammer.

Kasper, S. & Möller, H.-J. (Eds.) (1995). *Angst und Panikerkrankungen.* Jena: Gustav-Fischer.

Margraf, J. & Schneider, S. (1990). *Panik – Angstanfälle und ihre Behandlung* (2. Aufl.). Berlin: Springer.

Marks, I. (1987). *Fears, Phobias, and Rituals. Panic, Anxiety, and Their Disorders.* New York: Oxford University Press.

Spezifische Phobien

LARS-GÖRAN ÖST

2.1
Einleitung

Die spezifischen Phobien sind seit den 60er Jahren in der wissenschaftlichen Literatur als eigenständiges Krankheitsbild anerkannt. Marks (1969) beschrieb in seinem klassischen Lehrbuch vier Kategorien von Phobien: Agoraphobie, Sozialphobie, Tierphobien und verschiedene spezifische Phobien. Die letzten beiden Kategorien wurden im DSM-III (APA, 1980) und DSM-III-R (APA, 1987) zu einer Kategorie, den einfachen Phobien, zusammengefaßt. Da allerdings das Wort »einfach« zu dem falschen Eindruck führen könnte, daß diese Phobien definitionsgemäß einfach zu behandeln seien, wurde die Bezeichnung im DSM-IV (APA, 1994) in »spezifische« Phobie geändert. Damit wird hervorgehoben, daß Menschen, die an dieser Angststörung leiden, Angst vor einem klar umschriebenen Objekt oder einer Situation haben, im Gegensatz zur Agoraphobie oder zur Sozialphobie, bei denen eine Vielzahl verschiedener Situationen gefürchtet und vermieden werden. Außerdem ist die Entwicklung von Folgeproblemen wie etwa einer sekundären Depression oder Medikamenten-/Alkoholabhängigkeit bei den spezifischen Phobien bedeutend seltener als bei Agoraphobie und Sozialphobie.

2.2
Diagnostische Kriterien

Die Kriterien für die spezifische Phobie nach DSM-IV (APA, 1994) sind im folgenden Kasten dargestellt.

DSM-IV-Kriterien für die spezifische Phobie

A. Durch die Anwesenheit oder die Erwartung eines spezifischen Objektes oder einer spezifischen Situation ausgelöste Angst (z. B. Fliegen, Höhen, Tiere, Spritzen, Blut).

B. Die Konfrontation mit dem spezifischen Stimulus löst fast immer eine unmittelbare Angstreaktion aus, die die Form eines Angstanfalls annehmen kann.

C. Die phobischen Stimuli werden vermieden oder mit starker Angst ertragen.

D. Die Person erkennt, daß die Angst übertrieben oder unvernünftig ist.

E. Die Vermeidung oder die ängstlichen Erwartungen verursachen ausgeprägtes Leiden oder beeinträchtigen die berufliche oder soziale Funktionsfähigkeit.

F. Die Angst oder die phobische Vermeidung steht nicht in Zusammenhang mit einer anderen psychischen Störung, z. B. nicht Angst vor Verunreinigung (Zwangssyndrom), Vermeidung von Hinweisreizen auf einen vergangenen schweren Stressor (posttraumatische Belastungsreaktion), Vermeidung von sozialen Situationen aufgrund der Angst vor Peinlichkeit (Sozialphobie), Angst vor einem unerwarteten Angstanfall (Paniksyndrom) oder agoraphobische Vermeidung.

Spezifische Untergruppen:
- natürliche Umgebung (z. B. Tiere, Insekten, Sturm, Wasser),
- Blut, Spritzen, Verletzungen,
- situativ (z. B. Autos, Flugzeuge, Höhen, Aufzüge, Tunnel, Brücken)
- sonstige (z. B. phobische Vermeidung von Situationen, die zum Ersticken, zum Erbrechen oder zu Krampfanfällen führen könnten).

Im DSM-IV sind bei den spezifischen Phobien mehrere Veränderungen bezüglich der diagnostischen Kriterien gegenüber dem DSM-III-R vorgenommen worden:

- Es wurde der Tatsache Rechnung getragen, daß die Angst sowohl durch die Anwesenheit als auch durch die *Erwartung* eines spezifischen Objektes ausgelöst werden kann;
- Das Kriterium B besagt, daß die Konfrontation mit dem phobischen Objekt fast immer eine Angstreaktion auslöst; ersetzt den weniger klaren Ausdruck »während einer Phase der Phobie« aus dem DSM-III-R. Dies steht in Übereinstimmung mit empirischen Daten, da es bei Erwachsenen selten ist, daß die spezifische Phobie zeitabhängig in ihrem Ausmaß schwankt.

- Es wird die Differentialdiagnose nur noch nach Kriterium F vorgenommen und findet sich nicht mehr in den Kriterien A und F.
- Der wichtigste Punkt: Aufgrund neuerer Erkenntnisse auf diesem Gebiet wurde eine Unterteilung in vier Subtypen der spezifischen Phobien vorgenommen.

Diese Änderungen im DSM-IV werden wahrscheinlich die Reliabilität der Diagnose erhöhen, was sich aber in zukünftigen Feldstudien noch erweisen muß.

2.3
Prävalenz

Es gibt eine Reihe neuerer epidemiologischer Studien auf der Grundlage desselben strukturierten Interviews, dem *Diagnostik-Interview-Schedule (DIS)*, mit dem eine DSM-III-Diagnose gestellt werden kann.

In der großen ECA-Studie (Epidemiological Catchment Area, Myers et al., 1984), in der über 18500 Personen aus fünf US-amerikanischen Städten untersucht worden waren, berichteten Myers

Tabelle 2.1. Prävalenzraten im internationalen Vergleich

Studie	1-Monats-Prävalenz spezifische Phobie	6-Monats-Prävalenz spezifische Phobie	Lebenszeit-prävalenz spezifische Phobie	Verhältnis Frauen : Männer
Boyd et al. (1990; USA)	5,1% (ohne Pbn mit Sozial- oder Agoraphobie 2,9%)			
Myers et al. (1984; USA)		7%		
Robins & Regier (1991; USA)			15,1%	
Bourdon et al. (1988; USA)				1,9:1
Bland et al. (1988a; Canada)			7,2%	2,1:1
Oakley-Brown et al. (1989; Neuseeland)	3,2%	4,3%	5,9%	4:1
Wittchen (1986; BRD)		4,1%	8%	
Canino et al. (1987; Puerto Rico)		4,4%	8,6%	
	Prävalenz Klaustrophobie	Prävalenz Zahnarztphobie	Prävalenz Flugphobie	
Kirkpatrick (1984; USA)	13% (nur Frauen)			
Costello (1982; Canada)	4% (nur Frauen)			
Freidson & Feldman (1958; USA)		9%		
Häkansson (1978; Schweden)		10%		
Hållström & Halling (1984; Schweden)		13%		
Nordlund (1983; Schweden)			10%	
Agras et al. (1969; USA)			11%	

et al. (1984) eine 6-Monats-Prävalenz für die einfache Phobie von 7% (Agoraphobie 3,8% und Sozialphobie 1,7%); Boyd et al. (1990) berichteten eine 1-Monats-Prävalenz von 5,1% für die einfache Phobie (Agoraphobie: 2,9%, Sozialphobie: 1,3%). Da Mehrfachdiagnosen vergeben werden konnten, sank die Prävalenz der einfachen Phobie nach Ausschluß der Fälle mit einer zusätzlichen Agoraphobie oder Sozialphobie auf 2,9%. Weitere international ermittelten Prävalenzraten zeigt Tabelle 2.1.

> Aus diesen Zahlen wird ersichtlich, daß international betrachtet die Prävalenzrate der einfachen Phobie stark schwankt, nämlich von 5,9% in Neuseeland bis 15,1% in den USA.

Ebenfalls in Tabelle 2.1 abgebildet sind die Prävalenzen für einige Typen spezifischer Phobie, die in weniger groß angelegten Studien erhoben wurden. Demnach leiden 7–8% der Bevölkerung an Klaustrophobie, 8–10% an Zahnarztphobie und etwa 10% an Flugphobie. Bourdon et al. (1988) berichteten auf Grundlage der ECA-Daten, daß Tierphobien (Spinnen, Insekten, Mäuse und Schlangen) sowie Höhenphobien am häufigsten sind, wobei allerdings genaue Prozentangaben fehlen. Da diese Raten aber die ermittelten 10% für die Flugphobie übersteigen müssen, kann man darauf schließen, daß mehr als die Hälfte der Bevölkerung während ihres Lebens einmal eine irgendwie geartete spezifische Phobie haben muß.

Wie kann man das mit den 6–15% der mit dem DIS ermittelten Raten in Einklang bringen? Eine Erklärung kann darin bestehen, daß ein großer Anteil an Personen mehr als eine spezifische Phobie hat; andererseits könnte es aber auch an einem Mangel valider diagnostischer Kriterien in den kleineren Prävalenzstudien liegen, so daß dort auch weniger schwere Fälle mit einbezogen wurden, die die DSM-III- oder DSM-III-R-Kriterien einer einfachen Phobie nicht erfüllt hätten.

In allen epidemiologischen Studien wurden signifikant höhere Prävalenzraten für Frauen als für Männer gefunden; so wurde in der ECA-Studie (Bourdon et al., 1988) etwa ein Verhältnis von 1,9 zu 1 ermittelt (vgl. auch Tabelle 2.1).

2.4 Überblick über Therapieerfolgsstudien

2.4.1 Spezifische Phobien

Höhenphobie

Die Angst vor Höhen war eine der ersten spezifischen Phobien, die von Verhaltenstherapeuten in kontrollierten Therapiestudien untersucht wurden. Bereits 1969 zeigte Ritter (1969a, b), daß In-vivo-Desensibilisierung wirksamer als andere Formen des Modellernens bzw. als keine Behandlung war. Seit dieser Zeit wurde eine Reihe von Studien veröffentlicht, die verschiedene Formen des Modellernens, der Konfrontation in vivo sowie kognitive Umstrukturierung miteinander verglichen. Nach diesen Studien ist die »Methode der Wahl« das *angeleitete Erfolgslernen* (»guided mastery«) (Williams et al., 1984, 1985), auch bekannt als teilnehmendes Modellernen (Bandura et al., 1969).

Beim guided mastery wird der Patient dazu angehalten, die allerschwierigsten Situationen so schnell wie möglich anzugehen. Wenn er dabei Schwierigkeiten hat, gibt ihm der Therapeut dabei folgende Hilfen:

- Beherrschen von Unteraufgaben (z.B. zu üben, noch weit entfernt vom Geländer hinunterzusehen und sich dann zunehmend dem Geländer zu nähern).
- Nahziele (z.B. indem sich der Patient erst einem Zwischenziel widmet, wenn er die ganze Aufgabe zu schwierig findet).
- Tätliche Unterstützung (z.B. Führen des Patienten am Arm).
- Gestufte Konfrontationsdauer (d.h. die Zeit, in der eine Schwierigkeit bearbeitet wird, erhöht sich zunehmend).
- Modellernen (der Therapeut führt erst eine bestimmte Aktivität aus, bevor der Patient gebeten wird, es selbst zu versuchen).
- Unterbindung von Abwehrmanövern (der Patient wird instruiert, die Aufgabe in einer qualitativ besseren Art und Weise auszuführen und abwehrende Aktivitäten zu unterlassen).
- Variierende Ausführungen (der Patient wird instruiert, therapeutische Aktivitäten auf verschiedene Arten auszuführen).

Die Behandlung wird in $1\frac{1}{2}$stündigen Sitzungen durchgeführt. Williams et al. (1985) berichten, daß 62% der Patienten in einem Verhaltenstest nach der Behandlung alle Übungen durchgeführt haben; in einer Folgestudie waren es 87%.

Tierphobien

Fast alle kontrollierten Studien zu Tierphobien bezogen sich auf Spinnen- oder Schlangenphobien. Die einzigen Ausnahmen sind die Studien von Whitehead et · al. (1978) und Ladouceur (1983); erstere untersuchten neben Schlangen- und Spinnenphobikern auch Kakerlaken- und Katzenphobiker, letztere arbeiteten mit Hunde- und Katzenphobikern.

Über mehrere Jahre hinweg war dieses Gebiet ein reges Forschungsfeld für verschiedene Formen der Behandlung durch Modellernen; so erwies sich z. B. bei Bandura et al. (1969), daß bei der Schlangenphobie das teilnehmende Modellernen (TM) signifikant besser als systematische Desensibilisierung und eine Wartelistenkontrollgruppe abschnitt. In der Folge überprüften Bandura & Barab (1973) zwei Arten des symbolischen Modellernens (Film) und fanden heraus, daß es keinen Unterschied macht, ob ein Kind oder ein Erwachsener als Modell fungierte. Bandura et al. (1974) fanden außerdem heraus, daß das TM mit einem mittleren oder einem hohen Ausmaß von verhaltensauslösenden Hilfen besser abschnitt als das TM mit wenig Hilfe; außerdem war das TM mit verschiedenen Formen selbstgesteuerten Verhaltens besser als das »einfache« TM (Bandura et al., 1975). Bandura et al. (1977) berichteten, daß TM effektiver war als das Modellernen, bei dem der Patient nicht aktiv teilnahm. Ungewöhnlich kleine Effekte wurden von Bandura et al. (1980) beim kognitiven Modellernen mit oder ohne Wirksamkeitseinschätzungen berichtet. In einer Studie von 1982 untersuchten Bandura und Mitarbeiter eine Behandlung, bei der zuvor hohe, mittlere oder niedrige Selbstwirksamkeit induziert worden war; in derselben Reihenfolge ergab sich der Erfolg im Verhaltenstest (89, 77 und 53%).

Ladouceur (1983) überprüfte den Gesamteffekt eines Selbstinstruktionstrainings plus Selbstverbalisation gegenüber dem TM und fand keine Unterschiede zwischen den Bedingungen. Bei allen Behandlungsformen erzielte ein hoher Anteil der Patienten klinische Fortschritte. Katz et al. (1983) untersuchten die Kombination von TM und dem Betablocker Propanolol sowie Placebomedikation, fanden aber keine differentiellen Effekte.

Öst (1989a) entwickelte eine Behandlungsmethode, mit der verschiedene spezifische Phobien in einer Sitzung behandelt wurden. Sie bestand aus massierter Konfrontation, kombiniert mit TM bei Tierphobikern. Am Beispiel der Spinnenphobie soll diese Behandlungsmethode nun illustriert werden.

■ Behandlung von Spinnenphobie.

Die Therapie beginnt mit der Ausarbeitung eines detaillierten Theapierationals für die Behandlung. Vier oder fünf Spinnen von zunehmender Größe werden in dieser Sitzung, die bis zu drei Stunden andauern kann, eingesetzt. Jeder Schritt des Patienten wird zuerst vom Therapeuten als Modell demonstriert. Das erste Ziel besteht darin, daß der Spinnenphobiker mit einem Glas und Papier die Spinne fängt und simuliert, wie er die Spinne zu Hause aus dem Haus entfernt. Sobald der Patient diesen Schritt mit einem nur noch niedrigen Angstniveau ausführen kann, schreitet die Behandlung fort, bei der der Patient nun eine Spinne, die in einem Plastikbehälter von 50×35×15 cm Größe gehalten wird, mit dem Finger berühren soll. Der zunehmende körperliche Kontakt mit dem Tier endet mit der Ermutigung des Patienten, die Spinne in die Hand zu nehmen. Zu diesem Zeitpunkt betont der Therapeut, wie der Patient selbst das Verhalten der Spinne »kontrollieren« kann, da er ihre Bewegung vorhersagen kann. Die Behandlung fährt auf dieselbe Weise mit 3 oder 4 anderen Spinnen fort und endet damit, daß der Patient gleichzeitig mit zwei Spinnen hantiert. Wenn der Patient es will, kann dies auch noch auf »Spinne im Haar« und schließlich »Spinne im Gesicht« ausgeweitet werden. Die Sitzung ist beendet, wenn der Patient in der Lage ist, sich mit allen Spinnen nur noch mit wenig oder keiner Angst mehr zu befassen [Einstufung auf der Subjective Units of Discomfort Scale (SUDS) kleiner als 30] oder wenn die drei Stunden um sind. Die Übung wird auf Video aufgenommen, so daß der Patient die Möglichkeit hat, sich den Behandlungsprozeß nach der Diagnostik im Anschluß an diese Untersuchung noch einmal anzusehen und sich daran erinnern zu lassen, was im Verlauf der Behandlung passiert ist. Dabei darf sich der Patient in einem eigenen Zimmer das Video für etwa eine Stunde ansehen.

In der ersten Erfolgsstudie dieser Behandlungsmethode der Spinnenphobie (Öst et al., 1991a) diente eine Behandlung mit sechs Selbstkonfrontationen, die auf einem für die Spinnenphobie erarbeiteten Selbsthilfemanual basierte, als Vergleichsbedingung. Die therapeutengeleitete Behandlungsform mit einer Sitzung (»1-Session«) erhielt signifikant bessere Ergebnisse als die Selbstkonfrontations-Bedingung, und diese Ergebnisse hielten sich bis zur Ein-Jahres-Katamnese. In der zweiten Studie (Hellström & Öst, 1995a) wurde die 1-Session-Behandlung mit zwei Formen eines Selbstkonfrontationsmanuals verglichen (einem spezifischen Manual für die Spinnenphobie und einem allgemeinen Manual für Angstprobleme), und zwar bei ambulanten und stationären Patienten. Im Ergebnis zeigte sich die 1-Session-Behandlung signifikant effektiver als alle Bedingungen mit dem Manual, die wiederum untereinander keine Unterschiede aufwiesen. Diese Ergebnisse ergaben sich auch in der Ein-Jahres-Katamnese. In einer dritten Studie (Öst et al., in Vorbereitung) wurde die 1-Session-Behandlung in Gruppenform untersucht; eine kleine Gruppe umfaßte drei bis vier Patienten, eine große 7–8 Patienten. Im Ergebnis dieser Studie zeigen sich Tendenzen für stärkere Fortschritte bei der kleinen Gruppe, aber dies war nur bei einem Maß signifikant; die subjektive Einschätzung der Angst, die während des Verhaltenstests erlebt wurde, hatte einen interessanten Interaktionseffekt (Bedingung×Erhebungszeitpunkt), der darauf hindeutet, daß die kleine Gruppe bei diesem Maß besser als die große Gruppe abgeschnitten hat. Es wurde noch kein direkter Vergleich zwischen der Einzel- und der Gruppenbehandlung der 1-Session-Behandlung vorgenommen, aber dem klinischen Eindruck nach erzielt die Mehrheit der Spinnenphobiker bei der Gruppenbehandlung genauso gute Erfolge wie in der Einzelbehandlung. Es ist dennoch wahrscheinlich, daß die Patienten, die bei der individualisierten Behandlung die ganzen drei Stunden brauchen, um klinisch signifikante Fortschritte zu erzielen, dies nicht in einem Gruppenzusammenhang schaffen werden, ganz einfach weil dann die Therapeuten nicht jedem Patienten genug Zeit widmen können.

Schließlich replizierten Arntz & Lavy (1993) die Effekte der 1-Session-Behandlung der Spinnenphobie in einer Studie, in der untersucht wurde, ob die sog. Stimuluselaboration die Effekte der Konfrontationsbehandlung noch weiter verstärken kann. Elaboration bedeutete, daß der Patient angehalten wurde, sich die ganze Zeit über mit Einzelheiten der Spinne zu befassen und sie zu beschreiben. In der anderen Bedingung wurde genau dies unterbunden. Im Ergebnis zeigten sich keine Unterschiede zwischen beiden Bedingungen.

Blut-, Verletzungs- und Spritzenphobie

Trotz einer ziemlich hohen Prävalenz der Blut-, Verletzungs- und Spritzenphobie (Blood-Injury-Injection-Phobia, im folgenden als Blutphobie abgekürzt) in der Allgemeinbevölkerung (bis 3–4%, Agras et al., 1969) gibt es nur fünf klinische Therapiestudien dazu, die allesamt in meinem Labor durchgeführt wurden. Dies kann vielleicht durch die Tatsache erklärt werden, daß i. allg. nur wenige Personen mit spezifischen Phobien eine Behandlung aufsuchen, und dies besonders bei den Blutphobikern, da viele von ihnen gar nicht bemerken, daß ihr Zustand eine Phobie ist.

■ **Blutphobie.** Die Blutphobie unterscheidet sich von allen anderen Typen spezifischer Phobien darin, daß ein großer Anteil dieser Patienten eine Geschichte von Ohnmachtsanfällen in der phobischen Situation aufweist; außerdem ist die Familienprävalenz mit etwa 60% besonders hoch (Öst, 1992). Darüber hinaus zeigen die meisten Blutphobiker bei der Konfrontation mit Blutphobie-Reizen eine spezifische autonome Reaktion (biphasische Reaktion). Zunächst steigen Herzrate und Blutdruck wie bei den anderen Phobien an, um dann aber rapide abzufallen, was gelegentlich zur Ohnmacht führt, wenn der Patient der phobischen Situation nicht entflieht (Öst et al., 1984b).

Um diese Ohnmacht zu verhindern, haben wir eine Behandlungsmethode entwickelt, die sich direkt auf die physiologische Reaktion richtet, die zu der Ohnmacht führt. Diese Methode wird als »applied tension« (angewandte Anspannung, Öst & Sterner, 1987) bezeichnet und besteht in ihrer ursprünglichen Version aus fünf Sitzungen:

- In der ersten Sitzung wird eine kurze Verhaltensanalyse durchgeführt und dem Patienten beigebracht, die Anspannungstechnik anzuwenden. Der Patient wird angewiesen, die großen Skelettmuskeln (Arme, Brust und Beine) anzuspannen und diese Spannung für 15–20 Sekunden zu halten. Dann wird die Spannung wieder bis auf das Ausgangsniveau, aber nicht bis zur Entspannung, gelöst. Nach einer Pause von 30 Sekunden wird die Spannung wiederholt etc. Eine Übungssitzung als Hausaufgabe besteht aus fünf Zyklen dieses Wechsels von Anspannung und Lösen der Spannung, und der Patient soll von diesen Übungen täglich fünf durchführen.
- In der zweiten und dritten Sitzung werden dem Patienten Dias von Verletzten gezeigt. Dabei werden insgesamt 30 Dias benutzt, wobei der Patient angehalten ist, sich die Dias zu betrachten und zur selben Zeit innerlich auf die ersten Anzeichen einer nahenden Ohnmacht zu achten. Dies kann individuell sehr verschieden sein und besteht z.B. in Anzeichen wie kalter Schweiß auf der Stirn, einer bestimmten Empfindung im Magen, Ohrensausen etc. Sobald der Patient die ersten Anzeichen dieser Empfindungen wahrnimmt, soll er die Anspannungstechnik einsetzen und dabei fortfahren, die Bilder zu betrachten. Der Patient spannt sich dann so lange an, bis die autonome Reaktion beendet ist.
- Die vierte Sitzung findet in einem Blutspendedienst statt, wo der Patient andere Personen beim Blutspenden beobachtet und auch selbst

eine Spende abgibt. Wiederum wird die Anspannungstechnik benutzt, sobald der Patient die Ohnmachtsempfindungen spürt.

- Die fünfte und letzte Sitzung wird in einer Station für Thoraxchirurgie verbracht, wo der Patient eine chirurgische Operation am offenen Herzen oder der Lunge von einem Beobachtungsraum etwa drei Meter über dem Operationstisch beobachtet. Die Sitzung wird mit der Beschreibung eines freiwilligen Aufrechterhaltungsprogramms beendet (Öst, 1989b), an dem der Patient die ersten sechs Monate nach der Behandlung teilnehmen kann.

■ **Effizienzstudien.** Um herauszufinden, ob die applied-tension-Technik wirklich das bewirkt, was sie bewirken soll, nämlich den Blutdruck der Patienten zu erhöhen, wird dies während den Sitzungen zwei und drei vor und nach der Anwendung erhoben. Über die drei Studien hinweg, in denen »applied tension« bislang evaluiert wurde, betrug der durchschnittliche Anstieg des Blutdrucks 15 mmHg (systolisch) bzw. 10 mmHg (diastolisch). In der ersten dieser Studien (Öst et al., 1989) absolvierten 90% der Patienten den gesamten Verhaltenstest ohne die geringsten Anzeichen einer Ohnmacht. Dieses Ergebnis war tendenziell, aber nicht signifikant besser als angewandte Entspannung über neun Sitzungen bzw. der Kombination von angewandter Entspannung und »applied tension« über zehn Sitzungen. Die Effekte hielten bis zur Sechs-Monats-Katamnese an.

In der zweiten Studie (Öst et al., 1991b) wurde untersucht, welche der beiden Komponenten der angewandten Anspannung – Konfrontation in vivo und Anspannung als Bewältigungstechnik – für den erzielten Effekt am ehesten verantwortlich ist. Applied tension wurde mit Konfrontation in vivo (ohne jede Copingtechnik) und nur Anspannung (ohne jegliche Konfrontation mit Blutphobie-Reizen, »tension-only«) jeweils nach fünf Sitzungen verglichen. Im Ergebnis waren »applied tension« und »tension-only« gleich effektiv und beide effektiver als die Konfrontation in vivo. Dies ist wahrscheinlich die erste Studie, in der eine Nichtkonfrontationsbehandlung einer Phobie bessere Ergebnisse als die Konfrontation erzielt. Man kann daraus den Schluß ziehen, daß es bei der Blutphobie nicht notwendig ist, Konfrontation einzusetzen, wenn man dem Patienten eine effektive Copingtechnik beibringt. Dieser Schluß wurde in der dritten Studie (Hellström et al., 1996) bestätigt, in der »applied tension« über fünf Sitzungen mit »applied tension« über eine zweistündige Sitzung sowie einer ebenfalls zweistündigen »tension-only«-Behandlung verglichen wurde. Das

Ergebnis dieser Studie zeigt, daß alle Behandlungen gleich gut waren und daß es möglich ist, »applied tension« ohne Verlust an klinischer Wirksamkeit auf eine Sitzung zu reduzieren. Auch die Tatsache, daß die »tension-only«-Bedingung so gut wie »applied tension« abschnitt, zeigt, daß die Copingtechnik den entscheidenden Teil der Behandlung darstellt.

> Unter klinischen Gesichtspunkten bedeutet dies, daß es für eine Therapie in der Regel nicht nötig ist, verschiedene Blutphobie-Reize zu sammeln oder Konfrontationssituationen zu gestalten. Sie müssen den blutphobischen Patienten lediglich drei Dinge beibringen:
>
> - die Anspannungstechnik,
> - wie man die ersten Anzeichen einer nahenden Ohnmacht bemerkt und
> - wann und wie die Anspannungstechnik eingesetzt wird.

■ **Spritzenphobie.** Spritzenphobie weist viele Ähnlichkeiten zur Blutphobie auf, insbesondere den hohen Anteil von Patienten mit Ohnmachtserfahrungen in der phobischen Situation. Allerdings gibt es einige unterschiedliche Aspekte, die der Spritzenphobiker in der jeweiligen Situation befürchten könnte, z. B. den Schmerz des Nadeleinstichs, die widerwillige Vorstellung, daß jemand einem durch die Haut dringt oder der Verlust der Kontrolle. Nur wenn der Patient wirklich eine ausgeprägte Tendenz hat, in Ohnmacht zu fallen, bringen wir ihm die Technik, sich anzuspannen, bereits vor dem eigentlichen Behandlungsbeginn bei. Die einzige Erfolgsstudie in diesem Bereich verglich eine Sitzung mit fünf Sitzungen Konfrontation in vivo (Öst et al., 1992). Trotz der geringeren Behandlungszeit und der geringeren Zahl an Wiederholungen der Konfrontationsübungen schnitt die 1-Session-Behandlung genauso gut ab wie die andere Bedingung.

Klaustrophobie

Es gibt nur zwei veröffentlichte, kontrollierte Studien zur Klaustrophobie. Öst et al. (1982) teilten ihre Patienten in zwei Gruppen auf, je nachdem, ob sie in einem zuvor durchgeführten Verhaltenstest (Betreten und Verschließen eines fensterlosen kleinen Zimmers) eher verhaltensmäßig oder eher körperlich reagiert hatten (»behavioral vs. physiological reactors«). Innerhalb dieser beiden Gruppen wurden die Patienten zufällig entweder den Bedingungen Konfrontation in vivo, angewandte

Entspannung oder einer Wartelistenkontrollgruppe zugeteilt. Im Ergebnis wies die konsonante Behandlung (d. h. Konfrontation für »behavioral reactors« und angewandte Entspannung für »physiological reactors«) im Vergleich zur nichtkonsonanten Behandlung signifikant bessere Effekte auf; diese Effekte hielten sich bis zur Nachuntersuchung nach 14 Monaten.

Booth und Rachmann (1992) berücksichtigten bei ihrer Behandlungsmethode die Tatsache, daß klaustrophobische Patienten in hohem Maße Panikpatienten ähneln, da sie insbesondere fürchten, in einer Situation, in der sie festsitzen, einen Angstanfall zu bekommen. Sie verglichen Konfrontation in vivo, interozeptive Konfrontation, kognitive Therapie und eine Wartelistenkontrollgruppe. Die aktiven Behandlungsformen erzielten etwa ähnliche Effekte und waren alle besser als die Kontrollbedingung. Nach neueren Daten aus unserer Ambulanz ist eine 1-Session-Konfrontationsbehandlung so effektiv wie eine 5-Session-Konfrontationsbehandlung und fünf Sitzungen kognitiver Therapie ohne Konfrontation, und alle diese Bedingungen sind besser als eine Wartelistenkontrollgruppe.

Zahnarztphobie

Auf diesem Gebiet wurden bereits viele verschiedene behaviorale Methoden in kontrollierten Studien überprüft. In einer frühen Phase wurden v. a. verschiedene Formen des Modellernens eingesetzt (Shaw & Thoresen, 1974; Wroblewski et al., 1978; Bernstein & Kleinknecht, 1982). Außerdem wurden verschiedene Formen von Bewältigungsmethoden untersucht, wie z. B. die selbstgesteuerte Desensibilisierung (Gatchel, 1980), das Streßimpfungstraining (Moses & Hollandsworth, 1985; Jeremalm et al., 1986), angewandte Entspannung (Jeremalm et al., 1986) und Angstmanagement (Ning & Liddell, 1991).

■ **Behandlungsmethode.** Die wahrscheinlich am besten entwickelte Behandlungsform für die Zahnarztphobie ist das Breitspektrumprogramm, das von Berggren und Mitarbeitern beschrieben wurde. Berggren & Carlsson (1984) entwickelten eine »psychophysiologische Therapie für die Angst vorm Zahnarzt«, die aus

- systematischer Desensibilisierung,
- EMG-Biofeedback und
- Modellernen durch Video

bestand.

Der Patient erhält zunächst eine kurze, auf Band aufgenommene Anleitung für eine Entspannungsübung und soll diese täglich üben. Das EMG-Biofeedback (abgenommen von der Stirn des Patienten) wird sowohl zur Verbesserung der Entspannung als auch zur Rückmeldung der Anspannung benutzt, während der Patient Videos betrachtet. Filmsequenzen von kurzen (30 Sekunden), aber zunehmend längeren Filmszenen werden dem Patienten vorgespielt, der die ganze Vorführung mit einer Fernbedienung kontrollieren kann. Immer wenn eine Szene zu angstauslösend ist, wird sie vom Patienten angehalten und er erhält Entspannungsinstruktionen. In zunehmendem Maße ist es dann dem Patienten möglich, sich das Videomaterial ganz zu betrachten, ohne sich durch die Szenen belasten zu lassen.

■ **Effizienzstudien.** In der umfangreichsten Studie auf diesem Gebiet verglichen Berggren & Linde (1984) diese Breitspektrumbehandlung über 6 Sitzungen mit allgemeiner anästhetischer Behandlung (einmalige stationäre Vollnarkose). Die behaviorale Behandlung erhielt signifikant bessere Effekte, sowohl bei Selbst- und Zahnarztratings als auch bezüglich des Anteils von Patienten, die sich anschließend einer ambulanten Zahnbehandlung unterzogen (78 vs. 53%); diese Effekte hielten bis zur Nachuntersuchung nach zwei Jahren an (82 vs. 57%). Die genannten Resultate wurden in Studien von Harrison et al. (1989) und Moore et al. (1991) repliziert.

Flugphobie

Es gibt eine bemerkenswerte Diskrepanz bezüglich der Anzahl von öffentlichen und privaten Behandlungseinrichtungen, die in Europa und Nordamerika eine Therapie für die Flugphobie anbieten und der Anzahl kontrollierter Erfolgsstudien auf diesem Gebiet.

■ **Effizienzstudien.** Bei Solyom et al. (1973) waren drei behaviorale Techniken – systematische Desensibilisierung, Aversionserleichterung und Habituation (Konfrontation mit einem Flugfilm) – jeweils gleich erfolgreich und signifikant besser als eine Gruppenpsychotherapie. Am Ende der Behandlung absolvierten 70–80% der Probanden einen Flugtest, und diese Ergebnisse wurden bis 14 Monate später aufrechterhalten. Denholtz & Mann (1975) entwickelten ein vollautomatisiertes audiovisuelles Programm, das etwa ähnlich wie die systematische Desensibilisierung eingesetzt wurde. Die Patienten erhielten über Band Entspannungsinstruktionen, während sie phobische Szenen auf einem Bildschirm betrachteten. Diese Behandlung war signifikant besser als drei seiner Variationen, und 65% der Probanden absolvierte den Verhaltenstest nach der Behandlung. Howard et al. (1983) verglichen die vier behavioralen Methoden

- systematische Desensibilisierung,
- Implosion,
- Flooding und
- Entspannung

mit einer Wartelistenkontrollgruppe. Im Testflug nach der Behandlung ergab sich kein Unterschied zwischen den Gruppen: und zwischen 64 und 92% der Probanden absolvierten den Flug.

Beckham et al. (1990) untersuchten eine Manual-gestützte Form des Selbstinstruktionstrainings (weniger als eine Stunde Therapeut-Patient-Kontakt) mit einer Kontrollgruppe ohne Behandlung. Das Manual bestand aus drei Komponenten:

- einem Therapierational,
- einem Entspannungstraining und
- der Beschreibung von fünf Bewältigungsstrategien (Ablenkung, Aufmerksamkeitszuwendung auf körperliche Sensationen, das Vorstellen angenehmer Ereignisse, die Vorstellung anderer körperlicher Empfindungen als Angst sowie der Vorstellung von Angst in einer anderen Situation).

Diese innovative Behandlungsform ließ 82% der Patienten nach der Behandlung den Testflug durchführen (verglichen mit 36% der Kontrollgruppe).

■ **Behandlung der Flugphobie.** Öst et al. (in Vorbereitung), verglichen eine 1-Session- mit einer 5-Session-Konfrontationsbehandlung. Bei dieser Studie wurden alle Probanden ausgeschlossen, die es im Rahmen der Diagnostik vor der Behandlung schafften, alleine einen Inlandsflug zu absolvieren, so daß nur die wirklich stark vermeidenden Patienten übrigblieben. Die 1-Session-Behandlung beginnt im Bus zum Flughafen, wo der Therapeut die negativen Kognitionen der Patienten bezüglich der verschiedenen Phasen eines Flugs aktiviert. Vor dem Start und während des Fluges wird der Patient an diese Kognitionen erinnert und dazu angehalten zu beobachten, was wirklich passiert. Auf diese Weise ist die Konfrontation eine Form von Verhaltenstest der katastrophalen Kognitionen des Patienten. Nach Erreichen des Ziels nehmen Therapeut und Patient den direkten Rückflug und setzen dabei die Behandlung fort. Während der abschließenden Busfahrt zurück wird noch einmal zusammengefaßt, was der Patient bei der Therapie gelernt hat. Die 5-Session-Behandlung beginnt mit zwei Sitzungen, in der der Patient auf den Besuch des Flughafens vorbereitet wird. Die nächsten zwei Sitzungen werden auf dem Flughafen verbracht; dabei findet auch eine Konfrontationsübung eines regulierten Flugs

in einer Cockpitattrappe statt. Die letzte Sitzung besteht aus einem Flug ähnlich dem der 1-Session-Behandlung. Es zeigte sich, daß 94 bzw. 79% den Verhaltenstest nach der Therapie (unbegleiteter Inlandsflug) absolvierten, und 64% in beiden Gruppen taten dies auch in der Nachuntersuchung ein Jahr später.

2.5
Kontrollgruppenvergleiche

2.5.1
Vergleich mit Nichtbehandlung

In 21 der 59 Studien (9 zu Höhen-, 4 zu Tier-, 2 zu Klaustro-, 4 zu Zahnarzt- und 2 zu Flugphobie) wurden eine oder mehr aktive Behandlungsgruppen mit einer Nichtbehandlungskontrollgruppe oder einer Wartelistenkontrollgruppe verglichen. In 19 (90%) der Studien erzielten die aktiven Behandlungsbedingungen signifikant bessere Ergebnisse als die Nichtbehandlung. Die einzigen Ausnahmen waren die Studien von Rosen et al. (1976; Tierphobie) und Moses & Hollandsworth (1985; Zahnarztphobie). Es ist allerdings bekannt, daß eine Aufmerksamkeitskontroll- bzw. Placebobedingung in der Regel eine bedeutend stärkere Kontrolle darstellt.

2.5.2
Vergleich mit Aufmerksamkeitskontrollgruppe

Zehn Studien (6 zu Zahnarzt-, 3 zu Tier- und 1 zu Flugphobie) haben die aktive Behandlung mit verschiedenen Formen nichtspezifischer Behandlungen als Aufmerksamkeitskontrollbedingungen verglichen. In sechs dieser Studien erzielte die aktive Behandlung signifikant bessere Ergebnisse als die Kontrollbehandlungen (Shaw & Thoresen, 1974; Miller et al., 1978; Wroblewski et al., 1978; Gatchel, 1980; Ladouceur, 1983; Denholtz & Mann, 1975). Eine nähere Untersuchung der übrigen Studien zeigt allerdings, daß Rosen et al. (1976) sowie Barrera & Rosen (1977) bei ihrer Behandlung der Schlangenphobie nur sehr schwache Formen therapeuten- oder selbstgeleiteter systematischer Desensibilisierung benutzt hatten, die im Verhaltenstest nach der Behandlung nur etwa 20% Veränderung erbrachten. Mathews & Rezin (1977) benutzten als Aufmerksamkeitskontrollgruppe in ihrer Studie zur Zahnarztphobie eine Entspannungsbedingung; Jeremalm et al. (1986) zeigten allerdings später, daß angewandte Entspannung bei der Zahnarztphobie eine effektive Behandlung darstellt. In der vierten der »nicht erfolgreichen« Studien benutzten Bernstein & Kleinknecht (1982) ebenfalls eine äußerst starke Aufmerksamkeits-Placebo-Bedingung, die Streßtoleranztraining genannt wurde. Diese erreichte bei 83% der Patienten, daß sie in der Folge einen Zahnarzt aufsuchen konnten, verglichen mit 88% der Behandlungsgruppe (teilnehmendes Modellernen).

2.6
Klinisch signifikante Verbesserungen (KSV)

Neben den statistischen Differenzen, die im vergangenen Abschnitt dargestellt wurden, ist es von vorrangiger Bedeutung, das Ausmaß der *klinisch signifikanten Verbesserungen* (KSV) durch die verschiedenen Behandlungsformen zu betrachten. Unter den verschiedenen Arten, die KSV zu messen, hat sich die von Jacobson et al. (1984) am besten bewährt. Dort müssen zwei Kriterien erfüllt werden:

- Der Unterschied zwischen Vor- und Nachuntersuchung muß für den Patienten statistisch signifikant sein;
- der Wert in der Nachuntersuchung muß im Bereich der normalen Population bzw. außerhalb des Bereichs der Patientenpopulation liegen (definiert als der Mittelwert ± 2 Standardabweichungen in die gewünschte Richtung).

Diese Methode wurde leider nur in wenigen Studien angewandt, so daß im folgenden nur Sonderfälle beschrieben werden können.

2.6.1
Effizienzstudien mit KSV bei spezifischen Phobien

Höhenphobie
Da in keiner Studie das Ausmaß des Annäherungsverhaltens von nicht-höhenphobischen Personen untersucht wurde, kann als konservatives Maß der KSV der Anteil der Patienten herangezogen werden, der in der Nachuntersuchung das Maximum erreicht hat. Diesbezüglich wurden die Daten nur in drei der 14 Studien angegeben. Biran & Wilson (1981) berichteten, daß 82% der Bedingung mit angeleiteter Konfrontation, aber nur 9% der Bedingung mit kognitiver Umstrukturie-

rung alle Aufgaben im Verhaltenstest nach der Behandlung absolvieren konnten. Williams et al. (1984) berichteten, daß signifikant mehr Patienten aus der Guided-mastery-Bedingung (87%) als aus der Konfrontationsbedingung (50%) alle Aufgaben der Behandlung bewältigen konnten. Williams et al. (1985) berichteten außerdem, daß ein signifikant höherer Anteil der Guided-mastery-Bedingung während der Behandlung eine maximale Leistung erbrachte (62 vs. 17% bei den Konfrontationspatienten).

Tierphobien
In der Forschung zur Behandlung von Tierphobien wurde der Anteil an Patienten, die die Behandlung bis zum letzten Verhaltenstest durchlaufen konnten, in mehreren Studien berichtet. In der Studie von Bandura et al. (1969) konnten dies in der Bedingung des teilnehmenden Modellernens (TM) 92% der Probanden verglichen mit nur 25% bei der systematischen Desensibilisierung. In der Studie von Bandura et al. (1974) zur TM erreichten 65% der Probanden mit starker therapeutischer Anleitung alle Ziele verglichen mit 58% mit moderater Anleitung und nur 17% mit niedriger Anleitung. Auch die Induktion von hoher Selbstwirksamkeit erzielte bessere Ergebnisse (89%) als die mittlere (77%) und die niedrige Induktion von Selbstwirksamkeit (53%) in der Studie von Bandura et al. (1982). Rosen et al. (1976) berichteten einen höheren Anteil für drei Formen der Desensibilisierung (52%) als für die Kontrollbedingungen (9%). Schließlich berichtete auch Ladouceur (1983) in seiner Studie zu Hunde- und Katzenphobien über einen 100%igen Erfolg der TM.

Noch schlüssigere Kriterien wurden von Öst et al. (1991a) verwandt. Unter Zugrundelegung der Methode von Jacobson et al. (1984) zur Berechnung klinisch signifikanter Fortschritte wurde festgelegt, daß ein Patient zusätzlich eine signifikante Änderung in drei Maßen (Verhaltenstest, Selbsteinschätzung der Angst und die Einschätzung eines Diagnostikers zum Schweregrad) zeigen sollte, um als klinisch gebessert zu gelten. Die 1-Session-Konfrontationsbehandlung erzielte dabei eine Erfolgsrate von 71% gegenüber 6% bei der Selbstkonfrontation mit Hilfe eines Manuals. Hellström & Öst (1995) legten dieselben Kriterien zugrunde und fanden, daß 80% in der 1-Session-Gruppe im Vergleich zu 14% der vier Selbstkonfrontationsgruppen gebessert waren.

Blut-, Verletzungs- und Spritzenphobie
In unserer eigenen Forschung zur Blutphobie wendeten wir Jacobsons Methode zur Bestim-

mung des KSV an. Als klinischer Fortschritt galt, wenn Patienten einen 30minütigen Film einer Thoraxoperation anschauen konnten, ohne dabei in Ohnmacht zu fallen. In den 4 dazu durchgeführten Studien wurde dieses Kriterium von 54% der Konfrontationspatienten, 80% der applied-tension-Gruppe und 75% der tension-only-Gruppe erfüllt. In der einzigen veröffentlichten Studie zur Spritzenphobie von Öst et al. (1992) wurde in der 1-Session-Konfrontationsgruppe bei 80% der Probanden ein klinischer Fortschritt nach der Behandlung und bei 90% in der Ein-Jahres-Nachuntersuchung gefunden (verglichen mit 79 bzw. 84% in der 5-Session-Gruppe).

Klaustrophobie

In unserer Studie zur Klaustrophobie (Öst et al., 1982) erbrachten 79% der mit Konfrontation behandelten Patienten und 86% der mit angewandter Entspannung behandelten Patienten die maximale Leistung in der Nachuntersuchung. Nach neueren Daten aus einer noch nicht abgeschlossenen Studie aus unserer Ambulanz erreichten 80% der Probanden das Maximum nach einer 1-Session-Konfrontationsbehandlung.

Zahnarztphobie

Bei der Zahnarztphobie ist das offensichtliche Kriterium für eine klinische Verbesserung, ob der Patient nach der Behandlung dazu in der Lage ist, eine zahnärztliche Behandlung aufzusuchen und komplett durchführen zu lassen. In diesem Zusammenhang unterscheiden einige Studien zwischen dem Aufsuchen der Behandlung in der Zahnklinik, in der auch die Studie durchgeführt wird und einer ambulanten Zahnbehandlung. Letzteres dürfte für die Mehrzahl der Patienten die schwierigere Variante sein. Alle außer zwei der 14 Studien zur Zahnarztphobie machten zu diesem Punkt Angaben.

Shaw & Thoresen (1974) berichteten, daß 78% der Gruppe mit Modellernen, 44% bei systematischer Desensibilisierung (SD), 11% bei einer Placebokontrollgruppe und 0% bei der Wartelistenkontrollgruppe die anstehende Zahnbehandlung innerhalb der dreimonatigen Nachuntersuchungszeit abschließen konnten, wobei sich das Modellernen signifikant von den beiden Kontrollgruppen, nicht aber von der SD unterschied. Mathews & Rezin (1977) sowie Bernstein & Kleinknecht (1982) fanden keine klinisch relevanten Unterschiede zwischen Behandlungs- und Kontrollgruppen. Gatchel (1980) gab die Prozentsätze der Patienten an, die nach der Behandlung »Zahnarzttermine oder -behandlungen vereinbart hatten«: SD (88%) und Information/Diskussion

(100%) waren signifikant besser als Nichtbehandlung (33%).

Auch bei den meisten anderen Studien erbrachten behaviorale Methoden klinisch relevante Erfolgsraten von über 80%.

Flugphobie

Wie auch bei der Zahnarztphobie gibt es für die Flugphobie ein natürliches Kriterium für den klinischen Erfolg, nämlich ob die Patienten nach der Behandlung in der Lage sind, alleine Flüge zu absolvieren.

In nur zwei der sechs Studien zur Flugphobie wurden Verhaltenstests vor und nach der Behandlung eingesetzt, und in nur einer Studie (Öst et al., in Vorbereitung) diente die Fähigkeit, bereits vor der Behandlung fliegen zu können, als Ausschlußkriterium. Da sich in den anderen Studien wahrscheinlich mehrere Probanden befanden, die auch bereits vor der Behandlung hätten fliegen können, ist es dort sehr schwierig, die Effektivität der Behandlung abzuschätzen; die Erfolgsraten im Testflug nach der Behandlung betrugen allerdings durchgehend 70–100%.

2.7
Schlußfolgerungen

2.7.1
Methoden der Wahl

Es mag angesichts der geringen Anzahl von Studien zu den meisten spezifischen Phobien vermessen scheinen, daraus die jeweilige Behandlungsmethode der Wahl zu bestimmen. Ich denke dennoch, daß man aufgrund der verfügbaren Studien die folgenden Aussagen machen kann, die in Tabelle 2.2 zusammengefaßt sind. Hierbei wird die KSV miteinbezogen.

> Legt man jeweils die erfolgreichsten Behandlungsmethoden zugrunde, so läßt sich bei den spezifischen Phobien in 77–95% der Fälle eine klinische Verbesserung erzielen.

Tabelle 2.2. Behaviorale Behandlung der Wahl bei spezifischen Phobien

Phobie	Behandlungsmethode	mittlere KSV[a]	mittlere Zeit (Stunden)
Höhenphobie	Guided Mastery	77%	3,7
Tierphobie	Teilnehmendes Modellernen	87%	1,9
Blut-, Verletzungsphobie	Applied Tension	80%	4,0
Spritzenphobie	1-Session-Konfrontation in vivo [b]	80%	2,0
Klaustrophobie	Angewandte Entspannung [b]	86%	8,0
	1-Session-Konfrontation in vivo [b]	80%	3,0
Zahnarztphobie	Breitspektrumprogramm		
	Systematische Desensibilisierung	95%	7,1
	Copingtechniken	92%	7,3
Flugphobie	Copingtechniken	91%	4,9
	1-Session-Konfrontation in vivo [b]	94%	3,0

[a] Anteil der Patienten, die einen klinisch signifikanten Fortschritt erzielten.
[b] Weniger als drei Erfolgsstudien.

2.7.2
Weitere Forschungen

Trotz der eindrucksvollen Wirksamkeit der oben beschriebenen behavioralen Behandlungsformen gibt es in vielen Gebieten noch Anlaß für weitere Verbesserungen. Es gibt noch eine ganze Reihe spezifischer Phobien, für die es bislang gar keine Therapieerfolgsstudien gibt, z. B. für

- die Angst vorm Ersticken,
- vor Dunkelheit,
- vor dem Autofahren,
- vor Krankheit,
- vor Lärm,
- vor Sturm,
- Donner und Blitz,
- vor dem Erbrechen und
- vor Wasser.

Für alle diese Bereiche gibt es Einzelfallstudien, und in der klinischen Praxis sind hier und da Patienten mit diesen Phobien anzutreffen. Zumindest einige dieser Phobien sind so verbreitet, daß es eigentlich kein Problem darstellen sollte, genug Probanden für eine Erfolgsstudie zusammen zu bekommen.

Außerdem wurden einige Phobien nur in einer Studie (Spritzenphobie) oder Fallstudien (Klaustrophobie) untersucht. Es gibt auch nur vier Studien zur Blutphobie und sechs zur Flugphobie. Zu allen diesen Phobien sollten noch weitere Untersuchungen angestellt werden. Darüber hinaus gibt es nur in den wenigsten Studien Ergebnisse dazu, ob die in den jeweiligen Verhaltenstests erzielten Erfolge auch auf den Alltag generalisiert werden

konnten. Die Einschätzung der klinisch signifikanten Verbesserung (z. B. mit der Methode von Jacobson et al., 1984) sollte zukünftig grundsätzlich in allen Studien verwandt werden.

Weitere Behandlungsformen sollten gefunden bzw. bestehende noch ausgebaut werden, um die Wirksamkeit noch weiter zu erhöhen. Ein Beispiel dafür ist der Versuch, die Behandlungszeit zu reduzieren und z. B. die Behandlung in nur einer Sitzung durchzuführen. Unsere eigene Forschung hat ergeben, daß die 1-Session-Behandlung bei der Blutphobie, bei der Spritzenphobie, bei der Flugphobie und bei der Klaustrophobie ebenso erfolgreich wie die 5-Session-Behandlung war. Außerdem war sie effektiver als die Selbstkonfrontationsbehandlung der Spinnenphobie. Auch von anderen Forschergruppen wurde die Effektivität einer 1-Session-Behandlung bei spezifischen Phobien gezeigt, z. B. bei der Höhenphobie, bei Tierphobien und bei der Zahnarztphobie (zu Literaturangaben vgl. die jeweiligen Abschnitte oben). Weitere Beispiele für die Weiterentwicklung therapeutischer Methoden und die Effektivität der Behandlung sind die Evaluierung von Selbsthilfe-Behandlungsmanualen und die Entwicklung von Methoden der Gruppenbehandlung.

Schließlich muß noch angemerkt werden, daß in 34% der Studien eine Nachuntersuchung fehlt und daß nur 18 Studien (31%) langfristige Nachuntersuchungsdaten (nach mindestens einem Jahr) liefern. Es gibt also noch einen großen Bedarf an Forschung zu den meisten Typen der spezifischen Phobie, sowohl um bereits entwickelte Behandlungsmethoden zu evaluieren als auch um neue Behandlungsmethoden zu entwickeln.

Zusammenfassung

In diesem Kapitel wird ein Überblick zu Klassifikation, Epidemiologie und Therapie spezifischer Phobien gegeben. Näher beschrieben werden u.a. verhaltenstherapeutische »1-session«-Behandlungen und die Methode der applied tension nach Öst. Für die verschiedenen spezifischen Phobien (Höhen-, Tier-, Blut-/Verletzungs-/Spritzenphobie, Klaustro-, Zahnarzt- und Flugphobie) werden darüber hinaus ausführlich Therapieeffektivitätsstudien vorgestellt.

Literatur

Agras, W. S., Sylvester, D. & Oliveau, D. (1969). The epidemiology of common fears and phobias. *Comprehensive Psychiatry, 10*, 151–156.

American Psychiatric Association. (1980). *Diagnostic and statistical manual of mental disorders* (3rd ed., DSM-III). Washington/DC: Author.

American Psychiatric Association (1987). *Diagnostic and statistical manual of mental disorders* (3rd ed.-Revised, DSM-III-R9). Washington/DC: Author. [dt. Übersetzung: Saß, H., Wittchen, H. U. & Zaudig, M. (1996). Diagnostisches und statistisches Manual psychischer Störungen (DSM-IV). Göttingen: Hogrefe].

American Psychiatric Association (1994). *Diagnostic and statistical manual of mental disorders* (4th ed., DSM-IV). Washington/DC: Author.

Arntz, A. & Lavy, E. (1993). Does stimulus elaboration potentiale exposure in vivo treatment? Two forms of one-session treatment of spider phobia. *Behavioural Psychotherapy, 21*, 1–12.

Baker, B. L., Cohen, D. C. & Saunders, T. J. (1973). Self-directed desensitisation for acrophobia. *Behaviour Research and Therapy, 11*, 79–89.

Bandura, A. & Barab, P. G. (1973). Processes governing disinhibitory effects through symbolic modelling. *Journal of Abnormal Psychology, 82*, 1–9.

Bandura, A., Blanchard, E. B. & Ritter, B. (1969). Relative efficacy of densitisation and modelling approaches for inducing behavioral, affective, and attitudinal changes. *Journal of Personality and Social Psychology, 13*, 173–199.

Bandura, A., Jeffery, R. W. & Wright, C. L. (1974). Efficacy of participant modelling as a function of response aids. *Journal of Abnormal Psychology, 83*, 56–64.

Bandura, A., Jeffery, R. W. & Gajdos, E. (1975). Generalizing change through participant modelling with self-directed mastery. *Behaviour Research and Therapy, 13*, 141–152.

Bandura, A., Adams, N. E. & Beyer, J. (1977). Cognitive processes mediating behavioral change. *Journal of Personality and Social Psychology, 35*, 125–139.

Bandura, A., Adams, N. E., Hardy, A. B. & Howells, G. N. (1980). Tests of generality of self-efficacy theory. *Cognitive Therapy and Research, 4*, 39–66.

Bandura, A., Reese, L. & Adams, N. E. (1982). Microanalysis of action and fear arousal as a function of differential levels of perceived self-efficacy. *Journal of Personality and Social Psychology, 43*, 5–21.

Barrera Jr., M. & Rosen, G. M. (1977). Detrimental effects of a self-reward contracting program of subjects' involvement in self-administered desensitisation. *Journal of Consulting and Clinical Psychology, 45*, 1180–1181.

Beckham, J. C., Vrana, S. R., May, J. G., Gustafson, D. J. & Smith, G. R. (1990). Emotional processing and fear measurement synchrony as indicators of treatment outcome in fear of flying. *Journal of Behaviour Therapy and Experimental Psychiatry, 21*, 153–162.

Berggren, U. (1986). Long-term effects of two different treatments for dental fear and avoidance. *Journal of Dental Research, 65*, 874–876.

Berggren, U. & Carlsson, S. (1984). A psychophysiological therapy for dental fear. *Behaviour Research and Therapy, 22*, 487–492.

Berggren, U. & Linde, A. (1984). Dental fear and avoidance: A comparison of two modes of treatment. *Journal of Dental Research, 63*, 1223–1227.

Bernstein, D. A. & Kleinknecht, R. A. (1982). Multiple approaches to the reduction of dental fear. *Journal of Behaviour Therapy and Experimental Psychiatry, 13*, 287–292.

Biran, M. & Wilson, G. T. (1981). Treatment of phobic disorders using cognitive and exposure methods: a self-efficacy analysis. *Journal of Consulting and Clinical Psychology, 49*, 886–899.

Bland, R. C., Orn, H. & Newman, S. C. (1988a). Lifetime prevalence of psychiatric disorders in Edmonton. *Acta Psychiatrica Scandinavica, 77* [Suppl. 338], 24–32.

Bland, R. C., Newman, S. C. & Orn, H. (1988b). Period prevalence of psychiatric disorders in Edmonton. *Acta Psychiatrica Scandinavica, 77* [Suppl. 338], 33–42.

Bourdon, K. H., Boyd, J. H., Rae, D. S., Burns, B. J., Thompson, J. W. & Locke, B. Z. (1988). Gender differences in phobias – results of the ECA community survey. *Journal of Anxiety Disorders, 2*, 227–241.

Booth, R. & Rachman, S. (1992). The reduction of claustrophobia – I. *Behaviour Research and Therapy, 30*, 207–221.

Bourque, P. & Ladouceur, R. (1980). An investigation of various performance based treatments with acrophobics. *Behaviour Research and Therapy, 18*, 161–170.

Boyd, J. H., Rae, D. S., Thompson, J. W., Burns, B. J., Bourdon, K. H., Locke, B. Z. & Regier, D. A. (1990). Phobia: prevalence and risk factors. *Social Psychiatry and Psychiatric Epidemiology, 25*, 314–323.

Canino, G. J., Bird, H. R., Shrout, P. E. et al. (1987). The prevalence of specific psychiatric disorders in Puerto Rico. *Archives of General Psychiatry, 44*, 727–735.

Cohen, D. C. (1977). Comparison of self-report and overt-behavioral procedures for assessing acrophobia. *Behaviour Therapy, 8*, 17–23.

Costello, C. G. (1982). Fears and phobias in women: a community study. *Journal of Abnormal Psychology, 91*, 280–286.

Denholtz, M. S. & Mann, E. T. (1975). An automated audiovisual treatment of phobias administered by non-professionals. *Journal of Behaviour Therapy & Experimental Psychiatry, 6*, 111–115.

Denholtz, M. S., Hall, L. A. & Mann, E. (1978). Automated treatment for flight phobia: a 3.5-year follow-up. *American Journal of Psychiatry, 135*, 1340–1343.

Ekeberg, O., Seeberg, I. & Ellertsen, B. B. (1989). The prevalence of flight anxiety in Norway. *Nordic Journal of Psychiatry, 43*, 443–448.

Emmelkamp, P. M. G. & Felten, M. (1985). The process of exposure in vivo: cognitive and physiological changes during treatment of acrophobia. *Behaviour Research and Therapy, 23*, 219–223.

Freidson, E. & Feldman, J. J. (1958). The public looks at dental care. *Journal of American Dental Association, 57*, 325–330.

Gatchel, R. J. (1980). Effectiveness of two procedures for reducing dental fear: Group-administered desensitisation and group education and discussion. *Journal of American Dental Association, 101*, 634–637.

Gauthier, J., Savard, F., Halle, J.-P. & Dufour, L. (1985). Flooding and coping skills training in the management of dental fear. *Scandinavian Journal of Behaviour Therapy, 14*, 3–15.

Getka, E. J. & Glass, C. R. (1992). Behavioral and cognitive-behavioral approaches to the reduction of dental anxiety. *Behaviour Therapy, 23*, 433–448.

Harrison, J. A., Berggren, U. & Carlsson, S. G. (1989). Treatment of dental fear: Systematic desensitisation or coping? *Behavioural Psychotherapy, 17*, 125–133.

Håkansson, J. (1978). *Dental care habits, attitudes towards dental health and dental status among 20-60-year-old individuals in Sweden.* Dissertation, University of Lund, Sweden.

Hällström, T. & Halling, A. (1984). Prevalence of dentistry phobia and its relation to missing teeth, alveolar bone loss and dental care habits in an urban community sample. *Acta Psychiatrica Scandinavica, 70*, 438–446.

Haug, T., Brenne, L., Johnsen, B. H., Berntzen, D., Götestam, K.-G. & Haugdahl, K. (1987). A three-systems analysis of fear of flying: A comparison of a consonant vs a nonconsonant treatment method. *Behaviour Research and Therapy, 25*, 187–194.

Hellström, K. & Öst, L.-G. (1995). One-session therapist directed exposure vs. two forms of manual directed self-exposure in the treatment of spider phobia. *Behaviour Research and Therapy, 33*.

Hellström, K., Fellenius, J. & Öst, L.-G. (1996). One vs. five sessions of applied tension in the treatment of blood phobia. *Behaviour Research and Therapy, 34*, 101–112.

Howard, W. A., Murphy, S. M. & Clarke, J. C. (1983). The nature and treatment of fear of flying: a controlled investigation. *Behaviour Therapy, 14*, 557–567.

Jacobson, N. S., Follette, W. C. & Revenstorf, D. (1984). Psychotherapy outcome research: methods for reporting variability and evaluating clinical significance. *Behaviour Therapy, 15*, 336–352.

Jerremalm, A., Jansson, L. & Öst, L.-G. (1986). Individual response patterns and the effects of different behavioral methods in the treatment of dental phobia. *Behaviour Research and Therapy, 24*, 587–596.

Katz, R. C., Stout, A., Taylor, C. B., Horne, M. & Agras, W. S. (1983). The contribution of arousal and performance in reducing spider avoidance. *Behavioural Psychotherapy, 11*, 127–138.

Kirkpatrick, D. R. (1984). Age, gender, and patterns of common intense fears among adults. *Behaviour Research and Therapy, 22*, 141–150.

Ladouceur, R. (1983). Participant modelling with or without cognitive treatment for phobias. *Journal of Consulting and Clinical Psychology, 51*, 942–944.

Leitenberg, H. & Callahan, E. J. (1983). Reinforced practice and reductions of different kinds of fears in adults and children. *Behaviour Research and Therapy, 11*, 19–30.

Marshall, W. L. (1985). The effects of variable exposure in flooding therapy. *Behaviour Therapy, 16*, 117–135.

Marks, I. M. (1969). *Fears and phobias.* London: Heineman.

Mathews, A. & Rezin, V. (1977). Treatment of dental fears by imaginal flooding and rehearsal of coping behaviour. *Behaviour Research and Therapy, 15*, 321–338.

Miller, M. P., Murphy, P. J. & Miller, T. P. (1978). Comparison of electromyographic feedback and progressive relaxation training in treating circumscribed anxiety stress reactions. *Journal of Consulting and Clinical Psychology, 46*, 1291–1298.

Moore, R. (1991). Dental fear treatment: comparison of a video training procedure and clinical rehearsals. *Scandinavian Journal of Dental Research, 99*, 229–235.

Moore, R., Brodsgaard, I., Berggren, U. & Carlsson, S. G. (1991). Generalisation effects of dental fear treatment in a self-referred population of odontophobics. *Journal of Behaviour Therapy and Experimental Psychiatry, 22*, 243–253.

Morris, R. J. & McGrath, K. H. (1979). Contribution of therapist warmth to the contact desensitisation treatment of acrophobia. *Journal of Consulting and Clinical Psychology, 47*, 786–788.

Moses III, A. N. & Hollandsworth Jr., J. G. (1985). Relative effectiveness of education alone vs. stress inoculation training in the treatment of dental phobia. *Behaviour Therapy, 16*, 531–537.

Myers, J. K., Weissman, M. M., Tischler, G. L. et al. (1984). Six-month prevalence of psychiatric disorders in three communities. *Archives of General Psychiatry, 41*, 959–967.

Ning, L. & Liddell, A. (1991). The effect of concordance in the treatment of clients with dental anxiety. *Behaviour Research and Therapy, 29*, 315–322.

Nordlund, C. L. (1983). A questionnaire study of Swede's fear of flying. *Scandinavian Journal of Behaviour Therapy, 12*, 150–168.

Oakley-Browne, M. A., Joyce, P. R., Wells, E., Bushnell, J. A. & Hornblow, A. R. (1989). Christchurch psychiatric epidemiology study, part II: Six month and other period prevalences of specific psychiatric disorders. *Australian and New Zealand Journal of Psychiatry, 23*, 327–340.

Öst, L.-G. (1978). Fading vs. systematic desensitisation in the treatment of snake and spider phobia. *Behaviour Research and Therapy, 16*, 379–389.

Öst, L.-G. (1989a). One-session treatment for specific phobias. *Behaviour Research and Therapy, 27*, 1–7.

Öst, L.-G. (1989b). A maintenance program for behavioral treatment of anxiety disorders. *Behaviour Research and Therapy, 27*, 123–130.

Öst, L.-G. (1992). Blood and injection phobia: Background, cognitive, physiological, and behavioral variables. *Journal of Abnormal Psychology, 101*, 68–74.

Öst, L.-G. & Sterner, U. (1987). Applied tension: a specific behavioral method for treatment of blood phobia. *Behaviour Research and Therapy, 25*, 25–29.

Öst, L.-G., Johansson, J. & Jerremalm, A. (1982). Individual response patterns and the effects of different behavioral methods in the treatment of claustrophobia. *Behaviour Research and Therapy, 20*, 445–460.

Öst, L.-G., Lindahl, I.-L., Sterner, U. & Jerremalm, A. (1984). Exposure in vivo vs applied relaxation in the treatment of blood phobia. *Behaviour Research and Therapy, 22*, 205–216.

Öst, L.-G., Sterner, U. & Lindahl, I.-L. (1984b). Physiological responses in blood phobics. *Behaviour Research and Therapy, 22,* 109–117.

Öst, L.-G., Sterner, U. & Fellenius, J. (1989). Applied tension, applied relaxation, and the combination in the treatment of blood phobia. *Behaviour Research and Therapy, 27,* 109–121.

Öst, L.-G., Salkovskis, P. M. & Hellström, K. (1991a). One-session therapist-directed exposure vs self-exposure in the treatment of spider phobia. *Behaviour Therapy, 22,* 407–422.

Öst, L.-G., Fellenius, J. & Sterner, U. (1991b). Applied tension, exposure in vivo, and tension-only in the treatment of blood phobia. *Behaviour Research and Therapy, 29,* 561–574.

Öst, L.-G., Hellström, K. & Kåver, A. (1992). One vs. five sessions of exposure in the treatment of injection phobia. *Behaviour Therapy, 23,* 263–282.

Pendleton, M. G. & Higgins, R. L. (1983). A comparison of negative practice and systematic desensitisation in the treatment of acrophobia. *Journal of Behaviour Therapy and Experimental Psychiatry, 14,* 317–323.

Rachman, S. J. (1990). *Fear and courage.* New York: WH Freeman.

Ritter, B. (1969a). Treatment of acrophobia with contact desensitisation. *Behaviour Research and Therapy, 7,* 41–45.

Ritter, B. (1969b). The use of contact desensitisation, demonstration-plus-participation and demonstration-alone in the treatment of acrophobia. *Behaviour Research and Therapy, 7,* 157–164.

Robins, L. N. & Regier, D. A. (1991). *Psychiatric Disorders in America: The Epidemiologic Catchment Area Study.* New York: The Free Press.

Robins, L. N., Helzer, J. E., Weissman, M. M. et al. (1984). Lifetime prevalence of specific psychiatric disorders in three sites. *Archives of General Psychiatric, 41,* 949–958.

Rosen, G. M., Glasgow, R. E. & Barrera Jr., M. (1976). A controlled study of assess the clinical efficacy of totally self-administered systematic desensitisation. *Journal of Consulting and Clinical Psychology, 44,* 208–217.

Rosen, G. M., Glasgow, R. E. & Barrera Jr., M. (1977). A two-year follow-up on systematic desensitisation with data pertaining to the external validity of laboratory fear assessment. *Journal of Consulting and Clinical Psychology, 45,* 1188–1189.

Shaw, D. W., Thoresen, C. E. (1974). Effects of modelling and desensitisation in reducing dentist phobia. *Journal of Counseling Psychology, 21,* 415–420.

Solyom, L., Shugar, R., Bryntwick, S. & Solyom, C. (1973). Treatment of fear of flying. *American Journal of Psychiatry, 130,* 423–427.

Whitehead, W. E., Robinson, A., Blackwell, B. & Stutz, R. M. (1978). Flooding treatment of phobias: Does chronic diazepam increase effectiveness? *Journal of Behaviour Therapy and Experimental Psychiatry, 9,* 219–225.

Williams, S. L., Dooseman, G. & Kleifeld, E. (1984). Comparative effectiveness of guided mastery and exposure treatments for intractable phobias. *Journal of Consulting and Clinical Psychology, 52,* 505–518.

Williams, S. L., Turner, S. M. & Peer, D. F. (1985). Guided mastery and performance desensitisation treatments for severe acrophobia. *Journal of Consulting and Clinical Psychology, 53,* 237–247.

Wittchen, H.-U. (1986). Epidemiology of panic attacks and panic disorders. In I. Hand & H.-U. Wittchen (Eds.), *Panic and phobias, Vol. 1.* Berlin: Springer.

Wroblewski, P. F., Jacob, T. & Rehm, L. P. (1978). The contribution of relaxation to symbolic modelling in the modification of dental fears. *Behaviour Research and Therapy, 15,* 113–117.

KAPITEL 3

Sozialphobie

3

HARLAN R. JUSTER, ELISSA J. BROWN und RICHARD G. HEIMBERG

3.1
Beschreibung der Störung

3.1.1
Definition

Die Sozialphobie wurde zunächst von Marks & Gelder (1966) als Angst beschrieben, die in Situationen auftritt, in denen eine Person im Mittelpunkt steht, wenn sie bestimmte Tätigkeiten ausführt. Situationen dieser Art sind zum Beispiel öffentliches Sprechen, öffentliches Schreiben (etwa beim Ausstellen eines Schecks), Essen in der Öffentlichkeit oder die Benutzung einer öffentlichen Toilette. Die Angst in diesen Situationen tritt dann auf, wenn die Person glaubt, sie könne etwas Peinliches tun, oder andere könnten Anzeichen ihrer Angst bemerken. Die Diagnose einer Sozialphobie wird zusätzlich gestützt, wenn die Person Tätigkeiten, die ihr in Gegenwart anderer Angst bereiten, alleine angstfrei ausführen kann.

Als die Sozialphobie im Klassifikationssystem DSM-III (APA, 1980) in den psychiatrischen Sprachgebrauch aufgenommen wurde, orientierten sich die diagnostischen Kriterien an diesem ursprünglichen Konzept der Störung. Seit der Veröffentlichung von DSM-III-R (APA, 1987) und nun im DSM-IV (APA, 1994) wird die Sozialphobie in einem deutlich erweiterten Sinne gebraucht. Die derzeitigen Definitionsversuche weisen darauf hin, daß Sozialphobiker ein größeres Ausmaß an sozialen Situationen fürchten und die durch die Störung bedingten Beeinträchtigungen umfassender sein könnten, als ursprünglich in Betracht gezogen wurde. Um die Tatsache zu berücksichtigen, daß manche Sozialphobiker die meisten sozialen Situationen fürchten, auf die sie treffen, wurde ein *Generalisierter Subtypus* hinzugenommen.

Die Sozialphobie ist ebenfalls in der neuesten Ausgabe der ICD-10 (World Health Organization, 1992, S. 136) enthalten. Hier wird Sozialphobie definiert als »Angst, in vergleichsweise kleinen Gruppen (im Gegensatz zu Menschenmengen) im Mittelpunkt zu stehen. Diese Angst führt dazu, soziale Situationen zu vermeiden.« In den Kriterien sind sowohl Ängste vor Beobachtung als auch vor Interaktionen aufgeführt. In der ICD-10 wird also das *Vermeiden sozialer Situationen* als wichtiges diagnostisches Kriterium hervorgehoben. Während im DSM-IV Vermeidungsverhalten als häufiges Symptom einer Sozialphobie anerkannt wird, wird dort auch der Tatsache Rechnung getragen, daß manche Personen trotz Sozialphobie weiterhin gefürchtete soziale Situationen aufsuchen, die dann aber nur *unter größtem Unbehagen ertragen* werden. Bis auf diesen Unterschied sind die entscheidenden Merkmale in den beiden Diagnosesystemen vergleichbar.

3.1.2
Prävalenz und Störungsbeginn

Nach epidemiologischen Studien des US-amerikanischen National Institute of Mental Health beträgt die 6-Monats-Prävalenz für die Sozialphobie 1,5–2,6% bei Frauen und 0,9–1,7% bei Männern (Myers et al., 1984). Da in diesen Epidemiological Catchment Area (ECA)-Studien DSM-III-Kriterien benutzt wurden, waren damals nur Personen mit Angst vor einer begrenzten Zahl spezifischer Situationen erfaßt worden (Hope & Heimberg, 1993). Nimmt man neuere Studien wie den National Comorbidity Survey (Kessler et al., 1994), der mit einer Stichprobe von 8000 Probanden landesweit durchgeführt wurde, so kommt man auf 12-Monats-Prävalenzen für die Sozialphobie nach DSM-III-R von 6,6% bei Männern und 9,1% bei Frauen. Die Lebenszeitprävalenz betrug dort 11,1% für Männer und 15,5% für Frauen. Diese Werte sind weit höher als ursprünglich angenommen.

> Mit einem gemittelten Wert für die Lebenszeitprävalenz von 13,3% stellt die Sozialphobie in den USA nach Major Depression und Alkoholismus die dritthäufigste psychische Störung dar.

Schneier et al. (1992) fanden in vier ECA-Gebieten unter den Sozialphobikern einen Anteil von etwa 70% Frauen. Auch Kessler et al. (1994) berichteten, daß Frauen häufiger von einer Sozialphobie betroffen sind als Männer. Im Gegensatz dazu wiederum berichten Manuzza et al. (1990), daß sich mehr Männer mit Sozialphobie in Behandlung befinden. Die Gründe für diese widersprüchlichen Daten sind unklar; sie könnten aber mit soziokulturellen Normen und geschlechtsspezifischen Rollenerwartungen zusammenhängen. Beispielsweise könnte es sein, daß Männer stärker unter Angstsymptomen leiden und größeren Druck empfinden, diese Symptome und damit verbundene Verhaltensweisen zu ändern, weil solche Eigenschaften nicht zu stereotypen und sozial akzeptierten Vorstellungen von »Männlichkeit« passen. Schüchterne Frauen hingegen könnten stereotypen weiblichen Bildern eher entsprechen und deswegen weniger Bedürfnisse verspüren, Probleme mit sozialer Ängstlichkeit zu überwinden. Über 20% der Allgemeinbevölkerung haben Erfahrungen mit sozialer Ängstlichkeit, aber nur 2% empfinden ihre Beeinträchtigungen als schwerwiegend genug, um sich in Behandlung zu begeben.

Unter den Personen, die Spezialeinrichtungen zur Behandlung von Angststörungen aufsuchen, stellen die Sozialphobiker bis zu 18%. Viele der Personen, die unter einer Sozialphobie leiden, fürchten sich davor, eine Behandlung aufzusuchen, weil sie glauben, daß die Offenbarung ihrer Ängste nur in Peinlichkeit oder negativer Beurteilung durch andere enden kann. Häufig melden sich Sozialphobiker mit anderen Problemen zur Behandlung an (z.B. Alkoholmißbrauch), was die Einschätzung der Prävalenz erschwert.

Nach den Daten der ECA-Studien beträgt der Median des Alters bei Erstauftreten einer Sozialphobie 12 Jahre; bei 91% lag das Erstauftrittsalter vor dem 25. Lebensjahr. Schneier et al. (1992) berichten ein mittleres Alter von 15,5 Jahren in vier ECA-Standorten, wobei die genauere Analyse der linksschiefen Altersverteilung zeigt, daß es zwei Gipfel des Störungsbeginns gibt, die unter dem Durchschnitt liegen: Der erste liegt bei weniger als 5 Jahren, der zweite Gipfel bei 13 Jahren.

Das Erstauftrittsalter hängt von der jeweiligen Untergruppe der Sozialphobie ab. Holt et al. (1992) verglichen sozialphobische Patienten, die die meisten sozialen Situationen fürchten (generalisierte Sozialphobie) mit Patienten, die die Kriterien für diesen generalisierten Subtyp nicht erfüllten (nichtgeneralisierte Sozialphobie). Für die gesamte Stichprobe ergab sich ein durchschnittliches Erstauftrittsalter von 16,5 Jahren; der Beginn der nichtgeneralisierten Sozialphobie lag allerdings bei 22,6 Jahren, während der Beginn für die Patienten mit generalisierter Sozialphobie bei etwa 13 Jahren lag. Brown et al. (1995) konnten die Ergebnisse im wesentlichen an einer unabhängigen Patientenstichprobe replizieren.

3.2
Kognitiv-verhaltenstheoretische Störungskonzepte

3.2.1
Bestandteile von Ätiologiemodellen der Sozialphobie

Ätiologiemodelle der Sozialphobie sehen mehrere Wege biologischer, psychologischer und Entwicklungsfaktoren vor, die zu der Ausbildung der Störung beim Erwachsenen beitragen können (Rosenbaum et al., 1994). Sie stellen vermutlich langfristige Ursachen einer Sozialphobie dar, aber sie sagen uns wenig darüber, wie ängstlich jemand in welcher Situation sein wird und wieviel Beeinträchtigung aus diesem Zustand erwächst. Ein Verständnis der näheren Ursachen sozialphobischer Angst und Vermeidung wäre für die Beantwortung solcher Fragen relevanter und würde handlungsleitend für mögliche Behandlungsstrategien wirken. Es existieren mehrere kognitive Modelle der Sozialphobie, die in unterschiedlichem Ausmaß zur Erklärung der verschiedenen Zustandsbilder der Störung beitragen.

■ **Erhöhte Selbstaufmerksamkeit.** Nach Buss (1980) beispielsweise haben sozial ängstliche Personen ein größeres Bewußtsein von sich selbst als sozialen Objekten und tendieren zu hohen Werten der Dimension Selbstaufmerksamkeit in der Öffentlichkeit. Sie sind übermäßig sensibel gegenüber sozial-bewertenden Reizen und reagieren stärker und negativer auf den Ausgang sozialer Ereignisse. Beide Hypothesen dieses Modells wurden empirisch bestätigt.

Nach Hartman (1983) haben sozial ängstliche Personen exzessive, auf sich selbst gerichtete Metakognitionen, definiert als Selbstbeobachtung der eigenen kognitiven Aktivität. Genauer gesagt überwachen diese Personen die kognitiven, wahrnehmenden, physiologischen und motorischen Prozesse, die normalerweise automatische Prozesse während einer sozialen Interaktion sind (Heimberg et al., 1987). Exzessive metakognitive Aktivität, wie sie etwa bei der Beschäftigung mit solchen automatischen Prozessen entstehen kann, distanziert die Person von sozialen Interaktionen, was wiederum zu sozialer Ängstlichkeit und inkompetentem Sozialverhalten führt.

Im folgenden soll auf zwei Ätiologiemodelle eingegangen werden, aus denen über eine Beschreibung der Entwicklungsbedingungen hinaus Behandlungsziele und -strategien abgeleitet werden können:

- das Selbstdarstellungsmodell von Schlenker & Leary (1982) und
- das Modell der kognitiven Vulnerabilität von Beck & Emery (1985).

Im Selbstdarstellungsmodell der sozialen Ängstlichkeit (Schlenker & Leary, 1982) entsteht Angst aus der Erwartung oder aus dem Erleben sozialer Bewertung in wirklichen oder vorgestellten Situationen. Die Person *muß als Ziel haben,* auf andere einen besonderen Eindruck zu machen und *muß ihre Fähigkeiten bezweifeln,* dies auch zu erreichen. Sowohl die Motivation, einen guten Eindruck zu machen, als auch die Wahrnehmung mangelnder Selbstwirksamkeit müssen für das Auftreten sozialer Angst vorhanden sein. Später entwickelten Leary & Atherton (1986) das Modell weiter, indem sie spezifische Situations- und Dis-

positionsfaktoren hinzufügten, die diese beiden Zustände beeinflussen. So können z.B. wahrgenommene oder wirkliche Defizite der sozialen Kompetenzen und niedriger Selbstwert das Ausmaß beeinflussen, in dem jemand fähig ist, seine eigenen Fähigkeiten richtig einzuschätzen oder sozial kompetent aufzutreten.

Beck & Emery (1985) entwickelten ein kognitives Modell von Phobien und Angststörungen, das man als natürliche Ausweitung ihrer früheren Arbeiten zur Depression ansehen kann (Beck et al., 1979). Der Begriff des *kognitiven Schemas* ist ein zentraler Bestandteil dieses Modells. Ein kognitives Schema ist definiert als die grundlegende kognitive Struktur, die die Informationsverarbeitung leitet und wahrgenommene Objekte oder Ereignisse bezeichnet, klassifiziert und interpretiert. Schemata helfen dem Individuum, sich an die Situation anzupassen, selektiv relevante Information abzurufen und relevante Aspekte der laufenden Situation auszuwählen. Mehrere Schemata werden weiter in *Modi* zusammengefaßt, die wiederum große Bereiche kognitiver Organisation darstellen und einen Verarbeitungsbias bzw. selektive Aufmerksamkeit über Situationen hinweg erzeugen können.

Personen mit Angststörungen handeln im *Vulnerabilitätsmodus,* in dem sie sich unkontrollierbaren internen oder externen Gefahren ausgesetzt sehen, was zu einem Mangel an Sicherheit führt. Im Vulnerabilitätsmodus lenkt die Person ihre Aufmerksamkeit auf eigene Schwächen oder auf früheres Versagen. Diskrepante Information wird von dem vorherrschenden kognitiven Schema verzerrt oder ausgeschlossen (z.B. durch Minimieren der eigenen Stärken).

Sozial ängstliche Personen sind übermäßig wachsam gegenüber sozialen Bedrohungen (Beck & Emery, 1985). Sie schätzen permanent das Ausmaß der Bedrohung ein und die Möglichkeiten, sie zu bewältigen. *Kognitive Verzerrungen* in Form von unlogischen und negativen Gedanken über soziale Situationen hindern die Person, die Bedrohung und die eigene Selbstwirksamkeit richtig einzuschätzen. Ein besonderes Merkmal sozialer Angst ist, daß die Furcht vor bestimmten Ereignissen (z.B. in einem Gespräch nichts zu sagen zu haben) diese im Sinne einer selbsterfüllenden Prophezeiung erst heraufbeschwören kann. Die Furcht bzw. die antizipierten negativen Erfahrungen halten ängstliche Personen von sozialen Interaktionen fern und verstärken die verzerrten Überzeugungen des Vulnerabilitätsmodus.

3.2.2
Ein integriertes kognitiv-behaviorales Modell

Ein integriertes kognitiv-behaviorales Modell wurde kürzlich von Heimberg et al. (1995a) vorgeschlagen. Es beinhaltet die Beiträge herkömmlicher Theoretiker (Beck & Emery, 1985; Buss, 1989; Leary & Atherton, 1986; Stopa & Clark, 1993), die Forschungsergebnisse zu diesen Modellen sowie frühere konzeptuelle Arbeiten von Heimberg und seinen Mitarbeitern (Heimberg & Barlow, 1988). Die Bestandteile des Modells sind in Tabelle 3.1 dargestellt.

Es gibt einige Hinweise für ein Diathese-Streß-Modell der Sozialphobie. Vorläufige Ergebnisse legen nahe, daß eine genetische Prädisposition für die Entwicklung der Störung besteht (Fyer et al., 1993). Außerdem scheint eine Sensibilisierung durch Umwelteinflüsse die Entwicklung der Sozialphobie zu beeinflussen (Bruch & Heimberg, 1994; Bruch et al., 1989a), z.B. könnten Eltern diese Angst gefördert haben, indem sie sich selbst sozial ängstlich verhalten und entsprechende Sorgen ihren Kindern mitgeteilt haben (u.a. die besondere Bedeutung der Meinung anderer) oder indem sie ihre Kinder von sozialen Interaktionen isolieren. Frühe negative Erfahrungen mit der Bezugsgruppe oder mit einem gegengeschlechtlichen Partner kann Kinder und Jugendliche ebenfalls sensibilisieren. Als Folge dieser Erfahrungen (möglicherweise noch durch eine genetische Vulnerabilität erschwert) entwickeln Personen den Glauben, daß soziale Begegnungen Bedrohungen des Selbstwertgefühls oder der eigenen sozialen Stellung darstellen. Sie kommen zu dem Schluß, daß der einzige Weg, negative soziale Erlebnisse zu vermeiden, darin besteht, sich *perfekt* zu verhalten – was sie (wie die meisten Menschen) nicht schaffen können. Folglich nehmen sozial ängstliche Menschen an, daß sie sich in einer Art und Weise verhalten oder bewertet werden, die in Erniedrigung, Verlegenheit, Zurückweisung und Statusverlust enden wird (Stopa & Clark, 1993).

Diese subjektiven Überzeugungen und Vorhersagen erhöhen die Wahrscheinlichkeit, daß sich Personen sozialen Situationen nur besorgt nähern und sie, wann immer es geht, vermeiden. Sie werden vermehrte Erregung bei der Erwartung sozialer Situationen verspüren, und wenn die Situation näherrückt, werden sie zunehmend auf eine mögliche Bedrohung achten (Hope et al., 1990; Mattia et al., 1993). In wirklich gefährlichen Situationen hätte diese Neigung einen adaptiven Wert, aber im allgemeinen sind soziale Situationen nicht gefährlich, was dazu führt, daß im Rahmen einer zunehmenden Sensibilisierung Gefahrenreize verstärkt hervorgehoben werden (Heimberg & Barlow, 1988). Sozial ängstliche Personen erleben eine Flut negativer Gedanken über ihre Unzulänglichkeiten und die daraus folgende Unfähigkeit, mit möglichen Gefahren umzugehen, während sie sich in sozialen Situationen befinden oder antizipieren (Dodge et al., 1988; McEwan & Devins, 1983). Ihre erhöhte physiologische Erregung während sozialer Interaktionen dient als weiterer »Beweis« der Ge-

Tabelle 3.1. Komponenten eines kognitiv-behavioralen Modells der Sozialphobie

Komponenten	Beispiele
Genetische und Umgebungsfaktoren	– genetische Einflüsse – Ängstlichkeit der Eltern – elterliche Einstellungen gegenüber Kindererziehung – negative Erfahrungen mit Peers und/oder gegengeschlechtlichen Partnern
Überzeugungen bezüglich sozialer Situationen	– »Soziale Situationen sind potentiell gefährlich« – »Man muß sich in sozialen Situationen perfekt verhalten, um Gefahren zu vermeiden« – »Die Fähigkeiten, die nötig sind, um sich in der gewünschten Weise zu verhalten, fehlen mir«
Vorhersagen bezüglich sozialer Situationen	Soziale Situationen führen unausweichlich zu: – Peinlichkeit – Zurückweisung – Erniedrigung – Statusverlust
Angstsymptome	– ängstliche Erwartung sozialer Situationen – Einengung der Aufmerksamkeit und Fokussierung auf sozial bedrohliche Reize – negative Gedanken über sich selbst, das eigene Auftreten und die Bewertung durch andere – erhöhte physiologische Erregung – starke Befürchtungen bezüglich der Sichtbarkeit von Angstsymptomen
Konsequenzen der Angst	– wirkliche oder wahrgenommene Störungen im Verhalten – Bewertung des wahrgenommenen eigenen Verhaltens nach perfektionistischen Maßstäben – Beurteilung des eigenen Verhaltens als inadäquat – Fokussierung auf die wahrgenommenen negativen Konsequenzen des inadäquaten Verhaltens

fahr und ihrer Schwierigkeiten, sie zu meistern. Sie sind darüber besorgt, daß ihre Angst bemerkt wird und zu negativer Bewertung führen kann (Bruch et al., 1989; McEwan & Devins, 1983). Jeder dieser Prozesse kann die anderen verstärken, so daß es zu einer raschen Eskalation der Angst kommen kann.

Empirische Befunde

Für Teilaspekte des kognitiv-behavioralen Modells der Sozialphobie liegen unterstützende empirische Befunde vor, wobei das Modell als Ganzes bisher noch nicht adäquat überprüft worden ist. Retrospektive Untersuchungen zur Wahrnehmung der eigenen familiären Umwelt haben gezeigt, daß sich Sozialphobiker regelmäßig von Agoraphobikern und normalen Kontrollgruppen darin unterscheiden, wie sie das Verhalten und die Einstellungen ihrer Eltern beschreiben. Im Vergleich mit Agoraphobikern halten sie ein Elternteil oder beide eher für überbehütend, die Väter für zurückweisender und die Mütter für sozial ängstlicher (Arrindell et al., 1983, 1989; Bruch et al., 1989 b; Parker, 1979). Im Vergleich zu Agoraphobikern und normalen Kontrollgruppen haben die Sozialphobiker außerdem berichtet, daß ihre Eltern weniger soziale Aktivitäten mit anderen Familien unterstützten und sie eher von neuen sozialen Erfahrungen abhielten sowie extremes Gewicht auf die Meinung anderer legten und Scham als Disziplinierungsmaßnahme einsetzten (Bruch & Heimberg, 1994; Bruch et al., 1989 b). Diese Erfahrungen zusammengenommen können einem Menschen die Möglichkeit nehmen, Zufriedenheit oder einen Sinn für Selbstwirksamkeit in sozialen Situationen zu entwickeln, während gleichzeitig negative Bewertung durch andere immer aversiver wird.

Zukünftige Forschung sollte diese bedeutsamen familiären Faktoren in prospektiven (Längsschnitt-)Studien untersuchen, die nicht auf den Erinnerungen Erwachsener über Kindheitsereignisse beruhen und damit weniger offen sind für verzerrende Erinnerungseffekte.

Andere Studien legen nahe, daß Sozialphobiker befürchten, daß soziale Situationen negative Ergebnisse nach sich ziehen und es ihnen an entscheidenden Fähigkeiten fehlt, mit solchen Ergebnissen umzugehen. So überschätzten z. B. in einer Studie von Lucock & Salkovskis (1988) Sozialphobiker eher als normale Kontrollgruppen die Wahrscheinlichkeit eines negativen Ergebnisses und unterschätzten die Wahrscheinlichkeit eines positiven Ausgangs. Einige andere Ergebnisse weisen außerdem darauf hin, daß sozial ängstliche Personen einen negativen Ausgang einer sozialen

Situation eher sich selbst und den eigenen Unzulänglichkeiten und positive Ergebnisse eher anderen Faktoren wie Glück, Schicksal oder dem wohlwollenden Verhalten anderer zuschreiben (Girodo et al., 1981; Heimberg et al., 1989; Teglasi & Hoffman, 1982). Da diese Attributionsstile oft auch bei Depression vorliegen, soll hier darauf hingewiesen werden, daß diesbezügliche Unterschiede zwischen Sozialphobikern und normalen Kontrollgruppen auch dann noch bestanden, als das Merkmal Depression statistisch kontrolliert wurde (Heimberg et al., 1989).

Mehrere Studien konnten zeigen, daß Sozialphobiker ein Übermaß an negativen selbstbezogenen Gedanken erleben (Dodge et al., 1988; Turner et al., 1986; Stopa & Clark, 1993) und daß sie negative Bewertungen von anderen erwarten (Leary et al., 1988). Neuere Forschungsarbeiten legen allerdings nahe, daß die negativen Gedanken sozialphobischer Personen sich eher auf sich selbst als auf die Reaktion anderer beziehen (Stopa & Clark, 1993).

Eine Reihe von Studien zeigen, daß Sozialphobiker verstärkte Erregung in Verhaltenstestaufgaben erleben, die soziale Interaktionen (Bruch et al., 1989 a) oder öffentliches Reden beinhalten (Heimberg et al., 1990; Levin et al., 1993). Andere weisen darauf hin, daß Sozialphobiker ein Übermaß an physiologischen Symptomen erleben, die (wie etwa Erröten) möglicherweise für andere sichtbar sind (Amies et al., 1983). Die Ergebnisse von McEwan & Devins (1983) und Bruch et al. (1989 a) legen hier nahe, daß Sozialphobiker die Wahrscheinlichkeit überschätzen, daß ihre körperlichen Symptome von anderen wahrgenommen werden.

Sozialphobiker wenden bei experimentellen Aufgaben im Labor ihre Aufmerksamkeit selektiv sozial bedrohlichen Reizen zu, was zu Leistungsbeeinträchtigungen führen kann (Asmundson & Stein, 1994; Hope et al., 1990; Mattia et al., 1993). In einer anderen Studie wiesen die sozialphobischen Personen eine schlechtere Erinnerungsleistung bezüglich des Gesprächsinhaltes nach einer Unterhaltung mit einem Versuchsleiter auf als nichtängstliche Personen (Hope et al., 1990).

Empirische Befunde liegen ferner zu den perfektionistischen Standards sozialphobischer Personen vor (Mattia et al., 1992; Clark & Arkowitz, 1975; Stopa & Clark, 1993; Rapee & Lim, 1992).

3.3
Therapeutisches Vorgehen

3.3.1
Einführende Bemerkungen zur kognitiv-behavioralen Gruppentherapie (KBGT)

In diesem Abschnitt beschreiben wir die kognitiv-behaviorale Gruppentherapie der Sozialphobie (KBGT), so wie sie von Richard G. Heimberg et al. entwickelt wurde. Weitere Darstellungen der Techniken der KBGT finden sich bei Heimberg & Juster (1994), Heimberg et al. (1995a) sowie bei Hope & Heimberg (1993).

Die Gruppenbehandlung der Sozialphobie mag auf den ersten Blick intuitiv nicht besonders erfolgversprechend erscheinen. Dennoch hat sie viele Vorzüge, wobei einige mit allgemeinen Gruppenprozessen (Yalom, 1975) und andere speziell mit dem Problem der Sozialphobie zusammenhängen.

■ **Allgemeine Aspekte.** Zunächst einmal wird den Teilnehmern einer Gruppe, die sich nur aus Sozialphobikern zusammensetzt, sofort bewußt, daß sie selbst nicht an einem einzigartigen Problem leiden. Dieses Phänomen der Allgemeinheit ihrer Problematik kann einen starken Effekt auf sozialphobische Patienten ausüben, die dem Glauben anhängen, daß sich andere Menschen niemals so schlecht in sozialen Situationen fühlen könnten wie sie selbst. Da sie meist zu verlegen waren, ihre sozialen Ängste zu offenbaren, erfuhren sie nie, daß es auch andere gibt, die ähnlich empfinden. Als Ergebnis solcher Gruppengespräche bilden einzelne Teilnehmer häufig kohäsive Verbindungen; dabei stellen die Gruppenmitglieder für sich gegenseitig eine bislang ungekannte Quelle an Unterstützung dar. Der Gruppenzusammenhalt zeigt sich in einem Zusammengehörigkeitsgefühl oder in gegenseitiger Wertschätzung und führt oft zu echter Anteilnahme und zum Teilen gemeinsamer Auffassungen unter den Patienten. Dies ist vermutlich eine seltene Erfahrung im Leben sozialphobischer Patienten, die im allgemeinen Gruppensituationen und vor allem Gespräche mit anderen über persönliche Schwächen vermeiden.

■ **Spezifische Aspekte.** Die Gruppensitzungen stellen an sich schon eine *Konfrontationssituation* mit mehreren potentiell gefürchteten sozialen Ereignissen dar, wie z.B. Sprechen vor anderen, im Mittelpunkt stehen, sich fremden Personen vorstellen, mit relativ fremden Personen über persönliche Angelegenheiten sprechen. Gruppensitzungen bieten den perfekten Rahmen, um viele der fälschlichen *Annahmen* zu *überprüfen*, die dazu beitragen, soziale Ängste aufrechtzuerhalten. Man kann für Konfrontationsübungen jederzeit auf die Gruppenmitglieder als Rollenspieler zurückgreifen, um etwa öffentliches Sprechen vor Publikum oder soziale Interaktionen auf einer Party zu üben. Ein besonderer Pluspunkt ist die gegenseitige *korrigierende Rückmeldung* unter den Gruppenmitgliedern, die auf die Patienten oft einen größeren, integereren Eindruck macht als die Rückmeldung der Therapeuten.

3.3.2
Organisation der Gruppe und vorbereitende Maßnahmen

KBGT-Gruppen bestehen aus sechs sozialphobischen Patienten und zwei Therapeuten (meist einem Diplom-Psychologen und einem fortgeschrittenen Studenten). Die Gruppen werden normalerweise über zwölf wöchentliche Sitzungen hinweg geführt. Dies reicht für die meisten Patienten aus, sollte aber nicht als rigide Vorgabe betrachtet werden. Wir haben auch mit 15-Wochen-Gruppen und 12-Wochen-Gruppen mit halbjährlichen Auffrischungssitzungen experimentiert und planen zur Zeit, Langzeitgruppen zu untersuchen. Patienten unterscheiden sich in der Geschwindigkeit, mit der sie auf die Behandlung ansprechen und ein subklinisches Funktionsniveau erreichen, die Behandlungsdauer sollte also dementsprechend angepaßt werden.

Vor dem Beginn der Gruppensitzungen trifft jeder Patient einen der beiden Therapeuten in einer Einzelsitzung. In diesem *vorbereitenden Interview* werden mehrere Schritte unternommen:

- Aufbau der Therapeut-Patient-Beziehung,
- Durchführung einer Problemanalyse,
- Vorstellen des Therapieprogramms sowie
- Erstellen einer Angst- und Vermeidungshierarchie.

Für die Hierarchie werden 10 für den Patienten relevante, aktuelle Probleme betreffende Situationen ausgewählt, auf die später in Übungen in der Gruppe oder bei der Zuweisung von Hausaufgaben zurückgegriffen wird. Nachdem man diese Situationen identifiziert hat, geben die Patienten auf drei verschiedenen Ratingskalen von 0–100 ihre Einschätzung pro Situation bezüglich Angst, Vermeidung und Sorge vor Bewertung an. Die Hierarchie wird dann erzeugt, indem die Situationen gemäß dem Schweregrad der Angst in eine Reihenfolge gebracht werden.

3.3.3
Trainingsphase: erste und zweite Sitzung

Die ersten beiden Sitzungen stellen die einleitende Trainingsphase der KBGT dar. Dabei geht es darum, mit den Patienten einige Techniken der kognitiven Umstrukturierung und einige weitere Fertigkeiten im Umgang mit sozialen Situationen zu trainieren.

Erste Sitzung

In der ersten Sitzung steht zunächst das *Phänomen* der Angst im Mittelpunkt. Zur Einführung in die kognitive Umstrukturierung wird geübt, negative *automatische Gedanken* (AG) zu identifizieren.

> Automatische Gedanken (AG) sind definiert als Gedanken, die wie Tatsachen behandelt werden und die Angst in sozialen Situationen auslösen und aufrechterhalten.

Diese unlogischen und irrationalen Kognitionen verzerren Situationen oder repräsentieren vage und nicht erreichbare oder außerhalb der Kontrolle des Patienten liegende Ziele. Während der Sitzung werden zahlreiche Beispiele herangezogen, um das Zusammenspiel der AG mit den physiologischen und behavioralen Anteilen der Angst zu illustrieren, wobei die Gruppenmitglieder aufgefordert sind, auch eigene Beispiele zu schildern. Über die Trainingseffekte der KBGT hinaus verschafft diese Erfahrung den Patienten einen Eindruck von anderen Menschen, die sehr ähnliche Erfahrungen mit Angst gemacht haben, bis hin zu den privaten selbstbezogenen Gedanken, von denen sie dachten, nur sie selbst würden sie erleben. Als Hausaufgabe sollen die Patienten Situationen in der Zeit bis zur nächsten Sitzung aufschreiben, in denen sie Angst verspürt haben sowie eine Liste der erinnerten AG erstellen, die vor, während und nach diesen Situationen auftraten. Diese Liste dient dann als zentrales Material für das Training in der nächsten Sitzung.

Zweite Sitzung

In der zweiten Sitzung wird damit fortgefahren, Fertigkeiten in *kognitiver Umstrukturierung* zu üben.

■ **Typologie kognitiver Verzerrungen.** Die Hausaufgabe der letzten Woche wird durchgegangen und die automatischen Gedanken für alle sichtbar auf eine Tafel geschrieben. Den Patienten wird dann die Typologie kognitiver Verzerrungen nach Burns (1980) und Persons (1989) vermittelt. Jede kognitive Verzerrung stellt einen eigenen Typ der logischen Fehler dar, die normalerweise in den selbstberichteten inneren Dialogen und AG der sozialphobischen Patienten auftauchen. Beispiele solcher kognitiven Verzerrungen wären:

- Alles-oder-Nichts-Denken (Situationen werden nur in dichotome Kategorien eingeteilt, wie interessantes vs. langweiliges Gespräch oder makellose vs. stümperhafte Rede),
- Wahrsagen oder Gedankenlesen (Vorhersage zukünftiger Mißgeschicke oder Erwartung negativer Bewertung durch andere) oder
- Katastrophisieren (kleinere Fauxpas haben große, negative und langfristige Konsequenzen).

Jede dieser verschiedenen Typen kognitiver Verzerrung wird laut vorgelesen und im Detail mit Beispielen diskutiert. Dies wird dann auf die AG der Hausaufgaben angewendet, indem jeder AG einem oder mehreren vorliegenden Verzerrungstypen zugeordnet wird. Dieser Vorgang ist dazu da, bei den Patienten die automatische Akzeptanz der AG als wahr zu hinterfragen und ein Nachdenken über alternative Sichtweisen ihrer Situationen zu fördern.

■ **Disputation.** Der nächste Schritt in der KBGT ist die Disputation der AG, was als entscheidender Bestandteil der Behandlung angesehen wird. Um diesen Prozeß zu erleichtern, wird an die Gruppenmitglieder eine Liste mit Fragen verteilt, die für die Disputation von AG geeignet sind. Jede dieser Fragen oder unvollständigen Aussagen dient, wenn sie beantwortet oder mit Inhalten der jeweiligen AG vervollständigt werden, als direkte Infragestellung. Beispiele für solche Fragen wären:

- »Wie hoch ist die Wahrscheinlichkeit für diese furchtbaren Konsequenzen?«,
- »Gibt es alternative Sichtweisen für diese Situation?« oder
- »Wie würde ein außenstehender Beobachter meine Situation sehen?«.

Diese Liste ist allerdings nur der Anfang im Disputationsprozeß. Erfahrung und Kreativität helfen den Therapeuten im Prozeß des Disputierens unlogischer Gedanken, der oft beinhaltet, alternative Erklärungen anzubieten, sich vergangene Erfahrungen in ähnlichen Situationen objektiv ins Gedächtnis zu rufen und die Patienten anzuleiten, die Perspektive anderer zu übernehmen. Um die Absurdität mancher Ideen herauszustreichen, ist oft Humor nützlich. Bei Erfolg beseitigt die Disputation den Einfluß eines AG, indem die irrationale Annahme auf so viele Arten wie irgend denkbar widerlegt wird.

■ **Rationale Antwort.** Nachdem jeder AG disputiert worden ist, wird in der Schlußphase des Trainings kognitiver Umstrukturierungstechniken eine alternative rationale Antwort entwickelt. Diese rationale Antwort soll vom bisher geführten Disputationsprozeß angeregt sein und gleichzeitig die situationsspezifischen Ziele des Patienten, meist soziale Interaktionen oder öffentliches Auftreten, berücksichtigen. Eine einfache (rationale) Aussage wie »*Ich kann mit dieser Person reden, sogar wenn ich ängstlich bin*« drückt aus, daß die Person die nötigen Fertigkeiten besitzt und dazu fähig ist, das notwendige Verhalten (Unterhaltung) auszuführen, während die zweite Hälfte der Antwort (sogar wenn ich ängstlich bin) anzeigt, daß diese Ausführung akzeptabel sein wird, auch wenn es den üblichen unvernünftigen Standards (Erreichen von Perfektion) nicht genügt. Der Ausgang einer solchen Situation hängt nunmehr nicht von der Stimmung vor, während oder nach dem Verhalten, sondern von objektiveren, verhaltensorientierteren Gesichtspunkten ab (Hast du dir die nötige Information besorgt? Hast du dich unterhalten?). Selbstverständlich muß dies alles während des Disputationsprozesses im Detail diskutiert werden, um in der relativ kurzgefaßten rationalen Antwort dargestellt werden zu können.

Die bislang herausgestellten Schritte

- Identifizieren von AG, die in bestimmten Situationen ausgelöst werden,
- Benennen der zugehörigen kognitiven Verzerrungen,
- Infragestellen und Disputieren der Logik der AG und
- Entwicklung einer alternativen rationalen Antwort bzw. Setzen von Verhaltenszielen

umfassen die kognitiven Verfahren, die Konfrontationsübungen (in der Gruppe simuliert oder als Auftrag für Hausaufgaben in vivo) vorausgehen. Simulierte Konfrontationssituationen beginnen in der dritten Sitzung, wobei die Gruppenmitglieder am Schluß der zweiten Sitzung darauf vorbereitet werden. Da angenommen werden kann, daß alle Gruppenmitglieder ängstlich bezüglich des Beginns dieser Behandlungsphase sind, werden ihnen spezielle *Instruktionen* gegeben, die ihnen den Übergang erleichtern sollen. Sie werden darin bestärkt, die bevorstehende Sitzung nicht zu vermeiden und auf jegliche Selbstmedikation vor der Sitzung zu verzichten. Die Patienten werden daran erinnert, daß die in der Gruppe erlebte Angst dazu beiträgt zu lernen, mit der Angst außerhalb der Gruppensituation besser umzugehen und daß Patienten und Therapeuten die Inhalte der simulierten Konfrontationssituationen vorher aushandeln. Abschließend werden sie gebeten, ihre neuerworbenen Fertigkeiten kognitiver Umstrukturierung auf die bevorstehenden Konfrontationsübungen anzuwenden.

3.3.4
Aktive Behandlungsphase: dritte bis zwölfte Sitzung

Diese Sitzungen bilden die aktive Behandlungsphase der KBGT und haben alle einen ähnlichen Ablauf. Zu Beginn jeder Sitzung werden die Hausaufgaben der letzten Woche durchgesprochen, so daß jede Woche jedem Patienten individuell Aufmerksamkeit geschenkt wird und der Fortschritt überwacht werden kann. Zwei oder vorzugsweise auch drei Patienten werden jede Sitzung für *Konfrontationsübungen* ausgewählt. Ausgehend von Situationen geringerer Schwierigkeit werden gemäß der Hierarchie des Patienten mit der Zeit immer schwierigere Situationen ausgewählt, um sie in der Gruppe zu simulieren. Die Person, die im Mittelpunkt steht, wird gebeten, sich in die gefürchtete Situation hineinzudenken und die AG zu identifizieren, die sie dabei erleben würde.

■ **Verhaltensziele.** Wenn die kognitive Vorbereitung, die in den früheren Sitzungen vermittelt wurde, abgeschlossen ist, werden *Verhaltensziele* für die Konfrontationsübung festgelegt. Die Kriterien für angemessene Ziele fordern, daß sie

- für jeden im Raum *sichtbar* bzw. meßbar und
- *realistisch* bzw. in der vorgesehenen Zeit und unter gegebenen Umständen auch erreichbar sein müssen.

Das Ziel muß in der Kontrolle des Patienten liegen und eine spezifische bzw. unmittelbare Aufgabe haben (z.B. könnte das Ziel einer sozialen Interaktion darin bestehen, sich wechselseitig mit einer anderen Person besser bekannt zu machen). Ziele bestehen also oft darin, daß der Patient im Rahmen einer Interaktion eine bestimmte Zahl an Kommentaren gibt oder Fragen stellt. Obwohl derartige Ziele als recht einfach erscheinen, ist diese Art der Zielsetzung eine entscheidende Fertigkeit bei der Behandlung von Sozialphobikern, die für sich in sozialen Situationen meist vage, unrealistische und manchmal perfektionistische Ziele im Sinn haben. Meßbare Ziele erlauben unmittelbare Rückmeldung nach Abschluß der Konfrontationsübung und machen aus der Entscheidung über Erfolg oder Mißerfolg einen relativ transparenten Prozeß. Mit zunehmender Übung verschiebt sich für den Patienten der Brennpunkt weg vom affektiven Erleben in einer Situation (z. B. *»Ich habe versagt, weil ich ängstlich war«*) hin zu den konkreten Aufgaben, die die Situation erfordert (z. B. *»Ich war in der Lage, drei Fragen zu stellen und drei Anmerkungen zu machen«*).

■ **Konfrontationsübungen.** Die Konfrontationsübungen finden in der Gruppe mit den Therapeuten und nach einigen Sitzungen auch mit Mitpatienten als Mitspielern statt. Die Konfrontation in der Gruppe hat gegenüber Konfrontationen in vivo mehrere Vorteile. Sie können z. B. ausgedehnt oder verkürzt werden, Randbedingungen der Situation können gemäß der gewünschten Schwierigkeitsstufe verändert werden, Patienten können angeleitet werden, in relativ geschützter Umgebung neue Verhaltensweisen auszuprobieren, und das Verhalten des Patienten kann direkt beobachtet und mit dem subjektiven Erfahrungsbericht verglichen werden.

Die Konfrontationsübungen dauern etwa zehn Minuten, wobei zu Beginn und dann in Minutenabstand ein subjektives Angstrating vorgenommen wird (basierend auf der 0–100 »Subjective Units of Disturbance Scale«, SUDS). Im selben Intervall liest der Patient seine rationale Antwort laut vor. Nach der Konfrontation schließt sich eine weitere Phase der kognitiven Bearbeitung an, um die Informationen, die in der kognitiven Vorbereitung gegeben wurden, zu festigen.

■ **Nachbereitung.** Die Nachbereitung beginnt mit einer Beurteilung der Ziele und der Zielerreichung. Wir versuchen, einen Grundstock zum Erfolg zu legen, indem wir den Patienten zeigen, daß sie, wenn sie sich vernünftige Ziele gesetzt haben, diese auch erreichen können. Sozialphobische Patienten werden oft »versteckte« Ziele beibehalten, die in diesem Stadium erkennbar werden. Ein Patient, der trotz Erreichens der vereinbarten Ziele mit dem Ergebnis unzufrieden ist, hält üblicherweise an der Idee fest, daß irgendein vager Standard nicht erreicht wurde oder daß er fähig gewesen sein müßte, die Situation auch ohne Ängste zu meistern. Dies erfordert ein nochmaliges Betonen der Wichtigkeit von Verhaltenszielen, die in der Reichweite eines Patienten liegen, gefolgt von einer Differenzierung in kurzfristige und langfristige Ziele. Alle unsere Patienten haben das Ziel, in sozialen Situationen »nicht nervös zu werden«. In unseren Gruppen wird den Patienten vermittelt, daß dieses durchaus vernünftige langfristige Ziel für die Behandlung und danach unmöglich unmittelbar erreicht werden kann. Allerdings kann die Wahrscheinlichkeit, das langfristige Ziel zu erreichen, erhöht werden, indem die Aufmerksamkeit auf kurzfristige Ziele gelenkt wird, die in der Reichweite eines Patienten liegen.

Andere Aspekte der Nachbereitung schließen die Betrachtung mit ein, ob erwartete oder unerwartete AG während der Konfrontationsübung aufgetreten sind. Daraus lassen sich Anhaltspunkte für wichtige Bereiche finden, die in der ursprünglichen Umstrukturierungsübung übersehen worden waren und worauf in der nächsten Übung besonders geachtet werden muß. Der Zusammenhang von AG, rationalen Antworten, besonderen Vorkommnissen in der Situation (z. B. einer ausgedehnten Pause in einem Gespräch, Stolpern über ein Wort während einer Rede) und den subjektiven Angstratings wird ebenfalls analysiert; dies kann den Patienten einen zusätzlichen Einblick in ihre Ängste und deren Ursachen verschaffen.

■ **Abschlußsitzung.** Die letzte Sitzung der KBGT besteht aus zwei Teilen. Im ersten Teil wird noch einmal Zeit für eine abschließende Konfrontationsübung für ein oder zwei Patienten bereitgestellt, während der zweite Teil einem Rückblick auf die Fortschritte gewidmet ist, die von den Gruppenmitgliedern gemacht wurden. Für jeden Patienten werden die hilfreichsten Aspekte des Vorgehens in der Gruppe herausgearbeitet und realistische Ziele für eine fortgesetzte Arbeit alleine gesetzt. Danach wird die Gruppe mit einem kurzen formlosen Beisammensein beendet.

3.4 Fallbeispiel[1]

3.4.1 Patientenbeschreibung

Jack, ein 47 Jahre alter Ingenieur, war seit 18 Jahren als leitender Angestellter bei einer großen Firma beschäftigt, als er sich in Behandlung begab.

---

[1] Das gesamte Fallmaterial eingeschlossen Abbildungen und Tabellen ist mit freundlicher Genehmigung aus einem Artikel im *Journal of Clinical Psychiatry, 55:6 (Suppl.), 42–46, Juni 1994* zusammengefaßt und nachgedruckt.

Nach außen hin wirkte er stabil, gut angepaßt und ohne Befürchtungen. Er stellte sich mit einer schon seit langem bestehenden Angst vor öffentlichem Sprechen vor. Er war sehr besorgt darüber, daß er in konfrontativen Situationen aller Art auf andere nervös wirken könnte, und die Erwartung von zwischenmenschlichen Konflikten erzeugte starke Angst.

Bei der Aufnahme erfüllte Jack die DSM-III-R-Kriterien für eine Sozialphobie, seine Ängstlichkeit wurde als spürbar störend und beeinträchtigend betrachtet. Jack berichtete, daß er auf konfrontative Begegnungen und auf Situationen, in denen er öffentlich sprechen mußte, mit einer Mischung aus körperlichen Symptomen reagierte, die mäßige Dyspnoe, Tachykardie, Hitzewallungen, leichte Anzeichen von Brustschmerzen und Schwitzen sowie gelegentliches Zittern umfaßten. Er datierte das erstmalige Auftreten seiner Sozialphobie auf das Alter von 18 Jahren, konnte aber kein spezielles Ereignis angeben, das dem vorausging.

3.4.2
Behandlungssitzungen

Jack nahm an insgesamt fünf *Konfrontationsübungen* in der Gruppe teil. Bei der ersten handelte es sich um ein Gespräch mit einem neuen Mitarbeiter während einer Kaffeepause auf der Arbeit. In dieser Szene berichtete Jack über mehrere AG bezüglich der Sichtbarkeit seiner Ängstlichkeit für andere. Er stellte sich als sehr befangen und verlegen dar. Er war besorgt, daß ihm kein Gesprächsthema einfallen würde und darüber, daß das, was er sagte, nicht »interessant genug« sein würde. Er würde deswegen seinen selbstgesetzten Ansprüchen (bzw. den vermeintlichen Ansprüchen anderer an ihn) nicht gerecht werden.

Während der Gruppendiskussion identifizierte Jack eine Reihe *logischer Verzerrungen* in seinen AG. So zeigte er z.B. eine Tendenz zu dichotomisiertem Denken bezüglich seiner Gesprächsfähigkeiten. Die Themen, über die er im Gespräch reden würde, wären entweder »faszinierend oder ermüdend«, und dazwischen gab es nichts. Die Einsicht, daß sich Gesprächsthemen auf dieser Dimension stark unterscheiden können und daß auch die Meinung verschiedener Personen zu einem Thema variiert, war kaum vorhanden. Jack setzte die Schwelle, ab der ein Thema als interessant zu beurteilen sei, derart hoch an, daß nur wenige Themen übrigblieben. Dazu kamen eine

Reihe unflexibler und vager Regeln darüber, wie sein Auftreten »sein sollte« und eine negative Selbstbewertung, wenn er diese unrealistischen Standards nicht erreichte (»Ich bin minderwertig«).

Im Laufe weiterer Diskussionen wurde es Jack möglich, das Unlogische in diesen Gedanken in Frage zu stellen bzw. zu *disputieren*. Er stimmte darin zu, daß er fähig sei, ein angenehmes Gespräch zu führen und daß seine Ansprüche wahrscheinlich unrealistisch seien. Als eine *alternative rationale Antwort* auf seine Sorge, seine Ängstlichkeit könnte sein Gesprächsverhalten beeinträchtigen, wählte er folgende Aussage aus: »*Ich kann nervös sein und ein angenehmes Gespräch führen*«. Als Ziel bestimmte er, daß er sich dem neuen Mitarbeiter vorstellen, vier Dinge über sich selbst erzählen und drei Dinge über den Mitarbeiter lernen wird. Diese *Ziele* entsprachen den Kriterien, beobachtbar, meßbar, realistisch und aufgabenorientiert zu sein.

Die therapiebegleitende Diagnostik bzw. Evaluation zeigte folgendes: Seine hohe subjektive Angsteinschätzung zu Beginn stieg nach der ersten Minute noch an (s. Abb. 3.1, Konfrontationsübung 1). Danach nahmen die Ratings ständig ab, bis sie in der achten Minute einen Tiefpunkt erreichten. Alle Ziele wurden erreicht oder übertroffen. Noch bedeutender aber war, daß er während der *kognitiven Nachbereitung* der Konfrontation von mehreren wichtigen Beobachtungen berichtete. Erstens hatte er erkannt, daß er durchaus fähig war, ein Gespräch zu führen, während er im Mittelpunkt der Aufmerksamkeit stand. Zweitens hatte er bemerkt, daß seine Angst mit der Zeit abnahm. Die gefürchtete Situation konnte also gemeistert werden. Er berichtete, daß, wenn er die erste Minute durchstand (und er hatte nun den Beleg dafür, daß er das konnte), alles gut lief. Auch die anderen Gruppenmitglieder gaben ihm viel positive *Rückmeldung*. Allerdings blieb Jack wegen einer Situation während der Übung besorgt, in der ihm nichts eingefallen war und er eine negative Bewertung durch andere befürchtete. Diese Sorge wurde in späteren Konfrontationsübungen bearbeitet.

In seiner zweiten Konfrontationsübung sollte Jack mit zwei neuen Angestellten in seinem Büro über sich und seine Arbeit sprechen. Er berichtete die AG »*Mir wird nichts einfallen*«, »*Ich werde nervös aussehen*«, »*Ich sollte das hier schaffen*« und »*Ich muß mir darüber Gedanken machen, was ich jetzt sagen könnte*«. Der letzte Gedanke wurde wieder als das Problem interpretiert, »das Richtige« zu sagen, also als ein weiteres Beispiel für dichotomes Denken. Aufgrund der Diskussion wur-

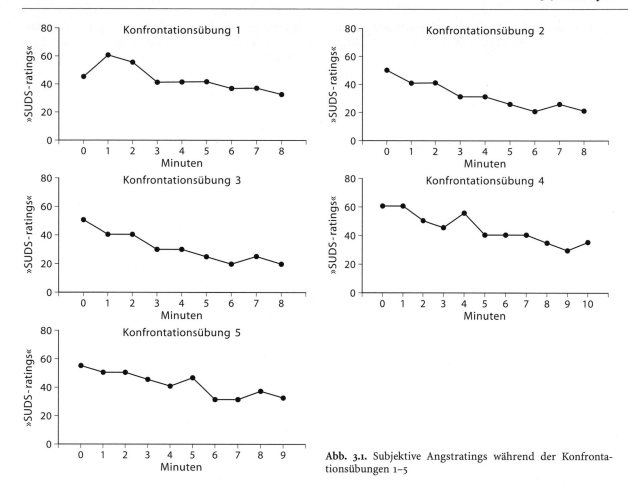

Abb. 3.1. Subjektive Angstratings während der Konfrontationsübungen 1–5

den die alternativen rationalen Antworten *»Ich mag nervös sein, werde aber dennoch darüber nachdenken, was ich sagen kann«* und *»Es geht in Ordnung, mal eine Pause zu machen«* entwickelt.

Jacks Angstratings begannen bei 50, nahmen aber bis zur achten Minute bis auf 20 ab (Abb. 3.1, Konfrontationsübung 2). Während er erwartet hatte, viel unentschlossener und schrecklich verlegen zu sein, erhielt er die Rückmeldung, daß er nicht nervös wirkte, genau das richtige Tempo gefunden hatte und daß die Pausen angemessen waren und dabei geholfen hatten, bestimmte Punkte während des Gesprächs zu unterstreichen.

Während der Diskussionen der Hausaufgaben und der Erfahrungen mit den vergangenen Konfrontationsübungen wurde es Jack möglich zu erkennen, daß seine Befürchtungen bezüglich konfrontativer Situationen mit seinem Unbehagen, Ärger auszudrücken zusammenhingen. Die übrigen drei Übungen beinhalteten verschiedene Arten konfrontativer Situationen, die in seiner Position in seinem Betrieb auftauchen könnten. In der dritten Übung sollte er ein konfrontatives Ge-

spräch mit einem Mitarbeiter über ein Problem mit dessen Arbeitsleistung führen – etwas, wofür Jack normalerweise viel Energie aufwenden würde, um es zu vermeiden. In der vierten Übung sollte Jack in der ersten Hälfte ein kontroverses Thema vor der Gruppe darstellen und in der zweiten Hälfte dazu Stellung beziehen und seine Meinung gegenüber der Gruppe verteidigen. In seiner fünften und letzten Konfrontation in der Gruppe spielte Jack eine Unterhaltung mit zwei Leuten auf einem Betriebsausflug, in der er seine Haltung zu einem kontroversen Thema zum Ausdruck bringen sollte. Bei jeder Übung identifizierte er kritische AG, einen oder mehrere logische Fehler in den AG, disputierte diese logischen Fehler und entwickelte eine rationale alternative Antwort, auf die er während der Exposition zurückgreifen konnte. In allen Rollenspielen erreichte oder übertraf er die selbstgesetzten Ziele. In Abb. 3.1 sind die Selbsteinschätzungen bezüglich seiner Angst für alle Konfrontationsübungen dargestellt.

Jack war von Beginn der Therapie an optimistisch und wandelte diesen Optimismus in anhaltende Bemühungen sowohl in den Gruppensitzungen als auch im täglichen Leben um. Während der gesamten Behandlung machte er seine vereinbarten Hausaufgaben und nahm darüber hinaus aus eigenem Antrieb zusätzliche Aufgaben in Angriff. Zum Abschluß der Behandlung wurde Jack empfohlen, die Fertigkeiten aus der KBGT weiter zu üben, insbesondere bezüglich der Situationen, die ihm am schwersten gefallen waren.

3.4.3
Erfolgskontrolle

Die Diagnostik umfaßte eine Batterie von Selbstbeschreibungsmaßen, Angst- und Vermeidungshierarchieratings, die Evaluation durch einen unabhängigen Experten und einen individualisierten Verhaltenstest (s. Tabelle 3.2). Die Daten wurden vor und nach der Behandlung sowie im Rahmen von 6- und 12-Monats-Nachuntersuchungen erhoben.

Jacks Sozialphobie erhielt vor Therapiebeginn vom unabhängigen Experten im *Clinican's Severity Rating* einen Wert von 5 zugeordnet. Diese Skala von 0 bis 8 findet sich im *Anxiety Disorders Interview Schedule* (ADIS; DiNardo & Barlow, 1988). Eine Einschätzung von 4 oder höher weist auf signifikante klinische Probleme und/oder auf Beeinträchtigungen des beruflichen oder sozialen Funktionsniveaus hin. Nach der Behandlung erhielt Jack den subklinischen Wert von 3. Im 6-Monats-Follow-up schätzte ihn der Experte auf 2 ein, ebenso in der Nachuntersuchung nach 12 Monaten.

Aus Jacks Angst- und Vermeidungshierarchieratings geht hervor, daß Angst und die Sorge vor Bewertung durch andere vor der Behandlung als

schwerwiegend zu betrachten waren. Das Vermeidungsverhalten war nicht so ausgeprägt, aber Jack überstand solche Situationen nur unter größtem Unbehagen. Nach der Behandlung zeigte sich in den Ratings für Jacks durchschnittliche Angst, Vermeidung sowie für die Einschätzung der fünf am meisten gefürchteten Situationen, daß sich seine Angst und die Befürchtungen über Bewertung durch andere drastisch reduziert hatten, während Jack genausoviel an derartigen Situationen teilgenommen hatte wie vorher. In den Nachuntersuchungen wurden noch weitere Fortschritte festgestellt.

Jacks individualisierter Verhaltenstest bestand aus einem Rollenspiel, in dem er sich mit zwei anderen Personen über ein aktuelles kontroverses Thema unterhielt. Die beiden Mitspieler waren angehalten, ihm in jedem Falle zu widersprechen, egal welche Position er auch bezog. Die Ratings für diese Verhaltenstests sind in Abb. 3.2 dargestellt. Während im Test vor der Behandlung die subjektiven Angstratings bei der Erwartung der Situation (nicht abgebildet) und während der Situation angestiegen waren, war dies im Posttest anders: Die Erwartungsratings stiegen nicht mehr an, als die Situation näher kam und blieben auch während des Verhaltenstests selbst auf einer niedrigen Stufe.

Diese subjektiven Angstratings reduzierten sich in den 6- und 12-Monats-Nachuntersuchungen noch weiter. Die Fragebogenwerte bestätigten den Fortschritt, der sich in der unabhängigen Beurteilung und den Verhaltenstests gezeigt hatte.

Jack erzielte also einen klaren und bedeutsamen Gewinn aus seiner Teilnahme an der KBGT. Obwohl er sich anfangs recht sachlich gab, hatte er mit Befürchtungen bezüglich der Bewertung

Tabelle 3.2. Ausgewählte diagnostische Daten von Jack vor und nach der KBGT

Maß	Vor der Behandlung	Nach der Behandlung	6-Monats-Follow-up	12-Monats-Follow-up
ADIS-R[a]-Einschätzung des Schweregrades durch Kliniker	5	3	2	2
Skalen der Angst in sozialen Situationen	36	37	18	24
Ausmaß der Sozialphobie nach der Social Phobia Scale	26	10	5	11
Angstfragebogen für die Sozialphobie	12	11	8	8
Angst und Vermeidungshierarchie[b]				
– Angst	87	46	36	29
– Vermeidung	42	35	26	18

[a] Anxiety Disorders Interview Schedule – Revised.
[b] Die Werte der Angst- und Vermeidungshierarchie stellen Mittelwerte für die fünf am meisten gefürchteten Situationen dar.

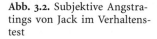

Abb. 3.2. Subjektive Angstratings von Jack im Verhaltenstest

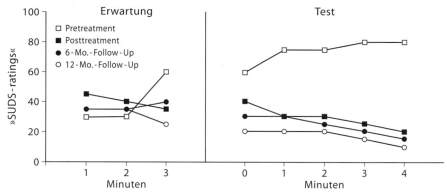

durch andere zu kämpfen, besonders wenn es darum ging, anderen zu zeigen, daß er wütend war oder seine Meinung ausdrücken wollte. Außerdem hatte er unrealistische und perfektionistische Maßstäbe angelegt, um den Ausgang schwieriger Situationen zu bewerten. Am Ende der Behandlung waren seine Ängste substantiell reduziert, und diese Verbesserung hielt bis zur 1-Jahres-Katamnese.

3.5 Empirische Überprüfung

In diesem Abschnitt geben wir einen Überblick über die Literatur zu kognitiv-behavioralen Interventionsformen bei der Sozialphobie. Kognitive Interventionen wurden als einzelne Behandlung, als ergänzende Techniken zu anderen Behandlungsformen oder als Teil integrierter Behandlungsstrategien untersucht. Wir konzentrieren uns auf solche Behandlungen, die in irgendeiner Weise kognitive Umstrukturierung mit Reizkonfrontation verbindet; dies dürfte dem klinischen Alltag am besten entsprechen. Umfassendere und mehr ins Detail gehende Literaturüberblicke zu kognitiv-behavioralen Therapien sowie auch zu alternativen Behandlungsformen für die Sozialphobie finden sich bei Heimberg (1989), Heimberg & Juster (1995).

Mattick et al. untersuchten die Wirksamkeit von kognitiver Umstrukturierung im Vergleich mit Reizkonfrontation oder kombinierten Behandlungen der Sozialphobie (Mattick & Peters, 1988; Mattick et al., 1989). Die kognitive Umstrukturierung, wie sie in diesen Studien verwendet wurde, konzentrierte sich auf die irrationalen Überzeugungen von Sozialphobikern, die sich auf die Meinungen anderer bezogen sowie darauf, beobachtet zu werden oder daß Anzeichen der Angst von an-

deren bemerkt werden könnten. Die Ergebnisse beider Studien zeigen, daß kognitive Umstrukturierung eine effektive Behandlung der Sozialphobie darstellt und die Effekte der Reizkonfrontation verstärkt. Mattick & Peters (1988) fanden, daß kognitive Umstrukturierung kombiniert mit Reizkonfrontation in der Reduzierung phobischer Vermeidung effektiver war als die Konfrontation alleine sowie daß eine wachsende Zahl von Aufgaben in einem Verhaltenstest gelöst und eine positive Veränderung bei diversen anderen Maßen und im Funktionsniveau erzielt wurden. In Nachuntersuchungen übertraf kognitive Umstrukturierung kombiniert mit Konfrontation sowohl kognitive Umstrukturierung als auch die Konfrontation alleine in der Zahl der gelösten Verhaltenstestaufgaben (Mattick et al., 1989).

Butler et al. (1984) zeigten, daß eine Kombination von Entspannung, Ablenkung, rationaler Selbstgespräche und Reizkonfrontation effektiver in der Reduzierung des phobischen Schweregrades, der sozialen Vermeidung sowie von Angst und Depression war als die Reizkonfrontation alleine. Nach zwölf Monaten hatte niemand aus der kombinierten Behandlung, dafür aber 40% der Patienten aus der Konfrontationsbedingung eine zusätzliche Behandlung aufgesucht. Etwa die Hälfte der Personen berichtete, bereits vor der Behandlung eine oder mehrere der Angstmanagementtechniken, die in der Kombinationsbehandlung enthalten sind, benutzt zu haben. Nach der Behandlung berichteten fast 90% der Kombinationsgruppe über eine positive Nutzung dieser Strategien, verglichen mit nur 14% der Konfrontationsgruppe. Die Nutzung rationaler Selbstgespräche scheint für die Probanden aus der kombinierten Behandlung besonders wichtig gewesen zu sein.

Heimberg et al. (1985) behandelten sieben Sozialphobiker in zwei Gruppen mit einer Kombination aus Konfrontation in sensu, Rollenspiel, kognitiver Umstrukturierung und der Zuteilung von Hausaufgaben. Diese Studie ging der formalen Entwicklung der KBGT, so wie sie in diesem Kapitel dargestellt wurde, voraus. Es konnten signifikante Verbesserungen bezüglich sozialer Ängst-lichkeit, allgemeiner Ängstlichkeit und der Angst vor negativer Bewertung zwischen dem Zeitpunkt vor der Behandlung und danach bzw. der 6-Monats-Katamnese nachgewiesen werden. Im Falle eines negativen Ausgangs von sozialen Interaktionen wurde weniger internal und stabil attribuiert; die Personen übernahmen also für diese negativen Ausgänge weniger Verantwortung. Die Patienten berichteten über weniger Angst, schätzten ihr eigenes Auftreten in sozialen Situationen als qualitativ besser ein und zeigten nach der Auffassung von Beobachtern im Rahmen eines Verhaltenstests nach der Behandlung weniger Anzeichen von Ängstlichkeit als davor. Diese Erfolge wurden bis zur 6-Monats-Nachuntersuchung für alle Probanden aufrechterhalten bis auf einen, bei dem die Angst wieder auf das ursprüngliche Niveau angestiegen war.

Heimberg et al. (1990) verglichen die KBGT mit einer Placebotherapiegruppe, in der Aufmerksamkeit der Therapeuten, Glaubwürdigkeit der Behandlung und Ergebniserwartung kontrolliert worden waren. Die Sitzungen dieser Kontrollgruppe kombinierten pädagogische Präsentationen von Materialien zu Themen, die für die Probleme relevant sind, die im allgemeinen von Sozialphobikern berichtet werden. Eingeschlossen waren die Furcht vor negativer Bewertung, effektive Gesprächsführung, Erwartungsangst, körperliche Faktoren der Angst, Selbstbehauptung, Perfektionismus und das Bedürfnis nach Kontrolle. Die zweite Hälfte jeder Gruppe war dafür reserviert, Gedanken, Einsichten und Ratschläge untereinander in einer unterstützenden Umgebung auszutauschen. Die Glaubwürdigkeit der Therapie war zwischen der KBGT und der Aufmerksamkeitsplacebogruppe bei Erhebungen nach der ersten und nach der vierten Sitzung praktisch gleich.

Nach der Behandlung berichteten die Probanden aus der KBGT verglichen mit der Placebogruppe weniger Angst während einem individualisierten Verhaltenstest und wurden von klinischen Experten als weniger schwerwiegend beeinträchtigt eingeschätzt. Nach sechs Monaten hatte die KBGT-Gruppe diesen Vorsprung gehalten und berichtete außerdem mehr positive und weniger negative Gedanken während dem Verhaltenstest als die Probanden der Placebogruppe. Von einer klinisch signifikanten Verbesserung wurde gesprochen, wenn die ursprüngliche Einschätzung auf der 0–8-Ratingskala des *Clinician's Severity Rating* (s. oben) durch einen unabhängigen Beurteiler nach der Behandlung um mindestens zwei Punkte abgenommen hatte und unter den klinisch auffälligen Wert von drei oder weniger gesunken war. Nach diesen Kriterien hatte bei 75% der KBGT, aber nur bei 40% der Placebogruppe eine Verbesserung stattgefunden. In der 6-Monats-Nachuntersuchung lautete dieses Verhältnis 81 zu 47%.

In einer Katamneseuntersuchung nach 5 Jahren zeigten sich weiterhin die Patienten der KBG'T als weniger phobisch, weniger vermeidend und durch ihre Symptome weniger in den Lebensbereichen Arbeit, soziale Aktivitäten und Freizeit beeinträchtigt (Einschätzungen durch die Patienten und durch unabhängige Kliniker; Heimberg et al., 1995b), während bei der Placebogruppe auch

Tabelle 3.3. Ergebnisse eines Therapievergleichs bei Sozialphobie. (Nach Heimberg et al., 1994)

Interventionsform	Ergebnis
1. KU[a]+RK[b]	effektiv im Prä-Post-Vergleich
KU+RK	effektiver als nur KU
	nur RK
2. Entspannung+Ablenkung+ rationale Selbstgespräche+RK	effektiver als nur RK
3. KGBT[c]	kurz- und langfristig effektiv im Prä-Post-Vergleich
KGBT	effektiver als Placebopsychotherapie
	Placebomedikation
KGBT	kurzfristig gleich effektiv, aber langfristig effektiver als nur RK
	Phenelzin[d]
4. Phenelzin	effektiver als Placebopsychotherapie
	Placebomedikation

[a] Kognitive Umstrukturierung.
[b] Reizkonfrontation.
[c] Kognitiv-behaviorale Gruppentherapie nach Heimberg et al. (in Druck).
[d] Ein MAO-Hemmer.

weiterhin Behandlungsbedürftigkeit konstatiert wurde.

Diese Ergebnisse müssen zwar im Licht einer kleinen und etwas unrepräsentativen Nachuntersuchungsstichprobe interpretiert werden; sie sind aber dennoch ein Grund zum Optimismus bezüglich der Langzeiteffektivität kognitiv-behavioraler Behandlungsansätze.

Heimberg et al. (1994) berichteten vorläufige Ergebnisse einer laufenden Multi-Center-Studie, in der die KBGT mit Phenelzin verglichen wird. Die Probanden wurden dabei zufällig entweder der KBGT, der oben beschriebenen Placebogruppentherapie, Phenelzin oder einer Placebomedikation zugeteilt. Nach 12 Behandlungswochen war aufgrund einer Einschätzung durch einen unabhängigen Experten die Wahrscheinlichkeit in der KBGT- und der Phenelzin-Bedingung für ein positives Ansprechen auf die Behandlung gegenüber den beiden Placebogruppen erhöht. Während Phenelzin bei einigen Maßen einen größeren Fortschritt als die KBGT erzielte, traten bei der kognitiv-behavioralen Behandlung in der Nachuntersuchungsphase signifikant weniger Rückfälle auf.

Eine zusammenfassende Auswahl der empirischen Befunde findet sich in Tabelle 3.3.

Zusammenfassung

- Kennzeichnend für die *Sozialphobie* ist die Angst in Situationen, in denen eine Person im Mittelpunkt steht und befürchtet, sich peinlich zu verhalten.
- Neuere Forschungsergebnisse legen nahe, daß die Sozialphobie die am *dritthäufigsten* vorkommende *psychische Störung* der USA ist; es ist ein entscheidendes Forschungsziel, wirkungsvolle Behandlungsmethoden zu entwickeln.
- In diesem Kapitel finden sich *Definition, Epidemiologie* und *Ätiologiemodelle* der Sozialphobie.
- Es wird ein kognitiv-behaviorales *Störungsmodell* vorgestellt und eine auf kognitiv-behavioralen Prinzipien beruhende Gruppentherapie beschrieben.
- Ein *Fallbericht* einer erfolgreichen Behandlung eines Sozialphobikers illustriert die Techniken dieser Gruppentherapie.
- Außerdem wird kurz auf *Studien zur Effektivität* kognitiv-behavioraler Behandlungstechniken eingegangen.

Literatur

American Psychiatric Association (1980). *Diagnostic and statistic manual of mental disorders* (3rd ed.). Washington, DC: Author.

American Psychiatric Association (1987). *Diagnostic and statistic manual of mental disorders* (3rd ed.-Revised). Washington/DC: Author.

American Psychiatric Association (1994). *Diagnostic and statistic manual of mental disorders* (4th ed.). Washington/DC: Author [dt. Übersetzung: Saß, H., Wittchen, H. U. & Zaudig, M. (1996). Diagnostisches und statistisches Manual psychischer Störungen (DSM-IV)]. Göttingen: Hogrefe.

Amies, P. L., Gelder, M. G. & Shaw, P. M. (1983). Social phobia: a comparative clinical study. *British Journal of Psychiatry, 142,* 174–179.

Arrindell, W. A., Emmelkamp, P. M. G., Monsma, A. & Brilman, E. (1983). The role of perceived parental rearing practices in the aetiology of phobic disorders: a controlled study. *British Journal of Psychiatry, 143,* 183–187.

Arrindell, W. A., Kwee, M. G. T., Methorst, G. J., Van der Ende, J., Pol, E. & Moritz, B. J. M. (1989). Perceived parental rearing styles of agoraphobic and socially phobic in-patients. *British Journal of Psychiatry, 155,* 526–535.

Asmundson, G. J. G. & Stein, M. B. (1994). Selective processing of social threat in patients with generalized social phobia: Evaluation using a dot-probe paradigm. *Journal of Anxiety Disorders, 8,* 107–117.

Beck, A. T. & Emery, G. (1985). *Anxiety disorders and phobias: A cognitive perspective.* New York: Basic Books.

Beck, A. T., Rush, A. J., Shaw, B. F. & Emery, B. (1979). *Cognitive therapy of depression.* New York: Guilford.

Brown, E. J., Heimberg, R. G. & Juster, H. R. (1995). Social phobia subtype and avoidant personality disorder: Effect on severity of social phobia, impairment, and outcome of cognitive-behavioral treatment. *Behavior Therapy, 26,* 467–486.

Bruch, M. A. & Heimberg, R. G. (1994). Differences in perceptions of parental and personal characteristics between generalized and nongeneralized social phobics. *Journal of Anxiety Disorders, 8,* 155–168.

Bruch, M. A., Heimberg, R. G., Berger, P. & Collins, T. (1989a). Social phobia and perceptions of early parental and personal characteristics. *Anxiety Research: An International Journal, 2,* 57–65.

Bruch, M. A., Gorsky, J. M., Collins, T. M. & Berger, P. (1989b). Shyness and sociability reexamined: A multicomponent analysis. *Journal of Personality and Social Psychology, 57,* 904–915.

Burns, D. D. (1980). *Feeling good: The new mood therapy.* New York: William Morrow.

Buss, A. H. (1980). *Self-consciousness and social anxiety.* San Francisco: Freeman.

Butler, G., Cullington, A., Munby, M., Amies, P. & Gelder, M. (1984). Exposure and anxiety management in the treatment of social phobia. *Journal of Consulting and Clinical Psychology, 52,* 642–650.

Clark, J. V. & Arkowitz, H. (1975). Social anxiety and self-evaluation of interpersonal performance. *Psychological Reports, 36,* 211–221.

DiNardo, P. A. & Barlow, D. H. (1988). *Anxiety disorders interview schedule – Revised.* Albany/NY: Graywind Publications.

Dodge, C. S., Hope, D. A., Heimberg, R. G. & Becker, R. E. (1988). Evaluation of the social interaction self-statement test with a social phobic population. *Cognitive Therapy and Research*, 12, 211–222.

Fyer, A. J., Mannuzza, S., Chapman, T. F., Liebowitz, M. R. & Klein, D. F. (1993). A direct interview family study of social phobia. *Archives of General Psychiatry*, 50, 286–293.

Gelernter, C. S., Uhde, T. W., Cimbolic, P., Arnkoff, D. B., Vittone, B. J., Tancer, M. E. & Bartko, J. J. (1991). Cognitive-behavioral and pharmacological treatments for social phobia: A controlled study. *Archives of General Psychiatry*, 48, 938–945.

Girodo, M., Dotzenroth, S. E. & Stein, S. J. (1981). Causal attribution bias in shy males: Implications for self-esteem and self-confidence. *Cognitive Therapy and Research*, 5, 325–338.

Hartman, L. M. (1983). A metacognitive model of social anxiety: Implications for treatment. *Clinical Psychology Review*, 3, 435–456.

Heimberg, R. G. (1989). Cognitive and behavioral treatments for social phobia: a critical analysis. *Clinical Psychology Review*, 9, 107–128.

Heimberg, R. G. & Barlow, D. H. (1988). Psychosocial treatments for social phobia. *Psychosomatics*, 29, 27–37.

Heimberg, R. G. & Juster, H. R. (1994). Treatment of social phobia in cognitive behavioral groups. *Journal of Clinical Psychiatry*, 55 [Suppl.], 38–46.

Heimberg, R. G. & Juster, H. R. (1995). Cognitive-Behavioral treatment: Literature review. In R. Heimberg, M. Liebowitz, D. Hope & F. Schneier (Eds.), *Social phobia: Diagnosis, assessment and treatment*. New York: Guilford.

Heimberg, R. G., Becker, R. E., Goldfinger, K. & Vermilyea, J. A. (1985). Treatment of social phobia by exposure, cognitive restructuring, and homework assignments. *Journal of Nervous and Mental Disease*, 173, 236–245.

Heimberg, R. G., Dodge, C. S. & Becker, R. E. (1987). Social phobia. In L. Michelson & M. Ascher (Eds.), *Anxiety and stress disorders: Cognitive-behavioral assessment and treatment* (pp. 280–309). New York: Guilford.

Heimberg, R. G., Dodge, C. S., Hope, D. A., Kennedy, C. R., Zollo, L. & Becker, R. E. (1990a). Cognitive-behavioral group treatment of social phobia: Comparison to a credible placebo control. *Cognitive Therapy and Research*, 14, 1–23.

Heimberg, R. G., Hope, D. A., Dodge, C. S. & Becker, R. E. (1990b). DSM-III-R subtypes of social phobia: Comparison of generalized social phobics and public speaking phobics. *Journal of Nervous and Mental Disease*, 178, 172–179.

Heimberg, R. G., Juster, H. R. (1994). Treatment of social phobia in cognitive-behavioral groups. *Journal of Clinical Psychiatry*, 55, 38–46.

Heimberg, R. G., Juster, H. R., Brown, E. B., Holle, C., Makris, G. S., Leung, A. W., Schneier, F. R., Gitow, A. & Liebowitz, M. R. (1994, November). *Cognitive-behavioral versus pharmacological treatment of social phobia: Posttreatment and follow-up effects* (Poster presented at the Association for the Advancement of Behavior Therapy). San Diego/CA.

Heimberg, R. G., Juster, H. R., Hope, D. A. & Mattia, J. I. (1995a). Cognitive behavioral group treatment for social phobia: Description, case presentation, and empirical support. In M. B. Stein (Ed.), *Social phobia: Clinical and research perspectives*. Washington/DC: American Psychiatric Press.

Heimberg, R. G., Klosko, J. S., Dodge, C. S., Shadick, R., Becker, R. E. & Barlow, D. H. (1989). Anxiety disorders, depression, and attributional style: A further test of the specificity of depressive attributions. *Cognitive Therapy and Research*, 13, 21–36.

Heimberg, R. G., Salzman, D. G., Holt, C. S. & Blendell, K. A. (1995b). Cognitive-behavioral group treatment for social phobia: Effectiveness at five-year follow-up. *Cognitive Therapy and Research*, 17, 597–598.

Holt, C. S., Heimberg, R. G. & Hope, D. A. (1992). Avoidant personality disorder and the generalized subtype of social phobia. *Journal of Abnormal Psychology*, 101, 318–325.

Hope, D. A. & Heimberg, R. G. (1993). Social phobia and social anxiety. In D. H. Barlow (Ed.), *Clinical handbook of psychological disorders: A step-by-step treatment manual* (2nd ed., pp. 99–136). New York: Guilford.

Hope, D. A., Heimberg, R. G. & Klein, J. R. (1990a). Social anxiety and the recall of interpersonal information. *Journal of Cognitive Psychotherapy*, 4, 189–199.

Hope, D. A., Rapee, R. M., Heimberg, R. G. & Dombeck, M. (1990b). Representations of the self in social phobia: Vulnerability to social threat. *Cognitive Therapy and Research*, 14, 177–189.

Hope, D. A., Heimberg, R. G. & Bruch, M. A. (1994). *Dismantling cognitive-behavioral group therapy for social phobia*. Manuscript submitted for publication.

Kessler, R. C., McGonagle, K. A., Zhao, A., Nelson, C. B., Hughes, M., Eshleman, S., Wittchen, H. U. & Kendler, K. S. (1994). Lifetime and 12-month prevalence of DSM-III-R psychiatric disorders in the United States. *Archives of General Psychiatry*, 51, 8–19.

Leary, M. R. & Atherton, S. C. (1986). Self-efficacy, social anxiety, and inhibition in interpersonal encounters. *Journal of Social Clinical Psychology*, 4, 256–267.

Leary, M. R., Kowalski, R. M. & Campbell, C. D. (1988). Self-presentation concepts and social anxiety: The role of generalized impression expectancies. *Journal of Research in Personality*, 22, 308–321.

Levin, A. P., Saoud, J. B., Strauman, T., Gorman, J. M., Fyer, A. J., Crawford, R. & Liebowitz, M. R. (1993). Responses of »generalized« and »discrete« social phobics during public speaking. *Journal of Anxiety Disorders*.

Lucock, M. P. & Salkovskis, P. M. (1988). Cognitive factors in social anxiety and its treatment. *Behaviour Research and Therapy*, 26, 297–302.

Mannuzza, S., Fyer, A. J., Liebowitz, M. R. & Klein, D. F. (1990). Delineating the boundaries of social phobia: Its relationship to panic disorder and agoraphobia. *Journal of Anxiety Disorders*, 4, 41–59.

Marks, I. M. & Gelder, M. G. (1966). Different ages of onset in varieties of phobia. *American Journal of Psychiatry*, 123, 218–221.

Mattia, J. I., Heimberg, R. G., Faccenda, K., Holt, C. S. & Frost, R. O. (1992, November). *Perfectionism and social phobia*. (Paper presented at the annual meeting of the Association for the Advancement of Behavior Therapy.) Boston/MA.

Mattia, J. I., Heimberg, R. G. & Hope, D. A. (1993). The revised Stroop colour-naming task in social phobics. *Behaviour Research and Therapy*, 31, 305–313.

Mattick, R. P. & Peters, L. (1988). Treatment of severe social phobia: Effects of guided exposure with and without cognitive restructuring. *Journal of Consulting and Clinical Psychology, 56,* 251–260.

Mattick, R. P., Peters, L. & Clarke, J. C. (1989). Exposure and cognitive restructuring for social phobia: a controlled study. *Behavior Therapy, 20,* 3–23.

McEwan, K. L. & Devins, G. M. (1983). Is increased arousal in social anxiety noticed by others? *Journal of Abnormal Psychology, 92,* 417–421.

Myers, J. K., Weissman, M. M., Tischler, G. L., Holzer, C. E., Leaf, P. J., Orvaschel, H., Anthony, J. D., Boyd, J. H., Burke, J. D., Jr., Kramer, M. & Stolzman, R. (1984). Six-month prevalence of psychiatric disorders in three communities. *Archives of General Psychiatry, 41,* 959–967.

Öst, L.-G. (1987). Age of onset in different phobias. *Journal of Abnormal Psychology, 96,* 223–229.

Parker, G. (1979). Reported parental characteristics of agoraphobics and social phobics. *British Journal of Psychiatry, 135,* 555–560.

Persons, J. B. (1989). *Cognitive therapy in practice: A case formulation approach.* New York: W.W. Norton.

Rapee, R. M. & Lim, L. (1992). Discrepancy between self- and observer ratings of performance in social phobics. *Journal of Abnormal Psychology, 101,* 727–731.

Rosenbaum, J. F., Biederman, J., Pollock, R. A. & Hirshfeld, D. R. (1994). The etiology of social phobia. *Journal of Clinical Psychiatry, 55* [Suppl.], 10–16.

Schlenker, B. R. & Leary, M. R. (1982). Social anxiety and self-presentation: A conceptualization and model. *Psychological Bulletin, 92,* 641–669.

Schneier, F. R., Johnson, J., Hornig, C. D., Liebowitz, M. R. & Weissman, M. W. (1992). Social phobia: Comorbidity and morbidity in an epidemiologic sample. *Archives of General Psychiatry, 49,* 282–288.

Stopa, L. & Clark, D. M. (1993). Cognitive processes in social phobia. *Behaviour Research and Therapy, 31,* 255–267.

Teglasi, H. & Hoffman, M. A. (1982). Causal attributions of shy subjects. *Journal of Research in Personality, 16,* 376–385.

Turner, S. M., Beidel, D. C. & Larkin, K. T. (1986). Situational determinants of social anxiety in clinic and nonclinic samples: physiological and cognitive correlates. *Journal of Consulting and Clinical Psychology, 54,* 523–527.

World Health Organization (1992). *International classification of diseases – 9th revision.* Geneva: Author.

Yalom, I. G. (1975). *The theory and practice of group therapy* (2nd ed). New York: Basic Books.

Weiterführende Literatur

Heimberg, R. G. & Juster, H. R. (1994). Treatment of social phobia in cognitive behavioral groups. *Journal of Clinical Psychiatry, 55* [Suppl.], 38–46.

Heimberg, R. G. & Juster, H. R. (in press). Cognitive-Behavioral treatment: Literature review. In R. Heimberg, M. Liebowitz, D. Hope & F. Schneier (Eds.), *Social phobia: Diagnosis, assessment and treatment.* New York: Guilford.

Heimberg, R. G., Juster, H. R., Hope, D. A. & Mattia, J. I. (in press). Cognitive behavioral group treatment for social phobia: Description, case presentation, and empirical support. In M. B. Stein (Ed.), *Social phobia: Clinical and research perspectives.* Washington/DC: American Psychiatric Press.

Hope, D. A. & Heimberg, R. G. (1993). Social phobia and social anxiety. In D. H. Barlow (Ed.), *Clinical handbook of psychological disorders: A step-by-step treatment manual* (2nd ed., pp. 99–136). New York: Guilford.

Pfingsten, U. & Hinsch, R. (Hrsg.) (1991). Gruppentraining sozialer Kompetenzen. Weinheim: PVU.

Ullrich de Muynck, R. & Ullrich, R. (1976). *Das Assertiveness-Trainings-Programm ATP. Einübung von Selbstvertrauen und sozialer Kompetenz* (3 Bde). München: Pfeiffer.

KAPITEL 4

Zwangsstörungen 4

PAUL M. SALKOVSKIS, ANDREA ERTLE und JOAN KIRK

4.1 Einführung

Zwangssyndrome bzw. Zwangsgedanken (»obsessions«) und Zwangshandlungen (»compulsions«) sind kein neues Phänomen. Ein bekanntes literarisches Beispiel ist Shakespeares Lady Macbeth. Martin Luther und Charles Darwin gehören zu den vielen prominenten Persönlichkeiten, die von dieser schwerwiegenden Störung betroffen waren. Viele der frühen Beschreibungen betonen den religiösen Inhalt von Zwangsgedanken, was einen wichtigen Hinweis auf die Natur dieser Störungen liefert: Der Inhalt von Zwangsgedanken spiegelt allgemeine besorgniserregende Themen der jeweiligen Zeit wider, ob diese nun das Werk des Teufels, die Verunreinigung durch Keime oder Strahlungen oder das Risiko einer erworbenen Immunschwäche (Aids) betreffen.

Im Laufe des 19. Jahrhunderts wurden Zwangsgedanken nicht mehr als das Werk des Teufels betrachtet, sondern als Teil der Depression beschrieben. Seit der Jahrhundertwende werden Zwänge als eigenständiges Syndrom konzeptionalisiert. In seinen frühen Schriften sah Freud Zwangssyndrome als Regression auf eine prägenitale, analsadistische Phase, bestimmt von Konflikten zwischen Aggressivität und Unterwerfung, Schmutz und Sauberkeit, Ordnung und Unordnung. In nachfolgenden psychodynamischen Modellen werden Zwangspatienten als »präpsychotisch« mit »schwachen Ich-Grenzen« beschrieben. Eine solche Sichtweise führt oftmals zu einer unangemessenen Behandlung (wie z.B. der Verschreibung von Neuroleptika) und schließt eine behaviorale Behandlung mit der Begründung aus, daß diese die schützenden Abwehrmechanismen der Patienten unterlaufen und eine Psychose vorantreiben könnten. Bis zu den 60er Jahren war die Prognose für Zwangsstörungen schlecht; empfohlene Behandlungsformen waren Unterstützung, langfristige Hospitalisierung und Psychochirurgie.

Vor diesem ernüchternden Hintergrund stachen Berichte von Meyer (1966) heraus, der die erfolgreiche behaviorale Behandlung von 2 Fällen mit chronischer Zwangsneurose beschrieb, gefolgt von einer Serie weiterer erfolgreicher Fallberichte. Seine Arbeiten leiteten die Anwendung psychologischer Modelle auf Zwänge und die Entwicklung effektiver behavioraler Behandlungsformen ein. Sein Ausgangspunkt waren Tiermodelle zwanghaften Verhaltens (s. z.B. Metzner, 1963), die nahelegten, daß ritualisierte Verhaltensweisen eine Form erlernten Vermeidungsverhaltens darstellen. Verhaltenstherapien bei Phobien, die auf ähnlichen Modellen basierten, hatten sich unter Anwendung der Methode der Desensibilisierung als erfolgreich für die Behandlung phobischer Vermeidung erwiesen; Versuche, diese Methoden auf zwanghafte Rituale zu übertragen, waren bisher jedoch fehlgeschlagen. Meyer (1966) argumentierte, daß es auch hier notwendig sei, das Vermeidungsverhalten direkt anzugehen und sicherzustellen, daß weder während noch zwischen den Behandlungssitzungen ritualisierte Zwangshandlungen durchgeführt werden. Sein Ansatz bereitete kognitive Ansätze vor, indem er die Rolle der Erwartung eines drohenden Unglücks bei Zwängen betonte und darauf hinwies, wie wichtig es sei, diese Erwartungen in der Behandlung zu widerlegen. Dies wurde aber dem Hauptziel, der Unterbindung ritualisierter Zwangshandlungen, untergeordnet. Jedoch etwa zur selben Zeit entwickelten Rachman et al. (1971) Behandlungsmethoden, die die Konfrontation mit gefürchteten Situationen als zentrales Element enthielten. Diese beiden unterschiedlichen Ansätze wurden in der Folge zu einem hochwirksamen behavioralen Behandlungsprogramm verbunden, der *Konfrontation mit Reaktionsverhinderung*. In neuerer Zeit wurde diese Methode durch kognitive Techniken ergänzt, ausgehend von der Sichtweise, daß Zwangsgedanken Übertreibungen wichtiger Aspekte normaler kognitiver Funktionen sind (Salkovskis, 1988).

4.2
Beschreibung der Störung

4.2.1
Überblick

> Zwangsgedanken sind lästige und aufdringliche Gedanken, bildhafte Vorstellungen und dranghafte Impulse. Personen, die solche *Intrusionen* erleben, betrachten diese in der Regel als abstoßend, unannehmbar, sinnlos und schwer zu verscheuchen. Zwangsgedanken können durch eine Vielzahl von auslösenden Reizen provoziert werden.

Sobald ein Zwangsgedanke entstanden ist, wird er von Gefühlen wie Unbehagen oder Angst begleitet sowie dem Drang, diesen Zwangsgedanken (oder seine Konsequenzen) zu neutralisieren (d. h. in Ordnung zu bringen). Dieses *Neutralisieren*

nimmt oft die Form zwanghaften Verhaltens an (wie etwa Waschen oder Kontrollieren). Manchmal wird dieses Verhalten von einem subjektiven Gefühl des Widerstands begleitet, dieses zwanghafte Verhalten auszuführen.

Zwangshandlungen bzw. neutralisierende Verhaltensweisen werden häufig stereotyp oder idiosynkratisch festgelegten Regeln folgend ausgeführt. Sie sind mit einem kurzzeitigen Gefühl der Erleichterung verbunden und der Überzeugung, daß bei Unterlassung des Rituals ein Angstanstieg unmittelbar erfolgt wäre.

Zu den neutralisierenden Verhaltensweisen zählen auch Veränderungen der geistigen Aktivität wie etwa das absichtliche Denken eines anderen Gedankens als Reaktion auf einen Zwangsgedanken. Außerdem entwickeln die Patienten ein Vermeidungsverhalten, bei dem insbesondere Situationen vermieden werden, die Zwangsgedanken auslösen könnten. Ein wichtiges Merkmal der Zwangsstörung ist, daß auch die Patienten selbst, bei nüchterner Betrachtung, ihre eigenen Zwangsgedanken und Zwangshandlungen als sinnlos oder übertrieben ansehen, zumindest zu einem gewissen Grad (s. unten).

Fallbeispiel

Eine Patientin hatte den Zwangsgedanken, daß sie ihre Familie mit Krebs anstecken könnte und wusch und desinfizierte ihre Hände bis zu 40mal am Tag, jeweils zwischen 5 und 20 min lang (Zwangshandlung). Sie wußte, daß Krebs nicht durch Hautkontakt übertragen werden kann (obwohl sie sich dabei nicht 100% sicher war), und meistens war ihr auch klar, daß das dauernde Waschen sowohl sinnlos wie auch störend war. Dennoch wurde sie immer dann, wenn sie die Zwangsgedanken erlebte, ängstlich und verzweifelt und konnte die Sicherheit, ihrer Familie keinen Schaden zuzufügen, nur über das Waschen erlangen. Der Waschvorgang war stereotypisiert, indem sie jeden Finger und jeden Teil der Hand in einer strengen Reihenfolge mit stereotypen, genau ausgearbeiteten Bewegungen wusch. Jedes Abweichen von diesen Regeln hatte zur Folge, daß der Waschvorgang wiederholt werden mußte.

Je nach Erscheinungsbild werden Zwangsphänomene allgemein in Zwangsgedanken ohne offene Zwangshandlungen und Zwangsgedanken mit offenen Zwangshandlungen unterteilt (Rachman & Hodgson, 1980). Diese Einteilung erscheint auf den ersten Blick naheliegend, birgt jedoch die Gefahr, einen wichtigen funktionalen Zusammenhang zu verschleiern. Das psychologische Modell der Zwangsstörungen (Rachman, 1978) unterstreicht die funktionale Bedeutung sowohl offener als auch verdeckter Zwangshandlungen als neutralisierende Verhaltensweisen.

So sind Zwangsgedanken *unwillkürliche*, aufdringliche Gedanken, Vorstellungen und Impulse, die von einem Angstanstieg begleitet werden, während Neutralisieren durch offene oder verdeckte Zwangshandlungen *willkürliches* Verhalten ist, das der Patient mit dem Ziel ausführt, die Angst oder das Risiko eines Unglücks zu vermindern.

Das verdeckte neutralisierende Verhalten kann in vielerlei Hinsicht den Zwangsgedanken sehr ähnlich sein.

Fallbeispiel

Ein Patient hatte den Zwangsgedanken, daß er von einem Fremden tätlich angegriffen werden würde; immer wenn dieser Gedanke auftrat, dachte er den Gedanken willkürlich ein zweites Mal, denn wenn die Häufigkeit des Auftretens des Gedankens geradzahlig war, fühlte er sich besser. Dies konnte zu langen Sequenzen von Aufdrängen – Neutralisieren – Aufdrängen – Neutralisieren etc. führen, also zu einer Kette von Gedanken, deren Glieder sich abwechselnd in ihrer Funktion, nicht aber in ihrem Inhalt unterschieden.

4.2.2
Inhalt von Zwangsgedanken

Zwanghafte Gedanken, Impulse und Vorstellungen betreffen in der Regel Themen, die mit der eigenen Persönlichkeit unvereinbar sind. Je unannehmbarer ein aufdringlicher Gedanke für eine Person ist, desto unbehaglicher fühlt sie sich, wenn der Gedanke auftritt. So kommt es zu dem scheinbar paradoxen Fall des Priesters, der blasphemische Gedanken hat, dem Pazifisten mit gewalttätigen Impulsen oder der fürsorglichen Mutter, die in Gedanken ihr Kind verletzt. Themen, die häufig Inhalt von Zwangsgedanken sind sowie Beispiele für einzelne Gedanken und typische resultierende Zwangshandlungen sind in Tabelle 4.1 aufgeführt.

4.2.3
Typische Formen von Zwangshandlungen

Häufig beschäftigen sich Zwangspatienten mit einem möglichen zukünftigen Unglück und dem Drang, dieses Unglück abzuwenden; das üblicherweise von Bemühungen gefolgt wird, dies auch wirklich zu tun. Allerdings unterscheiden sich Patienten mit zwanghaftem Waschverhalten (»cleaners«) von Patienten mit in erster Linie kontrollierendem Verhalten (»checkers«) (Rachman & Hodgson, 1980).

■ **Waschzwang.** Waschzwänge ähneln Phobien. Sie sind durch verstärktes Vermeidungsverhalten einer Vielzahl verunreinigter bzw. kontaminierter Objekte charakterisiert. Wenn Vermeidung nicht funktioniert, versucht der Patient, die Dinge durch Waschen oder Putzen wieder »in Ordnung« zu bringen. Zum Beispiel befürchtete eine Patientin, Keime und Bakterien mit nach Hause bringen zu können und vermied es deshalb, in bestimmten Geschäften einzukaufen; wenn sie doch einmal Gemüse kaufte, wusch sie es 7mal, um die Keime nicht auf die Familie zu übertragen.

■ **Kontrollzwang.** Patienten mit Kontrollzwang streben an, ganz sicher zu gehen, nicht für einen Schaden für sich oder andere verantwortlich zu sein. Ein Patient beispielsweise sorgte sich ständig darum, aus eigener Unbedachtsamkeit andere Leute verletzen zu können; häufig drehte er auf der Straße mit dem Auto um und fuhr zurück, um sich bei Fußgängern zu versichern, sie nicht aus Versehen beim Vorbeifahren angefahren zu haben.

Das Erscheinungsbild von Patienten mit Wasch- und Kontrollzwängen überschneidet sich in vielerlei Hinsicht, und die funktionale Bedeutung der jeweiligen Zwangshandlung (Waschen oder Kontrollieren) ist identisch. Auch Zwangsgedanken ohne offene Zwangshandlungen können in ähnlicher Weise unterschieden werden; kognitive (verdeckte) Zwangshandlungen können in ihrer Funktion ebenso wie offene Zwangshandlungen in die Kategorien *Schadensausgleich («restitution»)*, also In-Ordnung-Bringen, wie beim Waschen, und *Verifikation (»verification«),* wie beim Kontrollieren, eingeteilt werden.

Tabelle 4.1. Die häufigsten Inhalte von Zwängen und Beispiele zugehöriger Zwangsgedanken und -handlungen

Inhalte	Zwangsgedanken	Zwangshandlungen
Verunreinigung bzw. Kontamination (Vorstellung, durch den Kontakt mit als gefährlich betrachteten Substanzen, wie z. B. Schmutz, Keime, Urin, Kot, Blut, Strahlung, Gifte, Schaden zu erleiden)	Der Kamm des Friseurs war mit dem Aidsvirus infiziert	Arzt aufsuchen; den Körper nach Aids-symptomen absuchen; Hände und Haare waschen; alles sterilisieren, was andere Personen berühren könnten
Physische Gewalt (gegen sich selbst oder andere, verursacht durch die eigene Person oder durch andere)	Ich werde meinem Baby etwas antun	Nicht mehr mit dem Kind allein sein; Rückversicherung suchen; Messer oder Plastiktüten verstecken
Tod	Mein Partner könnte tot sein	Vorstellung dieser Personen als lebendig
Zufälliges Unglück (nicht aufgrund einer Kontamination oder physischer Gewalt; z. B. Unfall, Krankheit)	Ich könnte jemanden mit dem Auto angefahren haben	Krankenhäuser oder Polizei anrufen; Strecke nochmals abfahren; das Auto nach Spuren eines Unfalls absuchen
Sozial unangepaßtes Verhalten (z. B. Ausrufen peinlicher Inhalte, Verlust der Kontrolle)	Ich werde gleich etwas Obszönes rufen	Versuche, »die Kontrolle zu behalten«; Vermeidung sozialer Situationen; wiederholte Rückversicherung bei anderen, ob das eigene Verhalten in bestimmten Situationen akzeptabel war
Sexualität (übermäßige Beschäftigung mit Sexualorganen, unakzeptables sexuelles Verhalten)	Ich werde jemanden vergewaltigen	Versuch, nicht mit potentiellen Opfern allein zu sein; Versuch, derartige Gedanken aus dem Kopf zu verbannen
Religion (z. B. blasphemische Gedanken, religiöse Zweifel)	Ich werde meine Speisen dem Teufel anbieten	Gebete; Aufsuchen religiöser Hilfe/ Beichte; Gott als Ausgleich etwas anderes anbieten
Ordentlichkeit (z. B. Dinge müssen am richtigen Platz sein, Handlungen auf die richtige Art ausgeführt werden: nach einem bestimmten Muster oder mit einer bestimmten Häufigkeit)	Wenn ich meine Zähne nicht auf die richtige Art und Weise putze, muß ich nochmal von vorne anfangen, solange bis ich es richtig mache	Wiederholung einer Handlung mit einer »guten« Häufigkeit; Wiederholung, bis es sich »richtig anfühlt«
Unsinn (z. B. bedeutungslose Phrasen, Bilder, Melodien, Wörter, Ziffern)	Hören der Titelmelodie einer Fernsehserie »im Kopf« während einer anderen Tätigkeit (z. B. beim Lesen)	Wiederholtes Durchlesen der Passage so lange, bis die Melodie nicht mehr auftaucht

4.3
Psychologische Modelle des Zwangssyndroms

Die zentralen Merkmale des Zwangssyndroms sind:

- *Vermeidung* von Objekten oder Situationen, die Zwangsgedanken auslösen könnten,
- *aufdringliche Kognitionen* (zwanghafte Gedanken, Vorstellungen oder Impulse),
- *Bewertung* des Auftretens der Intrusionen an sich sowie ihres Inhalts aus der Perspektive eines übersteigerten *Verantwortungsgefühls*,
- *Neutralisieren* (zwanghafte Verhaltensweisen und Gedankenrituale; Versuche, die unerwünschten Kognitionen zu unterdrücken) sowie
- *Unbehagen* (Angst, Depression oder eine Mischung).

Patienten versuchen, Zwangsgedanken zu vermeiden, indem sie Situationen oder Objekten, die solche Gedanken auslösen könnten, möglichst aus dem Weg gehen. So sperrte z. B. eine Patientin mit gewalttätigen Impulsen alle Messer in ihrer Wohnung weg und stellte sicher, daß sie nie mit den Personen allein war, die in ihren gewalttätigen Gedanken eine Rolle spielten. Viele Patienten schränken ihre Aktivitäten und ihren Lebensraum ein, um den Kontakt mit zwangsbesetzten Reizen zu minimieren. Eine Frau mit einem Kontrollzwang beispielsweise zog eigens in ein Haus mit nur einer Tür um, das sie nur verließ, wenn ein anderer die Tür für sie abschloß und den Schlüssel für sie aufbewahrte.

Wenn, trotz Vermeidungsverhaltens, Zwangsgedanken auftreten, führt dies dann zu *neutralisierendem Verhalten* (meist Zwangsritualen), wenn der Patient das Auftreten der Intrusionen an sich oder deren Inhalt als Zeichen persönlicher Verantwortung für einen Schaden gegen sich oder andere interpretiert. Neutralisierende Verhaltensweisen sind in der Regel besser erkennbar, wenn sie die Form offener Zwangshandlungen annehmen, insbesondere wenn sie repetitiv ausgeführt werden und eine kurzfristige Reduktion der Angst zur Folge haben bzw. mit der Überzeugung einhergehen, daß ein unmittelbarer Angstanstieg bei Unterlassung des Rituals erfolgt wäre. Wenn die Zwangsgedanken über längere Zeit anhalten und sich die Rituale ausbreiten, kann es geschehen, daß die Betroffenen, nach Konfrontation mit einem auslösenden Reiz, Zwangshandlungen scheinbar ohne zuvor aufgetretene Zwangsgedanken ausführen. In diesem Fall neutralisieren die Patienten bereits, bevor der Zwangsgedanke überhaupt auftaucht und verhindern diesen so im voraus. Zum Beispiel überprüfte eine Patientin ihre Tür sofort 50–60mal, wann immer sie diese benutzte, so daß der ursprüngliche Zwangsgedanke, Opfer eines Einbruchs zu werden, niemals auftauchte.

Eine weitere wichtige typische Verhaltensweise ist die *Gedankenunterdrückung*, bei der die Patienten versuchen, die aufdringlichen Kognitionen aus ihrem Kopf zu verbannen, jedoch damit die gegenteilige Wirkung erzielen.

■ Das behaviorale Modell des Zwangssyndroms.

Im folgenden werden die Grundannahmen des psychologischen Modells skizziert, das als Grundlage für kognitiv-behaviorale Diagnostik und Behandlung dient.

Psychologisches Modell des Zwangssyndroms

- Zwangsgedanken sind Gedanken, die mit Angst assoziiert (konditioniert) worden sind. Diese Angst würde normalerweise wieder abnehmen, kehrten die Gedanken ohne weitere Konditionierung wieder; bei Zwangsgedanken ist dies aber wegen des Auftretens der Zwangshandlungen nicht der Fall.
- Zwangshandlungen sind willkürliches Verhalten (offen oder in Gedanken), das die Konfrontation mit den Zwangsgedanken beendet und so zu einer Abnahme der Angst und des Unbehagens führt. *Zwanghaftes Verhalten wird durch diese Reduktion der Angst negativ verstärkt und damit wahrscheinlicher.* Zwangshandlungen bewirken also eine kurzfristige Abnahme des Unbehagens, erhalten es aber langfristig aufrecht.
- Außerdem lernen die Patienten, daß vermeidendes Verhalten dem Auftauchen der Zwangsgedanken (und der Angst) vorbeugen kann, so daß die Konfrontation mit den Gedanken immer seltener wird.

Zusammengefaßt verhindert das Vermeidungsverhalten eine Konfrontation mit den gefürchteten Gedanken und die Zwangshandlungen (offen oder verdeckt) beenden die Konfrontation; beide Verhaltensweisen verhindern, daß der Patient sich mit gefürchteten Gedanken und Situationen auseinandersetzt und machen so eine Neubewertung unmöglich. Unterläßt der Patient dagegen diese Verhaltensweisen, entdeckt er, daß seine Befürchtungen in Wirklichkeit nicht eintreten.

Diesem Modell folgend, besteht eine Behandlung darin, die Patienten dazu zu bewegen, sich den gefürchteten Reizen auszusetzen und sie gleichzeitig zu ermutigen, jegliche Verhaltensweisen zu unterlassen, die die Konfrontation verhindern oder beenden. Gleichzeitig wird eine Neubewertung der Ängste gefördert, so daß die Patienten entdecken, daß ihre Befürchtungen in Wirklichkeit nicht eintreten.

■ Das kognitiv-behaviorale Modell des Zwangssyndroms.

Wie das behaviorale Modell hat auch das kognitiv-behaviorale Modell der Zwangsstörung seinen Ausgangspunkt in der Annahme, daß Zwangsgedanken ihren Ursprung in normalen, aufdringlichen Gedanken haben. Der Unterschied zwischen normalen, aufdringlichen Gedanken und Zwangsgedanken liegt nicht im Auftreten der Intrusionen an sich oder ihrer Unkontrollierbarkeit, sondern erst in der Art ihrer Interpretation durch die Betroffenen. Zwangspatienten interpretieren auftretende Intrusionen als Hinweis dafür, daß sie Gefahr laufen, Unheil für sich oder andere herbeizuführen, d. h. für ein mögliches Unheil verantwortlich zu sein. Die zentrale Behauptung der Theorie ist, daß es diese wahrgenommene Verantwortlichkeit ist, die Zwangspatienten dazu führt, die auftretenden Gedanken zu neutralisieren und zu versuchen, den möglichen Schaden, der ihre Sorgen ausmacht, abzuwenden. Diese Interpretation der auftretenden Gedanken im Sinne eigener Verantwortlichkeit führt demnach sowohl zu Versuchen, die Intrusionen und Zweifel zu neutralisieren, wie auch zu dem Unbehagen, das das Auftreten der Intrusionen begleitet (eine detaillierte Darstellung der Theorie findet man z. B. in Rachman, 1993; Salkovskis, 1985; Salkovskis, 1989a; Salkovskis, 1996a; Salkovskis, 1996b; Salkovskis & Kirk, 1997; Salkovskis, Richards & Forrester, 1995).

Der Begriff der Verantwortlichkeit wird im Rahmen der kognitiv-behavioralen Theorie in einer bestimmten Weise verwendet. Die Interpretation im Sinne von Verantwortlichkeit, die als charakteristisch für Zwangsprobleme beschrieben wird, ist operational definiert als: »The belief that one has power which is pivotal to bring about or prevent subjectively crucial negative outcomes. These outcomes are perceived as essential to prevent. They may be actual, that is having consequences in the real world, and/or at a moral level« (Salkovskis et al., 1996).

Die Struktur dieser Konzeptualisierung des Zwangssyndroms ähnelt dem kognitiven Ansatz zur Beschreibung anderer Angststörungen: Eine bestimmte, nichtbedrohliche Situation rückt aufgrund negativer Mißinterpretationen offensichtlich harmloser Stimuli in den Mittelpunkt von Befürchtungen; diese Mißinterpretationen resultieren aus bestimmten, zugrundeliegenden Gefahrenüberzeugungen. Wenn Personen, wie oben beschrieben, eine Tendenz entwickeln, ihre eigene gedankliche Aktivität hinsichtlich persönlicher Verantwortlichkeit zu interpretieren, resultiert daraus das für die Zwangssymptomatik typische Muster aus Unbehagen, Neutralisieren und Vermeidung.

> So könnte z. B. eine Zwangspatientin glauben, daß das Auftreten eines Gedankens wie »Ich könnte meinem Kind etwas antun« bedeutet, daß tatsächlich die Gefahr besteht, daß sie dem drängenden Gedanken erliegt, wenn sie dies nicht aktiv verhindert, indem sie z. B. vermeidet, mit ihrem Kind allein zu sein. Sie würde sich bei anderen rückversichern, versuchen, ihre aufdringlichen Gedanken zu verhindern, ihnen zu entfliehen oder positive Gedanken dagegen zu setzen, um die negativen aufzuwiegen (zu neutralisieren). Mit Fortbestehen der Tendenz, auftauchende Gedanken auf diese Weise zu umgehen, entwickeln Personen eine ausgeprägte Zwangssymptomatik.

Die *Interpretation* zwanghafter Gedanken hinsichtlich eigener Verantwortlichkeit hat einige wichtige, miteinander zusammenhängende Folgen:

- verstärktes Unwohlsein, Angst und Depression,
- verzerrte Aufmerksamkeits- und schlußfolgernde Prozesse,
- aktive und in der Regel kontraproduktive Versuche, diese Gedanken und die damit verbundene Verantwortlichkeit mit Hilfe behavioraler und kognitiver Neutralisierungsstrategien zu vermindern. Dazu gehören Zwangshandlungen, Vermeidung von Intrusionen auslösenden Situationen, Suche nach Rückversicherung (mit dem Ziel, Verantwortung abzugeben und zu teilen) und Versuche, z. B. durch Gedankenunterdrückung, die Intrusion loszuwerden sowie

- erleichterter Zugang zum ursprünglichen aufdringlichen Gedanken und verwandten Ideen.

In Abb. 4.1 ist dargestellt, wie die Interpretation auftretender Gedanken hinsichtlich eigener Verantwortlichkeit mit zentralen aufrechterhaltenden Faktoren zusammenwirkt. Jeder dieser Faktoren trägt nicht nur kurzfristig zur Angstreduktion bei, sondern führt langfristig zu vermehrter Beschäftigung mit den aufdringlichen Gedanken im Sinne einer Spirale (Salkovskis, 1989c), in der dieser Prozeß immer weiter verschlimmert wird und zu fehlangepaßten affektiven, kognitiven und behavioralen Reaktionen führt. Während Intrusionen, die im Sinne eigener Verantwortlichkeit interpretiert werden, mit großer Wahrscheinlichkeit bestehen bleiben und in den Mittelpunkt weiterer Gedanken und Handlungen rücken, veranlassen dagegen Gedanken, die nicht als persönlich relevant interpretiert werden, keine weiteren Gedanken oder Handlungen. Das vermehrte Auftreten von Intrusionen bei Zwangspatienten im Unterschied zu nichtzwanghaften Personen kann also direkt auf den spezifischen Umgang mit den Gedanken durch die Betroffenen selbst zurückgeführt werden.

4.4
Diagnostik

4.4.1
Ziele in der Diagnostik

Die Diagnostik besteht aus einem umfassenden klinischen Interview, Selbstbeobachtung, Zuweisung von Hausaufgaben und direkter Verhaltensbeobachtung. Die wichtigsten Ziele der diagnostischen Phase sind:

- sich auf eine Liste von Problemen zu einigen,
- für jedes Problem ein Konzept bzw. ein psychologisches Modell zu erarbeiten, in das prädisponierende, auslösende und aufrechterhaltende Faktoren Eingang finden,
- einzuschätzen, ob eine psychologische Behandlung überhaupt angezeigt ist und
- einen kontinuierlichen diagnostischen Prozeß anzustoßen.

Wie bei kognitiv-behavioralen Behandlungen üblich, greifen Diagnostik und Behandlung ineinander, so daß es z. B. ein wichtiger Aspekt der Diagnostik ist, die Reaktion auf die Konfrontation

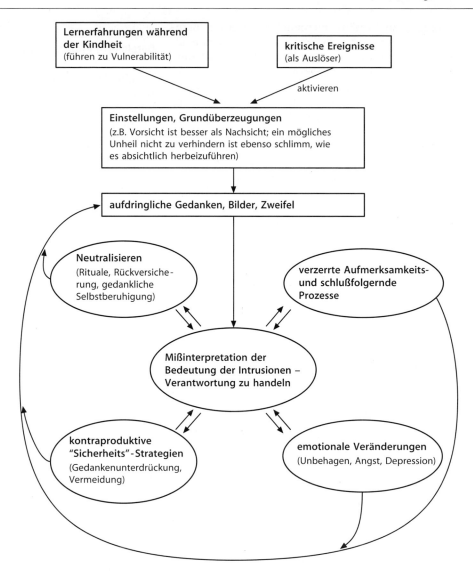

Abb. 4.1. Das kognitiv-behaviorale Modell des Zwangssyndroms

Lernerfahrungen während der Kindheit (führen zu Vulnerabilität)

kritische Ereignisse (als Auslöser)

aktivieren

Einstellungen, Grundüberzeugungen (z.B. Vorsicht ist besser als Nachsicht; ein mögliches Unheil nicht zu verhindern ist ebenso schlimm, wie es absichtlich herbeizuführen)

aufdringliche Gedanken, Bilder, Zweifel

Neutralisieren (Rituale, Rückversicherung, gedankliche Selbstberuhigung)

verzerrte Aufmerksamkeits- und schlußfolgernde Prozesse

Mißinterpretation der Bedeutung der Intrusionen – Verantwortung zu handeln

kontraproduktive "Sicherheits"-Strategien (Gedankenunterdrückung, Vermeidung)

emotionale Veränderungen (Unbehagen, Angst, Depression)

mit gefürchteten Reizen (ohne Neutralisieren) sowohl vor, während und zwischen den Therapiesitzungen (z. B. bei Hausaufgaben) zu erheben.

4.4.2
Prognostische Faktoren

Die Entscheidung darüber, ob eine Behandlung angezeigt ist, ist in erster Linie davon abhängig, ob das Zwangsproblem primär oder anderen psychischen oder körperlichen Störungen untergeordnet ist sowie von der Bereitschaft des Patienten, bei der Behandlung mitzuarbeiten. Wenn es Hinweise darauf gibt, daß sich die Zwangsproblematik unmittelbar nach dem Beginn oder während der Verschlimmerung einer anderen Störung entwickelt hat, die immer noch vorliegt, dann ist die Behandlung der primären Störung indiziert (insbesondere bei Depressionen). Allerdings ist es nicht unüblich, daß Zwänge, die zunächst als sekundär betrachtet wurden, auch nach Lösung des primären Problems fortdauern und weitere Behandlung nötig machen.

Auch wenn die Inzidenzrate für Schizophrenie bei Zwangspatienten nicht höher ist als in der Normalbevölkerung, zeigen schizophrene Patienten oft zwanghafte Merkmale. Diese Symptome lassen sich von einem echten Zwangssyndrom klar unterscheiden, da sie im Zusammenhang mit anderen Symptomen bzw. Grundstörungen stehen, z. B. wenn die aufdringlichen Gedanken als Eingebung durch äußere Kräfte betrachtet werden oder wenn die Patienten sie nicht als sinnlos ansehen. Bei Patienten, die in der Vergangenheit als schizophren diagnostiziert wurden, ist es wichtig, diese

Diagnose zu bestätigen; manchmal werden nämlich Patienten mit schwerem Zwangssyndrom allein aufgrund der Schwere der Störung mit dem Prädikat »psychotisch« versehen. Organische Faktoren sollten in den (seltenen) Fällen primärer zwanghafter Langsamkeit sowie bei Zwangshandlungen abgeklärt werden, die mechanisch oder »primitiv« erscheinen und auf einen Mangel an intellektuellen Fähigkeiten oder Zielgerichtetheit hinweisen können.

Da die Behandlung auf einer kooperativen Beziehung und einer aktiven Beteiligung des Patienten aufbaut, ist es wichtig, zunächst Akzeptanz gegenüber der Therapie aufzubauen. »Non-Compliance« kann mit kognitiven Techniken überwunden werden; wenn sich jedoch ein Patient beharrlich weigert, aktiv an der Behandlung mitzuwirken und der Therapeut es nicht schafft, Einwände und Befürchtungen auszuräumen, wird die Behandlung wahrscheinlich nicht erfolgreich sein und sollte gar nicht erst begonnen werden (Salkovskis & Warwick, 1988).

4.4.3
Erstgespräch

Das Erstgespräch beginnt mit offenen Fragen wie etwa »Könnten Sie mir etwas über die Probleme berichten, die Sie in der letzten Zeit hatten?« Daraufhin wird die Perspektive zunehmend genauer und konkreter, indem der Patient z. B. genau darlegen soll, wie ihn das Problem im Laufe der letzten Woche beeinträchtigt hat. Nachdem ein allgemeines Bild der aktuellen Problematik entstanden ist, richtet sich die Aufmerksamkeit auch auf zurückliegende Beispiele des Problems. Der Therapeut sollte gezielt nach Hinweisen auf mögliche funktionale Zusammenhänge suchen, wie etwa nach Ereignissen, die als Auslöser für bestimmte Gedanken oder Verhaltensweisen fungieren könnten. Wenn die Zwangsproblematik sehr umfassend und belastend ist und der Patient bei seinen Schilderungen oft abschweift, kann es sinnvoll sein, lenkend in das Interview einzugreifen, z. B. »Ich interessiere mich besonders für die beunruhigenden Gedanken, die Ihnen durch den Kopf gehen, was sie für Sie bedeuten, wenn sie auftreten und ob es etwas gibt, was Sie gegen diese Gedanken unternehmen müssen«. Da Zwangsgedanken auch aufdringliche bildliche Vorstellungen und dranghafte Impulse beinhalten können, sollte der Patient auch danach gefragt werden. Nach jedem Schritt sollte der Therapeut, in dem er zusammenfaßt, überprüfen, ob er den Patienten richtig verstanden hat.

4.4.4
Detaillierte Problemanalyse

Kognitive und subjektive Aspekte

Bei der Erfassung des subjektiven Erlebens von Zwangsgedanken sind folgende Punkte von Bedeutung:

- die *Form* der aufdringlichen Kognitionen (Gedanken, bildliche Vorstellungen oder Impulse),
- ihr *Inhalt* sowie
- ihre *Bedeutung* (bezüglich des Auftretens der Zwangsgedanken an sich sowie des Inhalts).

Inhalt und Bedeutung sind in der Regel idiosynkratisch (besonders durch die individuelle Situation und die Sorgen des jeweiligen Patienten bestimmt) und sollten detailliert erfaßt werden. Der Patient wird beispielsweise gefragt: »Kommen Ihnen manchmal ganz plötzlich beunruhigende Gedanken, Vorstellungen oder Impulse in den Sinn, ohne daß Sie etwas dagegen tun können?«, »Was sind das für Gedanken?«, »Bitte beschreiben Sie mir, wie es war, als sie letztes Mal von solchen Gedanken gestört wurden.« Um die subjektive Bedeutung zu erfassen, sollte das Augenmerk auf einen konkreten Gedanken gerichtet sein: »Also, in dem Moment, als dieser Gedanke auftauchte, was ging ihnen da durch den Kopf?«, »Was hätte schlimmstenfalls passieren können, wenn Sie den Gedanken einfach ignoriert hätten?«, »Als das passierte, was bedeutete das für Sie?«

Viele Patienten zeigen während dieses diagnostischen Gesprächs Anzeichen dafür, gerade Zwangsgedanken zu erleben (sie wirken abgelenkt oder aufgeregt), und es ist hilfreich, danach zu fragen. »Hatten Sie einen dieser Gedanken gerade in diesem Moment?«, »Was ging Ihnen gerade durch den Kopf?« Oft sind die Bewertungen des Gedanken, die der Patient erkennt, noch sehr vage. Auch hier sind konkrete, weiterführende Fragen hilfreich: »Nehmen wir einmal an, Sie hätten damals die Kontrolle verloren, was wäre in dem Moment so furchtbar gewesen?«, »Wenn Sie damals einen fremden Fußgänger angefahren hätten, was wäre daran für Sie so besonders schlimm gewesen?« etc. Hier ist es nützlich, die Überzeugungsstärke des Patienten anhand einer Skala von 0–100 einschätzen zu lassen:

- für wie wahrscheinlich er die Befürchtung oder für wie wahr er den Gedanken tatsächlich hält. (0 bedeutet: »Daran glaube ich überhaupt nicht«; 100 bedeutet: »Ich bin völlig überzeugt, daß das wahr ist«). Der Patient wird gebeten, ein Rating sowohl für den aktuellen Moment während des Gesprächs als auch für den Zeitpunkt, zu dem der Gedanke auftrat, einschätzen zu lassen;

- wie *unangenehm und beeinträchtigend* die Interpretation für den Patienten ist (wiederum jetzt und zu dem Zeitpunkt, an dem der Gedanke auftrat).

Einhergehend mit dem Erfassen des Inhalts der Gedanken sollten auch die *subjektiven Auslöser* für die Zwangsgedanken erhoben werden. Auch Gedanken oder Vorstellungen, die an sich nicht zwanghaft sind, können Auslöser sein. Oft ist es hilfreich, Beispiele heranzuziehen, die der Patient im Verlauf des Gesprächs bereits gegeben hat: »Sie haben vorhin erwähnt, daß die Gedanken, von denen Sie gestern belästigt worden sind, anfingen, als Sie in der Zeitung den Bericht über die Mutter, die ihre Kinder mißhandelt hatte, gelesen haben. Gibt es auch andere Dinge, die auf ähnliche Weise die Gedanken auslösen können?«

Verdecktes Neutralisieren

Auch *Mentale Rituale* sollten erfaßt werden. Die Patienten sollten sorgfältig über die letzten Male befragt werden, bei denen der Zwangsgedanke auftauchte. Die Aufmerksamkeit sollte dabei besonders auf Gedanken, Vorstellungen oder andere kognitive Aktivitäten gerichtet werden, die die Patienten daraufhin willkürlich vornahmen, z.B.: »Haben Sie versucht, auf andere Gedanken zu kommen? Haben Sie absichtlich andere Gedanken dagegengesetzt, um den Zwangsgedanken wiedergutzumachen?« Bei chronischen Fällen kann der Inhalt des ursprünglichen Zwangsgedankens durch offenes oder verdecktes Neutralisieren verborgen sein. Dann sollte der Patient dazu aufgefordert werden, seinen Zwangsgedanken absichtlich herbeizuführen, ohne jedoch zu neutralisieren, um dann zu beschreiben, was in ihm vorgeht. Die Motivation des Patienten zu neutralisieren, kann veranschaulicht werden, indem die *Bedeutung* der Intrusionen erfragt wird; diese spezifische Bedeutung betrifft häufig persönliche Verantwortlichkeit.

Fallbeispiel

Eine Frau beklagte, daß sie fast jede Tätigkeit, die sie während des Tages verrichtete (wie Anziehen, durchs Zimmer gehen, Türen schließen etc.) wiederholen müsse. Sie konnte außer einem Gefühl, daß sie dies »tun müsse«, keinen Grund für dieses Verhalten angeben. Sie erklärte sich damit einverstanden, eine ihrer unangenehmsten täglichen Aufgaben, nämlich das Teewasser aufzusetzen, ohne Neutralisieren auszuführen (d. h. ohne mittendrin den Wasserkessel zu entleeren und wieder von vorne anzufangen). Während sie den Kessel füllte, berichtete sie den Gedanken »Wenn ich dies nicht noch einmal tue, wird es das letzte Mal sein, daß ich es überhaupt tue«. Dies wurde gefolgt von dem Gedanken: »Dadurch würden meine Kinder ihre Mutter verlieren.« Sie glaubte, dieses unannehmbare Risiko durch Neutralisieren verhindern zu können; allein der Gedanke daran stellte eine Quelle enormer Schuldgefühle für sie dar. Sie erkannte, daß sie diesen Gedanken in der Vergangenheit häufig erlebt hatte, daß er jedoch in der letzten Zeit, seitdem sie routinemäßig alle ihre Tätigkeiten wiederholte, viel seltener aufgetreten war.

Vermeidung

Vermeidung findet oft *kognitiv* statt, indem Patienten versuchen, bestimmte Gedanken nicht zu haben oder verzweifelt an andere Dinge zu denken. Dies verhindert nicht nur, wie oben beschrieben, eine Konfrontation und eine Neubewertung, sondern verstärkt paradoxerweise sogar die Beschäftigung mit den angstauslösenden Reizen, indem die Aufmerksamkeit auf Dinge gelenkt wird, über die der Patient gerade nicht nachdenken möchte.

Viele der charakteristischen Merkmale von Zwangsgedanken sind subjektiv und können nur verbal erhoben werden; so gibt es z.B. keine äußeren Kriterien für ein Gefühl der Fremdheit. Dennoch ist es entscheidend zu ermitteln, ob die Patienten glauben, daß die zwanghaften Gedanken Bestandteil ihrer Persönlichkeit sind. Ebenso wichtig ist es zu erheben, in welchem Ausmaß die Patienten bislang den Zwangsgedanken oder den damit verbundenen Ritualen widerstanden haben, da dies ihre Akzeptanz gegenüber dem Therapierational der Reaktionsverhinderung beeinflußt. Abwesenheit von solchem Widerstand muß nicht bedeuten, daß es sich bei dem Patienten nicht um einen echten Zwangspatienten handelt, denn viele Patienten, insbesondere diejenigen mit Waschzwängen, zeigen nur wenig oder gar keinen Widerstand.

Zudem ist es wichtig zu erheben, in welchem Ausmaß die zwanghaften Gedanken und Verhaltensweisen vom Patienten selbst als sinnlos erachtet werden. Empfinden Patienten ihre Gedanken als sinnvoll, werden sie sie eher nicht als zwanghaft ansehen. Dies gilt insbesondere dann, wenn der Patient das Gefühl hat, die Gedanken hätten einen externen Ursprung (z. B. »Radiowellen, die durch die Wand dringen, veranlassen mich zum Waschen«). Die *Bewertung der Sinnhaftigkeit* ändert sich jedoch funktional mit der erlebten Angst. So erkannte z. B. ein Mann die Irrationalität seiner Zwangshandlungen (stereotypes Wiederholen von Gebeten als Reaktion auf zwanghafte Vorstellungen). Trotz dieser allgemeinen Einsicht gab er an: »Wenn ich diese Gedanken während des Betens bekomme, habe ich wirklich gesündigt«. Viele Patienten glauben, daß ihr Verhalten eine rationale Basis besitzt, wenn es auch in seiner jetzigen Form übertrieben geworden ist. Die Akzeptanz der Behandlung hängt oft von der Übereinkunft ab, ob die höchst unwahrscheinlichen »Risiken«, die mit der Verhinderung des zwanghaften Verhaltens einhergehen, die Kosten, die mit dem Verhalten verbunden sind, rechtfertigen. So kann z. B. tägliches 8stündiges Haarewaschen nicht durch die Verminderung des Risikos gerechtfertigt werden, andere zu verunreinigen.

Zu beachten ist außerdem, daß die Bewertung der aufdringlichen Gedanken oft nicht ohne das jeweilige neutralisierende Verhalten vorgenommen werden kann; deshalb sollten Fragen gestellt werden wie z. B.: »Was war in diesem speziellen Moment das Schlimmste, was hätte passieren können, wenn Sie die Handlung nicht ausgeführt hätten?«

Emotionale Faktoren

Auch die *Stimmungsveränderungen*, die mit dem Auftreten der Zwangsgedanken in Zusammenhang stehen (insbesondere Angst, Unbehagen und Depression), sollten untersucht werden. Die vorherrschende Emotion wird häufig Angst sein; dennoch berichten viele Patienten, daß die emotionalen Auswirkungen der Zwangsgedanken aus Unbehagen, spezifischer Anspannung, Ärger oder Widerwillen bestehen. Um dies klar herauszuarbeiten, können Analogien benutzt werden, z. B.: »Ist es ein Gefühl, wie wenn Sie vor einer Prüfung stehen würden?«, »Ist es so, wie in Situationen, in denen Sie richtig die Nase voll haben?« Es sollte auch erfragt werden, ob die Stimmungsänderungen den Zwangsgedanken und Verhaltensweisen vorausgehen oder nachfolgen. Es scheint einen Zusammenhang zwischen der Art der Interpretation der Zwangsgedanken durch den Patienten und dem zugehörigen Gefühl zu geben. Patienten, die einen Gedanken in der Art interpretieren, daß es an ihnen liegt, *zukünftigen* Schaden abzuwenden, reagieren wahrscheinlich mit Angst. Ein Patient, der z. B. zwanghaft seine Haustür kontrolliert, um einen Einbruch zu verhindern,

empfindet so lange Angst, bis er sicher ist, diese Gefahr ausgeschlossen zu haben. Ein Patient dagegen, der unter der Vorstellung leidet, zu einem *früheren* Zeitpunkt einen Fußgänger angefahren haben zu können, empfindet eher depressive Gefühle (weil er möglicherweise ein Unheil bereits angerichtet hat), gemischt mit Angst, während er die Strecke noch einmal abfährt, um sich zu vergewissern; die Idee von Schuld steht im Vordergrund.

4.4.5
Verhalten

Das genaue Erfassen des Verhaltens ist entscheidend. Jegliche Verhaltensweisen, die zwanghafte Gedanken auslösen, der Konfrontation mit diesen Gedanken vorbeugen (Vermeidung), eine Konfrontation beenden oder eine Neubewertung verhindern können, müssen genau analysiert werden.

Verhalten kann oft als Auslöser fungieren, da die Möglichkeit, anderen oder sich selbst Schaden zugefügt haben zu können, immer fast unbegrenzt ist. Ein häufiges Beispiel ist das Autofahren: Ein Patient hatte den Gedanken, daß er bei der letzten Linkskurve jemanden angefahren haben könnte und fuhr mehrmals die Strecke zurück, um sicherzugehen, daß niemand verletzt wurde. In der Folge dienten Linkskurven als Auslöser für den zwanghaften Gedanken und den Drang zum Kontrollieren.

Aktive und passive Vermeidung können z. B. folgendermaßen erfragt werden: »Gibt es Dinge, die Sie tun, um zu verhindern, daß die Gedanken auftreten?« oder »Gibt es Dinge, die Sie unterlassen, weil diese die Gedanken auslösen können?«

Offene Rituale können direkt erfragt werden, z. B.: »Wenn Sie einen dieser Gedanken haben, tun Sie dann etwas, um die Dinge wieder in Ordnung zu bringen oder um zu verhindern, daß etwas schiefgeht?«, »Oder sind Sie manchmal kurz davor, derartige Dinge zu tun?« Wenn der Patient daran gehindert wird, nach außen sichtbare Rituale zu verrichten, treten manchmal verdeckte Rituale an deren Stelle. Auch über diese sollten Patienten routinemäßig befragt werden. Ein weiteres neutralisierendes Verhalten, das von vielen Zwangspatienten gezeigt wird, ist die Suche nach Rückversicherung und Beruhigung. Dies erfüllt zum einen eine Kontrollfunktion (»Sehen meine Hände sauber aus?«); zum anderen erlaubt eine solche Rückversicherung dem Patienten, Verantwortung an vertraute Personen abzugeben – gäbe es tatsächlich ein Problem, würde die andere Person sicher einschreiten und etwas unternehmen.

Rückversicherung unterbricht außerdem die Konfrontation mit dem beunruhigenden Gedanken und beeinträchtigt das Ausmaß, in dem eine Neubewertung stattfinden kann. Neutralisierendes Verhalten (einschließlich der Suche nach Rückversicherung) kann u.U. auch verschoben werden und einige Zeit nach dem Auftreten des ursprünglichen Zwangsgedanken aufgeführt werden.

Fallbeispiel

Eine Patientin, der es während eines 8stündigen Tagesausflugs unmöglich war, ihre Hände zu waschen, schob das Waschen bis zum nächsten Tag auf, wusch dann jedoch nicht nur sich selbst, sondern auch alles, was sie möglicherweise berührt hatte, über 2 Stunden hinweg fortwährend. Patienten können auch subtile und verzögerte Formen des Neutralisierens entwickeln. Eine Frau suchte immer wieder, sich von ihrer Familie beruhigen zu lassen, nicht zufälligerweise jemanden verletzt zu haben; als die Familie zunehmend widerwilliger wurde, darauf zu reagieren, stellte sie statt dessen irrelevante Fragen (z.B. an einem klaren sonnigen Tag, »Wird es heute regnen?«), um so Nein-Antworten zu sammeln, und zur Verfügung zu haben, wenn sie voller zwanghafter Zweifel wegen anderer Themen war.

Die Verhaltensweisen müssen im einzelnen genau bezüglich Inhalt, Dauer, Häufigkeit, Regelmäßigkeit (»Tun Sie dies immer?«) und ihrer Bedeutung (wie oben beschrieben) erfaßt werden. Es werden auch Faktoren abgeschätzt, welche die Intensität modulieren (»Gibt es etwas, was dieses Verhalten verstärkt/schwächt?«). Diese modulierenden Faktoren können situationaler, affektiver, kognitiver oder interaktioneller Art sein. Besonders aufschlußreich ist die Analyse von Situationen, in der aufdringliche Gedanken auftraten und der Patient nicht neutralisierte. Solche Situationen sind oft dadurch gekennzeichnet, daß dort die Verantwortlichkeit der Person als nur gering oder sogar überhaupt nicht vorhanden bewertet wurde. Während der Therapie sind solche Situationen für die Illustration der Wichtigkeit von Bewertungen für das Auftreten von Unbehagen und neutralisierenden Verhaltensweisen besonders wertvoll.

4.4.6
Physiologische Faktoren

Dieser Teil der Diagnostik ähnelt dem Vorgehen bei anderen Angststörungen, insbesondere wenn körperliche Empfindungen an sich als Belastung erlebt werden. In der Regel reicht die systematische Erhebung derjenigen körperlichen Empfindungen aus, die im Zusammenhang mit dem Zwangsgedanken auftreten. Gelegentlich können auch direkte physiologische Messungen von Nutzen sein, wenn die Angabe verbaler Einschätzungen eine Reaktion unterbrechen könnte. So neutralisierte z.B. eine Patientin, die zwanghafte Gedanken hatte, den Verstand zu verlieren, diesen Gedanken durch lautes Sprechen. Verhaltenstests, in denen sie ihre Gedanken offen einschätzen sollte, waren also unmöglich, da die ausgesprochenen Einschätzungen bereits ein ausreichendes Neutralisieren bedeutet hätten. Um dieser Schwierigkeit zu entgehen, wurde ihre Herzfrequenz beobachtet, während sie ruhig dasaß und darüber nachdachte, wie sie ihren Verstand verlieren würde. Physiologische Messungen sind allerdings in der klinischen Praxis selten praktikabel und die Ergebnisse oft schwer zu interpretieren.

Körperliche Empfindungen können Zwangsgedanken und Zwangshandlungen auslösen.

So hatte z.B. ein Patient den Gedanken, daß er verunreinigt sei, und mußte sich jedesmal waschen, wenn er wahrnahm, daß er schwitzte. Körperliche Veränderungen können umgekehrt auch von zwanghaftem Verhalten herrühren, wenn z.B. die Haut durch exzessives Waschen geschädigt wird oder wenn es zu schwerer und überdauernder Verstopfung aufgrund von Zwangsgedanken bezüglich der Benutzung von Toiletten kommt. Einige Patienten mit gesundheitsbezogenen Zwängen überprüfen bestimmte Körperbereiche wiederholt durch Abtasten und verursachen dadurch Rötungen und Schwellungen.

4.4.7
Weitere diagnostische Aspekte

Diagnostik und Behandlung des Zwangspatienten finden im Kontext der Betrachtung der Situation des Patienten, seiner Persönlichkeit, seiner Sorgen etc. statt. Auch die Umstände zum Zeitpunkt des Erstauftretens des Problems sind wichtig. Ein Störungsbeginn in der frühen Adoleszenz könnte die Sozialisation des Patienten und seine allgemeine Problemlösefähigkeit beeinträchtigt haben; wenn ernste und über lange Zeit bestehende Beeinträchtigungen der sozialen Beziehungen des Patienten festgestellt werden, sollten diese neben den Zwängen mitberücksichtigt werden. Die Beteiligung anderer Familienmitglieder bei den Zwangshandlungen des Patienten muß ebenso erhoben werden wie die Auswirkungen der Problematik auf Arbeit, Sexualität und Privatleben. Ein letzter wichtiger Teil des diagnostischen Interviews besteht darin, mögliche funktionale Bedeutungen der Symptome einzuschätzen und die Aufmerksamkeit des Patienten auf die relativen Kosten und Nutzen einer Veränderung zu lenken, z.B.: »Angenommen, es wäre irgendwie möglich, daß Sie ab morgen völlig von Ihrem Problem befreit wären, was wäre dann das Wichtigste, das sich in Ihrem Leben ändern würde?« Auch wenn der Nutzen, das Problem loszuwerden, die Nachteile weit überwiegen kann, ist dies nicht immer und ausschließlich so. Eine Patientin, die seit wenigen Jahren verheiratet war, antwortete auf diese Frage, daß ihr Mann sie verlassen würde. Unter solchen Umständen ist selbstverständlich eine detaillierte Betrachtung der Beziehungssituation angezeigt, falls der Partner zustimmt.

Am Ende des diagnostischen Interviews, das normalerweise 1–2 Stunden dauert, sollte der Therapeut ein vorläufiges Konzept der Art und des Umfangs des Problems haben. Dieses Konzept sollte mit dem Patienten besprochen und das Therapierational eingeführt werden. Es ist grundsätzlich darauf zu achten, daß Erklärungen und Zusammenfassungen auf den einzelnen Patienten abgestimmt werden und möglichst dessen eigene Worte und Formulierungen übernommen werden.

■ **Beispiel für die Entwicklung des Therapierationals.** »Nach dem, was Sie beschreiben, sieht es so aus, als hätten Sie ein psychologisches Problem, das Zwangssyndrom genannt wird. Wie jeder Mensch haben Sie aufdringliche Gedanken, die Ihnen plötzlich in den Sinn kommen. Diese Gedanken müssen nicht notwendigerweise ein Problem darstellen; was bei Leuten passiert, die dieses Problem haben, ist, daß sie solche aufdringlichen Gedanken als besonders negativ betrachten. Anstatt zu denken »Es ist ja nur ein Gedanke«, denken die Leute »Ich sollte keinen solchen Gedanken haben« oder »Ich muß etwas unternehmen, sonst wird dieser Gedanke noch wahr« oder »Vielleicht sollte ich sicherstellen, daß alles in Ordnung ist«. Wenn man Gedanken auf diese Art und Weise interpretiert, werden sie natürlich eher bemerkt, und sie stören und verunsichern eher. Sie berichten, daß Sie Gedanken über Bakterien hatten und über die Möglichkeit, daß Sie dafür verantwortlich sein könnten, solche Bakterien auf Ihre Familie zu übertragen und krank zu machen. Sie wissen zwar, daß das unwahrscheinlich ist, aber Sie konnten das Risiko nicht auf sich nehmen, eine mögliche Gefahr nicht abzuwenden; deshalb haben Sie begonnen, viele Dinge zu waschen und zu säubern. Sie haben außerdem Ihre Kinder nicht mehr angefaßt, Ihre Hände bis zu 1 Stunde lang gewaschen und alles vermieden, von dem Sie dachten, daß es mit Krebs zusammenhängen könnte. Unglücklicherweise haben all diese Dinge Sie nur kurzzeitig beruhigt, so daß sich das Problem langfristig eher verstärkt hat und die Gedanken und Ihr Verhalten ein immer größeres Problem wurden. Indem Sie all diese Dinge taten, haben Sie die Möglichkeit akzeptiert, daß Sie wirklich für einen möglichen Schaden für Ihre Familie verantwortlich sein könnten. So etwas passiert bei dieser Art des Problems häufig: Je mehr man versucht, das Problem durch Vermeidung und »Ungeschehenmachen« zu lösen, desto realer scheint es, und desto mehr setzen sich die Gedanken im Kopf fest. Gibt dies Ihre Erfahrung richtig wieder?« Nachdem der Patient dies ggf. modifiziert hat, wird das Behandlungsrational beschrieben; in diesem Fall z.B.: »Der beste Weg, mit solchen Gedanken umzugehen, ist, daß man sich an sie gewöhnt, ohne daß man Dinge wie Händewaschen tut oder vermeidet. Denn das hilft auf mehrere Arten: Sie können sich an die Dinge, die Sie so ängstigen, gewöhnen; Sie können Ihr Leben wieder normaler führen, und Sie können entdecken, daß die Dinge, vor denen Sie sich am meisten fürchten, gar nicht eintreten. Das ist das Wichtigste an der Behandlung: Wege zu finden, die Ihnen helfen, mehr und mehr in Kontakt mit den Dingen zu kommen, die Sie jetzt eigentlich noch belästigen, bis Sie sich an sie gewöhnt haben …«

Die Wichtigkeit sowohl der Selbstkontrolle des Patienten als auch der Mitarbeit in der Therapie sollte betont werden. Es wird hervorgehoben, daß »unsere Therapiesitzungen nur 2–3 Stunden pro Woche betragen, denen 165 andere Stunden der Woche gegenüberstehen. Das bedeutet, daß unsere Sitzungen dazu dienen können, Dinge zu finden, die bei Ihrem Problem helfen können, aber diese müssen Sie zu Hause selbständig üben. Der wichtigste Teil der Therapiearbeit wird von Ihnen selbst zu Hause geleistet, insbesondere in den Situationen, wo das Problem am allerschlimmsten ist«. Dabei werden die Patienten ermutigt, ihre Sorgen und Befürchtungen, die sie bei dieser Art der Behandlung auf jeden Fall haben werden, auch auszudrücken; z.B. »Ich glaube nicht, daß ich das schaffen kann«, »Ich habe das ja schon erfolglos versucht«, »Ich glaube, das ist zu riskant«.

Die *Therapieziele* werden gemeinsam erarbeitet. Es ist entscheidend zu betonen, daß aufdringliche Kognitionen normal sind und es deswegen gar nicht möglich ist, sie völlig loszuwerden.

> Das Ziel muß darin bestehen, aufdringliche Gedanken erleben zu können, ohne sich von ihnen stören zu lassen.

Wenn man überhaupt von diesen Gedanken Notiz nimmt, dann höchstens derart: »Da ist ja wieder einer meiner aufdringlichen Gedanken«.

Oft fällt es Patienten schwer zu glauben, daß eine solche Reaktion überhaupt möglich sein kann, und sie beharren darauf, daß sie eigentlich ihre aufdringlichen Gedanken völlig loswerden möchten. Anstatt dem zu widersprechen, regt der Therapeut den Patienten an, sich zu überlegen, wie das Leben dann wäre, wenn er keine dieser Gedanken hätte. Wichtige Punkte einer Diskussion zu diesem Zeitpunkt sind:

- die Idee, daß aufdringliche Gedanken wegen der Art und Weise, wie sie interpretiert werden, in erster Linie eine emotionale Angelegenheit sind; aufdringliche positive und negative Gedanken haben also dieselben Wurzeln.
- Manchmal ist es sogar gut, negative und störende aufdringliche Gedanken zu haben, um danach überhaupt wieder positive erleben zu können.
- Nachdenken darüber, wie das Leben aussehen würde, wenn alle Gedanken im voraus geplant würden; z.B. »So, an was werde ich jetzt als nächstes denken«.

Verhaltenstests

Bei den meisten Zwängen wird ein Verhaltenstest über die Einzelheiten des Problems Aufschluß geben, insbesondere über die derzeitigen Neutralisierungsstrategien und die Bewertungen, die mit dem Problem in Zusammenhang stehen. Die Patienten werden gebeten, eine Situation aufzusuchen oder zu provozieren, die sie normalerweise vermeiden würden, und dabei keine Versuche zu unternehmen, ihre Angst zu reduzieren. Dabei wird besonders auf spezielle Interpretationen und Überzeugungen geachtet, die in dieser Situation aktualisiert werden. So wurde z.B. ein Patient, der sich vor Verunreinigungen durch weggeworfene Dinge fürchtete, aufgefordert, den Abfall in einem Mülleimer anzufassen. Daraufhin sollte er seine Gedanken beschreiben sowie das Verhalten, das er in dem Moment am liebsten ausgeführt hätte und sein subjektives Empfinden. Außerdem werden Ratings bezüglich Angst und Unbehagen sowie dem Drang, diese Angst zu neutralisieren, gesammelt.

Solche Verhaltenstests, die ohne Neutralisieren durchgeführt werden, sind besonders bei den chronischen Patienten sehr informativ, die sich ihrer beunruhigenden Gedanken gar nicht mehr bewußt sind, weil stereotype Rituale mittlerweile deren Auftreten frühzeitig verhindern.

Im allgemeinen sind die Schilderungen der Patienten durch Gewohnheit beeinflußt, so daß sie u.U. Details auslassen, die ihnen trivial oder normal erscheinen, die aber dennoch entscheidend für die Therapie sein können. Ein Patient erwähnte z.B. nicht, daß er wegen seiner Angst vor Verunreinigungen Dinge immer nur auf sehr ungewöhnliche Art in die Hand nahm (Benutzung von Papiertaschentüchern). Deswegen sollten solche Verhaltenstests unter der Beobachtung des Therapeuten durchgeführt werden. Manchmal ist dies allerdings nicht möglich, besonders bei Kontrollzwängen, bei denen allein die Anwesenheit des Therapeuten die Angst reduziert. In solchen Fällen wird auf sorgfältige Selbstbeobachtung oder Videoaufnahmen zurückgegriffen.

Der Verhaltenstest kann in der Klinik oder Praxis durchgeführt werden, wenn das Verhalten leicht ausgelöst werden kann; wenn z.B. die Verunreinigung mit Schmutz oder Bakterien eine Rolle spielt, kann es schon ausreichen, den Patienten zu bitten, die Sohlen seiner Schuhe zu berühren. Häufiger jedoch gruppieren sich die Probleme um das alltägliche Leben zu Hause und um die Familie herum, was einen Hausbesuch notwendig macht. Dies wird in jedem Fall auch bei Patienten empfohlen, die Schwierigkeiten haben, ihre Probleme detailliert zu beschreiben oder bei denen das Problem sehr umfangreiche Ausmaße angenommen hat.

Gespräche mit Angehörigen

Wenn die Familie in starkem Ausmaß in die Gedanken und Rituale des Patienten miteinbezogen ist, ist es wichtig, daß man auch sie in die Behandlung miteinbezieht. Normalerweise wird der jeweilige Angehörige in der Anwesenheit des Patienten interviewt. Oft muß wegen der Außergewöhnlichkeit der beteiligten Verhaltensweisen dabei sehr sensibel vorgegangen werden. So berichteten z.B. die Eltern eines 17jährigen Patienten, daß dieser die Familie mit der Zeit dazu gebracht hatte, immer während seiner Putz- und Waschrituale 15 Minuten lang mit angezogenen Beinen auf dem Küchentisch zu sitzen.

Fragebogen

Das Erheben zwanghaften Verhaltens durch Fragebogen ist gut geeignet, um wiederholt während des Therapieverlaufs bestimmte Maße zu erheben. Besonders geeignet sind das *Hamburger Zwangsinventar* (Klepsch et al.), der *Maudsley-Obsessive-Compulsive-Inventory* (Hodgson & Rachman, 1977) und die *Compulsive-Activity-Checklist* (Freund et al., 1987), die vor allem Rituale erfassen. Darüber hinaus wurde eine Reihe von Skalen, die allgemeine Überzeugungen bezüglich Verantwortlichkeit erfassen, entwickelt.

Selbstbeobachtung

Selbstbeobachtung beginnt im Verlauf von Diagnostik und Behandlung so früh wie möglich. Damit wird geübt, regelmäßige Hausaufgaben auszuführen und es können detaillierte Informationen über Problem- und Behandlungsverlauf gewonnen werden. Die Patienten können je nach Problemlage bezüglich verschiedener Variablen aufgefordert werden, sich selbst zu beobachten; häufige Maße sind:

- *Tagebuch zwanghafter Gedanken:* In der einfachsten Form handelt es sich hier um eine Häufigkeitszählung. Ein mechanisches Zählinstrument (z. B. ein Golfzähler aus dem Sportgeschäft) ist dabei ein nützliches Hilfsmittel. Jedesmal, wenn der Gedanke auftaucht, drückt der Patient den Knopf und notiert sich nach vorher abgesprochenen Zeitintervallen die Gesamtsumme. Im weiteren Verlauf der Therapie können die Personen auch gebeten werden, sowohl den Inhalt der aufdringlichen Gedanken als auch ihre jeweiligen Interpretationen zu diesem Zeitpunkt zu notieren. Das kann als Basis für spätere Übungen genommen werden.
- *Tagebuch zwanghaften Verhaltens:* Darin kann z. B. die Zeit notiert werden, die für die Rituale pro Tag gebraucht wird, meist im Zusammenhang mit den jeweiligen zugehörigen Gedanken. Solche Maße sollten insbesondere dann eingesetzt werden, wenn die Rituale alltägliche Aktivitäten betreffen wie etwa das Essen oder die Benutzung der Toilette. Je nach der spezifischen Problematik des Patienten kann auch das Notieren der Häufigkeiten des Zwangsverhaltens notiert werden.
- Einschätzung des Unbehagens, des Drangs zum Neutralisieren, von Depression und Angst.

Gerade bei einer Konfrontationsbehandlung mit Reaktionsverhinderung geben diese relevanten Maße wichtige Aufschluß darüber, wie sich die subjektiven Reaktionen sowohl während einer bestimmten Sitzung als auch zwischen den Sitzungen und im Behandlungsverlauf verändern.

Weitere nonreaktive Methoden

Hierbei handelt es sich um auf das zwanghafte Verhalten bezogene Korrelate, die das Ausmaß des Verhaltens anzeigen und leicht zu erheben sind, insbesondere beim Waschzwang. Beispiele wären die Menge an Seife, Toilettenpapier oder Putzmaterial, die jede Woche gekauft wird.

4.4.8
Schwierigkeiten im Rahmen der Diagnostik

Schon definitionsgemäß ist der Inhalt zwanghafter Gedanken unannehmbar und oft abstoßend. Deswegen sind Patienten oft sehr widerwillig darin, ihre Gedanken zu beschreiben. Hierbei kann eine einfache kognitive Technik hilfreich sein: Der Patient, der es offensichtlich schwer findet, seine Gedanken zu beschreiben, wird gefragt, wie seine Gedanken darüber aussehen, über seine Zwangsgedanken zu sprechen. Was denkt er, ist das Schlimmste, das passieren kann, wenn er seine Zwangsgedanken dem Therapeuten beschreibt? Die Patienten könnten glauben, daß ihre Gedanken zeigen, daß sie abstoßende Leute sind und daß andere (auch der Therapeut) sie zurückweisen oder für verrückt halten. Es gibt eine Reihe spezifischer Befürchtungen, insbesondere die folgenden:

- Effekte des Gesprächs an sich: Einige Patienten haben zwanghafte Befürchtungen, daß das Sprechen über den Zwang diesen noch schlimmer oder noch realer macht oder sogar dazu führen kann, daß sie ihre Gedanken ausführen.
- Folgen der Zwangsgedanken: Patienten können spezifische Befürchtungen haben, wie etwa, daß die Zwangsgedanken ein Zeichen von Schizophrenie darstellen (was vielleicht zur Folge hat, daß sie jederzeit in die Psychiatrie zwangseingewiesen werden könnten). Wenn die Gedanken oder Impulse Gewalt oder andere illegale oder moralisch verwerfliche Dinge betreffen, fürchten Patienten häufig, daß der Therapeut veranlassen könnte, sie einzusperren.
- Peinlichkeit: Die Gedanken können als sehr peinlich empfunden werden, z. B. wenn sie die Verunreinigung durch Kot oder Sperma betreffen. Patienten mit sehr schweren Problemen, insbesondere wenn umfangreiche Zwangshandlungen eine Rolle spielen, können wegen dem Ausmaß beschämt sein, in dem ihre Zwangsgedanken außer Kontrolle geraten sind, v. a. da

viele Patienten ihre eigenen zwanghaften Gedanken als an sich völlig sinnlos betrachten.

- Chronischer Verlauf: Bei einem chronischen
  Verlauf können zwanghaftes Verhalten und Vermeidungsverhalten solche Ausmaße angenommen haben, daß dem Patienten seine ursprünglich damit verbundenen Gedankenmuster gar
  nicht mehr bewußt sind. Solche Schwierigkeiten verlangen von den Therapeuten eine ein-
  fühlende Wahrnehmung der Gründe, warum
  der Patient nicht bereit ist, über seine Gedanken zu sprechen. Es ist in der Regel besser,
  sich zuerst ausführlich mit den Sorgen der
  Patienten zu befassen, als zu versuchen, die
  Zwangsgedanken direkt anzusprechen. Auch
  das Heranziehen von Beispielen aus der klinischen Praxis kann hilfreich sein, wenn Patienten darin Ähnlichkeiten zu ihrem Problem finden und bemerken, daß es auch noch andere
  Betroffene gibt.

4.5
Behandlung von Zwängen
mit offenen Zwangshandlungen

4.5.1
Konfrontation und Reaktionsverhinderung

Die Behandlungsprinzipien sind aus dem oben
dargestellten psychologischen Modell abgeleitet;
das Vorgehen umfaßt im einzelnen:

- willkürliche Konfrontation mit allen bislang
  vermiedenen Situationen,
- direkte Konfrontation mit den gefürchteten Reizen (Zwangsgedanken eingeschlossen),
- Identifikation und Modifikation der Interpretationen, die vom Patienten beim Auftauchen
  und bezüglich des Inhalts seiner aufdringlichen
  Gedanken gemacht werden sowie
- Unterbindung von Zwangshandlungen und neutralisierendem Verhalten und der Verhinderung
  verdeckter Reaktionen.

Die Behandlung, die hier beschrieben wird, strebt
einen höchstmöglichen Grad an Konfrontation
ohne jegliches Neutralisieren an, das den Effekt
hätte, die Konfrontation vorzeitig zu beenden,
eine vollständige Konfrontation des Patienten mit
seinen Ängsten also zu verhindern. Der Erfolg der
Therapie hängt von der Mitarbeit des Patienten
ab; Ziel ist, daß die Patienten so früh wie möglich
eigene Verantwortung für die Planung und die

Durchführung ihrer eigenen Behandlung übernehmen. Die Therapieziele werden schneller erreicht,
und die Erfolge können besser verallgemeinert
werden, wenn ausführlicher Gebrauch von Hausaufgaben gemacht wird. Bei fortgeschrittener Behandlung übernimmt der Patient nicht nur die
Verantwortung dafür, die Hausaufgaben sachge-
recht durchzuführen, sondern er plant sie auch
selbst.

4.5.2
Vorstellung des Therapierationals

Das Therapierational für Konfrontation mit Reaktionsverhinderung wurde bereits oben angesprochen. Der Patient sollte insbesondere dazu ermutigt werden, vor dem eigentlichen Therapiebeginn
seine Befürchtungen und Sorgen anzusprechen. Es
wird auch die Rolle der Interpretationen der aufdringlichen Gedanken hervorgehoben und daß
mit einer Modifikation solcher Überzeugungen
auch das zwanghafte Verhalten beeinflußt werden
kann. Auch der Sinn der extremen Konfrontation
mit Situationen, die über das alltägliche Verhalten
hinausgehen, muß angesprochen werden: Die
Konfrontation mit schwierigen Situationen macht
es leichter, mit alltäglichen Situationen zurechtzukommen. So könnte z. B. ein Patient, der sich vor
der Verunreinigung durch Urin fürchtet, veranlaßt
werden, in eine Toilette zu greifen, Gegenstände
hineinzulegen und wieder herauszunehmen. Die
Komponente der Reaktionsverhinderung kann
vermittelt werden, indem erklärt wird, wie wichtig es ist, sich mit der Angst zu konfrontieren,
ohne sie durch die Rituale einfach abzuschalten.
Um sicherzugehen, daß der Patient das Therapierational verstanden hat, sollte er immer wieder
aufgefordert werden, die Behandlung und den
Sinn der einzelnen Behandlungskomponenten mit
eigenen Worten zu beschreiben.

Eine der am häufigsten geäußerten Befürchtungen ist, daß die durch die Konfrontation ausgelöste Angst übermächtig werden und ins Unendliche ansteigen könnte, anstatt mit der Zeit von
selbst abzunehmen, wie es der Therapeut vorher-
sagt. Simple Beruhigung (»Es wird schon alles gut
gehen, machen Sie sich keine Sorgen«) ist nicht
hilfreich, und es ist kontraproduktiv, mit dem Patienten zu debattieren. Stattdessen sollte der Therapeut darin zustimmen, daß es sein kann, daß
die Angst wirklich nicht abnimmt. Der Patient
könnte gefragt werden, wie lange er es das längste
Mal ausgehalten hat, ohne seine Zwangshandlungen auszukommen oder wie sicher er dabei ist,

daß die Angst von allein wieder nachlassen wird. Das Gespräch über mögliche Wege zu überprüfen, ob die Sorgen berechtigt sind oder nicht, kann dazu benutzt werden, direkt zu Verhaltensexperimenten überzuleiten. Ein solches Experiment wird so angelegt, daß man danach sowohl darüber Aussagen machen kann, wie sich die Angst währenddessen verhalten hat als auch darüber, wie es sich mit den gefürchteten Konsequenzen verhält. Dazu muß der Patient aber in die Lage versetzt werden, für eine vorher festgelegte Zeit (üblicherweise 2 Stunden) dem Neutralisieren zu widerstehen. Diese Verhaltensexperimente können dann als Basis für weitere Konfrontationen mit Reaktionsverhinderung genutzt werden.

4.5.3
Ausarbeitung eines Behandlungsplans

Der Behandlungsplan wird mit dem Patienten besprochen, indem man sich auf kurzfristige, mittelfristige und langfristige Ziele einigt. Alle Konfrontationen werden im voraus besprochen, und es wird dem Patienten gegenüber betont, daß es keine »Überraschungen« geben wird. Die Auswahl der ersten Aufgaben und die Reihenfolge, in der an den Problemen gearbeitet wird, hängt in großem Maße ab

- vom Vertrauen des Patienten,
- vom Ausmaß der Beeinträchtigung durch die verschiedenen Aspekte der Problematik,
- vom Ausmaß, in dem die verschiedenen Aspekte im normalen Lebensumfeld des Patienten auftauchen und
- von der Bereitschaft des Patienten, sich den Übungen zu unterziehen.

Im allgemeinen sollte die Konfrontationsbehandlung mit einer In-vivo-Konfrontationsübung beginnen. Die erste Aufgabe sollte eine moderate Schwierigkeit besitzen, da das Ausmaß, in dem das durch die Konfrontation ausgelöste Unbehagen des einzelnen Patienten abnimmt, zunächst unbekannt ist. Weiterhin sollte mit der ersten Übung ein für die alltägliche Lebensführung des Patienten relevantes Problem in Angriff genommen werden, so daß ein Erfolg als Verstärkung dienen kann. Während aller Übungen sollten die Interpretationen der Patienten bezüglich ihrer Gedanken im Auge behalten werden.

Zwangspatienten sind häufig sehr stark durch ihre Probleme belastet, was nicht selten zu Problemen bezüglich der Compliance, insbesondere im Zusammenhang mit Hausaufgaben, führt. Dies kann dazu führen, daß Patienten ihre Hausaufgaben nicht völlig ehrlich angehen oder die Behandlung frühzeitig abbrechen. Man kann den Patienten auf diese Schwierigkeiten vorbereiten, indem man darauf hinweist, daß Schwierigkeiten bei den Hausaufgaben sehr häufig sind; außerdem: »Das ist gut, denn jedesmal wenn Ihnen eine Hausaufgabe schwerfällt, können wir daraus mehr über Ihr Problem und wie es Sie beeinträchtigt erfahren. Es ist wichtig, daß Sie alles versuchen, um die Hausaufgaben, auf die wir uns vorher geeinigt haben, auch wirklich auszuführen; aber wenn Sie das einmal nicht schaffen sollten, hilft es uns auch weiter, wenn Sie sich detaillierte Notizen darüber machen, was es genau unmöglich gemacht hat, so daß wir danach besser mit ähnlichen Problemen umgehen können, die vielleicht in der Zukunft auftreten. Häufig stellen die Probleme nur verschiedene Aspekte des Zwangs dar, die wir noch nicht richtig ausgearbeitet haben«.

Vorbereitung auf die Konfrontation
Viele Therapeuten haben mit der Konfrontationsphase der Behandlung Schwierigkeiten, da der Patient bemerkenswerte Belastungen als Folge der Konfrontation erleben kann. Dennoch sind Zwangspatienten in der Regel durchaus bereit, großes Unbehagen und starke Angst zu ertragen, wenn sie überzeugt sind, daß diese Behandlung letztendlich erfolgreich sein wird. Standfestigkeit verbunden mit einfühlendem Verständnis für die Schwierigkeiten des Patienten sind die Voraussetzungen für eine vertrauensvolle und aufgabenorientierte therapeutische Beziehung. Ein Versagen dabei, eine vertrauensvolle und strukturelle Beziehung in dieser Phase aufzubauen, kann später u. U. schwer zu korrigieren sein. Stets sollte der Patient an das Rational der Konfrontationsbehandlung erinnert werden, z. B.: »Daß Angst entsteht, wenn man mit einem solchen Programm beginnt, ist völlig normal. Es ist sogar ein ausgesprochen wichtiger Teil der Behandlung, da die Patienten oft denken, daß die Angst anhalten und unannehmbar groß werden wird. Eines der wichtigsten Dinge, die Sie während der Behandlung lernen werden, ist, daß die Angst nicht auf ein solches unerträgliches Ausmaß anwächst und oft schneller zurückgehen wird, als Sie vorher erwarten. Manchmal reduziert sich die Angst bereits nach 20 Minuten, häufiger nach etwa 1/2–1 Stunde. Sie werden auch bemerken, daß nach 2 oder 3 Konfrontationen das Unbehagen am Anfang einer Übung immer mehr zurückgeht. Dies zeigt am besten, wie die Behandlung funktioniert, und mit der Zeit werden Sie bemerken, daß Sie fähig sind, sich auf diese Weise mit den bisher gefürchteten

Situationen zu konfrontieren, ohne daß es Ihnen überhaupt noch unangenehm sein wird.«

Die Angst und ihre Reduktion wird auf empathische Art und Weise besprochen, aber es darf keine Versuche geben, den Patienten zu versichern, daß die einzelnen speziellen Übungen völlig ungefährlich sind; es soll z.B. keine endgültige Sicherheit vorgespiegelt werden, daß man sich etwa niemals mit Keimen oder Bakterien infizieren kann. Die Konfrontation mit den gefürchteten und die Zwangsgedanken auslösenden Reizen steigt graduell mit der Schwierigkeit an, so daß die Therapie nicht gleich am Anfang als so unangenehm erlebt wird, daß der Patient nicht mehr weitermachen kann. Am besten führt der Therapeut vor einer Übung das erwünschte Verhalten dem Patienten im Sinne eines Modells vor (s. unten).

■ **Modellernen in der Therapie.** Der Therapeut kann anfangs als Modell die angestrebten Aufgaben ausführen, bevor der Patient dies tut. Dabei kann die Compliance noch erhöht werden, wenn sich der Therapeut mit dem gefürchteten Reiz noch mehr konfrontiert, als es vom Patienten verlangt wird. Während Forschungsergebnisse zu diesem Punkt noch mehrdeutig sind, zeigt die klinische Erfahrung, daß das Modellernen bezüglich zweier Punkte hilfreich ist:

- Es ist die klarste Art der Demonstration, welche Verhaltensweisen während der Konfrontation mit Reaktionsverhinderung genau erwünscht sind, insbesondere weil es in der Regel sehr unübliche Verhaltensweisen sind (z.B. Toiletten mit den Händen berühren, Türen nicht zuschließen).
- Das Modellernen zu einem frühen Zeitpunkt in der Behandlung führt zu besserer Compliance, so daß die Mitarbeit des Patienten bei Konfrontationen während der Behandlungssitzungen und bei Hausaufgaben gesteigert wird. Nachdem die Behandlung einmal richtig begonnen hat, muß das Modellernen schnell wieder ausgeschlichen werden, da es den unerwünschten Nebeneffekt hat, als starke Beruhigung zu wirken. Man kann dieses Modellernen auch bei Patienten mit Kontrollzwängen einsetzen, wobei hier noch mehr die Selbständigkeit der Patienten bei ihrer Tätigkeit betont wird. So könnte z.B. der Therapeut als Modell fungieren, indem er ein Bügeleisen für eine Zeitlang anschaltet, es dann ausschaltet und den Raum verläßt, ohne noch einmal zu überprüfen, ob es auch wirklich ausgeschaltet ist. Der Patient wird daraufhin aufgefordert, es nachzu-

tun (ohne daß der Therapeut beobachtet, wann der Patient das Bügeleisen ausschaltet), und daraufhin verlassen beide die Wohnung für eine vorher festgesetzte Zeit.

In den ersten beiden Wochen einer ambulanten Behandlung kann es sinnvoll sein, wenn man mindestens 2–3 Sitzungen pro Woche veranschlagt. Die Fortschritte bei den Übungen in dieser frühen Phase sind oft beachtlich. Konfrontationssitzungen in vivo dauern typischerweise 1–1½ Stunden, wobei sich der Therapeut am Anfang mindestens 3 Stunden freihalten sollte, um (wenn nötig) die Sitzungen verlängern zu können. Im allgemeinen ist es nachteilig, eine Sitzung zu beenden, wenn die Angst des Patienten sich gerade auf einem hohen Niveau befindet; die Sitzung sollte dann verlängert werden, bis es zumindest zu einer gewissen Reduktion des Unbehagens gekommen ist. Nach 2 Wochen können die Abstände zwischen den Sitzungen auch auf 7 Tage oder sogar 14 Tage verlängert werden. Nachdem zunächst alle Übungen gemeinsam mit dem Therapeuten ausgeführt werden, schreitet die Behandlung mit zunehmend mehr Hausaufgaben voran. In allen Sitzungen und bei den Hausaufgaben schätzt der Patient sein Unbehagen und den Drang zu neutralisieren mit Hilfe eines Ratings ein; auch dies erhöht die Compliance und hilft, evtl. auftretende Schwierigkeiten zu analysieren. Veränderungen von Angst und Unbehagen werden sowohl innerhalb als auch bezüglich der Zeit zwischen den Sitzungen besprochen.

In der Folgezeit gewinnt zunehmend die selbstgesteuerte Reaktionsverhinderung von Vermeidung oder Neutralisieren an Bedeutung. Da solche Verhaltensweisen sowohl für Patient wie Therapeut oft schwer zu erkennen sind, sollte sich der Patient folgende Fragen stellen: »Wenn ich kein Zwangsproblem hätte, würde ich dies dann trotzdem tun?« (identifiziert Neutralisieren und Vermeidung), »Welche anderen Sachen würde ich tun, wenn ich dieses Problem nicht hätte?« (identifiziert Vermeidung). Im weiteren Behandlungsverlauf wird das Ausmaß von selbstgesteuerter Konfrontation und Reaktionsverhinderung so schnell wie möglich ausgebaut.

Bei vielen Zwängen, insbesondere bei Kontrollzwängen, steht die Angst im Vordergrund, verantwortlich für einen Schaden bei sich oder anderen zu sein. Um diese Verantwortlichkeit für den Fall zu reduzieren, daß etwas schiefgeht, wird der Patient wahrscheinlich häufig Rückversicherungen und Beruhigungen in der Therapie suchen und sich bei den Hausaufgaben kleinlichst an die Vereinbarungen halten. Dies ist eine Form der Vermeidung und weist auf die Notwendigkeit hin, im

Rahmen des Behandlungsprogramms auch nach direkten *Konfrontationen mit Verantwortlichkeit* zu suchen, nachdem über die Rolle von Sorgen bezüglich dem Thema Verantwortung gesprochen wurde. Dazu gehört auch, daß dem Patienten eine Hausaufgabe aufgegeben wird, die er vollständig selbst planen muß und bei der keinerlei Details im voraus mit dem Therapeuten besprochen werden. Die therapeutische Anweisung könnte z. B. lauten: »Ich möchte Sie bitten, die Hausaufgabe für diese Woche selbst zu planen. Es sollte eine normale Art der Hausaufgabe sein, wie Sie sie schon kennen, aber ich möchte nicht, daß Sie mir irgendetwas von dem, was Sie tun werden, verraten. Sie sollten wie üblich notieren, wie unangenehm diese Aufgabe für Sie ist. Es ist wichtig, daß Sie die Übungen so arrangieren, daß sie für Sie unangenehm sind, aber prüfen Sie nicht, vermeiden Sie nicht und neutralisieren Sie nicht. Versuchen Sie niemandem zu erzählen, was Sie getan haben oder auch nur einen Hinweis darauf zu geben. In der nächsten Sitzung werden wir darüber sprechen, wie Sie sich gefühlt haben, aber Sie, und nur Sie, werden für die gesamte Übung verantwortlich sein. So, können Sie mir jetzt noch einmal umreißen, ohne mir dabei irgendwelche Details zu nennen, worin die Hausaufgabe dieser Woche besteht?«

4.5.4
Rückversicherung

Die Suche nach Rückversicherung und Beruhigung ist ein bedeutendes Merkmal bei Zwängen. Diese Suche nach Rückversicherung stellt in der Regel einen Versuch dar, sich zu versichern, daß niemandem ein Schaden zugefügt wurde; außerdem wird so die Verantwortung geteilt oder weitergegeben. Es kann für Therapeuten durchaus eine Versuchung darstellen, die Angst des Patienten zu reduzieren, indem ihm solche Beruhigung angeboten wird, aber derartige Versuche sind zum Scheitern verurteilt. Es ist unmöglich, jemandem die Sicherheit zu geben, daß kein Schaden entstanden ist oder entstehen wird. So erzählte z. B. eine Patientin ihrem Therapeuten, daß sie ihre Mülltonne nicht noch einmal überprüft habe, um zu sehen, ob sich etwa Tabletten darin befinden könnten und fragte, ob das in Ordnung gewesen sei. Allein die Tatsache, dies dem Therapeuten zu erzählen, bedeutete ausreichende Beruhigung, ganz unabhängig davon, welche Antwort gegeben worden wäre. Die wiederholte, dauerhafte und stereotype Art und Weise, in der nach Beruhigung gesucht wird, ähnelt sehr anderen Formen ritualisierten Verhaltens. Um ein Behandlungsrational für dieses Problem auszuarbeiten, sollte der Patient gefragt werden, ob die Erleichterung, die der Rückversicherung folgt, dauerhaft oder vorübergehend ist; außerdem sollte er die Rückversicherung mit anderen Formen des Neutralisierens vergleichen. Die Suche nach Rückversicherung innerhalb der Therapie kann von einem frustrierenden Erlebnis, das andere fruchtbare Gespräche wieder relativieren kann, in eine ideale Gelegenheit umgewandelt werden, das Zwangsproblem direkt anzugehen (s. unten).

■ **Beruhigung beunruhigt langfristig.**

Therapeut (Th):
»Sie scheinen sich gerade wieder und wieder mit Ihren Sorgen zu beschäftigen, Krebs zu bekommen; wollen Sie, daß ich auf eine bestimmte Art reagiere?«

Patient (Pt):
»Ja, ich denke schon. Ich muß einfach wissen, daß ich keinen Krebs kriegen werde. Ich verstehe nicht, was daran falsch sein soll, das herauszufinden.«

Th: »In den letzten Sitzungen haben wir darüber gesprochen, daß das Händewaschen Ihr Problem im Grunde aufrechterhält, wenn Sie sich verunreinigt fühlen, und daß es wahrscheinlich ist, daß das Nachfragen ähnliche Effekte hat, wenn es um Ihre Zweifel und Befürchtungen geht. Liege ich richtig, wenn ich glaube, daß Sie die Frage nach Rückversicherung anders bewerten?«

Pt: »Ja, ich habe das Gefühl, daß Sie Bescheid wissen, warum sagen Sie mir nicht einfach Ihre Meinung dazu, so daß ich mich besser fühlen kann?«

Th: »Sie haben recht, das sollte ich wirklich tun, wenn es das Problem löst. Gut, ich kann es also jetzt tun. Wie stark müßte ich Sie beruhigen, damit dies für den Rest des Monats anhält?«

Pt: »Den Rest des Monats?«

Th: »Ja, ich habe dafür noch 2 Stunden Zeit; wenn es Ihr Problem für den Rest des Monats löst, dann sollte ich es Ihnen wirklich mitteilen. Wieviel von dieser Zeit, glauben Sie, brauchen wir dafür?«

Pt: »So funktioniert das nicht. Es würde doch nur für wenige Minuten helfen.« Der Therapeut könnte damit fortfahren, darüber

> zu sprechen, wie die Rückversicherung den Patienten davon abhält, sich mit seiner Angst, für Schaden verantwortlich zu sein, zu konfrontieren, und darüber, daß vom Patienten im Grunde selbst auferlegte Reaktionsverhinderung gefordert ist (Salkovskis & Westbrook, 1987).

Um die Unterbindung der Suche nach Rückversicherung noch auszuweiten und den Patienten fortwährend daran zu erinnern, ist es hilfreich, in diesem Punkt auch andere Familienmitglieder einzubeziehen. Für die Angehörigen könnten Alternativen vorgeschlagen werden, wie sie reagieren könnten, wenn der Patient nach Beruhigung sucht, z.B. »Die therapeutischen Anweisungen besagen, daß ich solche Fragen nicht beantworten soll« (Marks, 1981). Mit Rollenspielen kann zuvor geübt werden, eine solche alternative Antwort einzusetzen, ohne dabei abweisend zu wirken. In jedem Fall sollte dem Patienten die Funktion von Rückversicherung klar sein, und er sollte verstanden haben, warum ihm im Zweifelsfall auch seine Angehörigen jegliche Beruhigung verweigern.

4.5.5
Kognitive Behandlung

In letzter Zeit wurde von unserer Forschergruppe und von anderen eine stärker kognitiv orientierte Behandlung in Betracht gezogen. Eine solche Behandlung ist sehr gut mit der bisher beschriebenen, eher behavioralen Therapie vereinbar, ist jedoch explizit stärker kognitiv strukturiert (vgl. Salkovskis & Warwick, 1988; Salkovskis, 1989). Diese Behandlungsweise hat folgende Struktur:

- Zusammen mit dem Patienten wird ein umfassendes, kognitiv-behaviorales Modell der Aufrechterhaltung der Zwangsproblematik entwickelt. Dazu gehört die Identifikation entscheidender verzerrter Überzeugungen und die gemeinsame Erarbeitung einer nichtbedrohlichen, alternativen Sichtweise der zwanghaften Erfahrungen, um den Patienten zu erlauben, solche Überzeugungen bezüglich ihrer Verantwortlichkeit explizit testen zu können.
- Detaillierte Identifikation und Selbstbeobachtung von Zwangsgedanken und den zugehörigen Bewertungen durch den Patienten werden kombiniert mit Aufgaben, die dem Patienten helfen sollen, die Überzeugungen bezüglich der Verantwortlichkeit in kleinen Schritten zu ver-

ändern (z.B. mit Benutzung der täglichen Aufzeichnungen dysfunktionaler Gedanken).
- Es werden Diskussionstechniken eingeübt, um Bewertungen und die grundlegenden Annahmen, auf denen diese basieren, zu hinterfragen. Ziel ist die Modifikation der negativen Überzeugungen des Patienten bezüglich der eigenen persönlichen Verantwortlichkeit.
- Durchführung von Verhaltensexperimenten, um direkt Bewertungen, Annahmen und Prozesse zu testen, von denen angenommen wird, daß sie bei der Zwangsproblematik des Patienten beteiligt sind (z.B. demonstrieren, daß Versuche, Gedanken zu unterdrücken, genau das Gegenteil bewirken und zu einer Zunahme der Häufigkeit dieses Gedankens führen; oder indem gezeigt wird, daß Überzeugungen wie etwa »Wenn ich das denke, bedeutet das, daß ich auch will, daß es passiert« inkorrekt sind). Jedes Verhaltensexperiment ist individualisiert auf den Patienten zugeschnitten, um die bisherige (bedrohliche) Erklärung ihrer Erfahrung gegen die neue (nichtbedrohliche) Erklärung zu testen, die in der Therapie erarbeitet wurde.
- Es wird dem Patienten dabei geholfen, grundlegende allgemeine Annahmen, die zur Fehlinterpretation der eigenen kognitiven Aktivität führen, zu identifizieren und zu modifizieren (z.B. »Nicht zu versuchen, ein mögliches Unglück von vornherein abzuwenden, ist genauso schlimm wie ein solches Unglück willentlich herbeizuführen«).

So glauben z.B. viele Patienten, daß die Vorstellung einer Tat (z.B. seine Kinder zu erstechen) die Wahrscheinlichkeit erhöht, diese Tat auch wirklich auszuführen. In diesem Fall würden die Patienten dazu angeleitet, diese Überzeugung zu überprüfen und herauszufinden, ob wirklich allein das Nachdenken über Dinge diese Dinge auch geschehen lassen kann. Dies kann dem Patienten dabei helfen, die Zwangsproblematik neu zu bewerten als verständliches Resultat einer übermäßigen Anstrengung, die eigene mentale Aktivität zu kontrollieren.

In der kognitiven Therapie lernen die Patienten also, daß ihre Überzeugungen und die damit verbundenen Anstrengungen, ein Unglück zu verhindern, nicht nur unnötig sind, sondern darüber hinaus gerade die Probleme erzeugen, die sie erleben. Sie müssen in die Lage versetzt werden, ihr Problem als ein rein gedankliches zu betrachten und nicht als reale Gefahr, ein Unglück zu verursachen.

Diese Therapiemethode ist besonders wirksam bei Patienten, die zu ängstlich sind, um sich voll auf die Konfrontation mit Reaktionsverhinderung einzulassen, da die kognitiven Elemente sich direkt auf die Überzeugungen beziehen, die das Unbehagen verursachen und die die Zwangshandlungen auslösen und motivieren.

Die kognitive Therapie versucht, die Fehlinterpretationen, die die Patienten dazu verleiten, ihre Rituale zu vollziehen, zu identifizieren und zu hinterfragen, so daß das Unterbinden der Zwangshandlungen vom Patienten als weniger gefährlich wahrgenommen wird.

4.5.6
Mögliche Schwierigkeiten im Therapieverlauf

Während der Therapie und insbesondere bei den Hausaufgaben können v. a. 3 Schwierigkeitsbereiche auftauchen:

- Es findet keine Habituation (Angstreduktion) in den Konfrontationsübungen statt,
- trotz völliger Compliance gibt es zwischen den Sitzungen kaum Fortschritte sowie
- Non-Compliance.

Das erste Problem tritt nur selten auf und wenn, dann sind die Gründe dafür meist offensichtlich. Wahrscheinlich waren entweder die Konfrontationsübungen zu kurz angelegt oder es liegt eine nebenher bestehende Depression vor, die in der diagnostischen Phase noch nicht identifiziert wurde und die eine direkte spezifische Behandlung verlangt. In seltenen Fällen kann das Unvermögen, Veränderungen innerhalb einer Übung zu erzielen, Resultat absolutistischen Denkens sein (Foa, 1979). Einer depressiven Problematik kann u. U. mit kognitiven Prozeduren entgegengetreten werden (Salkovskis & Warwick, 1985, 1988; Salkovskis, 1989). Insbesondere durch Befragungen können Patienten in die Lage versetzt werden, Unregelmäßigkeiten und Widersprüche in ihren Überzeugungen zu finden; außerdem sollten sie so angespornt werden, alternative Hypothesen für ihre Situation zu entwickeln und zu überprüfen, z.B.: »Es gibt 2 Möglichkeiten, wie man Ihre Schwierigkeiten betrachten kann. Entweder sind Sie besonders anfällig für Keime und Bakterien und müssen deshalb zwanghaft sein, um sich zu schützen; oder aber Sie haben ein Zwangsproblem, was durch die Dinge, die Sie tun, am Laufen gehalten wird, wie wir das schon früher besprochen haben. Wie könnten wir zwischen diesen beiden Möglichkeiten entscheiden?« Auf dieser Basis werden dann Belege für die Überzeu-

gungen des Patienten gesammelt und ggf. andere angemessene kognitive Techniken eingesetzt.

Ein mangelnder Übungsfortschritt trotz wiederholter Konfrontationen ist häufiger, selbst wenn die Ratings von Angst und Unbehagen innerhalb einer Konfrontationsübung abgesunken waren. Ein solches Absinken kann dann Resultat zweier Prozesse sein: Entweder hat die wiederholte Konfrontation zu einem Verlust der aversiven und angstauslösenden Qualität des jeweiligen Reizes geführt oder die Patienten können sich von dem angstauslösenden Reiz ablenken bzw. ihre Angst durch Neutralisieren reduzieren. So würde z. B. bei einem Patienten, der sich bei den Konfrontationsübungen in einem Zimmer aufhalten soll, in dem sich auch ein Messer befindet, die Ablenkung von dem Messer zu einer Abnahme der Angstratings innerhalb der Übungen führen, aber nicht zu einer überdauernden Abnahme zwischen den Übungen. Jegliches Neutralisieren, das sich der Patient während einer solchen Übung erlaubt (auch die Suche nach Rückversicherung), kann diesen Effekt haben.

Für die Compliance und die Akzeptanz der Behandlung ist es entscheidend, daß das Konzept und das Rational der Behandlung für den Patienten annehmbar ist. Falls die Hausaufgaben nicht bearbeitet wurden, sollte der Therapeut zunächst die allgemeinen Prinzipien überprüfen, mit denen man Compliance fördern kann. Es kommt nicht selten vor, daß Patienten zunächst Fortschritte machen und dann nach kleinen Rückschlägen die Hausaufgaben nicht mehr weiter machen. Wie oben bereits ausgeführt, sollten Schwierigkeiten, die im Rahmen der Hausaufgaben auftreten könnten, bereits von dem Therapeuten antizipiert werden bzw. wenn sie aufgetreten sind, als wichtige Informationsquelle über das Problem selbst reinterpretiert werden. Eine sorgfältige Planung der Hausaufgaben kann mögliche Schwierigkeiten bereits identifizieren, bevor sie überhaupt auftreten. Fragen wie »Falls in dem Moment ein Zwangsgedanke auftaucht, was werden Sie da tun?«, »Wenn Sie das starke Bedürfnis haben zu neutralisieren, was dann?« können helfen, ebenso wie eine detaillierte Operationalisierung, d. h. Planung des »was«, »wo«, »wann« und »wie lang« einer Aufgabe. Wie bereits erwähnt, übernimmt der Patient mit fortschreitendem Behandlungsverlauf selbst die Verantwortung für derlei Details. Therapeut und Patient sollten sich jene Details der Hausaufgaben jedesmal schriftlich notieren, und der Patient sollte gebeten werden, sich auch die Ergebnisse der Konfrontationsübungen zu Hause schriftlich festzuhalten.

Manchen Patienten ist es möglich, in ruhigem Zustand während der Therapiesitzung die Therapieprinzipien zu verstehen und anzunehmen; sie sind aber unfähig, »Risiken einzugehen«, wenn sie ängstlich sind und von ihrem Zwangsgedanken im Rahmen einer Konfrontation beeinträchtigt werden. Wenn dies der Fall ist, kann der Therapeut dem Patienten Strategien anbieten, die er während der ängstlichen Perioden als Erinnerungshinweise für die wichtigsten Punkte des Therapierationals benutzen kann (z.B. Karteikarten, auf denen auf der einen Seite die ängstlichen Gedanken des Patienten notiert sind und auf der anderen Seite die rationalen Antworten und die Belege gegen die Befürchtungen). Auch vorwegnehmende Übungen während der Therapiesitzungen können hierfür hilfreich sein. Diese bestehen üblicherweise aus einer Vorstellungsübung einer angstauslösenden Situation und der gleichzeitigen Vorstellung einer Reihe von Bewältigungsstrategien wie etwa, sich dem Waschbecken zu nähern und sich dann abzuwenden und spazierenzugehen, anstatt sich die Hände zu waschen. Während der Patient sich eine solche Szene vorstellt, wird er dazu angehalten, sich gleichzeitig seine Angst, seine dranghaften Impulse, diese Angst zu reduzieren und seine körperlichen Empfindungen auszumalen und sich im Anschluß daran vorzustellen, wie diese Symptome langsam abnehmen.

4.6
Behandlung von Zwängen ohne offene Zwangshandlungen

Zwänge ohne offene Zwangshandlungen können als besonders schwierige Variante des Zwangssyndroms betrachtet werden, wobei sowohl Vermeidung als auch neutralisierende Aktivität fast völlig verdeckt ablaufen und deshalb besonders schwer zugänglich und zu kontrollieren sind. Der Ausdruck »zwanghaftes Grübeln« führt in die Irre, weil er sowohl verwendet wurde, um Zwangsgedanken zu beschreiben, als auch, um kognitives Neutralisieren zu beschreiben. So beschrieb etwa eine Patientin Gedanken und Vorstellungen, in denen ihre Familie starb, und manchmal grübelte sie über diese Gedanken bis zu 3 Stunden am Stück. Eine sorgfältige Befragung förderte 2 unterschiedliche Typen von Gedanken zutage: Zunächst hatte sie aufdringliche Gedanken wie

»Mein Sohn ist tot«. Wenn sie Gedanken dieser Art hatte, neutralisierte sie diese, indem sie sich zwang zu denken »Mein Sohn ist nicht tot« und indem sie sich möglichst deutlich vorstellte, wie ihr Sohn normalen täglichen Aktivitäten nachgeht.

Das oben bereits angeführte psychologische Modell benötigt für diesen Fall nur eine kleine Erweiterung, nämlich die Berücksichtigung der Rolle kognitiven Neutralisierens und kognitiver Vermeidung, welche schwer zu entdecken und zu kontrollieren sind.

4.6.1
Diagnostik

Hier gelten die gleichen allgemeinen Richtlinien wie im obigen entsprechenden Abschnitt. Zwangsgedanken und neutralisierende Gedanken sind hier allerdings vermischt im kognitiven Bereich anzutreffen, und zwischen ihnen zu unterscheiden, ist für die Behandlung entscheidend. Aufdringliche und unwillkürliche, angstauslösende Gedanken müssen von solchen Gedanken differenziert werden, die der Patient willkürlich denkt, um seine Angst oder ein wahrgenommenes Risiko zu reduzieren. Es kann auch zu verdecktem Vermeidungsverhalten kommen, wie etwa zu Versuchen, bestimmte Gedanken nicht zu denken. Vermeidung ist dabei nicht darüber definiert, wie erfolgreich sie bei der Verhinderung von Angst ist, sondern darüber, was mit diesem Verhalten beabsichtigt ist. Verdeckte Vermeidung und Neutralisieren werden erhoben, indem man die Patienten nach irgendwelchen mentalen Anstrengungen befragt, die wegen des Problems unternommen werden.

So fühlte sich z.B. ein Patient gezwungen, jeden »bösen« Gedanken in geradzahliger Häufigkeit zu denken. Er verbrachte einen Großteil des Tages damit, keine derartigen »bösen« Gedanken zu haben (Vermeidung); diese Anstrengungen wurden häufig von Gedanken gefolgt wie »Ich habe meinen Vater nie gemocht« (Zwangsgedanke). Aufgrund seiner wahrgenommenen Verantwortlichkeit mußte er darauf erneut »Ich habe meinen Vater nie gemocht« denken (Neutralisieren) und dann aufhören zu denken (Vermeidung); dann wiederholte sich dieser Kreislauf. Der Zwangsgedanke kann zu einem neutralisierenden Gedanken werden, wenn eine willentliche Anstrengung dahinter steht, z.B. wenn der Patient sich veranlaßt, bestimmte Gedanken zu denken, bevor diese von selbst auftreten.

4.6.2
Behandlungselemente

> Die Behandlung besteht zunächst aus einer kognitiven Neubewertung (wie oben beschrieben). Dieser folgt ein *Habituationstraining*, um damit die kognitive Alternative zum Problem des Patienten zu bestätigen.

■ **Habituationstraining.** Bei dieser Methode besteht die Aufgabe darin zu trainieren, wiederholt und vorhersehbar bislang gefürchtete Gedanken so lange zu denken, bis von selbst eine Angstreduktion eintritt, während zur selben Zeit jegliche verdeckte Vermeidung oder neutralisierende Verhaltensweisen unterlassen werden. Wenn einmal eine Habituation gegenüber vorhersehbaren Reizen erreicht wurde, geht die Behandlung zu weniger vorhersehbaren Reizen über.

Die Behandlung beginnt mit einer ausführlichen Diskussion über die Formulierung des individuellen Störungskonzepts unter Betonung der Unvorhersehbarkeit von Gedanken und der Rolle verdeckten Neutralisierens. Das Rational für das Habituationstraining mit Reaktionsverhinderung wird eingeführt, indem die Aufmerksamkeit darauf gerichtet wird, auf welche Weise Vermeidung den Patienten davor bewahrt, sich mit seiner Angst zu konfrontieren und sich daran zu gewöhnen. Die Rolle der neutralisierenden Gedanken wird auf ähnliche Weise besprochen. Hat man sich auf diese Prinzipien geeinigt, wird der Patient gebeten, Vorschläge zu machen, wie man nun mit dem Problem umgehen kann, d. h. wie man sich an die beunruhigenden Gedanken gewöhnt, ohne sie irgendwie zu beeinflussen.

Um die Gedanken wiederholt in einer vorhersehbaren Art und Weise zu präsentieren, gibt es mehrere Methoden:

- willkürliches Hervorrufen von Gedanken (»Malen Sie sich den Gedanken genau aus, behalten Sie ihn so lange im Kopf, bis ich Sie unterbreche und wiederholen Sie dies mehrere Male«);
- wiederholtes Aufschreiben des Gedankens und
- Abhören eines Endlosbandes, das der Patient selbst mit dem Gedanken auf Kassette besprochen hat.

Eine Kombination dieser Strategien kann besonders wirksam sein, indem man mit dem Endlosband beginnt. Der Patient wird gebeten, alle aufdringlichen Gedanken oder eine Serie desselben Gedankens für 30 Sekunden aufzunehmen (z. B. »Ich könnte meinen Sohn verletzen, ich könnte ihn mit dem Küchenmesser erstechen, so daß er verblutet«). Es ist von großer Wichtigkeit, daß sich auf dem Band keine neutralisierenden Gedanken befinden. Dann wird die Endloskassette (die man übrigens in Hifi-Geschäften kaufen kann) diese Intrusion kontinuierlich im 30-Sekunden-Rhythmus wiederholen. Der Patient wird dazu angehalten, sich das Band so genau wie möglich und ohne zu neutralisieren 10mal hintereinander anzuhören. Nach jedem Durchgang werden das Unbehagen und der Drang zu neutralisieren auf einer Skala von 0–100 eingeschätzt. Nach dem Anhören werden alle Impulse, zu vermeiden oder zu neutralisieren, ausführlich besprochen. Falls Vermeidung oder Neutralisieren während oder nach dem Anhören stattgefunden hat, wird die zugehörige Bewertung identifiziert und hinterfragt, und es werden Wege besprochen, dies in Zukunft zu verhindern; danach macht der Patient einen weiteren Durchgang mit 10 Wiederholungen, so lange, bis eine nicht neutralisierte Präsentation erreicht ist. Dann kann der Inhalt auf dem Band gewechselt werden oder ein anderer Gedanke hinzugefügt werden (z. B. auf dem anderen Kanal). Neutralisieren wird z. B. verhindert, indem zum Hören ein Kopfhörer benutzt wird oder indem der Patient sich das Bild mit geschlossenen Augen vorstellen soll, mit dem Gedanken mitgeht etc. Daraufhin wird das Band dann für etwa 15 Minuten kontinuierlich abgespielt, wobei wieder nach bestimmten Intervallen Unbehagen und der Drang zu neutralisieren eingeschätzt werden. Daraufhin werden die Schwierigkeiten bezüglich Vermeidung und Neutralisieren erneut besprochen.

Der Patient wird dazu angehalten, mit dem Endlosband mindestens 2mal täglich für mindestens 1 Stunde zu üben, am besten so lange, bis sich die Angst auf mindestens 50% des maximalen Niveaus während der Übungen reduziert hat. Zusätzlich wird der Patient angehalten, jegliches Neutralisieren während des Tages zu unterbinden und Aufzeichnungen über das Auftauchen von Gedanken, Unbehagen und den Drang zu neutralisieren zu führen. In den folgenden Sitzungen werden Schwierigkeiten, die bei den Hausaufgaben oder bei selbst geplanter Reaktionsverhinderung aufgetreten sind, besprochen. Jede Aktivität, die dazu da ist, die Zwangsgedanken zu vermeiden oder zu beenden, sollte identifiziert und unterbunden werden. Hat der Patient erst einmal bezüglich eines oder zweier Gedanken habituiert, findet üblicherweise eine Generalisierung auch auf andere Gedanken statt, die nun auch weniger belastend sind. Dies kann anhand der Tagebücher des Patienten überprüft werden (s. unten).

■ **Generalisierung.** Es gibt spezifische Techniken, um die Generalisierung zu erhöhen. Dazu gehören:

- Der Patient hört sich das Band in besonders schwierigen Situationen (z. B. mit dem Walkman auf der Straße) an.
- Der Patient soll sich sein Band anhören, wenn er auch wirklich ängstlich ist, entweder von natürlich erzeugtem Streß (z. B. Zahnarztbesuch oder natürliche Stimmungsschwankungen) oder bei geplantem Streß (z. B. in einer Vorstellungsübung, in der eine schwierige Situation ausgemalt wird oder mit Hilfe von stimmungsinduzierenden Techniken; Clark, 1983).
- Willkürliches Variieren der Habituation auf dem Band (indem z. B. auch einmal eine normale Kassette benutzt wird, wo die Inhalte der Gedanken oder die Lautstärke, die Lebendigkeit etc. variiert werden); es könnten auch laute Störgeräusche eingeführt werden, um Schreckreaktionen zu erzeugen. Schließlich wird der Patient dazu aufgefordert, Gedanken willkürlich zu provozieren; dabei wird auf ähnliche Art und Weise vorgegangen, indem zuerst einzelne Gedanken, dann verschiedene Gedanken in zunehmend verschiedeneren Situationen etc. (jeweils ohne Neutralisieren) ausgelöst werden. Wie auch beim allgemeinen Ansatz zur Behandlung des Zwangssyndroms wird besonders auf das Problem der Rückversicherung hingewiesen, und der Patient übernimmt zunehmend mehr Verantwortung für Einzelheiten der Behandlung und der Hausaufgaben.

4.7
Alternative Behandlungsmöglichkeiten

Die behaviorale Behandlung ist z. Z. die Methode der Wahl. Bisweilen wurde auch tiefenpsychologisch fundierte Psychotherapie benutzt, auch wenn Storr (1979) nahelegt, daß eine psychodynamische Behandlung nur für Patienten mit zwanghaften »traits«, nicht aber für das Zwangssyndrom angemessen ist. Dazu gibt es auch empirische Belege (Cawley, 1974).

■ **Medikamentöse Ansätze.** Eine Metaanalyse mehrerer Effektivitätsstudien ergab, daß eine anti-depressive Medikation, insbesondere selektive Serotoninwiederaufnahmehemmer, eine direkte Wirkung auf Zwänge ausüben können (Christensen et al., 1987). Das Ausmaß, in dem die Wirkung dieser Medikamente wirklich dem Serotonin zuzuschreiben ist, ist allerdings fraglich; so ist z. B. das effektivste Medikament dieser Gruppe das am wenigsten selektiv wirkende Clomipramin. Außerdem sind die Rückfallraten nach Absetzen der Medikamente erschreckend hoch (90% innerhalb von 7 Wochen). Antidepressive Medikation ist wahrscheinlich am besten für solche Patienten geeignet, bei denen die Zwänge mit starken Depressionen einhergehen und vielleicht auch bei denen, deren Zwänge sich nach dem Auftreten einer Depression entwickelt oder verschlimmert haben. Diese Patienten werden aber wahrscheinlich auch auf eine psychologische Behandlung der Depression ansprechen.

■ **Psychochirurgische Maßnahmen.** Das Ausmaß, in dem bislang psychochirurgische Maßnahmen zur Behandlung von Zwängen vorgeschlagen wurden, entspricht eher einem Bekenntnis zur früheren Unbehandelbarkeit dieser Störung als einer nachgewiesenen Effektivität dieser Interventionsmaßnahme. Rachman (1979) stellt heraus, daß es keine überzeugenden Belege für die Wirksamkeit psychochirurgischer Prozeduren für Patienten gibt, denen man nicht auch mit weniger drastischen Methoden hätte helfen können.

■ **Stationäre Behandlung.** Bisweilen mag auch eine stationäre Behandlung in Betracht gezogen werden. Die meisten Effektivitätsstudien untersuchten eine verhaltenstherapeutische Behandlung, die stationär durchgeführt wurde und somit auch besser zu kontrollieren war. Es gibt Fälle, bei denen die stationäre Behandlung wünschenswert ist, auch wenn dies selten notwendig ist. Zu den Nachteilen stationärer Behandlung zählen der große Aufwand und die i. allg. schlechte Generalisierung auf den Alltag. Dieser Punkt gilt besonders für Zwangspatienten, die ihre Hospitalisierung als Erleichterung empfinden, bei der sie die Verantwortung für ihr Verhalten teilweise abgeben können; insbesondere ist bei Kontrollzwängen häufig eine unmittelbare Besserung nach der Aufnahme und wiederum eine schnelle Verschlechterung nach der Entlassung zu verzeichnen.

Ein stationärer Aufenthalt kann allerdings zu Beginn eines Behandlungsprogramms durchaus nützlich für Patienten sein, deren Probleme sich in erster Linie um Verunreinigungen drehen und die es als besonders schwer empfinden, gleich mit selbstgesteuerten Konfrontationen zu beginnen.

Eine Aufnahme sollte im voraus geplant werden (d. h. nicht als Krisenintervention erfolgen) und zeitlich begrenzt sein (normalerweise auf maximal 1 Woche). Zum Zeitpunkt der Aufnahme ist es angezeigt, rund um die Uhr bei gleichzeitiger Reaktionsverhinderung zu konfrontieren, was ein besonders gut geschultes Team für die ersten Tage voraussetzt (Foa & Goldstein, 1978). Generalisierungsübungen für den Alltag sollten bereits vom 2. Tag an beginnen, und dabei sollten von Anfang an begleitete Besuche zu Hause auf dem Programm stehen.

tel werden Form und Inhalt aufdringlicher und beängstigender Zwangsgedanken sowie offene und verdeckte Zwangshandlungen zu deren Neutralisieren beschrieben. Aus einer kognitiv-behavioralen Theorie des Zwangssyndroms werden die Therapieprinzipien der Reizkonfrontation mit Reaktionsverhinderung als wichtigstem Behandlungselement abgeleitet. Das diagnostische Vorgehen, die Konfrontationsbehandlung, kognitive Techniken sowie mögliche Schwierigkeiten bei der Behandlung werden mit kurzen Fallbeispielen erläutert.

4.8
Schlußfolgerungen

Die Prinzipien behavioraler und kognitiv-behavioraler Behandlung des Zwangssyndroms durch Reizkonfrontation mit Reaktionsverhinderung als wichtigstem Behandlungselement leiten sich direkt aus der Theorie ab. Die Therapie hilft dem Patienten einzusehen, daß Zwangsgedanken, so belastend sie auch sein mögen, niemanden zu irgendwelchen Taten zwingen können. Dem Patienten beizubringen, das Auftauchen aufdringlicher Gedanken zu kontrollieren, wird nur dann erfolgreich sein, wenn die Interpretationsmuster des Patienten verändert werden.

> Der Schlüssel zur Kontrolle von Zwangsgedanken liegt in der Erkenntnis, daß eine solche Kontrolle unnötig ist.

Neben Therapieerfolgsstudien ist auch weitere experimentelle Forschung zum Thema der übermäßigen Verantwortung (und wie man solche Verantwortungsgefühle kurz- und langfristig reduzieren kann) vonnöten. Dabei sollte u. a. geklärt werden, auf welche Weise das psychologische Modell erklären kann, daß das, was zunächst wie ein allgemeines Defizit erscheint, der Theorie nach lediglich das Resultat einer übermäßigen Anstrengung des Betroffenen darstellt.

Zusammenfassung

Zwänge galten bis zur Entwicklung verhaltenstherapeutischer Ansätze in den 60er Jahren lange Zeit als praktisch unbehandelbar. In diesem Kapi-

Literatur

Cawley, R. (1974). Psychotherapy and obsessional disorders. In H. R. Beech (Ed.), *Obsessional States*. London: Methuen.

Christensen, H., Hadzi-Pavlovic, D., Andrews G. & Mattick, R. (1987). Behavior therapy and tricyclic medication in the treatment of obsessive-compulsive disorder: a quantitative review. *Journal of Consulting and Clinical Psychology*, 55, 701–711.

Clark, D. M. (1983). On the induction of depressed mood in the laboratory. *Advances in Behaviour Research and Therapy*, 5, 27–50.

Clark, D. M. (1986). A cognitive approach to panic. *Behaviour Research and Therapy*, 24, 461–470.

Foa, E. B. (1979). Failures in treating obsessive-compulsives. *Behaviour Research and Therapy*, 17, 169–176.

Foa, E. B. & Goldstein, A. (1978). Continuous exposure and strict response prevention in the treatment of obsessive-compulsive neurosis. *Behaviour Therapy*, 9, 821–829.

Freund, B., Steketee, G. S. & Foa, E. B. (1987). Compulsive activity checklist (CAC): psychometric analysis with obsessive-compulsives. *Behavioural Assessment*, 9, 67–79.

Hodgson, R. & Rachman, S. J. (1977). Obsessional-compulsive complaints. *Behaviour Research and Therapy*, 15, 389–395.

Klepsch, R., Zaworka, W., Hand, I., Lünenschloß, K. & Jauernig, G. (1993). *Hamburger Zwangsinventar - Kurzform*. Weinheim: Beltz.

Marks, I. M. (1981). *Cure and care of neurosis*. New York: Wiley.

Marks, I. M., Stern, R. S., Mawson, D., Cobb, J. & McDonald, R. (1980). Clomipramine and exposure for obsessive-compulsive rituals: I. *British Journal of Psychiatry*, 136, 1–25.

Metzner, R. (1963). Some experimental analogues of obsession. *Behaviour Research and Therapy*, 1, 231–236.

Meyer, Y. (1966). Modification of expectations in cases with obsessional rituals. *Behaviour Research and Therapy*, 4, 273–280.

Rachman, S. J. (1978). Anatomy of obsessions. *Behavior Analysis and Modification*, 2, 253–278.

Rachman, S. J. (1979). Psychosurgical treatment of obsessive-compulsive disorders. In E. Valenstein (Ed.), *The Psychosurgery Debate*. San Francisco: Freeman.

Rachman, S. J. (1993). Obsessions, responsibility and guilt. *Behaviour Research and Therapy, 31,* 149–154.

Rachman, S. J. & Hodgson, R. (1980). *Obsessions and compulsions.* Englewood Cliffs/NJ: Prentice-Hall

Rachman, S. J., Hodgson, R. & Marks, I. M. (1971). The treatment of chronic obsessional neurosis. *Behaviour Research and Therapy, 9,* 237–247.

Rachman, S. J., Cobb, J., Grey, S., McDonald, R., Mawson, D., Sartory, G. & Stern, R. S. (1979). The behavioural treatment of obsessional disorders with and without clomipramine. *Behaviour Research and Therapy, 17,* 462–478.

Salkovskis, P. M. (1985). Obsessional-compulsive problems: a cognitive-behavioural analysis. *Behaviour Research and Therapy, 25,* 571–583.

Salkovskis, P. M. (1988). Phenomenology, assessment and the cognitive model of panic. In S. J. Rachman & J. Maser (Eds.), *Panic: Psychological Perspectives.* Hillsdale/NJ: Erlbaum.

Salkovskis, P. M. (1989a). Cognitive-behavioural factors and the persistence of intrusive thoughts in obsessional problems. *Behavioural Research and Therapy, 27,* 677–682.

Salkovskis, P. M. (1989b). Obsessions and compulsions. In J. Scott, J. M. G. Williams & A. T. Beck (Eds.), *Cognitive therapy: a clinical casebook.* London: Croom Helm.

Salkovskis, P. M. (1989c). Obsessive and intrusive thoughts: clinical and nonclinical aspects. In P. M. G. Emmelkamp, W. T. A. M. Everaerd & M. J. M. van Son (Eds.), *Fresh perspectives on anxiety disorders.* Amsterdam: Swets and Zeitlinger.

Salkovskis, P. M. (1991). The importance of behaviour in the maintenance of anxiety and panic: a cognitive account. *Behavioural Psychotherapy, 19,* 6–19.

Salkovskis, P. M. (1996a). The cognitive approach to anxiety: threat believes, safety seeking behaviour, and the special case of health anxiety and obsessions. In P. M. Salkovskis (Ed.), *Frontiers of cognitive therapy.* New York: Guilford.

Salkovskis, P. M. (1996b). Cognitive-behavioural approaches to the understanding of obsessional problems. In R. Rapee (Ed.), *Current Controversies in the anxiety disorders.* New York: Guilford.

Salkovskis, P. M. & Kirk, J. (1989). Obsessional Disorders. In K. Hawton, P. M. Salkovskis, J. Kirk & D. M. Clark (Eds.), *Cognitive-behavioural treatment for psychiatric disorders: a practical guide.* Oxford: Oxford University Press.

Salkovskis, P. M., Kirk, J. (1997). Obsessive-compulsive disorder. In D. M. Clark & C. G. Fairburn (Eds.), *The science and practice of cognitive-behaviour therapy.* Oxford: Oxford University Press.

Salkovskis, P. M., Rachman, S. J., Ladouceur, R., Freestone, M., Taylor, S., Kyrios, M. & Sica, C. (1996). Defining responsibility in obsessional problems. *OC Beliefs Working Group,* Smith College, Northhampton.

Salkovskis, P. M., Richards, C. & Forrester, E. (1995). The relationship between obsessional problems and intrusive thoughts. *Behavioural and Cognitive Psychotherapy, 23,* 281–299.

Salkovskis, P. M. & Warwick, H. M. C. (1988). Cognitive therapy of obsessive-compulsive disorder. In C. Perris, I. M. Blackburn & H. Perris (Eds.), *The theory and practice of cognitive therapy.* Heidelberg: Springer.

Salkovskis, P. M. & Westbrook, D. (1987). Obsessive-compulsive disorder: clinical strategies for improving behavioural treatments. In H. Deut (Ed.), *Clinical psychology: research and development.* London: Croom Helm.

Salkovskis, P. M. & Westbrook, D. (1989). Behaviour therapy and obsessional ruminations: can failure be turned into success? *Behaviour Research and Therapy, 27,* 149–160.

Sternberg, M. (1974). Physical Treatments. In H. R. Beech (Ed.), *Obsessional States.* London: Methuen.

Storr, A. (1979). *The art of psychotherapy.* London: Secker Warburg.

Weiterführende Literatur

Marks, I. M. (1987). *Fears, phobias and rituals. Panic, anxiety and their disorders.* New York: Oxford University Press.

Rachman, S. J. & Hodgson, R. J. (1980). *Obsessions and compulsions.* Englewood Cliffs/NJ: Prentice-Hall.

Reinecker, H. (1991). *Zwänge. Diagnose, Theorien und Behandlung.* Bern: Huber.

KAPITEL 5

Generalisiertes Angstsyndrom

5

JULIA TUROWSKY und DAVID H. BARLOW

Das generalisierte Angstsyndrom (GAS) ist möglicherweise die häufigste und am stärksten chronisch verlaufende Angststörung, aber grundlegende Untersuchungen zum GAS gibt es erst seit einigen Jahren. Dies liegt zum Teil daran, daß das GAS erstmals 1980 als Restdiagnose zu den anderen Angststörungen eingeführt wurde und seine Definition seitdem mehrmals revidiert wurde. Neuere Forschungsbemühungen haben zu einem besseren Verständnis von Wesen und Verlauf des GAS geführt, und allmählich entstehen auch wirkungsvolle Behandlungsformen. In diesem Kapitel werden sowohl die aktuellen theoretischen Modelle des GAS vorgestellt als auch spezifische therapeutische Verfahren beschrieben, die in unserem Therapiezentrum auf der Grundlage dieser Konzepte entwickelt wurden.

5.1
Beschreibung der Störung

5.1.1
Definition und Diagnose

Das generalisierte Angstsyndrom (GAS) erschien mit der Veröffentlichung des DSM-III (APA, 1980) zum ersten Mal in der diagnostischen Terminologie. Damals wurde das GAS als Restkategorie eingeführt; die Diagnose konnte nicht vergeben werden, wenn ein Patient die Kriterien einer anderen Angststörung erfüllte. Die DSM-III-Kriterien für das GAS bestanden in erster Linie aus *psychophysiologischen Erscheinungsformen* von Angst wie motorische Spannung, vegetative Übererregbarkeit, Erwartungsangst, Hypervigilanz und erhöhte Aufmerksamkeit. Um die Kriterien für die Diagnose zu erfüllen, mußte die durch diese Symptome charakterisierte Angst über den Zeitraum von einem Monat vorgelegen haben. Zu den Problemen der Diagnosestellung gehörten niedrige Interraterreliabilität und ein Mangel an Spezifität (Brown et al., 1993a).

Seit dem Erscheinen des DSM-III-R (APA, 1987) wurde das GAS nicht mehr als Restkategorie betrachtet und konnte unabhängig neben anderen Störungen der Achse I bestehen. Außerdem wurde bei der Modifikation das Symptom der *Erwartungsangst* zu einem Hauptmerkmal, definiert als exzessive und/oder unrealistische Angst und Besorgnis in mindestens zwei Bereichen, die nicht mit einer anderen Diagnose der Achse I zusammenhingen. Das zeitliche Kriterium wurde auf mindestens sechs Monate ausgeweitet, und als Symptome wurden nun 6 aus einer Liste von 18 Symptomen gefordert; diese Liste umfaßte die 3 Gruppen motorische Spannung, vegetative Übererregbarkeit sowie Hypervigilanz und erhöhte Aufmerksamkeit.

Die Revisionen des GAS im DSM-IV (APA, 1994) beinhalteten weitere Veränderungen am Konzept dieser Störung, die auf neueren empiri-

Tabelle 5.1. Änderungen der GAS-Diagnose im DSM-Klassifikationssystem

	DSM-III	DSM-III-R	DSM-IV
Zentrale Merkmale, Symptome und Dauer	Generalisierte, überdauernde Angst drückt sich durch Symptome aus 3 der folgenden 4 Kategorien aus: (1) Motorische Spannung (2) Vegetative Übererregbarkeit (3) Erwartungsangst (4) Hypervigilanz und erhöhte Aufmerksamkeit Die ängstliche Stimmung hält kontinuierlich über mindestens einen Monat an.	Unrealistische oder exzessive Angst und Besorgnis (Erwartungsangst) in 2 oder mehr Lebensbereichen, für eine Dauer von mindestens 6 Monaten, während der die Person an den meisten Tagen von diesen Sorgen beeinträchtigt wurde. Mindestens 6 der folgenden 18 Symptome treten während der Angst häufig auf: Motorische Anspannung (1) Zittern (2) Muskelspannung (3) Rastlosigkeit (4) leichte Ermüdbarkeit Vegetative Hyperaktivität (5) Kurzatmigkeit (6) Palpitationen (7) Schwitzen (8) Mundtrockenheit (9) Schwindel (10) Nausea, Diarrhoe (11) Hitzewallungen oder Frösteln (12) häufiges Wasserlassen (13) Schluckbeschwerden Hypervigilanz und erhöhte Aufmerksamkeit (14) sich aufgedreht fühlen (15) Schreckhaftigkeit (16) Konzentrationsschwierigkeiten (17) Schlafschwierigkeiten (18) Reizbarkeit	Exzessive Angst und Besorgnis (Erwartungsangst) bezüglich mehrerer Lebensbereiche an der Mehrzahl der Tage über 6 Monate hinweg Die Person hat Schwierigkeiten, diese Sorgen zu kontrollieren. Angst und Besorgnis stehen im Zusammenhang mit mindestens 3 der folgenden 6 Symptome, wobei mindestens einige dieser Symptome an den meisten Tagen vorhanden sein müssen: (1) Rastlosigkeit (2) leichte Ermüdbarkeit (3) Konzentrationsschwierigkeiten (4) Reizbarkeit (5) Muskelspannung (6) Schlafstörungen
Ausschlußkriterien	Darf nicht diagnostiziert werden, wenn der Patient die Kriterien einer anderen Angst- oder affektiven Störung erfüllt.	Darf nicht diagnostiziert werden, wenn der Mittelpunkt der Sorgen mit einer anderen Störung der Achse 1 in Verbindung steht; sowie wenn die Sorgen ausschließlich im Verlauf einer Stimmungs- oder psychotischen Störung auftauchen.	wie DSM-III-R

schen Befunden beruhten. Erstens wurde die Forderung nach 2 oder mehr Bereichen der Sorge durch die Forderung ersetzt, daß sich die Sorgen auf eine Vielzahl von Ereignissen oder Aktivitäten beziehen sollten. Die Sorgen sollten nicht nur exzessiv sein, sondern auch als schwer kontrollierbar erlebt werden. Der Ausdruck »unrealistisch« war nicht spezifisch genug und wurde fallengelassen. Statt 6 von 18 Symptomen erfordern die DSM-IV-Kriterien 3 von 6 Symptomen aus den Bereichen motorische Spannung und Hypervigilanz/erhöhte Aufmerksamkeit. Die Veränderung wurde u. a. deswegen vorgenommen, da neuere Erkenntnisse nahelegten, daß die häufigsten Symptome, die von Patienten mit GAS berichtet werden, Reizbarkeit, Ruhelosigkeit, Muskelanspannung, leichte Ermüdbarkeit, Schlafschwierigkeiten und Konzentrationsmängel sind (Marten et al., 1993). Die Veränderungen im DSM-Diagnosesystem über die Jahre seit 1980 hinweg sind in Tabelle 5.1 herausgestellt.

5.1.2
Reliabilität und Validität der Diagnose

Reliabilität und Validität der Diagnose und der definierenden Merkmale des GAS wurden in mehreren Studien untersucht. Eine grundlegende Frage war dabei die Überprüfung, ob es sich bei der GAS überhaupt um eine eigenständige psychische Störung handelt (Rapee, 1991). Um sie zu beantworten, muß man Aspekte der diagnostischen Reliabilität, die Unterscheidbarkeit der Störung von anderen Angststörungen sowie Häufigkeit und Muster von Komorbidität betrachten (Brown et al., 1994a).

Niedrige Reliabilität
Ein wichtiger Hinweis auf die Validität einer diagnostischen Kategorie liegt vor, wenn es verschiedenen Klinikern möglich ist, unabhängig voneinander eine bestimmte Störung reliabel zu diagno-

stizieren (Rapee, 1991). Beim GAS wurde im Vergleich zu den anderen Angststörungen durchgehend die niedrigste Übereinstimmung bei der Diagnosevergabe gefunden. Die ursprüngliche Kritik an der diagnostischen Reliabilität des GAS bezog sich auf die DSM-III-Kriterien, und man hoffte, die Reliabilität dieser Kategorie mit dem Fallenlassen der hierarchischen Struktur des GAS als Restdiagnose sowie mit Bestimmung der Sorgen als definitiv zentrales Merkmal des GAS zu erhöhen. Zwar legen neuere Studien nahe, daß die Reliabilität des GAS mit den DSM-III-R-Kriterien angestiegen ist; der Kappakoeffizient für die Beobachterübereinstimmung beim GAS als Primärdiagnose gehört jedoch immer noch zu den niedrigsten bei den Angststörungen (Brown et al., 1994a; DiNardo et al., 1993).

Ursachen niedriger Reliabilität

Zu der niedrigen diagnostischen Reliabilität des GAS im DSM-III-R tragen mehrere Faktoren bei. Erstens stellen die definierenden Merkmale möglicherweise *grundlegende Prozesse der Angst* dar, wie etwa Sorgen oder Übererregbarkeit (Barlow, 1991). Ist dies der Fall, so kann die Unterscheidbarkeit des GAS von anderen Angststörungen vermindert sein, da dort diese Merkmale in gewissem Maße auch vorhanden sind. Zweitens kann das *Fehlen von klaren Anzeichen auf der Verhaltensebene*, wie die Vermeidung sozialer Situationen bei der Sozialphobie oder Zwangshandlungen beim Zwangssyndrom, zu den Schwierigkeiten beitragen, die Störung abzugrenzen. Eine neuere Studie, die sich mit dieser Frage beschäftigt, untersuchte die Konstruktvalidität von Angststörungen, indem die Werte auf 23 Subskalen von Maßen zur Erhebung von Angst und verwandten Parametern einer Faktorenanalyse unterzogen wurden (Zinbarg & Barlow, 1996). Während sich die GAS-Patienten hinsichtlich einzelner Faktoren nicht von Patienten mit anderen Angststörungen unterschieden, ergaben *Profilanalysen* eine signifikante Unterscheidung zwischen GAS-Patienten und anderen Gruppen. GAS-Patienten hatten also ein charakteristisches Faktor-score-Profil. Diese Ergebnisse weisen darauf hin, daß GAS-Patienten nicht leicht auf der Basis von nur einer spezifischen Dimension unterschieden werden können, aber bezüglich ihres Profils von Werten auf einer Vielzahl von Dimensionen der Angst ein einzigartiges Bild abgeben. Diese neuen Befunde stützen die Annahme der Unverwechselbarkeit des GAS.

Da sich bestimmte Merkmale von GAS und Zwangssyndrom (ZS) oberflächlich beträchtlich zu überschneiden scheinen (z.B. dauernde Sorgen beim GAS und Zwangsgedanken beim ZS), wurde vermutet, daß die niedrige diagnostische Reliabilität des GAS auf einem *Abgrenzungsproblem* mit dem ZS beruht (Brown et al., 1994b). Das scheint allerdings nach den Daten einer neueren Studie, die von Brown et al. (1993b) durchgeführt wurde, nicht der Fall zu sein. 46 GAS-Patienten wurden aufgrund eines strukturierten Interviews und Fragebogendaten mit 31 ZS-Patienten verglichen. Von den 55% der Probanden, die zweimal unabhängig voneinander von zwei verschiedenen Diagnostikern interviewt worden waren, erhielt in keinem Fall ein Proband einmal die Primärdiagnose GAS und im anderen Interview die Primärdiagnose ZS. Sowohl Kliniker als auch Patienten scheinen zwischen einer GAS-Sorge und einem Zwangsgedanken unterscheiden zu können. Obwohl erstere exzessiv und unkontrollierbar sein kann, wird sie trotzdem als realistischer, Ich-syntoner und weniger aufdringlich wahrgenommen als der Zwangsgedanke. Außerdem legte die Untersuchung von Komorbiditätsmustern nahe, daß GAS und ZS selten gemeinsam auftreten. Diese Befunde weisen darauf hin, daß das GAS/ZS-Abgrenzungsproblem nicht für die Unreliabilität der GAS-Diagnose verantwortlich sein kann.

Ein anderes Hauptproblem, das bezüglich der Validität der Diagnose des GAS angeführt wird, ist die Tatsache, daß durchgehend hohe *Komorbiditätsraten* mit anderen Angststörungen und affektiven Störungen gefunden werden. So konnten z.B. Brown & Barlow (1992) zeigen, daß 82% der Patienten mit der Primärdiagnose GAS mindestens eine Zusatzdiagnose erhalten hatten. Derart hohe Komorbiditätsraten wurden dahingehend interpretiert, daß es eher angezeigt sei, das GAS unter den komorbiden Bedingungen einzuordnen, wodurch jedoch Patienten mit GAS ohne zusätzliche Diagnose nicht mehr erfaßt werden würden. Außerdem scheint ein häufiges Vorkommen einer zusätzlichen Diagnose sowohl bei vielen Angststörungen als auch bei affektiven Störungen geläufig zu sein (vgl. Kap. 14).

Das GAS ist im DSM-IV weiterhin innerhalb der Angststörungen aufgeführt und soll grundlegenden Überarbeitungen unterzogen werden. Es sei in jedem Falle darauf hingewiesen, daß noch eine Reihe an Fragen bezüglich der empirischen Basis der Diagnose ungeklärt sind. Wie an anderer Stelle vorgeschlagen (Brown et al., 1994b), sollten sich die DSM-IV-Kriterien für das GAS als heuristisch wertvoll erweisen, aber nicht als definitive und letzte Stellungnahme zum Wesen der Störung betrachtet werden.

5.1.3
Prävalenz und Störungsbeginn

Unter den Studien zur Prävalenz des GAS ergaben sich bei zwei auf DSM-III-Kriterien gegründeten Untersuchungen ähnliche Raten um 4% (Crowe et al., 1983; Blazer et al., 1991). Eine neuere Studie, die sich auf Daten des National Comorbidity Survey, einer großen allgemeinen Erhebung unter der 15- bis 45jährigen US-Bevölkerung, bezieht, berichtet eine Lebenszeitprävalenzrate für das GAS nach DSM-III-R-Kriterien von 5,1% (Wittchen et al., 1994). Diese Zahlen waren bemerkenswert höher als die Prävalenzraten anderer Angststörungen wie Panik- oder Zwangssyndrom; das GAS ist also eine der in der Allgemeinbevölkerung am häufigsten vorkommenden Angststörungen. Trotz seiner hohen Prävalenz wird mit einem GAS als Primärdiagnose unter den Angststörungen am seltensten professionelle Hilfe aufgesucht. Unter allen Patienten mit Angststörungen stellen diejenigen mit GAS nur 10% (Barlow, 1988; Rapee & Barlow, 1993).

Wie bei den meisten anderen Angststörungen auch kommt das GAS bei Frauen häufiger vor. Die Geschlechterverteilung ist allerdings nicht so ungleich wie beim Paniksyndrom oder bei einfachen Phobien (Rapee, 1991). In den meisten GAS-Populationen finden sich etwa 60% Frauen (Rapee, 1989); die neueste epidemiologische Studie (Wittchen et al., 1994) berichtet, daß das GAS bei Frauen doppelt so häufig wie bei Männern vorkommt.

Obwohl Studien ein mittleres Alter für das erstmalige Auftreten zwischen 15 und etwa 25 Jahren berichtet haben (Rapee, 1991), ist die Validität dieser Zahlen in Frage gestellt, denn eine große Zahl der Patienten mit GAS berichtet, Symptome »so lange sie sich erinnern können« oder »ihr ganzes Leben lang« erlebt zu haben. Dies entspricht der heutigen Sichtweise vom GAS als zeitstabil, möglicherweise am besten charakterisiert als psychologischer »trait« oder als Persönlichkeitsstörung. Außerdem schilderten Patienten mit GAS das Erstauftreten ihrer Störung als allmählich und heimtückisch (Anderson et al., 1984; Rapee, 1985). Deswegen ist es möglich, daß das GAS eine allgemeine, charakteristische Eigenschaft einer Person darstellen kann, sich Sorgen zu machen und dazu zu neigen, starke Ängste zu erleben, die unter bestimmten Umständen schwerwiegender werden können (z.B. beim Annehmen einer stressigen Arbeit, Umzug, Scheidung). Nichtsdestoweniger berichtet eine signifikante Minderheit der GAS-Patienten ein erstmaliges Auftreten im Erwachse-nenalter, und es ist möglich, daß das GAS hinsichtlich frühem vs. spätem Beginn auf mehrere Arten differenziert werden kann. Kürzlich erhobene Daten legen nahe, daß Patienten mit niedrigem Erstauftrittsalter eher weiblich sind und in der Vorgeschichte von Ängsten während der Kindheit, anderen psychiatrischen Auffälligkeiten und Eheproblemen berichten (Hoehn-Saric et al., 1994).

Die oben zitierte neueste epidemiologische Studie (Wittchen et al., 1994), die für das GAS bei jungen Menschen zwischen 15 und 24 Jahren die niedrigste aktuelle Prävalenzrate feststellte, steht dabei im direkten Widerspruch zu Ergebnissen einer früheren Epidemiological Catchment Area-Studie (ECA, Blazer et al., 1991); dort war in der jüngsten Altersgruppe die höchste Prävalenz gefunden worden. Die Autoren legten damals nahe, daß junge Leute häufiger kurze Angstperioden erleben, wohingegen ältere Menschen eher zum überdauernden GAS neigen.

5.1.4
Klinisch auffällige vs. normale Sorgen

Da die Sorge sowohl definierendes Merkmal des GAS als auch ein Zustand ist, den jeder – psychiatrisch Unauffällige – dann und wann einmal erlebt, wurden mehrere Parameter untersucht, anhand derer man normale und pathologische Sorgen unterscheiden kann.

■ **Inhaltliche Themen.** Eine Reihe von Studien beschäftigte sich mit dem Inhalt der Sorgen des GAS. In einer Interviewstudie betrafen die am häufigsten genannten Sorgen bei 22 GAS-Patienten die Lebensbereiche Familie, Finanzen, Arbeit und Krankheit (Sanderson & Barlow, 1988). Diese Bereiche waren denen einer normalen Probandengruppe ähnlich (Mathews & Macleod, unveröffentlicht). 91% der Patienten mit GAS berichtete jedoch, sich exzessiv über kleinere Angelegenheiten zu sorgen, verglichen mit 40% der Patienten mit anderen Angststörungen. In einer zweiten Studie wurden 19 GAS-Patienten mit 26 nichtängstlichen Kontrollpersonen verglichen und gebeten, über 3 Wochen hinweg 3 sorgenvolle Episoden aufzuzeichnen (Craske et al., 1989). Obwohl die berichteten Lebensbereiche in beiden Gruppen ähnlich waren, gab es doch Unterschiede bei den relativen Anteilen der identifizierten Bereiche. Die Patienten mit GAS waren am meisten über Krankheit und am wenigsten über Finanzen besorgt. Die nichtängstliche Kontrollgruppe sorgte sich dagegen am meisten wegen der Arbeit und am wenigsten wegen Krankheit. Im allgemeinen scheint es aber so zu sein, daß die Themen der Sorgen bei GAS-Patienten über die untersuchten Stichproben hinweg variieren und daß sie sich nicht substanziell von denen nichtängstlicher Personen unterscheiden. Die Themen, die von GAS-Patienten genannt werden, betreffen üblicherweise normale Alltagsumstände wie Gesundheit, Arbeit, Familie und Finanzen (Borkovec et al., 1991).

■ **Mangelnde Kontrollmöglichkeit.** Obwohl sich die speziellen Inhalte pathologischer und normaler Sorgen nicht groß zu unterscheiden scheinen, gibt es doch einige anderen Variablen, anhand derer man Patienten mit GAS-Sorgen und normale Kontrollpersonen unterscheiden kann. Darunter fallen wahrgenommene mangelnde Kontrolle über die Sorgen und die damit verbundenen Auswirkungen auf ihre Befindlichkeit (Brown et al., 1994). So gaben z.B. 19 der 22 GAS-Patienten aus der oben erwähnten Studie von Sanderson & Barlow (1988) an, daß sie sich während mehr als der Hälfte der Zeit eines typischen Tages angespannt, ängstlich und besorgt fühlen. Craske et al. (1989) bestätigten diesen Befund und berichteten, daß der Anteil des Tages, der mit Sorgen verbracht wurde, bei GAS-Patienten signifikant höher war als bei Kontrollpersonen. Außerdem berichteten sie über weniger Erfolg dabei, den Sorgen ein Ende zu setzen, als dies die Kontrollpersonen taten. Dieser Mangel an Kontrolle über die Sorgen wurde mit einer Stichprobe von hochängstlichen Studenten (Borkovec et al., 1983) und in anderen Studien mit GAS-Patienten (Butler et al., 1987) repliziert. Darüber hinaus ist auch das Ausmaß, in dem die Sorgen das alltägliche Funktionieren beeinflussen, bei GAS-Patienten höher als bei Patienten mit anderen Angststörungen (Borkovec et al., 1991).

5.2
Entstehung und Aufrechterhaltung des GAS

5.2.1
Genetische und familiäre Faktoren

Es gibt stichhaltige Hinweise dafür, daß eine *biologische Vulnerabilität* zur Entwicklung pathologischer Angst beiträgt (s. zum Überblick Barlow, 1988). Obwohl es aus Persönlichkeitsstudien bedeutende Belege für eine genetische Komponente der Angst als Persönlichkeitskonstrukt gibt (Eysenck, 1975; Young et al., 1971), wurde in nur wenigen Studien die Vererbbarkeit des GAS untersucht. Ergebnisse aus Zwillings- und Familienstudien zeigen, daß das GAS in Familien gehäuft auftritt (Noyes et al., 1987, 1992; Kendler et al., 1992). Die Autoren folgerten daraus, daß das GAS »gemäßigt« vererbbar ist. Da allerdings in diesen Studien eine veraltete Definition des GAS benutzt wurde (u.a. betrug die erforderliche Dauer für die Störung nur einen Monat), sollten diese Ergebnisse mit Vorsicht interpretiert werden. Zusammenfassend kann gesagt werden, daß es wahrscheinlich ist, daß das GAS mindestens ebenso vererbbar ist wie die Angst als *Trait*, obwohl noch weiter geforscht werden muß, um diesen Schluß zu unterstützen (Barlow, 1988).

5.2.2
Kritische Lebensereignisse

Wie bereits erwähnt, geben zwar einige Patienten mit GAS an, ihr Problem schon ihr ganzes Leben lang zu haben, andere aber berichten über ein erstmaliges Auftreten im Erwachsenenalter. Deswegen kann es, obwohl es eine vererbte Prädisposition für Sorgen geben mag, einen Punkt im Leben geben, bei dem sich die charakteristischen Merkmale der Störung verschlimmern oder stärkere Beeinträchtigung verursachen (Rapee, 1991). Möglicherweise tauchen Veränderungen oder Stressoren im Leben auf, die das Störungsbild verstärken. Obwohl die Rolle von Streß im Zusammenhang mit dem Auftreten anderer Angststörungen schon häufig im Mittelpunkt von Forschungsarbeiten stand (s. Barlow, 1988), wurde sie beim GAS noch nicht eingehend untersucht. Eine Studie von Blazer et al. (1987) gibt vorsichtige Hinweise darauf, daß belastende Lebensereignisse bei der Entwicklung des GAS eine Rolle spielen. Die Wahrscheinlichkeit für ein GAS war bei Männern (nicht aber bei Frauen), die im vergangenen Jahr vier oder mehr belastende Lebensereignisse erlebt hatten, signifikant erhöht. Ebenfalls erhöht war bei Männern und bei Frauen die Wahrscheinlichkeit eines GAS, wenn sie mindestens ein »belastendes, negatives und sehr wichtiges« Ereignis erlebt hatten. Da man jedoch das erstmalige Auftreten typischerweise früher im Leben findet, könnten diese Befunde auch nur einen zeitweiligen Anstieg der GAS-Symptome oder möglicherweise falsch diagnostizierte Anpassungsstörungen widerspiegeln (Rapee, 1991).

In einer neueren Studie berichteten Studenten, die die DSM-III-R-Kriterien für ein GAS erfüllten, über eine größere Zahl traumatischer Ereignisse als dies nichtängstliche Studenten taten (Roemer et al., 1991). Wenn auch traumatische und belastende Ereignisse dazu beitragen könnten, die Welt als gefährlich und unkontrollierbar zu erleben, so sind diese Angaben in ihrer Aussagekraft doch begrenzt, weil sie retrospektiv sind und die Möglichkeit besteht, daß sich ängstliche Personen an negative Ereignisse eher erinnern (Borkovec & Roemer, 1994).

5.2.3
Kognitive Faktoren

Den psychologischen Faktoren zur Aufrechterhaltung des GAS wird seit kurzem von der Forschung mehr Beachtung geschenkt. Es gibt zunehmend Hinweise darauf, daß Patienten mit einem GAS schneller und häufiger Bedrohungen in ihrer Umgebung entdecken, besonders wenn eine solche Bedrohung eine persönliche Bedeutung hat.

Eine der ersten Studien, die diese Sensitivität gegenüber Bedrohung beschrieben hat, wurde von Butler & Mathews (1983) durchgeführt. Dort fand man heraus, daß GAS-Patienten mehrdeutige Ereignisse eher als bedrohlich interpretierten als normale Kontrollpersonen. Außerdem glaubten die GAS-Patienten, daß ihnen eher als anderen etwas Bedrohliches zustoßen könnte; dies weist darauf hin, daß sie sich selbst als besonders verletzlich gegenüber den Gefahren der Welt empfinden.

Es gibt zunehmende Anhaltspunkte für eine *selektive Aufmerksamkeit* gegenüber Gefahrenreizen bei Patienten mit GAS. Sie scheinen – verglichen mit normalen Kontrollpersonen – ihre Aufmerksamkeit eher bedrohlicher Information zuzuwenden und können derartige Information schneller entdecken, eine Neigung, die völlig automatisch und unbewußt zu sein scheint (s. Mathews, 1990). Potentielle Gefahrenreize in der Umwelt sind also für GAS-Patienten besonders hervorstechend, und sie suchen die Umgebung permanent nach vorliegenden Anzeichen möglicher Gefährdungen ab (Rapee & Barlow, 1993).

5.2.4
Ein theoretisches Prozeßmodell

Erwartungsangst
Sorgen bzw. Erwartungsangst (Barlow, 1988, 1991) sind das definierende Merkmal des GAS und können als fundamentales Merkmal jeglicher Angst betrachtet werden. Im Grunde genommen finden sich Sorgen bis zu einem bestimmten Grad bei al-

len Angststörungen. Folglich sahen manche Autoren das GAS als die »grundlegende« Angststörung oder als den reinen Ausdruck von *Trait*angst an (Rapee & Barlow, 1993).

Erwartungsangst (s. Abb. 5.1) ist definiert als zukunftsorientierte Stimmungslage, in der jemand bereit für erwartete negative Ereignisse ist. Erwartungsangst ist durch negative Gefühle charakterisiert, die mit der wahrgenommenen Unfähigkeit zusammenhängen, in bevorstehenden Ereignissen oder Situationen erwünschte Ergebnisse vorhersagen, kontrollieren oder erreichen zu können. Dieser Zustand führt

- zu einer Verlagerung der Aufmerksamkeit weg von externalen hin zu internalen selbstbewertenden Inhalten,
- zu einem weiteren Anstieg der Erregung,
- zur Einengung der Aufmerksamkeit auf »heiße«, emotional selbstbezogene und negative Kognitionen und
- zu übermäßiger Wachsamkeit gegenüber angstauslösenden Reizen.

Bei ausreichender Intensität endet dieser Prozeß in Konzentrationsstörungen oder dysfunktionalem Verhalten und kann schließlich zur Vermeidung von wahrgenommenen angstauslösenden Reizen führen.

Dieser Verarbeitungsprozeß findet sich bei allen Angststörungen mit einem für die jeweilige Störung spezifischem Fokus der ängstlichen Besorgtheit. Das differentialdiagnostische Merkmal der ängstlichen Besorgtheit beim GAS ist, daß der Fokus der Sorgen auf breitere, schlechter umschriebene Reize gerichtet wird verglichen mit Paniksyndrom (Fokus auf körperlichen Symptomen) und Sozialphobie (Fokus auf Sorgen bezüglich sozialem Auftreten). Die Erwartungsangst könnte Folge früherer Lebenserfahrungen sein, insbesondere solcher Erfahrungen, in denen entscheidende Aspekte der Umwelt als unkontrollierbar wahrgenommen wurden; dies könnte einen psychologischen Vulnerabilitätsfaktor bei der späteren Entwicklung einer Vielzahl von psychischen Störungen darstellen. In der Tat stellen sich GAS-Patienten häufig mit einer lebenslangen Geschichte generalisierter Angst vor und erfüllen auch die Kriterien für zusätzliche Angststörungen. Außerdem ist das GAS tendenziell die am häufigsten vergebene Zusatzdiagnose bei Patienten, die als Primärdiagnose eine andere Angst- oder affektive Störung erhalten hatten (s. zum Überblick Brown et al., 1993b). Auf der Grundlage dieser Befunde begannen einige Autoren, ein Konzept des GAS

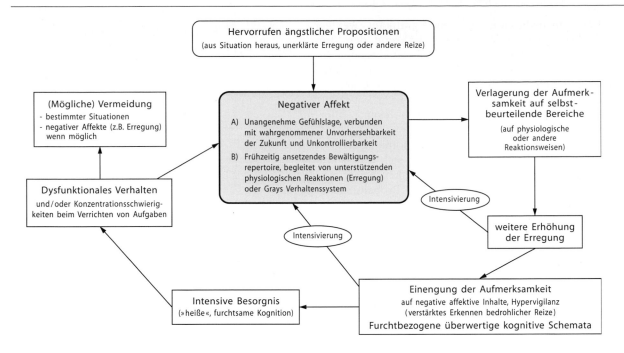

Abb. 5.1. Theoretisches Prozeßmodell. (Nach Barlow, 1988)

als *Persönlichkeitsstörung* zu entwerfen (Sanderson & Wetzler, 1991).

Sorge als negativer Verstärker

Borkovec et al. (1991; Borkovec & Costello, 1993; Roemer & Borkovec, 1993) haben ein spezifisches Modell vorgeschlagen, um die Sorgen und die ablaufenden Verarbeitungsprozesse beim GAS zu erklären. Sie postulieren, daß die Sorgen die Herausbildung einer Vermeidungsreaktion auf emotionale Bedrohung ausdrücken und signifikant zur Aufrechterhaltung von Angststörungen im allgemeinen und des GAS im besonderen beitragen.

> Sorgen werden als eine Form geistiger *Vermeidung* betrachtet, analog zur offenen motorischen Vermeidung bei der Agoraphobie. Der Prozeß des »Sich-Sorgens« wird als negative Verstärkung betrachtet, die dazu dient, die emotionale Verarbeitung zu dämpfen und zu somatischen Suppressionseffekten führt.

Anders ausgedrückt, könnten Sorgen kurzfristig verstärkend wirken, da sie einige der aversiven physiologischen und psychologischen Komponenten negativer emotionaler Erfahrungen zerstreuen. Die Befunde der folgenden Studien unterstützen diese Sichtweise des GAS.

Empirische Befunde

Borkovec & Inz (1990) prüften die Hypothese, daß die Besorgnis in erster Linie ein kognitiver Prozeß ist (d.h. verbal/linguistisch im Gegensatz zu bildhaft) sowie die Hypothese, daß dieser Prozeß zur Unterdrückung von mit Bedrohung gekoppelten bildhaften Vorstellungen führt. 13 GAS-Patienten und 13 nichtängstliche Kontrollpersonen unterzogen sich einer 10minütigen Selbstentspannungsphase und einer 10minütigen Phase, in der sie sich über ein für sie bedeutsames Thema Sorgen machten. Während beiden Perioden wurde je 3mal eine Auswahl an Gedanken und Vorstellungen gesammelt. Während der Entspannung berichteten die Kontrollpersonen über ein Vorherrschen an bildhaften Vorstellungen, während bei den GAS-Patienten Gedanken und bildhafte Vorstellung gleich verteilt waren. Noch wichtiger ist, daß in der Sorgenphase beide Gruppen mehr zum Nachdenken neigten, wobei die GAS-Gruppe am wenigsten von bildhaften Vorstellungen berichtete.

Besorgnis wurde auch mit einer Unterdrückung somatischer Erregung in Verbindung gebracht. Vrana et al. (1986) haben gezeigt, daß die Konfrontation mit bildlichen Vorstellungen einer gefürchteten Situation eine physiologische Aktivierung auslöst, während dies die verbale Artikulation desselben Inhalts nicht tut. In einer Studie von Borkovec & Hu (1990) wurden sprechängstliche Probanden gebeten, sich entweder in entspannte, in neutrale oder in besorgniserregende Gedanken zu vertiefen, bevor sie sich eine phobische Situation bildlich vorstellten. Die Probanden aus der

Besorgnisbedingung zeigten signifikant weniger Reaktionen der Herzfrequenz während der Konfrontation mit der auf die Phobie bezogenen Information als die Probanden aus den anderen beiden Gruppen; dies legt nahe, daß die geistige Aktivität oder die Besorgnis die kardiovaskuläre Reaktion auf die für die Phobie relevante Information unterdrückt.

Weitere Unterstützung für die somatischen Suppressionseffekte von Sorgen ergab sich durch Fragebogendaten aus einer studentischen Stichprobe (Borkovec & Lyonfields, 1993). Die Probanden waren aufgefordert worden, sowohl die Anteile des Nachdenkens und der bildlichen Vorstellung in ihren Sorgen anzugeben als auch die Anzahl der körperlichen Symptome zu nennen, die sie unter Angst erlebten. Die vorgefundene negative Korrelation zwischen dem Prozentsatz des Nachdenkens während der Sorgen und der Anzahl der körperlichen Symptome unter Angst deutet darauf hin, daß verstärkte besorgniserregende Gedanken mit einer verminderten bewußten Wahrnehmung körperlicher Symptome einhergehen. Zusammengenommen weisen diese Daten darauf hin, daß sorgenvolle Gedanken sowohl durch eine Unterdrückung als auch durch eine verminderte Wahrnehmung somatischer Aktivität gekennzeichnet sind.

> Folglich unterdrückt das Vorherrschen gedanklicher Aktivität bei Besorgnis die somatische Aktivierung entweder direkt oder indirekt durch das Unterdrücken bildlicher Vorstellung (Roemer & Borkovec, 1993).

Die Etablierung von Besorgnis als einen im wesentlichen kognitiven Prozeß hat auch eine Bedeutung für die mögliche Rolle der Besorgnis bei der Aufrechterhaltung des GAS und anderen Angststörungen (Brown et al., 1993b; Mathews, 1990). Die Forschung hat gezeigt, daß Konfrontationsverfahren am wirksamsten sind, wenn die Patienten das angsterzeugende Material *emotional verarbeiten* (Foa & Kozac, 1986). Die Patienten müssen die Angst vollständig, also sowohl kognitiv wie auch emotional ohne Vermeidung erleben. Außerdem ist es wichtig, daß die Patienten an ihren Fähigkeiten arbeiten, eine solche Erfahrung auch in zukünftigen Konfrontationssituationen zu bewältigen. Foa & Kozak (1986) erklären, daß sich die emotionale Verarbeitung während einer Konfrontationsbehandlung in einer starken, in erster Linie physiologischen Aktivierung bei der Reaktion auf phobisches Material ausdrückt. Aus einer Per-

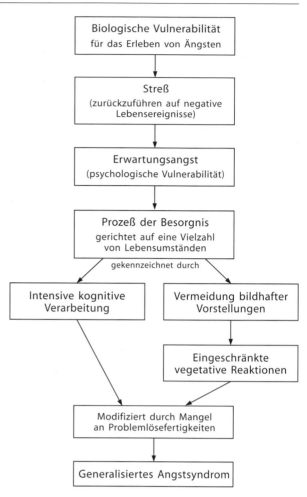

Abb. 5.2. Umfassendes Modell des generalisierten Angstsyndroms

spektive der *Informationsverarbeitung* heraus betrachtet ist bei Vermeidung das *assoziative Netzwerk* oder die bedrohliche Bedeutung, die diesen Reiz umgibt, nicht zugänglich und kann deswegen auch nicht mit korrigierender Information verändert werden. Deswegen kann es sein, daß fortwährende Sorgen die Verarbeitung stören, die sonst zur Beseitigung der Angst führen würde. Dies hält den Kreislauf Besorgnis-Vermeidung-Besorgnis aufrecht (Borkovec et al., 1991).

Zusammengefaßt kann gesagt werden, daß der Prozeß der Besorgnis in gewisser Hinsicht dem Problemlösen gleicht (geistiges Aufzählen möglicher negativer Ereignisse und der Versuch, sie zu vermeiden). Anstatt eine Lösung zu finden, grübelt der GAS-Patient jedoch nur endlos vor sich hin. Da die Besorgnis in den Mittelpunkt der Aufmerksamkeit rückt, eine vollständige Bearbeitung der Bedrohung aber nicht stattfindet, ist die Kapazität des Patienten, Probleme zu lösen oder effektive Bewältigungsmethoden zu entwickeln, beeinträchtigt. Die Fähigkeit, gegenwärtige oder zukünftige Bedrohungen zu entdecken und die Neigung, diese Bedrohungen als katastrophal zu betrachten, sind in der Folgezeit verstärkt und halten den Kreislauf der Besorgnis aufrecht (Borkovec et al., 1991; Mathews, 1990). Die letzten beiden Faktoren tragen zur Aufrechterhaltung und zur Chronifizierung des GAS bei. Ein umfassendes Modell des GAS ist in Abb. 5.2 dargestellt.

5.3
Behandlungsansätze

5.3.1
Befunde zu einzelnen Therapieelementen

Ausgehend von den bisher dargestellten konzeptuellen Überlegungen könnte die *Konfrontation in sensu* eine wirksame Maßnahme darstellen, um das Problem der exzessiven Sorgen beim GAS anzugehen. Bisher bezogen sich nur sehr wenige Behandlungsformen für das GAS direkt auf den Prozeß der Besorgnis. Im Grunde genommen sind Behandlungsformen, die auf die spezifischen Merkmale des GAS zugeschnitten sind (analog zu kürzlich entwickelten Behandlungen der Panikstörung), erst in der Entstehung begriffen (Brown et al., 1993b).

■ **Körperbezogene Ansätze.** Frühe Behandlungsansätze für Patienten, die an chronischer Angst litten, zielten in erster Linie auf die somatischen Aspekte der Störung, die ja in der ursprünglichen Konzeptualisierung des GAS eine zentrale Rolle gespielt hatten. Typische Behandlungsformen waren Biofeedback oder entspannungsorientierte Therapieverfahren, entweder alleine oder kombiniert mit kognitiver Therapie. In den entsprechenden Therapiestudien fand man nur wenige Veränderungen im klinischen Bild, wenn man diese Techniken isoliert anwandte (LeBouef & Lodge, 1980; Woodward & Jones, 1980). Es ist jedoch schwer zu beurteilen, ob die in den Studien untersuchten Patienten den heutigen Kriterien für das GAS (oder denen anderer Angststörungen, wie z.B. Paniksyndrom) genügen würden, da damals das DSM-III noch nicht eingeführt war (Rapee, 1991).

■ **Neuere Ansätze.** Neuere Therapiestudien untersuchten die Effekte von Entspannungstrainings, kognitiver Therapie, Angstmanagementtraining und von Kombinationen dieser Verfahren (Brown

et al., 1993b). Diese Behandlungsansätze zeigten sich einer Wartelistenkontrollbedingung überlegen und führten zu Behandlungserfolgen, die bis 6 Monate und länger anhielten (z.B. Barlow et al., 1992; Butler et al., 1987). Allerdings gelang es in mehreren Studien nicht, differentielle Effekte unter den aktiven Behandlungsbedingungen aufzuzeigen. Außerdem konnten in einigen Studien keine Unterschiede bezüglich der Effektivität zwischen kognitiv-behavioralen Verfahren und glaubwürdiger, nichtdirektiver Kontrollbehandlung festgestellt werden (Blowers et al., 1987; Borkovec & Mathews, 1988).

Ferner zeigte eine Langzeitanalyse des klinischen Funktionsniveaus, daß ein großer Anteil der GAS-Patienten auch noch nach der Behandlung eine bedeutsame Symptomatik aufwies (Barlow et al., 1992). Im Lichte dieser Ergebnisse kamen die Forscher zu dem Schluß, daß der Prozeß des Sich-Sorgens beim GAS in der Therapie noch direkter angegangen werden muß. Obwohl die Patienten in dieser Studie angehalten worden waren, ihre fehlangepaßten und angsterzeugenden Gedanken zu identifizieren und umzustrukturieren, ist es möglich, daß die katastrophisierenden Gedanken nicht ausreichend erreicht worden waren, weil keine Konfrontation in sensu benutzt worden war.

Butler et al. (1991) verglichen die Wirksamkeit einer reinen behavioralen Behandlung mit einem kognitiv-behavioralen Behandlungspaket. Die behaviorale Behandlung bestand aus progressiver Muskelrelaxation (PMR), gradueller Konfrontation mit gefürchteten Aktivitäten sowie Atemübungen für Patienten, die über das GAS hinaus auch Panikattacken erlebten. Die kognitiv-behaviorale Behandlung beinhaltete die Identifikation ängstlicher Gedanken, das Entwickeln alternativer Vorhersagen und das Testen dieser Vorhersagen im täglichen Leben. Die kognitiv-behaviorale Behandlung war der rein behavioralen überlegen, obwohl beide Bedingungen zu signifikant größeren Verbesserungen relativ zur Kontrollgruppe geführt hatten.

Als Butler et al. (1991) allerdings die klinische Signifikanz der Behandlungserfolge mit Hilfe des relativ strengen Kriteriums voller Funktionsfähigkeit (»high end state functioning«) untersuchten, erfüllten dieses Kriterium nur 32% der kognitiv-behavioralen und 16% der behavioralen Gruppe. Obwohl diese Studie eine der wenigen ist, die unterschiedliche Wirksamkeit der aktiven Behandlungsbedingungen beim GAS gefunden hat, so war der klinische Erfolg doch bescheiden. Wieder könnte man argumentieren, daß diese behavioralen und kognitiv-behavioralen Behandlungstechniken sich nicht adäquat an den Prozeß des Sich-Sorgens gerichtet haben und daß die katastrophisierenden Gedanken, die die Sorgen aufrechterhalten, nicht in ausreichendem Maße hervorgerufen worden waren.

5.3.2
Sorgenkontrollbehandlung

Ausgehend von den oben dargestellten Modellen pathologischer Sorgen scheint sich die Konfrontation in sensu mit den katastrophalen Vorstellungen, die die GAS-Patienten normalerweise durch ihre Besorgnis vermeiden, als möglicherweise effektive Interventionsmaßnahme zu erweisen. Eine derartige In-sensu-Konfrontation (imaginativ und kognitiv) wurde bislang allerdings nur in der Studie von Borkovec & Costello (1993) benutzt. Im Grunde genommen sind Interventionsformen, die speziell auf die Behandlung des GAS zugeschnitten sind, erst in der Entstehung begriffen (Brown et al., 1993b). Von uns wurde kürzlich ein neuer therapeutischer Ansatz entwickelt, der die Sorgen direkt angeht und der auf Erkenntnissen aufbaut, die während der Entwicklung eines Behandlungsprogrammes für das Paniksyndrom gewonnen wurden (O'Leary et al., 1992; Craske et al., 1992; Turowsky et al., 1993).

Im folgenden soll unser kombinierter Behandlungsleitfaden zum GAS dargestellt werden (vgl. Craske et al., 1992). Die Komponenten dieses Behandlungsleitfadens zielen auf alle drei Ebenen der Angst ab:

- physiologische Ebene – PMR;
- kognitive Ebene – kognitive Umstrukturierung; und
- Verhaltensebene – Prävention von Sorgenverhalten.

Schließlich ist noch eine speziell auf die Sorgen gerichtete *Konfrontation* eingeschlossen, in der die Patienten angeleitet werden, täglich für einen bestimmten Zeitraum die Inhalte ihrer Sorgen zu bearbeiten.

5.3.3
Behandlungskomponenten

Information und Selbstbeobachtung
In den ersten Abschnitten der Behandlung erhalten die GAS-Patienten grundlegende Informationen über die Natur und die Bedeutung von Angst.

Es wird ein Modell der Angst vorgestellt, in dem die Angst begrifflich in drei Komponenten aufgeteilt wird:

- die physiologische (körperliche Ausdrucksformen wie etwa Muskelspannung, Ermüdung und Auf-dem-Sprung-Sein),
- die kognitive (Gedanken, die mit den Sorgen zusammenhängen) und
- die behaviorale (permanentes Kontrollieren, Suche nach Rückversicherung oder Vermeidung bestimmter Aufgaben).

■ **Informationsvermittlung.** Dieses Modell wird nachfolgend der speziellen Symptomatik des Patienten angepaßt. Den Patienten wird erklärt, wie jede dieser Komponenten zur Steigerung oder Aufrechterhaltung des Kreislaufs pathologischer Angst beiträgt (so führen z.B. katastrophisierendes Denken und Besorgnis zu Spannung und Ermüdung, Arbeit wird vermieden oder aufgeschoben, was wiederum zu noch größeren Sorgen führt, die wieder zu erhöhter Anspannung führen etc.). Die Patienten erhalten auch Informationen über die verschiedenen Faktoren, die zur Entwicklung des GAS beitragen sowie Informationen über normale vs. exzessive Angst. Diese Information dient dazu, den Prozeß der Angst zu entmystifizieren sowie dazu, realistische Ziele zu setzen (einige Patienten berichten von dem Wunsch, *niemals* mehr Angst oder Sorgen erleben zu wollen). Außerdem erhalten die Patienten Anleitungsmaterial zur Selbstbeobachtung.

■ **Selbstbeobachtung.** Die Selbstbeobachtung wird als entscheidender Aspekt der Behandlung betrachtet. Sie hilft zu unterstreichen, daß Angst nicht einfach vorhanden oder nicht vorhanden ist, sondern eher einen Prozeß darstellt, der, abhängig von sowohl externen wie auch internen Reizen, zu- oder abnimmt (Borkovec & Roemer, 1994). Die Selbstbeobachtung erlaubt dem Patienten, sich dieser Art von Reizen bewußter zu werden und die eigenen individuellen Muster der Angst zu identifizieren. Die Patienten beobachten täglich die Höhe ihrer Angst und Depression sowie den Anteil des Tages, der mit Sorgen verbracht wird (Abb. 5.3). Außerdem werden die speziellen Themen, über die sich jede Woche gesorgt wird und die Zeit, die besorgt verbracht wird, aufgezeichnet. Die Information aus den Selbstbeobachtungsbögen wird während der Sitzung dazu benutzt, den Fortschritt zu beurteilen und die Behandlungstechniken auf die Bedürfnisse jedes Patienten zuzuschneiden.

Abb. 5.3. Selbstbeobachtungsprotokoll zum generalisierten Angstsyndrom

Wochenprotokoll

Name: *Lisa*   Woche: *1.4. - 7.4.*

Nehmen Sie bitte abends, bevor Sie zu Bett gehen, die folgenden Einschätzungen vor (benutzen Sie dabei die unten angegebene Skala):

1. Ihre *durchschnittliche* Angst dieses *gesamten* Tages.
2. Ihre *maximale* Angst, die Sie an einem bestimmten Zeitpunkt des Tages erlebten.
3. Ihre *durchschnittliche* Depressivität dieses *gesamten* Tages.
4. Ihre *durchschnittliche* Zufriedenheit.
5. Den Anteil des Tages, an dem Sie sich sorgten (ungefähr in Prozent angeben: 100 % bedeuten Sorgen während des gesamten Tages, 0 % bedeuten überhaupt keine Sorgen).

Stärke der Angst/Depression/Zufriedenheit:

0 —— 1 —— 2 —— 3 —— 4 —— 5 —— 6 —— 7 —— 8
keine   wenig   mäßige   starke   so stark, wie Sie sich
                                              überhaupt vorstellen können

Datum	durchschnittl. Angst	maximale Angst	durchschnittl. Depressivität	durchschnittl. Zufriedenheit	% des Tages besorgt
1.4.	5	6	4	3	40
2.4.	6	6	3	3	45
3.4.	5	4	2	4	30
4.4.	4	5	4	2	50
5.4.	3	4	2	5	25
6.4.	3	3	1	7	15
7.4.	3	3	2	5	25

Die einleitenden Sitzungen sind entscheidend dafür, ein Fundament für die folgenden Behandlungssitzungen zu schaffen. Da das Behandlungsprogramm ein großes Maß an Mitarbeit und Motivation seitens des Patienten erfordert, ist der Aufbau einer guten therapeutischen Beziehung sehr wichtig. Wir glauben, daß dies erreicht werden kann, wenn der Patient aktiv in die Behandlung eingebunden wird und wenn immer versucht wird, dem Patienten die relevanten Informationen mit beispielsweise einem sokratischen Dialog (eher als mit einer Vorlesung) zu vermitteln. Die Hintergründe jeder Behandlungskomponente werden zu Beginn dargestellt, und es wird die Wichtigkeit der Selbstbeobachtung und der Bearbeitung von Hausaufgaben hervorgehoben. Es wird betont, daß der Großteil der »Arbeit« vom Patienten selbst außerhalb der Sitzungen getan werden muß und daß die wöchentlichen Sitzungen einen Rahmen dafür darstellen, was während der Woche getan wird.

Entspannungstraining

Entspannungstraining (Bernstein & Borkovec, 1973; Barlow et al., 1989; Barlow et al., 1992) wird nach den ersten Sitzungen eingeführt, um den Patienten eine Methode an die Hand zu geben, die körperlichen Symptome ihrer Angst abzuschwächen und zu kontrollieren. Das Verfahren beginnt mit einer *progressiven Muskelrelaxation* (PMR) 16 verschiedener Muskelgruppen und einem Diskriminationstraining (vgl. Band 1, Kap. 19). Das letztendliche Ziel des Diskriminationstrainings ist es, die Fähigkeiten des Patienten zu erhöhen, auch frühe und subtile Anzeichen von Anspannung zu erkennen sowie die Entspannungstechniken in den Bereichen dieser Muskelgruppen wirksam werden zu lassen. Die 16-Muskelgruppen-PMR wird von Übungen gefolgt, die die Entspannung noch weiter vertiefen sollen, wie etwa langsames Atmen und Übungen darin, sich angenehme Bilder vorzustellen. Dieses Entspannungstraining dauert durchschnittlich 30 Minuten und wird zunächst während der Sitzung durchgeführt. Die Sitzung wird auf Band aufgenommen und die Cassette dem Patienten mitgegeben, der damit 2mal täglich zu Hause üben soll.

Wenn die Patienten die 16-Muskelgruppen-PMR beherrschen (normalerweise nach einer Dauer von wenigen Wochen), wird die Anzahl der Muskelgruppen schrittweise von 16 auf 8 und dann auf 4 Muskelgruppen reduziert. Nachdem die Patienten die 4-Muskelgruppen-PMR beherrschen, wird die *Entspannung durch Erinnerung* eingeführt. Sie besteht darin, sich auf jede der 4 anvisierten Muskelgruppen zu konzentrieren und dort die Spannung mit Hilfe von Erinnerungen an Entspannungsgefühle, die in vorangegangenen Übungen erzielt worden waren, zu lösen. In dieser Phase wird kein Kreislauf von Spannung und Entspannung benutzt; die Patienten gelangen nur durch die Erinnerung von erfahrener Entspannung in einen entspannten Zustand.

Schließlich wird, nachdem auch diese Entspannungstechnik beherrscht wird, die *reizkontrollierte Entspannung* eingeführt. Sie ist in erster Linie eine »Entspannung in einem einzigen Schritt«, die darin besteht, ein paar langsame Atemzüge zu nehmen und die Worte »Entspanne Dich!« während des Ausatmens zu wiederholen. Mit dem Ausatmen versuchen die Patienten, all ihre Anspannung in ihrem Körper zu lösen und sich auf Gefühle der Entspannung zu konzentrieren. Darüber hinaus werden die Patienten ermuntert, regelmäßig auch die 16-Muskelgruppen-PMR während der Behandlung zu üben. Da es abhängig vom jeweiligen Patienten unterschiedlich lange dauern kann, die verschiedenen Phasen des Entspannungstrainings zu beherrschen, sollte klinisch beurteilt werden, wann die jeweilige Phase beim Patienten angezeigt ist. Man sollte die Phasen nicht zu schnell aufeinander folgen lassen, da der Erfolg des Patienten bei der Einführung einer nachfolgenden Phase von der Beherrschung der vorangehenden abhängt.

Kognitive Therapie

Die kognitive Komponente unseres Behandlungsprogramms beruht auf den Verfahren, die von Beck & Emery (1985) beschrieben worden sind. Sie wird kurz nach dem Beginn der 16-Muskelgruppen-PMR eingeführt. Auch wenn in den einführenden Sitzungen des Programms keine Instruktionen spezifischer kognitiver Techniken stattfinden, wird den Patienten doch gleich zu Beginn ein Überblick über die relevanten Begriffe gegeben; diese beinhalten automatische Gedanken, das Wesen der Erwartungsangst und die Art und Weise, in der Fehlschlüsse und ungenaue Kognitionen die Angst vergrößern können. So können die Patienten, wenn später in der Behandlung die

kognitive Umstrukturierung richtig beginnt, bereits die Wichtigkeit der Identifizierung spezifischer Interpretationen und Vorhersagen sowie die Rolle solcher Kognitionen bei der Aufrechterhaltung der Angst verstehen.

■ **Identifikation automatischer Gedanken.** In Übereinstimmung mit Beck & Emery (1985) werden eine Vielzahl von Techniken benutzt, um den Patienten zu helfen, ihre automatischen Gedanken zu identifizieren, z.B.:

- Befragung durch den Therapeuten (z.B. »Was genau befürchteten Sie, das in dieser Situation passieren könnte?«),
- bildhafte Vorstellung (Aufforderung an den Patienten, sich die Situation möglichst detailliert vorzustellen, um möglichst viele Hinweisreize zur Verfügung zu haben, um an die automatischen Gedanken heranzukommen) und
- Rollenspiele.

Die Patienten werden in der ersten Sitzung der kognitiven Therapie darin trainiert, den Beobachtungsbogen für Kognitionen zu benutzen, um ängstliche Gedanken bereits bei ihrem ersten Auftreten zu beobachten und festzuhalten (Abb. 5.4).

■ **Einschätzung kognitiver Verzerrungen.** Nachdem die Patienten gelernt haben, ihre automatischen Gedanken zu identifizieren, werden ihnen zwei Arten *kognitiver Verzerrung* beschrieben, die bei der exzessiven Angst beteiligt sind:

- Überschätzung der Wahrscheinlichkeit und
- katastrophisierendes Denken.

Überschätzung der Wahrscheinlichkeit ist definiert als Gedanken, in denen eine Person überschätzt, daß ein unwahrscheinliches negatives Ereignis eintreten wird (z.B. eine Schülerin mit durchgehend guten Noten fürchtet, wegen Versagens von der Schule entlassen zu werden). Katastrophisierendes Denken kann man als eine Neigung beschreiben, ein Ereignis als »unerträglich«, »nicht in den Griff zu kriegen« oder sonstwie jenseits der eigenen Bewältigungsmöglichkeiten anzusehen, wenn die Realität aber weniger »katastrophal« ist, als der Patient glaubt. Die Patienten werden anfangs oftmals Schwierigkeiten dabei haben, diese beiden Arten von kognitiven Fehlern auseinanderzuhalten, weil an jedem möglichen automatischen Gedanken beide Prozesse beteiligt sein können. So kann z.B. ein Student, der sich darüber Sorgen macht, eine bestimmte Prüfung nicht zu bestehen, sowohl die Wahrscheinlichkeit des Durchfallens überschätzen als auch seine

Abb. 5.4. Protokollbogen zur Modifikation ängstlicher Gedanken

Name: *Lisa*

Ereignis/ Auslöser	Automa- tischer Gedanke	Angst (0–8)	Wahrschein- lichkeit	Entgegnung (Alternativen /Beweise)	Realistische Wahrschein- lichkeit	Angst (0–8)
Uhr zeigt 2⁰⁰ morgens an	*Ich werde niemals ein- schlafen können; werde Job verlieren*	6	80%	*Selbst wenn ich wenig Schlaf habe, kann ich arbeiten; werde mit Chef sprechen, wenn ich Pause brauche*	15%	3

Möglichkeiten, ein solches Ereignis zu bewältigen, unterschätzen. Der Therapeut sollte zahlreiche Beispiele von Überschätzung von Wahrscheinlichkeiten und katastrophisierendem Denken heranziehen und dabei die eigenen Gedanken des Patienten als Material benutzen.

■ **Alternative Kognitionen.** Nachdem die Patienten gelernt haben, ihre speziellen kognitiven Fehler in ihren Gedanken zu identifizieren, werden Strategien eingeführt, diesen Fehlern zu entgegnen. Den Patienten wird gesagt, daß es zur Bekämpfung ängstlicher Gedanken mehr erfordert, als einfach negative Gedanken durch positive zu ersetzen (z.B. »Es ist gar nicht schlimm«, »Es wird sich schon alles zum Guten wenden«). Anstelle dessen wird das Bekämpfen solcher Gedanken als Teil eines Prozesses vorgestellt, der die Gültigkeit der eigenen Interpretationen/Vorhersagen untersucht und den Patienten dabei hilft, in- akkurate Kognitionen durch rationalere und realitätsorientiertere zu ersetzen. Im einzelnen werden die Patienten dazu angewiesen,

- Gedanken als Hypothesen zu behandeln (nicht als Fakten), die durch verfügbare Beweise bestätigt oder verworfen werden können;
- alle verfügbaren Anhaltspunkte, sowohl vergangene wie derzeitige zu untersuchen, um die Gültigkeit des Gedankens zu prüfen;
- Alternativen zu den ängstlichen Gedanken zu erforschen oder zu erzeugen.

Im Fall einer Überschätzung der Wahrscheinlichkeit werden die Patienten ermutigt, die oben genannten Richtlinien zu benutzen, um die realistische Wahrscheinlichkeit der gefürchteten Konsequenzen richtig einzuschätzen. Im Falle katastrophisierenden Denkens nutzen die Patienten die Informationen aus den oben genannten Richtli-

nien, um den wirklichen Ernst des gefürchteten Ergebnisses kritisch bewerten zu können.

Konfrontation mit den Sorgen
Die Methode der Konfrontation mit den Sorgen wird etwa in der Mitte der Behandlung eingeführt, nachdem die Patienten einigen Erfolg mit den oben genannten Techniken erzielt haben. Zunächst werden einige Bereiche der Sorgen mit dem Patienten zusammen identifiziert und bezüglich dem Ausmaß der damit verbundenen Angst in eine Reihenfolge gebracht. Dabei sollte man sich an den Themen orientieren (z.B. Finanzen, Gesundheit, Beziehungen), um die sich die Sorgen des Patienten häufig drehen. Bevor mit der Konfrontation begonnen wird, werden die Patienten angehalten, ihre *Imaginationsfähigkeit* zu trainieren, indem angenehme Szenen detailliert vorgestellt werden sollen. Dabei sollen alle Sinne (z.B. Farbe, Geruch, Berührung) angesprochen werden. Hat der Patient Erfolg beim Imaginieren angenehmer Szenen gehabt, wird in der Sitzung die Konfrontation mit den Sorgen durchgeführt.

Konfrontation in sensu

Die Konfrontationsübung beginnt damit, daß der Patient angstvolle Gedanken bezüglich dem ersten, in der vorher aufgestellten Sorgen- hierarchie mit am wenigsten Angst besetzten Bereich hervorrufen und gleichzeitig versuchen soll, sich den schlimmstmöglichen gefürchteten Ausgang einer solchen Situation vorzustellen.

Für einen Patienten, der sich darüber sorgt, bei seiner Arbeit ein Projekt nicht vollenden zu können, könnte dies z.B. in der lebendigen Vorstellung bestehen, eine gesetzte Frist zu verpassen und möglicherweise entlassen zu werden.

Sobald der Patient in der Lage ist, derartige Vorstellungen heraufzubeschwören, wird er angehalten, sich für einen bestimmten Zeitraum (in der Regel 15–30 Minuten) auf diese Vorstellungen zu konzentrieren. Nachdem der Patient die Gedanken/Vorstellungen über diese Zeit gehalten hat, soll er den Gedanken mit den oben beschriebenen Umstrukturierungstechniken entgegnen. Das kann darin bestehen, Alternativen zu dem schlimmstmöglichen Ausgang zu entwickeln, zu entkatastrophisieren oder die wirkliche Wahrscheinlichkeit dafür zu bestimmen, daß die Vorhersage eintrifft.

Nachdem mindestens 30 Minuten mit der Bearbeitung des ersten Sorgenbereichs verbracht worden sind, ist es üblich, die Patienten zu bitten, diese Schritte für den zweiten Sorgenbereich aus der Hierarchie zu wiederholen. Um die Lebendigkeit der Vorstellungskraft und um Veränderungen bezüglich der Angst einschätzen zu können, werden Ratings erhoben und auf einem Erhebungsbogen (dem »Daily Record of Exposure Form«) festgehalten. Dies geschieht am Beginn der Konfrontationsübung, nachdem sich der schlimmstmögliche Ausgang vorgestellt wurde sowie nach der kognitiven Bearbeitung. Außerdem werden in dem Bogen spezielle Gedanken des Patienten während der Konfrontationsübung festgehalten. Wenn die Patienten einige Erfahrungen mit dieser Technik in den Sitzungen gemacht haben, wird die Übung als tägliche Hausaufgabe aufgegeben. Dabei werden die Patienten dazu angehalten, zum nächstschlimmeren Bereich in der Hierarchie überzugehen, wenn die Konfrontation mit einem bestimmten Sorgenbereich nur noch höchstens mäßige Angst hervorruft.

Da die Methode vom Patienten als aversiv und kontraintuitiv empfunden werden kann, wird ihr theoretischer Hintergrund sorgfältig beschrieben und ihr Ziel dem Patienten vermittelt. Dabei muß auch auf den Begriff der *Habituation* eingegangen werden und darauf, warum die Habituation bisher trotz wiederholter Sorgen nicht auf natürlichem Wege eingetreten ist (z.B. Bearbeitung mit nichtbildhaften Vorstellungen, Sorgen über verschiedene Bereiche zur selben Zeit). Außerdem wird die Konfrontation mit den Sorgen als zusätzliche Möglichkeit dargestellt, bei der der Patient die kognitiven Strategien üben kann, den sorgenvollen Gedanken zu begegnen. Nachdem alle Bereiche aus der Sorgenhierarchie nur noch minimale Angst während den Konfrontationsübungen hervorrufen, werden die Patienten dazu angehalten,

diese Methode auch bei möglicherweise auftretenden zukünftigen Sorgen anzuwenden.

Falls die Konfrontation mit den Sorgen richtig durchgeführt wird, sollte sich theoretisch folgender Verlauf zeigen (Brown et al., 1993b):

- Die ersten Konfrontationsübungen sollten zumindest mäßige Angst hervorrufen;
- in die Länge gezogene Konfrontation mit gefürchteten Gedanken und Vorstellungen während einer Sitzung sollte zu einer Abnahme des ursprünglichen Angstniveaus führen (d.h. Habituation innerhalb der Sitzung);
- über die wiederholten Konfrontationsübungen hinweg nehmen die maximalen Angstniveaus ab, bis die Gedanken/Vorstellungen höchstens noch mäßige Angst hervorrufen (d.h. Habituation zwischen den Sitzungen).

■ **Probleme.** Bei der Anwendung dieser Technik können allerdings Schwierigkeiten auftauchen. Erstens kann die Konfrontationsübung daran scheitern, während der Konfrontation ein *adäquates Angstniveau* hervorzurufen. Das könnte an mangelnder Lebendigkeit der Vorstellungskraft, an der Vermeidung des Patienten, sich den schlimmstmöglichen Ausgang einer Situation vorzustellen, an der zu großen Allgemeinheit der Vorstellungen oder daran liegen, daß der Patient zu früh damit beginnt, seine kognitiven Entgegnungsstrategien einzusetzen (z.B. bereits beim ersten Auftreten jeglicher Anzeichen von Angst).

Zweitens könnte die *Habituation* innerhalb oder zwischen den Sitzungen zu gering sein. Dies könnte an einer Vermeidung hoher Angstniveaus, an einem Versagen, dieselben Vorstellungen während der gesamten Konfrontationsübung oder zwischen den Versuchen beizubehalten oder an ungenügender Konfrontation liegen. Es ist deshalb wichtig, daß sich der Therapeut solcher Probleme bewußt ist und daß das Angstniveau des Patienten sowie die Lebendigkeit seiner Einbildungskraft während den Konfrontationssitzungen systematisch gemessen wird.

Prävention von Sorgenverhalten

Craske et al. (1989) fanden, daß Patienten mit GAS vorbeugendes, korrigierendes oder ritualisiertes Verhalten zeigen, wenn sie besorgt sind. Diese Verhaltensweisen können für den Patienten eine negative Verstärkung darstellen, da sie die Angst zeitweise reduzieren (s. Brown et al., 1993b). Beim GAS finden sich derartige Verhaltensweisen z.B. in der Suche nach Rückversicherung, häufigen Anrufen bei nahestehenden Personen auf der Arbeit oder zu Hause oder in der

Vermeidung von Aufgaben, die mit den Sorgen in Zusammenhang stehen (z.B. Vergessen von Rechnungen wegen Sorgen über Finanzen). Wie auch beim Zwangssyndrom scheint eine systematische Prävention dieser Verhaltensweisen auch beim GAS nützlich zu sein.

Die Maßnahme beginnt damit, daß man dem Patienten dabei hilft, eine Liste seiner üblichen Sorgenverhaltensweisen aufzustellen. Dann wird die Häufigkeit dieser Verhaltensweisen durch Selbstbeobachtung festgestellt. Daraufhin werden diese Verhaltensweisen hierarchisch angeordnet, und zwar in der Reihenfolge der Schwierigkeit für den Patienten, in besorgtem Zustand *nicht* auf diese Verhaltensweisen zurückzugreifen. Die Patienten werden gebeten, diese bestimmten Verhaltensweisen zu unterlassen, und sie beginnen dabei mit der Verhaltensweise, auf die am leichtesten verzichtet werden kann (Abb. 5.5). Dann arbeiten sich die Patienten allmählich durch die übrigen Verhaltensweisen der Hierarchie hindurch. Um die Patienten beim Aufgeben ihrer Sorgenverhaltensweisen zu unterstützen, werden sie oft darin bestärkt, sich aktiv und zielgerichtet zu verhalten (wie etwa die Rechnungen zu bezahlen, anstatt zu vermeiden).

5.4 Fallstudie

5.4.1 Fallbeschreibung

Lisa war eine 46jährige, verheiratete Frau. Obwohl sie einen Teilzeitjob hatte, der ihr gut gefiel, betrachtete sie sich selbst in erster Linie als Hausfrau. Sie hatte vier Kinder im Alter zwischen 16 und 26 Jahren. Obwohl sie berichtete, schon ihr ganzes Leben lang jemand gewesen zu sein, der sich immer Sorgen macht, wurden ihre Angst und ihre exzessiven Sorgen im Laufe der letzten 2 Jahre zu einem ernsten Problem, das von einigen beeinträchtigenden körperlichen Symptomen begleitet wurde, wie etwa Muskelspannung (vor allem im Gesichtsbereich), abdominelle Beschwerden und Schlaflosigkeit. Die verstärkte Ängstlichkeit während der letzten 2 Jahre stand im Zusammenhang mit einem größeren Verantwortungsbereich bei der Arbeit, finanziellen Schwierigkeiten und Eheproblemen. Lisa beschrieb Erfahrungen intensiver und unkontrollierbarer Sorgen über das Wohlergehen ihrer Kinder, wegen ihrer Finanzen und wegen ihrer Ehe. Außerdem begannen für Lisa Schlafstörungen, als sich ihre Arbeitszeit änderte und sie täglich früh morgens um fünf Uhr mit der Arbeit beginnen mußte. Wegen diesem sehr frühen Arbeitsbeginn sorgte sich Lisa darüber, nicht genug Schlaf zu finden, um ihre Arbeit am Arbeitsplatz ordnungsgemäß erledigen zu können, und sie begann, immer so früh wie möglich schlafen zu gehen. Dann allerdings lag sie immer wach und sorgte sich darüber, endlich einzuschlafen. Lisa schlief nur noch mit medikamentöser Hilfe etwa 4 Stunden pro Nacht. Bei der Untersuchung in unserem Zentrum erhielt Lisa die Hauptdiagnose eines GAS mit Zusatzdiagnose Paniksyndrom sowie Schlafstörung (sekundäre Insomnie).

5.4.2 Behandlungsverlauf

Die *ersten beiden Sitzungen* wurden damit verbracht, Lisas eigene Beschreibung ihrer Angst

Abb. 5.5. Protokollbogen zur Modifikation von Sorgenverhalten

Datum	Aufgabe	Angst (davor)	Angst (danach)
10.4.	*Rechnungen öffnen, sobald sie da sind*	5	4
	"	5	3
	"	4	3
	"	3	3
	"	3	2
	"	2	1
	"	1	0

Name: *Lisa*

und ihrer Sorgen zu ermitteln und das Thema Angst einschließlich der physiologischen Bestandteile einzuführen und zu bearbeiten. Damit sollte ein Überblick und ein theoretischer Hintergrund für die Behandlung bereitgestellt werden; außerdem wurde Selbstbeobachtung als Hausaufgabe aufgegeben. Es wurde eine Hierarchie von Lisas Sorgen aufgebaut, in der die Schlaflosigkeit und die finanziellen Sorgen wegen ihrer hohen Intensität und Häufigkeit die ersten Bereiche bildeten. Lisas Sichtweise von Angst erschien unrealistisch, da sie alle, auch die kleinsten Sorgen als pathologisch betrachtete. Sie berichtete, daß sie sich »nie wieder sorgen will« und war jedesmal aufgebracht, wenn sie bemerkte, daß sie sich ängstlich fühlte. Sie vermied aktiv Auslöser für ihre Sorgen (z.B. Rechnungen, Nachrichten von ihren Kindern, Bitten des Ehemannes, Probleme zu besprechen) und verrichtete statt dessen Tätigkeiten, die sie zerstreuten (z.B. Putzen). Sie sorgte sich über das Einschlafen am Abend und darüber, daß ihre Schlaflosigkeit zu Schwierigkeiten auf ihrer Arbeit führen könnte. Es wurde Lisa gegenüber herausgestellt, daß die Sorgen über ihren Schlafmangel selbst die Schlafschwierigkeiten aufrechterhalten. Lisa erhielt korrigierende Informationen über die Rolle und die Funktion von Angst, und ihr wurde beigebracht, die kognitiven, körperlichen und verhaltensmäßigen Bestandteile ihrer Angst und Sorgen selbst zu beobachten. Die Informationen über die Physiologie der Angst halfen ihr, die Entstehung ihrer körperlichen Symptome zu verstehen und sie als weniger furchteinflößend zu betrachten.

Außerdem wurden die einzelnen Komponenten der Therapie besprochen. Es wurde ihr gesagt, daß die verschiedenartigen Aspekte der Behandlung (Entspannung, Konfrontation mit den Sorgen, kognitive Umstrukturierung und Prävention von Sorgenverhalten) auf die drei Komponenten der Angst und der Sorgen abzielen, um die Abfolge von unkontrollierbaren Sorgen und zugehörigen Symptomen zu unterbrechen.

In der 3. *Sitzung* wurden die Selbstbeobachtungsbögen ausgewertet, um sicherzustellen, daß Lisa damit beginnt, eine »Beobachterin« und nicht mehr ein »Opfer« ihrer Angst zu sein. Sie identifizierte zusammen mit der Therapeutin Auslöser von Sorgen, kognitive und physiologische Anteile der Angst sowie außerdem die fehlangepaßten Verhaltensweisen, die dazu dienten, den Kreislauf der Sorgen aufrechtzuerhalten. Der theoretische Hintergrund und das Vorgehen bei der 16-Muskelgruppen-PMR wurden eingeführt, und es wurden dazu Übungen als Hausaufgaben aufgegeben, die während des Tages und vor dem Schla-

fengehen durchgeführt werden sollten. Lisa berichtete über eine Abnahme ihrer Muskelspannungen und ihres Angstniveaus, sobald die erste Entspannungsübung in der Sitzung eingeführt war.

In der 4. *Sitzung* wurde das Diskriminationstraining eingeführt und zur 16-Muskelgruppen-PMR hinzugefügt. Außerdem wurde die Rolle von Kognitionen bei ständiger Angst beschrieben (das Wesen von automatischen Gedanken, Verfolgen dieser Gedanken, um die schlimmstmöglichen befürchteten Ausgänge aufzuspüren). Die Therapeutin half Lisa dabei, verschiedene Beispiele ihrer Denkweise auszuarbeiten und die Rolle zu untersuchen, die diese Gedanken bei der Aufrechterhaltung ihrer Angst spielten. Zum Beispiel verzögerte Lisa es jedesmal, wenn eine Rechnung mit der Post kam, diese Rechnung zu öffnen, wobei sie sich die Rechnungen unrealistisch hoch vorstellte und sich darüber sorgte, sie nicht bezahlen zu können. Ihre finanziellen Sorgen steigerten sich soweit, daß sie befürchtete, ihre Hypothek nicht mehr bezahlen zu können und ihr Haus zu verlieren. Das führte zu Verspannungen und Magenbeschwerden, und anstatt daß Lisa die Rechnungen öffnete, verbrachte sie eher einige Stunden damit, im Haus zu putzen.

Um diese Kognitionen zu erklären, wurde die Überschätzung der Wahrscheinlichkeit eingeführt und kognitive Strategien vermittelt, diesen zu entgegnen. Der Selbstbeobachtungsbogen für Kognitionen wurde vorgestellt, und Lisa wurde darin angeleitet, kognitive Fehler zu Hause zu identifizieren und zu bekämpfen. Außerdem sollte sie das Entspannungstraining fortsetzen. Mit der Einführung von Methoden, katastrophisierendes Denken zu bekämpfen, wurde die kognitive Umstrukturierungsarbeit in der 5. *Sitzung* fortgesetzt. Die 16-Muskelgruppen-PMR wurde auf 8 Muskelgruppen reduziert.

Obwohl Lisa schnell damit zurechtkam, ihre automatischen Kognitionen zu identifizieren, so hatte sie doch Schwierigkeiten mit der Umstrukturierung solcher Gedanken. Sie glaubte, daß ihre Sorgen, obwohl sie exzessiv waren, realistisch und tatsächlich katastrophal seien. Auch wenn ihre finanziellen bzw. partnerschaftsbezogenen Probleme nicht völlig aus der Luft gegriffen waren, war es klar, daß Lisa die Wahrscheinlichkeit von sehr unwahrscheinlichen Ereignissen überschätzte. So war z.B. die Wahrscheinlichkeit dafür, ihr Haus zu verlieren, trotz gewisser finanzieller Engpässe sehr niedrig. Entscheidend war, Lisa dabei zu helfen, wirkliche Belege zu sammeln und ihre Sorgen logisch und objektiv zu bewerten. Nach anfänglichem Widerwillen wurde Lisa besser darin, ihre Kognitionen herauszufordern und zu bekämpfen.

Die *6. Sitzung* bestand darin, die 8-Muskelgruppen-PMR zu generalisieren, indem variiert wurde, wann und wo die Übungen eingesetzt wurden. Erneut wurde über ängstliche Kognitionen gesprochen und darüber, mit welchen Strategien man ihnen begegnen kann.

In der *7. Sitzung* wurde die Entspannung auf die 4-Muskelgruppen-PMR reduziert und die Konfrontation mit den Sorgen eingeführt. Diese bestand aus einem Training der Vorstellungskraft, der Auswahl eines Sorgenbereichs aus der Hierarchie und einer Konfrontationsübung während der Sitzung. Für diese Konfrontationsübung wurde die Sorge bezüglich des Schlafes ausgewählt, u.a. weil dies wegen extremer Einschlafschwierigkeiten zu einem der vorherrschenden Probleme geworden war und Lisa sich tagsüber immer sehr müde fühlte.

Beim Training der Einbildungskraft hatte Lisa zwar keine Schwierigkeiten damit, sich angenehme Szenen vorzustellen, wohl aber, bildliche Vorstellungen ihrer Sorgen hervorzurufen. Die Therapeutin gab ihr während der Konfrontationsübungen verschiedene Vorgaben, um ihr dabei zu helfen, all die möglichen katastrophalen Konsequenzen, die sie fürchtete, zu visualisieren. Während dieser Übungen beschrieb Lisa, Nacht für Nacht nicht schlafen zu können, ihre Arbeit nicht mehr leisten zu können, ihren Job zu verlieren, ihr Haus zu verlieren und schließlich nach »Verrücktwerden« wegen Schlafmangel hospitalisiert zu werden. Nachdem diese Bilder für mehrere Minuten klar vor Augen behalten worden waren, wurde Lisa angehalten, diesen Bildern mit Alternativen zu begegnen und die kognitiven Strategien zu benutzen, die sie gelernt hatte. Die Konfrontation mit den Sorgen wurde in der *8. Sitzung* wiederholt, und es wurde die Entspannung durch Erinnerung eingeführt.

In der *9. Sitzung* war Lisa schon sehr geschickt darin geworden, ihre Sorgen bezüglich des Schlafes zu visualisieren und umzustrukturieren. Es war ihr möglich, zu Beginn der Konfrontation hohe Angstniveaus hervorzurufen und ihre Angst dann bis zum Ende der Konfrontation auf ein mäßiges Niveau zu reduzieren. Es war ihr auch möglich, die Sorgen des nächsten Bereichs (Eheprobleme) am Ende einer Konfrontation bis auf ein gemäßigtes Niveau zu reduzieren, was nahelegte, an dieser Sorge weiterzuarbeiten. Der neue Bereich ersetzte das Thema Schlaf, und Lisa wurde angehalten, weiterhin an der Konfrontation mit Eheproblemen zu arbeiten.

In dieser Sitzung wurde auch die Prävention von Sorgenverhalten eingeführt. Die Therapeutin half Lisa dabei, eine Hierarchie von Verhaltensweisen aufzustellen, die ihre Sorgen aufrechterhielten. Zu diesen Verhaltensweisen gehörten das Vermeiden vom Öffnen von Rechnungen, zu putzen, wenn sie ängstlich war, nachts wiederholt den Wecker zu überprüfen, Diskussionen mit ihrem Mann aus dem Weg zu gehen und Freunde und Verwandte zur Beruhigung anzurufen, wenn ihre Kinder zu spät waren. Sie wurde gebeten, ausgehend vom unteren Ende der Hierarchie auf eine oder zwei dieser Verhaltensweisen in der kommenden Woche zu verzichten.

Die *übrigen Sitzungen* wurden darauf verwandt, die Entspannungstechniken noch weiter zu verfeinern und zu generalisieren, die Konfrontationsübungen auf weitere vorhandene Sorgenbereiche anzuwenden sowie damit fortzufahren, Sorgenverhaltensweisen zu unterbinden, indem sie durch angemessenere Bewältigungsreaktionen ersetzt wurden. Lisa wurde sehr gut darin, die Sorgen, die während des Tages auftauchten umzustrukturieren, und sie berichtete darüber, der »Sorgenstunde« gespannt entgegenzusehen, während der sie die Konfrontation mit den Sorgen durchführte und ihre fehlangepaßten Gedanken umstrukturierte. Das Entspannungstraining empfand sie besonders während der Abendstunden als hilfreich, und sie berichtete über weniger Schlafschwierigkeiten.

Am *Ende der Behandlung* berichtete Lisa in allen Bereichen über eine Abnahme der Zeit, in der sie sich sorgte. Diese verringerte sich von 80% des Tages bei Beginn der Behandlung auf 20%. Sie stellte fest, daß der Inhalt ihrer Sorgen nun realistischer zu sein schien und daß sie nun fähig war, sich gegenüber früher mehr problemlösend zu verhalten. Auch Lisas Fähigkeit, ihre Sorgen zu kontrollieren, hatte Fortschritte gemacht, und obwohl es immer noch Situationen gab, in der sie Schwierigkeiten hatte, »loszulassen«, geschah dies viel seltener. Lisas Schlafstörungen waren substantiell verringert, auch wenn sie weiterhin etwa einmal pro Woche Probleme damit hatte einzuschlafen. Nach der Behandlung erfüllte sie nicht mehr die Kriterien für ein GAS oder ein Paniksyndrom. Sie hatte auch damit aufgehört, Schlafmittel zu nehmen. Die Fortschritte, die Lisa gemacht hatte, hielten bis 6 bzw. 12 Monate nach der Behandlung an.

Zusammenfassung

- Sowohl die Konzeptualisierung des generalisierten Angstsyndroms (GAS) als auch mögliche Behandlungsansätze sind noch *in der Entwicklung* begriffen.
- Zentrale Kennzeichen des GAS sind exzessive Angst und Besorgnis (Erwartungsangst) über mindestens 6 Monate in mehreren Lebensbereichen, die nicht ausschließlich mit einer anderen psychischen Störung in Zusammenhang stehen. Die Sorgen werden von körperlichen Symptomen wie z.B. motorischer Spannung, vegetativer Übererregbarkeit oder Schlafstörungen begleitet und werden als schwer kontrollierbar erlebt.
- In diesem Kapitel werden *aktuelle Befunde* zu Diagnostik und Epidemiologie sowie Bestandteile eines *kognitiv-behavioralen Modells* des GAS dargestellt.
- Wichtig bei der Aufrechterhaltung des GAS ist u. a. die Funktion der *Sorgen als negative Verstärkung* im Sinne einer geistigen Vermeidung angstauslösender Reize.
- In einem *Behandlungskonzept*, das an der Universität von New York in Albany entwickelt wurde, spielt neben einem Entspannungstraining, Selbstbeobachtung, kognitiver Umstrukturierung und der Prävention eines typischen Sorgen-Verhaltens die In-sensu-Konfrontation mit den Sorgen eine zentrale Rolle.

Literatur

American Psychiatric Association (1980). *Diagnostic and statistical manual of mental disorders* (3rd ed.). Washington/DC: Author.

American Psychiatric Association (1987). *Diagnostic and statistical manual of mental disorders* (3rd ed., rev.). Washington/DC: Author.

American Psychiatric Association (1994). *Diagnostic and statistical manual of mental disorders* (4th ed.). Washington/DC: Author [dt. Übersetzung: Saß, H., Wittchen, H. U. & Zaudig M. (1996). Diagnostisches und statistisches Manual psychischer Störungen (DSM-IV)]. Göttingen: Hogrefe.

Anderson, D. J., Noyes, R. & Crowe, R. R. (1984). A comparison of panic disorder and generalized anxiety disorder. *American Journal of Psychiatry, 141,* 572–574.

Barlow, D. H. (1988). *Anxiety and its disorders: The nature and treatment of anxiety and panic.* New York: Guilford.

Barlow, D. H. (1991). The nature of anxiety: Anxiety, depression, and emotional disorders. In R. M. Rapee & D. H. Barlow (Eds.), *Chronic anxiety: Generalized anxiety disorder and mixed anxiety-depression* (pp. 1–28). New York: Guilford.

Barlow, D. H., Craske, M. G., Cerny, J. A. & Klosko, J. S. (1989). Behavioral treatment of panic disorder. *Behavior Therapy, 20,* 261–282.

Barlow, D. H., Rapee, R. M. & Brown, T. A. (1992). Behavioral treatment of generalized anxiety disorder. *Behavior Therapy, 23,* 551–570.

Beck, T. A. & Emery, G. (1985). *Anxiety disorders and phobias: a cognitive perspective.* New York: Basic Books.

Bernstein, D. A. & Borkovec, T. D. (1973). *Progressive relaxation training.* Champlain/IL: Research.

Blazer, D., Hughes, D. & George, L. K. (1987). Stressful life events and the onset of a generalized anxiety syndrome. *American Journal of Psychiatry, 144,* 1178–1183.

Blazer, D., Hughes, D., George, L. K., Swartz, M. & Boyer, R. (1991). Generalized anxiety disorders. In L. N. Robins & D. A. Regier (Eds.), *Psychiatric disorders in America: The epidemiological catchment area study.* New York: Free Press.

Blowers, C., Cobb, J. & Mathews, A. (1987). Generalized anxiety: a controlled treatment study. *Behaviour Research and Therapy, 25,* 493–502.

Borkovec, T. D. & Costello, E. (1993). Efficacy of applied relaxation and cognitive behavioral therapy in the treatment of generalized anxiety disorder. *Journal of Consulting and Clinical Psychology, 61,* 611–619.

Borkovec, T. D. & Hu, S. (1990). The effect of worry on cardiovascular response to phobic imagery. *Behaviour Research and Therapy, 28,* 69–73.

Borkovec, T. D. & Lyonfields, J. D. (1993). Worry: Thought suppression of emotional processing. In H. Krohne (Ed.), *Vigilance and Avoidance* (pp. 101–118). Toronto: Hogrefe & Huber.

Borkovec, T. D. & Mathews, A. M. (1988). Treatment of nonphobic anxiety disorders: a comparison of nondirective, cognitive, and coping desensitization therapy. *Journal of Consulting and Clinical Psychology, 56,* 877–884.

Borkovec, T. D. & Roemer, L. (1994). Cognitive-behavioral treatment of generalized anxiety disorder. In R. T. Ammerman & M. Hersen (Eds.), *Handbook of prescriptive treatments for adults* (pp. 261–281). New York: Plenum.

Borkovec, T. D., Robinson, E., Pruzinsky, T. & DePree, J. A. (1983). Preliminary exploration of worry: Some characteristics and processes. *Behaviour Research and Therapy, 21,* 9–16.

Borkovec, T. D., Shadick, R. N. & Hopkins, M. (1991). The nature of normal and pathological worry. In R. M. Rapee & D. H. Barlow (Eds.), *Chronic anxiety: Generalized anxiety disorder and mixed anxiety-depression* (pp. 29–51). New York: Guilford.

Borkovec, T. D., Lyonfields, J. D., Wiser, S. & Diehl, L. (1993). The role of worrisome thinking in the suppression of cardiovascular response to phobic imagery. *Behaviour Research and Therapy, 31,* 321–324.

Brown, T. A. & Barlow, D. H. (1992). Comorbidity among anxiety disorders: implications for treatment and DSM-IV. *Journal of Consulting and Clinical Psychology, 60,* 835–844.

Brown, T. A., Barlow, D. H. & Liebowitz, M. R. (1994a). The empirical basis of generalized anxiety disorder. *American Journal of Psychiatry, 151,* 1272–1280.

Brown, T. A., Dowdall, D. J., Côté, G. & Barlow, D. H. (1994b). Worry and obsessions: the distinction between generalized anxiety disorder and obsessive-compulsive disorder. In G. C. Davey & F. Tallis (Eds.), *Worrying: Perspectives on Theory, Assessment and Treatment* (pp. 229–243). New York: Wiley.

Brown, T. A., Moras, K., Zinbarg, R. E. & Barlow, D. H. (1993a). Diagnostic and symptom distinguishability of generalized anxiety disorder and obsessive-compulsive disorder. *Behavior Therapy, 24,* 227–240.

Brown, T. A., O'Leary, T. A. & Barlow, D. H. (1993b). Generalized anxiety disorder. In D. H. Barlow (Ed.), *Clinical handbook of psychological disorders* (pp. 137–188). New York: Guilford.

Butler, G., Cullington, A., Hibbert, G., Klimes, I. & Gelder, M. (1987). Anxiety management for persistent generalized anxiety. *British Journal of Psychiatry, 151,* 535–542.

Butler, G., Fennell, M., Robson, P. & Gelder, M. (1991). Comparison of behaviour therapy and cognitive behavior therapy in the treatment of generalized anxiety disorder. *Journal of Consulting and Clinical Psychology, 59,* 167–175.

Butler, G. & Mathews, A. (1983). Cognitive processes in anxiety. *Advances in Behavior Research and Therapy, 5,* 51–62.

Craske, M. G., Barlow, D. H. & O'Leary, T. A. (1992). *Mastery of your anxiety and worry.* Albany/NY: Graywind.

Craske, M. G., Rapee, R. M., Jackel, L. & Barlow, D. H. (1989). Qualitative dimensions of worry in DSM-III-R generalized anxiety disorder subjects and nonanxious controls. *Behaviour Research and Therapy, 27,* 397–402.

Crowe, R. R., Noyes, R., Paulus, D. L. & Slymen, D. (1983). A family study of panic disorder. *Archives of General Psychiatry, 40,* 1065–1069.

DiNardo, P. A., Moras, K., Barlow, D. H., Rapee, R. M. & Brown, T. A. (1993). Reliability of the DSM-III-R anxiety disorder categories using the Anxiety Disorders Interview Schedule-Revised. *Archives of General Psychiatry, 50,* 251–256.

Eysenck, H. J. (1975). A genetic model of anxiety. In I. G. Sarason & C. D. Spielberger (Eds.), *Stress and anxiety* (Vol. 2). New York: Wiley.

Foa, E. B. & Kozac, M. J. (1986). Emotional processing of fear: Exposure to corrective information. *Psychological Bulletin, 99,* 20–35.

Hoen-Saric, R., Hazlett, L. & McLeod, D. R. (1994). Generalized anxiety disorder with early and late onset of symptoms. *Comprehensive Psychiatry, 34,* 291–294.

Kendler, K. S., Neale, M. C., Kessler, R. C., Heath, A. C. & Eaves, L. J. (1992). Generalized anxiety disorder in women: a population based twin study. *Archives of General Psychiatry, 49,* 267–272.

LeBouef, A. & Lodge, J. (1980). A comparison of frontalis EMG feedback training and progressive muscle relaxation in the treatment of chronic anxiety. *British Journal of Psychiatry, 137,* 279–284.

MacLeod, C., Mathews, A. & Tata, P. (1986). Attentional bias in emotional disorders. *Journal of Abnormal Psychology, 95,* 15–20.

Marten, P. A., Brown, T. A., Barlow, D. H., Borkovec, T. D., Shear, M. K. & Lydiard, R. B. (1993). Evaluation of the ratings comprising the associated symptom criterion of DSM-III-R generalized anxiety disorder. *Journal of Nervous and Mental Disease, 181,* 676–682.

Mathews, A. (1990). Why worry? The cognitive function of anxiety. *Behaviour Research and Therapy, 28,* 455–468.

Noyes, R., Clarkson, C., Crowe, R. R., Yates, W. R. & McChesney, C. M. (1987). A family study of generalized anxiety disorder. *American Journal of Psychiatry, 144,* 1019–1024.

Noyes, R., Woodman, C., Garvey, M. J., Cook, B., Suelzer, M., Clancy, J. & Anderson, D. J. (1992). Generalized anxiety disorder vs. panic disorder: Distinguishing characteristics and patterns of comorbidity. *Journal of Nervous and Mental Disease, 180,* 360–379.

O'Leary, T. A., Brown, T. A. & Barlow, D. H. (1992, November). *The efficacy of worry control treatment in generalized anxiety disorder: a multiple baseline analysis.* Paper presented at the meeting of the Association for Advancement of Behavior Therapy, Boston/MA.

Rapee, R. (1985). Distinctions between panic disorder and generalized anxiety disorder: Clinical presentation. *Australian and New Zealand Journal of Psychiatry, 19,* 227–232.

Rapee, R. M. (1989). *Boundary issues: GAD and somatoform disorders: GAD and psychophysiological disorders.* Paper prepared for the generalized anxiety disorder subcommittee for DSM-IV.

Rapee, R. M. (1991). Generalized anxiety disorder: a review of clinical features and theoretical concepts. *Clinical Psychology Review, 11,* 419–440.

Rapee, R. M. & Barlow, D. H. (1993). Generalized anxiety, disorder, panic disorder, and the phobias. In P. B. Sutker & H. E. Adams (Eds.), *Comprehensive handbook of psychopathology* (2nd ed.). New York: Plenum.

Roemer, L. & Borkovec, T. D. (1993). Worry: Unwanted cognitive activity that controls unwanted somatic experience. In D. M. Wagner & J. W. Penueboker (Eds.), *Handbook of Mental Control.* New York: Prentice Hall.

Roemer, L., Borkovec, T. D., Posa, S. & Lyonfields, J. D. (1991). *Generalized anxiety disorder in an analogue population: The role of past trauma.* Paper presented at the 25th Annual Convention of the Association for the Advancement of Behavior Therapy, New York/NY.

Sanderson, W. C. & Barlow, D. H. (1988). A description of patients diagnosed with DSM-III-R generalized anxiety disorder. *Journal of Nervous and Mental Diseases, 178,* 588–591.

Sanderson, W. C. & Wetzler, S. (1991). Chronic anxiety and generalized anxiety disorder: Issues in comorbidity. In R. M. Rapee & D. H. Barlow (Eds.), *Chronic anxiety: Generalized anxiety disorder and mixed anxiety-depression* (pp. 119–135). New York: Guilford.

Turovsky, J., Côté, G. & Barlow, D. H. (1993, November). *Dismantling of worry control treatment for generalized anxiety disorder.* Paper presented at the meeting of the Association for Advancement of Behavior Therapy, Atlanta/GA.

Vrana, S. R., Cuthbert, B. N. & Lang, P. J. (1986). Fear imagery and text processing. *Psychophysiology, 23,* 247–253.

Wittchen, H. U., Zhao, S., Kessler, R. C. & Eaton, W. W. (1994). DSM-III-R generalized anxiety disorder in the national comorbidity surgery. *Archives of General Psychiatry, 51,* 355–364.

Woodward, R., Jones, R. B. (1980). Cognitive restructuring treatment: a controlled trial with anxious patients. *Psychophysiology, 23,* 247–253.

Young, J. P. R., Fenton, G. W. & Lader, M. H. (1971). Inheritance of neurotic traits: a twin study of the Middlesex Hospital Questionnaire. *British Journal of Psychiatry, 18,* 459–482.

Zinbarg, R. E. & Barlow, D. H. (1996). Structure of anxiety and the anxiety disorders: a hierarchical model. *Journal of Abnormal Psychology, 105,* 181–193.

Zinbarg, R. E., Barlow, D. H., Liebowitz, M., Street, L., Broadhead, E., Katon, W., Roy-Byrne, P., Teherani, M., Richards, J., Brantley, P. & Kraemer, H. (1994). The DSM-IV field trial for mixed anxiety-depression. *American Journal of Psychiatry, 151,* 1153–1162.

Weiterführende Literatur

Barlow, D. H. (1988). *Anxiety and its disorders: The nature and treatment of anxiety and panic.* New York: Guilford.

Brown, T. A., O'Leary, T. A. & Barlow, D. H. (1993). Generalized anxiety disorder. In D. H. Barlow (Ed.), *Clinical handbook of psychological disorders* (pp. 137–188). New York: Guilford.

Craske, M. G., Barlow, D. H. & O'Leary, T. A. (1992). *Mastery of your anxiety and worry.* Albany/NY: Graywind.

Davey, G. & Tallis, F. (1994). *Worrying: Perspectives on theory, assessment, and treatment.* New York: Wiley.

Rapee, R. M. & Barlow, D. H. (1991). Chronic anxiety: Generalized anxiety disorder and mixed anxiety-depression. New York: Guilford.

KAPITEL 6

Posttraumatische Belastungsstörungen

6

EDNA B. FOA, BARBARA OLASOV ROTHBAUM und ANDREAS MAERCKER

6.1
Einleitung

Epidemiologische Studien zeigen, daß posttraumatische Belastungsstörungen (dt. Abkürzung: PTB; engl. Begriff: »posttraumatic stress disorder«) zu einem nicht zu vernachlässigenden Problem unserer Gesellschaft geworden sind. Betrachten wir die Zahl der Personen, die sexuellen oder anderen gewalttätigen Angriffen, technischen und Naturkatastrophen, Arbeits- und Autounfällen oder Kriegsereignissen ausgesetzt waren, dann treten bei diesen Personen traumatische Reaktionen extrem häufig auf.

- Mit Hilfe repräsentativer Stichproben lassen sich Angaben über die Häufigkeit von traumatischen Ereignissen machen. In den USA läßt sich für erwachsene Frauen schätzen, daß fast 12 Millionen Frauen (12,9%) mindestens einmal in ihrem Leben vergewaltigt worden sind (National Victim Center and Crime Victim Research and Treatment Center, 1992). In Deutschland zeigen zwei neuere epidemiologische Studien bei jungen Frauen, daß 6,5% bzw. 7,0% Vergewaltigungserlebnisse oder versuchte Vergewaltigungen durchmachen mußten (Maercker et al., 1998; Perkonigg et al., 1998).

- Wieviele der Personen nach einem traumatischen Ereignis eine PTB ausbilden, läßt sich durch die sog. bedingten Wahrscheinlichkeiten ausdrücken: Annähernd übereinstimmend zeigen längsschnittlich angelegte Studien, die standardisierte Untersuchungsverfahren nutzten, bei Vergewaltigungsopfern eine lebenszeitliche PTB-Häufigkeit von ca. 50% auf (Kessler et al., 1995; Perkonigg et al., 1998; Rothbaum et al., 1992). Bei Opfern gewalttätiger Bedrohungen (z. B. körperliche Gewalt, Waffengewalt) treten bei 20% die Merkmale von PTB 3 Monate nach diesen Erlebnissen auf (Rothbaum et al., 1992).

- Das Risiko der Entstehung von PTB bei anderen Traumen zeigt sich folgendermaßen: Bei 38% der Männer und 17,5% der Frauen, die den Vietnamkrieg mitmachten, wurde zumindest zeitweilig PTB diagnostiziert (Kulka et al., 1990). Betroffene von Großfeuern oder Naturkatastrophen bilden zu ca. 5% eine PTB aus (Kessler et al., 1995).

Auch Traumata, die Ärzte, Vollzugsbeamte, Feuerwehrleute oder Psychologen im Rahmen ihrer Berufsausübung bei anderen mitempfinden, können zu posttraumatischen Belastungsreaktionen führen (McFarlane, 1989; Mitchel & Bray, 1990; Pieper, 1997).

Betrachtet man die große Anzahl von Personen, die unter posttraumatischen Belastungsstörungen leiden, dann wird offenkundig, daß es einen großen Bedarf an kostengünstigen, kurzen und wirksamen Behandlungsmethoden gibt.

So führte denn die Erkenntnis, daß posttraumatische Belastungsstörungen schwere Störungen verursachen, zur Entwicklung von spezifischen kognitiv-verhaltenstherapeutischen Therapieprogrammen, zur neuartigen Behandlungsmethode der Augenbewegungs-Desensibilisierungs- und Verarbeitungs-Therapie (engl. Abkürzung: EMDR) sowie zu Kriseninterventions- bzw. psychotherapeutischen Gruppenprogrammen.

Selbsthilfegruppenprogramme als erste Stufe einer Versorgung der Traumaopfer sind gegenwärtig die am häufigsten verwendeten Methoden in Krisenzentren für Vergewaltigungsopfer (Koss & Harvey, 1987). Teilweise basierend auf psychiatrischen Krisentheorien (z. B. Burgess & Holstrom, 1976) umfassen diese Programme Informationen über die Spätfolgen der Vergewaltigung, die Rolle aktiven Zuhörens und der seelischen Unterstützung durch Angehörige.

Im Bereich der kognitiven Verhaltenstherapie wurden verschiedene Programme entwickelt, die zu einer deutlichen Verbesserung der PTB-Symptome und der damit verbundenen Psychopathologie führen. Dieses Kapitel bietet einen Überblick über den Kenntnisstand zur kognitiven Verhaltenstherapie bei PTB. Ein besonderer Schwerpunkt liegt auf Methoden, die häufig bei weiblichen Gewaltopfern eingesetzt werden. Es wurden nur Verfahren berücksichtigt, für die kontrollierte Studien mit mindestens halbstrukturierten Beurteilungsverfahren für den Therapieerfolg vorliegen. Wir beginnen unseren Überblick mit einer allgemeinen Beschreibung des Störungsbildes und des kognitiv-verhaltenstherapeutischen Ansatzes. Zum Abschluß diskutieren wir, welche Mechanismen für den Erfolg kognitiv-verhaltenstherapeutischer Verfahren bei der Reduktion posttraumatischer Störungen verantwortlich sind.

6.2
Darstellung der Störung

Zu posttraumatischen Belastungsreaktionen kann es nach traumatischen Ereignissen oder Katastrophen kommen, die im allgemeinen außerhalb der üblichen menschlichen Erfahrungen liegen, z. B. nach einer Vergewaltigung, nach Kriegserlebnissen oder nach einer Naturkatastrophe.

Zu den charakteristischen Symptomen gehören:

- sich aufdrängende schmerzliche Erinnerungen an das traumatische Ereignis,
- belastende Träume oder Alpträume,
- Ängste und Vermeidungsverhalten,
- ein emotionaler Erstarrungs- oder Taubheitszustand,
- die Unfähigkeit, sich zu entspannen,
- Schlafstörungen,
- Konzentrations- und Gedächtnisschwierigkeiten,
- Schreckhaftigkeit und Erregbarkeit.

Oft geht die Symptomatik einher mit erheblichem Interessenverlust an zuvor gern ausgeübten Tätigkeiten. Die Betroffenen fühlen sich anderen und der Welt um sie herum entfremdet. Wurde das Trauma mit anderen geteilt und kamen Leidensgefährten dabei ums Leben, kann es zu schmerzlichen Schuldgefühlen bei den Überlebenden kommen.

In Situationen, die dem ursprünglichen Trauma ähneln, verschlimmern sich oft die Symptome: Schon ein Türknarren kann den ehemalig politisch Inhaftierten an die unerträgliche Haft- und Folterzeit erinnern.

Grundsätzlich kann die posttraumatische Belastungsreaktion akut, chronisch oder verzögert auftreten. Offensichtlich ist die Störung schwerer und anhaltender, wenn das Trauma menschlich verursacht ist wie im Krieg, bei Gewaltverbrechen oder Folterungen im Vergleich zu durch Naturkatastrophen ausgelösten Traumata.

Posttraumatische Belastungsstörung im DSM-IV und ICD-10

Im DSM-III wurde die posttraumatische Belastungsreaktion erstmals als eigene Diagnosekategorie aufgenommen. Auch die Definitionen der neueren Auflagen des DSM und der ICD-10 basieren weitgehend auf der Vorarbeit des DSM-III.

Die modernen Klassifikationssysteme verstehen unter einer posttraumatischen Belastungsstörung eine lang anhaltende Störung infolge eines massiv belastenden Ereignisses, das typischerweise außerhalb des Rahmens der normalen menschlichen Erfahrung liegt (z. B. Vergewaltigung, andere Gewaltverbrechen, Katastrophen). Im DSM-IV werden die Symptome zu den folgenden drei Symptomgruppen zusammengefaßt:

- Intrusionen/Wiederdurchleben,
- Vermeidung/emotionale Taubheit,
- chronische Übererregung (engl. »hyperarousal«).

Die Mindestdauer dieser Symptome muß ein Monat sein, unterhalb dieser Zeitspanne handelt es sich um eine »akute Belastungsreaktion«, die andere Diagnose- und Behandlungsstrategien nach sich zieht (Maercker, 1997a).

Mit der Diagnosekategorie der posttraumatischen Belastungsstörung wurde formal anerkannt, daß eine überwältigende Belastung katastrophalen Ausmaßes bei vielen Menschen, unabhängig von ihrer individuellen Lebensgeschichte, zu einer psychischen Störung führen kann, und daß die Reaktion auf ein derartiges Ereignis unterschieden werden muß von anderen psychischen Störungen.

6.3
Kognitiv-verhaltenstherapeutisches Störungskonzept

Nur ein Teil der von einem Trauma Betroffenen entwickelt eine dauerhafte Störung. Posttraumatische Störungen können also nicht einfach eine unmittelbare, quasi »automatische« Konsequenz der traumatischen Erfahrung sein. Es hat sich herausgestellt, daß posttraumatische Störungen sich dann ergeben, wenn eine Unfähigkeit, Traumata richtig zu verarbeiten, vorliegt. In seinem klassischen Beitrag über emotionale Verarbeitung beschrieb Rachman (1980) die Folgen unangepaßter emotionaler Verarbeitung als »die Fortdauer oder das Wiederkehren beeinträchtigender Zeichen emotionaler Aktivitäten wie Zwangsstörungen, Alpträume, Phobien oder unangepaßter Ausbruch von Emotionen...« (S. 51). Diese Merkmale ähneln den zentralen PTB-Symptomen.

Wenn PTB-Symptome ein Ergebnis unangepaßter emotionaler Verarbeitung sind, dann können durch eine Therapie mit dem Ziel der Erleichterung solcher Verarbeitung Verbesserungen der Symptomatik erwartet werden. In einem Versuch, den emotionalen Verarbeitungsprozeß mit spezieller Beachtung der Angststörungen zu verdeutlichen, integrierten Foa und Kozak (1986) Angstkonzepte, experimentelle Daten und klinische Untersuchungen. Mit Hilfe der Bioinformationstheorie von Lang (1977) betrachteten sie Angst als kognitive Struktur, die aus drei Elementeklassen besteht: Stimuli, Reaktionen und deren assoziative Bedeutung. Weiterhin legen Foa und Kozak dar, daß die Strukturen innerhalb der Angststörungen pathologische Elemente enthalten, und daß die Behandlung so aufgebaut werden sollte, daß eine Modifikation dieser Elemente erreicht wird. Sie machten deutlich, daß zwei Bedingungen für Angstreduktion unerläßlich sind:

- Erstens muß die Angsterfahrung aktiviert werden und
- zweitens müssen neue Informationen assimiliert werden, die Elemente schaffen, die nicht kompatibel zu den vorher existierenden Elementen in den Angststrukturen sind, um eine neue Erinnerung oder Erfahrung zu formen.

»Diese neue Information, die zuerst kognitiv und affektiv ist, muß in die auslösende Informationsstruktur integriert werden, damit sich emotionale Veränderungen ereignen« (Foa & Kozak, 1986, S. 22).

Tatsächlich aktivieren Konfrontationstherapien die relevanten Strukturen (d.h. sie rufen Angst hervor) und bieten eine Möglichkeit, korrektive Informationen aufzunehmen. Damit führen diese Verfahren zur Modifikation der Angststruktur und zur Verringerung der Symptomatik.

Im folgenden wird die kognitive Verhaltenstherapie bei PTB-Patienten genauer betrachtet.

6.4
Therapie

Die kognitive Verhaltenstherapie bei PTB ähnelt dem Vorgehen bei anderen pathologischen Formen der Angst. Sie beruht auf zwei Haupttheorien, der Lerntheorie und der kognitiven Theorie. Die Lerntheorie schließt sowohl die Prinzipien des klassischen als auch die des operanten Lernens ein. Die kognitive Theorie betont den Einfluß des Bewertungsprozesses und seine Vermittlerrolle bei der Entstehung unangepaßter Reaktionen auf die Ereignisse. Es wurden zwei Gruppen von Behandlungsverfahren entwickelt, mit denen eine Besserung von Angststörungen erzielt werden kann.

Die 1. Gruppe umfaßt die Konfrontationsverfahren, die hauptsächlich auf einem lerntheoretischen Paradigma basieren. Dieser Ansatz beinhaltet, daß Patienten wiederholt mit den gefürchteten Erinnerungen und Situationen konfrontiert werden, bis diese keine übermäßige Angst mehr verursachen.

Kognitive Verfahren stellen die zweite Gruppe der Behandlungsverfahren dar. Sie umfassen z.B. das Angstmanagementtraining (AMT) und beruhen sowohl auf Lernparadigmen als auch auf kognitiven Paradigmen. Durch kognitive Verfahren lernen die Patienten systematisch, unangemessene Gedanken, die zu negativen Reaktionen führen, zu erkennen und zu verändern (vgl. Bd. 1). Durch die AMT-Techniken, wie z.B. Entspannungstraining, erlernen die Patienten, ihre Angstreaktionen direkt zu steuern.

6.4.1
Konfrontationsverfahren

Die Konfrontationsverfahren sind ursprünglich eine Gruppe von Techniken, die dann zur Anwendung kommen, wenn Angstsymptome übertriebenes Vermeidungsverhalten nach sich ziehen. Die Behandlung aktiviert als erstes die Angsterinnerungen und modifiziert dann die pathologischen Veränderungen. Der gemeinsame Nenner aller Reizkonfrontationstherapien liegt in der Auseinandersetzung mit der gefürchteten Situation. Es ist hilfreich, diese Therapie entlang dreier Kontinuen zu betrachten:

- Art der Konfrontation (in vivo/in sensu),
- Dauer der Konfrontation (kurz/lang),
- Niveau der Erregung während der Konfrontation.

> Bei der Therapie von posttraumatischen Belastungsstörungen hat die Konfrontation in sensu einen besonderen Stellenwert. Sie kann kurzzeitig und mit minimaler Erregung (wie bei der systematischen Desensibilisierung) oder in Form einer Reizüberflutung längeranhaltend und mit starker Erregungsaktivierung durchgeführt werden. Wichtige Bestandteile der EMDR-Methode sind kurze In-sensu-Konfrontationssequenzen, die zunehmend geringere Erregung auslösen sollen.

Wir wollen zuerst die systematische Desensibilisierung kurz darstellen, bevor die anderen Arten der Konfrontation diskutiert werden.

Systematische Desensibilisierung
Eine detaillierte Darstellung der systematischen Desensibilisierung gibt Bd. 1. Im Bereich posttraumatischer Beschwerden wurde systematische Desensibilisierung zunächst erfolgreich von Wolff (1977) zur Angstbehandlung eingesetzt. In der Einzelfallstudie wurde von einer 20jährigen Frau berichtet, die im Alter von 13 Jahren vergewaltigt worden war. Bei Beginn der systematischen Desensibilisierung hatte die Patientin, bedingt durch die Angst vor der eventuellen Rückkehr des Täters, in 17 Jahren keine einzige Nacht allein verbracht. Das Ergebnis nach 7 Behandlungsstunden war, daß die Patientin nachts wieder allein schlafen konnte.

Die traditionelle systematische Desensibilisierung mit 13–18 Sitzungen (davon die letzten beiden als In-vivo-Konfrontationen) führte in weiteren Untersuchungen zur Wiederaufnahme von normalen Aktivitäten bei Verkehrsunfallopfern, die eine Reihe von Vermeidungsverhaltensweisen ausgebildet hatten (Bowen & Lambert, 1986; Muse, 1986). In diesen Studien wurden die PTB-Symptome, Depressionen, Furcht und Angst reduziert.

Allerdings trat in den letzten Jahrzehnten diese Methode zur Konfrontationsbehandlung bei PTB und anderen Angststörungen in den Hintergrund. Schon 1971 zeigte sich, daß die Reizüberflutung der systematischen Desensibilisierung bei der Angsttherapie überlegen war (Boulougouris et al., 1971).

Langandauernde Konfrontation (Reizüberflutung)
Ein Behandlungsverfahren wird als Reizüberflutung bezeichnet, wenn der Patient mit starken Angstreizen konfrontiert wird, die am Anfang ein sehr hohes Angstniveau hervorrufen, und diesen Reizen dann längere Zeit ausgesetzt wird. Diese Verfahren können entweder in sensu oder in vivo durchgeführt werden.

> **Beispiel:**
> **Durchführung der In-sensu-Konfrontation**
>
> Die Intervention wird als Einzelbehandlung durchgeführt, wobei die 90minütigen Sitzungen mit In-sensu-Konfrontationen wöchentlich stattfinden (Foa & Rothbaum, 1997). Ergänzt können die Sitzungen durch einen Therapieabschnitt mit In-vivo-Konfrontationsübungen werden.
>
> In der einleitenden Therapiestunde wird die Patientin motiviert, sich umfassend und detailliert an die Vorgänge während des Traumas zu erinnern. Dabei ist es wichtig, vor Beginn der Konfrontationsübungen die Patientin darauf hinzuweisen, daß zumindest kurzfristig eine erhöhte Belastung resultieren kann. Daher sollte ihre Bereitschaft, diese Belastungen mit dem Ziel einer langfristigen Besserung in Kauf zu nehmen, wiederholt thematisiert werden.
>
> Wenn sich die Patientin für die Behandlung entschieden hat, wird zunächst eine hierarchische Liste der traumatischsten und am meisten gefürchteten Erinnerungen erstellt. In den folgenden Sitzungen wird die traumatischste Szene in der Vorstellung durchlebt. Dabei wird die Patientin instruiert, sich die erlebte Szene so real wie möglich vorzustellen und diese in der Zeitform der Gegenwart laut zu beschreiben. Die Therapeutin leitet die Vorstellungsübung an und achtet darauf, daß die Patientin

ihre Aufmerksamkeit in der traumatischen Szene beläßt und fordert sie von Zeit zu Zeit (z. B. alle 3 Minuten) auf, ihre gegenwärtige Anspannung bzw. ihre Gefühle dabei zu beschreiben.

Der Grad der Detailliertheit wird bei der ersten In-sensu-Konfrontation noch weitgehend der Patientin überlassen, spätestens beim zweiten Übungsdurchgang mit derselben Szene sollten jedoch zunehmend Details über externe und interne Reize, wie Gedanken, Körperreaktionen und befürchtete Konsequenzen, einbezogen werden. Diese Beschreibung wird mehrfach für die Dauer von 60 Minuten pro Sitzung wiederholt und auf Tonband aufgenommen. Es wird empfohlen, besonders darauf zu achten, daß nach dem Durchleben des Traumas in der Vorstellung die Angst bis zum Ende der Therapiestunde wieder abklingt, wenn erforderlich durch Interventionen der Therapeutin.

Der Patientin wird bis zur nächsten Sitzung folgende Hausaufgabe gegeben: Sie soll das in der Therapiesitzung aufgenommene Band mit der Beschreibung des traumatischen Ereignisses abhören.

In den Studien von Foa et al. (1993, 1996) erhielten die Patientinnen insgesamt 9 solcher Sitzungen. Innerhalb der Sitzungen war dabei die Imaginationsübung so oft wiederholt worden, bis eine deutliche Reduktion der Angstreaktion während der Konfrontation mit der traumatischen Szene eingetreten war.

Beispiel:
Durchführung der In-vivo-Konfrontation

In-vivo-Konfrontationen dienen nicht dem Nachstellen oder Nachspielen des Traumas! Sie werden auch nicht in objektiv gefährdender Form oder objektiv gefährdenden Situationen durchgeführt (z. B. riskante Fahrweise nach erlebtem Autounfall; Konfrontation mit gewalttätigem Ehemann unter Alkoholeinfluß). In einem Therapieabschnitt mit In-vivo-Konfrontationen werden v. a. Situationen bearbeitet, die stark angstauslösend sind, zu Vermeidungsverhalten geführt haben und dadurch eine starke Beeinträchtigung der Patienten verursachen: z. B. phobische Vermeidung von Orten des Traumas, von Verkehrsmitteln etc. (Maercker et al., 1998; Poldrack & Maercker, 1998).

Von Informationen der diagnostischen Vorgespräche ausgehend, wird eine stark angstauslösende Situation ausgewählt und die Konfrontation damit detailliert geplant. Dabei ist es besonders wichtig, angstreduzierende Details einer Situation (z. B. nächtliche Straße, die dennoch belebt ist) sowie angstreduzierende persönliche Sicherheitssignale (z. B. mitgeführtes Handy) genau zu erfassen, da diese subjektiv erleichternden Details als Varianten des Vermeidungsverhaltens den Habituationsprozeß hinauszögern oder verhindern können.

Ebenso wirkt die Therapeutin der kognitiven Vermeidung entgegen, indem sie die Patientin in der Konfrontationssituation auf ihre Angstsymptome oder angstauslösende Details der Situation lenkt (z. B. »Die Häuser in dieser Straße scheinen alle unbewohnt zu sein, wenn Sie hier schreien, würde sie wahrscheinlich niemand hören«). Für den Fall des Auftretens eines Vermeidungsimpulses wird auf vorher abgesprochene Verhaltensweisen der Therapeutin zurückgegriffen. Die Therapeutin sollte deutlich machen, daß sie zum Wohle der Patientin jegliche Vermeidung verhindern wird.

Die In-vivo-Konfrontationsübung wird anfangs in Begleitung der Therapeutin durchgeführt, um auftretendes Vermeidungsverhalten zu unterbinden. Dabei sollte solange in der Situation geblieben werden, bis eine deutliche Angstreaktion eingetreten ist. Erst dann darf die Situation verlassen werden, da sonst Sensibilisierungseffekte eintreten können, die die Angst u. U. verstärken. Hat die Patientin in der gleichen Situation mehrmals ein Habituationserlebnis, kann dazu übergegangen werden, daß sie die Situation allein aufsucht. Die Eigenkonfrontation muß gründlich vorbereitet und mit ausreichender Zeit nachbesprochen werden.

■ **Effizienzstudien.** Neben Einzelfallberichten existiert eine Reihe von Studien, die Konfrontationsverfahren bei amerikanischen Kriegsveteranen und bei weiblichen Gewaltopfern untersuchten. So waren die Behandlungen mit Reizüberflutung in sensu effektiver als eine supportive Standardtherapie (wöchentliche Einzel- und Gruppentherapie) bei der Behandlung von Vietnamkriegsveteranen, die an einem kleinen kontrollierten Versuch teilnahmen (Cooper & Clum, 1989). Vor allem das Wiederdurchleben, Schlafstörungen, Angstzustände und die Furchtreaktion auf die traumatischen Stimuli werden durch Reizüberflutung mehr verbessert als durch eine ausschließliche Standardbehandlung. Die Reizüberflutung hat aber nur einen geringen Effekt auf Depressionen oder allgemeine Angstmerkmale.

In einem klinischen Versuch wurden Vietnamveteranen mit PTB zufällig auf zwei Gruppen aufgeteilt: eine Wartelistenkontrollgruppe und eine Gruppe, die über 14–16 Sitzungen (je 90 Minuten) mit Muskelentspannung und Reizüberflutung in sensu behandelt wurde (Keane et al., 1989). Während jeder Sitzung wurden die Personen zuerst zur Entspannung aufgefordert. Anschließend erhielten die Patienten eine 45minütige Behandlung mit Reizüberflutung in sensu, die wiederum von einer Entspannungsphase abgelöst wurde. Die behandelte Gruppe berichtete von signifikant weniger Depressionen, Angstzuständen, Furcht, Hypochondrie und Hysterie bei Therapieende und auch bei der Katamnese. Das Wiederdurchleben der Traumata, Schreckreaktionen, Erinnerungs- und Konzentrationsprobleme, Impulsivität, Reizbarkeit und die forensischen Probleme waren wesentlich geringer als bei der Kontrollgruppe.

Direkte Reizkonfrontation (12–14 Sitzungen) wurde in einer kontrollierten Studie mit der Standardtherapie für PTB bei Vietnamkämpferveteranen verglichen (Boudewyns & Hyer, 1990). Alle Probanden erhielten außerdem eine intensive stationäre Gruppenbehandlung für PTB. Therapieerfolg wurde neben den üblichen klinischen Einschätzungen auch mit Hilfe physiologischer Erregungsmaße (Herzfrequenz, EMG, elektrodermale Aktivität) bei Darbietung individualisierter Gefechtsszenen erfaßt. Mit der Konfrontationsbehandlung stellten signifikant mehr Patienten eine anhaltende Besserung fest als mit der konventionellen Standardmethode. 10 der 15 erfolgreich behandelten Patienten hatten eine Konfrontationstherapie erhalten, aber nur 3 der 15 Mißerfolge waren mit dieser Therapie behandelt worden.

Da die meisten bisherigen Studien und Fallberichte kombinierte Programme mit zusätzlichen Techniken wie Ärgerkontrolle oder Entspannungstraining betrafen, war der Anteil der Konfrontationstherapie an der allgemeinen Verbesserung unklar. Foa und Mitarbeiter führten zwei Studien durch, um die genauen Effekte der Konfrontationstherapie von denen anderer kognitiv-verhaltenstherapeutischer Verfahren abzugrenzen. In diesen Studien wurden PTB-Symptome bei weiblichen Opfern sexueller und nichtsexueller Angriffe mit Konfrontationstherapie in sensu erfolgreich behandelt (Foa et al., 1991, 1996).

In der ersten Studie wurden Opfer sexueller oder gewalttätiger Angriffe mit PTB entweder einer massierten Konfrontationsbehandlung, Streßimpfungstraining (ein Angstmanagementtrai-

ningsprogramm), stützender Beratung oder einer Wartelistenkontrollgruppe zugewiesen. Bei allen Patienten lagen die Angriffe mindestens drei Monate zurück. Um die stützende Beratung eindeutig von der Konfrontationstherapie abzugrenzen, wurden hier Patienten, die ihre Traumata beschreiben wollten, von den Therapeuten immer wieder auf das »Hier und Jetzt« zurückgeführt. Opfer, die entweder mit Konfrontation oder Streßimpfungstraining behandelt wurden, zeigten bei Therapieende und zum Katamnesezeitpunkt eine Besserung der PTB. Im Gegensatz dazu wiesen die Patienten in den Beratungs- und Wartelistengruppen keine Veränderungen auf. Durch Konfrontation wurde ein hervorragendes Ergebnis im Hinblick auf PTB-Symptome bei der Katamnese erreicht. Hier ergab sich auch nach Therapieende eine stetige Verbesserung, was bei Patienten nach Streßimpfung nicht zu verzeichnen war.

Eine zweite Studie verglich die Effizienz von Konfrontation, Streßimpfung und ihrer Kombination mit einer Warteliste-Kontrollgruppe bei weiblichen Opfern sexueller und anderer Gewalttaten (Foa et al., 1996). Die Ergebnisse zeigen, daß alle aktiven Therapieformen eine signifikante Verbesserung der PTB-Symptome bei Therapieende erreichen, während die Warteliste zu keiner Verbesserung führt. So zeigten 67% der Patienten, die Streßimpfung erhielten, kurz nach der Behandlung keine PTB-Symptome mehr. In der Sechsmonatskatamnese war jedoch Streßimpfung nicht so effektiv wie Konfrontation allein oder in Kombination mit Streßimpfung. Nur bei Patienten mit Konfrontation verbessern sich die Symptome in der Zeitspanne vom Ende der Behandlung bis zur Katamnese weiter, so daß hier weniger PTB-Beschwerden auftreten. Bei Benutzung eines Indexwertes für den Therapieerfolg (definiert als 50% Verbesserung der PTB-Symptome, einem BDI von 7 oder weniger und einem STAI von 35 oder weniger) heilte die Konfrontationsbedingung 56% der Patienten, die Streßimpfungsbedingung 21% der Patienten und die kombinierte Therapie 32% der Patienten.

Eine Studie mit Opfern verschiedener Traumata verglich die Effektivität der In-vivo- und der In-sensu-Konfrontation durch eine Zufallszuordnung von Patienten mit PTB: Bei einer Hälfte wurden 4 Sitzungen von In-vivo-Konfrontation durch 4 Sitzungen von In-sensu-Konfrontation gefolgt, bei der anderen Hälfte fand dies in umgekehrter Reihenfolge statt (Richards et al., 1994). Im Ergebnis zeigten sich bedeutende Besserungen in beiden Gruppen, bei denen die Symptombelastung zwischen 65 und 80% reduziert wurde und kein Patient mehr eine PTB-Diagnose zum Therapieende und zur Einjahreskatamnese aufwies. Die Studie scheint darüber hinaus darauf hinzuweisen, daß die phobische Vermeidung besser durch die In-vivo- als durch die In-sensu-Konfrontation reduziert wurde und zwar unabhängig von der Reihenfolge während der Behandlung.

Augenbewegungs-Desensibilisierung und Wiederverarbeitung (engl: EMDR)

Diese neue Technik (engl. »eye movement desensitization and reprocessing«; abgekürzt EMDR; Shapiro, 1989, 1998) ist eine Form der therapeutischen Konfrontation (Desensibilisierung), die mit vom Therapeuten angeleiteten rhythmischen Augenbewegungen und einer ausgeprägten kognitiven Komponente verbunden ist.

Ihre Konfrontations- und Augenbewegungskomponente beinhaltet das folgende: Der Patient stellt sich eine Szene aus seinem Trauma vor, konzentriert sich dann auf die damit verbundenen Kognitionen und die Erregung und folgt gleichzeitig mit seinem Blick dem Finger des Therapeuten, der seine Hand schnell bewegt. Der Vorgang wird so oft wiederholt, bis die Angst verringert ist. An diesem Punkt wird dann eine adaptivere Kognition zu der Szene und den Augenbewegungen eingeführt.

Zum vollständigen Ablauf des EMDR-Verfahrens gehören 8 Phasen, zu denen die Behandlungsplanung, die Vorbereitung, die Identifikation positiver Kognitionen sowie deren »Installation«, die Überprüfung von Körperempfindungen sowie die explizite abschließende Neubewertung der traumatischen Erinnerungen gehören. Die Technik ist ausführlich bei Eschenröder (1997) und Shapiro (1998) dargestellt, wobei auch auf mögliche Variationen der Augenbewegungs-Komponente eingegangen wird.

■ **Effizienzstudien.** Zur Effizienzüberprüfung von EMDR wurde eine Reihe von Fallstudien und kontrollierte Studien unternommen (Übersicht bei Van Etten & Taylor, 1998). Ein Teil der älteren kontrollierten Studien ist durch methodologische Mängel, z. B. nicht standardisierte Meßinstrumente, inadäquate statistische Verarbeitung, in ihrer Aussagekraft erheblich eingeschränkt (vgl. Foa & Meadows, 1997)

- Eine frühe kontrollierte Studie zur EMDR-Behandlung für Kriegsveteranen und Opfer sexueller Angriffe mit PTB (Shapiro, 1989) führte, allerdings mit erheblichen methodischen Mängeln, zu der Schlußfolgerung, daß bei Therapieende und Katamnese die subjektive Einschätzung des Unbehagens verringert und positive Kognitionen gebessert waren.
- Eine weitere kontrollierte Studie untersuchte die Effizienz von EMDR bei chronischen stationären Vietnam-Veteranen mit PTB. Die Patienten erhielten entweder EMDR, Reizkonfrontation, oder eine stationäre Milieutherapie. Es wurden keine Unterschiede zwischen den Gruppen gefunden (Boudewyns et al., 1993).
- Weitere 9 kontrollierte Studien zeigten überwiegend gute Effektstärken für die EMDR-Behandlung, so daß diese Therapieform zusammen mit der Konfrontationstherapie als die effektivste psychologische Therapie gelten kann (Van Etten & Taylor, 1998).

Positiv schlägt für EMDR zu Buch, daß es ein Kurzzeitverfahren ist, das in der Regel 2–6 Therapiestunden benötigt und daß die Abbrecherraten geringer sind (ca. 14%) als bei der Pharmakotherapie (ca. 32%).

Folgende zwei Kritikpunkte seien allerdings genannt:

- Die Augenbewegungskomponente, die eigentlich das Verfahren definiert, scheint verzichtbar zu sein. Pitman et al. (1996) verglichen bei Vietnamveteranen mit chronischen posttraumatischen Störungen EMDR mit einer Variante des Verfahrens ohne rhythmische Augenbewegungen. Beide Bedingungen führten zu ungefähr gleich starken mäßig positiven Veränderungen der PTB-Symptomatik. Renfrey & Spates (1994) untersuchten bei traumatisierten Patienten zwei Formen des Verfahrens, bei denen Augenbewegungen induziert wurden, und eine Variante, bei der die Aufmerksamkeit auf einen Fixpunkt gerichtet werden sollte. Alle 3 Behandlungsbedingungen führten zu bedeutsamen positiven Veränderungen, ohne daß zwischen den Gruppen signifikante Unterschiede gefunden wurden.
- Darüber hinaus fehlt bis heute ein überprüftes theoretisches Modell für die Wirkungsweise der EMDR und seiner Augenbewegungskomponente. Damit kann den Patienten bisher auch kein kognitives Rational des therapeutischen Vorgehens angeboten werden.

6.4.2
Kognitive Verfahren und Angstmanagementtraining

Ein Grundproblem bei posttraumatischen Störungen sind die quälenden, angstvollen Erinnerungen und selbstherabsetzenden Gedanken, die die täglichen Abläufe beeinträchtigen. Kognitive Verfahren und das Angstmanagementtraining bieten ein Repertoire an Techniken, mit denen diese bekämpft werden können. Zu diesen Techniken gehören u.a.

- Streßimpfungstraining,
- kognitive Umstrukturierung,
- Entspannungstraining,
- Biofeedback,
- Training sozialer Fähigkeiten und
- Training von Ablenkungstechniken.

Für die 4 letztgenannten Verfahren finden sich genauere Darstellungen der verschiedenen Techniken im ersten Band des vorliegenden Lehrbuchs. Nachfolgend sollen das Streßimpfungstraining und spezielle kognitive Verfahren vorgestellt werden.

6.4.3
Streßimpfungstraining

Das Streßimpfungstraining ist eine Standardform des Angstmanagementtrainings, die empirisch gut validiert ist.

Das Streßimpfungsstraining Meichenbaums wurde für Vergewaltigungsopfer mit chronischen Störungen von Kilpatrick und Mitarbeitern weiterentwickelt (z.B. Kilpatrick et al., 1982). Das Therapieprogramm umfaßt 20 Stunden mit Hausaufgaben. Es setzt sich aus einer Lernphase und einer Bewältigungsphase zusammen.

Wie wird das Streßimpfungstraining durchgeführt?

In der zweistündigen Lernphase zu Beginn der Behandlung wird das Therapieprogramm mit seiner theoretischen Basis erläutert. Ziel ist die Erarbeitung eines Erklärungsmodells, das es der Patientin ermöglichen soll, Art und Ursprung ihrer Angst zu verstehen. Dabei werden die Angstreaktionen auf drei Ebenen betrachtet und erklärt:

1. auf der physiologischen Ebene (z.B. übertriebene Schreckreaktionen),

2. auf der Verhaltensebene (z.B. Vermeidung von Dunkelheit) und

3. auf der kognitiven Ebene (z.B. sich aufdrängende Gedanken an die Vergewaltigung). Die Patientin ordnet im therapeutischen Gespräch ihre eigenen Reaktionen den 3 Ebenen zu.

Das Bewältigungstraining, die zweite Phase des Streßimpfungstrainings, stellt den eigentlichen Kern des Verfahrens dar. Zunächst wählt die Patientin 3 Ängste aus, die sie gern reduzieren möchte. Sie wird aufgefordert, ein Gefühlsthermometer auszufüllen, das dreimal täglich das Niveau ihrer Angst und ihrer Freude erfaßt. Zusätzlich soll notiert werden, wie oft sie Gedanken an die betreffenden Ängste wahrgenommen hat. Im weiteren konzentriert sich das Verfahren auf den Erwerb und die Anwendung von Bewältigungsfähigkeiten. Diese schließen die folgenden Maßnahmen ein:

- tiefe Muskelentspannung,
- Atemkontrolle,
- Rollenspiele,
- verdecktes Modellernen,
- Gedankenstopp und
- Selbstverbalisationen im Sinne von Meichenbaums Streßbewältigungstraining.

Die Bewältigungsstrategien werden nacheinander erklärt (das Rational dafür gegeben), demonstriert, auf die gewählten Ängste angewendet, ihr Resultat im nachhinein besprochen und schließlich auf weitere Realsituationen bezogen und angewendet.

■ **Effizienzstudien.** Zur Überprüfung der Wirksamkeit des Streßimpfungstrainings liegen kontrollierte Studien vor.

Um verschiedene Behandlungsprogramme zu vergleichen, wurden Vergewaltigungsopfer 3 Arten von Gruppentherapien zugeordnet: Streßimpfungstraining, Selbstsicherheitstraining und unterstützende Psychotherapie mit Informationen (Resick et al., 1988). Die Teilnehmer erhielten 6 zweistündige Sitzungen und wurden dann mit einer Wartelistenkontrollgruppe verglichen. Die Streßimpfung entsprach dem Vorgehen von Kilpatrick und Veronen. Allerdings gab es zwei Ausnahmen: kognitive Umstrukturierung, Selbstsicherheitstraining und Rollenspiele wurden ausgeschlossen, da sie in der Vergleichsbehandlung verwandt wurden, und Reizkonfrontation in vivo wurde ergänzt. Die Ergebnisse zeigten, daß alle

3 Behandlungen eine hohe Effektivität bei der Reduktion der Symptome erzielten. Dabei gab es aber keine offensichtlichen Differenzen zwischen diesen Gruppen, lediglich die Wartelistenkontrollgruppe zeigte keine Verbesserungen. Zur Sechsmonatskatamnese war noch eine Besserung der traumabezogenen Angst festzustellen, nicht aber bei den anderen Symptomen (v. a. Depression, niedrige Selbstachtung, Sozialangst).

Foa et al. (1991) führten eine kontrollierte Studie zur vergleichenden Wirksamkeit von Streßimpfungstraining und langdauernder Konfrontation durch. Das Streßimpfungstraining schloß das Sammeln von Informationen, edukative Maßnahmen, die Planung der Behandlung, ein kurzes Atemtraining, tiefe Muskelentspannung, Gedankenstopp, kognitive Umstrukturierung, Selbstverbalisation, verdecktes Modellernen und Rollenspiele ein. Die Ergebnisse belegen die Wirksamkeit des Streßimpfungstrainings.

6.4.4
Kognitive Verfahren

> Die kognitiven Techniken setzen an verschiedenen Belastungs- und Problemkonstellationen der Patienten an. Dabei haben sie gemeinsam, daß Patienten lernen, unangemessene Gedanken, die zu negativen Reaktionen führen können, systematisch zu erkunden und zu verändern (vgl. das Kapitel zu kognitiven Verfahren in Band 1 dieses Lehrbuchs).

Kognitive Verfahren, die in Manualform vorliegen, sind die kognitive Verarbeitungstherapie bei sexuellen Mißbrauchsopfern (Nishith & Resick, 1997; Resick & Schnicke, 1993) und die kognitive Umstrukturierung, die auf Aufrechterhaltungsfaktoren zentriert ist (Ehlers & Clark, 1998; Steil, Ehlers & Clark, 1997).

■ **Kognitive Verarbeitungstherapie (KVT).** Die kognitive Verarbeitungstherapie bei sexuellen Mißbrauchsopfern (Nishith & Resick, 1997; Resick & Schnicke, 1993) beruht auf der theoretischen Annahme von durch das Trauma veränderten kognitiven Schemata. Nicht traumatisierte Personen sind, wie in sozialpsychologischen Untersuchungen gezeigt wurde (Hollon & Garber, 1988), durch ein kognitives Schema von der »gerechten Welt« gekennzeichnet. Dies führt zu einer Überzeugung, daß in der Regel »guten Menschen gute Dinge und schlechten Menschen schlechte Dinge

passieren«. Durch das Trauma verändern sich diese Schemata und Überzeugungen.

5 Bereiche gestörter kognitiver Selbst- und Fremdkonzepte stehen im Mittelpunkt der kognitiven Verarbeitungstherapie:

* Sicherheit,
* Vertrauen,
* Macht/Einfluß,
* Selbstachtung und
* Intimität.

Das praktische Vorgehen der KVT umfaßt neben kognitiven Komponenten auch Patientenedukation und Konfrontationstechniken. Die kognitiven Komponenten bestehen u. a. in der Identifizierung unangemessener Überzeugungen oder Annahmen, der Herausarbeitung der Verbindung zwischen unangebrachten Gedanken und Gefühlen. Mit Hilfe der ABC-Spaltenmethode (s. Bd. 1) werden fehlerhafte Denkmuster nachgezeichnet und verfestigte maladaptive Überzeugungen identifiziert. Die ABC-Arbeitsblätter werden zu den genannten 5 Bereichen der gestörten kognitiven Selbst- und Fremdkonzepte bearbeitet.

■ **Kognitive Umstrukturierung.** Im Zentrum dieses Ansatzes (Ehlers & Clark, 1998; Steil et al., 1997) stehen

* die subjektive Bedeutung des Traumas,
* die subjektive Bedeutung der Konsequenzen des Traumas und
* die verschiedenen Formen kognitiver Vermeidung.

Die subjektive Bedeutung des Traumas bezieht sich auf Interpretationsmuster, in denen generalisierte Aussagen über die eigene Person und die Welt gemacht werden. Es wird weiterhin eine gegenwärtige Bedrohung wahrgenommen und es herrscht ein generelles Gefühl der Entfremdung von anderen Menschen vor.

Subjektiv stehen für die Patienten als unmittelbar erlebte psychische Konsequenzen des Traumas meist die Intrusionen im Vordergrund. Das kognitive Vorgehen erklärt die intrusiven Erinnerungen als Teil eines zunächst normalen Verarbeitungsprozesses, die im Fall einer PTB-Störung allerdings durch katastrophisierende Interpretationen (»Jetzt werde ich noch verrückt« oder »Ich werde nie darüber hinwegkommen«) im Sinne eines Teufelskreises verstärkt werden.

Die kognitive Vermeidung kann in verschiedenen Formen auftreten: Als exzessives Grübeln, das die Auseinandersetzung auf Ereignisse konzentriert, die um das Trauma herum gruppiert sind und so die mit dem Trauma verbundenen Emotionen nicht aktivieren. Eine andere häufige Form der Vermeidung stellt nach den Autoren die Umlenkung der durch das Trauma ausgelösten negativen Emotionen in exzessiven Ärger oder Wut dar.

> Das therapeutische Vorgehen kombiniert Konfrontation mit dem erlebten Trauma der Analyse des Auftretens von Intrusionen und der damit verbundenen Kognitionen und Emotionen. Zugleich werden die Formen und die Häufigkeit der kognitiven und verhaltensmäßigen Vermeidung erfaßt. Dem schließen sich kognitive Interventionen an in Form von
>
> - Disputationen der Wahrscheinlichkeit negativer Konsequenzen,
> - Demonstrationen der Zusammenhänge von Gedanken und Gefühlen,
> - die logische Analyse von Gedanken und Überzeugungen sowie
> - die Entwicklung alternativer und hilfreicher Gedanken (z. T. durch Gedankenexperimente).

■ **Effizienzstudien.** Vorgängerformen der dargestellten kognitiven Ansätze, die insbesondere auf die depressiven Symptome ausgerichtet waren, erreichten scheinbar ähnliche Erfolge wie die systematische Desensibilisierung (Frank & Stewart, 1983). In dieser Studie mit Vergewaltigungsopfern führte die kognitive Therapie zu signifikanten Verbesserungen bei Angsteinschätzungen, Depressionen und sozialer Anpassung. Es wurde jedoch kein direkter Vergleich zwischen systematischer Desensibilisierung und kognitiver Therapie durchgeführt. Außerdem erhielten die Patienten ihre Behandlung durchschnittlich bereits zwei Wochen nach den Überfällen. Eine Behandlung zu diesem Zeitpunkt schließt die Möglichkeit ein, daß die Verbesserungen auf das natürliche Abklingen der Symptome innerhalb der ersten 3 Monate nach den Übergriffen zurückzuführen sind. Eine spätere Studie untersuchte kognitive Therapie und systematische Desensibilisierung bei Patienten, von denen einige schon an Untersuchungen in früheren Studien teilnahmen (Frank et al., 1988). Bei jeder Behandlungsform nahmen einige der Patienten die Behandlung gleich nach der Vergewaltigung (20 Tage) auf, wogegen sich andere erst nach mehreren Monaten (129 Tage) in

Behandlung begaben. Es wurden keine Unterschiede zwischen den beiden Behandlungsformen festgestellt. Außerdem konnte auch kein Einfluß der Zeitspanne zwischen Vergewaltigung und Aufnahme der Behandlung auf das Behandlungsergebnis nachgewiesen werden. Die nachgewiesenen Verbesserungen deuten darauf hin, daß beide Behandlungen aktive therapeutische Merkmale enthielten. Die Abwesenheit einer Kontrollgruppe und der Einschluß von Patienten unmittelbar nach dem Trauma schränken die Interpretierbarkeit dieser Studie jedoch ein.

Resick und Schnicke (1992) untersuchten die kognitive Verarbeitungstherapie bei weiblichen Vergewaltigungsopfern mit PTB. Die Behandlung umfaßte 12 wöchentliche Gruppensitzungen mit Konfrontation, dem Erlernen und der Restrukturierung kognitiver Komponenten. Die behandelte Gruppe wurde mit einer unbehandelten Wartelistenkontrollgruppe verglichen. Die behandelten Patienten zeigten eine signifikante Verbesserung ihrer PTB-Symptome und Depressionswerte, die auch während der sechsmonatigen Katamnese erhalten blieben. Die Patienten der Wartelistenkontrollgruppe zeigten dagegen keine Veränderungen. Probleme dieser Studie waren das Fehlen der Zufallszuweisung der Patienten, unterschiedliche Ausgangswerte von Kontroll- und Behandlungsgruppe und das Fehlen unabhängiger Beurteilungen. Die Therapieabbruchraten waren bei der KVT mit etwa 10–12% gering im Vergleich zu anderen Behandlungsprogrammen bei sexuellem Mißbrauch, wo die Abbrecherquoten höher eingeschätzt wurden (z. B. 28%, Foa et al., 1991).

Zum vorgestellten Therapieansatz der kognitiven Umstrukturierung liegen noch keine kontrollierten Studien vor.

> Auch wenn kognitive Verfahren noch nicht so umfassend wie die Konfrontationsverfahren evaluiert wurden, wird ihr Wert für die Therapie der PTB jedoch von den meisten Forschern und Praktikern als hoch eingeschätzt. Dies drückt sich unter anderem darin aus, daß sie Bestandteil der meisten etablierten Behandlungsprogramme sind.

Weitere kognitive Therapietechniken wurden erst in der letzten Zeit entwickelt und stehen trotz erfolgreicher Einzelfallberichte ebenfalls noch im Stadium ihrer empirischen Evaluierung, z.B. die konstruktiv-narrative Therapie nach Meichenbaum (1994) und die Adaptation der »Life-review-Technik« zur Behandlung von Altersdepressionen auf das Gebiet der PTB-Therapie (Maercker, 1999).

6.4.5
Schlußfolgerungen:
Welche Therapie für die Praxis?

> Allgemein kann festgestellt werden, daß die Ergebnisse aus den dargestellten gut kontrollierten Studien und den Fallberichten konvergieren. Beide hauptsächlichen Behandlungsansätze, sowohl die Konfrontationsverfahren als auch die kognitiven Methoden, erzielen gute Ergebnisse beim Abbau von PTB-Symptomen und der damit verbundenen Psychopathologie.

Aber obwohl diese Techniken vielversprechend erscheinen, gibt es doch auch Schwierigkeiten bei ihrer Anwendung.

So können bei einer ausschließlichen Konfrontationsbehandlung Probleme auftreten, die negative Retraumatisierungen unter Begleitung von Scham, Schuld, Wut und dem Anwachsen des Gebrauchs von Alkohol und Drogen einschließen (Pitman et al., 1991). Patienten, die unter PTB leiden, insbesondere die Opfer von Vergewaltigungen, sind eine Gruppe mit besonderen Vermeidungsfertigkeiten. Sie sind in der Lage, eine Vielzahl von Behandlungshindernissen, besonders für die Konfrontationstechniken, zu finden (Rothbaum & Foa, 1992), da der Gedanke an die Konfrontation mit dem traumatischen Erlebnis bei ihnen sehr große Angst auslöst. Für Personen, die während des Traumas wahrnahmen, daß sie sich selbst aufgaben (»mental defeat«), scheint eine klassische Konfrontationstherapie nicht geeignet zu sein. Eine kognitive Umstrukturierung erscheint hier erfolgversprechender (Ehlers et al., 1997).

Es hat sich gezeigt, daß eine reine kognitive Therapie, z. B. das Angstmanagementtraining, einfach toleriert wird und kurzfristig sehr wirksam ist. Insbesondere werden Streßimpfungstechniken von PTB-Patienten gut angenommen. Darüber hinaus helfen sie auch, die Angst vor der Behandlung abzubauen. Allerdings gibt es auch Hinweise darauf, daß dieses Vorgehen langfristig nicht so effektiv ist wie die Konfrontationsbehandlung (Foa et al., 1996).

Es könnte deshalb von Vorteil sein, eine Kombination beider Techniken anzuwenden und den Patienten gleichzeitig bei der Konfrontation mit den Vermeidungssituationen eine Methode anzu-

bieten, mit der sie die Angst bewältigen können. In der bereits erwähnten Studie von Foa et al. (1991) wurde eine solche kombinierte Behandlung untersucht. Im Ergebnis zeigt sich, daß alle aktiven Behandlungen im Vergleich zur Wartelisten-Kontrollgruppe eine signifikante Reduzierung der PTB-Symptome hervorrufen. Sofort nach der Behandlung traten bei 67–73% der 3 aktiven Behandlungsgruppen keine PTB-Symptome mehr auf. Bei der Katamnese konnten bei 91% der kombinierten Gruppe, bei 71% der Konfrontationsgruppe und bei 58% der Streßimpfungsgruppe keine Kriterien für PTB mehr festgestellt werden.

> Die Kombination beider Ansätze könnte deshalb so wirksam sein, weil sie wahrscheinlich die jeweiligen negativen Begleiterscheinungen der Einzeltherapien ausschaltet. Daher sollte in der Praxis grundsätzlich die Möglichkeit der Kombination von Konfrontationstherapie und kognitiven Verfahren ernsthaft erwogen werden.
>
> Einige der vorgestellten spezifisch zur PTB-Behandlung entwickelten Therapieprogramme, wie EMDR, KVT, und die kognitive Umstrukturierung, kombinieren Formen der Konfrontation mit dem traumatischen Geschehen mit kognitiven Aspekten und erreichen damit ebenfalls gute Erfolge.

6.5
Wirkmechanismen und Ausblick

Welche Mechanismen können für den Erfolg kognitiv-verhaltenstherapeutischer Verfahren bei der Bewältigung posttraumatischer Belastungsstörungen verantwortlich sein? Die Wirksamkeit der Konfrontationsverfahren belegt indirekt die kognitiv-verhaltenstherapeutische Konzeption der Störung, die in Abschn. 6.3 dargestellt wurde. Wie kann zunächst die Wirksamkeit der verschiedenen Konfrontationsverfahren innerhalb· dieses Rahmens verstanden werden?

■ **Wirksamkeit der Konfrontationsverfahren.** Behandlungen, die Konfrontation mit Angstsituationen beinhalten, führen nicht nur bei PTB, sondern auch bei spezifischen Phobien, Zwangsstörungen und Agoraphobien zum Erfolg (vgl. Marks, 1987). Mit einer Verbesserung während der Konfrontationsbehandlung sind vor allem die folgenden Reaktionen verbunden:

- der Grad der Initialreaktion (d. h. Aktivierung),
- Gewöhnung (Habituation) innerhalb der Therapiesitzung und
- Gewöhnung (Habituation) zwischen den Therapiesitzungen.

Verschiedene Studien belegen die allgemeine Bedeutung dieser Variablen (Foa & Kozak, 1986). Speziell bei PTB-Patienten zeigt eine Studie (Foa et al., 1995), daß Angstaktivierung während der Behandlung den Therapieerfolg fördert und daß wiederholte Konfrontation mit Traumaerfahrungen zu einer Habituation führt. Diese erlaubt es den Patienten nach der Therapie, sich wieder ohne Angst an die Traumata zu erinnern. Wenn die assoziativen Elemente in der relevanten Gedächtnisstruktur vermindert werden, dann können viele Stimuli, die zuvor durch Generalisierung mit der Angst verbunden waren, keine Angst mehr auslösen. Die angstauslösende Qualität beschränkt sich nun auf die tatsächlich gefährliche Situation (z. B. Vergewaltigung), während andere Stimuli wie z. B. das Alleinsein zuhause nun keine Angst mehr hervorrufen. Mit anderen Worten, der Generalisationsgradient hat sich verschärft.

Foa und Kozak (1986) stellten fest, daß die Behandlung nicht nur verzerrte Stimulus-Reaktions-Assoziationen durch Habituation korrigiert, sondern außerdem genaue affektive und kognitive Informationen bereitstellt. Diese stellen dann eine Hilfe beim Ersetzen fehlerhafter Interpretationen durch angemessenere Bewertungen dar. Alford et al. (1988) beobachteten, daß PTB-Patienten sehr starkes »Schwarz-Weiß-Denken« aufweisen, und daß traumatische Erinnerungen besonders desorganisiert sind – eine Eigenschaft, die sie schwerer modifizierbar macht. Wenn dies zutrifft, dann sollte der Korrektur negativer Gedanken, die zu unangepaßten Reaktionen führen können, zunächst eine Phase des Ordnens und Strukturierens vorausgehen. Genau dies leistet die Reizüberflutung durch den mit der Habituation verbundenen Angstabbau, der eine gedankliche Neubewertung des Traumas erleichtert (Foa & Rothbaum, 1997). Darüber hinaus ist belegt, daß häufiges Wiedererleben zu einer besseren Strukturierung der Erinnerungsinhalte führt, die dann leichter in bestehende kognitive Schemata eingegliedert werden können. Diese Ausführungen werden durch die empirische Analyse des Erzählens der traumatischen Erlebnisse während unserer Konfrontationstherapien gestützt. Wie wir beobachten konnten, geht die Verbesserung von PTB-Beschwerden und damit zusammenhängender Pathologie mit einer Abnahme desorganisierter Darstellungen des Traumas (Äußerung von unfertigen Gedanken und Wiederholungen) einher.

Obwohl die Konfrontationstherapie nicht direkt die Welt des Opfers und seine Selbstdarstellung anspricht, befähigt die emotionale Verarbeitung der traumatischen Erinnerungen die Patienten auch dazu, das Trauma mehr als ein einzelnes Geschehen und nicht als Widerspiegelung der gesamten Welt zu betrachten. Diese positive Einstellung hilft dem Opfer bei der Unterscheidung zwischen Gefahr und Sicherheit. Außerdem führt das erfolgreiche Verarbeiten von traumatischen Erinnerungen zu einer Reduktion der PTB-Symptome. Dies gilt besonders für den Abbau von Beeinträchtigung und Vermeidung. Dabei nimmt sich das Opfer als Person mit angemessenem Bewältigungsverhalten wahr. Konfrontationsbehandlungen können also indirekt positive soziale Wechselwirkungen begünstigen. Wenn Vergewaltigungsopfer die Welt nicht länger als gefährlich betrachten und sich selbst nicht mehr als unzulänglich, dann werden sie sehr schnell soziale Unterstützung suchen, die ihnen die Konfrontation mit den Streßfaktoren und die Bewältigung ihrer Lebenssituation erleichtert.

■ **Wirksamkeit des Angstmanagementtrainings.** Aus der großen Anzahl der kognitiven Verfahren soll hier abschließend nur die Streßimpfungsbehandlung dargestellt werden. Streßimpfung scheint eine direktere Einwirkung auf die Selbstdarstellung des Opfers zu haben. Sie reorganisiert zwar nicht die Struktur der Traumaerinnerungen, kann aber den Patienten bei der Bewältigung der Angst, die die Konfrontation hervorruft, unterstützen. Zusätzlich führt das Lehren von Techniken zur Verarbeitung von Streß und Angst zur Entwicklung eines positiveren Selbstbildes (z. B. das Selbstbild einer Person mit erfolgreichen Bewältigungsmöglichkeiten). Streßimpfung kann darüber hinaus auf zwei indirekten Wegen die Wahrnehmung der Welt durch das Opfer beeinflussen:

1. Die wachsende Kontrollwahrnehmung kann es dem Patienten möglich machen, eine Konfrontation mit den Traumaerinnerungen für eine längere Zeit zu tolerieren, die dann als Selbstkonfrontation dienen kann.
2. Die Selbstwahrnehmung der Fähigkeit zur Streßbewältigung reduziert das Gefühl der Verletzbarkeit. Der Patient sieht sich in der Lage, potentielle Gefahr abzuwenden. Ebenso wie die Konfrontationsbehandlung kann auch Streßimpfung zu wachsender sozialer Unterstützung

führen. Positive soziale Wechselwirkungen dienen der weiteren Stärkung angemessener kognitiver Schemata.

Es ist nicht überraschend, daß eine Kombination von Angstmanagement bzw. Streßimpfung mit Konfrontation bzw. Reizüberflutung bei der Behandlung posttraumatischer Störungen wirksamer ist als jede der beiden Komponenten für sich allein. Konfrontation ordnet die Traumaerinnerungen und verändert so das Weltbild, während Streßimpfung direkt das Selbstbild beeinflußt. Jede Behandlung, die die Traumaerinnerungen neu organisiert und (direkt oder indirekt) Weltbild und Selbstbild verändert, hat eine positive Wirkung beim Abbau von PTB-Beschwerden. Natürlich bewirken auch andere kognitive Verfahren Veränderungen im Selbstbild des Patienten, die zu einer Heilung der posttraumatischen Beschwerden beitragen.

Zusammenfassung

Zu posttraumatischen Belastungsstörungen kann es nach traumatischen Ereignissen oder Katastrophen kommen, die im allgemeinen außerhalb der üblichen menschlichen Erfahrung liegen, z.B. nach Vergewaltigung, Kriegserlebnissen oder Naturkatastrophen. Als Ergebnis unangemessener emotionaler Verarbeitung treten typische Symptome auf (ungewolltes Wiedererinnern, Angst, Konzentrations- und Gedächtnisschwierigkeiten, Unfähigkeit zur Entspannung, Erregbarkeit, Schreckhaftigkeit, Schlafstörungen und psychische Erstarrung). Die Erkenntnis, daß Traumata schwere Störungen verursachen können, führte zur Entwicklung von einer Reihe von kognitiv-verhaltenstherapeutischen Interventionen und Kriseninterventionsprogrammen. Die kognitiv-verhaltenstherapeutischen Interventionen haben zum Ziel, eine angemessene emotionale Verarbeitung zu erleichtern und Vermeidungsverhalten abzubauen. Dabei haben sich Methoden wie:

- Konfrontationstherapie in sensu und in vivo,
- kognitive Verfahren,
- Augenbewegungs-Desensibilisierung und Wiederverarbeitung (EMDR) und
- Angstmanagementtraining in der klinischen Praxis bewährt.

In der verhaltenstherapeutischen Praxis sollte grundsätzlich die Möglichkeit der Kombination von Konfrontationstherapie und kognitiven Techniken erwogen werden. Dieses Vorgehen bietet den Patienten bei der Konfrontation mit den Vermeidungssituationen gleichzeitig eine Methode an, mit der sie die Angst bewältigen können. Diese Kombination hat sich in empirischen Studien als wirksam erwiesen.

Literatur

Alford, J. D., Mahone, C. & Fielstein, E. M. (1988). Cognitive and behavioral sequelae of combat: Conceptualization and implications for treatment. *Journal of Trauma and Stress Disorders, 1*, 489–501.

Boudewyns, P. A. & Hyer, L. (1990). Physiological response to combat memories and preliminary treatment outcome in Vietnam veteran PTSD patients treated with direct therapeutic exposure. *Behavioral Therapy, 21*, 63–87.

Boudewyns, P. A., Swertka, S. A., Hyer, L. A., Albrecht, J. W. & Sperr, E. V. (1993). Eye movement desensitization for PTSD of combat: a treatment outcome pilot study. *The Behavior Therapist, 16*, 29–33.

Boulougouris, J., Marks, I. & Marset, P. (1971). Superiority of flooding (implosion) to desensitization for reducing pathological fear. *Behaviour Research and Therapy, 9*, 7–16.

Bowen, G. R. & Lambert, J. A. (1986). Systematic desensitization therapy with post-traumatic stress disorder cases. In C. R. Figley (Ed.), *Trauma and its wake* (vol. II) (pp. 280–291). New York: Brunner/Mazel,.

Burgess, A. W. & Holstrom, L. L. (1976). Coping behavior of the rape victim. *American Journal of Psychiatry, 133*, 413–418.

Cooper, N. A. & Clum, G. A. (1989). Imaginal flooding as a supplementary treatment for PTSD in combat veterans: a controlled study. *Behavioral Therapy, 20*, 381–391.

Ehlers, A. & Clark, D. M. (1999). A cognitive model of persistent PTSD. *Behavior Research and Therapy* (in Druck).

Eschenröder, C. T. (Hrsg.) (1997). *EMDR. Eine neue Methode zur Verarbeitung traumatischer Erinnerungen.* Tübingen: Deutsche Gesellschaft für Verhaltenstherapie.

Fairbank, J. A., DeGood, D. E. & Jenkins, C. W. (1981). Behavioral treatment of a persistent posttraumatic startle response. *Journal of Behavior Therapy and Experimental Psychiatry, 12*, 321–324.

Foa, E. B. & Kozak, M. J. (1986). Emotional processing of fear: Exposure to corrective information. *Psychological Bulletin, 99*, 20–35.

Foa, E. B. & Meadows, E. A. (1997). Psychological treatments for posttraumatic stress disorder: a critical review. *Annual Review of Psychology, 48*, 449–480.

Foa, E. B., Freund, B. F., Hembree, E., Dancu, C. V., Franklin, M. E., Perry, K. J., Riggs, D. S. & Molnar, C. (1996). *Efficacy of short term behavioral treatments of PTSD in sexual and nonsexual assault victims.* Unpublished manuscript, Adelphi University Hospitals, Philadelphia, PA.

Foa, E. B., Riggs, D. S., Massie, E. D. & Yarczower, M. (1995). The impact of fear activation and anger on the efficacy of exposure treatment for PTSD. *Behavior Therapy, 26,* 487–499.

Foa, E. B., Rothbaum, B. O., Riggs, D. S. & Murdock, T. (1991). Treatment of Post-traumatic Stress Disorder in Rape Victims: A comparison between cognitive-behavioral procedures and counseling. *Journal of Consulting and Clinical Psychology, 59,* 715–723

Frank, E. & Stewart, B. D. (1983). Physical aggression: Treating the victims. In E. A. Bleckman (Ed.), *Behavior modification with women* (pp. 245–272). New York: Guilford Press.

Frank, E., Anderson, B., Stewart, B. D., Dancu, C., Hughes, C. & West, D. (1988). Efficacy of cognitive behavior therapy and systematic desensitization in the treatment of rape trauma. *Behavioral Therapy, 19,* 403–420.

Hollon, S. D. & Garber, J. (1988). Cognitive therapy. In L. Y. Abramson (Ed.), *Social cognition and clinical psychology: A synthesis* (pp.204–253) New York: Guilford.

Keane, T. M., Fairbank, J. A., Caddell, J. M. & Zimering, R. T. (1989). Implosive (flooding) therapy reduces symptoms of PTSD in Vietnam combat veterans. *Behavioral Therapy, 20,* 245–260.

Kessler, R. C., Sonnega, A., Bromet, E., Hughes, M. & Nelson, C. B. (1995). Posttraumatic Stress Disorder in the National Comorbidity Survey. *Archives of General Psychiatry, 52,* 1048–1060.

Kilpatrick, D. G. & Resnick, H. S. (1993). Posttraumatic stress disorder associated with exposure to criminal victimization in clinical and community populations. In J. R. T. Davidson & E. B. Foa (Eds.), *Posttraumatic stress disorder in review: Recent research and future development.* Washington, D.C.: American Psychiatric Press.

Kilpatrick, D. G., Veronen, L. J. & Resick, P. A. (1982). Psychological sequelae to rape: Assessment and treatment strategies. In D. M. Dolays & R. L. Meredith (Eds.), *Behavioral medicine: Assessment and treatment strategies* (pp. 473–497). New York: Plenum Press.

Koss, M. P. & Harvey, M. R. (1987). *The rape victim: Clinical and community approaches to treatment.* Lexington, Mass.: The Stephen Greene Press.

Kulka, R. A., Schienger, W. E., Fairbank, J. A. et al. (1990). *Trauma and the Vietnam War Generation.* New York: Brunner: Mazel.

Lang, P. J. (1977). Imagery in therapy: An information processing analysis of fear. *Behavior Therapy, 8,* 862–886.

Maercker, A. (1997a). Erscheinungsbild, Erklärungsansätze und Therapieforschung. In A. Maercker (Hrsg.), *Therapie der posttraumatischen Belastungsstörungen.* Berlin: Springer.

Maercker, A. (1999). *Die Therapie älterer PTB-Patienten mit der Lebensrückblicks-Methode: Theoretisches Konzept und empirische Einzelfalluntersuchungen. Verhaltenstherapie* (in Druck).

Maercker, A., Becker, E. S., Soeder, U., Neumer, S. & Margraf, J. (1998). *Traumatic events, PTSD, and the distinction between posttraumatic, depressive, and anxiety symptom consequences in a representative sample of young women.* Dresden: Technische Universität Dresden, unveröffentlichtes Manuskript.

Maercker, A., Heiland, T. & Schneider, S. (1998). Kognitiv-verhaltenstherapeutisches Behandlungsprogramm bei posttraumatischer Belastungsstörung. Weinheim: Beltz (Materialien für die Therapiepraxis).

Marks, I. (1987). *Fears, phobias, and rituals: panic, anxiety, and their disorders.* Oxford: Oxford University Press.

McFarlane, A. C. (1989). The aetiology of post traumatic morbidity: predisposing, precipitating, and perpetuating factors. *British Journal of Psychology, 154,* 221–228.

Meichenbaum, D. (1994). *A clinical handbook/practical therapist manual for assessing and treating adults with post-traumatic stress disorder.* Waterloo, Canada: Psychology Institute Press.

Mitchell, J. T. & Bray, G. P. (1990). *Emergency services stress: guidelines for preserving the health and careers of emergency services personnel.* Englewood Cliffs, New Jersey: Prentice-Hall.

Muse, M. (1986). Stress-related, posttraumatic chronic pain syndrome: Behavioral treatment approach. *Pain, 25,* 389–394.

Nishith, P. & Resick, P. A. (1997). Kognitive Verarbeitungstherapie für Opfer sexuellen Mißbrauchs. In A. Maercker (Hrsg.), *Therapie der posttraumatischen Belastungsstörungen.* Berlin: Springer.

Perkonigg, A., Nelson, C. B., Kessler, R. C. & Wittchen H. U. (1998). *Traumatic events and DSM-IV posttraumatic stress disorder in a sample of German adolescents and young adults.* München: Max-Planck-Insitut für Psychiatrie, unveröffentlichtes Manuskript.

Pieper, G. (1997). Betreung von Katastrophenopfern am Beispiel der Explosionskatastrophe im Braunkohlebergbau Borken. In A. Maercker (Hrsg.), *Therapie der posttraumatischen Belastungsstörungen.* Berlin: Springer.

Pitman, R. K., Altman, B., Greenwald, E., Longpre, R. E., Macklin, M. L., Poire, R. E. & Steketee, G. (1991). Psychiatric complications during flooding therapy for posttraumatic stress disorder. *Journal of Clinical Psychiatry, 52,* 17–20.

Pitman, R. K., Orr, S. P., Altman, B., Longpre, R. E., Poire, R. E. & Macklin, M. L. Emotional processing during eye-movement desensitization and reprocessing therapy of Vietnam veterans with chronic post-traumatic stress disorder. *Comprehensive Psychiatry, 37,* 409–418.

Poldrack, A. & Maercker, A. (1999). Kognitiv-verhaltenstherapeutische Verfahren. In A. Hoffmann, G. Fischer & K. Köhle (Hrsg.), *Therapiepraxis mit Psychotraumapatienten - ein Handbuch.* Stuttgart: Thieme (in Druck).

Rachman, S. (1980). Emotional processing. *Behaviour Research and Therapy, 18,* 51–60.

Renfrey, G. & Spates, C. R. (1994). Eye movement desensitization: a partial dismantling study. *Journal of Behavior Therapy and Experimental Psychiatry, 25,* 231–239.

Resick, P. A., Jordan, C. G., Girelli, S. A., Hutter, C. K. & Marhoefer-Dvorak, S. (1988). A comparative outcome study of behavioral group therapy for sexual assault victims. *Behavior Therapy, 19,* 385–401.

Resick, P. A. & Schnicke, M. K. Cognitive processing therapy for sexual assault victims. *Journal of Consulting and Clinical Psychology, 60,* 748–756.

Rothbaum, B. O. & Foa, E. B. (1992). Exposure therapy for rape victims with post-traumatic stress disorder. *The Behavior Therapist, 15,* 219–222.

Rothbaum, B. O., Foa, E. B., Riggs, D. S., Murdock, T. & Walsh, W. (1992). A prospective examination of Post-Traumatic Stress Disorder in rape victims. *Journal of Traumatic Stress, 5,* 455–475.

Shapiro, F. (1989). Eye movement desensitization procedure: A new treatment for posttraumatic stress disorder. *Journal of Behavioral Therapy and Experimental Psychiatry, 20,* 211–217.

Shapiro, F. (1998). *EMDR - Grundlagen und Praxis. Handbuch zur Behandlung traumatisierter Menschen*. Paderborn: Junfermann.

Steil, R., Ehlers, A. & Clark, D. M. (1997). Kognitive Aspekte bei der Behandlung der posttraumatischen Belastungsstörung. In A. Maercker (Hrsg.), *Therapie der posttraumatischen Belastungsstörungen*. Berlin: Springer.

Van Etten, M. L. & Taylor, S. (1998). Comparative efficacy of treatments for posttraumatic stress disorder: a meta-analysis. *Clinical Psychology & Psychotherapy* (in Druck).

Veronen, L. J. & Kilpatrick, D. G. (1983). Stress management for rape victims. In D. Meichenbaum & M. E. Jaremko (Eds.), *Stress reduction and prevention* (pp. 341–374). New York: Plenum Press.

Wolff, R. (1977). Systematic desensitization and negative practice to alter the aftereffects of a rape attempt. *Journal of Behavior Therapy and Experimental Psychiatry, 8*, 423–425.

Weiterführende Literatur

Foa, E. B. & Kozak, M. J. (1986). Emotional processing of fear: Exposure to corrective information. *Psychological Bulletin, 99*, 20–35.

Foa, E. B. & Rothbaum, B. O. (1997). *Treating the trauma of rape*. New York: Guilford.

Maercker, A. (Hrsg.) (1997). *Therapie der posttraumatischen Belastungsstörungen*. Berlin: Springer.

Resick, P. A. & Schnicke, M. K. (1993). *Cognitive processing therapy for rape victims. A treatment manual*. Newbury Park: Sage.

Depression

7

MARTIN HAUTZINGER

7.1
Darstellung der Störung

7.1.1
Epidemiologie

> Die Wahrscheinlichkeit, an einer Depression zu erkranken, ist bei einem Lebenszeitrisiko von 12–16% für Männer und 20–26% für Frauen als hoch einzuschätzen.

Verschiedene Prävalenzschätzungen stimmen darin überein, daß 2–3% der Männer und 4–7% der Frauen aktuell an einer unipolaren ernsthaften Depression leiden. Unipolar verlaufende Depressionen machen unter den affektiven Störungen den größten Anteil aus, während bipolar affektive Störungen unter 1% Punktprävalenz liegen. Der Median des Ersterkrankungsalters an unipolaren Depressionen liegt zwischen 20 und 40 Jahren,

bei einer beträchtlichen Streuung von der Kindheit bis ins hohe Alter. Neuere epidemiologische Arbeiten zeigen eine deutliche Zunahme depressiver Erkrankungen in allen untersuchten Ländern und über die Alterskohorten. Insbesondere die jüngeren Jahrgänge (18–29 Jahre) weisen ein deutlich gesteigertes Erkrankungsrisiko auf (Hautzinger, 1995; Smith & Weissman, 1992).

7.1.2
Symptomatik und Diagnostik

Niedergeschlagenheit, Freudlosigkeit, Interesseverlust, Hoffnungslosigkeit, Antriebsmangel, häufig begleitet von Ängstlichkeit, körperlichem Unwohlsein und erhöhter Ermüdbarkeit gelten als zentrale Symptome des depressiven Syndroms. Diese typischen Beschwerden zeigen jedoch eine beträchtliche individuelle Variation. Üblicherweise diagnostiziert man heute dann eine typische »depressive Episode« (ICD-10) oder eine »Major Depression« (DSM-IV), wenn über einen Zeitraum von mindestens zwei Wochen fünf zentrale depressive Symptome (s. Kasten S. 124) gleichzeitig vorhanden sind und damit eine Änderung der vorher bestandenen Leistungsfähigkeit einhergeht. Besonders schwere Formen dieser Depression, meist charakterisiert durch typische Symptom- und Verlaufsbesonderheiten, wurden früher als »endogene Depression« bezeichnet und finden sich heute unter dem Begriff der »Major Depression mit Melancholie« (DSM-IV) oder »schwere depressive Episode mit somatischen Symptomen« bzw. »schwere depressive Episode mit psychotischen Symptomen« (ICD-10). Typische Melancholiesymptome sind Verlust von Interesse oder Freude an fast allen Aktivitäten, Mangel an Reagibilität auf üblicherweise angenehme Reize, besondere Qualität der Stimmung, Morgentief, frühmorgentliches Erwachen, psychomotorische Hemmung oder Unruhe, erhebliche somatische Symptome (Appetitverlust, Gewichtsverlust), keine Persönlichkeitsauffälligkeiten vor Depressionsbeginn, klar abgegrenzte frühere Phasen mit völliger Remission, gutes Ansprechen auf Antidepressiva.

Diagnostische Kriterien für eine »depressive Episode« (nach ICD-10) bzw. eine »Major Depression« (nach DSM-IV)

Fünf oder mehr der unter 1. und 2. genannten Symptome müssen andauernd vorhanden sein und müssen zu einer Einschränkung der Leistungsfähigkeit und des Funktionsniveaus führen:

1. Depressive Stimmung oder Verlust an Interesse oder Freude.
2. Verminderte Konzentration und Aufmerksamkeit,
   vermindertes Selbstwertgefühl und Selbstvertrauen,
   Schuldgefühle und Gefühle der Wertlosigkeit,
   negative und pessimistische Zukunftsperspektiven,
   Schlafstörungen, Früherwachen,
   Morgentief, Tagesschwankungen der Symptome,
   psychomotorische Hemmung oder Unruhe,
   verminderter Appetit, Gewichtsverlust,
   Libidoverlust, sexuelle Interesselosigkeit,
   mangelnde/fehlende Reagibilität auf Erfreuliches,
   Gedanken über oder erfolgte Selbstverletzungen.
3. Mindestdauer 2 Wochen.
4. Ergänzend kann das vorherrschende Krankheitsbild durch die Beurteilung des Schweregrads (leicht, mittel, schwer), des Vorhandenseins psychotischer oder somatischer Symptome, von Melancholie, von rezidivierenden, chronischen oder saisonal abhängigen Verläufen beschrieben werden.
5. Die Beschwerden werden nicht durch eine körperliche Erkrankung oder den Gebrauch von Suchtmitteln bedingt.
6. Bipolare affektive Störungen und Zyklothymia sind ebenso abzugrenzen wie Trauerreaktionen, auch wenn die depressiven Episoden dabei ein identisches Bild zeigen.

Depressive Erkrankungen mit episodischem Verlauf werden von chronischen affektiven Störungen der sogenannten »Dysthymie« abgegrenzt. Bei der Dysthymie findet man nicht das volle Bild einer depressiven Episode, doch einen chronischen Verlauf der depressiven Störung. Die betroffenen Personen fühlen sich oft über viele Wochen erschöpft und depressiv, alles ist anstrengend und nichts bereitet Genuß, sie grübeln und klagen, schlafen schlecht und fühlen sich unzulänglich. In der Regel werden sie noch mit den Anforderungen des Alltags fertig. Die Betroffenen haben jedoch auch Perioden von Tagen oder Wochen, in denen sie ein eher gutes Befinden beschreiben. Typischerweise dauern derartige depressive Verstimmungen mehrere Jahre (ICD-10) oder mindestens zwei Jahre (DSM-III-R), bevor diese Diagnose gestellt werden kann.

7.1.3
Komorbidität

Depressive Syndrome treten in Verbindung mit vielfältigen anderen psychischen Erkrankungen wie Persönlichkeitsstörungen, Angststörungen, Zwängen, Eßstörungen, Süchten, psychophysiologischen Erkrankungen, somatoformen Störungen, Schizophrenien und schizophrenoformen Störungen, Demenzerkrankungen und chronischen (körperlichen) Krankheiten auf. Häufig sind akute bzw. chronische Belastungen und Lebenskrisen, eine Häufung typischer Risikofaktoren (z.B. frühere Depressionen, Neurotizismus, unharmonische oder fehlende Partnerschaft) und ein Mangel an Bewältigungsstrategien (instrumentelle, personelle und soziale Ressourcen) bzw. Verhaltensdefizite und dysfunktionale Verarbeitungsmuster im Vorfeld einer depressiven Entwicklung bzw. Episode festzustellen.

7.2
Kognitiv-verhaltenstheoretisches Störungskonzept

Die verstärkungstheoretischen (Lewinsohn, 1974; Coyne, 1976) und kognitionspsychologischen Hypothesen (Beck, 1974; Seligman, 1975) bilden den einflußreichen und produktiven Hintergrund erweiterter, multifaktorieller psychologischer Modellvorstellungen der Depressionsgenese (Hautzinger & De Jong-Meyer, 1994; Hautzinger, 1995) und der Depressionstherapie (Hautzinger, 1997).

Verstärkungstheoretischer Ansatz

Die verstärkungstheoretischen Vorstellungen lauten:

- Eine geringe Rate (verhaltenskontingenter) positiver Verstärkung (Mangel an positiven Erfahrungen und ein Überwiegen negativer Erfahrungen) wirkt auslösend für depressives Verhalten.
- Eine geringe Rate positiver Verstärkung (Löschungsbedingungen) hält eine Depression aufrecht und wirkt zusätzlich reduzierend auf die Verhaltensrate.
- Die Gesamtmenge positiver Verstärkung ist abhängig von dem Umfang potentiell verstärkender Ereignisse und Aktivitäten (welche wiederum beeinflußt werden von der Lerngeschichte, dem Alter, dem Geschlecht usw.), dem Umfang erreichbarer Verstärker, dem Verstärkerrepertoire und den Fähigkeiten, Verhalten zu zeigen, das verstärkt werden kann.
- Depressives Verhalten wird zusätzlich aufrechterhalten durch die kurzfristig wirksamen Hilfsangebote, Sympathie und Anteilnahme.
- Depressives Verhalten darf so als aktives Verhalten gesehen werden, das nicht nur kurzfristig Unterstützung und Zuwendung provoziert, sondern in Ermangelung entsprechender Handlungsalternativen und gestörten Kommunikationsformen längerfristig immer wieder negativ verstärkt wird.

■ **Ziel: Förderung angenehmer Aktivitäten.** Die Förderung von angenehmen Aktivitäten im Rahmen einer Psychotherapie ist sinnvoll und hilfreich, weil ein entsprechendes Aktivitätsniveau das Ausmaß potentieller positiver Verstärker erhöht und Depressive viel Zeit mit passiven Verhaltensweisen (wie Grübeln, Vor-Sich-Hinstarren) verbringen, die keinen positiven Verstärkerwert besitzen. Ferner besteht ein Zusammenhang zwischen Aktivitätsrate, der Art der Aktivitäten und der Stimmung, wobei depressive Patienten dazu neigen, ihre Aktivitätsrate gering einzuschätzen und Stimmungsunterschiede nur schwer wahrnehmen.

■ **Ziel: Aufbau sozialer Kompetenz.** Der Aufbau sozialer und interaktioneller Fertigkeiten ist sinnvoll, weil depressiven Patienten oft die Fähigkeit fehlt, sich in sozialen Situationen angemessen und für den Interaktionspartner verstärkend zu verhalten. So entwickeln Depressive oft ungünstige Interaktionsstile und Kommunikationsinhalte, deren Wirkung sie nicht angemessen wahrnehmen. Darüber hinaus werden negative Gefühle häufig nicht offen zum Ausdruck gebracht, und mittel- bzw. längerfristig positives und förderliches soziales Kontaktverhalten fehlt.

Kognitionspsychologischer Ansatz

Die Grundthesen der kognitionspsychologischen Modelle lauten:

- Grundlage einer depressiven Entwicklung ist eine kognitive Störung, wobei das Denken Depressiver einseitig, willkürlich, selektiv und übertrieben negativ ist.
- Auslöser für diese kognitiven Störungen sind negative Erfahrungen, Verluste, Nichtkontrolle und sozialisationsbedingte Vorgaben.
- Diese Schemata werden durch belastende Situationen aktiviert und im Sinne einer nach »unten gerichteten Spirale« verstärkt.
- Da diese kognitiven Prozesse sehr automatisiert sind und durch zugrundeliegende, verfestigte, negativ zweifelnde, generalisierte Überzeugungssysteme gesteuert werden, sind die Abläufe sehr beharrlich und andauernd.

■ **Ziel: Kognitive Umstrukturierung.** Veränderungen von automatischen Gedanken und Einstellungen sind notwendig, da depressive Patienten zu kognitiven Verzerrungen, falschen Attributionen und fehlerhaften Wahrnehmungen neigen und ein Zusammenhang zwischen Gedanken, Gefühlen und Handlungen besteht. So haben Depressive die Tendenz, ihre Gedanken bereits als Tatsachen zu betrachten, ohne sie an der Realität zu überprüfen. Neben der auf Selbstabwertung zielenden kognitiven Prozesse sind auch noch andere Selbstkontrollprinzipien, wie z.B. die Selbstverstärkung, beeinträchtigt. Aktuelle Weiterentwicklungen psychologischer Vorstellungen zur Depressionsgenese gehen über diese eher einfachen Hypothesen hinaus und integrieren verschiedene psychische und soziale Prozesse, die aufgrund von Forschungsbefunden Bestätigung fanden (Hautzinger, 1991) und einen Begründungsrahmen für erfolgreiche kognitiv-verhaltenstherapeutische Maßnahmen abgeben.

> Depressionen werden diesem Verständnis nach sowohl durch gedankliche (kognitive) Prozesse als auch durch Defizite und den Verlust von Verstärkern (Aktivitätsrate, Fertigkeiten, Belastungen) bedingt. Die Häufung unangenehmer Ereignisse oder die Folge unangemessenen Verhaltens beeinflussen dabei kognitive Strukturen, ebenso wie negative Einstellungen und Erwartungen ihrerseits Auswirkungen auf die

Abb. 7.1. Kognitiv-verhaltens-theoretisches Störungskonzept von Depressionen als Heuristik für die kognitive Verhaltens-therapie. (Nach Hautzinger, 1997)

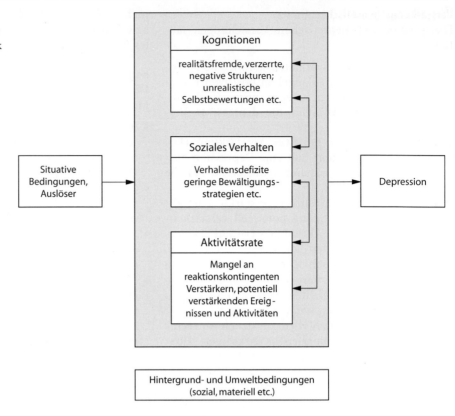

Aktivitätsrate eines Patienten, sein soziales Handeln und das Ausmaß positiver Erfahrungen haben. Entsprechend setzt Verhaltenstherapie an Fertigkeiten, den Sozialkontakten, der Aktivitätsrate, der Tagesstruktur und den Kognitionen an.

Für eine kognitiv-verhaltenstherapeutische Behandlung depressiver Störungen läßt sich folglich eine Heuristik ableiten (s. Abb. 7.1), die in den theoretischen Ätiologiekonzepten begründet ist und für die therapeutischen Maßnahmen den Handlungsrahmen liefert.

7.3
Therapeutisches Vorgehen

Unter kognitiver Verhaltenstherapie versteht man einen problemzentrierten, strukturierten, psychologischen Behandlungsansatz, der bezogen auf Depressionen vier Schwerpunkte verfolgt:

- Überwindung der Inaktivität bzw. einseitigen, belastenden Aktivität;
- Verbesserung des Sozial-, Kommunikations- und Interaktionsverhaltens sowie der sozialen Kontaktstruktur;
- Erkennen, Überprüfen und Korrigieren dysfunktionaler Einstellungen und Überzeugungen;
- Aufbau eines Bewältigungs- und Problemlöserepertoires für zukünftige Krisen.

In der Regel ist eine kognitive Verhaltenstherapie bei Depressionen zwischen 25 und 40 Sitzungen (meist in Einzelsitzungen, doch zunehmend auch in Gruppen; vgl. Hautzinger, 1994) lang und nimmt sich zunächst der Passivität, dem Rückzug und der Lust- bzw. Antriebslosigkeit der depressiven Patienten an. Je nach Problemlage des Patienten schließen sich die kognitiven oder die auf das soziale Verhalten bezogenen Interventionselemente an. Obgleich eine Reihe von Techniken und Hausaufgaben eingesetzt werden, folgt das Vorgehen keinem von vornherein festliegenden Therapieplan, sondern es soll individuell angepaßt und für den Patienten persönlich überzeugend vorgestellt und durchgeführt werden. Das Vorgehen, die Methoden, die Materialien, die Übungen und vor allem die Interaktionsweisen, die Voraussetzungen und die Beziehungsgestaltung sind ausführlicher als hier möglich in Hautzinger et al.

(1992), Beck et al. (1992) und als Einzelverfahren in Linden & Hautzinger (1995) dargestellt.

7.3.1
Grundfertigkeiten

Mag kognitive Verhaltenstherapie auf den ersten Blick wie eine Ansammlung von Techniken erscheinen, die in einem stark strukturierten Rahmen das Vorgehen bestimmt, so darf nicht übersehen werden, daß dieser kognitive, problemzentrierte Ansatz nur auf dem Hintergrund grundlegender therapeutischer Verhaltensweisen zur Wirkung kommen kann. Grundlegend für einen kognitiven Verhaltenstherapeuten sind daher Echtheit und Aufrichtigkeit, Empathie und Verständnis, Akzeptanz und Wärme sowie fachliche Kompetenz und professionell-entspanntes Verhalten in der Interaktion. Therapeut und Patient arbeiten zusammen an der Lösung bestimmter Probleme. Dazu strukturiert der Therapeut den therapeutischen Rahmen und den Inhalt bzw. die Sitzungszeit. Wesentlich ist, daß es gelingt, depressionsrelevante Problembereiche herauszuarbeiten. Wiederholt faßt er zusammen, lenkt das Gespräch auf zentrale Aspekte und Probleme, gibt Rückmeldungen und achtet darauf, daß Übungen, Hausaufgaben und konkrete Schritte in der Realität die Sitzung bzw. ein Thema beschließen. Beim Arbeiten an kognitiven Mustern verwirklicht der Therapeut den sogenannten »sokratischen Fragestil«, eine Interaktionsform, die aus gelenkten, offenen Fragen besteht, um den Patienten selbst dazu zu bringen, Widersprüche und den Überzeugungen zuwiderlaufende Erfahrungen zu berichten, zu erkennen und zuzulassen. Ebenso werden dadurch Patienten dazu gebracht, selbständig alternative Sichtweisen und Lösungswege zu überlegen und für eine nachfolgende Prüfung, Erprobung und Einübung bereit zu haben.

Zu den Grundfertigkeiten eines Psychotherapeuten im Umgang mit depressiven Patienten gehört es auch, die aktuelle Lage, die Leistungs- und Belastungsfähigkeit eines Patienten einschätzen zu können und alle therapeutischen Schritte darauf abzustimmen. Zu Beginn der therapeutischen Arbeit, aber auch in Krisen und verstärkt depressiven Phasen während der Therapie haben »beruhigende Versicherungen« und aktuelle Entlastung sowie kurzfristige Vorgaben ihren Sinn und Berechtigung.

7.3.2
Aktivitätsaufbau

Mit zu den ersten therapeutischen Maßnahmen bei depressiven Patienten gehört es, auf der konkreten Handlungsebene erste Versuche der Aktivierung zu starten, um damit früh positive Erfahrungen und Verstärkung zu erreichen. Beim Aktivitätsaufbau geht es einerseits um die Steigerung bzw. den Wiederaufbau positiver Erfahrungen und Aktivitäten, andererseits um die Reduktion eines Übermaßes an negativen, belastenden Erfahrungen. Wichtigstes Instrument dabei ist der Wochen- und Tagesplan. Wird der Patient in einer Anfangsphase gebeten, in Form einer täglichen Selbstbeobachtung (Wochenplan) der Aktivitäten und Ereignisse dieses Protokoll auszufüllen, so dient es später auch dazu, die Tage zu strukturieren und Aktivitäten zu planen. Eine Liste persönlicher Verstärker und angenehmer Aktivitäten hilft in dieser Phase, genügend Ideen und Anregungen für diese allmähliche, sukzessive Steigerung der Aktivitäten verfügbar zu haben.

Mit positiven Aktivitäten werden Tätigkeiten bezeichnet, die vom Patienten als angenehm erlebt werden. Dabei kann es sich sowohl um aktiv initiierte Tätigkeiten als auch um Ereignisse handeln, die in verschiedenen Bereichen des individuellen Lebens wie Beruf, Freizeit und Alltag vorkommen. Wichtig ist die Unterscheidung von Aktivitäten, die als neutral oder unangenehm erlebt werden (Typ A), die aber aus den verschiedensten Gründen ausgeführt werden müssen und Aktivitäten, die als angenehm und schön erlebt werden (Typ B), doch nicht zu den Pflichten zählen. Im täglichen Leben kann man nicht nur Aktivitäten ausführen, die man positiv erlebt. Deshalb muß bei der Tages- und Wochenplanung auf die Ausgewogenheit der beiden Aktivitätsarten geachtet werden. Je mehr es gelingt, positive Aktivitäten regelmäßig in den Tagesablauf einzubauen, desto besser fühlt sich der Patient. Diese verbesserte Stimmung steigert dann wiederum die Bereitschaft, aktiver zu sein. Dieser Zusammenhang muß zunächst über Selbstbeobachtungen erkannt und als Wirkmechanismus verstanden werden.

Die Ziele sind im einzelnen:

- Erfassen von Ereignissen und Aktivitäten, die Verstärkerwert haben;
- Rückmeldung darüber, daß es bei einem bestimmten Patienten zwar eine Reihe potentiell angenehmer Aktivitäten gibt, diese aber nicht genutzt werden;

- Erkennen des wechselseitigen Einflusses von Aktivitäten und Befinden;
- geplante und abgestufte Heranführung an angenehme Aktivitäten;
- Identifizieren und Kontrollieren depressionsfördernder Verhaltensweisen und Aktivitätsmuster;
- Vermittlung von Fertigkeiten zur Aufrechterhaltung eines ausgeglichenen Aktivitätsniveaus.

■ **Vorgehen.** Konkret werden die vom Patienten ausgefüllten »Wochenpläne« nach dem Zusammenhang von Handeln (Aktivitäten, Ereignissen) und Fühlen (Befinden, Stimmung) Stunde für Stunde eines bzw. mehrerer Tage ausgewertet. Daraus erwächst dann das Verständnis, daß es zwischen Befinden und Aktivitäten einen Zusammenhang gibt, der für therapeutische Zwecke genutzt werden kann. Getragen von der Idee, daß es leichter möglich ist, das eigene Tun und die Menge angenehmer Aktivitäten als direkt die Gefühle zu beeinflussen, geht es dann darum, eine ganz persönliche Liste angenehmer Aktivitäten zu erarbeiten. Dazu kann die von verschiedenen Autoren vorgeschlagene Liste verstärkender oder angenehmer Ereignisse verwandt werden. Gelingt es, eine derart persönliche Verstärkerliste zu erstellen, dann mündet die Therapie in eine Phase des aktiven Planens und Umsetzens der dort enthaltenen angenehmen Aktivitäten in den Alltag. Dazu werden meist wieder Wochenpläne als Strukturierungshilfe verwendet. Wichtig ist, gestuft, angepaßt an die Lage des Patienten vorzugehen und das Aktivitätsniveau allmählich auszuweiten.

■ **Schwierigkeiten.** Häufiges Hindernis bei dem Aktivitätsaufbau sind die weiter oben erwähnten Typ A-Aktivitäten. Dabei handelt es sich um Belastungen, Pflichten, Routinen und Aufgaben, die getan werden müssen oder von denen Patienten meinen, sie werden von ihnen verlangt. Erst eine Reduzierung dieser Typ A-Aktivitäten erlaubt Raum für angenehme, die Stimmung positiv beeinflussende Aktivitäten. Therapeutische Mittel sind Stimuluskontrolle (Kontrolle und Beeinflussung von Auslösereizen), kognitive Interventionen (Regeln und Gewohnheiten hinterfragen, neue Einstellungen erproben), Einbezug des Sozialpartners und der Familie (deren Unterstützung einholen, Veränderung von Abläufen und Erwartungen), detaillierte Tages- und Wochenplanung, um über diese Art vertraglicher Verpflichtung neue Erfahrungen zu machen.

7.3.3
Instrumentelle Fertigkeiten

Die sozialen Beziehungen sind bei depressiven Patienten häufig belastet. Soziale Kontakte sind verkümmert, soziales Verhalten ist gehemmt und reduziert. Bei vielen Patienten reicht allein die Behebung der Depression nicht aus, um dieses Brachliegen der sozialen Interaktionen und Interaktionsfähigkeiten zu überwinden, so daß der Aufbau und die Verbesserung von sozialer Sicherheit, Kontaktverhalten, Kommunikationsfertigkeiten und partnerschaftlichen Problembewältigungsfertigkeiten daher mit zu einer erfolgversprechenden kognitiven Verhaltenstherapie gehört. Die wesentlichen Mittel dabei sind:

- Verhaltensbeobachtungen;
- Rollenspiele und Verhaltensübungen zur Verbesserung der sozialen Wahrnehmung;
- Aufbau sozialer Fertigkeiten und selbstsicheres Verhalten;
- Einbeziehung des Partners und der Familie;
- Steigerung interpersonaler Aktivitäten während der Woche (Planung, Verwirklichung, gestuftes Vorgehen) zur Mehrung sozialer Kontakte;
- Kommunikationsübungen mit dem Partner sowie
- Umgang mit sozialen Belastungen (kognitive Methoden).

■ **Schwerpunkt soziale Kompetenz.** Konkret werden Übungen aus dem Selbstsicherheitstraining (vgl. Band 1, Kap. 24 und 25) zum Durchsetzen, Nein-Sagen, Gefühle ausdrücken, Kritik üben, Wünsche und Bedürfnisse äußern und Lob ausdrücken durchgeführt. Ideal sind derartige Übungen in einer Gruppe mit Videounterstützung durchzuführen. Ausgangspunkt sind die sozial problematischen Situationen des Patienten, die zu nachspielbaren Szenen reduziert werden. Der Patient spielt sich meist selbst, während Therapeut bzw. Gruppenmitglieder die Interaktionspersonen darstellen.

Um komplexere Verhaltensalternativen aufzubauen, ist auch Modellvorgabe und Rollentausch (Patient spielt den Interaktionspartner, Therapeut übernimmt Rolle des Patienten) angezeigt. Die Rollenspiele sind zunächst sehr kurz, gefolgt von Rückmeldungen, die konstruktiv mit der Betonung des korrekten bzw. sozial kompetenten Verhaltens formuliert werden sollten. Geäußerte Veränderungswünsche sollten sich auf *konkrete* Bewegungen, Äußerungen, Gestik und Mimik beziehen. Die Übungen werden mehrfach wiederholt, bis die Patienten neue, kompetentere Verhaltensweisen übernehmen können.

■ **Schwerpunkt Partnerschaft.** Bei Partnerschaftsproblemen bieten sich Übungen zur Verbesserung der Interaktion und Kommunikation an, wozu die Einbeziehung der Familie bzw. des Partners hilfreich ist. Zunächst geht es um richtiges Zuhören, Paraphrasieren, Anerkennen, Loben, Verwöhnen, gemeinsame Aktivitäten, Wünsche ausdrücken, erst danach um Kritisieren. In vielen Fällen ist ein derart ausführliches Kommunikationstraining nicht notwendig bzw. machbar. Einzelne Elemente lassen sich jedoch herausgreifen und in wenigen zusätzlichen gemeinsamen Gesprächen mit den beiden Partnern erarbeiten, einüben und in Form von Hausaufgaben im Alltag erproben. Oft finden im Rahmen einer kognitiven Depessionstherapie nur ein oder zwei gemeinsame Gespräche mit dem Partner statt mit dem Ziel, den Partner auf neue Verhaltens- und Denkweisen des Patienten aufmerksam zu machen, zu Verhaltensänderungen zu motivieren und gemeinsame Absprachen zu treffen.

■ **Schwerpunkt soziale Kontakte.** Zur Steigerung sozialer Kontakte lassen sich Methoden einsetzen, wie sie bereits bei dem Thema Aktivitätsaufbau angesprochen wurden. In der bereits erwähnten Liste angenehmer Aktivitäten sind zahlreiche soziale Ereignisse enthalten, die nun besonders beachtet werden können. Wichtig bei dieser Therapiephase ist die Bereitschaft zum Experimentieren und Ausprobieren. Dazu müssen die Patienten auf die Kontaktsituationen vorbereitet werden (ideal sind Rollenspiele und kognitive Methoden). Erwartungshaltungen, Ziele und heimliche Wünsche sollten ausgesprochen und in der Therapie hinsichtlich der Erreichbarkeit besprochen und bezüglich der Frage, wie hilfreich derartige Kognitionen sind, bearbeitet werden. Die Vorbereitung auf wiederholte Mißerfolge und Enttäuschungen ist unerläßlich.

7.3.4
Kognitive Elemente

Das Denken depressiver Personen läßt sich beschreiben als global, eindimensional, absolutistisch, invariant, irreversibel, bewertend und kategorial. Nichtdepressives »reifes« Denken ist dagegen mehrdimensional, nicht wertend, relativierend, variabel, reversibel, spezifisch und konkret. Eine solche Person ordnet Erklärungen nicht in

»Schwarz-Weiß-Kategorien« ein oder erstellt »Charakterdiagnosen«, sondern legt menschlichen Erfahrungen und den Ursachen für Ereignisse ein Kontinuum zugrunde und erstellt »Verhaltensdiagnosen«. Ziel einer kognitiven Depressionstherapie muß es daher sein, den Patienten dabei zu helfen, das depressiv-unreife Denken in ein differenziertes, reiferes Denken zu verändern. Als kognitive Fehler lassen sich anführen:

- Übergeneralisierungen,
- selektive Abstraktionen,
- Personalisierungen, dichotomes Denken,
- Solltetyranneien,
- emotionales Begründen sowie
- Magnifizieren des Negativen.

Diese Fehler verzerren in systematischer, der Wirklichkeit widersprechender Weise die Wahrnehmungen, das Erinnern, die Verarbeitung und die Erwartung eines Menschen (Beck et al., 1992).

Kognitive Elemente der Verhaltenstherapie zielen darauf, die fehlerhaften, verzerrten und nicht realitätsangemessenen Kognitionen zu erkennen, beobachten zu lassen, ihren Realitätsgehalt zu testen und letztlich zu verändern. Diese Therapie ist daher immer problemorientiert, konkret und spezifisch. Es geht niemals darum, dem Patienten etwas auszureden und per Argumentation ihn eines Besseren zu belehren, sondern durch die Kooperationen zwischen Patient und Therapeut Probleme zu identifizieren, die individuellen Blockaden zu erkennen, Alternativen dazu zusammenzutragen und zu prüfen sowie diese auszuprobieren.

Vorbereitend hierfür ist eine verständliche und an den persönlichen Erfahrungen des Patienten ansetzende Information und Erklärung dessen, was Kognitionen sind, welche Rolle sie spielen und welche Auswirkungen sie für das emotionale Erleben und Verhalten haben.

> Grundsätzlich bedenklich ist es, dem Patienten zu unterstellen, daß er falsch oder irrational denke.
> Es wird versucht, die Art und Weise des Denkens in ganz konkreten Zusammenhängen zu erkennen, die Verbindung des Denkens zu den Gefühlen und körperlichen Symptomen herauszufinden und immer wieder die Adäquatheit und den Realitätsgehalt der Gedanken zu hinterfragen bzw. zu testen.

■ **Vorgehen.** Der erste Schritt zur Bearbeitung kognitiver Prozesse ist daher die Entdeckung, das

Beobachten und Protokollieren von automatischen Gedanken in relevanten und zentralen Problembereichen. Ausgangspunkt dabei sind die Empfindungen, Gefühle und Stimmungen, auch Beschwerden in einem konkreten Zusammenhang, etwa einer Situation oder einer Sensation, also interne und externe Auslöser. Der Patient soll sich die auslösende Bedingung nochmals genau vorstellen und seine Gefühle zurückerinnern. Während dies geschieht, bittet der Therapeut den Patienten, alles zu äußern, was ihm/ihr zu dieser Vorstellung einfällt, durch den Kopf geht oder bildhaft erscheint.

Bevorzugt benutzt der Therapeut für das Festhalten dieser Kognitionen das »Protokoll negativer Gedanken«, das aus fünf Spalten besteht:

- auslösender Reiz, Situation;
- Gefühle, Empfindungen;
- automatische Gedanken;
- alternative, angemessene Gedanken;
- erneutes Gefühlsurteil aufgrund der alternativen, angemessenen automatischen Gedanken.

Das anfängliche Beobachten und Protokollieren automatischer Gedanken füllt die ersten drei Spalten dieses Arbeitsblattes. Patient und Therapeut lernen so zu erkennen und zu benennen, welche automatischen Gedanken, welche kognitiven Fehler und immer wiederkehrenden Themen im Zusammenhang mit bestimmten Auslösern auftreten.

Eine Vielzahl von kognitiven Techniken ist vorgeschlagen worden, um die so zu Tage tretenden automatischen Gedanken und Themen, später auch die Grundüberzeugungen zu beeinflussen. Grundlage all dieser Strategien ist immer das gelenkte Fragen des sokratischen Interaktionsstils. Wesentliche Methoden für die Änderung kognitiver Muster sind u.a.:

- Überprüfung und Realitätstesten,
- Experimentieren,
- Reattribuierung,
- kognitives Neubenennen,
- Alternativen finden,
- Rollentausch,
- Kriterien prüfen,
- Was-ist-wenn-Technik,
- Übertreiben,
- Entkatastrophisieren oder
- Vorteile-Nachteile sammeln.

> Der Prozeß der Änderung kognitiver Muster ist meist ein langsamer, mit vielen Rückschlägen, da die alten, gewohnten Denkmuster vor allem in belastenden, kritischen Situationen rascher greifen und das emotionale Erleben determinieren. Die neuen Einstellungen und Denkweisen müssen geübt und wiederholt angewandt werden, bevor daraus neue automatische Gedanken bzw. Grundüberzeugungen werden.

Nachdem automatische Gedanken erkannt und zusammengetragen wurden, geht es darum, dieses kognitive Material einzeln zu bearbeiten und systematisch zu hinterfragen. Dazu wird vom Therapeuten die Grundhaltung eines unterstützenden, bemühten und freundlichen »Forschers« und nicht die neutral-distanzierte, fragende Haltung eines »Polizisten« verlangt. Es geht dabei zunächst darum, mit dem Patienten alle nur möglichen Informationen zu der entsprechenden Situation oder der Entwicklung dahin zusammenzutragen und mit den oben genannten Techniken kognitive Dissonanz zu erzeugen. Weiterhin werden Ziele konkretisiert und Wege zu den Zielen spezifiziert. Dadurch wird i.d.R. deutlich, was genau die Probleme sind, in welchen Bereichen Lösungsstrategien und Fertigkeiten fehlen bzw. wie Patienten sich selbst mit ihren Überzeugungen im Weg stehen. Konkrete Übungen, Planungen und Hausaufgaben, z.B. mittels des Wochenplans, Interaktionsaufgaben oder des Protokolls negativer Gedanken (erweitert um Spalte 4) helfen dann, diese Lücken und Blockaden zu überwinden.

7.3.5
Stabilisierung der Erfolge

Patienten sollen durch die kognitive Verhaltenstherapie in die Lage versetzt werden, mit zukünftigen depressiven Symptomen und möglichen Rezidiven selbst umzugehen. Diese Fähigkeit zur Eigensteuerung umfaßt das selbständige Umgehen mit:

- Belastungen und depressiven Beschwerden,
- Rückfall in alte Handlungsabläufe,
- Reduktion angenehmer, verstärkender Aktivitäten,
- Rückzug und soziale Vermeidung sowie
- Wiederaufleben alter, negativer und einseitiger Denkmuster und Überzeugungssysteme.

Gegen Ende der Therapie werden die Patienten auf zukünftige Krisen und Rückschläge vorbereitet. Konkrete, alle betreffenden Krisen und belastenden Ereignisse werden »provozierend« durchgesprochen und Möglichkeiten der eigengesteuerten Überwindung erprobt, wobei es vom Einzelfall abhängt, welche Behandlungsanteile besonders hervorgehoben und für zukünftige Krisen bereitgelegt werden.

7.4
Fallbeispiel

■ **Anamnese.** Die 37jährige Patientin erkrankte vor 10 Jahren nach der Geburt ihres ersten und bislang einzigen Kindes an einer ersten depressiven Episode. Damals schob die Patientin die Beschwerden zunächst auf die Strapazen der Geburt und der neuen Lebenssituation. Erst nachdem die Beschwerden auch nach 3 Monaten nicht abklangen, sondern z.T. sogar heftiger wurden, suchte sie Hilfe bei einem Psychiater. Die Behandlung mit einem Antidepressivum war zunächst erfolgreich, ohne daß die Symptomatik völlig abklang. Sie fühlte sich durch das Präparat jedoch subjektiv beeinträchtigt, so daß sie es nach wenigen Wochen absetzte. Eine weitere ernsthafte depressive Episode entwickelte sich zur Weihnachtszeit, etwa $1\frac{1}{2}$ Jahre nach dem ersten Zusammenbruch. Begonnen habe alles wieder mit plötzlichen Schlafstörungen schon vor den Feiertagen. Über mehrere Tage entwickelte sich dann die typisch depressive Symptomatik. Seitdem kam es immer wieder zu derartigen Episoden, meist in Phasen erhöhter Belastung, wie z.B. bei der Wiederaufnahme der Arbeit, dem Umzug in eine neue Wohnung, Kindergartenphase, Schulbeginn, Abwesenheit des Ehemanns oder Konflikten mit den Schwiegereltern. Wiederholt hat die Patientin in diesen Phasen kurzfristig Antidepressiva eingenommen, doch meist wieder nach wenigen Tagen bis Wochen abgesetzt. Gegenwärtig steht der Übergang der Tochter in die weiterführende Schule, die Abwicklung des Baus eines eigenen Hauses mit bevorstehendem Ein- und Umzug an. Hinzu kommt die berufsbedingte, häufige Abwesenheit des Ehemannes.

Sowohl aus den eigen- als aus den fremdanamnestischen Informationen geht hervor, daß die Patientin früher eine eher ängstliche, scheue, leicht zu verunsichernde Person war. Sie war und ist fleißig, korrekt, perfektionistisch, sensibel, emotional, eher abhängig von anderen (wie Eltern, Ehemann, Nachbarn). Die Patientin stammt als einziges Kind aus einer Mittelschichtfamilie. Die Entwicklung vor und während der Schule verlief normal und altersentsprechend, ohne Not und Einschränkungen. Der Vater war höherer Beamter, die Mutter war halbtags berufstätig. Ihre schulischen Leistungen waren gut, so daß sie das Gymnasium besuchte und mit dem Abitur in der Regelzeit abschloß. Danach machte sie eine kaufmännische Lehre und stieg in dem Betrieb wegen ihren guten Leistungen und ihrer zuverlässigen Art auf, ohne jedoch Führungsaufgaben zu übernehmen. Während der Schulzeit war sie nur wenig in einen Bekanntenkreis oder in die Gruppe der Gleichaltrigen eingebunden. Sie hat heute noch Kontakt zu zwei Freundinnen, die sie schon aus der Schulzeit kennt. Sie hatte erst spät eine erste Freundschaft zu einem Mann, der sie jedoch nach einigen Monaten verließ. Bei einer betrieblichen Feier lernte sie ihren späteren Mann kennen.

■ **Psychischer Befund.** Bei der Patientin sind die Kriterien einer rezidivierenden depressiven Episode ohne psychotische Symptome (ICD-10) bzw. einer Major Depression (DSM-IV) erfüllt. Im Beck Depressionsinventar (BDI; Hautzinger et al., 1994) erreichte die Patientin 28 Punkte und in der Hamilton Rating Scale for Depression (HAMD; Hamilton, 1986) 24 Punkte, womit die gegenwärtige deutliche depressive Beeinträchtigung bestätigt werden konnte. Die Skala dysfunktionaler Einstellungen (Hautzinger et al., 1985) erbrachte auffällige Werte, ebenso wie der Münchner Persönlichkeits-Test (von Zerssen et al., 1988) in den Subskalen Neurotizismus, Rigidität, Frustrationstoleranz, Isolationstendenzen.

Eine über zwei Wochen durchgeführte Selbstbeobachtung des Tagesablaufs, der Aktivitäten und des Befindens zeigte das erwartete Bild. Am Morgen traten bereits deutliche Tiefs auf. Sie quälte sich durch die vielen »Pflichten«. Angenehme, ganz persönlich wichtige Dinge kamen keine vor, so fanden z.B. Sozialkontakte während dieser Zeit kaum statt, bestenfalls zufällige Begegnungen beim Einkaufen, mit der eigenen Mutter oder mit den Nachbarn kamen vor. Obgleich es ihr schwerfiel, erledigte sie alles wie gewohnt, perfekt, korrekt und zuverlässig. Auffallend waren die ständigen Zweifel, Dinge nicht bewältigen zu können, das Kind zu vernachlässigen, den Aufgaben nicht gewachsen zu sein, Schaden der Familie zuzufügen oder eine schlechte Mutter und Ehefrau zu sein.

■ **Therapieverlauf.** Ansatzpunkte für eine verhaltenstherapeutische Intervention (Hautzinger, 1997) waren zunächst die ständigen Selbstzweifel und fehlerhaften Interpretationen.

Ausgehend von den konkreten, alltäglichen Erfahrungen und Stimmungen, die im »Wochenplan« festgehalten waren, wurden die automatischen, negativen Gedanken herausgearbeitet, hinterfragt, an der Realität überprüft und nach angemesseneren Alternativen gesucht.

In dieser frühen Phase wurde der Ehemann mit in die Therapie einbezogen. Insbesondere ging es dabei darum, gemeinsame Erwartungen an den Alltag zu formulieren, überzogene Ansprüche der Patientin zu reduzieren und so zu einer Entlastung beizutragen.

Erst dann war es möglich, an der Umstrukturierung des Wochenablaufs, Reduktion der Pflichten, dem Aufbau persönlich angenehmer Dinge und der Steigerung der sozialen Kontakte zu arbeiten. Diese Maßnahmen wurden konkret vorbereitet, eingeübt und dann geplant in den Alltag eingebaut. Dabei kam es zwangsläufig immer wieder zum »Rückfall« in die alten Denk- und Beurteilungsmuster, die dann wiederholt und in verschiedenen Varianten analysiert, aufgearbeitet und verändert wurden.

Im letzten Drittel der Therapie wurde der Ehemann wieder mit einbezogen. Dabei ging es um gemeinsame Aktivitäten, Verbesserung der Interaktion und Kommunikation und einer Abstimmung bei der Erziehung der Tochter. Konkrete Übungen zum richtigen Zuhören, Gefühle und Bedürfnisse ausdrücken und Konfliktgespräche führen wurden in dieser Phase durchgeführt.

Die Behandlung wurde nach 26 regelmäßigen Kontakten beendet; zu dieser Zeit war die Patientin symptomfrei, hatte ihre Aufgaben und Pflichten bedürfnisorientierter organisiert, mehr Zeit für sich, neue soziale Kontakte aufgebaut und mehr gemeinsame Aktivitäten mit dem Ehemann unternommen. Weitere Kontakte wurden im Abstand von 2 Monaten vereinbart und für ein weiteres Jahr beibehalten. Inzwischen sind 3 Jahre nach Abschluß der Therapie vergangen, ohne daß es zwischenzeitlich zu einem ernsthaften depressiven Einbruch gekommen wäre. Krisen konnten kurzfristig durch die weitergeführten Therapiekontakte aufgefangen werden. Sie war dadurch zunehmend in der Lage, selbständig Schwierigkeiten zu analysieren, ungünstiges Verhalten ihrerseits zu erkennen, Probleme einzugrenzen sowie Lösungsstrategien zu entwickeln und anzuwenden.

7.5
Empirische Belege

7.5.1
Wirksamkeit und Indikation

Inzwischen liegen zahlreiche empirische Untersuchungen zur Wirksamkeit der hier skizzierten Verhaltenstherapie bei depressiven Erkrankungen vor (Hautzinger, 1993; Hollon et al., 1993). Zusammen mit anderen verhaltenstherapeutischen Arbeiten demonstrieren diese Resultate überzeugend, daß mit der kognitiven Verhaltenstherapie eine psychotherapeutische Behandlung unipolarer Depressionen (ohne Melancholie) vorliegt, die kurzfristig der traditionellen trizyklischen Antidepressivatherapie gleichwertig und langfristig der pharmakologischen Behandlung überlegen ist (Tabelle 7.1).

Die frühen Arbeiten ließen dies bereits erkennen, denn dort wurden Erfolgsquoten zwischen 63 und 83% gefunden. Die Abbrecherquote lag dabei immer deutlich niedriger als bei der medikamentösen Behandlung (zwischen 4 und 33% gegenüber 36–57%), ein Trend, der durch neuere Vergleichsstudien bestätigt werden konnte. Die Katamnesestudien zeigen einheitlich, daß die kognitive Verhaltenstherapie dazu beiträgt, daß die erzielten Erfolge gehalten, vereinzelt sogar gesteigert werden können.

Eine aktuelle eigene Vergleichsstudie (Hautzinger & De Jong-Meyer, 1996) verglich Amitriptylin (150 mg/d) und kognitive Verhaltenstherapie allein oder in Kombination mit dem Pharmakon bei unipolar depressiven Patienten (DSM-III-R Major Depression bzw. Dysthymie). Insgesamt wurden 191 derart diagnostizierte, nicht-endogen depressive Patienten aufgenommen. Das besonde-

Tabelle 7.1. Zusammenfassung von Forschungsbefunden zur Wirksamkeit von KVT bei unipolaren Depressionen

Kognitive Verhaltenstherapie (KVT) verglichen mit	KVT überlegen	Vergleichbare Wirkung	Vergleichsbedingung besser
Kontrollbedingung/ unspezifische Therapie	15	7	0
Interpersonelle Psychotherapie	0	1	0
Tiefenpsychologische Therapie	4	5	0
Psychopharmakotherapie	2	8	0
Kombinationstherapie (Medikation+KVT)	1	8	0

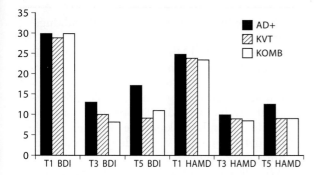

Abb. 7.2. Selbst- (BDI) und Fremdbeurteilung (HAMD) depressiver Symptomatik vor (T1), unmittelbar nach (T3) und ein Jahr nach (T5) der Behandlung mit Amitriptylin plus unterstützende Gespräche, kognitiver Verhaltenstherapie oder einer Kombination beider Verfahren bei Patienten mit nicht-endogenen Depressionen

re an dieser Arbeit ist die Berücksichtigung von voll stationären, regulären Psychiatriepatienten (während des gesamten Behandlungszeitraums) und von ambulanten Psychiatriepatienten. Außerdem wurde die Pharmakotherapie ergänzt durch regelmäßige, klar spezifizierte, unterstützende, erklärende Zuwendung, Gespräche und Betreuung durch den Arzt bzw. Psychologen. Die Behandlungen gingen über 8 Wochen bei dreimal wöchentlichen Therapeutenkontakten, wobei die Verhaltenstherapie jeweils einstündig war und die unterstützenden Gespräche jeweils 20–30 Minuten dauerten. Die Nachuntersuchung erfolgte ein Jahr nach Abschluß der Therapien.

Alle Behandlungsbedingungen reduzieren die depressive Symptomatik über die Behandlungszeit klinisch und statistisch, wobei die nach 8 Wochen erreichten Endwerte signifikant (s. Abb. 7.2) im Vergleich zur internationalen Literatur mit zum Teil doppelt so langen Behandlungszeiträumen um 2–3 Punktwerte höher liegen. Das Behandlungssetting spielt dabei keine primäre Rolle, sowohl ambulante als auch stationäre Patienten profitieren von allen Behandlungen gleich gut, lediglich sind die stationär behandelten Patienten schwerer depressiv beeinträchtigt und bleiben dies auch bei Behandlungsende. Die Kombination aus Verhaltenstherapie und Pharmakotherapie erbringt kurzfristig keine Vorteile.

Am Ende der Einjahreskatamnese konnten in den Bedingungen, in denen kognitive Verhaltenstherapie zum Einsatz kam, die Erfolge gehalten, ja z. T. sogar geringfügig weiter verbessert werden, während die Amitriptylingruppe (ergänzt durch die unterstützenden Gespräche) sich wieder verschlechterte (Abb. 7.2). Zwischen stationären und ambulanten Patienten ergaben sich im Katamne-

severlauf jedoch Unterschiede. Die Verschlechterungen zum Nachkontrollzeitpunkt in der Amitriptylin-Bedingung betrafen vor allem nur die ambulant behandelten Patienten.

Zieht man die Quote der die Behandlung abbrechenden Patienten als Erfolgskriterium heran, dann liegen die Zahlen bei den mit kognitiver Verhaltenstherapie behandelten Patienten deutlich günstiger. Auch die Responderrate (Anzahl klinisch relevant gebesserter Patienten, operationalisiert durch das Kriterium im BDI und im HAMD unter 10 Punkte) wird durch die kognitive Verhaltenstherapie signifikant günstiger und erreicht zur Einjahreskatamnese knapp 60%, während durch Amitriptylin weniger als 35% erreicht werden.

Aus unseren Daten geht hervor, daß die kognitive Verhaltenstherapie zur Antidepressivatherapie eine zumindest gleich wirksame Behandlungsalternative für depressive Patienten ist, wobei sich Vorteile für die kognitive Verhaltenstherapie zur Katamnese nach einem Jahr ergeben. Insbesondere ambulante Patienten profitieren durch die alleinige oder kombinierte Anwendung dieser psychologischen Methode deutlich besser und sind symptomfreier. Es wird ferner deutlich, daß der nur achtwöchige Behandlungszeitraum bei den schwerer depressiven Patienten zu kurz ist. Durch eine Verlängerung, möglicherweise auch gestreckt über ein halbes oder ganzes Jahr mit immer längeren Zeiträumen zwischen den Behandlungssitzungen, dürfte eine weitere Symptomreduktion und eine bessere Rezidivprophylaxe gelingen.

■ **Rezidivprophylaxe.** So konnten Frank et al. (1990) zeigen, daß durch die Anwendung von Psychotherapie in Anschluß an eine erfolgreiche sta-

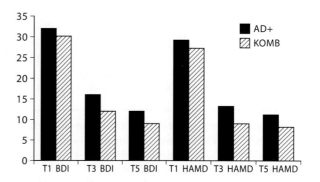

Abb. 7.3. Selbst- (BDI) und Fremdbeurteilung (HAMD) depressiver Symptome vor (T1), unmittelbar nach (T3) und ein Jahr nach (T5) der Behandlung endogen-depressiver Patienten mit Amitriptylin plus unterstützende Gespräche oder einer Kombination aus Amitriptylin und kognitiver Verhaltenstherapie

tionäre Antidepressivatherapie mögliche Rückfälle bzw. erneute depressive Phasen über den dreijährigen Nachuntersuchungszeitraum deutlich verringert und hinausgeschoben werden konnten. Diese Befunde stehen in Einklang mit den z.T. über mehrere·Jahre gehenden Katamnesen oben dargestellter Arbeiten von z.B. Blackburn et al. (1986), Shea et al. (1992), Evans et al. (1992).

■ **Endogene Depression.** In einer weiteren Studie (De Jong-Meyer et al., 1993) überprüften wir an 155 ambulanten und stationären Patienten die Frage, ob bei endogen-depressiven, unipolaren Störungen (DSM-III-R Major Depression mit Melancholie bzw. ICD-9 endogene Depression) die zusätzliche Anwendung von kognitiver Verhaltenstherapie eine bessere und weiterreichende Wirkung erzielt als die Anwendung der Antidepressivatherapie (ergänzt um regelmäßige, unterstützende Gespräche) allein. Es zeigte sich bezüglich der Hauptkriterien, daß kurzfristig die Kombination aus Verhaltenstherapie und Antidepressivatherapie keinen meßbaren Vorteil erbringt (s. Abb. 7.3).

Längerfristig (bei der Einjahreskatamnese) waren in der Gruppe ambulanter Patienten, die über acht Wochen zusätzlich verhaltenstherapeutisch behandelt wurden, jedoch deutlich weniger depressive Symptomatik, höhere Raten weiterhin gebesserter Patienten und weniger Behandlungsabbrecher zu verzeichnen. Welchen Effekt diese psychologische Behandlung bei endogen-depressiven Patienten allein hätte, kann gegenwärtig nicht beantwortet werden, da kontrollierte Studien fehlen.

7.5.2
Merkmale wirksamer Depressionstherapie

Die Wirkmechanismen der erfolgreichen verhaltenstherapeutischen Depressionsbehandlung sind noch weitgehend unbekannt. Aus den bisherigen Ergebnissen lassen sich jedoch folgende Aspekte einer wirksamen Psychotherapie herausarbeiten:

- Begründungen geben, theoretisches Modell vermitteln (z.B. zum Zusammenhang von Verhalten, Denken und Fühlen), was aktives Therapeutenverhalten erfordert;
- Toleranz für depressive Beschwerden entwickeln (z.B. trotz Schlaflosigkeit etwas tun, Ablenkungen von trüben Gedanken);
- Strukturiertheit des Vorgehens (z.B. bei der Bearbeitung bestimmter Probleme, bei der

Therapiedurchführung, des Behandlungsprogramms);
- Kooperation und Mitarbeit des Patienten (z.B. beim Realitätstesten, Ausprobieren, Übungen zwischen den Sitzungen);
- Problemorientierung und Problemlösungsansatz (z.B. nicht die Depression wird behandelt, sondern konkrete Probleme, die mit der Depression verbunden sind oder dahin geführt haben);
- Schwerpunkt liegt auf der (eigenen) Aktivität des Patienten (insbesondere auf angenehmen, sozialen Aktivitäten);
- Selbstkontrolle der negativen Gedanken und Überzeugungen (z.B. Beobachtung, Zusammenhänge erkennen, Alternativen erarbeiten, Erprobung der differenzierteren, flexibleren Überzeugungen);
- Fokus auf den Aufbau von Fertigkeiten zur Überwindung von Schwierigkeiten legen, verbunden mit der Steigerung der Selbstwirksamkeitsüberzeugung;
- Vorbereitung auf Krisen, Verschlechterungen und Rückfälle;
- Einbezug des Lebenspartners und der Familie.

Zusammenfassung

- *Depressionen* zählen zu den häufigsten psychischen Erkrankungen.
- Neben der Pharmakotherapie hat sich heute die kognitive Verhaltenstherapie als erfolgreiche *Behandlung* etabliert. Zahlreiche empirische Arbeiten belegen, daß kurzfristig die Verhaltenstherapie bei nicht-endogenen Depressionen der Pharmakotherapie vergleichbar, längerfristig (1–3 Jahre) der Pharmakotherapie überlegen ist.
- Unter *kognitiver Verhaltenstherapie* versteht man einen problemzentrierten, strukturierten, psychologischen Behandlungsansatz, der bezogen auf Depressionen folgende Schwerpunkte verfolgt: Überwindung der Inaktivität bzw. einseitigen, belastenden Aktivität; Verbesserung des Sozial-, Kommunikations- und Interaktionsverhaltens sowie der sozialen Kontaktstruktur; Erkennen, Überprüfen und Korrigieren dysfunktionaler Einstellungen und Überzeugungen; Aufbau eines Bewältigungs- und Problemlöserepertoires für zukünftige Krisen.

- Diese Behandlung kann als Einzel- und Gruppentherapie, im ambulanten und stationären Rahmen, mit jugendlichen, ebenso wie mit älteren *Patienten* erfolgreich durchgeführt werden.

Literatur

Beck, A. T. (1974). The development of depression. A cognitive model. In R. F. Friedman & M. M. Katz (Eds.), *The psychology of depression*. New York: Wiley.

Beck, A. T., Rush, A. J., Shaw, B. F. & Emery, G. (1992). *Kognitive Therapie der Depression* (3. Aufl.). Weinheim: Psychologie Verlags Union.

Blackburn, I. M., Eunson, K. M. & Bishop, S. (1986). A two-year naturalistic follow-up of depressed patients treated with cognitive therapy, pharmacotherapy, and a combination of both. *Journal of Affective Disorders, 10*, 67–75.

Coyne, J. C. (1976). Toward an interactional description of depression. *Psychiatry, 39*, 28–40.

De Jong-Meyer, R., Hautzinger, M., Rudolf, G. A. E. & Strauss, W. (1993). Die Effektivität einer Kombination von verhaltenstherapeutisch-kognitiver und medikamentöser Behandlung bei ambulanten und stationären endogen depressiven Patienten. In L. Montada (Hrsg.), *Bericht über den 38. Kongreß der Deutschen Gesellschaft für Psychologie*. Göttingen: Hogrefe.

Evans, M. D., Hollon, S. D., DeRubeis, R. J., Piasecki, J. M., Grove, W. M., Garvey, M. J. & Tuason, V. B. (1992). Differential relapse following cognitive therapy and pharmacotherapy for depression. *Archives of General Psychiatry, 49*, 802–808.

Frank, E., Kupfer, D. J., Perel, J. M., Cornes, C., Jarrett, D. B., Mallinger, A. G., Thase, M. E., McEachran, A. B. & Grochocinski, V. J. (1990). Three-year outcome for maintenance therapies in recurrent depression. *Archives of General Psychiatry, 47*, 1093–1099.

Hamilton, M. (1986). The Hamilton rating scale for depression. In N. Sartorius & T. A. Ban (Eds.), *Assessment of Depression* (pp. 143–152). Berlin: Springer.

Hautzinger, M. (1991). Perspektiven für ein psychologisches Konzept der Depression. In C. Mundt, P. Fiedler, H. Lang & A. Kraus (Hrsg.), *Depressionskonzepte heute*. Berlin: Springer.

Hautzinger, M. (1993). Kognitive Verhaltenstherapie und Pharmakotherapie im Vergleich. *Verhaltenstherapie, 3*, 26–34.

Hautzinger, M. (1994). *Verhaltenstherapie bei Depressionen*. München-Hohengehren: Röttger-Schneider.

Hautzinger, M. (1995). Affektive Störungen. In K. Hahlweg & A. Ehlers (Hrsg.), *Klinisch-psychologische Störungen und ihre Behandlung. Enzyklopädie der Psychologie, Band 2* (Serie Klinische Psychologie). Göttingen: Hogrefe.

Hautzinger, M., Bailer, M., Keller, F., Worall, H. (1994). *Das Beck Depressionsinventar (BDI)*. Bern: Huber.

Hautzinger, M. & De Jong-Meyer, R. (1994). Depressionen. In H. Reinecker (Hrsg.), *Lehrbuch der klinischen Psychologie. Modelle psychischer Störungen* (2. Aufl.). Göttingen: Hogrefe.

Hautzinger, M. & De Jong-Meyer, R. (1996). Wirksamkeit psychologischer Behandlungen bei Depressionen. *Zeitschrift für Klinische Psychologie, 25* (2) (Themenheft).

Hautzinger, M., Luka-Krausgrill, U. & Trautmann, R. D. (1985). Skala dysfunktionaler Einstellung (DAS). *Diagnostica, 31*, 312–331.

Hautzinger, M. (1997). *Kognitive Verhaltenstherapie bei Depressionen* (4. Aufl.). Weinheim: Psychologie Verlags Union.

Hollon, S. D., Shelton, R. C. & Davis, D. D. (1993). Cognitive therapy for depression: Conceptual issues and clinical efficacy. *Journal of Consulting and Clinical Psychology, 61*, 270–275.

Lewinsohn, P. M. (1974). A behavioral approach to depression. In R. J. Friedman & M. M. Katz (Eds.), *The psychology of depression* (pp. 157–178). New York: Wiley.

Linden, M. & Hautzinger, M. (1995). *Verhaltenstherapie. Techniken und Einzelverfahren*. Berlin: Springer.

Seligman, M. E. P. (1975). *Learned helplessness*. San Francisco: Freeman.

Shea, M. T., Elkin, I., Imer, S. D. et al. (1992). Course of depressive symptoms over follow-up. Findings from the NIMH treatment of depression collaborative research program. *Archives of General Psychiatry, 49*, 782–787.

Smith, A. L. & Weissman, M. M. (1992). Epidemiology. In E. S. Paykel (Ed.), *Handbook of Affektive Disorders* (pp. 111–129). Edinburgh: Churchill Livingstone.

Zerssen, D. von, Pfister, H. & Koeller, D. M. (1988). The Munich personality test (MPT). A short questionnaire for self-rating and relatives' rating of personality traits. *European Archives of Psychiatry and Neurological Sciences, 238*, 73–93.

Weiterführende Literatur

Beck, A. T., Rush, A. J., Shaw, B. F. & Emery, G. (1992). *Kognitive Therapie der Depression* (3. Aufl.). Weinheim: Psychologie Verlags Union.

Hautzinger, M. (1991). Perspektiven für ein psychologisches Konzept der Depression. In C. Mundt, P. Fiedler, H. Lang & A. Kraus (Hrsg.), *Depressionskonzepte heute*. Berlin: Springer.

Hautzinger, M. (1993). Kognitive Verhaltenstherapie und Pharmakotherapie im Vergleich. *Verhaltenstherapie, 3*, 26–34.

Hautzinger, M. (1997). *Kognitive Verhaltenstherapie bei Depressionen* (4. Aufl.). Weinheim: Psychologie Verlags Union.

KAPITEL 8

Suizidalität

8

ANDREAS SCHMIDTKE und SYLVIA SCHALLER

8.1
Einleitung

In verhaltenstheoretischen Modellvorstellungen werden selbstschädigende und suizidale Verhaltensweisen als subjektiv sinnvolle – objektiv aber bisweilen nicht nachvollziehbare – Problemlösungsstrategien angesehen, wenn sich eine Person aufgrund einer Streßsituation/Konflikt in einer Situation befindet, in der Auslösebedingungen, Reaktionsalternativen und (mögliche) Konsequenzen der Handlungen nur in einer bestimmten, eingeschränkten Art und Weise wahrgenommen werden. Die suizidale Handlung bleibt dann als einzige (plausible) Handlungsalternative, i. S. einer »Belastungsregulation«, übrig.

Neuere verhaltenstheoretische Konzepte konvergieren dabei zu sogenannten transaktionalen Modellen, in denen eine vielfache gegenseitige Abhängigkeit von biologischen, psychologischen und sozialen Faktoren angenommen wird (vgl. z. B. Hengeveld, 1992; Schmidtke, 1988).

8.2
Verhaltensdiagnostik

Im folgenden soll nicht auf die Diagnostik der »Suizidalität« eingegangen werden, sondern ausschließlich auf die Analyse der Bedingungen, die zu einer suizidalen Handlung geführt haben (auch wenn es in der praktischen Vorgehensweise Überschneidungen gibt; vgl. Schmidtke, 1988; Wolfersdorf, Wedler & Welz, 1992).

Aufgrund solcher Modellvorstellungen sind daher sämtliche internalen und externalen Bedingungen, die für ein Verständnis des selbstschädigenden oder suizidalen Verhaltens erforderlich sind, in einer funktionalen Bedingungsanalyse zu erfassen (Abb. 8.1).

Die Analyse selbstschädigenden und suizidalen Verhaltens darf sich dabei nicht nur auf die offensichtliche Handlung beschränken (verbal-motorische Ebene), sondern muß Bewertungsprozesse, Motivation und Intention der Handlung (kognitive Ebene), physische Reaktionen auf ein- und ausgehende Reize, z. B. bei Bedingungen homöostatischer Funktionalität oder Selbststimulation (physiologische Ebene) und Wahrnehmung dieser physiologischen Reaktionen als positiv oder negativ getönte Emotionen (affektive Ebene) mit erfassen.

Die Gründe oder Motive für suizidale und selbstschädigende Handlungen, die in auslösenden Reizen wie in antizipierten Konsequenzen liegen können, sind dabei von den Ursachen, d. h. den in der Person (z. B. den längerfristigen somatischen Bedingungen eines Individuums, seiner Lerngeschichte oder seinen kognitiven Stilen) liegenden Variablen, die dazu führen, daß solches Verhalten als Problemlösung eingesetzt wurde, zu unterscheiden. Diese Trennung von Motiven und Ursachen trägt dann auch zu einem besseren Verständnis der suizidalen Handlung bei, weil oft die Bedeutung des genannten suizidauslösenden Motivs unklar oder für einen Außenstehenden in der Wertigkeit nicht nachvollziehbar ist (der letzte Tropfen, der das Faß zum Überlaufen bringt).

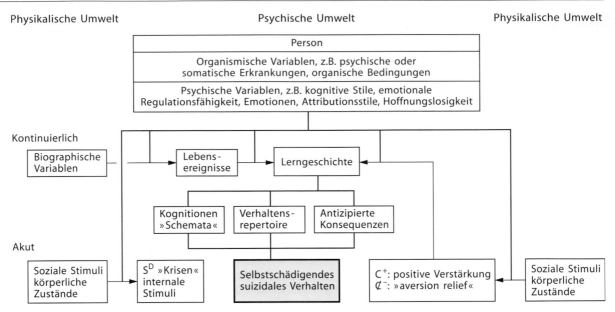

Abb. 8.1. Verhaltensmodell suizidaler und selbstschädigender Handlungen

Zu den intrapersonalen Bedingungen, die suizidales Verhalten beeinflussen, werden im allgemeinen gezählt: eingeschränkte oder mangelnde kognitive Problemlösefähigkeit und kognitive Rigidität, mangelnde emotionale Regulierungsfähigkeit, Impulsivität, Depressivität – in diesem Cluster werden außerdem inadäquate Zeitperspektive, insbesondere eine negative Zukunftsperspektive, Hoffnungslosigkeit und dichotomes Denken zusammengefaßt –, selbstbezogene Kognitionen, wie z. B. negatives Selbstkonzept, negative Metakognitionen und Erwartungskonzepte, Feldabhängigkeit, egozentrisches und idiosynkratisches Denken sowie eine reduzierte Fähigkeit, positive Gedächtnisinhalte aufzurufen (vgl. zusammenfassend Schmidtke, 1992; Schmidtke & Schaller, 1992). Bei der Behandlung selbstschädigender und suizidaler Patienten ist daher eine multidimensionale und multimethodale Vorgehensweise unabdingbar. Dabei muß zwischen kurzfristigem Krisenmanagement und einer Therapie, die die suizidfördernden langfristigen personalen Bedingungen modifiziert, differenziert werden. Eine Begrenzung der therapeutischen Anstrengungen allein auf die kurzfristige Bewältigung der Krisensituation wäre im Hinblick auf die Verringerung der Auftretenswahrscheinlichkeit suizidalen Verhaltens nicht ausreichend.

8.3
Verhaltenstherapeutische Therapiestrategien

8.3.1
Generelle Strategien

Therapien bei selbstschädigendem und suizidalem Verhalten weisen einige Besonderheiten auf (vgl. Schmidtke & Schaller, 1992). Generell muß jede suizidale Handlung ernst genommen werden.

> Interne Klassifikationen in »ernsthafte« und »nicht ernsthafte« Suizidhandlungen sind aus verhaltenstherapeutischer Sicht irrelevant, da jede Suizidhandlung eine funktionale Bedeutung hat und Zeichen einer inadäquaten Problembewältigung darstellt.

Dies gilt besonders bei suizidalen Handlungen Jugendlicher. Patienten nach einem Suizidversuch benötigen außerdem spezifische Motivierung und Führung. Bei Therapeuten auch unterschiedlicher Therapierichtungen besteht Übereinstimmung, daß die Therapie aktiv und eher direktiv angelegt und für den Patienten, im Sinne eines »Arbeitsbündnisses«, transparent und klar strukturiert sein muß (vgl. z. B. Achté, 1990; Linehan, 1993; Neuringer, 1964). Das bedeutet, daß (zukünftige) Suizidideen und -pläne sowie die Wahrnehmung der suizidalen Handlungen vom Therapeuten aktiv angesprochen werden müssen (s. auch 8.3.3 Antisuizidpakte). Die Kontaktaufnahme nach einem Suizidversuch sollte möglichst früh erfolgen, auch wenn der Patient noch nicht voll ansprechbar ist. Der Kontakt zwischen Therapeut und Patient darf nicht abreißen und muß auch vom Therapeuten initiiert werden. Verabredete Kontakte müssen präzise eingehalten werden.

Die meisten Studien über Erfolge von therapeutischen Maßnahmen zeigen, daß die Aktivität und Konstanz des Therapeuten einen großen Einfluß auf den Therapieerfolg hat (vgl. DiGuiseppe et al., 1996; Lauritsen & Friis, 1996; Linehan, 1987a). Selbst wenn keine therapeutische Intervention erfolgte, scheint bereits der Kontakt allein suizidpräventiv zu wirken (De Leo, Carollo & Dello Buono, 1995; Motto & Bostrom, 1991).

---

digendes und suizidales Verhalten auslösen, besser diskriminiert werden, andererseits kann durch Timeoutverfahren bei selbstschädigendem Verhalten – abgesehen von der medizinischen Versorgung – und therapeutische Interventionen sowie Zugehen auf den Patienten in Phasen, in denen kein Problemverhalten auftritt, eine Löschung des selbstschädigenden Verhaltens und eine positive Verstärkung anderen, meist inkompatiblen Verhaltens bewirkt werden. Diese positive Verstärkung von nichtdestruktivem Verhalten (z. B. durch differentielle Verstärkung anderen oder inkompatiblen Verhaltens: DRO- und DRI-Strategien, vgl. z. B. Schaller & Schmidtke, 1983) bedeutet, daß durch den Therapeuten schon präventive Maßnahmen zur Beseitigung der Auslösebedingungen eingeleitet werden sollten, wenn in der Bedingungsanalyse bestimmte Situationen ermittelt wurden, bei oder in denen dieses Verhalten verstärkt auftritt (z. B. bei stationär behandelten Patienten Zeiten ohne besondere Zuwendung am Wochenende oder Phasen der »Langeweile« am Abend).

8.3.2
Spezifische verhaltenstherapeutische Techniken

In Übereinstimmung mit dem Transaktionsmodell suizidaler Handlungen sollen Therapiestrategien Veränderungen auf der Verhaltensebene bewirken, etwa durch Lernen adäquater emotionaler Regulation (Jacobs, 1992; Linehan, 1993), neuer bzw. falsch angewandter Kommunikationsformen (MacLeod & Williams, 1992) sowie Selbstkontrolltechniken zur Verbesserung der Impulskontrolle. Sie müssen aber auch kognitive Therapiemodule enthalten, die kognitive Stile, negative Selbstkognitionen und inadäquate Denkstile zu ändern versuchen (Ellis, 1986; MacLeod & Williams, 1992).

Je nachdem, ob Reaktionsweisen oder Personeigenschaften im Vordergrund stehen, sind unterschiedliche therapeutische Vorgehensweisen indiziert:

Bei Selbstschädigungen, die vorwiegend durch externale Stimuli kontrolliert werden und als reiz- und konsequenzengeleitetes Verhalten anzusehen sind (durch positive Verstärkung oder als »aversion relief«, d. h., die Beendigung eines aversiven Zustandes), sollte der Schwerpunkt eher auf Therapietechniken liegen, die das offen gezeigte Verhalten direkt modifizieren (vorwiegend operante Verfahren, Kontingenzmanagement).

Dabei müssen gleichzeitig Reiz- und Reaktionsbedingungen verändert werden. Einerseits sollen (antezedente) Stimulussituationen, die selbstschä-

Konkret sollte der Patient in einem solchen Fall Aufgaben erhalten, deren Ausführung nach einem vorgegebenen Plan kontrolliert wird, er kann präventiv auch am Wochenende besucht oder einbestellt werden. Damit wird verhindert, daß erst auf selbstschädigendes Verhalten mit Zuwendung reagiert wird. Singh (1986) beschreibt eine Prozedur, bei der eine Patientin mit häufigen und unkontrollierbaren selbstschädigenden Handlungen über 6 Monate hinweg (mit ihrem Einverständnis) zunächst zweimal, dann einmal täglich für zwei Stunden in feuchte Tücher eingewickelt wurde. Während dieser Prozedur, die eine völlige Immobilisierung bewirkte, war ständig ein Therapeut anwesend. Dadurch war es möglich, der Patientin intensive Zuwendung während Zeiten »adäquaten« Verhaltens zu geben, wodurch sie zunehmend mehr Kontrolle über ihre Gefühle erlangte und zu einer intensiveren Therapie fähig war, was letztlich auch die selbstschädigenden Handlungen reduzierte. Es ist sinnvoll, Strategien der Stimuluskontrolle mit Kontingenzmanagementtechniken (sog. *Inter Response Time-Schedule, IRT,* Schaller & Schmidtke, 1983) zu verbinden, bei denen die Zeit zwischen der Emittierung selbstschädigenden Verhaltens immer weiter ausgedehnt wird.

■ **Techniken zur Spannungsreduktion.** Bei destruktivem Verhalten, das vorwiegend der Spannungsreduktion dient und nicht sofort beseitigt werden kann (vgl. Brain, Haines & Williams, 1998), sollten gleichzeitig Techniken vermittelt werden, die sich weniger gefährlich auswirken und das selbstschädigende Verhalten langsam ausblenden werden. Rosen und Thomas (1984) konnten z. B. mit der Durchführung körperlicher Übungen (z. B. Kniebeugen, Pressen eines Gummiballs mit der Hand) bis über die Schmerzgrenze hinaus, sobald der Drang, sich Verletzungen zuzufügen, auftrat, eine Reduktion des selbstschädigenden Verhaltens bewirken. Gleichzeitig müssen aber Techniken eingeübt werden, wie auf andere Weise als durch selbstschädigendes Verhalten Spannung reduziert oder Zuwendung erlangt werden kann.

■ **Vermittlung von Problemlösefertigkeiten.** Da die externalen Bedingungen, die die Auftretenswahrscheinlichkeit selbstschädigenden Verhaltens beeinflussen, meist nur unter Schwierigkeiten und im allgemeinen auch nicht dauerhaft veränderbar sind, sollte hauptsächlich das Verhaltensrepertoire des Patienten modifiziert werden, indem Möglichkeiten einer besseren und adäquateren Problembewältigung vermittelt werden (so daß das alte Verhalten bei kontingenter Verstärkung des neuen Verhaltens gelöscht werden kann). Die Therapie muß daher die in der Verhaltensanalyse eruierten Bedingungen, die zur Auswahl dieses spezifischen Problemlöseverhaltens geführt haben, verringern oder beseitigen (vgl. Ellis, 1986; Fahmy & Jones, 1990; Robinson, 1984; Tegeler, 1985). Ziel des therapeutischen Vorgehens ist zunächst, dem Patienten die Fähigkeit einer adäquaten Identifizierung und Prioritätensetzung der Probleme zu vermitteln. Mögliche Lösungen können dann in einer Art »Brainstormingprozeß« generiert und durch verschiedene Auswahlprozesse für realitätsnahe, konkrete Ziele ausgewählt und zunehmend begrenzt werden. Diese Strategien werden dann in handlungsbezogene Schritte umgesetzt, verbunden mit Strategien, persönlichen Erfolg zu bestimmen und zu überwachen. Bei neu auftretenden Konfliktsituationen und Problemen sollen dem Patienten dann adäquate Problembewältigungsstrategien zur Verfügung stehen, so daß auch aus seiner Sicht kein Rückgriff auf »Strategien« wie selbstschädigende Handlungen und Suizidversuche mehr nötig ist (z. B. D'Zurilla & Goldfried, 1971; Hawton & Kirk, 1989). Zur Verbesserung sozialer Fertigkeiten kann z. B. auf Elemente einschlägiger Trainingsprogramme zurückgegriffen werden, die gegebenenfalls patientenspezifisch modifiziert werden (Hinsch & Pfingsten, 1983; Kessler, 1989). Als hilfreich haben sich auch Selbstkontrolltechniken, wie z. B. Techniken des inneren Sprechens (Meichenbaum, 1977) oder Selbstbelohnungsstrategien, erwiesen. Generell können solche »problemzentrierten« Techniken, mit dem vorrangigen Ziel, dem Patienten Fähigkeiten zu vermitteln, die Konfliktsituationen zu ändern oder zu bewältigen, Streß beim Patienten reduzieren (Kohn & O'Brien, 1997).

Kognitive Stile

Gleichzeitig muß eine kognitive Restrukturierung der Denkstile erfolgen, die die Anwendung adäquater Problemlösungsstrategien behindern und suizidales Verhalten auslösen. Zu diesen einzelnen Bereichen wurden in den letzten Jahren verschiedene therapeutische Techniken entwickelt, die zwar überwiegend bei anderen Patientengruppen erprobt wurden, deren Anwendung aber auch bei suizidalen Patienten sinnvoll erscheint. Hierzu gehören im kognitiven Bereich vor allem Methoden, wie sie etwa von Beck (1976) und Meichenbaum (1977) entwickelt wurden, die von Ellis (1977) propagierte Rational-Emotive-Therapie oder Verfahren, die sich bei Zwangspatienten als erfolgreich erwiesen (Reinecker, 1995). Mit Hilfe dieser Verfahren sollen v. a. die Kognitionen und Idiosynkrasien der Patienten modifiziert und z. B. »Irrtümer« im Denken verändert werden.

■ **Reduzierung negativer Selbstkognitionen.** Gedanken, die Hoffnungslosigkeit, negative Selbstbewertungen, negative Metaperspektiven und negative Zukunftsperspektiven ausdrücken, sollen in positiveres Denken umgewandelt werden. Dabei ist darauf zu achten, daß der Patient nicht bloß ermutigt wird, sondern z. B. Stärken des Patienten erarbeitet und kurzfristig erreichbare Ziele definiert werden, mit dem Zweck, daß die Hoffnungslosigkeit vom Patienten als nicht realistisch erkannt wird. Wichtig hierbei ist, weniger die negativen Aspekte der jetzigen Lebenssituation herauszuarbeiten, sondern eher zu erfassen, was den Patienten im Leben halten könnte. Von einigen Autoren wird auch empfohlen, den Patienten auf die Folgen seines Suizids für Bezugspersonen aufmerksam zu machen (z. B. Achté, 1990; Krüger, 1994) – was aber je nach Motiv für die suizidale Handlung auch kontraindiziert sein könnte, z. B. bei Suiziden aus Rache, oder wenn dadurch Schuldgefühle erzeugt würden, die die Depressivität und Suizidalität des Patienten eher verstärkten. Zur Modifikation der bei suizidalen Personen vermehrten Erinnerung negativer und reduzierter bzw. mit erhöhter Latenz auftretenden positiven

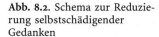

Abb. 8.2. Schema zur Reduzierung selbstschädigender Gedanken

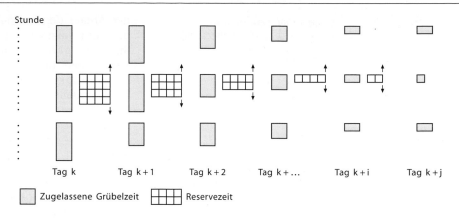

☐ Zugelassene Grübelzeit   ▦ Reservezeit

Erinnerungen (Evans et al., 1992; Williams, 1992) muß das systematische Erinnern positiver Erlebnisse und die Imagination kurz- und langfristiger positiver Konsequenzen geplanten Verhaltens eingeübt werden. Negative Gedanken können durch Gedankenstop-Techniken reduziert oder, wenn die Gedanken zwanghaften Charakter haben, die Zeit, die auf negative oder grüblerische Gedanken verwendet wird, sukzessiv verringert werden. Der Schwierigkeit, daß Patienten zu Beginn des Trainings dieser Technik den vorgegebenen Zeitrahmen nicht immer einhalten können, kann durch eine Art frei zur Verfügung stehender »Reservezeit« begegnet werden: dadurch werden eine Verstärkung des negativen Selbstbildes und weitere Mißerfolgserlebnisse vermieden (Abb. 8.2 zeigt schematisch eine solche Vorgehensweise). Das Einhalten der Zeiten kann dabei i. S. einer positiven Rückmeldung vom Patienten selbst oder extern protokolliert werden.

■ **Inadäquate Denkstile.** Die inadäquaten Kontrollüberzeugungen sollten durch Differenzierung von veränderbaren und nicht veränderbaren Situationen und entsprechenden Bewältigungsstrategien modifiziert werden. Durch Reattribuierungstechniken und alternative Erklärungen sollen Erfolge auf eigene stabile Fähigkeiten zurückgeführt und als jederzeit wiederholbar eingeschätzt werden, Mißerfolge auf die Einwirkung anderer Personen, zufällige Geschehnisse oder mangelnden Einsatz (statt Unfähigkeit) attribuiert werden (Roth & Rehm, 1985). Wichtig hierbei ist, daß der notwendige Disput nicht im Sinne einer »Überredung« durch den Therapeuten, sondern durch ständige Realitätsüberprüfung durch den Patienten selbst erfolgt.

Das dichotome und rigide Denken kann in differenzierteres Denken umgewandelt werden, indem zwar akzeptiert wird, daß es für den Patienten keine völlig annehmbare Lösung des Problems

zu geben scheint, unter den abgelehnten Möglichkeiten aber u. U. eine Rangreihe nach der Akzeptanz möglich ist (vgl. Freeman & Reinecke, 1995; Shneidman, 1984).

Bei einigen Patienten, deren Verhalten besonders durch Omnipotenzgedanken und erwünschte mittelbare Konsequenzen nach dem Tod gekennzeichnet ist (z. B. indem sie z. B. Sozialpartnern für die Zeit nach ihrem Suizid genaue Verhaltensmaßregeln geben oder Rachegedanken entwikkeln), kann u. U. auch eine Konfrontation angezeigt sein. Dies kann durch ein systematisches Durchdenken der Konsequenzen erfolgen, mit dem Ziel, dem Patienten die fehlende Kontrollmöglichkeit über die Durchführung solcher Anweisungen und die Nutzlosigkeit dieses Vorhabens nach seinem Tod bewußt zu machen. Ähnliche Techniken sind auch angebracht, wenn die Konsequenz der suizidalen Handlung eigentlich nicht der Tod selbst ist, sondern mit dem Tod als Mittel zum Zweck Sozialpartner beeinflußt werden sollen (z. B. bei Rachemotiven nach Kränkungen). Generell ist zu vermitteln, daß diese Entscheidungen nicht so »frei« sind, wie sie vermuten, sondern im Gegenteil das Verhalten nach relativ rigiden Schemata ausgerichtet ist, die sich in der Lebensgeschichte nachweisen lassen. Auch die oft irrationalen und magischen Vorstellungen über die Konsequenzen der suizidalen Handlung, z. B. Vorstellung vom Tod als »Schlaf«, muß korrigiert und das Endgültige und Irreversible des Todes immer wieder betont werden (Achté, 1990).

■ **Training adäquater emotionaler Regulation.** Als wichtig hat sich auch das Training emotionaler Regulation und eine Erhöhung der Frustrationstoleranz erwiesen (Briere, 1996; Linehan, 1987ab, 1989, 1993). Hierbei wird eine adäquate Erkennung und Benennung emotionaler Stimuli und eine konfrontative Auseinandersetzung mit emotionalen Stimuli geübt (auch i. S. eines »Rea-

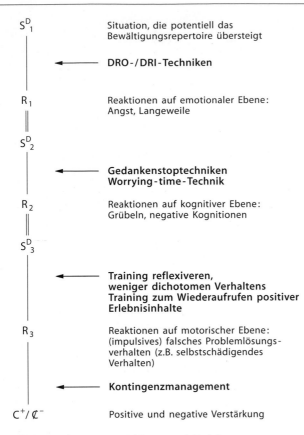

S^D_1 — Situation, die potentiell das Bewältigungsrepertoire übersteigt

← DRO-/DRI-Techniken

R_1 — Reaktionen auf emotionaler Ebene: Angst, Langeweile

S^D_2

← Gedankenstoptechniken
Worrying-time-Technik

R_2 — Reaktionen auf kognitiver Ebene: Grübeln, negative Kognitionen

S^D_3

← Training reflexiveren, weniger dichotomen Verhaltens
Training zum Wiederaufrufen positiver Erlebnisinhalte

R_3 — Reaktionen auf motorischer Ebene: (impulsives) falsches Problemlösungsverhalten (z.B. selbstschädigendes Verhalten)

← Kontingenzmanagement

$C^+/\mathcal{C}^-$ — Positive und negative Verstärkung

Abb. 8.3. Schema zum Habit-reversal-Training

litätstrainings«). Auch die Neigung zu impulsivem Verhalten muß durch ein Einüben reflexiveren Verhaltens, also Denken vor der Tat, ersetzt werden. Ziel ist eher, dem Patienten zu vermitteln, wie er Traumen akzeptiert, emotionalen Streß aushält, als ihn aus den Krisen selbst herauszunehmen bzw. zu versuchen, sie für den Patienten zu lösen. Die Einübung dieser »Basisfertigkeiten« ist als vorrangig anzusehen und sollte auch von dem Therapieanteil, in dem die emotionale Befindlichkeit oder Handlungen aufgrund mangelnder Impulskontrolle selbst besprochen werden, formal oder durch die Aufteilung der Therapieverantwortlichkeit getrennt werden. Als wichtig wird auch eine häufige und kontingente Rückmeldung von Erfolgen des Patienten angesehen, z.B. durch gesondert von der eigentlichen Therapie ablaufende Telefonkontakte.

■ **Erarbeitung einer funktionalen Verhaltenskette.** Eine Zusammenfassung dieser Techniken kann im Rahmen der Erarbeitung einer funktionalen Verhaltenskette (auf kognitiver, physiologischer und motorischer Ebene) geschehen. Hierbei wird gemeinsam mit dem Patienten Schritt für Schritt der Ablauf der Entwicklung zum selbstschädigenden und suizidalen Verhalten in einer konkreten Situation erarbeitet, und es werden an verschiedenen Stellen (auch i. S. eines Habit-reversal-Trainings) Reaktionsalternativen aufgezeigt. Abb. 8.3 zeigt modellhaft eine solche Verhaltenskette.

8.3.3
Spezielle Probleme

»Suiziddrohungen« bzw. suizidale Handlungen während der Therapie

> Basis der Therapie muß eine akzeptierende emotionale Zuwendung unabhängig von selbstdestruktivem Verhalten sein. Dem Patienten soll vermittelt werden, daß er wegen seiner Handlung nicht abgelehnt wird, und daß der Therapeut akzeptiert, wenn aus der Sicht des Patienten die Handlung sinnvoll erscheint (Linehan bezeichnet dies auch als aktive Akzeptanz, i. S. einer Validierungsstrategie). Dies ist besonders bei selbstschädigenden Handlungen auf der Basis von Persönlichkeitsstörungen unabdingbar.

Es ist wichtig, immer wieder die Eigenverantwortlichkeit des Patienten für sein Leben zu betonen (Hending, 1981; Krüger, 1994) und deutlich zu machen, daß der Therapeut nicht »Herrscher« über das Leben des Patienten ist, sondern unter bestimmten Umständen das Risiko einer suizidalen Handlung auch einzugehen gewillt ist (Ennis et al., 1985; Rose, 1982). Dieses Zugeständnis einer gewissen »Wahlfreiheit« kann die Einengung eines Patienten i. S. des präsuizidalen Syndroms ausweiten und Reaktanz entgegenwirken. Beides kann u. U. helfen, die Wahrscheinlichkeit suizidaler Handlungen zu verringern (Schaller & Lester, in Vorb.). Auf diesem Hintergrund können dann auch funktionale »Suiziddrohungen« des Patienten mit ihm reflektiert werden.

Der Therapeut muß sich stets bewußt sein, daß eine absolute Verhinderung suizidaler Handlungen nicht möglich ist und langfristig sogar einen Suizid zur Folge haben kann, weil der Patient nicht lernt, mit selbstschädigenden und suizidalen Impulsen umzugehen (vgl. Schwartz et al., 1974; Katz, 1995). Andererseits darf der Therapeut den an ihn herangetragenen Wunsch nach Hilfe bei der Kontrolle suizidaler Impulse nicht aus falsch verstandenem »nondirektivem« Therapieverständnis zurückweisen (vgl. Krüger, 1994). Er muß daher auch bereit sein, während einer akuten Krisensituation, die der Patient allein nicht bewältigen kann und während der eine ausreichende Kontrolle (z. B. auch durch Bezugspersonen) nicht möglich ist, eine Klinikeinweisung (notfalls mit Hilfe der Polizei) zu veranlassen. Die Pflicht hierzu ergibt sich nicht nur aus dem bei aller Liberalisierung nach wie vor bestehenden Garantenstatus des Therapeuten (»... an 'open door' policy does not mean an open window policy for highly suicidal patients«, Van de Creek & Knapp, 1983, S. 277), sondern auch aus der empirischen Erkenntnis, daß nach diesen (meist kurzzeitigen) Krisen die Patienten die Verhinderung der suizidalen Handlung bejahen. Klinikeinweisungen (oder Verlegungen von einer offenen auf eine »geschlossene« Station) sollten daher auch nicht als therapeutisches Versagen oder »Bestrafung« des Patienten angesehen werden, sondern als eine weitere wirksame therapeutische Strategie (Katz, 1996). Entsprechend sollte die Entscheidung über eine solche Maßnahme Teil eines patientenspezifischen Behandlungsplans sein, in dem die Risiken (Frequenz, Art und Ort der Durchführung) einer suizidalen Handlung dieses speziellen Patienten und die jeweiligen Bewältigungsressourcen gegeneinander abgewogen (und dokumentiert) werden (Bongar et al., 1992).

> Klinikeinweisungen mit dem Ziel der besseren Überwachung sollten in der Regel erwogen werden bei Suizidimpulsen auf dem Hintergrund psychotischer und schwerer depressiver Erkrankungen. Bedeutsam ist auch weniger die Frequenz selbstschädigenden Verhaltens als die zugrundeliegenden Motive oder der Grad der Planung der beabsichtigten Handlung.

Wenn ein Patient zwischen den Therapiesitzungen selbstschädigende oder suizidale Handlungen unternommen oder mit suizidalen Handlungen gedroht hat, sollte die Verhaltenskette (auf kognitiver und motorischer Ebene) nochmals, bezogen auf die aktuelle suizidale Handlung, mit ihm bearbeitet werden, wobei der Schwerpunkt auf die Suche von alternativen Lösungen gelegt werden soll, die zu bestimmten Zeitpunkten in dieser Verhaltenskette möglich gewesen wären, und die Verhaltensdefizite herausgearbeitet werden sollten, die dies nicht verhinderten (vgl. Linehan, 1993).

Antisuizidpakte

Die Wirkung von Versprechen oder Verträgen, keinen Suizid zu begehen, werden unterschiedlich eingeschätzt, überzeugende empirische Belege für ihre Wirksamkeit gibt es bisher nicht (Stanford, Goetz & Bloom, 1994). Juristisch entbinden derartige Verträge den Therapeuten auch nicht von seiner Sorgfaltspflicht gegenüber dem Patienten, sie können daher nur im Hinblick auf die psychologischen und therapeutischen Effekte diskutiert werden. Befürworter betonen vor allem den diagnostischen Nutzen im Hinblick auf die Abschätzung des Suizidrisikos (Neville & Barnes, 1985) und das Ausmaß, in dem der Patient gewillt ist, die Verantwortung für seine Handlungen bewußt zu reflektieren und zu übernehmen (Firestone, 1997). Ein therapeutischer Effekt kann darauf beruhen, daß der Patient Bedingungen, unter denen er den Pakt abschließt, zusammen mit dem Therapeuten reflektieren kann. Antisuizidpakte könnten so i. S. der Verbesserung der Kommunikation mit suizidalen Patienten eingesetzt werden (Jacobs, 1992; Stanford et al., 1994). Der Disput über suizidale Absichten erleichtert den Umgang mit diesen Gedanken (Achté, 1990). Antisuizidpakte müssen dann allerdings mehr beinhalten als das bloße »Sich-in-die-Hand-Versprechenlassen« des Patienten, keinen Suizid zu begehen (Reimer, 1992, S. 94).

> So kann z. B. die Zeitperspektive und Zukunftsplanung des Patienten aufgegriffen werden. Indem mit dem Patienten zunächst jeweils nur eine kurze Zeitstrecke, z. B. die nächsten Stunden oder der nächste Tag, geplant und Absprachen getroffen werden, kann diese Zeitspanne zunehmend ausgedehnt werden. Es können auch mit suizidalen Handlungen »inkompatible« Verhaltensweisen vertraglich vereinbart werden, z. B., daß vor einer suizidalen Handlung der Therapeut oder eine entsprechende Institution angerufen oder aufgesucht wird (Ausgeben von »Krisenkarten« mit den wichtigsten Adressen und Telefonnummern; zur Effektivität dieser Maßnahme vgl. Morgan, Jones & Owen, 1993) oder Freunde besucht werden.

Wenglein (1994, S. 139) sieht eine inhaltliche Entsprechung des Antisuizidpaktes mit der Herstellung und Aufrechterhaltung der therapeutischen Allianz und der Focusbildung in der Therapie. Angesichts der im allgemeinen nur kurzen Zeitdauer, in der sich ein Patient in einer suizidalen Krise befindet, sollten Möglichkeiten, die dabei helfen könnten, diese kritische Zeitperiode zu überwinden, vor dem empirischen Nachweis der Ineffektivität nicht von vornherein abgelehnt werden. Kontraindikationen für Kontrakte wären allerdings negative Reaktionen auf die Therapie selbst, psychotische Zustände, starke Impulsivität und ein Aufdrängen von Suizidgedanken (vgl. Clark & Kerkhoff, 1993; Jacobs, 1992).

Ablehnung und »Aggression« von seiten des Patienten

Die Ablehnung des Patienten kann in

- totalem Rückzug und Dissimulation (alles sei ein Mißverständnis, er brauche keine Hilfe),
- verbalen Entwertungen der Therapie oder des Therapeuten (z. B. lange Schweigepausen, ständig wiederholte »Beschwerden«),
- reaktantem Verhalten (z. B. »Unterlaufen« der therapeutischen Maßnahmen, ständiges Zuspätkommen oder Vergessen der Termine) oder
- direkten Bedrohungen des Therapeuten bestehen.

Dadurch vermeidet er Reflektionen über Ursachen und Konsequenzen seiner Handlungsweisen und sieht somit auch keine Veranlassung zu einer Änderung seines Verhaltens oder seiner Lebensumstände. Auch hier ist eine stabile Akzeptanz des Patienten durch den Therapeuten unabdingbar, um nicht durch Ablehnung das rigide, provokative Schema des Patienten weiter zu verstärken. Angriffe darf der Therapeut nicht persönlich auf sich beziehen und als Infragestellen seiner beruflichen Kompetenz werten. Der Patient sollte daher auch nicht mit seinem Verhalten konfrontiert werden.

Gleichzeitige medikamentöse Behandlung

Vor allem von psychoanalytisch orientierten Psychotherapeuten wird eine gleichzeitige psychotherapeutische und medikamentöse Behandlung oft abgelehnt, weil durch die Medikamente die Introspektionsfähigkeit des Patienten beeinträchtigt sei. Auch wenn aus verhaltenstherapeutischer Sicht Medikamente im allgemeinen nicht so stark problematisiert werden, ist eine mögliche Attribution der veränderten Befindlichkeit auf die Medikamentengabe (was eine Schwächung intrapersonaler Ressourcen und die Suche nach externaler Problemlösung verstärken könnte) bzw. i. S. eines »negativen Placeboeffektes« die Verschlimmerung der Symptomatik bei Ausbleiben einer positiven Wirkung (»ich bin so krank, mir hilft nicht einmal XY«) zu beachten. Diese Attributionsproblematik bedingt nun nicht den Verzicht auf notwendige Medikation – eine Reihe von Untersuchungen konnte deutliche suizidpräventive Effekte (vor allem der Lithiummedikation) bei bestimmten Patientengruppen nachweisen (vgl. zusammenf.

Goldney, 1998) – der Einsatz und die (begrenzte) Wirkung der Medikamente müssen aber sehr genau mit dem Patienten besprochen werden (i. S. einer »Krücke«, die die Aktualisierung des Selbsthilfepotentials des Patienten anfänglich erleichtert) und möglicherweise ausbleibende Wirkungen sowie alternative Maßnahmen im vorhinein angesprochen werden.

Suizidale Handlungen alter Menschen

Während im allgemeinen Suizidverhütung und anschließende Therapie bei jüngeren Menschen ohne Vorbehalt bejaht wird, wird die Behandlung des suizidalen älteren Menschen kontrovers diskutiert. Dies beruht einerseits auf veränderten (akzeptierenderen) Einstellungen sowohl des alten Menschen selbst als auch der Gesellschaft gegenüber suizidalen Handlungen alter Menschen (McIntosh, 1995), andererseits werden bei ihnen aufgrund vorbestehender Krankheiten bzw. altersbedingter Verfestigung von Personvariablen generell geringere Erfolgsaussichten von Psychotherapie angenommen. Da viele Suizidalität begünstigende Faktoren (z. B. Krankheit, ökonomische Probleme, soziale Isolierung, Verlusterlebnisse, Abhängigkeit) allgemein als Kennzeichen und »normal« für höheres Alter angesehen werden, werden suizidale Handlungen als verstehbar und wegen der geringen Beeinflußbarkeit dieser Faktoren auch als wenig beeinflußbar angesehen. Hinzu kommt, daß, im Gegensatz zu anderen Altersgruppen, Patienten mit »aktiven« und »passiven« Suizidideen sich hinsichtlich zukünftiger Suizide nicht unterscheiden, was dazu führen kann, Suizidgedanken alter Menschen weniger ernst zu nehmen (Reynolds, 1997; Szanto et al., 1996). Im Gegensatz zu jüngeren Patienten werden alte suizidale Menschen daher häufig allein medikamentös behandelt oder hospitalisiert (vgl. Firestone, 1997), v. a. auch aufgrund von Schätzungen, daß mehr als 50% der älteren suizidalen Patienten an einer Major Depression leiden (Conwell, Rotenberg & Caine, 1990), die bei alten Patienten mit einer hohen Rückfallgefährdung einherzugehen scheint (Reynolds et al., 1996). Dabei weist die Mehrzahl der im Rahmen einer Therapiestudie untersuchten älteren Patienten Rollenkonflikte und interpersonale Konflikte als Hauptproblembereiche auf (Reynolds, 1997). Der Einbezug der sozialen, besonders der familialen Umwelt des alten Suizidpatienten ist daher besonders wichtig – einmal, um den Angehörigen diese Problematik bewußt zu machen, zum anderen, um ihnen Bewältigungsmöglichkeiten im Umgang mit den Suizidintentionen des alten Familienmitglieds zu geben (Richman, 1994; Wächtler, 1992).

■ **Spezifische Therapiekonzepte für suizidale ältere Personen.** Durch die Altersdifferenz bedingte interpersonale Probleme spielen allerdings auch bei der Therapie alter Menschen eine Rolle (Tallmer, 1994; Teiching, 1992). Sie äußern sich oft in einer Abwertung des jüngeren Therapeuten (es wird ihm mangelnde Kenntnis und somit mangelndes Verständnis für die Probleme alter Menschen unterstellt) oder in einer Abwehr der Psychotherapie generell und der Fixierung auf somatische Probleme, was dazu führt, daß älteren Menschen häufig eine geringere Motivation unterstellt wird und spezielle psychotherapeutische Angebote kaum vorliegen. Eines der wenigen spezifischen Therapiekonzepte für suizidale alte Personen entwickelte Maltsberger (1991).

> In 5 Schritten wird das aktuelle (Verlust-)Erlebnis, das zur Suizidalität führte, die Differenzierung der beim Patienten vorherrschenden Gefühle und ihre Beziehung zu diesem aktuellen Verlusterlebnis, das Herausarbeiten der Möglichkeiten, diesen Verlust rückgängig zu machen oder weitere Verluste zu vermeiden, herausgearbeitet und unter Einbezug externer Ressourcen, der lebensgeschichtlich entwickelten Problembewältigungsmöglichkeiten, des körperlichen Gesundheitszustandes sowie der psychischen und/oder physischen Beschränkungen des Patienten eine Abklärung der realen Möglichkeiten des Patienten zur Bewältigung seiner Situation sowie der Fähigkeit des Patienten, sich auf eine Änderung seiner Situation einzulassen, vorgenommen und konkrete Hilfe mit ihm erarbeitet.

8.4
Effektivität

Bei der Untersuchung der Effektivität therapeutischer Maßnahmen stellen sich verschiedene Fragen:

- die Wirkung einer spezifischen Behandlung im Vergleich zu keiner Behandlung;
- veränderungsrelevante Therapiekomponenten;
- ergebnisrelevante Behandlungsparameter (z. B. Dauer);
- Behandlungskombinationen;
- verschiedene Behandlungsprozesse sowie der Einfluß jeweils personspezifischer Merkmale (Kazdin, 1994).

■ **Effizienz kognitiver Therapiestrategien.** Zur Effektivität verhaltenstherapeutischer Therapiestrategien liegen bisher außer Einzelfallstudien – wie generell im Bereich der suizidologischen Therapieforschung – nur wenige Studien vor. Der Effektivitätsnachweis muß dabei nach den Schwerpunkten der Ansätze getrennt werden. Verschiedene kognitive Stile scheinen so durch therapeutische Maßnahmen durchaus beeinflußbar. Problemlösetrainings scheinen sich positiver auf Hoffnungslosigkeit, Depressivität und Suizidgedanken auszuwirken als allein »unterstützende« Therapien (3 Monate Follow-Up, Lerner & Clum, 1990; 6 Monate, Nezu, 1986). Untersuchungen zu Veränderungen von Kontrollüberzeugungen zeigten dagegen uneinheitliche Ergebnisse. Während von Sakinofsky et al. (1990) bei Patienten, die nach einem Suizidversuch ihre Probleme lösen konnten, auch Veränderungen der Kontrollüberzeugungen in Richtung größerer interner Kontrolle berichtet werden, dagegen bei Patienten, die ihre Probleme nicht lösen konnten, kaum Veränderungen gesehen wurden, unterschieden sich in der Studie von Sakinofsky & Roberts (1990) Subgruppen von Patienten mit Wiederholungen des Suizidversuchs, die abhängig von der Lösung ihrer Probleme unterteilt worden waren, hinsichtlich ihrer Kontrollüberzeugung nicht. Firth-Cozens & Brewin (1988) konnten zeigen, daß bei Patienten in psychotherapeutischer Behandlung zu Beginn einer Therapie eher internale sowie globale Attributionen und Attributionen, die die Ereignisse für unkontrollierbar hielten, nachweisbar waren, während gegen Ende der Therapie die Attributionen weniger global waren und weniger in Richtung von Annahmen unkontrollierbarer Ereignisse gingen. Ein ähnliches Ergebnis zeigte sich auch bei Smith (1989). Während sich ein Programm zum Erlernen von Bewältigungsstrategien positiv auf die Selbstbewertung auswirkte, zeigten sich auf Attributionsstile im Gegensatz dazu keine Effekte, Veränderungen der Selbstbewertung kovariierten auch nicht mit Veränderungen der Attributionsstile. Kritisch anzumerken ist auch, daß sich nach verschiedenen Studien zwar aufgrund kognitiver Therapie die Kognitionen von Patienten mit der Zeit verändern, dies aber offensichtlich wenig Auswirkungen auf das Problemverhalten, z. B. die Rate von suizidalem Verhalten, selbst hat (z. B. Sakinofsky & Roberts, 1990; Sakinofsky et al., 1990; Salkovskis, Atha & Storer, 1990), so daß anzunehmen ist, daß weniger die Veränderung der Kognitionen als vielmehr die Verbesserung der emotionalen Kontrolle relevant ist (Schmidtke, 1992). Hawton et al. (1998) konnten entsprechend auch in einer Metaanalyse von 4 randomi-

sierten Therapiestudien zur Effektivität kognitiv-
verhaltenstherapeutischer Verfahren keine signifikanten Unterschiede bezüglich der Wiederholung
von Selbstbeschädigungen innerhalb des Follow-
up-Zeitraums von 12 Monaten zwischen den
Gruppen, die eine Problemlösetherapie und denen,
die eine sog. »Standardbehandlung« erhielten, finden.

Nicht zuletzt aus diesem Grund fand wohl auch
die einzige bisher vorliegende Gruppenstudie, die
eine verhaltensorientierte Therapiestrategie mit
einer einsichtsorientierten Strategie verglich, keinen signifikanten Unterschied beider Therapiear-
ten (Liberman & Eckman, 1981).

Aufgrund dieser Befunde sollten Therapiestrategien bei suizidalem Verhalten daher davon abgehen, lediglich kognitive Strukturen und Einstellungen selbst verändern zu wollen, da dies offensichtlich zwar gelingt, die Handlungsumsetzung
bei neu auftretenden Gedanken in Krisen jedoch
dann offensichtlich immer noch zu schnell und
planlos (möglicherweise aufgrund der erhöhten
Impulsivität) erfolgt (Schmidtke, 1992). Dies
könnte dahingehend interpretiert werden, daß der
Wunsch nach Vermeidung einer Streßsituation
aufgrund der erhöhten Impulsivität sofort erfüllt
werden muß, ohne daß in Betracht gezogen wird,
ob diese Lösung dauernd oder nur zeitweilig ist.
Daher sollten zusätzlich zu Strategien, wie die
Auswirkungen der Veränderungen in den kognitiven Variablen in Interaktion mit Stimmungsschwankungen auf Verhalten besser kontrolliert
werden können (Weishaar & Beck, 1990; MacLeod
& Williams, 1992), unbedingt therapeutische
Ansätze zur generellen Verringerung impulsiven
Verhaltens einbezogen werden, um die Auftretenswahrscheinlichkeit unüberlegter und kurzfristig
angelegter Problemlösungsstrategien zu verringern (vgl. z.B. auch Lira, Carne & Masri, 1983).

■ **Effizienz von Behandlungskombinationen.** Die
einzige Längsschnittstudie, die bisher versuchte,
die Effekte einer Kombination dieser vorgeschlagenen Techniken zu überprüfen, ist die von Linehan et al. (1992). Die Strategien der DBT, über die
Dauer von einem Jahr angewandt, erwiesen sich
dabei bei der Reduzierung selbstschädigender
Handlungen bei Borderlinepatientinnen als sehr
effektiv. Die Patientinnen in der Behandlungsgruppe unterschieden sich zwar nicht von der
Kontrollgruppe in Werten von Depressionsskalen,
Hoffnungslosigkeit und Suizidideen, wiesen aber
während des Behandlungszeitraumes signifikant
weniger parasuizidale Handlungen und medizinisch weniger schwer beurteilte suizidale Hand-

lungen und weniger Behandlungstage in einer
psychiatrischen Institution auf.

Da zum jetzigen Zeitpunkt noch keine gesicherten Aussagen über die Effektivität der einzelnen psychologischen oder pharmakologischen Behandlungsansätze bei suizidalem und selbstschädigenden Verhalten vorliegen (Hawton et al.,
1998), sind »standardisierte« Therapieempfehlungen bisher nicht möglich. Aufgrund des vorgeschlagenen transaktionalen Modells und ausgehend von der Funktionalität der suizidalen bzw.
selbstschädigenden Handlung sind daher indivi-
dualisierte multimodale und multimethodale Behandlungsstrategien zu verfolgen.

Literatur

Achté, K. (1990). Brief psychotherapy with suicidal persons.
Crisis, 11, 1–6.

Beck, A. T. (1976). *Cognitive therapy and the emotional disorders*. New York: International Universities Press.

Bongar, B., Maris, R. W., Berman, A. L. & Litman, R. E.
(1992). Outpatient standards of care and the suicidal patient. *Suicide and Life-Threatening Behavior, 22*, 453–478.

Brain, K. L., Haines, J. & Williams, C. L. (1998). The psy-
chophysiology of self-mutilative behaviour. A compari-
son of current and recovered self-mutilators. In R. J.
Kosky, H. S. Eshkevari, R. Goldney & R. Hassan (Eds.),
Suicide prevention. The global context (pp. 211–222). New
York: Plenum.

Briere, J. (1996). *Therapy for adults molested as children.
Beyond survival*. New York: Springer.

Clark, D. C. & Kerkhof, A. J. F. M. (1993). No-suicide deci-
sions and suicide contracts in therapy. *Crisis, 14*, 98–99.

Conwell, Y., Rotenberg, M. & Caine, E. D. (1990). Complet-
ed suicide at age 50 and older. *Journal of the American
Geriatric Society, 38*, 640–644.

DeLeo, D., Carollo, G. & Dello Buono, M. (1995). Lower suicide rates associated with a Tele-Help/Tele-Check service
for the elderly at home. *American Journal of Psychiatry,
152*, 632–634.

DiGiuseppe, R., Linscott, J. & Jilton, R. (1996). Developing
the therapeutic alliance in child-adolescent psychotherapy. *Applied & Preventive Psychology, 5*, 85–100.

D'Zurilla, T. & Goldfried, M. (1971). Problem solving and
behavior modification. *Journal of Abnormal Psychology,
78*, 107–126.

Ellis, A. (1977). *Die rational-emotive Therapie*. München:
Pfeiffer.

Ellis, T. E. (1986). Towards a cognitive therapy for suicidal
individuals. *Professional Psychology, 17*, 125–130.

Ennis, J., Barnes, R. & Spenser, H. (1985). Management of
the repeatedly suicidal patient. *Canadian Journal of
Psychiatry, 30*, 535–538.

Evans, J., Williams, J. M. G., O'Loughlin, S. & Howells, K.
(1992). Autobiographical memory and problem-solving
strategies of parasuicide patients. *Psychological Medicine, 22*, 399–405.

Fahmy, V. & Jones, R. S. P. (1990). Theories of the aetiology
of self-injurious behaviour: a review. *Irish Journal of
Psychology, 11*, 261–276.

Firestone, R. W. (1997). *Suicide and the inner voice.* Thousand Oaks, CA: Sage.

Freeman, A. & Reinecke, M. A. (1995). *Selbstmordgefahr?* Bern: Huber.

Goldney, R. D. (1998). Suicide prevention is possible: a review of recent studies. *Archives of Suicide Research, 4,* 329–339.

Hawton, K., Arensman, E., Townsend, E., Bremner, S., Feldman, E., Goldney, R., Gunnell, D., Hazell, P., van Heeringen, K., House, A., Owens, D., Sakinofsky, I. & Träskman-Bendz, L. (1998). Deliberate self harm: systematic review of efficacy of psychosocial and pharmacological treatments in preventing repetition. *British Medical Journal, 317,* 441–447.

Hawton, K. & Kirk, J. (1989). Problem-solving. In K. Hawton, P. M. Salkovskis, J. Kirk & D. M. Clark (Eds.), *Cognitive behaviour therapy for psychiatric problems* (pp. 406–426). Oxford: Oxford University Press.

Hending, H. (1981). Psychotherapy und suicide. *American Journal of Psychotherapy, 35,* 469–480.

Hengeveld, M. W. (1992). *Biopsychological interactions in recurrent suicide attempt: A model.* Paper presented at the 4th European Conference on Suicidal Behavior. Odense.

Hinsch, R. & Pfingsten, U. (1983). *Gruppentraining sozialer Kompetenzen.* München: Urban & Schwarzenberg.

Jacobs, D. (1992). Evaluating and treating suicidal behavior in the borderline patient. In D. Jacobs (Ed.), *Suicide and clinical practice* (pp. 115–130). Washington: American Psychiatric Press.

Kazdin, A. E. (1994). Psychotherapie mit Kindern und Jugendlichen. Aktueller Stand, Fortschritte und zukünftige Entwicklungen. *Psychotherapeut, 39,* 345–352.

Katz, P. (1995). The psychotherapeutic treatment of suicidal adolescents. *Adolescent Psychiatry, 20,* 235–251.

Kessler, A. (1989). *Der erfolgreiche Umgang mit täglichen Belastungen – Streßbewältigungsprogramm A. Materialien für den Kursleiter.* München: Röttger.

Kohn, P. M. & O'Brien, C. (1997). The situational response inventory: A measure of adaptive coping. *Personality and Individual Differences, 22,* 85–92.

Krüger, M. (1994). Systemische Ideen zum Umgang mit Suizidalität. *Suizidprophylaxe, 21,* 147–152 (Gesamtnr. 81).

Lauritsen, R. & Friis, S. (1996). Self-rated therapeutic alliance as a predictor of drop-out from a day treatment program. *Nordic Journal of Psychiatry, 50,* 17–20.

Lerner, M. S. & Clum, G. A. (1990). Treatment of suicide ideators: a problem-solving approach. *Behavior Therapy, 21,* 403–411.

Linehan, M. M. (1987a). Dialectical behavior therapy for borderline personality disorder: theory and method. *Bulletin of the Menninger Clinic, 51,* 261–276.

Linehan, M. M. (1987b). Dialectical behavior therapy: a cognitive behavioral approach to parasuicide. *Journal of Personality Disorders, 1,* 328–333.

Linehan, M. M. (1989). Dialektische Verhaltenstherapie bei Borderline-Persönlichkeitsstörungen. *Praxis der klinischen Verhaltensmedizin und Rehabilitation, 8,* 220–227.

Linehan, M. M. (1993). *Cognitive-behavioral treatment for borderline personality disorders: the dialectics of effective treatment.* New York: Guilford Press.

Maltsberger, J. T. (1991). Psychotherapy with older suicidal patients. *Journal of Geriatric Psychiatry, 24,* 217–234.

McIntosh, J. L. (1995). Suicide prevention in the elderly (age 65–99). *Suicide and Life-Threatening Behavior, 25,* 180–192.

McLeod, A. K. & Williams, J. M. (1992). The cognitive psychology of parasuicidal behavior. In P. Crepet, G. Ferrari, S. Platt & M. Bellini (Eds.), *Suicidal behaviour in Europe* (pp. 217–233). Rom: Libbey.

Meichenbaum, D. (1977). *Cognitive-behavioral modification.* New York: Plenum.

Motto, J. & Bostrom, A. G. (1991). *Post-crisis suicide without therapy.* Paper presented at the IASP Conference, Hamburg.

Neuringer, C. (1964). Rigid thinking in suicidal individuals. *Journal of Consulting Psychology, 28,* 54–58.

Neville, D. & Barnes, S. (1985). The suicidal phone call. *Journal of Psychosocial Nursing and Mental Health Services, 23* (8), 14–18.

Nezu, A. M. (1986). Efficacy of a social problem solving therapy approach for unipolar depression. *Journal of Consulting and Clinical Psychology, 54,* 196–202.

Reimer, C. (1992). Tiefenpsychologische Einzeltherapie bei Suizidpatienten. In H. Wedler, M. Wolfersdorf & R. Welz (Hrsg.), *Therapie bei Suizidgefährdung* (S. 85–97). Regensburg: Roderer.

Reinecker, H. (1995). Verhaltenstherapie bei Zwangsstörungen. *Psycho, 21,* 329–338.

Reynolds, C. F. (1997). Treatment of major depression in later life: a life cycle perspective. *Psychiatric Quarterly, 68,* 221–246.

Reynolds, C. F., Frank, E., Kupfer, D. J., Thase, M. E., Perel, J. M., Mazumdar, S. & Houck, P. R. (1996). *American Journal of Psychiatry, 153,* 1288–1292.

Richman, J. (1994a). Psychotherapy with older suicidal adults. In A. Leenaars, J. T. Maltsberger & R. A. Niemeyer (Hrsg), *Treatment of suicidal people* (pp. 101–113). Washington, DC: Taylor & Francis.

Richman, J. (1994b). Family therapy for the suicidal elderly. In D. Lester & M. Tallmer (Hrsg), *Now I lay me down: suicide in the elderly* (pp. 73–87).

Robinson, L. H. (1984). Outpatient management of the suicidal child. *American Journal of Psychotherapy, 38,* 399–412.

Rose, H. K. (1982). Zum psychotherapeutischen Umgang mit suizidal Depressiven. In H. Helmchen, M. Linden & U. Rüger (Hrsg.), *Psychotherapie in der Psychiatrie* (pp. 199–205). Berlin: Springer.

Rosen, L. W. & Thomas, M. A. (1984). Treatment technique for chronic wrist cutters. *Journal of Behavioural Therapy and Experimental Psychiatry, 15,* 33–36.

Roth, D. & Rehm, L. P. (1985). Selbstkontrolltherapie der Depression in Gruppen – Therapiemanual. In S. K. D. Sulz (Hrsg.), *Verständnis und Therapie der Depression.* München: Reinhardt.

Salkovskis, P. M., Atha, C. & Storer, D. (1990). Cognitive-behavioural problem solving in the treatment of patients who repeatedly attempt suicide: a controlled trial. *British Journal of Psychiatry, 157,* 871–876.

Sakinofsky, I. & Roberts, R. S. (1990). Why parasuicides repeat despite problem resolution. *British Journal of Psychiatry, 156,* 399–405.

Sakinofsky, I., Roberts, R. S., Brown, Y., Cumming, C. & James, P. (1990). Problem resolution and repetition of parasuicide - a prospective study. *British Journal of Psychiatry, 156,* 395–399.

Schaller, S. & Schmidtke, A. (1983). Verhaltensdiagnostik. In K. J. Groffmann & L. Michel (Hrsg.), *Enzyklopädie der Psychologie.* Themenbereich B, Serie II, Bd. 4. Verhaltensdiagnostik (S. 489–701). Göttingen: Hogrefe.

Schmidtke, A. (1988). *Verhaltenstheoretisches Modell suizidalen Verhaltens*. Regensburg: Roderer.

Schmidtke, A. (1992). *Struktur und Invarianz kognitiver Stile und ihre Abhängigkeit von emotionalen und motivationalen Faktoren während depressiver Symptomatik und suizidaler Krisen*. Habilitationsschrift. Würzburg: Universität.

Schmidtke, A. & Schaller, S. (1988). Kognitive Therapie bei suizidalem und selbstschädigendem Verhalten. *Psychobiologie, 36,* 51–59.

Schmidtke, A. & Schaller, S. (1992). Verhaltenstheoretisch orientierte Therapiestrategien bei selbstschädigendem und suizidalem Verhalten. In H. Wedler, M. Wolfersdorf & R. Welz (Hrsg.), *Therapie bei Suizidgefährdung* (S. 99–121). Regensburg: Roderer.

Schwartz, D. A., Flinn, D. E. & Slawson, P. F. (1974). Treatment of the suicidal character. *American Journal of Psychotherapy, 28,* 194–207.

Shneidman, E. S. (1984). Aphorisms of suicide and some implications for psychotherapy. *American Journal of Psychotherapy, 38,* 319–328.

Singh, H. (1986). Treating an severely disturbed self-destructive adolescent with cold wet sheet packs. *Hospital and Community Psychiatry, 37,* 287–288.

Stanford, E. J., Goetz, S. R. & Bloom, J. D. (1994). The no harm contract in the emergency assessment of suicidal risk. *Journal of Clinical Psychiatry, 55,* 344–348.

Szanto, K., Reynolds, C. F., Frank, E., Stack, J., Fasiczka, A. L., Miller, M. D., Mulsant, B. H. & Mazumdar, S. (1996). Suicide in elderly depressed patients: Is »active« vs. »passive« suicidal ideation a clinically valid distinction? *American Journal of Geriatric Psychiatry, 4,* 197–207.

Tallmer, M. (1994). Individual and group therapy for the suicidal older person. In D. Lester & M. Tallmer (Hrsg), *Now I lay me down: suicide in the elderly* (pp. 56–72).

Tegeler, J. (1985). Behandlung von Suizidgefährdeten. *Münchner Medizinische Wochenschrift, 127,* 838–841.

Teiching, M. (1992). *Alt und lebensmüde. Suizidneigung bei älteren Menschen*. München: Reinhardt.

Van de Creek, L. & Knapp, S. (1983). Malpractice risks with suicidal patients. *Psychotherapy: Theory, Research, and Practice, 20,* 274–280.

Wächtler, C. (1992). Die besondere therapeutische Situation bei suizidalen alten Menschen. In H. Wedler, M. Wolfersdorf & R. Welz (Hrsg.), *Therapie bei Suizidgefährdung* (S. 149–158). Regensburg: Roderer.

Wenglein, E. (1994). Die Psychotherapie des Suizidalen in der psychosomatischen Klinik. *Suizidprophylaxe, 21,* 137–146 (Gesamtnr. 81).

Williams, J. M. G. (1992). Autobiographical memory and emotional disorders. In S.-A. Christianson (Ed.), *The handbook of emotion and memory: Research and theory* (pp. 451–477). Hillsdale, NJ: Erlbaum.

Schlafstörungen

9

RICHARD R. BOOTZIN

9.1 Beschreibung der Störung

> Unter *Insomnie* werden Einschlafschwierigkeiten, häufiges und/oder längeres Aufwachen während der Nacht, sehr frühes Erwachen und die Erfahrung einer schlechten Schlafqualität gefaßt.

Epidemiologische Überblicksarbeiten weisen darauf hin, daß etwa 15% aller Erwachsenen an schwerer oder häufiger Insomnie leiden und weitere 15% über leichte oder gelegentliche Insomnie berichten (z.B. Mellinger et al., 1985). Die Prävalenz der Insomnie nimmt mit dem Alter zu. Über 25% der über 65jährigen berichten, daß sie während der letzten 12 Monate irgendwann einmal größere Schwierigkeiten mit dem Einschlafen oder dem Durchschlafen hatten (Mellinger et al., 1985).

Ursachen von Insomnie

Schlechter Schlaf kann viele verschiedene Ursachen haben.

- **Körperliche Störungen** (Periodische Bewegungen im Schlaf, Restless-legs-Syndrom, gastroösophagealer Reflux, Schlafapnoesyndrom, Phybromyalgie, Arthritis, chronische Schmerzen, kardiovaskuläre Probleme.
- **Substanzen** (Koffein, Nikotin, Alkohol, Hypnotika, Tranquilizer, andere verschriebene Medikamente, Substanzmittelmißbrauch).
- **Probleme des zirkadianen Rhythmus** (Schichtarbeit, Jet-lag-Syndrom, verzögertes Schlafphasensyndrom, vorverlagertes Schlafphasensyndrom).
- **Psychologische Faktoren** (Streß, Psychopathologie, Alpträume, Inaktivität, Verstärkung der Insomnie).
- **Ungünstige äußere Umgebungsbedingungen** (Lärm, ungünstige Temperaturbedingungen, Licht, Schlafgelegenheit, Bettpartner).
- **Ungünstige Schlafgewohnheiten** (Längere Zeit im Bett verbringen, Nickerchen machen, unregelmäßiger Schlaf-Wach-Rhythmus, Bett als Hinweisreiz für Erregung).

(Nachdruck mit Genehmigung der »Physicians Postgraduate Press, Inc.«, 1995)

Der Begriff der Insomnie umfaßt also viele spezifische Störungen. Detailliertere Informationen über die Diagnose von Schlafstörungen kann im Diagnostic and Coding Manual der International Classification of Sleep Disorders [American Sleep Disorders Association (ASDA), 1990] gefunden werden. In diesem Kapitel stehen v. a. die sog. *Dyssomnien* dieses Manuals im Vordergrund. Darunter fallen intrinsische und extrinsische Schlafstörungen und Störungen des zirkadianen Rhythmus.

9.1.1
Intrinsische Schlafstörungen

> Die intrinsischen Schlafstörungen sind durch interne Mechanismen verursachte Schlafstörungen.

Sie umfassen

- Insomnie,
- Narkolepsie,
- Schlafapnoesyndrom,
- periodische Bewegungen im Schlaf (Myoklonus) sowie
- das Restless-legs-Syndrom.

Die beiden häufigsten Typen intrinsischer Insomnie sind die psychophysiologische Insomnie und die Fehlwahrnehmung der Schlafqualität.

Psychophysiologische Insomnie

> Die psychophysiologische Insomnie bezeichnet Schlafstörungen, die mit objektiven Maßen erfaßt werden können (z. B. mit der *Polysomnographie*, PSG) und die nicht mit extrinsischen Bedingungen wie etwa Lärm oder Drogen oder mit anderen Störungen (wie etwa einem schweren depressiven Syndrom) verbunden sind.

Etwa 15% der Patienten, die Hilfe in Schlafstörungszentren wegen Insomnie suchen, erhalten diese Diagnose (ASDA, 1990).

Ursachen psychophysiologischer Insomnie

> Die hauptsächlichen Bedingungen psychophysiologischer Insomnie sind Streß, die Erwartung eines gestörten Schlafes und schlechte Schlafgewohnheiten. Andere Bedingungen wie Störungen des zirkadianen Rhythmus, altersbedingte Veränderungen, Drogenmißbrauch und Fehlinformation über Schlaf können weiterhin zu dem Problem beitragen. Erlernte schlafbeeinträchtigende Assoziationen spielen bei psychophysiologischen Insomnien oft eine zentrale Rolle und können auch zur Verschlechterung und Aufrechterhaltung anderer Schlafstörungen beitragen.

Häufig unternehmen Schlafgestörte abends Aktivitäten, die mit dem Einschlafen inkompatibel sind.

Viele Patienten mit Schlafstörungen organisieren ihre Aktivitäten auch in ihren Schlafzimmern (z. B. Fernsehen, Telefon, Bücher und Essen in Reichweite). Für andere ist die Zeit, in der sie zu Bett gehen, die erste Zeit, an der sie über die Ereignisse des Tages nachdenken können oder sich Pläne oder Sorgen über den nächsten Tag machen können. Unter solchen Bedingungen bekommen Orte wie das Bett oder Zeitpunkte wie die Schlafenszeit eher den Charakter eines Hinweisreizes für Erregung als für Schlaf.

Ein weiterer Grund zur Erregung für die schlafgestörte Person kann sein, daß das Schlafzimmer u. U. ein Hinweisreiz für Ängste und Frustrationen werden kann, die mit den vergeblichen Einschlafversuchen zusammenhängen. Insomniepatienten können oft an allen möglichen Orten schlafen, nur nicht in ihrem eigenen Bett. Sie könnten z. B. auf einem Stuhl oder auf einer Couch einschlafen und haben oft entfernt von zu Hause weniger Schlafprobleme. Im Gegensatz dazu haben gute Schläfer oft Schlafschwierigkeiten in fremden Umgebungen. Für sie gibt es starke Hinweisreize für Schlaf, der mit ihrem eigenen Bett verbunden ist, und sie haben nur dann Schlafschwierigkeiten, wenn diese Hinweisreize nicht da sind.

Fehlwahrnehmung der Schlafqualität

> Die Fehlwahrnehmung der Schlafqualität bezeichnet solche Fälle, bei denen Beschwerden über Insomnie nicht mit objektiven Maßen bestätigt werden können.

Knapp 5% der Patienten, die sich bei Schlafstörungszentren mit Insomnie vorstellen, erhalten diese Diagnose (ASDA, 1990).

Eine Reihe von Untersuchungen hat ergeben, daß Insomniepatienten i. allg. ihre Schlaflatenz über- und ihre Gesamtschlafdauer unterschätzen sowie auch die Zahl der nächtlichen Aufwachphasen im Vergleich zur PSG überschätzen (z. B. Borcovec & Weerts, 1976). Diejenigen mit einer Fehlwahrnehmung der Schlafqualität befinden sich am äußeren Ende dieser Dimension. Es sollte dabei betont werden, daß diese Diagnose nicht das den Schlaf betreffende Äquivalent zur Hypochondrie darstellt. Die Fehlwahrnehmung der Schlafqualität kann sinnliche und kognitive Fehlfunktionen betreffen, die bei der PSG nicht aufgespürt werden können.

Narkolepsie

> Die Narkolepsie ist durch extreme Schläfrigkeit während des Tages und einen abnormalen REM-Schlaf gekennzeichnet (ASDA, 1990).

Eine sorgfältige Diagnose der Narkolepsie beinhaltet die Abgrenzung von Atemstörungen während des Schlafes, die ebenfalls Symptome exzessiver Schläfrigkeit produzieren können. Die vier klassischen Symptome der Narkolepsie sind:

- Schlafattacken (gekennzeichnet durch einen unwiderstehlichen Drang zu schlafen).
- Kataplexie (eine plötzliche und reversible Abnahme oder der Verlust des Muskeltonus, ohne dabei das Bewußtsein zu verlieren; kann emotional ausgelöst werden und von wenigen Sekunden bis mehrere Minuten andauern).
- Hypnagoge Halluzinationen (erschreckende und sehr lebendig erscheinende visuelle oder auditive Halluzinationen, die beim Einschlafen auftreten).
- Lähmungen im Schlaf (Lähmungen der Muskeln während des Einschlafens oder Aufwachens, gekennzeichnet durch die Unfähigkeit, seine Glieder zu bewegen, zu sprechen oder tief zu atmen).

Nur 20–25% der Narkoleptiker weisen alle vier dieser Kernsymptome auf.

Behandlung der Narkolepsie

Die konventionelle Therapie der Narkolepsie richtet sich auf die Behandlung der unterschiedlichen Symptome. Um die exzessive Schläfrigkeit zu behandeln, werden oft Stimulanzien benutzt. Antidepressiva werden für die den REM-Schlaf betreffenden Symptome der Kataplexie, der Lähmungen im Schlaf und der hypnagogen Halluzinationen gegeben. Selbsthilfegruppen (Guilleminault, 1994) und Beratungsstellen für die Familien von Narkoleptikern (Karacan & Howell, 1988) können dazu dienen, Patienten und ihren Familien zu helfen, besser mit den psychologischen und sozialen Auswirkungen der Narkolepsie – wie etwa mit dem Verlust des Selbstwertgefühls, depressiven Reaktionen und Unstimmigkeiten in der Familie – zurechtzukommen.

Schlafapnoesyndrom

> Schlafapnoe ist eine Störung des Atmungssystems, bei der es wiederholt während des Nachtschlafs zu einem mindestens 10 Sekunden andauernden Atemstillstand kommt.

Dies verursacht häufiges kurzes Aufwachen während des Schlafes und führt zu exzessiver Schläfrigkeit am Tag. Die Prävalenz wurde auf 1–2% der Männer im mittleren Alter geschätzt. Es wurden drei Typen der Schlafapnoe definiert:

- obstruktiv (Stillstand der Luftzirkulation trotz Anstrengungen des Atmungssystems in Thorax und Unterleib);
- zentral (Stillstand der Luftzirkulation, der durch einen Stillstand von Atembewegungen gekennzeichnet ist und auf einer gestörten zentralen Regulation der Atmung basiert);
- Mischformen (zunächst Stillstand der Atemzirkulation ohne Bewegungen des Atmungssystems, gefolgt von Atembemühungen).

■ **Obstruktive Schlafapnoe (OSA).** Eine Diagnose kann aufgrund folgender Punkte gestellt werden:

- Beschwerden über exzessive Schläfrigkeit am Tage oder Insomnie,
- häufige Episoden unterbrochenen Atmens während des Schlafes sowie
- polysomnographische Befunde, die mehr als 5 Apnoe-Episoden pro Stunde sowie 1 der folgenden Kriterien aufweisen: häufiges Aufwachen, Bradykardie oder arterielle Sauerstoffunterversorgung (ASDA, 1990).

Die OSA wird oft mit Fettleibigkeit in Zusammenhang gebracht, wenn auch nicht alle Patienten übergewichtig sind. Das Risiko für eine Schlafapnoe steigt mit dem Alter und findet sich am häufigsten bei Männern. Der Behandlungsverlauf hängt von der Schwere der körperlichen Beeinträchtigung und den hervorstechenden Symptomen, die damit zusammenhängen, ab. Einleitende Interventionen können in einer diätetischen Gewichtskontrolle oder im Verzicht auf Alkohol zur Schlafenszeit bestehen. Außerdem sollte derjenige nicht auf dem Rücken schlafen und keine Beruhigungs- oder Schlafmittel nehmen, die zur Atemdepression führen können und die Fähigkeit des Patienten reduzieren, aufzuwachen und zu atmen.

Patienten, für die eine Sauerstoffunterversorgung von niedriger als 85% festgestellt wurde, reagieren positiv auf die Methode der *nasalen Ventilationstherapie* (»continuous positive air pressure«, CPAP), bei der mit Hilfe einer nasalen Maske Luft zugeführt wird. Dies führt zu einem Zuwachs des Lungenvolumens und der Sauerstoffsättigung sowie zur Verminderung der Apnoe. Es gibt außerdem eine Anzahl chirurgischer Eingriffsmöglichkeiten, wie etwa die Uvulopharyngopalatoplastie (UPPP), bei der mit wechselhaftem

Erfolg versucht wurde, auf chirurgischem Wege die Luftdurchgangspassagen zu erweitern.

■ **Zentrale Schlafapnoe.** Patienten mit zentraler Apnoe haben weitaus weniger Atemstörungen pro Nacht als Patienten mit OSA. Patienten mit einer reinen zentralen Schlafapnoe beschweren sich seltener über Schläfrigkeit am Tage oder Hypersomnolenz. Die Hypersomnolenz tritt in dem Maße in den Vordergrund, in dem der Anteil an obstruktiver Apnoe ansteigt. Die Behandlung für eine reine zentrale Apnoe ist in erster Linie pharmakologisch. Es wurden Stimulanzien des Atmungssystems gefunden, die die zentrale Schlafapnoe kurzzeitig effektiv beseitigen können, aber für den langfristigen Gebrauch sind die Resultate bislang unklar.

Periodische Bewegungen im Schlaf und Restless-legs-Syndrom (RLS)

> Die Störung der periodischen Bewegungen im Schlaf (*Myoklonien*) ist durch wiederkehrende Episoden wiederholter und stereotyper Bewegungen der Glieder während des Schlafes gekennzeichnet.

Die am häufigsten damit verbundenen Kennzeichen sind häufiges kurzes Aufwachen und Beschwerden und mangelnde Erholung durch den Schlaf. Die Patienten sind sich dieser Bewegungen oft nicht bewußt und stellen sich mit Beschwerden bezüglich Insomnie oder starker Schläfrigkeit am Tage vor; oder aber sie suchen Hilfe auf, weil sich der Partner wegen der exzessiven nächtlichen Bewegungen beschwert. Die Prävalenz dieser periodischen Bewegungen steigt mit dem Alter an.

> Mit dem Phänomen der »unruhigen Beine« (Restless-legs-Syndrom, RLS) werden kribbelnde Mißempfindungen in den Beinen in Verbindung mit dem Zwang, die Beine zu bewegen, beschrieben (ASDA, 1990).

Es tritt normalerweise kurz vor Einsetzen des Schlafes auf. Das herausragendste Merkmal dieser Störung ist die teilweise oder völlige Erleichterung von diesen Mißempfindungen, wenn die Beine bewegt werden und die Wiederkehr des Symptoms, wenn die Bewegung unterbrochen wird. Die Symptome verschlimmern sich oft bald, nachdem die Patienten zu Bett gegangen sind und setzen dann lang genug aus, damit der Patient

einschlafen kann, um später in der Nacht wiederzukehren. Außerdem kann das RLS auch am Tag nach langen Perioden des Sitzens auftreten. Der Schweregrad der Symptome kann bei Patienten mit RLS im Laufe des Lebens immer wieder zu- oder abnehmen. Remissionen können über Jahre andauern und die Symptome dann plötzlich ohne Warnung wiederkehren. Die Symptome werden mit einer Anzahl von Bedingungen zusammengebracht, wie z. B.:

- dem letzten Drittel einer Schwangerschaft,
- Koffeingenuß,
- Hunger,
- besonders heiße Umgebung,
- längerer Aufenthalt in der Kälte,
- Anämie und
- rheumatische Arthritis (ASDA, 1990).

Die Behandlung dieser Schlafstörungen erfolgt *pharmakologisch*. Die z. Z. effektivsten Medikamente sind Benzodiazepine, L-Dopa und Opioide. Der Einsatz von Benzodiazepinen sollte v. a. bei älteren Leuten mit Vorsicht bedacht werden, da neben der Suchtgefahr hierdurch Schlafapnoe ausgelöst oder verschlimmert werden kann.

9.1.2 Extrinsische Schlafstörungen

Äußere Faktoren wie etwa festgelegte Schlafenszeiten, Licht, Lärm, Drogen, Nikotin, Alkohol und erhöhte Aktivität können gestörten Schlaf verursachen. In einigen Fällen kann sogar eine chronische Insomnie in solchen Faktoren begründet sein. In diesem Abschnitt werden die Effekte von Substanzen auf den Schlaf beschrieben. Im Abschnitt zu Behandlungstechniken werden andere externale Faktoren noch ausführlicher besprochen werden.

Durch Drogen und Medikamente verursachte Schlafstörungen

■ **Schlafstörungen aufgrund von Schlafmittelabhängigkeit.** Der Einsatz von Substanzen, um Schläfrigkeit anzuregen oder zu unterdrücken, kann bei chronischem Gebrauch zu gegenteiligen Effekten führen. Auch wenn Alkohol und Sedativa/Hypnotika benutzt werden können, um zu einem dem Schlaf ähnlichen Zustand der Bewußtlosigkeit zu gelangen, ist diese Ähnlichkeit zu natürlichem Schlaf nur schwach. Hypnotika führen zu Störungen und Unterbrechungen des gesamten Schlafmusters bzw. der »Architektur des Schlafes« und führen zur Erhöhung der Aufwachschwelle.

Der Konsum von Stimulanzien, um den Schlaf zu unterdrücken, kann überdauernde Insomnie produzieren.

> Die Schlafstörung der *Schlafmittelabhängigkeit* ist durch Insomnie oder exzessive Schläfrigkeit gekennzeichnet, die mit der Toleranzentwicklung oder dem Entzug von schlafanstoßenden Medikamenten einhergeht (ASDA, 1990).

Sedativa und Hypnotika sind die am häufigsten eingesetzten Methoden bei der Behandlung von Insomnien. Etwa der Hälfte aller Patienten, die sich bei Ärzten mit Schlafbeschwerden vorstellen, werden Schlafmittel verschrieben (Kales & Kales, 1984). Von diesen Sedativa/Hypnotika sind die *Benzodiazepine* die am häufigsten verschriebenen Medikamente; sie haben die Barbiturate fast vollständig verdrängt (Morin & Kwentus, 1988).

Diese Substanzen haben nachweisliche Effekte auf das Schlafmuster, indem sie

- schlafanstoßend wirken,
- die Häufigkeit nächtlichen Aufwachens reduzieren,
- die Gesamtschlafzeit erhöhen sowie
- den Anteil an REM- und Deltaschlaf reduzieren.

Die schlafanstoßende Wirkung solcher Medikamente ist kurzfristig (d.h. bis zu 2 bis 4 Wochen). Bei kontinuierlichem Gebrauch entwickelt sich schnell eine *Toleranz*, und gleichbleibende Effekte können nur noch mit Dosissteigerungen erzielt werden. Wenn aber die Dosis erhöht wird, um die Toleranzeffekte auszugleichen, verstärken sich auch *Carry-over-Effekte* am Tag, die etwa Symptome wie:

- exzessive Schläfrigkeit,
- Beeinträchtigung motorischer Koordination,
- visuell-motorische Probleme und
- nachmittägliche Ruhelosigkeit nach sich ziehen können (ASDA, 1990).

Das Absetzen von Sedativa/Hypnotika führt zu *Entzugserscheinungen*, die eine psychologische Abhängigkeit noch weiter vorantreiben können. Zu den häufigsten Entzugssymptomen gehört schwere Insomnie; und derlei Symptome überzeugen die Person nur noch mehr davon, daß die Schlafmittel das einzige sind, was sie Nacht für Nacht von der Schlaflosigkeit befreien kann.

■ **Schlafstörungen aufgrund von Stimulanzien.**

> Die Schlafstörung im Zusammenhang mit *Stimulanzien* ist durch eine Reduktion des Schlafbedürfnisses oder der Unterdrückung des Schlafs durch Stimulanzien gekennzeichnet, die zentralnervös wirken und zu Veränderungen von Müdigkeit und Wachsamkeit führen, wenn man sie wieder absetzt (ASDA, 1990).

Viele Drogen wie etwa Kokain, Amphetamine oder Koffein werden in erster Linie wegen ihrer schlafunterdrückenden Effekte eingesetzt. Aber auch andere Drogen und Medikamente wie etwa Mittel zur Bekämpfung von Asthma, blutdrucksenkende Medikamente oder Appetitzügler beeinträchtigen ebenfalls als Nebenwirkung langfristig die Architektur des Schlafes. Die Einschlafzeit und die Häufigkeit spontanen nächtlichen Erwachens wird erhöht und die Gesamtschlafzeit reduziert (ASDA, 1990). Wenn die Toleranz gegenüber aufweckender und euphorischer Effekte solcher Substanzen steigt, werden höhere Dosen nötig. Das Absetzen solcher Substanzen kann mit Entzugserscheinungen wie Schlaflosigkeit, Reizbarkeit, Mattigkeit und schwerer Depression einhergehen (ASDA, 1990).

Durch Alkohol verursachte Schlafstörungen

Etwa 10–15% der Patienten mit chronischer Insomnie haben ein Problem mit Substanzmißbrauch, insbesondere Alkohol und anderer Sedativa (Gillin & Byerley, 1990). Alkohol unterdrückt, wie andere Betäubungsmittel auch, den REM-Schlaf. Der Entzug nach starkem Trinken führt zu einem *REM-rebound-Effekt*, der von unruhigem Schlaf und Alpträumen begleitet wird. Alkohol verschlimmert darüber hinaus eine u.U. bereits vorhandene Schlafapnoe.

> Die Schlafstörung im Zusammenhang mit Alkoholkonsum ist durch den Gebrauch von Alkohol zum Einschlafen gekennzeichnet (ASDA, 1990).

Üblicherweise beginnt die Alkoholaufnahme etwa drei bis vier Stunden vor der Schlafenszeit mit einem Konsum von etwa dem Äquivalent von 80 g Alkohol. Dies geht nicht einher mit anderen für Alkoholismus typischen Trinkmustern (z.B. Trinken während des Tages und daraus erwachsender sozioökonomischer Probleme) und wird normalerweise als klinisch relevant betrachtet, wenn der

Alkohol über einen Zeitraum von mindestens 30 Tagen täglich konsumiert wird. Fortgesetzter Konsum führt zu einer Toleranz gegenüber Alkohol als schlafanstoßende Substanz, und die Störungen des Schlafs werden zunehmend deutlicher. Oft verzweifeln Patienten und erhöhen die Alkoholmenge oder nehmen weitere Sedativa hinzu, um zu schlafen. Patienten werden oft berichten, daß sie keinerlei Schlafstörungen haben, wenn sie nur fortfahren, abends Alkohol zu trinken.

Störungen des zirkadianen Rhythmus

> Störungen des zirkadianen Rhythmus treten auf, wenn Personen versuchen, zu Zeiten zu schlafen, die ihrer »inneren Uhr« widersprechen.

Beim Syndrom der *verzögerten Schlafphasen* ist der zirkadiane Schlaf-Wach-Rhythmus verzögert gegenüber den Phasen, in denen eine Person versucht zu schlafen. Personen mit diesem Problem berichten über Einschlafschwierigkeiten zur gewünschten Schlafenszeit, haben aber einen normalen Schlaf, wenn sie versuchen, ein paar Stunden später einzuschlafen. Solche Personen begreifen sich üblicherweise selbst als »Nachtmenschen" und beschreiben sich als am aufgewecktesten während der späten Abend- und Nachtstunden. Dieses Phänomen taucht oft bei Adoleszenten und jungen Erwachsenen auf. Im Gegensatz dazu meldet sich ein Schlafbedürfnis beim Syndrom der *verschobenen Schlafphasen* zu einem früheren als dem gewünschten Zeitpunkt und die Person wacht auch früher als gewünscht auf. Dies wird oft mit einem normalen Alterungsprozeß bei älteren Erwachsenen in Verbindung gebracht.

Die *Chronotherapie* (Czeisler et al., 1981) ist eine Behandlungsmethode, die für Störungen des zirkadianen Rhythmus entwickelt wurde und in erster Linie bei dem Syndrom verzögerter Schlafphasen eingesetzt wurde. Bei dieser Chronotherapie wird die Schlafenszeit sukzessive täglich um jeweils 3 Stunden verschoben, bis eine erwünschte Schlafenszeit erreicht wurde. Um Rückfälle zu vermeiden, müssen diese Personen weiterhin einen regulären Schlaf-Wach-Plan einhalten.

■ **Schlafstörungen aufgrund von Schichtarbeit.** Zwei häufige durch die Umwelt verursachte Störungen des zirkadianen Rhythmus sind *Schichtarbeit* und *Störungen durch Zeitzonenwechsel*. Aufgrund familiärer und sozialer Verpflichtungen versuchen Schichtarbeiter häufig, ihre freien Tage nach einem anderen Plan zu verbringen als ihre Arbeitstage. Ein gestörter Schlaf-Wach-Rhythmus führt meist zu schlechtem und verkürztem Schlaf, Schläfrigkeit bei der Arbeit, verringerter Leistungsfähigkeit und psychologischen Beschwerden aufgrund von Schwierigkeiten im Familien- und sozialen Leben. Arbeiter in Wechselschichten haben größere Schwierigkeiten als solche mit fortwährenden Nachtschichten. Das Ausmaß dieses Problems nimmt mit dem Alter zu.

Schichtarbeit

Viele Forscher haben empfohlen, daß Wechselschichten so gestaltet werden sollten, daß sie an eine natürliche Tendenz der Menschen angepaßt werden, Phasen zu verschieben. Das heißt, daß die Verschiebung bei Schichtwechsel fortwährend leicht nach hinten verschoben werden sollte und die Dauer einer Schicht lang genug sein sollte, um eine natürliche Anpassung daran zu erlauben. Einige europäische Wissenschaftler wiederum ziehen ein sehr schnell rotierendes System mit je zwei Tagen für jede Schicht vor, da auf diese Weise der zirkadiane Rhythmus konstant gehalten werden kann (Akerstedt, 1985). Es wurde schon eine Vielzahl von Methoden vorgeschlagen, um die Aufmerksamkeit und die Arbeitsleistung bei Schichtarbeitern zu verbessern (Penn & Bootzin, 1990). Die optimale zeitliche Abstimmung von Pausen, sozialen Aktivitäten während der Pausen, hellem Licht und anderer sensorischer Stimulationen haben das größte Potential für *kurzfristige* aufmerksamkeitssteigernde Effekte. Streßbewältigungstechniken, Informationsveranstaltungen über gesunden Schlaf und Familienberatung haben die größten positiven *Langzeiteinflüsse* bei der Schichtarbeit.

■ **Schlafstörungen aufgrund von Zeitzonenwechsel.** Schlafstörungen, die mit häufigem Überspringen von Zeitzonen in Verbindung stehen (*Jet lag*), beruhen auf einer Fehlabstimmung zwischen dem inneren Schlaf-Wach-Rhythmus und dem Hell-Dunkel-Zyklus. Zu den Symptomen zählen:

- eine Unfähigkeit, durchzuschlafen und
- exzessive Schläfrigkeit.

Bei den meisten Menschen lassen diese Symptome nach einigen Tagen nach, je nachdem, wieviel

Zeitzonen überquert worden waren. Ständig Reisende, wie etwa transatlantische Flugzeugbesatzungen, erleben häufig auch überdauernde Schwierigkeiten. Reisen in Richtung Westen ist mit gestörtem Schlaf am Ende einer Schlafperiode verbunden, während das Reisen in Richtung Osten mit Einschlafschwierigkeiten einhergeht. Wegen der natürlichen Tendenz, Schlafphasen eher nach hinten zu verschieben, kann sich an Zeitverschiebungen beim westwärts Reisen leichter angepaßt werden als beim Reisen nach Osten.

Neuere Ergebnisse zeigen, daß durch sorgfältig überwachte Expositionen mit hellem Licht (2500–10000 Lux) über 2 bis 3 Tage einer Woche die Phase des Schlafrhythmus beeinflußt werden kann. (Zum Vergleich: Die normale Lichtstärke in einem Raum beträgt weniger als 500 Lux, einige Minuten nach Tagesanbruch produziert das Sonnenlicht etwa 2500 Lux, und zur Mittagszeit kann das Sonnenlicht 100000 Lux betragen.) Die Richtung der Veränderung hängt von der Zeitplanung der Exposition mit dem Licht ab. Ein Vorziehen der Phase wird durch Lichtexposition am Morgen, eine Phasenverzögerung durch Lichtexposition am Abend erreicht. Zusätzlich zum richtigen Zeitplan des hellen Lichts ist es ebenfalls wichtig, Dunkelperioden zu haben, in denen kein helles Licht erlaubt ist.

Vorläufige Ergebnisse deuten darauf hin, daß die Therapie mit hellem Licht für eine Reihe von Schlafstörungen des zirkadianen Rhythmus wirksam ist (Terman, 1994). Die Behandlung mit hellem Licht während der Nachtschichtarbeit führte zu verlängertem Schlaf am Tag und somit auch zur größeren Aufmerksamkeit bei der Arbeit. Diese Lichttherapie hat auch schon Erfolge bei unter fortwährendem Jet lag leidenden Personen und bei solchen mit Störungen ihrer Schlafphasen gezeigt.

9.2 Behandlungsansätze

9.2.1 Diagnostik

Wegen der äußerst vielfältigen Ätiologie der Insomnie ist eine sorgfältige Diagnostik unerläßlich. Die Patienten, die sich in unserem Zentrum zur Heilung von Schlafstörungen an der Universität von Arizona vorstellen, werden ausführlich über ihre medizinische und psychiatrische Krankengeschichte befragt, füllen täglich Schlaftagebücher aus (s. rechts), werden ausführlich bei Aufnahme-

gesprächen bezüglich ihrer Insomnie befragt und bearbeiten folgende Fragebögen:

- Beck-Depressionsinventar,
- Behavioral Symptome Inventory,
- Sleep Anticipatory Questionnaire (Bootzin et al., 1994) und
- Beliefs and Attitudes about Sleep Scale (Morin, 1993).

Wenn es den Anschein hat, daß andere Schlafstörungen (z.B. Myoklonien, Schlafapnoe) zu dem Problem beitragen, wird über 1 oder 2 Nächte eine PSG-Studie durchgeführt. Zusätzlich stellen Interviews mit Familienmitgliedern oft eine hilfreiche Ergänzung dar.

Selbstbeobachtung durch Schlaftagebücher

Die täglichen Schlaftagebücher sind eine Art Selbstbeobachtungsinstrument und ein wichtiger Bestandteil von Diagnostik und Behandlungsprozeß. In solchen Tagebüchern werden üblicherweise Einschlafzeiten, Nickerchen während des Tages, Häufigkeit und Dauer nächtlichen Erwachens, Gesamtschlafzeit, Schlafqualität und Gedanken und Gefühle nach dem Aufwachen eingetragen und ob dies eine typische Nacht war. Die Patienten füllen diese Tagebücher jeden Morgen aus.

Solche Tagebücher sind ein nützliches und praktikables Mittel, um Informationen über die Häufigkeit der Schlafprobleme in der alltäglichen Umgebung des Patienten zu erhalten. Als Folge solcher täglichen Eintragungen entdecken Patienten oft, daß ihre Schlafprobleme nicht ganz so schwerwiegend oder häufig sind, wie sie bislang gedacht hatten. Über die alltäglichen Tagebücher lassen sich auch die Effekte von Therapiemaßnahmen überprüfen.

Ohne Tagebücher könnten Patienten bereits beim Auftreten einer einzigen schlaflosen Nacht entmutigt werden. Indem die Schlaftagebücher weiter geführt werden, wird die Aufmerksamkeit der Patienten kontinuierlich darauf gerichtet, ob die Häufigkeit der Schlafprobleme sich verändert oder nicht.

In unserem Zentrum für Insomnie verfolgen wir über sorgfältige Diagnostik den Ansatz, die Schlafprobleme so umfassend wie möglich zu behandeln. Da es viele verfügbare Behandlungsansätze und eine Vielzahl möglicher Ursachen gibt, ist es wichtig, daß für jeden Patienten ein *individuelles Behandlungsprogramm* maßgeschneidert wird. Dabei muß jeder mögliche verursachende Mechanismus erwogen und überprüft werden. So kann man z. B. davon ausgehen, daß sich Streßmanagementtechniken für Insomniepatienten eignen, die ängstlich und unter Streß sind. Für angespannte Patienten haben sich Entspannungsverfahren als nicht signifikant wirksamer als andere kognitiv-behaviorale Behandlungstechniken erwiesen. Der Vorteil von individuell zugeschnittenen Behandlungen verschwindet, wenn die zugewiesenen Behandlungen selbst nicht effektiv sind.

■ **Insomnie als sekundäre Störung.** Eine damit zusammenhängende Schwierigkeit taucht auf, wenn andere Probleme als die reine Insomnie während der Diagnostik identifiziert werden (z. B. Schmerzen, Depressionen, unwillkürliche Bewegungen im Schlaf). Häufig wird vermutet, daß Insomnie anderen Problemen als *sekundäre Störung* untergeordnet ist. Eine kontinuierliche Überwachung des Schlafs einer Person ist notwendig, um festzustellen, ob sich die Insomnie im Zuge einer erfolgreichen Behandlung anderer Probleme reduziert. Wenn dies nicht so ist, so ist eine direkte Behandlung der Schlafprobleme notwendig. Darüber hinaus muß beachtet werden, daß die Insomnie auch ganz unabhängig von ihrem ursprünglichem Grund überdauern kann und durch Gewohnheit oder andere Variablen aufrechterhalten werden kann.

9.2.2
Intervention

Es gibt eine ganze Reihe kognitiv-behavioraler Behandlungsansätze, die sich bei der Behandlung von Insomnie als wirksam erwiesen haben. Dazu zählen die:

- gesundheitliche Aufklärung über den Schlaf bzw. über Schlafhygiene,
- Anleitung zur Stimuluskontrolle,
- Schlafbeschränkung,
- Entspannungstraining,
- Biofeedback und
- kognitive Therapie.

Informationen zur Schlafhygiene

Ein für den Schlaf ungesundes Verhalten bezieht sich auf alltägliche Aktivitäten, die einer guten Schlafqualität und der Wachheit und Konzentration am Tage abträglich sind (ASDA, 1990).

Hierzu zählen:

- gewohnheitsmäßige Nickerchen am Tage,
- übermäßig lange Zeit, die im Bett verbracht wird,
- unangemessene Schlaf-/Wachzeiten,
- regelmäßiger Konsum von Substanzen, die Schlaf beeinträchtigen (wie etwa Koffein, Nikotin oder Alkohol),
- körperliche Betätigung kurz vor der Schlafenszeit,
- aufregende oder emotional aufwühlende Aktivitäten kurz vor der Schlafenszeit oder
- schlechte äußere Schlafbedingungen (z. B. ein unbequemes Bett oder ein zu helles, zu lautes, stickiges, zu heißes oder zu kaltes Schlafzimmer).

Solche grundlegenden Informationen über den Schlaf und gesundes Schlafverhalten gilt üblicherweise als zentrale Komponente einer kognitiv-behavioralen Behandlung der Insomnie. Zu den oben schon genannten Informationen wird auch die interindividuelle und intraindividuelle Variabilität des Schlafbedürfnisses betont, wie etwa die Veränderungen der Art und Qualität des Schlafs im Alter.

Wenn sich die Behandlung allerdings nur auf solche aufklärende Informationsvermittlung beschränkt, hat dies nur eine mäßige Wirkung (Morin et al., 1994).

Anleitung zur Stimuluskontrolle

Die Anleitung zur Stimuluskontrolle besteht aus einer Anzahl von Instruktionen, die dem Insomniepatienten helfen sollen, einen regelmäßigen Schlaf-Wach-Rhythmus zu etablieren, das Bett und das Schlafzimmer in ihrer Funktion als Hinweisreiz für das Schlafen aufzuwerten sowie ihre Funktion als Hinweisreiz für Aktivitäten, die den Schlaf stören könnten, abzuschwächen. In diesem Kapitel wird auf die Anleitung zur Stimuluskontrolle detaillierter eingegangen, da die Daten aus Erfolgsstudien darauf hinweisen, daß Instruktionen zur Stimuluskontrolle als einzelne Behandlungsmethode am effektivsten sind. Es ist also sinnvoll, die Anleitung zur Stimuluskontrolle als Kernelement zu betrachten, um das herum andere Elemente hinzugefügt werden können.

Die Instruktionen der Stimuluskontrolle bei Insomnie sind im folgenden zusammengefaßt.

6 Regeln zur Stimuluskontrolle

Die Anleitung zur Stimuluskontrolle besteht aus folgenden Instruktionen (Bootzin, 1972; Bootzin et al., 1991):

1. Lege dich zum Schlafen nur dann hin, wenn du auch wirklich müde bist.
2. Benutze dein Bett für nichts, außer um zu schlafen; das bedeutet: Lese nicht, esse nicht, sehe nicht fern und sorge dich nicht im Bett. Die einzige Ausnahme dieser Regel ist sexuelle Aktivität. In diesem Fall gelten die Instruktionen nur für danach, falls du dann schlafen möchtest.
3. Falls du merkst, daß du nicht einschlafen kannst, steh auf und gehe in ein anderes Zimmer. Bleibe dort so lange, wie du möchtest und kehre dann ins Schlafzimmer zurück, um zu schlafen. Denke daran, daß es das Ziel ist, dein Bett damit zu assoziieren, schnell einzuschlafen! Wenn du länger als 10 Minuten im Bett bist, ohne einzuschlafen und dann nicht wieder aufgestanden bist, hast du diese Instruktion mißachtet (dies bedeutet aber nicht, daß du dauernd auf die Uhr gucken sollst, um zu überprüfen, wann die 10 Minuten um sind).
4. Wenn du immer noch nicht einschlafen kannst, wiederhole Schritt 3. Tu dies die ganze Nacht über so oft wie nötig.
5. Stelle dir deinen Wecker und stehe jeden Morgen um dieselbe Zeit auf, egal, wie lang du diese Nacht geschlafen hast. Dies wird deinem Körper helfen, sich auf einen regelmäßigen Schlafrhythmus einzustellen.
6. Mache tagsüber keine Nickerchen.

Diese Instruktionen richten sich in erster Linie auf das Einschlafen. Für Durchschlafprobleme sollen diese Instruktionen nach dem jeweiligen Aufwachen befolgt werden, wenn der Patient Schwierigkeiten hat, wieder einzuschlafen. Obwohl solche Anleitungen zur Stimuluskontrolle sehr einfach und schlüssig erscheinen, wird die *Compliance* besser sein, wenn die Instruktionen individuell besprochen werden und für jede Regel ein eigenes *Rational* (wie im folgenden dargestellt) erarbeitet wird (Bootzin et al., 1991); aus diesem Rational sollte das jeweilige Therapieziel abgeleitet werden können:

- Das erste Ziel besteht darin, den Patienten zu helfen, internen Reizen der Müdigkeit gegenüber sensitiver zu werden, so daß es wahrscheinlicher wird, daß sie auch wirklich schnell einschlafen, wenn sie zu Bett gehen (Regel 1).
- Weiterhin sollen Aktivitäten, die mit Erregung verknüpft sind, nicht im Schlafzimmer geschehen und Verhaltensmuster aufgebrochen werden, die mit gestörtem Schlaf in Zusammenhang stehen. Falls die Zeit vor dem Einschlafen die einzige Zeit ist, in der die Patienten sich über die Ereignisse des Tages und die Planung des nächsten Tages Gedanken machen können, sollten sie dies in einer ruhigen Minute in einem anderen Zimmer tun, bevor sie ins Bett gehen. Viele Menschen ohne Schlafprobleme können im Bett ohne Probleme lesen oder Musik hören. Bei Insomniepatienten verhält sich dies aber anders. Diese Instruktion ist also nur für Leute mit Schlafproblemen gedacht, um ihnen dabei zu helfen, neue Gewohnheiten zu entwickeln, um das Einschlafen zu erleichtern (Regel 2).
- Um das Bett auch wirklich mit Schlaf zu assoziieren und Assoziationen mit Frustration und Erregung zu lockern, wenn die Patienten nicht schlafen können, werden sie angewiesen, das Bett nach 10 Minuten zu verlassen (20 Minuten für über 60jährige). Dies dient auch dazu, die Insomnie zu bewältigen; indem man das Bett verläßt und sich anderen Aktivitäten zuwendet, übernimmt man Kontrolle über das Problem. In der Folge scheint das Problem eher lösbar, und der Patient wird wahrscheinlich weniger darunter leiden (Regeln 3 und 4).
- Insomniepatienten haben oft einen unregelmäßigen Schlafrhythmus, weil sie versuchen, den schlechten Schlaf der letzten Nacht durch langes Ausschlafen oder durch Nickerchen am nächsten Tag auszugleichen. Regelmäßige Aufwachzeiten helfen dem Patienten, einen regelmäßigen Schlafrhythmus zu entwickeln. Dazu kommt, daß eine festgesetzte Aufwachzeit dazu führen wird, daß die Patienten nach einer durchwachten Nacht einem gewissen Schlafentzug ausgesetzt sind. Das wird es wahrscheinlicher machen, daß sie in der folgenden Nacht schnell einschlafen, was wiederum den Hinweischarakter von Bett und Schlafzimmer für den Schlaf verstärkt.

Oft möchten Insomniepatienten den Schlafplan am Wochenende oder an freien Abenden gegenüber der Arbeitswoche umstellen. Es ist aber wichtig, einen so regelmäßigen Schlafplan wie möglich zu haben, 7 Nächte in der Woche. Unserer Erfahrung nach führt allerdings eine Abweichung von weniger als 1 Stunde an solchen Feiertagen nicht zu Problemen bei der

Etablierung eines regelmäßigen Rhythmus (Regel 5).

- Ziel dieser Regel ist es, Insomniepatienten davon abzuhalten, ihren regelmäßigen Schlafrhythmus durch irreguläre Schläfchen am Tag zu stören und sie davor zu bewahren, den Vorteil des Schlafentzugs der letzten Nacht zu verlieren und damit die Wahrscheinlichkeit eines schnellen Einschlafens in der folgenden Nacht zu erhöhen. Ein Nickerchen, das an jedem Tag der Woche zur selben Zeit stattfindet, könnte erlaubt werden. Für ältere Patienten, die glauben, daß sie einen Mittagsschlaf brauchen, wird ein tägliches Schläfchen von 30–45 Minuten oder 20–30 Minuten Entspannung als Ersatz dafür empfohlen.

Bei der kognitiv-behavioralen Behandlung der Insomnie einschließlich der Anleitung zur Stimuluskontrolle handelt es sich in erster Linie um *Selbstmanagementtechniken*. Die Behandlung wird vom Patienten zu Hause durchgeführt. Es könnten also Complianceprobleme entstehen. Die meisten dieser Probleme können im direkten Gespräch mit den Patienten ausgeräumt werden. Ein häufiges Problem ist die Störung des Schlafs des Partners, wenn die Insomniepatienten nachts aufstehen, wenn sie nicht einschlafen können. Deswegen sind häufig auch Gespräche mit den Partnern angezeigt, um sich einer vollständigen Kooperation zu versichern. In kalten Gegenden könnten Patienten im Winter ihr warmes Bett vielleicht nur sehr ungern verlassen. Hier könnte es die Compliance steigern, wenn vom Therapeuten Vorschläge gemacht werden, wie man z. B. warme Hausmäntel in der Nähe der Betten bereithält und einen zusätzlichen Raum während der Nacht beheizt, so daß Regel 3 und 4 trotzdem eingehalten werden können.

Beschränkung des Schlafes

Eine Beschränkung des Schlafes (Spielmann et al., 1987) basiert auf der Beobachtung, daß viele Insomniepatienten nur eine geringe *Schlafeffizienz* aufweisen, d.h., daß der Anteil der Zeit, die sie im Bett verbringen, ohne wirklich zu schlafen, weniger als 85% beträgt. Um bei der Konsolidierung des Schlafes zu helfen, werden die Insomniepatienten angewiesen, die Zeit, die sie im Bett verbringen, auf die Zahl der Schlafstunden zu beschränken, die sie normalerweise haben. Zunächst werden die Patienten teilweise Schlafdeprivation erleben, da sie normalerweise unterschätzen, wieviel Schlaf sie normalerweise bekommen. Diese Schlafdeprivation hilft jedoch dabei, den Schlaf zu konsolidieren. Dann werden die Patienten angelei-

tet, einem graduell gestuften Plan zur Erhöhung des Zeitraums, den sie im Bett verbringen, zu befolgen, wobei die verbesserte Schlafeffizienz aufrechterhalten werden soll.

> Die Beschränkung des Schlafes hat sich besonders in Kombination mit Aufklärung über gesundes Schlafverhalten und Anleitung zur Stimuluskontrolle bei der Behandlung von älteren Erwachsenen die Durchschlafprobleme hatten, als wirksam erwiesen.

Entspannungsverfahren

Eine häufig empfohlene Behandlung der Insomnie ist Entspannung irgendwelcher Art. Hierzu zählen Techniken wie:

- progressive Muskelrelaxation,
- autogenes Training,
- transzendentale Meditation,
- Yoga,
- Hypnose und
- EMG-Biofeedback.

All diese Techniken haben als Behandlung der Insomnie den selben Grundgedanken: Wenn jemand es lernen kann, zur Schlafenszeit entspannt zu sein, so wird er auch schneller einschlafen. Da viele Insomniepatienten während des Tages erregt und ängstlich sind, könnte ein Entspannungstraining in doppelter Hinsicht nützlich sein: 1. als allgemeine Bewältigungsstrategie dafür, effektiver mit den Stressoren des Tages umzugehen und 2. als schlafanstoßende Methode (Bootzin & Nicassio, 1978).

> Die verschiedenen Arten der Entspannung und der Meditationsprozeduren haben bezüglich ihrer Effektivität als Behandlung der Insomnie in kontrollierten Studien etwa ähnlich gute Ergebnisse erzielt.

Das EMG-Biofeedback wurde oben unter Entspannungstechniken aufgeführt, da man es am besten als durch Biofeedback unterstützte Entspannung charakterisieren kann. Die Patienten lernen üblicherweise darüber hinaus noch eine Entspannungstechnik, die sie zu Hause üben können, wenn kein Biofeedbackgerät verfügbar ist. Eine andere Sorte von Biofeedback versucht, einen 12- bis 14-Hz-Rhythmus im sensorisch-motorischen Kortex zu verstärken und wird SMR-Biofeedback genannt. Die verschiedenen Arten von Biofeedback haben etwa eine ähnliche Gesamteffektivität vorzuweisen, wobei das EMG am besten bei ängstlichen Insomniepatienten mit Einschlafproblemen und das SMR-Biofeedback am besten bei nichtängstlichen Insomniepatienten mit Durchschlafproblemen zu wirken scheint (Hauri, 1981; Hauri et al., 1982).

Kognitive Therapie

Eine ganze Reihe kognitiver Symptome tragen zur Insomnie bei. Hierzu zählen Sorgen, Intrusionen und dysfunktionale Überzeugungen bezüglich Schlaf und seiner Wirkung. Zu den kognitiven Interventionstechniken zählen:

- paradoxe Intention,
- kognitive Umstrukturierung,
- Gedankenstopp und
- Unterdrückung durch subvokale Artikulation.

■ **Paradoxe Intention.** Eine kognitive Interventionsmaßnahme, die schon häufig überprüft wurde, ist die *paradoxe Intention* (PI). Viele Insomniepatienten verschlimmern ihr Problem, indem sie sich darüber sorgen, wann es ihnen nun endlich gelingen wird einzuschlafen. Um ihre Erwartungsangst im Zusammenhang mit dem Versuch einzuschlafen zu reduzieren, werden Insomniepatienten bei der PI angewiesen, zu Bett zu gehen und wach zu bleiben und *gerade nicht zu versuchen* einzuschlafen. Da dies die Angst vor den vergeblichen Einschlafversuchen reduziert, sollte der Patient dabei entspannter werden und damit leichter einschlafen als sonst. Paradoxe Anweisungen scheinen am wirksamsten bei Patienten zu sein, die gegenüber den therapeutischen Vorschlägen mit Widerwillen und Reaktanz reagieren (Shoham, 1995). Eine entscheidende Komponente der Effektivität einer paradoxen Anweisung ist die Bereitstellung eines Therapierationals durch den Therapeuten. In einer Metaanalyse der Anwendung von PI in einer Reihe von verschiedenen Problembereichen fanden Shoham-Salomon & Rosenthal (1987) heraus, daß ein Therapierational, das seinen positiven Nutzen oder positive Qualitäten der Person, die ein Problem hat, hervorhebt, effektiver ist, als wenn das Rational neutrale oder negative Aspekte des Problems unterstreicht.

■ **Kognitive Umstrukturierung.** Bei Insomniepatienten sind häufig eine ganze Reihe irrationaler Überzeugungen bezüglich Schlaf vorhanden. Beispiele solcher Überzeugungen wären, daß man unbedingt mindestens 8 Stunden Schlaf braucht, um sich am nächsten Tag wohl und arbeitsfähig zu fühlen. Weitere Überzeugungen dieser Art betreffen die Sorge, daß 1 oder 2 Nächte ohne Schlaf zu einem Nervenzusammenbruch führen würden oder daß man nach einer Nacht, in der man sehr schlecht geschlafen hat, soziale, familiäre oder Arbeitsverpflichtungen besser vermeiden sollte (Morin, 1993). Zur Behandlung gehören die Vermittlung adäquater Informationen und Übungen, alternative Interpretationen und Überzeugungen zu finden und zu überprüfen.

■ **Gedankenstopp und Unterdrückung durch subvokale Ablenkung (»articulatory suppression«).** Die meisten Insomniepatienten beklagen sich über belastende, sich immer im Kreis drehende Gedanken, wenn sie versuchen zu schlafen. Zwei Techniken, die sich als hilfreich erwiesen haben, solche Gedanken zu unterdrücken, sind Gedankenstop und Unterdrückung durch sprachliches Ablenken. Beim Gedankenstopp sagt der Insomniepatient energisch jedesmal »Stopp«, wenn dieses zwanghafte Grübeln beginnt (Wolpe, 1973). Das unterbricht kurzzeitig die Gedankenkette, und bei wiederholter Anwendung reduziert sich die Häufigkeit, daß die belastenden Kognitionen danach wieder in Gang kommen. Eine damit verwandte Technik ist die Unterdrückung bzw. die Ablenkung durch subvokale Artikulation (Articulatory suppression, Levey et al., 1991). Bei dieser Technik werden die Insomniepatienten instruiert, ein kurzes, neutrales Wort wie etwa »das« in Gedanken drei- bis viermal pro Sekunde zu wiederholen, bis sie darüber eingeschlafen sind. Die Grundidee dabei beruht auf kognitiven Forschungsergebnissen, die darauf hinweisen, daß eine solche Unterdrückung durch Artikulation mit dem Kurzzeitgedächtnis interferiert; die Technik wurde bereits wirksam bei der Behandlung der Insomnie eingesetzt, um Intrusionen, die das Einschlafen verhindern, zu reduzieren.

> Eine kognitive Behandlung, die mit mehreren dieser Komponenten arbeitet, also mit einer *Kombination von PI, Gedankenstopp und der Identifikation irrationaler Überzeugungen* bezüglich Schlaf, hat sich als ebenso effektiv erwiesen wie die rein behaviorale Behandlung der Insomnie (Sanavio et al., 1990).

9.3
Fallbeispiel

Anamnese

Die nun folgende Falldarstellung der Behandlung einer Insomniepatientin wurde bereits bei Bootzin (1985) beschrieben. Zum Zeitpunkt des Erstgesprächs war L. eine 27jährige verheiratete Frau mit einer 2jährigen Tochter. L. klagte über schwere Einschlaf- und Durchschlafprobleme. Sie berichtete, daß sie oft mehr als 2 Stunden zum Einschlafen brauchte, daß ihr Schlaf unruhig und unregelmäßig war und daß sie nachts häufig für längere Phasen aufwachte. An den Tagen, die einer schlecht durchschlafenen Nacht folgten, fühlte sich L. immer ermüdet, reizbar und unfähig, ihren normalen alltäglichen Verpflichtungen nachzukommen. Sie hatte Diazepam genommen, um damit gegen ihre Schlaflosigkeit anzugehen. Kurz bevor sie die kognitiv-behaviorale Behandlung aufsuchte, war L. schwanger geworden. Ihr Gynäkologe bestand darauf, daß sie das Diazepam während ihrer Schwangerschaft absetzte, was sie auch befolgte. Daraufhin fühlte sie sich aufgrund von Entzugserscheinungen ganz besonders belastet, und ihre Unfähigkeit zu schlafen dauerte an. L. berichtete, daß sie bis zur Geburt ihrer Tochter vor 2 Jahren nie Schlafprobleme gehabt hatte. In den ersten Monaten nach der Geburt der Tochter war L. nachts oft wach und angespannt und schlief schlecht. Ihre Insomnie und ihre Erschöpfung tagsüber hielten auch dann weiter an, als ihre Tochter etwas älter geworden war und nachts keine Aufmerksamkeit mehr benötigte.

Nach einem Jahr ihrer Insomnie wandte sich L. an ein Zentrum zur Behandlung von Schlafstörungen. Auf der Basis der Aufzeichnungen zweier nächtlicher Beobachtungen ihres Schlafes wurde festgestellt, daß L. zwar keine physiologische Schlafstörung aufwies, aber ihr Schlafmuster dem bei endogenen Depressionen glich. Obwohl L. sich ängstlich und erschöpft fühlte, was sie ihrer Unfähigkeit zu schlafen zuschrieb, fühlte sie sich nicht depressiv. Dennoch suchte sie daraufhin einen Psychiater auf, was ihr auch empfohlen worden war. Nach einigen Sitzungen kam dieser Psychiater zu dem Schluß, daß sie keine klinisch relevante Depression hatte und verschrieb ihr Diazepam gegen die Schlafprobleme und die Ängstlichkeit am Tag.

Diagnostik

L. unterzog sich 2 Nächte lang einer PSG-Untersuchung in einem Zentrum zur Behandlung von Schlafstörungen. In der 1. Nacht schlief sie weniger als 2 von insgesamt 5 Stunden, die sie im Bett verbrachte; in der 2. Nacht schlief sie etwas mehr. Es gab keine Hinweise auf eine Narkolepsie, auf Schlafapnoe oder auf unwillkürliche Bewegungen im Schlaf. In dieser 2. Nacht schlief L. nur 85% von 7 Stunden im Bett und wies bemerkenswert reduzierte Anteile an niederfrequenten Schlafwellen auf und erwachte häufig. Normalerweise bestehen bei Personen in L.s Alter etwa 20% des Nachtschlafs aus derartigen niederfrequenten Schlafwellen; bei ihr waren es nur 3%. Man konnte ihren Schlaf am besten als leicht und unruhig beschreiben.

L. wies außerdem verfrühte REM-Schlafphasen auf (Verzögerung von 55 statt den normalen 90 Minuten) sowie einen leicht erhöhten Gesamtanteil des REM-Schlafs (26,1% anstatt der normalen 20–25%). Dieses Muster findet sich auch bei der endogenen Depression. Andererseits sind dies auch nicht besonders abweichende Werte, und die reduzierten niederfrequenten Schlafphasen, ergänzt durch die schlechte Schlafausbeute und dem häufigen Erwachen entsprechen auch einem Bild der Insomnie, die durch die Anspannung, Hypervigilanz und kognitiven Grübeleien verursacht wird.

■ **Psychologische Diagnostik.** Psychologische Fragebögen ergaben einen Wert im Beck-Depressionsinventar von 18 (leicht depressiv) und ein Ergebnis von 31 im Taylor-Manifest-Anxiety (hoch ängstlich). L. führte über 2 Wochen ein Schlaftagebuch und erhob Stimmungsmaße tagsüber, um damit eine Baseline zu erstellen. Ihr wurde gesagt, daß es hilfreich wäre, wenn sie während dieser 2 Wochen alle Aspekte ihrer Insomnie in möglichst voller Intensität erleben sollte, so daß damit die nötige Information erhoben werden kann, um für sie eine wirksame Behandlung zu planen. Es gab 2 Gründe für diese Betonung darauf, daß ein schlechter Schlaf während dieser Baselineperiode sogar erwünscht sei. Zunächst entspricht es genau dem Sinn der Erhebung einer Baseline, und dem Therapeuten wird der Druck genommen, die Therapie vor Abschluß einer sorgfältigen Untersuchung zu beginnen. Außerdem könnte diese Baselineerhebung bereits im Sinne einer paradoxen Intervention therapeutische Effekte haben, indem die Angst der Patientin bezüglich ihrer Vorstellung reduziert wird, daß es unbedingt notwendig sei, guten Nachtschlaf zu haben. Wenn dieser Effekt auftritt, könnte dies ein Hinweis für die Patientin sein, daß ein Teil des Problems in ihren Sorgen bezüglich des Schlafs begründet ist. Kurzfristige Verbesserungen dieser Art können die Aufmerksamkeit so auf die Rolle der persönlichen

Kognition bei der Aufrechterhaltung der Insomnie richten und darauf, daß Veränderungen der Kognitionen auch zur Verbesserung der Problematik führen könnte.

L. kehrte nach 2 Wochen zurück, und es war ihr beinahe peinlich zuzugeben, daß ihr Schlaf während dieser Baselineperiode besser als üblich gewesen war. Nur in einer Nacht hatte sie weniger als 5 Stunden geschlafen; ihre durchschnittliche Nachtschlafzeit betrug sogar mehr als $6\frac{1}{2}$ Stunden. Dennoch hatte sie fast jede Nacht Aufwachphasen von insgesamt jeweils mehr als 30 Minuten, ihre Schlaflatenz betrug durchschnittlich mehr als 1 Stunde und in 2 Nächten sogar mehr als 2 Stunden. Dennoch hatte sie, gemessen an ihrer Erwartung, relativ gut geschlafen.

Behandlungsplan und Verlauf

Auch wenn das Problem der Patientin während der Baselinephase nicht so schwerwiegend war, wie sie erwartet hatte, betrachtete sie ihr Problem noch nicht als gelöst. Deswegen wurde mit der Diagnostik fortgefahren und die Behandlung darauf ausgerichtet, die Erfolgserlebnisse, die während der Baselinephase bereits eingesetzt hatten, aufrechtzuerhalten und noch weiter auszubauen. L. wurde umfassend über das Thema Schlaf informiert und gebeten, das Schlaftagebuch auch weiterhin zu führen.

Die nächste Sitzung wurde um einige Wochen verschoben, da L. eine Fehlgeburt hatte. Wegen dieses Verlustes war sie ausgesprochen niedergeschlagen und emotional belastet. Ihre Insomnie hielt an, und sie begann wieder, gelegentlich Diazepam zu nehmen. Sie kam zu dem Schluß, daß sie die Behandlung weiter aufsuchen wollte, um sich von ihrer Schlafmittelabhängigkeit zu befreien, weil sie plante, in Zukunft wieder schwanger zu werden.

■ **Behandlungsplan.** Eine ganze Reihe der Merkmale von L.'s Schlafproblemen lassen sie als gute Kandidatin für eine kognitiv-behaviorale Therapie erscheinen:

- Ihre Insomnie entwickelte sich im Zusammenhang mit klar umrissenen situationalen Veränderungen, d.h. sie tauchte plötzlich im Zusammenhang mit veränderten familiären Umständen auf, und es war wahrscheinlich die veränderte Situation der jungen Mutterschaft, die an der Aufrechterhaltung teilhatte.
- Die Ergebnisse von L.s psychologischer Diagnostik legten nahe, daß ihre unregelmäßigen Schlafmuster mit Angst und kognitiven Beschwerden einhergingen.

- Der verbesserte Schlaf, den L. während der Baselinephase berichtete, deutet darauf hin, daß man ihr Schlafverhalten mit Methoden der kognitiven Umstrukturierung verändern kann.

Es wurden 4 Therapiekomponenten ausgewählt:

- *Unterstützende Gespräche* bezüglich L.s Gefühlen der Verantwortung wegen ihrer Fehlgeburt: Die ersten Sitzungen nach der Behandlung richteten sich auf L.s Reaktionen auf ihre Fehlgeburt. Themen dieser Gespräche waren ihre Gefühle gegenüber diesem Verlust, Auswirkungen auf ihr Selbstwertgefühl, auf die Beziehung zu ihrem Ehemann sowie ihre Reaktion auf andere Schwangere und ihre Ängste bezüglich einer möglichen erneuten Schwangerschaft.
- *Informationsvermittlung* zur Schlafhygiene und *kognitive Umstrukturierung*: Ein Hauptziel der Behandlung war es, L.s Sichtweise ihres Problems, nach der sie sich als Opfer einer Störung betrachtete, zu einer neuen Sichtweise hin zu ändern, nach der sie ihre Probleme selbst angehen und bewältigen kann. Es wurde darauf geachtet, ihr genaue Informationen über die wirklichen Auswirkungen von Schlafentzug zu vermitteln und die Zusammenhänge zwischen ihren Sorgen und ihrem Grübeln und den Schlafstörungen herauszuheben. Sie wurde über den Schlaf in den verschiedenen Lebensphasen informiert sowie über die Effekte von Tranquilizern, Alkohol, Koffein, Nickerchen und den äußeren Umgebungsfaktoren. Dabei ging es z.B. darum, L. zu vermitteln, daß sie möglicherweise mit weniger Schlaf auskommt, als sie ursprünglich für nötig gehalten hatte. L. schlief etwa $6\frac{1}{2}$ Stunden, während sie aber 10 Stunden im Bett verbrachte (schlechte Schlafeffizienz). Als Folge der Diskussion über dieses Thema begann L., den Beginn ihrer Schlafenszeit von 22.00 auf 23.30 Uhr zu verlegen.
- *Anleitung zur Stimuluskontrolle*: Das Verhalten, das für L. mit dem Einschlafen inkompatibel war, war ihre kognitive Aktivität. Zur Schlafenszeit überdachte L. häufig die Ereignisse des Tages und sorgte sich darüber, was der nächste Tag bringen würde. Das Ziel der Behandlung bestand nicht darin, diese Sorgen zu unterdrücken, aber sie an einen anderen Ort und auf eine andere Zeit zu verlegen. L. wurde also dazu angeleitet, sich zu einem früheren Zeitpunkt in einem bequemen Sessel in einem anderen Zimmer Gedanken über ihre Sorgen und Pläne zu machen. Außerdem sollte sie die Regeln zur Stimuluskontrolle einhalten.

• *Streßmanagement und ein Training sozialer Kompetenzen:*
Wie aus L.s erhöhten Depressions- und Angstwerten ersichtlich war, gab es in ihrem Leben außer dem schlechten Schlaf noch weitere Beschwerden. Dennoch hatte L. die Behandlung wegen dem spezifischen Problem der Insomnie aufgesucht, und so richtete sich auch die Therapie in erster Linie darauf. Es wurde aber auch Zeit darauf verwandt, andere eher allgemeine Themen zu besprechen, wie etwa den Einsatz von Entspannung, um ihren Streß in vivo zu bewältigen, oder zu üben, unangemessene Ansprüche anderer zurückzuweisen und nach Wegen zu suchen, ihrem Leben allgemein mehr Freude und Befriedigung zu geben.

Einige dieser eher allgemeinen Themen hatten auch einen direkten Bezug zu L.s Schlafbeschwerden. So beklagte sie z. B., daß sie während des Tages aufgrund ihres Schlafmangels so erschöpft sei, daß sie nicht mehr ihren vielen belastenden sozialen Verpflichtungen nachkommen konnte. Ein Teil der Therapie bestand darin, daß sie lernen sollte, solche Verpflichtungen effektiver zu reduzieren, so daß sie nicht mehr darauf angewiesen sei, ihre Symptome der Insomnie als Entschuldigung heranzuziehen.

■ **Therapieverlauf.** Nach dem Erstgespräch kam L. im Zeitraum von 15 Wochen insgesamt für 7 Sitzungen in die Therapie. Am Ende der Therapie brauchte L. noch durchschnittlich 45 Minuten, um einzuschlafen und hatte nachts eine Gesamtschlafzeit von durchschnittlich 7 Stunden. Etwa einmal pro Woche hatte sie weiterhin nachts einen schlechten Schlaf, fühlte sich aber nun imstande, damit umzugehen, ohne auf Medikamente zurückzugreifen zu müssen. Sie bezeichnete sich nun nicht mehr als Insomniepatientin. Die Therapie wurde mit dem Übereinkommen abgeschlossen, daß sie sich wieder melden könne, falls ihre Insomnie wiederkehren sollte.

4 Monate später machte L. wieder einen Termin aus. Sie war wieder schwanger geworden und begann, wieder leichte Schlafprobleme zu entwickeln. In 2 Sitzungen wurden die therapeutischen Techniken noch einmal durchgesprochen und die Informationen, die sie in der ersten Therapiephase gelernt hatte, wieder aufgefrischt. Außerdem sprachen wir über ihre Befürchtungen hinsichtlich einer erneuten Fehlgeburt. L.s Schlafprobleme verschwanden, als sie erfolgreich den Zeitpunkt ihrer Schwangerschaft überwunden hatte, zu dem sie das letzte Mal die Fehlgeburt hatte.

Auch wenn diese Falldarstellung die kognitiven Aspekte der Therapie hervorhebt, sollte festgehalten werden, daß es sich hier um einen Behandlungsansatz mit vielen Komponenten gehandelt hat. Die kognitive Umstrukturierung war sicher wichtig gewesen, war aber auch von Fortschritten beeinflußt worden, die durch die anderen Techniken wie der Regulation des Schlafrhythmus, der Anleitung zur Stimuluskontrolle und dem Einsatz von Entspannung als Mittel zur Streßkontrolle während des Tages erzielt worden waren.

9.4
Empirische Belege

In den vergangenen Jahren gab es viele kontrollierte Studien, in denen die Wirksamkeit und Langzeiteffektivität psychologischer Behandlungen für chronische Insomnie untersucht worden ist. Es wurden dazu 2 Metaanalysen veröffentlicht (Morin et al., 1994; Multagh & Greenwood, 1995). Es gab viele gemeinsame Folgerungen daraus, aber auch einige bedeutsame Unterschiede. In beiden Metaanalysen wurde bestätigt, daß psychologische Behandlung für Verbesserungen des Schlafes bei Insomniepatienten gegenüber Kontrollbedingungen wirksam ist, und diese Erfolge hielten bis zur Nachuntersuchung nach 6 Monaten an. Über alle Studien hinweg wurde die durchschnittliche Einschlafzeit von 64,3 auf 36,6 Minuten reduziert und die durchschnittlichen Wachzeiten während der Nacht von 70,3 auf 37,6 Minuten (Morin et al., 1994).

Multagh & Greenwood (1995) folgerten in ihrer Metaanalyse, daß es zwischen den verschiedenen aktiven Behandlungsbedingungen geringe Differenzen gibt, wenngleich die Anleitung zur Stimuluskontrolle die stärksten Effekte aufwies. Morin et al. (1994) kamen zu dem Schluß, daß sowohl die Anleitung zur Stimuluskontrolle als auch die Beschränkung der Schlafzeit als einzelne Behandlungskomponenten die stärksten Effekte hatten. Behandlungsformen mit vielen Komponenten erwiesen sich ebenfalls als wirksam, konnten aber Stimuluskontrolle und Schlafbeschränkung in ihrer Effektivität nicht übertreffen. Lediglich in etwa 15% der analysierten Studien kamen PSG-Maße zum Einsatz. Deshalb basierten die Ergebnisse der Metaanalyse in erster Linie auf den täglichen Schlaftagebüchern. Die Resultate der Studien, die PSG-Maße verwendeten, waren vom Muster her ähnlich, wenn auch mit vergleichsweise kleineren Effekten (Morin et al., 1994).

Die stärksten Behandlungseffekte waren bei den Probanden zu beobachten, die nicht regelmäßig Schlafmittel benutzt hatten sowie bei klinisch überwiesenen Patienten im Vergleich zu Freiwilligen (Multagh & Greenwood, 1995). Es ist oft schwierig, chronischen Insomniepatienten die Hypnotika zu entziehen. Demzufolge wäre es also eine medizinisch betrachtet weitsichtigere Strategie, Hypnotika gegen Schlafprobleme gar nicht erst zu verschreiben. In den Studien fanden sich keine Wirksamkeitsunterschiede bezüglich des Alters oder des Geschlechts. Da viele Insomniepatienten ältere Erwachsene sind, ist es ermutigend, daß auch für sie kognitiv-behaviorale Behandlung erfolgreich angewandt werden kann.

Zusammenfassung

In den letzten 10 Jahren konnte man substanzielle Fortschritte bei der psychologischen Behandlung von Schlafstörungen verzeichnen. In diesem Kapitel wird ein Überblick über Diagnostik und Behandlung von Schlafstörungen (in erster Linie von Insomnien) gegeben. Es stehen mehrere alternative kognitiv-behaviorale Behandlungsansätze zur Verfügung, die hier beschrieben, bewertet und mit einer Falldarstellung ergänzt werden.

Literatur

Akerstedt, T. (1985). Adjustment of physiological circadian rhythms and the sleep-wake cycle to shift work. In S. Folkard & T. H. Monk (Eds.), *Hours of work: Temporal factors in work scheduling* (pp. 199–210). New York: John Wiley & Sons.

American Sleep Disorders Association (1990). *The international classification of sleep disorders: Diagnostic and coding manual*. Rochester/MN: ASDA.

Bootzin, R. R. (1972). A stimulus control treatment for insomnia. *Proceedings of the American Physiological Association, 98*, 395–396.

Bootzin, R. R. (1985). Insomnia. In M. Hersen & C. G. Last (Eds.), *Case studies in behavior therapy*. New York: Springer.

Bootzin, R. R. &. Nicassio, P. (1978). Behavioral treatments for insomnia. In M. Hersen, R. M. Eisler, P. M. Miller (Eds.), *Progress in behavior modification* (Vol. 6). New York: Academic Press.

Bootzin, R. R. & Perlis, M. L. (1992). Nonpharmacologic treatments of insomnia. *Journal of Clinical Psychiatry, 53* [6, suppl.], 37–41.

Bootzin, R. R., Epstein, D. & Wood, J. M. (1991). Stimulus control instructions. In P. Hauri (Ed.), *Case studies in insomnia*. New York: Plenum.

Bootzin, R. R., Manber, R., Perlis, M. L., Salvio, M. & Wyatt, J. K. (1993). Sleep disorders. In P. B. Sutker & H. E. Adams (Eds.), *Comprehensive handbook of psychopathology* (2nd ed., pp. 531–561). New York: Plenum.

Bootzin, R. R., Shoham, V. & Kuo, T. F. (1994). Sleep Anticipatory Anxiety Questionnaire: a measure of anxiety about sleep. *Sleep Research, 23*, 188.

Borkovec, T. D. & Weerts, T. C. (1976). Effects of progressive relaxation on sleep disturbance: an electroencephalographic evaluation. *Psychosomatic Medicine, 38*, 173–180.

Czeisler, C. A., Richardson, G. S., Coleman, R. M., Zimmerman, J. C., Moore-Ede, M. C., Dement, W. C. & Weitzman, E. D. (1981). Chronotherapy: Resetting the circadian clocks of patients with delayed sleep phase insomnia. *Sleep, 4*, 1–21.

Gillin, J. C. & Byerley, W. F. (1990). The diagnosis and management of insomnia. *New England Journal of Medicine, 322*, 239–248.

Guilleminault, C. (1994). Narcolepsy Syndrome. In M. H. Kryger, T. Roth & W. C. Dement (Eds.), *Prinicples and practice of sleep medicine* (2nd ed., pp. 549–561). Philadelphia: W. B. Saunders Company.

Hauri, P. (1981). Treating psychophysiological insomnia with biofeedback. *Archives of General Psychiatry, 38*, 752–758.

Hauri, P., Percy, L., Hellekson, C., Hartmann, E. & Russ, D. (1982). The treatment of psychophysiologic insomnia: a replication study. *Biofeedback and Self-Regulation, 7*, 223–235.

Kales, A. & Kales, J. D. (1984). *Evaluation and treatment of insomnia*. New York: Oxford University Press.

Karacan, I. & Howell, J. W. (1988). Narcolepsy. In R. L. Williams, I. Karacan & C. A. Moore (Eds.), *Sleep disorders: Diagnosis and treatment* (2nd ed., pp. 87–105). New York: John Wiley & Sons.

Levey, A. B., Aldaz, J. A., Watts, F. N. & Coyle, K. (1991). Articulatory suppression and the treatment of insomnia. *Behaviour Research and Therapy, 29*, 85–89.

Mellinger, G. D., Balter, M. B. & Uhlenhuth, E. H. (1985). Insomnia and its treatment. *Archives of General Psychiatry, 42*, 225–232.

Morin, C. M. (1993). *Insomnia: psychological assessment and management*. New York: Guilford.

Morin, C. M. & Kwentus, J. A. (1988). Behavioral and pharmacological treatments for insomnia. *Annals of Behavioral Medicine, 10*, 91–100.

Morin, C. M., Culbert, J. P. & Schwartz, S. M. (1994). Nonpharmacological interventions for insomnia: a metaanalysis of treatment efficacy. *American Journal of Psychiatry, 151*, 1172–1180.

Multagh, D. R. R. & Greenwood, K. M. (1995). Identifying effective psychological treatments for insomnia: A metaanalysis. *Journal of Consulting and Clinical Psychology, 63*, 79–89.

Penn, P. E. & Bootzin, R. R. (1990). Behavioural techniques for enhancing alertness and performance in shift work. *Work & Stress, 4*, 213–226.

Sanavio, E., Vidotto, G., Bettinardi, O., Rolletto, T. & Zorzi, M. (1990). Behaviour therapy for DIMS: Comparison of three treatment procedures with follow-up. *Behavioural Psychotherapy, 18*, 151–167.

Shoham, V., Bootzin, R. R., Rohrbaugh, M. & Urry, H. (1995). Paradoxical versus relaxation treatment for insomnia: the moderating role of reactance. *Sleep Research, 24a,* 218–224.

Shoham-Salomon, V. & Rosenthal, R. (1987). Paradoxical interventions: a meta-analysis. *Journal of Consulting and Clinical Psychology, 55,* 22–28.

Spielman, A. J., Saskin, P. & Thorpy, M. J. (1987). Treatment of chronic insomnia by restriction of time in bed. *Sleep, 10,* 45–56.

Terman, M. (1994). Light therapy. In M. H. Kryger, T. Roth & W. C. Dement (Eds.), *Principles and practice of sleep medicine* (2nd ed., pp. 1012–1029). Philadelphia: W. B. Saunders Company.

Wolpe, J. (1973). *The practice of behavior therapy* (2nd ed.). New York: Pergamon.

Weiterführende Literatur

Backhaus, J. & Riemann, D. (1996). *Schlafstörungen bewältigen. Informationen und Anleitung zur Selbsthilfe.* Weinheim: PVU.

Deutsche Gesellschaft für Schlafforschung und Schlafmedizin (DSGM) & Arbeitsgruppe Nächtliche Atmungs- und Kreislaufregulationsstörungen (AGNAK) (1995). *Weißbuch Schlafmedizin.* Regensburg: Roderer.

Lacks, P. (1987). *Behavioral treatment of persistent insomnia.* Elmsford/NY: Pergamon.

Morin, C. M. (1993). *Insomnia: psychological assessment and management.* New York: Guilford.

Riemann, D. & Backhaus, J. (1996). *Behandlung von Schlafstörungen. Ein psychologisches Gruppenprogramm.* Weinheim: PVU.

Sloan, E. P., Hauri, P., Bootzin, R., Morin, C., Stevenson, M. & Shapiro, C. M. (1993). The nuts and bolts of behavioral treatment for insomnia. *Journal of Psychosomatic Research, 17* [Suppl. 1], 19–37.

KAPITEL 10

Hypochondrie und Gesundheitsangst

PAUL M. SALKOVSKIS und ANDREA ERTLE

10.1 Einleitung

Somatoforme Störungen umfassen verschiedene Problembereiche, die durch vielfältige körperliche Symptome oder Beschwerden gekennzeichnet sind, für die keine organische Ursache gefunden werden kann.

Im DSM-IV (APA, 1994) gibt es folgende Einteilung somatoformer Störungen:

- Körperdysmorphe Störung (ausgeprägtes Leiden über einen körperlichen Makel, der von anderen Personen nicht als Makel wahrgenommen wird),
- Hypochondrie (Angst, an einer unerkannten schweren Krankheit zu erkranken),
- Somatisierungssyndrom (vielfältige körperliche Symptome, die nicht oder nicht in ausreichendem Maße organisch erklärt werden können),
- Konversionssyndrom (neurologische Störungen, ähnliche Beschwerden und Ausfälle) und
- somatoformes Schmerzsyndrom.

Der Bereich der somatoformen Störungen wurde und wird mit einer oft verwirrenden Vielzahl von Begriffen belegt, z.B. »Hysterie«, »funktionelle Beschwerden«, »vegetative Dystonie« u.v.m. Diese Begriffe haben jedoch eine negative Konnotation oder sind völlig unreliable Restkategorien (»Wenn nichts Organisches gefunden wurde ...«) und sind deshalb abzulehnen. Somatoforme Störungen sind auch von den psychosomatischen Krankheiten abzugrenzen, da dort wirklich eine physiologische oder biochemische Schädigung eine Rolle spielt (z.B. Asthma bronchiale, Ulcus pepticum). Merkwürdigerweise scheint die offensichtlich psychologische Grundlage somatoformer Probleme meist zur unberechtigten Vermutung zu führen, daß diese Patienten in erster Linie eine Krankheit simulieren.

Typischerweise suchen Patienten, die diese Diagnose erhalten, eine Behandlung entweder wegen körperlicher Veränderungen auf, von denen sie annehmen, daß sie physischen Ursprungs sind, oder aber es stehen bei ihren psychologischen Beschwerden fast ausschließlich derartige körperliche Veränderungen im Mittelpunkt.

Es gibt eine weitgehende Übereinstimmung bezüglich des Ausmaßes, in dem eine Behandlung erfolgversprechend erscheint: nämlich gar nicht. Derartiger therapeutischer Nihilismus ist allerdings unbegründet.

Speziell aus therapeutischer Perspektive heraus sollte die Hypochondrie besser als Angststörung bezeichnet werden, bei der die Sorge um Gesundheit und Krankheit im Mittelpunkt steht (Salkovskis et al., 1990). Eine solche prozeßorientierte Beschreibung scheint für die Entwicklung kognitiv-behavioraler Behandlungsansätze, wie sie weiter unten beschrieben werden, hilfreich zu sein. Unglücklicherweise ist diese Art der Betrachtungsweise bei den anderen somatoformen Störungen noch nicht weit gediehen, wenngleich es kürzlich einige ermutigende Fortschritte im Verständnis der körperdysmorphen Störung gab.

10.2
Hypochondrie/Gesundheitsangst

Im folgenden wird die Hypochondrie nach DSM-IV (APA, 1994) dargestellt. Für die Diagnose wird, wie bei allen Diagnosen der somatoformen Störungen, verlangt, daß die Symptome nicht durch eine körperliche Störung oder durch eine andere Achse-I-Störung erklärt werden können. Auch Simulation muß ausgeschlossen sein.

Das entscheidende Merkmal der Hypochondrie ist das Vorherrschen der Überzeugung, eine schwere Krankheit zu haben bzw. die Angst davor. Diese Überzeugungen oder Befürchtungen treten ohne nachweisbare organische Pathologie und trotz medizinischer Rückversicherung über mindestens 6 Monate hinweg auf. Sie sind verbunden mit der *Wahrnehmung von körperlichen Symptomen und Sensationen*, die als Beleg einer ernsthaften Krankheit mißverstanden werden.

Primäre vs. sekundäre Hypochondrie
Von einer *primären* Störung spricht man dann, wenn die Problematik nicht auf eine andere, ihr übergeordnete Krankheit zurückgeführt werden kann. Es ist wichtig, darauf hinzuweisen, daß *sekundäre* hypochondrische Symptome in einer Vielzahl anderer psychischer Störungen ebenfalls auftauchen. Gesundheitsangst kommt auch bei einer Reihe nichtpsychiatrischer Fälle vor, einschließlich bei tatsächlich körperlich kranken Personen. Patienten, die an Gesundheitsangst leiden, sind in jedem Bereich medizinischer Praxis eine Belastung der Ressourcen (Katon et al., 1984; Kellner, 1985; Mayou, 1976). Ernüchternderweise haben bisher vorhandene Behandlungsformen für die primäre Hypochondrie sich noch nicht nachweisbar auf die Prognose ausgewirkt.

■ **Forschungsergebnisse.** Lange Zeit wurde angenommen, daß Hypochondrie immer ein Folgeproblem anderer Störungen, insbesondere der Depression, darstellt (Kenyon, 1965). Die Unterscheidung in primär vs. sekundär hat in erster Linie Auswirkungen auf die Beurteilung und Behandlung von Patienten, die sich mit hypochondrischen Symptomen vorstellen. Kenyon (1964) untersuchte die Akten von 512 Fällen, die im Bethlehem Royal und Maudsley Hospital vorgestellt wurden und wies sie nach Aktenlage entweder einer

primären oder einer sekundären Hypochondrie zu. 301 Fälle wurden als primär und 211 Fälle als sekundär diagnostiziert. Diese Gruppen wurden hinsichtlich einer Reihe von Variablen verglichen, um festzustellen, ob es eine Grundlage für die Diagnose einer primären Hypochondrie gab. Die Ergebnisse wurden dahingehend interpretiert, daß sich *kein* Unterschied zwischen diesen Bedingungen feststellen ließ. Da die sekundäre Hypochondrie am häufigsten mit einem depressiven Zustand verbunden war, schloß Kenyon daraus, daß Hypochondrie immer Teil eines anderen, in der Regel affektiven Syndroms sei (s. Kasten).

■ **Ursache oder Wirkung.** In der Beurteilung der Unterscheidung in primär vs. sekundär wäre es am angemessensten, die chronologische Entwicklung hypochondrischer und depressiver Symptome zu betrachten. Dieser Ansatz wurde auch bei der Zwangsstörung benutzt. Obwohl Patienten mit einer Zwangsstörung sich bezüglich demographischer Variablen kaum von Fällen einer Depression mit sekundären zwanghaften Merkmalen unterscheiden, ist die Existenz einer primären Zwangsstörung unbestritten. Das entscheidende Kriterium bei der klinischen Unterscheidung zwischen primären und sekundären Problemen ist die Abfolge, in der sie sich entwickeln (Gittleson, 1966). Eine systematische Untersuchung dieses Aspekts bei Hypochondriepatienten steht noch aus. Eine weitere Komplikation besteht darin, daß Patienten mit einer langen Geschichte hypochondrischer Beschwerden u. U. eine »Persönlichkeitsstörung« zugeschrieben wird. Es gibt noch keine zufriedenstellenden Studien, bei denen bestimmte Persönlichkeitsmuster identifiziert werden konnten (Kellner, 1989). Solche Patienten mögen »unzufrieden« oder »feindselig« sein, weil eine Lösung ihrer Probleme oder sogar wenigstens eine zufriedenstellende Erklärung ihrer Probleme bisher gescheitert ist.

Diese Studie muß jedoch mit Vorsicht betrachtet werden, insbesondere weil sie auf der retrospektiven Untersuchung von Akteneinträgen beruhte und weil keine operational definierten diagnostischen Kriterien benutzt worden waren. Ein unerwartet hoher Anteil an Patienten erhielt die ursprüngliche Diagnose einer primären Hypochondrie. Die primäre Gruppe sprach schlechter auf die stationäre Behandlung an, verglichen mit der sekundären Gruppe und mit dem allgemeinen Erfolg aller Patienten, die in diesen Krankenhäusern während derselben Zeit behandelt worden waren. Es ist aufgrund dieser Studie nicht gerechtfertigt, darauf zu schließen, daß eine primäre Hypochondrie nicht existiert. Die Ergebnisse anderer Studien unterstützen eine Sichtweise, daß es ein primäres Syndrom der Hypochondrie gibt. Pilowsky (1970) evaluierte selbst 147 Fälle und diagnostizierte 66 als primär und 81 als sekundär. Die primären Fälle hatten längere Krankheitsgeschichten, als sie sich das erste Mal zur Behandlung vorstellten, weniger Suizidversuche, weniger antidepressive oder »sedierende« Medikation; außerdem hatte diese Gruppe seltener eine Elektrokrampftherapie erhalten. Bianchi (1971) untersuchte 235 stationäre psychiatrische Patienten und diagnostizierte mit objektiveren Diagnosemethoden 30 als Fälle mit »Krankheitsphobie«, die nicht sekundär mit irgendwelchen anderen Störungen zusammenhingen.

■ **Methodische Probleme.** Diese Studien sind allerdings wahrscheinlich nicht repräsentativ, da ihnen eine ganz spezielle Stichprobe hypochondrischer Patienten zugrunde liegt. Es ist wahrscheinlich, daß man die Mehrzahl der Hypochondriepatienten in nichtpsychiatrischen Zusammenhängen antrifft (Bridges & Goldberg, 1985), weil sie definitionsgemäß nicht willens sind, ihre Probleme unter nichtkörperlichen Aspekten zu betrachten. Dies bedeutet, daß hypochondrische Patienten, die mit einer Überweisung an einen psychiatrischen Dienst einverstanden sind, wahrscheinlich untypisch für die gesamte Patientenpopulation sind, die die diagnostischen Kriterien erfüllen, da diese Patienten zur Einsicht gelangt sind, daß sie in irgendeiner Art und Weise an einer psychischen Störung leiden (z. B. einer beeinträchtigenden Depression) – zusätzlich zu den hypochondrischen Beschwerden. Hypochondriepatienten in psychiatrischen Kliniken beklagen sich darüber, daß sie depressiv sind, weil sie glauben, daß ihre »körperliche Krankheit« weder richtig diagnostiziert noch angemessen behandelt wurde. Die Tatsache, daß diese Patienten psychologische Beeinträchtigungen anerkennen, ob richtig attribuiert oder nicht, ist entscheidend dafür, daß sie mit einer psychiatrischen Überweisung einverstanden sind, was letztendlich zu einer selektiven Überweisung dieser Untergruppe führt.

Kennzeichen von Gesundheitsangst
Angst bezüglich der Gesundheit kann vorübergehend auch bei normalen Personen oder als sekundäres Phänomen bei einer Vielzahl anderer Bedingungen vorkommen.

> Extreme Gesundheitsangst oder Hypochondrie kann
>
> - als Phobie,
> - als krankhafte Beschäftigung mit den Symptomen,
> - als Phänomen im Rahmen einer Zwangsstörung und
> - (selten) auch in wahnhaftem Ausmaß
>
> vorkommen (Pilowsky, 1984).

■ **Forschungsergebnisse.** Kellner et al. (1987) benutzten Fragebögen, um Einstellungen, Ängste und Überzeugungen in 21 Fällen, die die DSM-III-Kriterien für eine Hypochondrie erfüllten sowie bei einer parallelisierten, nicht hypochondrischen Kontrollgruppe zu untersuchen. Die Ergebnisse zeigten, daß hypochondrische Patienten sich von ängstlichen und depressiven psychiatrischen Patienten darin unterschieden, daß sie mehr Ängste und falsche Überzeugungen über Krankheiten, eine höhere Aufmerksamkeit zu körperlichen Sensationen, häufiger Ängste vor dem Tod und mehr Mißtrauen gegenüber der Meinung des Arztes äußerten, obwohl sie mehr medizinische Behandlungen aufsuchten, als es die anderen Probanden dieser Studie taten. Pilowsky (1967) legte 100 Probanden mit Hypochondrie und 100 Kontrollpersonen einen standardisierten Fragebogen vor. Die Antworten wurden einer Hauptkomponentenanalyse unterzogen; dabei wurden drei Faktoren identifiziert.

> Die 3 Dimensionen der Hypochondrie sind:
>
> - Beschäftigung mit dem eigenen Körper,
> - Krankheitsangst,
> - Überzeugung vom Vorhandensein einer Krankheit bei gleichzeitigem Nichtansprechen auf ärztliche Rückversicherung.

Es wurde auch eine Vielzahl anderer Klassifikationen vorgeschlagen, bei denen meistens einer Unterscheidung zwischen Hypochondrie und Krankheitsphobie Beachtung geschenkt wurde (Bianchi, 1971; Leonhard, 1968; Marks, 1987; Mayou, 1976; Ryle, 1947). Zur Zeit ist noch wenig über die relative Bedeutung von Faktoren wie Vermeidung oder der Suche nach Rückversicherung in diesen Gruppen bekannt.

Studien, die die Behandlung von Krankheitsüberzeugung und Krankheitsphobie vergleichen, könnten Klarheit über das Ausmaß erbringen, in dem bereits existierende behaviorale Strategien (wie etwa graduelle Exposition oder Angstmanagementtechniken) zur Behandlung von Krankheitsangst angewendet werden können. Es dürfte theoretisch und therapeutisch wichtig sein zu überlegen, ob einzelne Kennzeichen hypochondrischer Patienten auf psychologische Prozesse zurückzuführen sind, die auch bei anderen, bereits besser zu behandelnden Störungen eine Rolle spielen. Es gibt vorläufige Hinweise darauf, daß eine Therapie, die auf Prinzipien von Konfrontation beruht, sich bei den Patienten als effektiv erweist, die ein phobisches Muster in ihrem Verhalten zeigen (Warwick & Marks, 1988). Es ist z. Z. noch nicht klar, ob eine solche Behandlung bei Patienten mit stärker ausgeprägter Krankheitsüberzeugung weniger effektiv sein würde. Besonders auffällig ist, daß die Definition der Hypochondrie eine Ähnlichkeit mit laufenden kognitivbehavioralen Sichtweisen von Patienten mit *Panikattacken* aufweist, bei denen die Fehlinterpretation körperlicher Sensationen ebenfalls ein grundlegendes Element darstellt.

10.3
Allgemeine Sichtweise somatischer Probleme mit einer psychologischen Komponente

In der medizinischen Psychologie und der Verhaltensmedizin werden verschiedene theoretische Modelle herangezogen, um die Wirksamkeit einer Reihe psychologischer Behandlungsformen zu erklären. Es gibt 2 hauptsächliche Ansätze:

- Der *medizinische* diagnostische Rahmen wird übernommen. Dann werden psychologische Prinzipien innerhalb dieses Rahmens angewandt, mit der Annahme, daß verschiedene psychologische Faktoren bei den im Grunde medizinischen Diagnosen eine Rolle spielen können.
- Eine in erster Linie *psychologische* Sichtweise wird übernommen, um dann originär psychologische Prinzipien auf Patienten mit spezifischen Diagnosen anzuwenden, wobei die Berücksichtigung spezifisch medizinisch-diagnostischer Aspekte lediglich von sekundärer Bedeutung ist.

Die zweite Sichtweise ist am ehesten mit kognitivbehavioralen Ansätzen in Übereinstimmung zu bringen und wird hier übernommen.

Auch wenn keine einzelne Sichtweise die Probleme aller Patienten erklären kann, gibt es einige geläufige Konzepte, die für die psychologische Behandlung der meisten somatischen Probleme von Bedeutung sind. Sie werden im folgenden zusammengefaßt.

■ **Glaube an eine körperliche Ursache bzw. einen körperlichen Ausdruck der Probleme.** Diese Wahrnehmung kann richtig, übertrieben oder gänzlich falsch sein. Wenn Patienten eine verzerrte oder unrealistische Überzeugung haben, daß ihre körperliche Funktionsfähigkeit beeinträchtigt ist oder gerade dabei ist, Schaden zu nehmen, ist diese Überzeugung eine Quelle von Angst und Schwierigkeiten.

■ **Selektive Wahrnehmung und Fehlinterpretation.** Patienten stützen übertriebene Überzeugungen auf Beobachtungen, die zu belegen scheinen, daß ihre Überzeugung wahr ist; d.h. es könnten Symptome und Anzeichen vorhanden sein, die fälschlicherweise als Beweis körperlicher Beeinträchtigungen gedeutet werden. Auch Gespräche zwischen den Behandlern könnten als Beleg für körperliche Störungen verstanden (bzw. mißverstanden) werden. Bisweilen werden Anzeichen, Symptome und derartige Gespräche, die darauf hinweisen, daß vielleicht einige Aspekte der körperlichen Funktionstüchtigkeit des Patienten leicht von der Norm oder von einem Ideal abweichen, als Beweis für eine schwere Störung fehlgedeutet.

■ **Beeinträchtigung.** Die somatischen Probleme der Patienten sind auf zweierlei Arten beunruhigend und beschränken die Möglichkeiten im Leben der Patienten. Diese Aspekte sind zum einen der Grad der Behinderung, der aus diesem Problem erwächst und zum anderen die emotionale Reaktion auf das Problem, hier insbesondere die Angst über potentielle Ursachen oder Konsequenzen, Ärger und Depression. Jeweils einer oder alle beide dieser Faktoren können Patienten dazu veranlassen, Hilfe aufzusuchen.

■ **Eigendynamik der Störung.** Die Reaktion auf die wahrgenommene Beeinträchtigung kann Veränderungen in der Stimmung, den Kognitionen, dem Verhalten und der physiologischen Funktionsfähigkeit beinhalten. Diese Veränderungen können das Problem selbst aufrechterhalten (bei Störungen, bei denen es wenig oder gar keine dauerhafte körperliche Grundlage für die Beeinträchtigung gibt) oder das Ausmaß der Behinderung verstärken, das aus einer Beeinträchtigung mit einer sichtbaren körperlichen Grundlage erwächst. Außerdem kann die emotionale Reaktion auf die wahrgenommene Beeinträchtigung der Funktionstüchtigkeit verstärkt werden. Eine psychologische Behandlung soll die Faktoren verändern, die sowohl die Beunruhigung als auch die Behinderung aufrechterhalten. Des weiteren können Probleme, die ursprünglich eine körperliche Verursachung hatten, später durch psychologische Faktoren aufrechterhalten werden.

10.4
Theorien zu Hypochondrie/Gesundheitsangst

10.4.1
Allgemeine Überlegungen

Es gibt keine empirischen Hinweise, die die zahlreichen bislang vorgeschlagenen psychodynamischen Konzeptualisierungen der Hypochondrie unterstützen; sie sind nurmehr von historischem Interesse (Kellner, 1985).

Somatisierungshypothese
Eng mit psychoanalytischen Konzepten verbunden und z.Z. einflußreicher ist dagegen die (aus kognitiv-behavioraler Perspektive heraus betrachtet problematische) Idee von »Somatisierung als einem Prozeß«: Einige Menschen seien unfähig, ihre Schwierigkeiten in persönlich oder sozial akzeptierter Art und Weise auszudrücken, und diese Schwierigkeiten führen deswegen zu somatischen Symptomen.

Lipowski (1988) definierte Somatisierung als »die Tendenz, somatische Schwierigkeiten und Symptome zu erleben und zu zeigen, für die keine medizinische Ursache gefunden wurde, diese Schwierigkeiten auf körperliche Krankheit zu attribuieren und wegen der Schwierigkeiten medizinische Hilfe aufzusuchen« (s. auch Bass & Murphy, 1990).

Nemiah (1977) hatte eine spezifischere Variante dieser Somatisierungshypothese vorgeschlagen, indem er nahelegte, daß hypochondrische Patienten an einer biologisch determinierten »Alexithymie« leiden, einer neurophysiologischen Unfähigkeit, Gefühle zu erleben. Es konnte jedoch bislang kein derartiges Defizit gefunden werden, und es gibt auch keine weiteren Hinweise auf ein kategoriales bzw. Krankheitsmodell der Hypochondrie in Abgrenzung von weniger schweren Formen von Angst bezüglich der Gesundheit. Biologische Faktoren (z.B. eine Tendenz, eine überdurchschnittliche Fluktuation des körperlichen Zustands zu zeigen) könnten als Prädisposition für eine Hypochondrie verantwortlich sein, aber es ist unwahrscheinlich, daß sie für eine Erklärung des klinischen Bildes notwendig oder hinreichend sind. Der Mechanismus, der normalerweise bei Somatisierung als Prozeß herangezogen wird, ähnelt dem zentralen »hydraulischen Modell« der Psychoanalyse. Diese Idee eines implizit zugrundeliegenden *psychologischen* Krankheitsprozesses ist gänzlich unvalide. Wichtiger ist aber noch, daß diese Sichtweise die Aufmerksamkeit in Klinik und Forschung ablenkt von der Reaktion der Person auf die Symptome, die sie *derzeit* erlebt, hin auf eine angenommene, aber noch unentdeckte »tiefere« Ebene der Beschwerden. Dies steht in deutlichem Widerspruch zur kognitiven Herangehensweise, bei der Interpretation und Fehlinterpretation von Symptomen entscheidend für das *aktuelle* Erleben von Beschwerden und Angst ist. Außerdem sind hier Prozesse wie etwa selektive Aufmerksamkeit, psychophysiologische Erregung und auf Überzeugungen beruhende Veränderungen des Verhaltens entscheidend für die *Aufrechterhaltung* der Beschwerden.

Die Sichtweise, daß zwischenmenschliche Verstärkung (»sekundärer Krankheitsgewinn«) für die Aufrechterhaltung der körperlichen Beschwerden wichtig ist, ist in der klinischen Praxis weit verbreitet. Diese oberflächlich erscheinende Hypothese stimmt nicht mit den lerntheoretischen Prinzipien überein, aus denen Interventionsmaßnahmen abgeleitet wurden (z.B. Goldiamond, 1975). Sie hat einen abwertenden Beigeschmack und führt manchmal zu dem für den Kliniker leichten, aber für den Patienten unangenehmen Schluß, daß die Probleme der Patienten eine »notwendige Funktion« hätten. Eine solche Sichtweise behindert meist eine sorgfältige Analyse der Phänomene, die sich bei einem individuellen Fall zeigen und wird empirisch nicht unterstützt.

■ **Fehlinterpretation körperlicher Empfindungen.**
Das Modell der fehlerhaften Interpretation körperlicher Empfindungen ist nicht nur wegen der Entwicklung kognitiver Theorien von Wichtigkeit, sondern auch, weil es einen Teil der Definition der Hypochondrie darstellt. Es gibt mittlerweile experimentelle Belege, die zeigen, daß hypochondrische Patienten sich von normalen oder ängstlichen Patienten sowohl in ihren *Wahrnehmungen* als auch in ihrer Tendenz zur *Fehlinterpretation* normaler körperlicher Empfindungen unterscheiden. Die subjektive Einschätzung der Pulsfrequenz wurde mit dem EKG verglichen, während

Filme gezeigt wurden, die verschiedene Angstniveaus induzieren sollten. Es gab eine signifikant höhere Korrelation zwischen subjektiver und gemessener Pulsfrequenz bei Fällen mit Hypochondrie und Angstneurose als bei Fällen phobischer Angst. Die Patienten, die zuvor Sorgen bezüglich ihres kardiologischen Zustands geäußert hatten, nahmen ihre Pulsrate am bewußtesten wahr. Viele dieser Überlegungen können auf die Hypochondrie angewendet werden, die oft in einer Form auftritt, die zwanghaftem Denken ähnlich ist, bei der aber keine Gefühllosigkeit wahrgenommen wird.

10.4.2
Kognitiv-behaviorales Erklärungsmodell

Die kognitive Hypothese bezüglich Gesundheitsangst und Hypochondrie basiert auf der zentralen Vorstellung, daß körperliche Symptome als gefährlicher wahrgenommen werden, als sie wirklich sind und daß eine bestimmte Krankheit für wahrscheinlicher oder ernster gehalten wird, als sie wirklich ist (Salkovskis, 1989; Salkovskis & Warwick, 1986; Warwick & Salkovskis, 1989). Gleichzeitig empfinden sich die Patienten selbst als unfähig, die Krankheit zu verhindern oder ihren Verlauf zu beeinflussen, d.h. sie haben keine effektiven Mittel, die wahrgenommene Bedrohung zu bewältigen.

Die allgemeine kognitive Analyse der Beziehung zwischen wahrgenommener Bedrohung und dem Erleben von Angst läßt sich durch folgende Gleichung darstellen:

$$\text{Angst} = \frac{\begin{array}{c}\text{wahrgenommene Wahrscheinlichkeit einer}\\ \text{Krankheit} \times \text{wahrgenommene Kosten,}\\ \text{unangenehme Zustände und Belastung}\\ \text{durch die potentielle Krankheit}\end{array}}{\begin{array}{c}\text{wahrgenommene Fähigkeit, mit der}\\ \text{Krankheit umzugehen} + \text{Wahrnehmung}\\ \text{des Ausmaßes, in dem externe Faktoren}\\ \text{helfen können (Rettungsfaktoren)}\end{array}}$$

Daraus folgt, daß es möglich ist, hochängstlich bezüglich der Gesundheit bei relativ niedrig wahrgenommener Wahrscheinlichkeit einer Krankheit zu sein, wenn das Kranksein als sehr unangenehm eingeschätzt wird (z.B. bei Personen, die glauben, daß Krebs dazu führt, von Schmerzen gezeichnet, behindert und völlig abstoßend zu sein, zurückgewiesen und ausgestoßen von denen, die einen lieben und allgemein entmenschlicht zu

werden). Alle Faktoren der obigen Gleichung ober- und unterhalb des Bruchstrichs müssen sowohl bei der Theorienbildung als auch bei jeder Behandlungsmaßnahme berücksichtigt werden.

■ **Überlegungen zur Ätiologie von Gesundheitsangst.** Was die Entwicklung von Gesundheitsangst als ernstes Problem betrifft, gehen wir davon aus, daß das Wissen über und frühere Erlebnisse von Krankheit (bei sich selbst oder anderen) zur Ausbildung spezifischer Annahmen über Symptome, Krankheits- und Gesundheitsverhalten führt. Diese werden durch eine Vielzahl von Fällen gelernt, insbesondere durch frühe Erfahrungen und durch Ereignisse im sozialen Umfeld des Patienten. Vergangene Erfahrungen körperlicher Krankheit bzw. Gesundheit bei den Patienten selbst und in ihren Familien sowie vergangene Erfahrungen unbefriedigender medizinischer Maßnahmen können von Bedeutung sein (s. Bianchi, 1971). Einen weiteren Faktor stellen die Informationen dar, die in den Medien verbreitet werden. Ein herausragendes Beispiel ist der Zuwachs von Fällen von »Aids-Phobie« (Miller et al., 1985; Miller et al., 1988), der nach der massiven öffentlichen Kampagne zu diesem Thema verzeichnet wurde.

Beispiele von potentiell problematischen Annahmen sind:

- »Körperliche Veränderungen sind normalerweise ein Anzeichen einer schweren Krankheit, weil jedes Symptom eine identifizierbare körperliche Ursache haben muß«.
- »Wenn du nicht sofort zum Arzt gehst, wenn du irgend etwas Unübliches bemerkst, dann wird es zu spät sein.«

Andere Überzeugungen beziehen sich auf spezifische persönliche Schwachpunkte und individuelle Schäden, z.B.

- »Herzprobleme liegen in der Familie«.
- »Ich hatte schon schwache Lungen, als ich ein Baby war«.

Faktoren, die zur Aufrechterhaltung der Störung beitragen. Solche Überzeugungen können eine fortwährende Quelle von Angst darstellen und/oder die Angst bei dafür anfälligen Personen in kritischen Momenten aktivieren. Derlei Annahmen können auch dazu führen, daß sich ein Patient *selektiv* Informationen zuwendet, die die Idee, eine Krankheit zu haben, zu unterstützen scheinen, und daß der Patient selektiv Belege für einen guten Gesundheitszustand ignoriert oder

Abb. 10.1. Kognitiv-verhaltens-bezogenes Krankheitsmodell für hypochondrische Beschwerden. (Nach Warwick, 1989)

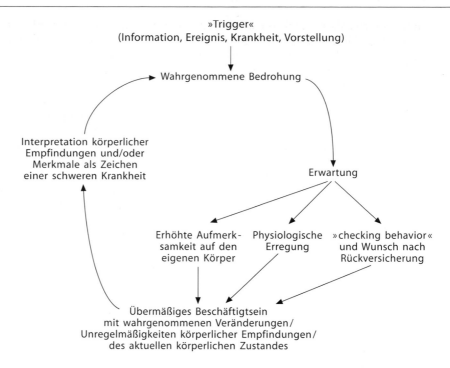

abwertet. Die individuellen Annahmen führen oft zu einer *Bestätigungstendenz (»bias«)* im Denken des Patienten. Situationen, die als kritische Ereignisse erlebt werden und zurückliegende, bislang ruhende Annahmen aktivieren können, sind u.a. ungewöhnliche körperliche Sensationen, die Kenntnisse von Details einer Krankheit bei einem Kranken im selben Alter oder neue Informationen über Krankheiten. Weitere körperliche Sensationen können dann als Konsequenz der erhöhten Vigilanz, die aus der Angst erwächst, bemerkt werden. Bei Patienten, die insbesondere ängstlich wegen ihrer Gesundheit sind, sind solche Situationen mit Gedanken verbunden, die persönliche katastrophale Interpretationen der körperlichen Sensationen oder Anzeichen darstellen. Wenn die Sensationen sich nicht wie beim Paniksyndrom direkt infolge der Angst verstärken (als Konsequenz autonomer Erregung) oder wenn der Patient die befürchtete Katastrophe nicht als unmittelbar ansieht, dann wird die Reaktion in eine hypochondrische Angst bezüglich der Gesundheit münden. Die zugehörigen kognitiven, behavioralen, physiologischen und affektiven Beziehungen sind in Abb. 10.1 dargestellt.

Wenn andererseits die falsch interpretierten Symptome die Symptome sind, die als Teil der durch die Angst induzierten autonomen Erregung auftreten und die Interpretation darin besteht, daß die Symptome Anzeichen einer *unmittelbaren* Katastrophe sind (z.B. »Diese Herzrhythmusstö-

rungen bedeuten, daß ich soeben einen Herzinfarkt bekomme«), wird dies zu einem weiteren, unmittelbaren Ansteigen der Symptome führen. Wenn dieser Prozeß weitergeht, ist ein Angstanfall die wahrscheinlichere Reaktion (Clark, 1988; Salkovskis, 1988; vgl. auch das Teufelskreismodell beim Paniksyndrom Kap. 1, Bd. 2).

Hat sich die Angst bezüglich der Gesundheit erst einmal entwickelt, können noch andere Mechanismen bei der *Aufrechterhaltung* eine Rolle spielen:

- Die Angst über Fragen der Gesundheit und die Symptome selbst führen voraussichtlich zu physiologischer Erregung. Patienten fehlinterpretieren dann *autonome Symptome* als weiteren Beleg ihrer körperlichen Krankheit.
- Eine wichtige Rolle spielt auch die bereits erwähnte *selektive Aufmerksamkeit* gegenüber mit der Krankheit verbundenen Informationen, wie etwa die Wahrnehmung normaler körperlicher Veränderungen (z.B. Blähungen nach dem Essen) oder in der Vergangenheit noch unbemerkte körperliche Merkmale (z.B. Flecken auf der Haut). Diese durch Sorgen über die Gesundheit ausgelöste Fokussierung bringt auch nur leichte körperliche Veränderungen ins Bewußtsein, wenn zur selben Zeit bereits Gedanken an eine Krankheit vorhanden sind. Dies führt zu einer Tendenz, nur noch Informationen zu beachten, die konsistent mit den Sorgen

über die Krankheit und mit der bereits existierenden Bestätigungstendenz sind.

- *Verhaltensweisen*, die dazu da sind, körperliche Krankheit zu vermeiden, zu überprüfen oder völlig auszuschließen (Vermeiden körperlicher Anstrengung und anderes Schonverhalten, Grübeln, Lesen medizinischer Handbücher, permanentes Überprüfen körperlicher Vorgänge – »checking behavior«, häufige medizinische Untersuchungen, Einnahme von Medikamenten), halten die Angst aufrecht, indem Symptome verstärkt werden und das Thema einen übergroßen Stellenwert einnimmt (letzteres auf ähnliche Art und Weise, wie es bei Zwangsproblemen beobachtet werden kann). Anders allerdings als bei den unmittelbareren Fehlinterpretationen von Panikpatienten erlauben die vagen hypochondrischen Fehlinterpretationen den Patienten einen größeren Spielraum, nach Sicherheit zu suchen. Ein Verhalten, das als Konsequenz von Angst auftritt, kann die Angst selbst auf vielfältige Weise erhöhen und kann dazu führen, daß die Erfahrung, daß die gefürchteten Katastrophen nicht eintreffen, gar nicht mehr gemacht wird (Salkovskis, 1988, 1991).

In Übereinstimmung mit einem auf kognitiver Vulnerabilität begründeten dimensionalen Ansatz, erweitert um kognitive und behaviorale Mechanismen, können Beispiele dieser Prozesse bei jedem Menschen (vorübergehend) beobachtet werden, der neue Informationen bezüglich Gesundheitsrisiken erhält (z. B. Medizinstudenten, die während des Studiums Symptome der durchgenommenen Krankheiten wahrnehmen; öffentliche Reaktionen auf Enthüllungen von neuen gesundheitlichen Gefahren in den Medien; Patienten, die sich diagnostischen Tests unterziehen oder auf die Ergebnisse warten). Diese selektive Aufmerksamkeit und das fortwährende Überprüfen (»checking behavior«) verstärken die Angst auf dieselbe Weise wie das Neutralisieren bei Zwangsstörungen.

10.4.3
Konsequenzen eines kognitiven Ansatzes für Diagnostik und Therapie

Definitionsgemäß sind bei fortdauernder Gesundheitsangst Rückversicherung und Beruhigung ineffektiv. In der Tat liegt der Schlüssel zu einer effektiven Behandlung in einer gemeinsam erarbeiteten, klaren und eindeutigen *Formulierung des Problems in einem Krankheitsmodell*. Dies wird von einer detaillierten Diskussion darüber gefolgt,

wie dieses Krankheitskonzept die Probleme der Personen erklärt und wie es überprüft werden kann.

Ein prinzipielles Hindernis bei der Behandlung von hypochondrischen Patienten ist der Widerstand, ihre Probleme als durch etwas anderes als medizinische Bedingungen verursacht zu sehen. Auf vielfältige Weise können kognitive Techniken eingesetzt werden, um den Patienten in eine Behandlung einzubeziehen, die als Übung zum Testen von Hypothesen verstanden wird (Salkovskis, 1989; Warwick & Salkovskis, 1989). Ist der Patient erst einmal einbezogen und ein gemeinsames Verständnis bezüglich der detaillierten Formulierung der idiosynkratischen, psychologischen Faktoren erreicht, die bei der Entwicklung und Aufrechterhaltung des Problems mitwirken, sollte die Behandlung folgende Aspekte berücksichtigen:

- Identifikation und Modifikation von Fehlinterpretationen (sowohl als verbale Überzeugungen als auch als Bilder von Zukunftserwartungen) und dysfunktionalen Annahmen über Gesundheit. Hierbei bedient man sich der Techniken, die aus der kognitiven Therapie der Angst gewonnen wurden (Beck et al., 1985). Fehlinterpretationen können sich sowohl auf Wahrnehmung einzelner körperlicher Veränderungen beziehen als auch auf einzelne medizinische Informationen, die subjektiv die Wahrscheinlichkeit einer Krankheit bzw. besonders schwerer, behindernder und unangenehmer Konsequenzen für den Patienten oder für seine Bezugspersonen erhöhen. Die entscheidende alternative Erklärung der Symptome wird gemäß den Entwicklungen, die sich im Verlauf der Therapie ergeben, revidiert und aktualisiert.
- Ebenso müssen alle Verhaltensweisen, die bei der Aufrechterhaltung der Krankheitsüberzeugung oder der Symptome mitwirken, auf denen diese Krankheitsüberzeugungen basieren, identifiziert und angemessen verändert werden. Entscheidend ist dabei eine angemessene Handhabung von fortdauernden Wünschen nach Rückversicherung.

Es ist allgemein anerkannt, daß die Suche nach Rückversicherung als Zwangshandlung bzw. Ritual bei Zwangsstörungen funktionieren kann (Rachman & Hodgson, 1980). Nach einer Sichtweise, die durch einige in letzter Zeit erhobene Daten über die Kurz- und Langzeitwirkungen von Rückversicherungsverhinderungen gestützt wird, funktioniert dies bei der übermäßigen Beschäftigung mit der Gesundheit genauso (Salkovskis & Warwick, 1986). Deshalb sollte eine solche unangemessene Suche nach Rückversicherung und die wiederholte Versorgung mit Informationen, die der Patient schon längst hat, vermieden werden und als Basis für die später noch ausführlich beschriebene Neubewertung der Problematik benutzt werden. Die Bereitstellung angemessener Rückversicherung kann hilfreich sein (Mathews & Ridgeway, 1982) und wird definiert als die *Bereitstellung neuer Informationen*. In Abgrenzung davon betrachtete bereits Wychoff (1928) die Hypochondrie als weitgehend iatrogen, in dem Sinn, daß sie durch Ärzte erzeugt oder aufrechterhalten wird, insbesondere von denen, die weitere körperliche Untersuchungen anordnen, »nur um ganz sicher zu gehen« (s. unten).

■ **Schadet Beruhigung dem Patienten?** Wie Leonhard (1968) beschreibt, können sich subtile und überdauernde Formen der Suche nach Rückversicherung entwickeln: »Jegliche Gespräche oder Diskussionen über den Gesundheitszustand können für den hypochondrischen Patienten nur von Nachteil sein …. Diese fortwährenden Diskussionen müssen um jeden Preis gestoppt werden.«

Diese Sichtweise wird von Pilowsky oder Kellner nicht unterstützt. Von letzterem stammt die Aussage, daß »Behandlungsstrategien wiederholte körperliche Untersuchungen einschließen, wenn der Patient fürchtet, daß er an einer neuen Krankheit erkrankt ist … sowie wiederholte Rückversicherungen anführt.« Eine Lösung dieser Frage ist dringend vonnöten. Es scheint höchst unwahrscheinlich, daß Beruhigung eine sinnvolle Strategie für Patienten ist, die die DSM-IV-Kriterien für Hypochondrie erfüllen, da definitionsgemäß die Ängste oder Überzeugungen dieser Patienten trotz medizinischer Rückversicherung andauern und eine Beeinträchtigung der sozialen oder beruflichen Funktionsfähigkeit verursachen. Dies verweist auf die dringende Notwendigkeit einer sorgfältigen Definition der Rückversicherung. Wie oben dargestellt, kann Rückversicherung auf vielfältige Weise erfolgen; einige dieser Wege sind hilfreich, andere dagegen könnten die Angst noch verstärken. In einigen Fällen kann dieses Kriterium also unter neuem Licht betrachtet werden: Ängste oder Überzeugungen können *gerade wegen* medizinischer Rückversicherung andauern.

Während der Diagnostik und Behandlung müssen folgende spezifische Mechanismen klar herausgearbeitet und dem Patienten unmittelbar demonstriert werden:

- *Erhöhte physiologische Erregung:* Diese stammt von der Wahrnehmung einer Bedrohung und führt zu einem Anstieg der durch autonome Prozesse vermittelten Sensationen; diese Sensationen werden vom Patienten oft als weiterer Beleg für eine Krankheit interpretiert. Ein Patient bemerkt beispielsweise ein verstärktes Schwitzen und hat den Gedanken, daß dies ein Zeichen einer ernsthaften hormonellen Funktionsstörung darstellt; wenn dieser Gedanke auftaucht, verstärkt sich das Schwitzen noch weiter, was wiederum einen weiteren Beleg für die »Störung« darstellt. Eine andere Patientin mit Reizkolon bemerkte abdominelle Beschwerden und bekam Angst, Kontrolle über ihre Eingeweide zu verlieren, was wiederum Magenkrämpfe verursachte. Beschwerden und Schmerzen stiegen dann weiter an und führten zu weiteren beängstigenden Gedanken über Inkontinenz etc.

- *Aufmerksamkeitsfokus:* Normale Veränderungen körperlicher Funktionen (einschließlich derer, die die körperliche Wahrnehmungsfähigkeit erhöhen) oder bislang unbemerkte Aspekte der körperlichen Erscheinung oder körperlicher Funktionen könnten die Aufmerksamkeit des Patienten auf sich ziehen und als neuartig wahrgenommen werden. Die Patienten könnten daraus schließen, daß diese wahrgenommenen Veränderungen pathologische Abweichungen vom »Normalen« seien. Ein Patient bemerkte beispielsweise, daß seine Fingernägel unten am Nagelbett weißlich aussahen und daß er weiße Punkte auf den Nägeln hatte, und er interpretierte dies als Anzeichen eines »hormonellen Problems«. Er war durch diese Beobachtung sehr aufgebracht und konnte nicht glauben, daß er etwas so Bedeutsames in der Vergangenheit nicht bemerkt haben könnte; das hieß, es mußte sich um ein neues Phänomen handeln.

- Der *Aufmerksamkeitsfokus* selbst kann auch zu tatsächlichen Veränderungen physiologischer Systeme führen, bei denen sowohl reflexhafte autonome als auch willentliche Kontrolle beteiligt ist (z. B. Atmung, Schlucken, Muskelaktivität etc.). Ein Patient könnte z. B. Schwierigkeiten beim Schlucken trockener Nahrungsmittel bemerken und dies als Anzeichen von Kehlkopfkrebs werten. Indem die Aufmerksamkeit nun auf das Schlucken gerichtet wird, kann dies zu übertriebenen Anstrengungen beim Schlucken und zu verstärkten Beschwerden und Schwierigkeiten führen. Auch die Sensibilität für Schmerz wird erhöht, wenn der Aufmerksamkeitsfokus dahin verlagert wird (Melzack, 1979).

- *Vermeidungsverhalten:* Anders als bei Phobikern stehen bei Patienten, die sich um ihre körperliche Verfassung sorgen, Bedrohungen im Vordergrund, die durch interne Situationen oder Reize ausgelöst werden (körperliche Sensationen wie etwa Unwohlsein oder Magenschmerzen, körperliche Anzeichen wie etwa Knoten unter der Haut). Die Patienten haben selten die Möglichkeit, die angstauslösenden Reize völlig zu vermeiden, und sie behelfen sich deswegen mit Verhaltensweisen, die die körperlichen Unannehmlichkeiten minimieren sollen und von denen sie glauben, daß sie die gefürchteten Katastrophen verhindern könnten. Der Glaube daran, daß die Gefahr dadurch abgewendet wurde, bedeutet wiederum eine Verstärkung solcher Verhaltensweisen (z. B. »Wenn ich meinen Inhalator nicht benutzt hätte, wäre ich erstickt und gestorben«; »Ich strenge mich nie an, weil mich das umbringen könnte«). Bei einigen Patienten werden Verhaltensweisen wie das fortwährende Überprüfen des Körpers oder die Suche nach Rückversicherung durch eine zeitweise Verringerung der Angst verstärkt; dies führt aber langfristig zu einem Anstieg von Angst und Inanspruchnahme durch die Sorgen. Bei der Suche nach Rückversicherung ist es die Absicht des Patienten, die Aufmerksamkeit anderer auf seinen körperlichen Zustand zu lenken, so daß wirklich jede körperliche Auffälligkeit entdeckt und damit langfristige Risiken verringert werden können.

> Körperliches Überprüfen und die Suche nach Rückversicherung lenken die Aufmerksamkeit der Patienten auf ihre Ängste und verhindern so eine Habituation gegenüber angstauslösenden Reizen.

In manchen Fällen verleiten die andauernden Sorgen, die Beeinträchtigung des normalen Lebens und die häufigen Nachfragen nach medizinischem Rat und Untersuchungen bzw. Beruhigung durch mitfühlende Ärzte dazu, noch weitgehendere medizinische Interventionen einzuleiten. Diese können chirurgische Eingriffe oder hochpotente Medikationen einschließen, die die Patienten wiederum als Bestätigung ihrer Ängste auffassen. Dabei werden ihre Symptome und Beschwerden noch verstärkt, und es können sogar neue zusätzliche iatrogene Symptome (z. B. durch die Nebenwirkung von Medikamenten) hinzukommen (s. unten).

■ **Beispiele störungsverstärkender Verhaltensweisen.** Manche Verhaltensweisen haben einen unmittelbaren physischen Effekt auf die Symptome der Patienten. Ein Patient bemerkte beispielsweise ein überdauerndes Schwächegefühl und reduzierte seine Aktivitäten, hörte auf, Sport zu treiben und ging weniger zu Fuß. Nach einigen Monaten bemerkte er, daß die Schwäche schlimmer wurde. Obwohl dies eigentlich an der mangelnden Fitneß lag, verstärkte dies seine ursprünglichen Sorgen, daß er an multipler Sklerose litt. Schmerzpatienten schränken häufig körperliche Betätigung ein und versuchen, durch übertriebene Körperhaltungen ihre Schmerzen zu beeinflussen. Als Resultat erlebt der Patient weitere Schmerzen von anderen Muskelgruppen, die dauernd in unbequemen Positionen gehalten werden. Ein Patient mit Schmerzen in den Hoden drückte sie häufig, um zu überprüfen, ob der Schmerz immer noch da sei; er tat dies manchmal über eine Viertelstunde hinweg mit Unterbrechungen von nur 2–3 Minuten. Es ist nicht erstaunlich, daß seine Schmerzen und seine Beeinträchtigung dadurch stärker wurden. Andere geläufige Verhaltensweisen bestehen in der exzessiven Anwendung von Dingen wie unangemessener Medikation (verschrieben oder nicht), Gehhilfen etc.

- *Fehlinterpretation:* Der wichtigste Aspekt bei der Gesundheitsangst und eine entscheidende Komponente bei den Beschwerden vieler Patienten mit somatischen Problemen ist die Fehlinterpretation von harmlosen, körperlichen Veränderungen oder von Informationen, die von Ärzten, Freunden oder durch die Medien gegeben werden. Die Patienten nehmen schließlich selektiv nur noch Informationen wahr, die mit ihren negativen Ansichten über ihre Probleme übereinstimmen; ebenso verhält es sich mit der Erinnerung. So suchte z. B. ein Patient einen Neurologen wegen Kopfschmerzen und Benommenheit auf, und der Neurologe sagte ihm u. a., daß bei einem Hirntumor solche Symptome stärker werden würden und daß Hirntumore zum Tod führen. Der Patient, der daran glaubte, daß jegliche Empfindung im Kopf ein Zeichen dafür wäre, daß etwas nicht stimmt, erzählte später in der Psychotherapie, daß der Neurologe gesagt hätte, er hätte einen tödlichen Hirntumor. Er hatte nämlich stärker auf seine Symptome geachtet und deswegen geglaubt, daß sich sein Tumor verschlimmert hätte. Er glaubte daran, daß der Neurologe, indem er ihm gesagt hatte, daß ihm nichts fehle, »es ihm nur schonend beibringen wollte«.

10.5
Einzelheiten der Therapie

10.5.1
Diagnostik

Akzeptanz der Diagnostik

Psychologische Diagnostik und ihre Begründung ist besonders wichtig bei Patienten, die glauben, daß sie fälschlicherweise zu einer psychologischen Behandlung überwiesen worden sind. Eine der ersten Aufgaben in der Therapie ist, die Einstellung des Patienten zu der Überweisung offenzulegen und sich dabei speziell auf die Gedanken zu konzentrieren, was solch eine Überweisung bedeutet. So könnte der Patient beispielsweise gefragt werden: »Wie war Ihre Reaktion, als Ihnen Ihr Arzt mitgeteilt hat, daß er Sie für eine psychologische Begutachtung überweisen wird?«, dann: »Wie denken Sie jetzt darüber?«. Häufig werden Antworten kommen wie: »Der Arzt denkt, das Problem ist eingebildet« oder »Er denkt, ich wäre verrückt«. Falls der Patient Sorgen dieser Art hat, ist es wichtig, diese Befürchtungen vor einer weiteren Begutachtung zu zerstreuen. Es kann hilfreich sein, die Kooperation des Patienten folgendermaßen zu fördern:

- »Es ist meine Aufgabe, Probleme zu behandeln, die auf den ersten Blick nicht psychologisch sind, bei denen aber psychologische Faktoren eine Rolle spielen können. Ich werde z.B. häufig gebeten, Leuten mit schweren Migräneschmerzen, Magengeschwüren, hohem Blutdruck oder Leuten, die sich über ihre Gesundheit sorgen, zu helfen. Bei jedem dieser Probleme ist meist ein körperliches Problem beteiligt, aber eine psychologische Behandlung kann zur Verringerung von Streß hilfreich sein, der das Problem begleitet. Man kann so zusätzlichen Streß, der aus dem Problem selbst erwächst, verringern oder den Leuten helfen, mit dem Problem zu leben. Es ist nämlich sehr selten, jemanden zu finden, der nicht wenigstens ein bißchen besorgt wegen seines Problems ist, ganz unabhängig davon, was das Problem ursprünglich verursacht hat«.
- »Zum jetzigen Zeitpunkt weiß ich nur wenig über das ganze Ausmaß Ihrer Probleme. Der Sinn dieses Gesprächs liegt für mich darin, mehr über Ihre Probleme und darüber, wie sie Sie beeinträchtigen, herauszufinden. Es kann gut sein, daß psychologische Hilfe das Richtige für Sie ist oder aber auch nicht – Sie müssen sich aber zum jetzigen Zeitpunkt deswegen noch nicht entscheiden. Ich würde vorschlagen, daß wir über Ihr Problem sprechen und dann sehen, ob es etwas gibt, woran wir arbeiten können. Danach können wir besprechen, ob meine Art der Behandlung hilfreich sein könnte«.
- »Ich verstehe Ihre Zweifel darüber, ob es für Sie das Richtige ist, psychologische Aspekte Ihres Problems zu besprechen, denn Sie sind überzeugt davon, daß Ihr Problem rein körperlicher Natur ist. Wenn wir aber die letzten 6 Monate betrachten, gab es da vielleicht einmal einen Moment, in dem Sie vielleicht auch nur zu 1% daran gezweifelt haben?« und dann: »Wir könnten, nur einmal für diesen Augenblick, solche Zweifel als Übung oder Aufgabe betrachten, um sicherzugehen, daß Sie auch wirklich jede Möglichkeit in Betracht gezogen haben, mit Ihrem Problem umzugehen. Wir sollten dabei aber nicht vergessen, daß wir lediglich über ein Minimum an Zweifeln sprechen«.

Manchmal kann es nötig sein, dieser Art der Diskussion 15–20 Minuten zu widmen. Das Ziel dabei ist, es dem Patienten möglich zu machen, bei der Begutachtung des Problems kooperativ mitzuwirken; das Engagement eines Patienten für die Behandlung ist ein späteres Ziel (s. unten), aber zu diesem Zeitpunkt weder notwendig noch wünschenswert. Bevor der Therapeut kein klares psychologisches Modell der Probleme des Patienten erarbeitet hat, sollte keine Behandlung angeboten werden. Ein kleiner Anteil der Patienten weigert sich, über irgend etwas anderes als körperliche Symptome zu sprechen. Mit solchen Patienten sollte bezüglich der Akzeptanz einer Begutachtung nach den Richtlinien verfahren werden, die auch für den Behandlungsbeginn gelten (s. unten).

Allgemeine Begutachtung

■ **Beispiele für diagnostische Gespräche.** Das diagnostische Gespräch betont die körperlichen Aspekte des Problems und die Überzeugungen des Patienten über seinen Gesundheitszustand. Dabei wird allen Ereignissen, Gedanken, Bildern, Gefühlen oder Verhaltensweisen, die dem Problem vorangehen oder es begleiten, Aufmerksamkeit geschenkt. So wird etwa bei Patienten, bei denen Kopfschmerz die Hauptbeschwerde darstellt, gefragt, ob sie irgend etwas bemerkt haben, das ihr Problem verschlimmert oder lindert, also: »Haben Sie jemals solche Bedingungen bezüglich der Tageszeit, des Wochentags oder des Zeitpunkts innerhalb eines Monats oder der Jahreszeit bemerkt?« oder »Wann traten die Kopfschmerzen auf, und was ging Ihnen dabei durch den Kopf? Wann waren die Symptome am schlimmsten, und was könnte schlimmstenfalls passieren?«

Besonders ängstliche Patienten beschäftigen sich oft mit Gedanken darüber, was ihnen möglicherweise zustoßen könnte, auch wenn solche Gedanken in einem Gespräch u. U. sehr schwierig zu erfragen sind. Diese Schwierigkeit ist besonders dann gegeben, wenn Patienten aktiv versuchen, ihre Ängste nicht zuzulassen. Bei dieser Art der kognitiven Vermeidung können Versuche, katastrophale Gedanken zu unterdrücken, in häufigen und belastenden Ausbrüchen erschreckender Gedanken oder Bilder münden. Die Auswirkungen einer solchen kognitiven Vermeidung bestehen deswegen paradoxerweise in einem Anstieg der Beschäftigung mit einer vagen Angst »vor dem Schlimmsten«. Deswegen sollten in der Untersuchung Fragen wie: »Was denken Sie ist der Grund Ihrer Probleme?«, »Wie denken Sie, daß Ihre Symptome zustande kommen?« gestellt werden. Auch sollte nach visuellen Bildern, die mit dem Problem zusammenhängen, gefragt werden. So fand eine Patientin mit Schmerzen in den Beinen heraus, daß sie jedes Mal, wenn sie einen leichten Schmerz in ihren Knien wahrnahm, ein Bild ihrer amputierten Beine vor sich sah – ein Bild, das sowohl zu einem Anstieg ihrer Angst als auch des wahrgenommenen Schmerzes führte.

Beispiel

Die Erhebung des wahrgenommenen Schadens durch eine Krankheit beinhaltet üblicherweise auch, daß danach gefragt wird, was die Patienten denken, was passieren würde, wenn die befürchtete Krankheit ausbrechen würde. Man könnte z. B. sagen:

»Sie haben offensichtlich große Angst vor Krebs. Um mehr über diese Angst zu erfahren, möchte ich Sie fragen, ob Sie sich an das letzte Mal erinnern können, als Sie glaubten, daß Sie wirklich Krebs haben? Zu diesem Zeitpunkt, als Sie sich wegen Krebs so sorgten, wie sahen Sie da die Entwicklung der Krankheit? Was schien Ihnen zu diesem Zeitpunkt besonders unangenehm dabei zu sein, Krebs zu haben? Wie wäre das für Sie oder für die Menschen, die Sie lieben?«

Weitere Nachfragen hängen von den jeweiligen Antworten des Patienten ab. Die wahrgenommenen Folgen einer Krankheit sind insbesondere für die Patienten bestürzend, die ihre Ängste nur sehr widerwillig detailliert beschreiben. Während der Diagnostik und Behandlung ist besonders zu diesem Zeitpunkt *Empathie* von großer Bedeutung.

Häufiges Zusammenfassen sowohl der gegebenen Informationen als auch ihrer emotionalen Auswirkungen kann hilfreich dabei sein, den Blick der Patienten auf derartige Themen zu lenken und bewirkt nebenbei eine Normalisierung der Reaktionen und die Etablierung eines psychologischen Modells, das dabei erstellt wird.

Beispiel

Eine Zusammenfassung könnte beispielsweise so aussehen:

»Es ist wirklich nicht verwunderlich, daß Sie wegen dieser Knötchen unter Ihren Armen so bestürzt sind. Sie denken nicht nur, daß das bedeutet, daß Sie Krebs haben, sondern Sie glauben auch, daß Sie an dem Krebs langsam und schmerzhaft sterben werden, daß Sie dabei Ihre Menschlichkeit verlieren und daß Ihre Familie sowohl vor wie auch nach Ihrem möglichen Tod schrecklich leiden wird. Sie glauben, daß das Leben Ihrer kleinen Tochter völlig zerstört sein wird. Das sind wirklich schreckliche Gedanken. Wie glauben Sie, daß jemand anderes, der dieser Überzeugung wäre, reagieren würde? Glauben Sie, daß diese Person sich ähnlich wie Sie verhält?«

Die übertriebenen dysfunktionalen Gedanken bezüglich Gesundheit und Krankheit, die die Patienten davon überzeugen, daß sie an einer schweren Krankheit leiden, sollten in jedem Fall erhoben werden. Beispiele sind: »Körperliche Symptome sind immer ein Zeichen dafür, daß etwas mit deinem Körper nicht stimmt« oder »Man kann mit absoluter Sicherheit herausfinden, daß man nicht krank ist«.

Manche Patienten glauben auch, daß sie krank werden, wenn sie sich keine Sorgen über ihre Probleme machen. Dies kann auf mindestens 2 Arten funktionieren. Erstens könnte, gewissermaßen als zwanghaftes Muster, das Nichtbesorgtsein als »Herausforderung des Schicksals« verstanden werden. Andererseits können Patienten das Gefühl haben, daß die Sorgen eine Sicherheit dafür darstellen, daß sie wachsam gegenüber dem Auftreten von potentiell gefährlichen Symptomen bleiben; ein Nachlassen der Sorgen könnte also zum Übersehen solcher Symptome führen.

Ein weiteres häufiges Problem taucht bei Patienten auf, die glauben, daß die professionellen

Helfer häufig Fehler bei Diagnosen machen und daß dies zu ernsten Konsequenzen führen kann. Solche Überzeugungen können auf persönlicher Erfahrung oder auf Beispielen beruhen, die in den Medien veröffentlicht wurden. Im Erstgespräch ist es wichtig, diese Gedanken zu erheben; später in der Behandlung können sie dann mit kognitiven Techniken bearbeitet werden.

Ein verwandtes Thema betrifft den rigiden kognitiven Stil, der von manchen Patienten bezüglich gesundheitlicher Fragen eingenommen wird. Ein Patient sagte dem Therapeuten zum wiederholten Male, daß er eine Ursache für seinen Ausschlag finden muß und daß die Ärzte ihm einen Grund für seine Probleme geben sollen. Der Therapeut fragte: »Warum müssen Sie den Grund entdecken; muß denn alles eine identifizierbare Ursache haben?« Der Patient antwortete: »Ich war schon immer der Typ, der die Ursache von Problemen herausfinden mußte; ich würde mein Auto vollständig auseinandernehmen, um herauszufinden, wo ein Klappern herkommt, denn ein Klappern bedeutet, daß etwas nicht in Ordnung ist und schlimmer werden wird«. Daher wäre für diesen Patienten ein »Wir haben nach allem vernünftigen Ermessen die Möglichkeit ausgeschlossen, daß Ihre Symptome auf eine ernsthafte Krankheit hindeuten« wenig hilfreich, bevor derartige Überzeugungen nicht modifiziert worden sind.

Des weiteren werden *Verhaltensweisen,* die direkt aus den Symptomen des Patienten oder aus der Angst heraus entstanden sind, im Detail erhoben. Dies beinhaltet, was die Patienten wirklich tun (z. B. zu Hause bleiben, sich hinlegen, Tabletten nehmen), aber auch weniger offensichtliche willkürliche Tätigkeiten (Fokussierung der Aufmerksamkeit auf den Körper, Entspannung, Suche nach Rückversicherung von anderen, Lesen medizinischer Lehrbücher). Sämtliche Strategien des Patienten werden erfragt, z. B.:

- »Wenn das Problem anfängt, Sie zu belästigen, gibt es dann etwas, das Sie deswegen tun?«
- »Gibt es irgend etwas, das Sie versuchen zu tun, wenn das Problem da ist?«
- »Wie würde sich Ihr Verhalten ändern, wenn das Problem morgen verschwinden würde?«

Die Diagnostik sollte auch eine Befragung der *Vermeidung* einschließen, wenn Symptome, Angst und damit verbundene Gedanken antizipiert werden. Beispielsweise berichten Patienten oft, daß sie gewöhnlicherweise bestimmte Aktivitäten vermeiden, auch wenn sie keinen damit zusammenhängenden Gedanken identifizieren können. Der Therapeut könnte dann fragen: »Wenn es Ihnen nicht möglich gewesen wäre, diese Aktivität zu vermeiden, was wäre das Schlimmste, das dann hätte passieren können?« Patienten mit Schmerzen, Hypochondrie, Reizkolon und Kopfschmerzen zeigen oft derartige antizipatorische Verhaltensweisen und berichten deswegen auch selten unmittelbar von identifizierbaren negativen Gedanken. Die Vermeidung funktioniert in einer ähnlichen Weise, wie es bei phobischer Angst beobachtet werden kann und wird auch auf ähnliche Weise erhoben (z. B. »Hindert Sie Ihr Problem daran, bestimmte Dinge zu tun?«).

Nachdem ein allgemeiner Überblick über das Problem gewonnen wurde, wird eine detailliertere Beschreibung vergangener Episoden erhoben. Man läßt sich dazu am besten eine vergangene Situation erzählen, an die sich der Patient noch lebendig erinnern kann: »Das letzte Mal, daß Ihre Schmerzen so schlimm waren, daß Sie nicht mehr weiterlaufen konnten, war am Dienstag. Was war das erste Anzeichen dafür, daß es Ihnen nicht gut geht?« Im weiteren Verlauf der Beschreibung sind z. B. folgende Fragen nützlich: »Was ging Ihnen durch den Kopf, als Sie feststellten, daß der Schmerz schlimmer wurde?«, »Was passierte danach?«, »Was dachten Sie in diesem Moment, was Ihnen schlimmstenfalls passieren könnte?«, »Haben Sie etwas unternommen, um das Ganze zu stoppen?«, »Was wollten Sie dann tun?«

Selbstbeobachtung

Da ein vollständiges Modell selten im Anschluß an die erste diagnostische Sitzung formuliert werden kann, sollte sich im weiteren Verlauf eine Phase der *Selbstbeobachtung* sowie die Bearbeitung von Fragebögen anschließen. Dies kann übrigens auch als *Baseline* genutzt werden, der die Auswirkung einer Behandlung gegenübergestellt werden kann, um dadurch die Effektivität zu messen. Im Rahmen dieser Selbstbeobachtung wird der Patient gebeten, Aufzeichnungen zu relevanten Variablen zu machen (z. B. zum zentralen Problem, zu den Gedanken, die in bestimmten Phasen auftauchen, zur allgemeinen Stimmung und zum Verhalten). Der Therapeut sollte dabei betonen, daß zu diesem Zeitpunkt die Patienten die Gedanken und Verhaltensweisen mehr beschreiben als zu versuchen, Verbindungen zwischen ihnen herzustellen.

Es sollte sich mindestens eine weitere diagnostische Sitzung anschließen, normalerweise nachdem der Therapeut medizinische und psychiatrische Akten begutachtet hat, wenn diese verfügbar sind. In der Behandlungsphase sollten weiterhin Selbstbeobachtungsdaten gesammelt und besprochen werden. Aspekte aus der Geschichte des Patienten, die den Grad der Beeinträchtigung verstärken könnten, sollten darüber hinaus auch Beachtung finden. Als Beispiel könnte hier ein herausragender Wettkampfläufer herangezogen werden, der nach einem schweren Sturz, bei dem er seine Beine so stark verletzt hatte, daß er nie wieder richtig laufen konnte, ein chronisches Schmerzsyndrom und Adipositas entwickelt hatte. Jedesmal, wenn er die Schmerzen bemerkte, hatte er den Gedanken, daß das Leben nicht mehr lebenswert sei, wenn er keinen Sport mehr treiben könne.

■ **Durchführung der Selbstbeobachtung.** Die Selbstbeobachtung kann individualisiert oder standardisiert durchgeführt werden, meist auf der Basis eines (täglichen) *Tagebuchs*. Einige Maße können dabei kontinuierlich erhoben werden (z. B. Intensität des Kopfschmerzes), während andere Dinge, die im Tagebuch festgehalten werden, im Laufe der Therapie und nach einer Überarbeitung des Krankheitsmodells neu hinzukommen oder nach einiger Zeit wieder weggelassen werden können (z. B. die Wirksamkeit von neu gelernten Bewältigungstechniken).

Fallbeispiel

Bei einem Patienten mit chronischen Schmerzen ergab die diagnostische Erhebung, daß er seine körperlichen Aktivitäten weitgehend eingeschränkt hatte und die Vormittage meistens im Bett verbrachte. Ein Aktivitätstagebuch brachte zum Vorschein, daß seine Nachmittage und Abende normalerweise damit verbracht wurden, auf einer Couch in einer bestimmten Position zu liegen. Eine Erweiterung des Tagebuchs (er sollte seine Gedanken und seine Stimmungen bei jedem Stundenschlag der Uhr notieren) brachte seine düsteren Gedanken zum Vorschein, die sich um die Hoffnungslosigkeit seiner Zukunft drehten. Dies führte zu einem Gespräch über die Rolle von *mentaler Inaktivität*, die neben der physischen Inaktivität bestand und über Möglichkeiten, wie er seine Situation verbessern könnte und zwar unabhängig von seinem medizinischen Zustand. Er wurde gefragt, wie er die Situation bewältigen wolle, wenn man im Moment einmal annehmen würde, daß die Schmerzen niemals besser werden würden.

Die Einnahme von Medikamenten sollte ebenfalls im Rahmen der Selbstbeobachtung aufgezeichnet werden; sie kann als Krankheitsverhalten betrachtet werden, das (z. T. manchmal wegen Nebenwirkungen) die Beschäftigung mit dem eigenen Körper verstärkt.

Fallbeispiel

Ein Patient mit leichtem Asthma erlebte täglich mehrere Angstanfälle und war permanent in einem erregten Zustand. Er wurde gebeten, seine Atembeschwerden, seine Angst, Angstanfälle und die Benutzung von Inhalatoren zu beobachten. Aus diesen Aufzeichnungen wurde ersichtlich, daß Episoden der Angst am Nachmittag 5mal wahrscheinlicher wurden, wenn der Inhalator mehr als 3mal benutzt worden war. Eine Beschränkung in der Benutzung des Inhalators führte zu einer dramatischen Verringerung der Angst.

10.5.2
Behandlung

Grundlegende Prinzipien
Obwohl das Vorgehen bei der Behandlung der spezifischen Störungen unterschiedlich ist, sind die allgemeinen Prinzipien, die im folgenden aufgelistet sind, für alle Diagnosen ähnlich. Diese Prinzipien sollten die Anwendung spezifischer Behandlungstechniken leiten.

Allgemeine Therapieprinzipien kognitiv-behavioraler Behandlung von Somatisierungsproblemen

Ziel ist es, dem Patienten zu helfen festzustellen, worin das Problem besteht und nicht dabei, worin es nicht besteht.

- Erkenne an, daß die Symptome wirklich existieren und daß es ein Behandlungsziel ist, dafür eine Erklärung zu finden.
- Unterscheide zwischen der Gabe von relevanten Informationen im Gegensatz zu irrelevanten, redundanten Informationen.
- Vermeide Streit und Diskussionen zugunsten von Befragung, geleitetem Entdecken und Zusammenarbeit. Erarbeite zusammen mit dem Patienten ein Krankheitsmodell, das aus dessen Sicht plausibel ist.
- Treffe klare Absprachen über das Vorgehen, z. B. über bestimmte Zeitrahmen bei Verhaltensexperimenten.

- Die für viele Patienten typische selektive Aufmerksamkeit und die Suggestibilität sollte zur Demonstration der Entstehung von Angst (aus harmlosen Situationen heraus oder aufgrund von Symptomen oder Informationen) genutzt werden.
- Das Verständnis der behandelten Themen muß immer durch Zusammenfassungen überprüft werden.

Der Therapeut sollte mit Ärzten und anderen professionellen Kräften, die an der Versorgung des Patienten teilhaben, Kontakt aufnehmen, um nach deren Meinung zu fragen und um auf die eigene Beteiligung hinzuweisen. Es ist wichtig, eine Übereinkunft hinsichtlich möglicher medizinischer Grenzen der psychologischen Behandlung zu erzielen. Eine Behandlung schließt meist eine Reduktion der Medikation, Fitneßprogramme etc. ein; diese sollten in Kooperation mit den Ärzten durchgeführt werden.

Das größte Hindernis für eine Behandlung somatoformer Störungen liegt in der Schwierigkeit, die Patienten für eine aktive Mitarbeit in der Behandlung zu gewinnen. Sobald ein Widerwillen gegen psychologische Behandlung vorliegt, muß dies bearbeitet werden, bevor die Behandlung fortschreitet.

Akzeptanz der Behandlung

Patienten, die ursprünglich glauben, daß ihr Problem in erster Linie körperlicher Art ist, sind schwer von einer Beteiligung an der Behandlung zu überzeugen, da sie nicht glauben, daß psychologische Behandlung angemessen ist. Diese Überzeugung wird zu mangelnder Compliance führen (Rosenstock & Kirscht, 1979). Der diagnostischen Phase wird daher üblicherweise die Etablierung der Akzeptanz der Behandlung folgen. Auf der Basis der vorangegangenen Konzeptualisierung des Problems faßt der Therapeut zusammen, was der Patient bislang gesagt hat und betont dabei die Rolle der Symptome, der Gedanken, der Überzeugungen und des Verhaltens des Patienten und stellt dabei ein Krankheitsmodell vor, das auf diesen Aspekten basiert. Die Akzeptanz dieses Krankheitsmodells wird darauf mit dem Patienten besprochen. Bevor die Behandlung über diese Stufe hinaus fortschreiten kann, müssen sich Therapeut und Patient auf Behandlungsziele einigen. Viele Patienten sind dazu bereit, sich psychologisch begutachten zu lassen, haben aber andere Ziele als der Therapeut, der versucht, ein psychologisches Modell für die Behandlung

des Problems des Patienten zu etablieren. Andererseits könnten Patienten den Therapeuten als möglichen Verbündeten bei dem Versuch betrachten, körperliche Krankheiten auszuschließen oder ihre Überzeugungen über die medizinische Basis ihrer Probleme als wahr zu akzeptieren. Beispielsweise könnten sie beabsichtigen, dem Therapeuten zu beweisen, daß sie nicht »verrückt« sind. Der Therapeut könnte also als neue Quelle der Rückversicherung durch einen Experten betrachtet werden. Solange solche verschiedenen Erwartungen an die Behandlung (und wie es weitergehen soll) nicht in Übereinstimmung gebracht werden, wird die Therapie wahrscheinlich keinen Erfolg haben.

Diese Sackgasse kann nur durch behutsame Gespräche umgangen werden, in denen die Überzeugungen des Patienten weder verneint noch weiter unterstützt werden. Der Therapeut stellt zuerst heraus, daß er völlig akzeptiert, daß der Patient körperliche Symptome erlebt, und daß der Patient daran glaubt, diese Symptome seien eine Auswirkung einer ernsten körperlichen Erkrankung. Der Therapeut kann erklären, daß Menschen i. allg. solche Überzeugungen auf einzelne Beobachtungen gründen, die zunächst als Beweis für eine Krankheit dienen. Dennoch kann es möglich sein, daß es auch alternative Erklärungen dieser Beobachtungen geben kann. Die weitere Begutachtung und die Behandlung beinhalten dann die Untersuchung der Belege und möglicher Alternativerklärungen sowie spezielle Vorgehensweisen, solche Alternativerklärungen zu testen.

Bevor der Patient darüber entscheidet, ob diese neue Herangehensweise an das Problem akzeptabel ist, wird die Nützlichkeit der Methode, mit Hilfe von 2 Alternativen (neu und alt) das Problem anzugehen, betrachtet:

- Wie lange hat der Patient bereits versucht, mit ausschließlich medizinischen Methoden sein Problem zu lösen und seine Symptome zu bekämpfen?
- Wie effektiv war dies?
- Hat er jemals eindeutig die alternative psychologische Sichtweise, die vom Therapeuten vorgeschlagen wurde, getestet?

Ziel ist, die Zustimmung des Patienten zu erreichen, mit dem Therapeuten für 4 Monate auf diese neue Art und Weise zusammenzuarbeiten, wobei die Daten der geplanten Zeiträume genau festgehalten werden. Wenn es den Patienten gelingt, in Übereinstimmung mit ihren Therapeuten all jene Dinge zu tun und das Problem am Ende dieses Zeitraums sich nicht gebessert hat, dann wäre es vernünftig, auf die ursprüngliche Sichtweise der Patienten zurückzukommen; und auch der Therapeut würde dann gerne das Problem aus einer eher körperlichen Perspektive betrachten. Auf diese Weise werden die Patienten nicht aufgefordert, die ursprüngliche Sichtweise ihrer Probleme aufzugeben, sondern lediglich eine Alternative für einen begrenzten Zeitraum in Betracht zu ziehen und zu testen. Für Patienten, die glauben, daß sie eine körperliche Krankheit haben können, die bislang vernachlässigt wurde, ist dies ein attraktiver Vorschlag: »Wenn Sie sich darauf einlassen und es funktioniert, ist das Problem gelöst; wenn es nicht funktioniert, können Sie mit gutem Grund verlangen, noch einmal genau körperlich untersucht zu werden«. Die Sitzungen sollten auf Band aufgezeichnet werden, damit die Patienten sie sich zu Hause noch einmal anhören und wichtige Punkte zusammenfassen können.

Veränderungen von Medikation und körperlichen Hilfsmaßnahmen, Diäten und Lebensstil

Bei somatischen Störungen können oft bemerkenswerte Veränderungen durch einfache Interventionen bewirkt werden.

■ **Medikation und Rehabilitationsmittel.** Viele Patienten nehmen Medikamente, die ursprünglich ihrem Problem Abhilfe schaffen sollten, aber nun kontraproduktiv geworden sind. Es gibt Belege, daß in 40% der Fälle bei Schmerzpatienten die Schmerzen zurückgehen, wenn (verschriebene oder nichtverschriebene) Medikationen eingestellt werden. Eine lindernde Medikation sollte so bald wie möglich in Kooperation mit dem verschreibenden Arzt unterbrochen werden. In manchen Fällen muß die Reduktion der Medikamente graduell erfolgen; nur selten ist ein stationär überwachter Entzug nötig. Andere Medikamente, bei denen das Absetzen in der Regel paradoxerweise zu günstigen Effekten führt, sind:

- Abführmittel, die Schmerzen verstärken können und die Funktionstüchtigkeit des Kolons beim Reizkolonpatienten beeinträchtigen können;
- Schlafmittel, die bei Insomnie die Schlafqualität beeinträchtigen und zu verfrühtem Erwachen führen können;
- Inhalatoren für nichtasthmatische Atembeschwerden, die als Nebeneffekt bei zu häufigem Gebrauch Angst produzieren können.

Medikamente, die für eine nicht vorhandene Störung verschrieben werden, erhöhen in der Regel die Angst, denn bereits der Akt der Einnahme richtet die Aufmerksamkeit des Patienten auf die erwartete Krankheit und verstärkt den Glauben daran. Dies wäre verständlicherweise bei einem Patienten mit Brustschmerzen so, der daran glaubt, an einer Herzkrankheit zu leiden und vom Kardiologen gute Gesundheit bescheinigt bekommt, vom gleichen Kardiologen aber gleichzeitig Tabletten erhält, die er einnehmen soll, wenn die Schmerzen stärker werden. Ähnliche Effekte können bei Rehabilitationsmitteln und Prothesen auftreten, insbesondere bei Korsetts, Krücken und Rollstühlen, die ebenfalls Schwäche und Muskelschmerzen verstärken können.

Die Einnahme von Medikamenten oder die Benutzung derartiger Hilfsmittel über einen langen Zeitraum zum Zwecke der Symptomerleichterung kann auf 3 Arten paradoxe Effekte haben:

- direkte Effekte (z.B. beeinträchtigen Schlafmittel langfristig das Schlafverhalten ungünstig, Abführmittel führen zu Darmbeschwerden und -trägheit);
- Auswirkungen auf die allgemeine Bewertung von Krankheit und Beeinträchtigung (z.B. der Glaube, daß nur 6 Stunden Schlaf pro Nacht ein Problem darstellen müssen, wenn deswegen Tabletten verschrieben werden; oder daß gelegentliche Verstopfung abnorm sein muß, wenn dafür Abführmittel gerechtfertigt werden);
- Auswirkungen auf die Überzeugung, daß eine ernste zugrundeliegende Krankheit vorliegt (z.B. beim Patienten mit Atembeschwerden, dem ein Inhalator gegeben wird).

■ **Ernährung und Faktoren des Lebensstils.** Die Rolle diätetischer Faktoren bei körperlichen Beschwerden ist strittig (Rippere, 1983). Wenn es Hinweise aus der Diagnostik gibt, daß Symptome mit speziellen Substanzen zusammenhängen, können Patienten gebeten werden, Effekte eines Verzichts auf solche Substanzen zu beobachten. Dies wird von einer graduellen Wiedereinführung dieser Substanzen gefolgt, wobei der Patient im unklaren darüber gelassen wird, wann genau dies passiert (Mackarness, 1980). Manchmal lohnt es sich zu betrachten, ob die Störung eines Patienten damit zusammenhängt, ob er beruflich bestimmten Substanzen ausgesetzt ist. Ein Patient hatte beispielsweise jedes Mal Atembeschwerden, wenn er an seinem Arbeitsplatz mit bestimmten Kunststoffen in Berührung kam, und die einfache Feststellung dieser Tatsache führte zur Bewältigung der Angst des Patienten. Oft gibt es eine direkte Verbindung zwischen einer Reaktion und diätetischen Faktoren; eins der bekanntesten Beispiele ist der Zusammenhang von Schlaflosigkeit und der Einnahme von Koffein. Auch trifft man häufig Probleme an, die von exzessivem Alkoholgebrauch herrühren, also etwa »Kater« (Kopfschmerz), Schlafbeschwerden oder allgemeinere körperliche Probleme. Manchmal ist Patienten nicht bewußt, daß ihr Alkoholkonsum exzessiv ist, oder sie schämen sich, es zuzugeben. Hier kann Klarheit geschaffen werden, wenn der Alkoholgenuß eingestellt wird. Rauchen kann Probleme wie schlechte Durchblutung und Atembeschwerden nach sich ziehen. Auch schlechte körperliche Fitneß führt zu einigen Problemen. Patienten, die sich nur wenig körperlich beanspruchen, können Schlafprobleme haben oder Muskelschmerzen erleben, wenn sie sich doch einmal anstrengen. Körperliche Betätigung hat auch oft günstige Effekte bei Patienten mit Reizkolon. Darüber hinaus ist auch die Umstellung der Ernährung von Fastfood auf Vollwertkost fast immer günstig.

Korrektur der Fehlinterpretationen

Aus dem kognitiv-behavioralen Krankheitsmodell folgt, daß eine Veränderung der Bewertung der Bedeutung der Symptome mit in eine Behandlung der Gesundheitsangst einbezogen werden muß. Die Veränderung von Überzeugungen besteht zunächst in der *Identifikation negativer Gedanken* und der Belege, die für sie herangezogen werden.

Eine Modifikation der Überzeugungen darüber, wie schlimm eine Krankheit sein könnte, wird eingesetzt, um sowohl eine negative Inanspruchnahme durch diese Gedanken zu verringern als auch, um das psychologische Krankheitsmodell zu unterstützen. Letzteres beruht auf der Idee, daß es nicht verwunderlich ist, daß bei den Konsequenzen, die sich die Person ausmalt, Angst erlebt wird. Außerdem überrascht es nicht, wenn in diesem Fall der Patient zwischen einem Rückzug in die Krankheit und der Vermeidung, daran zu denken, hin und her pendelt. Schließlich wird so ebenfalls klar, warum die Person so besorgt ist, auch wenn sie weiß, daß die Wahrscheinlichkeit, die Krankheit zu haben, relativ gering ist (z.B. 5%; s. unten).

■ **Verhaltensexperiment.** Die Kombination einer Diskussion über die Grundlage der negativen Überzeugungen mit Selbstbeobachtung und Verhaltensexperimenten läßt sich auf eine Vielfalt von Reaktionen anwenden, bei denen Angst oder Depression als eine Antwort auf körperliche Symptome oder Befürchtungen beteiligt ist. Die Einschätzungen über *Ratings* zeigen, wie erfolgreich die Veränderung der Überzeugungen gewesen ist. Eine zweigleisige Einschätzung der Überzeugung

ist oft hilfreich; z.B.: »Ich möchte Sie bitten, den Gedanken »Der Tinnitus (Ohrensausen) wird so intensiv werden, daß er mich in den Selbstmord treibt« auf einer Skala von 0–100 einzuschätzen, wobei 0 »Ich glaube gar nicht daran« und 100 »Ich bin völlig von der Richtigkeit dieser Aussage überzeugt« bedeutet. Jetzt in diesem Moment, wie sehr glauben Sie daran?« Im nächsten Schritt wird gefragt: »Wenn es sehr ruhig um Sie herum ist und Sie den Tinnitus ganz besonders gut wahrnehmen können, wie wäre diese Einschätzung dann?« Oft führt die Anwesenheit des Symptoms zu substantiellen Unterschieden bei den Überzeugungsratings. Die negativen Gedanken sollten für die Situationen identifiziert und widerlegt werden, bei denen die Überzeugungen am stärksten waren, weil eine Nichtbestätigung in diesen Situationen den größten Einfluß auf das Verhalten des Patienten hat. Verhaltensexperimente sind ein sehr effektives Mittel, um die Überzeugungen des Patienten über Ursache und Natur seiner Symptome zu verändern. In solchen Verhaltensexperimenten soll dem Patienten demonstriert werden, daß seine Symptome durch Faktoren beeinflußt werden können, die nicht die sind, die er dafür verantwortlich hält.

Fallbeispiel

Eine Patientin bemerkte ein Taubheitsgefühl in ihrem Kopf, von dem sie annahm, daß es ein Anzeichen für einen Hirntumor darstellt. Als sie sich darauf konzentrierte und an Hirntumore dachte, verstärkte sich dieses Taubheitsgefühl; als sie laut ein Bild in der Praxis des Therapeuten beschreiben sollte, nahm sie die Taubheit hingegen nicht wahr. Während der Diskussion dieses Experimentes erinnerte sie sich daran, daß das Nachdenken über Hirntumore normalerweise die Symptome hervorrief, und der Therapeut fragte sie, was sie aus dieser Beobachtung folgere. Sie antwortete, daß es sehr unwahrscheinlich sei, daß das Nachdenken über einen Tumor diesen verschlimmere und daß dies es sehr wahrscheinlich mache, daß das Problem in ihrer *Reaktion auf die Angst* vor einem Tumor bestand.

Manchmal kann allein die Sensibilisierung des Patienten gegenüber Fehlinterpretationen zu guten Effekten in der Therapie führen. Am Ende jeder Sitzung werden die Patienten gebeten, die wichtigsten Dinge, die sie heute gelernt haben, zusammenzufassen. Häufig sagen Patienten dann Dinge wie: »Sie sagten mir, daß ich eine noch unentdeckte, ernsthafte Krankheit habe«. Statt dies direkt zu verneinen, antwortet der Therapeut: »Ich bin völlig sicher, daß ich an keinem Punkt etwas Derartiges sagen wollte. Dennoch ist es offensichtlich, daß Sie mich irgendwie so verstanden haben. Vor der nächsten Sitzung möchte ich Sie bitten, sich das Band der heutigen Sitzung noch einmal anzuhören und herauszufinden, wann Sie glaubten, daß ich Ihnen dies gesagt hätte. Hören Sie sich diese Stelle noch einmal besonders sorgfältig an, machen Sie sich Notizen und bringen Sie das Band noch einmal mit. Das nächste Mal können wir dann herausfinden, was passiert ist und was wir daraus lernen können«.

In der Regel wird der Patient das nächste Mal dann zugestehen, daß er das, was diskutiert wurde, falsch verstanden und fehlinterpretiert hatte. Nachdem die Art des Mißverständnisses herausgearbeitet wurde, fragt der Therapeut, welche Schlüsse der Patient daraus zieht. Die anschließende Diskussion richtet sich darauf, ob diese Art der Fehlinterpretation für die Person üblich sei, ob sie vielleicht vergangene medizinische Untersuchungen beeinflußt habe etc. Dabei muß so einfühlsam vorgegangen werden, daß sich der Patient diese Art der Fehlinterpretation eingestehen kann.

Verhaltensänderung

Die Mehrzahl der Verhaltensweisen im Zusammenhang mit somatischen Problemen haben aus der Sicht des Patienten präventiven Charakter und sind deswegen relativ schwer zu modifizieren, ohne daß die zugrundeliegenden Überzeugungen mitbeachtet werden.

■ **Verhaltensweisen, die direkt mit dem Problem zusammenhängen.** Wenn ein Krankheitsverhalten vorliegt, zielt die Behandlungsstrategie darauf ab, die Rolle dieses Verhaltens bei der Aufrechterhaltung von Angst, fortwährender Beschäftigung mit dem Problem und körperlicher Störungen zu entdecken und zu demonstrieren. Der Einsatz von Befragung als Teil *geleiteten Entdeckens* kann hier hilfreich sein. Eine direkte Demonstration ist besonders dann überzeugend, wenn gezeigt werden kann, daß eine Verhaltensänderung eine direkte Auswirkung auf die Symptome hat. Patient und Therapeut entwerfen Experimente,

- um die Überzeugung des Patienten zu überprüfen, daß das Verhalten Sicherheit vor ernstlicher Bedrohung darstellt und
- um zu sehen, ob ein Verhalten, von dem der Patient glaubt, daß es die Symptome positiv beeinflußt, dies wirklich leistet.

Fallbeispiel

Die Selbstbeobachtung einer Patientin mit Reizkolon ergab, daß sie jedesmal ängstlich wurde, wenn sie ein Völlegefühl im unteren Darmbereich hatte. Sie nahm häufig Abführmittel und Zäpfchen, um diese Gefühle loszuwerden. Es wurde die Hypothese aufgestellt, daß diese ihre Darmfunktion stören und ihre Sensitivität gegenüber Sensationen aus dem unteren Darmbereich steigern würden. Sie erklärte sich einverstanden, die Benutzung der Zäpfchen und Abführmittel für den Zeitraum von 3 Wochen einzustellen und dabei die Darmfunktion zu beobachten. Sie fand heraus, daß sie so weniger Völlegefühl verspürte und lernte dadurch, den Stuhldrang besser zu erkennen. Durch diese Intervention wurde also sowohl eine bessere Darmtätigkeit wie auch eine Verringerung der Angst erreicht.

Häufig hält das *Vermeidungsverhalten* die übermäßige Beschäftigung des Patienten mit Krankheiten dadurch aufrecht, indem der Patient davon abgehalten wird, sich Informationen zu besorgen, die den negativen Interpretationen der Symptome widersprechen.

Fallbeispiel

Ein Patient glaubte daran, bislang einen Schlaganfall dadurch verhindert zu haben, daß er seine Aufmerksamkeit darauf lenkte zu versuchen, »das Blut flüssiger laufen zu lassen«; würde er diese Willensanstrengung unterlassen, würde dies zu einem Schlaganfall führen (davon war er zu 95% überzeugt). Da er offensichtlich widerwillig war, dies aufzugeben, schlug ihm der Therapeut vor, daß er einmal versuchen solle, willentlich einen Schlaganfall während einer Sitzung herbeizuführen. Von diesem Vorschlag überrascht, sagte der Patient nach kurzem Gespräch, daß ihm dies nicht möglich sei; es war ihm daraufhin möglich, dies auf seine Überzeugung, durch geistige Anstrengung einen Schlaganfall verhindern zu können, zu übertragen (die Überzeugungseinschätzung sank auf 10%). Es war ihm möglich, seine Kontrollanstrengungen auch außerhalb der Sitzungen zu unterlassen, seine Überzeugung sank auf 0%, und seine Sorgen bezüglich eines Schlaganfalls waren verschwunden.

Weitere Beispiele spezifischer Techniken zur Veränderung von typischen Verhaltensweisen und Überzeugungen bei Schmerz sind im Detail von Philips (1988) beschrieben.

■ **Rückversicherung.** Bei Patienten, die Ängste bezüglich ihrer Gesundheit haben, können eine Reihe von Verhaltensweisen auftreten, die ähnliche Effekte wie zwanghaftes Kontrollverhalten haben und die Sorgen langfristig aufrechterhalten.

Gegenüber den meisten nichtängstlichen Patienten, die medizinische Hilfe aufsuchen und die die ärztliche Rückversicherung, nach der eine Krankheit »ausgeschlossen sei« akzeptieren und sich dann beruhigt fühlen, reagieren Patienten mit Gesundheitsangst wie oben dargestellt anders. So wurde z. B. einem Patienten gesagt, daß »diese Kopfschmerzen sicherlich nur durch verstärkte Anspannung verursacht sind; wenn sie anhalten, werde ich Sie zu einer Röntgenuntersuchung überweisen, um Sie zu beruhigen«. Der Patient interpretierte dies als Hinweis dafür, daß der Arzt glaube, daß er einen Hirntumor haben könne. Wiederholte Versuche, den Patienten zu »beweisen«, daß sie nicht krank sind, sowohl durch medizinische Tests als auch durch verbale Überzeugung, führen eher dazu, die Angst noch zu erhöhen (s. unten).

■ **Beispielintervention bei übermäßigem Wunsch nach Rückversicherung.** Die Rolle der Suche nach Rückversicherung bei der Aufrechterhaltung der Probleme der Patienten muß ihnen so erklärt werden, daß sie es auch klar verstehen.

Fallbeispiel

So fragte z. B. ein Patient, der wiederholt über seine Symptome einer vermeintlichen Krebserkrankung sprechen wollte, warum sich der Therapeut nicht mit ihm über die Symptome unterhalten wolle. Dem Therapeuten war klar, daß dieses Gespräch sich zu einem unproduktiven Streit entwickeln würde:

Th: »Glauben Sie, daß Sie dies wirklich brauchen?«

Pt: »Nun, ich würde mich dann besser fühlen«.

Th: »Gut, wenn Ihnen das hilft, dann werden wir uns jetzt Ihren Symptomen widmen. Das sollten wir aber dann auch so tun, daß es Ihnen *wirklich* hilft. Ich habe viel Zeit, die ich auch gern mit Ihnen dafür verbringen möchte, vorausgesetzt, es hilft

---

auch wirklich, das Problem zu lösen. Wie oft denken Sie, daß ich Sie in diesem Jahr noch wegen Ihrer Symptome zu beruhigen hätte?«

Pt: »Bis Ende dieses Jahres?«

Th: »Ja, denn es hat wohl wenig Sinn, so etwas zu tun, was Sie schon sehr oft getan haben, es sei denn, diesmal funktioniert es auch wirklich. Sind insgesamt drei Stunden genug für den Rest dieses Jahres?«

Pt: »Aber ... das wird nicht für das ganze Jahr reichen«.

Th: »Ich verstehe. Wie lang wird es denn reichen?«

Pt: »Wahrscheinlich für diesen Tag. Danach werde ich mir wahrscheinlich wieder Sorgen machen«.

Th: »Also, so viel Rückversicherung und Beruhigung Sie auch bekommen, wird das doch nie ausreichen?«

Pt: »Nein ... Manchmal scheint es so, als brauche ich mehr davon, je mehr ich kriege«.

Th: »Sie sagen, daß all die Beruhigung, die ich Ihnen geben kann, nicht lange anhält. Danach sorgen Sie sich wieder, und das vielleicht sogar noch mehr als vorher. Wenn Sie berücksichtigen, daß wir die Angst bezüglich Ihrer Gesundheit als eins Ihrer größten Probleme erkannt haben, glauben Sie, daß Beruhigung und Rückversicherung eine wirksame Behandlung ist, oder sollten wir uns nach Alternativen umsehen?«

Die Arten, auf die Patienten nach Rückversicherung suchen, können sehr stark variieren, bis hin zu sehr subtilen Wegen wie etwa in »beiläufigen« Unterhaltungen, bei denen die Symptome erwähnt werden. Unter Umständen werden verschiedene Ärzte gleichzeitig aufgesucht (»doctor shopping«) und Freunde und Familienangehörige wiederholt befragt und zwar so, daß es auf den ersten Blick gar nicht im Zusammenhang mit Gesundheitssorgen gesehen wird.

■ **Erhöhung der Therapiemotivation.** In den Fällen, bei denen die Suche nach Rückversicherung ein Hauptmerkmal der Schwierigkeiten der Patienten ist, sollte man Verhaltensexperimente durchführen, um die Effekte der Rückversicherung zu demonstrieren (Salkovskis & Warwick, 1986). Ein solches Experiment kann bei Patienten, die eine Behandlung ohne einen »endgültigen Beweis« nur widerwillig aufsuchen, auch als Strategie dafür dienen, eine Zusammenarbeit aufzubauen. So könnte z. B. eine letzte körperliche Untersuchung in die Wege geleitet werden, bevor die psychologische Behandlung beginnt. Die Basis dafür müßte ein klares Verständnis dafür sein, daß dies nicht der körperlichen Gesundheit eines Patienten, sondern der psychologischen Diagnostik dient. Im Rahmen von Selbstbeobachtungen werden vor und nach einem solchen Test auf einer Skala von 0–100 die Angst bezüglich der Gesundheit, der Glaube an spezifische mit Krankheit verbundene Gedanken und das Bedürfnis nach Rückversicherungen eingeschätzt. Wenn die Angst dabei dauerhaft reduziert werden kann, ist dies in jedem Fall bereits an sich von Nutzen. Wenn die Angst, was häufiger vorkommt, nur kurzfristig reduziert werden kann, kann auf dieser Grundlage darüber gesprochen werden, inwieweit die Rückversicherung die Angst langfristig aufrechterhält. Dabei wird der Patient darüber hinaus zur Mitarbeit bei der Behandlung angeregt und eine kooperative Beziehung etabliert werden. So wird ein klares Therapierational für die Kontrolle der Suche nach Rückversicherung erstellt und es dem Patienten damit leichter gemacht, mit seiner Angst bezüglich einer Verhaltensänderung umzugehen.

Eine ähnliche Strategie wäre, die Patienten zu fragen, ganz exakt anzugeben, welche Maßnahmen sie *vollständig* davon überzeugen würden, daß sie nicht an der befürchteten Krankheit leiden. Der Therapeut übernimmt dabei die Rolle eines interessierten Zweiflers, indem er Dinge fragt wie: »Ja, aber wäre das denn wirklich überzeugend? Wie könnten Sie denn wirklich sicher sein, daß der Arzt auch wirklich fähig war, diese Untersuchung richtig durchzuführen?« etc. Damit soll gezeigt werden, daß es *niemals* möglich ist, Krankheit völlig auszuschließen, genauso wie es niemals möglich ist, sich völlig sicher darüber zu sein, daß man nicht beim Überqueren der Straße von einem herabfallenden Satelliten getroffen wird.

Die Familie und andere Bezugspersonen des Patienten müssen in solche Gespräche einbezogen werden, und es muß ihnen gezeigt werden, wie man mit dem Verlangen nach Rückversicherung umgehen kann. Dazu könnte ein Rollenspiel eingesetzt werden, bei dem der Patient die Bezugsperson um Beruhigung bittet und die Bezugsperson (ohne nonverbale Kritik) auf vorher abgesprochene Weise antwortet. Eine solche Antwort könnte folgendermaßen aussehen: »Wie wir in der Klinik festgestellt haben, hilft es dir nicht, wenn ich dich beruhige. Ich werde das deswegen nicht

mehr tun«. Daraufhin wird das Gespräch abgebrochen, indem die Bezugsperson z. B. über andere Themen weiterspricht. Diese Art des Vorgehens hat natürlich nur einen geringen Nutzen, wenn der Patient nicht damit einverstanden ist; in diesem Fall könnte es nur als Notlösung eingesetzt werden, wenn der Patient deswegen gerade besonders belastet ist.

Reattributionstechniken

Die wichtigste Behandlungsstrategie betrifft das Auffinden und das Testen von alternativen Erklärungen der Symptome, die der Patient z. Z. noch als Anzeichen körperlicher Krankheit fehlinterpretiert; dies wird mit Verhaltensexperimenten getan. Der Patient wird zunächst gebeten, seine negative (krankheitsbezogene) Überzeugung einzuschätzen. Diese Überzeugung wird so klar wie möglich formuliert (z. B. Ihre Überzeugung ist also: »Ich leide an multipler Sklerose«. Es kann eine Vielzahl von alternativen Erklärungen dafür gefunden werden, die Symptome eines hypochondrischen Patienten zu erklären. Sie umfassen die ganze Bandbreite der Mechanismen, die auch bei der Aufrechterhaltung von Angststörungen beteiligt sind. All diese Mechanismen beziehen sich auf die Rolle der dauernden Beschäftigung mit Gesundheit bzw. Krankheit und der Angst, die daraus entsteht; die Unterschiedlichkeit der Einzelfälle spiegelt dabei nur die Vielzahl der Möglichkeiten wider, wie sich Angst äußern kann.

Wie bereits besprochen, kann die *Bestätigungstendenz*, bei der Patienten sich selektiv der mit ihrer negativen Interpretation ihres körperlichen Zustands konsistenten Informationen zuwenden, ein zentraler Faktor bei hypochondrischen Problemen sein.

Dies betrifft die Art und Weise, in der Patienten Gespräche mit anderen, insbesondere mit Fachleuten (sowohl Psychotherapeuten als auch Ärzte), auffassen. Dies macht es notwendig, immer zu überprüfen, ob der Patient den Sinn jeglicher Mitteilungen auch wirklich verstanden hat. Dies tut man am besten, indem man den Patienten bittet, alle wichtigen Punkte zusammenzufassen, die während eines Gesprächs besprochen wurden sowie am Ende der Sitzung zusammenzufassen, was sie dieses Mal gelernt hätten. Schließlich sollten Patienten auch gefragt werden, ob sie sich wegen irgendwelcher Punkte oder Themen, die in dieser Sitzung aufgekommen waren, sorgen. Einerseits kann dies den Therapeuten davor schützen, ungewollt die Angst des Patienten noch weiter zu verstärken; andererseits kann daran schön aufgezeigt werden, wie Mitteilungen fehlinterpretiert werden. Dies kann in die Diskussion darüber einbezogen werden, inwieweit ein solcher Prozeß dauerhaft für diesen Patienten bei der Aufrechterhaltung gesundheitsbezogener Angst beigetragen hat.

Zusammenfassung

In diesem Kapitel wurden die Störungsbilder der somatoformen Störungen vorgestellt. Beispielhaft wurden für die Hypochondrie ein kognitiv-behaviorales Krankheitsmodell und dessen empirische Belege dargestellt. In diesem Modell wird die Hypochondrie in erster Linie als *Gesundheitsangst* dargestellt, bei der eine verstärkte selektive Wahrnehmung von im Grunde nicht bedrohlichen körperlichen Veränderungen katastrophal im Sinne einer schweren Erkrankung fehlinterpretiert wird. Dies führt zu einem Krankheitsverhalten, das auf vielfältige Weise wiederum die erlebten Symptome verstärken kann etc. Aus diesem Modell lassen sich direkt Interventionsmaßnahmen ableiten wie etwa die Veränderung der negativen Fehlinterpretationen durch Reattributionstechniken oder die Reduzierung der typischen zwanghaften Suche nach Rückversicherung, indem den Patienten vermittelt wird, daß kurzfristige Beruhigung ihre Sorgen langfristig verstärkt und daß es eine endgültige Sicherheit, nicht zu erkranken, nicht geben kann. Die dargestellten Interventionsmaßnahmen werden mit kurzen Fallbeispielen illustriert.

Die psychologische Behandlung somatoformer Störungen stellt eine besondere Herausforderung dar, da die Mehrzahl der Patienten schwere chronische Beschwerden hat, die noch bis vor kurzem als weitgehend unbehandelbar betrachtet wurden. Komplizierend kommt v. a. hinzu, daß die Akzeptanz einer psychologischen Behandlung bei Patienten, die in erster Linie unter körperlichen Problemen leiden und deswegen u. U. von der Lebensgefährlichkeit einer unerkannten Krankheit überzeugt sind, typischerweise sehr gering ist.

Doch nicht zuletzt aufgrund der Entwicklung der in diesem Kapitel vorgestellten Modelle und Techniken sind mittlerweile durchaus Erfolge zu verzeichnen, wenn auch die empirische Forschung, sowohl was die Klassifikation als auch die Erklärung dieser Störungsgruppe angeht, noch einiges zu leisten hat.

Auch wenn für manche Patienten beachtliche Verbesserungen oder gar eine völlige Heilung erzielt werden konnte, gibt es in vielen Fällen nur kleine Fortschritte, die jedoch durchaus große Auswirkungen auf die Lebensqualität haben können. Deswegen sollten auch bei schwierigen Fällen Aspekte wie die Bewältigung eines Lebens trotz Beschwerden oder die Erleichterung von beteiligten anderen psychischen Problemen wie Angst, Depression oder der Demoralisierung, wenn wiederholt keine medizinische Erklärung gefunden wird, nicht unterschätzt werden.

Literatur

Alexander, F. (1950). *Psychosomatic medicine, its principles and application.* New York: Norton.

American Psychiatric Association (1994). *Diagnostic and statistical manual of mental disorders.* Washington, DC: A.P.A.

Barksy, A. J. & Klerman, G. L. (1983). Overview: hypochondriasis, bodily complaints and somatic styles. *American Journal of Psychiatry, 140,* 273–281.

Bass, C. M. & Murphy, M. R. (1990). Somatization disorder: critique of the concept and suggestions for future research. In C. Bass (Ed.), *Somatization: Physical Symptoms and Psychological Illness* (pp. 301–333). Oxford: Blackwell Scientific Publications.

Beck, A. T. (1976). *Cognitive therapy and the emotional disorders.* International Universities Press, New York.

Beck, A. T., Emery, G. & Greenberg, R. (1985). *Anxiety disorders and phobias: a cognitive perspective.* New York: Basic Books.

Becker, M. H., Maiman, L. A., Kirscht, J. P., Haefner, D. P., Drachman, R. H. & Taylor, D. W. (1979). Patient perceptions and compliance; recent studies of the health belief model. In R. B. Haynes, D. W. Taylor & D. L. Sackett (Eds.), *Compliance in health care* (pp. 78–109). Baltimore: John Hopkins University Press.

Beyts, J. P. (1988). Vestibular rehabilitation. In S. D. G. Stephens (Ed.), *Diseases of the ear, nose and throat.* London: Ballantyne.

Bianchi, G. N. (1971). The Origins of Disease Phobia. *Australia and New Zealand Journal of Psychiatry, 5,* 241–257.

Bird, B. L., Cataldo, M. F. & Parker, L. (1981). Behavioural medicine for muscular disorders. In S. M. Turner, K. S. Calhoun, H. E. Adams (Eds.), *Handbook of clinical behaviour therapy* (pp. 406–446). New York: Wiley.

Birk, L. (1973). *Biofeedback: behavioural medicine.* New York: Grune Stratton.

Boyd, J. H., Burke, J. D., Gruenberg, E. et al. (1984). Exclusion criteria of DSM-III – psychiatric disorders in primary care. *Journal of Psychosomatic Research, 29,* 563–569.

Bridges, K. W. & Goldberg, D. P. (1985). Somatic presentation of DSM-III psychiatric disorders in primary case. *Journal of Psychosomatic Research, 29,* 563–569.

Burns, B. H. (1971). Breathlessness in depression. *British Journal of Psychiatry, 119,* 39–45.

Clark, D. M. (1988). A cognitive model of panic attacks. In S. Rachman, J. D. Maser (Eds.), *Panic: psychological perspectives* (pp. 71–90). Hillsdale, NJ: Lawrence Erlbaum.

Cloninger, C. (1986). Diagnosis of somatoform disorders: a critique of DSM-III. In G. Tischler (Ed.), *Diagnosis and classification in psychiatry.* New York: Cambridge University Press.

Creer, T. L. (1982). Asthma. *Journal of Consulting and Clinical Psychology, 50,* 912–921.

Delprato, D. J. & McGlynn, F. D. (1986). Innovations in behavioural medicine. *Progress in Behaviour Modifications, 10,* 67–122.

Ford, M. J. (1986). The irritable bowel syndrome. *Journal of Psychosomatic Medicine, 30,* 399–410.

Gelder, M., Gath, D. & Mayou, R. (1984). *Oxford Textbook of Psychiatry.* Oxford: Oxford University Press.

Gittleson, N. (1966). The fate of obsessions in depressive psychosis. *British Journal of Psychiatry, 112,* 67–79.

Goldiamond, I. (1975). *A constructional approach to self control. Social casework: A behavioural approach.* New York: Guildford.

Hallam, R. S. & Stephens, S. D. G. (1985). Vestibular disorders and emotional distress. *Journal of Psychosomatic Research, 23,* 408–413.

Johnston, D. W. (1984). Biofeedback, relaxation and related procedures in the treatment of psychophysiological disorders. In A. Steptoe & A. Mathews (Eds.), *Health care and human behaviour* (pp. 267–300). London: Academic Press.

Katon, W. (1984). Panic disorder and somatization. *The American Journal of Medicine, 77,* 101–106.

Katon, W., Ries, R. K. & Kleinman, A. (1984). The Prevalence of Somatization in Primary Care. *Comprehensive Psychiatry, 25,* 208–211.

Kellner, R. (1982). Psychotherapeutic strategies in hypochondriasis: a clinical study. *American Journal of Psychiatry, 36,* 146–157.

Kellner, R. (1985). Functional somatic symptoms and hypochondriasis. *Archives of General Psychiatry, 42,* 821–833.

Kellner, R. (1989). *Theories and research in hypochondriasis. The 1988 C. Charles Burlingame Award Lecture.* Hartford, CT: The Institute of Living.

Kellner, R., Fava, G. A. & Lisansky, J. (1986). Hypochondriacal fears and beliefs in DSM-III melancholia. *Journal of Affective Disorders, 10,* 21–26.

Kellner, R., Abbott, P., Winslow, W. W. & Pathak, D. (1987). Fears, beliefs and attitudes in DSM-III hypochondriasis. *Journal of Nervous and Mental Disease, 175,* 20–25.

Kenyon, F. E. (1964). Hypochondriasis: a clinical study. *British Journal of Psychiatry, 110,* 478–488.

Kenyon, F. E. (1965). Hypochondriasis: a surgery of some historical, clinical and social aspects. *British Journal of Psychiatry, 119,* 305–307.

Ladee, G. A. (1966). *Hypochondriacal syndromes.* Amsterdam: North Holland.

Lang, P. J. (1970). Fear reduction and fear behaviour: problems in treating a construct. In J. M. Schlien (Ed.), *Research in Psychotherapy.* (Vol. III; pp. 90–103). Washington/DC: American Psychological Association.

Latimer, P. R. (1981). Irritable bowel syndrome: a behavioural model. *Behaviour Research and Therapy, 19,* 475–483.

Leenan, F. H. H. & Haynes, R. B. (1986). *How to control your blood pressure and get more out of life.* Montreal: Grosvenor House.

Leonhard, K. (1968). On the treatment of ideohypochondriac and sensohypochondriac neuroses. *International Journal of Social Psychiatry, 2,* 123–133.

Lesse, S. (1967). Hypochondriasis and psychiatric disorders masking depression. *American Journal of Psychotherapy, 21,* 607–620.

Lindsay, S. J., Salkovskis, P. M. & Stoll, K. (1982). Rhythmical body movements in sleep: a brief review and treatment study. *Behaviour Research and Therapy, 20,* 523–527.

Lipowski, Z. J. (1986a). Psychosomatic concepts in historical perspective. In J. H. Lacey & D. A. Sturgeon (Eds.), *Proceedings of the 15th European conference on psychosomatic research* (pp. 1–5). London: John Libbey.

Lipowski, Z. J. (1986b). Somatization: a borderland between medicine and psychiatry. *Canadian Medical Association Journal, 135,* 609–614.

Lipowski, Z. J. (1988). An in-patient programme for persistent somatizers. *Canadian Journal of Psychiatry, 33,* 275–278.

Mackarness, R. (1980). *Chemical victims.* London: Pan Books.

Marks, I. M. (1978). *Living with Fear.* New York: Wiley.

Marks, I. M. (1981). *Cure and care of neurosis.* New York: Wiley.

Marks, I. M. (1987). *Fears, phobias and rituals.* Oxford: Oxford University Press.

Mathews, A. M. & Ridgeway, V. (1982). Psychological preparation for surgery: a comparison of methods. *British Journal of Clinical Psychology, 21,* 271–280.

Mayou, R. (1976). The nature of bodily symptoms. *British Journal of Psychiatry, 129,* 55–60.

Melin, L., Fredericksen, T., Noren, P. & Swebelius, B. G. (1986). Behavioural treatment of scratching in patients with atopic dermatitis. *British Journal of Dermatology, 115,* 467–474.

Melzack, R. (1979). Current concepts of pain. In D. J. Oborne, M. M. Gruneberg & J. R. Eiser (Eds.), *Research in psychology and medicine* (Vol. 1; pp. 13–19). London: Academic Press.

Miller, D., Green, J. Farmer, R. & Carroll, G. (1985). A »pseudo-AIDS« syndrome following from fear of AIDS. *British Journal of Psychiatry, 146,* 550–551.

Miller, D., Acton, T. M. G. & Hedge, B. (1988). The worried well: their identification and management. *Journal of the Royal College of Physicians, 22,* 158–165.

Murphy, M. R. (1990). Classification of the Somatoform Disorders. In C. Bass (Ed.), *Somatization: Physical Symptoms and Psychological illness.* Oxford: Blackwell Scientific Publishers.

Nemiah, J. C. (1977). Alexithymia. *Psychotherapy and Psychosomatics, 28,* 199–206.

Noyes, R., Reich, J. Clancy, J. & O'Gorman, T. W. (1986). Reduction in hypochondriasis with treatment of panic disorder. *British Journal of Psychiatry, 149,* 631–635.

Patel, C., Marmot, M. G. & Terry, D. J. (1981). Controlled trial of biofeedback aided behavioural methods in reducing mild hypertension. *British Medical Journal, 282,* 2005–2008.

Philips, H. C. (1976). A psychological analysis of tension headache. In S. Rachman (Ed.), *Contributions to medical psychology* (Vol. 1; pp. 91–114). Oxford: Pergamon.

Philips, H. C. (1988). *The psychological management of chronic pain: a manual.* New York: Springer.

Pilowsky, I. (1967). Dimensions of hypochondriasis. *British Journal of Psychiatry, 113,* 89–93.

Pilowsky, I. (1968). The response to treatment in hypochondriacal disorders. *Australian and New Zealand Journal of Psychiatry, 2,* 88–94.

Pilowsky, I. (1970). Primary and secondary hypochondriasis. *Acta Psychiatrica Scandinavica, 46,* 273–285.

Rachman, S. J. (1974). Some similarities and differences between obsessional ruminations and morbid pre-occupations. *Canadian Psychiatric Association Journal, 18,* 71–73.

Rachman, S. J. & Hodgson, R. (1980). *Obsessions and compulsions.* Englewood Cliffs, NJ: Prentice-Hall.

Rachman, S. J., de Silva, P. & Roper, G. (1976). The spontaneous decay of compulsive urges. *Behaviour Research and Therapy, 14,* 445–453.

Rippere, V. (1983). Behavioural diagnosis of food addictions. *Newsletter of the Society for Environmental Therapy, 3,* 21–24.

Risch, C. & Ferguson, J. (1981). Behavioural treatment of skin disorders. In J. M. Ferguson & J. P. Kirscht (1979). Why people seek health care. In G. C. Stone, F. Cohen & N. Adler (Eds.), *Health Psychology* (pp. 161–188). San Francisco: Jossey Bass.

Roy, A. (1979). Hysteria: a case note study. *Canadian Journal of Psychiatry, 24,* 157–160.

Ryle, J. A. (1947). Nosophobia. *Journal of Mental Science, 94,* 1–17.

Salkovskis, P. M. (1988). Phenomenology, assessment and the cognitive model of panic attacks. In S. J. Rachman & J. Maser (Eds.), *Panic: psychological views.* Hillsdale, NJ: Lawrence Erlbaum.

Salkovskis, P. M. (1989). Somatic problems. In K. Hawton, P. M. Salkovskis, J. W. Kirk & D. M. Clark (Eds.), *Cognitive-behavioural approaches to adult psychological disorder: a practical guide.* Oxford: Oxford University Press.

Salkovskis, P. M. (1990). *The nature of and interaction between cognitive and physiological factors in panic attacks and their treatment.* Unpublished PhD thesis, University of Reading.

Salkovskis, P. M. (1991). The importance of behaviour in the maintenance of anxiety and panic: a cognitive account. *Behavioural Psychotherapy, 19,* 6–19.

Salkovskis, P. M. (1994). Principles and practice of cognitive-behavioural treatment of obsessional problems. *Praxis der Klinischen Verhaltensmedizin und Rehabilitation, 7,* 113–120.

Salkovskis, P. M. & Clark, D. M. (1993). Panic disorder and hypochondriasis. *Advances in Behaviour Research and Therapy, 15,* 23–48.

Salkovskis, P. M. & Warwick, H. M. C. (1986). Morbid preoccupations, health anxiety and reassurance: a cognitive-behavioural approach to hypochondriasis. *Behaviour Research and Therapy, 24,* 597–602.

Salkovskis, P. M., Warwick, H. M. C. & Clark, D. M. (1990). *Hypochondriasis. Paper for DSM-IV working groups.*

Schwartz, G. E. & Weiss, S. M. (1977). What is behavioural medicine? *Psychosomatic Research, 39,* 377–381.

Slater, E. & Glithero, E. (1965). What is hysteria? In A. Roy (Ed.), *Hysteria* (pp. 37–40). London: John Wiley.

Stenback, A. & Rimon, R. (1964). Hypochondria and paranoia, *Acta Psychiatrica Scandinavica, 40,* 379–385.

Thyer, B. (1986). Agoraphobia: a superstitious conditioning perspective. *Psychological Reports, 58,* 95–100.

Toone, B. K. (1990). Disorders of hysterical conversion. In C. Bass (Ed.), *Somatization: physical symptoms and psychological illness.* Oxford: Blackwell Scientific Publications.

Tyrer, P., Lee, I. & Alexander, J. (1980). Awareness of cardiaca function in anxious, phobic and hypochondriacal patients. *Psychological Medicine, 10,* 171–174.

Warwick, H. M. C. (1993). *A controlled trial of cognitive therapy for hypochondriasis.* Paper presented at EABCT conference, London, September 1993.

Warwick, H. M. C. & Marks, I. M. (1988). Behavioural treatment of illness phobia. *British Journal of Psychiatry, 152,* 239–241.

Warwick, H. M. C. & Salkovskis, P. M. (1985). Reassurance. *British Medical Journal, 290,* 1028.

Warwick, H. M. C. & Salkovskis, P. M. (1989). Hypochondriasis. In J. Scott, J. M. G. Williams & A. T. Beck (Eds.), *Cognitive therapy in clinical practice.* London: Gower.

Weisenberg, M. (1987). Psychological intervention for the control of pain. *Behaviour Research and Therapy, 25,* 301–312.

Woodruff, R. A., Clayton, P. J. & Guze, S. B. (1971). Hysteria: studies of diagnosis, outcome and prevalence. *Journal of the American Medical Association, 215,* 425–428.

World Health Organisation (1978). *Mental disorders: Glossary and guide to their classification in accordance with the tenth revision of the international classification of diseases.* Geneva: WHO.

Weiterführende Literatur

Bass, C. M. & Murphy, M. R. (1990). Somatization disorder: Critique of the concept and suggestions for future research. In C. Bass (Ed.), *Somatization: Physical Symptoms and Psychological Illness* (pp. 301–333). Oxford: Blackwell Scientific Publications.

Rief, W. & Hiller, W. (1992). *Somatoforme Störungen. Körperliche Symptome ohne organische Ursache.* Bern: Huber.

Somatisierungsstörung

11

WINFRIED RIEF

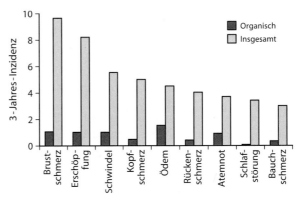

Abb. 11.1. Organische Ursachen bei häufigen körperlichen Symptomen

11.1 Einleitung

Brustschmerzen, Kopfschmerzen, Schwindelgefühle, Rückenschmerzen, Erschöpfungszustände oder Atemnot zählen zu den häufigsten körperlichen Beschwerden, die Personen zum Aufsuchen eines Arztes motivieren. Gerade diese Spitzenreiter körperlicher Beschwerden wurden in einer Untersuchung von Kroenke & Mangelsdorff (1988) näher untersucht. Das überraschende Ergebnis dieser Studie war, daß nur für durchschnittlich 16% dieser körperlichen Beschwerden eine organische Ursache auszumachen war. Die meisten dieser Symptome konnten auch im Dreijahresverlauf nicht durch organische Grunderkrankungen erklärt werden (Abb. 11.1).

Neben diesem interessanten Hauptergebnis wurde in der Arbeit von Kroenke & Mangelsdorff (1988) auch untersucht, ob es Bedingungen gibt, die einen eher günstigen Verlauf oder sogar Remission vorhersagen können. Eine organische Ursache zeigte sich als positiver Prädiktor; offensichtlich kann unser Gesundheitssystem auf organische Erkrankungen wirkungsvoll reagieren. Demgegenüber zeigen sich häufig schwierige Verläufe, wenn die einzelnen Symptome chronifiziert sind und in der Vergangenheit bereits weitere unklare körperliche Beschwerden nachgewiesen werden. Im Umgang mit Patienten mit multiplen unklaren körperlichen Beschwerden ist das Gesundheitssystem somit weit weniger wirkungsvoll, die Patienten sind bei Ärzten wenig beliebt und gelten als schwer behandelbar.

Zieht man nicht nur die Spitzenreiter körperlicher Beschwerden in Betracht, sondern das gesamte Spektrum der im Gesundheitssystem geschilderten Symptome, so sind ca. 20% der Arztbesuche auf Personen mit unklaren körperlichen Beschwerden ohne organische Ursache zurückzuführen. Je nach Setting variieren die Angaben zwischen 10 und 50%. Zwar remittieren die Beschwerden bei einem Teil der Patienten nach den diagnostischen Untersuchungen und einem einmaligen Informationsgespräch, jedoch ist dies für einen beträchtlichen Teil der Patienten nicht ausreichend.

> Etwa 20% der Arztbesuche gehen auf Personen mit unklaren körperlichen Beschwerden zurück, für die im weiteren Verlauf keine organische Ursache zu finden ist.

Der diagnostische Prototyp für Personen mit multiplen körperlichen Beschwerden ohne organische Ursache ist die Somatisierungsstörung. Die Behandlungskosten bei Personen mit Somatisierungsstörung sind im Mittel 9mal höher als bei der Durchschnittsbevölkerung (Smith et al., 1986). Dies ist Ausdruck der oftmals sehr langwierigen Verläufe mit inadäquater Behandlung. In einer früheren Arbeit (Rief et al., 1992) betrug die durchschnittliche Erkrankungsdauer der Somatisierungspatienten 12 Jahre, bis sie eine psychosomatische Facheinrichtung aufsuchten. In anderen Studien werden z. T. noch längere Krankheitsdauern beschrieben (z. B. durchschnittlich 30 Jahre in der Studie von Smith et al., 1986).

Verschiedene Gesichter eines Syndroms

Eine besondere Schwierigkeit in der Forschung und Entwicklung von Behandlungsmöglichkeiten bestand in der Vergangenheit darin, daß jede Teildisziplin der Medizin ihre eigenen Begrifflichkeiten für Personen mit somatoformen Beschwerden hatte. Einige Beispiele sind nachfolgend genannt:

- Innere Medizin:
  - Colon irritabile, funktionelles Syndrom, psychovegetatives Syndrom, psychosomatisches Syndrom, Reizmagen, nervöse Herzbeschwerden;
- Orthopädie:
  - Dorsalgien, chronischer Rückenschmerz, LWS-, BWS-, HWS-Syndrom;
- Rheumatologie:
  - Fibromyalgiesyndrom;
- Gynäkologie, Urologie:
  - Reizblase, Harndrang, prämenstruelles Syndrom, Menstruationsstörungen, Dyspareunie, chronische Unterbauchschmerzen;
- Neurologie:
  - Kopfschmerzsyndrome, psychogene Anfälle, funktionelle Sensibilitätsstörungen oder Nervenentzündungen, etc.

Somatoforme Symptome können in gewisser Weise auch als Spiegel von gesellschaftlichen Trends gesehen werden. Shorter (1994) weist in seinem Buch über die Geschichte der Psychosomatik darauf hin, daß diese Syndrome seit Menschengedenken häufig auftreten, jedoch kulturelle Einflüsse die Häufigkeit einzelner Symptome beeinflussen. Dies wird auch in weltweiten Studien der Weltgesundheitsorganisation (WHO) belegt, die Somatisierungssymptome in verschiedensten Kulturen der Erde nachweisen konnte, wobei sich jedoch leichte kulturelle Besonderheiten ergeben.

Die Trendsetter: »chronic fatigue syndrome«, »multiple chemical sensitivity«, Fibromyalgie

In der sog. »westlichen« Kultur findet sich zur Zeit ein Trend zu Erklärungsmodellen wie Entzündung, Infektion oder Umweltbelastung. In Indien z. B. ist im Gegensatz hierzu das »Laienmodell« für Krankheiten stärker geprägt von Vorstellungen der Besessenheit oder des Verzaubertseins. Japan mit einem hohen Druck in Richtung soziale Anpassung zeigt demgegenüber gehäuft Symptome, die Ausdruck von Ängsten in sozialen und beruflichen Beziehungen darstellen (Angst vor Körpergeruch, Angst vor Leistungsverlust). In diesem Kontext wird verständlicher, daß in Mitteleuropa und Nordamerika Konzepte wie »chronic fatigue syndrome«, »multiple chemical sensitivity« oder Fibromyalgie einen hohen Popularitätsgrad erhalten.

Das Kernsymptom des Chronic fatigue syndrome ist ein Zustand chronischer Erschöpfung. Die Patienten beschreiben sich als ständig müde, nur noch wenig belastbar, unter diversen körperlichen Mißempfindungen leidend. Die populärste Entstehungstheorie hierzu war, daß es sich um eine Virusinfektion (Epstein-Barr-Virus) handeln würde. Nachdem jedoch genauere Gruppenvergleiche durchgeführt wurden, wurde festgestellt, daß diese Viren sich bei Gesunden gleich häufig finden wie bei Personen mit »chronic fatigue syndrome« (weitere Informationen s. Wessely et al., 1998).

Unter »multiple chemical sensitivity« (MCS) wird ein Syndrom verstanden, bei dem verschiedene körperliche Beschwerden auftreten, nachdem die Person niedrigen Dosen von bestimmten chemischen Substanzen ausgesetzt war. Bei den Betroffenen finden sich keine biologischen Allergiemarker und sie schildern neben den körperlichen Beschwerden ebenfalls in der Regel Erschöpfungszustände nach Exposition an verschiedene Chemikalien, die nach den subjektiven Krankheitsmodellen der Betroffenen Auslöser sind.

Bei der Fibromyalgie handelt es sich um ein Syndrom, das häufig in rheumatologischen Kliniken diagnostiziert wird. Die Kriterien sind genau definiert und das zentrale Merkmal ist das Vorliegen von Schmerzen in mindestens 12 von 20 sog. »Tender-points«. Es wurden ähnliche entzündliche Prozesse als Ursache postuliert, wie sie auch für »Rheuma« (chronische Polyarthritis) gefunden wurden. Trotzdem sind auch in der Regel selbst einfache, unspezifische Entzündungsanzeichen (z. B. erhöhte Blutsenkungsgeschwindigkeit) bei der Fibromyalgie nicht nachweisbar.

In früheren Arbeiten wurde als Hauptziel in der Behandlung von Personen mit Somatisierungssyndrom festgelegt, iatrogene Schädigungen (Schädigungen durch ärztliche Eingriffe) zu vermeiden. Es wurde angenommen, daß sich die Personen kaum zur Psychotherapie motivieren lassen und auch schlecht auf Psychotherapie ansprechen. Während auf die Effektivität psychotherapeutischer Interventionen später noch eingegangen wird, soll an dieser Stelle schon betont werden, daß auch Patienten mit Somatisierungssyndrom durchaus zum Aufsuchen psychologischer Konsiliardienste motiviert werden können. So untersuchten Speckens et al. (1995), wie viele Personen mit unklaren körperlichen Beschwerden einen psychologischen Konsiliardienst aufsuchen, nachdem sie über die positiven Möglichkeiten einer solchen Intervention informiert wurden. Sie fanden heraus, daß über 80% der Patienten, denen das Aufsuchen des Konsiliardienstes nahegelegt wurde, diesen auch kontaktierten.

11.2
Darstellung der Störung

11.2.1
Phänomenologie

Somatisierungssyndrom

Körperliche Beschwerden stellen das Hauptmerkmal des Somatisierungssyndroms dar. Es sollte jedoch in erster Linie nur dann von Somatisierungssyndrom gesprochen werden, wenn diese körperlichen Beschwerden mehrere Organsysteme bzw. Beschwerdenbereiche umfassen (Schmerzsymptome, gastrointestinale Symptome, kardiovaskuläre Symptome, sexuelle und pseudoneurologische Symptome, etc.). Für viele Patienten steht aktuell ein oder wenige Symptome im Vordergrund. Dies darf nicht darüber hinweg täuschen, daß sich oftmals bei genauer Exploration in der Vorgeschichte deutliche Hinweise auf andere kör-

perliche Symptome finden, für die ebenfalls keine organische Ursache auszumachen war.

Neben den organbezogenen Symptomen schildern viele Patienten mit Somatisierungssyndrom ein Gefühl des Erschöpftseins, der chronischen Müdigkeit und der reduzierten Belastbarkeit. Bei genauer Exploration finden sich Anhaltspunkte für das Erstauftreten, die oftmals deutlich vor dem 20. Lebensjahr liegen. In vielen Fällen sind die Patienten in Familien aufgewachsen, in denen es »Vorbilder« für Kranksein gab und die Patienten für Krankheitsverhalten verstärkt wurden (z. B. Befreiung vom Sportunterricht, häufige Arztbesuche bereits in der Kindheit, etc.). Viele Betroffene leiden besonders unter der Unerklärbarkeit der Beschwerden und zeigen eine gedankliche Fixierung auf die körperlichen Mißempfindungen.

Symptome der Somatisierungsstörung nach DSM-IV

- Kopfschmerzen,
- abdominelle Schmerzen,
- Rückenschmerzen,
- Gelenkschmerzen,
- Schmerzen in Extremitäten,
- Brustschmerzen,
- rektale Schmerzen,
- Schmerzen während Geschlechtsverkehr,
- Menstruationsschmerzen,
- Schmerzen beim Wasserlassen,
- Übelkeit,
- Durchfall,
- Blähungen,
- Erbrechen (außer während Schwangerschaft),
- Unverträglichkeit verschiedener Speisen,
- sexuelle Gleichgültigkeit,
- Erektions- oder Ejakulationsstörung,
- unregelmäßige Menstruation,
- exzessive Menstruationsblutung,
- Erbrechen über die gesamte Schwangerschaft,
- Blindheit,
- Sehen von Doppelbildern,
- Taubheit,
- Sensibilitätsstörungen,
- Halluzinationen,
- Aphonie,
- Koordinations- oder Gleichgewichtsstörungen,
- Lähmungen oder umschriebene Schwächen,
- Schluckschwierigkeiten, »Frosch im Hals«,

- Harnverhaltung,
- Anfälle,
- Amnesien,
- Bewußtseinsverluste (nicht Ohnmachten).

Bei vielen, jedoch nicht allen Patienten, zeigt sich ein erhöhtes Inanspruchnahmeverhalten bezüglich medizinischer Dienste. Setzt man voraus, daß auch medizinische Tests mit einer gewissen Fehlerwahrscheinlichkeit behaftet sind, so ist nach zahlreichen Untersuchungen auch wahrscheinlich, daß einer der Untersuchungsbefunde ein falsch positives Ergebnis erbringt, an dem sich die Patienten orientieren, so daß das organische Krankheitsmodell verstärkt wird. Neben diesen psychologischen Problemen des erhöhten Inanspruchnahmeverhaltens können jedoch auch zahlreiche medizinische Komplikationen auftreten, wie das nachfolgende Fallbeispiel beschreibt.

Fallbeispiel: Schattenseiten des organmedizinischen Systems

Eine 35jährige Frau meldet sich mit chronischen Bauchschmerzen zur Behandlung. Anamnestisch läßt sich erfahren, daß sie früher bereits konversionsähnlich anmutende Anfälle ohne klare Ursache hatte, die jedoch wieder verschwanden und durch andere Symptome abgelöst wurden. Weitere Symptome, die in der Vergangenheit vorlagen, sind Magenschmerzen, sexuelle Indifferenz und Schmerzen beim Geschlechtsverkehr, Blähungen und Kopfschmerzen. In den letzten Jahren war sie jedoch in erster Linie wegen Schmerzen im Unterbauch in Behandlung. Deshalb wurde ärztlicherseits immer wieder eine Laparoskopie durchgeführt, zwischenzeitlich ca. 40mal, jeweils ohne Befund. Bei dieser Untersuchung wird ein Endoskop in die Bauchhöhle eingeführt. Dies führt dazu, daß der Bauchraum nun mit Narben und Verwachsungen ausgefüllt sein dürfte. Somit liegt zwischenzeitlich eine iatrogene Schädigung vor, die selbst zu verstärkten Bauchschmerzen führen kann und sowohl das subjektive Krankheitsmodell als auch die Befindlichkeit deutlich beeinflußt (Fallbeispiel aus Rief, 1996).

In der Bundesrepublik Deutschland befinden sich viele Behandlungsplätze in stationären psychosomatischen Einrichtungen. Die Patienten in diesen Einrichtungen stellen eine Hochrisikogruppe für somatoforme Symptome dar. Bei einer systematischen Befragung von fast 500 Patienten einer psychosomatischen Klinik mit dem Fragebogenverfahren »Screening für somatoforme Störungen – SOMS« (Rief et al., 1997) wurde eine Reihe von Beschwerden von mehr als der Hälfte der Patienten angegeben. Diese Beschwerden waren:

- Schmerzsymptome (Rückenschmerzen, Kopf- und Gesichtsschmerzen, Bauchschmerzen)
- gastrointestinale Symptome (Völlegefühl, Blähungen, Druckgefühl im Bauch)
- mit dem kardiovaskulären System assoziierte Symptome (Schweißausbrüche, Palpitationen, leichte Erschöpfbarkeit).

Diese Ergebnisse bestätigen, daß ein Großteil der Betroffenen multiple körperliche Beschwerden hat und daß meist mehrere Organsysteme betroffen sind.

Somatisierung im 17. Jahrhundert

»Nehmen wir beispielsweise Martha Gresbold, eine 23jährige Edelfrau, die im Mai 1663 in Bath eintraf. – So geschwächt, daß sie weder ihre Hände noch ihre Füße gebrauchen, ja nicht einmal ihre Hände auf Kopfhöhe erheben konnte, sondern überall hin getragen und ins Bett und aus dem Bett gehoben werden mußte. Der aufschlußreiche Aspekt des Falls ist jedoch nicht die Schwäche – die durch vielerlei Erkrankungen hätte verursacht sein können –, sondern das Schmerzmuster. Bereits mit 13 Jahren hatte die Patientin einen Anfall von Gelenkschmerzen gehabt. Jetzt, nachdem sie sich eine Erkältung zugezogen hatte, erfaßte dieser schweifende arthritische Schmerz erst das eine Knie, nach einiger Zeit das zweite und sprang so von Gelenk zu Gelenk, bis er sich über sämtliche Gliedmaßen ausgebreitet hatte. Und da war ein noch ausgeprägtes psychiatrisches Element: Ihr Kopf war in die allgemeine Schwächung miteinbezogen; sie bekam alles mit, was man ihr sagte, könne jedoch wenig oder nichts davon behalten. Ein letzter Punkt, der in diesem Fall gegen eine organische Verursachung des Schmerzes spricht, ist der Umstand, daß die Heilmethode des Dr. Pierce zum Erfolg führte. Ein Bombardement von Klistieren, Abführmitteln und Bädern besserte das Befinden der Patientin so weit, daß sie sieben Wochen später hoch zu Roß die Heimreise (einen Zweitageritt) hinter sich bringen konnte. Danach blieb sie zehn

Jahre lang – eine Zeitspanne, die ihr Gatte nicht überlebte – beschwerdefrei« (aus Shorter, 1994, p. 28).

11.2.2
Epidemiologie und Verlauf

■ **Epidemiologie.** Während Somatisierungsphänomene enorm häufig sind und unklare körperliche Mißempfindungen fast schon zum Alltag gehören, erfüllen nur wenige Menschen die vollen Kriterien für die Somatisierungsstörung, wie sie erstmals 1980 in DSM-III definiert wurden. Die Veränderungen der Kriterien für die Somatisierungsstörung bei DSM-III-R und DSM-IV sollten zwar zu einer Vereinfachung führen, führten aber nicht zu einer häufigeren Diagnosestellung. Die Ergebnisse der ECA-Studie sprechen dafür, daß epidemiologisch das Vollbild einer Somatisierungsstörung nach DSM-III-R bei deutlich unter 1% der Bevölkerung vorliegt. Damit erfassen die Kriterien der Somatisierungsstörung nur einen kleinen Bruchteil der Personen, die von einem Somatisierungssyndrom betroffen sind (Rief et al., 1996; Rief & Hiller, 1998).

Der Psychiater Escobar (Escobar et al., 1987) definierte deshalb liberalere Kriterien für ein Somatisierungssyndrom, nach dem nur 4 (Männer) respektive 6 (Frauen) körperliche Symptome vorliegen müssen. Nach den Angaben in der ECA-Studie erreichen in »westlichen« Kulturen etwa 5% diese Kriterien des Somatisierungssyndroms. Jedoch ist auch hier davon auszugehen, daß diese Schätzungen immer noch zu niedrig sind: In der ECA-Studie wurden die diagnostischen Interviews von Laien durchgeführt, die den Verdacht auf Somatisierungssymptome häufig verwarfen, weil betroffene Personen pseudoorganische Erklärungen für die Beschwerden angaben, die vorschnell akzeptiert wurden.

In den Angaben zum DSM-IV wird festgehalten, daß die Kriterien für die Somatisierungsstörung drastisch häufiger bei Frauen als bei Männern vorzufinden sind (93% vs. 7%). Auch diese Daten gehen auf die ECA-Studie zurück und wurden in dieser Form bisher nicht mehr repliziert. Zwar bestätigte sich immer wieder, daß Somatisierungssymptome häufiger bei Frauen auftreten als bei Männern, jedoch scheint die Asymmetrie zwischen den Geschlechtern deutlich kulturabhängig und methodenabhängig zu sein. Für ein liberaler definiertes Somatisierungssyndrom ist

eine Geschlechtsverteilung von 60% Frauen zu 40% Männer anzunehmen.

■ **Störungsbeginn.** Für viele Somatisierungssymptome ist der typische Störungsbeginn im frühen Jugendalter bis hin zum frühen Erwachsenenalter (12.–30. Lebensjahr). Aus diesem Grund wurde in dem amerikanischen Klassifikationssystem DSM ein Störungsbeginn vor dem 30. Lebensjahr für die Somatisierungsstörung vorausgesetzt. Dies darf jedoch nicht darüber hinweg täuschen, daß Somatisierungssyndrome auch noch deutlich später erstmals auftreten können, jedoch ist mit steigendem Alter die Differentialdiagnose zu organischen Erkrankungen (z.B. »Verschleißerscheinungen«) deutlich erschwert.

■ **Verlauf.** Sowohl DSM-IV als auch ICD-10 setzen für die Somatisierungsstörung einen mehrjährigen Verlauf voraus, um die Diagnose zu rechtfertigen. Damit ist bereits per definitionem eine Chronifizierung festgelegt. Entsprechend wurde auch eine hohe Stabilität der Diagnose festgestellt: Kent et al. (1995) fanden bei 97% der Patienten, die zu einem Indexzeitpunkt eine Somatisierungsstörung hatten, auch vier Jahre später dieselbe Diagnose vor.

Von der Hysterie zur Somatisierungsstörung

In der Antike wurde für unklare und multiple körperliche Beschwerden der Begriff Hysterie geprägt, der sowohl in frühen ägyptischen als auch griechischen Schriften auftaucht. Hippokrates beschrieb die Vorstellung, daß bei Frauen mit unerfülltem Kinderwunsch der Uterus Bewegungen machen würde, die die Ursache der multiplen Körperbeschwerden wären. Entsprechend wurde der Begriff »hysterisch« auch als Adjektiv bei einzelnen Symptomen verwendet (z.B. Globus hystericus: Mißempfindungen im Kehlkopfbereich, oftmals verbunden mit Angst zu ersticken oder sich zu verschlucken). Entsprechend den ätiologischen Vorstellungen zur Hysterie wurde angenommen, daß diese Erkrankung nur bei Frauen auftreten kann. Erst im 17. Jahrhundert zeigte sich eine deutliche Abwendung von dieser Modellvorstellung. Der Arzt Sydenham beschrieb, daß diese Störung auch bei Männern auftreten kann und oftmals emotionale Ursachen hat. Eine grundsätzliche Wende kam durch die Arbeiten von Paul Briquet (1859), der etwa 430 Patientinnen des Hôpital de la Charité in Paris mit Polysymptomatik beschrieb. Aufgrund seiner Beobachtungen stellte er eine Liste von relevanten Symptomen zusammen, beschrieb die größere Häufigkeit bei Frauen, den Zusammenhang mit eher sozial niedrigeren Schichten, traumatischen Lebenserfahrungen und emotionalen Belastungen. Bereits Briquet legte somit im letzten Jahrhundert die Grundlage für eine deskriptive, kriteriumsorientierte Diagnostik.

Durch die nachfolgenden Arbeiten der Analytiker wie Charcot, Janet, Freud oder Breuer geriet der deskriptive Ansatz wieder in den Hintergrund; gleiches galt für den multisymptomatischen Fokus. Es folgten psychoanalytische Theorien, die sich auf einzelne Symptome konzentrierten und nur wenig darauf eingingen, daß Somatisierung oftmals in organübergreifenden Beschwerden seinen Niederschlag findet.

In den 6oer Jahren wurde demgegenüber von der St.-Louis-Arbeitsgruppe um Samuel Guze der eher deskriptive Ansatz von Briquet wieder aufgegriffen. Diese Arbeitsgruppe war prägend für die Entwicklung einer kriteriumsorientierten Diagnostik und somit für die Entwürfe zum späteren DSM-III. Guze betonte in seinen Schriften die Multisymptomatik und entwickelte einen strengen Kriterienkatalog zur Klassifikation des von ihm Briquet-Syndrom oder Briquet-Hysterie genannten Krankheitsbildes. Diese Kriterien bildeten die Grundlage der 1980 in DSM-III eingeführten Somatisierungsstörung, deren Kriterien mit DSM-III-R und DSM-IV jeweils modifiziert wurden und sich auch in etwas abweichender Form in ICD-10 wiederfinden.

11.2.3
Diagnostik

Die genauen diagnostischen Kriterien sind oben im Kasten dargestellt. Es sei darauf hingewiesen, daß eine deutliche Diskrepanz zwischen den eindeutigeren DSM-IV-Kriterien für Somatisierungsstörung und den ICD-10-Kriterien für Personen mit multiplen somatoformen Beschwerden vorliegt: ICD-10 beschreibt zwar ebenfalls die Somatisierungsstörung (allerdings mit anderen klassifikationsrelevanten körperlichen Symptomen), beschreibt darüber hinaus jedoch auch eine »somatoforme autonome Funktionsstörung«, die bei Personen zu diagnostizieren ist, bei denen ebenfalls multiple körperliche Beschwerden vorliegen, jedoch Symptome des autonom innervierten Ner-

vensystems im Vordergrund stehen (z.B. Schwitzen, Bauchschmerzen, Palpitationen, etc.). Daneben behält ICD-10 auch die Diagnose der »Neurasthenie« bei, die eine hohe Überlappung mit dem beschriebenen »chronic fatigue syndrome« hat und kaum von üblichen Somatisierungssyndromen zu differenzieren ist.

■ **Differentialdiagnostik zu anderen psychischen Erkrankungen.** Die Somatisierungsstörung geht oftmals mit depressiven Erkrankungsbildern einher (s. Kasten), was nicht dazu führen sollte, sie grundsätzlich unter der Depression zu klassifizieren. Sobald körperliche Beschwerden in der Anamnese auch außerhalb depressiver Phasen vorlagen, ist die Diagnose einer Somatisierungsstörung gerechtfertigt. Auch bei den Angststörungen werden von den Betroffenen oftmals die körperlichen Beschwerden in den Vordergrund gestellt; diese sind jedoch eng mit dem subjektiven Angsterleben verbunden. Sobald körperliche Beschwerden auch außerhalb von Angstattacken auftreten, können auch beide Diagnosen in Erwägung gezogen werden. Körperliche Symptome, die in Zusammenhang mit einer Schizophrenie auftreten, sind oftmals von einer anderen Qualität (Brennen im Bauch, elektrische Schläge im Kopf, etc.) und gehen mit weiteren Symptomen einer Schizophrenie einher (z.B. Beeinflussungswahn, formale Denkstörungen, etc.). Schwierig kann die Abgrenzung zu einer vorgetäuschten Störung sein: In diesem Fall muß ein eindeutiges Motiv vorliegen; oftmals wurde jedoch auch aus der Hilflosigkeit der Behandler heraus vorschnell die Hypothese einer vorgetäuschten Störung formuliert.

Die Somatisierungsstörung – eine unerkannte körperliche Erkrankung?

In den 6oer Jahren erregte eine Studie aus England von Slater & Glithero (1965) Aufsehen, die die Behauptung aufstellte, daß zahlreiche Personen mit der Diagnose Konversionsstörung« im weiteren Verlauf eine neurologische Erkrankung entwickeln, die die körperlichen Beschwerden erklären kann. In vielen Fällen ging dies sogar so weit, daß Menschen an den vermeintlichen »Konversionssymptomen« starben. Die genaue Rate von vermeintlichen Fehldiagnosen lag in dieser Studie bei 33%.

Der entscheidende Kritikpunkt an dieser Arbeit ist, daß unklar war, nach welchen Kriterien die Diagnose einer Hysterie gestellt wurde. Slater und Glithero (1965) beriefen sich auf die Diagnosen in den Krankenakten, die in den 50er Jahren gestellt wurden. In keiner Arbeit, in der der diagnostische Prozeß klarer definiert war, konnten nur annähernd so hohe Raten von Fehldiagnosen gefunden werden. Auch muß bei solchen Studien die Grundrate berücksichtigt werden: Eine somatoforme Störung schützt natürlich nicht vor anderen körperlichen Erkrankungen, so daß das Grundrisiko in einer vergleichbaren Gruppe berücksichtigt werden muß.

So fand Coryell (1981) keine erhöhte Mortalität bei Personen mit »Briquet-Syndrom«. In einer eigenen Arbeit (Rief et al., 1995) wurde bei 30 Personen mit Somatisierungssyndrom im Zweijahresverlauf bei einer Person Verdacht auf Bandscheibenvorfall gestellt, der einen Großteil der Beschwerden erklären kann. In einem weiteren Fall blieb die Differentialdiagnose unklar, so daß die Rate an möglichen Fehldiagnosen bei etwa 3–7% lag. Dies würde Ergebnisse von Watson und Buranen (1979) bestätigen, die davon ausgehen, daß Somatisierungspatienten in etwa eine gleich hohe Wahrscheinlichkeit für körperliche Erkrankungen haben wie Personen mit Depressionen oder Angststörungen.

Trotzdem bleibt sicherlich ein genuines Problem der Somatisierungssyndrome, daß organische Erkrankungen abgeklärt werden müssen. Es gibt jedoch nur wenig Erkrankungsbilder, die organübergreifende Beschwerden im Sinne einer Somatisierungsstörung erklären könnten (z.B. systemischer Lupus erythematodes, multiple Sklerose). Wird nach klaren Kriterien das Vollbild einer Somatisierungsstörung diagnostiziert, ist die Wahrscheinlichkeit von Fehldiagnosen ausgesprochen gering (deutlich unter 10%). Handelt es sich jedoch um umschriebene Einzelsymptome (z.B. wie bei der Konversionsstörung), so kann die Gefahr von Fehldiagnosen etwas höher liegen (z.B. Mace & Trimble, 1996).

■ **Komorbidität.** In vielen Studien wurde die hohe Komorbidität mit depressiven Erkrankungsbildern beschrieben. Vor allem bei stationären Patienten finden sich z.T. Komorbiditätsraten für die Lebenszeitprävalenz von über 80%. Vergegenwärtigt man sich jedoch die Lebenseinschränkungen, die bei den strikten Kriterien für eine Somatisierungsstörung vorliegen müssen, so kann die hohe Rate an zusätzlichen depressiven Erkrankungsbildern nicht verwundern.

Die hohe Rate an Komorbidität mit Depression darf nicht darüber hinweg täuschen, daß auch andere Erkrankungsbilder (z.B. Angststörungen) häufig gemeinsam mit Somatisierungsstörungen auftreten können (30–50%). Es spricht vieles dafür, daß bei einer Person mit einer psychischen Erkrankung die Wahrscheinlichkeit für das Auftreten weiterer psychischer Erkrankungen grundsätzlich erhöht ist.

Die Somatisierungsstörung – eine larvierte oder somatisierte Depression?

In den 60er und 70er Jahren wurde von psychiatrischer Seite aus das Konzept der larvierten oder somatisierten Depression aufgestellt. Hierbei wird davon ausgegangen, daß die eigentliche Grunderkrankung die Depression ist, von den Betroffenen jedoch die körperlichen Begleiterscheinungen von Depressionen in den Vordergrund gestellt werden. Beim Konzept der larvierten Depression wurde sogar so weit gegangen, daß überhaupt keine affektiven Symptome vorliegen müssen, um die Diagnose einer Depression zu stellen. Dieses Modell geht somit davon aus, daß der Somatisierungsstörung identische Prozesse zugrunde liegen wie der Depression.

Zwar spricht die hohe Komorbidität zwischen Somatisierungsstörung und Depression für diese Annahme, jedoch sprechen auch zahlreiche Aspekte dagegen. Ein hoher Zusammenhang berechtigt nicht die Aussage einer kausalen Abhängigkeit in eine bestimmte Richtung. Es ist genau so gut möglich, daß durch die Einschränkungen der Lebensqualität bei Somatisierungspatienten eine depressive Erkrankung als Folge ausgelöst wird; auch weitere Modelle eines Zusammenhangs sind theoretisch denkbar. Des weiteren gibt es trotz der Überlappung auch beide Syndrome in »Reinform«. Als drittes sind Unterschiede in der Verlaufsform zu nennen: Während Depressionen vor allem zu einem phasenhaften Verlauf neigen und öfters Phasen der vollständigen Remission auftreten, tendieren Somatisierungsstörungen zu chronischen Verläufen, bei denen fast durchgängig körperliche Beschwerden vorliegen. In eigenen Arbeiten wurde schließlich gefunden, daß der Erkrankungsbeginn von Depressionen und Somatisierungssyndromen bei Patienten mit beiden Störungen meist deutlich zu differenzieren ist und mehr als 10 Jahre Zeitunterschied vorliegen können.

Beim momentanen wissenschaftlichen Stand ist deshalb davon abzuraten, »hierarchisierende« Konzepte wie das der somatisierten Depression zu verwenden. Der Ansatz der Komorbidität, der vorschlägt, beim Vorliegen beider Erkrankungsbilder auch beide Diagnosen aufzuführen, erscheint adäquater, da er sich nicht auf unbewiesene Modellvorstellungen beruft.

■ **Fragebögen.** Es gibt eine Serie von Fragebögen, die sich auf die Erfassung von körperlichen Beschwerden berufen (s. Zusammenfassung Rief, 1995). Die meisten dieser Fragebögen sind bisher nicht an dem Konzept der Somatisierungsstörung validiert. Eine Ausnahme hiervon ist das Screening für Somatoforme Störungen, das in zwei Fassungen vorliegt: Der SOMS-2 zur Statusdiagnostik, um ein Vorscreening für das Ausmaß der Somatisierungssymptomatik zu erhalten und der SOMS-7T zur Veränderungsmessung. Der SOMS-2-Fragebogen erlaubt die Bildung eines Somatisierungs-Indexes nach den verschiedenen Klassifikationsansätzen in DSM-IV und ICD-10 (Rief et al., 1997). Insgesamt erfragt der Fragebogen 53 körperliche Symptome sowie 15 weitere Ein- und Ausschlußkriterien, die für die Differentialdiagnostik von Relevanz sind. In der Version zur Veränderungsmessung SOMS-7T werden die 53 körperlichen Symptome im Ausmaß der Beeinträchtigung für die letzten 7 Tage erfragt.

■ **Tagebücher.** Tagebüchern kommt für die Diagnostik und Therapie eine sehr hohe Bedeutung zu. Sie können ein großes Hilfsmittel darstellen, um Patienten den Zusammenhang zwischen psychischem Wohlbefinden und körperlichen Beschwerden zu verdeutlichen, Umwelteinflüsse auf das körperliche Wohlbefinden zu demonstrieren, die positive Auswirkung von Selbstbewältigungsversuchen aufzuzeigen, etc. Ein Beispiel für solche Tagebücher ist ebenfalls in der Testmappe für das Screening für Somatoforme Störungen – SOMS (Rief et al., 1997) enthalten. Im Computerzeitalter sei jedoch daran erinnert, daß es kein großer Aufwand und im Einzelfall auch unter Umständen effizienter ist, eigene Tagebücher zu entwerfen, die auf die individuelle Problemlage des Patienten zugeschnitten sind.

11.3
Kognitiv-verhaltenstherapeutische Störungskonzepte

11.3.1
Psychophysiologische Komponenten

Vielen Patienten mit Somatisierungssyndrom wird auch dadurch der Einstieg in die Psychotherapie schwer gemacht, indem der physiologische Anteil ihrer Erkrankung fälschlicherweise negiert wird. Positiv formuliert kann das Betonen von psychophysiologischen und psychobiologischen Merkmalen für Patienten eine wichtige Brücke zwischen ihren eigenen, eher organmedizinischen Krankheitsvorstellungen und dem »psychosomatischen« Krankheitsbild der Therapeuten darstellen.

Bei vielen Patienten können Anzeichen einer erhöhten psychophysiologischen Aktivierung festgestellt werden, die zwischenzeitlich auch wissenschaftlich belegt sind (Rief et al., 1998). Merkmale dieser erhöhten psychophysiologischen Aktivierung können eine erhöhte Herzrate, veränderte Kortisolspiegel, erhöhte Schweißdrüsenaktivität u.v.m. sein. Bei vielen Patienten läßt sich auch eine Veränderung der Atmungsfrequenz und Atmungstiefe feststellen. So neigen Personen mit Unterbauchbeschwerden dazu, eher Brustatmung und weniger Zwerchfellatmung einzusetzen, um die Schmerzregion nicht zu »reizen«. Bei anderen zeigen sich deutliche muskuläre Verspannungen (vor allem über Beschwerderegionen). Solche psychophysiologischen Veränderungen, die, für sich genommen, keinen Krankheitswert haben, können wesentlich zur Aufrechterhaltung des Störungsbildes beitragen.

11.3.2
Kognitive Komponenten

Wesentliches Merkmal der Somatisierungsstörung ist, daß die biologischen Veränderungen nicht Art und Ausmaß des Beschwerdebildes erklären können. Dies bedeutet, daß kognitiven Prozessen eine zentrale Bedeutung zukommen kann. Dabei hat der Faktor der Aufmerksamkeitsfokussierung auf einzelne körperliche Prozesse eine besondere Bedeutung. Hierzu müssen wir uns vergegenwärtigen, daß wir üblicherweise permanent in der Lage wären, Körper-(Miß-) Empfindungen zu haben; dies können Druckstellen auf der Haut beim Sitzen, kurzfristige Schwindelgefühle beim Aufstehen, Herzstolpern nach Kaffeekonsum u.v.m. sein.

Trotz diesem permanenten Senden von Informationen aus dem Körper ans Gehirn nehmen wir diese Mißempfindungen üblicherweise nicht bewußt wahr: Unser Gehirn hat gelernt, daß diese Informationen unbedeutend sind, und unterdrückt deshalb eine bewußte Informationsverarbeitung dieser Signale.

Beim Somatisierungspatienten ist demgegenüber vermutlich dieser Prozeß gestört. Viele verschiedene Körperempfindungen werden bewußt wahrgenommen und die Aufmerksamkeit wird darauf ausgelenkt. Der Prozeß der Aufmerksamkeitsfokussierung unterstützt im Gegenzug, daß keine Habituation an die körperlichen Empfindungen stattfindet, sondern eher immer mehr Körpermißempfindungen bewußt wahrgenommen und fehlbewertet werden.

Dieser Prozeß der somatosensorischen Verstärkung (»somatosensory amplification«; Barsky & Wyshak, 1990) wird dadurch unterstützt, daß viele Somatisierungspatienten ein zu restriktiv definiertes Konzept von »Gesundsein« haben. Für viele Betroffene ist Gesundsein die vollständige Abwesenheit von Körpermißempfindungen. Dies ist jedoch eine irrationale Zielsetzung; Körpermißempfindungen sind ein genuiner Bestandteil des menschlichen Lebens.

In einer eigenen Arbeit (Rief et al., 1999) wurden spezifische Einstellungen und kognitive Bewertungsprozesse bei Somatisierungspatienten untersucht. Es zeigten sich in 3 Bereichen Besonderheiten im Vergleich zu einer klinischen Kontrollgruppe als auch im Vergleich zu Gesunden aus der Allgemeinbevölkerung: Somatisierungspatienten neigen:

1. zur katastrophisierenden Bewertung von Körpermißempfindungen,
2. sie haben ein ausgeprägtes Selbstkonzept der körperlichen Schwäche und geringen Belastbarkeit und
3. beschreiben deutlich mehr autonome Mißempfindungen, als üblicherweise von Gesunden wahrgenommen werden (Beispiele s. Kasten).

Kognitive Komponenten bei Somatisierungspatienten

1. Katastrophisierende Bewertung von Körpermißempfindungen, z.B.:
   - Übelkeit ist oft ein Zeichen für ein unerkanntes Geschwür.
   - Rote Hautflecken können ein bedrohliches Zeichen für Hautkrebs sein.
   - Körperbeschwerden sind immer Zeichen einer schweren Erkrankung.
2. Selbstbild als körperlich schwach:
   - Ich bin körperlich ziemlich schwach und empfindlich.
   - Ich kann körperliche Belastung nur schwer aushalten, weil meine Leistungsfähigkeit langsam abnimmt.
   - (negativ gepolt) Mein Körper kann viele Belastungen aushalten.
3. Autonome Mißempfindungen:
   - Wenn ich ein Bad nehme, spüre ich oft, wie mein Herz schlägt.
   - Selbst nach einem kleinen Spaziergang merke ich, wie meine Beine heiß und schwer werden.
   - Ich hasse es, wenn mir zu heiß oder zu kalt wird.

11.3.3
Verhaltenskomponente

Auf Verhaltensebene zeigen sich oftmals deutliche Einschränkungen im Bereich Arbeitsverhalten und Freizeittätigkeiten. Viele betroffene Patienten neigen zu einem erhöhten Schonverhalten und belasten ihren Körper immer weniger, was zu einer kontinuierlichen Reduktion der Belastbarkeit führt, die wiederum die Wahrscheinlichkeit für Körpermißempfindungen erhöht. Auch bestätigt die reduzierte Belastbarkeit das vorhandene negative kognitive Selbstbild als körperlich wenig belastbar. Weiterhin zeigen viele Somatisierungspatienten Merkmale des sog. »abnormen Krankheitsverhaltens« (s. Kasten). Darunter wird beschrieben, daß viele Patienten bei Körpermißempfindungen dazu neigen, schnell einen Arzt aufzusuchen, Medikamente einzunehmen, sich Spritzen geben zu lassen, Selbstmedikationen vorzunehmen oder sich von der Arbeit befreien zu lassen.

Neben diesen Verhaltensmerkmalen finden sich bei vielen Somatisierungspatienten auch Verhaltensmerkmale, die von anderen psychischen Störungen (z.B. Hypochondrie) bekannt sind. Dazu zählen das Suchen nach Rückversicherung über die Unbedenklichkeit der Beschwerden oder das Abtasten von bestimmten Körperbereichen auf mögliche Krankheitszeichen hin. Der Umgang mit medizinischen Informationen kann bei Somatisierungspatienten sehr unterschiedlich sein: Bei manchen steht ein exzessives Aufsuchen von medizinischen Informationen im Vordergrund, während andere Betroffene jeglichen Kontakt mit medizinischen Informationen vermeiden.

Pilowskys Konzept des »abnormen Krankheitsverhaltens«

Der australische Psychiater Issy Pilowsky favorisiert das Konzept des abnormen Krankheitsverhaltens zum Verständnis und zur Behandlung von Personen mit Somatisierungssyndrom. Seine langjährigen klinischen Erfahrungen und theoretischen Überlegungen faßt er in einem lesenswerten Buch von 1997 zusammen, in dem auch zahlreiche Fallberichte beschrieben werden.

Ursprünglich geht das Konzept des Krankheitsverhaltens zurück auf Mechanic (1972); Krankheitsverhalten wurde definiert als »die Art, wie Personen den eigenen Gesundheitsstatus wahrnehmen, erfahren und bewerten sowie darauf reagieren«. Als abnormes Krankheitsverhalten wird entsprechend ein unangemessenes oder maladaptives Krankheitsverhalten in Relation zu den real vorhandenen Krankheitszeichen und -ursachen gesehen. Pilowskys Konzept läßt somit Abweichungen in zwei Richtungen zu: Personen mit zu ausgeprägten Merkmalen von Krankheitsverhalten (verstärkte verbale Darbietung der eigenen Symptome; Verstärkung der Symptomausprägung durch Manipulationen; frühzeitige Arztbesuche, selbst bei geringen Anlässen etc.) und Personen mit zu geringem Krankheitsverhalten (Leugnung von vorhandenen Beschwerden, Provokation unnötiger Gesundheitsrisiken).

11.3.4 Weitere Aspekte

Die Unterteilung in kognitive, physiologische und verhaltensmäßige Komponenten stellt eine willkürliche Reduktion eines komplexen Krankheitsgeschehens dar, wie es gerade für die kognitiv-verhaltenstherapeutische Konzeptbildung hilfreich ist. Dies darf nicht darüber hinwegtäuschen, daß bei der Krankheitsentstehung sowie bei den individuellen Ausprägungen der Krankheitsbilder auch weitere Variablen von Bedeutung sind. Beispielhaft seien affektive Komponenten genannt wie Niedergeschlagenheit, Demoralisierung und andere Aspekte, die z.B. unter dem Konzept der »negative affectivity« (Watson & Pennebaker, 1989) beschrieben werden.

In dem in Abb. 11.2 dargestellten Modell (Rief & Hiller, 1998) wird von zwei Kreisläufen ausgegangen, die an der Aufrechterhaltung somatoformer Störungen beteiligt sind. Es zeigt einen auch kurzfristig wirksamen Kreislauf von körperlichen Veränderungen, deren Wahrnehmung und Fehlinterpretation, die Verstärkung durch erhöhte Aufmerksamkeitsfokussierung sowie durch Erhöhung der physiologischen Erregung; dadurch kommt es zu einer Verstärkung der Mißempfindungen. Eine langfristige Chronifizierung setzt aber vermutlich voraus, daß ein zweiter Kreislauf hinzu kommt, bei dem Verhaltensweisen von Bedeutung sind, die in irgendeiner Form für das Krankheitsverhalten verstärkend wirken (z.B. durch Angstreduktion, durch Entlastung von sozialen Verpflichtungen, durch positiv bewertete Arztkontakte, etc.).

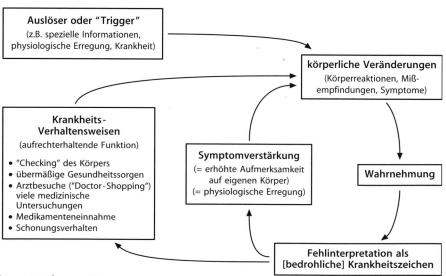

Abb. 11.2. Ein Störungsmodell der somatoformen Störungen

11.4
Therapeutisches Vorgehen

Die Therapie baut auf eine ausführliche Diagnostik auf, wie sie in den vorangegangenen Abschnitten beschrieben wurde. Darüber hinausgehend sollte auch bekannt sein, welches subjektive Krankheitsmodell der Patient hat, welche aufrechterhaltenden Bedingungen bestehen (z. B. durch Familie, Arbeitgeber, behandelnde Ärzte, etc.) und unter welchen Lebenseinschränkungen der Patient durch die Symptomatik zu leiden hat. Viele Patienten stehen psychotherapeutischen Ansätzen sehr mißtrauisch gegenüber. Sie benötigen deshalb ausführliche Informationen darüber, daß psychologische Ansätze sehr hilfreich sein können, auch wenn es sich primär um körperliche Beschwerden handelt. Zusätzlich sollte die Information gegeben werden, daß eine psychotherapeutische Behandlung begrenzt ist und kritisch überprüft werden soll, ob dadurch überhaupt eine Besserung zu erreichen ist; bei vielen Personen liegt die irrationale Vorstellung vor, Psychotherapie sei etwas Unendliches, dem man sich mit Leib und Seele verschreiben müsse.

Es sollte auf keinen Fall mit der eigentlichen Therapiephase begonnen werden, bevor nicht konkrete Ziele für das weitere Vorgehen festgelegt wurden. Viele Patienten schwanken zwischen irrationalen Zielsetzungen (»ich möchte möglichst umgehend ganz gesund und glücklich werden«) und resignativem Pessimismus (»ich habe ja alles schon probiert, nichts wird mir helfen«). Deshalb müssen mit diesen Patienten für verschiedene Zielbereiche genaue Unterziele definiert werden. Auf symptomatischer Ebene kann dies bedeuten:

- weitere Erklärungsmöglichkeiten für die Beschwerden finden,
- die Beschwerden besser beeinflussen können,
- weniger Medikamente nehmen müssen,
- seltener zum Arzt gehen müssen.

Neben diesen symptomorientierten Zielen soll im Bereich der Zieldefinition jedoch auch berücksichtigt werden, daß unter Umständen komorbide psychische Störungen vorliegen und daß die Patienten in der Regel in ihrer Lebensführung und Genußfähigkeit eingeschränkt sind. Deshalb seien beispielhaft weitere Ziele genannt:

- mehr Selbstwertgefühl bekommen,
- wieder selbstbewußter auftreten können,
- mit meinem Ehepartner mehr am Abend und am Wochenende unternehmen,

- seltener arbeitsunfähig geschrieben werden,
- meine Rolle in der Familie wieder aktiver ausfüllen,
- berufliche Belastungen reduzieren,
- mit Streß besser zurechtkommen.

11.4.1
Reattribution des Krankheitsmodells

Viele Patienten mit Somatisierungssyndrom gehen davon aus, an einer unerkannten körperlichen Erkrankung zu leiden. Hierbei muß es sich nicht wie bei der Hypochondrie um eine sehr bedrohliche Erkrankung handeln, die entsprechende Gesundheitsängste auslöst. Das Krankheitsbild entspringt eher einem monokausalen Denken, nachdem es eine einfache Erklärung für die Beschwerden geben muß, und die naheliegendste Erklärung für körperliche Symptome ist aus Patientensicht eine körperliche Erkrankung. Aus diesem Grund stellt sich als eine wesentliche Aufgabe in der Therapie, das Erklärungsmodell der Patienten für ihre Beschwerden zu erweitern. In dieser Phase sollte der Therapeut nicht Modell für ein rigides psychologisches Krankheitsmodell sein, das er dem rigiden organischen Krankheitsmodell der Patienten kontrastiert, sondern es sollten die Ungenügsamkeit einfacher Krankheitsmodelle betont werden und gemeinsam möglichst viele Erklärungsmöglichkeiten gesammelt und überprüft werden.

■ **Symptomtagebuch.** Wie bereits erwähnt, stellt das Symptomtagebuch eine entscheidende Hilfe für Umbewertungsprozesse dar. Es ermöglicht die Erkenntnis, daß die Beschwerden nicht immer gleich sind, daß die Beschwerden mit Umgebungseinflüssen oder dem subjektiven Wohlbefinden kovariieren und daß die Beschwerden sich ggf. über die Therapie hinweg verändern. Um eine gedankliche Fixierung auf die Beschwerden möglichst gering zu halten, ist es notwendig, beim Beschwerdetagebuch auch positive Ziele mitaufzunehmen (z. B. Lebensqualität, Dinge genießen können, Leistungsphasen erhöhen können, etc.).

■ **Informationsvermittlung.** Psychotherapie sollte auf keinen Fall aus »Frontalunterricht« bestehen, trotzdem sollten die Möglichkeiten der Informationsvermittlung genutzt werden. Für viele Patienten ist der Zusammenhang zwischen Emotionen und körperlichen Veränderungen nicht nachvollziehbar. Eine Veranschaulichung, wie emotionale

Belastung sich auf die motorischen, sensorischen und vegetativen Funktionen auswirkt, kann hilfreich sein. Ähnliches gilt für die Veranschaulichung, wie über Beschwerdenbereiche muskuläre Verspannungen, Temperaturveränderungen und Durchblutungsveränderungen auftreten. Auch können Beispiele aus der Schmerzbehandlung (z.B. Erläuterung der »Gate-Control-Theorie«) oder aus der Angstbehandlung (Durchführung eines Hyperventilationstests und Sammeln von Symptomen, die durch Atmungsveränderung entstehen) aufgegriffen werden.

■ **Aufmerksamkeitsfokussierung.** Viele Patienten können für sich bereits konkret beschreiben, wie es zu einer deutlichen Aufmerksamkeitsfokussierung auf die körperlichen Beschwerden kam. In diesem Fall ist es hilfreich zu demonstrieren, wie die Aufmerksamkeitsfokussierung die Wahrnehmung von Körperprozessen verändert, vorhandene leichte Beschwerden stärker erscheinen läßt oder das kritische Beobachten des eigenen Körpers zum Auftreten immer neuer Beschwerden führen kann.

■ **Vorstellungsübungen.** Viele Patienten haben konkrete bildliche Vorstellungen, welche Degenerationsprozesse in ihrem Körper zur Zeit ablaufen. Allein die intensive bildliche Vorstellung von ablaufenden Krankheitsprozessen kann dazu beitragen, daß in den entsprechenden Körperorganen Mißempfindungen wahrgenommen werden. Zur Verdeutlichung des Effektes, daß allein Vorstellungen bereits körperliche Reaktionen auslösen können, kann das Zitronenbeispiel (s. Kasten) dienen.

Beispiel: Die Zitronenübung

Therapeut: »Ich bitte Sie nun, sich entspannt hinzusetzen und die Augen zu schließen. Überprüfen Sie kurz, ob Sie in Ihrem Mund, Kopf- oder Halsbereich etwas Besonderes wahrnehmen (kleine Pause). Stellen Sie sich nun bitte folgendes vor: Vor Ihnen liegt eine Zitrone, die in sattem Gelbgrün leuchtet. Sie nehmen ein Messer in die Hand und schneiden die Zitrone durch. Sie machen dies langsam, Schnitt für Schnitt und beobachten dabei, wie aus der Zitrone Zitronensaft heraustropft. Nun nehmen Sie eine Zitronenscheibe und führen Sie langsam Ihrem Mund zu. Dabei beobachten Sie genau die Zitronenscheibe, deren Fruchtfleisch saftig-feucht schimmert und von der auch etwas Zitronensaft abtropft.

Kurz vor Ihrem Mund falten Sie die Zitronenscheibe, so daß das saftige Fruchtfleisch direkt auf Ihren Mund zeigt. Sie öffnen den Mund, führen die Zitronenscheibe ein und beißen langsam auf das saftige Fruchtfleisch. Sie spüren, wie der Zitronensaft aus der Frucht entweicht und sich langsam in Ihrem Mund verbreitet. Der saure Zitronensaft füllt immer mehr von Ihrem Mundraum aus, läuft unter die Zunge und auch etwas weiter nach hinten in den Rachenraum. Konzentrieren Sie sich genau auf diese Vorstellung, wie der saure Zitronensaft Ihren Mundraum ausfüllt«.

Die meisten Personen werden nach dieser Vorstellungsübung berichten, daß sie erhöhten Speichelfluß wahrgenommen haben, ein erhöhtes Schluckbedürfnis o.ä. Es ist halt doch etwas dran an der klassischen Konditionierung! Mit diesem Beispiel läßt sich verdeutlichen, wie allein Vorstellungen bereits Körperreaktionen auslösen. Einschränkend sei jedoch darauf hingewiesen, daß es auch Menschen gibt, die dekonditioniert sind: Manche Teetrinker neigen dazu, öfters das Fruchtfleisch der mitgelieferten Zitrone zu verspeisen und somit zu habituieren.

■ **Biofeedback.** Besonders hilfreich im Prozeß der Umattribution des Ursachenmodells von Patienten ist das Durchführen von Biofeedbacksitzungen. Hierbei geht es weniger um das schematisierte Abhalten von Trainingssitzungen, sondern um eine Verwendung psychophysiologischer Daten als Hilfsmittel zur kognitiven Reattribution. Bei Patienten werden physiologische Parameter wie Herzrate, Muskelspannung, Hautleitfähigkeit oder Blutdruck abgeleitet. Währenddessen werden mit dem Patienten verschiedene Provokationstests durchgeführt: Entspannung, Atmungsübungen, mentale Belastung (z.B. durch Kopfrechnen), emotionale Belastung (z.B. durch Erinnern einer schwierigen Situation), soziale Stressoren, etc. Der Proband kann beobachten, wie sensibel der eigene Körper auf Stimmungsänderungen und Umgebungseinflüsse reagiert. Unter Umständen leitet sich auch die Indikation für ein weiteres Biofeedbacktraining ab (z.B. muskuläre Entspannung über Schmerzregionen trainieren, Veränderung des Atmungsmusters trainieren, etc.).

11.4.2
Beeinflussung der Körpersymptomatik

■ **Entspannung.** Da bei vielen Patienten ein erhöhtes psychologisches Erregungsniveau vorliegt, bieten sich Entspannungsmethoden zur Behandlung an. Je nach individueller Problemlage und subjektivem Ansprechen der Patienten kann zwischen verschiedenen Entspannungstechniken ausgewählt werden (progressive Muskelentspannung, autogenes Training, Atmungsübungen, Biofeedback, etc.). Zum Teil kann Entspannung auch als eine Copingstrategie bei Gesundheitskrisen, besonders starken Gesundheitsängsten oder bei sich anbahnenden Symptomverschlechterungen eingesetzt werden.

Realistische Vorstellung von Gesundsein. Läßt man Patienten (z.B. als Hausaufgabe) ihre Vorstellung niederschreiben, was zum »Gesundsein« gehört, so läßt sich in der Regel eine Einstellung im Sinne von »gesund ist, wer keine körperlichen Mißempfindungen hat« daraus ableiten. Mit den Patienten sollte deshalb hinterfragt werden, welche körperlichen Mißempfindungen eher Ausdruck von Gesundsein sind und für sich noch keinen Krankheitswert haben (z.B. Kurzatmigkeit beim schnellen Treppensteigen, Muskelkater nach entsprechender Belastung, etc.). Diese Maßnahme leitet direkt zum nächsten therapeutischen Ansatz über.

■ **Exposition an Körperempfindungen.** Während viele Patienten im Vorfeld körperliche Mißempfindungen vermieden haben, sollte Ziel der Intervention sein, möglichst viele körperliche Empfindungen zu provozieren, die für Betroffene jedoch nicht Krankheitszeichen sind. Zur Vorbereitung solcher Expositionsübungen kann das Somatisierungssyndrom als Wahrnehmungsstörung beschrieben werden. Die Störung in der Wahrnehmung von Körpermißempfindungen läßt sich nach dieser Theorie dadurch reduzieren, daß möglichst viele Empfindungen provoziert werden, um die übersteigerte Wahrnehmung der Symptome zu reduzieren.

■ **Schonverhalten abbauen.** Da sich viele Patienten unter der Annahme, an einer körperlichen Erkrankung zu leiden, körperlich schonten, ist der Aufbau einer adäquaten körperlichen Belastbarkeit bedeutsam. Körperliche Belastungen (z.B. durch Gymnastik) sind in aller Regel mit Körpermißempfindungen verbunden, die normalerweise nicht als bedrohlich bewertet werden und deshalb den zuvor genannten Therapieabschnitt (Exposition) unterstützen. Jedoch müssen Patienten vorbereitend darauf hingewiesen werden, daß ein Aufbau von körperlicher Fitneß in der Anfangsphase mit einer Symptomverschlechterung einhergehen kann.

Beispiel

Th: Können Sie bitte nochmals beschreiben, wie häufig Sie in den letzten Jahren sportlich aktiv waren?

Pt: Ich habe immer weniger Sportliches gemacht. Früher war ich noch recht aktiv, ging auch mal zum Joggen oder zum Schwimmen oder habe beim Volleyball in unserer Gemeinde mitgemacht. In den letzten Jahren konnte ich aber immer weniger machen und habe deshalb diese Aktivitäten aufgegeben.

Th: Was waren die Gründe dafür, sportlich immer weniger aktiv zu sein?

Pt: Ich hatte Sorge, dadurch vielleicht die Beschwerden zu verschlimmern. Wenn ich mich in letzter Zeit nur ein bißchen belastet habe, hat mir gleich alles weh getan.

Th: Kurzfristig scheint es also sinnvoll gewesen zu sein, Ihren Körper nicht zu sehr zu belasten, um dadurch Körperbeschwerden zu vermeiden. Was bedeutete dies ihrer Meinung nach langfristig für Ihren Trainingszustand?

Pt: Der ist natürlich ziemlich schlecht geworden. Ich bin überhaupt nicht mehr trainiert und habe ziemlich an Kraft verloren. Zwischenzeitlich kann ich kaum mehr etwas selbst tun, was körperlichen Einsatz erfordern würde.

Th: Kurzfristig war Ihre Strategie also hilfreich, Verschlimmerungen von Beschwerden zu vermeiden. Langfristig führte sie jedoch dazu, daß Ihr körperlicher Zustand immer schlechter wurde. Wenn ich Sie richtig verstanden habe, ist Ihr Bewegungsspielraum Schritt für Schritt immer geringer geworden. Was meinen Sie denn, wie es weitergehen wird, wenn Sie die Strategie des »Sichschonens« weiter verfolgen?

Pt: Wenn ich daran denke, daß ich vielleicht immer weniger machen kann, ist das eine ziemlich furchtbare Vorstellung. Manchmal denke ich schon, daß ich vielleicht doch mehr machen müßte. Aber dann habe ich wieder Angst davor.

Th: Was würde passieren, wenn Sie Ihren Körper mehr belasten würden?

Pt: Wahrscheinlich hätte ich erst mal mehr Beschwerden und mir würde alles mögliche weh tun.

Th: Wenn Sie diese Anfangsschwierigkeiten überwinden würden, so daß Sie wieder etwas mehr körperliche Fitneß aufbauen könnten, was wären davon die langfristigen Konsequenzen?

Pt: Unter Umständen würde es mir wirklich wieder etwas besser gehen. Aber ich mache mir Sorgen, daß ich es vielleicht nicht schaffen werde.

Th: Ich kann mir gut vorstellen, daß Ihre Einschätzung völlig richtig ist, daß nämlich zuerst eine Beschwerdensteigerung stattfinden würde, längerfristig jedoch die positiven Folgen überwiegen. Wären Sie bereit, dies auszuprobieren?

■ **Bedürfnis nach Rückversicherung, Kontrollverhaltensweisen.** Wie im Kapitel über Hypochondrie bereits beschrieben, ist auch bei Somatisierungspatienten oftmals darauf zu achten, daß das Bedürfnis nach Rückversicherung über die Unbedenklichkeit der Beschwerden krankheitsaufrechterhaltende Funktion bekommen kann und deshalb reduziert werden sollte. Gleiches gilt für das Durchführen von Kontrollverhaltensweisen (Abtasten von Körperregionen, häufiges Schlucken zur Überprüfung der Kehlkopffunktion, Abtasten des Mundraumes mit der Zunge, etc.).

11.4.3
Allgemeine Maßnahmen zur psychischen Stabilisierung

Für viele Patienten ist es nicht ausreichend, in der Therapie ausschließlich Maßnahmen zur besseren Symptombewältigung durchzuführen, sondern es sind zusätzliche Verfahren notwendig, um die allgemeine Lebensqualität zu verbessern, Risikofaktoren zu reduzieren und die Gefahr eines Rückfalls zu verringern. Solche Maßnahmen können im Einzelfall sehr unterschiedlich sein, so daß die nachfolgend aufgeführten Interventionen als Vorschläge aufzufassen sind, die nur z. T. zu realisieren sind und manchmal durch andere Maßnahmen ergänzt werden sollten.

■ **Emotionstraining.** Das aus der psychoanalytischen Tradition stammende Alexithymiekonzept ging davon aus, daß bei Personen mit psychosomatischen Störungen im allgemeinen, jedoch auch speziell bei Personen mit somatoformen Symptomen eine besondere »Emotionsarmut« vorliegen würde. In dieser Form wurde das Alexithymiekonzept zwischenzeitlich jedoch wieder verworfen, da Alexithymie bestenfalls einen allgemeinen Risikofaktor für die Entwicklung psychischer und psychosomatischer Erkrankungen darstellt, jedoch kein spezifisches Merkmal für Personen mit somatoformen Störungen (Rief et al., 1995). Es scheint jedoch, daß Personen mit schwierigen Lebenserfahrungen dazu neigen, die damit verbundenen Emotionen zu unterdrücken. Während dies im Einzelfall durchaus auch eine erfolgreiche Bewältigungsstrategie sein kann, weisen Pennebaker & Traue (1993) darauf hin, daß die Überwindung einer emotionalen Hemmung auch mit einer deutlichen Verbesserung psychischer und psychosomatischer Beschwerden einhergehen kann. Pennebaker (1990) beschreibt einen Minimalansatz, bei dem Personen instruiert werden, ausschließlich die emotionalen Erlebnisse im Rahmen von schwierigen Erfahrungen so häufig und so ausführlich wie möglich zu beschreiben (z. B. im Rahmen von Tagebuchaufzeichnungen, von therapeutischen Sitzungen, etc.). Allein diese Förderung des emotionalen Erlebens führte bereits dazu, daß Personen, die an dieser Minimalintervention teilnahmen, weniger körperliche Beschwerden angaben und seltener zum Arzt gehen mußten.

■ **Kommunikationstraining.** Der Umgang mit Personen mit chronifizierten Somatisierungsstörungen ist vor allem dann besonders schwierig, wenn diese sehr klagsam sind und das Denken und die gesamte Kommunikation auf die Beschwerden und das Krankheitsverhalten eingegrenzt sind. Zusätzlich erhält bei manchen Personen die Beschwerdenäußerung eine Funktionalität, indem die Äußerung eigener Bedürfnisse und persönlicher Forderungen durch eine entsprechende Äußerung von Symptomen unterstützt werden. In solchen und ähnlichen Fällen ist es sinnvoll, mit den Patienten ein Kommunikationstraining durchzuführen, um sie darin zu unterstützen, ohne Rückgriff auf die Symptomatik eigene Bedürfnisse zu äußern, ungerechtfertigte Forderungen abschlagen zu können, Gefühle zum Ausdruck zu bringen und Beziehungen aktiv gestalten zu können. Hierzu bieten sich die verschiedenen Verfahren aus dem Bereich der Kommunikationstherapie, soziale Kompetenztrainings und Selbstsicherheitstrainings an (z. B. Pfingsten & Hinsch, 1992).

■ **Streßreduktion.** Viele Betroffene beschreiben ein deutlich erhöhtes Anspannungsniveau, das z. B. durch erhöhte persönliche Anforderungen, erhöhte externe Anforderungen (z. B. am Arbeitsplatz), Schwierigkeiten in der Adaptation an die reduzierte Leistungsfähigkeit bei zunehmendem Alter etc. geprägt sein kann. Sehr häufig finden sich Patienten, die im Bereich berufliche Leistungsfähigkeit im Sinne des »Alles-oder-Nichts-Denkens« unter starkem Druck stehen (z. B. »Wenn ich keine Superleistung am Arbeitsplatz bringen kann, dann will ich am liebsten gar nicht mehr arbeiten gehen«). Die schwierige Arbeitsmarktlage bei erhöhtem Leistungsdruck trägt das ihre dazu bei, solche dysfunktionalen Kognitionen zu fördern. Bei dieser Problemlage können viele Menschen von sog. Streßbewältigungstrainings profitieren, wo sie lernen, besser mit solchen Belastungen zurechtzukommen (z. B. Meichenbaum, 1991).

■ **Körperliches Wohlbefinden.** Bei Personen mit Somatisierungssyndrom liegt eine selektive Körperwahrnehmung vor, wobei Körperempfindungen primär als mögliche Krankheitssymptome gewertet werden und der Körper als Ganzes eher negativ erlebt wird. Zum Abbau dieses negativen Körpererlebens sind letztendlich alle Maßnahmen geeignet, die ein positives Körpererleben fördern. Unter Umständen können die neuen »Körpertherapien« hier ihren Platz finden (z. B. Feldenkrais). Noch sinnvoller erscheinen allerdings Maßnahmen, die mehr der Selbstkontrolle der Patienten unterliegen (z. B. Selbstmassage, Sexualität, in die Sonne legen, etc.).

Schwierigkeiten in der Therapie – woran liegt's?

Die Behandlung von Personen mit Somatisierungssyndrom ist zwischenzeitlich sicherlich deutlich einfacher, als früher vermutet wurde. Trotzdem treten immer noch typische Schwierigkeiten auf. Die folgenden Hilfsfragen sollen dazu beitragen, typische Schwierigkeiten in der Behandlung zu erkennen:

1. Wurde zu früh auf ein psychosomatisches/psychologisches Störungsmodell gedrängt?
   Psychotherapeuten tun sich oftmals schwer, das eigene psychologische Erklärungsmodell der Beschwerden in den Hintergrund zu stellen, um eine aktive Auseinandersetzung mit dem Erklärungsmodell des Patienten zu ermöglichen. Der Therapeut sollte vielmehr Patienten darin ermuntern, Kritik an verschiedenen Erklärungsmodellen zu äußern, so daß der Therapeut genau Bescheid weiß, wie die aktuelle Sicht beim Patienten ist.

2. Wurden die Ziele ausreichend präzise definiert?
   Eine exakte Zieldefinition soll dazu beitragen, möglichst kleine »Veränderungseinheiten« zu definieren, an denen Patienten Fortschritte erkennen können. Wurde dies versäumt, werden viele Patienten Kritik äußern, »die Therapie bringt doch nichts, ich habe ja schon wieder Beschwerden«. Wurde demgegenüber als Ziel möglichst schriftlich festgehalten, mit den Beschwerden z. B. so weit zurechtzukommen, daß trotz Symptomen ein Spaziergang gemacht werden kann, so können Patienten an diesen kleinen Veränderungseinheiten erkennen, daß trotz Persistieren der Beschwerden eine leichte Besserung erfolgt ist.

3. Bestand die motivationale Basis für bestimmte Interventionen und Veränderungen?
   Alle beschriebenen Interventionen erfordern, daß zuvor die Motivation zur Durchführung derselben bei den Patienten geschaffen wird. Es macht kaum Sinn, einem Patienten die Reduktion von Schonverhalten und den Aufbau von körperlicher Aktivität zu verschreiben, ohne daß mit dem Patienten zuvor ausführlich die Motivation hierfür aufgebaut wurde.

4. Fehlen wesentliche Informationen?
   Eine Therapie kann auch dadurch schwierig werden, daß dem Therapeuten wesentliche Informationen des Bedingungsgefüges fehlen. Dies kann das Vorliegen traumatischer Lebenserfahrungen sein, über die Patienten bislang nur schwer berichten können. Jedoch auch motivationale Schwierigkeiten (z. B. Rentenbegehren, Vorteile der Krankenrolle in der Familie) können solche entscheidenden Informationen sein. Deshalb ist bei Stagnation im therapeutischen Verlauf durchaus immer wieder angezeigt, nachzufragen, ob wesentliche Informationen fehlen.

5. Fehlende Koordination von Interventionen (z. B. zwischen Arzt und Psychotherapeut).
   Gerade bei dieser Patientengruppe ist es von zentraler Bedeutung, daß die organmedizinische Betreuung mit der psychotherapeutischen Behandlung koordiniert wird.

> Psychotherapeuten werden sich in der Behandlung schwer tun, wenn der organmedizinisch betreuende Arzt immer wieder ein somatisches Krankheitsverständnis beim Patienten fördert, Familienangehörige oder Arbeitgeber auf erneute medizinische Behandlungen drängen etc. Aus diesem Grund sollten Psychotherapeuten den Bereich der Koordination von Behandlungszielen möglichst aktiv übernehmen, die Absprache mit dem betreuenden Arzt suchen und auf kooperative Behandlungsziele hinwirken, die im Sinne aller Beteiligten sind.

11.5
Fallbeispiel

■ **Krankheitsgeschichte.** Die Patientin meldet sich im Alter von 37 Jahren zur Behandlung an. Sie wurde überwiesen mit der Diagnose »Colon irritabile«, da sie seit längerer Zeit bei einem Internisten wegen Bauchschmerzen, Blähungen, gelegentlichem Durchfall in Behandlung war. Sie ging davon aus, eine Darmkrankheit zu haben, wobei sie sehr interessiert die Veröffentlichungen über Darmpilze verfolgte. Erst auf näheres Nachfragen gab sie an, oftmals Kopfschmerzattacken, z.T. mit Schwindelgefühlen einhergehend, zu haben, so daß sie auch immer wieder Schmerzmittel einnehmen müsse. Auch sei sie vor einigen Jahren wegen Gelenkschmerzen, vor allem im Kniegelenk und Beckengelenk, in orthopädischer Behandlung gewesen. In der Adoleszenz habe sie auch unklare »Anfälle« gehabt, die durch »Bewußtseinsstörungen« mit Sensibilitätsstörungen in den Armen und Verkrampfungen der Extremitäten einhergegangen wären. Solche Anfälle wären jedoch nur ein paarmal aufgetreten, sie wäre mehrfach beim Arzt gewesen, ohne daß eine Therapie eingeleitet wurde; die Anfälle wären nach einigen Wochen wieder von alleine verschwunden.

Biographisch erwähnenswert erscheint, daß die Patientin mit einer körperbehinderten Schwester aufgewachsen ist. Um diese Schwester hätten sich immer alle kümmern müssen, man hätte auch häufig mit ihr zum Arzt müssen. Zum Teil sei es zu dramatischen Situationen gekommen, da die Atemwege der Schwester manchmal stark verschleimten und es bei der Schwester zu Anfällen mit Atemnot gekommen sei, worauf man sofort zum Arzt fahren mußte.

Die Patientin schloß die Realschule ab und arbeitete anschließend als Verwaltungsangestellte. Da sie in Kindheit und Jugend viel zu Hause sein mußte, habe sie wenig Möglichkeiten gehabt, soziale Kontakte aufzubauen. Vor allem im Umgang mit Männern fühle sie sich auch heute noch enorm unsicher; Sexualität wäre für sie ein Problembereich, den sie nur wenig genußvoll erleben könne und nach Möglichkeiten auch vermied.

Durch die körperlichen Beschwerden sei es immer wieder zu Krankschreibungen gekommen. Ihr Chef habe ihr angedroht, daß es so nicht weitergehen könne und er sie entlassen müsse, wenn sie weiterhin so viele Arbeitsausfälle habe.

Privat ist die Patientin seit 14 Jahren verheiratet und hat eine 6jährige Tochter. Ihr Ehemann, gleichzeitig der erste intime Freund, habe wenig Verständnis dafür, daß ihr die Ärzte bisher noch nicht hätten helfen können.

■ **Verhaltenstherapeutische Behandlung.** Die Patientin ging bislang von einer organmedizinischen Genese der Beschwerden aus, wobei sie die Magen-Darm-Symptomatik in erster Linie mit den in den Medien verbreiteten »Darmpilzen« in Verbindung brachte. Es wurde mit ihr besprochen, daß dies zwar eine Möglichkeit darstellt, über die man bislang allerdings noch wenig Wissenschaftliches weiß. Nicht zuletzt aus diesem Grund wäre es aber auf jeden Fall sinnvoll, möglichst viel Informationen über den Verlauf und Einflüsse auf die Beschwerden zu erhalten. Aus diesem Grund wurde sie angehalten, ein Beschwerdetagebuch zu führen. Gleichzeitig wurde ihr als Hausaufgabe gegeben, zusammenzuschreiben, was für sie mit dem Zustand »Gesundsein« verbunden sei.

In der nächsten Sitzung wurde zuerst das Symptomtagebuch besprochen. In dieser und in den folgenden Analysen des Symptomtagebuches zeigten sich deutliche Zusammenhänge mit sozialen Belastungssituationen, was für die Patientin überraschend war. Ihre Vorstellungen von »Gesundsein« waren geprägt von der Erwartung, keine Durchfälle mehr haben, keine Schmerzen haben, sich körperlich immer wohl fühlen. Im Sinne der kognitiven Therapie wurde an einer Relativierung dieser Einstellungen gearbeitet, so daß die Patientin erkennen konnte, daß weicher Stuhlgang oder sonstige Stuhlunregelmäßigkeiten bis zu einem gewissen Maße auch normal sein können.

Besonders entscheidend in der Umattribution des Erklärungsmodells der Patientin war das Durchführen einzelner Biofeedbacksitzungen. Über die Hautleitfähigkeit zeigte sich ein erhöhtes

Aktivierungsniveau der Patientin, was durch ein ineffektives Atmungsmuster aufrechterhalten wurde. Ein erster Versuch, sich unter Beibehaltung der »Brustatmung« zu entspannen, erbrachte nur wenig physiologische Entspannungseffekte. Nach Einübung von »Zwerchfellatmung« wurde eine erneute Spannungsreduktion durchgeführt, die deutliche physiologische Entspannungseffekte erbrachte. Aus diesem Grund wurde mit der Patientin ein biofeedbackgestütztes Entspannungstraining durchgeführt, um auch weitere Körperregionen deaktivieren zu können (z. B. die Frontalismuskulatur zur Reduktion von Spannungskopfschmerzen).

Die körperliche Symptomatik hatte dazu geführt, daß die Patientin einige Schon- und Vermeidungsstrategien aufgebaut hatte. Sie ging nicht mehr zum Schwimmen, obwohl ihr dies früher viel Freude bereitet hatte; nach der Geburt des Kindes habe sie auch das Frauenturnen aufgegeben und sei nur noch wenig herausgegangen. Sie konnte motiviert werden, diese Aktivitäten wieder aufzunehmen und positives Körpererleben, körperliche Fitneß und die damit verbundene Gemeinschaft als wichtige Lebensinhalte zu erkennen. Begleitend wurde daran gearbeitet, möglichst häufig solche positiven Körpererfahrungen zu provozieren und sich auf das selbständige Bewältigen von Körpermißempfindungen zu konzentrieren.

Im weiteren Therapieverlauf wurde darauf fokussiert, das Selbstwertgefühl und die soziale Kompetenz der Patientin zu erhöhen. Sie lernte, eigene Bedürfnisse und Emotionen verbessert auszudrücken und sich gegen Angriffe von anderen Personen zu wehren. Für den Arbeitsbereich wurde ihr deutlich, daß sie viele Schwierigkeiten »hineingefressen« habe und sie übte sich in einer adäquaten Vertretung eigener Bedürfnisse am Arbeitsplatz. Mit dem Ehemann fanden 2 Paargespräche statt, in denen auch der Bereich Sexualität thematisiert wurde. Die Patientin konnte ihre eigenen Bedürfnisse auch für den körperlichen Bereich der Beziehung formulieren und das Paar, das bisher nie über die Erfahrungen im Bereich Sexualität gesprochen hatte, lernte, auch darüber zu kommunizieren.

Ein Jahr nach Behandlung schrieb die Patientin einen Brief, in dem sie den weiteren Verlauf darstellte. Ihre Ehe habe sich durch die Therapie deutlich verändert, sie würden mehr gemeinsam unternehmen, was sich sehr positiv auch auf den Bereich Sexualität ausgewirkt habe. Da sie beruflich unzufrieden gewesen sei, habe sie zwischenzeitlich eine Umschulung zur Erzieherin begonnen und freue sich an dem vermehrten Kontakt

mit anderen Menschen. Dadurch sei auch der Konflikt mit ihrem früheren Arbeitgeber nicht mehr vorhanden. Die verschiedenen körperlichen Beschwerden sind deutlich in den Hintergrund getreten. Wenn sie ihr bekannte Beschwerden habe, versuche sie erst mal durch eigene Möglichkeiten (z. B. Entspannung, spazierengehen) damit zurecht zu kommen.

Somatisierung bei Kindern

Oftmals beginnen Somatisierungssyndrome in der Teenagerzeit. Andererseits sind auch bei deutlich jüngeren Kindern Somatisierungssymptome keine Seltenheit. Viele Eltern können davon berichten, wie ihre Kinder unklare körperliche Beschwerden beklagen (z. B. Bauchschmerzen bei anstehenden Klassenarbeiten oder Konflikten mit Schulkameraden etc.). Neuere Arbeiten aus Deutschland (Lieb & Wittchen, 1998) weisen darauf hin, daß bei Jugendlichen Somatisierungssymptome fast so häufig auftreten wie bei Erwachsenen.

Von besonderer Wichtigkeit im Umgang mit Somatisierungssymptomen bei Kindern ist sicherlich das Verhalten der Eltern. Leiden die Eltern z. B. selbst an Somatisierungsstörungen, so neigen sie eher dazu, Kinder häufiger vom Schulunterricht aus Krankheitsgründen zu befreien, mit den Kindern Vorsorgeuntersuchungen durchführen zu lassen und häufiger die Notfallambulanz aufzusuchen (Livingston et al., 1995). Garralda (1996) weist darauf hin, daß zwar viele Eltern bei ihren Kindern im Falle von körperlichen Beschwerden mögliche psychische Einflußbedingungen erkennen, trotzdem aber ein chronisches Krankheitsverhalten fördern. Diese Aspekte zeigen, daß in der Behandlung von Kindern mit somatoformen Symptomen die Einbeziehung der Eltern oftmals von großer Bedeutung ist. Entsprechend konnten auch Sanders et al. (1994) belegen, daß bei Kindern mit wiederkehrenden Bauchschmerzen (»recurrent abdominal pain – RAP«) die Behandlung dann am erfolgreichsten ist, wenn verhaltenstherapeutische Prinzipien in Kombination mit familienpsychologischen Interventionen eingesetzt werden.

11.6 Empirische Überprüfung

Erste Anlaufstelle für Personen mit Somatisierungsstörung wird auch in Zukunft der niedergelassene Arzt oder die organmedizinisch orientierte Behandlungseinrichtung sein. Deshalb kommt kurzen Interventionen eine besondere Bedeutung zu, die auch im organmedizinischen Setting umzusetzen sind. Smith et al. (1995) übersandten Ärzten, die Somatisierungspatienten in Behandlung hatten, einen Informationsbrief, wie mit den Patienten umgegangen werden soll, um weiteres chronisches Krankheitsverhalten nicht mehr zu fördern. Durch diese Minimalintervention wurden die Behandlungskosten um ca. 33% reduziert im Vergleich zu den Behandlungskosten bei Kontrollpersonen, deren Ärzte keine zusätzlichen Informationen erhielten.

Von der selben Arbeitsgruppe wurde auch ein gruppentherapeutisches Programm angeboten. Inhaltliche Schwerpunkte lagen in der Förderung der Interaktion und eines positiven Gruppenerlebens. Auch durch diese Maßnahmen ließen sich die Behandlungskosten um mehr als die Hälfte (52%) reduzieren. Aus kognitiv-verhaltenstherapeutischer Sicht ist dieses Gruppenbehandlungsprogramm jedoch noch optimierungsfähig, da kaum die aktuellen Erkenntnisse zur Reattribution des Krankheitsmodells und zur direkten Beeinflussung der körperlichen Symptomatik eingesetzt wurden.

Demgegenüber wurden in einer kontrollierten Therapiestudie von Speckens et al. (1995) mehr kognitiv-verhaltenstherapeutische Interventionen realisiert. Auch lag der Fokus nicht mehr primär auf der Reduktion der Behandlungskosten wie in den oben zitierten Arbeiten, sondern es sollte eine grundsätzliche Symptomverbesserung und Verbesserung der Lebensqualität erreicht werden. In der kognitiv-verhaltenstherapeutischen Behandlungsgruppe erreichten 73% der Patienten die a priori festgelegten Kriterien für Besserung bzw. Symptomfreiheit. Weitere empirische Arbeiten, die die Effektivität von kognitiver Verhaltenstherapie belegen, sind in der Übersicht von Hiller & Rief (1998) dargestellt.

Zusammenfassend läßt sich die empirische Lage dadurch charakterisieren, daß erste Belege für eine hohe Effektivität kognitiv-verhaltenstherapeutischer Ansätze existieren. Im Bereich der Somatisierungsstörung ist man jedoch noch weit davon entfernt, auf solchermaßen breite empirische Fundierung zurückgreifen zu können wie bei den Angsterkrankungen oder der Depression. In den bisherigen therapeutischen Ansätzen sind auch oftmals die modernen Erkenntnisse zur Symptomaufrechterhaltung nur wenig berücksichtigt. Aus diesem Grund kann davon ausgegangen werden, daß in zukünftigen Therapiestudien die Effektivität noch weiter gesteigert werden kann und mehr Anhaltspunkte für die Indikation spezifischer Therapieelemente gewonnen werden können.

Zusammenfassung

Somatisierungssyndrome stellen eine der größten Krankheitsgruppen im Gesundheitswesen dar. Mit dem Erkrankungsbild sind enorme Behandlungskosten verbunden und die Symptome führen bei den Betroffenen zu deutlichen Einschränkungen der Lebensqualität, so daß auch Arbeitsunfähigkeit und vorzeitige Berentung häufig sind. Folgeprobleme wie Depression oder Angsterkrankungen sind sehr häufig.

Früher galten diese Erkrankungsbilder als schwer behandelbar; vor allem für den Bereich Psychotherapie galten diese Patienten als »Therapeutenkiller«, obwohl von Expertenseite aus psychologische Einflußbedingungen in der Entstehung und Aufrechterhaltung der Störung vermutet wurden. Entgegen diesen skeptischen Erwartungen konnte zwischenzeitlich belegt werden, daß Somatisierungspatienten zu einem hohen Prozentsatz für psychotherapeutische Ansätze zu motivieren sind. Voraussetzung ist jedoch, daß Therapeuten nicht von vornherein beim Patienten ein psychologisches oder psychosomatisches Erklärungsmodell voraussetzen, sondern daß ein verschiedene Komponenten berücksichtigendes Erklärungsmodell erst mit den Patienten in den ersten Therapiesitzungen erarbeitet wird.

Ein zentraler Wirkmechanismus in der Behandlung ist die Umbewertung von Körpermißempfindungen. Körpermißempfindungen müssen wieder als normales Phänomen des menschlichen Daseins bewertet werden können, um die Aufmerksamkeitsfokussierung auf körperliche Prozesse abzubauen, Schonverhalten zu reduzieren und ein adäquates Verhalten im Umgang mit körperlichen Erkrankungen zu entwickeln. Ziel der Behandlung soll deshalb nicht sein, entsprechend der bisherigen Strategie von Patienten körperliche Mißempfindungen zu vermeiden, sondern im Gegenteil sich körperlichen Mißempfindungen gehäuft auszusetzen, um die Wahrnehmungsprozesse von Körpersensationen zu normalisieren. Neben diesen symptomorientierten Ansätzen sind bei vielen Patienten auch weitere Interventionen notwendig, um die allgemeine Lebensqualität wieder zu verbessern, die Folgen der Chronifizierung abzubauen und das Rückfallrisiko zu reduzieren.

Die wissenschaftliche Fundierung des kognitiv-verhaltenstherapeutischen Vorgehens steckt noch in ihren Kinderschuhen. Jedoch sind bereits jetzt erste positive Belege verfügbar. Es ist jedoch davon auszugehen, daß sowohl die Gesamteffektivität solcher Interventionen in den nächsten Jahren gesteigert werden kann, als auch spezifische Teil-interventionen identifiziert werden können, die ggf. für eine Untergruppe der Patienten bereits zur erfolgreichen Behandlung ausreichen.

Literatur

Barsky, A. J. & Wyshak, G. L. (1990). Hypochondriasis and somatosensory amplification. *British Journal of Psychiatry, 157,* 404–409.

Briquet, P. (1859). *Traité clinique et thérapeutique de l'hystérie.* Paris: Baillière.

Coryell, W. (1981). Diagnosis-specific mortality. *Archives of General Psychiatry, 38,* 939–942.

Escobar, J. I., Burnam, M. A., Karno, M., Forsythe, A. & Golding, J. M. (1987). Somatization in the community. *Archives of General Psychiatry, 44,* 713–718.

Garralda, M. E. (1996). Somatisation in children. *Journal of Child Psychology and Psychiatry, 37,* 13–33.

Hiller, W. & Rief, W. (1998). Was ist gesichert in der Therapie somatoformer Störungen? Ein Überblick über kontrollierte Therapiestudien. *Verhaltenstherapie,* im Druck.

Kent, D. A., Tomasson, K. & Coryell, W. (1995). Course and outcome of conversion and somatization disorders. *Psychosomatics, 36,* 138–144.

Kroenke, K. & Mangelsdorff, D. (1988). Common symptoms in ambulatory care: incidence, evaluation, therapy and outcome. *American Journal of Medicine, 86,* 262–266.

Lieb, R., Mastaler, M. & Wittchen, H. U. (1998). Gibt es somatoforme Störungen bei Jugendlichen und jungen Erwachsenen? Erste epidemiologische Befunde der Untersuchung einer bevölkerungsrepräsentativen Stichprobe. *Verhaltenstherapie,* im Druck.

Livingston, R., Witt, A. & Smith, G.R. (1995). Families who somatize. *Developmental and Behavioural Pediatrics, 16,* 42–46.

Mace, C. J. & Trimble, M. R. (1996).Ten-year prognosis of conversion disorder. *British Journal of Psychiatry, 169,* 282–288.

Mechanic, D. (1972). Social psychologic factors affecting the presentation of bodily complaints. *The New England Journal of Medicine, 286,* 1132–1139.

Meichenbaum, D. (1991). *Intervention bei Stress.* Bern: Huber.

Pennebaker, J. W. (1990). *Opening-up: The Healing Power of Confiding in Others.* New York: William Morrow.

Pennebaker, J. W. & Traue, H. C. (1993).Inhibition and psychosomatic processes. In H. C. Traue & J. W. Pennebaker (Eds.), *Emotion, Inhibition, and Health* (pp. 146–163). Seattle: Hogrefe & Huber.

Pfingsten, U. & Hinsch, R. (1991). *Gruppentraining sozialer Kompentenz (GSK).* Weinheim: Psychologie Verlags Union.

Pilowsky, I. (1997). *Abnormal Illness Behaviour.* Chichester: Wiley.

Rief, W. (1995). *Multiple somatoforme Symptome und Hypochondrie. Empirische Beiträge zur Diagnostik und Behandlung.* Bern: Huber.

Rief, W. (1996). Somatoforme Störungen – Großes unbekanntes Land zwischen Psychologie und Medizin. *Zeitschrift für Klinische Psychologie, 25,* 173–189.

Rief, W. & Hiller, W. (1992). *Somatoforme Störungen. Körperliche Symptome ohne organische Ursache.* Bern: Huber.

Rief, W. & Hiller, W. (1998). *Somatisierungsstörung und Hypochondrie.* Göttingen: Hogrefe.

Rief, W., Heuser, J. & Fichter, M.M. (1996). What does the Toronto Alexithymia Scale TAS-R measure? *Journal of Clinical Psychology, 52,* 423–429.

Rief, W., Heuser, J. & Fichter, M.M. (1996).Biofeedback – ein therapeutischer Ansatz zwischen Begeisterung und Ablehnung. *Verhaltenstherapie, 6,* 43–50.

Rief, W., Heuser, J., Mayrhuber, E., Stelzer, I., Hiller, W. & Fichter, M.M. (1996). The classification of multiple somatoform symptoms. *The Journal of Nervous and Mental Disease, 184,* 680–687.

Rief, W., Hiller, W. & Heuser, J. (1997). *SOMS – Das Screening für Somatoforme Störungen. Manual zum Fragebogen.* Bern: Huber.

Rief, W., Hiller, W. & Margraf, J. (1998). Cognitive aspects in hypochondriasis and the somatization syndrome. *Journal of Abnormal Psychology, 107,* 587–595.

Rief, W., Hiller, W., Geissner, E. & Fichter, M.M. (1995). A two-year follow-up study of patients with somatoform disorders. *Psychosomatics, 36,* 376–386.

Rief, W., Schaefer, S., Hiller, W. & Fichter, M. M. (1992). Lifetime diagnoses in patients with somatoform disorders: which came first? *European Archives of Psychiatry and Clinical Neuroscience, 241,* 236–240.

Sanders, M. R., Shepherd, R. W., Cleghorn, G. & Woolford, H. (1994). The treatment of recurrent abdominal pain in children: a controlled comparison of cognitive-behavioral family intervention and standard pediatric care. *Journal of Consulting and Clinical Psychology, 62,* 306–314.

Shorter, E. (1994). *Moderne Leiden. Zur Geschichte der psychosomatischen Krankheiten.* Reinbek: Rowohlt.

Slater, E. T .O. & Glithero, E. (1965). A follow-up of patients diagnosed as suffering from »hysteria«. *Journal of Psychosomatic Research, 9,* 9–13.

Smith, G. R., Monson, R. A. & Ray, D. C. (1986). Patients with multiple unexplained symptoms. Their characteristics, functional health, and health care utilization. *Archives of Internal Medicine, 146,* 69–72.

Smith, G. R., Rost, K. & Kashner, M. (1995). A trial of the effect of a standardized psychiatric consultation on health outcomes and costs in somatizing patients. *Archives of General Psychiatry, 52,* 238–243.

Speckens, A. E. M., van Hemert, A. M., Bolk, J. H., Hawton, K. E. & Rooijmans, H. G. M. (1995). The acceptability of psychological treatment in patients with medically unexplained symptoms. *Journal of Psychosomatic Research, 39,* 855–863.

Speckens, A. E. M., van Hemert, A. M., Spinhoven, P., Hawton, K. E., Bolk, J. H. & Rooijmans, G. M. (1995). Cognitive behavioural therapy for medically unexplained physical symptoms: a randomised controlled trial. *British Medical Journal, 311,* 1328–1332.

Watson, C. G. & Buranen, C. (1979). The frequency and identification of false positive conversion reactions. *Journal of Nervous and Mental Disease, 167,* 243–247.

Watson, D. & Pennebaker, J. W. (1989). Health complaints, stress, and distress: exploring the central role of negative affectivity. *Psychological Review, 96,* 234–254.

Wessely, S., Hotopf, M. H. & Sharpe, M. (1998). *Chronic fatigue and its syndromes.* Oxford: Oxford University Press.

Weiterführende Literatur

Margraf, J., Neumer, S., Rief, W. (1998). *Somatoforme Störungen: Unterschiedliche Perspektiven, ein Phänomen?* Berlin: Springer.

Mayou, R., Bass, C. & Sharpe, M. (Ed). *Treatment of Functional Somatic Symptoms.* Oxford: Oxford University Press.

Pilowsky, I. (1997). *Abnormal Illness Behaviour.* Chichester: Wiley.

Rief, W. & Hiller, W. (1992). *Somatoforme Störungen. Körperliche Symptome ohne organische Ursache.* Bern: Huber.

Rief, W. & Hiller, W. (1998). *Somatisierungsstörung und Hypochondrie.* Göttingen: Hogrefe.

KAPITEL 12

Chronischer Schmerz

12

BRIGITTE KRÖNER-HERWIG

12.1
Das Phänomen Schmerz

Schmerz empfinden zu können ist eine höchst wertvolle Eigenschaft des Organismus. Der Psychologe Richard Sternbach (1963) konnte dies in beeindruckender Weise in seinem Bericht über eine junge Frau verdeutlichen, die diese Fähigkeit *nicht* besaß. Neben schwerwiegenden Traumata (Verbrennungen, Abbiß der Zungenspitze u. ä.) fügte sie sich persistierende Schäden zu, die aus der dauernden Überlastung ihres Bewegungsapparates resultierten. Da die junge Frau vollständig schmerzinsensitiv war, standen ihr keine Körpersignale zur Verfügung, um ihr motorisches Verhalten zu regulieren. Sie starb mit 29 Jahren an Infektionen und Entzündungen, die Konsequenz dieses Mangels waren.

> Schmerz ist also ein Verhaltensregulativ, das von frühester Kindheit an überlebenssichernde und adaptive Verhaltensweisen motiviert und steuert.

Während zunächst insbesondere einfache Schutz- und Abwehrreflexe durch die Schmerzwahrneh-mung aktiviert werden, wird Schmerz fortan immer stärker in komplexe Lernprozesse eingebunden. Dies hat zur Folge, daß Schmerz, betrachtet als Reaktion des Organismus auf schmerzhafte Reize, sich ausdifferenziert und individualisiert. Dies geschieht auf der gestisch-mimischen Ebene, auf der verbalen Ebene, auf der Handlungsebene wie vermutlich auch auf der physiologischen Ebene (Schmerzgedächtnis). Die emotionale Qualität der Schmerzreaktion ist über beobachtbares Verhalten zum Teil zu erschließen.

Wir sprechen hier zunächst einmal vom *akuten Schmerz*, d. h. von einer Schmerz*reaktion*, die in der Regel mit einem identifizierbaren Schmerz*reiz* assoziiert ist. Dieser Reiz kann mechanisch, thermisch oder auch chemisch sein. Typischerweise überdauert die akute Schmerzempfindung die Stimulation nur um wenige Zeit. So schmerzt ein Nadelstich nur maximal einige Sekunden lang und nur wenig länger, als der Stich selbst andauert, es sei denn, er setzt Entzündungen oder längerfristige Gewebsreizungen in Gang. »Endogene« Schmerzquellen wie Entzündungen in der Haut oder in inneren Organen sind oft schwerer zu identifizieren. Ihre Reiz-/Reaktionskontingenz ist aber ableitbar aus der Assoziation mit Entzündungszeichen (z. B. Abschwellen des Gewebes bei gleichzeitig abnehmender Schmerzintensität). Aus phylogenetischer und ontogenetischer Sicht ist für den akuten Schmerz bedeutsam, daß er wieder vergeht, sonst verlöre er nämlich seine Warn- und Schutzfunktion.

Im Vergleich zu diesem Akutschmerz wird von *chronischem Schmerz* gesprochen, wenn der Schmerz persistiert (»beyond the normal time of healing«; Bonica, 1953). Daß diese Aussage sehr unscharf ist, liegt auf der Hand. Viele Definitionen haben sich folglich in objektive Kriterien »gerettet«, z. B. wird Schmerz häufig als chronisch bezeichnet, wenn er länger als drei Monate anhält, was sicherlich eine eher willkürliche Setzung ist. Der Begriff »chronisch« enthält fast immer auch die Implikation, daß ein einfach erkennbarer peripherer schmerzauslösender Reiz nicht identifizierbar ist, ebenso wenig wie eine akute »endogene« Gewebsschädigung. Damit einher geht, daß der chronische Schmerz auch sehr viel schwieriger zu therapieren ist, da weder ein einfaches Ansetzen an der Peripherie (Beseitigung des Schmerzreizes) noch an der körperinternen Seite möglich ist. Ein Beispiel für chronischen Schmerz dieser Art ist etwa der Rückenschmerz, wo Diagnosebemühungen im Sinne einer Kausalanalyse häufig ohne Erfolg bleiben. Auch der chronische Spannungskopfschmerz, bei dem keine unmittelbar auslösenden Bedingungen identifizierbar sind, gehört zu dieser Syndromgruppe. Zu den chronischen Schmerzstörungen werden auch Erkrankungen wie die Migräne gezählt, bei der häufige und intensive Schmerzattacken auftreten.

Eine andere Form der Schmerzbehandlung als die sog. »kausale« Behandlung, also der Versuch der Eliminierung der Schmerzursache, ist die symptomatische Therapie des Schmerzes selbst mittels schmerzlindernder Maßnahmen, in der Regel die Gabe von Analgetika, die bei akutem Schmerz sehr hilfreich sind (vgl. Zenz & Juna, 1993). Die meisten Analgetika sind jedoch nicht für den Dauergebrauch geeignet, da sie langfristig zu erheblichen Schäden führen können. Nicht selten versagen sie auch bei chronischen Schmerzbeschwerden über kurz oder lang ihren Dienst.

Chronischer Schmerz ist also gekennzeichnet durch erhebliche diagnostische und therapeutische Widerständigkeit. Die vielfältigen Versuche von Arzt und Patient, diesen »Widerstand« zu brechen, führen oft zu erheblichen Frustrationen auf seiten des Patienten und des Behandlers.

Neben der originären Schmerzkrankheit, deren Hauptsymptomatik der Schmerz selbst ist, gibt es auch Krankheiten, bei denen lang andauernder Schmerz ein wesentliches Krankheitskorrelat darstellt. Hier kann man etwa Arthritis als Beispiel nennen, wo neben den eigentlichen Gelenkschäden Schmerz ein fokales Krankheitssymptom ist. Ähnlich sind auch bestimmte Tumorerkrankungen einzuordnen. Auch diese Erscheinungen werden als chronischer Schmerz bezeichnet. Sie haben neben ihrer Charakteristik der andauernden Schmerzerfahrung gemeinsam mit den originären Schmerzsyndromen, daß die zugrundeliegenden Mechanismen der Aufrechterhaltung und Ausgestaltung des Schmerzes als höchst komplexe Interaktionen verschiedenster biopsychosozialer Faktoren betrachtet werden. So ist Arthritisschmerz nicht ausschließlich abhängig von der Schwere der aktuellen Entzündung und Tumorschmerz nicht vom Tumorwachstum, sondern wird auch bestimmt vom psychischen Status der Patienten, etwa ihrer Depressivität (Kröner-Herwig, 1996a).

Es ist festzuhalten, daß akut und chronisch keine dichotomen Kategorien darstellen. Prinzipiell kann der akute Status als potentieller Ausgangspunkt einer Entwicklung zur Chronizität verstanden werden. Dementsprechend schlägt Gerbershagen (1995) vor, verschiedene Stadien der Chronizität zu unterscheiden und gibt operationale Kriterien dafür an. Diese Kriterien beschreiben im wesentlichen den »impact« der Schmerzbeschwerden auf das Leben des Patienten, d. h. inwieweit der Schmerz die Funktionen des Patienten in Beruf und Familie und sein Befinden stört und geht somit über eine reine zeitliche Definition hinaus.

> Damit ist ein hohes Ausmaß an *schmerzbedingter Beeinträchtigung* als bedeutendstes Definitionsmerkmal für chronischen Schmerz anzusehen.

12.2
Epidemiologie des chronischen Schmerzes und seine Bedeutung für das Gesundheitssystem

Es sind mittlerweile eine Reihe von epidemiologischen Studien aus verschiedenen Ländern publiziert worden, die eine Abschätzung der Größe und Bedeutung des Problems ermöglichen. Der sog. Nuprin-Report (Taylor & Curran, 1985) präsentiert Daten einer repräsentativen Umfrage in den USA an ca. 1200 Personen über 18 Jahre. Im Nuprin-Report wird die Häufigkeit chronischer Beschwerden mit 19% für chronische Gelenkschmerzen, 16% für Rückenschmerzen und 5% für Kopfschmerzen angegeben, wobei Chronizität durch eine Schmerzbelastung an mindestens 100 Tagen pro Jahr definiert ist. Die Nuprin-Studie gibt weitere Hinweise auf einige epidemiologisch wichtige Faktoren, z. B. zeigen Frauen höhere Prävalenzraten als Männer. Dieser Befund zeigt sich in fast allen epidemiologischen Studien. Die Nuprin-Studie stellt weiter fest, daß ein Zusammenhang zwischen Ausmaß des Schmerzproblems und Ausmaß der Streßbelastung des Betroffenen besteht.

> **Prävalenz**
>
> Es leiden ca. 12% der erwachsenen Bevölkerung unter chronischen Schmerzen mit unabweisbarem Behandlungsbedarf (Brattberg et al., 1990).

In Schweden untersuchten Brattberg et al. (1989) mittels einer Fragebogenerhebung 1000 zufällig ausgewählte Personen einer Region, die zwischen 18 und 84 Jahre alt waren. Unter »obvious pain« mit einer Dauer von 6 Monaten oder länger, definiert als Empfindung »wie in steifen Muskeln nach ungewohntem Training« und einer dadurch ausgelösten »ziemlich« hohen Beeinträchtigung litten 39,9% der Befragten. Rückenschmerzen wurden dabei am häufigsten genannt. Abhängig von der Schwere der Schmerzbelastung und der psychischen und sozialen Funktionsbeeinträchtigung wurde der Behandlungsbedarf eingeschätzt (Brattberg, 1990). Für 11,7% der Gesamtstichprobe wurde ein klarer unabweisbarer Behandlungsbedarf angenommen, wobei bei Dauerschmerz unabhängig vom Ausmaß der Beeinträchtigung grundsätzlich Behandlungswürdigkeit vermutet wird. Höchster Behandlungsbedarf besteht in der Gruppe der 45- bis 64jährigen Probanden der Untersuchung. Einige Studien finden, daß sogenannte »blue collar workers« in höherem Maße schmerzbelastet sind als »white collar workers«. Diese Unterschiede lassen sich vermutlich nicht allein auf körperliche Belastung zurückführen, sondern auch auf die Arbeitsunzufriedenheit, die von Bigos et al. (1991) als Risikofaktor identifiziert werden konnte.

Die Prävalenz für chronische Schmerzen ist bei Frauen deutlich höher als bei Männern: z.B. Kopfschmerz an >100 Tagen/Jahr (nach Nuprin Pain Report):

- Frauen: 7%
- Männer: 2%

Die Kosten für die Volkswirtschaft, die durch chronischen Schmerz und nicht zuletzt durch den inadäquaten Umgang mit ihm entstehen, beliefen sich schon vor einigen Jahren in den USA auf 50–65 Mrd. US$ pro Jahr (Nuprin-Report). Dabei sind Behandlungskosten, aber auch Kosten durch Arbeits- oder Erwerbslosigkeit, berücksichtigt. Es gibt mittlerweile Hinweise aus verschiedenen Ländern, daß muskuloskeletaler Schmerz, insbesondere Rückenschmerz, häufigste Ursache für krankheitsbedingten Arbeitsausfall und vorzeitige Berentung geworden ist (vgl. Nilges & Gerbershagen, 1994; Task Force on Pain in the Workplace: Fordyce, 1995). In einer Reihe von westlichen Industrieländern (einschließlich Bundesrepublik Deutschland) zeigen Statistiken einen geradezu epidemieartigen Anstieg von Arbeitsfehltagen infolge muskuloskeletaler Beschwerden an. Diese sind somit zu einer der größten Belastungen des Gesundheitssystems geworden. Internationale Fachgesellschaften wie die IASP (International Association for the Study of Pain) fordern somit dringend die Implementierung präventiver Strategien in der Akutphase der Schmerzbehandlung.

Ausgesprochen kritisch setzen sich zwei herausragende Forscher im Bereich des Rückenschmerzes mit den traditionellen medizinischen, insbesondere operativen Behandlungsformen des Rückenschmerzes auseinander. Sie betonen nicht nur die Wirkungslosigkeit der meisten angewendeten Verfahren, sondern stellen ihr Schädigungspotential heraus. So bemerkt Nachemson (1992), daß im wesentlichen das »abnorme« diagnostische und therapeutische Verhalten des Arztes abnormes Krankheitsverhalten des Patienten begünstige. Waddell (1991) behauptet, mehr oder weniger ironisierend, daß er keine Rückenschmerztherapie kenne, die besser sei als das Zusammenwirken von Spontanremission und Placeboeffekt (Allan & Wadell, 1989). Auch die »Task Force on Pain in the Workplace« (1995) hebt die Verantwortung des Gesundheitssystems für den immensen Anstieg chronischer Schmerzen, insbesondere des Rückenschmerzes hervor. Somit ist also in vielen Fällen nicht nur von einer erfolglosen, sondern auch potentiell schädigenden Behandlung auszugehen.

Chronischer Schmerz erzeugt so hohe Sozialkosten, daß er als Bedrohung für den Bestand des Gesundheitssystems betrachtet werden muß (Fordyce, 1995).

Die berichteten Befunde lassen mit großer Wahrscheinlichkeit auch für die Bundesrepublik Deutschland auf eine Quote von ca. 8–12% der Bevölkerung schließen, die wegen chronischer Schmerzen behandlungsbedürftig sind. Dies bedeutet, daß zwischen 6,4 und 8 Mio. Menschen wegen dauerhafter oder wiederkehrender Schmerzsyndrome eine Therapie benötigen. Wenn man die Quote der durch konservative medizinische Behandlungsmethoden nicht ausreichend und zufriedenstellend therapierten Patienten auf ca. 10% der chronifizierten Patienten schätzt, kommt man auf 600 000–800 000 Patienten, die einer spezifischen Schmerztherapie, d.h. in der Regel multidisziplinären Therapie, bedürften. Die ca. 220 schmerztherapeutischen Behandlungsstätten, die nur zum Teil mit einem interdisziplinären Team von Ärzten, Psychologen und Physiotherapeuten ausgestattet sind, können somit eine adäquate Versorgung dieser großen Anzahl von Patienten nicht leisten.

> Einige Experten beurteilen die traditionellen
> ärztlichen Behandlungsmaßnahmen insbeson-
> dere bei Rückenschmerz als die bedeutsamsten
> Faktoren für die Chronifizierung (Allan &
> Waddell, 1989).

Die häufigste Behandlungsart für chronischen
Schmerz besteht allerdings nicht in einem umfassenden ganzheitlichen Ansatz, sondern in der medikamentösen Behandlung; 42% der Behandlungsvorschläge betreffen die Verschreibung von Medikamenten (Nuprin-Report). Analgetika und Anti-
rheumatika stehen mit einem Umsatz von ca.
782 Mio. DM an zweiter Stelle hinter den Kardia-
ka in der Arzneistatistik der BRD. Nach Glaeske
(1986) ist in der Bundesrepublik Deutschland der
Analgetikaverbrauch besonders hoch. Die sich
durch Schmerzmittelmißbrauch ergebenden Probleme wie sekundärer Kopfschmerz, vielfältige
körperliche Schädigungen, psychische Abhängigkeit, erhöhtes Unfallrisiko usw., machen die
Notwendigkeit alternativer Behandlungsangebote
deutlich.

12.3
Deskription und Klassifikation

Zur Deskription des chronischen Schmerzsyndroms ist das in der Psychologie häufig genutzte
allgemeine Mehrebenenmodell zur Beschreibung
von Störungen anwendbar, das die kognitive,
emotionale, behaviorale und physiologische Ebene
unterscheidet. Idealtypisch ist das *Verhalten* des
chronischen Schmerzpatienten gekennzeichnet
durch eine extensive Nutzung des Gesundheitssystems, häufigen Arztwechsel, Inanspruchnahme
verschiedenster Behandlungsmaßnahmen, wiederholte Diagnosebemühungen, häufige Medikament-
einnahme sowie Rückzug und Schonverhalten.
Die *kognitiven Prozesse* sind bestimmt durch eine
Präokkupation mit schmerzassoziierten Gedanken
und die Katastrophisierung der Schmerzfolgen
(»Wenn das mit dem Schmerz so weiter geht, werde ich nie mehr froh sein können«). Es bilden
sich häufig rigide Einstellungen und Überzeugungen über Schmerzursachen und -folgen, die
einen dysfunktionalen Einfluß auf Verhalten und
Befinden haben (»Wer solche Schmerzen hat wie
ich, kann nichts Nützliches mehr leisten«. »Meine
Wirbelsäule ist kaputt, da läßt sich nichts mehr
machen«). Kontroll- und Hilflosigkeitsüberzeu-

gungen gewinnen einen großen Raum. Die *emotionale Situation* des Patienten ist oft durch eine
depressive Verstimmung gekennzeichnet. Dem
kognitiv-emotionalen Geschehen ist natürlich
auch das eigentliche Erleben des Schmerzes durch
den Patienten zuzuordnen. Wie intensiv der
Schmerz wahrgenommen wird und welche Qualität er hat, ist wesentlich für die Kennzeichnung
des Schmerzerlebens. Die Qualität des Schmerzes
wird sowohl durch die sensorischen Erfahrungen
(z. B. die Wahrnehmung eines *brennenden*
Schmerzes) und durch die affektiven Erlebensweisen bestimmt (z.B. *mörderischer, erstickender*
Schmerz). Typischerweise zeigen hoch chronifi-
zierte Patienten eine stark affektive Färbung des
Schmerzerlebens, die zumeist auch von vielfältigen sensorischen Erfahrungen begleitet ist.

Die genannten psychischen Aspekte des
Schmerzsyndroms haben natürlich auch Auswirkungen auf die *soziale Situation* des Patienten,
wobei die gravierendste Folge die soziale Margi-
nalisierung durch Arbeitsunfähigkeit und Isolation darstellt.

Die *physiologischen* Prozesse sind, sofern es
sich nicht um Schmerzsymptome infolge einer anderen Krankheit (z. B. Tumore) handelt, häufig
unauffällig. Bei ausgeprägtem Schonverhalten
kann es allerdings zu einer motorischen Dekondi-
tionierung kommen. Zum Teil werden Entzün-
dungssymptome oder auch motorische Funktions-
verluste bzw. sensorische Einschränkungen berichtet, die nur teilweise objektiviert werden können. Spezifische Syndrome zeigen auch spezifische Begleitsymptome, wie z.B. die Migräne die
Photo- und Phonophobie.

Es bleibt festzuhalten, daß die idealtypische
Darstellung den Einzelfall nur unzureichend beschreiben kann. Gerade beim Syndrom »chronischer Schmerz« fällt die große Heterogenität in
der Symptomausbildung auf den verschiedenen
Ebenen des Syndroms auf. Gemeinsam ist diesen
Patienten sicher, daß die wahrgenommene Beeinträchtigung durch den Schmerz erheblich ist und
in weiten Bereichen in individueller Weise das Erleben und Verhalten bestimmt.

> Es muß explizit herausgestellt werden, daß das
> häufige Erleben von Schmerz allein nicht den
> Grad der Beeinträchtigung bestimmt. Es gibt
> eine große Anzahl von Menschen, die berich-
> ten, daß sie häufig Schmerzen haben, diese
> aber so gut bewältigen und verarbeiten kön-
> nen, daß sie nicht zu *leidenden* Patienten wer-
> den (Basler et al., 1998).

Die *Klassifikation* chronischer Schmerzsyndrome hat sowohl hinsichtlich der medizinischen wie psychiatrisch-psychologischen Taxonomie eine sehr bewegte Geschichte, die mit konzeptuellen Veränderungen im Verständnis der Störung zusammenhängen. Lange Zeit hat ein dualistisches Konzept die Systeme ICD und DSM bestimmt, wobei »psychogener« bzw. »somatogener« Schmerz gegeneinander abgegrenzt wurden. So wurde im DSM III-R die sog. *somatoforme Schmerzstörung* in die Klasse der somatoformen Störungen aufgenommen, wenn der Schmerz den Patienten »übermäßig« beschäftigte und »adäquate körperliche« Befunde fehlten, die das Auftreten bzw. die Intensität des Schmerzes erklären konnten. Pikanterweise wurde der Spannungskopfschmerz *nicht* unter die somatoforme Schmerzstörung subsumiert, weil es dafür angeblich eine klare pathophysiologische Ursache (hohe Muskelspannung) gäbe. Dies entspricht in keiner Weise dem heutigen Kenntnisstand, zeigt aber die generelle Tendenz, Störungen als entweder somatisch oder psychisch zu bestimmen.

Das DSM-IV zeigt, daß die dualistische Sichtweise konzeptuell langsam überwunden wird, ebenso wie die Illusion, man könne in der Regel mit hinreichender Sicherheit die Kausalfaktoren der Schmerzstörung identifizieren. Das DSM-IV unterscheidet eine Schmerzstörung »in Verbindung mit psychischen Faktoren« von einer Schmerzstörung mit »sowohl psychischen Faktoren wie einem medizinischen Krankheitsfaktor« oder einer Schmerzstörung »in Verbindung mit einem mediz*inischen Krankheitsfaktor*« und ordnet die ersten beiden unter somatoforme Störungen ein. Auf der Achse 3 des DSM werden körperliche Störungen kodiert. Wenn aber der Schmerz *keine* bedeutsamen psychischen Anteile aufweist, wird er auf dieser Achse kodiert. (Ob dies insbesondere bei chronischem Schmerz jemals der Fall ist, sei dahingestellt!) Das DSM-IV erweitert auch das Konzept bedeutsamer Einflüsse psychologischer Faktoren über die Annahme ätiologischer Relevanz hinaus auf die *Modulation des Schweregrads*, die *Exazerbation* und die *Aufrechterhaltung* der Störung. Beeinträchtigung und Dominanz der Schmerzen im Erleben des Patienten werden als Vorbedingung für die Diagnose einer Schmerzstörung explizit genannt. Problematisch bleibt, daß anders als bei anderen sonstigen psychischen Störungen die Klassifikationskriterien nicht genügend operationalisiert sind und deswegen eine relativ geringe Reliabilität der Diagnose anzunehmen ist. Ebenso kritisch kann die Validität dieser Diagnose für die Behandlung beurteilt werden, da sich das Syndrom in sehr unterschiedlicher Weise

Tabelle 12.1. Klassifikation chronischer Schmerzsyndrome

System	Symptome
DSM-IV	Somatoforme Störungen 307.8 Schmerzstörung in Verbindung mit psychischen Faktoren 307.89 Schmerzstörung in Verbindung mit sowohl psychischen Faktoren wie einem medizinischen Krankheitsfaktor Achse III: Schmerzstörung in Verbindung mit medizinischem Krankheitsfaktor
Schmerzspezifisches Klassifikationssystem MASK (psychologischer Bereich)	1. Achse: Motorisch-verhaltensmäßige Ebene, z. B. Diskrepanz zwischen verbalem und nonverbalem Schmerzverhalten 2. Achse: Emotionales Erleben, z. B. traurig niedergeschlagene Stimmung 3. Achse: Kognitive Ebene, z. B. Katastrophisieren 4. Achse: Stressoren, z. B. unklarer beruflicher Status 5. Achse: habituelle Personenmerkmale, z. B. Selbstwertdefizite 6. Achse: Funktionale Zusammenhänge, z. B. vorwiegende Aufrechterhaltung durch operante Mechanismen

auf den verschiedenen Erlebens- und Verhaltensebenen ausprägt. Aus langer Erfahrung mit Patienten ist generell zu sagen, daß aufgrund der hochkomplexen Interaktion von verschiedenen psychosozialen und biologischen Faktoren die Annahmen über Entstehung und Aufrechterhaltung des Syndroms oft über lange Zeit bis in den Therapieprozeß hinein eher den Stellenwert von Hypothesen beibehalten. Erst eine darauf beruhende erfolgreiche Intervention sichert diese Hypothesen ab (ohne sie zu »beweisen«).

Da im medizinischen Teil der ICD Schmerzstörungen auf sehr verschiedene Störungsklassen aufgeteilt sind (s. Tabelle 12.1) und zumeist kausale Ätiologieannahmen damit einhergehen, die nach den neuesten Erkenntnissen nicht haltbar sind, sowie mit dieser Aufteilung die Gemeinsamkeit des chronischen Schmerzsyndroms konzeptuell verloren geht, hat die International Association for the Study of Pain (IASP) ein eigenes 5-Achsenmodell zur Klassifikation vorgeschlagen. Die ersten vier Achsen (Achse I: anatomische Region/ Achse II: organisches System/Achse III: zeitliche Charakteristika/Achse IV: Intensität und Störungsdauer) sind eindeutig deskriptiv angelegt. Die Achse V (Ätiologie) ist dagegen theorie- und konzeptbestimmt. Dabei steht hier auch noch das dualistische Konzept im Vordergrund. So wird die »psychologische Verursachung« von der »genetischen«, »traumatischen« und anderen Verursachungen abgegrenzt. Eine wenig klare Rolle spielt die Kategorie »dysfunctional etiology«, bei der pathophysiologische Prozesse als *sicher oder wahrscheinlich* angenommen werden und emotionale Prozesse eine Rolle spielen *können*. Insgesamt ist das Ätiologiemodell der IASP-Klassifikation nicht zufriedenstellend.

Konzeptuell zufriedenstellender, wenn auch sicher weniger ökonomisch, ist das in Deutschland in einem interdisziplinären Team entwickelte multiaxiale Klassifikationssystem MASK (Klinger et al., 1997). Dieses geht davon aus, daß bei jedem Schmerzsyndrom sowohl die medizinischen wie auch die psychologischen Aspekte zu diagnostizieren und zu kodieren sind. Die Befunde aus beiden Diagnostikbereichen, den medizinischen und den psychologischen, sollen in der gemeinsamen Betrachtung behandlungsleitend sein. Hier wird also nicht eine komplementäre, sondern eine parallele Diagnostik bevorzugt, die dem Konzept einer multifaktoriellen Bestimmtheit des Schmerzsyndroms am besten Rechnung trägt.

12.4
Das Störungsmodell

Das von den meisten Experten, medizinischen wie psychologischen, geteilte Störungsmodell geht davon aus, daß chronischer Schmerz prinzipiell ein multifaktorielles Geschehen ist, an dem biologische, psychologische und soziale Faktoren beteiligt sind. Dies gilt, wie bereits beschrieben, für die Symptomatik, die nur mittels eines Mehrebenenkonzepts hinreichend beschreibbar ist. Dies gilt ebenso für die Ätiologie und die Aufrechterhaltung bzw. den Verlauf einer Schmerzstörung. Selbstverständlich ist die Bedeutsamkeit und Art der einflußnehmenden biologischen, psychologischen und sozialen Faktoren je nach Individuum und Entwicklungsphase der Schmerzstörung unterschiedlich. Dabei wird meist davon ausgegangen, daß in der Ätiologie biologische Faktoren oft eine dominante Rolle spielen (z. B. Verletzungen, genetische Funktionsprädispositionen etc.), aber bei der Aufrechterhaltung häufig psychosoziale Faktoren gleichberechtigt oder überwiegend wirksam sind. Dies erschwert eine Analyse der Bedingungen. Erschwert wird die Analyse auch dadurch, daß die verschiedenen Faktoren miteinander interagieren bzw. nur als unterschiedliche

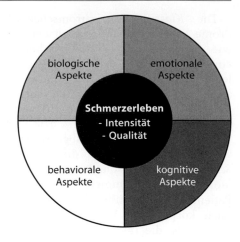

Abb. 12.1. Das Schmerzsyndrom

Aspekte eines ganzheitlichen Systemgeschehens verstanden werden können. So läßt sich vorstellen, daß dauerhaft erhöhte Muskelspannung (biologischer Prozeß) eine höhere Schmerzsensibilität erzeugt. Muskelspannungserhöhung ist wiederum Teil einer allgemeinen Streßreaktion, die sich aufgrund situativer Belastungskognitionen und fehlender Copingfähigkeiten entwickeln kann (psychologischer Prozeß). Verstärktes Schmerzerleben kann wiederum die Kontrollierbarkeits- und Beherrschbarkeitsüberzeugungen der betroffenen Person in einer bestimmten Situation (z. B. Leistungssituation) minimieren und somit zum verstärkten Schmerzerleben beitragen. Soziale Verstärkung könnte wiederum ein passives dysfunktionales Copingverhalten beim Schmerzgeplagten, entstanden aus der subjektiven Hilflosigkeit, unterstützen. Dieses Beispiel macht selbst bei der hier dargestellten relativ trivialen Prozeßverknüpfung deutlich, wie komplex das Bedingungsgefüge ist. Letztendlich kann nur eine systemische Betrachtungsweise der Komplexität gerecht werden (Seemann & Zimmermann, 1996). Der meistgenutzte analytische Ansatz, bei dem die Einzelfaktoren identifiziert werden und ihre relative Bedeutung gewichtet wird, ist sicherlich auf diesem Hintergrund eher unzureichend, bleibt aber vermutlich dennoch über längere Zeit das wertvollste Instrument zur Hypothesenbildung über die einflußnehmenden Faktoren und – eingeschränkt – ihrer Interaktion (Abb. 12.1).

Welche psychosozialen Prozesse lassen sich nun insbesondere hinsichtlich der Aufrechterhaltung und des Verlaufs einer chronischen Schmerzstörung als potentielle Einflußfaktoren benennen? Das *Modellverhalten* der Kernfamilie kann bedeutsam sein. Dieses könnte den Umgang mit Medikamenten mitbestimmen oder entscheidet darüber, ob ärztliche Hilfe bei Befindlichkeitsstörungen, z.B. auch bei Schmerzen, in der Regel aufgesucht wird. Auch Ausmaß und Art des Schmerzausdrucks und Schonverhaltens kann durch die Übernahme elterlicher Überzeugungen und vorbildhafter Verhaltensweisen mitbestimmt werden.

Unmittelbar auftretende *Lernprozesse* spielen vermutlich eine hochbedeutsame Rolle (Flor, 1996). In der Akutphase sinnvolles motorisches Vermeidungsverhalten (heilungsfördernd!) wird aus Angst aufrechterhalten, obwohl längst die Verletzung auskuriert ist. Somit können auch quasimotorische Behinderungen entstehen. Für Waddell (1993) ist dies der wesentliche Mechanismus der Entstehung chronischen Rückenschmerzes. Schmerzverhalten im weiteren Sinne (z.B. Vermeiden bestimmter sozialer Situationen, die bedrohlich sind) kann durch negative Verstärkung aufrechterhalten werden, insbesondere dann, wenn funktionale Verhaltensweisen für die Bewältigung der Situation nicht zur Verfügung stehen. Ein Rückzug aufgrund von Schmerzen wird von Patienten meist als legitim betrachtet und hat damit selbstwerterhaltende Funktion. Besonders fürsorgliche, unterstützende Partner (z.B. vielfach Frauen für männliche Schmerzpatienten) haben eine verstärkende Wirkung auf Schmerzverhalten insbesondere dann, wenn Gesundheitsverhalten eher entmutigt bzw. nicht verstärkt wird.

Dysfunktionale kognitive Prozesse sind Konsequenz des Schmerzes und unterhalten diesen gleichzeitig. Hoffnungslose, verzweifelte, hilflose Gedanken sind eine nachvollziehbare Konsequenz vieler erfolgloser Behandlungsversuche. Sie selbst unterstützen und fördern aber auch eine dysfunktionale Verhaltensregulation und führen zu negativen Emotionen, z.B. zu Depressivität. Dies führt zu einer Verstärkung der Beeinträchtigung des Betroffenen durch den Schmerz.

Aber auch *belastende Erfahrungen* in Vergangenheit (z.B. Mißbrauch in der Kindheit) oder Gegenwart (z.B. akute Ehestreitigkeiten) können ein Schmerzsyndrom aggravieren. Im Zusammenhang mit chronischem Rückenschmerz ist schon beschrieben worden, daß auch Merkmale und Regeln des *Gesundheitssystems* eher krankheitsfördernd als gesundheitsfördernd sein können. Immer wieder aufgenommene High-Tech-Diagnostik sowie erfolglose invasive und nichtinvasive Behandlungsverfahren verstärken und exazerbieren eine Schmerzstörung.

Mangelnde Verstärkungsbedingungen am Arbeitsplatz fördern berufliches Vermeidungsverhalten (Abwesenheit vom Arbeitsplatz). Ergonomisch *schlechte Arbeitsbedingungen* können zur Chronifizierung beitragen. Auch gesellschaftliche Krankheitskonzepte (»Rückenschmerz ist eine 'ehrenwerte' Krankheit im Sinne einer verdienten Lohnfortzahlung oder Rente«) können subjektive Beeinträchtigungsüberzeugung im negativen Sinne fördern.

Potentielle psychosoziale Einflußfaktoren auf chronischen Schmerz

- Schmerzbezogenes Modellverhalten in der Familie,
- Lernprozesse (operant/respondent),
- dysfunktionale kognitive Verarbeitung,
- belastende vergangene oder akute Erfahrungen (Traumata, Stressoren),
- negative Bedingungen am Arbeitsplatz, iatrogene Faktoren im Gesundheitssystem.

Während lange Zeit bei nicht identifizierbarer peripherer Noxe nur psychosoziale Prozesse als plausible Faktoren der Chronifizierung diskutiert wurden, zeigen neuere Erkenntnisse, daß – durch medizinische Diagnostik nicht identifizierbare – komplexe periphere und zentrale biologische Prozesse im schmerzverarbeitenden System durchaus auch an der Chronifizierung von Schmerz beteiligt sein können (Coderre et al., 1993). Dies bedeutet aus der Sicht der Autorin, daß eine negative medizinische Diagnostik keinesfalls bedeutet, daß »da nichts ist« und vermutlich »alles psychisch sei«. Es scheint in der Tat angemessener und nützlicher zu sein anzunehmen, daß bei chronischem Schmerz *immer biopsychosoziale Prozesse* eine Rolle spielen.

Die Art der Therapie sollte bestimmt sein durch die angenommene relative Bedeutsamkeit der identifizierten Einflußfaktoren und dadurch, welche therapeutischen Interventionen zugänglich sind und das beste Kosten-Nutzen-Verhältnis versprechen. Dabei ist dieses sicher nicht nur durch finanziellen Nutzen zu definieren, sondern muß auch die subjektive Lebensqualität des Patienten umfassen. Aus dem diskutierten Störungskonzept ergibt sich, daß grundsätzlich Schmerzbehandlungsinstitutionen in Struktur und Organisationsform in der Lage sein sollten, die biopsychosozialen Aspekte der Störung zu erfassen und eine umfassende Behandlung anzubieten.

12.5
Psychologische Therapie

Der erste Syndrombereich, mit dem sich Psychologen schwerpunktmäßig in der Therapie beschäftigt haben, ist der chronische Kopfschmerz. Hier standen zunächst Entspannungsverfahren und Biofeedback im Vordergrund der Behandlungsforschung. Das Rationale dieser Ansätze ist, daß eine zumeist streßinduzierte erhöhte Muskelspannung zu Schmerz führen kann; dies sollte besonders für den sogenannten Spannungskopfschmerz gelten. Zum anderen wird angenommen, daß Stressoren auch Auslöser für Schmerz sein können. Insbesondere die progressive Muskelentspannung wurde und wird (in der Form der sogenannten »applied relaxation«) zum Erlernen einer Streßcopingstrategie eingesetzt. Sie soll gleichzeitig besonders effektiv in der Reduzierung der muskulären Verspannung sein. Biofeedback, insbesondere in der Form der Rückmeldung der Frontalismuskelspannung, ist auf die gleichen Ziele gerichtet und ist besonders häufig bei Spannungskopfschmerz eingesetzt und untersucht worden (Kröner-Herwig, 1995).

Evaluierte psychologische Verfahren in der Schmerztherapie

- Relaxationstraining,
- Biofeedback,
- multimodale Verfahren kognitiv-behavioraler Ausrichtung.

Andere physiologische Parameter werden im Biofeedback als Rückmeldegröße bevorzugt, wenn es um die Therapie der Migräne geht. Bei migränösen Kopfschmerzen wurde häufig Temperaturfeedback mit dem Ziel der Hauterwärmung untersucht. In einigen Studien wurde die Rückmeldung der Gefäßweite der Arteria temporalis über plethysmographische Verfahren überprüft. Zielgröße ist hier die willkürliche Verengung der Arterie, da man davon ausging, daß Schmerz bei der Dilatation von intra- und extrakranialen Gefäßen entsteht (Kröner-Herwig, 1996b).

Eine Reihe von Reviews und Metaanalysen zeigen, daß sowohl Relaxation wie Biofeedback als *effektive* Therapieansätze bei chronischem Kopfschmerz gelten können (Gauthier et al., 1996). Größere Unsicherheiten bestehen allerdings in der Erklärung der Wirkmechanismen. Man kann heute davon ausgehen, daß eine spezifische und differentielle Wirkung auf die angenommenen pathophysiologischen Prozesse sicher nicht den Haupteffekt ausmacht. Vermutlich sind das Erlernen von Entspannung als Bewältigungsstrategie und der Erwerb der Überzeugung der Kontrolle über den Kopfschmerz (Selbstwirksamkeit) bedeutsamer. Es gibt keine Hinweise auf eine Kontraindikation von Relaxation und Biofeedback bei chronischem Kopfschmerz. Mit gutem Erfolg ist Biofeedback auch bei Patienten mit Gesichtsschmerz, besonders bei der temporomandibulären Dysfunktion, angesetzt worden (Kröner-Herwig & Sachse, 1998). Deutlich weniger abgesichert ist die Effektivität dieser Verfahren bei Rückenschmerz.

In der Folge wurden zunehmend *multimodale Therapieansätze* der kognitiv-behavioralen Ausrichtung entwickelt, die in adaptierter Form bei verschiedenen Schmerzsyndromen eingesetzt wurden. Dies gilt für ambulante Settings, wo diese Verfahren auch in der Form von Gruppentrainings angewandt und überprüft wurden (siehe z. B. Basler & Kröner-Herwig, 1995). Multimodale Ansätze werden aber auch in psychosomatischen Kliniken oder spezialisierten Schmerzkliniken eingesetzt. Verschiedene Therapieprogramme zeigen oft eine relativ große Homogenität hinsichtlich ihrer Interventionsbestandteile, was sicherlich mit dem eben skizzierten Störungsmodell zusammenhängt. So gehört zumeist ein Edukationsmodul zur Therapie, in dem die Patienten über die biopsychosozialen Aspekte des Schmerzsyndroms aufgeklärt werden und ihnen das Behandlungsrational erklärt wird. Erst ein *biopsychosoziales Krankheitsmodell*, zumindest die Offenheit des Patienten für dieses Modell, eröffnet psychologischer Therapie Erfolgsmöglichkeiten (vgl. Kröner-Herwig, 1997).

Auch das Erlernen einer *Entspannungstechnik* mit der soeben beschriebenen Zielperspektive ist Teil der meisten multimodalen Programme. Die Verbesserung der *Selbstbeobachtung* hinsichtlich schmerzmodulierender Faktoren (Auslöser, schmerzverstärkende Bedingungen, schmerzmildernde Bedingungen) gehört zum Lernprogramm, da diese Beobachtungsergebnisse für eine bessere Schmerzkontrolle genutzt werden können. *Aktivitätenaufbau* ist bei ausgeprägtem Schon- und Rückzugsverhalten wesentliches Ziel einer Schmerztherapie, wobei dieses durch Erweiterung der Erlebens- und Erfahrensperspektiven auch auf die emotionale Ebene positiv Einfluß nimmt. Schonverhalten tritt besonders bei Rückenschmerz und anderen muskuloskeletalen Syndromen mit Beeinträchtigung des Bewegungsapparats auf. *Aktivitätenregulation*, d. h. das Erreichen einer funktionalen Balance zwischen Ruhe und

Aktivität kann bei anderen Patienten, häufig bei Migränepatienten, das Hauptziel sein.

Besonderen Stellenwert nehmen heute Interventionen zur *Veränderung von dysfunktionalen Kognitionen* ein: Die Patienten sollen lernen, ihre Überzeugungen, Grundhaltungen und Erwartungen im Zusammenhang mit Schmerz zu identifizieren, insbesondere die, die zu ungünstigem Verhalten und emotional negativer Befindlichkeit führen. (z. B.: »Ohne Medikamente wird der Schmerz immer schlimmer«. »Mit dem Schmerz kann man nichts mehr genießen«). Weiter lernen die Patienten, die konkreten Gedanken, die aus diesen Grundhaltungen erwachsen, in konkreten Situationen zu erkennen und ihre Konsequenzen zu verstehen. Die Intervention zielt auf Veränderung der dysfunktionalen Überzeugungen, was Verhaltensänderungen und eine Stimmungsverbesserung bewirken soll (Basler & Kröner-Herwig, 1995). Eine gelassene Haltung gegenüber dem Schmerz kann durch Umbewertung von Schmerzsyptomen (Abbau von Bedrohlichkeit, Aufmerksamkeitslenkungsstrategien) erreicht werden.

Es wird in der Regel auch versucht zu eruieren, ob der Schmerz eine *funktionale Bedeutung* für den Patienten hat, d. h. ob über den Schmerz, wenn auch nur kurzfristig, Probleme gelöst werden können, oder ob der Schmerz eine Sündenbockfunktion hat und das Selbstbild zu stabilisieren hilft. Diese Funktionen sind meist nicht bewußt. Bedeutsam hieran ist, daß der Patient dies durch die Therapie nicht nur zu erkennen lernt, sondern auch Verhaltensmöglichkeiten entwickelt werden, die ihm erlauben, andere funktionalere Problemlösungsstrategien zu verwenden und sein Selbstwertgefühl ohne den Rekurs auf Schmerz aufzubauen und zu stabilisieren.

Zum Teil sind auch ausgedehntere *körperliche Rekonditionierungsübungen* Teil des Behandlungsansatzes, welche nicht nur körperliche Effekte haben, d. h. somatische Funktionen verbessern, sondern auch Einfluß auf das Selbstkonzept nehmen können. Die Rolle des Psychologen besteht dabei häufig in der langfristigen Motivierung des Patienten, dieses Übungsprogramm auch aufrecht zu halten. Ziel ist auch ein verantwortlicherer, selbstsicherer Umgang mit dem Gesundheitssystem, was *Vertrauen in die eigenen Schmerzbewältigungskompetenzen* und *Wissen um die Chancen und Gefahren von Diagnose- und Therapieangeboten* beinhaltet.

**Typische Ziele
in der psychologischen Therapie**

- Vermittlung einer biopsychosozialen Krankheitstheorie,
- Verbesserung der schmerzbezogenen Selbstbeobachtung,
- Erlernen von Entspannung als Schmerz- und Streßbewältigungstechnik,
- Aktivitätsaufbau bzw. Aktivitätsregulation,
- Identifizierung dysfunktionaler Einstellungen und Gedanken und ihre Modifikation,
- Abbau von Depressivität, Hilf- und Hoffnungslosigkeit,
- Abbau operanter Mechanismen der Schmerzaufrechterhaltung und Vermittlung von Problemlösekompetenzen,
- körperliche Rekonditionierung (Motivierung),
- Aufbau von Selbsteffizienzüberzeugungen,
- verbesserter Umgang mit dem Gesundheitssystem.

Multimodale kognitiv-behaviorale Strategien werden sowohl in stationären wie ambulanten Therapieeinrichtungen eingesetzt. Ihre Effektivität wird in verschiedenen Reviews und Metaanalysen als »moderat« bis »gut« eingeschätzt (vgl. Flor et al., 1992). Die Überzeugung der meisten Schmerzexperten aus Forschung und Praxis läßt sich dahingehend zusammenfassen, daß psychologische Interventionen wie die eben geschilderten bei stark chronifizierten Patienten unabdingbarer Bestandteil einer multidiziplinär ausgerichteten Behandlung sind. Es wird als optimal im Sinne einer maximalen Beeinträchtigungsreduktion und Schmerzminderung betrachtet, daß verschiedene Disziplinen (Medizin, Psychologie, Sportmedizin, Physiotherapie) zusammenarbeiten. Gerade bei hoher Chronifizierung sind die psychosozialen Funktions- und Erlebenseinbußen erheblich und sind durch rein medizinische Maßnahmen nicht zu beheben.

Holroyd und French (1995) stellen in einem Review fest, daß sich psychologische Interventionen nunmehr endgültig als effektiv erwiesen haben, und dies nicht nur bei chronischem Kopfschmerz, so daß mittlerweile das Hauptaugenmerk darauf gerichtet werden sollte, psychologische Schmerztherapie in die *Versorgung* zu integrieren. Dies bedeutet, daß multidisziplinäre Teams in Schmerzambulanzen und Praxen zu schaffen sind und eine wirkliche Kooperation zwischen niedergelassenen Therapeuten verschiedener Disziplinen im

Problembereich Schmerz erfolgt. Das neue Psychotherapeutengesetz sollte diese Entwicklung fördern, solange solche für unser Gesundheitssystem eher »revolutionären« Ansätze nicht Opfer von neuen Sparzwängen werden. Wie methodisch angreifbar die existierenden Studien zum Kosten-Nutzen-Verhältnis eines solchen Therapieansatzes auch sein mögen und so selten dieses Thema bisher aufgegriffen wurde, so weisen doch alle bekannten Untersuchungen auf eine beträchtliche langfristige Behandlungs- und Sozialkosteneinsparung durch eine adäquate Schmerztherapie unter Einbezug psychologischer Methoden hin.

12.6
Präventive Ansätze

Selbst bei sehr positiver Einschätzung des Therapieerfolges profitieren nur etwa 60% der chronifizierten Schmerzpatienten von einer biopsychosozial ausgerichteten Schmerztherapie in einem zufriedenstellenden Ausmaß. Die übrigen Patienten leiden weiter und verursachen weitere Kosten. Deshalb ist dringend die Frage nach Präventionsmöglichkeiten zu stellen. Dabei ist zwischen primärer und sekundärer Prävention sowie Verhaltens- und Verhältnisprävention zu unterscheiden.

Primäre Verhaltensprävention kann, da sie kaum je störungsspezifisch ist, auch als allgemeine Gesundheitsförderung verstanden werden. Sie hat nur Chancen einer größeren Akzeptanz durch die Adressaten, wenn die Maßnahmen einen »primären Lustgewinn« beinhalten und nicht nur auf eine vernunftbezogene langfristig gesundheitsorientierte Motivation bauen. So müssen etwa angebotene Sportprogramme unmittelbar »Spaß« machen. Der Hinweis auf den potentiellen langfristigen Nutzen (z.B. Verhinderung von Rückenschmerz oder von kardiovaskulären Störungen) motiviert keinen Jugendlichen und nur wenige Erwachsene. Ebenso schwer wie die Motivierung zu einer primären Prävention ist deren Effektabschätzung. Es ist vermutlich kaum möglich, die Bedeutung von Bewegungsprogrammen, Streßbewältigungsprogrammen oder Entspannungstrainings hinsichtlich chronischer Schmerzbeschwerden oder anderer chronischer Störungen zu überprüfen. Die Einschätzung ihrer potentiellen Bedeutsamkeit hinsichtlich eines speziellen Gesundheitsbereichs ist damit eher eine Frage der Überzeugung als des empirischen Wissens. Einige Experten sind allerdings der Meinung, daß schon früh, d.h. im Kinder- und Jugendalter, langfristig

bedeutsame Gesundheitskompetenzen erlernt werden können, so z.B. die Überzeugung, die eigene Gesundheit selbst mitbestimmen zu können, und deshalb Gesundheitsförderung zu unterstützen sei (Kröner-Herwig, 1998).

Primäre Prävention

- Individuelle Gesundheitsförderung,
- Verbesserung der Umfeldbedingungen (z.B. Arbeitsplatzänderungen).

Sekundäre Prävention

- Patientenbezogene Maßnahmen zur Verhinderung der Chronifizierung,
- umfeldbezogene Maßnahmen (z.B. Änderungen im Gesundheitssystem).

Sehr überzeugend sind dagegen die Möglichkeiten der *primären Verhältnisprävention*, d.h. der Prävention durch Veränderung von Lebens- und Umweltfaktoren, denen ein Risikowert für das Entstehen von chronischen Störungen zugesprochen werden kann. So hat eine Reihe von Untersuchungen herausgestellt, daß berufliche Unzufriedenheit mit gesundheitlicher Anfälligkeit und einer hohen Anzahl von Arbeitsfehltagen eben auch aufgrund von Schmerzen einhergeht (Bigos et al., 1991). Diese ist zum großen Teil von Kommunikations- und Organisationsstrukturen des beruflichen Umfelds abhängig. Das Schaffen von Transparenz, individuellen Entscheidungsfreiräumen, das Vermeiden exzessiver Unter-/Überforderung, die Schaffung von Planungsmöglichkeiten und durchlässigen Kommunikationsstrukturen sowie eine verstärkte soziale Unterstützung könnten im Sinne einer Krankheitskostenreduzierung in Betrieben wirksam sein. Auch ergonomisch extrem ungünstige Arbeitsbedingungen sollten sich verbessern lassen, wobei darauf hinzuweisen ist, daß schwere körperliche Arbeit allein keinen Risikofaktor für chronischen Schmerz darstellt.

Die primäre Prävention durch Verhaltensmodifikation gilt in unserem Gesundheitssystem offiziell als wenig effektiv und eine Verhältnisprävention als für zu teuer bei fraglichem Erfolg, so daß primäre Prävention von den unmittelbaren Trägern des Gesundheitssystems praktisch nicht unterstützt wird. Die in den achtziger Jahren vollzogene Hinwendung zu einer mehr präventiven Ausrichtung des Gesundheitssystems ist augenblicklich eher blockiert. Dies gilt ebenso für die sekundäre Prävention.

Sekundär-präventive Maßnahmen, deren Effektivität auch nachgewiesen werden kann, sollten in Zukunft unbedingt wieder gefördert werden. Hier sollte insbesondere auch das ärztliche Verhalten zur Debatte stehen. Unkontrollierte Analgetikarezeptierung, lange Schon- und Ruhezeitenverschreibungen bei akutem Schmerz, extreme Überdiagnostizierung bei nach menschlichem Ermessen nicht »gefährlichen« Schmerzsymptomen sowie unzureichende oder sogar kontraproduktive Behandlung, die über lange Zeit fortgesetzt wird, sind nach Ansicht vieler Experten höchst bedeutsame Faktoren in der Chronifizierung des Rückenschmerzes. Somit müßten dringend Schulungsveranstaltungen für Ärzte angeboten werden. Noch besser wäre allerdings die Veränderung der Belohnungsbedingungen im Gesundheitssystem, die »richtiges« ärztliches Verhalten fördern und das kontraproduktive Verhalten demotivieren. Die Realität ist allerdings eher umgekehrt.

Sogenannte Rückenschulen stellen heute das am häufigsten angebotene sekundär-präventive Angebot für prächronische Patienten dar. Verschiedene Studien haben allerdings gezeigt, daß nur qualitativ hochwertige Programme, die nicht nur biomechanische Regeln für rückenfreundliches Verhalten vermitteln, sondern auch die psychosozialen Aspekte des Schmerzes angehen und Wert auf die Implantierung des gelernten Verhaltens in die berufliche und häusliche Alltagsumwelt legen, Erfolge aufweisen (Kröner-Herwig, 1998).

Auch psychologisch orientierte Programme zur Schmerzbewältigung sind für den sekundär-präventiven Einsatz entwickelt worden (Kröner-Herwig et al., 1995). Die Entwicklung der Programme und ihre Durchführung wurden zum großen Teil von Krankenkassen unterstützt. Leider wurden hier oft nicht die prächronischen Patienten, sondern meist schon Patienten mit relativ hohem Chronifizierungsgrad erreicht. Ebenso war die Unterstützung zur Teilnahme an den Programmen von Seiten der Ärzte ohne Schmerzexpertise sehr gering. Obwohl die Programme für die erreichten Patienten in der Regel sehr erfolgreich verliefen, sind sie von den Krankenkassen aufgrund des Gesundheitsstrukturgesetzes fast ganz vom Markt genommen worden. Es müßte in Zukunft weit mehr als bisher der Arbeitsplatz als Ort der Prävention genutzt werden, um diese Art von Programmen attraktiv auch für prächronische Patienten zu machen. Ihre Attraktivität auch für den Arbeitgeber könnte sich durch geringere Arbeitskosten ergeben. Hier sollten die Berufsgenossenschaften aktiv werden.

Viele Experten befürchten, daß langfristig die Behandlung hoch chronifizierter Patienten vom Gesundheitssystem nicht mehr getragen werden kann. Aus diesem Grund ist Prävention, insbesondere sekundäre Prävention, als besonders wichtige Aufgabe zu begreifen.

12.7 Fallbeispiel

Herr G., ein 26jähriger Mann, kommt in die psychologische Universitäts-Ambulanz, weil er gehört hat, daß dort »moderne« Schmerztherapie betrieben werde. Er hat eine 6jährige Leidensgeschichte mit immer stärker werdenden Schmerzen in den Händen und Unterarmen hinter sich, die sich weder medikamentös noch durch andere Verfahren (TENS, Akupunktur, Physiotherapie, Reizstrombehandlung etc.) beeinflussen ließen. In diesen Jahren hatte er immer wieder neue Diagnostik- und Behandlungsversuche gemacht, ohne daß jemals ein »Grund« für die Schmerzen gefunden werden konnte noch eine Besserung erfolgte. Der junge Mann fragt sich verzweifelt, ob er »spinne« und zweifelt an seinem Verstand, zumal die Schmerzbeschwerden erheblichen Einfluß auf seine Lebensplanung gehabt haben. Er hat die angestrebte Karriere als Jazzmusiker aufgrund seiner Beschwerden aufgeben »müssen«. Er ist jetzt zweimal in der Woche als Musikschullehrer mit einem sehr geringen Gehalt tätig. Seine Ehe ist vor einem halben Jahr gescheitert. Für die von der Ehefrau gewünschte Trennung werden von ihr Gründe angeführt, die mit der Veränderung des Mannes aufgrund der Schmerzen zusammenhängen.

Herr G. hat in diesem letzten Jahr angefangen, regelmäßig Analgetika einzunehmen. Zusätzlich hat ihm sein Arzt Tranquilizer (zur Schlafförderung) verschrieben, die er seit einem halben Jahr regelmäßig nimmt. Von den antirheumatischen Tabletten schluckt er 1–3 pro Tag, gelegentlich nimmt er auch noch andere analgetische Kombinationspräparate ein. Er verspürt zwar durch die Medikamente keinen Erleichterungseffekt, hat aber das Gefühl, daß sie Schlimmeres verhindern.

Seine Beschreibung der Symptomatik ergibt, daß er den Schmerz um so stärker wahrnimmt, je länger er sein Musikinstrument (Klavier) spielt. Dieser steigere sich bis zur Unerträglichkeit. Er hat deswegen aber nie Konzerte abgebrochen. Allerdings steigerte sich in der Vergangenheit seine Angst vor solchen Ereignissen derart, daß er schließlich ganz aufgehört hat, aktiv Musik zu machen. Auch seine Ausbildung an der Hochschule für Musik hat er deswegen aufgegeben.

Es ergibt sich aus der Anamnese, daß der junge Mann gegen den ausdrücklichen Willen seiner Familie das Musikstudium aufgenommen hat. Dies hat zu einer Trennung von der Familie geführt, die von dem sehr ehrgeizigen Vater dominiert wird. Dieser hatte von seinem Sohn immer höchste Leistungen gefordert, blieb aber selbst bei guten Noten in der Schule immer skeptisch gegenüber dem Leistungsvermögen seines Sohnes und hat ihm das Versagen als Musiker prognostiziert. Den »Ausbruch« in die Musikkarriere bewertet der Patient als eine wirkliche Bewährungsprobe, da die Bewertung seines Vaters für ihn immer noch wichtig ist. Er will es »dem Vater zeigen«, daß er es zu höchsten Leistungen bringen kann, in einem Gebiet, das für ihn selbst sehr wichtig ist (Musik), da es seinen »Selbständigkeits- und Autonomiewunsch« am besten symbolisiert. In der Anamnese und im Verlauf der Therapie äußert der Patient Selbstanforderungen, die ein hohes Ausmaß an Perfektionismus und Überforderung offenbaren (ein »gut« ist eine schlechte Note).

In der Musikhochschulzeit hat er oft sechs bis sieben Stunden pro Tag geübt, um sich auf die Prüfungen vorzubereiten. Er fühlte sich dadurch öfter erschöpft und hatte Mißbefindungen in den Armen. Diese wurden schlimmer in der Zeit, als er die erste Prüfung ablegte, die er »nur« mit »gut« abschloß. Die Schmerzen wurden schlimmer; er übte immer weniger, seine Hoffnungen, das Studium weiter machen zu können, wurden immer geringer. Schließlich ging er nicht mehr zur Hochschule. Auch seine Konzertfähigkeit wird immer mehr beeinträchtigt. Zum Schluß hat er Musikerpläne aufgegeben, sieht seine Lebensplanung zerschlagen und sich vor seiner Familie und in der Hochschule blamiert.

Herr G. hat in den letzten Jahren bestehende Freundschaften immer mehr aufgegeben. Mit den Freunden (besonders Musikern) will er nicht über sein Schmerzproblem sprechen, da er sie nicht mit den »Schmerzgeschichten« langweilen will. Außer dem Unterrichten an der Musikschule und Komponierversuchen an seinem Rechner macht er kaum noch etwas anderes, er geht nur noch ganz selten spazieren oder schwimmen, fährt kaum noch Auto und hat die meisten seiner Privatschüler aufgegeben. Theaterbesuche und andere frühere Freizeitaktivitäten meidet er, weil der Schmerz ihm »sowieso alles versaut«.

In der kognitiv ausgerichteten Therapie werden dem jungen Mann sowohl die Art der Abhängigkeit der Beziehung zu seiner Familie als auch seine eigenen überzogenen Standards sowie deren Herkunft deutlich. Selbstbeobachtungsübungen zeigen, daß der Schmerz nicht direkt durch die Dauer des Musikspielens bestimmt wird, sondern wesentlich durch seine Kognitionen. Immer wenn er sich »antreibt« weiterzuspielen bzw. den gleich notwendigen Abbruch imaginiert, werden die Schmerzen unerträglich. Immer wenn er mit seinem Spiel unzufrieden ist, geschieht das auch. Der Patient entwickelt, unterstützt durch den Therapeuten, die Theorie, daß der Schmerz aufgrund von körperlicher Überanstrengung (Üben) entstanden ist, dann aber die Funktion erhalten hat, ihn vor den eigenen überzogenen Leistungsansprüchen und den damit notwendigerweise einhergehenden Frustrationen zu schützen. Er konnte keine Prüfung machen, »weil« er Schmerzen hatte und deshalb nicht üben konnte. Somit stellt sich der Schmerz in gewisser Weise schützend vor ihn und sein Selbstkonzept. Er ist nicht »gescheitert«, sondern der Schmerz hat ihn »behindert«. Diese Zusammenhangssicht motivierte den Verzicht auf das Suchen nach weiterer medizinischer Diagnostik und alternativen Behandlungsmöglichkeiten. Er gibt die regelmäßige Einnahme von Analgetika und Tranquilizer unter Anleitung eines Arztes auf. Das weiterbestehende Schmerzempfinden beschreibt er als »erträglich« ohne große Beeinträchtigung. Motiviert durch den Therapeuten beginnt er auch wieder, Musik zu machen, d.h. erst einmal häufiger für sich selbst zu spielen und ehemalige Mitmusiker wegen gemeinsamer Übungen anzusprechen. Der Schmerz wird durch diese Aktivitäten auch nicht mehr bedeutsam verstärkt, Hilfen sind dabei Entspannungsinstruktionen und selbstermutigende Kognitionen, die er gezielt während dieser Übungen einsetzt.

Es steht in dieser Phase der Therapie an, sich nunmehr die längerfristige Lebensplanung noch einmal vorzunehmen. Ist es das Ziel von Herrn G., wieder den Anschluß an Musikhochschule und ggf. Karriere zu gewinnen? Oder ist er trotz seiner früheren Leistungsansprüche zufrieden mit dem Lehrerberuf? Jede dieser Zielperspektiven erfordert eine unterschiedliche Planung hinsichtlich weiterer therapeutischer Schritte.

An dieser Stelle beendet der Patient die Therapie. Er hat sich akut in eine junge Frau verliebt und ist durch diese Erfahrung »total ausgefüllt«. Beide beginnen, die Möglichkeit einer gemeinsamen Zukunft zu diskutieren. Es tauchen erhebliche Lebensprobleme bei der neuen Partnerin auf, deren Lösung der Patient all seine Kraft widmen möchte. Er äußert sich zufrieden über die erreichten Therapieziele (Einsicht der Entwicklungsbedingung des Schmerzes, Befreiung von der Kontrolle durch den Schmerz, größere Verhaltensfreiheiten, offenere Zukunftsperspektiven).

Der Therapeut ist sich hinsichtlich der Bedeutung der vom Patienten gewünschten Beendigung der Therapie unsicher. Er vermutet ein Vermeiden der aktiven und zielgerichteten Auseinandersetzung mit der weiteren Lebensplanung als eine wesentliche Komponente. Er bewertet somit die Therapie als weniger erfolgreich als der Patient selbst, obwohl ein wesentlich adaptiverer Umgang mit dem Schmerz und eine erlebens- und verhaltensrelevante Schmerzminderung eingetreten ist.

12.8
Schlußbemerkungen

Chronischer Schmerz ist ein höchst komplexes Störungsbild, welches gerade durch diese komplexe Interaktion biologischer, psychischer und sozialer Faktoren fasziniert. Es stellt für den Therapeuten eine große Herausforderung dar. Auch die multidisziplinäre Kooperation in der Behandlung, in die sich die Verhaltenstherapie einbindet, führt nicht immer zum Erfolg. Geduld und Frustrationstoleranz sind somit Eigenschaften, die ein Schmerztherapeut ebenso wie der Patient dringend brauchen. Die Kehrseite ist die Beglückung bei Patient und Therapeut, wenn durch die Therapie ein vielleicht 10 oder 15 Jahre bestehendes Schmerzsyndrom die lebensbestimmende Dominanz verliert, der Betroffene sich buchstäblich aus »Fesseln« des Schmerzes befreien kann und wieder ein Leben führt, das er zumindest teilweise genießen kann und als sinnvoll betrachtet. Weiter ist die Schmerztherapie ein Tätigkeitsfeld für den psychologischen Psychotherapeuten, das aufgrund der epidemiologischen Bedeutsamkeit des Störungsbereiches auch in Zukunft Chancen bietet. So wissen auch immer mehr Patienten um die Chancen der neuen Methoden der Schmerztherapie und fordern diese ein.

Zusammenfassung

Chronischer Schmerz, insbesondere der Rückenschmerz, zeigt eine wachsende Prävalenz. Diese Störungskategorie bedingt schon heute die höchsten Krankheitskosten. Chronischer Schmerz ist ein Störungsgeschehen, das in seiner Erscheinungsweise von biomedizinischen, aber auch von kognitiv-emotionalen und behavioralen Faktoren bestimmt wird. Dies gilt auch für die generell sehr komplexen Aufrechterhaltungsbedingungen. Die medizinische Diagnostik ist dementsprechend um psychosoziale Methoden zu ergänzen, wie ihrerseits die schmerzmedizinische Behandlung um kognitiv-behaviorale Verfahren erweitert werden sollte. Multidisziplinär angelegte Behandlungsprogramme haben sich rein medizinischen Therapiestrategien als überlegen erwiesen.

Da die Behandlung chronifizierter Störungen sehr aufwendig und schwierig ist und z. T. erfolglos bleibt, sollten geeignete sekundär-präventive Interventionsansätze entwickelt werden.

Literatur

Allan, D. B. & Wadell, G. (1989). Understanding and management of low back pain. *Acta Orthopaedica Scandinavia, 60,* 1–23.

Bigos, S. J., Battie, M. C., Spengler, D. M., Fischer, L. D., Fordyce, W. E., Hansson, T. H., Nachemson, A. L. & Wortley, M. D. (1991). A prospective study of work perceptions and psychosocial factors affecting the report of back injury. *Spine, 16,* 1–6.

Bonica, J. J. (1953). *The management of pain.* Philadelphia: Lea & Febiger.

Brattberg, G., Thorslund, M. & Wikman, A. (1989). The prevalence of pain in a general population. The results of a postal survey in a county of Sweden. *Pain, 37,* 215–222.

Brattberg, G. (1990). Selecting patients for pain treatment: Applying a model to epidemiological data. *The Clinical Journal of Pain, 6,* 37–42.

Coderre, T. J., Katz, J., Vaccarino, A. L. & Mack, R. (1993). Contribution of central neuroplasticity to pathological pain: review of clinical and experimental evidence. *Pain, 52,* 259–285.

Flor, H., Fydrich, T. & Turk, D. C. (1992). Efficacy of multidisciplinary pain treatment centers: a meta-analytic review. *Pain, 49,* 221–230.

Flor, H. (1996). Verhaltensmedizinische Grundlagen chronischer Schmerzen. In H.-D. Basler, C. Franz, B. Kröner-Herwig, H. P. Rehfisch & H. Seemann (Hrsg.), *Psychologische Schmerztherapie: Grundlagen, Diagnostik, Krankheitsbilder, Behandlung* (S. 123–139). Berlin: Springer.

Fordyce, W. E. (1995). *Back pain in the workplace. Management of disability in nonspecific conditions.* Seattle: IASP Press.

Gauthier, J. G., Ivers, H. & Carrier, S. (1996). Nonpharmacological approaches in the management of recurrent headache disorders and their comparison and combination with pharmacotherapy. *Clinical Psychology Review, 16,* 543–571.

Gerbershagen, H. U. (1995). *Der schwierige Patient in der Zahnmedizin.* Stuttgart: Thieme.

Glaeske, G. (1986). Schmerzmittelverbrauch in der BRD im internationalen Vergleich. *Pharmazeutische Zeitung, 25,* 2032–2034.

Holroyd, K. A. & French, D. J. (1995). Recent developments in the psychological assessment and management of recurrent headache disorders. In A. J. Goreczny (Ed.), *Handbook of health and rehabilitation psychology*. Plenum series in rehabilitation and health (pp. 3–30). New York: Plenum.

Klinger, R., Denecke, H., Glier, B., Kröner-Herwig, B., Nilges, P., Redegeld, M. & Weiß, L. (1997). Qualitätssicherung in der Therapie chronischen Schmerzes: XI. Diagnostik und multiaxiale Schmerzklassifikation. *Der Schmerz, 11*, 378–385.

Kröner-Herwig, B. & Sachse, R. (1988). *Biofeedbacktherapie: Klinische Studien, Anwendungen in der Praxis.* Stuttgart: Kohlhammer.

Kröner-Herwig, B. (1995). Chronischer Kopfschmerz – epidemiologische, physiologische und psychologische Grundlagen. In H.-D. Basler & B. Kröner-Herwig (Hrsg.), *Psychologische Therapie bei Kopf- und Rückenschmerzen. Ein Schmerzbewältigungsprogramm zur Gruppen- und Einzeltherapie* (S. 15–22). München: Quintessenz.

Kröner-Herwig, B., Frettlöh, J. & Fritsche, G. (1995). Möglichkeiten sekundär-präventiver Strategien bei Kopf- und Rückenschmerz: Ein Versuch der Umsetzung in die Praxis. *Psychomed, 7*, 178–184.

Kröner-Herwig, B. (1996a). Chronischer Schmerz – Eine Gegenstandsbestimmung. In H.-D. Basler, C. Franz, B. Kröner-Herwig, H. P. Rehfisch & H. Seemann (Hrsg.), *Psychologische Schmerztherapie: Grundlagen, Diagnostik, Krankheitsbilder, Behandlung* (S. 3–21). Berlin: Springer.

Kröner-Herwig, B. (1996b). Biofeedback. In H.-D. Basler, C. Franz, B. Kröner-Herwig, H. P. Rehfisch & H. Seemann (Hrsg.), *Psychologische Schmerztherapie: Grundlagen, Diagnostik, Krankheitsbilder, Behandlung* (S. 577–591). Berlin: Springer.

Kröner-Herwig, B. (1997). Psychologische Therapie chronischer Schmerzen: Patientenschulung und -motivierung. In F. Petermann (Hrsg.), *Patientenschulung und Patientenberatung* (S. 335–346). Göttingen: Hogrefe.

Kröner-Herwig, B. (1998). Gesundheitsförderung bei chronischem Schmerz. In G. Amann & R. Wipplinger (Hrsg.), *Gesundheitsförderung: ein multidimensionales Tätigkeitsfeld* (S. 515–535). Tübingen: dgvt.

Nachemson, A. L. (1992). Newest knowledge of low back pain. *Clinical Orthopaedics and Related Research, 279*, 8–20.

Nilges, P. & Gerbershagen, H. U. (1994). Befund und Befinden bei Schmerz. *Report Psychologie, 19*, 12–25.

Seemann, H. & Zimmermann, M. (1996). Regulationsmodell des Schmerzes aus systemtheoretischer Sicht – Eine Standortbestimmung. In H.-D. Basler, C. Franz, B. Kröner-Herwig, H. P. Rehfisch & H. Seemann (Hrsg.), *Psychologische Schmerztherapie: Grundlagen, Diagnostik, Krankheitsbilder, Behandlung* (S. 23–59). Berlin: Springer.

Sternbach, R. A. (1963). Congenital insensitivity to pain; a critique. *Psychological Bulletin, 60*, 252–264.

Taylor, H. & Curran, N. M. (1985). *The Nuprin Pain Report.* New York: Louis & Harris.

Waddell, G. (1991). Occupational low-back pain, illness behavior, and disability. *Spine, 16*, 683–684.

Waddell, G., Newton, M., Henderson, I., Sommerville, D. & Main, C. J. (1993). A fear-avoidance beliefs questionnaire (FABQ) and the role of fear-avoidance beliefs in chronic low back pain and disability. *Pain, 52*, 157–168

Weiterführende Literatur

Basler, H.-D., Franz, C., Kröner-Herwig, B., Rehfisch, H. P., Seemann, H. (Hrsg.) (1998). *Psychologische Schmerztherapie.* Berlin: Springer.

Basler, H.-D. & Kröner-Herwig, B. (Hrsg.) (1998). *Psychologische Therapie bei Kopf- und Rückenschmerzen. Ein Schmerzbewältigungsprogramm zur Gruppen- und Einzeltherapie.* München: Quintessenz.

Zenz, M. & Jurna, I. (1993). *Lehrbuch der Schmerztherapie.* Stuttgart: Wissenschaftliche Verlagsgesellschaft.

Kapitel 13

Eßstörungen

13

Reinhold G. Laessle, Harald Wurmser und Karl M. Pirke

Eßstörungen haben innerhalb der letzten zwei Jahrzehnte sowohl in der Öffentlichkeit als auch in der wissenschaftlichen Forschung ein verstärktes Interesse gefunden. Vor allem das Erscheinen der Bulimia nervosa und deren Definition als eigenständiges Krankheitsbild im Diagnostischen und Statistischen Manual psychiatrischer Störungen (DSM-III; APA, 1980) hat nicht nur zu einem rapiden Anstieg wissenschaftlicher Publikationen geführt, sondern auch deutlich gemacht, welch ein enormer Behandlungsbedarf für diese Symptomatik besteht.

In seiner neuen Fassung, dem DSM-IV (APA, 1994), sind unter der Rubrik »Eßstörungen« fünf Krankheitsbilder aufgeführt:

- Anorexia nervosa,
- Bulimia nervosa,
- Pica,
- Ruminationsstörung im Kindesalter und
- nicht näher bezeichnete Eßstörungen.

Übergewicht bzw. Adipositas wird nach DSM-IV nicht als psychische Störung klassifiziert, sondern gilt als rein somatische Erkrankung. Derzeit wird kontrovers diskutiert, inwieweit Übergewichtige tatsächlich Störungen des Eßverhaltens aufweisen oder eher biologische Faktoren das Übergewicht determinieren. Da inzwischen auch eine Vielzahl von Befunden zu den negativen Auswirkungen von Diätverhalten vorliegt, sollte – gerade bei leicht bis mäßig Übergewichtigen – besonders kritisch geprüft werden, ob eine therapeutische Intervention zur Gewichtsreduktion überhaupt angemessen ist. Schwerpunktmäßig wird deshalb in diesem Kapitel auf Anorexia nervosa und Bulimia nervosa Bezug genommen.

13.1
Darstellung der Störungen

13.1.1
Anorexia nervosa

Symptomatik

Das auffälligste Merkmal der Patientinnen ist der gravierende *Gewichtsverlust*, der bis zur lebensbedrohlichen Unterernährung gehen kann. Die Gewichtsabnahme wird überwiegend durch eine strenge Reduktion der Kalorienaufnahme erreicht. Kleinste Mahlzeiten (z. B. eine halbe Scheibe Knäckebrot) werden zumeist alleine im Rahmen spezifischer Eßrituale eingenommen.

> **Beispiel**
>
> Eine Patientin legt sich eine genau nach ihrem Kaloriengehalt berechnete Menge Brot, Käse etc. auf einen Teller. Dann zerteilt sie die Nahrungsmittel in winzige Stücke und ißt sie anschließend mit einer Kuchengabel.

Typisch sind auch *bizarre Verhaltensweisen im Umgang mit Nahrung,* wie z. B. Essen verkrümeln und in der Kleidung verreiben oder in den Taschen verschwinden lassen. Neben der stark reduzierten Kalorienaufnahme wird die Gewichtsabnahme von vielen Patientinnen noch durch weitere Maßnahmen wie Erbrechen oder Laxantien- und Diuretika-Abusus unterstützt. Ein weiteres charakteristisches Verhaltensmerkmal anorektischer Patientinnen ist die *Hyperaktivität* (die sich z. B. in Dauerläufen, stundenlangen Spaziergängen oder Gymnastik äußert). Eine Subgruppe von Patienten setzt körperliche Aktivität ganz bewußt zur Gewichtsabnahme ein.

Als Folge des Gewichtsverlustes und der Mangelernährung kommt es zu einer Vielzahl von *somatischen Symptomen* wie z. B. Hypothermie (unternormale Körperwärme), Hypotonie (Erniedrigung des Blutdrucks), Bradykardie (persistierender Ruhepuls von 60 und darunter), Lanugo (Flaumhaarbildung) und Ödemen sowie weiteren metabolischen und neuroendokrinen Veränderungen (s. im Überblick Pirke & Ploog, 1986). Bei fast allen Patientinnen bleibt die Regelblutung aus (Amenorrhoe).

Trotz ihres kritischen Zustandes verleugnen oder minimalisieren die meisten Patientinnen lange Zeit die Schwere ihrer Krankheit und sind desinteressiert an einer Therapie bzw. lehnen aktiv eine Behandlung ab. Hervorstechendes psychisches Merkmal der Anorexia nervosa ist das beharrliche Streben, dünner zu werden. Gleichzeitig haben die Patientinnen große Angst davor, an Gewicht zuzunehmen. Diese Angst kann panikartige Ausmaße annehmen, selbst wenn nur minimale Gewichtssteigerungen (z. B. 50 g) festgestellt werden. Manche Patientinnen wiegen sich aus *Angst vor Gewichtszunahme* nach jeder Nahrungsaufnahme. Das Körperschema der Patientinnen ist verzerrt. Trotz ihres stark abgemagerten Zustandes geben die Patientinnen an, eine völlig normale Figur zu haben oder bezeichnen sich sogar als zu dick. Auch in anderer Hinsicht ist das Verhältnis zum eigenen Körper gestört. Hunger wird in der Regel geleugnet. Andere *Körpersignale* werden kaum beachtet oder *fehlinterpretiert.* So kann beispielsweise die Aufnahme kleinster Nahrungsmengen zu langanhaltenden Klagen über Völlegefühl, Blähbauch und

Übelkeit führen. Viele Patientinnen zeigen eine Unempfindlichkeit gegenüber Kälte (bewegen sich z. B. auch im Winter nur dünn bekleidet im Freien) oder auch gegenüber sich selbst zugefügten Verletzungen. Kennzeichnend für alle Patientinnen ist die fortwährende Beschäftigung mit dem Thema »Essen«. Nicht selten treten *Zwangsrituale* beim Umgang mit Nahrungsmitteln und bei Mahlzeiten auf. Die Patienten lesen oft stundenlang in Kochbüchern, lernen Rezepte auswendig und bereiten umfangreiche Mahlzeiten für andere zu. Bei ca. 50% aller Magersüchtigen kommt es nach einiger Zeit des erfolgreichen Fastens zu plötzlich auftretenden Heißhungeranfällen (Garfinkel et al., 1980). Der dadurch drohenden »Gefahr« einer Gewichtszunahme begegnen die Patienten oft durch *selbstinduziertes Erbrechen* unmittelbar nach dem Essen. Diese bulimischen Anorexiepatienten (sog. »bulimics«) unterscheiden sich in klinischen und demographischen Merkmalen von Patienten, die ausschließlich Diät halten (sog. »restrictors«). »Bulimics« sind bei Krankheitsbeginn älter, haben ein höheres prämorbides Gewicht, scheinen sozial besser integriert und sexuell aktiver. Sie weisen deutlichere Störungen des Körperschemas auf und sind depressiver (Garner et al., 1985).

Diagnostische Kriterien

Nach dem derzeit gültigen Diagnostischen und Statistischen Manual für Psychische Störungen (DSM-IV; APA, 1994) müssen folgende Kriterien für die Diagnose einer Anorexia nervosa erfüllt sein:

Diagnostische Kriterien für Anorexia nervosa (nach DSM-IV)

- Das Körpergewicht wird absichtlich nicht über dem der Körpergröße oder dem Alter entsprechenden Minimum gehalten, d. h. Gewichtsverlust auf ein Gewicht von 15% oder mehr unter dem zu erwartenden Gewicht bzw. während der Wachstumsperiode Ausbleiben der zu erwartenden Gewichtszunahme mit der Folge eines Gewichts von 15% oder mehr unter dem erwarteten Gewicht.
- Starke Angst vor Gewichtszunahme oder Angst vor dem Dickwerden, obgleich Untergewicht besteht.
- Störung der eigenen Körperwahrnehmung hinsichtlich Gewicht, Größe oder Form, d. h. die Person berichtet sogar im kachektischen Zustand, sich »zu dick zu fühlen« oder ist überzeugt, ein Teil des Körpers sei »zu dick«, obwohl offensichtliches Untergewicht besteht.

- Bei Frauen Aussetzen von mindestens drei aufeinanderfolgenden Menstruationszyklen, deren Auftreten sonst zu erwarten gewesen wäre (primäre oder sekundäre Amenorrhoe). Bei Frauen liegt eine Amenorrhoe vor, wenn die Menstruation nur bei Gabe von Hormonen, z. B. Östrogenen, eintritt.

Zusätzlich soll spezifiziert werden, um welchen Subtypus es sich handelt.

■ **Restriktiver Typus.** Während der derzeitigen Episode der Anorexia nervosa zeigt die betroffene Person keine Verhaltensweisen wie Eßanfälle oder selbstinduziertes Erbrechen, und sie betreibt keinen Laxantienmißbrauch von Diuretika und Einläufen.

■ **Bulimischer Typus.** Während der derzeitigen Periode der Anorexia nervosa zeigt die betroffene Person regelmäßig Verhaltensweisen wie Eßanfälle oder selbstinduziertes Erbrechen oder betreibt Mißbrauch von Laxantien, Diuretika oder Einläufen.

Problematisch ist bei den DSM-IV-Kriterien vor allem, daß Verhaltensweisen zur Gewichtsreduktion nicht genannt werden und eine klare Abgrenzung zu anderen Störungen, die ebenfalls mit Gewichtsverlust einhergehen können (z. B. Depression), erschwert wird (Garner et al., 1992). In den diagnostischen Kriterien der Anorexia nervosa nach der ICD-10 (Weltgesundheitsorganisation, 1991) wird dem Rechnung getragen, indem spezifiziert wird, daß der Gewichtsverlust selbst herbeigeführt wird durch:

- Vermeidung von hochkalorischen Speisen; und eine oder mehrere der folgenden Möglichkeiten:
- selbstinduziertes Erbrechen,
- selbstinduziertes Abführen,
- übertriebene körperliche Aktivität sowie
- Gebrauch von Appetitzüglern und/oder Diuretika.

Differentialdiagnose

Gewichtsverlust kann eintreten bei depressiven Störungen und bestimmten körperlichen Erkrankungen (z. B. Hirntumore, Morbus Crohn). Hier fehlen jedoch die Störungen des Körperschemas und die übersteigerte Angst, dick zu werden. Schizophrene Patienten, die bizarre Eßgewohnheiten zeigen oder aufgrund von Nahrungsvorstellungen ihre Nahrungsaufnahme einschränken, zeigen ebenfalls keine Gewichtsphobie.

13.1.2
Bulimia nervosa

Symptomatik

Dem Wortsinn nach bedeutet Bulimia »Ochsenhunger« (von griechisch »limos« = Hunger, »bous« = Stier, Ochse). Die Bezeichnung beschreibt das Hauptmerkmal der Störung, das wiederholte Auftreten von *Eßanfällen*, bei denen unter Kontrollverlust große Nahrungsmengen in sehr kurzer Zeit verschlungen werden.

> Während eines Heißhungeranfalls hatte eine Patientin beispielsweise folgende Nahrungsmittel verzehrt (Waadt et al., 1992):
> 2 Portionen Kartoffelbrei, 1 Packung Vollkornbrot, 4 Scheiben Butterkäse, 3 Essiggurken, 5 Scheiben Schinken, 5 Tomaten, 4 Stück Nußkuchen, 1 Fertigpudding, 1/2 l Milch, 1 Flasche Mineralwasser.

Solche Heißhungeranfälle können mehrmals wöchentlich, häufig aber auch mehrmals täglich auftreten. Empirische Studien zeigten, daß die mittlere Kalorienaufnahme pro Eßanfall ca. 2000 kcal beträgt (Woell et al., 1989). Die Spannweite betrug in dieser Studie 680 bis 8500 kcal. Das Eßverhalten bulimischer Patientinnen außerhalb der Eßanfälle ist gekennzeichnet durch häufige Diätversuche bzw. ein stark *gezügeltes Eßverhalten*. Pudel & Westenhöfer (1991, S. 139) machen folgenden Definitionsvorschlag für den Begriff »gezügeltes Eßverhalten«:

>»Als gezügeltes Eßverhalten (›restrained eating‹) wird ein zeitlich relativ überdauerndes Muster der Nahrungsaufnahme bezeichnet, gekennzeichnet durch eine kognitive Kontrolle und Übersteuerung physiologischer Hunger- und psychologischer Appetenzsignale, das auf eine geringere Kalorienzufuhr zum Zweck der Gewichtsreduktion und/oder Gewichtskonstanz zielt«.

Korrespondierende Verhaltensweisen können beispielsweise sein (Tuschl et al., 1988): Setzen von täglichen Kalorienlimits, Auslassen von Mahlzeiten, Verzicht auf Vorspeisen oder Desserts. Empirische Studien fanden, daß bulimische Patientinnen bei »normalen« Mahlzeiten pro Tag meist weniger als 1500 kcal zu sich nahmen (Rossiter et al., 1988; Schweiger et al., 1988).

Psychologisch am auffälligsten ist eine *übertriebene Beschäftigung mit* dem eigenen *Körpergewicht* sowie die überragende Bedeutung dieser körperlichen Merkmale für das Selbstwertgefühl der betroffenen Patientinnen. Die meisten Patientinnen sind dabei normalgewichtig oder sogar leicht untergewichtig. Wegen der unkontrollierbar scheinenden Eßanfälle lebt die Mehrzahl der Patientinnen in einer beständigen Furcht, an Gewicht zuzunehmen und dicker zu werden und versucht, dem durch vielfältige Maßnahmen entgegenzusteuern. So praktizieren 70–90% aller Patientinnen mit der Diagnose Bulimia nervosa *Erbrechen* zumeist unmittelbar nach den Eßanfällen (Fairburn & Cooper, 1982). Das Erbrechen funktioniert nach einiger Zeit fast automatisiert. Manchmal jedoch werden auch mechanische »Hilfen« benutzt, wie z. B. Holzstäbe, die in den Hals gesteckt werden. Viele Patientinnen wollen sichergehen, daß die gesamte, während des Eßanfalls aufgenommene Nahrung auch wieder erbrochen wird. Sie essen zu diesem Zweck zu Beginn eines Eßanfalls ein farbiges »Markierungsnahrungsmittel« und erbrechen so lange, bis dieses wieder aufgetaucht ist. Etwa 20% der Patientinnen nehmen regelmäßig *Abführmittel* in größeren Mengen ein. Die Einnahme erfolgt dabei entweder unmittelbar nach den Eßanfällen oder aber routinemäßig täglich mit der Hoffnung, die Resorption von Nahrungsmitteln aus dem Darm zu reduzieren und dadurch an Gewicht zu verlieren bzw. nicht zuzunehmen. Da Laxantien jedoch erst in einem Darmabschnitt wirken, in dem die Resorption der Nährstoffen weitgehend abgeschlossen ist, handelt es sich bei den erlebten Gewichtsverlusten weitgehend um Wasserverluste. Das »Erfolgserlebnis« kurz nach der Einnahme solcher Substanzen wirkt offenbar als wichtiger Verstärker für das unmittelbar vorausgehende Verhalten, obwohl die langfristigen Konsequenzen negativ sind. Seltener werden Appetitzügler oder Diuretika zur Gewichtskontrolle eingesetzt. Exzessive körperliche Aktivität kommt vor, jedoch nicht in dem bei der Anorexia nervosa zu beobachtenden Ausmaß. Diabetische Patientinnen mit Bulimia nervosa führen oft Insulinunterdosierung herbei, um über die Glukosurie (Zuckerausscheidung im Harn) überschüssige Kalorien loszuwerden (Waadt et al., 1990).

Komorbidität

Viele Patientinnen leiden unter depressiven Symptomen wie Stimmungslabilität, Gefühle der Wertlosigkeit und Suizidgedanken (Laessle et al., 1987). Nahezu die Hälfte der Patientinnen erhält im akuten Stadium der Bulimie die Zusatzdiagnose einer affektiven Störung (Hudson et al., 1983). Oftmals sind Stimmungsschwankungen direkt mit Eßanfällen verbunden. Angststörungen treten als Begleitsymptomatik bei über der Hälfte bulimischer Patientinnen auf (Laessle et al., 1989). Häufig geraten Patienten im Verlauf ihrer Erkrankung infolge des extrem abweichenden Eßverhaltens zunehmend in soziale Isolation sowie in berufliche und finanzielle Schwierigkeiten. Hinzu kommt dann in ca. 20% der Fälle noch Alkohol- und Drogenabhängigkeit (Mitchell et al., 1986).

Diagnostische Kriterien

Diagnostische Kriterien für Bulimia nervosa (nach DSM-IV)

- Wiederkehrende Episoden von Eßanfällen mit folgenden Merkmalen:
  1) Innerhalb einer begrenzten Zeitspanne (z. B. innerhalb von zwei Stunden) wird eine Nahrungsmenge gegessen, die eindeutig größer ist als die von den meisten Personen üblicherweise im gleichen Zeitraum unter vergleichbaren Umständen gegessene Menge.
  2) Gefühl des Kontrollverlustes während des Eßanfalls (z. B. das Gefühl, mit dem Essen nicht mehr aufhören zu können oder nicht mehr kontrollieren zu können, was oder wieviel man ißt).
- Um einer Gewichtszunahme entgegenzuwirken, greift die betroffene Person regelmäßig zu unangemessenen Verhaltensweisen wie 1) selbstinduziertes Erbrechen, 2) strenges Diäthalten oder Fasten, 3) Mißbrauch von Laxantien, Diuretika oder Einläufen, 4) übermäßige körperliche Bewegung.
- Die Eßanfälle und das kompensatorische Verhalten treten drei Monate lang mindestens zweimal pro Woche auf.
- Die Selbstbewertung wird in übertriebener Weise durch die eigene Figur und das Körpergewicht beeinflußt.
- Die Störung tritt nicht ausschließlich während Episoden von Anorexia nervosa auf.

Zwei Subtypen der Bulimia nervosa sollen spezifiziert werden:

■ **Typus mit Erbrechen/Abführen.** Regelmäßiges selbstinduziertes Erbrechen oder Mißbrauch von Abführmethoden bzw. Diuretika.

■ **Typus ohne Erbrechen/Abführen.** Häufiges, strenges Diäthalten, Fasten oder übermäßige körperliche Betätigung, aber *kein* Erbrechen oder Mißbrauch von Abführmethoden.

Differentialdiagnose

Episoden von unkontrollierbarem Heißhunger finden sich auch bei etwa 50% der Adipösen. Bei diesen fehlen jedoch zumeist Erbrechen oder andere extreme Maßnahmen zur Gewichtskontrolle. Bestimmte neurologische Erkrankungen (z.B. Tumore des Zentralnervensystems, Klüver-Bucy-ähnliche Syndrome, Kleine-Levin-Syndrom), aber auch Schizophrenien, die mit ungewöhnlichem Eßverhalten verbunden sein können, sind differentialdiagnostisch auszuschließen.

13.1.3
Epidemiologie und Verlauf bei Anorexia und Bulimia nervosa

95% aller von Anorexia nervosa Betroffenen sind Frauen (Fichter, 1985). Die Prävalenzraten in Stichproben aus verschiedenen Populationen reichen von 1/800 bis 1/100 für Frauen in der Altersgruppe zwischen 12 und 20 Jahren (Mitchell & Ekkert, 1987). Mehrere Untersuchungen zur Behandlungsinzidenz deuten auf einen leichten Anstieg seit Anfang der 70er Jahre hin (Jones et al., 1980; Willi & Grossmann, 1983). Bulimia nervosa kommt häufiger vor. Die Prävalenzschätzungen aus dem angloamerikanischen Raum liegen zwischen 1 und 3% für Frauen in der Altersgruppe zwischen 18 und 35 Jahren (Fairburn & Beglin, 1990). Für die weibliche Gesamtbevölkerung in Westdeutschland wurde eine Prävalenzrate von 2,4% geschätzt (Westenhöfer, 1992). Nur ca. 1% der Fälle sind Männer (Fairburn & Cooper, 1984). Sowohl anorektische als auch bulimische Patienten stammen vorwiegend aus der Mittel- und Oberschicht (Garfinkel & Garner, 1982; Mitchell et al., 1985). Wesentlich häufiger als das vollständige Syndrom einer Eßstörung kommen in der Bevölkerung einzelne Symptome gestörten Eßverhaltens vor. Die Diskrepanz zwischen dem derzeit vorherrschenden – vielfach unreflektiert übernommenen – Schlankheitsideal und dem eigenen Körpergewicht bringt offenbar viele Frauen dazu, neben Schlankheitsdiäten auch gesundheitsschädliche Maßnahmen zur Gewichtskontrolle zu benutzen. 2,6% der erwachsenen weiblichen Gesamtbevölkerung der Bundesrepublik Deutschland ohne die Diagnose einer Eßstörung induzieren regelmäßig Erbrechen, 5% aller Frauen benutzten Laxantien zur Gewichtsregulation (Westenhöfer, 1992). Die regelmäßige Einnahme von Appetitzüglern und Diuretika ist ebenfalls keine Seltenheit (Reinberg & Baumann, 1986). Bei 8% aller Frauen tritt mindestens einmal pro Woche eine Eßepisode auf, die subjektiv als Eßanfall erlebt wird (Westenhöfer, 1992).

Anorexia nervosa beginnt meistens in der früheren Adoleszenz (daher auch »Pubertätsmagersucht«). Die in der Literatur beschriebenen Ergebnisse zum Langzeitverlauf behandelter Patienten deuten darauf hin, daß bei Berücksichtigung eines Follow-up-Zeitraums von mindestens vier Jahren ca. 30% der Fälle vollständig gebessert sind, 35% etwas gebessert sind, 25% der Fälle chronisch krank bleiben und ca. 10% verstorben sind. Diese Verteilung scheint relativ unabhängig von der jeweiligen Behandlungsstrategie zu sein (Herzog et al., 1988; Hsu, 1988; Steinhausen & Glanville, 1983) und wurde auch in neueren Studien mit Follow-up-Zeiträumen bis zu 20 Jahren bestätigt (Engel, 1990; Ratnasuriya et al., 1991). Bei vielen Patienten persistieren auch nach Gewichtsnormalisierung anorektische Einstellungen zu Gewicht und Figur. Circa 50% der Patienten scheinen ein verändertes Eßverhalten beizubehalten, das zwar nicht zu einem massiven Gewichtsverlust führt, jedoch zur Aufrechterhaltung spezifischer physiologischer Dysfunktionen (z.B. verminderte Ansprechbarkeit des sympathischen Nervensystems) beitragen kann (Pirke & Ploog, 1986).

Die Bulimia nervosa entwickelt sich häufig im frühen Erwachsenenalter. Ungefähr 4/5 erkranken vor dem 22. Lebensjahr (Paul et al., 1984). In etwa der Hälfte der Fälle geht der Bulimia nervosa eine Anorexie voraus (Mitchell et al., 1985). Zum Verlauf der Bulimie ist bislang noch wenig bekannt. In klinischen Stichproben ergab sich eine mittlere Krankheitsdauer von mehr als fünf Jahren, bevor der erste Behandlungsversuch unternommen wurde. 32% litten seit mehr als zehn Jahren an dieser Eßstörung (Paul et al., 1984). In zwei Follow-up-Studien waren zwei Jahre nach einer stationären Therapie jeweils ca. 40% der Patienten deutlich gebessert, 20% teilweise gebessert und 40% chronisch erkrankt (Fallon et al., 1991; Fichter et al., 1992).

13.1.4
Biologische Funktionsstörungen

Die permanente Einschränkung der Nahrungsaufnahme und der resultierende massive Gewichtsverlust zieht bei Patientinnen mit einer anorektischen Eßstörung eine Vielzahl somatischer Folgeerscheinungen nach sich. Dazu gehören Störungen der Funktion der Nebennierenrinde, der Keimdrüsen, der Schilddrüse sowie der zentralen Regulation dieser Drüsen durch Hypophyse und

Hypothalamus. Weiterhin wurden Veränderungen im sympathischen Nervensystem, in der Körperzusammensetzung in bezug auf den Fettanteil und die fettfreie Körpermasse, in der Temperaturregulation, im Stoffwechsel, im Wasser- und Mineralstoffhaushalt beobachtet. Obwohl bulimische Patientinnen zumeist normalgewichtig sind, treten auch bei diesen infolge der wiederholten Diätperioden (intermittierendes Fasten) bzw. des gezügelten Eßverhaltens biochemische Zeichen von Mangelernährung auf wie z.B. erniedrigte Glucosespiegel, erhöhte Konzentrationen freier Fettsäuren und deren Metaboliten auf. Eine Übersicht über diese biologischen Veränderungen findet sich bei Pirke & Ploog (1986) sowie bei Laessle & Pirke (1995). Therapeutisch besonders relevant sind Störungen bei Neurotransmittern wie dem Noradrenalin und dem Serotonin, die als Folge des pathologischen Eßverhaltens auftreten können. Für eine Rückbildung solcher Störungen ist eine Normalisierung des Eßverhaltens hinsichtlich der Kalorienzufuhr, der Makronährstoffzusammensetzung und der zeitlichen Struktur notwendige Voraussetzung (s. Laessle et al., 1987).

Psychologische Effekte des mehrfach wiederholten kurzzeitigen Fastens zeigen sich beispielsweise in der Beeinträchtigung der Stimmung, der Konzentration sowie in körperlichen Beschwerden wie Müdigkeit (Laessle et al., 1996).

13.1.5
Somatische Komplikationen

Häufiges Erbrechen führt zu *Zahnschädigungen*. Es finden sich Erosionen des Zahnschmelzes und Verlust der Zahnhartsubstanz. Dabei wird die Zahngröße oft drastisch verringert (Willershausen et al., 1990). Karies und Zahnfleischschäden werden infolge der guten Mundhygiene (Zähneputzen nach dem Erbrechen) nicht häufiger als bei Gesunden beobachtet. Die Ansäuerung der Mundhöhle durch erbrochenen Magensaft führt zur Schwellung und Entzündung der Speicheldrüsen (Mayerhausen et al., 1990). Die *Speicheldrüsenstörung* führt zu einem Anstieg des Enzyms Amylase, dessen Erhöhung aber auch Ausdruck einer Pankreasstörung sein kann. Die *Pankreatitis* tritt oft plötzlich nach Freßattacken auf. Sie geht mit schwersten abdominalen Schmerzen, Fieber und Tachykardie einher (Gavish et al., 1987) und weist eine Mortalität von 10% auf. Eine weitere Folge gehäuften Erbrechens sind *Elektrolytstörungen*. Besonders schwerwiegend ist der Kaliumverlust, der sich nicht nur in niedrigen Plasmaspiegeln des Kaliums, sondern auch in spezifischen elektrokardiographischen Veränderungen äußert. Klinisch macht sich der Kaliummangel in Herzmuskelschwäche und Rhythmusstörungen bemerkbar. Neben diesen lebensbedrohlichen kardialen Komplikationen werden Verwirrtheit, Muskelschwäche, Krämpfe, Parästhesien, Polyurie und Obstipation beobachtet. Kompliziert werden Kaliummangelzustände häufig durch Magnesiummangel. Laxantienabusus kann wegen der Elektrolytverluste (Bicarbonat, Kalzium, Magnesium und Kalium) zu schwerwiegenden, lebensbedrohlichen *Nierenschädigungen* führen. Neben der Nierenschädigung führt Laxantienabusus zu rektalen Blutungen, zu Wasserverlust, Dehydration und selten zu lebensbedrohenden Erschlaffungszuständen des Dickdarms. Infolge des Verschlingens großer Nahrungsmengen und des anschließenden Erbrechens kommt es zu einer Reihe weiterer *gastrointestinaler Störungen*. Eine zunächst harmlose Störung ist der verlangsamte Transport der Nahrungsmittel und die verzögerte Magenentleerung (Lautenbacher et al., 1989). Hieraus können sich akute atonische Magenerweiterungen, die mit schwersten Schmerzzuständen im Abdomen einhergehen, entwickeln. Die schwerste und häufig letale Komplikation ist dann die Magenruptur (Letalität 80%). Rupturen der Speiseröhre sind nach Erbrechen beschrieben worden und sind gleichfalls mit einer sehr hohen Letalität belastet. *Trockene Haut* und trockene brüchige Haare mit Haarausfall werden bei 10 bis 30% der Bulimiepatienten gefunden. Ursache dürfte eine leichte Verminderung der Schilddrüsenhormonwirkung sein. Bei ca. 80% der anorektischen und bei ca. 50% der bulimischen Patienten finden sich morphologische Veränderungen des Gehirns, die als *Pseudoatrophie* bezeichnet werden (Krieg et al., 1989).

13.2
Störungsmodelle
für Anorexia und Bulimia nervosa

Ein einheitliches, empirisch belegtes Modell zur Pathogenese und Aufrechterhaltung der Anorexia nervosa und Bulimia nervosa existiert nicht. Im folgenden wird deshalb versucht, auf der Basis vorliegender Daten relevante Faktoren herauszuarbeiten. Als heuristisches Konzept wird der Vorschlag von Weiner (1977) herangezogen, der für die Entwicklung einer psychosomatischen Störung die Interaktion mehrerer Prädispositions- oder Vulnerabilitätsfaktoren mit spezifischen auslösenden Bedingungen postuliert. Gesonderter Beachtung bedürfen bei Eßstörungen die Faktoren der Aufrechterhaltung, die vor allem im Zusammenhang mit den vielfältigen biologischen Veränderungen stehen können, die infolge des pathologischen Eßverhaltens auftreten.

13.2.1
Prädisponierende Faktoren

Diese Faktoren sind dadurch gekennzeichnet, daß sie bereits vor dem Auftreten der Störung über längere Zeit bestanden und möglicherweise auch nach Krankheitsbeginn weiter wirksam sind.

Soziokulturell vorgegebenes Schlankheitsideal

Während früher Körperfülle als Symbol von Wohlstand galt und daher besonders geschätzt wurde, wird heute Dicksein überwiegend negativ bewertet (Westenhöfer, 1992). Mit der Diskriminierung Dicker ging eine zunehmend positive Bewertung des schlanken, ja mageren Körpers einher. Vor allem gefördert durch die Medien hat sich seit Beginn der 60er Jahre das Schönheitsideal für Frauen in westlichen Industrienationen immer mehr in Richtung einer extrem schlanken Figur verschoben. Dies wird besonders deutlich in einer Untersuchung von Garner et al. (1980), die zeigt, daß das Durchschnittsgewicht der »Centerfold-Modelle« des Herrenmagazins »Playboy« ebenso wie das der Teilnehmerinnen an Schönheitswettbewerben wie »Miss America« zwischen 1959 und 1979 signifikant gesunken ist. Andererseits stieg das Durchschnittsgewicht von Frauen im gleichen Zeitraum infolge günstiger Ernährungsbedingungen und geringer körperlicher Beanspruchung eher an. Die Kluft zwischen idealer und realer Figur hat sich dadurch vergrößert. Da körperliche Attraktivität eine wesentliche Quelle des weiblichen Selbstwertgefühls darstellt, unterliegen die meisten Frauen einem starken Druck, der sozialen Norm ungeachtet ihrer individuellen, z.T. biologisch determinierten Konstitution zu entsprechen (Rodin et al., 1985). Die negative Bewertung der eigenen Körperform bringt viele Frauen dazu, vielfältige Maßnahmen zur Gewichtsabnahme zu versuchen. Erfolgreiche Gewichtskontrolle führt in den meisten Fällen zu kurzfristig positiven Konsequenzen in der sozialen Umgebung. Für einige Frauen begünstigen diese soziokulturellen Bedingungen, daß gerade in der Phase der Entwicklung einer eigenen Identität während der Adoleszenz erfolgreiche Gewichtsreduktion und Schlanksein zur alleinigen Quelle des Selbstwertgefühls werden und extreme Formen – wie die Anorexie – annehmen kann. Der wesentliche Beitrag soziokultureller Faktoren liegt vor allem in der Erklärung der weitaus größeren Häufigkeit von Eßstörungen bei Frauen als bei Männern, für die der Schlankheitsdruck in sehr viel geringerem Ausmaß (oder nur in bestimmten Gruppen wie z.B. Tänzern) vorhanden ist.

Bedingungen in der Familie

Interaktionsstörungen im Familiensystem als pathogener Faktor für Magersucht und Bulimie werden vor allem von Selvini-Palazzoli (1978) und Minuchin et al. (1978) hervorgehoben. Demnach ist das Familiensystem eßgestörter Patienten durch spezifische Interaktionsmuster gekennzeichnet, die sich als

*   Verstrickung,
*   Rigidität,
*   Überbehütung,
*   Konfliktvermeidung und
*   wechselnde Koalitionsbildung beschreiben lassen (Minuchin et al., 1978).

Nach diesem systemischen Modell wird ein Familienmitglied zum Symptomträger, um damit die »Stabilität« des Familiensystems aufrechtzuerhalten und offene Konflikte, insbesondere zwischen den Eltern, zu verhindern. Das Streben nach Autonomie und eigener Identität wird verhindert. Konflikte werden vermieden oder verleugnet, und es besteht die Tendenz, möglichst eine schnelle (Pseudo-)Harmonie wiederherzustellen. Im Rahmen dieser systemtheoretischen Sichtweise wird allerdings kaum erklärt, durch welche Mechanismen die familiären Beziehungsmuster gerade Diätieren auslösen und aufrechterhalten sollen. Darüber hinaus ist die empirische Evidenz für das Vorhandensein der postulierten Beziehungsmuster eher schwach. In Fragebogenuntersuchungen zur Wahrnehmung der familiären Interaktion durch eßgestörte Patienten und deren Eltern zeigte sich beim Vergleich mit Kontrollfamilien (ohne eßgestörte Patienten) als einzig konsistentes Ergebnis, daß in den Patientenfamilien der offene Ausdruck von Bedürfnissen und Gefühlen weniger akzeptiert wird und häufiger konfliktreiche Interaktionen erlebt wurden (Überblick bei Strober & Humphrey, 1987). In einer methodisch gut fundierten Beobachtungsstudie von Kog & Vandereycken (1989) fanden sich für Familien mit eßgestörten Kindern zwar Hinweise für das Vorhandensein der Beziehungsmuster Konfliktvermeidung, Verstrickung und Rigidität, nicht jedoch für die anderen Konzepte von Minuchin. Familien mit normalgewichtigen bulimischen Patienten waren gekennzeichnet durch starke interpersonelle Abgrenzung der einzelnen Familienmitglieder. Generell bringen Untersuchungen zu familiären Interaktionsmustern besondere methodische Schwierigkeiten mit sich, die vor allem das Problem der Kausalität betreffen. Familiäre Auffälligkeiten zum Zeitpunkt der akuten Eßstörung liefern keine eindeutigen Aufschlüsse darüber, ob die pathologischen Interaktionsmuster bereits vor dem Beginn der Erkrankung bestanden oder erst als deren Folgen aufgetreten sind. Darüber hinaus müßte gezeigt werden, daß die beobachteten Interaktionsmuster spezifische Merkmale sogenannter »Eßstörungsfamilien« sind und nicht in gleichem Ausmaß auch in Familien mit anderweitig gestörten Mitgliedern auftreten (Strober & Humphrey, 1987).

Lernerfahrungen; individuelle Faktoren

Eine ganz wesentliche Rolle für die Entwicklung einer Eßstörung spielen sicherlich individuelle Lernerfahrungen im Zusammenhang mit Nahrungsaufnahme (Johnson & Maddi, 1986). Nahrungsverweigerung kann beispielsweise bereits im frühkindlichen Stadium als außerordentlich potentes Mittel eingesetzt werden, um die Umgebung zu manipulieren. Insbesondere im Anfangsstadium der Anorexie können solche Erfahrungen zum Tragen kommen. Besonders relevant für die Entwicklung einer Bulimie scheint das erlebte Ausmaß zu sein, in dem Essen als Mittel der Ablenkung, Belohnung oder Entspannung verwendet wurde, um unangenehmen Situationen oder Gefühlen zu entgehen bzw. diese erst gar nicht zu erleben. Darüber hinaus kann eine häufig von physiologischen Bedürfnissen abgekoppelte Nahrungsaufnahme zu einem »Verlernen« normaler Hunger- und Sättigungsempfindungen führen (Booth, 1989).

Biologische Faktoren

Als Ursache für einige zentrale Symptome der Anorexia nervosa wurde eine primäre hypothalamische Dysfunktion diskutiert. Alle neuroendokrinen Veränderungen bei Magersüchtigen im akuten Krankheitsstadium können jedoch auch durch experimentell induzierte Mangelernährung hervorgerufen werden (Pirke & Ploog, 1986). Eine primäre hypothalamische Störung ist daher sehr unwahrscheinlich. Für die Bulimie wurden primäre Störungen bzw. eine spezifische Vulnerabilität des serotonergen Systems angenommen. Es ist jedoch eher zu vermuten, daß solche Störungen erst sekundär als Konsequenz eines pathologischen Eßverhaltens auftreten (Schweiger et al.,

1988). Ein wesentlicher Risikofaktor auf biologischer Ebene kann in einem höheren Gewicht bei normaler Nahrungsaufnahme liegen (Striegel-Moore et al., 1986). Ein dem gängigen Schlankheitsideal entsprechendes Körpergewicht wäre dann nur durch deutliche Einschränkungen der Kalorienzufuhr zu erreichen. Empirisch unterstützt wird diese Annahme durch die Beobachtung, daß Patienten mit Bulimie vor Entwicklung der Eßstörung häufig leicht übergewichtig waren (Mitchell et al., 1985).

Kognitive Defizite

Garner & Bemis (1983) haben dem Denkstil eßgestörter Patientinnen besondere Aufmerksamkeit geschenkt und auf Verzerrungen und irrationale Annahmen hingewiesen, die zu Determinanten des gestörten Eßverhaltens werden können.

Beispiel:			
Annahme	spezifische Annahme	Verhalten	Biologische Veränderung
Man muß immer perfekt sein	Nur wenn ich schlank bin, bin ich perfekt	Fasten Diät Erbrechen	Gewichtsabnahme biochemische Anpassung an Mangelernährung

Weitere allgemeine irrationale Denkprinzipien, die dem spezifisch nahrungsbezogenen Verhalten eßgestörter Patientinnen zugrundeliegen können, sind im untenstehenden Kasten zusammengefaßt (Garner & Bemis, 1983). Sie basieren weitgehend auf dem von Beck et al. (1979) herausgearbeiteten kognitiven Erklärungsmodell für die Depression.

Zugrundeliegende Denkprinzipien beim nahrungsbezogenen Verhalten eßgestörter Patientinnen

Selektive Abstraktion:
Eine Schlußfolgerung berücksichtigt nur isolierte Details und ignoriert gegenteilige Argumente, z.B. »Ich bin nur etwas Besonderes, wenn ich dünn bin«.

Übergeneralisierung:
Ableitung von Regeln auf der Basis eines einzigen Ereignisses, z.B. »Früher habe ich Fleisch gegessen, und es hat mich fett gemacht. Deshalb darf ich jetzt kein Fleisch mehr essen«.

Übertreibung:
Die Bedeutung von Ereignissen oder Tatsachen wird überschätzt, z.B. »Wenn ich zwei Pfund zunehme, kann ich keine Shorts mehr anziehen«.

Dichotomes – oder Alles-oder-Nichts-Denken:
z.B. »Wenn ich einmal die Kontrolle über Essen verliere, verliere ich sie für immer und werde fett«.

Personalisierung:
z.B. »Jemand lachte, während ich an ihm vorbeiging. Sicher hat er sich über meine dicke Figur lustig gemacht«.

Magisches Denken:
z.B. »Wenn ich ein Stück Schokolade esse, verwandelt es sich sofort in Fettpolster«.

In früheren Studien mit anorektischen Patientinnen fand sich häufig, daß diese ihre Körperdimensionen überschätzten. Aus methodischen Gründen werden diese Ergebnisse heute in Zweifel gezogen (s. Hsu & Sobkiewicz, 1991). Allerdings hat sich das Ausmaß der Körperschemastörung in späteren Arbeiten als bedeutsamer Prädiktor für den weiteren Verlauf der Krankheit erwiesen (Freeman et al., 1985). Patientinnen mit einer ausgeprägten Störung zeigten dabei eine schlechtere Prognose. Inwieweit diese Störung und auch die häufig berichtete Unfähigkeit, innere Signale wahrzunehmen (z.B. Hungergefühle, Sattheit), tatsächlich ätiologisch bedeutsam ist oder eher als sekundäre Konsequenz der Mangelernährung zu betrachten ist, muß derzeit noch offen bleiben.

13.2.2
Auslösende Ereignisse

Prädisponierende Faktoren können erklären, warum eine bestimmte Krankheit als »Kompromißlösung« bei bestehenden Problemen »gewählt« wurde, jedoch nicht, zu welchem Zeitpunkt sie erstmals auftritt. Dem Beginn der Anorexia oder Bulimia nervosa gingen in vielen Fällen externe Ereignisse voraus, die als sog. kritische Lebensereignisse beschrieben werden können (z.B. Trennungs- und Verlustereignisse, neue Anforderungen, Angst vor Leistungsversagen oder auch körperliche Erkrankungen; s. Halmi, 1974). Gemeinsam ist diesen Ereignissen, daß sie Anpassungsanforderungen stellen, denen die Patienten zu diesem Zeitpunkt nicht gewachsen sind (Garfinkel &

Garner, 1982). Eine strikte Reduktionsdiät per se kann bei entsprechend vulnerablen Personen ebenfalls fortgesetztes chronisches Diätieren und pathologisch veränderte Einstellungen zu Gewicht und Figur hervorrufen (Beumont et al., 1978). In jüngerer Zeit wird auch die Rolle körperlicher Aktivität bei der Auslösung einer Anorexia nervosa diskutiert (Touyz et al., 1987), da experimentell gezeigt werden konnte, daß eine Zunahme physischer Aktivität mit einer Verringerung der Kalorienaufnahme einhergehen kann (Epling et al., 1983).

13.2.3
Faktoren der Aufrechterhaltung

Sowohl bei der Anorexia als auch bei der Bulimia kommt es durch das veränderte Eßverhalten zu einer Vielzahl von biologischen und psychologischen Veränderungen, die ihrerseits zur Aufrechterhaltung des gestörten Eßverhaltens beitragen können, auch wenn andere, ursprünglich an der Entstehung beteiligte Bedingungen gar nicht mehr vorhanden sind. Für die Anorexia nervosa wurde mehrfach ein selbstperpetuierender Kreislaufprozeß (Circulus vitiosus) beschrieben, der sich durch Mangelernährung ergibt (Lucas, 1981; Ploog & Pirke, 1987). Aus Untersuchungen an diäthaltenden Probanden (Keys et al., 1950) ist bekannt, daß Mangelernährung zu einer ständigen gedanklichen Beschäftigung mit Essen führt und manchmal bizarre Verhaltensweisen im Umgang mit Nahrungsmitteln auslöst. Weiterhin kommt es zu gravierenden Veränderungen im affektiven (z.B. depressive Stimmung, Reizbarkeit) und im kognitiven Bereich (Konzentrationsmangel, Entscheidungsunfähigkeit). Vegetative Funktionen (z.B. Schlaf, Sexualität) werden in erheblichem Ausmaß negativ beeinflußt. Auf psychosozialer Ebene ist davon auszugehen, daß infolge der durch das abnorme Eßverhalten bedingten Isolation und des reduzierten Interesses an anderen Bereichen die Defizite in Selbstwertgefühl und Selbstwahrnehmung vergrößert werden. Die mangelnde Einflußnahme auf Erfolgserlebnisse im zwischenmenschlichen Bereich kann häufig den Versuch verstärken, über die Kontrolle des Gewichtes und der Figur eine vermeintlich fehlende Attraktivität zu erreichen. Längerfristige permanente (wie bei der Anorexia nervosa) oder intermittierende (wie bei der Bulimie) Mangelernährung führt zu metabolischen und endokrinen Veränderungen, die als Maßnahme zur Herabsetzung des Energieverbrauchs interpretiert werden können (Pirke & Ploog, 1987). Diese Veränderungen persistieren

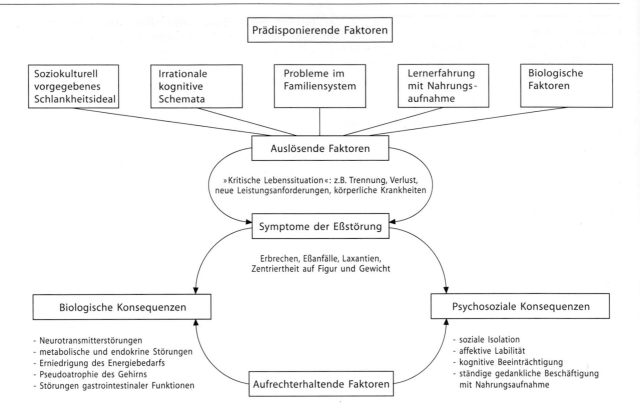

Abb. 13.1. Zusammenfassendes Störungsmodell für Anorexia nervosa und Bulimie

auch bei ausreichender Kalorienzufuhr noch längere Zeit. Normales Eßverhalten würde unter diesen Bedingungen kurzfristig eine Gewichtszunahme bedeuten, die jedoch die spezifischen Ängste eßgestörter Patienten aktiviert und zu erneutem Versuch der Kontrolle des Eßverhaltens führt. Dadurch aber wird eine langfristige Normalisierung der biologischen Veränderungen verhindert (Laessle et al., 1987). Von besonderer Bedeutung für das von vielen Patienten selbst nach kleinsten Mahlzeiten geäußerte Völlegefühl könnten sekundäre Veränderungen gastrointestinaler Funktionen (z. B. Magenmotilität, Magenentleerung) sein (Lautenbacher et al., 1989; Tuschl, 1987). Zusammenfassend sind die Interaktionen zwischen Eßverhalten, biologischen und psychologischen Veränderungen in Abb. 13.1 dargestellt.

13.2.4
Ein psychobiologisches Modell zur Entstehung und Aufrechterhaltung bulimischen Eßverhaltens

Patienten mit bulimischer Symptomatik zeigen an Tagen ohne Eßanfälle häufig ein extrem gezügeltes Eßverhalten (Schweiger et al., 1988). Aufgrund der bislang vorliegenden Daten und aufgrund theoretischer Überlegungen zu den Mechanismen der Nahrungsaufnahmeregulation kann angenommen werden, daß ein gezügeltes Eßverhalten die Wahrscheinlichkeit für das Auftreten von Eßattacken stark erhöht und darüber hinaus zum Auftreten länger anhaltender biologischer und psychologischer Störungen führt.

Empirische Hinweise zur Bedeutung gezügelten Eßverhaltens als Risikofaktor für das Auftreten von Eßanfällen stammen aus verschiedenen Bereichen. Sowohl bei anorektischen Patienten mit bulimischer Symptomatik als auch bei normalgewichtigen Patienten mit Bulimia nervosa sind die ersten Eßanfälle nach längeren Diätperioden aufgetreten (Garfinkel et al., 1980). Bei Teilnehmern an einem Fastenexperiment traten sowohl während als auch noch nach Beendigung der Fastenperiode Eßanfälle auf, die keine der Personen vorher erlebt hatte (Keys et al., 1950). Experimentelle Studien zum Eßverhalten zeigen, daß Personen den erzwungenen Verzicht auf eine Mahlzeit durch erhöhte Nahrungsaufnahme bei der nächstmöglichen Gelegenheit ausgleichen (Bellisle et al., 1984). Schließlich wurde in Tierexperimenten gezeigt, daß unter Deprivationsbedingungen die aufgenommene Nahrungsmenge pro Mahlzeit mit der Länge der Deprivationsperiode ansteigt (LeMagnen et al., 1976). Ein experimentelles Para-

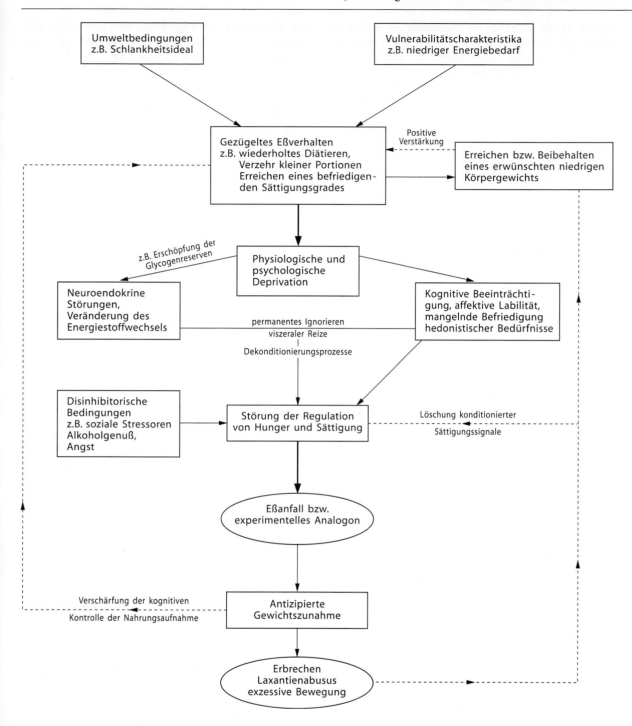

Abb. 13.2. Die Bedeutung hoher kognitiver Kontrolle der Nahrungsaufnahme für die Entstehung von Eßanfällen

digma zur Untersuchung spezifischer Auslösefaktoren und Voraussetzungen für Eßanfälle entwickelte die Arbeitsgruppe von Herman (Übersicht bei Herman & Polivy, 1988). In einer Reihe von Experimenten konnte gezeigt werden, daß sich Personen, die mit Hilfe eines Fragebogens in gezügelte und ungezügelte Esser eingeteilt wurden, im Labor signifikant in ihrem Eßverhalten unterscheiden. Normalerweise essen gezügelte Esser im Labor bei einem als Geschmackstest deklarierten Versuch weniger als ungezügelte Esser. Der Verzehr einer erzwungenen Vormahlzeit (»preload«) hat jedoch bei den gezügelten Essern den paradoxen Effekt, daß sie im nachfolgenden Geschmackstest mehr zu sich nehmen als die ungezügelten Esser. Andere disinhibierende Bedingungen (z.B. Alkohol, Induktion von Angst) haben dieselbe Wirkung. Dieses Phänomen kann als ein experimentelles Analogon zu den Eßattacken bei der Bulimia nervosa angesehen werden. In Abhängigkeit vom Ausmaß der ausgeübten kognitiven Kontrolle der Nahrungsaufnahme kommt es bei gezügelten Essern zu verstärkten Hunger- und Frustrationsgefühlen. Diäthaltende Personen nehmen sich vor, allen in unserer Gesellschaft reichlich vorhandenen kulinarischen Verlockungen zu widerstehen, obwohl die Anreizvalenz der »verbotenen« Speisen durch den vorhergehenden Verzicht besonders erhöht sein kann (Tuschl et al., 1988). Die permanente Ignorierung von Hungergefühlen führt darüber hinaus vermutlich zu der von bulimischen Patienten oft berichteten Unfähigkeit, interozeptive Signale adäquat wahrzunehmen (Garner et al., 1983). Die Bevorzugung von Diätnahrungsmitteln und der Gebrauch künstlicher Süßstoffe können weiter dazu führen, daß vertraute orale Reize, wie die Geschmacksqualität des Süßen, dem Organismus keine reliable Vorhersage des Energiegehaltes einer Speise mehr erlauben (Blundell & Hill, 1986). Andere Maßnahmen zur Gewichtskontrolle, wie z.B. Erbrechen oder die Einnahme von Abführmitteln, bewirken möglicherweise zusätzlich, daß konditionierte Sättigungssignale gelöscht werden und tragen zu einer schrittweisen Inaktivierung der psychophysiologischen Regulation der Nahrungsaufnahme bei. Hunger- und Frustrationsgefühle wie auch eine gestörte Hunger- und Sättigungswahrnehmung treten also als Folge des »restrained eating« auf und erleichtern das Auftreten von Heißhungeranfällen. Sind solche Eßanfälle erst einmal aufgetreten, wird anstatt mit einer Lockerung meist mit einer Verschärfung der kognitiven Kontrolle des Eßverhaltens reagiert. Dies verstärkt die Beeinträchtigung der physiologischen und psychologischen Regulation der Nahrungsaufnahme und führt zu dem für das Bulimie-Syndrom typischen Teufelskreis des Fastens und Fressens. Die beschriebenen Zusammenhänge sind in Abb. 13.2 noch einmal zusammenfassend dargestellt.

13.3
Therapeutisches Vorgehen

Als wichtiges allgemeines Prinzip bei der Behandlung von Anorexia und Bulimia nervosa gilt, daß Interventionen auf zwei Schienen erfolgen müssen. Kurzfristig ist eine möglichst rasche Modifikation des Körpergewichts (bei extrem untergewichtigen Patientinnen) bzw. des Eßverhaltens (bei normalgewichtigen Patientinnen mit Bulimie) notwendig, um eine schnelle Rückbildung der biologischen Dysfunktionen zu erreichen. Langfristig müssen die Patientinnen in die Lage versetzt werden, selbst die psychologischen und psychosozialen Bedingungen zu erkennen, die in funktionalem Zusammenhang mit dem gestörten Eßverhalten stehen. Für die erste Behandlungsphase kann sowohl bei anorektischen als auch bei bulimischen Patientinnen ein stationärer Aufenthalt günstig sein. Dies gilt beispielsweise bei einem Untergewicht kleiner als BMI 14.

BMI: Body Mass Index:
Gewicht in kg/[Körpergröße in m]^2

Der BMI ist ein an der Körperhöhe relativierter Gewichtsindex, dessen Korrelation zur Fettgewebemasse bei etwa 0,80 liegt. Nach Bray (1987) liegt das akzeptable Normalgewicht für Frauen bei einem BMI zwischen 19 und 24, für Männer zwischen 20 und 25.

Für die Entscheidung, eine Patientin stationär oder ambulant zu behandeln, schlagen Vandereycken & Meermann (1984, S. 101f.) folgende Kriterien vor:

Medizinische Kriterien

- Eine lebensbedrohliche Situation aufgrund von starkem Gewichtsverlust,
- starke Veränderungen körperlicher Funktionen (z.B. niedriger Blutdruck, Bradykardie, Oligothermie),
- pathologische Elektrolytveränderungen (insbesondere Hypokaliämie),
- häufige Infektionen bei extrem kachektischen Patientinnen oder
- akute Suizidalität, die häufig bei bulimischen Patientinnen vorkommen kann, sollte zur stationären Einweisung führen.

Psychosoziale Kriterien

Eine Hospitalisierung ist oft die einzige Möglichkeit, die Patienten aus einem Teufelskreis herauszulösen, der die Eßstörung bedingt hat und aufrechterhält (z.B. familiäre Schwierigkeiten, soziale Isolation, Arbeits- oder Lernprobleme). In solchen Fällen müssen die Nachteile der Hospitalisierung (z.B. Herauslösen aus dem normalen Alltag) gegen die Vorteile abgewogen werden.

Psychotherapeutische Kriterien

Vor allem Patientinnen mit mangelnder Motivation, die oft eine ambulante Therapie vollständig ablehnen, können von einer Hospitalisierung in einem speziellen psychotherapeutischen Klima profitieren. Eine andere Vorgehensweise sind z. B. sogenannte »Motivationsgruppen«, die auf einen stationären Aufenthalt vorbereiten sollen.

13.3.1
Gewichtssteigerungsprogramme bei Anorexia nervosa

Symptomzentriertes verhaltenstherapeutisches Vorgehen ist bei modernen stationären Therapiekonzepten ein Baustein im Rahmen einer multidimensionalen Therapie, da inzwischen Einigkeit darüber herrscht, daß eine rein symptomatische Behandlung für eine langfristige Besserung nicht ausreichend ist. Andererseits ist jedoch ohne die zunächst auf das Symptom »Eßverhalten« ausgerichtete Therapie eine Änderung des eingefahrenen pathologischen Verhaltens nur schwer zu erreichen.

Methoden zur Gewichtssteigerung bzw. Gewichtsstabilisierung basieren auf operanten Prinzipien (s. Band 1, Kap. 28), die der Patientin bestimmte Privilegien in Abhängigkeit von erfolgter Gewichtszunahme gewährleisten. Dabei wird mit der Patientin ein Vertrag geschlossen, in dem die wesentlichen Regeln und Konsequenzen des therapeutischen Vorgehens festgelegt werden. Wichtig ist hier die größtmögliche Transparenz für die Patientin. Die Patientin muß ausführlich informiert werden über allgemeine Zusammenhänge zwischen Diät und Eßstörungen, vor allem aber über biologische und psychologische Veränderungen, die im Zusammenhang mit Kalorienreduktion und Gewichtsverlust stehen. Diese Faktoren werden mit der Patientin diskutiert und können als Grundlage zur Festlegung des Zielgewichtes dienen.

> Als Zielgewicht schlagen wir einen BMI von 18 kg/m^2 vor, da bei einem geringeren Gewicht häufig noch keine Rückbildung der Störungen in zentralen Neurotransmittersystemen gewährleistet ist (Pirke, 1989).

Im folgenden wird exemplarisch ein operantes Programm beschrieben, das von Vandereycken & Meermann (1984) entwickelt und erprobt, und von Jacobi & Paul (1988) ergänzt wurde:

Grundsätzlich wird der Patientin angeboten, eine Gewichtszunahme zunächst in eigener Regie zu versuchen. Falls sie damit nicht zurechtkommt, sollte sie an einem aus verschiedenen Phasen bestehenden operanten Standardprogramm teilnehmen. Falls auch durch dieses Programm keine ausreichende Gewichtssteigerung eintritt, treten verschiedene Ausnahmebedingungen in Kraft, die erhebliche Einschränkungen beinhalten können.

Selbstkontrollprogramm

Es wird ein Kontrakt geschlossen mit folgenden Vereinbarungen:

- Gewichtskontrollen erfolgen zweimal wöchentlich.
- Das Gewicht darf nicht unter das Aufnahmegewicht absinken.
- Pro Woche soll eine Gewichtszunahme von mindestens 700 g erfolgen; ein Maximum von 3000 g soll nicht überschritten werden.
- Es gibt keine spezielle Diät. Die Patientin soll möglichst normale Mahlzeiten zu sich nehmen.
- In der Klinik wird ohne Beobachtung oder Kontrolle durch therapeutisches Personal gegessen.
- Falls die Patientin möchte, kann sie ihre Nahrungsaufnahme in Eßprotokollen dokumentieren und diese mit ihrem Therapeuten besprechen.
- Zusätzlich können mit der Patientin für das Erreichen der wöchentlichen Gewichtssteigerung »Belohnungen« vereinbart werden, die als positive Verstärkung wirken.

Fremdkontrollprogramm

Wenn die Gewichtszunahme in zwei aufeinanderfolgenden Wochen unter 700 g/Woche liegt oder das Gewicht unterhalb des Eingangsgewichtes liegt, wird die Patientin in ein Fremdkontrollprogramm aufgenommen, das aus drei Phasen besteht, in denen jeweils ein Drittel der Gewichtsdifferenz zum Zielgewicht zugenommen werden muß.

■ **Phase 1.** Es können folgende Vereinbarungen getroffen werden (s. Vandereycken & Meermann, 1984).

- Essen erfolgt auf dem Zimmer, die Patientin erhält normale Portionen ausgewogener Mahlzeiten, die sie so weit als möglich aufessen soll.
- Wiegen erfolgt täglich in Unterwäsche.
- Keine Telefonate und Besuche erlaubt (mit Ausnahme am Wochenende).
- Die Station darf nur verlassen werden für medizinische Untersuchungen, psychologische Tests und therapeutische Aktivitäten.

■ **Phase 2.** Gilt bis zum Erreichen von zwei Drittel der Differenz zum Zielgewicht:

- Mahlzeiten werden im Speiseraum unter Supervision durch eine Pflegekraft eingenommen.
- Wiegen erfolgt dreimal pro Woche.
- Aufenthalt ist innerhalb der gesamten Klinik möglich.
- Klinik kann nach Absprache verlassen werden. Besuche von außerhalb möglich am Wochenende.

■ **Phase 3.** Gilt bis zum Erreichen des Zielgewichtes:

- Mahlzeiten werden ohne Supervision im Speiseraum eingenommen.
- Wiegen erfolgt zweimal wöchentlich.
- Keine Einschränkungen in der Bewegungsfreiheit innerhalb und außerhalb der Klinik. Besuche jederzeit erlaubt.

■ **Umgang mit Schwierigkeiten.** Falls eine Patientin in den jeweiligen Phasen die erforderliche Gewichtszunahme von jeweils 700 g/Woche in zwei aufeinanderfolgenden Wochen nicht erfüllt, treten Ausnahmebedingungen in Kraft, die dann stärkere Einschränkungen beinhalten als die in der ursprünglichen Programmphase vorgesehen. Eine in Phase 1 befindliche Patientin erhält dann beispielsweise dreimal täglich hochkalorische Flüssigkeit. Eine Patientin, die sich bereits in Phase 3 befindet, wird wieder wie in Phase 1 eingeschränkt.

Die Ausnahmebedingungen gelten solange, bis die Patientin wieder an zwei aufeinanderfolgenden Wochen die ursprünglich vereinbarte relative Gewichtszunahme von 700 g/Woche erreicht. In Abhängigkeit von ihrem absoluten Gewicht wird sie dann wieder in eine der Phasen des regulären Programms eingestuft.

Magensonden sollten im Rahmen einer psychotherapeutischen Behandlung in psychosomatischen Kliniken nicht verwendet werden. Günstiger ist es, Patientinnen, die in einen körperlich kritischen Zustand geraten, in ein Allgemeinkrankenhaus zu verlegen, um ihnen auf diese Weise deutlich zu machen, daß die an der psychologischen Behandlung Beteiligten nur innerhalb bestimmter Grenzen bereit sind, Verantwortung für selbstverursachte körperliche Probleme zu übernehmen.

13.3.2
Ernährungsmanagement bei Bulimia nervosa

Bei normalgewichtigen bulimischen Patientinnen geht es in der ersten Therapiephase nicht um Gewichtssteigerung oder Gewichtsreduktion, sondern um eine Modifikation des zumeist extrem gezügelten Eßverhaltens im Alltag. Ziel des Ernährungsmanagements ist es, das gezügelte »Basiseßverhalten«, d. h. das Eßverhalten zwischen den Heißhungerattacken, so zu verändern, daß keine physiologischen und psychologischen Deprivationszustände mehr auftreten, die Heißhungeranfälle begünstigen können. In den meisten Fällen läßt sich das Ernährungsmanagement bei bulimischen Patientinnen ambulant durchführen, am besten im Rahmen einer Gruppentherapie. Wir empfehlen jedoch vor Aufnahme einer Patientin in eine ambulante Therapie unbedingt eine internistische Abklärung, um eine mögliche körperliche Gefährdung (z. B. durch Kaliumverluste infolge häufigen Erbrechens) auszuschließen. Darüber hinaus sollte bei bulimischen Patientinnen wegen der häufig vorkommenden affektiven Störungen besonders auf eine Suizidgefährdung geachtet werden, die eventuell eine stationäre Einweisung erforderlich machen kann.

■ **Psychoedukation.** Zur Diagnostik des Basis- und des bulimischen Eßverhaltens werden die Patientinnen zunächst aufgefordert, über eine Woche ein Ernährungsprotokoll zu führen (Schema s. Fallbeispiel, S. 239). Als weiteres Hilfsmittel zur Diagnostik kann ein Interviewleitfaden aus Waadt et al. (1992) benutzt werden. Die Daten aus den Ernährungsprotokollen werden den Patientinnen zurückgemeldet und mit ausführlichen Informationen über den Beitrag gezügelten Basiseßverhaltens zur Aufrechterhaltung der Bulimie verbunden. Dazu kann der Patientin auch eine ausführliche Informationsbroschüre ausgehändigt werden, die ebenfalls bei Waadt et al. (1992) im Anhang zu finden ist. Diese Erläuterung der psychobiologischen Zusammenhänge ist außerordentlich wichtig, da sich die Betroffenen ohne ein plausibles Modell kaum auf den Versuch einlassen, an ihrem Basiseßverhalten sofort etwas zu ändern.

■ **Therapievertrag.** Die Verhaltensänderung wird mittels eines Therapievertrages eingeführt. Als Grundlage erarbeitet die Patientin zunächst (in der Einzeltherapie zusammen mit dem Therapeuten; in einer Gruppe mit den Mitpatientinnen) Richtlinien für eine ausgewogene, schmackhafte, an dem geschätzten Energiebedarf orientierte Ernährung. Dazu können auch noch zusätzliche Informationen über den Energie- und Mineralstoffgehalt verschiedener Lebensmittel und über die günstige Zusammensetzung von Mahlzeiten aus den Makronährstoffen (Protein, Kohlenhydrate, Fett) vermittelt werden. Hierzu gibt es ebenfalls schriftliches Informationsmaterial (s. Waadt et al., 1992). Um die Umstellung der Ernährung zu erleichtern, wird den Patientinnen vorgeschlagen, ihre Nahrungsaufnahme im Alltag über einige Wochen relativ genau zu planen. Zu diesem Zweck werden schrittweise sogenannte »strukturierte Eßtage« eingeführt. Die Patientin legt im Vertrag (s. Fallbeispiel, S. 241) zunächst einen, später mehrere Tage in der Woche fest, an denen »strukturiert« gegessen wird, an denen nicht erbrochen wird und keinerlei Maßnahmen zur Gewichtskontrolle ergriffen werden. An den übrigen Tagen gibt es keinerlei Einschränkungen der Ernährungsgewohnheiten. Für die erfolgreiche Durchführung des geplanten Eßtages wählt die Patientin im vorhinein eine Belohnung aus, die im Vertrag festgelegt wird. Für die Planung der strukturierten Eßtage sollte der Therapeut zunächst möglichst wenig eigene Vorschläge bringen, er kann aber beispielsweise anregen, auf günstigen Tagen aus den Ernährungsprotokollen der Patientin aufzubauen. Wichtiger als eine ernährungsphysiologisch optimale Planung ist bei den ersten strukturierten Eßtagen, daß sie für die Patientinnen durchführbar sind, da diese positive Erfahrungen ein wesentlicher Motivationsfaktor für die weitere Therapie sind. Der Therapeut sollte also besonders darauf achten, daß die Vorschläge der Patientinnen hinsichtlich Menge, Zusammensetzung und zeitlicher Abfolge auch realisierbar sind. Vor allem müssen die Mahlzeiten in die sonstigen Tagesaktivitäten passen. Der von der Patientin vorgeschlagene Tag wird mit dem Therapeuten hinsichtlich seiner günstigen und ungünstigen Aspekte diskutiert und eventuell modifiziert. Ein Beispiel zeigt Tabelle 13.1.

Auch für adipöse Patientinnen kann diese Form der Therapie angewendet werden. Wichtig ist dabei, als Vorbereitung, darauf hinzuweisen, daß für eine langfristige Gewichtsabnahme eine Reduktionsdiät nicht erforderlich ist, sondern nur eine Umstellung auf normale Ernährung. Reduktionsdiäten führen zwar kurzfristig zu einer schnelleren Gewichtsabnahme, bringen den Körper jedoch biologisch in eine Mangelernährungssituation, die Energiesparmaßnahmen aktivieren kann, die dann auch bei normaler Ernährung zu einer positiven Energiebilanz und damit zu erneuter Gewichtszunahme führen.

13.3.3
Langfristige therapeutische Strategien bei Anorexia und Bulimia nervosa

Das Programm zur Gewichtssteigerung bei der Anorexie sowie das Ernährungsmanagement bei der Bulimie sollte für beide Störungsbilder nur als notwendiger Baustein in einem umfassenden Therapiekonzept gesehen werden. Sowohl bei der Anorexia als auch bei der Bulimie zeigen empirische Arbeiten, daß problematisches Eßverhalten (z.B. Hungern, Eßanfall) häufig in belastenden Situationen auftritt, für die die Patientinnen keine adäquaten Bewältigungsstrategien zur Verfügung

Tabelle 13.1. Beispiel für einen geplanten strukturierten Eßtag mit Kommentar

Uhrzeit	Ort	Nahrungsmittel	Kommentar zum Eßtag
7.15	Zu Hause	2 Vollkornsemmel mit Frischkäse 1 kleines Stück Puffreis mit Schokolade	Günstig: • zeitliche Struktur • Süßigkeiten enthalten ausreichenden Kohlehydratgehalt • eine warme Mahlzeit
9.30	Zu Hause	3 Eßlöffel gekochter Reis 1/2 Banane dazu 2 Eßlöffel Joghurt Weizenkleie	Ungünstig: • keine ganzen Portionen • es fehlen Getränke (außer Kaffee) • Eventuell diskutieren, wird generell vegetarisch gegessen?
11.30	Zu Hause	1 Roggensemmel 1 Hirseplätzchen mit Tofu 1 Vanillejoghurt 1/2 Waffel 1 Tasse Kaffee 1 Stück Apfelkuchen	Wenn ja, aus welchem Grund? (um schlank zu bleiben?) Wozu Weizenkleie? (als Abführhilfe?) • Kein Abendessen zwischen 18.30 und Schlafen. Es könnten starke Hungergefühle auftreten, die einen Eßanfall begünstigen.
15.30	Zu Hause	1 Teller Gemüsesuppe mit Reis	
18.30	Zu Hause	8 Salzstangen	

Tabelle 13.2. Beispiele für Verhaltensketten

S	O	R	K
1. Wartezeit an Bushaltestelle	Langeweile, innere Unruhe, Kribbeln im Bauch	Zum Bäcker gehen, Kauf von Gebäck und Kuchen, Verschlingen im Gehen, Eßanfall	Fühlt sich beruhigt, beschäftigt
2. Sieht Bauch zu dick, Selbstvorwürfe »ich bin zu dick«	Völlegefühl, Übelkeit	Geht ins Bahnhofsklo, Erbrechen	Erleichterung, angenehmes Leeregefühl
3. Streit mit Mutter	Unruhe, Erregung	Geht ins Fast-Food-Restaurant, verschlingt 5 Hamburger +4 Cola	Beruhigung, Ablenkung

haben. Hier empfehlen sich als Therapie vor allem ein Training sozialer Kompetenzen oder Kommunikations- und Problemlösetrainings (die in Band 1, Kap. 25 und 26 dargestellt sind). Den Patientinnen werden zunächst die Grundlagen einer Verhaltensanalyse nach dem einfachen SORK-Schema vermittelt. Sie erhalten Informationen darüber, wie Lernen stattfinden kann. Im Rahmen von Hausaufgaben werden sie dann aufgefordert, belastende Situationen zu dokumentieren, die dann gemeinsam mit dem Therapeuten analysiert werden. Beispiele finden sich in Tabelle 13.2. Das konkrete Vorgehen im Rahmen eines solchen »Streßmanagements« ist bei Waadt et al. (1992) dargestellt. Dort enthalten sind auch umfangreiche Therapiematerialien (Formblätter).

13.4
Fallbeispiel

Als Fallbeispiel wird die Therapie einer Patientin mit Bulimia nervosa dargestellt, da dieses Krankheitsbild bei Eßstörungen am häufigsten vorkommt. Die Patientin Monika wurde über einen Zeitraum von ca. fünf Monaten in einer psychosomatischen Klinik behandelt. Die Einweisung erfolgte durch den Hausarzt, da die Patientin durch ihre Eßstörung so stark eingeschränkt war, daß sie nicht mehr zur Arbeit gehen konnte, und die Gefahr drohte, daß sie ihre fünfjährige Tochter nicht mehr versorgen konnte.

13.4.1
Entwicklung der Symptomatik

Die Eßprobleme hatten zwei Jahre vor Klinikaufnahme begonnen. Damals habe sie sich zu dick gefühlt (53 kg bei 1,58 m; BMI 21,2 kg/m²). Beson-

ders belastet habe sie damals die Trennung von ihrem Partner, dem Vater ihres Kindes. Hinzugekommen sei damals ein Krankenhausaufenthalt wegen Krebsverdachts. Es sei ihr damals nach normalen Mahlzeiten oft übel gewesen, und sie habe begonnen, regelmäßig zu erbrechen. In wenigen Wochen habe sie bis auf 44 kg abgenommen, was ihr als sehr angenehm erschienen war. Um dieses Gewicht halten zu können, habe sie damals ihre Nahrungspalette erheblich eingeschränkt und versucht, tagsüber möglichst wenig zu essen. Während dieser Zeit der Restriktion sei jedoch häufiger ein unkontrolliertes Bedürfnis nach den »verbotenen« Nahrungsmitteln aufgetreten, das zu Eßanfällen führte, bei denen sie z.B. Teigwaren, Wurst und Süßigkeiten in großen Mengen in sich hineingeschlungen habe. Obwohl sie nach den Eßanfällen meistens erbrach, kam es allmählich zu einer Gewichtszunahme bis auf 54 kg. Dieses Gewicht habe sie mit Schwankungen von 2–3 kg bis zur Klinikaufnahme gehalten. In den letzten Monaten vor Aufnahme habe sie täglich mehrere Eßanfälle gehabt. Oft habe sie sich schon morgens hoffnungslos und deprimiert gefühlt, habe ihre Wohnung und ihre Tochter vernachlässigt und konnte nicht mehr zur Arbeit gehen. Bei Aufnahme gibt sie weiterhin körperliche Beschwerden wie Kreislaufprobleme, häufiges Schwindelgefühl sowie Schlafstörungen an.

Zur Biographie
Die heute 24jährige Monika wurde als uneheliches Kind einer Bundesbahnbeamtin und eines in Deutschland stationierten amerikanischen Soldaten geboren. Der leibliche Vater ging noch vor ihrer Geburt wieder in die USA zurück. Bis zu ihrem 7. Lebensjahr wuchs Monika bei ihren Großeltern in einem kleinen Dorf auf. Als Monika sieben Jahre war, heiratete die Mutter und zog mit der Tochter und dem Stiefvater in eine süddeutsche Großstadt. Neun Jahre später Scheidung der Eltern, nach einer Ehe, die geprägt war von Streit

Tabelle 13.3. Eßprotokoll: Monika

Uhrzeit	Situation vor dem Essen, Gedanken, Gefühle	Was und wieviel gegessen?	Abführmittel, Erbrechen	Situation nach dem Essen
7.45	Keine Lust zum Aufstehen, leicht deprimierte Stimmung	1 Semmel mit Butter und Marmelade 1 Tasse Kaffee mit Milch	Nein	Fühlte mich überessen und elend
11.30	Anruf von einem Freund	1 Schüssel Salat 2 Käsestangen 2 Frikadellen 2 Semmeln mit Marmelade 2 Stück Kuchen 2 Fruchtjoghurt 1/2 Flasche Mineralwasser	Alles gekotzt	Fühlte mich aufgeputscht, räumte mein Zimmer auf
16.45	Allein im Zimmer, fühlte mich zu dick und unattraktiv, möchte weinen, kann es aber nicht	1 Packung Marmorkuchen 2 Käsesemmel 3 Frikadellen 1 Joghurt 1 Bananenmilch 2 Scheiben Vollkornbrot mit Briekäse 2 Tassen Tee	Mehr als die Hälfte erbrochen	Nach dem Essen aufgeblasen und fett. Nach dem Brechen erleichtert, möchte weiteressen.

und Gewalttätigkeiten von seiten des Stiefvaters. Mit 19 Geburt einer Tochter, kurz danach Trennung vom Vater des Kindes. Danach mehrere kurzzeitige Partnerschaften, derzeit ohne festen Partner. Nach einer Ausbildung zur Zahnarzthelferin war Monika zwei Jahre als Schaffnerin bei der Bundesbahn tätig. Danach arbeitete sie bis heute als Angestellte bei der Kriminalpolizei.

13.4.2
Diagnostik

Bei der Aufnahme in die Klinik erfüllte Monika die DSM-III-R-Kriterien für Bulimia nervosa (DSM-III-R 307.51). Obwohl sie selbst über häufige depressive Verstimmung klagte, wurden die Bedingungen für die Diagnose einer Depression nicht erfüllt. Es ergaben sich ebenfalls keine Hinweise auf akute Suizidalität oder psychotische Störungen. Einen Tag aus einem Eßprotokoll aus der ersten Woche nach Klinikaufnahme zeigt Tabelle 13.3. Zusätzlich sollte Monika aus dem Gedächtnis ein für die Zeit vor Klinikaufnahme typisches Protokoll ihres Essens an Tagen, an denen keine Eßanfälle vorkamen, aufzeichnen. Dies zeigt Tabelle 13.4. Weiterhin gab Monika an, daß die folgenden Lebensmittel normalerweise für sie verboten seien: Butter, Wurst, Käse, Joghurt, Pudding, Kuchen, Schokolade, Sahne, Fleisch, Bananen, Semmeln, Brezeln. Von diesen Nahrungsmitteln war sie überzeugt, daß sie sie dick machten. Der Genuß eines dieser Nahrungsmittel führte oft zu einem Eßanfall (Alles-oder-Nichts-Reaktion: »Jetzt

Tabelle 13.4. Typischer Tag ohne Eßanfall (Beispiel Monika)

Uhrzeit und Ort	Was und wieviel gegessen?
ca. 9.00 zu Hause	2 Tassen Kaffee schwarz 1/2 Semmel mit Butter und Marmelade
ca. 12.00 Arbeitsstelle	2 Becher Magerjoghurt 2 Äpfel
ca. 20.30 zu Hause	1 Scheibe Vollkornbrot 3 Radieschen 8 Salzstangen

ist es sowieso schon egal, jetzt kann ich gleich weiterfressen mit anschließendem Erbrechen«.)

Fragebogenbefunde
Zur Therapieevaluation wurden unter anderem der »Eating Attitudes Test« (EAT; Garner et al., 1979) und die »Depressionsskala« (v. Zerssen, 1976) verwendet. Auf der Depressionsskala erreichte Monika bei Aufnahme einen Wert von 14, der für eine leichte depressive Symptomatik spricht. Mit einem Wert von 42 im EAT liegt sie deutlich im für schwere Eßstörungen typischen Bereich. Aus Monikas Berichten wurde schnell klar, daß ihr bisheriges alltägliches Eßverhalten sehr stark auf Kalorienreduktion ausgerichtet war. Als Wunschgewicht bei der Klinikaufnahme gab sie 50 kg an. Anhand ihrer Eßprotokolle wurde diskutiert, daß sie derzeit ein extrem »gezügeltes« Eßverhalten praktiziere. Das psychobiologische Modell wurde vorgestellt und damit der erste Schritt der Umstellung des alltäglichen Eßverhaltens als Prävention für Eßanfälle begründet. Zu-

gleich wurde versucht, sich an realistische Vorstellungen über ihr »günstiges« Körpergewicht anzunähern. Aus der Vorgeschichte war bekannt, daß sie vor ihrer Eßstörung ein Gewicht von 58–60 kg über neun Jahre gehalten hatte, ohne dabei besonders aufs Essen zu achten.

Aus den diagnostischen Daten ergaben sich für verschiedene problematische Verhaltensweisen folgende funktionale Beziehungen:

I. Problemverhalten: Fasten, Diätieren
S: Angst vor dem Dickwerden,
   Wunsch, schlank und attraktiv zu sein
R: Stark gezügeltes Eßverhalten,
   Vermeiden von Süßigkeiten; Versuch, ganze Tage ohne Essen auszukommen
C: Bewunderung von Freundinnen für niedriges Gewicht (C^+),
   Gefühl der Kontrolle (C^+)

II. Problemverhalten: Eßattacken
S: Gedanken an Bedrohung durch Stiefvater,
   Angst vor Gewalttätigkeiten,
   Angst um ihre Tochter,
   Alleinsein, Langeweile,
   Streit mit der Mutter,
   Hungergefühle nach Süßem,
   Gedanken an belastende Arbeitssituation
R: Rasches und hastiges Verschlingen großer Nahrungsmengen, insbesondere Süßes und »verbotene« Nahrungsmittel
C: Hunger gestillt (C^+ kurzfristig),
   Beruhigung,
   Angstgefühle unterdrückt,
   Angst vor Gewichtszunahme (C^-),
   Völlegefühl (C^-)

III. Problemverhalten: Erbrechen
S: Schuldgefühle,
   Angst vor Dickwerden,
   Völlegefühl
R: Selbstinduziertes Erbrechen
C: Angstreduktion,
   Wegfall Völlegefühl,
   Schwäche, Erschöpfung (C^-)

13.4.3
Hypothetisches Bedingungsmodell

Die Einordnung der im vorliegenden Fall vorhandenen Daten in das im theoretischen Teil beschriebene Konzept führt zu folgendem hypothetischen Bedingungsmodell für die Bulimie bei Monika:

Prädisponierende Faktoren

■ **Schlankheitsideal.** Das biologisch determinierte Gewicht bei Monika liegt vermutlich bei 58 bis 60 kg und entspricht deshalb nicht unbedingt dem Bild der superschlanken Frau, das sie gerne von sich sähe. Sie unterlag damit einem Schlankheitsdruck mit der Konsequenz, Eßverhalten stark kontrollieren zu müssen bzw. andere Maßnahmen zur Gewichtskontrolle zu ergreifen.

■ **Familiäre Bedingungen.** Diese waren gekennzeichnet durch häufige Angstsituationen infolge der Gewaltandrohung durch den Stiefvater. Die Situation konnte sie damals alleine kaum bewältigen. Gedanken an solche Situationen lösen heute noch Ängste aus.

■ **Lernerfahrung mit Nahrungsaufnahme.** Während ihres Krankenhausaufenthaltes wegen Krebsverdachts mußte sie oft erbrechen (möglicherweise als Folge von Medikamenteneinnahme), so daß diese Reaktion auch später wieder leicht auftreten konnte.

■ **Irrationale Einstellungen bezüglich des Körpers und der Figur.** Obwohl sie bei 53 kg (1,58 m) objektiv nicht außerhalb des Normalbereichs lag, fühlte sie sich zu dick und war unzufrieden mit ihrer Figur.

Auslösende Bedingungen

Verschiedene kritische Lebenssituationen sowohl im privaten wie auch im Arbeitsbereich haben vermutlich dazu geführt, daß Monika Diätieren als Möglichkeit der Kontrolle ausübte und die daraus resultierenden psychobiologischen Konsequenzen (Eßanfälle) als Bewältigungsmöglichkeit für folgende Belastungssituationen lernte:

- Trennung vom Partner,
- Geburt eines Kindes,
- Scheidung der Mutter und
- Bedrohung durch den Stiefvater.

Aufrechterhaltende Bedingungen

Auf biologischer Ebene kommt es bei Monika durch die intermittierenden Einschränkungen der Kalorienaufnahme sicherlich immer wieder zu physiologischer Deprivation, einhergehend mit intensiven Hungergefühlen. Auch unter hedonistischen Gesichtspunkten weckt gerade der erzwungene Verzicht auf Süßigkeiten das starke Bedürfnis, diese zu essen. Auf psychologischer Ebene kommt es durch die häufigen Eßattacken mit Erbrechen zu affektiver Labilität und Schuldgefühlen, darüber hinaus zur Beeinträchtigung in der Konzentrationsfähigkeit, die zu Schwierigkeiten an der Arbeitsstelle geführt haben, die Monika wiederum durch vermehrte Eßanfälle zu »bewältigen« versuchte. Die jeweils unmittelbar die Eßanfälle aufrechterhaltenden Bedingungen wurden bereits beschrieben.

Aufgrund der Verhaltensanalysen wurden mit Monika folgende *Interventionen* vereinbart:

- schrittweise Einführung strukturierter Eßtage und
- ein Selbstkontrollprogramm zur Einübung alternativer Verhaltensweisen in kritischen Auslösesituationen.

Als eine alternative Verhaltensweise zum Eßanfall übte Monika zunächst in einer Gruppe die progressive Muskelrelaxation ein. In der 2. Woche nach Klinikaufnahme wurde die erste Vereinbarung über einen strukturierten Eßtag geschlossen (s. untenstehender Kasten). Monika orientierte sich bei der Planung am normalen Speiseplan der Klinik. Der erste Tag konnte von Monika weitgehend erfolgreich durchgeführt werden. Schwierigkeiten ergaben sich nach dem Abendessen, das sie erbrach. Dabei wurde diskutiert, daß die Planung möglicherweise nicht günstig gewesen war, da sie Wurstsalat generell nicht mochte und ihr nach dem Essen leicht übel gewesen war. Wichtig war, auf den Experimentalcharakter des neuen Eßverhaltens hinzuweisen und immer wieder zu betonen, daß sie sich gerade zu Beginn der Therapie nicht mit unrealistischen Ansprüchen überfordern dürfe, sondern sich selbst Zeit geben müssen, sich langsam an ein normales Eßverhalten wieder heranzutasten.

Therapeutische Vereinbarung über einen strukturierten Eßtag zwischen Monika und R.G.L.

Hiermit entscheide ich mich dafür, am Donnerstag, dem 23.04. strukturiert zu essen. Es gelten folgende Vereinbarungen:

1. Ich nehme mindestens drei Hauptmahlzeiten zu mir und achte darauf, daß eine davon warm zubereitet ist. Die Zeiten zwischen den Hauptmahlzeiten sollten 5–6 Stunden nicht überschreiten.
2. Ich nehme am Vormittag und am Nachmittag je eine kleine Zwischenmahlzeit zu mir.
3. Ich esse keine Diätprodukte.
4. Ich werde an diesem Tag nach den Mahlzeiten nicht erbrechen und auch keine Abführmittel nehmen.

- Bei Vertragserfüllung belohne ich mich mit einem Kinobesuch mit meiner Freundin.
- Bei Nichterfüllung verpflichte ich mich, am Samstag in der Klinik zu bleiben.

Bei Schwierigkeiten kann ich Herrn L. am 23.04. zwischen 13.00 und 14.00 Uhr anrufen.

Eßplan für den strukturierten Eßtag

Zeit	Ort	Geplante Mahlzeit
8.30	Klinik, Speisesaal	2 Tassen Kaffee schwarz 2 Semmeln mit Butter und Marmelade
10.30	Auf dem Zimmer	1 Becher Fruchtjoghurt
12.30	Klinik, Speisesaal	1 Schnitzel mit Kartoffeln und Salatteller 1 Glas Apfelsaft
15.30	Klinik, Café	1 Tasse Capuccino 1 Stück Kuchen
18.00	Klinik, Speisesaal	1 Portion Wurstsalat 2 Scheiben Mischbrot mit Butter 1 Tasse Tee

13.4.4
Therapieverlauf

Ausfüllen beim Bedürfnis nach Fressen		
Name: Monika Datum: 17.06. Uhrzeit: 20.00 Ort: Zimmer		
Gedanken, Gefühle, körperliche Empfindungen	*Fragen*	*Welche andere Möglichkeit habe ich hier und jetzt?*
Alleine im Zimmer: Habe gerade mit meinem Bruder telefoniert. Er hat erzählt, daß mein Stiefvater sich wieder gemeldet hat. Ich habe Angst. Mache mir um meine Tochter Sorgen. Es kribbelt im Bauch. Möchte essen.	Was würde Fressen ändern? kurzfristig: Ich werde wieder ruhiger. langfristig: nichts.	Musik hören, mit Angelika reden, Spazierengehen *Was werde ich tun?* Ich gehe zu Angelika rüber.

Für die Einübung alternativer Bewältigungsstrategien beim Bedürfnis zu einem Eßanfall wurde mit Monika ein Formblatt entworfen, das sie in diesen Situationen ausfüllen sollte. Ein Beispiel für ein ausgefülltes Blatt zeigt der obenstehende Kasten.

Bereits die Vermittlung von Informationen zu den körperlichen und psychischen Folgen von Untergewicht und Mangelernährung bewirkten bei Monika einen großen Motivationsschub in Richtung Normalisierung des alltäglichen Eßverhaltens. Nach einiger Zeit war sie nicht mehr so stark auf ihr ursprüngliches Wunschgewicht fixiert und war bereit, sich auf ein höheres Gewicht einzulassen, wenn sie dafür keine Eßanfälle mehr hatte. Die Anzahl strukturierter Eßtage wurde schrittweise gesteigert. In der dritten Behandlungswoche konnte sie bereits drei Tage erfolgreich durchführen, ab der 4. Woche gelang es ihr, jeweils vier Tage pro Woche strukturiert zu essen, an den übrigen Tagen hatte sie zwar noch Eßanfälle, die jedoch im Umfang deutlich reduziert waren. Im Verlauf der Behandlung wurde deutlich, daß zur Aufrechterhaltung des bulimischen Verhaltens häufige Konflikte mit ihrer Mutter beitrugen. Deshalb wurde versucht, mit Zustimmung von Monika deren Mutter in die Behandlung mit einzubeziehen. In mehreren Familiengesprächen und Rollenspielen konnten dabei Verbesserungen der Kommunikation und Problemlösefertigkeit von Mutter und Tochter erreicht werden, die zu einer deutlichen Verringerung der Konflikthäufigkeit führten, so daß diese Auslöser für Eßanfälle ebenfalls wegfielen. Bei Entlassung aus der Klinik hatte Monika über einen Zeitraum von drei Wochen keinen Eßanfall gehabt und nicht erbrochen. Auf der Depressivitätsskala hatte sie einen Wert von 5, im EAT einen Wert von 7.

13.5
Empirische Belege

Die Effektivität verhaltenstherapeutischer Maßnahmen zur Gewichtssteigerung bei der Anorexia nervosa konnte in einer Vielzahl von empirischen Studien gezeigt werden (z.B. Halmi, 1985; Vandereykken & Piers, 1978). Allerdings hat sich auch gezeigt, daß ein alleiniges verhaltenstherapeutisches Vorgehen nur zu kurzfristigen Erfolgen führte (Agras & Kramer, 1984) und nur multidimensionale Programme längerfristige Therapieerfolge versprechen (z.B. Bossert et al., 1987). Für die Bulimie liegen inzwischen eine Vielzahl von Studien vor, in der die Wirksamkeit kognitiv-verhaltenstherapeutischer Interventionen überprüft wurde (z.B. Agras et al., 1989; Fairburn et al., 1991). In einer Metaanalyse von 32 Therapiestudien kommen Waadt et al. (1992) zu dem Schluß, daß für verhaltenstherapeutische Ansätze bei Therapieende die Reduktion der bulimischen Symptomatik als gesichert gelten darf. In den berücksichtigten Studien war nach einer durchschnittlichen Therapiedauer von 14 Wochen die Anzahl der bulimischen Episoden und/oder des Erbrechens im Mittel pro Woche um 74% zurückgegangen. Allerdings waren nur durchschnittlich 38% der Patientinnen bei Therapieende ohne Bulimieattacken. Die besten Ergebnisse erzielten therapeutische Interventionen, die das oben beschriebene Ernährungsmanagement enthielten. Acht Monate nach Therapieende hatten in diesen Studien 54% der Patientinnen weder Heißhungeranfälle noch erbrachen sie die Nahrung. In einer eigenen Studie wurde die Effektivität eines alleinigen Ernährungsmanagements gegenüber einer kognitiv-behavioralen Intervention ohne spezifisches Ernährungstraining an 55 Patientinnen mit der Diagnose Bulimia nervosa überprüft (Laessle et al., 1991). Durch das Ernährungsmanagement alleine reduzierte sich die Anzahl bulimischer Episoden von durchschnittlich 12 pro Woche bei Therapiebeginn auf durchschnittlich 4 pro Woche bei Therapieende und auf durchschnittlich 2 pro Woche bei einer Katamnese ein Jahr nach Therapieende. Ebenso fanden sich signifikante Verbesserungen in psychopathologischen Merkmalen wie Depressivität und Unzufriedenheit mit der Figur. Die durchschnittliche Kalorienaufnahme bei normalen Mahlzeiten stieg pro Tag von ca. 1200 kcal auf ca. 1800 kcal an.

Zusammenfassung

- Bei der Eßstörung *Anorexia nervosa* kommt es durch strenge Kalorienreduktion zu einem gravierenden Gewichtsverlust mit einer Vielzahl somatischer Symptome. Charakteristisch auf psychologischer Ebene ist eine übermäßige Angst vor Gewichtszunahme und ein verzerrtes Körperschema.
- Typisch für das Eßverhalten bei *Bulimia nervosa* sind häufige, unkontrollierbare Eßanfälle, denen meist selbstinduziertes Erbrechen folgt. Obwohl das Körpergewicht der Betroffenen im Normalbereich liegt, kommt es durch die intermittierende Mangelernährung zu Veränderungen auf biologischer Ebene wie z.B. Zyklusstörungen. Psychologisch auffällig ist eine übertriebene Beschäftigung mit der eigenen Figur und dem Körpergewicht und die übersteigerte Bedeutung dieser körperlichen Merkmale für das Selbstwertgefühl.
- Neue *Störungsmodelle* berücksichtigen prädisponierende Faktoren (wie z.B. familiäre Bedingungen oder biologische Disposition zu einem erhöhten Körpergewicht), auslösende Ereignisse (z.B. Trennung, Verlust) und Faktoren der Aufrechterhaltung (z.B. psychologische Auswirkung von Mangelernährung).

- *Therapeutisch* wird bei beiden Eßstörungen auf zwei Schienen interveniert:
  Kurzfristig soll bei der Anorexia nervosa durch Gewichtssteigerung, bei der Bulimia nervosa durch Reduktion der sich abwechselnden Phasen von Eßanfällen und Fasten eine möglichst rasche Rückbildung der biologischen Dysfunktionen erreicht werden.
  Für die Anorexia nervosa wird beispielhaft ein nach operanten Prinzipien aufgebautes mehrstufiges Programm zur Gewichtssteigerung beschrieben. Für die Bulimia nervosa eignet sich ein Ernährungsmanagement, das weitgehend auf Kontrakten zum täglichen Eßverhalten basiert.
- Anhand eines *Fallbeispiels* wird die Therapie einer Patientin mit Bulimia nervosa dargestellt.
- Hinweise auf empirische Studien zur *Wirksamkeit* der beschriebenen Interventionen schließen das Kapitel ab.

Literatur

Agras, W. S. & Kraemer, C. (1984). The treatment of anorexia nervosa: do different treatments have different outcomes? In A. J. Stunkard & E. Stellar (Eds.), *Eating and its disorders* (pp. 193–207). New York: Raven Press.

American Psychiatric Association (1980). *Diagnostic and statistical manual of mental disorders* (3rd ed.). Washington/DC: American Psychiatric Press.

American Psychiatric Association (1987). *Diagnostic and statistical manual of mental disorders* (3rd ed., rev.). Washington/DC: American Psychiatric Press.

American Psychiatric Association (1994). *Diagnostic and statistical manual of mental disorders* (4th ed.). Washington/DC: American Psychiatric Press.

Beck, A. T., Rush, A. J., Shaw, B. F. & Emergy, G. (1979). *Cognitive therapy of depression.* New York: Guilford.

Bellisle, F., Lucas, F., Amrani, R. & LeMagnen, J. (1984). Deprivation, palatability and the micro-structure of meals in human subjects. *Appetite, 5,* 85–94.

Beumont, P. J. V., Abraham, S. F. & Argall, W. J. (1978). The onset of anorexia nervosa. *Australian and New Zealand Journal of Psychiatry, 12,* 145–149.

Blundell, J. E. (1979). Hunger, appetite and satiety – constructs in search of identities. In M. Turner (Ed.), *Nutrition and Lifestyles* (pp. 21–42). London: Applied Science.

Blundell, J. E. & Hill, A. J. (1986). Paradoxical effects of an intense sweetener (aspartam) on appetite. *Lancet, 1,* 1092–1093.

Booth, D. A. (1989). Mood- and nutrient conditioned appetites. Culture and physiological bases for eating disorders. *Annals of the New York Academy of Sciences, 575,* 122–135.

Bossert, S., Schnabel, E., Krieg, J. C., Molitor, P., Kemper, J. & Berger, M. (1987). Integratives, stationär-ambulantes Therapiekonzept bei Patienten mit Anorexia nervosa:

Ein revidierter Therapieansatz. *Psychotherapie, Psychosomatik und Medizinische Psychologie, 37,* 331–336.

Bray, G. A. (1987). Overweight is risking fate: definition, classification, prevalence, and risks. *Annals of the New York Academy of Sciences, 499,* 14–28.

Chiodo, J. & Latimer, P. R. (1986). Hunger perceptions and satiety responses among normal-weight bulimics and normals to a high-calorie, carbohydrate-rich food. *Psychological Medicine, 16,* 343–349.

Dilling, H., Mombour, W. & Schmidt, M. H. (Hrsg.) (1991). *Internationale Klassifikation psychischer Störungen.* Bern: Huber.

Engel, K. (1990). Ein Leitkriterium zur Abschätzung des Therapieerfolges von Anorexiebehandlungen. *Psychotherapie, Psychosomatik und Medizinische Psychologie, 40,* 474–479.

Epling, W. F., Pierce, W. D. & Stefan, L. (1983). A theory of activity based anorexia. *International Journal of Eating Disorders, 3,* 7–46.

Fairburn, C. G. & Beglin, S. J. (1990). Studies of the epidemiology of bulimia nervosa. *American Journal of Psychiatry, 147,* 401–408.

Fairburn, C. G. & Cooper, P. J. (1982). Self-induced vomiting and bulimia nervosa: A undetected problem. *British Medical Journal, 284,* 1153–1155.

Fairburn, C. G. & Cooper, P. J. (1984). Binge eating, self-induced vomiting and laxative abuse. A community study. *Psychosomatic Medicine, 14,* 401–410.

Fairburn, C. G., Jones, R., Peveler, R., Carr, S. J., Solomon, R. A., O'Connar, M., Burton, J. & Hope, R. A. (1991). Three psychological treatments for bulimia nervosa. *Archives of General Psychiatry, 48,* 463–469.

Fallon, B. A., Walsh, B. T., Sadik, C., Saoud, J. B. & Lukasik, V. (1991). Outcome and clinical course in inpatient bulimic women: a 2- to 9-year follow-up study. *Journal of Clinical Psychiatry, 52,* 272–278.

Fichter, M. M. (1985). *Magersucht und Bulimie.* Berlin: Springer.

Fichter, M. M., Quadflieg, N. & Rief, W. (1992). The German Longitudinal Bulimia nervosa study. In W. Herzog (Ed.), *The Course of Eating Disorders* (pp. 133–149). Heidelberg: Springer.

Freeman, R. J., Beach, B., Davis, R. & Solyom, L. (1985). The prediction of release in bulimia nervosa. *Journal of Psychiatric Research, 19,* 349–353.

Garfinkel, P. E., Moldofsky, H. & Garner, D. M. (1980). The heterogeneity of anorexia nervosa: Bulimia as a distinct subgroup. *Archives of General Psychiatry, 37,* 1036–1040.

Garfinkel, P. E. & Garner, D. M. (1982). *Anorexia nervosa: a multidimensional perspective.* New York: Brunner/Mazel.

Garfinkel, P. E. & Garner, D. M. (1986). Anorexia nervosa and adolescent mental health. *Advances in Adolescent Mental Health, 1,* 163–204.

Garner, D. M. & Bemis, K. (1983). Cognitive therapy for anorexia nervosa. In D. M. Garner & R. E. Garfinkel (Eds.), *Handbook of Psychotherapy for Anorexia nervosa and Bulimia nervosa* (pp. 513–572). New York: Guilford.

Garner D. M. & Garfinkel, P. E. (1979). The eating attitudes test: an index to the symptoms of anorexia nervosa. *Psychological Medicine, 9,* 237–279.

Garner, D. M., Garfinkel, P. E. (Eds.) (1985). *Handbook of Psychotherapy for Anorexia nervosa and Bulimia.* New York: Guilford.

Garner, D. M., Garfinkel, P. E., Schwartz, D. & Thompson, M. (1980). Cultural expectations of thinness in women. *Psychological Reports, 47,* 483–491.

Garner, D. M., Olmsted, M. P. & Polivy, J. (1983). Development and validation of a multidimensional eating disorder inventory for anorexia nervosa and bulimia. *International Journal of Eating Disorders, 2,* 15–35.

Garner, D. M., Olmsted, M. P. & Garfinkel, P. E. (1985). Similarities among bulimic groups selected by weight and weight history. *Journal of Psychiatric Research, 19,* 129–134.

Garner, D. M., Shafer, C. L. & Rosen, L. W. (1992). Critical Appraisal of the DSM-III-R Diagnostic Criteria for Eating Disorders. In S. R. Hooper, G. W. Hynd & R. E. Mattison (Eds.), *Child Psychopathology* (pp. 261–303). New Jersey: Lawrence Erlbaum.

Gavish, D., Eisenberg, S., Berry, E. M., Kleinman, Y., Witztum, E., Norman, J. & Leitersdorf, E. (1987). An underlying behavioral disorder in hyperlipidemic pancreatitis: a prospective multidisciplinary approach. *Archives of Internal Medicine, 147,* 705–708.

Halmi, K. A. (1974). Anorexia nervosa: demographic and clinical features in 94 cases. *Psychosomatic Medicine, 36,* 18–25.

Halmi, K. A. (1985). Behavioral Management for Anorexia nervosa. In D. M. Garner & P. E. Garfinkel (Eds.), *Handbook of Psychotherapy for anorexia and bulimia* (pp. 147–159). New York: Guilford.

Herman, C. P. & Polivy, J. (1988). Restraint and excess in dieters and bulimics. In K. M. Pirke, W. Vandereycken & D. Ploog (Eds.), *The psychobiology of Bulimia nervosa* (pp. 33–41). Heidelberg: Springer.

Herzog, D. B., Keller, M. B. & Lavory, P. W. (1988). Outcome in anorexia nervosa and bulimia nervosa. *Journal of Nervous and Mental Disease, 76,* 131–143.

Hsu, L. K. G. (1988). The outcome of anorexia nervosa: a reappraisal. *Psychological Medicine, 18,* 807–812.

Hsu, L. K. G. & Sobkiewicz, T. A. (1991). Body image disturbances: time to abandon the concept for eating disorders. *International Journal of Eating Disorders, 10,* 15–30.

Hudson, J. I., Pope, H. G. Jr., Jonas, J. M. & Yurgelun-Todd, D. (1983). Family history of anorexia nervosa and bulimia. *British Journal of Psychiatry, 142,* 133–138.

Jacobi, C. & Paul, T. (1989). Verhaltenstherapie bei Anorexia und Bulimia nervosa. In C. Jacobi, T. Paul, & J. C. Brengelmann (Hrsg.), *Verhaltenstherapie bei Eßstörungen* (S. 21–38). München: Röttger.

Johnson, C. & Maddi, K. L. (1986). Factors that affect the onset of bulimia. *Seminars in Adolescent Medicine, 2,* 11–19.

Jones, D., Fox, M. M., Babigian, H. M. & Hutton, H. E. (1980). Epidemiology of anorexia in Monroe Country. New York: 1960–1975. *Psychosomatic Medicine, 42,* 551–558.

Keys, A., Brozek, J., Henschel, A., Mickelson, O. & Taylor, H. L. (1950). *The biology of human starvation.* Minneapolis: University of Minnesota Press.

Kog, E. & Vandereycken, W. (1989). Family interaction in eating disorder patients and normal controls. *International Journal of Eating Disorders, 8,* 11–23.

Krieg, J. C., Lauer, C. & Pirke, K. M. (1989). Structural brain abnormalities in patients with bulimia nervosa. *Psychiatry Research, 27,* 39–48.

Laessle, R. G., Beumont, P. J. V., Butow, P., Lennerts, W., O'Connor, M., Pirke, K. M., Touyz, S. & Waadt, S. (1991). A comparison of nutritional management and stress management in the treatment of bulimia nervosa. *British Journal of Psychiatry, 159,* 250–261.

Laessle, R. G., Kittl, S., Fichter, M., Wittchen, H. U. & Pirke, K. M. (1987a). Major affective disorder in anorexia nervosa and bulimia. A descriptive diagnostic study. *British Journal of Psychiatry, 151,* 785–789.

Laessle, R. G. & Pirke, K. M. (1996). Eßstörungen. In K. Hahlweg & A. Ehlers (Hrsg.), *Enzyklopädie für Psychologie. Klinische Psychologie* (Bd. 2). Göttingen: Hogrefe.

Laessle, R. G., Platte, P., Schweiger, U. & Pirke, K. M. (1996). Biological and psychological correlates of intermittant dieting in young women: a model for bulimia nervosa. *Physiology and Behavior, 60*, 1–5.

Laessle, R. G., Waadt, S., Schweiger, U. & Pirke, K. M. (1987b). Zur Therapierelevanz psychobiologischer Befunde bei Bulimia nervosa. *Verhaltensmodifikation und Verhaltensmedizin, 8*, 297–313.

Laessle, R. G., Wittchen, H. U., Fichter, M. M. & Pirke, K. M. (1989). The significance of subgroups of bulimia and anorexia nervosa: lifetime frequency of psychiatric disorders. *International Journal of Eating Disorders, 8*, 569–574.

Lautenbacher, S., Galfe, G., Hölzl, R. & Pirke, K. M. (1989). Gastrointestinal transit is delayed in patients with eating disorders. *International Journal of Eating Disorders, 8*, 203–208.

LeMagnen, J., Deves, M., Gaudillere, J. P., Louis-Sylvestre, J. & Tallon, S. (1976). Role of a lipostatic mechanism in regulation by feeding of energy balance in rats. *Journal of Comparative and Physiological Psychology, 84*, 1–23.

Lucas, A. R. (1981). Towards the understanding of anorexia nervosa as a disease entity. *Mayo Clinic Proceedings, 56*, 254–264.

Mayerhausen, W., Vogt, H.-J., Fichter, M. M. & Stahl, S. (1990). Dermatologische Aspekte bei Anorexia und Bulimia nervosa. *Hautarzt, 41*, 476–484.

Minuchin, S., Rosman, B. & Baker, L. (1978). *Psychosomatic families: Anorexia nervosa in context.* Cambridge/MA: Harvard University Press.

Mitchell, J. E., Hatsukami, D., Eckert, E. D. & Pyle, R. L. (1985). Characteristics of 275 patients with bulimia. *American Journal of Psychiatry, 142*, 482–485.

Mitchell, J. E., Hatsukami, D., Pyle, R. L. & Eckert, E. D. (1986). The bulimia syndrome: Course of the illness and associated problems. *Comprehensive Psychiatry, 27*, 165–170.

Mitchell, J. E. & Eckert, E. D. (1987). Scope and significance of eating disorders. *Journal of Consulting and Clinical Psychology, 55*, 628–634.

Paul, T., Brand-Jacobi, J. & Pudel, V. (1984). Bulimia nervosa. Ergebnisse einer Untersuchung an 500 Patienten. *Münchener Medizinische Wochenschrift, 126*, 614–618.

Pirke, K. M. & Ploog, D. (1986). The psychobiology of anorexia nervosa. In R. J. Wurtman & J. J. Wurtman (Eds.), *Nutrition and the Brain* (pp. 167–198). New York: Raven.

Pirke, K. M. (1989). Störungen zentraler Neurotransmitter bei Bulimia nervosa. In M. M. Fichter (Hrsg.), *Bulimia nervosa* (S. 189–199). Stuttgart: Enke.

Ploog, D. & Pirke, K. M. (1987). *Psychobiology of anorexia nervosa. Psychological Medicine, 17*, 843–859.

Pudel, V. & Westenhöfer, J. (1991). *Ernährungspsychologie.* Göttingen: Hogrefe.

Polivy, J. & Herman, C. P. (1985). Dieting and binging. A causal analysis. *American Psychologist, 40*, 193–201.

Pudel, V. & Westenhöfer, J. (1989). *Fragebogen zum Eßverhalten* (FEV). Göttingen, Hogrefe.

Pudel, V. & Westenhöfer, J. (1991). *Ernährungspsychologie.* Göttingen: Hogrefe.

Ratnasuriya, R. H., Eisler, I., Szmukler, G. I. & Russell, G. F. M. (1991). Anorexia nervosa: outcome and prognostic factors 20 years. *British Journal of Psychiatry, 158*, 495–502.

Reinberg, K. & Baumann, U. (1986). Gewichtskontrolle und Gewichtsregulation: Eine empirische Studie über die Häufigkeit einzelner Methoden. *Psychotherapie, Psychosomatik und Medizinische Psychologie, 36*, 392–398.

Rodin, J., Silberstein, L. & Striegel-Moore, R. (1985). Women and weight. A normative discontent. In T. B. Sonderggen (Ed.), *Psychology and Gender* (pp. 267–307). Lincoln: University of Nebraska Press.

Rossiter, E. M., Agras, W. S. & Losch, M. (1988). Changes in self-reported food intake in bulimics as a consequence of antidepressant treatment. *International Journal of Eating Disorders, 7*, 779–783.

Schweiger, U., Laessle, R. G., Fichter, M. M. & Pirke, K. M. (1988). Consequences of dieting at normal weight: implications for the understanding and treatment of bulimia. In K. M. Pirke, W. Vandereycken & D. Ploog (Eds.), *The Psychobiology of Bulimia Nervosa* (pp. 77–86). New York: Springer.

Schweiger, U., Warnhoff, M., Pahl, J. & Pirke, K. M. (1986). Effects of carbohydrate and protein meals on plasma large amino acids, glucose, and insulin plasma levels of anorectic patients. *Metabolism, 35*, 938–942.

Selvini-Palazzoli, M. (1978). *Self-starvation – from individual to family therapy in the treatment of Anorexia nervosa.* New York: Jason Aronson.

Steinhausen, H. C. & Glanville, K. (1983). Follow-up studies of anorexia nervosa: a review of research findings. *Psychological Medicine, 9*, 429–448.

Striegel-Moore, R. H., Silberstein, L. R. & Rodin, J. (1986). Towards an understanding of risk factors for bulimia. *American Psychologist, 41*, 246–263.

Strober, M. & Humphrey, L. L. (1987). Familial contributions to the etiology and course of anorexia nervosa and bulimia. *Journal of Consulting and Clinical Psychology, 55*, 654–659.

Touyz, S. W., Beumont, P. J. V. & Hook, S. (1987). Exercise anorexia: a new dimension in anorexia nervosa? In P. J. V. Beumont, G. D. Burrows & R. C. Casper (Eds.), *Handbook of eating disorders. Anorexia and bulimia nervosa* (Part 1, pp. 143–158). Amsterdam: Elsevier.

Turner, M. S., Foggo, M., Bennie, J., Carroll, S., Dick, H. & Goodwin, G. M. (1991). Psychological, hormonal and biochemical changes following carbohydrate binging: a placebo controlled study in bulimia nervosa and matched controls. *Psychological Medicine, 21*, 123–133.

Tuschl, R. J. (1987). *Postprandiale psychophysiologische Reaktionen anorektischer Patientinnen.* Philosophische Dissertation, Universität München.

Tuschl, R. J., Laessle, R. G., Kotthaus, B. & Pirke, K. M. (1988). Vom Schlankheitsideal zur Bulimie: Ursachen und Folgen willkürlicher Einschränkungen der Nahrungsaufnahme bei jungen Frauen. *Verhaltensmodifikation und Verhaltensmedizin, 9*, 195–216.

Tuschl, R. J., Platte, P., Laessle, R. G., Stichler, W. & Pirke, K. M. (1990). Energy expenditure and everyday eating behavior in healthy young women. *American Journal of Clinical Nutrition, 52*, 81–86.

Vandereycken, W. & Pieters, G. (1978). Short-term weight restoration in anorexia nervosa through operant conditioning. *Scandinavian Journal of Behavior Therapy, 7*, 221–236.

Vandereycken, W. & Meermann, R. (1984). *Anorexia nervosa. A clinicians guide to treatment.* Berlin: Walter de Gruyter.

Waadt, S., Duran, G., Laessle, R. G., Herschbach, P. & Strian, F. (1990). Patienten mit Diabetes mellitus: Eine Übersicht über Falldarstellungen und Therapiemöglichkeiten. *Verhaltensmodifikation und Verhaltensmedizin, 11*, 281–305.

Waadt, S., Duran, G., Laessle, R. G., Herschbach, P. & Strian, F. (1990). Eßstörungen bei Patienten mit Diabetes mellitus. *Verhaltensmodifikation und Verhaltensmedizin, 11*, 281–305.

Waadt, S., Laessle, R. G. & Pirke, K. M. (1992). *Bulimie: Ursachen und Therapie.* Heidelberg: Springer.

Weiner, H. (1977). *Psychobiology and Human Disease.* New York: Elsevier.

Westenhöfer, J. (1992). *Gezügeltes Essen und Störbarkeit der Kontrolle.* Göttingen: Hogrefe.

Willershausen, B., Philipp, E., Pirke, K. M. & Fichter, M. M. (1990). Orale Komplikationen bei Patienten mit Anorexia nervosa und Bulimia nervosa. *Zahn-Mund-Kieferheilkunde, 78*, 293–299.

Willi, J. & Grossmann, S. (1983). Epidemiology of Anorexia nervosa in a defined region of Switzerland. *American Journal of Psychiatry, 140*, 564–567.

Woell, C., Fichter, M. M., Pirke, K. M. & Wolfram, G. (1989). Eating behavior of patients with bulimia nervosa. *International Journal of Eating Disorders, 8*, 557–568.

Zerssen, D. v. (1976). *Klinische Selbstbeurteilungsskalen aus dem Münchener psychiatrischen Informationssystem.* Weinheim: Beltz.

Adipositas

14

VOLKER PUDEL

14.1
Darstellung der Störung

Das Übergewicht eines Menschen, welches zu gesundheitlichen Risiken führen kann, wird als Adipositas definiert. So einfach die Blickdiagnostik des Symptoms auch ist, so unklar sind bis heute die eigentlichen Ursachen, die dieser »Störung« zugrunde liegen. Es stellt sich gar die Frage, ob die in den allermeisten Fällen vorliegende Form der »alimentären Adipositas« (abgesehen von Prader-Willi-Syndrom u. ä.) überhaupt eine Störung oder die – evolutionsbiologisch gewollte – Normalvariante darstellt, die sich nur unter den Bedingungen des allgegenwärtigen Nahrungsüberflusses, der seit etwa 5 Jahrzehnten in den Industrienationen besteht, zu einem Phänotypus mit Gesundheitsrisiko entwickeln konnte. Natürlich tangiert die Antwort auf diese Frage die therapeutischen Strategien, die Kognitionen von Therapeut und Patient über diese »Störung« sowie letztlich auch die Erfolgswahrscheinlichkeit der Therapie. Da aber eine zufriedenstellende Antwort (noch) nicht zur Verfügung steht, können hier nur klinische Erfahrungen, experimentelle Ergebnisse und medizinische Teilaspekte der Adipositas dargestellt werden, unabhängig davon, ob die Fähigkeit

zur Akkumulation von Körperfett nun tatsächlich auf einer Störung beruht oder nicht, wobei das Resultat, nämlich die Fettakkumulation selbst, unbestritten eine Gesundheitsstörung darstellt.

14.1.1
Klassifikation und Indikation

Es besteht Konsens, daß geringfügiges Übergewicht keine Therapieindikation besitzt. Die inzwischen gebräuchliche Methode zur Bestimmung der Adipositas ist der Body Mass Index (BMI = kg/m^2). Die Deutsche Adipositas-Gesellschaft (1996) klassifiziert Untergewicht, Normalgewicht und Adipositas ersten bis dritten Grades (Tabelle 14.1).

Therapieindikation besteht grundsätzlich erst bei einem BMI >30 kg/m^2, bei einem BMI von $25{-}30$ kg/m^2 nur, wenn übergewichtsbedingte Gesundheitsstörungen oder ein viszerales Fettverteilungsmuster oder Erkrankungen vorliegen, die durch Übergewicht verschlimmert werden, oder ein erheblicher psychosozialer Leidensdruck besteht.

Nicht nur das Ausmaß des Übergewichtes, sondern auch die Verteilung der Fettdepots bestimmt das Gesundheitsrisiko. Das kardiovaskuläre Risiko ist bei abdominaler (stammbetonter oder androi-

Tabelle 14.1. Untergewicht, Normalgewicht und Adipositas ersten bis dritten Grades. (Klassifikation nach Deutsche Adipositas-Gesellschaft, 1996)

Klassifikation	BMI = kg/m^2	Beispiel: Frau, 1,68 m
Untergewicht	<20	<56,4 kg
Normalgewicht	20–25	56,5–70,5 kg
Übergewicht (Adipositas Grad I)	25–30	70,6–84,6 kg
Adipositas (Adipositas Grad II)	30–40	84,6–112,9 kg
extreme Adipositas (Adipositas Grad III)	>40	>113,0 kg

der) Fettverteilung[1] (eher typisch für Männer) wesentlich höher als bei gluteofemoraler (hüftbetonter oder gynoider) Fettansammlung (eher typisch für Frauen). Das Fettverteilungsmuster hat besonders bei Adipositas Grad 1 maßgeblichen Einfluß auf das Morbiditäts- und Mortalitätsrisiko und muß deshalb bei der Abschätzung des adipositasassoziierten Gesundheitsrisikos berücksichtigt werden (Deutsche Adipositas-Gesellschaft, 1996).

Adipositas bekommt ihren Krankheitswert durch die Vielzahl von Folgeerkrankungen, die erhebliche Auswirkungen auf die Morbidität der Bevölkerung haben. Krankheiten, die durch Adipositas bedingt oder mitbedingt werden, sind kardiovaskuläre Erkrankungen wie Myokardinfarkt und zerebrale Insulte, Hypertonus, Hyperlipidämie, Diabetes mellitus (metabolisches Syndrom), degenerative Gelenkerkrankungen, Gallenerkrankungen, Atem- und Schlafstörungen (Schlafapnoesyndrom; Young et al., 1993), Venenleiden und bestimmte Karzinome (Deutsche Adipositas-Gesellschaft, 1996). Die Wahrscheinlichkeit von Schwangerschaftskomplikationen steigt mit zunehmendem Übergewicht stark an (Edwards, 1996). Auch die psychosozialen Auswirkungen der Adipositas sind beträchtlich. Man findet bei den Patienten sehr häufig ängstliche und depressive Komponenten; Lebenszufriedenheit und Selbstwertgefühl sind deutlich geringer als bei nichtadipösen (Sarlio-Lähteenkorva et al., 1995).

14.1.2
Epidemiologie

Die Zahl der Übergewichtigen in westlichen Industrienationen nimmt stetig zu (Prentice & Jebb, 1995; Kuczmarski et al., 1994; Deutsche Gesellschaft für Ernährung 1992), insbesondere auch unter Kindern und Jugendlichen. Der Anteil von Kindern jenseits der 85. Perzentile beträgt in den USA bereits 22% (Troiano et al., 1995). Aktuelle amerikanische Daten des National Health And Nutrition Surveys (NHANES) zeigen, daß der Anteil der amerikanischen Bevölkerung mit einem BMI größer 25 (entsprechend Adipositas Grad I-III) im Jahre 1994 59% (Männer) respektive 49% (Frauen) beträgt (Flegal et al., 1996). 10 Jahre zuvor lag der Anteil noch bei 51% (Männer) respektive 41% (Frauen).

[1] Die Körperfettverteilung: Quotient aus Taillen- und Hüftumfang (T/H-Quotient oder *waist/hip ratio* = WHR). Ein erhöhtes Risiko besteht bei: WHR >0,85 bei Frauen – WHR >1,00 bei Männern

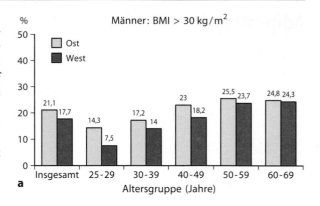

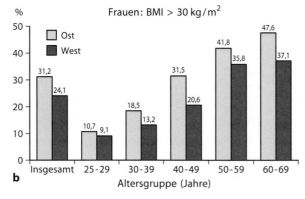

Abb. 14.1a, b. Prävalenz der Adipositas in Deutschland

Nach aktuellen Daten leiden in Deutschland etwa 25%–30% (altersabhängig) unter einer Adipositas Grad II oder III (Bundesgesundheitsamt, 1994), was nachhaltig auf den großen Therapiebedarf hinweist. Schneider (1996) kalkuliert, daß die durch Adipositas und Folgeerkrankungen verursachten Kosten für das deutsche Gesundheitssystem im Jahr 1995 mit 15,5–27,1 Mrd. DM veranschlagt werden müssen. Wolf und Colditz (1996) ermessen für Adipositas und Folgeerkrankungen in den Vereinigten Staaten einen Anteil von 6,8% der gesamten Gesundheitskosten (Abb. 14.1).

14.1.3
Psychosoziale Faktoren

Nachdem sich das extreme Schlankheitsideal (»Twiggy«) seit Mitte der 60er Jahre verbreitet hat, sank das gesellschaftliche Image der Adipösen erheblich. Die soziale Diskriminierung stieg an. Im Ernährungsbericht 1980 (Deutsche Gesellschaft für Ernährung, 1980) wurden die Daten einer bevölkerungsrepräsentativen Erhebung mitgeteilt, die erkennen ließ, daß 1971 noch 40% der Bevölkerung durchaus einen übergewichtigen

Menschen als Freund akzeptierten, dieser Prozentsatz aber bereits 1979 auf nur 3% gefallen war. Als Gründe für die Entstehung von Übergewicht wurden damals in der Bevölkerung folgende Aspekte genannt: zuviel essen (32%) und falsche Ernährung (26%), gefolgt von zuwenig Bewegung (11%) und Vererbung (9%). Übergewichtige selbst allerdings gewichteten die vermeintlichen Ursachen für Adipositas anders: Vererbung (17%), guter Futterverwerter (15%), Stoffwechsel, Drüsen, Medikamente, Knochenbau, etc. (20%). Der falschen Ernährung und dem Aspekt »zuviel essen« wird nur von 5% bzw. 22% der Adipösen für das eigene Übergewicht eine Bedeutung zugemessen. Der Ernährungsbericht stellte fest, daß die positive Energiebilanz in der Öffentlichkeit zwar als wichtige Erklärung angesehen wird, daß jedoch die vom Übergewicht Betroffenen zu einem weitaus größeren Teil für sich selbst auf mehr ernährungsunabhängige Ursachen zurückgreifen.

Etwa zwei Drittel der übergewichtigen Personen berichten von eigenen Erfahrungen mit Gewichtsreduktion. Mit Abstand an erster Stelle steht dabei die Methode »FdH« (55%), gefolgt von »Verzicht auf Süßigkeiten« (28%) und Verzicht auf bestimmte Nahrungsmittel (26%). Bei 70% aller Abnahmeversuche war nach 6 Monaten das ursprüngliche Gewicht wieder erreicht. Nur 9% der Befragten gaben an, daß ihr Gewichtsverlust länger als 2 Jahre angedauert hat.

Diese Darstellung des Ernährungsberichtes ist bis heute aktuell. Die 1980 beschriebene Prävalenz des Übergewichts (15% über Broca-Referenz-Gewicht) lag bei 17,4% (Männer 16,3%; Frauen 18,2%). Sie dürfte sich gesteigert haben, wenn die neuen Prävalenzzahlen des Bundesgesundheitsamtes damit verglichen werden (BMI >30: Gesamt 23%; Männer 18%; Frauen 25%). Das zwingt zur Schlußfolgerung, daß die millionenfach durchgeführten Reduktions- und Schlankheitsdiäten zumindest nicht zu einer Senkung der Prävalenz der Adipositas in Deutschland beigetragen haben. Der Prozentsatz übergewichtiger Frauen ist überproportional gestiegen, obschon gerade Frauen bevorzugt Reduktionsdiäten durchführen. Der soziale Druck auf Adipöse und ihre Diskriminierung ist eher angestiegen, auch wenn sich in der Wissenschaft über die Ursachen der Adipositas und ihre Therapie ein Paradigmenwechsel vollzogen hat.

So ist es nicht überraschend, daß psychologische Testergebnisse, wie in der Schwedischen Adipositasstudie, bei Übergewichtigen im Vergleich zu normalgewichtigen Menschen 3- bis 4mal höhere Angst- und Depressionswerte zeigten (Sarlio-Lähteenkorva et al., 1995). Rand und Macgregor (1991) stellten fest, daß sich alle 57 Patienten, die sie vor einer Operation untersuchten, als sozial unattraktiv einstuften. 81% glaubten, daß »hinter ihrem Rücken« über sie geredet wird und die große Mehrheit war überzeugt, daß sie immer oder zumindest häufig benachteiligt würden, wenn es um eine berufliche Anstellung geht, aber auch, daß sie nicht mit dem üblichen Respekt von Ärzten behandelt würden. Diese Studie belegt auch, daß diese Probleme ursächlich durch das adipöse Erscheinungsbild auftreten, denn 14 Monate nach der Operation mit einer durchschnittlichen Gewichtsabnahme von 50 kg hatte sich die psychische Verfassung dieser Patienten dramatisch verbessert. Eine Nachbefragung ergab, daß 90% dieser Patienten sich eher vorstellen konnte, ein amputiertes Bein oder Blindheit in Kauf zu nehmen, als wieder monströs dick zu sein. Auch wenn eine solche hypothetische Befragung unrealistisch ist, so läßt das Ergebnis dennoch erahnen, unter welchem psychischen Leidensdruck adipöse Menschen stehen.

Der Kernpunkt, der letztlich die psychosozialen Probleme adipöser Menschen eskalieren läßt, muß darin gesehen werden, daß Adipositas nicht als Krankheit, sondern als schuldhaft selbst verursachter Zustand bewertet wird. Der öffentliche Überzeugungsdruck muß so groß sein, daß inzwischen auch zunehmend mehr adipöse Menschen sich selbst dieses Erklärungsmodell zu eigen gemacht haben. Ihre seit Jahren in Arztpraxen und bei der Ernährungsberatung immer wieder vorgebrachten Argumente, daß sie wirklich wenig essen, daß sie gute Futterverwerter seien, daß Übergewicht bei ihnen erblich angelegt sei oder, daß ihre Drüsen nicht richtig funktionierten, sind Argumente, die immer weniger häufig zu hören sind. Mit wissenschaftlicher oder ärztlicher Autorität wurde denn auch gegen solche Argumente angegangen: »Wer will, der kann« und »wer eben nicht kann, der will auch nicht«. Adipositastherapie wurde allein als ein Problem der Compliance angesehen (Pudel, 1994).

Diese verbreitete Auffassung von Pathogenese und Therapie der Adipositas ist bis heute zumindest latent aktuell. Noch immer hat »krankenversicherungstechnisch« die Adipositas keinen Krankheitswert, da dem Adipösen unterstellt wird, »selbst daran schuld zu sein«. Der Adipöse wird nur dann entlastet, wenn seine Adipositas ihn auch für die Definition der Krankenkassen tatsächlich krank macht, dann nämlich, wenn er an Diabetes, Hypertonie oder metabolischem Syndrom leidet. Der psychosoziale Leidensdruck der Adipösen ist ganz wesentlich eine Reflexion der gesellschaftlichen und medizinischen Bewertung der Pathogenese der Adipositas. Nicht die Adipositas ist der Grund für den psychischen Leidensdruck, sondern die gesellschaftliche Bewertung des individuellen Versagens, das angeblich bei Tisch unversehens zur Adipositas führt. Erst wenn die Bevölkerung Adipöse sieht, die monströs fett sind, dann schlägt Verachtung in Mitleid um. Das liegt daran, daß die Bevölkerung nicht phantasievoll genug ist, um sich vorzustellen, daß 150 kg Übergewicht »angefressen« sein können. Wer aber dick ist, ohne dafür zu können, der verdient Mitleid und Fürsorge, wird vom psychosozialen Leidensdruck befreit und als Kranker behandelt.

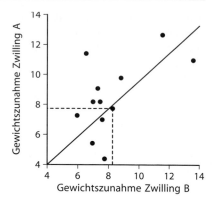

Abb. 14.2. Gewichtszunahme erbidentischer Zwillinge (in kg) nach 100 Tagen Überernährung mit 1000 kcal/Tag. Jeder Punkt gibt die Gewichtszunahme des Zwillingspaares an: Projektion auf Ordinate Zwilling A bzw. auf Abszisse Zwilling B. (Nach Bouchard et al., 1990)

14.1.4
Biologische Faktoren

Adoptions- und Zwillingsstudien belegen inzwischen zweifelsfrei die von adipösen Patienten bereits seit Jahrzehnten immer wieder angeführte genetische Disposition der Gewichtsregulation. Adipositas als »Schuld des Individuums« kehrte sich um in die Betrachtung der Adipositas als »biologisches Schicksal im Überfluß«. So betont William Bennett (1995) in seinem Editorial »Beyond Overeating«, daß Übergewichtigen nicht durch andauerndes Moralisieren geholfen werde, und auch die einfache Lösung nach der Theorie des Vielfraßes werde durch wissenschaftliche Evidenz nicht gestützt. Für den therapeutischen Optimismus und die Motivation des Patienten allerdings muß deutlich herausgearbeitet werden, daß genetische Einflüsse (Überblick bei: Hebebrand und Remschmidt, 1995; Wirth, 1997) und Umweltbedingungen nicht additiv, sondern nur in gemeinsamer Interaktion den Phänotypus Adipositas bestimmen. Genetik ohne entsprechende Umwelt (Ernährung und Bewegung) erzwingt kein Übergewicht (wie z. B. in der Nachkriegszeit).

Stunkard et al. (1990) untersuchten 673 ein- und zweieiige Zwillingspaare im Erwachsenenalter, die entweder gemeinsam oder in getrennten Familien aufwuchsen. Die Korrelationen im Körpergewicht demonstrieren eindeutig den geneti-

schen Einfluß auf das Körpergewicht. Der Einfluß des Aufwachsens am gemeinsamen Familientisch ist ungleich geringer als die genetische Komponente (s. Tabelle 14.2). Andere Studien an adoptierten Kindern und Zwillingen kamen zu sehr ähnlichen Resultaten (Bouchard & Perusse, 1988).

Die kanadische Arbeitsgruppe um Bouchard et al. (1990) publizierte ein bis dahin einmaliges Experiment: 12 eineiige Zwillingspaare erhielten über 100 Tage lang neben ihrer gewohnten Nahrungsmenge zusätzlich weitere 1000 Kilokalorien. Unterbrochen wurde dieses Experiment jeweils am Sonntag, so daß insgesamt 86 000 kcal an Überschußenergie aufgenommen wurden (s. Abb. 14.2).

Nach der bis dahin gültigen Bilanzgleichung hatte dieses Mastexperiment zu einer Gewichtszunahme von 86 000 kcal/7000 kcal = 12,3 kg führen müssen. In der Realität ergaben sich jedoch interindividuell zwischen gut 4 und knapp 14 kg variierende Gewichtszunahmen, wie in der Abbildung zu erkennen ist. Ebenfalls wird deutlich, daß die erbidentischen Zwillinge (mit einer Korrelation von r = 0,55) relativ gleichartig an Gewicht zunahmen. Leibel et al. (1995) stellten fest, daß sich Menschen während einer Gewichtsveränderung in

Tabelle 14.2. Body-Mass-Index (BMI) und Intrapaarkorrelation bei ein- und zweieiigen Zwillingen, die getrennt und gemeinsam aufgewachsen sind. (Nach Stunkard et al., 1990)

Zwillingsgruppe	Männliche Paare			Weibliche Paare		
	Paare Anzahl	BMI	Intrapaar-korrelation	Paare Anzahl	BMI	Intrapaar-korrelation
Eineiig, getrennt	49	24,8	0,70	44	24,2	0,66
Eineiig, gemeinsam	66	24,2	0,74	88	23,7	0,66
Zweieiig, getrennt	75	25,1	0,15	143	24,9	0,25
Zweieiig, gemeinsam	89	24,6	0,33	119	23,9	0,27

ihrem Ruhe-Nüchtern-Umsatz, aber auch in ihrem Arbeitsumsatz unterscheiden. Außerdem bestehen Unterschiede im Ausmaß der nahrungsinduzierten, postprandialen Thermogenese. Diese Unterschiede zwischen Individuen können bis zu 20% ausmachen. Damit liegen diese thermogenetisch bedingten Unterschiede allerdings nicht in einem Größenbereich, der oftmals von Patienten angenommen wird (»Esse nur 700 kcal und nehme nicht ab!«). Andere Untersuchungen zeigen, daß auch während einer Diät der Ruheumsatz reduziert wird, doch auch hier werden nicht so große Differenzen gemessen, wie oftmals vermutet wurde.

Inzwischen liegen auch aus der jüngsten Genforschung weitere Hinweise vor. Amerikanische Forscher haben bei der Maus wie auch beim Menschen ein Gen isolieren und klonen können, über dessen Genprodukt (»Leptin«) die »Kommunikation« des Körperfettgewebes mit dem zentralen Lipostat gesteuert wird (Zangh et al., 1994). In Behandlungsversuchen von genetisch übergewichtigen Mäusen hat man nach Injektionen von Leptin feststellen können, daß durch diesen Signalstoff sowohl der Hunger (Nahrungsaufnahme) gehemmt als auch der Metabolismus (physische Aktivität) gesteigert wird (Pelleymounter et al., 1995). Bei vielen Menschen scheint es trotz hoher *ob*-Genaktivität eine Prädisposition zu geben, unter einer fettreichen Diät Übergewicht zu entwickeln. Der Defekt liegt hier möglicherweise in der Programmierung des Gewichtssetpoints, der Sensibilität des Gehirns gegenüber *ob*-Protein oder der adäquaten Informationsvermittlung zwischen Peripherie und Gehirn. Zur Zeit sind jedoch noch keine realistischen Perspektiven zu erkennen, wie die Erkenntnisse der Genforschung für Adipositastherapie beim Menschen um- und eingesetzt werden könnten (Ellrott & Pudel, 1998).

14.1.5
Ernährungsphysiologische Aspekte

Die Analyse von 7-Tage-Verzehrsprotokollen, die 200 000 Teilnehmer eines Gewichtsreduktionsprogramms (Vier-Jahreszeiten-Kur der AOK) vor Beginn ihrer Teilnahme ausgefüllt hatten, ließ hinsichtlich der Gesamtenergiezufuhr keinen relevanten Unterschied zwischen verschiedenen Gewichtsgruppen erkennen. Das aktuelle Gewicht korrelierte nicht mit der durch Ernährungsprotokolle errechneten Kalorienzufuhr (Pudel & Westenhöfer, 1992). Zu einem völlig vergleichbaren Ergebnis kam auch die Nationale Verzehrsstudie

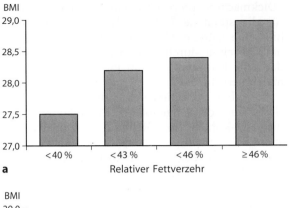

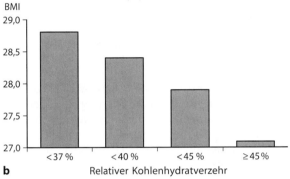

Abb. 14.3 a, b. Body-Mass-Index in Abhängigkeit vom relativen Fett- (**a**) und Kohlenhydratverzehr (**b**) bei 200 000 Personen nach einem 7-Tage-Ernährungsprotokoll. (Nach Pudel & Westenhöfer, 1992)

(Deutsche Gesellschaft für Ernährung, 1992). Damit konnte gezeigt werden, daß Adipöse durchschnittlich nicht deutlich mehr Kalorien in ihrem Tagebuch verzeichnen als Normalgewichtige.

Die weitere Analyse der Nährstoffrelation zeichnete jedoch ein klares und zunächst überraschendes Bild: Der BMI ist mit der relativen Fettaufnahme positiv und mit der relativen Kohlenhydrataufnahme negativ korreliert, wie Abb. 14.3 erkennen läßt.

Zu ähnlichen Ergebnissen kamen inzwischen mehrere Studien. So konnten Bolton-Smith et al. (1994) in einer MONICA-Studie an über 12 000 Schotten nachweisen, daß der Fett-Kohlenhydrat-Quotient mit dem Gewicht in Beziehung steht und daß allein die Verzehrsmenge an konzentrierten Kohlenhydraten (Zucker) eine negative Beziehung zum Gewicht aufweist, d. h. mit steigendem Zuckerkonsum fiel das Durchschnittsgewicht der untersuchten Personengruppe ab.

Ungeklärt ist gegenwärtig, warum adipöse Menschen spontan mehr Nahrungsfett konsumieren. Ausgeschlossen werden kann eine kognitive Strategie, denn kein Adipöser nimmt sich vor, besonders viel Fett zu essen, da Fett neben Zucker jahrzehntelang von der Ernährungsaufklärung als

»Dickmacher« propagiert wurde. Da die Ursache für die spontane Fettpräferenz unklar ist, kann hier eine kausale Therapie nicht begründet werden, obschon durch viele Studien belegt wurde, daß eine Fettreduktion mit einer Gewichtsabnahme einhergeht.

So gaben verschiedene Studiendesigns in der Gestaltung der angebotenen Menükomponenten die Fett-Kohlenhydrat-Relation vor, instruierten aber die Versuchspersonen, ad libitum zu essen. Diese Studien begründeten den neuen Ansatz in der Adipositastherapie: Nahrungsfett wird limitiert, die Nahrungsaufnahme ansonsten aber den Patienten bzw. Versuchspersonen nach Belieben (ad libitum) freigestellt.

Auch bei unterschiedlichem Studiendesign sind die Ergebnisse relativ vergleichbar:

- Fettärmere Kost führt nach 11 Wochen bei Ad-lib-Verzehr zu einer um 1,3 kg höheren Gewichtsabnahme. Die Testpersonen hielten das Nahrungsvolumen, unabhängig vom Fettgehalt, bei 1,4 kg/Tag konstant. Geschmackseinstufungen unterschieden sich nicht (Kendall et al., 1992).
- Lebensmittelprodukte mit reduziertem Fettgehalt, die wie ihre vergleichbaren Normalvarianten über jeweils 4 Wochen ad libitum zur Verfügung gestellt wurden, erzielten eine um 0,9 kg höhere Gewichtsabnahme (Ellrott et al., 1995).
- Normalgewichtige Testpersonen, die über 2 Wochen jeweils 3 verschiedene Fett-Kohlenhydrat-Relationen ad libitum erhielten, nahmen unter 15–20 Energieprozent Fett 0,4 kg ab, unter 30–35 Energieprozent Fett hielten sie ihr Gewicht und unter 45–50 Energieprozent Fett nahmen sie 0,3 kg zu (Lissner et al., 1987).

Weitere Studien zeigen:

- Fetthaltige Nahrung sättigt weniger gut als kohlenhydratreiche Kost (Westrate, 1992).
- Wird der Fettgehalt unbemerkt für die Testpersonen gesenkt, kommt es kaum zu einer Steigerung des Nahrungsvolumens (Kompensation der Energielücke durch Mehrverzehr).
- Menschen, die überdurchschnittlich viel Nahrungsenergie aufnehmen, konsumieren notwendigerweise viel Fett, da Fett auf kleinstem Raum die meiste Energie bindet.
- Wer dagegen verstärkt Kohlenhydrate verzehrt, liegt in der Gesamtenergieaufnahme tiefer, weil kohlenhydratreiche Lebensmittel zumeist einen hohen Wasser- und Ballaststoffanteil haben, der gute Sättigungswirkung entfaltet (Astrup, 1994).

Neuere Studien lassen, im Gegensatz zur lange Zeit bestehenden Auffassung, auch vermuten, daß die Konversion von Kohlenhydraten in Körperfett beim Menschen eine untergeordnete Rolle spielt. In der Studie von Acheson et al. (1988) lag die maximale oxidative Kapazität (Ruhe- und Arbeitsumsatz) junger Männer bei ca. 500 g Kohlenhydraten/Tag. Bis zu dieser Menge wird mit steigender Kohlenhydrataufnahme proportional die Kohlenhydratoxidationsrate gesteigert. Der Organismus scheint derartige Anpassungen nicht über Veränderungen des Grundumsatzes, sondern über Alterationen der Effektivität des Arbeitsumsatzes, möglicherweise über die Effektivität von Muskelarbeit, zu regulieren (Horton et al., 1995). Unter einer normalen Kost mit uneingeschränktem Zugang zu Lebensmitteln ist der Füllungszustand der Glykogenspeicher mit 4–6 g/kg Körpergewicht weit unter der maximal möglichen Kapazität. Damit können auch Kohlenhydratdosen über 500 g/Tag kurzfristig als Glykogen zwischengespeichert werden. Solche Konsummengen an Kohlenhydraten (>500 g/Tag) sind hierzulande nicht üblich (500 g Kohlenhydrate entsprechen z.B.: 500 g Zucker, 1,2 kg Brot, 3 kg Nudeln, 3,5 kg Kartoffeln, 30 kg Blumenkohl).

Swinburn und Ravussin (1993) zweifeln überdies an der generellen physiologischen Realität der Rechenformel des Bilanzprinzips, wonach 7000 kcal Überschußenergie zu einem Gewichtsanstieg von 1 kg führen. Danach müßte der tägliche Verzehr eines Buttertoasts (100 kcal) nach 40 Jahren zu einem Energieüberschuß von 1,5 Mio. kcal und damit zu gut 200 kg Gewichtszunahme führen. Nach ihrer dynamischen Modellrechnung jedoch bewirken die täglichen 100 Toastkalorien einen leichten Gewichtszuwachs durch Muskel- und Fettvermehrung, der seinerseits den Energieverbrauch ansteigen läßt, so daß bei einer definitiven Zunahme von 2,7 kg ein erneutes Gleichgewicht besteht.

Aus verhaltenstherapeutischer Sicht haben die neuen Forschungsergebnisse zu den biologischen Regulationsmechanismen bei Adipositas durchaus eine große psychologische Bedeutung. Die zuvor immer von den Patienten genannten Ursachen »ihrer« Adipositas (guter Futterverwerter, Vererbung, etc.) können nicht mehr als »Ausreden« abgetan, sondern müssen ernst genommen und als Limitation bei der Erreichung einer gewünschten

Gewichtsabnahme berücksichtigt werden (Ellrott & Pudel, 1998).

Die praktischen Konsequenzen dieser Erkenntnisse wurden in verschiedenen experimentellen und klinischen Studien geprüft (Ellrott et al., 1995; Flatt, 1995; Gatenby et al., 1995; Kendall et al., 1992; Leibel et al., 1995; Lissner et al., 1987; Schlundt et al., 1993; Shah et al., 1994; Toubro & Astrup, 1997; Tucker & Kano, 1992).

> Dies führte zu einer Neuorientierung der diätetischen Empfehlungen: Für eine langfristige Gewichtsreduktion folgen diese Empfehlungen heute der Strategie einer *fettrestriktiven, kohlenhydratliberalen Ernährung.*

Neuere Studien belegen zudem, daß eine pauschale Reduzierung der Kalorienaufnahme (z.B. 1000 kcal/Tag, auch als »energiereduzierte Mischkost« bezeichnet) mit folgenden nachteiligen Konsequenzen verbunden ist:

- ständige Hungergefühle,
- stark eingeschränkter Eßgenuß,
- Förderung von Heiß- und Süßhungerattacken,
- reduzierte Lebensqualität,
- vorzeitiger Abbruch der Reduktionsdiät,
- Abbau von Körperprotein,
- Senkung des Ruheumsatzes (Energieverbrauch),
- langfristig: Wiederanstieg des Gewichts.

Die wesentlichen Gründe liegen darin, daß eine pauschale Kalorienrestriktion immer mit einer Reduktion des Nahrungsvolumens einhergeht und auch die Zufuhr von Protein und insbesondere von Kohlenhydraten gedrosselt wird, die u.a. in die Hunger- und Sättigungsregulation eingreifen.

> Eine aufschlußreiche Studie führte die Arbeitsgruppe um Foreyt (Skender et al., 1996) durch. Patienten wurden über ein Jahr trainiert, entweder eine energiereduzierte Mischkost (1000 kcal/Tag) einzuhalten oder sich aktiver zu bewegen (z.B. regelmäßiges Walking). Nach einem Jahr ausschleichenden Trainings (von wöchentlich bis zweimonatlich) wurde die Intervention eingestellt, die Patienten aufgefordert, ihr Programm weiterhin einzuhalten. Nach 12 Monaten erfolgte eine Nachkontrolle. Die Ergebnisse (Abb. 14.4) zeigen eindeutig, daß die Kalorienrestriktion nicht aufrecht erhalten werden konnte. Aktive Bewe-

gung trägt zwar weniger zur Gewichtsabnahme bei, ihr Effekt für eine langfristige Stabilisierung ist aber auch nach diesem Resultat unbestritten.

Diese Untersuchung stellt die Frage, wie das negative Ergebnis 1 Jahr nach Therapie zu bewerten ist. Traditionell würde die Ernährungsberatung hier von einer Non-Compliance der Patienten sprechen, da im ersten Jahr gezeigt wurde, wie effektiv das Prinzip der energiereduzierten Mischkost wirkt. Ohne Zweifel wird nahezu jeder Mensch an Gewicht verlieren, wenn ihm nur noch 1000 kcal pro Tag zur Verfügung stehen. Insofern ist das Prinzip der negativen Energiebilanz nicht falsch. Andererseits stellt sich die Frage, ob nicht die Verordnung einer kalorienreduzierten Mischkost einen »Therapiefehler« darstellt, der zu einem Wiederanstieg des Gewichts führen muß, sobald die Fremdkontrolle durch das Programm oder den Therapeuten nicht mehr gegeben ist. Die zweite Erklärung ist sicher die patientenfreundlichere Bewertung, denn eine Behandlung muß den Patienten in die Lage versetzen, seinen Erfolg auch nach der Behandlung zu sichern. Offenbar sind solche energiereduzierten Kostformen (im Extremfall die Formula-Diäten mit 700 bis 800 kcal/Tag) zur Erzielung einer Abnahme, nicht aber zur Stabilisierung des Abnahmeerfolges geeignet.

Wird dagegen nur das Nahrungsfett reduziert, bleibt das Nahrungsvolumen weitgehend erhalten, das zudem durch kohlenhydrathaltige Lebensmittel (auch Proteinträger) noch gesteigert werden kann. Das Sättigungsgefühl wird gestärkt, obschon der Gesamtenergiegehalt reduziert wird. Untersuchungen zeigen, daß eine nachhaltige Absenkung der Fettaufnahme auf ca. 40 g/Tag bei

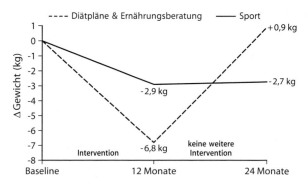

Abb. 14.4. Gewichtsabnahme und -verlauf nach 12monatiger Diät- bzw. Sporttherapie. (Nach Skender et al., 1996)

Liberalisierung des Kohlenhydratkonsums die Gesamtkalorienaufnahme auf ca. 1600 kcal/Tag begrenzt (Shah et al., 1994).

> Damit ist die fettrestriktive, kohlenhydratliberale Ernährungsform in der Praxis eine tolerable, sättigende, hypokalorische, nährstoffdichte Kostform, die eine nachhaltige Gewichtsabnahme besser fördert als eine pauschale Begrenzung der Kalorienzufuhr.

14.1.6
Ernährungspsychologische Aspekte

Die ersten Jahrzehnte der Verhaltenstherapie der Adipositas waren durch kognitive Verhaltensregeln bestimmt, die das Eßverhalten des Patienten von den gewohnten Umweltreizen entkoppeln und eine permanente, bewußte Selbststeuerung aufbauen sollten (Stunkard & Pudel, 1989). Solche Regeln, die bis heute noch in etablierten Programmen zu finden sind, lauten etwa: »Ich lasse immer einen kleinen Rest auf dem Teller«, »Ich gehe nur mit Einkaufszettel einkaufen« oder »Nach jedem Bissen lege ich Messer und Gabel kurz aus der Hand«. Hintergrund war die Hypothese, daß Adipöse falsch essen, sich von Außenreizen leiten lassen, in ihrer Appetit- und Sättigungsregulation gestört sind sowie Essen als orale Kompensation nutzen und auf diese Weise eine positive Kalorienbilanz erzielen. Anders formuliert: Adipöse haben »falsch essen« gelernt, daher besteht die Verhaltenstherapie in einem Training darin, »richtig essen« zu lernen. Doch diese Hypothese hat sich als zutreffende Beschreibung des »typisch adipösen Eßverhaltens« nicht halten lassen. Auch die Annahme charakteristischer Persönlichkeitsmerkmale, die die Manifestation einer Adipositas fördern, mußte verworfen werden. Psychische Probleme der Adipösen werden heute eher als Folge der Adipositas und ihrer sozialen Diskriminierung angesehen, nicht aber als deren Ursache (Pudel & Westenhöfer, 1997).

Gezügeltes Eßverhalten

Psychologen begannen ab 1970, sich gezielt mit dem Eßverhalten unter Überflußbedingungen zu beschäftigen. Herman und Mack (1975, s.a. Herman & Polivy, 1975, 1980, 1984, 1988) prägten den Begriff des »restrained eating«. Pudel et al. (1975) definierten zur gleichen Zeit den »latent Fettsüchtigen«. Unter beiden Begriffen wurde ein kognitiv kontrolliertes Eßverhalten entgegen physiologischer Hunger- und psychologischer Appetenzsignale verstanden, das ein Mensch realisiert (oder versucht zu realisieren), um nicht an Gewicht zuzunehmen. Die Bezeichnung »gezügeltes Eßverhalten« hat sich inzwischen allgemein durchgesetzt. Die »Restraint Eating Scale (RES)« und die »Latente Fettsuchts-Skala (LFS)« wurden von Stunkard und Messik (1985) in dem »Three-Factor-Eating-Questionnaire« in modifizierter Form vereint und validiert. Eine deutsche Bearbeitung dieses Tests ist als »Fragebogen zum Eßverhalten (FEV)« erschienen (Pudel & Westenhöfer, 1989).

Gezügeltes Eßverhalten ist stark kognitiv übersteuert und interne Signale spielen für das Eßverhalten nur noch eine untergeordnete Rolle. Dieses Eßverhalten ist zumeist durch starre Diätgrenzen charakterisiert, die sich der Mensch setzt, um die Kalorienaufnahme zu beschränken. Charakteristisch für gezügelte Esser sind häufig auch absolute Gebote oder Verbote. Kommt es zu einer Überschreitung der kognitiven Schranke, setzt schlagartig ein Zusammenbruch der kognitiven Kontrolle ein (»disinhibition of control«). Mit dem Zusammenbruch der Kontrolle wird unkontrolliert deutlich mehr verzehrt, weil eine innere Schranke gefallen ist. Diese Ausprägung des gezügelten Eßverhaltens wird als rigide Verhaltenskontrolle bezeichnet (Westenhöfer, 1992; Pudel & Westenhöfer, 1997).

Rigide Verhaltenskontrolle

Rigide Kontrollmechanismen der Nahrungsaufnahme (»Von jetzt an esse ich *nie* wieder Schokolade«, »Ich esse ausschließlich, was mein Diätplan vorgibt«, »Ich meide alle cholesterinreichen Lebensmittel«) unterliegen einem ausgeprägten dichotomen Alles-oder-Nichts-Prinzip und sind im Umfeld des allgegenwärtigen Nahrungsangebotes zum Scheitern verurteilt. Diätetisch völlig unbedeutende Ereignisse (Verzehr eines Bonbons oder eines Milchshakes) können das gesamte kognitive Kontrollsystem außer Kraft setzen, was als Gegenregulation (»counterregulation«) bezeichnet wird. Der Patient gibt seine rigide Verzehrskontrolle bei einer geringfügigen Überschreitung des absoluten Diätvorsatzes über die verbreitete Denkschablone »Nun ist es auch egal!« schlagartig zugunsten einer zügellosen Nahrungsaufnahme auf. Rigide Kontrolle begünstigt über die zyklische Alternation von Phasen strenger Diätvorschriften mit Phasen zügellosen Essens die Entstehung von Übergewicht und kann in Einzelfällen die Manifestation von Eßstörungen bahnen.

Die ungünstige und destabilisierende Wirkung der rigiden Kontrollstrategien beruht darauf, daß diese kognitiven Vorsätze die Umwelt, z.B. das

Angebot im Supermarkt, nicht verändern können, sondern lediglich das vorhandene Angebot dichotom nach Verboten und Geboten filtern. Diese Filterung aber erreicht nach den Prinzipien der »sozial induzierten Wahrnehmung«, daß gerade die mit einem Verbot belegten Produkte und Speisen eine gesteigerte Aperzeption erfahren und wegen ihrer ubiquitären Verfügbarkeit im Überfluß permanent zur Gegenregulation beitragen. Ein Verhaltensmanagement des Überflusses kann durch kognitive Ausblendung eines Teils des Überflusses nicht geleistet werden, weil der Vorsatz zur Ausblendung psychologisch eine erhöhte Valenz (bei Speisen: sensorische Attraktivität) der vom Vorsatz betroffenen Produkte und Speisen zur Folge hat.

Flexible Verhaltenskontrolle

Dem gegenüber steht die flexible Kontrolle, bei der die entsprechenden Einstellungen und Verhaltensweisen nicht als zeitlich begrenzte Diätvorschriften, sondern als zeitlich überdauernde Langzeitstrategien verstanden werden. Auch bei dieser Strategie stehen die Beschränkung der täglichen Nahrungsaufnahme und der Verzehr möglichst fettarmer (energiearmer) Lebensmittel im Vordergrund. Jedoch kann bei flexibler Kontrolle die Vielfalt der Lebensmittel genossen werden. Bei flexibler Kontrolle gibt es Verhaltensspielräume mit der Möglichkeit zur Verhaltenskorrektur. Diese Verhaltensspielräume zur Korrektur sind größer und zeitlich weiter gefaßt. Der Aspekt der Flexibilität bezieht sich sowohl auf die Auswahl der zu verzehrenden Speisen wie auch auf deren Menge. Operational könnte die flexible Kontrolle auch als eine Verhaltensstrategie definiert werden, bei der die Wahrscheinlichkeit für das Eintreten der Gegenregulation (Zusammenbruch der Verhaltenskontrolle) geringer ist.

Flexible Kontrolle mit der Möglichkeit der Verhaltensanpassung basiert auf der Wechselwirkung von Quantität und Zeitspanne. Während bei der rigiden Kontrolle das Zeitfenster theoretisch unendlich (»immer«) und die Quantität bei 0% oder 100% fixiert wird, ist bei der flexiblen Kontrolle der Quotient von Quantität und Zeit grundsätzlich eine einheitliche und anzugebende Größe, wobei sowohl Quantität und Zeit im Bereich des Zahlenraumes zwischen 5 und 20 liegen sollten. Wird im Baselineverhalten gewohnheitsmäßig täglich 1 Tafel Schokolade verzehrt, so zielt die flexible Kontrolle (es ist Kontrolle!) auch auf eine Reduktion, z. B. 6 Tafeln in der Woche oder 24 Tafeln im Monat. Da die Beobachtungsstrecke, aber auch die Verzehrsvorgabe durch den Patienten unmittelbar überschaubar sein muß, werden Zeitra-

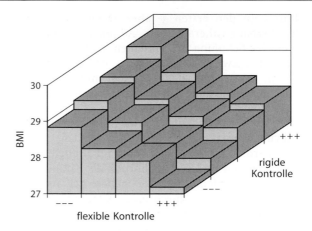

Abb. 14.5. BMI in Abhängigkeit von hoher (+++) bzw. geringer (– – –) rigider und/oder flexibler Kontrolle, gemessen mit dem F-E-V bei 54 516 Personen. (Nach Westenhöfer, 1992)

ster und Mengenvorgabe dieser Forderung soweit angepaßt, daß keine rigide Kontrolle resultiert. Das Zeitraster von einem Tag wäre in diesem Beispiel zu klein, da die Mengenvorgabe auf die wenig überschaubare Einheit »knapp eine Tafel Schokolade« schrumpfte und eine Gegenregulation wahrscheinlich wäre. Die Vorgabe von 312 Tafeln im kommenden Jahr würde das Zeitfenster unkontrollierbar gestalten.

Die Zielvorgabe sollte zunächst knapp unter dem Baselinewert liegen, um das Anspruchsniveau nicht zu hoch zu setzen. Eine Unterschreitung solcher Zielvorgabe ist möglich und wird als Erfolg erlebt. Selbst eine Reduzierung der Quantität auf Null unter solchen Bedingungen ist möglich und dennoch keine rigide Kontrolle, da die Vorgabe nicht auf Null gesetzt war und dadurch auch bei Verzehr einer bestimmten Menge keine Gegenregulation ausgelöst worden wäre.

Pudel und Westenhöfer (1992) konnten zeigen, daß eine rigide Verzehrskontrolle mit einem höheren BMI einhergeht als flexible Verhaltenskontrolle (Abb. 14.5). Rigide Kontrolle des Verzehrs prädisponiert für Adipositas. Gezügeltes Eßverhalten und rigide/flexible Kontrolle sowie das Ausmaß von Störbarkeit und spontanem Hunger können mit dem Fragebogen zum Eßverhalten (F-E-V) erfaßt werden (Pudel & Westenhöfer, 1989).

14.2
Kognitiv-verhaltenstheoretisches Konzept

Die verschiedenen Erkenntnisse der letzten Jahre mußten zu einem Paradigmenwechsel im kognitiv-theoretischen Konzept der Adipositastherapie führen. In den ersten 3 Jahrzehnten (1960–1990) der Verhaltenstherapie der Adipositas stand die kognitive Schulung des Patienten im Vordergrund. Sein Übergewicht wurde als das Problem des Patienten angesehen, das er selbst mit adäquaten Verhaltenskontrollen lösen kann. Übergewicht als Konsequenz eines »falsch gelernten Eßverhaltens«, ein Symptom, das durch eine Veränderung der Nahrungsaufnahme »kuriert« werden kann (Stunkard & Pudel, 1989). Während Diabetes, Hyperlipidämien und Bluthochdruck als Krankheiten aufgefaßt wurden, die zwar neben der medikamentösen Therapie durch eine diätetische Verhaltensänderung günstig beeinflußt werden können, galt Adipositas nicht als Krankheit, sondern als »schuldhaftes Versagen« des Patienten. Selbst nachdem bewiesen wurde, daß Adipositas mit der Folge einer Insulinresistenz als der wichtigste Promotor des metabolischen Syndroms gelten muß, galt das Interesse der Inneren Medizin einer medikamentösen Behandlung des metabolischen Syndroms, nicht aber der ursächlich wirkenden Therapie des Übergewichts. So blieb die Adipositas zu lange in der Verantwortung des Patienten, während sich die Medizin um die adipositasassoziierten Risikofaktoren und Erkrankungen bemühte. Inzwischen ist ein Wechsel in der Auffassung erkennbar, die das Problem Adipositas dem Diabetes mellitus oder der Hypertonie gleichstellt.

Für eine verhaltenstherapeutische Konzeption ergeben sich eine Reihe neuer Überlegungen, die die traditionellen Therapiekonzepte modifizieren müssen, denn das Eßverhalten des Normalgewichtigen kann nicht mehr als die Zielgröße definiert werden, die den Lerninhalt für den Adipösen abgibt. Ohne über ausreichende Kenntnisse über den Einfluß von genetischen Dispositionen im Einzelfall zu verfügen, müssen diese (als »Unbekannte«) in Rechnung gestellt werden. Ohne ausreichende Kenntnisse über den Einfluß von biologischen Regulationsmechanismen auf Eßverhalten, Nahrungswahl und Körpergewicht müssen auch diese als weitere »Unbekannte« berücksichtigt werden. Fundierte Untersuchungen über eine jahrzehntelange Gewichtsstabilität auf reduziertem Niveau nach einer Übergewichtstherapie sind bislang nicht publiziert worden. Das weist bereits darauf hin, daß sich die Adipositastherapie noch immer in einem Stadium des Therapieversuchs befindet. Allerdings ist ausreichend belegt worden, welche diätetischen Strategien und verhaltenspsychologischen Behandlungskonzepte keine langfristigen Erfolge haben, so daß bestimmte Ansätze bereits ausscheiden. Die folgenden Gedanken konturieren daher nur eine Möglichkeit, die sich aufgrund der vorliegenden Erkenntnisse

und Erfahrungen beschreiben läßt, ohne den Anspruch zu erheben, bereits den »Standard der Adipositastherapie« zu definieren.

Das Körpergewicht des Menschen muß als eine biologisch regulierte Größe aufgefaßt werden. Willentlich (Diät) oder unwillentlich (Notzeit) herbeigeführte Veränderungen des Gewichts aktivieren (kompensatorische) Gegenregulationen, die – evolutionsbiologisch betrachtet – zur Sicherung des Lebens dienen. Die Möglichkeit der Energiespeicherung im Fettgewebe ist eine geniale Erfindung der Evolution, um größtmögliche Energiereserven in möglichst geringem Volumen zu speichern. 20 kg Körperfett (ausreichend für ca. 80 Tage zum Überleben unter Nahrungskarenz) entsprechen nämlich einer Energiereserve von 140 000 kcal, die als Kohlenhydrate nur in einem überdimensionierten Körper gespeichert werden könnten.

In der Möglichkeit der Aktivierung der biologischen Gegenregulation bestehen offenbar interindividuelle Unterschiede, die genetischen Ursprungs sind. Dennoch stoßen z. B. während einer programmierten »Notversorgung« des Organismus durch »low calorie diets« (LCD, »Formula-Diäten«) bei unter 1000 kcal/Tag die Kompensationsmechanismen an ihre Grenze: Alle Menschen nehmen unter dieser Bedingung kontinuierlich und ungefähr im gleichen relativen Ausmaß zur Gesamtmasse ab. Damit kann heute das Problem der Gewichtsabnahme als gelöst betrachtet werden, denn die Gewichtsabnahme ist lediglich eine biologische Notwendigkeit der unzureichenden Energieversorgung, die bei allen Individuen besteht, wenn die 1000 kcal/Tag-Grenze langfristig und deutlich unterschritten wird.

- Gewichtsabnahme darf nicht mit Adipositastherapie verwechselt werden.
- Adipositastherapie heißt:
  - Stabilisierung des reduzierten Gewichts zur Besserung oder Vermeidung gesundheitsriskanter Folgen des Übergewichts.

Wird diese Aufgabe der Verhaltenstherapie zugeordnet, so muß sich jeder Verhaltenstherapeut klar machen, daß sich jede seiner Therapiemaßnahmen u. a. auch gegen (evolutions-) biologische Mechanismen richtet, ohne genau zu wissen, wie überhaupt und wie ausgeprägt diese das Therapiekonzept konterkarieren.

In Zeiten schlechter Versorgungslage, wie in der Kriegs- und Nachkriegszeit, war Adipositas kein Problem großer Bevölkerungsschichten, auch wenn kein Hunger herrscht, sondern nur eine knappe und ernährungsphysiologisch anders zusammengesetzte Nahrung zur Verfügung stand. Der in westlichen Industrienationen etablierte Genpool produziert also nicht unter allen Umständen den Phänotypus Adipositas, sondern nur unter den Ernährungs- und Bewegungsbedingungen der modernen Konsumgesellschaft.

Aus diesen Überlegungen leitet sich ein kognitiv-verhaltenstherapeutischer Ansatz ab, der Patienten in die Lage versetzen soll, unter den vorherrschenden Nahrungsbedingungen und aufgrund ihrer individuellen genetischen Disposition ein vermindertes Körpergewicht zu stabilisieren.

Es gibt verschiedene Ansatzpunkte, die möglichst gemeinsam aktiviert und realisiert werden müssen, um Synergien zu nutzen.

Einstellung zur eigenen Adipositas

Der von Adipositas »betroffene« Patient muß lernen, sein Übergewicht als seine schicksalhafte Voraussetzung anzunehmen, die bei ihm den Überfluß des Nahrungsangebots zu effektiver Speicherung von Energiereserven nutzt. In etwa vergleichbar ist seine Situation wie die bei Menschen mit einer angeborenen Stoffwechselstörung (z. B. Phenylketonurie), die bei unreflektierter Nahrungsaufnahme tödlich erkranken, aber durch gezielte Auswahl und stringente Vermeidung (z. B. der Aminosäure Phenylalanin) durchaus ein normales Leben erwarten können.

Dennoch ist der Adipöse diesem biologischen Wirkprinzip nicht so machtlos ausgeliefert wie ein Stoffwechselkranker. Er kann »sein Schicksal« durch entsprechendes Verhaltensmanagement beeinflussen. Das aber setzt voraus, daß der adipöse Patient ein kognitives Umstrukturieren über die Ursachen seines Übergewichts im Sinne einer der wissenschaftlichen Erkenntnis angepaßten Kausalattribuierung erlernt. Die simple Erklärung der Adipositas als positive Energiebilanz, als deren Verursacher der willensschwache Vielfraß zu gelten hat, ist inzwischen als Alltagswissen auch in die Kognitionen der Adipösen übernommen worden. Zu allem Überfluß bestätigt auch jede hypokalorische »Crash-« oder »Blitzdiät«, daß auf eine Rückhaltung beim Essen das Gewicht reagiert, wodurch implizit die Theorie des »Zuvielessers« bestätigt wird. Diese »Diäten«, die vornehmlich in den Medien permanent propagiert oder als »Diätprodukte« im Handel oder an der Haustür

angeboten werden, nutzen absichtlich die unzutreffende Gleichsetzung von Gewichtsabnahme und Adipositastherapie. Doch dies bemerkt der Patient nicht und sieht im kurzfristigen Effekt der »Diät« einen Erfolg, der sich bei ihm, da er sie (mangels Willenskraft) nicht durchhalten kann, in einem eigenen Mißerfolg niederschlägt.

Die kognitive Umstrukturierung muß den Patienten vor einer Resignation vor der Macht der Gene bewahren, sie muß ihm Mut machen, den Spielraum auszunutzen zu wollen, den ihm die Natur gibt. Gleichzeitig sollte sie ihn von eigener Schuldzuweisung frei stellen, aber ohne ihm die Verantwortung für sein Verhalten abzunehmen. Das Ziel wird ein motivierter Patient sein, der seine internal attribuierten Mißerfolge, die zu Resignation oder Schuldgefühl geführt haben, rational erklären und zum Teil external attribuieren kann und zukunftsträchtige Perspektiven sieht, von denen er hofft, daß er sie durch sein Verhaltenspotential unter Einbeziehung von günstigen Umweltfaktoren (Ernährung und Bewegung) meistern kann.

Festsetzung des Anspruchsniveaus

Die Zielgröße der dauerhaft anzustrebenden Gewichtsstabilisierung muß eingehend diskutiert werden, damit nicht durch unrealistische Anspruchsniveaus der Mißerfolg geradezu programmiert wird. Die Jahre der »Diätpropaganda« haben implizit kommuniziert, daß jedes beliebige Gewicht, das wünschenswert erscheint, erreichbar sei. Die Etablierung eines extremen Schlankheitsideals mit öffentlichen Models, deren BMI weit unter 20 liegt, hat eine »ideale Figur« im Bewußtsein verfestigt, die bereits durch die Barbiepuppen in den Kinderzimmern existent ist. Auch adipöse Menschen unterliegen diesem sozialen Druck zur extremen Schlankheit, denn wenn nur das gesundheitliche, nicht aber das ästhetische Motiv dominant wäre, könnte nicht erklärt werden, warum immer 85% Frauen, und nur maximal 15% Männer an – auch medizinisch begründeten und indizierten – Therapieprogrammen teilnehmen.

Eine langfristig hohe Motivation beim Patienten kann nur resultieren, wenn das Anspruchsniveau nicht unrealistisch hoch angesetzt wird. Die Schemazeichnung von Rössner (1992) sollte mit dem Patienten grafisch nachvollzogen werden, um den positiven Effekt auch einer relativ geringen Gewichtsabnahme gegen den Spontanverlauf zu erkennen (Abb. 14.6).

Der bestimmende Faktor, der die Motivation unterstützt, ist das Erfolgserlebnis. Das gilt grundsätzlich – sowohl für Ernährungs- und Verhaltensstrategien als auch für Programme zur Aktivitätssteigerung.

Körpergewicht

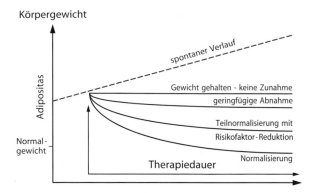

Abb. 14.6. Bewertung des langfristigen Therapieerfolgs im Vergleich zum Spontanverlauf. (Nach Rössner, 1992).

- Erfolge stabilisieren Verhalten.
- Mißerfolge destabilisieren Verhalten.

Ein wesentliches Therapieelement besteht in der Wahl einer angemessenen Zielgröße, die bei erfolgreicher Bewältigung die Motivation verstärkt und zum nächsten Zwischenziel reizt. Die Wahl des Anspruchsniveaus, nicht das objektive Ergebnis, definiert Erfolg oder Mißerfolg! Zwei Patienten, die beide vergleichbar 5 kg abgenommen haben, erleben Erfolg und Mißerfolg, wenn der eine Patient 4 kg und der andere Patient 6 kg hätten abnehmen wollen. Compliance basiert auf Erfolg, Non-Compliance auf Mißerfolg. Der Therapeut muß helfen, Erfolge zu erleben und zu sichern. Darin besteht ein Basiselement einer gelungenen Verhaltensmodifikation.

Fairburn und Cooper (1996) betonen, daß zu hoch gesteckte Ziele in Form eines sehr niedrigen Zielgewichts einen langfristigen Mißerfolg und die Wiederzunahme begünstigen. Sie schlagen daher für herkömmliche Programme zur Gewichtsabnahme vor, sich schon nach einer Gewichtsabnahme von 10–15% auf die Aneignung von Strategien zur Gewichtsstabilisierung zu konzentrieren und die Patienten positiv von einer weiteren Abnahme zu entmutigen.

Von der National Academy of Sciences beim Food and Nutrition Board des Institute of Medicine (IOM) wurde die Evaluierung von allgemeingültigen Kriterien zur Beurteilung von Therapieprogrammen in Auftrag gegeben (Committee to Develop Criteria for Evaluating the Outcomes of Approaches to Prevent and Treat Obesity, 1995; Stern et al., 1995).

Für die Dokumentation des Therapieerfolgs eines Gewichtsmanagementprogramms wurden von den Autoren die folgenden Erfolgsebenen definiert:

1. Langfristiger Gewichtsverlust:
   - 1 Jahr oder länger Gewichtsverlust ≥5% des Körpergewichts oder Reduktion des BMI um 1 oder mehr Einheiten.
2. Verbesserung von übergewichtsassoziierten Erkrankungen:
   - Einer oder mehr der assoziierten Risikofaktoren soll (wenn vorhanden) klinisch signifikant verbessert werden. Zum Beispiel: Bluthochdruck, Hypercholesterinämie, Hypertriglyzeridämie, Hyperglykämie und Diabetes Typ 2b (NIDDM).
3. Verbessertes Gesundheitsverhalten:
   - Verzehr nach den Vorgaben der Ernährungspyramide (US-Landwirtschaftsministerium) an mindestens 4 von 7 Tagen: Monitoring mit Ernährungsprotokollen, regelmäßige körperliche Aktivität: 1/2 Stunde oder mehr moderate körperliche Aktivität am Tag, 4mal pro Woche oder mehr. Regelmäßige ärztliche Konsultationen (mindestens einmal pro Jahr), insbesondere bei fortbestehendem Übergewicht, zur Fortführung oder zum Beginn adäquater Therapiemaßnahmen, zur Früherkennung übergewichtsassoziierter Erkrankungen.
4. Monitoring von unerwünschten Nebenwirkungen, die durch das Programm selbst verursacht sein könnten:
   - Klinische und nichtklinische Programme sollten ihre Teilnehmer regelmäßig über Veränderungen ihres Gesundheitszustandes während des Programms befragen, Do-it-yourself-Programme sollten die Konsumenten darüber informieren, daß das Programm möglicherweise Nebenwirkungen haben kann und, daß die Konsumenten während der Teilnahme sich daraufhin beobachten sollen.

Nach den amerikanischen Vorgaben ist nicht die absolute Gewichtsabnahme das entscheidende Erfolgskriterium einer Adipositastherapie, sondern die langfristige Stabilisierung des Gewichts auf einem niedrigeren Niveau. Auch die Dimensionen »Verbesserung von übergewichtsassoziierten Erkrankungen«, »Verbessertes Gesundheitsverhalten«, und »Nebenwirkungen« werden als Kriterien zur Erfolgsbestimmung herangezogen. In den Vorgaben drückt sich ein therapeutischer Realismus aus, denn eine Gewichtsstabilisierung unterhalb von (nur) 5% des Ausgangsgewichts ist ohne Zweifel für die meisten Patienten spontan kein Ziel, das sie subjektiv bereits als Erfolg empfinden.

Veränderung der Nahrungszusammensetzung

Die kognitive Verhaltenstherapie orientiert sich an der Strategie einer fettnormalisierten, kohlenhydratliberalen Ernährung. Das anzustrebende Ziel ist ernährungsphysiologisch definiert und liegt bei 30% der konsumierten Nahrungsenergie über Fett und mindestens 50 Energieprozent Kohlenhydrate. Bei dieser Relation der beiden Nährstoffe kommt es in aller Regel zu einer ausreichenden Proteinversorgung, die die pflanzlichen Eiweiße betont. Zudem liefert eine solche Ernährung, wenn fettarme oder fettreduzierte Milchprodukte eingesetzt werden, eine hinreichende Vitamin-, Mineral- und Ballaststoffversorgung. Damit ist auch eine Basiskenntnis in Ernährungslehre eine wichtige Voraussetzung für die Verhaltenstherapie der Adipositas, denn nur über eine deutliche Modifikation der Nährstoffrelation zugunsten der Kohlenhydrate und zu Lasten des Nahrungsfettes kann der Umweltfaktor »Ernährung« als Gegenspieler zur genetischen Disposition der Fettakkumulation therapeutisch genutzt werden.

Modifikation des Eßverhaltens

Das Eßverhalten ist ein häufig frequentes Verhalten des Menschen. Ein 50jähriger Patient hat ca. 55.000mal gegessen, ca. 80 000mal sein Brot mit Butter oder Margarine bestrichen, ca. 7000mal beim Fernsehen Kartoffelchips, Nüsse und Bier konsumiert. Als Resultat dieser Gewohnheiten (»habits«) ist von sehr stabilen Reiz-Reaktions-Bindungen auszugehen, die änderungsresistent sind. Nach den Phasen der Selbstbeobachtung und Selbstbewertung erfolgt in wenigen und sehr kleinen, aber sehr konkreten Schritten die Selbstkontrolle. Ziel ist, neue »habits« zu etablieren, was nur durch langfristige Trainingsprozesse und nicht aufgrund von kognitiven Einstellungsänderungen gelingt.

Essen und Trinken zeichnen sich durch positive Verhaltenskonsequenzen aus, die zudem unter günstigsten Kontingenzverhältnissen erlebt werden. Darum sollten bei der Maßnahmenplanung zur Modifikation des Eßverhaltens vor allem Trainingsaufgaben im Vordergrund stehen, die keinen zu hohen Verhaltensaufwand einerseits und keinen spürbaren Verlust positiver Verstärkung andererseits nach sich ziehen. So ist der *Einkauf* von Halbfettbutter bzw. -margarine zunächst eine kognitive Leistung, die das *Eßverhalten* selbst nicht tangiert. Die Verwendung dieser fettreduzierten Produkte erfordert keine neuen Verhaltensabläufe, sondern basiert auf den etablierten »habits«. So bietet sich aus verhaltenstherapeutischer Sicht eine Fülle von neuen, fettreduzierten Varianten altbekannter Lebensmittel an, die zum Zwecke der Fettreduktion sinnvoll eingesetzt werden können.

> Das Ziel der Verhaltensmodifikation besteht darin, mit den geringsten Verhaltensänderungen den ernährungsphysiologisch höchsten Effekt zu erzielen.

Strikte Verbote bestimmter Lebensmittel fallen unter die rigide Kontrolle und sind damit verhaltenspsychologisch kontraindiziert. Alle Änderungen sollten nach den Prinzipien der flexiblen Kontrolle geplant werden, die die Möglichkeit für eine Verhaltenskorrektur eröffnet. Hinsichtlich des Körpergewichts, aber auch bezogen auf die allgemeine Ernährung, ist von völlig untergeordneter Bedeutung, welche konkrete Speise bei einer bestimmten Gelegenheit verzehrt wird. Die Toleranzschwelle kann sehr hoch gelegt werden, da eine Mahlzeit maximal 0,1% der Jahresernährung ausmacht und damit weder Figur noch Ernährungszustand nachhaltig tangiert. Ausschlaggebender und therapeutisch auch wichtiger sind die »habits«, die zu einem permanenten Fettkonsum und/oder zu einer grundsätzlichen Reduktion der Kohlenhydrataufnahme beitragen. So kumulieren allein 50 g Streichfett auf etwa 5 Scheiben Brot täglich zu einem Jahresfetteintrag von 15 kg. Der grundsätzliche Verzicht auf Obst mindert die Jahreskohlenhydrataufnahme um 18 kg, die erreicht werden könnte, wenn täglich nur zwei Bananen verzehrt würden.

Wichtig ist, daß kognitive Einstellungen durch die Bewertung eines bestimmten Konsums kein negatives Feedback entstehen lassen und damit die Gegenregulation stimulieren. Die ambivalente »Eßlust mit schlechtem Gewissen« scheint den Schokoladenverzehr mehr zu fördern, als es die Lust auf Schokolade allein vermag.

Die Phase der Selbstbeobachtung sollte erkennen lassen, ob überhaupt, und wenn, dann wann, und wie Essen mit bestimmten Situationen oder Befindlichkeiten zusammentrifft. Neben der Funktion als Energie- und Nährstoffzufuhr bietet Essen für viele Patienten auch die angenehme Seite einer Beschäftigung mit sich selbst, zudem flankiert von angenehmen Geschmackserlebnissen. Hier können Sensibilisierungstrainings helfen, daß der Patient die psychologische Funktion seines Essens erkennt und zunächst lernt, in diesen Situationen eine adäquate Lebensmittelwahl (z. B. fettarme Süßigkeiten) zu treffen. Essen als eine primäre Vermeidungsreaktion für andere, eher unangenehme Tätigkeiten kann zeitlich umstrukturiert werden, indem das Essen als positive Konsequenz nach Erledigung der zu vermeidenden Tätigkeiten plaziert wird. Dadurch entfällt oft das Essen ganz, weil die unangenehme Antizipation als Antrieb für das Essen nicht mehr vorhanden ist.

Alle ernährungsbezogenen Strategien müssen sicherstellen, daß der Patient keine Hungergefühle erleidet. Das erfolgt primär durch die Liberalisierung der Kohlenhydrataufnahme. Zudem muß eine hypokalorische Ernährung resultieren, ohne die keine Gewichtsabnahme möglich ist. Zur Gewichtsstabilisierung bedarf es einer ausgeglichenen Energiebilanz, die – wenn das Prinzip der Fettnormalisierung und Kohlenhydratliberalisierung[2] nicht ausreicht – nur durch aktive Bewegung (und ggf. durch Medikamente) gefördert werden kann.

Steigerung der aktiven Bewegung

In der Studie von Skender et al. (1996) wurde bereits gezeigt, daß ein Trainingsprogramm in aktiver Bewegung (z. B. Walking) auch nach der Intervention zu einer erfolgreichen Gewichtsstabilisierung beitragen kann. Die Steigerung der körperlichen Aktivität spielt daher eine zentrale Rolle für eine langfristige Gewichtsabnahme.

Körperliche Aktivität allein kann bereits zu einer Gewichtsabnahme führen, die aber eher moderat ausfallen wird. Ein Problem ist, daß Übergewichtige kaum über eine längere Zeit eine Aktivität mit entsprechendem Energieverbrauch durchhalten können, weil sie physisch dazu nicht in der Lage sind. Es kann einige Zeit dauern, bis Übergewichtige durch regelmäßiges Training ihren Energieverbrauch signifikant erhöhen können. Dennoch zeigen kontrollierte randomisierte Studien einen günstigen Effekt von Bewegungstraining auf die Gewichtsabnahme (Wood et al., 1991). Regelmäßige physische Aktivität kann auch nach Gewichtsabnahmeprogrammen erfolgreich eine Wiederzunahme verhindern (Blair, 1993).

Regelmäßige Bewegung hat für übergewichtige Personen auch positive Auswirkungen, die nicht allein auf den höheren Energieverbrauch zurückzuführen sind. Übergewichtige mit regelmäßiger physischer Aktivität haben bessere laborchemische Parameter (Tremblay et al., 1991) und ein niedrigeres Morbiditäts- und Mortalitätsrisiko (Helmrich et al., 1991; Manson et al., 1991; Morris et al., 1990) als übergewichtige Personen ohne regelmäßige Bewegung.

Moderate physische Aktivität ist relativ sicher für die meisten Patienten, dennoch gibt es ein vorübergehend erhöhtes Risiko für einen Herzstillstand während körperlicher Aktivität. Das absolute Risiko für einen Herzstillstand ist jedoch gering. Individuen, die ein regelmäßiges Bewegungsprogramm aufnehmen, haben ein insgesamt niedrigeres Mortalitätsrisiko als Menschen ohne Bewegung (Kohl et al., 1992).

Körperliche Betätigung erhöht zum einen direkt den Arbeitsumsatz, zum anderen wird durch einen trainingsinduzierten Zuwachs von Muskelmasse auch der Ruheumsatz nachhaltig gesteigert. Die bisherigen Richtlinien der Deutschen Adipositas-Gesellschaft (1996) empfehlen, die körperliche Aktivität in Form von Sportarten durchzuführen, die große Muskelgruppen beanspruchen und relativ gelenkschonend sind (Schwimmen, Radfahren, Gymnastik). Allerdings werden nur jene Sportarten langfristig betrieben, die von den Patienten nicht als Pflichterlebnis empfunden werden. Wenn es auch vorübergehend notwendig ist, aus medizinischen Gründen auf o. a. Sportarten auszuweichen, so sollten schon während erfolgreicher Gewichtsabnahme verstärkt Sportarten ausprobiert werden, die den Patienten Spaß machen und daher auch nach Erreichen des kurzfristigen Abnahmeziels weiterhin durchgeführt werden (Grilo et al., 1993). Spielsportarten jeglicher Art sind in diesem Sinne sehr günstige Sportarten, zumal sie häufig das ganze Jahr hindurch möglich sind. Selbst Sportarten mit niedrigen Intensitäten wie Spazierengehen, »Walking« oder Golfspielen sind vorteilhafter als körperliche Inaktivität (US-Department of Agriculture und US-Department of Health and Human Services, 1995). Wenn es den Patienten zeitlich möglich ist, scheint eine Aufteilung der täglichen körperlichen Aktivität auf mehrere kurze Intervalle anstatt eines langen gesundheitlich von Vorteil zu sein (Jakicic et al., 1995).

In vielen Fällen hat es sich auch als vorteilhaft erwiesen, Bewegung in alltägliche Abläufe einzubeziehen (»aktiver Lebensstil«), die primär keinen Sport darstellen (zu Fuß oder mit dem Rad zur Arbeitsstelle bzw. zum Einkaufen statt mit dem Auto, Treppe statt Aufzug benutzen u. a.).

---

[2] Gelegentlich findet man bei (zumeist körperlich kleinen) Patientinnen, daß sie weniger als 30 Energieprozent Fett essen (was schwierig zu objektivieren ist), sich »viel bewegen« und dennoch an Gewicht wieder zunehmen. Ob in diesen Fällen eine dauerhafte Gewichtsreduktion auf dem durch negative Energiebilanz erzielten Niveau überhaupt möglich ist, steht zur Zeit noch aus.

Medikamentöse Unterstützung

Eine medikamentöse Unterstützung der Gewichtsabnahme steht als zusätzliches Therapieelement wieder zur Verfügung, wenn 1998/99 zwei unterschiedliche Wirksubstanzen (Orlistat, Sibutramin) zugelassen werden. Beide Medikamente sind rezeptpflichtig und zunächst nicht erstattungsfähig. Langzeitstudien zur Gewichtsreduktion unter Medikation über mehr als 2 Jahre liegen noch nicht vor.

Orlistat ist ein Lipaseinhibitor, der die intestinale Fettdigestion um 30% hemmt und zu einer Fettmalabsorption führt (Hauptman et al., 1992). Diese Substanz verbessert den Abnahmeerfolg unter einer hypokalorischen Diät (Drent et al., 1995). Allerdings kommt es in Abhängigkeit vom Fettgehalt der Kost z.T. zu erheblichen gastrointestinalen Nebenwirkungen wie Durchfall, Fettstuhl und Darmkrämpfen. Zu prüfen bleibt deshalb, ob die höhere Gewichtsabnahme ausschließlich das Resultat der Malabsorption ist oder ob es durch die offensichtliche Assoziation eines hohen Fettverzehrs mit unangenehmen gastrointestinalen Nebenwirkungen – nach dem Paradigma einer operanten Konditionierung – zu einer konsequenten Fettvermeidung unter Lipaseinhibitoren kommt. Solange die Patienten die vorgegebene fettarme Diät befolgen, sind die Nebenwirkungen gering. Bei bewußter und unbewußter Steigerung des Fettverzehrs verspüren die Patienten die oben beschriebenen Nebenwirkungen, die als negative Verstärker die Einhaltung der fettarmen Diät begünstigen. Damit wäre dieses Medikament »verhaltenstherapeutisch« wirksam.

Der Wirkstoff Sibutramin zählt zur Gruppe der serotonergen Agenzien. Außer der Serotoninwiederaufnahmehemmung im ZNS hat Sibutramin auch eine direkte β-sympathomimetische Wirkung (Ryan, 1995). Der zentrale Noradrenalinspiegel wird erhöht. Über diesen Mechanismus soll zusätzlich der Energieverbrauch gesteigert werden. Allerdings führt eine β-sympathomimetische Wirkung auch zum Anstieg der Blutdruckwerte. Der mittlere Gewichtsverlust unter 15 mg Sibutramin/Tag in doppelblinden Studien beträgt im Mittel 7,7 kg in 3 Monaten, verglichen mit 2,2 kg unter Placebo. Bei Fortführung der Medikation über 12 Monate kommt es zu keiner weiteren nennenswerten Abnahme (Jones et al., 1995), sondern zu einer leichten Wiederzunahme von 1,6 kg (Placebo 0,3 kg).

Die medikamentöse Therapie ist nur als eine additive Maßnahme bei Adipositas (BMI >30) anzusehen, die begleitend zur Diät- und Verhaltenstherapie eingesetzt werden kann (Deutsche Adipositas-Gesellschaft, 1996). Die Indikationsstellung sollte auch vom Vorliegen weiterer durch die Adipositas geförderter Krankheiten wie Hyperlipidämie, Diabetes mellitus und Hypertonie abhängig gemacht werden.

Einsatz von Formula-Diäten

Formula-Diäten sind gezielt zusammengesetzte Nährstoffkonzentrate nach gesetzlicher Vorschrift bisher des § 14a Diät-Verordnung (ab 1999 nach EU-Richtlinie), die unter ärztlicher Kontrolle die Energiezufuhr zumeist durch Gabe von 4–5 Portionen in Form von Milchshakes oder Suppen auf ca. 700–800 kcal/Tag absenken lassen. Durch ein Minimum von 50 g/Tag biologisch hochwertigen Proteins schonen sie das Körperprotein. Sie motivieren durch rasche Gewichtsabnahme den Patienten. Bei ausschließlicher Anwendung (zusätzliche kalorienfreie Flüssigkeitsaufnahme mindestens 2 l/Tag) sind Gewichtsabnahmen von 8–12 kg/ Monat bzw. 15–30 kg in 3 Monaten je nach individuellem Energieumsatz realistisch. Der Einsatz von Formula-Diäten erfüllt nicht die Anforderungen an eine Adipositastherapie. Bei Patienten mit einem BMI >30 kann es jedoch sinnvoll sein, in einer umfassenden Therapie für eine definierte Zeit eine Formula-Diät als Hilfsmittel zur initialen und deutlichen Gewichtsreduktion einzusetzen.

Support durch die Gruppe

Gerade die Langfristigkeit der Adipositastherapie über mindestens 1 Jahr oder noch länger legt eine Behandlung in der Patientengruppe, nicht nur aus ökonomischen Gründen, nahe. Eine wirksame »Therapievariable« ist die regelmäßige Teilnahme an der Gruppe, die neben der sozialen Unterstützung auch eine gewisse Fremdkontrolle leistet, die die Teilnahmekonstanz fördert. Bewährt haben sich Patenschaften von jeweils zwei Patienten, die aber nicht wechselseitig erfolgen dürfen. So ist jeder Patient für einen anderen Patienten zuständig, den er kontaktiert, wenn dieser z.B. nicht zur Gruppensitzung erscheint. Da das Ziel der Adipositastherapie in einem an den Nahrungsüberfluß angepaßten Verhaltenstraining besteht, sollten in die Gruppensitzung keine ausgeprägt psychotherapeutischen Elemente eingefügt werden. Eine im Einzelfall indizierte psychotherapeutische Behandlung muß außerhalb der Gruppentherapie erfolgen.

14.3
Therapeutisches Vorgehen

Über den Verlauf der Therapie entscheidet die Konstellation, unter der die Behandlung begonnen wurde. Voraussetzung ist eine intrinsische Motivation des Patienten zur Gewichtsabnahme, da nur er selbst sein Verhalten dauerhaft regulieren kann. Patienten, die nur daran »interessiert sind« abzunehmen oder dies nur auf Druck des Arztes oder Ehepartners versuchen wollen, haben zumeist kaum eine realistische Chance. Allerdings können erste Anfangserfolge zu einer überdauernden Motivation führen, wenn der Patient erlebt, daß er sich selbst den Erfolg seiner Therapie zutrauen kann.

Mindestens ein halbes Jahr lang nach dem Beginn der Behandlung sollte der Patient keine außergewöhnlichen Belastungen oder ungewohnte Umstände erleben (soweit das abschätzbar ist). Die Therapiemotivation, noch vor Beginn der Kreuzfahrt 5 kg abnehmen zu wollen, programmiert Mißerfolg. Auch der verständliche Wunsch eines Patienten (»Wenn schon, denn schon«), das Reduktionsprogramm zu starten und gleichzeitig mit dem Rauchen und dem Rotwein aufzuhören sowie möglichst noch täglich ins Fitneßstudio zu gehen, muß vom Therapeuten relativiert und in ein langfristig gestaffeltes Programm mit kleinen Zwischenzielen aufgelöst werden.

Adipositastherapie erfordert ein Umdenken von kurzfristig maximaler Gewichtsabnahme zu langfristig realistischer Gewichtsstabilisierung.

Durch eine Kombination verschiedener Therapieansätze kann insbesondere der langfristige Erfolg der Adipositastherapie entscheidend verbessert werden. Die zur Zeit optimale Kombinationstherapie aus diätetischen und verhaltenstherapeutischen Elementen ist nach Fairburn und Cooper (1996) und Ellrott und Pudel (1996) durch folgende 6 Elemente gekennzeichnet:

- Die Patienten werden dazu motiviert, auch moderate Gewichtsabnahmen als Ziel und Erfolg zu akzeptieren (s. auch »Erfolgsparameter«).
- Den Patienten wird die zentrale Wichtigkeit der Gewichtsstabilisierung vor Augen geführt. Wenn die Patienten 10–15% (ggf. mehr, abhängig vom Therapieprogramm) abgenommen haben, werden sie positiv dazu motiviert, das erreichte Gewicht zu stabilisieren und nicht weiter abzunehmen. Die Behandlung konzentriert sich auf die Aneignung von Erfahrungen zur erfolgreichen Gewichtsstabilisierung.
- Die Behandlung fokussiert kognitive Faktoren, speziell die Verbesserung des Selbstwertgefühls in Form von Aussehen und Gewicht.
- Der Aspekt der flexiblen Kontrolle des Verzehrs, der auf eine langfristige Homöostase ausgelegt ist und kurzfristige Überschreitungen zuläßt, wird mit den Patienten in vielen Praxisbeispielen fortwährend trainiert.
- Die Maßnahme der Kalorienkontrolle hat sich nicht bewährt. Sie sollte aus pragmatischen Erwägungen durch die wesentlich einfacher zu handhabende Kontrolle des Fettverzehrs (und Liberalisierung des Kohlenhydratverzehrs) ersetzt werden. Alkoholkonsum muß in die Fettkontrolle einbezogen werden.
- Eine positive Motivation, sich mit Essen und Trinken – nicht mit »Ernährung« – zu beschäftigen, wird durch unterhaltsame und spielerische Elemente im Rahmen der Therapie erreicht. Essen und Trinken ist für die Patienten nicht Aufnahme von Nährstoffen, sondern integraler Bestandteil ihres hedonistischen Erlebnishorizontes und ihrer Gefühlswelt. Rigide, schuldzuweisende und besserwisserische Belehrungen in Ernährungswissenschaft erreichen die Patienten nicht und sind obsolet. Nicht die Aneignung eines möglichst umfangreichen Ernährungswissens, sondern die Beschränkung auf das notwendige Ernährungswissen und Betonung des Verhaltenstrainings bilden den Vordergrund der Therapie.

Diese 6 Elemente stellen nach heutigem Ermessen die erfolgversprechende Grundlage dar, um das Ziel einer langfristigen Therapie der Adipositas mit Diät und Verhaltenstherapie zu erreichen. Sehr günstige additive Effekte hat eine gleichzeitige Bewegungstherapie. Eine derartige Dreifachkombination stellt die solide Grundlage für einen langfristigen Therapieerfolg dar und kann heute als »state of the art« der Adipositastherapie bezeichnet werden.

14.4 Fallbeispiel

Patientin

Grundschullehrerin, 61 Jahre, 168 cm, 102 kg, BMI = 36, sucht das Adipositastherapiezentrum auf und äußert den Wunsch nach Hilfe bei der gewünschten Gewichtsabnahme.

Anamnese

Patientin lebt seit 15 Jahren allein (geschieden), ihre 3 Kinder sind seit Jahren »aus dem Haus«. Bis zur Geburt ihrer ersten Tochter vor 39 Jahren sei sie eher immer normalgewichtig gewesen (Mutter war übergewichtig, Vater normalgewichtig). Danach habe sie eigentlich permanent zugenommen – unterbrochen nur von »zahllosen« Diätversuchen, die aber nie zum langfristigen Erfolg geführt haben (»im Gegenteil«). Noch vor wenigen Wochen habe sie ihr Maximalgewicht von 105 kg gehabt, das sie aber »abgehungert« habe, um sich »hier sehen lassen zu können«. Eigentlich habe sie mit weniger als 100 kg kommen wollen, aber sie habe das nicht alleine geschafft. Sie will unbedingt wieder auf ihr »Traumgewicht« von 65 kg, würde sich aber auch mit unter 80 kg erstmals zufrieden geben. Der aktuelle Anlaß ist die bevorstehende Pensionierung. Sie will dann gerne oft und weit verreisen, aber ihr Gewicht schränkt die Mobilität ein (»Beschwerden in den Kniegelenken«). Über Ernährung wisse sie eine ganze Menge. Sie richte sich nach der Vollwertkost und esse z. B. regelmäßig Müsli, verwende nur kalt gepreßte Öle, kaufe nur in Bioläden. Sie halte auch die Lebensmittelqualität im Supermarkt für schlecht und gesundheitsschädlich. Gegen ihren hohen Blutdruck nehme sie seit etwa 4 Jahren Medikamente. Sport treibe sie nicht. Manchmal fahre sie mit dem Fahrrad, was ihr aber wegen der Kniebeschwerden in letzter Zeit sehr schwer falle.

Ernährungspsychologischer Befund

Ein 7-Tage-Eßprotokoll ergab folgende Analyse der Nahrungsaufnahme/Tag: 1450 kcal, davon 41% durch Fett (70 g), 38% durch Kohlenhydrate (130 g), 18% durch Protein (62 g), 3% durch Alkohol (7 g). Die Kalziumaufnahme wurde mit 300 mg/Tag berechnet. Als Haupteintragsquellen für Fett wurden festgestellt: Nüsse, Butter, Öl. Für Kohlenhydrate: Obst, Honig, Brot. Für Protein: keine dominierende Quelle. Für Alkohol: Weißwein. Geringer Gewichtsverlust während der Protokollwoche.

Fragebogen zum Eßverhalten (F-E-V): hohe Kontrolle des Eßverhaltens, rigide Kontrolle deutlich stärker als flexible Kontrolle, hohe Störbarkeit, hoher Score auf Skala »Hunger«.

Die Patientin berichtet auf Nachfragen, daß sie am Abend oft ein »richtiges Freßgelage« veranstalte. Typisch sei dies, wenn sie alleine sei, einen streßvollen Tag hinter sich habe. Sie esse dann, meistens trinke sie dann auch Wein dazu, um sich auf andere Gedanken zu bringen, was aber nicht gelinge, da sie sich selbst wegen ihres »unkontrollierten Essens« Vorwürfe mache. Bevorzugt: gut belegte Brote, aber auch Schokolade, die sie wegen der Enkel immer im Haus habe. Aufhören könne sie eigentlich erst, wenn alles aufgegessen sei. Danach leide sie unter Völlegefühl und könne sehr schlecht einschlafen. In der Protokollwoche konnte sie eine solche Eßattacke vermeiden, weil sie Besuch von ihrer Tochter hatte und zweimal ins Kino gegangen sei. Weiter berichtete die Patientin, daß sie »solche ähnlichen, aber nicht ganz so schlimmen Freßpausen einschiebe«, wenn sie sich mit erfreulichen Dingen beschäftigen wolle. Viele Reisebücher und Kulturgeschichten verschiedener Länder türmen sich auf ihrem Schreibtisch, die sie vor ihren Reisen durcharbeiten wolle. Aber bis sie ein Buch wirklich in die Hand nehme, könne es vorkommen, daß sie erst einmal »eine ganze Menge« esse. Einen Grund dafür wisse sie nicht. Nur eines: »Hunger ist das nicht«.

Auf Milch, Joghurt und Käse verzichte sie grundsätzlich, weil es die Regeln der Vollwertkost so vorsehen. Sie glaube, daß sie sich ausgewogen ernähre – bis auf die Eßattacken, die sie für eine »unentschuldbare Schwäche« halte, gegen die sie nicht ankomme. Das sei auch ein Grund dafür, daß sie zum Psychologen gekommen sei.

Ausgangssituation

Unbedingte Indikation zur Gewichtsreduktion bei BMI = 36. Starke intrinsische Motivation für die Gewichtsabnahme (Reisen), aber unrealistische Zielvorstellungen (−35 kg) nach jahrelanger Diätkarriere mit JoJo-Effekt. Korrekturbedürftige Ernährung (Vollwertkost) mit Kalziumdefizit und einem überhöhten Fettkonsum (41%). Ausgeprägte Schuldgefühle wegen der »unkontrollierten Eßattacken«. Ebenfalls häufig: Essen als Vermeidungsreaktion, um hochgesetzten Ansprüchen (Studieren von Kulturgeschichte) auszuweichen. Rigide Verhaltenskontrolle. »Binge eating disorder« mit Alkoholkonsum. Kalorienaufnahme in der Protokollwoche reduziert, da ca. 0,5 kg abgenommen. Geschätzter Energieverbrauch zur Stabilisierung des aktuellen Gewichts: ca. 2200–2400 kcal/Tag.

Therapieplanung

1. Relativierung des Anspruchsniveaus durch Aufzeichnung der Gewichtsentwicklung im bisherigen Leben und prospektive Vorausschau der Gewichtsentwicklung ohne Therapie. Als Zielgewicht für den ersten Schritt wird das Gewicht »von vor 20 Jahren« (85 kg) akzeptiert.
2. Initiierung einer erheblichen Gewichtsreduktion durch Einsatz einer Formula-Diät mit 740 kcal/Tag für 3 Monate, anschließend ausschleichender Ersatz der Formula durch normale Lebensmittel und Speisen (Aufbauphase). Das Programm und seine Langzeitergebnisse sind von Olschewski et al. (1997) beschrieben worden.
3. Verhaltenstraining in der Gruppe für zunächst weitere 3 Monate mit den Zielen: Reduktion der Fettaufnahme auf 50 g, Steigerung der Kohlenhydrataufnahme nach Belieben, Information über ausgewogene Ernährung mit Milch und Milchprodukten, kognitive Umstrukturierung der Einstellung über Eßattacken als unvermeidliches Signal des Körpers bei knapper, fettreicher Ernährung, gezielte Auswahl von fettfreien Süßigkeiten für Problemsituationen.
4. Aufnahme in ein Gewichtsstabilisierungsprogramm als Folgegruppe.

Therapieverlauf

Die Patientin erlebt die 3 Monate mit Formula-Diät hochmotiviert, denn sie nimmt 24 kg ab, die aber als physiologische Konsequenz und nicht als »großer Erfolg« dargestellt werden. Für unkontrollierbare Eßattacken während der Formula-Diät wurden der Patientin 5 Joker zugeteilt, die bei einer Eßattacke eingelöst werden können (flexible Kontrolle). Von diesen 5 Jokern nutzte die Patientin 3 im ersten Monat, danach konnte sie die Formula mit 5 Portionen/Tag einhalten. In diesen Monaten erfolgte eine intensive Schulung über die Wirkung von Fett, Alkohol und Kohlenhydraten, die Zusammensetzung einer bedarfsgerechten Ernährung sowie detaillierte Lebensmittelkunde über die Zusammensetzung konkreter Lebensmittel (Fettgehalt), die bisher von der Patientin verwendet wurden (Nüsse, Butter, Öl, Schokolade).

In der Aufbauphase trainiert die Patientin, mit 400 g Fett in der Woche auszukommen. Sie trägt den Fettverzehr grammweise in ein Punkteformular ein, um den Überblick zu behalten. Nach 2 Monaten kann sie ihren Fettkonsum auf 300 g/ Woche reduzieren. Sie berichtet, daß ihr fettreiche Speisen nicht mehr schmecken, fast habe sie einen Ekel davor. Für ihre gelegentlichen Eßattacken entdeckt sie »Russisches Brot« (fettfrei!). Tagsüber ißt sie häufig Gummibärchen, die als

Kohlenhydratträger freigegeben sind. Nach 6 Monaten wiegt die Patientin weiterhin 78 kg, konnte also ihren Gewichtsverlust zunächst stabilisieren. Die große Gewichtsabnahme hat das psychische Befinden der Patientin erheblich verbessert, sie beginnt auch wieder, mit dem Rad zu fahren. Ihre Eßattacken sind seltener geworden (1mal/Woche) und die Patientin träumt davon, jetzt noch weiter bis auf 70 kg abzunehmen.

Nach einer Pause von 6 Wochen[3] beginnt das Gewichtsstabilisierungsprogramm. Die Patientin wiegt 82 kg, ist verzweifelt und berichtet von wiederholten Eßattacken. Sie achte nicht mehr auf das Fett, das ihr inzwischen wieder gut schmecke. Sie glaube, daß sie bald wieder 100 kg wiege. Obschon 6 Monate die Frage »Schuld oder Schicksal« intensiv besprochen wurde, kommt die Patientin, »um meine Sünden zu beichten«.

Es wird ein »neuer Anfang« mit einem 7-Tage-Ernährungsprotokoll gemacht. Die flexible Vorgabe von 400 g Fett/Woche wird erneuert und nach weiteren 4 Wochen auf 300 g herabgesetzt. Die Patientin erarbeitet mit der Gruppe für sich ein Abendprogramm, um der abendlichen Langeweile vorzubeugen, die sie zum Essen stimuliert. Außerdem werden gemeinsame Radtouren vereinbart. Da die anderen Gruppenmitglieder gleiche oder ähnliche Probleme mit der Gewichtsstabilisierung haben, wird wieder intensiv besprochen, inwieweit ein Gewichtsanstieg als persönliches Versagen oder als biologische Reaktion des Organismus bewertet werden soll. Es wird vereinbart, nicht mehr von Mißerfolgen, sondern nur noch von »Trainingsstillstand« zu sprechen.

In Einzelgesprächen wird mit der Patientin besprochen, daß sie sich mit ihrem hohen Anspruch an Kunstsachverstand möglicherweise überfordert, da sie immer noch, bevor sie sich mit ihren Büchern beschäftigt, gerne zum Essen greift. Sie versucht dann (inzwischen mit Erfolg!), zunächst zu überlegen, wie gerne sie ein bestimmtes Buch bearbeiten möchte. Nur wenn sie wirklich Lust dazu hat (und nicht nur Pflichtgefühl), stellt sie sich für die Lesestunde »Russisches Brot« bereit.

Nach einem Jahr beschließt die Patientin, das Angebot zu einer Fortsetzung der Gruppenbehandlung anzunehmen, die dann noch 2 weitere Jahre andauert. Ihr Gewicht beobachtet die Patientin nur noch gelegentlich. Wenn sie 83 kg erreicht hat, legt sie für 2 oder 3 Wochen wieder eine »Diätphase« mit Formula ein. Sie »erlaubt«

---

[3] Eine solche Therapiepause nach einer gelungenen Gewichtsabnahme hat sich als sehr negativ herausgestellt, da sich viele Patienten nach der Pause wegen eingetretener Mißerfolge nicht mehr trauen, in die Gruppe zurückzukommen.

sich auch im Urlaub einen kleinen Gewichtsanstieg, weil »ich weiß, wie ich die Pfunde wieder herunter bekomme«. Inzwischen ist die Patientin pensioniert und verreist oft. Sie resümiert: »Ich habe gelernt, daß ich früher völlig falsch gegessen habe. Hat lange gedauert, bis ich mich an wenig Fett gewöhnt habe. Aber jetzt kann ich mich satt essen. Gummibärchen sind meine große Liebe. Ich weiß, daß ich keine Chance habe, auf 65 kg zu kommen. Aber ich freue mich, daß ich es geschafft habe, jetzt nach 3 Jahren schon über viele Monate konstant bei 80 kg zu liegen. Das Gewicht ist mir auch nicht mehr das Allerwichtigste. Ich weiß, wie ich 3 kg abnehmen kann. Die Waage habe ich nicht mehr. Ich merke es an der Kleidung. Ich darf mich selbst nicht unter Druck setzen. Die Joker haben mir gezeigt, daß ich viel weniger Eßlust habe, wenn ich mir bestimmte Dinge nicht verbiete«.

14.5
Ausblick

Die Adipositas entwickelt sich in den westlichen Industrienationen, aber bereits auch in den Schwellenländern dieser Welt, zu einer der gravierenden gesundheitlichen Bedrohungen weiter Bevölkerungskreise. Die Pathogenese ist im einzelnen noch weitgehend unklar, wenngleich offenkundig ist, daß die endemische Adipositas (Seidell, 1995) die Folge der realisierten Wunschvorstellungen der Menschheit ist: Wohlstand, Nahrungsüberfluß, Reduzierung körperlicher Anstrengungen. Der frühe Tod durch Hunger und körperliche Auszehrung wurde besiegt, aber offenbar um den Preis eines längeren Lebens mit eingeschränkter Lebensqualität durch chronische Krankheiten, deren Schrittmacher das Übergewicht ist.

Für die Medizin ist Adipositas daher eine große Herausforderung, obschon die Mittel zur Therapie der Adipositas nicht die klassischen ärztlichen Werkzeuge sind. Der Einsatz von Medikamenten kann als adjuvante Maßnahme im Einzelfall hilfreich sein, doch die bisher durchgeführten Studien zeigen eher deutlich, daß selbst bei Dauermedikation nicht auf eine nachhaltige und gesundheitlich relevante Gewichtsstabilisierung bei Patienten mit Adipositas Grad II oder III in den Bereich von BMI <30 gehofft werden kann.

Ohnehin zeigen Therapiestudien, daß eine Gewichtsabnahme, durch welche Methode auch immer, schwerlich auf dem Abnahmemaximum zu stabilisieren ist. Je nach Intensität und Methode der Therapie steigt das Gewicht anschließend mehr oder weniger rasch wieder an. Aufgrund eigener Erfahrung mit einer über 3 Jahre im Wochenrhythmus durchgeführten Verhaltenstherapie mit unterstützender Physiotherapie war trotz andauernder regelmäßiger Therapiekontakte keine Gewichtskonstanz zu erzielen. Im besten Fall nahmen die Patienten ca. 1/2 kg pro Monat zu, was durch wöchentliches Wiegen kaum zuverlässig nachzuvollziehen ist. Doch immerhin kumulieren selbst solche geringen Zunahmen im Jahr auf 6 kg.

In ausgiebigen Gesprächen mit den Patienten wurde diese gemeinsame neue Erfahrung dahingehend interpretiert, daß selbst eine überaus erfolgreiche Verhaltenstherapie der Adipositas das »Grundproblem« nicht löst. Durch die initiale Gewichtsabnahme werden die Patienten lediglich in ihrem Gewicht »verjüngt«. So wird eine 50jährige Patientin mit 95 kg z.B. durch eine 20-kg-Gewichtsabnahme in ihr 38. Gewichtsjahr gebracht, wenn sie mit 38 Jahren zuletzt 75 kg gewogen hat. Eine optimale Therapie kann dafür sorgen, daß in Zukunft nicht mehr an Gewicht zugenommen wird als in den letzten 12 Jahren. Und in diesem Erfolg kann auch ein fundierter gesundheitlicher Vorteil gesehen werden.

Die Verhaltenstherapie der Adipositas steht im Wettbewerb mit etablierten evolutionsbiologischen Programmen. Diese Herausforderung muß sie annehmen und ihre Ziele entsprechend relativieren. Was Wundermittel, Zeitschriftendiäten und Außenseitermethoden versprechen, kann selbst die professionellste Verhaltenstherapie nicht leisten. Es besteht Kommunikationsbedarf mit den Patienten, damit nicht realistisch gute Erfolge aus unrealistischen, aber »garantierten« Zielvorgaben der Scharlatane als Mißerfolg von Therapeut und Patient mißdeutet werden.

Ein besonders hinderliches Mißverständnis besteht darin, daß die Lösung des Übergewichtsproblems in der Gewichtsabnahme gesehen wird. Die reine Gewichtsabnahme indes ist »nur« eine Frage einer negativen Energiebilanz, die durch Formula-Diäten, Reisen in Entwicklungsländer oder durch konsequentes FdH »natürlich« erzwungen werden kann. Die Gewichtsabnahme ist überhaupt nicht die vorrangige therapeutische Aufgabe. Die nämlich beginnt, wenn das Gewicht reduziert ist und stabilisiert werden muß. Doch ich kenne (leider) sehr viele Patienten, die nach mehr als 20 kg Gewichtsverlust (z.B. in 3 Monaten, s. Fallbeispiel) ihr Problem als gelöst ansehen, mit einem gesteigerten Erfolgsgefühl die Therapie beenden, weil sie ihr Wunschgewicht erreicht haben. In der Tat sind sie kurzfristig gewichtsmäßig verjüngt worden, aber sie »altern« gewichtsmäßig sehr schnell.

Patienten in der Therapie auch nach der erfolgreichen Gewichtsabnahme zu halten, das ist eines der ungelösten Probleme der Adipositastherapie. Dieses Problem ist nicht nur ein Problem der Motivation der Patienten, es ist auch ein deutliches Kostenproblem. Möglicherweise wird es noch viel Zeit brauchen, bis sich Gesundheitssystem, Therapeuten und Patienten darauf eingestellt haben, daß Adipositas eine chronische Erkrankung ist, die – wie Diabetes oder Hypertonie – einer (wahrscheinlich) lebenslangen Therapie bedarf.

Vielleicht könnte der unsinnige Schlankheitsirrsinn, der Menschen zu rigiden Kalorienrestriktionen motiviert, positiv genutzt werden, um adäquate Präventionsstrategien zu fördern. Ziel der Verhaltenstherapie ist es, einen drohenden Gewichtsanstieg möglichst zu verlangsamen. Dieses Ziel ist bei Adipösen nach einer Gewichtsreduktion ebenso gültig wie bei (noch) normalgewichtigen Menschen, die beobachten, daß ihr Gewicht steigt.

Literatur

Acheson, K. J., Schutz, Y., Bessard, T., Anatharaman, K., Flatt, J. P. & Jequier, E. (1988). Glycogen storage capacity and de novo lipogenesis during massive carbohydrate overfeeding in man. *American Journal of Clinical Nutrition, 48,* 240–247.

Astrup, A. (1994). Macronutrient balance of obesity. *International Monitor on Eating Pattern and Weight Control, 2,* 2–5.

Bennett, W. I. (1995). Beyond overeating. Editorial. *New England Journal of Medicine, 332,* 673–674.

Blair, S. N., Kohl, H. W. & Paffenbarger, R. S. jr. (1989). Physical fitness and all cause mortality. A prospektive study of healthy men and women. *JAMA, 262,* 2395–2401.

Blair, S. N. (1993). Evidence for success of exercise in weight loss and control. *Annals of Internal Medicine, 119,* 702–706.

Blundell, J. F., Burley, V. J., Cotton, J. R. & Lawton, C. L. (1993). Dietary fat and the control of energy intake. Evaluating the effects of fat on meal size and postmeal satiety. *American Journal of Clinical Nutrition, 57,* 772 S.

Bolton-Smith, C. & Woodward, M. (1994). Dietary composition and fat to sugar ratios in relation to obesity. *International Journal of Obesity, 18,* 820–828.

Bouchard, C. & Perusse, L. (1988). Heredity and body fat. *Annual Review of Nutrition, 8,* 259–277.

Bouchard, C., Tremblay, A. & Despres, J.-P. (1990). The response to long-term overfeeding in identical twins. *New England Journal of Medicine, 322,* 1477–1482.

Bundesgesundheitsamt (1994). Die Gesundheit der Deutschen. *SozEp, Heft 4.*

Committee to Develop Criteria for Evaluating the Outcomes of Approaches to Prevent and Treat Obesity, Food and Nutrition Board, Institute of Medicine; Thomas, P. R., (Ed.) (1995). *Weighing the Options – Criteria for Evaluating Weight-Management Programs.* Washington DC: National Academy Press.

Deutsche Adipositas-Gesellschaft (1996). Richtlinien zur Therapie der Adipositas. *Deutsches Ärzteblatt, 36,* B1751 – B1753.

Deutsche Gesellschaft für Ernährung (1980). *Ernährungsbericht 1980.* Druckerei Henrich, Frankfurt/Main.

Deutsche Gesellschaft für Ernährung (1992). *Ernährungsbericht 1992.* Druckerei Henrich, Frankfurt/Main.

Drent, M. L., Zelissen, P. M. J. et al. (1995). The effect of dexfenfluramine on eating habits in a Dutch ambulatory android overweight population with an overconsumption of snacks. *International Journal of Obesity, 19,* 299–304.

Edwards, L. E., Hellerstedt, W. L., Alton, I. R., Story, M. & Himes, J. H. (1996). Pregnancy complications and birth outcomes in obese and normal-weight women. Effects of gestational weight change. *Obstetrics and Gynecology, 87* (3), 389–294.

Ellrott, T., Pudel, V. & Westenhöfer, J. (1995). Fettreduzierte Lebensmittel ad libitum, eine geeignete Strategie zur Gewichtsabnahme? *Aktuelle Ernährungsmedizin, 6,* 293–303.

Ellrott, T. & Pudel, V. (1996). Perspektiven der Adipositastherapie. *Aktuelle Ernährungsmedizin, 21,* 73–80.

Ellrott, T. & Pudel, V. (1998). *Adipositastherapie. Aktuelle Perspektiven* (2. Aufl.). Stuttgart: Thieme.

Fairburn, C. G. & Cooper, Z. (1996). New perspectives on dietary and behavioural treatments for obesity. *International Journal of Obesity, 20* (Suppl. 1), S9–S13.

Flatt, J.-P. (1995). Use and storage of carbohydrate and fat. *American Journal of Clinical Nutrition, 61,* 952S–959S.

Flegal, K. M. et al. (1996). *NAASO-Kongress.* Breckenridge.

Gatenby, S. J., Aaron, J. I., Morton, G. M. & Mela, D. J. (1995). Nutritional implications of reduced-fat use by free living consumers. *Appetite 25,* 241–252.

Grilo, C. N., Brownell, K. D. & Stunkard, A. J. (1993). The metabolic and psychological importance of exercise in weight control. In A. J. Stunkard & T. A. Wadden (Eds.), *Obesity. Theory and therapy* (2nd edn.). New York: Raven Press.

Hauptman, J. B., Jeunet, F. S. & Hartmann, D. (1992). Initial studies in humans with the novel gastrointestinal lipase inhibitor Ro 18-0647 (Tetrahydrolipostatin). *American Journal of Clinical Nutrition, 55,* 309 S – 313 S.

Hebebrand, J. & Remschmidt, H. (1995). Genetische Aspekte der Adipositas. *Adipositas, 9,* 20–24.

Heitmann, B. L. & Lissner, L. (1995). Dietary underreporting by obese individuals - is it specific or non specific? *British Medical Journal, 311,* 986–989.

Helmrich, S. P., Ragland, D. R., Leung, R. W. & Paffenbarger, R. S. jr. (1991). Physical activity and reduced occurrence of non-insulin-dependent diabetes. *New England Journal of Medicine, 325,* 147–152.

Herman, C. P. & Mack, D. (1975). Restrained and unrestrained eating. *Journal of Personality, 43,* 647–660.

Herman, C. P. & Polivy, J. (1975). Anxiety, restraint, and eating behavior. *Journal of Abnormal Psychology, 84,* 666–672.

Herman, C. P. & Polivy, J. (1980). Restrained eating. In A. J. Stunkard (Ed.), *Obesity* (pp. 208–225). Philadelphia: Saunders.

Herman, C. P. & Polivy, J. (1984). A boundary model for the regulation of eating. In A. J. Stunkard & E. Stellar (Eds.), *Eating and Its Disorders* (pp. 141–156). New York: Raven Press.

Herman, C. P. & Polivy, J. (1988). Restraint and excess in dieters and bulimics. In K. M. Pirke, W. Vandereycken & D. Ploog (Eds.), *The Psychobiology of Bulimia Nervosa* (pp. 33–41). Berlin: Springer.

Herman, C. P. & Polivy, J. (1990). From dietary restraint to binge eating. Attaching causes to effects. *Appetite, 14*, 123–125.

Horton, T. J., Drougas, H., Brachey, A., Reed, G. W., Peters, J. C. & Hill, J. O. (1995). Fat and carbohydrate overfeeding in humans. Different effects on energy storage. *American Journal of Clinical Nutrition, 62*, 19–29.

Jakicic, J. M., Wing, R. R., et al. (1995). Prescribing exercise in multiple short bouts versus one continous bout effects on adherence, cardiorespiratory fitness, and weight loss in overweight women. *International Journal of Obesity, 19*, 893–901.

Jones, S. P., Smith, I. G., Kelly, F. & Gray, J. A. (1995). Long term weight loss with sibutramine. *International Journal of Obesity, 19*, 41 S.

Kendall, A., Levitzky, D. A., Strupp, D. J. & Lissner, L. (1992). Weight loss on low-fat diet. Consequences of the impression of the control of food intake in humans. *American Journal of Clinical Nutrition, 53*, 1124–1129.

Kohl, H. W., Powell, K. E., Gordon, N. F. et al. (1992). Physical activity, physical fitness, and sudden cardiac death. *Epidemiologic Reviews, 14*, 37–58.

Kuczmarski, R. J., Flegal, K. M., Campbell, S. M. & Johnson, C. L. (1994). Increasing prevalence of overweight among US adults. The National Health and Nutrition Examination Surveys, 1961 to 1991. *JAMA, 272*, 205–211.

Leibel, R. L., Rosenbaum, M. & Hirsch, J. (1995). Changes in energy expenditure resulting from altered body weight. *New England Journal of Medicine, 332*, 621–628.

Lissner, L., Levitzky, D. A., Strupp, B. J., Kalkwarf, H. J. & Roe, D. A. (1987). Dietary fat and the regulation of energy intake in human subjects. *American Journal of Clinical Nutrition, 46*, 886–892.

Manson, J. E., Rimm, E. B., Stampfer, M. J. et al. (1991). Physical activity and incidence of non-insulin dependent diabetes mellitus in women. *Lancet, 338*, 774–778.

Morris, J. N., Phillips, J. F., Jordan, J. W. et al. (1990). Exercise in leisure time. Coronary attack and death rates. *British Heart Journal, 63*, 325–334.

Noack, R. (1995). Energiehaushalt. In H.-K. Biesalski, P. Fürst, H. Kasper, R. Kluthe, W. Pölert, C. Puchstein, H. B. Stähelin (Eds.), *Ernährungsmedizin.* Stuttgart: Thieme.

Olschewski, P., Ellrott, T., Jalkanen, J., Pudel, V., Scholten, T., Heisterkamp, F. & Siebeneick, S. (1997). Langzeiterfolg eines multidisziplinären Gewichtsmanagement-Programms. *Münchener Medizinische Wochenschrift, 139*, 245–250.

Pelleymounter, M. A., Cullen, M. J. et al. (1995). Effects of the obese Gene Product on Body Weight Regulation in ob/ob Mice. *Science, 269*, 540–543.

Prentice, A. M. & Jebb, S. A. (1995). Obesity in Britain. *British Medical Journal, 311*, 437–439.

Pudel, V., Metzdorff, M. & Oetting, M. (1975). Zur Persönlichkeit Adipöser in psychologischen Tests unter Berücksichtigung latent Fettsüchtiger. *Zeitschrift für Psychosomatische Medizin und Psychoanalyse, 21*, 345–361.

Pudel, V. & Westenhöfer, J. (1992). Dietary and behavioural principles in the treatment of obesity. *International Monitor on Eating Pattern and Weight Control, 1* (2), 2–7.

Pudel, V. & Westenhöfer, J. (1997). *Ernährungspsychologie – Eine Einführung* (2. Aufl.) Göttingen: Hogrefe.

Pudel, V. & Westenhöfer, J. (1989). *Fragebogen zum Eßverhalten (FEV) – Handanweisung.* Göttingen: Hogrefe.

Pudel, V. (1994). Ernährungsberatung als Risikofaktor für Ernährungsverhalten? *Ernährungs-Umschau 41*, 81–85.

Rand, C. & Macgregor, A. (1991) Successful weight loss following obesity surgery and the perceived liability of morbid obesity. *International Journal of Obesity, 15*, 577–579.

Rössner, S. (1992). Factors determining the long term outcome of obesity treatment. In P. Björntorp & B. N. Brodoff (Eds.), *Obesity* (pp. 712–719). Philadelphia: J.B. Lippincott.

Ryan, D. H. (1995). Sibutramine. *Obesity Research, 3*, 317 S.

Sarlio-Lähteenkorva, S., Stunkard, A. J. & Rissanen, A. (1995). Psychosocial factors and quality of life in obesity. *International Journal of Obesity, 19* (Suppl. 6), S1–S5.

Schlundt, D., Hill, J., Pope-Cordle, J., Arnold, D., Virts, K. & Kathan, M. (1993). Randomized evaluation of a low fat ad libitum carbohydrate diet for weight reduction. *International Journal of Obesity, 17*, 623–629.

Schneider, R. (1996). Relevanz und Kosten der Adipositas in Deutschland. *Ernährungs-Umschau, 43*, 369–374.

Seidell, J.C. Obesity in Europe. Scaling an epidemic. *International Journal of Obesity, 19*, S1–S4.

Shah, M., McGovern, P., French, S. & Baxter, J. Comparison of low fat, ad libitum complex-carbohydrate diet with a low-energy diet in moderately obese women. *American Journal of Clinical Nutrition 59*, 980–984.

Skender et al. (1996). Comparison of two-year weight loss trends in behavioural treatments of Obesity. Diet, exercise and combination interventions. *Journal of the American Dietetic Association, 96*, 342–346.

Stern, J. S., Hirsch, J., Blair, S. N., Foreyt, J. P., Frank, A., Kumanyika, S. K., Madans, J. H., Marlatt, G. A., St. Jeor, S. T. & Stunkard, A. J. (1995). Weighing the options. Criteria for evaluating weight-management programs. The Committee to Develop Criteria for Evaluating the Outcomes of Approaches to Prevent and Treat Obesity. *Obesity Research, 3*, 591–604.

Stunkard, A. J., Harris J. R., Pedersen, N. L. & McClearn, G. E. (1990). The bodymass index of two twins who have been reared apart. *New England Journal of Medicine, 322*, 1483–1487.

Stunkard, A. J. & Messick, S. (1985). The three-factor eating questionnaire to measure dietary restraint, disinhibition and hunger. *Journal of Psychosomatic Research, 29*, 71–83.

Stunkard, A. J. & Pudel, V. (1989). Adipositas. In Th. v. Uexküll (Hrsg.), *Psychosomatische Medizin* (4. Aufl.). München: Urban & Schwarzenberg.

Swinburn, B. & Ravussin, E. (1993). Energy balance or fat balance? *American Journal of Clinical Nutrition, 57*, 766–771.

Toubro, S. & Astrup, A. (1997). Randomised comparison of diets for maintaining obese subjects weight after major weight loss. Ad lib, low fat, high carbohydrate diet versus fixed energy intake. *British Medical Journal, 314*, 29–33.

Tremblay, A., Desprès, J.-P., Maheux, J. et al. (1991). Normalization of the metabolic profile in obese women by exercise and a low fat diet. *Medicine and Science in Sports and Exercise, 23*, 1326–1331.

Troiano, R. P., Flegal, K. M. et al. (1995). Overweight prevalence and trends for children and adolescents. *Archives of Pediatrics and Adolescent Medicine, 149,* 1085–1091.

Tucker, L. A. & Kano, M. J. (1992). Dietary fat and body fat. A multivariate study of 205 adult females. *American Journal of Clinical Nutrition, 56,* 616–622.

U.S. Department of Health and Human Services and U.S. Department of Agriculture (1995). *Dietary Guidelines for Americans 1995* (4th edn.). Washington.

Wadden, T. A. (1993). The treatment of obesity. An overview. In Stunkard, A. J., Wadden, T. A. (Eds.), *Obesity. Theory and therapy* (2nd edn.). New York: Raven Press.

Westenhöfer, J. (1992). *Gezügeltes Essen und Störbarkeit des Eßverhaltens.* Göttingen: Hogrefe.

Westerterp, K. R., Verboeket-van de Venne, W. P. H. G., Westerterp-Plantenga, M. S., Velthuis-te Wierik, E. J. M., de Graaf, C. & Weststrate, J. A. (1996). Dietary fat and body fat. An intervention study. *International Journal of Obesity, 20,* 1022–1026.

Weststrate, J. A. (1992). *Effect of nutrients on the regulation of food intake.* Unilever Research Laboratorium Vlaardingen. Unilever Information Material, Vlaardingen.

Wirth, A. (1997). *Adipositas – Epidemiologie, Ätiologie, Folgekrankheiten, Therapie.* Berlin: Springer.

Wolf, A. M., Colditz, G. A. (1996). Social and economic effects of body weight in the United States. *American Journal of Clinical Nutrition, 63,* 466S–469S.

Young, T., Palta, M., Dempsey, J., Skatrud, J., Weber, S. & Badr, S. (1993). The occurence of sleep disordered breathing among middle aged adults. *New England Journal of Medicine, 328,* 1230–1235.

Zhang, Y., Proenca, R., Maffei, M., Barone, M., Leopold, L. & Friedman, J. M. (1994). Positional cloning of the mouse obese gene and its human homologue. *Nature, 372,* 425–432.

Weiterführende Literatur

Ellrott, T. & Pudel, V. (1998). *Adipositastherapie. Aktuelle Perspektiven* (2. Aufl.). Stuttgart: Thieme.

Pudel, V., & Westenhöfer, J. (1997). *Ernährungspsychologie – Eine Einführung* (2. Aufl.). Göttingen: Hogrefe.

Stunkard, A. J., & Wadden, T. A. (Eds.) (1993). *Obesity. Theory and therapy* (2nd edn.). New York: Raven Press.

Westenhöfer, J. (1992). *Gezügeltes Essen und Störbarkeit des Eßverhaltens.* Göttingen: Hogrefe.

Wirth, A. (1997). *Adipositas – Epidemiologie, Ätiologie, Folgekrankheiten, Therapie.* Berlin: Springer.

KAPITEL 15

Schädlicher Gebrauch und Abhängigkeit von psychoaktiven Substanzen

GERHARD BÜHRINGER

15.1
Darstellung der Störung

15.1.1
Überblick

»Schädlicher Gebrauch« und »Abhängigkeit« sind Bezeichnungen für die mißbräuchliche Verwendung psychoaktiver Substanzen. Damit sind alle

Stoffe gemeint, die zentralnervös auf den Organismus einwirken und das subjektive Wohlbefinden auf der körperlichen und emotionalen Ebene so beeinflussen, daß die Wahrscheinlichkeit für eine kontinuierliche Einnahme zur Aufrechterhaltung dieses Zustands zunimmt. Im einzelnen handelt es sich um alkoholische Getränke, illegale Drogen, bestimmte Medikamentengruppen, Nikotin (Tabakwaren) und bestimmte Lösungsmittel (Schnüffelstoffe). Die *mißbräuchliche* Verwendung dieser Stoffe ist dadurch gekennzeichnet, daß die Einnahme trotz deutlicher – und auch subjektiv wahrgenommener – körperlicher und emotionaler Störungen sowie sozialer Probleme mit hoher Frequenz fortgeführt wird. Ohne an dieser Stelle auf diagnostische Kategorien im einzelnen einzugehen, liegt ein Mißbrauchsverhalten vor, wenn folgende Merkmale gegeben sind (Edwards et al., 1981; zitiert nach Bühringer & Küfner, 1996):

Merkmale eines Substanzmißbrauchs

- Einengung des Verhaltensrepertoires auf die Ausführung eines regelmäßigen Konsummusters,
- zunehmende Bedeutung der Substanzeinnahme im Verhältnis zu anderen Verhaltensweisen, trotz damit verbundener negativer Konsequenzen,
- Entwicklung einer Toleranz,
- Auftreten von Entzugssymptomen nach kurzen Abhängigkeitsperioden,
- Konsum von psychoaktiven Substanzen, um den Entzug zu vermeiden,
- Entwicklung eines Zwangs zum Substanzgebrauch, damit verbunden »craving« (unstillbare Gier, die Substanz einzunehmen) und die Unfähigkeit, die Einnahme zu kontrollieren sowie
- eine erhöhte Wahrscheinlichkeit, daß das genannte Syndrom nach Phasen der Abstinenz sich sofort voll entwickelt, wenn es zu einem ersten Rückfall kommt.

»Herrn Prof. Frederick H. Kanfer, der meine Arbeit über Jahre maßgeblich beeinflußt hat, zum 70. Geburtstag gewidmet«.

Die präventive und therapeutische Betrachtung des *Substanzmißbrauchs* (im folgenden als Oberbegriff für alle gesundheitsschädlichen Formen des Konsums verwendet) sowie dessen gesundheitspolitische Einschätzung wird durch zwei Aspekte erschwert.

Zum einen ist die Einschätzung des Risikopotentials über die Jahrhunderte ambivalent: Viele illegale Drogen waren früher legal, Heroin wurde z.B. als Hustenmittel entwickelt und ist erst seit 1920 verboten, während andererseits in früheren Jahrhunderten immer wieder versucht wurde, den Tabakkonsum unter Androhung drastischer Strafen vollständig zu verbieten. Derzeit stehen illegale Drogen im Mittelpunkt des öffentlichen Interesses, obwohl der gesundheitliche, emotionale und soziale Schaden durch Alkohol- und Tabakmißbrauch wegen der sehr viel größeren Anzahl von Betroffenen deutlich höher ist (vgl. z.B. Bühringer & Simon, 1992).

Die zweite Schwierigkeit liegt in den sehr unterschiedlichen Konsumentengruppen und Mißbrauchsmustern psychoaktiver Substanzen. Sie reichen unter anderem von sozial destabilisierten und verwahrlosten Jugendlichen und jungen Erwachsenen mit einer Heroinabhängigkeit über den zumindest über längere Zeit weitgehend unauffälligen Wochenendkonsumenten von Heroin oder Kokain im mittleren Lebensalter bis hin zu der Gruppe überwiegend älterer Frauen mit einer iatrogenen (vom Arzt durch fehlerhafte Verschreibung verursachten) Abhängigkeit von Benzodiazepinen und anderen Schlafmitteln.

> Die Unterschiede in der äußeren Symptomatik der verschiedenen Formen des Substanzmißbrauchs sind so groß, daß auf den ersten Blick kaum Gemeinsamkeiten zu erfassen sind. Dennoch haben alle Gruppen als gemeinsamen Nenner eine psychische Abhängigkeit und in den meisten Fällen auch eine körperliche Abhängigkeit entwickelt, während die beobachtbaren Störungen auf der körperlichen, emotionalen und sozialen Ebene erheblich variieren.

Der Schwerpunkt dieses Beitrags liegt, vor allem bei den Kapiteln zum Störungskonzept und zur Therapie, bei der Alkohol- und Drogenabhängigkeit. Medikamentenabhängige werden in der Regel wie Alkoholabhängige behandelt: Zur Raucherentwöhnung wird auf Kap. 13 in diesem Band verwiesen.

15.1.2
Klassifikation

Die aktuellen Versionen der Klassifikationssysteme DSM-IV (APA, 1994) sowie ICD-10 (Dilling et al., 1991) gehen beide von relativ ähnlichen Syndromen aus. Für die Klassifikation eines Abhängigkeitssyndroms müssen, für jede Substanz getrennt, jeweils zumindest drei aus einer Liste von sieben bzw. acht Symptomen erfüllt werden (Tabelle 15.1). Im Gegensatz zu früher müssen die klassischen Symptome der körperlichen Abhängigkeit, nämlich »Toleranz« (kontinuierliche Steigerung der Substanzmenge, um einen gleichbleibenden Effekt zu erzielen) und »Entzugserscheinungen« (Syndrom von unangenehmen körperlichen Störungen nach Absetzen der Substanz) nicht mehr unbedingt gegeben sein, wenn andere Symptome zutreffen. Die psychische Abhängigkeit steht im Vordergrund. Bei einigen Substanzen gibt es Besonderheiten, z.B. treten bei Kokain die Symptome einer körperlichen Abhängigkeit nicht immer auf, und für den Tabakkonsum treffen eine Reihe von diagnostischen Merkmalen nicht zu.

Beide Systeme kennen eine schwächere Ausprägung des Mißbrauchsverhaltens, nämlich den »schädlichen Gebrauch« (ICD-10) bzw. den »Mißbrauch[1] psychotroper Substanzen« (DSM-IV), bei dem zwar körperliche und psychische Folgeschäden gegeben sein müssen, nicht aber eine psychische und/oder körperliche Abhängigkeit. Beide Systeme erlauben weiterhin zusätzliche Merkmalskodierungen: Zum Beispiel kann im ICD auf der fünften Stelle der alphanumerischen Bezeichnung der aktuelle Zustand kodiert werden (z.B. abstinent oder gegenwärtig konsumierend), weiterhin können zusätzliche Symptome im Zusammenhang mit dem Mißbrauchsverhalten erfaßt werden, etwa akute Intoxikationen, Entzugssyndrome oder verzögernd auftretende psychotische Störungen.

> Die Klassifikationssysteme DSM und ICD verwenden nur wenige Kriterien für die Diagnostik einer Substanzabhängigkeit. Für Verständigungs- und Ordnungszwecke ist dies ausreichend, nicht aber für eine genaue Beschreibung und Analyse dieses Störungsbildes als Grundlage für die Behandlungsplanung. Hier-

---

[1] Der Begriff »Mißbrauch« ist insofern mißverständlich, als er sowohl als Oberbegriff für alle Formen des problematischen Gebrauchs verwendet wird wie auch als Bezeichnung für eine weniger schwere Ausprägung im DSM-IV.

Tabelle 15.1. Diagnostische Leitlinien für die Klassifizierung der Störungen durch psychoaktive Substanzen nach DSM-IV und ICD-10. (Zusammenstellung nach Bühringer & Küfner, 1996)

Mißbrauch DSM	Schädlicher Gebrauch ICD	Abhängigkeit DSM	Abhängigkeitssyndrom ICD
1. Zumindest eines der folgenden Symptome trifft zu: • Fortgesetzter Konsum, der zu Versagen bei wichtigen Verpflichtungen führt (z.B. in der Arbeit, Schule) • Fortgesetzter Konsum in gefährlichen Situationen (z.B. Straßenverkehr) • Juristische Probleme aufgrund fortgesetzten Konsums • Fortgesetzter Konsum trotz Kenntnis der sozialen Probleme, die dadurch verursacht/verstärkt werden	1. Konsumverhalten, das zu einer Gesundheitsschädigung führt (körperliche und psychische Störungen)	1. Zumindest drei der folgenden Kriterien treffen zu: • Toleranz • Entzug; Einnahme der Substanz zur Bekämpfung von Entzugssymptomen • Konsum häufig in größeren Mengen als beabsichtigt • Wunsch/erfolglose Versuche zur Abstinenz/Kontrolle der Substanz • Hoher Zeitaufwand für die Beschaffung (z.B. Diebstahl) • Einschränkung sozialer, beruflicher oder Freizeitaktivitäten aufgrund des Substanzmißbrauchs • Fortgesetzter Mißbrauch trotz Kenntnis der Folgeprobleme	1. Zumindest drei der folgenden Kriterien treffen zu: • Toleranz • Körperliches Entzugssyndrom • Substanzgebrauch mit dem Ziel, Entzugssymptome zu mildern • Verminderte Kontrollfähigkeit bezüglich des Beginns, der Beendigung und der Menge des Konsums • Starker Wunsch, bestimmte Substanzen zu konsumieren • Eingeengtes Verhaltensmuster im Umgang mit psychoaktiven Substanzen • Fortschreitende Vernachlässigung anderer Vergnügen oder Interessen • Anhaltender Substanzkonsum trotz eindeutiger körperlicher und psychischer Folgen
2. Auftreten der Symptome innerhalb eines Zeitraums von 12 Monaten	2. –	2. Auftreten der Symptome über einen Zeitraum von 12 Monaten	2. Auftreten der Symptome in den letzten 12 Monaten
3. Keine Abhängigkeit	3. Kein Abhängigkeitssyndrom		

zu ist eine sehr viel detailliertere Beschreibung notwendig (vgl. Störungskonzept in Abschn. 15.2). Das empirisch abgesicherte Wissen zur Therapie des Substanzmißbrauchs ist nicht so umfassend, daß der Klassifikation direkte therapeutische Maßnahmen zugeordnet werden können (vgl. Abschn. 15.3).

15.1.3
Diagnostik

Die Klassifikation eines schädlichen Gebrauchs oder einer Abhängigkeit ist im klinischen Einzelfall nicht einfach zu treffen. Dies ist insbesondere dann der Fall, wenn das Mißbrauchsverhalten noch nicht zu äußerlich beobachtbaren Zeichen (z.B. Einstichstellen) oder Verwahrlosungserscheinungen (Alkoholfahne, vernachlässigte Kleidung und Körperpflege) geführt hat. Es ist Teil des Krankheitsbildes, daß betroffene Personen dieses

Verhalten gegenüber Dritten bzw. bei Nikotin dessen negative Auswirkungen über lange Zeit leugnen, selbst dann noch, wenn es erste offensichtliche Symptome gibt. Dazu kommt bei einem Mißbrauch illegaler Substanzen, daß bei einer Offenlegung die Gefahr polizeilicher Verfolgung droht. Therapeuten können deshalb häufig nicht mit einer aktiven Unterstützung im diagnostischen Prozeß rechnen. Es ist immer notwendig, mehrere diagnostische Quellen zu verwenden.

Ansatzpunkte für die Diagnostik eines Substanzmißbrauchs

• Beobachtung der äußeren Symptomatik,
• klinisches Interview,
• Befragung von Angehörigen,
• Fragebogen und Tests sowie
• chemisch-toxikologische Analysen (z.B. Urinproben für illegale Drogen und Medikamente, Blutalkoholkonzentration, Atemluftanalyse für Alkohol und Nikotin, Haaranalysen, bestimmte Leberparameter).

Für den deutschsprachigen Raum liegen für den Bereich des Alkoholmißbrauchs mehrere Fragebogen für *Screeningzwecke* vor (vgl. Küfner & Bühringer, 1996). Für den Drogenmißbrauch gibt es vergleichbare, kurze Instrumente bis auf eine Ausnahme nur in englischer Sprache (vgl. Bühringer & Küfner, 1996). Das liegt vor allem daran, daß die Fragebogen im Alkoholbereich zur Differenzierung zwischen normalem, schädlichem und abhängigem Gebrauch benötigt werden und deshalb eine lange Forschungstradition haben, während im Drogenbereich eine solche Differenzierung weniger erforderlich erschien, da wegen der Illegalität des Verhaltens und der hohen Gesundheitsgefährdung grundsätzlich von einem mißbräuchlichen Konsum ausgegangen wird.

Auswahl deutschsprachiger Fragebogen und Tests für Screeningzwecke und für die Verhaltensanalyse und Therapieplanung

- Münchner Alkoholismustest MALT (Feuerlein & Küfner, 1979), Screeninginstrument für die Diagnose einer Alkoholabhängigkeit auf der Grundlage von 31 Fragen (Selbst- bzw. Therapeutenbeurteilung).
- Kurzfragebogen für Alkoholgefährdete KFA (Feuerlein et al., 1989), wie MALT, aber nur Fragen zur Selbstbeurteilung.
- Trierer Alkoholismusinventar TAI (Funke et al., 1987), differentielles Diagnoseinstrument zu Aspekten alkoholabhängigen Erlebens und Verhaltens, Grundlage für die Therapieplanung (Selbstbeurteilung).
- Göttinger Abhängigkeitsskala GABS (Jacobi et al., 1987) und Lübecker Abhängigkeitsskala LAST (John, 1992), kurze Screeninginstrumente zum Schweregrad und zu Abhängigkeitstypen bei Alkoholabhängigkeit (Selbstbeurteilung).
- CAGE (Mayfield, McLeod & Hall, 1974), kurzes Screeninginstrument (4 Fragen) zur Erfassung einer Alkoholabhängigkeit.
- Baseler Drogen- und Alkoholfragebogen BDA (Ladewig et al., 1976), Screeninginstrument für beide Substanzgruppen zum Schweregrad und zu Abhängigkeitstypen (Selbstbeurteilung).
- Addiction Severity Index ASI (McLellan et al., 1992; deutsche Fassung von Gsellhofer & Fahrner, 1994), strukturiertes klinisches Interview (Training notwendig!) zur Erfassung der Problembelastung und des Therapiebedarfs in wichtigen Störungsbereichen bei

Drogenabhängigen; auch für Therapieevaluation geeignet; gute Grundlage für die Therapieplanung.
- Composite International Diagnostic Interview Substance Abuse Module CIDI-SAM (Lachner & Wittchen, 1996); ein CIDI-Ergänzungsmodul zum Bereich Mißbrauch von Tabak, Alkohol und anderen Drogen.

15.1.4
Epidemiologie

Prävalenzwerte sind wegen der störungsbedingten Verleugnungstendenzen und des teilweise illegalen Verhaltens schwierig zu erheben. Insbesondere extreme Formen des Mißbrauchsverhaltens können in repräsentativen Bevölkerungsumfragen nur unzureichend erfaßt werden. Schätzungen basieren deshalb auf mehreren Verfahren und Berechnungsmodellen, unter anderem mit zusätzlicher Nutzung von Daten aus der Polizeistatistik (illegale Drogen), der Unfallstatistik (vor allem Alkohol), den Verkaufsstatistiken von Zigaretten und Alkohol, aus klinisch-epidemiologischen Untersuchungen (Nutzung therapeutischer Einrichtung) und ähnlichen Datenquellen:

Prävalenz des Substanzmißbrauchs in Deutschland

- Alkoholabhängige: etwa 2,5 Mio. (Hüllinghorst, 1997),
- Abhängige illegaler Drogen: 100 000–150 000 (»harter Kern« mit i.v.-Einnahme oder hoher Konsumfrequenz; nur alte Bundesländer) (Bühringer, Adelsberger, Heinemann, Kirschner, Knauß, Kraus, Puschel & Simon, 1997),
- Medikamentenabhängige: 1,4 Mio. (Hüllinghorst, 1997),
- Tabakmißbrauch (mehr als zehn Zigaretten täglich): 10 Mio. (22% der 18- bis 54jährigen; Herbst et al., 1996).

Über alle Altersklassen hinweg sind Frauen beim Mißbrauch von Alkohol, illegalen Drogen und Tabak unterrepräsentiert, beim Medikamentenmißbrauch überrepräsentiert. Für das durchschnittliche Alter des *Erstkonsums* ergeben sich folgende Medianwerte (Herbst et al., 1996): Tabak: 16 Jahre,

Alkoholkonsum: 16 bis 18 Jahre, Haschisch: 18 Jahre, Opiate: 20 Jahre und Kokain: 21 Jahre.

Die *Morbidität* ist bei allen psychoaktiven Substanzen hoch. Dabei hängen die jeweiligen Ausprägungen von der Konsummenge und Einnahmeform ab und betreffen nahezu alle Körperorgane: z.B. Leber- und Bauchspeicheldrüsenerkrankungen, gastrointestinale Störungen, Herzerkrankungen, Polyneuropathie, Karzinome, psychiatrische Störungen (Alkohol); Infektionserkrankungen wie Hepatitis und AIDS, Krankheiten durch Fehl- und Unterernährung, Haut- und Geschlechtskrankheiten (Heroin) oder zahlreiche Karzinome bei Nikotin. Bei einer Medikamentenabhängigkeit, auch vom Typ der »low-dose-dependency« (vom Arzt verschriebene, in der Regel korrekte Dosierung, die lediglich über zu lange Zeiträume verabreicht wird), verstärken sich die Symptome, die mit dem jeweiligen Medikament ursprünglich reduziert werden sollten; z.B. nehmen Kopfschmerzen oder Schlaflosigkeit nach einiger Zeit des Mißbrauchs zu.

Sehr langfristig entwickeln sich auch hier die üblichen *Folgestörungen* wie Partnerschaftsprobleme, Verlust des Arbeitsplatzes sowie Isolierung. Bei Cannabis ist das Ausmaß der Morbidität umstritten, bei Jugendlichen zeigen sich aber deutliche emotionale und soziale Entwicklungsstörungen. Bei den »harten« illegalen Drogen besteht das Problem, die konsumbedingte Morbidität von den Störungen und Krankheiten zu unterscheiden, die indirekt durch die Illegalität der Substanzen entsteht. Beispiel dafür sind Folgeerkrankungen einer Beschaffungsprostitution, die lediglich zur Finanzierung des extrem hohen täglichen Geldbedarfes ausgeführt wird.

Die *Mortalität* ist ebenfalls im Vergleich zur Normalbevölkerung erhöht: Alkohol 3- bis 4mal, illegale Drogen (Heroin, Kokain) 15- bis 20mal, Medikamente: zweimal (Poser et al., 1990) sowie Nikotin: 12- bis 14mal (für Lungenkrebs: Junge, 1990).

> Insgesamt ist der Mißbrauch aller psychoaktiven Substanzen mit erheblichen Gesundheitsrisiken verbunden. Der öffentliche Umgang mit diesen Substanzen zur Reduzierung des Risikos für den einzelnen ist demgegenüber wenig rational und nur auf dem Hintergrund historischer Bedingungen verständlich (z.B. kulturelle Einbindung von Alkohol und Tabak).

15.2 Kognitiv-verhaltenstherapeutisches Störungskonzept

Eine sozial integrierte Person mit einem durchschnittlichen Tabakkonsum von 20 bis 30 Zigaretten pro Tag und ein schwer Abhängiger von Heroin mit deutlichen Verwahrlosungserscheinungen haben auf den ersten Blick wenig Gemeinsames. Dennoch unterliegen beide bei der Entwicklung ihres Gebrauchsmusters gemeinsamen Prinzipien, die auf der Grundlage der Lerntheorien seit Pavlov (1927) und vor allem in den letzten 30 Jahren intensiv untersucht wurden. Dabei wurde deutlich, daß es sich um komplexe Prozesse bei der Entwicklung und Aufrechterhaltung eines Mißbrauchsverhaltens handelt, bei dem physiologische, kognitive und verhaltenspsychologische Aspekte eine Rolle spielen, weiterhin soziale Bedingungen wie etwa die Verfügbarkeit der jeweiligen Substanzen oder das Auftreten von Modellen für den Gebrauch bzw. Mißbrauch. Das Modell in Abb. 15.1 betont vor allem die verhaltenspsychologischen und verhaltensmedizinischen Gemeinsamkeiten bei den verschiedenen Substanzen, wobei zur besseren Übersicht lediglich die Opiatabhängigkeit dargestellt wurde.

> **Rahmenbedingungen für die Entstehung eines Substanzmißbrauchs**
>
> - Die Übergänge zwischen unproblematischem Gebrauch, schädlichem Gebrauch und Abhängigkeit sind fließend. Die Einstufung eines Gebrauchsmusters als Störung ist nicht nur von den objektiv erfaßbaren körperlichen, emotionalen und sozialen Konsequenzen abhängig, sondern auch von *sozialen Normen* zur Beurteilung dieser Konsequenzen. Diese Beurteilungen unterscheiden sich zwischen Kulturen und sind auch in einer Kultur nicht über lange Zeiträume konstant (vgl. z.B. die Prohibition in den USA oder die Versuche in Deutschland im 17. Jahrhundert, den Tabakkonsum zu verbieten).
> - Nicht jeder Erstkonsum bzw. anschließender *Experimentiergebrauch* führt automatisch zu einem Mißbrauchsverhalten. So liegt z.B. die Lebenszeitprävalenz des Gebrauchs irgendeiner illegalen Droge bei den 18- bis 59jährigen in Westdeutschland bei 14,6%, die aktuelle Prävalenz (Gebrauch in den letzten 12 Monaten) bei 5,4%, die aktuelle Prävalenz einer schweren Abhängigkeit von

Heroin oder Kokain mit i.v.-Konsum bei etwa 0,2–0,3% (Herbst et al., 1996). Das heißt, etwa jeder Dritte bis Vierte führt den initialen Gebrauch in irgendeiner Form weiter, und einer von 50 bis 80 Probierern wird schwer abhängig. Bei Alkohol sind es etwa 3–5% der Konsumenten.

- Die Entwicklung eines Mißbrauchsverhaltens ist nach dem 25. Lebensjahr unwahrscheinlich, wenn bis zu diesem Zeitpunkt der Mißbrauch der jeweiligen Substanz noch nicht begonnen wurde. Dies hat wichtige Konsequenzen für die Prävention: Neben der Förderung verschiedener Schutzfaktoren (Künzel-Böhmer et al., 1993) muß zusätzlich versucht werden, den *Beginn eines kritischen Gebrauchsmusters* im Alter zwischen etwa 10 und 16 Jahren zu verhindern bzw. zumindest hinauszuzögern, da dadurch das Risiko für die Entwicklung eines Mißbrauchsverhaltens sinkt.

15.2.1
Erstkonsum

Die Wahrscheinlichkeit für den initialen Gebrauch einer Substanz ist durch verschiedene Faktoren bedingt (vgl. Crowley, 1988; Künzel-Böhmer et al., 1993):

Risikofaktoren

- Verfügbarkeit bzw. leichte Erreichbarkeit der Substanz,
- starke Bindung an eine soziale Bezugsgruppe (»Peer-group«),
- starke Beeinflußbarkeit des Individuums durch sozialen Druck in der Bezugsgruppe,
- positive Bewertung des Substanzgebrauchs in dieser Bezugsgruppe und hoher Druck der Mitglieder zum Gebrauch,
- Erwartung positiver Vorteile durch den Gebrauch (Kontakterleichterung, Zugehörigkeit zu einer bestimmten Bezugsgruppe u.ä.),
- Erwartungen an die Wirkungen der Substanz sowie
- Beobachtung positiver Konsequenzen des Gebrauchs.

Schutzfaktoren

- Bestimmte allgemeine Lebenskompetenzen wie Streßbewältigung, Selbstsicherheit und Selbstvertrauen sowie Kommunikationsfähigkeit,
- kritische Einstellung und kritischer Umgang mit (legalen) psychoaktiven Substanzen sowie
- Fähigkeit, Konsumangebote trotz sozialen Drucks ablehnen zu können.

Der initiale Gebrauch hat häufig keine substanzbedingten positiven Folgen, manchmal sogar eher negative Auswirkungen (z.B. Übelkeit). Vielmehr spielt für den weiteren Konsum die Verstärkung durch soziale Zuwendung der Bezugsgruppe sowie die beobachtete positive Wirkung des Gebrauchs bei Dritten eine Rolle (Modellernen, Bandura, 1969, 1986; Abb. 15.1; alle weiteren Verweise beziehen sich auf einzelne Faktoren in dieser Abbildung). In der Regel geht der Einstieg in den Tabak- und Alkoholkonsum dem Einstieg in den Drogenkonsum voraus (Bühringer et al., 1993; Kraus et al., 1994).

15.2.2
Entwicklung eines Mißbrauchsverhaltens

Lerntheoretische Konzepte haben bis heute die beste Integration von empirischen Einzelergebnissen für ein Erklärungsmodell der Entwicklung und Aufrechterhaltung des Substanzmißbrauchs geleistet. Pavlov (1927), Wikler (1953, 1965, 1974), Crowley (1972) und Siegel (z.B. 1979) haben wichtige Grundlagen beigetragen. Dazu kommen neuere Beiträge aus der Arbeitsgruppe von O'Brien und McLellan (z.B. O'Brien et al., 1992; O'Brien et al., 1986). Eine ausführliche Übersicht über die Forschung zu lernpsychologischen Faktoren findet sich bei Goldberg & Stolermann (1986) und Ray (1988).

■ **Gebrauchsmuster.** Kommt es nach einem ersten Konsum zur Entwicklung eines Gebrauchsmusters, werden früher oder später die positiven Auswirkungen der Substanz auf pharmakologischer und emotionaler Ebene erlebt (Rauscherlebnis, Entspannung, verändertes Bewußtsein, Glücksgefühle). Es ist bis heute wenig erforscht, welche (physiologischen, kognitiven oder sozialen) Aspekte bei der Auswahl eher beruhigender (z.B. Alkohol, Haschisch oder Heroin) oder eher

Abb. 15.1. Modell für die Entstehung und Aufrechterhaltung einer Opiatabhängigkeit. (Aus Bühringer, 1994b)

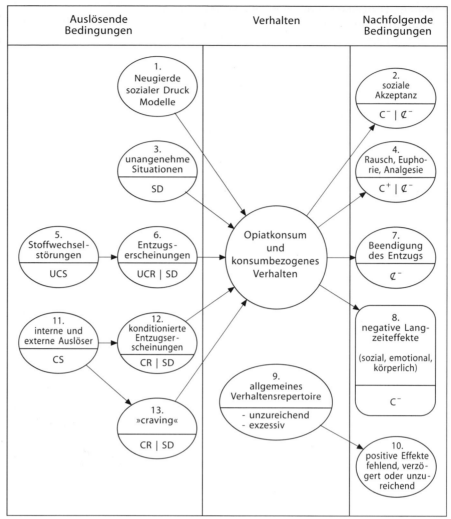

stimulierender Substanzen (z.B. Kokain oder stimulierende Medikamente) im individuellen Einzelfall eine Rolle spielen. Neben den positiven Wirkungen des Gebrauchs spielt die Beendigung negativer emotionaler und sozialer Situationen eine besondere Rolle (negative Verstärkung). Dies ist insbesondere dann der Fall, wenn der Konsument sich über längere Zeit in einer negativ erlebten Situation befindet (z.B. Probleme in der Adoleszenz wie etwa Schul- oder Arbeitsprobleme, Probleme im Elternhaus, Partnerschaftsprobleme). Positive Konsequenzen des Drogenkonsums einerseits und die Beendigung negativer emotionaler und sozialer Situationen andererseits tragen zu einer operanten Konditionierung des Konsums und der Ausbildung diskriminativer Stimuli bei, ohne daß bereits eine körperliche Abhängigkeit ausgebildet ist: Sozialer Druck und übliche Verhaltensweisen in der Bezugsgruppe (z.B. heimliches Rauchen, starker Alkoholkonsum nach Sportveran-

staltungen) sowie unangenehme emotionale und soziale Situationen werden zum Hinweisreiz für einen erneuten Konsum, der wiederum durch die Beendigung der unangenehmen Situationen/Empfindungen und durch die positiven sozialen und pharmakologischen Wirkungen der Substanz verstärkt wird (vgl. Abb. 15.1, 3. und 4.).

■ **Körperliche Abhängigkeit.** Wird der Konsum kontinuierlich weitergeführt, kommt es nach unterschiedlich langen Zeiträumen und je nach Substanz mit einer unterschiedlichen Wahrscheinlichkeit (am schnellsten bei der i.v.-Applikation von Heroin und Kokain) zur Entwicklung einer körperlichen Abhängigkeit. Das Fehlen der Droge führt zu einem Stoffwechselmangel im Körper (UCS; vgl. Abb. 15.1, 5.), dieser zum Abstinenzsyndrom (UCR; vgl. Abb. 15.1, 6.). Die verschiedenen unangenehmen Entzugserscheinungen werden zu zusätzlichen diskriminativen Stimuli für einen erneuten Drogenkonsum, der wiederum durch die unmittelbare Beendigung der Entzugserscheinungen operant konditioniert wird (vgl. Abb. 15.1, 7.).

■ **Verschiebung im Verhaltensrepertoire.** Über Monate bzw. Jahre kann das gesamte Verhaltensrepertoire einer Person unter die ausschließliche Kontrolle des Erwerbs und Konsums einer psychoaktiven Substanz geraten. Normale alltägliche Lebensabläufe werden mehr und mehr aufgegeben. Die Verschiebung im Verhaltensrepertoire einer Person wird um so wahrscheinlicher, je mehr Schwierigkeiten eine Person vor Beginn des Substanzmißbrauchs erlebt hat und je weniger Lebenskompetenzen sie zu einem selbständigen und befriedigenden Leben entwickeln konnte (vgl. Abb. 15.1, 9.). Dies können z.B. defizitäre Lebensbereiche sein, die zu mangelnden Erfolgserlebnissen führen (vgl. Abb. 15.1, 10.).

Langfristig kann es zum totalen Zusammenbruch des alltäglichen Verhaltensrepertoires kommen. Einzig und allein die Beseitigung der Entzugserscheinungen durch regelmäßige Substanzeinnahme steht im Vordergrund. Handelt es sich um eine Abhängigkeit von illegalen Drogen, ist zusätzlich ein erheblicher Aufwand notwendig, um die entsprechenden finanziellen Mittel zu beschaffen (z.B. Beschaffungskriminalität, Prostitution oder Handel). Dadurch entstehen zusätzliche Schwierigkeiten, die die Gesamtproblematik eines Abhängigen über die Jahre mehr und mehr verschärfen.

15.2.3
Entwicklung einer Veränderungsbereitschaft

Lange Zeit überwiegen beim Abhängigen die positiven Aspekte des Substanzmißbrauchs gegenüber den negativen. Dazu kommt, daß die positiven Folgen immer wesentlich schneller (im Falle der Injektion innerhalb von Sekunden) erfolgen und deswegen das Verhalten wesentlich stärker steuern als die negativen Folgen (Entzugserscheinungen, körperliche Erkrankungen, emotionale Störungen, soziale Probleme), die erst nach Stunden bzw. monatelangem oder jahrelangem Mißbrauchsverhalten auftreten.

Therapiemotivation: Faktoren für die Entwicklung einer Veränderungsbereitschaft

- Zunahme der negativen Konsequenzen des Substanzmißbrauchs (emotionale Probleme, körperliche Erkrankungen, sozialer Druck),

---

- ausreichende Kompetenzen zur Verhaltensänderung,
- subjektive Erwartung, die Verhaltensänderung auch meistern zu können (»self-efficacy« nach Bandura, 1977),
- Kenntnis ausreichender Lebensalternativen ohne Substanzmißbrauch sowie
- Kenntnis von Hilfsangeboten.

Akut erlebte, starke negative Konsequenzen sind in der Regel der häufigste Faktor zur Entwicklung einer Behandlungsbereitschaft (erhebliche körperliche Erkrankungen, polizeilicher Druck, sonstige Schwierigkeiten wie Schulentlassung, Arbeitsplatzverlust oder Druck des Partners). Das Problem liegt darin, daß diese negativen Folgen des Substanzmißbrauchs zu Beginn der Behandlung relativ schnell abklingen. Gerade in der Entgiftungsphase und kurz danach werden aber die klassisch konditionierten Auslöser für einen erneuten Konsum relevant. Sie werden noch durch die Schwierigkeiten des Abhängigen, insbesondere des sehr jungen Patienten verstärkt, sich nach einer langjährigen Abhängigkeitszeit wieder im abstinenten Zustand in alltäglichen Lebensabläufen zurechtzufinden.

Ein auffälliges Merkmal von Abhängigen ist die Ambivalenz zwischen dem Wunsch nach erneutem Substanzmißbrauch und Abstinenz. Diese Ambivalenz kann sich über die gesamte Behandlung, häufig auch über Jahre, hinziehen und ist durch einen stetigen Wechsel von Abstinenz und Rückfall gekennzeichnet.

Früher war es zentraler Bestandteil der therapeutischen »Philosophie«, daß ein Abhängiger zur Behandlung nicht motiviert werden kann, solange er nicht die *negativen* Folgen langjährigen Mißbrauchsverhaltens erlebt hat. Die Entwicklung einer Motivation zur Behandlung und entsprechend auch die vorzeitigen Abbrüche wurden als Problem in der Verantwortung des Abhängigen gesehen; mangelnde Motivation als Zeichen noch nicht ausreichend erlebter negativer Folgen des Substanzmißbrauchs eingeschätzt. Erst seit einigen Jahren wurde die Frage der Motivation zur Behandlung zu einem wichtigen Thema der Forschung auf dem Hintergrund gesundheitspolitischer Überlegungen, die langfristigen Spätfolgen des Substanzmißbrauchs (insbesondere AIDS bei Drogenabhängigen) möglichst zu vermeiden und deswegen Abhängige zu einem frühzeitigen Be-

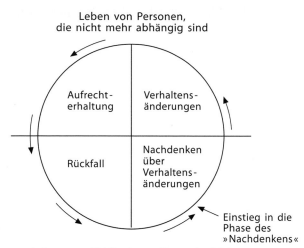

Abb. 15.2. Phasen der Veränderungsbereitschaft bei Abhängigen. (Aus Prochaska & DiClemente, 1986; deutsche Übersetzung von Bühringer, 1994 b)

handlungsbeginn zu motivieren. Prochaska & DiClemente (1992) haben in ihren Forschungsarbeiten wichtige empirische Grundlagen zur Analyse der Veränderungsbereitschaft von Abhängigen geschaffen (Abb. 15.2).

Kommt es zu einem erneuten Rückfall, so sind grundsätzlich zwei mögliche Folgen denkbar: Dem Abhängigen bleibt das Mißbrauchsproblem bewußt, und er versucht unmittelbar, durch erneute Behandlung (»action«) die Rückfallfolgen zu beseitigen. Eine andere Möglichkeit besteht darin, daß der erste erneute Konsum zu einem langfristigen Rückfall führt, ohne Problembewußtsein im Hinblick auf eine zukünftige Behandlung (»precontemplation«).

Prochaska & DiClemente haben ihre Untersuchungen an Rauchern, Alkohol- und Drogenabhängigen durchgeführt und auch entsprechende Fragebogen zur Diagnose der jeweiligen Phase im Einzelfall entwickelt. Ihre Forschungsarbeiten haben sowohl die Weiterentwicklung theoretischer Konzepte als auch die Weiterentwicklung therapeutischer Programme erheblich beeinflußt.

Aus dem Modell zur Veränderungsbereitschaft wird deutlich, daß es z.B. ein therapeutischer Fehler ist, einen Abhängigen in der Phase der »contemplation« mit einer abstinenzorientierten und langfristigen Therapie zu konfrontieren, wenn dieser sich noch mit Überlegungen beschäftigt, ob und was er in seinem Mißbrauchsverhalten überhaupt ändern soll. In ei-

ner solchen Phase sind deshalb die Förderung von gedanklichen Auseinandersetzungen über die positiven und negativen Konsequenzen des aktuellen Verhaltens und möglicher zukünftiger Veränderungen oberstes Ziel therapeutischer Bemühungen.

15.2.4
Rückfall

Rückfall ist ein häufiges Ereignis während und nach der Behandlung von Abhängigen. Etwa zwei Jahre später sind je nach Substanz zwischen 50% (Alkohol) und 70% der Patienten (Heroin, Kokain und Nikotin) rückfällig geworden. Darüber hinaus hat auch ein Teil der über längere Zeit abstinenten Personen gelegentlich kurzzeitige Rückfälle.

Die wissenschaftliche Analyse des Rückfalls und die Entwicklung darauf aufbauender therapeutischer Maßnahmen ist erst in den letzten 10 Jahren zum Gegenstand der Forschung geworden. Dabei haben sich auf der Grundlage der klassischen Konditionierung einerseits bzw. kognitiver Prozesse andererseits zwei theoretische Konzepte entwickelt, die zu teilweise unterschiedlichen therapeutischen Konsequenzen führen.

Klassische Konditionierung
Nach dem Konzept der klassischen Konditionierung werden ursprünglich neutrale interne und externe Situationen (z.B. Stimmungen, Umgebungssituationen oder Personen) während der Zeit des Substanzmißbrauchs zu konditionierten Auslösern (vgl. Abb. 15.1; 11.) für konditionierte Entzugserscheinung (12.). Diese konditionierten Entzugserscheinungen sind diskriminative Stimuli für einen erneuten Drogenkonsum zur Beseitigung der negativen Empfindungen. Teilweise zusätzlich, teilweise alternativ kann ebenfalls durch klassische Konditionierung ein sehr starkes Bedürfnis zum erneuten Drogenkonsum ohne Entzugserscheinungen (»craving«; 13.) auftreten, das ebenfalls einen diskriminativen Stimulus für einen erneuten Drogenkonsum darstellt. Die Bedingungen für das Auftreten konditionierter Entzugserscheinungen bzw. Craving und der jeweilige Stellenwert als diskriminativer Stimulus für den

Rückfall ist bis heute wenig geklärt (Childress et al., 1988).

Konditionierte Entzugserscheinungen wurden bereits vor Jahren (Pavlov, 1927; Wikler, 1974) in Tierversuchen experimentell erzeugt. Drogenabhängige berichten noch jahrelang nach Beendigung ihrer körperlichen Abhängigkeit von solchen Erlebnissen. Sie lassen sich auch bei abstinenten Abhängigen dadurch erzeugen, daß man ihnen konditionierte Stimuli im Zusammenhang mit dem früheren Konsum zeigt (z. B. die psychoaktiven Substanzen selber oder Gegenstände zu ihrer Einnahme, weiterhin räumliche Stimuli wie Kneipen oder Filme, die die Vorbereitung und den Gebrauch der Substanz zeigen (Childress et al., 1988). Insgesamt zeigte sich, und dies macht die Nutzung der Ergebnisse für die therapeutische Praxis schwierig, daß solche konditionierten Auslöser individuell unterschiedlich sind, so daß man wenig mit standardisiertem Material (z. B. Dias oder Filmen) zur Löschung dieser Stimuli arbeiten kann. Unter bestimmten Bedingungen sind über klassische Konditionierung nicht nur Entzugserscheinungen und »craving«, sondern auch die Wirkungen der Substanz selber zu erzeugen. Beispiele sind »needle freaks«, bei denen allein der Einstich einer Spritzennadel mit einer Placebosubstanz (CS) eine Wirkung ähnlich einer psychoaktiven Substanz auslöst (CR). Negative emotionale Zustände wie Depression, Angst und Ärger verstärken die konditionierten Reaktionen und erhöhen die Wahrscheinlichkeit eines Rückfalls.

> Laboruntersuchungen zeigen, daß die konditionierten opiatähnlichen Reaktionen nach Ende einer körperlichen Abhängigkeit relativ schnell gelöscht werden können, während die konditionierten Entzugserscheinungen sehr löschungsresistent sind und noch Jahre andauern können.

Kognitive Ansätze

Als Alternative zur Erklärung von Rückfällen im Sinne klassisch konditionierter Reaktionen hat Marlatt in einer einflußreichen Publikation (Marlatt & Gordon, 1985) ein kognitives Modell zum Rückfall vorgestellt (Abb. 15.3). Er geht zunächst davon aus, daß ein Rückfall in den seltensten Fällen ein plötzliches Ereignis ist, sondern sich über längere Zeit in zahlreichen Einzelschritten auf der kognitiven und auf der Verhaltensebene vorbereitet. Drei Bedingungen beeinflussen die Wahrscheinlichkeit eines erneuten Konsums nach Phasen der Abstinenz:

Abb. 15.3. Rückfallprävention und ihre spezifischen Interventionsstrategien. (Aus Marlatt & Gordon, 1985; deutsche Übersetzung von Ferstl & Bühringer, 1991)

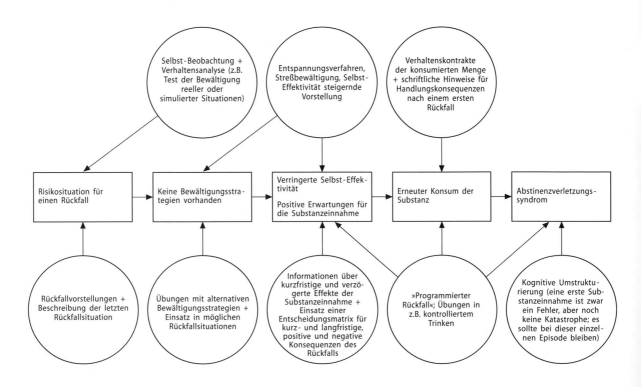

- allgemeine kritische Lebenssituation (»unbalanced lifestyle«),
- Konfrontation mit einer Risikosituation und
- fehlende Bewältigungsstrategien für den Umgang mit einer Risikosituation.

Führt eine solche Konstellation zu einem ersten Konsum (in der englischen Literatur als »lapse« – Ausrutscher – im Gegensatz zum vollständigen Rückfall bezeichnet), so führt dies entgegen dem Verständnis der klassischen Konditionierung nicht automatisch zu einem vollständigen Rückfall in das alte Mißbrauchsmuster. Vielmehr spielen nach Marlatt in dieser Situation kognitive Faktoren eine Rolle:

- der Grad der Einschätzung der eigenen Fähigkeit zur Bewältigung der Situation (»self-efficacy«) und
- der Grad der negativen oder positiven Erwartungen an eine fortgesetzte Substanzaufnahme.

Sind die Erwartungen an die Substanzeinnahme hoch und die Selbsteinschätzung zur Bewältigung der Situation gering, kommt es zu einem fortschreitenden Gebrauch bis hin in das alte Mißbrauchsmuster.

Das Konzept von Marlatt zur Rückfallanalyse und -prävention ist zur Grundlage umfangreicher empirischer Forschungen geworden und hat darüber hinaus die Therapie der Abhängigkeit entscheidend beeinflußt. Die Arbeiten haben vor allem deutlich gemacht, daß die Analyse früherer Rückfälle, die Versuche und Fähigkeiten des Patienten, mit einmaligen Ausrutschern umzugehen bzw. die Faktoren, die nach einem solchen Ausrutscher zum vollständigen Rückfall geführt haben, sorgfältig für die Therapieplanung analysiert werden müssen.

Integration beider Ansätze

Die fachliche Diskussion über den Stellenwert der beiden Konzepte ist bis heute nicht entschieden. Es bleibt unklar, ob eines der Modelle Rückfallsituationen besser erklärt, ob es möglicherweise individuelle Unterschiede gibt oder ob zusätzliche Bedingungen die Gültigkeit des einen oder anderen Konzeptes bestimmen. Soweit es Untersuchungen gibt, unterstützen sie entweder die Ausweitung des kognitiven Modell um klassisch konditionierte Entzugsansätze (vgl. u. a. Heather & Stallard, 1989) oder eher das kognitive Modell (z. B. Powell et al., 1992). Unabhängig von dem wissenschaftlichen Streit sind die beiden Modelle durchaus miteinander kombinierbar, was vor allem für die therapeutische Praxis hilfreich ist. Zunächst kann man davon ausgehen, daß aufgrund der zahlreichen Tier- und Humanversuche von klassisch konditionierten Auslösern auf der physiologischen und emotionalen Ebene ausgegangen werden kann, die in Zeiten der Abstinenz zu einer erneuten Einnahme führen (Entzugserscheinungen, Craving). Andererseits ist auch beobachtbar, daß nicht jeder dieser konditionierten Stimuli automatisch zu einem erneuten Konsum führt, und aufgrund empirischer Untersuchungen wird auch deutlich, daß nicht jeder einmalige Konsum (»lapse«) zu einem vollständigen Rückfall führt. Offensichtlich gibt es Faktoren, die diese beiden Verhaltensabläufe (konditionierte Stimuli und erneuter Konsum bzw. erneuter Konsum und vollständiger Rückfall) beeinflussen. Die von Marlatt untersuchten kognitiven Prozesse lassen sich hier einordnen.

Ob ein konditionierter Auslöser tatsächlich zum erneuten Gebrauch führt, hängt nicht nur von der Qualität der Konditionierung ab, sondern neben äußeren Bedingungen (z. B. Verfügbarkeit der Substanz) auch von kognitiven Faktoren wie z. B. der aktuellen emotionalen Situation (Grad von Lebensproblemen, Zufriedenheit mit der gegenwärtigen Situation), der subjektiven Bewertung der eigenen Bewältigungsstrategien für den Umgang mit den konditionierten Auslösern und von den positiven oder negativen Erwartungen an eine Substanzeinnahme.

Kommt es tatsächlich zu einem erneuten Gebrauch, so spielen für den Prozeß der langfristigen Entwicklung einer Abhängigkeit bzw. der erneuten Abstinenz ebenfalls kognitive Faktoren eine Rolle, wie sie Marlatt postuliert hat, zum Beispiel die Erwartungen an die erneute Abstinenz bzw. an die Weiterführung des Konsums und der Grad der Einschätzung der eigenen Fähigkeit zur Bewältigung der Situation im Hinblick auf die Erreichung einer erneuten Abstinenz. Verbindet man die beiden Konzepte in der soeben beschriebenen Form und berücksichtigt dabei auch, daß es sich um sehr individuelle Vorgänge handelt (z. B. Art der konditionierten Auslöser), dann ergeben sich daraus wichtige Hinweise für die therapeutische Praxis. Vollmer (1995a) hat in ausführlicher Form die verschiedenen Faktoren für die Entwicklung eines Mißbrauchsverhaltens für die diagnostische und therapeutische Praxis zusammengestellt.

15.3
Therapeutisches Vorgehen

Da die Behandlung der Alkoholabhängigkeit nach der Jahrhundertwende über mehrere Jahrzehnte und die der Drogenabhängigkeit in der Anfangszeit (ab etwa 1970) weitgehend in der Verantwortung der Laien- bzw. Selbsthilfebewegungen lag, stellt sich die therapeutische Versorgungsstruktur auf den ersten Blick verwirrend dar. Es gibt noch therapeutische Einrichtungen, die ausschließlich von ehemaligen Abhängigen geführt werden und professionelle Einrichtungen, die auch ehemalige Abhängige beschäftigen und in unterschiedlichster Form Prinzipien aus der Laien- und Selbsthilfebewegung mit wissenschaftlich abgeleiteten oder persönlich erarbeiteten therapeutischen Verfahren eklektizistisch kombinieren.

Die in den Laienbewegungen der ersten Hälfte dieses Jahrhunderts vermuteten zwei Wirkfaktoren einer Behandlung, nämlich (a) die Isolation von den krankmachenden Reizen der alltäglichen Umwelt durch langfristigen Aufenthalt in einer stationären Einrichtung außerhalb dieser Umgebung sowie (b) die tagesstrukturierende Beschäftigung mit inkompatiblen Verhaltensweisen wie Arbeitstherapie, (spirituellen) Gruppensitzungen und Selbstversorgung kennzeichnen auch heute noch viele therapeutische Einrichtungen stärker als einzelne therapeutische Maßnahmen, die aus einem modernen Störungskonzept abgeleitet wurden. Im folgenden werden deshalb zunächst grundsätzliche Schlußfolgerungen aus dem derzeitigen Störungswissen abgeleitet (Abschn. 15.3.1), anschließend wird auf die Kontroverse »Abstinenz versus kontrollierter Gebrauch« eingegangen (s. 15.3.2), danach folgt eine Darstellung einzelner therapeutischer Verfahren zu wichtigen Zielbereichen (15.3.3). In den letzten beiden Abschnitten (15.3.4 und 15.3.5) werden umfassende therapeutische Programme und deren Organisationsformen vorgestellt.

15.3.1
Schlußfolgerungen aus dem Störungswissen

Aus dem Störungswissen (Abschn. 15.2) lassen sich unabhängig von der einzelnen Substanz Schlußfolgerungen für drei therapeutische Zielbereiche ableiten, die aufgrund des zunehmenden empirischen Kenntnisstandes allmählich die früher übliche unspezifische »Breitbandtherapie« ablösen:

Therapiemotivation: Förderung der Veränderungsbereitschaft

Trotz objektiv beobachtbarer negativer Konsequenzen des Mißbrauchsverhaltens kommt ein Abhängiger erst dann in Behandlung, wenn subjektiv die negativen Konsequenzen überwiegen bzw. wenn die gesicherte »Zufuhr« der notwendigen Substanz gefährdet ist (z. B. Angebotsverknappung bei illegalen Drogen). Allerdings klingen die negativen Konsequenzen des Substanzmißbrauchs zu Beginn einer Behandlung schnell ab, während die zahlreichen konditionierten Auslöser zum erneuten Konsum weiterhin bestehen. Ambivalenz zwischen Rückfall und Substanzfreiheit ist deshalb ein zentrales Merkmal.

Die laufende Prüfung und Unterstützung der Veränderungsbereitschaft ist im Gegensatz zu anderen Krankheitsbildern ein kontinuierlicher Bestandteil aller therapeutischen Verfahren, häufig über Monate auch deren alleiniger oder überwiegender Inhalt.

Zentraler Ansatzpunkt für die Förderung der Veränderungsbereitschaft sind kognitive Verfahren (Abschn. 15.3.3) mit dem Schwerpunkt der positiven Bewertung abstinenten Verhaltens durch den Patienten.

Darüber hinaus sind zwei weitere Ansatzpunkte durch flankierende Maßnahmen im Bereich der Gesundheitspolitik möglich: Zum einen die Angebotsverknappung (z. B. besserer Jugendschutz) und andererseits die Setzung negativer Konsequenzen bei Fortführung des Mißbrauchsverhaltens (z. B. stärkere Kontrollen im Straßenverkehr).

Rückfallprävention: Verhaltensabläufe modifizieren, die zum Rückfall führen

■ **Identifikation kritischer Rückfallsituationen.** Dies muß individuell erfolgen und gilt insbesondere im Hinblick auf den Stellenwert konditionierter Entzugserscheinungen, konditionierten Cravings und bestimmter kognitiver Einflußfaktoren wie Erwartungen an einen erneuten Konsum oder die persönliche Einschätzung, rückfallkritische Situationen bewältigen zu können.

■ **Vermeidung kritischer Situationen.** Diese Zielsetzung kann nur eingeschränkt realisiert werden und setzt voraus, daß der Patient seine Lebensabläufe, häufig auch seinen Wohnsitz ändert. Kritisch ist dabei, daß die Rückfallauslöser in ihrer

Funktion nicht verändert, sondern nur vermieden werden, so daß bei einer erneuten Exposition das Rückfallrisiko hoch ist.

■ **Modifizierung der Auslöserqualität.** Der Ansatzpunkt ist hier, die rückfallkritischen Auslöser in ihrer Funktion zu reduzieren bis hin zum Status neutraler Stimuli. Ein bestimmtes Lokal, eine bestimmte Zigarettenwerbung oder ein bestimmter emotionaler Zustand werden durch geeignete Verfahren als Auslöser für konditionierte Entzugserscheinungen oder konditioniertes Craving gelöscht.

■ **Aufbau von inkompatiblen Verhaltensweisen.** Es besteht die Möglichkeit, die genannten konditionierten Reaktionen in ihrer Funktion als diskriminative Stimuli für einen Rückfall zu verändern. Das heißt, es werden alternative Lösungsstrategien aufgebaut, wie z. B. mit konditionierten Entzugserscheinungen oder dem Angebot von Alkohol umgegangen werden kann.

■ **Stärkung der kognitiven Voraussetzungen für die Bewältigung rückfallkritischer Situationen.** Dazu gehört die Bewertung der Vor- und Nachteile eines Rückfalls, die Stärkung der positiven Einschätzung abstinenten Verhaltens und die Verbesserung der »self-efficacy«, d.h. der persönlichen Einschätzung, kritische Situationen bewältigen zu können.

■ **Schadensminimierung nach Rückfällen.** Der Abhängige soll lernen, nach einem ersten Rückfall (»lapse«) nicht in das alte Verhaltensmuster zurückzufallen, sondern unmittelbar therapeutische Hilfe zu suchen.

Behandlung begleitender körperlicher, emotionaler und sozialer Störungen

Der Umfang begleitender Störungen ist je nach Substanz, Altersgruppe und individueller Situation unterschiedlich. Er kann sehr gering ausgeprägt oder nicht vorhanden sein wie etwa bei einem Zigarettenraucher, und er kann extrem umfangreich sein und einen großen therapeutischen Aufwand erfordern wie etwa bei einem Drogenabhängigen, der bereits in der Pubertät sein Mißbrauchsverhalten entwikkelt hat und bei dem ganze Lebensbereiche aufgebaut bzw. modifiziert werden müssen (Arbeitsbereich, Freizeitgestaltung, Partnerschafts- und Sexualbereich). Dazu können ausgeprägte Befindlichkeitsstörungen kommen wie etwa Depressionen.

Es ist schwierig, eine sinnvolle Grenze für den therapeutischen Aufwand in diesem Zielbereich zu formulieren. Im Minimum müssen die Störungen behandelt werden, die in einem direkten Zusammenhang mit dem Substanzmißbrauch stehen und die ein Risiko im Sinne

- konditionierter Stimuli für Entzugserscheinungen oder Craving darstellen oder
- direkt diskriminative Stimuli für einen erneuten Drogenkonsum sind.

Häufig zeigen jedoch Alkohol- und vor allem Drogenabhängige ein derart umfangreiches Bild emotionaler und sozialer Störungen, daß aus grundsätzlichen Überlegungen ein wesentlich größerer Aufwand notwendig ist als zur direkten Vermeidung erneuter Rückfälle. Nach dem kognitiven Konzept von Marlatt erhöht ein solcher »unbalanced lifestyle« zusätzlich das Risiko eines Rückfalls.

15.3.2
Abstinenz versus kontrollierter Gebrauch

Ein kontrollierter Gebrauch ist bis auf wenige extrem gesundheitsschädliche Substanzen (wie etwa Crack, ein chemisch verändertes Kokainprodukt) bei allen Substanzen prinzipiell denkbar, wobei teilweise erhebliche Nebenwirkungen entstehen. Er wird bei manchen Substanzen in großem Umfang praktiziert, ist aber Gegenstand vieler gesundheitspolitischer Kontroversen.

Kontrolliertes Trinken von Alkohol
Vor allem in den USA, aber auch in Großbritannien und in den skandinavischen Ländern ist seit etwa 30 Jahren das kontrollierte Trinken ein (derzeit wieder nachlassender) Forschungsschwerpunkt. Auslöser für diesen therapeutischen Ansatz waren zwei Faktoren:

- Die Feststellung in Katamneseuntersuchungen, daß ein bestimmter Anteil von Patienten in der Größenordnung zwischen 2% und 10% nicht in die üblichen Kategorien »abstinent« oder »rückfällig« eingeordnet werden kann, sondern einen mehr oder weniger unauffälligen Gebrauch von Alkohol zeigt.
- Die Behandlung von Personen mit einem beginnenden Mißbrauchsverhalten ohne ausgeprägte Symptome einer Abhängigkeit, die zu einer lebenslangen Abstinenz nicht bereit waren

und die aus therapeutischen Gründen auch nicht notwendig erschien.

Die Forschung dazu (vgl. Sobell & Sobell, 1973, 1984; Miller & Hester, 1986; Körkel, 1993; Watzl, 1983) wurde sehr kontrovers diskutiert und hat in den USA bis zur persönlichen Verfolgung einzelner Forscher geführt.

Bewertung des kontrollierten Trinkens von Alkohol

- Es ist weitgehend unumstritten, daß vor allem Jugendliche und junge Erwachsene mit einem *beginnenden Mißbrauchsverhalten* und/oder mit gering bzw. gar nicht ausgeprägten Symptomen einer körperlichen und psychischen Abhängigkeit, bei denen die Auslöser für exzessiven Konsum zahlenmäßig begrenzt, leicht erfaßbar und modifizierbar sind, mit dem Ziel der Entwicklung eines gesundheitlich und sozial adäquaten Gebrauchsmusters behandelt werden können (für praktische Anleitungen vgl. Vollmer & Kraemer, 1982).
- Es ist eine Tatsache, daß unabhängig von dem ursprünglichen Therapieziel (Abstinenz oder kontrolliertes Trinken) ein kleiner, aber *nicht unerheblicher Prozentsatz* von Personen mit einer *ausgeprägten Alkoholabhängigkeit* in Katamnesestudien einen weitgehend unproblematischen Umgang mit Alkohol zeigt (zumindest über die untersuchten Zeiträume, in der Regel 2–6 Jahre).
- Da es bis heute *keine diagnostischen Verfahren* gibt, die später kontrolliert trinkende *Subpopulation* zu Beginn der Behandlung differenzieren zu können, ist die Abstinenz nach wie vor die sinnvolle therapeutische Zielsetzung bei Personen mit einem ausgeprägten Abhängigkeitssyndrom.

Substitution mit Methadon bei Opiatabhängigen

Die Substitution der illegalen Opiate (vor allem Heroin) durch legal verabreichte Opiate spielt in den USA und in vielen europäischen Ländern eine wichtige Rolle bei der Behandlung Drogenabhängiger. Mittel der Wahl ist dabei Methadon, ein synthetisches Opiat. Es kann oral eingenommen werden, wodurch injektionsbedingte Infektionen vermieden werden. Weiterhin hat es eine analgetische Wirkung, so daß Entzugserscheinungen vermieden werden, aber keine euphorische, wodurch der Drogenabhängige arbeits- und sozial kontaktfähig bleibt. Ist die Dosierung ausreichend hoch,

hat die Einnahme weiterer Opiate keine zusätzliche Wirkung, die Motivation für den Konsum illegaler Substanzen entfällt.

Das therapeutische Rational besteht in der Annahme, daß die Durchführung der Entgiftung und damit der Verlust der Sicherheit bringenden Substanz sowie der emotionalen und sozialen Stabilisierung des Patienten zum gleichen Zeitpunkt zu schwierig ist und deshalb zu zahlreichen Rückfällen führt. Deshalb werden zunächst unter Beibehaltung der Abhängigkeit, aber bei Vermeidung der üblichen kriminellen Verhaltensweisen und der hohen Infektionsgefahr die psychotherapeutischen und sozialen Maßnahmen durchgeführt (Distanzierung von der Drogenszene, regelmäßiger Tagesablauf, Aufnahme einer Arbeitstätigkeit und neuer sozialer Kontakte). Es wird angenommen, daß nach Erreichung dieser Ziele die anschließende Entgiftung leichter durchgeführt werden kann.

In Deutschland werden nach einer vergleichsweise späten Einführungszeit derzeit fast 30 000 Drogenabhängige pro Jahr mit Methadon substituiert. Dazu kann bisher eine unbekannte Anzahl (möglicherweise mehr als 15 000) Drogenabhängiger, die mit kodeinhaltigen Mitteln substituiert wurden. In der Reform der Betäubungsmittelverschreibungsverordnung (BtmVV) 1998 wurde diese Form der Substitution wegen zahlreicher negativer Auswirkungen untersagt. Die jahrelange internationale Forschung zu diesem Thema zeigt (vgl. für ausführliche Literaturübersichten Ball & Ross, 1991; Platt, 1995b; Ward et al., 1992; für einen Überblick über die Situation in Deutschland Bühringer et al., 1995), daß die in der Anfangszeit der Therapieerprobung erzielten guten therapeutischen Ergebnisse nur erreicht werden können, wenn zahlreiche Qualitätsmerkmale beachtet werden. Dies ist in vielen Ländern, unter anderem auch in der Bundesrepublik nicht der Fall, so daß es zu zahlreichen negativen Auswirkungen kommt.

Wichtige Regeln für die Substitution
(für ausführliche Standards vgl. Bühringer et al., 1995)

Auswahl der Substanz
- Mittel der Wahl ist Methadon (Wirkung ein Tag) bzw. LAAM (Wirkung zwei bis drei Tage) nach gesetzlicher Zulassung
- Keine Substitution mit kodeinhaltigen Mitteln, Heroin oder ähnlichen Substanzen, da (1.) die Wirkung nur stundenweise andauert und deshalb die häufige Einnahme in der Praxis nicht kontrolliert werden kann, (2.) das Risiko von Mehrfachverschreibungen

und Überdosierungen hoch ist und (3.) insbesondere bei Heroin der Rauscheffekt und die Nähe zur Drogenszene hinzukommen.

Indikation
- Grundsätzliche Voraussetzungen:
  (1.) Mindestalter 18 Jahre, (2.) mehrjährige dokumentierte Opiatabhängigkeit und (3.) Vorliegen sozialer Rahmenbedingungen (Wohnsitz, tägliches Erscheinen, soziale Unterstützung).
- Nichtbefristete Indikation:
  (1.) Schwere konsumierende Erkrankungen, (2.) opioidpflichtige Schmerzzustände, (3.) AIDS und (4.) nach ausführlicher Diagnosephase, wenn sichergestellt ist, daß eine Substitution notwendig ist und die Voraussetzungen dafür vorliegen.
- Befristete Indikation (»diagnostische Indikation«):
  zur Sicherstellung eines therapeutischen Kontakts für die diagnostischen Maßnahmen, um das weitere therapeutische Vorgehen – mit oder ohne Substitution – abzuklären (maximal sechs Monate).
- Kurzzeitig befristete Indikation (»Überbrückungsindikation«):
  für spezifische, zeitlich eng begrenzte Anlässe wie lebensbedrohliche Entzugszustände, Schwangerschaft oder stationäre Behandlung von anderen Erkrankungen.

Therapeutische Voraussetzungen
- Ausführliche Diagnostik (Verhaltensanalyse, somatischer Status),
- Zufallskontrollen auf den Gebrauch unerlaubter Substanzen,
- enge Zusammenarbeit der beteiligten Berufsgruppen sowie Abstimmung der medizinischen, psychotherapeutischen und sozialen Maßnahmen,
- gute suchtspezifische und allgemeine verhaltenstherapeutische Ausbildung der Mitarbeiter,
- laufende Supervision (schwieriges Klientel: Betrugsversuche, mangelnde Einhaltung von Terminen, Bruch therapeutischer Vereinbarungen sowie schwierige Entscheidungen bei vorzeitiger Entlassung).

Therapieziel
- Wiederherstellung bzw. zumindest Verbesserung der körperlichen und psychischen Gesundheit, der sozialen Integration und der Fähigkeit zum Leben in Abstinenz.

- Die Fähigkeit zum Leben in Abstinenz tritt bei substituierten Patienten zugunsten der körperlichen, psychischen und sozialen Stabilisierung über längere Zeit zurück; in manchen Fällen ist sie auch gar nicht erreichbar.
- Auch bei langjährig Substituierten müssen die Patienten immer wieder zur Abstinenz motiviert werden (ist z.B. auch bei HIV-infizierten Patienten möglich).

15.3.3
Therapeutische Verfahren

Breitbandansatz

Als die ersten, nach verhaltenstherapeutischen Prinzipien entwickelten, therapeutischen Programme für die stationäre Behandlung von Drogenabhängigen (um 1970; vgl. de Jong & Bühringer, 1978) bzw. für Alkoholabhängige (um 1980; vgl. Schneider, 1982) erprobt wurden, war das empirische Wissen über das Störungsbild und die Zuordnung geeigneter therapeutischer Maßnahmen gering. Entsprechend der damaligen Entwicklung der Verhaltenstherapie wurde deshalb mit einem »Breitbandprogramm« gearbeitet, d.h. es wurden alle therapeutischen Maßnahmen durchgeführt, die aufgrund des Störungsbildes als relevant erschienen. Sie umfaßten folgende Bereiche:

- Substanzmißbrauch, Arbeits- und Freizeitbereich,
- soziale Kontakte,
- Selbstorganisationen und
- die Tagesstrukturierung.

Der Grad der individuellen Zuordnung einzelner Maßnahmen war gering, die individuelle Ausgestaltung (etwa individuell ausgewählte Rückfallauslöser) erst in den Anfängen. Die Breitbandprogramme hatten den Nachteil, daß die Patienten an allen Maßnahmen teilnehmen mußten, was die Förderung der Therapiemotivation erschwerte.

Spezifischer Ansatz

In den letzten 20 Jahren hat sich das Störungswissen und das Wissen über die Effektivität einzelner therapeutischer Maßnahmen soweit verbessert, daß ein unspezifischer Breitbandansatz nicht mehr sinnvoll ist. Entsprechend den aus dem Störungskonzept abgeleiteten Schlußfolgerungen (vgl.

Abschn. 15.3.1) sind auf jeden Fall therapeutische Maßnahmen

- zur Förderung der Therapiemotivation,
- zur Rückfallprävention und
- zur Behandlung der somatischen, emotionalen und sozialen Störungen

wichtig, die in einem funktionalen Zusammenhang mit dem Substanzmißbrauch stehen bzw. die zwar unabhängig von der Störung bestehen, aber aufgrund ihrer Intensität eine eigenständige Behandlung benötigen.

Trotz der Zunahme des empirischen Wissens über notwendige therapeutische Maßnahmen ist der Kenntnisstand bei weitem nicht so entwickelt, wie ihn etwa Margraf & Schneider (1994) für verschiedene Störungsbereiche angeben (z.B. Paniksyndrom, Phobien, Depressionen und Eßstörungen), bei denen der jeweiligen Diagnose direkt standardisierte Therapieverfahren zugeordnet werden können. Dies hat zum Teil damit zu tun, daß ein Substanzmißbrauch, je nach lebenszeitlichem Beginn und Dauer der Störungen im Einzelfall, unterschiedlich intensiv in das gesamte Verhaltensrepertoire eingreift, so daß die Überprüfung geeigneter Verfahren komplex und zeitaufwendig ist. Insbesondere der dritte Zielbereich, die Behandlung sonstiger Störungen, erfordert eine individuelle Verhaltensanalyse und Auswahl geeigneter Maßnahmen aus dem gesamten Spektrum der Verhaltenstherapie. Darüber hinaus ist es auch in den ersten beiden Zielbereichen notwendig, die Standardmaßnahmen individuell anzupassen. Zum Beispiel ist es bis heute nicht möglich, zur Rückfallprävention standardisierte Stimuli (etwa in Form von Dias oder Filmen) oder Übungsszenen zu verwenden, die für alle Patienten relevant sind. Dieser Erkenntnisstand macht es im Vergleich zu anderen Störungen erforderlich, neben der Klassifikation der Störung einen erheblichen Aufwand bei der Verhaltensanalyse und der Ableitung von therapeutischen Zielen und Maßnahmen zu betreiben. Der Therapeut hat dabei sehr viele Entscheidungen »unter Unsicherheit« zu treffen (für eine praxisrelevante Beschreibung dieser Prozesse vgl. Vollmer, 1993).

Eine letzte Komplikation besteht darin, daß neben der Ableitung notwendiger therapeutischer Maßnahmen zusätzlich geprüft werden muß, wann diese therapeutischen Maßnahmen tatsächlich durchgeführt werden (Vollmer, 1993). Es kann nämlich sein, daß Rollenspiele zur Ablehnung von Drogenangeboten aufgrund der bisherigen Entwicklungsgeschichte notwendig sind, zu einem bestimmten Zeitpunkt aber noch nicht durchge-

führt werden können, da der Patient sich noch in der Phase des »Nachdenkens« befindet, ob er sein Verhalten überhaupt ändern soll (vgl. das Konzept von Prochaska & DiClimente über die Phasen der Veränderungsbereitschaft in Abschn. 15.2.3). Dies ist immer dann der Fall, wenn Patienten unter starkem äußeren Druck die Behandlung beginnen (z.B. Führerscheinverlust bei Alkoholabhängigen, drohende Haftstrafe bei Drogenabhängigen). Es konnte zwar gezeigt werden, daß äußere Zwänge (Justiz, Arbeitsplatz, Familie und Angehörige) dazu beitragen, daß Abhängige frühzeitiger in Behandlung kommen und daß die dabei erzielten Ergebnisse nicht schlechter, teilweise sogar besser sind (vgl. Bühringer, 1991; Egg, 1992; Kurze, 1993; Melchinger, 1989). Doch hat dies zur Folge, daß die Patienten zu Beginn der Behandlung wenig oder gar keine Veränderungsbereitschaft haben. Der Therapiebereich »Motivierung« erhält deshalb bei vielen Patienten eine zentrale Bedeutung über lange Zeit, teilweise über Monate.

Eine gute Übersicht über die suchtspezifische Anwendung einzelner Verfahren geben Onken et al. (1993); für den kognitiven Bereich Beck et al. (1993); ebenfalls die Publikationen der in Abschn. 15.3.5 beschriebenen Programme. Für die zitierten Standardtherapieverfahren wird auf Linden & Hautzinger (1993) verwiesen.

Therapiemotivation: Förderung der Veränderungsbereitschaft

Die therapeutischen Maßnahmen zur Motivierung von Patienten betreffen zunächst den Anfang der Therapiedurchführung (Problemanalyse und Zielvereinbarung), der bei anderen Störungen weitgehend unproblematisch ist, da der Patient ein aktives Interesse am Therapiebeginn und an einem erfolgreichen Ende hat. Demgegenüber ist es bei Abhängigen notwendig, diesen Anfang zum Gegenstand therapeutischer Maßnahmen zu machen, damit der Patient aufgrund des Wegfalls seiner zentralen positiven Verstärkung (nach der Entgiftung) nicht die Therapie abbricht oder sich in eine »innere Emigration« begibt und die Therapiezeit weitgehend unbeteiligt »absitzt«. Dies ist besonders kritisch, wenn Patienten aufgrund eines externen sozialen Drucks eine Behandlung aufnehmen. Auch während der Therapiedurchführung sind motivierende Maßnahmen notwendig, da es immer wieder zu Krisen kommt und es sehr lange dauert, adäquate Kognitionen, Verhaltensweisen und entsprechende Verstärkungen aufzubauen, die mit der bisherigen Verstärkung zeitlich (sofortige Belohnung nach Substanzeinnahme) und intensitätsmäßig konkurrieren können. Das Problem ist bei den Abhängigen besonders ausgeprägt, die ihr Mißbrauchsverhalten bereits im Jugendalter entwickelt haben, da in solchen Fällen nicht auf bereits erworbene Verhaltensabläufe und positive Verstärkungen zurückgegriffen werden kann (Arbeits- und Freizeitverhalten, Kommunikation, Partnerschaften, alltägliche Selbstorganisation).

Kanfer (1986) hat sein früheres Phasenmodell der Therapie für die Behandlung von Abhängigen modifiziert und betont dabei die Notwendigkeit der Motivierung des Patienten, indem vier (!) der sieben Therapiephasen diesem Thema zugeordnet sind (eigene Übersetzung des englischen Textes; Auszug):

Phase	Ziele
1. Strukturierung der therapeutischen Rollen und Aufbau einer therapeutischen Allianz	1.1 Akzeptanz der Klientenrolle erleichtern 1.2 Arbeitsbeziehung schaffen 1.3 Motivation zur Zusammenarbeit mit dem Therapeuten aufbauen
2. Entwicklung einer Verpflichtung zur Verhaltensänderung	2.1 Motivierung des Klienten, positive Konsequenzen einer Änderung zu sehen
	2.2 Aktivierung des Klienten zur Änderung des Status quo 2.3 Reduzierung der Gefahr einer Demoralisierung
3. Verhaltensanalyse	3.1 Präzisierung der Problembeschreibung des Klienten 3.2 Identifizierung wichtiger funktionaler Beziehungen 3.3 Motivierung des Klienten zu spezifischen Veränderungen
4. Gemeinsame Ausarbeitung der Behandlung	4.1 Vereinbarung der Zielbereiche 4.2 Entwicklung einer Prioritätenliste 4.3 Übernahme der Verantwortung für die aktive Beteiligung an der geplanten Therapie durch den Klienten

---

Bis heute ist in diesem Therapiebereich wenig standardisiert. Eine Ausnahme stellt das motivationale Interview dar (Miller & Rollnick, 1991),

---

Therapeutische Verfahren zur Motivierung von Patienten

Zielbereiche

1. *Problemanalyse*
   - Aktueller Anlaß für Therapiebeginn, z. B. äußerer Druck (Justiz, Familie, Arbeitsplatz, Gesundheit),
   - objektive positive Konsequenzen einer Behandlung,
   - vom Patienten wahrgenommene positive/negative Konsequenzen des Konsums/der Abstinenz,
   - Erwartungen an die eigene Kompetenz zur Verhaltensänderung (»self-efficacy«),
   - sonstige Störungen (funktionaler Zusammenhang zum Substanzmißbrauch/Komorbidität).

Verfahren

Kognitive Verfahren, u. a.
   - motivationales Interview,
   - Entscheidungsmatrix über Vor- und Nachteile des Konsums/der Abstinenz,
   - Herausarbeitung und Bekräftigung positiver Konsequenzen und Erwartungen an eine Therapie,
   - Modifizierung falscher drogenbezogener Überzeugungen (»beliefs«),
   - kognitives Neubenennen,
   - Aufbau eines positiven Selbstkonzepts.

2. *Fördernde und hemmende Faktoren*
für Veränderungen
- Faktoren in der sozialen Umgebung (Partner, Angehörige, Arbeitsplatz),
- Zuschreibung der Verantwortung für den Therapieerfolg durch den Patienten,
- depressive Verstimmung (Zukunftsplanung)
- Phase der Veränderungsbereitschaft des Patienten,
- gesundheitliche Situation.

- Reattribution der Verantwortung,
- Kognitionsevozierung negativer Gedanken,
- kognitives Neubenennen,
- Aufbau eines positiven Selbstkonzepts.

3. *Zielsetzung des Patienten*
- Bereich Drogenkonsum (z.B. Abstinenz, Methadonsubstitution, Weiterführung des illegalen Konsums, kontrolliertes Trinken),
- sonstige Lebensbereiche.

Erarbeitung mit dem Patienten
- Motivationales Interview

4. *Zielvereinbarung*
- Festlegung der Therapieziele (Drogenbereich, sonstige Bereiche),
- Prioritätenliste.

Priorität von Teilzielen, die dem Patienten wichtig sind und möglichst zu raschen positiven Konsequenzen führen
- Problemlösungs- und Entscheidungstraining,
- Verhaltensverträge,
- Zeitprojektionen.

5. *Therapiedurchführung*

Kontinuierliche Fortführung bisheriger Methoden nach Bedarf
- Löschung/Modifizierung von Rückfallstimuli,
- Herausarbeitung aktueller und zukünftiger positiver Konsequenzen,
- Bekräftigung der »self-efficacy«.

Aufbau von Selbstkontrolle
- Selbstbeobachtung,
- Setzung neuer Ziele/Standards,
- Stimuluskontrolle,
- Selbstverstärkung.

eine nichtkonfrontative Gesprächstechnik, mit der der Patient motiviert werden soll, mit eigenen Worten die Argumente für die Vor- und Nachteile einer Fortführung des Substanzmißbrauchs bzw. einer umfassenden Verhaltensänderung zu formulieren. Der Therapeut hat die Aufgabe, die positiven Äußerungen zu bekräftigen und durch eine entsprechende Lenkung der Gesprächsführung beim Patienten die Gewichtung dieser Argumente zu verstärken.

Rückfallprävention: Verhaltensabläufe modifizieren, die zum Rückfall führen

Die folgenden therapeutischen Maßnahmen setzen voraus, daß der Patient, entsprechend der erwähnten Phasen der Veränderungsbereitschaft, zu Ver-

haltensänderungen im Hinblick auf die Aufgabe des problematischen Konsumverhaltens bereit ist und daß über die jeweilige Zielsetzung eine Abstimmung zwischen Patienten und Therapeut besteht. Da Rückfälle in den seltensten Fällen ein plötzliches Ereignis darstellen, sondern eine lange Vorgeschichte von gedanklichen, emotionalen und motorischen Ereignissen haben (z.B. bestimmte Musik hören, an Freunde und Kontakte in einer Kneipe erinnert werden, die Freunde wiedersehen wollen, die Kneipen wieder aufsuchen, die Musik hören, an alte Gefühle und Erlebnisse erinnert werden, beim Angebot eines Glases Bier nicht nein sagen können), gehört zu einer fachgerechten Rückfallprävention immer eine Kombination von kognitiven und verhaltensübenden Verfahren.

Therapeutische Verfahren zur Rückfallprävention

Zielbereiche	Verfahren
1. Identifikation kritischer Rückfallsituationen • Positive/negative Stimmungen und Gedanken, • äußere Reize, • konditionierte Entzugserscheinungen, • Craving.	• Verhaltensanalyse, • Selbstbeobachtung, • Tagesprotokolle.
2. Vermeidung kritischer Situationen	Je nach Patientensituation • Umzug, • alternative Freizeitgestaltung, • neuer Freundeskreis.
3. Modifizierung der Auslöserqualität • Löschung, • Unterbrechung der Verhaltenskette.	• »cue-exposure«, • Selbstinstruktionen, • Entspannungsverfahren, • Gedankenstopp.
4. Aufbau inkompatibler Verhaltensweisen • Entfernung aus der kritischen Situation, • Ablehnung von Angeboten, • zunächst in der Vorstellung, dann in vivo.	• Selbstbeobachtung, • Stimuluskontrolle, • Selbst- und Fremdverstärkung, • kognitive Proben, • Rollenspiele (z. B. Ablehnungstraining), • In vivo-Übungen (z. B. Lokale).
5. Stärkung der kognitiven Voraussetzungen für die Bewältigung rückfallkritischer Situationen • Positive Einschätzung des angestrebten Verhaltens, • positive Einschätzung, kritische Situationen zu bewältigen (»self-efficacy«).	• Entscheidungsmatrix, • verdeckte positive Verstärkung, • positives Selbstkonzept.
6. Verhalten nach Rückfällen • Weiteren Konsum vermeiden, • Hilfe suchen.	• Kognitive Proben.

Geübt wird dabei eine abgestufte Strategie: grundsätzliche Vermeidung kritischer Rückfallauslöser, soweit es möglich ist; Modifizierung der Auslöserqualität (Löschung); Aufbau von alternativen Verhaltensweisen, falls die Stimuli auftreten; Maßnahmen zur »Schadensbegrenzung«, wenn es tatsächlich zu einem ersten Rückfall gekommen ist.

Behandlung begleitender körperlicher, emotionaler und sozialer Störungen

Die notwendigen Maßnahmen in diesem Bereich sind je nach Substanz, Altersgruppe und einzelnem Patienten sehr individuell. Zum einen müssen die Störungen behandelt werden, die direkte diskriminative Stimuli für einen Rückfall darstellen (z. B. langanhaltende depressive Verstimmungen). Darüber hinaus sollten auch solche Störungen behandelt werden, die nicht in einem direkten Zusammenhang mit Rückfällen stehen, sondern zu einer allgemeinen Lebensunzufriedenheit führen (Arbeits- und Schulsituation, Freizeitsituation, Partnerschafts- und Sexualstörungen). Nach dem kognitiven Rückfallmodell von Marlatt ist ein solcher »unbalanced lifestyle« eine generelle Risikosituation für Rückfälle.

Eingesetzt werden keine suchtspezifischen Maßnahmen, sondern das gesamte Repertoire der Verhaltenstherapie. Eine Ausnahme bildet die Prävention von weiteren Erkrankungen nach Rückfällen, insbesondere einer HIV- bzw. Hepatitis-Infektion.

Hauptinfektionsquelle bei Drogenabhängigen ist die Verwendung gebrauchter Spritzen und (auch bei Alkoholabhängigen) ein ungeschützter Sexualverkehr. Zur Veränderung dieser Verhaltensweisen und einer damit verbundenen Infektion liegt das HIV-Präventionsprogramm AIPP vor, das als Baustein im Rahmen der ambulanten oder stationären Behandlung, wegen der relativen Kürze auch während einer Entgiftungsbehandlung eingesetzt werden kann (Fahrner & Gsellhofer, 1995; Gsellhofer & Fahrner, 1994).

Behandlung begleitender Störungen

1. *Störungen mit Auslöserfunktion für Rückfälle, z. B.*
   - depressive Verstimmungen,
   - soziale Isolation.

2. *Störungen, die das generelle Risiko für Rückfälle erhöhen (»unbalanced lifestyle«)*
   - Arbeits-/Schulbereich,
   - Wohnsituation,
   - Freizeit,
   - Partnerschaft/Sexualität.

3. *Behandlungsbedürftige sonstige Störungen* (Komorbidität), z. B.
   - somatische Erkrankungen,
   - primäre Delinquenz,
   - psychiatrische Störungen.

4. *Prävention von Erkrankungen nach Rückfällen (Drogenabhängige)*
   - HIV-/Hepatitis-Prävention (Sexual- und Spritzenhygiene).

15.3.4
Therapeutisches Setting

Drogen- und Medikamentenabhängige sowie ein Teil der Alkoholabhängigen (je nach Schweregrad) müssen zunächst »entgiftet« werden, in der Regel in einer stationären medizinischen Einrichtung. Diese Maßnahme wird in der Praxis als Entgiftungs- oder Entzugsphase bezeichnet. Dabei erfolgt ein Abbau der körperlichen Abhängigkeit, bei Bedarf mit medikamentöser Unterstützung (Schmerzlinderung, Beruhigung). Die Entgiftung dauert zumeist etwa eine Woche und ist medizinisch unproblematisch. Lediglich Barbituratentzüge können lebensbedrohliche Zustände anneh-

men. Psychotherapeutisch ist die Entgiftung eine kritische Zeit, da die Auslöser für Rückfälle weiterbestehen, die erste Zeit der Abstinenz unangenehm erlebt wird (Ambivalenz!) und die Entgiftung wegen der Behandlung von Begleiterkrankungen häufig zu lange dauert, ohne daß weitere therapeutische Maßnahmen erfolgen. Es ist deshalb notwendig, zumindest mit kognitiven Maßnahmen zur Therapiemotivierung (vgl. Abschn. 15.3.3) möglichst frühzeitig zu beginnen. Falls ein Patient nur die Entgiftung durchführen will, kann die Zeit zusätzlich dazu genutzt werden, therapeutische Maßnahmen zur Risikoreduzierung bei Fortsetzung des Mißbrauchsverhaltens durchzuführen, etwa zur Prävention schwerer Rückfälle oder einer HIV-Infektion (vgl. Abschn. 15.3.3).

Betrachtet man die Intensität und Dauer psychotherapeutischer und sozialer Maßnahmen bei Abhängigen (technischer Begriff: Entwöhnungsbehandlung), so zeigt sich ein breites Spektrum, von Manualen für die Selbstinstruktion über einmalige Beratungsgespräche, kurze ambulante Behandlungen bis hin zur etwa einjährigen stationären Behandlung für Drogenabhängige mit einer deutlich ausgeprägten Symptomatik.

Auswahl des therapeutischen Settings

Manuale zur Selbstinstruktion/kurze Beratungskontakte/standardisierte ambulante Gruppe mit geringer Intensität
- Tabakkonsum (keine sonstige Symptomatik, gute soziale Unterstützung),
- problematischer Alkoholkonsum (keine Abhängigkeit, keine sonstige Symptomatik, gute soziale Unterstützung).

Ambulante Behandlung
- Kontrolliertes Trinken (zu den Voraussetzungen s. 15.3.2),
- Methadonsubstitution (zu den Voraussetzungen s. 15.3.2),
- abstinenzorientierte Behandlung (Alkohol, Medikamente)
  - 2 bis 4 Termine pro Woche realisierbar,
  - gute soziale Stabilität (Partnerschaft, Familie, Arbeit, Freizeit),
  - gute soziale Unterstützung (sozialer Druck und soziale Förderung),
  - Drogenabhängige nur bei zusätzlicher, sehr intensiver Behandlung (am Anfang täglich), sozialer Betreuung (z. B. Freizeit) und tagesstrukturierenden Maßnahmen.

Stationäre Behandlung
- Alle anderen Fälle, insbesondere
- ohne Wohnsitz,
- arbeitslos,
- ohne Partner bzw. mit abhängigem Partner,
- Jugendliche mit Verwahrlosungstendenzen,
- zahlreiche Rückfallauslöser in der Alltagsumgebung,
- mißlungene ambulante Behandlung,
- begleitende Behandlung des Tabakkonsums im Rahmen verschiedener medizinischer Rehabilitationsmaßnahmen.

Da Alkoholabhängige in der Regel ihr Mißbrauchsverhalten im Erwachsenenalter beginnen und dann bereits eine gewisse soziale Stabilität entwickelt haben, sind die Voraussetzungen für eine ambulante Behandlung im Regelfall gegeben. Das Problem ist, daß in Deutschland, verglichen mit anderen Ländern, ein zu großer Anteil stationär behandelt wird. Zumindest sollte im Einzelfall geprüft werden, falls tatsächlich die Notwendigkeit für eine stationäre Behandlung besteht, diese kurz zu halten (4 bis 8 Wochen) und dann eine intensive ambulante Behandlung weiterzuführen (nicht nur eine strukturierte »Nachsorge«). Ambulante Behandlungen bei Drogenabhängigen mit einer Abstinenzorientierung sind äußerst schwierig, setzen eine sorgfältige Diagnostik und Selektion der Klientel und eine hohe Behandlungsintensität voraus.

Der verhaltenstherapeutische Ansatz bei der Behandlung von Abhängigen erleichtert die aufgrund des unterschiedlichen Krankheitsbildes notwendige individuelle Behandlungsplanung und -durchführung und vermeidet so die Fehler, die vor allem in Deutschland mit einem überwiegend einheitlichen Vorgehen bei allen Patienten und langen stationären Aufenthalten gemacht wurden bzw. noch werden.

15.3.5
Beispiele für therapeutische Programme

Trotz eines aus wissenschaftlichen Konzepten abgeleiteten Störungsmodells, das aufgrund neuer Erkenntnisse regelmäßig modifiziert wird, trotz guter empirischer Belege für die Effektivität der Maßnahmen, einer rationalen Vorgehensweise in der Praxis, die Patienten gut erklärt werden kann

sowie eines guten Angebots an therapeutischer Fort- und Weiterbildung hat sich die Verhaltenstherapie als *umfassendes Konzept* in der Praxis bei der Behandlung von Drogenabhängigen und Alkoholabhängigen nur wenig durchgesetzt.

Vorherrschend ist eine eklektizistische Zusammenstellung unterschiedlichster Maßnahmen. Aufgrund einer vielfach anzutreffenden Unkenntnis der Verhaltenstherapie werden ihre Verfahren häufig nicht fachgerecht durchgeführt bzw. einseitig ausgewählt. Eingesetzt werden fast immer die das Verhaltensrepertoire *kontrollierenden* Maßnahmen wie etwa Therapieverträge mit Sanktionen bei Regelverstoß, Regelungen zum Tagesablauf u. ä. Verhaltensrepertoire *erweiternde* Maßnahmen fehlen, wie kognitive Verfahren zur Neubewertung des Mißbrauchsverhaltens oder Rollenspiele zur Verbesserung der Durchsetzungsfähigkeit und des Nein-Sagen-Könnens gegenüber Alkohol- und Drogenangeboten.

Ab 1970 wurden erstmals die bis dahin bekannten Untersuchungsergebnisse zu Therapie von Drogenabhängigen für ein umfassendes stationäres Behandlungskonzept (Entgiftung, stationäre Rehabilitation und Nachsorge) ausgearbeitet und empirisch überprüft, einschließlich mehrfacher Katamneseuntersuchungen bis zu zehn Jahre nach Behandlungsende (Klett, 1987; de Jong & Bühringer, 1978). Ein ausführliches Therapiemanual liegt vor (Kraemer & de Jong, 1980), das auch heute noch als Grundlage für die Therapieplanung geeignet ist, auch wenn der damals gewählte »Breitbandtherapieansatz« nicht mehr zeitgemäß ist und der geringe Anteil kognitiver Verfahren (z. B. Gedankenstopp und Coverantenkontrolle) ergänzt werden muß. Weiterhin wurde eine ambulante Version für spezifische Patientengruppen (Kurzzeitabhängige sowie Personen, die nicht zu einer stationären Behandlung bereit sind) entwickelt und überprüft (Dehmel et al., 1987; Spies et al., 1992). Kampe & Kunz haben ebenfalls umfassende Therapiemaßnahmen entwickelt und erprobt (vgl. Kampe & Kunz, 1983; Kampe et al., 1989). Ein aktuelles Programm für eine stationäre Einrichtung liegt von Vollmer (1995b) vor, der auch zahlreiche Untersuchungen zur Weiterentwicklung verhaltenstherapeutischer Programme durchgeführt hat, u. a. zu den Vorteilen einer indikationsgestützten Auswahl therapeutischer Verfahren im Einzelfall (Vollmer et al., 1992).

Ein stationäres Programm für Alkoholabhängige, das auch die gesamte Organisation und Struktur einer stationären Einrichtung umfaßt, ist von Schneider beschrieben (1982; 4-Jahres-Katamnesen von Jung & Bühringer, 1989), ein ambulantes Programm für junge Personen mit Alkoholmißbrauch bzw. einer beginnenden Alkoholabhängigkeit von Vollmer & Kraemer (1982). Die Besonderheit an diesem Programm ist, daß nach einer Phase der Abstinenz zwischen deren Fortführung bzw. kontrolliertem Trinken gewählt werden konnte, wobei neben medizinischen auch Verhaltenskriterien im Umgang mit Alkohol eine Rolle spielten. Für Patienten und Angehörige liegen auf verhaltenstherapeutischer Basis geschriebene Publikationen von Lindenmeyer (1990) und Schneider (1991) vor, in denen das Erklärungsmodell sowie die therapeutischen Maßnahmen erklärt werden.

15.4
Fallbeispiel

15.4.1
Kontaktaufnahme

Auslöser für die Behandlung ist ein Besuch der Eltern des Martin B. in unserer Ambulanz mit der Bitte um Rat. Der Vater ist 62, die Mutter 55 Jahre alt; sie leben getrennt, engagieren sich aber gemeinsam in der Erziehung ihres Sohnes. Martin ist 19 Jahre alt und nach Meinung der Eltern drogenabhängig.

15.4.2
Vorgeschichte und aktuelle Situation

Martin nimmt nach Aussage der Eltern mit etwa 14 Jahren den Kontakt zu einer von ihnen als kritisch beurteilten Clique auf. Es kommt zu mehreren Alkoholexzessen, nach einigen Monaten zum Haschischkonsum. Dies geht etwa ein Jahr, alle Bemühungen der Eltern helfen nichts. Martin muß die 6. Klasse des Gymnasiums wiederholen. In diesem Wiederholungsjahr verschlechtern sich trotz überdurchschnittlicher Intelligenz seine Schulleistungen dramatisch, es kommt zu mehreren Verweisen, und schließlich droht die Entlassung aus dem Schulunterricht wegen wiederholtem Drogengebrauch und sonstiger disziplinarischer Verstöße. In den folgenden Jahren besucht Martin mehrere Privatschulen und wird jeweils wegen Drogenkonsums (Haschisch, Kokain) vorzeitig entlassen. Mit 18 gibt er den weiteren Schulbesuch endgültig auf. Er arbeitet zunächst übergangsweise im Betrieb des Vaters und wird nach zwei Monaten wegen Diebstahls (Firmenkasse)

fristlos entlassen. Martin wohnt bei seiner Mutter. Er hat einen völlig veränderten Tagesablauf, ist nächtelang unterwegs, wird manchmal von der Polizei aufgegriffen und zurückgebracht, bettelt die Mutter um Geld an, versetzt eigene Wertgegenstände wie die Stereoanlage. Die Mutter ängstigt sich, daß der 11jährige Sohn ebenfalls in den Drogengebrauch einbezogen wird.

15.4.3
Diagnostik und Verhaltensanalyse

Auf massiven Druck des Vaters kommt der Sohn zu einem ambulanten Gespräch. Es besteht eine Opiatabhängigkeit (DMS-IV: 304.0), regelmäßiger Mißbrauch von Cannabis (305.2), Kokain (305.6) und Kodein.

Martin beschreibt die Entwicklungsgeschichte für den gleichen Zeitraum wie zuvor die Eltern. Er betont dabei die tolerante, aber viel beschäftigte Mutter, die wenig Zeit hätte. Der Vater ist ebenfalls aus beruflichen Gründen kaum anwesend; wenn er da ist, reagiert er auf unerwünschte Verhaltensweisen hart, aufbrausend und wenig unterstützend. Er regelt alle wichtigen Angelegenheiten des Sohnes (z. B. Schulwechsel, Auswahl der jeweiligen Privatschulen), ohne ihn einzubeziehen.

Martin hat derzeit keinen täglichen Heroinkonsum, allerdings konsumiert er täglich Haschisch, weiterhin mehrmals in der Woche Kokain und Heroin-Ersatzstoffe. Er möchte mit Heroin aufhören, nicht aber mit Haschisch und Kokain und ist zu einer stationären Behandlung nicht bereit. Trotz der Hinweise, daß eine ambulante Behandlung schwierig und zeitaufwendig ist, kann er zu einer stationären Behandlung nicht motiviert werden. Es wird ihm deshalb zunächst eine ambulante Behandlung angeboten.

15.4.4
Weiterer Verlauf

Martin nimmt keinen der mehrmals vereinbarten Termine wahr; er ist nach Aussagen der Eltern jeweils so »voll«, daß er nicht fähig ist, die Ambulanz aufzusuchen. Der weitere Kontakt erfolgt zunächst über die Eltern und zwar über einen Zeitraum von etwa 15 Monaten.

Zunächst wird den Eltern vermittelt, daß ihr Verhalten dem Sohn die Fortführung des Drogenkonsums erleichtert: Er wird im Elternhaus versorgt, alle Verhaltensexzesse werden toleriert, alle entstehenden Probleme durch die Eltern mittels Geld bzw. Anwälten geregelt. Martin erlebt so keine negativen Folgen seines Handelns.

Nach mehreren Gesprächen können die Eltern dazu motiviert werden, den Sohn den Zugang zur Wohnung seiner Mutter zu verbieten. Der Vater hat wenig Zeit, so daß die gesamten Konsequenzen dieser Entscheidung von der Mutter zu tragen sind. Sie hat ständig Zweifel, ob dieses Verhalten auch richtig sei. Der Sohn ist verbal sehr geschickt, macht in der gesamten Familie Vorwürfe gegen die Mutter, daß sie ihn »in den Tod treibe«. Daraufhin wird die Mutter »rückfällig«, nimmt den Sohn wieder auf, dieser stiehlt einen größeren Geldbetrag und Schmuck und verschwindet wieder für einige Tage. Die Mutter sieht ein, daß ihr Verhalten falsch war und verweigert beim nächsten Mal den Zugang zur Wohnung. Der Sohn kann dann die Großmutter von der »Unmenschlichkeit« seiner Mutter überzeugen, diese gibt ihm regelmäßig einen größeren Geldbetrag.

Es wird nach mehreren Anläufen mit den Eltern vereinbart, daß sie dem Sohn verdeutlichen, daß jeder Schritt in Richtung Behandlung durch Zuwendung und Unterstützung der Eltern verstärkt wird, während sie jeglichen Kontakt abbrechen, solange er Drogen nimmt. Damit soll erreicht werden, daß der Sohn die negativen Konsequenzen des Drogenkonsums (Geldbeschaffung, fehlende Wohnung, fehlende soziale Kontakte) schneller und deutlicher erlebt, als dies bei einer weiteren Unterstützung durch die Eltern der Fall wäre.

Es kommt zu mehrmaligen Aufgriffen durch die Polizei, der Vater nimmt entgegen der Absprachen den Sohn gelegentlich mit in sein Landhaus, um so mit ihm eine Entgiftung zu probieren, wobei die Versuche alle scheitern. Der Sohn bestiehlt den Vater mehrmals, einmal kommt es auch zu einer körperlichen Bedrohung mit einem Messer, als der Vater den Sohn im Landhaus während des Auftretens von Entzugserscheinungen eingeschlossen hat. Daraufhin entwendet der Sohn mit einem Trick die Schlüssel des Autos seiner Mutter und fährt den Wagen unter Drogeneinfluß zu Schrott. Es kommt erstmals zu einer polizeilichen Einweisung in ein Landeskrankenhaus. Trotz des Hinweises, daß hohe Selbst- und Fremdgefährdung besteht, kann keine Unterbringung erreicht werden, und Martin verläßt das Landeskrankenhaus nach wenigen Tagen.

Über fast eineinhalb Jahre seit dem ersten Kontakt mit den Eltern geht das beschriebene Leben von Martin so weiter, bis er nach einem erneuten Abbruch einer Entgiftungsbehandlung erstmals einen Einbruch mit Diebstahl begeht und von der Polizei verhaftet wird. Es kommt zu einer gerichtlichen Vernehmung, und der Richter gibt dem Patienten die Möglichkeit, bei Besuch einer therapeutischen Einrichtung von einer Fortführung des Verfahrens abzusehen. Martin nimmt das Angebot an, bricht die Behandlung nach wenigen Tagen ab, bedroht den Vater, der einen Herzinfarkt erleidet und akut behandelt werden muß, einschließlich einer mehrmonatigen Rehabilitation.

Es kommt zu einem neuen Diebstahl, diesmal wird die Gerichtsverhandlung durchgeführt. Im Rahmen der Regelungen des Betäubungsmittelgesetzes wählt der Patient anstatt einer Strafvollstreckung die Durchführung einer stationären Behandlung.

Die ausführliche »Vorgeschichte« soll verdeutlichen, daß bei Abhängigen die Motivierung zur Behandlung häufig intensive therapeutische Maßnahmen erfordert und über Monate oder Jahre andauern kann.

15.4.5
Stationäre Behandlung

In der stationären Behandlung wird zunächst die Verhaltensanalyse fortgeführt.

Therapiemotivation

Einzige Motivierung zur Behandlung ist zu Beginn der äußere Druck, nämlich den Gefängnisaufenthalt zu vermeiden. Martin ist durch die starke Unterstützung der Eltern im Hinblick auf eine angenehme Lebengestaltung anspruchsvoll und hat die verschiedenen Aufenthalte in Untersuchungshaft äußert negativ erlebt, so daß die Vermeidung des Gefängnisses zunächst als Motivierung für die Fortführung der Behandlung ausreicht. Er sieht sonst keine deutlichen Vorteile für eine Aufgabe des Drogenkonsums. Ein Ansatzpunkt könnten die Vermeidung körperlicher Erkrankungen sein, da er sich bereits mit Hepatitis infiziert und vor einer HIV-Infektion große Angst hat. Es werden verschiedene therapeutische Maßnahmen auf der kognitiven Ebene angesetzt (u. a. motivationales Interview, Entscheidungsmatrix, kognitive Neubewertung; vgl. Abschn. 15.3.3), um möglichst auch positive Folgen einer Aufgabe des Drogenkonsums aus der Sicht von Martin zu erarbeiten.

Rückfallprävention

Die Verhaltensanalyse zeigt, daß es zahlreiche konditionierte Auslöser gibt, die nach den verschiedenen Entzugsversuchen zu Rückfällen geführt haben. Bei Martin sind es v. a. äußerliche Auslöser wie bestimmte Orte in München, der

Anblick von Drogen, das Zusammensein mit Freunden, die auch Drogen konsumieren. Da Martin noch in der Anfangsphase einer Heroinabhängigkeit ist, aufgrund seiner Intelligenz und der bisher vorhandenen finanziellen Mittel noch nicht gezwungen war, zeitweilige Abstinenzperioden aus Versorgungsmangel durchzuhalten, hat er kein Verhaltensrepertoire entwickelt, solche Zeiten adäquat zu überbrücken. Es gelingt ihm nicht, auch nur einen Tag drogenfrei zu bleiben, wenn er eine stationäre Entgiftungsbehandlung abgebrochen hat. Zu diesen konditionierten externen Auslösern kommen in der Anfangszeit der Entgiftung immer wieder interne Auslöser, die alle um das Thema »Zukunftsangst« und »Minderwertigkeitsgefühle« kreisen. Ihm wird deutlich, daß aufgrund seiner zahlreichen Schulabbrüche, des fehlenden Schulabschlusses und der fehlenden Berufsausbildung die berufliche und soziale Perspektive schlecht ist. Er traut sich nicht zu, die dafür notwendigen Kompetenzen zu entwickeln (Schulabschluß, Berufsausbildung), weiß auch gar nicht, was er tun soll und welchen Weg er in Zukunft wählen will. Hier wird die jahrelange dominante Erziehung durch den Vater deutlich, der die Selbständigkeit des Kindes und die Fähigkeit zur Entscheidungsbildung nicht gefördert hat.

Gemäß den Hinweisen in Abschn. 15.3.3 wird ein abgestuftes Vorgehen zur Rückfallprävention gewählt. Zum einen werden gedankliche, verbale und motorische Verhaltensabläufe ausgearbeitet und geübt, die die kritischen Auslöser vermeiden sollen oder die alternative Verhaltensweisen in kritischen Situationen ermöglichen. Aufgrund der starken externen Auslöser wird auch überlegt, nach Ende der Behandlung einen Wechsel des Wohnortes vorzunehmen. Für die Auslöser, die im Zusammenhang mit der mangelnden Selbstsicherheit und Lebensperspektive stehen, werden verschiedene kognitive Verfahren ausgewählt, um Schritt für Schritt ein zukünftiges Leben zu planen, eine Berufsausbildung zu finden und für notwendige Entscheidungen verschiedene Alternativen herauszuarbeiten, die Vor- und Nachteile abzuwägen und den Entscheidungsprozeß durchzuführen. Wichtig ist dabei, daß der Therapeut im Rahmen seiner Gesprächsführung den Patienten motiviert, die Entscheidungssituationen selbst zu formulieren, die Alternativen zusammenzustellen und die Vor- und Nachteile abzuwägen. Dies ist ein aufwendiger Prozeß, der sich über die lange Zeit der stationären Behandlung hinzieht.

Sonstige therapeutische Maßnahmen
Über die Hauptbereiche der Therapie hinausgehende Maßnahmen sind nicht notwendig, da der Patient keine weiteren Störungen hat, die im funktionellen Zusammenhang mit dem Drogengebrauch stehen. Es wird lediglich ein Standardprogramm zur HIV-Prävention eingesetzt. Wichtig ist weiterhin der Tagesablauf in der stationären Einrichtung, damit Martin wieder eine normale Struktur einüben kann.

15.4.6
Aktuelle Behandlungssituation

Martin ist seit drei Monaten in Behandlung, macht in bezug auf die Erkennung seiner rückfallkritischen Auslöser und die Herausarbeitung von alternativen Verhaltensweisen gute Fortschritte. Nach wie vor ist er nicht bereit, seinen Haschisch- und gelegentlichen Kokainkonsum nach Ende der Behandlung aufzugeben, was als kritisches Zeichen für eine positive Prognose angesehen wird. Gute Fortschritte zeigen sich in der Zukunftsplanung und in der Fähigkeit, notwendige Entscheidungen herauszuarbeiten, die Alternativen zu überlegen und die Entscheidung aufgrund einer Abwägung der Vor- und Nachteile vorzunehmen. Es zeichnen sich erste Hinweise für eine berufliche Zukunft ab. Die Prognose ist trotz einer jetzt dreimonatigen Behandlung immer noch äußerst kritisch, da die subjektiv gesehenen Argumente für die Aufgabe des Drogenkonsums nach wie vor wenig ausgebildet sind.

15.5
Empirische Belege

Die Evaluation der Behandlungsergebnisse bei Abhängigen hat im Vergleich zu anderen Störungsbildern Schwächen und Stärken. Insbesondere in der Bundesrepublik gibt es nur wenige kontrollierte Therapiestudien mit einer zufallsverteilten Zuordnung zu Interventions- bzw. Kontrollgruppen. Vorherrschend sind therapeutische Untersuchungen im Rahmen von Versorgungseinrichtungen (Feldstudien), oder es werden Ersatzlösungen für eine randomisierte Zuordnung gewählt (z. B. »matched pairs«). Anders sieht es in der verhaltenstherapeutischen Grundlagenforschung bei der Entwicklung und Überprüfung einzelner therapeutischer Verfahren aus. Hier liegt insbesondere aus den USA eine umfangreiche Forschung vor. Der Grund für den Unterschied zwischen den beiden Ländern liegt u. a. darin, daß in den USA lange Wartelisten und Wartezeiten für eine Behandlung bestehen, so daß z.B. Wartelistenkontrollgruppen relativ einfach gebildet werden können. In der Bundesrepublik ist dies praktisch unmöglich, da ein Abhängiger, wenn er sich zur Behandlung entschließt, bei einer Warteliste eine andere Einrichtung aufsucht und sofort auch behandelt wird. Wegen der erheblichen Risiken eines fortgesetzten Konsums bestehen darüber hinaus ethische Bedenken gegenüber Kontrollgruppen.

Auf der anderen Seite werden erhebliche Anstrengungen bei der methodischen Planung und Durchführung der Studien unternommen. Mehrjährige Katamnesen sind eine Grundvoraussetzung für die Beurteilung des Therapieerfolgs. Die Ergebnisse werden sehr konservativ berechnet (Ausschluß von Personen, die in der Katamnese nicht erreichbar sind, Verifizierung der Patientenangaben über den Therapieerfolg durch Dritte und objektive Laboruntersuchungen, große Stichproben). Die Untersuchungen sind zunehmend vergleichbar, da Dokumentationsstandards vorliegen (Deutsche Gesellschaft für Suchtforschung und Suchttherapie, 1992; für eine ausführliche Darstellung der methodischen Probleme, Untersuchungen und Ergebnisse, auch bei nicht verhaltenstherapeutischen Programmen, vgl. für den Drogenbereich Bühringer & Küfner, 1996 und für den Alkoholbereich Küfner & Bühringer, 1996). Für die Behandlung unter Einbeziehung einer Methadonsubstitution sind keine Studien mit einem VT-Programm bekannt, für kontrolliertes Trinken vgl. u.a. Miller & Hester (1986).

Therapieergebnisse bei der verhaltenstherapeutischen Behandlung von Alkohol- und Drogenabhängigen (Abstinenzorientierung; ambulant auch kontrolliertes Trinken)

Alkoholabhängige
(Jung & Bühringer, 1989; Vollmer & Kraemer, 1982)
- Haltequote
  stationär: 77% (n = 491)
  ambulant: 69% (n = 58)
- Katamneseergebnisse   2 Jahre   4 Jahre
  Alle aufgenommenen
  Patienten stationär: 41% (51%)   41% (57%)
       ambulant: 33% (40%)   –
  Planmäßig entlassene
  Patienten stationär: 51% (56%)   50% (61%)
       ambulant: –   –

Drogenabhängige
(de Jong & Bühringer, 1978; Klett, 1987; Spies et al., 1992; Vollmer et al., 1992)
- Haltequote
  stationär: 24% (n = 89)
  ambulant: 33% (n = 78)
- Katamneseergebnisse   2 Jahre   4 Jahre
  Alle aufgenommenen
  Patienten stationär: 32%   24% (31%)*
                     (5 bis 10 Jahre)
       ambulant: 18%   –
               (6 Mon.)
  Planmäßig entlassene
  Patienten stationär: 80%   29% (43%)
               (5 bis 10 Jahre)
       ambulant: 45%   –
               (6 Mon.)

* Prozentangabe in Klammern für weniger konservative Berechnungen.

Die Ergebnisse einer Metaanalyse von Untersuchungen zur Wirksamkeit der Therapie bei Alkoholabhängigen (Süß, 1995) zeigen, daß die verhaltenstheoretisch orientierte Breitbandtherapie sowohl gegenüber der elektrischen Standardtherapie als auch der medikamentösen Therapie (Disulfiram) eine höhere Effektivität hinsichtlich Abstinenz- und Besserungsraten aufweist. Unabhängig von der therapeutischen Ausrichtung konnte nachgewiesen werden, daß ein entscheidender Faktor für den Therapieerfolg die Behandlungsdauer ist.

Die Ergebnisse bei der Behandlung von Alkohol- und Drogenabhängigen sind wesentlich besser als in der Öffentlichkeit häufig angenommen wird und im Vergleich zu den Ergebnissen bei der Behandlung chronischer Erkrankungen mit vergleichbar schwerem Störungsbild eher überdurchschnittlich.

15.6 Ausblick

Es ist anzunehmen, daß die umfangreiche medizinische und verhaltenspsychologische Grundlagenforschung in den USA dazu führt, daß auch in der Bundesrepublik diese derzeit noch unzureichend vertretenen Forschungsbereiche ausgebaut werden, in Ergänzung zu der bereits seit Jahren in großem Umfang durchgeführten anwendungsorientierten Forschung (Feldstudien, Versorgungssystemforschung). Aber bereits für die Umsetzung des heute vorhandenen Forschungswissens ist eine erhebliche Qualifizierung der therapeutischen Mitarbeiter in der Bundesrepublik sowie eine große Veränderung des therapeutischen Angebots notwendig im Hinblick auf mehr ambulante Behandlung, eine bessere Diagnostik und Therapieplanung, eine höhere Strukturierung der Durchführung und eine bessere Berücksichtigung moderner verhaltenstherapeutischer Verfahren.

Darüber hinaus wird die Prävention als Primär- bzw. Sekundärprävention eine zunehmend größere Wichtigkeit einnehmen, um die langfristigen Spätfolgen eines Substanzmißbrauchs möglichst zu verhindern. In den letzten Jahren ist insbesondere im Bereich der Primärprävention aufgrund von mehr als zehnjährigen Längsschnittstudien ein erhebliches Wissen über Risiko- und Schutzfaktoren bei der Entwicklung eines Substanzmißbrauchs erarbeitet und in empirisch kontrollierte Präventionsprogramme umgesetzt worden. Dazu liegen umfangreiche Literaturübersichten in deutscher Sprache vor (Künzel-Böhmer et al., 1993; Denis et al., 1994), ferner für bestimmte Zielgruppen praxisrelevante Anleitungen und Hinweise, wie zum Beispiel für Eltern (Bühringer, 1992), Lehrer (Bühringer, 1994a) und Ärzte (Bühringer, 1995). Es bleibt zu hoffen, daß durch den vermehrten Einsatz präventiver Maßnahmen und die Verbesserung der Therapie die Prävalenz des Mißbrauchs psychoaktiver Substanzen bzw. die Auswirkungen dieses Mißbrauchs reduziert werden können.

Zusammenfassung

- »Schädlicher Gebrauch« und »Abhängigkeit« sind Begriffe für eine unterschiedlich intensive mißbräuchliche Verwendung psychoaktiver Substanzen. Das *Störungsbild* ist dadurch gekennzeichnet, daß die Einnahme trotz deutlicher und auch subjektiv wahrgenommener körperlicher, emotionaler und sozialer Störungen mit hoher Frequenz fortgeführt wird, bis es im Extremfall einer Alkohol- und Drogenabhängigkeit zu einem völligen Zusammenbruch alltäglicher Lebensabläufe und deutlichen Verwahrlosungserscheinungen kommt.
- Im Vordergrund der Entwicklung dieses Störungsbildes steht die Ausbildung einer *körperlichen* (Toleranz- und Entzugssymptome) und *psychischen Abhängigkeit* (unabweisbares Verlangen, den Konsum fortzusetzen).

- Bei der *Entwicklung eines Substanzmißbrauchs* spielen physiologische, kognitive, verhaltenspsychologische und soziale Faktoren eine Rolle. Im Vordergrund des Erstkonsums stehen in der Regel positive Erwartungen an die Auswirkungen der Substanzeinnahme bzw. direkte soziale Erwartungen.
- Für den weiteren *Verlauf* spielen klassische und operante Konditionierungen eine Rolle, insbesondere die Beendigung negativer emotionaler und sozialer Situationen, die positiven physiologischen und emotionalen Auswirkungen der Substanz nach Ausbildung einer körperlichen Abhängigkeit, die Beendigung der Entzugserscheinungen nach erneuter Substanzeinnahme.
- Die Bereitschaft zu einer Veränderung (*Therapiemotivation*) entwickelt sich häufig erst nach Jahren, wenn die negativen Auswirkungen (Entzugserscheinungen, körperliche Erkrankungen, soziale Probleme) überwiegen.
- Ambivalenz zwischen erneutem Substanzmißbrauch und Abstinenz ist ein Kennzeichen vieler Abhängiger über lange Zeit, häufig über Jahre.
- Für den *Rückfall* sind neben klassisch konditionierten Auslösern (Entzugserscheinungen, Craving, interne und externe Stimuli im Zusammenhang mit dem früheren Drogengebrauch) auch kognitive Faktoren verantwortlich, u. a. die positiven oder negativen Erwartungen an eine erneute Substanzeinnahme und die Sicherheit, die kritische Situation adäquat bewältigen zu können.
- Zur *Unterstützung der kritischen Therapiemotivation* sind therapeutische Verfahren aus dem kognitiven Bereich in der Anfangszeit der Behandlung, in reduziertem Umfang auch im gesamten Verlauf unerläßlich. Die Erwartungen an ein zukünftiges Leben in Abstinenz und die Einschätzung der eigenen Fähigkeiten, dieses Ziel zu erreichen, müssen vom Therapeuten sorgfältig analysiert und im Hinblick auf die Förderung der Therapiemotivation zur Fortführung der Behandlung modifiziert werden.
- Zweiter therapeutischer Bereich ist die Rückfallprävention, wobei in einem abgestuften Vorgehen rückfallkritische Situationen entweder vermieden, in ihrer Auslösefunktion gelöscht oder mit alternativen Verhaltensweisen verbunden werden (z. B. Angebot von Alkohol in einer Kneipe ablehnen).
- Der letzte Therapiebereich befaßt sich mit den *sonstigen* Störungen, die entweder funktional in einem Zusammenhang mit der Abhängigkeit stehen oder zwar unabhängig davon sind, aber wegen ihrer Intensität einer zusätzlichen Be-

handlung bedürfen (z. B. Partnerschaftsstörungen, Unfähigkeit, lange Zeit zu arbeiten).

* Die *Ergebnisse bei der Behandlung* von Alkohol- und Drogenabhängigen liegen wesentlich besser als in der Regel angenommen wird. Etwa 30% (Drogenabhängigkeit) bis 50% (Alkoholabhängigkeit) sind nach vier Jahren abstinent, bei der Teilgruppe der planmäßig entlassenen Patienten liegt der Wert bei 50–80%.

Literatur

American Psychiatric Association (Ed.) (1994). *Diagnostic and statistical manual of mental disorders* (4th ed.). Washington/DC: APA Press.

Ball, J. C. & Ross, A. R. (1991). *The effectiveness of methadone maintenance treatment: Patients, programs, services, and outcome.* New York: Springer.

Bandura, A. (1969). *Principles of behavior modification.* New York: Holt, Rinehart & Winston.

Bandura, A. (1977). Self-efficacy: Toward a unifying theory of behavior change. *Psychological Review, 84,* 191–215.

Bandura, A. (1986). *Social foundations of thought and action: A social cognitive theory.* Englewood Cliffs/NJ: Prentice-Hall.

Beck, A.T., Wright, F.D., Newman, C. F. & Liese, B. S. (1993). *Cognitive therapy of substance abuse.* New York: Guilford.

Bühringer, G. (1991). Therapie von Drogenabhängigen unter Bedingungen äußeren Zwangs. In R. Egg (Hrsg.), *Brennpunkte der Rechtspsychologie. Polizei – Justiz – Drogen* (S. 119–137). Godesberg: Forum.

Bühringer, G. (1992). *Drogenabhängig. Wie wir Mißbrauch verhindern und Abhängigen helfen können.* Freiburg: Herder.

Bühringer, A. (1994a). Aktuelle Konzepte zur Primärprävention des Substanzmißbrauchs mit Schwerpunkt »Schulische Prävention«. In Deutsche Hauptstelle gegen die Suchtgefahren (Hrsg.), *Suchtprävention* (S. 55–64). Freiburg: Lambertus.

Bühringer, G. (1994b). Mißbrauch und Abhängigkeit von illegalen Drogen und Medikamenten. In H. Reinecker (Hrsg.), *Lehrbuch der Klinischen Psychologie* (S. 299–325). Göttingen: Hogrefe.

Bühringer, G. (1995). Prävention der Drogenabhängigkeit. In Bundesärztekammer (Hrsg.), *Fortschritt und Fortbildung in der Medizin* (Bd. 19). Deutscher Ärzte-Verlag.

Bühringer, G., Gastpar, M., Heinz, W., Kovar, K.-A., Ladewig, D., Naber, D., Täschner, K.-L., Uchtenhagen, A. & Wanke, K. (1995). *Methadon-Standards. Vorschläge zur Qualitätssicherung bei der Methadon-Substitution im Rahmen der Behandlung von Drogenabhängigen.* Stuttgart: Enke.

Bühringer, G., Kraus, L., Herbst, K. & Simon, R. (1993). Epidemiologic research on substance abuse in Germany and recent trends. In National Institute on Drug Abuse (Ed.), *Epidemiologic trends in drug abuse. Volume II: Proceedings. Community Epidemiology Work Group. December 1993* (pp. 328–341). Rockville/MD: National Institutes of Health.

Bühringer, G. & Küfner, H. (1996). Mißbrauch und Abhängigkeit von illegalen Drogen und Medikamenten. In K. Hahlweg & A. Ehlers (Hrsg.), *Enzyklopädie der Psychologie. D/II/2 Psychische Störungen und ihre Behandlung* (S. 513–588). Göttingen: Hogrefe.

Bühringer, G., Künzel, J. & Spies, G. (1995). *Methadon-Expertise. Expertise zum Einsatz von Methadon bei der Behandlung von Drogenabhängigen in Deutschland.* Baden-Baden: Nomos.

Bühringer, G. & Simon, R. (1992). Die gefährlichste psychoaktive Substanz. Epidemiologie zum Konsum und Mißbrauch von Alkohol. *psycho, 3,* 156–162.

Bühringer, G., Adelsberger, F., Heinemann, A., Kirschner, J., Knauß, I., Kraus, L., Püschel, K. & Simon, R. (1997). Schätzverfahren und Schätzungen 1997 zum Umfang der Drogenproblematik in Deutschland. *Sucht (43),* Sonderheft 2.

Childress, A.R., McLellan, A.T., Ehrman, R., & O'Brien, C. B. (1988). Classically Conditioned Responses in Opioid and Cocaine Dependence: A Role in Relapse? In B. A. Ray (Ed.), *Learning Factors in Substance Abuse* (NIDA Research Monograph 84, pp. 25–43). Rockville: US Department of Health and Human Services.

Crowley, T. (1972). The reinforcers for drug abuse: why people take drugs. *Comprehensive Psychiatry, 13,* 51–62.

Crowley, T. (1988). Learning and unlearning drug abuse in the real world: clinical treatment and public policy. In B. A. Ray (Ed.), *Learning factors in substance abuse* (NIDA Research Monograph 84, pp. 100–121). Rockville: US Department of Health and Human Services.

De Jong, R. & Bühringer, G. (Hrsg.) (1978). *Ein verhaltenstherapeutisches Stufenprogramm zur stationären Behandlung von Drogenabhängigen* (IFT-Texte, Bd. 1). München: Röttger.

Dehmel, S., Krauthan, G. & Kühnlein, I. & Raab, P. (1987). Ambulante Therapie für Abhängige von harten Drogen. In D. Kleiner (Hrsg.), *Langzeitverläufe bei Suchtkrankheiten* (S. 279–282). Heidelberg: Springer.

Denis, A., Heynen, S. & Kröger, Ch. (1994). *Fortschreibung der Expertise zur Primärprävention des Substanzmißbrauchs.* Köln: BZgA.

Deutsche Gesellschaft für Suchtforschung und Suchttherapie e.V. (Hrsg.) (1992). *Dokumentationsstandards 2 für die Behandlung von Abhängigen.* Freiburg: Lambertus.

Dilling, H., Mombour, W. & Schmidt, M. H. (Hrsg.). (1991). *Internationale Klassifikation psychischer Störungen. ICD-10 Kapitel V (F). Klinisch-diagnostische Leitlinien, Weltgesundheitsorganisation.* Bern: Huber.

Edwards, G., Arif, A. & Hadgson, R. (1981). Nomenclature and classification of drugs- and alcohol-related problems: a WHO memorandum. *Bulletin of the World Health Organization, 59* (2), 225–242.

Egg, R. (Hrsg.) (1992). *Die Therapieregelungen des Betäubungsmittelrechts. Deutsche und ausländische Erfahrungen* (Kriminologie und Praxis, Bd. 9). Wiesbaden: Eigenverlag Kriminologische Zentralstelle e.V.

Fahrner, E.-M. & Gsellhofer, B. (1995). *Das AIPP: ein AIDS-Präventionsprogramm für Drogenabhängige. Therapiemanual.* Baltmannsweiler: Schneider Verlag Hohengehren.

Ferstl, R. & Bühringer, G. (1991). Störungen durch psychotrope Substanzen: Intervention. In M. Perrez & U. Baumann (Hrsg.), *Lehrbuch Klinische Psychologie, Band 2. Intervention* (S. 322–334). Bern: Huber.

Feuerlein, W. & Küfner, H. (1979). *Münchner Alkoholismustest MALT, Manual.* Weinheim: Beltz.

Feuerlein, W., Küfner, H., Ringer, C. & Antons, K. (1989). *Kurzfragebogen für Alkoholgefährdete KFA*. Weinheim: Beltz.

Funke, W., Funke, J., Klein, M. & Scheller, R. (1987). *Trierer Alkoholismusinventar TAI*. Göttingen: Hogrefe.

Goldberg, S. R. & Stolerman, I. P. (Hrsg.) (1986). *Behavioral analysis of drug dependence*. Orlando: Academic Press.

Gossop, M. (Ed.) (1989). *Relapse and addictive behaviour*. London: Tavistock/Routledge.

Gsellhofer, B. & Fahrner, E.-M. (1994). *EuropASI* (Deutsche Version des Addiction Severity Index). Vervielfältigtes Manuskript (nach dem amerikanischen Original in der Fassung von 1992). München: IFT Institut für Therapieforschung.

Gsellhofer, B. & Fahrner, E.-M. (1994). *Ein AIDS-Präventionsprogramm für Drogenabhängige: Empirische Ergebnisse zum AIPP*. Baden-Baden: Nomos.

Heather, N. & Stallard, A. (1989). Does the Marlatt model underestimate the importance of conditioned craving in the relapse process? In M. Gossop (Ed.), *Relapse and addictive behaviour* (pp. 180–208). London: Tavistock/Routledge.

Herbst, K., Kraus, L. & Scherer, K. (1996). *Repräsentativerhebung zum Gebrauch psychoaktiver Substanzen bei Erwachsenen in Deutschland. Schriftliche Erhebung 1995*. Bonn: Bundesministerium für Gesundheit.

Hüllinghorst, R. (1997). Zur Versorgung Suchtkranker in Deutschland. In Deutsche Hauptstelle gegen die Suchtgefahren (Hrsg.), *Jahrbuch Sucht 98* (S. 123–141). Geesthacht: Neuland.

Jacobi, C., Brand-Jacobi, J. & Marquardt, F. (1987). Die »Göttinger Abhängigkeitsskala« (GABS): ein Verfahren zur differentiellen Erfassung der Schwere der Alkoholabhängigkeit. *Suchtgefahren, 33*, 23–26.

John, E. (1992). Entwicklung eines Verfahrens zur Erfassung von Ausprägungen der Alkoholabhängigkeit aufgrund von Selbstaussagen: die Lübecker Abhängigkeitsskala (LAS). *Sucht, 38*, 291–303.

Jung, U. & Bühringer, G. (1989). Ergebnisse stationärer Verhaltenstherapie Alkoholabhängiger, 4 Jahre nach Entlassung. In I. Hand & H.-U. Wittchen (Hrsg.), *Verhaltenstherapie in der Medizin* (S. 358–375). Berlin: Springer.

Junge, B. (1990). Tabak. In Deutsche Hauptstelle gegen die Suchtgefahren (Hrsg.), *Jahrbuch Sucht 1991* (S. 73–83). Hamburg: Neuland.

Kampe, H. & Kunz, D. (1983). *Was leistet Drogentherapie? Evaluation eines stationären Behandlungsprogramms*. Weinheim: Beltz.

Kampe, H., Kunz, D. & Schreck, T. (1989). Der Rückfall Drogenabhängiger als Forschungsproblem. Eine Untersuchung zur Rückfalltheorie von G. A. Marlatt. *Suchtgefahren, 35*, 289–299.

Kanfer, F. H. (1986). Implications of a self-regulation model of therapy for treatment of addictive behaviors. In W. R. Miller & N. Heather (Eds.), *Treating addictive behaviors. Process of change* (pp. 29–47). New York: Plenum.

Klett, F. (1987). Langzeitverläufe bei Drogenabhängigen bis zu 10 Jahren nach Behandlungsende. In D. Kleiner (Hrsg.), *Langzeitverläufe bei Suchtkrankheiten* (S. 162–178). Berlin: Springer.

Körkel, J. (1993). Paradigmawechsel in der Rehabilitation von Alkohol- und Medikamentenabhängigen. In Fachverband Sucht e.V. (Hrsg.), *Ambulante und stationäre Suchttherapie* (S. 74–98).

Kraemer, S. & De Jong, R. (Hrsg.) (1980). *Therapiemanual für ein verhaltenstherapeutisches Stufenprogramm zur stationären Behandlung von Drogenabhängigen* (IFT-Texte, Bd. 2). München: Röttger.

Kraus, L., Schuman, J., Wiblishauser, P. M. & Herbst, K. (1994). Die Entwicklung des Konsums von legalen und illegalen Drogen in den neuen Bundesländern. *Sucht, 40, (2)*, S. 107–120.

Küfner, H. & Bühringer, G. (1996). Alkoholismus. In K. Hahlweg & A. Ehlers (Hrsg.), *Enzyklopädie der Psychologie. D/II/2 Psychische Störungen und ihre Behandlung* (S. 437–512). Göttingen: Hogrefe.

Küfner, H., Denis, A., Roch, I., Arzt, J. & Rug, U. (1994). *Stationäre Krisenintervention bei Drogenabhängigen. Ergebnisse der wissenschaftlichen Begleitung des Modellprogramms*. Baden-Baden: Nomos.

Künzel-Böhmer, J., Bühringer, G. & Janik-Konecny, T. (1993). *Expertise zur Primärprävention des Substanzmißbrauchs* (Schriftenreihe des Bundesministeriums für Gesundheit, Bd. 20). Baden-Baden: Nomos.

Kurze, M. (1993). *Strafrechtspraxis und Drogentherapie. Eine Implementationsstudie zu den Therapieregelungen des Betäubungsmittelrechts*. (Kriminologie und Praxis, Bd. 12). Wiesbaden: Eigenverlag Kriminologische Zentralstelle e.V.

Lachner, G. & Wittchen, H.-U. (1996). Das Composite International Diagnostic Interview Substance Abuse Module (CIDI-SAM). In K. Mann & G. Buchkremer (Hrsg.), *Sucht. Grundlagen, Diagnostik, Therapie* (S. 147–156). Stuttgart: Fischer.

Ladewig, D., Graw, P., Miest, P.-Ch., Hobi, V. & Schwarz, E. (1976). Baseler Drogen- und Alkoholfragebogen (BDA). *Pharmakopsychiatry, 9*, 305–312.

Linden, M. & Hautzinger, M. (Hrsg.) (1993). *Verhaltenstherapie Techniken und Einzelverfahren* (2. überarb. Aufl.). Berlin: Springer.

Lindenmeyer, J. (1990). *Lieber schlau als blau. Informationen zur Entstehung und Behandlung von Alkohol- und Medikamentenabhängigkeit*. München: PVU.

Margraf, J. & Schneider, S. (1994). Klassifikatorische Diagnostik, Strukturierte Interviews und Therapieindikation. In H. Reinecker (Hrsg.), *Lehrbuch der klinischen Psychologie. Modelle psychischer Störungen* (2., überarb. und erw. Aufl.) (S. 45–83). Göttingen: Hogrefe.

Marlatt, G. A. & Gordon, J. R. (Eds.) (1985). *Relapse prevention: maintenance strategies in the treatment of addictive behaviors*. New York: Guilford.

Mayfield, D., McLeod, G. & Hall, P. (1974). The CAGE questionnaire. Validation of a new alcoholism screening instrument. *American Journal of Psychiatry, 131*, 1121–1123.

McLellan, A. T., Kushner, H., Metzger, D., Peters, R., Smith, I., Grissim, G., Pattinati, H. & Argerou, M. (1992). The fifth edition of the Addiction Severity Index. *Journal of Substance Abuse Treatment, 9*, 199–213.

Melchinger, H. (1989). Therapie unter Freiheitsentzug – Katamnestische Untersuchungen bei Klienten der Fachklinik Brauel. In W. Feuerlein, G. Bühringer & R. Wille (Hrsg.), *Therapieverläufe bei Drogenabhängigen. Kann es eine Lehrmeinung geben?* (S. 245–264). Berlin: Springer.

Miller, W. R. & Hester, R. K. (1986). Matching problem drinkers with optimal treatments. In W. R. Miller & N. Heather (Eds.), *Treating addictive behaviors. Process of change* (pp. 175–203). New York: Plenum.

Miller, W. R. & Rollnick, S. (Eds.) (1991). *Motivational interviewing: preparing people to change addictive behaviors*. New York: Guilford.

O'Brien, C. P., Ehrman, R. N. & Ternes, J. W. (1986). Classical conditioning in human opioid dependence. In S. R. Goldberg & I. P. Stolerman (Eds.), *Behavioral analysis of drug dependence* (pp. 329–356). Orlando/FL: Academic Press.

O'Brien, C. P., Childress, A. R., McLellan, A. T. & Ehrman, R. (1992). A learning model of addiction. In C. P. O'Brien & J. H. Jaffe (Eds.), *Addictive states* (pp. 157–177). New York: Raven.

Onken, L. S., Blaine, J. D. & Boren, J. J. (Hrsg.) (1993). *Behavioral treatments for drug abuse and dependence* (NIDA-Research Monograph 137). Rockville: US Department of Health and Human Services.

Pavlov, I. P. (1927). *Conditioned reflexes*. London: Oxford University Press.

Platt, J. J. (1995b). *Heroin addiction. Theory, research and treatment. Treatment advances and Aids* (Vol. 3). Malabar/FL: Krieger.

Poser, W., Poser, S., Thaden, A., Eva-Kondemarin, P., Dickmann, U. & Stötzer, A. (1990). Mortalität bei Patienten mit Arzneimittelabhängigkeit und Arzneimittelkonsum. *Suchtgefahren, 36,* 313–319.

Powell, J., Bradley, B. & Gray, J. (1992). Classical conditioning and cognitive determinants of subjective craving for opiates: an investigation of their relative contributions. *British Journal of Addiction, 87,* 1133–1144.

Prochaska, J. O. & DiClemente, C. C. (1986). Toward a comprehensive model of change. In W. E. Miller & N. Heather (Eds.), *Treating addictive behaviors. Process of change* (pp. 3–27). New York: Plenum.

Prochaska, J. O. & DiClemente, C. C. (1992). Stages of change in the modification of problem behaviors. In M. Hersen, R. M. Eisler & P. M. Miller (Eds.), *Progress in behavior modification* (pp. 184–214). Sycamore, IL: Sycamore.

Ray, B. A. (1988). *Learning factors in substance abuse* (NIDA Research Monography 84). Rockeville: US Department of Health and Human Services.

Schneider, R. (1991). *Die Suchtfibel. Informationen zur Abhängigkeit von Alkohol und Medikamenten*. München: Röttger.

Schneider, R. (Hrsg.) (1982). *Stationäre Behandlung von Alkoholabhängigen* (IFT-Texte, Bd. 8). München: Röttger.

Siegel, S. (1979). Pharmacological learning and drug dependence. In D. J. Osborne, M. M. Gruenberg & J. R. Eiser (Eds.), *Research in psychology and medicine* (Vol. 2). New York: Academic Press.

Simon, R., Bühringer, G. & Wiblishauser, P. M. (1991). *Repräsentativerhebung 1990 zum Konsum und Mißbrauch von illegalen Drogen, alkoholischen Getränken, Medikamenten und Tabakwaren. Berichtszeitraum: 1.1.1990 bis 31.12.1990* (IFT-Berichte, Bd. 62). München: IFT Institut für Therapieforschung (veröff. vom Bundesministerium für Gesundheit).

Sobell, M. B. & Sobell, L. C. (1973). Individualized behavior therapy for alcoholics. *Behavior Therapy, 4,* 49–72.

Sobell, M. B. & Sobell, L. C. (1984). The aftermath of heresy: A response to Pendery et al.'s (1982) critique of »individualized behavior therapy for alcoholics«. *Behavior Research and Therapy, 22,* 413–440.

Spies, G., Böhmer, M. & Bühringer, G. (1992). Evaluation of a drug-free outpatient treatment program for drug addicts. In G. Bühringer & J. J. Platt (Eds.), *Drug addiction treatment research. German and American perspectives* (pp. 323–332). Malabar/FL: Krieger.

Süß, H.-M. (1995). Zur Wirksamkeit der Therapie bei Alkoholabhängigen: Ergebnisse einer Meta-Analyse. *Psychologische Rundschau, 46,* 248–266.

Vollmer, H. C. (1993). Therapie als kontinuierlicher Entscheidungsprozeß. In A. Heigl-Evers, I. Helas & H. C. Vollmer (Hrsg.), *Eingrenzung und Ausgrenzung* (S. 67–100). Göttingen: Vandenhoek & Ruprecht.

Vollmer, H. C. (1995a). Innere und äußere Realität und Entwicklungspsychologische Aspekte der Abhängigkeit. Verhaltenstherapeutische Sicht. In A. Heigl-Evers, I. Helas & H. C. Vollmer (Hrsg.), *Suchtkranke in ihrer inneren und äußeren Realität. Praxis der Suchttherapie im Methodenvergleich* (S. 30–78). Göttingen: Vandenhoeck & Ruprecht.

Vollmer, H. C. (1995b). *Konzeption des Therapiezentrums Friedberg. Eine Salus-Fachklinik zur stationären Entwöhnungsbehandlung Drogenabhängiger*. Vervielfältigtes Manuskript.

Vollmer, H., Ferstl, R. & Ellgring, H. (1992). Individualized behavior therapy for drug addicts. In G. Bühringer & J. J. Platt (Eds.), *Drug addiction treatment research. German and American perspectives* (pp. 333–352). Malabar/FL: Krieger.

Vollmer, H. & Kraemer, S. (Hrsg.) (1982). *Ambulante Behandlung junger Alkoholabhängiger. Beschreibung und Ergebnisse eines verhaltenstherapeutischen Programms* (IFT-Texte 5). München: Röttger.

Ward, J., Mattick, R. P. & Hall, W. (1992). *Key issues in methadone maintenance treatment*. Kensington: New South Wales University Press.

Watzl, H. (1983). Kontrolliertes Trinken als Alternative für Alkoholabhängige? In V. Faust (Hrsg.), *Suchtgefahren in unserer Zeit: Alkoholkrankheit, Medikamentenmißbrauch. Nikotinabusus. Rauschdrogenkonsum. Politoxikomanie* (S. 99–110). Stuttgart: Hippokrates.

Wessel, J. (1987). Epidemiologische Aspekte bei Drogentodesfällen. *Suchtgefahren, 33,* 47–56.

Wikler, A. (1953). *Opiate addiction*. Springfield/IL: Charles C. Thomas.

Wikler, A. (1965). Conditioning factors in opiate addiction and relapse. In D. M. Wilner & G. G. Kasselbaum (Eds.), *Narcotics* (pp. 85–100). New York: McGraw-Hill.

Wikler, A. (1974). Dynamics of drug dependence: Implications of a conditioning theory for research and treatment. In S. Fisher & A. M. Freedman (Eds.), *Opiate addiction: origins and treatment* (pp. 7–21). New York: Wiley.

Zemlin, U. & Herder, F. (1994). Ergebnisse der summativen und differentiellen Evaluation eines individualisierten stationären Behandlungsprogrammes für Alkohol- und Medikamentenabhängige. *Praxis für klinische Verhaltensmedizin und Rehabilitation, 7,* 128–200.

Weiterführende Literatur

Beck, A. T., Wright, F. D., Newman, C. F. & Liese, B. S. (1993). *Cognitive therapy of substance abuse*. New York: Guilford.

Körkel, J., Lauer, G., Scheller, R. (1995). *Sucht und Rückfall*. Stuttgart: Enke.

Mann, K. & Buchkremer, G. (Hrsg.) (1995). Suchtforschung und Suchttherapie in Deutschland. *Sucht (Sonderband)*.

Petry, J. (1993a). *Alkoholismustherapie*. Weinheim: PVU.

Petry, J. (1993b). *Behandlungsmotivation.* Weinheim: PVU.

Platt, J. J. (1995a). *Heroin addiction. Theory, research and treatment. The addict, the treatment process and social control* (Vol. 2). Malabar/FL: Krieger.

Platt, J. J. (1995b). *Heroin addiction. Theory, research and treatment. Treatment advances and Aids* (Vol. 3). Malabar/FL: Krieger.

Watzl, K. & Rockstroh, B. (Hrsg.) (1995). Themenheft Abhängigkeiten. *Zeitschrift für klinische Psychologie, 24,* (2), 83–198.

Raucherentwöhnung

16

HERIBERT UNLAND

16.1
Darstellung der Störung

> Die Nikotinabhängigkeit ist das am weitesten
> verbreitete Suchtproblem in der Bundesrepu-
> blik Deutschland. Der Charakter der Abhän-
> gigkeit zeigt sich in einer langsamen Dosisstei-
> gerung, in Entzugsbeschwerden nach längerer
> Abstinenz (z. B. am Morgen nach stundenlan-
> ger, durch den Schlaf erzwungener Abstinenz),
> in erfolglosen Reduktions- oder Entwöhnungs-
> versuchen oder durch die Tatsache, nicht mehr
> mit dem Rauchen aufhören zu können, obwohl
> gesundheitliche Schäden oder soziale Konflikte
> aufgrund des Rauchens aufgetreten sind.

Nach den Richtlinien der aktuellen Diagnostiksy-
steme DSM-III-R und ICD-10 erfüllt das Zigarettenrauchen bei den meisten Rauchern die Kriterien einer Substanzabhängigkeit (DSM-III-R-Kodierung:
305.10; ICD-10-Kodierung: F17.2). Dennoch ist für
viele der Betroffenen das Rauchen eine liebgewon-
nene Gewohnheit, auf die sie nicht verzichten wollen, obwohl sie wissen, daß es erwiesenermaßen

sehr gesundheitsschädlich ist. Keine andere Verhaltensweise trägt wie das Rauchen zu einer so großen
Zahl von Todesfällen bei. Das Rauchen führt zu erheblichen sozialen und finanziellen Belastungen für
den Einzelnen und die Gesellschaft, stellt aber auf
der anderen Seite einen enormen Wirtschaftsfak-
tor dar, wie der Streit um Tabakwerbung bei Sport-
großveranstaltungen zeigt. In Deutschland verdient
der Staat etwa 20 Mrd. DM pro Jahr an Steuerein-
nahmen durch das Rauchen. Im klaren Mißverhält-
nis zur Bedeutung des Rauchens steht das Ausmaß
der wissenschaftlichen Beschäftigung mit diesem
Thema seitens der Medizin und der Psychologie.
Insbesondere die Erforschung von Therapieansätzen spielt verglichen mit anderen Abhängigkeiten
eine vollkommen untergeordnete Rolle, die der Bedeutung des Problems nicht angemessen erscheint.

16.1.1
Epidemiologie

Es liegen bislang wenig exakte Zahlen über die
Verbreitung des Rauchens vor. Dies liegt z. T. daran, daß keine einheitliche Definition darüber vorliegt, was ein Raucher ist. In einigen Untersuchungen wird als Raucher gezählt, wer innerhalb
der letzten Woche mindestens eine Zigarette geraucht hat, andere werten erst dann jemand als
»Raucher«, wenn er mindestens fünf Zigaretten
täglich raucht.

> Nach einer Repräsentativerhebung in den Jah-
> ren 1990/1991 im Auftrag des Bundesministeri-
> ums für Gesundheit an 12- bis 39jährigen lag
> die Quote der Raucher in den alten Bundeslän-
> dern bei 39,4%, in den neuen Bundesländern
> bei 42,1% (ohne Angabe, wie »Raucher« defi-
> niert wurde). Das entspricht einem leichten
> Rückgang gegenüber 1986 (Bundesministerium
> für Gesundheit, ohne Jahresangabe). Männer

zeigen eine höhere Raucherquote und einen höheren Zigarettenkonsum als Frauen. In beiden Gruppen liegt der größte Anteil an Rauchern im Alter zwischen 20 und 40 Jahren (Simon et al., 1997). Schätzungen zufolge dürfte die absolute Zahl der Raucher in Deutschland (alte und neue Bundesländer zusammen) bei ca. 20 Millionen liegen, es raucht also etwa jeder 3. Erwachsene.

Jeder 2. Raucher würde – folgt man Umfrageergebnissen – lieber mit dem Rauchen aufhören (dissonante Raucher), doch nur etwa jedem 7. gelingt das ohne fremde Hilfe (Baer et al., 1977; Eiser et al., 1985) mit der sogenannten Schlußpunktmethode, wobei man von heute auf morgen das Rauchen beendet. Die meisten schaffen es so nicht, einige von ihnen resignieren und rauchen weiter, andere suchen professionelle Hilfe auf.

Tabak wird zu 95% in Form von Zigaretten konsumiert (Tölle & Buchkremer, 1989), danach rangieren die Zigarren- und Pfeifenraucher. Das Schnupfen oder Kauen von Tabak ist in der Bundesrepublik Deutschland zahlenmäßig zu vernachlässigen, obwohl es in Einzelfällen ein erhebliches Gesundheitsproblem darstellen kann. Die durchschnittliche Rauchmenge liegt insgesamt bei etwa 20 Zigaretten, wobei Männer häufiger und im Durchschnitt mehr Zigaretten rauchen als Frauen. Über die Hälfte der Raucher empfindet sich selbst als nikotinabhängig (Bundesministerium für Gesundheit, ohne Jahresangabe).

Tölle & Buchkremer (1989) berichten von einer Umfrage aus dem Jahr 1984, nach der Verheiratete am wenigsten rauchen, etwas mehr Ledige und am meisten geschieden oder getrennt lebende Menschen. Verwitwete rauchen zwar statistisch gesehen selten, sind aber wegen Konfundierung mit anderen Variablen nicht mit den vorgenannten Gruppen zu vergleichen. Es zeigte sich weiterhin, daß bei geringerem Ausbildungsstand und Einkommen mehr geraucht wird als bei höherem Ausbildungsstand und höherem Einkommen.

16.1.2
Ökonomische Aspekte

In der Bundesrepublik wurden 1987 etwa 23 Milliarden DM für Zigaretten ausgegeben. Der Staat verdiente daran 14,5 Milliarden DM an Steuern (im wiedervereinigten Deutschland dürften die Zahlen um etwa ein Viertel höher liegen). Daneben verursacht das Rauchen durch die gesundheitlichen Schäden enorme Kosten: für krankheitsbedingtes Fernbleiben vom Arbeitsplatz, verminderte Arbeitsleistung, verfrühtes Ausscheiden aus dem Arbeitsleben, medizinische Behandlung etc. Andererseits sparen Krankenkassen und Rentenversicherungsträger Milliardenbeträge aufgrund der durchschnittlich um 7 Jahre verkürzten Lebenszeit der Raucher.

Für den einzelnen Raucher stellt das Rauchen eine erhebliche finanzielle Belastung dar. Bei einem Durchschnittskonsum von 20 Zigaretten pro Tag gibt ein Raucher derzeit (Stand: 1995) etwa 150 DM monatlich oder 1800 DM im Jahr für Zigaretten aus. Eine Entwöhnung vom Rauchen ist für viele Raucher also nicht nur aus gesundheitlicher, sondern auch aus finanzieller Sicht äußerst wünschenswert.

16.1.3
Gesundheitliche Folgen des Rauchens

Das Rauchen ist bei einer Reihe von Erkrankungen die häufigste Ursache (z. B. Lungenkrebs) oder einer von mehreren Risikofaktoren (z. B. Herzinfarkt). Wer mehr als 20 Zigaretten pro Tag raucht, erhöht damit sein Risiko, an Lungenkrebs zu erkranken um das 20fache, das Herzinfarktrisiko um das 6fache gegenüber einem Nichtraucher. Zu den nachweislich durch das Rauchen mitbedingten Krankheiten gehören die Karzinome an Atemwegsorganen (Lippen, Mundhöhle, Zunge, Kehlkopf, Lungen), an Verdauungsorganen (Speiseröhre, Magen, Zwölffingerdarm, Harnblase), Pankreaskarzinom, koronare, zerebrale und periphere Durchblutungsstörungen, Magen- und Darmgeschwür und die chronische Bronchitis. Kinder, deren Mütter während der Schwangerschaft geraucht haben, zeigen ein erhöhtes Frühgeburtsrisiko, ein vermindertes Geburtsgewicht und eine erhöhte Säuglingssterblichkeit (Bundeszentrale für gesundheitliche Aufklärung, 1989; Kunze, ohne Jahresangabe). Wer häufig als Nichtraucher dem Rauch anderer ausgesetzt ist – der sogenannte Passiv-Raucher – hat ebenfalls ein deutlich erhöhtes Erkrankungsrisiko. Es liegt etwa ein Drittel über dem von Personen, die nur wenig oder gar nicht Zigarettenrauch ausgesetzt sind (Glantz & Parmley, 1995).

Ein großer Teil der gesundheitlichen Schäden scheint jedoch *reversibel* zu sein. So sinkt beispielsweise das Risiko, an Lungenkrebs zu sterben, nach etwa 10 Jahren Enthaltsamkeit von der Zigarette wieder auf das Niveau eines Nichtrauchers ab (Bundeszentrale für gesundheitliche Aufklärung, 1989).

16.1.4
Pharmakologie des Nikotins

Nikotin ist im Reinzustand eine gelblich-ölige Flüssigkeit und gilt als der Hauptwirkstoff in der Zigarette, der für die akuten psychophysischen Effekte des Rauchens, v. a. auf das Herz-Kreislauf-System, verantwortlich ist (Opitz, 1989). Wie in verschiedenen Untersuchungen gezeigt wurde, ist das Nikotin der einzige Bestandteil der Zigarette, der nachweislich ein pharmakologisches Suchtpotential besitzt (Cohen et al., 1991; Opitz & Horstmann, 1981; Stolerman & Jarvis, 1995).

Das Alkaloid Nikotin bewirkt Veränderungen im gesamten Nervensystem. Es führt zu einer Beschleunigung der Herzrate, einem Anstieg des Blutdrucks, einer Abnahme des elektrischen Hautwiderstandes, einem Absinken der Hauttemperatur an den Händen und zu einer Abschwächung des Patellarsehnenreflexes. Der Raucher selbst empfindet als unmittelbare Folge des Rauchens eine anregende oder beruhigende Wirkung (je nach Dosis und Ausgangslage des Organismus), Aufmerksamkeits- und Gedächtnissteigerung, Nachlassen von Schmerz sowie Hunger und Erleichterung des Stuhlgangs. Daneben treten erwünschte soziale Veränderungen ein wie Erleichterung der Kontaktaufnahme, Streß- und Aggressionsbewältigung. Bei Überdosierung kann es zu Schwindelgefühlen, Hyperthermie, Hautblässe, Brechreiz, Schweißsekretion, Anorexie, Antidiurese, Palpitationen, Tremor, Schwindelgefühl und Blutdruckabfall kommen (Tölle & Buchkremer, 1989).

Das Nikotin erreicht über die Lunge und den Blutkreislauf in weniger als 10 Sekunden seinen Wirkort im Gehirn, wobei es die Blut-Hirn-Schranke mühelos überwindet. Dort stimuliert es spezielle Nikotinrezeptoren und bewirkt eine Freisetzung von Neurotransmittern wie Noradrenalin, Acetylcholin, Serotonin und Dopamin (was u.a. für die hohe Raucherrate bei psychiatrischen Patienten bedeutsam ist). Nikotin wirkt biphasisch, d.h. kleine Dosen wirken erregend, große Dosen lähmend, wobei auch die Ausgangslage des Organismus (sympathikoton oder parasympathikoton) die jeweilige Wirkung mitbestimmt.

Die zerebrale Halbwertszeit des Nikotins beträgt etwa 15 Minuten (initial: 9 Minuten; terminal: 133 Minuten). 80–90% des Nikotins werden in Leber, Niere und Lunge zu den Hauptmetaboliten Cotinin und Nikotin-N-oxid abgebaut und mit dem Harn ausgeschieden (Eliminationshalbwertszeit: 90 Minuten).

Es ist aber nicht das Nikotin, welches die o.g. Krebskrankheiten bewirkt. Fast 4000 weitere chemische Verbindungen sind im Tabakrauch bislang nachgewiesen, darunter etwa 40 als kanzerogen erkannte Substanzen wie Formaldehyd, Stickoxide, Zyanwasserstoff, Nitrosamine, Cadmium und andere Schwermetalle. Neben den krebserzeugenden Stoffen ist das Kohlenmonoxid (CO) der wichtigste Schadstoff im Zigarettenrauch. Es reduziert durch seine vielfach höhere Bindung an das Hämoglobin (Carboxyhämoglobin) nicht nur den Sauerstofftransport, sondern es verzögert auch die Dissoziation des Oxyhämoglobin, also die Sauerstoffabgabe an das Gewebe (Haldane-Effekt). Dadurch bewirkt Kohlenmonoxid chronische Gewebsschädigungen.

Pharmakokinetik

Nikotin ist sowohl wasser- als auch fettlöslich und kann deshalb ungehindert die Zellmembran passieren. Die Nikotinkonzentration im Blut nach dem Rauchen hängt von verschiedenen physiologischen Parametern (Abbau- und Ausscheidungsgeschwindigkeit) und natürlich von der Menge der Nikotinaufnahme ab. Der suchterzeugende Effekt des Nikotins wird u.a. dadurch belegt, daß Raucher über Stunden, Tage und Wochen in der Lage sind, durch die Art des Rauchens (starke vs. schwache Inhalation, Rauchen bis zum Filter oder nur Anrauchen) ihren maximalen Nikotinspiegel relativ konstant zu halten, unabhängig vom Nikotingehalt und der Anzahl der gerauchten Zigaretten.

Theoretisch ist jede andere Applikationsform des Nikotins (oral, buccal, nasal, intravenös und transdermal) neben der pulmonalen beim Rauchen möglich. Die verschiedenen Weisen der Nikotinaufnahme unterscheiden sich durch die Geschwindigkeiten, mit denen das Nikotin in den Blutkreislauf übergeht. Deshalb ist die Resorptionskinetik für die Wahl der therapeutischen Nikotinsubstitution von größter Bedeutung (Opitz, 1989). Beim Rauchen entstehen nach wenigen Sekunden Nikotinspitzenwerte (»Peaks«) im Blutplasma, die für die Suchtwirkung des Nikotins verantwortlich sind. Auch bei den meisten anderen Drogen wird eine Applikationsform bevorzugt, die eine rasche Resorption des Suchtstoffes in den Blutkreislauf gewährleistet, wie das intravenöse Spritzen von Heroin, Rauchen von Haschisch oder das Schnupfen von Kokain. Eine therapeutische Nikotinsubstitution sollte diesen Suchtmechanismus unterbinden und trotzdem durch die Bereitstellung des Ersatzstoffes den Verzicht auf das Suchtverhalten ermöglichen. Eine nasale, intravenöse oder pulmonale Nikotinsubstitution ist aus den genannten Gründen abzulehnen. Als Substitutionsform bietet sich die transdermale an, weil sie eine kontinuierliche Nikotinaufnahme ohne die suchterzeugenden Peaks ermöglicht und sie gleichzeitig einen über den Tag und die Nacht konstanten Nikotinspiegel im Blutplasma gewährleistet.

16.2
Kognitiv-verhaltenstherapeutisches Störungskonzept

16.2.1
Psychologie des Rauchens

Warum Menschen mit dem Rauchen anfangen und weshalb sie dieses Verhalten trotz der bekannten Risiken beibehalten, das ist Gegenstand der Psychologie. Nach tiefenpsychologischer Theorie stellt das Rauchen eine Regression in die orale Phase als Reaktion auf seelische Konflikte dar, die nicht anders gelöst werden können. Praktische Implikationen für die Rauchertherapie hat diese Theorie bis heute kaum.

Im Gegensatz dazu bietet die Verhaltenstheorie sowohl Erklärungen für die Entstehung und Aufrechterhaltung des Rauchverhaltens als auch konkrete Ansätze für die praktische Durchführung von Raucherentwöhnungsmaßnahmen an. Sie ist seit Jahrzehnten die Grundlage der meisten psychologischen Raucherentwöhnungsmethoden.

16.2.2
Verhaltenstheoretische und kognitive Aspekte des Rauchens

Niemand wird als Raucher geboren, sondern man erlernt dieses Verhalten im Laufe des Lebens, und es sind wiederum Lernprozesse, die für die Aufrechterhaltung des Rauchens verantwortlich sind (Abb. 16.1).

■ **Klassische Konditionierung.** Bei der klassischen Konditionierung wird eine bestimmte Verhaltensweise an auslösende Reize (Umwelt- oder Organismusreize) gekoppelt. Beim Rauchen kann z. B. der Anblick einer Zigarettenschachtel, das Klingeln des Telefons oder das Entspannungsgefühl nach dem Essen zum Auslösereiz werden. Durch häufige Wiederholung der Abfolge *Reiz – Reaktion* entsteht eine Verknüpfung, so daß ein bestimmtes Verhalten *automatisch* von dem gelernten Reiz ausgelöst wird. Ohne daß der Raucher es bewußt wahrnimmt, zündet er sich eine Zigarette in bestimmten Auslösesituationen an, z. B. wenn er im Büro einen Anruf bekommt, wenn er Kaffee riecht oder wenn er das Absinken seines Nikotinspiegels im Blut (unbewußt) wahrnimmt.

Abb. 16.1. Entstehung und Aufrechterhaltung des Rauchens aus verhaltenstheoretischer Sicht. (Unland, 1991)

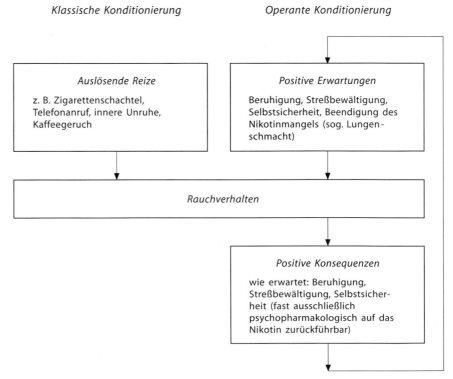

Klassische Konditionierung   Operante Konditionierung

Auslösende Reize

z. B. Zigarettenschachtel, Telefonanruf, innere Unruhe, Kaffeegeruch

Positive Erwartungen

Beruhigung, Streßbewältigung, Selbstsicherheit, Beendigung des Nikotinmangels (sog. Lungenschmacht)

Rauchverhalten

Positive Konsequenzen

wie erwartet: Beruhigung, Streßbewältigung, Selbstsicherheit (fast ausschließlich psychopharmakologisch auf das Nikotin zurückführbar)

■ **Operante Konditionierung.** Unter operanter Konditionierung versteht man das Lernen aus den Konsequenzen. Verhaltensweisen werden häufiger gezeigt, wenn auf sie angenehme Konsequenzen folgen, als wenn sie negative oder neutrale Wirkungen nach sich ziehen. Da das Nikotin nach jedem Zug an der Zigarette unmittelbar (7 Sekunden) über den Blutkreislauf zu dem Wirkort im zentralen Nervensystem gelangt, wird das Rauchen kontingent verstärkt, d.h. das Rauchen wird jedes Mal unmittelbar danach durch seine Wirkungen belohnt. Der Raucher fühlt sich entspannter oder angenehm angeregt bzw. in Gesellschaft wohler und sicherer. In der Folge neigt er dazu, das Rauchen um der angenehmen Wirkung willen zu wiederholen: Der Suchtkreislauf beginnt.

Durch beide Formen der Konditionierung kommt es zu einer Abhängigkeit vom Rauchen, wobei das Nikotin das Agens für die belohnenden psychophysiologischen Effekte ist. Vermittelt werden die Reiz-Reaktionsketten durch kognitive Prozesse (z.B. Erwartungen an angenehme Wirkungen des Rauchens bzw. extreme Befürchtungen für den Fall des Rauchverzichts). Kognitionen sind als intervenierende Variablen zwischen Reiz und Reaktion in der Verhaltensdiagnostik durch die Organismusvariable (O) im sog. »S-O-R-K-Schema« enthalten (Abb. 16.2), d.h. in der Bedingungs- und der Verhaltensanalyse des Problemverhaltens (vgl. Reinecker, 1987).

> Gemessen am Stellenwert der kognitiven Ansätze in der Verhaltenstherapie allgemein spielen sie in Raucherentwöhnungsbehandlungen bisher fast keine Rolle. Es fehlt, bis auf wenige Ausnahmen (Merkle, 1986; Lindinger & Mitschele, 1989; Unland, 1994; Unland, 1995), fast gänzlich an der Anwendung kognitionspsychologischer Erkenntnisse im Bereich der Raucherentwöhnung.

■ **Kognitive Ansätze.** Wie in den Abb. 16.1 und 16.2 gezeigt wurde, spielen die *Erwartungen* an die Wirkung des Rauchens eine wichtige Rolle für die Entwicklung und Manifestierung der Abhängigkeit. Andererseits sind es gerade die Erwartungen an die Folgen der Abstinenz, die viele Raucher davor zurückschrecken lassen, das Rauchen zu beenden. Die Einstellungen der Raucher zur Abstinenz sind geprägt durch Katastrophisierungen, absolutistisches Denken und durch geringe Frustrationstoleranz. Es werden katastrophale Folgen erwartet (»Dann drehe ich durch«, »Ich werde verrückt«, »Ohne Zigarette ist das Leben nur noch halb so schön«), die offensichtlich unrealistisch sind. Realistisch ist vielmehr, daß die Raucherentwöhnung für einige Tage, Wochen, im Extremfall für Monate unangenehm, anstrengend und lästig ist.

Es werden absolute *Forderungen* gestellt wie »Es darf nicht so schwer fallen«, »Ich darf nicht gereizt oder aggressiv sein« oder »Ich darf nicht an Gewicht zunehmen«. Realistisch ist aber, daß die Entwöhnung individuell unterschiedlich schwer fällt, daß es menschlich ist, in der Entwöhnungsphase gereizt und aggressiv zu werden und daß die meisten Menschen während der Entwöhnung an Gewicht zunehmen.

Die geringe Frustrationstoleranz zeigt sich in *Einstellungen* wie »Ich habe es eh' schon so schwer im Leben. Eine Entwöhnung vom Rauchen, die schwer fällt, kann ich mir nicht auch noch zumuten«, »Wenn es mir schlecht geht, brauche ich einfach eine Zigarette« oder »Ohne Zigarette kann ich bestimmte Situationen nicht aushalten«. Tatsächlich kann man natürlich jede Situation ohne Zigarette aushalten. Niemand ist je an Zigarettenverzicht gestorben oder zum Rauchen gezwungen worden. Man schafft es allerdings nur dann, Nichtraucher zu werden, wenn man zum Verzicht und dem damit verbundenen Ertragen der kurzfristigen unangenehmen Begleiterscheinungen bereit ist.

Die Einstellungen zum Rauchen und zur Raucherentwöhnung stehen im Mittelpunkt der kognitiven Therapie, wobei bewährte Methoden der Einstellungsänderung, z.B. der Sokratische Dialog, wie ihn die rational-emotive Therapie von

Abb. 16.2. Verhaltensanalytisches S-O-R-K-Modell des Rauchens

S	O	R	K
Situation	*Organismus*	*Reaktion*	*Konsequenz*
Streß, Unsicherheit, Ärger, Nikotinmangel, Kaffeegeruch, etc.	Körperliche und/oder seelische Unruhe bzw. Unausgeglichenheit; Erwartung, daß das Rauchen diesen Zustand beendet	RAUCHEN	Kurzfristig angenehme Konsequenzen: Beruhigung, Entspannung, Streßbewältigung etc. (wie erwartet)

Ellis beschreibt (Ellis, 1978; Walen et al., 1982), Vorstellungsübungen und Selbstinstruktionstraining als therapeutische Mittel eingesetzt werden.

16.3
Therapeutisches Vorgehen

> Seit Jahrzehnten sind Gruppentherapien für Raucher, in denen verhaltenstherapeutische Selbstkontrolltechniken (Reinecker, 1978, 1993) vermittelt werden, die Therapie der Wahl bei Zigarettenabhängigkeit.

Die Gruppentherapieform ist ein ökonomisches Verfahren, während die Einzeltherapieform nur selten vom Aufwand her als gerechtfertigt angesehen wird (obwohl die Indikation für eine individuelle Psychotherapie durchaus gegeben sein kann). Andererseits bietet sich die Gruppentherapie auch deshalb an, weil sich der Erfahrungsaustausch unter Betroffenen und die gegenseitige Unterstützung bis hin zu Selbsthilfegruppen in der Nachsorge als erfolgssteigernd erwiesen haben (Unland, 1990).

Der Raucher lernt das scheinbar autonom ablaufende Verhalten wieder unter seine eigene Kontrolle zu bekommen. Ausgangspunkt für therapeutische Interventionen sind die o. g. Paradigmen der klassischen und der operanten Konditionierung. Der Raucher lernt, durch Änderung der dem Rauchen vorausgehenden und nachfolgenden Bedingungen (Stimulus- und Konsequenzenkontrolle) das Zielverhalten (Rauchen) selbst zu verändern.

In den meisten Gruppentherapieprogrammen (z. B. dem der Bundeszentrale für gesundheitliche Aufklärung, 1987) oder Anleitungen zur Selbsthilfe (herausgegeben von Krankenkassen) wird die *Strichliste* als eine *Selbstkontrolltechnik* empfohlen: Der Raucher soll vor dem Anzünden einer Zigarette einen Strich auf einer Liste machen, die er immer mit sich führt. Dadurch wird die Koppelung zwischen einem Auslösereiz (z. B. Kaffeegeruch) und Zigarette unterbrochen.

Fast alle Programme enthalten *operante Verfahren* der Selbstkontrolle wie Selbstverpflichtungserklärungen, in denen sich der Raucher verbindlich dazu bereit erklärt, seinen Zigarettenkonsum zu reduzieren und sich anschließend selbst dafür belohnt bzw. sich bei Verstoß gegen die Selbstverpflichtung selbst bestraft. Zur therapeutischen Veränderung der Verstärkerbedingungen zählt

auch die Auseinandersetzung mit den negativen Folgen des Rauchens und den positiven Folgen des Nichtrauchens, also mit der Entwöhnungsmotivation. Ziel ist es, daß die Verhaltenssteuerung aufgrund der langfristigen Vorteile des Nichtrauchens erfolgt und nicht wie bisher durch die kurzfristigen positiven Folgen des Rauchens. Gleichzeitig wird durch die Auseinandersetzung mit der Entwöhnungsmotivation die kognitive Dissonanz zwischen den Gründen für das Nichtrauchen und der Tatsache des Noch-immer-Rauchens erhöht.

Auch die *Selbstbeobachtung* (Hautzinger, 1993) ist fester Bestandteil verhaltenstherapeutischer Entwöhnungsprogramme, in Form der schon erwähnten Strichliste einerseits und andererseits in Form von Tagesprotokollen, in denen Uhrzeit, situative Umstände und Gefühlslage vor und nach dem Rauchen festgehalten werden. Aus ihnen lassen sich auslösende und belohnende Bedingungen des Rauchens ableiten und individuelle Interventions- bzw. *Bewältigungsmöglichkeiten* entwickeln. Bei der Diskussion der individuellen Bedürfnisse, die dem Rauchen zugrunde liegen und der alternativen Befriedigungsmöglichkeiten kommen v. a. gesprächstherapeutische Interventionen zum Einsatz, für die es keine strukturierten Anleitungen gibt. Daneben besteht natürlich die Möglichkeit, je nach Ausbildungsschwerpunkt des jeweiligen Therapeuten, Elemente aus anderen therapeutischen Verfahren anzuwenden (Rollenspiel, Gestaltübungen, imaginative Verfahren, körpertherapeutische Übungen etc.).

Vereinzelt werden in die Verhaltenstherapie des Rauchens eigene *Entspannungs- oder Bewegungsübungen* einbezogen oder Rollenspiele zur Einübung von Problembewältigungsmöglichkeiten durchgeführt (z. B. die Ablehnung von Zigaretten in einer geselligen Situation).

Erst seit Ende der 80er Jahre hat sich die »kognitive Wende« in der Verhaltenstherapie des Rauchens vollzogen. Implizit wurden auch schon vorher vereinzelt *kognitive Therapieelemente* verwendet (z. B. die Erhöhung der kognitiven Dissonanz oder verdeckte Sensibilisierung), aber erst relativ spät wurden die kognitiven Ansätze als solche explizit benannt oder sogar in den Mittelpunkt der Behandlung gerückt (Merkle, 1986; Mitschele & Lindinger, 1989). Merkle und – in Anlehnung an sein Selbsthilfebuch – auch Lindinger & Mitschele richten das therapeutische Vorgehen ganz auf kognitive Therapietechniken aus (kognitive Umstrukturierung, Entspannungs- und Vorstellungsübungen) und verbinden es mit der Schlußpunktmethode. In dem vom Autor des vorliegenden Beitrags entwickelten Programm werden Selbstkontrolltechniken, kognitive Verfahren (v. a. die rational-emotive Therapie) und als medikamentöse Begleittherapie das Nikotinpflaster zu einem Gesamtkonzept zusammengefaßt (Unland, 1994; Unland, 1995), wobei es dem Raucher überlassen ist, sich für die schrittweise Reduktion oder die Schlußpunktmethode zu entscheiden. Die hier genannten kognitiven Therapiekonzepte müssen als erste Versuche der Umsetzung kognitiver Therapietechniken in der Raucherentwöhnung bezeichnet werden, die weit davon entfernt sind, alle therapeutischen Möglichkeiten kognitiver Verfahren zu nutzen. Forschung in diesem Bereich birgt unseres Erachtens noch große Chancen zur Verbesserung der Erfolgsaussichten in der Raucherentwöhnung.

16.4 Fallbeispiel

■ **Anamnese.** Die 39jährige, geschiedene und wiederverheiratete Büroangestellte Frau F. schreibt sich an der Volkshochschule ihres Wohnortes in einen Raucherentwöhnungskurs ein. Sie raucht seit ihrem 17. Lebenjahr, zu Beginn des Entwöhnungskurses, etwa 20–40 Zigaretten täglich. Sie hat schon mehrmals versucht, alleine das Rauchen aufzugeben, was ihr jeweils nur einige Tage, maximal zwei Wochen lang gelungen ist. Auch die medikamentöse Behandlung mit dem Nikotinkaugummi führte nicht zum Erfolg. Jetzt hofft sie auf den Erfolg in der Gruppe und auf die psychologische Unterstützung. Ausschlaggebend für den Entwöhnungsentschluß war der dringende wiederholte Appell ihres Hausarztes wegen bei ihr bereits eingetretener gesundheitlicher Beeinträchtigungen und ihr eigener Wunsch, »nicht mehr von der Zigarette abhängig sein« zu wollen. Bisher sei ihr der Verzicht auf die Zigarette vor allem im Berufsleben sehr schwer gefallen, da sie in einer Abteilung arbeite, in der häufig unter starkem Termindruck gearbeitet werde. Privat könne sie sich eher vorstellen, auf die Zigarette zu verzichten. Es sei auch kein Problem, daß ihr Partner noch rauche, aber ihren fast erwachsenen 2 Kindern wolle sie gerne Vorbild als Nichtraucherin sein.

■ **Therapie und Verlauf.** Die Zigarettenstrichliste erlebt sie als hilfreich und raucht in der ersten Woche im Tagesdurchschnitt nur 18 Zigaretten. Sie nimmt sich vor, innerhalb von sechs Wochen ihren Zigarettenkonsum ganz einzustellen und die einzelnen Reduktionsschritte jeweils am Wochen-

ende mit Aktivitäten zu belohnen (Essen gehen, Wanderung, Segeln u. ä. mit dem Partner oder den Kindern). Als Belohnung für den Fall, daß sie mindestens ein halbes Jahr nach dem »Stichtag« Nichtraucherin bleibt, nimmt sie sich vor, mit dem Partner eine Ballonfahrt zu machen. Sollte sie es nicht schaffen, mindestens 6 Monate lang nicht zu rauchen, will sie sich 2 Jahre lang den Wunsch nach der Ballonfahrt nicht erfüllen. Für die Bewältigung von Streßsituationen in der Arbeit erweisen sich die in der Gruppe erarbeiteten Alternativen zum Rauchen als hilfreich, z. B. Kaugummi kauen, Tee trinken, mit Bleistift oder Kugelschreiber spielen. Besonders habe ihr die Auseinandersetzung in den Sitzungen kurz vor der Abstinenz geholfen, in denen es um Umgang mit Ärger und Streß ging. Sie habe gelernt, auch ihrem Chef gegenüber gelegentlich Gefühle wie Gereiztheit oder Ärger zu zeigen. Früher habe sie es immer peinlichst vermieden, ihrem Chef gegenüber negative Gefühle zum Ausdruck zu bringen, habe aber andererseits seine Launen stets aushalten müssen. Diesen Zustand habe sie häufig nur dadurch ertragen können, daß sie ihren »Ärger weggeraucht« habe. Im Entwöhnungskurs sei ihr aufgegangen, daß sie anders mit ihren Gefühlen umgehen kann, und sie habe die neuen Einsichten auch schon teilweise im Berufsalltag umgesetzt. Auch die Auseinandersetzung mit der Tatsache, daß sie niemand zum Rauchen zwingt, habe ihr geholfen. Mit Hilfe der Vorstellungsübungen hat sie sich auf schwierige Verzichtssituationen vorbereitet, und der erste Nichtrauchertag sei ihr leichter gefallen, als sie gedacht habe. Bei einem Nachtreffen, das die Teilnehmer untereinander etwa 7 Monate nach Kursende organisiert haben, berichtet sie stolz, daß sie noch immer Nichtraucherin ist und sie nur noch selten Lust habe zu rauchen.

16.5 Empirische Belege

»Das Rauchen aufzugeben ist nicht schwer. Ich habe es über hundert Mal gemacht.« Dieses Zitat von Mark Twain weist auf ein wesentliches Erfolgskriterium der Raucherentwöhnung hin. Ziel der Therapie ist nicht nur die Abstinenz bei Therapieende, sondern – wie in jeder Suchtbehandlung – v. a. der dauerhafte Verzicht auf den Suchtstoff. Abstinenzraten von über 90% am Ende der Behandlung, wie sie von einigen der unten beschriebenen Behandlungsmethoden erreicht werden, sagen noch nicht viel über die Effektivität der Methode aus (vgl. Buchkremer & Unland, 1989).

> Erst etwa ein halbes Jahr nach Beendigung der Behandlung läßt sich die Wirksamkeit einer Raucherentwöhnungstherapie realistisch einschätzen, da bis zu diesem Zeitpunkt etwa 90% aller Rückfälle auftreten.

Neben möglichst hohen Erfolgsraten sollte eine gute Entwöhnungsmethode für möglichst viele Betroffene erreichbar und anwendbar sein und wenig Zeit und finanziellen Aufwand erfordern.

Wie in der Therapieerfolgsforschung allgemein, so führt auch im Bereich der Raucherentwöhnung die Probandenselektion zu erheblichen Ergebnisverzerrungen. Je höher motiviert bzw. strenger selektiert die Teilnehmer einer Entwöhnungsmaßnahme sind, desto besser sind natürlich die Erfolgsraten (Unland, 1990). Aus diesem Grunde ist bei allen vorliegenden Studien genau auf die Stichprobengewinnung zu achten, und für die weitere Forschung wären einheitliche Bedingungen der Probandenrekrutierung zu fordern.

Zwar sind die meisten Exraucher mit der Schlußpunktmethode abstinent geworden, also mit dem abrupten Beenden des Rauchens, dennoch schaffen es statistisch betrachtet mindestens 6 von 7 entwöhnungswilligen Rauchern nicht, auf diese Weise ihre Abhängigkeit von der Zigarette ohne professionelle Unterstützung zu überwinden. Diejenigen, die nach einem erfolglosen Entwöhnungsversuch nicht resigniert aufgeben, brauchen fachliche Unterstützung bei der Durchführung der Entwöhnung und suchen diese bei einem professionellen Helfer (Psychologe, Arzt, Heilpraktiker u.a.).

■ **Suggestivtherapien.** Akupunktur, Handauflegen, Hypnose und Placebotherapien können als wie sonst Suggestivtherapien in der Raucherentwöhnung bezeichnet werden, da ihre spezifischen Wirkungsweisen nicht genau bekannt sind. Vermutlich geht ihre Wirkung vorwiegend auf die vom Therapeuten und vom Raucher in den Erfolg der Behandlung gesetzte Erwartung zurück, im Sinne einer sich selbst erfüllenden Prophezeihung. Nachteilig an diesen Methoden ist, daß der Raucher relativ passiv bleibt und bei einem möglichen Rückfall nicht eigenständig einen neuen Abstinenzversuch machen kann. Für ihre langfristige Wirksamkeit gibt es nur wenig wissenschaftliche Belege (zusammenfassend in Tölle & Buchkremer,

1989). Dennoch darf der Nutzen suggestiver Elemente innerhalb einer multimodalen Therapie nicht unterschätzt werden.

■ **Medikamentöse Therapie.** Bei der medikamentösen Therapie des Rauchens lassen sich zwei verschiedene Wirkweisen unterscheiden. Einerseits kann durch ein Medikament das Rauchen an negative Reize gekoppelt werden, indem es den Geschmack der Zigaretten vergällt oder Schwindel und Übelkeit hervorruft. Diese Form der medikamentösen Raucherbehandlung spielt heute so gut wie keine Rolle mehr.

Auf der anderen Seite können Medikamente wie der Nikotinkaugummi oder das Nikotinpflaster durch die Substitution des Suchtstoffes das Verlangen nach Nikotin in der Zigarettenform mildern. Eine Studie, in der beide Applikationsformen in ihren Erfolgen miteinander verglichen wurden, liegt bis heute nicht vor. Aus psychologischer Sicht (vgl. S. 302) ist das Nikotinpflaster dem Kaugummi vorzuziehen. Es gibt kontinuierlich an den Körper Nikotin ab und gewährleistet so einen gleichbleibenden Nikotinspiegel im Blut. Der Suchtmechanismus, Verlangen nach dem Suchtstoff (Nikotin), Zufuhr des Suchtstoffes (Rauchen), Wahrnehmung angenehmer Effekte (Wohlbefinden) wird also unterbrochen. Allerdings wirft das Nikotinpflaster Probleme bei der Hautverträglichkeit auf, wie Irritationen oder Pflasterallergien (Eichelberg & Stolze, 1989), und sein therapeutischer Nutzen ist ohne gleichzeitige psychologische Therapie gering (Abelin et al., 1989; Helmkamp & Buchkremer, 1989). Ohne die Änderung der Verhaltensgewohnheiten ist bei einer rein auf den körperlichen Entzug abgestellten Therapie mit geringen Erfolgsraten und raschen Rückfällen zu rechnen.

■ **Selbstkontrollverfahren.** Die verhaltenstherapeutischen Selbstkontrolltechniken haben sich in wissenschaftlichen Wirksamkeitsstudien bis heute immer wieder bewährt (Kamarck & Lichtenstein, 1985; Tölle & Buchkremer, 1989), weshalb sie als die psychologische Standardtherapie in der Raucherentwöhnung gelten. Mit ihnen werden langfristige Erfolgsraten von 20–25% erreicht, die durch die Kombination mit dem Nikotinpflaster noch auf 30–35% gesteigert werden können (Buchkremer, 1989). Ob die Selbstkontrolltechniken mit der Schlußpunktmethode oder der schrittweisen Reduktion verbunden werden sollte, ist unter Verhaltenstherapeuten umstritten. Allerdings scheint uns dieser Streit akademisch zu sein, da sich im zeitlichen Verlauf der Entwöhnung meistens eine Mischung beider Techniken ergibt: Wer sich einen

Schlußpunkt oder Stichtag gesetzt hat, reduziert in der Regel schon vorher, und wer reduzieren wollte bis zum Stichtag, schafft dies u. U. nicht und hört dann doch abrupt mit dem Rauchen auf.

■ **Kognitive Verfahren.** Über den Effekt von kognitiven Therapiemethoden liegen bislang nur sehr wenige wissenschaftliche Ergebnisse vor. Lindinger & Mitschele (1989), sowie Lindinger et al. (1993) berichten von langfristigen Abstinenzraten (Halbjahreskatamnesen) von über 50%. Ihre Stichprobengröße war jedoch sehr gering (n = 27 bzw. n = 18) und die Motivation der Therapeuten, beide Psychologiediplomanden, wahrscheinlich überdurchschnittlich hoch. Zusammenfassend ist festzustellen, daß Entwöhnungsmethoden aus dem Bereich der kognitiven Verhaltenstherapie bislang die besten Erfolge in der Therapie der Zigarettenabhängigkeit zeigten. Weitere Studien, insbesondere zu kognitiven Interventionsmethoden und zur Rückfallverhütung, wären wünschenswert und lassen bessere Entwöhnungschancen für viele entwöhnungswillige Raucher erwarten.

Zusammenfassung

Nach den Kriterien der Weltgesundheitsorganisation (vgl. ICD-10) sind die meisten der etwa 20 Millionen Raucher in Deutschland als nikotinabhängig zu bezeichnen. Gemessen an der Zahl der Betroffenen und der mit dem Rauchen verbundenen gesundheitlichen Folgen ist der Forschungsaufwand in der Bundesrepublik Deutschland sehr gering. Bei den Entwöhnungsmethoden haben sich verhaltenstherapeutische Selbstkontrolltechniken in Kombination mit Nikotinsubstitution als anderen Therapieansätzen überlegen erwiesen. Die Weiterentwicklung der Verhaltenstherapie durch kognitive Verfahren läßt eine weitere Verbesserung der Erfolgsraten erwarten, besonders dann, wenn die angewendeten Methoden individuell den Bedürfnissen des einzelnen Rauchers und seinem Stand im Veränderungsprozeß des Verhaltens (vgl. Prochaska et al., 1992) angepaßt werden. Auch die Verfügbarkeit von Raucherentwöhnungshilfen könnte durch Einsatz moderner Kommunikationsmittel (Radio, Fernsehen, Computerdisketten, CD-ROM, Onlinedienste) deutlich erhöht werden, was indirekt zu einer steigenden Zahl von Nichtrauchern führen würde.

Literatur

Abelin, T., Buehler, A., Mueller, P., Vesanen, K. & Imhof, P. R. (1989). Controlled trial of transdermal nicotine patch in tobacco withdrawal. *Lancet, 1*, 7–10.

Baer, P. E., Foreyt, J. P., Wright, S. (1977). Self-directed termination of excessive cigarette use among untreated smokers. *Journal of behavior therapy, 8*, 71–74.

Buchkremer, G. (Hrsg.) (1989). *Raucherentwöhnung. Psychologische und pharmakologische Methoden.* Stuttgart: Thieme.

Buchkremer, G. & Unland, H. (1989). Neue Entwicklungen der Behandlung und Prävention des Rauchens. *Mitteilungen der Gesellschaft zur Bekämpfung der Krebskrankheiten Nordrhein-Westfalen e. V., 54,* 31–32.

Bundesministerium für Gesundheit (Hrsg.) (o. J.). *Repräsentativerhebung zum Konsum und Mißbrauch von illegalen Drogen, alkoholischen Getränken, Medikamenten und Tabakwaren.* Brandenburgische Universitätsdruckerei und Verlagsgesellschaft.

Bundeszentrale für gesundheitliche Aufklärung (Hrsg.) (1987). *Eine Chance für Nichtraucher. Nichtraucher in 10 Wochen.* Köln: BzgA.

Bundeszentrale für gesundheitliche Aufklärung (Hrsg.) (1989). *10 Sekunden zum Nachdenken.* Köln: BzgA.

Cohen, C., Pickworth, W. B., Henningfield, J. E. (1991). Cigarette smoking and addiction. Clinical chest medicine, 12, 701–710.

Eichelberg, D. & Stolze, P. (1989). Hautverträglichkeit des Nikotinpflasters. In G. Buchkremer (Hrsg.), *Raucherentwöhnung. Psychologische und pharmakologische Methoden* (S. 108–112). Stuttgart: Thieme.

Eiser, J. R., van der Pligt, J., Raw, M. & Sutton, S. R. (1985). Trying to stop smoking: effects of perceived addiction, attributions of failure and expectancy of success. *Journal of behavior therapy, 8*, 321–341.

Ellis, A. (1978). *Rational-emotive Therapie. Das innere Selbstgespräch bei seelischen Problemen und seine Veränderung.* München: Pfeiffer.

Glantz, S. A. & Parmley, W. W. (1995). Passive smoking and heart disease – mechanisms and risk. *Journal of the American Medical Association, 273,* 1047–1053.

Hautzinger, M. (1993). Selbstbeobachtung. In M. Linden, M. Hautzinger (Hrsg.), *Verhaltenstherapie* (S. 249–253). Berlin: Springer.

Helmkamp, M. & Buchkremer, G. (1989). Kann man auf psychologische Therapiestrategien verzichten? In G. Buchkremer (Hrsg.), *Raucherentwöhnung. Psychologische und pharmakologische Methoden* (S. 94–97). Stuttgart: Thieme.

Kamarck, T. W. & Lichtenstein, E. (1985). Current trends in clinic-based smoking control. *Annals of behavioral medicine, 7,* 19–23.

Kunze, M. (o. J.). *Rauchertherapie. Indikationen, Methoden, Empfehlungen.* Bundesministerium für Gesundheit und Umweltschutz, Österreich.

Lindinger, P. & Mitschele, U. (1989). *Kognitive Therapie des Rauchens.* Diplomarbeit, Universität Freiburg.

Lindinger, P., Mitschele, U. & Zimmer, D. (1993). Kognitive Verhaltenstherapie in Gruppen von Rauchern. *Verhaltenstherapie, 7,* 1–14.

Merkle, R. (1986). *Nie mehr rauchen.* Stuttgart: Pal.

Opitz, K. (1989). Pharmakologie des Rauchens. In G. Buchkremer (Hrsg.), *Raucherentwöhnung. Psychologische und pharmakologische Methoden* (S. 4–11). Stuttgart: Thieme.

Opitz, K. & Horstmann, M. (1981). Nikotin – Pharmakologie eines abhängig machenden Stoffes. *Deutsches Ärzteblatt, 40,* 1869–1873.

Prochaska, J., DiClemente, C. C. & Norcross, J. C. (1992). In search of how people change: applications to addictive behaviors. *American psychologist, 47,* 1102–1114.

Reinecker, H. (1978). *Selbstkontrolle.* Salzburg: Otto Müller.

Reinecker, H. (1987). *Grundlagen der Verhaltenstherapie.* Weinheim: PVU.

Reinecker, H. (1993). Selbstkontrolle. In M. Linden & M. Hautzinger (Hrsg.), *Verhaltenstherapie* (S. 261–266). Berlin: Springer.

Simon, R., Tauscher, M. & Gessler, A. (1997). *Suchtbericht Deutschland 1997.* Hohengehren: Schneider.

Stolerman, I. P. & Jarvis, M. J. (1995). The scientific case that nicotine is addictive. *Psychopharmacology, 117,* 2–20.

Tölle, R. & Buchkremer, G. (Hrsg.) (1989). *Zigarettenrauchen. Epidemiologie, Psychologie, Pharmakologie und Therapie.* Berlin: Springer.

Unland, H. (1990). *Is success in smoking cessation therapy predictable?* Amsterdam/Lisse: Swets & Zeitlinger.

Unland, H. (1991). *Tandem – Der neue Weg in der Raucherentwöhnung. Ein Leitfaden für den Arzt.* In Hefa-Frenon Arzneimittel (Hrsg.), Am Bahnhof 1–3, Werne.

Unland, H. (1994). Entwöhnungstherapie des Rauchens mit medikamentöser Unterstützung – ein Gruppentherapieprogramm. In S. K. D. Sulz (Hrsg.), *Das Therapiebuch* (S. 500–514). München: CIP-Medien.

Unland, H. (1995). *Wir gewöhnen uns das Rauchen ab – Wieder frei und selbstbestimmt leben.* Freiburg: DGVT.

Walen, S., DiGuiseppe, R. & Wessler, R. L. (1982). *Einführung in die rational-emotive Therapie (RET).* München: Pfeiffer.

Schizophrenie

KURT HAHLWEG

17.1
Symptomatik und Diagnose

Schizophrene Psychosen gehören zu den schwersten psychiatrischen Erkrankungen. Begründer des modernen, heute noch gültigen psychiatrischen Krankheitskonzeptes war der deutsche Psychiater Emil Kraepelin, der den Begriff »Dementia praecox« 1896 einführte und den Namen wegen des (angeblich) irreversiblen intellektuellen Verfalls und des frühen Erkrankungsalters wählte (Kraepelin, 1904). Er ging davon aus, daß

es sich um eine rein körperliche Erkrankung handele, deren Ursache aber noch nicht bekannt sei und wählte deshalb auch die Bezeichnung *endogene Psychose*. Der Begriff »Schizophrenie« wurde 1911 von Bleuler geprägt. Er wählte die Bezeichnung, weil die wesentliche Störung seines Erachtens in einer Spaltung des Bewußtseins und der Gesamtpersönlichkeit lag (griechisch: schizo = ich spalte, phren = Geist).

17.1.1
Symptome

Die Schizophrenie weist hinsichtlich ihres klinischen Erscheinungsbildes und des Verlaufs eine immense Vielfalt auf, stets ist jedoch die Gesamtpersönlichkeit der Patienten betroffen. Zu den charakteristischen Symptomen der floriden (Akut-)Phase zählen (Saß et al., 1996):

Schizophrenie: Symptome und Diagnostik

Symptome:
- formale und inhaltliche Denkstörungen,
- Wahrnehmungsstörungen/Halluzinationen,
- Affektstörungen,
- Störungen des Selbstgefühls,
- psychomotorische Störungen,
- Antriebsstörungen sowie
- Störungen der zwischenmenschlichen Beziehungen.

Diagnose:
Nach ICD-10 oder DSM-IV.

■ **Formale Denkstörungen.** Häufig ist die Lockerung der Assoziationen, wobei die Gedanken von einem Gegenstand zum anderen, der damit überhaupt nicht oder nur locker zusammenhängt, wechseln, ohne daß der Sprecher dies zu bemerken scheint. Aussagen ohne sinnvolle Beziehungen können nebeneinander stehen. Wenn die Lockerung der Assoziationen sehr stark ausgeprägt ist, kann sich dieses in Zerfahrenheit, d. h. in unverständlichen Sprachäußerungen ausdrücken. Weiterhin kann eine Verarmung im Inhalt der Sprache auftreten, d. h. sie ist vage, übermäßig abstrakt oder konkret, so daß trotz langer Rede kaum Informationen übermittelt werden.

■ **Inhaltliche Denkstörungen.** Unter diesem Begriff werden verschiedene Wahnphänomene zusammengefaßt. Besonders häufig ist der *Verfolgungswahn,* bei dem der Patient glaubt, daß andere ihm nachspionieren, falsche Gerüchte über ihn verbreiten oder ihm Schaden zufügen wollen. Ebenfalls häufig ist der *Beziehungswahn,* bei dem Ereignisse, Gegenstände oder Personen eine besondere und ungewöhnliche, meist negative oder bedrohliche Bedeutung erhalten. Zum Beispiel kann die Person davon überzeugt sein, daß die Nachrichten im Fernsehen speziell auf sie gemünzt sind. Weitere spezifische Wahnphänomene sind z. B. der Glaube, daß sich die eigenen Gedanken nach außen ausbreiten, so daß andere Personen sie hören können (Gedankenausbreitung), daß die eigenen Gedanken entzogen werden (Gedankenentzug), oder daß Gefühle, Impulse, Gedanken oder Handlungen nicht die eigenen sind, sondern durch eine äußere Macht eingegeben werden (Wahn, kontrolliert oder beeinflußt zu werden). Seltener werden Größenwahn oder religiöser Wahn beobachtet.

■ **Wahrnehmungsstörungen/Halluzinationen.** Am häufigsten sind akustische Halluzinationen, insbesondere das Stimmenhören: eine oder mehrere Stimmen, die die Person als von außen kommend wahrnimmt. Die Stimmen können vertraut sein und oft verletzende Äußerungen machen. Besonders charakteristisch sind Stimmen, welche die Person direkt ansprechen oder ihr gegenwärtiges Verhalten kommentieren. Die Stimmen können Befehle erteilen, die – falls sie befolgt werden – manchmal zur Gefahr für die Person oder andere werden. Taktile Halluzinationen äußern sich typischerweise als elektrisierende, kribbelnde oder brennende Empfindungen.

■ **Affektstörungen.** Bei flachem Affekt gibt es nahezu keine Anzeichen eines affektiven Ausdrucks; die Stimme klingt ungewöhnlich monoton und das Gesicht ist unbewegt. Die Person kann darüber klagen, daß sie nicht mehr mit normaler Gefühlsintensität reagiert oder in extremen Fällen gar keine Gefühle mehr besitzt. Bei inadäquatem Affekt stehen die Gefühlsäußerungen einer Person deutlich im Widerspruch zum Inhalt ihrer Worte oder Vorstellungen (z. B. Lachen bei traurigem Inhalt).

■ **Selbstgefühlsstörungen (Ich-Bewußtsein).** Das Selbstgefühl ist häufig gestört, die Person ist unsicher hinsichtlich der eigenen Identität oder der Bedeutung der eigenen Existenz.

■ **Psychomotorische Störungen.** Verschiedenste Auffälligkeiten werden beobachtet:

- Verminderung der Spontanbewegung, in extremen Fällen kommt es zum katatonen Stupor (eindeutige Verminderung der Reaktionen auf die Umgebung und/oder Verminderung spontaner Bewegungen und Aktivität);
- die Person kann eine steife Haltung einnehmen und Widerstand leisten gegen das Bemühen, bewegt zu werden (katatone Rigidität);
- sie kann scheinbar sinnlose und stereotype, erregte motorische Bewegungen ausführen, die nicht durch äußere Reize hervorgerufen sind (katatone Erregung);
- sie kann freiwillig inadäquate und bizarre Haltungen einnehmen (katatone Haltungsstereotypie); sie kann sich Anweisungen oder Fremdversuchen, Bewegungen auszuführen, widersetzen oder sich ihnen aktiv entgegenstellen (katatoner Negativismus);
- daneben können seltsame Manierismen, Grimassieren und wächserne Biegsamkeit (Flexibilitas cerea) auftreten.

■ **Antriebsstörungen.** Die charakteristischen Störungen des Willens werden meistens erst in der Residualphase (nach Abklingen der Akutsymptomatik) beobachtet. Es bestehen aber fast immer Störungen der selbstinitiierten, zielgerichteten Aktivität, wodurch die Ausübung der Berufstätigkeit oder die Erfüllung anderer Rollen erheblich beeinträchtigt werden können.

■ **Zwischenmenschliche Beziehungen.** Es bestehen fast immer Schwierigkeiten, zwischenmenschliche Beziehungen aufrechtzuerhalten. Oft nimmt dies die Form sozialen Rückzugs und emotionaler Isolierung an.

■ **Nebenmerkmale.** Fast jedes andere Symptom kann vorkommen:

- Vernachlässigung der äußeren Erscheinung;
- exzentrische Aufmachung;
- psychomotorische Besonderheiten: Auf- und Abgehen, Schaukeln;

- Sprachverarmung, d.h. nur kurzes Antworten auf Fragen;
- dysphorische Verstimmungen, Depression;
- hypochondrische Befürchtungen.

Es besteht typischerweise keine Bewußtseinsstörung.

■ **Prodromalphase.** Dem Ausbruch einer akuten Phase geht meistens eine Prodromalphase voraus, in der ein deutliches Absinken des vorher bestehenden Leistungsniveaus festzustellen ist. Die Patienten ziehen sich zurück, klagen über Konzentrations- und Schlafstörungen, die Kommunikation wird schwierig. Die Länge der Prodromalphase ist zeitlich äußerst variabel und kann Jahre oder auch nur Tage dauern.

■ **Akute Phase.** Während der akuten Phase treten die vorhin geschilderten psychotischen Symptome auf, die auch *positive Symptome* genannt werden. Diese Symptome werden von den Patienten nicht als krankhaft erkannt, sondern als Realität erlebt, d.h. die Patienten haben eine mangelnde Krankheitseinsicht.

■ **Residualphase.** Üblicherweise folgt der akuten Phase eine *Residualphase* mit *»negativer« Symptomatik,* die sich in

- sozialer Zurückgezogenheit,
- affektiver Verflachung,
- Antriebsarmut,
- Interessensverlust und
- sprachlicher Verarmung äußert.

Diese Negativsymptomatik stellt das eigentliche Problem in der Behandlung der Schizophrenie dar, kann sie doch dazu führen, daß Patienten langfristig hospitalisiert werden müssen oder die angestrebten Berufs- und Lebensziele nicht erreichen.

17.1.2
Diagnose der Schizophrenie

Da die Diagnose einer Schizophrenie erhebliche Konsequenzen für den betroffenen Patienten und seine Angehörigen hat, sollte diese nur aufgrund einer eingehenden Untersuchung und nach wissenschaftlich anerkannten Kriterien gestellt werden. Die Klassifikation psychischer Störungen erfolgt international mit Hilfe des »Diagnostischen und Statistischen Manuals psychischer Störungen« (DSM-IV; Saß et al., 1996, S. 327–373). In der

Bundesrepublik wird nach der »Internationalen Klassifikation psychischer Störungen« (ICD) der Weltgesundheitsorganisation diagnostiziert, die in der 10. Revision erschienen ist (ICD-10; Dilling et al., 1991).

Für die Diagnose der Schizophrenie sind das Vorhandensein von zwei charakteristischen psychotischen Symptomen erforderlich, die unbehandelt über einen Monat die meiste Zeit zu beobachten sind (es sei denn, die Symptome wurden erfolgreich behandelt). Insbesondere Wahn, Halluzinationen, Zerfahrenheit oder auffallende Lockerung der Assoziationen, ausgeprägt absonderliches oder katatones Verhalten und Negativsymptomatik wie flacher Affekt, Sprachverarmung oder Initiativlosigkeit zählen zu den Kernkriterien, die für die Diagnose wichtig sind.

Zur reliableren Bestimmung der Diagnose stehen eine Reihe von strukturierten Interviews zur Verfügung, z.B. für DSM-IV/ICD-10 das *Composite International Diagnostic Interview* (CIDI; Wittchen & Semler, 1991) oder das *Strukturierte Klinische Interview für DSM-IV* (SKID; Wittchen et al., 1997, s. Band 1, Kap. 10).

Zur differenzierten Bestimmung und Quantifizierung der Psychopathologie gibt es einige bewährte Verfahren:

- *Inpatient Multidimensional Scale* (IMPS; Hiller et al., 1986).

  Bei der IMPS handelt es sich um ein multidimensionales Fremdbeurteilungsverfahren zur Erfassung des psychopathologischen Befunds mit 90 operational definierten Symptomen.
- *Brief Psychiatric Rating Scale* (BPRS; Overall & Gorham, 1973; s. Hahlweg et al., 1995).

  Die BPRS wird v.a. zur Verlaufsbeurteilung bei schizophrenen Patienten eingesetzt und beinhaltet die Einschätzung von 18 Symptomen, z.B. Angst, Depression, Feindseligkeit, Mißtrauen/Argwohn, ungewöhnliche Denkinhalte, Größenerleben, Halluzinationen, Zerfall der Denkprozesse oder affektive Verflachung. Der Gesamtrohwert kann als Ausmaß der psychischen Gestörtheit interpretiert werden.

Typen der Schizophrenie
Die Schizophrenietypen sind durch das klinische Querschnittsbild definiert. Manche sind über die Zeit weniger stabil als andere, und ihre Aussagekraft für die Prognose ist unterschiedlich. Die häufig diagnostizierten Typen sind:

■ **Desorganisierter Typus (DSM-IV; ICD-10: F20.1 Hebephrenie).** Hauptmerkmale sind:

- Zerfahrenheit,
- auffallende Lockerung der Assoziationen oder erheblich desorganisiertes Verhalten und
- zusätzlich flacher und deutlich inadäquater Affekt.

Nebenmerkmale sind:

- Grimassieren,
- Manierismen,
- hypochondrische Beschwerden,
- extreme soziale Zurückgezogenheit und
- andere Absonderlichkeiten im Verhalten.

Dieses klinische Zustandsbild geht gewöhnlich mit starker sozialer Beeinträchtigung, schlechter prämorbider Persönlichkeitsentwicklung, frühem und schleichendem Beginn und einem chronischen Verlauf ohne wesentliche Remissionen einher.

■ **Katatoner Typus.** Beim klinischen Bild herrscht eines der folgenden Merkmale vor:

- katatoner Stupor oder Mutismus;
- katatoner Negativismus;
- katatone Rigidität;
- katatoner Erregungszustand;
- katatone Haltungsstereotypien.

Während eines katatonen Stupors oder der Erregung muß die Person sorgfältig überwacht werden, damit sie sich selbst oder andere Personen nicht verletzt.

■ **Paranoider Typus.** Hauptmerkmal ist das Vorherrschen einer oder mehrerer Wahnsysteme oder häufiger akustischer Halluzinationen, die sich auf ein einzelnes Thema beziehen. Nebenmerkmale sind ungerichtete Angst, Wut, Streitsucht und Gewalttätigkeit. Die Beeinträchtigung der allgemeinen Leistungsfähigkeit kann gering sein. Der Beginn ist meist später als bei den anderen Subtypen, einige Hinweise sprechen für eine bessere Prognose des paranoiden Typus.

Weiterhin sind in DSM-IV und ICD-10 noch der *undifferenzierte Typus,* der *residuale Typus* und in der ICD-10 noch die *Schizophrenia simplex* aufgeführt.

Zusammenfassend muß betont werden, daß die Untergruppen oft zeitlich instabil sind, phänomenologisch eher unspezifisch und die Validität begrenzt zu sein scheint (McGlashan & Fenton, 1991). Der katatone Typus tritt zumindest in In-dustrieländern nur noch selten auf. In der Regel werden sowohl für kurze wie für langfristige Katamnesen die günstigsten Verläufe beim paranoiden, die ungünstigsten beim hebephrenen Typus gefunden. Hierbei ist zu beachten, daß letzterer eine zeitlich geringere Stabilität als der paranoide Typus aufweist. Die Typenklassifikation ist daher mit gebührender Vorsicht zu betrachten, sie wurde hier breiter dargestellt, da die Diagnosen häufig in dieser Form gestellt werden und den Betroffenen meist bekannt sind.

17.2 Häufigkeit und Verlauf

17.2.1 Häufigkeit

Schizophrenie: Häufigkeit und Verlauf	
Lebenszeitprävalenz:	1%, unabhängig von Kultur und Rasse
Geschlechterverteilung:	50:50
Erkrankungsalter:	Männer erkranken 5 Jahre früher als Frauen
Verlauf:	25% nur 1 Phase; 50% mehrere Phasen, Beeinträchtigungen im sozialen Bereich; 25% chronischer Verlauf.

Insgesamt erkranken Männer und Frauen etwa gleich häufig, es gibt jedoch einen bisher nicht erklärten Geschlechtsunterschied: Männern erkranken früher, im Mittel zwischen 20 und 25 Jahren, Frauen später, zwischen 25 und 30 Jahren (Häfner et al., 1991). Es handelt sich im übrigen um eine relativ häufige Erkrankung, die Lebenszeitprävalenz liegt bei ca. 1%, d.h. 1 von 100 Erwachsenen wird im Laufe des Lebens an einer schizophrenen Psychose erkranken. Erstaunlicherweise scheint diese Erkrankungsrate in verschiedenen Kulturen und Rassen konstant zu sein, wie zwei von der WHO durchgeführte Studien in sehr unterschiedlichen Ländern kürzlich gezeigt haben (Jablenski et al., 1992).

17.2.2
Verlauf

Die Vorstellung Kraepelins einer chronisch-körperlichen Erkrankung bestimmt auch heute noch in weiten Teilen das Bild in der Öffentlichkeit und z. T. auch der biologisch orientierten Psychiatrie, obwohl neuere Langzeitkatamnesen mit einer Katamnesedauer bis zu 37 Jahren ein deutlich positiveres Bild aufweisen (Ciompi & Müller, 1976; Harding et al., 1987):

> Bei ca 25% der Ersterkrankten kommt es zur völligen Remission, ca. 50% erleben zwar mehrere Phasen, sind sozial aber mehr oder weniger angepaßt – dies hängt v. a. von der Hilfe ab, die die Patienten erhalten –, und nur bei ca. 25% kommt es zu chronischen Endzuständen, wie von Kraepelin postuliert, die dann eine langfristige Hospitalisation erfordern.

Auch heute noch sind ca. 65% aller psychiatrischen Patienten in den psychiatrischen Landeskrankenhäusern Schizophrene; wobei sich hier die Frage stellt, ob die beobachtete Rückzugssymptomatik nicht auch durch die Hospitalisierung selbst hervorgerufen wird, also nicht ursächlich durch die Grunderkrankung bedingt ist. Insgesamt bringt die Erkrankung für die Patienten drastische Beeinträchtigungen mit sich, v. a. im beruflichen und sozialen Bereich.

■ **Kosten.** Das frühe Erkrankungsalter (ab 17 Jahre) und die Chronifizierung bedingen außerdem, daß die Schizophrenie ganz erhebliche Kosten verursacht. In einer australischen Studie unter Einbezug der direkten und indirekten Kosten zeigte sich, daß Patienten mit Herzinfarkt insgesamt nur etwa doppelt so hohe Kosten verursachen wie schizophrene Patienten, obwohl Herzinfarkte sechsmal so häufig sind (Andrews et al., 1985).

17.3
Belastung der Angehörigen

Die Verbesserung der Behandlungsmöglichkeiten schizophren Kranker hat zu einer deutlichen Verlagerung der Schwerpunkte der Behandlung geführt: Blieben die Patienten noch bis in die 60er Jahre oft als sog. »Langzeitpatienten« in psychiatrischen Großkrankenhäusern, so haben verkürzte Verweildauern im Krankenhaus und der Ausbau komplementärer Versorgungseinrichtungen zu einer vermehrten Belastung der Familien im Rahmen der Rehabilitation bzw. Pflege und Versorgung der Betroffenen geführt. Mit der Betreuung sind meist erhebliche Belastungen und Probleme verbunden, die sich aus dem auffälligen Verhalten der Patienten ergeben können. Ihr bizarres Sozialverhalten führt leicht zur Isolation der Familie, insbesondere der Mütter. Mehr als die Hälfte der Angehörigen schizophrener Patienten klagen selbst über behandlungsbedürftige psychische Symptome, meist Depressionen und Ängste (Katschnig, 1989). Diese Belastungen der Angehörigen werden noch zu selten in der Therapie berücksichtigt. Im Gegenteil, die Eltern werden z. T. mehr oder minder deutlich für die Erkrankung ihrer Kinder verantwortlich gemacht (Katschnig & Konieczna, 1986), und die Therapeuten gehen oft nur unzureichend auf die Bedürfnisse der Angehörigen ein: ca. 50% der Angehörigen sind unzufrieden mit der Behandlung, sie wünschen sich mehr Unterstützung, Information über die Erkrankung und eine stärkere Einbeziehung in die Therapie (Spaniol et al., 1987).

In der therapeutischen Arbeit mit Familien wird aber auch deutlich, daß trotz der hohen Belastung ein großes Potential an Toleranz und Fürsorge vorhanden ist. Auf das Symptomverhalten wird oft erstaunlich gelassen reagiert; Familien entwickeln Bewältigungsstrategien, die trotz vorhandener Beeinträchtigungen die Zufriedenheit aller Beteiligten ermöglichen. Insgesamt sollte das übergeordnete Ziel von Rehabilitationsmaßnahmen darin bestehen, dieses Selbsthilfepotential zu fördern.

17.4
Kognitiv-verhaltenstherapeutisches Störungskonzept: das Vulnerabilitäts-Streß-Modell zur Entstehung schizophrener Episoden (VSM)

Die Suche nach der biologischen Ursache der Schizophrenie ist trotz intensivster Anstrengungen bis heute erfolglos geblieben. Diskutiert werden – um nur einige zu nennen – Störungen des Dopaminhaushalts, strukturelle Veränderungen des ZNS oder eine Slow-virus-Hypothese. Unser Wissen um die Neurobiologie der Schizophrenie wird am deutlichsten charakterisiert durch Manfred Bleulers Ausspruch (1972), daß es sich um »winzige Körnchen Wissen in einem Meer von Unwissenheit« handelt.

Seit den fünfziger Jahren wurden von Familien-therapeuten auch Vermutungen geäußert, daß die Art der elterlichen Kommunikation verantwortlich für das Entstehen schizophrener Störungen sei. Zu erwähnen sind hier v. a. die Konzepte »kommunikative Abweichung« (»communication deviance«) von Singer et al. (1978) und »Doppelbindung« (»double bind«) von Bateson et al. (1956). Während erstere davon ausgingen, daß bestimmte formale Kommunikationsstörungen der Eltern es dem Kind unmöglich machten, die Realität richtig einschätzen zu lernen, bestand der Kerngedanke von Bateson et al. darin, daß Kommunikation auf unterschiedlichen Ebenen (z. B. der verbalen und der nonverbalen) stattfinde und daß auf den verschiedenen Ebenen sich widersprechende Botschaften gleichzeitig gegeben werden könnten. Schizophrenie entstehe dann, wenn ein Kind gehäuft von wichtigen Bezugspersonen hinsichtlich emotional bedeutsamer Inhalte mit in sich widersprüchlicher Kommunikation konfrontiert werde, ohne daß es die Widersprüchlichkeit aufklären oder aus der Situation fliehen könne.

Bisher fanden sich *keine empirischen Hinweise* für die Gültigkeit dieser Theorien zur familiären Verursachung schizophrener Psychosen. Neben der Tatsache, daß man die empirische Überprüfung mit unzureichenden methodischen Mitteln versucht hat (Hahlweg et al., 1995), dürfte dies v. a. darauf zurückzuführen sein, daß ein ausschließlicher Erklärungsversuch aus familiären Faktoren die Ätiopathogenese schizophrener Psychosen zu sehr vereinfacht. Die familienorientierte empirische Schizophrenieforschung hat deshalb den ätiologischen Ansatz aufgegeben zugunsten eines komplexeren Modells, welches familiäre Variablen als Teilaspekt eines komplizierten Gefüges aus biologischen, psychologischen und sozialen Einflußfakoren auf den Verlauf schizophrener Psychosen versteht.

> Gesichert erscheint nach Familien-, Zwillings- und Adoptivstudien eine genetische Beteiligung. Das Risiko, an einer Schizophrenie zu erkranken, beträgt ca. 12%, wenn ein Elternteil schizophren ist; die Konkordanzrate bei eineiigen Zwillingen liegt bei 40–50%, bei zweieiigen bei ca. 15% (Gottesman & Shields, 1982). Umweltfaktoren müssen demnach ebenfalls eine bedeutende ätiologische Rolle spielen.

■ **Das Vulnerabilitäts-Streß-Modell.** Im Gegensatz zu rein biologisch orientierten Modellen und

den systemischen Familientheorien der Schizophrenie erkennt das heuristische, interaktive Vulnerabilitäts-Streß-Modell (Liberman et al., 1986; Nuechterlein & Dawson, 1984) die Schizophrenie als nosologische Einheit an. Es versucht, gesicherte Befunde der empirischen Schizophrenieforschung zu integrieren und berücksichtigt von daher neben familiären auch andere psychosoziale und insbesondere auch biologische Faktoren.

Ausgehend von den empirischen Hinweisen auf genetische Faktoren erkennt das Modell eine starke biologische Komponente in der Ätiologie und im Verlauf der Schizophrenie an. Es geht aber davon aus, daß nicht die Krankheit selbst, sondern lediglich bestimmte, sich interaktiv bedingende Vulnerabilitätsmerkmale vererbt oder durch prä- bzw. perinatale Traumata erworben werden. Nach dem VS-Modell entstehen die schizophrenen Symptome aus einer Interaktion von Einflüssen auf den Ebenen der Biologie, der Umwelt und des Verhaltens. Es wird davon ausgegangen, daß Schizophrene v. a. durch folgende trait-ähnliche *Vulnerabilitätsindikatoren* gekennzeichnet sind, die vor, während und nach einer psychotischen Phase zu beobachten sind (s. Abb. 17.1):

- Störungen von Aufmerksamkeit und Informationsverarbeitung. Es wird angenommen, daß Schizophrene nur über eine verringerte Informationsverarbeitungskapazität verfügen und bei komplexen Anforderungen leicht ablenkbar sind. Während relativ einfache Aufgaben noch gut bewältigt werden, ist die Fehlerquote um so größer, je komplexer die Aufgaben werden, d. h. je mehr Verarbeitungskapazität erforderlich ist.
- Dysfunktionen des autonomen Nervensystems. Die Orientierungsreaktion auf einen neuen, neutralen Reiz kann als grundlegende Voraussetzung der Informationsverarbeitung gelten. Sie äußert sich in motorischen Reaktionen, zentralnervöser Aktivität und Änderungen im vegetativen (autonomen) Bereich. Eine Komponente der autonomen Orientierungsreaktion ist die elektrodermale Aktivität (EDA). Ungefähr 45% der Schizophrenen sind Nonresponder, d. h. es waren keine Veränderungen der Hautleitfähigkeit auf einen Orientierungsreiz zu beobachten, bei Gesunden betrug die Rate 9%. Bei den schizophrenen Respondern wurde weiterhin häufig eine erhöhte Rate von Hyperrespondern (Nichthabituierer) beobachtet und teilweise auch eine erhöhte tonische Aktivität berichtet. Insgesamt können diese autonomen Dysfunktionen als Ausdruck eines mißlungenen biopsychischen Regulationsversuchs der primären Hyperreaktivität auf aversive Reize

bei schizophrenen Patienten interpretiert werden. Nonresponder sollen eher durch Negativsymptomatik, Hyperresponder eher durch Positivsymptomatik gekennzeichnet sein.

- Nach dem VS-Modell interagieren die beiden Vulnerabilitätsfaktoren miteinander und bedingen im Entwicklungsverlauf von Risikopersonen die Ausbildung einer schizotypischen Persönlichkeit, die durch interpersonelle Kontaktstörungen und insgesamt eine eingeschränkte soziale Kompetenz gekennzeichnet ist.

Damit die genetisch kodierte oder erworbene Diathese sich tatsächlich auch im Phänotyp niederschlägt, muß sie durch externe »trigger«, d.h. spezifische Umweltfaktoren, aktiviert werden.

> Eine schizophrene Episode wird demnach ausgelöst, wenn die genannten Vulnerabilitätsfaktoren mit ungünstigen Umweltbedingungen in Interaktion treten.

Zu nennen sind hier:

- ein emotional belastendes Familienklima, z.B. eine hohe Expressed-emotion-Ausprägung,
- eine überstimulierende soziale Umgebung und
- belastende Lebensereignisse.

Für diese Modellannahme sprechen die Ergebnisse der *finnischen Adoptivfamilienstudie* bezüglich der Ätiologie schizophrener Störungen (Tienari et al., 1987). Ausgangspunkt der Untersuchung war eine Totalerhebung aller finnischen Frauen, die seit 1960 mit der Diagnose »Schizophrenie« stationär behandelt wurden. Unter den 19 447 Patientinnen hatten über 200 ihre Kinder zur Adoption freigegeben (Experimentalgruppe). Aus dem Adoptionsregister wurde eine parallelisierte Kontrollgruppe von

Adoptionsfamilien erstellt, die mit der Experimentalgruppe in den wesentlichen sozioökonomischen Variablen übereinstimmte. Es zeigte sich eine höhere Rate von schweren psychischen Störungen (Persönlichkeitsstörungen, Psychosen) bei den adoptierten Kindern schizophrener Mütter (30,5%) im Vergleich zu den Kindern von Müttern ohne psychische Vorbelastung zum Zeitpunkt der Geburt (16,2%). In der Experimentalgruppe war bei 6,7% der Kinder eine schizophrene Störung aufgetreten, in der Kontrollgruppe nur bei einem Kind (0,95%). Diese Befunde entsprechen den Ergebnissen der dänischen Adoptionsstudie von Rosenthal et al. (1971). Darüber hinaus zeigte sich ein deutlicher Zusammenhang zwischen der familiären Gestörtheit, die aufgrund einer ausführlichen Untersuchung im Haushalt der Familie eingeschätzt wurde und dem Auftreten psychischer Störungen bei den Kindern: Von den Kindern schizophrener Mütter, die in einer gestörten Familie aufwuchsen, entwickelten 63% eine schwere psychische Störung im Vergleich zu 37% der Kinder psychisch gesunder Mütter, die in einer gestörten Adoptionsfamilie aufwuchsen.

Diese Ergebnisse stützen in bedeutsamen Maße die Vulnerabilitäts-Streß-Hypothese: Vulnerable Kinder sind sensitiver für ungünstige Umweltbedingungen und entwickeln demnach häufiger psychische Störungen, insbesondere auch schizophrene Psychosen.

Nach dem VS-Modell beginnt der zur akuten Krankheitsphase hinführende Prozeß damit, daß einer der genannten Umweltfaktoren Streß er-

Abb. 17.1. Vulnerabilitäts-Streß-Modell und Therapiemethoden

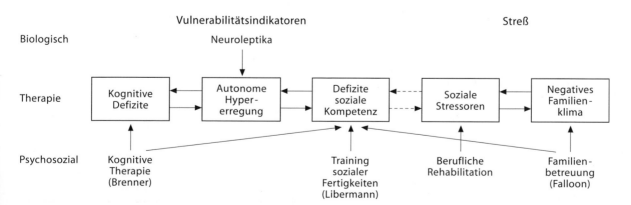

zeugt, der aufgrund unzureichender Bewältigungsstrategien zu autonomer Hypererregung führt. In der Folge werden die kognitiven Defizite verstärkt, was im Sinne einer positiven Feedbackschleife wiederum den sozialen Streß erhöht. Nach dem Überschreiten einer hypothetischen Schwelle tritt der Prozeß in ein Prodromalstadium ein, in welchem symptomatisch v. a. Streßanzeichen dominieren. Ohne Intervention oder eigene Bewältigungsversuche schaukeln sich die Defizite durch additive und interaktive Effekte weiter auf, und so kommt es schließlich zum Ausbruch der eigentlichen schizophrenen Symptome, zu einer weiteren Beeinträchtigung der sozialen Anpassung und auch der beruflichen Leistungsfähigkeit.

Verlauf und Ergebnis des schizophrenen Krankheitsprozesses hängen aber nicht nur vom Zusammenspiel der genannten Belastungsfaktoren ab, sondern werden auch durch Bewältigungskompetenzen und neuroleptische Medikation bzw. Problemlösekompetenzen in der Familie und unterstützende psychosoziale Interventionen als schützende und hilfreiche Faktoren auf seiten des Patienten und der sozialen Umgebung beeinflußt. So wird eine psychotische Exazerbation beispielsweise ausbleiben, wenn der Patient auftretende Lebensereignisse wie etwa einen Verlust des Arbeitsplatzes gut bewältigen kann, oder wenn er gegen ein emotional belastendes Familienklima oder eine überstimulierende Umwelt durch Medikation und psychologische Betreuung in ausreichendem Maße abgeschirmt ist.

Thurm & Häfner (1987) gingen der Frage nach, ob chronisch schizophrene Patienten sich ihrer Vulnerabilität bewußt sind. Insbesondere interpersonelle Konflikte in Familie und Partnerschaft wurden von den Patienten subjektiv als ungünstig erlebt, da sie häufig zu symptomatischer Verschlechterung führten. Die wichtigsten Rückfallbewältigungsstrategien der Patienten waren: Vermeiden emotionaler Konflikte und Belastungen und Sozialkontakte eingehen, in denen die emotionale Beteiligung gering ist. Nur 8% der Patienten meinten, daß sie nichts machen könnten, um einen Rückfall zu vermeiden. Insgesamt stützen diese Befunde die Grundannahme des VSM-Modells, daß vor allem interpersonelle Faktoren als Streßvariablen bedeutsam sind.

17.5
Expressed-emotion-Forschung

Nach den Untersuchungen von Brown et al. (1972) und Vaughn & Leff (1976) haben bestimmte Einstellungen der nächsten Angehörigen des Patienten entscheidenden Einfluß darauf, ob ein schizophrener Patient 9 Monate nach Entlassung aus stationärer Behandlung rückfällig wird oder nicht. Das Expressed-emotion-(EE-)Konzept stellt einen der zentralen Forschungszweige innerhalb des Vulnerabilitäts-Streß-Modells dar und bildet die theoretische Grundlage für die später dargestellten Familienbetreuungsansätze.

Auf die zufällige Beobachtung hin, daß die Rückfallquote entlassener Schizophreniepatienten von der sozialen Gruppe, in die sie zurückkehrten, massiv beeinflußt wurde (Brown, 1959), untersuchten Brown et al. gezielt das emotionale Klima in der Familie. Sie entwickelten dazu das sog. »Camberwell Family Interview« (CFI; Brown et al., 1972; Camberwell nach dem Stadtteil in London, in dem die Studien durchgeführt wurden). Das CFI ist ein halbstandardisiertes Interview über Beginn und Entwicklung der gegenwärtigen psychotischen Episode und ihre Auswirkungen auf die häusliche Atmosphäre. Es wird mit den wichtigsten Bezugspersonen des Patienten möglichst innerhalb von 2–3 Wochen nach dessen Klinikaufnahme geführt. Als wichtigste Bezugspersonen gelten solche, mit denen der Patient engen Kontakt hat, meist werden Mutter, Vater oder Ehepartner, seltener Großeltern oder Geschwister befragt. Das Interview wird zur späteren Auswertung auf Tonband aufgenommen und dauert ca. 1–2 Stunden.

Camberwell Family Interview (CFI)

Datenerhebung

Durchführung: Semistrukturiertes Interview mit *einem* Familienangehörigen; Tonbandaufnahme

Ziele: Erfassung von Patientenvariablen und Lebensereignissen 3 Monate vor stationärer Aufnahme

Dauer: 1–2 Stunden

Inhalt:
- psychiatrische Geschichte, Symptome;
- Verhalten bei Konflikten, Reizbarkeit;
- Kontakt mit Patienten.

Datenauswertung

Variable	Skala	Analyseeinheit
Kritik (Mißbilligung, Abneigung, Groll)	Häufigkeit	Sinneinheit
Feindseligkeit (Ablehnung des Patienten)	Ja/Nein	Gesamtinterview
Extreme emotionale Beteiligung (EOI)	Fünf-Punkte-Rating	Gesamtinterview
Wärme (Sympathie, Sorge)	Vier-Punkte-Rating	Gesamtinterview

Expressed Emotion und Rückfall

Diagnose	HEE	NEE
Schizophrenie	53%	19%
Depression	64%	11%
bipolar-manische Störungen	90%	54%

Zur Bestimmung der EE-Ausprägung des Angehörigen schätzten ausgebildete Rater auf der Basis von Ton- oder Videoaufnahmen die Aussagen des Angehörigen bezüglich seiner Einstellungen und Gefühle gegenüber dem Patienten auf drei Skalen ein:

- Kritik (KR): Ausdruck von Mißbilligung, Ärger, Abneigung oder Groll gegenüber dem Patienten. Es wird die Anzahl kritischer Äußerungen gezählt, wobei verbale und nonverbale Aspekte (Betonung, Änderung der Sprechgeschwindigkeit, Anheben der Stimme) berücksichtigt werden, z.B.: »Im ganzen Haus läßt sie das Licht brennen; das geht doch nicht!« (ärgerlicher, aufgebrachter Tonfall, schnellere Sprechgeschwindigkeit). »Es ist immer schlimmer geworden; nichts räumt er auf ... er tut überhaupt nichts!« (abfälliger, wütender Tonfall, Anheben der Stimme).
  Die Einschätzung auf den anderen Ratingskalen erfolgt, nachdem das ganze Interview angehört wurde.
- Feindseligkeit (Vier-Punkte-Rating: 0–3): Hier erfolgt eine Beurteilung, ob der Patient wegen überdauernder persönlicher Eigenschaften mißbilligt wird und nicht wegen umschriebener Verhaltensweisen oder Merkmale. Anhaltspunkte bilden generalisierende und persönlich abwertende Äußerungen, z.B. »Der ist einfach stinkfaul!«; »So was Dusseliges und Nichtsnutziges habe ich noch nicht erlebt!«
- Emotionales Überengagement (»emotional overinvolvement«, EOI-Ratingskala: 0–5): Hier wer-

den eine Reihe von verschiedenen Verhaltensweisen und Emotionen (z.B. Weinen während des Interviews) bewertet, z.B.:
  Äußerungen, die eine große bis extreme Sorge oder Fürsorglichkeit (Protektivität) widerspiegeln, z.B. ständiges Grübeln, Besorgnis, Abhängigkeit des eigenen Zustands vom Patienten (»Ich denke ständig daran, was aus ihm werden soll.«) oder Aufopferung, z.B. Aufgabe von Kontakten und Beschäftigungen wegen des Patienten; große persönliche Einschränkungen; den Patienten überallhin mitnehmen; nicht schlafen können, wenn der Patient nicht da ist (»Ich tue alles für ihn, wenn es ihm nur gut geht«).

Die Bestimmung des EE-Status des Angehörigen bei schizophrenen Patienten erfolgt nach folgenden Kriterien:

Hoch-EE (HEE): Sechs oder mehr kritische Äußerungen oder ein Rating von 1 oder höher auf der Skala »Feindseligkeit« oder ein Rating von 3 oder höher auf der EOI-Skala. Kombinationen können vorkommen, d.h. eine Person kann sowohl HEE aufgrund der häufigen kritischen Äußerungen sein als auch HEE in bezug auf EOI. Circa 85% der HEE-Angehörigen schizophrener Patienten erzielen diesen Status aufgrund der Variable Kritik, 15% allein aufgrund der EOI-Skala (Hahlweg et al., 1995). Alle anderen Angehörigen werden als *Niedrig-EE (NEE)* eingeschätzt.

Ist in der Familie ein Angehöriger »hoch-EE«, so wird die Gesamtfamilie als HEE eingeschätzt.

17.5.1
Expressed-Emotion und der Verlauf schizophrener Störungen

In der Studie von Brown et al. (1972) ergaben sich Rückfallraten von 58% für schizophrene Patienten aus HEE-Familien im Gegensatz zu 16% für Patienten in NEE-Familien. Seitdem wurden 26 Replikationsstudien in England, USA, Indien, Polen, Jugoslawien, Frankreich, Spanien und der BRD durchgeführt (Kavanagh, 1992). Insgesamt ergab sich eine beeindruckende Bestätigung des von Brown et al. (1972) gefundenen Zuammenhangs zwischen EE und Krankheitsverlauf: In 20 von 23 Studien lag die Rückfallrate im Katamnesezeitraum bei den HEE-Patienten signifikant über der der NEE-Patienten. Im Durchschnitt ergab sich ein Verhältnis von 53% zu 19% neun Monate nach Entlassung.

> Insgesamt kann der Zusammenhang zwischen emotionalem Familienklima und Krankheitsverlauf bei schizophrenen Psychosen als empirisch gesichert angenommen werden.

Als ein interagierender Faktor wurde das Auftreten unabhängiger belastender Lebensereignisse gefunden: Bei rückfälligen Patienten aus NEE-Familien waren solche Ereignisse innerhalb von drei Wochen vor der Episode gehäuft aufgetreten, bei Patienten mit HEE-Angehörigen dagegen nicht (Leff & Vaughn, 1980).

Die EE-Ausprägung wurde im übrigen nicht nur bei Familienangehörigen, sondern auch beim Pflegepersonal in psychiatrischen Institutionen mit einem überwiegenden Anteil schizophrener Patienten untersucht. Die Ergebnisse zeigen, daß HEE-Einstellungen auch beim Pflegepersonal häufig anzutreffen sind (Ball et al., 1992).

Der Zusammenhang zwischen EE und Krankheitsverlauf ist im übrigen nicht spezifisch für schizophrene Erkrankungen, sondern gilt auch für andere psychische Störungen, v.a. für depressive (Hooley et al., 1986), bipolar-manische Erkrankungen (Miklowitz et al., 1987) sowie für Eßstörungen (van Furth, 1991).

17.5.2
Konstruktvalidierung des EE-Maßes

Eine wichtige Frage innerhalb der EE-Forschung betrifft die Mechanismen, die bei der Auslösung einer schizophrenen Episode durch das emotionale Familienklima beteiligt sind: Auf welche Weise beeinflussen die gegenüber einem Dritten geäußerten Einstellungen über den Patienten den Verlauf der Schizophrenie? Bei der Beantwortung dieser Frage nach der Konstruktvalidität des EE-Maßes bei schizophrenen Patienten wurden bisher v.a. zwei Wege beschritten. Zum einen untersuchte man die psychophysiologische Aktivierung der Patienten, wenn sie mit HEE- bzw. NEE-Angehörigen im direkten Kontakt standen, zum anderen analysierte man das interaktive Verhalten der Angehörigen gegenüber dem Patienten.

EE und psychophysiologische Aktivierung
Hinter der ersten Strategie stand die Vermutung, direkter Kontakt mit einem Angehörigen führe dann beim Patienten zu erhöhter autonomer Erregung, wenn der Angehörige sehr kritisch eingestellt sei und/oder sich emotional übermäßig engagiere. Bislang konnten eine Reihe von Studien

diese Annahme für schizophrene Patienten bestätigen (Tarrier & Turpin, 1992). Trotz widersprüchlicher Detailbefunde, die zum Großteil auf unterschiedliche Untersuchungsdesigns und -methoden zurückgehen, zeigte sich übereinstimmend, daß die elektrodermale Aktivität als Maß für die autonome Erregung bei Patienten signifikant höher lag, wenn sie mit HEE-Angehörigen in direkter Interaktion standen.

EE und familiäre Kommunikationsmuster
Der zweiten Strategie zur Konstruktvalidierung lag die Annahme zugrunde, die mit dem EE-Index erfaßten Einstellungen der Angehörigen müßten sich auch in ihrem Verhalten gegenüber dem Patienten niederschlagen, da sie nur so auf ihn einen Effekt ausüben könnten. Gemessen werden mit dem CFI im wesentlichen die Einstellungen des Familienangehörigen zum Patienten; da das CFI nur mit den Bezugspersonen durchgeführt wird, ist fraglich, ob sich bei Angehörigen mit einem hohen Ausmaß an EE auch in der tatsächlichen, täglichen Interaktion mit dem Patienten ähnlich negative Verhaltensweisen zeigen.

In einer Reihe von Untersuchungen ließ sich die Annahme auf eindrucksvolle Weise bestätigen (Strachan et al., 1986).

> In diesen Studien wurden Familien mit einem schizophrenen Patienten gebeten, familiäre Konflikte zu besprechen. Diese Diskussionen wurden auf Video aufgezeichnet und später mit Hilfe geeigneter Beobachtungssysteme ausgewertet. Es zeigte sich, daß eine kritische Einstellung des Angehörigen sich auch in seinem Verhalten dem Patienten gegenüber widerspiegelt: sie sind nonverbal negativer und kritisieren den Patienten häufig; emotionales Überengagement korreliert dagegen mit der Häufigkeit des »Gedankenlesens« (der Angehörige gibt während der Diskussion vor, genau über Gefühle und Gedanken des Patienten Bescheid zu wissen). NEE- und emotional überinvolvierte Angehörige zeichneten sich demgegenüber durch positives nonverbales Verhalten, Akzeptanz des Gesprächspartners und konstruktive, positive Lösungsvorschläge aus, zeigten also einen insgesamt positiv-unterstützenden Stil (Hahlweg et al., 1989; Müller et al., 1992).
>
> Darüber hinaus ließen sich mit dem Kategoriensystem für partnerschaftliche Interaktion (KPI) auch EE-spezifische Verhaltensweisen der Patienten aufzeigen. In direkter Interaktion mit HEE-kritischen Angehörigen erwiesen sie

sich als nonverbal negativer, sie äußerten mehr Rechtfertigungen und lehnten die Verantwortung für das zur Diskussion stehende Problem öfter ab, als wenn sie mit NEE- oder emotional überengagierten Angehörigen sprachen.

Bei HEE-Familien fanden sich weiterhin langandauernde verbale und v. a. nonverbale negative Eskalationen. Als Eskalationen gelten Interaktionssequenzen, bei denen sich dieselbe Kommunikationsform mit hoher bedingter Wahrscheinlichkeit wiederholt, ohne von anderen Kommunikationsformen unterbrochen zu werden. Wichtig ist zu betonen, daß Angehörige und Patient offenbar gleichermaßen zur Aufrechterhaltung des negativen Gesprächsstils beitragen. Es spielte keine Rolle, ob Patient oder Angehöriger die negative Eskalation in Gang setzte: In beiden Fällen kam es zu den unerwünschten Interaktionen.

Wichtig erscheint auch der Befund, daß die Schwere der Symptomatik bei stationärer Aufnahme das Interaktionsverhalten der Angehörigen bei Entlassung beeinflußt (Müller et al., 1992). Daß sie sich bei Patienten mit relativ geringer Symptomatik in den Konfliktgesprächen negativer verhielten als bei Patienten mit ausgeprägter Symptomatik, könnte mit Attributionsprozessen zusammenhängen: Kritik am Patienten wird v. a. dann geäußert, wenn internale Gründe für das (vermeintliche) Fehlverhalten angenommen werden, z. B. böser Wille, Faulheit oder Desinteresse; dies wird eher bei Patienten geschehen, deren Symptomatik nicht so ausgeprägt ist. Wird das Fehlverhalten dagegen auf externale Gründe zurückgeführt, z. B. auf die Krankheit bei Patienten mit starker Symptomatik, so wird eher Nachsicht geübt, d. h. die Interaktion verläuft weniger negativ.

In Verbindung mit den Ergebnissen der psychophysiologischen Studien, wonach HEE-Interaktion mehr Streß hervorruft als NEE-Interaktion, konnten somit eindrucksvolle Hinweise auf die Validität des EE-Konstruktes gesammelt werden.

■ **Die UCLA-Risikostudie.** Bisher wurde der Einfluß der beschriebenen familiären Variablen in bezug auf die Entstehung schizophrener Psychosen nur in einer Studie untersucht (Goldstein, 1988). In diesem an der University of California (UCLA) durchgeführten Projekt zur Vorhersage von schizophrenen Erkrankungen bei Jugendlichen wurde eine Gruppe von 64 Familien über einen Zeitraum von 15 Jahren hinweg untersucht.

In die Studie wurden Familien aufgenommen, die wegen Verhaltensauffälligkeiten eines ihrer Kinder im Jugendalter in einer psychologischen Beratungsstelle um Hilfe nachgesucht hatten. Zu Beginn wurden zwei Klassen von Prädiktoren festgelegt, um die Wahrscheinlichkeit zu bestimmen, mit der der Jugendliche an einer schizophrenen Störung erkranken könnte: zum einen die Verhaltensstörung, zum anderen elterliche Variablen wie Kommunikationsstörungen (»communication deviance«, CD), negativer affektiver Stil (AS) während der direkten Interaktion mit dem Jugendlichen und das Ausmaß an Expressed Emotion (EE). 54 Jugendliche aus den ursprünglich 64 Familien konnten erfolgreich über einen Zeitraum von 15 Jahren nachuntersucht werden. Die Indexfälle wurden psychiatrisch untersucht und DSM-III-Diagnosen erstellt, wobei die Untersucher »blind« hinsichtlich der genannten Kriterien waren. Die Art der Verhaltensstörung erwies sich als nicht prognostisch relevant, wohingegen die Kombination der elterlichen Variablen (CD und AS) in hohem Maße das Auftreten von Erkrankungen aus dem schizophrenen Formenkreis vorhersagen konnte.

■ **Probleme mit dem EE-Konzept.** Abschließend sei noch davor gewarnt, in vereinfachender Weise das »hilfreiche NEE-Klima« der »schädlichen HEE-Atmosphäre« gegenüberzustellen. Unter den NEE-Angehörigen sind auch solche, die weniger aufgrund von Zurückhaltung und Toleranz als vielmehr aufgrund resignativer, apathischer Teilnahmslosigkeit so klassifiziert werden. In der Studie von Stricker & Schulze-Mönking (1989) wurden alle Patienten, die in resignierten Familien lebten, rückfällig. Eine protektive Familienatmosphäre setzt also tatsächlich mehr voraus als die bloße Abwesenheit von Kritik und Überengagement.

Mit der Klassifizierung eines Angehörigen als »HEE« und der Diskussion dieses Konstrukts als Rückfallprädiktor gehen implizit – von den Autoren sicher unbeabsichtigt – negative Beurteilungen der Angehörigen und für die Bewältigung der Krankheit sehr ungünstige *Schuldzuweisungen* einher. Betont werden muß in diesem Zusammenhang, daß der Patient (z. T. aufgrund seiner Erkrankung, insbesondere der Negativsymptomatik) ebenso zur Ausgestaltung des Familienklimas und zur mangelhaften Problemlösung beiträgt wie die Angehörigen. Eine einseitige Schuldzuweisung an die HEE-Angehörigen, für den Rückfall verantwortlich zu sein, verbietet sich nach diesen Befunden. Um der Tragweite der Erkrankung und der Schwierigkeit von Bewältigungsversuchen aller

Betroffenen (besonders der Familie) gerecht zu werden, ist eine sehr viel differenziertere Sichtweise erforderlich. Die genaue Analyse von Interaktionsprozessen zwischen Patienten und Angehörigen, die nicht durch einseitigen Einfluß der Angehörigen, sondern in Wechselwirkung miteinander entstehen, macht eine objektivere Sicht möglich: Welche Rolle die Angehörigen schizophrener Patienten im weiteren Verlauf der Erkrankung tatsächlich einnehmen, läßt sich nur im komplexen Zusammenhang mit familiären Bedingungen verstehen, zu denen die Person des Patienten ebenso gehört wie z. B. wirtschaftliche oder soziale Bedingungen, die entweder belastend oder entlastend für die Familie sein können.

17.6
Therapie

17.6.1
Medikamentöse Therapie der Schizophrenie

Der erste große Schritt zu einer Linderung der Symptomatik und zu einer günstigen Beeinflussung des Krankheitsverlaufs wurde mit der Entdeckung und breiten Einführung der Neuroleptika in den 50er Jahren gemacht. Im Rahmen der Rückfallprophylaxe bei schizophrenen Psychosen ist die neuroleptische Langzeittherapie seither die Methode der Wahl. So werden in kontrollierten Studien unter Neuroleptika innerhalb von sechs Monaten nur ca. 20%, unter Placebo aber 55% der Patienten rückfällig. Nach zwei Jahren betrugen die entsprechenden Rückfallraten 40% bzw. 92%. Unter klinischen Praxisbedingungen liegen die Rückfallraten nach einem Jahr bei 50–60% (Wiedemann & Dose, 1995).

■ **Nebenwirkungen.** Allerdings klagen ca. 50% der neuroleptisch behandelten Patienten über unangenehme, unerwünschte Arzneimittelwirkungen (UAW) der Neuroleptika:

* Blick- oder Zungen-Schlund-Krämpfe,
* motorische »Einmauerung«,
* kleinschrittiger Gang,
* keine Mitbewegungen der Arme beim Gehen,
* Sitzunruhe und
* depressive Verstimmungen.

Diese können nur teilweise durch Reduktion der Dosierung bzw. Anwendung von Anticholinergika (z. B. Akineton®) positiv beeinflußt werden (z. B.

im Fall von Blick- oder Zungen-Schlund-Krämpfen, motorischer »Einmauerung«, depressiven Verstimmungen). Darüber hinaus erscheint die langfristige Anwendung von Neuroleptika nicht ohne Risiko, insbesondere was das Auftreten von Spätdyskinesien betrifft (z. B. das Vorkommen unwillkürlicher Kau- und Schmatzbewegungen, unwillkürliches Vorschnellen der Zunge). So entwickeln nach den Ergebnissen prospektiver Untersuchungen (Kane et al., 1982) während vier bis fünf Behandlungsjahren pro Behandlungsjahr linear ansteigend ca. 5% aller Patienten in den meisten Fällen glücklicherweise nur leichte Spätdyskinesien, was zu einer durchschnittlichen »Stichtagsprävalenz« von 20–25% aller neuroleptisch behandelter Patienten führt. Bei chronisch Kranken in den Langzeitbereichen psychiatrischer Großkrankenhäuser sind Spätdyskinesien bei bis zu 40% der Patienten festgestellt worden. Darüber hinaus kann nicht ausgeschlossen werden, daß die neuroleptische Dauerbehandlung die Negativsymptomatik verstärkt und sich ungünstig auf die soziale Anpassung der Patienten auswirkt (Herz et al., 1991). Und letztlich sind ca. 10–20% schizophrener Patienten Placeboresponder, die auch ohne Neuroleptikalangzeitmedikation keinen Rückfall erleiden und somit keine Medikation benötigen. Valide Prädiktoren für die Indikationsstellung zur Langzeitmedikation im Einzelfall gibt es bisher nicht.

In letzter Zeit sind daher alternative medikamentöse Behandlungsstrategien mit dem Ziel entwickelt worden, eine ausreichende Rückfallprophylaxe bei möglichst geringem Nebenwirkungsrisiko zu gewährleisten. Zum einen wird kontinuierlich mit stark reduzierter Dosis (20% der Standarddosis) behandelt (z. B. Hogarty et al., 1988), zum anderen wird die Neuroleptikamedikation nach Remission ausgesetzt und erst wieder beim Auftreten von Prodromalsymptomen mit der Medikation begonnen (prophylaktische Frühmedikation oder intermittierende Therapie; z. B. Herz et al., 1991).

17.6.2
Psychologische Therapieansätze

Legt man der Entstehung und dem Verlauf schizophrener Psychosen das interaktive Vulnerabilitäts-Streß-Modell zugrunde, in dem neben den biologischen Faktoren gerade auch psychosoziale Einflußgrößen berücksichtigt werden, so liegt eine Ergänzung der pharmakologischen Behandlung durch psychotherapeutische Interventionen auch aus theoretischen und empirischen Gründen nahe (s. Abb. 18.1). Tatsächlich gibt es eine ganze Reihe psychologisch orientierter Therapieformen, die nachweislich deutliche Effekte zusätzlich zur neuroleptischen Medikation erzielen. Dies gilt nicht nur im Bereich der Negativsymptomatik, sondern gerade auch für die Rezidivprophylaxe und die floride Symptomatik. Besonderes Gewicht kommt hier v. a. zwei Behandlungsansätzen zu, nämlich den Trainingsprogrammen zur Verbesserung kognitiver und sozialer Fertigkeiten (Liberman et al., 1986; im deutschen Sprachraum v. a. Roder et al., 1988) und der psychoedukativen Familienbetreuung.

Beeinflussung kognitiver Defizite

Im deutschsprachigen Raum wurde von Brenner et al. das »Integrierte psychologische Therapieprogramm für schizophrene Patienten« (IPT; Roder et al., 1988) entwickelt, mit dem gezielt die kognitiven Defizite schizophrener Patienten verbessert werden sollen.

Im Vordergrund dieses Gruppenprogramms, das mit fünf bis sieben Patienten durchgeführt wird und ca. drei Monate dauert, steht das Training verschiedener kognitiver Funktionen wie Verbesserung der Denkfähigkeit mit Hilfe von Übungen, die nach allgemeinpsychologischen Prinzipien aufgebaut sind. Weiterhin werden Aspekte der sozialen Wahrnehmung geschult, die verbale Kommunikation und soziale Fertigkeiten verbessert und ein Schwerpunkt auf interpersonelles Problemlösen gelegt. Die Effektivität des IPT und verwandter Programme wurde durch eine Reihe von Studien belegt (Theilemann & Peter, 1994).

Training sozialer Fertigkeiten

Bei diesem verhaltenstherapeutischen Ansatz (s. auch Band 1, Kap. 25) geht es um die Verbesserung der sozialen Kompetenz, d. h. der Fähigkeit, mit anderen Menschen umzugehen und zwischenmenschliche Probleme zu lösen. Diese Therapie wird ebenfalls in Gruppen durchgeführt und beinhaltet Übungen zur Verbesserung der sozialen Wahrnehmung und des sozialen Verhaltens. Geübt wird v. a., wie die Patienten sich in interpersonellen Konfliktfällen verhalten können. Auch für dieses Vorgehen liegen deutliche Effektivitätsnachweise vor (Hogarty et al., 1986). Aufbauend auf diesen Ansatz entwickelte die Arbeitsgruppe um Liberman spezifische Trainingsmodule, um die Kompetenz von Patienten in wesentlichen Lebensbereichen gezielt zu verbessern. So gibt es Module für die Bereiche:

- Medikamenten- und Symptommanagement durch den Patienten,
- Körperpflege und persönliche Hygiene sowie
- Freizeitgestaltung und Verbesserung kommunikativer Fertigkeiten (Liberman & Corrigan, 1993).

Andere psychotherapeutische Ansätze

■ **Psychotherapie.** Tiefenpsychologisch orientierte oder klassische psychoanalytische, zeitlich intensive Therapie hat sich nicht als effektiv in der Behandlung Schizophrener erwiesen und kann nicht als Behandlungsmethode empfohlen werden (Gunderson et al., 1984; May et al., 1981).

■ **Therapie von Wahn und Halluzinationen.** Auch unter medikamentöser Behandlung leiden manche Patienten unter chronischen Wahnvorstellungen und Halluzinationen. In letzter Zeit wurden eine Reihe von kognitiv-verhaltenstherapeutischen Techniken (z. B. Problemlösetrainings, Entwicklung spezifischer Bewältigungsmaßnahmen) zur Reduktion dieser chronischen Symptome entwickelt, deren Effektivität allerdings noch in zukünftigen Studien überprüft werden muß (Kingdon et al., 1994).

Psychoedukative Familienprogramme zur Rückfallprophylaxe

In den letzten Jahren sind eine Reihe von psychoedukativen Therapieprogrammen für Familien mit einem schizophrenen Patienten entwickelt worden, die alle vom Vulnerabilitäts-Streß-Modell ausgehen und die Ergebnisse der EE-Forschung berücksichtigen (s. Hahlweg et al., 1995). Diese Programme unterscheiden sich in formalen Aspekten, v. a. in dem Ausmaß direkter Beteiligung des Patienten an den Familiensitzungen und in der Durchführung, d. h. ob mit einzelnen Familien unter Einschluß des Patienten oder mit Angehörigengruppen (s. Fiedler, 1993) gearbeitet wird. Folgende Komponenten sind allen Programmen gemeinsam:

- Neuroleptikatherapie: Die Patienten werden neuroleptisch behandelt.
- Information: Die Familien werden über den heutigen Kenntnisstand zu Schizophrenie und über die Behandlungsmöglichkeiten einschließlich der Medikation ausführlich aufgeklärt (deshalb auch der Begriff psychoedukativ).
- Das therapeutische Vorgehen zielt darauf ab, Kritik und emotionales Überengagement der

Angehörigen, aber auch Fehlverhalten der Patienten abzubauen.

- Die Therapie orientiert sich an aktuellen Familienproblemen und versucht, konkrete Lösungen zu finden.
- Insgesamt wird den Familien »Hilfe zur Selbsthilfe« vermittelt.
- Die Maßnahmen richten sich nicht nur auf die Probleme des Patienten, sondern es wird versucht, die Lebensqualität der gesamten Familie zu verbessern.

Sehr umfassend wurde das verhaltenstherapeutisch orientierte Programm von Falloon et al. (1984) evaluiert, das auch in deutscher Adaptation vorliegt (Hahlweg et al., 1995) und in Abschn. 17.7 ausführlicher dargestellt wird.

■ **Rückfallprophylaxe.** Die psychoedukativen Programme wurden hinsichtlich ihrer Effektivität in randomisierten, kontrollierten Studien untersucht. Als Kontrollgruppe dienten jeweils Patienten, die Neuroleptika und eine individuelle psychosoziale Betreuung erhielten. Die 1-Jahres-Rückfallraten lagen in den Kontrollgruppen bei ca. 45% (Range: 41–60%), in der Gruppe der Patienten mit Familienbetreuung bei 10% (Range: 8–19%). Nach 2 Jahren betrugen die Rückfallraten bei den Kontrollpatienten ca. 70%, bei den familienbetreuten Patienten ca. 25%. Es zeigte sich also, daß die Familienbetreuung einen deutlich additiven Effekt zur Neuroleptikatherapie hat (s. Abb. 17.2).

Diese Ergebnisse konnten für den deutschsprachigen Raum bestätigt werden. In der Untersuchung von Hahlweg et al. (1995) zeigte sich nach 18 Monaten eine Rückfallrate von 4% für Patienten in Familienbetreuung.

Falloon et al. (1984) konnten weiterhin zeigen, daß Patienten mit Familienbetreuung im Ver-

gleich zur Kontrollgruppe seltener schizophreniespezifische Symptome aufwiesen, sozial besser angepaßt waren und die Belastung in den Familien von allen Beteiligten geringer eingeschätzt wurde. Ähnliche Ergebnisse zeigten sich auch in der Studie von Hahlweg et al. (1995): Patienten in beiden Behandlungsgruppen zeigten deutliche Verbesserungen hinsichtlich ihrer Symptomatik und ihrer sozialen Anpassung über den Therapieverlauf hinweg, ebenso reduzierte sich die Belastung der Angehörigen signifikant. Beide Gruppen unterschieden sich nicht in den genannten Variablen bei den verschiedenen Meßzeitpunkten.

Familienbetreuung erwies sich darüber hinaus als kostengünstiger und führte pro Familie zur Einsparung von 20–25% (Falloon et al., 1984; Tarrier et al., 1991).

■ **Änderung familiärer Variablen.** Hogarty et al. (1986) und Tarrier et al. (1989) konnten zeigen, daß sich durch die Familienbetreuung auch der EE-Status der Angehörigen signifikant erniedrigt. Weiterhin konnten Hogarty et al. (1986) überzeugend nachweisen, daß eine EE-Reduktion tatsächlich mit Rückfallfreiheit des Patienten einhergeht. In den Familien, die sich innerhalb eines Jahres von hoch- zu niedrig-EE veränderten, erlitt kein Patient einen Rückfall. Blieb der EE-Status jedoch unverändert hoch, so hatte nur die Kombination von Familienbetreuung und patientenorientiertem Sozialtraining eine rückfallprophylaktische Wirkung (0%), während in der Kontrollgruppe 44% und in der reinen Familientherapiegruppe 33% der Patienten einen Rückfall erlitten.

In der Studie von Falloon et al. (1984) wurde außerdem untersucht, ob sich auch die familiären Kommunikationsmuster aufgrund der Betreuung ändern. Vor der Behandlung, nach 3 und 24 Monaten wurden die Familien gebeten, familiäre Probleme zu diskutieren. Die Auswertung dieser Interaktionen mit Hilfe eines Beobachtungssystems zeigte, daß schon nach drei Monaten bei den Angehörigen in Familienbetreuung eine deutliche Reduktion von kritischen Äußerungen und eine Zunahme von problemlöseorientierten Aussagen zu verzeichnen war, während die Angehörigen der Kontrollgruppe sich signifikant kritischer dem Patienten gegenüber verhielten (Doane et al., 1986).

Diese Ergebnisse konnten Rieg et al. (1991) bestätigen. Nach sechs Monaten Familienbetreuung zeigten sich deutliche Veränderungen der familiären Kommunikation: Angehörige waren während der Konfliktdiskussionen, die vor Behandlungsbeginn und nach 6 Monaten aufgenommen und mit Hilfe eines Beobachtungssystems ausgewertet wurden, deutlich positiver und weniger negativ, ins-

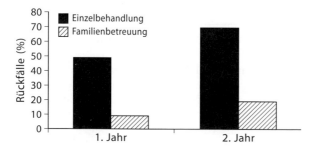

Abb. 17.2. Rückfallraten schizophrener Patienten nach 1 bzw. 2 Jahren in Abhängigkeit von Familienbetreuung oder Einzelbehandlung

besondere reduzierte sich das Ausmaß kritischer Bemerkungen um ca. 50%. Ähnliche Ergebnisse, die aber weniger ausgeprägt waren, zeigten sich auch bei den Patienten.

In der Studie von Falloon (1984) war der Effekt der Familienbetreuung auch nach zwei Jahren noch deutlich. Während sich der Kommunikationsstil der Familien der Kontrollgruppe im wesentlichen nicht verändert hatte, waren die Familien mit Familienbetreuung signifikant weniger kritisch miteinander und versuchten häufiger, die Probleme durch konstruktive Beiträge zu lösen (Falloon et al., 1990).

■ **Schlußfolgerungen.** Die psychoedukative Rückfallprophylaxe bei schizophrenen Patienten hat sich bewährt und stellt eine effektive Ergänzung der bisherigen ambulanten Betreuungsstrategien dar, die meist ausschließlich medikamentös orientiert sind. In der Zwischenzeit untersuchten Miklowitz & Goldstein (1990) in einer kontrollierten Studie, ob sich das psychoedukative Familienbetreuungskonzept auch bei anderen psychotischen Störungen, v.a. bei jungen bipolar-manisch erkrankten Patienten, ähnlich erfolgreich umsetzen läßt.

Verhaltenstherapeutische Familienbetreuung (Falloon et al., 1984)

Therapiekomponenten
- Neuroleptikamedikation,
- Verhaltensanalyse,
- Information über Schizophrenie und Medikation,
- Kommunikationstraining,
- Problemlösetraining.

Besondere Merkmale
- Therapie wird zu Hause durchgeführt;
- Intensive Familientherapie unter Einschluß des Patienten;
- Dauer: ca. 2 Jahre (ca. 30 Sitzungen);
- Möglichkeit der Krisenintervention.

---

sätzliche einzeltherapeutische Interventionen erfordern, wie in Band 2 in den Kap. 1, 3 und 7 beschrieben.

Das therapeutische Vorgehen ist ausführlich bei Hahlweg et al. (1995) dargestellt.

17.7
Verhaltenstherapeutische Familienbetreuung bei Schizophrenen

Der von Falloon et al. (1984) entwickelte Therapieansatz stellt eine an die speziellen Bedürfnisse schizophrener Patienten und ihrer Familien angepaßte Version verhaltenstherapeutischer Familienbetreuung dar. Zentrale Komponenten dieser therapeutischen Richtung, die sich bei verschiedenen psychopathologischen Störungen (Falloon, 1988) und v.a. auch im Bereich der Prävention und Behandlung gestörter Partnerschaftsbeziehungen vielfach bewährt hat (s. Band 2, Kap. 18), sind ein gezieltes Training von Kommunikationsfertigkeiten und ein Training effektiver Problemlösegespräche, die sich auf eine umfassende Verhaltensanalyse der beteiligten Familienmitglieder stützen.

Die meisten Probleme, die sich bei der Nachbetreuung schizophrener Patienten im Anschluß an eine akute Manifestation stellen, können mit Hilfe gemeinsamer Problemlöseversuche von Patient und Angehörigen gut bewältigt werden. Es gibt daneben aber auch bestimmte individuelle Probleme des Patienten, wie z.B. persistierende psychotische, Angst- oder depressive Symptome, die zu-

17.7.1
Formale Rahmenbedingungen

Die Familienbetreuung sollte als ambulante Nachbetreuung durchgeführt werden und sich – wenn möglich – an die stationäre Behandlung anschließen, wobei die Diagnostikphase schon während des Klinikaufenthaltes begonnen werden kann. Sollte aus organisatorischen oder anderen Gründen eine Anschlußbehandlung nicht möglich sein, kann aber auch zu einem anderen Zeitpunkt mit der Familienbetreuung begonnen werden. Der Patient sollte so symptomfrei sein, daß er in der Lage ist, ca. 45 Minuten konzentriert mitzuarbeiten. Die Medikation sollte optimal eingestellt und der Patient »compliant« sein.

Die Familienbetreuung kann von jeweils einem Therapeuten mit einer Familie, im Regelfall mit Mutter, Vater und Patient durchgeführt werden. Während Falloon alle Sitzungen im Haushalt der Familie durchführte, erscheint in der Bundesrepublik dieses Vorgehen aus Kostengründen nicht möglich zu sein. Hausbesuche sind aber sehr sinnvoll, da sie zum einen den Therapeuten besser über die häuslichen Gegebenheiten informieren und zum anderen die Generalisierung des neu zu Lernenden auf die häusliche Umgebung erleichtern. Es ist daher sehr zu empfehlen, ca. jede vierte Sitzung im Haushalt der Familie durchzuführen.

Die *Dauer* beträgt ca. 25 Sitzungen innerhalb des ersten Jahres, wobei die Sitzungsanzahl und Frequenz den individuellen Erfordernissen jeder Familie angepaßt wird. In den ersten drei Monaten werden üblicherweise wöchentliche Sitzungen vereinbart, danach Sitzungen in zwei- oder mehrwöchigem Abstand. Etwa nach sechs Monaten reicht es in den meisten Fällen aus, wenn monatliche Sitzungen vereinbart werden. Die Betreuung sollte zumindest auf einen 2-Jahres-Zeitraum angelegt sein und für die Familie die Möglichkeit bieten, in Krisenfällen schnell eine außerplanmäßige Sitzung vereinbaren zu können.

Wird die Familienbetreuung von Diplom-Psychologen durchgeführt, so ist unbedingt die Kooperation mit einem Psychiater sicherzustellen, der für die Neuroleptikatherapie verantwortlich ist und mit dem generellen Vorgehen und den Zielen der Familienbetreuung vertraut ist. Nur so kann eine optimale Betreuung des Patienten sichergestellt werden. Während der Behandlung sollte möglichst regelmäßig eine gegenseitige Rückmeldung über den Stand der Therapien erfolgen, was v. a. bei sich abzeichnenden Verschlechterungen wichtig ist.

17.7.2
Diagnostik und Verhaltensanalyse

■ **Diagnostik.** Wichtig ist eine genaue Diagnosestellung. Hier bietet sich an, die DSM-IV- oder ICD-10-Kriterien zu verwenden. Weitere Fremdbeurteilungsskalen sind in Abschn. 17.1.2 dargestellt. Als Selbstbeurteilungsinstrument kann die »Symptom-Check-List 90« (SCL-90; Derogatis et al., 1974; abgedruckt in CIPS, 1986) verwendet werden. Dieser Fragebogen mit 90 Items dient zur Erfassung von neun Symptombereichen, z. B.:

- Zwanghaftigkeit,
- Unsicherheit im Sozialkontakt,
- Depressivität,
- Ängstlichkeit,
- Aggressivität/Feindseligkeit,
- paranoides Denken oder Psychotizismus.

Die SCL-90 kann auch für die Angehörigen verwendet werden, um deren Symptombelastung zu erfassen.

■ **Verhaltensanalyse.** In Einzelgesprächen mit den wesentlichen Familienangehörigen und dem Patienten werden die Krankheitsentwicklung und die bestehenden familiären Probleme erarbeitet sowie Kommunikationsdefizite und -stärken der Beteiligten analysiert. Weiterhin sollen spezifische Ziele für jeden Beteiligten festgelegt werden. Außerdem werden patientenspezifische *Frühwarnzeichen* ermittelt, deren Auftreten zu Beginn jeder Familiensitzung abgefragt wird.

17.7.3
Information über Schizophrenie und Neuroleptika

In mindestens einer Sitzung werden Theorien zur Entstehung von Schizophrenie, zur Häufigkeit, zum Verlauf, zu Kernsymptomen und Mißkonzeptionen über Schizophrenie besprochen. In der Beschreibung der Symptome sind die Patienten selbst die Experten, und ihre persönlichen Erlebnisse dienen als Grundlage für die gemeinsame Diskussion. Wissen über Entstehung und Verlauf wird mit Hilfe des Vulnerabilitäts-Streß-Modells vermittelt. In einer weiteren Sitzung werden die Bedeutung und die Wirkmechanismen von Neuroleptika und deren Nebenwirkungen sowie Maßnahmen zu ihrem Abbau erörtert.

Die konkreten Informationen, die an den jeweiligen Patienten angepaßt werden müssen, vermitteln den Familienmitgliedern eine Vorstellung darüber, wie durch Medikamentencompliance auf der einen Seite sowie Abbau von Streß auf der anderen Seite zur Rehabilitation beigetragen werden kann. Gleichzeitig wird vielfach vorhandenes Halbwissen abgebaut. Die Informationen werden den Beteiligten auch schriftlich ausgehändigt, so daß jeder die Einzelheiten genau nachlesen und danach evtl. auftretende Fragen mit dem Therapeuten klären kann. Es sind eine Reihe von Informationsbüchern für Betroffene publiziert worden, z. B. Bäuml (1994) oder Hell & Gestefeld (1988), die zur Vertiefung empfohlen werden können.

17.7.4
Kommunikationstraining

In den folgenden drei bis vier Sitzungen werden Kommunikationsfertigkeiten vermittelt, die die Voraussetzung für die spätere Problemlösung schaffen. In Rollenspielen wird geübt, wie positive und negative Gefühle angemessen ausgedrückt und angenommen werden können und wie der Wunsch nach Verhaltensänderung adäquat vorgetragen werden kann. Zu jedem Übungsteil werden

Hausaufgaben gestellt und schriftliche Materialien ausgegeben.

Therapeutenverhalten

Beim Training der Kommunikationsfertigkeiten achtet der Therapeut v. a. darauf, daß die Familienmitglieder neben den verbalen auch die dazugehörigen nonverbalen Verhaltensaspekte schrittweise erlernen und setzt dazu eine Reihe verhaltenstherapeutischer Techniken ein:

Auf eine didaktische Einführung mit Hilfe von Schaubildern und Handzetteln folgen praktische Übungen in Form von Rollenspielen, die idealerweise aktuelle Inhalte des Familienlebens aufgreifen, indem sie sich z. B. an destruktive Äußerungen in der Sitzung anschließen oder Situationen aus dem täglichen Umgang miteinander beinhalten.

Diese *Initiierung von Verhaltensübungen* ist oft nicht einfach, da sich die Familienmitglieder manchmal scheuen zu handeln. Der Therapeut läßt sich die Situation schildern und veranlaßt dann die Familienmitglieder zu einer Wiederholung der Situation. Dabei sollen sie die entsprechenden Kommunikationsregeln einhalten. Die Rollenspielsituationen werden so strukturiert, daß die Rollen und Lernziele jedes Beteiligten klar und verständlich werden. Die Instruktionen sollen kurz und verständlich sein und beschreiben, was die Person tun soll und nicht, was sie nicht tun soll!

Während des Rollenspiels gibt der Therapeut gezielte Hilfestellungen (»*coaching*«). Zum einen in Form direkter Instruktionen (»Fragen Sie Ihren Sohn, welche konkrete Situation er meint.«), zum anderen durch kurze Hinweise während der Übungen, wie etwa »lauter sprechen«, »Wie geht es Ihnen dabei?« (*Soufflieren*, »*prompting*«). Beim Soufflieren wird mit leiser Stimme gesprochen, um den Gesprächsfluß nicht zu unterbrechen. Ziel ist, daß die Familienmitglieder den Hinweis sofort aufgreifen und in ihre Äußerungen einbauen. Beachten die Beteiligten die erwünschten Regeln, verstärkt er dies unmittelbar während des Gespräches (»hm«, »gut«, Kopfnicken). Lassen sich mit diesen Mitteln ungünstige Verläufe nicht ändern, bricht der Therapeut das Rollenspiel ab (Schnitt) und versucht mit erneuter spezifischer Instruktion, dem Rollenspiel eine andere Wendung zu geben.

Ein weiteres therapeutisches Mittel, v. a. wenn ein Familienmitglied große Schwierigkeiten bei der Umsetzung der jeweiligen Regeln hat, besteht darin, daß der Therapeut die anvisierten Verhaltensaspekte demonstriert (»*modeling*«). Als Modell für angemessene Kommunikation greift er au-

ßerdem selbst bei jeder Gelegenheit auf die Kommunikationsfertigkeiten zurück, die er den Familienmitgliedern beibringen will.

Nach dem Rollenspiel läßt er dem Rollenspieler spezifische *positive Rückmeldungen* zukommen, die er in der Familie initiiert, indem er einen Angehörigen dazu auffordert und/oder sie selbst gibt. Zum Abschluß jedes Rollenspiels verstärkt er die positiven Verhaltensaspekte in zusammenfassender Form und baut so allmählich die angestrebte Kompetenz auf (»*shaping*«). Damit demonstriert er den Familien, wie man Verhalten durch konsequente Nutzung sozialer Verstärker beeinflussen kann.

Um zu gewährleisten, daß die in den Sitzungen gelernten Fertigkeiten auch auf den häuslichen Alltag generalisiert werden, erteilt der Therapeut regelmäßig Hausaufgaben, d. h. er bittet die Familienmitglieder, die Übungen bis zum nächsten Termin in eigener Regie fortzusetzen.

In die familiären Beziehungs- und Konfliktmuster mischt der Therapeut sich möglichst wenig ein; er schenkt den von den Teilnehmern vorgebrachten Inhalten kaum Beachtung und konzentriert sich fast ausschließlich auf den Interaktionsprozeß. Langfristig versucht er, die Familienmitglieder dahin zu bringen, daß sie positive und negative Gefühle in kompetenter, d. h. spezifischer und konstruktiver Weise und bei der passenden Gelegenheit austauschen. Sobald er ein ausreichendes Stück auf diesem Weg zurückgelegt hat, geht der Therapeut gezielt das effektive Lösen von Problemen im gemeinsamen Gespräch an.

Spezifisches Ausdrücken positiver Gefühle

Mit diesem ersten Übungsabschnitt werden mehrere Ziele verfolgt: Die beginnenden Versuche der Familie, neue Kommunikationsformen einzuüben, werden durch den Ausdruck positiver Gefühle erleichtert, denn diese werden – im Gegensatz zu negativen Gefühlen – nicht als bedrohlich erlebt. Die gegenseitige Mitteilung positiver Gefühle hat für den jeweils Angesprochenen belohnenden Charakter und erhöht die Motivation zum gemeinsamen Training. Schließlich dient die Übung – neben dem Lernziel, sich direkt zu äußern – der Sensibilisierung jedes einzelnen für die positiven Aspekte des Zusammmenlebens, die oft durch die Probleme und Schwierigkeiten in den Hintergrund gedrängt worden sind.

Mit Hilfe kurzer, einfacher Regeln, wie

- den Gesprächspartner anschauen,
- ihm genau beschreiben, was mir gefallen hat,
- ihm sagen, wie ich mich dabei gefühlt habe,

übt jeder Familienangehörige nacheinander die Äußerung eines positiven Gefühls. Dabei kommt es darauf an, von der eigenen Person zu sprechen, indem das Wort »ich« gebraucht wird, das positive Gefühl möglichst klar zu benennen und sich dabei auf das konkrete Verhalten des Ansprechpartners zu beziehen. Es wird darauf geachtet, daß das nichtverbale Verhalten in Form von Blickkontakt, Tonfall und zugewandter Körperhaltung mit der Äußerung übereinstimmt.

In der Sitzung werden alle Familienmitglieder nacheinander aufgefordert, ein Beispiel für positive Gefühle zu finden und zu üben, jeder sollte mindestens einmal als Sprecher und als Empfänger agieren.

Konstruktives Mitteilen von Wünschen

In der nächsten Sitzung steht das Äußern von Wünschen im Mittelpunkt. Häufig wird der Wunsch eines Familienmitglieds A, ein anderes Familienmitglied B möge sein Verhalten ändern, entweder gar nicht oder aber in Form von Forderungen bzw. Anschuldigungen ausgesprochen. Dies ruft meist Reaktanz hervor mit der Folge, daß der Wunsch nicht erfüllt wird, was dann den Ärger, die Enttäuschung oder die Hoffnungslosigkeit von A steigert. Häufig ist auch die Situation, daß A meint, der andere müsse doch wissen, was er zu seiner (A's) Unterstützung tun muß – was B ihm aber nicht von den Augen ablesen kann. Das Ergebnis sind wiederum verstärkte negative Gefühle in der spezifischen Situation. Allgemein versucht der Therapeut also, ungünstige Kommunikationsstile wie Vorwürfe, Drohungen und destruktive Kritik, die oft in fruchtlose Auseinandersetzungen münden, durch das spezifische Äußern von Bitten zu ersetzen. Er zeigt zunächst anhand von Beispielen die Wirkung negativer Wunschäußerungen auf und übt dann eine konstruktive Form des Bittens, die folgende Regeln beinhaltet:

- den Gesprächspartner anschauen,
- ihm genau beschreiben, worum ich ihn bitte,
- ihm sagen, wie ich mich dann fühle.

Günstig ist es, eine Bitte mit den Worten »Ich würde mich freuen, wenn ...«, »Es wäre mir eine große Hilfe, wenn Du ...« oder »Es würde mich sehr entlasten, wenn ...« zu beginnen.

Spezifisches Ausdrücken negativer Gefühle

Vor dem Hintergrund der EE-Variablen »Kritik« und »emotionales Überengagement« erhält der Ausdruck negativer Gefühle einen besonderen Stellenwert. Die mangelnde Fähigkeit, ein im Zu-

sammenleben entstehendes negatives Gefühl angemessen auszudrücken, führt zu spannungsreichen, feindseligen Auseinandersetzungen. Meist hat sich bereits eine Reihe von ärgerlichen Situationen angesammelt, und die emotionale Geladenheit ist immer größer geworden, bis sich die Spannung in einem Streit entlädt, der von negativen Eskalationszirkeln gekennzeichnet ist. In einem solchen Fall führen die gegenseitigen Beschuldigungen und Angriffe meist nicht zu einem Abbau von Spannungen, sondern verschärfen sie über die Zeit noch. Krach und Streit können zwar manchmal die Atmosphäre bereinigen und Probleme ans Licht bringen, die lange nicht angesprochen wurden. Für eine langfristige Lösung der Probleme ist es aber notwendig, die negativen Gefühle angemessen auszudrücken, damit der Gesprächspartner bereiter wird, an einer Änderung mitzuwirken.

Eine andere Folge der mangelnden Fähigkeit, negative Gefühle direkt anzusprechen, kann sein, daß das Vermeidungsverhalten überwiegt und negative Gefühle nach Möglichkeit nicht beachtet werden. Es entsteht ein Ungleichgewicht in der emotionalen Beziehung und eine Kompensation durch besondere Überfürsorglichkeit. Besonders für »hoch-EOI«-Angehörige, die zur Vermeidung negativer Gefühle tendieren, ist es eine wichtige Erfahrung, daß negative Gefühle wahrgenommen und ausgesprochen werden können, ohne daß die Beziehung zu sehr bedroht oder beeinträchtigt wird.

Als Elemente des spezifischen Mitteilens von negativen Gefühlen vermittelt der Therapeut den Familienmitgliedern folgende Regeln:

- den Gesprächspartner anschauen, fest und bestimmt sprechen,
- ihm/ihr genau beschreiben, was mir mißfallen hat,
- ihm/ihr sagen, was ich dabei gefühlt habe,
- ihm/ihr einen Vorschlag machen, wie er/sie dies in Zukunft vermeiden könnte.

Die Zusatzregel »mit fester und bestimmter Stimme sprechen« wurde eingeführt, um auf die Notwendigkeit hinzuweisen, beim Ausdruck negativer Gefühle auf die Kongruenz von verbalem und nichtverbalem Verhalten zu achten. Ist die Person ärgerlich, dann soll dies auch an der Stimme erkennbar sein; »Ich bin sauer« mit gleichzeitigem Lächeln führt zu Unsicherheit auf Seiten des Zuhörers. Gerade bei schizophrenen Patienten ist aber ein kongruenter, klarer Sprachstil wichtig.

Aktives Zuhören

In der letzten Sitzung des Kommunikationstrainings geht der Therapeut auf die Rolle des Zuhörers ein und trainiert die Familienmitglieder darin, auf den Gesprächspartner empathisch einzugehen und unklare oder widersprüchliche Botschaften zu klären. Er fokussiert dabei auf vier Fertigkeiten, nämlich:

- den Sprecher anschauen,
- ihm »aufnehmend« zuzuhören, d.h. durch nonverbale Signale wie Kopfnicken oder paraverbale Signale wie »ja«, »aha«, »mhm« Aufmerksamkeit zu bekunden,
- bei Unklarheiten nachzufragen und
- das Gehörte zurückzumelden.

Mit diesen Zuhörerfertigkeiten wird dem Sprecher vermittelt, daß das Gesagte tatsächlich aufgenommen wird und an seiner Meinung Interesse besteht. Mißverständnisse können durch Nachfragen geklärt werden; zum anderen übt der Zuhörer, sich zu konzentrieren und eigene Äußerungen so lange zurückzuhalten, bis er dran ist, und die Sprecher- und Zuhörerrollen zu wechseln. Das aktive Zuhören ist für den Problemlöseprozeß wesentlich, in dem alle Teilnehmer zum Problem Stellung nehmen sollen, dies aber erst, nachdem sie die Äußerungen des vorangehenden Sprechers zusammengefaßt und geklärt haben.

> Zur Vermeidung von negativen Eskalationen kommt dem »aktiven Zuhören« eine ganz entscheidende Rolle zu: Durch die Regel, zuerst die Äußerung des Sprechers zusammenzufassen, wird das Gespräch gebremst, und sofortige Reaktionen wie Gegenkritik, Rechtfertigungen oder Ablehnungen werden vermieden.

17.7.5 Problemlösetraining

Durch konsequente Anwendung der Kommunikationsregeln lassen sich viele problematische Situationen meistern, die sonst zu belastenden Auseinandersetzungen führen würden. Die Bewältigung länger andauernder, tiefgehender Konflikte oder überraschend eintretender, streßreicher Lebensereignisse verlangt der Familie jedoch weitergehende Fertigkeiten ab, wenn es nicht zum Scheitern, in der Folge zu Belastungen für alle Beteiligten und damit letztlich zu einer Zunahme des Rezidivrisikos kommen soll.

Von der 7. oder 8. Sitzung an werden daher während der Sitzung Problemlösegespräche mit der Familie geführt, die diese zwischen den Treffen zu Hause im Rahmen der »Familiensitzungen« eigenständig weiterführen sollen.

Im familiären Zusammenleben – insbesondere wenn es durch psychische oder physische Krankheit belastet wird – sind immer dann Problemgespräche notwendig, wenn unterschiedliche Wünsche und Meinungen aufeinandertreffen. Dies ist einerseits mit negativen Gefühlen wie Ärger, Enttäuschung oder Sorgen verbunden, andererseits müssen trotz unterschiedlicher Bedürfnisse Entscheidungen getroffen werden, von denen jeder einzelne betroffen ist (die Entscheidung, nichts zu tun, ist auch eine Entscheidung!). Mit Hilfe des Problemlöseansatzes lernt die Familie, daß für die meisten Konflikte Lösungen gefunden werden können, die jedem Beteiligten in bestmöglicher Weise gerecht werden.

Den Inhalt der Problemlösegespräche bilden die in den Einzelsitzungen angesprochenen oder in der Zwischenzeit neu entstandenen Themen und Konfliktsituationen. Erklärtes Ziel ist die gemeinsame Bewältigung von Problemen. Die Themen beschränken sich nicht auf Schwierigkeiten, die in unmittelbarem Zusammenhang mit der Symptomatik des Patienten entstanden sind, auch wenn diese zu Beginn der Familienbetreuung oft ganz im Vordergrund stehen. Im Verlauf der Konfliktgespräche werden meist auch solche Aspekte des Problems deutlich, die – relativ unabhängig vom Symptomverhalten des Patienten – eigene Schwierigkeiten der Angehörigen beinhalten; dies können z.B. Ehekonflikte zwischen den Eltern des Patienten sein oder auch Schwierigkeiten einer Mutter, ihre eigenen Bedürfnisse klar gegenüber der Tochter abzugrenzen.

Neben dem Ziel, für bestehende Probleme wie z.B. die Ausbildung des Patienten oder die Übernahme von Aufgaben im Haushalt gemeinsam inhaltliche Lösungen zu finden, besteht das Hauptziel des Problemlösetrainings darin, eine Gesprächsstruktur zu erlernen, die – vom Inhalt weitgehend unabhängig – alle Beteiligten dazu befähigt, ein konstruktives, zielgerichtetes Konfliktgespräch zu führen, das sechs Schritte umfaßt.

Das Vorgehen soll anhand des Problemlösegespräches der Familie F. verdeutlicht werden. Vorbemerkung zur Familiensituation: Der 23jährige Patient wohnt im Haus der Eltern, ist z.Z. arbeitslos und bereitet sich auf eine Umschulung vor. Der Vater arbeitet tagsüber außer Haus, die Mutter ist Hausfrau. Ein zwei Jahre jüngerer Bruder des Patienten studiert und lebt ebenfalls im Elternhaus (er nimmt nicht an der Familienbetreuung teil). Ein immer wiederkehrendes Konfliktthema in der Familie ist, daß der Patient sich zu wenig an Tätigkeiten im Haus und im Garten beteiligt.

Das Thema des Problemgesprächs in der 10. Sitzung war: Die Eltern wollen nach einigen Jahren zum erstenmal wieder in Urlaub fahren; können sie den Patienten, das Haus und den Garten allein lassen?

1. Schritt: Um welches Problem geht es?

In diesem ersten Schritt hat jedes Familienmitglied Gelegenheit, die für ihn wichtigen Aspekte des Problems zu beschreiben. Der Therapeut achtet darauf, daß von den Kommunikationsfertigkeiten Gebrauch gemacht wird: Um welches konkrete Verhalten geht es? Welche Bedeutung hat das Problem für das Familienmitglied? Welche Gefühle sind damit verbunden? Eine ausführliche Aussprache darüber, worin das Problem aus Sicht jedes einzelnen besteht, macht die jeweilige Beteiligung der verschiedenen Personen deutlich. Je klarer die unterschiedlichen Aspekte des Problems angesprochen werden, um so besser werden Wege und Richtungen erkennbar, die zu Lösungen führen können.

Um dieses Ziel zu erreichen, müssen unbedingt die Fertigkeiten des »aktiven Zuhörens« eingesetzt werden. Das bedeutet konkret, daß die Zuhörer nach jeder Schilderung diese zunächst zusammenfassen und bei Unsicherheiten nachfragen müssen, bevor sie eine Antwort geben. Es besteht sonst allzu leicht die Gefahr, daß das Gespräch in gegenseitige Beschuldigungen und Kritik abgleitet.

Zum Schluß wird das Gesagte gemeinsam zu einer möglichst prägnanten *Problemdefinition* zusammengefaßt. Das Ergebnis des ersten Schritts wird von einem Familienmitglied schriftlich festgehalten, dieser »Protokollführer« wird zu Beginn bestimmt. Bei der Formulierung muß darauf geachtet werden, daß das Problem spezifisch beschrieben werden kann. Dieser Schritt ist meist der längste und kann im Einzelfall auch zwei Sitzungen in Anspruch nehmen.

Beispiel

Der Vater: Er möchte raus aus seinem Arbeitsalltag, möchte mal wieder mit seiner Frau allein verreisen. Gleichzeitig ist ihm sein Garten sehr wichtig, den er mit großer Sorgfalt pflegt. Er möchte, daß sich der Patient zwei Wochen lang um Haus und Garten kümmert, befürchtet aber, daß der Patient den Garten verkommen läßt. Darüber ärgert er sich und ist ent-

täuscht, daß der Patient ihm »nicht einmal diesen Gefallen tut«. Auch fürchtet er, daß seine Frau nicht mitfährt, wenn sie nicht beruhigt das Haus verlassen kann.

Der Patient: Er will mit seinem Bruder zusammen zu Hause bleiben, wenn die Eltern verreist sind, hat aber Angst, sich um zu viel kümmern zu müssen oder etwas falsch zu machen. Er ist enttäuscht über die Vorwürfe, die er vom Vater beim letztenmal bekommen hat, als der Rasen nicht ordentlich gemäht war. Auch fühlt er sich ungerecht behandelt, wenn er mehr tun muß als sein Bruder, der wegen seines Studiums seltener als er zu Verpflichtungen im Haushalt herangezogen wird.

Die Mutter: Auch sie würde gern mit ihrem Mann verreisen; noch wichtiger ist ihr jedoch, daß es keinen Streit gibt. Sie möchte verhindern, daß sich der Patient ihretwegen überfordert fühlt.

Gemeinsame Problemdefinition: Wie könnte der Urlaub so verwirklicht werden, daß jeder zu seinem »Recht« kommt?

2. Schritt: Lösungsmöglichkeiten sammeln

Während dieser Phase soll jeder mindestens einen Vorschlag machen, worin eine Lösung bestehen könnte. Es werden so viele Ideen und Vorschläge wie möglich gesammelt, und zwar zunächst noch unabhängig davon, inwieweit sie zu verwirklichen sind und wie sie von jedem bewertet werden. Eine frühzeitige Bewertung der Vorschläge, die meist eng an bisher gemachte und vielleicht fehlgeschlagene Versuche anknüpft, würde die Perspektiven für neue Lösungsversuche erheblich einschränken. Stellt man dagegen eine Bewertung zunächst zurück, so können Ideen hervorgebracht und ausgesprochen werden, die unbelastet sind sowohl von der eigenen zu pessimistischen Beurteilung als auch von der manchmal befürchteten Abwertung durch die anderen (Idee des »Brainstorming«). Der »Protokollführer« schreibt alle Vorschläge auf.

Beispiel

Als Lösungsmöglichkeiten werden gesammelt:
- Vater verreist und Mutter bleibt zu Hause;
- der Sohn verspricht in die Hand, daß er sich diesmal besser kümmert als beim letztenmal;
- die Nachbarn könnten sich kümmern;
- der Garten soll einfach mal etwas verwildern;

- die Aufgaben werden zwischen beiden Söhnen aufgeteilt;
- der Patient fragt seinen Bruder, wenn ihm etwas nicht klar ist;
- vorher wird genau besprochen, was zu tun ist.

Jetzt, da sich Lösungswege abzeichnen, bewertet auch die Mutter ihren Wunsch, mal wegzufahren, sehr viel höher als am Anfang des Gesprächs. Ihrem Sohn einige Aufgaben zu übertragen würde sie entlasten und ihre Sorge um seine Selbständigkeit verringern.

3. Schritt: Lösungsmöglichkeiten diskutieren

Erst nachdem alle Vorschläge gesammelt wurden, beginnt man mit deren Beurteilung. Dabei äußert sich jedes Familienmitglied kurz zu jedem der Vorschläge und nennt aus eigener Sicht die Vorteile und Nachteile des jeweiligen Lösungsvorschlags. Der Protokollführer vermerkt dies mit einem »+« oder »–« hinter jedem Vorschlag. Eine systematische Benennung der Vor- und Nachteile trägt dazu bei, die bestehenden Vorurteile abzubauen und die Bewertung der anderen kennenzulernen.

Bei der bewertenden Diskussion der Lösungsmöglichkeiten werden neben persönlichen Einstellungen, Meinungen und Wünschen auch die Aspekte der Durchführbarkeit berücksichtigt. So wird z. B. zwischen längerfristigen Lösungen und solchen, die sofort umsetzbar sind, unterschieden. Ein Problembereich und die dafür vorgeschlagenen Lösungen können dabei in Teillösungen aufgegliedert werden. Oft lassen sich auch mehrere Teillösungen in einem Lösungsweg integrieren.

Beispiel

Keiner der Vorschläge wird von vornherein abgelehnt, sondern alle äußern sich nacheinander zu den Vor- und Nachteilen jedes Vorschlags:

So möchte der Vater nicht allein verreisen, denn er fühlt sich in letzter Zeit etwas vernachlässigt und möchte wieder mehr Zeit mit seiner Frau verbringen. Dafür ist er bereit, es mit dem Garten nicht ganz so genau zu nehmen.

Aus den bewertenden Stellungnahmen des Patienten geht hervor, daß das größte Hindernis für ihn darin besteht, seine Aufgabe nicht genau zu kennen und er deshalb Angst hat, später kritisiert zu werden. Er kann nichts versprechen, was er sich nicht richtig zutraut. Einen Vorteil sieht er jedoch darin, daß er seine Selbständigkeit vergrößern kann, wenn die Eltern nicht da sind. Einen großen Vorteil verspricht er sich auch davon, daß die Aufgabenteilung mit seinem Bruder gleichberechtigt erfolgt.

4. Schritt: Beste Lösungsmöglichkeit(en) auswählen

Aus der gründlichen Diskussion aller Vorschläge resultiert nun die Entscheidung der Familie für einen oder auch mehrere Lösungswege. In Frage kommen nur Vorschläge, die von keinem Familienmitglied völlig abgelehnt wurden. In der Regel werden dies Vorschläge sein, die am meisten Pluszeichen erhalten haben. Sofort umsetzbare Lösungsvorschläge werden gegenüber längerfristig angelegten bevorzugt, leichtere gegenüber schwierigeren. Und natürlich wird die Relevanz des Vorgehens für die Problemsituation bei der Entscheidung berücksichtigt. Wenn gegensätzliche Vorstellungen oder Interessen in bezug auf die Lösung eines Problems bestehen, ist es günstig, Kompromisse anzustreben, bei denen jeder dem anderen ein Stück entgegenkommt.

Beispiel

Nach den einzelnen Bewertungen schieden folgende Lösungsvorschläge aus: Vater verreist allein; Patient muß ein Versprechen abgeben; die Nachbarn zu Hilfe holen. Seinen Bruder wollte der Patient nur im Notfall um Rat fragen. Bei den übrigen Vorschlägen überwogen die Vorteile, v. a. dann, wenn die Einzelheiten vorher gut besprochen würden.

5. Schritt: Überlegen, wie die beste Lösungsmöglichkeit in die Tat umgesetzt werden kann

Hier werden die einzelnen Handlungsschritte konkret festgelegt: Welches Verhalten beinhaltet der Lösungsvorschlag? Wer übernimmt dabei welche Aufgabe? Sind noch bestimmte Dinge zu klären oder zu tun, bevor mit der Durchführung begonnen werden kann? (z. B. Informationen bei Ämtern einholen, Kinoprogramm besorgen, Öffnungszeiten erfragen etc.). Welche Hindernisse könnten auftreten, und wie soll damit umgegangen werden? Die »Operationalisierung« des geplanten Lösungsweges ist die wichtigste Voraussetzung für den Erfolg.

Die spezifischen Verhaltensschritte werden für jede Person schriftlich festgehalten, nach Möglichkeit auf bestimmte Tage und in einer bestimmten Reihenfolge festgelegt.

Beispiel

Tätigkeiten, die in Abwesenheit der Eltern zu erledigen sind, sollten konkret gesammelt und aufgelistet werden (Lebensmittel und Getränke abstimmen und einkaufen, saubermachen, Rasen mähen, Pflanzen gießen etc.). In einem gemeinsamen Gespräch zusammen mit dem Bruder des Patienten sollten die Tätigkeiten durchgesprochen, Fragen geklärt, Wichtiges von Unwichtigem getrennt und schließlich in ihrer Aufteilung zwischen den Brüdern festgelegt werden.

6. Schritt: Überprüfen, ob die Schritte eingehalten wurden

Lobe jeden Versuch!

Dieser letzte Schritt erfolgt, nachdem der Lösungsversuch unternommen wurde. In einer rückblickenden Analyse wird besprochen, inwieweit die geplanten Schritte praktikabel und erfolgreich waren. Aufgetretene Schwierigkeiten werden eingehend diskutiert, und man versucht, alternative Lösungen dafür zu finden.

Bei der nachträglichen Bewertung des Lösungsweges muß der Erfolg besonders darin gesehen werden, daß entsprechende Versuche gemacht wurden. Die Familie lernt, das gegenseitige Bemühen um eine Lösung anzuerkennen und diese Anerkennung nicht vom perfekten Gelingen abhängig zu machen. Nur so wird jeder einzelne ermutigt und in seiner Bereitschaft zu weiteren Versuchen bestärkt.

Beispiel

Insgesamt klappte alles gut. Die im Urlaub gewonnene Entspannung machte es Vater und Mutter leichter, über Einzelheiten im Garten und im Haus, die nicht »perfekt« gelaufen waren, hinwegzusehen und sich beiden Söhnen gegenüber sehr froh und zufrieden zu äußern. Das Gefühl des Patienten, gegenüber seinem Bruder benachteiligt zu sein, konnte in der Zeit der Abwesenheit der Eltern dadurch etwas reduziert werden, daß beide häufiger miteinander sprachen und am Abend ein paarmal zusammen ausgingen. Darüber äußerten sich beide sehr positiv. Die Mutter hatte sich im Urlaub immer wieder überwinden müssen, nicht zu oft zu Hause anzurufen; der Patient war froh, weniger kontrolliert zu werden und fühlte sich zu größerer Eigenständigkeit ermutigt.

Für die Problemlösegespräche hat es sich als günstig erwiesen, wenn die Familie am Anfang möglichst eng umgrenzte Probleme diskutiert; dies können auch Einzelbeispiele aus einem größeren, komplexeren Konfliktbereich sein. Das Erlernen der Problemlösestruktur anhand eines kleinen, gut überschaubaren Problems wird dadurch erleichtert, daß sich hierfür relativ schnell konkrete Handlungsperspektiven entwickeln lassen, daß nur wenige vorbereitende Schritte zur Lösung notwendig sind und daß so mit hoher Wahrscheinlichkeit ein erster Erfolg des Lösungsversuchs erreicht wird, der sich auf die Bemühungen der Familie verstärkend auswirkt und zu schwierigeren Konfliktgesprächen ermutigt. Beispiel dafür sind:

- Freizeitgestaltung,
- Verteilung von Aufgaben im Haushalt,
- Planung des Urlaubs oder
- Einteilung des zur Verfügung stehenden Geldes.

Allerdings: Nicht alle Probleme können mit dem Problemlöseschema erfolgreich angegangen werden. Dann ist es aber meistens schon gewinnbringend, wenn der 1. Schritt deutlich macht, wo die z. Z. unüberwindlich scheinenden Gegensätze liegen.

17.7.6
Abschließende Bemerkungen

Im Verlauf des Problemlösetrainings versucht der Therapeut so früh wie möglich, die Gesprächsleitung an die Familienmitglieder zu delegieren, um sich im weiteren mehr und mehr zurückzuziehen. In diesem Zusammenhang streckt er auch die Abstände zwischen den Sitzungen und läßt die Familie als Hausaufgabe Problemlösesitzungen in eigener Regie durchführen. Normalerweise kann er nach drei Monaten von den anfänglich wöchentlichen Terminen auf 14tägige Kontakte umstellen; nach einem weiteren Vierteljahr genügt es meist, wenn er die Familie alle drei bis vier Wochen sieht. Allmählich soll er ganz entbehrlich werden und nur noch in Krisenzeiten, z. B. bei drohenden Rückfällen, zur Verfügung stehen.

Abschließend ist zu betonen, daß die verschiedenen Phasen der Familienbetreuung nur in Ausnahmefällen scharf voneinander abgegrenzt durchlaufen werden. Normalerweise erstrecken sich die einzelnen Inhalte über die gesamte Familienbetreuung hinweg, wobei die Schwerpunkte entsprechend der skizzierten Reihenfolge wechseln. Beispielsweise finden Diagnostik und Herstellung der therapeutischen Arbeitsbeziehung hauptsächlich in der Anfangsphase statt, aber sie spielen auch später noch eine wichtige Rolle, wenn sich als Folge von Interventionen Veränderungen in der Familie ergeben haben. Ein weiteres Beispiel sind die Problemlösesitzungen, die normalerweise erst im Anschluß an das Kommunikationstraining, im Rahmen von Kriseninterventionen aber auch schon früher eingeführt werden. Das Kommunikationstraining ist mit Abschluß der Trainingsphase meist nicht beendet, sondern setzt sich über die ersten Problemlösegespräche hinweg fort und muß oft auch später noch einmal aufgegriffen werden, z.B. wenn die Familienatmosphäre durch Krisen belastet ist. Trotz dieser Überschneidungen hält der Therapeut den beschriebenen Ablauf soweit wie möglich ein, da die verschiedenen Komponenten der Familienbetreuung in funktionaler Weise miteinander verbunden sind und eine logisch sinnvolle Abfolge einzelner Teilschritte ergeben.

17.8
Fallbeispiel

■ **Anamnese.** Es handelt sich um einen 26jährigen Patienten, bei dem die schizophrene Krankheitsentwicklung 1990 mit depressiven Verstimmungen (v.a. dem Gefühl innerer Leere und Müdigkeit) einsetzte. Ende 1990 kam es erstmals zu einer Angstattacke, bei der Herr L. das Gefühl hatte, »wahnsinnig zu werden«. Der Patient wurde im Verlauf einer ambulanten psychiatrischen Behandlung gefühlsmäßig sehr instabil, wobei ängstliche Phasen mit euphorischen Zuständen abwechselten. Anfang 1991 litt Herr L. unter Stimmenhören (»Aids, Aids«), Konzentrationsstörungen und anhaltenden Angstzuständen. Er ließ sich ärztlich behandeln, ohne daß es allerdings durch neuroleptische Medikation zu einer wesentlichen Besserung seiner Symptome kam. Seit einem Autounfall im Juli 1991 war Herr L. davon überzeugt, daß über natürliche Strahlen aus dem Universum seine körperlichen Vorgänge beeinflußt werden. Er hatte den Eindruck, sein Gehirn sei »auseinandergewachsen«, die Lungen hätten sich »verdoppelt«, der Penis »vergrößert« und die »Hoden verflüssigt«. Da es bei seiner Arbeit als Exportkaufmann zunehmend zu Problemen kam, er keinen Antrieb mehr hatte, unkonzentriert arbeitete und immer häufiger Fehler machte, ließ sich der Patient Anfang 1992 krankschreiben. Im April 1992 verlor er seine Arbeitsstelle. Er hielt sich fast nur noch zu Hause auf und konnte sich »meistens zu nichts aufraffen«. Gelegentlich traten starke Depressionen mit Suizidgedanken auf, die Herr L. jedoch immer abwehren konnte.

■ **Psychischer Befund.** Bei der stationären Aufnahme im Sommer 1992 war der Patient bewußtseinsklar und orientiert. Im formalen Denken fiel eine diskrete assoziative Lockerung auf. Inhaltlich standen ausgeprägte Leibhalluzinationen mit dem Charakter des von außen Gemachten im Vordergrund: Herr L. spürte »große Bewegungen im Unterleib«, und die Muskeln im Bereich der Oberschenkel schienen ihm »wie pulsierend«. Dabei war er noch immer davon überzeugt, daß »Strahlen in ein bestimmtes Zentrum seines Gehirns« eindrangen und die körperlichen Störungen verursachten. Akustische Halluzinationen bestanden zum Zeitpunkt der Klinikaufnahme nach Angaben des Patienten nicht mehr. Die neurologisch-internistische Untersuchung blieb ohne Befund.

Entsprechend dem bisherigen Verlauf und dem aktuellen Bild der Erkrankung wurde bei Herrn L. eine »chronische paranoid-halluzinatorische Schizophrenie« diagnostiziert (DSM-IV: 295.32; ICD-10: F 20.00).

■ **Persönlichkeitsentwicklung.** Anamnestisch war zu erfahren, daß der Patient sich in der Schule anfangs rechthaberisch und egoistisch verhielt, so daß er eine Einzelgängerposition einnahm. Nur ganz allmählich gelang es ihm, mehr Kontakte zu schließen und mit 13 Jahren auch erste sexuelle Erfahrungen mit Mädchen zu machen. Länger dauernde Beziehungen konnte er jedoch nie aufrechterhalten. Seit dem Krankheitsbeginn hatte er keine Partnerin mehr, vom Kontakt mit Freunden zog er sich immer mehr zurück, und auch am Familienleben beteiligte er sich kaum noch.

Als persönliche Vulnerabilitätsfaktoren erschienen Herrn L.'s schizotypische Persönlichkeitszüge bedeutsam, die sich seit der Kindheit als deutliche Kontaktstörungen in und außerhalb der Familie manifestierten. Als prognostisch ungünstig war daneben die beeinträchtigte Informationsverarbeitungsfähigkeit zu werten, die u.a. in den bereits erwähnten Konzentrations- und Arbeitsstörungen zum Ausdruck kam. Belastende Umweltfaktoren waren in Form kritischer Lebensereignisse – nämlich des oben erwähnten Autounfalls und des Arbeitsplatzverlustes – ebenso gegeben wie in einem ungünstigen emotionalen Familienleben. Schutzfaktoren waren demgegenüber kaum vorhanden, da Herr L. auf neuroleptische Medikation kaum ansprach und auf Anforderungen eher mit Rückzug, Apathie und Lethargie als mit Bewältigungsversuchen reagierte. Die chronische Symptomatik hatte die soziale und berufliche Integration des Patienten stark beeinträchtigt, wobei sein weitgehender Rückzug von seiten der Familie offen kritisiert wurde und dadurch nur noch weiter zunahm. Der resultierende Verstärkermangel und die von Herrn L. deutlich erkannten schizophrenen Einschränkungen trugen wahrscheinlich zur Entstehung, sicher aber zur Aufrechterhaltung nachhaltiger depressiver Verstimmungen bei.

Über Ressourcen verfügte der Patient zum einen in Form rudimentär noch bestehender und ausbaufähiger Sozialkontakte zu Freunden, zum anderen durch die Möglichkeit, im Betrieb des Partners der Mutter je nach Befinden stundenweise mitzuarbeiten und so allmählich wieder einen beruflichen Einstieg zu finden.

■ **Stationäre Behandlung.** Während der Klinikbehandlung war es bei Herrn L. unter medikamentöser Behandlung mit Haldol, Truxal und Tegretal zunächst kaum zu einer Besserung der schizophrenen Symptomatik gekommen. Statt dessen waren massive Unruhezustände, suizidale Gedankeninhalte und verstärkte Antriebsstörungen aufgetreten. Unter veränderter Dosierung von Haldol und Tegretal, Absetzen von Truxal und zusätzlicher Einnahme von Saroten bzw. Akineton hatte sich jedoch allmählich die Stimmung stabilisiert und der Antrieb zugenommen. Die Konzentrationsfähigkeit in der Arbeitstherapie hatte sich gebessert und die produktive Symptomatik leicht nachgelassen. Bei der Entlassung aus der Klinik bestanden allerdings auf niedrigerem Niveau Leibhalluzinationen fort, wobei die Vorstellung, daß diese von Strahlen gespeist würden, fast nicht mehr vorhanden war. Obwohl der Patient nicht krankheitseinsichtig war, nahm er nach seinen eigenen Angaben und nach Angaben der Mutter die verordneten Medikamente zuverlässig ein, was durch Plasmaspiegelkontrollen bestätigt wurde.

■ **Familiäre Situation.** Die Familiensituation war zum einen geprägt von der oben bereits erwähnten kritischen und emotional überinvolvierten emotionalen Atmosphäre, zum anderen von einem Interaktionsstil zwischen Herrn L. und seiner Mutter, der sich durch Kritik, geringe Akzeptanz und negatives nonverbales Verhalten auszeichnete. Hervorzuheben ist dabei, daß die gegenseitige Kritik v.a. vom Patienten ausging.

In den Einzelgesprächen beklagte der Patient v.a., daß seine Mutter zuviel arbeitete. Er spürte ihre Überlastung und empfand als störend, daß sie sich weniger um ihn kümmern konnte, als er

sich dieses gewünscht hätte. Herr L. fühlte sich oft zu unrecht kritisiert, wenn die Mutter und deren Partner ihn etwa zu bestimmten Aktivitäten aufforderten, ohne dabei seine krankheitsbedingten Handicaps in Rechnung zu stellen.

Die Mutter des Patienten und ihr Partner nannten weitgehend identische Probleme. Sie wünschten sich von Herrn L. mehr Hilfe im Haushalt (Küche saubermachen, Staubsaugen …) und v.a. mehr Kontaktbereitschaft bzw. Offenheit. Konkret sollte der Patient sich öfter an Gesprächen in der Familie beteiligen und z.B. erzählen, was er bei den seltenen Treffen mit seinen Freunden unternahm. Als weiteres Ziel wurde angegeben, daß Herr L. aktiver werden, v.a. unangenehmen Pflichten (Besorgungen, Behördengänge …) weniger aus dem Weg gehen sollte.

■ **Therapieziele.** Als wichtigste Therapieziele ergaben sich aus der Vordiagnostik, die Sozialkontakte des Patienten in und außerhalb der Familie zu verbessern und das Ausmaß an Kritik in der Familie zu reduzieren. Eine weitere Zielsetzung lag bei Herrn L. im Aufbau von Aktivitäten und in der Überwindung der Antriebsprobleme, um einerseits den depressiven Verstimmungen entgegenzuwirken und andererseits Anlässe für Kritik aus der Familie zu reduzieren.

Bei Herrn L. wurden programmgemäß im Verlauf der Aufklärung über die schizophrene Erkrankung und ihre medikamentöse Behandlung zusammen mit der Familie patientenspezifische Prodromalzeichen und adäquate Reaktionen auf eine mögliche Verschlechterung seines Zustandes festgelegt. Aus der ausführlichen und behutsamen Diskussion seiner Symptome sowie der krankheitsbedingten Beeinträchtigungen im Verlauf der Informationssitzungen resultierte eine spürbare Erschütterung der mangelnden Krankheitseinsicht des Patienten.

Als Ergebnis der Diagnostik- und Informationsphase im Hinblick auf die Motivierung der Familienmitglieder zur Familienbetreuung und in bezug auf die therapeutische Beziehungsaufnahme ist folgendes festzuhalten: Herr L. litt sehr unter seiner Symptomatik und v.a. auch darunter, daß er mit seinen Funktionsbeeinträchtigungen auf wenig Verständnis in der Familie stieß. Er erhoffte sich in dieser Hinsicht Verbesserungen von der Therapie und war nach den Informationssitzungen, in denen er seine Probleme darlegen konnte – und in denen diese als krankheitsbedingt und eben nicht willentlich beeinflußbar dargestellt wurden – zur weiteren aktiven Beteiligung an der Familienbetreuung erkennbar motiviert.

Seine Mutter hoffte darauf, im Verlauf der Familienbetreuung adäquate Reaktionen auf die krankheitsbedingten Probleme ihres Sohnes zu erlernen und dadurch auch persönlich entlastet zu werden. Sie arbeitete vom Beginn der Familienbetreuung an engagiert mit, v. a. nachdem sie in den Informationssitzungen von Schuldvorwürfen ihres Sohnes entlastet worden war, sie habe durch frühe Erziehungsfehler und die Trennung von ihrem Mann die Krankheit verursacht. Der Partner der Mutter war mit dem Aufbau seines Betriebs so beschäftigt, daß er wegen »Zeitmangels« nicht zu einer über die Informationssitzungen hinausgehenden Teilnahme an der Therapie zu bewegen war.

■ **Therapieverlauf.** Herr L. und seine Mutter arbeiteten in den Sitzungen des Kommunikationstrainings sehr gut mit und führten auch die häuslichen Übungen gewissenhaft durch, so daß auf beiden Seiten deutliche Verbesserungen des Kommunikationsverhaltens eintraten. Wichtige Impulse ergaben sich gleich zu Beginn beim Äußern positiver Gefühle: Wenngleich dem Patienten die Übungen erkennbar schwerfielen und deshalb recht »holprig« wirkten, profitierte Frau L. doch sehr davon, daß ihr Sohn sich für ihre Bemühungen um ihn, die er bislang scheinbar als Selbstverständlichkeit hingenommen hatte, nun dankbar zeigte. In den folgenden Sitzungen konnte deutlich herausgearbeitet werden, daß negative Gefühle vom anderen viel besser angenommen wurden, wenn sie in Form von selbstöffnenden Mitteilungen und eben nicht als Kritik und Angriff auf den anderen geäußert wurden. Herr L. und seine Mutter erkannten ferner, daß Gespräche viel reibungsloser und ergiebiger verliefen, wenn sie sich gegenseitig aufmerksam zuhörten, anstatt den anderen um jeden Preis vom eigenen Standpunkt überzeugen zu wollen. Der Patient nahm bereits während des Kommunikationstrainings deutlich mehr Kontakt zur Familie auf, als er durch wiederholte positive Rückmeldungen seitens der Mutter nicht mehr nur seine Defizite kritisiert, sondern eher seine Fortschritte anerkannt sah.

Die Familienbetreuung, die insgesamt 25 diagnostische und therapeutische Sitzungen umfaßte, konnte nach einem Jahr beendet werden, da alle Beteiligten darin übereinstimmten, daß die Ziele der Familienbetreuung erreicht worden waren.

■ **Katamnese.** Bei der Erhebung der Postdaten 12 Monate nach der Entlassung aus der Klinik zeigte sich gegenüber der Eingangsdiagnostik bei Herrn L. ein Rückgang im General Symptomatic Index (GSI) der Symptom-Check-Liste (SCL-90-R) um die Hälfte, wobei der anfangs am stärksten ausgeprägte Faktor Depressivität um 50% und die Zwanghaftigkeit um zwei Drittel günstiger ausfielen. Während der Gesamtwert der Brief Psychiatric Rating Scale (BPRS) in etwa gleich geblieben war und auch die körperlich-funktionalen Beschwerden sich kaum verändert hatten, spiegelte sich mit einem Wert von jetzt 85 in der Global Assessment Scale (GAS) eine verbesserte allgemeine Funktionstüchtigkeit des Patienten wider. Diese betraf hauptsächlich den sozialen Bereich, in dem Herr L. große Fortschritte erzielt hatte.

Die Mutter hatte ihre kritische Haltung gegenüber dem Patienten bis zum Ende der Familienbetreuung abgelegt. Bei der Analyse der Kommunikationsmuster zeigte sich nach 12 Monaten Familienbetreuung eine deutliche Abnahme verbal- und nonverbal-negativen Verhaltens zugunsten v. a. von gegenseitiger Akzeptanz und positiven Lösungsvorschlägen. Die Interaktion zwischen dem Patienten und seiner Mutter zeichnete sich damit durch einen insgesamt positiveren Umgang miteinander und eine sachlichere, stärker auf Problemlösung orientierte Kommunikation aus.

Wenngleich sich aufgrund des chronischen Krankheitsbildes der psychopathologische Befund des Patienten insgesamt nur leicht verbessert hatte, waren doch signifikante Fortschritte in der persönlichen und familiären Bewältigung der Psychose erreicht worden. Herr L. konnte die immer noch alle 3 bis 4 Wochen auftretenden vermehrten Leibhalluzinationen und Stimmungseinbrüche inzwischen ohne Rückgriff auf Tavor-Medikation überstehen und dabei elementare Aktivitäten aufrechterhalten, wozu neben der in der Familie gefundenen Problemlösung sicher auch beitrug, daß sich das Befinden des Patienten nach der Umstellung der Medikation allmählich leicht besserte. Im Hinblick auf die Familiensituation war v. a. als günstig zu werten, daß die Mutter das Gefühl hatte, nicht mehr hilflos zu sein, sondern einen Weg gefunden zu haben, wie sie ihren Sohn tatsächlich zu mehr Aktivitäten bewegen konnte. Sie akzeptierte viel besser, wenn er an manchen Tagen nur wenig schaffte, da sie einsah, daß er manchmal trotz echten Bemühens wenig gegen seine krankheitsbedingten Einschränkungen ausrichten konnte. Daß er bei besserem Befinden Aufgaben im Haushalt und bei der Versorgung der Großmutter übernahm, empfand Frau L. als echte Erleichterung. Herr L. fühlte sich von seiner Mutter deutlich weniger bedrängt und hatte aufgrund der von ihr recht häufig gegebenen positiven Rückmeldungen das Gefühl, daß seine Bemühungen anerkannt wurden, auch wenn sie an schlechten Tagen nur für ein »Notprogramm« an Aktivitäten ausreichten.

Das Stoppen der Teufelskreise aus Kritik, Rückzug, mangelnder Aktivität und Depression hatte erkennbar zur Entspannung des emotionalen Familienklimas und zur Bewältigung der krankheitsbedingten Beeinträchtigungen beigetragen. Die im Verlauf der ambulanten Nachbetreuung erreichte Verbesserung der Familiensituation war in prognostischer Hinsicht ebenso günstig zu werten wie die Aktivitätssteigerung und die soziale und beginnende berufliche Reintegration des Patienten, auch wenn wegen des chronischen Krankheitsverlaufs die Psychose selbst nicht wesentlich beeinflußt werden konnte.

Zusammenfassung

- *Schizophrene Psychosen* gehören zu den schweren und relativ häufigen psychischen Störungen mit einer Lebenszeitprävalenzrate von 1%. Die *Rückfallrate* ist auch unter psychopharmakologischer Dauerbehandlung beträchtlich und liegt nach einem Jahr bei ca. 40%.
- Familiäre Variablen, insbesondere ein kritisches und emotional überinvolviertes *Familienklima* gelten als prädisponierende Rückfallfaktoren.
- Ausgehend von einem interaktiven *Vulnerabilitäts-Streß-Modell* wurden eine Reihe von *psychosozialen Therapieprogrammen* für schizophrene Patienten entwickelt. Gut evaluiert wurden Gruppenprogramme zur Verbesserung kognitiver Defizite und zur Steigerung der sozialen Kompetenz.
- Sehr gut untersucht wurden *psychoedukative Familienprogramme* zur Rückfallprophylaxe. Insbesondere die verhaltenstherapeutische Familienbetreuung hat sich als effektiv erwiesen. Diese Therapie besteht aus verschiedenen Komponenten, u.a. Diagnostik familiärer Konflikte, Kommunikations- und Problemlösetraining und Maßnahmen zur Bewältigung von individuellen Problemen wie Depressionen oder Ängsten. Das therapeutische Vorgehen im Rahmen der Familienbetreuung wird ausführlich dargestellt.

Literatur

Andrews, G., Hall, W., Goldstein, G., Lapsley, H., Bartels, R. & Silove, D. (1985). The economic costs of schizophrenia. Implications for public policy. *Archives of General Psychiatry, 42,* 537–543.

Bäuml, J. (1994). *Psychosen aus dem schizophrenen Formenkreis.* Berlin: Springer.

Ball, R., Moore, E. & Kuipers, L. (1992). Expressed emotion in community care staff. A comparison of patient outcome in a nine month follow-up of two hostels. *Social Psychiatry and Psychiatric Epidemiology, 27,* 35–39.

Bateson, G., Jackson, D. D., Haley, J. & Weakland, J. (1956). Toward a theory of schizophrenia. *Behavior Science, 1,* 251–264.

Bleuler, E. (1911). Dementia Praecox oder die Gruppe der Schizophrenien. In G. Aschaffenburg (Hrsg.), *Handbuch der Psychiatrie* (spez. Teil, 4. Abtlg., 1. Hälfte). Leipzig: Deuticke.

Bleuler, M. (1972). *Die schizophrenen Geistesstörungen im Lichte langjähriger Kranken- und Familiengeschichten.* Stuttgart: Thieme.

Brown, G. W. (1959). Experiences of discharged chronic schizophrenic mental hospital patients in various types of living group. *Millbank Memorial Fund Quarterly, 37,* 105–131.

Brown, G. W., Birley, J. L. T. & Wing, J. K. (1972). Influence of family life on the course of schizophrenic disorders: a replication. *British Journal of Psychiatry, 121,* 241–258.

Ciompi, L. & Müller, C. (1976). *Lebensweg und Alter der Schizophrenen. Eine katamnestische Langzeituntersuchung bis ins Senium.* Berlin: Springer.

CIPS: Collegium Internationale Psychiatrie Scalarum (1986). *Internationale Skalen für Psychiatrie.* Weinheim: Beltz.

Derogatis, C. R., Lipman, R. S., Covi, L. & Rickels, K. (1974). The SCL-90: an outpatient psychiatric rating scale. *Psychopharmacology Bulletin, 9,* 13–28.

Dilling, H., Mombour, W. & Schmidt, M. H. (1991). *Internationale Klassifikation psychischer Störungen ICD-10.* Bern: Huber.

Doane, J. A., Goldstein, M. J., Miklowitz, D. J. & Falloon, I. R. H. (1986). The impact of family treatment on the affective climate of families of schizophrenics. *British Journal of Psychiatry, 148,* 279–287.

Falloon, I. R. H. (Ed.) (1988). *Handbook of behavioral family therapy.* New York: Guilford.

Falloon, I. R. H., Boyd, J. L. & McGill, C. W. (1984). *Family care of schizophrenia.* New York: Guilford.

Falloon, I. R. H., Hahlweg, K. & Tarrier, N. (1990). Family interventions in the community management of schizophrenia: methods and results. In E. R. Straube & K. Hahlweg (Hrsg.), *Schizophrenia. Concepts, vulnerability, and intervention* (S. 217–240). Berlin: Springer.

Fiedler, P. (1993). Angehörigengruppen in der psychosozialen Versorgung. *Zeitschrift für Klinische Psychologie, 22,* 254–263.

Furth, E. F. van (1991). *Parental expressed emotion and eating disorders.* Utrecht: Elinkwijk.

Goldstein, M. J. (1988). Die UCLA-Risikostudie zur Vorhersage schizophrener Störungen aufgrund familiärer Kommunikationsvariablen. In W. P. Kaschka, P. Joraschky & E. Lungershausen (Hrsg.), *Die Schizophrenien. Biologische und familiendynamische Konzepte zur Pathogenese* (S. 157–172). Berlin: Springer.

Gottesman, I. I. & Shields, J. (1982). *Schizophrenia: The epigenetic puzzle.* London: Cambridge University Press.

Gunderson, J. G., Frank, A. F., Katz, H. M., Vannicelli, M. L., Frosch, J. P. & Knapp, P. H. (1984). Effects of psychotherapy in schizophrenia: II. Comparative outcome of two forms of treatment. *Schizophrenia Bulletin, 10,* 564–598.

Häfner, H., Riecher, A., Maurer, K., Fätkenheuer, B., Löffler, W., An der Heiden, W., Munk-Jorgensen, P. & Strömgren, E. (1991). Geschlechtsunterschiede bei schizophrenen Erkrankungen. *Fortschritte der Neurologie und Psychiatrie, 59,* 343–360.

Hahlweg, K., Dürr, H. & Müller, U. (1995). *Familienbetreuung bei Schizophrenen. Ein verhaltenstherapeutischer Ansatz zur Rückfallprophylaxe.* München: PVU.

Hahlweg, K., Goldstein, M. J., Nuechterlein, K. H. et al. (1989). Expressed emotion and patient-relative interaction in families of recent onset schizophrenics. *Journal of Consulting and Clinical Psychology, 57,* 11–18.

Harding, C., Brooks, G. W., Ashikaga, T., Strauss, J. S. & Breier, A. (1987). The Vermont longitudinal study: II. Long-term outcome of subjects who once met the criteria for DSM-III schizophrenia. *American Journal of Psychiatry, 114,* 718–735.

Hell, D. & Gestefeld, M. (1988). *Schizophrenien. Orientierungshilfen für Betroffene.* Berlin: Springer.

Herz, M. I., Glazer, W. M., Moster, M. A. et al. (1991). Intermittent vs. maintenance medication in schizophrenia. Two year results. *Archives of General Psychiatry, 48,* 333–339.

Hiller, W., Zerssen, D., v. Mombour, W. & Wittchen, H. U. (1986). *IMPS. Inpatient Multidimensional Psychiatric Scale.* Weinheim: Beltz.

Hogarty, G. E., Anderson, C. M., Reiss, D. J., Kornblith, S. J., Greenwald, D. P., Javna, C. D., Madonia, M. J., the EPICS Schizophrenia Research Group (1986). Family psychoeducation, social skills training and maintenance chemotherapy in the aftercare treatment of schizophrenia: I. One year effects of a controlled study on relapse and expressed emotion. *Archives of General Psychiatry 43,* 633–642.

Hogarty, G. E., McEvoy, J. P., Munetz, M. et al., Environmental/Personal Indicators in the Course of Schizophrenia Research Group (1988). Dose of fluphenazine, familial expressed emotion, and outcome in schizophrenia. Results of a two-year controlled study. *Archives of General Psychiatry, 45,* 797–805.

Hooley, J. M., Orley, J. & Teasdale, J. D. (1986). Levels of expressed emotion and relapse in depressed patients. *British Journal of Psychiatry, 148,* 642–647.

Jablensky, A., Satorius, N., Ernberg, G. & Anker, M. (1992). Schizophrenia: manifestations, incidence and course in different cultures. A World Health Organization ten-country study. *Psychological Medicine Monograph.*

Kane, J. M., Woerner, M., Weinhold, P., Wegner, B. & Kinon, B. (1982). A prospective study of tardive dyskinesia development: preliminary results. *Journal of Clinical Psychopharmacology, 2,* 345–349.

Katschnig, H. (Hrsg.) (1989). *Die andere Seite der Schizophrenie. Patienten zu Hause.* München: PVU.

Katschnig, H. & Konieczna, T. (1986). Die Philosophie und Praxis der Selbsthilfe für Angehörige psychisch Kranker. In W. Böker & H. D. Brenner (Hrsg.), *Bewältigung der Schizophrenie.* Bern: Huber.

Kavanagh, D. J. (1992). Recent developments in expressed emotion and schizophrenia. *British Journal of Psychiatry, 160,* 601–620.

Kingdon, D., Turkington, D. & John, C. (1994). Cognitive behaviour therapy of schizophrenia. The amendability of delusions and hallucinations to reasoning. *British Journal of Psychiatry, 164,* 581–587.

Kraepelin, E. (1904). Psychiatrie. *Ein Lehrbuch für Studierende und Ärzte* (7. Aufl.). Leipzig: Barth.

Leff, J. P. & Vaughn, C. (1980). The interaction of life events and relatives' expressed emotion in schizophrenia and depressive neurosis. *British Journal of Psychiatry, 136,* 146–153.

Liberman, R. P. & Corrigan, P. W. (1993). Designing new psychosocial treatments for schizophrenia. *Psychiatry, 56,* 238–249.

Liberman, R. P., Jacobs, H. E., Boone, S. E. et al. (1986). Fertigkeitentraining zur Anpassung Schizophrener an die Gesellschaft. In W. Böker & H. D. Brenner (Hrsg.), *Bewältigung der Schizophrenie* (S. 96–112). Bern: Huber.

May, P. R. A., Thuma, A. H. & Dixon, W. J. (1981). Schizophrenia – a follow-up study of the results of five forms of treatment. *Archives of General Psychiatry, 38,* 776–784.

McGlashan, T. H. & Fenton, W. S. (1991). Classical subtypes for schizophrenia: Literature review for DSM-IV. *Schizophrenia Bulletin, 14,* 515–542.

Miklowitz, D. J. & Goldstein, M. J. (1990). Behavioral family treatment for patients with bipolar affective disorder. *Behavior Modification, 14,* 457–489.

Miklowitz, D. J., Goldstein, M. J., Nuechterlein, K. H., Snyder, K. S. & Doane, J. (1987). The family and the course of recent-onset mania. In K. Hahlweg & M. J. Goldstein (Eds.), *Understanding major mental disorder: the contribution of family interaction research* (pp. 195–211). New York: Family Process.

Müller, U., Hahlweg, K., Feinstein, E., Hank, G., Wiedemann, G. & Dose, M. (1992). Familienklima (Expressed Emotion) und Interaktionsprozesse in Familien mit einem schizophrenen Mitglied. *Zeitschrift für Klinische Psychologie, 21,* 332–351.

Nuechterlein, K. H. & Dawson, M. E. (1984). A heuristic vulnerability-stress model of schizophrenic episodes. *Schizophrenia Bulletin, 10,* 300–312.

Overall, J. E. & Gorham, D. R. (1962). The brief psychiatric rating scale. *Psychological Reports, 10,* 799–812.

Rieg, C., Müller, U., Hahlweg, K., Wiedemann, G., Hank, G. & Feinstein, E. (1991). Psychoedukative Rückfallprophylaxe bei schizophrenen Patienten: Ändern sich die familiären Kommunikationsmuster? *Verhaltenstherapie, 1,* 283–292.

Roder, V., Brenner, H. D., Kienzle, N. & Hodel, B. (1988). *Integriertes psychologisches Therapieprogramm für schizophrene Patienten IPT.* Weinheim: PVU.

Rosenthal, D., Wender, P. H., Kety, S. S., Welner, J. & Schulsinger, F. (1971). The adopted-away offspring of schizophrenics. *American Journal of Psychiatry, 128,* 307–311.

Saß, H., Wittchen, H.-U. & Zaudig, M. (1996). *Diagnostisches und Statistisches Manual Psychischer Störungen (DSM-IV).* Göttingen: Hogrefe.

Singer, M. T., Wynne, L. C. & Toohey, M. L. (1978). Communication disorders in the families of schizophrenics. In L. C. Wynne, R. L. Cromwell & S. Mathysee (Eds.), *The nature of schizophrenia. New approaches to research and treatment.* New York: Wiley.

Spaniol, L., Jung, H., Zippel, A. M. & Fitzgerald, S. (1987). Families as a resource in the rehabilitation of the severely psychiatrically disabled. In A. B. Hatfield & H. P. Lefley (Eds.), *Families of the mentally ill.* New York: Guilford.

Strachan, A. M., Goldstein, M. J. & Miklowitz, D. J. (1986). Do relatives express expressed emotion? In M. J. Goldstein, I. Hand & K. Hahlweg (Eds.), *Treatment of schizophrenia: Family assessment and intervention* (pp. 51–58). Berlin: Springer.

Stricker, K. & Schulze-Mönking, H. (1989). Die prognostische Bedeutung der emotionalen Familienatmosphäre bei ambulanten schizophrenen Patienten. Ergebnisse einer 18-Monats-Katamnese. In G. Buchkremer & N. Rath (Hrsg.), *Therapeutische Arbeit mit Angehörigen schizophrener Patienten* (S. 61–70). Bern: Huber.

Tarrier, N., Barrowclough, C., Vaughn, C., Bamrah, J. S., Porceddu, K., Watts, S. & Freeman, H. (1989). Community management of schizophrenia. A two-year follow-up of a behavioral intervention with families. *British Journal of Psychiatry, 154*, 625–628.

Tarrier, N., Lowson, K. & Barrowclough, C. (1991). Some aspects of family interventions in schizophrenia. II. Financial considerations. *British Journal of Psychiatry, 159*, 481–484.

Tarrier, N. & Turpin, G. (1992). Psychosocial factors, arousal and schizophrenic relapse. The psychophysiological data. *British Journal of Psychiatry, 161*, 3–11.

Theilemann, S. & Peter, K. (1994). Zur Evaluation kognitiver Therapie bei schizophren Erkrankten. *Zeitschrift für Klinische Psychologie, 23*, 20–33.

Thurm, I. & Häfner, H. (1987). Perceived vulnerability, relapse risk and coping in schizophrenia. *European Archives of Psychiatry and Neurological Sciences, 237*, 46–53.

Tienari, P., Lahti, I., Sorri, A. et al. (1987). The Finnish adoptive family study of schizophrenia: possible joint effects of genetic vulnerability and family interaction. In K. Hahlweg & M. J. Goldstein (Eds.), *Understanding major mental disorder: the contribution of family interaction research* (pp. 33–54). New York: Family Process.

Vaughn, C. & Leff, J. P. (1976). The influence of family and social factors on the course of psychiatric illness. *British Journal of Psychiatry, 129*, 125–137.

Wiedemann, G. & Dose, M. (1995). Medikamentöse Behandlungsansätze in der Langzeittherapie schizophrener Psychosen. In K. Hahlweg, H. Dürr & U. Müller (Hrsg.), *Familienbetreuung bei Schizophrenen. Ein verhaltenstherapeutischer Ansatz zur Rückfallprophylaxe*. München: PVU.

Wittchen, H.-U. & Semler, G. (1991). *Composite International Diagnostic Interview – CIDI Interviewheft*. Weinheim: Beltz.

Wittchen, H.-U., Zaudig, M. & Fydrich, T. (1997). *Strukturiertes Klinisches Interview für DSM-IV. Achse I und II (SKID I und SKID II)*. Göttingen: Hogrefe.

Weiterführende Literatur

Bäuml, J. (1994). *Psychosen aus dem schizophrenen Formenkreis*. Berlin: Springer.

Böker, W. & Brenner, H. D. (Hrsg.) (1989). *Schizophrenie als systemische Störung*. Bern: Huber.

Hahlweg, K., Dürr, H., Müller, U. (1995). *Familienbetreuung bei Schizophrenen. Ein verhaltenstherapeutischer Ansatz zur Rückfallprophylaxe*. München: PVU.

Katschnig, H. (Hrsg.) (1989). *Die andere Seite der Schizophrenie. Patienten zu Hause*. München: PVU.

KAPITEL 18

Partnerschafts- und Eheprobleme

18

BRIGITTE SCHRÖDER und KURT HAHLWEG

18.1
Darstellung des Konstruktes

Der Begriff *Partnerschaft*, der in der Überschrift zu diesem Text nicht nur dem Begriff Ehe zugestellt, sondern sogar vorangestellt ist, beinhaltet bereits, daß bei der Definition dieses Konstruktes, um dessen Störung es dann im weiteren gehen soll, nicht nur formale Kriterien (z.B. rechtliche wie »Trauschein«) zum Tragen kommen. Es geht auch um Ideologien, um Erwartungshaltungen von Individuen. Ehe und Partnerschaft sind in aller Regel als langandauernde Lebensgemeinschaften angelegt – als Wohn-, Geschlechts- und Wirtschaftsgemeinschaft, aber auch als Gemeinschaft gegenseitiger Anteilnahme, Fürsorge und Liebe. Auch wenn der heutige moderne Sprachgebrauch Wortschöpfungen wie »Lebensspannenpartner« enthält, verweist das gebräuchlichere Wort »Lebensgemeinschaft« auf die zugrundeliegende Idealvorstellung von lebenslanger Dauer hin. Dies zeigt auch, daß die Auflösung einer Ehe in unserem Kulturkreis zu den am stärksten belastenden Ereignissen im menschlichen Lebenslauf gehören, neben dem Verlust des Partners durch Tod. Leben in einer Ehe oder einer eheähnlichen Gemeinschaft stellt zudem eines der höchstwahrscheinlichen Merkmale des Erwachsenenalters dar. Fast jeder macht im Laufe seines Lebens einmal eine diesbezügliche Erfahrung, und wenn man, wie man es natürlich tun muß, auch alle gleichgeschlechtlichen Paare und Erfahrungen hinzunimmt, so kann man das »fast« vom Anfang dieses Satzes wohl streichen. Das Leben von intimen Partnerschaften ist also ein universelles Vorkommen. Was zeichnet nun ein Gelingen dieser Erfahrungen aus, wann spricht man von Störungen?

18.1.1
Definition der Störung

> Ein grundlegendes Problem für solch eine Definition liegt in der Bestimmung eines reliablen und validen Kriteriums für Ehequalität.

In der Vergangenheit wurden eine Vielzahl von Konzepten benutzt, die gebräuchlichsten waren: Eheanpassung, -erfolg, -zufriedenheit, -glück. Eine Reihe von Fragebogen wurden entwickelt, um die Qualität einer Beziehung zu erfassen; in der Mehrzahl der Studien wurden folgende eingesetzt:

- Marital Adjustment Test (MAT, Locke & Wallace, 1959),
- Dyadic Adjustment Scale (DAS, Spanier, 1976),
- Fragebogen zur Partnerschaft und Familie (EPF, Klann et al., 1992),
- Partnerschaftsfragebogen (PFB, Hahlweg, 1995).

> Da diese Tests hoch miteinander korrelieren ($r \geq 0,80$, s. Hahlweg, 1986), verwendet man in jüngster Zeit die übergeordneten Begriffe »Ehequalität« oder »Eheerfolg«, definiert als »Ehezufriedenheit *beider* Partner, festgestellt durch Tests und durch Befragen beider Partner nach ihrem *subjektiven* Erleben von Glück und Zufriedenheit« (vgl. Hahlweg, 1991a).

Leichter als Ehequalität wäre »Ehestabilität« zu definieren, da man hierfür nur formale Kriterien wie Dauer, Scheidung oder Trennung heranziehen müßte. Tatsächlich sind Ehequalität und Ehestabilität miteinander korreliert, bei weitem aber nicht identisch. Zwar sind die meisten Partner, deren Ehe in Trennung endet, unglücklich und unzufrieden, aber längst nicht alle Ehen, die von den Partnern als unbefriedigend und unglücklich erlebt werden, enden in Trennungen.

> Hieraus folgt für die Kennzeichnung einer Beziehungsstörung, daß sie definiert ist als subjektiv erlebtes Unglück und Unzufriedenheit. Sie wird erfaßt durch Befragen der betreffenden Personen im therapeutischen Gespräch, in Selbstbeurteilungsfragebögen und durch Verhaltensbeobachtungen.

18.1.2
Determinanten der Beziehungsqualität

Aus einer wahren Explosion von Untersuchungen und Veröffentlichungen zu diesem Thema erbrachten die Studien, die gezielt die *Transaktionen* der Paare untersuchten, die klarsten Ergebnisse (Gottmann, 1987; Hahlweg, 1986; Markman et al., 1987).

> Unglückliche Paare unterscheiden sich hinsichtlich Kommunikation und Problemlösefertigkeit von glücklichen.

Zum Beispiel sind sie, wenn sie miteinander über einen Konflikt in der Partnerschaft diskutieren, nonverbal negativer als zufriedene Paare. Sie schauen den Partner seltener an, lächeln weniger, sprechen unbeteiligter, die Stimme ist schärfer, kälter, häufig lauter, und sie nehmen eine vom Partner abgewandte Haltung ein. Verbal äußern sie selten eigene Wünsche und Gefühle, äußern seltener ihre persönlichen Gedanken, sondern kritisieren ihren Partner und werten ihn mit Äußerungen ab, rechtfertigen das eigene Verhalten und stimmen selten Darstellungen des Partners zu. Ein besonders beeindruckender Unterschied zeigt sich auch bei sequenzanalytischer Auswertung von solchen Gesprächen. Paare mit niedriger Ehequalität verstricken sich häufig in fortdauerndes negatives Verhalten, indem sie sich kritisieren, beschuldigen, Vorwürfe machen und anklagen. Solche Eskalationsketten halten bei unglücklichen Paaren wesentlich länger an als bei glücklichen, die anscheinend in der Lage sind, eher »auszusteigen«. Die schlechtere Problemlösefähigkeit zeigt sich auch in Fragebogenstudien (Klann et al., 1992), bei denen Partner aus belasteten Beziehungen mehr Problembereiche angaben und ungünstigere Lösungsstrategien (viel Streit oder »unter den Teppich kehren«). Außerdem erreichen sie »schlechtere« Werte in Bereichen wie:

- Freizeitgestaltung,
- Zufriedenheit mit Kindern,
- Finanzplanung sowie
- Haushaltsführung u.a.

18.1.3
Behandlungsindikation

Direkte Kontraindikationen zu einer Paar- bzw. Ehetherapie, die angeboten wird, wenn es sich primär um Beziehungsstörungen handelt, sind nicht bekannt, auch nicht zu dem möglichen Einsatz von kognitiven Interventionen. Natürlich gelten allgemeinere Einschränkungen wie ernsthafte individuelle Probleme, die eine erfolgreiche Teilnahme an der Therapie erschweren würden, wie bestehende Suchtproblematik, akute Phasen von psychotischen oder affektiven Erkrankungen oder ähnliches. Wenig erfolgversprechend ist eine Therapie sicher auch dann, wenn nur ein Partner dazu bereit ist, der andere nur »mitgeschleppt« wird oder sich weigert teilzunehmen (s. dazu Hahlweg et al., 1982). Manche Autoren halten eine Paartherapie für kontraindiziert, wenn ein Partner eine feste Außenbeziehung hat und nicht bereit ist, diese mindestens für die Zeit der Therapie zu beenden. Empirische Absicherung, daß bei einer Außenbeziehung eine Paartherapie kontraindiziert ist, gibt es aber nicht.

Häufig leiden Patienten, die primär wegen anderer individueller Probleme in die Behandlung gekommen sind, auch unter Störungen im Bereich der Kommunikation und Interaktion mit ihrem intimen Partner. Es kann dann notwendig sein, die spezifischen Therapieansätze für diese Störungen zu kombinieren mit den Interventionen der verhaltenstherapeutischen Ehetherapie, um schnellere, tiefgreifendere oder auch länger anhaltende Besserungen zu erzielen. Hier soll nur stichwortartig auf solche Möglichkeiten verwiesen werden. Für die Behandlung von sexuellen Störungen bei gleichzeitig niedriger Ehequalität haben sich Ansätze dieser Art bewährt (Arentewicz & Schmidt, 1980; Heiman, 1986; Zimmer, 1985). Bei psychiatrischen Störungen sind Partnerschaftsprobleme häufig und spielen eine Rolle bei der Entstehung, Aufrechterhaltung und v.a. bei der Rückfallgefährdung. Deshalb wurden für eine Reihe von Störungen Paarinterventionen entwickelt, die entweder allein oder in Kombination mit individuellen, symptomspezifischen Therapien durchgeführt werden. Für den Bereich Depression sei in diesem Zusammenhang auf die Übersichtsarbeiten von Beach et al. (1990), Hahlweg (1991b) hingewiesen, für agoraphobische Störungen z.B. auf Barlow et al. (1984) und Hafner (1986); bei Alkoholabhängigkeiten auf O'Farell (1986) und bei Eßstörungen auf Foster (1986). Bei der Erforschung der Rückfallgefährdung von schizophrenen Patienten klärten Daten, die die Medikamentencompliance und die familiäre Interaktion betrafen, den größten Teil der Varianz auf. Die Untersuchungen zur Interaktion sind durch das Konstrukt der »expressed emotion« (EE) bekannt geworden (Leff & Vaughn, 1985; Hahlweg et al., 1995). Auf Grund dieser Befunde wurden eine Reihe von psychoedukativen Familienbetreuungsprogrammen entwickelt (vgl. dazu Kap. 17 in diesem Band).

18.2
Kognitiv-verhaltenstherapeutisches Erklärungsmodell

> Ein Erklärungsmodell psychischer Störungen sollte als wichtigstes Kriterium *Praxisrelevanz* aufweisen. Dies bedeutet, daß sich möglichst viele Annahmen eines Modells operationalisieren lassen und daß diese Operationalisierungen einer empirischen Überprüfung standhalten. Wenn dies gewährleistet ist, hat man eine hinreichend gesicherte Basis für therapeutisches Vorgehen.

Zur lerntheoretischen Erklärung des Erfolges oder Nichterfolges einer Ehe werden v.a. Annahmen aus der sozialkognitiven Lerntheorie (Bandura, 1979) und der sozialen Austauschtheorie herangezogen (vgl. auch Hahlweg et al., 1988).

Man kann wohl davon ausgehen, daß es kaum eine Beziehung (Ehe, intime Partnerschaft) geben wird, in der die Vorstellungen, wie eine solche zu leben und zu gestalten ist, genau übereinstimmen. Auch die Verhaltensweisen der beiden Partner werden sich nur selten decken. So werden in solchen Beziehungen fast zwangsläufig Wünsche

nach Verhaltensänderungen wach. Dies kann vielfältige Ursachen haben.

■ **Auslöser für Verhaltensänderung.** Zum Teil sind diese bedingt durch den Weg einer Partnerschaft und sind vorhersehbar:

- Kennenlernen, Zusammenziehen, Geburt eines Kindes, Kinder verlassen die Familie, Älterwerden, Berufsruhestand u. a.
- Andere *externe Gründe* mögen hinzukommen: Änderungen im sozialen Umfeld (Umzug mit Verlust des sozialen Netzwerkes, Arbeitslosigkeit).
- *Enttäuschte Erwartungen* sind andere Möglichkeiten, die Verhaltensänderungen notwendig erscheinen lassen. Die Gründe hierfür können vielfältig sein: Unter anderem verdeckt die anfängliche Idealisierungstendenz (»rosarote Brille«) die subjektiv empfundenen Schwächen des Partners; Harmonisierungstendenzen führen zu Beginn der Partnerschaft zum Vermeiden von Auseinandersetzungen bei schon erkannten Differenzen; Erwartungen und Bedürfnisse können oder werden zu Beginn nicht klar artikuliert, z.B. das Bedürfnis nach körperlicher Nähe: Ein Partner braucht viel, der andere weniger Zärtlichkeit oder Sexualität.
- *Sozialverhalten:* ein Partner möchte häufig soziale Kontakte, der andere seltener.
- Ein wichtiger (wenn er auch oft belächelt wird) Grund für gewünschte Verhaltensänderungen sind die *täglichen Kleinigkeiten*: Verhaltensweisen des Partners, die für sich allein nicht störend wirken, jedoch durch die Häufigkeit ihres Auftretens für den Partner aversiv werden und nicht mehr tolerierbar erscheinen (z.B. die berühmte Zahnpastatube, die der eine Partner stets offen läßt, bestimmte Gesten, Redensarten, Unordentlichkeiten).

Methoden zur Verhaltensänderung

Um Änderungen herbeizuführen, setzen die Partner Belohnungen und Bestrafungen ein. Die Annahme ist nun, daß Paare in Beziehungen mit niedriger Qualität sich ineffektiver Methoden zur Verhaltensänderung bedienen. Positive Kontrolle zur Verhaltensänderung durch Belohnung angemessenen Verhaltens wird nur selten eingesetzt.

> Die Verschlechterung der Beziehung über die Zeit läßt sich mit Hilfe des *»Zwangsprozesses«* (Patterson & Reid, 1970) beschreiben, der damit beginnt, daß Person A wünscht, Person B

möge sich verändern, diese jedoch ihr Verhalten beibehält (oder nur kurzfristig, nach einer ausgiebigen Diskussion, ändert). A wird dann versuchen, sich mit Bestrafung durchzusetzen, eine Bitte z.B. mit Kritisieren, Nörgeln, Drohen, Schreien oder Weinen koppeln oder aber positive Verstärker entziehen, sich z.B. sexuell verweigern oder »schmollen«.

Im *Zwangsprozeß* verhält sich A nun fortlaufend negativ und wechselt erst dann wieder zum Positiven, wenn B einlenkt (B wird also negativ verstärkt). Dieses Einlenken verstärkt aber A im aversiven Verhalten positiv, d.h., Person A wird auch in Zukunft wahrscheinlich eine solche negative Strategie zur Durchsetzung ihrer Interessen anwenden. Nach den Prinzipien des Modellernens (Bandura, 1979) und der Reziprozitätsannahmen (in sozialen Systemen wird Belohnung mit Belohnung, Bestrafung mit Bestrafung beantwortet; Pruitt, 1968) wird auch Person B in Zukunft häufiger zu solchen Zwangsmitteln greifen, wenn sie sich gegenüber A durchsetzen möchte.

Leider ist ein Merkmal dieser aversiven Kontrolle, daß dadurch *keine dauerhaften Verhaltensänderungen* erreicht werden. Der Konflikt wird wieder neu aufbrechen, neue entstehen außerdem, und die Partner verstricken sich in ihren untauglichen Lösungsversuchen. Hinzu tritt eine *Habituation an diese aversiven Reize*, so daß häufig die Intensität der Bestrafungen wächst. Am auffälligsten ist dieser Zwangsprozeß bei Paaren, die offen aggressiv mit ihren Konflikten umgehen. Es gibt jedoch Paare, die trotz vorhandener Gegensätzlichkeit keine Eskalationen (mehr) zeigen. Für diese konfliktphobischen oder konfliktvermeidenden Paare gelten ebenfalls die geschilderten Grundannahmen, allerdings zeichnen sich diese Beziehungen häufig durch ein Nebeneinanderleben und emotionale Trennung aus.

Begleitet wird diese negative Spirale durch eine *reziproke Reduktion* der positiven Interaktion in der Beziehung, die durch Gewöhnungsprozesse, die bei jedem Paar zu erwarten sind, noch beschleunigt wird. Damit schwindet die gegenseitige Anziehung. Die Partnerschaft wird vom einzelnen nicht mehr als ausgewogen erlebt (Vertrauensverlust), und folglich verfahren beide nicht mehr nach dem Prinzip des »Gebens« und »Nehmens«.

> Mangelnde Kommunikations- und Problemlösefertigkeiten beider Partner sind also aus lerntheoretischer Sicht v.a. verantwortlich für das Scheitern einer Beziehung. Verschlechtert sich die Qualität der Partnerschaft, so ist dies nicht »Schuld« eines Einzelnen, sie liegt vielmehr in der unangemessenen Interaktion.

■ **Kognitive Variablen.** Kommunikations- und Problemlösedefizite werden außer von den oben genannten Faktoren noch durch bestimmte kognitive Verhaltensweisen der Individuen moderiert. Nach Baucom & Epstein (1990) spielen fünf Typen von kognitiven Phänomenen eine Rolle bei der Entstehung und Aufrechterhaltung von Paarproblemen:

- Annahmen (»assumptions«),
- Zuschreibungen (»attributions«),
- Erwartungen (»expectancies«),
- Wahrnehmungen (»perceptions«) und
- Meinungen oder Normen (»beliefs or standards«).

Diese kognitiven Variablen, die in der Ehe- bzw. Paartherapie immer mehr Beachtung finden, entstammen den kognitiven Modellen, die individuelle Erkrankungen erklären wie z.B. Depressionen (vgl. z.B. Beck et al., 1992; Ellis, 1962; Meichenbaum, 1977). Was bedeuten sie im einzelnen, und was für eine Rolle spielen solche Kognitionen bei unglücklichen und glücklichen Paaren?

Allen gemeinsam ist die Annahme, daß häufig dysfunktionale Emotionen, gestörtes und störendes Verhalten durch inadäquate kognitive Prozesse beeinflußt werden. Beck (1976) hat den Begriff der *automatischen Gedanken* geprägt. Dieser Begriff beschreibt schnelle, reflexartig ablaufende Gedanken oder Vorstellungen bei bestimmten inneren oder äußeren Stimuli. Diese Gedanken sind für das Individuum hochplausibel und erklären sehr logisch, was es sieht und fühlt. Trotzdem kann die dadurch beeinflußte Sicht der Realität gestört und unangemessen sein.

Annahmen

> Dies sind bestimmte kognitive Strukturen – Schemata oder Skripts (Baucom & Epstein, 1990) – die Menschen im Verlauf ihres Lebens aufgrund ihrer Erfahrungen mit der belebten und unbelebten Welt gemacht haben.

Skripts beschreiben hier Annahmen über Sequenzen zwischenmenschlichen Handelns (z.B. »Wenn er mich anlächelt, ist dies ein Beginn zum Flirt, wenn ich ihm in die Augen schaue und auch lächle, wird er mich ansprechen« usw.), und mit Schemata sind Annahmen über Charakteristik und Verhalten von speziellen Typen von Menschen gemeint (z.B. »Ein intimer Partner ist dadurch gekennzeichnet, daß er mich versteht, versorgt, mich stützt, mich vor anderen verteidigt«).

Diese Schemata sind nicht per se ungünstig. Im Gegenteil, sie helfen, sich zu orientieren und angemessen zu verhalten und verhindern, daß man bei jeder neuen Erfahrung durch eine »Versuch- und Irrtumserie« gehen muß. Entstanden sind sie durch Lernprozesse. Allerdings werden neuere Erfahrungen durch die in den alten entstandenen Kognitionen bereits auf eine bestimmte Art verarbeitet und »angepaßt«. Wichtig, v.a. im Hinblick auf die Bedeutung dieser Skripts und Schemata für Beziehungen ist, daß diese kognitiven Strukturen meist mit bestimmten Emotionen (die in den betreffenden Situationen eine Rolle spielten) verbunden sind. Außerdem stellen sie sehr tief verankerte Sichtweisen der Welt dar, die nur sehr schwer zu verändern sind.

> Beck et al. (1992) haben v.a. negative Schemata als verursachend für Depressionen herausgearbeitet. Dies ist die sog. kognitive Triade: Die Person hat negative Vorstellungen über sich selbst, die Welt und die Zukunft. Es scheint so zu sein, daß diese Art Überzeugung auch in Verbindung mit partnerschaftlicher Unzufriedenheit steht.

Epstein & Eidelson (1981) haben zeigen können, daß Personen, die der Meinung waren, daß Partner im Grunde nichts tun können, um die Partnerschaft zu verändern, zu den ehelich Unzufriedenen gehörten.

> Der Grad der ausgedrückten Hoffnungslosigkeit korrelierte signifikant mit dem Grad der ehelichen Unzufriedenheit.

Meinungen oder Normen

> Im Gegensatz zu den Annahmen, die festlegen, wie Menschen und Beziehungen sind, stellen Meinungen oder Normen Überzeugungen dar, wie Menschen und Beziehungen zu sein haben (Baucom & Epstein, 1990).

In der rational-emotiven Therapie (RET, Ellis, 1962) wird der Analyse und Veränderung von solchen Normen großer Wert zugemessen. Zwar meint auch Ellis, daß u.U. die gestörte Wahrnehmung und Interpretation von Ereignissen für individuelle wie interaktionelle Störungen von Bedeutung ist, seiner Meinung nach ist der Hauptstörfaktor, wenn die Person ihre Wahrnehmungen und Interpretationen an den verinnerlichten Normen mißt. Für Paarprobleme könnte dies heißen, daß es eine Verbindung gibt zwischen Unbefriedigtsein in der Partnerschaft (»Meine Wünsche und Vorstellungen werden nicht voll erfüllt«) und Eheproblemen (häufige negative Gefühle wie Ärger und dysfunktionales Verhalten wie Schreien, Vorwürfe machen) und zwar dadurch, daß meinen Wünschen unrealistische oder extreme Normen für Partnerschaft zugrunde liegen (für eine Partnerschaft ist es unerträglich, daß es Wünsche gibt, die der andere nicht erfüllen kann oder mag).

Diesen postulierten Zusammenhang empirisch nachzuweisen gestaltet sich schwierig. Zwar haben z.B. Edelsohn & Epstein (1982) einen Fragebogen entwickelt, um solche unrealistischen Schemata zu erfassen (»Relationship Belief Inventory«) und fanden auch, daß solche Schemata mit ehelicher Unzufriedenheit zusammenzuhängen scheinen, doch gibt es methodische Kritik zu dieser Studie. Therapeuten stellten immer wieder fest, daß es weit mehr als die abgefragten Standards – v.a. ganz persönliche (nicht gesellschaftlich verbreitete) – unrealistische Normen gibt und daß außerdem auch bei realistisch anmutenden eine ungünstige Kombination von unterschiedlichen Standards beider Partner zu Beziehungsschwierigkeiten führt (z.B.: »Über Probleme muß man sofort und ausführlich sprechen« vs. »Erst wenn ich einen gewissen Abstand habe, kann ich adäquat über meine Probleme mit dem Partner sprechen«).

Wahrnehmungen

> Baucom & Epstein (1990) bezeichnen Wahrnehmung in Anlehnung an Autoren wie Kelly und Heider als einen aktiven Prozeß, in dem Stimuli der Umwelt selektiv aufgenommen und verarbeitet werden.

Daß diese postulierte selektive Wahrnehmung auch zwischen Partnern in intimen Beziehungen stattfindet, konnte in einigen Untersuchungen gezeigt werden. Elwood & Jacobsen (1982) fanden, daß Partner nur zu 38 bis 50% in der Beschreibung eines bestimmten Verhaltens übereinstimmten und daß es Diskrepanzen gab zwischen den Beschreibungen der Partner und außenstehender Beobachter (Floyd & Markman, 1983). Die Wahrnehmungen sind wohl auch sehr störbar durch Faktoren wie Grad der Erregung, Art der Emotion (Ärger, Angst) und Ermüdung (Beck et al., 1992).

> Zum Beispiel kann die Angst vor enttäuschendem Sexualverkehr (bedingt durch unterschiedliche Faktoren wie Unerfahrenheit, schlechte Vorerfahrungen, sexuelle Funktionsstörungen) meine Wahrnehmung selektiv machen: mein Partner faßt mich an, sucht Körperkontakt. Nur dies nehme ich wahr, nicht, daß er Bestätigung sucht für sein von ihm geschildertes Verhalten. Der Partner nimmt nur das Abrücken wahr, das Ablenken vom Thema, nicht die Angst und das Angespanntsein. Seine selektive Wahrnehmung beruht vielleicht auf falschen Annahmen wie »Sie mag mich nicht, mißbilligt mein Verhalten in der eben geschilderten Situation«.

Vorhersagen

> Vorhersagen, die ein Individuum macht, betreffen zum einen das Ergebnis einer Aktivität, zum anderen die Einschätzung der eigenen Effektivität, d.h., ob die Person sich überhaupt in der Lage sieht, die Situation zu meistern (Bandura, 1977).

Baucom & Epstein (1990) unterscheiden drei Formen von Ergebniserwartungen, die für intime Beziehungen eine Rolle spielen:

- Erwartungen, die die Reaktion des Partners betreffen (»Wenn ich dies tue, wird mein Partner so reagieren«, z.B.: »Wenn ich meinen Partner auf sein Verhalten anspreche und ihm meine negativen Gefühle schildere, wird er schimpfen und mir Vorwürfe machen«).
- Erwartungen, die eigene Reaktionen betreffen (»Wenn mein Partner dies tut, wird das für mich mit Sicherheit jene Folgen haben«, z.B. »Wenn wir miteinander über das Problem sprechen, wird dies zum Streit führen, ich werde mich dann wieder schlecht fühlen, schlecht schlafen, wieder Magenprobleme bekommen«).
- Vorhersagen, die Folgen der partnerschaftlichen Interaktion für Dritte oder andere Situationen annehmen (z.B. »Wenn wir beide in einer bestimmten Situation etwas tun, wird dies Folgen für z.B. meine Arbeit oder die Kinder haben«. Beispielsweise: »Wenn mein Partner und ich offen Meinungsverschiedenheiten austragen, werden die Kinder dies u.U. mitbekommen und dann seelischen Schaden erleiden, mit Verhaltensauffälligkeiten reagieren«).

■ **Gelernte Hilflosigkeit.** Bei den Vorhersagen, die die eigenen Fähigkeiten betreffen, lassen sich Ähnlichkeiten zu dem Konstrukt der *gelernten Hilflosigkeit* erkennen (Seligman, 1975). Doherty (1981) z.B. hat folgendes berichtet: Je überzeugter die Partner waren, daß ihre eigenen Fähigkeiten oder die ihres Partners nicht ausreichten, um mit ehelichen Problemen fertig zu werden, desto höher war die Rate an gezeigtem »hilflosen Verhalten« (»Es ist eh nichts zu ändern«, »Ich habe keine Hoffnung«, »Ich spreche all dies gar nicht mehr an«). Diese negativen Vorhersagen über das eigene Unvermögen und/oder des Partners waren um so häufiger, je mehr die Partner das Verhalten des anderen globalen, stabilen Faktoren zuordneten. Pretzer et al. (1983) fanden in ihrer Untersuchung mit Hilfe eines Fragebogens, der die Attributionen und Vorhersagen über eheliche Probleme abfragte, Hinweise, daß diese Annahmen zutreffen. Je mehr die Partner meinten, einen Einfluß auf die Gestaltung der ehelichen Qualität zu haben, desto höher war ihre allgemeine Ehezufriedenheit. Damit korrelierte auch positiv der Grad, zu dem sich der berichtende Partner selbst die Verantwortlichkeit für eheliche Auseinandersetzungen zuschrieb. Einen weiteren Einfluß auf die Entstehung oder Aufrechterhaltung von Beziehungsproblemen scheint dabei zu haben, wie weit die Vorhersagen generalisiert auf viele verschiedene Situationen sind und wie stabil sich diese erweisen (Baucom & Epstein, 1990).

Zuschreibungen und Attributionen

Zuschreibungen und Kausalitätsannahmen sind die am häufigsten untersuchten kognitiven Strukturen in bezug auf ihre Auswirkungen für eheliche bzw. partnerschaftliche Zufriedenheit (Bradbury & Fincham, 1990). In den meisten Studien wurde untersucht, ob die Dimensionen global vs. spezifisch, stabil vs. instabil und internal vs. external bei den Zuschreibungen, die Personen für das Verhalten ihres Partners annahmen, in systematischer Weise auftraten. Diese Untersuchungen basierten auf dem modifizierten Modell der gelernten Hilflosigkeit (Abramson et al., 1978). Dies erklärt sich durch die große Ähnlichkeit von ehelichen bzw. partnerschaftlichen Dysfunktionen (Kognitionen und Verhalten) und depressiven Störungen.

Tatsächlich konnte auch in einer ganzen Reihe von empirischen Überprüfungen dieses Modells (vgl. Bradbury & Fincham, 1990) nachgewiesen werden, daß unglückliche Partner dazu tendieren, die Gründe für negatives Verhalten ihres Partners als globaler und stabiler einzuschätzen, als dies Personen taten, die in ihrer Beziehung zufriedener sind. Im Gegensatz dazu attribuierten die glücklichen Personen das positive Verhalten ihres Partners als globaler und stabiler als unglückliche Paare.

> Das heißt, in zufriedenstellenden Beziehungen findet wohl eine Betonung der positiven, in unglücklichen eine der negativen Seiten des Partners statt.

In neueren Studien (vgl. Bradbury & Fincham, 1990) wurde auch vermehrt untersucht, wie Paare gegenseitig die Motive und die Charakteristika des Partners einschätzen. Zum Beispiel ob dem Handeln des Partners eine negative oder positive Absicht unterstellt wurde oder eine Tendenz zur Selbstsucht oder auch einfach ein Mangel an Liebe. Es zeigten sich signifikante Zusammenhänge zwischen solchen negativen Attributionen und dem Grad der Unzufriedenheit mit der Partnerschaft (z.B. Fincham & Bradbury, 1988). Natürlich wurden in diesen Studien nur Korrelationen zwischen bestimmten Attributionen und Störungen der Beziehungsqualität berechnet. Es kann nichts darüber ausgesagt werden, ob sie auch ätiologische Bedeutung haben. Allerdings deuten erste Langzeituntersuchungen darauf hin. Fincham (in Druck) konnte bei einer Untersuchung an 130 Paaren nachweisen, daß negative Attributionen Verschlechterungen der ehelichen Zufriedenheit – 12 Monate später gemessen – voraussagten.

Gedankenfehler

Beck et al. (1992) haben bestimmte *systematische Fehler* beschrieben, die Menschen mit affektiven und Angststörungen in ihrem Denken und logischem Folgern machen. In partnerschaftlichen Interaktionen können solche Fehler zu Fehlinterpretationen des Verhaltens des Partners sowie der Einschätzung der Gründe und der Wirkungen des Verhaltens des Partners führen (Epstein, 1982). Außerdem ist es denkbar, daß die oben beschriebenen kognitiven Schemata durch solche logischen Fehler beeinflußt werden, wie es auch denkbar ist, daß die Schemata zu solchen Fehlern führen. Systematische Fehler dieser Art können sein:

- Schlüsse aufgrund ungenügender Beweise (Beispiel: Der Partner begrüßt mich kaum, erscheint abwesend. Ich nehme an, er hat den Streit von heute morgen noch nicht vergessen, will mich bestrafen. Ich ziehe mich zurück, bin verletzt. Eventuell war der Partner mit den Gedanken noch bei der Aussprache, die er kurz vor Dienstschluß mit seinem Chef hatte. Er ist beunruhigt und grübelt darüber nach, ob er sich richtig verhalten hat).
- Übergeneralisieren (ein Tanzkurs hat zu Streit und Zerwürfnis geführt: »Ich bin nicht mehr bereit, gemeinsame Freizeitaktivitäten wie den Besuch eines Tenniskurses zu unternehmen, da wir uns beim gemeinsamen Lernen doch nur streiten werden«).
- Alles-oder-Nichts-Denken oder Schwarz-Weiß-Sehen (»Wenn es mir nicht gelingt, mit meinem Partner immer die gleiche Sicht der Dinge herzustellen, wird unsere Beziehung scheitern«. »Wenn Sexualität nicht mehr so viel Spaß bringt, ist dies ein Zeichen, daß die Beziehung tot ist«).
- Absolutistisches Denken (»Nie hört er mir zu.« »Immer wenn ich Gefühle zeige, macht er mich lächerlich.«).

> Empirische Studien legen nahe, daß gestörte und inadäquate Wahrnehmung, Vorhersage, Attribution und Annahmen bezüglich des Verhaltens des Partners zusammenhängen mit gestörten und als unbefriedigend empfundenen Beziehungen. Auch rigide Normen und bestimmte Fehler bei kognitiven Verarbeitungsprozessen spielen eine Rolle.

18.3
Therapeutisches Vorgehen

Ein kognitiv-verhaltenstherapeutisches Vorgehen bei Beziehungsstörungen enthält analog zum oben beschriebenen Erklärungsmodell folgende Therapiekomponenten:

> - Verhaltensanalyse mit Problem- und Zielklärung,
> - Maßnahmen zur Steigerung der positiven Reziprozität,
> - Maßnahmen zur Verringerung der Rate an negativen, eskalierenden Interaktionen (Kommunikationstraining),

> - Hilfe bei Konfliktlösungen (Problemlöse-training),
> - kognitive Interventionen zur Veränderung von dysfunktionalen Kognitionen sowie
> - Therapieevaluation.

■ **Verhaltensanalyse.** Die Verhaltensanalyse umfaßt in der Regel die sorgfältige Anamnese beider Partner sowie die Exploration des Verhaltens in Konfliktsituationen und im sexuellen Bereich. Dafür liegen eine Reihe von überprüften Meßinstrumenten vor (Hank et al., 1990). Daneben haben sich direkte Verhaltensbeobachtungen der derzeitigen Partnerinteraktion bewährt, für die standardisierte Auswertverfahren entwickelt wurden (Gottman, 1979; Hahlweg et al., 1984). Im Anschluß an diese Diagnostikphase, die meist ein Erstgespräch und ein bis zwei Einzelsitzungen mit jeweils einem Partner allein umfaßt, findet als erste Therapiesitzung ein gemeinsames Gespräch aller Beteiligten statt. Hier wird dem Paar Rückmeldung zu den Diagnostikinstrumenten gegeben und gemeinsam ein Erklärungsmodell erarbeitet. Davon ausgehend wird das Paar angehalten, klare *Therapieziele* zu generieren, von denen ausgehend ein Therapieplan erstellt wird. Meist wird man für diese Sitzung mehr als die übliche Dauer von 50 Minuten brauchen. Es empfiehlt sich aber, diese Inhalte nicht auf verschiedene Sitzungen aufzuteilen, sondern ggf. mehrere Behandlungseinheiten hintereinander durchzuführen. Als erste kognitive Intervention sind die Versuche der Therapeuten zu verstehen, bei den Partnern Zustimmung zu der Forderung zu erhalten, daß jeder Partner selbst die Verantwortung für Gelingen der Therapie trägt und jeder unabhängig vom anderen bereit zu Veränderungen seines Verhaltens sein muß. Es sollte eine Abkehr von der – häufig impliziten – Einstellung »Wenn er/sie dies tut, dann werde ich das tun« wenigstens möglich erscheinen. Außer der notwendigen Erstdiagnostik stellt die Bearbeitung von entsprechenden Fragebögen und die Verhaltensbeobachtung den ersten Schritt der *Therapieevaluation* dar. Am Ende der Therapie und wenn möglich nach einem Katamnesezeitraum von ca. einem Jahr sollten diese Instrumente erneut gegeben werden.

■ **Positive Reziprozität.** Zur Steigerung der *positiven Reziprozität* werden mit dem Paar gegenseitige Wahrnehmungsübungen verabredet und Hausaufgaben, die auf diesen Bereich abzielen (»Verwöhntage«), wobei es v.a. um affektive Reaktionen (z.B. streicheln, anlächeln, loben) geht und weniger um instrumentelle (z.B. einkaufen gehen, etwas Gutes kochen).

■ **Kommunikationstraining.** Ein Kommunikationstraining sollte dann meist dem Problemlöse-training vorangestellt werden. Dem Paar werden die Fertigkeiten der direkten offenen Mitteilungen sowie die des aufnehmenden Zuhörens vermittelt. Danach üben die Partner den Einsatz dieser »Regeln« während der Aussprachen in den Sitzungen, abgestuft zuerst an neutralen, nicht konfliktauslösenden Themen, dann an eigenen Konflikten in einer hierarchischen Reihenfolge (s. dazu auch Kap. 26, Bd. 1).

■ **Problemlösetraining.** Beim Problemlösetraining wird dem Paar eine klare Struktur an die Hand gegeben:

- Herausarbeiten der Gefühle und Gedanken, der Bedürfnisse und Wünsche,
- das Spezifizieren von Änderungswünschen und
- abschließend das Vereinbaren von festen Absprachen (s. dazu auch Kap. 32, Bd. 1).

Um diesen Therapiebaustein erfolgreich zu machen, ist notwendig, daß das Paar – um nicht wieder in alte Eskalationen zu verfallen –, die Kommunikationsregeln verwirklicht, wozu die ständige, dichte Begleitung des Therapeuten/der Therapeutin erforderlich ist.

■ **Kognitive Interventionen.** Kognitive Interventionen zur Veränderung von ungünstigen Attributionen, irrationalen extremen Vorhersagen, sog. »Gedankenlesen«, negativen Zukunftsvorhersagen und unrealistischen Erwartungen (Baucom & Epstein, 1990; Revenstorf, 1985) schließen sich häufig an. Maßnahmen zur Krisenbewältigung dienen der Rückfallprophylaxe und bilden den Abschluß der Therapie.

> Für den deutschen Sprachraum steht zur Durchführung eines solchen strukturierten Programms mit dem sog. »Reziprozitätstraining« sowohl ein Therapieleitfaden zur Verfügung (Hahlweg et al., 1982) als auch ein therapiebegleitendes »Handbuch für Paare« (Schindler et al., 1980).

Obwohl gerade für Anfänger solche Therapieleitfäden eine hilfreiche Orientierung darstellen, sollte jedem Benutzer klar sein, daß es nicht genügt, »kochbuchartig« zu verfahren. Gerade die

Verhaltenstherapie verlangt die spezifische Anpassung der »Techniken« an die individuellen Erfordernisse der ratsuchenden Partner.

18.4 Fallbeispiel

Anamnese

Zum Zeitpunkt des Erstkontaktes war der Ehemann 34 Jahre alt, seine Frau 32 Jahre. Sie waren seit sechs Jahren verheiratet und hatten zwei Söhne von 6 und 4,5 Jahren. Der Ehemann war leitender Angestellter in einem großen Industrieunternehmen, seine Frau gelernte Zahnarzthelferin, hatte dann auf dem zweiten Bildungsweg das Abitur nachgeholt und ein Studium begonnen, um Lehrerin zu werden. Bei der Geburt des ersten Sohnes gab sie ihr Studium auf, um ganztags für die Familie zu arbeiten.

Den Kontakt zu den Therapeuten nahm der Ehemann auf, zum Erstgespräch kam auch seine Ehefrau mit. Das Paar schilderte übereinstimmend folgende Problematik, wobei auffiel, daß die Frau häufig sehr kritisch ihrem Mann gegenüber war, Äußerungen, die er machte, verbesserte und insgesamt mehr Leidensdruck schilderte. Der Ehemann war sehr um Sachlichkeit bemüht und rechtfertigte häufig sein Verhalten.

Zu Beginn des Gesprächs gab das Paar sexuelle Schwierigkeiten des Mannes als Grund für die Suche nach Therapie an. Der Mann habe schon häufiger Phasen gehabt, in denen es ihm nicht möglich war, trotz sexueller Erregung eine Erektion zu bekommen bzw. waren schwache Erektionen nicht ausreichend, um den, wie das Paar sagte, »eigentlichen« Geschlechtsverkehr auszuführen. Diese Phase habe am Beginn ihrer Partnerschaft für eine kurze Zeit bestanden und dann einige Male während der Ehe. Als Ursache nahm das Paar die jeweils vorhandene starke Belastung des Mannes durch berufliche Anforderungen und Probleme an. Die Phasen hätten auch nie lange angehalten, nach einer sexuell abstinenten Zeit habe sich das Problem immer wieder von allein gebessert. Nur die letzte Phase, die zum Zeitpunkt des Erstkontaktes ca. vier Wochen zurücklag, sei anders gewesen. Der Ehemann habe das Gefühl bekommen, daß er die Erektionsschwäche vielleicht nie mehr verlieren könne. Seine Frau sagte, die Versuche, Verkehr zu haben, seien immer »verbissener« geworden. Außerdem habe sich in dieser Zeit ihre Ehe, die die Frau auch bereits davor als immer schlechter werdend beschrieb, extrem verschlech-

tert. Sie hätten viel gestritten, die Frau dachte an Scheidung, und der Mann sei auch bereits für einige Wochen aus der gemeinsamen Wohnung ausgezogen. Dann seien sie aber doch, bedingt durch eine Dienstreise des Mannes, zusammen in Urlaub gefahren. Und in dieser Zeit, weit weg von zu Hause und ohne die Kinder, habe sich ihre Beziehung wieder verbessert. Auch die Erektionsschwäche sei in dieser Zeit nicht aufgetreten. Allerdings habe es nun im Alltag wieder vermehrt Spannungen gegeben, und das Paar befürchtete, daß es ohne Hilfe die Verbesserung nicht stabilisieren könne.

Diagnostik

Zur Differentialdiagnose werden außer der therapeutischen Exploration verschiedene Fragebögen und eine Verhaltensbeobachtung eingesetzt. Beim Fragebogen PFB (Hahlweg, 1995) weist das Paar deutlich schlechtere Werte auf als eine vergleichbare Stichprobe zufriedener Paare. In der Globaleinschätzung bezeichnet sich die Frau als eher unglücklich und der Mann als eher glücklich. Im Fragebogen zur Einschätzung von Partnerschaft und Familie (EPF; Klann et al., 1992) zeigen beide Partner auffallende Werte im Bereich Problemlösefertigkeiten, Gesamtzufriedenheit und sexuelle Zufriedenheit. Die Frau zeigt sich auch sehr unzufrieden mit der gemeinsamen Freizeitgestaltung, während der Ehemann nicht zufrieden ist mit der Art, wie die gemeinsame Kindererziehung besprochen und durchgeführt wird.

Zur Verhaltensbeobachtung wurde ein Konfliktgespräch des Paares auf Video aufgenommen und anschließend nach dem Kategoriensystem zur partnerschaftlichen Interaktion (KPI; Hahlweg et al., 1984) analysiert. Dabei ergaben sich die für unglückliche Paare typischen »negativen Eskalationen«, d.h. lange Ketten von gegenseitigen Vorwürfen, Rechtfertigungen des eigenen Verhaltens verbunden mit der Ablehnung von Äußerungen des jeweils anderen (»Du hast dich ja sofort beleidigt in die Küche verzogen«. »Na, ja, wenn du mir noch nicht einmal zuhörst und nur deiner Mutter antwortest«. »Ich mußte mich ja um Mutti bemühen, damit nicht noch mehr Spannung aufkam«. »Hättest dich lieber um die Kinder kümmern sollen«). Positiv fiel auf, daß beiden Partnern trotzdem überdurchschnittlich oft gelang, offen von sich zu reden und eigene Gefühle zu äußern. Hin und wieder gelang es den Partnern auch, akzeptierend zu reagieren, indem sie offene Fragen stellten (»Hast du nicht gemerkt, wie enttäuscht ich war?«) und Verständnis äußerten (»Das kann ich gut verstehen, daß dich das dann mutlos macht ...«).

Therapieplanung und Durchführung

Gemeinsam mit dem Paar wurde ein Erklärungsmodell ihrer individuellen Probleme erarbeitet. Dabei war dem Paar besonders einsichtig, daß die vielleicht kurzfristig auftretenden Erektionsschwächen des Mannes, ausgelöst durch körperlichen und psychischen Streß (Überarbeitung im Beruf und derzeit Befürchtungen um den Arbeitsplatz) aufrechterhalten wurden durch eine zunehmende Selbstbeobachtung und durch Vermeidungsverhalten. Beide hielten auch ihre Fähigkeiten für eine offene Kommunikation für verbesserungswürdig, da sie das Gefühl hatten, daß adäquate Problemlösungen immer weniger gelangen. Beide konnten ihre Defizite hier auch als weiteren aufrechterhaltenden Faktor für die sexuellen Probleme annehmen. Es wurden demnach folgende Therapieziele aufgestellt:

- Verbesserung der Sexualität durch Verminderung der ängstlichen Selbstbeobachtung und der Vermeidung,
- Verbesserung der partnerschaftlichen Kommunikation und Problemlösung.

Die Interventionen zur Veränderung des sexuellen Erlebens (Hausaufgaben zur Selbstexploration und Körperübungen, gemeinsame Streichelübungen und eine gestufte Annäherung an den Koitus bei einem anfangs ausgesprochenen Koitusverbot, s. dazu Arentewicz & Schmidt, 1980) wurden gekoppelt mit einem Kommunikations- und Problemlösetraining. Hierbei wurden als erstes dem Paar anhand von Videobeispielen anderer Paare Kommunikationsfehler deutlich gemacht. Daraus wurden bestimmte »Regeln« erarbeitet und diese mit dem Paar direkt in den Therapiesitzungen geübt, zuerst indem das Paar über neutrale Themen sprach, dann vermehrt als Aussprache über Konfliktthemen. Die Therapeuten verhielten sich in diesen Übungen strikt neutral, d.h. sie gingen nie inhaltlich auf das Gesprochene ein, sondern halfen dem Paar quasi als »Trainer«, die Regeln einzuhalten. Bei Konflikten, die einer direkten Lösung zugänglich waren, wurde mit dem Paar eine Lösung mit Hilfe eines sog. Problemlöseschemas (vgl. dazu Kap. 34, Bd. 1) in der Sitzung erarbeitet. Die einzelnen Schritte dieser möglichen Lösung wurden dann als Hausaufgaben zwischen den Sitzungen von dem Paar versucht und nachfolgend gemeinsam analysiert und ggf. modifiziert.

Die ausführlichen Besprechungen der Hausaufgaben, besonders die Exploration der Probleme und Hinderungen bei der Durchführung, gaben Gelegenheit zur Analyse von dysfunktionalen Kognitionen. Dem Paar gelang es mit Hilfe der Therapeuten, die sich des »sokratischen Dialogs« und auch der direkten Konfrontation bedienten, diese anfangs sehr rigiden Denkmuster (»Wenn er mich richtig versteht, weiß er, wann ich in Stimmung bin«. »Petting und Necking ist unreife Sexualität«) »aufzuweichen«.

Das Paar beendete nach der 16. Sitzung die Therapie. Beide hatten den Eindruck, mit den gelernten neuen Fertigkeiten nun allein an der positiven Gestaltung ihrer Beziehung arbeiten zu können. Bei einem Nachbesprechungstermin sechs Wochen nach diesem Therapieende zeigten sich in den wie in der Prämessung eingesetzten Meßinstrumenten die subjektiv empfundene Verbesserung. Das Paar zeigte in allen Skalen Werte, die im Bereich zufriedener Paare lagen. Besonders gefreut haben sich die Therapeuten über eine Rückmeldung des Paares nach ca. einem Jahr, die in Form eines begeisterten Briefes kam, dem ein Photo ihres dritten Sohnes beigelegt war.

18.5
Empirische Belege von Therapieeffekten

Verhaltenstherapeutisch arbeitende Kliniker sind in der glücklichen Lage, in der Regel auf empirische, kontrollierte Studien zu ihrem Tätigkeitsbereich blicken zu können. Dies gilt auch für die verhaltenstherapeutische Ehetherapie, obwohl in Deutschland, wo Ehetherapie im wesentlichen durch die Beratungsstellen der Kommunen und Kirchen angeboten wird und hier die Beraterausbildung hauptsächlich psychoanalytisch/tiefenpsychologisch orientiert ist, verhaltenstherapeutisch arbeitende Ehetherapeuten nur eine Minderheit sind. Für die Wirkannahmen der Therapierichtungen außerhalb der Verhaltenstherapie gibt es allerdings kaum empirische Absicherungen. Die leider eher vereinzelt arbeitenden Verhaltenstherapeuten können hingegen – nach der wohl derzeit bedeutendsten Metaanalyse (veröffentlicht von Grawe et al., 1994) – ihre Arbeit als gut abgesichert annehmen. 29 der 35 kontrollierten Studien zur Ehetherapie, die von Grawe und seinen Mitarbeitern analysiert wurden, haben *verhaltenstherapeutische Paarbehandlung* untersucht. Die dort referierten

Ergebnisse stützen sich auf Untersuchungen an rund 900 Paaren.

> Die Wirksamkeit von verhaltenstherapeutischem Vorgehen konnte eindrücklich nachgewiesen werden. Wenn solche Maße erhoben wurden, konnten auch positive Auswirkungen auf andere Bereiche des Lebens festgestellt werden. Besonders gute und v.a. stabile Therapieeffekte können offenbar durch eine umfassende Ehetherapie, wie oben geschildert, erreicht werden. Das heißt, neben der Verbesserung der Kommunikation werden auch Interventionen zur Problemlösefertigkeit und zur Erhöhung der Emotionalität durchgeführt. Besonders dann ist die verhaltenstherapeutische Ehetherapie anderen Herangehensweisen (z.B. psychoanalytische Kurzzeittherapie, systemische Therapie nach Watzlawick & Haley) überlegen, wie Grawe et al. (1994) berichten.

Zusammenfassung

Empirische Studien zu Determinanten von Ehe- und Beziehungsqualität deuten darauf hin, daß entscheidend für das Gelingen einer Partnerschaft offenbar die Art und Weise ist, mit der Paare Probleme besprechen und lösen. Wenn es in diesen Bereichen Defizite gibt, ist häufig gestörte Emotionalität die Folge. Die Paare sind mit der Beziehung unzufrieden. Sowohl die klinische Praxis als auch Studien zeigen, daß Beziehungsstörungen nicht selten korreliert sind mit individuellen Erkrankungen wie Angststörungen, Depressionen, schizophrenen Psychosen und anderen. Verhaltenstherapeutische Ehetherapie enthält Interventionen zur Verbesserung der Kommunikations- und Problemlösefertigkeiten und zum Aufbau einer positiven partnerschaftlichen Reziprozität. Die Wirksamkeit dieser Interventionen ist nicht nur bei Beziehungsstörungen nachgewiesen, sondern auch bei Therapien von Paaren, bei denen ein Partner eine klinisch relevante individuelle Störung aufwies.

Literatur

Abramson, L. Y., Seligman, M. E. P. & Teasdale, A. J. D. (1978). Learned helplessness in humans. Critique and reformulation. *Journal of Abnormal Psychology, 87,* 49–74.

Arentewicz, G. & Schmidt, G. (1980). *Sexuell gestörte Beziehungen. Konzept und Technik der Paartherapie.* Berlin: Springer.

Bandura, A. (1979). *Sozial-kognitive Lerntheorie.* Stuttgart: Klett.

Barlow, D. H., O'Brien, G. T. & Last, C. G. (1984). Couples treatment of agoraphobia: Changes in marital satisfaction. *Behavior Research and Therapy, 19,* 245–255.

Baucom, D. H. & Epstein, N. E. (1990). *Cognitive-behavioral marital therapy.* New York: Brunner & Mazel.

Beach, S. R. H., Sandeen, E. E. & O'Leary, K. D. (1990). *Depression in marriage: a model for etiology and treatment.* New York: Guilford.

Beck, A. T. (1976). *Cognitive Therapy and the emotional disorders.* New York: International Press.

Beck, A. T., Rasch, A. J., Schorr, W. F. & Emery, G. (1992). *Kognitive Therapie der Depression* (3. überarb. Aufl.). Weinheim: PVU.

Bradbury, T. N. & Fincham, F. D. (1990). Attributions in Marriage: Review and Critique. *Psychological Bulletin, 1,* 3–33.

Doherty, W. J. (1981). Cognitive processes in intimate conflict: II. Efficacy and learned helplessness. *American Journal of Family Therapy, 9,* 35–44.

Edelsohn, R. J. & Epstein, N. (1982). Cognition and relationship maladjustment: Development of a measure of dysfunctional relationship beliefs. *Journal of Consulting and Clinical Psychology, 50,* 715–720.

Elwood, R. W. & Jacobson, N. S. (1982). Spouses' agreement in reporting their behavioral interactions: a clinical replication. *Journal of Consulting and Clinical Psychology, 50,* 783–784.

Ellis, A. (1962). *Reason and emotion on psychotherapy.* New York: Lyle Stuart.

Epstein, N. (1982). Cognitive therapy with couples. *American Journal of Family Therapy, 10,* 5–16.

Epstein, N. (1985). Depression and marital dysfunction: cognitive and behavioral linkages. *International Journal of Mental Health, 13,* 86–104.

Epstein, N. & Edelsohn, R. J. (1981). Unrealistic beliefs of clinical couples: their relationship to expectations, goals and satisfaction. *American Journal of Family Therapy, 9* (4), 13–22.

Fincham, F. D. (in press). Marital satisfaction, depression, and attributions: a longitudinal analysis. *Journal of Personality and Social Psychology.*

Fincham, F. D. & Bradbury, T. N. (1988). The impact of attributions in marriage: empirical and conceptual foundations. *British Journal of Clinical Psychology, 27,* 77–90.

Floyd, F. J. & Markman, H. J. (1983). Observational biases in spouse observation: towards a cognitive/behavioral model of marriage. *Journal of Consulting and Clinical Psychology, 1,* 450–457.

Foster, S. W. (1986). Marital treatment of eating disorders. In N. S. Jacobson & A. S. Gurman (Eds.), *Clinical handbook of marital therapy* (pp. 575–596). New York: Guilford.

Gottman, J. M. (1979). *Marital interaction. Experimental investigations.* New York: Academic Press.

Gottman, J. M. (1987). The sequential analysis of family interaction. In T. Jacob (Ed.), *Family interaction and psychopathology* (pp. 453–480). New York: Plenum.

Grawe, K., Donati, R. & Bernauer, F. (1994). *Psychotherapie im Wandel. Von der Konfession zur Profession.* Göttingen: Hogrefe.

Hafner, R. J. (1986). Marital therapy for agoraphobia. In N. S. Jacobson & A. S. Gurman (Eds.), *Clinical handbook of marital therapy* (pp. 471–494). New York: Guilford.

Hahlweg, K. (1979). Konstruktion und Validierung des Partnerschaftsfragebogens PFB. *Zeitschrift für Klinische Psychologie, 8,* 17–40.

Hahlweg, K. (1986). *Partnerschaftliche Interaktion.* München: Röttger.

Hahlweg, K. (1991a). Störungen und Auflösungen von Beziehungen: Determinanten der Ehequalität und -stabilität. In M. Amelang, H. J. Ahrens & H. W. Bierhoff (Hrsg.), *Partnerwahl und Partnerschaft* (S. 117–152). Göttingen: Hogrefe.

Hahlweg, K. (1991b). Interpersonelle Faktoren bei depressiven Erkrankungen. In Ch. Mundt, P. Fiedler, H. Lang & A. Kraus (Hrsg.), *Depressionskonzepte heute: Psychopathologie oder Pathopsychologie?* (S. 268–279). Berlin: Springer.

Hahlweg, K. (1995). *Fragebogen zur Partnerschaftsdiagnostik.* Göttingen: Hogrefe.

Hahlweg, K., Schindler, L. & Revenstorf, D. (1982). *Partnerschaftsprobleme: Diagnose und Therapie. Handbuch für den Therapeuten.* Berlin: Springer.

Hahlweg, K., Reisner, L., Kohli, G., Vollmer, M., Schindler, L. & Revenstorf, D. (1984). Development and validity of a new system to analyze interpersonal communication (KPI: Kategoriensystem für partnerschaftliche Interaktion). In K. Hahlweg & N. S. Jacobsen (Eds.), *Marital interaction: Analysis and modification* (pp. 182–198). New York: Guilford.

Hahlweg, K., Baucom, D. H. & Markman, H. J. (1988). Recent advances in therapy and prevention. In I. R. H. Falloon (Ed.), *Handbook of behavioral family therapy and prevention* (pp. 413–448). New York: Guilford.

Hahlweg, K., Dürr, H. & Müller, U. (1995). *Familienbetreuung schizophrener Patienten. Ein verhaltenstherapeutischer Ansatz zur Rückfallprophylaxe. Konzepte, Behandlungsanleitung und Materialien.* Weinheim: Beltz.

Hank, G., Hahlweg, K. & Klann, N. (1990). *Diagnostische Materialien für Berater.* Weinheim: Beltz.

Heiman, J. R. (1986). Treating sexually distressed marital relationships. In N. S. Jacobsen & A. S. Gurman (Eds.), *Clinical handbook of marital therapy* (pp. 361–384). New York: Guilford.

Klann, N., Hahlweg, K. & Hank, G. (1992). Deutsche Validierung des »Marital Satisfaction Inventory« (MSI) von Snyder (1981). *System Familie, 5,* 10–12.

Leff, J. P. & Vaughn, C. E. (1985). *Expressed emotion in families.* New York: Guilford.

Locke, H. J. & Wallace, K. M. (1959). Short-term marital adjustment and prediction tests: their reliability and validity. *Marriage and Family Living, 21,* 251–255.

Markman, H. J., Duncan, S. W., Storaasli, R. D. & Howes, P. W. (1987). The prediction and prevention of marital distress: a longitudinal investigation. In K. Hahlweg & M. J. Goldstein (Eds.), *Understanding major mental disorder. The contribution of family interaction research* (pp. 266–289). New York: Family Process.

Meichenbaum, D. (1977). *Cognitive-behavior modification.* New York: Plenum.

O'Farrell, T. J. (1986). Marital therapy in the treatment of alcoholism. In N. S. Jacobsen & A. S. Gurman (Eds.), *Clinical handbook of marital therapy* (pp. 513–536). New York: Guilford.

Patterson, G. R. & Reid, J. B. (1970). Reciprocity and coercion: two facets of social system. In C. Neuringer & J. L. Michale (Eds.), *Behavior modification in clinical psychology* (pp. 133–177). New York: Appleton.

Pretzer, J. L., Fleming, B. & Epstein, B. (1983). Cognitive factors in marital interaction: The role of specific attributions. *Paper presented at the World Congress of Behavior Therapy,* Washington/DC.

Pruitt, D. G. (1968). Reciprocity and credit building in a laboratory dyad. *Journal of Personality and Social Psychology, 8,* 143–147.

Revenstorf, D. (1985). *Psychotherapeutische Verfahren. Gruppen-, Paar-, und Familientherapie* (Bd. 4). Stuttgart: Kohlhammer.

Schindler, L., Hahlweg, K. & Revenstorf, D. (1980). *Partnerschaftsprobleme: Möglichkeiten zur Bewältigung. Ein verhaltenstherapeutisches Programm für Paare.* Berlin: Springer.

Seligman, M. E. P. (1975). *Helplessness: on depression, development, and death.* San Francisco: W. H. Freeman.

Spanier, G. B. (1976). Measuring dyadic adjustment: New scales for assessing the quality of marriage and similar dyads. *Journal of Marriage and Family, 38,* 15–28.

Zimmer, D. (1985). *Sexualität und Partnerschaft. Grundlagen und Praxis psychologischer Behandlung.* München: PVU.

Weiterführende Literatur

Arentewicz, G. & Schmidt, G. (1980). *Sexuell gestörte Beziehungen. Konzept und Technik der Paartherapie.* Berlin: Springer.

Baucom, D. H. & Epstein, N. E. (1990). *Cognitive-behavioral marital therapy.* New York: Brunner & Mazel.

Beach, S. R. H., Dandeen, E. E. & O'Leary, D.D. (1990). *Depression in marriage: a model for etiology and treatment.* New York: Guilford.

Grawe, K., Donati, R. & Bernauer, F. (1994). *Psychotherapie im Wandel. Von der Konfession zur Profession.* Göttingen: Hogrefe.

Hahlweg, K., Dürr, H. & Müller, U. (1995). *Familienbetreuung schizophrener Patienten. Ein verhaltenstherapeutischer Ansatz zur Rückfallprophylaxe. Konzepte, Behandlungsanleitung und Materialien.* München: PVU.

Schindler, L., Hahlweg, K. & Revenstorf, D. (1998). *Partnerschaftsprobleme: Diagnose und Therapie. Handbuch für den Therapeuten.* Berlin: Springer.

Sexuelle Störungen

19

GÖTZ KOCKOTT

19.1 Einleitung

> Die Sexualität ist ein sehr komplexer Bereich menschlichen Verhaltens. In ihr sind »biologische, psychologische und soziologische Faktoren beteiligt, aber sie alle wirken gleichzeitig, und das Endergebnis ist ein einziges, zur Einheit verschmolzenes Phänomen, das seiner Natur nach nicht nur biologisch, psychologisch oder soziologisch ist« (Kinsey et al., 1948).

Das gilt für die ungestörte Sexualität und genauso für sexuelle Störungen.

Der psychologische Bereich umfaßt v. a. die Einstellung zur Sexualität, sexuelle Ängste, die Persönlichkeit des Betroffenen und seine partnerschaftliche Situation. Das wird ausführlich in diesem Kapitel dargestellt.

Den biologischen Aspekt betreffend ist festzustellen, daß in den letzten Jahren eine ganze Reihe neuer urologischer und neurologischer Untersuchungsmethoden entwickelt wurden, die eine deutlich verbesserte Diagnostik bei sexuellen Störungen des Mannes erlauben, insbesondere zur Abklärung gefäßbedingter Ursachen; dabei steht die Methode der diagnostischen Injektion vasoaktiver Substanzen in den Penisschwellkörper im Mittelpunkt. Hiermit wurde nachgewiesen, daß insbesondere beim älteren Mann Erektionsstörungen häufiger zumindest körperlich mitbedingt sind, als Psychotherapeuten noch vor kurzem angenommen hatten.

Die soziologischen Aspekte der Sexualität werden oft vernachlässigt; dabei sind sie nicht zu übersehen. Ende der 50er, Anfang der 60er Jahre erlebten wir einen sog. »sexuellen Liberalisierungsprozeß« (Sigusch & Schmidt, 1973), der zu einem erfreulich offeneren und freieren Umgang mit der Sexualität führte; er brachte aber auch neue Normen hervor, sexuelle Leistungsnormen, die für viele krankmachend waren. Heute beobachten wir zwei neue Entwicklungen:

- Erstens eine »Medikalisierung der männlichen Sexualität« (Bancroft, 1991; Schmidt, 1993). Die bereits erwähnten an sich erfreulichen neuen diagnostischen Möglichkeiten bei Erektionsstörungen verführen bei Therapeuten und Patienten wieder dazu, die männliche Sexualität nur »scheuklappenmäßig« mit dem Blick auf die körperlichen Faktoren wahrzunehmen.
- Zum zweiten sehen wir eine Zunahme sexueller Appetenzstörungen, Störungen mit herabgesetzter sexueller Lust.

Die Zunahme sexueller Luststörungen bei den Frauen wird u. a. von Schmidt (1993) v. a. soziologisch gesehen, als Zeichen einer Gegenwehr der Frauen im Rahmen der Emanzipationsbewegung gegen eine noch immer vorhandene Dominanz des Mannes. Auch wenn einiges oder gar vieles für diese Interpretation spricht, so erklärt sie meiner Meinung nach nicht das Gesamtphänomen, denn auch bei Männern nehmen die sexuellen Luststörungen zu. Es wird eine »Übersättigung« z. B. durch die Medien diskutiert.

19.2
Funktionelle Sexualstörungen

19.2.1
Störungsbilder und Diagnostik

Man bezeichnet als »sexuelle Funktionsstörungen« im Sinne eines Oberbegriffs alle Beeinträchtigungen der sexuellen Funktionen (Sigusch, 1996); »sexuelle Dysfunktionen« sind jene Störungen, bei denen eine vorwiegende oder ausschließliche körperliche Ursache gesehen wird, und unter »funktionellen Sexualstörungen« werden Beeinträchtigungen verstanden, die als psychisch bedingt angenommen werden. Für die Diagnose einer *Störung* wird gefordert, daß das sexuelle Problem einen deutlichen Leidensdruck oder interpersonelle Schwierigkeiten verursacht. Diese Kriterien sind

von besonderer Bedeutung: Aus epidemiologischen Studien ist bekannt, daß sexuelle Probleme eine hohe Prävalenz aufweisen, professionelle Hilfe dagegen sehr viel seltener gesucht wird. Offensichtlich gelingt es vielen Personen, sich mit einer beeinträchtigten sexuellen Funktionsfähigkeit zu arrangieren und ihr Sexualleben trotzdem zufriedenstellend zu erleben.

Die sexuellen Funktionsstörungen lassen sich unterteilen in die vier Hauptgruppen:

- Störungen der sexuellen Appetenz,
- Störungen der sexuellen Erregung,
- Schmerzen bei sexuellem Kontakt und
- Orgasmusstörungen.

Unter praktischen, therapierelevanten Gesichtspunkten hat es sich bewährt, die sexuellen Störungen unter inhaltlichen und formalen Gesichtspunkten näher zu beschreiben. Inhaltlich lassen sich sexuelle Funktionsstörungen danach unterscheiden, in welcher Phase der sexuellen Erregung sie auftreten (Tabelle 19.1). In der *Appetenzphase* können Störungen der sexuellen Lust deutlich werden mit stark herabgesetzter oder aufgehobener sexueller Appetenz. Während der *Erregungsphase* können beim Mann Störungen der Gliedsteife (Erektionsstörungen), bei der Frau Erregungsstörungen mit herabgesetzter oder aufgeho-

Tabelle 19.1. Funktionelle Sexualstörungen in den verschiedenen Phasen der sexuellen Interaktion (mit Angabe der ICD-10- bzw. DSM-IV-Nummern)

Phasen	Störungen beim Mann	Störungen bei der Frau
1. Appetenz	Anhaltende und deutliche Minderung des sexuellen Verlangens (F 52.0; 302.71) Sexuelle Aversion, Ekel, Ängste (F 52.1; 302.79)	
2. Erregung	Erektionsstörungen: Erektion im Hinblick auf Dauer und Stärke nicht ausreichend für befriedigenden Geschlechtsverkehr (F 52.2; 302.72)	Erregungsstörungen: Erregung im Hinblick auf Dauer und Stärke nicht ausreichend für befriedigenden Geschlechtsverkehr (F 52.2; 302.72)
		Vaginismus (Scheidenkrampf): Einführung des Penis durch krampfartige Verengung des Scheideneingangs nicht oder nur unter Schmerzen möglich (F 52.5; 306.51)
3. Schmerzen	Schmerzhafter Geschlechtsverkehr (Dyspareunie): Schmerzen im Genitalbereich während oder unmittelbar nach dem Koitus (F 52.6; 302.76)	
4. Orgasmus	Vorzeitige Ejakulation: Samenerguß schon vor dem Einführen des Penis in die Scheide, beim Einführen oder unmittelbar danach (F 52.4; 302.75)	Orgasmusschwierigkeiten: Orgasmus nie oder nur selten (F 52.3; 302.73)
	Ausbleibende Ejakulation: Trotz voller Erektion und intensiver Reizung kein Samenerguß, Anorgasmie (F 52.3; 302.73)	
	Ejakulation ohne Orgasmus: Samenerguß ohne Lust- und Orgasmusgefühl	
5. Entspannung	Nachorgastische Verstimmung: Gereiztheit, innere Unruhe, Schlafstörungen, Depressionen, Weinanfälle, Mißempfindungen im Genitalbereich, usw.	

bener Lubrikation (Feuchtwerden der Scheide), ein Scheidenkrampf (Vaginismus) oder – häufiger bei der Frau als beim Mann – eine Algo- bzw. Dyspareunie (Schmerzen beim Verkehr) auftreten. Kaplan (1993) beschrieb vor kurzem ein zwar seltenes, aber Männer sehr belastendes Störungsbild, das postejakulatorische Schmerzsyndrom: Schmerzen, die während oder kurz nach der Ejakulation auftreten und als tief im Penis liegendes, scharfes Stechen und/oder Brennen beschrieben werden, evtl. mit Ausstrahlung in die Hoden und den Unterleib, für einige Minuten bis zu vielen Stunden. In der *Orgasmusphase* kann der Mann einen vorzeitigen, verzögerten oder ausbleibenden Orgasmus (Ejakulation), einen Orgasmus ohne Ejakulation oder eine Ejakulation ohne Orgasmus erleben, Frauen verschiedenste Formen von Orgasmusstörungen. Die sog. nachorgastischen Verstimmungen sind nur der Vollständigkeit halber aufgeführt; sie sind im engeren Sinne keine sexuellen Funktionsstörungen. Formale Beschreibungskriterien sind die Häufigkeit der sexuellen Problematik, die Umstände und Bedingungen ihres Auftretens sowie die Dauer und der Schweregrad.

Eine solche Diagnostik sexueller Symptomatik hat den Vorteil einer genauen und therapierelevanten Syndrombeschreibung. Die beschriebene Erfassung ist gleichzeitig ein guter Leitfaden für die Exploration von Patienten, soweit es das sexuelle Symptom betrifft. Eine ausführliche Darstellung der einzelnen Störungsbilder findet sich z. B. bei Arentewicz & Schmidt (1993), Kockott (1995) oder Zimmer (1985).

Die neuen Klassifikationssysteme DSM-IV und ICD-10 haben sich weitestgehend an der Unterteilung der sexuellen Funktionsstörungen nach den inhaltlichen Gesichtspunkten orientiert.

Einige formale Merkmale sind herauszuheben, da sie diagnostische Hinweise geben.

■ **Primär-sekundär.** Primär ist eine Störung, die von Beginn der sexuellen Aktivität an besteht; sekundär eine Störung, die nach einer symptomfreien Phase beginnt. Sekundäre Störungen haben meist relativ leicht explorierbare Auslöser.

■ **Durchgängig-situationsabhängig.** Situationsabhängige Störungen treten nur bei bestimmten sexuellen Aktivitäten auf, z. B. nur beim Koitusversuch, nicht aber bei der Masturbation. Die Situationsabhängigkeit ist ein sehr deutlicher Hinweis auf eine psychisch bedingte Problematik. Als durchgängig werden solche Störungen bezeichnet, die bei jeder Form einer sexuellen Aktivität auftreten. Das spricht eher für eine körperliche Ursache.

■ **Partnerabhängig-partnerunabhängig.** Partnerabhängige Störungen, also nur bei einem bestimmten Partner auftretend, sind ein sehr starkes Indiz für Schwierigkeiten mit diesem speziellen Partner.

Der diagnostische Prozeß

Das entscheidende diagnostische Instrument ist die ausführliche Sexualanamnese. Bei manchen Störungsbildern, vor allem bei Erektionsstörungen, kommen bedarfsweise spezifische somatisch-medizinische Untersuchungsverfahren und gelegentlich standardisierte psychometrische Instrumente hinzu. Die Sexualanamnese muß vor allem die unmittelbaren Entstehungsbedingungen, den sexuellen Status, partnerschaftliche Faktoren und die wesentlichen Konturen der sexuellen Entwicklung erfassen. Eine Einbeziehung des Partners in den diagnostischen Prozeß ist zur Komplettierung der Diagnose in den meisten Fällen sehr sinnvoll.

Für die Reihenfolge der Exploration gibt es kein starres Schema. Der Therapeut sollte sich zunächst vom Patienten leiten lassen, zuhören, wenig strukturieren, erst später steuernd eingreifen und die Anamnese komplettieren.

Man muß damit rechnen, daß Patienten, insbesondere Männer, der Überlegung einer Psychogenese ihrer sexuellen Problematik Widerstand entgegensetzen. Der Therapeut ist gut beraten, dann zunächst die ihm notwendig erscheinende Diagnostik zum Ausschluß organischer Ursachen fortzuführen und sich damit eine fundierte diagnostisch abgesicherte Diskussionsbasis zu schaffen. Danach kann er auf die Möglichkeit einer Psychogenese zurückkommen.

Die derzeit bestehende sexuelle Symptomatik sollte umfassend erhoben werden. Spontan berichten die Patienten oft nur sehr pauschal oder nur unvollständig ihre sexuellen Probleme. Der Therapeut muß also nachfragen. Zur Entscheidung über das weitere therapeutische Vorgehen werden genaue Angaben benötigt über:

- Sexuelle Appetenz (verändertes Lustempfinden, Aversion),
- Ablauf sexueller Erregung (Erregungsstörungen bei der Frau, Erektionsstörungen beim Mann),
- Schmerzen bei sexuellem Kontakt (Dyspareunie, Vaginismus),
- Orgasmuserleben (verzögerter oder ausbleibender Orgasmus, Ejaculatio praecox),
- sexuelle Versagensängste, Vermeiden sexueller Aktivitäten (sehr häufig anzutreffen, besonders bei Männern; Versagensängste können zum wesentlichen aufrechterhaltenden Faktor werden, s. dort).

In der Differentialdiagnostik sollten drei Bereiche beachtet werden:

- Abgrenzung der Störungsbilder voneinander:
  - Hier sehen wir geschlechtsspezifische Unterschiede. Während die Störungen beim Mann sehr isoliert bestehen können, treten die Störungen bei der Frau sehr viel seltener einzeln auf. Die Symptomatik einer Störung ist oft die Folge oder auch die Ursache einer anderen Problematik. Lediglich der Vaginismus scheint isoliert vorzukommen.
- Abgrenzung gegenüber anderen psychischen Störungsbildern:
  - Sexuelle Störungen können die Folge anderer psychischer Störungen sein, wie z. B. Depression, Abhängigkeit, Eßstörungen. Die zeitliche Abfolge der Störungsbilder kann einen Hinweis auf die Verursachung geben.
- Abgrenzung gegenüber somatischen Ursachen:
  - Hierauf wird bei der Besprechung der Ursachen noch näher eingegangen. Nach dem gegenwärtigen Kenntnisstand haben körperliche Faktoren vorwiegend bei den Erregungszuständen des älteren Mannes und bei schmerzhaften sexuellen Kontakten (Dyspareunie) einen bedeutsamen Einfluß.

19.2.2
Kognitiv-verhaltenstheoretisches Störungskonzept

In der Literatur findet man kaum theoretische Überlegungen zur Entstehung und zur Aufrechterhaltung funktioneller Sexualstörungen. Es gibt jedoch eine Vielzahl hypothetischer Annahmen, die zum größten Teil aufgrund klinischer Erfahrungen gemacht wurden. Diese Erfahrungen kann man wie folgt zusammenfassen:

- Funktionelle Sexualstörungen sind ein klassischer Bereich der Psychosomatik: Psychische Ursachen führen zu körperlichen Symptomen.
- Eine sexuelle Problematik ist in der Regel niemals durch eine einzige Ursache bedingt, sondern durch ein Ursachenbündel.
- Auch bei vorwiegend körperlich verursachten sexuellen Dysfunktionen ist meistens zusätzlich eine Psychogenese nachweisbar.

In diesem Kapitel setzen wir uns mit den Annahmen zur Psychogenese auseinander. Die Organogenese ist z. B. ausführlich von Hertoft (1989) abgehandelt.

Konzepte zur Ätiologie

Bei der Entstehung funktioneller Störungen können verschiedene Prozesse des klassischen und operanten Lernens in direkter oder verdeckter Form (Modellernen) sowie Probleme der Wirklichkeitsverarbeitung (kognitives Lernen) beteiligt sein. Außerdem sind Aspekte des Wissens, der Bewertung und der Selbstregulation des eigenen Verhaltens bedeutend. Vertreter der unterschiedlichsten theoretischen Richtungen geben der Angst eine wesentliche Rolle in der Entwicklung und Aufrechterhaltung von funktionellen Sexualstörungen bei Männern und Frauen. So haben z. B. Wolpe (1958) und Fenichel (1945) die Angst als wichtigen Faktor bei der Entwicklung der verschiedenen Typen sexueller Funktionsstörungen hervorgehoben. Masters & Johnson (1970) und Kaplan (1981) betonten die Rolle der Angst in ihrer Kurzzeittherapie. Masters & Johnson (1970) unterstrichen v. a. die Bedeutung der Leistungsangst als wichtige Komponente bei Paaren mit sexuellen Störungen. Kaplan (1981) hat auch die Angst vor Versagen als wichtige Komponente in der Entwicklung von Sexualstörungen angesehen und beschreibt zusätzlich andere Ängste, wie Forderungen von seiten des Partners und übertriebenes Bedürfnis, dem Partner zu gefallen. Von diesen sexuellen Ängsten wird angenommen, daß sie sexuelle Erregung verhindern und das autonome Nervensystem in einem großen Ausmaß hemmen, so daß physiologische Erregung unmöglich wird. Diese Annahmen blieben nicht ganz unwidersprochen, da die Evidenz, daß die Angst der wichtigste ätiologische Faktor von funktionellen Sexualstörungen ist, vorwiegend auf klinischen Erfahrungen beruhte und nicht auf empirischen Daten (Schiavi, 1976).

Auf diesem Hintergrund analysierte Barlow (1986) empirische Untersuchungen, die die Rolle der Angst bei der sexuellen Erregung zum Thema hatten. In seinen Schlußfolgerungen kommt er zu der Auffassung, daß mehrere Faktoren die Personen in den Studien mit einer ungestörten und einer gestörten Sexualität unterscheiden:

- Bei Männern mit Sexualstörungen wird sexuelle Erregung durch Angst gehemmt, während Angst bei Männern ohne Sexualstörungen die Erregung häufig erleichtert.
- Sexuelle Leistungsanforderung erhöht bei ungestörten Männern die sexuelle Erregung, sexuell gestörte Männer werden dadurch abgelenkt, behindert.
- Personen mit Sexualstörungen erleben in Situationen mit sexuellem Kontakt häufig negative Gefühle, während Personen mit einem ungestörten Sexualleben mehr positive Emotionen zeigen.

- Im Vergleich zu sexuell ungestörten Männern unterschätzen Erektionsgestörte das Ausmaß ihrer sexuellen Erregung.

Aus diesen empirischen Ergebnissen leitet Barlow ein Arbeitsmodell zur Erklärung der psychisch bedingten Sexualstörungen ab: Ein kognitiver Ablenkungsprozeß, der mit Angst interagiert, ist verantwortlich für die Sexualstörungen. Neue empirische Arbeiten lassen dieses Modell weiterhin als sinnvoll erscheinen (z. B. Palace & Gorzalka, 1992; Straßberg et al., 1990).

Sicher spielen Ängste verschiedenen Inhalts eine gewichtige Rolle in der Psychogenese. Arentewicz & Schmidt (1993) nennen weiterhin Trieb-, Gewissens-, Beziehungsängste und Selbstunsicherheit. Sie weisen außerdem auf die große Bedeutung partnerschaftlicher Probleme als Ursache sexueller Gestörtheit hin und auf die Rolle der sexuellen Lerngeschichte.

Zimmer (1985) betont die Wechselwirkung zwischen individuellen, partnerschaftlichen und sexuellen Problemen:

- Individuelle Probleme können Beziehungsprobleme bedingen (z. B. Verhaltensdefizite wie selbstunsicheres Verhalten, Ängste, depressive Verstimmung);
- partnerschaftliche Konflikte können zur individuellen Belastung werden (z. B. zu Depressionen führen);
- individuelle Probleme können sexuelle Probleme auslösen (z. B. ungünstige Sexualerfahrung in der individuellen Lerngeschichte);
- sexuelle Probleme können Partnerschaftskonflikte zur Folge haben usw. (Abb. 19.1).

Diese gegenseitige Wechselwirkung der verschiedenen Probleme erschwert häufig die Diagnostik, da unklar ist, welches Problem die anderen mitbedingt. Dieses Wissen ist jedoch wichtig für die Therapieplanung.

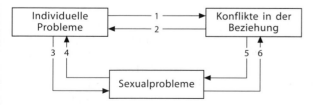

Abb. 19.1. Der Zusammenhang von individuellen Problemen, Beziehungsproblemen und sexuellen Problemen. (Aus Zimmer, 1985, S. 209)

■ **Theoretische Modelle zur Entstehung und Aufrechterhaltung funktioneller Sexualstörungen.** Man kann die verschiedenen klinischen Erfahrungen und empirischen Ergebnisse systematisieren und zu einer neuen theoretischen Sicht zusammenfügen (in Anlehnung an Fahrner & Kockott, 1994). Zur leichteren Übersicht trennen wir zwischen den Bedingungen, die die Störung auslösen und denen, die sie aufrechterhalten (Abb. 19.2). Das Bindeglied dazwischen ist die Persönlichkeit. Eine einzelne negative Erfahrung wird in den meisten Fällen keine sexuelle Störung auslösen. Erst die Summierung von ungünstigen Erfahrungen in verschiedenen Bereichen kann dazu führen. Das heißt, die *auslösenden Bedingungen* schließen sich gegenseitig nicht aus, sondern summieren bzw. potenzieren sich. Ob nun eine Person aufgrund dieser negativen Ereignisse eine sexuelle Störung entwickelt und eine andere mit ähnlichen Erfahrungen nicht, scheint von Persönlichkeitsvariablen abzuhängen. Zu dieser Frage liegen aus der Forschung allerdings nur wenige Ergebnisse vor. Ungünstig wirken sich mangelnde Selbstsicherheit, ein geringes Selbstwertgefühl und eine starke Leistungsbezogenheit aus (Ansari, 1975; Kockott, 1981). Hier spielt auch die individuelle Lerngeschichte mit hinein. Vergleichbar mit dem Modell von Beck zur Entstehung von Depressionen kann man auch bei sexuell gestörten Personen annehmen, daß Lebensereignisse v. a. dann zu Auslösern sexueller Gestörtheit werden, wenn sie frühere negative sexuelle Erfahrungen und die damit verbundenen Emotionen reaktivieren.

Bei der *Aufrechterhaltung* einer sexuellen Funktionsstörung spielen fast immer Erwartungs- und Versagensängste sowie eine gesteigerte Selbstbeobachtung eine zentrale Rolle (es sein denn, die sexuelle Problematik ist ausschließlich Ausdruck einer Partnerproblematik).

Als Arbeitshypothese wird angenommen, daß sich ein sog. Selbstverstärkungsmechanismus entwickelt. Darunter versteht man folgendes: In erotischen Situationen läuft eine lange Verhaltenskette ab (Abb. 19.3). Sie beginnt – sehr vereinfacht dargestellt – bei ungestörtem Sexualverhalten mit Zeichen gegenseitiger Zuneigung und ist abgeschlossen mit einem positiven Erlebnis. Somit wird aus lerntheoretischer Sicht das ungestörte Sexualverhalten v. a. nach dem Prinzip der positiven Verstärkung aufrechterhalten.

Beim gestörten Sexualverhalten (Abb. 19.4) entwickelt sich zunächst ebenfalls eine Erotisierung. Aus einer oder mehreren der bereits aufgeführten Ursachen (Auslöser) bleibt die weitergehende Erregung aus. Ein Geschlechtsakt kommt nicht zustande. Die Verhaltenskette endet mit Anspan-

Abb. 19.2. Entstehung und Aufrechterhaltung funktioneller Sexualstörungen

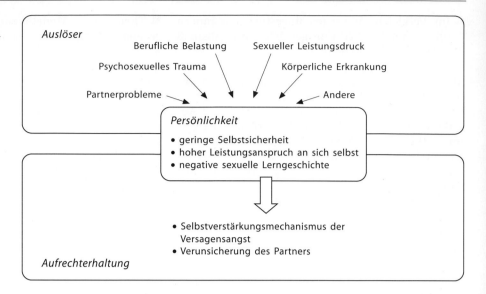

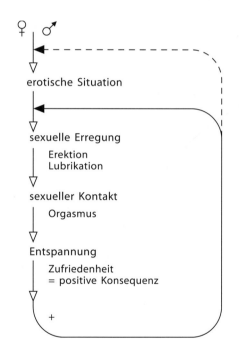

Abb. 19.3. Verhaltenskette ungestörten Sexualverhaltens

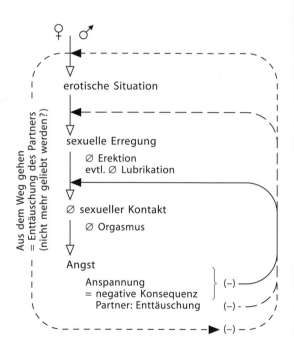

Abb. 19.4. Verhaltenskette gestörten Sexualverhaltens

nung und Enttäuschung, also mit einer negativen Reaktion. Bei wiederholten Versuchen läßt die Angst vor diesem unangenehmen Ende keine sexuelle Erregung mehr aufkommen, da sich eine Leistungs- und Versagensangst entwickelt hat, die nach Barlow die sexuelle Erregung erheblich herabsetzt. Damit ist der *Teufelskreis der Selbstverstärkung* geschlossen: Die Versagensängste halten die Sexualstörung aufrecht. Der Partner erlebt das gestörte Sexualverhalten ebenfalls enttäuschend. Diese Enttäuschung steigert die Angst des Patien-

ten vor dem Versagen. Um der Situation aus dem Wege zu gehen, beginnt er, Sexualität zu vermeiden. Dadurch kommt der Patient in einen weiteren Konflikt. Einerseits bringt ihm das Vermeiden des sexuellen Kontakts eine Erleichterung, andererseits registriert der Partner diesen Rückzug und interpretiert ihn vielleicht als »nicht mehr geliebt werden«. Damit sind Partnerkonflikten die Tore geöffnet, sie vergrößern noch die Angst vor erneutem Versagen.

> Dieses Modell ist eine Vereinfachung des Bedingungsgefüges psychischer Ursachen von sexuellen Störungen. Es hat aber den großen Vorteil, auch dem Patienten verständlich zu sein. Der Therapeut kann es benutzen, um dem Patienten das therapeutische Vorgehen zu erklären und deutlich zu machen, warum es so wichtig ist, in die Therapie den Partner mit einzubeziehen.

19.2.3
Therapeutisches Vorgehen

Erste verhaltenstherapeutische Untersuchungen und das Vorgehen nach Masters & Johnson

Die verhaltensorientierte Therapie sexueller Funktionsstörungen erlebte ihre ersten großen Erfolge mit der Einführung des Behandlungsverfahrens nach Masters & Johnson. Vorher verwendeten Wolpe (1958) und Lazarus (1963) zur Therapie dieser Störungen die gleichen Techniken wie zur Behandlung von Phobien und verwandten Symptomen; das war fast ausschließlich die systematische Desensibilisierung in der Phantasie oder in vivo. Während Wolpe und Lazarus Muskelentspannung als antagonistische Reaktion auf die angstauslösende Situation einsetzten, wurde später auch Entspannung durch Medikamente verwendet.

Masters & Johnson behandelten von 1959 bis 1969 510 Paare und publizierten 1970 (deutsche Ausgabe 1973) die Beschreibung ihres therapeutischen Vorgehens sowie die Behandlungsergebnisse. Das Therapieprogramm basiert auf ihren physiologischen Untersuchungen über das ungestörte Sexualverhalten und auf einer Kombination von Verfahren, die bis dahin z. T. einzeln und unsystematisch angewendet wurden. Zum Beispiel geht die Squeeze-Technik zur Behandlung der frühzeitigen Ejakulation auf Seamans (1956) zurück; das Einführen von Stäben (Hegarstiften) in die Vagina zur graduellen Angstreduzierung bei Patientinnen mit Vaginismus wurde schon Anfang dieses Jahrhunderts von Walthard (1909) angewendet; Frank (1948) berichtete über die therapeutische Wirkung des Koitusverbots. Obwohl Masters & Johnson selbst ihr Vorgehen nicht als verhaltenstherapeutisch beschreiben, läßt es sich in vielem auf lerntheoretische Annahmen zurückführen.

Die formalen Bedingungen ihres Konzepts können mit den Begriffen *Paar-, Team- und Intensivtherapie* beschrieben werden. Das bedeutet folgendes: Die Therapie geschieht immer gemeinsam mit dem Partner, da

es so etwas wie einen unbeteiligten Partner in einer Partnerschaft, in der sexuelle Störungen aufgetreten sind, nicht gibt (Masters & Johnson, 1970, S. 2).

Weiterhin fordern Masters & Johnson, daß die Therapie von zwei Kotherapeuten – einem Mann und einer Frau – durchgeführt wird, weil dadurch beide Partner »einen Vertreter und einen Interpreten« (S. 4) haben, der sie aufgrund seiner eigenen Erfahrungen als Mann bzw. Frau besonders gut verstehen kann. Als »intensiv« wird die Therapie von Masters & Johnson deswegen bezeichnet, weil sie in 2–3 Wochen durchgeführt wird.

Therapie sexueller Funktionsstörungen nach Masters und Johnson

Inhaltlich besteht die Therapie aus einer Reihe von aufeinanderfolgenden Verhaltensübungen, die das Paar zwischen den Sitzungen durchführt. Die Erfahrungen mit den Übungen werden jeweils in der nächsten Sitzung besprochen und ausgewertet. Zusätzlich werden alle sonstigen Probleme bearbeitet, die den sexuellen Bereich beeinträchtigen. Über verschiedene, im Schwierigkeitsgrad ansteigende Zwischenstufen wird das sexuelle Verhalten wieder aufgebaut. Unter dem Gebot, keinen Koitus auszuüben, werden folgende Stufen durchlaufen:

- abwechselndes Streicheln des ganzen Körpers mit Ausnahme der Genitalregionen (»sensate focus I«),
- erkundendes Streicheln der Genitalien,
- stimulierendes Streicheln und Umgang mit Erregung,
- Petting bis Orgasmus,
- Einführen des Penis ohne Bewegung,
- Koitus mit erkundenden Bewegungen bis hin zu nicht mehr durch Verhaltensanweisungen beschränkten sexuellen Tätigkeiten (»sensate focus II«).

Die Methode ist andernorts genau beschrieben worden (Kockott, 1988 a, b; Fahrner & Kockott, 1993). Mit diesem Vorgehen können die häufig vorhandenen Leistungsängste des Patienten weitgehend vermindert werden, da das Ziel nicht der Orgasmus ist. Durch die Offenheit für sensorisches Erleben können sich langsam wieder angenehme erotische Körperkontakte entwickeln, wenn nun Schritt für Schritt die Kontakte erweitert werden. Anschließend werden weitere symptomspezifische Behandlungsprogramme benutzt.

> Für die Therapie der Erektionsstörungen schlagen Masters und Johnson die sog. Teasing-Methode, für die Behandlung der frühzeitigen Ejakulation die Squeeze-Technik und für die Therapie des Vaginismus den Einsatz von Hegarstiften vor.

Diese Behandlungstechniken sind ebenfalls andernorts detailliert beschrieben worden (Kockott & Fahrner, 1993a, b; Fahrner & Kockott, 1993).

Masters & Johnson berichten von recht guten Erfolgsquoten. Allerdings definieren sie ihre Erfolgskriterien nicht sehr eindeutig. Dennoch ist den Angaben zu entnehmen, daß Patienten mit frühzeitiger Ejakulation (97,8% erfolgreich) und mit einer primären Anorgasmie (83% erfolgreich) besonders gut auf diese Art von Therapie ansprechen, während Patienten mit einer sekundären Anorgasmie (77% erfolgreich) und Patienten mit einer primären Erektionsstörung (59,4% erfolgreich) schwieriger zu behandeln sind; diese Zahlen waren auch bei einer katamnestischen Befragung bis zu 5 Jahre nach Therapieabschluß noch sehr ähnlich.

Modifikation der Therapie nach Masters & Johnson und weitere Entwicklung

Seit 1970 wurden zahlreiche Modifikationen und Weiterentwicklungen des Vorgehens nach Masters & Johnson vorgeschlagen und z.T. empirisch überprüft. Die Variationen betreffen formale wie inhaltliche Aspekte der Therapie. Darüber hinaus wurde versucht, für bestimmte Patientengruppen neue Behandlungsformen zu entwickeln oder bestimmte, bei Masters & Johnson vernachlässigte Problembereiche mit in die Therapie einzubeziehen. Zu diesen Weiterentwicklungen führten verschiedene Kritikpunkte an der Therapie von Masters & Johnson, z.B.:

- Die Therapie nach Masters & Johnson ist sehr aufwendig. Pro Paar werden zwei Therapeuten benötigt; dazu kommen die Unkosten für den quasi stationären Aufenthalt, verbunden mit einem Zeitaufwand, der wohl vorwiegend nur von sehr motivierten Paaren aufgebracht werden kann.
- Bei verschiedenen Patientengruppen mit sexuellen Funktionsstörungen hat sich das Vorgehen nach Masters & Johnson nicht bewährt oder ist nicht durchführbar. Dies gilt besonders für Patienten, die keinen Partner haben oder deren Partner nicht an der Therapie teilnehmen kann. Ebensowenig erfolgreich ist die Therapie nach Masters & Johnson bei kompli-

zierten sexuellen Störungen, v.a. dann, wenn nicht nur sexuelle Ängste und sexuelle Verhaltensdefizite die Störung aufrechterhalten, sondern ein komplexeres Bedingungsgefüge.

Auf die wichtigsten Weiterentwicklungen wird im folgenden unter dem Gesichtspunkt der Praxisrelevanz eingegangen.

■ **Reduktion des Aufwands.** In verschiedenen Therapiestudien wurde untersucht, ob sich die Durchführung der Therapie mit einem anstatt mit zwei Therapeuten sowie ambulant mit 1–2 Sitzungen wöchentlich anstatt quasi stationärer Behandlung negativ auf die Erfolgsquote auswirkt. Eine unterschiedliche Wirksamkeit der verschiedenen Therapiesettings wurde nicht nachgewiesen.

■ **Gruppentherapie von Paaren.** Sowohl unter ökonomischen Aspekten als auch zur Nutzung der therapeutischen Vorteile einer Gruppe wurde das von Masters & Johnson entwickelte Vorgehen in Gruppen von mehreren Paaren angewendet. Mehrere Autoren behandelten bezüglich der sexuellen Problematik homogene Gruppen mit gleichem Erfolg wie in Einzeltherapie; auch über erfolgreiche Gruppentherapien bei Paaren mit unterschiedlichen sexuellen Störungen wird berichtet.

■ **Techniken zur Verbesserung der sexuellen Erlebnisfähigkeit.** Vorwiegend von verhaltenstherapeutischer Seite wurden die Therapien von Masters & Johnson durch neue Übungselemente ergänzt. Sie lassen sich unter dem Begriff »arousal reconditioning« zusammenfassen. Sie haben das Ziel, die sexuelle Erregbarkeit und das Lustempfinden aufzubauen, da der Abbau von Angst und Hemmungen zwar notwendig ist, aber alleine nicht in allen Fällen gleichzeitig zu einem positiven Erleben der Sexualität führt.

Zu den Techniken des »arousal reconditioning« gehören z.B.:

- Übungen zur Selbsterfahrung des Körpers (LoPiccolo & Lobitz, 1973);
- der Gebrauch starker mechanischer Stimulation (Vibrator) bei Orgasmusstörungen und beim Ausbleiben der Ejakulation;
- der Einsatz von sexuellen Phantasien, die z.T. erst erlernt werden müssen;
- die Anwendung enthemmender Rollenspiele, z.B. das »orgasmic role-playing« von Lobitz & LoPiccolo (1972).

■ **Behandlung von Frauen mit primärer Anorgasmie.** Für Frauen, die noch nie einen Orgasmus erlebt haben, wurde von LoPiccolo & Lobitz

(1972) ein Vorgehen entwickelt, das bei dieser Patientengruppe zu besseren Ergebnissen als nach dem Vorgehen von Masters & Johnson führt: In den neun Stufen des Programms lernt die Frau in systematischer Weise, ihre Angst und Schuldgefühle gegenüber dem eigenen Körper abzubauen, neue positive Gefühle sowie bestimmte sexuelle Fertigkeiten aufzubauen und über die Masturbation einen Orgasmus zu erreichen.

■ **Behandlung von Patienten ohne Partner.** Erst in den letzten Jahren wandte sich die Forschung verstärkt dieser Patientengruppe zu, für die das Vorgehen nach Masters & Johnson nicht geeignet ist. Frauen ohne Partner, die noch nie einen Orgasmus hatten, wurden in Frauengruppen mit dem Masturbationsprogramm nach LoPiccolo & Lobitz mit sehr gutem Erfolg behandelt. Zusätzlich wurde in diesen Gruppen Wert auf den Aufbau des Selbstvertrauens gelegt. Diese Form der Gruppentherapie ist bei primärer Anorgasmie auch für Frauen, die in einer festen Partnerschaft leben, eine Alternative zur Paartherapie. Schwieriger ist die Situation der Männer, die z. B. durch ihre Erektions- und Ejakulationsstörungen so entmutigt sind, daß sie sich nicht mehr trauen, den Kontakt zu einer Frau aufzunehmen. Masters & Johnson versuchten auch bei diesen Männern eine Paartherapie, in der sie mit Surrogatpartnern arbeiteten, d. h. mit Frauen, die gegen Bezahlung die Rolle der Partnerin in der Therapie übernehmen. Masters & Johnson gaben dieses Therapiekonzept nicht nur wegen juristischer Schwierigkeiten wieder auf, sondern vorwiegend wegen der zunehmenden Probleme zwischen Patienten und Surrogatpartnern.

Eine befriedigende, empirisch überprüfte Behandlungsmethode existiert für alleinstehende Männer noch nicht. Das therapeutische Vorgehen orientiert sich heute an dem von Zilbergeld (1978) vorgeschlagenen Behandlungsprogramm. Dabei werden hauptsächlich Elemente des Selbstsicherheitstrainings eingesetzt, um die Fähigkeit zu fördern, Kontakte mit Frauen aufzubauen sowie eine Art systematische Desensibilisierung, die der Mann bei der Masturbation durchführt, um die sexuellen Versagensängste abzubauen. Dieses Vorgehen kann die sexuellen Schwierigkeiten oft beseitigen oder aber den Mann zumindest in die Lage versetzen, sich wieder zuzutrauen, eine neue Partnerschaft einzugehen.

■ **Umgang mit einem »Rückfall«.** Patient und Partner stellen sich kognitiv auf die Möglichkeit eines Rückfalls ein und trainieren Verhaltensweisen, die sie bei einem Rückfall alternativ einsetzen können; diese Verhaltensalternativen sollen ganz bewußt inkompatibel zu sexuellem Erleben und für beide ein eindeutiger positiver Ausgleich sein (z. B. Ausüben einer gemeinsamen Sportart, die zu ihren Hobbys gehört). Zilbergeld (1978) hat hierzu Programme entwickelt.

Integration der sexualtherapeutischen Techniken in bestehende Therapiekonzepte

Masters & Johnson wurde häufig der Vorwurf gemacht, in ihrem Behandlungsprogramm die individuellen Unterschiede der einzelnen Patienten zu wenig zu berücksichtigen. Dies führte dazu, daß Therapeuten verschiedener Orientierungen die Techniken von Masters & Johnson in ihr jeweiliges theoretisches Bezugssystem integrierten und weiterentwickelten. Kaplan (1981) integrierte psychodynamische und partnerdynamische Aspekte in die Therapie und nennt diese Richtung »the new sex therapy«. Verhaltenstherapeuten übernahmen die einzelnen Techniken von Masters & Johnson, setzten sie aber entsprechend der Verhaltensanalyse und mit individuellen Therapieplänen ein.

> Ein Beispiel für diese Integration in die Verhaltenstherapie ist das von Annon (1974, 1975) entwickelte PLISSIT-Modell (PLISSIT: »permission, limited information, specific suggestion, intensive therapy«).

Hawton et al. (1989) und Rosen et al. (1994) berücksichtigen bei der Behandlung von Sexualstörungen verstärkt Elemente der kognitiven Verhaltenstherapie. Therapeuten machen zunehmend die Erfahrung, daß Patienten mit sexuellen und partnerschaftlichen Problemen in die Behandlung kommen, deren Schwierigkeiten sich gegenseitig so bedingen, daß sie nicht mehr voneinander zu trennen sind. Das hat dazu geführt, das sexualtherapeutische Vorgehen mit partnertherapeutischen Methoden zu kombinieren. In der Praxis hat sich die Erfahrung durchgesetzt, therapeutisch mit jener Problematik zu beginnen, die derzeit im Vordergrund steht. Im Zweifelsfall scheint es sich zu bewähren, mit der sexualtherapeutischen Methode zu beginnen: Sie ist möglicherweise breiter wirksam (Hartmann & Daly, 1983), und Therapeut und Paar erkennen schneller, ob dieser Behandlungsweg erfolgversprechend ist.

Einige Autoren sind bestrebt, die »Sexualtherapie« mit den in der letzten Zeit entwickelten körperlichen Therapiemethoden zu kombinieren, insbesondere mit der Schwellkörperautoinjektionstherapie (SKAT) und oraler Medikation, vor allem bei (vorwiegend älteren) Patienten mit unklarer oder gemischter Ätiologie ihrer sexuellen Gestörtheit (z. B. Hartmann, 1995). Diese neue Entwicklung im Sinne einer »Somatopsychotherapie« dürfte gute Erfolgsaussichten haben, wenn man bedenkt, daß der Anteil älterer Männer mit Erektionsstörungen unklarer oder gemischter körperlicher und psychischer Ätiologie wahrscheinlich 50% des Klientels beträgt, das wegen sexueller Störungen eine urologische Ambulanz aufsucht (Schwarzer et al., 1991).

Die Behandlung nach Masters und Johnson und ihre Variationen sind immer nur ein Teil einer Gesamttherapie. Die sexuelle Symptomatik sollte auf verschiedenen Ebenen verstanden und bearbeitet werden. Dabei spielen nach Schmidt (1996) immer auch paardynamische Perspektiven, individuell-biografische Aspekte des einzelnen Partners und die Perspektive des sogenannten Symptomgewinns eine wesentliche Rolle neben sozialpsychologischen Aspekten (z. B. emanzipatorische Bestrebungen), die im Einzelfall weniger wichtig sein können, aber grundsätzlich mit zu bedenken sind.

Insgesamt gesehen spielt die Auflösung des Selbstverstärkungsmechanismus der Versagensangst eine entscheidende Rolle, da er als wesentlicher Faktor bei der Aufrechterhaltung angesehen wird. Im einzelnen lassen sich folgende prinzipielle Ziele für eine Therapie sexueller Funktionsstörungen ableiten (Fahrner, 1981):

- Die Bedeutung, die die sexuelle Funktionsstörung in der Partnerschaft hat, muß geklärt werden.
  Als Vorbedingung für eine Therapie dieser Art muß das gegenseitige partnerschaftliche Verstehen zumindest noch soweit vorhanden sein, daß eine gemeinsame Therapie der sexuellen Problematik von beiden Partnern gewünscht wird.
- Die Versagensangst und das daraus resultierende Vermeidungsverhalten müssen abgebaut werden.
- Es muß ein ungestörtes sexuelles Verhaltensrepertoire neu aufgebaut werden.
- Es müssen weitere Ängste, Konflikte oder traumatische Erlebnisse therapeutisch bearbeitet werden, die mit der sexuellen Problematik in Zusammenhang stehen.

19.2.4
Fallbeispiel

■ **Anamnese.** Es handelt sich um ein Ehepaar, daß seit 4 Jahren verheiratet ist, keine Kinder hat, Ehefrau ist 30 Jahre, er 35 Jahre alt, beide sind berufstätig.

Die Ehefrau berichtet im Einzelgespräch über folgende Probleme:

- Scheidenkrampf, schon immer, auch in früheren Beziehungen. Kein Libidoverlust; Zunahme der Libido, seitdem seit einiger Zeit Orgasmusfähigkeit bei oral-genitalen Kontakten besteht.
- Gynäkologische Untersuchung ergab keinen Anhalt für eine organische Störung.
- Herabgesetztes Selbstwertgefühl, sie fühle sich als Frau nicht vollwertig und klammere sich an den Ehemann.
- Sie habe öfters Angst, ihn wegen der sexuellen Problematik zu verlieren.

■ **Angaben des Ehemannes im Einzelgespräch.** Er selbst habe keine Probleme, sei beruflich erfolgreich. Das derzeitige Sexualverhalten (oral-genitale Kontakte) sei für ihn nur eine vorübergehende Notlösung. Die Partnerschaft sei durch die Sexualstörung beeinträchtigt, aber nicht in Frage gestellt.

■ **Angaben im gemeinsamen Gespräch.** Beide sind in der Lage, relativ frei über Sexualität zu sprechen. Als gemeinsame Motivation wird Kinderwunsch angegeben. Eine zusätzliche Partnerproblematik wird deutlich: Einerseits ist die Ehefrau froh über das große Verständnis ihres Mannes und seine Stärke in der Partnerschaft, andererseits bedrückt sie seine Dominanz sehr; sie merke daran, wie abhängig sie von ihm geworden ist.

■ **Angaben aus der sexuellen Lerngeschichte der Ehefrau.** Mit ca. 4 Jahren nächtliche genitale Untersuchung durch einen befreundeten Arzt der Familie. Sie sei unvorbereitet gewesen, habe sich gegen die Untersuchung gewehrt, sich verkrampft und Schmerzen erlebt. Mit ca. 14 Jahren sei sie mit einer Freundin im Kino gewesen in der Mitte einer Reihe; ein fremder Nachbar begann, seine Hand in ihre Genitalgegend zu bringen. Sie wagte nicht aufzustehen, etwas zu sagen, krampfte die Beine zusammen, konnte es schließlich nicht mehr ertragen und lief, Unruhe stiftend, aus dem Kino hinaus. Andere Kinobesucher beschimpften sie. Während erster intensiverer Pettingversuche mit ihrem Mann kam es zur Penetration der Vagina mit seinem Finger, diese Penetration habe sie als sehr schmerzhaft erlebt. Die Ehefrau beschreibt sich als scheu, zurückhaltend und wenig selbstsicher.

■ **Therapie.** In der Therapie wird dem Ehepaar zunächst das Gebot erteilt, keinen Verkehr miteinander zu haben. Beide legen außerdem fest, daß es zu gegenseitigen Zärtlichkeiten nur mit einer klaren Begrenzung kommt, an die sich beide sicher halten werden. Sie kann und soll ihr Bedürfnis nach Zärtlichkeit jederzeit zum Ausdruck bringen, auf das er (wenn ihm möglich) eingeht. Wenn es ihm im Moment nicht möglich ist, bietet er eine Alternative an, die ebenfalls beiden Spaß macht, z.B. Tennis spielen. Gemeinsames Erlernen des Entspannungstrainings nach Jacobsen und Übungen entsprechend »sensate focus I«. Zusätzlich beginnt die Ehefrau für sich allein mit dem sog. Hegarstifttraining, nachdem sie vorher selbst Explorationen ihrer Genitalgegend mit Hilfe eines Spiegels vorgenommen hat.

■ **Therapieverlauf.** Bis zur 20. Sitzung keine wesentlichen Komplikationen. Langsame Reduzierung der Sexualängste der Ehefrau, langsame Erweiterung des sexuellen Verhaltensrepertoires. In der 21. Sitzung berichtet das Ehepaar: Sie könne jetzt ohne Schwierigkeiten Hegarstifte aller Größen einführen. Sie forderte ihren Mann auf, sein Glied oberflächlich einzuführen, daraufhin Nachlassen seiner Erektion. Ehemann reagierte mit starker Verunsicherung. Eine Nachexploration des Ehemannes ergibt, daß bei ihm die Angst zu versagen schon seit Monaten bestand, er habe sie nur überspielt und vor sich selbst nicht zugeben wollen. Das Erlebnis sei für ihn ein derartiger Schock gewesen, daß er jetzt den Wunsch habe, jegliche sexuelle Situation zu vermeiden. Aus der Lerngeschichte berichtet er jetzt zusätzlich, in zwei früheren Partnerschaften anfängliches Erektionsversagen erlebt zu haben. Bedenken bestanden seit Jahren, daß bei dem ersten Koituskontakt mit seiner Frau auch wieder ein Erektionsversagen auftreten könne.

In der fortgeführten Therapie wurden die »sensate focus I«-Übungen wieder aufgenommen, zunächst noch mit Aussparen erogener Zonen. Langsamer Wiederaufbau erotisch-sexueller Kontakte, Übernahme der sog. Teasing-Technik.

Die veränderte Gesamtsituation bewirkte eine Veränderung des Behandlungsklimas. Es wuchs gegenseitige Hilfsbereitschaft und gutes Verständnis füreinander. Nach ca. 10 weiteren Sitzungen waren sehr befriedigende sexuelle Kontakte möglich. Die Ehefrau hatte inzwischen einige berufli-

che Erfolge erlebt und öfters die Initiative bei gemeinsamen Unternehmungen übernommen, nachdem sie durch die Erfolge im sexuellen Bereich sehr viel selbstsicherer geworden war. Der Ehemann hatte noch über längere Zeit Schwierigkeiten, sich auf das veränderte Partnerschaftsverhältnis mit dem Wegfall seiner Dominanz einzustellen.

19.2.5
Empirische Belege

> Das therapeutische Vorgehen nach Masters & Johnson ist inzwischen zur etablierten Behandlungsform bei funktionellen Sexualstörungen geworden. Die empirischen Belege der Wirksamkeit entstammen der klinischen Forschung mit all den bekannten Schwächen. Ältere Arbeiten haben in therapievergleichenden Studien die Überlegenheit dieses Vorgehens gegenüber einer klassischen systematischen Desensibilisierung aufgezeigt.

Masters & Johnson berichteten bereits 1970 über gute Therapieerfolge, die sich auch in ihren Katamnesen aufzeigen ließen. Die guten katamnestischen Daten werden auch in Untersuchungen jüngeren Datums bestätigt (z.B. Milan et al., 1988; Scholl, 1988; Hawton et al., 1992).

Durch die Modifikationen und Erweiterungen des ursprünglichen Vorgehens ist das Therapieverfahren nach Masters & Johnson inzwischen zu einem Therapiepaket geworden. Bemühungen, die Wirksamkeit der Einzelanteile nachzuweisen, sind sehr schwierig. So betonten McCabe & Delaney (1992) in einer Übersicht zur Behandlung sekundärer Orgasmusstörungen der Frau zu Recht, daß dieses Störungsbild durch sehr unterschiedliche Variablen hervorgerufen und aufrechterhalten wird; das erfordert im Rahmen des Therapiepakets einen sehr unterschiedlich starken Einsatz der einzelnen Anteile. Die angewandten Therapien werden dadurch kaum vergleichbar. Jeder einzelne Anteil habe offensichtlich seine Wirkung, aber es müsse offenbleiben, was für wen am wirksamsten ist. Diese Feststellungen lassen sich auf die meisten sexuellen Störungsbilder übertragen.

Für die praktische Tätigkeit sind jedoch u. a. folgende Aspekte aus Untersuchungsergebnissen wichtig:

- Sexuell gestörte Frauen profitieren zwar von einer Einzeltherapie ähnlich wie von einer Paartherapie, letztere ist jedoch wegen stärkerer Wirksamkeit vorzuziehen.
- Die Einbeziehung kommunikationstherapeutischer Methoden in die Behandlung der sexuellen Problematik wird von den Patienten begrüßt und für notwendig gehalten.

Insgesamt gibt es wenige Studien zur Prognose. Die meisten sind methodisch anfechtbar; z. B. basieren einige auf retrospektiven Daten, meistens auf Post-hoc-Auswertungen von Krankengeschichten, während andere nur Daten berücksichtigen, die im Verlauf der Therapie erhoben wurden. Dennoch lassen sich Hinweise auf möglicherweise wichtige Faktoren ableiten: Vaginismus, primäre Orgasmusstörungen und Ejaculatio praecox sind gut zu behandeln, während der Erfolg der Therapie von reduzierter Appetenz und primären Erektionsstörungen eher mäßig ist (Kaplan, 1979). Psychiatrische Störungen bei einem Partner und lange Dauer der Sexualstörungen verschlechtern den Behandlungserfolg. Eine methodisch gute Untersuchung zur Prognose wurde von Hawton & Catalan (1986) durchgeführt. Sie untersuchten in einer prospektiven Studie 154 Paare, bei denen eine Sexualtherapie durchgeführt wurde und identifizierten vier wichtige prognostische Faktoren:

- Guter Erfolg stand in Zusammenhang mit der Qualität der partnerschaftlichen Beziehung,
- der sexuellen Beziehung,
- der Höhe der Motivation und
- dem Ausmaß des Fortschrittes, der bis zur dritten Therapiesitzung gemacht wurde.

Diese Faktoren bestätigten sich im wesentlichen auch in einer späteren Untersuchung an Männern mit Erektionsstörungen (Hawton et al., 1992).

So schälen sich drei wichtige *Prognosekriterien* heraus:

- Qualität der Beziehung zwischen den Partnern,
- Art der sexuellen Funktionsstörung sowie
- Dauer des Bestehens der Sexualstörung.

Diese prognostischen Faktoren sollten jedoch nicht dazu führen, Paare mit einer schlechteren Prognose von der Therapie auszuschließen. Bei diesen Paaren müssen die speziellen Aspekte, wie z. B. die schlechte partnerschaftliche Beziehung, in der Therapieplanung besonders berücksichtigt werden.

19.3 Sexuelle Deviationen (Paraphilie)

19.3.1 Darstellung der Störung

Eine sexuelle Deviation (Paraphilie) läßt sich auf der Verhaltensebene am besten definieren als ein Sexualverhalten, das auf ein unübliches Sexualobjekt gerichtet ist oder eine unübliche Art sexueller Stimulierung anstrebt.

Es gibt keine scharfe Grenze zwischen »normaler«, üblicher und »abnormer«, devianter Sexualität. Es sind v. a. soziokulturelle Normen, die Grenzen setzen. Der Transvestitismus ist bei uns eine Paraphilie; bei einigen Naturvölkern Asiens und Indianerstämmen Nordamerikas genießen Transvestiten ein hohes Ansehen. Bei den Leptschas in Indien sind sexuelle Beziehungen zwischen erwachsenen Männern und Mädchen ab dem 6. Lebensjahr erlaubt.

Phantasien mit teilweise unüblichen sexuellen Inhalten und gelegentliche unübliche sexuelle Handlungen sind sehr verbreitet. Das ist noch keine Paraphilie. Davon sprechen wir erst, wenn solche Phantasien und Handlungen das deutliche Übergewicht oder Ausschließlichkeit erreicht haben.

Unter klinischen Gesichtspunkten unterscheidet Schorsch (1985) vier Intensitätsstufen einer devianten Symptomatik:

Stufe 1: Ein devianter Impuls taucht intensiv, aber einmalig oder sporadisch auf, gebunden an einen aktuellen Konflikt oder eine besondere Lebenskrise.

Stufe 2: Eine deviante Reaktion wird zum immer wiederkehrenden Konfliktlösungsmuster, ohne die sexuelle Orientierung zu bestimmen.

Stufe 3: Es entwickelt sich eine stabile deviante Orientierung. Sexualität ist ohne devianten Inhalt nicht oder nicht intensiv zu erleben (sog. Fixierung).

Stufe 4: Die stabile deviante Orientierung geht über in eine progrediente Entwicklung und Verlaufsform. Sie ist von Giese (1962) als »sexuelle Süchtigkeit« beschrieben worden. Er hat charakteristische Leitsymptome herausgearbeitet:

- Verfall an die Sinnlichkeit: spezifische Reize erhalten Signalcharakter.
- Zunehmende Häufigkeit sexuell devianten Verhaltens mit abnehmender Befriedigung.
- Trend zur Anonymität und Promiskuität.
- Ausbau devianter Phantasien und Praktiken.
- »Süchtiges Erleben«.

Die Stufe 2 ist ein Grenzfall; erst ab der Stufe 3 kann man von einer fixierten Paraphilie sprechen.

Eine fixierte Paraphilie (ab Stufe 3) wird unter anderem durch folgende Gesichtspunkte charakterisiert:

- stereotypes ritualisiertes sexuelles Verhalten: dieselbe sexuelle Verhaltensweise wird immer wieder erneut durchgespielt, nur dadurch ist sexuelle Befriedigung möglich.
- Der Partner wird zum Objekt. Die individuellen Bedürfnisse des Partners sind zweitrangig und werden nur akzeptiert, wenn sie den Erwartungen des Devianten entsprechen. Vom Partner wird erwartet, daß er eine bestimmte Rolle spielt, er darf nicht er selbst sein.
- Die orgastische Befriedigung, sowohl physisch als auch psychisch, wird nur unter den ganz speziellen Bedingungen erreicht, die für die Abweichung charakteristisch sind, nicht dagegen beim gewöhnlichen Koitus. Dieser wird als Ersatz aufgefaßt.

Sexuelle Deviationen sind keine abgegrenzten Entitäten, die mit einer jeweils typischen Persönlichkeitsauffälligkeit einhergehen, wie früher angenommen wurde. Sie treten auch nicht immer isoliert auf, sondern häufig kombiniert mit anderen sexuellen Verhaltensabweichungen.

Die häufigsten Formen sind mit den Definitionen nach DSM-III-R im folgenden zusammengestellt; die Definitionen der ICD-10 sind sehr ähnlich.

Sexuelle Deviationen, Paraphilien		ICD-10	DSM-IV
Über einen Zeitraum von mindestens 6 Monaten bestanden wiederkehrende, starke sexuelle Impulse, Handlungen und/oder sexuell erregende Phantasien,			
Exhibitionismus:	... die das Entblößen der eigenen Geschlechtsteile gegenüber einem nichtsahnenden Fremden beinhalten.	F 65.2	302.4
Fetischismus:	... die den Gebrauch lebloser Objekte (z. B. weibliche Unterwäsche) beinhalten.	F 65.0	302.81
Pädophilie:	... die sexuelle Aktivität mit einem vorpubertären Kind oder Kindern (gewöhnlich im Alter von 13 Jahren oder jünger) beinhalten.	F 65.4	302.2
Transvestitismus (transvestitischer Fetischismus):	... die im Zusammenhang mit weiblicher Verkleidung bei einem heterosexuellen Mann standen.	F 65.1	302.3
Voyeurismus:	... die die Beobachtung argloser Personen, die nackt sind, sich gerade entkleiden oder sexuelle Handlungen ausführen, beinhalten.	F 65.3	302.82
Frotteurismus:	... die das Berühren und Sich-Reiben an Personen betreffen, die mit der Handlung nicht einverstanden sind.	F 65.8	302.89
Sexueller Masochismus:	... die mit einem realen, nicht simulierten Akt der Demütigung, des Geschlagen- und Gefesseltwerdens oder sonstigen Leidens verbunden sind.	F 65.5	302.83
Sexueller Sadismus:	... die reale, nicht simulierte Handlungen beinhalten, in denen das psychische oder physische Leiden (einschließlich Demütigung) des Opfers für die Person sexuell erregend ist.		302.84
Sodomie:	... die sexuelle Aktivität mit Tieren beinhaltet.	F 65.8	302.9
Erotophonie:	... die obszöne Telefonanrufe beinhalten mit Personen, die ahnungslos oder damit nicht einverstanden sind.	F 65.8	302.9

Eine ausführliche Beschreibung und Würdigung der Differentialdiagnose ist z. B. bei Kockott (1993), Bräutigam & Clement (1989) und Hertoft (1989) nachzulesen.

19.3.2
Kognitiv-verhaltenstheoretisches Störungskonzept

Es existiert wenig Literatur zu lerntheoretischen Überlegungen über die Entwicklung und Aufrechterhaltung sexuell devianten Verhaltens. In jüngerer Zeit haben sich Laws & Marshall (1990) hiermit beschäftigt. Ihr Ausgangspunkt ist, menschliches Sexualverhalten, also auch deviantes Sexualverhalten, entwickle sich entsprechend den Prinzipien des »prepared learning« nach Seligman (1970, 1971), also unter Berücksichtigung evolutionsbiologischer Gesichtspunkte. Damit erklären sie, warum nicht jedes zufällige Zusammentreffen einer sexuell neutralen Handlung mit sexueller Erregung über klassische Konditionierung zu einer sexuell erregenden Handlung wird. Mit den Prinzipien des »prepared learning« sei zu verstehen, weshalb sexuelle Deviationen

- sich sehr rasch entwickeln können,
- hochselektiv und stimulusspezifisch,
- sehr resistent gegenüber Löschung und
- über Information nicht veränderbar, also insgesamt sehr resistent gegenüber Modifizierung sind.

■ **Entwicklung.** Lernpsychologen haben schon immer angenommen, eine sexuelle Erregung auf deviante Stimuli entwickle sich über klassische und operante Konditionierung, sowohl bei sexuellen Kontakten als auch über die Masturbationsphantasien. Ein junger Mann z. B. erlebt sexuelle Erregung bei einer bestimmten Frau. Sie ist für ihn nicht erreichbar, aber ein Kleidungsstück von ihr. Wenn es nun zu einer sexuellen Handlung (z. B. Masturbation) mit diesem Kleidungsstück und gleichzeitigen Phantasien um diese Frau kommt, die sexuell erregend sind, so wird nach einiger Zeit das Kleidungsstück allein, auch ohne begleitende sexuelle Phantasien, zu sexueller Erregung führen. Experimentelle Untersuchungen scheinen die Richtigkeit dieser Annahme zu unterstützen (Rachman, 1966; Rachman & Hodgson, 1968). Die weitere Festigung der sexuellen Deviation ist über operante Konditionierung vorstellbar: Die nunmehr sexuell getönte Handlung (in unserem Beispiel Masturbation mit dem Kleidungsstück) wird durch das Erlebnis des Orgasmus unmittelbar positiv verstärkt. Gleichzeitig wird die-ser neue sexuelle Reiz (sexuelle Erregung allein durch das Kleidungsstück) in die Masturbationsphantasien übernommen, die ebenfalls durch das Erlebnis des Orgasmus unmittelbar positiv verstärkt werden. Das verfestigt die sexuell deviante Verhaltensweise. So waren Exhibitionisten mit sexuell devianten Masturbationsphantasien wesentlich schwieriger zu behandeln als Exhibitionisten mit üblichen Masturbationsphantasien (Evans, 1968). Wenn nun zusätzlich durch ungeschickte Kontaktaufnahme zu einer Partnerin sexuelle Kontaktversuche scheitern (und das ist bei sexuell Devianten oft der Fall), also negativ belohnt werden, dann wird das Sexualverhalten über die sog. differentielle Verstärkung noch weiter in die deviante Richtung geformt.

Nach Laws & Marshall sind zusätzlich verschiedene Formen sozialen Lernens wirksam; so z. B.:

- teilnehmendes Modellernen, wenn etwa frühere Opfer sexueller Gewalt später selbst zu Tätern werden (das ist aber eher selten der Fall);
- stellvertretendes Lernen über die Konfrontation mit sexuell stimulierendem Material (sexuell erregende Kleidung in Sexshops und die Werbung, in der bestimmte Kleidungsstücke sexuell stimulieren sollen);
- symbolisches Modellernen, wenn Handlungen in Gedanken vollzogen werden, also in den Masturbationsphantasien.

Schließlich könne sich auch das Prinzip der Selbstetikettierung auswirken: der junge Mann werde merken, sich sexuell anders als andere seines Alters zu verhalten; er werde sich selbst als deviant erleben, als ein Mann, der eben sexuell nicht »normal« reagieren kann; das verfestige die bisherige Entwicklung.

■ **Aufrechterhaltung.** Meistens sind Patienten mit einer sexuellen Deviation zu üblichen sexuellen Kontakten nur noch in der Lage, wenn sie während des Sexualaktes die devianten Phantasien zu Hilfe nehmen. Viele entwickeln deshalb starke Ängste, bei üblichem sexuellen Kontakt ohne sexuell deviante Reize zu versagen. Das wiederum kann Anlaß sein, übliche Sexualkontakte zu meiden und statt dessen bei der sexuell devianten Handlung zu bleiben.

Die deviante Handlung erfüllt dann zwei Funktionen:

1. Befriedigung des momentanen sexuellen Verlangens und
2. Reduktion der Versagensängste, da dem üblichen Sexualkontakt ausgewichen wurde.

Diese doppelte Verstärkung erhält die sexuelle Deviation aufrecht.

Sie kann nach Metzner (1963) auch den zwanghaften, suchtartigen Charakter einer Verhaltensauffälligkeit erklären; genau das erleben wir bei der progredienten Verlaufsform einer sexuellen Deviation. Auch die zunehmende Einengung der sexuellen Reize auf sehr spezifische Stimuli mit Signalcharakter, die wir bei der progredienten Verlaufsform der Paraphilien erleben, ist lerntheoretisch über die Konditionierung höherer Ordnung erklärbar (McGuire et al., 1965; Laws & Marshall, 1990).

Nach Laws & Marshall tragen wieder verschiedene Formen des sozialen Lernens zur Aufrechterhaltung der Paraphilien bei, insbesondere das symbolische Modellernen, wenn die inzwischen verengten, aber in ihrer Einengung ausgestalteten Sexualphantasien in die Realität und damit in neue Praktiken umgesetzt werden. Ein besonders wirksamer Faktor für das Weiterbestehen ist nach Laws & Marshall die intermittierende Verstärkung sexuell devianten Verhaltens, da ja nicht jeder Versuch eines sexuell devianten Ausagierens zum Erfolg führe.

Zusammenfassend kann man somit festhalten: Es ist theoretisch gut vorstellbar, daß Paraphilien nach den Prinzipien des »prepared learning« zustande kommen. Unter Berücksichtigung dieser Prinzipien entwickelt sich durch klassische und operante Konditionierung bei sexuellen Kontakten und (bei der Masturbation) über die sexuellen Phantasien eine deviante sexuelle Erregung. Die deviante Erregbarkeit wird über differentielle Verstärkung und Einflüsse sozialen Lernens verfestigt. Die Paraphilie wird danach im wesentlichen über doppelte und intermittierende Verstärkung aufrechterhalten.

Die integrierende Theorie von J. Money (1986)

John Money versucht, lerntheoretische, psychoanalytische und biologische Theorien in ein Modell zusammenzubringen. Nach seiner Sicht entwickle sich die Sexualität des Menschen durch ein Zusammenspiel von biologischen und psychischen Faktoren, die zu bestimmten Zeiten Einfluß auf den Entstehungsprozeß nehmen. Diese Triade – biologische und psychische Faktoren und ihre Einwirkung in kritischen Zeitperioden – ist nach Money entscheidend für die Entstehung der Geschlechtsidentität, der sexuellen Partnerorientierung und der sog. Lovemaps, d.h. der sexuell-erotischen Vorstellungswelt. In seiner Sicht ist die sexuelle Devianz ein Kunstgriff, der ein »sündig erlebtes« sexuelles Begehren zu einer »erlaubten« sexuellen Lust werden läßt. Der Sadomasochist z.B. sühne durch seine sadomasochistische Handlung die Sünde der erlebten sexuellen Lust, der Fetischist richte seine sexuelle Lust auf einen leblosen Fetisch und umgehe dadurch die Sünde des Koitus. Nach Money sind jene Erfahrungen für die Entwicklung einer sexuellen Devianz besonders wichtig, die ein Kind um das 8. Lebensjahr herum erfährt. Das sei die Zeit, in der Kinder beginnen, sexuell Gemeintes als Sexuelles gedanklich zu erfassen. Zusätzlich diskutiert Money verschiedene Vulnerabilitätsfaktoren als vorgeburtliche Prädisposition.

19.3.3
Therapeutisches Vorgehen

Sexuelle Deviationen sind nicht automatisch als Krankheiten anzusehen, die behandlungsbedürftig sind. Die meisten Devianten leiden zwar unter ihrer Andersartigkeit, oft jedoch nicht so sehr unter der Devianz selbst, als vielmehr unter der Ächtung und Ablehnung, die sie wegen ihrer Devianz vermeintlich oder tatsächlich erfahren. Beratung und therapeutische Hilfe ist deshalb im weitesten Sinne fast immer nötig.

■ **Beratung.** Beratende Gespräche erfüllen eine Reihe von Aufgaben:

- Sie können für den Paraphilen die erstmalige Chance sein, ein offenes Gespräch zu führen mit jemandem, der ihn ernst nimmt; das allein kann eine psychische Entlastung darstellen.
- In dem Gespräch kann geklärt werden, ob das sexuelle Verhalten überhaupt als deviant anzusehen ist oder nur vom Patienten oder dessen Partner als »pervers« erlebt wird. Aufklärung

über die Variationsbreite üblichen Sexualverhaltens und diagnostische Gespräche zur Abklärung sind dann Hauptaufgabe.

- Wer will eine Veränderung? Die Motivation einer Veränderung ist in der Regel sehr ambivalent. Häufig ist der Druck von Angehörigen und der sozialen Umgebung sehr erheblich. Es wird also im Rahmen der Beratung zu entscheiden sein, ob eine Therapie indiziert ist und entsprechende Motivationsarbeit geleistet werden muß oder ob Gespräche mit Angehörigen nötig sind, um Verständnis für die sexuellen Besonderheiten des Patienten zu wecken. Deviante, die mit ihrem unüblichen Sexualverhalten mehr oder minder gut zurechtkommen, suchen oft solche Beratungen, um möglichst wertfrei ihre Befürchtungen und Sorgen besprechen zu können.
- Ist das Akzeptieren der sexuellen Devianz zumindest teilweise möglich? Beispiele einer Akzeptierung sind Transvestiten oder Sadomasochisten, die ihre Deviation in Transvestitenclubs oder sadomasochistischen Zirkeln ausleben. Immer wird es darauf ankommen, einen für den Devianten und ggf. für den Partner akzeptablen Kompromiß zu finden.

Die beratenden Gespräche haben auch das Ziel, Informationen zu geben über therapeutische Möglichkeiten. Man kann damit bei Devianten mit Leidensdruck erreichen, daß sie sich ihrer sexuellen Devianz nicht hilflos ausgeliefert fühlen müssen. Es mag auch entlasten, wenn der Betroffene erfährt, nicht der einzige mit einer solchen Problematik zu sein. Das ist bereits Therapie. Es zeigt sich hier – wie ganz allgemein gültig in der Psychotherapie –, daß Beratung und Behandlung nicht klar voneinander abgrenzbar sind.

■ **Therapieindikation.** Eine Indikation zur Therapie ist grundsätzlich unter zwei Bedingungen gegeben:

- Der Patient leidet unter seiner Deviation. Das dürfte der Fall sein bei der progredienten Verlaufsform mit fortschreitendem, quälendem Ausufern der devianten Sexualität. Leidensdruck ist außerdem bei Patienten mit sexuellen Handlungen im Sinne immer wiederkehrender Konfliktlösungsmuster anzunehmen, also Durchbrüchen devianter Verhaltensweisen, die dem Betroffenen selbst fremd erscheinen.
- Verhaltensweisen, unter denen andere leiden; das sind meistens Handlungen, die den Tatbestand einer Straftat gegen die sexuelle Selbstbestimmung erfüllen. Man kann in der Regel

nicht davon ausgehen, daß der Deviante von vornherein für eine Therapie motiviert ist. Die Bereitschaft muß erst geweckt werden.

- Therapie ist aber auch bei Devianten möglich, die vom Gericht die Auflage zur Behandlung erhalten haben (Schorsch et al., 1985). Die Indikation zu einer Therapie ergibt sich bereits aus der ganz pragmatischen Feststellung, daß mit einer Behandlung zumindest die Chance besteht, daß der Patient sein Verhalten ändern kann (und diese Chance ist nicht schlecht), während Bestrafung, insbesondere eine Gefängnisstrafe, seine Lebenssituation nicht bessern, wahrscheinlich nur verschlechtern kann.

In allen übrigen Situationen ist die Therapieindikation zumindest fraglich. Ganz allgemein gesagt und pointiert formuliert kann man feststellen:

> Eine Indikation zur Therapie ist eher nicht gegeben, wenn das deviante Verhalten in Übereinstimmung der Beteiligten geschieht, keinem Dritten schadet und nicht Ausdruck eines devianten Durchbruchs oder einer progredienten Verlaufsform ist, unter der der Betroffene leidet.

Therapieziel

Die jeweils geltenden gesellschaftlichen Normen beeinflussen die Therapieziele. So wurde z. B. vor Jahren heftig diskutiert, ob in der Behandlung eines homosexuellen Pädophilen als Therapieziel eine Homosexualität formuliert werden kann, die auf Erwachsene ausgerichtet ist. Bei einem anderen Bericht wurde das Ziel kritisiert, das mädchenhafte Verhalten eines fünfjährigen Jungen zu verändern, und gefragt, wer denn das Therapieziel bestimmen soll: Der Patient, der Therapeut oder die gesellschaftliche Norm.

Aus diesen Beispielen ist abzuleiten, daß Psychotherapeuten nicht völlig wertneutral in ihrer Behandlung sein können. Eigene Wertmaßstäbe und geltende Normen gehen immer ein. Wichtig ist, daß sich der Therapeut hierüber im klaren ist. Das gilt für alle Therapien, seien es nun psychotherapeutische oder sonstige Behandlungen.

Besonderheiten bei der Therapie sexuell Devianter

Die Psychotherapie von Paraphilen hat einige besondere Probleme. Auf seiten der Patienten stehen häufig eine schwierige soziale Lage und eine sehr ambivalente Therapiemotivation der Behandlung entgegen. Die Therapeuten übernehmen die Behandlung einer sozial geringgeschätzten Personengruppe und beurteilen ihre Patienten zunächst nicht viel anders. Sie müssen sich eine therapeutische Haltung erst erarbeiten. Der Therapeut steht unter Erfolgsdruck. Je mehr die sexuelle Devianz mit fremdschädigendem Verhalten einhergeht, desto stärker ist der Druck. Das kann zu übergroßer Vorsicht und damit zur Rigidität in der Therapie oder zu einem Überaktionismus führen, Haltungen, die einer Psychotherapie nicht förderlich sind. Wegen dieser besonderen Schwierigkeiten ist eine enge psychotherapeutische Supervision nötig. Zusätzlich ist bei sexuell Delinquenten (s. dort) die Frage der Verantwortlichkeit für eine erneute Straffälligkeit des Patienten für den Therapeuten sehr belastend. Einerseits unterliegt er der ärztlichen Schweigepflicht, andererseits müssen Wege gefunden werden, einen akut drohenden Rückfall zu verhindern. Gegebenenfalls muß mit dem Patienten vereinbart werden, notfalls die zuständigen staatlichen Institutionen in die Lage zu versetzen, schützend einzugreifen.

Therapeutische Leitlinien

Die therapeutischen Ansätze sind bei diesem Klientel sehr unterschiedlich. Jedoch haben sich therapeutische Leitlinien entwickelt, die insbesondere für die Behandlung sexuell Delinquenter (s. auch dort) gelten.

- Die Psychotherapie sollte eine klare therapeutische Struktur mit Festlegung der Grenzen therapeutischen Handelns haben.
- Sie hat im Anfang oft supportiven Charakter; soziale Belange müssen geregelt werden.
- Die Bedeutung der Devianz für den Patienten und ihre Auswirkungen auf seine derzeitige Lebenssituation müssen erarbeitet werden. Das entspricht der Verhaltensanalyse. Sie ist die Grundlage für die Planung der therapeutischen Schritte. Dieser Teil der Behandlung kann einen langen Zeitraum der beginnenden Psychotherapie umfassen. Wenn die Bearbeitung der Devianz noch zu belastend ist, sollten zunächst andere Problembereiche angegangen werden, z. B. partnerschaftliche Probleme. Die vollständige Darstellung der Devianz ist die Voraussetzung für den Aufbau alternativer Verhaltensweisen.
- Patienten mit sexueller Devianz sind sehr unterschiedlich »therapiefähig«, die Behandlung wird deshalb je nach Patient sehr unterschiedliche Therapieziele, Zugangsformen und Tiefegrade haben. Das kann ein schulenübergreifendes Handeln der Psychotherapeuten erforderlich machen. Man muß wohl akzeptieren, daß manche Patienten ihre Devianz therapeutisch nicht verändern können, oder dazu nicht bereit sind. Inhalt der Behandlung kann dann nur eine supportive Stützung unterschiedlichen Ausmaßes in kritischen Situationen sein.
- Der Patient soll vor allem lernen, die Verantwortung für sein Leben, d.h. auch für seine Devianz und deren Folgen selbst zu übernehmen und eigenverantwortlich an Veränderungen zu arbeiten.
- Man erreicht wohl nur selten eine vollständige »Heilung«, aber zumindest kann der Patient lernen, seine Devianz in Kontrolle zu halten und eine adäquatere zwischenmenschliche Kommunikation zu entwickeln.

■ **Therapie.** Die Verhaltenstherapie bei Paraphilien ist in den letzten Jahren sehr viel breiter und individueller geworden. Die ursprüngliche Betonung einer Reduzierung des devianten Verhaltens als wesentliches Therapieziel ist einer Betonung des Aufbaus üblichen heterosexuellen Verhaltens gewichen. Die Erfahrung hatte gezeigt, daß bei den meisten Patienten mit sexuellen Deviationen erhebliche heterosexuelle Verhaltensdefizite bestanden und daß die alleinige Anwendung von Methoden zur Reduktion devianten Verhaltens wenig Erfolg brachte. Außerdem wurde man sich bewußt, bei alleiniger Reduzierung des devianten Verhaltens ein »posttherapeutisches Vakuum« herbeizuführen, mit depressiven Verstimmungen als Folge, wenn sexuell deviantes Verhalten der einzige Weg war, über den ein Patient befriedigende Sexualität erleben konnte.

Weiterhin zeigte sich mit zunehmender Erfahrung, daß bei vielen sexuell Devianten, insbesondere bei sexuell Delinquenten (Personen mit Straftaten gegen die sexuelle Selbstbestimmung) erhebliche Defizite in sozialen und Kommunikationsfähigkeiten bestehen. So ergeben sich heute in der *Behandlung einer Paraphilie* vier therapeutische Schwerpunkte:

- Reduktion bzw. Kontrolle über das sexuell deviante Verhalten,
- Verbesserung bzw. Aufbau nichtdevianten, üblichen Sexualverhaltens,
- Verbesserung bzw. Aufbau sozialer Fertigkeiten und interpersoneller Kommunikation sowie
- Rückfallprävention.

Methoden zur Reduktion bzw. Kontrolle über sexuell deviantes Verhalten

■ **Verdeckte Sensibilisierung.** Es handelt sich um eine rein kognitive Therapiemethode. Der Patient soll sich seine deviante Handlung so lebhaft wie möglich ins Gedächtnis rufen. Ist das Bild klar, so wird der Patient angehalten, diese Vorstellung plötzlich zu ändern und an ein besonders unangenehmes Ereignis in Verbindung mit der devianten Handlung zu denken, z.B. überrascht zu werden von einem Familienmitglied; dieses Vorgehen kann durch eine *olfaktorische Aversion* assistiert werden: die sehr unangenehme Szene wird mit Ammoniakgeruch gepaart (»assisted covert sensitization«; Maletzky, 1980).

■ **Selbstkontrollmethoden.** Der Patient lernt, sich selbst von devianten Handlungen abzulenken und alternative Verhaltensformen zu entwickeln. Mit dem Patienten wird die Verhaltens- und Gedankenkette genau exploriert, die einer devianten Handlung vorausgeht. Dann werden gemeinsam Wege erarbeitet, die die Wahrscheinlichkeit reduzieren oder gar aufheben, daß der Patient die Verhaltenskette fortsetzt, an deren Ende die deviante Handlung steht; das sind z.B. starke gedankliche Ablenkung oder gut trainierte Verhaltensalternativen, die dem Patienten angenehm sind, aber unvereinbar mit einer devianten Handlung.

Beispiel

Ein Exhibitionist geht auf die Frau zu, vor der er ursprünglich exhibieren wollte und läßt sich die Uhrzeit sagen. Auch diese Methode kann durch eine olfaktorische Aversion unterstützt werden: Der Patient trägt ein kleines Fläschchen Ammoniak bei sich. Wenn starke deviante Impulse auftreten, lenkt er sich durch den unangenehmen Geruch ab.

■ **Masturbatorische Sättigung.** Der Patient masturbiert bis zum Orgasmus mit laut ausgesprochenen üblichen sexuellen Phantasien. Danach masturbiert er längere Zeit weiter zu laut ausgesprochenen, bis ins Detail gehenden devianten Phantasien, bis diese Handlung langweilig oder gar unangenehm wird. Der theoretische Gedanke dahinter ist, übliche sexuelle Phantasien positiv zu verstärken und deviante Phantasien zu löschen. Die Wirksamkeit dieser Methode ist phallometrisch nachgewiesen worden (Johnston et al., 1992). Allerdings scheint sie auch die Erregung auf nichtdeviante, übliche sexuelle Reize leicht negativ zu beeinflussen.

■ **Stimuluskontrollmethoden.** Der Patient lernt, Umstände zu erkennen, unter denen deviantes Verhalten aufzutreten pflegt (z.B. unstrukturierte Freizeit, einsame Wege) und sein Verhalten so zu verändern, daß er möglichst selten in solche Situationen gerät (z.B. Freizeit strukturieren, belebte Straßen benutzen).

■ **»Imaginal desensitization«.** McConaghy (McConaghy et al., 1985) ist der Meinung, sexuell deviantes Verhalten ist sehr häufig zwanghaftes Verhalten, das trotz besseren Wissens immer wieder ausgeübt wird; dieses zwanghafte Verhalten werde aufrechterhalten durch ein Gefühl starker innerer Anspannung und innerer Erregung, die aversiv werde, wenn der Patient das Sexualverhalten nicht zu Ende führen könne. Bei der Methode der »imaginal desensitization« soll der Patient – wie bei einer systematischen Desensibilisierung, aber ohne Hierarchie – sich vorstellen, die sexuell deviante Handlung auszuführen, ohne sie zu beenden, während er entspannt ist. Damit soll der Erregungspegel soweit gesenkt werden, daß der Patient in der Lage ist, sein sexuelles Verhalten in Kontrolle zu halten und in verführerischen Situationen der Vollendung bzw. Ausübung der devianten Handlung zu widerstehen. McConaghys Arbeitsgruppe berichtet über Erfolge, die der verdeckten Sensibilisierung ebenbürtig sind, andere Arbeitsgruppen haben diese Methode bisher nicht übernommen.

Die bisher beschriebenen Methoden zur Kontrolle sexuell devianten Verhaltens werfen sehr deutlich ethische Fragen auf. Es muß der Grundsatz der Verhältnismäßigkeit für den Einsatz dieser therapeutischen Techniken gelten. Zunächst ist zu klären, ob überhaupt eine Therapie der sexuellen Deviation indiziert ist. Es ist dann abzuwägen, welche Methode der Verhaltenskontrolle am sinnvollsten ist. Da der Patient sie selbst ausführt, muß v.a. er die Entscheidung fällen; dazu muß er das Therapieverfahren voll akzeptieren können. Die Erfahrung hat allerdings gezeigt, daß eine Behandlung ohne Einsatz von Verhaltenskontrollen wenig effektiv ist.

Methoden zur Verbesserung bzw. zum Aufbau üblichen, nichtdevianten sexuellen Verhaltens

Diese Therapieverfahren sind bereits ausführlich in Abschn. 19.2.3 besprochen worden. Alle Variationen des Vorgehens nach Masters & Johnson sind je nach den individuellen Gegebenheiten verwendbar; natürlich spielt auch Sexualberatung bei dieser Patientenklientel eine sehr große Rolle.

■ **»Orgasmic reconditioning«.** Dies ist eine weitere Methode, worunter verschiedene Verfahren verstanden werden, in denen versucht wird, über die Masturbationsphantasien übliches, nichtdeviantes Sexualverhalten wieder durch sexuelle Erregung und das Erleben des Orgasmus positiv zu verstärken. Der Patient wird angehalten, zunächst mit seinen devianten Phantasien zu masturbieren; kurz vor dem Orgasmus soll er sich auf übliche Phantasien umstellen und dies bei Wiederholung immer zeitiger tun. Über die verstärkende Wirkung des Orgasmus werden dadurch übliche Masturbationsphantasien vermehrt und deviante Phantasien verringert und schließlich gelöscht. Die Erfolge mit dieser Methode, obwohl weit verbreitet, sind umstritten.

Verbesserung bzw. Aufbau sozialer Fertigkeiten und interpersoneller Kommunikation

Die hierzu benutzten Verfahren entsprechen den üblichen Methoden zur Verbesserung der sozialen Kompetenz, der Kommunikation und des Problemlöseverhaltens. Meistens werden diese neu zu erlernenden Verhaltensweisen im Rollenspiel geübt. Bei Paraphilen liegt dabei die Betonung auf einer Verbesserung der interpersonellen, partnerschaftlichen und heterosexuellen Verhaltensweisen, also auf einer Verbesserung des Umgangs und Verhaltens gegenüber Frauen, aber auch einer Verbesserung der Sicht seiner selbst, der Selbstetikettierung. Bei manchen Devianten kann dieser Bereich zum Hauptanteil der Behandlung werden. Nähere Informationen zu diesen Therapiemethoden finden sich in den Kapiteln 25 und 26 in Band 1 dieses Lehrbuchs.

Rückfallprävention

Diesem Anteil des Behandlungsprogramms bei sexuell Devianten wird in den letzten Jahren zunehmende Bedeutung zugesprochen. Einige amerikanische Behandlungszentren haben das ursprünglich für Alkoholabhängige von Marlatt entwickelte Relapse-prevention-Modell übernommen (s. Band 2, Kap. 12) und an die Verhältnisse Paraphiler angepaßt (Pithers et al., 1983). Wesentlicher Inhalt sind die bereits besprochenen Selbstkontrollmethoden. Es wird weiterhin unterschieden zwischen einem »lapse«, den ersten Anzeichen eines Rückfalls (bei Paraphilen sind das in der Regel auftauchende deviante Phantasien) und dem »relapse«, dem tatsächlichen Rückfall, der Ausübung der devianten Handlung. Mit dem Patienten werden eine Fülle verschiedener Copingstrategien eintrainiert, die in den verschiedenen Schritten zum Rückfall hin vom Patienten eingesetzt werden können, um den drohenden Rückfall zu vermeiden.

■ **Übliches Vorgehen.** Wie bei jeder Verhaltenstherapie durchläuft der therapeutische Prozeß mehrere Schritte:

- **»Assessment«**
  Zunächst muß genau das Therapieziel des Patienten und seine Motivation geklärt werden. Dann ist zu bestimmen, ob das gewünschte Therapieziel überhaupt erreicht werden kann.
- **Therapievertrag**
  Soweit als möglich sollten vor Behandlungsbeginn Häufigkeit und Dauer der Sitzungen und das prinzipielle Vorgehen festgelegt werden. Es kann sinnvoll sein, zunächst einen auf einige Sitzungen begrenzten Vertrag auszumachen; danach ist besser beurteilbar, ob die Behandlung wie geplant durchführbar ist.
- **Detaillierte Verhaltensanalyse**
- **Identifikation des ersten Zwischenziels**
  Wie bereits dargestellt, hat es sich bewährt, zunächst das übliche, nichtdeviante Sexualverhalten zu verbessern oder zu entwickeln, bevor man sich dem devianten zuwendet; es sei denn, der Patient steht zu Beginn derart unter Druck seiner Paraphilie und fürchtet einen Rückfall mit fatalen Folgen für sich derart stark, daß zunächst dieser Druck reduziert werden muß; das ist oft nicht anders als über medikamentöse Behandlung möglich (z.B. mit Cyproteronacetat; näheres hierzu siehe Kockott, 1988c).
- **Beginn der Behandlung.**

■ **Neue Entwicklungen.** In jüngerer Zeit sind Bemühungen erkennbar, schulenübergreifend therapeutisch tätig zu sein (Schwartz & Masters, 1983; Protter & Travin, 1987; Ploog et al., 1982). Schorsch et al. (1985) haben eine Arbeit vorgelegt, in der sie sich sehr ausführlich mit der Therapie sexueller Delinquenz auseinandersetzen und über Erfahrungen in der Behandlung berichten. Ähnlich wie Bronisch et al. (1983) gehen sie von einem psychodynamisch orientierten Verständnis aus und sehen in dem perversen Symptom eine Schlüsselfunktion für die jeweils zugrundeliegende Persönlichkeitspathologie. Für die Behandlung setzen sie »dem Konzept eines mehrmodalen Mosaiks von Behandlungsstrategien das Konzept einer sich entwickelnden offenen therapeutischen Gestalt« entgegen und benutzen dabei gesprächstherapeutische und viele verhaltenstherapeutische Techniken. Sie behandelten 86 sexuell delinquente

Patienten (Exhibitionismus, Pädophilie, Notzucht), deren Behandlungsverläufe ausführlich dokumentiert sind.

19.3.4
Fallbeispiel

■ **Anamnese.** Ein 40jähriger Vater von zwei Söhnen kommt nach einer pädophilen Handlung auf eigene Initiative zur Therapie. Seit 13 Jahren hat er gelegentliche pädophile Handlungen begangen (auch an seinen eigenen Kindern) und war deshalb zweimal zu einer Gefängnisstrafe verurteilt worden. Er war der jüngste einer Familie mit drei Söhnen, der Vater war häufig nicht zu Hause, die Mutter emotional kühl und streng. Als einer der körperlich Schwachen in der Klasse wurde er in der Schulzeit viel gehänselt und geschlagen, er konnte sich nicht genügend zur Wehr setzen. Mit 18 Jahren ging er zur Armee und heiratete 5 Jahre später. Ein Jahr nach der Eheschließung nahm er erstmals sexuelle Kontakte zu einem präpubertären Jungen auf, während er von seiner Familie entfernt stationiert war, bald danach zu einem sehr jungen Mädchen. Bei seinen Verurteilungen wurde ihm eine Psychotherapie zur Auflage gemacht. Er nahm diese Behandlung aber nur halbherzig auf und brach sie sehr bald wieder ab. Er kam jetzt aus Angst vor einer erneuten Verurteilung.

■ **Therapie.** Für die Behandlung ergaben sich vier Schwerpunkte:

- Löschung der devianten Phantasien und Entwicklung üblicher, heterosexueller Phantasien.
- Sexualaufklärung und Verbesserung der sexuellen Beziehung zu seiner Frau.
- Kognitive Umstrukturierung: Rückführung seiner kognitiven Verzerrungen, z.B.: Die Kinder seien mit seinen Handlungen immer einverstanden gewesen; er selbst sei nicht verantwortlich für sein Verhalten; sein Tun werde seine Familie nicht tangieren; die Opfer würden die Ereignisse rasch vergessen.
- Verhaltenskontrolle mit Aufbau von Selbstsicherheit; Sicherheit im Umgang mit Erwachsenen; Suchen einer beruflichen Tätigkeit mit festerer Struktur, weniger Leerlauf und der Möglichkeit, konstant bei der Familie zu wohnen; Strukturierung der Freizeit.

■ **Therapieverlauf.** Die Therapie erfolgte zunächst für 6 Monate mit wöchentlichen Sitzungen

und begann mit den Schwerpunkten 1 und 2. Assistierte verdeckte Sensibilisierung und »orgasmic reconditioning« erwiesen sich als sehr wirksam in der Behandlung des 1. Schwerpunktes. Die Sexualberatung und Verbesserung der sexuellen Beziehung zu seiner Frau erfolgte mit ihr zusammen nach den Prinzipien der Behandlung nach Masters & Johnson und führte zu einer deutlichen Zunahme in der Zufriedenheit und Häufigkeit sexueller Kontakte. Die kognitiven Verzerrungen wurden danach angegangen; Einstellungsveränderungen konnten erreicht werden. Schließlich gelang es auch, seine Selbstsicherheit zu verbessern; das konnte auf den üblichen Skalen hierfür dokumentiert werden. Anfänglich wurde in der Therapie eine sehr enge Struktur für die Tagesplanung inklusive Freizeit vorgegeben; sie konnte im Laufe der Zeit gelockert werden. Nach 6 Monaten wurden die Therapiesitzungen »gestreckt« über 14-tägige und monatliche zu schließlich halbjährigen Sitzungen, in denen Rückfallpräventionsmethoden zum Hauptanteil der Therapie wurden. Vier Jahre nach Therapiebeginn war kein Rückfall aufgetreten, gelegentlich auftretende deviante Phantasien waren rasch mit verdeckter Sensibilisierung beherrschbar; die Ehesituation war weiterhin gut; beruflich war er eine gute Stufe aufgestiegen. Er empfand zwar noch immer eine leichte Unruhe, wenn kleine Kinder anwesend waren, aber diese Unruhe werde geringer.

19.3.5
Empirische Belege

Ganz überwiegend wird in der Literatur über die Behandlung von Exhibitionisten berichtet. Ihnen folgt nach der Häufigkeit der Diagnosen Fetischismus, Transvestitismus, Pädophilie und Sadomasochismus. Etwa die Hälfte aller Veröffentlichungen hierzu sind Einzelfallstudien. Unter den übrigen Arbeiten befinden sich zwei kontrollierte Untersuchungen. Evans (1970) verglich je 10 zunächst erfolgreich behandelte Exhibitionisten mit bzw. ohne weiterbestehende deviante Masturbationsphantasien. Die Rückfallhäufigkeit war bei den Patienten mit weiterbestehenden Masturbationsphantasien signifikant höher. Rooth & Marks (1974) erreichten beste Therapieresultate bei Exhibitionisten, wenn sie einer anfänglichen Aversionstherapie das Erlernen von Selbstkontrollmethoden folgen ließen. Die Mehrzahl der Arbeiten enthält katamnestische Angaben zwischen einem halben Jahr und mehr als fünf Jahren. Die durchschnittliche Rückfallquote von ca. 20% muß unter dem Gesichtspunkt der positiven Auslese des Patientengutes bei Einzelfallstudien betrachtet werden. Außerdem bleibt zu berücksichtigen, daß die Katamnesenlänge bei der Mehrzahl der Patienten unter zwei Jahren lag.

Kürzlich berichtete die Arbeitsgruppe von Marshall (Marshall et al., 1991) über eine Untersuchung an behandelten Exhibitionisten mit Langzeitkatamnesen. Vor Jahren waren 21 Exhibitionisten fast ausschließlich mit Methoden behandelt worden, die auf die Löschung des sexuell devianten Verhaltens gerichtet waren. Nach 5–10 Jahren lag die Rückfallquote mit 39% relativ hoch, aber doch deutlich niedriger als bei unbehandelten Exhibitionisten (57%). In der jüngeren Zeit waren 17 Exhibitionisten vorwiegend mit kognitiven Verfahren therapiert worden. Ca. 4 Jahre später war die Rückfallrate mit 24% deutlich niedriger als bei der ersten Gruppe, ein Hinweis auf die Wirksamkeit der kognitiven Methoden und der zusätzlich eingesetzten Verfahren der Rückfallprävention.

McConaghy hat nachgewiesen, daß Jugendliche schlechter auf eine Verhaltenstherapie ansprechen als Erwachsene; das ist bedauerlich, da die Zahl der Jugendlichen unter sexuell Devianten, insbesondere unter sexuell Delinquenten unverhältnismäßig hoch ist. Eine Reihe weiterer katamnestischer Untersuchungen aus jüngerer Zeit werden im Abschnitt sexuelle Delinquenz besprochen, da sie sich vorwiegend, wenn auch nicht ausschließlich mit dieser Klientel beschäftigen.

19.4
Sexuelle Delinquenz

19.4.1
Darstellung der Störung

> Bei der sexuellen Delinquenz handelt es sich um eine Untergruppe sexueller Devianz:
> Personen, die Straftaten gegen die sexuelle Selbstbestimmung begehen. Ganz überwiegend sind es Männer mit dem Tatbestand der Notzucht und Vergewaltigung; von diesen Männern mit sexuell sehr aggressivem Verhalten sind nur ein kleiner Teil Sadisten (ca. 10%), d.h. Personen mit einer sexuell devianten Fixierung, die es ihnen unmöglich macht, übliche Sexualität erleben zu können.

Die Mehrzahl sexuell Delinquenter haben keine paraphilen Sexualphantasien, sie agieren ihre Se-

xualität aggressiv aus. Einige von ihnen neigen auch sonst zu sehr aggressiven Verhaltensweisen. Manche Autoren rechnen auch Männer zu sexuell Delinquenten, die den sexuellen Kontakt zu eigenen und/oder fremden Kindern suchen; die meisten von ihnen sind pädophil.

> Eine sexuelle Delinquenz verursacht zwei Gruppen, die eine Behandlung benötigen, die Täter und die Opfer. Die therapeutischen Bemühungen um die eine wie die andere Klientel sind erst in den letzten zwei Jahrzehnten verstärkt worden.

Die Opfer
Das Erleben einer Notzucht oder Vergewaltigung ist immer ein schweres Trauma mit erheblichen psychischen Folgen. Diese psychischen Reaktionen werden als *posttraumatische Belastungsreaktion* angesehen. Entsprechend ist die Therapie ausgerichtet (s. Band 2, Kap. 6). Bei vergewaltigten Frauen sind zwei Verfahren häufig angewandt worden: »*prolonged exposure*« und »*Stress-inoculation-Training*« (SIT).

> »Prolonged exposure« ist eine abgemilderte Form des »flooding«: Die Patientinnen stellen sich wiederholt die traumatische Situation so lebhaft wie möglich vor und beschreiben sie laut in jeder Therapiesitzung. Ein hiervon angefertigtes Tonband hören sie sich mindestens einmal täglich an. Zusätzlich suchen sie den gefürchteten, aber jetzt voll abgesicherten Ort des Geschehens auf. Das »stress-inoculation-training« ist ein Therapiepaket aus Muskelentspannung mit kontrolliertem Atmen, Gedankenstopp-Training und v.a. einem »guided-self-dialogue«, in dem verzerrte Annahmen verarbeitet werden (»Ich bin selbst schuld, ein Opfer geworden zu sein«) und einer »stress-inoculation«, in der Copingstrategien entwickelt und im Rollenspiel geübt werden. In einer kontrollierten Studie (Foa et al., 1991) mit 45 Frauen war am Ende einer zweimal wöchentlich 90 Minuten lang stattfindenden Therapie mit insgesamt neun Sitzungen SIT signifikant erfolgreicher als »prolonged exposure«; nach 3,5 Monaten zeigte »prolonged exposure« die besseren Ergebnisse, aber erfolgreich waren beide Therapieformen; während »prolonged exposure« offensichtlich die psychische Belastungsreaktion nach relativ kurzer Zeit auf

Dauer beseitigt, muß SIT wahrscheinlich länger angewandt werden. Eine der SIT sehr ähnliche Therapieform, »cognitive-processing-therapy« (Resick & Schnicke, 1992) hat sich ebenfalls bewährt; in einer kontrollierten Studie war ihre Wirksamkeit nachweisbar.

Aus ethischen Gründen wird man sich bei dieser Patientengruppe nur extrem selten zu einer Behandlung mit »prolonged exposure« entschließen können. Nur die unzureichende Wirksamkeit der Alternativverfahren könnte ein Argument für ihre Anwendung sein.

Die weitere Darstellung befaßt sich mit den Tätern.

19.4.2
Kognitiv-verhaltenstheoretisches Störungskonzept

Marshall & Barbaree (1990a) haben eine Theorie für nichtparaphile, aggressive Sexualtäter entwickelt, in der sie biologische und psychosoziale Faktoren vereinen.

Ihre Grundannahme lautet: Männer müssen durch entsprechende Sozialisation lernen, eine biologisch vorgegebene Kraft der Selbsterhaltung zu kontrollieren, die verbunden ist mit einer Tendenz, Sexualität und Aggression zu vermengen. Diese biologische Kraft sei die Basis, auf der das soziale Lernen erfolge. Stark beeinflussend seien Kindheitserfahrungen, soziokulturelle und vorübergehende situative Faktoren.

- Ein schlechter Erziehungsstil, insbesondere inkonsistente strenge Erziehung,
- fehlende elterliche Zuneigung und Intimität sowie
- fehlende Möglichkeit, Rücksichtnahme auf andere zu erlernen,

prädestinierten dazu, während der Pubertät nicht zu erlernen, Aggressivität und Sexualität voneinander zu trennen und zu kontrollieren. In einer Gesellschaft, in der Gewalt akzeptiert ist als ein Weg, Probleme zu lösen (besonders für Männer), könne ein junger Mann mit den erwähnten negativen Kindheitserfahrungen dazu neigen, seine Männlichkeit mit Aggressivität unter Beweis zu stellen. Gerate ein solcher Mann in sexuelle Erregung, sei er zusätzlich alkoholisiert oder verärgert und spüre er erlaubendes Verhalten des sozialen

Umfeldes, dann sei die Wahrscheinlichkeit sehr groß, daß er sexuell aggressiv agieren werde. Diese theoretischen Überlegungen entwickelten die Autoren aufgrund jahrzehntelanger klinischer Erfahrung mit dieser Klientel.

19.4.3
Therapeutisches Vorgehen

Das therapeutische Vorgehen ist ähnlich wie bei der Paraphilie, allerdings mit einer anderen Betonung der Therapieanteile; einige neue Elemente kommen hinzu.

■ **Sexualverhalten.** Sofern sexuell deviante Präferenzen vorhanden sind bzw. sexuell aggressive Vorstellungen, werden sie wie bei den Paraphilien mit assistierter verdeckter Sensibilisierung, masturbatorischer Sättigung und verschiedenen Selbstkontrollmethoden behandelt. Der Aufbau üblichen Sexualverhaltens geschieht je nach Notwendigkeit mit »orgasmic reconditioning« und Anteilen des Vorgehens nach Masters & Johnson. Sexualberatung ist zusätzlich immer nötig.

■ **Soziale Inkompetenz.** Dieser Bereich spielt in der Therapie sexuell Delinquenter eine sehr große Rolle; über Selbstsicherheits- und Kommunikationstraining sowie Empathie- und Intimitätstraining wird die soziale Kompetenz gebessert. Entsprechende Copingstrategien werden im Rollenspiel eingeübt. Weitere wichtige Bereiche sind die Umstrukturierung der Freizeit und der adäquate Umgang mit legalen Drogen, also insbesondere mit Alkohol.

■ **Kognitive Verzerrungen.** Sexuell aggressive Täter haben oft gegenüber Frauen sehr negative, abwertende Einstellungen. Das kann zu Überzeugungen führen wie: »Frauen wollen sowieso mit Gewalt genommen werden, vergewaltigt werden, ihre Gegenwehr ist nur ein Spiel« und zu Behauptungen, das Opfer sei sowieso »ein leichtes Mädchen, eine Hure, wie viele Frauen«. Pädophile behaupten oft (und glauben auch), ihre Handlungen seien gut für die Sexualerziehung des Kindes, seien ein Zeichen körperlicher Anteilnahme für emotional depravierte Kinder. Sie erleben Kinder sexuell provozierend und meinen, die Kinder hätten Spaß an den sexuellen Handlungen. Alle sexuell Delinquenten tendieren auch dazu, die Verantwortung für die sexuellen Handlungen von sich wegzuschieben (»Meine Frau befriedigt mich sexuell nicht«, »Ich bin selbst als Kind mißbraucht worden«, »Ich hätte es nicht getan, wenn ich nicht betrunken gewesen wäre«).

Nach Bandura dienen diese Verzerrungen v. a. dazu

- die sexuelle Handlung sozial akzeptierbar zu machen,
- die Konsequenzen für das Opfer herunterzuspielen und
- dem Opfer mindestens eine Teilschuld zu geben.

Das *therapeutische Vorgehen* durchläuft mehrere Schritte:

- die Bedeutung der Verzerrungen für die Aufrechterhaltung des delinquenten Sexualverhaltens erklären,
- Informationen über das tatsächliche Erleben der Opfer geben und
- das Verändern von diesen Verzerrungen üben, u. U. in Gruppen mit Rollenspielen.

Eine besonders wirksame Methode könnte die kognitive Umstrukturierung im Rollenspiel mit vertauschten Rollen in der Gruppe sein: Der Therapeut übernimmt die Rolle des Täters, der Täter die Rolle des Opfers. Es haben auch Gruppen stattgefunden, in denen v. a. jugendliche Täter mit den Angehörigen der Opfer oder weiblichen Laienhelfern zusammenkamen; wenn schon dieser Weg gegangen werden soll, dann dürfte es besser sein, die psychotherapeutischen Berater oder Helfer der Geschädigten in diese Gruppen zu nehmen. Die Gefahr ist zu groß, daß sich sonst durchaus verständliche massive, aber nicht mehr steuerbare Emotionen entwickeln, die therapeutisch mehr schaden als nutzen.

Die Bemühungen um Veränderungen der kognitiven Verzerrungen erfordern erhebliches Behandlungsgeschick. Diese Verzerrungen sind meistens genauso fixiert wie Vorurteile. Es bedarf keiner besonderen Betonung, wie schwer Vorurteile zu ändern sind. Obwohl der Eindruck großer therapeutischer Wirksamkeit besteht, wenn sich kognitive Verzerrungen beseitigen ließen, so ist die Effizienz dieser Methoden noch nicht bewiesen.

19.4.4
Empirische Belege

Traditionell wird der Therapieerfolg bei diesen Patienten an der gerichtsbekannten *Rückfallquote* gemessen im Vergleich zu unbehandelten Sexual-

tätern. Das ist kein verläßlicher Vergleich. Nur ein Teil sexuell devianter Handlungen werden dem Gericht bekannt, und die Dunkelziffer kann in verschiedenen Populationen sehr unterschiedlich hoch sein. Vergleichspopulationen sind oft wegen unterschiedlicher Zusammensetzung gar nicht vergleichbar; so sind die Rückfallraten der Erst- und Mehrfachtäter und bei verschiedenen Arten sexueller Delinquenz unterschiedlich; außerdem steigt die Rückfallquote mit der Katamnesenlänge an. Die Rückfallrate ist zwar ein sehr hartes Kriterium, ihr Vergleich kann aber nur Anhaltspunkte für den Therapieerfolg liefern.

Sexuell Delinquente haben eine Fülle von Defiziten in nichtsexuellen Bereichen, z. B.

- in ihren Einstellungen zu Frauen,
- in Bereichen der sozialen Kompetenz und
- in ihrer Kommunikationsfähigkeit.

Da ein Therapieerfolg ganz wesentlich von einer Verbesserung in diesen Bereichen abhängt, sollten diese Veränderungen auch erfaßt und mitbewertet werden. Schorsch et al. (1985) haben das beispielhaft getan. Eine Beurteilung des Therapieerfolgs auf mehreren Ebenen läßt sehr wahrscheinlich auch eine genauere Prognosebestimmung zu.

■ Effizienzstudien kognitiv-verhaltenstheoretischer Programme. Im großen und ganzen scheinen kognitiv-verhaltenstherapeutische Programme bei sexueller Delinquenz Erfolg zu haben. Marshall & Barbaree (1990 b) beurteilen die stationäre Behandlung aufgrund von drei gut kontrollierten Untersuchungen mit begrenztem Optimismus; die ambulante Behandlung habe sich bei vier kontrollierten Untersuchungen als klar effektiv erwiesen. Verschiedene Therapieprogramme sprechen unterschiedlich auf die einzelnen Arten sexueller Delinquenz an; dabei ist unklar, warum das so ist. Bei der ambulanten Behandlung ist die Rückfallprävention besonders entscheidend. Es scheint sich zu bewähren, hierzu die Angehörigen zu Hilfe zu nehmen. Prognostisch günstig scheint ein Lebensalter über 40 Jahre zu sein, ungünstig, wenn es sich um eine heterosexuelle Pädophilie handelt. Die schlechtesten Ergebnisse werden bei Vergewaltigern erreicht. Rice et al. (1991) berichten über eine große Gruppe von Personen mit sexuellen Handlungen an Kindern (50 »child molesters«), die erfolglos behandelt wurden. Sie waren besonders schwer gestörte Personen, die alle in einem Hochsicherheitsgefängnis behandelt wurden; sie wurden noch in der traditionellen Form therapiert mit dem Schwerpunkt auf der Reduktion der sexuellen Devianz, ohne zusätzliche kognitive Methoden und ohne Rückfallprävention sowie ohne ambulante Weiterbetreuung nach der Entlassung aus dem Gefängnis. Die Ergebnisse unterstreichen erneut die Notwendigkeit dieser Therapieanteile, zeigen aber auch, daß die Therapie ihre Grenzen in der Schwere der Störungen haben dürfte. Zu ähnlichen Schlußfolgerungen führen die Ergebnisse der einzigen deutschsprachigen Untersuchung (Schorsch et al., 1985): Durchschnittlich 2,5 Jahre nach Therapieende konnte bei zwei Dritteln der 51 Patienten weiterhin von einem deutlichen Therapieerfolg gesprochen werden. In der Gruppe der schwergestörten, sozial sehr desintegrierten, sehr aggressiven Täter lag die Erfolgsquote mit einem Drittel deutlich niedriger; die Behandlung war also auch bei ihnen in einer Reihe von Fällen erfolgreich.

19.5
Schlußbemerkungen

Funktionelle Sexualstörungen

Die Ergebnisse der Therapie sind im Vergleich zu anderen Störungen (z. B. Abhängigkeiten) im großen und ganzen erfreulich.

> Die Erfolgsraten für Psychotherapie sind relativ hoch, wenn auch manche Störungsbilder wie verminderte sexuelle Appetenz deutlich geringere Besserung zeigen. Die Zunahme oder zunehmende Erkenntnis multifaktorieller Verursachung vieler sexueller Störungen hat zu einer Erweiterung der Therapie, zu Therapiepaketen geführt. Es ist schwierig nachzuweisen, ob und welche Anteile der Therapie besonders wirksam sind. Zumindest sollte aber der Therapieerfolg auf verschiedenen Ebenen, am besten auf allen behandelten Teilbereichen, dokumentiert werden. Es mag weiterhin sinnvoll sein, zusätzlich den Erfolg auf einer Skala zu erfassen, die die Verbesserung der allgemeinen und speziellen Lebensqualität anzeigt.

Der Blick auf die multifaktorielle Bedingtheit sexueller Probleme macht die Theorienbildung hierzu nicht leichter. In der Literatur sind nur wenige theoretische Erklärungsversuche und darauf aufbauende empirische Untersuchungen zu finden. Eine neue Theorie wird vorgestellt.

Manche Störungsbilder scheinen in den letzten Jahren häufiger zu werden; das betrifft v. a. die Luststörungen; über die Gründe hierfür herrscht Unklarheit.

Die in der Einleitung zum Kapitel »Funktionelle Sexualstörungen« bereits erwähnten neuen Möglichkeiten, Erektionsstörungen mit Hilfe injizierter vasoaktiver Substanzen besser differentialdiagnostisch abklären zu können, sind auch therapeutisch genutzt worden. Diese »pharmakogenen« Erektionen sind durchaus eine akzeptable Behandlungsmöglichkeit für solche körperlich bedingten Erektionsstörungen, die anders nicht zu behandeln sind. Leider wird diese, leicht handhabbare Therapieform immer häufiger (trotz warnender Stimmen) auch bei ausschließlich psychischen Störungen eingesetzt. Das ist äußerst bedenklich, nicht nur wegen der zu befürchtenden, aber noch unbekannten körperlichen Langzeitauswirkungen im Sinne von Gewebsschädigungen, sondern auch prinzipiell: Wir erleben dadurch erneut eine sog. »Medikalisierung« der männlichen Sexualstörungen mit der großen Gefahr, daß Patienten und Behandler wieder nur den einen, den körperlichen Aspekt der psychosomatischen Störung sehen; es wird am Problem »vorbeitherapiert«, so daß im besten Fall eine vorübergehende, aber keine anhaltende und v. a. keine umfassende Besserung für den Patienten und seinen Partner erreicht werden dürfte.

Bei Männern der 2. Lebenshälfte ist inzwischen bekannt, daß ihre psychisch verursachten Erektionsstörungen häufig körperlich mitbedingt sind (Schwarzer et al., 1991). Hier entwickeln sich neue sinnvolle Formen der »Somato-Psychotherapie« (Hartmann, 1995).

Sexuelle Deviationen und Delinquenz

> Diese Patientengruppe ist ebenfalls behandelbar; die Schwere der Störung und ungünstige Umweltverhältnisse setzen allerdings Grenzen.

Die allenthalben erkennbare therapeutische Zurückhaltung gegenüber dieser Klientel scheint zumindest zwei Ursachen zu haben. Zum einen scheuen Psychotherapeuten die Übernahme einer Behandlung aus Ängsten, die nur aus unberechtigten Vorurteilen erklärbar sind, zum anderen aus sehr verständlichen Sorgen, wenn sie z. B. befürchten müssen, für einen Rückfall während einer Behandlung inadäquat mitverantwortlich gemacht zu werden, mit vor dem Richter zu stehen oder eine Schlagzeile in den Medien abzugeben. Die aus Vorurteilen entstehenden Ängste sind kognitive Verzerrungen und veränderbar: Die Mehrzahl der sexuell Devianten ist nicht unangenehm, gefährlich, unberechenbar, moralisch verwerflich, auch wenn sie manchmal schwierig zu behandeln sind wegen ihrer u. U. schwer gestörten Persönlichkeitsanteile. Die verständlichen Sorgen um eine übermäßige Mitverantwortung bei einem Rückfall wären zu reduzieren, wenn eindeutig der Bereich der Verantwortung geklärt wäre, den ein Therapeut bei dieser Klientel übernimmt. Das darf nicht nur eine juristische Entscheidung sein – sie ist ohnehin weitestgehend vorhanden –, sie muß auch von der Gesellschaft übernommen und getragen werden, einschließlich der Medien.

> Für die weitere Forschung ist in diesem Bereich die wichtigste Aufgabe, klare Kriterien für einen Therapieerfolg zu entwickeln und sie überprüfbar zu machen. Sie müssen die multifaktoriellen Bedingungen für die Aufrechterhaltung der Störungen berücksichtigen.

Für den Bereich sexueller Delinquenz warten wir hochaktuell auf den Nachweis, welche Therapiestrategien am wirksamsten sind.

Die Bereiche therapeutischer Einflußnahme weiten sich aus. So wurde kürzlich (Zencius et al., 1990) über erfolgreiche verhaltenstherapeutische Behandlungen bei drei jungen Patienten (zwei Männer, eine Frau) berichtet, deren sexuelle Auffälligkeiten durch schwere Schädel-Hirn-Traumata (Motorradunfälle) verursacht waren. Dieses Gebiet ist noch weitestgehend ein weißer Fleck auf der verhaltenstherapeutischen Landkarte.

Zusammenfassung

Funktionelle Sexualstörungen müssen zunächst exakt symptomatologisch erfaßt werden; dabei bewährt sich ein Vorgehen, das sich am Ablauf des sexuellen Reaktionszyklus orientiert. Funktionelle Sexualstörungen können allein bedingt sein durch fehlende Sexualinformationen, ungenügende Aufklärung, sexuelle Mythen u. ä.; sie bedürfen dann einer fundierten Sexualberatung. Ausgeprägte Störungen sind bei jungen Personen vorwiegend psychisch bedingt; dabei spielen die individuelle Lerngeschichte, die Persönlichkeit und eine Vielzahl verschiedener Ängste eine Hauptrolle, insbesondere sexuelle Leistungs- und Versagensängste, sofern nicht Partnerprobleme die Hauptursache sind. Zur Behandlung haben sich das Vorgehen nach Masters & Johnson und seine Variationen bewährt. In den letzten Jahren erkennen wir häufiger Störungen, die sehr komplex verursacht sind

und aufrechterhalten werden; sie erfordern ein noch individuelleres therapeutisches Vorgehen. Bei den sexuellen Appetenzstörungen, die zuzunehmen scheinen, muß sich u. a. das hierfür konzipierte Behandlungsverfahren von H. S. Kaplan noch bewähren. Neue urologische Methoden sind eine gute therapeutische Hilfe für körperlich bedingte Erektionsstörungen. Ihre alleinige Anwendung bei ausschließlich psychisch bedingten Funktionsstörungen des Mannes ist nicht zu vertreten. Kombinierte Behandlungen i. S. einer »Somato-Psychotherapie« sind bei älteren Männern eine sich entwickelnde sinnvolle Ergänzung.

Patienten mit sexueller Deviation oder Delinquenz gehören aus vielen unberechtigten Vorbehalten nicht zur gewünschten Klientel von Psychotherapeuten. Sie sind oft schwierig, aber dennoch erfolgreich zu behandeln. Wieder ist zunächst die Abklärung nötig, ob eine ausführliche Sexualberatung als therapeutische Intervention ausreichend ist, etwa dann, wenn es um das Arrangement geht, mit einer Devianz zu leben. Patienten mit sexuellen Deviationen haben häufig sehr viele Verhaltensdefizite, insbesondere sexuell Delinquente. Für das grundsätzliche therapeutische Vorgehen haben sich deshalb die vier Schwerpunkte ergeben:

- Reduktion des sexuell devianten Verhaltens,
- Verbesserung des üblichen Sexualverhaltens,
- Verbesserung der sozialen Fähigkeiten und der interpersonellen Kommunikation sowie
- die Rückfallprävention.

Dabei bewährten sich in den letzten Jahren die kognitiven Verfahren zusätzlich zu den bisherigen Methoden. Der Nachweis der Wirksamkeit verschiedener Therapiestrategien bei sexuell Delinquenten ist besonders dringend. Die Verhaltenstherapie der Opfer sexueller Gewalt, behandelt im Sinne einer posttraumatischen Belastungsreaktion, ist aufgrund einiger gut kontrollierter Studien als erfolgreich einzustufen. Verhaltenstherapeutische Methoden scheinen auch Erfolg zu haben bei der Behandlung sexueller Auffälligkeiten traumatisch hirngeschädigter junger Patienten.

Literatur

Annon, J. S. (1974). *The behavioral treatment of sexual problems* (1.). Honolulu/HJ Enabling Systems.
Annon, J. S. (1975). *The behavioral treatment of sexual problems* (2.). Honolulu/HJ Enabling Systems.
Ansari, J. M. (1975). A study of 65 impotent males. *British Journal of Psychiatry, 127,* 337–341.

Arentewicz, G. & Schmidt, G. (Hrsg.) (1993). *Sexuell gestörte Beziehungen. Konzept und Technik der Paartherapie* (3. neu bearbeitete Aufl.). Stuttgart: Enke.

Bancroft, J. (1991). Die Zweischneidigkeit der Medikalisierung männlicher Sexualität. *Zeitschrift für Sexualforschung, 4,* 294–308.

Barlow, D. H. (1986). Causes of Sexual Dysfunction: The Role of Anxiety and Cognitive Interference. *Journal of Consulting and Clinical Psychology, 54* (2), 140–148.

Bräutigam, W. & Clement, U. (1989). *Sexualmedizin im Grundriß* (3. Aufl.). Stuttgart: Thieme.

Bronisch, Th., Berger, M. & Kockott, G. (1983). Integratives Therapiekonzept bei stationärer Behandlung von Sexualdelinquenten. *Psychiatrische Praxis 10,* 83–87.

Evans, D. R. (1968). Masturbatory fantasy and sexual deviation. *Behaviour Research and Therapy, 6,* 17–19.

Evans, D. R. (1970). Subjective variables and treatment effects in aversion therapy. *Behaviour Research and Therapy, 8,* 147–152.

Fahrner, E.-M. (1981). Sexuelle Funktionsstörungen: Möglichkeiten der Therapie und der Beratung. In H. Vollmer & J. Helas (Hrsg.), *Verhaltenstherapie in der Suchtkrankenhilfe.* München: Röttger.

Fahrner, E.-M. & Kockott, G. (1993). Sensualitätstraining (sensate focus). In M. Linden & M. Hautzinger (Hrsg.), *Verhaltenstherapie* (2. Aufl., S. 277–281). Berlin: Springer.

Fahrner, E.-M. & Kockott, G. (1994). Funktionelle Sexualstörungen. In H. Reinecker (Hrsg.), *Lehrbuch der klinischen Psychologie* (2. Aufl.). Göttingen: Hogrefe.

Fenichel, O. (1945). *The psychoanalytic theory of neurosis.* New York: Norton.

Foa, E. B., Rothbaum, B. O., Riggs, D. S. & Murdock, T. B. (1991). Treatment of posttraumatic stress disorder in rape victims: a comparison between cognitive-behavioral procedures and counseling. *Journal of Consulting and Clinical Psychology, 59,* 715–723.

Frank, R. T. (1948). Dyspareunia: a problem for the general practitioner. *Journal of the American Medical Association, 136,* 361–365.

Giese, H. (1962). *Psychopathologie der Sexualität.* Stuttgart: Enke.

Hartmann, U. (1995). Die kombinierte psycho-somatische Behandlung erektiler Dysfunktionen. *Psycho, 21,* 651–657.

Hartmann, L. M. & Daly, E. M. (1983). Relationship factors in the treatment of sexual dysfunction. *Behaviour Research and Therapy, 21,* 153–160.

Hawton, K. & Catalan, J. (1986). Prognostic factors in sex therapy. *Behaviour Research and Therapy, 24,* 377–385.

Hawton, K., Salkovskis, P. M., Kirk, J. & Clark, C. M. (Eds.) (1989). *Cognitive behavior therapy for psychiatric problems. A practical guide.* Oxford: Oxford Medical Publications.

Hawton, K., Catalan, J. & Fagg, J. (1992). Sex therapy for erectile dysfunction: Characteristics of couples, treatment outcome, and prognostic factors. *Archives of Sexual Behavior, 21,* 161–176.

Hertoft, P. (1989). *Klinische Sexologie.* Köln: Deutscher Ärzte-Verlag.

Johnston, P., Hudson, St. M. & Marshall, W. L. (1992). The effects of masturbatory reconditioning with nonfamilial child molesters. *Behaviour Research and Therapy, 30,* 559–561.

Kaplan, H. S. (1979). *Disorders of sexual desire and other new concepts and techniques in Sex Therapy.* New York: Brunner & Mazel.

Kaplan, H. S. (1981). *The new sex therapy: active treatment of sexual dysfunctions.* New York: Brunner & Mazel.

Kaplan, H. S. (1993). Post-ejaculatory pain syndrome. *Journal of Sexual and Marital Therapy, 19,* 91–103.

Kinsey, A. C., Pomeroy, W. B. & Martin, C. E. (1948). *Sexual behavior in the human male.* Philadelphia, London: Saunders.

Kockott, G. (1981). *Sexuelle Funktionsstörungen des Mannes.* Stuttgart: Enke.

Kockott, G. (1993). Therapie von Sexualstörungen. In H.-J. Möller (Hrsg.), *Therapie psychiatrischer Erkrankungen.* Stuttgart: Enke.

Kockott, G. (1995). *Die Sexualität des Menschen.* München: Beck.

Kockott, G. & Fahrner, E.-M. (1993a). Ejakulationskontrolle (Squeeze-Method). In M. Linden & M. Hautzinger (Hrsg.), *Verhaltenstherapie* (2. Aufl., S. 125–128). Berlin: Springer.

Kockott, G. & Fahrner, E.-M. (1993b). Hegarstifttraining (Dilatation Method). In M. Linden & M. Hautzinger (Hrsg.), *Verhaltenstherapie* (2. Aufl.; S. 161–163). Berlin: Springer.

Kohlenberg, R. J. (1974). Treatment of a homosexual pedophiliac using in vivo desensitization: a case study. *Journal of abnormal Psychology, 83,* 192–195.

Laws, D. R. & Marshall, W. L. (1990). A conditioning theory of the etiology and maintenance of deviant sexual preference and behavior. In W. L. Marshall, D. R. Laws, H. E. Barbaree (Eds.), *Handbook of sexual assault: issues, theories and treatment of the offender.* New York: Plenum Press.

Lazarus, A. (1963). The treatment of chronic frigidity by systematic desensitization. *Journal of Neurological and Mental Diseases, 136,* 272–278.

Lobitz, W. C. & LoPiccolo, J. (1972). New methods in the behavioral treatment of sexual dysfunction. *Journal of Behavior Therapy and Experimental Psychiatry, 3,* 265–271.

LoPiccolo, J. & Lobitz, W. C. (1972). The role of masturbation in the treatment of orgasmic dysfunction. *Archives of Sexual Behavior, 2,* 163–171.

LoPiccolo, J. & Lobitz, W. C. (1973). Behavior Therapy of Sexual Dysfunctions. In C. Hamerlynck, L. C. Handy & E. J. Mash (Eds.), *Behavior Change* (pp. 343–358). Champaign/IL: Research Press.

Maletzky, B. M. (1980). Self-referred versus court-referred sexually deviant patients: success assisted covert sensitization. *Behavior Therapy, 11,* 306–314.

Marshall, W. L. & Barbaree, H. E. (1990a). An integrated theory of the etiology of sexual offending. In W. L. Marshall, D. R. Laws & H. E. Barbaree (Eds.), *Handbook of sexual assault: issues, theories and treatment of the offender.* New York: Plenum Press.

Marshall, W. L. & Barbaree, H. E. (1990b). Outcome of comprehensive cognitive-behavorial treatment programs. In W. L. Marshall, D. R. Laws & H. E. Barbaree (Eds.): *Handbook of sexual assault: issues, theories and treatment of the offender.* New York: Plenum Press.

Marshall, W. L., Eccles, A. & Barbaree, H. E. (1991). The treatment of exhibitionists: a focus on sexual deviance versus cognitive and relationship features. *Behaviour Research and Therapy, 29,* 129–135.

Masters, W. H. & Johnson, V. E. (1970). *Human sexual inadequacy.* Boston: Little, Brown (Deutsche Ausgabe 1973: Impotenz und Anorgasmie. Hamburg: Goverts, Krüger und Stahlberg).

McCabe, M. P. & Delaney, S. M. (1992). An evaluation of therapeutic programs for the treatment of secondary inorgasmia in woman. *Archives of Sexual Behavior, 21,* 69–89.

McConaghy, N., Armstrong, M. S. & Blaszczynski, A. (1985). Expectancy, covert sensitization and imaginal desensitization in compulsive sexuality. *Acta Psychiatrica Scandinavica, 72*, 176–187.

McGuire, R. J., Carlisle, J. M. & Young, B. G. (1965). Sexual deviations as conditioned behaviour: a hypothesis. *Behaviour Research and Therapy, 8*, 27–28.

Metzner, R. (1963). Some experimental analogues of obsession. *Behaviour Research and Therapy, 1*, 231–236.

Milan, R. J., Kilmann, P. R. & Boland, J. P. (1988). Treatment outcome of secondary orgasmic dysfunction: a two- to six-year follow-up. *Archives of Sexual Behavior, 17*, 463–480.

Money, J. (1986). *Lovemaps*. New York: Irvington.

Nordyke, N. S., Baer, D. M., Etzel, B. C., Leblanc, J. M. (1977). Implications of the stereotyping and modification of sexrole. *Journal of Applied Behavioral Analysis, 10*, 553–557.

Palace, E. M. & Gorzalka, B. B. (1992). Differential patterns of arousal in sexually functional and dysfunctional women: Physiological and subjective components of sexual response. *Archives of Sexual Behavior, 21*, 135–160.

Pithers, W. D., Marques, J. K., Gibat, C. C. & Marlatt, G. A. (1983). Relapse prevention with sexual aggressives: a self-control model of treatment and maintenance of change. In J. G. Greer & I. R. Stuart (Eds.), *The sexual aggressor: current perspectives in treatment*. New York: Van Nostrand Reinhold.

Ploog, D., Bronisch, Th., Berger, M. & Kockott, G. (1982). Stationäre Psychotherapie von Sexualdelinquenten unter Einbeziehung verhaltenstherapeutischer Verfahren. *Partnerberatung, 19*, 12–19.

Protter, B. & Travin, S. (1987). Sexual fantasies in the treatment of paraphiliac disorders: a bimodal approach. *Psychiatric Quarterly, 58*, 279–297.

Rachman, S. (1966). Sexual fetishism: a experimental analogue. *Psychological Review, 16*, 293–296.

Rachman, S. & Hodgson, R. J. (1968). Experimentally-induced »sexual fetishism«, replication and development. *Psychological Review, 18*, 25–27.

Rekers, G. A., Lovaas, O. J., Low, B. (1974). The behavioral treatment of a »transsexual« preadolescent boy. *Journal of Abnormal Child Psychiatry, 2*, 99.

Resick, P. A. & Schnicke, M. K. (1992). Cognitive processing therapy for sexual assault victims. *Journal of Consulting and Clinical Psychology, 60*, 748–756.

Rice, M. E., Quinsey, V. L. & Harris, G. T. (1991). Sexual recidivism among child molesters released from a maximum security psychiatric institution. *Journal of Consulting and Clinical Psychology, 59*, 381–386.

Rosen, R. C., Leiblum, S. R., Spector, G. P. (1994). Psychologically based treatment for male erectile disorder: a cognitive-interpersonal model. *Journal of Sexual Marital Therapy, 20*, 67–85.

Rooth, F. G. & Marks, I. M. (1974). Persistent exhibitionism: short term response to aversion, self-regulation and relaxation treatments. *Archives of Sexual Behaviour, 3*, 227–248.

Schiavi, R. (1976). Sexual therapy and psychophysiological research. *American Journal of Psychiatry, 133*, 562–566.

Schmidt, G. (1993). Tendenzen und Entwicklungen. In G. Arentewicz & G. Schmidt (Hrsg.), *Sexuell gestörte Beziehungen* (3. Aufl.). Stuttgart: Enke.

Schmidt, G. (1996). Paartherapie bei sexuellen Funktionsstörungen. In V. Sigusch (Hrsg.), *Sexuelle Störungen und ihre Behandlung*. Stuttgart: Thieme.

Scholl, G. M. (1988). Prognostic variables in treating vaginismus. *Obstetrics and Gynecology (New York), 72*, 231–235.

Schorsch, E. (1985). Sexuelle Perversionen. *Medizin, Mensch, Gesellschaft, 10*, 253–260.

Schorsch, E., Galedary, G., Haag, A., Hauch, M. & Lohse, H. (1985). *Perversion als Straftat*. Berlin: Springer.

Schwartz, M. F. & Masters, W. H. (1983). Conceptual factors in the treatment of paraphilias: a preliminary report. *Journal of Sex and Marital Therapy, 9*, 3–18.

Schwarzer, J. U., Kropp, W., Kockott, G., Bäumler, S. (1991). Partnerinnenexploration bei der Abklärung der erektilen Dysfunktion. *Zeitschrift für Urologie, Poster 1*, 57–58.

Seamans, J. H. (1956). Premature ejaculation: a new approach. *South Medical Journal, 49*, 353–357.

Seligman, M. E. P. (1970). On the generality of the laws of learning. *Psychological Review, 77*, 406–418.

Seligman, M. E. P. (1971). Phobias and preparedness. *Behavior Therapy, 2*, 307–320.

Sigusch, V. (Hrsg.). (1996). *Sexuelle Störungen und ihre Behandlung*. Stuttgart, New York: Thieme.

Sigusch, V. & Schmidt, G. (1973). *Jugendsexualität. Beiträge zur Sexualforschung (52)*. Stuttgart: Enke.

Strassberg, D. S., Mahoney, J. M., Schaugaard, M. & Hale, V. E. (1990). The role of anxiety in premature ejaculation: A psychophysiological model. *Archives of Sexual Behavior, 19*, 251–257.

Walthard, M. (1909). Die psychogene Ätiologie und die Psychotherapie des Vaginismus. *Münchener Medizinische Wochenschrift, 56*, 1998–2000.

Winkler, R. C. (1977). What types of sex role behavior should behavior modifiers promote? *Journal of Applied Behavioral Analysis, 10*, 549–552.

Wolpe, J. (1958). *Psychotherapy by reciprocal inhibition*. Stanford University Press.

Zencius, A., Wesolowski, M. D., Burke, W. H. & Hough, S. (1990). Managing hypersexual disorders in brain-injured clients. *Brain Injury, 4*, 175–181.

Zilbergeld, B. (1978). *A guide to sexual fulfillment*. Boston/Toronto: Little Brown. (dt. Übersetzung 1983: Männliche Sexualität, DGVT-Forum, Band 5, Tübingen).

Zimmer, D. (1985). *Sexualität und Partnerschaft*. München: Urban & Schwarzenberg.

Weiterführende Literatur

Arentewicz, G. & Schmidt, G. (Hrsg.) (1993). *Sexuell gestörte Beziehungen* (3. neubearbeitete Aufl.). Stuttgart: Enke.

Bancroft, J. (1985). *Grundlagen und Probleme menschlicher Sexualität*. Stuttgart: Enke.

Buddeberg, C. (1987). *Sexualberatung* (2. Aufl.). Stuttgart: Enke.

Hawton, K., Salkovskis, P. M., Kirk, J. & Clark, C. M. (Hrsg.) (1989). *Cognitive behavior therapy for psychiatric problems. A practical guide*. Oxford: Oxford Medical Publications.

Kockott, G. (1988). *Sexuelle Variationen*. Stuttgart: Hippokrates.

Marshall, W. L., Laws, D. R. & Barbaree, H. E. (Hrsg.) (1990). *Handbook of sexual assault: issues, theories and treatment of the offender*. New York: Plenum Press.

Schorsch, E., Galedary, G., Haag, A., Hauch, M. & Lohse, H. (1985). *Perversion als Straftat*. Berlin: Springer.

KAPITEL 20

Dissoziative, vorgetäuschte und Impulskontrollstörungen   20

PETER FIEDLER

20.1
Dissoziative Störungen

> Gemäß DSM-IV liegen die gemeinsamen Merkmale der dissoziativen Störungen v.a. in einer plötzlichen oder allmählichen Veränderung der normalerweise integrierend wirkenden Funktionen des Gedächtnisses oder des Bewußtseins.

Die Diagnose der teilweise ähnliche Symptome beinhaltenden Schizophrenie muß ausgeschlossen werden (vgl. Fiedler & Mundt, 1996).

20.1.1
Beschreibung der dissoziativen Störungen

Die dissoziativen Störungen wurden und werden vielfach auch heute noch einem Syndromkomplex sensorischer, motorischer und psychischer Störungen zugerechnet, für den seit weit über 1000 Jahren die Bezeichnung »Hysterie« Verwendung gefunden hat. Der diagnostische Nutzen des Hysterie-Begriffs wurde jedoch wegen seiner Vielgestaltigkeit in den vergangenen Jahren zunehmend in Zweifel gezogen, zumal sich mit dem Attribut »hysterisch« deskriptive, pathogenetische und ätiologietheoretische Bedeutungsfacetten in der Klassifikationsdifferenzierung vermengen (vgl. Fiedler, 1978). In den aktuellen Versionen der beiden Klassifikationssysteme ICD-10 und DSM-IV wurde der Hysterie-Begriff wegen dieser Vieldeutigkeit schließlich ganz aufgegeben.

> Wenn durch die Art der Störung v.a. Gedächtnisfunktionen betroffen sind (etwa bei Vorliegen einer »dissoziativen Amnesie« oder »dissoziativen Fugue«), können wichtige persönliche Daten und Ereignisse nicht mehr erinnert werden. Ist primär die Identität einer Person betroffen (wie bei der »dissoziativen Fugue« oder bei der »dissoziativen Identitätsstörung«), kann die eigentliche Identität zeitweilig vergessen und möglicherweise sogar eine andere Identität angenommen werden.

Dissoziative Amnesie

> Die Diagnose der *dissoziativen Amnesie* ist reserviert für relativ kurze und abgrenzbare amnestische Episoden, die als solche den zeitweiligen Verlust der persönlichen Identität mit einschließen können. Die Amnesie für persönlich bedeutsame Informationen gilt als Hauptsymptom der meisten dissoziativen Störungen. Isoliert aufgetreten kann sie als eine der häufigsten Dissoziationen angesehen werden.

Sie gilt als die am wenigsten gravierende Störung, da der Gedächtnisverlust bereits innerhalb weniger Stunden und Tage wieder zurückgehen kann. Das Erinnerungsvermögen stellt sich im Unterschied zur nichtdissoziativen Amnesie (also im Unterschied zur Amnesie organischen Ursprungs, bei Gehirnerschütterung oder nach Vergiftungen) gewöhnlich sehr spontan und zumeist vollständig wieder ein, ohne daß weitere Beeinträchtigungen zurückbleiben.

Die dissoziative Amnesie tritt in aller Regel nach schweren psychosozialen Belastungen auf. Als solche gehört die Amnesie zur Symptomatik der posttraumatischen Belastungsstörung (PTB). Sind die Kriterien der posttraumatischen Belastungsstörung voll erfüllt, wird nicht die Amnesie, sondern die PTB als Leitdiagnose für die Behandlung vergeben (vgl. Kap. 6 in diesem Band). Unabhängig von der diagnostischen Zuordnung lassen sich bei Berücksichtigung des Zeitpunktes, zu dem die Traumaerfahrungen gemacht werden, drei Zeitabschnitte, auf die sich die Amnesie bezieht, unterscheiden:

- Bei der *retrograden Amnesie* bezieht sich der Erinnerungsverlust auf Ereignisse, die *vor* der Belastungssituation liegen.
- Bei der *posttraumatischen Amnesie* besteht ein Verlust der Erinnerung für Geschehnisse, die sich mit Latenz an das traumatisierende Ereignis anschließen.
- Bei der *anterograden Amnesie* können Ereignisse nicht erinnert werden, die in einem zeitlich engen Zusammenhang mit dem Trauma selbst stehen; es fehlen also Erinnerungen an Geschehnisse, die eine kurze Zeit vor wie nach dem Ereignis liegen. Bei der dissoziativen Amnesie ist die Erinnerungsstörung fast immer anterograd.

Dissoziative Fugue

Der Fugue-Begriff wurde bis zu seiner inzwischen weltweit akzeptierten Neusetzung im DSM-III (1980) recht uneinheitlich gebraucht. Neben der Kennzeichnung von Zuständen der Dissoziation (im Sinne des Hysterie-Konzeptes) wurde der Fugue-Begriff für Zustände des Herumwanderns bzw. Herumirrens bei Vorliegen einer Schizophrenie, Depression, Epilepsie oder im Zusammenhang mit Alkohol- oder Drogenintoxikationen oder auch bei organischer Verursachung verwendet. Heute wird der Begriff eng begrenzt für einen Zustand dissoziativ-amnestischen Erlebens eingesetzt, der in seiner Ausprägung deutlich über den der dissoziativen Amnesie hinausreicht.

> Das beobachtbare Hauptmerkmal der dissoziativen Fugue liegt in einer spontanen und zielgerichteten Ortsveränderung in aller Regel von zu Hause oder vom Arbeitsplatz fort. Die fast immer gegebene Amnesie geht zugleich mit einer wesentlichen Veränderung der Identität einher bis hin zur Übernahme einer völlig neuen Identität, die sich selbst über sehr lange Zeiträume hinweg (die Fugue kann Tage und Wochen andauern) als erstaunlich vollständig ausnehmen kann.

In einigen Fällen kann im Fuguezustand eine Reise zu früher bekannten Plätzen und Orten mit persönlicher Bedeutung erfolgen, muß aber nicht (vgl. Loewenstein, 1991).

■ **Differentialdiagnostische Aspekte.** Als wesentliches Unterscheidungsmerkmal der dissoziativen Fugue gegenüber einer *Fugue bei Temporallappenepilepsie* oder *Fugue mit organischer Genese* gilt, daß bei den letzteren Störungen die Aktivitäten und Handlungen eher ziellos und fragmentarisch erscheinen und die Stimmung der Betroffenen eher dysphorisch ist. Für die dissoziative Fugue spricht in aller Regel die Übernahme einer neuen Identität, was andererseits eine Abgrenzung zur dissoziativen Identitätsstörung notwendig macht. Die *dissoziative Identitätsstörung* (vgl. unten) ist selten auf einzelne Episoden beschränkt und durch wiederholte Identitätswechsel charakterisiert. Gegenüber der *dissoziativen Amnesie* gelten das zielgerichtete Reisen der Betroffen und die (teilweise) Annahme einer neuen Identität als wesentliche Unterscheidungsmerkmale.

Dissoziative Identitätsstörung (multiple Persönlichkeitsstörung)

> Für dieses Störungsbild ist es charakteristisch, daß eine Person zeitweilig von einem scheinbar in sich kongruenten Persönlichkeitszustand in einen anderen ebenfalls scheinbar in sich kongruenten Persönlichkeitszustand hinüberwechseln kann.

Deshalb wurde diese Störung bisher (im DSM-III[-R]; auch noch in der ICD-10) als »multiple Persönlichkeitsstörung« bezeichnet. Letztere Bezeichnung sollte jedoch zukünftig für diese »symptomatische« dissoziative Störung (wegen einer möglichen Kontamination mit den nichtsymptomatischen »Persönlichkeitsstörungen«) möglichst nicht mehr verwendet werden. Im DSM-IV wurde deshalb die stimmigere Bezeichnung »dissoziative Identitätsstörung« eingeführt.

> Eine Person mit dissoziativer Identitätsstörung kann über zwei und mehr unterscheidbare »Identitäten« verfügen, die nur scheinbar wie integrierte »Persönlichkeiten« anmuten, jedoch nurmehr wenig integrierte Persönlichkeitsmuster oder Persönlichkeitsfacetten darstellen. Bei betroffenen Erwachsenen variiert die beobachtete Zahl zwischen zwei und 100 (letzteres ist eher sehr selten), wobei über die Hälfte der Patienten 10 und weniger dissoziierbare Persönlichkeitszustände aufweisen. Die unterschiedlichen Identitäten verfügen in aller Regel jeweils über eigene Wertmaßstäbe und Verhaltenseigenarten, und jeder der beobachtbaren Persönlichkeitszustände hat Erinnerungslücken oder ein Desinteresse bezüglich des Fühlens und Denkens der anderen Identitäten.

Das Auftreten der anderen Identitäten kann kobewußt sein, d.h., die einzelnen Persönlichkeitszustände wissen um die Gefühle und Gedanken der jeweils anderen; oder es kann separiert bewußt sein, d.h., die unterschiedlichen Identitäten sind abwechselnd präsent und haben wenig oder gar keine Kenntnis voneinander (oder auch beides).

Die dissoziative Identitätsstörung zählte bis zu Beginn der 80er Jahre (als multiple Persönlichkeitsstörung) zu den eher seltenen Störungsbildern. Das lag u.a. daran, daß unter dieser Störungsbezeichnung nur Fälle publiziert wurden, die über *völlig separierte Persönlichkeitszustände* verfügten, die zugleich gegeneinander amnestisch waren. Mit Einführung des DSM-III wurde dieses strenge Kriterium der völlig separierten Persönlichkeiten aufgegeben, was möglicherweise den danach einsetzenden Boom von Publikationen über die multiple Persönlichkeits-/Identitätsstörung mit steigender Tendenz auslöste (dies v.a. in den Vereinigten Staaten und in England). Dort mehren sich inzwischen auch die Forschungsprojekte, in denen jeweils mehr als 100 Fälle untersucht wurden, die zugleich eine sehr hohe Komorbidität der dissoziativen Identitätsstörung mit den verschiedensten Persönlichkeitsstörungen belegen (vgl. die Übersichten bei Ross, 1989; Putnam, 1989; Fiedler, 1998). Möglicherweise stellt die dissoziative Identitätsstörung eine »Grundsymptomatik« unterschiedlicher Persönlichkeitsstörungen dar (vgl. unten).

Ganz im Unterschied dazu findet sich auf dem europäischen Festland die multiple Persönlichkeitsstörung in wissenschaftlichen Arbeiten kaum dokumentiert. Dieser Aspekt hat die Frage der möglichen *Kulturspezifität* der Störung oder Diagnosestellung aufgeworfen. Es ist jedoch zu erwarten, daß die Zurückhaltung in den europäischen Ländern, diese Diagnose zu vergeben, in den nächsten Jahren aufgegeben wird, wenn auch hier die Gründe für die veränderte Diagnosebereitschaft in den USA und in England größere Bekanntheit erhalten. Diese liegen v.a. in der Veränderung des Amnesiekriteriums und in zunehmenden Kenntnissen über die Ätiologie dieser Störung (vgl. unten) begründet.

Bei der Diagnosestellung sollte also zwingend beachtet bleiben, daß der früher in der Störungskennzeichnung verwendete Begriff »Persönlichkeit« lediglich einer historisch bedingten Konvention entspricht, mit der die Eigenarten dieser dissoziativen Störung seit Beginn des Jahrhunderts kontinuierlich gekennzeichnet wurden. Es ist angemessener, zukünftig die weitaus bessere Bezeichnung »dissoziative Identitätsstörung« zu benutzen und zugleich möglichst nurmehr von wechselnden

- Identitäten,
- Persönlichkeitseigenarten,
- Persönlichkeitszuständen oder
- Persönlichkeitsmustern zu sprechen.

Bei den wechselnden Identitäten und Persönlichkeitsmustern der Betroffenen handelt es sich lediglich um zeitweilig dissoziierte Eigenarten ein und derselben Person, auch wenn sie sich dem Beobachter im extremen Fall als scheinbar voneinander unabhängige Persönlichkeiten präsentieren. Sie sind jedoch lediglich »stilisierte Verkörperungen« konfligierender Erinnerungen, Gefühle, Gedanken und Bedürfnisse, die letztlich zu einer schwerwiegenden Identitätsstörung führen (vgl. Fiedler & Mundt, 1996).

■ **Differentialdiagnostische Aspekte.** Differentialdiagnostisch wichtig ist, daß dissoziative Fugue und dissoziative Amnesie häufig beobachtbare Begleitsymptome der dissoziativen Identitätsstörung darstellen. Letztere sind durch das Fehlen wiederholter Wechsel von Persönlichkeitsmustern in der Regel durch eine längere Beobachtung von Patienten abgrenzbar. Einige Symptome der dissoziativen Identitätsstörungen (wie das Gefühl, von anderen beeinflußt zu werden, das Stimmenhören oder mit der Stimme eines anderen zu sprechen) können mit Wahnphänomenen oder Halluzinationen einer Schizophrenie oder bei affektiven Störungen verwechselt werden. Abgesehen davon, daß sich die Erlebensqualität der Symptome bei Psychosen anders ausnehmen dürfte, müssen bei letzteren einige weitere Kriterien erfüllt sein, die Patienten mit multipler Persönlichkeitsstörung gewöhnlich nicht erfüllen (vgl. Kap. 17 in diesem Band). Sehr wohl werden gelegentlich die dissoziativen Identitätsstörungen – wie die schizotypischen und Borderline-Störungen – als Grenzfall bzw. Risikosyndrom der psychotischen Störungen diskutiert, wenngleich im Unterschied zu den beiden Persönlichkeitsstörungen substantielle Belege für diese Annahme fehlen (vgl. Fiedler, 1994). Dennoch werden die schizotypischen wie die Borderline-Persönlichkeitsstörungen häufig gemeinsam mit der dissoziativen Identitätsstörung diagnostiziert. So findet sich der für die Borderlinestörungen typische Wechsel des Selbstbildes und des interpersonalen Verhaltens sowie die Instabilität der Stimmung auch im Zusammenhang mit den spontanen Verhaltensänderungen bei der dissoziativen Identitätsstörung.

20.1.2
Verhaltenstheoretische Erklärung dissoziativer Störungen

Die dissoziativen Störungen lassen sich ätiologisch im Rahmen eines sog. Vulnerabilitäts-Streß-Modells verstehen. Um die Spezifika dieses übergreifenden Verstehensansatzes darstellen zu können, sollen zunächst die vorliegenden empirischen Befunde zur Ätiologie der einzelnen Störungen referiert werden (vgl. auch Spiegel & Cardeña, 1991).

Ätiologie der dissoziativen Amnesie

> In den vergangenen Jahren mehren sich die über Einzelfallanalysen hinausreichenden empirischen Belege dafür, daß die dissoziative Amnesie in aller Regel in engem Zusammenhang mit subjektiv extrem belastenden Ereignissen auftritt. Als solche ist sie häufig Teilkriterium der posttraumatischen Belastungsstörung.

Häufig beobachtet werden dissoziative Erinnerungsstörungen in der Folge von

- Kriegserlebnissen,
- Kindesmißhandlungen,
- Vergewaltigung,
- Ehekonflikten infolge außerehelicher Beziehungen,
- im Zusammenhang mit lebensbedrohlichen Gefahrensituationen sowie

- subjektiv unlösbar scheinenden Lebenssituationen, z.B. nach Trennung oder Scheidung (vgl. Kardiner & Spiegel, 1947; Kopelman, 1987; Loewenstein, 1991; Putnam, 1991).

Für die weitere Forschung in diesem Bereich beachtenswert bleibt der wiederholte Hinweis früher Einzelfallschilderungen, daß eine Neigung zur amnestischen Dissoziation durch frühkindliche traumatische Erfahrungen prädisponiert werden kann (Abeles & Schilder, 1935; Sargant & Slater, 1941).

Ätiologie der dissoziativen Fugue

Wie die dissoziative Amnesie folgt die dissoziative Fugue gewöhnlich auf schwere psychische Belastungen wie unlösbar scheinende Eheprobleme, existentiell bedeutsame Zurückweisungen im Beruf, in lebensbedrohlichen militärischen Konfliktsituationen, im Kontext von Naturkatastrophen.

> Die Ätiologie der Fugue wird gegenwärtig zumeist als akut dissoziativ-amnestisches Reaktionsmuster auf psychosozial extreme Belastungen verstanden (Fiedler & Mundt, 1996).

Als solches kann sie mit Ford (1989) möglicherweise als autoregulative Überlebensstrategie (Kompetenz) gedeutet werden, indem aktuelle Gefahren und Extremkonflikte zeitweilig dissoziieren, um einer innerpsychischen Reorganisation Raum zu geben. Ein ähnliches Verständnis der funktionalen autoregulativen Belastungsverarbeitung wird auch für die dissoziative Amnesie diskutiert (vgl. Fiedler, 1998).

Im Vorfeld der Fugue lassen sich auffällig häufig Anzeichen für eine unterschwellige Depression bzw. deutliche Depressivität finden. Die Fugue wurde deshalb gelegentlich als (unbewußte) Flucht vor latenter Suizidalität bzw. Mordabsicht gedeutet (vgl. Stengel, 1939, 1943) – eine Ansicht, die sich, von seltenen Ausnahmen abgesehen, als wenig haltbar erwies (vgl. Berrington et al., 1956). Die in der Tat überzufällig häufig vorfindbare Depressivität im Vorfeld der Fugue läßt sich als reaktive Belastungsstörung interpretieren, in deren Zusammenhang ein präsuizidales Syndrom nicht ungewöhnlich ist. Berrington et al. (1956) finden zudem Hinweise für einen auffällig häufigen Alkoholmißbrauch im Zusammenhang mit dem Auftreten der Fugue.

Ätiologie der dissoziativen Identitätsstörung

> In aktuelleren US-amerikanischen Studien zur dissoziativen Identitätsstörung (publiziert bis vor kurzem zumeist noch unter der Bezeichnung »multiple Persönlichkeitsstörung«) findet sich recht konsistent die schon früher vermutete Beziehung zwischen sexuellem Mißbrauch oder einer anderen extrem traumatischen Erfahrung in der frühen Kindheit und dem späteren Auftreten der Störung weitgehend bestätigt.

Beispielsweise berichteten nach einer vom National Institute of Mental Health in Auftrag gegebenen Untersuchung (Putnam et al., 1986) 97 (!) der untersuchten 100 Patienten über schwerste traumatische Erlebnisse in ihrer Kindheit, gewöhnlich eine Kombination sexuellen Mißbrauchs und physischer Gewalt, wobei frühe Inzesterfahrungen mit 68% die höchsten Übereinstimmungswerte erreichten (weitere Arbeiten mit ähnlich hohen Zahlen in der Übersicht bei Fiedler & Mundt, 1996). Kritisch eingebracht gegen diese Erhebungen wurde jedoch, daß man die extrem hohen Zusammenhänge mit Blick auf die erhöhte Suggestibilität der Patienten zu relativieren habe (Fiedler, 1997b).

Die Berichte über gravierende traumatisierende Erfahrungen in der Kindheit von Menschen mit dissoziativer Identitätsstörung haben zu einer neuaufgenommenen Beschäftigung mit früheren Theorien zur multiplen Persönlichkeit von Pierre Janet und Morton Prince geführt (Putnam, 1989; Kluft, 1991).

Nach dieser Auffassung ist ein (sich zumeist wiederholendes) frühkindliches Trauma begreifbar als konditionale oder unkonditionale Bedingung, den unerträglichen Erlebenszustand durch einen Wechsel der personalen Identität oder Bewußtheit zu dissoziieren. Ob es sich dabei um autoregulative Selbstschutzprozesse handelt (Trauma als unkonditionale Voraussetzung) oder um steuerbarintentionale Selbstkontrollprozesse (Trauma als konditionale Bedingung), ist weitgehend ungeklärt. Möglicherweise hat die multiple Dissoziation einen hohen Anpassungswert gegenüber traumatischen Erfahrungen. Überstarke Affekte und Erlebnisse werden auf verschiedene Zustände und Identitäten verteilt und im Prozeß der Gedächtnisorganisation jeweils partiell ausgegrenzt. Ursprüngliche Affektlagen und die Bewußtheit der originären Traumaerfahrungen können so außerhalb der bewußten Wahrnehmung gehalten werden.

Vulnerabilitäts-Streß-Modell der dissoziativen Störungen

> Dissoziation kann als eine strukturierte Separation mentaler Prozesse (von Gedanken, Bedeutungen, Erinnerungen oder der Identität) aufgefaßt werden, die zuvor in ganzheitlich erlebte Wahrnehmung und Gedächtnisleistung integriert waren (Spiegel & Cardeña, 1991).

Weitgehende Einigkeit besteht inzwischen über die Annahme, daß Dissoziationen eine extreme Spannbreite unterschiedlicher Phänomene einschließen, die von der allgemeinmenschlichen Möglichkeit zur Routinisierung alltäglicher Abläufe als Kompetenz (wie das nichtreflektierte Autofahren bei gleichzeitiger Diskussion mit dem Beifahrer) bis hin zur Nichterinnerbarkeit zeitlich begrenzter, zugleich zielgerichteter und geordneter Ortsveränderungen etwa von zu Hause fort einschließlich der Übernahme einer neuen Identität (wie im Fall der dissoziativen Fugue als psychischer Störung) reichen. Es gilt inzwischen als gut gesichert, daß zwischen der Dissoziationsneigung und Hypnotisierbarkeit (Suggestibilität) einer Person deutliche Zusammenhänge bestehen. Und so wird die Hypnose selbst zunehmend als *quasi-experimentelle* Möglichkeit genutzt, dissoziative Phänomene zu simulieren, zu untersuchen und zu behandeln (Hilgard, 1986). Weitgehende Übereinstimmung scheint schließlich darüber zu bestehen, daß die vielfach vertretene Ansicht nicht weiter haltbar ist, daß es sich bei voneinander dissoziierten mentalen Prozessen um koexistierende oder alternierende Zustände handelt, die eindeutig separiert seien und mithin keinerlei Einfluß aufeinander ausübten.

Das verhaltenstheoretische Ätiologieverständnis der dissoziativen Störungen folgt grob einem *Vulnerabilitäts-Streß-Modell*, innerhalb dessen sich die Störungen auf der Grundlage von

- Schwere und Unerwartetheit der psychosozialen Belastung (wie bei der dissoziativen Amnesie),
- emotionaler Involviertheit und Belastungsextremisierung (etwa bei der dissoziativen Fugue) und
- wiederholter frühkindlicher Traumatisierung (wie im Fall der dissoziativen Identitätsstörungen) unterscheiden lassen.

> Die dissoziativen Störungen selbst werden innerhalb dieses Ansatzes als *zeitweiliger Verlust der normalerweise integrierend wirkenden Selbstbewußtheit* betrachtet, über den zugleich die Gedächtnisstörungen *als Folge* erklärlich werden. Das Erinnerungsvermögen stellt sich autoregulativ in dem Maße wieder ein, wie die Integrationsleistung des Bewußtseins erneut zunimmt.

Spiegel & Cardeña (1991) unterscheiden drei Möglichkeiten dissoziativer Veränderungen:

- Einerseits können diese den Bereich der Selbstwahrnehmung betreffen;
- zweitens beziehen sie sich auf die Wahrnehmung der Außenwelt;
- drittens können Erinnerungsprozesse betroffen sein.

Die Autoren beziehen sich u.a. auf Analysen von Selbstschilderungen traumatischer Erfahrungen u.a. von Überlebenden bei Erdbeben, Flugzeugunglücken und Tornadoverwüstungen. Sie stellen die Hypothese auf, daß sich dissoziative Phänomene dadurch einstellen könnten, daß den betroffenen Personen durch eine aufmerksamkeitsabsorbierende Fokusbildung auf das traumatische Geschehen zeitweilig keine weiteren Möglichkeiten mehr verfügbar seien, die bedrohlichen Ereignisse anhand persönlicher Erfahrungsbereiche sowie kontextueller Information angemessen zu verarbeiten und zu integrieren. Erklärlich würden zugleich die im Zusammenhang mit posttraumatischen Belastungsstörungen beobachtbaren, sich spontan wiederholenden und mit Schreckerleben aufdrängenden Erinnerungen (*flashbacks*) der Ereignisse, die zuvor ein Maximum an Aufmerksamkeit erhalten hätten.

Diese Theorieperspektive bietet zugleich die Möglichkeit, das erstaunliche Phänomen der zumeist hohen Suggestibilität von Patienten mit dissoziativen Störungen zu erklären. Auch in der Hypnose übernimmt die Zentrierung der Aufmerksamkeit bei gleichzeitiger Dissoziation peripherer Aspekte eine wesentliche Funktion bei der Tranceinduktion und Rapportsicherung. Und das Gelingen der Tranceinduktion hängt eng mit dem Ausmaß der individuell vorliegenden Suggestibilität einer Person zusammen. In diesem Sinne könnte eine möglicherweise diathetisch bedingte erhöhte Suggestibilität als besonderer Vulnerabilitätsmarker oder Prädiktor für die Neigung zur dissoziierenden Verarbeitung traumatischer Erfahrungen betrachtet werden (Putnam, 1991). Und

Hypnose wäre schließlich verstehbar als Modell für eine kontrollierte und strukturierte Dissoziation im Unterschied zu den wenig kontrollierten Symptomen dissoziativer Störungen.

20.1.3
Therapeutisches Vorgehen

In der Behandlung dissoziativer Störungen wird einerseits eine Orientierung am Hauptsymptom dieser Störungsgruppe, der dissoziativen Amnesie, vorgeschlagen. In der Konsequenz fallen die Behandlungsvorschläge der dissoziativen Amnesie, der dissoziativen Fugue und der nicht näher bezeichneten dissoziativen Störungen mit Amnesie recht einheitlich aus. Besondere Beachtung verdient die Behandlung der dissoziativen Identitätsstörung, die in der Folge extremer frühkindlicher Belastungserfahrungen bereits lebenslang Bestand haben kann und deshalb als besonders schwer zu behandeln gilt. In der Folge des starken Interesses, das dieses Störungsbild in den vergangenen Jahren gefunden hat, liegen inzwischen gut ausgearbeitete Behandlungsprogramme vor.

Behandlung bei dissoziativer Amnesie und dissoziativer Fugue

Bei Vorliegen der dissoziativen Amnesie sowie nach einer dissoziativen Fugue sollte therapeutisch auf eine alsbaldige Wiederherstellung der Erinnerungsfähigkeit an die amnestischen Episoden hingearbeitet werden. Anschließend ist der Prozeß der psychischen Reintegration der Wiedererinnerungen psychotherapeutisch zu begleiten. Letzteres wird als besonders wichtig angesehen, wenn sich die dissoziierten Erinnerungen auf subjektiv besonders belastende oder erschreckende Erfahrungen beziehen.

Bei den meisten Patienten mit dissoziativer Amnesie dürfte sich die Erinnerungsfähigkeit in schlichten therapeutischen Gesprächen wieder einstellen, in denen die Patienten zur freien Assoziation über Ereignisse im Vorfeld und Nachfeld der amnestischen Episoden oder auch über aktuelle Phantasien und Träume aufgefordert werden. Dies entspräche der allgemeinen Beobachtung, nach der sich die Erinnerungsfähigkeit der meisten Patienten auch ohne therapeutische Unterstützung innerhalb weniger Stunden und Tage restaurieren kann. Der Vorteil therapeutischer Präsenz und Unterstützung liegt v.a. darin, die Einsichtsfähigkeit in vergessene traumatische Erfahrungen empathisch zu begleiten und damit den

Prozeß ihrer innerpsychischen Verarbeitung zu erleichtern.

■ **Hypnose.** Erst im Falle einer persistierenden Amnesie sollten andere, über das einfache Gespräch hinausgehende Methoden der Erinnerungserleichterung in Betracht gezogen werden. Als wesentliche Möglichkeit gilt die Hypnose. Die betroffenen Patienten gelten allgemein als besonders suggestibel und sprechen entsprechend gut auf das Verfahren an. Grundkenntnisse in der Technik der Hypnose sind für die im Zusammenhang mit der Amnesie notwendigen Tiefenentspannung der Patienten und Gesprächsführung hinreichend (zu den Techniken: vgl. Revenstorf, 1990). Ziel der Gespräche unter Hypnose ist neben der Wiedererinnerung die Initiierung einer Auseinandersetzung mit den eigenen Handlungen und Erlebensweisen während der Amnesie bzw. vor und während der Fugue. Die Vergegenwärtigung traumatischer Erlebnisse kann von entsprechend starken Affekten begleitet sein. Raum und Zeit für eine entsprechende Nachbearbeitung der unter Hypnose wiedererlangten Erinnerungen ist notwendig.

■ **Therapieziele.** Die bisher beschriebenen Vorgehensweisen zielen im wesentlichen auf eine Wiederherstellung der Erinnerungsfähigkeit und auf eine erste Krisenintervention ab. Sie sollten sinnvoll als Voraussetzung für die Aufstellung eines weiterreichenden Behandlungsplans gelten, wenn die eine Amnesie auslösenden Belastungen auf schon länger während zwischenmenschliche oder intrapsychische Konfliktkonstellationen hindeuten. So könnte gelegentlich eine längerfristige Verhaltenstherapie naheliegen, die in ihrer Orientierung fraglos an den jeweils gegebenen zwischenmenschlichen Grundproblemen der Betroffenen auszurichten ist. Beruhen die amnestischen Episoden auf zwischenmenschlichen Belastungen mit privatem oder existentiell-beruflichem Hintergrund, so ist an die Einbeziehung der Angehörigen in die Therapie oder an ihre unterstützende Beteiligung im Kontext psychosozialer Intervention, Resozialisierung oder Rehabilitation zu denken.

Behandlung der dissoziativen Identitätsstörung

■ **Therapieziele.** Angesichts der hohen Wahrscheinlichkeit, mit der sich im Lebenslauf der betroffenen Patienten extrem traumatisierende Erfahrungen finden lassen, wird vom Therapeuten ein hohes Maß an Einfühlungsvermögen gefordert. Es spricht inzwischen viel dafür, daß die Dissoziation der dissoziativen Identitätsstörung in unterschiedliche Persönlichkeitsmuster (oder in unterschiedliche soziale Rollen; Aldridge-Morris,

1989) eine besondere Art von *Selbst- und Vulnerabilitätsschutz* darstellt. Dennoch besteht weitgehend Konsens, die *Integration* der unterschiedlichen, voneinander mehr oder weniger dissoziierten »Persönlichkeiten« bzw. »Identitäten« als allgemeines, auch von den Betroffenen gewünschtes Therapieziel zu betrachten. Da die Therapie damit zugleich auf eine Desintegration der bisher gegebenen Schutzmöglichkeiten zielt, wird verständlich, weshalb die Behandlung allgemein als langwierig, komplex und schwierig beschrieben wird, für die das wechselseitige Vertrauen und eine stabile Therapeut-Patient-Beziehung als wesentliche Voraussetzung für einen langfristig stabilen Therapieerfolg gelten (Braun, 1986; Putnam, 1989; Ross, 1989).

■ **Therapeutische Techniken.** Als zentrale Technik der (in aller Regel als Einzelfallbehandlung zu konzipierenden) therapeutisch gelenkten Integration dissoziierter Persönlichkeitsmuster gilt zwar das *psychotherapeutische Gespräch*. Da sich in der dissoziativen Identitätsstörung jedoch nicht ein einzelnes behandelbares Zielsymptom, sondern zumeist ein größerer Syndromkomplex darstellt, der zugleich die Merkmale einzelner oder mehrerer »echter« Persönlichkeitsstörungen (schizotypisch, Borderline, histrionisch) erfüllen kann, setzt die Behandlung eine genaue Problemanalyse und Therapieplanung voraus sowie eine kontinuierliche Verlaufsdokumentation und – bei gegebener Notwendigkeit – die adaptive Neuorientierung der Behandlungsziele. Folglich werden neben der zentralen personintegrierenden Gesprächsstrategie eine Reihe weiterer direktiv-stützender Verhaltenstherapietechniken eingesetzt (vgl. Ross, 1989; Wilbur & Kluft, 1989; Fiedler, 1998): Die wichtigsten sind:

- kontinuierliche Information und Aufklärung des Patienten über seine Störung, die ätiologischen Zusammenhänge, die Therapieziele und die eingesetzten therapeutischen Verfahren;
- therapeutische Gespräche unter Entspannung/ Hypnose v.a. zur Erleichterung der Wiedererinnerung und Integration dissoziierter und amnestischer Erfahrungen;
- Anleitung und Unterstützung der Patienten zur genauen Dokumentation der unterschiedlichen Persönlichkeits- bzw. Identitätsaspekte (»mapping«; Ross, 1989); dazu weiter auch
- die Nutzung von Video- und Tonbandaufzeichnungen zur Konfrontation der Patienten mit sich selbst in unterschiedlichen Situationen und Rollen;
- verhaltenstherapeutische (zumeist schriftlich ausformulierte) Kontrakte zur Sicherung der

Permanenz therapeutischer Absprachen über die unterschiedlichen, dissoziierten Persönlichkeitsanteile hinweg sowie

- die Intensivierung zwischenmenschlicher Beziehungen, um über sich vielfältig wiederholende Kontakte die therapeutisch integrierten Anteile zwischenmenschlich zu festigen.

20.2
Vorgetäuschte Störungen

> Unter der Bezeichnung vorgetäuschte Störungen (englisch: »*factitious disorders*«) werden im DSM-IV wie in der ICD-10 (dort als *artifizielle Störung* bezeichnet) körperliche Krankheitssymptome oder Symptome psychischer Störungen zusammengefaßt, die durch die Betroffenen selbst künstlich erzeugt (»selbstmanipuliert«) und/oder als scheinbar echte Krankheitsbeschwerden vorgetäuscht werden (in der bisherigen Literatur ist auch noch der stigmatisierende und unrichtige Assoziationen weckende Begriff »Münchhausen-Syndrom« üblich). Feststellbar sind solche Vortäuschungen häufig erst in der Folge langwieriger Diagnosen und Behandlungen.

Als Motiv läßt sich (auch nach längeren therapeutischen Gesprächen) zumeist nur erschließen, daß die Betroffenen mit großem Vortäuschungsgeschick bemüht sind, die Krankenrolle einzunehmen und sich immer wieder in Krankenhäuser aufnehmen zu lassen.

20.2.1
Beschreibung der vorgetäuschten Störungen

> Beide Diagnosesysteme unterteilen die Störung in eine Vortäuschung körperlicher vs. psychischer Störungen.

Daß die Vortäuschung psychischer Störungen in der Literatur selten berichtet wird, mag damit zusammenhängen, daß sich die Störungen dieser Patienten zumeist in eine der vorhandenen Diagnosekategorien v.a. im Bereich der somatoformen und dissoziativen Störungen anders einordnen lassen. Was die Vortäuschung körperlicher Symptome betrifft, so zeigt sich, daß sich in ihr

die gesamte Spannbreite möglicher körperlicher Beschwerden widerspiegelt und daß somit prinzipiell jede bekannte körperliche Krankheit vorgetäuscht und artifiziell erzeugt werden kann.

Innerhalb der einzelnen Syndrombereiche *körperlicher Erkrankungen* dominieren folgende Symptomgruppen (vgl. Eckhardt, 1989):

- bei den gastrointestinalen Symptomen die Bauchkoliken, Appendizitis und Magen-Duodenal-Ulkus;
- im neurologischen Syndrombereich Kopfschmerzen und Krampfanfälle;
- Pyelonephritis, Makrohämaturie und Nierenkoliken im urologischen Kontext;
- Epistaxis und allgemeine Blutungsneigung bei den hämatologischen Symptomen;
- der Myokardinfarkt dominiert den Bereich kardialer Symptome;
- Fieber wird neben Thermometermanipulationen v.a. auch künstlich durch Injektionen körperfremder Substanzen erzeugt;
- im endokrinologischen Bereich wurden v.a. Hyperkalzämien und Hyperkaliämien beobachtet;
- vorgetäuschte gynäkologische Symptome reichen von der vorgetäuschten Ovarialzyste über Polymenorrhoe und Amenorrhoe bis zur Manipulation von Vaginalblutungen und Vortäuschung maligner Erkrankungen.

■ **Differentialdiagnostische Aspekte.** Die vorgetäuschten Störungen sind üblicherweise nicht intentional simuliert, weshalb sie differentialdiagnostisch von der *Simulation* abzugrenzt werden müssen. Simulation ist zweckgerichtete Täuschung. Im englischen Sprachraum wird im Zusammenhang mit der Simulation noch zwischen »malingering« (eine Krankheit absichtlich vortäuschen; dies ist die diagnostische Bezeichnung) und »deception« (als absichtliche Vortäuschung allgemeiner gemeint, einschließlich betrügerischer Motive) unterschieden.

> In den Diagnosesystemen ist der Begriff Simulation *ausschließlich* für eindeutig rekonstruierbare intendierte Vortäuschungen reserviert. Simulation bezeichnet (als »malingering«) das *absichtliche* Erzeugen falscher oder stark übertriebener Symptome und ist *durch externe Anreize motiviert*. Der Simulation fehlen also die für die vorgetäuschten Störungen beschriebenen Merkmale der scheinbaren Unmotiviertheit und Zwanghaftigkeit.

Nach genauer Diagnose sollten sich für die Simulation immer eindeutige Begründungen aus den aktuellen Lebensumständen der Betroffenen herleiten lassen. Insofern ist nicht auszuschließen, daß Simulation ein den Umständen entsprechendes *angepaßtes* Verhalten darstellen kann (z.B. das Vortäuschen einer Erkrankung, um menschenunwürdigen Bedingungen in Kriegsgefangenschaft durch Hospitalisierung wenigstens zeitweilig zu entgehen).

20.2.2
Verstehensansätze

Entstehungs- und Verlaufsbedingungen der vorgetäuschten Störungen sind weitgehend ungeklärt, zumal systematische Untersuchungen in diesem Bereich fehlen. Die zahlreichen Einzelfallanalysen ermöglichen ein Spektrum unterschiedlicher Hypothesen. Eckhardt (1989) verweist auf einige Gemeinsamkeiten in der Kindheits- und Familiengeschichte der Betroffenen: Viele Patienten kommen aus schwierigen ökonomischen Verhältnissen. Frühe Trennungs- und Verlustereignisse (durch Tod eines Elternteils; Trennung der Eltern; Umsiedlungen während der Kindheit) werden gehäuft berichtet. Auffallend ist auch, daß viele Patienten bereits in früher Kindheit längerdauernde Erfahrungen in und mit Institutionen gemacht haben (mehrmonatige Krankenhausaufenthalte; längere Unterbringung in Erziehungsheimen und Internaten). In ihren Psychotherapien beschreiben viele Patienten ihre Eltern als abweisend und kalt. Diesen Fallschilderungen entsprechend waren sie während der Kindheit in hohem Maße körperlichen und seelischen Mißhandlungen und Deprivationserfahrungen ausgesetzt.

Die ätiologietheoretische Diskussion dieser Lebenslaufanalysen verweist zumeist auf zwei Verstehensperspektiven (Eckhardt, 1989; Fiedler & Mundt, 1996): *Einerseits* lassen sich die vorgetäuschten Störungen als spezifische Symptomatik eines anderen Syndrombereichs psychischer Störungen auffassen, für den dann jeweils das entsprechende Ätiologieverständnis als Erklärungshintergrund und Behandlungsorientierung dienen könnte. Eine der häufigsten Vermutungen geht übrigens dahin, die vorgetäuschten Störungen als spezifische Form einer dissoziativen Störung aufzufassen. *Andererseits* wird eine besonders schwere und spezifische Einseitigkeit einer Persönlichkeitsstörung als Ätiologieperspektive vorgeschlagen. Dabei werden insbesondere die histrionische, die dissoziale bzw. die Borderline-Persönlichkeitsstörung als Möglich-

keiten genannt (zur Ätiologie und Behandlung dieser Störungen s. Fiedler, 1997a).

20.2.3
Behandlung

Bis in die 70er Jahre hinein werden die vorgetäuschten Störungen als therapeutisch kaum oder nicht behandelbar dargestellt. Erst in den letzten 20 Jahren wurden zunehmend psychologische Therapieansätze vorgestellt. Fast alle Autoren beschäftigen sich dabei mehr oder weniger ausführlich mit dem paradoxen Eingangsproblem der Psychotherapie einer Krankheitsvortäuschung, daß sich nämlich die Patienten einer psychologischen Behandlung widersetzen könnten, die die selbstmanipulierte (teils real gesundheitsbedrohliche) Symptomatik als Krankheit anzweifelt. Nach aller Erfahrung muß offensichtlich jeweils im Einzelfall sorgfältig abgeschätzt werden, wann der Patient im psychotherapeutischen Prozeß mit der *Vortäuschung als psychisches Problem mit Behandlungswert* konfrontiert werden kann, um keinen vorzeitigen Therapieabbruch zu provozieren und damit der Therapeut zugleich die Kontrolle über den therapeutischen Prozeß nicht aus der Hand gibt (zum Konfrontationsparadox ausführlich: Eckhardt, 1989).

Der Zeitpunkt der psychoedukativen Konfrontation ist v.a. für jene Patienten sorgsam zu bestimmen, bei denen das selbstzerstörerische Agieren als Abwehr einer weiteren drohenden psychischen Desintegration aufgefaßt werden kann (im Sinne dissoziativer Störungen als Grundproblematik oder im Kontext des fluktuierenden Symptombildes bei Borderlinestörungen). Einige Autoren schlagen deshalb vor, die Verhaltenstherapie möglichst von zwei oder sogar mehr Therapeuten (und/oder informellen Helfern) mit eindeutiger Funktions- und Rollenteilung durchführen zu lassen und – v.a. wenn die Behandlung auf Station durchgeführt wird – das Stationsteam über wichtige Entwicklungen und Entscheidungen in der Therapie auf dem laufenden zu halten (Yassa, 1978; Jamieson et al., 1979; Klonoff, 1983/84).

Beispiel

So bemühte sich beispielsweise in einem psychoedukativ-konfrontierenden Therapieansatz von Wedel (1971) der erste Therapeut (Sozialarbeiter), zunächst eine stützend-zugewandte Beziehung zum Patienten aufzubauen. Er versuchte diese Stützungsfunktion beizubehalten, während zeitlich versetzt ein zweiter Therapeut (Oberarzt) in Gegenwart weiterer Personen (Stationsarzt, Stationsschwester) den Patienten behutsam mit der Selbstmanipulation konfrontierte.

Insgesamt besteht eine der Hauptaufgaben in der beginnenden Therapie in der Suche nach geeigneten Formen, mit oder für den Patienten einen für diesen akzeptierbaren Übergang von der organmedizinisch-symptomatischen Behandlung (die zumeist als Folge der Selbstmanipulation notwendig ist) zur psychologisch-psychotherapeutischen Intervention zu suchen. Der weitere Fortgang der Therapie selbst hängt dann entscheidend davon ab, innerhalb welcher ätiologietheoretischer Perspektive die im Einzelfall vorliegende Vortäuschung als psychische Störung rekonstruierbar ist (z.B. als dissoziative Störung, Borderline- oder histrionische Persönlichkeitsstörung).

> Generell wird in längerfristiger Perspektive eine jeweils spezifisch zu entwickelnde Kombination aus einsichtsorientierter Psychotherapie und psychoedukativ-stützender Verhaltenstherapie (Information, Aufklärung, Kontraktmanagement und Zukunftsperspektivierung unter Einschluß der Partner und weiterer Familienmitglieder) sinnvoll sein (vgl. Eckhardt, 1989).

20.3
Störungen der Impulskontrolle

> Der Bereich der *Störungen der Impulskontrolle* beinhaltet Verhaltensstörungen, deren charakteristische Gemeinsamkeit in der Unfähigkeit der Betroffenen liegt, einem Impuls, einem inneren Antrieb oder einer Versuchung zu widerstehen, wiederholt Handlungen durchzuführen, die zugleich die Möglichkeit einschließen, der handelnden Person selbst oder anderen Schaden zuzufügen.

Dieser Störungsbereich umfaßt fünf spezifische Störungen:

- intermittierend explosible Störung,
- pathologisches Spielen,
- Pyromanie,
- Kleptomanie sowie
- Trichotillomanie.

Er stellt innerhalb der Klassifikationssysteme ICD-10 und DSM-IV über das Merkmal des »impulsiven Kontrollverlustes« definitorisch eine für die genannten Störungen festgelegte Restkategorie dar.

Die Restkategorisierung impliziert, daß spezifische Störungen der Impulskontrolle als Symptome einer ganzen Reihe weiterer Syndrome auftreten können. So finden sie sich beispielsweise als jeweils prominente Merkmale bei:

- Mißbrauch von Alkohol und anderen psychotropen Substanzen (vgl. Bd. 2, Kap. 15),
- bei den Paraphilien (vgl. Bd. 2, Kap. 19),
- bei Störungen des Eßverhaltens (vgl. Bd. 2, Kap. 13) sowie
- bei unterschiedlichen Persönlichkeitsstörungen (vgl. Fiedler, 1997a), die *definitionsgemäß* bei Diagnosestellung der hier behandelten fünf Störungsbilder ausgeschlossen werden müssen.

20.3.1
Intermittierend explosible Störung

> Die Diagnose *intermittierend explosible Störung* findet Anwendung bei Personen, die in umschriebenen Episoden und spontan mit einem Verlust der Kontrolle über ihre aggressiven Impulse reagieren.

Das Ausmaß der gezeigten Aggressivität steht üblicherweise in keinem Verhältnis zu den jeweils findbaren Anlässen und kann bis zu schweren Gewalttätigkeiten oder bis zur Zerstörung von Eigentum ausarten. Die Kennzeichnungen »intermittierend« und »explosibel« sollen verdeutlichen, daß die spontane Aggressivität »anfallsartig« anläßlich eines scheinbar nichtigen Anlasses aus einer bis dahin gegebenen ruhigen und unauffälligen Interaktionsfolge heraus »explodieren« kann und daß die Kontrolle über die Aggressivität mit zumeist auffälliger Beruhigung gleichfalls innerhalb kurzer Zeit wiederhergestellt scheint – und zwar unabhängig von der Dauer der Aggressionsepisoden.

In der Folge ihrer gewalttätigen Ausbrüche zeigen die meisten Betroffenen unmittelbar echte Reue und Betroffenheit über die anderen zugefügten Verletzungen und angerichteten Schäden, und sie machen sich Selbstvorwürfe angesichts der möglicherweise zu erwartenden Konsequenzen ihrer Handlungen.

> Reue, Schamgefühl und Selbstvorwürfe gelten als Indikatoren zur Abgrenzung gegenüber spontaner Gewalt bei dissozialen Persönlichkeitsstörungen (vgl. Fiedler, 1997a).

Die psychosozialen Folgen explosibler Gewaltanwendung können beträchtlich sein. Es können Haftstrafen drohen oder Zwangseinweisungen in eine psychiatrische Klinik angeordnet werden. Bei Gewaltanwendung in der Familie kann der Fortbestand der Ehe gefährdet sein oder ein sicheres Arbeitsverhältnis bei gewalttätiger Auseinandersetzung am Arbeitsplatz. Monopolis & Lion (1983) fanden in einer ersten epidemiologischen Interviewstudie mit dem DSM-III unter 830 Patienten in Allgemeinkrankenhäusern immerhin 2,3 Prozent, auf die die Diagnose der intermittierend explosiblen Störung hätte zutreffen können.

Ätiologie

Neurologische Spekulationen zur intermittierend explosiblen Störung betreffen die Möglichkeiten unterschwellig nachwirkender organischer Hirnschädigungen in der Folge von Schädel-Hirn-Traumen oder Hirnhauterkrankungen (Lion, 1989). Im Sinne der aktuellen Diagnosegepflogenheiten kann die Diagnose der intermittierend explosiblen Störungen bei organischer Verursachung jedoch nicht mehr vergeben werden. Die Besonderheit der ICD-10, die gewalttätige Impulsivität zusammen mit den Borderline-Persönlichkeitsstörungen der Gruppe der emotional instabilen Persönlichkeitsstörungen zuzuordnen, verweist auf eine möglicherweise eher zutreffende Ätiologieperspektive: Es gibt durchaus plausible Gründe für die Annahme, die intermittierend explosiblen Störungen als Ausdruck einer eher »männlichen« Variante der häufiger bei Frauen diagnostizierten Borderline-Persönlichkeitsstörung aufzufassen (Fiedler, 1994). Bei beiden Störungsbildern finden sich instabile Erziehungsmuster seit frühester Kindheit, frühe Deprivationserfahrungen sowie das Miterleben bzw. die Erfahrung extremer Gewaltanwendung durch die und zwischen den Eltern (Bach-y-Rita et al., 1971). Gelegentlich wurde auch die Vermutung geäußert, daß der regelhafte, abrupte Wechsel von aggressiven und nichtaggressiven Episoden als Ausdruck einer besonderen Form der dissoziativen Identitätsstörung angesehen werden könnte (»Dr.-Jekyll-Mr.-Hyde-duality«; so Lion, 1989, S. 2475;

vgl. oben Abschn. 20.1). Eine sorgfältige, v.a. ätiologische Hypothese mit einschließender Differentialdiagnostik dürfte wesentlich zur Entscheidungssicherheit bei der Begründung therapeutischer Strategien beitragen.

Behandlung

Bei den verhaltenstherapeutischen Ansätzen zur Behandlung der intermittierend explosiblen Störung handelt es sich zumeist um unterschiedliche Formen des systematischen Einübens neuer und zur Aggressivität alternativer Handlungs- und Problemlösungsmuster, die in aller Regel ein hochgradig kooperierendes Team gut ausgebildeter Therapeuten voraussetzen (Wong et al., 1987; Romoff, 1987). Trotz aller Strukturiertheit der Programme werden die konkreten Behandlungsschritte auf einzelne Personen ausgerichtet und setzen deshalb höchst individuelle Problem-, Defizit- und Kompetenzanalysen voraus.

Besonderes Gewicht wird auf das Herausarbeiten der für die jeweilige Person typischen *Aggressionsauslöser* (interpersonelle Risikomerkmale) gelegt. Die unterschiedlichen Programme setzen recht übereinstimmend Behandlungsschwerpunkte in folgenden Bereichen (vgl. Roth, 1987):

- Verbesserung der Wahrnehmung interpersoneller Risikomerkmale und der eigenen gefühlsmäßigen Reaktionen auf diese Risikofaktoren;
- Einübung alternativer Fertigkeiten im Umgang mit aggressionsstimulierenden Bedingungen, v.a. das Erlernen neuer Formen, Ärger und Wut situationsangemessen auszudrücken, eigene Interessen und Bedürfnisse aggressionsfrei zu artikulieren etc.;
- frühzeitige Beteiligung von Angehörigen an der Erarbeitung und Erprobung neuer zwischenmenschlicher Konfliktlösungsmuster.

20.3.2 Kleptomanie

> Zwanghaften Impulsen zum Stehlen von Gegenständen, die weder zum persönlichen Gebrauch noch wegen ihres Geldwertes benötigt werden, nicht widerstehen zu können, ist das Hauptmerkmal der Kleptomanie.

Die Störung kann bereits in der Kindheit beginnen und mit längeren, rückfallfreien Intervallen bis ins hohe Erwachsenenalter andauern. Zur Abgrenzung gegenüber einem nichtpathologischen

Diebstahlverhalten (zweckmotivierte oder spontan-unsinnige Ladendiebstähle), aber auch gegenüber einer Simulation (Simulation zwanghaft-pathologischen Diebstahlverhaltens zur Vermeidung von Strafe) sind folgende Merkmale für diesen Störungsbereich typisierend:

- Die betroffenen Personen beschreiben gewöhnlich eine steigende innere Anspannung oder Erregung vor der Tat sowie ein Gefühl der Entspannung und Befriedigung während der Tat oder unmittelbar nachfolgend.
- Sie führen die Tat allein und ohne Komplizen durch.
- Zwischen den Diebstählen können Angst, Scham- und Schuldgefühle auftreten, weshalb die gestohlenen Gegenstände häufig weggeworfen oder verschenkt werden.

■ **Differentialdiagnostische Aspekte.** Kleptomanisches Handeln als alleinstehende Störung scheint eher selten zu sein. Es tritt zumeist im Kontext anderer psychischer Störungen auf, weshalb eine genaue Differentialdiagnose als unerläßlich angesehen wird. Die ICD-10 nennt – v.a. als Möglichkeit der Abgrenzung zu einer dissozialen Persönlichkeitsstörung – folgende Differenzierungsaspekte (Dilling et al., 1991, S. 225):

- wiederholter Ladendiebstahl ohne deutliche psychische Störung: In diesen Fällen sind die Handlungen sorgfältiger geplant, und der persönliche Nutzen ist offensichtlich;
- organisch bedingte psychische Störung: wiederholtes Nichtbezahlen von Waren als Folge schlechten Gedächtnisses und anderer Arten intellektueller Beeinträchtigung;
- depressive Störung mit Diebstahl: Einige depressive Patienten stehlen wiederholt, solange die depressive Störung anhält.

Ätiologie

In Fallbeschreibungen wird recht konvergent auf das Auftreten deutlicher Gefühlsschwankungen in Richtung einer extrem ängstlich-phobischen und/oder depressiven Verstimmung im zeitlich unmittelbaren Vorfeld kleptomanischer Episoden hingewiesen, die in einigen Fällen die Kriterien dysthymer Störungen bis zur majoren Depression erfüllten (vgl. Goldman, 1991). In den meisten Fällen hatte die Diebstahlhandlung selbst eine affektstabilisierende Wirkung, die von den Betroffenen als lustvoll oder entspannend beschrieben wird (negative Verstärkung als verhaltenstheoretisches Erklärungsprinzip).

Verhaltenstheoretische Erklärungsversuche betrachten die Kleptomanie auch noch als mögliches Symptom einer dissoziativen Störung. 12% der von Bradford & Balmaceda (1983) untersuchten Personen, die wegen Ladendiebstahl verurteilt worden waren, wiesen weitere dissoziative Störungen auf. Es waren dies insbesondere jene Personen, die zugleich die beschriebenen Gefühlsschwankungen der Kleptomanie zeigten. Mit Elizur & Jaffe (1968) erinnert die Amnesie einiger Patienten gegenüber den genauen Abläufen während der Tatausführung an fugueähnliche Prozesse. Auch Goldman (1991) greift diese Denkfigur auf. Mit seiner Detailanalyse publizierter Kasuistiken macht er darauf aufmerksam, daß in den Fallbeschreibungen, die auf genaue Lebenslaufanalysen durch Interviews und Psychotherapien aufbauen können, regelhaft über frühe traumatische Erfahrungen (Inzest und/oder extreme Gewalterfahrungen) in früher Kindheit und Jugend berichtet wurde. Frühe Kindesmißhandlungen spielen im ätiologischen Kontext der schweren dissoziativen Störungen (wie der dissoziativen Identitätsstörung; vgl. Abschn. 20.1.3) eine bedeutsame Rolle.

Insgesamt bleibt zu beachten, daß die Kleptomanie auch eine *Eigendynamik* hin zur Gewohnheitstat entwickeln kann, die sich schließlich nurmehr schwer von dem intentionalen Diebstahlverhalten unterscheiden läßt. Da systematische Untersuchungen zur Kleptomanie fehlen, bleiben die bisherigen, zumeist aus Einzelfällen gewonnenen Überlegungen zur Ätiologie weitgehend spekulativ. Sie sind deshalb nur mit großer Zurückhaltung generalisierbar.

Behandlung

Von Verhaltenstherapeuten wurden bisher mehrere kontrollierte Einzelfallstudien vorgelegt. Mit den Patienten wurden v.a. Selbstkontrollmethoden mit dem Ziel der selbstinduzierten frühzeitigen Unterbrechung kleptomanischer Episoden eingeübt (z.B. McConaghy & Blaszcynski, 1988). So trainierte Kreutzer (1972) eine Patientin dahingehend, während des Aufkommens von Diebstahlimpulsen, den Atem anzuhalten und das Kaufhaus zu verlassen. Leider beschränkte sich seine Follow-up-Kontrolle auf einen kurzen Zeitraum von 10 Wochen. 2-Jahres-Katamnesen wurden in zwei Fallstudien durchgeführt, in denen Patientinnen kleptomanische Episoden erfolgreich mit »covert sensitization« bewältigen lernten – einer Einübung aversiver Phantasien, die von den Betroffenen bei Diebstahlimpulsen selbst induziert werden (Glover, 1985; Gauthier & Pellerin, 1982).

Gerade die letztgenannten Studien zeigen, daß kleptomanische Episoden durchaus selbstkontrollierbar sind. Eine ganze Reihe Autoren verweisen denn auch darauf, daß die von ihnen untersuchten und behandelten Patienten berichten, daß sie Diebstahlimpulse bisher am besten dadurch kontrollieren und unterbinden konnten, indem sie ihr Einkaufsverhalten mittels Listen strikt reglementierten und nur noch die nötigsten Einkäufe in genau festgelegten Zeitabschnitten tätigten (vgl. Goldman, 1991).

20.3.3
Pathologisches Spielen

Pathologisches Spielen wird als chronische und zumeist fortschreitende Unfähigkeit aufgefaßt, der Versuchung zum Glücksspiel und anderem Spielverhalten zu widerstehen und zwar mit der Folge, daß es die Lebensführung der betroffenen Personen in einem Ausmaß beherrschen kann, daß es zum Verfall der sozialen, beruflichen, materiellen und familiären Werte und Verpflichtungen kommt.

Ätiologie

Die ätiologietheoretische Diskussion der vergangen Jahre kreist u.a. um das Problem, ob das pathologische Spielverhalten den Abhängigkeitserkrankungen (Süchten) zugerechnet werden soll oder nicht. Diese Diskussion ist wesentlich durch die »Anonymen Alkoholiker« stimuliert worden, die sich mit ihren Selbsthilfegruppen schon längere Zeit auch für pathologische Glücksspieler geöffnet haben (»gambling anonymous«; vgl. auch Scodel, 1964).

Gegen diese Sichtweise sind verschiedene psychopathologische, ätiologietheoretische wie gesellschaftspolitische Gründe kritisch vorgebracht worden (Hand & Kaunisto, 1984 a, b; Saß & Wiegand, 1990): Die Gleichsetzung von stoffgebundenen und nichtstoffgebundenen Süchten verharmlose, daß stoffgebundene Abhängigkeiten zu körperlichen, insbesondere hirnorganischen Veränderungen führen könnten, die die Fähigkeit zur intellektuellen und emotionalen Verarbeitung von Erfahrungen (einschließlich der therapeutischen) beeinträchtigten. Im Fall des pathologischen Spielens sei allenfalls eine *psychische Abhängigkeit* ge-

geben, die bei weiterhin vorhandener intellektueller und emotionaler Handlungsfähigkeit therapeutisch besser beeinflußbar sei.

Im Sinne dieser Auffassung betrachten Verhaltenstherapeuten die Spielabhängigkeit als erlerntes Fehlverhalten, das entsprechend wieder verlernbar sei (Klepsch et al., 1989).

Als Auslöser und aufrechterhaltende Bedingungen werden psychosoziale Belastungen und persönliche Krisen angesehen, denen die Betroffen durch pathologisches Spielen zu entfliehen versuchen (das Spielverhalten verfestigt und verselbständigt sich unter intermittierend wirkender negativer Verstärkung). Die Entwicklung hin zum exzessiven Spielen schließlich ist als Krisenentwicklung verstehbar: Angesichts der sich wiederholenden Rückfälle und der mit ihr einhergehenden privaten wie beruflich-sozialen Folgeprobleme kommt es zur Aufschaukelung psychischer Beschwernisse, die durch das Spiel jeweils kurzfristig Erleichterung und Entlastung durch Ablenkung erfahren (und damit das Spielverhalten bei zunehmender psychosozialer Belastung stabilisieren). Die psychosozialen Anlässe selbst müssen den Spielern als Intention schließlich nicht bewußt sein (Hand, 1986).

Behandlung

In den Therapieansätzen, die eine deutliche Distanz zum Ätiologiemodell der stoffgebundenen Süchte herstellen, steht eine Betonung der eigenen Verhaltensfreiräume und Entscheidungsfreiheit der Betroffenen im Vordergrund – damit verknüpft ist allerdings zugleich das Herausstellen der *Eigenverantwortlichkeit* für das Spielverhalten (Klepsch et al., 1989). Als Hauptaufgabe der Therapie wird konsensuell gefordert, die individuellen und umweltbezogenen Auslöser und die krisenabhängigen aufrechterhaltenden Bedingungen und Funktionen des Spielverhaltens herauszuarbeiten (zur ambulanten Betreuung und Beratung vgl. Düffort, 1989; stationäre Behandlungsansätze: Russo et al., 1984; Russner & Jahrreiss, 1994). Auch innerhalb der stationären Arbeit werden die verhaltenstherapeutischen Zielstellungen entsprechend den jeweils gegebenen individuellen Problemstellungen und Fähigkeiten gesetzt (Klepsch et al., 1989): Sie können sich z.B. auf Kommunikationsfähigkeiten im Rahmen einer problematischen Paarbeziehung, auf den Aufbau sozialer Kompetenz oder auf das Erlernen von Verarbeitungsmechanismen für private und berufliche

Verlustsituationen beziehen. Schließlich verdient die mögliche Suizidneigung vieler Betroffener eine besondere Beachtung (Custer & Linden, 1989).

Obwohl die Betroffenen selbst häufig die finanzielle Notsituation und die Schuldenregulierung in den Mittelpunkt der therapeutischen Behandlung zu rücken versuchen, besteht weitgehend Übereinstimmung, die Bearbeitung dieses Problems aus der psychologischen Therapie auszugrenzen und es in gesonderten Beratungssitzungen (mit dem Entschuldungsproblem vertrauten Beratern oder Institutionen) zu behandeln. In der Psychotherapie selbst sollten vielmehr Wege gesucht werden, die Betroffen damit zu konfrontieren, daß die Beseitigung der Schuldenprobleme keine Lösung der psychischen Abhängigkeit darstellt. Neben der Einzelfallbehandlung gelten schließlich die therapeutische Gruppenarbeit sowie die Beratung und Therapie von Angehörigen für eine Absicherung des Transfers als unverzichtbar (Fiedler, 1993; 1996).

Obwohl inzwischen eine Reihe gut strukturierter Programme zur Behandlung pathologischen Spielens vorliegen, nehmen sich die Behandlungserfolge nach wie vor eher bescheiden aus: Global zusammengefaßt ergibt sich in den (unterschiedlich gut) kontrollierten Studien eine Erfolgsrate von ca. 25% (orientiert an dem Kriterium der Abstinenz; vgl. Klepsch et al., 1989).

20.3.4
Pyromanie

Die Pyromanie zählt zu den psychischen Störungen mit erheblicher destruktiver Auswirkung und mit beträchtlichen Folgewirkungen für andere wie für die Betroffenen selbst.

Die Diagnosekriterien betonen den Verlust der Impulskontrolle, der mit affektiv-positiv getönter, zugleich steigender innerer Anspannung eintreten kann und der üblicherweise in eine unmittelbare, subjektiv als befriedigend erlebte Entspannung einmündet.

Das Vorliegen organischer Ursachen und eine Schizophrenie sind differentialdiagnostisch auszuschließen; die Diagnosen der dissozialen Entwicklungsstörung bzw. antisozialen Persönlichkeitsstörung können zusätzlich vergeben werden (vgl. Fiedler, 1997a).

Ätiologie

Die Pyromanie ist eine eher seltene Störung. Ätiologische Überlegungen basieren deshalb fast ausschließlich auf Einzelfallschilderungen (vgl. Fiedler & Mundt, 1996). Insgesamt lassen die bis heute vorliegenden Fallanalysen keine größere Konvergenz in der Ausdeutung ätiologischer Muster erkennen, wenngleich (wie bei der Kleptomanie) v.a. die Hypothese einer spezifischen dissoziativen Störung naheliegt. Dafür spricht zum Beispiel, daß in der Mehrzahl der Fälle von Pyromanie im Kindes- und Jugendalter Konflikte und Belastungen in den Familien der Brandstifter als wesentliche Auslösebedingungen in Betracht kommen. Die erste Brandstiftung erfolgt häufig in einer Situation, in der Kinder und Jugendliche verstärkt um Zuwendung und Unterstützung bei den Eltern nachsuchen, die ihnen diese aus unterschiedlichen Gründen versagen (Bumpass et al., 1985; Bumpass, 1989).

Behandlung

Verhaltenstherapeutische Behandlungskonzepte der Pyromanie werden seit Beginn der 70er Jahre beschrieben. Sie sehen u.a. folgende Behandlungsstrategien vor:

- Stimulussättigung (als systematische und ausgiebige Einübung der Kinder und Jugendlichen im Umgang mit Feuer bis hin zur Löschung/ Sättigung; Jones, 1981);
- die Verbindung von Einübung in der sicheren Feuerverwendung mit einem Training zur allgemeinen Verbesserung sozialer Fertigkeiten (McGrath et al., 1979);
- das Training erziehungsberechtigter Personen in verhaltenstherapeutischen Prinzipien zur positiven Beeinflussung ihrer pyromanischen Kinder (Kolko, 1983).

Die bisher umfangreichste Behandlungsdokumentation wurde von Bumpass et al. (1983) vorgelegt: Sie behandelten 29 jugendliche und erwachsene Patienten, indem sie mit diesen die genauen Abläufe der bisher erfolgten Brandstiftungen minutiös zu rekonstruieren versuchten (sog. »graphing technique«). Diese Detailanalyse (und der Abfolge) möglicher sozialer Auslöser, erlebter Gefühle und durchgeführter Handlungen zielt u.a. auf eine Verbesserung der Selbstwahrnehmung des Impulskontrollverlustes und damit auf eine Herstellung der Selbstkontrolle über den bis dahin häufig Ich-dyston geschilderten Drang zum Feuerlegen. Diese Analyse dient zudem als Ausgangspunkt einer therapeutischen Bearbeitung auslösender familiärer Belastungen und Krisen.

Angesichts der beträchtlichen Schäden, die Kinder und Jugendliche durch Brandstiftung verschiedentlich verursachen, haben einige Großstädte in den USA spezielle Behandlungsprogramme für polizeilich identifizierte Brandstifter etabliert (vgl. Herbert, 1985; Wooden, 1985). Zum zentralen Element dieser Projekte zählt, daß die Betroffenen als Helfer der Feuerwehr ausgebildet werden und mehrere Stunden an Übungen und Ernsteinsätzen teilnehmen. Durch symbolische Patenschaften, die Feuerwehrleute für einzelne Kinder und Jugendliche (mit regelmäßigen Treffen) übernehmen, sollen die erhofften Wirkungen längerfristig abgesichert werden.

20.3.5
Trichotillomanie

In den vergangenen 100 Jahren ist das Störungsbild des Zwangs zum Ausreißen von Körperhaaren regelmäßig in Fallberichten beschrieben worden. Obwohl typischerweise das Ausreißen von Kopfhaaren beobachtet wird, neigt eine nicht geringe Anzahl von Patienten dazu, zusätzlich auch Haare anderer Körperregionen zu entfernen (v.a. der Augenbrauen, der Augenlider, des Bartes und der Achselbehaarung). Einige wenige zeigen weitere Zwanghaftigkeiten wie das Nägelabbeißen und das Aufessen der gezupften Haare (Trichophagie).

In schweren Fällen zeigen sich als Folge der Trichotillomanie größere kahle Flächen auf der Kopfhaut, die die Patienten zumeist mit Tüchern, Hüten oder einer besonderen Toupiertechnik der verbliebenen Haare zu verbergen trachten. Schamgefühle und eine zunehmende Vermeidung sozialer Kontakte können die Folge sein. Die Fähigkeit der Haarfollikel zur Regeneration ist begrenzt, so daß kahle Kopfhautstellen auf Dauer zurückbleiben können. Da Patienten ihre Trichotillomanie häufig verleugnen, kann eine Hautbiopsie sinnvoll sein, um andere biochemisch-organisch bedingte Ursachen auszuschließen.

Trichotillomanie wird auch bei Patienten mit anderen psychischen Störungen beobachtet (v.a. bei der Schizophrenie, Depression und den Zwängen; vgl. Krischnan et al., 1985). In solchen Fällen wird sie diagnostisch als Symptom der jeweiligen Störung zugeordnet, bewertet und behandelt. Bei Vorliegen einer Persönlichkeitsstörung wird das zwanghafte Haarausreißen hingegen als eigenes Störungsbild beurteilt und behandelt (Fiedler, 1997a).

Ätiologie
Gelegentlich wird auf die symbolische Bedeutung des Haarausreißens als Ausdruck der Trauer hingewiesen und die Trichotillomanie auf entsprechende archaisch unbewußte Wirkungen zurückgeführt (vgl. die kulturabhängigen Ausdeutungen trichotillomanischer Handlungen bei Krishnan et al., 1985).

Klinisch-psychologische und verhaltenstherapeutische Erklärungsansätze rücken die Trichotillomanie in die Nähe von Zwangsstörungen (vgl. den Beitrag über das Zwangssyndrom in diesem Band). Sie erklären v.a. die Aufrechterhaltung der Symptomatik durch die mit ihr einhergehende, teils beträchtliche Reduktion negativer und unbestimmter Affekte (negative Verstärkung; DeLuca & Holborn, 1984).

Behandlung
Wegen des eher seltenen Auftretens der Störung liegen bislang ausschließlich Einzelfallbeschreibungen vor, die in der *Verhaltenstherapie* teilweise einem Einzelfalldesign zur systematischen Effektabschätzung unterworfen wurden (vgl. Ratner, 1989). Auf diese Weise wurden v.a. vier Behandlungstechniken untersucht:

- der Einsatz von Unterbrechungs- und Rückmeldestrategien (Selbstbeobachtung) zur Erhöhung der Eigenwahrnehmung und Selbstkontrolle des ansonsten routiniert ablaufenden Haareausreißens, zumeist gekoppelt mit
- verschiedenen Formen der positiven Bekräftigung bei vorzeitigem Abbruch und selbstgesetzte negative Konsequenzen bei Versagen der Selbstkontrolle (instrumentelle Neukonditionierung; DeLuca & Holborn, 1984);
- Entspannungstechniken zur Reduktion der die Symptomatik provozierenden negativen und

unbestimmten Affekte (Gegenkonditionierung/ Löschung; DeLuca & Holborn, 1984); schließlich

- die systematische Einübung in kognitiven Techniken der Selbstkontrolle und des interpersonellen Selbstvertrauens bei vorliegender Scham (Ottens, 1981).

Verschiedentlich wurde anstelle von Relaxationsverfahren auch Hypnose zur Entspannung eingesetzt (Fabbri & Dy, 1974), z.T. unter Ausnutzung der Möglichkeit posthypnotischer Aufträge (z.B. zum Handlungsstopp bei aufkommender Neigung zum Haareausreißen und zur Ausführung alternativer Handlungen). Die berichteten Behandlungserfolge ließen sich jeweils katamnestisch absichern. Lediglich solitär eingesetzte Entspannungstechniken scheinen eher moderate Wirkungen auf das Haarausreißen zu entfalten, weshalb sie jeweils in multimodale Verhaltenstherapieprogramme integriert werden sollten.

Zusammenfassung

Die *dissoziativen Störungen* (dissoziative Amnesie, dissoziative Fugue, dissoziative Identitätsstörung) kennzeichnen einen mehr oder weniger deutlicher Verlust der psychischen Integration, der sich auf Prozesse der Erinnerung an die Vergangenheit, auf das Identitätsbewußtsein sowie auf das Kontrollerleben von Körperempfindungen und Körperbewegungen bezieht. Als *vorgetäuschte Störungen* wird das artifizielle Erzeugen oder auch das Vortäuschen organischer oder psychischer Symptome bezeichnet. Die Motivation der selbstmanipulierten Störungserzeugung bzw. Krankheitsvortäuschung erscheint zunächst unklar, da sie sich – v.a. im Unterschied zur differentialdiagnostisch abgrenzbaren *Simulation* – nicht aus äußeren Gründen und Zweckerwägungen der Betroffenen herleiten läßt. Der Bereich der *Störungen der Impulskontrolle* schließlich beinhaltet Verhaltensstörungen, deren charakteristische Gemeinsamkeit in der Unfähigkeit der Betroffenen liegt, einem Impuls, einem inneren Antrieb oder einer Versuchung zu widerstehen, Handlungen durchzuführen, die zugleich die Möglichkeit einschließen, der handelnden Person selbst oder anderen Schaden zuzufügen. Dieser Störungsbereich umfaßt die fünf spezifischen Störungen:

- die intermittierend explosible Störung,
- das pathologische Spielen sowie
- die Pyromanie, Kleptomanie und Trichotillomanie.

Die unterschiedlichen Störungen dieser drei Syndromgruppen werden beschrieben und ätiologietheoretisch begründete Konzepte ihrer verhaltenstherapeutischen Behandlung vorgestellt.

Literatur

Abeles, M. & Schilder, P. (1935). Psychogenic loss of personal identity. *Archives of Neurology and Psychiatry, 34,* 587–604.

Aldridge-Morris, R. (1989). *Multiple personality: an excercise in deception.* Hillsdale: Erlbaum.

American Psychiatric Association (1987). *Diagnostic and statistical manual of mental disorders* (3rd ed.; revised). Washington/DC: American Psychiatric Association [deutsch: (1989). *Diagnostisches und Statistisches Manual Psychischer Störungen DSM-III-R.* Weinheim: Beltz].

Bach-y-Rita, G., Lion, J. R., Climent, C. E., & Ervins, F. R. (1971). Episodic dyscontrol: a study of 130 violent patients. *American Journal of Psychiatry, 127,* 1473–1478.

Berrington, W. P., Liddell, D. W. & Foulds, G. A. (1956). A re-evaluation of the fugue. *Journal of Medical Science, 102,* 280–286.

Bradford, J. & Balmaceda, R. (1983). Shoplifting: is there a specific psychiatric symptom? *Canadian Journal of Psychiatry, 28,* 248–253.

Braun, B. G. (1986). *Treatment of multiple personality disorder.* Washington/DC: American Psychiatric Press.

Bumpass, E. R. (1989). Pyromania. In American Psychiatric Association (Ed.), *Treatments of psychiatric disorders* (Vol. 3; pp. 2468–2473). Washington/DC: APA.

Bumpass, E. R., Fagelman, F. D. & Brix, R. J. (1983). Intervention with children who set fire. *American Journal of Psychotherapy, 37,* 328–345.

Bumpass, E. R., Brix, R. J. & Reichland, R. E. (1985). Triggering events, sequential feelings and firesetting behavior in children. *Journal of the American Academy of Child Psychiatry, 10,* 18–19.

Custer, R. & Linden, R.D. (1989). Pathologic gambling. In American Psychiatric Association (Ed.), *Treatments of psychiatric disorders* (Vol. 3; pp. 2463–2466). Washington/DC: APA.

DeLuca, R. V. & Holborn, S. W. (1984). A comparison of relaxation training and competing response training to eliminate hair pulling and nail biting. *Journal of Behaviour Therapy and Experimental Psychiatry, 15,* 67–70.

Dilling, H., Mombour, W. & Schmidt, M. H. (1991). *Klassifikation psychischer Krankheiten. Klinisch-diagnostische Leitlinien nach Kapitel V (F) der ICD-10.* Bern: Huber.

Düffort, R. (1989). Ambulante Arbeit mit Spielern. In J. Brakhoff (Hrsg.), *Glück – Spiel – Sucht. Beratung und Behandlung von Glücksspielern* (S. 30–44). Freiburg: Lambertus.

Eckhardt, A. (1989). *Das Münchhausen-Syndrom. Formen der selbstmanipulierten Krankheit.* München: Urban & Schwarzenberg.

Elizur, A. & Jaffe, R. (1968). Steeling as a pathological symptom. *Israelian Journal of Psychiatry and Related Sciences, 6*, 52–61.

Fabbri, R. & Dy, A. J. (1974). Hypnotic treatment of trichotillomania: two cases. *International Journal of Clinical and Experimental Hypnosis, 22*, 210 – 215.

Fiedler, P. (1993). Angehörigengruppen in der psychosozialen Versorgung (Editorial). *Zeitschrift für Klinische Psychologie, 22*, 254–263.

Fiedler, P. (1996). *Verhaltenstherapie in und mit Gruppen.* Weinheim: Psychologie Verlag Union.

Fiedler, P. (1997a). *Persönlichkeitsstörungen* (3. Aufl.). Weinheim: Psychologie Verlag Union.

Fiedler, P. (1997b). Dissoziative Identitätsstörung, multiple Persönlichkeit und sexueller Mißbrauch in der Kindheit. In G. Amann & R. Wipplinger (Hrsg.), *Sexueller Mißbrauch. Überblick zu Forschung, Beratung und Therapie* (S. 217–234). Tübingen: dgvt.

Fiedler, P. (1998). *Dissoziative Störungen.* Weinheim: Psychologie Verlag Union.

Fiedler, P. & Mundt, Ch. (1996). Dissoziative Störungen, vorgetäuschte Störungen und Störungen der Impulskontrolle. In K. Hahlweg & A. Ehlers (Hrsg.), *Psychische Störungen und ihre Behandlung* (Enzyklopädie der Psychologie, Klinische Psychologie, Band 2, in Druck). Göttingen: Hogrefe.

Fisher, C. (1945). Amnestic states in war neurosis: the psychogenesis of fugues. *The Psychoanalytic Quarterly, 14*, 437–468.

Ford, C. V. (1989). Psychogenic fugue. In American Psychiatric Association (Ed.), *Treatments of psychiatric disorders* (Vol. 3; pp. 2190–2196). Washington/DC: American Psychiatric Association.

Gauthier, J. & Pellerin, D. (1982). Management of compulsive shoplifting through covert sensitization. *Journal of Behaviour Therapy and Experimental Psychiatry, 13*, 73–75.

Glover, A. (1985). A case of kleptomania treated by covert sensitization. *British Journal of Clinical Psychology, 24*, 213–214.

Goldman, M. J. (1991). Kleptomania: making sense of the nonsensical. *American Journal of Psychiatry, 148*, 986–996.

Hand, I. (1986). Spielen – Glücksspielen – Krankhaftes Spielen (»Spielsucht«). In D. Korszak (Hrsg.), *Die betäubte Gesellschaft.* Frankfurt/M.: Fischer.

Hand, I. & Kaunisto, E. (1984a). Multimodale Verhaltenstherapie bei problematischem Verhalten in Glücksspielsituationen (»Spielsucht«). *Suchtgefahren, 1*, 1–11.

Hand, I. & Kaunisto, E. (1984b). Theoretische und empirische Aspekte eines verhaltenstherapeutischen Behandlungsansatzes für »Glücksspieler«. *Aktuelle Orientierungen: Suchtgefahren* (Heft 4, S. 55–70). Hamm: Hoheneck.

Herbert, W. (1985). Dousing the kindlers. *Psychology Today, (14)*, 28.

Hilgard, E. R. (1986). *Divided consciousness* (expanded ed.). New York: Wiley.

Jamieson, R., McKee, E. & Roback, H. (1979). Munchhausen's syndrome: an unusual case. *American Journal of Psychotherapy, 33*, 616–618.

Jones, F. D. E. (1981). Therapy for firesetters. *American Journal of Psychiatry, 138*, 261–262.

Kardiner, A. & Spiegel, H. (1947). *War stress and neurotic illness.* New York: Hoeber.

Klepsch, R., Hand, I., Wlazlo, Z., Kaunisto, E. & Friedrich, B. (1989). Pathologisches Spielen. In I. Hand & H.U. Wittchen (Hrsg.), *Verhaltenstherapie in der Medizin* (S. 313–326). Berlin: Springer.

Klonoff, E. (1983/84). Chronic factitious illness: a behavioural approach. *International Journal of Psychiatry in Medicine, 13 (3)*, 173–178.

Kluft, R. P. (1991). Multiple personality disorder. In A. Tasman & S. M. Goldfinger (Eds.), *Review of Psychiatry* (Vol. 10, pp. 161–188). Washington/DC: American Psychiatric Press.

Kolko, D. J. (1983). Multicomponent parental treatment of firesetting in a six year old boy. *Journal of Behaviour Therapy and Experimental Psychiatry, 14*, 349–353.

Kopelman, M. D. (1987). Organic and psychogenic. *British Journal of Psychiatry, 150*, 428–442.

Kreutzer, C. S. (1972). Kleptomania: a direct approach to treatment. *British Journal of Medical Psychology, 45*, 159–163.

Krishnan, K. R. R., Davidson, J. R. T. & Guajardo, C. (1985). Trichotillomania – a review. *Comprehensive Psychiatry, 26*, 123–128.

Lion, J. R. (1989). Intermittent explosive disorder. In American Psychiatric Association (Ed.), *Treatments of psychiatric disorders* (Vol. 3; pp. 2473–2476). Washington/DC: APA.

Loewenstein, R. J. (1991). Psychogenic amnesia and psychogenic fugue: A comprehensive review. In A. Tasman & S. M. Goldfinger (Eds.), *Review of Psychiatry* (Vol. 10, pp. 280–287). Washington/DC: American Psychiatric Press.

McConaghy, S. L. & Blaszczynski, A. (1988). Imaginal desensitization: a cost-effective treatment in two shop-lifters and a binge-eater resistant to previous therapy. *Australian and New Zealand Journal of Psychiatry, 22*, 78–82.

McGrath, P., Marshal, P. G. & Prior, K. (1979). A comprehensive treatment program for a firesetting child. *Journal of Behaviour Therapy and Experimental Psychiatry, 10*, 69–70.

Monopolis, S. & Lion, J. R. (1983). Problems in the diagnosis of intermittend explosive disorder. *American Journal of Psychiatry, 140*, 1200–1202.

Ottens, A. J. (1981). Multifaceted treatment of compulsing hair pulling. *Journal of Behaviour Therapy and Experimental Psychiatry, 12*, 77–80.

Putnam, F. W. (1989). *Diagnosis and treatment of multiple personality disorder.* New York: Guilford.

Putnam, F. W. (1991). Dissociative Phenomena. In A. Tasman & S. M. Goldfinger (Eds.), *Review of Psychiatry* (Vol. 10, pp. 145–160). Washington/DC: American Psychiatric Press.

Putnam, F. W., Guroff, J. J., Silberman, E. K., Barban, L. & Post, R. M. (1986). The clinical phenomenology of multiple personality disorder: review of 100 recent cases. *Journal of Clinical Psychiatry, 47*, 285–293.

Ratner, R. A. (1989). Trichotillomania. In American Psychiatric Association (Ed.), *Treatments of psychiatric disorders* (Vol. 3, pp. 2481–2486). Washington/DC: APA.

Revenstorf (1990). *Klinische Hypnose.* Berlin: Springer

Romoff, V. (1987). Management and control of violent patients at the Western Psychiatric Institute and Clinic. In L. H. Roth (Ed.), *Clinical treatment of the violent person* (pp. 235–260). New York: Guilford.

Ross, C.A. (1989). *Multiple personality disorder: diagnosis, clinical features, and treatment.* New York: Wiley.

Roth, L.H. (Ed.) (1987). *Clinical treatment of the violent person.* New York: Guilford.

Russner, J. & Jahrreiss, R. (1994). Stationäre Therapie pathologischen Glücksspiels. In M. Zielke & J. Sturm (Hrsg.), *Handbuch Stationäre Verhaltenstherapie* (S. 825–830). Weinheim: Beltz – PVU.

Russo, A. M., Raber, J. I., McCormick, R. A. & Ramirez, L. F. (1984). An outcome study of an inpatient treatment program for pathological gamblers. *Hospital and Community Psychiatry, 35,* 823–827.

Sargant, W. & Slater, E. (1941). Amnestic syndromes in war. *Proceedings of the Royal Society of Medicine, 34,* 757–764.

Saß, H. & Wiegand, C. (1990). Exzessives Glücksspielen als Krankheit. Kritische Bemerkungen zur Inflation der Süchte. *Nervenarzt, 61,* 435–437.

Scodel, A. (1964). Inspirational group therapy: a study of gamblers anonymous. *American Journal of Psychotherapy, 18,* 115–125.

Spiegel, D. & Cardeña, E. (1991). Disintegrated experience: The dissociative disorders revisited. *Journal of Abnormal Psychology, 100,* 366–378.

Stengel, E. (1939). Studies on the psychopathology of compulsive wandering. *British Journal of Medical Psychology, 18,* 250–254.

Stengel, E. (1943). Further studies on pathological wandering (Fugues with impulse to wander). *Journal of Mental Science, 89,* 224–241.

Wedel, K. (1971). A therapeutic confrontation approach to treating patients with factitious illness. *Social Work, 16,* 69–74.

Wilbur, C. B. & Kluft, R. P. (1989). Multiple personality disorder. In American Psychiatric Association (Ed.), *Treatments of psychiatric disorders* (Vol. 3, pp. 2197–2216). Washington/DC: APA.

Wong, S. E., Slama, K. M. & Liberman, R. P. (1987). Behavioral analysis and therapy for aggressive psychiatric and developmentally disabled patients. In L. H. Roth (Ed.), *Clinical treatment of the violent person* (pp. 20–53). New York: Guilford.

Wooden, W. S. (1985). The flames of youth. *Psychology Today, 14,* 22–28.

Yassa, R. (1978). Munchhausen's syndrome: a successfully treated case. *Psychosomatics, 19,* 342–344.

Weiterführende Literatur

Eckhardt, A. (1989). *Das Münchhausen-Syndrom. Formen der selbstmanipulierten Krankheit.* München: Urban & Schwarzenberg.

Fiedler, P. (1998). *Dissoziative Störungen.* Weinheim: Psychologie Verlag Union.

Fiedler, P. & Mundt, Ch. (1996). Dissoziative Störungen, vorgetäuschte Störungen und Störungen der Impulskontrolle. In K. Hahlweg & A. Ehlers (Hrsg.), *Psychische Störungen und ihre Behandlung* (Enzyklopädie der Psychologie, Klinische Psychologie, Band 2, in Druck). Göttingen: Hogrefe.

Spiegel, D. (1993). *Dissociative disorders: a clinical review.* Lutherville/MD: Sidran Press.

Spiegel, D. & Cardeña, E. (1991). Disintegrated experience: The dissociative disorders revisited. *Journal of Abnormal Psychology, 100,* 366–378.

Persönlichkeitsstörungen

21

PETER FIEDLER

21.1
Persönlichkeit und Persönlichkeitsstörungen

Jeder Mensch hat seine ganz eigene und unverwechselbare Art und Weise zu denken, zu fühlen, wahrzunehmen und auf die Außenwelt zu reagieren. Die individuellen menschlichen Eigenarten stellen eine einzigartige Konstellation von Gefühlen, Gedanken und Verhaltensweisen dar, die man als Persönlichkeit bezeichnet.

> Persönlichkeit, Persönlichkeitsstile und Persönlichkeitseigenschaften eines Menschen sind Ausdruck der für ihn charakteristischen Verhaltensweisen und Interaktionsmuster, mit denen er gesellschaftlich-kulturellen Anforderungen und Erwartungen zu entsprechen und seine zwischenmenschlichen Beziehungen auf der Suche nach einer persönlichen Identität mit Sinn zu füllen versucht (Fiedler, 1997a, S. 3).

Die Persönlichkeit gestattet es, zu funktionieren, zu wachsen und sich an das Leben anzupassen. Die Persönlichkeit mancher Menschen wird jedoch starr und unflexibel. Statt ihnen die Möglichkeit zu eröffnen, kreativ und unabhängig auf Herausforderungen zu reagieren, bedingen es die charakteristischen Persönlichkeitsstile geradezu, daß die Betreffenden unglücklich, unerfüllt oder außerstande sind, ihr Leben aus eigener Kraft zu gestalten. Statt anpassungsförderliche Persönlichkeitsstile herauszubilden, entstehen bei diesen Menschen Persönlichkeitsstörungen.

■ **Persönlichkeitsstörungen.** Unter Persönlichkeitsstörungen werden vor allem sozial unflexible, wenig angepaßte und im Extrem normabweichende Verhaltensauffälligkeiten verstanden. Im Sinne der modernen psychiatrischen Diagnosesysteme (vgl. unten) dürfen Persönlichkeitsstörungen nur dann als psychische Störung diagnostiziert werden, wenn Persönlichkeitsstile – grob betrachtet – folgende Merkmale tragen:

- wenn bei den betreffenden Menschen ein überdauerndes Muster des Denkens, Verhaltens, Wahrnehmens und Fühlens vorliegt, das sich als durchgängig unflexibel und wenig angepaßt darstellt;
- wenn Persönlichkeitsmerkmale wesentliche Beeinträchtigungen der Funktionsfähigkeit verursachen, sei es im privaten oder beruflichen Bereich, und/oder
- wenn die Betreffenden unter ihren Persönlichkeitseigenarten leiden, und das heißt: wenn die eigene Persönlichkeit zu gravierenden subjektiven Beschwerden führt.

Die Unterscheidung zwischen Persönlichkeitsstil und Persönlichkeitsstörung ist in der Regel eine Frage des Ausprägungsgrades. Bestimmte Persönlichkeitsstile können gewisse Merkmale mit Persönlichkeitsstörungen gemein haben. Persönliche Stile erscheinen jedoch gewöhnlich weniger extrem ausgeprägt.

■ **Salutogenese und Pathogenese der Persönlichkeitsentwicklung.** Für die Persönlichkeitsentwicklung spielen bei allen Menschen die genetische und biologische Prädisposition eine herausragende Rolle. Sie sind wesentliche Grundlage für eine mehr oder weniger stabile und dauerhafte Organisation des Charakters, des Temperaments, des Intellekts und des Körperbaus eines Menschen, die ihm jedoch immer eine letztlich einzigartige Anpassung an die Umwelt ermöglichen. Ob sich diese Voraussetzungen im Einzelfall in Richtung sozial angepaßter persönlicher Stile oder in Richtung Persönlichkeitsstörungen entwickeln, ist von vielen unterschiedlichen entwicklungspsychologischen, sozialen und gesellschaftlichen Faktoren abhängig (vgl. Ätiologie).

Klinische Psychologen und Verhaltenstherapeuten sind viele Jahre davon ausgegangen, daß Persönlichkeit und die spätere Entwicklung von Persönlichkeitsstörungen in der Kindheit geprägt oder angelegt werden und danach weitgehend unveränderlich erhalten bleiben. Neuerliche Erkenntnisse sprechen jedoch gegen diese Annahme in ihrer Ausschließlichkeit. Heute geht man weitgehend übereinstimmend davon aus, daß sich Persönlichkeitsentwicklung fortsetzt und daß die Persönlichkeitsreifung ein kontinuierlicher Prozeß ist, der das ganze Leben weitergeht (Fiedler, 1998a). Dies betrifft auch die Möglichkeit positiver Veränderungen oder die Beeinflußbarkeit von Persönlichkeitsstörungen. Genau diese Perspektive der Salutogenese der Persönlichkeitsentwicklung und damit einhergehend eine immer gegebene günstige positive Beeinflußbarkeit auch gravierender Persönlichkeitsstörungen ist es letztlich, die es hoffnungsvoll und sinnvoll werden läßt, Persönlichkeitsstörungen psychotherapeutisch zu behandeln.

■ **Komplexe Störungen des Interaktionsverhaltens.** Da sich Persönlichkeitsstörungen eines erwachsenen Menschen zumeist in zwischenmenschlichen Beziehungen als problematisch erweisen, betonen die meisten Autoren den Aspekt der Interaktionsstörung. Sie betrachten und beschreiben Persönlichkeitsstörungen zusätzlich zu Konstitutions- oder Temperamentseigenarten vorrangig als *komplexe Störungen des zwischenmenschlichen Beziehungsverhaltens* (vgl. Übersicht unten mit den wichtigsten Kriterien der Persönlichkeitsstörungen in DSM-IV und ICD-10; APA, 1994; WHO, 1993).

Prototypische Merkmale der Persönlichkeitsstörungen gemäß DSM-IV und ICD-10 sowie zugehörige Normalvarianten persönlicher Stile (in Anlehnung an Kuhl & Kazén, 1997).

- Paranoide Persönlichkeitsstörung (mißtrauisch-eigenwillige Persönlichkeit):
  - Überempfindlichkeit gegenüber Kritik der Normorientierung eigenen Handelns sowie ein tiefgreifendes Mißtrauen und Argwohn gegenüber anderen, so daß Motive als böswillig ausgelegt werden. Für Übergänge zur Normalität ist eine Neigung kennzeichnend, die Absichten anderer zu verzerren und sich deutlich abzugrenzen; in superiorer Position kommt hinzu, daß die Loyalität anderer in Zweifel gezogen wird.
- Schizoide Persönlichkeitsstörung (zurückhaltend-einzelgängerische Persönlichkeit):
  - Distanziertheit in sozialen Beziehungen und eine eingeschränkte Bandbreite des Gefühlsausdrucks im zwischenmenschlichen Erleben. Im Übergang zur Normalität findet sich nüchterne Sachlichkeit, Gleichgültigkeit gegenüber Lob und Kritik sowie eine Vorliebe für Unternehmungen, die sie allein ausführen können.
- Schizotypische Persönlichkeitsstörung (ahnungsvoll-sensible Persönlichkeit):
  - Soziale und zwischenmenschliche Defizite, die durch akutes Unbehagen in und durch mangelnde Fähigkeit zu engen Beziehungen gekennzeichnet sind. Es treten Verzerrungen der Wahrnehmung und des Denkens sowie eigentümliches Verhalten auf. Selbst im Normalbereich erhalten viele Ereignisse, Gegenstände und Personen eine emotionale Bedeutung, die weit über ihren rational begründbaren Gehalt hinausgeht.
- Dissoziale Persönlichkeitsstörung (abenteuerlich-selbstbestimmte Persönlichkeit):
  - Rücksichtsloses Durchsetzen eigener Ziele, Mitgerissenwerden von momentanen Eindrücken sowie spontan selbstsicheres Verhalten, durch das andere sich verletzt und erniedrigt fühlen. Fehlende Schuldgefühle und Normverletzungen gehen im Extrem so weit, daß die Betroffenen nicht in der Lage scheinen, vorausschauend zu planen und zu handeln.

- Borderline-Persönlichkeitsstörung (spontan-sprunghafte Persönlichkeit):
  - Tiefgreifende Instabilität in zwischenmenschlichen Beziehungen, im Selbstbild und in den Affekten sowie deutliche Impulsivität. Viele Betroffene zeigen zugleich ein verzweifeltes Bemühen, tatsächliches oder vermutetes Verlassenwerden zu vermeiden. Noch im Übergang zur Normalität findet sich eine relativ intensive Emotionalität, die sich äußert in einer spontanen Begeisterungsfähigkeit für positive Wahrnehmungen wie in einer damit wechselnden impulsiven Ablehnung von Dingen und Personen, die negative Eigenschaften zeigen.
- Histrionische Persönlichkeitsstörung (dramatisierende Persönlichkeit):
  - Übertrieben sozial orientierte Emotionalität und übermäßiges Verlangen nach Aufmerksamkeit. Die Betroffenen fühlen sich unwohl, wenn sie nicht im Mittelpunkt der Aufmerksamkeit stehen. Der persönliche Stil ist eher durch intuitiv-spontanes Handeln und weniger durch analytisch zielorientiertes Planen bestimmt (impressionistischer Stil). Gelegentlich wirken sie liebevoll und warmherzig, zumal sie durch andere Personen oder Umstände leicht beeinflußbar sind.
- Narzißtische Persönlichkeitsstörung (ehrgeizig-selbstbezogene Persönlichkeit):
  - Im Normalbereich findet sich ein Persönlichkeitsstil, der gekennzeichnet ist durch einen Sinn für das Besondere (z. B. besondere Leistungsorientierung, Bevorzugung ausgefallener Kleidung, elitäres Kunstempfinden, besonders gepflegte Umgangsformen, statusbewußtes Auftreten). Die Persönlichkeitsstörung ist gekennzeichnet durch ein Muster von Großartigkeit in der Phantasie oder im Verhalten, einem Mangel an Einfühlungsvermögen und eine Überempfindlichkeit gegenüber Kritik und Einschätzung durch andere.
- Selbstunsicher-vermeidende Persönlichkeitsstörung (selbstkritisch-sensible Persönlichkeit):
  - Die selbstunsichere Persönlichkeitsstörung ist durch grundlegende Ängste vor negativer Beurteilung, durch Schüchternheit und ein durchgängiges soziales Unbehagen bestimmt (Verlegenheit, leichtes Erröten, Vermeiden sozialer und beruflicher Herausforderungen). Diese Sensibilität vor Kritik und Zurückweisung findet sich auch im Übergang zum selbstkritisch-sensiblen Persönlichkeitsstil, was sehr häufig dazu führt, daß die Betroffenen eigene Erwartungen und Vorstellungen über ihre Umwelt in Frage stellen und revidieren, sobald widersprüchliche Informationen auftauchen.
- Dependente Persönlichkeitsstörung (anhänglich-loyale Persönlichkeit):
  - Im Normalbereich dominiert ein loyales Verhalten gegenüber anderen Menschen bis hin zur Aufgabe eigener Wünsche, wenn diese mit den Interessen relevanter Bezugspersonen kollidieren. Sehr anhängliche Personen haben häufig eine Angst, verlassen zu werden. In der Persönlichkeitsstörung mündet die aufopfernde Haltung häufig in extrem unterwürfiges Verhalten ein und in eine Unfähigkeit, eigene Entscheidungen zu treffen und umzusetzen.
- Zwanghafte Persönlichkeitsstörung (sorgfältig-gewissenhafte Persönlichkeit):
  - Dieser Stil ist durch Gründlichkeit und Genauigkeit in der Ausführung aller Tätigkeiten gekennzeichnet, der im Übergang zum rigiden Bemühen um Perfektionismus bis zur Erstarrung als Persönlichkeitsstörung zu kennzeichnen ist, wenn beides dazu führt, daß Vorhaben aufgrund übermäßig strenger Normen oder Zielvorstellungen nicht mehr realisiert werden. Arbeit wird dann zwanghaft jedem Vergnügen bzw. zwischenmenschlichen Kontakten übergeordnet.
- Depressive Persönlichkeitsstörung (passiv-pessimistische Persönlichkeit):
  - Die Persönlichkeitsstörung ist gekennzeichnet durch häufige Niedergeschlagenheit, Gefühle der Wertlosigkeit und Unzulänglichkeit sowie eine depressiogen-pessimistische Lebenseinstellung. Dem entspricht im Übergang zur Normalität eine passive Grundhaltung, ein gedämpftes Erleben positiver Anreize und eine eher kontemplative Lebenseinstellung. Die Betroffenen leiden häufig unter Schuldgefühlen und sind im Extrem nur selten in der Lage, positive Emotionen zu empfinden.

- Negativistische Persönlichkeitsstörung (kritisch-widerständige Persönlichkeit):
  - Es dominiert eine passiv-kritische Grundhaltung gegenüber Anregungen und Anforderungen, die von anderen Menschen kommen. Die früher als passiv-aggressiv bezeichnete negativistische Persönlichkeitsstörung fällt insbesondere durch passive Widerstände gegenüber Leistungsanforderungen im sozialen und beruflichen Bereich auf und durch die häufig ungerechtfertigte Annahme, mißverstanden, ungerecht behandelt oder übermäßig in die Pflicht genommen zu werden. Im Normalbereich kann der persönliche Stil einer »gesunden Skepsis« gegenüber allem Neuen durchaus Anerkennung finden.

Persönlichkeitsstörungen können sich entscheidend auf die Qualität von persönlichen Beziehungen zu anderen Menschen auswirken. Sie können Freundschaften und Partnerschaften sowie das Familienleben ungünstig beeinflussen. Ein zweiter großer Bereich, in dem persönlichkeitsgestörte Menschen auffällig werden, betrifft ihre beruflichen Bezüge und ihre Einstellungen zur beruflichen Arbeit – also die Art, wie jemand Aufgaben ausführt, Entscheidungen trifft, wie er oder sie auf Kritik reagiert, Regeln befolgt oder mit anderen zusammenarbeitet. Negativistisch oder passiv-kritisch eingestellte Menschen beispielsweise verzögern häufig jedwede Arbeit und schieben Aufgaben vor sich her. Eine Person mit zwanghafter Persönlichkeit widmet dem Beruf und der Produktivität soviel Zeit, daß Freizeit und Freundschaften oft keinen Platz mehr in ihrem Leben haben.

Für diese komplexen Störungen des Interaktionsverhaltens zeichnen jedoch noch eine Reihe weiterer Auffälligkeiten mitverantwortlich. Die wichtigsten sind nachfolgend aufgeführt (vgl. Oldham & Skodol, 1996).

■ **Störungen des emotionalen Erlebens.** Häufig sind die Gefühle einseitig betroffen. So dominieren z. B. Angst und Unsicherheit bei selbstunsicheren Personen, Traurigkeit und Dysphorie bei depressiven Menschen. Oder es werden von wiederum anderen Menschen die Emotionen einseitig übertrieben dargestellt, wie dies häufig bei histrionischen Persönlichkeiten der Fall ist. Letztere histrionische Persönlichkeiten neigen zur Dramatisierung und zu plötzlichen und schnell wechselnden Gefühlsäußerungen.

■ **Störungen der Realitätswahrnehmung.** Bei einigen Persönlichkeitsstörungen kann die Möglichkeit zur Realitätsprüfung beeinträchtigt sein. Die äußeren Umstände und Beziehungserfahrungen werden verzerrt wahrgenommen oder falsch bewertet. So können sich beispielsweise extrem mißtrauische Personen, die in den Diagnosesystemen etwas unglücklich als paranoide Persönlichkeiten bezeichnet werden, schon durch harmlose Bemerkungen und Vorfälle bedroht fühlen. Sie erwarten ständig, von anderen gekränkt oder herabgesetzt zu werden.

■ **Störungen der Selbstwahrnehmung und Selbstdarstellung.** Persönlichkeitsstörungen können sich auch auf die Art und Weise auswirken, wie jemand sich selbst sieht, wie er oder sie über sich denkt und welche gefühlsmäßigen Einstellungen jemand zu sich selbst hat. Zum Beispiel übertreiben Menschen mit narzißtischer Persönlichkeit häufig ihre eigenen Leistungen und Fähigkeiten. Ganz im Unterschied dazu fehlt es Menschen mit dependenter Persönlichkeit an Selbstvertrauen. Dependent-abhängige Personen lassen andere Menschen Entscheidungen für sich treffen und spielen ihre eigenen Fähigkeiten herunter.

■ **Störungen der Impuls- und Selbstkontrolle.** Besondere gravierende soziale Folgen verursachen Personen, die persönlichkeitsbedingt häufig und sehr spontan ihre Selbstbeherrschung verlieren oder eigene Triebregungen nur schwer regulieren und kontrollieren können. So weisen beispielsweise Personen mit einer Borderline-Persönlichkeitsstörung oft eine gravierende Neigung zu impulsiver Verschwendung, zu sexueller Promiskuität oder zu Substanzmißbrauch auf – wie bei ihnen ebenfalls häufig suizidale oder parasuizidale Handlungen beobachtbar sind. Oder, schließlich: Personen mit dissozialer Persönlichkeit. Diese neigen zu abenteuerlichen Eskapaden bis hin zu leichtfertigen Gesetzesübertretungen wie Vandalismus, Diebstahl oder körperliche Gewaltanwendung. Viele Menschen mit dissozialer Persönlichkeit bringen sich wiederholt durch extrem impulsives Verhalten in Schwierigkeiten, weil sie zu Schlägereien und körperlichen Übergriffen neigen, im Extrem: einschließlich Partner- oder Kindesmißhandlung.

21.2
Diagnose, Komorbidität und Prognose

Klinische Psychologen und Verhaltenstherapeuten haben sich mit einer Diagnose und Behandlung von Persönlichkeitsstörungen bisher sehr zurückgehalten. Dies hatte verschiedene Gründe. Zum einen hatten sie gegenüber der kategorialen Diagnostik in der Psychiatrie lange Zeit grundsätzliche Vorbehalte. Die Orientierung an einer nosologischen Klassifikation erschien ihnen zu grob. In ihrer therapeutischen Arbeit bevorzugen sie eher den ideographischen Prozeß der konkreten Definition und Analyse eng umschriebener Verhaltensprobleme, und sie wollten sich möglichst vorurteilsfrei an eine Behandlung der persönlichen Lebensprobleme ihrer Patienten annähern (Schulte & Wittchen, 1988).

Diese Ablehnung gegenüber der psychiatrischen Klassifikation wurde nun in den vergangenen Jahren zunehmend aufgegeben. Dies geschah in dem Maße, wie die Klassifikationssysteme differenzierter wurden und theorielastige Begriffe wie »Psychopathie«, »Hysterie« und »Neurose« ausdrücklich gestrichen wurden. Das Diagnostische und statistische Manual psychischer Störungen (DSM-IV; APA, 1994) verzichtet wie auch die aktuelle ICD-10 (WHO, 1993) inzwischen allgemein – und so auch bei den Persönlichkeitsstörungen – auf intuitive Erfahrungen der Diagnostiker. Beide Systeme fordern die Beurteilung des Problemverhaltens anhand konkreter Verhaltens- und Kontextindikatoren. Weiter verwenden DSM und ICD den Störungsbegriff, und zwar ohne weitergehende Implikationen in Richtung »Erkrankung«.

■ **Diagnostik.** Persönlichkeitsstörungen werden im multiaxialen Diagnosesystem des DSM auf einer eigenen Achse II diagnostiziert. Dieser Aspekt macht *erstens* darauf aufmerksam, daß Persönlichkeitsstörungen mit spezifischen psychischen Störungen in einen Zusammenhang gestellt werden können (beispielsweise mit einer Phobie oder Eßstörungen, die im DSM auf der Achse I zu finden sind). Das ist die inzwischen – wenngleich etwas unglücklich – so bezeichnete »Komorbidität«. Persönlichkeitsstörungen können aufgrund einer sorgsamen Problemanalyse *zweitens* auch zur Hauptdiagnose avancieren, wenn die spezifischen Störungen z.B. als Folge einer persönlichkeitsbedingten Störungsentwicklung erklärlich werden – oder wenn keine spezifischen, sondern nur Persönlichkeitsstörungen vorliegen. Die gesonderte oder Komorbiditäts-Diagnose kann schließlich *drittens* auch als Beurteilungshilfe betrachtet werden, wenn es im Verlauf der Behandlung spezifischer psychischer Störungen (Angst, Depression usw.) wiederholt zu Beziehungsschwierigkeiten zwischen Patient und Therapeut kommt, die den weiteren günstigen Verlauf der Therapie behindern oder gar infrage stellen.

■ **Mehrfachdiagnosen (Komorbidität).** Von zunehmender Bedeutung für die Psychotherapieplanung und Psychotherapieforschung erweist sich inzwischen die Tatsache, daß sich bei vielen Menschen mit spezifischen psychischen Störungen gleichzeitig noch eine Persönlichkeitsstörung diagnostizieren läßt. Dies ist insbesondere beobachtbar, seitdem im DSM und in der ICD das sog. Komorbiditätsprinzip gilt. Der Sachverhalt, um den es bei der »Komorbidität« (oder besser: der Feststellung von Mehrfachdiagnosen bei ein- und derselben Person) geht, ist inzwischen so bedeutsam, daß sich Psychotherapeuten diesen Befunden nicht mehr verschließen sollten (vgl. Fydrich et al., 1996).

So finden sich in Studien über Patienten, die mit spezifischen psychischen Störungen in Kliniken behandelt werden, nur als einige Beispiele folgende Komorbiditätsraten: Bei schizophrenen Patienten lassen sich in mehr als der Hälfte der Fälle Mehrfachdiagnosen finden, vorrangig schizotypische, narzißtische oder dependente Persönlichkeitsstörungen. Oder bei depressiven Patienten ebenfalls in etwa 50% der Fälle, dort vorrangig dependente, histrionische, zwanghafte, selbstunsicher-vermeidend oder gar Borderline-Persönlichkeitsstörungen. Nicht weniger häufig finden sich, als letztes Beispiel, Persönlichkeitsstörungen im Bereich der Ängste, Phobien oder Zwangsstörungen; dort weisen Betroffene vorrangig selbstunsicher-vermeidende, dependente oder narzißtische Persönlichkeitszüge auf.

Aus diesen Forschungsarbeiten wird nun deutlich, daß eine Reihe von Persönlichkeitsstörungen als Risikomerkmale für die später mögliche Entwicklung spezifischer psychischer Störungen gelten können (Fiedler, 1997 a). So kann z.B. eine schizotypische Persönlichkeitsstörung unter bestimmten Umständen in eine manifeste Schizophrenie übergehen. Die Borderline-Persönlichkeitsstörung scheint bei einigen Patienten eine Voraussetzung dafür zu sein, daß sich im späteren Leben eine Depression oder bipolare Störung entwickelt. Die dependente wie die narzißtische Persönlichkeitsstörung sind offensichtlich ebenfalls Risikoträger für die Entwicklung affektiver Störungen.

■ **Prognose.** Was nun von besonderer Wichtigkeit ist, ist nicht nur die sich in diesen Ergebnissen andeutende mögliche *ätiologische Relevanz,* auch wenn diese sicherlich und für sich genommen die weitere Erforschung psychischer Störungen maßgeblich voranbringen dürfte. Es ergibt sich zusätzlich noch und vor allem eine Bedeutsamkeit der Komorbidität für die *Behandlung und Prognose.* Auch dazu mehren sich in den letzten Jahren die Befunde (vgl. Shea, 1993):

- Bei Vorliegen einer »komorbiden« Persönlichkeitsstörung erweist sich die Behandlung spezifischer Störungen zumeist als schwieriger. Und sie nimmt in aller Regel – langfristig betrachtet – eine weniger günstige Entwicklung.
- Interessanterweise ist jedoch auch beobachtbar, daß bei Vorliegen bestimmter Persönlichkeitsstörungen die Behandlung spezifischer psychischer Störungen überraschenderweise zu besseren Resultaten führt. So hatten in einigen Studien depressive Patienten mit einer abhängigen (dependenten) Persönlichkeit im Unterschied zu jenen ohne persönlichkeitsbedingte Dependenz auf längere Sicht die besseren Behandlungserfolge.
- Die prädiktive Bedeutsamkeit einer »Komorbidität« läßt sich auch in umgekehrter Richtung untersuchen, nämlich dahingehend, ob etwa eine primäre Behandlung von Persönlichkeitsstörungen durch das Vorliegen einer zusätzlichen psychischen Störung erschwert oder erleichtert wird. Dazu liegen u. a. Studien vor, die mit Borderline-Patienten durchgeführt wurden. In diesen Studien zeigten sich übrigens ebenfalls *günstigere* Langzeitverläufe, wenn zusätzlich zur Borderline-Störung eine affektive Stimmungsstörung (zumeist eine Depression) diagnostiziert worden war. Ganz ähnliche Ergebnisse finden sich in mehreren Therapiestudien mit in der Forensik untergebrachten Männern mit *dissozialer Persönlichkeit.* Auch hier erwies sich eine »komorbid« gefundene Depression als prognostisch *günstig.*

Da es sie offiziell erst seit Beginn der achtziger Jahre gibt, steht die »Komorbiditäts«-Forschung noch sehr weit am Anfang. Dennoch lassen sich daraus bereits einige interessante Schlußfolgerungen ziehen. Die wichtigste ist: Aus diesen Befunden läßt sich nicht so einfach – wie vielleicht erwartet – auf das weithin verbreitete Vorurteil rückschließen, daß etwa Patienten mit Persönlichkeitsstörung weniger gut behandelbar seien. Im Gegenteil erlaubt die jeweilige Persönlichkeitsstörung wie auch die spezifische Art der »Komorbidität« recht unterschiedliche *ungünstige* und v. a. aber auch *günstige* Prognosen. Für die Forschung

heißt dies, daß es zukünftig zwingend geboten scheint, interpersonell bestimmte Persönlichkeitstypisierungen der Patienten mitzubeachten, weil sich dadurch die Varianz der Therapieeffekte weiter aufklären läßt.

21.3
Ätiologie

In der ätiologietheoretischen Grundlegung von Persönlichkeitsstörungen wird in jüngster Zeit das *Vulnerabilitäts-Streß-Modell* als eine von mehreren Möglichkeiten betrachtet, die Extremvarianten persönlicher Stile zu erklären. Der Vorteil des Vulnerabilitätsmodells liegt in 2 Aspekten: (a) Es eignet sich in besonderer Weise, die zwischenmenschlichen Schwierigkeiten und Normabweichungen persönlichkeitsgestörter Personen zu verstehen und empirisch zu untersuchen; (b) es kann recht pragmatisch der Ableitung konkreter therapeutischer Maßnahmen zugrunde gelegt werden. Beide Vorteile ergeben sich ebenfalls aus naheliegenden Gründen: Das Vulnerabilitätsmodell dient den Verhaltenstherapeuten schon seit vielen Jahren als Begründungskonzept, um schizophrene, affektive und andere psychische Störungen zu untersuchen und zu behandeln. Und es ist nun zugleich so, daß auch einige der o. g. Persönlichkeitsstörungen (wie die paranoide, schizotypische, narzißtische, dependente, depressive oder auch die Borderline-Persönlichkeitsstörungen als mögliche Risikoträger schizophrener, affektiv-depressiver oder anderer psychischer Störungen diskutiert und untersucht werden (z. B. Süllwold, 1983; Mundt & Fiedler, 1996).

21.3.1
Vulnerabilitäts-Streß-Modell

Fiedler (1997a) hat darauf hingewiesen, daß eine besondere Möglichkeit des Vulnerabilitäts-Streß-Modells darin liegt, die *aktuellen Fluktuationen* oder aber auch die *zeitliche Permanenz* von Persönlichkeitsstörungen verständlich zu machen. In diesem Sinne stellt es besondere Vorteile bereit, andere entwicklungs-pathopsychologische Konzepte zu ergänzen (wie z. B. die biosoziale Lerntheorie von Millon, 1996; Kurzübersicht: Fiedler, 1998a). Entwicklungspsychologische Konzepte beschränken sich nämlich vorrangig auf eine Erklärung der möglichen *Verursachungs-* und *Entstehungs-*

Abb. 21.1. Vulnerabilitäts-Streß-Modell zur Erklärung von Persönlichkeitsstörungen. (Nach Fiedler, 1997a)

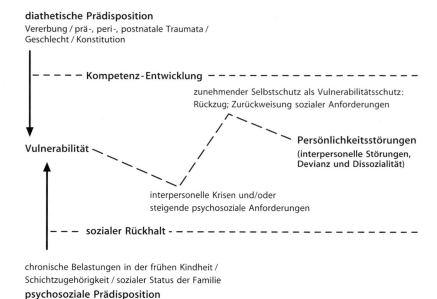

diathetische Prädisposition
Vererbung / prä-, peri-, postnatale Traumata / Geschlecht / Konstitution

– – – – – – Kompetenz-Entwicklung – – – – – – – – – – – – – – – – – –

zunehmender Selbstschutz als Vulnerabilitätsschutz: Rückzug; Zurückweisung sozialer Anforderungen

Persönlichkeitsstörungen (interpersonelle Störungen, Devianz und Dissozialität)

Vulnerabilität

interpersonelle Krisen und/oder steigende psychosoziale Anforderungen

– – – sozialer Rückhalt - –

chronische Belastungen in der frühen Kindheit / Schichtzugehörigkeit / sozialer Status der Familie
psychosoziale Prädisposition

bedingungen. Das nachfolgend dargestellte Vulnerabilitäts-Streß-Modell bezieht sich zusätzlich stärker *auf den weiteren Verlauf* und auf die Bedingungen, die über die Genese hinaus für die *aktuelle Auslösung und Aufrechterhaltung* von Persönlichkeitsstörungen verantwortlich zeichnen (Abb. 21.1).

Vulnerabilität

Innerhalb dieses Konzeptes werden die Persönlichkeitsstörungen von einer sogenannten *Vulnerabilität* abhängig gesehen, mit der eine besondere dispositionelle Empfindlichkeit, Labilität oder Verletzlichkeit der Person gegenüber sozialen Anforderungen und Streß gemeint ist. »*Vulnerabilität*« läßt sich nicht direkt »messen« oder beobachten. Sie ist immer als *hypothetisches Konstrukt* gedacht und kann durch Wahrscheinlichkeitsaussagen über beobachtbare oder rekonstruierbare Person- und Lebensdaten bestimmt und dann näherungsweise quantifiziert werden.

1. So ist die Vulnerabilität einerseits abhängig von einer *diathetischen Prädisposition*. Unter Diathese wird das ungünstige Zusammenwirken von Erbeinflüssen und/oder von prä-, peri- postnatalen Traumata verstanden, die dann als diathetische Vulnerabilität die weitere Persönlichkeitsentwicklung präformieren. Bei den meisten Persönlichkeitsstörungen ist die Risikowirkung solcher diathetischer Einflüsse inzwischen nachgewiesen (vgl. Millon, 1996).

2. Andererseits wird die Vulnerabilität bestimmt durch eine psychosoziale Überformung der Diathese. Als Bedingungen einer solchen *psychosozialen Prädisposition* werden – wie dies insbesondere Millons Ansatz (1996) postuliert – ungünstige familiäre, erzieherische und soziale Einflüsse auf die frühkindliche Persönlichkeitsentwicklung beschrieben und untersucht. Markante Ereignisse, die regelmäßig im Zusammenhang mit Persönlichkeitsstörungen gefunden wurden, sind Kindesmißhandlungen, frühe Inzesterfahrungen oder miterlebte kriminelle Gewalttätigkeit eines Elternteils (vgl. Fiedler, 1997a, 1998a).

■ **Entwicklung.** Das Vulnerabilitätsmodell legt es ebenfalls nahe, die Persönlichkeitsstörungen vorrangig als *Störungen des zwischenmenschlichen Beziehungsverhaltens* aufzufassen und sie mit sozialen Konflikten, Krisen und deren Entwicklungen und Extremisierungen (Streß) in einen Zusammenhang zu stellen. Die persönlichen (Problem-)Verhaltensweisen von Kindern, Jugendlichen und Erwachsenen werden unter dieser Perspektive als individuelle Eigenarten oder sogar *als Kompetenzen* verstehbar, auf psychosoziale Anforderungen, einschneidende Lebensereignisse oder zwischenmenschliche Krisen *sich selbst schützend* zu reagieren. Sie lassen sich damit auch als Teil eines Bemühens begreifen, gegenüber diesen Belastungen und Krisen zu bestehen und/oder die eigene Vulnerabilität zu schützen. Auf der anderen

Seite hängt das mögliche Ausmaß der Störungen natürlich auch davon ab, ob und wie die Betroffenen bei ihren Angehörigen oder Mitmenschen Verständnis, Akzeptanz und *sozialen Rückhalt* finden (vgl. unten: Salutogenese).

■ **Aufrechterhaltung.** Im Vulnerabilitäts-Streß-Modell erklärt sich die krisenhafte Zuspitzung der Persönlichkeitsstörungen aus einer Eskalation *interpersoneller* (gelegentlich psychosozial-gesellschaftlich bedingter) Konflikte und Krisen. Diese haben ihre Ursache häufig oder ausschließlich darin, daß viele der von den Betroffenen *als Selbstschutz* gewählten zwischenmenschlichen Verhaltensweisen (wie Rückzug aus sozialen Beziehungen, fehlendes Einfühlungsvermögen, spontane Rollenfluktuation oder aggressive Abwehr sozialer Anforderungen) für die Bezugspersonen gar nicht als Vulnerabilitätsschutz verstehbar sind, vielmehr als Verletzung interpersoneller Umgangsformen interpretiert werden, und deshalb geradezu vermehrt jene Ablehnung, Kritik und Feindseligkeit herausfordern, vor denen sich die Betroffenen gerade zu schützen versuchten.

21.3.2
Biographische Problemanalyse

Insbesondere die Persönlichkeitsstörungen verlangen (etwas im Unterschied vielleicht zu anderen psychischen Störungen) in der Problemanalyse und Therapieplanung *immer eine sorgsame biographische Betrachtung.* Diese Notwendigkeit ergibt sich, weil zunächst überhaupt nicht sicher ist, ob sich (selbst bei Kriterienerfüllung die Diagnose einer Persönlichkeitsstörung rechtfertigt – oder ob nicht besser von einer Extremvariante eines adaptiven persönlichen Stils gesprochen werden sollte (Fiedler, 1997b; zur biographischen Analyse in der Verhaltenstherapie: Fiedler, 1998b).

Es könnte nämlich sein, daß persönlichkeitsbedingte oder störungsinhärente Interaktionseigenarten von den Betroffenen lediglich als Mittel mit dem Ziel gelebt werden, ein psychisches Unbehagen auszudrücken, das sie nicht anders auszudrücken vermögen. Auffällige Persönlichkeitseigenarten könnten ein persönliches Unvermögen oder Gelähmtsein angesichts bereits länger wirkender, schier unlösbarer existentieller Probleme und Konflikte signalisieren, einen grundlegenden Bruch in der Möglichkeit, zu handeln oder zu kommunizieren.

Deshalb erfordert die Persönlichkeitsbeurteilung *immer* zugleich auch noch einen sorgsamen Blick über das Individuum hinaus in seine soziale wie historische Welt hinein. In privaten oder beruflichen Situationen können es sich viele Menschen nicht erlauben, eigene Bedürfnisse auszudrücken, weil sie wissen, daß diese Bedürfnisse zensiert werden – oft verknüpft mit erheblichen Konsequenzen für das weitere eigene Leben. Im Ergebnis einer sorgsamen Konflikt- und Biographieanalyse könnte sich herausstellen, daß Menschen durch andere Menschen oder ihre existentielle Situation gezwungen wurden, eigene Bedürfnisse zu entstellen und zu maskieren – und zwar genau so, wie sie dies *persönlichkeitsbedingt* tun.

Die in den Kriterien der Persönlichkeitsstörungen angegebenen Interaktionseigenarten könnten sich also *von außen betrachtet* einerseits als Persönlichkeits*störungen* darstellen, müßten andererseits jedoch (nämlich bei Beachtung *subjektiver* Ziele und Motive) als höchst *funktionale Kompetenzen* und damit – wie gesagt – besser als *adaptive Persönlichkeitsstile* bewertet werden – die mit Blick auf eine sinnvolle Therapieplanung durchaus und kontextbedingt als »nicht ganz hinreichend« bewertet und damit behandelt (z. B. angereichert) werden könnten.

21.4
Behandlung

Die meisten Beiträge zur kognitiven und verhaltenstherapeutischen Behandlung von Persönlichkeitsstörungen basieren nach wie vor wesentlich auf klinischen Beobachtungen und Einzelfalluntersuchungen. Dies hängt u. a. damit zusammen, daß die Verhaltenstherapieforscher die Persönlichkeitsstörungen erst seit Mitte der achtziger Jahre als einen weiteren Schwerpunkt ihrer Arbeit »entdeckt« haben. Die Fortentwicklung und empirische Untersuchung brauchbarer Behandlungskonzepte expandiert gegenwärtig jedoch in erheblichem Umfang. So liegen inzwischen ausgearbeitete störungsübergreifende Konzepte und erste Behandlungsmanuale sowohl zur eher kognitiv wie auch zur eher behavioral orientierten Verhaltenstherapie vor (vgl. z.B. Young, 1990; Beck, Freeman et al., 1993; Turkat, 1996; Schmitz, 1996; Fiedler, 1999). Und in den letzten Jahren mehren sich Arbeiten, in denen spezifische Behandlungskonzepte für jeweils einzelne der unterschiedlichen Persönlichkeitsstörungen entwickelt und untersucht werden (vgl. die Hinweise und Beiträge in

Schmitz, Fydrich & Limbacher, 1996; Senf & Broda, 1996; Fiedler, 1997a; c).

Wenngleich insgesamt vielfältige Gemeinsamkeiten und Gleichartigkeiten überwiegen, ergibt sich inzwischen dennoch ein sehr heterogenes Bild der kognitiv-verhaltenstherapeutischen Behandlung von Persönlichkeitsstörungen. Dies ist angesichts der Unterschiedlichkeit, mit der sich die einzelnen Persönlichkeitsstörungen darstellen, nicht verwunderlich. Im folgenden sollen deshalb zunächst einige prinzipielle Gemeinsamkeiten angeführt werden, bevor im weiteren einige Gesichtspunkte und Entscheidungshilfen zur differentiellen Indikation angesprochen werden.

21.4.1
Allgemeine Leitlinien

■ **Konkrete Therapieziele.** Ganz allgemein betrachtet ist den unterschiedlichen Therapievorschlägen vor allem folgendes Ziel gemeinsam: *Nicht* die Persönlichkeitsstörungen selbst sollten behandelt werden, *sondern* die sich daraus ergebenden komplexen Interaktionsstörungen, die Störungen des emotionalen Erlebens, die Störungen der Realitätswahrnehmung, der Selbstwahrnehmung oder Selbstdarstellung sowie die Störungen der Impulskontrolle. Dies ergibt sich u. a. daraus, daß es sich bei Persönlichkeitsstörungen nicht in jedem Fall nur um Interaktionsstörungen handelt. Beachtenswert bleibt weiter, daß nicht immer nur von »Störungen« auszugehen ist, sondern daß die Auffälligkeiten im Einzelfall vordergründig möglicherweise nur maladaptiv eingesetzte persönliche Stile, wenn nicht gar überlebenswichtige funktionale Kompetenzen tarnen oder unterlagern können. Von Persönlichkeitsstilen und vorhandenen Kompetenzen selbst hat die Therapie möglicherweise und andererseits jedoch ihren Ausgangspunkt zu nehmen.

■ **Gegenwarts- und Realitätsorientierung.** Verhaltenstherapie ist schließlich in aller Regel als Kurzzeittherapie zu konzipieren (20–25 Sitzungen). Die »Persönlichkeit« eines Menschen wird sich jedoch in einer solchen Kurzzeittherapie möglicherweise nur sehr schwer grundlegend ändern. Entsprechend gibt es einige weitere konzeptuelle Gemeinsamkeiten in den inzwischen vorliegenden Verhaltenstherapiekonzepten: Eine Verhaltenstherapie der Persönlichkeitsstörungen sollte, insbesondere wenn sie als Kurzzeittherapie geplant ist, möglichst realitätsorientiert und gegenwartsbezogen sein und sich auf konkrete Änderungen in der unmittelbaren Zukunft konzentrieren. Und Therapeuten sollten dazu insbesondere den häufig gegebenen weiteren spezifischen Störungen, insbesondere den Störungen der Impulskontrolle, der Gewaltneigung oder Suizidalität oder dem Substanzmißbrauch der Patienten besondere Beachtung schenken.

■ **Training sozialer Fertigkeiten.** Da es sich bei den Persönlichkeitsstörungen wohl immer zugleich um komplexe Störungen des zwischenmenschlichen Beziehungsverhaltens handelt, steht das Training sozialer Fertigkeiten in den allgemeinen Therapieempfehlungen weit an vorderster Stelle. Das Training sozialer Fertigkeiten zielt darauf ab, spezifische soziale Kompetenzen und Handlungsmöglichkeiten zu vermitteln, die auf der Grundlage individueller Verhaltensanalysen als defizitär eingeschätzt werden. Dazu gehört u. a.

* eigene Bedürfnisse auf sozial akzeptierbare Weise auszudrücken sowie
* die damit zusammenhängenden negativen wie positiven Gefühle zu äußern;
* für berechtigte Bedürfnisse entsprechend einer realitätsbezogenen Werte- und Sinnstruktur (öffentlich) einzutreten und
* diese schließlich partnerbezogen durchzusetzen.

Diese Fertigkeiten werden zumeist unter dem übergreifenden Zielkonstrukt einer »sozial bezogenen Autonomie« subsumiert, auf das hin Wege der Anreicherung bei persönlichkeitsbedingter Abweichung und Handlungseinschränkung gesucht werden sollten. Mit »sozial bezogener Autonomie« möchten persönlichkeitsorientierte Verhaltenstherapeuten zugleich die wohl immer gegebene Ambivalenz partnerschaftlich intendierter Selbstsicherheit verdeutlichen. Nicht »Selbstsicherheit« ist das ausschließliche Ziel, sondern ihre soziale Akzeptanz und Bezogenheit ist jeweils genau mitzubeachten.

Gruppenverhaltenstherapie als besondere Möglichkeit

Zur Optimierung der Mediennutzung wird das Training sozialer Fertigkeiten üblicherweise *in Therapiegruppen* durchgeführt (vgl. Fiedler, 1996). Als zentrale therapeutische Medien zum Erwerb und zur direkten Evaluation sozialer Kompetenzen dienen dem Verhaltenstherapeuten vor allem: helfende *Instruktionen*, die Unterstützung durch geeignete *Vorbilder* und *Modelle*, weiter: *Rollenspiele* als wesentliches

Agens zur Einübung alternativer Verhaltensweisen und Rollen; dann das *Videofeedback* zur direkten Bewertung und Korrektur neu erprobter Verhaltensweisen; schließlich der Einsatz gezielter *Hausaufgaben* zur Übertragung neugelernter Interaktionsmuster in alltägliche Kontexte.

Einige weitere besondere Möglichkeiten stellen die sog. *zieloffenen Gruppenkonzepte* der Verhaltenstherapie bereit, die insbesondere für psychische Störungen entwickelt wurden, deren Ursachen und Folgewirkungen eng mit zwischenmenschlichen Problemen und Konflikten verknüpft sind (vgl. Fiedler, 1996). In den zieloffenen Gruppen wird der zeitliche Anteil, in dem einzelne Patienten über ihre Probleme sprechen können, zugunsten einer stärkeren Betonung und Beachtung direkt ablaufender interaktioneller Prozesse in der Gruppe selbst zurückgenommen. Die Gruppenarbeit wird erweitert um Aspekte der gemeinsam teilbaren und mitteilbaren Wahrnehmung und Beeinflussung des individuellen Verhaltens in der Gruppensituation selbst.

In den letzten Jahren ist man vielerorts pragmatisch dazu übergegangen, die Bezugspersonen der Patienten direkt an der Gruppenarbeit zu beteiligen. Neben den Angehörigen sind das auch Mitarbeiter des Stationsteams sowie – in der Forensik oder im Strafvollzug – gelegentlich gar die Bewährungshelfer.

■ **Kognitive Therapie.** Die Interventionstechniken der kognitiven Therapie im engeren Sinne, wie sie jüngst von Beck et al. (1993) in ihrem Behandlungsbuch über Persönlichkeitsstörungen herausgearbeitet wurden, beziehen sich in aller Regel auf prototypische kognitive Schemata. Es handelt sich dabei zumeist um dysfunktionale kognitive Bewertungen, die die eigene Person, die Bezugspersonen und die daraus resultierenden zwischenmenschlichen Konflikte betreffen (vgl. auch Young, 1990). Stehen dysfunktionale kognitive Stile bei den Betroffenen im Vordergrund, dann sollten diese im Sinne von Beck et al. (1993) auch vorrangig behandelt werden. Insgesamt betrachtet verbirgt sich hinter dem Label »kognitiv«, daß die kognitive Therapie genau wie die Restverhaltenstherapie multimodal ausgelegt ist und daß sie sich außer in ihrem Label im konkreten Vorgehen dann doch nicht allzusehr von der behavioralen Verhaltenstherapie unterscheidet.

21.4.2
Differentielle Indikation 1: Schweregrad der akuten Störungen

Besondere Aufmerksamkeit verlangt der Schweregrad einiger Persönlichkeitsstörungen, insbesondere wenn diese durch Störungen der Impulskontrolle, der Gewaltneigung oder Suizidalität oder einem Substanzmißbrauch der Patienten unterlagert oder gar bestimmt werden. Dabei ist interessanterweise aus Therapiebeispielen herauslesbar, daß sich in diesem Bereich eine gewisse Konvergenz hinsichtlich einer *gestuften Therapiestrukturierung* und zwar unabhängig von dem jeweiligen psychotherapeutischen Grundansatz herauskristallisiert.

> **Beispiel**
>
> So wird zum Beispiel die Behandlung der suizidalen Krise einer Frau mit dependenter Persönlichkeitsstörung, die zwei Kinder zu betreuen hat, dabei immer wieder von ihrem Lebenspartner mißhandelt wird, die zudem die Diagnosen Panikstörung und Alkoholmißbrauch aufweist, eine Behandlung erforderlich machen, die sich sehr an der momentanen Bedrohlichkeit der Lebensumstände und zugleich an möglicherweise rasch wechselnden Behandlungszielen orientiert.

■ **Stufenmodell.** Die Organisation dieser Behandlungsziele, also die Frage, welches Problem zu welcher Zeit in den Mittelpunkt zu rücken ist, wird heute übereinstimmend am Aspekt der gegebenen *Selbstgefährdung* oder *Fremdgefährdung* bzw. *Gefährlichkeit* von Personen festgemacht (vgl. Bohus et al., 1997). Die Autoren haben auf der Grundlage solcher Überlegungen den Vorschlag unterbreitet, den Behandlungsverlauf und damit den Prozeß der Gesundung in verschiedene Stadien einzuteilen. Damit wird der jeweils aktuell gegebene Schweregrad zur Leitlinie dafür, welche spezifische Therapiestrategie vom Therapeuten differentiell bevorzugt werden sollte. Dieses Phasenmodell soll kurz dargestellt werden.

Stadium 1: Schwere, möglicherweise gefährliche Probleme der Selbst- bzw. Fremdgefährdung

Gemeint sind damit z.B. gegebene Suizidalität, Gewaltneigung, Drogenmißbrauch, sexuelle Gefährdung usw. Häufig weisen Patienten, die diesem Stadium 1 zugeordnet werden können, neben der Persönlichkeitsstörung noch weitere psychische Störungen oder körperliche Erkrankungen auf, die die Behandlungsplanung verkomplizieren.

In diesem Stadium ist in der Behandlung besonderer Wert darauf zu legen, daß der Patient möglichst rasch die Kontrolle über sein Verhalten wiedererlangt. Der Behandlung von Suizidalität, Selbstschädigung oder Fremdgefährdung wird heute wohl in allen Psychotherapieverfahren und unter allen Umständen absoluter Vorrang eingeräumt. Besondere Beachtung verdient in diesem Zusammenhang der Aufbau und Behalt einer tragfähigen Therapiebeziehung. Zeitgleich immer im Vordergrund steht die möglichst unmittelbare Etablierung grundlegender psychosozial stabilisierender Faktoren, wie z. B. und – so möglich – die Einbeziehung von Angehörigen, die Beachtung der beruflichen Einbindung oder auch die Sicherung der existentiell notwendigen finanziellen wie materiellen Grundlagen. Sind diese oder ähnliche Ressourcen der Patienten zur Problemlösung nicht hinreichend, hat sich auch der Therapeut aktiv – möglicherweise zeitweilig gar *als Anwalt des Patienten* – um eine Reorganisation dieser Bedingungen mit zu bemühen.

Stadium 2: Schweres traumatisierendes Leid auf der emotionalen Ebene und/oder extrem verunsichernde zwischenmenschliche Konflikte

In diesem Stadium ist der Patient zwar in der Lage, seine Handlungen zu kontrollieren, leidet jedoch in hohem Maße an negativen Gefühlen und unlösbaren existentiellen Konflikten. Häufig ist die Wahrnehmung und Regulation von Gefühlen gestört, und diese Unfähigkeit wird ihrerseits als traumatisierend erlebt. Viele persönlichkeitsgestörte Menschen wurden durch andere Menschen oder durch ihre existentielle Situation gezwungen, eigene Bedürfnisse zu entstellen und zu maskieren. Dieser subjektiv erlebte Zwang zur Persönlichkeitsentstellung angesichts unlösbarer existentieller Konflikte kommt häufig einer extremen Traumaerfahrung gleich. Die *posttraumatische Belastungsstörung* gilt als prototypisch wie zugleich als zusätzliche Erschwernis für dieses zweite Stadium.

Zusätzlich bleibt zu beachten, daß die erfolgte Einweisung eines Patienten in eine psychiatrische Klinik selbst ein gravierendes Lebensereignis darstellt, dem als solcher besondere Aufmerksamkeit zuteil werden sollte. Eine Psychiatrieeinweisung kann heute leider immer noch einschneidende Wirkungen auf die Einbindung des Patienten in seine alltäglichen zwischenmenschlichen Beziehungen zur Folge haben.

Der therapeutische Schwerpunkt in diesem Stadium liegt in der Vermittlung von Fähigkeiten zur unmittelbaren Emotionsregulierung und zu ersten Ansätzen einer Konfliktlösung, wobei der Therapeut ausgesprochen strukturierend Hilfestellungen geben sollte. Erst im Kontext einer sachlichen und nüchternen Bestandsaufnahme werden sich emotionale Beruhigung und erneute Perspektiven für den Patienten einstellen. Nur im Verlauf einer erfolgreichen emotionalen Stabilisierung wird es möglich, sich mit den weiteren Problemen der Patienten eingehender therapeutisch zu befassen.

Stadium 3: Gravierende Probleme der allgemeinen Lebensführung und hochkomplexe Störungen des zwischenmenschlichen Beziehungsverhaltens

Auch wenn die Probleme in diesem Stadium – wie z.B. eine schwerwiegende Partnerschaftsproblematik oder zunehmende Probleme der Zusammenarbeit mit anderen am Arbeitsplatz – von den Betroffenen als hochgradig belastend erlebt werden, so unterscheiden sie sich doch von den zuvor genannten Stadien zumeist durch folgende Aspekte: Trotz aller Probleme der Lebensführung kann das Verhalten adäquat gesteuert werden und emotionale Probleme und Konflikte werden nicht als traumatisierend erlebt.

Es dürfte so sein, daß ein Großteil der Probleme persönlichkeitsgestörter Menschen, die um therapeutische Hilfe nachsuchen, innerhalb dieses Stadiums anzusiedeln sind. Entsprechend findet die Behandlung persönlichkeitsgestörter Menschen sehr häufig oder gar ausschließlich in diesem Stadium 3 statt. Eine solche Therapie der komplexen Störungen des zwischenmenschlichen Beziehungsverhaltens kann in aller Regel ambulant durchgeführt werden, auch wenn häufig der Beginn der verhaltenstherapeutischen Behandlung in einer Klinik stattfinden wird. Es ist der prototypische Kontext, in dem eine Verhaltenstherapie nach allgemein üblichen Vorgaben kooperativ mit dem Patienten zusammen geplant und durchgeführt werden kann.

Es bleibt jedoch zu beachten, daß sich Verschlechterungen während der Therapie häufig in Sprüngen auf die zuvor genannten Stadien abbilden lassen. Damit empfehlen sich jeweils Änderungen in der therapeutischen Strategie durch vermehrte Strukturierung des therapeutischen Vorgehens im Sinne der oben in Stadium 1 und 2 beschriebenen Vorgehensweisen.

Stadium 4: Gefühle der Unzufriedenheit und Unerfülltheit oder auch ein allgemeines Insuffizienzerleben der Betroffenen

Möglicherweise dürften die meisten Behandlungen im ambulanten Sektor in diesem Stadium begonnen und durchgeführt werden. Viele Menschen kommen in ihren privaten und beruflichen Bezügen nicht mehr zurecht und stehen unvorbereitet vor natürlichen Veränderungen und Krisen in ihrem Lebenslauf. Ursachen persönlichkeitsbedingter Krisen sind zumeist kritische Phasen der Lebensentwicklung – wie das Verlassen des Elternhauses, Elternwerden, Ausscheiden aus dem Beruf oder beruflicher Wechsel, Arbeitslosigkeit oder Berentung. Auffällig ist zumeist nicht das Vorliegen einer Persönlichkeitsstörung, sondern es dürften zumeist *die bisherigen (funktional-adaptiven) Persönlichkeitsstile* sein, die für eine aktuelle Bewältigung neuer oder unerwarteter Lebensanforderungen nicht mehr hinreichen.

Die Einzelfallbehandlung dieser Phase zielt zumeist auf eine Bestandsaufnahme der jeweiligen Lebensentwicklungen und Lebensumstände, wobei die Therapie vom Patienten gelegentlich als persönliche Bereicherung erfahren werden kann. Gute Möglichkeiten bietet in diesem Stadium auch die Zusammenstellung von Gruppen mit gleichartig oder ähnlich betroffenen Menschen, die sich in dieser therapeutischen Phase erneuter persönlicher Reifung wechselseitig unterstützen und bereichern können.

■ **Therapeutische Flexibilität.** Zusammengefaßt ergibt sich also, daß Patienten mit Persönlichkeitsstörungen häufig nur in Stadium 4 eine Therapie beginnen und durchführen können, ohne jemals in die zuvor genannten Stadien 1–3 hinüberzuwechseln. Andererseits ist in der Behandlung immer auch mit Verschlechterungen zu rechnen. Dies erfordert im Sinne des Gesagten immer einen flexiblen Wechsel der Therapiestrategie in das jeweils berührte Stadium. Übersieht ein Therapeut diese Verschlechterungen und fährt etwa bei sich andeutender Suizidalität oder Selbstschädigung (dies ist Stadium 1) damit fort, traumatisierende Erfahrungen und Konflikte (im Stadium 2) zu bearbeiten, so könnte dies als therapeutischer Fehler gelten. Hier kann also nicht eindrücklich genug vor zu engen methodenrestriktiven Vorgaben einiger Therapieansätze oder Therapiemanuale gewarnt werden, in denen gelegentlich einsichts- oder kognitionsorientierte Gespräche über lebensgeschichtliche bzw. psychosoziale Ursachen und/oder Zusammenhänge von Persönlichkeitsstörungen die vorrangige und einzige Therapiestrategie darstellen. Letztere wäre Stadium 3 oder 4 zuzuordnen.

21.4.3
Differentielle Indikation 2: Behandlungsstruktur und Therapeut-Patient-Beziehung

Persönlichkeitsstörung ist nicht gleich Persönlichkeitsstörung. Und es lohnt durchaus, der Frage nachzugehen, welche differenzierbaren Grundprinzipien der kognitiven bzw. behavioralen Verhaltenstherapie sich für welche Persönlichkeitsstörung besonders eignen bzw. welche Strategien bei welchen Persönlichkeitsstörungen eher weniger ausdrücklich im Vordergrund stehen sollten. Persönlichkeitsstörungen sind geradezu Prototypen für komplexes Interaktionsverhalten. Insofern bieten sie sich als zusätzliche Hilfe an, Vorüberlegungen für die hilfreiche Gestaltung der Therapeut-Patient-Beziehung anzustellen (Fiedler, 1997b, 1999).

Nachfolgend wurde versucht, die inzwischen vorliegenden unterschiedlichen Therapievorschläge der Verhaltenstherapeuten zur Behandlung *spezifischer* Persönlichkeitsstörungen auf ihre Ähnlichkeit hin zu prüfen. Dabei zeigt sich, daß relativ unabhängig vom jeweiligen Konzept bei unterschiedlichen Untergruppen von Persönlichkeitsstörungen ganz ähnliche Vorgehensweisen empfohlen werden (vgl. auch Fiedler, 1997 c). Verhaltenstherapeuten sind sich relativ einig, was man bei Vorliegen einer spezifischen Persönlichkeitsstörung (etwa Borderline oder dissozial) besonders beachten sollte oder wie jeweils das allgemeine Vorgehen (etwa bei dependenter oder selbstunsicherer Persönlichkeit) weiter zu konkretisieren wäre.

Strategie 1: Strukturierte Therapieangebote mit klaren und eindeutigen Zielvorgaben

Strukturierte Therapieangebote mit klaren und eindeutigen Zielvorgaben werden übereinstimmend für *schizotypische, Borderline- und dissoziale Persönlichkeitsstörungen* empfohlen. Strukturierte, und das heißt vorrangig kognitive und norm- oder auch wertorientierte Therapieangebote empfehlen sich also offensichtlich für jene Patienten, deren Persönlichkeitsstörungen und Probleme im Bereich übermäßiger Stimmungsorientierung bzw. Stimmungslabilität liegen, für Personen, die Identitätsprobleme haben, oder für Menschen, die zur Enthemmung neigen und zum Verlust der Selbst- und Impulskontrolle (und das sind v. a. Menschen mit dissozialer, Borderline- bzw. schizotypischer Persönlichkeitsstörung).

Ziel Struktur bietender Therapieangebote wäre der Aufbau von Selbstsicherheit und Selbstvertrauen, die Entwicklung tragfähiger Sinnperspektiven und Werthaltungen, die Unterbrechung bzw. gar Unterbindung selbstdestruktiver wie fremddestruktiver Handlungen sowie die Stärkung einer funktionalen Normorientierung des eigenen Handelns.

Indiziert wären in diesem Fall Sicherheit und Struktur bietende sowie klar ausgearbeitete verhaltenstherapeutische Behandlungsprogramme, die – wenn sie Manualtherapien sind – in aller Regel bereits klare Ziel- und Strukturvorgaben beinhalten. Für alle 3 Störungen liegen in der Verhaltenstherapie ausgearbeitete Behandlungskonzepte in Manualform vor und sie verfolgen gemeinsam jene oben angesprochenen Ziele (für die dissozialen Persönlichkeitsstörungen: z.B. Roth, 1987; für die Borderline-Persönlichkeitsstörungen: z.B. Linehan, 1993a,b; das Vorgehen bei der Behandlung von schizotypischen Patienten wird zunehmend an Manualen der Schizophreniebehandlung orientierbar; vgl. Fiedler, 1996).

Strategie 2: Hochgradig personzentrierte und beziehungsorientierte Therapieangebote zur Förderung von Offenheit gegenüber Erfahrungen

Beziehungsorientierte Therapieangebote zur Förderung von Offenheit gegenüber Erfahrungen werden übereinstimmend häufig bei folgenden 3 Persönlichkeitsstörungen empfohlen: *dependent, zwanghaft, schizoid.* Alle 3 Patientengruppen finden sich nicht gerade selten zu Beginn einer Therapie in einer Situation, in der sie sich selbst neu bestimmen müssen. Ohne einen solchen Anlaß kommen dependente, zwanghafte oder schizoide Patienten eher selten von sich aus in therapeutische Behandlung (mit der Ausnahme, daß diese Persönlichkeitsstörungen komorbid zu anderen psychischen Störungen beobachtbar sind). Dominiert hingegen die Persönlichkeitsstörung, dann ist zumeist das, was als Selbstkonzept bisher Schutz und Sicherheit bot, grundlegend erschüttert und gar zerstört worden.

Ziele der Therapie lägen in der behutsamen Reflexion bisheriger Lebensleitorientierungen, der Ermöglichung eines Beziehungslernens zur Selbstaktualisierung und in der Verbesserung persönlicher Möglichkeiten, sich offen auf neue Erfahrungen einzulassen. Kurz gesagt, bedeutet dieses, daß Therapeuten nicht allzu strukturierend und zielorientiert arbeiten sollten. Sie sollten dem Patienten vielmehr eine grundlegende Reflexion eigener Interessen und Bedürfnisse ermöglichen, wofür die Gruppenbehandlung mit zieloffener Therapiestruktur durchaus eine gute Voraussetzung darstellen könnte (vgl. aber auch das strukturierte Gruppenprogramm für dependente Patienten bei

Vogelsang, 1996). In aller Regel ist jedoch zumeist bzw. zugleich eine kognitiv-orientierte Therapiestrategie zu bevorzugen (z.B. Beck et al., 1993). Diese ist v.a. dann indiziert, wenn die jeweilige Persönlichkeitsstruktur von einer Neigung zur Dysphorie/Depression unterlagert wird (was nicht selten bei dependenten und zwanghaften Persönlichkeiten zu beobachten ist).

Strategie 3: Strukturierte Therapieangebote zum Aufbau zwischenmenschlicher Autonomie

Das Therapieziel »Entwicklung und Aufbau zwischenmenschlicher Autonomie« wird von den unterschiedlichsten Autoren am häufigsten für folgende Persönlichkeitsstörungen empfohlen: *dependent, selbstunsicher, schizotypisch.* Bisherige Forschungsarbeiten stützen den Vorschlag, daß der Aufbau zwischenmenschlicher Autonomie sinnvollerweise durch strukturierte Therapieangebote angestrebt und erreicht werden sollte, wie sie heute am besten mit einem verhaltenstherapeutischen Training sozialer Kompetenzen realisierbar sind. Therapeuten sollten nicht »einsichtsorientiert« zuwarten, bis Autonomie sich entfaltet. Die vergleichende Therapieforschung läßt heute unzweifelhaft schlußfolgern, daß die strukturierte Einübung sozialer Fertigkeiten (z.B. mit einem Training sozialer Fertigkeiten) gerade mit Blick auf eine prosoziale Autonomieentwicklung jeder andersgearteten Therapiestrategie nicht nur gleichwertig, sondern zumeist überlegen ist (vgl. Grawe, Donati & Bernauer, 1994).

Das führt zum ersten Mal zu dem Punkt, daß sich für eine (nämlich die dependente) Persönlichkeitsstörung offensichtlich 2 unterschiedliche Therapiestrategien empfehlen. Das ergibt sich zwangsläufig mehrmals, wenn man die bisherigen Behandlungskonzepte zu spezifischen Persönlichkeitsstörungen durchsieht.

Die Lösung solcher *Indikationswidersprüche* läßt sich am besten am konkreten Einzelfall diskutieren und entscheiden. Bei einigen dependenten Patienten empfiehlt sich vielleicht eine Sukzession beider Strategien (also personorientierte Sinnaktualisierung vor der Einübung zwischenmenschlicher Autonomie). Bei anderen dependenten Patienten könnte auf eine solche Sukzession verzichtet werden, z.B. wenn bereits eigene Interessen und Bedürfnisse artikuliert und ausgedrückt, jedoch von den Betroffenen nicht umgesetzt werden können. Selbst Dependenz ist nicht gleich Dependenz. Und das gilt es jeweils bei allen Persönlichkeitsstörungen zusätzlich zu bedenken.

Strategie 4: Eine interpersonell orientierte Verhaltenstherapie zur Förderung von Bindungskompetenzen und von Vertrauen in soziale Beziehungen

»Förderung von Bindungskompetenzen und von Vertrauen in soziale Beziehungen« findet sich als Therapieempfehlung ausgesprochen häufig bei folgenden Persönlichkeitsstörungen: *schizoid, paranoid, dissozial*. Dabei handelt es sich um jene Personen, deren persönliche Interaktionseigenarten durch Dominanz, Mißtrauen und die Neigung bestimmt werden, andere zu unterdrücken bzw. sich von anderen zu isolieren.

Zwei der oben gegebenen Empfehlungen können zunächst beibehalten werden: Bei »schizoid« denke man an ein kognitives und beziehungsorientiertes Behandlungssetting zur Erhöhung von Offenheit gegenüber zwischenmenschlicher Erfahrungen; bei »dissozial« bevorzuge man ein klar strukturiertes, norm-/werteorientiertes Behandlungskonzept. Gleichzeitig sollte bei diesen Störungen bedacht werden, daß wichtige weitere Behandlungsziele eine *Förderung von Bindungskompetenzen* sowie eine *Vergrößerung des Vertrauens in soziale Beziehungen* darstellen.

Wie das konkret erreicht werden kann, ist nach wie vor unklar; denn zu wenig haben Verhaltenstherapieforscher bisher über diese Therapieziele bei genau diesen Störungen nachgedacht (vgl. Fiedler, 1997c). Für alle 3 Störungen gilt nämlich gleichermaßen, daß sich Autoren und Forscher viel lieber mit der diesen Störungen zugrunde liegenden Dynamik und ihren Ursachen befaßt haben, als Perspektiven dafür zu entwickeln, wie diese Bedingungen erfolgreich beeinflußt werden könnten.

Deshalb empfiehlt sich gegenwärtig, die konkrete Therapieplanung bei diesen Störungen an Problemanalyseschemata zu orientieren, in denen die Beziehungsanalyse und Beziehungsgestaltung mit im Vordergrund stehen (z.B. Caspar, 1996; Schulte, 1996). Das gilt in besonderer Weise für die Behandlung der paranoiden und einiger weiterer Persönlichkeitsstörungen, auf die nachfolgend eingegangen wird.

Strategie 5: Therapieangebote mit Fokusbildung im Bereich konkreter zwischenmenschlicher Krisen und Konflikte

Fokusbildung im Bereich konkreter zwischenmenschlicher Krisen und Konflikte wird zumeist vorgeschlagen für paranoide Persönlichkeitsstörungen, für negativistisch-widerständige Charaktere, für narzißtische Personen wie für histrionische Persönlichkeiten. Bei allen 4 Persönlichkeitsstörungen sollten Psychotherapeuten folgende allgemeine Leitlinien beachten, die recht konvergent von jenen Autoren empfohlen werden, die sich mit diesen Störungen genauer befaßt haben (vgl. Beck, Freeman et al., 1993; Benjamin, 1996; Millon, 1996).

Eine Exploration und Behandlung der im Vordergrund stehenden, vermeintlich störenden Personeigenarten sollte *zunächst nicht* erfolgen (also *zunächst keine* Fokussierung der paranoiden kognitiven Konstruktionen, der Gründe für Negativismus und Widerständigkeit, der Überwertigkeitsphantasien narzißtischer Patienten wie der schauspielerischen Ablenkungsneigung histrionischer Personen). Stattdessen sollte sich der Therapeut eher als vertrauenswürdiger und sachlich arbeitender Begleiter in eine *Therapie zwischenmenschlicher Krisen und Konflikte* einbringen. Als ein Weg zur Beschäftigung mit den persönlichkeitsbedingten Schwierigkeiten im konkreten Lebensalltag wird von den meisten Autoren denn auch die *Suche nach konkreten Alternativen* zur Erreichung persönlicher Ziele und Wünsche angesehen, die gegenüber *konkret benennbaren* Konfliktpartnern bestehen.

Das meint »Fokusbildung«, nämlich eine konsequent verhaltenstherapeutische Grundregel einhalten, die zumeist folgendes beinhaltet: Real gegebene Streß- und Konfliktsituationen im Alltag der Betroffenen und die damit assoziierten Konflikte und Ambivalenzen sind die wichtigsten Anknüpfungspunkte einer in dieser Hinsicht konsequent inhaltlich strukturierten Therapie. Eine Fokusbildung wird empfohlen mit dem Ziel, das Vertrauen in genau diese Beziehungskonstellationen – wo immer möglich – erneut herzustellen oder neu anzuregen und zu festigen.

Alle 4 Störungen sind im Kern Feedbackstörungen. Und eines ihrer prominenten gemeinsamen Merkmale liegt in einem mehr oder weniger ausgeprägten Mangel an Empathie. Auch hieraus ergeben sich lohnenswerte weitere Ziele:

1. Prosoziales Feedback geben lernen und
2. mit negativem wie positivem Feedback umgehen lernen.

Selbst Empathie könnte direkt eingeübt werden (wie dies interessanterweise von Turkat bei narzißtischen Persönlichkeitsstörungen bereits empfohlen und praktiziert wurde; vgl. Turkat, 1996). Zumindest jedoch sollten die Therapeuten kontinuierlich als Empathiemodell wirken.

21.5
Persönlichkeitstörungen:
Schlüssel zum Verständnis
und zur Auflösung therapeutischer Krisen

Leider sind es offensichtlich gerade die letztgenannten Störungen, die für viele Therapeuten eine besondere Hürde darstellen, bei »Empathie« als einem der zentralen Therapeutenmerkmale zu bleiben. Wie Supervisionserfahrungen verdeutlichen, neigen viele Therapeuten gerade bei diesen 4 Störungen (paranoid, negativistisch, histrionisch, narzißtisch) viel zu schnell dazu, sich in einen Diskurs mit den Patienten über die vermeintliche interaktionelle Problematik ihrer Personeigenarten zu verwickeln. Sie übersehen, daß sie mit einer solchen, häufig therapeutisch intendierten »Konfrontation« *spezifische Kompetenzen* der Patienten kritisieren.

■ **Keine Konfrontation zu Beginn der Behandlung.** »Konfrontation« ist bei vielen Persönlichkeitstörungen zumindest zu Beginn der Behandlung eine völlig ungeeignete Strategie. Denn eine Persönlichkeitstörung verweist immer zugleich auf persönliche Stile und damit darauf, wo die persönlichen Stärken der Betroffenen liegen. Persönliche Stile, Stärken und damit Kompetenzen von Patienten kritisch zu hinterfragen, kann nur bedeuten, daß es solchermaßen »konfrontativ« arbeitende Therapeuten mit gut eingeübten Widerständigkeiten zu tun bekommen (nämlich genau mit der autonom vertretenen Rechthaberei paranoider Persönlichkeiten, mit einer vermeintlich autonom vertretenen Selbstbezogenheit narzißtischer Patienten, mit dem Abwehrverhalten negativistischer Personen oder mit dem ebenfalls sicher vorgetragenen Rollenverhalten histrionischer Patienten) – und genau deshalb werden Therapeuten mit einer zu vorschnellen Konfrontation als Therapiestrategie »unterliegen« oder »versagen«.

■ **Anreicherung persönlicher Stile und Kompetenzen.** Damit ist jetzt zum Schluß gesagt, daß als Ziele der Therapie von Persönlichkeitstörungen (wenigstens zu Beginn der Behandlung) zunächst Bereiche oder Aspekte ausgesucht und festgelegt werden sollten, die im Verhalten und Interaktionsspielraum der Patienten zur Zeit (noch) *nicht* oder *nicht mehr* vorhanden sind. Dies sind Beziehungs- und Bedürfnismuster, die ihnen fremd sind oder in der Persönlichkeitsentwicklung fremd geworden sind. Dort jedoch, wo Patienten sich persönlichkeitsbedingt auskennen, weil es

sich um die ihnen ureigensten Gewohnheiten handelt, sollten kritische Diskussionen zunächst vermieden werden, dies selbst dann, wenn die Personeigenarten der Patienten ausgesprochen dysfunktional, bizzar und fremdartig anmuten. Empathie und therapeutische Wertschätzung der Patienten sollte zumindest solange die vorrangige Strategie bleiben, bis sich eine tragfähige therapeutische Beziehung aufgebaut hat. Liegt schließlich eine vertrauensvolle Arbeitsbeziehung vor, kann man in aller Regel gut mit den Patienten auch über ihre Interaktionsstörungen sprechen.

■ **Ethisch verantwortliches Handeln.** Für Abweichungen von Empathie und Wertschätzung der Person des Patienten als therapeutisches Basisverhalten gibt es eigentlich nur eine Ausnahme: selbst- und/oder fremddestruktives Verhalten. »Gewalt gegen sich selbst« oder »Gewalt gegen andere« (hier beides gemeint in einem ethisch begründbar weiten Sinn) sollten Therapeuten immer und möglichst unmittelbar mit dem Hinweis auf ihre nicht akzeptierbaren ethischen oder gar rechtlichen Konsequenzen oder auch mit Blick auf persönlich schädigende Folgen unterbinden. Dies wird, wie oben dargestellt wurde, ebenfalls konvergent von unterschiedlichen Autoren empfohlen. Aber selbst die dann jeweils notwendige psychoedukative Strategie wird wohl nur dann ihre therapeutisch intendierte Wirkung entfalten, wenn sie integraler Bestandteil des hier empfohlenen Therapiegrundprinzips empathischer Wertschätzung gegenüber der persönlich gelebten »Andersartigkeit« von Patienten ist und bleibt.

Empathische Wertschätzung bedeutet nicht Akzeptanz. Sie ist vielmehr unverzichtbarer Respekt vor den persönlichen Schwierigkeiten der Patienten. Funktionale, integrierte und prosoziale Personeigenarten und Verhaltensmuster sind sowieso erst *mittel- oder langfristige Ziele* in einer Psychotherapie persönlichkeitsgestörter Menschen und schon deshalb zu Beginn der Behandlung eher weniger häufig zu erwarten.

Zusammenfassung

Unter Persönlichkeitstörungen werden relativ stabile Erfahrungs-, Verhaltens- und Interaktionsmuster verstanden, die deutlich von kulturell erwarteten und akzeptierten Normen abweichen. Sie können in den Funktionsbereichen Kognition, Emotion, Wahrnehmung, Selbstdarstellung, Impulskontrolle und zwischenmenschliche Beziehungen zu wesentlichen Beeinträchtigungen der sozialen und beruflichen Leistungen führen oder subjektive Beschwerden verursachen. In diesem Beitrag wird einerseits in die Diagnose, Prognose und Ätiologie der Persönlichkeitsstörungen eingeführt. Andererseits werden allgemeine und störungsspezifische Behandlungskonzepte angesprochen. Schließlich wird auf die Bedeutsamkeit der Persönlichkeitsstörungen für die Beurteilung und Auflösung therapeutischer Krisen in der Therapeut-Patient-Beziehung eingegangen.

Literatur

APA – American Psychiatric Association (1994). *Diagnostic and statistical manual of mental disorders – DSM IV* (4th ed.). Washington, DC: American Psychiatric Association. [dt. (1996). *Diagnostisches und Statistisches Manual Psychischer Störungen* DSM-IV. Göttingen: Hogrefe].

Beck, A. T., Freeman, A. et al. (1993). *Kognitive Therapie der Persönlichkeitsstörungen*. Weinheim: Psychologie Verlags Union.

Benjamin, L. S. (1995). *Interpersonal diagnosis and treatment of personality disorders* (2nd ed.). New York: Guilford.

Bohus, M., Stieglitz, R.-D., Fiedler, P. & Berger, M. (1997). Persönlichkeitsstörungen. In M. Berger et al. (Hrsg.), *Lehrbuch der Psychiatrie und Psychotherapie* (im Druck). München: Urban & Schwarzenberg.

Caspar, F. (1996). *Beziehungen und Probleme verstehen. Eine Einführung in die psychotherapeutische Plananalyse*. Bern: Huber.

Fiedler, P. (1996). *Verhaltenstherapie in und mit Gruppen. Psychologische Psychotherapie in der Praxis*. Weinheim: Psychologie Verlags Union.

Fiedler, P. (1997a). *Persönlichkeitsstörungen* (3. Aufl.). Weinheim: Psychologie Verlags Union.

Fiedler, P. (1997b). Die Zukunft der Verhaltenstherapie lag immer schon ziemlich genau in der Mitte zwischen Phänomen- und Störungsorientierung. In H. Reinecker & P. Fiedler (Hrsg.), *Therapieplanung in der modernen Verhaltenstherapie – eine Kontroverse* (S. 131–159). Lengerich: Pabst.

Fiedler, P. (1997c). Differentielle Psychotherapie bei Persönlichkeitsstörungen. In A. Marneros & P. Brieger (Hrsg.), *Psychiatrie als Therapiefach* (S. 229–238). Regensburg: Roderer.

Fiedler, P. (1998a). Salutogenese und Pathogenese in der Persönlichkeitsentwicklung. In Oerter, R., Hagen, C. v. & Röper, G. (Hrsg.), *Klinische Entwicklungspsychologie*. Weinheim: Psychologie Verlags Union.

Fiedler, P. (1998b). Biographie in der Verhaltenstherapie. In G. Jüttemann & H. Thomae (Hrsg.), *Biographische Methoden in den Humanwissenschaften*. Weinheim: Psychologie Verlags Union.

Fiedler, P. (1999). Integrative Psychotherapie bei Persönlichkeitsstörungen. Modellüberlegungen für eine differentielle Indikation. In Senf, W. & Broda, M. (Hrsg.), *Praxis der Psychotherapie. Ein integratives Lehrbuch für Psycho-analyse und Verhaltenstherapie* (2. Aufl.). Stuttgart: Thieme.

Fydrich, T., Schmitz, B., Dietrich, D., Heinicke, S. & König, J. (1996). Prävalenz und Komorbidität von Persönlichkeitsstörungen. In B. Schmitz, Th. Fydrich & K. Limbacher (Hrsg.) (1996), *Persönlichkeitsstörungen: Diagnostik und Psychotherapie* (S. 56–90). Weinheim: Psychologie Verlags Union.

Kuhl, J. & Kazén, M. (1997). *Persönlichkeits-Stil und Störungs-Inventar (PSSI)*. Göttingen: Hogrefe.

Linehan, M. (1993a). *Cognitive behavioral treatment of borderline personality disorder*. New York: Guilford. [dt. (1996). *Dialektisch-Behaviorale Therapie der Borderline-Persönlichkeitsstörungen*. München: CIP-Medien].

Linehan, M. (1993b). *Skills training manual for treating borderline personality disorder*. New York: Guilford. [dt. (1996). *Trainingsmanual zur Dialektisch-Behavioralen Therapie der Borderline-Persönlichkeitsstörungen*. München: CIP-Medien].

Millon, T. (1996). *Disorders of personality. DSM-IV and beyond*. New York: Wiley.

Mundt, Ch. & Fiedler, P. (1996). Konzepte psychosozialer Vulnerabilität bei affektive Erkrankungen. In H.-J. Möller & A. Deister (Hrsg.), *Vulnerabilität für affektive und schizophrene Erkrankungen* (S. 1–9). Wien: Springer.

Oldham, J. M. & Skodol, A. E. (1996). Persönlichkeitsstörungen. In F. I. Kass, J. M. Oldham, H. Pardes, L. B. Morris & H. U. Wittchen (Hrsg.), *Das große Handbuch der seelischen Gesundheit* (S. 202–211). Weinheim: Beltz – Quadriga.

Roth, L. H. (1987a). *Clinical treatment of the violent person*. New York: Guilford.

Schmitz, B. (1996). Verhaltenstherapie bei Persönlichkeitsstörungen. In W. Senf & M. Broda (Hrsg.), *Praxis der Psychotherapie. Ein integratives Lehrbuch für Psychoanalyse und Verhaltenstherapie* (S. 318–333). Stuttgart: Thieme.

Schmitz, B., Fydrich, Th. & Limbacher, K. (Hrsg.) (1996). *Persönlichkeitsstörungen: Diagnostik und Psychotherapie*. Weinheim: Psychologie Verlags Union.

Schulte, D. (1996). *Therapieplanung*. Göttingen: Hogrefe.

Schulte, D., & Wittchen, H. U. (1988). Wert und Nutzen klassifikatorischer Diagnostik für die Psychotherapie. *Diagnostica, 34*, 85–98.

Senf, W. & Broda, M. (Hrsg.) (1996). *Praxis der Psychotherapie. Ein integratives Lehrbuch für Psychoanalyse und Verhaltenstherapie*. Stuttgart: Thieme.

Shea, M. T. (1993). Psychosocial treatment of personality disorders. *Journal of Personality Disorders, 7 (Suppl., Spring 1993)*, 167–180.

Turkat, I.D. (1996). *Die Persönlichkeitsstörungen. Ein Leitfaden für die klinische Praxis*. Bern: Huber.

Süllwold, L. (1983). *Schizophrenie*. Stuttgart: Kohlhammer.

Vogelsang, M. (1996). Ein Modell kognitiv-behavioraler Gruppentherapie bei dependenten Persönlichkeitsstörungen. *Verhaltensmodifikation und Verhaltensmedizin, 17*, 233–249.

WHO – Weltgesundheitsorganisation (1993). *Klassifikation psychischer Krankheiten. Klinisch-diagnostische Leitlinien nach Kapitel V (F) der ICD-10* (2. Aufl.; Hrsg.: H. Dilling, W. Mombour & M. H. Schmidt). Bern: Huber.

Young, J. E. (1990). *Cognitive therapy for personality disorders: a schema-focused approach*. Sarasota, Florida: Professional Resource Exchange.

Weiterführende Literatur

Beck, A. T., Freeman, A. et al. (1993). *Kognitive Therapie der Persönlichkeitsstörungen.* Weinheim: Psychologie Verlags Union.

Fiedler, P. (1997). *Persönlichkeitsstörungen* (3. Aufl.). Weinheim: Psychologie Verlags Union.

Fiedler, P. (1998). Salutogenese und Pathogenese in der Persönlichkeitsentwicklung. In Oerter, R., Hagen, C. v. & Röper, G. (Hrsg.), *Klinische Entwicklungspsychologie.* Weinheim: Psychologie Verlags Union.

Millon, T. (1996). *Disorders of personality. DSM-IV and beyond.* New York: Wiley.

KAPITEL 22

Borderlinepersönlichkeitsstörungen

M. BOHUS

22.1
Allgemeiner Teil

»Patients out of hell« – so titelt ein amerikanisches Selbsthilfemagazin für Borderlinepatientinnen. Es spielt dabei nicht nur auf die psychische Notlage dieser chronisch-suizidalen Patientinnen an, auf tiefsitzende Schuldgefühle und das unbestimmte Gefühl, »anders« zu sein als alle anderen, sondern auch auf die Angst der Therapeuten, sich daran die Finger zu verbrennen. Noch immer stehen Borderlinepatientinnen in dem Ruf zu manipulieren, therapeutische Settings zu sprengen und Hilfsangebote zu mißbrauchen. Viele Therapeuten sehen sich zunächst fasziniert von der Wucht frei-

gesetzter Emotionen, bald jedoch gefangen in einem dichten Beziehungsgeflecht, schwankend zwischen Angst vor Suizid und Therapieabbruch. Konfrontiert mit Phänomenen wie Flashbacks, szenischen Halluzinationen und beängstigenden Selbstverletzungen, wird nicht selten auf die stationäre Behandlung zurückgegriffen, die wiederum ihren eigenen Beitrag zur Chronifizierung der Symptomatik leistet.

Ein Wechselspiel also zwischen Verständnislosigkeit, gegenseitiger Schuldzuweisung und starkem Handlungsdruck. Immerhin suchen über 80% aller Menschen mit Borderlinestörung aus eigenem Antrieb therapeutische Unterstützung. Bei einer Prävalenz von 1,5% in der Allgemeinbevölkerung ergeben sich ein enormer Versorgungsbedarf und hohe Kosten, die besonders im stationären Bereich akkumulieren. Vor diesem Hintergrund wird die Aufmerksamkeit verständlich, die in jüngster Zeit der »Dialektisch-Behavioralen Psychotherapie« (DBT) zuteil wurde, einer kognitiv-behavioralen Therapie, die von Marsha Linehan spezifisch zur Behandlung dieses Störungsbildes entwickelt und empirisch abgesichert wurde. Die DBT integriert neben verhaltenstherapeutischen Techniken und Strategien eine Vielzahl von Methoden aus unterschiedlichen therapeutischen Schulen. Sie entwickelt daneben einige fundamentale Prinzipien zur Strukturierung der Therapie, zur Beziehungsgestaltung und zur Auswahl von Veränderungsstrategien, die über die spezifische Behandlung von Borderlinepatientinnen hinausweisen und damit der Verhaltenstherapie die Grundlagen zur Behandlung von komplexen Störungen und schweren Persönlichkeitsstörungen eröffnen.

22.2
Beschreibung der Störung

22.2.1
Diagnostik

Beeinflußt von einer analytischen Entwicklungstheorie, welche die »Borderlinestruktur« als frühe Störung an der Grenze zwischen psychotischem Erleben und »reiferen« neurotischen Entwicklungsstufen ansiedelte, spiegelte sich über Jahrzehnte unscharfes psychiatrisches Denken in Begriffen wie Borderline-Schizophrenie oder pseudoneurotische Schizophrenie wider. Erst mit der Aufnahme der Diagnose »Borderline-Persönlichkeitsstörung« (BPD) in das diagnostische und statistische Manual psychiatrischer Störungen der American Psychiatric Association (DSM-III) 1980 erfuhr dieses Krankheitsbild seine offizielle Anerkennung. Der operationalisierte Kriterienkatalog wurde im DSM-IV (1994) lediglich um ein Kriterium erweitert. Fünf der folgenden Kriterien müssen gegeben sein, um die Voraussetzung für die Diagnosestellung zu erfüllen.

**Diagnostische Kriterien
der Borderlinestörung (DSM-IV)**

1. Verzweifeltes Bemühen, ein reales oder imaginäres Alleinsein zu verhindern. Anmerkung: Suizidales oder selbstschädigendes Verhalten wird in Kriterium 5 erfaßt.
2. Ein Muster von instabilen und intensiven zwischenmenschlichen Beziehungen, das sich durch einen Wechsel zwischen extremer Idealisierung und Abwertung auszeichnet.
3. Identitätsstörungen: eine ausgeprägte und andauernde Instabilität des Selbstbildes oder des Gefühls für sich selbst.
4. Impulsivität in mindestens zwei potentiell selbstschädigenden Bereichen (z.B. Geldausgeben, Sex, Substanzmißbrauch, rücksichtsloses Fahren, Freßanfälle). Anmerkung: Suizidales oder selbstschädigendes Verhalten wird in Kriterium 5 erfaßt.
5. Wiederkehrende Suiziddrohungen, -andeutungen oder -versuche oder selbstschädigendes Verhalten.
6. Affektive Instabilität, die durch eine ausgeprägte Orientierung an der aktuellen Stimmung gekennzeichnet ist (z.B. starke episodische Niedergeschlagenheit, Reizbarkeit oder Angst, üblicherweise wenige Stunden und nur selten einige Tage lang andauernd).

---

7. Chronisches Gefühl der Leere.
8. Unangemessene, starke Wut oder Schwierigkeiten, Wut oder Ärger zu kontrollieren (z.B. häufige Wutausbrüche, andauernder Ärger, wiederholte Prügeleien).
9. Vorübergehende, streßabhängige paranoide Vorstellungen oder schwere dissoziative Symptome.

Das ICD-10 übernahm weitgehend die deskriptive Sichtweise des DSM III-R, ordnete die Borderlinestörung jedoch zusammen mit dem »impulsiven Typus« den emotional instabilen Persönlichkeitsstörungen unter. Untersuchungen mit der International Personality Disorder Examination (IPDE) (Loranger, 1994), erbrachten sehr gute Ergebnisse hinsichtlich Interraterreliabilität und zeitlicher Stabilität dieser Diagnose nach ICD-10 und DSM-III-R. Mit dem »Diagnostischen Interview für Borderlinestörungen« (DIB) nach Gunderson (1985) liegt ein weiteres strukturiertes Interview vor, das sowohl im klinischen als auch im Forschungsbereich eingesetzt werden kann. Für die revidierte Version (DIB-R) liegen noch keine Daten zur Validität vor.

22.2.2
Klinische Diagnostik

Stufenplan für klinische Diagnostik

1. Leitsymptom:
   häufig einschießende äußerst unangenehme Spannung ohne differenzierte emotionale Qualität,
2. DSM-IV-Kriterien,
3. Ausschluß akuter depressiver oder schizophrener Störung,
4. Ausschluß organischer Faktoren,
5. DIB-R.

Bei eigenen Untersuchungen an einer Stichprobe von 300 nach DSM-IV diagnostizierten Borderlinepatientinnen gaben 95% der Befragten folgendes Item als zutreffend an: »Erleben Sie häufig plötzlich einschießende Spannungs- und Erregungszustände, die Sie als intensiv und unangenehm einstufen, ohne daß Sie diese einer emotionalen Kategorie wie Angst, Wut oder Schuld zuordnen können?« Es hat sich bewährt, im klinischen Alltag zunächst dieses Leitsymptom zu erfragen und anschließend die DSM-IV-Kriterien zu erheben. Nach Ausschluß einer akuten Depression oder schizoaffektiven Störung sollte zur Diagnosesicherung das DIB-R-Interview durchgeführt werden. Es ist gut strukturiert, einfach zu handhaben und deckt das weite Feld potentieller psychopathologischer Muster ab.

22.3
Beschreibung des Störungsbildes

Im Zentrum der Borderlineproblematik steht eine *Störung der Affektregulation*. Diese ist gekennzeichnet durch eine niedrige Reizschwelle für interne oder externe emotionsinduzierende Ereignisse, durch ein hohes Erregungsniveau und verzögerte Rückbildung auf das emotionale Ausgangsniveau. Die unterschiedlichen Emotionen werden von den Betroffenen häufig nicht differenziert wahrgenommen, sondern, wie beschrieben, als äußerst quälende, diffuse Spannungszustände erlebt. Körperwahrnehmungsstörungen, Hypalgesien (Schmerzunempfindlichkeit) und somatoforme dissoziative Phänomene (Veränderung der Optik, des Geruchs und der Akustik sowie der Kinästhesie) werden im Zusammenhang mit der Wahrnehmung von Spannung und Erregung beschrieben. Die in 70% der Fälle auftretenden selbstschädigenden Verhaltensmuster, wie Schneiden, Brennen, Blutabnehmen, aber auch aggressive Durchbrüche, können zur Reduktion dieser aversiven Spannungszustände führen, was im Sinne der instrumentellen Konditionierung als negative Verstärkung zu werten ist.

Neben dieser Gruppe von Patientinnen, die Selbstschädigungen einsetzen, um sich wieder zu spüren oder Spannungszustände zu reduzieren, gibt es eine zweite Gruppe, die berichtet, nach Selbstschädigung Euphorisierung zu erleben. Viele dieser Patientinnen schneiden sich daher ausgesprochen häufig, z.T. täglich, und zeichnen sich auch sonst durch ein »Hochrisikoverhalten« aus. Balancieren auf Brückengeländern und Hochhausdächern, Rasen auf Autobahnen oder Verweilen auf Bahngleisen sollte nicht mit Suizidversuchen verwechselt werden.

Im *zwischenmenschlichen Bereich* dominieren Schwierigkeiten in der Regulation von Nähe und Distanz. Dominiert von einer ausgeprägten Angst vor dem Alleinsein und einer schlecht ausgeprägten intrapsychischen Repräsentanz wichtiger Bezugspersonen, verwechseln sie häufig Abwesenheit mit manifester Verlassenheit und versuchen daher, wichtige Bezugspersonen permanent an sich

zu binden. Andererseits induziert gerade Nähe ein hohes Maß an Angst, Schuld oder Scham. Langwierige, schwierige Beziehungen mit häufigen Trennungs- und Wiederannäherungsprozessen sind die Folge. Diese zeitgleiche Aktivierung konträrer Grundannahmen und Schemata scheint eines der auffälligsten Verhaltensmuster bei Borderlinepatientinnen zu sein. So aktiviert etwa das Bedürfnis nach Zärtlichkeit und Geborgenheit die Selbstwahrnehmung, gewalttätig und zerstörerisch zu sein. Das Bedürfnis nach Macht, Unabhängigkeit und Autonomie sorgt für einen »Hunger« nach bedingungsloser Zuwendung und Liebe, die Wahrnehmung eigener sexueller Lust aktiviert massive autodestruktive Bedürfnisse. Das Gefühl, jemandem vertrauen zu können, schlägt um in die sichere Erwartung einer traumatisierenden Grenzüberschreitung. Stolz und Selbstzufriedenheit lösen Scham und Angst vor Abwertung aus.

Als weitere klinische Auffälligkeit kann »*passive Aktivität*« beschrieben werden, also die Tendenz, durch Demonstration von Hilflosigkeit und Leid soziale Unterstützung zu erlangen. Konsequenterweise führt eine Aggravierung von demonstrativ hilflosen Verhaltensmustern zu einer Überlastung der Sozialkontakte und Inanspruchnahme sozialpsychiatrischer Versorgungssysteme.

Die *ausgeprägten dissoziativen Phänomene* sind häufig nicht mehr an konkrete Auslöser gekoppelt sondern generalisiert. Mangelhafte Wahrnehmung der eigenen Emotionen, Verzerrung des Raum-Zeit-Gefühls, ausgeprägte Gefühle von Fremdheit und vor allem Kontrollverlust über die Realität charakterisieren diese Phasen. Hinzu kommen häufig Flashbacks, d.h. szenisches Wiedererleben von traumatisierenden Ereignissen, die zwar kognitiv der Vergangenheit zugeordnet werden, emotional jedoch als real erlebt werden. Nicht selten werden diese Flashbacks, die über Stunden und Tage anhalten können, vom klinisch Unerfahrenen als psychotisches Erleben fehldiagnostiziert. Auch Alpträume sowie ausgeprägte Ein- und Durchschlafstörungen tragen zur emotionalen Destabilisierung bei. Alkohol- und Drogenmißbrauch, Eßstörungen, Vernachlässigung von körperlicher Bewegung sowie Pflege eventueller somatischer Erkrankungen korrespondieren häufig mit vielfältigen sozialen Problemen wie inadäquate Ausbildung und Arbeitslosigkeit.

22.4
Differentialdiagnose und Komorbidität

Ein hoher Prozentsatz der Patientinnen mit BPS weist zusätzliche psychiatrische Störungen auf. Im Vordergrund stehen affektive Erkrankungen (81–100%) und Angststörungen (24–81%) sowie Substanzmißbrauch (21–67%) (Königsberg et al., 1985; Dulit et al., 1990). Die Schätzung für komorbid vorhandene psychotische Erkrankungen liegt bei 0–40% (Fyer et al., 1997), für Eßstörungen bei 14% (Zanarini et al., 1989; Prasad et al., 1997). Viele Borderlinepatientinnen erfüllen gleichzeitig die Kriterien anderer Persönlichkeitsstörungen, deren Berücksichtigung von hohem klinischem Wert sein kann. Die Beziehungsgestaltung, die Auswahl der Veränderungsstrategien und schließlich das Abbruchrisiko und die Verlaufsprognose unterscheiden sich bei Borderlinepatientinnen oft erheblich in Abhängigkeit von den verschiedenen Persönlichkeitsspektren.

22.5
Prävalenz und Epidemiologie

Die Prävalenz der Borderlinestörung in der Allgemeinbevölkerung wird mit 0,8–1,5% angegeben (Widiger u. Weissmann, 1991; Torgersen, 1998). Über 80% der Betroffenen befinden sich in psychiatrisch/psychotherapeutischer Behandlung. 8–11% aller ambulant behandelten psychisch Erkrankten (Widiger u. Frances, 1989) und 14–20% aller stationär behandelten psychisch Erkrankten erfüllen die diagnostischen Kriterien der BPS, etwa 70% davon sind Frauen (Widiger u. Weissmann, 1991).

22.6
Entstehungsmodelle

Grob gegliedert lassen sich derzeit sechs Erklärungsmodelle zur Entstehung der Borderlinestörung unterscheiden: Der primär von Kernberg (1993) entwickelte *tiefenpsychologische Ansatz* basiert auf einer analytisch geprägten Entwicklungstheorie, der sog. »Objektbeziehungstheorie« und postuliert als zentrales Problem der Borderlinestörung eine Aufrechterhaltung frühkindlicher psychischer Organisationsformen. Fehlerhafte Integration der Affekte, wie etwa durch Störungen der

Mutter-Kind-Dyade, führen zu überstarken Affekten, die vom reifenden psychischen Organismus als überwältigend wahrgenommen und damit, im Sinne eines »Abwehrprozesses«, abgespalten bleiben. Kritik an der tiefenpsychologischen Theorie erwächst zum einen von seiten der modernen Säuglingsforschung, die keine Hinweise auf die zugrundegelegten Objektbeziehungen findet, andererseits von der Traumaforschung, die eine Vernachlässigung empirisch gesicherter Risikofaktoren vorwirft.

Ein weiterer Erklärungsansatz, für den insbesondere Akiskal (1981) steht, ordnet die Borderlinestörung dem Spektrum affektiver bzw. depressiver Erkrankungen zu. Die borderlinetypischen Verhaltensmuster werden als Kompensationsmechanismen der affektiven Störung betrachtet. Die meisten Daten, auf die sich diese Theorie stützt, wurden in Einrichtungen erhoben, die sich auf die Behandlung von depressiven Erkrankungen spezialisiert haben. Daher ist eine Selektion des Klientels nicht auszuschließen. Zudem sind die meisten depressiven Einbrüche eindeutig an spezifische Auslöser geknüpft und lösen sich nach entsprechenden Interventionen rasch auf. Dennoch sollten manifeste depressive Episoden auf keinen Fall übersehen werden und unbehandelt bleiben.

Unscharfe Begriffe wie »pseudoneurotische Schizophrenie« oder »Borderline-Schizophrenie« weisen auf den tradierten Versuch, die Borderlinestörung dem *schizophrenen Formenkreis* zuzuordnen. Die Arbeiten von Spitzer und Endikott (1979) konnten dies klar widerlegen. Patientinnen mit persistierenden verschrobenen, bizarren Vorstellungen und chronischen psychosenahen Phänomenen sollten daher eher der »schizotypischen Persönlichkeitsstörung« zugeordnet werden.

Der vierte theoretische Ansatz, die Borderlinestörung dem *Spektrum der Impulskontrollstörungen* zuzuordnen, schlug sich immerhin im ICD-10 nieder. Herpertz (1995) fand neben starken affektiven Auslenkungen bei Borderline-Persönlichkeitsstörungen eine ausgeprägte Tendenz zu »sensation-seeking behaviour«, also Hypersensitivität gegenüber Reizdeprivation und postuliert zerebrale Störungen im frontostriatalen Bereich. In Abhängigkeit von der Konstellation der zutreffenden Diagnosekriterien kann eine Subgruppe der Borderlinepersönlichkeitsstörungen in das Spektrum der Impulskontrollstörungen eingeordnet werden.

Linehans Konzept zur Entwicklung der Borderlinestörung basiert auf der von Millon (1996) entwickelten *biosozialen Theorie*. Linehan betont das Zusammenwirken von zwei pathogenetisch bedeutsamen Faktoren: »Emotionale Vulnerabilität« und »nonvalidierendes Umfeld«. Ersteres, also die Störung der Affektmodulation, sieht Linehan genetisch, neurobiologisch oder biographisch bedingt. Als zweiter wesentlicher Einflußfaktor wird ein soziales Umfeld benannt, welches auf adäquate Affektäußerung dysfunktional reagiert. Das Kind bleibt über die Bedeutung zentraler Affekte im Unklaren und verfügt daher nicht über notwendige Fertigkeiten zur Affektmodulation. Ein klassisches lerntheoretisches Modell also, für das es bislang ebensowenig empirische Belege gibt wie für genetische oder neurobiologische Prädisposition.

Bleibt als letztes Konzept die *Traumatheorie*. Es gilt mittlerweile als gesichert, daß körperliche Gewalt, emotionale Vernachlässigung und sexueller Mißbrauch im Kindesalter bei Patientinnen mit Borderlinestörung überproportional häufig vorkommen. Die kontrollierten Studien konvergieren bei 60–80%, wobei früher Beginn des Mißbrauchs, primäre Bezugspersonen als Täter und wechselnde Täter als Hochrisikofaktoren gelten (Übersicht: Gast, 1997).

Bei genauerer Betrachtung kann bislang kein Modell als bewiesen oder widerlegt bezeichnet werden. Vielmehr scheint die Theoriebildung in hohem Maße abhängig zu sein von der Auswahl der untersuchten oder behandelten Stichproben und von der theoretischen Grundausrichtung der Forscher. Ein schlüssiges Modell sollte heute behaviorale, kognitive und neurobiologische Variablen berücksichtigen. Im folgenden soll ein neurobehaviorales Entstehungsmodell skizziert werden, das sich als Integration der Traumatheorie mit dem Linehanschen Ansatz versteht. Zum einen berücksichtigt dieses Modell die wichtigsten Forschungsergebnisse zu Risikofaktoren, zum anderen wird damit einem konstruktivistischen Grundansatz Rechnung getragen, der davon ausgeht, daß sich der Wert einer Theorie nicht in deren »Wahrheitsgehalt« ermißt, sondern in deren Auswirkung auf die Praxis.

22.7
Das neurobehaviorale Entstehungsmodell

Da wir derzeit nicht über prospektive Studien oder retrospektive Kohortenanalysen verfügen, läßt sich das pathogenetisch relevante Wissen vier Quellen zuordnen:

1. Retrospektiv erhobene kontrollierte Daten (hohe Mißbrauchs- und Mißhandlungsrate, früher Beginn des Mißbrauchs, häufig Väter als Täter, häufig mehrere Täter usw.)
2. Retrospektiv erhobene Einzelfallberichte (Beziehung zum Täter, Beziehung zu einer dritten »Schutzperson«, frühe Bewältigungsstrategien, affektive Erfahrungen usw.)
3. Kontrollierte Untersuchungen zur gegenwärtigen Phänomenologie der Borderlinestörung (kognitive Verzerrungen, affektive Dysregulation, Selbstverletzungen, hohe Dissoziationsneigung, Hypalgesie, usw.)
4. Einzelfallberichte zur gegenwärtigen Phänomenologie (Grundannahmen, Schemata, Bewältigungsstrategien)

I. Die Erfahrung früher Traumata führt auf neurobiologischer Ebene zu Störungen der Emotionsregulation im limbischen System sowie zu einer erhöhten Dissoziationsneigung. Auf kognitiver und emotionaler Ebene etabliert sich eine Angststruktur, wie wir sie aus der PTSD-Forschung kennen.

II. Die enge Beziehung zum Täter verunmöglicht eine klare Abgrenzung zu diesem und führt zur Etablierung inkonsistenter, das heißt in sich widersprüchlicher Schemata und Grundannahmen. Störungen der Emotionsmodulation auf der kognitiven Ebene sind die Folge.

III. Das Zusammenwirken dieser Faktoren führt zu Störungen der Assimilations- und Adaptationsprozesse während der weiteren psychosozialen Entwicklung. Die traumatischen Erfahrungen werden durch die Lernprozesse der Gegenwart nicht relativiert, bleiben daher virulent und können durch externe oder interne Stimuli (aufkeimende Sexualität, Retraumatisierung, Psychotherapie) aktiviert werden.

IV. Borderlinetypische Verhaltensmuster, wie z.B. Selbstverletzungen, werden nun zunächst als Bewältigungsstrategien etabliert, erfahren jedoch sehr bald eine negative Verstärkung im Sinne einer instrumentellen Konditionierung und werden zum eigenständigen Problem.

22.7.1
Frühe Traumatisierung

Auch wenn die Interpretation von retrospektiv erhobenen Untersuchungen zur Häufigkeit von sexuellem oder körperlichem Mißbrauch in der Kinder- und Jugendzeit schwierig ist, so gilt mittlerweile als gesichert, daß Borderlinepatientinnen überproportional häufig von emotionaler Vernachlässigung, sexuellem oder körperlichem Mißbrauch berichten. In verschiedenen Untersuchungen wurden bei Borderlinepatientinnen Mißbrauchsraten von (teilweise weit) über 80% gefunden (Bryer et al., 1987; Herman et al., 1987). In neun von zehn Fällen handelt es sich dabei um sexuellen Mißbrauch (Herman et al., 1989). Die Hälfte der Betroffenen berichtet glaubhaft, schon vor der Pubertät von primären Bezugspersonen zum Geschlechtsverkehr gezwungen worden zu sein (Bohus, 1996). Sicherlich entwickeln nicht alle Kinder mit dergestalten Erfahrungen Störungen vom Borderlinetypus und nicht alle Patientinnen mit Borderlinesymptomatik weisen diese Erfahrungen auf.

22.7.2
Störung der Affektgenerierung

Da neurobiologische Untersuchungen bei Borderlinepatientinnen erst in den Anfängen stecken, liegt es nahe, Forschungsergebnisse heranzuziehen, die bei der Untersuchung der Posttraumatischen Streßerkrankung (PTSD) gewonnen wurden.

So leiden Patienten mit PTSD, wie Borderlinepatientinnen, an einem latenten Gefühl der Bedrohung, an einer Hypersensitivität des autonomen Nervensystems, an Schlafstörungen und Alpträumen sowie an sog. »Flashbacks«. Letztere werden nicht nur durch externe Auslöser oder durch Kognitionen hervorgerufen, die unmittelbar mit dem traumatisierenden Ereignis zusammenhängen, sondern auch durch Elemente, die nur entfernt damit assoziiert sind. Dies hat zur Folge, daß Reize, die vormals als sicher erlebt wurden, durch das Trauma als gefährlich umbewertet und damit Teil der Angststruktur werden. Die Repräsentation der Welt und des eigenen Körpers wird als gefährlich erlebt, das Individuum als hilflos und ausgeliefert.

Auf neurobiologischer Ebene spiegelt sich dies neben einer generellen Hypersensitivität des autonomen Nervensystems auch in Störungen der subkortikalen Zentren im limbischen System wider (Übersicht: Charney et al., 1993)

22.7.3
Hohe Dissoziationsneigung

Daß Borderlinepatientinnen rascher, intensiver und längerdauernd aversive Spannungszustände erleben als Gesunde, konnte mittlerweile in einer kontrollierten Feldstudie nachgewiesen werden (Stiglmayr et al., im Druck). Diese Untersuchung ergab zudem, daß Borderlinepatientinnen unter Anspannung häufig ausgeprägte dissoziative Phänomene entwickeln. Dissoziation kann als psychopathologischer Oberbegriff für borderlinetypische Phänomene wie Depersonalisation, Derealisation, dissoziative Halluzination und Wahrnehmungsverzerrungen gebraucht werden (Gast, 1997). Hinzu kommen somatische Dimensionen wie Schmerzunempfindlichkeit, Schwerhörigkeit, Reduktion des Geruchsvermögens und Veränderung der optischen Qualitäten. Diese Phänomene können mittlerweile als mögliche Folgen schweren Kindesmißbrauchs angesehen werden. Offensichtlich behindern dissoziative Phänomene auch die Affektwahrnehmung und ermöglichen eine Angstreduktion. In finalen Bedrohungssituationen scheint dieses System sich automatisch zu aktivieren. Retrospektiv berichten Borderlinepatientinnen über eine hohe Dissoziationsneigung in der Kindheit. »Ich hörte die Schritte meines Vaters auf der Treppe, zählte die Bretter meines Regales, und wenn ich bei sieben angelangt war, befand ich mich außerhalb meines Körpers«. Diese zunächst angstreduzierenden Erfahrungen haben jedoch die Tendenz, sich zu automatisieren und zu verselbständigen. Der Preis ist oft peinigender Kontrollverlust und Schwierigkeiten in der Unterscheidung zwischen Phantasie und Realität. Man stelle sich eine akut bedrohliche Situation vor, etwa eine drohende körperliche Auseinandersetzung mit einem stärkeren Gegner, in der sich plötzlich die optischen Konturen auflösen, das Gefühl für Beine, Rumpf und Arme verloren geht, die Geräusche nur noch von ferne herandringen, und die Muskulatur dem Willen nicht mehr gehorcht. Die Angst wird sich sicherlich zur Panik steigern, was jedoch das Gefühl der Unwirklichkeit nur noch verstärkt. Die meisten Borderlinepatientinnen erfahren mehrmals derartige Situationen.

22.7.4
Löschungsresistenz

Der Verlust von Realitätswahrnehmung hat neben Kontrollverlust und eingeschränkter Handlungsfähigkeit noch eine weitere Konsequenz: Die kognitive und emotionale Überprüfung, ob alte Erfahrungen in der Gegenwart noch gültig sind oder ob Anpassungen der erlernten Schemata an die Realität sinnvoller erscheinen, ist reduziert. Im Tierversuch konnte gezeigt werden, daß eine Unterbrechung der neuronalen Verbindungen zwischen Amygdala (als affektinduzierende Zentren) und präfrontalem Kortex (als »Pforte zum Bewußtsein«) adaptive Lernprozesse verunmöglichte. Dieses Phänomen ist bei Borderlinepatientinnen zu beobachten. Neue traumatische Erfahrungen, oder auch der Beginn einer Psychotherapie, können die alten gespeicherten kognitiv-emotionalen Netzwerke aktivieren, ohne daß diese durch die gemachte Lebenserfahrung relativiert werden können.

22.7.5
Dysfunktionale Grundannahmen und inkonsistente Schemata

Die meisten Patientinnen mit schwerem Mißbrauch in frühen Jahren weisen in erheblichem Maße Intrusionen, vor allem tagelange peinigende Flashbacks auf, aber nur ein Teil dieser Betroffenen entwickelt die typischen Verhaltensmuster der Borderlinestörung. Was macht den Unterschied?

Berücksichtigt man retrospektiv erhobene Daten aus der Behandlung von Einzelfällen, so zeigt sich als Schlüsselproblem für die Entstehung der Borderlinestörung die Beziehung zum Täter. Gelingt es Kindern, die Opfer von Gewalt durch Dritte werden, sich von den Tätern abzugrenzen, das heißt die Gewalt als von außen kommend, also jenseits des sozialen Sicherheitssystems, zu erleben, so haben sie trotz ihrer Traumatisierung die Chance, daß der »Kern« ihrer Persönlichkeit nicht angegriffen wird. Hingegen sind Borderlinepatientinnen als Kinder häufig damit konfrontiert, daß Täter und wichtige, primäre Bezugspersonen identisch sind. Der Täter wird daher nicht ausschließlich als Angreifer erlebt, sondern auch als liebendes, schutzgebendes Objekt. Je traumatischer die Erfahrung, desto dringender wird das Bedürfnis nach Schutz beim und vor dem Täter. In der Regel stürzt der Täter das Kind in einen Strudel unterschiedlichster, verwirrender Wahrnehmungen. Das Gefühl der Privilegiertheit (du bist mir näher als die Mutter) wird gekoppelt mit Schuld und Scham, Aussagen wie »das macht Dir doch auch Spaß, meine kleine Hure« wirken intensiv, gerade wenn Teilaspekte der sexuellen Beziehung auch erregen oder Spaß machen. Nicht selten ist der sexuelle Mißbrauch gekoppelt mit

tiefen Liebesbeteuerungen, aber auch mit der Drohung, die Schwester ranzunehmen, die Mutter zu ermorden oder ins Gefängnis zu müssen, wenn das Kind das Geheimnis nicht wahrt. Die herkömmlichen Bewältigungsstrategien eines Kindes sind in dieser Situation vollkommen überfordert. Dies führt zu einer spezifischen kognitiv-emotionalen Struktur.

Aus kognitiv-behavioraler Sicht handelt es sich um widersprüchliche Schemata. Schemakonforme Wahrnehmung oder Handlung erzeugt das Gefühl der Sicherheit und Stimmigkeit, während Abweichungen von Schemata potentiell mit dem Gefühl des Kontrollverlustes und damit häufig mit aversiver Spannung gekoppelt sind.

Beispiel

Der schematische Ablauf *Wahrnehmung*: »Mann mit Schnurrbart« - *Interpretation*: »Gefahr« - Aktivierung von gespeicherten Bildern: »Flashbacks von Vergewaltigung« - *Emotion*: »Angst, Ekel« - *Handlungstendenz*: »Flucht« - *Handlung*: »Schutz suchen in der eigenen Wohnung« ist zwar dysfunktional (Generalisierung des Reizes), aber in sich konsistent und stimmig. Wird die Handlungstendenz »Schutz suchen« ausgeführt, so reduziert sich die Angst und wird einem befreienden Gefühl Platz machen.

Anders das inkonsistente Schema: *Wahrnehmung*: »körperliche Berührung durch Freund« - *Interpretation I*: »Zärtlichkeit und Sicherheit« - *Emotion I*: »Geborgenheit, Liebe« - *Handlungstendenz I* - »Fallenlassen und genießen«; *Interpretation II*: »Gefahr« - Aktivierung körperlicher Mißempfindungen - *Emotion II*: »Angst« - *Handlungstendenz II*: »Flucht« - *gemeinsame Endstrecke*: hohe Anspannung und Handlungsverlust.

Hier führt der konditionierte Reiz »körperliche Berührung« zur zeitgleichen Aktivierung zweier widersprüchlicher Schemata. Da weder adäquate Kommunikation noch Handlung erfolgen kann, bleiben notwendigerweise beide Emotionen »Angst« und »Sehnsucht nach Geborgenheit« parallel aktiviert, was sich in einem psychophysiologischen Anstieg aversiver Anspannung und Erregung manifestiert.

»Multiple Persönlichkeiten«, die in aller Regel ebenfalls schwerwiegende frühe Traumatisierungen aufweisen, sind in der Lage, diese widersprüchlichen Subschemata komplett zu trennen und zu personifizieren. Sie unterscheiden sich von Borderlinepatientinnen gerade im Fehlen von rasch einschießenden Spannungszuständen. Die eigene klinische Erfahrung zeigt, daß therapeutische Prozesse mit »multiplen Persönlichkeiten« bei zunehmender Integration widersprüchlicher Persönlichkeitsanteile das Durchgangsstadium einer Borderlinestörung durchschreiten, wobei zum Teil erstmals diese äußerst unangenehmen Erfahrungen der intrapsychischen Spannung gemacht werden.

22.7.6
Mangelhafte psychosoziale Realitätsorientierung

Die klinische Manifestation der Borderlinestörung scheint zweigipflig zu verlaufen. Ein Teil der Patientinnen entwickelt bereits sehr früh (noch vor Beginn der Adoleszenz) behandlungsbedürftige Verhaltensmuster (junge Erstmanifestation). Ein anderer Teil scheint die Problematik besser zu kompensieren. Diese Betroffenen sind oftmals beruflich und sozial erfolgreich, weisen jedoch ausgeprägte Erinnerungslücken oder lediglich fragmentarische Gedächtnisspuren bezüglich Kindheit und Jugend auf. Als konkrete Auslöser für den späteren Ausbruch der Störung werden häufig Retraumatisierungen, Konfrontation mit Sexualität oder Psychotherapie genannt. Sie zeichnen sich häufig durch sehr klare, detailbesetzte Erinnerungen an früheste traumatische Ereignisse aus, die häufig mit peinigenden Emotionen verknüpft sind. Die Vermeidung der Aktivierung dieser Angststrukturen ist häufig handlungsbestimmend. Vereinfacht ausgedrückt ist es diesen Patientinnen nicht vergönnt »zu vergessen«.

22.7.7
Etablierung dysfunktionaler Bewältigungsstrategien

Fast alle borderlinetypischen Verhaltensmuster werden zunächst zur Beendigung aversiver Affekte oder Spannungszustände entwickelt. Selbstverletzung kann im Sinne einer Selbstbestrafung zur Schuldreduktion eingesetzt werden, aber auch zur Reorientierung bei schweren dissoziativen Zuständen oder einfach, »um sich wieder zu spüren« (Aufhebung der Analgesie unter starker innerer Anspannung). Hochrisikoverhalten, also die Be-

wältigung einer bewußt herbeigeführten, kontrollierten Angstexposition, dient häufig dazu, Ohnmachtsgefühle zu stabilisieren. Suizidphantasien können als Rachephantasien auf kognitivem Weg Wut oder Ohnmacht reduzieren. Rasen auf der Autobahn kann durch die starke Aufmerksamkeitsaktivierung unangenehme Affekte unterbrechen. In aller Regel ist also zunächst die Reduktion der peinigenden Situation als negativer Verstärker zu sehen. Zuwendung durch das besorgte Umfeld und Aufmerksamkeit sind positive Verstärker, die, nicht unbedingt bewußt, die Generalisierung der dysfunktionalen Verhaltensmuster fördern. Schließlich ist noch die kleine Gruppe von Patientinnen zu nennen, die durch Selbstverletzung positive Verstärker im Sinne von »Kicks« erfährt, das heißt kurze, rauschhafte Euphorisierung. Die Betroffenen schneiden sich nicht selten täglich (»daily cutters«) und entwickeln ähnlich wie Drogenabhängige Craving-Verhalten.

Die psychopathologische Problematik der manifesten Borderlinestörung läßt sich in mehrere Ebenen gliedern:

1. **Vulnerabilitätsfaktoren**
   Unter diesem Begriff lassen sich alle Faktoren subsumieren, die zu einer Labilisierung der Patientin beitragen:
   - Schlafstörungen, Drogen- oder Alkoholabusus, Eßstörungen, somatische Erkrankungen, Bewegungsmangel, Partnerschaftsprobleme, Wohnungslosigkeit, finanzielle Probleme, pathologisches Umfeld (Klinik) usw.

2. **Störungen der subkortikalen Zentren**
   Darunter fallen alle auf neurobiologischer Ebene verankerten Konsequenzen früher chronischer Traumatisierung:
   - Rasch einschießende Affekte, starke Auslenkung der Affekte, langsame Rückbildung, hohes Grunderregungsniveau, Flashbacks, szenische Halluzinationen, Gedankenlautwerden, ausgeprägte Dissoziationsneigung usw.

3. **Inkonsistente Schemata**
   Unrealistische Bewertungsprozesse, schuld- und schambesetzte Grundannahmen, Parallelaktivierung aversiver und appetenter Emotionen und Handlungsentwürfe usw.

4. **Dysfunktionale Handlungsebene**
   Selbstverletzung zur Spannungsreduktion, aggressive Durchbrüche, schambesetzte Meidung, Hochrisikoverhalten zur Angstreduktion usw.

22.8
Kognitiv-behaviorale Psychotherapie

> ### Grundfragen der Psychotherapie komplexer Störungen
>
> Welche Verhaltensmuster sollten zu welchem Zeitpunkt (Behandlungsstruktur) auf welcher Ebene (Behandlungsstrategie) mit welcher Methode (Behandlungsstrategie) behandelt werden? Und wie kann die Patientin dazu motiviert werden?

Die DBT löst zunächst das Problem der Wahl des Behandlungsfokus und damit der Behandlungsstruktur. Die Frage nach der Behandlungsebene resultiert aus hochauflösenden Verhaltensanalysen und bedingt damit letztlich differenzierte Behandlungstechniken. Die Grundlagen zur ambulanten Therapie sind in zwei Handbüchern beschrieben, die mittlerweile deutschsprachig vorliegen (Linehan, 1996 a, b).

Auf einen Punkt gebracht orientiert sich der Therapeut in der Einzeltherapie an einer dynamisch organisierten Hierarchie pathologischer Verhaltensmuster (Suizidversuche vor Gefährdung der Therapie, vor Problemen der Lebensqualität).

Zusammen mit der Patientin erarbeitet er zum jeweils hochrangigsten Problemverhalten detaillierte Verhaltensanalysen und wählt diejenige Ebene (Bedingungsfaktoren, neurobiologische Ebene, kognitive Ebene oder die Ebene der Konsequenzen), die eine Wiederholung des Problemverhaltens am wahrscheinlichsten erscheinen läßt (s. Abb. 22.1).

Die Wahl der Ebene zieht die entsprechende Behandlungsmethode nach sich. Probleme der Ebene I (Vulnerabilitätsfaktoren) fordern in der Regel konkrete Problemlösung oder Verbesserung der zwischenmenschlichen Fertigkeiten. Ebene II (neurobiologische Ebene) stellt die Domäne psychopharmakologischer Behandlung und spezifischer Fertigkeiten zur Affektmodulation und Streßtoleranz dar. Ebene III (dysfunktionale Schemata) bedarf einer kognitiven Umstrukturierung oder einer Emotionsexposition und Ebene IV (dysfunktionale Handlungsebenen) kann unter anderem als Feld des Kontingenzmanagements betrachtet werden. Das Problem der Compliancesicherung und der Motivierung für Veränderungsprozesse bedarf spezifischer therapeutischer Fertigkeiten, die auf einer permanenten Validierung der Patientensichtweise basieren und fortwährend die aktivierten konträren Schemata berücksichtigen. Diese schwierige Balance von manifesten oder verborgenen wirksamen Widersprüchen bezeichnet M. Linehan als »dialektische« Strategie.

Abb. 22.1

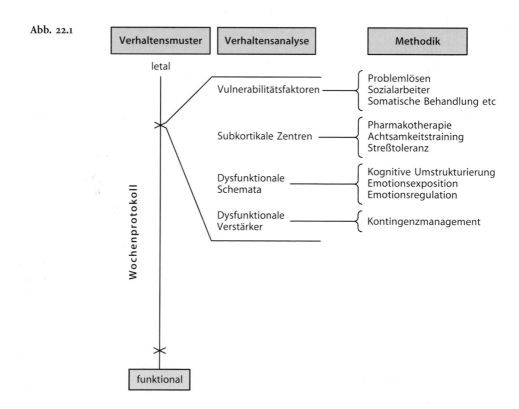

Zeitaufwendige Interventionen wie das Erlernen von spezifischen Fertigkeiten wie Spannungstoleranz, Emotionsregulation, sozialer Kompetenz und innerer Achtsamkeit erfolgen im Rahmen einer wöchentlich stattfindenden Gruppentherapie, deren Dauer sich auf 6 Monate oder ein Jahr erstreckt.

Das DBT-Gesamtkonzept besteht aus den vier Modulen:

- Einzeltherapie,
- Fertigkeitentraining in der Gruppe,
- Telefonberatung,
- Supervisionsgruppe.

Die ambulante Einzeltherapie erstreckt sich auf einen Zeitraum von zwei Jahren mit ein bis zwei Wochenstunden. Im Rahmen seiner individuellen Möglichkeiten sollte der Einzeltherapeut zur Lösung akuter, eventuell lebensbedrohlicher Krisen telefonisch erreichbar sein.

22.8.1
Die therapeutische Grundhaltung

Linehan beschreibt zwei Interaktionsmuster, wie sie in der Behandlung der Borderlinestörung häufig auftreten:

»Wenn therapeutische Bemühungen nicht aktiv und veränderungsorientiert sind, nicht darauf zielen, den Patienten notwendige Fertigkeiten beizubringen und sich nicht mit deren Motiven befassen, erleben Borderlinepatienten den Therapeuten oft so, als mißachte er ihr Drängen auf Veränderung. Sie werden unfähig, sich selbständig zu verändern, und möglicherweise eskaliert das dysfunktionale Verhalten, bis mehr Hilfe zur Verfügung steht«.

Andererseits: »Den Fokus auf Veränderung der Patienten zu legen, sei es auf der Motivationsebene oder durch Verbesserung ihrer Fertigkeiten, wird von Borderlinepatienten oft als mißachtend erlebt und führt zu plötzlichem Rückzug, Non-Compliance und manchmal zu Gegenangriff oder Therapieabbruch«.

Das Aufrechterhalten einer Balance zwischen diesen auf den ersten Blick so widersprüchlichen Interaktionsmustern ist die Voraussetzung einer erfolgreichen therapeutischen Arbeit mit Borderlinepatienten. Dies gilt nicht nur für die Gestaltung der Therapeut-Patienten-Beziehung, sondern auch für die Auswahl der jeweiligen therapeutischen Strategien und Ziele. Die Grundhaltung des

Therapeuten besteht also darin, fortwährend Widersprüchlichkeiten zu akzeptieren, zu akzentuieren und die so generierte Spannung für den therapeutischen Prozeß nutzbar zu machen.

Grundannahmen der DBT

1. Borderlinepatientinnen versuchen, das Beste aus ihrer gegenwärtigen verheerenden Situation zu machen.
2. Borderlinepatientinnen wollen sich verbessern.
3. Borderlinepatientinnen müssen sich stärker anstrengen, härter arbeiten und stärker motiviert sein, um sich zu verändern. Dies ist ungerecht.
4. Borderlinepatientinnen haben ihre Probleme in der Regel nicht alle selbst verursacht, aber sie müssen sie selber lösen.
5. Das Leben suizidaler Borderlinepatientinnen ist so, wie es gegenwärtig gelebt wird, in der Regel unerträglich.
6. Borderlinepatientinnen müssen in fast allen relevanten Dimensionen neues Verhalten erlernen.
7. Patientinnen können in der DBT nicht versagen.
8. Therapeuten, die mit Borderlinepatientinnen arbeiten, brauchen Unterstützung.

22.8.2
Behandlungsstruktur

Der Ablauf der Therapie ist klar strukturiert (s. Übersicht).

Ambulante Behandlungsziele

Vorbereitungsphase
- Aufklärung über die Behandlung
- Zustimmung zu den Behandlungszielen und zur Behandlung

Erste Therapiephase –
Schwere Probleme auf der Verhaltensebene
Ziel: Kontrolle und Stabilität
- Verringern von
  - suizidalem und parasuizidalem Verhalten
  - therapiegefährdendem Verhalten
  - Verhalten, das die Lebensqualität beeinträchtigt
- Verbesserung von Verhaltensfertigkeiten

Zweite Therapiephase –
Schweres Leid auf emotionaler Ebene
Ziel: Erlernen von nicht-traumatisierendem
Erleben von Emotionen
• Verringern von Symptomen, die im Rahmen
  eines posttraumatischen Streßsyndroms auf-
  treten

Die Vorbereitungsphase dient der Diagnostik und
Informationsvermittlung über das Krankheitsbild,
die Grundzüge der DBT sowie der Zielanalyse
und Motivationsklärung. Anschließend folgt die
erste Therapiephase, in der diejenigen Problembereiche bearbeitet werden, die in direktem Zusammenhang mit Verhaltensweisen wie Suizidalität,
Gefährdung der Therapie oder Beeinträchtigung
der Lebensqualität stehen. In dieser Phase sollte
vor allem die emotionale Belastbarkeit erhöht und
damit die Voraussetzung für die zweite Therapiephase geschaffen werden. In dieser geht es um die
Bearbeitung traumatischer Erfahrungen. Die Reihenfolge der Therapiephasen sollte unbedingt berücksichtigt werden. Innerhalb der Therapiephasen sind die zu bearbeitenden Problembereiche
bzw. Therapieziele hierarchisch geordnet: *Wann*
immer ein höher geordneter Problembereich auf-
tritt, z. B. Suizidalität oder Parasuizidalität, muß
dieser bearbeitet werden. Die durchschnittliche
Dauer der Behandlung in der ersten Phase beläuft
sich je nach Schweregrad der Störung auf ca. ein
Jahr.

Vorbereitungsphase:
Aufklärung und Einverständnis
Nach Abschluß der Diagnostik folgt die Aufklärung über die spezifische Charakteristik der Borderlinestörung. Da die Psychoedukation während
des gesamten Therapieverlaufs eine wichtige Rolle
spielt, sollte der Begriff »Borderlinestörung« sehr
früh genannt und die typischen Verhaltensmuster
besprochen werden. Im allgemeinen erleben die
Patientinnen das diagnostische Gespräch als entlastend. Sie müssen sich auf eine für Verhaltenstherapie ungewöhnlich lange und zum Teil erheblich belastende Therapie einlassen und akzeptieren, daß ihre Symptomatik in der Regel durch
»andere« verschuldet, jedoch nur durch sie selbst
reduziert werden kann.

Anschließend werden Informationen über die
Art und Dauer der DBT vermittelt sowie die Behandlungsbedingungen geklärt. Auf die Möglichkeit von Telefonkontakten mit dem Therapeuten
wird ausdrücklich hingewiesen. In der Regel verpflichtet sich der Therapeut, falls er nicht erreich-

bar ist, innerhalb eines festzulegenden Zeitrah-
mens zurückzurufen. Die Therapievereinbarungen
gelten zunächst für die Dauer eines Jahres. Für
die Dauer der Therapie wird ein »Non-Suizidvertrag« geschlossen. Die Fortsetzung der Behandlung wird vom erfolgreichen Verlauf der Therapie
abhängig gemacht. Hierdurch wird der latenten
Angst der Borderlinepatientinnen entgegengewirkt, gerade im Falle eines raschen Therapiefort-
schrittes den Therapeuten zu verlieren. Als eines
der Hauptprobleme in der Behandlung der Borderlinestörung gilt die Tendenz, Therapien abzu-
brechen und Therapeuten zu wechseln. Ein wichtiger Bestandteil der Vorbereitungsphase ist daher
die Analyse früher erfolgter Therapieabbrüche
und die Etablierung von diesbezüglichen »Früh-
warnsystemen«. Auch eine detaillierte Verhaltens-
und Bedingungsanalyse früherer Suizidversuche
sollte bereits in der Vorbereitungsphase erhoben
werden, da relevante auslösende Ereignisse als
Prädiktoren für suizidale Krisen im weiteren Verlauf der Therapie in Betracht gezogen werden
müssen.

Vorbereitungsphase

• Diagnostik,
• Aufklärung über das Störungsbild,
• Abklärung der gemeinsamen Behandlungs-
  ziele,
• Aufklärung über die Methodik der DBT,
• Behandlungsvertrag,
• Non-Suizidvertrag,
• Verhaltensanalyse des letzten Suizidver-
  suchs,
• Verhaltensanalyse des letzten Therapieab-
  bruchs.

Erste Therapiephase
In dieser Phase werden vorwiegend Problembereiche bearbeitet, die in direktem Zusammenhang
mit Verhaltensweisen stehen, welche das Leben
selbst, eine akzeptable Lebensqualität oder die
Aufrechterhaltung der Therapie gefährden. Auch
die Vermittlung relevanter Fertigkeiten zur Bewältigung von emotionalen Regulationsstörungen findet in dieser Phase statt. Die untenstehende
Übersicht zeigt die einzelnen Problembereiche
und Unterbereiche, die, wie bereits erwähnt, hierarchisch geordnet sind. Die Patientinnen werden
angehalten, in Form eines Wochenprotokolls
(Abb. 22.2) täglich dysfunktionale Kognitionen,
emotionale Not und maladaptive Verhaltensmuster zu protokollieren. Die Wahl des zu bearbeitenden Problembereichs orientiert sich dann an

Dialektische Verhaltenstherapie
Wochenprotokoll

Name: ....

Start/Datum: ....

Datum	Alkohol (bitte angeben)	Nichtverordnete Medikamente (bitte angeben)	Medikamente auf Rezept (bitte angeben)	Drogen (bitte angeben)	Suizidale Vorstellungen (0-5)	Not/ Elend (0-5)	Selbstschädigung					Angewandte Methode* (skills) (0-7)
							Drang (0-5)	Handlung (ja/nein)				
Mo												
Di												
Mi												
Do												
Fr												
Sa												
So												

* 0 = nicht daran gedacht oder angewandt
1 = daran gedacht, nicht angewandt, wollte nicht
2 = daran gedacht, nicht angewandt, hätte gewollt

3 = habe es versucht, konnte sie aber nicht anwenden
4 = versucht, konnte sie anwenden, aber sie halfen nicht
5 = versucht, konnte sie anwenden, sie haben geholfen

6 = automatisch angewendet, sie halfen nicht
7 = automatisch angewendet, hat geholfen

Abb. 22.2

der jeweils vorherrschenden Symptomatik. Ein notwendig erscheinender Wechsel des Problembereichs wird jeweils ausführlich mit der Patientin besprochen und sollte nur mit deren Zustimmung vollzogen werden.

I Suizidales und parasuizidales Verhalten

1. Suizidale Krisen
2. Parasuizidale Handlungen
3. Drängende suizidale Impulse und suizidale Drohungen
4. Suizidale Phantasien

II Therapiegefährdendes Verhalten

1. Verhaltensweisen von Patient oder Therapeut, die die Therapie auf die Dauer sehr wahrscheinlich zerstören werden
2. Verhaltensweisen von Patient oder Therapeut, die die Verhaltensweisen von Patient oder Therapeut, die die Therapie gefährden
3. Therapiegefährdendes Verhalten von Patient oder Therapeut, das in funktionaler Beziehung mit suizidalem Verhalten steht
4. Therapiegefährdendes Verhalten des Patienten, das sozialen Schwierigkeiten des Patienten außerhalb der Therapie entspricht
5. Mangelhafte Fortschritte in der Therapie

III Verhalten, das die Lebensqualität beeinträchtigt

1. Verhaltensweisen, die unmittelbare Krisen verursachen
2. Leicht zu verändernde (gegenüber schwer zu verändernden) Verhaltensweisen
3. Verhaltensweisen, die in Zusammenhang stehen mit höher hierarchisierten Problembereichen (z. B. Suizidalität) oder mit Lebenszielen des Patienten

IV Verbesserung von Verhaltensfertigkeiten

1. Fertigkeiten, die gegenwärtig im Fertigkeitentraining vermittelt werden
2. Fertigkeiten, die mit höher geordneten Problembereichen in Zusammenhang stehen
3. Fertigkeiten, die bislang noch nicht gelernt wurden, aber dringend erforderlich sind

■ **1. Suizidales und parasuizidales Verhalten.** Die Suizidrate von Borderlinepatientinnen, die sich selbst verletzen, verdoppelt sich gegenüber denjenigen ohne selbstverletzendes Verhalten. Damit können parasuizidale Handlungen nicht nur als Prädiktorvariable für Therapieabbruch, sondern auch für einen Suizid gewertet werden. Die Behandlung von suizidalem Verhalten und Selbstverletzung hat Priorität innerhalb der hierarchisch gegliederten Therapiestruktur. Ziel ist die Reduktion von Selbstschädigungen, von Suiziddrohungen und Kommunikation über Suizidabsichten. Borderlinepatientinnen betonen häufig, daß sie erst dann ihr selbstschädigendes Verhalten einstellen können, wenn ihnen das Leben lebenswert erscheint, d. h. wenn die dem suizidalen Verhalten zugrundeliegenden Probleme gelöst sind. Aus Sicht der DBT hingegen wird suizidales und selbstschädigendes Verhalten als Bestandteil eines maladaptiven »Teufelskreises« verstanden. Dieses trägt zum einen zur Labilisierung des fragilen emotionalen Gleichgewichts bei, andererseits fungiert selbstschädigendes Verhalten als gelernte Reaktionsbildung zur Meidung negativ konnotierter Emotionen. Ohne eine Kontrolle dieses Verhaltens ist es kaum möglich, die Toleranz situationsadäquater Emotionen zu verbessern. »Nur indem sie lernen, nicht ständig sofort den Notausgang zu benutzen, werden sie sich in die Lage versetzen, sich in ihrem Gebäude langsam einzurichten«.

Wann immer also suizidale oder parasuizidale Handlungen auftreten, werden diese bearbeitet. Ein Übersehen bzw. eine unvollständige Verhaltensanalyse oder gar Akzeptanz gilt als therapeutischer Fehler. Die Verhaltensanalyse sollte dabei möglichst in Form einer Mikroanalyse durchgeführt werden. Das heißt, die Kette zwischen auslösendem Ereignis, darauf folgenden Emotionen, Kognitionen und Reaktionen sowie Konsequenzen sollte minutiös und schlüssig nachvollziehbar erfaßt werden. Die Bedrohlichkeit der suizidalen Situation strukturiert den weiteren therapeutischen Prozeß: Je auswegloser sich die Situation der Patientin darbietet, je weniger Alternativen sie zum Suizid sieht, desto stringenter ist an Verhaltensmustern zu arbeiten, die unmittelbar mit den Suizidideen in Verbindung zu bringen sind. Grundsätzlich sollte der Therapeut versuchen, die *derzeitige* Sinnhaftigkeit des Problemlöseverhaltens herauszuarbeiten und die individuelle Not der Patientin wahrzunehmen. Der Vorwurf an die Patientin, sich »manipulativ« oder »agierend« zu verhalten, ist nicht hilfreich. Die DBT geht davon aus, daß eine solche Sichtweise des Therapeuten die subjektive Wahrnehmung der Patientin negiert und daher ihre pathogenetische Erfahrung wiederholt. Eine Aggravierung der Symptomatik ist die logische Konsequenz. Wann immer es möglich ist, sollten Krisen genutzt werden, um die Problemlösekompetenz der Patientin zu verbessern. Nur in Situationen, die eindeutig die gegenwärtigen Fähigkeiten der Patientin übersteigen und vital bedrohlich erscheinen, sollte der Therapeut selbst aktiv, etwa in Form einer stationären Einweisung, intervenieren. Bei selbstschädigendem Verhalten ist dies in aller Regel nicht notwendig.

■ **2. Therapiegefährdendes Verhalten.** Die Abbruchquoten von Psychotherapien mit Borderlinepatientinnen werden mit über 75% angegeben. Der zweite Fokus der Individualtherapie liegt daher auf der Behandlung von Verhaltensmustern, welche die Aufrechterhaltung der Therapie gefährden. Dies können nicht nur Interaktionsmuster der Patientin, sondern auch und vor allem Verhaltensweisen des Therapeuten sein, die zu suizidalen oder parasuizidalen Krisen führen. Hierzu zählen auch zu lange Toleranz von pathologischem Verhalten oder zu rigides Drängen auf Veränderung, zu geringe Flexibilität oder zu unklare Strukturen. Eine Überforderung der Patientin durch zu frühe und zu starke Fokussierung auf traumatische Themen, welche die Patientin überfluten können, sind hierunter ebenso einzuordnen wie Unaufmerksamkeit, Zuspätkommen, Vergessen von Terminen, bis hin zu Verhalten, das der Patientin Angst macht.

Die Wahrnehmung der Grenzen eigener Belastbarkeit und die Akzeptanz dieser Grenzen ist für Therapeuten, die mit Borderlinepatientinnen arbeiten, unumgänglich. Bedingt durch die Sorge um die Patientin, durch die Angst, die häufig fragilen Beziehungen zu gefährden, neigen Therapeuten dazu, therapieschädigendes Verhalten ihrer Patientinnen sehr lange zu tolerieren. Die daraus resultierende Erschöpfung des Therapeuten führt nicht selten zum Abbruch durch den Therapeuten.

Auf seiten der Patientin sollten vor allem Fehlzeiten angesprochen werden, aber auch die Verweigerung von Hausaufgaben oder der Mitarbeit in der Fertigkeitengruppe. Feindseliges und hochaggressives Verhalten oder die Vermeidung schwieriger Problembereiche sollten beim Auftreten sofort thematisiert werden. Es ist wichtig zu betonen, daß auch und gerade bei der Bearbeitung dieser Verhaltensmuster Beschuldigungen der Patientin zu vermeiden sind. Vielmehr sollte der Therapeut die Konsequenzen eines bestimmten Verhaltens benennen und nachfragen, ob diese willentlich intendiert sind. (»Wenn Sie sich mir gegenüber so aggressiv verhalten, löst dies auch in mir Wut und Ärger aus. Liegt dies in Ihrer Absicht?«) – Und der Beschluß, sein Verhalten zu ändern, führt noch lange nicht zur Veränderung! Die Wahl der Behandlungsstrategie orientiert sich auch in diesem Falle an einer minutiös durchgeführten Verhaltensanalyse, welche vor allem die aufrechterhaltenden Faktoren des therapiegefährdenden Verhaltens berücksichtigt. Persistiert das Problemverhalten trotz möglicher Alternativen, sollte noch einmal eine Zielanalyse durchgeführt und ggf. auch über Therapiepausen nachgedacht werden.

■ **3. Verhalten, das die Lebensqualität beeinträchtigt.** Borderlinepatientinnen zeichnen sich häufig durch ein breites Spektrum von Verhaltensweisen aus, durch die ihre Lebensqualität stark beeinflußt bzw. vermindert wird: Ausgeprägte dissoziative Phänomene, Drogen- und Alkoholmißbrauch, Eßstörungen, finanzielle Probleme, gehäufte Diebstähle, antisoziales Verhalten (das zu Gefängnisstrafen führen kann), ausgeprägte Promiskuität oder die Vernachlässigung medizinisch notwendiger Behandlungen, um nur einige zu nennen. Sehr häufig liegen mehrere dieser Verhaltensmuster vor, die einander zum Teil gegenseitig bedingen. Aufgabe des Therapeuten ist daher zunächst die Auswahl eines Problembereichs und des damit in Verbindung stehenden Therapiezieles. Notfälle werden dabei grundsätzlich vorgezogen, gefolgt von Verhaltensmustern, die funktionell eng mit hierarchisch höher geordneten Problembereichen verknüpft sind. Gilt Alkoholmißbrauch z. B. als Prädiktorvariable für suizidales Verhalten, so ist der Umgang mit Alkohol in den Vordergrund zu stellen. Ansonsten gilt grundsätzlich die Regel, daß einfach zu lösende Problembereiche komplexeren oder schwierig zu lösenden Problembereichen vorzuziehen sind. Noch einmal sei darauf hingewiesen, daß die jeweils zu bearbeitenden Themen mit der Patientin abgestimmt sein müssen, daß es dann jedoch Aufgabe des Therapeuten ist, diese im Fokus zu halten. Zu Verhaltensmustern, die die Lebensqualität von Borderlinepatientinnen erheblich beeinflussen, zählen auch die Folgen traumatischer Erfahrungen.

> Die traumaspezifischen Behandlungsziele der DBT während der Phase I der Therapie gliedern sich in drei Schritte:
>
> 1. Reduktion von Reizen, die traumatische Erfahrungen aktivieren,
> 2. Verbesserung der Regulation traumaassoziierter Emotionen,
> 3. Behandlung automatisierter dissoziativer Phänomene.

Erster Schritt: Reduktion von Reizen, die traumatische Erfahrungen aktivieren.

Das erste Ziel in der Behandlung ist immer, alle auslösenden Reize zu beseitigen, die unkontrolliert alte, traumatische Erfahrungen aktivieren. Da jede Aktivierung die Reizschwelle für die nächste traumatische Reaktion senkt, sollten während der ersten Phase der DBT-Therapie möglichst überhaupt keine traumatischen Inhalte besprochen, geschweige denn aktiviert werden, sondern zunächst eine Stabilisierung auf der Verhaltens- und Beziehungsebene angestrebt werden. Die Patientinnen werden angehalten, ein aktuelles, traumatisierendes soziales Umfeld möglichst zu verlassen und alle Situationen zu vermeiden, die als Schlüsselreize für traumatische Erfahrungen wirken können. Dies beinhaltet z. B. gegenwärtige Gewalterfahrung in der Partnerschaft, bei den Eltern, in der Nachbarschaft. Literatur oder Filme, die sich mit diesem Thema befassen, sollten vermieden werden, ebenso wie Betroffenen- oder Selbsthilfegruppen, in denen gutmeinend Inhalte traumatischer Erfahrungen zum Besten gegeben werden. Weiterhin wird den Patientinnen geholfen, auf einer möglichst konkreten, problemlösenden Ebene mit realen, also gegenwärtigen traumatischen Erfahrungen umzugehen. Schließlich kann in gewissen Situationen ein aktives Eingreifen des Therapeuten in das real traumatisierende Umfeld nötig sein. Immer dann, wenn die Problemlösekapazitäten der Patientin überfordert sind, sie auch durch minutiöses Coaching des Therapeuten nicht in der Lage ist, gefährliche Situationen zu beenden, muß eventuell auch auf Behörden, wie auf Jugendamt oder Polizei, zurückgegriffen werden.

Zweiter Schritt: Verbesserung der Regulation traumaassoziierter Emotionen.

Auch wenn die Beseitigung von Schlüsselreizen, die traumatische Erfahrungen aktivieren, das erste Ziel sein sollte, so ist doch für die Mehrzahl der betroffenen Patientinnen die Anzahl der Reize so überwältigend groß und vielfältig, daß es unmöglich ist, all diese Reize zu beseitigen, ohne extreme Einschnitte in das psychosoziale Umfeld vorzunehmen. Daher sollte als zweiter therapeutischer Schritt eine Verbesserung derjenigen Kompetenzen erreicht werden, die zu einer Steuerung traumaassoziierter Emotionen führen. Die DBT bietet hierzu zwei grundlegende Interventionen an. Erstens die Vermittlung von Skills wie »Achtsamkeit« und »Emotionsregulation« und zweitens Exposition gegenübr *gegenwärtig* relevanten Schlüsselreizen.

Die Fertigkeiten zur Verbesserung der *inneren Achtsamkeit* (»mindfulness skills«) sind der Zen-Meditation entlehnt und mit den westlichen meditativen Techniken kompatibel. Primär geht es darum, die mentale Fertigkeit zu verbessern, aus aktivierten, emotional belastenden Schemata auszusteigen und sich auf einer neutralen, beobachtenden Ebene zu reorganisieren. Zudem wird die Wahrnehmung für innerpsychische Befindlichkeiten geschärft, ohne in Bewertungs- und Interpretationsprozesse abzuleiten. Dies ist die Grundvoraussetzung für alle Fertigkeiten zur Emotionsregulation. Im einzelnen werden die Patientinnen zu Übungen ermutigt, die eine Trennung zwischen »Beobachten, Beschreiben und Teilnehmen« ermöglichen. Beim »Beobachten« geht es um die Wahrnehmung äußerer Ereignisse, eigener Gedanken oder Emotionen, ohne diese in »angenehm« oder »unangenehm« zu selektieren. »Beschreiben« meint die sprachliche Verarbeitung des Wahrgenommenen ohne zu bewerten: »Ich spüre Angst«, »ich sehe einen Mann mit Glatze«, »ich bemerke, wie sich mein Bauch verhärtet«. Und schließlich leitet die Fertigkeit »Teilnehmen« dazu an, ausschließlich eine Sache zu tun, dies bewußt wahrzunehmen, ohne sich ablenken zu lassen oder fortwährend Alternativhandlungen zu erwägen. Auch wenn diese Ausführungen etwas banal erscheinen, so sind solche Übungen in der Praxis für Borderlinepatientinnen so fundamental wie schwierig. Da jedoch eine Vielzahl von Bewältigungsstrategien wie etwa die Regulation von Flashbacks oder Panikattacken darauf aufbauen, sollte der Therapeut Sorge tragen, daß täglich geübt wird.

Bereits in Phase I werden *Expositionsstrategien* eingesetzt, um die Anfälligkeit für traumatische Assoziationen zu verringern und die Toleranz aversiver Emotionen zu verbessern. Die DBT folgt den Grundregeln der Expositionsbehandlung:

1. Reizkonfrontation,
2. Reaktionsvermeidung,
3. Korrektur der erwarteten Katastrophe,
4. Verbesserung der Kontrollkompetenz.

Die Exposition wirkt nur dann, wenn trotz wiederholter Konfrontation mit dem emotionsauslösenden Reiz die aversive Emotion abnimmt, ohne daß die Patientin dissoziiert, eine andere aversive Emotion aktiviert (»emotional bypass«) oder dysfunktionales Verhalten einsetzt.

Während der Phase I werden keine spezifischen, stundenfüllenden Expositionssitzungen durchgeführt, sondern immer wieder Expositionsphasen eingestreut. Nehmen wir an, es stellt sich heraus, daß eine Patientin stark dissoziiert, wenn sie heftige Wut verspürt. Die Intervention wird also darauf zielen, der Patientin die Wahrnehmung der eigenen Wut zu ermöglichen und nach Realitätsabgleich entsprechend zu handeln. Grundsätzlich gilt: Es ist niemals die reizadäquate Emotion, die zur dysfunktionalen Handlung führt, sondern immer das synchron aktivierte Bewertungsschema. So wird z. B. ein Kind, das vom Hund gebissen wurde, solange es nicht desensibilisiert ist, beim Anblick eines Hundes den Bewertungsprozeß »Gefahr« aktivieren, die adäquate Emotion

»Angst« wahrnehmen und flüchten. Wenn es jedoch durch entsprechende Erziehungsmaßnahmen gelernt hat, daß ein »großer Junge« sich schämen soll, wenn er vor so einem Pinscher Angst hat, so kann es sein, daß die Emotion »Angst« zwar aktiviert wird, der Handlungstendenz »Flucht« jedoch nicht Folge geleistet wird, weil statt dessen die Kognition »abhauen ist feige« die Führung übernommen hat und schließlich die Emotion »Scham« hinzukommt, weil er seinem Selbstbild »großer Junge« nicht entspricht. Hin- und hergerissen zwischen Angst und Scham wird er nun handlungsunfähig und wahrnehmen, wie der psychophysiologische Erregungszustand steigt. Nicht der Affekt wird stärker, sondern der unspezifische »Drive«. Eine Borderlinepatientin würde in dieser Situation beginnen, zu dissoziieren. Ein Junge mit der entsprechenden genetischen Begabung vielleicht auch.

Expositionstherapie würde in diesem Fall also zweistufig vorgehen: Zunächst wird das zweite dysfunktionale Schema revidiert: das heißt, dem Jungen wird vermittelt, daß es schon in Ordnung sei, wenn er unter Angst den starken Drang verspüre zu flüchten. Auf einer spielerischen Ebene könnte der Therapeut dem Jungen eventuell auch helfen, diesem Drang nachzukommen, und sich vor Gefahrensituationen in Sicherheit zu bringen. Die aktivierte Scham mit der Handlungstendenz, im Boden zu versinken oder zumindest sich nicht dem Blick des Therapeuten auszusetzen, kann nun vom Therapeuten hinterfragt und vom Patienten revidiert werden. Erst wenn das Problem der Scham revidiert ist, kann mit der Umstrukturierung des ersten Schemas – Angst vor allen Hunden – durch Streicheln des Hundes und lernen, daß nichts geschieht, begonnen werden.

Wie bereits betont, sollte in der Phase I der Therapie lediglich Reizkonfrontation durchgeführt werden mit Stimuli, die *gegenwärtig* traumatische Erinnerungen aktivieren und auf keinen Fall Bezug auf alte traumatische Stimuli genommen werden.

Dritter Schritt: Behandlung automatisierter dissoziativer Phänomene.

Patientinnen, die dazu neigen, unter Streß spontan zu dissoziieren, sollten ein spezifisches Training zum *Selbstmanagement der Dissoziation* erhalten. Es gibt unterschiedliche Modelle zur Funktion der Dissoziation. Weit verbreitet ist die Sichtweise, Dissoziation sei eine »Abwehr« nicht tolerierbarer Emotionen oder innerpsychischer Spannungen. Aus dieser Perspektive mag es widersprüchlich erscheinen, der Patientin diese Gnade der »Flucht in die Dissoziation« zu nehmen.

Das neurobehaviorale Konzept sieht die Dissoziation vornehmlich als eine opioid- und serotonerg vermittelte Aktivierung des sog. »Totstellreflexes«, die dem Organismus auch eine Ausgrenzung der Wahrnehmung von aversiven Affekten ermöglicht. Die Aktivierung dieses Systems führt zu einem regungslosen Verharren in der Gefahrensituation und ist, wie alle biologisch determinierten Programme, konditionierbar. Das heißt, Kinder, die häufig extremen, ausweglosen Gefahren ausgesetzt sind, werden dieses »Totstellprogramm« zunächst an bestimmte Reize koppeln, bald auf Umgebungsreize generalisieren und schließlich die Wahrnehmung psychophysiologischer Anspannung als Schlüsselreiz konditionieren. Diese dissoziativen Programme wirken kurzfristig entlastend und sind daher schwierig zu löschen. Die betroffene Patientin fühlt in aller Regel tatsächlich kurzfristig eine Reduktion der inneren Spannung oder der aversiven Emotionen, häufig jedoch ist die Dissoziation, die ja äußerst selten auf einen Schlag einsetzt, gekoppelt mit Angst vor Verlust der Kontrolle über die Realität. Man stelle sich eine akut bedrohliche Situation vor, etwa eine drohende körperliche Auseinandersetzung mit einem stärkeren Gegner, in der sich plötzlich die optischen Konturen auflösen, das Gefühl für Beine, Rumpf und Arme verloren geht, die Geräusche nur noch von ferne herandringen, und die Muskulatur dem Willen nicht mehr gehorcht. Die Angst wird sich sicherlich zur Panik steigern, was jedoch das Gefühl der Unwirklichkeit nur noch verstärkt. Die meisten Borderlinepatientinnen erfahren täglich mehrmals derartige Situationen.

Die Vermittlung von antidissoziativen Fertigkeiten ist aus behavioraler Sicht Voraussetzung für erfolgreiche Reizkonfrontationsverfahren.

Die DBT bietet verschiedene antidissoziative Fertigkeiten an: Die meisten zielen auf die Aktivierung sensorischer Systeme. Starke Sinnesreize wie Schmerz, laute Geräusche, stechende Gerüche, Muskelaktivität oder rasche Augenbewegungen vermögen die Dissoziation zu durchbrechen und eine Reorientierung in der Gegenwart herzustellen. Die Patientin wird zunächst angehalten, die graduelle Entwicklung von dissoziativen Zuständen genau zu beobachten, um rechtzeitig Gegenmaßnahmen ergreifen zu können. Dazu gehört ebenfalls die Wahrnehmung der subjektiven Bereitschaft, sich in den dissoziativen Zustand »fallen« zu lassen, sich von der Umgebung zurückzuziehen und von Außenreizen abzuschotten. Die Patientin muß lernen, dieser Handlungstendenz entgegenzuwirken, den Kontakt mit der Realität zu halten und auf die wirksamen »Notfallskills« zurückzugreifen. Als sehr hilfreich haben sich Kältereize erwiesen, Eisbeutel sollten im Haushalt verfügbar sein. Aber auch Trigeminusreizstoffe wie Ammoniak können wirksam eingesetzt werden.

Auch in der therapeutischen Sitzung können antidissoziative Fertigkeiten trainiert werden. Man vereinbart mit der Patientin antidissoziative Schlüsselreize, etwa ein imaginiertes Bild, einen Ton oder einen Satz, der in Konditionierungsprozessen an den zunächst vom Therapeuten vermittelten Ausstieg aus der Dissoziation gekoppelt wird. Nach mehreren Wiederholungen sind viele Betroffene in der Lage, sich selbst, im dissoziierten Zustand, die Schlüsselreize zu vergegenwärtigen und damit Realitätsorientierung zu erlangen. Grundsätzlich sollte während jeder Sitzung immer darauf geachtet werden, dissoziative Prozesse so rasch als möglich zu unterbrechen.

Die therapeutische Orientierung erfolgt mit *hochauflösenden Verhaltensanalysen.* »Versetzen sie sich noch einmal in die Situation, bevor Sie sich geschnitten haben. Was haben sie kurz vorher erlebt?« Zunächst sollten immer Informationen über die Typologie dissoziativen Verhaltens, d. h. die Häufigkeit, Dauer und Intensität (teildissoziiert oder vollständig dissoziiert) erhoben werden. Der erste Schritt bei einer Verhaltensanalyse ist immer eine präzise und detaillierte Beschreibung des dissoziativen Verhaltens selbst. Die simple Aussage »ich habe dissoziiert« ist sicherlich unzureichend, besonders in der frühen Phase der Behandlung. Statt dessen sollte die Patientin ermuntert werden, ihre subjektive Erfahrung zu beschreiben: »ich fühlte mich taub«, »ich fühlte, als ob alles unwirklich würde«, »ich hatte das Gefühl, in einen Tunnel zu schauen«, »ich fühlte mich von meinem Körper vollständig getrennt«, »es war, als ob ich mir von der Decke aus zugucken würde«, »ich wußte überhaupt nichts mehr, habe keine Erinnerung an das, was passiert ist«, »ich fühlte mich wie im Weltraum«.

In einem nächsten Schritt sollte eine Kettenanalyse erhoben werden, die alle Ereignisse erfaßt, die vor und nach der dissoziativen Episode aufgetreten sind, um so mögliche Auslöser oder Bedingungen zu erfassen und aufrechterhaltende Verstärker nicht zu übersehen. Diese Informationen beinhalten zunächst Umgebungs- und Bedingungsvariablen, d. h. zum Beispiel Alkohol- oder Drogeneinnahme am Abend vorher, Schlafstörungen oder somatische Beschwerden und die Ebene der Konsequenzen, also sämtliche internen und externen Phänomene, die dem dissoziativen Verhalten folgen (Gedanken, Emotionen, Verhalten und Auswirkungen sowie Rückwirkungen der Umgebung).

Der nächste Schritt in der Verhaltensanalyse sollte nun die Formulierung von Hypothesen bezüglich derjenigen Faktoren sein, die dieses Verhalten aufrechterhalten.

Das Ziel von Verhaltensanalysen ist es, der Patientin zu helfen, die funktionalen Zusammenhänge zwischen internen und externen Ereignissen und dissoziativem Verhalten zu erkennen und Veränderungsmöglichkeiten zu entwickeln.

■ 4. Verbesserung von Verhaltensfertigkeiten.
»Die Fertigkeiten sind der Ton, aus dem der Einzeltherapeut das Gefäß formt«.

M. Linehan definiert Fertigkeiten (Skills) als kognitive, emotionale und handlungsbezogene Reaktionen, die sowohl kurz- als auch langfristige, von der Patientin erwünschte Konsequenzen bedingen. Die DBT unterscheidet zwischen *»fehlenden Fertigkeiten«* und *Schwierigkeiten in der Anwendung (Integration) vorhandener Fertigkeiten.* »Problemlösetechniken«, »Training zwischenmenschlicher Fähigkeiten«, »Emotionsregulation«, »Streßtoleranz« und »innere Achtsamkeit« sind zum Teil verhaltenstherapeutische Standardtechniken, zum Teil störungsspezifische Modifikationen, deren Aneignung üblicherweise im Rahmen einer »Skills-Training-Gruppe« stattfindet. Die Aufgabe des Individualtherapeuten liegt vornehmlich in der Integration und Generalisierung der erlernten Fähigkeiten. Zudem sind diese integraler Bestandteil in der Entwicklung von alternativen Verhaltensmustern. Die Kompetenz von Borderlinepatientinnen wird häufig eher über- als unterschätzt, da die Verfügbarkeit adäquater Reaktionsmuster sehr stark vom Ausmaß der emotionalen Belastung abhängt. Gerade unter Streß greifen die Patientinnen häufig auf alte Reaktionsmuster zurück. Antizipatorische Arbeit, die Vorwegnahme schwieriger, belastender Situationen, die Planung adäquaten Verhaltens gehört ins Standardrepertoire der DBT. Rollenspiele unter Videokontrolle sollten beständig eingesetzt werden, aber die Erprobung der erlernten Fähigkeiten unter Alltagsbedingungen auf keinen Fall ersetzen.

Streßtoleranzskills

Unter hoher Anspannung ist bei Borderlinepatientinnen grundsätzlich mit dissoziativen Phänomenen und Einschränkung der kognitiven Funktionsfähigkeit zu rechnen. Um überhaupt eine »Operationsbasis« zu entwickeln, also eine kognitive Ebene, die eine realistische Beurteilung der vorherrschenden Emotionen und der auslösenden Bedingungen zuläßt, ist es zunächst notwendig, auf rasch wirksame, einfache Mittel zurückzugreifen (Abb. 22.3). Man sollte sich damit begnügen,

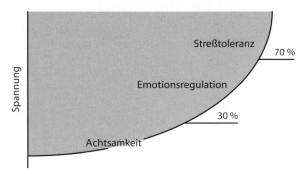

Abb. 22.3. Wann helfen welche Skills?

der Patientin lediglich zwei bis drei Techniken zu vermitteln und dafür sorgen, daß sie jederzeit zur Verfügung stehen.

Das Grundprinzip der Streßtoleranz besteht darin, mittels starker sensorischer Reize die autonomen subkortikalen Regelkreise zu durchbrechen:

- Geruch: Intensive Duftstoffe,
- Temperatur: Eis oder kaltes Wasser,
- Nervenreizstoffe: Ammoniak,
- Geschmack: Meerrettich, Chili,
- Akustik: Klare, rhythmische Musik (cave – keine »Klagelieder«),
- Kinästhetik: Igelbälle, Muskelaktivierung, Jonglieren,
- Optik: Jump- and-Run-Spiele.

Fertigkeiten zur *Emotionsregulation* (emotion regulation skills) zielen darauf, die eigenen Gefühle zu verstehen, die Vulnerabilität für einschießende Affekte zu reduzieren und Emotionen zu modulieren. Zunächst lernen die Patientinnen, auftretende Emotionen differenziert zu identifizieren und deren adäquate Handlungstendenzen zu akzeptieren. Neben der Vermittlung von Wissen über die Funktion von Emotionen werden die Patientinnen angehalten, emotionsauslösende Ereignisse zu identifizieren, die kognitiven Bewertungen und Interpretationen dieser Ereignisse zu beobachten, sowie die körperlichen und psychophysiologischen Anteile der Affekte wahrzunehmen. Der Schlüssel zur Emotionsregulation liegt in der Akzeptanz der jeweiligen Emotion. Zunächst gilt es, das Gefühl als aversiv, d.h. unangenehm und nicht »schlecht« oder »böse« zu identifizieren. Aversive Emotionen dienen dazu, dem Organismus zu vermitteln, daß eine Differenz besteht zwischen wahrgenommener innerer oder äußerer Realität (Istzustand) und den subjektiven Zielen

(Sollzustand). Diese Differenz hilft dem Individuum, die Realität oder sein Verhältnis zur Realität zu verändern. Diese Haltung ermöglicht einen achtsamen Umgang mit der Emotion, statt diese zu blockieren oder zu bekämpfen und eröffnet damit die Möglichkeit der kognitiven Steuerung. Emotionen unterliegen rasch wirksamen Feedbackschleifen durch kognitive Bewertungsprozesse oder entsprechende Handlungskomponenten. Auch Emotionen wie etwa Angst, die durch Assoziation an frühe Traumata induziert werden, können durch kognitiven Abgleich mit der Realität moduliert werden. »Überflutende Emotionen«, wie sie von Borderlinepatientinnen häufig angegeben werden, entstehen, ähnlich wie Panikattacken, durch dysfunktionale Wechselwirkungen zwischen katastrophisierenden Bewertungsprozessen und Emotionen.

Phase II: Behandlung der Folgen traumatischer Erfahrung

Das übergeordnete Ziel der DBT ist die Reduktion der *Folgen* traumatischer Erfahrung. Diese werden als Verhaltensmuster definiert und können sich auf neurophysiologischer, emotionaler, kognitiver oder Handlungsebene zeigen.

> Das Ziel der Traumatherapie heißt also nicht, Vergessenes wieder zu erinnern oder zu »integrieren«, sondern die Erfahrung zu machen, daß die traumatischen Ereignisse der Vergangenheit angehören.

Die Patientin sollte lernen, sich vor Situationen zu schützen, die traumatische Erinnerungen wachrufen. Sie sollte weiterhin lernen, Emotionen oder Spannungsphänomene zu regulieren, die durch Aktivierung von traumatischen Erinnerungen ausgelöst werden. Da häufig negative Selbstkonzepte und dysfunktionale Grundannahmen mit der traumatischen Erfahrung verknüpft sind, sollten diese kognitiven Schemata verändert werden. Und schließlich sollten wichtige Ressourcen wie Ärger oder Wut, die bislang von traumaassoziierten Schemata gebunden waren, zur Verwirklichung eigener Ziele und Pläne genützt werden.

> ### Voraussetzungen für Traumatherapie in Phase II
>
> Da Traumaarbeit, d.h. die Revision traumaassoziierter Schemata, grundsätzlich einen belastenden und schwerwiegenden Eingriff in die psychische Struktur eines Menschen bedeutet,

sollten nach Abschluß der Phase I einige Voraussetzungen gegeben sein:

1. Die Frage der Suizidalität sollte eindeutig geklärt sein.
2. Die Patientin sollte in der Lage sein, ihre Emotionen zu modulieren, d.h., sie sollte wissen, wie sie mit Wut, Scham, Schuld, Haß und Angst umzugehen hat, ohne daß diese Affekte zu dysfunktionalen Handlungen führen.
3. Sie sollte keine selbstschädigenden Verhaltensmuster mehr zur Spannungsreduktion einsetzen.
4. Die Beziehung zum Therapeuten sollte klar und eingespielt sein.
5. Die zentralen Fragen der (Über-)Lebensqualität sollten gelöst sein (keine real traumatisierenden Umgebungen, Drogen und Alkohol, tragende soziale Kontakte, stabilisierende Freizeitaktivität usw.).
6. Die Patientin sollte im Selbstmanagement dissoziative Phänomene revidieren können.
7. Der Therapeut sollte wissen, wie schwere, somatische, dissoziative Phasen (Freezing-Phänomene) während der Therapie beendet werden können.

Revision der traumaassoziierten Schemata

Grundsätzlich sind zwei Typen von traumaassoziierten Schemata zu unterscheiden: Zum einen Angststrukturen, zum anderen Täterintrojekte. Angststrukturen werden durch eine Vielzahl von Reizen (Gerüchen, Bildern, Körperwahrnehmungen oder Geräuschen) aktiviert und signalisieren *akute Gefahr*, aus der es kein Entrinnen gibt, weil keine Kontrolle über die Realität möglich ist.

Täterintrojekte können als das Ergebnis von Identifikationsprozessen während des Traumas gesehen werden. Sie verknüpfen Affekte mit Charaktereigenschaften, die dem Täter zugeschrieben werden (grausam, aggressiv, unkontrollierbar, triebgesteuert, ekelhaft). Diese Schemata werden insbesondere durch real wahrgenommene Affekte aktiviert. Ein Mädchen, das gekränkt wird, sich daher ärgert und beginnt, wütend zu werden, aktiviert durch diese Wut das Täterschema und ordnet diese (adäquate) Wut dem Täter zu. »Jemand, der wütend ist wie ich, der ist auch unkontrollierbar, triebgesteuert und sexuell verletzend«. Dieses Täterschema ist in aller Regel *nicht* mit dem Selbstbild der Patientin vereinbar. Infolge dieser Differenz »Ich bin nicht so, wie es meinem Selbstbild entspräche«, entsteht starke Scham, die es in

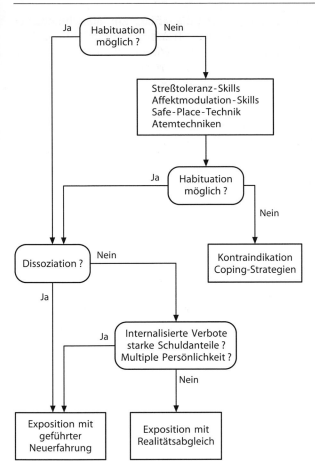

Abb. 224. Entscheidungsstruktur vor Traumatherapie

aller Regel zunächst verunmöglicht, dieses Täterschema mitzuteilen. Das zentrale Problem des Täterschemas ist also die Absorption primär adäquater Affekte, die der Patientin nun nicht mehr zur Steuerung ihrer zwischenmenschlichen Interaktion zur Verfügung stehen, und die Scham, die als wichtigster Indikator für Therapieabbruch zu werten ist.

Revision traumaassoziierter Schemata heißt also, daß die Patientin zum einen lernt zu unterscheiden zwischen realer (adäquater) Angst und konditionierten, alten Reflexen. Zum anderen muß sie lernen, Täterschemata als solche zu identifizieren, deren Dysfunktionalität erkennen und sich dadurch die adäquaten Affekte wieder anzueignen.

Die wohl wirkungsvollste Technik zur Revision traumaassoziierter Schemata ist auch in Phase II Reizexposition, die nun jedoch gezielt nicht nur auf die Entkoppelung von Reiz-Reaktions-Mustern zielt, sondern die alten traumatischen Erinnerungen einer Korrektur durch Neuerfahrung unterzieht. Die alten Erinnerungen werden dadurch

nicht gelöscht, aber mit Kontrollerfahrung gekoppelt und damit nicht mehr virulent.

Dazu sind folgende Schritte nötig:
1. Es sollten Reize angeboten werden, die tatsächlich alte, traumatische Erfahrungen aktivieren (Imaginationstechniken, Körpertherapie, reale Stimuli).
2. Sekundäre Schemata, die dieser traumatischen Erfahrung folgen, müssen vom Therapeuten aktiv revidiert werden (z.B. »Ich darf mich nicht wehren, weil ich den Täter schützen muß, ich bin selber schuld, daß das passiert ist, ich habe ihn ja verführt ...«).
3. Versuche, durch Dissoziation »auszusteigen«, müssen vom Therapeuten blockiert werden.
4. Die Patientin sollte möglichst aktiv angehalten werden, die alte Erfahrung der Hilflosigkeit und Ohnmacht zu korrigieren.
5. Die Exposition sollte solange durchgeführt werden, bis Habituation, d.h. ein Anfall der primären Emotion (in aller Regel Angst und Ekel) auftritt.
6. Der ganze Prozeß sollte kognitiv verankert werden, damit die Patientin ihn als Eigenleistung und Kontrollgewinn attribuiert.

■ **Reizpräsentation.** Ob nun Inhalte von Flashbacks gewählt werden oder andere Stimuli wie Körperhaltungen oder Imaginationen, wenn man die Patientin kennt, sollte es in aller Regel keine Schwierigkeiten bereiten, traumaassoziierte Stimuli zu wählen. Als Referenz, daß die Schemata aktiviert sind, gilt immer die Emotion. In aller Regel tritt starke Angst auf, die sich auch in der Körpersprache abbildet.

■ **Revision sekundärer Schemata.** Verfolgt man Transkripte oder Videoaufnahmen von erfolgreichen Expositionsbehandlungen, so zeigt sich immer wieder, daß es lange dauern kann, bis sich die Patientin »erlaubt«, die durch die jeweiligen Erinnerungen geweckten Gefühle tatsächlich zuzulassen. Die drei vorherrschenden Emotionen Angst, Ekel und Wut sind alle mit der Handlungstendenz Flucht oder Angriff gekoppelt. Diese Möglichkeiten aber waren der Patientin damals genommen, so daß ihr ein Verharren in der Notlage aufgezwungen war. Die Erfahrung der Ohnmacht, also der Unfähigkeit zu flüchten oder anzugreifen, wurde in aller Regel kognitiv verarbeitet in Form von sekundären Schemata, die diese Handlungsblockaden legitimierten. »Ich darf dem

Täter nicht wehtun, ich muß ihn schützen, er hat ein Recht dazu, mit mir zu machen, was er will...« oder: »Ich darf nicht flüchten oder ihn verraten, sonst nimmt er meine Schwester, tötet meine Mutter oder tötet mich...«. Diese sekundären Schemata werden während der Exposition aktiviert und blockieren die Wahrnehmung von Angst, Ekel oder Wut. Es ist die Aufgabe des Therapeuten, diese Kognitionen aufzugreifen und zu bearbeiten: Überprüfung der Richtigkeit dieser Annahmen, suggestive Interventionen (»Jetzt ist es erlaubt, sich zu wehren, Sie haben ein Recht, zu flüchten...« oder Korrektur der Körperhaltung, was zumeist die einfachste Möglichkeit darstellt, um Affekte zu induzieren und zu korrigieren (Aufrichten des Körpers, um der Scham entgegenzuwirken, Ballen der Fäuste, um Wut zu bahnen etc.). Diese Revision der sekundären Schemata während der Exposition stellt den Therapeuten vor die schwierigste Aufgabe und ist der Schlüssel für das Gelingen der Exposition. Auf keinen Fall sollte die Patientin »gepusht« werden, diese internen Verbote zu übergehen, da mit zum Teil schwerwiegenden Folgen nach der Therapie zu rechnen ist, wenn die alten Verbote wieder »zuschlagen«.

■ **Blockieren von Dissoziation.** Es gibt einige therapeutische Schulen, die betonen, wie nützlich es sei, »mit der Dissoziation« zu arbeiten, um so der Patientin Teilerfahrungen zu ermöglichen und nicht konträre Schemata parallel zu aktivieren. Auch die DBT nützt dissoziative Fähigkeiten der Patientin etwa bei Tranceinduktion oder der selektiven Arbeit mit Schemata. Dabei ist darauf zu achten, daß der Verlust der Wahrnehmung für Raum, Zeit, Körper, Akustik und Optik, wie er bei Borderlinepatientinnen unter hoher affektiver Anspannung aktiviert wird (»spacing-out«), für die Betroffenen in hohem Maße beängstigend ist. Um Lernprozesse nicht zu behindern, sollten diese »Freezing-Prozesse« sofort aktiv unterbrochen werden.

■ **Korrektur der alten Erfahrungen.** Die wissenschaftliche Psychologie hat gezeigt, daß einmal gelernte Schemata nicht gelöscht werden, sondern daß später gemachte Erfahrungen mit diesen alten Erfahrungen und Bewertungsprozessen verknüpft werden und die Kontrolle über deren Aktivierung übernehmen. Unser Gehirn hat die Tendenz, kontextkonforme Informationen zu aktivieren (neue Reize suchen Informationen, welche während einer Situation erworben wurden, die den gegenwärtigen Reizen ähneln). Es ist also nötig, die neuen Erfahrungen unter ähnlichen Umständen

zu erwerben wie die alten. Ein ausschließliches »Reden« über das Trauma führt nicht zu Verknüpfungen der alten Traumaschemata mit neuen Erfahrungen. Es bleibt der Patientin also nicht erspart, sich erneut in die alte Erfahrung zu begeben und diese zu revidieren. Es bieten sich grundsätzlich zwei Möglichkeiten der Korrektur: Abgleich mit der Gegenwart und geführte Neuerfahrung.

Der Abgleich mit der Gegenwart geschieht schlicht durch die Wahrnehmung der Patientin, daß sie einerseits das alte Schema noch einmal erlebt, daß ihr aber im Hier und Jetzt nichts mehr geschieht. Dem Therapeuten kommt die Aufgabe zu, den Kontakt zur Realität herzustellen, während die Patientin die alten Erfahrungen prozessiert. Auf diesem Prinzip basieren die Expositionsverfahren von Foa. Hier wird der Kontakt zur Realität hergestellt durch fortwährendes Skalieren der Befindlichkeit (»Wie schätzen Sie das Ausmaß Ihrer Angst im Augenblick ein? Wie hoch, auf einer Skala von 0 bis 10, ist Ihre Spannung jetzt?«). So ist die Patientin gezwungen, die Vergangenheit mit der Gegenwart abzugleichen und damit das neue Schema »es ist vorbei, es passiert nichts mehr« mit dem alten Schema zu verknüpfen. Es muß nicht unbedingt auf Skalierungen zurückgegriffen werden. Manueller Kontakt zum Therapeuten und dessen Stimme können ebenfalls helfen, die Patientin im Hier und Jetzt zu verankern.

■ **Geführte Neuerfahrung.** In jüngster Zeit wurden einige leicht modifizierte Verfahren zur »Traumasynthese« entwickelt (Sachsse, 1998; Reddemann, 1998). Das gemeinsame Prinzip läßt sich wie folgt skizzieren: Die Patientin wird durch Methoden der Tiefenentspannung in eine leichte Trance versetzt, hält jedoch jederzeit engen verbalen oder körperlichen Kontakt mit dem Therapeuten (Händedruck). Der Therapeut übernimmt die verbale Führung und damit die Verantwortung für den gesamten Prozeß. Zunächst achtet er auf die individuellen Ressourcen, also erwachsene Anteile, Stärken oder Kompetenzen. Notfalls sollte er imaginative, starke Figuren einführen, eventuell die Figur des Therapeuten selbst. Schließlich wird die Patientin gebeten, sich die traumatische Szene vor Augen zu führen. Der eigentliche therapeutische Prozeß aber entwickelt sich in einer geführten Neuinszenierung: Im Gegensatz zur alten Erfahrung werden diesmal die ursprünglich blockierten Handlungstendenzen zu Ende geführt: Ist der führende Affekt die Wut, so wird die Patientin angehalten, sich intensiv vorzustellen, daß sie sich wehrt. Körperarbeit ist in diesem Punkt sehr hilfreich. Ist der führende Affekt Angst, so gilt es, der Patientin zu vermitteln, daß sie diesmal flüchten kann und Schutz findet. So kann etwa der »erwachsene Anteil« der Patientin die Bühne betreten und entsprechend trösten. Oder der Therapeut bringt seine eigene Person ins Spiel. Tritt Ekel auf, so hilft auch Erbrechen, also Ausstoßen des Eingedrungenen.

Auf einen Punkt gebracht lautet die neue Erfahrung der Patientin: Diesmal kann ich sowohl meinen Gefühlen trauen als auch entsprechend handeln. Dabei werden unangenehme Affekte reduziert und das Vertrauen in die eigene Person gestärkt.

■ **Kognitive Verankerung.** Die Patientin wird bald das Gefühl haben, sich grundlegend zu ändern. Es folgt eine Phase der Stabilisierung, der Unsicherheit und Neuorientierung, die begleitet werden muß. Dies ist die Zeit für kognitive Verarbeitung des »Geschehenen« und die Entwicklung subjektiver Erklärungsmodelle. Der Therapeut sollte betonen, daß die Patientin selbst die entscheidenden Schritte unternommen hat, daß er lediglich die Funktion eines »kundigen Führers« eingenommen hat. Und schließlich ist wichtig, darauf hinzuweisen, daß die alten Erfahrungen jetzt zwar durch die neuen kontrolliert werden, jedoch nicht vollständig gelöscht sind. Bei einer Retraumatisierung ist immer mit einer Reaktivierung der alten Schemata zu rechnen. Es muß klargestellt sein, wie sie sich schützen kann, und welche Schritte im Fall einer erneuten Traumatisierung unternommen werden müssen.

Die stationäre Behandlung
Es gibt eine Reihe von guten Gründen, weshalb die DBT zunächst ausschließlich für den ambulanten Bereich entwickelt wurde und sich explizit gegen stationäre Behandlungskonzepte aussprach. Zum ersten bringt das implizite Selbstverständnis einer psychiatrisch-psychotherapeutischen Klinik Abhängigkeiten mit sich und damit die Verstärkung von dysfunktionalen Rollenverhältnissen zwischen Borderlinepatientinnen und Therapeuten; dies steht im klaren Widerspruch zum kooperativen Konzept der DBT. Zum zweiten erschwert die artifizielle Herauslösung der Patientin aus ihrem sozialen Umfeld die Generalisierung neu zu erlernenden Verhaltens, ohne die das Lernen im stationären Bereich häufig unfruchtbar bleibt. Zum dritten scheinen die vielfältigen emotionalen Reize im stationären Bereich sehr häufig die Aufnahme und Lernkapazität von Borderlinepatientinnen zu überfordern. Zum vierten reagiert das häufig überlastete therapeutische Team nicht selten angstvoll oder ärgerlich auf dysfunktionale Verhaltensmuster von Borderlinepatientinnen und entwickelt kontrollierende bzw. strafende Strategien, was im Widerspruch zur Betonung der Selbstverantwortlichkeit von Borderlinepatientinnen steht. Und schließlich kann nicht genügend betont werden, daß für viele Borderlinepatientinnen die stationäre Aufnahme per se als starker Verstärker für pathologisches Verhalten wirkt und daher die Wahrscheinlichkeit künftiger suizidaler oder parasuizidaler Handlungen erhöht. Etwas überspitzt formuliert: Die spezifischen Charakteristika vieler psychiatrisch/psychotherapeutischen Kliniken tragen entscheidend zur sozialen Isolierung und damit Chronifizierung dieses Störungsbildes bei.

> Entsprechend der Sichtweise der DBT sind die Indikationen für eine stationäre Behandlung klar definierbar:
> *Verhaltensmuster, die lebensbedrohlich sind oder ambulante Therapien unmöglich machen. Diese sollen bedingt sein durch Umstände, die die Problemlösekompetenz der Patientin im Augenblick übersteigen und nicht durch ambulante therapeutische oder sozialarbeiterische Hilfe verändert werden können.*

Im Vordergrund steht eine rasche und stringente Bearbeitung derjenigen Bedingungen, die zur Aufnahme der Patientin geführt haben und die Fortsetzung der ambulanten Therapie behindern. Dies beinhaltet neben einer detaillierten Verhaltens- und Bedingungsanalyse die Vermittlung von Fertigkeiten zur Verbesserung der Problemlösekompetenz bzw. adäquate Hilfestellung bei der Lösung von Problemen, die gegenwärtig allein unlösbar erscheinen.

Die Hierarchie der Behandlungsziele bei der stationären Therapieplanung
Die Liste der Behandlungsprioritäten gliedert sich wie folgt:

Verringern von
- suizidalem Verhalten
- therapiegefährdendem Verhalten
- hospitalisierungsförderndem Verhalten
  - Verhaltensmuster, die zur gegenwärtigen Aufnahme geführt haben
  - Verhaltensmuster, die die stationäre Behandlung verlängern
  - Verhaltensmuster, die eine Wiederaufnahme wahrscheinlich machen

Verbesserung von Verhaltensfertigkeiten (Skills)
- Innere Achtsamkeit
- Umgang mit Gefühlen
- Streßtoleranz
- zwischenmenschliche Fertigkeiten

Erste Priorität hat die Bearbeitung von lebensbedrohlichem Verhalten oder Verhalten, das die Fortsetzung der (ambulanten) Therapie gefährdet. (Als Beispiel können regelmäßige Suiziddrohungen gegenüber dem ambulanten Therapeuten angeführt werden, die diesen so verunsichern, daß er bis zu vier Therapiestunden in der Woche gewährt und schließlich überlastet die Behandlung abbricht.) Nach Bearbeitung der unmittelbar lebensbedrohlichen oder therapiegefährdenden Verhaltensmuster stehen an dritter Stelle Verhaltensmuster, die im großen Feld des hospitalisierungsfördernden Verhaltens angesiedelt sind. Dies fordert gezwungenermaßen eine exakte Analyse des Szenarios, das zur derzeitigen Aufnahme geführt hat und eine frühzeitige, exakte Planung der Entlassungsbedingungen.

Ein Vorteil des stationären Behandlungsbereiches ist, daß dieser als ausgezeichnetes Lernfeld für neue Verhaltensfertigkeiten genutzt werden kann. Aus dem breiten Repertoire der DBT-Verhaltensfertigkeiten sollten diejenigen ausgewählt werden, die helfen, Situationen adäquat zu bewältigen, die ansonsten lebensgefährliche Verhaltensmuster und weitere stationäre Aufnahmen nach sich ziehen würden. (Als Beispiele dieser »crisis survival skills« gelten das Training der Spannungstoleranz, der Problembewältigung unter subjektivem Überflutungsempfinden, der Erwerb von Techniken zum Umgang mit Analgesien oder drängenden Suizidgedanken, sowie der Aufbau und das Testen eines »Notfallnetzwerkes«).

Verhaltensmuster, die während des stationären Aufenthaltes auffallen und in der Regel Behandlungsziele eines längerfristigen Aufenthaltes darstellen würden, gehören in die Entlassungsplanung und werden an den ambulanten Therapeuten weitergegeben.

Die stationären Behandlungsangebote für Borderlinepatientinnen im Rahmen eines DBT-Programms basieren also auf drei Schwerpunkten:
1. Der Möglichkeit einer grundlegenden, umfassenden Diagnostik inkl. der Analyse maladaptiver Verhaltensmuster, die zur Hospitalisierung führten.
2. Der Veränderung derjenigen Verhaltensmuster, die entweder unmittelbar lebensbedrohlich oder derart destabilisierend sind, daß sie ein Leben ohne stationären Aufenthalt nicht möglich machen.
3. Einem differenzierten, störungsspezifisch orientierten Programm zur Aneignung und Verbesserung von Fähigkeiten, die ein Überleben im sozialen Gefüge erleichtern.

22.9
Ausblick

Was die empirische Überprüfung der Wirksamkeit der DBT anbelangt, so muß präzisiert werden, daß derzeit lediglich eine Überlegenheit gegenüber unspezifischen tiefenpsychologischen und verhaltenstherapeutischen Ansätzen nachgewiesen wurde (Linehan, 1991, 1993). Die Vorteile lagen insbesondere bei der Abnahme von Selbstverletzungen, der sozialen Integration, der Häufigkeit stationärer Aufnahmen, der Therapiecompliance und anderer psychopathologischer Parameter.

Mehr als andere Therapieansätze versteht sich die DBT als Netzwerk. Sie ist im ambulanten und stationären Setting für eine strukturierte Kooperation verschiedener Therapeuten oder Berufsgruppen konzipiert. Das gängige Modell der therapeutischen Dyade, die in Abgeschiedenheit und Ruhe wirkt, wird aufgebrochen. Dies bringt Unruhe mit sich und zeitlichen Mehraufwand, schafft aber auch Raum für synergistische Effekte. Insbesondere Berufsanfänger, die ja in den Kliniken in aller Regel mit den schwierigsten Borderlinepatientinnen konfrontiert sind, sollten davon rasch profitieren und nicht erst nach einem jahrzehntelangen Ausbildungsprozeß.

Vielleicht ist es auch ein Beispiel für Dialektik, daß gerade in der Auseinandersetzung mit diesem Störungsbild, das jahrelang als Synonym für therapeutisches Scheitern galt, nun eine Therapie entwickelt wurde, die den Blick freigibt auf die gesundheitspolitische Dimension wissenschaftlicher Psychotherapie.

Literatur

Akiskal, H.S. (1981). Subaffective disorders: dysthymic, cyclothymic and bipolar disorders in the »borderline« realm. *Psych. Clin. of North Am. 4*, 25–46.

American Psychiatric Association (1980). *Diagnostic and statistic manual of mental disorders* (3rd ed.). Washington, DC.

American Psychiatric Association (1994). *Diagnostic and static manual of mental disorders* (4th ed.). Washington, DC.

Bohus, M. (1996). Die Anwendung der »Dialektisch-Behavioralen Therapie« für Borderline-Störungen im stationären Bereich. Psychotherapie in Psychiatrie, Psychotherapeut. *Medizin und Klin. Psychologie. 1. Jahrgang 1996, Band 1, Heft 1,* CIP-Medien.

Bryer, J.B., Nelson, B.A., Miller, J.B. & Krol, P.A. (1987). Childhood sexual and physical abuse as factors in adult psychiatric illness. *Am. J. Psychiatry, 144,* 1426–1430.

Charney, D.S., Deutsch, A.Y., Krystal, J.H., Sothwick, S.M. & Davies, M. (1993). Psychobiological mechanism of posttraumatic disorder. *Arch. Gen. Psychiatry, 50,* 294–305.

Dulit, R.A., Fyer, M.R., Haas, G.L., Sullivan, T. & Frances, A. (1990). Substance abuse in borderline personality disorder. *Am. J. Psychiatry 147,* 1002–1007.

Foa, E.B. & Kozak, M.J. (1986). Emotional processing of feat: Exposure to corrective information. *Psychological Bulletin, 99,* 20–35.

Fyer, M.R., Frances, A., Sullivan, T., Hurt, S.W., Clarkin, J.F. (1997). Comorbidity of borderline personality disorder. *Arch. Gen. Psychiatry, 45,* 348–352.

Gast, U. (1997). Borderline-Persönlichkeitsstörungen. In U.T. Edge, S.O. Hoffmann & P. Joraschky, (Hrsg.), *Sexueller Mißbrauch, Mißhandlung, Vernachlässigung.* Stuttgart: Schattauer, 237–258.

Gunderson, J.G. (1985). *Diagnostisches Interview für das Borderline-Syndrom.* Weinheim: Beltz.

Herman, J.L., Perry, J.C. & van der Kolk, B.A. (1989). Childhood trauma in borderline personality disorder. *Am. J. Psychiatry, 146,* 490–495.

Herman, J.L. (1993). *Die Narben der Gewalt. Traumatische Erfahrungen verstehen und überwinden.* München: Kindler.

Herpetz, S. (1995). Self-Injurious behavior: psychopathological and nosological characteristics in subtypes of self-injurers. *Acta Psychiatr. Scand., 91,* 57–68.

Kernberg, O., Selzer, M.A., Königsberg, H.W., Carr, A.C. & Appelbaum, A.H. (1993). *Psychodynamische Therapie bei Borderline-Patienten.* Bern: Huber. Original Psychodynamic psychotherapy of borderline patients (1989). Basic Book, New York.

Königsberg, H., Kaplan, R., Gilmore, M. & Cooper, A.M. (1985). The relationship between syndrome and personality disorder in DSM-III: Experience with 2462 patients. *Am. J. Psychiatry, 142(2),* 207–212.

Linehan, M.M., Armstrong, H.E., Suarez, A., Allmon, D. & Heard, H.L. (1991). Cognitive behavioral treatment of chronically parasuicidal borderline patients. *Arch. Gen. Psychiatry, 48,* 1060–1064.

Linehan, M.M., Heard, H.L. & Armstrong, H.E. (1993). Naturalistic follow-up of a behavioral treatment for chronically parasuicidal borderline patients. *Arch. Gen. Psychiatry, 50,* 971–974.

Linehan, M.M. (1996a). Dialektisch-behaviorale Therapie der Borderline-Persönlichkeitsstörung. München: CIP-Medien. Original: Cognitive behavioral treatment of borderline personality disorder. New York: Guilford Press 1993.

Linehan, M.M. (1996b). *Trainingsmanual zur dialektisch-behavioralen Therapie der Borderline-Persönlichkeitsstörung.* München: CIP Medien. Original: Skills training manual for treating borderline personality disorder. New York: Guilford Press 1993.

Loranger, A.W., Sartorius, N., Andreoli, A., Berger, P., Buchheim, P., Channabasavanna, S.M., Coid, B., Dhal, A., Diekstra, R.F.W., Ferguson, B., Jacobsberg, L.B., Mombour, W., Pull, C., Ono, Y. & Regier, D.A. (1994). The International Personality Disorder Examination. *Arch. Gen. Psychiatry, 51,* 215–224.

Millon, T. (1996). *Disorders of personality DSM-IV and beyond.* New York: Wiley.

Prasad, R.B., Val, E.R., Lahmeyer, H.W., Gaviria, M., Rodgers, P., Weilser, M. & Altman, E. (1997). Associated diagnosis (comorbidity) in patients with borderline personality disorder. *Psychiatr. J. Univ. Ottawa, 15,* 22–27.

Reddemann, L. (1998). Psychotherapie auf der inneren Bühne. *PTT Persönlichkeitsstörungen Theorie und Praxis, 2,* 88–96.

Sachsse, U., Eßlinger, K., Schilling, L. & Tameling, A. (1994). *The borderline personality disorder as a sequel to trauma.* Vortrag 4. IPA Conference on Psychoanalytic Research: London.

Sachsse, U. (1998). Traumasynthese durch Traumatherapie. *PTT Persönlichkeitsstörungen Theorie und Praxis, 2,* 72–76.

Spitzer, R.L. & Endicott, J. (1979). Justification for separating schizotypical and borderline personality disorders. *Schizophrenia Bull., 5,* 95–100.

Stiglmayr, C., Richter, H., Limberger, M. & Bohus, M. (1998). The subjective perception of averse tension, analgesia, tonic immobility and dissociation from female patients with borderline personality disorder. *The American Journal of Psychiatry* (eing.).

Torgersen, S. (1998). *Epidemiology of personality disorders.* Vortrag auf dem 1. Internationalen Kongreß über Persönlichkeitsstörungen in München.

Widiger, T.A. & Frances, A.J. (1989). Epidemiology, diagnosis, and comobidity of borderline personality disorder. In A. Tasman, R.E. Hales & A.J. Frances (Eds.), *Review of Psychiatry* (Vol. 8, 8–24). Washington DC: American Psychiatric Press.

Widiger, T.A. & Weissman, M.M. (1991). Epidemiology of borderline personality disorder. *Hospital and Community Psychiatry, 42,* 1015–1021.

Zanarini, M.C., Gunderson, J.G. & Frankenburg, F.R. (1989). Axis I phenomenology of borderline personality disorder. *Compr. Psychiatry, 30 (2),* 149–156.

KAPITEL 23

Psychische Störungen des Kindes- und Jugendalters

SILVIA SCHNEIDER

23.1
Einleitung

Die Entwicklung verhaltenstherapeutischer Methoden hat nicht zuletzt ihren Ursprung in der Behandlung psychischer Störungen des Kindesalters. So berichtete bereits 1924 Mary Cover Jones über die systematische Anwendung verhaltenstherapeutischer Techniken bei der Behandlung der Pelztierphobie des kleinen Peters. Mowrer & Mowrer publizierten 1938 den verhaltenstherapeutischen Einsatz der Klingelmatte zur Behandlung der funktionellen Enuresis. Angesichts dieser frühen Beschäftigung mit verhaltenstherapeutischen Methoden bei Kindern ist es um so erstaunlicher, daß 70 Jahre nach diesen Publikationen der Forschungsstand weit hinter dem bei Erwachsenen zurückliegt. In den USA hat das National Institute of Mental Health (NIMH) auf diese alarmierende Situation mit einem Plan zur Verbesserung der Bedingungen für die Erforschung psychischer Störungen des Kindes- und Jugendalters reagiert. So wurden u. a. die Forschungsgelder für diesen Bereich bis um das 5fache der bisherigen Gelder erhöht (s. hierzu *Archives of General Psychiatry, 52,* 715–734, 1995).

Die Gründe für die Vernachlässigung psychischer Störungen bei Kindern und Jugendlichen sind vielfältig und können hier nicht abschließend beurteilt werden. Ein bedeutsamer Faktor war aber sicherlich, daß lange Zeit die Sichtweise vorherrschte, psychische Störungen des Kindesalters »wüchsen sich von alleine aus«. Dies kann jedoch angesichts moderner Forschung zum Verlauf psychischer Störungen bei Kindern und Jugendlichen nicht bestätigt werden. So ist zumindest bei einem Teil der betroffenen Kinder und Jugendlichen von einer Chronifizierung psychischer Störungen auszugehen. Dieser Befund macht deutlich, daß die Entwicklung psychotherapeutischer Methoden spezifisch für das Kindes- und Jugendalter unbedingt notwendig ist.

Das vorliegende Kapitel gibt einen Überblick über klinisches Erscheinungsbild, Erklärungsmodelle und verhaltenstherapeutische Behandlungsansätze bei den folgenden psychischen Störungen des Kindes- und Jugendalters:

- Aufmerksamkeits- und Hyperaktivitätsstörung,
- expansive Verhaltensstörungen,
- Angststörungen,
- Depression und
- funktionelle Enuresis.

Tabelle 23.1. Klassifikation psychischer Störungen des Kindes- und Jugendalters im DSM-IV und in der ICD-10

DSM-IV		ICD-10	
Aufmerksamkeits- und expansive Verhaltensstörungen		**F9**	**Verhaltens- und emotionale Störungen mit Beginn in der Kindheit und Jugend**
314.00	Aufmerksamkeits- und Hyperaktivitätsstörung	F90	Hyperkinetische Störung
313.81	Störung mit oppositionellem Trotzverhalten	F91.3	Störung des Sozialverhaltens mit oppositionellem, aufsässigem Verhalten
312.80	Störung des Sozialverhaltens	F91	Störung des Sozialverhaltens
Andere Störungen des Kleinkind-, Kind- und Jugendalters		**F93**	**Emotionale Störung des Kindesalters**
309.21	Störung mit Trennungsangst	F93.0	Emotionale Störung mit Trennungsangst
Angststörungen			
300.29	Spezifische Phobie	F93.1	Phobische emotionale Störung des Kindesalters
300.23	Sozialphobie	F93.2	Störung mit sozialer Überempfindlichkeit des Kindesalters
300.02	Generalisiertes Angstsyndrom	F93.8	Generalisierte Angststörung
		F40	**Phobische Störung**
300.22	Agoraphobie ohne Paniksyndrom in der Vorgeschichte	F40.00	Agoraphobie ohne Panikstörung
300.21	Paniksyndrom mit Agoraphobie	F40.01	Agoraphobie mit Panikstörung
		F41	**Andere Angststörungen**
300.01	Paniksyndrom ohne Agoraphobie	F41.0	Panikstörung
Affektive Störungen		**F3**	**Affektive Störungen**
296.0	Schweres depressives Syndrom [a]		
296.2	Schweres depressives Syndrom, einzelne Episode	F32	Depressive Episode [b]
296.3	Schweres depressives Syndrom, wiederkehrend	F33	Rezidivierende depressive Störung
300.4	Dysthymes Syndrom	F34.1	Dysthymia [b]
Ausscheidungsstörungen		**F98**	**Sonstige Verhaltens- oder emotionale Störungen mit Beginn in der Kindheit und Jugend**
307.6	Funktionelle Enuresis	F98.0	Nichtorganische Enuresis
307.7	Funktionelle Enkopresis	F98.1	Nichtorganische Enkopresis

[a] Bei dem schweren depressiven Syndrom wird an der 5. Stelle der Kodierungsnummer der Schweregrad der Störung spezifiziert. Dabei bedeutet 0 »unspezifiziert«, 1 »mild«, 2 »mäßig«, 3 »schwer ohne psychotische Merkmale«, 4 »schwer mit psychotischen Merkmalen«, 5 »in teilweiser Remission« und 6 »in voller Remission«.
[b] Diese Diagnosegruppen werden in der ICD-10 in Abhängigkeit vom Schweregrad in leicht, mittelgradig und schwer sowie nach Vorhandensein psychotischer Symptome in weitere Subgruppen untergliedert.

Weitere psychische Störungen des Kindes- und Jugendalters werden in separaten Kapiteln des vorliegenden Lehrbuchs beschrieben. Tabelle 23.1 gibt zunächst einen Überblick über die Klassifikation der in diesem Kapitel behandelten Störungsbilder in der 4. Auflage des »Diagnostischen und Statistischen Manuals psychischer Störungen« (DSM-IV, American Psychiatric Association, 1994, dt. Übersetzung: Saß et al., 1996) und der 10. Revision der von der Weltgesundheitsorganisation formulierten »Internationalen Klassifikation der Krankheiten« (ICD-10, Dilling et al., 1994).

23.2 Epidemiologie

23.2.1 Prävalenz

In den letzten Jahren wurde aufbauend auf den modernen Klassifikationssystemen systematisch der Frage der Häufigkeit psychischer Störungen bei Kindern und Jugendlichen nachgegangen. Eine methodisch sorgfältig durchgeführte Studie publizierten Lewinsohn et al. (1993). Aufbauend auf den DSM-III-R-Kriterien untersuchten sie mit Hilfe von halbstrukturierten Interviews die Punkt- und Lebenszeitprävalenzen psychischer Störungen bei 1710 Schülern (53% weiblich, 47% männlich) im Alter von 14–18 Jahren. Die Schüler wurden aus 2 Großstädten und 3 ländlichen Bezirken in Oregon, USA, rekrutiert. 61% der angesprochenen Schüler nahmen an der Untersuchung teil. Tabelle 23.2 zeigt die Punkt- und Lebenszeit-

Tabelle 23.2. Punkt- und Lebenszeitprävalenzen für die Oberklassen psychischer Störungen und die spezifischen Diagnoseklassen

Psychische Störung	Punkt-prävalenz (%)	Lebenszeit-prävalenz (%)
Angststörungen	3,16	8,77
• Paniksyndrom	0,35	0,82
• Agoraphobie	0,41	0,70
• Sozialphobie	0,94	1,46
• Spezifische Phobie	1,40	1,99
• Zwangssyndrom	0,06	0,53
• Trennungsangst	0,18	4,21
• Störung mit Über-ängstlichkeit	0,47	1,29
Unipolare Depressionen	2,92	20,35
• Schweres depressives Syndrom	2,57	18,48
• Dysthymes Syndrom	0,53	3,22
Aufmerksamkeits- und expansive Verhaltens-störungen	1,81	7,31
• Aufmerksamkeits- und Hyperaktivitätsstörung	0,41	3,10
• Störung mit opposi-tionellem Trotzverhalten	0,94	2,46
• Störung des Sozialver-haltens	0,13	3,22

prävalenzen für die Oberklassen psychischer Störungen sowie für die spezifischen Diagnoseklassen.

> Insgesamt 10% der untersuchten Schüler erfüllten zum Zeitpunkt des Interviews die Diagnosekriterien für eine psychische Störung (Punktprävalenz), und sogar 37% der Schüler gaben an, irgendwann im Laufe ihres Lebens unter einer psychischen Störung gelitten zu haben (Lebenszeitprävalenz).

Bei den derzeitigen Diagnosen waren Angststörungen am häufigsten vertreten, gefolgt von schwerem depressivem Syndrom (Major Depres-sion) an 2. Stelle und expansiven Verhaltensstörungen an letzter Stelle. Ein etwas anderes Bild ergab sich für die Lebenszeitprävalenzen. Hier wird das schwere depressive Syndrom am häufigsten berichtet, die Angststörungen folgen an 2. und die expansiven Verhaltensstörungen an 3. Stelle.

■ **Komorbidität.** Ein weiteres Ergebnis der Studie ist, daß Jugendliche, die im Laufe ihres Lebens unter einer psychischen Störung litten, eine hohe *Komorbidität* aufweisen. Zirka 60% der Jugendlichen mit Angststörungen oder einer expansiven Verhaltensstörung erfüllten gleichzeitig die Diagnosekriterien für eine weitere psychische Störung. 43% der Jugendlichen mit unipolarer Depression erhielten ebenfalls gleichzeitig eine weitere Diagnose. Angststörungen und expansive Verhaltensstörungen traten am häufigsten gemeinsam mit einer Depression auf. Umgekehrt waren Angststörungen die häufigsten Komorbiditätsdiagnosen bei Vorliegen einer unipolaren Depression. Tabelle 23.3 zeigt die Komorbiditätsraten von Angststörungen, Depressionen und expansiven Verhaltensstörungen bezogen auf die Lebenszeitdiagnosen.

23.2.2
Verlauf

Im Großraum Mannheim führten Esser et al. (1992) eine prospektive Längsschnittstudie über eine Zeitspanne von 10 Jahren durch, bei der die Kinder im Alter von 8, 13 und 18 Jahren diagnostisch untersucht wurden. Während bei der 1. Untersuchung lediglich die Eltern mit einem strukturierten Interview untersucht wurden, erfolgte bei den weiteren Erhebungen sowohl eine Befragung der Eltern als auch des Kindes mit einem parallelisierten strukturierten Interview zu ihren psychischen Problemen. Ähnlich wie in der Untersu-

Tabelle 23.3. Komorbiditätsrate in Prozent für die Oberklassen psychischer Störungen bezogen auf Lebenszeitdiagnosen

Komorbiditätsdiagnose	Diagnose			
	Irgendeine Störung	Angststörung	Unipolare Depression	Aufmerksamkeits- und expansive Verhaltensstörung
Irgendeine Störung	–	61,3	42,8	60,0
Angststörung	16,0	–	21,0	16,0
Unipolare Depression	34,3	48,7	–	34,4
Aufmerksamkeits- und expansive Verhaltens-störung	12,9	13,3	12,4	–

chung von Lewinsohn et al. fand auch die Mannheimer Forschergruppe, daß ca. $\frac{1}{3}$ aller Kinder zwischen 9 und 19 Jahren zumindest einmal unter einer psychischen Störung leidet.

Als ein interessantes Ergebnis zeigt die Mannheimer Längsschnittstudie, daß beim *Verlauf* psychischer Störungen im Kindes- und Jugendalter eine Interaktion von Geschlecht und Alter zu beobachten ist. So bleibt bei Jungen die Prävalenz psychischer Störungen zwischen dem 8. und 13. Lebensjahr konstant (22%) und fällt im 23. Lebensjahr deutlich ab (15%), während bei den Mädchen mit zunehmendem Lebensalter ein kontinuierlicher Anstieg zu beobachten ist (von 10% auf 17%). Im Jugendalter weisen also Mädchen häufiger psychische Beschwerden auf. Die *Prognose* psychischer Störungen ist abhängig von der speziellen Diagnose. Expansive Verhaltensstörungen weisen in jedem Lebensalter einen schlechten Verlauf auf, während emotionale Störungen im Kindesalter gute, aber im Jugendalter bei Mädchen eine schlechte Prognose erwarten lassen.

Zirka $\frac{1}{3}$ der Kinder und Jugendlichen leidet bis zum Jugendalter zumindest einmal unter einer psychischen Störung. Am häufigsten treten in dieser Altersspanne Depressionen, Angststörungen und expansive Verhaltensstörungen auf. Im Kindesalter zeigen Jungen häufiger psychische Störungen als Mädchen, während im Jugendalter Mädchen häufiger unter psychischen Störungen leiden. Insgesamt weisen expansive Verhaltensstörungen schlechte Prognosen auf, während emotionale Störungen einen günstigen Verlauf nehmen. Eine Ausnahme stellen weibliche Jugendliche mit emotionalen Störungen dar. Sie haben eine ähnlich schlechte Prognose wie die expansiven Verhaltensstörungen.

23.3
Diagnostik

Die Diagnostik psychischer Störungen im Kindes- und Jugendalter stellt eine besondere Herausforderung an Kinderpsychologen und -psychiater dar.

Viele der Symptome, die im Kontext psychischer Störungen auftreten, sind zu bestimmten Entwicklungsphasen bei nahezu allen Kindern zu beobachten und entsprechend für diese Altersphasen normal. Es muß daher immer wieder beurteilt werden, inwieweit die Symptome des Kindes altersgemäß oder übermäßig sind.

Zudem ist es häufig so, daß das Problemverhalten nicht generell, sondern nur in bestimmten Situationen (z.B. Schule, Familie) auftritt. Eine weitere Schwierigkeit besteht in der Tatsache, daß Eltern und Kinder meist über unterschiedliche Sichtweisen des Problemverhaltens verfügen und unterschiedlich stark unter ihm leiden (s. unten).

Diagnostik zwischen Eltern- und Kinderangaben: Wer hat recht?

Untersuchungen zur Übereinstimmung von Kinderauskünften mit Elternauskünften ergeben immer wieder, daß sich Eltern und Kinder in ihren Angaben zur Art und Häufigkeit von Symptomen beim Kind stark unterscheiden (Schneider et al., 1995). Gute Übereinstimmungen findet man lediglich bei Beschwerdekomplexen, die klar definiert und gut beobachtbar sind, wie z.B. die Ausscheidungsstörungen. Schon weniger gut ist die Übereinstimmung, wenn das beobachtbare Verhalten stark von subjektiven Bewertungen abhängt, wie dies etwa bei den Aufmerksamkeits- und expansiven Verhaltensstörungen der Fall ist. Hier legen möglicherweise Eltern und Kind gleiche Beobachtungen zugrunde, z.B. daß das Kind am Tisch zappelt, sie bewerten jedoch dieses Verhalten unterschiedlich. Am schlechtesten stimmen Eltern und Kinder schließlich überein, wenn sie über die innere Befindlichkeit des Kindes befragt werden.

Bedeuten diese Ergebnisse nun, daß Eltern oder Kinder falsche Angaben machen bzw. einer von beiden nicht die Wahrheit sagt? Diese Frage offenbart unserer Meinung nach eine falsche Herangehensweise an die vorliegende Problematik, da sie impliziert, daß es »richtige« oder »wahre« Angaben gibt. Vielmehr ist es aber so, daß Eltern und Kind jeweils ihre Sichtweise des Problems schildern, und Aufgabe des Kinderpsychologen bzw. -psychiaters muß es sein, die unterschiedlichen Sichtweisen von Eltern und Kind zu integrieren und für die Diagnostik psychischer Störungen nutzbar zu machen. Es ist daher für eine sorgfältige Exploration der psychischen Störungen des Kindes oder Jugendlichen notwendig, Eltern *und* Kind zu den Beschwerden des Kindes zu befragen und bei voneinander abweichenden Angaben die unterschiedlichen Sichtweisen sinnvoll zu integrieren. Wir schlagen für diesen Fall die folgenden Richtlinien vor:

- Bei der zeitlichen Einordnung von Symptomen und bei der Diagnostik von früheren Störungen sollten Elterninformationen stärker gewichtet werden.
- Bei emotionalen Störungen (z. B. Angststörungen, depressive Störungen) sollten die Informationen der Kinder oder Jugendlichen stärker gewichtet werden.
- Bei verhaltensbetonten Störungen (z. B. Aufmerksamkeits- und Hyperaktivitätsstörung, Störung mit oppositionellem Trotzverhalten) sollten Elterninformationen stärker gewichtet werden.

Die jüngsten Entwicklungen in den Klassifikationssystemen DSM-IV und ICD-10 versuchen diesen Schwierigkeiten zu begegnen, indem eine starke Operationalisierung der Kriterien zur Feststellung einer Diagnose vorgenommen wurde. Hierbei werden u. a. Anzahl, Dauer und Schweregrad beobachtbarer Verhaltensweisen festgelegt, die erfüllt sein müssen, damit eine Diagnose gestellt werden darf. Außerdem wird bei Kindern und Jugendlichen besonderer Wert auf eine multiaxiale Einordnung der Probleme gelegt. So werden im multiaxialen Klassifikationsschema für psychiatrische Erkrankungen im Kindes- und Jugendalter nach der ICD-10 (MAS, Remschmidt & Schmidt, 1994) folgende Achsen eingeschätzt:

- Achse I: klinisch-psychiatrisches Syndrom,
- Achse II: umschriebene Entwicklungsstörungen,
- Achse III: Intelligenzniveau,
- Achse IV: körperliche Symptomatik,
- Achse V: aktuelle abnorme psychosoziale Umstände,
- Achse VI: Globalbeurteilung der psychosozialen Anpassung.

Aufgrund der besonderen Probleme bei der Diagnostik psychischer Störungen im Kindes- und Jugendalter hat sich unserer Meinung nach am besten eine Kombination mehrerer diagnostischer Methoden bewährt. Bedenkt man, daß die Diagnostik die Basis für die anschließende Behandlung stellt, ist eine sorgfältige und ausgewogene

Vorgehensweise essentiell für die erfolgreiche Behandlung. Im folgenden soll das diagnostische Vorgehen vorgestellt werden.

23.3.1
Allgemeiner Eindruck (Erstgespräch)

Im 1. Gespräch mit Eltern und Kind geht es darum, einen Überblick über den Behandlungsanlaß zu gewinnen. Meist wird dieses Gespräch gemeinsam mit dem Kind und einem Elternteil, üblicherweise der Mutter, durchgeführt. Neben der Klärung des Behandlungsanlasses ist es Ziel des Erstgesprächs, eine therapeutische Beziehung zum Kind und zu den Eltern aufzubauen. Dies gelingt am besten, wenn der Therapeut Verständnis für die Probleme des Kindes zeigt und versucht (so weit es geht), Eltern und Kind zu entlasten und ihnen zu verstehen gibt, daß ihre Probleme ihm vertraut sind. Das Gespräch sollte damit abschließen, daß Eltern und Kind über das weitere diagnostische und therapeutische Vorgehen aufgeklärt werden.

23.3.2
Medizinische Untersuchung

Eine sorgfältige Diagnostik beinhaltet immer den Ausschluß bzw. die Beachtung organischer Faktoren für die Entstehung und Aufrechterhaltung der Beschwerden des Kindes oder des Jugendlichen. Daher sollte in jedem Fall vor Beginn einer psychotherapeutischen Behandlung eine medizinische Differentialdiagnostik durch den zuständigen Kinderarzt oder Facharzt erfolgen. Das Übersehen körperlicher Ursachen, z. B. bei der Enuresis, kann große Frustrationen für das Kind und seine Angehörigen bedeuten, wenn das Kind möglicherweise über Monate ohne Erfolg psychotherapeutisch behandelt wird. Gleichzeitig bedeutet aber das Vorliegen organischer Faktoren nicht immer sofort den Ausschluß einer psychotherapeutischen Behandlung. Auch bei der Beteiligung organischer Faktoren kann es sehr sinnvoll sein, psychotherapeutische Interventionen durchzuführen. Hier sollte jedoch eine enge Kooperation und Absprache mit dem zuständigen Arzt des Kindes erfolgen.

23.3.3
Feststellen der psychopathologischen Diagnose

Strukturierte Interviews

Für die Bestimmung der spezifischen Diagnose des Kindes oder Jugendlichen schlagen wir die Verwendung strukturierter Interviews vor.

Strukturierte Interviews setzten sich zunehmend in der Diagnostik psychischer Störungen bei Kindern und Jugendlichen durch. Hierbei werden anhand vorgegebener Interviewleitfäden sowohl vom Kind als auch von den Eltern und wenn möglich auch von weiteren Bezugspersonen des Kindes (Lehrer, Erzieher) systematisch Informationen über das Vorliegen bestimmter psychischer Störungsbilder erfaßt.

Lange Zeit ging man davon aus, daß die Kinder und Jugendlichen selbst aufgrund ihres kognitiven Entwicklungsstandes nicht in der Lage seien, sich direkt und verläßlich zu eigenen Verhaltensweisen, Gedanken und Gefühlen zu äußern. Neue Studien, die die Anwendung strukturierter Interviews bei Kindern und Jugendlichen untersuchten, zeigen jedoch, daß durch die direkte Befragung des Kindes auf ökonomische Weise wertvolle und v. a. auch reliable Informationen gewonnen werden können (Unnewehr, 1995).

Für den deutschen Sprachraum liegen bislang 2 strukturierte Interviews vor: das »Mannheimer Elterninterview« (MEI, Esser et al., 1989) und das »Diagnostische Interview bei psychischen Störungen im Kindes- und Jugendalter« (Kinder-DIPS, Unnewehr et al., 1995), wobei allerdings nur das Kinder-DIPS aus einer Elternversion und einer parallelen Kinderversion besteht. Eine genauere Beschreibung des Kinder-DIPS findet sich in Kap. 10, Band 1.

Neben der Bestimmung der spezifischen Diagnose des Kindes ist es sinnvoll, die Funktionsfähigkeit des Kindes unabhängig von seiner psychischen Störung einzuschätzen. Die *psychopathologische Untersuchung* bei Kindern und Jugendlichen ist in erster Linie an den Defiziten des Kindes orientiert. Die Verhaltens- bzw. Lebensbereiche, in denen das Kind gut funktioniert, werden dabei so gut wie gar nicht berücksichtigt. Die Beachtung dieser Informationen kann jedoch für die Therapieplanung äußerst wertvoll sein, da hierdurch auf Ressourcen des Kindes hingewiesen wird, die für die Therapie genutzt werden können.

Marcus et al. (1993) entwickelten eine 5dimensionale Skala zur Einschätzung der Funktionsfähigkeit des Kindes unabhängig von seiner psychischen Störung. Die Skala enthält die Dimensionen

- »Funktion in der Familie«,
- »erbrachte Leistungen«,
- »Peerbeziehungen«,
- »Interessen und Freizeitbeschäftigung« und
- »Autonomie«.

Die einzelnen Dimensionen sind jeweils 7stufig angelegt, und für jede der 7 Stufen sind Beschreibungen beigefügt, die das für diese Stufe geforderte Funktionsniveau beschreiben.

Fragebögen

Die dimensionale Erfassung des Problemverhaltens ist sinnvoll, um insbesondere kleinere Veränderungen im Therapieverlauf abbilden zu können. Daneben erlauben spezielle klinische Fragebögen eine effiziente und reliable Erfassung von Verhaltensauffälligkeiten. Aufgrund der bereits beschriebenen Diskrepanz von Eltern- vs. Kinderangaben ist es auch bei der Verwendung von Fragebögen sinnvoll, sowohl dem Kind als auch den Eltern Fragebögen vorzugeben. In Kap. 12, Band 1, sind allgemeine und störungsspezifische Fragebögen zur Erfassung psychischer Störungen des Kindes- und Jugendalters für Eltern und Kinder aufgeführt.

23.3.4
Analyse des Problemverhaltens

Bei diesem Schritt geht es darum, die konkreten aufrechterhaltenden Bedingungen für das Problemverhalten des Kindes zu explorieren. Neben der Exploration im Gespräch sind Selbstbeobachtungsmethoden, Verhaltensbeobachtungen sowie familiendiagnostische Maßnahmen gute Hilfsmittel für die sorgfältige Erhebung dieser Informationen.

Selbstbeobachtungsmethoden

Noch wenig etabliert sind Selbstbeobachtungsmethoden für die Diagnostik psychischer Störungen bei Kindern und Jugendlichen. Insbesondere bei älteren Kindern und Jugendlichen können z. B. Tagebücher zur Erfassung des aktuellen Problemverhaltens ein wichtiges Hilfsmittel über die gesamte Dauer der Therapie sein (vgl. Band 1,

Kap. 12). Sie schulen zum einen das Kind in der genauen Beobachtung seiner Verhaltens- bzw. psychischen Probleme und erlauben zudem eine kontinuierliche Kontrolle des Therapiefortschritts. Je nach Art der Störung werden in den Tagebüchern unterschiedliche Informationen erfaßt. Bei Kindern mit depressiven Störungen etwa ist es sinnvoll, anhand des Tagebuchs regelmäßig über den Tag Stimmungsratings zu erheben sowie die Gedanken, Aktivitäten und Schlafzeiten des Kindes zu erfassen. Bislang liegen jedoch für Kinder und Jugendliche so gut wie keine standardisierten Verfahren vor, die insbesondere diagnostische Informationen erfassen oder den Therapieerfolg messen. Die wenigen bisher entwickelten Selbstbeobachtungsverfahren dienen vielmehr dazu, durch die Beobachtung und Bewertung von Verhaltensweisen das Verhalten zu verändern. Beispiele hierfür sind für aggressives und sozial unsicheres Verhalten bei Petermann & Petermann (1994 a, b) zu finden.

Verhaltensbeobachtungen

Verhaltensbeobachtungen können ebenfalls Aufschluß über die aufrechterhaltenden Bedingungen der psychischen Störungen geben, daneben erlauben sie eine Validierung der von dem Kind und den Eltern berichteten Verhaltensauffälligkeiten. Bei den Verhaltensbeobachtungen kann zwischen systematischer und unsystematischer Erhebung unterschieden werden. Zu den *unsystematischen Verhaltensbeobachtungen* zählen mehr oder weniger zufällige Beobachtungen, die während der Exploration mit dem Kind oder während einer beobachteten Interaktion von Eltern und Kind gemacht werden. Auch wenn solche Beobachtungen manchmal sehr hilfreich sein können, muß berücksichtigt werden, daß diese Beobachtungen nicht repräsentativ sind. Bei der *systematischen Verhaltensbeobachtung* werden bestimmte Verhaltensweisen ausführlich und unter Zuhilfenahme vorher entworfener Hilfsinstrumente (z. B. Beobachtungsskalen) ausführlich beschrieben. Häufig sind diese Beobachtungssysteme sehr spezifisch.

Ein Beispiel hierfür ist der »Behavioral Avoidance Test« (BAT, Lang & Lazovik, 1963), der speziell für die Beobachtung phobischer Verhaltensweisen geeignet ist. Typischerweise wird hierzu das Kind in einen Raum mit dem phobischen Stimulus geführt. Es werden nun verschiedene Verhaltensaspekte des Kindes beobachtet:

- die Zeitdauer, die das Kind in der Nähe des phobischen Stimulus verbringt,
- der räumliche Abstand, den das Kind zum phobischen Stimulus hält,
- Anzahl und Latenz des Annäherungsverhaltens.

Familiendiagnostik

Die Familiendiagnostik bietet zusätzlich zur kindbezogenen Diagnostik die Möglichkeit abzuklären, ob und in welcher Weise die Symptomatik des Kindes oder Jugendlichen mit familiären Interaktions- und Beziehungsformen zusammenhängt. Mit Hilfe von Fragebögen, Interviews und Beobachtungsmethoden wird versucht, die Interaktionen des Patienten mit seinen nächsten Bezugspersonen zu objektivieren. Mattejat und Scholz (1994) entwickelten mit dem »subjektiven Familienbild« eine familiendiagnostische Methode, die die intrafamiliären Beziehungen nach den Aspekten der emotionalen Verbundenheit und der individuellen Autonomie beschreibt. Dieses Verfahren wird mit den einzelnen Familienmitgliedern durchgeführt.

Neben der Familiendiagnostik mit einzelnen Familienmitgliedern ist die bedeutsamste familiendiagnostische Methode das gemeinsame *Familiengespräch*. Hier werden sowohl diagnostische Aspekte erfaßt als auch Weichen für die Therapie gestellt. Eine ganz zentrale Aufgabe des Therapeuten ist es hierbei, die Familie zur Therapie zu motivieren. Zusätzlich zum Familiengespräch können den Familien gemeinsame Aufgaben gegeben werden, die vom Therapeuten beobachtet werden. Zum Beispiel können Familien mit anorektischen Kindern oder Jugendlichen gebeten werden, gemeinsam zu essen. Diese Beobachtung ermöglicht in der Regel wertvolle Hinweise für die Therapieplanung.

23.4
Aufmerksamkeits- und Hyperaktivitätsstörung

23.4.1
Klinische Beschreibung

Häufige Unaufmerksamkeit, übermäßige körperliche Aktivität (Hyperaktivität) oder Impulsivität sind die zentralen Merkmale der Aufmerksamkeits- und Hyperaktivitätsstörung. Sie gehören zu den häufigsten Beschwerden, wegen derer sich Eltern mit ihren Kindern an Erziehungsberatungsstellen, schulpsychologische Dienste etc. wenden.

Die *Unaufmerksamkeit* äußert sich u. a. in

- Sorgfaltsfehlern,
- leichter Ablenkbarkeit,
- nicht zuhören,
- häufiger und abrupter Wechsel von Spielaktivitäten sowie
- Schwierigkeiten, begonnene Aufgaben zu Ende zu führen bzw. zielgerichtet und organisiert zu bewältigen.

Die *Hyperaktivität* drückt sich aus in

- ständiger motorischer Unruhe (wie nicht stillsitzen können),
- Zappeln,
- übermäßigem Herumtoben oder Reden,
- durch das Klassenzimmer rennen etc.

Mit *Impulsivität* werden v. a. die vorschnellen und unüberlegten Verhaltensausbrüche der Kinder umschrieben.

In den Klassifikationssystemen DSM-IV und ICD-10 wird vorgegeben, daß diese Symptome

- über mindestens 6 Monate anhalten,
- in mehreren Situationen (z.B. Schule, Familie, Gleichaltrige) auftreten,
- zu einer deutlichen Beeinträchtigung der Funktionsfähigkeit des Kindes führen und
- zumindest einige der Symptome bereits vor dem 7. Lebensjahr begonnen haben müssen.

Weitere Merkmale

Neben der Kernsymptomatik treten eine Reihe weiterer Symptome auf, die mit dem Alter und der Entwicklungsphase des Kindes variieren. Dazu gehören geringe Frustrationstoleranz, Wutausbrüche, Rechthaberei, aktives Widersetzen gegenüber Anweisungen und Regeln. Gegenüber Gleichaltrigen verhalten sich Kinder mit Aufmerksamkeits- und Hyperaktivitätsstörung aufdringlich bzw. kaspernd-albern und hindern die anderen am Spiel. Insgesamt haben sie Schwierigkeiten, ihr Sozialverhalten den situativen Anforderungen und Rollenerwartungen anzupassen. Entsprechend werden diese Kinder häufig von Gleichaltrigen abgelehnt. Mehrere Studien beobachten außerdem eine verminderte Intelligenzleistung, Schulleistungsdefizite und emotionale Auffälligkeiten wie mangelndes Selbstbewußtsein, soziale Unsicherheit, Ängste und de-

Tabelle 23.4. Entwicklungsbezogene Merkmale der Aufmerksamkeits- und Hyperaktivitätsstörung

Altersphasen	charakteristische Merkmale
Frühe Kindheit	• Sehr häufiges Weinen • Schlafstörungen; unruhiger Schlaf • Überaktivierung • Schwer zu beruhigen
Vorschulalter	• Unaufmerksamkeit • Überaktivierung • Temperamentvoll; leicht erregbar • Schlechtes Benehmen/Aggression • Ablehnung durch Gleichaltrige
Grundschulalter	• Überaktivierung • Impulsivität • Unaufmerksamkeit • Herumzappeln • Schlechte Schulleistungen • Geringes Selbstwertgefühl • Leicht erniedrigter IQ im Vergleich zum Altersdurchschnitt, unterschiedliche Werte in Intelligenzsubtests
Jugendalter	• Motorische Schwerfälligkeit • Unorganisiertheit • Ruhelosigkeit • Schlechte Noten • Sitzenbleiben • Rebellisches Benehmen • Lernschwierigkeiten • Lügen; herausfordernd • Alkoholgebrauch
Junges Erwachsenenalter	• Ruhelosigkeit, schlechte Konzentration, Impulsivität • Autounfälle und Motorradunfälle • Alkoholmißbrauch • antisoziale Persönlichkeit • geringes Selbstwertgefühl • emotionale Probleme/Verhaltensauffälligkeiten

Aus Wilson, G. T., O'Leary, K. D. & Nathan, P. (1992). Abnormal Psychology, Chap. 12: Childhood Disorders (305). New Jersey: Prentice Hall, Englewood Cliffs (Übersetzung durch die Verfasserin).

pressive Befindlichkeit (Döpfner, 1995). Tabelle 23.4 gibt einen Überblick charakteristischer Merkmale von Kindern mit Aufmerksamkeits- und Hyperaktivitätsstörung nach Altersphasen unterteilt. Jungen sind von der Störung deutlich häufiger betroffen als Mädchen, wobei die Jungen-Mädchen-Relation zwischen 4:1 bis 9:1 liegt.

Die folgende Falldarstellung gibt das Störungsbild der Aufmerksamkeits- und Hyperaktivitätsstörung aus der Sicht eines davon betroffenen Jungen wieder.

Fallbeispiel

Ralf, 12 Jahre alt, geht seit einem Jahr auf das Gymnasium. Er lebt bei seiner leiblichen Mutter und einem Stiefvater und hat einen 9jährigen Bruder. Ralf beschreibt sich als sehr vergeßlich und schußlig, wodurch er häufiger Probleme in der Schule und mit seinen Eltern bekommt. Neulich hatte ihm sein Vater aufgetragen, Milch einkaufen zu gehen. Als er dann im Supermarkt stand, hatte er schon wieder vergessen, warum er eigentlich hier war. So etwas passiere ihm öfter. Besonders in der Schule fällt es ihm schwer, aufmerksam zu sein und sich zu konzentrieren. Er hat große Schwierigkeiten, im Unterricht seinen Lehrern länger zuzuhören. Seine Schulaufgaben bringt er so gut wie nie zu Ende, und auch beim Spiel kann er nicht bei einer Sache bleiben. Ralf berichtet, daß er in den letzten 2 Wochen 2mal seinen Sportbeutel samt Turnschuhen und Turnkleidung verloren hat. Dies habe ihm großen Ärger mit seiner Mutter eingehandelt. Motorisch, so erzählt der Junge, sei er sehr unruhig und zappele ständig mit Händen und Füßen herum. Er wird ständig ermahnt, stillzusitzen und sich doch endlich einmal ruhig zu beschäftigen. Das fällt ihm aber gerade sehr schwer. Seine Lehrer, so berichtet Ralf, bezeichneten ihn häufig als »Quasselstrippe« und ermahnten ihn zur Ruhe. Begonnen habe dieses Verhalten im Alter von 3–4 Jahren. Mit Schulbeginn haben sich die Probleme verstärkt.

Verlauf

Die Aufmerksamkeits- und Hyperaktivitätsstörung wird meist erst mit dem Schulbeginn diagnostiziert, da im Kontext der Schule und den damit verbundenen Anforderungen an das Kind die Verhaltensprobleme erst richtig in den Vordergrund treten. Erste Auffälligkeiten sind jedoch meist schon im Vorschulalter zu beobachten.

> Für den *Verlauf* im Kindes- und Jugendalter ergeben Längsschnittstudien, daß ca. 25% bis 50% der Kinder mit Aufmerksamkeits- und Hyperaktivitätsstörung mit zunehmendem Alter die Störung verlieren, während bei dem anderen Teil der betroffenen Kinder von einer Persistenz bis in das Erwachsenenalter ausgegangen werden muß.

Dabei geht ein beträchtlicher Teil in dissoziale und delinquente Entwicklungsverläufe über (Steinhausen, 1995).

23.4.2 Erklärungsansätze

> Bezüglich der Aufmerksamkeits- und Hyperaktivitätsstörung wird nach dem gegenwärtigen Forschungsstand von einem multifaktoriellen Geschehen ausgegangen, bei dem biologische und konstitutionelle Merkmale eine entscheidende Rolle in der Genese der Störung spielen und psychosoziale Faktoren den Verlauf der Störung wesentlich bestimmen (Döpfner, 1995).

Die ursprüngliche Annahme, daß Kinder mit einer Aufmerksamkeits- und Hyperaktivitätsstörung eine strukturell bedingte Störung der Hirnfunktion aufweisen (minimale zerebrale Dysfunktion, MCD), kann durch die jüngere Forschung nicht bestätigt werden (vgl. Esser & Schmidt, 1987). Auch die Vermutung Feingolds (1975), daß bei Kindern mit Aufmerksamkeits- und Hyperaktivitätsstörung allergische Reaktionen auf bestimmte synthetische Nahrungsmittelzusätze (z.B. Farbstoffe) vorliegen und die Kinder durch entsprechende diätische Behandlung geheilt werden, konnte in gut kontrollierten Studien bisher nicht bestätigt werden. Nichtsdestotrotz verspricht die Untersuchung der Beziehung von Nahrungsmittelallergien und Aufmerksamkeits- und Hyperaktivitätsstörung einen interessanten Erklärungsansatz, der weiterer Forschung bedarf.

In den letzten Jahren wird zunehmend die Frage nach der Einflußnahme von psychosozialen Risikofaktoren insbesondere auf den Verlauf der Aufmerksamkeits- und Hyperaktivitätsstörung untersucht. Als primäre Ursache wurden sie vergleichsweise selten untersucht. Diese neueren Forschungsarbeiten weisen insbesondere auf die Bedeutung der Eltern-Kind-Interaktion und familiärer Bedingungen hin (z.B. elterliche Psychopathologie, Güte der elterlichen Partnerbeziehung, elterlicher Erziehungsstil), die sich ungünstig auf den Verlauf der Störung auswirken.

Mehrere integrative Erklärungsansätze existieren, die entweder interne Prozesse (Douglas, 1980) oder externe Bedingungen (Barkley, 1989) als zentral für die Aufrechterhaltung der Aufmerksamkeits- und Hyperaktivitätsstörung ansehen. Douglas' Störungsmodell nimmt an, daß eine Störung der Aufmerksamkeit und Selbstregulation bei dem Kind auf verschiedenen Ebenen vorliegt. Demnach gelingt es dem Kind nicht, sich physiologisch, verhaltensmäßig und kognitiv an die verschiedenen situativen Anforderungen anzupassen.

Barkley hingegen postuliert eine Störung in der Beziehung von Umweltereignissen (Hinweisreizen, Regeln, Konsequenzen) und dem Verhalten. So verfügen diesem Modell nach die Kinder über eine verminderte Verhaltenskontrolle durch diskriminative Reize und Regeln (z. B. Anweisungen, Instruktionen), die v. a. bei verzögerter, partieller oder minimaler Verstärkung des Verhaltens auftreten. Beide Modelle haben Auswirkungen auf die Therapieplanung und legen entsprechend unterschiedliche Schwerpunkte. Douglas' Behandlungsprogramm ist auf das Kind zentriert und fokussiert den Aufbau von Selbstregulationsprozessen beim Kind. Im Unterschied zu dieser kognitiven Vorgehensweise legt Barkley den Behandlungsschwerpunkt auf die Verbesserung der Verhaltenskontrolle des Kindes. Sein Ansatz ist entsprechend familienzentriert und baut in erster Linie auf operanten Methoden auf.

23.4.3
Therapie der Aufmerksamkeits- und Hyperaktivitätsstörung

Die Behandlung der Aufmerksamkeits- und Hyperaktivitätsstörung erfordert in der Regel eine multimodale, individuell angepaßte und langfristige Behandlung.

Die Richtlinien für die Behandlung der »American Academy of Child and Adolescent Psychiatry« (1991) empfehlen einen multimodalen Ansatz, der eine Kombination aus Psychotherapie, psychosozialen Interventionen und Pharmakotherapie umfaßt. Die Aufklärung und Beratung der wichtigsten Bezugspersonen (Eltern, Großeltern, Lehrer etc.) und des Kindes über Symptomatik, Verlauf und Prognose der Störung ist ein essentieller Bestandteil der Behandlungsempfehlung. Für die Reduktion der Kernsymptomatik werden Verhaltens- und/oder Pharmakotherapie empfohlen. Treten Störungen in den Eltern-Kind-Interaktionen auf, werden familientherapeutische und hier v. a. verhaltenstherapeutische Ansätze empfohlen.

Döpfner (1995) gibt in Form eines Entscheidungsbaums Empfehlungen, wann welcher Behandlungsansatz zur Anwendung kommen sollte.

Ritalin: Ein Kunstfehler?

Die deutlichsten Behandlungseffekte für Kinder mit Aufmerksamkeits- und Hyperaktivitätsstörung können mit Psychostimulantien (Methylphenidat, Handelsname »Ritalin«) beobachtet werden. Dieses Medikament führt innerhalb kurzer Zeit (eine Stunde) zu einer verbesserten Aufmerksamkeitsspanne und Kontrolle der Feinmotorik, die für andere (Lehrer, Eltern, Klassenkameraden) deutlich beobachtbar ist. Die Wirkung hält etwa 2–4 Stunden auf einem hohen Niveau an und nimmt dann kontinuierlich ab. Das Medikament wird insbesondere zur Überbrückung der Verhaltensprobleme während des Unterrichts angewandt. Je nach Studie sprechen bis zu 70% der Kinder über 5 Jahre auf Psychostimulantien an (Barkley, 1990). Die häufigsten *Nebenwirkungen* sind Durchschlafstörungen und ein verminderter Appetit. Seltener sind dagegen Kopfschmerzen, Schwindel, Übelkeit, vegetative Nebenwirkungen wie Tachykardie und psychische Symptome wie Ängstlichkeit, Depressivität oder auch Aggressivität. Eine bedeutende Nebenwirkung ist die Wachstumsverzögerung, entsprechend muß das Wachstum während der Behandlung kontrolliert werden. Ganz selten treten motorische oder vokale Tics auf. *Kontraindikation* besteht bei Ticstörungen, Anfallsleiden und wenn begründeter Verdacht des Medikamentenmißbrauchs im Umfeld des Kindes besteht. Während die kurzfristige Effektivität von Ritalin in zahlreichen Studien nachgewiesen wurde, steht der Nachweis für die langfristige Wirksamkeit noch aus. Aufgrund der gut belegten kurzfristigen Wirksamkeit gibt Döpfner (1995, S. 188) zu bedenken: »Das Nichtbeachten medikamentöser Interventionsmöglichkeiten grenzt nach den vorliegenden empirischen Befunden an einen Kunstfehler, wenn alternative Therapien sich nicht als erfolgreich erweisen«. Doch allzu großer Optimismus darf mit der Ritalinbehandlung nicht verbunden werden. So sind die schulischen Leistungen und das Sozialverhalten der Kinder auch mit Ritalin noch immer auffällig. Die Wirksamkeit ist nur kurzfristig belegt, was entsprechend bedeutet, daß Ritalin langfristig gegeben werden muß. Es liegen aber bislang keine systematischen Studien vor, die die Effektivität und Nebenwirkungen bei einer langfristigen Gabe prüfen. Eine medikamentöse Behandlung sollte entsprechend nur erwogen werden, wenn psychotherapeutische oder psychosoziale Interventionen nicht erfolgreich sind und/oder die Beschulung unmittelbar bedroht ist. In jedem Fall kann auf dem momentanen Forschungsstand die Ritalinbehandlung nur als kurzfristig wirksamer Behandlungsansatz betrachtet werden. Für die Stabilisierung der Erfolge sind psychotherapeutische Interventionen notwendig.

Kognitive und verhaltenstherapeutische Behandlungsansätze

Bei den kognitiven und verhaltenstherapeutischen Behandlungsansätzen kann zwischen kindzentrierten und familienzentrierten Behandlungsansätzen unterschieden werden.

Zu den wichtigsten *kindzentrierten* Behandlungsansätzen gehören Selbstinstruktionstrainings. Ziel dieser Trainings ist es, die Selbstregulationsfähigkeiten und Problemlösestrategien des Kindes zu verbessern und es dadurch zu einer besseren Verhaltenssteuerung zu befähigen.

Ein umfassendes Training für den deutschen Sprachraum legen Lauth & Schlottke (1997) vor. Das Training umfaßt 4 Therapiebausteine, die individuell je nach Störungsschwerpunkt für das Kind zusammengestellt werden. Die einzelnen Therapiebausteine mit den jeweiligen Zielen und therapeutischen Techniken sind in Tabelle 23.5 dargestellt.

Neben den in Tabelle 23.5 vorgesehenen Therapiebausteinen beinhaltet das Trainingsprogramm von Lauth & Schlottke auch Hinweise für die Zusammenarbeit mit Lehrern. Hier geht es v.a. darum, den Lehrer als Partner für die Entwicklungsförderung des Kindes zu gewinnen, indem den Lehrern ebenfalls Wissen über das Störungsbild vermittelt wird und über den Verlauf der Therapie regelmäßiger Kontakt besteht. Die Evaluierung der Therapiebausteine Basis- und Strategietraining zeigt in sämtlichen Kennwerten eine Überlegenheit des Trainings im Vergleich zur Kontrollgruppe. So verbesserte sich das Testverhalten sowie das Alltagsverhalten der Kinder, das häufig Anlaß für Beschwerden der Eltern und Lehrer war, und es wurden von Eltern und Lehrern Entwicklungsfortschritte beobachtet (Lauth & Schlottke, 1993).

Eltern- oder familienzentrierte Ansätze haben zum Ziel, kritische familiäre Interaktionen, die mit der Aufmerksamkeits- und Hyperaktivitätsstörung des Kindes zusammenhängen, positiv zu beeinflussen.

Ein verhaltenstherapeutischer *familienzentrierter* Ansatz zur Behandlung der Aufmerksamkeits- und Hyperaktivitätsstörung im deutschsprachigen Raum wird von Döpfner et al. (1997) vorgestellt. Dieses Behandlungsprogramm baut auf dem Störungsmodell von Barkley auf und setzt im Unterschied zu dem Selbstinstruktionstraining von Lauth & Schlottke in erster Linie an externen aufrechterhaltenden Bedingungen der Aufmerksam-

Tabelle 23.5. Therapiebausteine des Selbstinstruktionstrainings. (Nach Lauth & Schlottke, 1995)

Therapiebausteine	Ziele	Therapeutische Techniken
Basistraining	• Vermittlung von Wissen über Aufmerksamkeitsstörungen • Einüben prinzipieller Basisfertigkeiten (genau hinschauen und zuhören, Wahrgenommenes genau wiedergeben) • Einüben verbaler und imaginativer Reaktionskontrolle • Einüben von verbalen Selbstanweisungen zur Steuerung des Aufmerksamkeitsverhaltens	• Operante Verstärkung • Diskussion und Gespräche mit Kindern • Modelldemonstrationen • Übungsphasen • Spielphasen
Strategietraining	• Erkennen von Zielen und Merkmalen der Problem- oder Aufgabensituation • Vorausschauende Handlungsplanung unter Verwendung von Problemlösestrategien • Verwendung von Selbstinstruktionen zur Verhaltenssteuerung • Erwerb von Strategien zum Umgang mit Ablenkungen	• Kognitives Modellieren • Instruktionslernen • Generalisierung
Elternanleitung	• Vermittlung von Wissen über Aufmerksamkeitsstörungen • Erwerb von unterstützendem Verhalten in Problemsituationen mit dem Kind • Veränderung des Erziehungsverhaltens	
Wissensvermittlung	• Vermittlung von Lernstrategien (Transfer des Strategietrainings auf schulrelevante Aufgaben)	

keits- und Hyperaktivitätsstörung an (z.B. kontinuierliche und sofortige Verstärkung erwünschten Verhaltens). Ziel des Trainings ist es, Veränderungen der alltäglichen Eltern-Kind-Interaktionen zu erreichen, die als notwendige Voraussetzung für eine umfassende Verminderung der Verhaltensprobleme des Kindes gelten. Ähnlich wie bei Lauth & Schlottke besteht das Elterntraining aus mehreren Bausteinen, die nach einer ausführlichen Diagnostik individuell auf das Kind und die Familie zugeschnitten werden. Im folgenden wird ein Überblick über die Inhalte des Elterntrainings von Döpfner et al. gegeben:

- Entwicklung eines gemeinsamen Störungskonzeptes,
- Förderung positiver Spielinteraktionen und positiver Beziehungsanteile,
- Förderung der Zuwendung der Eltern bei positiven Verhaltensansätzen des Kindes,
- Anwendung von Token- (Münzverstärkungsprogramm) und Response-cost-Systemen (Münzentzugsprogramm),
- negative Konsequenzen bei problematischem Verhalten (Auszeiten) sowie
- Umgang mit problematischem Verhalten in der Öffentlichkeit.

Die kontrollierte Evaluierung des von Döpfner et al. entwickelten Elterntrainings steht noch aus. Jedoch weisen Studien, die ähnliche Elterntrainings bei oppositionellen und aggressiven Kindern prüften, auf stabile Therapieeffekte bis zu 4-6 Jahre nach Behandlungsende hin (Döpfner & Lehmkuhl, 1995).

> Von der Aufmerksamkeits- und Hyperaktivitätsstörung sind Jungen weitaus häufiger betroffen als Mädchen. Bis zu 50% der Aufmerksamkeits- und Hyperaktivitätsstörungen nehmen einen chronischen Verlauf. Die Behandlung erfordert in der Regel ein multimodales Vorgehen, bei dem je nach vorliegender Symptomatik neben einer kognitiven Therapie des Kindes auch verhaltenstherapeutische Behandlungen der Familie zur Anwendung kommen. Verhelfen diese Behandlungsansätze nicht zu Erfolgen, sollte eine Ritalinbehandlung in Erwägung gezogen werden.

23.5
Expansive Verhaltensstörungen

Mit dem Begriff der expansiven Verhaltensstörungen werden die Störung mit oppositionellem Trotzverhalten und Störung des Sozialverhaltens zusammengefaßt. Das klinische Erscheinungsbild dieser beiden Störungen wird zunächst getrennt voneinander vorgestellt. Aufgrund der großen Überschneidungen der beiden Störungsbilder werden die Erklärungsansätze und Behandlungsmöglichkeiten für die beiden Störungen gemeinsam beschrieben.

23.5.1
Klinische Beschreibung

Störung mit oppositionellem Trotzverhalten
Alle Kinder sind manchmal trotzig oder widersetzen sich den Anweisungen Erwachsener.

> Kinder mit einer Störung mit oppositionellem Trotzverhalten zeigen jedoch ein anhaltendes Verhaltensmuster von ablehnendem, trotzigem, ungehorsamem und feindseligem Verhalten gegenüber anderen Menschen, das deutlich ausgeprägter ist als bei gleichaltrigen Kindern und zu Problemen mit anderen führt. Häufig ist es so, daß diese Verhaltensweisen nur bei vertrauten Personen auftreten (z.B. bei den Eltern) und in der Schule oder auch in der diagnostischen Untersuchungssituation keinerlei Auffälligkeiten zu beobachten sind.

Bei Jungen finden sich meist bereits im Vorschulalter Verhaltensauffälligkeiten, wie sich widersetzendes Verhalten, schwere Beruhigung oder übermäßige motorische Aktivität. Während der Schulzeit fallen die Kinder durch geringes Selbstbewußtsein, Stimmungsschwankungen, geringe Frustrationstoleranz oder frühzeitigen Gebrauch von Alkohol, Tabak oder illegalen Drogen auf. Häufig liegt gleichzeitig eine Aufmerksamkeits- und Hyperaktivitätsstörung vor. Lern- und Kommunikationsstörungen scheinen ebenfalls gehäuft mit oppositionellem Trotzverhalten aufzutreten.

Die Störung mit oppositionellem Trotzverhalten beginnt meist vor dem 8. Lebensjahr und nicht später als in der frühen Adoleszenz. Der Beginn ist schleichend über mehrere Monate oder Jahre. Erste Verhaltensauffälligkeiten treten häufig im familiären Kontext auf und weiten sich erst im späteren Verlauf auf weitere Bereiche aus. Bei einer Subgruppe von Fällen geht das Störungsbild über in die Störung des Sozialverhaltens.

Störung des Sozialverhaltens

Im Unterschied zu Kindern mit oppositionellem Trotzverhalten verletzen Kinder mit einer Störung des Sozialverhaltens gesellschaftliche Normen oder die Rechte anderer Personen. Es treten wiederholt aggressive und delinquente Verhaltensweisen auf (z.B. andere prügeln, stehlen, Tiere quälen), die entweder alleine oder in einer Gruppe ausgeführt werden. Die Verhaltensauffälligkeiten zeigen sich in verschiedenen Kontexten, d.h. zu Hause, in der Schule, mit Gleichaltrigen und in der sonstigen Umgebung der Kinder und Jugendlichen. Es kommt entsprechend zu Konflikten und Beeinträchtigungen in diesen Bereichen.

Kinder oder Jugendliche mit einer Störung des Sozialverhaltens verfügen über wenig Empathie und geringes Einfühlungsvermögen für die Gefühle, Wünsche oder das Wohlbefinden anderer. Empirische Untersuchungen zeigen, daß in uneindeutigen Situationen diese Kinder oder Jugendlichen die Absichten anderer Personen häufiger als feindselig und gefährlich bewerten, als dies tatsächlich der Fall ist. In der Folge reagieren sie mit aggressivem Verhalten, das sie für begründet und gerechtfertigt halten. Auch ein Mangel an Schuldgefühlen oder Gewissensbissen ist oft zu beobachten. Ähnlich wie bei der Störung mit oppositionellem Trotzverhalten sind weitere Merkmale dieses Störungsbildes:

- geringe Frustrationstoleranz,
- Reizbarkeit,
- Wutausbrüche oder
- Rücksichtslosigkeit.

Weiterhin findet sich gehäuft ein früher Beginn sexueller Verhaltensweisen, Alkoholkonsum, Rauchen, Gebrauch von Drogen und rücksichtsloses oder risikoreiches Verhalten. Häufige Folgeerscheinungen sind:

- Schulausweisung,
- juristische Auseinandersetzungen,
- ungeplante Schwangerschaften,
- Körperverletzungen infolge von Schlägereien oder Unfällen,
- Suizidgedanken und -versuche treten ebenfalls gehäuft auf.

Viele Kinder oder Jugendliche mit diesem Störungsbild zeigen weitere psychische Störungen, v.a. Angststörungen, depressive Störungen und substanzbezogene Störungen (z.B. Alkohol- und Drogenmißbrauch). Die Störung kann auch noch im Erwachsenenalter diagnostiziert werden (d.h. ab dem 18. Lebensjahr), aber nur dann, wenn die Kriterien für eine dissoziale Persönlichkeitsstörung nicht erfüllt sind.

Die Störung des Sozialverhaltens geht häufig in eine dissoziale Persönlichkeitsstörung über. Insbesondere männliche Erwachsene, die in ihrer Kindheit die Kriterien für eine Störung des Sozialverhaltens erfüllt haben, entwickeln eine dissoziale Persönlichkeitsstörung. Obwohl die spezielle Ausformung aggressiven Verhaltens sich über die Zeit verändern kann, ist Aggression nach der Intelligenz das stabilste Merkmal des Menschen. Tabelle 23.6 zeigt die charakteristischen Merkmale psychischer Störungen, die mit Trotz und Aggression verbunden sind, über die verschiedenen Altersgruppen hinweg. Jungen weisen expansive Verhaltensstörungen deutlich häufiger auf als Mädchen. Lediglich bei der Störung mit oppositionellem Trotzverhalten sind nach der Pubertät Jungen und Mädchen gleich häufig davon betroffen.

Das folgende Fallbeispiel beschreibt die Verhaltensauffälligkeiten eines Jungen mit einer Störung des Sozialverhaltens.

Tabelle 23.6. Psychische Störungen, die mit Trotz und Aggression assoziiert sind

Störungen	Charakteristische Merkmale
Störung mit oppositionellem Trotzverhalten (typischerweise im Kindesalter)	- verliert Nerven/sehr reizbar - widersetzt sich Erwachsenen/streitet sich mit Erwachsenen - ärgert andere absichtlich/ist nachtragend oft beleidigt/schiebt anderen Schuld zu
Störung des Sozialverhaltens (typischerweise im Jugendalter)	- Anwendung körperlicher Gewalt absichtliche Zerstörung von Eigentum anderer - Einbruch/Stehlen/Lügen - Weglaufen von zu Hause/Schuleschwänzen - (Bei älteren Jugendlichen: unbegründetes Fehlen bei der Arbeit)
Dissoziale Persönlichkeitsstörung (ab dem 18. Lebensjahr)	- dissoziales Verhalten seit dem 15. Lebensjahr - Reizbarkeit/Aggressivität - Durchführung strafbarer Handlungen - hinterlistig/gewissenlos - anhaltende Verantwortungslosigkeit

Aus: 4. Auflage des Diagnostischen und Statistischen Manuals psychischer Störungen – DSM-IV (American Psychiatric Association, 1994).

Fallbeispiel

Tom, 14 Jahre alt, besucht zur Zeit die 7. Klasse einer Realschule. Mit 5 Jahren gab ihn seine alkoholabhängige Mutter erstmals in ein Heim, das er einige Zeit später wieder verließ, um zu seinem Vater und dessen neuer Partnerin zu ziehen. Seine Stiefmutter brachte selbst 3 Kinder mit in die Ehe und konnte Tom nie richtig als zur Familie gehörig akzeptieren. Auch in dieser Familie gab es häufig Kontakte mit dem Jugendamt und erneute Heimaufenthalte, da den Lehrern Merkmale von Verwahrlosung und Prügelspuren aufgefallen waren. Inzwischen war Tom auch schon der Polizei bekannt. Er hatte sich einer Jugendbande angeschlossen. Hier beging er mehrfach Diebstähle in Warenhäusern, begann häufiger Prügeleien, wobei er dabei den Einsatz einer »Knarre« zur Selbstverteidigung nicht ausschloß. Er wurde bereits wegen Körperverletzung angeklagt. Wenn es zu Hause Streit gab, so blieb er oft tagelang weg und lebte auf der Straße. Seine Clique hatte auch »keinen Bock« auf Schule, so daß er im letzen Vierteljahr fast gar nicht dort anwesend war. Tom selbst äußerte, daß ihn dieses Verhalten wenig störe, allerdings wünsche er sich sehr, von seinen Eltern nicht geschlagen zu werden. Er möge es sehr, bei seinem Vater auf dem Schoß zu sitzen und nur zu reden. Leider sei das aber nicht mehr möglich. Eigentlich wolle er auch einen richtigen Schulabschluß machen, die anderen verleiteten ihn aber immer dazu, derartige Dinge zu tun.

23.5.2
Erklärungsansätze

> Auf dem derzeitigen Forschungsstand kann von einem multifaktoriellen Entstehungsgefüge für expansive Verhaltensstörungen ausgegangen werden, bei dem ein Zusammenspiel genetischer, lerntheoretischer und sozialer Faktoren stattfindet (Petermann & Warschburger, 1995).

So zeigen Familienstudien, daß eine familiäre Häufung expansiver Verhaltensstörungen besteht. Kinder, deren Eltern eine dissoziale Persönlichkeitsstörung haben, haben ein erhöhtes Risiko, eine expansive Verhaltensstörung zu entwickeln. Außerdem scheint es so zu sein, daß die Störung häufiger bei Kindern vorkommt, deren biologische Eltern unter Alkoholabhängigkeit, affektiven Störungen oder Schizophrenie leiden oder zu einem früheren Zeitpunkt unter einer expansiven Verhaltensstörung litten. Die vermutete genetische Prädisposition für die Entwicklung expansiver Verhaltensstörungen konnte bisher jedoch noch nicht nachgewiesen werden. Vielmehr scheint es so zu sein, daß eine allgemeine Vulnerabilität für die Entwicklung psychischer Störungen genetisch weitergegeben wird. Erst durch entsprechende Lernerfahrungen und schwerwiegende Lebensereignisse kommt es dann zum Ausbruch der spezifischen Störung.

Lerntheoretische Ansätze

> Die familiäre Häufung expansiver Verhaltensstörungen weist neben genetischen Faktoren auch auf die Rolle der Umwelt und hier v. a. auf das Erlernen von Aggressionen hin. Für die Wirksamkeit operanten Lernens und Modellernens liegen mittlerweile mehrere empirische Nachweise vor.

Die positive Verstärkung aggressiven Verhaltens im Elternhaus oder in der Schule kann immer wieder beobachtet werden. So erfahren Kinder durch aggressives Verhalten beispielsweise mehr Aufmerksamkeit bei ihren Eltern oder Lehrern (positive Verstärkung). Anforderungen, die an das Kind gestellt werden (z. B. Aufräumen der Spielsachen), werden aufgrund des aggressiven Verhaltens des Kindes wieder zurückgezogen (negative Verstärkung). Auch gleichaltrige Kinder reagieren auf aggressives Verhalten eines Kindes häufiger mit Rückzug, Weinen, passivem Verhalten, was zu einer Verstärkung des aggressiven Verhaltens führt.

Auf die bedeutende Rolle des Modellernens bei aggressivem Verhalten wies Bandura erstmals hin. In einer Reihe von Untersuchungen konnte er zeigen, daß Kinder, nachdem sie in einem Film aggressive Kinder beobachtet hatten, mehr aggressives Verhalten zeigten als Kinder, die den gleichen Film ohne die aggressiven Szenen verfolgt hatten. Während diese Studien unter kontrollierten experimentellen Bedingungen durchgeführt wurden, konnte auch in Feldstudien eine Steigerung aggressiven Verhaltens bei Kindern nachgewiesen werden, wenn diese gehäuft Gewaltszenen beim Fernsehen beobachtet hatten.

Elterlicher Erziehungsstil und Güte der elterlichen Beziehung

Ein Erziehungsstil, bei dem das Kind häufig und stark bestraft wird, findet sich bei Eltern von Kindern mit expansiven Verhaltensstörungen häufiger als bei Eltern von Kindern ohne diese Verhaltensstörungen. Anscheinend bewirkt stark bestrafendes Verhalten der Eltern statt einer Reduktion aggressiven Verhaltens eine Ermunterung zu aggressivem Verhalten außerhalb der Familie. Ebenso findet sich bei Eltern von Kindern mit expansiven Verhaltensstörungen häufiger ein unberechenbarer und nachlässiger Erziehungsstil sowie eine geringere Beobachtung und Anleitung der Aktivitäten des Kindes (Frick et al., 1992).

Auch die Güte der elterlichen Beziehung scheint einen Einfluß auf aggressives Verhalten zu haben. Während in den 50er und 60er Jahren die Sichtweise vorherrschte, daß Trennungen der Eltern Verhaltensauffälligkeiten des Kindes verursachen, setzt sich heute zunehmend die Sichtweise durch, daß das Ausmaß elterlichen Streits einen größeren Einfluß auf das Verhalten des Kindes hat. So kann es für ein Kind belastender sein, mit beiden Eltern zusammenzuleben, die sich häufig streiten, als mit einem Elternteil nach einer vernünftig vollzogenen Trennung zusammenzuleben.

23.5.3 Therapie der expansiven Verhaltensstörungen

Insgesamt kann man zwischen Therapieprogrammen, die am Verhalten der Eltern und Programmen, die am Verhalten der Kinder ansetzen oder einer Kombination der beiden Vorgehensweisen unterscheiden.

Elterntrainingsprogramme

Patterson und seine Kollegen an der Universität von Oregon haben wiederholt die Wirksamkeit verhaltenstherapeutischer Programme bei Kindern und Jugendlichen mit expansiven Verhaltensstörungen nachgewiesen. Insbesondere bei jüngeren Kindern scheint es sinnvoll zu sein, die Eltern im Umgang mit aggressiven Verhaltensweisen zu schulen. Die hierzu entwickelten Therapieprogramme unterrichten die Eltern zunächst in den wichtigsten lerntheoretischen Prinzipien. Danach werden sie angeleitet, folgende Verhaltensweisen einzuüben und anzuwenden:

- Erwünschtes Verhalten (z. B. das Kind bleibt ruhig, obwohl ein anderes Kind es geschubst hat) wird verstärkt, indem das Kind für sein gezeigtes Verhalten gelobt oder auf andere Weise das Verhalten positiv kommentiert wird.
- Bestimmte unerwünschte Verhaltensweisen, die die Eltern stören (z. B. unerwünschter Kleidungsstil des Kindes), werden ignoriert.
- Andere unerwünschte Verhaltensweisen (z. B. Fluchen oder bösartige Äußerungen des Kindes) werden durch Entzug von Privilegien, Isolation des Kindes für einen bestimmten Zeitraum oder andere negative Konsequenzen bestraft.

Trainingsprogramme für Kinder und Jugendliche

Trainingsprogramme mit Kindern und Jugendlichen setzen v. a. an den kognitiven Defiziten der Kinder und Jugendlichen an. Hier steht im Mittelpunkt:

- die Fähigkeiten des Kindes zur Empathie und Rollenübernahme zu schulen (z. B. »Wenn ich angerempelt werde, muß das dann immer bedeuten, daß mich jemand ärgern möchte?«),
- negative Selbstverbalisationen (z. B. »Wenn ich mich jetzt nicht wehre, dann stehe ich schwach da«) zu verändern und
- den Kindern und Jugendlichen neue Problemlösestrategien zur Verfügung zu stellen.

Petermann & Petermann (1994a) entwickelten für den deutschsprachigen Raum ein verhaltenstherapeutisches Trainingsprogramm, das an dem Arbeits- und Sozialverhalten der Jugendlichen ansetzt. Das Programm besteht aus Einzel- und Gruppensitzungen, in denen die Kinder und Jugendlichen zu alternativen Problemlösungen in verschiedenen Lebensbereichen angeleitet werden. Ziel des Programms ist es, den Kindern und Jugendlichen alternative Verhaltensweisen zu ihrem bisherigen aggressiven Verhalten zu vermitteln. Dies wird anhand von Diskussionen, Rollenspielen und Verhaltensübungen umgesetzt. Folgende Punkte werden hierbei in der Therapie berücksichtigt:

- Selbstwahrnehmung,
- Selbstkontrolle und Ausdauer der Jugendlichen,
- Einfühlungsvermögen,
- Aufbau eines stabilen Selbstbildes,
- angemessener Umgang mit Körper und Gefühlen,
- angemessene Reaktionen auf Kritik und Lob sowie
- Umgang mit Mißerfolgen.

Neben dem Training für die Kinder und Jugendlichen beinhaltet das Programm auch eine Elternberatung, bei der die Eltern über adäquates Erziehungsverhalten bei aggressivem Verhalten der Kinder informiert werden. Die Eltern werden in der systematischen Beobachtung des Verhaltens ihrer Kinder geschult und bekommen anschließend konkrete Hinweise für den Umgang mit erwünschtem und unerwünschtem Verhalten ihres Kindes (vgl. Abschnitt Elterntrainingsprogramme).

Die Therapieforschung zu expansiven Verhaltensstörungen der letzten Jahre zeigt, daß diese Störungsbilder erfolgreich behandelt werden können, wenn die Eltern angeleitet werden, auf das Verhalten ihrer Kinder effektiver zu reagieren und die Kinder oder Jugendlichen durch Trainingsprogramme lernen, alternative Verhaltensweisen anstelle aggressiven Verhaltens in Konflikt- oder Problemsituationen anzuwenden. Als prognostisch günstig für den Therapieverlauf haben sich die folgenden Faktoren gezeigt:

- Abwesenheit psychischer Störungen bei den Eltern,
- kein chronischer Familienstreit und
- soziale Unterstützung der Eltern durch Verwandte oder Freundeskreis.

Insgesamt muß aber festgehalten werden, daß die Abbrecher- bzw. Verweigererquoten bei den untersuchten Therapieansätzen mit über 50% vergleichsweise hoch liegen und daß davon ausgegangen werden kann, daß, je stärker das Ausmaß der Aggression und je zahlreicher die Risikofaktoren für aggressives Verhalten sind, um so ungünstiger die Therapieprognose ausfällt.

23.6
Angststörungen

23.6.1
Klinische Beschreibung

Seit der Einführung der 3. Auflage des DSM werden die Angststörungen in verschiedene spezifische Subkategorien aufgeteilt (Schneider, 1994). Im folgenden werden zunächst die für den Kinderbereich wichtigsten Angststörungen, die Trennungsangst und die Phobien, in Anlehnung an das DSM-IV vorgestellt.

Trennungsangst

Kinder mit einer Störung mit Trennungsangst zeigen eine übermäßig starke Angst in Erwartung oder unmittelbar bei einer Trennung von den Eltern oder anderen engen Bezugspersonen. Sie befürchten, den Eltern oder ihnen selbst könnte in solchen Situationen etwas Schlimmes zustoßen, was sie dauerhaft voneinander trennen würde (z. B. Autounfall der Eltern, Entführung des Kindes).

Häufig vermeiden diese Kinder, abends alleine, ohne Licht oder bei geschlossener Tür einzuschlafen, alleine zu Hause zu bleiben, bei Freunden zu übernachten oder zur Schule zu gehen. In Verbindung mit Trennungssituationen kommt es zu einer gereizten, aggressiven oder auch apathischen Stimmung sowie körperlichen Symptomen (z. B. Bauch- oder Kopfschmerzen).

Phobien

Kinder mit einer Phobie zeigen eine unangemessene, dauerhafte und starke Angstreaktion gegenüber bestimmten Objekten, Situationen oder Tieren, von denen keine reale Gefahr ausgeht. Die Angst tritt in der Regel unmittelbar durch die Konfrontation mit dem phobischen Stimulus (z. B. Hund) auf.

Üblicherweise beginnen die betroffenen Kinder mit der Zeit, die gefürchtete Situation zu vermeiden bzw. aus ihr zu flüchten. Nur eine kleine Gruppe von Kindern mit Phobien halten die phobische Situation trotz der starken Angst aus. Sie zeigen verdeckte Vermeidungsstrategien wie z. B. kognitive Ablenkung. In Abhängigkeit von dem gefürchteten Inhalt werden im DSM-IV und der ICD-10 Phobien unter verschiedene Kategorien gefaßt. Handelt es sich um eine eng umgrenzte Furcht (z. B. Angst vor Phantasiegestalten oder Spinnen), wird die Diagnose »spezifische (isolierte) Phobie« gegeben. Treten die Ängste immer in sozialen Situationen auf (z. B. vor der Schulklasse sprechen), wird eine »Sozialphobie« diagnostiziert. Bei Ängsten, die in verschiedenen Situationen wie Menschenmengen, öffentliche Orte oder Entfernung von zu Hause auftreten, wird eine »Agoraphobie mit oder ohne Paniksyndrom« diagnostiziert. Eine Agoraphobie mit Paniksyndrom bedeutet hierbei, daß neben den phobischen Ängsten plötzliche und unerwartete Angstanfälle auftreten, die mit einer Reihe als unangenehm erlebter Symptome einhergehen. Handelt es sich um entwicklungsphasenspezifische Ängste, die anhaltend oder wiederkehrend auftreten, ein abnormes Ausmaß angenommen haben und zu einer deutlichen sozialen Beeinträchtigung geführt haben, steht in der ICD-10 eine weitere Kategorie zur Verfügung, die »phobische emotionale Störung des Kindesalters«.

Weitere Merkmale

Während einer Angstreaktion kommt es bei den Kindern zu körperlichen (z.B. Herzklopfen, Schwitzen), kognitiven (»Ich kann das nicht«, »Ich werde erbrechen«) und Verhaltensveränderungen (z.B. Flucht). Das Kind reagiert häufig in Form von Schreien, Wutanfällen, Gelähmtsein oder Anklammern an eine Bezugsperson. Stark ausgeprägte Angststörungen führen zu erheblichen Beeinträchtigungen des Kindes im familiären, schulischen und Freizeitbereich. Die Angststörung kann zur Isolierung des Kindes führen, wenn es beispielsweise nicht mehr die Schule aufsuchen oder an bestimmten Aktivitäten seiner Alterskameraden teilnehmen kann.

■ **Komorbidität.** Angststörungen zeigen eine hohe Komorbidität untereinander. So haben z.B. Kinder mit Trennungsangst häufiger auch eine spezifische Phobie oder Sozialphobie. Darüber hinaus entwickeln sich mit zunehmender Chronifizierung der Angststörungen auch depressive Störungen. Weiterhin weist ein Teil der Kinder Ausscheidungsstörungen, Aufmerksamkeits- und Hyperaktivitätsstörungen, Lernschwierigkeiten und somatische Beschwerden auf. Mädchen scheinen öfter unter exzessiven Ängsten zu leiden als Jungen. Das folgende Fallbeispiel beschreibt die Symptomatik eines Kindes mit Panikanfällen und einer Störung mit Trennungsangst.

Fallbeispiel

Sara ist 11 Jahre alt und geht in die 5. Klasse. Die Mutter berichtet, daß Sara jeden Abend gegen 19.00 Uhr über Bauchbeschwerden klagt. Zunächst versuchen Mutter und Kind mit einem Tee, einem heißen Bad und einem Abendspaziergang die Bauchbeschwerden zu lindern. Am Anfang sei das auch manchmal gelungen, in der Zwischenzeit würden aber diese Beschwerden in lauten Schreianfällen enden, bei denen Sara nach Beruhigungsmitteln verlange. Während dieser Schreianfälle sei Sara nicht ansprechbar, sie zerreiße T-Shirts, die sie anhat, reißt sich Haare aus und kneift sich in

die Arme, bis diese ganz blau sind. Die Mutter versucht, immer schon frühzeitig zu intervenieren und Sara zu beruhigen. Aber während der Anfälle schlägt Sara nur so um sich. Saras Eltern wohnen in einem Mehrfamilienhaus und da die Schreianfälle sehr laut sind, beschweren sich die Nachbarn, und die Großmutter, die im gleichen Haus wohnt, kommt jeden Abend in die elterliche Wohnung, um Sara zu beruhigen. Die Anfälle ziehen sich bis Mitternacht hin, bis Sara aus Erschöpfung einschläft. Wenn ein Arzt gerufen wird, der ihr eine Beruhigungsspritze gibt, kann sie sich schneller beruhigen. Mittlerweile treten massive Spannungen zwischen Saras Eltern sowie Saras Eltern und der Großmutter auf. Die ältere Schwester versucht, zwischen den einzelnen Familienmitgliedern zu vermitteln. Sara selbst beschreibt, daß der Anfall mit einem Magengrummeln beginnt, das langsam immer stärker würde. Wenn die Magenbeschwerden eine bestimmte Stärke erreicht hätten, bekäme sie panische Angst zu erbrechen. Sara schläft gemeinsam mit ihrer Schwester in einem Zimmer und hat bis zum Zeitpunkt des Therapiebeginns noch nie alleine in ihrem Zimmer geschlafen. Sie hat große Angst davor, von ihren Eltern getrennt zu sein. Ganz große Sorgen bereiten ihr die beruflich bedingten mehrtägigen Reisen des Vater. Sie weigert sich an diesen Tagen, in ihrem Bett zu schlafen und besteht darauf, bei ihrer Mutter zu schlafen. Ihre ehemals guten Schulnoten haben sich drastisch verschlechtert, so daß ihre Versetzung in das nächste Schuljahr stark gefährdet ist. Sara nimmt bei Therapiebeginn täglich ein Anxiolytikum ein und erhält einmal wöchentlich eine Imap-Spritze.

23.6.2
Erklärungsansätze

Im folgenden werden die wichtigsten Erklärungsansätze zu Ängsten bei Kindern beschrieben. Eine detailliertere Darstellung ist bei Schneider et al. (1993) zu finden.

Konditionierung von Ängsten

Der einflußreichste Ansatz zur Ätiologie von Ängsten war lange Zeit die sog. Zwei-Faktoren-Theorie Mowrers. Bei den beiden Faktoren handelt es sich um die klassische und die operante

Konditionierung. Mowrer nahm an, daß bei Ängsten ursprünglich neutrale Reize (z. B. Hund) aufgrund traumatischer Ereignisse (z. B. Hundebiß) mit einem zentralen motivationalen Angstzustand assoziiert (klassische Konditionierung) und die darauf folgende Vermeidung dieser Reize durch den Abbau dieses unangenehmen Zustands verstärkt werden (operante Konditionierung). Obwohl diese Theorie im Einklang mit vielen tierexperimentellen Befunden steht, ist sie als Erklärung für klinische Ängste nicht ausreichend. So kann sich ein großer Teil der Phobiker nicht an traumatische Ereignisse zu Beginn der Störung erinnern.

Aufbauend auf der Beobachtung, daß die auslösenden Reize für phobische Ängste charakteristische und über verschiedene Kulturen hinweg stabile Verteilungen zeigen, die weder der Häufigkeit dieser Reize im täglichen Leben noch der Wahrscheinlichkeit unangenehmer (traumatischer) Erfahrungen entspricht, entwickelte Seligman die sog. »Preparedness-Theorie«. Er nahm an, daß bestimmte Reiz-Reaktions-Verbindungen leichter gelernt werden, weil sie biologisch »vorbereitet« (»prepared«) sind. Vorbereitetes Lernen bedeutet in diesem Kontext, daß im Laufe der Evolutionsgeschichte Angstreaktionen auf bestimmte Objekte, Situationen oder auch körperliche Symptome, die eine Bedrohung für das Überleben der Menschheit darstellten, besonders schnell und überdauernd gelernt wurden. Ein klinisches Beispiel für die Entwicklung einer »vorbereiteten« Phobie gibt Marks in seinem Buch »Fears, Phobias and Rituals«: Ein Kind spielt im Sandkasten, das Auto der Eltern ist etwa 40 Meter entfernt geparkt. Plötzlich sieht es eine kleine Schlange, die sich in 2 Meter Entfernung am Sandkasten vorbei bewegt. Das Kind erschreckt sich, rennt zum Auto, schlägt die Tür zu und klemmt sich dabei sehr schmerzhaft die Hand ein. In der Folge entwickelt das Kind eine ausgeprägte Phobie, jedoch nicht vor Autotüren, sondern vor Schlangen.

Modellernen
Insbesondere bei Kindern wird für die Entstehung und Aufrechterhaltung von Ängsten dem Modellernen eine herausragende Bedeutung beigemessen. Bandura konnte zeigen, daß allein durch die Beobachtung eines Modells komplexe Verhaltenssequenzen erlernt werden können, die vorher noch nicht im Verhaltensrepertoire des Lernenden waren. Im Bereich klinischer Ängste wurden Modellerneffekte v. a. bei der Reduktion von Phobien demonstriert. Eine erste klassische Fallbeschreibung dieser Intervention stammt von Mary Cover Jones. Seit dieser Pionierarbeit wurde eine Reihe von Studien unternommen, die die Wirksamkeit von Modellernen bei der Reduktion von Phobien belegten.

Eine besondere Rolle für das Verständnis von Ängsten im Kindes- und Jugendalter scheint das Ausmaß der elterlichen Angst zu sein. Mehrere Familienstudien weisen auf die *familiäre Häufung von Phobien* hin. In den letzten Jahren wurde daher mit zunehmendem Interesse systematisch der Frage nachgegangen, ob ein Zusammenhang von Ängsten der Kinder und den Ängsten der Eltern besteht. Wir selbst konnten in einer Untersuchungsreihe Hinweise auf Modellernen bei der Übertragung der elterlichen Angstsymptomatik auf die Kinder finden (Schneider, 1995).

Jedoch muß bei der Interpretation der Befunde zur familiären Häufung bedacht werden, daß neben Modellernen auch genetische Faktoren die Ängste vermitteln können. Befunde aus Zwillingsstudien weisen aber darauf hin, daß selbst bei einer hohen Schätzung des genetischen Anteils Umweltfaktoren, und hier v. a. Lernerfahrungen, eine größere Rolle bei der Entstehung von Phobien spielen.

23.6.3
Therapie der Angststörungen

Ein aktueller Überblick zur Behandlung von Ängsten bei Kindern und Jugendlichen mit vielen praktischen Beispielen ist bei Eisen & Kearney (1995) zu finden.

Desensibilisierungsverfahren
Das häufigste Verfahren, das in der Behandlung von Phobien im Kindes- und Jugendalter angewandt wird, ist die systematische Desensibilisierung:

Hierbei wird versucht, die Kinder in einem entspannten Zustand entlang einer Angsthierarchie möglichst behutsam mit Stimulusbedingungen zu konfrontieren, die ihnen Angst bereiten. Das klassische Vorgehen sieht dabei vor, daß die Kinder anhand einer Instruktion in einen entspannten Zustand versetzt werden und dann unter Entspannung in der Vorstellung mit den angstauslösenden Reizen konfrontiert werden. Sobald ein Angstanstieg stattfindet, wird der angstauslösende Reiz weggenommen und das Kind anhand erneuter Instruktionen wieder in einen entspannten Zustand versetzt.

Während systematische Desensibilisierungen bei älteren Kindern z. T. gute Erfolge brachten, stieß man mit der einfachen Übernahme dieser Methode bei jüngeren Kindern vielfach auf Schwierigkeiten. So können manche Kinder offenbar den bei Erwachsenen bewährten Instruktionen zur progressiven muskulären Entspannung nicht folgen bzw. können sich schwer die angstauslösenden Reize in der Phantasie vorstellen.

Aufgrund der begrenzten Vorstellbarkeit bestimmter angstauslösender Situationen (z. B. plötzlicher Krach) ergeben sich bei den klassischen Desensibilisierungen in der Vorstellung häufig Schwierigkeiten. Hierdurch gewannen Desensibilisierungen in vivo an Bedeutung. Ziel ist hier, die Kinder nicht nur in der Vorstellung mit angstauslösenden Reizen zu konfrontieren, sondern durch die direkte Konfrontation mit den Angstreizen eine Angstreduktion zu erreichen. Die Bedeutung der systematischen Desensibilisierung wird jedoch durch neuere Therapiestudien in Frage gestellt. Hier zeigte sich, daß für eine erfolgreiche Phobiebehandlung weder die induzierte Entspannung noch eine Angsthierarchie notwendig ist. Die entscheidende Wirkvariable bei diesem Vorgehen scheint vielmehr die Konfrontation mit den angstauslösenden Reizen zu sein.

Lernen am Modell
Bereits Bandura et al. belegten, daß sich die Angst von 3- bis 5jährigen hundephobischen Kindern entscheidend verringerte, nachdem sie mehrere Sitzungen lang zugeschaut hatten, wie eine Modellperson angstfrei mit einem Hund umging. Seit den ersten Arbeiten zum Modellernen wurden verschiedene Varianten dieses Vorgehens erprobt. So wurde geprüft, ob es besser ist, das Modell über Film oder in vivo vorzugeben oder ob zusätzlich zur Beobachtung des Live-Modells das Kind unter Anleitung einer angstfreien Person durch die angstauslösende Situation geführt werden soll. Für die Effektivität von Modellernen alleine konnten bisher keine überzeugenden Belege gesammelt werden. Neuere Therapiestudien weisen darauf hin, daß stabile Therapieerfolge nur dann erreicht werden, wenn das Kind zugleich zum eigenen aktiven Umgang mit den phobischen Bedingungen angeleitet wird.

Auch hier deutet sich ähnlich wie bei den Desensibilisierungsverfahren an, daß die Konfrontation mit den angstauslösenden Reizen für den Erfolg entscheidend ist.

Langandauernde Konfrontation
Langandauernde Konfrontationen mit den angstauslösenden Bedingungen werden bei Kindern bisher nur selten eingesetzt. Diese Form der Phobiebehandlung erscheint aber besonders sinnvoll und effektiv, wenn das Kind massives Vermeidungsverhalten zeigt und deshalb die Erfahrung machen soll, daß sich

- seine Angst bei der Konfrontation mit den gefürchteten Bedingungen aushalten läßt und allmählich abnimmt und
- daß die jeweils befürchteten katastrophalen Konsequenzen (ich sterbe, ich werde verrückt, ein nahestehender Angehöriger stirbt, die Spinne wird mich beißen) sich in Wirklichkeit nicht einstellen, auch wenn das gewohnte Flucht- oder Vermeidungsverhalten unterbleibt.

Durch eine langanhaltende Konfrontation mit dem angstauslösenden Stimuli können dem Kind diese Erfahrungen vermittelt werden.

Langanhaltende Konfrontationen können in der Vorstellung oder in vivo durchgeführt werden. Bei langanhaltenden Konfrontationen in vivo muß jedoch beachtet werden, daß sie nur in Situationen durchgeführt werden dürfen, die nicht real gefährlich sind (z. B. nicht bei einer Wasserphobie). Auch in Situationen, in denen bestimmte Leistungen erbracht werden müssen, sollte zuvor geklärt werden, ob das Kind über die dazu benötigten Fertigkeiten verfügt (z. B. vor einer Gruppe sprechen). Sonst könnte es passieren, daß die befürchteten schlimmen Konsequenzen tatsächlich eintreten (z. B. das Kind wird vor der Klasse ausgelacht, da es kein Wort rausbekommt). Für solche phobischen Ängste bietet es sich an, langanhaltende Konfrontationen in der Vorstellung durchzuführen.

Sinnvoll ist es, bei Konfrontationstherapien Verstärker einzusetzen, seien es soziale oder materielle, wenn Kinder Fortschritte in der Konfrontation mit Angststimuli machen oder aktives Bewältigungsverhalten einsetzen. Die Auswahl und Dosierung der Verstärker muß dabei aber wohlüberlegt geschehen. So muß der Verstärker individuell für jedes Kind passend ausgewählt werden. Er muß zeitlich sofort und konsequent nach dem erwünschten Verhalten (z. B. angstfreiem Verhalten) erfolgen, und einem großen Fortschritt muß ein entsprechend großer Verstärker folgen, während für kleine Fortschritte nur kleine Anreize gesetzt werden sollten. Wenn Eltern die Konfrontationsübungen begleiten, sollte ihr Verhalten während der Angstreaktionen ihres Kindes genau besprochen werden. Aufgrund der bereits oben erwähnten familiären Häufung von Ängsten findet oft ein inadäquater Umgang mit den Ängsten des Kindes durch die Eltern statt. So reagieren beispielsweise die Eltern mit eigenen Angststörungen häufig panisch statt beruhigend, wenn das Kind starke Angstreaktionen in Form von Schreien oder Wutanfällen zeigt. Hier ist es notwendig, den Eltern genaue Verhaltensregeln vorzugeben und diese mit ihnen konkret einzuüben. Beispielsweise kann mit den Eltern eines Kindes mit Dunkelangst eingeübt werden, daß sie jedes Mal, wenn das Kind abends schreiend aus dem eigenen Bett flüchtet, das Kind wortlos wieder zum Bett zurückführen und dann das Zimmer verlassen. Wichtig ist hierbei, die Eltern darauf vorzubereiten, daß dieses Szenario sich an einem Abend mehrmals wiederholen wird.

Kognitive Therapieansätze

Auch kognitive Therapieansätze werden zur Behandlung von Phobien bei Kindern eingesetzt. Ausgehend von der Beobachtung, daß Ängste durch angstfördernde Kognitionen (z. B. »Ich schaffe das nicht«) hervorgerufen und aufrechterhalten werden, wird versucht, dem Kind durch das Erlernen positiver Selbstinstruktionen (z. B. »Ich schaffe das«) Bewältigungsstrategien zum Umgang mit der Angst zur Verfügung zu stellen. Hierzu werden zunächst mit dem Kind die individuellen angstfördernden Gedanken analysiert und im Anschluß daran Gedanken entwickelt, die einen angstreduzierten bzw. angstfreien Umgang mit der Situation erlauben. Daneben werden dem Kind auch Informationen über die Angst oder die angstauslösende Situation gegeben. So ist es beispielsweise für Kinder mit starken Ängsten vor medizinischen Eingriffen hilfreich, wenn sie vorher genau über die medizinische Prozedur instruiert werden. Die Effektivität von kognitiven Behandlungsansätzen wurde in mehreren empirischen Studien nachgewiesen.

Kombinierte Behandlungsansätze

Meistens werden die beschriebenen Vorgehensweisen bei der Behandlung von Phobien miteinander kombiniert. Je nach Art der vorliegenden Phobie können beispielsweise Konfrontationsübungen mit kognitiven Interventionen (z. B. Training positiver Selbstinstruktionen) oder mit

Atem- und Entspannungstrainings kombiniert werden. Die Fertigkeiten werden typischerweise über mehrere Sitzungen mit dem Kind eingeübt, bevor das Kind sie schließlich in den angstauslösenden Situationen anwendet.

> In der Behandlung von Phobien im Kindes- und Jugendalter sind noch viele Fragen offen. Angesichts der wenigen empirischen Studien ist es derzeit noch nicht möglich einzuschätzen, bei welchen Angststörungen, in welchen Altersstufen und unter welchen familiären Bedingungen welche Vorgehensweise am besten ist. Jedoch deutet sich an, daß die sog. Konfrontationsverfahren, die sich bereits bei der Behandlung von Erwachsenen mit Angststörungen bewährt haben, am erfolgversprechendsten sind.

23.7 Depression

Die Depression im Kindes- und Jugendalter wurde lange Zeit kontrovers diskutiert, da man keine Einigung darüber erzielen konnte, ob sich die Depression im Kindesalter von der des Erwachsenenalters unterscheidet bzw. ob es überhaupt eine Depression bei Kindern gibt. Inzwischen hat sich die Sichtweise durchgesetzt, daß es analog zum Erwachsenenalter eine Depression im Kindesalter gibt. Entsprechend werden im DSM unter den Kriterien für die Depression explizit die spezifischen Besonderheiten dieses Störungsbildes im Kindesalter aufgeführt.

23.7.1 Klinische Beschreibung

Die Depression im Kindes- und Jugendalter äußert sich in einer niedergeschlagenen, depressiven Stimmung oder, im Unterschied zu Erwachsenen, in einer ausgeprägten gereizten Stimmung. Die Kinder und Jugendlichen verlieren das Interesse an allen oder fast allen Dingen, die zuvor Freude bereitet haben, wie etwa sportliche Aktivitäten oder Hobbies. Neben diesen Kernmerkmalen kommen:

- eine deutliche Gewichtszunahme oder -abnahme,
- Schlafstörungen,

- psychomotorische Unruhe oder Gelähmtsein,
- Müdigkeit/Energieverlust,
- Gefühl der Wertlosigkeit/Schuld,
- Konzentrations-/Entscheidungsprobleme oder
- Gedanken an Suizid hinzu.

Abhängig vom Schweregrad und der Dauer der Symptomatik wird zwischen einem schweren depressiven Syndrom und einem dysthymen Syndrom unterschieden. Das schwere depressive Syndrom ist durch einen episodenhaften Verlauf (mindestens 2 Wochen jeden Tag) mit schweren depressiven Symptomen gekennzeichnet; das dysthyme Syndrom hingegen ist durch einen chronischen (mindestens über 1 Jahr die Mehrzahl der Tage), milden Verlauf charakterisiert. Weiterhin wird unterschieden, ob das schwere depressive Syndrom mit oder ohne psychotische Symptome verläuft. Treten ausschließlich depressive Episoden auf, spricht man von einer unipolaren Depression. Wechseln hingegen depressive und manische Episoden sich miteinander ab, spricht man von einer bipolaren Depression.

Tod eines Schülers oder der Werther-Effekt

Einen bedeutenden Risikofaktor für die Ausübung eines Suizids stellen Suizide in der näheren Umgebung des Kindes bzw. Jugendlichen dar. Schmidtke & Häfner (1986) geben ein anschauliches und zugleich aber auch erschütterndes Beispiel für Imitationseffekte bei der Vermittlung von Suizidmotivationen. 1981 und 1982 zeigte das Zweite Deutsche Fernsehen eine Serie mit dem Titel »Tod eines Schülers«. Im Mittelpunkt der Serie stand der fiktive Suizid eines 19jährigen Schülers. Nach Ausstrahlung der Sendung wurde eine massive Häufigkeitszunahme von Suiziden verzeichnet, wobei sich eine ganz spezifische Verteilung herauskristallisierte. So war dieser Effekt am stärksten bei der bezüglich Alter und Geschlecht dem Fernsehmodell am nächsten stehenden Bevölkerungsgruppe: Bei Männern zwischen 15 und 19 Jahren war in den ersten 70 Tagen nach der 1. Ausstrahlung ein Anstieg der Suizidrate um 175% zu beobachten, für Frauen der gleichen Altersgruppe betrug der Anstieg 167%. Bei Frauen über 30 und Männern über 40 Jahre fand kein Anstieg statt. Der hier empirisch belegte Imitationseffekt nach einem Suizid wurde bereits Ende des 18. Jahrhunderts mit der überlieferten Suizidwelle nach der Publikation von Goethes Werther berichtet.

Weitere Merkmale

Die depressiven Syndrome treten im Kindesalter häufig gemeinsam mit Angststörungen, Verhaltensstörungen und oppositionellem Trotzverhalten auf. Bei Jugendlichen treten als komorbide Diagnosen v. a. Eßstörungen und Substanzmißbräuche auf. Das Suizidalitätsrisiko und die Häufigkeit der Behandlungsversuche steigen bei komorbiden Depressionen. Depressive Syndrome beginnen im späten Kindesalter bzw. in der frühen Adoleszenz. Mit zunehmendem Alter steigt die Depressionsrate, und mit der Adoleszenz ist ein deutlicher Anstieg von depressiven Störungen gegenüber der Kindheit festzustellen. Ab dem Jugendalter sind Mädchen etwa doppelt so häufig betroffen wie Jungen. Die folgende Falldarstellung beschreibt das Symptombild eines schweren depressiven Syndroms bei einer Jugendlichen.

Fallbeispiel

Katrin ist 17 Jahre alt und besucht z. Z. noch das Gymnasium. Im Erstgespräch berichtet sie, daß sie seit ca. 3 Jahren immer wieder Phasen habe, in denen sie sich sehr traurig und niedergeschlagen fühle. Vor ca. 3 1/2 Jahren war Katrins Vater von zu Hause ausgezogen. Kurz darauf sei der neue Freund der Mutter (Katrins Patenonkel, den sie schon seit ihrer Kindheit kannte) bei ihnen eingezogen. Katrin habe vorher eine sehr gute Beziehung zu ihrem Onkel gehabt. Seit dessen Einzug gäbe es aber nur noch Streit und Probleme, auch mit der Mutter. In den vergangenen Jahren habe es nun 2 längere und einige kürzere Phasen gegeben, in denen Katrin das Interesse an fast allen Aktivitäten und Menschen verloren habe, auch an der Musik, die sie sonst bei Traurigkeit meistens habe trösten können. Sie habe keinen Appetit mehr gehabt und z. T. mehrere Kilo Gewicht abgenommen. In diesen Zeiten konnte sie häufig nicht einschlafen, weil sie viel über die Zukunft nachdenken mußte, aber keine Aussicht sah, ihren Onkel jemals zu Hause akzeptieren zu können. Sie habe auch schon häufiger an Selbstmord gedacht. Einmal habe sie nur die vorzeitige Rückkehr ihrer Mutter daran gehindert, Tabletten zu nehmen.

23.7.2
Erklärungsansätze

Es existieren eine Reihe von Depressionstheorien, die jedoch alle für die Erklärung von Depressionen bei Erwachsenen entwickelt wurden. Spezifische Modellvorstellungen für die Depression im Kindes- und Jugendalter liegen bislang nicht vor. Bei den vorliegenden Modellvorstellungen kann zwischen biologischen (z. B. Katecholamin-Hypothese) und psychologischen Modellen unterschieden werden. Die psychologischen Modelle können wiederum in lerntheoretisch orientierte (z. B. Verstärker-Verlust-Theorie von Lewinsohn) und kognitiv orientierte Theorien (kognitive Theorie von Beck) unterteilt werden. Nähere Ausführungen zu diesen Modellen sind in Kapitel 8 »Depression« in diesem Band zu finden.

> Ein bedeutender Risikofaktor für die Entwicklung einer Depression im Kindes- und Jugendalter ist ein depressives Familienmitglied. Familienstudien zeigen, daß Depressionen familiär gehäuft auftreten.

Ungeklärt ist hierbei jedoch, inwieweit das Risiko durch genetische oder durch Umweltfaktoren bedingt ist. Die hierzu notwendigen Zwillings- und Adoptivstudien stehen noch aus.

23.7.3
Therapie der Depression

Generell ist bei der Behandlung der Depression im Kindes- und Jugendalter zu beachten, daß die vorliegenden verhaltenstherapeutischen Behandlungsansätze alle an erwachsenen Patienten entwickelt wurden. Aufbauend auf den verschiedenen Modellvorstellungen zur Depression wurden unterschiedliche Behandlungsansätze entwickelt (operante und kognitive Behandlungsansätze), die im folgenden dargestellt werden.

Operante Methoden

Insbesondere bei jüngeren Kindern bieten sich operante Methoden zur Behandlung der Depression an. Ziel ist es, die Kinder wieder zu angenehmen Aktivitäten anzuleiten und dabei kleinste Erfolge zu belohnen. Das Kind oder die Eltern werden befragt, welche Dinge das Kind vor der Depression gerne unternommen hat. Bei der Auswahl der Aktivitäten ist es sinnvoll, körperliche Aktivitäten wie sportliche Unternehmungen mit einzubeziehen, da sie im besonderen Ausmaß mit depressiven Zuständen unvereinbar sind.

Soziales Kompetenztraining

Bestehen bei dem Kind Defizite bezüglich der sozialen Kompetenz, ist es notwendig, durch Verhaltensübungen, Verhaltensrückmeldungen, Modellernen und Rollenspieltechniken sozial kompetentes Verhalten bei dem Kind aufzubauen. Hierbei bietet es sich an, das Kompetenztraining mit operanten Methoden zu kombinieren, indem auch hier Erfolge systematisch verstärkt werden. Depressive Kinder haben häufig Probleme, sich durchzusetzen, eine eigene Meinung zu vertreten oder Gleichaltrigen zu widersprechen. Anhand der Vorgabe von Modellen und der konkreten Rückmeldung über das soziale Interaktionsverhalten des Kindes können zunächst die Defizite gemeinsam mit dem Kind exploriert und Veränderungsvorschläge erarbeitet werden. Anhand von Rollenspielen kann das Kind zunächst neue Verhaltensweisen in kleinen Schritten einüben. Im nächsten Schritt übt das Kind in Form von Verhaltensaufgaben die neuen Verhaltensweisen in seiner natürlichen Umgebung (Schule, bei Freunden, zu Hause). Diese Verhaltensübungen werden dann in der nächsten Therapiesitzung ausgewertet.

Kognitive Therapie

Insbesondere für Jugendliche ab der Adoleszenz bieten sich kognitive Verfahren zur Behandlung der depressiven Symptomatik an. Hierbei werden die depressionsfördernden Gedanken gemeinsam mit dem Jugendlichen bearbeitet. Zunächst werden die Jugendlichen über die Bedeutung von kognitiven Verzerrungen im Rahmen von Depressionen aufgeklärt. Hierauf folgt eine gemeinsame Analyse der individuellen depressionsfördernden Gedanken. Zunächst werden diese Gedanken identifiziert und im Anschluß herausgearbeitet, welche verzerrte Sichtweise (»logische Fehler«) dieser Gedanke beinhaltet. Schließlich entwickeln Therapeut und Jugendlicher gemeinsam alternative, nicht depressionsfördernde Gedanken, die der Jugendliche statt der bisherigen Gedanken einsetzen soll.

> Aufgrund der recht jungen Forschung im Bereich der Depression im Kindes- und Jugendaltern liegen erst wenige Studien zur Evaluation verhaltenstherapeutischer Behandlungen vor. Die wenigen vorliegenden Studien konnten keine Überlegenheit einer der oben vorgestellten Methoden nachweisen (Altherr, 1993). Abhängig von der individuellen Symptomatik des Kindes werden jedoch die verschiedenen Vorgehensweisen in der Behandlung miteinander kombiniert.

23.8
Funktionelle Enuresis

23.8.1
Klinische Beschreibung

Probleme in der Sauberkeitserziehung sind bei Kleinkindern häufig. Von einer funktionellen Enuresis kann aber frühestens dann gesprochen werden, wenn das Kind aufgrund einer Reihe organischer Reifungsprozesse überhaupt in der Lage ist, die Blase gut zu kontrollieren. Dies ist im Alter von 4 Jahren der Fall, wobei es hier große Schwankungen nach oben und unten geben kann.

> Die Enuresis ist durch wiederholtes Einnässen tagsüber oder in der Nacht gekennzeichnet, ohne daß eine organische Ursache hierfür vorliegt. Das Einnässen muß bei Kindern im Alter von 5–6 Jahren mindestens 2mal im Monat und bei älteren Kindern mindestens einmal im Monat auftreten.

Da das Einnässen auch organisch bedingt sein kann, ist eine urologische Untersuchung unbedingt erforderlich. Organische Ursachen können z. B. Harnwegsmißbildungen, Nieren- und Blaseninsuffizienzen oder chronische Infektionen sein. Näßt das Kind regelmäßig ein, ohne daß es zuvor mindestens einmal über 1 Jahr trocken war, spricht man von einer primären Enuresis. Tritt das Einnässen auf, nachdem das Kind über 1 Jahr trocken war, spricht man entsprechend von einer sekundären Enuresis.

> Bezüglich der Häufigkeit der funktionellen Enuresis gibt es sehr unterschiedliche Angaben. Die Zahlen schwanken für das Vorschulalter zwischen 3 und 10% und für das Schulalter zwischen 1 und 3%, wobei das Bettnässen deutlich häufiger ist als das Einnässen tagsüber. Die Enuresis tritt häufig im Rahmen von belastenden Situationen, mit anderen psychischen Problemen oder psychischen Störungen auf, insbesondere mit Alpträumen, Ängsten und Angststörungen oder mit oppositionellen Verhaltensweisen bzw. expansiven Verhaltensstörungen. Jungen sind offenbar häufiger betroffen als Mädchen.

23.8.2
Erklärungsansätze

Aufgrund der familiären Häufung von Enuresis werden sowohl genetische als auch Umweltfaktoren für die Enuresis diskutiert. Lerntheoretische Überlegungen nehmen an, daß bei dem Kind die für den Erwerb der Blasenkontrolle notwendigen Lernprozesse nicht oder falsch erfolgt sind. Sie müssen entsprechend durch eine lerntheoretisch orientierte Behandlung neu erworben werden. Als weitere Ursache wird in der Literatur ein tieferer Schlaf der Kinder mit Enuresis im Vergleich zu Kindern ohne Enuresis vermutet, der das Kind daran hindert, rechtzeitig vor dem Urinieren wach zu werden. Eindeutige empirische Beweise stehen jedoch für diese Hypothese noch aus. Da die Blasenkontrolle stark vom Entwicklungsstand des Kindes abhängig ist, wird schließlich auch eine Entwicklungsverzögerung bei einnässenden Kindern diskutiert. Hierfür spricht, daß diese Kinder häufig auch eine verzögerte Sprachentwicklung und retardierte grobmotorische Fertigkeiten aufweisen.

23.8.3
Therapie der Enuresis

Es liegen mehrere erfolgreiche Methoden zur Behandlung der Enuresis vor, die bei Grosse (1991) ausführlich beschrieben werden. Die Auswahl der für das jeweilige Kind geeigneten Methode erfolgt nach der Diagnostik in Anlehnung an die für das Einnässen verantwortlichen Faktoren. Eine weitere wichtige Überlegung bei der Auswahl der Therapiemethode ist, wie man dem Kind und der Familie schnell zu einem sichtbaren Anfangserfolg verhelfen kann. Im folgenden werden die Methode des Weckplans, Einhalte-/Blasentraining, Klingelapparat und Dry-bed-Training im Überblick dargestellt. Eine ausführliche Beschreibung dieser Methoden findet sich bei Grosse (1991, 1993).

Weckpläne
Mit Hilfe von Weckplänen sollen einnässende Kinder lernen, die Blasenkontrolle zu erlernen, indem die Aufwachschwelle des Kindes gesenkt und die Wahrnehmung des nächtlichen Harndrangs geschult wird. Zu einer zuvor festgelegten Zeit nach dem Schlafengehen des Kindes wecken die Eltern das Kind. Es wird dann vor die Wahl gestellt, die Blase zu entleeren oder nicht. Egal, wie sich das Kind entscheidet, wird es für sein Ver-

halten gelobt. Die Methode des Weckplans wird meist mit anderen Methoden kombiniert.

Einhalte-/Blasentraining

Ziel dieses Vorgehens ist es, das Kind zu trainieren, den Urin systematisch über zunehmend längere Zeiträume einzuhalten und somit die Wahrnehmungsfähigkeit für Harndrang und Blasenkapazität zu schulen. Mit dem Kind wird vereinbart, daß es ab sofort der Mutter oder dem Vater mitteilt, wenn es Harndrang verspürt. Das Kind wird dann von den Eltern gebeten, den Urin noch eine Weile zurückzuhalten und erst dann die Blase zu entleeren. Der Zeitraum bis zur Entleerung der Blase wird hierbei immer weiter gesteigert. Meist wird mit einem Aufschub von 3–5 Minuten begonnen. Am Ende des Trainings soll das Kind in der Lage sein, die Blasenentleerung 30–60 Minuten aufzuschieben.

Klingelapparat

Die Methode des Klingelapparats ist die älteste zur Behandlung der Enuresis. In Form einer Klingelhose oder einer Klingelmatte wird eine Verbindung zwischen einem Metallgitter, das für Nässe sensibel ist, und einem Wecker hergestellt. Wird die Klingelhose oder Klingelmatte feucht, wird der Kontakt geschlossen, und der Wecker läutet. Das Kind wacht auf, geht zur Toilette und entleert dort die Blase vollständig. Anschließend wechselt es das Bettuch und bereitet den Klingelapparat wieder vor.

Dry-bed-Training

Ziel dieses Trainings ist es, daß das Kind die verschiedenen Füllungszustände der Blase sicher wahrnehmen und unterscheiden lernt und daß das Kind am Ende des Trainings über mehrere Selbstkontrollreaktionen verfügt, die das Trockenbleiben gewährleisten. Bei diesem Training werden die folgenden Methoden miteinander kombiniert: Weckpläne, Klingelapparat, Einhaltetraining, Verhaltensübungen und Reinlichkeitstraining.

Die Enuresis gehört zu den häufigsten Problemen des Kindesalters. Verhaltenstherapeutische Behandlungen zeigen schon nach kurzer Behandlungsdauer stabile Erfolge. Die Behandlungsansätze versuchen dabei auf verschiedene Weise, das Kind in der Blasenkontrolle zu schulen. Das Training der Blasenkontrolle wird hierbei meist mit operanten Methoden kombiniert.

Zusammenfassung

Psychische Störungen im Kindes- und Jugendalter sind weit verbreitet und nehmen bei einem Teil der davon betroffenen Kinder und Jugendlichen einen chronischen Verlauf. Im vorliegenden Kapitel werden die Aufmerksamkeits- und Hyperaktivitätsstörung, expansive Verhaltensstörungen, Angststörungen, depressive Störungen und die funktionelle Enuresis dargestellt. Im 1. Teil wird über Prävalenz, Verlauf und Komorbidität dieser Störungsbilder berichtet und im Anschluß daran die einzelnen Schritte des diagnostischen Vorgehens bei Kindern und Jugendlichen beschrieben. Im 2. Teil werden die Störungsbilder im einzelnen dargestellt. Hierbei wird jeweils auf klinisches Erscheinungsbild, Erklärungsansätze und verhaltenstherapeutische Behandlungsansätze eingegangen. Zusätzlich dienen kurze Fallbeispiele der anschaulichen Beschreibung der Störungsbilder. Die Zusammenschau der derzeit vorliegenden Forschungsliteratur zeigt, daß insbesondere für die Erklärung und Behandlung psychischer Störungen bei Kindern und Jugendlichen noch ein großer Wissensbedarf besteht. So weisen etwa die bisher vorliegenden Behandlungsansätze für die Aufmerksamkeits- und Hyperaktivitätsstörung und die expansiven Verhaltensstörungen lediglich moderate Behandlungserfolge auf. Ein besonderes Problem stellen hier zudem die vergleichsweise hohen Verweigerer- bzw. Abbrecherraten dar. Bei den Angst- und depressiven Störungen fehlt es an spezifischen Modellvorstellungen und Behandlungsansätzen, die die Besonderheiten dieser Störungen bei Kindern und Jugendlichen berücksichtigen. Lediglich für die funktionelle Enuresis liegen effektive Behandlungskonzepte vor, die stabile Erfolge zeigen und eine kindgerechte Vorgehensweise berücksichtigen.

Literatur

Altherr, P. (1993). Depression. In H. C. Steinhausen & M. von Aster (Hrsg.), *Handbuch Verhaltenstherapie und Verhaltensmedizin bei Kindern und Jugendlichen*. Weinheim: Beltz.

American Academy of Child and Adolescent Psychiatry (1991). Practice parameters for the assessment and treatment of attention-deficit hyperactivity disorder. *Journal of the American Academy of Child and Adolescent Psychiatry, 30,* I–III.

American Psychiatric Association (Ed.) (1994). *Diagnostic and statistical manual of mental disorders (4th ed.; DSM IV)*. Washington/DC: American Psychiatric Press.

Barkley, R. A. (1989). The problem of stimulus control and rulegoverned behavior in attention deficit disorder with hyperactivity. In L. M. Bloomingdale & J. M. Swanson (Eds.), *Attention deficit disorder*. Oxford: Pergamon.

Barkley, R. A. (1990). *Attention deficit hyperactivity disorder: a handbook for diagnosis and treatment*. Hove, East Sussex: Guilford.

Dilling, H., Mombour, W. & Schmidt, M. H. (Hrsg.) (1994). *Internationale Klassifikation psychischer Störungen, ICD-10 Kapitel V (F) Forschungskriterien*. Bern: Huber.

Döpfner, M. (1995). Hyperkinetische Störungen. In F. Petermann (Hrsg.), *Lehrbuch für klinische Kinderpsychologie*. Göttingen: Hogrefe.

Döpfner, M. & Lehmkuhl, G. (1995). Elterntraining bei hyperkinetischen Störungen. In H. C. Steinhausen (Hrsg.), *Hyperkinetische Störungen im Kindes- und Jugendalter*. Stuttgart: Kohlhammer.

Döpfner, M., Schürmann, S. & Fröhlich, J. (1997). *Therapieprogramm für Kinder mit hyperkinetischem und oppositionellem Problemverhalten THOP*. Weinheim: Psychologie Verlags Union.

Douglas, V. (1980). Treatment and training approaches to hyperactivity: establishing internal or external control. In C. K. Wahlen & B. Henker (Eds.), *Hyperactive children. The social ecology of identification and treatment*. New York: Academic Press.

Eisen, A. R., Kearney, C. A. (1995). *Practitioner's guide to treating fear and anxiety in children and adolescents. A cognitive-behavioral approach*. Northvale. Aronson.

Esser, G. & Schmidt, M. H. (1987). *Minimale cerebrale Dysfunktion – Leerformel oder Syndrom? Empirische Untersuchung zur Bedeutung eines zentralen Konzepts in der Kinderpsychiatrie*. Stuttgart: Enke.

Esser, G., Blanz, B., Geisel, B. & Laucht, M. (1989). *Mannheimer Elterninterview – Manual*. Weinheim: Beltz.

Esser, G., Schmidt, M. H., Blanz, B., Tätkenheuer, B., Fritz, A., Koppe, T., Laucht, M., Rensch, B. & Rothenberger, W. (1992). Prävalenz und Verlauf psychischer Störungen im Kindes- und Jugendalter. *Zeitschrift für Kinder- und Jugendpsychiatrie, 4*, 232–242.

Feingold, B. F. (1975). *Why your child is hyperactive*. New York: Random House.

Frick, P. J., Lahey, B. B., Loeber, R., Stouthamer-Loeber, M., Christ, M. A. G. & Hanson, K. (1992). Familial risk factors to oppositional defiant disorder and conduct disorder: parental psychopathology and maternal parenting. *Journal of Consulting and Clinical Psychology, 1*, 49–55.

Grosse, S. (1991). *Bettnässen* (2. überarb. Aufl.). München: PVU.

Grosse, S. (1993). Enuresis. In H. C. Steinhausen & M. von Aster (Hrsg.), *Handbuch Verhaltenstherapie und Verhaltensmedizin bei Kindern und Jugendlichen*. Weinheim: Beltz.

Jones, M. C. (1924). A laboratory study of fear: the case of Peter. *Pedagogical Seminary and Journal of Genetic Psychology, 31*, 308–315.

Lang, P. J. & Lazovik, A. D. (1963). Experimental desensitization of phobias. *Journal of Abnormal and Social Psychology, 66*, 519–525.

Lauth, G. W. & Schlottke, P. F. (1997). *Training mit aufmerksamkeitsgestörten Kindern. Diagnostik und Therapie* (3. überarb. Aufl.). Weinheim: Beltz.

Lewinsohn, P. M., Hops, H., Roberts, R. E., Seely, J. R. & Andrews, J. A. (1993). Adolescent psychopathology: I. Prevalence and incidence of depression and other DSM-III-R disorders in high school students. *Journal of Abnormal Psychology, 1*, 133–144.

Marcus, A., Blanz, B., Esser, G., Niemeyer, J. & Schmidt, M. H. (1993). Beurteilung des Funktionsniveaus bei Kindern und Jugendlichen mit psychischen Störungen. *Kindheit und Entwicklung, 2*, 166–172.

Mattejat, F. & Scholz, M. (1994). *Das subjektive Familienbild (SFB)*. Leipzig-Marburger Familientest. Göttingen: Hogrefe.

Mowrer, O. H. & Mowrer, W. M. (1938). Enuresis: a method for its study and treatment. *American Journal of Orthopsychiatry, 8*, 436–459.

Petermann, F. & Petermann, U. (1994a). *Training mit aggressiven Kindern. Einzeltraining, Kindergruppen, Elternberatung* (7. Aufl.) Weinheim: Beltz.

Petermann, U. & Petermann, F. (1994b). *Training mit sozial unsicheren Kindern. Einzeltraining, Kindergruppen, Elternberatung* (5. überarb. Aufl.). Weinheim: Beltz.

Petermann, F. & Warschburger, P. (1995). Aggression. In F. Petermann (Hrsg.), *Lehrbuch der klinischen Kinderpsychiatrie*. Göttingen: Hogrefe.

Remschmidt, H. & Schmidt, M. H. (Hrsg.) (1994). *Multiaxiales Klassifikationsschema für psychische Störungen des Kindes- und Jugendalters nach ICD-10 der WHO. Mit einem synoptischen Vergleich von ICD-10 mit ICD-9 und DSM-III-R* (3. rev. Aufl.). Bern: Huber.

Saß, H., Wittchen, H.-U. & Zaudig, M. (1996). *Diagnostisches und Statistisches Manual Psychischer Störungen. DSM-IV*. Göttingen: Hogrefe.

Schmidtke, A. & Häfner, H. (1986). Die Vermittlung von Selbstmordmotivation und Selbstmordhandlung durch fiktive Modelle. Die Folgen der Fernsehserie »Tod eines Schülers«. *Nervenarzt, 57*, 502–510.

Schneider, S. (1994). Angstdiagnostik bei Kindern. *Kindheit und Entwicklung, 9*, 164–171.

Schneider, S. (1995). *Psychologische Transmission des Paniksyndroms*. Donauwörth: Auer.

Schneider, S., Florin, I. & Fiegenbaum, W. (1993). Phobien. In H. C. Steinhausen & M. von Aster (Hrsg.), *Handbuch Verhaltenstherapie und Verhaltensmedizin bei Kindern und Jugendlichen*. Weinheim: Beltz.

Schneider, S., Unnewehr, S. & Margraf, J. (1995). Diagnostisches Interview Psychischer Störungen im Kindes- und Jugendalter – Handbuch. In S. Unnewehr, S. Schneider & J. Margraf (Hrsg.), *Diagnostisches Interview Psychischer Störungen im Kindes- und Jugendalter (Kinder-DIPS)*. Berlin: Springer.

Steinhausen, H. C. (1995) Der Verlauf hyperkinetischer Störungen. In: H. C. Steinhausen (Hrsg.), *Hyperkinetische Störungen im Kindes- und Jugendalter*. Stuttgart: Kohlhammer.

Unnewehr, S. (1995). Diagnostik psychischer Störungen bei Kindern und Jugendlichen mit Hilfe strukturierter Interviews. *Zeitschrift für Kinder- und Jugendpsychiatrie, 23*, 121–132.

Unnewehr, S., Schneider, S. & Margraf, J. (Hrsg.) (1995). *Diagnostisches Interview Psychischer Störungen im Kindes- und Jugendalter (Kinder-DIPS)*. Berlin: Springer.

Weiterführende Literatur

Mash, E. J. & Barkley, R. A. (Eds.) (1989). *Treatment of childhood disorders*. New York: Guilford.

Ollendick, T. H. & Hersen, M. (Eds.) (1989). *Handbook of child psychopathology* (2nd ed.). New York: Plenum.

Petermann, F. (Hrsg.) (1995). *Lehrbuch der Klinischen Kinderpsychologie*. Göttingen: Hogrefe.

Steinhausen, H. C. & Aster, M. von (Hrsg.) (1993). *Handbuch Verhaltenstherapie und Verhaltensmedizin bei Kindern und Jugendlichen*. Weinheim: Beltz.

KAPITEL 24

Probleme bei Neugeborenen und Kleinkindern 24

DIETER WOLKE

24.1
Darstellung der Störungen

24.1.1
Exzessives Schreien

Die *Schreidauer* zeigt einen charakteristischen Verlauf beim »normalen« Säugling (Wolke, 1994a):

- Die Schreidauer steigt von ca. 1,75 Stunden pro Tag auf ca. 2,5 Stunden bis zur 6. Lebenswoche an,
- sie sinkt auf ca. 1 Stunde bis zum 4. Lebensmonat,
- sie stabilisiert sich bis zum Ende des 1. Lebensjahres auf diesem Niveau,
- etwa 40% aller Säuglinge schreien während der ersten 3 Lebensmonate am meisten in den Abendstunden zwischen 16.00 und 23.00 Uhr.

Exzessives Schreien, oft auch als Kolikenschreien bezeichnet, ist definiert durch eine *erhöhte Dauer* des Schreiens. Die am besten akzeptierte Definition ist die sog. *3er-Regel*:

> Schreien und Nörgeln für mehr als 3 Stunden am Tag für mehr als 3 Tage pro Woche für die letzten 3 Wochen (Wessel et al., 1954).

Andere klinische Symptome, wie Beine anziehen, Blähungen oder Erbrechen, können, müssen aber nicht auftreten. Circa 10–20% der Eltern berichten über belastende Schreiprobleme in den ersten Lebensmonaten.

24.1.2
Schlafprobleme

Große Veränderungen in der *physiologischen Schlaforganisation*, dem *zirkadischen* (Tag-Nacht) und *ultradiadischen* (innerhalb des Tages) Rhythmus und in der Schlafdauer finden im 1. Lebensjahr statt (Wolke, 1994b). Die zirkadische Schlaf-Wach-Organisation beginnt in den ersten Lebenswochen mit zunehmender Plazierung der längsten Schlafperioden in der Nacht. Die Differenzierung in aktiven (REM), leichten (NREM-Stadium 1,2) und tiefen Schlaf (NREM-Stadium 3,4) vollzieht sich in der 1. Hälfte des 1. Lebensjahres.

Mit ca. 6–8 Lebensmonaten ist der Schlaf des Säuglings dem des Erwachsenen strukturell sehr ähnlich, allerdings haben Kleinkinder noch mehrere Schlafphasen während des Tages.

Die *Schlafdauer* reduziert sich von ca. 14–16 Stunden beim Neugeborenen auf ca. 12–13 Stunden beim 2jährigen.

Kleinkinder haben v. a. *Ein- und Durchschlafprobleme*. Im strengen Sinne sind dies zumeist keine Probleme für die Kleinkinder, sondern Belastungen für die Eltern.

> - Durchschlafprobleme liegen vor, wenn das Kind älter als 6 Monate ist und an 5 Nächten pro Woche mindestens einmal pro Nacht (zwischen 0 und 5 Uhr) aufwacht.

- Schwere Durchschlafprobleme liegen vor, wenn es mehrmals pro Nacht aufwacht.
- Einschlafprobleme liegen vor, wenn das Kind länger als 1 Stunde zum Einschlafen braucht.

Die *Prävalenz* von Durchschlafproblemen liegt bei ca. 20–25% (Wolke, 1994a; Wolke et al., 1998).

24.1.3
Fütterungs- und Eßprobleme

Alle gesunden Säuglinge nehmen zunächst Flüssigkeit durch Stillen oder Flasche zu sich. Zwischen dem 3. und 6. Lebensmonat wird feste Nahrung eingeführt, und zwischen dem 9. und 15. Lebensmonat möchte sich das Kind zunehmend selbst, zuerst mit den Händen, dann mit dem Löffel, füttern (Wolke, 1994b). Erfolgreiches Füttern (Skuse & Wolke, 1992) setzt voraus:

- anatomische Reifung,
- die Entwicklung angemessener oral-motorischer Fähigkeiten (von Lippenschluß bis Kauen),
- angemessene Positionierung beim Füttern und
- angemessene Eltern-Kind-Interaktion.

Circa 0,4% aller Klinikeinweisungen werden aufgrund von schweren Fütterungsproblemen vorgenommen. Bei etwa 1,4% der Kinder werden schwere Fütterungsprobleme durch niedergelassene Ärzte identifiziert, und ca. 20–25% aller Eltern berichten von Fütterungsproblemen in den ersten 2 Lebensjahren (Lindberg et al., 1991). In den *ersten 6 Lebensmonaten* sind die häufigsten Probleme

- tägliches Erbrechen (3–6%),
- Eßverweigerung (2%),
- Verweigerung jeglicher fester Nahrung (4–5%),
- geringer Appetit (1–2%) sowie
- Schluckprobleme (ca. 1%).

Bei ca. 5% finden sich Schwierigkeiten beim Abstillen. Leichtere Probleme, wie z.B. vorübergehende Stillschwierigkeiten, sind in diesen Prävalenzangaben nicht berücksichtigt.

Nach dem 6. Lebensmonat sind die häufigsten Fütterungsprobleme

- Verweigerung jeglicher Nahrung (ca. 3%),
- Verweigerung fester Nahrung (ca. 4%) sowie
- geringer Appetit (ca. 3%).

Eßverweigerer zeigen in über der Hälfte der Fälle eine *Wachstumsretardierung*, d.h. sie nehmen substantiell weniger zu als Normalesser. Eine weitere Diagnose, die *Gedeihstörung* (»failure to thrive«) kann, muß aber nicht, mit offensichtlichen Eßstörungen assoziiert sein. Charakteristisch für die Gedeihstörung ist ein Abfall des Gewichts unter 1,88 Standardabweichungen (<3. Gewichtsperzentil) in den ersten 2 Lebensjahren.

Die *Prävalenz* liegt bei ca. 3% in der Kleinkindpopulation (Wolke et al., 1990; Skuse et al., 1994a).

24.2
Langzeitfolgen und Persistenz

Schlafprobleme zeigen eine mittlere Persistenz, so daß Kinder mit Durchschlafproblemen in den ersten 2 Lebensjahren etwa 2–3mal häufiger Durchschlafprobleme im späteren Vorschulalter entwickeln als Durchschläfer (Wolke et al., 1995a). *Fütterungsprobleme*, insbesondere Eßverweigerung und Gedeihstörung, zeigen eine *hohe Kontinuität* mit keiner oder nur einer geringen Verbesserung des klinischen Bildes in den ersten Lebensjahren. Kontinuität der Diagnose Eßverweigerung wird bei bis zu 85% der Kinder über die Vorschuljahre hinweg berichtet (Lindberg et al., 1994; Dahl & Sundelin, 1992). Es besteht häufig eine substantielle *Komorbidität* (gemeinsames Auftreten der Symptome) zwischen exzessivem Schreien, Schlafproblemen und Fütterungsstörungen (Wolke et al., 1994b, 1995b, 1998), weshalb eine unabhängige Bewertung der Langzeitfolgen für die jeweiligen diagnostischen Gruppen schwierig ist.

Alle 3 Störungsbilder (insbesondere schwere Fütterungsprobleme) sind assoziiert

- mit einer Häufung von hyperaktivem Verhalten im Vorschulalter und
- häufigeren Problemen der Eltern-Kind-Interaktion.

Spätere *Bindungsstörungen* sind bei exzessivem Schreien und Eßverweigerung beobachtet worden (Wolke, 1994b; Wolke, 1995; Lindberg, 1994). Die Symptome sind gehäuft Auslöser für körperliche Mißhandlung durch die Eltern, z.B. »Mutter erschlug Kind, weil es zuviel schrie« (Münchner Abendzeitung, 3.7.95).

Insbesondere die *vollkommene Eßverweigerung und Gedeihstörung*

- ist lebensbedrohlich aufgrund von gesundheitlichen Folgeschäden (Infektionserkrankungen, Durchfälle, Anämien etc.);
- eine Häufung von *plötzlichem Kindstod* ist bei Gedeihstörungskindern beobachtet worden;
- relativer Gewichtsverlust bei schwerer Fütterungs- und Gedeihstörung, besonders in der 1. Hälfte des 1. Lebensjahres, führt zu stark erhöhten *kognitiven Defiziten* im Kleinkind- und Vorschulalter (Wolke, 1994b; Skuse et al., 1994b).

Alle Störungen führen zu einer starken Belastung der Eltern, die sich oft in psychosomatischen Störungen, Depression und Partnerproblemen zeigen. Circa 10–15% aller Eltern suchen v. a. bei Kinderärzten Hilfe für exzessives Schreien, 7–14% für Schlafprobleme und ca. 18–20% für Fütterungsprobleme. Viele der Eltern sind jedoch unzufrieden mit der Hilfe, die sie erhalten (z. B. Lindberg et al., 1991; Wolke et al., 1994b), da sowohl Ärzte als auch Psychologen in der Diagnose und Behandlung früher Regulationsstörungen nicht im Studium ausgebildet werden.

24.3
Kognitiv-verhaltenstheoretisches Störungskonzept

Schreien, Schlafen und Essen sind *primäre biologische Bedürfnisse*. Schreien ist die erste Form kindlicher Kommunikation und ein hoch erregendes Signal, das zu erhöhter Nähe zu den Eltern (z. B. auf den Arm nehmen, reden zum Kind etc.) bzw. zur Nahrungsgabe führt. Schlafen ist notwendig zur Regeneration des Körpers und des ZNS sowie zur Verarbeitung kognitiver Stimuli. Essen ist die Voraussetzung zur ZNS-Entwicklung und zu körperlichem Wachstum, insbesondere im 1. Lebensjahr, da zu dieser Zeit Wachstum fast ausschließlich durch Nahrungsaufnahme und nicht durch Wachstumshormone reguliert wird (Skuse, 1993).

> Exzessives Schreien, Durchschlafprobleme und Fütterungsprobleme in den ersten 4–6 Lebensmonaten deuten auf eine nicht genügend entwickelte eigene Kompetenz des Kindes zur *internen Regulation von Verhaltensabläufen* hin.

Diese sind teilweise durch individuelle Unterschiede der Verhaltensregulation, dem *Tempera-ment* der Kinder, erklärbar. Die Säuglinge sind schwieriger, d. h. weniger anpassungsfähig und reaktiver auf interne und externe Stimuli (z. B. Wolke et al., 1994b; Wolke, 1990; Scher, 1992; Lindberg, 1994). Zum Beispiel treten exzessives Schreien, Schlaf- oder Fütterungsprobleme gleich häufig bei Erst- und Spätergeborenen auf, d. h. sie sind nicht von der Erziehungserfahrung der Eltern als solches abhängig. Hinweise auf Familiarität, d. h. auf *genetische Faktoren* gibt es für frühe Fütterungsprobleme. Zudem unterscheiden sich Kleinkinder in ihrer Entwicklungsgeschwindigkeit, d. h. manche erwerben bestimmte Kompetenzen später als andere (Reifung; z. B. Lippenschluß, Kaubewegungen usw.).

> Die Probleme werden verstärkt und aufrechterhalten durch die Behinderung oder zu geringe Unterstützung der *Entwicklung interner Kontrolle* des Kindes.

Es besteht ein dysfunktionales Zusammenwirken von kindlichen Charakteristiken und elterlichem Erziehungsverhalten. Eltern-Kind-Interaktionsstörungen sind daher häufig vorzufinden.

> Klassische lerntheoretische Modelle sind in den ersten Lebensmonaten nur bedingt anwendbar, da sich gerade im Säuglingsalter bestimmte neurologische, physiologische und kognitive Voraussetzungen zum Erkennen von Kontingenzen, der Separation und Erkennen von inneren und äußeren Stimuli (kognitive Fähigkeiten) und affektiver Qualitäten entwickeln.

Mit ca. 3–4 Monaten ist eine *erste bio-behaviorale Veränderung* erkennbar, die sich sowohl physiologisch wie auch in kognitiven Fähigkeiten zeigt (Trevarthen, 1987; Wolff, 1987). Der Säugling kann zwischen inneren und äußeren Stimuli klar und zuverlässig differenzieren und einfache kausale Zusammenhänge erkennen (sog. primäre Intersubjektivität). Operante Konditionierung beginnt erst jetzt erfolgreich zu sein.

> In den ersten 3 Lebensmonaten führt z. B. Aufmerksamkeitsentzug (operante Konditionierung) bei Schreien zu *keiner positiven Veränderung* des Schreiverhaltens (z. B. Bell & Ainsworth, 1972; Hubbard & van Izjendoorn, 1991), denn die elterliche Intervention ist biologisch sinnvoll.

Temperamentbedingtes (konstitutionelles) *Schreien* wird jedoch aufrechterhalten oder verstärkt durch Maßnahmen, die dem Kind keine eigene biologische Verhaltenskontrolle erlauben wie z. B.:

- Fehlen einer für die Verhaltensregulation unterstützenden Regelmäßigkeit des Tagesablaufs,
- Übermüdung durch sich dauernd ändernde Aktivitäten,
- überstimulierende Tätigkeiten wie »Cocktailshaker-Tragen« (kräftiges, schnelles »Wiegen« an der Schulter),
- Unterstimulation aufgrund der Überschätzung des Schlafbedürfnisses.

Hierzu gehört auch das Fehlen von Möglichkeiten für das Kind, eigene Kompetenzen der Selbstberuhigung aufzubauen, da *differentielle Antworten* auf unterschiedliche Schreisignale fehlen. Konkret bedeutet dies, daß die Eltern jeweils sofort eingreifen und nicht je nach Signal kurz warten, um zu sehen, ob sich das Kind selbst beruhigen kann (Demos, 1986; Larson & Ayllon, 1990).

Ähnlich ist eine *unterstützende und geregelte Organisation der Umwelt* für die Entwicklung regelmäßigen Schlafens notwendig. Die neurologischen Voraussetzungen zur zirkadischen Schlaf-Wach-Regulation sind bei der Geburt angelegt (Shimada et al., 1993; Wolke, 1994c). Der *angeborene interne Zeitgeber* hat einen 25-Stunden-Rhythmus, der durch externe Zeitgeber auf einen 24-Stunden-Rhythmus sowie Tag- und Nachtschlaf synchronisiert werden muß durch:

- v. a. Hell-Dunkel-Wechsel,
- regelmäßige Organisation der Umwelt (Essenszeiten, Bettzeiten, Erziehungsmaßnahmen).

Kinder müssen erst lernen, nachts durchzuschlafen. Während es biologisch sinnvoll ist, in den ersten Monaten zur Nahrungsaufnahme nachts aufzuwachen (Wolke, 1994b; Skuse et al., 1994a), ist dies jedoch nach dem 4.–6. Lebensmonat nicht mehr der Fall.

Mit *ca. 6–8 Monaten* zeigt sich eine *zweite biobehaviorale Veränderung* (z. B. sind nun die physiologischen Grundstrukturen des Schlafs gelegt) und eine klare, interne Repräsentation primärer Bezugspersonen entwickelt sich (fremdeln, Trennungsängste etc.). Kognitives Verständnis von Ursache und Wirkung sowie ein Verständnis von Intentionen anderer sind nachweisbar (sekundäre Intersubjektivität).

Ab dem 6. Lebensmonat sind Schreianfälle und Schlafprobleme durch *klassische und operante Lernmodelle* erklärbar; Wutanfälle, begleitet von Schreien oder Sich-auf-den-Boden-Werfen, um bestimmte Ziele zu erreichen (z. B. Erhalten von Aufmerksamkeit), werden eingesetzt. Ähnlich schreit und tobt das Kind nachts, um von den Eltern Aufmerksamkeit zu bekommen (aus dem Bett genommen zu werden, spielen etc.).

Frühe Saugprobleme und Erbrechen sind häufig durch *kindliche Prädispositionen* erklärbar, wobei unangebrachtes Fütterungsverhalten (z. B. falsche Positionierung, laute Geräusche, wechselnde Umgebung) und zunehmende Hektik von seiten der Mutter die geringe interne Kontrolle des Kindes weiter strapazieren (Wolke & Skuse, 1992; Wolke, 1987; Wolke & Eldridge, 1992). *Eßverweigerung*, insbesondere die Verweigerung von fester Nahrung, die häufig ab ca. dem 4. Lebensmonat beobachtet wird, kann mit einer Kombination von biologischen und verhaltenstheoretischen Modellen erklärt werden.

Eßverweigerung bei Säuglingen (ab ca. dem 4.–6. Lebensmonat) wird verstärkt und aufrechterhalten durch operante Konditionierung, klassische Reizassoziation und aversive Konditionierung.

Zwischen dem 4. und 6. Lebensmonat zeigt sich eine erhöhte Sensibilisierung für feste Nahrung, was biologisch sinnvoll ist, da Stillen alleine nach dem 6. Lebensmonat *nicht* den Bedarf an Kalorien und Proteinen usw. für ausreichendes körperliches Wachstum aufrechterhalten kann. Es zeigt sich z. B. eine Vorliebe für Sodium, das in der Brustmilch nur in sehr geringen Mengen vorkommt (Harris et al., 1990). Während dieser Phase (4.–8. Monat), in welcher auch die anatomischen (Gaumenentwicklung) und neurologischen Voraussetzungen (Beißen, Zungenbewegung etc.) gelegt werden, ist eine *hohe Bereitschaft* zur Einführung fester Nahrung gegeben. Wird diese nicht wahrgenommen, z. B. durch verlängertes ausschließliches Stillen, wird es zunehmend schwieriger, feste Nahrung einzuführen (Illingworth & Lister, 1964; Wolke, 1994b). Die Säuglinge signalisieren durch Schreien nach dem Stillen (Kind nicht befriedigt) und nächtliches Schreien, daß ein Bedürfnis fürs Zufüttern besteht (Harris, 1988; Wright, 1987).

- Viele Kinder lehnen neue, feste Nahrung gelegentlich ab. Entschließen sich die Eltern dann, dem Kind keine weitere feste Nahrung zu geben (weiterhin Stillen, Flasche geben) oder wird nur eine bestimmte beliebte Nahrung als Anreiz gegeben oder/und wird gleichzeitig dem Ablehnen besondere Aufmerksamkeit geschenkt, dann wird die Eßverweigerung belohnt (*operante positive Verstärkung*).
- Gleichzeitig bildet sich oft eine besondere Nervosität der Eltern beim Füttern heraus (denn »Man muß ja was in das Kind hineinbekommen«), die im *klassischen Konditionierungsmodell* als unkonditionierter Stimuli Angst und Anspannung beim Kind hervorruft; dies, kombiniert mit dem konditionierten Stimuli Essen, führt zu unangebrachtem kindlichem Eßverhalten (Linscheid & Rasnake, 1985).
- Andererseits haben manche Kinder, die aufgrund ihres Temperaments- und Entwicklungsstandes noch nicht bereit sind, feste Nahrung anzunehmen, häufig aversive Erfahrungen gemacht wie z. B. Zwangsfütterung, Überstimulation im oralen Bereich durch Löffel (unangebrachte Metallöffel) etc. Dies findet sich oft bei in früher Kindheit erkrankten Kindern, die oro- oder naso-gastrisch gefüttert wurden (häufiges Setzen der Sonde) und/oder schlecht schmeckende Medikamente oral verabreicht bekamen, d. h. *aversiv konditioniert* wurden (DiScipio et al., 1978).

In allen Fällen ist Fütterung nicht mehr mit angenehmen Empfindungen und einer ruhigen, sozial verstärkenden Atmosphäre assoziiert.

24.4 Therapeutisches Vorgehen

24.4.1 Exzessives Schreien und Schlafprobleme

Das Vorgehen gliedert sich in 4 Schritte.

> Der 1. Schritt beinhaltet die somatische Kind-Anamnese und die Erfassung des Schrei-, Schlaf- und Fütterungsverhaltens des Kindes mit einem Tagebuch über eine 7-Tage-Periode.

Zuerst sollte immer eine allgemeine *pädiatrische Untersuchung* erfolgen, um mögliche organische Ursachen auszuschließen. In seltenen Fällen sind die Schrei- oder Schlafprobleme organisch mitverursacht (z. B. Otitis media, Infektionen des urinalen Traktes, schwerer ösophagealer Reflux, chronisch vergrößerte Mandeln).

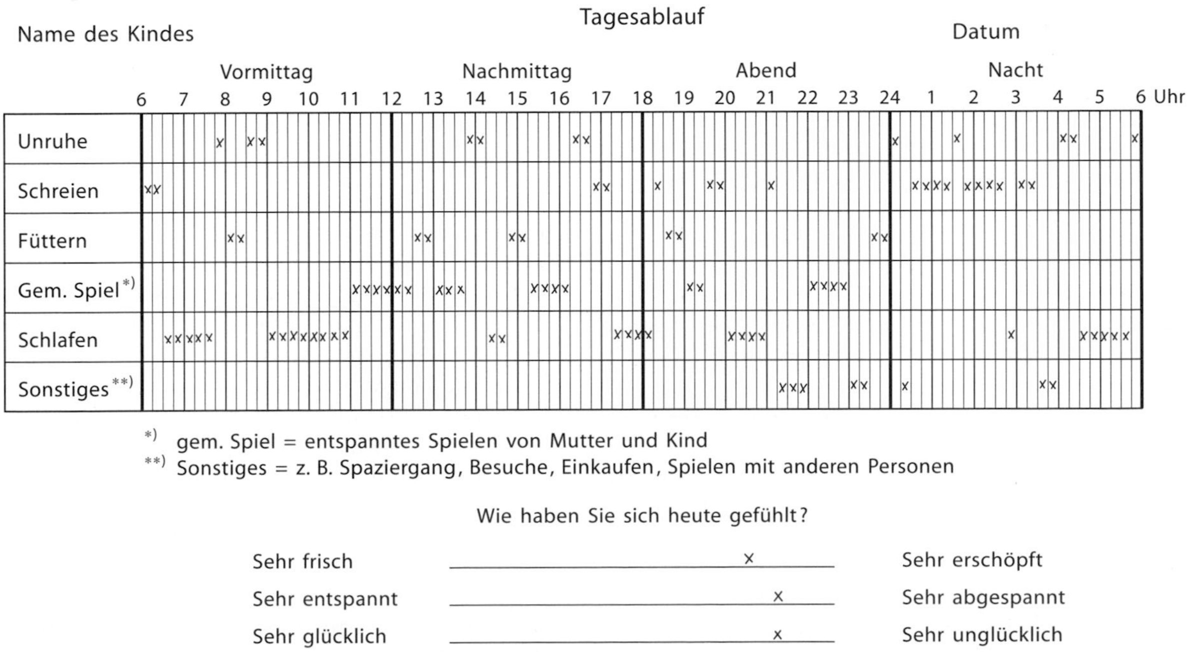

Abb. 24.1. Schlaf- und Schreiverhalten von Mario *vor* der Behandlung

Tagesablauf

Name des Kindes   Datum

	Vormittag						Nachmittag						Abend						Nacht					
	6	7	8	9	10	11	12	13	14	15	16	17	18	19	20	21	22	23	24	1	2	3	4	5	6 Uhr
Unruhe			x	xx					xx			xx								x		x		xx	x
Schreien	xx									xx		x		xx		x				xxxx	xxxx	xx			
Füttern			xx					xx		xx				xx					xx						
Gem. Spiel*)						xxxxxx	xxx			xxxx					xx			xxxx							
Schlafen		xxxxx		xxxxxxxxx						xx				xxxx		xxxx					x		xxxxx		
Sonstiges**)															xxx		xx		x			xx			

*) gem. Spiel = entspanntes Spielen von Mutter und Kind
**) Sonstiges = z. B. Spaziergang, Besuche, Einkaufen, Spielen mit anderen Personen

Wie haben Sie sich heute gefühlt?

Sehr frisch	_____ x _____	Sehr erschöpft
Sehr entspannt	_____ x _____	Sehr abgespannt
Sehr glücklich	_____ x _____	Sehr unglücklich

In der 1. Sitzung wird eine *Verhaltensanamnese* vorgenommen, und die Eltern werden gebeten, ein detailliertes Tagebuch auszufüllen. Hierzu haben wir 2 Versionen entwickelt, eine für Kinder unter 2 Jahren und eine für ältere Kinder (s. Wolke, 1994a). Für jedes 15-Minuten-Intervall wird das Verhalten des Säuglings (vgl. Abb. 24.1) über 7 aufeinanderfolgende Tage markiert. Unterhalb der Intervalle können die Eltern ihre Interventionen bei Wachen oder Schreien beschreiben. Dem Tagebuch werden in bezug auf das Schreiverhalten folgende Informationen entnommen:

- Wieviel schreit das Kind?
- Gibt es ein Muster des Schreiens und Nörgelns, z.B. tritt das Schreien zu bestimmten Zeiten auf, ist es regelmäßig über die 7-Tage-Periode hinweg?
- Gibt es ein regelmäßiges Schlaf- und Mahlzeitenmuster (d.h. liegt eine vorhersehbare tägliche Routine vor)?
- Wieviel soziale Stimulation erhält das Kind: wird regelmäßig zu wenig/zu viel gespielt?
- Gibt es besondere Strategien, die das Kind besonders effektiv beruhigen?
- Wie verhält sich das Kind bei »outings«, d.h. wenn andere besucht werden?

Bei Schlafproblemen werden ähnliche Informationen extrahiert:

- Wieviel schläft das Kind nachts, und wieviele Schlafperioden gibt es tagsüber?
- Gibt es ein regelmäßiges Muster des Schlafens (Nacht- und Tagesschlaf, Schwankungen von Tag zu Tag)?
- Wie lange braucht das Kind zum Einschlafen; wo schläft es ein?
- Wie häufig wacht es nachts auf, und welche Interventionen werden benutzt?
- Was tun die Eltern, um das Einschlafen zu unterstützen?

> Im 2. Schritt wird die Familiensituation, Elternpsychopathologie und Kinderfahrungen und -charakteristiken sowie Komorbiditäten abgeklärt.

Den Eltern werden 2 Fragebögen (Kind- und Elternfragebogen; Wolke et al., 1994b; Wolke et al., 1994c) vorgelegt. In dem Kindfragebogen werden der Verhaltensstil des Kindes (Temperament), andere Auffälligkeiten (z.B. Füttern) und die Schwangerschafts- und Geburtsgeschichte erfaßt. Es wird gefragt, wie die Eltern das Schreien wahr-

nehmen (z.B. schmerzhaft, abweisend etc.) und welche Gründe sie dem Schreien oder den Schlafproblemen zuschreiben (Attributionen). Wie häufig lassen sie das Kind ausschreien, wie oft erreichen sie die Grenzen der Verzweiflung? Im Elternfragebogen wird die demographische Familiensituation erfragt (z.B. auch Wohnsituation und Arbeitsroutine, z.B. Schichtarbeit des Vaters etc.) und verschiedene Screenings zum seelischen Wohlbefinden der Eltern durchgeführt (mütterliche Depression, Partnerbeziehung, soziale Unterstützungssysteme und Isolation). Diese Bedingungen bestimmen oft mit darüber, welche Behandlungsvorschläge durch die Eltern praktisch umgesetzt werden können.

Aus der gesamten Information aus Schritt 1 und 2 wird das Problemspektrum deutlich, und erste *Hypothesen* über die aufrechterhaltenen Bedingungen der Schrei- und Schlafproblematik werden formuliert. Die Wahrscheinlichkeit möglicher Mißhandlung sollte immer abgeklärt werden (ggf. ist eine Klinikeinweisung für einige Tage zur Entlastung der Eltern zu veranlassen).

> Im 3. Schritt werden die Hypothesen mit den Eltern besprochen, die Behandlung mit den Eltern geplant (ggf. ein Therapievertrag geschlossen) und durchgeführt.

In der 1. Behandlungssitzung werden die Erfahrungen der Eltern mit dem Tagebuch besprochen. Oft haben die Eltern selbst ein klareres Bild über die Art und Schwere der Probleme gewonnen und eigene Hypothesen entwickelt. Die Hypothesen des Therapeuten werden angesprochen und mit denen der Eltern verknüpft und hinterfragt. Da häufig verschiedene Probleme vorliegen, wird eine Hierarchie aufgestellt:

- Womit soll zuerst begonnen werden? Das gewählte Problem sollte innerhalb von 2 Wochen gelöst oder stark reduziert sein.
- Eine feste *Therapievereinbarung* wird getroffen, und es wird darauf aufmerksam gemacht, daß die Interventionen *konsistentes* Vorgehen der Eltern verlangen und eine große, oft zuerst belastende *Umstellung des Erziehungsverhaltens* notwendig sein kann. Falls die Vorschläge nicht akzeptabel sind, ist es oft besser, deren Umsetzung gar nicht erst zu versuchen.
- Weiterhin werden *die Konsequenzen eines Therapieerfolgs* eruiert und diskutiert. Durchschlafen bedeutet oft einen Zuwendungsverlust durch die Eltern für das Kind. Dies muß tagsüber ausgeglichen werden, um dem Kind ent-

sprechende Sicherheit zu bieten. Oft hat man durch die Schrei- oder Schlafprobleme etwas, worüber man klagen bzw. mit anderen sprechen kann – dies kann bei Therapieerfolg einen Verlust bedeuten. Oder das Kind »in der Besucherritze« verhindert intime Kontakte zwischen den Eltern. Schläft das Kind im eigenen Bett, so müssen sich die Partner mit der erneuten Möglichkeit zu intimen Kontakten auseinandersetzen, was bei einer problematischen Partnerschaftsbeziehung neues Konfliktpotential freisetzen kann.

Konkrete Strategien werden aufgrund folgender Prinzipien ausgewählt:

- die Therapie ist individuell *auf die Familie zugeschnitten,*
- entspricht dem Entwicklungsstand des Kindes und
- unterstützt die Entwicklung der internen Verhaltenskontrolle des Kindes.

Letzteres bedeutet insbesondere, daß dem Kind geholfen wird zu lernen, sich zunehmend selbst zu beruhigen und selbst einzuschlafen.

Konkrete Maßnahmen bei jungen Säuglingen (<6 Monate)

Adaptive Umweltbedingungen für interne Verhaltenskontrolle sollen geschaffen werden:

- Den Eltern wird *Information über die normale Entwicklung* des Schreiens und Schlafens gegeben; insbesondere auch zur normalen Variabilität, um realistische Erwartungen aufzubauen.
- Kinder, die selbst wenig Verhaltenskontrolle haben, brauchen eine *erhöhte Regelmäßigkeit in ihrem Tagesablauf.* Strikte Zeiten fürs Füttern, Schlaf- und Spielzeiten, Spaziergänge etc. werden eingeführt. Die Unterschiede im Elternverhalten zwischen Tag und Nacht sollen maximiert werden (z.B. nachts nur Füttern, Wickeln oder Zudecken, aber keine Spiele oder Reden beim Füttern usw.). Somit ergibt sich eine Vorhersehbarkeit der täglichen Ereignisse und eine klare Tag-Nacht-Differenzierung für den Säugling.
- *Überstimulation*, die gerade bei Schreibabys oft hervorgerufen wird durch dauerndes Herumtragen, kräftiges Wiegen (Cock-tail-shaker-Wiegen) und Schütteln, dauerndes Einreden, immer wechselnde Stimuli wie Rasseln, Farben etc. sollte reduziert werden. Das Kind hat keine Ruhe und kommt nicht zur Ruhe, es übermüdet und reagiert zunehmend gereizter. Manche Eltern sind in der Interaktion sehr intrusiv, betasten das Kind andauernd usw. Dieses Verhalten kann durch Diskussionen aufgezeichneter Interaktionsspiele in der Praxis modifiziert werden.
- Die Eltern müssen *feinfühliges Beobachten* ihres Babys lernen. Den Eltern muß vermittelt werden, den Zeichen positiven, aufmerksamen und engagierenden Verhaltens des Babys wieder mehr Aufmerksamkeit zu schenken und auf diese spielerisch mit positiver Interaktion, z.B. mit Gesichtsmimik und Redespielen (leicht stimulierende Spiele), einzugehen. Viele Eltern haben gelernt, sich nur noch auf das Nörgeln oder Schreien (»negatives Verhalten«) zu konzentrieren und haben eine erhöhte Bereitschaft, nur hierauf zu reagieren, erworben. Ruhige und aufmerksame Phasen des Kindes (»positives Verhalten«) wurden zunehmend ignoriert und kurzzeitig zum »Verschnaufen« benutzt.
- Methoden, die das langsame Erlernen kindeigener Verhaltenskontrolle verhindern, sollen vermieden werden. Hierzu gehören z.B. das »Übertricksen« des Kindes zum Schlafen. Beispiele sind das nächtliche Autofahren zum Einschlafen, Stillen oder die Flasche geben und das Kind »unbemerkt« ins Körbchen legen oder bei den Eltern auf der Couch vor dem Fernseher einschlafen lassen. Beim Schreien werden auch häufig ausgefallene Methoden durch verzweifelte Eltern angewandt, z.B. das Aufsetzen des Kindes »im Wipper« auf die Wäscheschleuder für intensive vestibulare Stimulation usw.
- Eine *klare Assoziierung zwischen der Umgebung und verschiedenen Aktivitäten*, insbesondere dem Schlafen, sollte aufgebaut werden. Das Kind sollte immer am selben Ort, z.B. im eigenen Bettchen, einschlafen. Wiegen oder der Schnuller im Bettchen sind durchaus zulässig, allerdings sollte das Kind nicht bis in den Schlaf »eingelullt« werden.
- Das Baby sollte mit der *Sicherheit,* daß die Eltern in der Nähe sind, einschlafen [»Mama (und Papa) sind da, du brauchst dir keine Sorgen zu machen«].

- Stimulierende Spiele eine Stunde vor der Schlafzeit sind verboten. Oft wird abends, wenn der Vater/Mutter nach Hause kommt, noch kräftig interagiert (»will soviel für meine Kleine tun wie es geht – sonst sehe ich sie ja nur weinend oder schlafend«), d.h. es wird stimulierend gespielt, mit den Fingern gekitzelt, in die Luft geworfen usw. Es ist schwierig für ein kleines Kind, sich dann auf Kommando zu beruhigen und einzuschlafen.
- Nachts kann das Kind lernen, durch *fokale Fütterungen* längere Schlafzeiten zu entwickeln (Pinilla & Birch, 1993). Der Säugling kann zur Bettzeit der Eltern geweckt und gefüttert werden. Die längste Schlafperiode entwickelt sich zwischen 0 und 5 Uhr, und durch eine Fütterung zwischen 23 und 24 Uhr kann dies unterstützt werden. Langsam werden die Zeiten der nächtlichen Fütterungen zu größeren Intervallen verschoben.
- *Feinfühliges Reagieren* auf das Schreien bedeutet, nicht auf jeden »Muckser« sofort, sondern entsprechend den Bedürfnissen des Kindes zu reagieren. Es gibt keine Regel, wie lange man warten sollte, allerdings sollte man situationsadäquat (Hunger, Schmerz, Langeweile) handeln. Eine Wartezeit bis zu 2 Minuten ist unter manchen Umständen angebracht, um zu sehen, ob das Kind sich selbst beruhigt. Oft haben die Eltern bei Schreibabys ihr intuitives »checking« unterschiedlicher verursachender Möglichkeiten verloren und reagieren sofort hektisch mit vielen aufeinanderfolgenden, überstimulierend wirkenden Maßnahmen.

Konkrete Maßnahmen bei Kindern ab 6 Monaten

Einschlaf- und Durchschlafprobleme mit Aufsuchen des Elternbetts (ab 2. Lebensjahr) und Schreien zu unangebrachten Zeiten (z.B. Wutanfälle) sowie Schreien aufgrund extremer *Separationsängste* sind die häufigsten Formen der Probleme von älteren Säuglingen und Kleinkindern. Bekannte verhaltenstherapeutische Methoden wie Extinktion und deren Modifikationen (Checking, »time-out«) sowie »shaping« (Aufbau von Signalreizen) usw. können in dieser Altersgruppe angewandt werden.

Was in der Nacht genommen wird, muß am Tag gegeben werden. Die Eltern sollen gleichzeitig erlernen, dem Kind zu zeigen, daß es geliebt wird und mit allen seinen Eigenarten von den Eltern anerkannt wird.

■ **Spezifische Anleitungen für die Eltern.** Folgende Instruktionen werden den Eltern gegeben:

- *Beobachte und achte auf Dein Kind*, sei mit voller Konzentration dabei. Dazu gehört Aufmerksamkeit, wenn das Kind etwas möchte. Richte spezielle Spielzeiten am Tag ein, die regelmäßig eingehalten werden, auch wenn das Kind z.B. nachts nicht durchgeschlafen hat. Kleine disziplinarische Abweichungen oder Aussetzer sollten nicht gleich geahndet werden.
- *Höre Deinem Kind zu* – wiederhole, versuche die Kommunikation zum vollen Ausdruck des Kindes zu elaborieren. Antworte nicht häufig: »Ja gleich«, »warte«, »Ich muß noch dieses fertig machen«.
- *Bezeichne die Handlung, nicht das Kind.* Zum Beispiel: »Ich mag nicht, wenn Du schreist, es tut meinen Ohren weh« ist eine spezifischere und angebrachtere Rückmeldung als »Du bist ein nerviges Kind«, die das Selbstkonzept des Kindes angreift.
- *Benutze kurze Kommentare* und gib dem Kind häufig *positive Rückmeldung*, die mit »Ich« beginnen sollten (»Ich finde es toll, wie du die Bauklötze aufbaust«). Eigene Emotionen sollten kongruent und nicht sarkastisch übertragen werden; dazu gehört die Spannbreite von Freude bis Verstimmung. Das Kind lernt, die Gefühle der Eltern zu verstehen.
- Die Eltern sollen auch lernen, sich bei *falschem Verhalten zu entschuldigen*. Das Kind lernt, daß seine Gefühle zählen. Es soll nicht nur gesagt werden »Es tut mir leid«, sondern genau beschrieben werden, was die Eltern falsch gemacht haben.
- Sei ein *positives Modell* für das Kind, denn eigene Wutausbrüche, Quengeln und eine schlechte Schlafroutine sind schnell erlernte Negativbeispiele.
- Gib *klare Instruktionen.* Oft benutzen die Eltern vage Instruktionen wie »Denkst du nicht, es ist Zeit zum Schlafen?«, dies ist nicht dem Entwicklungsstand des Kleinkin-

des angepaßt. Klare Festsetzungen und In-struktionen sowie ein klarer Ablauf dar-über, was geschieht, sind wichtig. Oft be-nutzen Eltern selbst bei 1jährigen lange ra-tionale Erklärungen ihres Verhaltens, die das Kind überfordern und verwirren.

- *Rollenübernahme.* Das Kind lernt Kompe-tenzen, indem spielerisch und im Dialog Verhaltensweisen eingeübt werden (bei älte-ren Kleinkindern), wie z. B. mit Puppen, Duplo oder Playmobilfiguren das Zubettge-hen üben.
- *Belohnung,* d. h. positive Verstärkung in verbaler Form und durch körperlichen Kontakt für Zielverhalten ist sofort zu ge-ben.

Spezifische Techniken bei Wutanfällen und Separationsangst

■ **Wutanfälle.** Die klassische Auszeit ist bei Klein-kindern nicht anwendbar, da sich zwischen dem 6. und 18. Lebensmonat die kindliche Bindung an die Eltern ausbildet und festigt. Allerdings ist *Ent-zug der Aufmerksamkeit* bei Wutanfällen (z. B. Unterbrechen des Spielens, Aufhören zu reden etc.) mit Verbleiben der Eltern im gleichen Zim-mer im 2. Lebensjahr durchaus angebracht und effektiv.

- Wichtig ist es, *Hinweisreize* zum bevorste-henden Verstärkerentzug aufzubauen, wie z. B. eine klare Handbewegung oder eine immer nur in diesen Situationen ange-wandte verbale Äußerung (»Jetzt ist es ge-nug«).
- Da *Wutanfälle eine normale Verhaltenser-scheinung sind* und ein Austesten neuer Kompetenzen des Kleinkindes darstellen, sollten Auszeiten nur selten und bei gravie-renden Anlässen angewandt werden.
- Besser ist es, Situationen, die häufig zu die-sen Anlässen führen, von vornherein so zu *strukturieren,* daß es nicht zu Wutanfällen kommt.

■ **Ängste.** Unterschiedliche Ängste treten bei eini-gen Kindern auf, die dann zu Schreianfällen füh-ren. Dies sind neue soziale Situationen, z. B. von Fremden auf den Arm genommen zu werden usw.. Es ist vollkommen normal, daß Kinder zwi-schen 6 und 18 Monaten fremdeln, allerdings

nicht, daß sie sich über lange Zeit klammernd bei den Eltern festhalten.

> Initiale Schüchternheit ist eine Temperaments-komponente mit genetischer Prädisposition, dies umfaßt jedoch nicht die Unfähigkeit, sich langsam neuen sozialen Partnern zuzuwenden (Aufwärmen) (Asendorpf, 1993). Kleinkinder ab ca. dem 8. Lebensmonat benutzen die Eltern als soziale Referenzbasis, um neue Situationen zu evaluieren (sog. »social referencing«).

Das heißt, die Eltern dienen als Modell und deren Handlungen als Referenz, ob von neuen Partnern Gefahr droht. Daher ist es wichtig, den Eltern Kommunikationsfähigkeiten zu vermitteln, die dem Kind die *sichere Einschätzung der Situation* ermöglichen, d. h.

- andere vorzustellen,
- als Modell Kontakt aufzunehmen,
- dem Kind zuzulächeln und
- zwischen dem neuen Partner und dem Kind positive Blickkontakte entstehen zu lassen.

Wichtig ist es, daß die Eltern mit darauf ach-ten

- daß andere nicht das Kind physisch berüh-ren, es hochnehmen, auf es einreden, son-dern daß das Kleinkind zuerst die Möglich-keit hat, die Situation angstfrei zu beurtei-len.

Voraussetzung ist, daß das Kleinkind den Eltern-teil als sichere Basis, als Bindungsobjekt akzep-tiert. Bei *unsicherer emotionaler Bindung* ist häu-fig eine gesamtheitliche Eltern-Kind-Therapie in-diziert.

Spezifische Maßnahmen bei Ein- und Durchschlafproblemen

> Das oberste Prinzip ist, daß das Kind zum Schlafen müde ist.

Die längste Schlafperiode folgt zumeist der läng-sten Wachperiode. Fast alle Kinder mit nächtli-chem Durchschlafproblem haben unregelmäßige Schlafrhythmen, d. h. sie kompensieren teilweise nächtliches Wachen durch vermehrte, wenn auch oft kurze Schlafperioden am Tage. Viele dieser

Kinder leiden unter Schlafverlust und Übermüdung und sind dann auch während des Tages gereizt und irritierbar (Minde, 1994). Die Eltern sind zumeist froh, wenn das Baby wenigstens tagsüber etwas schläft. Dies hält jedoch das unangepaßte Schlafmuster aufrecht. Die Eltern müssen die Kontrolle über die kindlichen Schlafrhythmen wieder übernehmen.

> Eine Regelmäßigkeit im Tagesablauf bezüglich des Essens, der Spiel- und Einschlafzeiten muß neu aufgebaut werden.

Folgende Maßnahmen sind daher häufig indiziert:

- Angebrachte Einschlafzeiten entsprechend dem Lebensrhythmus der Eltern, normalerweise zwischen 19.30 und 21.30 Uhr, müssen festgelegt werden.
- Der Tagesschlaf muß reguliert werden, z. B., wenn ein Kind von 16.00–18.00 Uhr schläft, dann ist es kaum müde, um wieder ab 20.00 Uhr einzuschlafen. In diesen Fällen darf das Kind nicht mehr nach 15.30 Uhr schlafen. Auch sollte ein Kleinkind nicht 4 Stunden am Stück tagsüber schlafen, um das nächtliche Aufwachen zu kompensieren.
- Das Kind muß tagsüber ausgelastet sein, d. h. Aktivitäten sollten durchgeführt werden, die zur Ermüdung führen. Hierzu gehören tägliche Spaziergänge und das Spielen im Freien, klare Zeiten des ruhigen Spielens wie Bilderbücher betrachten, Türme bauen usw..

> Eine klare Einschlafroutine muß geschaffen werden.

Ein- und Durchschlafprobleme stehen in einem engen Zusammenhang: Kleinkinder, die nicht gelernt haben, abends alleine einzuschlafen, haben keine Strategien entwickelt, wenn sie nachts aufwachen, wieder eigenständig in den Schlaf zurückzukehren – sie schreien oder rufen nach den Eltern; ältere Vorschulkinder kommen ins Elternbett. Folgende Maßnahmen können hilfreich sein:

> Jeden Abend sollte ein klares, dem Kind Sicherheit gebendes *Ritual* durchgeführt werden,

> z. B. ins Kinderzimmer gehen, sich ausziehen, waschen oder baden, Zähne putzen (bei den etwas größeren Kleinkindern), im Kinderzimmer Betrachten von Bildern oder andere, nur leicht stimulierende Spiele, das Kind soll *wach* ins eigene Bett gelegt werden. Nicht das Kind im Arm, auf dem Sofa etc. einschlafen lassen – wenn es im Bett dann nachts aufwacht, ist es desorientiert.

Viele Schlafproblemkinder reagieren mit Schreien oder Rufen, wenn die Eltern das Zimmer verlassen. Daher muß eigenes Einschlafen durch Shaping unter dem Gebrauch *abgestufter Extinktion* aufgebaut werden.

> Die Eltern bleiben die ersten beiden Nächte bis kurz vor dem Einschlafen und kommen beim Schreien des Kindes zurück (z. B. die ersten 2 Nächte nach 5 Minuten; die nächste Nacht nach 10 Minuten, die 4. Nacht nach 15 Minuten usw.), jedoch nehmen es nicht auf den Arm, streicheln es nicht, sondern beruhigen es verbal (Versicherung) und bleiben maximal 2 Minuten.

Diese abgeschwächte Methode der Extinktion wird als *Checking* bezeichnet. Das Kind wird nicht sich selbst überlassen, sondern die Eltern kommen (wichtig für die Bindungssicherheit), jedoch werden Verstärker wie halten, streicheln, aus dem Bett nehmen usw. entzogen.

> Keine Überstimulierung. Hochstimulierende und aufregende Spiele sind abends (1 Stunde vor dem Einschlaftermin) zu vermeiden.

Oft sind es die Mütter, die nachts mit einem häufig aufwachenden Kind umgehen müssen. Sie sind sowohl tagsüber erschöpft als auch stark besorgt um ihr Kind. Es ist oft schwierig für diese Mütter, abends noch klare Regeln umzusetzen, da sie aufgrund eigener Unsicherheiten oder Mitleid mit dem Kind eine starke Involvierung zeigen. Daher sollten die Väter anfangs in der Therapie die Verantwortung für das abendliche Bettritual und Einschlafen nach den genannten Regeln übernehmen. Wichtig ist, daß die Mutter, wenn das Kind schreit (was bei Checking anfangs fast immer der Fall ist), nicht ängstlich »mitinterveniert«. Manchmal bitten wir die Mutter, z. B. eine Freundin zu dieser Zeit zu besuchen – die Mütter sind häufig sehr davon angetan.

Diese Maßnahmen helfen nicht nur Einschlafprobleme zu beseitigen, sondern verbessern das nächtliche Durchschlafen oft deutlich (Mindell & Durand, 1993). Falls nicht, steht ein weiteres Repertoire von Verhaltensmodifikationen zur Verfügung. Je nach den individuellen Möglichkeiten der Familie gibt es 3 Methoden, erfolgreiches Durchschlafen zu erreichen:

- *Extinktion*, d.h. das Kind nachts rufen oder ausschreien lassen. Dies ist eine sehr erfolgreiche Methode, jedoch aufgrund der Ablehnung durch viele Eltern und aufgrund entwicklungspsychologischer Überlegungen (Bindungsverhalten) ist es in den ersten 2 Lebensjahren nicht anzuraten.
- *Checking* ist, wie oben beschrieben, eine abgewandelte Form der Extinktion, wobei das Kind zwar eine kurze verbale Versicherung der Eltern erhält (»Mama und Papa sind da, mach dir keine Sorgen, nun schlaf wieder ein«), jedoch andere Verstärker (körperlicher Kontakt, ins Elternbett nehmen, nächtliche Spiele usw.) entzogen werden. Wichtig ist, daß die Eltern dies *konsequent* anwenden, d.h. intermittierende Verstärkung durch Rückfall in alte Verhaltensweisen aus Mitleid mit dem Kind vermeiden. Es ist wichtig, den Eltern klar zu machen, daß ein Kind, das tagsüber positive und liebevolle Interaktionen mit den Eltern hat, hierunter nicht leidet. Langjährige klinische Erfahrungen und empirische Forschung bestätigen, daß die Beziehung mit den Eltern dadurch keineswegs negativ beeinflußt wird, sondern die ausgeschlafenen Kinder tagsüber sogar viel positivere Interaktionen mit den Eltern haben und dies die Beziehung stärkt (Mindell & Durand, 1993; Minde, 1994). Checking, zusammen mit den oben genannten Maßnahmen zum Einschlafen und Tagesablauf, führt zumeist innerhalb von 2 Wochen zum Durchschlafen.
- Unter der Voraussetzung, daß das Kind zu regelmäßigen Zeiten jeweils nachts aufwacht (z.B. immer um ca. 23.00 Uhr, 2.00 Uhr und 4.00 Uhr), ist eine 3. Methode, das *elternkontrollierte Aufwecken* (»scheduled awakening«) anwendbar. Die Eltern übernehmen dann die Kontrolle des Aufwachens, indem sie das Kind kurz vor der normalen Aufwachzeit wecken und dann wieder einschlafen lassen (z.B. um

22.45 Uhr, 1.45 Uhr und 3.45 Uhr). Die Assoziation zwischen eigenem Aufwachen des Kindes und folgender Verstärkung durch »Eltern kommen ja« wird aufgehoben, das Kind verliert die Kontrolle. Diese Methode empfiehlt sich für Eltern, die das Checking nicht durchführen können, ist erfolgreich, braucht jedoch etwa doppelt so lange wie das Checking, um zum Durchschlafen zu führen (Rickert & Johnson, 1988).

Wichtig ist es, die Elterncharakteristiken, partnerschaftliche Unterstützung und Umweltgegebenheiten bei den Interventionen zu berücksichtigen. So führt z.B. Checking in den ersten Nächten zu erhöhter Weigerung (und somit Schreien) des Kindes, und die Eltern müssen darauf vorbereitet sein. Leben die Eltern in einem Einfamilienhaus, werden keine Nachbarn dadurch gestört, anders jedoch, wenn die Familie in einem Mehrfamilienhaus wohnt. Die Nachbarn sollten informiert werden und als Belohnung kann dann eine »Durchschlafparty« mit den Nachbarn einige Wochen später stattfinden. Oft ergeben sich dann auch erstaunliche Effekte für die soziale Unterstützung der Eltern, denn wie die Prävalenzstudien zeigen, haben viele der Nachbarn auch einmal Probleme mit dem Durchschlafen ihrer Kinder gehabt.

24.4.2
Fütterungs- und Eßprobleme

Während Schrei- und Schlafprobleme häufig sogar durch schriftliche und telefonische Beratung effektiv gelöst werden können (s. Wolke et al., 1994b; Seymour et al., 1989), ist dies bei Fütterungsproblemen, wie Eßverweigerung, nicht möglich. Hier liegen häufig vielfältige Probleme der Eltern-Kind-Interaktion während des Essens und oft auch außerhalb der Fütterungssituation vor. Weiterhin werden gerade in Kinderkliniken Kinder vorstellig, die organisch bedingt keine Nahrung aufnehmen konnten oder durften, die organischen Probleme jedoch bereits behoben wurden.

Folgendes diagnostisches Paket ist bei Eßverweigerung indiziert (s. Wolke & Skuse, 1992; Skuse, Wolke et al., 1992; Harris, 1993):

Die Erhebung einer *medizinischen und Verhaltensanamnese* und der Fütterungsgeschichte seit der Geburt sowie die der ggf. vorhandenen Geschwister.

Eine Abklärung organischer Probleme sollte immer erfolgt sein. Hierzu sollte auch eine Blutanalyse gehören, um eine evtl. Anämie zu erkennen, die häufig sowohl physiologische als auch Verhaltensfolgen hat (z.B. erhöhte kindliche Irritierbarkeit und bei extremen Fällen Apathie) und behandelbar ist (Aukett et al., 1986). Gerade bei Erbrechen sollte eine Abklärung bezüglich des Vorliegens eines schweren gastroösophagealen Refluxes erfolgen.

> Eine Videoaufzeichnung einer normalen Fütterungssituation (am besten im Haus der Eltern, damit Ort der Fütterung und benutzte Utensilien sowie Nahrungskonsistenz in vivo beurteilt werden können).

Zudem sollte die Interaktion auch in strukturierten Spielsituationen aufgezeichnet werden, um zu klären, ob sich die Interaktionsprobleme spezifisch auf das Essen beziehen oder generalisiert sind (s. Feeding-Interaction Scale: Wolke, 1986a; Play Observation Scheme and Emotion Rating; Wolke, 1986b; s. Untersuchungen dazu: Skuse et al., 1992; Wolke et al., 1990; Stein et al., 1994; Lindberg, 1994).

> Ein 7tägiges Diättagebuch und/oder ein Nahrungsfrequenzbogen soll von den Eltern ausgefüllt werden.

Das Diättagebuch kann durch vorhandene Computerprogramme von einem Ökotrophologen oder Diätassistenten nach Kalorienaufnahme, Proteinen usw. ausgewertet werden. Erste Anhaltspunkte auf Unterernährung können sich so manchmal ergeben. Der Nahrungsfrequenzbogen gibt Hinweise auf die Variabilität oder Einschränkung des Nahrungsangebotes.

> Ein Entwicklungstest sollte durchgeführt werden, um das Entwicklungsalter des Kindes abzuklären (z.B. Bayley, 1969; Brandt, 1983). Übereinstimmung oder Diskrepanz bzgl. des Entwicklungs- und »Eßalters« wird bestimmt.

Ergibt die Videoaufnahme Hinweise auf *oral-motorische Probleme* (z.B. unvollständiges Lippenschließen um den Löffel, Nahrungsverluste, Schluckprobleme, Kaubewegungsprobleme) oder ist nicht klar, ob diese oral-motorische oder aversive Reaktionen darstellen, ist ein standardisiertes

Testverfahren oral-motorischer Kompetenz durchzuführen (Mathisen et al., 1989; Reilly et al., 1995). Dies kann durch eine in diesem Verfahren ausgebildete Logopädin gemacht werden.

Im Idealfall sollte das Behandlungsteam daher aus einem klinischen Entwicklungspsychologen, einem Kinderarzt, einem Logopäden und Diätassistent bestehen.

Am *Beispiel der Essensverweigerung* soll die diagnostische Information und deren Implikationen für die Therapie hier dargestellt werden (s. Wolke & Skuse, 1992; s. auch Fallbeispiel 2):

> Die richtigen Umweltbedingungen für das Essen müssen geschaffen werden.

Eßstörungskinder reagieren häufig viel empfindlicher und lassen sich leicht vom Essen ablenken. Daher ist es wichtig, daß die *Umgebung* so gestaltet ist, daß sie nicht vom Essen ablenkt (kein Radio/Fernsehen oder viele Leute präsent, die nicht auch selbst essen). Oft sind die Eltern dazu übergegangen, dem Entwicklungsstand unangemessene Fütterungspositionen einzunehmen (z.B. Füttern eines 15 Monate alten Kindes halbliegend auf dem Schoß), anstelle die Fütterung in einem Hochstuhl durchzuführen, der über gute Seitenstützung und eine Fußauflage für das Kind in aufrechter Position verfügt, die das Schlukken unterstützen. Metallöffel sollten nie benutzt werden, Fingerfütterung ist oft hilfreich.

> Nahrung und unterschiedliche Geschmäcker müssen angeboten werden (»exposure«).

Oft wird die Nahrung von der Mutter vom Kind entfernt gehalten, so daß es »nicht damit herummatscht« oder »alles dreckig macht«. Gerade Eßverweigerer haben oft aversive Erfahrungen hinter sich, und Nahrung ist somit ein aversiver Reiz geworden, speziell, wenn man sie nie berühren und explorieren kann. Manche Kinder weisen jegliche Nahrung zurück, andere sämtliche festere Nahrung, d.h. sie akzeptieren nur dünnen Brei oder Getränke. Viele Kinder sind in ihrer Nahrungswahl sehr eingeschränkt. Akzeptanz wird durch *Exposure* aufgebaut. Das Kind bekommt bei jeder Mahlzeit einen neuen Geschmack dargeboten, z.B. durch Aufstreichen einer neuen Nahrung auf die Lippen. Es geht nicht darum, daß das Kind ißt, sondern neue Geschmäcker und Konsistenzen (etwas fester etc.) fühlt. Später (s. unten), wenn das Kind zuverlässig Nahrung wie z.B. dünnen Brei akzeptiert, wird dieser Tag für Tag etwas mehr eingedickt, später werden dann erste kleine feste Stückchen kaum wahrnehmbar eingeführt.

Kindliches Verhalten und Oralmotorprobleme müssen beachtet werden (*Desensibilisierung*).

Dies ist ein weiterer Bereich, von dem nur wenige Aspekte hier angesprochen werden können. Ein wesentlicher Aspekt ist häufig die Desensibilisierung im Mundbereich. Jegliche Berührung im Mundbereich führt zur Ablehnung. Daher sollte Berührung des Kindes und Gegenberührung der Eltern durch das Kind außerhalb der Fütterungssituation eingeübt werden. Zunächst am Körper, dann an der oberen Gesichtshälfte und dann im Mundbereich, sowohl mit der Hand als auch mit Spielzeug. Hier gibt es z.B. Trainersets zum Zähneputzen (z.B. von NUK) mit denen das Kind lernen kann, den Mund außen und innen zu explorieren. Diese Trainerbürsten können dann später dünn mit Nahrung bestrichen werden (Geschmack). Adaptive Fähigkeiten, wie Stöckchen halten, Greifen usw., können zur späteren Generalisierung auf das Essen spielerisch geübt werden. Beim Verhalten ist es wichtig zu klären, ob Wutanfälle, Irritierbarkeit oder Überaktivität auch außerhalb des Fütterns vorliegen und angemessene Interventionen benötigen.

Entspannte Eltern-Kind-Interaktion muß geschaffen werden.

In seltenen Fällen ist die Eßstörung auf schwere mütterliche Psychopathologie zurückzuführen (z.B. schwere postnatale Depression, Psychose oder schwere Lernbehinderung der Mutter), wobei das Kind bei anderen Personen normal ißt. Häufiger finden sich reaktive Störungen der Mütter aufgrund der Eßprobleme (Selbstzweifel, depressive Symptomatik, Ängste usw.). Oft ist das Verhalten der Mutter gerade in den Eßsituationen wenig adaptiv oder sehr wechselhaft, von Gewährenlassen (»laissez-faire«) bis hin zur Zwangsfütterung mit gewaltsamem Einführen der Nahrung. Zudem sind alle elterlichen Verhaltensweisen auf die Nahrungsaufnahme fixiert, Spaß und Spiel bzw. *Essen als sozialer Kontakt* sind somit kein Bestandteil der Mahlzeiten mehr. Die Eltern konzentrieren sich nur noch auf die abweisenden, nicht auf die sozial engagierenden Verhaltensweisen des Kindes. Große Hektik herrscht beim Essen vor, mit ständigem Anbieten und Übertricksen des Kindes (z.B. Spielzeug zeigen, wenn das Kind aus Freude den Mund öffnet schnelles Einführen der Nahrung und Mund zuhalten, Kopf nach hinten zerren zum Erzwingen des Schluckens usw.). »Nahrung in das Kind bekommen« und ängstliche Kontrolle von Gewichtszunahme sind wenig dienliche Primärziele und werden oft fast zwanghaft täglich durchgeführt. Leider wird dies oft durch kinderärztliche Anweisungen und entsprechendes Handeln unterstützt (z.B. jedesmal wiegen, wenn das Kind in die Praxis kommt).

Ein zentraler Punkt der Therapie liegt darin, diese Interaktion zu verändern, indem dem Essen eine ganz andere Valenz gegeben wird: Mahlzeiten wieder als *eine entspannte soziale Situation* zu gestalten. Daher sollte nicht andauernd gewogen werden und der Nahrungsaufnahme per se in der Intervention zuerst einmal keine wichtige Rolle eingeräumt werden. Das Kind hat seit Monaten nur sehr wenig gegessen, trotz des Aufwands der Eltern, und ein paar Wochen mehr schaffen da zumeist keinerlei Probleme. Ein- bis 2mal wöchentlich werden in unserem Ansatz Mahlzeiten mit Video aufgezeichnet und dabei besondere Situationen (besonders positive bzw. negative Kindreaktionen) markiert. Diese Situationen werden der Mutter im Videofeedback gezeigt und Erklärungen dazu eingeholt. Die Mutter wird somit als äußerst kompetent behandelt und nicht mit Anweisungen bombardiert. Aufbauend auf dieser Analyse des Verhaltens der Mutter werden dann alternative Verhaltensweisen besprochen, und sie wird gebeten, diese beim nächsten Mal auszuführen. Oft wird in den ersten Tagen bei starken Eßverweigerern außer der Geschmacksdesensibilisierung keine Nahrung aktiv verabreicht, Angebote jedoch gemacht. Das Kind lernt wieder mit dem Löffel, der Schale und der Nahrung zu spielen. Die Mutter wird gebeten, dieses innerlich und später bei Videoansicht zu kommentieren. Jede Annäherung, z. B. Mundberührung der Nahrung, schlecken etc. wird positiv durch besondere mütterliche Zuwendung verstärkt (*Shaping*) und Zurückweisung ignoriert. Wichtig ist zu berücksichtigen, daß, wie unsere und andere Studien zeigen (Skuse et al., 1992; Lindberg, 1994), Eßverweigerer häufig gut ihre Ablehnung kundtun, jedoch sehr unklar und undeutlich ihre Neigungen mitteilen und diese sowohl für die Eltern als auch einen externen Beobachter schwer zu erschließen sind. Besonders feinfühlige Wahrnehmung kleinster Nuancen ist daher notwendig.

> Die Änderung der Haushaltsorganisation: Das Kind muß hungrig sein.

Bei stark sozial belasteten Familien und solchen mit hohem beruflichen Engagement fehlt z. T. ein geregelter Mahlzeitenplan. Das Essen wird im Stehen oder vor dem Fernseher eingenommen, die Zeiten für Mahlzeiten variieren stark oder bestehen aus dauerndem »snacking«. Beispielsweise beobachteten wir bei einer Familie, die an 3 Orten im Lande ihre Tätigkeit im Filmgeschäft ausübte, daß bei diesen häufigen Reisen das Kind bis zu 18 Stunden nichts zu essen angeboten bekam und es auch nie Hungergefühle ausdrückte. *Fehlendes Hungergefühl* und fehlende Mitteilung von Appetit ist häufig ein charakteristisches Bild. Zeigt das Kind Bereitschaft zum Essen, wird oft erst mit den Essensvorbereitungen begonnen, und das Kind muß warten und verliert schnell das Interesse.

> Es ist daher notwendig, einen *klaren Tagesablauf* und feste Mahlzeiten zu planen. Snacks zwischen den Mahlzeiten, die das ohnehin schwache Hungergefühl vor den Mahlzeiten bereits befriedigen, sollten nicht gegeben werden. Schnellkost oder Nahrung aus Gläsern sollte vermieden, selbst zubereitete und ausgewogene Nahrung angeboten werden. Rezepte hierzu können von einer Diätassistentin erstellt werden. Gemeinsame Mahlzeiten mit allen Familienangehörigen sollten mindestens einmal am Tag stattfinden. Wichtig ist es, daß andere mit dem Kind essen und als Modell fungieren. Bei älteren Vorschulkindern stellen insbesondere andere Kinder (z. B. im Kindergarten, in der Klinik) ein wichtiges Modell für den Aufbau von Nahrungsakzeptanz dar (Birch, 1980).

24.4.3
Fallbeispiele

Fallbeispiel 1: Schlaf- und Schreiproblem

■ **Anamnese.** Die Mutter wurde aufgrund massiver nächtlicher Durchschlafprobleme ihres Sohnes Mario (9 Monate alt) vorstellig. Sie war völlig übermüdet und verzweifelt, da sie auch tagsüber gegenüber ihrer Tochter (3 Jahre alt) immer gereizter reagierte. Sie war mehrmals beim Kinderarzt gewesen und hatte verschiedene Methoden (inklusive Sedativagabe) versucht, jeweils ohne Erfolg. Das Schlafmuster vor der Behandlung ist in Abb. 24.1 (S. 467) dargestellt. Folgendes ergab sich aus dem Tagebuch:

- Mario schlief weniger (ca. 9 Stunden) als das durchschnittlich 8 Monate alte Kind (12–13 Stunden).
- Er schrie und nörgelte überdurchschnittlich viel (ca. 4–5 Stunden, durchschnittlich 1 Stunde).
- Er schlief kaum in der Nacht und wenn, wachte er mehr als 9mal in einer Nacht auf; er hatte längere Schlafphasen am Vormittag.
- Die Essenszeiten waren relativ regelmäßig.

Insgesamt zeigt sich das Bild eines »Schlafphasenverschiebungssyndroms« in den Tag.

■ **Therapeutisches Vorgehen.** Folgende Anweisungen wurden gegeben:

> - Mario darf vormittags maximal 2 Stunden schlafen (soll geweckt werden).
> - Mario darf nach 15 Uhr nachmittags unter keinen Umständen schlafen.
> - Am Nachmittag ist regelmäßig ein Spaziergang vorgesehen sowie gemeinsames Spiel.
> - Die Bettzeit wird auf 20.30 Uhr festgelegt.
> - Keine Spiele mehr vor dem Zubettgehen und eine regelmäßige Routine jeden Abend.
> - Bei nächtlichem Aufwachen wird die Chekkingmethode angewandt.

Innerhalb von 2 Wochen änderte sich das Schlafverhalten deutlich. Nach 8 Wochen hatte sich das Schlafverhalten stark verbessert (Abb. 24.2).

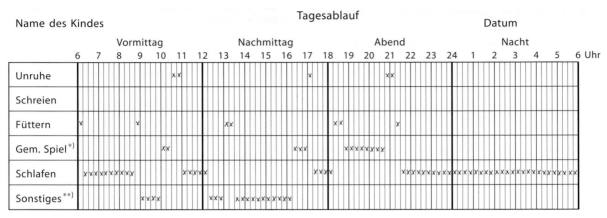

*) gem. Spiel = entspanntes Spielen von Mutter und Kind
**) Sonstiges = z. B. Spaziergang, Besuche, Einkaufen, Spielen mit anderen Personen

Wie haben Sie sich heute gefühlt?

Sehr frisch	_____x_____	Sehr erschöpft
Sehr entspannt	_____x_____	Sehr abgespannt
Sehr glücklich	_____x_____	Sehr unglücklich

Abb. 24.2. Schlaf- und Schreiverhalten von Mario *nach* der Behandlung

Fallbeispiel 2: Eßverweigerung

■ **Anamnese.** Thomas wurde normalgewichtig geboren, entwickelte 10 Tage nach der Geburt Eßprobleme mit Erbrechen und Blut im Erbrochenen und im Stuhl. Eine unspezifische Immun-Defizit-Erkrankung wurde festgestellt, an der sein Bruder 2 Jahre zuvor nach schwerer Krankheit im Alter von 9 Monaten verstorben war. Ein zentraler Katheter wurde gesetzt, Thomas hospitalisiert und im Zelt isoliert. Eine Knochenmarkstransplantation mit der älteren Schwester (5 Jahre) als Spenderin wurde durchgeführt und eine Chemotherapie eingeleitet. Es kam zu häufiger Übelkeit und Erbrechen. Mit 9 Monaten hatte sich die Situation stabilisiert, und mit oraler Nahrungsaufnahme sollte begonnen werden. Allerdings war das Immunsystem weiterhin stark anfällig, da die Transplantation nur geringen Erfolg hatte. Die Mutter war sehr verständnisvoll und feinfühlig, Thomas verweigerte jedoch jegliche orale Nahrung. Er war immer noch hospitalisiert. Oralmotorisch zeigten sich wenig Probleme. Thomas war hypersensibel gegenüber Berührungen im Gesicht und Mundraum.

■ **Therapeutisches Vorgehen.** Folgende Maßnahmen wurden eingeleitet:

- Geschmackstherapie, indem seine Spielzeuge, die einzigen Dinge, die er spontan zu den Lippen nahm, täglich mit neuen Geschmäckern (süß oder salzig) eingestrichen wurden.
- Spiel mit Löffeln und Nahrung sowie Bestreichen der Lippen durch die Mutter.
- Übungen im Sitzen gegen Hypotonie wurden begonnen.
- Einführung regelmäßiger Betreuung (maximal 3 Bezugspersonen).
- Die Mutter kochte selbst und aß eine Mahlzeit am Tag zusammen mit Thomas, 2mal die Woche war die Schwester zugegen.
- Videofeedback wurde wöchentlich durchgeführt, um positiv verstärkendes Verhalten mit Thomas beim Essen aufzubauen.
- Die parenterale Ernährung (Infusion) wurde einem 24-Stunden-Rhythmus angepaßt, d.h. Zugaben zur Infusion wurden nur im 4-Stunden-Rhythmus nach versuchtem Essen gegeben und nachts stark reduziert (zum Aufbau von Hungergefühlen und Appetit). Einem vollen Verzicht konnte aus medizinischen Gründen nicht zugestimmt werden.
- Jegliche Medikamentengabe oral wurde verboten (parenteral verabreicht).

Langsam akzeptierte Thomas einige Löffel Nahrung und trank etwas aus der Schnabeltasse. Mehrere Infektionen unterbrachen die Behandlung, und die Lage wurde für die Mutter sehr schwierig. Zur Behandlung einer weiteren Infektion wurde entschieden, Kortison zu geben, das auch als Nebeneffekt oft zu starken Hungergefühlen führt. Die parenterale Ernährung wurde gleichzeitig stark reduziert, und daraufhin nahm Thomas das erste Mal einen ganzen Teller Nahrung zu sich. Tagesausflüge nach Hause wurden ermöglicht, und nach 2 Wochen konnte er gut essend entlassen werden. Thomas war 13 Monate alt, und mit 18 Monaten aß er noch immer normal und wuchs altersentsprechend.

24.5
Empirische Belege

Drei verschiedene Behandlungsansätze, die pharmakologische Therapie, die Diätbehandlung und Verhaltensmanagement, sind für die Behandlung von exzessivem Schreien und Schlafproblemen empirisch evaluiert worden. Verhaltensmanagement hat sich bisher als am erfolgreichsten sowohl zur Behandlung von exzessivem Schreien (z.B. Taubman, 1988; Wolke et al., 1994b; s. Wolke & Meyer, 1995; Wolke, 1993 für einen Überblick) als auch für Schlafprobleme erwiesen (z.B. Richman et al., 1985; Rickert & Johnson, 1988; Seymour et al., 1989; Mindell & Durand, 1993; s. Messer, 1993 für einen Überblick). In etwa 10% der Fälle von exzessivem Schreien oder Schlafproblematik ist bei fehlender deutlicher Symptomverbesserung durch Verhaltensmanagement als unterstützende Maßnahme eine Diätbehandlung (Schreien bzw. Wachen als allergische Reaktionen) zusätzlich einzuleiten (Forsyth, 1989; Kahn et al., 1989). Kontrollierte Studien zur Behandlung schwerer Eßstörungen (wie Eßverweigerung) fehlen. Diese beschränken sich auf die vergleichende Darstellung von Fallserien und Einzelfallverlaufsstudien. Kontrollierte Studien sind auch ethisch schwer vertretbar, da sich in Fallserien und Einzelfallverlaufsstudien die geschilderten verhaltensorientierten Maßnahmen als besonders hilfreich erwiesen haben (z.B. Linscheid & Rasnake, 1985; DiScipio et al., 1978; Hanks et al., 1988; Iwaniec et al., 1985; Wolke & Skuse, 1992; Harris, 1993).

Zusammenfassung

Verhaltensprobleme von Neugeborenen und Kleinkindern können als *Störungen der Regulation und Integration* biologischer und sozialer Funktionen beschrieben werden. Hierzu gehören v.a.:

- exzessives Schreien,
- Schlafprobleme und
- Fütterungs- und Eßprobleme mit oder ohne Wachstumsretardierung.

Schreien, Schlafen und Essen sind primäre biologische Funktionen, und die Entstehungsbedingungen und Behandlungsmethoden für diese Problembereiche sind *je nach Entwicklungsalter* unterschiedlich. Klassische Verhaltensmodifikationstechniken sind in den ersten 4–6 Lebensmonaten nur bedingt anwendbar. Maßnahmen bei Säuglingen zielen auf *die Unterstützung interner Verhaltenskontrolle* durch die Schaffung angebrachter Umweltbedingungen. Hierzu gehören die:

- Einführung von Regelmäßigkeiten im Tagesablauf,
- Reduzierung externer oder multipler Stimulation und
- Ausbildung positiver Eltern-Kind-Interaktionen.

In der 2. Hälfte des 1. Lebensjahres finden klassische verhaltenstherapeutische Techniken Anwendung. Allerdings bedürfen diese *spezifischer Abwandlungen*, um den Entwickungsaufgaben des Kindes unterschiedlicher Entwicklungsstadien gerecht zu werden. Therapieprogramme müssen *individuell auf die Familie* zugeschnitten sein.

Literatur

Asendorpf, J. B. (1993). Abnormal shyness in childhood. *Journal of Child Psychology and Psychiatry, 34,* 1069–1082.

Aukett, M. A., Parks, Y. A., Scott, P. H. & Wharton, B. A. (1986). Treatment with iron increases weight gain and psychomotor development. *Archives of Disease in Childhood, 61,* 849–857.

Bayley, N. (1969). *Bayley Scales of Infant Development.* New York: Psychological Corporation.

Bell, S. M. & Ainsworth, M. (1972). Infant crying and maternal responsiveness. *Child Development, 43,* 1171–1190.

Birch, L. L. (1980). Effects of peer models' food choices and eating behaviors on preschoolers' food preferences. *Child Development, 51,* 489–496.

Brandt, I. (1983). *Griffiths Entwicklungsskalen (GES) zur Beurteilung der Entwicklung in den ersten beiden Lebensjahren.* Weinheim: Beltz.

Dahl, M. & Sundelin, C. (1992). Feeding problems in an affluent society. Follow-up at four years of age in children with early refusal to eat. *Acta Paediatrica, 81,* 575–579.

Demos, V. (1986). Crying in early infancy: an illustration of the motivational function of affect. In T. B. Brazelton & M. W. Yogman (Eds.), *Affective Development in Infancy* (pp. 39–73). Norwood/NJ: Ablex Publishing Corp.

DiScipio, W. J., Kaslon, K. & Ruben, R. J. (1978). Traumatically acquired conditioned dysphagia in children. *Annals of Otology, 87,* 509–414.

Forsyth, B. W. C. (1989). Colic and the effect of changing milk formulas: a double-blind, multiple-crossover study. *Journal of Pediatrics, 115,* 521–526.

Hanks, H. G. I., Hobbs, C. I., Seymour, D. & Stratton, P. (1988). Infants who fail to thrive: an intervention for poor feeding practices. *Journal of Reproductive and Infant Psychology, 6,* 101–111.

Harris, G. (1988). Determinants of the introduction of solid food. *Journal of Reproductive and Infant Psychology, 6,* 241–249.

Harris, G. (1993). Feeding problems and their treatment. In I. St. James-Roberts, D. Messer & G. Harris (Eds.), *Infant Crying, Feeding and Sleeping: Development, Problems and Treatments* (pp. 118–132). Hemel Hempstead: Harvester Wheatsheaf.

Harris, G., Thomas, A. & Booth, D. A. (1990). Development of salt taste in infancy. *Developmental Psychology, 26,* 534–538.

Hubbard, F. O. A. & Izjendoorn, M. H. van (1991). Maternal unresponsiveness and infant crying across the first 9 months: a naturalistic longitudinal study. *Infant Behavior and Development, 14,* 299–312.

Illingworth, R. S. & Lister, J. (1964). The critical or sensitive period, with special reference to certain feeding problems in infants and children. *Journal of Pediatrics, 65,* 839–848.

Iwaniec, D., Herbert, M. & McNeish, A. S. (1985). Social work with failure-to-thrive children and their families. Part II: Behavioural social work intervention. *British Journal of Social Work, 15,* 375–389.

Kahn, A., Mozin, M. J., Rebuffat, E., Sottiaux, M. & Muller, M. F. (1989). Milk intolerance in children with persistent sleeplessness: a prospective double-blind crossover evaluation. *Pediatrics, 84,* 595–603.

Larson, K. & Ayllon, T. (1990). The effects of contingent music and differential reinforcement on infantile colic. *Behavior Research and Therapy, 28,* 119–125.

Lindberg, L. (1994). Early Feeding Problems. A Developmental Perspective. *Acta Universitatis Upsaliensis.* Comprehensive Summaries of Uppsala Dissertations from the Faculty of Social Sciences, Uppsala. ISBN 91-554-3301-4.

Lindberg, L., Bohlin, G. & Hagekull, B. (1991). Early feeding problems in a normal population. *International Journal of Eating Disorders, 10,* 395–405.

Lindberg, L., Bohlin, G., Hagekull, B. & Thunström, M. (1994). Early food refusal: Infant and family characteristics. *Infant Mental Health Journal, 3,* 262–277.

Linscheid, T. R. & Rasnake, L. K. (1985). Behavioral approaches to the treatment of failure to thrive. In D. Drotar (Ed.), *New directions in failure to thrive: implications for research and practice* (pp. 279–294). New York: Plenum.

Mathisen, B., Skuse, D., Wolke, D. & Reilly S. (1989). Oral-motor dysfunction and failure to thrive among inner-city infants. *Developmental Medicine and Child Neurology, 31,* 293–302.

Messer, D. (1993). The treatment of sleeping difficulties. In I. St. James-Roberts, D. Messer & G. Harris (Eds.), *Infant Crying, Feeding and Sleeping: Development, Problems and Treatments* (pp. 194–210). Hemel Hempstead: Harvester Wheatsheaf.

Minde, K. (1994). *The effects of treating sleep problems in toddlers on their daytime behavior.* Presentation in the symposium »Sleep Baby Sleep«: What has parental behavior temperament or neurologic maturity got to do with it? 9th International Conference on Infant Studies (ICIS), Paris, June 2–5, 1994, France.

Mindell, J. A. & Durand, V. M. (1993). Treatment of childhood sleep disorders. Generalization across disorders and effects on family members. *Journal of Pediatric Psychology, 18,* 731–750.

Pinilla, T. & Birch, L. L. (1993). Help me make it through the night: behavioral entrainment of breast-fed infants' sleep patterns. *Pediatrics, 91,* 436–444.

Reilly, S., Skuse, D., Mathisen, B. & Wolke, D. (1995). The objective rating of oral-motor functions during feeding. *Dysphagia, 10,* 177–191.

Richman, N., Douglas, J., Lansdown, R., Hunt, H. & Levere, R. (1985). Behavioural methods in the treatment of sleep disorders – a pilot study. *Journal of Child Psychology and Psychiatry, 26,* 581–590.

Rickert, V. I. & Johnson, C. M. (1988). Reducing nocturnal awakening and crying episodes in infants and young children: a comparison between scheduled awakenings and systematic ignoring. *Pediatrics, 81,* 203–211.

Scher, A. (1992). Toddlers' sleep and temperament: reporting bias or a valid link? A research note. *Journal of Child Psychology and Psychiatry, 33,* 1249–1254.

Seymour, F. W., Brock, P., During, M. & Poole, G. (1989). Reducing sleep disruptions in young children: Evaluation of therapist-guided and written information approaches: a brief report. *Journal of Child Psychology and Psychiatry, 30,* 913–918.

Shimada, M., Segawa, M., Higurashi, M. & Akamatsu, H. (1993). Development of the sleep and wakefulness rhythm in preterm infants discharged from a neonatal care unit. *Pediatric Research, 33,* 159–163.

Skuse, D. (1993). Epidemiological and definitional issues in failure to thrive. In J. Woolston (Ed.), *Child and Adolescent Psychiatric Clinics of North America* (Vol. 2, pp. 37–59). Philadelphia/PA: Saunders.

Skuse, D. & Wolke, D. (1992). The nature and consequences of feeding problems in infants. In P. J. Cooper & A. Stein (Eds.), *The Nature and Management of Feeding Problems and Eating Disorders in Young People* (pp. 1–25). New York: Harwood Academic Publishers.

Skuse, D., Wolke, D. & Reilly, S. (1992). Failure to thrive. Clinical and developmental aspects. In H. Remschmidt & M. Schmidt (Eds.), *Child and Youth Psychiatry. European Perspectives. Vol II: Developmental Psychopathology* (pp. 46–71). Stuttgart: Hans Huber.

Skuse, D., Reilly, S. & Wolke, D. (1994a). Psychosocial adversity and growth during infancy. *European Journal of Clinical Nutrition, 48 (Suppl.),* 113–130.

Skuse, D., Pickles, A., Wolke, D. & Reilly, S. (1994b). Postnatal growth and mental development: evidence for a »sensitive period«. *Journal of Child Psychology and Psychiatry, 35,* 521–545.

Stein, A., Woolley, H., Cooper, S. D. & Fairburn, C. G. (1994). An observational study of mothers with eating disorders and their infants. *Journal of Child Psychology and Psychiatry, 35,* 733–748.

Taubman, B. (1988). Parental counselling compared with elimination of cow's milk or soy milk protein for the treatment of infant colic syndrome: a randomized trial. *Pediatrics, 81,* 756–761.

Trevarthen, C. (1987). Sharing makes sense: intersubjectivity and the making of an infant's meaning. In R. Steele & T. Threadgold (Eds.), *Language topics essays in honor of Michael Halliday* (Vol. 1, pp. 177–199). Philadelphia: John Benjamins.

Wessel, M. A., Cobb, J. C., Jackson, E. B., Harris, G. S. & Detwiler, A. C. (1954). Paroxysmal fussing in infancy, sometimes called »colic«. *Pediatrics, 14,* 421–434.

Wolff, P. H. (1987). *The Development of Behavioral States and the Expression of Emotions in Early Infancy: New Proposals for Investigation.* Chicago: University of Chicago Press.

Wolke, D. (1986a). *Feeding Interaction Scale (FIS) – Manual.* University of London Institute of Child Health, Behavioural Science Unit. London (erhältlich vom Autor in Großbritannien).

Wolke, D. (1986b). *Play Observation Scheme and Emotion Rating (POSER) – Manual.* University of London Institute of Child Health, Behavioural Science Unit. London. (Erhältlich vom Autor in Großbritannien).

Wolke, D. (1987). Environmental and developmental neonatology. *Journal of Reproductive and Infant Psychology, 5,* 17–42.

Wolke, D. (1990). Schwierige Säuglinge: Wirklichkeit oder Einbildung? In J. M. Pachler & H.-M. Straßburg (Hrsg.), *Der unruhige Säugling. Fortschritte der Sozialpädiatrie 13* (S. 70–89). Lübeck: Hansisches Verlagskontor.

Wolke, D. (1993). The treatment of problem crying behaviour. In I. St. James-Roberts, G. Harris & D. Messer (Eds.), *Infant Crying, Feeding and Sleeping: Development, Problems and Treatments* (pp. 47–79). Hemel Hempstead: Harvester-Wheatsheaf.

Wolke, D. (1994a). Die Entwicklung und Behandlung von Schlafproblemen und exzessivem Schreien im Vorschulalter. In F. Petermann (Hrsg.), *Verhaltenstherapie mit Kindern* (2. Aufl., S. 154–208). München: Röttger.

Wolke, D. (1994b). Feeding and sleeping across the lifespan. In Sir M. Rutter & D. Hay (Eds.), *Development through Life: A Handbook for Clinicians* (pp. 517–557). Oxford: Blackwell Scientific Publications.

Wolke, D. (1994c). Einschlaf- und Durchschlafprobleme bei biologischen Risikokindern und gesunden Vorschulkindern. In C. Becker-Carus (Hrsg.), *Fortschritte der Schlafmedizin.* Münster: Lit.

Wolke, D. (1995). Wo die klassische Pädiatrie an ihre Grenzen stößt: Die Erklärung und Behandlung von Regulationsstörungen bei Kindern. In K. Pawlik (Hrsg.), *Bericht des 39. Kongreß der Deutschen Gesellschaft für Psychologie* (S. 469–476). Göttingen: Hogrefe.

Wolke, D. & Eldridge, T. (1992). The environment of care. In A. G. M. Campbell & N. McIntosh (Eds.), *Forfar and Arneil's and Textbook of Paediatrics* (4th ed., pp. 112–117). Edinburgh: Churchill Livingstone.

Wolke, D. & Meyer, R. (1995). Colic and food intolerance. *Pediatrics, 96,* 165–166.

Wolke, D. & Skuse, D. (1992). The management of infant feeding problems. In P. J. Cooper and A. Stein (Eds.), *Feeding Prob-*

lems and Eating Disorders in Children and Adolescents (pp. 27–59). New York: Harwood Academic Publishers.

Wolke, D., Skuse, D. & Mathisen, B. (1990). Behavioral style in failure to thrive infants – a preliminary communication. *Journal of Pediatric Psychology, 15,* 237–254.

Wolke, D., Meyer, R., Ohrt, B. & Riegel, K. (1994a). Häufigkeit und Persistenz von Ein- und Durchschlafproblemen im Vorschulalter: Ergebnisse einer prospektiven Untersuchung an einer repräsentativen Stichprobe in Bayern. *Praxis der Kinderpsychologie und Kinderpsychiatrie, 43,* 331–339.

Wolke, D., Gray, P. & Meyer, R. (1994b). Excessive infant crying: a controlled study of mothers helping mothers. *Pediatrics, 94,* 322–332.

Wolke, D., Gray, P. & Meyer, R. (1994c). Validity of the Crying pattern questionnaire in a sample of excessively crying babies. *Journal of Reproductive and Infant Psychology, 12,* 105–114.

Wolke, D., Meyer, R., Ohrt, B. & Riegel, K. (1995a). The incidence of sleeping problems in preterm and fullterm infants discharged from neonatal special care units: an epidemiological longitudinal study. *Journal of Child Psychology and Psychiatry, 36,* 203–223.

Wolke, D., Meyer, R., Ohrt, B. & Riegel, K. (1995b). Comorbidity of crying and feeding problems with sleeping problems in infancy: concurrent and predictive associations. *Early Development and Parenting, 4,* 191–207.

Wolke, D., Söhne, B., Riegel, K., Ohrt, B. & Österlund, K. (1998). An epidemiological study of sleeping problems and feeding experience of preterm and fullterm children in South Finland: comparison to a South German population sample. *Journal of Pediatrics, 133,* 224–231.

Wright, P. (1987). Hunger, satiety and feeding behaviour in early infancy. In R. A. Boakes, D. O. Popplewell & M. J. Burton (Eds.), *Eating habits, food, physiology and learned behaviour.* London: Wiley.

Weiterführende Literatur

Douglas, J. & Richman, N. (1984). *My child won't sleep.* Harmondsworth: Penguin (liegt auch in deutscher Übersetzung vor).

Wolke, D. & Skuse, D. (1992). The management of infant feeding problems. In P. J. Cooper and A. Stein (Eds.), *Feeding Problems and Eating Disorders in Children and Adolescents* (pp. 27–59). New York: Harwood Academic Publishers.

Wolke, D. (1993). The treatment of problem crying behaviour. In I. St. James-Roberts, G. Harris & D. Messer (Eds.), *Infant Crying, Feeding and Sleeping: Development, Problems and Treatments* (pp. 47–79). Hemel Hempstead: Harvester Wheatsheaf.

Wolke, D. (1994a). Die Entwicklung und Behandlung von Schlafproblemen und exzessivem Schreien im Vorschulalter. In F. Petermann (Hrsg.), *Verhaltenstherapie mit Kindern* (2. Aufl., S. 154–208). München: Röttger.

KAPITEL 25

Diagnose und Behandlung von kindlichem Autismus 25

PATRICIA RIOS

25.1
Hintergrund und Diagnose

Kanner (1943) beschrieb als erster das autistische Syndrom. Bemerkenswert ist jedoch ein zeitgleich erschienener ähnlicher Bericht von Hans Ansperger in Österreich (für eine kommentierte englischsprachige Übersetzung s. Frith, 1991). Trotz Übereinstimmungen gibt es Diskussionen über die Frage, ob sich die beiden beschriebenen Störungen quantitativ oder qualitativ unterscheiden (Lord & Rutter, 1994). Die gegenwärtige Forschung weist auf einige wesentliche Unterschiede sowohl in der zeitigen Lebensgeschichte als auch im weiteren Leben zwischen »high-functioning« autistischen Kindern und solchen mit dem Anspergerschen Syndrom hin (Szatmari et al., 1989; Wing, 1981).

Sowohl die ICD-10 (World Health Organization, 1993) als auch das DSM-IV (American Psychiatric Association, 1994) folgen denselben allgemeinen Richtlinien, d. h. beide stimmen bezüglich der wichtigsten Merkmale, die bei der Diagnose berücksichtigt werden sollten, überein. Im wesentlichen wird das meiste Gewicht gelegt auf

* einen speziellen Typ der Abweichungen der Sprache,
* einen speziellen Typ der Abweichungen in sozialen Beziehungen und
* spezielle Muster repetitiven und stereotypen Verhaltens,
* verbunden mit Entwicklungsstörungen, welche bereits vor dem Alter von 30 Monaten zutage traten.

Die Kriterien des Anspergerschen Syndroms beschreiben dieselben zwanghaften und sozialen Kommunikationsdefizite wie beim Autismus; die unterscheidenden Merkmale sind das Vorhandensein relativ normaler kognitiver Fertigkeiten und das Fehlen der zeitigen sprachlichen Retardierung.

25.1.1
Prävalenz

Im Grunde handelt es sich um eine sehr seltene Störung. Epidemiologische Studien (Brask, 1967; Lotter, 1966, 1967; Wing & Gould, 1979; Gillberg et al., 1982; Rutter, 1985) zeigen, daß sich bei etwa 2–4 von 10 000 Kindern das autistische Syndrom findet; schließt man aber schwere geistige Behinderungen mit einigen autistischen Merkmalen mit ein, steigt diese Rate bis auf 20 pro 10 000 an. Autismus kommt in einem Verhältnis von 3:1 häufiger bei Jungen vor. Die Forschung (Tsai et al., 1981; Lord et al., 1982) legt nahe, daß autistische Mädchen tendenziell stärker erkrankt sind und daß man in ihren Familien möglicherweise häufiger kognitive Probleme findet. Autismus ist eine lebenslange Störung. Allerdings zeigen sich starke interindividuelle Schwankungen hinsichtlich der Prognose einer möglichen Selbständigkeit oder des geistigen Status. Am schlechtesten ist sie bei denjenigen mit einem nonverbalen IQ unter 50 (Rutter & Lord, 1987). Neue Studien berichten erheblich höhere Prävalenzraten. Fombonne et al. (1997) fanden bei einem neueren Überblick über die epidemiologische Forschung Schätzungen von

0,7–15,5 auf 10 000. Seine Analyse zeigt, daß die durchschnittliche Anzahl von »klassischem« Autismus annähernd 5 von 10.000 beträgt, die Raten jedoch erheblich höher liegen, wenn Kinder mit einem weiter gefaßten »autistischen Spektrum« einbezogen werden. Dieser Terminus bezieht Individuen, unabhängig von ihrem Intelligenzgrad, mit ein, welche »eine Triade von Beeinträchtigungen der sozialen Interaktion, Kommunikation und Vorstellung verbunden mit einem rigiden, repetitiven Muster des Verhaltens aufweisen. Diese Triade kann sowohl einzeln als auch zusammen mit weiteren physischen oder psychischen Störungen auftreten« (Wing, 1996). Auf der Basis dieser Definition geht Wing davon aus, daß die Prävalenz, bezieht man Personen des gesamten autistischen Spektrums ein, wahrscheinlich höher als 91 von 10 000 ist.

Drei verschiedenartige Befunde weisen auf eine vererbbare Komponente des Autismus hin (Folstein & Rutter, 1977b).

- Die Konkordanzrate für Autismus und für kognitiv/sprachliche Störungen ist bei eineiigen Zwillingen höher als bei zweieiigen (Folstein & Rutter, 1977b).
- Die geschätzte Rate von 2,9%, daß in einer Familie Autismus bei mehreren Geschwistern auftritt (Bolton et al., 1994), ist bemerkenswert höher als die Rate von 0,04% in der Allgemeinbevölkerung (Lotter, 1966).
- 12,4–20,4% der Geschwister von Autisten zeigen eher subtile Beeinträchtigungen von Kommunikations- bzw. Sozialverhalten oder stereotype Verhaltensweisen (Bolton et al., 1994).

Boltons Ergebnisse legen nahe, daß ein autistischer Phänotyp über das hinausgeht, was traditionell als Autismus diagnostiziert wurde. Es könnte sein, daß mehrere Gene an der Ätiologie beteiligt sind, daß Autismus genetisch betrachtet heterogen ist und daß Schwierigkeiten bei der Geburt autistischer Kinder u. U. von einer abnormalen pränatalen Entwicklung herrühren könnten (Bolton et al., 1994).

Howlin & Moore, 1977; Johnson et al., 1992; Smith et al., 1994). Im Zentrum der Aufmerksamkeit dieser zeitigen Ängste stehen Abnormalitäten der Kommunikation, des Spiels oder der sozialen Reagibilität oder des repetitiven Verhaltens.

Wenn die Kinder älter werden, wird ihr Entwicklungsstadium in hohem Maße vom Grad der kognitiven Beeinträchtigung beeinflußt. Obwohl das autistische Syndrom bei Individuen jeden Leistungsniveaus vorkommen kann, geht die Mehrheit (ungefähr 70–75%) mit einigen Lernbehinderungen einher und annähernd 50% haben einen IQ unter 50. Bei denjenigen mit schweren bis tiefgründigen kognitiven Beeinträchtigungen ist es unmöglich, eine brauchbare Sprache zu entwickeln. Diese Gruppe tendiert gleichzeitig dazu, mehr störendes Verhalten, wie etwa Selbstschädigung, zu entwickeln und wird immer beständig eine spezielle Ausbildung und lebenslange Betreuung benötigen. Bei den etwa 20% der Personen, deren IQ innerhalb des normalen Bereichs liegt, ist das Ergebnis viel variabler. Die meisten Personen tendieren dazu, sich mit dem Alter zu verbessern (Eaves & Ho, 1996; Gillberg & Steffenberg, 1987; Lockyer & Rutter, 1969, 1970; Piven et al., 1995), aber während bei einigen die Adoleszenz ein Aufbrausen bei Problemen auslöst, kann sie bei anderen, vornehmlich solchen, welche sich ihrer Schwierigkeiten bewußt werden, eine Phase einer bemerkenswerten Verbesserung und des Wandels sein (Kanner, 1973). Innerhalb dieser Gruppe bleiben einige Personen in hohem Maße während ihres gesamten Lebens unselbständig; andere machen erfolgreich Karriere, sie leben mehr oder weniger unabhängig, entwickeln Freundschaften oder (in einer kleinen Minderheit der Fälle) heiraten sogar (für einen Überblick vgl. Howlin, 1997a). Dennoch bleiben gerade bei jenen, welche den größten Fortschritt machen, ihre Kommunikations- und sozialen Probleme in vielen Bereichen ihres Lebens bestehen, in erster Hand in Berichten von Personen wie Donna Williams (1992, 1994), Temple Grandin (1992) oder Jim Sinclair (1992) anschaulich dargestellt.

25.1.2
Der Verlauf der Störung

Es ist mittlerweile allgemein anerkannt, daß Autismus im Säuglingsalter oder in der zeitigen Kindheit beginnt (Volkmar et al., 1985), und viele Eltern machen sich ernsthafte Sorgen um die Entwicklung ihrer Kinder in den ersten Lebensjahren (Frith, Soares & Wing, 1993; Gillberg et al., 1990;

25.1.3
Verhaltensmanifestationen/ Verhaltenscharakteristika

Systematische Vergleiche zwischen autistischen Kindern und Kindern mit anderen psychiatrischen Syndromen (nach einer Parallelisierung bezüglich Alter, Geschlecht und IQ) haben bekräftigt, daß es für den Autismus kennzeichnende

Merkmale in sozialen Beziehungen, der Sprache und des Spiels gibt (Rutter, 1966; Rutter & Lokkyer, 1967).

Soziale Beziehungen

Verschiedene Studien (z.B. Wolff & Chess, 1964; Hutt & Vaizey, 1966; Sorosky et al., 1968; Churchill & Bryson, 1972; Bartak et al., 1975) haben gezeigt, daß die soziale Entwicklung autistischer Kinder eine Anzahl besonders kennzeichnender Merkmale aufweist.

- Autistische Kinder neigen nicht dazu, spezifische Bindungen aufzubauen. Dieses Merkmal ist während der ersten 5 Jahre besonders augenfällig.
- Anders als das normale Kleinkind neigen autistische Kinder nicht dazu, ihren Eltern durch die Wohnung zu folgen, und sie laufen auch nicht zur Begrüßung auf die Eltern zu, wenn sie nach Hause zurückkommen.
- Sie neigen nicht dazu, ihre Eltern um Trost zu ersuchen, wenn sie verletzt oder wütend sind.

Auffälligkeiten im Sozialverhalten, insbesondere bei den intelligenteren autistischen Kindern, können u.U. erst im Verlauf des 2. Lebensjahres sichtbar werden. Selbstverständlich kann ein Mangel an spezifischen Bindungen auch bei anderen Bedingungen als dem Autismus beobachtet werden, aber der Stil der sozialen Interaktion ist bei diesen Bedingungen anders. So neigen z.B. Kinder, die in unterprivilegierten Einrichtungen mit einer Vielzahl von Aufsichtspersonen aufgezogen worden sind, dazu, in ihren Beziehungen eher indifferent gegenüber anderen Leuten zu sein, und es ist weniger wahrscheinlich als bei anderen Kindern, daß sie starke spezifische Bindungen zu ihren Aufsichtspersonen zeigen. Andererseits zeigen sie, ganz anders als autistische Menschen, doch spürbares Bindungsverhalten und sind oft anhänglich und versuchen, die Aufmerksamkeit auf sich zu ziehen (Tizard & Rees, 1975).

Das zweite Merkmal ist der fehlende Blickkontakt, von dem allgemein gesagt wird, daß er für autistische Kinder besonders charakteristisch sei. Die klinische Beobachtung weist allerdings darauf hin, daß weniger die Menge an Blickkontakt, sondern eher die Art und Weise charakteristisch ist, in der der Blickkontakt eingesetzt wird. Das normale Kind benutzt den Blickkontakt als ein soziales Signal. Es sieht hinauf in die Gesichter der Leute, wenn es ihre Aufmerksamkeit erlangen will oder wenn es angesprochen wird. Das Typische für ein autistisches Kind ist, daß es nicht den Blickkontakt nutzt, um eine Interaktion in einer angemessenen Art und Weise zu beginnen, aufrecht zu erhalten oder zu beenden.

> Das Eigentümliche beim Autismus ist der Mangel an der Koordination sozialen Verhaltens, um damit soziale Intentionen zu zeigen (Lord, 1984).

Ungefähr ab dem Alter von 5 Jahren können viele der stärkeren sozialen Beeinträchtigungen evtl. nicht mehr auffällig sein, aber die ernsthaften sozialen Schwierigkeiten halten an (Lord, 1984). Das zeigt sich besonders in:

1. einem Mangel an Gegenseitigkeit der Interaktion und dem sozialen Interesse bei der Interaktion mit anderen Kindern;
2. einem Fehlen von kooperativem Spiel mit anderen Kindern zusammen;
3. einem ungewöhnlich hohen Maß an Zeit, die unbeschäftigt verbracht wird (kein Spiel mit Objekten oder Gleichaltrigen);
4. einem Scheitern darin, persönliche Freundschaften zu schließen und
5. einem Fehlen von Empathie und einem Versagen darin, die Gefühle und Reaktionen anderer Leute zu bemerken und zu verstehen. Die letztgenannte Auffälligkeit führt oft dazu, daß ein Kind sozial unangebrachte Dinge sagt oder tut.

Sprache und Kommunikation

Autismus stellt die Störung dar, die mit den tiefgreifendsten Auffälligkeiten bei der Sprachentwicklung einhergeht. Eine abnormale oder verzögerte Kommunikation ist der am häufigsten genannte Grund für eine Überweisung (DeMyer, 1979) sowie eines der 4 wichtigsten diagnostischen Kriterien für Autismus. Auffälligkeiten der Sprache beim Autismus sind gut dokumentiert (Rutter, 1983, 1984). Es gibt eine Anzahl hervorragender Überblicksarbeiten (Paul, 1987; Schopler & Mesibov, 1985; Fay & Schuler, 1980), die sich auf die eigentümliche Art und Weise der Sprache von Autisten, ebenso wie auf ihre Verständnisschwierigkeiten, beziehen.

Die Sprachauffälligkeiten, die am spezifischsten für den Autismus sind, sind:

- Mangel an Gegenseitigkeit,
- mangelnde Qualität der Kommunikation,
- Mangel an sozialen Komponenten,
- Mangel an Kreativität,
- Mangel an anschaulicher Qualität.

Die meisten autistischen Kinder zeigen in der Sprachentwicklung Verzögerungen, bei denen besonders ein Defizit im Verständnis bemerkenswert ist (Tager-Flusberg, 1981; Lord, 1984). Bei etwa einem Fünftel der autistischen Kinder wird berichtet, daß sie einige Worte lernen und dann etwa zwischen dem 15. und 30. Monat eine rückläufige Sprachentwicklung zeigen (Rutter, 1985). Eine solche Regression scheint keine besondere klinische Bedeutung zu haben, außer, wenn überhaupt, einer schlechten (eher als einer guten) Prognose.

Etwa die Hälfte der autistischen Kinder entwickelt niemals eine funktionelle Sprache, die meisten dieser Kinder zeigen außerdem schwerwiegende geistige Behinderungen (Lotter, 1978). Als anderes Extrem gibt es aber auch einen kleinen Anteil autistischer Kinder, die ihre Sprache weit genug entwickeln, um in Tests für normale Jugendliche durchschnittlich gut abzuschneiden (Lockyer & Rutter, 1970). Dies passiert am ehesten dann, wenn sich der nonverbale IQ im normalen Bereich bewegt und wenn sich nützliche und kommunikative Sprache bereits im Alter von bis zu 5 Jahren gezeigt hat.

Die unmittelbare Echolalie, also die Wiederholung von dem, was jemand gerade gesagt hat, findet sich sehr häufig (Rutter, 1966), ist aber nicht spezifisch für den Autismus. Etwas zu wiederholen ist ein normaler Teil der Sprachentwicklung bis etwa zum 30. Monat. Die beharrliche Echolalie scheint insbesondere mit Verständnisdefiziten zusammenzuhängen.

Anders als die unmittelbare Echolalie tritt die verzögerte Echolalie, bei der das Kind etwas wiederholt, was irgend jemand Minuten bis Monate vorher gesagt hat (einschließlich Fernsehwerbung oder anderer stereotyper Sprüche) fast ausschließlich bei Kindern mit Autismus oder anderen schweren sozialen Defiziten auf (Bartack et al., 1975). Dies kommt vor allem bei jungen autistischen Kindern sehr häufig vor und kann bei einigen Personen bis ins Erwachsenenalter hinein anhalten.

> Im Alter von 2 oder 3 Jahren kann bei Echolalie (im Gegensatz zu überhaupt keiner Sprache) eine relativ gute Prognose für die mögliche Entwicklung der Sprache gegeben werden (Howlin, 1981).

Die Tendenz, »du« statt »ich« zu sagen, ist ebenso besonders mit Autismus verbunden. Dies scheint in einem bedeutenden Ausmaß die Folge einer Neigung zur Echolalie zu sein (Bartak & Rutter, 1974). Das auditive Gedächtnis und die Artikulation sind bei autistischen Kindern oft weniger verzögert als die anderen Aspekte der Sprache (Tubbs, 1966; Bartolucci, 1976).

Ein weiteres Kommunikationsdefizit, das mit Autismus in Zusammenhang steht, ist das Versagen, die begrenzten sprachlichen Fertigkeiten durch die Nutzung alternativer Kommunikationsmethoden zu kompensieren. Anders als Kinder mit anderen Arten schwerer Beeinträchtigungen ihrer Sprache benutzen junge autistische Kinder weder Gestik, Mimik oder übliche Muster im Tonfall, um verschiedene Absichten auszudrücken, noch ist es ihnen möglich, diese »paralinguistischen Merkmale« dafür einzusetzen, besser zu verstehen, was andere sagen.

Darüber hinaus bleiben, sogar wenn Verzögerungen bezüglich formaler Aspekte der Sprache (z. B. Vokabular, Grammatik) überwunden worden sind, Auffälligkeiten bei der Benutzung der Sprache bei autistischen Kindern während der ganzen Kindheit bestehen. Die Einführung und die Beibehaltung angemessener Konversationsthemen fallen extrem schwer. Von den autistischen Erwachsenen, die flüssig sprechen können, ist es nur wenigen möglich, Sprache flexibel in einer reziproken Art und Weise einzusetzen, so daß die Konversation sowohl eine Reaktion auf das, was die andere Person gesagt hat, als auch eine Weiterentwicklung darstellt.

Spiel

Ein abnormes Spielverhalten stellt den dritten für den Autismus charakteristischen Merkmalsbereich dar (Black et al., 1975; Wing et al., 1975; Lord et al., 1984). Das typische Spielverhalten autistischer Kinder ist stereotyp, unfunktional und nichtsozial. Normalerweise sind die Spielmuster rigide und eingeschränkt, wenig kreativ und wenig fantasievoll. Autistische Kinder spielen selten Spiele mit verschiedenen Rollen, benutzen eher selten Spielzeuge und wenn, dann nicht auf symbolische oder kreative Art (Riguet et al., 1981; Ungere & Sigman, 1981). Sie sind typischerweise in ihren Fähigkeiten eingeschränkt, andere zu imitieren (DeMyer, 1971) oder abstrakt pantomimisch zu spielen (Curcio & Piserchia, 1978). Diese Defizite zeigen sich v. a. bei autistischen Kindern mit schweren Beeinträchtigungen der Sprache, die Auffälligkeiten im Spiel können aber nicht einfach auf eine Sprachretardierung zurückgeführt werden. In jungem Alter können diese Kinder endlos Spielzeuge aneinanderreihen oder Haushaltsgeräte in Mustern anordnen, oder sie sammeln seltsame Objekte wie Blechdosen oder speziell geformte

Steine. Oft findet man eine intensive Bindung an diese Objekte; so tragen einige Kinder z. B. ständig ein Stück Faden in der Hand zwischen Daumen und Zeigefinger mit sich herum oder können sich unter keinen Umständen von einem bestimmten Gürtel trennen. In der Regel bleibt diese Bindung trotz extremer Verzerrungen in der Größe oder der Form der Objekte bestehen, so daß die Funktion dieser Objekte für die Bindung meist irrelevant ist (Marchant et al., 1974). Falls den Kindern ein solches Objekt weggenommen und nicht wieder zurückgegeben wird, kommt es nach Protesten oft zu einer neuen Bindung an ein anderes Objekt.

Besonders in der mittleren Kindheit gehen autistische Kinder oft unüblichen Beschäftigungen nach (z. B. der Beschäftigung mit Fahrplänen, Buslinien, Farben, Zahlen oder Mustern), hinter denen alle anderen Aktivitäten zurücktreten. Diese Beschäftigung kann auch die Form wiederholter stereotyper Fragen annehmen, auf die dann in einer bestimmten Weise geantwortet werden muß. Ritualisiertes Verhalten und Zwangshandlungen finden sich bei Autisten sehr häufig. In früher und mittlerer Kindheit betrifft dies v. a. rigides Routineverhalten, aber in der Adoleszenz entwickeln sich nicht selten echte Zwangssymptome wie etwa Berührzwänge u. ä. Außerdem findet sich besonders in der frühen Kindheit ein ausgeprägter Widerstand gegenüber Veränderungen in der häuslichen Umgebung eines Autisten. So kann das Kind etwa völlig verzweifeln, wenn Möbel in der Wohnung verrückt oder Dekorationen verändert werden.

Autistische Kinder zeigen häufig ein Interesse an unüblichen Aspekten eines Objekts, insbesondere daran, wie es riecht oder sich anfühlt. Oft schnüffeln sie an ihren Spielsachen oder fühlen ihre Beschaffenheit. Einige sind fasziniert davon, wie sich menschliches Haar (oder eine Glatze) anfühlt und versuchen ständig, fremde Leute am Kopf zu berühren.

Stereotype, repetitive Bewegungen, speziell Manierismen der Hände und Finger, finden sich bei vielen autistischen Kindern (oft drehende oder schnipsende Bewegungen, die in der Nähe des Gesichts oder der Peripherie des Sehfeldes vollführt werden), insbesondere bei denen, die zusätzlich geistig behindert sind (Bartak & Rutter, 1976). Ganzkörperbewegungen oder Sich-hin-und-her-Werfen kommen ebenfalls häufig vor. Viele der geistig behinderten autistischen Kinder zeigen autoaggressives Verhalten, indem sie sich beißen oder die Köpfe anschlagen. Bei normal intelligenten Autisten kommt dies seltener vor.

25.2
Behandlungen von Autismus

Infantiler Autismus ist eine komplexe Störung, die sowohl Auffälligkeiten in der Entwicklung als auch im Verhalten beinhaltet; beides muß bei der Planung eines Behandlungsprogramms berücksichtigt werden. Die Tatsache, daß einige Kinder mit zunehmendem Alter Fortschritte machen, hat zu den Forderungen geführt, daß spezielle Behandlungen das Ergebnis signifikant beeinflussen (Auswirkungen haben) oder so etwas wie eine »Heilung« bewirken sollen. Zu solchen Interventionen zählen die »Festhalte«- (»Holding«-) Therapie (Richer & Zapella, 1989), die Musiktherapie (Trevarten et al., 1996), das »Skotopic«-Sensitivitäts-Training (Tragen spezieller Brillen; Irlen, 1995), die akustische Integration (Desensibilisierung für Töne verschiedener Frequenzen) (Rimland & Edelson, 1994, 1995); ebenso wie Medikamenten- und Vitaminbehandlungen (für einen detaillierten Überblick über verschiedene Therapien vgl. Howlin, 1997b).

Einige dieser Forderungen werden von adäquaten experimentellen Daten gestützt. Ein solches Anfang der 90er Jahre bekannt gewordenes Beispiel ist die »Förderung der Kommunikation«. Diese schließt eine körperliche Unterstützung (für die Hand, den Arm oder das Handgelenk) ein, welche den Kindern hilft, verschiedene Kommunikationsboards zu nutzen. Mit dieser Technik konnte demonstriert werden, daß diese autistischen Personen in Wirklichkeit einen viel höheren Intellekt besaßen, und man forderte, ihnen »kommunikative Unabhängigkeit« (Biklen, 1993) zu ermöglichen. Nachfolgende kontrollierte Untersuchungen haben übereinstimmend gezeigt, daß die Verhaltensweisen so gut wie immer konstant unter der Kontrolle der helfenden Person sind, nicht der Klient (Bebko, Perry & Bryson, 1996).

Ebenso war die Vielfalt an Unterrichtsmethoden begünstigend, um einen signifikanten Einfluß auf das Ergebnis zu haben. Dazu gehört die japanische »Daily-Life-Therapie« (Alltagstherapie) mit dem Schwerpunkt auf hochstrukturierten, körperlich orientierten Programmen, welche in den Higashy-Schulen praktiziert werden (für ausführliche Angaben vgl. Gould, Rigg, & Bignell, 1991). Die »Options«-Methode von Kaufman (1981), welche sich auf die Teilnahme des Therapeuten an den ritualisierten und zwanghaften Verhaltensweisen des Kindes verläßt, um soziale Kontakte zu pflegen, beansprucht für sich ebenfalls »erstaunliche« Ergebnisse.

Eine andere, überall angewandte, häufig zitierte Methode ist das Intensiv-frühzeitige-Interventionsprogramm von Lovaas und seinen Mitarbeitern (McEachin, Smith & Lovaas, 1993; Perry, Cohen & De Carlo, 1995). In dieser Methode liegt die Betonung auf der Verbesserung einiger bei Autismus auftretender Defizite und Schwierigkeiten und nicht auf der Behandlung der fundamentalen Störung. Es wird angegeben, daß 42% der autistischen Kinder ein »normales Funktionieren in der Folgezeit« (Durchschnittsalter von 11,5 Jahren) aufrechterhalten, wenn sie in einem ungefähren Alter von 2–4 Jahren einem sehr intensiven, zu Hause durchzuführenden Verhaltensprogramm (40 Stunden in der Woche) unterzogen werden (Lovaas, 1996).

25.2.1
Beratung der Eltern über verschiedene Behandlungen

Derzeit gibt es keine Belege dafür, daß eine Heilung von Autismus möglich ist. Ein etwaiges Ergebnis ist in einem großen Umfang von angeborenen kognitiven, linguistischen und sozialen Möglichkeiten abhängig. Dennoch werden Kliniker oft von Eltern aufgesucht, welche von verschiedenen »Wunderheilungen« gehört oder gelesen haben und die wissen möchten, ob die Behandlung auch bei ihrem Kind angewandt werden könnte. Obwohl es wichtig ist, nicht übermäßig pessimistisch oder abschätzig zu erscheinen, ist es ebenso wichtig zu versuchen, den Eltern zu übermitteln, daß es kein universelles Heilmittel gibt. Die Kliniker sollten den Eltern helfen zu versuchen, soviel Informationen wie nur möglich, nicht nur über solche Kinder, bei denen die Behandlung gewirkt hat, sondern auch über die Eigenschaften derer, bei denen sie weniger erfolgreich war, zu erlangen. Sie sollten sich erkundigen, welche Behandlung bei älteren oder bei jüngeren Kindern, bei Kindern mit oder ohne Sprache, oder bei jenen mit mehr oder weniger kognitiven Möglichkeiten die besseren Aussichten auf Erfolg hat. Die Eltern sollten ermutigt werden herauszufinden, welche Art von Diagnostik vor der Behandlung durchgeführt und welche Methoden benutzt wurden, um das Ergebnis zu erreichen (andere als ausschließlich anekdotische Berichte).

Eltern benötigen darüber hinaus genaue Informationen darüber, was sich bei anderen autistischen Kindern ereignete, als diese älter wurden, so daß berichtete Ergebnisse infolge einer Behandlung unter Berücksichtigung dessen, was

möglicherweise ohne die Durchführung einiger spezieller Behandlungen erwartet werden kann (zu erwarten wäre) beurteilt werden können. Bevor eine Entscheidung für eine Behandlung gefällt wird, soll den Familien geholfen werden, alle Kosten der Behandlung abzuwägen: die dafür aufzuwendende Zeit, einige vorhersehbare Spannungen oder Einschränkungen in anderen Aspekten des Familienlebens, oder der mögliche Effekt auf das Kind, mit dieser großen Veränderung fertig werden zu müssen oder eben die Trennung von der Familie. Schließlich sollten auch detaillierte Informationen über lokale Einrichtungen, unterstützende Gruppen, Bildungseinrichtungen etc. gegeben werden. Die Kliniker sollten es vermeiden, unrealistische Erwartungen über den zukünftigen Fortschritt zu wecken, solange die Eltern nicht zu pessimistische Erwartungen haben, was das Kind wirklich zu erreichen in der Lage ist. So hat sich mittlerweile gezeigt, daß eine frühzeitige Intervention, angepaßt an die individuellen Muster von Stärken und Schwächen eines jeden Kindes, eine signifikante Wirkung auf die Minimierung oder Vermeidung von Verhaltensproblemen haben kann und helfen kann zu garantieren, daß Kinder in der Lage sind, ihre existierenden Fertigkeiten in vollem Umfang zu entwickeln (Howlin & Rutter, 1987).

25.2.2
Training autistischer Kinder zu Hause

Die Einbeziehung der Eltern und das Zuhause als Setting der Therapie sind wegen verschiedener Faktoren günstig. Die Eltern können am besten die jeweiligen Probleme ihres Kindes und die Situationen, in denen diese Probleme verstärkt oder reduziert werden, erkennen. Die Eltern haben darüber hinaus eine große Erfahrung darin, erwünschte Verhaltensweisen zu fördern. Da es die Eltern sind, die direkt mit den Problemen des Kindes umgehen müssen, können sie am besten von erzielten Verhaltensverbesserungen profitieren. Deswegen wird ihre Motivation, mit dem Kind zu arbeiten, stets größer sein als bei jedem anderen Betreuer.

Die Eltern autistischer Kinder stehen einer Vielzahl von Problemen gegenüber. Sie müssen nicht nur die spezifischen mit der Störung verbundenen Schwierigkeiten bewältigen, sondern auch die unspezifischen Probleme, die bei Kindern mit vielerlei Behinderungen üblich sind. Obwohl sich viele Probleme über die jeweiligen Kinder hinweg beim Autismus ähnlich sehen

(Sprachabnormalitäten, soziale Probleme, Routinen und Zwänge, Sauberkeits- und Fütterungsschwierigkeiten, störende Verhaltensweisen, Überaktivität), wird eine Interventionsmaßnahme je nach den Fähigkeiten und Defiziten des jeweiligen Kindes und je nach den familiären Gegebenheiten individuell anders ausfallen.

Bevor ein solches Trainingsprogramm für zu Hause durchgeführt wird, um das Anpassungsniveau des Kindes zu verändern oder zu verbessern, ist es nötig, eine sorgfältige Bedingungsanalyse der Probleme des Kindes auszuarbeiten. Dabei muß neben den Umständen, in denen das Problemverhalten auftritt, und den vorausgehenden und nachfolgenden Bedingungen auch die funktionale Rolle dieses Verhaltens für das einzelne Kind herausgearbeitet werden. Es würde z. B. keinen Sinn machen, autoaggressives Verhalten einfach als »unangemessen« oder »deviant« einzuordnen, wenn dieses Verhalten die einzige Möglichkeit für das Kind darstellt, Verzweiflung oder Unzufriedenheit auszudrücken; in diesem Fall hätten Versuche, solche Probleme zu eliminieren, wenig Aussicht auf Erfolg.

Welches Verhalten sollte zuerst behandelt werden?

Die klinische Erfahrung zeigt, daß es i. allg. das Beste ist, die Eltern darüber entscheiden zu lassen, welches Verhalten als erstes modifiziert werden sollte.

Dies hat v. a. den Vorteil, die Motivation der Eltern zur Mitarbeit zu erhöhen und kann die Eltern ermutigen, auch die eher »langweiligen« Aufgaben zu übernehmen, die während der Behandlung, z. B. beim Sammeln von Daten und Aufzeichnungen für eine Baselineerhebung, anfallen können.

Welche Behandlungsmethode sollte benutzt werden?

Die meisten Eltern haben zumindest teilweise erfolgreiche Strategien dafür entwickelt, wie sie am besten mit ihrem Kind umgehen. Oft setzen sie sie aber nur intermittierend oder nicht kontingent ein, so daß die Effektivität solcher Strategien sehr eingeschränkt sein kann. Mit Ausnahme körperlicher Bestrafung, von der Kliniker stark abraten, muß das allgemeine Ziel darin bestehen, Strategien nutzbar zu machen, die die Eltern bereits verwenden und ihnen zu helfen, diese effektiver einzusetzen. Dabei ist konsistente Anwendung einer Intervention von noch größerer Wichtigkeit als das jeweilige Behandlungsprogramm selbst.

Auf bereits bestehende Strategien kann aufgebaut werden, indem diese auf einen weiteren Bereich von Problemen oder Situationen als bisher angewendet werden und indem die Effektivität durch das Hinzufügen weiterer problemspezifischer Techniken gesteigert wird. So könnte z. B. ein Time-out-Programm zur Verringerung von Wutausbrüchen nicht nur dadurch in seiner Effektivität gesteigert werden, indem es konsistenter als bisher eingesetzt wird. Man könnte es darüber hinaus mit anderen Techniken verbinden (z. B. Entspannung, Desensibilisierung), die vielleicht andere, damit zusammenhängende Probleme verringern. Betrachtet man einen ähnlichen Fall, bei dem Selbsthilfe- und Problemlösefertigkeiten aufgebaut werden sollen, so ist zwar eine kontingente Verstärkung entscheidend für den Erfolg, reicht aber selbst nicht aus, um neue Verhaltensweisen aufzubauen; in diesem Fall könnte man noch Modellernen, Shaping und Prompting-Prozeduren ergänzend hinzufügen.

Es ist wichtig, darauf zu achten, wenn neue Verhaltensweisen und Fertigkeiten erst einmal erworben sind, daß daraufhin auch eine Umstrukturierung der Umgebung stattfindet, so daß die Kinder auch das Beste aus ihren neuen Fähigkeiten machen können. In der Tat scheint das bewußte Anspornen des Kindes, seine neuen Fertigkeiten auch in einem normalen Alltag zu zeigen, entscheidend für den Behandlungserfolg zu sein. Cheseldine & McConkey (1979) zeigten, daß allein das Setzen von konkreten Verhaltenszielen bereits hocheffektiv sein kann, auch wenn gar nicht versucht wurde, den Eltern neue behaviorale Techniken beizubringen. Nach Short (1979) ist das Ausmaß tätlicher und verbaler Anleitung durch die Eltern noch wichtiger als die Häufigkeit der Verstärkungen. In anderen Interventionsstudien (z. B. Howlin & Rutter, 1987) wurde ebenfalls gezeigt, daß eine einfache Umstrukturierung der Umgebung signifikante Auswirkungen auf die Sprache sowie auf soziales und konstruktives Verhalten haben kann.

Howlin (1989) wendete sich v. a. Behandlungsstrategien zu, die auf positives Verhalten abzielen. Wenn z. B. aggressive und störende Verhaltensweisen (z. B. ritualisierende oder phobische Tendenzen) aus einem Mangel an angemessenen Fertigkeiten resultieren, bestand ihr Ansatz darin, relevante Fertigkeiten aufzubauen und zu festigen oder Kontrollmöglichkeiten bezüglich Ängsten und Zwangsverhalten zu entwickeln; dies sei wichtiger als die Eliminierung von etwas, was u. U. nur ein sekundäres Problem darstellt. Howlins Herangehensweise ist vielleicht nicht der schnellste Weg, mit Schwierigkeiten umzugehen, aber die Zusammenarbeit mit den Eltern zu Hause erfordert Kompromisse auf beiden Seiten.

Man könnte anführen, daß es kurzfristig vielleicht effektiver sei, auf störendes Verhalten mit Löschung oder Time-out-Techniken zu reagieren. In der Praxis haben aber Eltern oft das Problem, solche Programme konsequent umzusetzen, insbesondere wenn Eß- oder Schlafprobleme eine Rolle spielen. Im folgenden wird ein Fallbeispiel von Howlin (1989) angeführt, bei dem ein Ansatz abgestufter Veränderung (»graded change«) benutzt wurde. Der Patient war ein 12jähriger Junge, der während der Autofahrten seine Mutter immer daran hindern wollte, aus was für Gründen auch immer, anzuhalten. Der folgende Kasten zeigt die Interventionsschritte.

**Reduktion des zwanghaften Verhaltens:
Interventionsschritte für ein Kind,
das verweigert, während einer Fahrt mit dem
Auto anzuhalten**

1. Vorhergesagtes Anhalten von 30 Sekunden in der Nähe des Heims. Rückkehr nach Hause, wenn das Kind ausfällig wird.
2. Vorhergesagtes Anhalten von 1 Minute. Fahrt wird fortgesetzt, wenn kein Widerstand gezeigt wird, ansonsten Rückkehr nach Hause.
3. Unvorhergesagter Stopp von 1 Minute.
4. Verschiedene Stopps während der Fahrt.
5. Ausweiten der Fahrzeit.
6. Ausflüge in Geschäfte einbeziehen.

Ein Graded-change-Programm hat sich bei der Behandlung von Stereotypien und Manierismen, zwanghaftem Verhalten, ritualistischem Aufreihen von Spielzeugen, repetitivem Fragen, Widerstand gegenüber Veränderungen, Eß- und Schlafproblemen sowie die problematische Bindung an bestimmte Objekte bei autistischen Kindern als hilfreich erwiesen.

In der folgenden Tabelle 25.1 sind solche abgestuften Interventionsschritte für diese Verhaltensprobleme aufgeführt.

Methoden, wie in Tabelle 25.1 dargestellt, sind im allgemeinen für die meisten Familien akzeptabel, die daraufhin auch weitere empfohlene Strategien konsequent anwenden. Sobald Problemverhaltensweisen auf ein akzeptables Niveau reduziert sind, so daß sie das Familienleben nicht mehr stören oder das Kind nicht mehr bei anderen Aktivitäten behindern, können auf dieser Basis andere, akzeptable Verhaltensweisen aufgebaut werden.

Tabelle 25.1. Reduktion von zwanghaften Aktivitäten

Problem	Interventionsschritt
Sammeln von Münzen	1. Reduktion der Anzahl der Zimmer, in denen Sammeln von Münzen erlaubt ist 2. Angenehme Aktivitäten (z.B. Fernsehen, Essen, ins elterliche Bett gehen) werden kontingent mit dem Entfernen der Münzen aus dem Zimmer gekoppelt 3. Reduktion der Gesamtzahl der Münzen für die gesamte Wohnung 4. Münzen werden nur noch im Schlafzimmer erlaubt
Aufreihen von Spielzeugautos	1. Stufenweise Reduktion der Spielzeugautos von 50 auf 20 2. Weitere Reduktion der Länge einer Reihe auf höchstens 5 Autos 3. Selbst Paare von Spielzeugautos werden nur noch erlaubt, wenn sie sich auf mehrere Zimmer verteilen 4. Autos werden beim Spielen in der Vorstellung benutzt
Motorische Manierismen	1. »Zappeln« wird auf bestimmte Zeiten des Tages begrenzt (z.B. während des Fernsehens) 2. Ausweitung der Bereiche, in denen das Zappeln begrenzt wird 3. Weitere Begrenzung auf bestimmte Zeiten 4. Zappeln wird nur noch in einem Zimmer gestattet
Verbale Stereotypien	1. Stereotypien werden nur erlaubt, wenn eine nichtstereotype Unterhaltung vorangegangen ist 2. Anzahl repetitiver »Gespräche« pro Tag wird graduell reduziert 3. Anzahl repetitiver Fragen bei solchen Gesprächen wird reduziert 4. Stereotypien werden nur noch kurz vor dem Einschlafen erlaubt
Widerstand gegenüber Veränderungen im Haushalt	1. Kleine Winkelveränderung der Stellung des Stuhls 2. Stuhl wird graduell von ursprünglicher Position bewegt 3. Andere Stühle werden gedreht 4. Graduelle Veränderung anderer Haushaltsgegenstände (Winkel der Türöffnungen, Teppiche etc.)
Schlafprobleme	1. Mutter schläft auf Luftmatratze neben Bett des Kindes 2. Matratze wird wenige Zentimeter vom Bett entfernt 3. Der Abstand wird vergrößert, aber Mutter ist immer noch nah genug, um Kind mit der Hand zu berühren 4. Mutter außer Reichweite des Kindes 5. Matratze an der Tür des Kinderzimmers 6. Matratze bei geöffneter Tür im Flur 7. Matratze an der Tür des Elternschlafzimmers 8. Mutter kehrt in eigenes Bett zurück
Bindung an Objekt (hier: eine Wolldecke)	1. Mutter schneidet ein Stück Decke ab, während Kind schläft 2. Mutter schneidet ein weiteres Stück ab 3. Decke wird immer weiter zerkleinert 4. Decke besteht nur noch aus kleinen Fetzen

25.2.3
Minimieren der Anforderungen an die Eltern

Howlin & Rutters (1987) Strategie war darauf angelegt, die Anforderungen an die Eltern zu minimieren und sie so darin zu versichern, daß eine Behandlung nicht zu verstärkter Beanspruchung der Familie führt. Im Gegenteil soll die Familie in die Lage versetzt werden, ihre Zeit effektiver zu nutzen. Es wurde von den Familien nicht erwartet, ihren Lebensstil völlig zu verändern oder mehr Zeit für ihr autistisches Kind aufzubringen. Sie legten ihnen in vielen Fällen nahe, die Zeit, die ausschließlich dem behinderten Kind gewidmet wird, langfristig zu reduzieren und mehr Zeit für andere Familienaktivitäten aufzuwenden.

In einer kontrollierten Studie dieser Therapie vor Ort mit den Familien autistischer Kinder wurde dieser Ansatz von Howlin & Rutter (1987) evaluiert. Die Zeit, die die Mütter mit ihren autistischen Kindern verbrachten, wurde mit einem Tagebuch erhoben. Bezüglich der Zeitdauer oder der Intensität der Interaktionen wurde zwischen der Behandlungs- und Kontrollgruppe sowie vor und nach der Behandlung nur wenige Unterschiede gefunden. Zeitreihenanalysen des Interaktionsstiles zeigten allerdings, daß die Eltern in der Behandlungsgruppe direktivere und informativere Arten der Interaktion mit dem Kind entwickelten. Diese Veränderungen wurden wiederum von Fortschritten des Kindes bezüglich Verhalten und Sprache begleitet. In Erhebungen nach der Intervention zeigte sich, daß aus der Sichtweise der Eltern die Therapie durchweg positiv gewesen ist. Die Eltern gaben an, daß die Fortschritte auch ohne übertriebene Anforderungen oder Störungen erzielt werden konnten. Signifikant mehr Eltern aus der Behandlungs- als aus der Kontrollgruppe zeigten sich mit der Hilfe, die sie erhalten hatten, zufrieden; außerdem waren aus ihrer Sicht mehr Probleme angegangen worden, die Beziehung zu den Therapeuten war positiv, und die Behandlung hatte sie dazu befähigt, nun besser mit einem größeren Ausmaß an Problemen und Situationen umgehen zu können. Sie berichteten, daß es zwar einige Anstrengungen gekostet habe, die vorgeschlagenen Techniken in die Tat umzusetzen, aber fast alle Eltern hatten es geschafft. Allerdings waren einige Eltern nicht besonders zufrieden damit, Tabellen und Tagebücher über ihr Kind anzufertigen, und einige fanden, daß die Erwartung der Therapeuten an das Kind zu hoch gewesen sei. Ungeachtet der 2 zuletzt genannten Punkte begrüßten die Eltern das zu Hause durchzuführende Interventionsprogramm von Howlin & Rutter (1987). Sie empfanden es weder als zu beeinträchtigend noch als zu überfordernd.

Zusammenfassung

Autismus ist eine lebenslange Entwicklungsstörung, die gewöhnlich in der zeitigen Kindheit in Erscheinung tritt (Volkmar, Stier & Cohen, 1985). Sie ist gekennzeichnet durch schwere Abweichungen der Sprachentwicklung und Abweichungen im Sozialverhalten sowie durch spezielle Muster ritualisierten und zwanghaften Verhaltens.

Wenngleich mit Autismus eine Vielzahl von möglichen Ursachen in Verbindung gebracht wird, so sind wohl an der Mehrzahl der Fälle genetische Faktoren beteiligt (Bailey et al., 1995; Le Couter et al., 1996). Die Summe der eben aufgeführten charakteristischen Merkmale erfordert, daß mit Familien autistischer Kinder arbeitende Kliniker Interventionsmaßnahmen ausarbeiten, die auf eine langfristige Herangehensweise ausgerichtet sind.

Interventionen mit den Familien autistischer Kinder benötigen eine lange und facettenreiche Herangehensweise. Ein grundlegender Bestandteil der Therapie ist es, Eltern zu helfen, effektive Managementstrategien im Umgang mit Verhaltensproblemen zu entwickeln. Dabei muß betont werden, daß, wenn die Therapie optimal erfolgreich sein soll, die Bedürfnisse des Kindes im Kontext der generellen familiären Bedingungen gesehen werden müssen. Das übergeordnete Ziel ist eine langzeitliche Verbesserung des familiären Ablaufs und nicht einfach die kurzzeitige Erleichterung bei speziellen Verhaltensschwierigkeiten.

Die wichtigsten Elemente der Behandlung, wenn Verhaltensauffälligkeiten nicht eskalieren sollen und gleichzeitig die Möglichkeit besteht, sie unter elterliche Kontrolle zu bekommen, sind frühzeitige Diagnosestellung sowie emotionale und praktische Unterstützung von kompetenten Praktikern, die im Umgang mit den sehr speziellen Bedürfnissen autistischer Kinder geschult sind.

Literatur

American Psychiatric Association (1994). *Diagnostic and statistical manual of mental disorders – DSM IV* (4th ed.). Washington/DC: American Psychiatric Association.

Bartak, L. & Rutter, M. (1974). The use of personal pronouns by autistic children. *Journal of Autism and Childhood Schizophrenia*, 4, 217–222.

Bartak, L. & Rutter, M. (1976). Differences between mentally retarded and normally intelligent autistic children. *Journal of Autism and Childhood Schizophrenia, 6,* 109–120.

Bartak, L., Rutter, M. & Cox, A. (1975). A comparative study of infantile autism and specific developmental receptive language disorder. I: The children. *British Journal of Psychiatry, 126,* 127–145.

Bartolucci, G. (1976). Formal aspects of language in childhood autism. In J. J. Steffen & P. Karoli (Eds.), *Autism and severe psychopathology: advances in child behavioural analysis and therapy* (Vol. 2, pp. 159–185). Toronto: Lexington Books.

Bebko, J. M., Perry, A. & Bryson, S. (1996). Multiple method validation study of facilitated communication: II Individual differences and subgroup results. *Journal of Autism and Developmental Disorders, 26,* 19–42.

Biklen, D. (1993). *Communication unbound: How facilitated communication is challenging views of autism and ability/disability.* New York: Teachers College Press.

Black, M., Freeman, B. J. & Montgomery, J. (1975). Systematic observation of play behaviour in autistic children. *Journal of Autism and Childhood Schizophrenia, 5,* 363–372.

Brask, B. H. (1967). The needs for hospital beds for psychotic children: an analysis based on a prevalence investigation in the County of Arthus. *Ugeskrift for Laegar, 129,* 1559–1570.

Bolton, P., Macdonald, H., Pickles, A., Rios, P., Goode, S., Crowson, M., Bailey, A. & Rutter, M. (1994). A case control family history study of autism. *Journal of Child Psychology and Psychiatry, 35,* 877–899.

Cheseldine, S. & McConkey, R. (1979). Parental speech to young Down's syndrome children: an intervention study. *American Journal of Mental Deficiency, 83,* 612–620.

Churchill, D. W. & Bryson, C. Q. (1972). Looking and approach behaviour of psychotic and normal children as a function of adult attention or preoccupation. *Comprehensive Psychiatry, 13,* 171–177.

Curcio, F. & Piserchia, E. A. (1978). Pantomimic representation in autistic children. *Journal of Autism and Child Schizophrenia, 8,* 181–190.

DeMyer, M. K. (1979). *Parents and children in autism.* New York: Wiley.

DeMyer, M. K. (1981). Perceptual limitations in autistic children and their relation to social and intellectual deficits. In M. Rutter (Ed.), *Infantile autism: concepts, characteristics and treatment.* Edinburgh: Churchill Livingston.

Eaves, L. C. & Ho, H. H. (1996). Brief report: Stability and change in cognitive and behavioural characteristics of autism through childhood. *Journal of Autism and Develop Disorders, 26,* 557–570.

Fay, W. H. & Schuler, A. L. (1980). *Emerging language in autistic children.* Baltimore: University Park Press/London: Arnold.

Folstein, S. & Rutter, M. (1977). Infantile autism: a genetic study of 21 twin pairs. *Journal of Child Psychology and Psychiatry, 18,* 297–321.

Fombonne, E., Bolton, P., Prior, J., Jordan, H. & Rutter, M. (1997). *A family study of autism: cognitive patterns and levels in parents and siblings.*

Frith, V. (1991). *Autism and Asperger Syndrome.* Cambridge University Press.

Frith, V., Soares, I. & Wing, L. (1993). Research into the earliest detectable signs of autism: what parents say. *Communication, 27,* 17–18.

Gillberg, C., Ehlers, S., Schaumann, H., Jacobson, G., Dahlgren, S. O., Lindblom, R., Bagenholm, A., Jus, T. & Blidner, E. (1990). Autism under age 3 years: a clinical study of 28 cases referred for autistic symptoms in infancy. *Journal of Child Psychology and Psychiatry, 31,* 921–934.

Gillberg, C. & Schaumann, H. (1982). Social class and autism: total population aspects. *Journal of Autism and Developmental Disorders, 12,* 223–228.

Gillberg, C. & Steffenberg, S. (1987). Outcome and prognostic factors in infantile autism and similar conditions. A population-based study of 46 cases followed through puberty. *Journal of Autism and Developmental Disorders, 17,* 272–288.

Gould, G. A., Rigg, M. & Bignell, L. (1991). *The Higashi experience: the reports of a visit to the Boston Higashi School.* London: National Autistic Society Publications.

Howlin, P. (1981). Effectiveness of operant language training with autistic children. *Journal of Mental Deficiency Research, 1,* 79–90.

Howlin, P. (1989). Help for the family. In C. Gilberg (Ed.), *Diagnosis and treatment of autism.* New York: Plenum.

Howlin, P. (1997a). *Autism: preparing for adulthood.* London: Routledge.

Howlin, P. (1997b). Prognosis in autism: do specialist treatments affect outcome? *European Child and Adolescent Psychiatry, 6,* 55–72.

Howlin, P. & Moore, A. (1977). Diagnosis in autism: a survey of over 1200 parents. Autism: *The International Journal of Research and Practice, 1,* 135–162.

Howlin, P. & Rutter, M. (1987). (With Berger, M., Hemsley, R., Hersov, L., Yule, W.) *Treatment of autistic children.* Chichester: Wiley.

Hutt, C. & Vaizey, M. J. (1966). Differential effects of group density on social behaviour. *Nature, 209,* 1371–1372.

Irlen, H. (1995). Viewing the world through rose tinted glasses. *Communication, 29,* 8–9.

Johnson, M. H., Siddons, F., Frith, U. & Morton, J. (1992). Can autism be predicted on the basis of infant screening tests? *Developmental Medicine and Child Neurology, 34,* 316–320.

Kanner, L. (1973). *Childhood psychosis: Initial studies and new insights.* New York: Winston/Wiley.

Kaufman, B. (1981). *A miracle to believe in.* New York: Doubleday.

Lockyer, L. & Rutter, M. (1969). A five to fifteen year follow-up study on infantile psychosis: III. Psychological aspects. *British Journal of Psychiatry, 115,* 865–882.

Lockyer, L. & Rutter, M. (1970). A five to fifteen year follow-up of infantile psychosis: IV. Patterns of cognitive ability. *British Journal of Social and Clinical Psychology, 9,* 152–163.

Lord, C. (1984). Language comprehension and cognitive disorders in autism. In L. Siegel & F. J. Morrison (Eds.), *Cognitive development in atypical children* (pp. 67–82). New York: Springer.

Lord, C. & Rutter, M. (1994). Autism & pervasive developmental disorder. In M. Rutter, E. Taylor & L. Hersov (Eds.), *Child & adolescent psychiatry: modern approaches* (3rd ed.) (pp. 569–593). Oxford: Blackwell.

Lord, C., Shopler, E. & Revick, D. (1982). Sex differences in autism. *Journal of Autism and Developmental Disorders, 12,* 317–330.

Lotter, V. (1966). Epidemiology of autistic conditions in young children. I: Prevalence. *Social Psychiatry, 1,* 124–137.

Lotter, V. (1967). Epidemiology of autistic conditions in young children. II: Some characteristics of the parents and children. *Social Psychiatry, 1,* 163–173.

Lotter, V. (1974). Factors related to outcome in autistic children. *Journal of Autism and Child Schizophrenia, 4,* 263–277.

Lotter, V. (1978). Follow up studies. In M. Rutter & E. Shopler (Eds.), *Autism: a reappraisal of concepts and treatment* (pp. 475–496). New York: Plenum.

Lovaas, O. I. (1996). The UCLA young autism model of service delivery. In C. Maurice (Ed.), *Behaviour intervention for young children with autism* (pp. 241–250). *Autism*, TX: Pro-ED.

Marchant, R., Howlin, P., Yule, W. & Rutter, M. (1974). Graded change in the treatment of the behaviour of autistic children. *Journal of Child Psychology and Psychiatry, 15,* 221–227.

McEachin, J. J., Smith, Z. & Lovaas, O. I. (1993). Long term outcome for children with autism who received early intensive behavioural treatment. *American Journal of Mental Retardation, 97,* 359–372.

Paul, R. (1987). Communication. In D. J. Cohen, A. Donnellan & R. Paul (Eds.), *Handbook of Autism and Pervasive Developmental Disorders*. New York: Wiley.

Perry, R., Cohen, I. & De Carlo, R. (1995). Case study: Deterioration, autism and recovery in two siblings. *Journal of the American Academy of Child and Adolescent Psychiatry, 34,* 233–237.

Piven, J., Harper, J., Palmer, P. & Arndt, S. (1995). Course of behavioural change in autism: A retrospective study of high IQ adolescents and adults. *Journal of the American Academy of Child and Adolescent Psychiatry, 35,* 523–529.

Richer, J. & Zapella, M. (1989). Changing social behaviour: The place of holding. *Communication, 23,* 35–39.

Riguet, C. B., Taylor, N. D., Benaroya, S. & Klein, L. S. (1981). Symbolic play in autistic, Down's and normal children of equivalent mental age. *Journal of Autism and Developmental Disorders, 11,* 439–448.

Rimland, B. & Edelson, S. M. (1994). The effects of auditory integration training on autism. *American Journal of Speech-Language Pathology, 5,* 16–24.

Rimland, B. & Edelson, S. M. (1995). Brief report: A pilot study of auditory integration training in autism. *Journal of Autism and Developmental Disorders, 25,* 61–70.

Rutter, M. (1966). Behavioural and cognitive characteristics of a series of psychotic children. In J. Wing (Ed.), *Early childhood autism*. London: Pergamon.

Rutter, M. (1983). Cognitive deficits in the pathogenesis of autism. *Journal of Child Psychology and Psychiatry, 24,* 513–532.

Rutter, M. (1985). Infantile autism and other pervasive developmental disorders. In M. Rutter & L. Hersov (Eds.), *Child and adolescent psychiatry: modern approaches* (2nd ed., pp. 545–566). London: Blackwell Scientific Publications.

Rutter, M. & Lockyer, L. (1967). A fifteen year follow up of infantile psychosis. I. Description of sample. *British Journal of Psychiatry, 113,* 1168–1182.

Rutter, M. & Lord, C. (1987). Language disorders associated with psychiatric disturbance. In W. Yule & M. Rutter (Eds.), *Language development and disorders*. MacKeith Press. Oxford: Blackwell Scientific Publications.

Schopler, E. & Mesibov, G. (Eds.) (1985). *Communication Problems in Autism*. New York: Plenum.

Short, A. B. (1984). Short term treatment outcome using parents as co-therapists for their own autistic children. *Journal of Child Psychology and Psychiatry, 25,* 443–458.

Sinclair, J. (1992). Bridging the gap: an inside out view of autism (or, do you know what I don't know?). In E.

Schopler & G. B. Mesibov (Eds.), *High functioning individuals with autism* (pp. 294–302). New York: Plenum Press.

Smith, B., Chung, M. C. & Vostanis, P. (1994). The path to care in autism: Is it better now? *Journal of Autism and Developmental Disorders, 24,* 551–564.

Sorosky, A., Ornitz, E. M., Brown, M. B. & Ritvo, E. R. (1968). Systematic observations of autistic behaviour. *Archives in General Psychiatry, 18,* 439–449.

Szatmari, P., Bartolucci, G. & Bremner, R. S. (1989). Asperger's syndrome and autism: A comparison of early history and outcome. *Developmental Medicine and Child Neurology, 31,* 709–720.

Tager-Flusberg, H. (1981). A psycholinguistic perspective in language development in the autistic child. In G. Dawson (Ed.), *Autism: New directions on Diagnosis, Nature and Treatment*. New York: Guilford.

Tizard, B. & Rees, J. (1975). The effect of early institutional rearing on the behaviour problems and affectional relationships of 4 year old children. *Journal of Child Psychology and Psychiatry, 16,* 61–73.

Trevarthen, C., Aitken, K., Papoudi, D. & Roberts, J. M. (1996). *Children with autism. Diagnosis and interventions to meet their needs*. London: Jessica Kingsley.

Tsai, L., Stewart, M. A. & August, G. (1981). Implication of sex differences in the familial transmission of infantile autism. *Journal of Autism and Developmental Disorders, 11,* 165–173.

Tubbs, V. K. (1966). Types of linguistic disability in psychotic children. *Journal of Mental Deficiency Research, 10,* 230–240.

Ungerer, J. A. & Sigman, M. (1981). Symbolic play and language comprehension in autistic children. *Journal of the American Academy of Child Psychiatry, 20,* 318–337.

Volmar, F., Stier, D. & Cohen, D. (1985). Age of recognition of pervasive developmental disorders. *American Journal of Psychiatry, 142,* 1450–1452.

Williams, D. (1992). *Nobody nowhere*. London: Corgi Books.

Williams, D. (1994). *Somebody somewhere*. London: Corgi Books.

Wing, L. (1981). Asperger's syndrome: a clinical account. *Psychological Medicine, 11,* 115–129.

Wing, L. & Gould, J. (1979). Severe impairments of social interaction and associated abnormalities in children: epidemiology and classification. *Journal of Autism and Developmental Disorders, 9,* 11–30.

Wing, L., Gould, J., Yeates, S. R. & Brierly, L. M. (1977). Symbolic play in mentally retarded and in autistic children. *Journal of Child Psychology and Psychiatry, 18,* 167–178.

Wolff, S. & Chess, S. (1964). A behavioural study of schizophrenic children. *Acta Psychiatrica Scandinavia, 40,* 438–466.

Weiterführende Literatur

Kusch, M. & Petermann, F. (1994). Autismus. In F. Petermann (Hrsg.), *Lehrbuch der Klinischen Kinderpsychologie*. Göttingen: Hogrefe.

Stottern

26

PETER FIEDLER

26.1
Darstellung der Störung

> Stottern ist eine auffallend häufige Unterbrechung des Sprechablaufs. Es ist charakterisiert durch ein plötzliches Stocken vor dem Wort, einer Silbe oder einem Phonem. Es kommt zu Verzögerungen, Dehnungen und Verkürzungen bei der Aussprache einzelner Buchstaben sowie zu Wiederholungen von Wort- und Satzteilen (vgl. ausführlich Fiedler & Standop, 1994).

26.1.1
Sprechsymptomatik

Je nach Art der Unterbrechungen im Redefluß werden die Stottersymptome entweder als klonische oder als tonische Störungen bezeichnet. *Klonisches Stottern* ist charakterisiert durch kürzere, rasch aufeinanderfolgende Kontraktionen der Sprechmuskulatur. Es kommt zu typischen »hämmernden« Wiederholungen von (zumeist) Lauten und Silben sowie (seltener) Wörtern (wie z.B. »k-k-k-k-kommen«), denen gelegentlich Wortdehnungen folgen können (wie z.B. »Hand-t-t-t-tuuuuch«). *Tonisches Stottern* ist dagegen gekennzeichnet durch relativ lang andauernde Verkrampfungen der Sprechmuskulatur und z.T. heftigen Preßversuchen in der Absicht, unbedingt das begonnene Wort oder die nächste Silbe herausbringen zu wollen (z.B. »—— Pause«; »Poli—-tik«). Die Verkrampfungen halten oft lange an und werden nur mit großer Anstrengung aufgehoben. Gelegentlich kommen deutlich hörbare Glottisanschläge vor, also ein »knatterndes« Geräusch, das durch das Aufeinanderschlagen der Stimmbänder verursacht wird.

Diese beiden Formen können sowohl getrennt als auch kombiniert auftreten. Überwiegt eine der beiden Symptomatiken, spricht man bei vermehrtem klonischen von klonisch-tonischem und bei vermehrten tonischen von tonisch-klonischem Stottern.

Das klonische Stottern gilt als die ursprünglichere Form der Sprechstörung und ähnelt in vielem dem sog. Entwicklungsstottern, das die meisten Kinder in der Zeit des Sprechenlernens zeigen. Das tonische Stottern gilt bereits als fortgeschrittener (früher kurzzeitig erfolgreicher, später zunehmend erfolgloser, wenngleich zunehmend verfestigter) *Bewältigungsversuch* des klonischen Stotterns.

26.1.2
Begleitsymptomatik

Auch die Begleitsymptomatik tritt erst im Verlauf der Stotterentwicklung zum Symptombild hinzu. Es ist nämlich eine gut beobachtbare Eigenart des Stotterns, daß sich spontane Verbesserungen zeigen, wenn Stotternde auf eine neue, für sie bisher ungewohnte Art sprechen. Das paradoxe Schicksal dieser neuen Sprecheigenarten, die die Stotternden zeitweilig als spontane Sprechhilfen weiterbenutzen, ist es jedoch, daß sie mit zunehmender Routine ihre ursprüngliche Wirksamkeit mehr und mehr einbüßen, ohne daß der Stotternde sie deshalb aufgibt.

Zu solcherart Begleitsymptomatik gehören einerseits sog. *Mitbewegungen* (auch Parakinesen genannt). Es handelt sich dabei um unübliche Bewegungen von Gesichts- und Halsmuskulatur, der Extremitäten oder des ganzen Körpers, die gleichzeitig mit dem Sprechen ausgeführt werden, um das Sprechen zu erleichtern. Aus dem gleichen Grund kann es bei anderen Stotternden auch zum Fehlen einer sprachbegleitenden Mimik, Gestik oder Gebärdensprache kommen. Die von Stotternden häufiger als von Normalsprechenden verwendeten *Flicklaute* oder *Flickwörter* (auch Embolophonien oder Embolophrasien genannt), wie z.B. »hmmm«, »also jedenfalls«, »wolln mal sagen« usw. oder andere eingeschobene Zwischenlaute dienen ebenfalls als Sprech-(Start-)Hilfen und sollen den Eindruck fließenden Sprechens vermitteln.

Die Begleitsymptome oder (besser:) Sekundärsymptome treten mehr oder weniger automatisiert auf. Man kann sogar soweit gehen zu sagen, daß sich das ausgeprägte Symptombild eines erwachsenen Stotternden fast ausschließlich aus Begleit- bzw. Sekundärsymptomen zusammensetzen dürfte. Je nach der individuellen Art und Dauer ihrer Entwicklung dürften die Begleitsymptome eine mehr oder weniger ausgeprägte Änderungsresistenz besitzen. Es ist jedoch auch nicht gerade selten beobachtbar, daß Stotternde – wenn sie über die Funktionslosigkeit der Sekundärsymptomatik aufgeklärt werden oder wenn sie sich beim Anschauen ihres Sprechverhaltens in einem Videofilm von der Nutzlosigkeit der Begleitsymptome selbst überzeugen konnten – die gesamte Begleitsymptomatik spontan aufgeben und dann zumeist zu einem »reinen« klonischen Stottern zurückkehren.

26.1.3
Die sozial-situative Variabilität des Stotterns

Es gibt eine Reihe situativer, v.a. sozialer Bedingungen, bei denen eine erhebliche Verminderung oder sogar das völlige Fehlen von Symptomen beobachtbar ist. Hierzu gehören das Sprechen von Nonsensesätzen und sinnlosen Silben, hin und wieder das Zählen oder Buchstabieren, bei fast allen Stotternden auch das Singen oder Sprechen im Chor. Es bereitet den Stotternden i. allg. keine Schwierigkeiten, mit sich selbst zu sprechen sowie

sich als Erwachsener mit Kindern oder als Kind bzw. Erwachsener mit Tieren zu unterhalten. Auch die Sprechweise anderer Personen nachzuahmen oder anderen Personen nachzusprechen fällt den Stotternden relativ leicht.

> All diesen Bedingungen ist eigen, daß die Wichtigkeit der Sprache als Kommunikationsmittel reduziert ist.

Normalerweise steigt die Stotterhäufigkeit mit der selbst eingeschätzten oder erlebten Wichtigkeit oder Schwierigkeit der jeweiligen Situation, in der der Stotternde zu sprechen beabsichtigt oder möglichst fehlerfrei sprechen möchte. Besondere Schwierigkeiten bereiten deshalb das Sprechen mit Autoritäten oder vor einer großen Zuhörerzahl. Bloodstein (1987) spricht im Zusammenhang mit diesem Phänomen von *subjektiv erlebter kommunikativer Verantwortlichkeit*. Er meint damit, daß es für das Auftreten und die Schwere des Stotterns wesentlich ist, wie sich das aktuelle Sprechenwollen oder Sprechenmüssen in seiner Anspruchsetzung und Bedeutung für den Stotternden selbst kognitiv strukturiert, ob sich die soziale Kommunikationssituation subjektiv als leicht oder schwierig, als bekannt oder unbekannt, als wichtig oder unwichtig darstellt.

26.2
Kognitiv-verhaltenstheoretisches Störungskonzept

Die Geschichte der Versuche, das Stottern theoretisch aufzuklären, ist lang und voller Kontroversen. Im Verlauf dieses Jahrhunderts gab es zwei große Trendwenden. In den 30er Jahren standen sprechphysiologische Erklärungen im Vordergrund. Seit Mitte der 40er Jahre dominierten psychologische, v.a. lerntheoretische Erklärungsansätze. Mit Beginn der 70er Jahre schlug das Pendel erneut zurück. Verbesserte psychophysiologische Untersuchungsmethoden führten zu einem neuen Boom neuromotorischer Ursachenkonzepte. Gegenwärtig ist eine Beruhigung eingetreten. Inzwischen spricht vieles für die Richtigkeit beider Positionen, und entsprechend wird das Stottern heute neuropsychologisch erklärt. Eine dieser integrativen Erklärungsperspektiven, die v.a. lerntheoretisch-kognitive Aspekte betont, soll im folgenden dargestellt werden (vgl. ausführlicher: Fiedler, 1992, 1993 a). Es gibt jedoch eine Reihe alternativer Ansätze, die etwas andersgelagerte Schwerpunkte setzen (zusammenfassend: Fiedler & Standop, 1994).

26.2.1
Das Entwicklungsstottern und die Kontinuitätshypothese

■ **Entwicklungsstottern.** Es ist sehr beachtenswert, daß etwa 80% aller Kinder vom 2. bis 4. Lebensjahr eine Phase des auffällig abweichenden Sprechens durchlaufen. Die dabei auftretenden Sprechauffälligkeiten dieser Kinder werden für diese Altersstufe als normal betrachtet und sind vorrangig durch Laut-, Silben- und Wortwiederholungen charakterisiert. Diese altersbedingten Sprechunflüssigkeiten werden üblicherweise als *Entwicklungsstottern* bezeichnet. Erklärt wird das normale Entwicklungsstottern am besten mit der Annahme einer noch nicht vollständig erreichten Autoregulation des Sprechens (Fiedler, 1992). So benötigt das Kind beim Sprechenlernen zunächst akustische Rückmeldungen zur bewußten Einübung und Kontrolle des eigenen Sprechens. Die akustischen Rückmeldungen werden im Verlauf der Sprechentwicklung um so weniger bedeutsam, wie das Sprechvermögen und die Sprechroutine zunehmen. Die spätere Kontrolle des Sprechvorgangs erfolgt dann in aller Regel nicht mehr durch eine bewußte akustische Überwachung, sondern *autoregulativ*, und zwar durch eine propriozeptive und kinästhetische Regulation der Sprechprozessierung (durch Oberflächen- und Tiefensensibilität aus Berührungs- und Bewegungsempfindungen in den Sprechorganen).

> Das Entwicklungsstottern wird nun damit erklärt, daß es in der Zeit des Sprechenlernens zu Irritationen kommt, weil bewußte und autoregulative Kontrollvorgänge interferieren. Es kann heute als weitgehend gesichert gelten, daß das Entwicklungsstottern zurückgeht, wenn die Autoregulation des Sprechvorgangs hergestellt ist.

■ **Kontinuitätshypothese.** Das *pathologisch-symptomatische Stottern* beginnt nun bei den meisten Kindern ebenfalls in dieser Lebensphase, weshalb viele Forscher vermuten, daß sich die Sprechstörung aus dem Entwicklungsstottern heraus entwickelt oder entwickeln kann (*Kontinuitätshypothese*). Angenommen wird, daß das beginnende

symptomatische Stottern ebenfalls als ein Versuch des Kindes interpretierbar ist, das normale Entwicklungsstottern mittels Selbstkontrolle zu überwinden. Der Übergang zum symptomatischen Stottern stelle sich nun v.a. dadurch ein, daß es zusätzlich zu einem Störungsbewußtsein komme, in dessen Folge die Angst vor Sprechfehlern zunehme und damit die Interferenzen zwischen willentlicher Kontrolle und Autoregulation des Sprechens erhalten blieben.

Es ist nach wie vor unklar, ob diese Verstehensperspektive richtig ist. Es gibt jedoch einige eindeutige Merkmale, die zumindest für die teilweise Richtigkeit einer solchen Erklärung sprechen und die zugleich geeignet sind, schon sehr früh die symptomatischen Sprechunflüssigkeiten des Stotterns von normalen Sprechauffälligkeiten des Entwicklungsstotterns zu unterscheiden (Ainsworth, 1979; Gregory, 1980):

- Das Alter des Kindes liegt über 4 Jahre;
- es bestehen Lautveränderungen am Wortanfang;
- Silbenwiederholungen, die auf einem »dumpfen e« enden, wie z.B. »Be-be-bilderbuch« (Entwicklungsstottern wäre: »Bi-bi-Bilderbuch«);
- Zittern von Unterkiefer und Lippen;
- Beschämtsein wegen des Stotterns als beginnendes Störungsbewußtsein;
- Angst vor dem Aussprechen bestimmter Wörter;
- Vermeidungsverhalten in Gesprächen.

26.2.2
Neuropsychologische Determinanten

Die Kontinuitätshypothese des Stotterns wird heute als nicht hinreichend betrachtet. Inzwischen mehren sich die Hinweise, daß weitere, v.a. neuropsychologische Faktoren für die Entstehung des Stotterns mitverantwortlich sind. Folgende Befunde sind beachtenswert:

Anhand der Untersuchungen aus der Zwillingsforschung und aus dem gehäuften Auftreten der Störung in bestimmten Familiengenerationen sowie auch aufgrund der ungleichen Verteilung unter den Geschlechtern (Jungen stottern etwa 4mal so häufig wie Mädchen) läßt sich nicht ausschließen, daß eine erbliche Komponente eine Voraussetzung für das Stottern darstellen kann (Kidd et al., 1980; Howie, 1981). Diese Befunde sprechen dafür, daß es Kinder gibt, die mit weniger günstigen Voraussetzungen ausgestattet sind, ihre Sprechfähigkeiten im durchschnittlich gegebenen Ausmaß zu entwickeln.

Es gibt offensichtlich sprechphysiologische Kapazitätsmängel, die in besonderer Weise das Stottern begünstigen können. Zum Beispiel fällt die Zeit des Sprechenlernens mit der Zeit der Spezialisierung der Hirnhemisphären für die Sprache zusammen. Dieser Prozeß der Übernahme der aktiven Rolle im Sprechproduktionsprozeß durch die linke Hemisphäre (nur gelegentlich durch die rechte Hemisphäre) ist nicht vor dem 5. Lebensjahr abgeschlossen.

> Zahlreiche Forschungsbefunde sprechen inzwischen dafür, daß eine *nicht vollständig abgeschlossene Lateralisierung* (also die nichtgelungene Sprachdominanz einer Hemisphäre) zu den möglichen Verursachungsmomenten des Stotterns zählen kann. Zumindest für eine jeweils größere Untergruppe von Stotternden läßt sich eine sog. Hemisphärenambivalenz für Sprache und Sprechprozessierung eindeutig nachweisen (Moore & Haynes, 1980; zusammenfassend: Fiedler & Standop, 1994). Überhaupt verweist die in die Zeit des Spracherwerbs fallende neuronale Entwicklung (Dendritenausbildung; Myelinisation usw.) auf mögliche Wechselbeziehungen zwischen anatomisch-physiologischen Veränderungen und Stottern (Adams, 1982).

26.2.3
Sozial-kognitive Determinanten

Insgesamt bleibt jedoch zu bedenken: Auch wenn man die neurologisch-organischen Grundlagen des Stotterns zukünftig weiter aufklären kann, es bleibt die Hypothese bedeutsam, daß das Stottern eine *psychologische Störung* des Sprechens ist. Stotternde Menschen können fließend sprechen. Denn das Stottern schwankt erheblich in Abhängigkeit von den psychosozialen Anforderungen, die im privaten, schulischen oder beruflichen Bereich an das Sprechen gestellt werden (*situative Variabilität*). Das Stottern schwankt in dem Maße, wie der Stotternde selbst versucht, seine Sprechmotorik willentlich zu beeinflussen und zu steuern (*subjektive Kommunikationsverantwortlichkeit*). Vielleicht haben die Kontinuitätstheoretiker dann recht, wenn man in Rechnung stellt, daß es eine besondere neuropsychologische Prädisposition zum Stottern gibt, die die Störungsbereitschaft über die Zeit des normalen Entwicklungsstotterns hinaus virulent hält. Das sichtbare symptomatische Stottern wäre im Sinne dieser Auffassung eine bewußte Störung oder Behinderung der Au-

toregulation des Sprechens bei gegebener Prädisposition (*Diathese-Streß-Modell*). Offensichtlich setzt flüssiges Sprechen die Autoregulation voraus (Fiedler, 1993a).

■ **Das Kapazitätenmodell.** Den qualitativen »Sprung« vom Entwicklungsstottern zum symptomatischen Stottern und evtl. zum Stottern besonders veranlagter Kinder erklärt sich heute am besten mit dem sog. Kapazitätenmodell (Starkweather, 1987). Dieses Modell macht folgende Grundannahmen:

- Wachsende Fertigkeiten (oder Kapazitäten) eines Kindes, fließend zu sprechen, gehen einher mit äußeren und selbst gesetzten Anforderungen an eben diese Fertigkeiten, fließend zu sprechen.
- Sind die Sprechfertigkeiten entwicklungsabhängig weiter ausgebildet, als dies die jeweiligen Anforderungen erwarten, dann spricht das Kind fließend.
- Erfüllen die vorhandenen Sprechkapazitäten nicht die jeweils vorhandenen Ansprüche (evtl. wegen neuropsychologischer Defizite, z.B. Hemisphärenambivalenz für Sprechprozessierung), kommt es zum Stottern.

> Aufgrund recht konvergenter Forschungsergebnisse scheinen es nun genau Selbstüberforderungen der eigenen Sprechkapazitäten zu sein, die das symptomatische Stottern bedingen.

Der Weg zur Überwindung prädisponierter Sprechunflüssigkeiten wird von den meisten stotternden Kindern wie später auch von den Erwachsenen nicht in einer kapazitätsangemessenen *Verlangsamung* gesucht, sondern in einer Forcierung der Artikulation, was nun genau eine Überforderung der gegebenen Möglichkeiten beinhaltet (Starkweather, 1987). Und genau das ist zugleich auch mit »Störung der Autoregulation« gemeint. Auch die Bedingungen der situativen Variabilität des Stotterns sind inzwischen gut geklärt: Je nach gegebener sozialer Anforderung wechselt der Stotternde zwischen nichtbewußter Autoregulation und bewußter Motorikkontrolle hin und her (vgl. Fiedler & Standop, 1994).

26.3
Therapeutisches Vorgehen

Aus dem Störungskonzept ergeben sich folgende grundlegende Annahmen und Prinzipien für die verhaltenstherapeutische Behandlung.

26.3.1
Information und Aufklärung

Stotternde sollten über den Ätiologieansatz, der der Behandlung zugrundeliegt, hinreichend aufgeklärt sein. Wichtig dabei ist die Erklärung und Demonstration der Zusammenhänge von situativer Variabilität und subjektiver Kommunikationsverantwortlichkeit. In der Konsequenz bedeutet diese Wechselbeziehung nämlich: *Stotternde brauchen flüssiges Sprechen nicht neu zu lernen! Sie beherrschen es.* Dies kann man den Stotternden selbst eindrücklich durch einige Übungen belegen, die man in der Eingangsphase der Therapie einsetzen kann.

Ein einfaches Beispiel ist die sog. Sprechmaskierung mit dem weißen Rauschen (durch den Therapeuten leicht mittels Tonbandaufnahme des Senderrauschens von ARD oder ZDF nachts nach Sendeschluß herstellbar). Über Kopfhörer möglichst laut (knapp unter der Schmerzgrenze) mit Kopfhörer auf beide Ohren gegeben, führt es in aller Regel dazu, daß Stotternde fließend sprechen, was man zu Demonstrationszwecken dem Stotternden mittels Tonband- oder Videoaufzeichnung wiedergeben kann. Stotternde sind unter den Bedingungen des weißen Rauschens zur Autoregulation des Sprechens gezwungen, weil so eine willentlich-akustische Sprechkontrolle nicht mehr möglich ist (weitere Demonstrationsübungen s. Fiedler & Standop, 1994).

26.3.2
Sprechübungsbehandlung

Das nach wie vor wesentliche Element der Stotterbehandlung ist die Sprechübungsbehandlung. Sie hat nicht das Erlernen fehlerfreien Sprechens zum Ziel, sondern die *Einübung in ein autoregulativ gesteuertes Sprechen.*

Die meisten der heute gebräuchlichen Techniken der Sprechübungsbehandlung arbeiten mit einer *Verlangsamung des Sprechens.* Sie zielen entweder direkt auf eine kapazitätsangemessene Verlangsamung wie z.B. das prolongierte Sprechen oder die sog. Slow-motion-Speech. Oder sie versuchen die Verlangsamung auf indirektem Weg zu erreichen, wie das verhaltenstherapeutisch häufig genutzte Metronom- oder Rhythmussprechen und die Anlauttechniken (Spannungsauflösung bei tonischem Stottern durch Veränderungen des Stimmeinsatzes bei schwierigen Silben oder Wortanfängen).

Die direkte Verlangsamung des Sprechens zählt heute zu dem effektivsten Verfahren.

Ein solches Training beginnt üblicherweise mit einer Sprechrate von 50 Silben pro Minute, die graduell in Schritten von 5 Silben pro Minute dem Normalsprechen angeglichen wird. Diese normale Sprechgeschwindigkeit liegt etwa bei 200±40 Silben pro Minute, wobei mit Blick auf die Selbstüberforderungsneigung für Stotternde eine langsame Sprechvariante von 160 Silben pro Minute als »normale Sprechflüssigkeit« angestrebt werden sollte. Kriterium für einen jeweiligen Tempowechsel in Richtung flüssigeres Sprechen ist fehlerfreies Sprechen unter verschiedenen Anforderungsbedingungen auf der jeweils erreichten Geschwindigkeitsstufe. Treten Sprechfehler auf, wird zeitweilig auf die langsamere Geschwindigkeitsstufe »zurückgeschaltet«, die fehlerfreies Sprechen ermöglicht, um dann durch erneute Übungen größere Sprechsicherheiten zu erreichen.

Insgesamt können Tonband- und Videofeedback zu den Sprechübungen den Prozeß des Erwerbs einer neuen Sprechroutine erheblich fördern (Kern & Kern, 1993).

Nach aller Erfahrung erreichen die meisten Stotternden bei ganztägiger Übung (etwa in einem Intensivtraining) bereits am Ende der ersten Übungswoche das Zwischenziel des fehlerfreien Sprechens mit 160 Silben pro Minute. Therapeuten und Stotternde sollten sich jedoch durch schnelle Anfangserfolge nicht täuschen lassen. Auch wenn beides nur schwer zu diskriminieren ist:

Nicht fehlerfreies Sprechen ist das Ziel der Sprechübungsbehandlung, sondern das Erreichen autoregulativ gesteuerten Sprechens.

Nach aller Erfahrung sind dazu 100 Übungsstunden und mehr erforderlich. Fließendes Sprechen darf auf keinen Fall mit autoregulativem Sprechen verwechselt werden! Es ist empirisch gut belegt, daß Sprechübungsbehandlungen um so erfolgreicher sind, je länger sie dauern (Fiedler, 1993b).

26.3.3
Die Einübung sozialer Fertigkeiten

Das Ausmaß des Stotterns schwankt in Abhängigkeit von den Anforderungen, die im privaten, schulischen und beruflichen Bereich an fehlerfreies Sprechen gestellt werden. Das Stottern schwankt v.a. in dem Maße, wie der Stotternde selbst versucht, die Sprechmotorik willentlich zu steuern und zu beeinflussen. Als Therapeut sollte man sich deshalb gut mit dem jeweils von Person zu Person unterschiedlich gegebenen Phänomen der subjektiv erlebten Kommunikationsverantwortlichkeit vertraut machen. Das Stottern tritt auf, weil der Stotternde aus höchst plausiblen und nur zu verständlichen Gründen nicht stottern möchte. Da ihn sein Stottern jeweils an diesen (Selbstkontroll-)Wunsch erinnert, ist dieser nicht schlicht durch Überzeugungsarbeit außer Kraft zu setzen.

Wie kann man mit diesem Paradox in der Behandlung umgehen? Es bieten sich dazu drei die Sprechübungsbehandlung zwingend ergänzende Behandlungsperspektiven an, die im folgenden dargestellt werden.

Das Training sozialer Fertigkeiten und die Verhaltenstherapie in der Gruppe

Für Verhaltenstherapeuten ist es inzwischen allgemeine Praxis, in der Stotterbehandlung möglichst frühzeitig und zeitgleich zur Sprechübungsbehandlung mit einem Training sozialer Fertigkeiten zu beginnen. Zumeist werden Rollenspiele zur Einübung sozial relevanter Fertigkeiten empfohlen, um die Selbstsicherheit und das Selbstvertrauen von Stotternden in Sprechsituationen mit hohem Anforderungsgehalt für fließendes Sprechen zu erhöhen (vgl. Band 1, Kap. 24 und 25; siehe auch die konkreten Therapievorschläge für Stotternde bei Fiedler & Standop, 1994). Beim Training sozialer Fertigkeiten haben wiederum Tonband- bzw. Videofeedbackverfahren eine wichtige ergänzende und stützende Funktion. Ziel ist es in jedem Fall, die zunächst im geschützten Rahmen der Therapie erworbenen Sprechtechniken wie auch die ergänzenden neuen sozialen Fertigkeiten unter realen Lebens- und Alltagsbedingungen zu überprüfen (Beispiele: Fiedler, 1994; Kuhr, 1991).

Allgemein üblich ist es weiter, die Behandlung zu einem geeigneten Zeitpunkt auf eine Gruppe auszudehnen (als *Gruppenbehandlung* mehrerer Stotternder; Fiedler, 1990). In der Gruppe mit mehreren Stotternden werden soziale Fertigkeiten leichter erworben (etwa über Modelle), ohne daß sie der Therapeut von sich aus anregen oder einführen muß. Die Gruppe bietet überhaupt günstige Voraussetzungen für einen Transfer therapeutischer Fortschritte, insbesondere wenn einzelne Gruppenmitglieder ihre Strategien untereinander austauschen und den Transfer begleitend unterstützen. Schließlich kann die Funktion einer Gruppe Gleichbetroffener im Aufbrechen von Faktoren gesehen werden, die für eine Aufrechterhaltung des Stottern mitverantwortlich sind: die sekundären Störungen und Erwartungsängste und der aus ihnen möglicherweise resultierende »sekundäre Krankheitsgewinn«. Das Ziel der Erhöhung von Selbstsicherheit und Selbstvertrauen erweitert sich so häufig in eine grundlegendere Auseinandersetzung mit der Alltagsrolle des Stotternden.

Der sog. Nichtvermeidungsansatz

Einige Verhaltenstherapeuten versuchen seit Jahren, den Umgang mit dem beschriebenen Behandlungsparadox auf direkte Weise zu ermöglichen. Sie nutzen das Vorgehen der sog. »Nichtvermeidungstherapie« (»non-avoidance-approach«; Sheehan, 1971; Wendlandt, 1984). Auch die Non-avoidance-Therapeuten arbeiten mit Sprechübungen, deren zentrale Technik das sog. willentliche Stottern ist: Es werden neue Sprechroutinen eingeübt, indem die Stotternden zum bewußten willentlichen Stottern angeregt werden. Diese Übungen haben zumeist eine recht paradoxe angsthemmende Wirkung. Wichtiger in diesen Therapieansätzen ist jedoch – ähnlich den Zielen des Trainings sozialer Kompetenzen – die Einübung von Mut und Selbstvertrauen, nämlich *trotz Stottern jederzeit mitzureden* (und nicht zu vermeiden). Stotternde lernen systematisch und überall »stotternd« mitzureden, wo immer das sinnvoll und notwendig ist. Auch auf diese Weise gelingt es überraschend vielen Stotternden, eine neue Sprechroutine zu erwerben. Nicht von ungefähr scheint deshalb auch das allgemeine Therapieziel der Non-avoidance-Therapien den meisten Stotternden spontan zu gefallen: »Lieber stotternd reden, als flüssig zu schweigen« ist inzwischen das Aktionsprinzip vieler Selbsthilfegruppen geworden. Stotternde, die ihre Störung in der Folge einer Mitarbeit in Selbsthilfegruppen öffentlich ohne Scheu präsentieren können und überall mitmischen, sprechen vielfach beeindruckend fließend, auch wenn sie dabei immer noch stottern.

Die Besprechung existentiell bedeutsamer Themen

Man kann es nicht deutlich genug betonen: Wird in einer Stottertherapie lediglich mit Sprechübungen behandelt, wird zumeist unreflektiert übersehen, daß Stotternde fließend sprechen können und daß das Stottern selbst durch kognitiv-psychologische und soziale Faktoren bedingt und aufrechterhalten wird. Sicherlich liegt der Grund für die relativ geringe Effizienz vieler Therapien erwachsener Stotternder darin, daß diese zu sehr auf eine Verbesserung der fehlerhaften Aussprache ausgerichtet sind. Es werden dabei zwischenmenschliche Aspekte außer acht gelassen, die letztlich jedoch für das (legitime) Bemühen des Stotternden, fehlerfrei sprechen zu wollen, verantwortlich sind.

Genau aus diesem Grund sollte die Verhaltenstherapie des Stotterns um psychotherapeutische Gespräche ergänzt werden, in denen die situative Variabilität und die damit zusammenhängende subjektive Kommunikationsverantwortlichkeit des Stotternden Dauerthemen sind. Das geht natürlich nur, wenn von Beginn der Therapie an die Zusammenhänge des Stotterns mit alltäglichen Anforderungen besprochen werden. Konkret betrifft dies Fragen nach den Lebensverhältnissen und Ansprüchen in der Familie und im Freundeskreis, weiter sind dies Probleme am Arbeitsplatz, mit Kollegen und Vorgesetzten, schließlich Fragen nach den weiteren Lebenswünschen der Patienten im privaten und beruflichen Bereich. Die Sprechtherapie muß psychotherapeutisch in den Alltag der Patienten hineinwirken und darf auf keinen Fall davon losgekoppelt bleiben.

Als Therapeut sollte man nicht vergessen, daß es nur wenige der großen Stotterforscher Amerikas, die ja selbst zumeist Betroffene und begnadete Stotterer waren, geschafft haben, sich selbst erfolgreich und endgültig von ihrem Stottern zu befreien. Diese »Berufsstotterer« wissen und wußten alle ziemlich genau, was man erfolgreich gegen das Stottern unternehmen kann (nachzulesen ist dies in dem nach wie vor sehr empfehlenswerten Buch »An einen Stotterer«; Hood, 1983). Auf die Frage, warum er selbst denn immer noch stottere, hat Van Riper einmal geantwortet (1982, S. 137): »Ich bin zu wenig motiviert und viel zu vernarrt in meine menschlichen Schwächen«. Diese Bemerkung sollte die Therapeuten gemahnen, die »menschlichen Schwächen« ihrer stotternden Patienten nicht aus den Augen zu verlieren. Nur

muß den Therapeuten und mehr noch ihren Patienten dann auch sehr klar sein, daß – wenn die Therapie dem Stotternden (wie gelegentlich auch dem Therapeuten) zu langwierig und zu mühselig wird – am Ende der Behandlung eben nicht zwingend fließendes und fehlerfreies Sprechen herauskommen wird. Ein am Therapieende nicht gänzlich fließend sprechender Stotternder befindet sich mit den amerikanischen »Professoren-Stotterern« jedoch in akzeptierbarer Gesellschaft.

Zusammenfassung

Die neuropsychologisch-verhaltenstherapeutische Forschung zur Ätiologie und Behandlung des Stotterns stützt die Vermutung, daß die Versuche der Stotternden um eine willentliche Verbesserung ihrer Aussprache deshalb scheitern, weil sie das Stottern selbst durch eine subjektive Überforderung der neuropsychologisch bedingten Sprechfähigkeiten provozieren. Diese Paradoxie gilt es in der verhaltenstherapeutischen Behandlung des Stotterns zu beachten. Aus verhaltenstheoretischer Sicht ist immer die Kombination von Sprechübungsbehandlung und psychologischer Therapie sinnvoll. Erstere ermöglicht ein Sprechenlernen unter Berücksichtigung individueller Sprechfähigkeiten. Letztere zielt auf eine Erhöhung der Selbstsicherheit im Umgang mit selbst- und fremdgesetzten Anforderungen an ein möglichst fehlerfreies Sprechen. Die vorliegende Arbeit informiert über aktuelle Verstehens- und Behandlungsansätze des Stotterns erwachsener Patienten.

Literatur

Adams, M. R. (1982). Fluency, nonfluency, and stuttering in children. *Journal of Fluency Disorders, 7,* 171–185.

Ainsworth, S. H. (1979). Wenn Ihr Kind stottert. Ein Ratgeber für Eltern. *Der Kieselstein,* Hefte 1–5 und 7–9. (Herausgeber: Bundesvereinigung Stotterer-Selbsthilfe).

Bloodstein, O. (1987). *A handbook on stuttering* (4th ed.). Chicago: National Easter Seal Society.

Fiedler, P. (1990). Aktuelle Entwicklungen in der therapeutischen Gruppenarbeit: Konzepte, Wirkfaktoren und Indikationen. *Forum des Zentralverbandes für Logopädie,* Heft 2, 1–5.

Fiedler, P. (1992). Neuropsychologische Grundlagen des Stotterns. In M. Grohnfeld (Hrsg.), *Handbuch der Sprachtherapie. Band 5: Störungen der Redefähigkeit* (S. 43–60). Berlin: Edition Marhold im Wissenschaftsverlag Volker Spiess.

Fiedler, P. (1993a). Wege zu einer integrativen Theorie und Behandlung des Stotterns. In Deutscher Berufsverband für Logopädie und Deutsche Gesellschaft für Phoniatrie und Pädaudiologie (Hrsg.), *Stottern: Kongreß Münster 1993* (S. 1–12). Ulm: Verlag der Phoniatrischen Ambulanz der Universität.

Fiedler, P. (1993b). Therapy of the stuttering adult. In G. Blanken, J. Dittmann, H. Grimm, J. C. Marshall & C.-W. Wallesch (Eds.), *Linguistic disorders and pathologies. An international handbook* (pp. 893–899). Berlin: Walter de Gruyter.

Fiedler, P. (1994). Stottern. In H. Reinecker (Hrsg.), *Fallbeispiele zum Lehrbuch für Klinische Psychologie* (in Druck). Göttingen: Hogrefe.

Fiedler, P. & Standop, R. (1994). *Stottern. Ätiologie, Diagnose, Behandlung* (4. Aufl.). Weinheim: Beltz – PVU.

Gregory, H. H. (1980). Factors related to speech disfluency and the beginning of stuttering. In G. F. Stournaras (Ed.), *Stotterdam '79. Proceedings of the International Symposium about the Stuttering Child*. Rotterdam: Erasmus University, School of Medicine.

Hood, S. B. (Hrsg.). (1983). *An einen Stotterer*. Solingen: Bundesvereinigung Stotterer-Selbsthilfe.

Howie, P. W. (1981). Concordance for stuttering in monozygotic and dizygotic twin pairs. *Journal of Speech and Hearing Research, 24,* 317–321.

Kern, H. J. & Kern, M. (1993). *Verhaltenstherapeutische Stotterbehandlung*. Stuttgart: Kohlhammer.

Kidd, K. K., Oehlert, G., Heimbruch, R.C., Records, M. A. & Webster, R. L. (1980). Familial stuttering patterns are not related to one measure of severity. *Journal of Speech and Hearing Research, 23,* 539–545.

Kuhr, A. (1991). *Die verhaltenstherapeutische Behandlung des Stotterns*. Berlin: Springer.

Moore, W. H. & Haynes, W. O. (1980). Alpha hemispheric asymmetry and stuttering: some support for segmentation dysfunction hypothesis. *Journal of Speech and Hearing Research, 23,* 229–247.

Sheehan, J. G. (Ed.) (1971). *Stuttering: Research and therapy*. New York: Harper & Row.

Starkweather, C. W. (1987). *Fluency & stuttering*. Englewood Cliffs/NJ: Prentice-Hall.

Van Riper, C. (1982). *Sprech-Stunde in der Praxis eines Sprachtherapeuten*. München: Reinhardt.

Wendlandt, W. (1984). *Zum Beispiel Stottern: Stolperdrähte, Sackgassen und Lichtblicke im Therapiealltag*. München: Pfeifer.

Weiterführende Literatur

Fiedler, P. (1992). Neuropsychologische Grundlagen des Stotterns. In M. Grohnfeld (Hrsg.), *Handbuch der Sprachtherapie. Band 5: Störungen der Redefähigkeit* (S. 43–60). Berlin: Edition Marhold im Wissenschaftsverlag Volker Spiess.

Fiedler, P. & Standop, R. (1994). *Stottern. Ätiologie, Diagnose, Behandlung* (4. Aufl.). Weinheim: Beltz – PVU.

Hood, S. B. (Hrsg.) (1983). *An einen Stotterer*. Solingen: Bundesvereinigung Stotterer-Selbsthilfe (nicht nur für Betroffene).

Geistige Behinderung

27

J. ROJAHN und G. WEBER

27.1
Darstellung der Störung

27.1.1
Geistige Behinderung

Definition der geistigen Behinderung

Geistige Behinderung ist von einem Mangel an kognitiven Fähigkeiten sowie von verringertem sozial-adaptiven Handlungsvermögen gekennzeichnet. Um die Erscheinungsformen der geistigen Behinderung von ähnlichen Zustandsbildern, wie z.B. der Altersdemenz oder den Folgen einer traumatischen Gehirnverletzung abzugrenzen, muß dieser Zustand noch vor Beginn des Erwachsenenalters auftreten. Ein signifikant niedriger Intelligenzquotient mit gleichzeitig deutlich verringerten Werten in einem der Verfahren zur Erfassung sozial-adaptiver Kompetenzen sind die operationalen Merkmale für die Diagnose von geistiger Behinderung.

Definitionen der geistigen Behinderung variieren von Land zu Land und können selbst innerhalb eines Landes je nach Anwendungszweck unterschiedlich sein. Für den alltäglichen Umgang mit Menschen mit geistiger Behinderung hat sich in den letzten Jahren ein Paradigmenwechsel durchgesetzt. Anstatt vornehmlich die begrenzten kognitiven Fähigkeiten und Handlungsdefizite zu beachten, richtet man sich nun eher nach einer bedürfnisorientierten Erfassung und Einteilung. Dieser Wende geht eine langjährige Diskussion voraus, in welcher die Bedeutung der sozial-adaptiven Kompetenz für die Bestimmung der geistigen Behinderung im Vordergrund stand (Greenspan & Granfield, 1992). Der diesbezügliche Durchschlag kam im Jahre 1992 mit dem von der *American Association on Mental Retardation* (AAMR) vorgeschlagenen Definitions- und Klassifikationssystem (Luckasson et al., 1992). Danach wird geistige Behinderung als Defizit im gegenwärtigen Handlungsvermögen beschrieben, wobei dieser Zustand vor dem achtzehnten Lebensjahr beobachtet werden muß. Von geistiger Behinderung wird erst dann gesprochen, wenn neben einer signifikant niedrigeren Intelligenz (zwei Standardabweichungen unter dem Mittelwert) gleichzeitig auch Mängel in der sozial-adaptiven Kompetenz beobachtet werden. Zur Messung der Intelligenz ist ein altersgemäßer, individuell vorgegebener, standardisierter Intelligenztest anzuwenden. Für die Messung der sozial-adaptiven Kompetenz werden nur solche Verfahren empfohlen, die nach den Richtlinien der Testkonstruktion entwickelt wurden, wie z.B. die »Adaptive Behavior Scale – School« (Lambert et al., 1993) oder die »Adaptive Behavior Scale – Residential and Community«

(Nihira et al., 1993). Weiter wird der biologische Hintergrund der Behinderung, soweit überhaupt bekannt, mitberücksichtigt.

Nach der diagnostischen Abklärung der geistigen Behinderung, die eine phänomenologische Beschreibung eines sozialen Konstruktes darstellt und keine medizinische Diagnose ist, erfolgt eine Analyse der Umweltressourcen, der affektiven Charakteristiken und der Stärken und Schwächen der betroffenen Person. Ausgehend von allen erhobenen Aspekten läßt sich in weiterer Folge eine bedürfnisorientierte Unterstützung für die betroffene Person ableiten. Die Klassifikation der geistigen Behinderung nach dem AAMR-System leitet sich aus Art und Dringlichkeit des individuellen Unterstützungsbedarfes ab. Dieser Unterstützungsbedarf stellt gleichzeitig die Grundlage für daran anknüpfende praktische Interventionen dar.

Hat sich eine Unterteilung der geistigen Behinderung nach Intelligenzgraden für die alltägliche Praxis als wenig brauchbar gezeigt, so bleibt das Wissen um den genauen Ausprägungsgrad der Intelligenzminderung für die wissenschaftliche Bearbeitung von vielen psychologischen Fragestellungen auch weiterhin von zentraler Bedeutung. In der Schätzung der intellektuell-kognitiven Leistungen, die im Kontext der Forschung eine wichtige Kovariante darstellt, gehen unter anderem Fähigkeiten der Verbalisation ein. Ist beispielsweise die Ausdrucksfähigkeit von Emotionen Gegenstand der Untersuchung, so ist für eine wissenschaftlich fundierte Aussage die Bestimmung des Einflusses der allgemeinen Verbalisationsfähigkeit auf die Ausdrucksfähigkeit im emotionalen Bereich unerläßlich. Erst durch die Berücksichtigung des Schweregrades der Beeinträchtigung, nach Intelligenz bzw. sozial-adaptivem Verhalten, lassen sich viele Forschungsergebnisse für die Praxis fruchtbar machen. Demzufolge scheint es nicht überraschend, daß die American Psychological Association (APA) im Interesse der Forschung für die Beibehaltung einer Klassifikation nach dem Schweregrad plädiert (Jacobson & Mulick, 1996) (Tabelle 27.1).

Zur Diagnose der geistigen Behinderung muß ein individuell verabreichter, standardisierter In-

telligenztest wie die *Stanford-Binet Intelligence Scale* (Thorndike et al., 1986), eine der Wechsler-Skalen (Wechsler, 1967, 1981, 1991), die *Kaufman Assessment Batteries for Children* (Kaufman & Kaufman, 1983), oder das *Adaptive Intelligenz Diagnostikum* (Kubinger & Wurst, 1988) verwendet werden. Der IQ-Score muß mindestens zwei Standardabweichungen unter dem Mittelwert liegen. Das heißt, der IQ darf je nach Standardabweichung des betreffenden Tests nicht höher als maximal 65–70 sein. Die sozial-adaptive Kompetenz muß bei der Diagnose der geistigen Behinderung auch mitberücksichtigt werden. Zur Erfassung werden spezielle Ratingskalen verwendet, wie z.B. die *AAMR Adaptive Behavior Scale – Residential and Community* (Nihira et al., 1993), die *AAMR Adaptive Behavior Scale-School* (Lambert et al., 1993), oder die *Vineland Adaptive Behavior Scales* (Sparrow et al., 1984). Es sei bemerkt, daß IQ-Tests und Skalen zum sozial-adaptiven Verhalten hoch miteinander korrelieren. Für die Klassifikation von *Gruppen* von Individuen sind daher diese beiden Maße relativ redundant. Für den einzelnen Klienten beinhalten aber beide Maße wichtige inhaltliche Informationen, die zur Erstellung individueller Förderungspläne notwendig sind.

Ursachen der geistigen Behinderung

Geistige Behinderung wird durch biologische und psychosoziale Faktoren verursacht und beeinflußt, wobei der relative Beitrag dieser beiden Faktoren mit verschiedenen Zustandsbildern variiert. Als Faustregel kann gelten, daß mit der Zunahme des Schweregrades der Behinderung der Beitrag der biologischen Faktoren ansteigt, und vice versa.

Tabelle 27.2 präsentiert verschiedene Arten ätiologischer Faktoren sowie den ontogenetischen Zeitpunkt, an dem diese Faktoren ihren schädigenden Einfluß auf den Organismus nehmen.

Biologische und psychosoziale Risikofaktoren treten nicht isoliert, sondern immer in Kombination auf. Sie wirken kumulativ und synergistisch

Tabelle 27.1. Schweregrade geistiger Behinderung gemäß APA (Jacobson & Mulick, 1996, S. 14)

Schweregrade	IQ-Streuungsbereich	IQ-Standardabweichungen (SD) vom Mittelwert (=100)	Ausmaß der sozial-adaptiven Beeinträchtigung
Leichte	55–70	–2 SD	zwei oder mehr Bereiche
Mittelgradige	35–54	–3 SD	zwei oder mehr Bereiche
Schwere	20–34	–4 SD	alle Bereiche
Schwerste	unter 20	–5 SD	alle Bereiche

Tabelle 27.2. Systematik ätiologischer Faktoren, die häufig geistige Behinderung nach sich ziehen, mit ausgewählten diagnostischen Kategorien und Zustandsbildern. (In Anlehnung an AAMR, 1992)

Kategorien schädigender Einflüsse	Zeitpunkte des schädigenden Einflusses		
	pränatal	perinatal und neonatal	postnatal
Infektionen und Vergiftungen	mütterliche Röteln, HIV, Syphilis, Alkohol		Bleivergiftung, Quecksilbervergiftung
Physische Traumata	traumatische Verletzung des Fötus	Gehirnverletzung während der Geburt, Plazentainsuffizienz, gestörter Geburtsvorgang	Frühkindliches Schädeltrauma
Ernährungs- und Stoffwechselerkrankungen (SWE)	Aminosäure-SWE (z. B. Phenylketonurie), Kohlenhydrate-SWE (z. B. Galaktosämie), Mukopolysaccharid-SWE (z. B. Hurler-Syndrom), Nukleinsäure-SWE (z. B. Lesch-Nyhan-Syndrom)	Hyperbilirubinämie, Hypoglykämie, Hypothyroidismus	Dehydrierung, Hypoglykämie, Zerebrale Ischämie
Erkrankungen des ZNS	Neurofibromatose, Gehirntumor		Demyelinisierungserkrankung, degenerative Erkrankungen (z. B. Rett-2-Syndrom), Anfallsleiden
Chromosomale Störungen	*Autosomal:* Down-Syndrom *gebunden:* Fragiles-X		
Unbekannte somatische Störungen	Menigozele, Hydrozephalus		
Syndromale Erkrankungen	Neurokutane Erkrankungen (z. B. Sturge-Weber-Syndrom), Muskelerkrankungen (z. B. Muskeldystrophien), Kraniofaziale Erkrankungen (z. B. Akrozephalie), Skelettale Erkrankungen (z. B. Akrodysostosis)		
Psychosozial bedingte Faktoren	unzureichende Ernährung der Mutter, mangelnde ärztliche Betreuung während der Schwangerschaft		Soziale Deprivation, intellektuelle Verarmung, Kindesmißhandlung

und beeinflussen nicht nur das unmittelbar betroffene Individuum, sondern auch die Familie; zum Teil sogar über Generationen hinaus. Armut, soziale Benachteiligung und mangelnde soziale Unterstützung gelten als massive Bedrohung für alle Kinder, aber besonders für diejenigen, die biologisch bereits gefährdet sind (Abb. 27.1). Diese systemischen Verknüpfungen sind im Modell der *Neuen Krankhaftigkeit* veranschaulicht (Baumeister et al., 1988). *Krankhaftigkeit*, wie in Abbildung 27.1 dargestellt, umfaßt Zustandsbilder mit überwiegend organisch/biologischen Grundlagen (z. B. durch genetische Defekte oder embryonale Insulte), wohingegen die *Neue Krankhaftigkeit* primär psychosozial verursachte Probleme darstellt (z. B. geistige Behinderung aufgrund extremer sozialer Benachteiligung). Geschädigte Entwicklung kann selbst wiederum Anlaß und Ursache von Folgeschäden werden. Zur Veranschaulichung dieser Interdependenz biologischer und umweltbedingter Faktoren kann etwa die Phenylketonurie (PKU) dienen – eine Stoffwechselerkrankung, die bereits bei der Geburt problemlos entdeckt und durch entsprechende Diät des Kindes verhindert werden kann. Die Wahrscheinlichkeit einer erfolgreichen Prävention degenerativer Gehirnschäden und somit geistiger Behinderung bei PKU Kindern ist in sozial gesicherten Familien mit hohem elterlichen Bildungsniveau um ein vielfaches höher als bei jenen, die unter ungünstigen sozialen Bedingungen leben.

Ob geistige Behinderung prinzipiell »heilbar« ist, wird debattiert. Zur Zeit die größte Aussicht auf Erfolg besteht in der primären und sekundä-

Abb. 27.1. Schematische Darstellung der systemischen Wechselwirkung biologischer und psychosozialer Faktoren beim Modell der »neuen Krankhaftigkeit«. (Nach Baumeister et al., 1988)

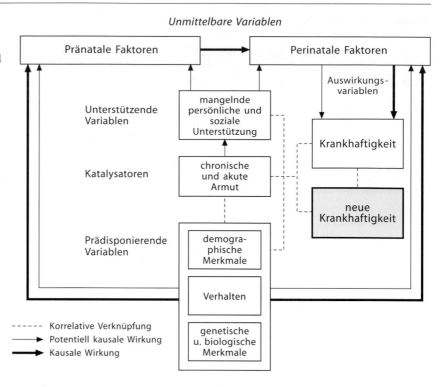

Unmittelbare Variablen

ren Prävention. Wenn die Behinderung bis zu dem Punkt fortgeschritten ist, ab welchem abweichende Intelligenz und gestörte sozial-adaptive Kompetenz deutlich erkennbar sind, ist eine völlige Wiederherstellung kaum mehr zu erreichen. Mehr Optimismus hingegen besteht bei der Möglichkeit mittels psychologischer und sonderpädagogischer Maßnahmen, die eine Optimierung der gegebenen Veranlagung zum Ziel haben, konkrete Verhaltensaspekte zu beeinflussen. Über solche Trainingsprogramme gibt es reichhaltige Literatur. Diese Programme beruhen weitgehend auf operanter Konditionierung und – etwas weniger verbreitet – auf kognitiven Interventionsstrategien. Aus der großen Anzahl einschlägiger Veröffentlichungen zu diesem Thema seien hier nur ein paar Beispiele angeführt. Hervorzuheben sind etwa Programme zur Verbesserung schulischer Lernstrategien behinderter Kinder (Gable & Warren, 1993), zur Verfeinerung der sozialen Umgangsformen (Odom et al., 1992), Verbesserung von Hygiene und Gesundheitsvorsorge (Agran et al., 1994) oder zur Vorbereitung des Behinderten auf die Rolle eines Arbeitnehmers (Sowers & Powers, 1991).

27.1.2
Verhaltensprobleme und psychiatrische Symptome in der geistigen Behinderung

Da geistige Behinderung, wie vorher festgestellt wurde, zur Zeit ex post facto nicht direkt geheilt werden kann, zielt die verhaltenstherapeutische Arbeit bei Klienten mit geistiger Behinderung vornehmlich auf Verhaltensstörungen und andere Psychopathologien ab.

Epidemiologie typischer Verhaltensprobleme und psychiatrischer Symptome in der geistigen Behinderung

Sensitivität und Spezifität von Prävalenz- und Inzidenzschätzungen hängen von vielen Faktoren ab, insbesondere von der Objektivität des zu erfassenden Merkmals. Bei extremen Ausprägungsformen ist das Erkennen geistiger Behinderung relativ einfach und unumstritten. In Fällen, in denen die Behinderung jedoch nur geringfügig ausgeprägt ist und bei der keine organischen Merkmale vorhanden sind, wird die Diagnosestellung problematisch. Dies ist an sich kein unbekanntes Problem der Epidemiologie psychosozialer Phänomene. Was allerdings die Parameterschätzung in dieser Population besonders schwierig macht ist, daß geistige Behinderung hinsichtlich der Ausprägung des Schweregrades nicht normalverteilt ist,

Tabelle 27.3. Punktprävalenz psychiatrischer Erkrankungen und Verhaltensauffälligkeiten in 2 amerikanischen Bundesstaaten (ausgedrückt in % des Bevölkerungsanteils, der von Unterstützungsprogrammen für geistig Behinderte Gebrauch macht)

Psychiatrische Erkrankungen und Verhaltensauffälligkeiten	Kalifornien (n = 45 683)		New York (n = 89 419)	
	Häufigkeit	Prävalenz	Häufigkeit	Prävalenz
Aufmerksamkeitsstörung/Hyperaktivität	96	0,3	546	0,6
Führungs- und Disziplinstörungen	453	0,3	342	0,4
Entwicklungsstörungen	323	0,9	243	0,3
Anpassungsstörung	87	0,3	431	0,4
Ängste	163	0,5	245	0,3
Hirnorganisches Syndrom	177	0,5	99	0,1
Schizophrenien	170	0,5	1174	1,3
Affektive Erkrankungen	20	0,1	599	0,7
Persönlichkeitsstörungen	75	0,2	245	0,3
Aggressives Verhalten	4467	13,1	11179	21,5
Selbstverletzungsverhalten	3096	9,1	7866	8,0
Stereotypes Verhalten	2382	7,0	5849	6,5
Destruktives Verhalten	1707	5,0	6085	6,8

sondern in einer extrem schiefen Verteilung auftritt, in der die relative Häufigkeit der geringen Behinderung um ein Vielfaches höher ist als die der schweren Behinderung. Da die Mehrzahl der Individuen der Gruppe der leicht Behinderten angehören – jene Gruppe also, die die größten Erfassungsschwierigkeiten bereitet – sind genaue Schätzungen sehr schwierig zu erstellen. Für den Zweck dieses Kapitels soll der Hinweis genügen, daß in den meisten Ländern 1,0–2,5% der Bevölkerung den Kriterien der geistigen Behinderung entsprechen. Die leicht geistig Behinderten stellen davon mit 95–98% den überwiegenden Anteil dar. Der Rest verteilt sich in steil abfallender Tendenz auf mittelgradige, schwere und schwerste geistige Behinderung. Da in westlichen Ländern zum Schutz des einzelnen Bürgers keine Statistiken über Behinderungen geführt werden, beruhen Prävalenzschätzungen entweder auf theoretischen Erwartungswerten oder auf Versorgungsstatistiken, und sind daher notorisch ungenau.

Vorhandene Prävalenzschätzungen von Verhaltensauffälligkeiten und psychiatrischen Erkrankungen stützen sich daher notgedrungen meist auf eine bereits sehr ungenau erfaßbare Grundpopulation der geistig Behinderten, und ist daher mindestens ebenso fehlerhaftet. Daher schien es uns gerechtfertigt, auf vergleichende Versorgungsstatistiken zurückzugreifen, die vielleicht wissenschaftlich weniger exakt, aber zumindest von praktischer Relevanz sind. Die in Tabelle 27.3 präsentierten Prävalenzschätzungen stammen aus zwei Bundesstaaten der USA, nämlich aus Kalifornien und dem Staat New York (Rojahn et al., 1993). Sie basieren auf den Gesamtpopulationen aller Verbraucher öffentlicher Versorgungsprogramme für Menschen mit Entwicklungsstörun-

gen. Das Angebot an Unterstützungsprogrammen ist reichhaltig und erstreckt sich über die gesamte Lebensdauer. Es reicht von Frühförderungsprogrammen für Säuglinge, über sonderpädagogische Maßnahmen im Kindergarten- und Schulalter, zur berufsvorbereitenden Schulung von Jugendlichen, bis hin zur Altersversorgung für Senioren mit geistiger Behinderung.

Die Daten in Tabelle 27.3 deuten darauf hin, daß Verhaltensprobleme weit häufiger auftreten bzw. wahrgenommen werden als herkömmliche psychiatrische Erkrankungen, wobei Fremdaggression mit einer 12%–13%igen Auftrittsrate die Liste der Problemkategorien anführt. Im Gegensatz zu psychiatrischen Diagnosen wie Schizophrenie oder Depression steigt das Vorkommen dieser Verhaltensprobleme mit steigendem Grad der geistigen Behinderung an. Psychiatrische Erkrankungen andererseits werden immer seltener diagnostiziert, je ausgeprägter die Behinderung ist (Rojahn, 1994). Wir werden uns im weiteren Verlauf dieses Kapitels hauptsächlich mit den häufiger vorkommenden Verhaltensproblemen befassen.

27.2
Störungskonzept der Verhaltensprobleme

Es gibt mehrere Ansätze zur Erklärung von Verhaltensstörungen bei geistig Behinderten. Die drei bedeutsamsten sollen kurz vorgestellt werden. Es sind dies *lerntheoretische Modelle*, *biochemische Theorien*, und die Versuche, Verhaltensstörungen als *Korrelate allgemeiner psychischer Erkrankungen* zu betrachten.

27.2.1
Lerntheoretische Modelle

Das für die Verhaltenstherapie vermutlich bedeutendste Modell ist das der operanten Konditionierung. Nach operanten Lerntheorien werden Verhaltensstörungen als Varianten gelernten Verhaltens betrachtet, bei denen primär auf die funktionale Verknüpfung von drei Elementen:

- den vorhergehenden Reizbedingungen (A – antecedents),
- dem interessierenden Verhalten (B – behavior) und
- den darauf folgenden Konsequenzen (C – consequences) geachtet wird.

Im *positiven Verstärkermodell* wird das Störverhalten als operantes Verhalten betrachtet, das von positiver Verstärkung aufrechterhalten wird. In vielen Fällen nimmt man an, daß es sich um soziale Verstärkung handelt. Dies beruht auf Beobachtungen, bei denen man feststellte, daß soziale Zuwendung von Eltern, Lehrern oder Betreuern vornehmlich im unmittelbaren Anschluß an das Störverhalten auftrat. Fernerhin konnte man nachweisen, daß soziale Zuwendung die Häufigkeit von Störverhalten, sogar von Selbstverletzungen (Lovaas & Simmons, 1969), erhöhen kann. Dabei muß betont werden, daß diese Zuwendung im umgangssprachlichen Sinn nicht unbedingt positiven Charakter haben muß, um als Verstärker zu wirken. Für den Kliniker ist es bedeutsam, sich daran zu erinnern, daß es kaum Stimuli gibt, die für jedes Individuum und zu jedem Zeitpunkt Verstärkerwirkung haben. Daher ist es immer ratsam, sich die Mühe zu machen, bei der Verwendung von Verstärkerprogrammen auf empirischem Wege möglichst wirksame Verstärker für das betreffende Individuum zu eruieren.

Ein zweites Modell ist das der *intrinsischen Verstärkung*. Dabei nimmt man an, daß das Störverhalten entweder selbst Empfindungen produziert, die unmittelbar verstärkende Wirkung haben, oder aber dem Ausgleich eines homöostatischen ZNS-Disequilibriums dient. Es gibt mehrere Hypothesen darüber, welche zentralen Mechanismen für die Selbststimulation verantwortlich sein könnten. Der zur Zeit vielleicht aktuellste Erklärungsversuch ist die Endorphinhypothese. Durch die spezifische, motorische Bewegung des Störverhaltens (z. B. Körperschaukeln oder Kopfschlagen) werden im Gehirn körpereigene Opiate (Endorphine) ausgeschüttet. Dieser biochemische Prozeß wird möglicherweise als angenehm empfunden, und stellt daher eine potente autonome Verstär-

kerquelle dar. Zusätzlich können Endorphine nicht nur Euphorie induzieren, sondern auch noch schmerzreduzierende Wirkung haben. Die Endorphinhypothese ist somit vor allem für das scheinbar paradoxe Selbstverletzungsverhalten ein eleganter Erklärungsansatz. Zusätzlich trifft diese Hypothese vermutlich für bestimmte stereotype Verhaltensformen zu (siehe 27.2.2.3), ist aber für Fremdaggression weniger bedeutsam. Vom klinischen Standpunkt bedeutsam ist die Tatsache, daß die Endorphinhypothese den rationalen Hintergrund für die in den letzten Jahren populär gewordene Behandlung von Selbstverletzung mit Endorphinantagonisten darstellt, wie dem Naloxon und dem Naltrexon (Aman, 1993; Sandman et al., 1998).

Ein drittes operantes Verstärkermodell ist das der negativen Verstärkung. Es ist ein häufig zu beobachtendes Phänomen, daß Störverhalten ein wirksames *Vermeidungsverhalten* sein kann. Vor allem Selbstverletzungen, Wutanfälle, aggressive Attacken und das Zerstören von Gegenständen werden häufig als für den Klienten funktional wirkungsvoll identifiziert; z. B., um unangenehmen Aufgaben oder gefürchteten Situationen zu entgehen. Eine Variante des Vermeidungsmodells ist die *Hypothese der fehlgeleiteten Kommunikation* (Carr & Durand, 1985). Die mangelnde verbale Kompetenz vieler geistig Behinderter macht diese Strategie zusätzlich plausibel.

Manche Formen der Aggression sind nicht operant gelernt, sondern stellen angeborene Reaktionsmuster dar. Dieses Phänomen ist in der experimentellen Literatur unter anderem unter dem Begriff der »elicited aggression« bekannt (Ulrich & Azrin, 1962). Es konnte in vielen Tierversuchen nachgewiesen werden, daß aggressives Verhalten durch die Verabreichung schmerzhafter Reize ausgelöst werden kann. Es ist nicht von der Hand zu weisen, daß solch ungelernte Reaktionen auf Unbehagen Ursprung mancher Verhaltensstörung bei geistig Behinderten sein könnten.

Verhalten befindet sich stets in einem dynamischen Zustand und kann seine motivationale Struktur über die Zeit durchaus ändern. Im Laufe der Lerngeschichte ist es vorstellbar, wenn nicht sogar wahrscheinlich, daß ein bestimmtes Verhalten im Ursprung auf einen Mechanismus zurückgeht (z. B. auf ein langsames Aufbauen durch unbeabsichtigte soziale Verstärkung oder auf ein angeborenes Reaktionsmuster), daß es aber im Laufe der Zeit zusätzliche Funktionen anzunehmen beginnt. Das heißt, wir müssen als Therapeuten davon ausgehen, daß Störverhalten häufig von mehreren motivationalen Faktoren determiniert wird.

27.2.2
Verhaltensprobleme als Symptome allgemeiner Psychopathologie

In jüngster Zeit gibt es wiederholt Hinweise darauf, daß Verhaltensstörungen gehäuft mit psychiatrischen Bedingungen auftreten. Somit kam die Vermutung auf, daß Verhaltensstörungen vielleicht atypische und populationsspezifische Symptome psychiatrischer Erkrankungen sein könnten. Zum Beispiel berichteten Reiss und Rojahn (1993), daß aggressives Verhalten viermal so häufig bei geistig Behinderten mit depressiven Symptomen beobachtet wurde als bei geistig Behinderten ohne Depressionen. King (1993) andererseits entwickelte kürzlich die Hypothese, daß Autoaggressionen Formen von Zwangsverhalten sein könnten. Damit bietet sich die Frage an, ob manche Verhaltensstörungen möglicherweise Symptome oder Folgeerscheinungen psychiatrischer Erkrankungen sein könnten. Allerdings sprechen die extrem niedrigen Korrelationen, die zwischen Verhaltensstörungen und (diagnostizierten) psychiatrischen Erkrankungen gefunden wurden (Rojahn et al., 1993), zur Zeit gegen diese Annahme.

Während der lerntheoretische Ansatz vor allem für verhaltenstherapeutische Interventionen relevant ist, so sind die psychopathologischen Erklärungsversuche und die biochemischen Theorien zum Verhaltensproblem vornehmlich für die psychopharmakologische Behandlung von Bedeutung. Gleichzeitig soll aber betont werden, daß das eine Vorgehen das andere keineswegs ausschließt, sondern daß beide Methoden kombiniert eingesetzt werden können. Leider gibt es zur Zeit nur unzureichende klinisch-experimentelle Forschung zu solchen kombinierten Behandlungsprogrammen bei geistiger Behinderung.

27.2.3
Organische und biochemische Grundlagen

Verschiedene Formen des Störverhaltens bei geistig Behinderten lassen sich zumindest für Gruppen bestimmter Individuen auf organisch/biochemische Ursachen zurückführen. Selbstverletzungsverhalten tritt z. B. bei mindestens drei organisch verursachten Syndromen auf:
- dem *Lesch-Nyhan-Syndrom,*
- dem *Cornelia-DeLange-Syndrom* und
- dem *Smith-Margenis-Syndrom.*

Stereotypes Verhalten in Form von Händeringen, wiederum, tritt als konstituierendes Merkmal beim Rett-Syndrom auf. Leider läßt sich bisher von der Tatsache des symptomalen Charakters mancher Selbstverletzungen praktisch nur relativ wenig für die Behandlung ableiten.

In den letzten Jahren wurden große Fortschritte in der neurobiologischen Grundlagenforschung erzielt, vor allem bei Stereotypien und beim Selbstverletzungsverhalten. Dies hat zur Formulierung einiger wichtiger biochemischer Theorien geführt, die wiederum für die Entwicklung psychopharmakologischer Behandlungen unabdingbar sind. Die beiden wichtigsten Neurotransmittersysteme, die zur Zeit im Zusammenhang mit Selbstverletzungsverhalten bei geistig Behinderten diskutiert werden, sind *Dopamin* und *Serotonin.* Ein weiteres neurobiologisches Substrat von großer Bedeutung für Stereotypien und Selbstverletzung sind die bereits vorhin erwähnten endogenen Opiate.

27.3
Instrumente zur Erfassung von psychischen Störungen bzw. Verhaltensproblemen

Zur Erfassung von psychischen Störungen bzw. von Verhaltensstörungen sind in den letzten Jahren eine Reihe von normierten und auf Reliabilität hin überprüfte Verfahren entwickelt worden. Ein Überblick über einschlägige Verfahren findet sich bei Weber (1997).

Prinzipiell kann zwischen Verfahren zur Erfassung von Verhaltensstörungen und solchen zur Abklärung psychischer Störungen unterschieden werden. Zur Erfassung von psychischen Störungen liegen eine Reihe von sog. Screening Verfahren vor. Weite Verbreitung finden der »Reiss-Screen for Maladaptive Behavior« (RSMB) von Reiss (1987) und das »Psychopathological Instrument for Mentally Retarded Adults« (PIMRA) von Matson (1988). Mit dem »Diagnostic Assessment for the Severely Handicapped« (DASH) von Matson et al. (1990) liegt ein Verfahren vor, das spezifisch auf die Erfassung psychopathologischer Symptome bei Menschen mit schwerer und schwerster geistiger Behinderung abzielt. Bei all diesen Verfahren handelt es sich um sog. Fremdbeurteilungsverfahren, die in der Regel von Betreuern, nach kurzer Einschulung, verwendet werden können. Sie orientieren sich weitgehend an der Klassifikation und Beschreibung psychischer Erkrankungen nach dem weit verbreiteten Diagnostic and Statistical Manual of Mental Disorders (American Psychiatric Association, 1994).

Mit dem sich noch in Weiterentwicklung befindlichen PAS-ADD-System (»Psychiatric Assessment Schedule for Adults with a Developmental Disability«) liegt erstmals ein Erfassungsinstrumentarium vor, das, ausgehend vom Klassifikationssystem der International Classification of Diseases (ICD-10; Dilling, Mombour, Schmidt, 1991) eine Anpassung der Symptome und Kriterien psychischer Störungsbilder für erwachsene Menschen mit geistiger Behinderung vornimmt. Neben einer Checkliste (Moss et al., 1996), die für Screeninganwendungen konzipiert ist, liegt auch der sog. MINI PAS-ADD vor. Die Verwendung dieses Fragebogens setzt spezifisches Fachwissen voraus, d. h. wird von klinischen Psychologen vorgegeben (Prosser et al. 1996). Das Kernstück dieses Systems stellt das PAS-ADD-10-Interview dar (Moss et al., 1995). Es handelt sich hierbei um ein strukturiertes Interview und liegt in einer Form zur Durchführung mit Betreuern oder Angehörigen und in einer anderen Form zur Durchführung mit dem behinderten Menschen selbst vor. In dieser letzten Form sind die Fragen sprachlich sehr einfach, aber klar gehalten. Es hat sich gezeigt, daß die Durchführung dieses Interviews bei vielen Menschen mit leichteren Formen von geistiger Behinderung möglich ist und sich hierdurch die Zuverlässigkeit der Diagnose deutlich erhöhen ließ.

Beispiele von Schätzskalen zur Erfassung von Verhaltensstörungen sind die »Aberrant Behavior Checklist« (ABC) von Aman et al. (1985), die für schwer behinderte, in zentralen Einrichtungen lebende Erwachsene entwickelt wurde, und die »Aberrant Behavior Checklist – Community« (ABC-C) von Marshburn und Aman (1992), die auf erwachsene, gemeindeintegriert lebende Menschen mit geistiger Behinderung abzielt. Dabei sind die Items in dieser Skala gemäß den Alltagssituationen und Lebensbedingungen, die für gemeindeintegrierte Wohnformen typisch sind, sprachlich angepaßt. Über das »Behavior Problem Inventory« (BPI) von Rojahn (1992) lassen sich vor allem Verhaltensweisen aus dem Formenkreis des Selbstverletzungsverhaltens sowie aggressive und stereotype Verhaltensweisen erfassen. Zum BPI liegt eine Übersetzung in deutscher Sprache vor (Weber, 1994).

Zur genaueren Analyse motivationaler Zusammenhänge bei Verhaltensstörungen bzw. affektiven Störungen sind direkte Beobachtungen durch einen geschulten Beobachter von Relevanz. Der große Vorteil von Beobachtungstechniken liegt in der intuitiven Plausibilität der Analyse. Die Ergebnisse aus Beobachtungen sind in der Regel leicht nachvollziehbar und leicht verständlich, da die theoretischen Überlegungen und vor allem die psychometrischen Grundlagen hierbei im Gegensatz zu Tests und Beurteilungsskalen auf relativ einfachem Niveau sind. Informationen aus Beobachtungen nehmen eine besonders wichtige Rolle in der Bestimmung der klinisch-psychologischen Behandlungsstrategie bei Menschen mit geistiger Behinderung ein.

27.4
Therapeutisches Vorgehen

Bevor Überlegungen zur Intervention angestellt werden können, sind vorweg einige Fragen zu beantworten. Wie vorhin festgestellt wurde, wird allgemein davon ausgegangen, daß Verhalten das Produkt aus dem Zusammenspiel zwischen biologischen Grundlagen und der individuellen Lerngeschichte ist. Somit ergibt sich als erste abzuklärende Frage, welches die primären Ursachen und aufrechterhaltenden Bedingungen der vorliegenden Verhaltensstörung sind. Neurologische und molekulargenetische Untersuchungen können über das Vorhandensein von organischen Grundlagen Aufschluß geben.

27.4.1
Funktionale Problemanalyse

Obwohl man im Prinzip Verhalten auch ohne Wissen um die motivationalen Hintergründe eines Verhaltens mit operanten Methoden beeinflussen kann, hat sich auch auf empirischem Wege nachweisen lassen, daß Interventionsverfahren, die auf den tatsächlichen Motivationsstrukturen beruhen, besser und effektiver wirken als solche, die mit der Motivationsstruktur inkonsistent sind (Repp, Felce & Barton, 1988). Daher ist es angebracht, bei der Entwicklung eines Behandlungsprogramms mit einer funktionalen Problemanalyse zu beginnen. Dies dient dazu, Aufschlüsse über die Komponenten »A« und »C« des A-B-C-Schemas zu erhalten. Methoden der Informationserhebung variieren, aber meist stützt man sich zunächst auf Interviews mit Eltern, Lehrern, oder anderen, die viel Erfahrung mit dem Klienten haben. Darüber hinaus empfiehlt es sich, zumindest unsystematische Beobachtungen an den Orten und zu den Zeiten anzustellen, an denen das Problem typischerweise auftritt.

Oft ist es nicht offenkundig, welche Bedingungen bestimmte Verhaltensprobleme aufrecht erhalten. O'Neill et al. (1990) stellten ein Manual mit Anleitungen für die Durchführung funktionaler Problemanalysen vor. Diese Analysen beruhen ent-

Abb. 27.2. ABC-Beobachtungsbogen zur funktionalen Problemanalyse

Name: *Elisabeth K.*		Zeitintervalle							
Datum: *12. April, 1993*		*10:15*	*10:30*	*10:45*	*11:00*	*11:15*	*11:30*	*11:45*	*12:00*
A Diskriminative Reize	*Sprachübung*	✓	✓✓	✓					
	Basteln								
	Schulpause								
B Zielverhalten	*Selbst beißen*	✓		✓✓					
	Stoßen anderer		✓						
	Wutanfall		✓						
	Stereotypien			✓		✓	✓		
C Konsequenzen	*Verbale Zuwendung*	✓	✓✓	✓✓					
	Physische Zuwendung	✓	✓✓	✓✓					
	Vermeidung	✓	✓						
Zusätzliche Bemerkungen		*Einzelunterricht mit Frau B.*	*Gruppenunterricht 5 andere Kinder*						

weder auf systematischen Beobachtungen des Klienten in seiner/ihrer natürlichen Umgebung oder auf experimentell variierten Bedingungen. Abbildung 27.2 zeigt ein Beispiel eines semistandardisierten ABC-Beobachtungsbogens, der in Anlehnung an das O'Neill Manual entworfen wurde. Der Bogen dient dazu, mit Hilfe systematischer Verhaltensbeobachtung Aufschluß darüber zu erlangen, welche Verhaltensweisen unter welchen Bedingungen auftreten, und welche vermuteten Funktionen bzw. konkreten Konsequenzen sie haben. Das Verhalten und die dazugehörigen Bedingungen werden in vorher festgelegten Zeitintervallen vom Therapeuten kodiert.

27.4.2
Operante Methoden

Operante Interventionen sind Behandlungsmethoden, die sich im wesentlichen auf die Grundelemente der operanten Konditionierung stützen. Ein wesentliches Merkmal operanter Verfahren ist, daß für jedes Verhalten und für jeden Klienten speziell ein individuelles Behandlungsprogramm entworfen werden muß. Das Behandlungsprogramm soll auf die spezifischen funktionalen Bedingungen des Verhaltens und auf andere Merkmale des Klienten und seiner/ihrer Umgebung abgestimmt sein.

Wenn es gilt, unerwünschtes Verhalten zu reduzieren, stellt die *positive Verstärkung* eine der wesentlichsten operanten Komponenten dar. Positive Verstärkung wird in der Regel dazu eingesetzt, um zum Problemverhalten alternative Verhaltensweisen zu stärken. Dies geschieht meist in Form sog. DR-Techniken (»*differential reinforcement*«), wie die differentielle Verstärkung anderen Verhaltens (*DRO:* »*differential reinforcement of other behavior*«), Verstärkung von Verhalten, das mit dem Problemverhalten unvereinbar ist (*DRI:* »*differential reinforcement of incompatible behavior*«), Verstärkung von erwünschtem Verhalten (*DRA:* »*dif ferential reinforcement of appropriate behavior«*), Verhalten mit niedriger Auftrittsrate (*DRL: »differential reinforcement of low rate behavior«*), und Verhalten mit hoher Auftrittsrate (*DRH: »differential reinforcement of high rate behavior«*). Meist werden diese differentiellen Verstärker in einem zeitlich fixierten Zeitintervallsplan (*FI: fixed interval*) verabreicht.

Carr und Durand (1985) entwickelten speziell für die Reduzierung von Problemverhalten ein auf Verstärkermethoden beruhendes Kommunikationstraining, das auf der zuvor erwähnten Kommunikationstheorie aufbaut. Ziel dieser Intervention ist es, die funktional-kommunikative Bedeutung des Störverhaltens auszunützen und es durch angemessene Formen der Verständigung zu ersetzen. Dieses therapeutische Prinzip ist unter dem Begriff der funktionalen Äquivalenz (*»functional equivalence«*) bekannt (Carr, 1988).

Zu den *Bestrafungsverfahren* zählt man alle jene verhaltenskontingenten Methoden, die eine Auftrittsverringerung dieses Verhaltens bewirken. Speziell für die Behandlung von Problemverhalten bei geistig Behinderten gibt es eine Reihe von verschiedenen Bestrafungsformen, die aber insgesamt nur unter besonderen Bedingungen« und nach vorsichtiger Erwägung anderer Interventionsstrategien zur Anwendung kommen sollten. Sie reichen vom Verabreichen konkreter Strafreize (z. B. kontingente elektrische Stimulierung) bis hin zu komplexeren Verfahren, wie den mannigfachen Varianten der Auszeit (*»time-out«*) und der Korrekturverfahren (*»overcorrection«*). Bei der Auswahl von Bestrafungsmethoden soll grundsätzlich die Regel der minimal einschränkenden Variante (*»least restrictive alternative«*) befolgt werden, die zur Erreichung eines bestimmten Therapiezieles unumgänglich ist (Matson & DiLorenzo 1984, S. 166). Dies ist ein von vielen psychologischen Berufsverbänden akzeptiertes Prinzip, an dem sich der Therapeut orientieren sollte.

Über die Ethik der Verwendung von Bestrafungsverfahren bei geistig behinderten Klienten hat es in den letzten Jahren vor allem in den USA erregte Auseinandersetzungen gegeben[1]. Die Autoren dieses Beitrages vertreten die Ansicht, daß eine kategorische Ablehnung einer bestimmten Interventionsmethode a priori nicht im Interesse des Klienten liegt. Wir sind vielmehr der Mei-

nung, daß in Ausnahmefällen und unter Supervision qualifizierter Fachkräfte Bestrafungsverfahren durchaus gerechtfertigt sein können. Immerhin hat sich in vielen Fällen herausgestellt, daß Strafverfahren die einzigen verhaltenstherapeutischen Maßnahmen waren, die besonders hartnäckige, chronische Verhaltensprobleme unterbrechen und kontrollieren konnten.

Neben den operanten Verfahren, die auf verhaltenskontingentem Wege auf das Verhalten wirken, gibt es operante Methoden, die auf dem Prinzip der *Stimuluskontrolle* beruhen. Der Schwerpunkt liegt dabei also nicht auf dem »C«, sondern auf dem »A« der A-B-C-Formel. Dies sind im Prinzip all jene Stimuli, welche die Auftrittswahrscheinlichkeit des Störverhaltens beeinflussen. Unter diesen Reizen unterscheidet man zwischen diskriminativen Reizen (*»discriminative stimuli«*) und Hintergrundvariablen (*»setting events«*). Diskriminative Stimuli sind Reize, die unmittelbaren Signalcharakter für das Störverhalten haben, wie z. B. das Aufscheinen einer Person, mit der der Klient schlechte Erfahrung gemacht hat, oder die Anforderung eine unangenehme Aufgabe zu erfüllen. Hintergrundvariablen sind anderseits solche, die einen Einfluß auf die relative Wirksamkeit bestimmter Konsequenzen haben, wie zum Beispiel Gereiztheit aufgrund von Schlafmangel oder körperliches Unbehagen durch Krankheit oder Hunger. Viele solcher Stimuli können ggf. in eine Intervention miteinbezogen werden (Kennedy, 1994).

Eines der wesentlichsten Ziele therapeutischer Interventionen muß es sein, daß der Therapiegewinn die akute Therapiephase überdauert und in kritischen Situationen wirksam bleibt. Dies ist im Vokabular der operanten Konditionierung unter den Begriffen der Dauerhaftigkeit (*»maintenance«*) und Generalisierung (*»generalization«*) bekannt (Horner et al., 1988). Weder die Dauerhaftigkeit noch die Generalisierung der Behandlungsresultate sind bei operanten Methoden automatisch zu erwarten, sondern sie müssen programmatisch in die Therapieplanung miteinbezogen werden. Zu den wichtigsten Methoden der Programmierung generalisierter Langzeiteffekte bei Störverhalten zählen (a) das langsame Überführen kontinuierlicher Verstärkerpläne in intermittierende Verstärkung, (b) Verzögerung des Intervalls zwischen Verhalten und Verstärker, (c) Ausblenden therapiegebundener (künstlicher) und Ersetzen mit natürlich auftretenden Verstärkern, (d) Ausblenden der in der Therapie bevorzugten, strukturierten, und vom Therapeuten kontrollierten Bedingungen, und schrittweise Anpassung an die natürliche Umgebung, (e) langsames Einblen-

---

[1] Der an diesem Problem interessierte Leser sei an das Buch von Repp und Singh (1990) verwiesen, das viele der wichtigsten Proponenten gegensätzlicher Positionen in der Debatte um die aversiven Behandlungsformen ausführlich zu Wort kommen läßt.

den von Bedingungen, die ursprünglich Störverhalten provozierten und (f) das Miteinbeziehen von Bezugspersonen als Therapeuten (Elterntraining) (s. auch Favell & Reid, 1988).

27.4.3
Psychopharmakologie

Eine umfassende Diskussion der Psychopharmakologie bei psychiatrischen Symptomen oder bei Verhaltensauffälligkeiten geistig Behinderter übersteigt natürlich bei weitem die Grenzen dieses Kapitels. Zumindest aber soll der Leser auf deren Wichtigkeit für das therapeutische Vorgehen hingewiesen werden. Psychopharmaka, vor allem bei geistig behinderten Menschen, haben teilweise zu Recht einen schlechten Ruf erlangt. Sie werden in der Praxis oft zu häufig und in zu hohen Dosen verschrieben, und die gleichzeitige Verabreichung mehrerer psychopharmakologischer Präparate ist gang und gebe. Die psychopharmakologische Forschung bei geistiger Behinderung hat sich aber in den letzten Jahren zunehmend entwickelt, und es sind viele wichtige Einsichten gewonnen worden. Für eine umfassende Diskussion der klinischen Psychopharmakologie in der Behandlung von geistig Behinderten sei der Leser auf das jüngst erschienene Standardwerk von Reiss und Aman (1998) verwiesen, welches das Ergebnis einer internationalen Expertenkommission ist.

27.5
Fallbeispiel

Die nachfolgende Beschreibung bezieht sich auf die akute Phase einer Intervention für Verhaltensprobleme bei einem 10jährigen Mädchen mit geistiger Behinderung. Es sollen die wesentlichen Entscheidungspunkte hervorgehoben werden, wobei die Falldarstellung in diesem Rahmen nicht umfassend sein kann.

■ **Anamnese.** Elisabeth, die ausgeprägte autistische Verhaltensweisen hatte, lebte zur Zeit der Behandlung im Elternhaus und besuchte vormittags eine private Schule. Ihre geistigen Fähigkeiten waren deutlich niedriger als die ihrer Altersgenossen, aber sie waren aufgrund ihres Verhaltens schwierig exakt zu messen. Die sprachlichen Ausdrucksfähigkeiten waren sehr limitiert. Der Hauptgrund für eine psychologische Behandlung war das Vorhandensein schwerer Verhaltensprobleme. Die Klientin attackierte andere Kinder, biß sich wiederholt in den eigenen Handrücken, und zerstörte in regelmäßigen Wutanfällen Spielzeug und Arbeitsmaterial.

■ **Fremdanamnestische Angaben.** Die Lehrerin berichtete, daß Elisabeth nicht in der Lage war, ihre Aufmerksamkeit länger als ein paar Sekunden einer produktiven Tätigkeit zu widmen. Stattdessen waren allerlei stereotype Aktivitäten zu beobachten, wie Schaukeln des Oberkörpers und Im-Kreis-Herumlaufen.

■ **Körperlicher Befund.** *Medizinisch-neurologische Untersuchungen* lieferten keinerlei Hinweise für hirnorganische Schädigungen. Die Überprüfung der Sinnesorgane ergab auch keine auffälligen Befunde. Laut Eltern begannen die aggressiven und stereotypen Verhaltensweisen circa im Alter von 7 Jahren. Sie berichteten, daß Ihr Kind besonders in der Schule damit auffällig wurde.

■ **Funktionale Problemanalyse.** Es ist zunächst notwendig, das zu behandelnde Verhalten (Zielverhalten) zu definieren und einer *funktionalen Problemanalyse* zu unterziehen. Das Sich-selbst-Beißen, die vor allem in der Schule auftretenden Aggressionen gegen andere Kinder (Umstoßen) und die Wutanfälle mit dem Zerstören von Gegenständen, wurden aufgrund von Häufigkeit, Intensität und Gefährdung als Zielverhaltensweisen identifiziert. Neben der Reduzierung des Zielverhalten sollte ein weiteres Therapieziel sein, Elisabeths produktive Teilnahme an spielerischen und schulischen Aktivitäten zu verlängern. Zur Durchführung der funktionalen Verhaltensanalyse wurden nach Gesprächen mit Eltern und Lehrern ABC-Beobachtungsbögen für Schule und für zu Hause entworfen. In Abb. 27.2 ist ein Schulbeobachtungsbogen mit beispielhaften Informationen aus einer zweistündigen Beobachtung in Elisabeths Schulklasse dargestellt. Die funktionale Analyse ergab, daß die problematischen Reaktionen unserer Klientin insbesondere dann auftraten, wenn in der Schule verbales Fördertraining durchgeführt wurde. Zielverhalten wurde im Gruppenunterricht und im Einzelunterricht beobachtet. In der Regel reagierte die Lehrerin auf das Umstoßen anderer Kinder mit verbalem Tadel und dem Ausschließen aus der Gruppe. Die Lehrerin nahm Elisabeth an den Schultern und führte sie in eine unbelebte Ecke des Klassenzimmers. Sie mußte dort ein paar Minuten verweilen, bevor sie wieder am Gruppengeschehen teilnehmen durfte. Während dieser unbeaufsichtigten Periode geschah es nicht selten, daß stereotypes Körperschaukeln auftrat. Selbst-Beißen wurde von der Lehrerin meist mit kurzem Anhalten der Arme geahndet. Weiter wurde aus den ABC-Beobachtungen ersichtlich, daß Elisabeth dazu tendierte, schon beim bloßen Auftauchen des Übungsmaterials für den Sprachunterricht erregt zu werden, andere Kinder zu attackieren, oder sich selbst zu beißen. In diesen Aufzeichnungen zur funktionalen Problemanalyse waren aber nicht alle wichtigen Aspekte beinhaltet. Zum Beispiel gab es zwei Tage, an denen die Häufigkeit und Heftigkeit der Wutausbrüche deutlich höher lag als an den Tagen davor. Erst ein Gespräch mit den Eltern ergab, daß Elisabeth in den Nächten davor Schwierigkeiten hatte einzuschlafen (biologische Hintergrundvariable).

Die problemanalytischen Erhebungen ergaben, daß alle drei Zielverhalten in der Schule vornehmlich in Leistungsanforderungssituationen auftraten. Wir vermuteten, daß das Verbaltraining ein negativer diskriminativer Reiz war, den Elisabeth gelernt hatte, dadurch zu entfliehen, indem sie durch Sich-Beißen und das Attackieren ihrer Mitschüler einen Ausschluß aus der Gruppe (und somit das Abbrechen der Sprachübungen) provoziert. Die Verhaltensexzesse wurden also vermutlich durch unbeabsichtigte negative Verstärkung motiviert. Mit dem Ausschluß war darüber hinaus noch soziale, manchmal sogar physisch-soziale Zuwendung der Lehrerin verbunden. Das bedeutet, daß die Verhaltensexzesse möglicherweise zusätzlich positiv verstärkt wurden. Weiterhin fiel auf, daß Elisabeth, nach der »strafweisen« Entfernung von der Gruppe, ausführlich Gelegenheit hatte, sich dem stereotypen Schaukeln zu widmen. Wir nahmen an, daß Körperschaukeln für Elisabeth autostimulativ angenehm war, und somit der Ausschluß aus der Gruppe vermutlich gar nicht als unangenehm erlebt wurde. Mit anderen Worten, ihr Störverhalten wurde vielleicht von drei voneinander relativ unabhängigen Quellen verstärkt und somit aufrechterhalten. Fernerhin wurde deutlich, daß sich die Tendenz zu Verhaltensproblemen nach gestörter Nachtruhe verschärfte.

■ **Diagnostik.** Vor Beginn der Intervention wurden Datenerhebungsverfahren zur Registrierung des Verhaltens bestimmt. Problemverhalten und das zu erweiternde positive Verhalten sollten mittels eines Zeitstichprobeverfahrens mit 15minütigen Intervallen festgehalten werden. Die Kotherapeuten, Elisabeths Eltern und Lehrer, wurden als Beobachter eingewiesen. Während der geplanten Beobachtungszeiträume sollten sie nach jedem der 15minütigen Zeitintervalle festhalten, ob eines der Verhalten auftrat oder nicht. Beobachtungen wurden an allen Dienstagen und Freitagen in der Schule sowie im Elternhaus für jeweils zwei Stunden durchgeführt. Es wurde ferner mit den Kotherapeuten vereinbart, daß der Verlauf der Verhaltensraten wöchentlich in graphischer Form in einem Häufigkeitsdiagramm dargestellt würde, um für alle Beteiligten die Interventionseffekte sichtbar zu machen. Die Aufzeichnungen begannen zwei Wochen vor Interventionsbeginn, um eine Basisrate (»baseline«) festzulegen, und wurden während der gesamten Interventionsdauer fortgesetzt.

■ **Behandlung.** Operante Interventionen sollten in ihrer Abfolge so angelegt werden, daß sie der Logik eines der vielen Einzelfall-Versuchspläne entsprechen (Kazdin, 1982). Diese Versuchspläne setzen sich im wesentlichen aus einzelnen oder gestaffelten Serien abwechselnder Phasen aktiver Interventionen (»treatment«) und Interventionspausen (»baseline«) zusammen. Die erste Intervention für Elisabeth bestand aus drei Hauptkomponenten: (1) Reiz-Kontrolle (die Lehrerin wurde angewiesen, Elisabeth nicht mehr direkt in das Sprachtrainingsprogramm einzubeziehen, um die Leistungsanforderung zu verringern), (2) Bestrafung von Aggressionen und Wutanfällen durch ein Auszeitverfahren (time-out) Programm, und (3) Ignorieren von Selbst-Beißen. Die Reizkontrolle bestand daraus, Elisabeth zunächst nicht mehr in das Gruppensprachtraining einzubeziehen, und sie von anderen Kindern etwas fern zu halten. Weiterhin wurde empfohlen, das Arbeitsmaterial für den Verbalunterricht zu verräumen. Das Auszeitverfahren setzte fest, daß Elisabeth nach Auftreten von Aggressionen oder Wutanfällen drei Minuten lang in einer Ecke des Raumes verbringen mußte. Elisabeth durfte erst dann die Auszeit beenden, wenn sie während der letzten 30 Sekunden sich weder in den Handrücken biß noch mit dem Körper schaukelte[2]. Selbst-Beißen sollte ansonsten vorläufig ignoriert werden, da wir hofften, es durch Reduzierung des Anforderungscharakters der Schulsituation auf indirektem Wege zu verringern. Zwischen den Auszeitintervallen wurde intensiv an einfachen spielerischen Aufgaben mit geringem Leistungsdruck gearbeitet, die die Möglichkeit boten, Elisabeth ausführlich zu loben,

---

[2] Solche Entlassungsbedingungen aus dem Time-Out dienen dazu, unbeabsichtigte Verstärkung von Problemverhalten zu verhindern.

ihr Erfolgserlebnisse zukommen zu lassen, und langsam ihre Aufmerksamkeit an geordneten Aktivitäten zu erweitern.

■ **Therapieverlauf.** Bereits nach zwei Wochen war im Vergleich zur Baselineerhebung eine deutliche Besserung in der Häufigkeit und Intensität aller drei Zielverhalten in der Schule zu beobachten. Statt dessen war zunächst ein leichtes Ansteigen von stereotypem Verhalten im Klassenraum zu vermerken, das aber später ohne zusätzliche Strategien wieder abnahm. Nachdem die Intervention im großen und ganzen in der Schule einen sehr günstigen Verlauf nahm, wurde zu diesem Zeitpunkt eine sehr ähnliches Interventionsprogramm zu Hause initiiert. Diesem Therapieabschnitt, der insgesamt vier Monate dauerte und der alle drei Wochen adjustiert wurde, folgten in den nächsten zwei Jahren noch weitere Interventionsabschnitte, die von individuellem Kommunikationstraining unter Verwendung von Symbolen (vorwiegend über operante Techniken wie Verstärkung, Stimuluskontrolle und Verstärkerausblendung) bis hin zum Erwerb von angemessenem Leistungsverhalten (mittels Modell-Lernen und stellvertretender Verstärkung) reichten. Auch in diesem Abschnitt, der den Aufbau und die Stärkung sozialer Kompetenzen zum Gegenstand hatte, konnte das Behandlungsziel in einem befriedigenden Ausmaß erreicht werden.

Zusammenfassung

Geistige Behinderung, eine chronische Entwicklungserscheinung, die im Kindes- und Jugendalter beginnt, wird durch mangelnde intellektuelle Kompetenzen und reduzierte sozial-adaptive Fähigkeiten charakterisiert. Geistige Behinderung kann von verschiedenen biologischen und psychosozialen Faktoren determiniert sein. Menschen mit geistiger Behinderung sind besonders anfällig für verschiedenste Arten von Erkrankungen und Behinderungen, wie Epilepsien oder Zerebralparese, und unter anderem auch für Psychopathologien in Form schwerer Verhaltensauffälligkeiten. Da der Zeitgeist auf eine Integration des Behinderten in die allgemeine Gesellschaft drängt, wird es immer bedeutsamer, effektive Behandlungsmaßnahmen für diese Verhaltensprobleme zu finden. Dies ist der Bereich, in dem die verhaltenstherapeutische Tätigkeit bei geistig behinderten Klienten eine bedeutende Rolle spielt. Angesichts der meist mangelnden verbalen Kommunikations-

fähigkeit vieler geistig Behinderter setzen sich verhaltenstherapeutische Interventionen weitgehend aus operanten Komponenten zusammen. Besonderer Bedeutung für die Indikation kommt der funktionalen Verhaltensanalyse zu. Andere Formen der Intervention, wie kognitive Methoden und Psychopharmakologie, finden häufig supplementäre Anwendung.

Literatur

Agran, M., Marchand-Martella, N. E. & Martella, R. C. (1994). *Promoting health and safety*. Baltimore, MD: Brooks.

Aman, M. G. (1993). Efficacy of psychotropic drugs for reducing self-injurious behavior in the developmental disabilities. *Annals of Clinical Psychiatry, 5,* 171–188.

Aman, M. G., Singh, N. N., Stewart, A. W. & Field, C. J. (1985). The Aberrant Behavior Checklist: A behavior rating scale for the assessment of treatment effects. *American Journal on Mental Deficiency, 89,* 485–491.

American Association on Mental Retardation (1992). *Mental retardation: Definition, classification, and systems of support* (9. Auflage). Washington, DC: American Association on Mental Retardation.

American Psychiatric Association (1994). *Diagnostic and statistical manual of mental disorders* (4. Auf.). Washington, DC: Author.

Baumeister, A. A., Dokecki, P. R. & Kupstas, F. (1988). *New Morbidity*. U. S. Department of Health and Human Services, Office of Human Development Services, President's Committee on Mental Retardation.

Carr, E. G. (1988). Functional equivalence as a mechanism of response generalization. In R. H. Horner, G. Dunlap & R. L. Koegel (Hrsg.) (1988). *Generalization and maintenance* (pp. 221–241). Baltimore, MD: Paul Brooks.

Caar, E. G. & Durand, V. M. (1985). Reducing behavior problems through functional communication training. *Journal of Applied Behavior Analysis, 18,* 111–126.

Dilling, H., Mombour, W. & Schmidt, M. H. (Hrsg.) (1991). *Internationale Klassifikation psychischer Störungen: ICD-10, Kapitel V (F), Klinisch-diagnostische Leitlinien. WHO.* Bern: Huber.

Favell, J. E. & Reid, D. H. (1988). Generalizing and maintaining improvement in problem behavior. In R. H. Horner, G. Dunlap & R. L. Koegel (Hrsg.) (1988). *Generalization and maintenance* (pp. 171–196). Baltimore, MD: Paul Brooks.

Gable, R. A. & Warren, S. F. (1993). *Strategies for teaching students with mild to severe mental retardation.* Baltimore, MD: Brooks.

Greenspan, S. & Granfield, J. M. (1992). Reconsidering the construct of mental retardation: implications of a model of social competence. *American Journal on Mental Retardation, 96,* 442–453.

Horner, R. H., Dunlap, G. & Koegel, R. L. (1988). *Generalization and maintenance.* Baltimore, MD: Paul Brooks.

Jacobson, J. W. & Mulick, J. A. (1996). *Manual of diagnosis and professional practice in mental retardation.* Washington, DC.: American Psychological Association.

Jacobson, J. W. & Mulick, J. A. (Hrsg.) (1996). *Manual of diagnosis and professional practice in mental retardation.* Washington, DC: American Association on Mental Retardation.

Kaufman, A. S. & Kaufman, N. L. (1983). *Kaufman Assessment Battery for Children.* Circle Pines, MN: American Guidance Service.

Kazdin, A. E. (1982). *Single-case research design.* New York: Oxford.

Kennedy, C. H. (1994). Manipulating antecedent conditions to alter the stimulus control of problem behavior. *Journal of Applied Behavior Analysis, 27,* 161–170.

King, B. H. (1993). Self-injury by people with mental retardation: a compulsive behavior hypothesis. *American Journal on Mental Retardation, 98,* 93–112.

Kubinger, K. & Wurst, E. (1988). *Adaptives Intelligenz Diagnostikum.* Weinheim: Beltz.

Lambert, N., Nihira, K. & Leland, H. (1993). *AAMR Adaptive Behavior Scale – School* (2. Aufl.). Austin, TX: Pro-Ed.

Lovaas, O. I. & Simmons, J. Q. (1969). Manipulation of self-destruction in three retarded children. *Journal of Applied Behavior Analysis, 2,* 143–157.

Luckasson, R., Coulter, D. L., Ploway, E. A., Reiss, S., Schalock, R. S., Snell, M. E., Spitalnik, D. M. & Stark, J. A. (1992). *Mental retardation: Definition, classification, and systems of support* (9th ed.). Washington, DC: American Association on Metnal Retardation.

Marshburn, E. C. & Aman, M. G. (1992). Factor validity and norms for the Aberrant Behavior Checklist in a community sample for children with mental retardation. *Journal of Autism and Developmental Disorders, 22,* 357–373.

Matson, J. L. (1988). *Psychopathology Instrument in Mentally Retarded Adults: A test manual.* Overland Park, IL: International Diagnostic Systems Inc.

Matson, J. L. & DiLorenzo, T. M. (1984). *Punishment and its alternatives.* New York: Springer.

Matson, J. L., Gardner, W. I., Coe, D. A. & Senatore, V. (1990). *Diagnostic Assessment for the Severe Handicapped (DASH) Scale* (user manual). Unpublished manuscript, Louisian State University.

Moss, S., Goldberg, D., Patel, P., Prosser, H., Ibbotson, B., Simpson, N. & Rowe, S. (1995). *The Psychiatric Assessment Schedule for Adults with a Developmental Disability (PAS-ADD).* Unveröffentlichtes Manuskript, Hester Adrian Research Centre and Institute of Psychiatry, University of Manchester, Manchester.

Moss, S., Prosser, H., Costello, H., Simpson, N. & Patel, P. (1996). *The PAS-ADD checklist.* Unveröffentlichtes Manuskript, Hester Adrian Research Centre and Institute of Psychiatry, University of Manchester, Manchester.

Nihira, K., Leland, H. & Lambert, N. (1993). *AAMR Adaptive Behavior Scale – Residential and Community,* 2. Auflage. Austin: TX: Pro-Ed.

Odom, S. L., McConnell, S. R. & McEvoy, M. A. (1992). *Social competence of young children with disabilities.* Baltimore, MD: Brooks.

O'Neill, R. E., Horner, R. H., Albin, R. W., Storey, K. & Sprague, J. R. (1990). *Functional analysis of problem behavior.* Sycamore, IL: Sycamore.

Prosser, H., Moss, S., Costello, H., Simpson, N. & Patel, P. (1996). *The MINI PAS-ADD: A preliminary assessment schedule for the detection of mental health needs in adults with learning disabilities (mental retardation).* Unveröffentlichtes Manuskript, Hester Adrian Research Centre and Institute of Psychiatry, University of Manchester, Manchester.

Reiss, S. (1987). *Reiss Screen Test Manual.* Worthington, OH: International Diagnostic Systems Inc.

Reiss, S. & Aman, M. G. (Hrsg.) (1998). *Psychotropic medications in developmental disabilities: The international consensus handbook.* Washington, DC: American Association on Mental Retardation.

Reiss, S. & Rojahn, J. (1993). Joint occurrence of depression and aggression in children and adults with mental retardation. *Journal of Intellectual Disability Research, 37,* 287–294.

Repp, A. C., Felce, D. & Barton, L. E. (1988). Basing the treatment of stereotypic and self-abusive behaviors on hypotheses of their causes. *Journal of Applied Behavior Analysis, 21,* 281–290.

Repp, A. C. & Singh, N. N. (1990). *Perspectives on the use of nonaversive and aversive interventions for persons with developmental disabilities.* Sycamore, IL: Sycamore.

Rojahn, J. (1992). *Behavior Problem Inventory: A prospectus.* Unveröffentlichtes Manuskript, Nisonger Centre – UAP, The Ohio State University, Columbus, OH.

Rojahn, J. (1994). Epidemiology and topographic taxonomy of self-injurious behavior. In T. Thompson & D. Gray (Hrsg.), *Destructive behavior in developmental disabilities* (pp. 49–67). Thousand Oaks, CA: Sage.

Rojahn, J., Borthwick-Duffy, S. A. & Jacobson, J. W. (1993). The association between psychiatric diagnoses and severe behavior problems in mental retardation. *Annals of Clinical Psychiatry, 5,* 163–170.

Sandman, C. A., Thompson, T., Barrett, R. P., Verhoeven, W. M. A., McCubbin, J. A., Schroeder, S. R. & Hetrick, W. P. (1998). Opiate blockers. In S. Reiss & M. G. Aman (Hrsg.), *Psychotropic medications in developmental disabilities: The international consensus handbook* (pp. 291–302). Washington, DC: American Association on Mental Retardation.

Sowers, J. A. & Powers, L. (1991). *Vocational preparation and employment of students with physical and multiple disabilities.* Baltimore, MD: Brooks.

Sparrow, S. S., Balla, D. A. & Ciccetti, D. V. (1984). *Vineland Adaptive Behavior Scales.* Circle Pines, MN: American Guidance Service.

Thorndike, R. L., Hagen, E. & Sattler, J. (1985). *Stanford-Binet Intelligence Scale.* Chicago: Riverside.

Ulrich, R. E. & Azrin, N. H. (1962). Reflexive fighting in response to aversive stimulation. *Journal of Experimental Analysis of Behavior, 5,* 511–520.

Weber, G. (1994). »*Das Problem-Verhalten-Inventar«: deutschsprachige Fassung von Rojahn, J. (1992). Behavior Problem Inventory: A prospectus.* Unveröffentlichtes Manuskript, Institut für Psychologie der Universität Wien, Abteilung für Angewandte und Klinische Psychologie, Wien.

Weber, G. (1997). *Intellektuelle Behinderung. Grundlagen, klinisch-psychologische Diagnostik und Therapie im Erwachsenenalter.* Wien: WUV-Universitätsverlag.

Wechsler, D. (1967). *Wechsler Preschool and Primary Scale of Intelligence.* San Antonio, TX: Psychological Corporation.

Wechsler, D. (1981). *Wechsler Adult Intelligence Scale – Revised.* San Antonio, TX: Psychological Corporation.

Wechsler, D. (1991). *Wechsler Intelligence Scale for Children – III.* San Antonio, TX: Psychological Corporation.

Weiterführende Literatur

Jacobson, J. W. & Mulick, J. A. (Hrsg.) (1996). *Manual of diagnosis and professional practice in mental retardation.* Washington, DC: American Association on Mental Retardation.

Luiselli, J. K., Matson, J. L. & Singh, N. N. (Hrsg.) (1992). *Self-injurious behavior: analysis, assessment, and treatment.* New York: Springer.

Matson, J. L. (Hrsg.) (1990). *Handbook of behavior modification with the mentally retarded*, 2. Auflage. New York: Plenum.

Thompson, T. & Gray, D. B. (1994). *Destructive behavior in developmental disabilities.* Thousand Oaks, CA: Sage Publications.

KAPITEL 28

Altersprobleme

FRANZISKA KARLBAUER-HELGENBERGER, JÜRGEN ZULLEY und PETER BUTTNER

28.1
Einleitung

Alter ist keine Krankheit, sondern ein Lebensabschnitt, der durch Besonderheiten der Morbidität – auch im psychischen Bereich – gekennzeichnet ist. Dieses Kapitel beschreibt verschiedene psychische Erkrankungen und deren verhaltenstherapeutische Behandlung unter Berücksichtigung altersspezifischer Merkmale. Aufgrund ihrer Verbreitung wurden die Themen *Depression, Angst, Schlafstörungen und kognitive Störungen im Alter* herausgegriffen.

Auch für Psychotherapeuten wird die Veränderung der Altersstruktur der Bevölkerung zunehmend spürbar. Die in den nächsten 50 Jahren zu erwartende Entwicklung der Altersverteilung von einem »Tannenbaum« (mit einer breiten Basis im frühen Erwachsenenalter und einer mit zunehmendem Alter abnehmenden Verteilung) zu einem »Fliegenpilz« (mit ausladendem Dach in der 7. und 8. Lebensdekade) hat Auswirkungen auf das Gesundheitssystem. Der Anteil der über 65jährigen betrug 1993 in Deutschland bereits 18% (Roth, 1993). Aber es gibt nicht nur mehr ältere und v.a. hochbetagte Menschen; zukünftige Generationen werden auch besser informiert und stärker psychologisch orientiert sein und damit vermehrt psychotherapeutische Leistungen beanspruchen. Darüber hinaus wächst der Bedarf an therapeutischen Maßnahmen bei der Betreuung älterer Menschen mit schweren körperlichen Krankheiten, bei der Beratung von Angehörigen dementer Patienten und bei der Supervision institutioneller Einrichtungen.

Der Wunsch älterer Menschen nach einer Psychotherapie wird sowohl von niedergelassenen Therapeuten als auch von stationären Einrichtungen weiterhin oftmals abgelehnt. Die meisten

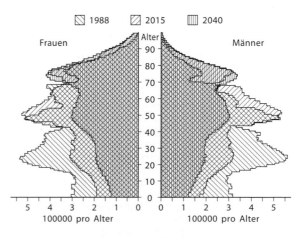

Abb. 28.1. Bevölkerungspyramiden für die Jahre 1988, 2015 und 2040. (Aus Häfner, 1993, S. 45)

Psychotherapeuten, Verhaltenstherapeuten eingeschlossen, haben wenig Berufserfahrung mit über 60jährigen Patienten. Vermutlich ist somit nicht nur der vielzitierte »ageism« im Spiel, eine von negativen Altersstereotypien geprägte Einstellung, sondern auch mangelndes Wissen und die fragmentarische oder fehlende Ausbildung in der Psychotherapie älterer Menschen.

Die Grenzlinie zwischen mittlerem und höherem Erwachsenenalter orientiert sich in der Literatur überwiegend am Eintritt in den Ruhestand und wird relativ willkürlich beim 60. oder häufiger beim 65. Lebensjahr gezogen. In diesem Sinne wird der nicht klar definierte Begriff »Alter« auch hier verwendet.

28.2
Altersassoziierte kognitive Veränderungen

Kognitive Abbauprozesse galten lange als wesentliche Begrenzung der Psychotherapie im Alter. Diese Sichtweise ist heute nicht mehr haltbar. Oft wurden Erkrankungen, z.B. die Entwicklung einer Demenz, bei älteren Menschen fälschlicherweise mit höherem Lebensalter gleichgesetzt. Die Veränderungen im Rahmen des »normalen«, nicht pathologischen Alterns sollen daher im folgenden zusammengefaßt werden (detaillierter bei La Rue, 1992 und Craik et al., 1995).

Stabilität
Viele kognitive Funktionen bleiben bei der Mehrheit älterer Menschen stabil. Dazu gehören

- einfache Aufmerksamkeitsprozesse,
- alltägliche sprachliche Kommunikation,
- sensorisches, primäres und tertiäres Gedächtnis[1] und
- die Kapazität von Kurzzeitspeichern.

---

[1] Nach dem »Mehrspeichermodell« lassen sich aufeinanderfolgende Lernstadien unterscheiden. Unter »sensorischem Gedächtnis« (Ultrakurzzeitgedächtnis) versteht man die modalitätsspezifische Speicherung von Reizen für die Dauer von wenigen 100 ms (ikonischer und echoischer Speicher). Die Informationen werden durch neue überschrieben, wenn sie nicht ins Primärgedächtnis übernommen werden. »Primäres Gedächtnis« bezeichnet einen kapazitätsbegrenzten Speicher, in dem Informationen über einige Sekunden gehalten werden, »sekundäres Gedächtnis« bezeichnet mittelfristige Gedächtnisinhalte und »tertiäres Gedächtnis« die Speicherung von Monate bis Jahre zurückliegenden Inhalten.

Somit sind die Grundvoraussetzungen für das Lernen neuer Informationen bei alternden Menschen gegeben; die Speicherung von einmal erworbenen Informationen wird durch den Alterungsprozeß wenig beeinflußt. Erfahrungs- und wissensgebundene kognitive Leistungen (kristalline oder kristallisierte Intelligenz) sowie Problemlösen im Alltag können mit zunehmendem Alter auch einen Zuwachs zeigen.

Veränderung
Eine altersbezogene Reduktion findet sich dagegen beim *Erwerb und beim Abruf von Gedächtnisinhalten*. So zeigt sich bei Anforderungen an das *Arbeitsgedächtnis* eine deutliche, mit dem Alter korrelierte Abnahme. Der Begriff »Arbeitsgedächtnis« bezeichnet die gleichzeitige Speicherung *und* Verarbeitung von Informationen. Ältere Menschen, v.a. die Gruppe der »old old«, sind außerdem bei der Verankerung von Gedächtnisinhalten (»Enkodierung«) stärker von vorgegebenen Enkodierungshilfen abhängig. Durch solche Hilfen, z.B. die Einbettung in einen Kontext, können Ältere jedoch fast das Leistungsniveau Jüngerer erreichen (Craik et al., 1995).

Während Wiedererkennungsleistungen kaum altersabhängig sind, fällt älteren Menschen der Abruf gespeicherter Informationen schwerer, z.B. der Abruf von bekannten Namen. Einige Ergebnisse sprechen außerdem für eine leichte altersbezogene Reduktion der Erinnerung daran, wo und wie eine Information gelernt wurde (»source memory«). Beispielsweise erzählen ältere Menschen häufig wiederholt die gleiche Anekdote, da sie sich nicht erinnern, diese erst vor kurzem zum besten gegeben zu haben. Eine Reduktion mit zunehmendem Alter findet sich außerdem

- bei komplexen Aufmerksamkeitsprozessen wie der geteilten Aufmerksamkeit,
- bei einzelnen Aspekten des abstrakten Denkens und Problemlösens und
- beim Lernen räumlicher Informationen.

Auch im letzteren Fall profitieren Ältere jedoch von Abrufhilfen. Ab dem 4. oder 5. Lebensjahrzehnt fallen die Leistungskurven bei Aufgaben ab, die eine Lösung neuartiger Probleme erfordern (die sog. fluiden Intelligenzleistungen).

Vor allem ist eine *Verlangsamung der Informationsgeschwindigkeit* mit zunehmendem Alter empirisch breit abgesichert. Kontrolliert man den Einfluß der Geschwindigkeitskomponente, so reduziert sich die Korrelation von Alter und Gedächtnisleistung erheblich (Salthouse, 1985).

> Insgesamt sind eine komplexe und v. a. eine schnelle Informationsverarbeitung, die Umstellungsfähigkeit und der Erwerb und freie Abruf von Gedächtnisinhalten im hohen Alter erschwert.

Diese Veränderungen finden jedoch so langsam statt, daß kompensatorische Mechanismen entwickelt werden können. Nach einer Reihe sorgfältiger Längsschnittstudien zu schließen, erreichen diese »normalen« Veränderungen gewöhnlich erst in sehr hohem Alter, in den späten 80ern oder in der 9. Dekade ein Ausmaß, das signifikant die Lebensbewältigung einschränkt (La Rue, 1992 (Kap. 3; Kruse, 1989).

Altersheterogenität

Eines der wichtigsten Ergebnisse der letzten Jahre war der Nachweis einer ausgeprägten interindividuellen und auch intraindividuellen Variabilität des kognitiven Altersverlaufs. Mit zunehmendem Alter öffnet sich eine Varianzschere: Ein Jahrgang 70jähriger Personen ist in kognitiven Leistungsparametern weit inhomogener als ein Jahrgang 20jähriger. Das chronologische Alter klärt oft einen geringeren Teil der Varianz auf als andere Einflußfaktoren wie

- Bildungsstand,
- das Spektrum kognitiver Aktivität im Berufsleben,
- der bisherige Lebensstil,
- stimulierende Umgebung,
- Sozialkontakte und
- der Gesundheitsstatus (Kruse, 1989).

Bereits subklinische medizinische Auffälligkeiten können sich unter hohen geistigen Anforderungen bei älteren Menschen negativ auf die Kognition auswirken. Ebenso wie bei jüngeren Menschen weisen kognitive Leistungen im Alter jedoch einen Entwicklungsspielraum auf, die sog. »Plastizität«. Altersunterschiede zwischen jüngeren und älteren Kohorten sind oft durch einfaches Üben der Testaufgaben auszugleichen. Mit zunehmender Trainingsdauer und Aufgabenkomplexität wurden die Altersunterschiede in den Gruppenmittelwerten in einer Reihe von Studien aber wieder deutlicher. Sie konnten nur z.T. durch besondere Erfahrung der älteren Teilnehmer in den untersuchten Leistungsbereichen kompensiert werden (Baltes & Lindenberger, 1988; Lindenberger et al., 1992).

> Der Einfluß des chronologischen Lebensalters auf die Lebensbewältigung im Alter wurde lange überschätzt. Interindividuelle Unterschiede übersteigen oft Altersunterschiede.

28.3
Psychische Erkrankungen im Alter

> Etwa 1/4 der über 65jährigen Bevölkerung leidet an klinisch relevanten psychischen Störungen.

Das zeigte eine Reihe breitangelegter epidemiologischer Studien (Häfner, 1993). Zwei oberbayerische Feldstudien (Weyerer & Dilling, 1984; Dilling et al., 1989) fanden bei der über 64jährigen Bevölkerung keine höhere *Gesamtprävalenz* psychischer Störungen als bei den 45- bis 64jährigen. Im sehr hohen Alter steigt dagegen die Häufigkeit psychoorganischer Syndrome steil an, so daß auch die Gesamtprävalenz psychischer Störungen zunimmt. Die Inzidenzrate für neurotische/reaktive/psychosomatische Erkrankungen und Persönlichkeitsstörungen wird in der Altersgruppe der über 65jährigen in den neueren Feldstudien auf 10,2–10,8% geschätzt (Radebold, 1989).

Dementielle Erkrankungen führen die Häufigkeitsrangreihe psychischer Störungen im Alter an. An 2. Stelle werden meist depressive Erkrankungen genannt. Nach den Ergebnissen der Feldstudie von Myers et al. (1984) dagegen leiden Männer über 64 Jahre in absteigender Häufigkeit unter kognitiver Beeinträchtigung, Phobie, Alkoholabusus bzw. -abhängigkeit und dysthymer Störung. Bei Frauen jenseits des 65. Lebensjahres ermittelten die Autoren Phobien als die häufigste Störung und danach mit absteigender Prävalenz schwere kognitive Beeinträchtigung, Dysthymie und Major depression.

Schlafstörungen wurden in den Untersuchungen dieser Art selten als eigene Diagnose erfaßt. Häufig werden sie weiterhin unter die Kategorie der Bagatellerkrankungen eingeordnet, ein Fehlurteil, dessen Bedeutung jetzt erkannt wird. Nach heutigem Wissen treten Schlafstörungen bei 58% der in Allgemeinarztpraxen behandelten Patienten über 65 Jahre auf. 59% der untersuchten Schlafgestörten über 65 Jahre gaben zudem an, regelmäßig rezeptpflichtige Schlafmittel einzunehmen (Käppler et al., 1994).

Abhängigkeit und Mißbrauch sind trotz ihrer hohen Prävalenz im Alter empirisch noch sehr wenig untersucht. Der Mißbrauch psychotroper Substanzen steht auch in Zusammenhang mit den oben genannten Schlafstörungen: Neben Alkohol werden von älteren Menschen häufig sedierende und hypnotische Medikamente mißbräuchlich eingenommen. Ebenso liegen Hinweise auf einen im Alter häufigen Mißbrauch von Analgetika und entzündungshemmenden Mitteln vor (Seymour & Wattis, 1992; Higgitt, 1992). Abhängigkeitsprobleme scheinen in einem hohen Prozentsatz sekundär zu anderen psychischen Erkrankungen aufzutreten. Auf diese und andere psychische Störungen im Alter, z.B. im Bereich der Sexualität, kann hier nicht eingegangen werden.

> Demenz, Phobie, Depression und Alkoholmißbrauch/-abhängigkeit gelten als häufigste psychische Störungen bei über 65jährigen.

Immer wieder wurde die Frage nach altersspezifischen Besonderheiten psychischer Erkrankungen im höheren Alter gestellt. Ein »globaler Altersfaktor« (Häfner, 1991) ließ sich dabei nicht finden, Hinweise liegen nur zu Einzelerkrankungen vor. Beispielsweise fand sich nach Häfner (1993) bei seit langem bestehenden funktionellen Psychosen eine Abnahme der »expansiven Komponenten« des Krankheitsgeschehens. Außerdem wurden Alltagsaufgaben besser bewältigt, und die soziale Anpassung nahm zu.

Tabelle 28.1. Ausgewählte chronische Erkrankungen nach Altersgruppen (1989; pro 1000 Einwohner). (Übersetzt aus Caine et al., 1993, S. 7)

Krankheiten	Anzahl der erkrankten Personen pro 1000 Einwohner			
	Altersgruppen (Jahre)			
	18–44	45–64	65–74	≥75
Sehbehinderung	27.2	45.1	69.3	101.7
Katarakt	3.5	16.1	107.4	234.3
Schwerhörigkeit	47.8	127.7	239.4	360.3
Diabetes mellitus	10.7	58.2	89.7	85.7
Kardiale Ischämien	4.1	54.5	112.7	173.0
Herzrhythmusstörungen	25.3	40.1	63.8	89.1
Bluthochdruck	56.0	229.1	383.8	375.6
Zerebrovaskuläre Erkrankungen	1.9	15.3	43.1	78.8

Datenquelle: National Center for Health Statistics, Vital and Health Statistics, National Health Interview Survey, 1989, Series 10, Nr. 176.

Einen wesentlichen Einfluß auf psychische wie physische Erkrankungen bei älteren Menschen hat jedoch der biologische Alterungsprozeß. Mit dem Alter steigt die Anzahl der gleichzeitig bei einer Person bestehenden Erkrankungen (*Multimorbidität*). Einer der zahlreichen Belege hierfür ist die Bevölkerungsstudie von Welz et al. (1989). Über 20% der untersuchten über 65jährigen litten an mehr als 6 Erkrankungen gleichzeitig. Krankheiten verlaufen im Alter oft chronisch und führen zu bleibender Behinderung. Die Zunahme chronischer Erkrankungen mit dem Alter zeigt Tabelle 28.1.

28.4
Depression im Alter

28.4.1
Beschreibung des Störungsbildes

Epidemiologie
Die Behandlung depressiver Störungen steht in Veröffentlichungen zum Thema »Psychotherapie im Alter« eindeutig im Vordergrund.

> Etwa bei 2/3 bis 3/4 aller funktionellen psychischen Störungen im höheren Lebensalter lassen sich depressive Symptome beobachten, oft in Kombination mit anderen psychischen Störungen. Die Prävalenzraten sind dabei vom Schweregrad der erhobenen Depressivität abhängig. Schließt man auch leichte depressive Syndrome ohne Krankheitswert ein, finden sich Häufigkeiten von 20% und darüber (Häfner, 1993).

Die meisten Studien stimmen darin überein, daß 3–4% der in *Privathaushalten* lebenden Personen im Alter von 65 Jahren und darüber unter einer schweren depressiven Störung leiden. Eingeschlossen sind dabei auch Depressionen mit psychotischen Merkmalen und stationäre Aufnahmen. Zirka 13% leiden unter einer leichteren Form der Depression (Woods, 1992). Bei Bewohnern von *Alten- und Pflegeheimen* finden sich in den europäischen Ländern jedoch meist 3- bis 4mal so hohe Raten: Bei 6–12% der Bewohner besteht eine ausgeprägte Depression (Murphy, 1989) und bei mindestens $\frac{1}{3}$ eine klinisch relevante depressive Symptomatik (Weyerer et al., 1989). Ebenso wie bei jüngeren Menschen sind vorrangig Frauen betroffen. Im hohen Alter kehrt sich das *Geschlechterverhältnis* jedoch um, so daß bei den über 75jährigen Depressiven der Prozentsatz der Männer höher ist.

Suizidalität

Die Rate erfolgreicher Suizide ist bei älteren Menschen, v.a. bei Männern, höher als in allen anderen Altersklassen (Blazer, 1982). Daten des Statistischen Bundesamtes für die ehemalige Bundesrepublik zeigen, daß versuchter Suizid dagegen mit zunehmendem Alter seltener wird. Suizidversuche treten bei Frauen wesentlich häufiger auf als bei Männern – relativ unabhängig vom Lebensalter.

> Nach heutigem Wissen liegt bei 80–100% der Suizide eine akute psychische Störung vor, so daß psychisch kranke ältere Männer mit einem besonders hohen Suizidrisiko belastet sind (Häfner, 1991).

Altersspezifische Symptomatik

Verbreitete Mythen zu Charakteristika der Altersdepression beinhalten u.a. eine stärkere Verbreitung hypochondrischer Symptome und begleitender Persönlichkeitsauffälligkeiten sowie eine schlechtere Prognose. Empirisch belegbar ist statt dessen lediglich, daß bei einem höheren Prozentsatz der älteren depressiven Patienten *somatische Beschwerden* auftreten. Dies gilt zumindest für die bisherigen Kohorten älterer Menschen. Eine Aussage zu spezifischen Merkmalen ist allerdings durch die bei Älteren häufig gleichzeitig bestehenden Erkrankungen eingeschränkt. Bei körperlich Kranken mit fraglicher Depression fällt die Bewertung von Symptomen wie Gewichtsverlust, Erschöpfung, Schmerzen, Schlaflosigkeit etc. oft schwer. Außerdem gibt es einige Hinweise auf eine im Vergleich zu Jüngeren heterogenere Symptomausprägung der Depression im Alter. Die meisten Autoren fanden jedoch insgesamt ähnliche klinische Symptome bei jüngeren und älteren Erwachsenen. In einigen Studien zeigten sich altersbezogene Unterschiede (Querschnittanalysen), die aber bislang nicht konsistent repliziert werden konnten (vgl. Kaszniak & Allender, 1985; Caine et al., 1993). Diese vorläufigen Ergebnisse zu Charakteristika von Altersdepressionen sind in Tabelle 28.2 aufgeführt.

Vermutet wurde auch, daß sich Fälle von depressiven Neuerkrankungen im fortgeschrittenen Alter von phasenhaft auftretenden oder chronisch bereits seit jüngeren Jahren bestehenden Störun-

Tabelle 28.2. Besonderheiten depressiver Syndrome im höheren im Vergleich zum jüngeren Alter – Vorläufige Ergebnisse

Häufiger bei älteren Depressiven:	Seltener bei älteren Depressiven:
• Somatische Klagen • Gewichtsverlust • Psychomotorische Retardierung oder Agitation • Suizidales Verhalten • Ausgeprägte Grübelneigung und Melancholie	• Spontan und auf Nachfrage geäußerte depressive Verstimmung • Ansprechen der Depression auf das Kliniksetting, noch vor Verabrichung antidepressiver Medikation

gen unterscheiden. Die Ergebnisse deuten v.a. auf eine Verschiebung der Krankheitsursachen hin: Während bei erstmaligem Auftreten im Alter häufiger Umweltfaktoren eine Rolle spielen (z.B. chronische körperliche Erkrankung, ungünstige Lebensumstände), wurden erneute Erkrankungsphasen altgewordener Depressiver häufiger auf Erbfaktoren zurückgeführt (Roth, 1993).

Keine Altersassoziation war für psychotische Symptome, den melancholischen Subtyp der Depression oder hypochondrische Symptomatik nachweisbar. Ältere depressive Patienten klagen nicht nur oft über Krankheiten, sondern leiden auch häufig unter ihnen. Zur Beurteilung anderer hypostasierter Charakteristika wie Persönlichkeitsstörungen als Begleit- oder Folgeerscheinung von Altersdepressionen fehlt eine ausreichende Datenbasis.

■ **Alt ist gleich depressiv?** Die Mehrheit epidemiologischer Studien zur Altersverteilung von Depression findet kein Ansteigen der Häufigkeit schwerer Depressionen mit zunehmendem Lebensalter, sondern eher ein Abfallen. Zwar wurden in einigen Untersuchungen höhere Depressionsraten mit steigendem Alter ermittelt, die jedoch durch im Alter gehäuft auftretende Variablen erklärt werden konnten wie körperliche Erkrankung und kognitive Beeinträchtigung (Blazer et al., 1991). Altern scheint also kein eigenständiger ätiologischer Faktor für depressive Erkrankungen zu sein.

28.4.2
Störungskonzept

Im wesentlichen entsprechen die Auslösefaktoren für schwere depressive Erkrankungen denjenigen im mittleren Erwachsenenalter. Einige Auslöser spielen jedoch im Alter eine größere Rolle.

Risikofaktoren für das Auftreten einer Depression

■ **Körperliche Krankheit und funktionelle Einschränkungen.** Eine lange Reihe von Untersuchungen belegt die enge Assoziation zwischen Depression und körperlicher Erkrankung. Im Vergleich zu Kontrollpersonen treten jedoch bei den Patienten v.a. chronische (nicht akute) körperliche Erkrankungen gehäuft auf. Der Zusammenhang läßt sich auch prospektiv belegen. Murrell et al. (1991) stellten eine signifikante Beziehung zwischen der Verschlechterung der körperlichen Gesundheit und dem Auftreten depressiver Syndrome fest; in der Untersuchung von Oxman et al. (1992) zeigte sich eine hohe Korrelation zwischen einer Verschlechterung des Funktionsniveaus und einer Erhöhung der Depressionswerte. Umgekehrt können unbehandelte Depressionen zu einem Anstieg der körperlichen Morbidität und einer Reduktion der Alltagsbewältigung führen (Gurland et al., 1988).

■ **Tod des Ehepartners.** Nach dem Verlust des Partners wurde das Auftreten einer reaktiven Depression in bis über 50% der Fälle beobachtet; die Wahrscheinlichkeit für das Auftreten von körperlichen Erkrankungen, Suizid und sonstiger Mortalität steigt signifikant (Häfner, 1993). Nach einer prospektiven Untersuchung von Zisook & Shuchter (1993) ist die Wahrscheinlichkeit, daß eine Major depression 1 Jahr nach dem Todesfall noch immer besteht, durch bestimmte Faktoren erhöht wie z.B.

- frühe depressive Symptome nach der Verwitwung,
- Intensität dieser frühen Symptome,
- Familienanamnese einer depressiven Erkrankung,
- Alkoholkonsum,
- körperliche Gesundheit und
- plötzliches Eintreten des Todesfalls.

■ **Psychosoziale Faktoren.** Depressionen im höheren Lebensalter scheinen sich in der Art der psychosozialen Einflußfaktoren nicht von Depressionen in jüngeren Jahren zu unterscheiden (z.B. Lewinsohn et al., 1991), wenngleich einige psychosoziale Variablen im Alter vermehrt auftreten.

Die Ergebnisse zur Bedeutung des sozialen Netzes für die Entstehung von Altersdepressionen sind widersprüchlich. Die Qualität der Beziehungen scheint wichtiger zu sein als die Frage, ob eine Person alleine lebt oder als die Anzahl der Kontaktpersonen. In einer Feldstudie von Fichter (1990) fand sich, daß diejenigen älteren Menschen eher psychisch erkrankten, die eingeschränkte soziale Kontakte außerhalb oder auch innerhalb der Familie hatten. Bei negativen Lebensereignissen, z.B. Tod von Angehörigen, wurde auch ein protektiver Effekt einer vertrauensvollen Beziehung gegen das Auftreten einer Depression im Alter beobachtet (Murphy, 1982; Evans & Katona, 1993). Der *Verlauf der Depression* war jedoch stärker von psychiatrischen Merkmalen abhängig, z.B. von einer früheren depressiven Episode und weniger von Merkmalen der vergangenen Ehe oder von der aktuellen sozialen Unterstützung. Als eigenständiger Auslösefaktor einer Depression ließ sich jedoch »soziale Isolation im Alter« nicht bestätigen.

■ **Zerebrale Veränderungen.** In den letzten Jahren zeigten sich bei neuropsychologischen Untersuchungen und in bildgebenden Verfahren Anzeichen für zerebrale Veränderungen, die nicht allein durch das Alter der depressiven Probanden erklärbar waren (Baldwin et al., 1993) und teilweise auch nach Abklingen der affektiven Symptomatik fortbestanden (z.B. Abas et al., 1990). Ungeklärt sind die ursächlichen Beziehungen zwischen Depression und zerebraler Pathologie. In letzter Zeit wurde die Existenz einer kleinen Untergruppe depressiver älterer Menschen vermutet, die ein erhöhtes Risiko für eine Demenzentwicklung aufweisen (Kalayam & Shamoian, 1993). Zu den Faktoren, die in einigen Untersuchungen mit einer späteren Demenz assoziiert waren, gehören

- ein vorübergehendes Demenzsyndrom während einer depressiven Episode,
- das erstmalige Auftreten der depressiven Erkrankung im Alter und
- Auffälligkeiten in bildgebenden Verfahren, z.B. kortikale Atrophie und fortschreitende Ventrikelerweiterung (Alexopoulos et al., 1993).

■ **Sonstige Faktoren.** Neuere Studien im angloamerikanischen Sprachraum stellten fest, daß ältere Menschen mit niedrigem Einkommen und Bildungsstand (weniger als 12 Schul- bzw. Ausbildungsjahre) häufiger Depressionen entwickeln als besser verdienende und besser ausgebildete Ältere. Dies trifft besonders bei Frauen zu (Katona, 1993). Unklar ist jedoch, inwiefern diese Ergebnisse auf die ökonomischen Verhältnisse in Deutschland übertragen werden können.

28.4.3
Therapeutisches Vorgehen

Unter »Verhaltenstherapie der Depression« wird heute eine Mischung kognitiver und behavioraler Ansätze verstanden, die daher hier nicht gesondert erörtert werden. Den beiden Ansätzen ist gemeinsam, daß

- spezifische Fertigkeiten zur Bewältigung belastender Situationen vermittelt werden sollen,
- im Verlauf jeweils konkrete Therapieziele gesetzt werden und
- der Patient zur Selbstbeobachtung seiner Stimmungsveränderungen angehalten wird.

Die kognitiv-behaviorale Therapie der Depression ist durch 4 Behandlungselemente charakterisiert:

- aktivitätsaufbauende Verfahren,
- Modifikation depressiogener Kognitionen,
- Aufbau zwischenmenschlicher Kompetenzen und
- Interventionen zur Stabilisierung des Therapieerfolgs (vgl. das Therapiemanual von Hautzinger et al., 1989).

Anfangs kopierten die Therapieversuche bei älteren Patienten die für Jüngere entwickelte Vorgehensweise. Allerdings stießen die Therapeuten auf Hindernisse, wie dies Gallagher & Thompson beschrieben haben (1981, S. 6): »A straightforward application of behavioral principles often fails to allow for the varied and complex special needs of older depressed persons.«

Verhaltenstherapeutische Depressionsbehandlung im Alter

Die ersten Ansätze sollen kurz dargestellt werden. Die von Lewinsohn propagierte behaviorale Therapie älterer Depressiver (Lewinsohn & Macphillamy, 1974) zielte auf die Erhöhung der Häufigkeit positiver Erfahrungen und die Verringerung negativer Ereignisse. Durch die Wiederaufnahme oder die Neuentwicklung von Aktivitäten sollten die Verlusterfahrungen älterer Menschen kompensiert werden. Den theoretischen Hintergrund bildete die soziale Lerntheorie sowie die Theorie des Verstärkerverlustes als depressiogener Faktor. Gallagher & Thompson (1981) fügten weitere behaviorale Elemente hinzu. Die Therapie beinhaltete

- die Verwendung von Informationsblättern zur Erklärung der Therapiegrundlagen,
- die Analyse der Beziehung zwischen Stimmung und angenehmen bzw. unangenehmen Aktivitäten,
- Entspannungstherapie und

- das Training sozialer Fertigkeiten (genauer s. unten).

Emery (1981) adaptierte die kognitive Therapie nach Beck (Beck et al., 1979) für ältere Menschen. Die Bedeutung der »kognitiven Triade« wurde erklärt, die Patienten protokollierten täglich ihre negativen Gedanken, und diese dysfunktionalen Gedanken wurden analysiert und ersetzt.

Verhaltenstherapie der Depression im Alter

Veröffentlichte Behandlungsmanuale (englischsprachig):

- Gallagher und Thompson (1981),
- Rupp (1984),
- Emery (1981),
- Yost et al. (1986).

Seit diesen ersten Anfängen ist wenig Neues an theoretischen Überlegungen oder therapeutischen Techniken hinzugekommen. Einige einzel- und gruppentherapeutische Therapiekonzepte werden nachfolgend exemplarisch vorgestellt.

■ **Gruppentherapie.** Die Vorteile einer Gruppentherapie bei älteren depressiven Menschen sind mehrfach beschrieben worden. Woods (1993) beispielsweise betont die Bedeutung der Unterstützung durch Altersgenossen mit ähnlichen Erfahrungen und die geringere Gefahr einer Abhängigkeit vom Therapeuten.

Tonscheidt (1992) stellte ein stationäres Psychotherapiekonzept für ältere Depressive vor. Die Therapie vereinzelter älterer Patienten auf Stationen mit deutlich niedrigerem Altersdurchschnitt hatte sich als unbefriedigend erwiesen. Daher wurde eine Station mit verhaltensgerontologischem Schwerpunkt eingerichtet (durchschnittliche Aufenthaltsdauer 8 Wochen). Themen der Gruppentherapie, in der gängige verhaltenstherapeutische Techniken verwendet wurden, waren:

- Wiederaufbau von Selbständigkeit und praktischer Lebensbewältigung,
- Verarbeitung von altersbedingten Veränderungen,
- Gesundheit und Aktivität sowie
- Bereinigung von Konflikten und Festigung von Sozialkontakten, z.B. in der Familie.

Schwierig gestaltete sich jedoch die oft notwendige soziotherapeutische Betreuung und Nachsorge am Wohnort.

Hautzinger (1993) beschreibt ebenfalls ein Gruppenprogramm für ältere Depressive (Dauer

12–16 Wochen, 4–6 Teilnehmer). Das Vorgehen wird an Fallbeispielen erläutert. Die genannten Therapieschritte (abgesehen von der verstärkten Einbeziehung von Angehörigen) unterscheiden sich jedoch nicht von der Therapie bei Jüngeren.

■ **Einzeltherapie.** Ein Beispiel für die einzeltherapeutische Vorgehensweise ist das von Gallagher & Thompson (1981) entwickelte Therapieprogramm. In 16 vorstrukturierten Sitzungen sollen *aktive Fertigkeiten zur Bewältigung der Depression* erlernt werden. Die Therapie besteht aus 5 Schritten:

1. Protokollierung von Verhalten und Stimmung.
2. Unterstützung des Patienten beim Erkennen der Verbindung von Stimmung und Aktivitätsniveau.
3. Auswahl von Lebensbereichen, die verändert werden sollen.
4. Weitere selbstinitiierte Veränderungen.
5. Generalisierung bzw. Transfer der erlernten Fähigkeiten auf Alltagssituationen (Wiederauffrischungssitzungen über weitere 3–6 Monate).

Es bewährte sich ein anfangs relativ direktives Therapeutenverhalten. Als wichtig erwies sich außerdem, das Selbstvertrauen der Patienten zu fördern und viel Zeit für die anfängliche und begleitende Motivation zur Therapie aufzuwenden.

Bei der Durchführung traten jedoch bestimmte, für die besondere Therapiesituation mit Älteren typische Probleme auf (vgl. auch Rybarczyk et al., 1992):

- Schwierigkeiten, Selbstveränderung als mögliches Ziel anzunehmen (»Ich bin zu alt, um mich zu ändern«),
- Ablehnung von Selbstbelohnung als albern oder kindisch,
- tatsächliche Zunahme unangenehmer Ereignisse,
- unverschuldete Einschränkung der Gelegenheiten für soziale Verstärkung sowie
- ausgeprägte negative Selbstbeurteilung bei körperlichen Einschränkungen.

Altersspezifische Adaptationen der Psychotherapie bei älteren Menschen, die solche und ähnliche Probleme berücksichtigen, sind in Abschn. 28.8 beschrieben.

Trotz der oben genannten therapeutischen Möglichkeiten erhalten jedoch ältere depressiv erkrankte Personen deutlich seltener eine Psychotherapie als jüngere und stattdessen häufiger psy-chotrope Medikation und Elektrokrampftherapie. Dieser Eindruck wird durch eine Reihe von Untersuchungen gestützt (vgl. Abschn. 28.8 zur Versorgungssituation älterer Menschen).

28.4.4
Fallbeispiel Depression

Fallbeispiel Frau B.

■ **Anamnese.** Frau B., 80 Jahre, lebt in einem großen Altersheim. Sie gilt dort als zurückgezogen, ihre 2 verheirateten Töchter und der Sohn wohnen 300 km entfernt. Bei ihr ist ein maligner Dickdarmtumor bekannt, der vor 1 Jahr operativ entfernt wurde. Frau B. unternahm einen Suizidversuch durch Tabletteneinnahme, nachdem sie erneute Darmbeschwerden an sich feststellte. Sie wurde toxikologisch und kurzzeitig stationärpsychiatrisch vorbehandelt. Bei Aufnahme in die gerontopsychiatrische Tagesklinik war sie von aktuellen Suizidgedanken distanziert, jedoch weiterhin depressiv verstimmt.

■ **Diagnosen:**
- Zustand nach Suizidversuch,
- Major depression,
- subtotal reseziertes Kolonkarzinom.

■ **Therapie und Verlauf.** Zu Beginn der Behandlung wollte Frau B. nicht über ihre somatische Erkrankung sprechen, sie sei traurig darüber, daß man sie gefunden habe und sie nicht habe sterben lassen. Sie wisse nicht, was das Leben ihr noch bringen könne, ihr stehe nur Leid bevor. Wegen des Selbstmordversuchs schämte sie sich vor ihrer Familie und lehnte zunächst ab, daß der Therapeut Kontakt mit der Familie aufnehme. Sie fühlte sich abhängig von den medizinischen Interventionen und verweigerte weitere Untersuchungen. Am Aktivitätenprogramm der Tagesklinik nahm sie zunächst nur zögerlich und z.T. widerstrebend teil. Bei einem gemeinsamen Besuch im Altenheim mit dem Therapeuten sprach sie erstmals die aggressiven Gefühle gegenüber dem Hausarzt aus, der die Diagnosestellung des Tumors verschleppt hatte. Auf dieser Basis war eine detaillierte Verhaltensanalyse möglich, bei der sie erkennen konnte, daß das gespannte Verhältnis mit den Pflegerinnen des Altenheims z.T. auf ihren aggressiv gefärbten Rückzug zurückzuführen war. Die kognitive Neubewertung der Lebenssituation im Altenheim führte zu einem offeneren Verhalten gegenüber dem dortigen Personal und dadurch zur neuen positiven Erfahrung, daß sie von verschiedenen Menschen geschätzt wurde. Im Lebensrückblick wurden mit der Patientin positive Lebensstrategien herausgearbeitet (Besinnung, Austausch mit anderen Menschen). Diese konnten in der Gruppentherapie durch Therapeuten und Mitpatienten verstärkt und zunehmend auf die aktuelle Lebenssituation übertragen werden. Gegen Ende der Therapie nahm Frau B. selbständig wieder Kontakt mit ihren Kindern auf und stimmte einer erneuten chirurgischen Therapie zu. Im Laufe der anschließenden Einzelgespräche entschied sie sich dazu, statt der bisherigen Sinnleere die verbleibende Lebenszeit positiv zu nutzen.

28.4.5
Empirische Belege

Hier werden nicht nur Evaluationsstudien, sondern auch Ergebnisse zu Prädiktoren des Krankheitsverlaufs der Altersdepression berichtet, da sie wertvolle therapeutische Hinweise enthalten.

Prognose

Als ein Charakteristikum von Altersdepressionen galt lange Zeit die geringe Wahrscheinlichkeit einer längerfristigen Besserung.

> Neuere Übersichtsarbeiten kommen dagegen zu dem Ergebnis, daß die Prognose depressiver Erkrankungen im Alter nicht ungünstiger als in jüngeren Jahren einzuschätzen ist (z.B. Brodaty et al., 1993), sofern man das bei älteren Menschen altersbezogen erhöhte Risiko einer Demenzerkrankung und die erhöhte Mortalität mit berücksichtigt.

Die meisten Follow-up-Studien fanden bei älteren Depressiven Mortalitätsraten, die gegenüber Personen gleichen Alters und Geschlechts um das 2- bis 3fache erhöht sind. Dies ist nicht alleine durch einen schlechteren Gesundheitsstatus bereits vor Ausbruch der depressiven Erkrankung erklärbar (Murphy et al., 1988). Häufigste Todesursachen sind dabei vaskuläre Erkrankungen (zerebral und kardiovaskulär), Atemwegserkrankungen und Krebs; Suizide spielten im Vergleich dazu nur eine untergeordnete Rolle (Burvill, 1993).

■ **Prognostische Faktoren.** Bei *schwer ausgeprägten Depressionen* im Alter waren in den wenigen bisherigen Untersuchungen folgende Faktoren mit

einem *ungünstigen Verlauf verbunden* (vgl. die Übersichten bei Kivelä et al., 1993; Burvill, 1993):

- längere Erkrankungsdauer,
- ausgeprägte depressive Symptomatik,
- akute Gesundheitsprobleme,
- körperliche Gebrechen bzw. funktionelle Einschränkungen bei Beginn, Alter von 70 Jahren und darüber,
- mangelnde Compliance,
- keine Symptomfreiheit bei Klinikentlassung sowie
- schwerwiegende gesundheitliche Verschlechterung während des Follow-up.

Von diesen Faktoren sind körperliche Erkrankungen und v.a. Behinderungen als negative Prädiktoren weitaus am besten belegt, obwohl oftmals versucht wurde, körperlich kranke Depressive als Untersuchungsteilnehmer auszuschließen. Umgekehrt stellen bei verschiedenen körperlichen Erkrankungen wie Malignomen, Myokardinfarkten oder koronarer Herzerkrankung gleichzeitig bestehende Depressionen einen ungünstigen prognostischen Faktor dar (Roth, 1993). Dagegen ist eine Assoziation dementieller Erkrankungen oder sonstiger hirnorganischer Erkrankungen mit dem Verlauf einer bestehenden depressiven Erkrankung bislang nicht belegt.

Abgesehen von einem erhöhten Mortalitätsrisiko für depressive Männer sind keine Geschlechtsunterschiede in der Prognose nachweisbar. Über den Krankheitsverlauf älterer Patienten mit einer *leichteren Depression* ist noch weniger bekannt. Sie scheinen nach einer Untersuchung von Kivelä et al. (1993) jedoch weitgehend den Prädiktoren für schwere depressive Erkrankungen zu entsprechen. Vereinfacht zusammengefaßt korrelierten mit einer ungünstigen Prognose bei Kivelä et al. (1993):

- gesundheitliche Probleme (bzw. deren subjektive Wahrnehmung) zu Beginn der Untersuchung oder während der folgenden 5 Jahre,
- eine Abnahme des Funktionsniveaus, d.h. der aktiven Lebensbewältigung,
- eine Reduktion der sozialen Einbindung und der Hobbies,
- bei Männern zusätzlich: frühere depressive Episoden, ein geringes Ausbildungsniveau und eine nichtselbständige Arbeit im früheren Beruf.

Therapieerfolg

Für die unipolare Depression im jüngeren und mittleren Erwachsenenalter ist die kognitive Verhaltenstherapie (VT) als erfolgreiche Behandlungsform breit belegt (vgl. die Übersicht bei

Dobson, 1989). Evaluationsstudien zu VT bei älteren depressiven Menschen werden seit den 70er Jahren in den USA durchgeführt, mit deutlicher Verzögerung nun auch in europäischen Ländern. Weiterhin untersucht nur ein Bruchteil der Therapieerfolgsforschung ältere Patienten, und die Stichproben sind überwiegend sehr klein.

Verglichen wurden behaviorale oder kognitive Techniken, z.T. auch eine Kombination beider Ansätze, mit medikamentöser Behandlung, psychodynamisch orientierter Kurzzeittherapie oder unspezifischer supportiver Therapie, als Gruppenbehandlung oder in Form von Einzeltherapie. Die Ergebnisse der ersten Studien werden ausführlich bei Morris & Morris (1991) beschrieben (s. Tabelle 28.3).

> Zusammengefaßt zeigten diese Untersuchungen, daß sowohl mit kognitiven als auch mit behavioralen Therapieansätzen Depressionen im Alter erfolgreich behandelt werden können. Sie waren kurzfristig aber nicht erfolgreicher als eine kurze psychodynamische Therapie oder eine unterstützende Beratung. Es fanden sich einige, aber nicht konsistente Hinweise auf eine längerfristige Überlegenheit der kognitiven Verhaltenstherapie: eine geringere Anzahl bzw. eine Verzögerung von Rückfällen und weniger Behandlungsabbrüche. Entsprechendes ist für jüngere Depressive besser belegt.

Weitere, nach dem Erscheinen der Literaturübersicht von Morris & Morris (1991) veröffentlichte Arbeiten bestätigten die ersten Ergebnisse, die auf die Wirksamkeit der (kognitiven) Verhaltenstherapie auch bei älteren Depressiven hinwiesen. Dabei wurden von den meisten Autoren leichte Veränderungen in der üblichen therapeutischen Vorgehensweise vorgenommen. Die Übertragbarkeit der Ergebnisse auf andere als die untersuchten Patienten ist jedoch ebenso wie bei den ersten Studien eingeschränkt. Meist litten die Teilnehmer an nur leicht bis mittelschwer ausgeprägten Depressionen und gehörten eher zur Gruppe der »young old« (den unter 75- oder unter 70jährigen), in der Regel wurden Personen mit bipolarer Erkrankung, mit psychotischer Symptomatik und mit bereits geringfügigen kognitiven Beeinträchtigungen (z.B. in der Mini Mental State Examination) aus den Studien ausgeschlossen. Somit liegen Effektivitätsnachweise nur für eine Teilgruppe depressiver Älterer vor.

Eine generelle Überlegenheit gegenüber anderen Therapieformen wurde auch durch die neueren Arbeiten nicht belegt, zumal im Design oftmals keine weiteren Behandlungsgruppen vorgesehen waren. Jüngere Veröffentlichungen zum Thema stammen von Fishback & Lovett (1992, Einzelfallanalyse), Hautzinger (1992, Erfahrungsbericht), Brand & Clingempeel (1992, kontrollierte Studie) und Leung & Orrell (1993, Studie ohne Kontrollgruppe). Eine Diskussion der Wirkung einzelner Komponenten des »Therapiepaketes« kognitive Verhaltenstherapie bei älteren Personen mit Depression findet sich bei Helgenberger & Wittchen (1991).

■ **Chronische Erkrankungen.** Verhaltenstherapie bei chronisch kranken älteren Menschen wurde fast ausschließlich im Kontext depressiver Störungen untersucht. Kemp et al. (1992) verglichen die Effektivität einer 12wöchigen kognitiv-behavioralen Gruppentherapie bei älteren depressiven Patienten mit und ohne gleichzeitig bestehender chronischer körperlicher Erkrankung bzw. Behinderung wie z.B. eine schwere Osteoporose (wöchentliche Sitzungen). Nach Beendigung der Behandlung waren die Depressionswerte beider Gruppen gleichermaßen reduziert. Sechs Monate nach Therapieende hatte sich die depressive Symptomatik der chronisch kranken im Vergleich zu den weniger körperlich beeinträchtigten Patienten jedoch wieder verschlechtert. Die Autoren vermuten, daß die durch chronische Erkrankung entstehenden Belastungen zwar während der Therapie aufgefangen werden konnten, nach deren Wegfall die notwendige Unterstützung jedoch fehlte. Für diese Patienten könnte eine längerfristige Betreuung angezeigt sein.

Unklar bleibt, ob die *Wirkgrößen* bei der Behandlung älterer depressiver Patienten denjenigen bei jüngeren entsprechen. Die Zahlen hierzu sind widersprüchlich, ebenso die Daten zum Vergleich der von verschiedenen Altersgruppen benötigten Behandlungszeiten (Knight, 1983, 1988; Dobson, 1989; Sotzky et al., 1991). In den Studien mit jüngeren depressiven Patienten zeigt sich häufiger eine Überlegenheit der Verhaltenstherapie gegenüber anderen Therapieformen (vgl. Woods, 1993).

28.5
Angst im Alter

28.5.1
Beschreibung des Störungsbildes

Epidemiologie

Angststörungen bilden bei Frauen im frühen und mittleren Erwachsenenalter die häufigste und bei Männern nach dem Abhängigkeitssyndrom die zweithäufigste Form psychischer Störungen (Margraf & Schneider, 1990). In allen Altersgruppen sind Frauen mindestens doppelt so häufig betroffen wie Männer, bei leichten ebenso wie bei schweren Ausprägungen. Angst im höheren Lebensalter galt bis vor kurzem nicht als verbreitetes Problem und fand nur geringes wissenschaftliches Interesse. Im Gegensatz zu den früheren Untersuchungen an klinischen Stichproben konnten neuere epidemiologische Feldstudien zeigen, daß die *Prävalenz* der Angststörungen bei alten Menschen bislang *unterschätzt* wurde. Die diagnostische Beurteilung von Angststörungen im Alter ist allerdings komplexer als in anderen Altersstufen.

Prävalenz

Myers et al. (1984) fanden in einer Untersuchung in 3 amerikanischen Großstädten phobische Störungen in den vorausgegangenen 4 Wochen bei 7,1% der Frauen und 3,4% der Männer über 65 Jahre. Andere Untersuchungen ermittelten in der Mehrzahl etwas niedrigere Prävalenzraten phobischer Störungen (3,9% bis 4,8%). Die einzelnen phobischen Störungen traten bei Myers et al. (1984) in folgender absteigender Häufigkeit auf: Einfache Phobie, Agoraphobie und soziale Phobie. Eine ähnliche Rangreihe der Prävalenzraten zeigte sich auch in anderen Studien. Unter den häufigsten Störungen, den Phobien, dominieren entweder einfache Phobien (Richardson & Bell, 1989) oder Agoraphobien (Turnbull & Turnbull, 1985; Lindesay, 1991), wenig verbreitet sind soziale Phobien (Lindesay et al., 1989). Generalisierte Angststörungen und v.a. Panikattacken werden seltener beobachtet (Korff et al., 1985). Häufig scheinen im Alter dagegen Anpassungsstörungen mit ängstlicher Gestimmtheit zu sein. Zu dieser relativ jungen Kategorie im DSM gibt es jedoch noch keine verläßlichen Daten für ältere Menschen.

Zwangserkrankungen werden nach dem Klassifikationssystem DSM-III unter die Angststörungen gerechnet. Sie treten als separate Krankheitseinheit im höheren Alter nach bisherigem Wissen selten auf (z.B. Myers et al., 1984). Zwangserkrankungen dürfen dabei nicht mit einer Akzentuierung zwanghafter Persönlichkeitszüge verwechselt werden, die, z.B. als Bewältigung kognitiver Einbußen, bei älteren Menschen häufig beobachtet werden (Richardson & Bell, 1989).

Tabelle 28.3. Erste Studien zur Evaluation kognitiver und behavioraler Therapie bei älteren Menschen. (Erweitert nach Morris & Morris, 1991)

Autoren	Behandlung	Gruppengröße	Dauer (Wochen)	Durchschnittsalter	Ergebnis
Gallagher & Thompson (1982, 1983)	Kognitiv	10	12	68,3	kfr.: KT=BT=IKT
	Behavioral	10	12	66,0	lfr.: KT/BT>IKT
	Insight/Relational Kurzzeittherapie	10	12	69,0	
Steuer & Hammen (1983)	Kognitiv	4	36	70,6	
Steuer et al. (1984)	Kognitiv	26	37,5	66,0	KBT=PDT
	Psychodynamisch	27	37,5	–	kfr. und lfr.
Beutler et al. (1987)	KT+Placebo	16	20	70,7	KTP=KTA>AL/PL
	KT+Alprazolam	13	20	–	kfr. und v.a. lfr.
	Placebo+Support	15	20	–	
	Alprazolam+Support	12	20	–	
Thompson et al. (1987)	Kognitiv	27	20	66,9	BT=KT=PDKTA>W
	Behavioral	25	20	67,1	kfr.
	Psychodynamische Kurzzeittherapie	24	20	66,7	(kein Follow-up)
	Warteliste	19		67,6	

=, kein signifikanter Unterschied; >, statistisch überlegen gegenüber; KT, Kognitive Therapie; BT, Behaviorale Therapie; IKT, Insight/Relational Kurzzeittherapie; KBT, Kognitiv-behaviorale Therapie; PDKT, Psychodynamische Kurzzeittherapie; PDT, Psychodynamische Therapie; KPL, Placebo; AL, Alprazolam; KTP, Kognitive Therapie+Placebo; KTA, Kognitive Therapie+Alprazolam; W, Warteliste; kfr., kurzfristig; lfr., längerfristig

Inzidenz

Die wenigen Untersuchungen, die das erstmalige Auftreten (Inzidenz) von Angsterkrankungen ermittelten, kamen zu entsprechend unterschiedlichen Altersverteilungen der einzelnen Angststörungen:

> Die Inzidenz der Phobien nimmt mit dem Alter kaum ab, stark fallen jedoch die Inzidenzraten für Zwangsstörungen und Panik (Kurz, 1993).

Altersverteilung

> Die Gesamtprävalenz der Angststörungen fällt vom mittleren Lebensalter an ab. Eine Ausnahme bilden phobische Störungen.

Da Angsterkrankungen häufig chronisch oder rezidivierend verlaufen, macht sich die deutliche Reduktion der Inzidenzraten nur teilweise in den Prävalenzen bemerkbar. Möglicherweise geht ein Teil der Angsterkrankungen des jüngeren Erwachsenenalters aber in den paranoiden Erkrankungen des Alters auf. Auch werden andere psychische Störungen im Alter, z.B. Verwirrtheitszustände, andere exogene Psychosen sowie v.a. Depressionen, paranoide Syndrome und Demenzen oft von Angstsymptomatik begleitet (Häfner, 1993).

Funktionelle Bedeutung

Das Ausmaß der Beeinträchtigungen durch Angsterkrankungen im Alter läßt sich nicht abschließend beurteilen. Einige Autoren betonen, daß gerade die Agoraphobien im Alter mit einer erheblichen Einschränkung der Alltagsbewältigung und einem erhöhten Depressionsniveau verbunden sind (Lindesay, 1991; Turnbull & Turnbull, 1985). Wittchen (1991) stellte in einer prospektiven epidemiologischen Verlaufsstudie über 14 Jahre fest, daß die phobische Symptomatik im höheren Alter häufig milder wurde. Allerdings waren – entsprechend der erwähnten Multimorbidität im Alter – bei den älteren Angstpatienten Panik, Agoraphobie und Zwang häufiger von anderen Störungen überlagert (Komorbidität).

Symptom vs. Störung

Klinisch auffällige Angstsymptome im Alter wurden in einer Häufigkeit von 10–30% beobachtet. Normalpersonen unterschiedlicher Altersgruppen differieren jedoch nicht hinsichtlich Zustandsangst (State) und Angst als überdauerndem Persönlichkeitsmerkmal (Trait). In klinischen Studien an stationären psychiatrischen Patienten (Siciliani et al., 1984) und allgemeinmedizinisch aufgenommenen Patienten (Magni & DeLeo, 1984) zeigten die älteren Patienten dagegen im Vergleich zu den Patientengruppen im jugendlichen und mittleren Erwachsenenalter eher eine depressive als eine ängstliche reaktive Symptomatik. Zu den *Inhalten* der Angst im Alter und möglichen Unterschieden gegenüber den Angstthemen bei Jüngeren liegen viele plausible Vermutungen, aber noch zu wenige Daten vor.

Heimbewohner

Die Verbreitung von Angststörungen bei Bewohnern von Alten- und Pflegeheimen ist empirisch kaum untersucht. Parmelee et al. (1993) fanden fragliche Panikstörungen (»possible panic«) und generalisierte Angststörungen bei 3,3% bis 3,5% der untersuchten Heimbewohner (Durchschnittsalter 84 Jahre). Weitere 7–13% litten unter leichten Angstsymptomen. Insgesamt wiesen damit 10–17% dieser Heimbewohner Angstsymptome auf, was den geschätzten Prävalenzen bei der in Privatwohnungen lebenden Altenbevölkerung entspricht. Allerdings war die Stichprobe stark selektiert, und es wurden veränderte DSM-III-R-Kriterien verwendet, so daß die tatsächliche Prävalenz vermutlich höher ist.

> Die Verbreitung von Angststörungen in den älteren Bevölkerungsschichten wurde bislang unterschätzt, wie die hohen Prävalenzraten neuerer Untersuchungen zeigen.

28.5.2 Störungskonzept

Zur Ätiologie von Angststörungen im Alter sind noch viele Fragen offen. Bereits die diagnostische Zuordnung bereitet Schwierigkeiten. Auch sind die (auch ursächlichen) Beziehungen zu anderen Störungen im Alter ungeklärt. International anerkannte Diagnosekriterien wie DSM-III bzw. DSM-III-R werden in den Untersuchungen zu Angst im Alter auffällig selten angegeben. Ein Versuch der Klassifikation ist im folgenden aufgelistet.

Ätiologisch unterscheidbare Angstsyndrome bei älteren Menschen (vgl. Chaillet & Pull, 1990):

- Angst aufgrund belastender Lebensumstände (z.B. körperliche Krankheit und Hilfsbedürftigkeit, Einsamkeit, Tod),
- durch organische Erkrankungen (z.B. Schilddrüsenüberfunktion, Intoxikation, Delir) bedingte Angst,
- chronische oder rezidivierende Angststörungen mit Beginn in jüngeren Jahren (z.B. Panikstörung, einfache Phobie),
- erstmalig im Alter aufgetretene Angststörungen (z.B. Agoraphobie, Anpassungsstörung mit ängstlicher Gestimmtheit) sowie
- Angstsymptome im Rahmen paranoider und depressiver Zustandsbilder.

Differentialdiagnose

Fast bei jeder psychischen oder physischen Erkrankung können Angstzustände auftreten. Differentialdiagnosen im somatischen Bereich sind v.a.:

- Hyperthyreose,
- Hypoglykämie,
- Delir oder Demenz,
- Medikamentennebenwirkung,
- Entzug von sedierender, hypnotischer Medikation,
- Koffeinabhängigkeit und
- Herz-Lungen-Erkrankungen (Hersen & Van Hasselt, 1992).

Die bedeutsamste Differentialdiagnose unter den psychischen Störungen ist eine depressive Erkrankung, ebenso wie bei jüngeren Menschen.

Kontrovers wird diskutiert, inwiefern Angst im Alter überhaupt von depressiven Erkrankungen in diesem Lebensabschnitt nosologisch getrennt werden kann. Bis vor 15 Jahren wurden Ängste im Alter oft noch als »maskierte Depression« klassifiziert. Tatsächlich fanden verschiedene Autoren eine sehr hohe Korrelation depressiver und ängstlicher Symptome bzw. entsprechender Diagnosen bei älteren Stichproben (Parmelee et al., 1993). In einer Untersuchung mit hochbetagten Heimbewohnern stellten Parmelee et al. (1993) fest, daß über 80% der Teilnehmer mit Angst gleichzeitig depressiv waren; nur rund 4% der nichtdepressiven Teilnehmer zeigten Angstsymptome. Andere Ergebnisse weisen dagegen darauf hin, daß Angst und Depression im Alter nicht gleichzusetzen

sind: Lindesay et al. (1989) beispielsweise stellten in einer Feldstudie bei 10% der mindestens 65jährigen eine phobische Störung fest (vorrangig Agoraphobie). Bei 60% dieser Phobien bestand keine zusätzliche depressive Erkrankung. Auch fällt es schwer, phobische Ängste von Befürchtungen zu differenzieren, die in der Lebenssituation Älterer adäquat sind (z.B. erhöhte Angst vor Glätte, vor Dunkelheit etc.). Durch die Einordnung von Ängsten als »plausibel« kann die Prävalenz unterschätzt werden.

Risikofaktoren und Komorbidität

Angstmanifestationen im Alter sind eng mit körperlichen Beschwerden assoziiert. In einer umfangreichen repräsentativen Bevölkerungsstichprobe (Himmelfarb & Murrell, 1984) fand sich eine inverse und hohe Korrelation zwischen körperlicher Gesundheit (r=0,60) und einem klinisch relevanten Angstniveau. Bei Lindesay (1991) war unter den Personen, deren Phobie nach dem 65. Lebensjahr auftrat, eine Episode einer körperlichen Erkrankung die häufigste zu identifizierende Ursache. Die von Parmelee et al. (1993) bei Heimbewohnern erhobenen Risikofaktoren entsprechen den Ergebnissen zu Depression im Alter: Funktionelle Einschränkungen (»functional disability«) und kognitive Beeinträchtigung, d.h. das Ausmaß von Gesundheitsproblemen insgesamt, waren mit Angst und der Veränderung der Angstsymptomatik assoziiert, nicht aber das Vorliegen einzelner Krankheiten. Die Komorbidität von Angst und leichteren kognitiven Beeinträchtigungen läßt sich empirisch noch nicht sicher beurteilen (s. oben).

28.5.3
Therapeutisches Vorgehen

Bisherige Veröffentlichungen zum Thema »Therapie von Angst im Alter« beschreiben ganz überwiegend pharmakologische Behandlungsansätze. Psychotherapeutische Maßnahmen wurden entweder gar nicht oder am Rande erwähnt. In der Tat nimmt die Gruppe der über 65jährigen proportional gesehen die größte Menge angstlösender Psychopharmaka ein. Studien zur Praxis der Verschreibung von Benzodiazepinen zeigten, daß 17–50% der älteren Bevölkerung Medikamente dieser Art erhalten (Salzman, 1991). Dies steht zum einen im Gegensatz zum hohen Stellenwert der verhaltenstherapeutischen Ansätze in der sonstigen Literatur zur Behandlung von Angststörungen. Zum anderen besteht ein Widerspruch zum hohen Risiko medizinischer Komplikationen bei der

Gabe anxiolytischer Medikation in der älteren Bevölkerung (Salzman, 1991) und der Verbreitung von Medikamentenmißbrauch im Alter.

Anders als bei depressiven Störungen im Alter sind kaum Überlegungen zu den Adaptationen der Angsttherapie für ältere Menschen veröffentlicht. Die wenigen systematischen Untersuchungen (siehe Abschn. 28.5.5) nennen häufig Entspannungsverfahren als Behandlungselemente (deren Bedeutung in der allgemeinen Angstliteratur zumindest bei Panik und Agoraphobie heute umstritten ist). Teilweise wurden die oft nicht näher benannten Entspannungsverfahren mit Entspannungsbildern oder mit »Meditation« gekoppelt. Manche Autoren beschreiben einen im Vergleich zu jüngeren Patienten erhöhten Zeitbedarf und stärkere Hilfen wie eine Unterstützung der Übungen zu Hause durch Bandaufnahmen der Instruktionen (Hersen & Van Hasselt, 1992). Das therapeutische Vorgehen entspricht ansonsten dem bei jüngeren Patienten. Da Angststörungen oft chronisch bzw. rezidivierend verlaufen, sind auch die Fälle relevant, bei denen eine bereits seit vielen Jahren bis Jahrzehnten bestehende Störung behandelt wurde. Entgegen weit verbreiteter Vorurteile zeigen diese Berichte, daß auch hier Behandlungserfolge erzielt werden können (siehe Abschn. 28.5.5). Dies steht in Übereinstimmung mit unseren eigenen Erfahrungen.

28.5.4
Fallbeispiel Zwang

Fallbeispiel Frau Z.
■ **Anamnese.** Frau Z., 67 Jahre alt, wurde vom Hausarzt zur stationären psychosomatischen Behandlung angemeldet. Einer jetzt 3. stationären Aufnahme (zuletzt vor 8 und 5 Jahren) war wegen ihres Alters nur zögerlich zugestimmt worden. Die Patientin, seit über 20 Jahren verwitwet, eine Tochter, litt seit 50 Jahren unter Zwangssymptomen und war wegen einer depressiven Episode und einer früheren Alkoholabhängigkeit psychiatrisch vorbehandelt; antidepressive Medikation (Anafranil) erhielt sie seit Jahren. Sie war kontrollierte Trinkerin ohne Rückfall und seit Jahrzehnten starke Raucherin.

Die aktuelle Symptomatik beinhaltete Kontrollhandlungen über mehrere Stunden täglich, die jeweils die Vorsorge für die Zukunft, die Einteilung des knappen Budgets und die Sauberkeit und Korrektheit der Kleidung betrafen. Im Vordergrund standen jedoch auf die Lebensplanung bezogene Gedankenzwänge, vorrangig nachts. Ständig rekapitulierte sie im Geist die vorgesehenen Ausgaben und Anschaffungen, Arztbesuche etc. Aufgrund der Zwänge hatte die Patientin nicht mehr genügend Zeit zum Essen und Schlafen gefunden. Eine depressive Störung bestand nicht (klinischer Eindruck und BDI-Werte).

■ **Diagnosen:**
• Zwangsstörung,
• Hypercholesterinämie,
• Nikotinabusus,
• Alkoholabhängigkeit, voll remittiert.

■ **Therapie und Verlauf.** Neben der Einzeltherapie nahm die Patientin an einer Problemlösegruppe teil, in der sie zwar die älteste, jedoch oft die vitalste Teilnehmerin war sowie an einem Entspannungstraining (progressive Muskelentspannung) und kotherapeutisch betreuten Übungen in Auslösesituationen. Die Zwänge waren vom ersten Tag an durch die Distanz zur häuslichen Umgebung etwas vermindert. Die Patientin stand dem Ziel, ihre Zwänge aufzugeben, jedoch mehrere Wochen lang ambivalent gegenüber, so daß die Therapie anfangs schleppend verlief. Wie viele unserer jüngeren Patienten auch konnte die Patientin ihre Zwangssymptomatik erst deutlich reduzieren, als eine 2wöchige Intensiv- bzw. Floodingphase durchgeführt wurde. Frau Z. verpflichtete sich schriftlich, während dieser Zeit umgrenzte Zwangshandlungen und -gedanken trotz der entstehenden Spannung zu unterlassen. Zur Unterstützung erhielt sie tägliche Kurztermine. Alleine sowie unter Anleitung einer Kotherapeutin führte sie unter Zeitkontrolle die kritischen Handlungen ohne Zwänge aus. Danach hatte sich die benötigte Zeit, z.B. im Badezimmer oder beim Anziehen, auf ein übliches Maß reduziert, was Frau Z. bis zur endgültigen Entlassung beibehalten konnte. Das Flooding wurde durch vereinzelte Übungen in den kommenden Wochen »ausgeschlichen«.

Schwieriger gestaltete sich die Reduktion der Gedankenzwänge. Frau Z. gewöhnte sich an, am Abend maximal 10 Minuten den kommenden Tag zu planen. Auf dringenden ärztlichen Rat gelang ihr auch eine Verminderung ihres Zigarettenkonsums auf wöchentlich 5 Zigaretten im Rahmen eines verhaltenstherapeutischen Programms. Mit der Abnahme der Zwänge kam der ausgeprägte Humor der Patientin wieder zum Vorschein, sie war psychomotorisch wesentlich entspannter und für die weitere Psychotherapie zugänglicher. Auch während einer 2wöchigen Entlassung auf Probe konnte Frau Z. das niedrige Niveau ihrer Zwänge zu Hause beibehalten, steigerte jedoch die Zigarettenanzahl wieder. Die geplante Einbindung in ein Seniorenzentrum gelang während dieses Urlaubes nicht. Anafranil wurde eingangs von 50 auf 75 mg erhöht.

■ **Altersspezifität.** Frau Z. wurde immer wieder als Expertin für ihre langjährig bestehende Zwangserkrankung angesprochen. Als sie ihre Zwänge aufgrund ihrer Lebenssituation (betagt, alleinstehend, kein finanzieller Rückhalt) gegenüber der deutlich jüngeren Therapeutin verteidigte, wurde die Entscheidung zur Durchführung des nächsten geplanten Schrittes vollständig ihr überlassen; schließlich führte sie das Flooding konsequent durch. Die Bearbeitung der emotionalen Verunsicherung, in der Frau Z. lebte, unterschied sich in der Thematik von derjenigen bei jüngeren Patienten. Im Fokus stand auf Wunsch der Patientin die Verarbeitung der durch die Krankheit »verlorenen Jahrzehnte« angesichts des nähergerückten Lebensendes. Auch die späte Auseinandersetzung mit dem früh verstorbenen Ehemann, der sie durch sein umsorgendes Verhalten nicht hatte selbständig werden lassen und der Stolz auf die selbsterarbeitete Tüchtigkeit gehörten zu dieser Vergangenheitsbewältigung.

28.5.5
Empirische Belege

Der Nutzen verhaltenstherapeutischer Maßnahmen bei Angststörungen im Alter ist durch eine Reihe von Fallstudien dokumentiert. Systematische Studien liegen nur in sehr geringer Anzahl vor. Die Gründe hierfür sind unklar. Denkbar sind:

- ein häufiges Verkennen von Angststörungen im Alter,
- die Neigung, psychische Auffälligkeiten im Alter als »Depression« zu diagnostizieren,
- mangelndes wissenschaftliches Interesse sowie
- eine größere Heterogenität der Manifestation von Angststörungen im Alter und dadurch eine Erschwerung von Gruppenstudien.

Aussagen zur spezifischen Wirksamkeit (verhaltens-)therapeutischer Maßnahmen im Vergleich zu unspezifischen Faktoren oder dem Spontanverlauf sind somit kaum möglich. Auch ist bei den wenigen Gruppenstudien meist nicht nachvollziehbar, ob die Teilnehmer Angststörungen im Sinne heute gebräuchlicher Diagnosekriterien oder eher einzelne Angstsymptome aufwiesen.

Therapieerfolg

In den veröffentlichten Fallberichten wurden verschiedene Störungen aus dem Angstspektrum erfolgreich mit traditionellen verhaltenstherapeutischen Techniken behandelt, z.B. mit Exposure, Reaktionsverhinderung und systematischer Desensibilisierung. Dies waren eine Hundephobie, generalisierte Angststörung, Angst vor dem Alleinsein bei einer dementen Patientin, Verhaltensexzesse aufgrund von ängstlicher Unsicherheit, Zwangsstörung mit Angst vor Verschmutzung und Kontrollzwänge. Ebenso wurde eine erfolgreiche Einzelfallstudie einer Verhaltenstherapie bei einer Patientin mit Kontroll- und Waschzwängen durchgeführt. Eine ausführliche Beschreibung dieser Fälle findet sich in den Übersichtsarbeiten von Carstensen (1988) und Hersen & Van Hasselt (1992).

Folgende systematische Studien sind uns bekannt: DeBerry (1981–82, 1982) behandelten ausgeprägt ängstliche ältere Frauen über 5 Monate mit progressiver Muskelrelaxation und verglichen dies mit einer Placebokontrollbedingung. Die Therapiegruppe zeigte eine stärkere Reduktion in der selbstberichteten Angst sowohl direkt nach Therapieende als auch bei der Nachuntersuchung. Downs et al. (1988) führten die 1. Studie zur Behandlung von Badephobie bei einer Gruppe von institutionalisierten älteren Personen durch. Als Therapiemethode wurde Modelllernen eingesetzt. King & Barrowclough (1991) konnten die Wirksamkeit einer kognitiv-behavioral orientierten Therapie bei 10 älteren Patienten mit Angststörungen zeigen. Diese nach DSM-III-R-Kriterien selektierten Patienten (Panikstörung, generalisierte Angststörung oder Agoraphobie) erhielten durchschnittlich 8 Sitzungen Individualtherapie. Sieben der Patienten wiesen gleichzeitig eine depressive Verstimmung auf. Die Wirksamkeit der kognitiv-behavioralen Therapie wurde aus den von den Patienten geführten Verhaltensprotokollen und Fragebogendaten geschlossen. Sallis et al. (1983) fanden keine Behandlungseffekte einer lerntheoretisch orientierten Gruppentherapie mit älteren Patienten, die über einem willkürlich festgelegten Wert der Trait-Angst im State-Trait Anxiety Inventory oder des Depressionsinventars von Beck (mindestens leichte Depression) lagen. Allerdings ist hier die Güte der Intervention (studentische Gruppenleiter, hohe Zahl von »drop-outs«) ebenso zweifelhaft wie die Angemessenheit der abhängigen Variablen (Trait-Angst, Pleasant Event Schedule).

Darüber hinaus haben einige Autoren ihre positiven Erfahrungen bei der Therapie von Angststörungen im Alter beschrieben. *Korintenberg*

(1993) beispielsweise bezog bei Alten- und Pflegeheimbewohnern das Pflegepersonal in das verhaltenstherapeutische Behandlungsprogramm mit ein. Das Programm beinhaltete zunächst eine genaue Analyse des individuellen Angstverhaltens. Folgende Elemente wurden bei der Angsttherapie kombiniert:

- gezielte, ausführliche Informationen zur Korrektur irrationaler, angsterzeugender Gedanken und Vorstellungen,
- Reduktion von Unsicherheit und Angst durch Neu- bzw. Wiedererwerb von selbstwerterhöhenden Fertigkeiten und
- Übungen im Umgang mit Angstauslösern bzw. Veränderung von Auslösebedingungen.

Hirsch (1993) berichtet über erfolgreiche Einzelfallbehandlungen älterer Patienten mit Angst oder Depression mittels des autogenen Trainings.

> Die Erfahrungsberichte und Daten zur Verhaltenstherapie der Angst im Alter sind ermutigend. Noch weniger als bei depressiven Störungen ist jedoch die Indikation verhaltenstherapeutischer Maßnahmen geklärt, isoliert oder als Kombinationsbehandlung.

28.6
Schlafstörungen im Alter

28.6.1
Beschreibung des Störungsbildes

Epidemiologie
Untersuchungen über die Häufigkeit des Auftretens von Schlafstörungen im Alter sind bisher recht selten. Dies mag mit der allgemeinen Unterschätzung von Schlafstörungen und ihrer Bedeutung für die Befindlichkeit und Leistungsfähigkeit der Bevölkerung zusammenhängen. Die Angaben sind zudem noch schwankend. Nach Piehl (1985) ist der Anteil der über 60jährigen, die »schwer einschlafen«, mit 25% bei den Männern und 40% bei den Frauen doppelt so hoch wie bei der Gruppe der 45–59jährigen.

> Von den über 65jährigen Patienten in Allgemeinarztpraxen gaben 58% Schlafstörungen an, wobei 17% an einer leichten Insomnie, 17% an einer mittelschweren Insomnie und 23% an einer schweren Insomnie litten. Weitere 2% gaben an, unter einer Hypersomnie zu leiden. Die Geschlechtsverteilung zeigt ein stärkeres Vorkommen der Schlafstörungen bei den Frauen mit 64% gegenüber 42% der Männer. Die Chronizität der Schlafstörungen drückt sich darin aus, daß 83–91% der Schlafgestörten bereits seit mindestens 1 Jahr, 58% der Insomniker bereits seit über 5 Jahren an den Schlafstörungen litten. Schlafstörungen weisen einen signifikanten Zusammenhang mit Depressionen und hirnorganischen Syndromen auf (Käppeler et al., 1994).

Anhand demographischer Daten wird angenommen, daß von den derzeit ca. 6 Millionen Schlafgestörten in Deutschland ein Anstieg auf 9 Millionen im Jahr 2030 erfolgen wird (Kummer & Gündel, 1993).

Altersspezifische Symptomatik

> Im Alter kommt es zu Veränderungen des Schlafs und seiner Struktur, die als normal angesehen werden müssen, von den Betroffenen aber häufig als Schlafstörung interpretiert werden. Hierzu gehören v.a. eine Abflachung und Verkürzung des Nachtschlafs sowie häufigere Tagschlafepisoden. Der ältere Mensch klagt im wesentlichen über häufiges Erwachen nachts bzw. über Schlaflosigkeit in den frühen Morgenstunden sowie über einen leichten und nicht erholsamen Schlaf (Spiegel, 1992).

Die altersgemäßen Änderungen stehen im Zusammenhang mit Veränderungen des periodischen Verlaufs der biologischen Funktionen. Die Befunde der Chronobiologie weisen darauf hin, daß es im Alter zu einer zunehmenden zeitlichen Desorganisation verschiedener Funktionen kommt. Gleichzeitig wird eine Abflachung der zirkadianen Amplitude, eine Vorverlagerung des Auftretens der Funktionen und eine verringerte Kopplung der Funktionen untereinander beobachtet (Zulley, 1995). Bezogen auf den Schlaf bedeutet dies

- häufigere Unterbrechungen des Nachtschlafs,
- Zunahme an Tagschlaf,
- Vorverlagerung des Nachtschlafbeginns und frühmorgendliches Erwachen sowie

* erhöhte Müdigkeit am Tage und gesteigerter Antrieb während der Nacht.

Die periodische Struktur schwächt sich ab, und es kommt in der Folge zu Störungen des Schlaf- und Wachzustands. Die Veränderungen sind im Zusammenhang mit einem Verlust an Reizen aus der Umgebung zu sehen (Tageslicht, soziale Kontakte, körperliche Aktivität), die normalerweise für die Einhaltung der Tagesperiodik notwendig sind (Zulley & Wirz-Justice, 1995).

Der *Verlust der periodischen Struktur* hat negative Auswirkungen auf den Gesundheitszustand. Beispielsweise kann die Fragmentierung des Schlaf-Wach-Verhaltens zu Verwirrtheitszuständen älterer Menschen beitragen. In der Tat weisen Untersuchungen darauf hin, daß das Ausmaß an Regelmäßigkeit im Alltag im Zusammenhang mit der Gesunderhaltung älterer Menschen steht. Zusätzliche Unregelmäßigkeiten im Alltag oder Reizarmut wirken negativ auf den älteren Menschen.

Der Schlaf selber ist gekennzeichnet durch eine deutliche Abnahme der Schlafstadien 3 und 4 (Tiefschlaf), welche wohl zu den für die Erholung und Regeneration wichtigsten Bestandteilen des Schlafs zu zählen sind. Im Zusammenhang hiermit ist der Schlaf durch einen höheren Anteil der Stadien 1 und 2 (Leichtschlaf) gekennzeichnet sowie durch ein vermehrtes Auftreten von Wachphasen (Gündel, 1991). Die stärkere Fragmentierung des Schlafs beinhaltet auch eine Zunahme extrem kurzer Wachepisoden (»transient arousals«). Die nächtliche Schlafdauer ist verkürzt, die Gesamtschlafmenge über 24 Stunden verändert sich jedoch kaum, da der Tagschlaf zunimmt (Kummer & Gündel, 1993).

> Außer diesen für den Betroffenen häufig als Schlafstörung erlebten Veränderungen führt auch das häufigere Auftreten körperlicher Erkrankungen im Alter zu einer erhöhten Prävalenz von Schlafstörungen.

Hier sind im besonderen die Zunahme an Schmerzzuständen, z.B. als Folge von rheumatischen Erkrankungen, Entzündungen im Magen-Darm-Bereich, Herzbeschwerden, Beschwerden an der Wirbelsäule und im Rückenbereich zu nennen. Des weiteren führen Atmungs- und Kreislaufstörungen zu Schlafstörungen (z.B. Schlafapnoe); Beinkrämpfe oder unwillkürliche Beinbewegungen unterbrechen den Schlaf. Im Zuge des Ansteigens psychischer Störungen im Alter durch das häufigere Auftreten von Demenzen kommt es

auch zu mehr gestörtem Schlaf. Eine Schlafstörung ist häufig das wichtigste Symptom der Altersdepression (Volk & von Nessen, 1993).

Aufgrund des Anstiegs an körperlichen und psychischen Erkrankungen findet sich beim älteren Menschen zudem häufig eine erhöhte Einnahme von Medikamenten. Einige hiervon können den normalen Schlafablauf deutlich stören. Vor allem Beruhigungsmittel (Benzodiazepine und Barbiturate) verändern den Schlaf und führen gleichzeitig zur Gewöhnung mit der Notwendigkeit einer Dosissteigerung. Ein Absetzen dieser Mittel führt zu deutlichen Schlafstörungen und ist meist wieder Anlaß, die Medikation fortzuführen. Bei der Einnahme dieser Mittel muß auch in Betracht gezogen werden, daß der ältere Patient beim nächtlichen Erwachen verwirrt und somit gefährdet ist. Aufgrund des hohen Schlafmittelkonsums muß beim älteren Menschen auch an medikamentenbedingte Schlafstörungen gedacht werden (Volk & von Nessen, 1993).

28.6.2
Therapeutisches Vorgehen

An erster Stelle einer Behandlung von Schlafstörungen nicht nur bei älteren Patienten sollten Information und Beratung im Rahmen *schlafhygienischer Maßnahmen* stehen. Hierbei sollte notwendiges Wissen über den Schlaf vermittelt werden, da nicht »nur Unkenntnis über die Schlafregulation besteht, sondern auch Fehlerwartungen zu bearbeiten sind. So sind v.a. die Erwartung über die gewünschte Schlafdauer beim älteren Menschen häufig deutlich überzogen (Käppeler, 1994). Hieraus folgend sollte als weiterer Bestandteil einer Therapie ein Selfmanagement der Schlafgewohnheiten erarbeitet werden. Hierzu gehört für den älteren Menschen eine Strukturierung der Aktivitäts- und Ruhezeiten, der Eß- und Trinkgewohnheiten und auch die Gestaltung günstiger Schlafbedingungen. Auch der Aufbau sozialer Kontakte und körperlicher Betätigung kann ein notwendiger Bestandteil der Therapie sein. Für die nächtlichen Wachperioden sollten angemessene Aktivitäten (z.B. Haushaltätigkeiten) erarbeitet werden. Dieser Schritt der Therapie könnte wie der folgende in Gruppenform durchgeführt werden. Vor allem sollte die Einstellung gegenüber den veränderten Schlaf-Wach-Abläufen modifiziert werden (Knab, 1989).

Ein weiterer Punkt wäre das Erlernen von *Entspannungstechniken*. Die meisten Schlafstörungen stehen im Zusammenhang mit einem gesteigerten

Aktivierungsniveau, welches durch die verschiedenen Entspannungstechniken abgebaut werden kann.

Da es bei Schlafstörungen aber auch häufig zu Gedankenkreisen kommt, sind *kognitive Verfahren* angezeigt. Hierzu sind kognitive Kontrolle, Gedankenstopp, Imaginationsübungen und kognitive Neueinschätzung zu nennen. Mit Hilfe von Stimuluskontrollverfahren sind die auslösenden Bedingungen für Schlafstörungen zu beeinflussen. Hierzu ist es erforderlich, das Schlafzimmer und das Bett nur zum Schlafen aufzusuchen. Falls das Einschlafen nicht innerhalb von 20 Minuten erfolgt, soll man wieder aufstehen und in einen anderen Raum gehen. Der Patient soll angehalten werden, morgens immer zur gleichen Zeit aufzustehen, im Laufe des Tages einen stark strukturierten Ablauf einzuhalten und tagsüber möglichst wenig zu schlafen. Hierbei ist beim älteren Menschen in Betracht zu ziehen, daß eine Anweisung, keinen Mittagsschlaf zu halten, schwer durchführbar ist. Beim älteren Menschen kann die Einbeziehung des sozialen Umfeldes in die Therapie notwendig sein (Landerer-Hock, 1994; Schacht-Müller & Starke, 1994).

> Wichtige Bestandteile der Therapie von Schlafstörungen im Alter sind Information und Beratung, Selfmanagement der Schlafgewohnheiten, Strukturierung des Tagesablaufs, Einstellungsänderung gegenüber dem veränderten Schlaf-Wach-Rhythmus, Entspannungstechniken und kognitive Verfahren.

28.7
Kognitive Störungen im Alter

28.7.1
Beschreibung des Störungsbildes

Kognitive Störungen bei älteren Menschen bilden keine nosologische Einheit. Vielmehr treten sie – wie bei jüngeren Personen auch – als Teil der Symptomatik unterschiedlichster körperlicher und psychischer Störungen auf. Der nicht definierte Begriff »kognitive Störungen« bezeichnet im weiteren rein deskriptiv das Abweichen kognitiver Leistungsparameter und damit verbundener Alltagsleistungen von einem Normwert einer Altersvergleichsgruppe. Diese Abweichungen können z.B. im Bereich des sekundären Gedächtnisses, der Orientierung oder der selektiven Aufmerksamkeit auftreten.

■ **Formen kognitiver Störungen im Alter.** Da es sich um eine ätiologisch unspezifische Bezeichnung handelt, existiert keine anerkannte Aufteilung in Unterformen. Im folgenden werden die am häufigsten im Alter auftretenden Syndrome beschrieben, die sich in der Symptomatik unterscheiden lassen: kognitive Störungen im Rahmen einer Demenzerkrankung, im Rahmen einer depressiven Störung und in Form der sog. »leichten kognitiven Beeinträchtigung« im Alter (Zaudig et al., 1992), die noch nicht klar einer Erkrankung oder dem Alternsprozeß selbst zugeordnet werden kann.

Demenz
■ **Symptomatik.** Der Sammelbegriff »Demenz« enthält keine Aussage über die spezifische organische Ätiologie. Demenzerkrankungen sind nach gängigen Klassifikationssystemen folgendermaßen charakterisiert:

- eine objektiv nachweisbare Beeinträchtigung des Gedächtnisses,
- ein Verlust der früheren intellektuellen Fähigkeiten, die sich jeweils auf das soziale und berufliche Funktionsniveau auswirken,
- Störungen der Persönlichkeit (Affektkontrolle, Sozialverhalten, Antrieb)
- Verursachung durch einen organischen Faktor.

In Abgrenzung zum Delir liegt keine Bewußtseinstrübung vor. Nach der in Deutschland meistverwendeten »International Classification of Diseases« (ICD-10) muß die Störung seit mindestens 6 Monaten bestehen.

■ **Epidemiologie**

> Die Prävalenz einer mittelschweren bis schweren Demenz liegt bei der Gesamtgruppe der älteren Menschen zwischen 3% und 7,7%, bei einem Durchschnitt von 5,2%.

Dieser Schweregrad bedeutet inhaltlich, daß durch die kognitiven Defizite die selbständige Lebensführung signifikant beeinträchtigt ist. Bei den »young old«, den jüngeren Älteren, ist die Auftretenswahrscheinlichkeit aufgrund des exponentiellen Anstiegs im hohen Alter jedoch deutlich geringer. Sie beträgt bei 65- bis 69jährigen beispielsweise 1–4% statt 15% bei 80- bis 85jährigen (Häfner, 1993). Bedingt durch die steigende Anzahl der Neuerkrankungen (Inzidenz) steigt das Erkrankungsrisiko bei den 85- bis 90jährigen auf über 30% an (Cooper, 1992).

Die beiden häufigsten Demenzformen, primäre Demenz vom Alzheimer-Typus (50–60% der Demenzfälle) und vaskuläre Demenz bzw. Mischformen einer vaskulären und Alzheimer-Demenz (20–30% der Fälle) decken den Großteil aller Demenzerkrankungen ab. Geschlechtsunterschiede in der Gesamtprävalenz zeigen sich kaum, der Beginn liegt bei Männern jedoch tendenziell früher (Häfner, 1993). Der Anteil der reversiblen, d.h. behandelbaren, Demenzformen ist gering. In einer Reanalyse nachuntersuchter Demenzfälle von Clarfield (1988) wird er auf 11% geschätzt.

Kognitive Störungen bei Depression

■ **Symptomatik.** Krankheitsbilder, die anfänglich als Demenz erscheinen, im Verlauf jedoch auf eine andere Erkrankung zurückgeführt werden können, werden *Pseudodemenz* genannt. Eine Unterform tritt häufig bei depressiven Erkrankungen im Alter auf, die sog. *depressive Pseudodemenz*. Die breite Überlappung zwischen dem klinischen Erscheinungsbild einer depressiven und einer dementiellen Erkrankung wurde ausgiebig und schon früh als »diagnostisches Dilemma« beschrieben. Bei beiden Syndromen treten beispielsweise Aufmerksamkeitsdefizite, psychomotorische Verlangsamung und motivationale Veränderungen auf. Außerdem lassen sich bei einem Teil der depressiven Erkrankungen Gedächtnisdefizite objektivieren, die gleichzeitig die prominentesten Frühsymptome einer dementiellen Erkrankung sind. Diese Defizite finden sich jedoch keineswegs generell bei Altersdepressionen (Niederehe, 1986). Tatsächliche kognitive Einbußen bei Depressiven, v.a. im Bereich des Gedächtnisses, müssen jedoch scharf von Klagen über Gedächtnisprobleme abgegrenzt werden (vgl. Abschn. 29.7.5).

■ **Epidemiologie.** Nach den Ergebnissen von Reynolds et al. (1988) leiden 10–20% der depressiven älteren Patienten an einer Pseudodemenz. O'Boyle et al. (1990) fanden bei 13% der untersuchten Depressiven eine solche Störung. Sie tritt v.a. bei schweren Depressionen und damit vermehrt bei stationär behandelten Patienten auf (La Rue, 1992). Die als »pseudodement« bezeichneten und untersuchten Personen variierten in der Vergangenheit jedoch stark im Ausmaß der nachweisbaren organischen Verursachung der Störung.

Leichte kognitive Beeinträchtigung

■ **Symptomatik.** Gemeint ist hier eine nachweisbare Reduktion kognitiver Fähigkeiten, die geringer als die oben genannten Beeinträchtigungen im Rahmen einer Demenzerkrankung ausgeprägt ist. Sie wurde mit den verschiedensten Namen belegt: »mild dementia«, »limited dementia«, »questionable dementia«, »minimal dementia«, »senescent forgetfulness«, »age associated memory impairment« oder »leichte kognitive Beeinträchtigung« (zusammengefaßt bei Zaudig, 1992). Einmal wird darunter eine Störung verstanden, die bereits alle Kriterien einer Demenz erfüllt, ein andermal eine leichtere Beeinträchtigung, bei der noch keine signifikanten Funktionseinbußen vorliegen. Diese schwer definierbare Gruppe zwischen »normalem« Altern und Demenzerkrankung wird in den letzten Jahren zunehmend beachtet. Eine Störung des Gedächtnisses steht im Vordergrund.

■ **Epidemiologie.** Die Häufigkeiten der »leichten kognitiven Beeinträchtigungen« bei Älteren, welche in epidemiologischen Studien berichtet werden, streuen zwischen 1,5 (Hasegawa, 1974) und 52,7% (Kaneko, 1979). Gründe hierfür sind die uneinheitliche Definition und die Nähe zu »normalen« kognitiven Altersveränderungen. In Feldstudien, die den Schweregrad 1 des Clinical Psychiatric Interview Schedule (Goldberg et al., 1970) als Falldefinition verwendeten, wurde eine Prävalenz von ca. 6% ermittelt (Häfner, 1993). Werden auch leichtere Beeinträchtigungen einbezogen, sind die Raten vermutlich deutlich höher.

28.7.2
Störungskonzept

■ **Ätiologie.** Auf die zahllosen Erkrankungen, die die Ursache einer Demenzentwicklung sein können oder kognitive Auffälligkeiten im Rahmen anderer Störungen hervorrufen können, kann an dieser Stelle nicht eingegangen werden. Eine Zusammenfassung findet sich beispielsweise bei Lauter & Kurz (1989).

■ **Differentialdiagnose.** Durch die Häufung psychischer und physischer Erkrankungen ergeben sich Schwierigkeiten bei der Frage, was denn noch als »normaler Alternsprozeß« anzusehen ist. Wird die Häufigkeitsverteilung in einer Vergleichspopulation als Maßstab herangezogen, resultieren nicht unbedingt sinnvolle Aussagen. Aussagekräftiger erscheint daher die Bezeichnung »nichtpathologisches Altern«. Neben den psychophysiologischen Parallelen (vgl. Alexopoulos et al., 1988, 1993) finden sich Überlappungen zwischen Depression, Demenz und Alternsverändrungen in verschiedenen Verhaltensbereichen. Dazu gehören Aufmerksamkeitsprozesse, Gedächtnisleistungen und psychomotorische Verlangsamung. Testdiagnostische Möglichkeiten der Differentialdiagnose zwischen Demenz und Depression beschreiben beispielsweise Emery (1988) sowie Gainotti & Marra (1994).

■ **Verlauf.** Der progrediente Verlauf der häufigsten Demenzform, der *Demenz vom Alzheimer-Typ*, kann bis heute nicht unterbrochen werden. Der Krankheitsprozeß setzt vermutlich bereits 15 bis 25 Jahre vor der Diagnosestellung ein (Jarvik, 1988), was die Abgrenzung vom normalen Altern zusätzlich erschwert. Bei der zweithäufigsten Störung, der *vaskulären Demenz*, kommt es nicht zwangsläufig zu einem chronisch-progredienten Verlauf, wobei die vaskulären Risikofaktoren jedoch oft nur schwer zu beeinflussen sind. Dagegen ist die Bandbreite im Verlauf *leichter kognitiver Beeinträchtigungen* erheblich. Auch ist das Risiko einer Verschlechterung hoch. Nach den bislang vorliegenden Längsschnittuntersuchungen muß man davon ausgehen, daß ein Teil der betroffenen Personen innerhalb weniger Jahre deutlich in der kognitiven Leistungsfähigkeit abfällt oder eine Demenz entwickelt. Angesichts der Verlaufsdaten (vgl. Helgenberger, 1995) ist es jedoch nicht gerechtfertigt, die Gruppe älterer Menschen mit »leichter kognitiver Beeinträchtigung« generell als beginnende Demenzen zu bezeichnen, wie dies einige Autoren tun.

Von wesentlicher prognostischer Bedeutung scheint das Ausmaß der kognitiven Beeinträchtigung zu sein. Während sich bei Stichproben, die überwiegend nur subjektive Gedächtnisdefizite aufweisen, nur ein geringer Prozentsatz (bis zu 9%) in Richtung Demenz verschlechtert, findet sich eine hohe Rate kognitiver Verschlechterung im weiteren Krankheitsverlauf (50–72%), wenn die Teilnehmer bei Studienbeginn Gedächtnisleistungen unterhalb der Altersnorm zeigten (vgl. Helgenberger, 1995). Hier wird jedoch auch deutlich, daß der kognitive Status keinen verläßlichen Verlaufsprädiktor darstellt.

28.7.3
Therapeutisches Vorgehen

Therapie leichter kognitiver Beeinträchtigungen
Das Wissen zum kognitiven Training bei älteren Menschen speist sich ursprünglich aus 2 Quellen. Zum einen waren in 20 Jahren Interventionsforschung zur »Plastizität« des Gehirns Erfahrungen

bei älteren Normalpersonen gesammelt worden. Die Erfolge beim Training von fluiden Intelligenzleistungen und Gedächtnisparametern hatten auf den bei über 60jährigen bestehenden Änderungsspielraum hingewiesen. Durch den Einsatz geeigneter Techniken waren signifikante Verbesserungen der Gedächtnisleistung in der Trainingssituation erreicht worden (Deisinger & Markowitsch, 1991). Zum anderen wurden im Bereich der neuropsychologischen Rehabilitation Strategien für die Behandlung schwerer kognitiver Einbußen bei Schädel-Hirn-Trauma oder Hirninfarkt entwickelt. Seit einigen Jahren wird nun zunehmend eine Kombination verhaltenstherapeutischer und neuropsychologischer Techniken propagiert, jedoch noch selten angewandt.

Es konnte gezeigt werden, daß Erfolge durch den Einsatz verhaltenstherapeutischer Techniken bei kognitiven Beeinträchtigungen unterschiedlicher Ätiologie möglich sind, einschließlich einer Demenzerkrankung (Wilson, 1987; Wilson & Moffat, 1992). Beispiele für diese Techniken sind:

- individuelle Verhaltensanalyse (Feststellung der exakten Defizite *und* Ressourcen),
- Anwendung lerntheoretischer Prinzipien,
- Einsatz von Verstärkerplänen oder
- Vermittlung von Selbstkontrolltechniken wie z.B. Verhaltensprotokollen.

Es lassen sich auch viele theoretische Gründe für eine Kombination gedächtnisrehabilitativer und verhaltenstherapeutischer Strategien anführen. Für die Anwendung verhaltenstherapeutischer Prinzipien bei altersassoziierten Problemen wurde der Begriff »behavioral gerontology« geprägt (vgl. Wisocki, 1991). Interessanterweise beschäftigte sich Wilson neben der neuropsychologischen Rehabilitation auch mit dem Thema der kognitiven Alltagsbewältigung im Alter.

> Verhaltenstherapeutische Techniken (z.B. Verhaltensanalyse und Anwendung von lerntheoretischen Prinzipien) sind auch bei schweren kognitiven Beeinträchtigungen erfolgreich einsetzbar.

Die meistverwendeten Strategien zur Verbesserung von Gedächtnisleistungen, die sich bei verschiedenen Patientengruppen als wirkungsvoll erwiesen haben, werden nachfolgend beschrieben.

Internale Strategien
Von äußeren Hilfen unabhängige, also internale Strategien setzen sowohl junge als auch alte Men-

schen automatisch im Alltag ein. Zum Beispiel memorieren wir eine Telefonnummer lautlos, um sie während des Zeitraums zwischen dem Nachschlagen im Telefonbuch und dem Wählen der Nummer nicht zu vergessen. Künstliche internale Gedächtnishilfen werden auch als Mnemotechniken bezeichnet.

■ **Visuelle Vorstellung.** Diese Mnemotechnik beinhaltet das Generieren von Vorstellungsbildern vor dem »inneren Auge«. Eine bekannte visuelle Strategie ist das Gesichter-Namen-Assoziationslernen (der Name der Person wird in einen ähnlich lautenden, visualisierbaren Begriff umgewandelt, ein besonderes Merkmal des Gesichts wird ausgewählt, und diese beiden Elemente werden in einer bildhaften Vorstellung verknüpft). Die sog. Pegtype-Mnemotechniken (»peg«=Aufhänger) verwenden eine festgelegte Reihenfolge von selbstgenerierten inneren Bildern als Anker für variable Gedächtnisinhalte (z.B. 1=Frühstückshörnchen, 2= Schuh usw.). Bei der Methode der Orte (Loci-Methode) werden vertraute Plätze, z.B. Garderobe, Telefonkonsole usw. in der Wohnung durch einen festgelegten Weg verknüpft. Die zu erinnernden Inhalte, z.B. Erledigungen, sollen durch innere Bilder der Reihe nach mit diesen Orten verbunden werden. Möglicherweise erlernen jüngere Menschen allerdings visuelle Techniken besser als ältere (Yesavage et al., 1989; Dror & Kosslyn, 1994).

■ **Verbale Strategien.** Hierbei werden beispielsweise Begriffe, die erlernt werden sollen, in eine erdachte Geschichte integriert (»story mnemonic«). Auch Reime werden als Gedächtnishilfe eingesetzt (im Volksmund als »Eselsbrücken« bezeichnet). Die Methode der »vanishing cues«, der graduell reduzierten Hinweisreize, versucht die bei amnestischen Patienten erhalten gebliebenen impliziten Gedächtnisleistungen zu nutzen. Dabei werden beim Versuch des Abrufs von Informationen, z.B. des Namens einer Person, zunächst sukzessive Hinweise gegeben, z.B. der 1., 2. und 3. Buchstabe des Namens, bis der Abruf möglich ist. Diese Hinweise werden später wieder ausgeschlichen. Internale Strategien kombinieren häufig bildhafte und verbale Techniken.

■ **Lernstrategien.** Bei Personen mit Gedächtnisproblemen ist oft auch die Merkfähigkeit für schriftliches Textmaterial, z.B. Zeitungsartikel, beeinträchtigt. Die bekannteste Lernstrategie zur Erarbeitung von Texten ist die PQRST-Methode (mit den Arbeitsschritten Preview=Aufbau des Textes kurz überfliegen, Question=Fragen zum Text stellen, Read=Text sorgfältig lesen, State=gelesene Information zusammenfassen, Test=Verständnis durch Beantwortung der Fragen überprüfen). Personen mit einer leicht ausgeprägten amnestischen Störung konnten damit ihre Gedächtnisleistung deutlich verbessern (Moffat, 1992).

Externe Hilfen

Externale Gedächtnisstrategien werden von Personen aller Altersgruppen häufiger als internale Strategien verwendet. Erstens gehören dazu *externe Speicher* wie Terminkalender, Listen oder Tagebücher. Auch der Einsatz dieser Hilfen muß systematisch trainiert werden. Ebenso können tragbare elektronische Hinweisgeber verwendet werden. Bislang überfordert ihre komplizierte Bedienung jedoch stärker kognitiv beeinträchtigte Personen. Die wiederholte Verwendung einer externen Gedächtnishilfe, früher als »Krücke« abgewertet, führt nach Harris (1992) vermutlich dazu, daß die zu erinnernden Informationen auch internal besser gespeichert werden. Zweitens gehören zu den externalen Strategien *Hinweisreize (Cues) bzw. Abrufhilfen*, die auch bei ausgeprägten Defiziten eingesetzt werden können. Hinweisreize sind wirksamer, wenn sie möglichst direkt vor der geplanten Handlung, z.B. dem Herausnehmen des Kuchens aus dem Backofen, gegeben werden. Ein aktiver Hinweis (z.B. Klingeln eines Küchenweckers) ist erfolgreicher als ein passiver (z.B. Notizzettel).

Im Gegensatz zu den genannten Strategien ist der Nutzen einer unspezifischen Übungstherapie, d.h. einer Wiederholung ohne Rückmeldung, nach den vorliegenden Studien sehr zweifelhaft (Schacter & Glisky, 1986). Nichtsdestotrotz ist sie im therapeutischen Alltag weit verbreitet.

> Die Erfahrungen mit den genannten Patientengruppen haben in den letzten Jahren zu einem bedeutsamen Paradigmenwechsel in der Gedächtnistherapie geführt (vgl. McGlynn, 1990; Schuri et al., 1995; von Cramon et al., 1993). Statt des traditionellen kurativen Ansatzes, der eine Beseitigung oder Verminderung der zugrundeliegenden Defizite zum Ziel hat, wurde ein kompensatorisches Vorgehen postuliert. Zum Hauptkriterium für die Bewertung von Therapieprogrammen entwickelte sich daher die Frage, ob der Betroffene mit den Anforderungen des Alltags trotz der bestehenden Einbußen zurechtkommt.

Weitere Punkte zum Paradigmenwechsel in der Gedächtnistherapie sind in Tabelle 28.4 zusammengefaßt.

Tabelle 28.4. Paradigmenwechsel in der Gedächtnisforschung (vgl. Helgenberger, 1995)

Traditionell	Aktuell
• Kurativer Ansatz: Wiederherstellung verlorener Fähigkeiten	• Kompensatorischer Ansatz: Rehabilitation
• Ziel: allgemeine Fähigkeiten	• Ziel: spezielle Fertigkeiten
• Gruppenstatistischer Ansatz	• Einzelfallanalysen
• Reine Übung/komplizierte Mnemotechniken	• Einfache interne und externe Strategien/trainierter Transfer
• Konzentration auf Defizite	• Förderung verbliebener Fähigkeiten
• Unimodale Behandlung	• Multimodale Behandlung, Kombination mit verhaltenstherapeutischen Techniken

Verhaltensmodifikation bei Demenz

Verhaltensauffälligkeiten wie Unruhe, Unselbständigkeit, Panikreaktionen, Aggression oder Weglauftendenzen stellen die Betreuer dementer Patienten oft vor größere Probleme als deren Vergeßlichkeit. Auf die unterschiedlichen pharmakologischen und nichtpharmakologischen Vorgehensweisen, die erfolgreich zur Behandlung von Verhaltensauffälligkeiten eingesetzt wurden, kann hier nicht im Detail eingegangen werden; eine Beschreibung nichtmedikamentöser Interventionen findet sich ausführlicher z.B. bei Holden & Woods (1988).

Da die Ursachen der Demenzerkrankungen im Alter meist nicht reversibel sind, kann die Behandlung nur versuchen, eine Milderung der Symptomatik zu erreichen und die Möglichkeiten des Patienten maximal auszuschöpfen (Kurz, 1990). Als besonders wichtig bei dieser symptomatischen Therapie wurde wiederholt die Förderung von Selbständigkeit beschrieben (z.B. Lauter & Kurz, 1989). In einer Übersichtsarbeit von Holden & Woods (1988) werden neuere Studien zur Psychotherapie mit Demenzpatienten zusammengefaßt. Elemente, die immer wiederkehrten, waren *Aktivität und Stimulation* sowie die *Anpassung der Umgebung*.

Angesichts der bescheidenen Effekte von Orientierungs- und Gedächtnistrainingsverfahren bei dementen Patienten entwickelte Kurz (1990) eine *interaktionelle Therapiestrategie bei Demenz*. Er beschreibt zunächst verschiedene Theorien, welche die Verhaltensauffälligkeiten bei Demenzpatienten zu erklären versuchen. Der aus der Familientherapie entlehnte Ansatz versucht den Patienten zu beeinflussen, indem auf das Verhalten der Bezugsperson eingewirkt wird. Folgende »Verhaltensregeln« für die Betreuungspersonen werden dabei vorgeschlagen (S. 130):

- »Verständnis, Wertschätzung und Toleranz,
- Vermeiden von unnötiger Konfrontation,
- Vermittlung von notwendiger und nutzbarer Information,
- Aufrechterhaltung der Eigenständigkeit,
- Förderung von verbliebenen Fähigkeiten,
- Wahrung der Identität«.

Diese Herangehensweise garantiert eine sehr dichte Therapie. Nicht alle Angehörigen waren jedoch in der Lage, ihre Verhaltensgewohnheiten konsequent zu ändern.

Aufgrund des bekannten Generalisierungsdefizits und der sehr eingeschränkten Fähigkeit zum Neulernen bei Demenzpatienten konzentrierte sich die Gedächtnishilfe hier von jeher stärker auf externale als auf internale Strategien. Ermini-Fünfschilling & Stähelin (1990), seit Jahrzehnten in der Betreuung von Demenzpatienten und ihrer Angehörigen tätig, bezweifeln, daß bei einem Wert von weniger als 23 Punkten in der Mini Mental State Examination ein klassisches Gedächtnistraining noch sinnvoll ist.

Ein bekannter externaler Ansatz, das Realitätsorientierungstraining (ROT), hat nach großem anfänglichem Interesse wieder an Beliebtheit verloren. Dies ist möglicherweise durch die begrenzte Zielsetzung des Programms zu erklären, das beispielsweise die oben genannten Probleme der Betreuer mit den Verhaltensweisen des Patienten wenig berücksichtigt. Weiterhin ist jedoch die Verwendung externer Hinweisreize, das Hauptelement des ROT, ein hilfreicher Bestandteil in der Betreuung eines dementen Patienten. Das prinzipielle Vorgehen und die empirischen Daten hierzu werden in Abschn. 28.7.5 beschrieben.

28.7.4 Fallbeispiel Demenz

Fallbeispiel Frau C.

■ **Anamnese.** Frau C., 66 Jahre alt, wurde uns von einem Allgemeinarzt mit der Diagnose einer depressiven Verstimmung überwiesen. Sie klagte über niedergeschlagene Stimmung, mit ihrem Alltag komme sie nicht mehr so zurecht wie früher und fühle sich auf ihre Familie angewiesen. Seit dem Tod ihres Ehemannes vor 3 Jahren lebte sie alleine. Sie gab an, zur Familie bestehe eine liebevolle Beziehung, die Enkeltochter besuche sie regelmäßig. In der letzten Zeit habe sie sich einige Male in der Stadt verlaufen und nach dem Weg fragen müssen. Im Alltag fiel der Patientin selbst auf, daß sie vergeßlicher wurde, z.B. beim Einkaufen.

■ **Diagnose.**
- Beginnendes dementielles Syndrom, Verdacht auf Alzheimer-Krankheit,
- Leichtes bis mittelgradiges depressives Syndrom.

■ **Therapie und Verlauf.** Es fiel auf, daß Frau C. sich wiederholt nicht in den Räumen der Behandlungseinheit zurechtfand. Sie reagierte darauf jeweils mit Niedergeschlagenheit und empfand Scham über ihre Hilfsbedürftigkeit. Die neuropsychologische Testung zeigte leicht- bis mittelgradige Merkfähigkeitsstörungen und eine gestörte räumliche Wahrnehmung. Andere kognitive oder sprachliche Störungen waren nicht nachweisbar. Die Therapie zielte zum einen auf die Vermittlung situationsangepaßter Copingstrategien und zum anderen auf eine kognitive Umstrukturierung in Richtung auf eine erhöhte Diskriminationsfähigkeit für positive und negative Stimuli sowie das Erkennen von bisher ungenutzten Kontrollmöglichkeiten. Zusätzlich wurde Nimotop verordnet.

In den Behandlungsräumen setzten wir Orientierungshilfen (z.B. Hinweisschilder) ein und besprachen mit der Patientin analoge Möglichkeiten im häuslichen Umfeld. Der offene Umgang mit dem Problem der kognitiven Einbußen in der Therapie erleichterte es der Patientin, ihre Alltagsschwierigkeiten zu besprechen und nach Lösungen oder Hilfsmitteln zu suchen (Tagesplan, Einkaufslisten, täglicher Telefonkontakt mit der Familie). Die Verhaltensanalyse zeigte, daß sie mit depressiver Verstimmtheit reagierte, wenn sie Hilfsbedürftigkeit empfand (z.B. Weg erfragen) und sich bei »unbelasteten« Kontakten mit der Enkeltochter wohlfühlte. Frau C. lernte, verschiedene Auslösesituationen zu unterscheiden und konnte Strategien entwickeln, selbst vermehrt für positive Stimuli zu sorgen (z.B. kleine Aufgaben für die Familie übernehmen, Kaffeetrinken mit der Enkeltochter). Basis dafür waren: das Anerkennen der eigenen kognitiven Störung, der offene Austausch mit der Familie über ihre Probleme, der teilweise Rückgewinn von Autonomie durch den Einsatz von Orientierungshilfen und Alltagsroutinen und eine Neuorientierung mit einer positiveren Bewertung von »kleinen« sozialen Kontakten (Telefonate, Nachbarn). Frau C. wurde von uns in die längerfristige Betreuung durch eine Gedächt-

nisambulanz vermittelt und mit gut gebesserter Stimmungslage nach Hause entlassen.

28.7.5
Empirische Belege

Trainingsstudien
bei leichter kognitiver Beeinträchtigung
Mit leicht kognitiv beeinträchtigten, nicht nachweislich dementen Älteren wurde nur eine kleine Anzahl von Studien durchgeführt, meist unter dem Titel »age associated memory impairment« (Helgenberger, 1995). Vorrangig wurden die oben genannten internalen Gedächtnisstrategien eingesetzt, ebenso wie in Studien mit relativ unbeeinträchtigten älteren Teilnehmern. Die Ergebnisse sind im folgenden zusammengefaßt.

Hauptergebnisse der Gedächtnistherapie bei »leichter kognitiver Beeinträchtigung« im Alter (vgl. Helgenberger, 1995):

- Kurzfristig resultieren überwiegend signifikante Leistungsverbesserungen durch Gedächtnistraining.
- Wie bei Normalpersonen hat ein nicht direkt gedächtnisbezogenes Vortraining positive Auswirkungen.
- Beim Einsatz internaler Gedächtnisstrategien und anderer komplexer Techniken findet sich bei einer stärkeren kognitiven Beeinträchtigung der Teilnehmer ein geringerer Trainingseffekt.
- In den bisherigen Studien mit den bisher verwendeten internalen Strategien lassen sich keine Langzeiteffekte auf Gedächtnistestwerte nachweisen.
- Gedächtnisklagen sind kaum bis gar nicht mit den objektivierbaren Gedächtnisleistungen korreliert.
- Die Interventionseffekte sind spezifisch für die trainierte Aufgabenart, so daß zunehmend alltagsrelevante Therapieziele und Trainingsaufgaben propagiert werden.

Nach Beendigung der Gedächtnisintervention wurden – ebenso wie in den Untersuchungen mit älteren Normalpersonen – zunächst Leistungsverbesserungen beobachtet. Auch zeigte sich ein positiver Effekt, wenn gedächtnisassoziierte Bereiche (z.B. Entspannung, Einstellung zum eigenen Gedächtnis etc.) in die Therapie einbezogen wurden (multimodales Training). Diese sog. multimodalen Programme gehen davon aus, daß Gedächtnis-

oder sonstige kognitive Störungen im Alter die unterschiedlichsten, im einzelnen nicht nachvollziehbaren Ursachen habe. Daher werden im Sinne eines Gießkannenverfahrens verschiedene Techniken angewandt.

Die bisherigen Untersuchungen konnten jedoch nicht nachweisen, daß trainingsbedingte Gedächtnisverbesserungen über wenigstens einige Monate aufrechterhalten werden können. Allerdings sind nur sehr wenige Langzeitstudien veröffentlicht. Wie zu erwarten, ist bei älteren Menschen die Vermittlung von internalen Strategien weniger erfolgreich, wenn eine niedrigere kognitive Ausgangsleistung vorliegt bzw. wenn komplexe Mnemotechniken vermittelt werden. Das zeigt sich in einer Reihe von Untersuchungen. In der Studie von Yesavage (1989) wurden Personen gegenübergestellt, die in der Mini Mental State Examination (MMSE, Folstein et al., 1975) einen Wert zwischen 23 und 26 oder zwischen 28 und 30 aufwiesen. Die Personen mit einem niedrigen MMSE-Wert profitierten in geringerem Ausmaß als diejenigen mit einem hohen Wert. Bereits geringfügige Beeinträchtigungen wie ein Wert von »nur« 28 MMSE-Punkten scheint zu einer Verminderung des Trainingsgewinns zu führen (Hill et al., 1989).

Ein weiteres Ergebnis dieser Studien ist die geringe Übereinstimmung von subjektiver Gedächtniseinschätzung und tatsächlichen Defiziten. In zahlreichen Studien mit älteren Menschen hatte sich gezeigt, daß Selbstbeurteilungen des Gedächtnisses hoch mit Depressivität korrelieren (z.B. Rabbit & Abson, 1990), aber kaum oder gar nicht mit der meßbaren Gedächtnisleistung.

Ein Teil der Gedächtnisklagen, auch bei kognitiv tatsächlich leicht beeinträchtigten Personen, muß somit eher auf die Angst vor dem Alternsprozeß (Storandt, 1992) oder auf eine depressive Verstimmung zurückgeführt werden.

Außerdem zeigten sich stark spezifische Effekte der Therapie: Nach dem Training ließ sich zwar eine Verbesserung nachweisen, wenn in der Testphase die im Training verwendete Aufgabenart vorgelegt wurde. Ein spontaner Transfer auf andere Aufgabenarten fand jedoch nicht statt.

Realitätsorientierungstraining

Das Realitätsorientierungstraining (ROT) wurde speziell für ältere geriatrische Patienten entwickelt. Bislang setzte man es überwiegend bei Heimpatienten mit einem dementiellen Syndrom ein. Der Schwerpunkt liegt auf der Behandlung von Orientierungsproblemen. ROT ist eine verhaltenstherapeutische Strategie, die zur Selbständigkeit älterer Menschen beitragen soll. Man unterscheidet 2 Arten von ROT:

- Das *informelle ROT* (auch »24-Stunden-ROT«): hierbei erfolgt eine kontinuierliche, die natürlichen Sozialkontakte zum Patienten ausnutzende Unterstützung bei der Orientierung (durch Wiederholung, Ermutigung etc., externe Hilfen, Einbeziehung von Familienangehörigen und/oder Pflegepersonal).
- Das *formelle ROT*, jeweils ca. 30 Minuten lang in Kleingruppen durchgeführt, anfangs nur als Ergänzung des 24-Stunden-ROT gedacht (auch »Klassenzimmer-ROT«).

Da die untersuchten Interventionen oft nicht genau beschrieben wurden und verschiedene Vorgehensweisen gewählt wurden, fällt die Bewertung der Effektivität von ROT schwer (Kaschel et al., 1992). Frühe Erfahrungen mit ROT (vorwiegend Einzelfallberichte ohne Kontrollen) führten zunächst zu einer positiven Einschätzung, da die Behandelten im Anschluß mehr Selbstvertrauen und Interesse zeigten. In kontrollierten Behandlungsstudien ließen sich durch ROT-Gruppen jedoch keine durchgängigen Verbesserungen in Orientierungstests erreichen und auch nicht die erhofften sonstigen kognitiven, emotionalen oder sozialen Effekte. Als Grund dafür wird häufig angeführt, daß die ursprüngliche Idee des ROT, eine über 24 Stunden angewandte Strategie, nicht realisiert worden war. In Studien mit behandelten Kontrollpersonen finden sich keine ausreichenden Belege für differentielle Effekte, d.h. die Überlegenheit gegenüber anderen Behandlungsformen wie z.B. »Beschäftigungstherapie«. Die mit ROT verbundene soziale Stimulation scheint ein wirksamer therapeutischer Faktor zu sein. Wie Kaschel et al. (1992) zusammenfassen, lassen sich Generalisierung und Transfer der Effekte jedoch nicht belegen. Zumindest gegenüber einer Standardversorgung ohne ROT scheint die Therapie jedoch hinsichtlich der Verbesserung verbaler Orientierungsleistungen überlegen zu sein.

28.8
Besonderheiten bei der Verhaltenstherapie mit älteren Menschen

Inwiefern müssen also die bei jüngeren Patienten gängigen (oder zumindest empfohlenen) Methoden modifiziert werden? Wir haben versucht, die in der Literatur zugänglichen Erfahrungen bei der verhaltenstherapeutischen Behandlung älterer Menschen zusammenzufassen. Auch unsere eigenen Erfahrungen mit über 60jährigen Patienten in der Gruppen- und Einzeltherapie, stationär bzw. teilstationär psychiatrisch und stationär psychosomatisch behandelt, gehen ein. Beschreibungen verhaltenstherapeutischer Interventionen bei Älteren liegen zu den Themen Depression, Angst, kognitive Störungen inklusive Demenz und Inkontinenz (Haag & Bayen, 1990) sowie Schlaflosigkeit und reduzierte Lebensbewältigung (Hautzinger, 1994) vor.

■ **Versorgungssituation psychisch kranker älterer Menschen in Deutschland.** Ähnlich wie in anderen europäischen Ländern bleibt in Deutschland das psychotherapeutische Angebot für Ältere weit hinter dem Bedarf zurück, v.a. im ländlichen Raum (Kemper, 1994). An der zunehmenden Anzahl von Veröffentlichungen ist jedoch ein wachsendes Interesse am Thema »Psychotherapie im Alter« abzulesen. Die aktuelle Situation wird anhand der folgenden Daten deutlich: Die Praxisstudie der Deutschen Gesellschaft für Psychotherapie, Psychosomatik, Tiefenpsychologie (GPPT, 1988) untersuchte die Altersverteilung der Patienten niedergelassener Psychotherapeuten. Der Anteil der 50- bis 59jährigen betrug nur 4,85% und derjenige der über 65jährigen nur 0,9% an der Gesamtzahl der behandelten Patienten. 89,5% der Behandler hatten keine über 60jährigen Patienten. Arolt & Schmidt (1992) stellten in einer Befragung psychotherapeutisch tätiger Nervenärzte fest, daß nur 0,6% der über 60jährigen Depressiven eine Psychotherapie erhielten. Außerdem lehnen Beratungsstellen und sozialpsychiatrische Dienste ältere Personen meist ab; psychosomatische bzw. psychotherapeutische Kliniken nehmen zwar inzwischen zögerlich über 60jährige auf, bieten aber ganz überwiegend keine auf sie abgestimmte Behandlung an (Radebold, 1994). Vielversprechende neue Einrichtungen wie die der gerontopsychiatrischen Tageskliniken sind noch zu wenig verbreitet. Damit ist die Psychotherapie Älterer ganz überwiegend dem praktischen Arzt oder Internisten überlassen, der hierfür in der Regel nicht ausgebildet ist (Radebold, 1989).

Die therapeutische Beziehung zwischen dem älteren Patienten und seinem Behandler weist bestimmte Eigenheiten auf. Es erleichtert die Arbeit mit Älteren, für diese Besonderheiten bei Therapeut und Patient sensibilisiert zu sein.

Therapeutenbezogene Besonderheiten
■ **Gegenübertragung.** Auf der Seite des Therapeuten ist zunächst die spezifische *Übertragungskonstellation* zu nennen.

Gegenübertragungsphänomene werden seit Jahrzehnten als ein wesentlicher Aspekt der Psychotherapie älterer Menschen beschrieben. Sie dürfen nicht übergangen werden, auch wenn die Terminologie nicht aus der Verhaltenstherapie stammt. Gemeint ist, daß ein in der Regel jüngerer, oft sehr viel jüngerer Therapeut einem Patienten gegenübersteht, auf den er unwillkürlich die Gefühle gegenüber seinen Eltern oder Großeltern überträgt. Zusätzlich wird er durch den alternden Patienten mit dem eigenen zukünftigen Altern, Kranksein und Sterben konfrontiert. Verschiedene Experten haben herausgestrichen, daß diese Konstellation zur Ablehnung des Patienten führen kann und daher eine Supervision für den Therapeuten besonders notwendig ist.

■ **Übertragung.** Der Patient andererseits sitzt einer Person gegenüber, die sein Kind oder Enkelkind sein könnte. Anregungen, z.B. zu mehr angenehmen Aktivitäten, werden mit der Bemerkung abgelehnt: »Sie haben leicht reden, Sie sind noch jung! Aber bei mir sind diese Dinge vorbei«. Gerade bei depressiven Störungen kann es dem Therapeuten schwerfallen, diese negativen Gedanken kritisch zu hinterfragen. Angesichts von Belastungen wie Krankheit und Verlust kann der Eindruck entstehen, jeder müsse unter diesen Umständen psychisch krank werden.

■ **Altersstereotypien.** Die genannten Übertragungsphänomene sind eng mit herkömmlichen Vorstellungen über »das Alter« assoziiert. Es besteht die Gefahr, daß der Therapeut die oftmals beim Patienten selbst vorliegende Defizitorientierung aufnimmt und gesunde Anteile nicht mehr fördert (Radebold, 1994). Viele Autoren nennen als wichtiges therapeutisches Ziel, den Patienten auf die bevorstehenden Krankheiten und Einschränkungen sowie den Tod vorzubereiten. Ob dies sinnvoll oder von älteren Patienten gewünscht ist, bleibt Spekulation.

Patientenbezogene Besonderheiten
■ **Generationsspezifische Wertvorstellungen.** Wie erwähnt, erklärt das chronologische Lebensalter oft weniger Verhaltensvarianz als biographische Elemente. Der Patient ist in einer anderen historischen Epoche mit anderen Wertvorstellungen als der Therapeut aufgewachsen, was zu Mißverständnissen führen kann. Knight (1986) nennt als Beispiel, daß das Fahrrad des Therapeuten im

Sprechzimmer der Praxis bei einigen älteren Patienten den Eindruck von Unseriosität erwecken kann. Kommende Generationen älterer Menschen werden wieder andere Werte in die Therapie einbringen.

■ Introspektionsfähigkeit und Handlungsfreiheit.
Die bei älteren Menschen erhöhte Fähigkeit, über sich nachzudenken und sich distanziert zu betrachten, wurde als Behandlungsvorteil beschrieben. Nach der Berentung kann der Wegfall des beruflichen Drucks Veränderungen und Verhaltensexperimente erleichtern (Knight, 1986). Andere Autoren dagegen, deren Erfahrungen v.a. auf der Arbeit mit depressiven Patienten beruhen (Gallagher & Thompson, 1981), nennen eine geringere Risikobereitschaft älterer Patienten als Hindernis in der Therapie.

■ Gewichtung von Lebenszielen.
Die verkürzte Lebensperspektive älterer Menschen wird in der Therapie spürbar. Viele ältere Menschen setzen die Präferenzen in ihrem Leben anders als in jüngeren Jahren. Da Altersveränderungen nicht einheitlich verlaufen, sondern sehr stark variieren, sollte der Therapeut die individuelle Gewichtung der Lebensziele und Werte zu Beginn der Therapie genau erfragen.

■ Lebenserfahrung.
Nach unserer Erfahrung setzen ältere Patienten den Hinweis auf ihre Lebenserfahrung auch ein, um Vorschläge zur Überwindung von Problemen abzuwehren: »Wozu? Nach allem, was ich bereits erlebt habe, weiß ich heute, daß ich am Ende doch der Dumme bin«. Wie andere Autoren (z.B. Zeiss & Lewinsohn, 1986) empfanden wir es in solchen Fällen als günstig, dem Älteren von vornherein eine Überlegenheit hinsichtlich Erfahrung und Menschenkenntnis zuzubilligen.

Adaptationen verhaltenstherapeutischer Maßnahmen bei älteren Patienten

Keine der bei jüngeren Patienten erprobten Techniken der Verhaltenstherapie (z.B. Konfrontationsbehandlung) hat sich bislang als untauglich für die Therapie mit älteren Menschen erwiesen. Mehrfach wurde jedoch berichtet, daß eine Veränderung der üblichen Vorgehensweise notwendig wurde. Zu diesen Modifikationen gehört auch die Berücksichtigung zusätzlicher Aspekte, z.B. der Multimorbidität. Ob eine »altersgerechte« Vorgehensweise die therapeutische Wirksamkeit tatsächlich erhöht, wurde noch nicht untersucht. Die besondere Berücksichtigung der folgenden Aspekte hat sich jedoch in der Praxis bewährt.

■ Eingangsdiagnostik.
Die Bandbreite sozialer und kognitiver Fähigkeiten sowie körperlicher Einschränkungen älterer Menschen geht weit über die jüngerer Menschen hinaus. Daher müssen die Möglichkeiten des Patienten vor einer Therapie genau ausgelotet werden. Die Depressionsbehandlung eines vereinsamten Witwers mit einer beginnenden Demenz muß sich anders gestalten als diejenige einer älteren Bäuerin, die das Oberhaupt einer 10köpfigen Familie ist.

■ Rückendeckung.
Ein weiterer Gesichtspunkt vor dem eigentlichen Beginn der Behandlung: Verhaltenstherapie im Alter ist noch immer Pionierarbeit – und ohne die Akzeptanz der Umgebung nicht durchführbar. Wiederholt wurden plastisch die Widerstände beschrieben, mit denen bei der Einführung psychotherapeutischer Maßnahmen für Ältere in einer Institution gerechnet werden muß (Radebold, 1989; Tonscheidt, 1992; Hautzinger, 1993). Es empfiehlt sich eine genaue Absprache mit Personal und Verwaltung und ein Training des Personals.

■ Strukturierung.
Mehrere Autoren strukturierten bei der Psychotherapie älterer Menschen Informationsvermittlung und Therapiegestaltung stärker als bei jüngeren Patienten (z.B. Lewinsohn et al., 1984; Zeiss & Lewinsohn, 1986; Hautzinger, 1992), zumindest zu Beginn der Therapie. Beispielsweise reagierten unsere älteren depressiven Patienten in der Therapiegruppe hilflos, wenn sie zu Beginn der Sitzung mit offenen Fragen konfrontiert wurden. Oft ist es auch notwendig, den Patienten im Gespräch wieder aufs Thema zurückzuführen. Ein stark *direktives* Vorgehen dagegen, das dem älteren Menschen Entscheidungen abnimmt, fördert ein Gefühl von Abhängigkeit und damit auch Depression (Woods, 1993).

■ Informelle Anteile.
Strukturierung schließt aber nicht aus, daß auch Raum für ein anfängliches Plaudern bleibt. Oft ist der Therapeut einer der wenigen oder der einzige Ansprechpartner. Gallagher & Thompson (1981) planten in ihrem strukturierten verhaltenstherapeutischen Programm regelmäßig »talk time« zu Beginn der Sitzung ein. Ohnehin scheint eine standardisierte Therapie bei älteren Menschen noch schwerer durchführbar zu sein als bei jüngeren.

■ Tempo.
Altersassoziierte Veränderungen der Informationsverarbeitungsgeschwindigkeit stellen kein wesentliches Therapiehindernis dar. Viele ältere Menschen lernen jedoch unter Zeitdruck schlechter als jüngere (siehe Abschn. 28.2). Ältere

profitieren, wenn man ihr Tempo akzeptiert, wenn die Grundgedanken der Therapie ausführlich und wiederholt erklärt werden und wenn die Therapie Schritt für Schritt erfolgt (Zeiss & Lewinsohn, 1986; Gallagher & Thompson, 1981).

■ **Körperliche Einschränkungen.** Statt dessen scheitert die Therapie mit Älteren oft an Problemen wie Schwerhörigkeit, Fernbleiben wegen häufiger Arztbesuche oder Transport zur Therapie. Die Krankheiten, nicht das chronologische Alter der Patienten setzen der Therapie im Alter Grenzen (Kemper, 1994). Phantasievolle Lösungen sind gefragt. Durch die Verwendung eines Hörgeräts kann beispielsweise verhindert werden, daß ein schwerhöriger Patient zum Außenseiter in einer Therapiegruppe wird.

■ **Therapiematerial.** Die Berücksichtigung sensorischer Einschränkungen kann dabei nicht genug betont werden. Nach unserer Erfahrung (vs. Knight, 1986) müssen die bei Jüngeren verwendeten Erhebungs- und Informationsmaterialien (z.B. Hausaufgabenblätter, Stimmungsprotokolle) für viele (aber nicht für alle!) Ältere abgewandelt werden. Die Vorlagen wurden vergrößert und überflüssige und verwirrende Elemente gestrichen.

■ **Lebensgeschichte.** Außerdem lohnt es sich, die Beispiele zur Demonstration von Therapieinhalten und Hausaufgaben auf die persönlichen Erfahrungen und die Lebenssituation des Patienten zuzuschneiden. Ältere Menschen profitieren stärker als jüngere, wenn ein Bezug des Lernmaterials zu den eigenen Erfahrungen hergestellt wird (Lehr, 1991). Auch sind sie weniger bereit, Aufgaben ohne Bezug zu ihren Alltagsanforderungen zu bearbeiten.

■ **Familie.** Oft ist der ältere Patient auf seine Angehörigen angewiesen. Daher sollte sichergestellt werden, daß die Familie der Psychotherapie positiv gegenübersteht. Oft können nur mit den Angehörigen soziotherapeutische Belange geklärt oder praktische Probleme (z.B. Transport) gelöst werden. Bei hirnorganischen Veränderungen ist eine Beratung der Angehörigen mindestens genauso wichtig wie die Behandlung selbst (Radebold, 1994).

■ **»Self-efficacy« (Selbstwirksamkeit).** Ältere erleben sich häufig in der Position des Schwachen: »Ich kann sowieso nichts ändern«. Ein wesentlicher Bestandteil der verhaltenstherapeutischen Behandlung besteht darin, sie zur Übernahme von Kontrolle über ihre Gefühle und Handlungen zu ermuntern (Whitehead, 1991).

■ **Alltagsbewältigung.** Dazu gehört auch, daß der Therapeut auch und gerade bei bestehenden Einschränkungen alle Aspekte einer selbständigen Lebensführung fördert (z.B. eigene Entscheidungen, selbständige Handgriffe in der Küche oder bei der Körperpflege, Führen von Telefonaten). Wie wir beschrieben haben (s. Abschn. 28.4.2 und 28.5.2), sind nicht die körperlichen Erkrankungen an sich, sondern vielmehr die daraus entstehenden funktionellen Beeinträchtigungen eng mit Angst und Depression im Alter assoziiert.

■ **Hausaufgaben.** Therapeutische Hausaufgaben wie z.B. das Protokollieren negativer Gedanken wurden oft als das Herzstück der kognitiven Verhaltenstherapie bezeichnet. Unsere stationären älteren Patienten führten diese Aufgaben oft nicht aus, weil sie sie nicht verstanden oder vergessen hatten oder der Umgang mit Papier und Bleistift unvertraut war. Ähnliche Probleme beschreiben andere Autoren. Es wurde vorgeschlagen, Hausaufgaben mit älteren Menschen genau vorzubesprechen, sie in einem Therapiebuch notieren zu lassen und feste Zeitpunkte für deren Erledigung zu vereinbaren (Zeiss & Lewinsohn, 1986; Gallagher & Thompson, 1981).

■ **Gruppengröße.** Bei den in der Literatur dokumentierten Gruppenbehandlungen älterer Menschen wurden meist kleinere Therapiegruppen gebildet (6–8 Personen), als dies bei jüngeren üblich ist. Im stationären Setting bewährte sich bei uns eine Gruppengröße von 6 älteren Patienten. Wenn jedoch ehemalige, nicht mehr psychisch kranke Patienten zusätzlich teilnahmen, war auch eine größere Runde möglich.

■ **Beendigung der Therapie.** Für viele ältere Patienten werden die Therapiekontakte ein wichtiger Bestandteil ihres sozialen Netzes. Ein Ausschleichen wird daher auch für Therapiegruppen mit offenem Ende empfohlen, in denen die Unterstützung durch Leidensgenossen nach und nach die therapeutische Beziehung ablösen kann.

Im folgenden sind die wichtigsten Aspekte nochmals im Überblick dargestellt.

Bewährte Adaptationen der kognitiven Verhaltenstherapie bei älteren Menschen (vgl. auch Helgenberger & Wittchen, 1991):

I. Veränderungen der Informationsverarbeitung
• Kognitive Ressourcen überprüfen,

- Therapiesitzungen stärker strukturieren,
- Tempo des Patienten akzeptieren,
- Grundgedanken der Therapie mehrfach erklären,
- Inhalte der Therapie wiedergeben lassen,
- Therapienotizbuch führen lassen,
- kleine Therapiegruppen,
- Hausaufgaben genau vorbesprechen.

II. Veränderungen der Lebensweise/der sozialen Beziehungen
- Soziale Fähigkeiten und soziale Einbindung einschätzen,
- informelles Gespräch bei Sitzungsbeginn einplanen (»talk time«),
- Realisierbarkeit/Erwünschtheit von Unternehmungen überprüfen,
- eher wenige, aber befriedigende Aktivitäten fördern,
- (Neu)gewichtung der Lebensziele eruieren,
- altersrelevante Rollenspielsituationen wählen,
- Beispiele auf persönliche Erfahrungen beziehen,
- negative Selbstbeurteilung aufgrund des Alters hinterfragen,
- selbständige Bewältigung von Alltagsproblemen unterstützen,
- Eigenattribution der erreichten Veränderungen verstärken,
- Familie einbeziehen, Akzeptanz der Angehörigen sichern.

III. Körperliche Veränderungen
- Körperliche Krankheiten und Behinderungen kennen!
- Therapiematerial an visuelle und akustische Beeinträchtigungen anpassen,
- mögliche Auswirkungen der Medikation berücksichtigen,
- Konzentration auf die verbliebenen Möglichkeiten lenken,
- Verwendung von Hilfsmitteln vorschlagen und einüben (Hörgerät, Notizbuch etc.),
- Krankheit als Rechtfertigung für Resignation nicht akzeptieren.

Wir sehen das systematische Sammeln weiterer psychotherapeutischer Erfahrungen mit älteren Menschen als spannende und zukunftsträchtige Aufgabe. Ältere Menschen, v.a. im hohen Alter, verhalten sich oft überraschend unkonventionell und fordern dadurch auch die Flexibilität des Therapeuten heraus. Die Verhaltenstherapie, welche für sich das Potential in Anspruch nimmt, selbst schwerst retardierte Kinder zu behandeln, kann sich gegenüber älteren Erwachsenen nicht mehr auf das überholte Argument der Aussichtslosigkeit der Therapie zurückziehen.

Zusammenfassung

Die Literatur zur Psychotherapie im Alter zeigt durchgängig, daß die bei Jüngeren erfolgreichen Verfahren auch bei Älteren wirksam sind. Eine breite empirische Basis bestätigt das Ansprechen älterer Menschen auf Programme zur Verhaltensänderung. Dabei ist es oft sinnvoll, einzelne Therapieelemente abzuwandeln. Nicht die Anzahl der Lebensjahre setzt der Psychotherapie bei Älteren Grenzen, sondern Faktoren wie bestehende Krankheiten oder die Fixierung des Patienten auf eine medizinische Versorgung. Da der kognitive und soziale Alternsprozeß nachweislich eine erhebliche interindividuelle Varianz aufweist, muß die Therapie noch stärker als bei jüngeren Menschen auf die persönlichen Fähigkeiten und Bedürfnisse des Patienten zugeschnitten werden. Verhaltenstherapie bei über 60jährigen wird anhand der häufigen Probleme Depression, Angst, Schlafstörungen und kognitive Störungen beschrieben. Abschließend werden Modifikationen der bei Jüngeren üblichen Herangehensweise zusammengefaßt, die sich in der Verhaltenstherapie mit älteren Menschen bewährt haben.

Literatur

Abas, M. A., Sahakian, B. J. & Levy, R. (1990). Neuropsychological deficits and CT scan changes in elderly depressives. *Psychological Medicine, 20,* 507–520.

Alexopoulos, G. S., Meyers, B. S., Young, R. C., Mattis, S. et al. (1993). The course of geriatric depression with »reversible dementia«: a controlled study. *American Journal of Psychiatry, 150,* 1693–1699.

Alexopoulos, G. S., Meyers, B. S., Young, R. C., Abrams, R. C. & Shamalan, C. A. (1988). Brain changes in geriatric depression. *International Journal of Geriatric Psychiatry, 3,* 157–161.

Arolt, V. & Schmidt, E. H. (1992). Differentielle Typologie und Psychotherapie depressiver Erkrankungen im höheren Lebensalter – Ergebnisse einer epidemiologischen Studie in Nervenarztpraxen. *Zeitschrift für Gerontopsychologie, 5,* 17–24.

Baldwin, R. C., Benbow, S. M., Marriott, A. & Tomenson, B. (1993). Depression in old age: a reconsideration of cerebral disease in relation to outcome. *British Journal of Psychiatry, 163*, 82–90.

Baltes, P. B. & Lindenberger, U. (1988). On the range of cognitive plasticity in old age as a function of experience: 15 years of intervention research. *Behavior Therapy, 19*, 283–301.

Bayen, U. J. (1991). Verhaltenstherapie und kognitive Therapie bei Depressionen im höheren Lebensalter: Empfehlungen für Praxis und Forschung. In G. Haag & J. C. Brengelmann (Hrsg.), *Alte Menschen: Ansätze psychosozialer Hilfen (Therapieforschung für die Praxis, 11)*. München: Röttger.

Beck, A. T., Rush, J., Shaw, B. & Emergy, G. (1979). *Cognitive therapy of depression*. New York: Guilford.

Beutler, L. E., Scogin, F., Kirkish, P. et al., (1987). Group cognitive therapy and alprazolam in the treatment of depression in older adults. *Journal of Consulting and Clinical Psychology, 55*, 550–556.

Blazer, D. G. (1982). Social support and mortality in an elderly community population. *American Journal of Epidemiology, 115*, 684–694.

Blazer, D., Burchett, B., Service, C. & George, L. K. (1991). The association of age and depression among the elderly: an epidemiologic exploration. *Journal of Gerontology: Medical Sciences, 46*, 210–215.

Brand, E. & Clingempeel, W. G. (1992). Group behavioral therapy with depressed geriatric inpatients: an assessment of incremental efficacy. *Behavior Therapy, 23*, 475–482.

Brodaty, H., Harris, L., Peters, K. et al. (1993). Prognosis of depression in the elderly: a comparison with younger patients. *British Journal of Psychiatry, 163*, 589–596.

Burvill, P. W. (1993). Prognosis of depression in the elderly. *International Review of Psychiatry, 5*, 437–443.

Burvill, P. W., Hall, W. D., Stampfer, H. G. & Emmerson, J. P. (1989). A comparison of early-onset and late-onset depressive illness in the elderly. *British Journal of Psychiatry, 155*, 673–679.

Caine, E. D., Lyness, J. M. & King, D. A. (1993). Reconsidering depression in the elderly. *The American Journal of Geriatric Psychiatry, 1*, 4–20.

Carstensen, L. L. (1988). The emerging field of behavioral gerontology. *Behavior Therapy, 19*, 259–281.

Chaillet, G. & Pull, C. B. (1990). Treatment of anxiety in the elderly. In N. Sartorius, V. Andreoli, G. Cassano, L. Eisenberg, P. Kielholz, P. Pancheri & G. Racagni (Eds.), *Anxiety: Psychobiological and Clinical Perspectives* (pp. 269–276). New York: Hemisphere Publishing Corporation.

Clarfield, A. M. (1988). The reversible dementias: do they reverse? *Annals of Internal Medicine, 109*, 476–486.

Cooper, B. (1992). Epidemiologie psychischer Krankheiten im Alter. In H. Häfner & M. Hennerici (Hrsg.), *Psychische Krankheiten und Hirnfunktion im Alter* (S. 15–29). Stuttgart: Fischer.

Craik, F. I. M., Anderson, N. D., Kerr, S. A. & Li, K. Z. H. (1995). Memory changes in normal ageing. In A. D. Baddeley, B. A. Wilson, F. N. Watt (Eds.), *Handbook of memory disorders* (pp. 211–241). Chichester: John Wiley & Sons.

Cramon, D. Y. von, Kerkhoff, G., Mai, N., Matthes-von-Cramon, G., Schuri, U. & Ziegler, W. (1993). Neuropsychologische Rehabilitation. In Th. Brandt, J. Dichgans & Ch. Diener (Hrsg.), *Therapie und Verlauf neurologischer Erkrankungen* (2. überarb. und erw. Aufl., S. 301–343). Stuttgart: Kohlhammer.

DeBerry, S. (1981–82). An evaluation of progressive muscle relaxation on stress related symptoms in a geriatric population. *International Journal of Aging and Human Development, 14*, 255–269.

DeBerry, S. (1982). The effects of meditation-relaxation on anxiety and depression in a geriatric population. *Psychotherapy, Theory, Research and Practice, 19*, 512–521.

Deisinger, K. & Markowitsch, H. J. (1991). Die Wirksamkeit von Gedächtnistrainings in der Behandlung von Gedächtnisstörungen. *Psychologische Rundschau, 42*, 55–65.

Deutsche Gesellschaft Psychotherapie, Psychosomatik, Tiefenpsychologie (DGPPT). (1988). *Praxisstudie zur psychotherapeutischen Versorgung*. Hamburg: Eigenverlag.

Dilling, H., Weyerer, S. & Ficher, M. (1989). The Upper Bavarian studies. *Acta Psychiatrica Scandinavica, 79* (Suppl. 348), 113–140.

Dobson, K. S. (1989). A meta-analysis of the efficacy of cognitive therapy for depression. *Journal of Consulting and Clinical Psychology, 57*, 414–419.

Downs, A. F. D., Rosenthal, T. L. & Lichstein, K. L. (1988). Modeling therapies reduce avoidance of bath-time by the institutionalized elderly. *Behavior Therapy, 19*, 359–368.

Dror, I. E. & Kosslyn, S. M. (1994). Mental imagery and aging. *Psychology and Aging, 9*, 90–102.

Emery, G. (1981). Cognitive therapy with the elderly. In G. Emery, S. Hollon & R. Bedrosian (Eds.), *New directions in cognitive therapy*. New York: Guilford.

Emery, O. B. (1988). *Pseudodementia: a theoretical and empirical discussion*. Cleveland/OH: Western Reserve Geriatric Education Center.

Emmerson, J. P., Burvill, P. W., Finlay-Jones, R. et al. (1989). Life events, life difficulties and confiding relationships in the depressed elderly. *British Journal of Psychiatry, 155*, 787–792.

Ermini-Fünfschilling, D. & Stähelin, H. B. (1990). Praktische Hilfe durch individuelle Beratung und Gedächtnistraining. In N. Jovic & A. Uchtenhagen (Hrsg.), *Psychische Störungen im Alter* (S. 61–72). Heidelberg: Asanger.

Evans, S. & Katona, C. L. E. (in press). The epidemiology of depressive symptoms in elderly primary care attenders. *Dementia*.

Fichter, M. (1990). *Verlauf psychischer Erkrankungen in der Bevölkerung*. Berlin: Springer.

Fishback, J. B., Lovett, S. B. (1992). Treatment of chronic major depression and assessment across treatment and follow-up in an elderly female. *Clinical Gerontologist, 12*, 31–40.

Folstein, M. F., Folstein, S. E., McHugh, P. R. (1975). »Mini Mental State« a practical method for grading the cognitive state of patients for the clinician. *Journal of Psychiatric Research, 12*, 189–198.

Gainotti, G., Marra, C. (1994). Some aspects of memory disorders clearly distinguish dementia of the Alzheimer's Type from depressive pseudo-dementia. *Journal of Clinical and Experimental Neuropsychology, 16*, 65–78.

Gallagher, D. E. & Thompson, L. W. (1981). *Depression in the elderly: a behavioral treatment manual*. Los Angeles: University of Southern California Press.

Gallagher, D. E. & Thompson, L. W. (1982). Treatment of major depressive disorder in older adult outpatients with brief psychotherapies. *Psychotherapy: Theory, Research and Practice, 19*, 482–490.

Gallagher, D. E. & Thompson, L. W. (1983). Effectiveness of psychotherapy for both endogenous and nonendogenous depression in older adult outpatients. *Journal of Gerontology, 38,* 707–712.

Goldberg, D. P., Cooper, B., Kedward, H. B., Eastwood, M. R. & Shepherd, M. (1970). A standardized psychiatric interview for use in community surveys. *British Journal of Prevention and Social Medicine, 24,* 18–23.

Gündel, L. (1991). Schlaf und Schlafstörungen im Alter. In P. Clarenbach & A. Engfer (Hrsg.), *Diagnostik und Therapie spezieller Schlafstörungen* (S. 19–34). München: MMV.

Gurland, B. J., Wilder, D. E. & Berkman, C. (1988). Depression and disability in the elderly: reciprocal relations and changes with age. *International Journal of Geriatric Psychiatry, 3,* 163–179.

Haag, G. & Bayen, U. J. (1990). Verhaltenstherapie mit Älteren. *Zeitschrift für Gerontopsychologie und -psychiatrie, 3,* 117–129.

Haen, E. & Zulley, J. (1994). *Chronomedizin.* Regensburg: Roderer.

Häfner, H. (1991). Epidemiologie psychischer Störungen im höheren Lebensalter. In G. Haag & J. C. Brengelmann (Hrsg.), *Alte Menschen: Ansätze psychosozialer Hilfen (Therapieforschung für die Praxis 11)* (S. 27–63). München: Röttger.

Häfner, H. (1993). Epidemiologie psychischer Störungen im höheren Lebensalter. In H.-J. Möller & A. Rohde (Hrsg.), *Psychische Krankheit im Alter* (S. 45–68). Berlin: Springer.

Harris, J. E. (1992). Ways to help memory. In B. A. Wilson & N. Moffat (Eds.), *Clinical management of memory problems* (2nd ed., pp. 59–85). London: Chapman & Hall.

Hasegawa, K. (1974). Aspects of community mental health care of the elderly in Japan. *International Journal of Mental Health, 8,* 36–49.

Hautzinger, M. (1992). Verhaltenstherapie bei Depression im Alter. *Verhaltenstherapie, 2,* 217–221.

Hautzinger, M. (1993). Kognitive Verhaltenstherapie bei Depression im Alter. In H.-J. Möller, A. Rohde (Hrsg.) *Psychische Krankheit im Alter* (S. 413–418). Berlin: Springer.

Hautzinger, M. (1994). Behandlungskonzepte der Verhaltenstherapie und der Verhaltensmedizin. In H. Radebold, R. D. Hirsch (Hrsg.), *Altern und Psychotherapie* (S. 63–71). Bern: Huber.

Hautzinger, M., Stark, W. & Treiber, R. (1989). *Kognitive Verhaltenstherapie bei Depressionen: Behandlungsanleitungen und Materialien.* München: PVU.

Helgenberger, F. (1995). Psychologische Ansätze in der Behandlung kognitiver Störungen. In M. Zandig (Hrsg.), *Demenz und »leichte kognitive Beeinträchtigung« im Alter: Diagnostik, Früherkennung und Therapie* (S. 183–199). Bern: Huber.

Helgenberger, F. & Wittchen, H.-U. (1991). *Ist Verhaltenstherapie bei Depression im höheren Alter erfolgreich?* (Vortrag auf der 65. Jahrestagung der Bayerischen Nervenärzte, 15./16.11.1991, München).

Helmchen, H. (1992). Klinik und Therapie depressiver Störungen im höheren Lebensalter. In H. Häfner & M. Hennerici (Hrsg.), *Psychische Krankheiten und Hirnfunktion im Alter* (S. 119–138). Stuttgart: Fischer.

Hersen, M. & Van Hasselt, V. B. (1992). Behavioral assessment and treatment of anxiety in the elderly. *Clinical Psychology Review, 12,* 619–640.

Higgitt, A. (1992). Dependency on prescribed drugs. *Reviews in Clinical Gerontology, 2,* 151–155.

Hill, R. D., Yesavage, J. A., Sheikh, J. & Friedman, L. (1989). Mental status as a predictor of response to memory training in older adults. *Educational Gerontology, 15,* 633–639.

Himmelfarb, S. & Murrell, S. A. (1984). The prevalence and correlates of anxiety symptoms in older adults. *Journal of Psychology, 116,* 159–167.

Hirsch, R. D. (1993). Entspannungsverfahren: eine Hilfe für Ältere mit Ängsten. In A. Kurz (Hrsg.), *Angst im Alter: Diagnostik, Verhaltenstherapie, Pharmakotherapie* (S. 98–117) (Schriftenreihe Geriatrie Praxis). München: MMV.

Holden, U. P. & Woods, R. T. (1988). *Reality orientation: psychological approaches to the "confused elderly"* (2nd ed.). Edinburgh: Churchill Livingstone.

Jarvik, L. F. (1988). Aging of the brain: how can we prevent it? *The Forum, 28,* 739–747.

Jarvik, L. F. & Bank, L. (1983). Aging twins: longitudinal psychometric data. In K. W. Schaie (Ed.), *Longitudinal studies of adult psychological development* (pp. 40–63). New York: Guilford.

Kalayam, B. & Shamoian, C. A. (1993). Evolution of research in geriatric psychiatry. *International Journal of Geriatric Psychiatry, 8,* 3–12.

Kaneko, Z. (1979). Care in Japan. In J. G. Howells (Ed.), *Modern perspectives in the psychiatry of old age* (pp. 519–539). New York: Brunner & Mazel.

Käppeler, Ch., Riemann, D., Weyerer, S., Berger, M. & Hohagen, F. (1994). Schlafstörungen im höheren Lebensalter – Prävalenz und Behandlung in der Allgemeinarztpraxis. In J. Kemper & J. Zulley (Hrsg.), *Gestörter Schlaf im Alter* (S. 46–75). München: MMV.

Kaschel, R., Zaiser-Kaschel, H. & Mayer, K. (1992). Realitäts-Orientierungs-Training: Literaturüberblick und Implikationen für die neuropsychologische Gedächtnisrehabilitation. *Zeitschrift für Gerontopsychologie und -psychiatrie, 5,* 223–235.

Kaszniak, A. W. & Allender, J. (1985). Psychological assessment of depression in older adults. In G. M. Chaisson-Stewart (Ed.), *Depression in the Elderly: An Interdisciplinary Approach.* New York: John Wiley & Sons.

Katona, C. (1993). The aetiology of depression in old age. *International Review of Psychiatry, 5,* 407–416.

Kemp, B. J., Corgiat, M. & Gill, C. (1992). Effects of brief cognitive-behavioral group psychotherapy on older persons with and without disabling illness. *Behavior, Health, and Aging, 2,* 21–28.

Kemper, J. C. (1994). Alterspsychotherapie in der nervenärztlichen Praxis. In H. Radebold & R. D. Hirsch (Hrsg.), *Altern und Psychotherapie* (S. 133–142). Bern: Huber.

King, P. & Barrowclough, C. (1991). A clinical pilot study of cognitive-behavioural therapy for anxiety disorders in the elderly. *Behavioural Psychotherapy, 19,* 337–345.

Kivelä, S.-L., Köngäs-Saviaro, P., Pahkala, K., Kesti, E. & Laippala, P. (1993). Five-year prognosis for dysthymic disorder in old age. *International Journal of Geriatric Psychiatry, 8,* 939–947.

Knab, B. (1989). *Schlafstörungen.* Stuttgart: Kohlhammer.

Knight, B. (1986). *Psychotherapy with older adults. Chapter 2: Adaptations in therapy with the elderly* (pp. 27–45). Beverly Hills/CA: Sage.

Knight, B. (1988). Factors influencing therapist-rated change in older adults. *Journal of Gerontology Psychological Sciences, 43,* 111–112.

Knight, B. (1992). *Case histories in psychotherapy with older adults.* Beverly Hills/CA: Sage.

Knight, B. G. (1983). Assessing a mobile outreach team. In M. A. Smyer & M. Gatz (Eds.), *Mental Health and*

Aging: Programs and Evaluations (pp. 23–40). Beverly Hills/CA: Sage.

Korff, M. R. von, Eaton, W. W. & Keyl, P. M. (1985). The epidemiology of panic attacks and panic disorder: results of three community surveys. *American Journal of Epidemiology, 122,* 970–981.

Korintenberg, I. (1993). Behandlung von Angststörungen im Heim. In A. Kurz (Hrsg.), *Angst im Alter: Diagnostik, Verhaltenstherapie, Pharmakotherapie* (Schriftenreihe Geriatrie Praxis, S. 73–84). München: MMV.

Kruse, A. (1989). Psychologie des Alterns. In K. P. Kisker, H. Lauter, J.-E. Meyer, C. Müller, E. Strömgren et al. (Hrsg.), *Psychiatrie der Gegenwart 8: Alterspsychiatrie* (3., völlig neu gestaltete Aufl., S. 1–58). Berlin: Springer.

Kummer, J. & Gündel, L. (1993). *Alter und Schlaf.* Illzach: Brinkmann.

Kurz, A. (1990). Verhaltensmodifikation im natürlichen Umfeld. In H.-J. Möller (Hrsg.), *Hirnleistungsstörungen im Alter: Pathobiochemie, Diagnose, therapeutische Ansatzpunkte* (S. 127–131). Berlin: Springer.

Kurz, A. (1993). Angststörungen in der zweiten Lebenshälfte: ein diagnostisches und therapeutisches Problem. In A. Kurz (Hrsg.), *Angst im Alter: Diagnostik, Verhaltenstherapie, Pharmakotherapie* (Schriftenreihe Geriatrie Praxis, S. 7–12). München: MMV.

La Rue, A. (1992). *Aging and neuropsychological assessment.* New York: Plenum.

Landerer-Hock, Ch. (1994). Allgemeine verhaltenstherapeutische Behandlungsformen Alternder. In J. Kemper & J. Zulley (Hrsg.), *Gestörter Schlaf im Alter* (S. 112–125). München: MMV.

Lauter, H. & Kurz, A. (1989). Demenzerkrankungen im mittleren und höheren Lebensalter. In K. P. Kisker, H. Lauter, J.-E. Meyer, C. Müller, E. Strömgren (Hrsg.), *Alterspsychiatrie (Psychiatrie der Gegenwart 8)* (3., völlig neu gest. Aufl., S. 135–200). Berlin: Springer.

Lehr, U. (1991). *Psychologie des Alterns* (7. Aufl., erg. und bearb. von H. Thomae). Heidelberg: Quelle & Meyer.

Leung, S. N. & Orrell, M. W. (1993). A brief cognitive behavioural therapy group for the elderly: Who benefits? *International Journal of Geriatric Psychiatry, 8,* 593–598.

Lewinsohn, P. M. & Macphillamy, D. J. (1974). The relationship between age and engagement in pleasant activities. *Journal of Gerontology, 29,* 290–294.

Lewinsohn, P. M., Antonuccio, D. O., Steinmetz-Breckenridge, J. & Teri, L. (1984). *The Coping with Depression Course.* Eugene/OR: Castalia.

Lewinsohn, P. M., Rohde, P., Seeley, J. R. & Fischer, S. A. (1991). Age and depression: Unique and shared effects. *Psychology and Aging, 6,* 247–260.

Lindenberger, U., Kliegl, R. & Baltes, P. B. (1992). Professional expertise does not eliminate age differences in imagery-based memory performance during adulthood. *Psychology and Aging, 7,* 585–593.

Lindesay, J., Briggs, C. & Murphy, E. (1989). The Guy's Age Concern Survey: Prevalence rates of cognitive impairment, depression and anxiety in an urban elderly community. *British Journal of Psychiatry, 155,* 317–329.

Lindesay, J. (1991). Phobic disorders in the elderly. *British Journal of Psychiatry, 159,* 531–541.

Magni, G. & DeLeo, D. (1984). Anxiety and depression in geriatric and adult medical inpatients: a comparison. *Psychological Report, 55,* 607–612.

Margraf, J. & Schneider, S. (1990). Panik: Angstanfälle und ihre Behandlung (S. 18–21). Berlin: Springer.

McGlynn, S. M. (1990). Behavioral approaches to neuropsychological rehabilitation. *Psychological Bulletin, 108,* 420–441.

Moffat, N. (1992). Strategies of memory therapy. In B. A. Wilson & N. Moffat (Eds.), *Clinical management of memory problems* (2nd ed.). London: Chapman & Hall.

Morris, R. G. & Morris, L. W. (1991). Cognitive and behavioral approaches with the depressed elderly. *International Journal of Geriatric Psychiatry, 6,* 407–413.

Murphy, E. (1982). Social origins of depression in old age. *British Journal of Psychiatry, 141,* 135–142.

Murphy, E. (1983). The prognosis of depression in old age. *British Journal of Psychiatry, 142,* 111–119.

Murphy, E. (1989). Depressionen im Alter. In K. P. Kisker, H. Lauter, J.-E. Meyer, C. Müller & E. Strömgren (Hrsg.), *Alterspsychiatrie (Psychiatrie der Gegenwart 8)* (3., völlig neu gest. Aufl.; S. 225–251). Berlin: Springer.

Murphy, J. M. et al. (1988). Incidence of depression and anxiety: the Stirling County Study. *American Journal of Public Health, 78,* 534–540.

Murrell, S. A., Meeks, S. & Walker, J. (1991). Protective functions of health and self-esteem against depression in older adults facing illness or bereavement. *Psychology and Aging, 6* (3), 352–360.

Myers, J. K., Weissman, M. M., Tischler, G. L., Holzer, C. E., Leaf, P. J., Orvaschel, H., Anthony, J. C., Boyd, J. H., Burke, J. D., Kramer, M. & Stoltzman, R. (1984). Six-month prevalence of psychiatric disorders in three communities. *Archives of General Psychiatry, 41,* 959–967.

Niederehe, G. (1986). Depression and memory impairment in the aged. In L. W. Poon (Ed.), *Clinical Memory Assessment of Older Adults* (pp. 226–237). Washington: APA.

O'Boyle, M., Amadeo, M. & Self, D. (1990). Cognitive complaints in elderly depressed and pseudodemented patients. *Psychology and Aging, 5,* 467–468.

Oxman, T. E., Berkman, L. F., Kasl, S. et al. (1992). Social support and depressive symptoms in the elderly. *American Journal of Epidemiology, 135,* 356–368.

Parmelee, P. A., Katz, I. R. & Lawton, M. P. (1993). Anxiety and its association with depression among institutionalized elderly. *American Journal of Geriatric Psychiatry, 1,* 46–58.

Piehl, E. (1985). Schlafschwierigkeiten und soziale Persönlichkeit. In V. Faust (Hrsg.), *Schlafstörungen* (S. 14–26). Stuttgart: Hippokrates.

Rabbit, P. & Abson, V. (1990). »Lost and Found«: some logical and methodological limitations of self-report questionnaires as tools to study cognitive aging. *British Journal of Psychology, 81,* 1–16.

Radebold, H. (1989). Psychotherapie. In K. P. Kisker, H. Lauter, J.-E. Meyer, C. Müller, E. Strömgren et al. (Hrsg.), *Psychiatrie der Gegenwart 8: Alterspsychiatrie* (3., völlig neu gest. Aufl., S. 312–346). Berlin: Springer.

Radebold, H. (1994). Möglichkeiten und Grenzen. In H. Radebold & R. D. Hirsch (Hrsg.), *Altern und Psychotherapie* (S. 27–34). Bern: Huber.

Reynolds, C. F., Kupfer, D. J., Houck, P. R., Hoch, C. C., Stack, J. A., Berman, S. R. & Zimmer, B. (1988). Reliable discrimination of elderly depressed and demented patients by electroencephalographic sleep data. *Archives of General Psychiatry, 45,* 258–264.

Richardson, R. M. & Bell, J. A. (1989). Anxiety disorders in the elderly – an update on diagnosis and treatment. *Postgraduate Medicine, 85,* 67–80.

Roth, M. (1993). Klinische und neurobiologische Perspektiven bei der Untersuchung psychischer Erkrankungen im höheren Lebensalter. In H.-J. Möller & A. Rohde (Hrsg.), *Psychische Krankheit im Alter* (S. 14–31). Berlin: Springer.

Rupp, H. G. (1984). *Soziale Kompetenz im Alter. Eine Untersuchung zur Anwendung des Selbstsicherheitstrainings bei alleinlebenden Frauen über 60 Jahren (Reihe Psychologie, Bd. 5).* Münster: LIT.

Rybarczyk, B., Gallagher-Thompson, D., Rodman, J., Zeiss, A., Gantz, F. E. & Yesavage, J. (1992). Applying cognitive-behavioral psychotherapy to the chronically ill elderly: treatment issues and case illustration. *International Psychogeriatrics, 4,* 127–140.

Sallis, J. F., Lichstein, K. L., Clarkson, A. D., Stalgaitis, S. & Campbell, M. (1983). Anxiety and depression management for the elderly. *International Journal of Behavioral Geriatrics, 1,* 3–12.

Salthouse, T. A. (1985). *A Theory of Cognitive Aging.* Amsterdam: North-Holland.

Salzman, C. (1991). Pharmacologic treatment of the anxious elderly patient. In C. Salzman & B. D. Lebowitz (Eds.), *Anxiety in the elderly: treatment and research* (pp. 149–173). New York: Springer.

Schacht-Müller, W. & Starke, C. (1994). Modifikation schlafbezogener Einstellungen und Erwartungen im therapeutischen Prozeß. In J. Kemper & J. Zulley (Hrsg.), *Gestörter Schlaf im Alter* (S. 163–169). München: MMV.

Schacter, D. L. & Glisky, E. L. (1986). Memory remediation: restoration, alleviation, and the acquisition of domain-specific knowledge. In B. Uzzell & Y. Cross (Eds.), *Clinical neuropsychology of intervention* (pp. 257–282). Boston: Martinus Nijhoff.

Schuri, U., Wilson, B. A. & Hodges, J. (1995). Memory disorders. In T. Brandt, L. R. Caplan, J. Dichgans, H. C. Diener & C. Kennard (Eds.), *Neurological disorders: course and treatment.* San Diego: Academic Press.

Seymour, J. & Wattis, J. P. (1992). Alcohol abuse in the elderly. *Reviews in Clinical Gerontology, 2,* 141–150.

Siciliani, O., Poloni, C., Zimmermann-Tansella, C. (1984). Anxiety and depression in 100 female geriatric inpatients: a psychopathological study. *Psychopathology, 17,* 121–127.

Sotzky, S. M., Glass, D. R., Tracie Shea, M., Pilkonis, P. A., Collins, J. F., Elkin, I., Watkins, J. T., Imber, S. D., Leber, W. R., Moyer, J. & Oliveri, M. E. (1991). Patient predictors of response to psychotherapy and pharmacotherapy: Findings in the NIMH treatment of depression collaborative research program. *American Journal of Psychiatry, 148,* 997–1008.

Spiegel, R. (1992). Schlafstörungen im Alter. In M. Berger (Hrsg.), *Handbuch des normalen und gestörten Schlafs* (S. 381–398). Berlin: Springer.

Steuer, J. L. & Hammen, C. L. (1983). Cognitive-behavioural group therapy for the depressed elderly: issues and adaptations. *Cognitive Therapy and Research, 7,* 285–296.

Steuer, J. L., Mintz, J., Hammen, C. L., Hill, M. A., Jarvik, L. F., McCarley, T., Motoike, P. & Rosen, R. (1984). Cognitive-behavioral and psychodynamic group psychotherapy in treatment of geriatric depression. *Journal of Consulting and Clinical Psychology, 52,* 180–189.

Storandt, M. (1992). Memory-skills training for older adults. In Th. B. Sonderegger (Ed.), *Nebraska symposium on motivation 1991: Psychology and aging. Current theory and research in motivation* (Vol. 39, pp. 39–62). Lincoln: University of Nebraska.

Thompson, L. W., Gallagher, D. & Steinmetz-Breckenridge, J. (1987). Comparative effectiveness of psychotherapies for depressed elders. *Journal of Consulting and Clinical Psychology, 55,* 385–390.

Tonscheidt, S. (1992). Stationäre Verhaltenstherapie bei depressiven älteren Menschen. *Zeitschrift für Gerontologie, 25,* 365–368.

Turnbull, J. M. (1989). Anxiety and physical illness in the elderly. *Journal of Clinical Psychiatry, 50,* 40–45.

Turnbull, J. M. & Turnbull, S. K. (1985). Management of specific anxiety disorders in the elderly. *Geriatrics, 40,* 75.

Volk, S. & Nessen, S. von (1993). Schlafstörungen. Internistische, neurologische, psychiatrische Ursachen. *Geriatrie Praxis, 11,* 44–48.

Welz, R., Lindner, M., Klose, M. & Pohlmeier, H. (1989). Psychiatrische Störungen und körperliche Erkrankungen im Alter. *Fundamental Psychiatry, 3,* 223–229.

Weyerer, S. & Dilling, H. (1984). Prävalenz und Behandlung psychischer Erkrankungen in der Allgemeinbevölkerung. Ergebnisse einer Feldstudie in drei Gemeinden Oberbayerns. *Nervenarzt, 55,* 30–42.

Weyerer, S., Häfner, H. & Mann, A. H. (1989). *The identification of depressive disorders among residents of old people's homes in Mannheim and Camden (London).* Paper presented at the Symposium on »Psychiatric Epidemiology and Primary Health Care«, Toronto, Canada.

Whitehead, A. (1991). Twenty years a-growing: Some current issues in behavioural psychotherapy with elderly people. *Behavioural Psychotherapy, 19,* 92–99.

Wilson, B. A. (1987). *Rehabilitation of memory.* New York: Guilford.

Wilson, B. A. & Moffat, N. (Eds.) (1992). *Clinical management of memory problems* (2nd ed.). London: Chapman & Hall.

Wisocki, P. A. (1991). Behavioral gerontology. In P. A. Wisocki (Ed.), *Handbook of clinical behavior therapy with the elderly client. Applied clinical psychology* (pp. 3–51). New York: Plenum.

Wittchen, H.-U. (1991). *Was wird aus unbehandelten Angststörungen im höheren Alter? Ergebnisse einer epidemiologischen Langzeitstudie.* Vortrag auf der 65. Jahrestagung der Bayerischen Nervenärzte, 15./16.11.1991, München.

Woods, R. T. (1992). Psychological therapies and their efficacy. *Reviews in Clinical Gerontology, 2,* 171–183.

Woods, R. T. (1993). Psychosocial management of depression. *International Review of Psychiatry, 5*(4), 427–436.

Yesavage, J. A. (1989). Techniques for cognitive training of memory in age-associated memory impairment. *Archives of Gerontology and Geriatr. (Suppl. 1),* 185–190.

Yesavage, J. A., Lapp, D. & Sheikh, J. I. (1989). Mnemonics as modified for use by the elderly. In L. W. Poon, D. C. Rubin & B. A. Wilson (Eds.), *Everyday cognition in adulthood and late life* (pp. 598–614). New York: Cambridge University Press.

Yost, E. B., Beutler, L. E., Corbishley, M. A. & Allender, J. R. (1986). *Group cognitive therapy: a treatment approach for depressed older adults.* Oxford: Pergamon.

Zaudig, M. (1992). A new systematic method of measurement and diagnosis of »mild cognitive impairment« and dementia according to ICD-10 and DSM-III-R criteria. *International Psychogeriatrics, 4* (Suppl. 2), 203–219.

Zeiss, A. M. & Lewinsohn, P. M. (1986). Adapting behavioral treatment for depression to meet the needs of the elderly. *The Clinical Psychologist, 39,* 98–100.

Zisook, S. & Shuchter, S. R. (1993). Major depression associated with widowhood. *American Journal of Geriatric Psychiatry, 1,* 316–326.

Zulley, J. (1995). Chronobiologie des Alterns. In H. Schulz, W. M. Hermann & St. C. Kubicki (Hrsg.), *Angewandte Alterskunde Bd. 10 Altern und Schlaf.* Bern: Huber.

Zulley, J. & Wirz-Justice, A. (1995). *Lichttherapie.* Regensburg: Roderer.

Weiterführende Literatur

Bayen, U. J. (1991). Verhaltenstherapie und kognitive Therapie bei Depressionen im höheren Lebensalter: Empfehlungen für Praxis und Forschung. In G. Haag & J. C. Brengelmann (Hrsg.), *Alte Menschen: Ansätze psychosozialer Hilfen (Therapieforschung für die Praxis, 11).* München: Röttger.

Caine, E. D., Lyness, J. M. & King, D. A. (1993). Reconsidering depression in the elderly. *The American Journal of Geriatric Psychiatry, 1,* 4–20.

Carstensen, L. L. (1988). The emerging field of behavioral gerontology. *Behavior Therapy, 19,* 259–281.

Craik, F. I. M., Anderson, N. D., Kerr, S. A. & Li, K. Z. H. (1995). Memory changes in normal ageing. In A. D. Baddeley, B. A. Wilson & F. N. Watt (Eds.), *Handbook of memory disorders* (pp. 211–241). Chichester: John Wiley & Sons.

Haag, G. & Bayen, U. J. (1990). Verhaltenstherapie mit Älteren. *Zeitschrift für Gerontopsychologie und -psychiatrie, 3,* 117–129.

Hersen, M. & Hasselt, V. B. van (1992). Behavioral assessment and treatment of anxiety in the elderly. *Clinical Psychology Review, 12,* 619–640.

Käppeler, Ch., Riemann, D., Weyerer, S., Berger, M. & Hohagen, F. (1994). Schlafstörungen im höheren Lebensalter – Prävalenz und Behandlung in der Allgemeinarztpraxis. In J. Kemper & J. Zulley (Hrsg.), *Gestörter Schlaf im Alter* (S. 46–75). München: MMV.

La Rue, A. (1992). *Aging and neuropsychological assessment.* New York: Plenum.

Radebold, H. & Hirsch, R. D. (Hrsg.) (1994). *Altern und Psychotherapie* (S. 27–34). Bern: Huber.

Zulley, J. (1995). Chronobiologie des Alters. In H. Schulz, W. M. Herrmann & St. C. Kubicki (Hrsg.), *Angewandte Alterskunde Bd. 10 Altern und Schlaf.* Bern: Huber.

Glossar

Das Glossar soll dem Leser einen raschen Zugriff auf die Fülle der Informationen aus dem Bereich der modernen Verhaltenstherapie, ihrer Grundlagen, Anwendungsgebiete und Rahmenbedingungen bieten. Es wurde vom Herausgeber unter Zuhilfenahme von Zuarbeiten der Autoren der einzelnen Kapitel des Lehrbuches der Verhaltenstherapie erstellt. Besonderer Dank gebührt neben den Autoren vor allem der tatkräftigen Hilfe von Heiko Mühler und Kerstin Raum. Selbstverständlich trägt der Herausgeber die alleinige Verantwortung für etwaige Fehler oder ungebührliche Verkürzungen.

Abhängige Variable. Merkmal, dessen mögliche Veränderungen nach experimenteller Manipulation eines anderen Faktors (→ unabhängige Variable) erfaßt werden soll. In der klinischen Forschung sind »abhängige Variablen« in der Regel bestimmte psychische Phänomene oder psychische Störungen. Im letzteren Fall ist von Bedeutung, wie die Einteilung der untersuchten Personen erfolgt. Hier kann zwischen dem → kategorialen und dem → dimensionalen Ansatz unterschieden werden. Der kategoriale Ansatz geht von klar voneinander abgrenzbaren Klassen von Störungen aus, die durch bestimmte Merkmale beschrieben werden und innerhalb eines Klassifikationssystems in bestimmter Relation zueinander stehen. Der dimensionale Ansatz hingegen postuliert eine kontinuierliche Verteilung aller relevanten Merkmale. Eine Person wird durch die Intensität und Häufigkeit dieser Merkmale charakterisiert, so daß es sich um ein quantitatives Modell handelt.

Abhängigkeit. Syndrom von körperlichen, kognitiven und emotionalen Störungen sowie Störungen auf der Verhaltensebene und im sozialen Bereich, das durch den kontinuierlichen Konsum von psychoaktiven Substanzen über längere Zeit entsteht bzw. verstärkt wird, wobei der Mißbrauch trotz deutlicher und auch subjektiv wahrgenommener negativer Folgen nicht aus eigener Kraft unterbrochen werden kann (→ Substanzabhängigkeit).

Abschwächung. Bei häufiger Darbietung eines bedingten Reizes ohne Bekräftigung durch einen unbedingten Reiz kommt es zu einer Rückentwicklung bzw. zur → Löschung des bedingten Reflexes (→ Konditionierung).

Absencen. Plötzlich eintretende und nach Sekunden bis Minuten Dauer wieder endende Bewußtseinsstörung, meist mit nachträglicher → Amnesie. Siehe auch → Epilepsie.

Absetzsymptome. Beschwerdebild durch zu rasches Absetzen eines nicht-süchtigmachenden Medikamentes (z.B. Neuroleptika oder Antidepressiva), besteht aus Übelkeit, Erbrechen, Magen-Darm-Störungen, Schwindel, Zittern, Hitzewallungen, Schwitzen, Herzrasen, Kopfschmerzen, Schlafstörungen, Alpträumen etc.

Absolutes Risiko (auch attributables Risiko). Epidemiologischer Kennwert: Differenz zwischen dem Erkrankungsrisiko exponierter Personen und demjenigen nicht exponierter Personen (z.T. auch mit 100 multipliziert und als Prozentzahl angegeben), d.h. Zunahme des Erkrankungsrisikos durch Exposition.

Abstinenz-Syndrom. Entzugs-Beschwerdebild aus verschiedenen Symptomen nach Absetzen einer süchtig machenden Substanz (→ Abstinenzsymptome).

Abstinenzsymptome. Entziehungsbeschwerden. Bei Entzug einer süchtigmachenden Substanz, z.B. Alkohol, Medikamente, Opiate treten je nach Substanz verschiedene Beschwerdebilder auf. Beispiele für A. nach Entzug von → Benzodiazepinen: Schweißausbrüche, Zittern, Kopfschmerzen, Herzklopfen, innere Unruhe, Verstimmungen, Ängste, Merk- und Konzentrationsstörungen, Schlafstörungen mit aversiven Träumen etc.

Abulie. Willenlosigkeit, unangemessene Schwäche bzw. Unvermögen, Entscheidungen zu treffen, Entschlüsse zu fassen und durchzuführen. Tritt u.a. auf bei verschiedenen depressiven Verstimmungen und verschiedenen organischen Hirnschädigungen.

Abusus psychoaktiver Substanzen. Im DSM-IV ein Mißbrauch psychoaktiver Substanzen unter der Schwelle der → vollen Abhängigkeit. A. liegt vor, wenn (1) wiederkehrender Gebrauch zur Unfähigkeit führt, bedeutsame Rollenverpflichtungen in Arbeit, Ausbildung oder Heim zu erfüllen (z.B. häufiges Fehlen bei Arbeit oder Schule, Vernachlässigung der Kinder oder des Haushaltes), (2) wiederkehrende juristische oder zwischenmenschliche Probleme im Zusammenhang mit dem Gebrauch auftreten, (3) wichtige soziale oder berufliche Aktivitäten wegen des Substanzgebrauchs reduziert werden, (4) die Substanz wiederholt in Situationen gebraucht wird, in denen eine physische Gefahr besteht (z.B. Alkohol beim Autofahren).

Achse I des DSM-IV (Klinische Syndrome). Auf dieser diagnostischen Ebene des → DSM-IV, die allgemein als die wesentlichste gilt, werden alle klinischen Syndrome und Störungen einschließlich der spezifischen Entwicklungsstörungen notiert. Außerdem können hier auch andere Zustandsbilder festgehalten werden, die zwar nicht das Ausmaß psychischer Störungen aufweisen, aber dennoch Gegenstand klinischer Aufmerksamkeit sein können.

Achse II des DSM-IV (Persönlichkeitsstörungen und geistige Behinderungen). Diese diagnostische Ebene des → DSM-IV wurde von der ersten Achse getrennt, um gezielt das Augenmerk auch auf langfristige Störungen zu richten, die hinter den »auffallenderen« Störungen der Achse I sonst häufig verborgen bleiben (wie Persönlichkeitsstörungen) oder die parallel zu den klinischen Syndromen der Achse I vorliegen können (wie geistige Behinderungen). So könnte z.B. eine Person mit einer Heroinabhängigkeit auf Achse I die Diagnose »Abhängigkeit von psychotroper Substanz« und gleichzeitig auf Achse II die Diagnose »antisoziale Persönlichkeitsstörung« erhalten.

Achse III des DSM-IV (Körperliche Störungen und Zustände).
Auf dieser diagnostischen Ebene des → DSM-IV sollen alle bestehenden körperlichen Störungen oder Zustände notiert werden, die für das Verständnis oder die Behandlung des Patienten wichtig sein könnten. So könnten hier z.B. bei einer Person mit der Diagnose »Sozialphobie« auf Achse I die Diagnosen multiple Sklerose oder Epilepsie festgehalten werden. Diese körperlichen Erkrankungen müssen nicht ätiologische Relevanz für die psychische Störung haben, können aber für das Verständnis der Befindlichkeit oder für den Therapieplan von Bedeutung sein.

Achse IV des DSM-IV (Psychosoziale und Umweltprobleme).
Auf dieser diagnostischen Ebene des → DSM-IV sollen alle psychosozialen und Umweltprobleme erfaßt werden, die für Diagnose, Behandlung und Prognose psychischer Störungen von Bedeutung sein können. Gemeint sind hier vor allem negative Bedingungen, sogenannte positive Stressoren wie etwa eine Beförderung sollten nur dann aufgeführt werden, wenn sie tatsächlich Probleme darstellen oder bewirken. Als beispielhafte Problembereiche werden soziale Netze, die soziale Umgebung, Bildung, Beruf, Wohnbedingungen, wirtschaftliche Verhältnisse, Gesundheitsversorgung und der juristische Bereich genannt. Die Beurteilung als Problem soll sich auf das generelle Gewicht des Belastungsfaktors selbst beziehen und nicht die besondere Empfindlichkeit einer Person, auf diesen Stressor zu reagieren, mit einbeziehen.

Achse V des DSM-IV (Allgemeines Niveau der sozialen Anpassung).
Auf dieser diagnostischen Ebene des → DSM-IV soll die soziale Anpassung hinsichtlich der drei Bereiche »soziale Beziehungen«, »Leistung im Beruf« und »Nutzung der Freizeit« auf einem hypothetischen Kontinuum von psychischer Gesundheit-Krankheit eingeschätzt werden. Die Ratingskala reicht von 1 bis 100, wobei für jede Zehnerstufe detaillierte Verankerungen angegeben werden. Beurteilt wird in der Regel der gegenwärtige Zustand, ggf. auch das höchste Niveau vergangener Zeitspannen (z.B. vergangenes Jahr).

ACQ, Agoraphobie Cognitions Questionnaire.
Speziell auf Paniksyndrom und Agoraphobien zugeschnittener kurzer Fragebogen von Chambless und Mitarbeitern, der typische katastrophisierende Gedanken während akuter Angstzustände erhebt. Kann über das Gespräch hinaus der effizienten Informationserhebung dienen, geeignet für Diagnostik, → Therapieplanung und Abschätzung des Therapieerfolgs. Original amerikanisch, deutsche Fassung in der klinischen Batterie »Fragebogen zu körperbezogenen Ängsten, Kognitionen und Vermeidung (AKV)«, zusammen mit → Mobilitätsinventar und → BSQ.

Acquisition.
Allgemeine Bezeichnung für Aneignungsprozesse nach dem Modell der → Konditionierung.

Adaptation.
In der Sinnesphysiologie Anpassung an Reizgegebenheiten, bei zentralen Prozessen häufig im Sinne von Gewöhnung oder → Habituation verwendet.

Adipositas.
Ein durch überdurchschnittliche Fetteinlagerung bedingtes Übergewicht mit Krankheitswert. Bewertungsmaßstab ist der Body-Mass-Index (BMI = kg/m²). Behandlungsbedürftiges Übergewicht besteht grundsätzlich ab BMI >30.

ADIS.
Anxiety Disorders Interview Schedule. Weit verbreitetes strukturiertes Interview zur Diagnostik von Angststörungen. In sieben Sprachen übersetzt. Deutsche Version: Diagnostisches Interview bei psychischen Störungen (→ DIPS).

Adoleszenz.
Jugend- bzw. frühes Erwachsenenalter.

Adoptionsstudien.
Untersuchungsansatz zur Abklärung der relativen Bedeutsamkeit von genetischen und Umweltfaktoren. Dabei werden Personen untersucht, die bei Adoptiveltern aufwuchsen. Durch den Vergleich der Ähnlichkeit zwischen den Adoptierten und ihren biologischen bzw. Adoptiveltern kann der Einfluß der Umwelt bzw. der genetischen Ausstattung abgeschätzt werden. Wichtige Ergänzung der → Zwillingsstudien.

Affekt.
Eher kurz dauernde, abgrenzbare und stark ausgeprägte → Emotion, meist begleitet von vegetativ-körperlichen Erscheinungen mit Ausdruckscharakter.

Affektarmut.
Begriffe wie flacher Affekt, affektarm oder emotionale Indifferenz kennzeichnen einen Mangel oder Verlust an affektiver Ansprechbarkeit.

Affektinkontinenz.
Mangelnde Affektsteuerung. Die Affekte treten übermäßig rasch bzw. mit ungewöhnlicher Intensität auf und können nicht angemessen beherrscht werden.

Affektive Psychose.
Psychose, bei der eine schwere Affektstörung vorliegt (→ Depression oder → Manie).

Affektive Störung.
Im ICD-10 und DSM-IV Störungen wie → Manie/Hypomanie, bipolare affektive Störungen, depressive Episode, → Schweres Depressives Syndrom, → Dysthymes Syndrom etc., deren Hauptsymptome eine Veränderung der Stimmung (depressiv oder manisch) mit oder ohne Angst darstellt.

Affektive Störungen, Klassifikation.
Das DSM-IV unterscheidet zwischen bipolaren und depressiven affektiven Störungen. Bei bipolaren Störungen liegt mindestens eine → manische Episode (ME) oder eine hypomanische Episode vor. Bei der Depression werden zudem zwei Subtypen voneinander abgegrenzt: eine intensive Form mit meist kurzen Phasen (→ schweres depressives Syndrom, »Major Depression«) und eine eher weniger intensive Form mit länger anhaltenden Phasen (→ dysthymes Syndrom). Die beiden Typen überlappen sich weitgehend hinsichtlich der Symptome, was eine Unterscheidung schwierig macht. Das Symptom »psychomotorische Erregung oder Hemmung« und »Interesseverlust« werden nur beim SDS genannt, »Hoffnungslosigkeit« taucht dagegen als eigenes Symptom nur beim DS auf. Zur Abgrenzung gegenüber normalen Varianten trauriger Stimmungen ist es wichtig, für jedes einzelne Symptom festzustellen, ob es während des gleichen Zeitraums und nahezu jeden Tag (SDS) bzw. die Mehrzahl der Tage (DS) vorlag.

Affektlabilität.
Schneller Stimmungswechsel, verstärkte affektive Ablenkbarkeit. Die Affekte haben eher kurze Dauer, schwanken stark oder wechseln ihre Ausrichtung (z.B. von traurig zu fröhlich).

Aggravation. Absichtliche, meist zweckgerichtete Übertreibung tatsächlich vorhandener Störungszeichen (im Unterschied zur Simulation: Vortäuschung nicht vorhandener Störungszeichen).

Aggression. Direkter oder indirekter Angriff auf Lebewesen oder Dinge (Fremdaggressivität vs. Selbstaggressivität, verbale vs. tätliche A.).

Aggressivität. Bereitschaft zur → Aggression.

Agitiertheit. Unstillbares Bewegungsbedürfnis bei vielen psychischen Störungen. Die Person ist unruhig, nervös, gespannt, fahrig, ruhelos, »innerlich vibrierend«. A. kann eine bestehende Suizidgefahr verstärken.

Agnosien. Wahrnehmungsstörungen bei erhaltenem Bewußtsein, intakten Sinnesorganen und ohne erklärende Intelligenzschwäche. Beispiele für Sonderformen der A. sind u.a.: (1) optische, (2) akustische, (3) taktile und (4) Somatoagnosie.

Agoraphobie Cognitions Questionnaire (ACQ). Speziell auf Paniksyndrom und Agoraphobien zugeschnittener kurzer Fragebogen von Chambless und Mitarbeitern, der typische katastrophisierende Gedanken während akuter Angstzustände erhebt. Kann über das Gespräch hinaus der effizienten Informationserhebung dienen, geeignet für Diagnostik, → Therapieplanung und Abschätzung des Therapieerfolgs. Original amerikanisch, deutsche Fassung in der klinischen Batterie »Fragebogen zu körperbezogenen Ängsten, Kognitionen und Vermeidung (AKV)«, zusammen mit → Mobilitätsinventar und → BSQ.

Agoraphobie (Paniksyndrom mit Agoraphobie bzw. Agoraphobie ohne Paniksyndrom) (ICD-10: F 40.01, F40.00; DSM-IV: 300.21, 300.22). In der Regel werden Situationen gefürchtet und vermieden, in denen es besonders unangenehm oder gefährlich sein könnte, einen Angstanfall zu haben (z.B. Autofahren, Kaufhäuser, Supermärkte, Fahrstühle, Menschenmengen, allein das Haus verlassen, Schlange stehen, Reisen mit öffentlichen Verkehrsmitteln, Flugzeuge, Kinos, Theater). Im Laufe der Zeit können die Angstanfälle völlig verschwinden. Manchmal können die gefürchteten Situationen unter extremer Angst ertragen werden. Bei der Agoraphobie ohne Paniksyndrom werden dieselben Situationen aus anderen Gründen vermieden (z.B. Angst vor plötzlichem Durchfall). Einzelne Situationen können auch von spezifischen oder Sozialphobikern vermieden bzw. gefürchtet werden. Agoraphobiker vermeiden jedoch mehr Situationen und befürchten v.a. Angstanfälle bzw. deren katastrophale Folgen, spezifische Phobiker dagegen in der Regel unmittelbar vom phobischen Objekt ausgehende Gefahren (z.B. Flugzeugabsturz) und Sozialphobiker eine Blamage bzw. negative Bewertung durch andere. Die Diagnose lautet Paniksyndrom mit Agoraphobie, falls neben der Agoraphobie irgendwann (nicht notwendigerweise gegenwärtig) die Kriterien für ein Paniksyndrom erfüllt waren bzw. Agoraphobie ohne Paniksyndrom, falls nie die Kriterien für ein Paniksyndrom erfüllt waren.

Agrammatismus. Störung der Sprachfunktion, die durch völliges Fehlen syntaktisch-grammatikalischer Strukturen gekennzeichnet ist.

Agraphie. Unmöglichkeit, spontan oder nach Diktat zu schreiben.

Akalkulie. Störung oder Verlust bereits vorhandener Rechenfähigkeiten.

Akathisie. extrapyramidale Bewegungsstörung im Sinne einer Sitz-, Geh- und Stehunruhe. Im Gegensatz zur → Agitiertheit ist eher der untere Teil und weniger der obere Teil des Rumpfes betroffen.

Akinese. Bewegungsarm bis bewegungslos, unfähig zu Willkürbewegungen trotz funktionstüchtiger Organe. Beispiele: Parkinson'sche Krankheit, sonstige Erkrankungen bestimmter Gehirnregionen etc. (→ katatoner Stupor).

Akquieszenz. Die Tendenz des »Ja«-Sagens, des Zustimmens zu einer Frage unabhängig von ihrem Inhalt.

Aktivation. Grad der Wachheit (→ Vigilanz) und Angeregtheit.

Akustische Halluzinationen. Gehörhalluzinationen (Trugwahrnehmungen, Sinnestäuschungen): Lärm, Geräusche, amorphe akustische Wahrnehmungen, Laute, Worte, Sätze, Geflüster, Stimmen (Phoneme). Deutlichkeit, Nähe, Lokalisation, Verständlichkeit, Anzahl der Stimmen. Direkte Ansprache, Kommentierung, Aufträge, Befehle, Diskussionen etc. Primärsymptom der → Schizophrenie. Differentialdiagnose: Ohrgeräusche (Tinnitus).

Alexie. Wortblindheit. Verlust der Lesefähigkeit durch kortikale Hirnverletzungen oder -erkrankungen.

Algorithmus. Problemlösemodell, das auf normativ festgelegten, eindeutigen Lösungsverfahren für Aufgaben der gleichen Art beruht.

Alkoholismus. Physiologische Abhängigkeit von Alkohol → Drogensucht.

Altgedächtnis. → Langzeitgedächtnis.

Altersregression. Die schrittweise Rückführung in Situationen, die in der Vergangenheit liegen, insbesondere Jugend und Kindheit, u.a. zum Aufsuchen von Ressourcen oder zur Bearbeitung von traumatischen Situationen.

Alzheimer-Krankheit (Alzheimersche Krankheit). → Demenz, die durch eine progressive Atrophie (Abbau) des kortikalen Gewebes und durch Orientierungsstörungen und intellektuelle Beeinträchtigung gekennzeichnet ist.

Amenorrhoe. Ausbleiben der monatlichen Regelblutung, z.B. aufgrund exzessiver Nahrungsverweigerung (→ Anorexie).

Ambivalenz. Allgemein: Gleichzeitiges Nebeneinander von positiven und negativen Gefühlen, Stimmungen, Einstellungen oder Strebungen gegenüber der gleichen Situation oder Person. Daneben auch spezielle Bedeutung für die Therapie: Die meisten Patienten weisen im Hinblick auf ihre Behandlung Ambivalenzen auf. Viele Patienten befinden sich in einem Annäherungs-Vermeidungskonflikt, wenn es um ihre Therapieziele geht. Eine widerspruchsfreie Änderungsmotivation ist eher die Ausnahme als die Regel. Die Beschwerden verursachen meist nicht nur Leidensdruck, sondern auch Krankheitsgewinn. Sie stellen oft Teillösungen dar und haben zumindest den Vorteil, daß sie schon bekannt sind. Therapeutische Änderungen sind dagegen meist mit Kosten und Aufwand verbunden. Ihr Ergebnis erscheint zunächst ungewiß oder wenig vertraut und kann damit Angst hervorrufen. Kurzfristig kann die »Kosten-Nutzen-Analyse« tatsächlich zu ungunsten einer Veränderung des Status Quo ausgehen, wenn die emotionalen Kosten unmittelbar anfallen, der Nutzen dagegen erst langfristig und aus Sicht der Patienten unsicher erfolgt.

Ambulantes Monitoring. Computer-unterstützte Überwachung von Patienten oder von Gesunden unter Alltagsbedingungen, um wichtige Veränderungen physiologischer Meßdaten (z. B. Blutdruck) oder psychischer Symptome bzw. Zustände zu erfassen.

AMDP-System. Manual zur Dokumentation psychiatrischer Befunde, vorgelegt von der Arbeitsgemeinschaft für Methodik und Dokumentation in der Psychiatrie (AMDP). Umfaßt insgesamt 140 Merkmale des psychischen und somatischen Befundes, die nach einer einheitlichen Struktur dargestellt werden.

Amimie. Fehlen mimischer Bewegung, z. B. → Parkinsonismus, → Stupor.

Amnesie. Vollständiger oder teilweiser Gedächtnisverlust (Erinnerungslosigkeit), der auch bei der → dissoziativen Störung, dem organischen Psychosyndrom oder der → Hypnose auftreten kann. Die Gedächtnis- bzw. Erinnerungslücke kann zeitlich oder inhaltlich begrenzt sein. Hier unterscheidet man zwischen einer anterograden A. als Gedächtnis- bzw. Erinnerungslücke für die Zeit nach Einnahme einer bestimmten Substanz (z. B. verschiedene Schlafmittel) bzw. nach einem Kopfunfall und der retrograden A. als Gedächtnis- bzw. Erinnerungslücke für die Zeit vor der Einnahme einer bestimmten Substanz bzw. bevor es zu einem Kopfunfall oder einem psychisch traumatisierenden Erlebnis kam. Als Sonderform der A. gilt die hypnotische A. als spontane oder suggerierte Unfähigkeit, Inhalte der Hypnose, oder die Herkunft bestimmter Suggestionen aus der Hypnose zu erinnern.

Amphetamine. Wirkstoffe aus der Wirkgruppe der Psychostimulanzien (Weckmittel). Stimulierende Substanzen, die ein erhöhtes Energieniveau und, in großen Dosen, Nervosität, Schlaflosigkeit und paranoide Wahnvorstellungen erzeugen. Chemisch dem Adrenalin verwandt.

Amnestische Aphasie. Wird meist separat neben sensorischer und motorischer → Aphasie aufgeführt. Die Person kann vorhandene Wörter nicht abrufen, erkennt aber von außen angebotene Wörter sofort bzw. kann sie richtig auswählen und zuordnen (bei sensorischer Aphasie nicht möglich).

Analgesie. Unempfindlichkeit für Schmerz ohne Bewußtseinsverlust. In der → Hypnose durch Kälte, Taubheit oder die Empfindung der Trennung von einem Körperteil suggerierte Schmerzbewältigung.

Analgetikum. Schmerzmittel.

Analog-Experiment (Analogstudie). Experimentelle Untersuchung eines Phänomens, das vom Gegenstand des eigentlichen Interesses des Forschers verschieden ist, aber mit ihm in Zusammenhang steht, z. B. Untersuchungen an nicht-klinischen Probanden, obwohl Aussagen über klinische Patienten erwünscht sind.

Analverkehr. Sexuelle Stimulation von Anus und Mastdarm durch Eindringen.

Anamnese. Feststellung der Vorgeschichte einer Störung.

Anankasmus. → Zwang.

Anästhesie. Verminderung oder Verlust von Empfindungen (meistens Berührungsempfindungen).

Angst. Unangenehmes Gefühl umfassender Furcht und Besorgnis, das von vermehrter physiologischer Erregung und körperlichen Symptomen begleitet wird (z. B. Herzklopfen, -rasen, -schmerzen, zugeschnürter Hals, Zittern, Schwindel, Atemstörungen, Pupillenerweiterungen, Puls- und Blutdruckanstieg, Mundtrockenheit, Schwitzen, erhöhter Muskeltonus). In die Zukunft gerichtet, bei Bedrohung ggf. Anlaß zu Vermeidungsverhalten. Angst kann durch Selbstbeschreibung, Messung physiologischer Erregung und durch Beobachtung offenen Verhaltens erfaßt werden.

Angst vor der Angst. Die Neigung, körperliche Angstempfindungen als Hinweis auf Bedrohung oder Krankheit zu bewerten und in der Folge darauf ängstlich zu reagieren, führt häufig zu ausgeprägtem Vermeidungsverhalten (z. B. → Agoraphobie). Wird z.T. auch als »Angstsensitivität«, »Panphobie« oder »Phobophobie« bezeichnet. Die Angst vor der Angst erklärt einen Varianzanteil phobischen Verhaltens, der unabhängig von der allgemeinen Ängstlichkeit ist. Die Angst vor der Angst stellt heute eine zentrale Annahme für das Verständnis des Zusammenhangs von → Panikanfällen und → Phobien dar, dessen Bedeutung von empirischer Forschung inzwischen gut bestätigt wurde, → psychophysiologisches Modell des Paniksyndroms, → interozeptive Konditionierung.

Angst vor Ohnmacht. Häufige Befürchtung von Patienten mit → Panikanfällen. Hier muß zunächst durch detaillierte Exploration geklärt werden, ob die Patienten überhaupt schon einmal ohnmächtig geworden sind (wesentlich ist die → somatische Differentialdiagnose). Falls ja (nur bei einer Minderheit der Patienten), müssen die Umstände der Ohnmacht besprochen werden. Wichtig ist dabei, daß die Ohnmacht entweder ganz ohne Angst erfolgte oder die Angst erst im Anschluß an die Ohnmacht auftrat. Daran anschließend werden die Patienten darüber informiert, daß für eine Ohnmacht ein Abfall des Blutdrucks und der Herzfrequenz notwendig ist, daß diese Parameter aber während ihrer Ängste ansteigen, wodurch eine Ohnmacht nicht mehr, sondern weniger wahrscheinlich wird. Wären zuvor nicht mögliche frühere Ohnmachten besprochen worden, so bestünde die Gefahr, daß der Patient die Informationen des Therapeuten über die Ohnmacht anzweifelt und implizit davon ausgeht, er sei durch starke Angst ohnmächtig geworden. Synkope.

Angstanfall. Synonyme Begriffe: Panikattacke, Panikanfall. Bereits bei Freud eingeführter Begriff für anfallsartig auftretende akute Angstzustände, bei denen unangenehme Symptome plötzlich und z.T. »spontan« einsetzen. Spontaneität bedeutet hier, daß die Betroffenen die einsetzenden Symptome nicht mit externalen Stimuli (z. B. Höhe, Kaufhaus) in Verbindung bringen bzw. daß die Angst sich nicht einer realen Gefahr zuschreiben läßt. Im Vordergrund der Beschwerden stehen v.a. körperliche Symptome wie Herzklopfen, Herzrasen, Atemnot, Schwindel, Benommenheit, Schwitzen, und Brustschmerzen sowie Druck oder Engegefühl in der Brust. Daneben treten üblicherweise kognitive Symptome auf, die die mögliche Bedeutung dieser somatischen Empfindungen betreffen, z. B. »Angst zu sterben«, »Angst, verrückt zu werden« oder »Angst, die Kontrolle zu verlieren«. Während eines Panikanfalls zeigen die Patienten oft ausgeprägt hilfesuchendes Verhalten: Sie rufen den Notarzt, bitten Angehörige um Hilfe oder nehmen Beruhigungsmittel ein. Tritt der Panikanfall an öffentlichen Orten, wie z. B. Supermärkten auf, so versuchen die Patienten meist, diese Orte möglichst schnell zu verlassen und an einen sicheren Platz zu flüchten (→ Agoraphobie). Das → DSM-IV fordert für die Diagnose eines Panikanfalls, daß mindestens vier von 13 körperlichen und kognitiven Symptomen auftreten, daß diese zumindest manchmal unerwartet (»aus heiterem Himmel«) erscheinen und daß mindestens vier Symptome innerhalb von 10 Minuten einen Gipfel erreichen. Panikanfälle sind das zentrale Merkmal des → Paniksyndroms, phänomenologisch gleiche Angstanfälle treten aber auch bei anderen Angststörungen häufig auf. Zur Abgrenzung ist die → zentrale Befürchtung nützlich (bei Paniksyndrom und → Agoraphobie meist die Furcht vor einer unmittelbar drohenden körperlichen oder geistigen Katastrophe, bei → Sozialphobie eher Peinlichkeit/Blamage, bei → spezifischen Phobien direkt vom phobischen Objekt ausgehende Gefahren, bei → Zwangssyndromen v. a. Kontamination/mangelnde Verantwortlichkeit), → psychophysiologisches Modell des Paniksyndroms.

Angst-Bewältigungstraining (ABT). Zusammengesetzte Programme zur Behandlung des generalisierten Angstsyndroms. Bestandteile sind Informationsvermittlung über die Angst, Entspannungstraining, kognitive Techniken zur Modifikation angstverstärkender Gedanken (z. B. Ablenkung, Selbstinstruktionen) und Interventionen zum Aufbau von Selbstvertrauen.

Angsthierarchie. Anordnung bzw. Zusammenstellung von Angstreizen im Hinblick auf das Ausmaß ihrer angstauslösenden Qualität. Häufige Verwendung im Rahmen der systematischen Desensibilisierung oder anderer Konfrontationsverfahren.

Angst-Management-Training (AMT). Unscharfer Begriff zur Kennzeichnung einer Kombination verschiedener Strategien zur Bekämpfung chronischer Angst, u.a. → Entspannungstraining, → Streßimpfungstraining, → kognitive Umstrukturierung, → Biofeedback, → Training sozialer Kompetenz, Training von Ablenkungstechniken. Zum Teil auch als → Angst-Bewältigungs-Training bezeichnet.

Angstneurose. Veralteter Begriff für Angststörungen, die heute nach dem → DSM-IV als → Paniksyndrom oder → generalisiertes Angstsyndrom klassifiziert werden.

Angststörungen. Gruppe von psychischen Störungen, bei denen die Symptome der Angst im Vordergrund stehen. Dazu gehören nach → DSM-IV und → ICD-10: → Phobien, → Angstsyndrom mit Panikattacken, → Paniksyndrom, → generalisiertes Angstsyndrom, → Zwangssyndrom und → Posttraumatische Belastungsstörung.

Angstthermometer. Andere Bezeichnung für Skalen vom Typ der SUDS-Skala (subjective units of discomfort scale). Typischerweise wird das Ausmaß der subjektiv empfundenen Angst (des Unbehagens etc.) auf einer Skala von 0 (gar keine Angst) bis 100 (maximale Angst) eingeschätzt (z.T. auch andere Skalen, z. B. 0–10).

Anhedonie. Unfähigkeit, Freude zu empfinden und Vergnügungen zu genießen (z. B. als Folge schwerer Belastungen und Extremsituationen).

Ankreuzmethode. Verfahren zur Erfassung von Selbstaussagen. Der Patient soll eine Liste von Gedanken oder Ähnlichem lesen und alle diejenigen ankreuzen, die in einem bestimmten Zeitraum aufgetreten sind (oder deren Häufigkeit einschätzen).

Annäherungssystem. Das Annäherungssystem wird in allen Situationen aktiv, in denen Annäherung an ein Objekt oder Reiz verstärkt wurde.

Anorektika. Appetitzügler.

Anorexie, Anorexia nervosa (ICD-10: F50.0, DSM-IV: 307.1). Magersucht. Eßstörung im Sinne einer bewußt herbeigeführte Verminderung des Körpergewichts, Nahrungsverweigerung oder -begrenzung. Das Eßverhalten führt zu schwerem Gewichtsverlust und → Amenorrhoe und geht häufig mit übertriebenem Sport, Mißbrauch von Abführmitteln oder Appetitzüglern sowie immer mit extremer Furcht vor dem Dickwerden und krassen Verzerrungen des Körperschemas einher. Die Betroffenen halten sich für zu dick, obwohl bereits deutliches Untergewicht (mind. 25% des Normalgewichtes) besteht. Trotz der rigiden Gewichtskontrolle treten Eßanfälle (Heißhungerattacken) auf, bei denen in kurzer Zeit große Mengen an hochkalorischen Nahrungsmitteln aufgenommen und danach häufig wieder erbrochen werden (→ Bulimie). Anorexia nervosa tritt weitaus am häufigsten bei jungen Frauen auf. Anorexie kann zusammen mit Bulimie einhergehen. Eine zusätzliche Bulimie-Diagnose wird nur gegeben, wenn die Eßanfälle auch außerhalb anorektischer Phasen auftreten. Es kann zwischen einem Eß-/Brech-Subtyp (bulimischer Subtyp) und einem Subtyp mit restriktivem Eßverhalten (nicht-bulimischer Subtyp) unterschieden werden. Meist treten erhebliche soziale Folgeprobleme auf: Isolation, Einengung der Interessen, Vernachlässigung familiärer und sonstiger Bindungen.

Anorgasmie. → Funktionelle Sexualstörung, bei der ein Orgasmus noch nie (primäre Anorgasmie) oder trotz früherer befriedigender Erfahrungen derzeit (sekundäre Anorgasmie) nicht möglich ist.

Anoxie. Physiologisch unzureichende Sauerstoffkonzentration im Gewebe, kann zu Hirnschädigungen führen.

Anpassungsstörung. Identifizierbare psychosoziale meist kurzdauernde (mitunter auch längerfristige) Belastung von einem nicht außergewöhnlichen oder katastrophalen Ausmaß. Symptome und Verhaltensstörungen (außer Wahngedanken und Halluzinationen) verschiedener psychischer Störungen können auftreten. Die Kriterien einer einzelnen Störung werden aber nicht erfüllt. Die Symptome können in Art und Schwere variieren.

Ansatzpunkte der Behandlung psychischer Störungen. Es gibt eine Reihe verschiedener Ansatzpunkte für die Behandlung psychischer Störungen. Bei der Auswahl des für den Einzelfall sinnvollsten Vorgehens bzw. einer Rangreihe verschiedener Verfahren spielen Rahmenbedingungen (z. B. Motivation und Persönlichkeit des Patienten, Vorliegen zusätzlicher Störungen, Verfügbarkeit von Therapieverfahren und Therapeuten) eine Rolle. Grundsätzlich sollten zuerst Verfahren eingesetzt werden, die möglichst erfolgversprechend sind und zugleich möglichst geringe Kosten bzw. möglichst geringen Aufwand verursachen. Ein »Sequenzmodell« der wichtigsten Ansatzpunkte für die Behandlung psychischer Störungen sieht die folgende Reihenfolge vor: (1) Selbsthilfe, Laienhilfe, (2) Beratung, stützende Gespräche, (3) Gezielte Therapie der psychischen Störung mit (3.1) Verhaltenstherapie, (3.2) andere psychotherapeutische und medikamentöse Interventionen, (3.3) Langzeit-Begleitung nach gescheiterter Therapie.

Antabus (Disulfiram). Eine Substanz, die bei nachfolgendem Alkoholgenuß zu Schwindelgefühl, Übelkeit und anderen unangenehmen Auswirkungen führt.

Anterograde Amnesie. → Amnesie, anterograde.

Anticholinergika. Medikamente, die die Wirkung des Neurotransmitters Acetylcholin unterdrücken. Pharmakologische Wirkung sind u. a. Blutdrucksenkung, Verengung der Bronchien, Tonussteigerung des Darms, Zunahme der Drüsensekretion, Einfluß auf die Herzfunktion.

Antidepressiva. Medikamente gegen depressive Zustände. Wirken antriebssteigernd, stimmungsaufhellend.

Antiepileptika. Medikamente gegen epileptische Krampfanfälle.

Antihistaminika. Auch als Histaminantagonisten oder Histaminrezeptorenblocker bezeichnet. Einsatz gegen Allergie (vor allem Heufieber, Urticaria), örtlich bei Juckreiz, zur Narkosevorbereitung sowie Hemmung der Salzsäureproduktion der Magenschleimhaut, insbesondere bei Magen- und Dünndarmgeschwüren. Aufgrund dämpfender Wirkung z.T. als Schlafmittel verwandt.

Antiparkinsonmittel. Medikament gegen die Parkinson'sche Krankheit (Schüttellähmung).

Antipsychotika. Medikamente gegen → Psychosen (v.a. Schizophrenien). Synonym zu → Neuroleptika, gemeint sind meist die besonders antipsychotisch wirkenden hochpotenten Neuroleptika → Psychose.

Antisoziale Persönlichkeitsstörung. In der englischsprachigen Literatur als Soziopathie bezeichnete → Persönlichkeitsstörung. Das Syndrom ist gekennzeichnet durch Impulsivität und mangelnde Selbstkontrolle, verantwortungsloses Verhalten, Hedonismus und die Unfähigkeit zu Emotionen wie Einfühlung, Reue, Schuld oder Zuneigung. Die Konsequenzen des Handelns auf andere oder die eigene Person werden nicht bedacht, das relative Fehlen von Angstreaktionen wird z.T. als mangelnde soziale Lernfähigkeit konzipiert.

Antizipation. Vorwegnahme von Ereignissen, Handlungen, Denkprozessen etc. aufgrund individueller Erwartungen.

Antizipatorische Angst. Z.T. als → Angst vor der Angst, z.T. als Erwartungsangst gebrauchter Begriff. Vgl. → Antizipation.

Antrieb. Grundaktivität des Menschen. Man differenziert in Antriebsverminderung und Antriebssteigerung.

Antwortdeviation. Die Tendenz, Fragebögen unabhängig von ihrem Inhalt auf ungewöhnliche Weise zu beantworten.

Antworttendenz (response set). Die Tendenz eines Individuums, auf bestimmte Weise auf Fragen eines Tests zu reagieren, z.B. unabhängig von ihrem Inhalt Fragen mit »ja« zu beantworten (→ Aquieszenz).

Anwendungsforschung, klinisch-psychologische. Erforschung anwendungsorientierter Fragen, die naturgemäß sehr heterogen sind. Hier geht es um Probleme wie die → Evaluation von Praxiseinrichtungen, die Wirtschaftlichkeit von Behandlungsansätzen, Versorgungsforschung (»Wer bekommt welche Behandlung?«), → Qualitätssicherung, Fort- und → Weiterbildung oder den Wissenstransfer zwischen Forschung und Praxis.

Anxiety Disorders Interview Schedule. → ADIS, → DIPS.

Anxiolytika. Medikament gegen Angststörungen, gleichbedeutend mit Beruhigungsmittel (Tranquilizer), heute meist vom Typ der → Benzodiazepine.

Apathie. Gefühllosigkeit, Teilnahmslosigkeit.

Aphasie. Beeinträchtigung oder Verlust der sprachlichen Fähigkeiten aufgrund von Hirnschädigungen. Differenzierung in sog. motorische oder expressive Aphasie (Broca-Aphasie): Schwierigkeiten beim Sprechen oder Schreiben der beabsichtigten Begriffe und sensorische Aphasie (Wernicke-Aphasie): Schwierigkeiten beim Verständnis geschriebener oder gesprochener Sprache sowie → amnestische Aphasie.

Appetenz. Verlangen, Begehren.

Appetenzphase. Erste Phase des sexuellen Erregungszyklus, gekennzeichnet durch sexuelles Verlangen.

Appetitverhalten, qualitative Anomalien des (Pica). Besondere, ungewöhnliche Gelüste beim Essen (z.B. bei Schwangeren, Oligophrenen, Psychotikern), Essen von ungenießbaren Dingen bis hin zur Koprophagie (Kotessen), Nekrophagie bzw. Anthropophagie (Leichnamessen, Kannibalismus). Auch als vorgetäuschte Störungen (Münchhausen-Syndrom) mit Verschlucken von Nägeln, Löffeln etc., um einen Krankenhausaufenthalt zu erzwingen oder um aus einem Gefängnis in ein Krankenhaus verlegt zu werden. Als quantitative Anomalien des Appetitverhaltens wird auch die → Anorexie oder die → Bulimie bezeichnet.

Appetitzügler. Synonym: Anorektika. Chemisch mit den Psychostimulanzien verwandt. Ihr Zweck und Langzeiterfolg ist umstritten. Erhebliche Nebenwirkungen bis hin zur psychischen → Abhängigkeit, → Anorexie.

Äquipotentialitätsproblem. Die Annahme der klassischen Konditionierung phobischer Reaktionen stößt auf das Problem der mangelnden »Äquipotentialität« potentiell phobischer Reize. Tatsächlich tauchen nicht alle Reize mit gleicher Wahrscheinlichkeit als phobische Objekte auf. Im Gegenteil, die auslösenden Reize für agoraphobische Ängste zeigen eine charakteristische und über verschiedene Kulturen hinweg stabile Verteilung, die weder der Häufigkeit dieser Reize im täglichen Leben noch der Wahrscheinlichkeit unangenehmer (traumatischer) Erfahrungen entspricht. Äquipotentialität im Sinne gleich wahrscheinlicher Angstauslösung ist also nicht gegeben. Seligman nahm daher an, daß bestimmte Reiz-Reaktions-Verbindungen leichter gelernt werden, weil sie biologisch »vorbereitet« sind (→ »Preparedness«). Laborexperimente und die Verteilung klinischer Phobien sprechen für diese Annahme.

Äquivalenzannahme. Diese besagt, daß alle Psychotherapien ähnlich effektiv seien und auf ähnlichen Wirkmechanismen beruhten. Diese Annahme muß heute sowohl hinsichtlich der Effektivität, als auch hinsichtlich des Prozesses heute als unzutreffend bezeichnet werden. → Uniformitätsmythos.

Arousal reconditioning. Techniken zur Verbesserung der sexuellen Erlebnisfähigkeit bei sexuellen Funktionsstörungen, auch als »orgasmic reconditioning« zusammenfassend bezeichnet. Über den Abbau von Ängsten und Hemmungen hinaus sollen sexuelle Erregbarkeit und Lustempfinden durch Übungen zur Selbsterfahrung des Körpers, durch Gebrauch starker mechanischer Stimulation (Vibrator, bei Orgasmusstörungen), durch gezielte sexuelle Phantasien oder durch enthemmende Rollenspiele aufgebaut werden.

Assessment. Erfassung von Persönlichkeitsmerkmalen verschiedener Art zu einem praktischen Zweck, welcher eine rationale Entscheidung verlangt. Oft handelt es sich um Prädiktor-Kriterien-Beziehungen, wobei auch der Aufwand und Entscheidungsnutzen dieser Urteilsprozesse bewertet werden. Die Begriffe »Assessment« und »Assessmentstrategie« werden in der differentiellen Psychologie zunehmend verwendet, um die einseitige, medizinische Bedeutung von »Diagnostik« als Zuordnung zu einer Krankheitseinheit zu vermeiden.

Assoziative Lernprozesse. Assoziative Lernprozesse sind → klassische Konditionierung und → operante Konditionierung, vgl. → nicht assoziative Lernprozesse.

Ataraktika. Tranquilizer, → Benzodiazepine.

Ataxie. Störung der Koordinaten von Bewegungsabläufen, z. B. Gangstörungen.

Ätiologie. Lehre von den Krankheits- bzw. Störungsursachen, vgl. auch → Entstehungsbedingungen.

Ätiologische Forschung. Forschungsbereich der Klinischen Psychologie, der der Aufklärung der Ursachen und Bedingungen → psychischer Störungen bzw. psychischer Aspekte körperlicher Erkrankungen gilt. Hier werden unter anderem → prädisponierende, → auslösende und → aufrechterhaltende Störungsbedingungen identifiziert. So werden z. B. zur Untersuchung des Grades der Erblichkeit von Störungen → Zwillingsstudien oder Stammbaumanalysen durchgeführt. Neben Risikofaktoren werden in der jüngeren Forschung zunehmend auch protektive Faktoren wie psychische → Resilienz (Widerstandskraft, im Englischen auch »hardiness«) oder → soziale Unterstützung beachtet, die negativen Einflüssen entgegenwirken können. Damit einher geht auch eine stärkere Berücksichtigung sogenannter → »salutogenetischer« Ansätze, deren Verhältnis zu den bislang vorherrschenden »pathogenetischen« Denkmodellen noch ungeklärt ist. Salutogenetische Ansätze gehen davon aus, daß Gesundheit nicht einfach als Abwesenheit von Krankheit verstanden werden kann, sondern positiv definiert werden muß, so daß sich die Frage nach den Bedingungen der Entstehung und Aufrechterhaltung von Gesundheit explizit stellt.

Ätiopathogenese. Gesamtheit aller Faktoren, die zur Ursache, Entstehung und Entwicklung einer Krankheit bzw. Störung beitragen.

Attribuierung/Attribution. Ursachenzuschreibung (z. B. die Erklärung einer Person für die Ursachen des eigenen Verhaltens).

Attributables Risiko (auch absolutes Risiko). Epidemiologischer Kennwert: Differenz zwischen dem Erkrankungsrisiko exponierter Personen und demjenigen nicht exponierter Personen (z.T. auch mit 100 multipliziert und als Prozentzahl angegeben), d. h. Zunahme des Erkrankungsrisikos durch Exposition.

Attributionstheorie. Theorie der Ursachenzuschreibung.

Aufmerksamkeit. Aktive/passive Ausrichtung des Bewußtseins auf einen physischen oder mentalen Gegenstand. Aufmerksamkeitsstörungen: Unaufmerksamkeit, Einengung und Schwankung der Aufmerksamkeit (Aufmerksamkeit ist auf etwas Bestimmtes konzentriert, entweder normalpsychologisch oder aufgrund einer starken Gemütsbewegung bzw. eines Wahnerlebens, einer Halluzination) sowie Konzentrationsstörung.

Aufmerksamkeits-/Hyperaktivitätsstörung (ICD-10: F90, DSM-IV: 314.00, 314.01). Psychische Störung des Kindes- und Jugendalters. Die Hauptmerkmale der Aufmerksamkeits- und Hyperaktivitätsstörung sind eine übermäßige Aktivität des Kindes (»Zappelphilipp«), eine starke Impulsivität (das Kind kann nicht abwarten, bis es beim Spiel an der Reihe ist, platzt in Aktivitäten anderer hinein, stört in der Schule den Unterricht) sowie eine geringe Aufmerksamkeitsspanne (Schwierigkeiten, der Aufgabenstellung zu folgen, Aufgaben zu Ende zu führen). Die Symptome können in verschiedenen Lebensbereichen in unterschiedlicher Intensität auftreten oder auch ganz ausbleiben, wenn das Kind etwas Spannendes erlebt oder wenn es für sein Verhalten gelobt wird. Altersspezifisch fällt bei jüngeren Kindern vor allem die motorische Unruhe, bei älteren Kindern eher die Störung der Aufmerksamkeit auf. Jungen sind von der Aufmerksamkeits- und Hyperaktivitätsstörung häufiger betroffen als Mädchen. Insbesondere wenn die Kinder durch ihr Verhalten Schwierigkeiten im Umgang mit Gleichaltrigen oder Erwachsenen haben oder auch in ihrer schulischen Leistungsfähigkeit eingeschränkt sind, besteht häufig ein erheblicher Leidensdruck bei den betroffenen Kindern und Jugendlichen.

Aufrechterhaltende Bedingungen. Damit sind jene Faktoren gemeint, die dazu beitragen, daß ein psychisches Problem bzw. eine psychische Störung bestehen bleibt und nicht wieder abklingt. Ebenso wie Prädispositionen (bzw. Vulnerabilitätsfaktoren) und auslösende Bedingungen eine der drei wesentlichen Klassen von »Ursachen« in ätiologischen Konzepten im Rahmen der Verhaltenstherapie.

Augen-Bewegung-Desensibilisierung und Verarbeitung. Englisch: Eye Movement Desensitization and Reprocessing (EMDR). Eine Form der therapeutischen → Konfrontation (Desensibilisierung) bei → posttraumatischen Belastungsstörungen, die mit einer starken kognitiven Komponente und ruckartigen Augenbewegungen verbunden ist. Der Patient stellt sich eine Szene aus seinem Trauma vor, konzentriert sich dann auf die damit verbundenen Kognitionen und Erregung und folgt dabei mit seinem Blick dem Finger des Therapeuten, der seine Hand schnell bewegt. Der Vorgang wird so oft wiederholt, bis die Angst zurückgeht, und an diesem Punkt wird dann eine adaptivere Kognition zu der Szene und den Augenbewegungen eingeführt. Methodische Bedenken an den bisherigen empirischen Studien zum EMDR sind noch nicht hinreichend ausgeräumt.

Aura. Anzeichen eines bevorstehenden epileptischen Anfalls. Besteht in ungewöhnlichen sensorischen Empfindungen oder Benommenheit.

Auslösende Bedingungen. Die Gesamtheit jener Bedingungen, die das Erstauftreten einer Störung oder eines Problems hervorrufen bzw. »auslösen«. Ebenso wie → Prädispositionen (bzw. → Vulnerabilitätsfaktoren) und → aufrechterhaltende Bedingungen eine der drei wesentlichen Klassen von »Ursachen« in ätiologischen Konzepten im Rahmen der Verhaltenstherapie, vgl. auch »Entstehungsbedingungen«.

Auswahl des therapeutischen Vorgehens. Solange es keine hundertprozentig erfolgreichen Methoden bei der Behandlung psychischer Störungen gibt, ist eine breite Palette von Therapiemöglichkeiten mit Ansatzpunkten an verschiedenen Stellen des Problemgefüges erforderlich. Bei der Auswahl des für den Einzelfall sinnvollsten Vorgehens bzw. einer Rangreihe verschiedener Verfahren spielen Rahmenbedingungen (z. B. Motivation und Persönlichkeit des Patienten, Vorliegen zusätzlicher Störungen, Verfügbarkeit von Therapieverfahren und Therapeuten) eine Rolle. Grundsätzlich sollten zuerst Verfahren eingesetzt werden, die möglichst erfolgversprechend sind und zugleich möglichst geringe Kosten bzw. möglichst geringen Aufwand verursachen. Ein »Sequenzmodell« der wichtigsten Ansatzpunkte für die Behandlung psychischer Störungen sieht die folgende Reihenfolge vor: (1) Selbsthilfe, Laienhilfe, (2) Beratung, stützende Gespräche, (3) Gezielte Therapie der psychischen Störung mit (3.1) Verhaltenstherapie, (3.2) andere psychotherapeutische oder medikamentöse Interventionen, (3.3) Langzeit-Begleitung nach gescheiterter Therapie.

Autismus (ICD-10: F84.0, DSM-IV: 299.00). Selbstbezogenheit bei reduziertem Austausch mit der Umgebung. Die Betroffenen leben in einer eigenen Gedanken- und Vorstellungswelt und erscheinen in ihrer gefühlsmäßigen Leere unbeeinflußbar. Das Innenleben dominiert bzw. unterdrückt alle sonst üblichen Außenkontakte. Allerdings gibt es kein einheitliches Störungsbild »Autismus«. Vor allem muß man zwischen Autismus während früher Kindheit und Erwachsenen-Autismus unterscheiden. Beim frühkindlichen Autismus fällt insbesondere eine Störung der Sprachentwicklung auf. Das Kind ist jedoch nicht unfähig, sondern zeigt scheinbar keinerlei Interesse oder Bedarf an einer Sprachentwicklung. Dafür haben viele autistische Kinder eine Art Privatsprache mit besonderer Freude am Sprachklang oder Wortneubildungen. Häufig ist die Wiederholung vorgesprochener Worte oder Sätze (→ Echolalie). Auffallend ist ein fast ängstlich-zwanghafter Widerstand gegen alle Veränderungen. Die Umwelt sollte möglichst unverändert und »gleichgeschaltet« erhalten bleiben. Die Betroffenen sind eng an einen Gegenstand oder einen festen Ablauf der Dinge gebunden. Dies liegt nicht zuletzt daran, daß Autisten Außenreize nicht nach Bedarf unterdrücken können, sondern gleichsam ununterbrochen einer bedrohlichen Reizflut hilflos ausgesetzt sind, so daß gewissermaßen alles immer neu bleibt. Oft auch starres und enges Interesse an bestimmten Gegenständen oder theoretische Überlegungen. Manchmal überdurchschnittliche Intelligenz mit umfassendem oder originellem Wortschatz, z.T. erstaunliche Fähigkeiten zu abstaktem und logischem Denken (»Inselbegabung«). Autistischer Rückzug in mehr oder weniger ausgeprägter Form als normale »Charaktervariante«, bei der → Schizophrenie und bei anderen psychischen Störungen.

Autogenes Training. Methode der Selbstentspannung bzw. Selbstbeeinflussung durch autosuggestive Übungen. Im nervenärztlichen Bereich die am häufigsten eingesetzte psychotherapeutische Methode, obwohl die Befunde zur Effektivität bei der Behandlung psychischer Störungen (soweit vorliegend) überwiegend negativ sind. In der Verhaltenstherapie wird die → progressive Muskelrelaxation nach Jacobson weitaus häufiger verwendet.

Automatische Gedanken. Die in einer Situation ablaufenden Gedanken, Überzeugungen, Erwartungen, Befürchtungen, Besorgnisse, Interpretationen oder auch Bilder, deren Charakter von Vertretern kognitiver Therapien als unfreiwillig, reflexhaft, stereotyp sowie unhinterfragt plausibel beschrieben wird. Ein erstes Ziel → kognitiver Therapien besteht darin, sie über Fragen, Selbstbeobachtungsaufgaben, Imaginationsübungen oder Rollenspiele bewußt zu machen und sie dann auf situationsbezogene Angemessenheit zu überprüfen und ggf. zu verändern (vgl. auch → Kognitionen, dysfunktionale).

Automatismen. Automatisches Ausführen von Bewegungen oder Handlungen, die als nicht selbst gewollt empfunden werden.

Autonomes Nervensystem. Vegetatives Nervensystem, dient der Regelung der vom Willen weitgehend unabhängigen Lebensvorgänge und deren Anpassung an die Umweltanforderungen.

Aversionstherapie. Therapeutisches Verfahren, bei dem ein → aversiver Reiz, z.B. ein Elektroschock, mit Situationen gekoppelt wird, die in unerwünschter Weise attraktiv sind.

Aversiver Reiz. Unangenehmer Reiz, der Schmerz, Angst oder Vermeidung hervorruft.

Barbiturate. Ältere, heute nur noch selten genutzte Stoffklasse bei Schlafstörungen und bestimmten epileptischen Anfällen. Suchtgefahr mit Entzugssymptomen.

Basedow-Krankheit. Schilddrüsenfunktionsstörung, die zu einer Überproduktion des Hormons Thyroxin führt. Die beschleunigten Stoffwechselprozesse können zu Ruhelosigkeit, Reizbarkeit und Angst führen.

Baseline. Ausgangswert, zu dem Veränderungen (z.B. während der Therapie) in Beziehung gesetzt werden können, z.B. tägliches Ausfüllen eines Befindlichkeitsfragebogens in den zwei Wochen vor Therapie.

Basisdokumentation. Die Sammlung und Archivierung einer konsuell vereinbarten Kern-Datenmenge einer Psychotherapie. Ein zentrales Merkmal von Basisdokumentationen ist, daß sie meist von größeren Fachgesellschaften vereinbart, überregional angewendet und system-, alters-, methoden- und störungsübergreifend eingesetzt werden. Sie sind eine wichtige Methode zur Erstellung von Versorgungs- und Behandlungsstatistiken und der Kontrolle der Ergebnisse von Psychotherapie und dienen damit der Sicherstellung ihrer Ergebnisqualität.

Basisfertigkeiten, verhaltenstherapeutische. Grundlegende Ferigkeiten, die jeder Verhaltenstherapeut beherrschen muß (z.B. Gesprächsführung, Beziehungsgestaltung, Motivationsarbeit) und die Voraussetzung für Anwendung weitergehender störungsübergreifender bzw. störungsspezifischer Verfahren sind.

Basisrate. Grundrate des Auftretens eines Merkmals, Ereignisses etc. in einer Population bzw. unter bestimmten Umständen (z.B. die Wahrscheinlichkeit, mit der ein Mensch aus einer bestimmten Region eine konkrete psychische Störung aufweist). Ein wichtiges Problem der → Urteilsbildung ist die Vernachlässigung von Basisraten, was zu bemerkenswerten Fehlurteilen führen kann, wie das folgende Rechenbeispiel zeigt: Wenn z.B. ein Suizidindikator bei 80% aller wahren suizidalen Fälle vorliegt und nur bei 10% aller nicht suizidalen Fälle und Suizidalität bei einem von 1000 Patienten besteht, so wird der eine Patient wohl sehr wahrscheinlich anhand dieses Indikators korrekt identifiziert werden, gleichzeitig werden aber auch 99 andere Fälle falsch »identifiziert«.

Befürchtung, zentrale. Nützliches Unterscheidungsmerkmal für die Differentialdiagnose von Ängsten, Phobien, Hypochondrien etc. So kann etwa die Angst vor Krankheit bei einer Hypochondrie, einem Somatisierungssyndrom, einem Zwangssyndrom oder einem Paniksyndrom auftreten. Die zentrale Befürchtung bei einer Hypochondrie betrifft typischerweise eine schwere Krankheit, die mittelfristig zum Tode oder zur schweren Behinderung führt, beim Paniksyndrom eher eine unmittelbare Katastrophe (z.B. Herzinfarkt), beim Zwangssyndrom eher durch Kontamination, Unachtsamkeit oder mangelnde Kontrolle verursachte Kontamination, beim Somatisierungssyndrom eher allgemeine Kränklichkeit. In ähnlicher Weise können Panikanfälle und phobische Ängste bei verschiedenen Angststörungen auftreten. Zur differentialdiagnostischen Abgrenzung eignen sich die zentralen Befürchtungen während des Anfalls. Ein Panikanfall im Rahmen von Paniksyndrom und Agoraphobie beinhaltet zumeist die Furcht vor einer unmittelbar drohenden körperlichen oder geistigen Katastrophe, Angstanfälle im Kontext anderer Angststörungen betreffen eher Peinlichkeit/Blamage (Sozialphobie), direkt vom phobischen Objekt ausgehende Gefahren (spezifische Phobie) oder Kontamination/mangelnde Verantwortlichkeit (Zwangssyndrom).

Begründbarkeit therapeutischer Entscheidungen. Das Verhaltenshemmsystem wird durch konditionierte Strafreize, durch neue Reize und durch angeborene Furchtreize aktiviert.

Behavioral inhibition system (BIS, deutsch: Verhaltenshemmsystem). Das Verhaltenshemmsystem wird durch konditionierte Strafreize, durch neue Reize und durch angeborene Furchtreize aktiviert. Es bewirkt eine Unterbrechung des bisherigen Verhaltens bzw. übt eine generell hemmende Wirkung aus.

Behaviorismus. Behaviorismus war von Anfang an auch ein »Kampfbegriff«, der später eher von seinen Gegnern verwendet wurde. Dabei ging oft unter, daß es nicht den einen Behaviorismus gab, sondern daß z.T. sehr verschieden Positionen miteinander konkurrierten. Die verbreiteteste Klassifikation unterscheidet die drei Grundpositionen des → metaphysischen, → radikalen (bzw. analytischen) und des → methodologischen Behaviorismus.

Belohnung. Ein positives Ereignis oder ein positiver Reiz, der auf eine Reaktion folgt und diese Reaktion verstärkt. Belohnte Reaktionen treten mit größerer Wahrscheinlichkeit auf.

Benommenheit. Leichte Beeinträchtigung von Bewußtsein und Wachheit.

Benommenheit und Schwindel, somatische Differentialdiagnose von. Unspezifische Angstsymptome lassen gelegentlich an körperliche Allgemeinerkrankungen, neurologische und psychiatrische Störungen denken. Der Angst-Schwindel ist dabei eher diffus, wird häufig als Unsicherheit, Benommenheit, »Schweben« geschildert und entbehrt sowohl der labyrinthär-vestibulären Schwindelcharakteristiken wie ihrer neurootologischen und neurophthalmologischen Symptome. Allenfalls kommen Ähnlichkeiten mit einem »diffusen zerebralen Schwindel« oder orthostatischen Störungen bei Hypotonie, Anämie etc. vor.

Benzodiazepine. Bekannteste und am weitesten verbreitete Substanzen aus der Wirkgruppe der Beruhigungsmittel (→ Tranquilizer), z.T. auch als Einschlafmittel eingesetzt. Suchtgefahr. Die Behandlung der Benzodiazepinabhängigkeit ist ein wichtiges und rasch wachsendes Arbeitsfeld der Verhaltenstherapie.

Beobachtbarkeit. Grundprinzip des → methodologischen Behaviorismus, der der Verhaltenstherapie als wissenschaftlichem Ansatz zugrundeliegt. Nach dieser Auffassung können nur beobachtbare Ereignisse oder Phänomene, die regelhaft mit beobachtbaren Anzeichen verknüpft sind, zum Gegenstand wissenschaftlicher Analysen werden (→ Operationalisierung). Dies bedeutet jedoch nicht die Beschränkung auf beobachtbares motorisches Verhalten als ausschließlichem Gegenstand. Heutzutage ist das → Erleben

und → Verhalten der allgemein anerkannte Gegenstand der Psychologie. Interessanterweise hat selbst Skinner die Introspektion nicht als Methode abgelehnt, wenn sie der obigen Forderung genügte.

Beratungsstelle. Ambulante Einrichtungen, in denen oftmals interdisziplinäre Teams Beratungen bei Lebens-, Erziehungs- oder Suchtproblemen durchführen.

Bereitschaft (Englisch »preparedness«, auch Vorbereitung). Nach Seligman bei der klassischen Konditionierung die biologische Prädisposition, auf bestimmte Reize besonders empfindlich zu reagieren und diese schnell mit einem unkonditionierten Reiz zu verbinden (z.B. Angst vor Schlangen). Biologisch vorbereitet ist dabei die Bereitschaft, bestimmte Reiz-Reaktionsverbindungen zu erlernen.

Berührungs-Halluzinationen. → Taktile (haptische) Halluzinationen.

Berufliche Wiedereingliederung. Oftmals durch Arbeitsamt oder Rentenversicherungsträger unterstützte Maßnahme zur langsamen Erhöhung der Belastbarkeit am Arbeitsplatz.

Berufsethik. Als ganz allgemeine Grundlage der Berufsethik, die jedoch keine allumfassende Verbindlichkeit begründet, sondern für Diplom-Psychologen nur einen empfehlenden Charakter darstellt, gelten die von der Förderation Deutscher Psychologieverbände 1967 verabschiedeten »Berufsethischen Verpflichtungen«. Daneben hat der BDP im Jahre 1986 eine Berufsordnung verabschiedet, die eine vereinsrechtlich statuarische Bindung entfaltet.

Berufsordnung. Die Berufsordnung geht im wesentlichen auf mitgliedschaftsübergreifende, allgemeingültige Normen des Zivilrechts (Haftung aus unerlaubter Handlung), des Strafrechts (z.B. Schweigepflicht, Titelschutz), des Wettbewerbsrechts (Zulässigkeit von Werbung) und des Heilmittelwerbegesetzes ein.

Berufszugangsrechtliche Rahmenbedingungen. Grundlage aller Berufsrechte bildet das in Artikel 12 des Grundgesetzes garantierte Grundrecht der Berufsfreiheit. Die Berufsausübung selbst wird weiteren gesetzlichen Regelungen unterworfen, die aus vernünftigen Gründen des Gemeinwohls erforderlich sind. Unter diesen berufszugangsrechtlichen Bestimmungen versteht man Normen, die die Qualifikation zur Erlaubniserteilung regeln, nach der man einen bestimmten Beruf aufnehmen darf. Die Psychotherapie, die als Ausübung der Heilkunde gilt, ist wie jede andere heilkundliche Berufsausübung erlaubnispflichtig, auch dann, wenn sie im Rahmen eines Beschäftigungsverhältnisses in einer Klinik oder einer ambulanten Einrichtung erbracht wird.

Beschleunigtes Reden (Tachyphasie) und Rededrang (Logorrhoe). Schnell und übermäßig viel Reden bis hin zum Rededrang (dabei zusammenhängende vs. inkongruente Logorrhoe). Im Extremfall wird das Gesagte nur noch nach dem Wortklang verknüpft (→ Klangassoziation), gelegentlich auch nach dem Kontrast. Damit scheinbares Springen von Wort zu Wort.

Beschleunigtes und ideenflüchtiges Denken. Subjektiv oft als Gedankendrängen oder Gedankenflucht empfunden. Bei Ideenflucht dauernde Ablenkung durch andere Einflüsse. Häufiger Wechsel oder Verlust des Denkziels. Beim beschleunigten und ideenflüchtigen Denken kann man den Betreffenden meist noch folgen (im Gegensatz zum → zerfahrenen, inkohärenten Denken).

Bestätigungsdiagnostik. Bezeichnung für die Tendenz, eine bestimmte diagnostische Hypothese durch eingeengte oder verzerrte Befunderhebung oder Befundinterpretation zu »bestätigen«.

Bestrafung. Ein unangenehmes Ereignis (→ aversiver Reiz), das auf eine Reaktion folgt und die Wahrscheinlichkeit des Auftretens dieser Reaktion herabsetzt.

Beta-(Rezeptoren-)Blocker. Medikamente mit breitem Indikationsspektrum: vorbeugend gegen Angina pectoris oder Migräne, ferner zur Infarktvorbeugung (Rückfallgefahr) sowie bei Überfunktion der Schilddrüse, Hochdruck, Zittern etc., z. T. gegen körperliche Angstzeichen (Zittern, Herzrasen) eingesetzt. Keine Abhängigkeitsgefahr.

Betriebskosten. Diejenigen Kosten einer Behandlung, die direkt durch das Erbringen der Leistung entstehen. Werden bei der stationären Behandlung auf den Pflegesatz umgeschlagen. Im Gegensatz zu den Betriebskosten werden in die Leistungskosten Spenden, Kosten der Patienten (z. B. Reisekosten) sowie ihrer direkten und indirekten Bezugspersonen (z. B. Reisekosten des Ehepartners) einbezogen. Die umfassenden Gesamtkosten beziehen alle Betriebs- und Leistungskosten mit ein. Zusätzlich werden auch die Kosten für die Therapie von Folgeschäden, die auf die durchgeführte Therapie zurückgehen, berechnet.

Bevölkerungsbezogenes Risiko (»population attributable risk«). Epidemiologischer Kennwert: Multiplikation des absoluten Risikos mit der Häufigkeit der exponierten Personen in der Bevölkerung, d. h. der Anteil der auf die Exposition zurückführbaren Erkrankungen an allen Erkrankungen in der Population.

Bewegungsstereotypien. Gleichförmig wiederholte Bewegungen, die nicht durch äußere Reize ausgelöst sind (z. B. Wischen, Kratzen, Reiben, Schaukeln, aber auch komplizierte Bewegungsabläufe).

Bewußtsein. In der Psychologie die besondere Art des → Erlebens, in der der Mensch psychische Vorgänge und allgemein Verhalten als gegenwärtig und zum Ich zugehörig erfährt. Bewußtsein ist kein Alles-oder-Nichts-Phänomen, sondern kann graduell unterschiedlich ausgeprägt sein (vgl. → Bewußtseinsstörungen, → Unbewußtes). Bewußtsein wird als einzigartig aufgefaßt und kann nicht über andere Eigenheiten definiert werden. Die Bedeutung wird z. T. eingeschränkt auf jene Vorgänge oder Zustände, die der Mensch an (und »in«) sich selbst beobachten kann. Im Englischen wird schärfer als im Deutschen zwischen »awareness« (Bewußtheit, bewußte Aufmerksamkeit, Gewahrheit) und »consciousness« (allgemeiner für Bewußtsein) unterschieden.

Bewußtseinssteigerung/Bewußtseinserweiterung. Unscharfe Begriffe für subjektive Phänomene wie hellere, wachere Aufnahme der Umwelteindrücke, reichere Auffassung und Kombinationsfähigkeit sowie Erinnerungstätigkeit (manchmal mit verändertem Zeiterleben) etc. Die Wahrnehmung erscheint lebhafter, stärker gefühlsbetont, ggf. Synästhesien. Das Erleben erscheint auf andere, ungewohnte Dinge des Alltags ausgerichtet. Manchmal beglückt-gehobene Stimmung mit inneren Licht- und Energieerlebnissen und kosmischer Verbundenheit. Oft verbunden mit Drogenkonsum (→ Halluzinogene).

Beziehung, therapeutische. Etwa zeitgleich mit der »kognitiven Wende« kam es auch in der Verhaltenstherapie und ihren Weiterentwicklungen zu einem starken Anstieg des Interesses an der therapeutischen Beziehung. Die Akzentverlagerung hin zum Therapieprozeß und zu Beziehungsvariablen wurde ausgelöst durch Erfahrungen mit der Umsetzung verhaltenstherapeutischer Maßnahmen in der Praxis und die Erkenntnis, Therapieerfolge nicht ausschließlich durch Technik- oder Störungsvariablen erklären zu können. So machen praktizierende Verhaltenstherapeuten in der Regel die Erfahrung, daß die Güte der Beziehung, die zwischen ihnen und ihren Patienten besteht, einen wichtigen Einfluß auf den Therapieerfolg hat. Maßnahmen zur Schaffung bzw. zur Verbesserung einer erfolgversprechenden therapeutischen Beziehung umfassen u. a. das Geben eines glaubwürdigen Erklärungsmodells für Störung und Intervention, adäquate Vorbereitung auf therapeutische Übungen und Aufgaben, intensive soziale Verstärkung, häufige Zusammenfassungen und Rückmeldungen, komplementäre Beziehungsgestaltung.

Beziehungsgestaltung, funktionale. Versuch eines Psychotherapeuten, durch die systematische Gestaltung der therapeutischen Beziehung optimale Lernbedingungen für Patienten zu schaffen – auf der Basis einer funktionalen Analyse, in die sowohl das Beziehungsverhalten des Patienten als auch die erschlossenen interaktionellen Ziele und Bedürfnisse eingehen, in der zudem die Phase des therapeutischen Prozesses und Modelle der Aufrechterhaltung der Symptomatik berücksichtigt werden.

Beziehungsgestaltung, komplementäre. Prinzip, nach dem Therapeuten sich bemühen, die Beziehungen zu ihren Patienten möglichst komplementär, d. h. erfüllend und bestätigend, zu den wichtigsten interaktionellen Zielen der Patienten zu gestalten. Komplementäre therapeutische Beziehungen werden als optimale Grundlage für einen fruchtbaren Veränderungsprozeß gesehen. Komplementarität bedeutet dabei nicht, daß Therapeuten immer bestätigend auf das unmittelbar vorangegangene Verhlten der Patienten reagieren. Gemeint ist vielmehr, daß der Therapeut dem Patienten Wahrnehmungen im Sinne seiner wichtigsten Beziehungsziele ermöglicht. Durch die damit verbundene Bestätigung sollte der Patient weniger defensiv gegen therapeutische Interventionen sein, einschließlich solcher Interventionen, die letzten Endes sein Beziehungsverhalten ändern sollen.

Beziehungsideen. Wahnvorstellungen, bei denen in offensichtlich bedeutungs- oder zusammenhangslosen Bemerkungen und Handlungen anderer, aber auch Ereignisse, persönliche Bedeutung im Sinne eines Be zugs zum Betroffenen interpretiert wird.

Bias. (Englisch für Voreingenommenheit). Verzerrte bzw. selektive Wahrnehmung, z. B. depressive Fehlinterpretation einer objektiv neutralen Situation als negativ.

Bibliotherapie. Behandlung mittels schriftlicher Materialien, v. a. im Rahmen kognitiver Therapieansätze weit verbreitet (aber auch schriftliche Manuale für Selbstkonfrontationen).

Biofeedback. Apparative Rückmeldung von Körperfunktionen, die normalerweise nicht der bewußten Wahrnehmung oder Kontrolle zugänglich sind. In Psychophysiologie und Verhaltenstherapie können Körperfunktionen (Herzschlagfolge, Blutdruck, Hauttemperatur, Atemfrequenz, Gehirnstromwellen etc.) durch Instrumente aufgezeichnet werden, um diese bewußt wahrnehmbar zu machen und somit auf sie einwirken zu können (z. B. visuelle Rückmeldung der Muskelanspannung aus dem EMG bei muskulären Rücken-

oder Kopfschmerzen). Zur Erklärung der therapeutischen Wirksamkeit werden v.a. Modelle des operanten Konditionierens herangezogen.

Biologische Psychologie. Die Biologische Psychologie untersucht den Zusammenhang zwischen biologisch-physiologischen Prozessen und psychologischen Phänomenen.

Biophysisches System. Nach Masters und Johnson der Teil des sexuellen Reaktionssystems, das Genitalien und Hormone einschließt.

Bipolar. Störungsverlauf einer → affektiven Störung, bei dem sowohl manische als auch depressive Phasen vorkommen. Gegensatz zu → monopolar.

Bipolare Störung. Psychische Störung, bei der Episoden von Manie und Depression oder nur Manie auftreten (→ manische Episode, → affektive Störungen).

Bisexuell. Sexuelle Orientierung, die sowohl heterosexuelle als auch homosexuelle Beziehungen einschließt.

Bizarres Verhalten. Ungewöhnliches, der Situation nicht angepaßtes Verhalten, das vom jeweiligen kulturellen und sozial bestimmten Standard abweicht (z.B. Spucken, Rülpsen, obszöne Worte, Grimassieren, distanzloses Verhalten etc.).

Bluthochdruck. Über der Norm liegender Blutdruck aufgrund erhöhter kardialer Aktivität, veränderter vaskulärer Mechanismen oder einer Kombination beider Faktoren. Häufigste kardiovaskuläre Erkrankung.

Body Mass Index (BMI). Maß zur Normierung von Körpergewicht, definiert als Körpergewicht in Kilogramm geteilt durch die quadrierte Körpergröße in Metern (BMI = kg/m²). Für Frauen gilt ein BMI-Wert zwischen 16 und 18 möglicherweise, ein BMI-Wert von unter 16 als definitiv anorektisches Untergewicht (→ Anorexie).

Body Sensations Questionnaire (BSQ). Speziell auf Paniksyndrom und Agoraphobien zugeschnittener kurzer Fragebogen von Chambless und Mitarbeitern, der die Furcht vor körperlichen Symptomen während akuter Angstzustände erhebt. Kann über das Gespräch hinaus der effizienten Informationserhebung dienen, geeignet für Diagnostik, → Therapieplanung und Abschätzung des Therapieerfolgs. Original amerikanisch, deutsche Fassung in der klinischen Batterie »Fragebogen zu körperbezogenen Ängsten, Kognitionen und Vermeidung (AKV)«, zusammen mit → Mobilitätsinventar und → ACQ.

Booster-Sessions, Booster-Sitzungen. Auffrischungssitzungen (in der Regel niederfrequent) nach erfolgter Behandlung.

Borderline-(Persönlichkeits)-Störung (ICD-10: F60.31, DSM-IV: 301.83). Nach DSM-IV Persönlichkeitsstörung bzw. psychische Störung im Grenzgebiet zwischen (schizophrener) Psychose und Neurose (je nach Klassifikation). Verschiedene Definitionsansätze. Bestimmte Charakterart mit Symptomen an der Grenze von noch neurotisch und flüchtig psychotisch. Bedeutungsgleiche bzw. -ähnliche Begriffe sind Borderline-Syndrom, Borderline-Patient, Borderline-Persönlichkeit, Borderline-Neurose. Das Beschwerdebild ist vielgestaltig: häufig hypochondrische Reaktionen, Neigung zu Ängsten (z.B. vor dem Alleinsein), Beziehungsstörungen (z.B. teils idealisierende Verklärung, teils Abwertung ein und derselben Person), Gefühl der Isolierung, Stimmungs-

schwankungen, ausgeprägte Unsicherheit (Berufswahl, Geschlechtsrolle, zwischenmenschlich). Neigung zur Selbstbeschädigung, z.B. durch Alkohol- oder Drogenmißbrauch, aber auch gesellschaftliche Selbstschädigung durch Glücksspiel etc. ferner aggressive Zustände (chronische Gereiztheit, Zorn, Wut, Erregungszustände, Empfindlichkeit gegen Kritik), sexuelle Störung, Gefühl der Leere und Langeweile etc. Behandlung: stützende, begleitende Psychotherapie über längere Zeit.

Briquet-Syndrom. → Somatisierungssyndrom.

Bromide/Bromureide. Wirkstoffe, die man früher gegen manisch-depressive Psychosen, Krampfanfälle etc. einsetzte, später als rezeptfreie, dann rezeptpflichtige Schlafmittel nutzte. Inzwischen nur noch selten im Gebrauch. Abhängigkeitsgefahr.

Bromismus. Chronische Bromvergiftung.

Bruxismus. Zähneknirschen, vor allem während des Schlafes. In der Regel von der Person nicht unmittelbar wahrgenommen, z.T. vom Partner bemerkt, häufig aber erst vom Zahnarzt anhand der typischen Schleifspuren festgestellt. Kann zu massiven Schmerzen und schlimmeren Konsequenzen führen.

BSQ, Body Sensations Questionnaire. Speziell auf Paniksyndrom und Agoraphobien zugeschnittener kurzer Fragebogen von Chambless und Mitarbeitern, der die Furcht vor körperlichen Symptomen während akuter Angstzustände erhebt. Kann über das Gespräch hinaus der effizienten Informationserhebung dienen, geeignet für Diagnostik, → Therapieplanung und Abschätzung des Therapieerfolgs. Original amerikanisch, deutsche Fassung in der klinischen Batterie »Fragebogen zu körperbezogenen Ängsten, Kognitionen und Vermeidung (AKV)«, zusammen mit → Mobilitätsinventar und → ACQ.

BtMVV. Betäubungsmittel-Verschreibungs-Verordnung.

Bulimie, Bulimia nervosa (ICD-10: F50.2, DSM-IV: 307.51). Eßstörung, bei der im Gegensatz zur → Anorexia nervosa kein Untergewicht vorliegen muß. Hauptkennzeichen sind wiederholte Eßanfälle (mindestens drei Monate lang mindestens zwei Eßanfälle pro Woche), bei denen in kurzer Zeit sehr viel gegessen wird. Dabei haben die Betroffenen das Gefühl, keine Kontrolle über ihr Eßverhalten zu haben. Sie befürchten eine Gewichtszunahme, die sie regelmäßig durch drastische Methoden wie willentlich herbeigeführtes Erbrechen, rigoroses Fasten oder Mißbrauch von Abführmitteln oder Appetitzüglern zu verhindern suchen. Die Eßanfälle führen häufig zu depressiven Verstimmungen und werden aus Scham oft verheimlicht. Frauen sind weitaus häufiger betroffen als Männer. Treten die bulimischen Anfälle nur zu Zeiten anorektischer Symptome auf, so wird allein die Diagnose einer Anorexie vergeben, nicht jedoch eine zusätzliche Bulimie-Diagnose. Es kann zwischen Subtypen mit und ohne Erbrechen unterschieden werden. Folgen: bedrohliche Stoffwechselstörungen mit Organschäden, soziale Beeinträchtigung (zwischenmenschlich, finanziell).

Burn-out-Syndrom. Umgangssprachlicher Begriff, schließlich Berufsjargon für einen Zustand des »Ausgebranntseins«, vorwiegend in sozialen Berufen. Beschwerdebild: resigniert, hoffnungslos, hilflos, keine Begeisterung mehr für die Arbeit, keine Lebensfreude. Das »Ausbrennen« tritt meist nicht als Folge vereinzelter Negativ-Ereignisse ein, sondern eher als schleichende psychische bzw. zwischenmenschliche »Auszehrung«.

Cannabis. → Haschisch, → Marihuana.

Carbamazepin. Primär Antiepileptikum gegen Krampfanfälle (z. B. psychomotorische Anfälle), weitere spezifische Indikationen: Trigeminusneuralgie, sonstige Neuralgien (Schmerzbilder im Ausbreitungsgebiet eines bestimmten Nerven), Neuropathie (Nervenleiden), multiple Sklerose. Als Psychopharmakon zur Rückfall-Vorbeugung bei reiner Manie (auch im Akutfall nutzbar), bei bipolaren affektiven Störungen mit Manien sowie bei Manien im Rahmen schizoaffektiver Störungen.

Cerebrale Artherosklerose. Durch Verminderung des Blutstroms zum Gehirn verursachte chronische Erkrankung, die die intellektuellen Fähigkeiten und Emotionen beeinträchtigt. Entsteht durch Ablagerung von Cholesterinen in den Arterien.

Cerebrale Thrombose. Die Bildung eines Blutpfropfens in einer cerebralen Arterie, die die Durchblutung in einem Bereich des Gehirns unterbindet und dadurch Lähmungen, den Verlust sensorischer Funktionen und möglicherweise den Tod verursacht.

Chaining. Aufbau komplexer Verhaltensmuster in kleinen Schritten im Rahmen der operanten Konditionierung. Das Kriterium für die Verstärkung wird stufenweise verändert. Beim chaining werden Verhaltensketten eingeübt, die sukzessiv durch weitere Glieder verlängert werden.

Checking. Eine für Kleinkinder abgeschwächte Form der Extinktion bei Schlafproblemen. Klassische Extinktion bei Kindern zwischen 6–18 Monaten (Bildung und Konsolidierung der Bindung) kann neben dem Streß aufgrund des Verstärkerentzuges zu Separationsängsten führen.

Checklisten, diagnostische. Form der standardisierten Befunderhebung bei der Diagnostik psychischer Störungen oder Problemen. Im Gegensatz zu → strukturierten und → standardisierten Interviewleitfäden werden bei Checklisten lediglich die diagnostischen Kriterien der verschiedenen Störungen auf einzelnen Bögen aufgelistet, es werden jedoch keine expliziten Frageformulierungen oder Richtlinien zur Reihenfolge der Fragen vorgegeben.

Chorea Huntington. Eine zum Tod führende Form der präsenilen Demenz, die dominant vererbt wird. Zu den Symptomen gehören krampfartige Zuckungen der Glieder, psychotisches Verhalten und intellektuelle Beeinträchtigungen.

Choreiform. Bezeichnet die unwillkürlichen, krampfartigen, zuckenden Bewegungen der Glieder und des Kopfes, die bei Chorea Huntington und anderen neurologischen Erkrankungen anzutreffen sind.

Chronic Fatigue Syndrom. Nosologisch und ätiologisch noch umstrittenes Störungskonzept. Gekennzeichnet durch chronische Müdigkeit und Erschöpfung ohne feststellbare organische Ursachen, z. T. mit mäßigem Fieber oder Frösteln, Entzündungen im Rachenbereich, Lymphknotenschwellung, allgemeiner Muskelschwäche, Muskelschmerzen, Kopfschmerzen, Gelenkschmerzen ohne Rötung und Schwellung der Gelenke, z. T. auch Lichtscheu, Gesichtsausfälle, Vergeßlichkeit, Reizbarkeit, Denk- und Konzentrationsschwäche, depressive und Verwirrtheitszustände sowie Schlafstörungen und/oder gesteigertes Schlafbedürfnis. Nosologie und Ätiologie des Chronic Fatigue Syndroms sind unklar.

Chronisch. Langanhaltend oder häufig wiederkehrend, häufig mit fortschreitender Verschlimmerung.

Chronisch schizophren. Eine Schizophrenie, die länger als zwei Jahre besteht.

Chronischer Schmerz. Schmerzzustände, dauerhaft oder häufig wiederkehrender Art, die zumeist von kognitiv-emotionalen (z. B. Katastrophisierung, Depressivität) und behavioralen Dysfunktionen (z. B. Schonverhalten, Medikamentenabusus) begleitet sind. Neben der Häufigkeit, Dauer sowie der Schwere des Schmerzerlebens ist eine hohe subjektive Beeinträchtigung der Betroffenen kennzeichnend. Die medizinische Diagnostik kann somatische Befunde erbringen, häufig werden diese allein als nicht ausreichend für die Erklärung der schmerzbezogenen Beeinträchtigung erachtet. Psychosoziale Prozesse kommen sowohl als auslösende, chronifizierende wie auch als aufrechterhaltende Faktoren in Frage. Diese können mit biologischen Prozessen interagieren. Chronische Schmerzzustände (z. B. Migräne, Rückenschmerzen, Fibromyalgie) erzeugen die höchsten Sozialkosten im Versorgungssystem. Es ist erwiesen, daß multidisziplinäre Therapieansätze rein medizinischen Therapiestrategien überlegen sind.

Chronisches Krankheitsverhalten (somatosensory amplification). Eine Fokussierung der Aufmerksamkeit auf körperliche Mißempfindungen kann dazu führen, daß Körperempfindungen verstärkt wahrgenommen werden. Dadurch erhöht sich die Gefahr, diese Körperempfindungen fehlzubewerten. Diesem Prozeß wird bei somatoformen Störungen große Bedeutung zugemessen.

CIDI. Composite International Diagnostic Interview. Vollstandardisiertes Interview zur Diagnostik psychischer Störungen nach der ICD-10. In mehrere Sprachen übersetzt, deutschsprachige Version verfügbar.

Codein. Analgetisch wirkendes Alkaloid des Opiums, z. T. enthalten in weit verbreiteten Medikamenten wie Hustensäften (suchterzeugendes Betäubungsmittel).

Commotio cerebri. → Gehirnerschütterung: Geschlossene Hirnschädigung in Folge stumpfer Gewalteinwirkungen auf den Schädel; gewöhnlich mit vorübergehendem Bewußtseinsverlust, dem Desorientierung und Gedächtnisverlust folgen können.

Competing Response Training. Das Training von Verhaltensweisen, die mit einem Problemverhalten inkompatibel sind und konkurrierend dazu ausgeführt werden sollen. Zentraler Bestandteil des → Habit Reversal Trainings (HRT). Wichtig die kontingente Anwendung des inkompatiblen Verhaltens; inkontingente Anwendungen sind nahezu wirkungslos. Die genaue Natur der konkurrierenden Verhaltensweise hängt von der Art des Problemverhaltens und vom sozialen Kontext ab. So können z. B. Muskelpartien, die mit dem Problemverhalten inkompatibel sind, für drei Minuten angespannt werden (z. B. statt Nägel kauen die Hände zu Fäusten ballen, statt Schulterzucken die Schultern herunterziehen, ggf. auch adäquate Nagelpflege oder das Ergreifen und Halten eines Objektes). In manchen Fällen hat sich auch ein → Entspannungstraining bewährt, wobei allerdings nur rasche, stimuluskontrollierte Verfahren sinnvoll sind. Die konkurrierenden Reaktionen werden zunächst im Therapiesetting eingeübt und sollen dann auf den Alltag übertragen werden. Fortschritte und Probleme bei der praktischen Umsetzung werden am besten täglich besprochen (ggf. telefonisch). Angesichts der typischerweise hohen Frequenz des Problemverhaltens und des großen Ausmaßes an Automatisation ist ein engmaschiges Monitoring und adäquate soziale → Verstärkung in jedem Fall wichtig.

Compliance. Befolgung therapeutischer Verordnungen, Ratschläge, Maßnahmen. Das Ausmaß der Compliance hängt von verschiedenen Faktoren u. a. auf seiten des Patienten, des Therapeuten und der therapeutischen Beziehung ab.

Contusio cerebri (Hirnprellung). Gedeckte Hirnverletzung bei stumpfen Schädeltrauma, gekennzeichnet durch Schwellung und Blutung des betroffenen Gewebes, die zum Koma führen. Intellektuelle Fähigkeiten können beeinträchtigt werden.

Coping. Bewältigungsverhalten, kann sowohl allgemein als auch speziell verwendet werden (z. B. Situationseinschätzung, Flucht, Kampf, Uminterpretation, Sinnfindung etc.).

Coverant. Der Begriff coverant wurde aus den englischen Begriffen operant (Verstärkerpotential) und covert (verdeckt) zusammengesetzt.

Craving. Starkes Verlangen nach Suchtmitteln.

Cue reactivity. Ausmaß der klassisch konditionierten Reaktionsweisen auf störungsspezifische Auslösebedingungen. Je nach Störungsbild des Patienten sind hierbei eher physiologische Reaktionen (z. B. Herzfrequenz, Hautleitfähigkeit, Hauttemperatur, Speichelproduktion oder EEG-Veränderungen) oder eher emotionale Reaktionen (z. B. Angst, Suchtmittelverlangen, Hunger) relevant.

Cunnilingus. Orale Stimulation des weiblichen Genitale. Im Gegensatz zu → Fellatio: orale Stimulation des Penis.

Cushing-Syndrom. Endokrine Störung in der Funktion des Hypophysenvorderlappens, die gewöhnlich junge Frauen betrifft; verursacht durch eine übermäßige Sekretion von Kortison. Zu den wichtigsten Symptomen gehören Stimmungsumschwünge, Erregbarkeit, → Agitiertheit und körperliche Auffälligkeiten.

Dämmerzustand. Eingeengtes Bewußtsein mit ausschließlicher Ausrichtung auf bestimmtes inneres Erleben, Aufmerksamkeit auf Umwelt vermindert bis aufgehoben. Verringerte Ansprechbarkeit auf Außenreize. Denken im unterschiedlichen Grade unklar (bis zur Verwirrtheit). Häufig illusionäre Verkennungen der Umgebung. → Halluzinationen auf verschiedenen Sinnesgebieten möglich. Nachfolgend meist Amnesie.

Datenschutz. In der Psychotherapie und Klinischen Psychologie greifen die untersuchten Inhalte häufig sehr weit in die Privatsphäre der Patienten bzw. Versuchspersonen ein. Dem Datenschutz durch streng vertrauliche Handhabung persönlicher Befunde und weitestmögliche Anonymisierung kommt daher größte Bedeutung zu.

Debilität. Leichte intellektuelle Behinderung bzw. Einschränkung der allgemeinen intellektuellen Leistungsfähigkeit mit einem → IQ zwischen 50 und 70. → Geistige Behinderung.

Déjà vu. Gedächtnistäuschung. Eindruck, als hätte man diese Situation schon einmal miterlebt. Manchmal auch als Oberbegriff gebraucht für falsches Wiedererkennen generell, also eine irrige oder vermeintliche Vertrautheit.

Delir (ICD-10: F05.0, DSM-IV: 293.0). Rückbildungsfähige organische psychische Störung, gekennzeichnet durch »abgesunkenes« Bewußtsein, örtliche und zeitliche Desorientierung, illusionäre oder wahnhafte Verkennung der Realität, optische, akustische, sensible und andere Halluzinationen, psychomotorische Unruhe. Ursachen: Entzug (z. B. Alkoholdelir), Intoxikation, Stoffwechsel- und Durchblutungsstörungen. Beginnt häufig mit Schweißausbrüchen, morgendlichem Erbrechen, zunehmenden Zittern, allgemeinem Schwächezustand, Leistungseinbruch (»Nervenschwäche«), Alpträumen, Verstimmungszuständen, schließlich rascher Wechsel der Bewußtseinslage mit flüchtigen, kurzdauernden, zumeist optischen Halluzinationen, Verwirrtheitszuständen, depressiven oder paranoiden Ideen, Desorientierung bezüglich Ort, Zeit und sogar eigener Person, unruhiger Betriebsamkeit, schließlich vegetativer Entgleisung, ggf. sogar Krampfanfälle, die ein beginnendes Delir aber auch unterbrechen können. Am häufigsten bei Alkohol-Entzug → Delirium tremens, aber auch bei manchen Medikamenten (z. B. Neuroleptika, Antidepressiva, Antiparkinsonmittel etc.). Besondere Gefährdung bei labilem Gesundheitszustand oder in höherem Lebensalter bei hirnorganisch vorgeschädigten Patienten.

Delirium tremens. Alkoholentzugssymptome nach dem Ende einer Phase starken Konsums. Hauptsymptome sind Fieber, Schwitzen, Zittern, kognitive Beeinträchtigung und Halluzinationen.

Dementia praecox. Von Kraepelin geprägte Bezeichnung für die Formen der Schizophrenie, die nach dem Auftreten bei jungen Menschen schnell zu einem intellektuellen Abbau führen.

Demenz. Progressive Verschlechterung intellektueller Fähigkeiten, insbesondere von Gedächtnis, Urteilsvermögen, abstraktem Denken und der Impulskontrolle, die das berufliche und soziale Leben beeinträchtigt und möglicherweise auch die Persönlichkeit verändert. Vielfältige Einteilungsvorschläge, je nach Ursache, Verlauf, Klassifikation etc. Nach → ICD-10 und → DSM-IV-R wird der Demenzbegriff syndromal gebraucht, der Schweregrad psychosozial definiert.

Demographische Variable. Biologische oder soziale Merkmale eines Individiums, einer Stichprobe oder einer Population, z. B. Alter, Geschlecht, sozioökonomischer Status, Rasse, Schulbildung etc.

Denkhemmung. Verlangsamung des Denkablaufs bis zum Stillstand der Gedanken, Einfallsarmut bis zur Gedankenleere, Festhalten an Denkinhalten etc. Bei der Denkhemmung findet sich häufig langsames, stockendes, gelegentlich unmotiviert unterbrochenes Sprechen.

Denksperrung/Gedankensperrung. Plötzliches Abreißen eines zunächst flüssigen Gedankenablaufs ohne erkennbaren oder nachweisbaren Grund (→ Gedankenabreißen).

Denkstörungen. Unterschieden werden (1) formale Denkstörungen (den Vorgang des Denkens betreffend bzw. Störungen des Gedankenablaufes) und (2) inhaltliche Denkstörungen (die Inhalte des Denkens betreffend). Zu den formalen Denkstörungen gehören gehemmtes, verlangsamtes, beschleunigtes oder ideenflüchtiges, eingeengtes, umständliches, unklares, paralogisches und inkohärentes (zerfahrenes) Denken sowie Gedankensperrungen, Gedankenabreißen und Perseveration des Denkens. Zu den inhaltlichen Denkstörungen zählen der → Wahn und → überwertige Ideen. Denkstörungen treten als Symptom vieler psychischer Störungen (prominent z. B. bei der → Schizophrenie) auf.

Depersonalisation. Störung der unmittelbaren gefühlshaften Selbstwahrnehmung, evtl. auch der Ich-Identität (gestörtes Bewußtsein von der eigenen Person, also Gestalt, Geschlecht, Mimik, Abstammung, Rolle etc.). »Ich bin nicht mehr ich«. Körper, einzelne Körperteile oder Organe werden als fremd erlebt. Verwandt ist die → Derealisation, bei der sich die Unwirklichkeit auf die Welt und nicht auf das eigene Ich bezieht. Je nachdem, ob das Unwirklichkeitsgefühl als real (Verlust des Realitätskontaktes: »Das bin nicht ich«, »ist nicht Teil von mir« etc.) oder als nicht real (»Als-ob-Qualität«, kein Verlust des Realitätskontaktes: »Das ist, als ob es nicht Teil von mir ist« etc.) erlebt wird, kann eher auf einen psychotischen (z. B. → Schizophrenien) oder einen nicht psychotischen Kontext geschlossen werden (z. B. → Panikanfälle, → posttraumatische Belastungsstörungen).

Depersonalisation, somatische Differentialdiagnose der. Die → Derealisations- und → Depersonalisations-Symptome bei Panikanfällen und posttraumatischen Belastungsstörungen stellen eine Verunsicherung bzw. einen Vertrauensverlust in Umwelt- und Selbstwahrnehmung dar, wie er bei einer Vielzahl hirnorganischer und psychiatrischer Störungen anzutreffen ist. Sie sind vor allem durch ihren Kontext als Angstsymptome erkennbar. Selbstverständlich können viele der genannten Erkrankungen auch aus sich selbst angstprovozierend sein, besonders die subjektiv stark beeinträchtigenden Mißempfindungen. Seltene Ereignisse, dann aber von großer therapeutischer Bedeutung, sind epileptische Angstanfälle und Panikanfälle bei zerebralen Prozessen. Sie sind häufig von Bewußtseinstrübungen begleitet. Im allgemeinen treten die hirnorganischen Angstanfälle abrupter, in Sekunden oder Sekundenbruchteilen auf, sind von kürzerer Dauer und enden meist auch abrupt. Auf anderweitige Anfallsphänomene (motorische Stereotypien, andere Anfallsformen) ist zu achten. Das EEG zeigt häufig keine anfallstypischen Abläufe.

Depersonalisationssyndrom (Depersonalisationsneurose). Älterer Begriff für eine dissoziative Störung, die durch Gefühle der Irrealität und Entfremdung von der eigenen Person und der Umgebung gekennzeichnet ist. Wird heute zumeist unter das Paniksyndrom oder posttraumatische Belastungsstörungen subsumiert.

Depot-Neuroleptika. → Neuroleptika mit verlängerter Wirkdauer (mehrere Tage bis 4 Wochen).

Depression. Vielfältige Symptomatik ohne einheitliche Definition. Emotionaler Zustand mit großer Traurigkeit, depressiver Verstimmung und Verlust an Freude/Interesse, Besorgtheit, Gefühlen der Wertlosigkeit und der Schuld, sozialem Rückzug, Schlafstörungen, Appetitmangel, sexuellem Desinteresse und Lebenlethargie oder auch Agitiertheit. → Bipolare D.: manische und depressive Phasen im Wechsel, → unipolare Depression: ausschließlich Depressivität, keine manischen Phasen.

Depressives Syndrom. → Schweres depressives Syndrom. Nach dem DSM-IV wird ein schweres depressives Syndrom (Major Depression) definiert durch depressive Verstimmung, Interesseverlust, Gewichtsverlust oder -zunahme, Schlafstörungen oder vermehrtem Schlaf, psychomotorischer Unruhe oder Hemmung, Müdigkeit oder Energieverlust, Gefühle von Wertlosigkeit oder Schuld (auch wahnhaft), verminderte Denk- oder Konzentrationsfähigkeit oder Unentschlossenheit, wiederholte Gedanken an den Tod, Suizidgedanken oder Suizidversuche. Nach ICD-10 (depressive Episode) kommt noch das Symptom »vermindertes Selbst-

wertgefühl/Selbstvertrauen« hinzu. Affektive Aspekte (traurig, schwermütig, lustlos, freudlos etc.), hypochondrische Aspekte (Befürchtungen, Vermutungen oder Verdacht, krank zu sein, mit sorgenvoll ängstlicher Aufmerksamkeit bezüglich vegetativer Funktionen), charakteristische Veränderungen von Denken (Gedankenkreisen, Grübeln, Gedankenleere, Denkunfähigkeit) und Zeiterleben (die Zeit geht sehr langsam oder steht gar still). Selbstwertproblematik bis hin zu Gefühlen der Wertlosigkeit. Ferner mit → Depersonalisations- und Derealisationsphänomenen sowie → Wahnzuständen (Krankheit, Verfall, Schuld, Versündigung, Verdammnis, wirtschaftlicher Untergang, Verarmung etc.). Im weiteren Wahrnehmungsstörungen ggf. → Halluzinationen (im Sinne sog. → Pseudo-Halluzinationen), am ehesten optische Halluzinationen bzw. entsprechende Geruchshalluzinationen, selten akustische Halluzinationen (Schuldvorwürfe). Im körperlichen Bereich vor allem motorische Beeinträchtigungen (Verlangsamung, »Versteinerung« bis hin zum Stupor mit Mutismus oder agitiert, unruhig-jammerig bis erregt) sowie schwunglos, antriebslos, müde, kraftlos, Schlafstörungen, Appetitmangel, trockener Mund, Obstipation, Gewichtsverlust, Kopf-, Nacken-, Glieder- und Rückenschmerzen, Globusgefühl im Hals, Druck auf der Brust, Schmerzen in der Herzgegend, schwere Atmung, Völlegefühl etc.

Deprivation. Entzug von Umgebungs- oder Sinnesreizen. Sensorische Deprivation führt beim Menschen nach wenigen Tagen zu schweren psychischen Störungen.

Derealisation. Umweltentfremdet, alles um einen herum erscheint unvertraut, unwirklich, fremd, sonderbar, unecht, künstlich. → Depersonalisation.

Desensibilisierung. → Systematische Desensibilisierung.

Designerdrogen. Künstlich hergestellte Drogen mit unterschiedlichem, meist schwer kalkulierbarem Rausch- oder Stimulanzeffekt.

Deskriptive Forschung (auch nosologische Forschung). Aufgabenbereich der klinisch-psychologischen Forschung, der die Beschreibung und Einteilung von Störungen zum Inhalt hat. Hierzu gehört auch die Analyse des Verlaufs und der Korrelate von Störungen oder pathologischen Zuständen. Eine bedeutsame Aufgabe der Klinischen Psychologie ist die Entwicklung von theoretischen Rahmenkonzeptionen unter Rückgriff auf bereits vorhandenes Wissen. In jüngster Zeit ist wieder eine stärkere Zuwendung zu → klassifikatorischen und → nosologischen Fragen zu beobachten, nachdem zuvor im Bereich psychischer Störungen jegliche Klassifikation äußerst kritisch beurteilt worden war. Heutzutage wird akzeptiert, daß die Klassifikation von Störungen eine unverzichtbare Grundlage für die fachliche Kommunikation, die Akkumulation von Wissen und die Entwicklung geeigneter diagnostischer Maßnahmen darstellt.

Deskriptive Verantwortlichkeit. Juristischer Begriff: das soziale Urteil, daß der Angeklagte die Straftat begangen hat, Gegensatz zu askriptiver Verantwortlichkeit.

Desorientiertheit/Desorientierung. Verwirrtheit hinsichtlich der Zeit, des Ortes und der Identität seiner selbst, aber auch anderer Personen oder Objekte. Wenn auf die eigene Person ausgerichtet oder dauerhaft Hinweis auf schwere Störung.

Destabilisierung. Die systemische Betrachtungsweise geht davon aus, daß sich Verhaltensänderungen durch Selbstorganisationsprozesse ergeben. Neben dem der Herstellung des Rapports kann die Destabilisierung des Systems eine wichtige Voraussetzung sein, um eine Neuorganisation zu erleichtern. Schemata, die den Handlungsimpuls steuern, können an einer dafür günstigen Stelle gestört werden und dadurch das Individuum (das System) für Veränderungsimpulse empfänglich machen. Etwa kann ein gedankliches Gebäude, das eine depressive Haltung stützt, ad absurdum geführt werden (Konfusion bei Sokrates) oder durch unerwarteten emotionalen Schock (Humor, Frustration, Reizüberflutung), ein symptomatisches, emotionales Muster, unterbrochen werden. Danach muß sich das System neu ordnen, wobei neben den alten Mustern häufig neue auftauchen oder orientierende Suggestionen angenommen werden.

Deterministisch. Durch bestimmende Faktoren festgelegt.

Desynchronie. Bezeichnet die Beobachtung, daß die verschiedenen Ebenen des Verhaltens und Erlebens (z. B. kognitiv-verbale, motorisch-behaviorale und physiologisch-humorale Ebene) häufig auseinanderklaffen bzw. nicht sehr eng miteinander kovariieren. Wichtig im Rahmen des → Drei-Ebenen-Ansatzes bzw. allgemeiner des → Mehrebenenmodells.

Diagnose. Erkennen spezifischer Symptomkonstellationen an einem Patienten und deren Zuordnung und Benennung zu einer bestimmten diagnostischen Gruppierung eines → Klassifikationssystems (z. B. → DSM-IV oder → ICD-10). Da für viele psychische Störungen sowohl → Ätiologie als auch → Pathogenese unbekannt oder nicht allgemein akzeptiert sind, gibt es echte ätiologische Diagnosen nur selten (z. B. progressive Paralyse, Delirium tremens). Die meisten anderen Diagnosen beinhalten deskriptive Syndrome oder Verlaufsdiagnosen. Idealerweise ist die diagnostische Vokabel nicht nur ein benennendes Etikett, sondern enthält weitergehende Informationen (z. B. Handlungsanweisung für die Auswahl einer Therapie, Stellung einer → Prognose, Kurzverständigung zwischen Fachleuten, didaktische Darstellungen).

Diagnose, dimensionale. Diagnosestellung, bei der die Beschwerden als Ausprägung zugrundeliegender, kontinuierlich verteilter Dimensionen aufgefaßt werden (z. B. Feststellung des Ausmaßes der Ängstlich keit und Depressivität). Gegensatz zur → kategorialen bzw. klassifikatorischen Diagnose, bei der die Beschwerden in ein → Klassifikationsbzw. → Kategoriensystem eingeordnet werden (z. B. → DSM-IV, → ICD-10).

Diagnose, kategoriale oder klassifikatorische. Diagnosestellung durch Einordnung in ein → Klassifikations- bzw. → Kategoriensystem. Die Beschwerden oder anderen diagnostischen Merkmale werden als Ausdruck einer zugrundeliegenden diagnostischen Klasse bzw. Kategorie aufgefaßt (z. B. Diagnose eines Paniksyndroms aufgrund des wiederholten Auftretens unerwarteter Panikanfälle ohne realer Gefahr nach den Kriterien des DSM-IV). Bei der Diagnostik psychischer Störungen hat es sich in den letzten Jahren weitgehend eingebürgert, die Begriffe »kategorial« und »klassifikatorisch« synonym zu verwenden, obwohl die kategoriale Diagnostik nur eine mögliche Spielart der Klassifikation darstellt. Wird oft als Gegensatz zur → dimensionalen Diagnose gesehen, bei der die Beschwerden als Ausprägung zugrundeliegender Dimensionen aufgefaßt werden (z. B. ein bestimmtes Ausmaß an Angst).

Diagnosekriterien, operationalisierte. Genau festgelegte, möglichst detailliert beschriebene Merkmalskombinationen, die für die Feststellung einer Diagnose (z. B. einer bestimm-

ten psychischen Störung) hinreichend und notwendig sind. Die Beschreibung der Merkmale erfolgt anhand beobachtbarer Sachverhalte (→ Operationalisierung, → operationale Definition, → Operationalismus).

Diagnoseschlüssel. Bezeichnung für ein System zur Kodierung von Diagnosen (z. B. ICD-10, DSM-IV). Typischerweise werden den einzelnen Diagnosen Ziffern und deskriptive Namen zugeordnet.

Diagnostik (in der Psychologie). Erhebung von qualitativen und quantitativen Merkmalen zur Beschreibung des Zustandsbildes eines Menschen, seiner Position innerhalb eines bestimmten Bezugssystems sowie zur Beschreibung der Bedingungen und Ursachen, die zu dem jeweiligen Zustandsbild geführt haben.

Diagnostik, dimensionale. Diagnosestellung, bei der die Beschwerden als Ausprägung zugrundeliegender, kontinuierlich verteilter Dimensionen aufgefaßt werden (z. B. Feststellung des Ausmaßes der Ängstlichkeit und Depressivität). Gegensatz zur kategorialen bzw. klassifikatorischen Diagnostik, bei der die Beschwerden in ein → Klassifikationsbzw. → Kategoriensystem eingeordnet werden (z. B. → DSM-IV, → ICD-10).

Diagnostik, kategoriale oder klassifikatorische. Diagnosestellung durch Einordnung in ein → Klassifikations- bzw. → Kategoriensystem. Die Beschwerden oder anderen diagnostischen Merkmale werden als Ausdruck einer zugrundeliegenden diagnostischen Klasse bzw. Kategorie aufgefaßt (z. B. Diagnose eines Paniksyndroms aufgrund des wiederholten Auftretens unerwarteter Panikanfälle ohne realer Gefahr nach den Kriterien des DSM-IV). Bei der Diagnostik psychischer Störungen hat es sich in den letzten Jahren weitgehend eingebürgert, die Begriffe »kategorial« und »klassifikatorisch« synonym zu verwenden, obwohl die kategoriale Diagnostik nur eine mögliche Spielart der Klassifikation darstellt. Wird oft als Gegensatz zur → dimensionalen Diagnostik gesehen, bei der die Beschwerden als Ausprägung zugrundeliegender Dimensionen aufgefaßt werden (z. B. ein bestimmtes Ausmaß an Angst).

Diagnostik, multiaxiale. Diagnosestellung im Rahmen eines Systems, das klinisch relevante Informationen gleichzeitig auf mehreren Dimensionen (den sog. Achsen) wie etwa klinische Symptome, körperliche Faktoren und psychosoziale Stressoren einordnet (z. B. die 5 Achsen des DSM-IV: Klinische Syndrome, Persönlichkeitsstörungen und geistige Behinderungen, körperliche Störungen und Zustände, psychosoziale und Umweltprobleme, allgemeines Niveau des sozialen Anpassung). Erlaubt Berücksichtigung eines breiten Spektrums klinisch relevanter Informationen wie z. B. Störungen, soziale Umgebung, Leistungsbereiche und körperliche Faktoren. Die getrennte Einschätzung sichert besser vor einer Vermischung der heterogenen Daten (d. h. die Daten werden besser systematisiert).

Diagnostik, therapiebezogene. Diagnostik zum Zweck der Vorbereitung einer Behandlung. Es sollen explizit auch Informationen erhoben werden, die für die Durchführung einer Behandlung notwendig sind, selbst wenn diese über die für die Einordnung in eine Diagnosekategorie notwendigen Merkmale hinausgehen.

Diagnostische Hierarchie. Annahme einer hierarchischen Grundstruktur psychischer Störungen, bei der »höherwertige« Diagnosen alle Merkmale »niederwertiger« Störungen umfassen können. Sobald eine höher angesiedelte Diagnose vorliegt (z.B. Depression oder Schizophrenie), kann keine tiefer angesiedelte Diagnose nicht mehr zusätzlich vergeben werden (z.B. Angst), selbst wenn alle dafür notwendigen Symptome vorliegen. Das hierarchische Konzept wurde in → DSM-IV und → ICD-10 zugunsten des Konzeptes der → Komorbidität weitgehend fallengelassen.

Diagnostisches Interview bei psychischen Störungen. → DIPS, → ADIS.

Diagnostischer Kontext. Die Störungsdiagnostik mit Hilfe strukturierter Interviews ist in der Regel in einen größeren diagnostischen Kontext eingebettet, wobei das Vorgehen in fünf einander häufig überlappende Schritte untergliedert werden kann: (1) Beziehungsaufbau und allgemeiner Eindruck, (2) klassifikatorische/kategoriale Diagnose, (3) organische Ursachen und Komplikationen, (4) Analyse des Problemverhaltens, (5) weitere diagnostische Maßnahmen vor und während der Therapie. Generell kann der diagnostische Kontext die Diagnosestellung erleichtern (z.B. durch zusätzliche Informationen), aber auch zu wesentlichen Verzerrungen führen (z.B. durch »pathologisierende« Voreinstellungen).

Diathese. Vorexistierende (z.B. erblich-konstitutionelle oder erworbene) Bereitschaft (Disposition) oder Anfälligkeit des Organismus zu abnormen bzw. krankhaften Reaktionen an bestimmten Organen oder Organsystemen. → Vulnerabilität.

Diathese-Streß-Paradigma. In der Psychopathologie wird aufgrund dieser Theorie angenommen, daß Belastungen (»Streß«) bei Personen mit einer vorexistierenden Anfälligkeit oder Bereitschaft zu abweichendem Verhalten bzw. psychischen Störungen führt. In der Verhaltenstherapie werden bei der Betrachtung der Gesamtheit jener Faktoren bzw. Mechanismen, die zur Entwicklung bzw. Entstehung einer Störung oder eines Problems beigetragen haben, typischerweise neben → Prädispositionen (bzw. Diathesen oder Vulnerabilitätsfaktoren) und → auslösenden (»Streß«-) Faktoren auch → aufrechterhaltende Bedingungen unterschieden. Auch als → Vulnerabilitäts-Streß-Erklärung bezeichnet.

Dichotomes Denken. Denkstil, der bei einer Beurteilung lediglich polarisiert, d. h. nur Extremkategorien nutzend, vorgeht. Objekte werden ohne jede Modulation bzw. feinere Diskrimination auf den relevanten (oft auch eingeschränkten) Beurteilungsdimensionen beurteilt. Da die sog. »Grauschattierungen« fehlen, wird dieser Denkstil auch häufig »schwarz-weiß-Denken« genannt. Weil diese Informationsverarbeitungs- und Bewertungsart bei Problemlösungen ebenfalls die Freiheitsgrade von Lösungsalternativen einschränkt, soll dies für ein Individuum bei Problemen zu unlösbaren Situationen führen, da subjektiv nur sehr wenige Lösungsalternativen (»entweder-oder«-Kategorien) zur Verfügung stehen und differierende, abgestufte alternative Lösungsmöglichkeiten nicht adäquat wahrgenommen werden können.

Dienstaufsicht. Unter die Dienstaufsicht fällt die Befugnis des Arbeitgebers oder des Vorgesetzten, den Arbeitnehmer anzuweisen, die dienstvertraglichen Vereinbarungen oder sonstigen arbeitsrechtlichen Vorschriften zu beachten und einzuhalten (Rechtsaufsicht) und umschließt zugleich im öffentlich-rechtlichen Dienstverhältnis das Recht, bei Verstößen gegen die dienstlichen Verpflichtungen der Angestellten oder Beamten zur Verantwortung zu ziehen (Disziplinarrecht). Zur Dienstaufsicht gehören die Kontrolle über die Einhaltung der Arbeitszeit, die Zuweisung von Arbeiten, die Abgrenzung von Tätigkeiten im Verhältnis zu anderen Mitarbeitern, die Festlegung von Dienst- und Urlaubsplänen sowie die Anordnung von Überstunden.

Differentialdiagnose. Abgrenzung zwischen ähnlichen Störungsbildern im Prozeß der Diagnosestellung (→ Diagnose).

Differentialdiagnose, somatische (auch organische D.). Abgrenzung zwischen psychischen und somatischen (bzw. organischen) Störungen. Komorbidität bzw. überlappende Symptomatik betonen die Bedeutung der somatischen Differentialdiagnostik: Psychische und körperliche Störungen bzw. Erkrankungen können nicht nur zu verschiedenen Zeiten, sondern auch parallel nebeneinander bestehen. Sie können unabhängig voneinander sein, sich wechselseitig beeinflussen oder als auslösende Faktoren am jeweils anderen Krankheitsgeschehen beteiligt sein. Organisch nicht zuordenbare körperliche Symptome wie erhöhte Erregung, Benommenheit oder Schmerzzustände begleiten häufig psychische Störungen. Andererseits können auch körperliche Erkrankungen oder pharmakologische Substanzen psychische Symptome wie Angstzustände oder Stimmungsschwankungen hervorrufen, die keine eigene psychologische Dynamik aufweisen und mit der Heilung einer Krankheit oder dem Absetzen der Substanz wieder verschwinden. Im ungünstigeren Fall können sie allerdings auch durch Fehlinterpretationen und andere dysfunktionale Lernprozesse eine eigene Dynamik entwickeln und zum im engeren Sinne psychologischen Problem werden. Bei der somatischen Differentialdiagnose im Vorfeld einer Verhaltenstherapie geht es zum einen darum, mögliche somatische Grunderkrankungen nicht zu übersehen, zum anderen sollen aber auch keine unnötigen oder gar schädlichen diagnostischen Maßnahmen eingeleitet werden.

Differentielle Indikation. Unterscheidende → Indikation: Bei welchem Patient mit welchen Merkmalen wirkt welche Methode am besten?

Differentielle Verstärkung. Differentielle Verstärkerpläne werden angewandt, wenn die Häufigkeit der emittierten Reaktionen verändert werden soll. Bei inter-response-time schedules (IRT) wird die Zeitperiode, die zwischen zwei Reaktionen verstreichen muß, verstärkt. Bei IRT>t soll die Zeitdauer eine bestimmte vorgegebene Marke überschreiten, bei IRT<t unterschreiten. IRT<t ist daher vor allem geeignet, eine Verhaltensrate zu erhöhen, während IRT>t sie senkt. In der Literatur wird auch von der differentiellen Verstärkung hoher (DRH), niedriger (DRL), alternativer (DRO) oder inkompatibler (DRI) Verhaltensweisen gesprochen.

Differentieller Ansatz. Ansatz innerhalb der Psychologie, der sich mit den individuell unterscheidenden Merkmalen beschäftigt.

Dimensionale Diagnose. Diagnosestellung, bei der die Beschwerden als Ausprägung zugrundeliegender, kontinuierlich verteilter Dimensionen aufgefaßt werden (z.B. Feststellung des Ausmaßes der Ängstlichkeit und Depressivität). Gegensatz zur → kategorialen bzw. klassifikatorischen Diagnose, bei der die Beschwerden in ein → Klassifikationsbzw. → Kategoriensystem eingeordnet werden (z.B. → DSM-IV, → ICD-10).

DIPS. Diagnostisches Interview bei psychischen Störungen. Strukturiertes klinisches Interview für die Diagnose psychischer Störungen v.a. im psychotherapeutischen Bereich. Deutsche Übersetzung des → ADIS.

Dipsomanie. In Perioden auftretender Alkoholmißbrauch bei Menschen, die ansonsten nicht zu chronischen Alkoholikern zählen (»Quartalssäufer«), →Impulshandlung.

Direkte Kosten. Unter den direkten Kosten einer Behandlung versteht man diejenigen Aufwendungen, für die tatsächlich unmittelbar Ausgaben (Bezahlungen) getätigt werden. Bei indirekten Kosten handelt es sich dagegen um den Verlust von Ressourcen.

Direktionalitätsproblem. Bei → Korrelationen, die einen Zusammenhang zwischen zwei Variablen beschreiben, ist es nicht möglich festzustellen, ob eine kausale Beziehung vorliegt.

Direktivität, direktiv. Steuerung der Therapie durch den Therapeuten.

DIS. Diagnostic Interview Schedule. Amerikanisches standardisiertes Diagnoseinterview für die Verwendung durch Laieninterviewer. Basiert auf den Kriterien des DSM-III bzw. DSM-III-R.

Diskriminativer Stimulus. Reiz, der bei der operanten Konditionierung Hinweisfunktion erhält, indem er einer Reaktions-Konsequenz-Abfolge regelmäßig vorausgeht. Ein diskriminativer Stimulus (S^D) für positive Verstärkung ist ein Reiz, der anzeigt, daß auf eine bestimmte Reaktion ein Verstärker folgt. Entsprechend zeigt ein negativer Hinweisreiz (S^{Delta}) an, daß keine Verstärkung der Reaktion erfolgen wird. Analog können Hinweisreize das Auftreten oder Ausbleiben von Strafreizen anzeigen. Ist ein diskriminativer Reiz für positive Verstärkung vorhanden, so erhöht sich die Wahrscheinlichkeit, daß die Reaktion gezeigt wird.

Dissozialität. Ständiges konflikthaftes Verhalten durch Mißachtung der gültigen sozialen Regeln. Mögliche Folgen: Verwahrlosung, Streitsucht, Neigung zu Gewalttätigkeit und kriminellem Verhalten, Wesensänderung, antisoziale Persönlichkeitsstörung.

Dissoziation. Die Fähigkeit, mehrere Dinge gleich zu bearbeiten, wobei ein Teil unbewußt gesteuert, d.h. automatisiert abläuft (wie beim routinierten Autofahren) oder die Abspaltung von Wahrnehmungen, beispielsweise eines Armes oder eines schmerzenden Körperteils.

Dissoziative Störungen. Psychische Störungen, bei denen die normale Integration von Bewußtsein, Gedächtnis oder Identität plötzlich und zeitweilig aufgehoben ist. Beispiele sind → psychogene Fugue, → multiple Persönlichkeit.

Dissoziiertes Denken. Das Denken ist in einzelne, scheinbar zufällig zusammengewürfelte Gedankenbruchstücke zergliedert.

Distanzlosigkeit. Ein der Situation nicht angemessenes Interaktions-Verhalten, bei dem der Betreffende mit fremden Menschen unangemessen vertraulich, derb oder sexuell enthemmt umgeht.

Dokumentation. Das Sammeln, Ordnen und Archivieren von Daten jeder Art, im Fall der Psycho- bzw. Verhaltenstherapie von Daten der Psychotherapie. Weiter wird unter Dokumentation das Ergebnis der Datensammlung verstanden, was häufig auch als Register oder Datei, im Falle der Psychotherapie als Psychotherapie-Dokumentationssystem, bezeichnet wird. Psychotherapiedokumentation ist mehr als therapiebezogene Diagnostik und Evaluation oder das Verfassen von Mitschriften während der Therapie. Sie ist das systematische Erheben von Daten eines zu behandelnden Falles auf der Basis elaborierter Dokumentationssysteme.

Dokumentationspflicht. Nach der Rechtsprechung des BGH obliegt dem Arzt als Sachwalter der Gesundheit eines Patienten eine Dokumentationspflicht, die ihn verpflichtet, alle wesentlichen Teilschritte der Diagnostik, der Therapie und der medikamentösen Behandlung festzuhalten. Dieser Grundsatz gilt auch für Diplom-Psychologen, soweit eine psychotherapeutische Leistung erbracht wird, da der Psychologe in gleicher Weise wie ein Arzt die gesundheitlichen Interessen seines Patienten als selbständiger und eigenverantwortlicher Behandler wahrzunehmen und zu beachten hat. Die Dokumentationspflicht wird dabei als vertragliche Nebenpflicht des Behandlungsvertrages definiert. Zu dokumentieren sind alle für die Vertragsbeziehungen zwischen einem Psychotherapeuten und Patienten relevanten Daten und Fakten. Neben der Zeitangabe, wann eine Therapie stattgefunden hat, sind Diagnose, Testunterlagen und Testauswertungen, Interventionen, Behandlungsergebnisse sowie wichtige Wahrnehmungen und Entwicklungen sowie Vereinbarungen über das Honorar, Rechnungskopien und Zahlungsbelege zu dokumentieren.

Doppel-Blind-Verfahren. Methode zur Kontrolle der realitätsverzerrenden Erwartungen von Versuchsleiter und Versuchsperson. Bei einer Medikamentenprüfung wissen weder der behandelnde Arzt noch der Patient, ob die Substanz, die zur Therapie benutzt wird, wirksam (ein Verum) oder ein → Placebo ist. Im Bereich der Psychotherapieforschung sind Doppel-Blind-Studien kaum durchführbar, bereits die Möglichkeit der Übertragung des Placebobegriffes aus der Pharmakotherapie ist umstritten.

Doppelte Buchführung. Fachjargon für Nebeneinander von Realität und Wahn, z.B. zwischen wahnhafter Überhöhung der eigenen Position und meist ernüchternder Wirklichkeit (Beispiel: »Jesus« bettelt seine Mitpatienten um Zigaretten an).

Double-bind. Form der Kommunikation, der früher eine kritische schizophrenieerzeugende Wirkung zugeschrieben wurde. Kennzeichen solcher Kommunikationen sind (1) Widerspruch zwischen zwei Informationen, die einen wichtigen Bereich betreffen, (2) eine Reaktion ist zwingend erforderlich und (3) der Grundwiderspruch zwischen den Informationen wird so verdeckt oder verleugnet, daß er in der Situation nicht erkannt werden kann. Auch wenn eine spezifische schizophrenieerzeugende Wirkung empirisch nicht erhärtet werden konnte, können solche Kommunikationsmuster als belastend oder gar beeinträchtigend angesehen werden.

Down-Syndrom (Mongolismus, Trisomie 21). Das dreifache Vorhandensein des Chromosoms 21 bewirkt eine Form der geistigen Behinderung sowie körperliche Besonderheiten (z.B. Schrägstellung der Lidachse und die Hautfalte über dem inneren Lidwinkel).

Drei-Ebenen-Ansatz des Verhaltens. Ansatz, der davon ausgeht, daß jedes Verhalten auf drei Ebenen, der kognitiv-verbalen, der motorisch-behavioralen und der physiologisch-humoralen Verhaltensebene, beschrieben wird. Diese drei Ebenen können unterschiedlich eng kovariieren, sogar in gegenläufige Richtung auseinanderklaffen (→ Desynchronie). In allgemeinerer Form auch als → Mehrebenenmodell bezeichnet. Die Mehrebenen-Sichtweise beinhaltet jedoch eigene Probleme (z.B. die empirisch gut belegte → Desynchronie zwischen den Ebenen). Dennoch betonen auch Kritiker, daß diese Schwierig keiten nicht durch einen Rückzug auf unimodale Messungen gelöst werden können, sondern daß ein multimodales und → multimethodales Vorgehen bei der Datenerhebung unverzichtbar ist. Die Erhebung mehrerer, z.T. paralleler Variablen bewirkt bei der statistischen Auswertung jedoch besondere Probleme. Zum einen können aufgrund verletzter Voraussetzungen häufig multivariate Verfahren nicht eingesetzt werden. Zum anderen können auch nicht alle Fragen durch die multivariate Auswertung geklärt werden. Die univariate Auswertung mit multiplen Vergleichen führt jedoch zu dem bekannten Problem der Inflation des Alpha-Fehlers bzw. den unbefriedigenden Lösungen dieses Problems, die ihrerseits den Beta-Fehler hochtreiben.

Drei-Faktoren-Modell. Grundsätzlicher Denkansatz der Verhaltenstherapie zur Erklärung psychischer Störungen. Die Verhaltenstherapie versucht, spezifische Konstellationen bei spezifischen Störungen zu identifizieren, die als klinisch auffällige Verhaltensweisen bzw. psychische Syndrome mit Leiden oder Funktionseinschränkungen auf der Verhaltens-, Erlebens-, körperlichen oder sozialen Ebene aufgefaßt werden. Dabei ist es wichtig, zwischen verschiedenen Arten von »Ursachen« zu unterscheiden und deren Bedeutung als Ansatz für therapeutische Veränderung zu untersuchen. Vor allem drei Klassen von ätiologischen Faktoren werden unterschieden: Prädispositionen (auch Vulnerabilität, Anfälligkeit: vorexistierende genetische, somatische, psychische oder soziale Merkmale, die das Auftreten einer Störung möglich bzw. wahrscheinlicher machen), auslösende Bedingungen (psychische, somatische oder soziale Bedingungen, Belastungen, Erfahrungen, Ereignisse, »Streß«, die das Erstauftreten einer Störung vor dem Hintergrund einer individuellen Vulnerabilität auslösen), aufrechterhaltende Bedingungen (falsche Reaktionen Betroffenen oder der Umwelt oder anhaltende Belastungen, die das rasche Abklingen der Beschwerden verhindern und das Problem chronisch machen). Die drei Klassen von Ursachen können zusammenfallen oder auch völlig auseinanderklaffen, sie können mehr oder weniger veränderbar sein etc. Dieses Modell bietet keine allumfassende Erklärung, sondern eine Heuristik, die bei der ätiologischen Forschung und der Bewertung möglicher Ansatzpunkte für das therapeutische Vorgehen ebenso wie bei der Erstellung individueller Genesemodelle helfen soll. Beispielsweise können häufig Prädispositionen nicht verändert und auslösende Stressoren oder Traumata nicht rückgängig gemacht werden, wohingegen der Modifikation der aufrechterhaltenden Bedingungen größte Bedeutung für das zukünftige Befinden zukommt. Die Verhaltenstherapie setzt daher häufig genau hier an (z.B. Abbau von Vermeidungsverhalten bei phobischen Patienten, Training sozialer Komptenzen bei schizophrenen oder depressiven Patienten).

Drei-Systeme-Strategie. (TRM triple response measurement): Forderung nach multimodaler Diagnostik, jedoch hier konzeptuell sehr vereinfacht auf »verbale«, »motorische« und »physiologische« Systeme.

Drogenabhängigkeit. Gewohnheitsmäßiger Konsum einer Droge aufgrund eines psychologischen, jedoch nicht eines körperlichen Bedürfnisses; im Gegensatz zu → Drogensucht, → Substanzabhängigkeit, → Abusus.

Drogensucht. Körperliche Abhängigkeit von einer Droge, die sich durch fortgesetzten Konsum entwickelt. Kennzeichen der Abhängigkeit sind Toleranz höherer Dosen und das Auftreten von Entzugssymptomen bei Einschränkung des Konsums. → Substanzabhängigkeit, → Abusus.

DSM, DSM-III, DSM-III-R, DSM-IV. Diagnostic and Statistical Manual of Mental Disorders (DSM). Mit den verschiedenen Ziffern werden die Auflagen bzw. Versionen des amerikanischen Klassifikationssystems für psychische Störungen der Amerikanischen Psychiatrischen Vereinigung (American Psychiatric Association, APA) bezeichnet. Dabei wird praxisbezogen festgelegt, welche Kombination von Störungszeichen oder anderen klinischen Merkmalen für eine Diagnose ausreichen und welche zwingend ausgeschlossen werden müssen. Ursprünglich Einsatz vor allem in forschungsaktiven Bereichen, während ansonsten häufig auch die Internationale Klassifikation psychischer Störungen ICD der Weltgesundheitsorganisation (WHO) genutzt wurde. Mittlerweile ist die DSM-Klassifikation weltweit verbreitet.

Dualismus. Philosophische Position, bei der weder das Psychische auf das Körperliche (Materialismus) noch das Körperliche auf das Psychische (Spiritualismus) zurückgeführt wird. Grundlage ist die Annahme einer Wechselwirkung zwischen Geist (bzw. Psyche) und Körper. Diese Position geht v.a. auf Descartes zurück. Gegensatz zu → Monismus.

Durchgangssyndrom. Sammelbezeichnung für eine Reihe unspezifischer, körperlich begründbarer reversibler Psychosyndrome mit den gemeinsamen Merkmalen: Fehlen von Bewußtseinstrübung und völliger Rückgang des Syndroms. Unterteilung in leichte, mittelschwere und schwere Syndrome. Durchgangssyndrome gehören zu den akuten exogenen Reaktionstypen nach Bonhoeffer.

Dyade. Zweierbeziehung.

Dysfunktionale Kognitionen. → Kognitionen, dysfunktionale.

Dyskinesie. Gestörtes, meist gesteigertes und/oder verzerrtes Bewegungsverhalten, z.B. als Nebenwirkung bzw. durch Überdosierung von (insbesondere hochpotenten) Neuroleptika.

Dyspareunie (ICD-10: F52.6, DSM-IV: 302.76). Schmerzen der Frau beim Geschlechtsverkehr. Die Ursache kann in organischen Unterleibserkrankungen oder psychischen Störungen liegen (→ sexuelle Funktionsstörungen).

Dysphorie, dysphorisches Syndrom. Gereizte und reizbare Stimmungslage. Gegensatz: Euphorie. Im Englischen wird der Ausdruck »dysphoric« für jede Art von Affektstörung verwendet (manisch, depressiv, ängstlich etc.).

Dyssomnie. Übergeordneter Begriff für → Schlafstörungen, die den Schlaf hinsichtlich Dauer, Qualität und Zeitpunkt beeinträchtigen.

Dysthymes Syndrom (ICD-10: F34.1/DSM-IV: 300.4). Eine Stimmungsstörung, die durch äußere Ursachen nicht hinreichend erklärt werden kann bzw. über normale Reaktionen hinausgeht. Hauptkennzeichen ist eine über lange Zeiträume gedrückte, traurige Stimmung. Typische Symptome sind Konzentrations- oder Entscheidungsschwäche, niedriger Selbstwert und Unzulänglichkeitsgefühle sowie Störungen von Schlaf- und Eßverhalten, wobei die Symptome ein klinisch bedeutsames Ausmaß aufweisen müssen. Im Gegensatz zum SDS wird Hoffnungslosigkeit nur beim DS als eigenes Symptom genannt, wohingegen Interesseverlust und psychomotorische Hemmung hier nicht als Symptome aufgeführt werden. Suizidalität muß auch hier immer abgeklärt werden. Das dysthyme Syndrom ist im Gegensatz zum schweren depressiven Syndrom durch länger anhaltende, aber nicht notwendigerweise intensive Phasen gekennzeichnet. Die Symptome müssen für mindestens zwei Jahre während der Mehrzahl aller Tage bestanden haben (dabei nicht mehr als zwei Monate ununterbrochen beschwerdefrei). Kürzere, aber intensivere Episoden sind dagegen typisch für das schwere depressive Syndrom. SDS und DS können gemeinsam diagnostiziert werden, wenn das SDS mindestens sechs Monate vor dem DS liegt (und dazwischen keine depressive Symptomatik auftrat) oder erst nach mindestens zweijähriger Dauer zum DS hinzutritt.

Dystonie. Fehlerhafte Spannungszustände von Muskeln (und von Muskeln umgebenen Gefäßen). Bei Neuroleptikabedingten Bewegungsstörungen im Sinne von krankhaften Verspannungen spricht man von akuter Dystonie.

Echo-Psychose. Auch als Flash back, Echo-Rausch, Spätrausch, Nachhall-Psychose etc. bezeichnet. Spontan auftretende psychotische Episoden im drogenfreien Intervall einer Intoxikations-Psychose. Dieser freie Zwischenraum kann Stunden, Tage, Wochen oder sogar Monate betragen. Symptomatik: panikartige Angstzustände, optische Trugwahrnehmungen, depressive Verstimmungen mit Suizidneigung, Entfremdungserlebnisse, Orientierungsstörungen, Körpergefühlsstörungen etc. mit einer Dauer von Minuten bis Stunden, mitunter Tagen. Meist charakteristische Auslöser, entweder unfreiwillig oder absichtlich provoziert. Wichtigste unmittelbare Therapiemaßnahme: »talk down« (leises, beruhigendes Herunterreden), ggf. Benzodiazepine.

Echolalie. Echoartiges (willenloses, automatenhaftes) Wiederholen/Nachreden von vorgesprochenen Worten, Lauten und kurzen Sätzen, ein bei autistischen Kindern häufig anzutreffendes Sprachproblem. → Infantiler Autismus.

Echopraxie. Haltungs- und Bewegungsimitationen. Automatenhaftes, echoartiges Nachahmen vorgezeigter Bewegungen, besonders der Gliedmaßen. Manchmal auch echoartige Wort- und Satzwiederholungen.

Effektivitätsforschung. Die empirische Untersuchung der Ergebnisse von psychotherapeutischen Verfahren bei unterschiedlichen psychischen Störungen; diese Untersuchungen werden in unterschiedlichen Settings und mit unterschiedlichen methodischen Ansätzen realisiert.

Effektstärke. Quantifizierung der Größe eines beobachteten Effektes, z. B. bei der → Psychotherapieforschung häufig berechnet als standardisierter Differenzwert (Mittelwert behandelte – Mittelwert unbehandelte Gruppe, geteilt durch die Standardabweichung der unbehandelten Gruppe). Derartige Effektstärken können im Rahmen einer → Meta-Analyse per Durchschnittsbildung zu einer integrierten Effektstärke verrechnet werden, was die objektivere und quantifizierende Zusammenfassung von Forschungsbefunden aus verschiedenen Bereichen ermöglicht (vgl. das Problem der → statistischen vs. → klinischen Signifikanz, mögliche Probleme der Meta-Analyse u.a. Mittelung von eventuell sehr verschieden aussagekräftigen Werten, mangelnde Berücksichtigung der methodischen Qualität).

Eifersuchtswahn. Im Unterschied zum weit verbreiteten Gefühl der Eifersucht die wahnhafte Überzeugung, vom Partner betrogen zu werden. Vorkommen besonders im höheren Lebensalter als sensitive Entwicklung, im Rahmen einer schizophrenen Psychose (→ Wahn), vor allem aber beim chronischen Alkoholismus: Die Eifersuchtsideen entwickeln sich besonders im Rausch oder vor Ausbruch eines Delirs, führen zu Auseinandersetzungen bis hin zur körperlichen Gewalt gegen den Partner (fast nie gegen den vermeintlichen Konkurrenten). Nüchtern folgen Bagatellisierungsversuche, gleichzeitig aber mitunter Aufbau eines kompletten Wahnsystems. Meist klingt der Eifersuchtswahn nach Alkoholabstinenz wieder ab, kann aber auch ohne nachweislichen Grund bestehen bleiben.

Eingeengtes Denken. Einschränkung des inhaltlichen Denkumfanges, Verarmung an Themen, Fixierung auf wenige Zielvorstellungen. Nach außen erkennbar durch verminderte geistige Beweglichkeit, fehlende Übersicht, mangelndes Einbeziehen verschiedener Gesichtspunkte.

Einzelfallstudien. Qualitative oder quantitative Analyse von Einzelfällen, ggf. mit experimentellem Design; Auswertung v.a. deskriptiv, seltener Zeitreihenanalysen. Ziel: v.a. Generieren von Hypothesen, ggf. Widerlegen von Allaussagen, erstmaliges Überprüfen neuer Therapieverfahren, Untersuchung seltener Phänomene. Probleme: Mangelnde Generalisierbarkeit, interne Validität schwer beurteilbar, zufallskritische Absicherung oft unmöglich.

Einzelfall-Versuchsplan. Versuchsplan mit nur einer Versuchsperson. Zum experimentellen Vorgehen gehören der Versuchsplan mit Revision und der Versuchsplan mit multiplen Ausgangsdaten (multiple Baselines).

Ejaculatio praecox (ICD-10: F52.4, DSM-IV: 302.75). Vorzeitiger Samenerguß.

Ejaculatio retardata. Verzögerter Samenerguß.

Ejakulation. Der beim Mann auf der Höhe des Orgasmus reflektorisch ausgelöste Samenerguß. Funktionelle Sexualstörungen im Zusammenhang mit der Ejakulation betreffen die vorzeitige Ejakulation bereits vor dem Einführen des Penis in die Scheide, beim Einführen oder unmittelbar danach, verzögerte oder ausbleibende Ejakulation trotz voller Erektion und intensiver Reizung sowie die Ejakulation ohne Lust- und Orgasmusgefühl.

Eklektizismus. Theorien- bzw. Methodenvielfalt durch Zusammenstellung verschiedener Ansätze. Ursprünglich eine Philosophie, die durch die Übernahme von Bestandteilen verschiedener fremder Lehrmeinungen bestimmt ist. In der Psychotherapie häufig verstanden als therapeutische Ausrichtung, die auf keine einzelne Therapieschule begrenzt ist, sondern davon ausgeht, daß die einzelnen Schulen verschiedene Veränderungsmechanismen nutzen. Die therapeutische Intervention wird aus einem schulenübergreifenden Methodenkatalog ausgewählt. Man unterscheidet einen systematischen Eklektizismus, der Interventionen anhand von theoretischen Indikationskriterien bestimmt, von einem technischen Eklektizismus, der Methoden nach ihrer Brauchbarkeit im Einzelfall auswählt. Ein unbedingter Eklektizismus geht dagegen von der unspezifischen Wirkung der Therapie aus und nutzt alles, was die angenommene eigentliche Wirkkomponente, die therapeutische Beziehung, fördert.

Elektroenzephalogramm (EEG). Messung und graphische Aufzeichnung der elektrischen Aktivität des Gehirns, gewöhnlich durch die Anbringung der Elektroden auf dem Schädel.

Elektrokardiogramm (EKG). Messung und graphische Aufzeichnung der bioelektrischen Aktivität, die bei der Erregungsausbreitung und -rückbildung im Herzen entstehen.

Elektromyogramm (EMG). Messung und graphische Aufzeichnung der Muskelaktivität (Aktionsstöme eines erregten Muskels).

Emotion. Z.T. gleichbedeutend mit Gemütsbewegung oder Gefühl verwendet. In der Verhaltenstherapie meist mit Hilfe eines → Mehrebenen- oder → Drei-Ebenen-Ansatzes als komplexe Reaktionsmuster aufgefaßte Vorgänge, die mit physiologischen, kognitiven und Verhaltensänderungen sowie subjektiven Valenzurteilen (z.B. Lust-Unlust, angenehm-unangenehm) einhergehen. Bei starken Emotionen kann es zu zeitweisen Beeinträchtigungen des klaren Denkens und angemessenen Handelns kommen. Versuche zur Einteilung der Emotionen sind umstritten, am besten haben sich verschiedene Konzepte zur Einteilung von → Primäremotionen (z.B. nach dem affektiven Ausdruck) durchgesetzt → Affekt.

Empathie. Erkennen und Verstehen der Gefühle anderer, Fähigkeit zur Einfühlung.

Empfindungsfokussieren (sensate focus). Begriff von Masters und Johnsen, der auf die Übungen angewendet wird, die am Anfang des Sexualtherapie-Programms stehen. Die Partner werden instruiert, einander zu liebkosen, jedoch keinen Geschlechtsverkehr durchzuführen. Dadurch wird die sexuelle Leistungsangst vermindert.

Empirie. Erkenntnis, die auf Erfahrung beruht. In empirischen Wissenschaften wird Erfahrung durch wissenschaftliche Überprüfung von Hypothesen gewonnen.

Empirische Testbarkeit. Grundprinzip des → methodologischen Behaviorismus, der der Verhaltenstherapie als wissenschaftlichem Ansatz zugrundeliegt. Nach dieser Auffassung müssen Hypothesen prinzipiell empirisch testbar sein, d.h. sensitiv für die Erfahrung sein. Immunisierungsstrategien, die theoretische Aussagen unwiderlegbar machen sollen, sind prinzipiell abzulehnen, da sie jeden möglichen Erkenntnisfortschritt ausschließen. Das Testen von Hypothesen kann sowohl durch Bestätigen als auch durch Widerlegen erfolgen. Unter dem Einfluß Poppers hat dabei vor allem das Kriterium der Falsifizierbarkeit allgemeiner Hypothesen (»Für alle X gilt...«, z.B. »Alle psychischen Störungen sind erlernt«) große Bedeutung erlangt. Relevant ist aber auch die Verifikation von Existenzhypothesen (»Es gibt manche Y, für die gilt...«, z.B. »Manche Phobien werden durch klassische Konditionierung erworben«).

Empirische Überprüfung der Verhaltenstherapie. Verhaltenstherapie ist die mit weitem Abstand am besten empirisch abgesicherte Form von Psychotherapie. Zu verhaltenstherapeutischen und kognitiven Verfahren liegen über zehnmal mehr kontrollierte Therapiestudien vor als für alle anderen Formen von Psychotherapie zusammen. Zudem wurden die verhaltenstherapeutischen Verfahren für das breiteste Spektrum psychischer Störungen untersucht. Dabei haben sich verhaltenstherapeutische Methoden mit großer Regelmäßigkeit als wirksam zur Herbeiführung der jeweils unmittelbar angestrebten, aber auch generalisierter Veränderungen erwiesen.

Encephalitis. Akute oder chronische Entzündung von Hirngewebe infolge einer Infektion durch Bakterien (z.B. Milzbrand, Syphilis, Rickettsien (z.B. Fleckfieber) und Viren (z.B. Herpes simplex, Windpocken, Masern).

Encephalitis lethargica (»Schlafkrankheit«). Epidemische Form der Encephalitis, die in Europa zu Beginn des Jahrhunderts auftrat. Hauptsymptome waren Lethargie und ausgedehnte Schlafperioden.

Endogen. Von »innen«, aus dem Organismus heraus, aber ohne bisher erkennbare bzw. nachweisbare körperliche Ursache. Gegensatz zu → exogen.

Endogene Depression. Störungsbild einer → Depression ohne erkennbare Ursache, → schweres depressives Syndrom.

Endokrine Drüse. Drüse ohne Ausführungsgang, die ihre Absonderung (Hormon) direkt in Blut- bzw. Lymphgefäße oder ins Gewebe abgibt, z.B. Hypophyse, Schilddrüse, Nebenniere, Gonaden.

Endorphine. Auch endogene Morphine. Sammelbezeichnung für verschiedene körpereigene Eiweißsubstanzen aus Hypophyse oder Nervensystem, die eine starke schmerzlindernde Wirkung besitzen und an den Opiatrezeptoren wirken.

Enkopresis (ICD-10: F98.1, DSM-IV: 307.7). Psychisch bedingtes Einkoten in einem Alter, in dem Kontinenz erwartet wird. Funktionelle Enuresis/Funktionelle Enkopresis.

Entdecken, geleitetes. Das sog. geleitete Entdecken spielt eine besonders große Rolle bei kognitiven Therapieverfahren, bei denen stets die Gefahr besteht, daß der Therapeut als »Besserwisser« erscheint, der immer Recht hat etc. Eine ganz wesentliche Hilfe ist es hier, die Patienten durch gezielte Fragen dazu anzuleiten, selbst zu entdecken, wo sie falsche Annahmen oder unüberprüfte Schlußfolgerungen machen. Diese Vorgehensweise steht im Kontrast zum »Frontalunterricht« (»Dozieren«), bei dem den Patienten die relevanten Inhalte direkt vorgetragen werden.

Entgeltbestimmungen. Die Vergütung psychotherapeutischer Leistungen ist unterschiedlich nach Ort der Leistungserbringung (stationäre oder ambulante Behandlung), Person des Leistenden (Arzt oder Psychologe) und Versicherungsstatus des Patienten. Weiterhin richten sich die rechtlichen Regelungen danach, ob die psychotherapeutischen Leistungen von Diplom-Psychologen im Wege der Delegation in der vertragsärztlichen Versorgung oder aber im Wege der Kostenerstattung nach § 13 Abs. 3 SGB V oder im Rahmen der TK-Regelung erbracht werden. Um die Höhe der Kostenerstattung zu begrenzen, führen die Krankenkassen vielfach Vereinbarungen mit Psychologischen Psychotherapeuten herbei, wonach für eine Einzeltherapiestunde von i.d.R. 50 Zeitminuten Beträge zwischen DM 90,- und DM 120,- erstattet werden. Betraglich festgeschrieben werden nur die Entgelte in der Beihilfe, die für psychotherapeutische Behandlungen durch Diplom-Psychologen gelten. So ist dort eine Vergütung von DM 121,40 pro Stunde für eine verhaltenstherapeutische Einzelbehandlung vorgesehen (Stand: 1994). Behandelt ein Psychologischer Psychotherapeut einen Privatpatienten, so kann er das Honorar frei vereinbaren.

Entpathologisierung. Therapeutische Strategie, die zum Ziel hat, die Bewertung eines Patienten hinsichtlich seiner eigenen Verhaltensweisen, Gedanken und/oder Emotionen als unnormal, verrückt, bedrohlich unverständlich, etc. positiv zu verändern. → Kognitionen, dysfunktionale.

Entscheidungsbäume, diagnostische. Algorithmen zur Reihenfolge des diagnostischen Vorgehens bei der Abklärung psychischer oder psychosomatischer Störungen. In breiterem Umfang erstmals mit dem → DSM-III im Jahr 1980 eingeführt.

Entspannungstechniken. Methoden zur Reduktion des körperlichen Erregungsniveaus, des subjektiv empfundenen Belastungsgefühls und subjektiver oder objektiver Unruhe. Wichtigste Vertreter sind die → Progressive Muskelrelaxation nach Jacobson, das Autogene Training nach Schulz und das sogenannte → Biofeedback, bei dem dem Patienten körperliche Signale direkt zurückgemeldet werden, um so willkürliche Konrolle zu ermöglichen.

Entstehung der Verhaltenstherapie. Die Verhaltenstherapie entstand aus der Anwendung experimentalpsychologischer Prinzipien auf klinische Probleme. Ihr Wachstum war eng verbunden mit der Entwicklung der Klinischen Psychologie als einer angewandten Wissenschaft, der enormen Produktivität der Grundlagenforschung zu lerntheoretischen Erklärungen klinischer Phänomene und der Kritik an der geringen Effektivität und mangelnden empirischen Überprüfung der bis dahin vorliegenden psychotherapeutischen Verfahren. Dabei entstand die Verhaltenstherapie als eine breite Bewegung auf der Basis der empirischen Psychologie an mehreren Orten in Südafrika, England und den USA zugleich. Am Ende der fünfziger und zu Beginn der sechziger Jahre verfügte die Verhaltenstherapie bereits über eine breite Palette therapeutischer Möglichkeiten auf der Basis experimentalpsychologischer Erkenntnisse. Spätestens zu diesem Zeitpunkt wurde die neue Bewegung unter dem Begriff »Behaviour Therapy« bekannt, wenngleich alternative Bezeichnungen (z.B. »Behavior Modification«, bevorzugt von den Vertretern des operanten Ansatzes) vorlagen oder manche ihrer Vertreter das althergebrachte »Psychotherapie« lediglich durch erläuternde Zusätze ergänzen wollten. Die Bedeutung operanter Verfahren in der Entstehung der Verhaltenstherapie wird vor allem von Nicht-Verhaltenstherapeuten stark überschätzt, obwohl sie als alleinige Therapiemaßnahmen kaum zum Einsatz kommen. Aufbauend auf der Gründung eigener Fachgesellschaften kam es Ende der sechziger und Anfang der siebziger Jahre zu einer ersten Konsolidierung der stürmischen Entwicklungen. Zu diesem Zeitpunkt entwickelte sich die Verhaltenstherapie auch im deutschsprachigen Raum parallel an mehreren Orten, insbesondere München. Spätere Entwicklungen betrafen vor allem das Zusammenwachsen der behavioralen und kognitiven Richtungen zu einer gemeinsamen, empirischen Grundorientierung. Auch heute zeichnet sich die Verhaltenstherapie noch durch raschen Wandel aus. Zu den neueren Errungenschaften gehört die Entwicklung von speziellen Therapieprogrammen für eine ständig wachsende Zahl von Störungsbildern und Problemen, die häufig in Form von konkreten Therapiemanualen dargestellt werden.

Entstehungsbedingungen. Die Gesamtheit jener Faktoren bzw. Mechanismen, die zur Entwicklung bzw. Entstehung einer Störung oder eines Problems beigetragen haben, vgl. auch → Prädispositionen (bzw. → Vulnerabilitätsfaktoren), → auslösende und → aufrechterhaltende Bedingungen, → Diathese-Streß-Paradigma, → Vulnerabilitäts-Streß-Erklärung.

Entzugssymptome. Unangenehme körperliche und psychische Reaktionen, die bei einer Person nach Absetzen oder Reduktion einer Substanz, die abhängig macht, auftreten. Beispiele: Krämpfe, Ruhelosigkeit (→ Abstinenzsyndrom, → Drogensucht).

Enuresis (ICD-10: F98.0, DSM-IV: 307.6). Psychische Störung, bei der durch mangelnde Kontrolle der Blase entweder während der Nacht (Enuresis nocturna) oder am Tag wiederholtes Einnässen in einem Alter auftritt, in dem Kontinenz erwartet wird. → Funktionelle Enuresis/Funktionelle Enkopresis.

Epidemiologie. Lehre von der Verbreitung der Krankheiten bzw. Störungen. Die allgemeine Epidemiologie hat zum Ziel, die Verteilung und Verbreitung von Krankheiten bzw. Störungen und deren Determinanten in der Bevölkerung zu untersuchen. So werden in der klinisch-psychologischen und psychiatrischen Epidemiologie die räumliche und zeitliche Verteilung psychischer Erkrankungen und anderer gesundheitsrelevanter Variablen untersucht, sowie Zusammenhänge zwischen Auftretenshäufigkeit und anderen Variablen, wie z.B. genetische oder Umweltbedingungen. In der analytischen Epidemiologie werden darüber hinaus Bedingungen des Auftretens und des Verlaufs psychischer Störungen näher untersucht. Hierüber können erste Hinweise auf mögliche ätiologisch relevante Bedingungen gewonnen werden. Werden Assoziationen zwischen dem Auftreten eines bestimmten Faktor und einer Störung festgestellt, so ergibt sich die Frage nach möglichen Kausalbeziehungen. Wesentliches Merkmal des epidemiologischen Vorgehens ist es, solche Beziehungen festzustellen, ohne daß Experimente mit zufälliger Zuordnung von Risikofaktoren und Personen möglich sind. Maße zur Beschreibung epidemiologischer Befunde sind unter anderem Angaben zu → Inzidenz und → Prävalenz.

Epilepsie. Oberbegriff für Anfallsleiden verschiedener Ursachen, z.B. infolge hirnorganischer Erkrankungen, Stoffwechselstörungen, familiärer (erblicher) Belastung oder ohne nachweisbare Ursache. Die Anfälle beruhen auf einer plötzlichen Änderung der rhythmischen elektrischen Aktivität des Gehirns.

Episode. Einzelne, zeitlich umschriebene Störungsmanifestation. Synonym: Phase, Schub.

Erektionsstörungen (ICD-10: F52.2, DSM-IV: 302.72). Unfähigkeit des Mannes, eine für befriedigende sexuelle Aktivität hinreichende Erektion des Penis zu erreichen oder aufrechtzuerhalten (sexuelle Funktionstörungen).

Erfahrung. Durch → Lernen und → Wahrnehmung erworbene Kenntnisse, Fertigkeiten, Verhaltens- und Erlebnisweisen.

Ergebnisforschung. (Englisch: outcome research). Ermittlung der → Effektivität von Psychotherapieformen. Gegensatz: Prozeßforschung (process research).

Erklärbarkeit psychischer Störungen. → Erklärungsmodelle.

Erklärungsmodelle. Alltagsnahe kognitive Strukturen, um Patienten die Entstehung und therapeutische Veränderung psychischer Störungen verständlich zu machen (→ kognitive Vorbereitung). Generell erleichtert ein glaubwürdiges und für den Patienten nachvollziehbares Erklärungsmodell für Störung und Intervention den Patienten und verbessert die therapeutische Beziehung. Der vorgeschlagene Therapieplan sollte unmittelbar aus dem Erklärungsmodell abgeleitet werden, da gut begründete Maßnahmen von den Patienten eher motiviert durchgeführt werden als unbegründete bzw. nur mit der Autorität oder Erfahrung der Therapeuten begründete Interventionen. Die Erklärungsmodelle sollten in der Regel möglichst klar und einfach strukturiert sein und dürfen in keinem Fall einander widersprechende Bestandteile enthalten. Beachtet werden müssen mögliche Metabotschaften, die den Intentionen der Therapeuten zuwiderlaufen können. Darüber hinaus können Patienten in mißverständliche Äußerungen auch von den Therapeuten nicht beabsichtigte Metabotschaften hineinlegen.

Erlaubnis nach dem Heilpraktikergesetz. Nach dem »Gesetz über die berufsmäßige Ausübung der Heilkunde ohne Bestallung« (HPG – vom 17.2. 1939, RGB 1. I. S. 251; bgb 1. III 2122-2) bedarf jeder, der ohne eine ärztliche Approbation die Heilkunde ausübt, einer Erlaubnis. Die Rechtsprechung geht davon aus, daß die Psychotherapie eine Tätigkeit der Heilkunde darstellt. Der gesetzliche Erlaubnisvorbehalt gilt als subjektive Berufszulassungsschranke, die mit dem Grundrecht der Berufsfreiheit vereinbar ist, da das Gesetz damit die Volksgesundheit als besonders wichtiges Gemeinschaftsgut schützt.

Erleben. Jeder im Bewußtsein ablaufende Vorgang. Zusammen mit dem → Verhalten traditionell als Gegenstand der Psychologie definiert. Bei der Gegenüberstellung von Verhalten und Erleben wird ersteres als die Gesamtheit der »objektiv« beobachtbaren Vorgänge, letzteres als die Summe der geistigen (mentalen, nicht beobachtbaren, verdeckten etc.) Tätigkeiten aufgefaßt. In der Verhaltenstherapie wird Verhalten mittlerweile umfassend definiert, so daß es auch Gedanken, Gefühle, körperliche Reaktionen etc. einschließt, die früher ausschließlich als Teil des Erlebens verstanden wurden.

Erlernte Hilflosigkeit. Experimentelles Paradigma nach Seligman, bei dem unkontrollierbare elektrische Schläge verabreicht werden, die völlig unabhängig vom Verhalten der Versuchstiere sind. Das Erlebnis der Unkontrollierbarkeit führt zu kognitiven, emotionalen, motivationalen und physiologischen Beeinträchtigungen. Es bestehen Parallelen zu depressiven Störungen. Später attributionstheoretische Um formulierung der Hilflosigkeitstheorie.

Erotophonie. Sexuelle Deviation (→ Paraphilie), bei der wiederkehrende, starke sexuelle Impulse und Phantasien bestehen, die obszöne Telefonanrufe beinhalten mit Personen, die ahnungslos oder damit nicht einverstanden sind.

Erregung. Ein entweder im Verhalten oder in körperlichen Reaktionen zum Ausdruck kommender Aktivierungszustand.

Erregungsphase. Nach Masters und Johnson die erste Phase der sexuellen Aktivierung, die durch einen geeigneten Reiz in Gang gesetzt wird.

Erreichbarkeit. Merkmal eines therapeutischen Settings, das angibt, wie leicht ein Patient dort Behandlung erhalten kann bzw. wie leicht der Patient die Einrichtung in Anspruch nehmen kann.

Essen, gezügeltes. Das Eßverhalten wird nicht durch physiologische Hunger- und Sättigungsgefühle gesteuert, sondern rein auf kognitiver Ebene (z.B. Setzen von Kaloriengrenzen pro Tag).

Eßanfall (Eßattacke). Heißhungerattacken, bei denen in kurzer Zeit eine große Menge meist hochkalorischer Nahrungsmittel verzehrt werden. Die Betroffenen haben das Gefühl, die Kontrolle über die Nahrungsaufnahme verloren zu haben. Eßanfälle im Rahmen einer Eßstörung gehen meist mit dem Erbrechen der zugeführten, meist »verbote-

nen« Nahrungsmittel und massiven Schuldgefühlen einher, → Anorexie, → Bulimie.

Ethische Probleme der klinischen Forschung. Die klinischen Forschung ist durch eine Reihe spezifischer ethischer Probleme gekennzeichnet. Beispiele: Das Problem der Beeinflussung der Versuchspersonen bzw. Patienten (z.B. bei experimentellen Untersuchungen) durch die Aufklärung über das Ziel der Untersuchung (→ »informed consent«). Eine vollständige Aufklärung über Inhalt und Zweck des Experiments könnte dazu führen, daß die Versuchspersonen ihr Verhalten bewußt oder unbewußt in eine bestimmte Richtung verändern. In diesen Fällen kann eine vollständige Aufklärung erst nach der Durchführung des Experiments erfolgen. In der Klinischen Psychologie greifen die untersuchten Inhalte häufig sehr weit in die Privatsphäre der Versuchspersonen bzw. der Patienten ein. Dem Datenschutz durch streng vertrauliche Handhabung persönlicher Befunde und weitestmögliche Anonymisierung kommt daher größte Bedeutung zu. Auch die Auswahl möglicher Versuchspläne ist aus ethischen Gründen stark eingeschränkt. Häufig können wichtige Variablen nicht willkürlich variiert werden, wie es in einem echten Experiment gefordert wäre. So ist es etwa ethisch nicht vertretbar, psychische Störungen für experimentelle Zwecke auszulösen. Allenfalls können vorübergehend schwache experimentelle Analogien zu pathologischen Zuständen induziert werden (z.B. vorübergehende → Halluzinationen, sensorische Deprivation, kurzfristige Angstzustände, manipulierte Mißerfolgsrückmeldung), wobei sich jedoch in jedem Fall die Frage nach der akzeptablen Grenze stellt. Aber auch der Versuch, psychische Störungen z.B. im Rahmen der → Therapieforschung zu beseitigen, erscheint nur auf den ersten Blick ethisch unbedenklicher. Es muß daher oft auf → quasi-experimentelle Designs zurückgegriffen werden. Darüber hinaus stellt bei Therapiestudien mit Kontroll- und Vergleichsgruppen die Vorenthaltung von Behandlungsmaßnahmen ein Dilemma dar, das nicht zur vollkommenen Befriedigung aller Beteiligten gelöst werden kann. Grundsätzlich sollte jeder Patient die wirksamste Therapie für sein Problem bekommen und nicht unbehandelt bleiben oder einer weniger erfolgversprechenden Therapie zugeordnet werden. Andererseits ist der Vergleich verschiedener Therapiebedingungen mit Zufallszuordnung der Patienten methodisch unerläßlich für den Nachweis der Effektivität einer Behandlungsmethode bzw. die differentielle Bewertung von Therapiealternativen.

Etikettierung. → Labelling.

Euphorie. Heiter, sorglos, zuversichtlich, optimistisch bis hin zu deutlich übersteigertem Wohlbefinden mit überschäumender Lebensfreude. Psychopathologisch im Sinne abnorm gehobener Stimmung verwendet (v.a. bei der Manie), dabei objektiv nicht der jeweiligen Situation angepaßt. Kommt bei bestimmten psychischen und organischen Störungen sowie unter dem Einfluß bestimmter Substanzen vor (z.B. Drogen, bestimmte Beruhigungs-, Schmerz- und Weckmittel). Umgangssprachlich wird Euphorie immer häufiger als subjektives Wohlbefinden in gesundem Zustand verwendet.

Euphorisierung. (Künstliche) Auslösung eines kurzen Wohlbefindens/Glücksgefühls, etwa durch chemische Substanzen (z.B. Opiate).

Evaluation. Einschätzung, Bewertung.

Evaluationsforschung. Teil der Anwendungsforschung, bei dem auf der Grundlage empirischer Methoden eine Bewertung (»Evaluation«) praktischer Maßnahmen wie z. B. Beratungs-, Therapie- oder Präventionsangebote vorgenommen wird. Die Bewertung von Parametern wie → Nutzen, → Kosten, Akzeptanz/Zufriedenheit oder Qualität der Durchführung hat zum Ziel, eine rationale Informationsbasis für Planung und Entscheidungsfindung bereitzustellen. Überschneidungen bestehen hinsichtlich der wissenschaftlichen Begleitforschung von Modellprogrammen, der → Qualitätssicherung im Gesundheitswesen (Struktur-, Behandlungs- und Ergebnisqualität) und der → Sekundäranalyse. Das Spektrum der verwendeten Methoden reicht vom strengen → experimentellen Vorgehen mit den dafür typischen Zufallszuweisungen zu Therapie- und Kontrollbedingungen bis zu den »liberaleren« Verfahren der Beobachtung, Interpretation und → ex post facto-Analyse. Entscheidend für die Auswahl der jeweils verwendeten Methoden sind neben der Art der Fragestellung vor allem Gesichtspunkte wie Kosten, Zeit, Ethik und Akzeptanz. Wesentliche Bewertungsdimensionen der Evaluationsforschung: Bedarf und Bedürfnisse, Zielsetzungen und Indikationen, Voraussetzungen und Aufwand, Prozeß der Implementation, Akzeptanz, Inanspruchnahme und Zufriedenheit, Auswirkungen und Effekte, Effizienz der Maßnahmen, Qualität und Angemessenheit, Relevanz bzw. Nutzen, Kosten-Nutzen-Verhältnis. Wesentliche Problembereiche der Evaluationsforschung: Politische Entscheidungsprozesse und Interessengruppen, Ziele des Programms und der Evaluation, Auswahl und Operationalisierung der Ziele und Kriterien, Beschreibung des Programms, Wandel der Institution und des Programms, Forschungsmethodische und ethische Probleme, quantitative vs. qualitative Methoden, Isolierung von Wirkmechanismen und Kontrolle der Randbedingungen, Interaktion zwischen Auftraggeber, Personal, Patient und Forscher, Verwertung und Latenz der Ergebnisse.

Ex-post-facto-Analyse. Versuch, das Problem der dritten Variablen dadurch zu reduzieren, daß parallele Gruppen von Versuchspersonen zusammengestellt werden, die sich hinsichtlich möglicher Störvariablen nicht unterscheiden.

Exhibitionismus (ICD-10: F65.2, DSM-IV: 302.4). Sexuelle Erregung und Befriedigung durch Zur-Schau-Stellen des Genitals vor anderen Menschen.

Exogen. Auf äußere Ursachen zurückzuführen. Gegensatz: → endogen.

Exorzismus. Austreibung böser Geister durch rituelle Beschwörung.

Experiment. Im engeren Sinn Versuchsanordnung zur Ermittlung eines kausalen Zusammenhangs. Das Experiment setzt die willkürliche Manipulation einer → unabhängigen Variablen, die Messung einer → abhängigen Variablen und die zufällige Zuweisung der Versuchspersonen zu den verschiedenen Untersuchungsbedingungen voraus. Im weiteren Sinn auch als Bezeichnung für Beobachtung unter kontrollierten Bedingungen verwendet, diese weitere Verwendung hat sich in der Verhaltenstherapie jedoch nicht durchgesetzt.

Experimentelle Studien. Systematische Manipulation von (unabhängigen) Variablen mit Erfassung der Auswirkungen auf andere (abhängige) Variablen. Ziel: Analyse von Kausalbeziehungen, Überprüfen ätiologischer oder therapeutischer Hypothesen. Probleme: Generalisierbarkeit der Ergebnisse, fragliche Vernachlässigung von Kontextbedingungen,

Isolierung einzelner Variablen, ethische Probleme. So ist z. B. die Auswahl möglicher Versuchspläne aus ethischen Gründen stark eingeschränkt. Häufig können wichtige Variablen nicht willkürlich variiert werden, wie es in einem echten Experiment gefordert wäre (Beispiel: Es ist ethisch nicht vertretbar, psychische Störungen für experimentelle Zwecke auszulösen. Allenfalls können vorübergehend schwache experimentelle Analogien zu pathologischen Zuständen induziert werden, z. B. vorübergehende → Halluzinationen, sensorische Deprivation, kurzfristige Angstzustände, manipulierte Mißerfolgsrückmeldung, wobei sich jedoch in jedem Fall die Frage nach der akzeptablen Grenze stellt). Aber auch der Versuch, psychische Störungen z. B. im Rahmen der → Therapieforschung zu beseitigen, erscheint nur auf den ersten Blick ethisch unbedenklicher. Es muß daher oft auf → quasi-experimentelle Designs zurückgegriffen werden.

Experimentelle Prüfung. Grundprinzip des → methodologischen Behaviorismus, der der Verhaltenstherapie als wissenschaftlichem Ansatz zugrundeliegt. Nach dieser Auffassung bietet grundsätzlich die beste Methode zur Überprüfung von Annahmen das kontrollierte → Experiment, womit jedoch nicht notwendigerweise nur Laborexperimente gemeint sind. Aus ethischen ebenso wie aus forschungspraktischen Gründen sind dem experimentellen Vorgehen in der → klinischen Forschung enge Grenzen gezogen. Häufig können wichtige → Variablen nicht willkürlich variiert werden, wie es in einem echten Experiment gefordert wäre. So ist es ethisch nicht vertretbar, psychische Störungen für experimentelle Zwecke auszulösen. Allenfalls können vorübergehend schwache experimentelle Analogien zu pathologischen Zuständen induziert werden (z. B. Halluzinationen, sensorische Deprivation, Angstzustände, manipulierte Mißerfolgsrückmeldung), wobei sich jedoch in jedem Fall die Frage nach der akzeptablen Grenze stellt. Aber auch der Versuch, psychische Störungen im Rahmen der Therapieforschung zu beseitigen, erscheint nur auf den ersten Blick ethisch unbedenklicher. So können etwa Personen mit psychischen Störungen nicht ohne ihre Einwilligung einer bestimmten Therapiebedingung zugeordnet werden. Es muß daher oft auf → quasi-experimentelle Designs zurückgegriffen werden.

Exploration. Systematisches Befragen des Patienten und seiner Bezugspersonen zur Erfassung seiner konkreten Probleme und ihrer aufrechterhaltenden Bedingungen.

Exposition. Synonym für → Konfrontation (näheres dort). Verhaltenstherapeutische Technik, bei der der Patient mit dem angstauslösenden Objekt konfrontiert wird, z. B. Betreten der Straße bei einem Agoraphobiker → in sensu: Konfrontation mit dem Angstobjekt in der Vorstellung, → in vivo: reale Konfrontation mit dem Angstobjekt.

Exposure. Englisch für → Konfrontation (z.T. auch »Exposition«).

Expressive (motorische) Aphasie. → Aphasie.

Externalisierende Störungen.

Externe Validität. Wichtiger Teilaspekt der → Validität klinischer Studien. Die externe Validität gibt an, wie gut die Ergebnisse der Stichprobe auf die gesamte interessierende Population generalisiert werden können. Typische Störfaktoren der externen Validität in der Psychotherapieforschung: Selektionseffekte bei der Patientenrekrutierung, Selektionseffekte bei der Auswahl der Therapeuten, Konfundierung von Kontext- und Behandlungseinflüssen, Konfundierung von Therapeuten- und Behandlungseinflüssen.

Extinktion. → Löschung.

Extradurales Hämatom. Blutung zwischen Schädel und Dura mater nach einer Verletzung einer Meningealarterie aufgrund eines Schädelbruchs.

Extrapyramidal. Neuroanatomischer und -physiologischer Begriff. Die sogenannte Pyramidenbahn ist eine der wichtigsten Leitungsbahnen. Sie entspringt in der Großhirnrinde und ist für die willkürlichen Bewegungsimpulse der Körpermuskulatur zuständig. Im Gegensatz dazu sind die extrapyramidalen (motorischen) Leitungsbahnen außerhalb des Pyramidensystems gelegen. Bei Schädigung kommt es zu Störungen der Muskelspannung (Tonus) und bestimmter Bewegungsabläufe (Koordination).

Extrapyramidal-motorische Störungen. Bewegungsstörungen aufgrund einer krankhaften Veränderung oder äußeren Beeinflussung (z.B. Neuroleptika) des extrapyramidal-motorischen Teils des Nervensystems.

Extravertiert. Einstellungstyp, dessen Interesse auf die Außenwelt gerichtet ist, und der sich durch die Außenwelt leiten läßt. Extraversion-Introversion (als bipolares Kontinuum verstanden) ist eine der drei Dimensionen des Eysenck'schen Persönlichkeitsmodells (zusammen mit Neurotizismus und Psychotizismus).

Exzessives Schreien. Phänomen des Kleinkindalters. Synomyme: Nabelkoliken, 3-Monats-Koliken. Definiert als Schreien von mehr als 3 Stunden am Tag, an mindestens 3 Tagen pro Woche für mindestens die letzten 3 Wochen.

Fachaufsicht. Als Fachaufsicht bezeichnet man die Direktionsbefugnis des Arbeitgebers oder des Vorgesetzten, die fachliche Zweckmäßigkeit des Handelns eines Arbeitnehmers oder eines nachgeordneten Kollegen zu beurteilen und Anweisungen zu erteilen, wie und mit welchen rechtlich zulässigen Methoden oder Mitteln eine angeordnete Arbeit erledigt werden soll. Die Fachaufsicht ist demnach durch eine hierarchische Strukturierung nach Vorgesetztem und Untergebenen gekennzeichnet. Sie umfaßt im einzelnen die Befugnis, sich jederzeit Informationen über Arbeitsabläufe einzuholen, diese zu kontrollieren, die Anordnung, Arbeiten aufzunehmen oder zu beenden oder Entscheidungen des Nachgeordneten durch diesen zurücknehmen zu lassen.

Facial-feedback. Rückmeldung der Aktivität der Gesichtsmuskulatur.

Fading. Ausblenden. Schrittweises Zurücknehmen einer therapeutischen Hilfestellung, um Selbständigkeit des Patienten zu erreichen.

Fallkosten. Gängige Methode zur Berechnung der → Kosten einer Behandlung nach der Formel Pflegesatz × durchschnittliche Verweildauer. Diese Berechnungsart hat den Nachteil, daß bei ihr Institutionen mit einer hohen Abbruchquote als besonders günstig erscheinen, da die durchschnittliche Verweildauer in solchen Einrichtungen besonders kurz ist. Alternativ: → Kosten für einen planmäßig entlassenen Patienten bzw. → Kosten für einen Patienten mit definiertem Behandlungsergebnis.

Fallstudie. Sammlung historischer oder lebensgeschichtlicher Informationen über eine Person, häufig unter Einschluß ihrer Erfahrungen mit einer Therapie.

Familiengenetik. Beschreibung durch die familiäre Konstellation bedingter genetischer und psychosozialer Einflüsse auf die Entwicklung bestimmter Merkmale/Symptome (→ Adoptionsstudie und Zwillingsstudie).

Familieninteraktionsmethode. Verfahren, bei dem das Familienverhalten dadurch studiert wird, daß die Interaktion in einer strukturierten Laboratoriumssituation stattfindet und direkt beobachtet werden kann.

Familienmethode. Forschungsstrategie der Verhaltensgenetik, bei der die Häufigkeit eines Merkmals oder eines abnormen Verhaltens bei Verwandten ermittelt wird. Die Gemeinsamkeit der genetischen Ausstattung ist über das Verwandtschaftsverhältnis festgelegt.

Feedback. Im therapeutischen Bereich Rückmeldung über Verhalten und sprachliche Äußerungen in beschreibender, nicht-wertender Weise, die die Möglichkeit einer Verhaltenskorrektur über eine emotionale Erfahrung beinhaltet.

Feinmotorik. Feinere Bewegungsfähigkeit (z.B. beim Auf- und Zuknöpfen, Faden einfädeln).

Feldabhängigkeit. vs. Feldunabhängigkeit: Fähigkeit, wesentliche von unwesentlichen Reizen – aus dem Feld – differenzieren zu können, d.h. bei der Informationsverarbeitung eher analytisch oder global vorzugehen. Das Konzept geht im wesentlichen auf Witkin zurück.

Fellatio (Penilingus, Oralismus). Orale Stimulation des Penis, im Gegensatz zu → Cunnilingus: orale Sexualbetätigung am weiblichen Genitale.

Fetischismus (ICD-10: F65.0, DSM-IV: 302.81). Die wiederholt bevorzugte oder ausschließliche Verwendung von Ersatzobjekten, z.B. Fuß, Wäsche, Schuhe, zur Erreichung sexueller Erregung oder Befriedigung (→ Paraphilien).

Flacher Affekt. Fehlen der Merkmale des affektiven Ausdrucks, die Stimme ist monoton, das Gesicht unbewegt.

Flash back. → Echo-Psychose.

Flexibilitas cerea. → Haltungsstereotypie/Haltungsverharren.

Flooding. Reizüberflutung, Verfahren bei der → Konfrontation mit angstauslösenden Reizen. Der Patient wird mit stark angstauslösenden Reizen konfrontiert, nicht erst schrittweise über weniger stark ängstigende Reize an die schwierigeren Situationen oder Reize herangeführt. Soll dauerhaftere Angstreduktionen und eine nachhaltige Veränderung der Angststandards erzielen.

Floppy-infant-Syndrom. (Englisch: »schlaffes Kind«). Verminderte Muskelspannung, Schläfrigkeit, Trinkfaulheit etc. nach der Geburt, wenn die Mutter zuvor bestimmte Substanzen eingenommen hat (z.B. Beruhigungsmittel).

Forschung, klinisch-psychologische. Bei der klinisch-psychologischen Forschung können verschiedene Aufgabenbereiche wie → Grundlagenforschung, → deskriptive/nosologische, → klinisch-diagnostische, → ätiologische, → Psychotherapie-, → Anwendungs- und Präventionsforschung unterschieden werden. Wichtigste methodische Zugänge sind → Parameterschätzung, → Zusammenhangs-(korrelative) Forschung, → Kausalforschung, → Modellentwicklung, → Interventionsforschung. Alle methodischen Strategien versuchen, die Gültigkeit der Ergebnisse durch die Auswahl geeigneter Meßinstrumente, Stichproben, Versuchspläne und Auswertungsmethoden zu maximieren.

Fragebögen. Sammlung von Fragen, die nach inhaltlichen Gesichtspunkten ausgewählt und angeordnet wurden. In der Verhaltenstherapie meist eher als unterstützende → Diagnostik eingesetzt.

Frei flottierende Angst. Beständig vorhandene Angst, die nicht einer bestimmten Situation oder einer erkennbaren Gefahr zugeschrieben werden kann. Oft auch als spontane, unerwartete oder unvorbereitete Angst bezeichnet. → Generalisiertes Angstsyndrom, → Paniksyndrom.

Frigidität. Veralteter Begriff für das Fehlen der sexuellen Erregung bei der Frau (→ Dyspareunie, → sexuelle Funktionsstörungen).

Frotteurismus. Sexuelle Erregung und Befriedigung durch Reiben, Sich-Drücken oder Stoßen an anderen Menschen.

Frustration. Enttäuschung, die bei Unfähigkeit zur entsprechenden Verarbeitung zu Aggression und anderen psychischen, psychosomatischen oder psychosozialen Folgen führen kann.

Fugue. Dissoziative Reaktion, bei der das Individuum seine gewohnte Umgebung verläßt, an einem anderen Ort ein neues Leben beginnt und eine Amnesie für seine Vergangenheit aufweist, obwohl es seine Fähigkeiten beibehält und anderen normal erscheint.

Funktionale Beziehungsgestaltung. Versuch eines Psychotherapeuten, durch die systematische Gestaltung der therapeutischen Beziehung optimale Lernbedingungen für Patienten zu schaffen – auf der Basis einer funktionalen Analyse, in die sowohl das Beziehungsverhalten des Patienten als auch die erschlossenen interaktionellen Ziele und Bedürfnisse eingehen, in der zudem die Phase des therapeutischen Prozesses und Modelle der Aufrechterhaltung der Symptomatik berücksichtigt werden.

Funktionale Problemanalyse. → Problemanalyse.

Funktionelle Enuresis (ICD-10: F98.0, DSM-IV: 307.60, 787.60)/Funktionelle Enkopresis ICD-10: F98.1, DSM-IV: 307.70). Diese beiden Störungen der Ausscheidungsfunktionen sind gekennzeichnet durch wiederholtes Einnässen bzw. Einkoten tagsüber oder in der Nacht, ohne daß eine organische Ursache hierfür vorliegt. Funktionelle Enuresis und Funktionelle Enkopresis treten häufig im Rahmen von belastenden Situationen, mit anderen psychischen Problemen oder psychischen Störungen auf, insbesondere mit Alpträumen, Ängsten und Angststörungen oder mit oppositionellen Verhaltensweisen bzw. Störung des Sozialverhaltens. Jungen sind offenbar von beiden Störungen häufiger betroffen als Mädchen.

Funktionelle Störungen. Psychisch-körperliche bzw. rein körperliche Beschwerden, die durch psychische/psychosoziale Belastungen ausgelöst und aufrechterhalten werden, ohne daß sich eine organische Ursache finden läßt (d. h. nur die Funktion ist beeinträchtigt). Auch als psychovegetative Beschwerden bezeichnet, die vor allem an entsprechenden Organen in den Bereichen Herz, Atmung und Magen-Darm-System auftreten. → Vegetative Labilität.

Fütterungsprobleme. Störungen der Essensgabe (Fütterung), Nahrungsaufnahme und des Nahrungshaltens bei Kleinkindern (Erbrechen, Eßverweigerung, Appetitstörungen, Schluckprobleme).

Furcht. Im Gegensatz zur unbestimmten, gegenstandslosen und unmotivierten → Angst gilt in manchen Klassifikationen die Furcht als bestimmt, auf einen bedrohlichen Gegenstand oder eine gefährliche Situation gerichtet, damit benennbar und oft besser zu ertragen. In der Verhaltenstherapie wird nicht grundsätzlich zwischen Furcht und Angst unterschieden.

Garantenstatus. In der Jurisdiktion verwendeter Begriff, der das Verhältnis bestimmter Personen zu Schutzbefohlenen, für die sie zu sorgen haben, beschreibt. Ein Garant hat – allgemein gesagt – dafür zu sorgen, daß bestimmte Schäden nicht eintreten. Diese Garantenstellung kann auf Gesetz, Gewohnheitsrecht und tatsächlichem Verhalten beruhen. Ärzte, Psychologen und sonstige im Bereich der Suizidprophylaxe Tätige sind schon durch den Behandlungsvertrag bzw. durch die tatsächliche Gewährübernahme verpflichtet, einen Selbstmord zu verhindern.

Gedankenausbreitung. Die Gedanken breiten sich in einer für andere wahrnehmbaren Form aus, sie gehören dem Betroffenen nicht mehr allein, weil andere seine Gedanken kennen, ja sogar lesen können.

Gedankeneingebung/Gedankenlenkung. Die Gedanken werden von anderen eingegeben, gelenkt, gesteuert, aufgedrängt, gemacht etc.

Gedankenentzug (Gedankenenteignung). Die Gedanken werden entzogen, weggenommen, abgezogen, enteignet.

Gedankenexperiment. Therapeutische Methode, anhand derer die Patienten angeleitet werden, in Gedanken bestimmte Handlungsabläufe durchzuspielen und sich zu überlegen, wie sich ihre Gefühle und körperlichen Reaktionen, beispielsweise bei zeitlich ausgedehnter Konfrontation mit den symptomauslösenden Situationen, verändern könnten. Dadurch werden die Patienten aktiv in die → Therapieplanung einbezogen und sie können zentrale Schlußfolgerungen selbst ziehen.

Gedankenkreisen. → Grübeln, → Perseveration des Denkens.

Gedankenlautwerden. Auch als Gedankenecho oder Gedankenhören bezeichnet. Möglich als (1) Halluzination (der Patient hört laute Stimmen, die er als seine eigenen Gedanken erkennt, meist innerlich, seltener von außen) und (2) wahnhafte Überzeugung des Patienten, daß seine Gedanken so laut werden, daß sie von anderen mitgehört werden können.

Gedankenprotokoll. Das Gedankenprotokoll ist innerhalb der → Kognitiven Therapie nach Beck ein systematisches Verfahren, das den Patienten darin unterstützen soll, → automatische Gedanken insbesondere auch in Situationen außerhalb der therapeutischen Sitzungen (→ Hausaufgaben) zu erkennen und festzuhalten. Ausgangspunkt sind Situationen, die negative Emotionen auslösen. In den Therapiesitzungen wird vermittelt, daß die Gedanken in Situationen einen Einfluß auf die erlebten Emotionen haben. Nach der Herausarbeitung solcher Gedanken in den Therapiesitzungen werden Patienten angeregt, auf vorbereiteten Protokollbögen möglichst unmittelbar im Anschluß an auftretende Situationen ihre Gedanken zu notieren. Diese Gedanken und ihre vermittelnde Rolle zwischen erlebten Situationen und den negativen Gefühlen werden in der nächsten Therapiesitzung besprochen. Zur Veränderung von situationsunangemessenen Gedanken werden dann vor allem der → Sokratische Dialog und das zur → Spaltentechnik erweiterte Gedankenprotokoll eingesetzt.

Gedankenstopp. Technik zur Verhinderung (zwanghaft) auftretender Gedanken. Es werden im allgemeinen verschiedene Imaginationstechniken angewandt, oft mit Selbstinstruktion(en) gekoppelt.

Gedeihstörung. Eine Wachstumsstörung (ersten 2 Lebensjahre) heute zumeist definiert nach anthropometrischen Kriterien: Abfall des Gewichtes unter das 3. Perzentil auf altersadäquaten Wachstumskurven. Die Kinder zeigen Wachstumsdefizite, weil sie zu wenig zu essen angeboten bekommen, zu wenig Nahrung aufnehmen oder die Nahrung nicht adäquat metabolisieren (englisch: »Failure to thrive«).

Gehirnerschütterung (commotio cerebri). Geschlossene Hirnschädigung in Folge stumpfer Gewalteinwirkungen auf den Schädel; gewöhnlich mit vorübergehendem Bewußtseinsverlust, dem → Desorientierung und Gedächtnisverlust folgen können.

Gehemmtes Denken. Erschwerung des Denkablaufes hinsichtlich Tempo, Inhalt und Zielsetzung. Denken (und Sprechen) sind gebremst, unregelmäßig, schleppend, mühsam, wie gegen Widerstände. Nach außen zeigt sich das gehemmte Denken als Erschwerung der sprachlichen Mitteilung bis zum Ausbleiben der sprachlichen Kommunikation. Die Denkhemmung kann viele Ursachen haben: allgemeine Antriebs armut, affektive Widerstände (z. B. Depression), reell oder wahnhaft begründete Widerstände (Angst, Schuld) etc.

Geisteskrankheit. Umgangssprachlicher Begriff. Im weiteren Sinne jede Form von psychischer Störung, im engeren Sinne bedeutungsgleich mit Psychose. Betrifft vor allem Schizophrenien und Wahnstörungen. Depressionen wurden im Gegensatz dazu v. a. in der Vergangenheit umgangssprachlich eher als → Gemütskrankheit bezeichnet.

Geistige Behinderung. Deutlich unterdurchschnittliche allgemeine intellektuelle Leistungsfähigkeit verbunden mit einer Beeinträchtigung der sozialen Anpassung. Der Beginn der Störung liegt in der Kindheit. Nach Schweregrad und einer eher pragmatischen Zuordnung zu IQ-Werten unterteilt in: (1) Leichte geistige Behinderung (Debilität): Einschränkung der allgemeinen intellektuellen Leistungsfähigkeit, die einem IQ zwischen 50 und 70 entspricht. Sonderschulfähigkeit, eigener Lebenserwerb sowie soziale Eingliederung möglich. (2) Mäßige geistige Behinderung (Imbezillität): Deutliche Beeinträchtigung der allgemeinen intellektuellen Leistungsfähigkeit. Der IQ liegt zwischen 35 und 49. Kinder mit dieser Behinderung sind »praktisch bildbar«, sie können nach intensivem Training Fertigkeiten wie selbständiges Anziehen, Waschen und Essen erlernen. (3) Schwere geistige Behinderung (ausgeprägte Imbezillität): Starke Beeinträchtigung der allgemeinen intellektuellen Leistungsfähigkeit mit IQ-Werten zwischen 20 und 34. Die Betroffenen können kaum für sich selbst sorgen. (4) Sehr schwere geistige Behinderung (Idiotie): Sehr starke Beeinträchtigung der intellektuellen Leistungsfähigkeit, IQ-Wert unter 20, Fehlen sprachlicher, motorischer und sozialer Leistungen, weitgehende Pflegebedürftigkeit.

Geleitetes Entdecken. Das sogenannte geleitete Entdecken spielt eine besonders große Rolle bei kognitiven Therapieverfahren, bei denen stets die Gefahr besteht, daß der Therapeut als »Besserwisser« erscheint, der immer Recht hat etc. Eine ganz wesentliche Hilfe ist es hier, die Patienten durch gezielte Fragen dazu anzuleiten, selbst zu entdecken, wo sie falsche Annahmen oder unüberprüfte Schlußfolge-rungen machen. Diese Vorgehensweise steht im Kontrast zum »Frontalunterricht« (»Dozieren«), bei dem den Patienten die relevanten Inhalte direkt vorgetragen werden.

Gelernte Hilflosigkeit. → Erlernte Hilflosigkeit.

Gemeindepsychologie. Ansatz einer gemeindenahen Institutionalisierung von psychologischen Versorgungseinrichtungen. Kennzeichen einer G. sind v. a. niederschwellige Angebote im psychosozialen Bereich, das Konzept der Ressourcenförderung durch Hilfe zur Selbsthilfe, Interdisziplinarität und die Betonung von → Prävention.

Gemischter Versuchsplan. Forschungsstrategie, bei der sowohl korrelative als auch experimentelle Variablen verwendet werden. Ein Beispiel ist die Zuweisung von Versuchspersonen aus verschiedenen Populationen zu zwei experimentellen Bedingungen.

Gemütskrankheit. Umgangssprachlicher Begriff. Im Gegensatz zum Begriff der → Geisteskrankheit eher für jene Störungen gebraucht, bei denen vor allem das »Gemüt«, d. h. Stimmungen wie Freudlosigkeit, abnorme Traurigkeit oder unbegründete Euphorie betroffen sind, während die Verstandesfunktionen weitgehend erhalten bleiben (z. B. Depressionen). Klassifikation nach DSM-IV als affektive Störungen.

Generalisierbarkeit. Verallgemeinerbarkeit. Zusammen mit der → Konklusivität wichtiger Aspekt der → Validität. Die Beurteilung der Aussagekraft und Reichweite experimenteller Untersuchungen hängt wesentlich von der Verallgemeinerbarkeit der Befunde ab.

Generalisiertes Angstsyndrom (ICD-10: F41.1, DSM-IV: 300.02). Dauerhafte und exzessive Furcht oder Sorgen von mindestens sechs Monaten Dauer. Die Befürchtungen drehen sich um mindestens zwei Lebensbereiche (z. B. Arbeit, Finanzen und Ehe) oder um einen Lebensbereich, wenn die Patienten generell grüblerisch sind und zu häufigen Sorgen neigen. Wichtig ist die Schwierigkeit, die Sorgen kontrollieren zu können. Typische Symptome sind ständig erhöhte Erregung, Nervosität, Anspannung, Hypervigilanz oder vegetative Beschwerden. Das DSM-IV nennt sechs Symptome, die für den größeren Teil von sechs Monaten vorliegen müssen. Seit der vierten Auflage des DSM schließt diese Diagnose auch die früher als eigenständig konzipierte kindliche Störung mit Überängstlichkeit ein. Zur Abgrenzung ist wichtig, daß die Sorgen nicht im Zusammenhang mit anderen Störungen (v. a. Depressionen, Panik, Sozialphobien, Zwänge) stehen.

Generalisierung. Verallgemeinerung, auch Ausweitung einer Reaktion auf weitere Ereignisse (z. B. Ausweitung der Angst vor Schlangen auf alle schlangenähnlichen Objekte). Lernpsychologisch die Auslösbarkeit eines gelernten Verhaltens durch Stimuli, die dem ursprünglichen Auslöser ähneln. In der Denkpsychologie Bezeichnung für einen Denkprozeß, in dessen Verlauf ein Urteil, das auf einigen wenigen Fällen basiert, auf eine ganze Klasse von Objekten, Situationen oder Vorgängen übertragen wird.

Generalisierungstraining. Zur Generalisierung erreichter Fortschritte ist es wichtig, Übungen in möglichst allen relevanten Alltagssituationen durchzuführen. Dabei können ggf. schrittweise zusätzliche Anforderungen oder Belastungen eingebaut werden (je nach Typ des behandelten Problems z. B. unter Streß oder Zeitdruck, in Anwesenheit vieler Menschen oder in anderen kritischen Situationen). Den Patienten müssen die verschiedenen Situationen, in denen ihr Problemverhalten häufig auftritt, ganz konkret bewußt gemacht werden. Die korrekte Anwendung gelernter Techniken in den verschiedenen Situationen sollte intensiv in der Vorstellung geübt und dann auf die Realität übertragen werden. Im therapeutischen Gespräch können weitere Hilfestellungen gegeben werden.

Genese. Entstehung. Bei der Genese psychischer Störung sind oft viele Faktoren beteiligt (»multifaktorielle« oder »multikausale« Genese). → Entstehungsbedingungen.

Genetik der Adipositas. Zwillings- und Adoptionsstudien belegen eindeutig einen genetischen Einfluß auf die Regulation des Körpergewichts. Die Korrelation zwischen eineiigen Zwillingen oder zwischen biologischen Eltern und ihren getrennt aufwachsenden, adoptierten Kindern liegen im Bereich r = 0,5 bis 0,7. Dennoch beruht der Phänotypus Adipositas auf der Interaktion zwischen Genetik und Umwelt, denn bei vergleichbarem Genpool entsteht kein Übergewicht, wenn Bewegung abverlangt wird und die Kost karg und kohlenhydratreich ist (z. B. Nachkriegszeit).

Geriatrie. Lehre von den Krankheiten bzw. Störungen des alten Menschen. Die Altersheilkunde ist ein interdisziplinäres Fachgebiet aus Innerer Medizin, Klinischer Psychologie, Psychiatrie etc. → Gerontopsychologie.

Gerontopsychologie. Der Zweig der Psychologie, der sich mit dem höheren Lebensalter beschäftigt. Die Gerontopsychologie steht in einem engen interdisziplinären Kontakt mit der → Geriatrie und anderen psychologischen, medizinischen und soziologischen Fächern.

Gesamtkosten. Alle → Betriebs- und → Leistungskosten einer Behandlung sowie ggf. Kosten für die Therapie von Folgeschäden, die auf die durchgeführte Therapie zurückgehen. Dabei kann zwischen direkten und indirekten Kosten unterschieden werden. Für direkte Kosten werden tatsächlich unmittelbar Ausgaben getätigt (Bezahlungen vorgenommen), bei indirekten Kosten handelt es sich dagegen um den Verlust von Ressourcen.

Geschlechtsintensität. Das Gefühl des Individiums, ein Mann oder eine Frau zu sein.

Geschlechtsumwandlungsoperation. Operation zur Entfernung vorhandener Genitalien einer transsexuellen Person und Konstruktion eines Ersatzes für die Genitalien des anderen Geschlechts.

Gesetzmäßigkeiten. Die Suche nach Gesetzmäßigkeiten ist ein Grundprinzip des → methodologischen Behaviorismus, der der Verhaltenstherapie als wissenschaftlichem Ansatz zugrundeliegt. Nach dieser Auffassung besteht das Ziel wissenschaftlicher Arbeit im Auffinden von Gesetzmäßigkeiten, die eine Beschreibung und Erklärung des Untersuchungsgegenstandes erlauben. Die »Gesetze« müssen nicht deterministisch sein, auch probabilistische Aussagen werden anerkannt. In der Regel werden verschiedene Klassen von Ursachen unterschieden, wobei funktionale Beziehungsgefüge traditionell die größte Aufmerksamkeit finden.

Gestation. Schwangerschaft, der Zeitraum zwischen Befruchtung und Entbindung; beim Menschen 273–281 Tage.

Geschmackshalluzinationen. → Gustatorische Halluzinationen, → Halluzination.

Gestufte Entlassung. Der Patient wird am Ende einer stationären Behandlung für mehrere Zeitintervalle nach Hause gesandt, um eine Wiedereingliederung vorzunehmen, vorzubereiten oder zu erleichtern.

Gezügeltes Essen. Das Eßverhalten wird nicht durch physiologische Hunger- und Sättigungsgefühle gesteuert, sondern rein auf kognitiver Ebene (z. B. Setzen von Kaloriengrenzen pro Tag).

Glatte Muskulatur. Dünne Muskelzellschichten in den Eingeweiden und den Wänden der Blutgefäße. Diese Muskulatur unterliegt nicht der direkten Willkürkontrolle.

Glaubwürdiges Erklärungsmodell (Therapierational). Ein glaubwürdiges und für den Patienten nachvollziehbares Erklärungsmodell für Störung und Intervention erleichtert den Patienten und verbessert die thera peutische Beziehung. Der vorgeschlagene Therapieplan sollte unmittelbar aus dem Erklärungsmodell abgeleitet werden, da gut begründete Maßnahmen von den Patienten eher motiviert durchgeführt werden als unbegründete bzw. nur mit der Autorität oder Erfahrung der Therapeuten begründete Interventionen. Die Erklärungsmodelle sollten in der Regel möglichst klar und einfach strukturiert sein und dürfen in keinem Fall einander widersprechende Bestandteile enthalten. Beachtet werden müssen mögliche Metabotschaften, die den Intentionen der Therapeuten zuwiderlaufen können. Darüber hinaus können Patienten in mißverständliche Äußerungen auch von den Therapeuten nicht beabsichtigte Metabotschaften hineinlegen.

Grand mal-Epilepsie. Generalisierte Epilepsie mit tonisch-klonischen Krämpfen (»großer Anfall«).

Grenzbereich intellektueller Leistungsfähigkeit. Personen im Grenzbereich intellektueller Leistungsfähigkeit (borderline intelligence) weisen einen IQ zwischen 71 und 84 auf und liegen damit zwei Standardabweichungen unter dem Bevölkerungsdurchschnitt. → Geistige Behinderung.

Grimassieren. Verziehen der Gesichtsmuskulatur ohne entsprechenden psychischen Vorgang (»leere« Mimik), z. B. bei manchen Schizophrenien (früher v.a. einer »hebephrenen« Schizophrenie zugeordnet).

Grübeln. Unablässiges geistiges Beschäftigtsein mit v.a. unangenehmen Themen. → Perseveration des Denkens mit chronischen und unangemessenen Sorgen. Die im Englischen als »Worrying« bezeichnete Form des Grübelns tritt vor allem bei Störungen wie dem → generalisierten Angstsyndrom oder den → Depressionen auf, ist aber nicht auf diese Störungen begrenzt.

Grübelkonfrontation. Sonderform der → Konfrontationsverfahren bei Patienten mit chronischen, unangemessenen Sorgen (v.a. → generalisiertes Angstsyndrom), die als unkontrollierbar erlebt werden. Der Patient wird aufgefordert, zu festgelegten Zeiten absichtlich zu »grübeln«, für diese Zeitspanne jedoch im Gegensatz zu seinem üblichen Verhalten keine Kontrollversuche zur Beendigung des Grübelns zu unternehmen.

Grundlagenforschung, klinisch-psychologische. Teilgebiet der klinisch-psychologischen Forschung, das Erkenntnisse allgemeiner Natur bereitstellt, die für die klinische Thematik relevant sind. Hier existieren fließende Übergänge zu Nachbarfächern wie Allgemeiner Psychologie (z. B. kognitive Mechanismen), Entwicklungspsychologie (z. B. »developmental psychopathology«), Sozialpsychologie (z. B. soziale Netzwerke), → Physiologie (z. B. Psychophysiologie, Psychoneuroendokrinologie), Biologie (z. B. Psychobiologie), innerer Medizin (z. B. Psychoimmunologie) oder → Neurologie (z. B. klinische Neuropsychologie). Ein generelles Merkmal des Ansatzes der Klinischen Psychologie ist, pathologische Prozesse ausgehend von Erkenntnissen über ungestörte Funktionen zu erfassen. So können beispielsweise Fehlfunktionen des Gedächtnisses besser beschrieben und untersucht werden, wenn allgemeine Modelle über den Aufbau und die Funktionsweise von Gedächtnisprozessen vorliegen.

Grundprinzipien der Verhaltenstherapie. Allgemeine Prinzipien, die allen verhaltenstherapeutischen Methoden zugrundeliegen. Verschiedene Einteilungen sind möglich. Wichtig sind: (1) Orientierung an der empirischen Psychologie. (2) Die Behandlung setzt in der Regel an der gegenwärtig bestehenden Problematik an (→ problemorientierte Therapie). (3) Verhaltenstherapie setzt an den → prädisponierenden, → auslösenden und → aufrechterhaltenden Problembedingungen an. (4) Verhaltenstherapie ist → zielorientiert. (5) Verhaltenstherapie ist → handlungsorientiert. (6). Verhaltenstherapie ist nicht auf das therapeutische Setting begrenzt. (7) Verhaltenstherapie ist transparent. (8) Verhaltenstherapie soll → »Hilfe zur Selbsthilfe« sein. (9) Verhaltenstherapie bemüht sich um ständige Weiterentwicklung → Verhaltenstherapie.

Gruppentherapie. Methode der Behandlung psychischer Störungen mit einer Gruppe von Patienten. Dieses Vorgehen ist ökonomisch und eignet sich besonders bei → Sozialphobien, für die die Gruppe bereits per se eine Lernsituation darstellt. Bei anderen Angststörungen sind die Therapieergebnisse häufig bei Einzelbehandlungen besser als bei Gruppenbehandlungen.

Gustatorische Halluzinationen. Geschmackshalluzinationen. Sinnestäuschung meist unangenehmen Charakters, wie bitter, salzig, übersüßt, metallisch, sauer, fäkalisch, schwefelig u.a.; oft zusammen mit → olfaktorischen → Halluzinationen.

Gütekriterien, diagnostische. Bezeichnung für die wissenschaftstheoretischen Anforderungen an Methoden der Datenerhebung (bes. psychologische Tests) in der → Diagnostik. Zu den diagnostischen Gütekriterien zählen: → Objektivität, → Reliabilität, → Validität.

Habit. Allgemein: Verhaltensgewohnheit, klinisch relevant: nervöse Verhaltensgewohnheiten oder Tics. Verhaltenstherapeutisch wird angenommen, daß solche Verhaltensgewohnheiten dann zu dauerhaften Problemen werden, wenn sie Teil einer Verhaltenskette sind, die durch ständige Wiederholung aufrechterhalten wird, teilweise unbewußt abläuft und sozial toleriert wird. Behandlung mit Hilfe des → Habit Reversal Trainings (HRT).

Habit Reversal Training (HRT). Allgemein: Einübung von alternativen oder mit dem Störverhalten inkompatiblen Verhaltensweisen. Speziell: Effektives Verfahren zur Beseitigung »nervöser« Verhaltensgewohnheiten (Habits) und Tics wie Nägelkauen, Daumenlutschen, Zucken von Kopf und Schultern, Zupfen an Augenbrauen oder Körperteilen, Knacken mit den Fingern, Trichotillomanie etc. Verhaltenstherapeutisch wird angenommen, daß diese Probleme im Rahmen von Verhaltensketten durch ständige Wiederholung aufrechterhalten werden, wenn sie teilweise unbewußt ablaufen und sozial toleriert werden. Das HRT beinhaltet daher das Lernen einer angemessenen Selbstwahrnehmung und die systematische Unterbrechung der Verhaltensketten durch konkurrierende Verhaltensweisen (→ Competing Re-

sponse Training) sowie den Aufbau von Veränderungsmotivation (Durchsprechen der negativen Konsequenzen des Problemverhaltens, Einbeziehung von Kontaktpersonen, soziale Verstärkung) und explizite Maßnahmen zur Generalisierung der erreichten Fortschritte in den Alltag. Die Methode benötigt nur wenige Therapiesitzungen und ist empirisch gut überprüft.

Habituation. Prozeß, bei dem die (Orientierungs-)Reaktion eines Organismus auf den gleichen Reiz bei wiederholter Darbietung abnimmt. Habituation tritt auf, wenn der Vergleichsprozeß zwischen Reizcharakteristika und Gedächtnisrepräsentationen eine Übereinstimmung feststellt (englisch: »Match«).

Habituationstraining. → Konfrontation mit angstauslösenden Reizen.

Haftungsrecht. Unter Haftungsrecht versteht man die Pflicht, den einem anderen zugefügten Schaden gutzumachen, entweder durch Wiederherstellung des ursprünglichen Zustandes (Naturalrestitution) oder durch Ersatz des entstandenen Nachteiles durch Geld. Eine Vielzahl von Fällen kann in der Psychotherapie zu einer Haftung des Psychotherapeuten führen, so wenn die vereinbarte Psychotherapie fehlerhaft durchgeführt wird oder gar wenn durch Verletzung des Abstinenzgebotes eine psychische Beeinträchtigung ausgelöst wird.

Halluzinationen. Sinnestäuschungen, Wahrnehmung ohne entsprechenden Reiz. Möglich auf allen Sinnesgebieten, auch auf mehreren gleichzeitig (kombinierte Halluzinationen). Halluzinationen können nach ihrer Komplexität (elementare vs. komplexe Halluzinationen) oder nach dem betroffenen Sinnesbereich eingeteilt werden: → akustische (Gehör-), → optische (Gesichts-), → olfaktorische (Geruchs-), → gustatorische (Geschmacks-), → taktile (haptische, Berührungs-) und → Leibhalluzinationen (zoenästhetische Halluzinationen). Den Halluzinationen nahestehende Erfahrungsmodi: »physiologische Halluzinationen«, → Pseudo-Halluzinationen, illusionäre Verkennungen. Zu beachten sind unterschiedliche Ausprägungsgrade folgender Aspekte: (1) Wahrnehmungscharakter (von eindeutigem Sinnes erlebnis bis zu vorstellungsnaher Erfahrung), (2) Intensität bzw. sinnhafte Deutlichkeit, (3) Klarheit und Prägnanz, (4) Gegenstandsbewußtsein (»leibhaftiger« oder weniger sinnlicher Anschauungscharakter), (5) Realitätsurteil (von »wirklich vorhanden« bis zu »nicht wirklich«), (6) Transformation von Wahrnehmung zu Halluzinationen (z. B. Umdeutung echter Geräuschwahrnehmungen zu Stimmen).

Halluzinogene. Sinnestäuschungen bzw. Trugwahrnehmungen auslösende Substanzen wie → LSD, → Haschisch, → Marihuana etc. Gefahr: Intoxikations-(Vergiftungs-)Psychose, → »Horror-Trip« (v. a. bei LSD).

Haltungsstereotypie/Haltungsverharren. Starres und ungewöhnlich langes Beibehalten unnatürlicher Bewegungen, als ob die Gliedmaßen aus Wachs wären (wächserne Biegsamkeit, Flexibilitas cerea). Seltenes katatones Symptom (→ Katalepsie).

Handlungsorientierte Therapie. → Grundprinzip der Verhaltenstherapie. Die Verhaltenstherapie setzt zu ihrem Gelingen eine aktive Beteiligung des Patienten voraus. Bloße Einsicht ist keine hinreichende Bedingung für die Veränderung »eingefahrener« Probleme. Die Verhaltenstherapie erschöpft sich daher nicht in Diskussion und Reflektion von

Problemen, sondern motiviert den Patienten zum aktiven Erproben von neuen Verhaltens- bzw. Erlebensweisen und Problemlösestrategien.

Handschuhanästhesie. In handschuhförmiger Ausbreitung vorhandene Empfindungslosigkeit der Hand, entspricht nicht den durch die Innervation vorgegebenen Arealen. Tritt bei dissoziativen Störungen auf.

Hang over. Nachwirkung z. B. eines Medikamentes am nächsten Morgen bzw. in den kommenden Tag hinein. Problematisch, da meist nicht ausreichend realisiert (z. B. Straßenverkehr, Alkoholgenuß mit Potenzierungsgefahr auch am nächsten Tag etc.).

Haptische Halluzinationen. → Taktile (Berührungs-) → Halluzinationen.

Haschisch. Das getrocknete Harz der Cannabis-Pflanze (Indischer Hanf), in seinen Auswirkungen stärker als die getrockneten Blätter und Stengel, aus denen Marihuana besteht. Erzeugt gekaut oder geraucht einen Zustand, der z.T. durch motorischen Bewegungsdrang, gelockerte Phantasietätigkeit und manchmal Denkstörungen (Unfähigkeit zum Zusammenfügen von Teilinhalten, »Gedankenabreißen«, Erinnerungsstörungen) gekennzeichnet ist. Beeinträchtigt die Fähigkeit zum Autofahren etc.

Hausaufgaben in der Verhaltenstherapie. Die Verhaltenstherapie strebt eine Generalisierung der erzielten Änderungen auf den Alltag des Patienten an. Das therapeutische Setting und eine gute therapeutische Beziehung bieten die Möglichkeit, verändertes Verhalten und Erleben in einem geschützten Rahmen zu erfahren und einzuüben. Sie gewährleisten aber nicht die Übernahme in den Alltag bzw. in das individuelle Lebensumfeld. Hierzu ist es notwendig, daß der Patient neu erworbene Strategien regelmäßig zwischen den Sitzungen ausprobiert und übt. Wenngleich Verhaltenstherapeuten ihre Patienten häufig auch bei Erfahrungen außerhalb der Praxis, der Ambulanz oder der Klinik begleiten, ist das Ziel jedoch stets die Bewältigung ohne therapeutische Begleitung. Zu diesem Zweck werden therapeutische »Hausaufgaben« gegeben. Übungen in möglichst vielen verschiedenen, realistischen und für die Patienten praktisch relevanten Situationen verbessern nicht nur die Generalisierung, sondern beugen auch Rückfällen nach Therapieende vor (→ Rückfallprophylaxe).

Hebephrenie/hebephren. Älteres Konzept eines Subtypes der Schizophrenie. Meist früher Beginn (15.–25. Lebensjahr), starke Affekt-, Denk- und Aktivitätsstörungen, auffallende »heiter-läppische« Gestimmtheit. Wahnvorstellungen und Halluzinationen sind eher flüchtig und bruchstückhaft, Verhaltensstörungen und -auffälligkeiten (z. B. Manierismen) dafür häufiger. Rasche Entwicklung einer Minus-Symptomatik (v. a. Affektverflachung und Antriebsverlust), eher ungünstige Prognose. Symptomarme hebephrene Verläufe mit schleichendem Wesenswandel stehen der → Schizophrenia simplex nahe.

Heilkunde. Wissenschaft und praktische Ausübung der Medizin.

Heilpraktikergesetz. Nach dem »Gesetz über die berufsmäßige Ausübung der Heilkunde ohne Bestallung« (HPG – vom 17.2.1939, RGB 1. I. S. 251; bgb 1. III 2122-2) bedarf jeder, der ohne eine ärztliche Approbation die Heilkunde ausübt, einer Erlaubnis. Die Rechtsprechung geht davon aus, daß die Psychotherapie eine Tätigkeit der Heilkunde darstellt. Der gesetzliche Erlaubnisvorbehalt gilt als subjek-

tive Berufszulassungsschranke, die mit dem Grundrecht der Berufsfreiheit vereinbar ist, da das Gesetz damit die Volksgesundheit als besonders wichtiges Gemeinschaftsgut schützt.

Heredität. Erblichkeit.

Herzbeschwerden, somatische Differentialdiagnose der. Herzbeschwerden wie Herzklopfen, Tachykardie und Brustschmerzen treten häufig bei Angststörungen und somatoformen Störungen auf. Hier ist eine internistische Differentialdiagnostik kardiovaskulärer Erkrankungen notwendig. Herzangstsyndrome sind ein Beispiel für das Angstspektrum, das von psychischen bis zu somatischen Angstformen reicht. Die Herzphobie gilt heute als Variante oder Subtyp des → Paniksyndroms. Angstsymptome treten aber auch bei nahezu allen schweren Herzerkrankungen auf, insbesondere bei Koronarinsuffizienz und Myokardinfarkt mit Angina pectoris- und Infarktschmerz. Bei der koronaren Herzerkrankung tendieren besonders Patienten mit instabiler progredienter Angina pectoris mit bereits in Ruhe und Schlaf auftretenden Schmerzen zu starken Angstsymptomen. Dagegen sind Herzarrhythmien, manchmal auch schwerwiegender Form, keineswegs immer mit Angstsymptomen verbunden. Eine Beziehung des Mitralklappenprolaps-Syndroms zur Herzphobie hat sich als unzutreffend erwiesen. Herzschrittmacher werden meist als sicherheitsvermittelnd erlebt; allenfalls der »Schock« der Defibrillationsgeräte wird als bedrohlich empfunden. Psychotische Ängste kommen gelegentlich als Postkardiotomiepsychose vor. Für die Angst bei organischen Herzerkrankungen ist häufig charakteristisch, daß sie nicht offen, sondern »verschlüsselt« zutage tritt oder durch depressive Reaktionen verdeckt erscheint. Demgegenüber weist die »neurotische Herzangst« einen stark appellativen, mitteilungsbedürftigen und hilfesuchenden Charakter auf. Hilfreiche Hinweise zur Unterscheidung können oft auch die Angehörigen geben.

Herzphobie, Herzneurose. Ältere Begriffe für diejenigen Subtypen des → Paniksyndroms, bei denen die Betrof fenen sich vor allem um ihr Herz sorgen. Typischerweise mit massivem Schonverhalten gekoppelt.

Heterosexuell. Sexuelle Neigung zum anderen Geschlecht.

Heuristik. Suchverfahren oder Strategien zum Finden von Lösungen ohne explizite Regel. Allgemein die Lehre von den Verfahren, Probleme zu lösen.

Hierarchische Diagnostik. Diagnostische Konvention, nach der die verschiedenen Diagnosekategorien in einem hierarchischen System geordnet werden, wobei »höhere« (schwerere etc.) Störungen die Merkmale »niedrigerer« (leichterer etc.) Störungen vollständig umfassen können, ohne daß diese zusätzlich diagnostiziert werden. Heute weitgehend abgelöst vom Konzept der → Komorbidität, das das gleichzeitige Vorliegen mehrerer Störungen akzeptiert.

Hilfe zur Selbsthilfe. → Grundprinzip der Verhaltenstherapie, deren Interventionen in der Regel den Patienten befähigen sollen, seine Probleme künftig selbständig zu bewältigen. Über die Erhöhung der allgemeinen Problemlösefähigkeit (→ problemorientierte Therapie) und über das transparente Ableiten des therapeutischen Vorgehens aus einem Störungsmodell (→ Transparenz in der Verhaltenstherapie) werden den Patienten generelle Fertigkeiten zur selbständigen Analyse und Bewältigung zukünftiger Probleme vermittelt. Somit erhöht die Verhaltenstherapie das Selbsthilfepotential der Patienten und kann dadurch Rückfällen und der Entwicklung neuer Probleme vorbeugen.

Hilflosigkeit, erlernte. Experimentelles Paradigma nach Seligman, bei dem unkontrollierbare elektrische Schläge verabreicht werden, die völlig unabhängig vom Verhalten der Versuchstiere sind. Das Erlebnis der Unkontrollierbarkeit führt zu kognitiven, emotionalen, motivationalen und physiologischen Beeinträchtigungen. Es bestehen Parallelen zu depressiven Störungen. Später attributionstheoretische Umformulierung der Hilflosigkeitstheorie.

Hirnorganische Prozesse und Angst. Die hirnorganischen Angstsyndrome sind weitgehend unabhängig von der Art der Grunderkrankung, aber relativ abhängig von der Lokalisation der Störung (vorwiegend Schläfenlappen und limbische Strukturen). Sie treten oft bei Beginn und Remission zerebraler Erkrankungen und bei organischen Psychosen auf. Die Abgrenzung der hirnorganischen Angstsyndrome von den primären Angststörungen muß hinsichtlich neurologischer, neuropsychologischer und somatopsychischer Symptome erfolgen. Dies ist bei akuten organischen Psychosen im allgemeinen einfach, kann aber bei chronischen hirnorganischen Syndromen (z. B. langsam fortschreitende Gehirnprozesse, beginnende endokrine Psychosyndrome) problematisch sein. Wichtige Hinweise sind dann das Vorkommen epileptischer Angstanfälle, intellektuelle Leistungsstörungen (Konzentrations-, Merkfähigkeits- und Orientierungsstörungen), verminderte affektive Kontrolle, soziale und berufliche Desintegration. Die technischen Zusatzuntersuchungen sollten stets hypothesengeleitet eingesetzt werden.

Hirnorganisches Psychosyndrom. Sammelbegriff für psychische und psychosoziale Störungen die auf organische Hirnveränderungen zurückgehen. Beispiele: durch Gehirngefäßsklerose, durch bestimmte Schadstoffe, Medikamente, Drogen, ferner durch Hirntumoren, Kopfunfälle, bestimmte Nervenkrankheiten etc.

Homophobie. Angst vor Homosexualität.

Homosexuell. Sexuelle Neigung zum gleichen Geschlecht.

Honorar. → Entgeltbestimmungen.

Horror-Trip, bad trip. Umgangssprachlich für Intoxikationsfolgen bis hin zur kurzzeitigen Psychose als spezifischer Komplikation eines Drogenkonsums, meist durch Halluzinogene wie → LSD. Symptomatik: Angst- und Panikzustände, insbesondere Furcht vor Verrücktwerden oder Sterben, Suizidgefahr, optische Halluzinationen (gefährliche Strahlen, Monster, Bewegung lebloser Gegenstände etc.), paranoide Symptome, depressive Verstimmungen, Entfremdungserlebnisse, körperliche Beschwerden und Leibgefühlsstörungen. Dauer: Minuten bis Stunden, manchmal sogar Tage bis Wochen. Rückfallgefahr auch ohne zwischenzeitliche Drogeneinnahme (→ Echo-Psychose). Notfalltherapie: »Talk down« (leises, beruhigendes Herunterreden), ggf. Benzodiazepine.

Hospitalismus. Auch: Institutionalismus. Psychisch-körperliche und vor allem psychosoziale Folgen einer Langzeit- oder gar Dauerhospitalisierung. Besonders gravierend bei Kindern (verlangsamte psychisch-körperliche Entwicklung in jungen Jahren), kommt aber auch in jedem anderen Lebensalter vor, insbesondere bei psychischen Störungen. Am häufigsten bei Schizophrenen: Antriebsarmut bis zur Apathie, Abstumpfung etc. (→ Minus-Symptomatik).

Hyperaktivität. Unfähigkeit, Bewegungsdrang einzuschränken. Die Kinder laufen viel herum und klettern überall hinauf, können kaum stillsitzen und zappeln herum, bewegen sich sehr viel im Schlaf und sind »ständig auf dem Sprung«.

Hyperkinese. Übermäßige Bewegungsaktivität: unruhig, fahrig, Laufen, Aufspringen, Fingern, Nesteln, Händeringen, Kratzen, Seufzen, Schimpfen, bis zur schweren Erregung, z. B. katatonem Bewegungssturm. Verschiedene Ursachen (z. B. Hirnschädigung, Schizophrenie, Medikamente wie Neuroleptika, → Akathisie).

Hypermnesie. Eine Verbesserung der Zugänglichkeit von Gedächtnisinhalten in der → Hypnose, beispielsweise bei Erinnerungen an die Kindheit.

Hypersomnien. → Schlafstörungen, die sich vor allem durch eine gesteigerte Müdigkeit und Einschlafneigung während des Tages auszeichnen. Auch als exzessive diurnale (Tages-)Schläfrigkeit (EDS-Syndrome) bezeichnet.

Hypertonie. Hoher arterieller Blutdruck mit oder ohne bekannte organische Ursachen (→ Bluthochdruck).

Hyperventilation. Über den metabolischen Bedarf hinaus gesteigerte Atmung. Führt zum Abfall des Kohlendioxidgehalts im Blut und zu erheblichen körperlichen Symptomen wie Herzklopfen, Schwindel, Benommenheit, Erstickungsgefühlen und ggf. Krampfanfällen. Hyperventilation tritt bei Angstreaktionen (v. a. → Paniksyndrom) auf bzw. kann durch sekundäre Angstreaktionen erheblich verschärft werden (→ Teufelskreis bei Panikanfällen). Da die Betroffenen jedoch häufig nicht wahrnehmen, daß sie hyperventilieren, empfiehlt sich als diagnostische Maßnahme ein Hyperventilationstest (z. B. zweiminütiges, möglichst tiefes und schnelles Atmen). Obwohl dieser Test im allgemeinen ungefährlich ist, sollte er erst nach der Abklärung möglicher organischer Komplikationen durchgeführt werden, da beispielsweise bei Epileptikern pathologische EEG-Veränderungen ausgelöst werden können.

Hyperventilationstheorie des Paniksyndroms. Die Ähnlichkeit der Symptome führte zu der Theorie, daß Hyperventilation die hauptsächliche Ursache für Panikanfälle sei. Es wird angenommen, daß chronisch hyperventilierende Personen vulnerabel für → Panikanfälle seien. Chronische Hyperventilation könne durch überdauernde Ängstlichkeit infolge von belastenden Lebensereignissen oder ständiges Mundatmen entstehen (etwa bei Nebenhöhlenentzündungen, Schnupfen oder Polypen). Vor dem Hintergrund chronischer Hyperventilation lösten dann schon belanglose alltägliche Ereignisse akute Hyperventilation aus, die wiederum körperliche Symptome und damit einen Panikanfall hervorriefen. Die zentralen Annahmen dieser Theorie konnten jedoch durch systematische Forschung nicht belegt werden. So treten weder chronische noch akute Hyperventilation regelmäßig bei Panikanfällen auf. Eine wichtige Rolle spielen dagegen kognitive Faktoren: Verschiedene Studien zeigen, daß bei Hyperventilation subjektive und physiologische Angstreaktionen durch entsprechende Instruktionen erzeugt bzw. beseitigt werden können. Hyperventilation ist heute weniger als ätiologische Theorie und mehr als therapeutischer Ansatzpunkt von Bedeutung. Sie kann genutzt werden, um bei Panikpatienten die gefürchteten körperlichen Symptome zu produzieren. Eine solche Demonstration harmloser physiologischer Mechanismen als Ursache bedrohlicher Symptome hilft bei der Reattribution der Symptome. Zudem kann durch wiederholtes Hyperventilieren eine → Habituation der Angstreaktion erreicht werden.

Hyperventilationstest. Da Patienten mit Angstreaktionen (v. a. → Paniksyndrom) häufig hyperventilieren, ohne dies jedoch subjektiv wahrzunehmen, ist es sinnvoll, einen Hyperventilationstest als diagnostische Maßnahme durchzuführen. Dies kann z. B. durch zweiminütiges, möglichst tiefes und schnelles Atmen geschehen. Werden dadurch Erscheinungen hervorgerufen, die den scheinbar spontanen → Panikanfällen entsprechen, kann dies in der weiteren Therapie verwendet werden. Obwohl dieser Test im allgemeinen ungefährlich ist, sollte er erst nach der Abklärung möglicher organischer Komplikationen durchgeführt werden, da beispielsweise bei Epileptikern pathologische EEG-Veränderungen ausgelöst werden können. → Teufelskreis bei Panikanfällen.

Hypervigilanz. Übermäßig ausgeprägte Wachsamkeit, Aufmerksamkeit und z. T. auch Wahrnehmung. Häufig etwa beim → generalisierten Angstsyndrom und generell bei ängstlicher Erregung.

Hypnose. Durch Suggestion bewirkter schlafähnlicher Zustand mit Bewußtseinseinengung, stark herabgesetzter Willensbildung, besonderem Kontakt zum Hypnotiseur. Der Zustand wird subjektiv als veränderte Bewußtseinslage erlebt und weist objektiv häufig Merkmale von Entspannung auf. Traditionell wird Hypnose als Verfahren zur Einleitung eines Trancezustandes bzw. als dieser Zustand selbst verstanden.

Hypnotische Amnesie. → Amnesie, hypnotische.

Hypochondrie (ICD-10: F45.2, DSM-IV: 300.7). Starke Überzeugung oder Befürchtung, eine schwere körperliche Krankheit zu haben, ohne daß dafür objektiv ausreichende Anhaltspunkte vorliegen. Typischerweise werden körperliche Empfindungen oder Merkmale als Anzeichen der gefürchteten Krankheit bzw. sogar als Beweise für sie gedeutet. Die Krankheitsüberzeugung kann auch durch sorgfältige ärztliche Untersuchungen nicht dauerhaft beseitigt werden und führt zu einer chronischen Beschäftigung mit dem eigenen Körper. Im Gegensatz zum Somatisierungssyndrom, bei dem die Symptome selber im Zentrum der Aufmerksamkeit stehen, steht hier die Beschäftigung mit der schweren Krankheit, die hinter den Symptomen vermutet wird, im Vordergrund. Zudem handelt es sich beim Somatisierungssyndrom meist nicht um einzelne Krankheiten von katastrophalem Ausmaß (z. B. Krebs, AIDS), sondern eher um eine allgemeine Kränklichkeit. Eine Abgrenzung zum → Paniksyndrom bietet die Zeitperspektive der Bedrohung: Beim Paniksyndrom ist diese in erster Linie äußerst kurzfristig (un mittelbare Todesgefahr), bei der Hypochondrie handelt es sich dagegen meist um eher mittelfristige Gefahren (z. B. Tumoren, multiple Sklerose). Der Diagnostiker kann angeben, ob es sich um eine Hypochondrie mit geringer Einsicht handelt.

Hypoglykämieangst. Beim Diabetes mellitus auftretendes metabolisches Angstsyndrom, das ein für die Patienten außerordentlich wichtiges Warnsymptom der drohenden Unterzuckerung ist. Eine ängstliche Überbewertung der hypoglykämischen Warnsymptome kann dazu führen, daß der Patient vorzeitig und unangemessen Kohlenhydrate zu sich nimmt und damit die Diabeteseinstellung gefährdet. Umgekehrt kann der Patient durch fehlende Wahrnehmung der ängstlichen Warnsymptome bei drohender Unterzuckerung unbemerkt ins Unterzucker-Koma geraten. Schwere

Hypoglykämien treten besonders beim »scharf eingestellten« insulinpflichtigen Typ-I-Diabetiker auf. Die beeinträchtigte oder die unangemessene, »überzogene« Hypoglykämieangst ist zwischenzeitlich ebenfalls Zielsymptom spezieller verhaltenstherapeutischer Behandlungsverfahren geworden. Das Beispiel der Hypoglykämieangst zeigt besonders deutlich die Bedeutung von Angst als Warnsymptom bei körperlichen Erkrankungen und die Indikation verhaltenstherapeutischer Maßnahmen, auch bei primär somatischen Erkrankungen.

Hysterie. Bereits in der Antike beschriebenes Störungsbild, bei dem körperliche Beschwerden wie Lähmung, Empfindungslosigkeit oder Analgesie ohne Fehlfunktion entsprechender Organe oder Organsysteme auftreten (z. B. → Handschuhanästhesie). Heute als → dissoziative Störungen konzipiert.

ICD, ICD-10. International Classification of Diseases. Vor allem außerhalb der USA weit verbreitetes Klassifikationssystem von Krankheiten der Weltgesundheitsorganisation (WHO). Das Kapitel V (F) der ICD beschäftigt sich mit psychischen Störungen und Verhaltensauffälligkeiten. Die ICD hat in den letzten Jahrzehnten mehrere charakteristische Änderungen und neuerdings auch Annäherungen an das DSM- System erfahren. Die bisher letzte (10.) Revision wird als ICD-10 bezeichnet. Ursprünglich entstanden als Weiterentwicklung der 1883 erstmals veröffentlichten internationalen Todesursachenstatistik. Daher finden sich selbst in der ICD-10 noch Codeziffern für Tod durch Enthauptung oder durch Vergasung. Seit 1899 wurde das Verzeichnis der Todesursachen etwa alle zehn Jahre überarbeitet, 1948 erstmals um eine Klassifikation der Krankheiten erweitert. In Deutschland wurde seit 1986 die ICD-9 im Kliniksektor angewandt, ab 1996 soll die ICD-10 auf die gesamte kassenärztliche Versorgung übertragen werden.

Ich-fremd. Als nicht zur eigenen Persönlichkeit gehörend empfunden, z. B. bei Zwängen.

Ich-Identitäts-Störungen. Gestörtes Bewußtsein der eigenen Identität, kann Gestalt, Geschlecht, Physiognomie, Abstammung, Funktion oder Rollenaspekte betreffen, manchmal auch als gestörtes Kontinuitätsempfinden (normalerweise Selbstempfindung als ein- und derselbe Mensch von Geburt bis heute, dabei kontinuierliches Zeiterleben). Die Unsicherheit über das Selbstsein geht einher mit dem Gefühl der Ferne, Distanz, Fremdheit, Unvertrautheit sich selber gegenüber (Depersonalisation). Anstelle der verlorengegangenen Identität kann eine neue (wahnhafte) Identität treten. Der Patient hält sich für eine andere Person (Klischees: Napoleon, Jesus). Meist folgt daraus eine Überhöhung der eigenen Rolle bzw. Bedeutung, dabei manchmal → doppelte Buchführung (Nebeneinander von wahnhafter Überhöhung und ernüchternder Realität).

Ideenflucht. Formale Denkstörung, gekennzeichnet durch vermehrten Zustrom an Denkinhalten, ständig wechselndes Denkziel, ablenkbares und oberflächliches Denken mit Verlorengehen der Leitgedanken; Symptom der → Manie.

Ideomotorik. Unwillkürliche, autonom innervierte Bewegungen der Hände (Levitation), der Finger oder des Kopfes, um unbewußt oder vorbewußt Zustimmung oder Ablehnung zu bestimmten Suggestionen zu signalisieren.

Ideopathisch. Wörtlich: aus sich selbst heraus krank, d. h. ohne erkennbare bzw. durch nicht nachweisbare äußere Ursache entstanden, → endogen.

Idiosynkratisches Denken. Denken in eigenen Bezugssystemen, wobei die Person häufig auch annimmt, daß andere Personen nach den gleichen Regeln und Strukturen denken oder handeln.

Idiot savant. Seltene Form der geistigen Behinderung, bei der in einem oder wenigen begrenzten Bereichen besondere intellektuelle Leistungen oder eine ungewöhnliche Begabung vorliegen.

Idiotie. Schwerste Ausprägung der allgemeinen intellektuellen Behinderung mit einem IQ unter 20 sowie dem Fehlen sprachlicher, motorischer und sozialer Fertigkeiten, daher weitgehende Pflegebedürftigkeit (→ geistige Behinderung).

Imaginal desensitization. Desensibilisierung in der Vorstellung. Form der → Konfrontationstherapie, bei der der Patient die gefürchteten Reize nicht in der Realität, sondern in der Phantasie aufsucht, vgl. auch → systematische Desensibilisierung.

Imbezillität. Deutliche Beeinträchtigung der allgemeinen intellektuellen Leistungsfähigkeit mit einem IQ zwischen 35 und 49 bzw. zwischen 20 und 34 (ausgeprägte Imbezillität). Kinder mit einer Imbezillität können nach intensivem Training Fertigkeiten wie das selbständige Anziehen, Waschen und Essen erwerben. Bei ausgepägter Imbezillität sind die Betroffenen kaum mehr in der Lage, für sich selbst zu sorgen. → Geistige Behinderung.

Implosionstherapie (Implosion therapy, Überflutungstherapie). Therapeutisches Verfahren zur Reduktion von Angstbeschwerden. Der Patient soll die am stärksten angsterregenden Situationen vorstellen, wobei ein Ausweichen aus der Situation durch den Therapeuten verhindert wird. Traditionellerweise als Verfahren zur → Konfrontation in sensu angewandt, ursprünglich unter Berufung auf einen tiefenpsychologischen Hintergrund. Später z.T. auch als unsystematischer Begriff für → Reizüberflutung verwendet.

Impotenz. Unvermögen des Mannes, den Geschlechtsverkehr befriedigend zu vollziehen. Primäre Impotenz bezeichnet eine direkt (z.B. durch körperliche Fehlbildung) ausgelöste Form der Störung. Häufiger ist die sekundäre Impotenz, die z.B. durch Erwartungsspannungen oder psychische Störungen entsteht und sich in Erektionsschwäche oder zu verfrühtem bzw. verzögertem Samenerguß äußert (→ sexuelle Funktionsstörungen). Zu den organischen Ursachen gehören u.a. Diabetes, Fettsucht, chronische Nephritis, Paralyse, Rückenmarkserkrankungen, chronische Alkohol-, Medikamenten- oder Nikotinintoxikationen, Basedow-Krankheit, Cushing-Syndrom, Akromegalie.

Impulshandlungen. Dranghandlungen. Unreflektierte Handlungen als Folge eines imperativen Dranges, die Folgen der Handlung werden nicht bedacht. Willentliche Hemmungen treten entweder gar nicht auf oder setzen sich nicht gegen den Drang durch (z.B. → Pyromanie, → Fugue, → Kleptomanie, → Dipsomanie).

Impulsivität. → Reflexivität: Grad, mit dem ein Individuum die Güte seiner Lösungshypothesen angesichts von Problemen mit Antwortungewißheit reflektiert. Unter Impulsivität wird daher meist ein Verhalten subsumiert, das als sozial unangemessen und unangepaßt definiert wird. Es wird schnell gehandelt, ohne daß man vorausdenkt. Der Gegenpol dieser Dimension, Reflexivität, beschreibt Verhalten, das durch Anhalten und Überlegung vor der Handlungsausführung sowie Widerstand und die Fähigkeit des Bedürfnisaufschubs bei Impulsen gekennzeichnet ist. Die Dimension Impulsivität-Reflexivität wird daher im wesentlichen auf zwei Komponenten zurückgeführt: 1. Die Fähigkeit, Impulsen oder motivationalen Zuständen zu widerstehen und 2. schnell und impulsiv zu reagieren vs. Verzögern der Reaktion und planen, bevor eine Reaktion ausgeführt wird. Implizit beschreibt dieses Konzept meist auch einen Verhaltensexzess, in dem Sinn, daß Verhalten emittiert wird, das möglicherweise zu Schwierigkeiten für die Person führt. Das Verhalten wird deswegen als impulsiv aufgefaßt, weil eine »vernünftige« Beurteilung normalerweise das Verhalten verhindert hätte. Dieses Verhalten wird auch als dysfunktionale Impulsivität bezeichnet, während unter »funktionaler Impulsivität« schnelles Emittieren von Handlungen verstanden wird, wenn solch ein Verhaltensstil angebracht wäre. Beide Verhaltensweisen korrelieren nicht hoch.

Inanspruchnahmeverhalten. Aufsuchen bzw. Inanspruchnahme professioneller Hilfe bei psychischen Problemen. Hängt nicht nur von (wahrgenommener) Krankheit und Heilungschancen ab, sondern u.a. auch von Persönlichkeit, Vorerfahrungen, Lebenssituation, psychischer Befindlichkeit, Stigmatisierung etc.

In vivo. In der Alltagssituation bzw. in der natürlichen Umgebung. Bei → Konfrontationstherapien als Gegensatz zu »in sensu« (in der Vorstellung).

Indikation. Grund zur Anwendung eines bestimmten diagnostischen oder therapeutischen Verfahrens in einem definierten Störungsfall. Bei welchem Patient mit welchem Problem ist welche Behandlung durch welchen Therapeuten angemessen, wirksam und effizient? Adaptive I.: anpassende Indikation. Wie muß die gewählte Methode den Eigenheiten des Patienten und dem Therapieverlauf angepaßt werden? Differentielle I.: unterscheidende Indikation. Bei welchem Patient mit welchen Merkmalen wirkt welche Methode am besten? Interventive I.: auf Intervention bezogene Indikation. Welche Interventionen müssen zur Behandlung dieses Falles entwickelt oder kombiniert werden? Selektive I.: auswählende Indikation. Welche Methode ist in diesem Fall angezeigt? Der Indikation entgegengesetzt ist die → Kontraindikation (Gegenanzeige): Zwingender Grund, ein Verfahren nicht anzuwenden. In der somatischen Medizin wird unter Indikation bzw. Heilanzeige die zwingende Notwendigkeit der Anwendung eines bestimmten Heilverfahrens bei einem gegebenen Krankheitsfall verstanden. Solche Heilanzeigen können auf verschiedener Basis erfolgen. Indicatio causalis: Heilanzeige aufgrund der Ursache des Leidens. Indicatio morbi: Heilanzeige aufgrund der Krankheit selbst. Indicatio symptomatica: Heilanzeige aufgrund der Symptome des Leidens. Indicatio vitalis: Heilanzeige aufgrund einer Lebensgefahr.

Indikation in der Verhaltenstherapie. Da die vollständige Frage der differentiellen Indikation experimentell nicht befriedigend gelöst werden kann, betrachtet die Verhaltenstherapie in der Praxis lösbare Teilaspekte dieser Frage. Bei gegebener Psychotherapieindikation betrifft dies die Auswahl eines für die vorliegende spezifische Störung geeigneten Therapieverfahrens und dessen Anpassung an den Einzelfall. Hier ist vor allem die Entwicklung störungsspezifischer Psychotherapieverfahren eine bedeutsame Errungenschaft der Verhaltenstherapie. Sowohl die Frage nach dem optimalen therapeutischen Vorgehen bei einer gegebenen Störung als auch das Anbieten konkreter Alternativen bei störungs- und problembezogenen Indikationsentscheidungen sind besondere Merkmale der Verhaltenstherapie. Durch die Entwicklung spezifischer Therapieverfahren können aus der nosologischen Einordnung der Patienten direkt Folgerungen für die Art des indizierten therapeutischen Vorgehens gezogen werden. Damit steht dem Praktiker eine unter »Alltagsbedingungen« praktikable Lösung der Indikationsfrage zur Verfügung, wenngleich jeweils eine flexible Anpassung an den konkreten Einzelfall erfolgen muß. Die Entscheidung für ein bestimmtes Verfahren setzt eine kompetente Diagnosestellung voraus, die eine klassifikatorische Einordnung und eine Problemanalyse beinhaltet.

Indikationsstellung. Erstellung einer Behandlungsaussage auf der Basis der »Heilanzeige« (Indikation).

Indikative Gruppen. Gruppentherapeutische Angebote, die auf ein Störungsbild (eine »Indikation«) ausgerichtet sind.

Indirekte Kosten. Unter den indirekten Kosten einer Behandlung versteht man den Verlust von Ressourcen, ohne daß tatsächlich unmittelbar Ausgaben (Bezahlungen) getätigt werden. Die unmittelbaren Ausgaben werden dagegen als direkte Kosten bezeichnet.

Indirekte suizidale Handlung. Passive Unterlassungshandlung um sterben zu können: z.B. kein Einnehmen von lebenserhaltenden Medikamenten mehr, Verweigerung der Dialyse bei dialysepflichtigen Patienten, Einstellen von Essen und Trinken.

Individualisierung. Anpassung des Therapieangebots und der Kommunikationsform an die Bedürfnisse und Persönlichkeitsstruktur des Patienten. Dazu kann sein Interaktionsstil (Kontrollbedürfnisse, Reaktanz), Evaluationsstil (rational-emotional), Attributionsstil (internal-external), seine Affektverarbeitung (»Sensitizer-Repressor«) u.a. berücksichtigt werden.

Infantil. Eher umgangssprachlich verwendeter Begriff mit der Bedeutung »kindlich, unreif«.

Infantiler Autismus (ICD-10: F84.0, DSM-IV: 299.00). Eine Störung, die vor dem Alter von 30 Monaten auftritt. Sie ist gekennzeichnet durch einen grundlegenden Mangel an Reaktion auf andere Menschen, große Defizite in der Sprachentwicklung, bizarre Reaktionen auf verschiedene Aspekte der Umgebung (Widerstand gegen Veränderungen, eigentümliche Interessiertheit an bzw. Beziehungen zu belebten und unbelebten Objekten). Wenn Sprache vorhanden ist, sind eigentümliche Sprachmuster, wie etwa prompte oder verzögerte → Echolalie, metaphorische Sprache und Pronomenumkehr zu beobachten.

Informed consent. Einwilligung des Patienten nach ausführlicher Aufklärung über Möglichkeiten, Ausmaße und Probleme der Behandlung in eine Psychotherapie (→ kognitive Vorbereitung). Der Begriff stammt ursprünglich aus der Forschung mit menschlichen Versuchspersonen, die vor dem Versuch über alle relevanten Aspekte der geplanten Untersuchung aufgeklärt werden müssen. Dabei ethisch-forscherisches Dilemma: Durch die Aufklärung über das Ziel der Untersuchung entsteht das Problem der Beeinflussung der Versuchspersonen bzw. Patienten. Eine vollständige Aufklärung über Inhalt und Zweck des Experimentes könnte dazu führen, daß die Versuchspersonen ihr Verhalten bewußt oder unbewußt in eine bestimmte Richtung verändern. In diesen Fällen kann eine vollständige Aufklärung erst nach der Durchführung des Experimentes erfolgen.

Inkohärentes (zerfahrenes) Denken. Denkstörung, bei der die kognitive Aktivität und das Sprechen des Patienten für den Untersucher ihren verständlichen Zusammenhang verlieren. Bruchstückhafte, ungeordnete, zusammenhangslose Gedanken oder Äußerungen können bis in kleinste Einheiten »zerrissen« sein, z.T. Wortneuschöpfungen (»Neologismen«) oder Veränderung der Denkgeschwindigkeit (verlangsamt, beschleunigt). Tritt bei Schizophrenien auf. Im Extremfall unverständliches, sinnleeres Wort- oder Silbengemisch (Sprachzerfall, Schizophasie). Möglich ist auch eine Zerfahrenheit mit syntaktisch korrekten Sätzen, deren Semantik jedoch nicht nachvollziehbar ist.

Inkontinenz. Vollständiger oder teilweiser Verlust der Kontrolle über die Ausscheidungsorgane.

Insomnien. Form der → Schlafstörung, bei der das Ein- und Durchschlafen beeinträchtigt ist; es werden psychische Ursachen angenommen.

Instruktionen. Anweisungen. In der Verhaltenstherapie meist schriftlich fixierte einfache Verhaltensanweisungen für → Rollenspiele oder problematische Realsituationen.

Instrumentelles Lernen. Operantes Konditionieren.

Intelligenzalter. Der Stand der Intelligenz eines Kindes bezogen auf die Leistungsfähigkeit des altersgemäßen Intelligenzdurchschnitts. Dieser von Binet geprägte Begriff wurde durch den → Intelligenzquotienten (IQ) ersetzt.

Intelligenzquotient (IQ). Das Verhältnis von Intelligenz-(Entwicklungs-)alter zu Lebensalter, multipliziert mit 100. Bei modernen Testverfahren wird dieser Wert aufgrund der Leistungsverteilung der Testrohwerte in einer repräsentativen Stichprobe ermittelt.

Intelligenzstörungen/Intelligenzminderung. Definition und Klassifikation sind uneinheitlich, da die Hauptkomponenten der Intelligenzstörung, nämlich die geringe kognitive Fähigkeit und die verminderte soziale Kompetenz deutlich sozial und kulturell beeinflußt werden. Bei psychischen Störungen treten Intelligenzminderungen bei gestörter Realitätsbeziehung (→ Autismus, aber auch bei jeder schweren Psychose) und bei organisch begründbaren Syndromen (→ Oligophrenie, → Demenz) auf. Auch bei Sinnesdefekten: z.B. bei schwerer angeborener Sinnesbeeinträchtigung (Sehen, Gehör) und beim Fehlen adäquater kompensatorischer Lernmöglichkeiten können sich Intelligenzminderungen manifestieren. Die ICD-10 schlägt eine Einteilung in Schweregrade mit zugeordneten IQ-Werten vor (50–69: leicht, 35–49: mittelgradig, 20–34: schwer, unter 20: schwerst), wobei auch das Niveau der begleitenden Verhaltensstörung kodiert werden soll. → Geistige Behinderung.

Intelligenztests. Bezeichnung für eine Gruppe von Verfahren, die auf der Grundlage unterschiedlicher Intelligenzdefinitionen und -theorien die intellektuelle Leistungsfähigkeit quantitativ und qualitativ bestim men.

Intensive Behandlungen. Verkürzung der Hauptbehandlungsdauer auf wenige Wochen mit intensiven, z.T. täglich mehrstündigen Therapien → Konfrontationstherapien.

Interaktion. Jede Art wechselseitiger Bedingtheit. Im sozialen Verhalten Bezeichnung für gemeinsames oder gegenseitig beeinflussendes Verhalten. In der Statistik (bzw. Datenanalyse): Wechselwirkung, d.h. zwei oder mehrere Faktoren wirken gemeinsam auf eine Variable, also der Varianzanteil, der nicht auf den unabhängigen Einfluß einzelner Faktoren zurückgeht, sondern als Funktion der gemeinsamen Variation dieser Faktoren erklärt werden muß.

Interaktioneller Widerstand. Form des → Widerstandes, der entsteht, wenn das Beziehungsangebot des Therapeuten nicht mit den Bedürfnissen und Möglichkeiten des Patienten im Einklang steht.

Intermittierende Verstärkung. Verstärkungsmuster, bei der im Gegensatz zur → kontinuierlichen Verstärkung nicht jede einzelne Reaktion verstärkt wird. Bewirkt typischerweise langsameren Verhaltensaufbau, aber größere Löschungsresistenz. Die Verstärkung erfolgt entweder nach (1) festem zeitlichen Intervall (z. B. alle zwei Minuten), (2) nach variiertem zeitlichen Intervall, (3) mit fixem Verhältnis zwischen verstärkter und unverstärkter Reaktion (z. B. jede fünfte Reaktion) oder (4) mit variablem Verhältnis zwischen verstärkter und unverstärkter Reaktion. → Verstärkerplan.

Internalisiert. Verinnerlicht, nach innen gerichtet.

Internalisierende Störungen.

Interne Validität. Wichtiger Teilaspekt der → Validität klinischer Studien. Die interne Validität nimmt Bezug darauf, wie eindeutig die gezogenen Schlüsse durch die Versuchsplanung möglich sind. Typische Störfaktoren der internen Validität in der Psychotherapieforschung: Unklare Kausalbeziehungen in korrelativen Studien, Bekanntheit oder Nachahmung von Behandlungsbedingungen über verschiedene Behandlungsbedingungen hinweg, kompensatorischer Ausgleich bei verschiedenartigen Behandlungsbedingungen, kompensatorische Rivalität in verschiedenen Behandlungsbedingungen, Motivationsverlust bei unbehandelten oder gering behandelten Kontrollgruppen, auf eine Bedingung begrenzte lokale Einflüsse, mangelnde Therapieintegrität (tatsächliche Umsetzung geplanter Therapiemaßnahmen).

Interozeption. Wahrnehmung von Vorgängen aus dem körperinternen Milieu (z. B. Herzschlag, Magenmotilität, Atemtätigkeit etc.). Bezieht sich im Gegensatz zur Introspektion auf körperliche und nicht auf geistige Vorgänge.

Interozeptive Konditionierung. Konditionierung auf Reize aus dem körperinternen Milieu. Z. B. können körperliche Empfindungen wie schneller Herzschlag zu konditionierten Reizen für → Panikanfälle werden, an die wiederum externe Situationen durch Konditionierung höherer Ordnung gekoppelt werden könnten.

Interpersonell/interindividuell. Zwischenmenschlich.

Interpretations-Bias. Tendenz, mehrdeutiges Reizmaterial bevorzugt in eine bestimmte Richtung zu interpretieren. Angstpatienten interpretieren mehrdeutiges Reizmaterial bevorzugt als gefährlich, depressive Patienten bewerten Erfahrungen eher negativ etc.

Interrater-Reliabilität diagnostischer Interviews. Methode zur Bestimmung der Zuverlässigkeit (→ Reliabilität) diagnostischer Interviews, der die Übereinstimmung zweier Beurteiler bei der Auswertung ein- und desselben Interviews zugrundeliegt. Dabei kann der zweite Diagnostiker etwa als stiller Beobachter anwesend sein oder das Interview auf Videoband sehen. Probleme: Es kann bereits aus dem Interviewverlauf auf die diagnostische Meinung des Erstinterviewers geschlossen werden, auch andere wesentliche Varianzquellen werden nicht erfaßt. Wichtig ist daher zudem die → Retest-Reliabilität (Untersuchung der Patienten von zwei unabhängigen Diagnostikern). Zur Berechnung der Übereinstimmung auf Nominalskalenniveau siehe → Reliabilität diagnostischer Interviews.

Intervall, symptomfreies: Gesunde Zwischenzeit, z. B. zwischen schizophrenen Episoden oder depressiven Phasen.

Intervention (psychologische). Professionelles, wissenschaftlich fundiertes und überprüftes Handeln, das mit psychologischen Mitteln und Methoden im Erleben und Verhalten zum Zweck der Entfaltung oder Rehabilitation einer Person oder der Vorbeugung oder Behandlung von Störungen ansetzt.

Interventionsforschung. Methodischer Zugang der Forschung in der Klinischen Psychologie, bei dem versucht wird, vorgefundene Sachverhalte im Sinne von → Prävention, Therapie und → Rehabilitation zu verändern (z. B. »Kann ein kognitives Training die Rückfallgefahr von Schizophrenien verringern?«, »Können Veränderungen der Kausalattributionen dem Auftreten von Depressionen vorbeugen?«). Neben → experimentellen Ansätzen werden hier in zunehmendem Umfang auch Methoden der → Evaluationsforschung eingesetzt.

Interview-Leitfaden. Bei halbstandardisierten, strukturierten oder vollstandardisierten Interviews gibt der Interview-Leitfaden die Reihenfolge der Fragen und die Struktur des Gesprächs vor. Dient als Hilfe für den Interviewer und zur Erhöhung der Objektivität und Reliabilität der Interviewdurchführung.

Intoxikation. Vergiftung, z. B. durch Unfall, bei unbeabsichtigter Überdosierung oder aus suizidaler Absicht.

Intrapersonell/Intraindividuell. Innerhalb einer Person.

Introspektion. Teilweise auch als Selbstbeobachtung bezeichnet. Aussage über das eigene Erleben aufgrund eigener Anschauung oder eigener Erlebnisse (also nicht sekundär aus anderen Quellen erschlossen). Strenggenommen handelt es sich stets um eine Retrospektion, da die Aussage erst nach dem Auftreten des betreffenden Erlebnismodus erfolgen kann. In der frühen Verhaltenstherapie teilweise abgelehnt, obwohl selbst Skinner die Introspektion nicht grundsätzlich als wissenschaftliche Methode ausschloß.

Introspektive Methode. Verfahren, bei dem trainierte Versuchspersonen aufgefordert werden, über ihre Erlebnisse zu berichten. Wichtiges Verfahren in der psychologischen Forschung zu Beginn des 20. Jahrhunderts. Im Rahmen der kognitiven Wende erneuter Bedeutungsgewinn.

Introvertiert. Nach innen gekehrt, seine Interessen mehr der Innenwelt zuwendend. Gegenteil: extravertiert.

Introversion-Extraversion. In Eysencks Persönlichkeitstheorie eine Dimension, die sich vor allem auf die Kon ditionierbarkeit bezieht. Extravertierte Persönlichkeiten sollen konditionierte Reaktionen langsam erlernen und sie schnell wieder verlernen. Das Umgekehrte trifft für introvertierte Personen zu.

Intrusion. Besonders eindringlicher, »aufdringlicher« Gedanke bzw. Vorstellungsinhalt. Wird typischerweise wahrgenommen als wenig kontrollierbar, in den normalen Gedankenstrom eindringend oder »einschießend« und von dessen anderen Inhalten deutlich abgegrenzt, wobei dem Betroffenen aber klar ist, daß der Gedanke/Vorstellungsinhalt Produkt des eigenen Geistes ist (nicht von außen eingegeben oder »gemacht« wie bei Psychosen). Intrusionen treten besonders oft beim generalisierten Angstsyndrom und beim Zwangssyndrom auf, seltener Paniksyndrom, Sozialphobien, depressivem Grübeln oder anderen psychischen Störungen.

Involutionsalter. »Rückbildungsalter«. Zeitraum zwischen dem mittleren Erwachsenenalter und »3. Lebensalter« (50–70 Jahre). Früher z. T. Annahme spezifischer psychischer Störungen wie etwa der »Involutionsdepression«, die heute jedoch nicht mehr als eigenes Störungsbild gesehen wird.

Involutionsdepression. Älteres Konzept einer Depression, die im höheren Lebensalter (z. B. nach dem Klimakterium) auftritt. Diese Diagnose findet sich nicht mehr im DSM-III und seinen Nachfolgern.

Inzest. Sexuelle Beziehungen zwischen unmittelbar verwandten Personen (Eltern – Kinder, Bruder – Schwester).

Inzidenz. In der Epidemiologie die Anzahl neuer Erkrankungs- bzw. Störungsfälle in einer Zeiteinheit (z. B. ein Jahr) und in einer definierten Region (z. B. Deutschland). → Prävalenz.

IRT. → differentielle Verstärkung.

Jackson-Epilepsie. Eine Form der Epilepsie, bei der Muskelkrämpfe auf einen bestimmten Körperteil begrenzt sind.

Juvenile Paralyse. Angeborene Form der Syphilis, die der Erkrankung des Erwachsenen ähnlich ist. Der Beginn liegt im zweiten Lebensjahrzehnt nach einer symptomfreien Kindheit.

Kachexie. Auszehrung.

Katalepsie. Eine Form der körperlichen Unbeweglichkeit, die subjektiv als zwingend erlebt wird, im Notfall aber überwunden wird.

Katamnese. Nachuntersuchung. Im Englischen auch »Follow-up«.

Katathymes Bilderleben. Eine Entspannungstechnik mit Hilfe eines gelenkten Tagtraumes. Z. T. Anspruch auf Status einer eigenen psychotherapeutischen Orientierung.

Katatonie. Psychische Störung mit ausgeprägter Störung der Willkürmotorik, entweder im Sinn einer Bewegungsstarre als katatoner Stupor (mit Unterbrechung der Beziehung des Betroffenen zur Umwelt und häufig mit → Automatismen) oder als katatoner Erregungszustand, in den die Bewegungsstarre schlagartig übergehen kann, wobei Selbstverletzungen oder Schädigungen auftreten können. Der Zustand kann Minuten bis Tage anhalten und unter Umständen lebensbedrohlich sein. Tritt vor allem bei der katatonen Schizophrenie auf.

Katecholamin. Gruppe von Botenstoffen des zentralen Nervensystems (Adrenalin, Noradrenalin, Dopamin) → Neurotransmitter.

Kategoriale Diagnostik. Diagnostisches Vorgehen, bei dem die zu diagnostizierenden Merkmale in ein Kategoriensystem eingeordnet werden. Bei der Diagnostik psychischer Störungen hat es sich in den letzten Jahren weitgehend eingebürgert, die Begriffe »kategorial« und »klassifikatorisch« synonym zu verwenden, obwohl die kategoriale Diagnostik nur eine mögliche Spielart der Klassifikation darstellt. Typischerweise werden die diagnostischen Kategorien als einander ausschließende Klassen konzipiert. Gegensatz: → dimensionale Diagnostik.

Kategoriale Klassifikation. Klassifikation psychischer Störungen, bei der die einzelnen Klassen (= Störungsbilder) als deutlich abgrenzbare Kategorien aufgefaßt werden.

Kausal. Ursächlich, die Ursache betreffend.

Kausalbehandlung. Behandlung der Störungsursache.

Kausalbeziehung. Beziehung zwischen zwei Variablen, wobei die eine die andere verursacht.

Kausalforschung. Methodischer Zugang der Forschung in der Klinischen Psychologie, bei der Kausalbeziehungen zwischen interessierenden Variablen bzw. Sachverhalten untersucht werden (z. B. »Sind veränderte Reaktionszeiten bei Schizophrenen Folge eines Aufmerksamkeitsdefizites«, »Gehen schizophrene Symptome auf eine kognitive Basisstörung zurück?«, »Verursachen konkrete Attributionsstile Depressionen?«). So werden z. B. selektive Züchtungsversuche mit Tieren durchgeführt, um genetische Faktoren zu erhellen. Die bei der Analyse von Kausalbeziehungen überwiegenden → experimentellen und → quasiexperimentellen Designs werden auch heute noch vor allem mit varianzanalytischen Methoden ausgewertet.

Kinästhetische Halluzinationen. → Halluzinationen, die die Bewegungsempfindung betreffen.

Kinder-DIPS. Diagnostisches Interview bei psychischen Störungen im Kindes- und Jugendalter. Strukturiertes klinisches Interview mit parallelen Versionen für die Erhebung von Eltern- und Kindaussagen zur Diagnostik psychischer Störungen nach den Kriterien des → DSM-IV und der → ICD-10.

Klangassoziation. Verknüpfung von Wörtern aufgrund ihrer Klangähnlichkeit ohne Berücksichtigung des Inhalts.

Klassifikation. (1) Die Einteilung einer Menge von Merkmalen, Personen etc. mit gemeinsamen Eigenschaften in ein nach Klassen gegliedertes System (→ Klassifikationssystem). (2) Die Zuordnung einer Person oder eines Merkmals zu einer Klasse eines solchen Systems. Eine Klasse ist eine Gesamtheit von Elementen mit gemeinsamen Charakteristika. Die Zuordnung sollte aufgrund klar definierter Eigenschaften möglichst eindeutig erfolgen (→ »Diagnostik«). Die Bezeichnungen für Klassen, Eigenschaften und technische Begriffe werden dabei in einer → Nomenklatur festgelegt. Die Klassifikation psychischer Störungen kann symptomatologisch (auf der Grundlage einzelner Symptome), syndromatologisch (anhand von Syndromen, d. h. Gruppen gemeinsam auftretender Symptome ohne Berücksichtigung von Entstehungsbedingungen) oder nosologisch erfolgen (→ Nosologie = Krankheitslehre). Bei einer nosologischen Klassifikation sind über die Symptomatik hinaus auch der Verlauf, das Ansprechen auf Behandlungsmaßnahmen und vor allem Ätiologie und Pathogenese von Bedeutung. Die mangelnde Wissensbasis zu diesen Punkten läßt gegenwärtig eine echte nosologische Klassifikation bestenfalls als Ziel, nicht aber als realistische Möglichkeit erscheinen. Die derzeit bevorzugten Klassifikationen wie das DSM-IV sind daher eher syndromatisch als wirklich nosologisch, insofern als sie vor allem auf einer sorgfältigen Deskription und weniger auf unbewiesenen theoretischen oder ätiologischen Annahmen beruhen. Unterschieden werden auch natürliche, künstliche und typologische Klassifikationen: Eine natürliche Klassifikation basiert auf einer in der Natur vorgefundenen Ordnung, die auch bei einem Wechsel der Einteilungsprinzipien erhalten bleibt. Eine künstliche Klassifikation verwendet äußere Merkmale zur Einteilung, wobei sich jedoch mit einem Wechsel des Einteilungsprinzips auch stets das gesamte System verändert. Die typologische Klassifikation unterscheidet sich von natürlichen und künstlichen Systemen vor allem dadurch, daß ein Mitglied einer Klasse hier nicht alle, sondern nur einen

Teil der für die Klasseneinteilung wichtigen Eigenschaften aufweisen muß.

Klassifikation, dimensionale. Klasseneinteilung auf der Basis der Ausprägung auf Dimensionen, die den beobachteten Merkmalen zugrundeliegen (z. B. Extraversion vs. Introversion).

Klassifikation, kategoriale. Klasseneinteilung durch Einordnung in ein Kategoriensystem.

Klassifikation, künstliche. Eine künstliche → Klassifikation verwendet äußere Merkmale zur Einteilung, wobei sich jedoch mit einem Wechsel des Einteilungsprinzipes auch stets das gesamte System verändert (Beispiel: Linné's Einteilung der Pflanzen nach der Zahl der Keimblätter).

Klassifikation, natürliche. Eine natürliche Klassifikation basiert auf einer in der Natur vorgefundenen Ordnung, die auch bei einem Wechsel der Einteilungsprinzipien erhalten bleibt. Ein Beispiel ist das Periodensystem der Elemente in der Chemie, das zunächst intuitiv aufgestellt wurde, aber auch auf der Basis des Atomgewichtes und später noch anderer Gesichtspunkte erhalten blieb.

Klassifikation, nosologische. Im Bereich psychischer Störungen Einteilung anhand einer → Nosologie (= Krankheitslehre). Bei einer nosologischen Klassifikation sind über die Symptomatik hinaus auch der Verlauf, das Ansprechen auf Behandlungsmaßnahmen und vor allem Ätiologie und Pathogenese von Bedeutung. Die mangelnde Wissensbasis zu diesen Punkten läßt gegenwärtig eine echte nosologische Klassifikation bestenfalls als Ziel, nicht aber als realistische Möglichkeit erscheinen. Die derzeit bevorzugten Klassifikationen wie das DSM-IV oder die ICD-10 sind daher eher syndromatisch als wirklich nosologisch, insofern als sie vor allem auf einer sorgfältigen Deskription und weniger auf unbewiesenen theoretischen oder ätiologischen Annahmen beruhen.

Klassifikation, symptomatologische. Im Bereich psychischer Störungen Einteilung auf der Grundlage einzelner Symptome.

Klassifikation, syndromatologische. Im Bereich psychischer Störungen Einteilung anhand von Syndromen, d. h. Gruppen gemeinsam auftretender Symptome ohne Berücksichtigung von Entstehungsbedingungen.

Klassifikation, typologische. Die typologische → Klassifikation unterscheidet sich von natürlichen und künstlichen Systemen vor allem dadurch, daß ein Mitglied einer Klasse hier nicht alle, sondern nur einen Teil der für die Klasseneinteilung wichtigen Eigenschaften aufweisen muß. Eine solche Klasse basiert damit auf einem »idealen« Typus, der real durchaus selten oder sogar nie vorkommen kann. Die Mitglieder einer Klasse sind einander ähnlich, aber nicht identisch. Die Klassifikation psychischer Störungen ist eine typologische Klassifikation in diesem Sinn.

Klassifikationssystem. Ein nach Klassen gegliedertes System zur Einteilung einer Menge von Merkmalen, Personen etc. mit gemeinsamen Eigenschaften. Ein solches System sollte logisch und vollständig sein, möglichst keine Überlappungen aufweisen, einer klaren Ordnung folgen und auf einheitlichen Einteilungsprinzipien beruhen (→ »Taxonomie« als Ordnung von Organismen in systematische Kategorien bzw. Taxa). Eine Klasse ist eine Gesamtheit von Elementen mit gemeinsamen Charakteristika.

Klassifikatorische Diagnostik. Diagnostisches Vorgehen, bei dem die zu diagnostizierenden Merkmale in ein Kategoriensystem eingeordnet werden. Bei der Diagnostik psychischer Störungen hat es sich in den letzten Jahren weitgehend eingebürgert, die Begriffe »kategorial« und »klassifikatorisch« synonym zu verwenden, obwohl die kategoriale Diagnostik nur eine mögliche Spielart der Klassifikation darstellt. Typischerweise werden die diagnostischen Kategorien als einander ausschließende Klassen konzipiert. Gegensatz: → dimensionale Diagnostik.

Klassische Konditionierung. Assoziatives Lernen, bei dem das Individuum aus dem Auftreten von Reizbedingungen Beziehungen zwischen Ereignissen in seiner Umwelt lernt. Ein ursprünglich neutraler Stimulus (CS, z. B. akustischer Reiz) wird mit einem unkonditionierten Reiz (UCS, z. B. Futter) zeitlich verknüpft, der eine unkonditionierte Reaktion (UCR, z. B. Speichelfluß) auslöst. Nach mehreren Paarungen des CS und UCS löst die alleinige Präsentation des CS eine konditionierte Reaktion (CR) aus, die der UCR ähnelt. Der CS muß neue Informationen über die Auftretenswahrscheinlichkeit oder -stärke des UCS enthalten (→ Konditionierung).

Kleptomanie. Stehlsucht. Plötzlicher, meist wiederholter Drang, auch wertlose und nicht benötigte Gegenstände zu stehlen (→ Impulshandlung).

Klient. Der Klientenbegriff wurde von manchen Autoren als Alternative für den in der Medizin etablierten Patientenbegriff vorgeschlagen, dem im Zuge der Kritik am »medizinischen Modell« vorgeworfen wurde, er drücke ein Abhängigkeitsverhältnis aus und entspreche nicht dem Ideal des aufgeklärten, mündigen Partners in der therapeutischen Beziehung. Aufschlußreich ist hier die Wortgeschichte. Etwa im 16. Jahrhundert wurde »Klient« aus dem Latein entlehnt (von »cliens«, älter »cluens«). Die wörtliche Bedeutung dieses Begriffes lautet »Höriger« (abgeleitet vom altlateinischen Verb cluere: hören). Klienten waren ursprünglich landlose und unselbständige Personen, die von einem Patron abhängig waren. Dieses Abhängigkeitsverhältnis bedingte zwar gewisse Rechte (z. B. Rechtsschutz durch den Patron), vor allem aber eine Vielzahl von Pflichten. »Patient« bedeutet dagegen wortwörtlich »Leidender«. Dieser Begriff wurde ebenfalls im 16. Jahrhundert aus dem lateinischen »patiens« (duldend, leidend) gebildet, um kranke oder pflegebedürftige Personen zu bezeichnen. Drei Gründe sprechen dem nach für die Verwendung von »Patient« anstelle von »Klient«: (1) die tatsächliche Bedeutung des Begriffes »Klient« widerspricht der erklärten Absicht seiner Einführung, (2) eine bloße terminologische Verschleierung des teilweise realen »Machtgefälles« zwischen Behandelnden und Behandelten ist wenig sinnvoll, (3) der Begriff »Patient« beschreibt adäquat das Leiden hilfesuchender Menschen.

Klimakterium. Wechseljahre der Frau.

Klinefelter-Syndrom. Mißbildung der Keimdrüsen durch Chromosomenaberration (ein zusätzliches X-Chromosom) beim männlichen Geschlecht.

Klinisch-diagnostische Forschung. Teilgebiet der klinischpsychologischen Forschung, das unmittelbar auf der deskriptiven und nosologischen Forschung aufbaut und sich mit der Entwicklung, Überprüfung und Verbesserung von Verfahren zur Diagnose von Störungen, pathologischen Zuständen oder klinisch relevanten Dimensionen befaßt.

Klinische Psychologie. Die Teildisziplin der Psychologie, die sich mit den psychologischen Aspekten von Störungen, Krankheiten und außergewöhnlichen psychischen Zuständen beschäftigt. Wesentliche Grundwissenschaft der Verhaltenstherapie. Bei der klinisch-psychologischen Forschung können verschiedene Aufgabenbereiche wie → Grundlagenforschung, → deskriptive/nosologische, → klinisch-diagnostische, → ätiologische, → Psychotherapie-, → Anwendungs- und Präventionsforschung unterschieden werden. Ein generelles Merkmal des Ansatzes der → Klinischen Psychologie ist, pathologische Prozesse ausgehend von Erkenntnissen über ungestörte Funktionen zu erfassen. So können beispielsweise Fehlfunktionen des Gedächtnisses besser beschrieben und untersucht werden, wenn allgemeine Modelle über den Aufbau und die Funktionsweise von Gedächtnisprozessen vorliegen. Zur Bewältigung ihrer Aufgaben verfügt die Klinische Psychologie über verschiedene methodische Zugänge wie v. a. → Parameterschätzung, → Zusammenhangs- (korrelative) Forschung, → Kausalforschung, → Modellentwicklung, → Interventionsforschung. Allen methodischen Strategien gemein ist das Bemühen, die Gültigkeit der Ergebnisse durch die Auswahl geeigneter Meßinstrumente, Stichproben, Versuchspläne und Auswertungsmethoden möglichst zu maximieren.

Klinische Signifikanz (Bedeutsamkeit). Im Gegensatz zur → statistischen Signifikanz (zufallskritische Absicherung der Befunde) bedeutet klinische Signifikanz, daß die Größenordnung der Befunde klinisch relevant bzw. von praktischer Bedeutung ist. Da die statistische Signifikanz u.a. etwa von der Stichprobengröße abhängt, können bei sehr großen Stichproben praktisch unbedeutsame Effekte als statistisch »signifikant« eingestuft werden. Ebenso können bei sehr kleinen Stichproben durchaus praktisch wichtige Effekte nicht das erforderliche statistische Signifikanzniveau erreichen (ähnliche Zusammenhänge bestehen mit der Varianz der Merkmale und anderen Einflußfaktoren). In der → Psychotherapieforschung wurden verschiedene Verfahren zur Bestimmung der klinischen Signifikanz vorgeschlagen, die ebenso wie das »klassische« statistische Signifikanzniveau von 5% lediglich mehr oder weniger willkürliche Konventionen darstellen. Allerdings herrscht bei der klinischen Signifikanz weit größere Inkonsistenz, eine allgemein akzeptierte Methode existiert nicht.

Klinische vs. statistische Urteilsbildung. Bei der Frage, ob gut ausgebildete, erfahrene Kliniker zu besseren Urteilen kommen (»klinische Methode«) als »Rechnerurteile«, die auf statistischem Weg mittels festgelegter und empirisch fundierter Algorithmen erstellt werden, belegt die Forschung in ernüchternder Weise eine eindeutige Überlegenheit der »statistischen Methode«. Der Vorteil der statistischen Methode liegt nicht in der automatischen Verrechnung (auch Horoskope können »per Computer« erstellt werden). Wichtig ist vielmehr, daß die relevanten Informationen stets vollständig und in der gleichen Weise berücksichtigt werden und daß alle vorgenommenen Bewertungen auf empirisch etablierten Relationen basieren. Auf der anderen Seite lagen die Ursachen für die Unterlegenheit der »klinischen Methode« nicht so sehr in besonderen Eigenheiten der Kliniker, sondern in allgemeinen Merkmalen der menschlichen Urteilsbildung. Wie andere Menschen weisen Kliniker eine Reihe von Fehlern bei der Urteilsbildung auf. Beispiele: Sie vernachlässigen regelmäßig Basisraten, neigen zur Überschätzung bestätigender Fakten und Abwertung widersprechender Befunde, erwarten (und finden dann) typischerweise Abnormitäten. Generell arbeiten Kliniker unter Bedingungen, die Erfahrungslernen nicht begünstigen (ungenügende Rückmeldung über die Ergebnisse ihrer Arbeit begünstigt selbsterfüllende Prophezeiungen). Bemerkenswert ist, daß auch das Wissen um die oben genannten Probleme und Zusammenhänge Klinikerurteile nicht bedeutsam verbessert. Allerdings wurden bisher noch keine Studien mit den verbesserten modernen Klassifikationssystemen und Diagnosemethoden vorgenommen.

Klonische Phase. Stadium der heftigen Verdrehungen und Zuckungen der Glieder beim epileptischen Grand mal-Anfall.

Kognition. Oberbegriff für alle Vorgänge und Strukturen, die mit Erkennen zusammenhängen (z.B. Wahrnehmungen, Attribution, Erinnerung, Erwartung, Bewertung, Vorstellung, Plan, Problemlösen). Es werden kognitive Strukturen angenommen (z.B. → Langzeitgedächtnis, semantische Netzwerke, Schemata), auf deren Grundlage die kognitiven Prozesse ablaufen und die spezifischen kognitiven Produkte zustandekommen.

Kognitionen, dysfunktionale. Kognitionen, die die psychische Gesundheit bzw. das Wohlbefinden beeinträchtigen können (z.B. stabile, mißerfolgsorientierte Attributionen, situationsunabhängige, negative Selbstbewertungen). Dysfunktionale Kognitionen finden sich bei vielen psychischen Störungen. In Form von → Denkstörungen vor allem bei Depressionen, Schizophrenien und psychischen Störungen im Zusammenhang mit Hirnerkrankungen (z.B. wachsende Interesselosigkeit, Merk- und Konzentrationsabfall, Nachlassen von Gedächtnis etc.).

Kognitiv. Vorgänge und Strukturen des Gewahrwerdens, des Erkennens und der Informationsverarbeitung betreffend, z.B. Erinnerung, Vorstellung, Gedanken, Erwartung, Interpretation, Bewertung.

Kognitive Neubearbeitung von Traumata. Sonderform der → Reattribution bei Patienten mit posttraumatischen Belastungsstörungen oder Patienten mit anderen traumatischen Erfahrungen.

Kognitive bzw. Kognitiv-Behaviorale Therapie/Verfahren. Sammelbezeichnung für eine Gruppe von Verfahren, die den Einfluß von → Kognitionen auf emotionales Befinden und Verhalten betonen und deren Therapieziele deshalb auf die Veränderung von Gedanken, Erwartungen, Wahrnehmungsstile, Vorstellungen, Einstellungen, Überzeugungen und Schlußfolgerungen gerichtet sind, die psychische Probleme begünstigen. Die wichtigsten kognitiv-behavioralen Verfahren sind → »Kognitive Verhaltenstherapie« von Beck, die Rational-Emotive Verhaltenstherapie« von Ellis und die → Selbstinstruktions-Intervention von Meichenbaum. Charakteristische Vorgehensmerkmale kognitiver Verfahren sind das Bewußtmachen → »automatischer Gedanken« (siehe auch → Kognitionen, dysfunktionale«), das Herausarbeiten störungsspezifischer → Schemata und → idiosynkratischen Denkens sowie der in diesen Denkmustern enthaltenen Verzerrungen (u.a. Übergeneralisierung, willkürliches Schlußfolgern, → dichotomes Denken), das Infragestellen dieser Kognitionen über → Reattribuierung/kognitive Umstrukturierung und Prüfung des Realitätsgehalts (→ Realitätstest, → Verhaltensexperiment, → Verhaltensprobe, → Verhaltenstest) sowie die Erarbeitung neuer, realitätsangemessener Gedanken und Einstellungen und → Selbstverbalisation. Die Interaktion zwischen Therapeut und Klient wird idealerweise als → »Sokratischer Dialog« bzw. als → »Geleitetes Entdecken« gestaltet. Die Wirksamkeit der kognitiven Verfahren wurde zunächst bei depressiven Störungen belegt. Negative Selbstbewertungen, eine durch Verlust-Schemata geprägte Erfahrungsauswertung sowie Pessimismus und Hoffnungslosigkeit sind hier Zielbereiche der kognitiven Umstrukturierung. Heute sind kognitive Verfahren Bestandteile erfolgreicher Therapien bei Eßstörungen, Persönlichkeitsstörungen, Abhängigkeiten, vor allem aber bei Angststörungen. Hier zielen sie v. a. auf die Einschätzung äußerer Situationen oder körperinterner Reize als »gefährlich«, »bedrohlich« oder »nicht bewältigbar« ab. Solche Einschätzungen laufen häufig sehr schnell und »automatisch« ab und beeinflussen Ängste in negativer Weise. Bei der Behandlung sollen rationalere, besser der Realität entsprechende Bewertungen erarbeitet und ggf. eingeübt werden.

Kognitive Umstrukturierung bzw. Neubewertung, Reattribution. Unter den Begriffen Kognitive Umstrukturierung bzw. Neubewertung oder Reattribution werden bestimmte Ziele und Veränderungsstrategien innerhalb von Kognitiven Therapieverfahren subsumiert. Sie haben gemeinsam, den Patienten ein möglichst verzerrungsfreies Bild der Realität zu ermöglichen. Bei dem → Realitätstest wird der Patient angeleitet, seine empirische Basis für Schlußfolgerungen durch konkrete Erfahrungen in Situationen und durch »Experimente« in diesen Situationen zu vergrößern. Liegen einerAngststörung z.B. fehlerhafte Situationsbewertungen zugrunde, kann versucht werden, dies durch geeignete Verhaltensexperimente zu korrigieren. Eine andere Strategie besteht in der geleiteten Suche alternativer Erklärungen, Sichtweisen und Schlußfolgerungen, nachdem viele Patienten eine störungsspezifisch eingeschränkte bzw. verzerrte Erklärung von Ereignissen vornehmen. Beim Entkatastrophisieren geht es um die Förderung einer konkreten und differenzierten Auseinandersetzung mit den Folgen der befürchteten »Katastrophe«, die viele Patienten im Sinne einer mentalen Vermeidungsstrategie beim Katastrophengedanken abbrechen. Da Patienten für Ursachenzuschreibungen oft nur wenige, einseitige und zusätzlich verzerrte Informationen einbeziehen sowie in der Beurteilung von Verantwortlichkeiten Doppelstandards heranziehen, wird bei der Reattribuierungsstrategie versucht, ein möglichst vollständiges Modell von Einflußfaktoren für einen gegebenen Situationsausgang zu entwickeln. Objekt der Reattribution können die Fehlinterpretationen von Symptomen (körperlich oder psychisch, z.B. beim Paniksyndrom), die falsche Interpretation von Verhaltensweisen anderer (Gefühl, beobachtet oder bewertet zu werden, z.B. bei der Sozialphobie) oder sogenannte überwertige Ideen (»man muß immer Kontrolle über alles haben«, »man ist immer für alle Folgen seiner Handlungen verantwortlich«, z.B. beim Zwangssyndrom) sein. Auch grundsätzliche irrationale Einstellungen (»man muß immer von allen Menschen geliebt werden«, »es gibt nur Schwarz oder Weiß auf der Welt«) sind Ziel von Reattributionsverfahren.

Kognitive Verhaltenstherapie von Beck. Die Gruppe um Beck betont die Bedeutung einer verzerrten, der Situation nicht angemessenen Wahrnehmung und Interpretation der Realität (»antiempirical cognitions«) für die Entstehung und Aufrechterhaltung psychischer Störungen. Mit der Aktivierung negativer kognitiver → Schemata einhergehende logische Fehler (willkürliches Folgern, selektives Verallgemeinern, Übergeneralisieren, überstarkes Beziehen von Ereignissen auf die eigene Person, → dichotomes Denken) tragen dazu bei, diese Verzerrungen zu verfestigen. In der Therapie wird versucht, über die Bewußtmachung → auto-matischer Gedanken die kognitiven Schemata und die Art ihrer Verzerrung in aktuellen Situationen zu erkennen, sie überprüfbar zu machen und dann über Relativierung, → Reattribuierung/kognitive Umstrukturierung sowie → Realitätstests/Verhaltensproben eine situationsangemessenere Bewertung zu fördern. Ein zentrales Merkmal der Gesprächsführung ist der → »Sokratische Dialog«. Hausaufgaben wie → Gedankenprotokolle, → Spaltentechnik und → Realitätstests/Verhaltensproben spielen ebenfalls eine wichtige Rolle. Störungsspezifisch werden die auf Kognitionsveränderung gerichteten Therapiebestandteile ergänzt um direkt auf Verhaltensveränderung zielende Verfahren (z.B. Aktivitätsförderung, Rollenspiele zur Verbesserung sozialer Kompetenz und des Kommunikationsverhaltens). Zum Vorgehen bei einzelnen Störungen wurden Manuale entwickelt. Es bestehen viele Gemeinsamkeiten zu der → Rational-emotiven Verhaltenstherapie von Ellis. Während bei dieser jedoch die Veränderung von Grundüberzeugungen von Beginn an im Vordergrund steht, wird in der kognitiven Verhaltenstherapie von Beck über die Analyse und Veränderung situationsbezogener Gedanken eine »empirische Basis« geschaffen, durch die der Schritt zur Veränderungen von individuellen Grundüberzeugungen – quasi bottom-up – vorbereitet wird. Die Kognitive Therapie nach Beck gehört zu den meistuntersuchten psychologischen Therapieverfahren. Ihre Wirksamkeit ist überzeugend belegt.

Kognitive Vorbereitung. Ein therapeutisches Gespräch zur kognitiv-affektiven Vorbereitung des Patienten auf die Therapie. Je nach Problemlage nimmt das Gespräch ca. ein bis vier Stunden in Anspruch. Der Therapeut informiert über die wichtigsten diagnostischen Befunde und entwickelt dann zusammen mit dem Patienten ein Modell zur lebensgeschichtlichen Entstehung und zur Aufrechterhaltung der psychischen Probleme des Patienten (Störungsmodell). Darauf aufbauend werden Implikationen für die Therapie abgeleitet (Veränderungsmodell). Die Modelle müssen mit zentralen Wert- und Denksystemen des Patienten kompatibel sein, eine günstige Perspektivität für Veränderungen aufweisen und eine hohe Plausibilität für den Patienten haben. Da die Modelle die Arbeitsmodelle für die gesamte Therapie darstellen, dürfen sie nicht durch einzelne Gegenbeispiele falsifizierbar sein (→ Nicht-Falsifizierbarkeit). Bei der Konstruktion des Störungs- und Veränderungsmodells setzt der Therapeut spezielle Strategien der Gesprächsführung ein (→ Systemimmanente Gesprächsführung). Nach der Kognitiven Vorbereitung soll der Patient genau wissen, was in der Therapie auf ihn zukommt. Unter Abwägung der Vor- und Nachteile der Therapie entscheidet sich der Patient nach einer Bedenkzeit von einigen Tagen für oder gegen die Therapie.

Kognitiver Stil. Typische Eigenart wahrzunehmen, sich zu erinnern, zu denken und Probleme zu lösen. Im Gegensatz zu kognitiven Fähigkeiten, bei denen inhaltliche Fragen im Vordergrund stehen, werden kognitive Stile als personspezifische Modi der Informationsverarbeitung aufgefaßt, d. h. als prozeßorientierte, einer bipolaren Wertung unterliegende Präferenzkonstrukte. Kognitive Stile beeinflussen nach diesen Konzeptionen nicht nur Bereiche der Wahrnehmung und des Intellekts, sondern auch Lernen, die Persönlichkeitsstruktur und soziale Verhaltensweisen.

Kokain. Schmerzlinderndes und stimulierendes Alkaloid, das aus den Blättern des Koka-Strauchs gewonnen wird. Es erzeugt Euphorie und erhöht das sexuelle Verlangen; in höherer Dosierung kann es → Halluzinationen und →

Wahnideen erzeugen. Rauschmittel mit erheblichem Suchtpotential.

Koma. Tiefer Bewußtseinsverlust, Bewußtlosigkeit. Auch auf stärkste Weckreize keine Abwehr- oder Ausweichbewegungen mehr.

Komorbidität. Assoziation bzw. gemeinsames Auftreten verschiedener psychischer Störungen, z.B. im Sinne der Diagnoseschlüssel des ICD-10 oder DSM-IV, in einem definierten Zeitintervall. Zur Assoziation von Symptomen oder Syndromen → »syndromale Komorbidität«.

Kompatibilität. Ausmaß der Vereinbarkeit verschiedener Informationen, Überzeugungen, Erwartungen, etc.

Komplementäre Beziehungsgestaltung. Prinzip, nach dem Therapeuten sich bemühen, die Beziehungen zu ihren Patienten möglichst komplementär, d.h. erfüllend und bestätigend, zu den wichtigsten interaktionellen Zielen der Patienten zu gestalten. Komplementäre therapeutische Beziehungen werden als optimale Grundlage für einen fruchtbaren Veränderungsprozeß gesehen. Komplementarität bedeutet dabei nicht, daß Therapeuten immer bestätigend auf das unmittelbar vorangegangene Verhalten der Patienten reagieren. Gemeint ist vielmehr, daß der Therapeut dem Patienten Wahrnehmungen im Sinne seiner wichtigsten Beziehungsziele ermöglicht. Durch die damit verbundene Bestätigung sollte der Patient weniger defensiv gegen therapeutische Interventionen sein, einschließlich solcher Interventionen, die letzten Endes sein Beziehungsverhalten ändern sollen.

Komplexität klinischer Merkmale. Die Komplexität der Merkmale und Hypothesen in Psychotherapie und Klinischer Psychologie machen es häufig unabdingbar, eine größere Anzahl von Variablen mit in die Untersuchung einzubeziehen. Auch die theoretischen Modelle etwa der Entstehung psychischer Störungen oder der Wirkweise psychotherapeutischer Verfahren werden zunehmend komplexer. Während dies dem Gegenstand angemessen ist, erschwert es jedoch gleichzeitig auch die empirische Überprüfung und behindert die eindeutige Interpretation von Ergebnissen. Es muß daher im Einzelfall entschieden werden, wieviel Interpretationsunsicherheit in Kauf zu nehmen ist, um dem untersuchten Gegenstand inhaltlich noch hinreichend gerecht zu werden → Mehrebenenmodell.

Konditionierte Reaktion. Reaktion, die durch einen zunächst neutralen Reiz ausgelöst wird. Vorausgegangen ist eine → klassische Konditionierung.

Konditionierter Reiz. Ein zunächst neutraler Reiz, der nach wiederholter kontingenter Koppelung mit einem unkonditionierten Reiz, der eine bestimmte Reaktion auslöst, die gleiche oder eine ähnliche Reaktion zur Folge hat.

Konditionierung. Prozeß, in dem erlernt wird, daß bestimmte Reize (Situationen, Reaktionen) verantwortlich für die Auslösung bzw. Bekräftigung von Verhaltensweisen sind. Gelernt wird durch eigene Erfahrungen oder Erfahrungen anderer. Konditioniert werden können sowohl Reize als auch Reaktionen. Konditionierung wird heute weitgehend als aktiver Prozeß verstanden, in dem der Mensch als Handelnder in seiner sozialen/materiellen Umgebung gesehen wird (→ klassische Konditionierung, → operante Konditionierung).

Konfabulation. Ausfüllen von Gedächtnislücken mit erfundenen und häufig unwahrscheinlichen Geschichten, die von der Person, die sie erzählt, als wahr akzeptiert werden.

Konflikt. Gleichzeitiges Vorhandensein verschiedener Strebungen, Wünsche, Anforderungen etc. Lernpsychologisch werden Annäherungs-Vermeidungskonflikte, Annäherungs-Annäherungskonflikte und Vermeidungs-Vermeidungskonflikte unterschieden.

Konfrontation mit angstauslösenden Reizen (auch → »Reizkonfrontation«, »Exposure«, »Exposition«)**.** Der Patient soll unangemessen angstauslösende (bei Zwangssyndromen: Zwangsverhalten auslösende) Reize gezielt und wiederholt aufsuchen (»konfrontieren«), um so eine dauerhafte Habituation der Angstreaktion zu erreichen. Er soll lernen, daß er die angstauslösende Situation aufsuchen kann, ohne daß die von ihm gefürchtete Katastrophe eintritt. Darüber hinaus ist Habituation ein sehr basaler Mechanismus, der auch ohne kognitive Beteiligung selbst bei Organismen ohne zentralem Nervensystem gut beschrieben ist. Je nach Art der Störung und Ziel der Behandlung kann die Konfrontation mit externen Situationen (z.B. Höhe, Fahrstuhl) oder mit internen Reizen (z.B. Herzklopfen, Kurzatmigkeit, Schwindel, bestimmte Gedanken) durchgeführt werden. Weiterhin kann unterschieden werden, ob die Konfrontation in der Realität (»in vivo«) oder in der Vorstellung (»in sensu«) und ob in abgestufter Form (»graduell«) oder nach dem Flooding-Prinzip (»Reizüberflutung«) stattfindet. Beim abgestuften Verfahren wird der Patient nach einer zuvor aufgestellten Angsthierarchie in aufsteigender Folge mit immer stärker angstauslösenden Situationen konfrontiert, beginnt also mit einer nur leicht angstauslösenden Situation. Beim Flooding-Verfahren beginnt der Patient gleich mit einer der am stärksten angstauslösenden Situation und sucht danach die anderen Angstsituationen auf. Wichtig ist in jedem Fall die kognitive Vorbereitung des Patienten, bei der Begründung und Vorgehen der Therapie erklärt werden. Konfrontationsverfahren sind vor allem bei Angststörungen mit identifizierbaren Auslösern (Phobien, bei Zwangssyndromen in Verbindung mit Reaktionsverhinderung) gut indiziert. Die Therapiemethode wird auch als → Expositionstherapie, Reizkonfrontation bzw. Reizüberflutung, Flooding, oder Habituationstraining bezeichnet.

Kongenital. Zum Zeitpunkt der Geburt oder vorher vorhanden, jedoch nicht vererbt.

Konklusivität. Schlüssigkeit. Zusammen mit der → Generalisierbarkeit wichtiger Aspekt der → Validität. Die Beurteilung der Aussagekraft experimenteller Untersuchungen hängt wesentlich von der Schlüssigkeit der Studie ab.

Konkordanz. Übereinstimmung bestimmter Eigenschaften, z.B. bestimmte Merkmale bei eineiigen Zwillingen.

Konkretes Denken. Abstraktionen und Generalisationen werden nicht verstanden, stattdessen erfolgt eine Interpretation im buchstäblichen Sinn (u.a. Symptom der → Demenz).

Konstitution. Körperliche und psychische Ausstattung.

Konsiliarius/konsiliarisch. Vom Behandler zur Beratung (Konsilium) über Diagnose oder Therapie eines Patienten hinzugezogener Spezialist oder Kollege.

Konstrukt. Ein operational faßbarer Begriff, der sich auf nicht direkt beobachtbare oder erschließbare Entitäten, Instanzen oder Eigenschaften bezieht. Konstrukte werden durch möglichst breite Klassen von Indikatoren sowie zusätzliche Annahmen über deren Zusammenhänge und Wirkweisen erschlossen. Konstrukte, die vorwiegend auf Annahmen über Gegebenheiten und ihre Beziehungen untereinander beruhen, werden häufig als hypothetische oder theoretische Konstrukte bezeichnet.

Konstruktvalidität. Wichtiger Teilaspekt der → Validität klinischer Studien. Konstruktvalidität beschreibt die Einbettung des Experimentes in den theoretischen Rahmen. Typische Störfaktoren der Konstruktvalidität in der Psychotherapieforschung: Unangemessene Operationalisierung von Behandlungsverfahren, unangemessene Operationalisierung durch unimethodales Vorgehen, Vermutungen, Selbstdarstellungs- und Erwartungseffekte bei Patienten, Erwartungseffekte bei Versuchsleitern bzw. Therapeuten, Vernachlässigung quantitativer Konstruktausprägungen, fehlende Präzisierung von Wirkungsbeginn oder Wirkungsdauer, Wechselwirkungen zwischen Settings und Behandlungen.

Kontingenz. Der Zusammenhang, das Miteinanderauftreten zweier qualitativer Merkmale. In der Lernpsychologie die Verknüpfungshäufigkeit verschiedener Ereignisse (Reize, Reaktionen, Konsequenzen).

Kontinuierliche Verstärkung. Verstärkungsmuster, bei dem im Gegensatz zur → intermittierenden Verstärkung jede einzelne Reaktion verstärkt wird. Bewirkt typischerweise raschen Verhaltensaufbau bei geringerer Löschungsresistenz → Verstärkerplan.

Kontraindikation. Gegenanzeige, d.h. Vorsicht oder Verbot von bestimmten diagnostischen oder therapeutischen Verfahren unter bestimmten Umständen oder bei bestimmten Störungsbildern. Gegensatz: → Indikation (Heilanzeige).

Kontrollgruppe. In einem Experiment oder einer anderen Studie eine Gruppe von Versuchspersonen, für die die unabhängige Variable nicht manipuliert wird (bzw. die in einem Quasiexperiment nicht das interessierende Merkmal aufweisen). Dadurch besteht die Möglichkeit, die Effekte der Manipulation als Differenz gegen die Ausgangsbedingungen zu untersuchen. Bei »kontrollierten« Therapiestudien werden die Mitglieder der Kontrollgruppe entweder nicht oder mit einer anderen als der experimentellen Therapie behandelt.

Kontrolliertes Trinken. Forschungs- und Therapieschwerpunkt im Bereich der Verhaltenstherapie (v.a. in den USA, in Großbritannien und in den skandinavischen Ländern), bei dem statt des Abstinenzzieles in der Behandlung von Alkoholabhängigen ein gesundheitliches, und sozial adäquates Trinkmuster als Therapieziel angestrebt wird. In diesen Ländern außerhalb der Verhaltenstherapie sowie im deutschsprachigen Raum grundsätzlich angezweifeltes Vorgehen bei Vorliegen eines Abhängigkeitssyndroms.

Kontrollüberzeugung. Erwartungskonzept, wird meist zu den motivationale Komponenten des Verhaltens gerechnet. Internale Kontrollüberzeugungen liegen vor, wenn Ereignisse, die eigenen Handlungen folgen, auf diese Handlungen oder Personvariablen (z.B. Anstrengung oder Fähigkeiten) zurückgeführt werden (Kontingenz-Erfahrungen), externale, wenn sie als unabhängig von eigenen Handlungen erlebt und auf Zufall, Glück oder den Einfluß mächtiger Personen bzw. unkontrollierbare Umweltbedingungen zurückgeführt werden (Nicht-Kontingenz-Erfahrungen).

Konversionssyndrom (F44, Subtypen F44.0 bis F44.7; 300.1). Verlust bzw. deutliche Veränderung der körperlichen Funktionsfähigkeit, die zwar auf eine körperliche Krankheit hinweist, aber psychisch (im Zusammenhang mit einem psychosozialen Stressor) verursacht ist. Das Präsentiersymptom muß willkürmotorische oder sensorische Funktionen betreffen. Die Beschwerden dürfen nicht nur auf den Schmerz- oder den sexuellen Bereich beschränkt sein. Typischerweise handelt es sich um Lähmungen, Taubheit, Stimm- oder Sehverluste. Konversionssyndrome betreffen meist nur ein Symptom zur gleichen Zeit, die Symptome können aber im Laufe der Zeit wechseln. Kulturell sanktionierte Symptommuster müssen ausgeschlossen werden. Als Subtypen können ein motorischer, sensorischer oder ein Krampftyp unterschieden werden.

Konzentrationsstörung. Unaufmerksamkeit, Unfähigkeit, bei der Sache zu bleiben, seine Aufmerksamkeit aus dauernd auf etwas zu richten, bis hin zur starken Ablenkbarkeit oder gar Zerstreutheit.

Koordinationsstörung. Gleichgewichtsstörung durch meist zerebrale Schädigungen von innen (z.B. Gehirntumor) oder außen (z.B. bestimmte Medikamente).

Korrekturschema für Fehlinterpretationen. Schematische Darstellung einer sinnvollen Reihenfolge des Vorgehens bei der Korrektur von Fehlinterpretationen. Das Schema umfaßt 8 Schritte: (1) Bestimmen einer Fehlinterpretation, die bearbeitet werden soll, (2) Einschätzung der Überzeugung, mit der die Interpretation geglaubt wird, (3) Sammeln aller Argumente, die für die Fehlinterpretation sprechen, (4) Sammeln aller Argumente, die gegen die Fehlinterpretation sprechen, (5) Erstellen einer alternativen Erklärung für die Erfahrungen des Patienten, (6) Argumente für die Alternativerklärung (bisher besprochene und neue Argumente, ggf. auch Verhaltensexperimente), (7) Einschätzung der Überzeugung der Fehlinterpretation, (8) Einschätzung der Überzeugung der Alternativerklärung. Zunächst sollte möglichst nur eine Fehlinterpretation gleichzeitig bearbeitet werden, um Verwirrung zu vermeiden. Das Ausmaß der Überzeugung, mit der die Patienten der Fehlinterpretation anhängen, sollte explizit eingeschätzt werden, um Aufschluß über die Stärke des Problems und später über die erfolgreiche Veränderung der Interpretation zu haben. Besonders wichtig ist es, dem Patienten zunächst Gelegenheit zu geben, alle seine Ängste zu äußern und dabei nicht sofort Gegenargumente zu bringen. In jedem Fall sollten zunächst alle Argumente des Patienten gesammelt werden, bevor erörtert wird, was aus der Sicht des Patienten und später dann des Therapeuten alles gegen die Fehlinterpretation spricht. Auch die Erstellung einer alternativen Erklärung als Ersatz für die Fehlinterpretation sollte erst aufgestellt werden, nachdem die Argumente des Patienten für seine Fehlinterpretation vollständig gesammelt worden sind. Für die alternative Erklärung können neue Argumente gesammelt werden (z.B. durch Verhaltensexperimente). Zum Abschluß sollten dann noch einmal Einschätzungen der Überzeugung von Fehlinterpretation und Alternativerklärung eingeholt werden.

Korrelation. Im weiteren Sinne Bezeichnung für das häufige gemeinsame Auftreten von Ereignissen, Eigenschaften oder Gegenständen. Im engeren Sinne statistischer Begriff für die Stärke des Zusammenhangs zwischen zwei oder mehreren variablen Merkmalen. Die Stärke und Richtung hängt vom Grad und der Art ihres gemeinsamen Variierens ab und kommt im Korrelationskoeffizienten r zum Ausdruck. Je nach Skalenniveau der Messung werden verschiedene Korrelationskoeffizienten berechnet. Aufgrund der Kenntnis der Korrelation zwischen zwei Variablen ist es möglich, Meßwerte der einen Variablen auf der Grundlage der Kenntnis der anderen vorherzusagen (Regressionsrechnung).

Korrelationsstudien. Analyse der Zusammenhänge zwischen zwei oder mehr Variablen, die zu einem oder mehreren Zeitpunkten erhoben werden, intra- oder interindividuell. Ziel: Erkennen von Beziehungsgeflechten, Überprüfen von Hypothesen über Zusammenhänge, Entwicklung (aber nicht Testung!) von kausalen Modellen, Vorhersage von ätiologischen oder therapeutischen Zusammenhängen. Probleme: Keine Kausalaussagen, Auswahl der relevanten Variablen, nicht-lineare Zusammenhänge, mangelnde Realisierung aller relevanten Ausprägungen der Variablen. Die meisten klinischen Untersuchungen sind korrelativ in bezug auf die Störungen, da sie an Patienten durchgeführt wurden, die die Störung bereits entwickelt hatten. Damit greifen sie nur auf die natürliche Variation des interessierenden Merkmals zurück. Bei den in derartigen Studien beobachteten Auffälligkeiten von Patienten kann nicht festgestellt werden, ob es sich um Ursachen oder Folgen der Störung handelt. Da ein echter experimenteller Zugang (also das willkürliche Herstellen psychischer Störungen) aufgrund ethischer Grenzen nicht möglich ist, bieten sich als Abhilfe prospektive → Längsschnittstudien an.

Korsakow-Syndrom. Alkoholbedingte amnestische Störung nach lange dauerndem schweren Alkoholmißbrauch. Kennzeichen sind sowohl Beeinträchtigung des Kurzzeitgedächtnisses (Unfähigkeit, neue Informationen aufzunehmen) als auch des Langzeitgedächtnisses (Unfähigkeit, früher aufgenommene Informationen zu reproduzieren).

Kosten. Prinzipiell sind bei der Beurteilung der Kosten einer Behandlung die folgenden Kostenansätze möglich: Betriebskosten (»operation perspective«) entstehen direkt durch das Erbringen der Leistung, sie werden bei der stationären Behandlung auf den Pflegesatz umgeschlagen. Im Gegensatz zu den Betriebskosten werden in die Leistungskosten (»opportunity value costs«) Spenden, Kosten der Patienten (z. B. Reisekosten) sowie ihrer direkten und indirekten Bezugspersonen (z. B. Reisekosten des Ehepartners) einbezogen. Die umfassenden Gesamtkosten (»comprehensive approach«) beziehen alle Betriebs- und Leistungskosten mit ein. Zusätzlich werden auch die Kosten für die Therapie von Folgeschäden, die auf die durchgeführte Therapie zurückgehen, berechnet. Eine weitere Unterscheidung ist die zwischen direkten und indirekten Kosten: Für direkte Kosten werden tatsächlich unmittelbar Ausgaben getätigt (Bezahlungen vorgenommen), bei indirekten Kosten handelt es sich dagegen um den Verlust von Ressourcen.

Kosten für einen Patienten mit definiertem Behandlungsergebnis. Methode zur Berechnung der → Kosten einer Behandlung nach der Formel (Pflegesatz × durchschnittliche Verweildauer)/(Abstinenzrate aller Entlassungen zum Zeitpunkt der Katamnese). Bei diesem Berechnungsansatz kann die Behandlungseffizienz beurteilt werden, da das Behandlungsergebnis berücksichtigt wird. Zu dessen Operationalisierung bietet sich bei der Behandlung Alkoholkranker die Abstinenzdauer an. Alternativ: → Fallkosten bzw. → Kosten für einen planmäßig entlassenen Patienten.

Kosten für einen planmäßig entlassenen Patienten. Methode zur Berechnung der → Kosten einer Behandlung nach der Formel (Pflegesatz × durchschnittliche Verweildauer)/ (Anteil planmäßig entlassener Patienten). Hier werden die → Betriebskosten nur auf die planmäßig entlassenen Patienten umgelegt. Durch hohe Abbruchquoten werden die durchschnittlichen Behandlungskosten nicht beeinflußt, das Behandlungsergebnis bleibt allerdings noch unberücksichtigt. Alternativ: → Fallkosten bzw. → Kosten für einen Patienten mit definiertem Behandlungsergebnis.

Kosten und Nutzen von Psychotherapie. Kriterien, die die Berücksichtigung von Veränderungen über die bloße Effektivität hinaus erfassen; sie sind vor allem für die Finanzierung von Psychotherapie und für die therapeutische Versorgung bedeutsam.

Kostenanalysen. Wird häufig als Oberbegriff für → Kosten-Nutzen-Analysen und → Kosten-Effektivitäts-Analysen verwendet. Beachtet werden müssen die Validität der eingehenden Informationen und die Perspektive, aus der die Kostenanalyse erfolgt, da diese maßgeblich die Auswahl der erfaßten Kosten und die Definition des Nutzens beeinflußt. Mögliche Alternativen zu der meist verwendeten makroökonomisch-volkswirtschaftlichen Perspektive sind die mikroökonomischen Perspektiven des Patienten, des Therapeuten bzw. der Therapieeinrichtung oder des Kostenträgers.

Kosten-Effektivitäts-Analyse. Evaluation unter den Gesichtspunkten der → Kosten und des → Nutzens einer Behandlung, wobei lediglich die Kostenseite in monetären Einheiten erfaßt (ggf. umgerechnet) werden kann. Wenn dagegen beide Aspekte monetär erfaßt werden können, spricht man von einer Kosten-Nutzen-Analyse. Beide Arten von Analysen basieren auf dem Opportunitätskostenprinzip, wobei die Opportunitätskosten als entgangener Nutzen für eine alternative Verwendung der Ressourcen definiert sind. Der Wert dieser nicht wahrgenommenen »Opportunitäten« wird in Geldeinheiten erfaßt.

Kostenerstattung für Verhaltenstherapie. Geregelt in den Bundes- und Landes-Beihilfevorschriften (u.a. § 79 Bundesbeamtengesetz, 1985) und der sog. »Psychotherapieanlage« (Anlage 1 zu § 6 BhV – GMBL. 1985 S. 297).

Kosten-Nutzen-Analyse. Evaluation unter den Gesichtspunkten der → Kosten und des → Nutzens einer Behandlung, wobei eine Erfassung beider Aspekte (ggf. Umrechnung) in monetären Einheiten erfolgt. Wenn dagegen nur die Kostenseite monetär erfaßt werden kann, spricht man von einer Kosten-Effektivitäts-Analyse. Beide Arten von Analysen basieren auf dem Opportunitätskostenprinzip, wobei die Opportunitätskosten als entgangener Nutzen für eine alternative Verwendung der Ressourcen definiert sind. Der Wert dieser nicht wahrgenommenen »Opportunitäten« wird in Geldeinheiten erfaßt.

Kosten-Nutzen-Relation. Beim Ermitteln der Kosten-Nutzen-Relation einer Behandlung wird versucht, alle Aspekte einer Behandlung in monetären Einheiten zu erfassen. Dabei wird ein Quotient aus dem Gesamtnutzen und den Gesamtkosten berechnet. Ziel ist ein im Verhältnis zu den → Kosten möglichst hoher monetärer → Nutzen der Therapie.

Krampfanfall (Konvulsion). Ein sich in Serien wiederholendes klonisches oder tonisches Krampfgeschehen der Körpermuskulatur, ausgelöst durch ein »Krampfzentrum« im Gehirn oder Rückenmark, z. B. bei Epilepsie oder Durchblutungsnot, durch Kampfgifte (z. B. Strychnin) oder bei Fieber.

Krankheit. (1) Subjektives und objektives Bestehen körperlicher oder psychischer Störungen bzw. Veränderungen. (2) Krankheitsbegriff: die Beziehung für eine zusammengefaßte Gruppe von Krankheitsabläufen, die als Entität mit mehr oder weniger typischen Zeichen (Symptomen) aufgefaßt wird. Im Bereich psychischer Beschwerden wird in der Fachsprache der Störungsbegriff dem Krankheitsbegriff vorgezogen. Unter psychischer Störung versteht man in Anlehnung an das DSM-IV ein klinisch auffallendes Verhalten oder psychisches Syndrom oder Merkmalsmuster, das bei einer Person vorkommt, welches als unangenehm erlebtes Symptom (Beschwerde) oder mit einer Leistungseinschränkung in einem oder mehreren Funktionsbereichen (Unvermögen) einhergeht. Es besteht eine verhaltensmäßige, psychische oder biologische Dysfunktion. Störung betrifft nicht nur Beziehung zwischen dem Individuum und Gesellschaft (soziale Abweichung).

Krankheitsgewinn, sekundärer. Von Freud geprägter Begriff für Vorteile, die man nachträglich aus bereits bestehenden Störungszeichen ziehen kann. Beispiele: mehr Zuwendung, günstigere Arbeitsplatzsituation, vorzeitigere Rente.

Kretismus. Angeborene, fehlende oder mangelhafte Schilddrüsenfunktion mit Wachstumshemmungen (Zwergwuchs, Kurzfingrigkeit, aufgestülpte Nase, dicke Zunge, Taubheit) und intellektueller Leistungsschwäche (zurückgebliebene Sprachentwicklung).

Kriterien der Psychotherapie. Generell werden Kriterien aus der Sicht des Individiums, der Gemeinschaft und des Gesundheitssystems als zentral erachtet und der Beurteilung von Effekten von Psychotherapie zugrundegelegt.

Kritik an der Verhaltenstherapie. Zu den gegenwärtig relevanten Kritikpunkten gehören: (1) Theorie und Praxis sind häufig nicht deckungsgleich (z. B. ist die der Reizüberflutung zugrundeliegende Zwei-Faktoren-Theorie in ihrer klassischen Form überholt). (2) Störungsspezifische Therapieverfahren vernachlässigen unspezifische oder diffuse Beschwerdebilder, auch die Hinweise für den Umgang mit Komorbidität sind oft begrenzt. (3) Es fehlen Ansätze für die allgemeine Beratung vor, die jedoch einen bedeutenden Teil des Arbeitsfeldes ausmachen (z. B. Aufarbeiten unangemessener Schuldgefühle nach Ehescheidung, Loslösungsprobleme bei Verlassen des Elternhauses, Erziehungsfragen, Sinnfragen). (4) Die starke Betonung von Veränderungsprozessen kann negative Konsequenzen haben, da es Grenzen der Veränderung gibt bzw. manche Sachverhalte besser nicht verändert werden sollten (z. B. kann nicht jede Paarbeziehung bzw. nicht jeder Aspekt einer Partnerschaft erfolgreich umgestaltet werden). (5) Die Vernachlässigung des Erlebens gegenüber dem Verhalten betrifft noch immer diejenigen Formen der Verhaltenstherapie, die die »kognitive Wende« nicht mitgemacht haben.

Kurtradition. Am historischen Bild der Kurkliniken und Erholungskuren orientiert.

Kurzzeitgedächtnis. Auch Kurzzeitspeicher. Informationstheoretische Modellvorstellung der Psychologie für einen Teilbereich des Gedächtnisses mit der Fähigkeit, einen Sachverhalt für kurze Zeit zu behalten. Begrenzte Speicherkapazität. Gegensatz: → Langzeitgedächtnis.

Labeling. Die Konzeption von Störung als erlernter sozialer Rolle, deren Entstehung durch die Zuschreibung eines diagnostischen Etiketts mit seinen spezifischen sozialen Konsequenzen (»Patientenkarriere«, Diskriminierungen, Stereotypien) erklärt werden kann. Im deutschsprachigen Raum auch als »Etikettierungsansatz« bezeichnet.

Längsschnittbefund. Wiederholte Untersuchung eines Krankheits- bzw. Störungsprozesses innerhalb eines längeren Zeitabschnitts (z. B. mehrere Jahre). Die Längsschnittbetrachtung ermöglicht Aussagen zum Verlauf bestimmter Merkmale von Krankheitswert.

Längsschnittstudien. Verlauferfassung über mindestens zwei Zeitpunkte, retrospektiv oder prospektiv, ggf. Konzentration auf Risikofaktoren oder -populationen (→ Risikoforschung). In der Soziologie und Epidemiologie z. T. auch als Panel- oder Kohortenstudie bezeichnet. Ziel: Untersuchung von Entwicklungs- und Veränderungsverläufen, Vorhersage von Störungen oder Therapieergebnissen, Identifikation von Risikofaktoren, Evaluation von Präventivmaßnahmen. Da in der klinischen Forschung häufig ein echter experimenteller Zugang etwa mit willkürlicher Herstellung psychischer Störungen ethisch unmöglich ist, bieten prospektive Längsschnittstudien eine wichtige Alternative. Lassen sich hier Prädiktoren späterer Störungen bereits vor dem Auftreten der Störung identifizieren, so ist zumindest die Möglichkeit ausgeschlossen, daß es sich dabei um Folgen der Störung handelt. Probleme: Generell: Reliabilität und Reaktivität der Messungen, Datenschutz, ethische Probleme bei Nicht-Intervention. Retrospektiv: Selektionseffekte, Erinnerungseffekte. Prospektiv: Aufwand, Probandenschwund.

Langzeit-Begleitung von Patienten. U. U. angebracht, wenn trotz intensiver Bemühungen keine bedeutsame Besserung der Störung erreicht werden konnte. Hier ist es wichtig, dem Patienten zu vermitteln, daß er nicht allein ist und möglichst keine Schuldzuweisungen für die gescheiterten Therapieversuche vorzunehmen. Selbstverständlich muß geklärt werden, ob wirklich alle erfolgversprechenden Methoden angewandt wurden. In der Praxis zeigen sich immer wieder Fälle, in denen die Behandler aufgrund ihrer Ausbildung oder theoretischen Ausrichtung nur einen schmalen Ausschnitt der reichen Palette der therapeutischen Möglichkeiten anwandten. In diesen Fällen ist die Überweisung an einen anderen kompetenten Spezialisten sinnvoll. In anderen Fällen jedoch muß versucht werden, dem Patienten ein realistisches Bild seiner Heilungschancen zu vermitteln und ihn beim Umgang mit chronischen Aspekten seiner Störung zu unterstützen.

Läsion. Umschriebene Störung einer Funktion oder des Gewebegefüges im lebenden Organismus.

Langzeitgedächtnis. Auch Langzeitspeicher. Informationstheoretische Modellvorstellung für einen Teilbereich des Gedächtnisses mit der Fähigkeit zu langzeitiger Speicherung von Sinneswahrnehmungen oder psychischen Vorgängen. Gegensatz: → Kurzzeitgedächtnis.

Laxanzien. Abführmittel (→ Anorexie).

Lebenszeit-Prävalenz. Häufigkeit aller Fälle in einer definierten Population, die im Verlauf ihres Lebens mindestens einmal eine bestimmte Störung bzw. Krankheit aufgewiesen haben. In der englischsprachigen epidemiologischen Forschung als Lifetime Prevalence bezeichnet und in der Folge auch von manchen deutschsprachigen als Lifetime-Prävalenz benannt. Als Zeitabschnitt der erfaßten Symptome, Syndrome oder Störungen dient die gesamte Lebensspanne des befragten Individuums. Bei der Berechnung als Wahrscheinlichkeit über die gesamte (auch künftige) Lebensspanne werden Korrekturen für die noch nicht erfaßten Lebensjahre erforderlich. Unterschied zu → Punktprävalenz (an einem gegebenen Stichtag), Sechs-Monats-Prävalenz oder Ein-Jahres-Prävalenz (je nach Dauer des Erhebungszeitraums). Vgl. auch → Inzidenz.

Leibhalluzinationen. Zoenästhetische Halluzinationen (→ Halluzinationen). Allgemeine oder lokale Leibgefühle mit großer Variationsbreite und z.T. raschem zeitlichen Wechsel (z.B. Gefühl, versteinert, vertrocknet, verschrumpft, leer, hohl, verstopft, durchflutet, durchstrahlt etc. zu sein). Zur Beschreibung werden z.T. Wortneubildungen gebraucht. Hierzu zählen auch entsprechende Klagen wie »elektrische Reizung der Genitalien«, halluziniertes Koituserleben (erzwungener Beischlaf nachts), aber auch das Gefühl, gehoben zu werden, zu schweben (vestibuläre Halluzinationen) oder bewegt zu werden (kinästhetische Halluzinationen) sowie erlebte Leibentstellungen (der Körper verändert sich). Abgrenzung von wahnhafter Körperbeeinflussung bzw. Körperentstellung oft schwierig oder unmöglich. In einigen Klassifikationen versteht man unter zoenästhetischen Halluzinationen besonders innere absurde Leibhalluzinationen.

Leistungskosten. Im Gegensatz zu den Betriebskosten (entstehen direkt durch das Erbringen der Leistung) beinhalten die Leistungskosten einer Behandlung auch Spenden und Aufwendungen der Patienten (z.B. Reisekosten) und ihrer Bezugspersonen (z.B. Ehepartner). Die umfassenden Gesamtkosten beziehen alle Betriebs- und Leistungskosten mit ein. Zusätzlich werden auch die Kosten für die Therapie von Folgeschäden, die auf die durchgeführte Therapie zurückgehen, berechnet.

Lernen, Lernprozesse. Es wird unterschieden zwischen → assoziativen (→ klassische und → operante Konditionierung) und → nichtassoziativen Lernprozessen (→ Orientierung, → Habituation, → Sensibilisierung). Grundsätzlich bezeichnet Lernen den zumindest relativ dauerhaften Erwerb oder die Veränderung von Reaktionen im Verhalten und Erleben. Abgrenzung von Änderungen aufgrund von Reifung, angeborenen Reaktionstendenzen oder vorübergehenden Organismuszuständen wie etwa Ermüdung.

Lernkurve. Graphische Darstellung veränderter Leistungen nach Übungsdurchgängen.

Lerntheorien. Bedeutende theoretische Grundlagen der Verhaltenstherapie. Sie erklären sowohl Lernprozesse als auch Anpassungsprozesse des Menschen an seine soziale und materielle Umwelt. Entstanden vorwiegend aus experimentellen Untersuchungen.

Levitation. Ein durch das autonome Nervensystem unterstützter Schwebezustand der Hand aus dem Handgelenk, des Armes, des Ellbogen oder dem Schultergelenk, der als automatisch und mühelos empfunden wird (u.a. bei der → Hypnose).

Liebeswahn. Wahnhafte Überzeugung, von einer anderen Person geliebt zu werden, betrifft meist ledige Personen, Alter häufig zwischen 40 und 60 Jahren. Zentrale Gestalt des Wahns können Prominente (z.B. Schauspieler, Priester, Politiker, Schriftsteller), aber auch Menschen aus dem persönlichen Umfeld sein (z.B. Psychologe, Arzt, Lehrer, Nachbar, sonstige Bekannte). Beginn meist plötzlich, oft auf der Basis einer fehlgedeuteten Beobachtung. Führt meist zu Hoffnungen, Enttäuschungen, Verleumdungen, Bedrohungen und anderen Taten (Telefonbelästigung, Briefe, öffentliche Verunglimpfungen etc.). Kann eigenständige psychogene Wahnentwicklung oder Teil umfassenderer Störungsbilder (z.B. Manie, Schizophrenie) sein. Die Therapie richtet sich nach der primären Störung, die Prognose ist jedoch ungünstig.

Lifetime. Wird vor allem in der (englischsprachigen) epidemiologischen Prävalenzforschung und bei der Diagnosestellung verwendet. Als Zeitabschnitt der erfaßten Symptome/ Syndrome oder psychischen Störungen dient die gesamte Lebensspanne des befragten Individuums, d.h. es werden diejenigen Symptome/Syndrome oder psychischen Störungen erfaßt, die irgendwann einmal im Leben aufgetreten sind (»Lebenszeitprävalenz«).

Limbisches System. Gehirnteil bzw. funktionelles System zwischen Hirnstamm und Neokortex (bestimmter Teil der grauen Rindensubstanz). Regelt das Emotions- und Triebverhalten und dessen Verknüpfung mit vegetativen Organfunktionen. Wahrscheinlich auch für das Gedächtnis von Bedeutung.

Liquidationsregeln zur Psychotherapie. Die verschiedenen Abrechnungsverfahren unterstützen spezifische Vorgehensweisen, die nicht zwingend die effektivsten sein müssen.

Lithium. Therapeutische Anwendung finden Lithiumchlorid und Lithiumkarbonat bei bipolaren affektiven Störungen als Dauer- bzw. Intervallbehandlung, v.a. zur Rückfallprophylaxe.

Lob. Soziale Verstärkung. Für die soziale Verstärkung durch Therapeuten (und ggf. auch andere Bezugspersonen) gelten die allgemeinen Grundregeln: Man kann kaum zuviel loben, verstärkt wird jede Anstrengung (nicht erst der perfekte Erfolg) und die Ansprüche müssen schrittweise gesteigert werden.

Lobotomie. Operative Durchtrennung der Stirnhirn-Thalamus-Verbindung vor allem zur Schmerzausschaltung, früher auch andere Formen für andere Zwecke. Auch als Leukotomie bezeichnet, wenn die ein- oder zweiseitige Durchtrennung frontothalamischer Faserverbindungen mit einem Leukotom gemeint ist. Die beabsichtigte Schmerzverminderung wird dabei fast immer durch Persönlichkeitsveränderungen und z.T. hirnorganische Anfälle erkauft.

Lockerung der Assoziationen. Ein Denken, bei dem die Sprache durch einen Wechsel der Ideen von einem Thema zum anderen gekennzeichnet ist, wobei die Themen gar nichts oder nur wenig miteinander zu tun haben, ohne daß dies dem Sprecher bewußt wird. Aussagen, denen ein sinnvoller, logischer Zusammenhang fehlt, werden einander gegenübergestellt oder der Betreffende schweift idiosynkratisch von einem Bezugsrahmen zum anderen. Bei schwerer Assoziationslockerung wird die Sprache inkohärent. Die Lockerung der Assoziationen findet sich v.a. bei Schizophrenien und manischen Episoden.

Logopädie. Stimm-, Sprech- und Sprachheilkunde.

Logorrhoe. Rededrang. Im Extremfall wird das Gesagte nur noch nach dem Wortklang verknüpft (Klangassoziationen). Damit scheinbares Springen von Wort zu Wort. Es kann eine zusammenhängende von einer inkohärenten Logorrhoe (dem Redefluß kann nicht mehr gefolgt werden) unterschieden werden.

Looking-glass-self. Vorstellung darüber, welche Vorstellung eine andere Person über einen selbst hat.

Löschung (Extinktion). Beseitigung einer klassisch oder operant konditionierten Reaktion durch wiederholte Vorgaben des konditionierten Reizes ohne den unkonditionierten Reiz bzw. ohne nachfolgende Verstärkung.

LSD (D-Lysergsäurediäthylamid). → Halluzinogen, verursacht nach oraler Aufnahme mit einer Latenz von 30–120 Minuten auftretende, 5–24 Stunden anhaltende psychotische Erscheinung. Anfänglich finden sich Verzerrungen der Sinneswahrnehmungen, dann Gefühle der Geist-Körper-Trennung, Verlust des Raum-Zeit-Gefühls, Halluzinationen, Affektaktivierung und evtl. Auslösung einer Angstreaktion.

Lubrikation. Durch die Ausscheidung der Bartholinischen Drüsen bewirkte Erhöhung der Gleitfähigkeit der Vagina.

Mangelernährung. Die tägliche Kalorienzufuhr liegt mindestens ca. 500 kcal. unterhalb des Bedarfs. Relevant v. a. bei → Anorexie und → Bulimie.

Manie. Teilerscheinung der manisch-depressiven bzw. bipolaren affektiven Störung. Symptome: heitere Grundstimmung, unbegründeter strahlender Optimismus, Gehobensein aller Lebensgefühle, Antriebsüberschuß, Enthemmung (evtl. auch Tobsucht), erhöhte Triebhaftigkeit, Ideenflucht, Selbstüberschätzung, gesteigertes körperliches Wohlbefinden.

Manische Episode (ICD-10: F30, DSM-IV: 296.xx) bzw. bipolare affektive Störung (ICD-10: F31, DSM-IV: 296.xx). Eine klar abgrenzbare Phase abnorm und anhaltend überhöhter, euphorischer oder extrem reizbarer Stimmung mit einer Mindestdauer von einer Woche. Weiter affektive Symptome sind unangemessene Gefühle von Kraft, Schwung, Leistungsfähigkeit, Selbstvertrauen, Unternehmungsgeist, Zu versicht, Optimismus, aber auch Leichtfertigkeit und mangelnde Krankheitseinsicht. Im Denken voller Pläne, überschäumende Ideen, Einfalls- und Assoziationsreichtum bis hin zur Ideenflucht. Motorisch antriebsgesteigert mit vermehrter Umtriebigkeit bis zur manischen Erregung oder gar Tobsucht. Bisweilen gesteigerte Wahrnehmungsintensität. Manchmal expansiver Größenwahn und Selbstüberheblichkeit. Die Stimmungsstörung ist so intensiv, daß sie zu einer erheblichen Beeinträchtigung in Arbeit oder Freizeit führt oder daß eine stationäre Einweisung zur Abwendung von Schäden für die Patienten oder andere notwendig ist. Im DSM-IV werden manische Episoden immer als Teil einer bipo laren Störung aufgefaßt, auch wenn bisher keine depressiven Phasen aufgetreten sind. Bei einer hypomanischen Episode müssen die gleichen Diagnosekriterien für die Dauer von mindestens vier Tagen erfüllt sein, mit Ausnahme der deutlichen Beeinträchtigung bzw. der Klinikseinweisung. Dennoch muß auch bei einer hypomanischen Episode ein von anderen beobachtbarer Verlust der Funktionsfähigkeit gegeben sein.

MAO-A-Hemmer, reversible (RIMA). Neue Generation eines bestimmten Typs von Antidepressiva (→ MAO-Hemmer): selektiver und reversibler Mono-Amino-Oxidase-A-Hemmer (RIMA) mit weniger substanzspezifischen Nebenwirkungen.

MAO-Hemmer. Mono-Amino-Oxidase-Hemmer. Bestimmter Typ eines älteren Antidepressivums mit spezieller Indikation (v. a. Depressionen, Angstzustände, Panikanfälle, Zwangssyndrome). Wirkt antriebssteigernd und stimmungsaufhellend. Erfordert spezielle Diät zur Vermeidung möglicherweise lebensbedrohlicher Nebenwirkungen.

Marihuana. Getrocknete Blüten und Stengel des Indischen Hanfs (Cannabis) (→ Haschisch).

Masochismus (ICD-10: F65.5, DSM-IV: 302.83). Sexuelle Abweichung, durch Erduldung körperlicher Mißhandlung, Erniedrigung etc. sexuelle Erregung oder Befriedigung zu erreichen (→ Sadismus, → Paraphilien).

Massive Entwicklungsstörung. In der Kindheit beginnende schwere und anhaltende Behinderung der sozialen Beziehungen, z. B. Fehlen unangemessener affektiver Reaktionen, unangemessen anklammerndes Verhalten, Asozialität, Fehlen der Empathie. Weitere Symptome sind plötzlich auftretende exzessive Angst, eingeengter oder unangemessener → Affekt (Fehlen angemessener Furchtreaktionen), Widerstand gegen Veränderungen in der Umgebung, Eigentümlichkeit der Motorik, Anomalien der Sprache, Über- oder Unterempfindlichkeit gegenüber Reizen, Selbstbeschädigung. Die Störung tritt nach dem 30. Lebensmonat und vor dem 12. Lebensjahr auf.

Masturbation (Onanie). Sexuelle Selbstbefriedigung.

Mediator. (1) Ein erschlossener Zustand, der zwischen dem beobachtbaren Reiz und der beobachtbaren Reaktion liegt, d. h. durch den Reiz erzeugt wird und die Reaktion auslöst. (2) Eine Person, die vom Therapeuten in der Anwendung bestimmter Verfahren trainiert wird und diese dann gegenüber dem eigentlichen Adressaten der Methode zum Einsatz bringt oder andere Personen ausbildet (Mediatoren-Training).

Medizinisches Modell (Krankheitsmodell). Eine Reihe von Annahmen, nach denen abweichendes Verhalten und psychische Störungen Ähnlichkeiten zu körperlichen Krankheiten aufweisen.

Megalomanie. Größenwahn.

Mehrebenenmodell. Eine biopsychologische Betrachtungsweise des Verhaltens, die davon ausgeht, daß Verhalten sich simultan auf somatischen, innerpsychischen, interaktionellen und anderen Ebenen äußert (→ Drei-Ebenen-Ansatz). Daher ist eine Verhaltensstörung durch psychosomatische Begleiterscheinungen (etwa Hormonausschüttung), motorische Komponenten (etwa Verspannung), emotionale Beeinträchtigungen (etwa Angst), begleitende Gedanken (etwa selbstabwertendes Einreden), interaktionelle Charakteristika (etwa Schüchternheit) usw. bis hin zu lebensphilosophischen Aspekten (Sinnkrise) gekennzeichnet. Entsprechend kann die Therapie auf jeder Ebene ansetzen. Die Mehreben-Sichtweise beinhaltet jedoch eigene Probleme (z. B. die empirisch gut belegte → Desynchronie zwischen den Ebenen). Dennoch betonen auch Kritiker, daß diese Schwierigkeiten nicht durch einen Rückzug auf unimodale Messungen gelöst werden können, sondern daß ein multimodales und → multimethodales Vorgehen bei der Datenerhebung unverzichtbar ist. Die Erhebung mehrerer, z. T. paralleler Variablen bewirkt bei der statistischen Auswertung jedoch besondere Probleme. Zum einen können aufgrund verletzter Voraussetzungen häufig multivariate Verfahren nicht eingesetzt werden. Zum anderen können auch nicht alle Fragen durch die multivariate Auswertung geklärt werden. Die univariate Auswertung mit multiplen Vergleichen führt jedoch zu dem bekannten Problem der Inflation des Alpha-Fehlers bzw. den unbefriedigenden Lösungen dieses Problems, die ihrerseits den Beta-Fehler hochtreiben.

Meningitis. Meist durch Bakterien verursachte Entzündung der Gehirn- und Rückenmarkshäute. Symptome: Kopf- und

Rückenschmerzen, Krämpfe, Nackensteife und -beuge-schmerz, Fieber, Bewußtseinstrübung.

Mental. Das Denken, den Geist betreffend, auch im weiteren Sinne von Bewußtsein gebraucht.

Mescalin. Biogenes Amin, aktiver Bestandteil des Peyotl, wirkt als → Halluzinogen.

Meta-Analyse. Derzeit objektivste Methode zur quantitativen Zusammenfassung von Befunden aus mehreren Studien. Zunächst wird für jedes in einer Untersuchung erhobene Maß eine → Effektstärke berechnet. Die Effektstärke sagt aus, um wieviel Standardabweichungen der Mittelwert einer Versuchsgruppe von dem einer Kontrollgruppe abweicht. Alle berechneten Effektstärken werden dann gemittelt, um mit dieser »integrierten Effektstärke« über einen globalen Index der Therapieeffekte zu verfügen. Diese Methode macht es möglich, auch Studien mit verschiedenen Erhebungsmaßen direkt miteinander zu vergleichen. Vorteile u.a. objektive Zusammenfassung der Befunde, quantifizierende Aussage berücksichtigt Stärke und nicht nur → statistische Signifikanz der Ergebnisse. Nachteile: typischerweise bleiben methodische Qualität und klinische Relevanz der Ergebnisse unberücksichtigt. Generell ist der Nutzen von Meta-Analysen umstritten, da Ergebnisse aus z.T. sehr unterschiedlichen Quellen zusammengeworfen werden und die Analyse sich sehr weit von der Datenbasis entfernt. Trotz der Kritik hat sich die Meta-Analyse als objektiv-statistisches Verfahren zur Zusammenfassung heterogener Befunde über verschiedene Studien hinweg mittlerweile auch in Forschungsgebieten eingebürgert, die weit entfernt von ihrem ursprünglichen Einsatzbereich in der Psychotherapieforschung liegen.

Metabolismus. Stoffwechsel.

Metabolit. Zwischenprodukt eines Medikamentes im Stoffwechsel des Organismus.

Metaperspektive. Die Vorstellungen, die Person i von der Vorstellung der Person j über x hat, also der von i vermuteten Beurteilung j's über x (wenn x i selbst ist, spricht man auch vom »Looking-glass-self«).

Metaphysischer Behaviorismus. Form des → Behaviorismus, der die Existenz eines Bewußtseins bzw. psychischer Ereignisse ablehnt. Gegenstand der psychologischen Wissenschaft ist ausschließlich das beobachtbare Verhalten (Vertreter z.B. Watson).

Methadon. Synthetisches Opioid, findet Anwendung als Analgetikum und zur Behandlung Opiatabhängiger (→ Methadon-Substitution).

Methadon-Substitution. Therapeutische Strategie zur Behandlung von Opiatabhängigen, wobei zur Vermeidung des hohen Abbruchrisikos die illegal erworbenen Opiate durch eine regelmäßige Vergabe eines legalen Opiates (Methadon) ersetzt werden, das jedoch keine euphorische Wirkung hat, so daß der Abhängige arbeits- und kontaktfreudig bleibt. Eine langjährige Therapieperspektive über zumindest vier bis fünf Jahre, eine enge Abstimmung aller therapeutischen und sozialen Maßnahmen sowie eine objektive Kontrolle des möglichen Nebenkonsums sind notwendig.

Methodik. System von Aussagen bzw. Verfahren, das das konkrete Handwerkszeug für das praktische Vorgehen bei der Bearbeitung wissenschaftlicher Fragestellungen betrifft (z.B. wie plane ich ein Experiment, welche statistischen Verfahren sind für welche Probleme geeignet etc.). Häufig

mit der → Methodologie verwechselt, die jedoch Aussagen über die Logik der Methoden (Lehre von den wissenschaftlichen Methoden, z.B. was ist eine Hypothese, was ist das Ziel wissenschaftlicher Forschung etc.).

Methodologie. Lehre von den wissenschaftlichen Methoden. Als Teil der Logik, der sich mit Fragen der Forschungslogik befaßt, ist die Methodologie ein zentraler Gegenstandsbereich der Wissenschaftstheorie. Häufig mit der → Methodik verwechselt, die jedoch das konkrete Handwerkszeug für das praktische Vorgehen betrifft (z.B. wie plane ich ein Experiment, welche statistischen Verfahren sind für welche Probleme geeignet etc.). Im Gegensatz dazu macht die Methodologie Aussagen über die Logik der Methoden (z.B. was ist eine Hypothese, was ist das Ziel wissenschaftlicher Forschung etc.). Die verhaltenstherapeutische Methodologie wird zumeist als → methodologischer Behaviorismus bezeichnet, der jedoch nicht mit anderen Spielarten des → Behaviorismus gleichgesetzt werden darf.

Methodologie der Verhaltenstherapie. Zumeist als → methodologischer Behaviorismus gekennzeichnet. Dieser darf nicht mit anderen Spielarten des → Behaviorismus gleichgesetzt werden. Grundprinzipien des methodologischen Behaviorismus: (1) Suche nach Gesetzmäßigkeiten. (2) Beobachtbarkeit. (3) Operationalisierbarkeit. (4) Empirische Testbarkeit. (5) Experimentelle Prüfung.

Methodologischer Behaviorismus. Form des → Behaviorismus, die nicht durch Aussagen über die Existenz psychischer Phänomene bestimmt wird, sondern lediglich über die Festlegung methodologischer Prinzipien, mit deren Hilfe wissenschaftliches von unwissenschaftlichem Vorgehen abgegrenzt werden kann. Grundprinzipien des methodologischen Behaviorismus: (1) Suche nach Gesetzmäßigkeiten. (2) Beobachtbarkeit. (3) Operationalisierbarkeit. (4) Empirische Testbarkeit. (5) Experimentelle Prüfung. Der methodologische Behaviorismus ist heute die Mehrheitsströmung der empirischen Psychologie, der beispielsweise auch Vertreter des Kognitivismus anhängen. Er stellt die methodologische Basis der Verhaltenstherapie dar.

Milieutherapie. Behandlungsverfahren, bei dem die gesamte Umwelt, das Personal und die Patienten einer klinischen Einrichtung zu einer »therapeutischen Gemeinschaft« gemacht werden. Alle Mitarbeiter, mit denen der Patient zu tun hat, bringen ihm gegenüber zum Ausdruck, daß er sich normaler und verantwortungsvoller verhalten kann und dies auch tun soll.

Mini-DIPS. Diagnostisches Kurz-Interview bei psychischen Störungen. Kurzfassung des → DIPS für die therapeutische Praxis, Screening-Studien und ähnliche Zwecke.

Minus-Symptomatik. Gleichbedeutend mit Negativ-Symptomatik. Symptomatik, bei der im Vergleich zum gesunden Zustand etwas »fehlt«, geringer ausgeprägt ist, »ins Minus (bzw. Negative) geht«. Typisch sind etwa Antriebs- und Gefühlsverarmung, Affektverflachung, Rückzugstendenzen, Abkapselung, Lustlosigkeit, Freudlosigkeit, Schwunglosigkeit, Mangel an Körperpflege etc. Vor allem bei Schizophrenien (→ Plus-Symptomatik).

Mischintoxikation. Vergiftung durch Mischpräparate, die mehrere Substanzen enthalten.

Mißverständnisse zur Verhaltenstherapie. Einige der häufigsten falschen Auffassungen müssen wie folgt korrigiert werden: (1) Verhaltenstherapie führt nicht zu → Symptomverschiebung. (2) Das Erleben starker Gefühle bei → Konfrontationstherapien (z.B. bei Angststörungen, Trauerreaktionen, posttraumatischen Störungen oder Eßstörungen) birgt keine Gefahren für die Patienten. (3) Die Gedanken und Gefühle der Patienten werden nicht ignoriert, sondern im Gegenteil direkt bearbeitet. (4) Die moderne Verhaltenstherapie nimmt nicht an, daß alle psychischen Störungen durch einfache Konditionierungsprozesse erlernt werden. (5) Der Gebrauch von Medikamenten ist nicht generell unver einbar mit Verhaltenstherapie.

MMPI (Minnesota Multiphasic Personality Inventory). Ein aus 566 Items bestehender Persönlichkeitsfragebogen, der für klinische Diagnosen entwickelt wurde. Mit dem Fragebogen werden krankhafte und störende psychische Auffälligkeiten erfaßt. Der Test umfaßt 10 klinische Skalen: Depression (D), Hysterie (Hy), Psychopathie (Pp), Maskuline, feminine Interessen (Mf), Paranoia (Pa), Psychasthenie (Pt), Schizoidie (sc), Hypomanie (Ma), Soziale Introversion, Extraversion sowie vier Kontrollskalen. In der Verhaltenstherapie, wie auch andere Persönlichkeitsfragebögen, eher selten angewandt, da nur geringfügige Konsequenzen für das therapeutische Handeln.

Mobilitäts-Inventar (MI). Kurzer klinischer Fragebogen von Chambless und Mitarbeitern, der das Ausmaß erfaßt, in dem 28 Agoraphobie-relevante Situationen vermieden werden und zwar in Abhängigkeit davon, ob der Patient allein oder in Begleitung mit der Situation konfrontiert wird (ergibt dementsprechend zwei Skalen: Mobilität allein und Mobilität in Begleitung). Kann über das Gespräch hinaus der effizienten Informationserhebung dienen, geeignet für Diagnostik, → Therapieplanung und Abschätzung des Therapieerfolgs. Original amerikanisch, deutsche Fassung in der klinischen Batterie »Fragebogen zu körperbezogenen Ängsten, Kognitionen und Vermeidung (AKV)«, zusammen mit → ACQ und → BSQ.

Modell. Analoge Übertragung von Vorstellungen von einem Gebiet auf ein anderes, → Heuristik, → Algorithmus.

Modellentwicklung. Methodischer Zugang der Forschung in der Klinischen Psychologie, der der Erforschung pathogenetischer und therapeutischer Prozesse mittels der Entwicklung möglichst zutreffender Modelle dient. Seit Pawlovs »experimenteller Neurose« spielen hier Tiermodelle eine große Rolle. In zunehmendem Ausmaß wird aber auch versucht, im Humanbereich Modelle pathologischer Zustände oder ihrer Veränderung zu entwickeln. Kritisch ist selbstverständlich immer die Frage nach der ökologischen Validität der Modelle.

Modellernen. Prozeß, bei dem die Auftretenswahrscheinlichkeit von (einfachen oder komplexen) Verhaltensweisen einer Person sich erhöht, wenn diese ein entsprechendes Verhalten bei einer anderen Person (Modell) beobachtet. Das Modellverhalten kann dabei u.a. direkt, über einen Film oder sprachlich vermittelt sein. Auch als stellvertretendes Lernen bezeichnet.

Mongolismus. Überholte Bezeichnung für das → Down-Syndrom.

Monismus. Annahme einer Einheit, eines einzigen Prinzips als der Grundlage allen Seins. Lehre, daß Körper und Geist, Leib und Seele eine Einheit darstellen. Gegensatz: → Dualismus.

Monopolar. Störungsverlauf einer → affektiven Störung, bei dem ausschließlich manische oder depressive Phasen vorkommen. Gegensatz zu → bipolar.

Morbidität. Epidemiologischer Kennwert: Erkrankungsrate, Anteil der Erkrankten an einer definierten Population während eines bestimmten Zeitraumes.

Morbus. Krankheit. Bisweilen als Fachbegriff dem eigentlichen Krankheitsnamen vorangestellt. Beispiele: Morbus Parkinson (nach dem Erstbeschreiber).

Morgentief. Häufiges Beschwerdebild im Rahmen einer Depression, gekennzeichnet durch frühes Erwachen mit Schwermut, Hoffnungslosigkeit, Furcht vor dem beginnenden Tag, Grübelneigung, »Berg auf der Brust«. Ein Abendtief ist ebenfalls möglich.

Morphin/Morphium. Wichtiges Alkaloid des → Opiums, stark wirkendes Analgetikum (suchterzeugendes Betäubungsmittel).

Mortalitätsrate. Epidemiologischer Kennwert: Sterberate, Anteil der Sterbefälle an einer definierten Population während eines bestimmten Zeitraums.

Motorik/motorisch. Die Bewegungsvorgänge betreffend. Haltung und Bewegung in einzelnen und kombinierten Bewegungsabläufen des handelnden Menschen, ausgedrückt in Mimik und Gestik. Als Psychomotorik bezeichnet man das an der jeweiligen Motorik ablesbare Zusammenspiel von psychischen Vorgängen und motorischer Erregung.

Motorik, Störungen der. Bei den Störungen der Motorik unterscheidet man u.a.: → Tics, → Stupor, → Hyperkinese, → Katatonie, → Raptus, → Katalepsie, → Negativismus, → motorische Stereotypien, → Echopraxie.

Motorische Stereotypien. Gleichförmig wiederholte Bewegungen verschiedener Art.

Motorische Unruhe. Übermäßige Spontanbewegungen bis hin zur psychomotorischen Erregung.

Müdigkeit, chronische. Andauernde oder wiederkehrende Müdigkeit bzw. leichte Ermüdbarkeit, bis hin zur abnormen Tagesschläfrigkeit, die trotz Ausruhen im Bett nicht verschwindet und entsprechende Folgen nach sich zieht (beruflich, aber auch familiär, partnerschaftlich). Mögliche Ursachen: (1) Einnahme von Medikamenten mit dämpfender Wirkung, (2) Schlaf-Apnoe, (3) organische Krankheitsbilder mit Müdigkeitsfolge (z.B. Stoffwechselstörungen, Blutarmut, Vitamin- und Mineralmangelzustände, chronische Vergiftung, niedriger Blutdruck etc.), (4) Alkoholismus, (5) »Burn-out-Syndrom«, (6) posttraumatische Belastungsstörungen, (7) Narkolepsie, (8) Zustand nach Schädel-Hirn-Unfall, Enzephalitis/Meningitis oder anderen Gehirnschädigungen, (9) Schichtarbeit, Nachtarbeit, häufige Interkontinentalflüge, chronische Störungen des Schlaf-Wach-Rythmus, (10) Psychostimulanzien-Mißbrauch, (11) Drogen-Konsum, teils durch dämpfende Substanzen, teils als Entzugs-Beschwerdebild für praktisch alle Drogen nach freiwilliger/zwangsweiser Unterbrechung der Drogenzufuhr, (12) Depressionen (z.T. auch subklinisch), (12) manche Hirntumore machen zuerst durch Tagesschläfrigkeit auf sich aufmerksam. Vgl. auch das umstrittene Konzept des → »Chronic Fatigue Syndroms«.

Multiaxiale Diagnostik. Diagnosestellung im Rahmen eines Systems, das klinisch relevante Informationen gleichzeitig auf mehreren Dimensionen (den sogenannten Achsen) wie etwa klinische Symptome, körperliche Faktoren und psychosoziale Stressoren einordnet (z.B. die 5 Achsen des DSM-IV: Klinische Syndrome, Persönlichkeitsstörungen und geistige Behinderungen, körperliche Störungen und Zustände, psychosoziale und Umweltprobleme, allgemeines Niveau der sozialen Anpassung). Erlaubt Berücksichtigung eines breiten Spektrums klinisch relevanter Informationen wie z.B. Störungen, soziale Umgebung, Leistungsbereiche und körperliche Faktoren. Die getrennte Einschätzung sichert besser vor einer Vermischung der heterogenen Daten (d.h. die Daten werden besser systematisiert).

Multifaktorielle Genese. Entstehung unter Beteiligung einer Vielzahl von ursächlichen Bedingungen. Heutzutage wird für die meisten psychischen Störungen eine multifaktorielle Genese angenommen, häufig im Rahmen eines → Diathese-Streß-Paradigmas (bzw. → Vulnerabilitäts-Streßerklärung).

Multimethodale Erfassung. Forderung, daß Veränderungen auf mehreren Ebenen (Verhalten, Kognitionen, physiologische Maße) und mit mehreren Methoden erfaßt werden müssen.

Multimodale Diagnostik. Eine Strategie, welche verschiedene Datenquellen benutzt, um eine größere empirische Validität (durch multiple Operationalisierung) zu erreichen, allerdings häufig Divergenzen statt Konvergenzen aufdeckt. Aus der Vielfalt der Datenquellen sind für ein Problem bzw. Konstrukt adäquate Testdaten, Funktionsprüfungen, Interview- und Fragebogendaten, physiologische und neuropsychologische Parameter auszuwählen.

Multiples Baseline Design. Versuchsplan, bei dem zwei Verhaltensweisen eines Individuums für eine Untersuchung ausgewählt werden und eine dieser Verhaltensweisen einer Behandlung unterzogen wird; das nicht behandelte Verhalten dient als Vergleichswert, gegen den die Effekte der Behandlung bestimmt werden können. Alternativ auch Versuchsplan mit zwei oder mehreren Versuchspersonen, bei denen nach unterschiedlich langen Baselines (interventionsfreien Phasen zur Bestimmung des Grundniveaus) eine experimentelle Manipulation bzw. eine therapeutische Intervention erfolgt. Ändert sich das interessierende Zielverhalten (→ abhängige Variable) trotz der unterschiedlichen Zeitpunkte jeweils erst nach Einführung der Intervention, so kann dies als Hinweis auf einen kausalen Zusammenhang gedeutet werden.

Multiple Persönlichkeit. Seltene dissoziative Störung, bei der zwei oder mehrere unterschiedliche und voneinander getrennte Persönlichkeiten in einer Person existieren. Jede dieser Persönlichkeiten hat ihre eigenen Erinnerungen, Kontakte und Verhaltensweisen. Nur eine einzige ist zu einem bestimmten Zeitpunkt dominant. Wird zumeist als Folge einer traumatischen Belastungssituation gesehen (z.B. chronische sexuelle Übergriffe).

Multiple somatische Symptome, somatische Differentialdiagnose. Eine internistische Differentialdiagnostik beinhaltet auch die Suche nach endokrinen Störungen. In dieser Kategorie steht im Vordergrund die Hyperthyreose, selten sind dagegen Phäochromozytom und Cushing-Syndrom. Die ängstliche Erregung der Hyperthyreose-Patienten ist außerordentlich charakteristisch. Die Analogie zu psychiatrischen Angstzuständen wird durch die psychischen Beeinträchtigungen wie Ruhelosigkeit, ängstliche Anspannung und Erregung (bei verminderter Leistungs- und Belastungsfähigkeit) und die körperliche Symptomvielfalt (Tachykardie und Palpitationen, Schwitzen, Atemnot, Muskelschwäche, Gewichtsabnahme etc.) nahegelegt. Gelegentlich kommen auch phobische Ängste, wie z.B. Klaustrophobien, vor. Eine eskalierende ängstliche Erregung kann eine Thyreoto-

xikose ankündigen. Das Phäochromozytom ist vor allem durch Bluthochdruck-Krisen, manchmal auch persistierende Angst und Unruhe, das Cushing-Syndrom eher durch ängstlich depressive Gestimmtheit, Affektlabilität und Antriebsstörungen gekennzeichnet. Am schwierigsten ist die hyperthyreote Ängstlichkeit von primären Angststörungen zu unterscheiden. Klinische Unterschiede sind hier beispielsweise die kühlen Hände des angstgestörten und die warmen Hände des hyperthyreoten Patienten, die erhaltene Herzschlagabsenkung in Ruhe und Schlaf bei Panikstörung und die auch nachts persistierende Tachykardie bei Hyperthyreose. Obwohl beide Patientengruppen über Erschöpftheit und Müdigkeit klagen, bietet nur der hyperthyreote Patient trotz der subjektiven Müdigkeit eine andauernde Hyperaktivität. Hyperreflexie kommt bei beiden Störungsbildern vor. Die heute einfache labordiagnostische Abgrenzung ist unerläßlich.

Münz-System (Token-economy). Verfahren der Verhaltensmodifikation, das auf den Prinzipien des operanten Konditionierens beruht. Patienten erhalten z.B. Belohnungen für sozial konstruktives Verhalten in der Form von Münzen, die später für erwünschte Dinge wie Zigaretten oder zusätzliche Freizeitaktivitäten eingetauscht werden können. Erfolgreich erprobt u.a. bei Oligophrenien, chronischen Schizophrenien und der Verhaltenstherapie bei Kindern.

Münzentzugs-System (Response-Cost-System). Verfahren der Verhaltensmodifikation, das auf den Prinzipien des operanten Konditionierens beruht und in der Verhaltenstherapie mit Kindern zur Anwendung kommt. Zuvor zugeteilte Verstärker (z.B. Punkte, die in Belohnungen eingetauscht werden können) werden dem Kind entzogen, wenn ein bestimmtes Problemverhalten auftritt (z.B. Kind schlägt während einer Angstreaktion auf Mutter ein).

Muskelrelaxanzien. Muskelerschlaffende Medikamente.

Muskelrelaxation, progressive (PMR). Z.T. auch als progressive Relaxation abgekürzt. Von Jacobson eingeführte Entspannungstechnik, die auf der Wahrnehmung des Kontrasts zwischen willkürlich angespannter und entspannter Muskulatur aufbaut. In der klassischen Form werden in sechs Schritten von fortschreitender Schwere (daher »progressiv«) die wichtigsten Gruppen der Willkürmotorik zunächst angespannt, dann entspannt. Zahlreiche Modifikationen und Kombinationen, etwa bei der → systematischen Desensibilisierung.

Muskeltonus. Muskelspannung.

Mutismus/mutistisch. Unfähigkeit oder Weigerung zu sprechen, trotz intakter Sprachorgane. Neben dem depressiven und katatonen Mutismus (und → Stupor) gibt es auch den sogenannten psychogenen Mutismus nach psychischem → Schock.

Myoklonie. Kurze, ruckartige, unwillkürliche Zuckungen einzelner Muskeln ohne oder mit geringem Bewegungseffekt.

Myxödem. Bei Schilddrüsenunterfunktion die trockene, rauhe, wachsartige blaß-fahle Haut im Gesicht und an den Gliedmaßen (Handrücken), meist kombiniert mit trockenen brüchigen Nägeln und schütterem Haar.

Nägelkauen. Schon bei geringer Frequenz und Intensität direkt sichtbare Auswirkungen, die sich rasch bis zu deutlichen medizinischen Problemen steigern können. Verschiedene Arten von Deformationen des Nagelapparates und der umliegenden Hautareale, wie z. B. eine Verkürzung der Nagellänge, Rauhigkeit und Rissigkeit der Nagelenden und eine Beschädigung der Haut sind im Einzelfall in unterschiedlicher Kombination und Intensität vorhanden, so daß sich beträchtliche Unterschiede im Erscheinungsbild ergeben können. »Nägelkauen« ist weder im → DSM-IV noch in der → ICD-10 als eigene Störungskategorie explizit aufgeführt, so daß es keine anerkannten diagnostischen Kriterien für die Klassifikation der Störung gibt. Wird verhaltenstherapeutisch als nervöse Verhaltensgewohnheit (Habit, Tic) konzeptualisiert, die dann zu einem dauerhaften Problem wird, wenn sie Teil einer Verhaltenskette ist, die durch ständige Wiederholung aufrechterhalten wird, teilweise unbewußt abläuft und sozial toleriert wird. Behandlung mit Hilfe des → Habit Reversal Training (HRT).

Nährstoffrelation. Bezeichnet das Verhältnis der energieliefernden Nährstoffe in der Ernährung, also Fett zu Kohlenhydrate zu Alkohol zu Eiweiß. Fettnormalisierende Ernährung hat – bezogen auf den Insgesamtkaloriengehalt – bis zu 30% Fett und mehr als 50% Kohlenhydrate. Viele Adipöse konsumieren 50% und mehr ihrer Kalorien über Fett.

Narzißmus. Nach der griechischen mythologischen Gestalt des Jünglings Narkissos, der sich in sein Spiegelbild bzw. in seinen eigenen Körper verliebt. In der Psychoanalyse normales Durchgangsstadium in der Entwicklung (»primärer Narzißmus«). Als narzistische Persönlichkeitsstörung wird eine spezielle Form der → Persönlichkeitsstörung bezeichnet, die durch Grandiosität, Suche nach Bestätigung und Mangel an Einfühlsamkeit gekennzeichnet ist.

Nebennieren. Zwei kleine Organe, die auf den Nieren sitzen. Die innere Schicht, das Mark, produziert die Hormone Adrenalin und Noradrenalin, die äußere, die Rinde, Kortison und andere Steroide.

Nebenwirkung. Unerwünschte psychische oder körperliche Begleiterscheinungen einer (z. B. medikamentösen) Therapie.

Negative Eskalation in der Kommunikation. Paare mit niedriger Beziehungsqualität zeigen lange Sequenzen negativer verbaler und nonverbaler Kommunikation.

Negative Übung. Absichtliche Verwendung der → Löschung (Extinktion), mit der unerwünschtes Verhalten durch wiederholte Auslösung ohne Verstärkung zum Verschwinden gebracht werden soll.

Negative Verstärkung. Form der Bekräftigung beim → operanten Konditionieren bzw. dem → Lernen am Erfolg, bei der eine aversive (negative) Bedingung entfällt, was die Auftretenswahrscheinlichkeit des vorangegangenen Verhaltens erhöht. Nicht zu verwechseln mit der → Bestrafung, bei der im Gegenteil durch Einführung einer aversiven Konsequenz bzw. Entfallen eines positiven Sachverhalts eine Reduktion des Verhaltens erzielt wird.

Negativ-Symptomatik. Gleichbedeutend mit Minus-Symptomatik. Symptomatik, bei der im Vergleich zum gesunden Zustand etwas »fehlt«, geringer ausgeprägt ist, »ins Minus (bzw. Negative) geht«. Typisch sind etwa Antriebs- und Gefühlsverarmung, Affektverflachung, Rückzugstendenzen, Abkapselung, Lustlosigkeit, Freudlosigkeit, Schwunglosigkeit, Mangel an Körperpflege etc. Vor allem bei Schizophrenien (→ Plus-Symptomatik).

Negativismus. Haltung der Verweigerung einer adäquaten Antwort auf Außenreize, d. h. fehlende Reaktion oder sogar gegenteiliges Handeln; Symptom der Schizophrenie.

Nekrophilie. Gebrauch eines toten Körpers als Sexualobjekt.

Neologismen, Neologismus. Wortneubildungen. Ein vom Sprechenden selbstkonstruiertes, nicht in der Sprache vorkommendes Wort, das für Zuhörer meist bedeutungslos ist. Oft aus anderen Wörtern zusammengezogen oder gebildet, häufig durch Verknüpfung heterogener Dinge (Kontaminationen), v. a. bei → Schizophrenien.

Nervensystem. Einheit aller nervösen (das Nervensystem betreffenden) Strukturen. Unterteilungsmöglichkeit in (1) → Zentralnervensystem (ZNS, Gehirn und Rückenmark) und peripheres Nervensystem (aus Gehirn und Rückenmark austretende Nerven). (2) → Autonomes oder vegetatives NS (Sympathikus und Parasympathikus).

Neuroleptika. Medikamente, die, je nach Wirkstoff, mehr oder weniger antipsychotisch wirken (vor allem hoch- und mittelpotente Neuroleptika) sowie eine unterschiedlich ausgeprägte dämpfende Wirkung entfalten (insbesondere mittel- und niederpotente Neuroleptika).

Neuroleptische Potenz. Wirkungsstärke eines Neuroleptikums.

Neuroleptische Schwelle. Individuelle Dosis-Schwelle, oberhalb der es – je nach Dosis und persönlicher Empfindlichkeit – zu bestimmten Nebenwirkungen kommt.

Neurologie. Fachgebiet der Medizin, das sich mit Erkrankungen des zentralen, peripheren und vegetativen Nervensystems und der Muskulatur befaßt. Im Zentrum stehen vor allem Diagnostik, nichtoperative Therapie, Prävention, Rehabilitation und Begutachtung dieser Störungen.

Neuromuskuläre Reedukation. Wiederaufbau der willkürlichen Kontrolle eines bestimmten Abschnittes der Muskulatur nach Verlust durch chronischen Nichtgebrauch oder Verletzung der kontrollierenden neuronalen Einheiten.

Neurose. Älterer Begriff für eine psychische bzw. psychosozial bedingte Störung ohne nachweisbare organische Grundlage. Der Begriff wurde (und wird z.T. noch) sehr uneinheitlich und mit verschiedenen Bedeutungen verwendet. Aus diesem Grund und weil er mit stark kontroversen, bisher unbewiesenen Theorien belastet ist, wurde der Neurosebegriff aus neueren Diagnosesystemen wie DSM-IV und ICD-10 entfernt. Im klinischen Sprachgebrauch verstand man unter Neurose im weiteren Sinne alle lebensgeschichtlich (mit-)bedingten psychischen Störungen (z.B. die sogenannten Reaktionen, Persönlichkeitsstörungen, Abhängigkeit, sexuelle Deviation, psychosomatische Störungen). Im engeren Sinne bezeichnete man bestimmte chronische Störungsbilder mit spezieller psychischer und/oder körperlicher Symptomatik als Neurosen (z.B. Angstneurose, depressive Neurose, Herzneurose). Im Unterschied zur → Psychose galt bei der Neurose der Realitätskontakt als weniger bzw. nicht gestört. Der Neurosebegriff wurde z.T. auch verwendet, um bestimmte theoretische Auffassungen über die Entstehung der als Neurose bezeichneten Störung auszudrücken. (So werden in der Psychoanalyse Neurosen als psychische Störungen verstanden, die durch ungelöste, unbewußte, auf Kindheitstraumen beruhende Konflikte erzeugt und aufrechterhalten werden.) Verhaltenstherapeutisch wurden die sogenannten neurotischen Symptome auf Lerndefizite oder erlerntes Fehlverhalten zurückgeführt.

Hier wird die Neurose z.T. als identisch mit den Symptomen gesehen, wobei diese häufig durch Vermeidungsverhalten aufrechterhalten werden (vgl. Eysencks berühmtes Diktum »get rid off the symptom and you get rid off the neurosis«).

Neurosyphilis (Progressive Paralyse). Spätphase der Syphilis, gekennzeichnet durch das Eindringen des Erregers Triponema pallidum in das Nervensystem. Symptome sind Sehstörungen, Tremor und Sprechstörungen sowie intellektuelle Beeinträchtigung, aber auch psychotische Störungen.

Neurotizismus. In Eysencks Persönlichkeitstheorie eine Dimension, die sich zum einen darauf bezieht, wie leicht Personen autonom erregt werden, und die zum anderen die Basis für die Entstehung neurotischer Beschwerden (Ängste, Depressionen etc.) darstellen soll.

Neurotransmitter. Chemische Substanz, die von Bedeutung für die Übertragung eines Nervenimpulses von einem Neuron zu einem anderen ist.

Nicht assoziative Lernprozesse. Nichtassoziative Lernprozesse sind Orientierung, Habituation und Sensibilisierung. Vgl. assoziative Lernprozesse.

Nicht-Falsifizierbarkeit. Im Rahmen der → systemimmanenten Therapie wird dem Patienten in der Kognitiven Vorbereitung ein → Störungs- bzw. Veränderungsmodell vermittelt, das als Arbeitsmodell für die Therapie dient. Damit das Modell für die gesamte Therapie brauchbar ist, muß es so konstruiert sein, daß einzelne Gegenbeispiele oder vereinzelte erwartungskonträre Erfahrungen des Patienten nicht zur Falsifikation und Infragestellung des Arbeitsmodells führen. Zentrale Aussagen des Modells werden daher als Wahrscheinlichkeitsaussagen formuliert oder es wird offen gelassen, ob ein bestimmtes Problem des Patienten zum Anwendungsbereich des Modells gehört oder nicht.

Niedrig-Dosis-Abhängigkeit (»Low-Dose-Dependency«). Medikamenten-Abhängigkeit durch Beruhigungs- und Schlafmittel vom Typ der Benzodiazepine ohne warnende Dosissteigerung (auch als »Normal-Dosis-Abhängigkeit« bezeichnet).

Niemann-Pick-Krankheit. Vererbte Störung des Lipid (Fett)-Stoffwechsels, die zu geistiger Behinderung, Lähmung und frühem Tod führt.

Nikotin. Hauptalkaloid des Tabaks, stark suchterzeugend.

Nomenklatur. Systematische Ordnung von Namen zur Bezeichnung wissenschaftlicher Objekte, vgl. → Klassifikation.

Non-Compliance. Mangelnde Befolgung therapeutischer Anordnungen bzw. in der Pharmakotherapie unzureichende Einnahmezuverlässigkeit der verordneten Medikamente (→ Compliance).

Nonprofessionelle Therapeuten. Wichtige Rolle als Ansprechpartner für Patienten mit psychischen Störungen; in manchen Therapie-Studien erwiesen sie sich ähnlich effektiv wie professionelle Therapeuten. Ungeklärt ist die Rolle nonprofessioneller Hilfe bei der langfristigen Therapie.

Nootropika. Medikamente, die die höheren Hirnfunktionen wie Gedächtnis, Lern-, Auffassungs-, Denk- und Konzentrationsfähigkeit verbessern sollen, obgleich dafür bisher kein spezifischer, einheitlicher Wirkungsmechanismus bekannt ist. Bedeutungsähnliche Begriffe sind Neurodynamika, Geriatrika etc.

Noradrenalin. Neurotransmitter des Zentralnervensystems, der an den Nervenendigungen des sympathischen Nervensystems freigesetzt wird, sowie auch ein Hormon, das neben Adrenalin im Nebennierenmark gebildet und sezerniert wird und ähnliche Wirkungen wie Adrenalin hat. Störungen im Noradrenalin haushalt werden als bedeutsam bei der Depression und der Manie diskutiert, manche Medikamente zur Behandlung dieser Störungen haben nachgewiesene Wirkungen im noradrenergen System.

Normalverteilung. Stetige Wahrscheinlichkeitsverteilung, die sich immer dann ergibt, wenn eine Zufallsvariable der Wirkung zahlreicher Variationsfaktoren ausgesetzt ist und die Abweichung durch diese Faktoren unabhängig und von der gleichen Größenordnung sind. Graphische Darstellung als sog. »Glockenkurve« (Gauß'sche Verteilung).

Nosologie/nosologisches System. Krankheitslehre; systematische Beschreibung der Krankheiten, Teilgebiet der Pathologie (= Lehre von den krankhaften Veränderungen des Organismus). Die Diagnostik psychischer Störungen geschieht auf drei Ebenen: Symptom-Ebene (Störungszeichen), Syndrom-Ebene (Gruppe von Störungszeichen) und nosologische Ebene. Zunächst werden die Einzelsymptome festgestellt, diese werden dann zu Syndromen zusammengefaßt (→ Querschnittsbefund), bevor mit zusätzlichen Angaben über → Verlauf und → Ätiologie (z.T. auch Ansprechen auf Therapie) eine nosologische Diagnose möglich wird. Die nosologische Diagnostik psychischer Störungen geht – in Anlehnung an die somatische Medizin – von der Idee der Krankheitseinheit aus, leidet jedoch unter der Tatsache, daß für die meisten psychischen Störungen Ätiologie und Pathogenese unbekannt oder umstritten sind. Die nosologische Gruppierung psychischer Störungen erfolgt daher zumeist deskriptiv und typologisch (v.a. aufgrund charakteristischer Symptomatik/Syndromatik und Verläufe). Lediglich bei körperlich begründbaren Erkrankungen und Anpassungsstörungen (Reaktionen) wird sie noch durch die Ätiologie er gänzt. Eine unsystematische, listenartige Zusammenstellung nosologischer Diagnosen wird → Nomenklatur, eine systematische und hierarchische Ordnung dagegen nosologisches System oder → Klassifikation genannt.

Nutzen und Kosten von Psychotherapie. Kriterien, die die Berücksichtigung von Veränderungen über die bloße Effektivität hinaus erfassen; sie sind vor allem für die Finanzierung von Psychotherapie und für die therapeutische Versorgung bedeutsam.

Nutzenberechnung. Im Gegensatz zur Effektivitätsberechnung erfolgt bei der Berechnung des Nutzens einer Behandlung eine Bewertung mit den gleichen Einheiten wie bei den → Kosten. Da Kosten meistens durch den finanziellen Aufwand ausgedrückt werden, versucht man hier also auch die Therapieergebnisse in monetären Einheiten auszudrükken. Den Nutzen kann man auf zweierlei Art berechnen: Für die Berechnung des sogenannten positiven Nutzens werden die im Vergleich zum Beginn der Therapie entstandenen finanziellen Vorteile ermittelt (z.B. höherer Verdienst, Steuerzahlung). Der Nutzen durch Kosteneinsparung erfaßt dagegen die im Vergleich zum Beginn der Therapie entstandenen Kosteneinsparungen (z.B. geringere Arztkosten). Die zwei Arten der Nutzenberechnung können sowohl direkt als auch indirekt durchgeführt werden. Die direkte Nutzenberechnung ist genauer, aber auch aufwendiger. Für jeden Patienten muß der Nutzen (als positiver finanzieller Nutzen oder als Nutzen durch Kosteneinsparung) individuell berechnet werden. Dagegen führt man bei einer indirekten Nutzenberechnung einmalig eine Transformation von Therapieergebnissen in ihren monetären Nutzen durch. So kann bei der Therapie Alkoholkranker ein durchschnittlicher Nutzen für jeden abstinenten Monat nach der Therapie ermittelt werden. Bei der Berechnung des Nutzens im Einzelfall wird dann dieser Nutzen, je nach der individuellen Abstinenzdauer, mit der Anzahl abstinenter Monate multipliziert.

Objektivität. → Gütekriterium einer Meßmethode und speziell eines standardisierten Tests. Die Objektivität gibt das Ausmaß an, in dem die Ergebnisse eines Tests unabhängig vom Untersucher sind, im einzelnen die Durchführung eines Verfahren (Durchführungsobjektivität), die Auswertung der Ergebnisse (Auswertungsobjektivität) und die Interpretation der Ergebnisse (Interpretationsobjektivität).

Odds Ratio. Epidemiologischer Kennwert: Der Faktor, um den bei Exposition die Chance zu erkranken steigt (berechnet als die Chance zu erkranken unter Exposition geteilt durch die Chance, ohne Exposition zu erkranken). Im Bereich psychischer Störungen Kennwert zur Bestimmung des relativen Risikos, bei Vorliegen einer bestimmten Störung eine weitere Störung zu bekommen.

Ohnmacht, Angst vor der. Häufige Befürchtung von Patienten mit → Panikanfällen. Hier muß zunächst durch detaillierte Exploration geklärt werden, ob die Patienten überhaupt schon einmal ohnmächtig geworden sind (wesentlich ist die → somatische Differentialdiagnose). Falls ja (nur bei einer Minderheit der Patienten), müssen die Umstände der Ohnmacht besprochen werden. Wichtig ist dabei, daß die Ohnmacht entweder ganz ohne Angst erfolgte oder die Angst erst im Anschluß an die Ohnmacht auftrat. Daran anschließend werden die Patienten darüber informiert, daß für eine Ohnmacht ein Abfall des Blutdrucks und der Herzfrequenz notwendig ist, daß diese Parameter aber während ihrer Ängste ansteigen, wodurch eine Ohnmacht nicht mehr, sondern weniger wahrscheinlich wird. Wären zuvor nicht mögliche frühere Ohnmachten besprochen worden, so bestünde die Gefahr, daß der Patient die Informationen des Therapeuten über die Ohnmacht anzweifelt und implizit davon ausgeht, er sei durch starke Angst ohnmächtig geworden → Synkope.

Olfaktorische Halluzination. Geruchshalluzination. Trugwahrnehmung (→ Halluzination) meist unangenehmer Gerüche wie Gift, Rauch, Benzin, Schwefel, Bitteres in Getränken oder Speisen, Verwesungs- oder Fäulnisgeruch etc. Die Geruchs-Halluzinationen belästigen z.T. unlokalisierbar und diffus, z.T. kommen sie aber auch aus bestimmten Richtungen (Löcher, Ritzen, Töpfe, Geräte etc.). Meist in Kombination mit → gustatorischen (Geschmacks-)Halluzinationen.

Oligophrenie. Angeborene oder früh (d.h. vor Abschluß der Hirnreifung) erworbene intellektuelle Minderbegabung. Die zugrundeliegende Hirnschädigung kann ererbt, intrauterin, perinatal oder postnatal eingetreten sein. Einteilung in verschiedene Schweregrade, je nach Intelligenzquotient (IQ). Geistige Behinderung → Demenz.

Onanie (Masturbation). Sexuelle Selbstbefriedigung.

Operante Konditionierung. Veränderungen der Auftretenswahrscheinlichkeit von Verhalten durch seine Konsequenzen (→ Konditionierung). Positive Konsequenzen oder der Wegfall negativer Reizbedingungen bzw. das Nicht-Eintreten von erwarteten negativen Konsequenzen erhöhen die Auftretenswahr scheinlichkeit des Verhaltens (positive und negative → Verstärkung). Negative Konsequenzen oder der Wegfall positiver Reizbedingungen bzw. das Nicht-Eintreten von erwarteten positiven Konsequenzen führen zur Unterdrückung des Verhaltens (Bestrafung/frustrierendes Ausbleiben von Belohnung).

Operationale Definition. Jede Definition, die die Methoden zur Herstellung der Bedingungen für das Auftreten oder die Beobachtung eines Phänomens miteinbezieht. So kann ein theoretisches Konstrukt durch die Festlegung einer Reihe beobachtbarer und meßbarer Operationen »operationalisiert« werden (Beispiele: operationale Definition der Intelligenz als »das, was der Intelligenztest mißt«, Angst als »der mentale Zustand, der Vermeidungsverhalten vorangeht und begleitet«). Bekannt ist die Entwicklung operationalisierter Diagnosekriterien zur Feststellung psychischer Störungen (etwa im → DSM-III und seinen Nachfolgern) → Operationalismus.

Operationalisierbarkeit. Grundprinzip des → methodologischen Behaviorismus, der der Verhaltenstherapie als wissenschaftlichem Ansatz zugrundeliegt. Nach dieser Auffassung müssen für die Erfassung der Untersuchungsgegenstände explizite Meßvorschriften vorliegen. Theoretische Konstrukte müssen demnach operationalisiert werden, d.h. es muß angegeben werden, in welcher Weise sie in erfaßbaren → Variablen abgebildet werden.

Operationalisierte Diagnosekriterien. Genau festgelegte, möglichst detailliert beschriebene Merkmalskombinationen, die für die Feststellung einer Diagnose (z.B. einer bestimmten psychischen Störung) hinreichend und notwendig sind. Die Beschreibung der Merkmale erfolgt anhand beobachtbarer Sachverhalte. → Operationalisierung, → operationale Definition, → Operationalismus.

Operationalisierung. Entwicklung bzw. Festlegung konkreter, beobachtbarer und meßbarer Operationen, aufgrund derer entscheidbar ist, ob der von einem Begriff bezeichnete Sachverhalt vorliegt oder nicht. Durch Operationalisierung wird der empirische Gehalt eines Begriffs innerhalb einer wissenschaftlichen Theorie eindeutig festgelegt bzw. werden theoretische Konstrukte erfaßbar gemacht. → Operationalismus.

Operationalismus. Aus der Physik stammende Auffassung, nach der wissenschaftliche Begriffe und Theorien nur dann einen empirischen Gehalt besitzen und sinnvoll sind, wenn ihre Definition die Methoden (bzw. Operationen) einschließt, mit denen die betreffenden Phänomene beobachtet bzw. hervorgerufen werden können.

Opium. Aus unreifen Kapseln der Mohnpflanze (Papaver somniferum) durch Anritzen gewonnener und luftgetrockneter Milchsaft. Ergibt eine bräunliche Masse mit 37 Alkaloiden (vor allem → Morphin, → Codein, Narcotin, Papaverin). Wurde früher als starkes → Analgetikum verwendet, starke Suchtgefahr.

Optische Halluzination. Gesichtshalluzination. Sinnestäuschung über elementare, amorphe (ungestaltete) optische Erlebnisse (Photome) in Form von Lichtern, Farbenschein, Blitzen, Funken, Flecken etc. oder über mehr oder weniger deutliche Gestalt, Figuren, Szenen etc. → Halluzinationen.

Opportunitätskostenprinzip. Grundprinzip aller → Kosten-Nutzen- und → Kosten-Effektivitäts-Analysen, wobei die

Opportunitätskosten als entgangener Nutzen für eine alternative Verwendung der Ressourcen definiert sind. Der Wert dieser nicht wahrgenommenen »Opportunitäten« wird in Geldeinheiten erfaßt. Ist es dabei möglich, Kosten und Nutzen in monetären Einheiten zu erfassen, dann handelt es sich um eine Kosten-Nutzen-Analyse. Ist dagegen nur die Kostenseite monetär zu erfassen, so spricht man von einer Kosten-Effektivitäts-Analyse.

Organisch. Aus Zellen und Geweben zusammengesetzte Teile des Körpers, die eine Funktionseinheit bilden. Bei der Bezeichnung psychischer Beschwerden wird »organisch« manchmal auch im Sinne von »rein körperlich verursacht« als Gegensatz zu »psychogen« (»rein psychisch«) verwendet.

Organisches Psychosyndrom. Psychische Störung, bei der das abweichende Verhalten auf eine eindeutige organische Ursache zurückgeführt werden kann.

Orgasmic reconditioning. Techniken zur Verbesserung der sexuellen Erlebnisfähigkeit bei sexuellen Funktionsstörungen, auch als »arousal reconditioning« zusammenfassend bezeichnet. Über den Abbau von Ängsten und Hemmungen hinaus sollen sexuelle Erregbarkeit und Lustempfinden durch Übungen zur Selbsterfahrung des Körpers, durch Gebrauch starker mechanischer Stimulation (Vibrator, bei Orgasmusstörungen), durch gezielte sexuelle Phantasien oder durch enthemmende Rollenspiele aufgebaut werden.

Orientierung. (1) Sich-Zurechtfinden und Einordnen in die jeweilige zeitliche, örtliche, persönliche und situative Gegebenheit. Störungen der Orientierung differenziert man in Unsicherheit und Schwanken der Orientierung sowie Ausfall der Orientierung (→ Desorientierung). (2) Das Zurechtfinden von Lebewesen bezüglich äußerer Reize (z. B. Richtung beim Vogelflug) → Orientierungsreaktion.

Orientierungsreaktion (orienting response). Die Orientierungsreaktion bewirkt eine optimierte Bereitschaft des Organismus zur Aufnahme und Verarbeitung wichtiger Reize. Sie tritt auf, wenn der Vergleichsprozeß zwischen Reizcharakteristika und Gedächtnisrepräsentationen keine Übereinstimmung feststellt (»mismatch«). Die Orientierungsreaktion ist eine unkonditionierte, relativ unspezifische Reaktion, die mit Veränderungen in den Sinnesorganen (z. B. Pupillenerweiterung), der Skelettmuskulatur (z. B. Kopfwendung hin zum neuartigen Reiz) und des allgemeinen Muskeltonus, der zentralnervösen Aktivität (z. B. Desynchronisation des EEG) und im vegetativen Bereich (z. B. Verengung der Blutgefäße an den Extremitäten, gleichzeitig Erweiterung der Kopfgefäße) einhergeht.

Östrogen. Weibliches Sexualhormon, das vor allem in den Ovarien produziert wird. Stimuliert die Entwicklung und trägt zum Fortbestehen der sekundären Geschlechtsmerkmale bei.

Overgeneral memory. Gedächtnisauffälligkeit bei depressiven Patienten. Die Erinnerungen sind im Gegensatz zu denen von Kontrollpersonen sehr global. Sie beziehen sich nicht auf bestimmte konkrete, in Ort und Zeit festgelegte Situationen.

Paartherapie. Behandlung von Partnerproblemen oder anderen Beschwerden, bei der beide Partner gemeinsam die Therapie aufsuchen. Im weiteren Sinne jede Behandlung im Paarkontext. Verhaltenstherapeutische Ansätze werden im Englischen oft als »behavioral marital therapy« bezeichnet.

Pädophilie (ICD-10: F65.4, DSM-IV: 302.2). Durchführung oder Vorstellung einer sexuellen Betätigung mit präpubertären Kindern als bevorzugte oder ausschließliche Methode zur Erlangung sexueller Erregung (→ Paraphilie).

Panikanfall. Synonyme Begriffe: Panikattacke, Angstanfall. Anfallsartig auftretende akute Angstzustände, bei denen unangenehme Symptome plötzlich und z.T. »spontan« einsetzen. Spontaneität bedeutet hier, daß die Betroffenen die einsetzenden Symptome nicht mit externalen Stimuli (z. B. Höhe, Kaufhaus) in Verbindung bringen bzw. daß die Angst sich nicht einer realen Gefahr zuschreiben läßt. Im Vordergrund der Beschwerden stehen v.a. körperliche Symptome wie Herzklopfen, Herzrasen, Atemnot, Schwindel, Benommenheit, Schwitzen, und Brustschmerzen sowie Druck oder Engegefühl in der Brust. Daneben üblicherweise kognitive Symptome, die die mögliche Bedeutung dieser somatischen Empfindungen betreffen, z.B. »Angst zu sterben«, »Angst, verrückt zu werden« oder »Angst, die Kontrolle zu verlieren«. Während eines Panikanfalls zeigen die Patienten oft ausgeprägt hilfesuchendes Verhalten: Sie rufen den Notarzt, bitten Angehörige um Hilfe oder nehmen Beruhigungsmittel ein. Tritt der Panikanfall an öffentlichen Orten wie z.B. Supermärkten auf, so versuchen die Patienten meist, diese Orte möglichst schnell zu verlassen und an einen sicheren Platz zu flüchten (→ Agoraphobie). Das → DSM-IV fordert für die Diagnose eines Panikanfalls, daß mindestens vier von 13 körperlichen und kognitiven Symptomen auftreten, daß diese zumindest manchmal unerwartet (»aus heiterem Himmel«) erscheinen und daß mindestens vier Symptome innerhalb von 10 Minuten einen Gipfel erreichen. Panikanfälle sind das zentrale Merkmal des → Paniksyndroms, phänomenologisch gleiche Angstanfälle treten aber auch bei anderen Angststörungen häufig auf. Zur Abgrenzung ist die → zentrale Befürchtung nützlich (bei Paniksyndrom und → Agoraphobie meist die Furcht vor einer unmittelbar drohenden körperlichen oder geistigen Katastrophe, bei → Sozialphobie eher Peinlichkeit/Blamage, bei → spezifischen Phobien direkt vom phobischen Objekt ausgehende Gefahren, bei → Zwangssyndromen v. a. Kontamination/mangelnde Verantwortlichkeit), → psychophysiologisches Modell des Paniksyndroms.

Paniksyndrom (mit bzw. ohne Agoraphobie) (ICD-10: F.40.01, DSM-IV: 300.21 bzw. 300.01). Hauptmerkmal des Paniksyndroms sind häufige Angst- bzw. Panikanfälle oder die dauerhafte Sorge vor solchen Anfällen bzw. ihren Konsequenzen. Angstanfälle sind plötzlich auftretende Zustände intensiver Furcht oder Unbehagens mit einer Vielzahl körperlicher und psychischer Symptome und dem Gefühl drohender Gefahr. Sie dauern im Durchschnitt etwa 30 Minuten, können aber auch erheblich kürzer sein. Typisches Merkmal ist »Angst vor der Angst« bzw. Angst vor den befürchteten katastrophalen Konsequenzen der Angstsymptome (die häufig nicht als solche, sondern als Zeichen einer unmittelbar drohenden körperlichen oder psychischen Katastrophe gedeutet werden). Viele Angstanfälle treten »spontan« bzw. unerwartet auf, d. h. sie entstehen ohne für den Patienten erkennbare Ursache und sind nicht regelmäßig an bestimmte Situationen gebunden. In der Folge kommt es häufig zu Vermeidungsverhalten: die Patienten schränken ihren Lebensstil ein, sie gehen nicht mehr an Orte, wo sie Angstanfälle befürchten oder wo die Konsequenzen im Falle eines Angstanfalles besonders unangenehm wären. Wenn zumindest ein Teil der Anfälle situativ ausgelöst wird und ausgeprägtes Vermeidungsverhalten besteht, liegt ein Paniksyndrom mit Agoraphobie vor (vgl.

unten). Für die Diagnose müssen v.a. folgende spezielle Kriterien erfüllt sein: Wiederkehrende unerwartete Anfälle (Spontanitätskriterium) mit mindestens vier Symptomen (Symptomkriterium), die wenigstens manchmal innerhalb von 10 Minuten nach Anfallsbeginn vorhanden sein müssen (Zeitverlaufskriterium). Die Anfälle müssen entweder von einer bedeutsamen Verhaltensänderung oder mindestens einen Monat lang von anhaltender Sorge über mögliche neue Anfälle bzw. über deren Bedeutung begleitet sein (Intensitätskriterium). Wenn die Angstanfälle nur bei Konfrontation mit einem bestimmten Reiz, z.B. Hunden, ausgelöst werden, liegt eine spezifische Phobie, z.B. Hundephobie, vor. Im Gegensatz zu Hypochondrie und Somatisierungssyndrom stehen vor allem kardiovaskuläre und respiratorische Symptome im Zentrum der Beschwerden und die Symptome werden typischerweise als Anzeichen einer unmittelbaren Todesgefahr (nicht einfach einer unangenehmen oder erst mittelfristig bedrohlichen Krankheit) angesehen.

Paradigma. System grundlegender Annahmen, die einen Bereich der Forschung festlegen. Dadurch sind die als legitim angesehenen Konzepte genauso festgelegt wie die Methoden zur Sammlung und Interpretation von Daten.

Paradigmakonflikt. Der Konflikt, der dadurch entsteht, daß eine grundsätzliche neue Annahme ein vorherrschendes Paradigma zu ersetzen droht. Beispiel: Die Zurückweisung des Begriffs des Unbewußten wie er in der Psychoanalyse verwendet wird durch den Behaviorismus.

Paragrammatismus/Parasyntax. Zerfall des grammatischen Zusammenhangs, Fehlen sinnvoller Verknüpfungen, zerstörter Satzbau.

Parallelisieren. Aufteilung einer Population auf Gruppen, die sich hinsichtlich wichtiger Variablen gleichen. Auf diese Weise können zwei oder mehrere Stichproben hergestellt werden, die einen ähnlichen Ausprägungsgrad eines Kontrollmerkmals zeigen.

Parameterschätzung. Methodischer Zugang der Forschung in der Klinischen Psychologie, bei der es um die deskriptive Analyse der Prävalenz und Inzidenz klinischer Phänomene geht (z.B. »Wie häufig sind Schizophrenien in Deutschland?«). Dabei kommen naturgemäß vor allem deskriptiv-statistische Verfahren zum Einsatz. Ziel: Gewinnung epidemiologischer Basisdaten. Probleme: Rekrutierungs- und Selektionseffekte, adäquate Erfassung der relevanten Merkmale.

Paranoia. (1) Bezeichnung für psychische Störungen, die mit → Wahnphänomenen und → Halluzinationen einhergehen. (2) Im engeren Sinn wahnhafte Störung (ICD-10: F22.0, DSM-IV: 297.1): Das Wahnsystem muß mindestens einen Monat bestehen und darf nicht im Rahmen einer Schizophrenie, einer organischen Gehirnerkrankung oder infolge psychotroper Substanzen auftreten. Akustische oder visuelle Halluzinationen dürfen nicht im Vordergrund stehen, andere Halluzinationen dürfen auftreten, solange sie sich auf die Wahninhalte beziehen. DSM-IV unterscheidet verschiedene Untertypen je nach dem vorherrschenden Wahninhalt.

Paranoid. Häufig eher umgangssprachliche Bezeichnung für Verhaltensweisen, die eine meist oberflächliche Ähnlichkeit mit demjenigen paranoider oder schizophrener Patienten zeigen → Paranoia, → wahnhafte Störung, → Schizophrenie.

Paranoide Form der Schizophrenie (ICD-10: F20.0, DSM-IV: 295.30). Form der → Schizophrenie bei der → Halluzinationen oder → Wahnphänomene vorherrschen müssen. Verflachter oder inadäquater Affekt, sowie katatone Zustände oder Zerfahrenheit dürfen das klinische Bild nicht dominieren.

Paraphilie. Gruppe von → sexuellen Störungen, deren Hauptmerkmal darin besteht, daß ungewöhnliche, bizarre Vorstellungen oder Handlungen zur sexuellen Erregung erforderlich sind: (1) Die Bevorzugung eines nichtmenschlichen Objekts zur sexuellen Erregung, (2) wiederholte sexuelle Betätigung, bei der reale oder simulierte Leiden oder Demütigungen zugefügt werden oder (3) wiederholte sexuelle Betätigung mit nicht einverstandenen Partnern (z.B. → Frotteurismus, → Pädophilie). Generell gilt, daß sexuelle Deviationen nicht automatisch als behandlungsbedürftige Krankheiten anzusehen sind.

Parästhesie. Sensibilitätsstörungen, insbesondere Mißempfindungen wie z.B. Kribbeln.

Parasomnie. Abnorme Ereignisse, die entweder während des Schlafes oder an der Schwelle zwischen Wachsein und Schlaf auftreten, z.B. Schlafwandeln, nächtliches Aufschrecken (→ Pavor nocturnus), Angstträume, nächtliches Einnässen (→ Enuresis nocturna), nächtliches Zähneknirschen (→ Bruxismus).

Parasympathisches Nervensystem. Der Teil des → autonomen Nervensystems, der für die Erhaltung des Organismus eine Rolle spielt; kontrolliert viele innere Organe und ist vor allem im aktivierten Zustand, wenn sich der Organismus in Ruhe befindet → Nervensystem.

Parkinson-Krankheit. Durch Degeneration der Substantia nigra ausgelöster Mangel des Neurotransmitters Dopamin. Symptome sind Muskeltremor, steife Körperhaltung, kleinschrittiger Gang, maskenähnliches, ausdrucksloses Gesicht.

Paroxysmal. Anfallsartig.

Pathogenese. Gesamtheit der an Entstehung und Entwicklung einer Krankheit bzw. Störung beteiligten Faktoren.

Pathologie. Lehre von den abnormen bzw. krankhaften Vorgängen und Zuständen im Körper und deren Ursachen.

Patient. Dem in der Medizin etablierten Patientenbegriff wurde im Zuge der Kritik am »medizinischen Modell« vorgeworfen, er drücke ein Abhängigkeitsverhältnis aus und entspreche nicht dem Ideal des aufgeklärten, mündigen Partners in der therapeutischen Beziehung. Als Alternative wurde mancherorts der Klientenbegriff vorgeschlagen, der frei von den genannten Bedeutungen sein sollte. Aufschlußreich ist hier die Wortgeschichte. »Patient« bedeutet wortwörtlich »Leidender«. Im 16. Jahrhundert wurde der Begriff aus dem lateinischen »patiens« (duldend, leidend) gebildet, um kranke oder pflegebedürftige Personen zu bezeichnen. Ungefähr zur gleichen Zeit wurde »Klient« ebenfalls aus dem Latein entlehnt (von »cliens«, älter »cluens«). Die wörtliche Bedeutung dieses Begriffs lautet »Höriger« (abgeleitet vom altlateinischen Verb cluere: hören). Klienten waren ursprünglich landlose und unselbständige Personen, die von einem Patron abhängig waren. Dieses Abhängigkeitsverhältnis bedingte zwar gewisse Rechte (z.B. Rechtsschutz durch den Patron), vor allem aber eine Vielzahl von Pflichten. Drei Gründe sprechen demnach für die Verwendung von »Patient« anstelle von »Klient«: (1) die tatsächliche Bedeutung des Begriffes »Klient« widerspricht der erklärten Absicht seiner Einführung, (2) eine bloße terminologische Verschleierung des teilweise realen »Machtgefälles« zwischen Behandelnden und Behandelten ist wenig sinnvoll, (3) der Begriff »Patient« beschreibt adäquat das Leiden hilfesuchender Menschen.

Patienten-Ratgeber. Schriftliches Material (meist in Form von Büchern oder Broschüren) mit praktisch bedeutsamen Informationen für Patienten. Z.T. auch als Selbsthilfemanual.

Pathophysiologie. Lehre von den abnormen bzw. krankhaften Lebensvorgängen und gestörten Funktionen im menschlichen Organismus.

Pavor nocturnus. Abnormes nächtliches Aufschrecken aus dem Schlaf → Parasomnien.

Penisplethysmograph. Vorrichtung zur Aufzeichnung von Veränderungen in der Penisgröße und damit des Blutstroms und der Erektion.

Periodisch. (Regelmäßig) wiederkehrend.

Perseveration des Denkens. Ständig der oder die gleichen Gedanken ohne Bearbeitungs- und Erledigungsmöglichkeit. Als → Grübeln (bzw. englisch »worrying«) Hauptsymptom des → generalisierten Angstsyndroms.

Persönlichkeitsstörungen (ICD-10: F 60, DSM-IV: 301). Relativ stabile Erfahrungs-, Verhaltens- und Interaktionsmuster, die deutlich von kulturell erwarteten und akzeptierten Normen abweichen und in den Funktionsbereichen Kognition, Emotion, Wahrnehmung, Selbstdarstellung, Impulskontrolle und zwischenmenschliche Beziehungen zu wesentlichen Beeinträchtigungen der sozialen und beruflichen Leistungen führen oder subjektive Beschwerden verursachen. Sie sind bereits in der Adoleszenz oder früher zu erkennen und setzen sich während des größten Teils des Erwachsenenlebens fort, obwohl sie im mittleren oder höheren Lebensalter oft weniger auffällig werden. ICD-10 und DSM-IV unterscheiden 10 bzw. 14 unterschiedliche Persönlichkeits-Prototypen (→ Persönlichkeitsstörungen). In der Verhaltenstherapie wurden frühere psychiatrische Konzepte und stigmatisierende Bezeichnungen der Persönlichkeitsstörungen (Charakterneurose, Psychopathie, Soziopathie, Hysterie usw.) als wenig hilfreich angesehen und entsprechend abgelehnt. In der Folge von Neuentwicklungen in den Diagnosesystemen werden Persönlichkeitsstörungen zunehmend als hilfreich für eine verhaltenstherapeutische Behandlung psychischer Störungen angesehen, da sie besondere Möglichkeiten der Beurteilung und Beeinflussung therapeutischer Krisen bieten. Zunehmend werden auch eigene Behandlungskonzepte für spezifische Persönlichkeitsstörungen und die mit ihnen zusammenhängenden zwischenmenschlichen Beziehungsprobleme entwickelt.

Perspektivität. Der Begriff der Perspektivität umfaßt die Erwartungen und Schlußfolgerungen, die sich aus einer Information, einem Erklärungsmodell, einer Absicht oder aus bestimmten Verhaltensweisen ergeben.

Petit mal-Epilepsie. Form der Epilepsie, die durch kurzzeitige Bewußtseinsänderungen gekennzeichnet ist. Bei Kindern häufiger als bei Erwachsenen.

Peyotl. Rauscherzeugende mexikanische Droge aus den Wurzeln des Peyotl-Kaktus mit dem aktiven Bestandteil Mescalin.

Phänomenologie. Lehre vom Erscheinungsbild mit den Bedeutungen (1) Beschreibung eines klinischen Zustandes oder Verlaufsbildes und (2) philosophische Richtung der Reduktion auf das Wesentliche (Vertreter: Husserl, Heidegger).

Pharmakotherapie. Medikamentöse Therapie.

Phase. Klar abgrenzbarer und eindeutig identifizierbarer Zeitraum, in dem eine psychische Störung bestand. Phasenhafter Verlauf führt meist zur völligen Wiederherstellung des Gesundheitszustandes. Es kann sich um eine einmalige oder auch immer wieder auftretende Phase handeln. Den Zeitraum zwischen zwei Phasen bezeichnet man als symptomfreies Intervall (→ Episode).

Phenylketonurie (PKU). Brenztraubensäureschwachsinn. Autosomal-rezessiv erbliche Stoffwechselstörung, die unbehandelt zu geistiger Behinderung, verzögerter körperlicher Entwicklung und zu Krampfanfällen führt. Bei einer Frühdiagnose ist bei einer streng phenylalaninarmer Diät eine weitgehend normale Entwicklung möglich.

Phobie. Sammelbegriff für Angststörungen, bei denen konkrete Auslöser der Angstreaktionen identifiziert werden können, wobei die Angst in der Regel mit der Tendenz zu ausgeprägtem Vermeidungsverhalten einhergeht, dauerhaft ist, als unwillkürlich erlebt wird, nicht einfach »wegerklärt« werden kann, deutliches Leiden und Einschränkung verursacht und nicht durch eine andere psychische Störung verursacht wird. Im Gegensatz zu etwa der → Schizophrenie besteht Einsicht in die Unangemessenheit des Verhaltens und Erlebens (so daß etwa eine schizophrene Furcht vor fremden Mächten nicht als »Marsmenschenphobie« gewertet werden könnte). Wichtigste Typen der Phobien: → Spezifische Phobie, → Sozialphobie, → Agoraphobie.

Phototherapie. Lichttherapie. Behandlung der saisonalen Depression (→ »Winterdepression«) durch Verlängerung der täglichen Lichteinwirkung mittels künstlichen Lichtes, das der spektralen Zusammensetzung des natürlichen Sonnenlichtes angepaßt ist. Spezielle Geräte mit einer Lichtintensität von 2500 bis zu 10 000 Lux (und mehr).

Physiologie. Wissenschaft von den normalen Lebensvorgängen.

Physiologische Halluzinationen. Trugwahrnehmungen während des Einschlafens (hypnagoge → Halluzination) und während des Aufwachens (hynopompe Halluzination), meist auf optischem und akustischem Gebiet und mit stark gefühlsbestimmten Inhalten. Nicht krankhaft, stehen den → Pseudo-Halluzinationen nahe.

Physiologisches Paradigma. Theoretischer Standpunkt, nach dem abweichendes Verhalten und psychische Störungen auf abnorme somatische (»physiologische«) Prozesse zurückzuführen sind.

Phytopharmaka. Pflanzliche Medikamente, hergestellt aus pflanzlichen Bestandteilen.

Pica. Qualitative Anomalie des Appetitverhaltens, gekennzeichnet durch besondere, ungewöhnliche Gelüste (z.B. bei Schwangeren, Oligophrenen, Psychotikern). Essen von ungenießbaren Dingen bis hin zur Koprophagie (Kotessen), Nekrophagie bzw. Anthropophagie (Leichnamessen, Kannibalismus). Auch als vorgetäuschte Störungen (Münchhausen-Syndrom) mit Verschlucken von Nägeln, Löffeln etc., um einen Krankenhausaufenthalt zu erzwingen oder um aus einem Gefängnis in ein Krankenhaus verlegt zu werden. Als quantitative Anomalien des Appetitverhaltens wird auch die → Anorexie oder die → Bulimie bezeichnet.

Picksche Krankheit. Erbliche spezifisch-degenerative Encephalopathie mit zunehmendem Persönlichkeitsverfall und Demenz. Tritt frühestens ab dem 40. Lebensjahr auf und ist gekennzeichnet durch: Ermüdbarkeit, Unfähigkeit, schwierige Probleme zu lösen, abstrakt zu denken (bei lange erhaltenem Gedächtnis), Verfall sozialer Bindungen.

Placebo. Scheinpräparat ohne aktive Wirkstoffe bzw. mit Bestandteilen, die nach der vom Untersucher oder Therapeuten akzeptierten Theorie nicht wirksam sein dürften oder zumindest keine spezifischen Wirkungen zeigen dürften. Die direkte Übertragbarkeit des aus der Pharmakotherapie stammenden Placebobegriffs ist im Bereich der Psychotherapie umstritten.

Planbarkeit therapeutischer Interventionen. → Therapieplanung.

Plateauphase. Das zweite sexuelle Aktivierungsstadium, währenddessen die Erregung und Spannung ein stabiles hohes Niveau ereicht haben, bevor es zum Orgasmus kommt.

Plausibilität. Störungs- und Veränderungsmodelle, die dem Patienten in der → kognitiven Vorbereitung auf die Therapie vermittelt werden, sollen entsprechend der → Systemimmanenten Therapie so konstruiert sein, daß der Patient seine persönlich relevanten Einstellungen damit vereinbaren kann (→ Kompatibilität) und daß seine gegenwärtigen, vergangenen und zukünftigen Erfahrungen den Modellen nicht widersprechen (→ Nicht-Falsifizierbarkeit).

Plus-Symptomatik. (1) Als sogenannte produktive Symptomatik bei einer (z.B. schizophrenen) Psychose mit Wahn, Halluzinationen etc. sowie (2) psychisch-körperliche Unruhe, innere Getriebenheit, Anspannung, vor allem im Rahmen eines depressiven Zustands (sogenannte agitierte Depression). Z.T. auch als produktive oder floride Symptomatik bezeichnet.

Polydipsie. Aus vermehrtem Durst (z.B. bei Zuckerkrankheit) oder aus psychotischem Antrieb verstärkte Aufnahme von Flüssigkeit.

Polyurie. Vermehrtes Wasserlassen. Es wird viel Harn produziert (z.B. bei viel Flüssigkeitsaufnahme, bei Entwässerungsmaßnahmen). Zu unterscheiden von Pollakisurie: häufiges Harnlösen, Urinieren von kleineren Mengen Harn bei Prostatavergrößerungen, Blasenentzündungen etc.

Population. Bevölkerung. Als Grundgesamtheit Bezeichnung für die Gesamtheit aller möglichen Merkmalsträger.

Postejakulatorisches Schmerzsyndrom. Schmerzen im Anschluß an die Ejakulation.

Postgraduierten-Weiterbildung. Das auf das Studium der Psychologie oder Medizin aufbauende (zumindest 3–5jährige) Absolvieren eines geregelten Curriculums zum Erwerb der Psychotherapie-Qualifikation. Ziel ist die Befähigung zur eigenständigen Ausübung von Psychotherapie als Heilberuf.

Posttraumatische Belastungsstörung (ICD-10: F43.1, DSM-IV: 309.81). Lang anhaltende Störung infolge eines massiv belastenden Ereignisses, wie z.B. Vergewaltigung, andere Gewaltverbrechen oder Naturkatastrophen. Die Reaktion des Betroffenen auf das Trauma muß intensive Furcht oder Hilflosigkeit beinhaltet haben. Typische Symptome (Mindestdauer ein Monat) sind neben starker Furcht und Vermeidung von Reizen, die mit dem Trauma zusammenhängen, vor allem das häufige und intensive Wiederdurchleben (Alpträume, Tagträume) des Traumas, emotionale Taubheit (»Abstumpfung«) und gleichzeitig erhöhte Erregung. Die Symptome müssen klinisch bedeutsame Belastung oder Beeinträchtigung verursachen. Akute und chronische Subtypen werden unterschieden. Psychologische Traumata verursachen nicht immer anhanltende psychische Störungen. Neben der posttraumatischen Belastungsreaktion können sie zudem auch zu anderen psychischen Störungen wie etwa Depressionen, anderen Angststörungen oder somatoformen Störungen führen. Im Einzelfall kann bei Anamnese eines Traumas und Vorliegen einer psychischen Störung oft nicht mit Sicherheit ein direkter Zusammenhang hergestellt werden, wenn nicht das typische Symptommuster einer posttraumatischen Belastungsreaktion vorliegt, wie es oben beschrieben wurde.

Posttraumatische Verstimmung, dauerhafte. Chronische Antriebs- und Stimmungs- sowie Charakterveränderungen unter lang anhaltendem emotionalem Druck. Beispiele: Verbitterung, Mißtrauen, Querulanz, chronische Unfähigkeitsgefühle, Ressentiments, Depressivität nach Konzentrationslagerhaft, Folterung, Mißhandlung, Inzest, aber auch nicht überwundenen Kränkungen (persönlicher oder beruflicher Natur) etc. → posttraumatische Belastungsstörung.

Potenzstörungen. → Sexuelle Funktionsstörungen.

Prä-, Peri- und Postnatal. Vor, während und nach der Geburt.

Prädisposition. Die angeborene oder erworbene Tendenz, auf eine bestimmte Weise zu reagieren. Dadurch kann die Fähigkeit, Belastungen zu ertragen, vermindert sein, was den Organismus anfälliger für die Entwicklung von Störungen machen kann.

Prägung. Die irreversible Aneignung eines Verhaltens durch ein Lebewesen während einer kritischen Phase der Entwicklung.

Prämorbid. Psychischer und/oder körperlicher Zustand oder entsprechende Persönlichkeit vor einer Erkrankung oder Störung.

Prämorbide Persönlichkeit. Die Persönlichkeit vor dem Ausbruch der Krankheit bzw. Störung.

Prämorbide Anpassung, Funktionsniveau. Die soziale Anpassung des Individuums vor Stellung der Diagnose oder dem Auftreten der Symptome einer Störung. Vor allem in der Schizophrenieforschung von Bedeutung: schizophrene Patienten, die vor Beginn der Störung sozial integriert waren (»gute Anpassung«), weisen in der Regel einen günstigeren Störungsverlauf auf.

Präsenile Demenz. Die im mittleren Lebensalter (5. Lebensjahrzehnt) auftretenden Formen der Demenz, z.B. → Picksche Krankheit oder → Chorea Huntington.

Prävalenz. Epidemiologischer Kennwert: Bestandsrate, Anteil der »Erkrankten« an der Gesamtrisikopopulation zu einem bestimmten Zeitpunkt oder über eine bestimmte Zeitspanne, dient der Beschreibung der → Morbidität bzw. der Häufigkeit aller Fälle mit einer bestimmten Störung bzw. Krankheit in einer Population. Es werden verschiedene Formen von Prävalenz unterschieden, z.B. → Punktprävalenz (an einem gegebenen Stichtag), Sechs-Monats-Prävalenz oder Ein-Jahres-Prävalenz (je nach Dauer des Erhebungszeitraums) und die → Lebenszeit-Prävalenz (gesamte Lebensspanne), → Inzidenz.

Prävention. Vorbeugung. Drei Arten von Prävention werden unterschieden: Primäre Prävention bezeichnet die Verhinderung der Erstmanifestation einer Störung. Sekundäre Prävention bezeichnet die Verhinderung des Wiederauftretens der Störung nach erstmaliger Episode. Tertiäre Prävention bezeichnet die Verhinderung der sekundären Folgen einer Störung. Siehe auch → Prophylaxe.

Premack-Prinzip. Bezeichnung für den Verstärkerwert in Abhängigkeit von der größeren Auftretenswahrscheinlichkeit einer Reaktion.

Preparedness (Vorbereitung). Nach Seligman bei der klassischen Konditionierung die biologische Prädisposition, auf bestimmte Reize besonders empfindlich zu reagieren und diese schnell mit einem unkonditionierten Reiz zu verbinden (z. B. Angst vor Schlangen). Biologisch vorbereitet ist dabei die Bereitschaft, bestimmte Reiz-Reaktionsverbindungen zu erlernen. Die Auslösereize sind artspezifisch, ihre Bedeutsamkeit basiert wahrscheinlich auf evolutionären Selektionsprozessen.

Primäremotionen. Angeborene affektive Reaktionsmuster, die in allen Kulturen gleich ablaufen. Über die genaue Klassifikation bestehen nach wie vor Kontroversen, am häufigsten genannt werden Glück/Freude, Wut, Trauer, Furcht, Überraschung und Ekel, für die u. a. im Gesichtsausdruck »feste Programme« identifiziert werden konnten.

Problemanalyse. Die Problemanalyse dient dazu, die Probleme oder psychischen Störungen, wegen derer Menschen einen Psychotherapeuten aufsuchen, zu beschreiben, zu klassifizieren und zu erklären. Darüber hinaus werden die allgemeinen Lebensbedingungen, die Selbstkontrollversuche und Ressourcen sowie die subjektiven Erklärungsmuster und Wertsysteme des Patienten berücksichtigt. Auf der Basis der Problemanalyse wird beurteilt, inwiefern eine psychotherapeutische Behandlung indiziert ist und welche Interventionen die besten Erfolgsaussichten haben.

Probleme der Verhaltenstherapie. Zu einer (stets unvollständigen) Aufzählung gehören: (1) Die unvermeidlichen Therapiemißerfolge, die selbst bei guter Motivation der Patienten und optimaler Durchführung der Behandlung auftreten können. (2) Schwierige Rahmenbedingungen wie mangelnde Information von Patienten und Fachleuten, Eingrenzungen in der gesetzlichen und privaten Krankenversicherung. (3) Mißverständnisse zur Verhaltenstherapie. (4) Mangelnde Verfügbarkeit gut ausgebildeter Verhaltenstherapeuten. (5) Schwierige Beurteilung der Kompetenz eines gegebenen Verhaltenstherapeuten durch Patienten, Kollegen oder andere Fachleute. (6) Inkompatible Wünsche und Voreinstellungen der Patienten oder überweisenden Fachleute (oft vermittelt durch Medien oder populäre Literatur).

Problemlöseansatz. Die Verhaltenstherapie versteht sich als ein Problemlöseprozeß, in dem ständig Hypothesen über die problemrelevanten Bedingungen, die daraus abgeleiteten Veränderungsziele und die Methoden zur Problemveränderung gebildet und überprüft werden. Transparenz im diagnostischen und thera peutischen Ablauf ermöglicht dem Patienten einen Lernprozeß, in dem er seine Problemzusammenhänge auch selbst erkennen und mögliche Veränderungsprozesse in Zukunft selbst einleiten kann.

Problemlösetraining. Kognitives Therapieverfahren zur Steigerung der allgemeinen Problemlösefähigkeit. Typi-

scherweise didaktisch stark strukturiert mit Schritten zur Identifikation und Definition eines Problems, Zieldefinition, Brainstorming für die Erarbeitung von Lösungsvorschlägen ohne vorzeitige Bewertung, Diskussion aller vorgeschlagenen Lösungsmöglichkeiten, Auswahl der besten Alternative, Planung zur konkreten Umsetzung der Lösung, Monitoring und ggf. Verstärkung der Umsetzung. Häufige Verwendung u.a. in der Familientherapie, Rückfallprophylaxe von Schizophrenien, bei psychosomatischen Patienten etc.

Problemorientierte Therapie. → Grundprinzip der Verhaltenstherapie. Die Behandlung setzt in der Regel an der gegenwärtig bestehenden Problematik an. Das therapeutische Vorgehen wird möglichst genau auf die jeweilige Störung und den individuellen Patienten zugeschnitten, so daß für verschiedene Störungen in der Regel auch verschiedene Verfahren, die auf empirisch ermitteltem Störungswissen basieren, in individualisierter Form angewendet werden. Über die Lösung des aktuell bestehenden Problems hinaus wird eine Erhöhung der allgemeinen Problemlösefähigkeit angestrebt. Dies kann indirekt durch Transparentmachen des therapeutischen Vorgehens und die Vermittlung neuer Erfahrungen oder direkt durch gezielte Problemlösetrainings erfolgen.

Produktionsmethode. Verfahren der Selbsteinschätzung, das vom Patienten verlangt, Gedanken zu generieren und diese dann schriftlich oder audiovisuell aufzuzeichnen.

Produkt-Moment-Korrelation. Parametrisches Verfahren zur Bestimmung der Stärke eines Zusammenhanges zwischen zwei quantitativen Variablen. Die Werte liegen zwischen +1.0 (perfekter positiver Zusammenhang, »je mehr, desto mehr«) und −1.0 (perfekter negativer Zusammenhang, »je mehr, desto weniger«).

Prognose, prognostisch. Voraussage des wahrscheinlichen Verlaufs und des Endzustands einer Störung, Heilungsaussichten etc.

Progressive Muskelrelaxation (PMR). Z.T. auch als progressive Relaxation abgekürzt. Von Jacobson eingeführte Entspannungstechnik, die auf der Wahrnehmung des Kontrasts zwischen willkürlich angespannter und entspannter Muskulatur aufbaut. In der klassischen Form werden in sechs Schritten von fortschreitender Schwere (daher »progressiv«) die wichtigsten Gruppen der Willkürmotorik zunächst angespannt, dann entspannt. Zahlreiche Modifikationen und Kombinationen, etwa bei der → systematischen Desensibilisierung.

Prolonged exposure. Englischsprachiger Begriff für anhaltende → Konfrontation.

Pronomenumkehr. Sprachproblem, bei dem das Kind sich selbst mit »er« und »du« bezeichnet und »ich« oder »mich« zur Bezeichnung anderer verwendet. Tritt bei autistischen Kindern auf.

Prospektiv. Vorausschauend. Bezeichnung für kognitive Vorgänge, die eine auf die Zukunft gerichtete Einstellung bzw. ein Vorausblicken erschließen lassen. Als prospektive Längsschnittstudie (Gegensatz zu → retrospektiv) Untersuchungsansatz, bei dem eine oder mehrere Stichproben mehrfach hintereinander über einen längeren Zeitraum untersucht werden. Bei der sogenannten retrospektiven Studien handelt es sich nicht um eine echte Längsschnittstudie, da hier die Probanden rückblickend über die Vergangenheit befragt werden. Beide Untersuchungsansätze weisen eigene methodische Probleme auf (prospektiv z.B. Stichprobenschwund, Reaktivität, Interventionseffekte; retrospektiv z. B. Erinnerungsverzerrungen im Lichte späterer Erfahrungen oder der gegenwärtigen Befindlichkeit).

Protektiv. Schützend. Vgl. auch → salutogenetischer Ansatz.

Protrahierter Suizid. Langfristig selbstschädigende und mit höherer Wahrscheinlichkeit zum Tod führende Verhaltensweise: nach einigen Autoren z. B. stoffgebundene Süchte (Alkoholismus, Drogen), Anorexie, High-Risk-Verhaltensweisen.

Prozeß-Forschung. Untersucht Merkmale des therapeutischen Geschehens in Relation zum therapeutischen Ergebnis (Wirkweise von Psychotherapie) → Ergebnis-Forschung, → Psychotherapieforschung.

Pseudoencephalitis haemorrhagica superior (Wernicke-Syndrom). Stammhirnerkrankung bei chronischem Alkoholismus durch Vitamin B-Mangel. Symptome: Verwirrung, Benommenheit, partielle Augenmuskellähmung und unsicherer Gang.

Pseudo-Halluzinationen. Den → Halluzinationen nahestehende Erfahrungsmodi, die aber keine echten Halluzi nationen darstellen. Es handelt sich um bildhafte Erlebnisse im Sinne besonders plastischer Vorstellungen, deren Trugcharakter erkannt wird. Dabei sind jedoch fließende Übergänge zu echten Halluzinationen möglich.

Psilobycin. Halluzinogener Inhaltsstoff mexikanischer Rauschpilze.

Psyche. Die Seele, der Geist oder der Verstand im Gegensatz zum Körper. Philosophisch-theologisch als Bezeichnung für den Inbegriff des Lebensprinzips.

Psychiatrische Klinik. Stationäre Einrichtung, der v. a. in der Behandlung des Rauschmittelentzugs, der akuten Psychosen sowie im geriatrischen Bereich eine wichtige Versorgungsfunktion zukommt.

Psychische Störung. In Anlehnung an das DSM-IV definiert als ein klinisch auffallendes Verhalten oder psychisches Syndrom oder Merkmalsmuster, das bei einer Person vorkommt, welches als unangenehm erlebtes Symptom (Beschwerde) oder mit einer Leistungseinschränkung in einem oder mehreren Funktionsbereichen (Unvermögen) einhergeht. Es besteht eine verhaltensmäßige, psychische oder biologische Dysfunktion. Störung betrifft nicht nur Beziehung zwischen dem Individuum und Gesellschaft (soziale Abweichung).

Psychoaktive Substanz. Eine chemische Verbindung, die eine psychische Wirkung hat, die Stimmung oder Denkprozesse verändert, z. B. → Tranquilizer.

Psychodrama. Von Moreno begründete Form der Gruppentherapie, bei der Probleme, Konflikte des Einzelnen etc. in »dramatischer« Form in der Gruppe mittels Rollenspielen dargestellt und bearbeitet werden. Dabei werden frei gewählte Rollen übernommen und gespielt, die es dem Therapeuten ermöglichen sollen, Symptome und deren Ursachen aus dem Kontext der rollenspielenden Gruppe zu ermitteln.

Psychoedukation. Therapeutische Verfahren, die durch strukturierte Informationsvermittlung positive Effekte wie eine Besserung der Symptomatik, Abbau problematischen Verhaltens, erhöhte wahrgenommene Vorhersagbarkeit, bessere Compliance o. ä. anstreben. Beispiel: psychoedukative Ansätze in der Familienbetreuung schizophrener Patienten bewirken eine deutliche Reduktion der Rückfallraten.

Psychogen. Durch psychische Faktoren entstanden, also nicht Folge einer körperlich begründbaren (→ organischen) Krankheit.

Psychogener Tod. Selbstaufgabe, man will nicht mehr leben und stellt absichtlich den Lebenswillen ein. Wird oft bei älteren Personen nach Partnerverlust vermutet.

Psychologischer Test. Standardisiertes Verfahren zur Erfassung von Fertigkeiten (z. B. Rechtschreibung oder Rechnen), Fähigkeiten (z. B. Räumliches Vorstellungsvermögen), Persönlichkeitsmerkmalen (z. B. Angst) oder klinischer Auffälligkeiten.

Psychomotorik/psychomotorisch. Gesamtheit des Bewegungsablaufes, der durch psychische Vorgänge geprägt ist. Beispiel: psychomotorische (psychisch-körperliche) Hemmung oder Unruhe, → Motorik, Störungen der.

Psychomotorische Epilepsie. Form eines epileptischen Anfalls, bei dem Routinebehandlungen, gelegentlich auch komplexe Aktivitäten, ausgeführt werden und der Betroffene den Kontakt zur Umwelt verloren hat, ohne anscheinend das Bewußtsein zu verlieren.

Psychopathie. → antisoziale Persönlichkeitsstörung, → Persönlichkeitsstörungen.

Psychopathologie. Lehre von der Symptomatik psychischer Störungen.

Psychopharmaka. Psychoaktive Medikamente, die nach der klinischen Wirkung in folgende Gruppen eingeteilt werden: (1) → Neuroleptika (Medikamente mit antipsychotischer Wirkung), (2) → Tranquilizer (Beruhigungsmittel) und (3) → Antidepressiva (stimmungsaufhellende Mittel).

Psychophysiologie. Psychologische Arbeitsrichtung, die die Zusammenhänge zwischen physiologischen Prozessen einerseits und Verhalten, Befinden, Wahrnehmung, Emotionen, Motivation, Sprache etc. andererseits untersucht.

Psychophysiologisches Modell des Paniksyndroms. Modellvorstellung zur Erklärung von → Panikanfällen bzw. des daraus resultierenden → Paniksyndroms. Die gemeinsame zentrale Annahme der verschiedenen psychophysiologischen oder kognitiven Modelle besagt, daß Panikanfälle durch positive Rückkoppelung zwischen körperlichen Symptomen, deren Assoziation mit Gefahr und der daraus resultierenden Angstreaktion entstehen. Der positive Rückkopplungskreis (»Teufelskreis«) kann an jeder seiner Komponenten beginnen, typischerweise mit einer physiologischen (z. B. Herzklopfen, Schwitzen, Schwindel) oder psychischen (z. B. Gedankenrasen, Konzentrationsprobleme) Veränderung, die Folge sehr unterschiedlicher Ursachen sein können (z. B. Erregung, körperliche Anstrengung, Koffeineinnahme, Hitze etc-). Die Veränderungen müssen von der betreffenden Person wahrgenommen und mit Gefahr assoziert werden. Auf die wahrgenommene Bedrohung wird mit Angst bzw. Panik reagiert, die zu weiteren physiologischen Veränderungen, körperlichen und/oder kognitiven Symptomen führt. Werden diese Symptome wiederum wahrgenommen und mit Gefahr assoziiert, kommt es zu einer Steigerung der Angst. Dieser Rückkoppelungsprozeß, der in der Regel sehr schnell abläuft, kann mehrmals durchlaufen werden. Dabei ist eine explizite Trennung von internen Vorgängen und Wahrnehmung nötig, da keine Eins-zu-Eins-Zuordnung besteht (z. B. Empfindung eines beschleunigten Herzschlags nach dem Zu-Bett-Gehen aufgrund besserer Herzwahrnehmung durch liegende Körperposition). Der Begriff der Assoziation umfaßt eine breite Palette möglicher Mechanismen von → interozeptiver Konditionierung bis zu bewußten Interpretationsvorgängen. Beendet werden kann der Panikanfall durch die wahrgenommene Verfügbarkeit von Bewältigungsmöglichkeiten (z. B. hilfesuchendes und Vermeidungsverhalten, z.T. auch flaches Atmen, Ablenkung auf externe Reize, Reattribution von Körperempfindungen) und durch automatisch einsetzende negative Rückkoppelungsprozesse (z. B. Habituation, Ermüdung, respiratorischer Reflex bei Hyperventilation). Ein Versagen der Bewältigungsversuche führt zu einem weiteren Angstanstieg. Als mögliche angstmodulierende Faktoren wirken u. a. momentane psychische und physiologische Zustände (z. B. generelles Angstniveau, intensive positive und negative affektive Zustände, körperliche Erschöpfung, Säure-Basen-Gleichgewicht des Blutes, hormonelle Schwankungen etc.), kurzfristige situative Faktoren (z. B. Hitze, körperliche Aktivität, Veränderung der Körperposition, Rauchen, Einnahme von Koffein, Medikamenten oder Drogen, Anwesenheit von Sicherheitssignalen), überdauernde situative Einflüsse (z. B. langanhaltende schwierige Lebenssituationen, belastende Lebensereignisse, katastrophisierende Reaktionen anderer) und individuelle Prädispositionen (z. B. Aufmerksamkeitszuwendung auf Gefahrenreize, bessere Interozeption). Zusätzlich kann die Sorge, weitere Panikanfälle zu erleben, die zu einem tonisch erhöhten Niveau von Angst und Erregung führen. Weiterhin können die individuelle Lerngeschichte oder kognitive Stile die Assoziation körperlicher oder kognitiver Veränderungen mit unmittelbarer Gefahr beeinflussen.

Psychoreaktiv. Psychische Reaktion auf äußere Belastungen, z. B. unruhig, nervös, gespannt, ängstlich, niedergedrückt etc.

Psychose. Psychische Störung, bei der Realitätskontakt, Einsicht und Leistungsfähigkeit so stark beeinträchtigt sind, daß den üblichen Lebensanforderungen nicht mehr hinreichend entsprochen werden kann. Da der Psychosebegriff durch kontroverse Theorien vorbelastet ist und uneinheitlich verwendet wird, vermeiden die neueren Klassifikationssysteme des DSM-IV und der ICD-10 diesen Begriff, schaffen ihn aber nicht vollständig ab. Noch immer wird der Psychose-Begriff noch immer häufig als allgemeine Bezeichnung für verschiedene schwere Formen psychischer Störungen verwendet. Dabei wird typischerweise unterschieden zwischen »exogenen« Psychosen, die von erkennbaren Organ- oder Gehirnkrankheiten hervorgerufen werden, und »endogenen« Psychosen (z.T. auch »funktionelle« Psychosen genannt), die ohne nachweisbare körperliche Ursache auftreten.

Psychosexuelle Störung/Dysfunktion. → Sexuelle Funktionsstörungen.

Psychosomatik/psychosomatisch. Bezeichnung für die Annahme, daß sich problematische psychosoziale Bedingungen, Konflikte oder Einstellungen körperlich äußern. Man differenziert die psychosomatischen Störungen in (1) körperliche Beschwerdebilder ohne nachweisbaren organischen Befund (auch als psychogen, konversionsbedingt, vegetativ, funktionell, hypochondrisch etc. bezeichnet) und (2) körperliche Beschwerdebilder mit nachweisbarer organischer oder zumindest funktioneller Veränderung wie Magengeschwür, Hautekzem, Hochdruck oder Bronchialasthma.

Psychosomatische Klinik. Stationäre Einrichtung zur Behandlung psychischer und psychosomatischer Störungen mit in der Regel psychotherapeutischem Schwerpunkt. Schizophrene und organische Psychosen zählen nicht zum Indikationsbereich psychosomatischer Kliniken.

Psychosozial. Die sozialen Bedingungen (Partnerschaft, Familie, Beruf etc.) aus psychologischer Sicht gesehen (z. B. psychosoziale Ursachen oder Folgen psychischer Störungen). Teilweise auch als Sammelbegriff für alle psychischen und sozialen Bedingungen verwendet.

Psychostimulanzien. Aktivierende Medikamente. Früher als Weckmittel und kreislaufaktivierende Substanzen verwendet, seit selten auch als Dopingmittel mißbraucht. Heute nur noch wenige (und dabei auch noch umstrittene) Indikationen: hyperkinetisches Syndrom im Kindesalter (»Zappelphilipp«) und Narkolepsie sowie als Appetitzügler (Anorektika). Bedeutungsgleiche oder bedeutungsähnliche Begriffe sind Psychoanaleptika, Energetika, Psychoenergetika, Psychotonika, Weckamine, Weckmittel, gelegentlich auch Amphetamine, was jedoch nur eine bestimmte Stoffklasse bezeichnet.

Psychotherapeutengesetz. In Deutschland nach wie vor ausstehende gesetzliche Regelung der psychotherapeutischen Tätigkeit, in anderen Ländern (z. B. Österreich) liegen bereits entsprechende Gesetze vor.

Psychotherapie. Behandlung von kranken bzw. gestörten Menschen mit psychologischen Mitteln. Zahlreiche Versuche zur Definition und Klassifikation, z. B. nach angewandten Mitteln (Gespräch, Zuwendung, Übungen, Direktivität, Entspannung, Einsicht, Lernen etc.) oder Zielen (stützend, umschulend, Um strukturierung der Persönlichkeit etc.). Beispiele neben der Verhaltenstherapie: Psychoanalyse, Gesprächspsychotherapie, Musiktherapie, Psychodrama, Rollenspiel, Gestalttherapie etc. Durchführung als Einzel-, Paar-, Familien- oder Gruppenpsychotherapie. Im Rahmen der allgemeinen Psychotherapieforschung ist derzeit die Wirkung und Effizienz der Verhaltenstherapie am besten dokumentiert.

Psychotherapieforschung. Forschung zu Fragen der Behandlung mit psychologischen Mitteln (Psychotherapie). Während in der Vergangenheit vor allem die Wirksamkeit einzelner Therapieformen untersucht wurde, wendet man sich heute verstärkt den Fragen der differentiellen Therapieforschung zu. Hier geht es um Antworten auf die Frage, welche Art von Behandlung durch welche Therapeuten unter welchen Bedingungen bei welchen Störungsbildern welche Wirkungen erzielen und auf welche Weise diese Wirkungen zustande kommen (vgl. → Indikation). An die Seite der reinen Wirksamkeits- bzw. → Ergebnisforschung (»outcome research«) tritt also zunehmend stärker auch die Untersuchung der während der Behandlung ablaufenden Prozesse (»process research«, → Prozeßforschung). Weiterhin kann auch eine immer stärkere Anwendung klinischpsychologischer Methoden auf körperliche Probleme festgestellt werden (z. B. »Verhaltensmedizin«). Im Zusammenhang der Therapieforschung müssen auch Fragen wie die optimale Erfassung von Therapiewirkungen (→ Effektstärke, → statistische vs. → klinische Signifikanz) oder die Aggregation von Forschungsbefunden über verschiedene Studien (→ Meta-Analysen) geklärt werden. Zu den ethisch bedingten Problemen der Psychotherapieforschung zählt die Tatsache, daß Patienten nicht ohne ihre Einwilligung einer bestimmten Therapiebedingung zugeordnet werden. Es muß daher oft auf → quasi-experimentelle Designs zurück-gegriffen werden. Darüber hinaus stellt bei manchen Thera-piestudien die Vorenthaltung von Behandlungsmaßnahmen im Rahmen einer unbehandelten Kontrollgruppe ein Dilem-ma dar, das nicht zur vollkommenen Befriedigung aller Be-teiligten gelöst werden kann. Häufige Lösungsversuche: Pa-tienten der Warteliste als Vergleichsgruppe, Angebot von Nachbehandlungen mit dem effektivsten Verfahren.

Psychotherapie-Weiterbildung. Vermittlung von Wissen und Fertigkeiten zur eigenständigen Ausübung von Psycho-therapie als Heilberuf.

Psychotizismus. In Eysencks Persönlichkeitstheorie eine Di-mension, die sich auf den Kontakt zur Realität bezieht und als Prädisposition für die Entwicklung psychotischer Stö-rungen angesehen werden kann. Empirisch weniger bestä-tigt als die anderen Dimensionen des Eysenckschen Mo-dells (→ Extraversion-Introversion und → Neurotizismus).

Psychotrop. Wirkung auf das psychische Erleben, z.B. psy-chotrope Medikamente mit Wirkung auf das Seelenleben wie Psychopharmaka, aber – im weiteren Sinne – auch Schlaf- und Schmerzmittel, psychotrope Pflanzenheilmittel (z.B. Baldrian, Johanniskraut, Melisse, Hopfen, Kava-Kava) etc.

Psychovegetativ. Psychische Einflüsse auf das dem Willen nicht unterliegende vegetative (autonome) Nerven system, die in der Regel unbewußt bleiben.

Psychovegetative Dysfunktion. → Vegetative Labilität.

Publikationsbias. Nicht alle durchgeführten Studien werden veröffentlicht (publiziert), die Auswahl ist vermutlich syste-matisch verzerrt.

Punktprävalenz. Anzahl der Personen mit einer Störung bzw. Krankheit an einem gegebenen Stichtag → Prävalenz, → Inzidenz.

Pyromanie. Dranghaftes Feuerlegen. → Impulshandlung.

Qualitative Bewußtseinsstörung. → Delirium tremens, → Dämmerzustand, Verwirrtheit sowie → Bewußtseinssteige-rung/Bewußtseinserweiterung.

Qualitätssicherung. Sicherstellung und Verbesserung von Gütemerkmalen bzw. der Leistungen von professionellen Systemen (z.B. Gesundheitssystem). Der Qualitätsbegriff ist komplex und bezieht sich auf die Rahmenbedingungen der professionellen Leistungen (z.B. Versorgung, Ausbildung, therapeutische Methodik: Strukturqualität) genauso wie auf die Ausführung der Leistung selbst (Prozeßqualität) und ihres Ergebnisses im Einzelfall (Ergebnisqualität). Qualitäts-sicherung wird auf allen drei Ebenen des Qualitätsbegriffes betrieben, für den Praktiker ist die Sicherstellung und kon-tinuierliche Verbesserung seiner »Prozeß-« (Anwendungs-) und »Ergebnisqualität« (persönliche Effektivität) von beson-derer Bedeutung. Auf individueller Ebene haben sich Su-pervision, Fort- und Weiterbildung sowie die Mitarbeit in Qualitätszirkeln als effektive Methoden der Qualitätssiche-rung erwiesen. Auch die Verlaufsdokumentation ist prinzi-piell zur Sicherstellung der Prozeß- und Ergebnisqualität des individuellen Therapeuten geeignet. Auf Systemebene sind externe Maßnahmen (z.B. regelmäßige Evaluation von Einrichtungen) effektiver.

Quasiexperimentelle Studien, »natürliche Experimente«. Analog zum Experiment, jedoch Rückgriff auf die natür-liche Variiertheit der »unabhängigen« Variablen bzw. ohne Einwirkung der Versuchsleiter eingetretene Ereignisse. Ziel: Wie bei experimentellen Studien die Analyse von Kausalbe-ziehungen und die Überprüfung ätiologischer oder thera-peutischer Hypothesen, jedoch Konzentration auf zurück-liegende oder aus ethischen bzw. praktischen Gründen nicht manipulierbare Bedingungen. Die meisten klinischen Untersuchungen sind korrelativ in bezug auf die Störungen, da sie an Patienten durchgeführt wurden, die die Störung bereits entwickelt hatten. Damit greifen sie nur auf die na-türliche Variation des interessierenden Merkmals zurück. Bei den in derartigen Studien beobachteten Auffälligkeiten von Patienten kann z.B. nicht festgestellt werden, ob es sich um Ursachen oder Folgen der Störung handelt. Da ein echter experimenteller Zugang (also das willkürliche Her-stellen psychischer Störungen) aufgrund ethischer Grenzen nicht möglich ist, bieten sich als Abhilfe prospektive → Längsschnittstudien an. Probleme: Fragliche Unabhängig-keit von »abhängigen« und »unabhängigen« Variablen, un-erkannte Selektionseffekte, Konfundierung der vermeintlich unabhängigen Variablen mit anderen Einflüssen.

Querschnittsbefund. Ergebnis der zu einem bestimmten Untersuchungszeitpunkt erfaßten Symptome/Syndrome oder psychischen Störungen, die innerhalb eines bestimm-ten Zeitraums aufgetreten sind.

Querschnittstudien. Analyse von Zusammenhängen bzw. Gruppenvergleiche zu einem gegebenen Zeitpunkt. Ziel: Je nach Design wie bei → Korrelationsstudien oder → experi-mentellen Studien. Probleme: Ätiologische Bedeutung der Befunde schwer begründbar, da meist post hoc-Analysen; Kontrollgruppen nur durch → Parallelisierung, nicht durch → zufällige Zuweisungauswahl möglich

Radikaler Behaviorismus (auch analytischer Behavioris-mus). Form des → Behaviorismus, der eine Spielart des radikalen Materialismus darstellt, nach dem Welt nur aus einem Stoff, nämlich der Materie, besteht. Geistige Phäno-mene werden als bloße sprachliche Illusion angesehen (Vertreter z.B. Skinner).

Rahmenbedingungen (für therapeutische Tätigkeit). Kenn-zeichen für institutionelle, rechtliche, systemische, ökono-mische und ökologische Bedingungen psychosozialer/psy-chotherapeutischer Tätigkeit. Im Zusammenhang mit der Problemanalyse: Äußere Umstände (z.B. Wohnbedingun-gen, Armut, Arbeitslosigkeit, bevorstehende Prüfungen) oder körperliche Umstände (z.B. geistige oder körperliche Behinderung, Zustände nach Operationen), die Einfluß auf Dauer, Häufigkeit oder Intensität der psychischen Proble-matik haben.

Rapport. Bezeichnung für → therapeutische Beziehung. Die therapeutische Beziehung hat mehrere für die Aufnah-me des Therapieangebots bedeutsame Komponenten. Dazu gehört ein kooperatives Arbeitsbündnis, emotionale Sicher-heit in der Beziehung, (subjektive) Kompetenz des Thera-peuten, intellektuelle Adäquatheit der Intervention etc. Die meisten dieser Aspekte werden zwischen Patient und The-rapeut implizit geregelt.

Raptus. Krampf. Plötzlicher psychisch-körperlicher Erre-gungszustand mit Fortdrängen, Toben, Schreien, gegen Wände und Türen anrennen, aggressive Durchbrüche, Selbstverletzungsgefahr.

Rating. Verfahren zur Einschätzung bzw. Beurteilung eines Sachverhaltes (z.B. Verhalten, Gefühle, Körperempfindun-gen, Einstellungen etc.) mittels Ratingskalen (z.B. Einschätzung der momentanen Überzeugung, unheilbar krank zu sein auf einer Skala von 0 (bin überhaupt nicht überzeugt) bis 10 (bin völlig überzeugt)).

Rational bzw. Therapierational. Eindeutschung des englischen Begriffs »rationale«. Alltagsnahes Erklärungs modell bzw. kognitive Struktur für ein Problem oder eine Störung. Dient dazu, dem Patienten (oder anderen) die Entstehung und therapeutische Veränderung psychischer Störungen verständlich zu machen (→ kognitive Vorbereitung). Von Therapierational spricht man, wenn aus dem Begründungsmodell Interventionsmaßnahmen abgeleitet werden können. Erhöht generell die → Transparenz der Therapie für den Patienten und damit auch die → Compliance.

Rational-emotive Verhaltenstherapie. Von Ellis begründete → kognitive Therapie, deren Grundannahmen auf die Lebensphilosophien der Stoiker und Epikureer zurückgehen. Für die Entstehung psychischer Störungen werden grundlegende Erwartungs- und Bewertungsmuster (irrationale, unangemessene Überzeugungen) und absolutistische Forderungen verantwortlich gemacht. Insbesondere finden diese sich in zwei Formen psychischer Störungen, der Ich-Angst (ego anxiety: »Nur wenn ich perfekt bin, bin ich ein wertvoller Mensch«) und der Angst vor Unbehagen (discomfort anxiety: »Nur wenn die Dinge einfach sind und nach meinen Vorstellungen ablaufen, bin ich glücklich«). Darüber hinaus nimmt er an, daß für die Aufrechterhaltung und Chronifizierung der Störung die sekundäre Angst vor der Symptomatik (symptom stress) eine wichtige Rolle spielt. Zu den kognitiven Disputationsmethoden, mit denen Veränderungen in den Grundüberzeugungen angestrebt werden, zählt der Sokratische Dialog. Darüber hinaus wird ein breites Spektrum emotiver (z.B. Vorstellungsübungen) sowie verhaltensorientierter Disputationsmethoden eingesetzt (→ Rollenspiele, → Realitätstests, → Verhaltensexperimente). Insbesondere bezüglich der Veränderungen von Grundüberzeugungen bestehen große Ähnlichkeiten zum Vorgehen der Kognitiven Verhaltenstherapie von Beck. Allerdings liegen zu letzterer Wirksamkeitsnachweise in einem größeren Störungsspektrum vor.

Raynaud-Krankheit. Psychophysiologische Störung, bei der die Kapillaren, insbesondere der Finger und Zehen, Spasmen aufweisen. Symptome sind kalte und feuchte Hände, die mit Schmerzen einhergehen. Lokale Gewebsveränderungen sind eine häufige Folge.

Reaktanz. Bezeichnung für das Phänomen, daß jede tatsächliche oder wahrgenommene bzw. auch nur antizipierte Einengung des Verhaltensspielraums einen Zustand der Erregung bewirkt, der sich gegen jede weitere Beschränkung richtet und auf Wiedererlangen der (real oder vermeintlich) verlorenen Handlungsfreiheit abzielt. In der Psychotherapie u.a. wichtig im Zusammenhang mit dem sogenannten → Widerstand.

Reaktion. Bezeichnung für Anpassungsstörung. Identifizierbare psychosoziale meist kurzdauernde (mitunter auch längerfristige) Belastung von einem nicht außergewöhnlichen oder katastrophalen Ausmaß. Symptome und Verhaltensstörungen (außer Wahngedanken und Halluzinationen) verschiedener psychischer Störungen können auftreten. Die Kriterien einer einzelnen Störung werden aber nicht erfüllt. Die Symptome können in Art und Schwere variieren.

Reaktionsverhinderung (response prevention). Maßnahme bei der Behandlung von Zwangssyndromen, die typischerweise mit ausgeprägten Ritualen zur Verhinderung befürch-

teter Unannehmlichkeiten oder Katastrophen einhergehen (z.B. Ansteckung nach Konfrontation mit Schmutz). Um langfristige Reduktion von Angst und Zwangsritualen zu erreichen, muß die Reizkonfrontation durchgeführt werden, während gleichzeitig verhindert wird, daß die Zwangsrituale ausgeführt werden (dies ist die Reaktionsverhinderung). Beide Komponenten zusammen stellen die erfolgreichste Form der Zwangsbehandlung dar. Ohne Reaktionsverhinderung besteht die Gefahr, daß die Patienten die auftretende Habituation und das Ausbleiben der befürchteten Katastrophe fälschlich auf ihr Zwangsritual zurückführen oder daß erst gar keine Angst und damit auch keine Lernsituation eintritt.

Realitätstest. → Verhaltensexperiment.

Reattribution. → Kognitive Umstrukturierung.

Reattribution von Krankheitsmodellen. Die subjektive Sicht der Patienten über die Entstehung ihrer Beschwerden kann förderlich oder hemmend für den Genesungsprozeß sein. Aus diesem Grund kann es sinnvoll sein, eine Modifikation des subjektiven Krankheitsmodells vorzunehmen (z.B. Umattribution einer organischen Sichtweise der Symptomentstehung zu einer psychophysiologischen Sichtweise bei Somatisierungsstörungen).

Reedukation, neuromuskuläre. Wiederaufbau der willkürlichen Kontrolle eines bestimmten Abschnittes der Muskulatur nach Verlust durch chronischen Nichtgebrauch oder Verletzung der kontrollierenden neuronalen Einheiten.

Refraktärphase. An erregbaren Membranen der Zeitraum unmittelbar nach einer Erregung, in dem die Membran infolge der Inaktivierung des Natriumsystems völlig unerregbar ist.

Rehabilitation. Wiedereingliederung, Wiederanpassung an das partnerschaftliche, familiäre, Berufs- etc. Leben nach körperlicher oder psychischer Erkrankung bzw. Störung.

Reifikation. »Verdinglichung«: Annahme, daß ein Konstrukt tatsächlich den Status eines real gegebenen Objektes hat.

Reihenfolge des therapeutischen Vorgehens. Solange es keine hundertprozentig erfolgreichen Methoden bei der Behandlung psychischer Störungen gibt, ist eine breite Palette von Therapiemöglichkeiten mit Ansatzpunkten an verschiedenen Stellen des Problemgefüges erforderlich. Bei der Auswahl des für den Einzelfall sinnvollsten Vorgehens bzw. einer Rangreihe verschiedener Verfahren spielen Rahmenbedingungen (z.B. Motivation und Persönlichkeit des Patienten, Vorliegen zusätzlicher Störungen, Verfügbarkeit von Therapieverfahren und Therapeuten) eine Rolle. Grundsätzlich sollten zuerst Verfahren eingesetzt werden, die möglichst erfolgversprechend sind und zugleich möglichst geringe Kosten bzw. möglichst geringen Aufwand verursachen. Ein »Sequenzmodell« der wichtigsten Ansatzpunkte für die Behandlung psychischer Störungen sieht die folgende Reihenfolge vor: (1) Selbsthilfe, Laienhilfe. (2) Beratung, stützende Gespräche. (3) Gezielte Therapie der psychischen Störung mit (3.1) Verhaltenstherapie, (3.2) andere psychotherapeutische oder medikamentöse Interventionen, (3.3) Langzeit-Begleitung nach gescheiterter Therapie.

Reiz. Stimulus. In den klassischen Lern- und Konditionierungstheorien ist der Stimulus Auslöser für Verhalten (motorische, physiologische oder kognitive Reaktionen).

Reizkonfrontation. (Vgl. auch → Konfrontation mit angstauslösenden Reizen). Therapiemethode, bei der die Patienten angeleitet werden, sich zeitlich langandauernd genau den Situationen auszusetzen, in denen ihre Symptome auftreten (z. B. Ängste, Verlangen nach Alkohol). Hinsichtlich der Wirkmechanismen werden verschiedene Erklärungen diskutiert: So wird entsprechend dem Lernprinzip der Löschung (im Sinne des klassischen Konditionierens) davon ausgegangen, daß durch die Verhinderung von Flucht- und Vermeidungsverhalten die konditionierten Reaktionen (z. B. Ängste, Verlangen nach Alkohol) gelöscht werden. In anderen Ansätzen, z. B. in neurophysiologischen Modellen, wird vermutet, daß durch die langandauernde Konfrontation mit den systemauslösenden Reizen eine Habituation stattfindet. In einigen Ansätzen wird angenommen, daß im Zusammenhang mit der psychophysiologischen Habituation Neubewertungen hinsichtlich der Bedrohlichkeit von Situationen, positive Erwartungen an die eigene Bewältigungskompetenz etc. aufgebaut werden, die zu einer Veränderung des kognitiven Schemas über die zuvor schwierigen Situationen beitragen. Die Therapiemethode wird auch als → Konfrontations- oder Expositionstherapie, Reizüberflutung, Flooding, oder Habituationstraining bezeichnet. Aufgrund der Erkenntnis, daß nicht nur die Konfrontation mit dem Reizaspekt der Situation, sondern sehr stark auch die Konfrontation mit der eigenen (Angst-)Reaktion von Bedeutung ist, setzt sich in jüngster Zeit vermehrt der allgemeinere Begriff der »Konfrontationstherapie« durch.

Reizüberflutung. Deutsch für »Flooding«, → Konfrontation mit angstauslösenden Reizen bzw. → Reizkonfrontation.

Relatives Risiko. Epidemiologischer Kennwert: Verhältnis des Erkrankungsrisikos bei exponierten im Vergleich zu nicht exponierten Personen, berechnet als Neuerkrankungsrate bei Exposition mit einem Risikofaktor geteilt durch die Neuerkrankungsrate bei fehlender Exposition.

Relaxation, progressive (PMR). Häufiger als progressive Muskelrelaxation bezeichnet. Von Jacobson eingeführte Entspannungstechnik, die auf der Wahrnehmung des Kontrasts zwischen willkürlich angespannter und entspannter Muskulatur aufbaut. In der klassischen Form werden in sechs Schritten von fortschreitender Schwere (daher »progressiv«) die wichtigsten Gruppen der Willkürmotorik zunächst angespannt, dann entspannt. Zahlreiche Modifikationen und Kombinationen, etwa bei der systematischen Desensibilisierung.

Reliabilität (Zuverlässigkeit). → Gütekriterium einer Meßmethode und speziell eines standardisierten Tests, psychometrisches Kriterium der Meßgenauigkeit. Mißt der Test das, was er messen soll, genau, d. h. unabhängig davon, ob er auch inhaltlich das mißt, was er zu messen vorgibt? Siehe auch Reliabilität diagnostischer Interviews.

Reliabilität (Zuverlässigkeit) diagnostischer Interviews. Es gibt verschiedene Ansätze zur Bestimmung der Zuverlässigkeit der mittels diagnostischer Interviews erstellten Diagnosen. Die bloße Feststellung der → Interrater-Reliabilität (Übereinstimmung zweier Beurteiler bei der Auswertung ein- und desselben Interviews, der zweite Diagnostiker kann etwa als stiller Beobachter anwesend sein oder das Interview auf Videoband sehen) reicht nicht aus. Wichtigster Test ist die Bestimmung der Retest-Reliabilität, für die die Patienten von zwei Diagnostikern jeweils unabhängig voneinander untersucht werden. Für die Berechnung der Übereinstimmung auf Nominalskalenniveau stehen verschiedene Maße zur Verfügung, die jedoch alle mit bestimmten Mängeln behaftet sind. Am häufigsten werden die prozentuale Übereinstimmung, der Kappa-Koeffizient und der Y-Koeffizient verwendet. Die prozentuale Übereinstimmung berücksichtigt nicht das Ausmaß der zufällig zu erwartenden Übereinstimmung zwischen zwei Diagnostikern. Der Kappa-Koeffizient ist um die Zufallswahrscheinlichkeit bereinigt, er kann Werte zwischen -1 und 1 annehmen. Bei der klinischen Diagnostik werden Werte >0,50 als zufriedenstellend und Werte >0,70 als gut gewertet. Bei Beobachtungen mit einer Auftretenshäufigkeit von weniger als 10% wird der Kappa-Koeffizient jedoch ungenau und hängt sehr von der Grundrate ab. In diesem Fall ist es besser, den Y-Koeffizienten zu berechnen, da dieser von der Grundrate unabhängig ist und eine bessere Schätzung der Übereinstimmung gibt. Wenn eine Zelle der Übereinstimmungstabelle (Diagnose vorhanden: ja/ja, nein/nein, ja/nein, nein/ ja) nicht besetzt ist, kann der Y-Koeffizient jedoch nicht verwendet werden, da er dann automatisch den Wert 1,0 annimmt. In der Forschungsliteratur hat es sich daher eingebürgert, alle drei Übereinstimmungsmaße zusammen mit der Original-Vierfeldertabelle anzugeben.

Remission. Rückgang bzw. Nachlassen psychischer oder körperlicher Störungszeichen. Kann vollständig sein (Vollremission) oder nur eine teilweise Wiederherstellung der Gesundheit (Teilremission) betreffen. Als Spontanremission bezeichnet man eine ohne professionelle Einwirkung auftretende Remission. In der Behandlung psychischer Störungen wird heftig über Art und Ausmaß von Spontanremissionen gestritten. Die ältere Auffassung, daß die meisten »neurotischen« Störungen von alleine abheilen, ist heute weitgehend widerlegt.

Residualzustand/Residuum/Residualsyndrom. Restsymptomatik nach Abklingen des akuten Beschwerdebildes.

Resilienz (Widerstandskraft, im Englischen auch »hardiness«). Ausmaß der »Widerstandskraft« einer Person, die es ihr ermöglicht, negativen Einflüssen standzuhalten, ohne z. B. eine psychische Störung zu entwickeln. Basiert auf der Beobachtung, daß auch bei starker Belastung meist nur eine Minderheit der Betroffenen eine Störung entwickelt. Gegenstück zu → Vulnerabilität. Neben Risikofaktoren werden in der Klinischen Psychologie zunehmend auch protektive Faktoren wie die psychische Widerstandskraft oder soziale Unterstützung beachtet, die negativen Einflüssen entgegenwirken können. Damit einher geht auch eine stärkere Berücksichtigung sogenannter → »salutogenetischer« Ansätze, deren Verhältnis zu den bislang vorherrschenden »pathogenetischen« Denkmodellen noch ungeklärt ist.

Retest-Reliabilität diagnostischer Interviews. Methode zur Bestimmung der Zuverlässigkeit (→ Reliabilität) diagnostischer Interviews, der die Übereinstimmung zweier Beurteiler zugrundeliegt, die denselben Patienten jeweils unabhängig voneinander diagnostiziert haben. Gilt als wichtiger als die → Interrater-Reliabilität (Übereinstimmung zweier Beurteiler bei der Auswertung ein- und desselben Interviews). Zur Berechnung der Übereinstimmung auf Nominalskalenniveau siehe → Reliabilität diagnostischer Interviews.

Retrograde Amnesie. → Amnesie. Gedächtnis- bzw. Erinnerungslücke für die Zeit vor dem auslösenden Trauma, der Medikamenteneinnahme etc.

Retrospektiv. Rückblickend (Gegensatz: → prospektiv). Bezeichnung für kognitive Vorgänge, die eine auf die Vergangenheit gerichtete Einstellung bzw. ein Rückblicken er schließen lassen. Bei der retrospektiven Längsschnittstudie handelt es sich nicht um echte → Längsschnittstudien, da hier die Probanden rückblickend über die Vergangenheit befragt werden. Im Gegensatz dazu werden bei einer prospektiven Längsschnittstudie eine oder mehrere Stichproben mehrfach hintereinander über einen längeren Zeitraum untersucht. Beide Untersuchungsansätze weisen eigene methodische Probleme auf: retrospektiv erhobene Informationen leiden u.a. unter dem Problem der möglicherweise im Licht späterer Erfahrungen oder des gegenwärtigen Befindens verzerrten Erinnerung, bei prospektiven Studien können u.a. Stichprobenschwund, Reaktivität oder Interventionseffekte verfälschend wirken.

Rezessives Gen. Ein Gen, das nur dann als Merkmal im Phänotyp in Erscheinung tritt, wenn es mit einem gleichartigen zweiten Gen bei einem Individuum vorhanden ist.

Rezidiv. Rückfall.

Rezidivprophylaxe. Rückfallvorbeugung, → Rückfallprophylaxe.

Reziproke Hemmung. Beseitigung einer unerwünschten Reaktion durch mehrfache Kombination mit einer anderen, damit unvereinbaren Reaktion (z.B. Angst und Entspannung). In Wolpes Theorie der Wirkmechanismus der → systematischen Desensibilisierung, gilt heute als widerlegt.

Reziprozität. Wechselseitige Bedingtheit. Reziprokes Verhalten bezeichnet ein Verhaltensmuster in einer Dyade oder einer größeren Gruppe von Menschen, das durch sofortigen Austausch gleichwertiger Reaktionen gekennzeichnet ist (z.B. bei Paaren: auf ein negatives Verhalten des einen Partners reagiert der andere ebenfalls und möglichst unmittelbar in negativer Weise).

Rigidität. Eingeengte Konzeptualisierungsfähigkeit. Diese reduziert die Freiheitsgrade von Lösungsalternativen bei Aufgaben, es werden daher weniger Lösungsmöglichkeiten zugelassen und verhindert, daß die für eine Aufgabe überhaupt zur Verfügung stehende oder die mögliche »beste« Strategie ausgewählt wird.

Risiko, absolutes (auch attributables Risiko). Epidemiologischer Kennwert: Differenz zwischen dem Erkrankungsrisiko exponierter Personen und demjenigen nicht exponierter Personen (z.T. auch mit 100 multipliziert und als Prozentzahl angegeben), d.h. Zunahme des Erkrankungsrisikos durch Exposition.

Risiko, attributables (auch absolutes Risiko). Epidemiologischer Kennwert: Differenz zwischen dem Erkrankungsrisiko exponierter Personen und demjenigen nicht exponierter Personen (z.T. auch mit 100 multipliziert und als Prozentzahl angegeben), d.h. Zunahme des Erkrankungsrisikos durch Exposition.

Risiko, bevölkerungsbezogenes (»population attributable risk«). Epidemiologischer Kennwert: Multiplikation des absoluten Risikos mit der Häufigkeit der exponierten Personen in der Bevölkerung, d.h. der Anteil der auf die Exposition zurückführbaren Erkrankungen an allen Erkrankungen in der Population.

Risiko, relatives. Epidemiologischer Kennwert: Verhältnis des Erkrankungsrisikos bei exponierten im Vergleich zu nicht exponierten Personen, berechnet als Neuerkrankungsrate bei Exposition mit einem Risikofaktor geteilt durch die Neuerkrankungsrate bei fehlender Exposition.

Risikosituationen (high risk situations). Risikosituationen stellen aus dem alltäglichen Lebensfluß herausragende Momente dar, die eine Bedrohung der individuellen Kontrollfähigkeit darstellen und die Wahrscheinlichkeit eines Rückfalls erhöhen. Verschiedene Studien zu den situativen Auslösebedingungen für Rückfälle erbrachten über verschiedene Störungsbereiche hinweg bemerkenswert ähnliche Ergebnisse. Diese wurden von Marlatt und Gordon (1985) zu folgenden 8 Rückfallrisikobereichen zusammengefaßt: unangenehme Gefühlszustände, unangenehme körperliche Zustände, angenehme Gefühlszustände, Versuch eines kontrollierten Konsums von Suchtmitteln, plötzliches Verlangen, Konfliktsituationen, soziale Verführungssituationen, Geselligkeit.

Risikostudie. Forschungsstrategie, bei der eine Gruppe von Personen mit einem hohen Risiko für die Entwicklung einer bestimmten Störung oder eines anderen interessierenden Merkmals untersucht wird. Typischerweise als → Längsschnittstudie angelegt.

Rolle. Gesamtheit der Erwartungen oder Normen, die eine bestimmte Gruppe bezüglich des Verhaltens und Erlebens, des Status' oder der Position einer Person oder einer Gruppe von Personen hat. Im Rahmen des sozialen Verhaltens wird die Rolle auch als gegliederte Folge gelernter Verhaltensweisen in interaktiven Situationen verstanden.

Rollenspiel. Therapeutische Maßnahme, bei der Personen bestimmte Positionen in bestimmten sozialen Syste men einnehmen. In einem geschützten Umfeld können neue Erfahrungen und Experimente mit diesen Erfahrungen gemacht werden. Das Rollenspiel hat diagnostische und therapeutische Funktion.

Rollentausch. Übernahme einer anderen Rolle, z.B. stellt der Patient in einem Rollenspiel zunächst sich selbst in einer bestimmten sozialen Situation dar und übernimmt dann die Rolle seines Interaktionspartners (z.B. Ehepartner, Chef, Konkurrent).

Röteln. Durch das Rötelnvirus verursachte akute Infektionskrankheit, die vor allem bei Kindern und Jugendlichen auftritt und eine lebenslange stabile Immunität hinterläßt. Wenn diese Infektionskrankheit bei einer werdenden Mutter in den ersten drei Schwangerschaftsmonaten auftritt, besteht ein großes Risiko für Mißbildungen (Herzmißbildung, Innenohrschwerhörigkeit, Glaukom, Hornhauttrübung) und geisti ge Behinderung beim Kind.

Rückfallprophylaxe. Eine explizite Vorbeugung gegen Rückfälle ist ein typisches Merkmal vieler verhaltenstherapeutischer Maßnahmen. Häufige Maßnahmen u.a.: (1) Betonung des Aspektes des Lernens von Fertigkeiten in der Therapie. Die Patienten sollen die erworbenen Strategien selbständig außerhalb der Therapiesituation einsetzen können. Dies dient auch einer besseren Generalisierung der Therapieeffekte. (2) »Vorhersage« von Rückschlägen bzw. Fluktuationen in der Symptomatik oder Befindlichkeit, die aber nicht als Katastrophe empfunden werden sollten (der Rückschlag sollte nicht als Alles-oder-Nichts-Phänomen bewertet werden). Den Patienten wird der Unterschied zwischen Rückschlägen (überwindbare temporäre Schwierigkeiten) und vollständigen Rückfällen erläutert. Zur Erklärung der möglichen Rückschläge dient auch das Diathese-Streß-Modell. Dieses soll die Patienten gleichzeitig zur Reduktion von Stressoren und Konflikten in ihrem Alltag motivieren. (3) Hausaufgaben in möglichst vielen verschiedenen, realistischen und für die Patienten praktisch relevanten Situationen (dienen auch zur Generalisierung). (4) Die Therapeuten ermöglichen den Patienten besonders gegen Ende der Therapie eigene Entscheidungen bzw. Eigenverantwortung in der Therapieplanung. (5) Betonung der Selbstverstärkung der Patienten, die frühzeitig bei den verschiedenen Therapieaufgaben geübt werden sollte. (6) Bei kognitiven Maßnahmen werden häufig am Ende der Therapie noch einmal gemeinsam mit dem Patienten alle früheren Fehlinterpretationen durchgegangen und geprüft, ob noch Zweifel an den in der Therapie erarbeiteten Alternativerklärungen bestehen.

Rückfallschock (abstinence violation syndrome). Absinken der Selbstwirksamkeitsüberzeugung von rückfälligen Patienten, das entsprechend den sozialkognitiven Rückfallmodellen die Gefahr erhöht, vollkommen in früheres Symptomverhalten zurückzufallen. Postuliert wird hierbei eine kognitive (z. B. »Ich bin ein Versager«) und eine emotionale (z. B. Panik) Komponente des Rückfallschocks.

Sadismus. Sexuelle Abweichung, bei der sexuelle Befriedigung oder Erregung durch das Zufügen von Schmerzen erreicht oder vermehrt wird (→ Paraphilien).

Salutogenetischer Ansatz. Salutogenetische Ansätze gehen davon aus, daß Gesundheit nicht einfach als Abwesenheit von Krankheit verstanden werden kann, sondern positiv definiert werden muß, so daß sich die Frage nach den Bedingungen der Entstehung und Aufrechterhaltung von Gesundheit explizit stellt. Das Verhältnis der salutogenetischen Ansätze zu den bislang vorherrschenden »pathogenetischen« Denkmodellen ist nach wie vor ungeklärt.

Schemata. Der Schema-Begriff wird in der Psychologie und in der Psychotherapie zunehmend häufiger, jedoch in sehr unterschiedlicher Bedeutung verwendet. Manche Autoren verwenden ihn zur Umschreibung relativ komplexer statischer Inhalte (z. B. Selbst-Schema), manche zur Beschreibung eines dynamischen, sich regulierenden Prozesses. In letzterer Bedeutung versteht man unter Schemata Bereitschaften zu bestimmten neuronalen Erregungsmustern und damit bestimmten psychischen Prozessen. Die Interaktion eines Individuums mit seiner Umgebung wird als gebahnt angesehen durch solche vorbestehenden Bereitschaften. Ein – über Sozialisationsbedingungen oder traumatische Erfahrungen entstandenes – Schema, das durch die Bereitschaft charakterisiert ist, die Welt als bedrohlich und sich selbst als gefährdet zu sehen, wird z. B., wenn durch »passende« Bedrohungsstimuli aktiviert, Gefühle (Angst), Gedanken (»Ich werde verrückt«) und Handlungstendenzen (Sich zurückziehen) bahnen, die mit seinen Bereitschaften konsistent sind. Schemata können Wahrnehmungs- und Kognitionsbereitschaften, Handlungsbereitschaften, Emotionsbereitschaften und motivationale Bereitschaften beinhalten. Schemata steuern Erfahrungen und werden durch Erfahrungen beeinflußt. Ihre mentale Struktur wird überwiegend über Netzwerkmodelle beschrieben. Ob ein Schema adaptiv oder dysfunktional ist, hängt davon ab, ob die ausgelösten Bereitschaften im aktuellen Kontext angemessen, funktional, zielfördernd sind oder nicht.

Schematheorie. Nach verschiedenen Autoren (u. a. Piaget, Kelly, Kohlberg, Kegan, Leventhal, Ciompi, Grawe) wird das Verhalten des Individuums nicht durch einzelne Motive, Leitgedanken, gelernte Motorik usw. gesteuert, sondern durch ein komplexes Gefüge dieser Komponenten. In einzelnen Situationen werden Muster abgerufen, die szenische, kinästhetische, verbale, emotionale und motorische Komponenten enthalten (etwa sensumotorische Schemata bei Piaget oder affektologische Schemata bei Ciompi).

Schilddrüse. Endokrine hufeisenförmige Drüse, die um die Luftröhre liegt. Die Schilddrüsenhormone Thyronin und Thyroxin steuern den Sauerstoffverbrauch und die Wärmeproduktion, über den Stoffwechsel auch das Wachstum und die körperliche Entwicklung.

Schizoide Persönlichkeitsstörung. Zur Gruppe der → Persönlichkeitsstörungen mit den zusätzlichen Kennzeichen des sozialen Rückzugs oder verminderten emotionalen Ausdrucks (z. B. kühl, ungesellig, ohne Wärme, überempfindlich, wenig herzlich, unberechenbar, unbeeinflußbar etc.), vgl. → schizotype Persönlichkeitsstörung.

Schizophrenia simplex. Ältere Klassifikation eines seltenen Subtypes der → Schizophrenie. Zustandsbild mit schleichendem Verlauf und relativ uncharakteristischer, auf die Grundsymptome (Dissoziation des Denkens und affektive Verarmung) der Schizophrenie beschränkter Symptomatik.

Schizophrenie. Gruppe psychotischer Störungen, die durch ausgeprägte Störungen des Denkens, der Emotionen und des Verhaltens gekennzeichnet sind. Denkstörungen, bei denen zwischen den Gedanken kein logischer Zusammenhang besteht, fehlerhafte Wahrnehmung und Aufmerksamkeit; bizarre Störungen der motorischen Aktivität; Beeinträchtigung der Verbindung zwischen Wahrnehmungen und Emotion, was zu flachen unangemessenen, ambivalenten oder labilen Emotionen führt; verminderte Toleranz für Belastungen aus zwischenmenschlichen Beziehungen, was dazu führt, daß sich der Patient von anderen Menschen und von der Realität häufig in ein Phantasieleben von Wahnvorstellungen und Halluzinationen zurückzieht. ICD-10 und DSM-IV unterscheiden mehrere Subtypen der Schizophrenie, z. B. die paranoide Form der Schizophrenie (F20.0/295.30) oder die katatone Form der Schizophrenie (F20.2/295.20)

Schizotype Persönlichkeitsstörung (DSM-IV: 301.22). Spezielle Form der → Persönlichkeitsstörung, die frühere Fachbegriffe ersetzen soll wie latente, Borderline-, Grenz-, präpsychotische, prodromale, pseudoneurotische, pseudopsychopathische Schizophrenie bzw. latente schizophrene Reaktion, Schizotypie etc. Charakterisiert durch exzentrisches Verhalten und Anomalien des Denkens sowie der Stimmung (kalter und unnahbarer Affekt), wenig soziale Bezüge und Neigung zu sozialem Rückzug; Beziehungs- und paranoide Ideen oder bizarre, phantastische Überzeugungen sowie autistisches Versunkensein (das aber nicht bis zur eigentlichen Wahnvorstellung reicht); zwanghaftes Grübeln ohne inneren Widerstand, oft mit sexuellen oder aggressiven Inhalten; gelegentlich Körpergefühlsstörungen oder Depersonaliations- oder Derealisationserlebnisse; vages Denken, umständliche, gekünstelte und oft stereotype Sprechweise (jedoch ohne ausgeprägte Zerfahrenheit und ohne Danebenreden): gelegentlich vorübergehende »quasipsychotische Episoden« mit intensiven illusionären Verkennungen, akustischen oder anderen Halluzinationen und wahnähnlichen Ideen (was im allgemeinen ohne äußere Veranlassung auftritt).

Schlaf-Wach-Rhythmus-Störungen. Persönliche Schlaf-Wach-Zeit stimmt nicht mit den sozialen Zeitgebern überein und verursacht Befindlichkeitsstörungen oder Übermüdung in der Wachzeit sowie Schlafstörungen zur Nacht. Meist verursacht durch äußere Einflüsse wie Schicht- bzw. Nachtarbeit, Interkontinentalflüge durch verschiedene Zeitzonen (»Jet-lag«) oder unregelmäßige soziale Verpflichtungen.

Schlafkrankheit. Encephalitis lethargica. Epidemische Form der Encephalitis, die in Europa zu Beginn des Jahrhunderts auftrat. Hauptsymptome waren Lethargie und ausgedehnte Schlafperioden.

Schlafprobleme. Einschlafprobleme (>30 Minuten zum Einschlafen vom Zeitpunkt des zu Bettlegens) oder Durchschlafprobleme (nächtliches Aufwachen an 5 oder mehr Nächten pro Woche). → Insomnien.

Schmerz, chronischer. Schmerzzustände, die im Gegensatz zum akuten Schmerz häufig nicht eng mit der Verletzung von körperlichem Gewebe oder biologisch/physiologischen Erkrankungen bzw. Funktionseinschränkungen einhergehen, sondern häufig psychologischen Gesetzmäßigkeiten gehorchen.

Schmerzsyndrom (ICD-10: F45.4, DSM-IV: 300.8). Chronische oder immer wiederkehrende Schmerzen, die entweder nicht den anatomischen Verhältnissen des Nervensystems entsprechen oder selbst nach gründlicher somatischer Untersuchung nicht durch organpathologische Befunde erklärt werden können. In manchen Fällen handelt es sich auch um Beschwerden mit einer bekannten organischen Pathologie, die allerdings stark übertrieben sind. Dabei reicht jedoch eine dramatische Beschreibung von Schmerzen mit erkennbarer organischer Ursache nicht für die Diagnose eines somatoformen Schmerzsyndroms aus, sondern es muß typischerweise die ständige Beschäftigung mit den Schmerzen hinzutreten. Dementsprechend kann zwischen zwei Subtypen unterschieden werden: Schmerzsyndrom mit psychologischen Faktoren und Schmerzsyndrom mit psychologischen und körperlichen Faktoren. Im Vergleich zum Somatisierungssyndrom dominieren bei beiden Subtypen eindeutig die Schmerzen im Beschwerdebild.

Schock. Das reflektorische, plötzliche Aussetzen gewisser normaler Körperfunktionen (z.B. Unfallschock). Auch als Bezeichnung für die Plötzlichkeit und Intensität der nervösen oder auch psychischen Reaktion (Trauma) oder für das therapeutisch umstrittene Verfahren des Elektroschocks (Elektrokrampftherapie).

Schreck-Reflex, Schreckreaktion (startle response). Bezeichnung für die vor allem bei Kleinkindern typischen unwillkürlichen, heftigen motorischen und physiologischen Reaktionen beim Auftreten lauter Geräusche, Schmerzen oder anderer plötzlicher aversiver Reize. Auch im Erwachsenenalter als typisches Reaktionsmuster auf plötzliche und intensive aversive Reize gut beschrieben.

Schub. Überholte Bezeichnung für eine einzelne Störungsepisode im Rahmen einer schizophrenen Psychose → Episode.

Schulphobie. Die Schulphobie ist an sich keine eigenständige Störung im DSM-IV und in der ICD-10. Kinder mit einer Schulphobie haben große Angst vor spezifischen Dingen, Situationen (bestimmte Unterrichtsstunden) oder Personen (Lehrer, Mitschüler) in der Schule. Aus diesem Grund versuchen sie, den Schulbesuch möglichst zu vermeiden bzw. können ihn nur unter großer Angst aushalten. Im DSM-IV oder ICD-10 wird diese Form der Phobie unter die → spezifische Phobie subsumiert. In Fällen, in denen das Kind die Schule aus Angst vor Blamage oder Peinlichkeit (z.B. beim Vortrag vor der Klasse) vermeidet, wird eine Sozialphobie diagnostiziert. Verweigert das Kind den Schulbesuch im Rahmen aggressiver und delinquenter Verhaltensweisen, wird eine → Störung des Sozialverhaltens diagnostiziert.

Schwäche, somatische Differentialdiagnose der. Angstbedingtes Schwächegefühl wird von entsprechenden neurologischen Störungen durch die diffuse Charakteristik abgegrenzt, da die neurologischen Störungen einem peripheren oder zentralen Verteilungsmuster und einer definitiven Topographie folgen. Muskelschwäche bei Myopathie, Myasthesie, Myositis, evtl. auch paroxysmale Lähmungen sind ebenfalls durch entsprechende neurologische Zusatzsymptome abgegrenzt. Fachdiagnostik ist dabei unumgänglich. Muskelzittern läßt sich zumeist schon phänomenologisch von Tremorformen, Myoklonien, Spinal fits und zentralnervösen motorischen Äußerungen abgrenzen.

Schweigepflicht. Nach § 203 Abs. 1 des Strafgesetzbuches (StGB) sind Angehörige verschiedener Berufsgruppen, so auch »Berufspsychologen« und deren beschäftigte Gehilfen, verpflichtet, fremde Geheimnisse, die ihnen bei der Berufsausübung anvertraut worden sind, nicht unbefugt zu offenbaren. Die gesetzliche Schweigepflicht betrifft jeden Diplom-Psychologen, unabhängig davon, ob er therapeutisch oder beratend tätig ist, ob er seine Leistungen in einer niedergelassenen Praxis oder in einer Institution als Angestellter oder Beamter erbringt. Die Verletzung der Schweigepflicht kann eine Geldstrafe oder eine Freiheitsstrafe bis zu einem Jahr auslösen.

Schweres depressives Syndrom, Major Depression (ICD-10: F32 und F33, DSM-IV: 296.1, 298.0 und 300.4). Eine Stimmungsstörung, die durch eventuelle äußere Anlässe nicht hinreichend erklärt werden kann bzw. weit über normale Reaktionen hinausgeht. Hauptkennzeichen sind gedrückte, traurige Stimmung oder ein massiver Interesseverlust an Dingen, die normalerweise Freude bereiten. Typische Symptome sind verlangsamtes Denken, Lustlosigkeit, Passivität, Schuld- und Wertlosigkeitsgefühle sowie Störungen von Schlaf- und Eßverhalten, wobei die Symptome ein klinisch bedeutsames Ausmaß aufweisen müssen. Suizidalität muß abgeklärt werden. Der Verlauf der Störung ist häufig episodisch. Das schwere depressive Syndrom ist typischerweise von eher kurzen, intensiven Episoden gekennzeichnet (Symptome mindestens zwei Wochen nahezu jeden Tag). Länger anhaltende, aber weniger intensive Phasen sind dagegen typisch für das dysthyme Syndrom (für das auch Interesseverlust und psychomotorische Hemmung nicht als typische Symptome gelten). Beim SDS können auch psychotische Symptome (z.B. »Schuldwahn«) auftreten. Diese dürfen jedoch nicht über die depressive Phase hinaus andauern, da sonst von einer psychotischen Störung (z.B. schizoaffektive Störung) ausgegangen wird. Falls ein Verlusterlebnis vorliegt (Tod einer nahestehenden Person), kann ein SDS nur diagnostiziert werden, wenn die Symptome mehr als zwei Monate nach dem Verlust anhalten. Eine einzelne Episode wird mit F32 kodiert, rezidivierende Störungen mit F33.

Schwindel. Allgemein: Generelle Bezeichnung für jede Form von Schwindelgefühl (Vertigo, Gefühl des gestörten Gleichgewichtes, Benommenheit) einschließlich orthostatischer Beschwerden. Speziell u.a. Drehschwindel (Scheindrehen der Umwelt, Eigendrehen, z.B. bei Morbus Menière), Schwankschwindel (Gefühl des schwankenden Bodens), Lage- bzw. Lagerungsschwindel (Schwindel bei Lageänderungen v.a. des Kopfes), Hirnschwindel (Schwarzwerden vor den Augen, »Sternchensehen«), Entsicherungsschwindel (bei fehlender optischer Orientierung in der Dunkelheit). V. a. in der Neurologie von Bedeutung sind die Erkrankungen des Ohrlabyrinthes (daher Labyrinth-Schwindel). Kein Schwindel im eigentlichen Sinne ist der »Höhenschwindel«, der typischer Bestandteil von Höhenängsten ist → spezifische Phobie, → Agoraphobie.

Schwindel, somatische Differentialdiagnose von. Unspezifische Angstsymptome wie »Schwindel« und Benommenheit lassen gelegentlich an körperliche Allgemeinerkrankungen, neurologische und psychiatrische Störungen denken. Gemeint ist jedoch nicht der typische neurologische Dreh- oder Schwankschwindel. Der Angst-Schwindel ist dabei eher diffus, wird häufig als Unsicherheit, Benommenheit, »Schweben« geschildert und entbehrt sowohl der labyrinthär-vestibulären Schwindelcharakteristiken wie ihrer neurootologischen und neurophthalmologischen Symptome. Allenfalls kommen Ähnlichkeiten mit einem »diffusen zerebralen Schwindel« oder orthostatischen Störungen bei Hypotonie, Anämie etc. vor.

Sedativa. Beruhigungsmittel, meist für die früher eingesetzten Barbiturate, Bromide etc. verwendet.

Sedierung. Beruhigung, Dämpfung.

Sekundäranalyse. Aggregation von Forschungsbefunden über verschiedene Studien hinweg durch intuitive Zusammenschau, einfaches Abzählen signifikanter Effekte oder Berechnung und Mittelung von Effektstärken (»Meta-Analyse«). Ziel: Zusammenfassende Auswertung des Forschungsstandes, Einbezug der Replizierbarkeit, Erkennen der Bedeutung von Kontextvariablen verschiedener, bereits vorliegender Studien. Generelles Problem: Publikationsbias (nicht alle durchgeführten Studien werden veröffentlicht, Auswahl vermutlich systematisch verzerrt). In der → Psychotherapieforschung können die Ansätze zur Gesamtbewertung verschiedener Therapieverfahren grob in drei Gruppen eingeteilt werde: (1) »Narrative« Übersichtsarbeiten bzw. intuitive Zusammenschauen geben einen Literaturüberblick über bisherige Studien und leiten daraus eine Bewertung ab. Wesentliche Nachteile: mögliche subjektive Verzerrung des Autors/Beurteilers, ständig zunehmende Zahl an Publikationen, einen erschwerten Gesamtüberblick durch eine oder wenige Personen. (2) Die »Box-Score-Methode« beinhaltet das einfache Abzählen signifikanter Effekte (daher auch »Abzählmethode«). Nachteile: Problem der geringen statistischen Power der meisten klinischen Untersuchungen (auch praktisch relevante Effekte können nicht mehr mit hinreichender Sicherheit festgestellt werden), keine Berücksichtigung der → Effektstärken, gleiche Wertung von Studien mit unterschiedlicher methodischer Güte oder verschieden wichtigen Therapieerfolgsmaßen. (2) → Meta-Analyse, derzeit objektivste Methode zur Zusammenfassung von Befunden aus mehreren Studien. Zunächst wird für jedes in einer Untersuchung erhobene Maß eine Effektstärke berechnet. Die Effektstärke sagt aus, um wieviel Standardabweichungen der Mittelwert einer Versuchsgruppe von dem einer Kontrollgruppe abweicht. Alle berechneten Effektstärken werden dann gemittelt, um mit dieser »integrierten Effektstärke« über einen globalen Index der Therapieeffekte zu verfügen. Diese Methode macht es auch möglich, Studien mit verschiedenen Erhebungsmaßen direkt miteinander zu vergleichen. Nachteile: typischerweise bleiben methodische Qualität und klinische Relevanz der Ergebnisse unberücksichtigt. Generell ist der Nutzen von Meta-Analysen umstritten, da Ergebnisse aus z. T. sehr unterschiedlichen Quellen zusammengeworfen werden und die

Analyse sich sehr weit von der Datenbasis entfernt. Trotz der Kritik hat sich die Meta-Analyse als objektiv-statistisches Verfahren zur Zusammenfassung heterogener Befunde über verschiedene Studien hinweg mittlerweile auch in Forschungsgebieten eingebürgert, die weit entfernt von ihrem ursprünglichen Einsatzbereich in der Psychotherapieforschung liegen.

Selbstbild-Störungen. Das Selbstkonzept oder Persönlichkeitsbild, d. h. wie jemand sich selber sieht, was er von sich hält, welches Persönlichkeitsbild er von sich hat, kann sich im Laufe des Lebens ändern. Eine Störung von Selbstbild, Selbstkonzept oder Persönlichkeitsbild äußert sich beispielsweise in unrealistisch positiven oder negativen Selbstwertgefühlen, in inadäquater Einschätzung der eigenen Wirkung auf andere etc.

Selbsterfahrung. Bestandteil aller anerkannten Ausbildungskonzeptionen; Therapeuten setzen sich mit ihren kognitiv-emotionalen und interaktionellen Reaktionstendenzen auseinander, die die Arbeit mit Patienten beeinflussen können; Sie lernen die Rolle eines Patienten und aus dieser Perspektive ausgewählte wichtige verhaltenstherapeutische Verfahren am eigenen Leibe kennen.

Selbsthilfe, Laienhilfe. Ganz allgemein ist es besser, wenn der Patient seine Probleme selbst und aus eigener Kraft bewältigt. Daher sollten die Betroffenen bei entsprechender Motivation ruhig zur Selbsthilfe ermutigt werden. Auch die Unterstützung durch Laien wie Angehörige oder Freunde ist hier zu nennen. Wenn diese Maßnahmen aber nicht rasch erfolgreich sind, akute Krisen (z. B. Suizidalität) oder Psychosen vorliegen, sollte angesichts der Chronifizierungsgefahr bei den meisten psychischen Störungen möglichst bald eine gezielte Behandlung eingeleitet werden.

Selbstinstruktion. Offene oder verdeckte Selbstanweisung (Selbstverbalisation), um kognitiv-affektive und verhaltensbezogene Veränderungen in Problemsituationen zu erreichen (z. B. Selbstanweisungen zum planvollen, problemlösenden Denken, zur Bewältigung von Streßsituationen, zur Gestaltung sozialer Kontakte), → Selbstinstruktionstraining.

Selbstinstruktionstraining. Systemische Erarbeitung und Einübung von Selbstverbalisationen (→ Selbstinstruktionen), die erwünschte Verhaltens- und Erlebensmuster wahrscheinlicher und unerwünschte Reaktionsweisen seltener werden lassen (z. B. Förderung strategisch-planvollen Denkens bei impulsiven Kindern). Die von Meichenbaum entwickelten Selbstinstruktionstrainings zählen zu den → Kognitiven Verfahren. Sie erwiesen sich in der Beeinflussung kindlicher Impulsivität und Hyperaktivität wie auch bei Sprech- und Prüfungsangst als erfolgreich. Seine bekannteste und von der Indikation her umfassendste Therapieentwicklung war das → Streßimpfungstraining, das er für Klienten mit verschiedenen psychischen Störungen aber auch als Präventionsmaßnahme empfahl. Elemente dieses Trainings wurden in viele verhaltenstherapeutische Vorgehensweisen integriert (z. B. Förderung von Selbstkontrolle, Rollenspiele im Zusammenhang mit der Steigerung sozialer Kompetenz).

Selbstkonfrontation (self exposure). Bezeichnung für Konfrontationsübungen (→ Konfrontation), die von den Patienten allein ausgeführt werden. Diese können bei Phobien als erster Therapieversuch sinnvoll sein. Weitere Einsatzgebiete sind die Unterstützung medikamentöser Therapien und die Behandlung von Patienten, für die keine Verhaltenstherapeuten zur Verfügung stehen. Um den auf sich gestellten Patienten nicht zu überfordern, werden die Konfrontationsübungen dabei im allgemeinen nach Schwierigkeit abgestuft. Der Patient wird angeleitet, die von ihm gefürchteten und vermiedenen Situationen schrittweise wieder aufzusuchen. Eventuell auftretende irrationale Befürchtungen über mögliche negative Konsequenzen der Konfrontation (z. B. Ersticken im Fahrstuhl, Tod vor Aufregung etc.) können in begleitenden Gesprächen bearbeitet werden.

Selbstkontrolle. Selbstkontrolle bezeichnet einen Spezialfall der Selbstregulation: Kennzeichnend für Selbstkontrolle ist ein *Konflikt* zwischen unterschiedlichen Handlungsmöglichkeiten, die kurz- und langfristig unterschiedliche Kontingenzen aufweisen. Selbstkontrolle meint die Entscheidung einer Person für positiv bewertete, aber verzögerte Konsequenzen eines Verhaltens. Unterschieden wird hinsichtlich der Konflikte in »Widerstehen einer Versuchung« und »Heldenhaftes Verhalten«.

Selbstmanagement. Selbstmanagement meint zum einen ein *Ziel* therapeutischer Veränderung. Patienten sollen im Verlauf der Therapie dazu befähigt werden, Verhalten verstärkt im Sinne eigener Ziele zu steuern. Zum anderen beinhaltet Selbstmanagement unterschiedliche *Strategien* der Veränderung eigenen Verhaltens, die einem Patienten im Laufe der Therapie vermittelt werden. Der Patient sollte dazu befähigt werden (u.a. durch Übung), das Ausmaß an Selbstregulation und Selbstkontrolle im Kontinuum anderer Einflußgrößen auf menschliches Verhalten zu optimieren.

Selbstorganisation. Der Veränderungsprozeß in der Therapie wird als Vorgang im Individuum oder in (familiären) Systemen verstanden, der aufgrund eines äußeren Impulses durch die Intervention eine Neuordnung interaktioneller, kognitiver und emotionaler Strukturen auslöst. Nach dieser Auffassung ist der angestoßene Prozeß nur bedingt durch den Therapeuten steuerbar; vielmehr findet das Individuum (bzw. die Familie) ein neues Equilibrium der wirksamen Kräfte (Kontrolle, Nähe-Distanz etc.) gemäß der vorhandenen Ressourcen und Lernerfahrungen. Ziel der therapeutischen Intervention ist es dabei, die nötige Mobilität herzustellen und die bisherige Organisationsform um das Symptom herum zu verhindern.

Selbstregulation. Selbstregulation beinhaltet ein Modell eines zumeist automatischen Ablaufs von Handlungen oder biologisch-somatischen Prozessen. In einem ersten Schritt erfolgt eine Beobachtung und Erfassung eigenen Verhaltens, daraufhin ein Vergleich mit Standards (Kriterien) für das eigene Verhalten und im dritten Schritt eine Konsequenz aus diesem Vergleich (Selbstbelohnung versus Selbstbestrafung).

Selbstschädigung. Selbstschädigende Handlungen ohne suizidale Intention (im englischen Sprachgebrauch z. B. Deliberate Self-Harm (DSH)).

Selbstverbalisation/Selbstverbalisationsinterventionen. → Selbstinstruktion/Selbstinstruktionstraining.

Selbstwertgefühl. Die Einschätzung des Wertes der eigenen Person. Eine adäquate, positive Sicht der eigenen Person ist wesentlicher Bestandteil von psychischer Gesundheit. Viele psychische Störungen gehen mit vermindertem Selbstwertgefühl einher bzw. bewirken ein solches (z. B. Depressionen), bei Manien kann das Selbstwertgefühl aber auch drastisch überhöht sein.

Selektionsprobleme in der klinischen und Psychotherapieforschung. Das Zusammenwirken von ethischen und forschungspraktischen Einflüssen begünstigt → korrelative → Querschnittsstudien an selbstselegierten klinischen Stichproben. Dieses Manko der gesamten klinischen Forschung beeinträchtigt die Interpretierbarkeit der Ergebnisse massiv. Da in der klinischen Forschung oft Phänomene untersucht werden, die in der Gesamtbevölkerung relativ selten sind, ist die Stichprobengewinnung in der Regel mit großem Aufwand und erheblichen Selektionseffekten verbunden. Personen, die sich entscheiden, eine Behandlung aufzusuchen oder sich für eine Untersuchung zur Verfügung zu stellen, unterscheiden sich typischerweise in vielfacher Hinsicht von solchen, die dies nicht tun. Dabei spielt nicht nur Art und Ausmaß einer möglicherweise vorhandenen Störung eine Rolle, sondern auch Variablen wie Klagsamkeit, allgemeine Befindlichkeit, Einsamkeit, Erwartungshaltungen und viele mehr. Wer also Depression erforschen will, sollte nicht nur depressive Patienten untersuchen, sondern auch depressive Personen aus der Allgemeinbevölkerung, die nicht auf klinischem Weg rekrutiert wurden. Auch die Auswahl einer bestimmten Behandlungsmodalität (z. B. verschiedene Formen von Psychotherapie, Pharmakotherapie) kann Selektionseffekten unterliegen, die ohne weiteres Einfluß auf die Effektivität haben können. Es ist durchaus möglich, daß eine konkrete Behandlungsart bei verschiedener Voreinstellung oder eben in verschiedenen Settings zu unterschiedlichen Erfolgen führen kann.

Selektive Aufmerksamkeit. Angstpatienten wenden ihre Aufmerksamkeit selektiv auf solche bedrohlichen Reize oder Inhalte, die für die jeweilige Angststörung spezifisch sind.

Senile Demenz. Im höheren Lebensalter beginnende → Demenz durch eine allgemeine Hirnatrophie oder die → Alzheimersche Krankheit.

Senile Plaques. Veränderungen in der Struktur des Großhirngewebes. Sie bestehen aus einem Amyloidkern, der von degenerierten neuronalen Fortsätzen und reaktiven nichtneuronalen Zellen umgeben ist. Die senilen Plaques finden sich in hoher Konzentration bei Dementen bzw. Patienten mit einer → Alzheimersche Krankheit.

Sensate focus I und II. Techniken der Sexualtherapie nach Masters und Johnson, bei denen ein befriedigendes sexuelles Verhalten durch schrittweise im Schwierigkeitsgrad ansteigende Übungen wieder aufgebaut werden soll. Sensate focus I: abwechselndes Streicheln des ganzen Körpers mit Ausnahme der Genitalregionen. Sensate focus II: erkundendes Streicheln der Genitalien, stimulierendes Streicheln und Umgang mit Erregung, Petting bis Orgasmus, Einführen des Penis ohne Bewegung, Koitus mit erkundenden Bewegungen bis hin zu nicht mehr durch Verhaltensanweisung eingeschränkten sexuellen Tätigkeiten.

Sensibilisierung. Erhöhte Reaktionsbereitschaft des Organismus während des Vorherrschens negativer Reize.

Sensitiv. Überempfindlich, selbtsunsicher, leicht kränkbar.

Sensitivierung. → Sensibilisierung.

Sensitivität. Kennwert für die Güte diagnostischer Verfahren. Die Sensitivität beschreibt die Fähigkeit eines Verfahrens, echt positive Fälle (z. B. Kranke, Merkmalsträger) zu identifizieren. Meist als Paar mit → Spezifität gebraucht.

Sensorische Aphasie. Nach Wernicke Sprachverständnisstörung bis hin zur Worttaubheit, Wörter können nicht verstanden werden. In der Folge stehen Wörter z. B. zur Benennung von Gegenständen nicht mehr zur Verfügung, die Gegenstände werden ggf. falsch (verbale Paraphasie) bezeichnet. Manchmal Wiederholung gleichartiger Worte ohne sinnvolle Verknüpfung (Paragrammatismus, Agrammatismus), bisweilen Wiederholung vorgesprochener Wörter (→ Echolalie) sowie formel- und schablonenhafte Sprache, z.T. ohne Sinn. Unmöglichkeit, richtig nachzusprechen, zu lesen (→ Alexie), spontan oder nach Diktat zu schreiben (→ Agraphie). Umgang mit Zahlen erschwert (→ Akakulalie).

Sequenzmodell des therapeutischen Vorgehens. Solange es keine hundertprozentig erfolgreichen Methoden bei der Behandlung psychischer Störungen gibt, ist eine breite Palette von Therapiemöglichkeiten mit Ansatzpunkten an verschiedenen Stellen des Problemgefüges erforderlich. Bei der Auswahl des für den Einzelfall sinnvollsten Vorgehens bzw. einer Rangreihe verschiedener Verfahren spielen Rahmenbedingungen (z. B. Motivation und Persönlichkeit des Patienten, Vorliegen zusätzlicher Störungen, Verfügbarkeit von Therapieverfahren und Therapeuten) eine Rolle. Grundsätzlich sollten zuerst Verfahren eingesetzt werden, die möglichst erfolgversprechend sind und zugleich möglichst geringe Kosten bzw. möglichst geringen Aufwand verursachen. Ein »Sequenzmodell« der wichtigsten Ansatzpunkte für die Behandlung psychischer Störungen sieht die folgende Reihenfolge vor: (1) Selbsthilfe, Laienhilfe. (2) Beratung, stützende Gespräche. (3) Gezielte Therapie der psychischen Störung mit (3.1) Verhaltenstherapie, (3.2) andere psychotherapeutische oder medikamentöse Interventionen, (3.3) Langzeit-Begleitung nach gescheiterter Therapie.

Setting. Räumliche, personelle, zeitliche Aspekte der Behandlungseinrichtung und des Behandlungsverfahrens.

Sexuelle Delinquenz. Die Untergruppe sexueller Devianz, bei der Straftaten gegen die sexuelle Selbstbestimmung begangen werden. Ganz überwiegend handelt es sich um Männer mit dem Tatbestand der Notzucht und Vergewaltigung. Sowohl Täter (→ Paraphilien, → sexuelle Störungen) als auch Opfer (→ posttraumatische Belastungsstörungen) benötigen Behandlung.

Sexuelle Funktionsstörungen/Dysfunktionen. Störungen des sexuellen Ablaufes bzw. der einzelnen Phasen der sexuellen Aktivierung (Erregungsphase, Plateauphase, Orgasmus, Rückbildung) sowie sexuelle Schmerzsyndrome. Die Beeinträchtigungen im sexuellen Verhalten, Erleben und den physiologischen Reaktionsweisen behindern eine für beide Partner befriedigende sexuelle Interaktion oder machen sie gar unmöglich, obwohl die organischen Voraussetzungen gegeben sind und keine Fixierung auf unübliche Sexualziele oder -objekte vorliegt. Beispiele für speziell beim Mann auftretende Funktionsstörungen sind → Erektionsstörungen oder Störungen der → Ejakulation (verfrüht oder verzögert), bei Frauen ist dies beispielsweise der Scheidenkrampf → (Vaginismus).

Sexueller Masochismus. Sexuelle Störung mit wiederkehrenden, anhaltenden und starken sexuellen Impulsen und Phantasien, die mit einem realen, nicht simulierten Akt der Demütigung, des Geschlagen- oder Gefesseltwerdens oder sonstigen Leidens verbunden sind.

Sexueller Sadismus. Sexuelle Störung mit wiederkehrenden, anhaltenden und starken sexuellen Impulsen und Phantasien, die reale, nicht simulierte Handlungen beinhalten, bei denen das physische oder psychische Leiden (einschließlich Demütigung) des Opfers für die Person sexuell erregend ist.

Sexuelle Störungen. Im ICD-10 und DSM-IV werden die sexuellen Störungen unterteilt in → sexuelle Funktionsstörungen (z.B. → Erektionsstörungen), → Störungen der Geschlechtsidentität (z. B. → Transsexualismus) und Störungen der sexuellen Präferenz bzw. → Paraphilien (z.B. → Pädophilie).

Shaping. Aufbau komplexer Verhaltensmuster in kleinen Schritten im Rahmen der → operanten Konditionierung. Das Kriterium für die → Verstärkung wird stufenweise verändert. Beim Shaping werden Verhaltensweisen verstärkt, die zunehmend mehr Elemente mit dem Zielverhalten gemeinsam haben.

Sicherheitssignale. Umgebungsmerkmale, die auf die Präsenz von Hilfsmöglichkeiten hinweisen (z. B. Notrufknopf in einer Klinik); können den negativen Zusatzeffekt haben, daß sie eine selbständige Angstbewältigung erschweren.

Signifikanz. Bedeutsamkeit. Wird in zweifacher Weise verwendet. (1) → Statistische Signifikanz bezieht sich auf Unterschiede, die nur mit geringer Wahrscheinlichkeit zufällig auftreten und daher als bedeutsam (»überzufällig«) eingestuft werden. (2) → Klinische Signifikanz bedeutet, daß die Größenordnung der Befunde klinisch relevant bzw. von praktischer Bedeutung ist. Da die statistische Signifikanz u.a. etwa von der Stichprobengröße abhängt, können bei sehr großen Stichproben praktisch unbedeutsame Effekte als statistisch »signifikant« eingestuft werden. Ebenso können bei sehr kleinen Stichproben durchaus praktisch wichtige Effekte nicht das erforderliche statistische Signifikanzniveau erreichen (ähnliche Zusammenhänge bestehen mit der Varianz der Merkmale und anderen Einflußfaktoren).

Simulation. Vortäuschung von Störungszeichen bzw. -zuständen. Willentliche »Produktion« körperlicher und psychischer Symptome mit der bewußten Absicht, die Umgebung zu beeinflussen, um einen erkennbaren Vorteil zu erlangen. Im Gegensatz zu → Konversionssyndrom, → Hypochondrie, → Somatisierung etc.

Sinnestäuschungen. → Halluzinationen.

SKID. Strukturiertes Klinisches Interview für DSM. Deutschsprachige Version des »Structured Clinical Interview for DSM«. Strukturiertes Interview für die Diagnostik psychischer Störungen nach den Diagnosekriterien des DSM-III-R bzw. DSM-IV (in Vorbereitung).

Skill Defizit-Hypothese. Annahme, daß soziale Interaktionsprobleme durch mangelnde Übung in entsprechenden Alltagssituationen zustandekommen.

Skinner-Box. Apparatur für Tierexperimente, die eine Vorrichtung enthält, mittels derer bei Druck auf einen Hebel ein Stück Futter in einen Behälter fällt. Während das Tier gewöhnlich zunächst nur durch einen Zufall die richtige Bewegung macht, wird sein Verhalten mit der Zeit zielgerichtet. Der Lernerfolg wird durch die → operante Konditionierung erklärt.

Skoliose. Verkrümmung der Wirbelsäule, die häufig bei Mädchen auftritt und herkömmlich mit Hilfe eines Korsetts behandelt wird. Alternativ stehen inzwischen auch Methoden des → Biofeedbacks zur Verfügung.

Sodomie. → Zoophilie.

Sokratischer Dialog. Zentrale Methode der Gesprächsführung in der → Kognitiven Verhaltenstherapie von Beck und der → Rational-emotiven Verhaltenstherapie von Ellis. Durch den sokratischen Dialog wird versucht, den Patienten durch hypothesengeleitetes, gezieltes Fragen darin zu unterstützen, die Situationsangemessenheit und Rationalität seiner → automatischen Gedanken und übergeordneter Einstellungen zu identifizieren, zu überprüfen und eventuell zu korrigieren. Dabei liefert der Therapeut nicht fertige Antworten, sondern hilft dem Patienten mit seinen Fragen gezielt dabei, die korrekten Erkenntnisse selbst zu gewinnen. Der Begriff leitet sich aus der Form der Gespräche zwischen Sokrates und Platon ab. Verwandter Begriff: → geleitetes Entdecken.

Soma. Die Gesamtheit der körperlichen Ausstattung eines Individuums.

Somatisch. Körperlich, auf körperlichen Vorgängen beruhend, im Gegensatz zu psychisch.

Somatische Differentialdiagnose (auch organische D.). Abgrenzung zwischen psychischen und somatischen (bzw. organischen) Störungen. Komorbidität bzw. überlappende Symptomatik betonen die Bedeutung der somatischen Differentialdiagnostik: Psychische und körperliche Störungen bzw. Erkrankungen können nicht nur zu verschiedenen Zeiten, sondern auch parallel nebeneinander bestehen. Sie können unabhängig voneinander sein, sich wechselseitig beeinflussen oder als auslösende Faktoren am jeweils anderen Krankheitsgeschehen beteiligt sein. Organisch nicht zuordenbare körperliche Symptome wie erhöhte Erregung, Benommenheit oder Schmerzzustände begleiten häufig psychische Störungen. Andererseits können auch körperliche Erkrankungen oder pharmakologische Substanzen psychische Symptome wie Angstzustände oder Stimmungsschwankungen hervorrufen, die keine eigene psychologische Dynamik aufweisen und mit der Heilung einer Krankheit oder dem Absetzen der Substanz wieder verschwinden. Im ungünstigeren Fall können sie allerdings auch durch Fehlinterpretationen und andere dysfunktionale Lernprozesse eine eigene Dynamik entwickeln und zum im engeren Sinne psychologischen Problem werden. Bei der somatischen Differentialdiagnose im Vorfeld einer Verhaltenstherapie geht es zum einen darum, mögliche somatische Grunderkrankungen nicht zu übersehen, zum anderen sollen aber auch keine unnötigen oder gar schädlichen diagnostischen Maßnahmen eingeleitet werden.

Somatische Symptome. (1) Körperliche Störungszeichen. (2) Nach ICD-10 typische »endogene« Symptome wie Interesseverlust, Freudlosigkeit, Unfähigkeit zu reagieren, frühmorgendliches Erwachen, Morgentief, Agitiertheit, psychomotorische Hemmung, deutlicher Appetit- und Gewichtsverlust oder Libidoverlust.

Somatische Symptome, somatische Differentialdiagnose multipler. Eine internistische Differentialdiagnostik beinhaltet auch die Suche nach endokrinen Störungen. In dieser Kategorie steht im Vordergrund die Hyperthyreose, selten dagegen sind Phäochromozytom und Cushing-Syndrom. Die ängstliche Erregung der Hyperthyreose-Patienten ist außerordentlich charakteristisch. Die Analogie zu psychiatrischen Angstzuständen wird durch die psychischen Beeinträchtigungen wie Ruhelosigkeit, ängstliche Anspannung und Erregung (bei verminderter Leistungs- und Belastungsfähigkeit) und die körperliche Symptomvielfalt (Tachykardie und Palpitationen, Schwitzen, Atemnot, Muskelschwäche, Gewichtsabnahme etc.) nahegelegt. Gelegentlich kommen auch phobische Ängste, wie z.B. Klaustrophobien, vor. Eine eskalierende ängstliche Erregung kann eine Thyreotoxikose ankündigen. Das Phäochromozytom ist vor allem durch Bluthochdruck-Krisen, manchmal auch persistierende Angst und Unruhe, das Cushing-Syndrom eher durch ängstlich depressive Gestimmtheit, Affektlabilität und Antriebsstörungen gekennzeichnet. Am schwierigsten ist die hyperthyreote Ängstlichkeit von primären Angststörungen zu unterscheiden. Klinische Unterschiede sind hier beispielsweise die kühlen Hände des angstgestörten und die warmen Hände des hyperthyreoten Patienten, die erhaltene Herzschlagabsenkung in Ruhe und Schlaf bei Panikstörung und die auch nachts persistierende Tachykardie bei Hyperthyreose. Obwohl beide Patientengruppen über Erschöpftheit und Müdigkeit klagen, bietet nur der hyperthyreote Patient trotz der subjektiven Müdigkeit eine andauernde Hyperaktivität. Hyperreflexie kommt bei beiden Störungsbildern vor. Die heute einfache labordiagnostische Abgrenzung ist unerläßlich.

Somatisierung. Ausdruck psychischer Probleme oder Belastungen in Form körperlicher Beschwerden, → Somatisierungssyndrom, → somatoforme Störungen.

Somatisierungssyndrom bzw. Somatisierungsstörung (ICD-10: F45.0, DSM-IV: 300.8). Eine chronische, sich über Jahre erstreckende Störung, die durch vielfältige und häufig wiederkehrende körperliche Beschwerden gekennzeichnet ist, ohne daß aber eine ausreichende organische Ursache festgestellt werden kann oder die Symptome auf eine andere psychische Störung (z.B. Paniksyndrom) zurückgeführt werden können. Die Beschwerden sind so stark, daß medizinischer Beistand gesucht oder die Lebensführung verändert wird. Der Störungsbeginn soll vor dem 30. Lebensjahr liegen. Im Gegensatz zur Hypochondrie stehen die Symptome im Vordergrund, nicht eine dahinter vermutete schwere Krankheit. In gleicher Weise kann auch eine Abgrenzung vom Paniksyndrom vorgenommen werden, bei dem die Bedeutung der Symptome nicht einfach in einer allgemeinen Kränklichkeit gesehen wird. Für die Diagnose müssen Symptome aus allen vier folgenden Bereichen vorliegen. (1) Schmerzen: Eine Anamnese von Schmerzen in mindestens vier verschiedenen Bereichen bzw. Funktionen (wie etwa Kopf, Unterleib, Rücken, Gelenke, Extremitäten, Brust, Rektum, Geschlechtsverkehr, Menstruation, Urinieren). (2) Gastrointestinal: Anamnese von mindestens zwei gastrointestinalen Symptomen außer Schmerzen (wie etwa Übelkeit, Blähungen, Durchfall, Erbrechen außer während der Schwangerschaft, mehrere Speiseunverträglichkeiten). (3) Psychosexuell: Eine Anamnese von mindestens einem Symptom aus dem sexuellen oder dem Reproduktionsbereich außer Schmerzen (wie etwa sexuelle Gleichgültigkeit, Impotenz, unregelmäßige Menstruationen, exzessive Menstruationen, Erbrechen während der gesamten Schwangerschaft). (4) Pseudoneurologisch: Eine Anamnese mindestens eines Symptoms oder Defizits, das eine neurologische Störung nahelegt, die nicht auf Schmerzen begrenzt ist (Konversionssymptome wie Blindheit, Doppelbilder, Taubheit, Verlust von Tast- oder Schmerzempfindungen, Stimmverlust, Beeinträchtigung von Koordination oder Gleichgewicht, Lähmungen oder begrenzte Muskelschwächen, Schluckbeschwerden, Harnverhaltung, Krampfanfälle; dissoziative Symptome wie Amnesien; Bewußtlosigkeit außer Ohnmacht).

Somatoforme Störungen. Oberbegriff für Störungen, bei denen körperliche Symptome eine körperliche Krankheit nahelegen, für die jedoch keine Ursache zu finden ist. Es wird daher angenommen, daß diese Störungen in Verbindung mit psychischen Konflikten und Bedürfnissen stehen, aber nicht willentlicher Kontrolle unterliegen. Zu diesen Störungen gehören: → Somatisierungssyndrom, Konversionssyndrom, psychogenes Schmerzsyndrom und → Hypochondrie.

Somatoforme Störungen, Klassifikation. Hier ist die Abklärung organischer Ursachen besonders wichtig. Dabei muß nicht immer jegliche Beteiligung organischer Faktoren ausgeschlossen sein. Es reicht auch, wenn die Beschwerden in keinem angemessenen Zusammenhang mit objektivierbaren organischen Bedingungen stehen. Dies ist jedoch häufig sehr schwer zu beurteilen und kann nicht allein aufgrund der im Interview erhobenen Informationen geschehen. Im Gegensatz zum Paniksyndrom stehen bei den somatoformen Störungen (vor allem bei Hypochondrie und Somatisierungssyndrom) nicht nur kardiovaskuläre und respiratorische Symptome im Zentrum der Beschwerden, und die Symptome werden häufig auch nicht als Anzeichen einer unmittelbaren Todesgefahr, sondern eher auch als Zeichen einer unangenehmen oder erst mittelfristig bedrohlichen Krankheit angesehen.

Somatogenese. Entwicklung aus körperlichen Ursprüngen im Gegensatz zur Entwicklung aus psychischen Ursprüngen.

Somatosensorische Verstärkung (somatosensory amplification). Eine Fokussierung der Aufmerksamkeit auf körperliche Mißempfindungen kann dazu führen, daß Körperempfindungen verstärkt wahrgenommen werden. Dadurch erhöht sich die Gefahr, diese Körperempfindungen fehlzubewerten. Diesem Prozeß wird bei somatoformen Störungen große Bedeutung beigemessen.

Somatotherapie. Therapie, die auf körperliche Zustände oder Vorgänge abzielt, z. B. Pharmakotherapie.

Somnambulismus. Schlafwandeln.

Somnolenz. Bewußtseinsstörung im Sinne einer mittelgradigen Beeinträchtigung der Bewußtseinshelligkeit (Klarheit) und Wachheit. Sehr apathisch, stark verlangsamt und schläfrig. Ständige Einschlafneigung, aber durch lautes Ansprechen oder Anfassen gut weckbar. Meist ratlos und erstaunt, aber noch einigermaßen orientiert. Keine spontanen Äußerungen mehr. Nur noch gelegentlich Abwehr- oder Ausweichbewegungen bei Schmerzreizen und Lagekorrektur.

Sopor. Bewußtseinsstörung. Starke Beeinträchtigung der Bewußtseinshelligkeit (Klarheit) und Wachheit. Nur noch durch starke Weckreize weckbar (lautes Rufen, Schütteln, Schmerzreize). Keine verbalen Äußerungen, auch keine Schmerzlaute mehr. Bei Schmerzreizen allenfalls noch Abwehrbewegungen.

Soziale Kompetenz. Fähigkeit einer Person, soziale Alltagsinteraktionen im Sinne eigener Ziele und Bedürfnisse (mit) gestalten zu können, ohne die Rechte und Interessen anderer unnötig zu verletzen. Gegenteil: Soziale Inkompetenz bzw. mangelnde soziale Kompetenz.

Soziale Unterstützung (social support). Das Ausmaß an Unterstützung, das eine Person von seiner sozialen Umwelt, d. h. den Menschen in seiner Umgebung, erfährt. Hängt u. a. mit der Größe und Beschaffenheit des sozialen Netzes zusammen, ist aber nicht identisch damit. Unterscheidungen wahrgenommene, emotionale, praktische Unterstützung.

Soziale Verstärkung. Lob. Für die soziale Verstärkung durch Therapeuten (und ggf. auch andere Bezugspersonen) gelten die allgemeinen Grundregeln: Man kann kaum zuviel loben, verstärkt wird jede Anstrengung (nicht erst der perfekte Erfolg) und die Ansprüche müssen schrittweise gesteigert werden.

Sozialer Konstruktivismus.

Sozialisation. Vergesellschaftung, Akkulturation. Der gesamte Prozeß, in dessen Verlauf eine Person durch passiven und aktiven Umgang mit anderen Menschen seine charakteristischen Erlebnis- und Verhaltensweisen erwirbt. Im engeren Sinne (v.a. in der Soziologie) der Erwerb gesellschaftlicher bzw. kultureller Normen.

Sozialphobie (ICD-10: F40.1, DSM-IV: 300.23). Dauerhafte, unangemessene Furcht und Vermeidung von Situationen, in denen die Patienten mit anderen Menschen zu tun haben und dadurch einer möglichen Bewertung im weitesten Sinne ausgesetzt sind. Sie befürchten zu versagen, sich lächerlich zu machen oder durch ungeschicktes Verhalten gedemütigt zu werden. Sozialphobien können sowohl eng umschrieben sein (z.B. Furcht vor öffentlichem Sprechen) als auch einen Großteil aller zwischenmenschlichen Aktivitäten einschließen (z.B. Parties, Gespräche, Essen, Schreiben vor anderen). Typischerweise löst die Konfrontation mit einer sozialen Situation fast immer sofort Angst aus und die Patienten zeigen ausgeprägte Erwartungsängste. Während die zentralen Befürchtungen von Sozialphobikern Blamage bzw. negative Bewertung durch andere betreffen, fürchten Agoraphobiker v.a. Angstanfälle bzw. deren katastrophale Folgen und spezifische Phobiker in der Regel unmittelbar vom phobischen Objekt ausgehende Gefahren. Im DSM-IV schließt diese Diagnose auch die im DSM-III-R noch als unabhängig konzipierte kindliche Vermeidungsstörung mit ein.

Sozioökonomischer Status. Durch Beruf, Einkommen und Ausbildung bestimmte relative Position in der Gesellschaft.

Soziopathie. Begriff aus der englischsprachigen Literatur für die antisoziale Persönlichkeitsstörung. Das Syndrom ist gekennzeichnet durch Impulsivität und mangelnde Selbstkontrolle, verantwortungsloses Verhalten, Hedonismus und die Unfähigkeit zu Emotionen wie Einfühlung, Reue, Schuld oder Zuneigung. Die Konsequenzen des Handelns auf andere oder die eigene Person werden nicht bedacht, das relative Fehlen von Angstreaktionen wird z.T. als mangelnde soziale Lernfähigkeit konzipiert.

Spalten-Technik. Die Spaltentechnik ist ein wichtiger Bestandteil des Vorgehens in der → Kognitiven Therapie nach Beck. Ausgangspunkt sind → Gedankenprotokolle, d.h. Aufzeichnungen automatischer Gedanken in emotional belasteten, negativ erlebten Situationen. In einem ersten Stadium werden typischerweise Protokollbögen mit drei Spalten benutzt: 1. Situation (Wer?, Was?, Wann?, Wo?); 2. Gefühle/Stimmungen (Was fühlen Sie?; Wie intensiv?); 3. Automatische Gedanken und Bilder (Was ging Ihnen durch den Kopf?). Ziel in diesem Stadium ist das Bewußtmachen, daß die erlebten Gefühle mit dem Denken, den Bewertungen, den automatisch auftauchenden Bildern zusammenhängen. Ist dieses Verständnis erreicht, wird der Protokollbogen um Spalten erweitert, in denen es um die Überprüfung der Gedanken auf Angemessenheit in der erlebten Situation und um die Entwicklung realistischerer alternativer Gedanken und deren gefühlsmäßige Einschätzung geht. Wenn in den Therapiesitzungen über den → Sokratischen Dialog kognitive Umstrukturierungen erreicht und über Realitätstests neue Erfahrungen ermöglicht wurden, wird die Spaltentechnik als → Hausaufgabe weitergeführt, damit die Patienten lernen, das Infragestellen und Modifizieren ihrer Gedanken auf neue Situationen zu übertragen und zu automatisieren.

Spezifische Phobie (ICD-10: F40.2, DSM-IV: 300.29). Dauerhafte, unangemessene und exzessive Furcht und Vermeidung spezifischer Objekte oder Situationen. Ausgenommen sind Furcht vor plötzlichen Angst anfällen (Paniksyndrom) und vor sozialen Situationen (Sozialphobie). Die häufigsten Phobien betreffen Tiere (z.B. Spinne, Schlangen, Hunde, Ratten), Höhen, enge Räume, Flugzeuge und den Anblick von Blut, Verletzungen oder Spritzen. Bei Phobikern sind diese weit verbreiteten Ängste so stark, daß sie die normale Lebensführung beeinträchtigen und ausgeprägtes Leiden verursachen. Konfrontation mit den phobischen Ängsten löst fast immer sofort Angst aus. Manchmal liegt keine vollständige Vermeidung vor, sondern die phobischen Situationen können unter extremer Angst ertragen werden. Die zentralen Befürchtungen betreffen typischerweise direkt vom phobischen Objekt ausgehende Gefahren (z.B. Flugzeugabsturz, Hundebiß). Im Gegensatz dazu befürchten Agoraphobiker v.a. Angstanfälle und ihre Konsequenzen, Sozialphobiker die negative Bewertung durch andere.

Spezifität. Kennwert für die Güte diagnostischer Verfahren. Die Spezifität gibt Auskunft über die Fähigkeit des Verfahrens, echt negative Fälle (d.h. Gesunde) zu identifizieren. Meist als Paar mit → Sensitivität gebraucht.

Spontaneität. In der Klinischen Psychologie und Psychiatrie Merkmal mancher → Panik- bzw. Angstanfälle. Die Betroffenen bringen die typischerweise plötzlich einsetzenden Symptome des Panikanfalls nicht mit auslösenden Reizen (z.B. Höhe, Kaufhaus, aber auch Herzklopfen) in Verbindung bzw. nehmen sie nicht wahr. Generell läßt sich die Angst nicht einer realen Gefahr zuschreiben.

Spontanremission. Annahme, daß sich psychische Störungen auch ohne therapeutischen Einfluß bessern; dies ist nach neueren Befunden in der Regel kaum der Fall bzw. trifft nur für wenige Störungsgruppen zu.

Squeeze-Technik. Technik der Sexualtherapie nach Masters und Johnson zur Behandlung von vorzeitiger → Ejakulation.

Stabilität-Labilität. Dimension zur Klassifizierung der Reaktionsbereitschaft des autogenen Nervensystems. Labile Individuen sind diejenigen, bei denen eine große Vielfalt von Stimuli zur autonomen Erregung führen kann z.T. auch synonym mit der Eysenckschen Dimension des → Neurotizismus verwendet.

Stammeln. Fehlerhafte Lautformung mit Deformation eines Lautes (Dyslalie) oder Ersatz eines Lautes durch einen anderen.

Standardisierte Befunderhebung. Sammelbegriff für alle Formen von Befunderhebung bei der Diagnostik psychischer Störungen oder Probleme, bei denen eine standardisierte Vorgehensweise verwendet wird. Umfaßt v.a. diagnostische → Checklisten, → strukturierte und → standardisierte Interviewleitfäden sowie → Fragebogenverfahren.

Standardisierte Interviews. Diagnosehilfen in Form von Interviewleitfäden, bei denen die Fragen und Auswertungsalgorithmen komplett ausformuliert vorgegeben werden. Alle Diagnosekriterien werden operationalisiert, der Diagnostiker hat keine Freiheitsgrade bei der »Verrechnung« der Patientenantworten zur Diagnose oder bei der Formulierung der Fragen. Im Gegensatz dazu können bei → strukturierten Interviews die Fragen bei Bedarf umformuliert, individuell angepaßt oder ergänzt werden.

Standardisierte Therapieprogramme. In den »Gründerjahren« bedeutete Verhaltenstherapie zu einem guten Teil die Anwendung allgemeiner psychologischer (vorwiegend lerntheoretischer) Prinzipien auf den Einzelfall. Daher war die Therapie zwar auf den Einzelfall bezogen, wurde aber gleichzeitig eher in abstrakten Begriffen beschrieben. Im Laufe der Zeit wurde das Vorgehen immer konkreter und detaillierter in Form von → Therapiemanualen beschrieben. Diese Manuale wurden nicht für einzelne Patienten erstellt, sondern bezogen sich auf Gruppen von Patienten bzw. Problemen, wobei zur Klassifizierung seit der Veröffentlichung des → DSM-III zunehmend mehr dessen Diagnosen dienten. Für die einzelnen Störungskategorien wurden routinemäßig anzuwendende Standardprogramme erstellt, die sich in der empirischen Überprüfung regelmäßig als sehr effektiv erwiesen. Als inzwischen geradezu klassisches Beispiel können die → Konfrontationsverfahren bei → Agoraphobien und → Zwängen dienen, die als Standardprogramme individuell maßgeschneiderten Therapien überlegen sind, wenn diese nicht ebenfalls aus Reizkonfrontation bestehen (andere Beispiele für Standardprogramme etwa in der Partnertherapie).

States of Mind. Ein Rahmen zur Interpretation von Selbstbeurteilungsdaten auf der Basis des Verhältnisses von positiven und negativen Selbstaussagen.

Statistische Signifikanz. Bezieht sich auf Unterschiede, die nur mit geringer Wahrscheinlichkeit zufällig auftreten und daher als bedeutsam (»überzufällig«) eingestuft werden. Nicht zu verwechseln mit → klinischer Signifikanz (Größenordnung der Befunde ist klinisch relevant). Da die statistische Signifikanz u.a. etwa von der Stichprobengröße abhängt, können bei sehr großen Stichproben praktisch unbedeutsame Effekte als statistisch »signifikant« eingestuft werden. Ebenso können bei sehr kleinen Stichproben durchaus praktisch wichtige Effekte nicht das erforderliche statistische Signifikanzniveau erreichen (ähnliche Zusammenhänge bestehen mit der Varianz der Merkmale und anderen Einflußfaktoren).

Statistische vs. klinische Urteilsbildung. Bei der Frage, ob gut ausgebildete, erfahrene Kliniker zu besseren Urteilen kommen (»klinische Methode«) als »Rechnerurteile«, die auf statistischem Weg mittels festgelegter und empirisch fundierter Algorithmen erstellt werden, belegt die Forschung in ernüchternder Weise eine eindeutige Überlegenheit der »statistischen Methode«. Der Vorteil der statistischen Methode liegt nicht in der automatischen Verrechnung (auch Horoskope können »per Computer« erstellt werden). Wichtig ist vielmehr, daß die relevanten Informationen stets vollständig und in der gleichen Weise berücksichtigt werden und daß alle vorgenommenen Bewertungen auf empirisch etablierten Relationen basieren. Auf der anderen Seite lagen die Ursachen für die Unterlegenheit der

»klinischen Methode« nicht so sehr in besonderen Eigenheiten der Kliniker, sondern in allgemeinen Merkmalen der menschlichen Urteilsbildung. Wie andere Menschen weisen Kliniker eine Reihe von Fehlern bei der Urteilsbildung auf. Beispiele: Sie vernachlässigen regelmäßig Basisraten, neigen zur Überschätzung bestätigender Fakten und Abwertung widersprechender Befunde, erwarten (und finden dann) typischerweise Abnormitäten. Generell arbeiten Kliniker unter Bedingungen, die Erfahrungslernen nicht begünstigen (ungenügende Rückmeldung über die Ergebnisse ihrer Arbeit begünstigt selbsterfüllende Prophezeiungen). Bemerkenswert ist, daß auch das Wissen um die oben genannten Probleme und Zusammenhänge Klinikerurteile nicht bedeutsam verbessert. Allerdings wurden bisher noch keine Studien mit den verbesserten modernen Klassifikationssystemen und Diagnosemethoden vorgenommen.

Statistische Validität. Wichtiger Teilaspekt der → Validität klinischer Studien. Die statistische Validität betrifft die Angemessenheit der ausgewählten statistischen Analyseverfahren sowie die Zuverlässigkeit der Meßinstrumente. Typische Störfaktoren der statistischen Validität in der Psychotherapieforschung: Mangelnde statistische Power, multiple Vergleiche mit oder ohne Alpha-Adjustierung, mangelnde Retest-Reliabilität der Meßinstrumente, erhöhte Fehlervarianz durch zufällige Störereignisse, heterogene Patienten oder nicht reliable realisierte Behandlungsbedingungen.

Status-/Strukturdokumentation. Beide Begriffe werden synonym gebraucht und beschreiben die Erfassung und Archivierung von Daten des Beginns einer Therapie, der Behandlung und deren Ergebnisse. Im Gegensatz zur Basisdokumentation handelt es sich hier jedoch nicht um eine konsensuell festgelegte Kerndatenmenge und ein allgemein anerkanntes System, sondern um jenen Bereich einer Dokumentation, der die Struktur einer Therapie (prä, Verlauf, post) sowie den dabei beobachtbaren Status (Persondaten, Anamnesen, Ziele, Ergebnisse) abbildet. Systeme dieser Art sind meist spezifisch für einen oder wenige Anwender und daher auch nicht sehr verbindlich.

Stellvertretendes Konditionieren (Vicarios conditioning). → Modellernen. Lernen durch Beobachtung der Reaktion anderer auf bestimmte Reize oder durch Zuhören.

Stereotypien. Gleichförmigkeit von wiederholten Bewegungen (Bewegungsstereotypien) oder leeren Wiederholungen immer gleicher Silben, Wörter oder Sätze (Sprachstereotypien).

Stimmungskongruent/stimmungsinkongruent. Der Stimmung des jeweiligen Störungsbildes entsprechend (stimmungskongruent oder synthym) bzw. nicht entsprechend (stimmungsinkongruent oder katathym). Beispiel: eine schwere → Depression (auch als depressive Psychose bezeichnet) zeigt stimmungskongruente → Wahnphänomene wie depressiven Verarbeitungswahn, Versündigungswahn etc. Dagegen wären Verfolgungswahn, Gedankeneingebung etc., die zur paranoiden Form der → Schizophrenie gerechnet werden, stimmungsinkongruent.

Stimmungs-Kongruenz-Effekt (mood congruence). Affektives Material kann leichter in der dem Material entsprechenden Stimmung gespeichert oder abgerufen werden. Dieser Effekt ist für die Erklärung selektiver Erinnerungen bei Depressionen von Bedeutung.

Stimmungsschwankungen. Rascher, nicht durch erkennbare Ereignisse begründbarer Wechsel der Stimmung, oft als depressive oder ängstliche Stimmungslage. Bei häufigen Stimmungsschwankungen spricht man von Stimmungslabilität.

Stimulans. Substanz, die Wachheit und motorische Aktivität vermehrt und gleichzeitig Müdigkeit verringert und es so einem Individuum ermöglicht, über einen ausgedehnten Zeitraum hinweg wach zu bleiben.

Stimulus. Reiz. In den klassischen Lern- und Konditionierungstheorien ist der Stimulus Auslöser für Verhalten (motorische, physiologische oder kognitive Reaktionen).

Stimuluskontrolle. Therapiemethode, bei der Patienten lernen, eigenes Verhalten durch eine Veränderung relevanter Stimulusbedingungen zu steuern (zu verändern). Problematisches Verhalten kann durch die selbst durchgeführte Einschränkung von diskriminativen Stimulusbedingungen kontrolliert werden (z.B. gezielte Planung und Arrangement von Nahrungsmitteln in einer Essenssituation, im Kühlschrank usw. bei einer Eßstörung). Erwünschtes Verhalten sollte demzufolge durch die eigenständige Schaffung von neuen Stimulusbedingungen erleichtert werden (z.B. Aufsuchen von sozialen Situationen bei einem sozial ängstlichen Patienten).

Störung, psychische. In Anlehnung an das DSM-IV definiert als ein klinisch auffallendes Verhalten oder psychisches Syndrom oder Merkmalsmuster, das bei einer Person vorkommt, welches als unangenehm erlebtes Symptom (Beschwerde) oder mit einer Leistungseinschränkung in einem oder mehreren Funktionsbereichen (Unvermögen) einhergeht. Es besteht eine verhaltensmäßige, psychische oder bio logische Dysfunktion. Störung betrifft nicht nur Beziehung zwischen dem Individuum und Gesellschaft (soziale Abweichung).

Störungen der Geschlechtsidentität. Untergruppe der → sexuellen Störungen. Inkongruenz zwischen anatomischen Geschlecht und dem Gefühl der Zugehörigkeit zu einem Geschlecht. Die Störung kann bereits im Kindesalter auftreten.

Störung des Sozialverhaltens (ICD-10: F91, DSM-IV: 312.80). Psychische Störung des Kindes- und Jugendalters. Diese Störung ist gekennzeichnet durch wiederholt auftretende, vor allem aggressive und delinquente Verhaltensweisen, die entweder alleine oder in einer Gruppe ausgeführt werden und durch die die gesellschaftlichen Normen bzw. die Rechte anderer Personen mißachtet werden. Dies unterscheidet die Störung von der Störung mit Oppositionellem Trotzverhalten. Bei vielen Patienten sind weitere psychische Störungen, vor allem Angststörungen und depressive Störungen, gleichzeitig vorhanden.

Störung mit Oppositionellem Trotzverhalten (ICD-10: F91.3, DSM-IV: 313.81). Psychische Störung des Kindes- und Jugendalters. Kinder mit dieser Störung sind oft trotzig, streitsüchtig und verlieren schnell die Nerven. Die meisten der für die Diagnosestellung relevanten Verhaltensweisen bzw. Symptome treten insbesondere in bestimmten Lebensphasen bei allen Kindern auf. Die Störung wird also nur dann diagnostiziert, wenn die Häufigkeit der Symptome das übliche Ausmaß deutlich überschreitet und zu Behinderungen im Alltag führt. In vielen Fällen ist es so, daß die Symptome vor allem im Umgang mit vertrauten Personen auftreten (z.B. wenn das Kind zu Hause ist) und sich das Kind dagegen z.B. in der Schule völlig adäquat verhält.

Störungsdiagnostik. Diagnostik psychischer Störungen nach nosologischen Gesichtspunkten (auch → kategoriale oder → klassifikatorische Diagnostik).

Störungsmodell. Ein Modell, das die Entstehung und Aufrechterhaltung einer psychischen Störung erklärt.

Störungsmodell der Verhaltenstherapie. Auch als Drei-Faktoren-Modell bezeichneter grundsätzlicher Denkansatz der Verhaltenstherapie zur Erklärung psychischer Störungen, die als klinisch auffallende Verhaltensweisen bzw. psychische Syndrome mit Leiden oder Funktionseinschränkungen auf der Verhaltens-, Erlebens-, körperlichen oder sozialen Ebene aufgefaßt werden. Die Verhaltenstherapie versucht, spezifische Konstellationen bei spezifischen Störungen zu identifizieren. Dabei ist es wichtig, zwischen verschiedenen Arten von »Ursachen« zu unterscheiden und deren Bedeutung als Ansatz für therapeutische Veränderung zu untersuchen. Vor allem drei Klassen von ätiologischen Faktoren werden unterschieden: Prädispositionen (auch Vulnerabilität, Anfälligkeit: vorexistierende genetische, somatische, psychische oder soziale Merkmale, die das Auftreten einer Störung möglich bzw. wahrscheinlicher machen), auslösende Bedingungen (psychische, somatische oder soziale Bedingungen, Belastungen, Erfahrungen, Ereignisse, »Streß«, die das Erstauftreten einer Störung vor dem Hintergrund einer individuellen Vulnerabilität auslösen), aufrechterhaltende Bedingungen (falsche Reaktionen Betroffener oder der Umwelt oder anhaltende Belastungen, die das rasche Abklingen der Beschwerden verhindern und das Problem chronisch machen). Die drei Klassen von Ursachen können zusammenfallen oder auch völlig auseinanderklaffen, sie können mehr oder weniger veränderbar sein etc. Dieses Modell bietet keine allumfassende Erklärung, sondern eine Heuristik, die bei der ätiologischen Forschung und der Bewertung möglicher Ansatzpunkte für das therapeutische Vorgehen ebenso wie bei der Erstellung individueller Genesemodelle helfen soll.

Störungsspezifische Therapieprogramme. Behandlungsprogramme, die möglichst genau auf die speziellen Gegebenheiten der verschiedenen Störungsbilder zugeschnitten sind. In der Verhaltenstherapie wurden solche Programme mittlerweile für die meisten psychischen Störungen entwickelt und überprüft. Sie bauen idealerweise auf psychologischem Störungs- und Veränderungswissen auf. Zu den am weitesten verbreiteten Programmen zählen diejenigen für Angststörungen, Depressionen, Schizophrenie-Rückfallprophylaxe, Eßstörungen, sexuelle Funktionsstörungen, Partnerschaftsprobleme sowie Ausscheidungsstörungen, Hyperaktivität und Aggressivität bei Kindern. Störungsspezifische Vorgehensweisen erweisen sich in der Psychotherapieforschung meist als erfolgreicher als unspezifische Verfahren, so daß ihre Entwicklung zu den bedeutendsten Fortschritten der Psychotherapie gehört. In der Verhaltenstherapie hat sich dabei das störungsspezifische Vorgehen in den letzten Jahren durch zunehmende Verbreitung von → Therapiemanualen noch weiter gewandelt.

Störungsübergreifende verhaltenstherapeutische Maßnahmen. Allgemeine Verfahren, die flexibel in den jeweiligen Behandlungsplan eingefügt werden müssen. Hierzu zählen unter anderem Konfrontationsverfah ren (z. B. Reizüberflutung, Habituationstraining, Reaktionsverhinderung, systematische Desensibilisierung), Entspannungsverfahren (z. B. progressive Muskelrelaxation), operante Methoden (z. B. positive Verstärkung, Löschung, Response Cost, Time Out, Token-Economies), kognitive Methoden (z. B. Selbstinstruktionstraining, Problemlösetraining, Modifikation dysfunktionaler Kognitionen, Reattribution, Analyse fehlerhafter Logik, Entkatastrophisieren), Kommunikationstrainings, Training sozialer Kompetenz und Selbstkontrollverfahren.

Störungswissen. Informationen und Modelle über Erscheinung und Verlauf sowie auslösende und aufrechterhaltende Bedingungen einer gegebenen Störung. Zusammen mit dem Veränderungswissen (Kenntnisse über die Möglichkeiten zur Beeinflussung psychischer Störungen) Grundlage für das therapeutische Vorgehen im Rahmen eines klinisch-psychologischen Ansatzes.

Stottern. Störung des zusammenhängenden Redeflusses durch Verkrampfung im Sprechapparat einschließlich Atmungsregulation.

Streß. Reize, welche die physiologischen oder psychologischen Kapazitäten des Organismus belasten.

Streßimpfungstraining (Stress-inoculation-training, SIT). Eine Methode der kognitiven Verhaltenstherapie, die durch adäquate Vorbereitung unter Einsatz von → Selbstinstruktionen Patienten optimal auf Belastungssituationen vorbereiten und damit eine Überwältigung verhindern soll.

Strukturierte Interviews. Diagnosehilfen in Form von Interviewleitfäden, bei denen die Fragen komplett ausformuliert vorgegeben werden. Darüber hinaus sind die Diagnosekriterien explizit aufgeführt und operationalisiert. Im Gegensatz zu → standardisierten Interviews können die Fragen jedoch bei Bedarf umformuliert, individuell angepaßt oder ergänzt werden. Vgl. auch → operationalisierte Diagnostik.

Stupor. Psychisch körperliche Erstarrung. Fehlen jeglicher psychischer oder körperlicher Aktivität trotz wachen Bewußtseins: Blick ausdruckslos, Mimik ohne gefühlsmäßige Regung, keine sprachliche Äußerung, keine spontanen Bewegungen. Aber auch ratlos, bedrückt, ängstlich. Manchmal sogar Inkontinenz für Urin und/oder Stuhl. Gelegentlich künstliche Ernährung notwendig. Gefahr des Umschlagens in einen plötzlichen Erregungszustand (→ Raptus). Nach Beendigung häufig keine vollständige Erinnerung an das Geschehen.

Stützende Beratung. Die stützende Beratung verfolgt in der Regel das Ziel, die Wahrnehmung von Selbstkontrolle zu fördern. Sie besteht hauptsächlich darin, den Patienten bei täglichen Problemen, die nicht unbedingt in Verbindung mit seiner Symptomatik stehen müssen, beizustehen. Häufig werden den Patienten allgemeine Problemlösefertigkeiten dargestellt. Generell übernehmen die Therapeuten bzw. Berater die Rolle des aktiven Zuhörens und der emotionalen Unterstützung.

Subdurales Hämatom. Venöser Bluterguß zwischen den Hirnhäuten, vor allem nach Schädelverletzung; führt bei größerer Blutung zu zunehmendem Hirndruck, wobei nach freiem Intervall Bewußtlosigkeit auftritt.

Subintentionales suizidales Verhalten. Offenes oder verdecktes Verhalten, das sich dem Risiko des Todes aussetzt (z. B. sich in lebensgefährdende Umstände, etwa Opferposition bringen).

Substanzabhängigkeit (F1, Subtypen F10 bis F19). Nach dem DSM-IV liegt eine Substanzabhängigkeit vor, wenn mindestens drei der folgenden Kriterien in klinisch bedeutsamem Ausmaß (d.h. anhaltend oder häufig wiederkehrend) und gemeinsam (für mindestens 12 Monate) zutreffen: (1) Die Substanz wird häufig in größerer Menge oder länger als beabsichtigt genommen. (2) Erfolglose Versuche oder anhaltender Wunsch, den Gebrauch einzuschränken. (3) Hoher Zeitaufwand für Versorgung mit der Substanz, Einnahme oder Erholung von ihren Wirkungen. (4) Wiederkehrender Gebrauch in Situationen, in denen dies physisch gefährlich ist (z.B. Alkohol beim Autofahren). (5) Wichtige soziale, berufliche oder Freizeitaktivitäten werden aufgrund des Gebrauchs aufgegeben oder eingeschränkt. (6) Wiederkehrende juristische oder zwischenmenschliche Probleme im Zusammenhang mit dem Gebrauch. (7) Anhaltender Gebrauch trotz Wissens über die dadurch verursachten bzw. verschärften dauerhaften oder wiederkehrenden Probleme. Je nach Art der Substanzabhängigkeit werden verschiedene Kodierungen vorgenommen für Störungen durch Alkohol, Opioide, Cannabinoide, Sedativa oder Hypnotika, Kokain, andere Stimulantien einschließlich Koffein, Halluzinogene, Tabak, flüchtige Lösungsmittel oder multiplen Substanzgebrauch und andere psychotrope Substanzen. Bei Bedarf können außerdem Subtypen mit bzw. ohne Toleranzentwicklung oder Entzugserscheinungen spezifiziert werden.

Substanzinduzierte Symptome, somatische Differentialdiagnose. Akute Angstsyndrome kommen auch bei Alkohol- und Drogenintoxikation und deren Entzug vor (→ »Horrortrip«, Alkoholdelir). Ängstliche Erregungen kommen auch bei medikamentösen Nebenwirkungen, Überdosierungen und gewerblichen Intoxikationen vor.

Sucht. → Drogensucht, → Substanzabhängigkeit, → Abusus psychoaktiver Substanzen.

Suchtkliniken. Stationäre Einrichtungen zur in der Regel psychotherapeutisch orientierten Behandlung von Suchterscheinungen; seltener mit Möglichkeiten zur Behandlung des körperlichen Entzugs.

Suggestibilität. Die dispositionelle und die in der Hypnose gesteigerte Empfänglichkeit für Fremdsuggestionen.

Suggestion/suggestiv. Psychische Beeinflussung. Psychischer Vorgang, bei dem der Betreffende dazu gebracht wird, ohne eigene Einsicht und unkritisch bestimmte Gedanken, Gefühle, Vorstellungen und Wahrnehmungen zu übernehmen. Die Behandlung von körperlichen oder psychischen Störungen durch Suggestion wird auch als Suggestionstherapie bezeichnet. Dabei differenziert man in fremd- und selbstsuggestive Verfahren. Ein fremdsuggestives Verfahren ist z.B. die → Hypnose, ein selbstsuggestives das → autogene Training.

Suizid. Wörtlich: Selbsttötung. Eigene Handlung, nach der der Tod eintritt. Die Handlung muß mit bewußter Intention durchgeführt worden sein. Man unterscheidet »harte« (z.B. Hängen, Springen, Schießen, sich überfahren lassen) und »weiche« Suizidmethoden (z.B. Medikamente, Drogen). Zur Methodenklassifikation werden seit der Einführung der ICD-10 die sogenannten X-Codes verwendet. Hierbei werden verschiedene Medikamenten- und Drogenkategorien sowie Feuerwaffen und Explosivstoffe differenziert. Ferner existiert eine getrennte Hauptkategorie für Vergiftungen mit Alkohol. Gesondert ausgewiesen werden auch Verkehrsunfälle und Eisenbahnsuizide.

Suizidal. Durch Selbsttötungsabsichten gefährdet.

Suiziddrohung. Verbale Äußerung oder Handlung, die selbstdestruktives Verhalten ankündigt.

Suizidgesten. Handlungen, die keine ernsthafte Lebensgefahr nach sich ziehen.

Suizidideen (-absichten). Gedanken an suizidale Handlungen. Von van Egmont & Diekstra (1990) wurde noch eine weitere Unterteilung und Differenzierung vorgeschlagen. Im Hinblick auf den Einschluß der Intention in die Definition suizidalen Verhaltens wurde empfohlen, jeweils noch zwischen Suizid- und Suizidversuchsideen bzw. -drohungen zu unterscheiden.

Suizidversuch (im englischen Sprachraum nach Kreitman auch Parasuizid). Verhalten, das suizidale Intention zeigt. Die Handlung muß im Glauben durchgeführt werden, daß sie zum Tod führt. Die WHO-Arbeitsdifinition lautet: »Eine Handlung mit nicht-tödlichem Ausgang, bei der ein Individuum absichtlich ein nicht-habituelles Verhalten beginnt, das ohne Intervention von dritter Seite eine Selbstschädigung bewirken würde, oder absichtlich eine Substanz in einer Dosis einnimmt, die über die verschriebene oder im allgemeinen als therapeutisch angesehene Dosis hinausgeht, und die zum Ziel hat, durch die aktuellen oder erwarteten Konsequenzen Veränderungen zu bewirken«. Diese Definition bezieht Handlungen mit ein, die unterbrochen wurden, bevor tatsächlich eine Schädigung eintrat. Im Gegensatz zur bisherigen Definition parasuizidalen Verhaltens wird nunmehr auch Alkohol als mögliche alleinige Suizidversuchsmethode ein-, aber gewohnheitsmäßige selbstschädigende Handlungen ausgeschlossen. Berücksichtigt wird ferner die Intention der Handlung. Handlungen, bei denen die Person die Bedeutung des Verhaltens oder die Konsequenzen nicht versteht, werden dagegen nicht als Suizidversuch klassifiziert.

Supervision. Überwachung und Hilfestellung bei der therapeutischen Arbeit durch einen unabhängigen Therapeuten.

Supervision, Doppelcharakter der. Gegenläufige Ziele bestimmen die Supervisor-Supervisand-Beziehung: Auf der einen Seite sind Bedingungen nötig, die ein angstfreies Arbeiten an den eigenen Schwächen als Therapeut erlauben und die notwendige Unterstützung geben. Auf der anderen Seite ist Supervision auch Qualitätskontrolle der Therapie zum Schutze des Patienten und beinahe der einzige Ort, an dem das Scheitern von Ausbildungsbemühungen sichtbar werden kann. Dies gibt dem Supervisor eine beson dere Verantwortung.

Supportive Therapie. Stützende Gespräche und andere Interventionen zur direkten Unterstützung des Patienten. Weitgehend unspezifische Intervention, z.T. unterhalb der Schwelle eigentlicher psychotherapeutischer Maßnahmen.

Sympathisches Nervensystem/Sympathikus. Der Teil des → autonomen Nervensystems, der so auf Körpersysteme einwirkt, daß der Organismus auf Erschöpfung, emotionale Belastung und extreme Kälte vorbereitet wird, z.B. durch Kontraktion der Blutgefäße, Verlangsamung der Peristaltik und Beschleunigung des Herzschlages → Nervensystem.

Symptom. Beobachtbare physiologische oder psychologische Manifestation einer Störung.

Symptomatik. Störungsbild auf der Grundlage seiner spezifischen Störungszeichen.

Symptomatologische Klassifikation. Im Bereich psychischer Störungen Einteilung auf der Grundlage einzelner Symptome.

Symptome 1. und 2. Ranges der Schizophrenie. Ältere, aber bis heute noch immer viel verwendete Aufteilung abnormer Erlebnisweisen im Rahmen einer Schizophrenie in Symptome 1. und 2. Ranges nach K. Schneider. Die Symptome 1. Ranges haben nach dieser Klassifikation für Diagnose und Differentialdiagnose größere Bedeutung. Die Differenzierung bezieht sich ausschließlich auf die diagnostische Wertigkeit und besagt nichts über die Bedeutung für Wesen und Ätiologie der Schizophrenien. Beispiele für Symptome 1. Ranges: dialogische, kommentierende und imperative Stimmen sowie Gedankenlautwerden, leibliche Beeinflussungserlebnisse, Gedankeneingebung, -entzug, -ausbreitung sowie Willensbeeinflussung, Wahnwahrnehmung. Zu den Symptomen 2. Ranges gehören sonstige akustische Halluzinationen, optische, olfaktorische und gustatorische Halluzinationen, Wahneinfälle und einfache Eigenbeziehungen.

Symptomverschiebung. These, wonach die Linderung alter Beschwerden durch »Symptomreduktion« ohne Lösung des vermeintlich zugrundeliegenden Konfliktes zu neuen Problemen führen muß (v. a. in der Psychoanalyse). Empirische Ergebnisse widerlegen die These der Symptomverschiebung (z. B. nach erfolgreicher verhaltenstherapeutischer Angstbehandlung keine erhöhte Neuauftretensrate psychischer Störungen, kein Anstieg bei kontinuierlichen Maßen der Psychopathologie).

Synapse. Kontaktstelle zwischen Nervenzellen, in der die Übertragung der Aktionspotentiale erfolgt und zwar beim Menschen vor allem biochemisch durch die Neurotransmitter.

Syndrom. Symptomenkomplex. Bezeichnet das regelhafte, gleichzeitige, gemeinsame Auftreten von mehreren Einzelsymptomen (Störungszeichen). Psychische Syndrome wurden zunächst aufgrund klinischer Erfahrung aufgestellt, konnten aber auch durch statistische Häufigkeitsanalysen bestätigt werden. Ein Syndrom kann auch diagnostiziert werden, wenn nicht alle Einzelsymptome vorliegen, die typischerweise das Syndrom bilden, sondern nur eine genügende Anzahl von ihnen. Dadurch wird die Syndrom-Diagnostik flexibler, führt aber auch zu einer heterogeneren Gruppenbildung als beispielsweise bei einer Diagnostik aufgrund von Kriterien, auf die man sich je nach Klassifikation (z. B. ICD-10, DSM-IV) geeinigt hat, → Nosologie, → Diagnostik.

Syndromale Komorbidität. Assoziation verschiedener Symptome oder Syndrome (engl.: »co-occurrence«). In Abgrenzung zur Komorbidität sind hierbei nicht die vollen diagnostischen Kriterien einer psychischen Störung erfüllt.

Syndromatologische Klassifikation. Im Bereich psychischer Störungen Einteilung anhand von Syndromen, d. h. Gruppen gemeinsam auftretender Symptome, ohne Berücksichtigung von Entstehungsbedingungen.

Synkope. Kurzfristiger Bewußtseinsverlust (Dauer Sekunden bis Minuten), der im allgemeinen spontan reversibel ist. Ursachen u. a. zerebral (z. B. Epilepsie, Narkolepsie), kardial (z. B. Herzrhythmusstörungen), vaskulär (z. B. Arterienverengung der Arteria vertebralis), gestörter venöser Rückfluß zum Herzen (z. B. Orthostase, vasovagaler Reflex), starker Blutverlust oder Blut-Spritzen-Verletzungsphobie (→ spezifische Phobie).

Systematische Densibilisierung. Therapeutisches Verfahren, bei dem Angstpatienten sich unter Entspannung zunehmend stärker angstauslösende Reize vorstellen. Durch Kombination der angstauslösenden Reize mit einer Reaktion, die mit Angst unvereinbar ist (Entspannung), sollen die Angstreaktionen systematisch abgebaut werden, der Patient wird »desensibilisiert«. Der Patient erlernt zunächst die progressive Muskelrelaxation nach Jacobson. Dann werden die angstauslösenden Situationen in einer Angsthierarchie nach zunehmender subjektiver Bedrohlichkeit angeordnet. Diese Hierarchie wird dann Schritt für Schritt in aufsteigender Reihenfolge in der Vorstellung (»in sensu«) vorgegeben, während der Patient sich gleichzeitig entspannt. Tritt während der Vorstellung Angst auf, so soll der Patient die Vorstellung beenden und sich sofort wieder entspannen, bevor eine neue Angstvorstellung eingeführt wird. Das schrittweise Vorgehen mit der Instruktion zur Vermeidung stärkerer Ängste steht im Gegensatz zur »Reizüberflutung« (→ Konfrontation), die sich mittlerweile bei den meisten Phobien als effektiver herausgestellt hat. Die systematische Desensibilisierung hat einen Platz dort, wo eine Konfrontation in vivo bzw. eine Reizüberflutung real gefährlich, unmöglich oder nicht hinlänglich vom Therapeuten kontrollierbar wären (z. B. manche Aspekte des Autofahrens oder sozialer Situationen).

Systemimmanente Gesprächsführung/Systemimmanenz. Der Therapeut versetzt sich in das kognitive und emotionale System des Patienten, antizipiert und verbalisiert dessen Einstellungen, Bedenken, Gefühle etc. und leitet den Patienten an, zentrale Schlußfolgerungen selbst zu ziehen. Die Strategien der Gesprächsführung basieren zum einen auf allgemeinen ethischen Grundsätzen und Menschenbildannahmen (z. B. Selbstbestimmung), zum anderen auf kognitions-, emotions- und motivationspsychologischen Annahmen und Befunden.

Systemimmanente kognitive Therapie. Therapeutischer Ansatz, der unter Anwendung von speziellen Strategien der Gesprächsführung (→ systemimmanente Gesprächsführung) und Verhaltensexperimenten (→ Verhaltensexperiment) beim Patienten neue Denk-, Erlebens- und Handlungsmuster fördert.

Systemische Sichtweise. Sichtweise, das Individuum als dynamisches System zu betrachten, das wiederum mit anderen Individuen neue dynamische Systeme bildet.

Tachykardie. Herzrasen, häufig verbunden mit hohem Angstniveau.

Tagebücher. Mehr oder weniger standardisierte Tagebücher sind ein wichtiges Hilfsmittel für die therapeutische Arbeit. Einsatzgebiete u. a. die Erfassung von Ängsten, Panikanfällen, dysfunktionalen Gedanken, Eßverhalten, allgemeine Aktivitäten etc. Dabei können u. a. nicht nur Symptome und die sie umgebenden Umstände erfaßt werden, sondern auch ein genereller Überblick über die Aktivitäten der Patienten gewonnen werden. So treten viele Ängste im Zusammenhang mit bestimmten Aktivitäten oder Situationen auf, wobei die Betroffenen dies ohne sorgfältige Selbstbeobachtung oft nicht erkennen (beim Vorliegen von agoraphobischem Vermeidungsverhalten sollten Angst-Tagebücher daher durch Aktivitäts-Tagebücher ergänzt werden. Gar mancher Patient erlebt nur deswegen keine Ängste bzw. Panikanfälle mehr, weil er die auslösenden Situationen erfolgreich vermeidet. Diese Vermeidung kann so subtile Formen annehmen, daß sie für Außenstehende nicht mehr als Einschränkung der Lebensführung sichtbar wird und teilweise auch den Betroffenen selbst nicht mehr auffällt, nichtsdestotrotz aber zur Aufrechterhaltung des Problemverhaltens beiträgt).

Taktil. Das Tasten, die Berührung, den Tastsinn betreffend.

Taktile (haptische) Halluzinationen. Berührungshalluzinationen (Sinnestäuschungen, Trugwahrnehmungen). Hautempfindungen, die oft nicht von allgemeinen → Leibhalluzinationen zu trennen sind, z. B. festhalten, angreifenm, anblasen, brennen, stechen, bohren, krabbeln, würgen, bestrahlen, elektrisieren, mißhandeln etc. mit oder ohne Schmerzen.

Tardive Dyskinesen. Spät auftretende neuroleptikabedingte Bewegungsstörungen.

Taxonomie. Ursprünglich in Zoologie und Botanik Vorgehen bei der Einordnung von Organismen in systematische Kategorien (Taxa) bzw. Klassen. Spätere Verwendung auch in Pädagogik und Linguistik, → Klassifikation, → Nosologie.

Tay-Sachs-Krankheit. Eine Störung des Fett (Lipid-) Stoffwechsels, die zu schwerer geistiger Behinderung, Muskelschwäche, schließlich zu Blindheit und etwa im dritten Lebensjahr zum Tod führt.

Teasing-Methode. Technik der Sexualtherapie nach Masters und Johnson zur Behandlung von → Erektionsstörungen.

Tetrahydrocannabiol (THC). Die hauptsächliche Wirksubstanz in Marihuana und Haschisch.

Teufelskreis bei Panikanfällen. Umgangssprachlicher Begriff für die positive Rückkopplung bei → Panikanfällen. Typischerweise beginnt ein Panikanfall mit einer physiologischen (z. B. Herzklopfen, Schwitzen, Schwindel) oder psychischen (z. B. Gedankenrasen, Konzentrationsprobleme) Veränderung, die Folge sehr unterschiedlicher Ursachen sein können (z. B. Erregung, körperliche Anstrengung, Koffeineinnahme, Hitze etc.). Die Veränderungen müssen von der betreffenden Person wahrgenommen und mit Gefahr assoziiert werden. Auf die wahrgenommene Bedrohung wird mit Angst bzw. Panik reagiert, die zu weiteren physiologischen Veränderungen, körperlichen und/oder kognitiven Symptomen führt. Werden diese Symptome wiederum wahrgenommen und mit Gefahr assoziiert, kommt es zu einer Steigerung der Angst. Dieser Rückkoppelungsprozeß, der in der Regel sehr schnell abläuft, kann mehrmals durchlaufen werden, → psychophysiologisches Modell des Paniksyndroms.

Thalamus. Größte Nervenkernmasse des Zwischenhirns, zentrale Sammel- und Umschaltstelle sowie wichtiges selbständiges Koordinationszentrum für vielerlei Empfindungen: Berührung, Temperatur, Geschmack, Gleichgewicht, Schmerz etc.

Therapeutenwahl. In manchen Settings steht es dem Patienten frei, einen Psychotherapeuten zu wählen.

Therapeutische Beziehung. Die therapeutische Beziehung hat mehrere für die Aufnahme des Therapieangebots bedeutsame Komponenten. Dazu gehört ein kooperatives Arbeitsbündnis, emotionale Sicherheit in der Beziehung, (subjektive) Kompetenz des Therapeuten, intellektuelle Adäquatheit der Intervention etc. Die meisten dieser Aspekte werden zwischen Patient und Therapeut implizit geregelt, es gibt auch explizite Ansätze zur Beziehungsgestaltung bzw. zum Umgang mit Beziehungsphänomenen wie etwa → Widerstand. In der Psychiatrie wird auch der Begriff Rapport für die therapeutische Beziehung verwendet. In der Verhaltenstherapie und ihren Weiterentwicklungen kam es etwa zeitgleich mit der »kognitiven Wende« auch zu einem starken Anstieg des Interesses an der therapeutischen Beziehung. Die Akzentverlagerung hin zum Therapieprozeß und zu Beziehungsvariablen wurde ausgelöst durch Erfahrungen mit der Umsetzung verhaltenstherapeutischer Maßnahmen in der Praxis und die Erkenntnis, Therapieerfolge nicht ausschließlich durch Technik- oder Störungsvariablen erklären zu können. So machen praktizierende Verhaltenstherapeuten in der Regel die Erfahrung, daß die Güte der Beziehung, die zwischen ihnen und ihren Patienten besteht, einen wichtigen Einfluß auf den Therapieerfolg hat. Maßnahmen zur Schaffung bzw. zur Verbesserung einer erfolgversprechenden therapeutischen Beziehung umfassen u. a. das Geben eines → glaubwürdigen Erklärungsmodells für Störung und Intervention, adäquate → Vorbereitung auf therapeutische Übungen und Aufgaben, intensive → soziale Verstärkung, häufige Zusammenfassungen und Rückmeldungen, → komplementäre Beziehungsgestaltung.

Therapieforschung (als Abkürzung für Psychotherapieforschung). Forschung zu Fragen der Behandlung mit psychologischen Mitteln (Psychotherapie). Während in der Vergangenheit vor allem die Wirksamkeit einzelner Therapieformen untersucht wurde, wendet man sich heute verstärkt den Fragen der differentiellen Therapieforschung zu. Hier geht es um Antworten auf die Frage, welche Art von Behandlung durch welche Therapeuten unter welchen Bedingungen bei welchen Störungsbildern welche Wirkungen erzielen und auf welche Weise diese Wirkungen zustande kommen (vgl. → Indikation). An die Seite der reinen Wirksamkeits- bzw. → Ergebnisforschung (»outcome research«) tritt also zunehmend stärker auch die Untersuchung der während der Behandlung ablaufenden Prozesse (»process research«, → Prozeßforschung). Weiterhin kann auch eine immer stärkere Anwendung klinisch-psychologischer Methoden auf körperliche Probleme festgestellt werden (z. B. »Verhaltensmedizin«). Im Zusammenhang der Therapieforschung müssen auch Fragen wie die optimale Erfassung von Therapiewirkungen (→ Effektstärke, → statistische vs. → klinische Signifikanz) oder die Aggregation von Forschungsbefunden über verschiedene Studien (→ Meta-Analysen) geklärt werden. Zu den ethisch bedingten Problemen der Psychotherapieforschung zählt die Tatsache, daß Patienten nicht ohne ihre Einwilligung einer bestimmten Therapiebedingung zugeordnet werden. Es muß daher oft auf → quasi-experimentelle Designs zurückgegriffen werden. Darüber hinaus stellt bei manchen Therapiestudien die Vorenthaltung von Behandlungsmaßnahmen im Rahmen einer unbehandelten Kontrollgruppe ein Dilemma dar, das nicht zur vollkommenen Befriedigung aller Beteiligten gelöst werden kann. Häufige Lösungsversuche: Patienten der Warteliste als Vergleichsgruppe, Angebot von Nachbehandlungen mit dem effektivsten Verfahren.

Therapieintegrität. Im Gegensatz etwa zu pharmakologischen Behandlungen muß bei jeglicher Psychotherapie klargestellt werden, was sich konkret hinter Etiketten wie »Verhaltenstherapie« oder »Gesprächspsychotherapie« verbirgt bzw. inwieweit oder mit welcher Qualität die gewünschten Therapiemaßnahmen tatsächlich realisiert wurden. Dazu dienen in der Forschung → Therapiemanuale, die konkrete Anleitungen für die Durchführung der Therapie enthalten.

Therapiekontrolle. Die Kontrolle der (langfristigen) Auswirkungen von bestimmten Interventionen auf den Patienten und seine Umwelt, → Qualitätskontrolle, → Dokumentation, → Erfolgsforschung, → Therapieforschung.

Therapiemanuale. Ausführliche und konkrete schriftliche Darstellung des therapeutischen Vorgehens bei einer bestimmten Form von Behandlung bzw. bei einem bestimmten Störungsbild. Ursprünglich im Forschungskontext entstanden, um die Vergleichbarkeit und Standardisierung von Behandlungsbedingungen sicherzustellen, dann aber rasche Verbreitung auch in der Praxis. Lösen vielfach ältere, eher abstrakte und unspezifische Therapiedarstellungen ab.

Therapiephasen. Verschiedene Unterteilungen des Behandlungsverlaufs in Teilabschnitte. Häufig werden Initiationsphase (Beziehungsaufbau, Problemklärung etc.), Veränderungsphase und Rückfallprophylaxe bzw. Generalisierungsphase unterschieden.

Therapieplanung. Aufbauend auf die Analyse der Bedingungen, die zur Entstehung und Aufrechterhaltung der Störung geführt haben (Bedingungsanalyse) wird in Zusammenhang mit dem Änderungswissen (Indikationen und Therapietechniken) die Behandlung in Schritten und ihren Elementen geplant. Zur Kontrolle des therapeutischen Handelns wird eine Begleitmessung (Meßinstrumente, Beobachtungsverfahren, Zeitintervalle) festgelegt.

Therapierational. Erklärungsmodell für ein Problem bzw. eine Störung, aus dem Interventionsmaßnahmen abgeleitet werden können und das die Transparenz der Therapie für den Patienten erhöht. Ein glaubwürdiges und für den Patienten nachvollziehbares Erklärungsmodell erleichtert den Patienten und verbessert die therapeutische Beziehung. Der vorgeschlagene Therapieplan sollte unmittelbar aus dem Erklärungsmodell abgeleitet werden, da gut begründete Maßnahmen von den Patienten eher motiviert durchgeführt werden als unbegründete bzw. nur mit der Autorität oder Erfahrung der Therapeuten begründete Interventionen. Die Erklärungsmodelle sollten in der Regel möglichst klar und einfach strukturiert sein und dürfen in keinem Fall einander widersprechende Bestandteile enthalten. Beachtet werden müssen mögliche Metabotschaften, die den Intentionen der Therapeuten zuwiderlaufen können. Darüber hinaus können Patienten in mißverständliche Äußerungen auch von den Therapeuten nicht beabsichtigte Metabotschaften hineinlegen.

Therapieresistenz. Ein Zustand, bei dem (möglicherweise durch mangelnde Mitarbeit des Patienten oder dessen Angehörigen) alle therapeutischen Maßnahmen in angemessener Frist nicht zu einem befriedigenden Behandlungserfolg führten.

Therapievertrag. Vereinbarung zwischen Therapeut und Patient über die Behandlung.

Therapieziele in der Verhaltenstherapie. In der Verhaltenstherapie werden weitreichende explizite oder implizite Versprechungen von einer völligen Umgestaltung der Persönlichkeit, von völliger Problemfreiheit, »implodierenden Symptomen«, immerwährendem Glück oder schmerzloser Lebensbewältigung als unrealistisch und oft schädlich aufgefaßt. Psychotherapie soll hier nicht lebenslanges »an-die-Hand-nehmen« bedeuten. Das realistische Therapieziel heißt daher Problembewältigung und → Hilfe zur Selbsthilfe. Auch bei komplexen Problemkonstellationen sollen v. a. neue Bewältigungsmöglichkeiten vermittelt und Angel-

punkte identifiziert werden, um bestehende Systeme aufzubrechen.

Thyroxin. Hormon, das von der Schilddrüse produziert wird; nimmt an der Regulation des Kohlenhydratstoffwechsels teil und beeinflußt so das Aktivitätsniveau sowie bei Kindern Wachstum, Entwicklung und intellektuelle Leistungsfähigkeit.

Tic. Wiederholte, unregelmäßige, dem Willen nicht unterliegende und zwecklose Willkürbewegung von Einzelmuskeln oder Muskelgruppen. Beispiele: Blinzelkrampf, Lippenbeißen, Räuspertic, Hustentic, etc. Meist psychisch ausgelöst, seltener organisch (z. B. aufgrund von Gehirngefäßverkalkung, Gehirnentzündung etc.). Tics werden verhaltenstherapeutisch als Habits bzw. nervöse Verhaltensgewohnheiten oder Tics aufgefaßt, die dann zu dauerhaften Problemen werden, wenn sie Teil einer Verhaltenskette sind, die durch ständige Wiederholung aufrechterhalten wird, teilweise unbewußt abläuft und sozial toleriert wird. Behandlung mit Hilfe des → Habit Reversal Training (HRT).

Time out. Allgemein Bezeichnung für Prozeduren des Verstärkerentzugs, im engeren Sinne etwa bei der Kindertherapie Verstärkerentzug durch Entfernen des Kindes aus dem Raum, in dem die anderen Personen sind.

Titelschutz. In der Bundesrepublik Deutschland kann, abgeleitet aus den im Grundgesetz garantierten Freiheitsrechten, jedermann jeden Titel und jede Berufsbezeichnung führen, soweit nicht ausdrücklich Einschränkungen oder Verbote in Gesetzen (Strafrecht und im Wettbewerbsrecht) normiert sind. Nach § 132a StGB ist es untersagt, unberechtigt, d. h. ohne eine entsprechende Ausbildung und Prüfung oder Zulassung, abschließend aufgeführte Berufsbezeichnungen wie u. a. die des Arztes, Rechtsanwaltes und Steuerberaters zu führen. Auch ist es strafrechtlich verboten, sich inländische Amts- und Dienstbezeichnungen, akademische Grade oder Titel und öffentliche Würden zuzulegen oder Bezeichnungen/Titel zu führen, die den geschützten Bezeichnungen und Titeln zum Verwechseln ähnlich sind. Nach dieser Bestimmung kann sich nur derjenige als »Arzt« oder »Diplom-Psychologe« bezeichnen, wer als Arzt approbiert ist bzw. den Studienabschluß als Diplom-Psychologe im Hauptfachstudium der Psychologie absolviert hat.

Token. Ersatzverstärker bzw. Verstärker, der in Form von Münzen oder ähnlichen Dingen gegeben wird, die in erwünschte Objekte, Aktivitäten etc. eingetauscht werden können. Im Rahmen der Token-Economy bei der Schaffung therapeutischer Milieus etwa bei der Rehabilitation chronisch schizophrener Patienten verwendet.

Toleranz. Zum Wirkungsabfall eines wiederholt gegebenen Pharmakons führende Anpassung des Organismus an die Substanz. Vor allem bei → Drogenabhängigkeit und → Drogensucht werden immer größere Mengen zur Erreichung der gleichen Wirkung benötigt.

Tonbandkonfrontation. Sonderform der → Konfrontationsverfahren bei Patienten mit → Zwangsgedanken. Der Patient soll sich Tonbandaufnahmen mit seinen Zwangsgedanken zu festgelegten Zeiten bzw. immer dann vorspielen, wenn er den Impuls zu Zwangsgedanken oder -handlungen verspürt. Günstig ist es, die Patienten selber ihre Gedanken auf eine Kassette mit Endlosschleife sprechen zu lassen. Das Hören der eigenen Stimme über einen Kopfhörer ähnelt dem Denken am meisten.

Tonische Phase. Zustand rigider Muskelentspannung und Atemstillstand bei einem epileptischen Grandmal-Anfall.

Tonus. Der Spannungszustand der Muskulatur. Tonusverlust ist ein plötzlicher Spannungsabfall in der Körpermuskulatur mit Sturzgefahr. Beispiel: bestimmte Medikamente wie dämpfende → Antidepressiva und → Neuroleptika sowie Beruhigungsmitttel (→ Tranquilizer). Tonusvermehrung ist ein krankhaft erhöhter Spannungszustand, z.B. bei zerebraler Schädigung.

Toxikologie. Lehre von der Wirkung der Gifte auf den Organismus, Teilgebiet der Pharmakologie.

Toxikomanie. → Substanzabhängigkeit.

Toxisch. Giftig, vergiftungsgefährlich.

Training sozialer Kompetenz. Nach einem englischen Begriff auch als Assertivitätstraining bezeichnet. Viele Menschen mit psychischen Störungen leiden unter einer mangelnden → sozialen Kompetenz (typisch bei Sozialphobikern, aber häufig auch bei anderen Störungen, z.B. Depressionen, Schizophrenien). Die in sozialen Situationen notwendigen Fertigkeiten werden beim Training sozialer Kompetenz in systematischer Form eingeübt, wobei unter anderem auf nonverbale Kommunikation, Selbstsicherheit und die Abgrenzung von selbstsicherem und aggressivem Verhalten eingegangen wird. Wesentliches Medium der Übungen sind Rollenspiele, in denen Therapeut und Patient oder Gruppen von Patienten reale Situationen nachstellen, um so in kontrollierter Umgebung Erfahrungen machen zu können und ausgiebig Rückmeldung zu erhalten. Typischerweise werden Rollenspiele durch »Hausaufgaben« in realen Situationen ergänzt. Im Gegensatz zur Konfrontation liegt hier der Hauptakzent der Behandlung auf der Vermittlung neuer Fertigkeiten, nicht unmittelbar auf dem Abbau von übertriebenen Angstreaktionen. Bei der Behandlung von Sozialphobikern werden im allgemeinen beide Vorgehensweisen kombiniert.

Trance. Ursprünglich französischer Begriff für einen hynoseähnlichen Zustand. Manche Theoretiker sehen Trance als einen veränderten Bewußtseinszustand, andere halten diese Annahme nicht für notwendig für die Erklärung und Beschreibung hypnotischer Phänomene.

Tranquilizer. Medikament, das mäßige bis geringe Angstniveaus reduziert; häufig bei neurotischen Störungen verwandt; vor allem aus der Stoffklasse der Benzodiazepine, hohes Suchtpotential.

Transfer. Übertragung auf ähnliche oder nachfolgende Reize, Situationen, Verhaltenssequenzen.

Transmitter. Übertragungssubstanzen, Botenstoffe, chemische Substanzen, die an den → Synapsen im → Nervensystem Erregung weiterleiten.

Transparenz. Durchschaubarkeit, Nachvollziehbarkeit und Offenlegung therapeutischer Ziele und Interventionen.

Transparenz in der Verhaltenstherapie. Verhaltenstherapie setzt auf den aufgeklärten, aktiven Patienten. Das Geben eines plausiblen Erklärungsmodells für die vorliegende Störung und das verständliche Erklären aller Aspekte des therapeutischen Vorgehens, die das legitime Bedürfnis der Patienten nach dem Verstehen ihrer Lage erfüllen und zu einer erhöhten Akzeptanz der Therapiemaßnahmen sowie zur Prophylaxe von Rückfällen beitragen. Transparenz erhöht die »Com-pliance«, das Verständnis der Patienten für den therapeutischen Prozeß und indirekt ihre Problemlösefähigkeit. Auf diese Weise können die erworbenen Fertigkeiten bei zukünftigen Schwierigkeiten besser bzw. auch ohne erneute therapeutische Hilfe eingesetzt werden.

Transsexualismus. Überzeugung eines sexuell normal ausdifferenzierten Menschen, dem anderen Geschlecht anzugehören.

Transvestitismus. Sexuelle Lust am Tragen der Kleidung des anderen Geschlechts.

Trauma. (1) Eine schwere körperliche Verletzung oder Verwundung des Körpers, die durch eine äußere Kraft verursacht wird. (2) Ein psychologischer → Schock, der eine anhaltende Wirkung auf das psychische Leben ausübt. Ausgelöst von einem massiv belastenden Ereignis, das typischerweise (aber nicht immer!) außerhalb des Rahmens der normalen menschlichen Erfahrung liegt (z.B. Vergewaltigung, andere Gewalttat, seltener Naturkatastrophe, Unfall), kann auch bei Beobachtung anderer (stellvertretend) auftreten. Folge manchmal → posttraumatische Belastungsstörung, aber auch die Wahrscheinlichkeit anderer psychischer Störungen ist erhöht.

Traumatisierung. In psychischer Hinsicht Entwicklung einer abnormen psychischen Reaktion oder Störung durch ein → Trauma, vgl. auch → posttraumatische Belastungsstörung.

Tremor. Ein unwillkürliches Zittern der Muskulatur, gewöhnlich begrenzt auf die kleinen Muskeln bestimmter Körperbezirke.

Trennungsangst (ICD-10: F93.0, DSM-IV: 309.21). Psychische Störung des Kindes- und Jugendalters. Das Hauptmerkmal der Störung mit Trennungsangst ist eine übermäßig starke Angst – bei älteren Kindern schon in Erwartung – oder unmittelbar bei einer Trennung von Bezugspersonen. Die Kinder befürchten, den Eltern oder ihnen selbst könnte in solchen Situationen etwas Schlimmes zustoßen, was sie dauerhaft voneinander trennen würde. Das Kind vermeidet es, abends alleine, ohne Licht oder bei geschlossener Tür einzuschlafen, alleine zu hause zu bleiben, bei Freunden zu übernachten oder zur Schule zu gehen. In Verbindung mit Trennungssituationen kommt es zu einer gereizten, aggressiven oder auch apathischen Stimmung sowie körperlichen Symptomen wie Bauch- oder Kopfschmerzen. Häufig erst wenn der Schulbesuch des Kindes gefährdet ist, wird professionelle Hilfe in Anspruch genommen. Die Störung mit Trennungsangst weist eine hohe Komorbidität mit der Störung mit Überängstlichkeit und mit Affektiven Störungen auf.

Trichotillomanie. Zwanghaftes Ausreißen der Haare. Wird verhaltenstherapeutisch als nervöse Verhaltensgewohnheit (Habit, Tic) aufgefaßt, die dann zu einem dauerhaften Problem wird, wenn sie Teil einer Verhaltenskette ist, die durch ständige Wiederholung aufrechterhalten wird, teilweise unbewußt abläuft und sozial toleriert wird. Behandlung mit Hilfe des → Habit Reversal Trainings (HRT).

Trieb. Unter einem Trieb versteht man jene psychobiologischen Prozesse, die zur bevorzugten Auswahl einer Gruppe abgrenzbarer Verhaltensweisen (z.B. Nahrungsaufnahme) bei Ausgrenzung anderer Verhaltenskategorien führen. Triebinduktion: Steigerung oder Hervorrufen eines Triebbedürfnisses. Triebreduktion: Senkung oder Beseitigung eines Triebbedürfnisses.

Trisomie. Vorhandensein von drei anstelle des üblichen Paars von Chromosomen im Zellkern, z. B. Trisomie 21 (→ Down-Syndrom).

Typologie. Lehre von der Gruppenzuordnung aufgrund umfassender Merkmalskonstellationen (ggf. mit Varia tionsbreiten), die als Typen bezeichnet werden. Bei der typologischen Klassifikation müssen die Gruppen bzw. Kategorien nicht unbedingt als eindeutig abgrenzbare, exklusive Klassen verstanden werden, sondern können eher als Brennpunkte, eben das »Typische« kennzeichnende Eigenschaftsmuster aufgefaßt werden. Beispiele: Konstitutionstypen (Athlet, Leptosom), Wahrnehmungs- und Erlebenstypen.

Übelkeit und Bauchbeschwerden, somatische Differentialdiagnose von. Gastrointestinale Angstsyndrome wie Übelkeit und diffuse Bauchbeschwerden lassen üblicherweise einen charakteristischen Lokalbefund und/oder Funktionsstörungen vermissen. Ähnliches gilt auch für angstbedingte Urogenitalsymptome wie etwa vermehrter Harndrang.

Übereinstimmungs-Validität. Wichtiger Teilaspekt der → Validität. Das Ausmaß, in dem vorher nicht entdeckte Merkmale bei Patienten mit der gleichen Diagnose gefunden werden.

Überflutungstherapie (Implosion Therapy). Therapeutisches Verfahren zur Reduktion von Angstbeschwerden. Der Patient soll sich die am stärksten angstregenden Situationen vorstellen, wobei ein Ausweichen aus der Situation durch den Therapeuten verhindert wird. Traditionellerweise als Verfahren zur Konfrontation in sensu angewandt, ursprünglich unter Berufung auf einen tiefenpsychologischen Hintergrund. Später z.T. auch als unsystematischer Begriff für → Reizüberflutung verwendet, vgl. → Konfrontation mit angstauslösenden Reizen.

Überlernen. Lernen über das Erreichen der (quantitativ, qualitativ, zeitlich) festgelegten Leistung hinaus.

Überprüfbarkeit. Das Ausmaß, in dem eine wissenschaftliche Aussage Gegenstand systematischer Prüfung ist, von denen jede den Erwartungen des Wissenschaftlers zuwiderlaufen könnte.

Überwertige Ideen/Gedanken. Stark gefühlsbetonte und hartnäckige Überzeugungen oder Vorstellungen, die das Denken und Handeln der Person beherrschen. Meist negativer (Beeinträchtigung, Beobachtung, Schaden zufügen, Krankheit, Vergiftung, Ansteckung etc.), gelegentlich auch positiver Natur (Erfindung, Entdeckung, Aufklärung, Missionieren etc.). Oft gemütsmäßig so stark besetzt, daß kritische Korrekturen kaum möglich sind. Im Unterschied zum Wahn besteht mehr Realitätsbezug und logische Konsistenz. Allerdings sind fließende Übergänge von überwertigen Ideen zum Wahn möglich. Es können auch nachvollziehbare Sorgen, Kränkungen, Befürchtungen und Überzeugungen zu überwertigen Ideen werden. Häufig u.a. bei → Zwangssyndromen.

Umgang mit Widerstand. Für die Therapeuten ist es wichtig, Erscheinungsformen des → Widerstandes wie ungenügende Kooperation nicht einfach als gegeben anzunehmen und zu interpretieren, ohne ihre Ursachen sorgfältig zu untersuchen. In der Supervision häufig zu hörende Aussagen wie »Sie will sich gar nicht bessern«, »Sie hält an ihrem Symptom fest«, »Er muß zuviel Krankheitsgewinn haben« oder »Der Patient ist eigentlich sehr aggressiv und drückt das durch schlechte Compliance aus« erfolgen meistens auf ungenügender Basis und sind einer Verbesserung wenig

dienlich. Sie können zu Machtkämpfen zwischen Therapeut und Patient führen und damit erst recht → Reaktanz und aversive Reaktionen auf beiden Seiten hervorrufen. Für den Umgang mit Widerstand ist es daher wichtig, die Ursachen mangelnder Kooperation zu untersuchen und Machtkämpfen vorzubeugen. Neben allgemeinen → Prinzipien der Verhaltenstherapie wie Transparenz, Hilfe zur Selbsthilfe, explizite Zielvereinbarung etc. helfen dabei auch die konkreten Maßnahmen des → geleiteten Entdeckens, der Trennung von Entdecken und Verändern, einer → widerstandsmindernden Reihenfolge beim Korrigieren von Fehlinterpretationen, des Ermutigens von Fragen und Zweifeln.

Unabhängige Variable. Der Faktor, die Erfahrung oder die Behandlung bei einem psychologischen Experiment, die der Kontrolle durch den Versuchsleiter unterliegen und von denen erwartet wird, daß sie einen Effekt auf die Versuchspersonen haben, der durch Veränderungen in der → abhängigen Variablen zum Ausdruck kommt. Bei der Wahl der »unabhängigen Variablen« in der klinischen Forschung müssen neben der Auswahl der Meßinstrumente (Anzahl, Standardisierungsgrad) noch weitere Punkte berücksichtigt werden. So ist von großem Belang, wie die untersuchte Stichprobe gewonnen wird: erfolgt die Datenerhebung beispielsweise durch eine Behandlungseinrichtung, gehen z. B. die Verfügbarkeit von Behandlungseinrichtungen, die Repräsentativität dieser Einrichtung sowie das Krankheitsverhalten der Betroffenen mit ein. Besonders bei ätiologischen Fragestellungen sollten daher auch Daten von unbehandelten, repräsentativen Bevölkerungsstichproben herangezogen werden. Weiterhin ist bedeutsam, ob aktuelle oder retrospektive Daten erfragt werden, da u.U. von starken Erinnerungsverzerrungen auszugehen ist.

Unangemessener Affekt. Emotionale Reaktionen, die nicht zum Kontext passen, z. B. Lachen beim Vernehmen trauriger Nachrichten.

Unbewußtes/unbewußt. Psychische Vorgänge, die ablaufen, ohne daß man direkte Kenntnis von ihnen hat bzw. ohne daß man sie in voller Bewußtseinshelle registriert. Im weitesten Sinn umfaßt dies auch Vorgänge, die aufgrund ihrer hypothetischen Beschaffenheit (z. B. Einstellungen) nicht zum phänomenalen Erlebnisbereich gehören können und die wegen ihrer geringen Intensität oder geringer bewußten Anteilnahme nicht ins Bewußtsein gelangen, aber nahe der hypothetischen Bewußtseinsschwelle liegen (subliminale Wahrnehmung).

Uniformitätsmythos. Von Colby und später v. a. Kiesler eingeführter Begriff für eine im Psychotherapiesektor weit verbreitete Fehlannahme, wonach alle Patienten und alle Therapeuten mehr oder minder gleich seien und alle Therapeuten im wesentlichen das gleiche täten. Der Uniformitätsmythos hat sich als wesentliches Fortschrittshemmnis für die Patientenversorgung und das Verständnis psychotherapeutischer Wirkungen erwiesen. Therapieansätze, die eine weitgehend einheitliche Pathogenese der (nicht-psychotischen und nicht-organischen) psychischen Störungen unterstellen, gehen konsequenterweise auch von einer weitgehenden Gleichheit der Behandlungsverfahren aus. Bemerkenswerterweise gilt allerdings für die meisten dieser Therapieansätze, daß sie eine Grobklassifikation zumindest implizit akzeptieren, da sie ja eine Abgrenzung von psychotischen und organisch bedingten Störungen voraussetzen. Dennoch wird hier die → nosologische Diagnostik nicht nur als unnötig, sondern gar als potentiell schädlich angesehen. Anders ist die Sachlage in der Verhaltenstherapie, die von Anfang an den Uniformitätsmythos zurückwies. Dies machte die Erarbeitung von Therapieverfahren möglich, die ganz gezielt auf die Besonderheiten der verschiedenen psychischen Störungen zugeschnitten waren. Dabei steht außer Frage, daß auch Standardverfahren auf eventuelle Besonderheiten des Einzelfalles zugeschnitten werden müssen. Neben dem störungsspezifischen Vorgehen kommen natürlich auch andere, störungsübergreifende Therapieinterventionen und Basisfertigkeiten zum Einsatz → Klassifikation.

Unipolare Depression. Bezeichnung für die psychische Störung, bei der die Betroffenen zwar depressive Episoden, aber keine Phasen von Manie aufweisen (→ bipolare Störung).

Universitätsambulanz. Institution zur Behandlung psychischer Störungen, die an die Universität angegliedert ist; neben Versorgung zählt auch Ausbildung, Verbreitung und Anwendung neuer wissenschaftlicher Ergebnisse zu den Aufgaben.

Unkonditionierter Reiz. Reiz, der eine angeborene unkonditionierte Reaktion auslöst.

Unspezifische professionelle Hilfe. Allgemeine Beratung und stützende Gespräche (im Gegensatz zu einer gezielten Therapie der psychischen Störung). Sofern nicht aktuelle Suizidalität, aktive Psychosen, andere akute Krisen oder eine lange Geschichte fehlgeschlagener Therapieversuche vorliegen, können auch Generalisten wie etwa Schulpsychologen oder Hausärzte einen Versuch unternehmen, Besserung durch unspezifische Maßnahmen wie Beratung und stützende Gespräche herbeizuführen.

Unwirklichkeitsgefühl, somatische Differentialdiagnose des. Die → Derealisations- und → Depersonalisations-Symptome bei Panikfällen und posttraumatischen Belastungsstörungen stellen eine Verunsicherung bzw. einen Vertrauensverlust in Umwelt- und Selbstwahrnehmung dar, wie er bei einer Vielzahl hirnorganischer und psychiatrischer Störungen anzutreffen ist. Sie sind vor allem durch ihren Kontext als Angstsymptome erkennbar. Selbstverständlich können viele der genannten Erkrankungen auch aus sich selbst angstprovozierend sein, besonders die subjektiv stark beeinträchtigenden Mißempfindungen. Seltene Ereignisse, dann aber von großer therapeutischer Bedeutung, sind epileptische Angstanfälle und Panikanfälle bei zerebralen Prozessen. Sie sind häufig von Bewußtseinstrübungen begleitet. Im allgemeinen treten die hirnorganischen Angstanfälle abrupter, in Sekunden oder Sekundenbruchteilen auf, sind von kürzerer Dauer und enden meist auch abrupt. Auf anderweitige Anfallsphänomene (motorische Stereotypien, andere Anfallsformen) ist zu achten. Das EEG zeigt häufig keine anfallstypischen Abläufe.

Urteilsbildung, klinische vs. statistische. Bei der Frage, ob gut ausgebildete, erfahrene Kliniker zu besseren Urteilen kommen (»klinische Methode«) als »Rechnerurteile«, die auf statistischem Weg mittels festgelegter und empirisch fundierter Algorithmen erstellt werden, belegt die Forschung in ernüchternder Weise eine eindeutige Überlegenheit der »statistischen Methode«. Der Vorteil der statistischen Methode liegt nicht in der automatischen Verrechnung (auch Horoskope können »per Computer« erstellt werden). Wichtig ist vielmehr, daß die relevanten Informationen stets vollständig und in der gleichen Weise berücksichtigt werden und daß alle vorgenommenen Bewertungen auf empirisch etablierten Relationen basieren. Auf der anderen Seite lagen die Ursachen für die Unterlegenheit der

»klinischen Methode« nicht so sehr in besonderen Eigenheiten der Kliniker, sondern in allgemeinen Merkmalen der menschlichen Urteilsbildung. Wie andere Menschen weisen Kliniker eine Reihe von Fehlern bei der Urteilsbildung auf. Beispiele: Sie vernachlässigen regelmäßig Basisraten, neigen zur Überschätzung bestätigender Fakten und Abwertung widersprechender Befunde, erwarten (und finden dann) typischerweise Abnormitäten. Generell arbeiten Kliniker unter Bedingungen, die Erfahrungslernen nicht begünstigen (ungenügende Rückmeldung über die Ergebnisse ihrer Arbeit begünstigt selbsterfüllende Prophezeiungen). Bemerkenswert ist, daß auch das Wissen um die oben genannten Probleme und Zusammenhänge Klinikerurteile nicht bedeutsam verbessert. Allerdings wurden bisher noch keine Studien mit den verbesserten modernen Klassifikationssystemen und Diagnosemethoden vorgenommen.

Utilisation. Das therapeutische Prinzip, nicht nach Defiziten, sondern lösungsorientiert nach Ressourcen zu suchen, die für eine Veränderung nutzbar gemacht werden können. Dazu gehören praktisch alle ausgeprägten Persönlichkeitsmerkmale der Patienten bzw. auch des Symptoms. Damit wird versucht, den sog. Widerstand zu minimieren, von dem angenommen wird, daß er zum großen Teil dadurch entsteht, daß wichtige Motive oder Interaktionsmuster bei der → Therapieplanung außer acht gelassen wurden.

Vaginalplethysmograph. Vorrichtung zur Aufzeichnung der Blutmenge in den Wänden der Vagina und damit zur Messung der Erregung.

Vaginismus. Scheidenkrampf → Funktionelle Sexualstörung der Frau, bei der Einführen des Penis durch krampfartige Verengung des Scheideneingangs gar nicht oder nur unter Schmerzen möglich ist.

Valenz. Wertigkeit, Wert. Bei Emotionen kann z.B. zwischen der Intensität (Stärke) und der Valenz (positiv oder negativ) des Gefühls unterschieden werden. In der Gestaltpsychologie Lewins auch Bezeichnung für den Aufforderungscharakter, d.h. die Reizwirkung eines Objektes oder einer Situation auf das Individuum (im Sinne einer Verhaltensprovokation).

Validität. (1) Psychometrisches Kriterium der Gültigkeit. Mißt der Test inhaltlich das, was er zu messen vorgibt? (2) Gütekriterium für die Beurteilung einer Studie. Wichtig für die Beurteilung der Aussagekraft experimenteller Untersuchungen sind die verschiedenen Aspekte der Schlüssigkeit (→ Konklusivität) und der Verallgemeinerbarkeit (→ Generalisierbarkeit) der Befunde. Beide zusammen machen die Validität einer Studie aus. Die interne Validität nimmt Bezug darauf, wie eindeutig die gezogenen Schlüsse durch die Versuchsplanung möglich sind. Die statistische Validität betrifft die Angemessenheit der ausgewählten statistischen Analyseverfahren sowie die Zuverlässigkeit der Meßinstrumente. Konstruktvalidität beschreibt die Einbettung des Experimentes in den theoretischen Rahmen. Die externe Validität schließlich gibt an, wie gut die Ergebnisse der Stichprobe auf die gesamte interessierende Population generalisiert werden können. Zu den typischen Störfaktoren der verschiedenen Aspekte der Validität in der Psychotherapieforschung siehe die einzelnen Begriffe. Weitere Aspekte der Validität sind die → ätiologische, die → Übereinstimmungs- und die → Voraussage-Validität.

Validität, ätiologische. Wichtiger Teilaspekt der → Validität. Das Ausmaß, in dem sich bei einer Anzahl von Patienten die gleiche Ursache oder die gleichen Ursachen für eine Störung finden lassen.

Validität, externe. Wichtiger Teilaspekt der → Validität klinischer Studien. Die externe Validität gibt an, wie gut die Ergebnisse der Stichprobe auf die gesamte interessierende Population generalisiert werden können. Typische Störfaktoren der externen Validität in der Psychotherapieforschung: Selektionseffekte bei der Patientenrekrutierung, Selektionseffekte bei der Auswahl der Therapeuten, Konfundierung von Kontext- und Behandlungseinflüssen, Konfundierung von Therapeuten- und Behandlungseinflüssen.

Validität, interne. Wichtiger Teilaspekt der → Validität klinischer Studien. Die interne Validität nimmt Bezug darauf, wie eindeutig die gezogenen Schlüsse durch die Versuchsplanung möglich sind. Typische Störfaktoren der internen Validität in der Psychotherapieforschung: Unklare Kausalbeziehungen in korrelativen Studien, Bekanntheit oder Nachahmung von Behandlungsbedingungen über verschiedene Behandlungsbedingungen hinweg, kompensatorischer Ausgleich bei verschiedenartigen Behandlungsbedingungen, kompensatorische Rivalität in verschiedenen Behandlungsbedingungen, Motivationsverlust bei unbehandelten oder gering behandelten Kontrollgruppen, auf eine Bedingung begrenzte lokale Einflüsse, mangelnde Therapieintegrität (tatsächliche Umsetzung geplanter Therapiemaßnahmen).

Validität, statistische. Wichtiger Teilaspekt der → Validität klinischer Studien. Die statistische Validität betrifft die Angemessenheit der ausgewählten statistischen Analyseverfahren sowie die Zuverlässigkeit der Meßinstrumente. Typische Störfaktoren der statistischen Validität in der Psychotherapieforschung: Mangelnde statistische Power, multiple Vergleiche mit oder ohne Alpha-Adjustierung, mangelnde Retest-Reliabilität der Meßinstrumente, erhöhte Fehlervarianz durch zufällige Störereignisse, heterogene Patienten oder nichtreliable realisierte Behandlungsbedingungen.

Variable. Ein Merkmal oder Aspekt, hinsichtlich dessen Personen, Objekte, Ereignisse oder Zustände sich unterscheiden (variieren). Ursprünglich in der Mathematik Begriff für eine mit einem Symbol bezeichnete Quantität, der im konkreten Meßfall verschiedene Werte aus einer definierten Wertemenge entsprechen können. In der psychologischen Forschung werden verschiedene Typen von Variablen unterschieden, z.B. im Rahmen von → Experimenten → unabhängige (vom Versuchsleiter gestaltete Bedingungen) und → abhängige (Reaktionen auf die Veränderung der unabhängigen V.) Variablen. Intervenierende Variablen haben einen Einfluß, werden jedoch nicht direkt vom Versuchsleiter kontrolliert. In der Lernpsychologie werden v.a. Reiz- (Stimulus-, S-), Organismus- (O-) und Reaktions- (Response-, R-) Variablen unterschieden.

Vegetativ. Den Teil des → Nervensystem betreffend, der für körperliche Vorgänge (wie Herz, Atmung, Verdauung etc.) zuständig ist.

Vegetative Labilität/Dystonie, vegetatives Syndrom. Wissenschaftlich schwer definierbares Beschwerdebild bestehend aus Angst, innerer Unruhe, Nervosität, Gemütslabilität, Verstimmungszuständen, Überempfindlichkeit, Reizbarkeit (»reizbare Schwäche«), schneller Ermüdbarkeit, Nachlassen von Merk- und Konzentrationsleistungen, Abgeschlagenheit, Schwunglosigkeit, mangelnder Belastbarkeit sowie zahlreichen psychosomatisch interpretierbaren und auch rein körperlichen Beschwerden. Überlappung mit zahlreichen, z.T. besser definierten Syndromen bzw. Stö-

rungsbildern wie → Paniksyndrom, → somatoforme Störungen, → Depressionen.

Vegetatives Nervensystem. Synonym: autonomes, viszerales (= die Eingeweide betreffendes) Nervensystem oder Vegetativum genannt. Dient den vegetativen Funktionen, d.h. der Regelung der unbewußten (vom Willen weitgehend unabhängigen) inneren Lebensvorgänge und deren Anpassung an die Erfordernisse der Umwelt. Differenzierung in einen sympathischen und → parasympathischen Teil, → Nervensystem.

Veränderungsmodell. Ein therapeutisches Modell zur Veränderung einer psychischen Störung. Die Veränderungsprinzipien leiten sich aus der Art des → Störungsmodells ab.

Veränderungswissen. Kenntnisse über die Möglichkeiten zur Beeinflussung psychischer Störungen, wobei diese Methoden störungsübergreifend oder störungsspezifisch sein können. Zusammen mit dem Störungswissen (Informationen und Modelle über Erscheinung und Verlauf sowie auslösende und aufrechterhaltende Bedingungen einer gegebenen Störung) Grundlage für das therapeutische Vorgehen im Rahmen eines klinisch-psychologischen Ansatzes.

Verdichtung. Zusammenziehen mehrerer nicht unbedingt widersprüchlicher Ideen, Begriffe und Bilder.

Verfahren, Verhaltenstherapeutische. Die Vielzahl der verhaltenstherapeutischen Methoden können in drei Gruppen von Verfahren unterteilt werden: (1) Basisfertigkeiten (z.B. Gesprächsführung, Beziehungsgestaltung, Motivationsarbeit), (2) störungsübergreifende Maßnahmen, die bei verschiedenen Störungsbildern angewendet werden können (z.B. Konfrontationsverfahren wie Reizüberflutung, Habituationstraining, Reaktionsverhinderung, systematische Desensibilisierung; Entspannungsverfahren; operante Methoden wie positive Verstärkung, Löschung, Response Cost, Time Out, Token-Economies; kognitive Methoden wie Selbstinstruktionstraining, Problemlösetraining, Modifikation dys funktionaler Kognitionen, Reattribution, Analyse fehlerhafter Logik, Entkatastrophisieren; Kommunikationstrainings, Training sozialer Kompetenz, Selbstkontrollverfahren), (3) störungsspezifische Therapieprogramme, die möglichst genau auf die speziellen Gegebenheiten der verschiedenen Störungsbilder zugeschnitten sind (z.B. für Angststörungen, Depressionen, Schizophrenie-Rückfallprophylaxe, Eßstörungen, sexuelle Funktionsstörungen, Partnerschaftsprobleme sowie Ausscheidungsstörungen, Hyperaktivität und Aggressivität bei Kindern).

Verhalten. Jede Handlung, die sich zwischen einem Organismus und seiner biologischen, dinglichen und sozialen Umwelt abspielt. Dies können direkt beobachtbare (offene, z.B. Schritt) oder nicht direkt beobachtbare (verdeckte, z.B. Gedanken) Verhaltensweisen sein. In der Verhaltenstherapie wird Verhalten mittlerweile umfassend definiert, so daß er auch Gedanken, Gefühle, körperliche Reaktionen etc. einschließt. Zusammen mit dem Erleben traditionell als Gegenstand der Psychologie definiert. Bei der Gegenüberstellung von Verhalten und Erleben wird ersteres als die Gesamtheit der »objektiv« beobachtbaren Vorgänge, letzteres als die Summe der geistigen (mentalen, nicht beobachtbaren, verdeckten etc.) Tätigkeiten aufgefaßt.

Verhalten-Ziele-Pläne. Im Rahmen der verhaltenstherapeutischen Weiterentwicklung wurden die den Verhaltensweisen zugrundeliegenden Ziele, Regeln und Pläne als Einheiten erfaßt, die das → Verhalten steuern. Diese Bereiche des menschlichen Lebens können nicht mehr beobachtet, sondern sie müssen erschlossen werden. Ihre Analyse und ihre Veränderungen im therapeutischen → Setting haben zur Erweiterung und Ergänzung der verhaltenstherapeutischen Diagnostik und der Methoden geführt.

Verhaltensanalyse. Verhaltensorientierte Form der → Problemanalyse. Erarbeitet wird aus den diagnostischen Informationen ein sogenanntes funktionales Bedingungsmodell des Problemverhaltens.

Verhaltensbeobachtung. Unterschieden wird zwischen eigener Beobachtung (Selbstbeobachtung) oder Beobachtung durch andere (Fremdbeobachtung). Beobachtet wird das Verhalten und/oder Bedingungen, die die Auftretenshäufigkeit des Verhaltens beeinflussen. Bei der Selbstbeobachtung können auch innere Prozesse registriert werden.

Verhaltensexperiment/Realitätstest. Therapeutische Aufgabe im Rahmen kognitiver Therapieansätze, die den Patienten dazu anleiten, Evidenzen für seine negativen Erwartungen, Selbstbewertungen, Ängste etc. zu suchen. Indem der Patient wiederholt die Erfahrung macht, daß seine Erwartungen, Befürchtungen etc. nicht mit tatsächlichen Ereignissen übereinstimmen, kann er allmählich neue Wahrnehmungs- und Interpretationsmuster aufbauen. Anders als bei der → Konfrontation ist nicht in erster Linie → Habituation das Ziel, sondern die Überprüfung bzw. Veränderung von Annahmen etc. Generell dienen Verhaltensexperimente dazu, die Fehlinterpretationen des Patienten und die in der Therapie erarbeiteten Erklärungsalternativen im Hinblick auf ihren Wahrheitsgehalt zu überprüfen. Befürchtet etwa ein Patient, in einem Kaufhaus in Ohnmacht zu fallen, so kann dies durch einen Besuch im Kaufhaus überprüft werden. Weitere sinnvolle Verhaltensexperimente sind je nach den Symptomen und Befürchtungen der Patienten etwa körperliche Belastung (»Zu viel Symptome schaden meinem Herzen«), Hyperventilation (»Der Schwindel führt zur Ohnmacht«) oder Vorstellungsübungen (»Durch die Symptome werde ich verrückt«). Verhaltensexperimente erleichtern die Korrektur der Fehlinterpretationen, da die Patienten nicht nur im sokratischen Dialog das Pro und Contra ihrer Befürchtungen diskutieren, sondern durch gezieltes Handeln erleben, daß ihre Befürchtungen unangemessen sind. Daneben können Verhaltensexperimente auch der Konfrontation mit gefürchteten Symptomen dienen, → Verhaltensprobe. → Verhaltenstest.

Verhaltensformung. Shaping. Aufbau komplexer Verhaltensmuster in kleinen Schritten im Rahmen der → operanten Konditionierung. Das Kriterium für die → Verstärkung wird stufenweise verändert. Beim Shaping werden Verhaltensweisen verstärkt, die zunehmend mehr Elemente mit dem Zielverhalten gemeinsam haben.

Verhaltensgenetik. Die Untersuchung individueller Unterschiede im Verhalten im Hinblick auf mögliche Unterschiede in der genetischen Ausstattung, Einfluß der Genetik auf das Verhalten.

Verhaltensgewohnheit (Habit). Klinisch relevant sind sogenannte nervöse Verhaltensgewohnheiten oder Tics. Verhaltenstherapeutisch wird angenommen, daß solche Verhaltensgewohnheiten dann zu dauerhaften Problemen werden, wenn sie Teil einer Verhaltenskette sind, die durch ständige Wiederholung aufrechterhalten wird, teilweise unbewußt abläuft und sozial toleriert wird. Behandlung mit Hilfe des → Habit Reversal Trainings (HRT).

Verhaltenshemmsystem. Das Verhaltenshemmsystem wird durch konditionierte Strafreize, durch neue Reize und durch angeborene Furchtreize aktiviert. Es bewirkt eine Unterbrechung des bisherigen Verhaltens bzw. übt eine generell hemmende Wirkung aus (englisch: behavioral inhibition system, wofür sich das Kürzel BIS eingebürgert hat).

Verhaltenskontrolle, flexibel. Flexible Verhaltenskontrolle setzt ein realistisches Ziel in einem überschaubaren Zeitfenster, so daß Verhaltenskorrekturen möglich sind, ohne daß das gesamte Kontrollsystem kollabiert. »3 Tafeln Schokolade in der Woche...« schützen den Patienten davor, daß auch nur ein Stückchen Schokolade bereits die Gegenregulation (»Jetzt ist es auch egal«) auslöst.

Verhaltenskontrolle, rigide. »Gute Vorsätze«, die auf ein absolutes Vermeiden oder unbedingtes Einhalten bestimmter ungünstiger bzw. günstiger Verhaltensweisen ausgerichtet sind, werden als rigide Verhaltenskontrolle bezeichnet. »Ab morgen esse ich nie mehr...« oder »Ab morgen esse ich nur noch...«. Unter permanenten Überflußbedingungen führen diese rigiden Kontrollen zum Zusammenbruch des Kontrollsystems bei der ersten, geringfügigen Überschreitung.

Verhaltensmanagement. Individuell, auf den Entwicklungsstand des Kindes und der Familie zugeschnittenes Programm zur Unterstützung des Erwerbs interner Verhaltenskontrolle des Kleinkindes (z.B. selbst beruhigen können, selbst einschlafen können etc.).

Verhaltensmodifikation (Behavior modification). Ursprünglich aus der operanten Tradition im Sinne Skinners der Verhaltenstherapie stammende Selbstcharakterisierung, v.a. in den USA verbreitet und weniger auf den klinischen Bereich begrenzt. Heute synonym mit »Verhaltenstherapie« (Behavior Therapy) verwendet.

Verhaltensprobe. Erfassung eines interessierenden Verhaltensausschnittes mittels aktueller Verhaltensmaße anstelle der (weiter verbreiteten) reinen Befragung des Probanden bzw. Patienten. Kann z.B. verwendet werden, um festzustellen, ob ein Patient mit einer Sozialphobie über die notwendigen sozialen Fertigkeiten verfügt und »lediglich« durch seine Angst daran gehindert wird, diese einzusetzen. Siehe auch Verhaltenstest.

Verhaltensregulations-Störung. Kleinkinder mit zwei von vier Problemen: exzessives Schreien, Schlafprobleme, Fütterungsprobleme oder Hyperexzitabilität. Probleme in der Integration und Regulation biologischer und sozialer Funktionen.

Verhaltenstest. Erfassung relevanter Variablen mittels aktueller Verhaltensmaße. In der Therapieforschung oft als besonders valide Methode zur Erfassung des Therapieerfolges gepriesen (z.B. auf welche Entfernung bzw. für welche Dauer kann ein phobischer Patient sich seinem phobischen Objekt nähern). Aufgrund des häufigen Auseinanderklaffens (→ Desynchronie) der verschiedenen Ebenen des Verhaltens und Erlebens (→ Drei-Ebenen-Ansatz) ergeben Verhaltenstests oft Informationen, die über die reine Befragung oder die Messung physiologischer Variablen hinausgehen. Ob aber ein Primat der (motorischen) Verhaltensebene gegenüber den anderen (subjektiven, physiologischen) Ebenen angenommen werden sollte, ist bestenfalls umstritten.

Verhaltenstherapeutische Basisfertigkeiten. Grundlegende Fertigkeiten, die jeder Verhaltenstherapeut beherrschen muß (z.B. Gesprächsführung, Beziehungsgestaltung, Motivationsarbeit) und die Voraussetzung für Anwendung weitergehender störungsübergreifender bzw. störungsspezifischer Verfahren sind.

Verhaltenstherapeutische Methodologie. Zumeist als methodologischer Behaviorismus gekennzeichnet. Dieser darf nicht mit anderen Spielarten des Behaviorismus gleichgesetzt werden. Grundprinzipien des methodologischen Behaviorismus: (1) Suche nach Gesetzmäßigkeiten. (2) Beobachtbarkeit. (3) Operationalisierbarkeit. (4) Empirische Testbarkeit. (5) Experimentelle Prüfung.

Verhaltenstherapeutische Verfahren. Die Vielzahl der verhaltenstherapeutischen Methoden kann in drei Gruppen von Verfahren unterteilt werden: (1) Basisfertigkeiten (z. B. Gesprächsführung, Beziehungsgestaltung, Motivationsarbeit), (2) störungsübergreifende Maßnahmen, die bei verschiedenen Störungsbildern angewendet werden können (z. B. Konfrontationsverfahren wie Reizüberflutung, Habituationstraining, Reaktionsverhinderung, systematische Desensibilisierung; Entspannungsverfahren; operante Methoden wie positive Verstärkung, Löschung, Response Cost, Time Out, Token-Economies; kognitive Methoden wie Selbstinstruktionstraining, Problemlösetraining, Modifikation dysfunktionaler Kognitionen, Reattribution, Analyse fehlerhafter Logik, Entkatastrophisieren; Kommunikationstrainings, Training sozialer Kompetenz, Selbstkontrollverfahren), (3) störungsspezifische Therapieprogramme, die möglichst genau auf die speziellen Gegebenheiten der verschiedenen Störungsbilder zugeschnitten sind (z. B. für Angststörungen, Depressionen, Schizophrenie-Rückfallprophylaxe, Eßstörungen, sexuelle Funktionsstörungen, Partnerschaftsprobleme sowie Ausscheidungsstörungen, Hyperaktivität und Aggressivität bei Kindern).

Verhaltenstherapie. Die Verhaltenstherapie ist ein genuin klinisch-psychologischer Heilkundeansatz mit einer Vielzahl spezifischer Techniken und Behandlungsmaßnahmen, die je nach Art der vorliegenden Problematik einzeln oder miteinander kombiniert eingesetzt werden. Eine für »alle Zeiten« abschließende Festlegung der Verhaltenstherapie ist angesichts ihrer permanenten Weiterentwicklung nicht möglich. Für die Beantwortung der Frage nach dem Wesen der modernen Verhaltenstherapie muß die bloße Definition durch Angaben zu den Grundprinzipien und der zugrundeliegenden Methodologie sowie typischen Therapiemethoden und Indikationsbereichen ergänzt werden. Die Verhaltenstherapie ist eine auf der empirischen Psychologie basierende psychotherapeutische Grundorientierung. Sie umfaßt störungsspezifische und -unspezifische Therapieverfahren, die aufgrund von möglichst hinreichend überprüftem → Störungswissen und psychologischem → Änderungswissen eine systematische Besserung der zu behandelnden Problematik anstreben. Die Maßnahmen verfolgen konkrete und → operationalisierte Ziele auf den verschiedenen Ebenen des → Verhaltens und → Erlebens, leiten sich aus einer → Störungsdiagnostik und individuellen → Problemanalyse ab und setzen an → prädisponierenden, → auslösenden und/oder → aufrechterhaltenden Problembedingungen an. Die in ständiger Entwicklung befindliche Verhaltenstherapie hat den Anspruch, ihre Effektivität empirisch abzusichern.

Verhaltenstherapie, empirische Überprüfung. Verhaltenstherapie ist die mit weitem Abstand am besten empirisch abgesicherte Form von Psychotherapie. Zu verhaltenstherapeutischen und kognitiven Verfahren liegen über zehnmal mehr kontrollierte Therapiestudien vor als für alle anderen Formen von Psychotherapie zusammen. Zudem wurden die verhaltenstherapeutischen Verfahren für das breiteste Spektrum psychischer Störungen untersucht. Dabei haben sich verhaltenstherapeutische Methoden mit großer Regelmäßigkeit als wirksam zur Herbeiführung der jeweils unmittelbar angestrebten, aber auch generalisierter Veränderungen erwiesen.

Verhaltenstherapie, Entstehung. Die Verhaltenstherapie entstand aus der Anwendung experimentalpsychologischer Prinzipien auf klinische Probleme. Ihr Wachstum war eng verbunden mit der Entwicklung der Klinischen Psychologie als einer angewandten Wissenschaft, der enormen Produktivität der Grundlagenforschung zu lerntheoretischen Erklärungen klinischer Phänomene und der Kritik an der geringen Effektivität und mangelnden empirischen Überprüfung der bis dahin vorliegenden psychotherapeutischen Verfahren. Dabei entstand die Verhaltenstherapie als eine breite Bewegung auf der Basis der empirischen Psychologie an mehreren Orten in Südafrika, England und den USA zugleich. Am Ende der fünfziger und zu Beginn der sechziger Jahre verfügte die Verhaltenstherapie bereits über eine breite Palette therapeutischer Möglichkeiten auf der Basis experimentalpsychologischer Erkenntnisse. Spätestens zu diesem Zeitpunkt wurde die neue Bewegung unter dem Begriff »Behaviour Therapy« bekannt, wenngleich alternative Bezeichnungen (z.B. »Behavior Modification«, bevorzugt von den Vertretern des operanten Ansatzes) vorlagen oder manche ihrer Vertreter das althergebrachte »Psychotherapie« lediglich durch erläuternde Zusätze ergänzen wollten. Die Bedeutung operanter Verfahren in der Entstehung der Verhaltenstherapie wird vor allem von Nicht-Verhaltenstherapeuten stark überschätzt, obwohl sie als alleinige Therapiemaßnahmen kaum zum Einsatz kommen. Aufbauend auf der Gründung eigener Fachgesellschaften kam es Ende der sechziger und Anfang der siebziger Jahre zu einer ersten Konsolidierung der stürmischen Entwicklungen. Zu diesem Zeitpunkt entwickelte sich die Verhaltenstherapie auch im deutschsprachigen Raum parallel an mehreren Orten, insbesondere München. Spätere Entwicklungen betrafen vor allem das Zusammenwachsen der behavioralen und kognitiven Richtungen zu einer gemeinsamen, empirischen Grundorientierung. Auch heute zeichnet sich die Verhaltenstherapie noch durch raschen Wandel aus. Zu den neueren Errungenschaften gehört die Entwicklung von speziellen Therapieprogrammen für eine ständig wachsende Zahl von Störungsbildern und Problemen, die häufig in Form von konkreten Therapiemanualen dargestellt werden.

Verhaltenstherapie, Mißverständnisse. Einige der häufigsten falschen Auffassungen müssen wie folgt korrigiert werden: (1) Verhaltenstherapie führt nicht zu → Symptomverschiebung. (2) Das Erleben starker Gefühle bei → Konfrontationstherapien (z. B. bei Angststörungen, Trauerreaktionen, posttraumatischen Störungen oder Eßstörungen) birgt keine Gefahren für die Patienten. (3) Die Gedanken und Gefühle der Patienten werden nicht ignoriert, sondern im Gegenteil direkt bearbeitet. (4) Die moderne Verhaltenstherapie nimmt nicht an, daß alle psychischen Störungen durch einfache Konditionierungsprozesse erlernt werden. (5) Der Gebrauch von Medikamenten ist nicht generell unvereinbar mit Verhaltenstherapie.

Verhaltenstherapie, Probleme. Zu einer (stets unvollständigen) Aufzählung der Probleme der Verhaltenstherapie gehören: (1) Die unvermeidlichen Therapiemißerfolge, die selbst bei guter Motivation der Patienten und optimaler Durchführung der Behandlung auftreten können. (2) Schwierige Rahmenbedingungen wie mangelnde Information von Patienten und Fachleuten, Eingrenzungen in der gesetzlichen und privaten Krankenversicherung. (3) Mißverständnisse zur Verhaltenstherapie. (4) Mangelnde Verfügbarkeit gut ausgebildeter Verhaltenstherapeuten. (5) Schwierige Beurteilung der Kompetenz eines gegebenen Verhaltenstherapeuten durch Patienten, Kollegen oder andere Fachleute. (6) Inkompatible Wünsche und Voreinstellungen der Patienten oder überweisenden Fachleute (oft vermittelt durch Medien oder populäre Literatur).

Verlauf. Der Verlauf einer psychischen Störung kann geprägt sein durch Phasen, Perioden, Schübe, Prozeßhaftigkeit (fortlaufendes Beschwerdebild), Chronizität etc. Verlaufsaspekte stellen gerade bei der → Diagnose → psychischer Störungen wichtige Kriterien dar und können wichtige therapeutische Hinweise geben.

Verlaufsdokumentation. Unter einer Verlaufsdokumentation versteht man die systematische Erfassung von Daten der konkreten Durchführung einer Therapie. Diese werden untergliedert in Interventions-, Prozeß- und diagnostische Daten. Alle drei Gruppen werden üblicherweise nach unterschiedlichen Zeitrastern erfaßt. Interventionsdaten beschreiben sitzungsweise den konkreten Verlauf einer Therapie und sollten wenigstens ein Protokoll der Stunde, die eingesetzten Methoden/Interventionen, die Therapeut-Patient-Interaktion, das Ergebnis der Stunde für den Patienten, diagnostische Erkenntnisse und aufgetretene Probleme abbilden → Dokumentation.

Vermeidungslernen. Ein experimentelles Verfahren, bei dem ein neutraler Reiz mit einem unangenehmen gepaart wird, so daß der Organismus lernt, den vorher neutralen Reiz zu vermeiden. Im weiteren Sinne jedes Erlernen von Vermeidungsverhalten, → Konditionierung, → Lernen, → Phobien.

Vermeidungsverhalten. Im engeren Sinn ein Verhalten, das aversive Reize mit Reaktionen von der Verhaltensblockierung bis zur Flucht koppelt.

Verstärker. Jedes befriedigende Ereignis oder jeder befriedigende Reiz, der eine Reaktion, auf die hin er kontingent erfolgt, belohnt bzw. kräftigt und die Wahrscheinlichkeit erhöht, daß die Person wieder so reagieren wird, → operante Konditionierung.

Verstärkerentzug. Wegnahme → positiver Verstärker als → Bestrafung.

Verstärkerplan. Quote, mit der → Verstärkung auf das erwünschte Verhalten im Rahmen der → operanten Konditionierung folgt. Zum Aufbau neuen Verhaltens ist eine → kontinuierliche Verstärkung besonders günstig. Verhalten, das → intermittierend verstärkt wird, ist besonders resistent gegenüber → Löschung.

Verstärkung. Beim → operanten Konditionieren die Erhöhung der Wahrscheinlichkeit, daß eine Reaktion erneut auftreten wird, entweder durch Darbietung eines kontingenten positiven Ergebnisses oder durch Beseitigung eines negativen; oder jedes befriedigende Ereignis oder jeder befriedigende Reiz, der eine Reaktion, auf die hin er kontingent erfolgt, belohnt und stärkt und die Wahrscheinlichkeit erhöht, daß die Person wieder so reagieren wird. Die negative Verstärkung ist nicht zu verwechseln mit der → Bestrafung, bei der durch Einführung einer aversiven Konsequenz bzw. Entfallen eines positiven Sachverhalts eine Reduktion des Verhaltens erzielt wird.

Verstärkung, soziale. Lob. Für die soziale Verstärkung durch Therapeuten (und ggf. auch andere Bezugspersonen) gelten die allgemeinen Grundregeln: Man kann kaum zuviel loben, verstärkt wird jede Anstrengung (nicht erst der perfekte Erfolg) und die Ansprüche müssen schrittweise gesteigert werden.

Versuchsplan mit Reversion (ABAB-Plan). Versuchsplan, bei dem Verhalten während einer Ausgangsperiode (A), während einer Behandlungsphase (B), während der Wiedereinführung der ursprünglich vorhandenen Bedingungen (A) und einer weiteren Behandlungsphase (B) gemessen wird.

Versuchsplan mit multiplen Ausgangswerten (multiple baseline design). Versuchsplan, bei dem zwei Verhaltensweisen eines Individuums für eine Untersuchung ausgewählt werden und eine dieser Verhaltensweisen einer Behandlung unterzogen wird; das nicht behandelte Verhalten dient als Vergleichswert, gegen den die Effekte der Behandlung bestimmt werden können. Alternativ auch Versuchsplan mit zwei oder mehreren Versuchspersonen, bei denen nach unterschiedlich langen Baselines (interventionsfreien Phasen zur Bestimmung des Grundniveaus) eine experimentelle Manipulation bzw. eine therapeutische Intervention erfolgt. Ändert sich das interessierende Zielverhalten (→ abhängige Variable) trotz der unterschiedlichen Zeitpunkte jeweils erst nach Einführung der Intervention, so kann dies als Hinweis auf einen kausalen Zusammenhang gedeutet werden.

Vestibuläre Halluzinationen. Gleichgewichts-Halluzinationen. Sinnestäuschungen (Trugwahrnehmungen) im Sinne von Schweben, Schwanken, Schaukeln, Gehobenwerden im Rahmen sogenannter Leibhalluzinationen (auch als zoenästhetische Halluzinationen bezeichnet) → Halluzinationen.

Vigilanz/Vigilität. Wachheit. Voraussetzung für Bewußtseinsklarheit, Aufmerksamkeit, Konzentration, Intention. Störung u. a. → Hypervigilanz.

Voraussage-Validität. Wichtiger Teilaspekt der → Validität. Das Ausmaß, in dem Voraussagen über das zukünftige Verhalten von Patienten mit der gleichen Diagnose gemacht werden können.

Voraussagewert (»predictive value«). Kennwert für die Güte diagnostischer Verfahren. Der Voraussagewert gibt die Wahrscheinlichkeit einer Störung für den Fall an, daß ein positiver Testbefund vorliegt.

Vorbereitetes Lernen. (Englisch »preparedness«). Nach Seligman bei der klassischen Konditionierung die biologische Prädisposition, auf bestimmte Reize besonders empfindlich zu reagieren und diese schnell mit einem unkonditionierten Reiz zu verbinden (z. B. Angst vor Schlangen). Biologisch vorbereitet ist dabei die Bereitschaft, bestimmte Reiz-Reaktionsverbindungen zu erlernen. Die Auslösereize sind artspezifisch, ihre Bedeutsamkeit basiert wahrscheinlich auf evolutionären Selektionsprozessen.

Vorbereitung. → Preparedness bzw. vorbereitetes Lernen.

Vorbereitung auf therapeutische Maßnahmen. Die sorgfältige Vorbereitung der Patienten ist von entscheidender Bedeutung für den Therapieerfolg. Dies beginnt mit der Motivierung der Betroffenen, sich einer Situation auszusetzen, in der sie oftmals massive negative Erfahrungen befürchten, wobei als Garant für ihre Sicherheit manchmal nur das Wort ihres Therapeuten zur Verfügung steht. Wichtig sind in diesem Kontext die Ergebnisse zur kognitiven Dissonanz, die Rolle informierter und freiwilliger Entscheidungen betonen. Um eine Dissonanzreduktion zu erreichen, werden gut informierte Patienten ihre Entscheidung für eine unangenehme oder anstrengende Aufgabe aufwerten, was zu einer besseren Mitarbeit und damit zu besseren Ergebnissen führt. Patienten müssen nicht nur motiviert werden, sie sollten auch auf das zu erwartende Therapeutenverhalten vorbereitet werden. Wenn die Erwartungen des Patienten und das tatsächliche Verhalten der Therapeuten nicht übereinstimmen, kann dies zu vermehrtem → Widerstand führen. Generell sollten Therapeuten sich um → Transparenz bemühen, was auch eine Erklärung von Sinn und Zweck therapeutischer Übungen beinhaltet (→ Erklärungsmodell). Bereits frühzeitig in der Therapie sollten die Erwartungen des Patienten an Therapeut und Therapie geklärt werden. → Therapieziele sollten im Konsens festgelegt und möglichst konkret operationalisiert werden. Solche Vereinbarungen helfen auch bei der Beendigung der Therapie, mit der vor allem unerfahrene Therapeuten häufig Probleme haben: Das Erreichen der Ziele ist Anhaltspunkt für das Ende der Therapie.

Voyeurismus. Sexuelle Erregung und Befriedigung durch die Beobachtung anderer Menschen beim Ausziehen oder bei sexueller Betätigung (→ Paraphilien).

Vulnerabilität. Verletzlichkeit, Anfälligkeit, Diathese. Vorexistierende (z. B. erblich-konstitutionelle oder erworbene) Bereitschaft (Disposition) oder Anfälligkeit des Organismus zu abnormen bzw. krankhaften Reaktionen an bestimmten Organen oder Organsystemen. Diathese-Streß-Paradigma, Vulnerabilitäts-Streß-Erklärung.

Vulnerabilitäts-Streß-Erklärung. In der Psychopathologie wird aufgrund dieser Theorie angenommen, daß Belastungen (»Streß«) bei Personen mit einer vorexistierenden Anfälligkeit oder Bereitschaft zu abweichendem Verhalten bzw. psychischen Störungen führt. In der Verhaltenstherapie werden bei der Betrachtung der Gesamtheit jener Faktoren bzw. Mechanismen, die zur Entwicklung bzw. Entstehung einer Störung oder eines Problems beigetragen haben, typischerweise neben → Prädispositionen (bzw. Vulnerabilitätsfaktoren oder → Diathesen) und → auslösenden (»Streß-«) Faktoren auch → aufrechterhaltende Bedingungen unterschieden. Auch als → Diathese-Streß-Paradigma bezeichnet.

Wächserne Biegsamkeit. Aspekte der Katatonie. Die Glieder des Patienten können in eine Vielzahl von Positionen gebracht werden und bleiben dann über ungewöhnlich lange Zeiträume in dieser Stellung.

Wahn (engl. delusion). Inhaltliche Denkstörung, gekennzeichnet durch eine allgemeine Veränderung des Erlebens und eine Fehlbeurteilung der Realität, die mit apriorischer Evidenz (d. h. erfahrungsunabhängiger Gewißheit) auftritt und an der mit subjektiver Gewißheit festgehalten wird, auch wenn sie im Widerspruch zur Logik oder zur Realität und zur Erfahrung der Mitmenschen sowie zu ihren kollektiven Meinungen und Glaubenssätzen steht. Der Betroffene hat in der Regel nicht das Bedürfnis nach einer Begründung seiner wahnhaften Meinung, deren Richtigkeit ihm unmittelbar evident ist. Ausgeschlossen werden müssen (sub-)kulturspezifische Überzeugungen, die in einem sozialen Bezugssystem geteilt werden. Wahn ist eine private, in der Regel nur persönlich gültige, lebensbestimmende Überzeugung eines Menschen von sich und seiner Welt

(Ausnahme: kollektive Wahnsysteme und Folie deux = zwei Menschen gemeinsame Wahnvorstellung). Das Pathologische am Wahn ist in erster Linie nicht der Inhalt, sondern das aus der Gemeinsamkeit herausfallende Beziehung zu Mitmenschen und Mitwelt. Mit seinem übrigen Denken vermag der Betroffene nach gesunden Maßstäben zu urteilen. Wahn gibt es bei verschiedenen psychischen Störungen, nicht etwa nur bei der Schizophrenie. Man unterscheidet verschiedene Wahnerscheinungen nach formalen und inhaltlichen Merkmalen, z.B. Wahngedanken, → Wahnwahrnehmungen, → Wahnsysteme, Wahnstimmungen, Wahneinfälle. Zu den wichtigsten Erscheinungsformen zählen Beeinträchtigungs- und Verfolgungswahn, Beziehungswahn (→ Beziehungsideen), Schuldwahn, Verarmungswahn, hypochondrischer Wahn, Größenwahn, → Liebeswahn, Querulantenwahn, → Eifersuchtswahn. Nosologische Einordnung: Wahn ist v.a. möglich bei Schizophrenien, organischen Psychosen, Depressionen, Manien, schizoaffektiven Psychosen, paranoider Psychose. Zu den wahnmotivierenden Bedingungen zählen Störungen des Ich-Bewußtseins, kognitive und/oder mnestische Altersschwäche, Störungen der Sinnesorgane (z.B. Schwerhörigkeit), herabgesetztes oder erhöhtes Vitalgefühl, Depressivität, Schuldgefühl, Sinnes-Isolation, Drogenkonsum (z.B. Halluzinogene), sprach- und kulturfremde Umgebung, politische Verfolgung, sexuelle Impotenz (z.B. bei Alkoholismus), unerfüllter Kinderwunsch, Vereinsamung, erotische Unerfülltheit. Bei den meisten Wahnformen scheint Angst ein wesentliches Motiv zu sein.

Wahnhafte Störung (ICD-10: F22.0, DSM-IV: 297.1). Das Wahnsystem muß mindestens einen Monat bestehen und darf nicht im Rahmen einer Schizophrenie, einer organischen Gehirnerkrankung oder infolge psychotroper Substanzen auftreten. Akustische oder visuelle Halluzinationen dürfen nicht im Vordergrund stehen, andere Halluzinationen dürfen auftreten, solange sie sich auf die Wahninhalte beziehen. DSM-IV unterscheidet verschiedene Untertypen je nach dem vorherrschenden Wahninhalt.

Wahnsystem. Entsteht durch Ausbau einer zusammenhängenden, in sich geschlossenen Wahnstruktur: Alle »Beobachtungen« stimmen zusammen, bestätigen die Gewißheit.

Wahnwahrnehmung. Reale Wahrnehmung aus gewöhnlichen Vorkommnissen erhalten für den Betroffenen eine andere, ihm wirklichkeitsgerecht erscheinende, für den gesunden Beobachter hingegen abnorme Bedeutung. Alltäglichen Erscheinungen wie eine Bemerkung, einem Gespräch, einer Geste, einer Handlung, einem Zeitungsartikel. einer Radio- oder Fernsehsendung wird eine spezifische Bedeutung im Sinne des Wahnes beigemessen. Beispiel: Eine zutreffende Wahrnehmung (»da sprechen zwei Menschen miteinander«) wird wahnhaft fehlinterpretiert (»sie reden über mich«). Mitunter geht eine diffuse Wahnstimmung (Gefühl des Unheimlichen, Bedrohlichen, Merkwürdigen) voraus.

Wahrgenommene Entscheidungsfreiheit. Nach der sozialpsychologischen Forschung wichtige Voraussetzung für Einstellungsänderungen.

Wahrnehmung. Der Prozeß des Informationsgewinns aus Umwelt- und Körperreizen einschließlich der damit verbundenen → Emotionen und der Modifikationen durch → Lernen und → Erfahrung. Kenntnisnahme der sinnlichen Gegebenheiten von Umwelt, Körper und Psyche. Wahrnehmungsstörungen: 1. Ausfall einer Wahrnehmungsfunktion aus organischen oder psychischen Gründen, 2. Abnormitäten der Wahrnehmung: Intensitätsminderung oder -steigerung, veränderte Größen- und Gestaltwahrnehmung, ferner qualitative Abnormitäten der Wahrnehmung wie → Derealisation, Gefühl der ungewöhnlichen Distanz oder Nähe, Änderung der Wahrnehmungscharaktere, Synästhesie (Wahrnehmungsverbindung aus verschiedenen Sinnesmodalitäten), vermeintliches Wiedererkennen etc. sowie → Halluzinationen (Sinnestäuschungen, Trugwahrnehmungen).

Weltgesundheitsorganisation (World Health Organization, WHO). Unterorganisation der Vereinten Nationen mit dem Ziel der internationalen Zusammenarbeit der Staaten auf dem Gebiet des Gesundheitswesens (Sitz: Genf). Gibt unter anderem das regelmäßig revidierte Klassifikationssystem von Krankheiten und Todesursachen → ICD (International Classification of Diseases) heraus. Die Mental Health Division der WHO führt u.a. große internationale Forschungs- und Präventionsprogramme durch (z.B. International Pilot Study of Schizophrenia).

Wernicke-Syndrom (Pseudoencephalitis haemorrhagica superior). Stammhirnerkrankung bei chronischem Alkoholismus durch Vitamin B-Mangel. Symptome: Verwirrung, Benommenheit, partielle Augenmuskellähmung und unsicherer Gang.

Widerstand. Gegenreaktion gegen therapeutische Maßnahmen, Anweisungen, Intentionen. Es wird häufig angenommen, daß Widerstand zum großen Teil durch Außerachtlassen wichtiger Motive oder Interaktionsmuster bei der → Therapieplanung oder durch eine ungenügende Beziehungsgestaltung entsteht. Auch in der Verhaltenstherapie werden alle Verhaltensweisen und Einstellungen des Patienten zusammengefaßt, die sich bewußt oder unbewußt gegen das Fortschreiten der Therapie richten. Diese Auffassung ist deutlich weiter als frühere Auffassungen der verschiedenen Therapieschulen, die jeweils den Widerstand gegen zentrale Bestandteile ihres therapeutischen Vorgehens thematisierten. In der psychoanalytischen Theorie richtet sich Widerstand lediglich gegen das Bewußtwerden verdrängter Wünsche aus dem Es bzw. verdrängter Schuldgefühle aus dem Über-Ich. In der klientenzentrierten Gesprächspsychotherapie wird Widerstand dagegen in erster Linie als das Vermeiden von Inhalten und insbesondere von Emotionen aufgefaßt. In der frühen Verhaltenstherapie wurde Widerstand vor allem als »Gegenkontrolle« gegen strukturierende Interventionen beschrieben. Mit fortschreitender Entwicklung wurde dann auch das Phänomen eines beziehungsbedingten Widerstandes anerkannt. Generell können Widerstandphänomene drei Quellen zugeordnet werden: → Widerstand gegen Therapieziele, → Widerstand gegen Beeinflussung an sich, → interaktioneller Widerstand. Eine wesentliche Grundlage von Widerstand ist die Motivation zur Erhaltung eigener Freiheitsspielräume bei wahrgenommener Einengung, die sozialpsychologisch als → Reaktanz aufgefaßt wird. Wichtig ist darüber hinaus auch die → Ambivalenz, die die meisten Patienten kennzeichnet. Häufig wird versucht, den Widerstand durch die → Utilisation (lösungsorientierte Suche nach veränderungsrelevanten Ressourcen) zu minimieren → Umgang mit Widerstand.

Widerstand gegen Beeinflussung an sich. Form des → Widerstandes, die entsteht, wenn Patienten besonders empfindlich gegenüber Beeinflussung durch andere sind oder wenn Therapeuten so massiv auftreten, daß die Patienten ihre Freiheit als eingeschränkt erleben, vgl. → Reaktanz.

Widerstand gegen Therapieziele. Form des → Widerstandes, die entsteht, wenn Ziele bearbeitet werden müssen, die für den Patienten konflikthaft sind oder wenn der Therapeut die Struktur der Ziele des Patienten nicht hinreichend erfaßt hat.

Widerstandsmindernde Reihenfolge beim Korrigieren von Fehlinterpretationen. Viele Patienten machen immer wieder die Erfahrung, daß sie ihren Therapeuten gar nicht alle ihre Befürchtungen darlegen können, sondern sehr schnell mit schlagkräftigen Argumenten gegen ihre Sorgen abgefertigt werden. Hier handelt es sich um eine Form von argumentativem »Overkill«, der oft nicht zu der gewünschten Reaktion auf seiten der Patienten führt. Eine günstigere Vorgehensweise ist es hier, dem Patienten zunächst Gelegenheit zu geben, alle seine Ängste zu äußern. Wichtig ist dabei, daß nicht zu früh gegen Vorstellungen des Patienten argumentiert wird. In jedem Fall sollten zunächst alle Argumente des Patienten gesammelt werden, bevor erörtert wird, was aus der Sicht des Patienten und später dann des Therapeuten alles gegen die Fehlinterpretation spricht.

Winterdepression. Typus der saisonalen → Depression, der regelmäßig an die winterliche Jahreszeit gebunden ist und mit einem Mangel an Tageslicht in Verbindung gebracht wird. Behandlung durch Verlängerung der täglichen Lichteinwirkung mittels künstlichen Lichtes (Phototherapie), das der spektralen Zusammensetzung des natürlichen Sonnenlichtes angepaßt ist. Spezielle Geräte mit einer Lichtintensität von 2500 bis zu 10 000 Lux (und mehr).

Wirkungslatenz. Verzögerter Wirkungseintritt zwischen Durchführung einer Behandlung und dem Eintreten des Behandlungseffektes (z.B. positive Auswirkungen eines Kommunikations- und Problemlösetrainings auf die gestörte Partnerschaft treten erst mit mehrwöchiger bzw. sogar mehrmonatiger Verzögerung auf). In der Pharmakotherapie psychischer Störungen werden häufig ausgeprägte Wirkungslatenzen beobachtet (z.B. benötigen → Antidepressiva etwa 1 bis 3 Wochen bis zur Stimmungsaufhellung, ggf. durch Infusion verkürzbar).

Wissenschaftstheorie. Die Wissenschaftstheorie ist eine metatheoretische Disziplin, welche die Voraussetzungen, Methoden, Strukturen, Ziele und Auswirkungen von Wissenschaft zum Gegenstand hat. Im allgemeinsten Sinne kann die Wissenschaftstheorie dabei als eine Reflexion über die Grundlagen einer wissenschaftlichen Disziplin angesehen werden. Dabei werden sowohl deskriptive Zielsetzungen (z.B. die logische Struktur sprachlich formulierter Ergebnisse) als auch wissenschaftliche und methodologische Normen (z.B. spezielle Forschungsziele, welche die Einzelwissenschaften explizit oder implizit leiten) thematisiert. Von der Wissenschaftstheorie sind Fragestellungen der Wissenschaftsgeschichte, Wissenschaftspsychologie und -soziologie zu unterscheiden, welche sich unter geschichtlichem, psychologischem oder soziologischem Blickwinkel mit dem Forschungsprozeß auseinandersetzen.

YAVIS-Stereotyp. Oft beklagtes Stereotyp, entstanden als Akronym der englischen Begriffe *y*oung, *a*ttractive, *v*erbal, *i*ntelligent, *s*ocial, dem die Indikationsstellung in der Psychotherapie häufig entspricht: Paradoxerweise wählen viele Psychotherapeuten noch immer besonders häufig solche Patienten aus, die ihrer Behandlung besonders wenig bedürfen. Im Gegenzug werden Patienten, die über ein niedriges Ausgangsniveau der genannten Fertigkeiten verfügen und daher eigentlich die Behandlung besonders nötig hätten, bevorzugt abgelehnt. Diese Praxis steht in der Tradition Freud's (Kontraindikationen der Psychoanalyse: geringer »allgemeiner Wert der Person«, geringer Bildungsgrad, fehlende Motivation, hohes Alter, Notwendigkeit der raschen Beseitigung drohender Erscheinungen) und Rogers' (»Eig nungskriterien« für die Gesprächspsychotherapie, allerdings aufgrund der generellen Ablehnung diagnostischer Maßnahmen später wieder zurückgenommen). Empirische Untersuchungen zeigten, daß Verhaltenstherapeuten weniger anfällig für die »YAVIS-Entscheidungen« sind. Dennoch gilt auch hier, daß bevorzugt Patienten mit einem guten Verhaltensrepertoire für die Behandlung ausgewählt werden.

Zeitperspektive. Für das aktuelle Handeln eines Individuums relevanter Zeitbezug. Die Zeitbezugssysteme lassen sich grob in die Kategorien »Vergangenheitsorientierung«, »Gegenwartsorientierung« und »Zukunftsorientierung« differenzieren.

Zeitverzerrung. Verlust des Zeitgefühls. Die Zeitverzerrung geht meistens mit einer Unterschätzung der während der Hypnose vergangenen Zeit um etwa 50% einher.

Zentrale Befürchtung. Nützliches Unterscheidungsmerkmal für die Differentialdiagnose von Ängsten, Phobien, Hypochondrien etc. So kann etwa die Angst vor Krankheit bei einer Hypochondrie, einem Somatisierungssyndrom, einem Zwangssyndrom oder einem Paniksyndrom auftreten. Die zentrale Befürchtung bei einer Hypochondrie betrifft typischerweise eine schwere Krankheit, die mittelfristig zum Tode oder zur schweren Behinderung führt, beim Paniksyndrom eher eine unmittelbare Katastrophe (z.B. Herzinfarkt), beim Zwangssyndrom eher durch Kontamination, Unachtsamkeit oder mangelnde Kontrolle verursachte Kontamination, beim Somatisierungssyndrom eher allgemeine Kränklichkeit. In ähnlicher Weise können Panikanfälle und phobische Ängste bei verschiedenen Angststörungen auftreten. Zur differentialdiagnostischen Abgrenzung eignen sich die zentralen Befürchtungen während des Anfalls. Ein Panikanfall im Rahmen von Paniksyndrom und Agoraphobie beinhaltet zumeist die Furcht vor einer unmittelbar drohenden körperlichen oder geistigen Katastrophe, Angstanfälle im Kontext anderer Angststörungen betreffen eher Peinlichkeit/Blamage (Sozialphobie), direkt vom phobischen Objekt ausgehende Gefahren (spezifische Phobie) oder Kontamination/mangelnde Verantwortlichkeit (Zwangssyndrom).

Zentralnervensystem (ZNS). Der Bestandteil des → Nervensystems, der bei Wirbeltieren aus dem Gehirn und dem Rückenmark besteht und zu dem alle sensorischen Impulse übertragen werden und von dem motorische Impulse ausgehen; überwacht und koordiniert die Aktivitäten des gesamten Nervensystems.

Zerfahrenheit. Dissoziation, → Inkohärenz des Denkens und Sprechens mit der Folge einer Aufhebung des Logischen und des Sinnzusammenhangs der Gedanken, Worte, Sätze. Durch diese Unterbrechung sind die einzelnen Teile nicht mehr logisch verbunden, stattdessen z.B. Klangassoziationen, stimmungshafte Verknüpfung oder Fehlen jeglicher Verbindung. Zerfahrenheit ist auch ohne grobe Störung des Bewußtseins möglich (v.a. bei → Schizophrenien). Bei somnolenten, bewußtseinsgetrübten und dementen Patienten gibt es Denk- und Sprachzerfahrenheit im Zusammenhang mit Desorientierung, Fehleinschätzung der Umgebung und Situation von Umdämmerung und Ge-

dächtnisverlust. Dann spricht man von Verwirrtheit, Verworrenheit, amentiellem Syndrom.

Zeugnisverweigerungsrecht. Während die Schweigepflicht den psychologischen und ärztlichen Psychotherapeuten verpflichtet, ein ihm durch den Patienten anvertrautes Geheimnis nicht ohne dessen Zustimmung Dritten gegenüber zu offenbaren, schützt das in § 53 StPO normierte Zeugnisverweigerungsrecht den Patienten auch dahingehend, daß ein staatliches Gericht den Berufsgeheimnisträger nicht als Zeuge oder als Sachverständigen veranlassen kann, das Geheimnis in einem Prozeß zu offenbaren.

Ziele verhaltenstherapeutischer Behandlungen. In der Verhaltenstherapie werden weitreichende explizite oder implizite Versprechungen von einer völligen Umgestaltung der Persönlichkeit, von völliger Problemfreiheit, »implodierenden Symptomen«, immerwährendem Glück oder schmerzloser Lebensbewältigung als unrealistisch und oft schädlich aufgefaßt. Psychotherapie soll hier nicht lebenslanges »an-die-Hand-nehmen« bedeuten. Das realistische Therapieziel heißt daher Problembewältigung und → Hilfe zur Selbsthilfe. Auch bei komplexen Problemkonstellationen sollen v.a. neue Bewältigungsmöglichkeiten vermittelt und Angelpunkte identifiziert werden, um bestehende Systeme aufzubrechen.

Zielgewicht. Das im Rahmen eines Gewichtssteigerungsprogramms mit der Patientin vereinbarte Körpergewicht, das in der Regel zur Rückbildung körperlicher Dysfunktionen infolge der vorhergehenden → Mangelernährung führen sollte.

Zielorientierte Therapie. → Grundprinzip der Verhaltenstherapie. Die Identifikation des Problems sowie die gemeinsame Festlegung des zu erreichenden Therapieziels durch Therapeut und Patient sind integrativer Bestandteil der Verhaltenstherapie. Das Problem stellt den Ansatzpunkt der Therapie dar. Die Lösung des Problems wird dementsprechend als Erreichen des angestrebten Ziels und damit als hinreichender Grund für die Beendigung der Therapie angesehen. Im Idealfall verhindert die explizite Vereinbarung der Therapieziele das Verfolgen unterschiedlicher Ziele durch Therapeut und Patient oder den Fortbestand unrealistischer Erwartungen.

Zirkadian. Einen 24-Stunden-Rhythmus (»zirka einen Tag«) betreffend. Biologischer Rhythmus, der durch den Tag-Nacht-Wechsel bestimmt ist.

Zittern, Blässe und Schwitzen, somatische Differentialdiagnose von. Vegetative Dysregulationen wie Schwitzen, Blässe und Zittrigkeit, die bei bestimmten Krankheitsprodromen (z.B. beginnende Allgemeininfektion), Allgemeinerkrankungen (z.B. Hypotonie, Anämie, Hypoglykämie, Hypothyreose) und Residualzuständen (Zustand nach Schädelhirntraumen) vorkommen, lassen die speziellen Symptome und die Vorgeschichte dieser Erkrankungen vermissen. Eine internistische Differentialdiagnostik hinsichtlich metabolischer Erkrankungen ist im Zweifelsfalle angezeigt. Bei den metabolischen Angstsyndromen spielt die → Hypoglykämieangst beim Diabetes mellitus als wichtiges Warnsymptom der drohenden Unterzuckerung eine Rolle.

ZNS (zentrales Nervensystem). Der Bestandteil des → Nervensystems, der bei Wirbeltieren aus dem Gehirn und dem Rückenmark besteht und zu dem alle sensorischen Impulse übertragen werden und von dem motorische Impulse ausgehen; überwacht und koordiniert die Aktivitäten des gesamten Nervensystems.

Zoophilie (Sodomie). Gebrauch eines Tieres als Sexualobjekt → Paraphilien.

Zufällige Zuweisung (Zufallszuweisung, random assignment). Verfahren, bei dem Versuchspersonen den ver schiedenen Bedingungen eines Experiments zufällig zugewiesen werden. Das Verfahren trägt dazu bei, daß Unterschiede ›zwischen den verschiedenen Gruppen keine systematische Ursache haben.

Zukunftsorientierung. Antizipation und Bewertung zukünftiger Ereignisse. Eine adäquate Zukunftsorientierung hilft einerseits zukünftiges Handeln vorauszuplanen, zu starke Zukunftsfixierung hemmt andererseits die Lösung gegenwartsbezogener und gegenwärtiger Probleme.

Zusammenhangs- (korrelative) Forschung. Methodischer Zugang der Forschung in der Klinischen Psychologie, bei dem Zusammenhänge zwischen Variablen untersucht werden (z.B. »Gibt es Zusammenhänge zwischen Schizophrenien und pathologischen Informationsverarbeitungsprozessen?«, »Zeichnen sich depressive Patienten durch die interne, globale und stabile Kausalattribution von Mißerfolgen aus?«). Dabei werden in erster Linie korrelative Verfahren verwendet.

Zustimmungsmethode. Verfahren zur Erfassung von Selbstaussagen. Der Patient soll eine Liste von Gedanken oder Ähnlichem lesen und alle diejenigen ankreuzen, die in einem bestimmten Zeitraum aufgetreten sind (oder deren Häufigkeit einschätzen).

Zwang. Unwiderstehlicher Drang, eine irrationale Handlung immer von neuem zu wiederholen (→ Zwangssyndrom). Man unterscheidet → Zwangsgedanken, → Zwangsimpulse, → Zwangshandlungen.

Zwangsgedanken (Obsessionen). Typischer Bestandteil des → Zwangssyndroms. Die häufigsten Inhalte betreffen Verunreinigung (Kontamination), Kontrollieren und Aggressionen. Zwangsgedanken werden als persönlichkeitsfremd erlebt und nicht lustvoll erlebt. Sie nehmen typischerweise viel Zeit in Anspruch (z.B. mindestens zwei Stunden am Tag). Besonders wichtig ist die Abgrenzung zu Psychosen, wobei im DSM-IV anerkannt wird, daß mangelnde Einsicht in die Irrationalität der Zwangserscheinungen auf einem Kontinuum liegt. Die Patienten versuchen, die Zwangsgedanken zu ignorieren oder durch Rituale zu neutralisieren. Zwangsgedanken (Obsessionen) werden von → Zwangshandlungen (Compulsionen) nicht in erster Linie anhand ihrer mangelnden Beobachtbarkeit unterschieden, sondern vor allem aufgrund ihrer Funktion: Zwangsgedanken (Obsessionen) lösen massive Angst oder Unbehagen aus, während Compulsionen Verhaltensweisen (einschließlich mentaler Handlungen, also Gedanken) sind, die Angst bzw. Unbehagen verhindern oder reduzieren.

Zwangshandlungen (Compulsionen). Typischer Bestandteil des → Zwangssyndroms. Zwangshandlungen sind wiederholte, absichtliche und nach festgelegten Regeln bzw. stereotyp ausgeführte Verhaltensweisen, meistens verbunden mit der Absicht, Unannehmlichkeiten oder Katastrophen zu verhindern (z.B. häufiges Händewaschen gegen Krebs oder »gute« Gedanken denken, damit der Ehemann keinen Autounfall hat). Das Zwangsverhalten wird als ich-fremd und

nicht lustvoll erlebt. Bei dem Versuch, es zu unterbinden, kommt es in der Regel zu Angst oder Ekel. Die häufigsten Inhalte betreffen Säubern, Kontrollieren und Aggressionen. Zwangshandlungen nehmen typischerweise viel Zeit in Anspruch (z.B. mindestens zwei Stunden am Tag). Zwangshandlungen (Compulsionen) werden von → Zwangsgedanken (Obsessionen) nicht in erster Linie anhand ihrer unmittelbaren Beobachtbarkeit unterschieden, sondern vor allem aufgrund ihrer Funktion: Zwangsgedanken (Obsessionen) lösen massive Angst oder Unbehagen aus, während Compulsionen Verhaltensweisen (einschließlich mentaler Handlungen, also Gedanken) sind, die Angst bzw. Unbehagen verhindern oder reduzieren.

Zwangsimpulse. In der älteren deutschsprachigen Literatur eine Kategorie von Zwangsphänomenen, die zwischen → Zwangsgedanken und → Zwangshandlungen liegt (→ Zwangssyndrom). Zwanghaft gegen den Widerstand des Betroffenen sich aufdrängende Antriebe zu bestimmtem Tun. Beispiele: Impuls, zu kontrollieren, obszöne Worte auszustoßen, zu zählen, zu rechnen, andere anzugreifen, sich umzubringen etc. (muß nicht unbedingt zur Zwangshandlung führen, kann aber sehr beunruhigen oder subjektiv alle Kräfte für die Abwehr des Impulses beanspruchen). Im DSM-III und seinen Nachfolgern wurden Zwangsimpulse als eigene Kategorie abgeschafft.

Zwangssyndrom bzw. Zwangsstörung (ICD-10: F42, DSM-IV: 300.3). Zwangsphänomene können Gedanken und Handlungen betreffen. Die Patienten versuchen, die Zwangsgedanken zu ignorieren oder durch Rituale zu neutralisieren. Zwangshandlungen sind wiederholte, absichtliche und nach festgelegten Regeln bzw. stereotyp ausgeführte Verhaltensweisen, meistens verbunden mit der Absicht, Unannehmlichkeiten oder Katastrophen zu verhindern (z.B. häufiges Händewaschen gegen Krebs oder »gute« Gedanken denken, damit der Ehemann keinen Autounfall hat). Das Zwangsverhalten wird als ich-fremd und nicht lustvoll erlebt. Bei dem Versuch, es zu unterbinden, kommt es in der Regel zu Angst oder Ekel. Die häufigsten Inhalte betreffen Säubern, Kontrollieren und Aggressionen. Zwangsgedanken und Zwangshandlungen nehmen typischerweise viel Zeit in Anspruch (z.B. mindestens zwei Stunden am Tag). Besonders wichtig ist die Abgrenzung zu Psychosen, wobei im DSM-IV anerkannt wird, daß mangelnde Einsicht in die Irrationalität der Zwangserscheinungen auf einem Kontinuum liegt. Der Diagnostiker kann somit zwischen Zwangsstörungen mit besserer oder geringerer Einsicht unterscheiden. Eine weitere wichtige Neuerung des DSM-IV betrifft die Klarstellung, daß Obsessionen Zwangsgedanken sind, die massive Angst oder Unbehagen auslösen, während Compulsionen Verhaltensweisen (einschließlich mentaler Handlungen, also Gedanken) sind, die Angst bzw. Unbehagen verhindern oder reduzieren.

Zwei-Faktoren-Theorie. Mowrers Theorie des Vermeidungslernens nach der 1. Angst mit einem neutralen Reiz durch Paarung dieses Reizes mit einem unangenehmen unkonditionierten Stimulus verbunden wird (→ klassische Konditionierung) und 2. die Person lernt, die durch den konditionierten Reiz erzeugte Angst und damit den unkonditionierten Reiz zu meiden, was durch Angstreduktion negativ verstärkt wird (→ operante Konditionierung). War lange Zeit der einflußreichste lerntheoretische Ansatz zur Ätiologie der Phobien und steht im Einklang mit vielen tierexperimentellen Befunden. Dennoch als Erklärung für klinische Phobien nicht ausreichend. So kann sich ein großer Teil der Phobiker nicht an traumatische Ereignisse zu Beginn der Störung erinnern (wenn man nicht die ja erst zu erklärende Angst als traumatische Erfahrung akzeptiert). Es ist allerdings möglich, wenn nicht sogar wahrscheinlich, daß bei Phobikern vergleichsweise harmlose Erfahrungen traumatisch verarbeitet worden sind. Auch ist die Übertragbarkeit der tierexperimentellen Befunde zur Zwei-Faktoren-Theorie auf den Menschen zweifelhaft, zumal die meisten Versuche, Phobien bei Menschen zu konditionieren, scheiterten.

Zwillingsstudien. Forschungsstrategie der Verhaltensgenetik, bei der die Konkordanzraten monozygoter und dizygoter Zwillinge verglichen werden. Dadurch können Hinweise auf den relativen Einfluß genetischer Faktoren gewonnen werden. Interpretation allerdings nicht völlig unproblematisch, daher oft Ergänzung durch → Adoptionsstudien sinnvoll.

Zyklisch. Kreislauf, periodischer Wechsel, kreisförmig bzw. in Perioden auftretend.

Anhang

Hinweise auf Fachgesellschaften und Zeitschriften mit unmittelbarer Bedeutung für die Verhaltenstherapie

Verhaltenstherapierelevante Gesellschaften

Mit der folgenden Übersicht sollen verhaltenstherapeutische bzw. Verhaltenstherapie-relevante Gesellschaften im deutschsprachigen Raum mit ihren Zielen und Aufgaben sowie Kontaktadressen in alphabetischer Reihenfolge vorgestellt werden.

BDP, Berufsverband Deutscher Psychologinnen und Psychologen e.V.
Bundesgeschäftsstelle: Heilsbachstraße 22, 53123 Bonn,
Tel.: 0228 - 987310,
Fax: 0228 -98731-70, E-Mail: info@bdp-verband.org,
Internet: www.bdp-verband.org

- gegründet 1946
  größte berufsständige Vereinigung von angestellten, beamteten und selbständigen Diplom-Psychologen in Deutschland, ca. 21000 Mitglieder, 16 Landesgruppen und 12 Fachsektionen,
- Interessenvertretung des Berufsstandes gegenüber Politik, Behörden und gesellschaftlichen Gruppen,
- Information der Öffentlichkeit über Psychologie als Wissenschaft und Beruf, Beratung der Bevölkerung in Fragen der Gesundheitsversorgung, Gestaltung des Arbeitslebens und der Anwendung psychologischer Fachkunde,
- veranstaltet Fachtagungen und Kongresse, unterstützt Aus-, Fort-, und Weiterbildung,
- Fachvertretungen innerhalb des Verbandes u. a. für Klinische Psychologen, Schulpsychologen etc.
- Mitgliedschaft: Hauptfachstudium in Psychologie mit Abschluß »Diplom-Psychologe«, für Studenten mit Vordiplom: »außerordentliche Mitgliedschaft«, für Studenten im Grundstudium: »assoziierte Mitgliedschaft«.

BÖP, Berufsverband Österreichischer Psychologinnen und Psychologen e.V.
Geschäftsstelle: Garnisongasse 1/22A, A-1090 Wien,
Tel.: 0043-1-4072671, Internet: http://www.boep.or.at

- gegründet 1953, ca. 1800 Mitglieder

DGPs, Deutsche Gesellschaft für Psychologie e.V.,
Geschäftsstelle: Hollandtstr. 61, 48161 Münster,
Tel.: 0251-862810, Fax: 0251-869933

- gegründet 1904,
- ca. 1900 Mitglieder,
- eine internationale Gesellschaft im deutschsprachigen Raum, die die in Forschung und Lehre tätigen Psychologinnen und Psychologen vereinigt,
- Hauptziele der DGPs sind, die psychologische Forschung zu unterstützen, die Kommunikation innerhalb des Faches zu fördern und die Öffentlichkeit über den Stand und die Entwicklung der Forschung zu informieren,
- zur Förderung von Teilgebieten der Psychologie richtete die DGPs bisher 15 Fachgruppen ein, darunter die Fachgruppe Klinische Psychologie und Psychotherapie
- die DGPs veranstaltet alle zwei Jahre, die Fachgruppe Klinische Psychologie und Psychotherapie jährlich einen Fachkongreß.

DGVM, Deutsche Gesellschaft für Verhaltensmedizin und Verhaltensmodifikation
Sitz: DGVM, Parzivalstraße 25, 80804 München

- gegründet 1984,
- ca. 210 Mitglieder,
- Verbesserung der Forschungsmethoden von Verhaltensmedizin und Verhaltensmodifikation,
- Förderung der Anwendung von Verhaltenstherapie, und Verhaltensmodifikation in der gesundheitlichen und sozialen Versorgung der Bevölkerung unter besonderer Berücksichtigung der Kooperation der beteiligten Fachdisziplinen,
- Mitgliedschaft: abgeschlossenes Studium, Befürwortung durch mindestens 2 Mitglieder, Nachweis von Forschungstätigkeit durch Publikationen im Bereich der Verhaltensmedizin oder der Tätigkeit in der Aus-, Fort-, und Weiterbildung im Bereich der Verhaltensmedizin oder der Teilnahme an Weiterbildungsveranstaltungen im Bereich der Verhaltensmedizin.

Deutsche Gesellschaft für Verhaltenstherapie e.V.
Neckarhalde 55, 72070 Tübingen, Postfach 1343,
72003 Tübingen, Tel.: 07071-9434-0,
Fax: 07071-9434-35, E-Mail: dfvt@schwaben.de

- Gründungsjahr: 1976,
- der Verband hat über 5000 Mitglieder verschiedener psychosozialer Berufe, der größte Teil der Mitglieder ist im Bereich Klinische Psychologie/Psychotherapie tätig,
- die DGVT tritt satzungsmäßig vorrangig für eine Verbesserung der psychosozialen und psychotherapeutischen Versorgung ein und ist der größte Fachverband für Verhaltenstherapie und berufspolitische Vertretung im europäischen Raum,

- unterhält neben den Satzungskommissionen einen Ethikbeirat, eine Anti-Rassismus-AG und eine Frauen-AG,
- gibt Ausbildung nach dem Psychotherapeutengesetz in regionalen Ausbildungsstätten, Weiterbildungsstudien in Verhaltenstherapie, Beratung, Kinder- und Jugendlichenpsychotherapie und themenspezifische Kurzweiterbildungen,
- ist Ausrichterin des alle 2 Jahre in Berlin stattfindenden Kongresses für Klinische Psychologie und Psychotherapie,
- Hauptanliegen der DGVT sind präventive Maßnahmen in der Umwelt, Förderung empirischer Verhaltens- und Sozialwissenschaften, insbesondere der Verhaltenstherapie,
- fördert sowie unterstützt Forschungsvorhaben und verleiht seit 1999 die »Distinguished-German-Visionary-Trophy« für Verhaltenstherapie und psychosoziale Versorgung.

DPTV, Deutscher Psychotherapeutenverband e.V. –
Berufsverband Psychologischer Psychotherapeuten
Geschäftsstelle: Bundesallee 213–214, 10719 Berlin,
Tel.: 030-235009-0, Fax: 030–235009-44,
Homepage: www.dptv.de, www.psychotherapeuten-liste,
E-Mail: bgst@dptv.de

- gegründet 1992, ca. 3300 Mitglieder; Organisation: Präsidium und Referate auf Bundesebene, Landesgruppen und bundesweites Netz von Arbeitskreisen,
- vertritt die beruflichen und wirtschaftlichen Interessen der Mitglieder (Psychologische Psychotherapeuten mit Approbation bzw. geltenden Übergangsregelungen) gegenüber staatlichen, öffentlich-rechtlichen und privaten Institutionen und Verbänden,
- tritt ein für eine bedarfsgerechte und qualitätsgesicherte psychotherapeutische Versorgung unter Beachtung der wissenschaftlichen und ethischen Standards,
- fördert Kooperation mit Ärzten und anderen Berufsgruppen im Gesundheitswesen,
- setzt sich ein für eine angemessene Bewertung und Honorierung psychotherapeutischer Leistungen von niedergelassenen, angestellten und beamteten Berufsangehörigen,
- ordentliche Mitgliedschaft: approbierte psychologische Psychotherapeutinnen und Psychotherapeuten; außerordentliche Mitgliedschaft: Diplom-Psychologen in der Ausbildung zum Psychologischen Psychotherapeuten; mit Gäste-Status: Studenten der Psychologie.

DVT, Deutscher Fachverband für Verhaltenstherapie e.V.
Geschäftsstelle: Salzstr. 52, 48143 Münster, Tel.: 0251-44010,
Internet: www.Verhaltenstherapie.de

- gegründet 1992, ca. 400 Mitglieder,
- Organisation der im Bereich der Gesetzlichen Krankenkassen ambulant und stationär tätigen ärztlichen und psychologischen Psychotherapeuten,
- Ziel ist die Verbesserung der rechtlichen und fachlichen Rahmenbedingungen für eine effektive psychotherapeutische Versorgung der Bevölkerung,
- Förderung von Aus- und Weiterbildung in Verhaltenstherapie, Verhaltenstherapie-relevanter Tätigkeitsfelder, praxisrelevanter Verhaltenstherapieforschung, wissenschaftlicher Tagungen und internationalem Austausch

sowie der Qualitätssicherung der psychotherapeutischen Versorgung,
- Informationsvermittlung, Fachpublikationen, berufsrelevante Versicherungen,
- setzt sich für die rechtliche Absicherung der psychologischen Psychotherapeuten als eigenständigen Heilberuf durch ein Psychotherapeutengesetz, für die Errichtung von Psychotherapeutenkammern sowie den Schutz der Berufsbezeichnungen »Psychologischer Psychotherapeut« und »Psychotherapeut« ein,
- tritt für gleichberechtigte und gleichrangige Kooperation mit Ärzten und für direkte Beziehungen zu den Krankenkassen ein,
- darüber hinaus ist die Qualitätssicherung im Bereich Psychotherapie unter Beachtung des wissenschaftlichen und ethischen Standards eine Hauptaufgabe,
- Mitgliedschaft: Außerordentliche Mitgliedschaft: Ausbildungskandidaten in einem anerkannten Ausbildungsinstitut, Ordentliche Mitgliedschaft: Ärzte/Diplom-Psychologen mit abgeschlossener Verhaltenstherapieausbildung.

FSP, Föderation der Schweizer Psychologinnen
und Psychologen
Geschäftsstelle: Choisysstr. 11, Postfach, CH-3000 Bern 14,
Tel.: 0041-31-3820377–79

- gegründet 1987, ca. 3600 Mitglieder

Schweizerische Gesellschaft für Psychologie
S.E. Huser, Institut de Psychologie, Rue de Faucigny 2,
CH-1700 Fribourg, Tel.: 0041-26 300 76 40

- gegründet 1946, ca. 420 Mitglieder,
- ist der älteste schweizerische Fachverband der Psychologie,
- ihr gehören praktisch alle Lehrstuhlinhaber der Schweiz an.
- Im Vorstand der SPG sind die psychologischen Institute aller schweizerischen Universitäten vertreten,
- sie ist Mitglied der Föderation der Schweizer Psychologinnen und Psychologen (FSP) und der International Union of Psychological Sciences (IUPsyS).

SGVT, Schweizerische Gesellschaft für Verhaltenstherapie
11, av. du casino
CH-1820 Montreux
Tel.+Fax: 0041-21 963 29 27 (Mo–Do, 8.00–12.00 Uhr)

- ca. 230 Mitglieder
- Mitglied der Föderation der Schweizer Psychologinnen und Psychologen (FSP).

Verband Psychologischer Psychotherapeutinnen
und Psychotherapeuten – VPP im Berufsverband Deutscher
Psychologinnen und Psychologen e.V.,
Geschäftsstelle: Kaiserplatz 3, 53113 Bonn,
Tel.: 0228-20 123-0 / Fax: 0228-20 123-22

- gegründet 1993, ca. 6000 Mitglieder,
- Zusammenschluß der in der Heilkunde tätigen Kollegen des BDP, die nach Inkrafttreten eines Psychotherapeutengesetzes einer Approbation bedürfen.

Vereinigung der Kassenpsychotherapeuten –
Diplom-Psychologen, die berechtigt sind,
Leistungen zu Lasten der Krankenkassen zu erbringen – e.V.

Bundesgeschäftsstelle: Riedsaumstr. 4a, 67063 Ludwigshafen,
Tel.: 0621-637015, Fax: 0621-637016,
E-Mail: kassenpsychotherapeuten@t-online.de,
Internet: www.vereinigung.de

- gegründet 1984,
- ca. 2500 Mitglieder in Landesgruppen,
- vertritt als Berufsverband die Interessen kassenrechtlich zugelassener Psychologischer Psychotherapeuten gegenüber Ministerien, Behörden, Krankenkassen, Krankenversicherungen und Selbstverwaltungsorganen etc.,
- Ziel: bedarfsgerechte und sachgerechte Versorgung der Bevölkerung mit psychotherapeutischen Krankenbehandlungen,
- bestehende rechtliche Regelungen zur Ausübung von Psychotherapie modifizieren und weiterentwickeln,
- fördert Aus-und Weiterbildung in anerkannten Ausbildungsinstituten,
- Mitgliedschaft: Zugelassene und ermächtigte psychologische Psychotherapeuten, Diplompsychologen in Ausbildung zum Psychotherapeuten als assoziierte Mitglieder, Möglichkeit einer Fördermitgliedschaft.

Auswahl Verhaltenstherapie-relevanter Zeitschriften (deutsch- und englischsprachig):

Advances in Behaviour Research and Therapy
(gegr.: 1979; europäische Verhaltenstherapiezeitschrift mit klinischer Orientierung).

Addictive Behaviors
(gegr.: 1975/76; enthält Beiträge über Substanzmißbrauch, vorwiegend über Alkohol- und Drogenmißbrauch, Nikotin- und Eßprobleme).

Biofeedback and Self-Regulation
(gegr.: 1979; Publikationsorgan der Biofeedback Research Society).

Behavior Therapy
(gegr.: 1970; Publikationsorgan der Association for the Advancement of Behavior Therapy).

Behaviour Research and Therapy
(gegr.: 1963; erste verhaltenstherapeutische Zeitschrift).

Behavioural and Cognitive Psychotherapy
(gegr.: 1973; Zeitschrift der British Association for Behavioural Psychotherapy).

Behavioral Assessment
(gegr.: 1979; Beiträge zur verhaltenstheoretisch orientierten Diagnostik).

Behavior Modification
(gegr.: 1977; auch viele nicht-klinische Beiträge).

British Journal of Clinical Psychology
(gegr.: 1962 als »British Journal of Social and Clinical Psychology«; Publikationsorgan der British Psychological Society).

Clinical Psychology Review
(gegr.: 1981; enthält Beiträge zu betreffenden Themen der Klinischen Psychologie).

Cognitive Therapy and Research
(gegr.: 1977; vor allem Beiträge zur kognitiven Verhaltenstherapie).

Der Psychotherapeut
(gegr.: 1956; als »Psychotherapie«, von 1959 bis 1978 als »Praxis der Psychotherapie«, Publikationsorgan der deutschen Gesellschaft für Ärztliche Hypnose; von 1979 bis 1993 vorwiegend Vorträge der Lindenauer Psychotherapiewochen).

International Journal of Eating Disorders
(gegr.: 1981).

Journal of Abnormal Psychology
(gegr.: 1906; Publikationsorgan der American Psychological Association, von 1921 bis 1924/25 als »Journal of Abnormal Psychology and Social Psychology«).

Journal of Anxiety Disorders
(gegr.: 1987; enthält Beiträge zu allen Aspekten von Angststörungen aller Altersgruppen).

Journal of Applied Behavior Analysis
(gegr.: 1968; enthält vorwiegend operante, oft auch nicht-klinische Beiträge).

Journal of Behavioral Medicine
(gegr.: 1978, International Journal of Behavioral Medicine, gegr.: 1994; Zeitschrift der International Society of Behavioral Medicine).

Journal of Behavior Therapy and Experimental Psychiatry
(gegr.: 1970; enthält vor allem Beiträge aus der Gruppe um Wolpe).

Journal of Clinical Psychology
(gegr.: 1945; veröffentlicht durch Clinical Psychology Publishing Company).

Journal of Consulting and Clinical Psychology
(gegr.: 1937 als »Journal of Consulting Psychology«; Publikationsorgan der American Psychology Association).

Journal of Psychophysiology
(gegr.: 1987; Publikationsorgan der European Federation of Psychophysiology Societies).

Journal of Psychosomatic Research
(gegr.: 1956).

Praxis der Klinischen Verhaltensmedizin und Rehabilitation
(gegr.: 1988; Publikationen vor allem aus verhaltensmedizinischen Kliniken).

Psychological Medicine
(gegr.: 1970/71; Publikationsorgan der British Medical Association).

Psychotherapy: Theory, Research and Practice
(gegr.: 1963/64; Publikationsorgan der American Psychological Association).

Verhaltensmodifikation und Verhaltensmedizin
Früher: »Verhaltensmodifikation« (gegr.: 1980; Publikationsorgan der Arbeitsgemeinschaft für Verhaltensmodifikation).

Verhaltenstherapie
(gegr.: 1991; S. Karger, medizinischer und naturwissen-schaftlicher Herausgeber).

Verhaltenstherapie und Psychosoziale Praxis
Früher: »DGVT-Mitteilungen« (gegr.: 1969; Publikationsor-gan der Deutschen Gesellschaft für Verhaltenstherapie).

Zeitschrift für Klinische Psychologie
(gegr.: 1972; Publikationsorgan der Deutschen Gesellschaft für Psychologie, Sektion Klinische Psychologie, Berufsver-band Deutscher Psychologen).

Weiterbildungsinstitute

Deutschland (Tel. Vorwahl 00 49)

DAP-Dresden
Dresdner Akademie für Psychotherapie
Prißnitzstr. 6
01099 Dresden
Telefon: 0351-8036455

Technische Universität Dresden
Klinische Psychologie und Psychotherapie
Weiterbildendes Studium
Psychologische Psychotherapie
01062 Dresden
Telefon: 0351-4636979

IVB – Berlin
Institut für Verhaltenstherapie
Teltower Damm 7
14169 Berlin
Telefon: 030-8114776

IVT – Brandenburg
Institut für Verhaltenstherapie GmbH
Kastanienallee 80
15907 Lübben
Telefon: 03546-29296

Universität Kiel
in Zusammenarbeit mit Dr. R. Hanewinkel
IFT-Nord, Institut für
Therapie- und Gesundheitsforschung
Droysenstr. 10
24105 Kiel
Telefon: 0431-567619

NIVT
Norddeutsches Institut für Verhaltenstherapie
Außer der Schleifmühle 54
28203 Bremen
Telefon: 0421-3379416

WKV – Marburg
Weiterbildungseinrichtung für Klinische Verhaltenstherapie
Biegenstr. 37
35037 Marburg
Telefon: 06421-682430

FIKV
Fortbildungsinstitut für Klinische Verhaltenstherapie e.V.
Bombergallee 11
31812 Pyrmont
Telefon: 05281-606763

Justus-Liebig-Universität Gießen
Klinische und Physiologische Psychologie
Fachbereich 06 Psychologie
Prof. Dr. Dieter Vaitl, Dr. Renate Frank
Otto-Behaghel-Str. 10
35394 Gießen
Telefon: 0641-7025385

Technische Universität Braunschweig
Institut für Psychologie
Prof. Dr. K. Hahlweg
Spielmannstr. 12a
38106 Braunschweig
Telefon: 0531-3913623

IKV – Düsseldorf
Institut für Klinische Verhaltenstherapie
Bergische Landstr. 2
40629 Düsseldorf
Telefon: 0211-922-2723

Ruhr-Universität Bochum
Fakultät für Psychologie
Weiterbildender Studiengang
Klinische Psychologie und Psychotherapie
Prof. Dr. D. Schulte
Universitätsstr. 150
44780 Bochum
Telefon: 0234-700-3169

APV – Münster
Gesellschaft für Angewandte Psychologie
und Verhaltenstherapie
Salzstr. 52
48143 Münster
Telefon: 0251-44010

AFKV – in NW
Ausbildungsinstitut für Klinische Verhaltenstherapie
Crenger Str. 129
45891 Gelsenkirchen
Telefon: 0209-76490

KLVT
Lehrinstitut für Verhaltenstherapie Köln GmbH
Engelbertsstr. 44
50674 Köln
Telefon: 0221-2402556

AGVT –
Arbeitsgemeinschaft für Verhaltenstherapieausbildung
Weiterbildung Köln e.V.
Dürener Str. 199–203
50931 Köln
Telefon: 0221-4000177

Universität Bonn
Philosophische Fakultät
Psychologisches Institut
Prof. Dr. O.B. Scholz

Römerstr. 164
53117 Bonn
Telefon: 0228-550287

EVI – Daun
Eifeler-Verhaltenstherapie-Institut
Schulstr. 6
54550 Daun
Telefon: 06592-9310

Johannes Gutenberg Universität
Psychologisches Institut
Abteilung Klinische Psychologie
Weiterbildendes Studium Psychotherapie
Staudingerweg 9
Postfach
55099 Mainz
Telefon: 06131-394622

Kurt-Lewin-Institut für Psychologie
Flyerstr. 204
58097 Hagen
Telefon: 02331-9872743

J. W. Goethe-Universität
Institut für Psychologie, Postfach 111932
Prof. Dr. W. Lauterbach, Dr. K. Stangier
60054 Frankfurt a.M.
Telefon: 069-7982-2140

GAP – Frankfurt
Gesellschaft für Ausbildung in Psychotherapie mbH
Beethovenstr. 18
60325 Frankfurt

Technische Hochschule Darmstadt
Institut für Psychologie
Prof. Dr. H. Sorgatz
Steubenplatz 12
64293 Darmstadt
Telefon: 06151-165213

IVV – Berus
Institut für Fort- und Weiterbildung
in klinischer Verhaltenstherapie
Drannastr. 55
66802 Überherrn-Berus
Telefon: 06836-39162

IFKV
Institut für Fort- und Weiterbildung
in klinischer Verhaltenstherapie e.V.
Kurbrunnenstr. 21a
67098 Bad Dürkheim
Telefon: 06322-68019

IVT – Kurpfalz
Institut für Verhaltenstherapie
Stresemannstr. 4
68165 Mannheim
Telefon: 0621-415364

SZVT
Stuttgarter Zentrum für Verhaltenstherapie
Christophstr. 8
70178 Stuttgart
Telefon: 0711-6408092

TAVT
Tübinger Akademie für Verhaltenstherapie
Waldhäuser Str. 48
72076 Tübingen
Telefon: 07071-610838

IVT – Freiburg
Institut für Verhaltensmedizin
Kartäuser Str. 39
79102 Freiburg
Telefon: 0761-288403

BAP
Bayerische Private Akademie für Psychotherapie
Nymphenburger Str. 185
80634 München
Telefon: 089-13079315

IFT
Institut für Therapieforschung
Parzivalstr. 25
80804 München
Telefon: 089-36080412

VFKV München
VFKV-Verein zur Förderung
der klinischen Verhaltenstherapie e.V.
Pippinger Str. 25
81245 München
Telefon: 089-8346900

Universität Bamberg
Lehrstuhl Klinische Psychologie
Prof. Dr. Hans Reinecker
Markusplatz 3
96045 Bamberg
Telefon: 0951-8631884

TIV – Erfurt
Thüringer Institut für Aus- und Weiterbildung
in klinischer Verhaltenstherapie e.V.
Klinikum Erfurt GmbH Klinik für Psychiatrie
Nordhäuser Str. 74
99089 Erfurt
Telefon: 0361-792963

Schweiz (Tel. Vorwahl 00 41)

AVM-Schweiz
c/o UPD Bern
Bollingstr. 111
CH-3000 Bern
Telefon: 031-930 97 69

Postgradualer Studiengang Psychotherapie mit kognitv-
behavioralem und interpersonalem Schwerpunkt
Universität Bern
Prof. Klaus Grawe
Psychotherapeutische Praxisstelle,
Mittelstr. 40
CH – 3012 Bern
Telefon: 031-631 45 83 oder 631 45 92

SGVT – Schweizerische Gesellschaft für Verhaltenstherapie
40, Chemien du Bios – Gentil
CH-1018 Lausanne
Telefon: 021-648 09 11

Postgraduale Weiterbildung in Klinischer Psychologie
und Psychotherapie an der Universität Basel
PUK Basel
Wilhelm-Klein-Str. 27
CH-4025 Basel
Telefon: 061-325 51 17

Universität Fribourg
Institut für Familienforschung und -beratung und
Lehrstuhl für Klinische Psychologie
Av. de la Gare 1
CH-1700 Freiburg
Telefon: 026-300 73 60

Österreich (Tel. Vorwahl 0043, für Wien Ortsvorwahl aus dem Ausland 1)

ÖGVT – Österreichische Gesellschaft für Verhaltenstherapie
Linzer Str. 128/17/R2
A-1140 Wien
Telefon: 01-9112250; Fax: DW 4

AVM – Arbeitsgemeinschaft für Verhaltensmodifikation – Österreich
Geschäftsstelle: Kasernenstr. 3b
A-5073 Wels
Tel./Fax: 0662-854138
Ausbildung: Institut für Verhaltenstherapie
Rupertgasse 28/1
A-5020 Salzburg
Tel./Fax: 0662-884166

Sachverzeichnis zu Band 2

Namenverzeichnis zu Band 2